中华人民共和国 民法典 实施精要

杜万华 · 主编
吴兆祥　曹守晔　刘　楠　徐建新 · 副主编

法律出版社
LAW PRESS · CHINA

编写委员会

主　编

杜万华　最高人民法院咨询委员会副主任，二级大法官，博士研究生导师、博士后合作导师。曾任最高人民法院审判委员会副部级专职委员、最高人民法院民法典编纂工作研究小组副组长兼办公室主任

副主编

吴兆祥　最高人民法院研究室副主任，法学博士

曹守晔　最高人民法院研究室原巡视员，武汉大学特聘教授，博士研究生导师

刘　楠　四川省高级人民法院副院长，法学博士

徐建新　浙江省高级人民法院副院长，法学博士

委　员

单国均　北京市第一中级人民法院副院长，法学博士

夏正芳　江苏省人大常委会法制工作委员会副主任，江苏省高级人民法院原民二庭庭长，法律硕士

王　灯　全国人大常委会法制工作委员会民法典编纂工作专班成员，最高人民法院民一庭法官，法学硕士

邹　治　北京市第二中级人民法院民二庭庭长，法学博士

李予霞　最高人民法院研究室案例处副处长，法学硕士

谢　勇　最高人民法院第四巡回法庭主审法官，法学博士

其他主要作者

刘　振　全国人大常委会法制工作委员会民法典编纂工作专班成员，江苏省高级人民法院审判管理与信息技术处处长，法学博士

武建华　最高人民法院环境资源审判庭主审法官，法学博士

李玉林　最高人民法院研究室法官，法学博士

陈宏宇　最高人民法院民四庭主审法官，法学博士

仲伟珩　最高人民法院第二巡回法庭主审法官，法学博士

姜　强　原最高人民法院法官，法学博士

张　楠　最高人民法院知识产权庭干部，法学博士

任容庆　最高人民法院应用法学研究所法学博士后，法学博士

陈东强　山东省高级人民法院民一庭副庭长，法律硕士

吴飞明　浙江省高级人民法院民一庭调研组组长、法庭指导组组长，法学硕士

刘维秋　四川省高级人民法院民一庭副庭长，法学博士

王　茜　上海市第一中级人民法院民事审判庭副庭长，法律硕士

张　燕　对外经贸大学教授，法学博士

编写分工

杜万华　全书、第一编、第二编统稿；第一编第一章至第六章、第二编第一章至第二章、第三编第一章、第四编第一章撰稿

刘　楠　第一编、第七编统稿

徐建新　第二编、第五编统稿

吴兆祥　第三编统稿；第三编第二章至第七章撰稿

曹守晔　第四编、第五编、第六编、第七编统稿；第五编第一章、第六编第一章、第七编第一章撰稿

单国均　第四编、第五编、第六编统稿；第六编第五章撰稿

刘　振　第一编第七章、第八章撰稿

李予霞　第一编第九章，第四编第六章，第七编第二章、第五章、第七章、第九章、第十一章撰稿

郭培培　第一编第十章撰稿

陈宏宇　第二编第三章、第三编第十八章撰稿

谢　勇　第二编第四章至第八章、第十章　、第十二章、第十四章、第十五章、第二十章，第三编第十七章撰稿

李玉林　第二编第九章、第十八章、第十九章撰稿

吴飞明　第二编第十一章撰稿

郑青蓝　第二编第十三章撰稿

楼　俊　第二编第十三章撰稿

夏正芳　第二编第十六章、第十七章撰稿

徐　洁　第二编第十八章、第十九章撰稿

郑　仪　第二编第十八章撰稿

陈东强　第三编第八章至第十二章撰稿

杨　兵　第三编第十三章、第十六章撰稿

王　灯　第三编第十四章、第十五章撰稿

张　楠　第三编第十九章、第二十六章撰稿

何　建　第三编第二十章撰稿

仲伟珩　第三编第二十一章、第二十二章、第二十四章撰稿

凌　巍　第三编第二十三章撰稿

赵　迪　第三编第二十五章撰稿

张　燕　第三编第二十七章撰稿

邹　治　第四编第二章撰稿

任容庆　第四编第三章撰稿

王国庆　第四编第四章、第五章撰稿

潘　静　第四编第六章撰稿

丁宇翔　第四编第七章撰稿

刘　洋　第五编第二章、第五章撰稿

杨　磊　第五编第三章、第六章，第六编第五章撰稿

张元华　第五编第四章撰稿

汪海波　第六编第二章、第三章撰稿

蒋　炜　第六编第四章撰稿

姜　强　第七编第三章、第六章撰稿

王　茜　第七编第四章、第十章撰稿

刘维秋　第七编第四章、第六章、第七章、第十章撰稿

武建华　第七编第八章撰稿

序　言

经过几代人的共同努力,2020 年 5 月 28 日,《中华人民共和国民法典》终于在全国人民代表大会上通过了。这次《民法典》的通过,是中国法制史上的重大事件,是中国特色社会主义制度建设的重大事件。随着中国社会的发展,这次《民法典》的通过在中国特色社会主义发展史上的重大意义,将越来越突出,越来越明显。

我国这次通过的《民法典》,以马克思列宁主义、毛泽东思想、邓小平理论和习近平法治思想为指导,既吸收了数千年来中国传统的优秀法律文化,又吸收了现代西方法治文明的成果;既吸收了20 世纪初以来我国仁人志士融合中西法律文化的探索,又总结了新中国成立以来 70 年来,特别是改革开放 40 年来建立和完善中国特色社会主义的经验。可以毫不夸张地说,我国的《民法典》是中国特色社会主义制度化的重大成果,它将为我国社会主义现代化强国目标的实现,即第二个百年梦想的实现,为中国民族的伟大复兴奠定坚实的法治基础。

正因为《民法典》如此重要,习近平总书记在其通过的第二天就召开政治局会议,专题学习民法典,并发表了极其重要的讲话。他强调:"民法典在中国特色社会主义法律体系中具有重要地位,是一部固根本、稳预期、利长远的基础性法律,对推进全面依法治国、加快建设社会主义法治国家,对发展社会主义市场经济、巩固社会主义基本经济制度,对坚持以人民为中心的发展思想、依法维护人民权益、推动我国人权事业发展,对推进国家治理体系和治理能力现代化,都具有重大意义。全党要切实推动民法典实施,以更好推进全面依法治国、建设社会主义法治国家,更好保障人民权益。"

这次《民法典》的制定,为我国法治国家、法治政府、法治社会的全面推进奠定了基础。但是,法律的生命在实施,法律的权威靠实施。《民法典》生效后,如果没有有效的实施,其生命和权威就难以维持和显现。要让《民法典》得到很好的实施,除应当向人民群众广泛宣传民法典的精神和内容外,各级党政机关是关键。为此,习近平总书记一针见血地指出:"民法典实施水平和效果,是衡量各级党政机关履行为人民服务宗旨的重要尺度。国家机关履行职责、行使职权必须清楚自身行为和活动的范围和界限。各级党和国家机关开展工作要考虑民法典规定,不能侵犯人民群众享有的合法民事权利,包括人身权利和财产权利。有关政府机关、监察机关、司法机关要依法履行职能、行使职权,保护民事权利不受侵犯、促进民事关系和谐有序。"

在《民法典》实施的过程中,司法机关和法律工作者是重要的生力军。为保证《民法典》实施的水平和效率,习近平总书记专门针对司法机关和法律工作者提出了要求:"严格规范公正文明执法,提高司法公信力,是维护民法典权威的有效手段。""各级司法机关要秉持公正司法,提高民事案件审判水平和效率。要加强民事司法工作,提高办案质量和司法公信力。要及时完善相关民事司法解释,使之同民法典及有关法律规定和精神保持一致,统一民事法律适用标准。要加强对涉及财产权保护、人格权保护、知识产权保护、生态环境保护等重点领域的民事审判工作和监督指导工作,及时回应社会关切。要加强民事检察工作,加强对司法活动的监督,畅通司法救济渠道,保护公民、法人和其他组织合法权益,坚决防止以刑事案件名义插手民事纠纷、经济纠纷。要充分发挥律师事务所和律师等法律专业机构、专业人员的作用,帮助群众实现和维护自身合法权益,同时要发挥人民调解、商事仲裁等多元化纠纷解决机制的作用,加强法律援助、司法救助等工作,通过社会力量和基层组织务实解决民事纠纷,多方面推进民法典实施工作。”

《民法典》的关键在实施。在《民法典》的实施中有几个现象值得关注:

一是注意《民法典》1260条的规定,忽视单行民法法律和相关司法解释。从改革开放以来,我国根据成熟一个制定一个的原则,制定了大量的单行民事法律。在这次《民法典》编纂时,最终被废除的单行民事法律只有9个,其他大量的单行民事法律依然有效。围绕单行民事法律的实施,最高人民法院曾先后制定了大量的司法解释。这些单行民事法律和司法解释过去曾经为建立社会主义法治秩序发挥了重要作用。即使在《民法典》生效后,这些单行民事法律和司法解释,只要与民法典不相矛盾和冲突,在新的单行民事法律和司法解释出台之前,都应当继续发挥其作用。之所以会出现注意《民法典》1260条的规定,忽视现行有效的单行民事法律和司法解释作用的认识,是因为还有些同志,包括一些专业法律工作者没有认识到,这次民法典的编纂是将众多单行民事法律体系化。编纂后的《民法典》形成了民法典体系或者民法体系。我们的民法典体系由三部分构成:总则、分则和单行民事法律。至于司法解释,因其是司法过程中对法律适用的解释,其效力等级依附于被解释的法律,故在民法典体系中不作为一个独立的部分存在。为此,在2021年元月《民法典》生效时,不应当忽视单行民事法律和相关司法解释的作用。

二是注意民法分则、单行民事法律和司法解释的适用,忽视总则中的基本规则(基本原则)和一般规则的适用。在审判实践中,一些法官、检察官和律师将民法分则、单行民事法律或者司法解释的具体规定视为裁判性规则,比较欢迎;将基本规则包括基本原则、一般规则视为“宣誓性条款”或者“抽象性条款”,自觉不自觉地予以忽视。产生这种观点的原因,是因为没有将民法总则、分则和单行民事法律看成一个整体。在《民法典》编纂将各种民事法律体系化后,总则中的基本规定(基本原则)、一般规则与分则、单行民事法律、司法解释中的具体规则之间,基本规则是核心和灵魂,一般规则是上位法,是不能违背的。长期以来,之所以出现重具体规则而轻基本原则和一般规定,主要是因为改革开放以来,我国的民事法律是成熟一个制定一个,不同的单行民事法律是在不同的时间或者不同的背景下制定的,不可避免民事法律规范碎片化的情形。在《民法典》生效后,民事法律体系化的任务已经完成,应当将基本规则、一般规则和具体规则一体化的实施放在重要的位置来抓。

三是注意特别法的优先适用,忽视特别法优先适用的前提。关于民事法律适用的原则有很多,如新法优于旧法、上位法优于下位法、特别法优于一般法等。这些原则都是审判实践总结出来的经验,当然应当信守。但是,在适用这些原则时,应当了解适用这些原则的前提。尤其是特别法优于一般法的适用值得关注。在实践中,有些同志只要是特别法就无条件适用,至于该特别法是否与一般法相矛盾、相冲突,在所不问。从理论上看,特别法优于一般法是有前提的,即特别法的规定与一般法不相矛盾和不相冲突。具体来说，一般法的规定往往比较抽象，如果特别法作出与一般法不相矛盾和冲突的具体规定，或者一般法没有规定，特别法作出与一般法的基本原则不相违背的规定，那就应当适用特别法优于一般法的适用原则。如果特别法作出的规定与一般法相矛盾和相冲突，甚至是违背一般法基本原则的，就应当适用上位法优于下位法的原则，不能适用特别法优先的原则。因为一般法往往同时又是上位法。如果不这样认识问题，无条件地适用特别法优于一般法的原则，那民法典的体系化就会被打破，各个下位法各行其是，国家法治的统一就将不复存在，《民法典》编纂的目的就不能实现了。

民法典的体系化，是这次《民法典》编纂的主要目的。要实施好《民法典》，完整准确地把握好民法典体系至关重要。为帮助党政机关工作人员，特别是人民法院法官、检察官、律师更好地学习和理解民法典体系化的精神和内容，为实施民法典工作做好准备，我们这些曾经参与民法典编纂工作的同志和一些有经验的法律工作者，编写了这部《中华人民共和国民法典实施精要》。

在编写本书时，我们没有采用通常的释义方式，对《民法典》条文逐条进行解释，也没有对民法典涉及的专门民法理论进行阐述，而是将曾经在司法审判实践中出现的、以后审判实践中可能出现的重点、难点和热点问题抽出来，结合《民法典》的相关条文，结合与《民法典》不相矛盾和冲突的相关单行民事法律的规定，结合相关司法解释和典型案例进行阐释，供党政机关工作人员，特别是法官、检察官、律师等法律工作者在《民法典》生效后，处理种类民事商事法律纠纷时参考。我们这样做的目的是要以问题为导向，以解决问题为目的，为贯彻实施《民法典》，树立《民法典》的权威，推动依法治国的进程而努力。

在以问题为导向，重点阐释司法审判实践中的重点、难点和热点之外，为保证对民法典学习理解的全面性，我们在每编之前设计了概述。概述全面介绍该编的主要内容，以及应当注意把握的重点等内容。我们试图以专题为点，以概述为面，点面结合，帮助大家学习和理解民法典的精神和内容。

由于时间仓促和水平原因，我们所抽出的问题可能还不够全面，许多值得探讨的问题还没有列入。即使已经列入的问题和概述部分，阐释和讨论也可能不够深入。加之参与作者众多，风格水平不一，不足和缺点在所难免。对此，敬请读者见谅。

是为序。

杜万华

2020 年 11 月 30 日

简称表

全称	简称
《中华人民共和国民法典》	《民法典》
《中华人民共和国民法总则(草案)》	《民法总则(草案)》
《中华人民共和国民法总则》	《民法总则》
《中华人民共和国民法通则》	《民法通则》
《中华人民共和国物权法》	《物权法》
《中华人民共和国合同法》	《合同法》
《中华人民共和国宪法》	《宪法》
《中华人民共和国经济合同法》	《经济合同法》
《中华人民共和国技术合同法》	《技术合同法》
《中华人民共和国涉外经济合同法》	《涉外经济合同法》
《中华人民共和国侵权责任法》	《侵权责任法》
《中华人民共和国涉外民事关系法律适用法》	《涉外民事关系法律适用法》
《中华人民共和国消费者权益保护法》	《消费者权益保护法》
《中华人民共和国英雄烈士保护法》	《英雄烈士保护法》
《中华人民共和国产品质量法》	《产品质量法》
《中华人民共和国担保法》	《担保法》
《中华人民共和国农村土地承包法》	《农村土地承包法》
《中华人民共和国农村土地承包经营纠纷调解仲裁法》	《农村土地调解仲裁法》
《中华人民共和国土地管理法》	《土地管理法》
《中华人民共和国矿产资源法》	《矿产资源法》
《中华人民共和国森林法》	《森林法》
《中华人民共和国草原法》	《草原法》

续表

全称	简称
《中华人民共和国行政复议法》	《行政复议法》
《中华人民共和国城市房地产管理法》	《城市房地产管理法》
《中华人民共和国婚姻法》	《婚姻法》
《中华人民共和国继承法》	《继承法》
《中华人民共和国水法》	《水法》
《中华人民共和国环境保护法》	《环境保护法》
《中华人民共和国固体废物污染环境防治法》	《固体废物污染环境防治法》
《中华人民共和国水污染防治法》	《水污染防治法》
《中华人民共和国大气污染防治法》	《大气污染防治法》
《中华人民共和国环境噪声污染防治法》	《噪声污染防治法》
《中华人民共和国水土保持法》	《水土保持法》
《中华人民共和国矿产资源法实施细则》	《矿产资源法实施细则》
《中华人民共和国行政许可法》	《行政许可法》
《中华人民共和国中外合资经营企业法》	《中外合资经营企业法》
《中华人民共和国行政诉讼法》	《行政诉讼法》
《中华人民共和国预算法》	《预算法》
《中华人民共和国招标投标法》	《招标投标法》
《中华人民共和国城镇国有土地使用权出让和转让暂行条例》	《城镇国有土地使用权出让和转让暂行条例》
《中华人民共和国国家标准土地基本术语》	《国家标准土地基本术语》
《中华人民共和国土地管理法实施条例》	《土地管理法实施条例》
《中华人民共和国民办教育促进法》	《民办教育促进法》
《中华人民共和国海商法》	《海商法》
《中华人民共和国企业破产法》	《企业破产法》
《中华人民共和国商标法》	《商标法》
《中华人民共和国专利法》	《专利法》
《中华人民共和国著作权法》	《著作权法》

续表

全称	简称
《中华人民共和国公司法》	《公司法》
《中华人民共和国商业银行法》	《商业银行法》
《中华人民共和国海关法》	《海关法》
《中华人民共和国民事诉讼法》	《民事诉讼法》
《中华人民共和国村民委员会组织法》	《村民委员会组织法》
《中华人民共和国城市居民委员会组织法》	《城市居民委员会组织法》
《中华人民共和国农民专业合作社法》	《农民专业合作社法》
《中华人民共和国拍卖法》	《拍卖法》
《中华人民共和国船舶登记条例》	《船舶登记条例》
《中华人民共和国城乡规划法》	《城乡规划法》
《中华人民共和国信托法》	《信托法》
《中华人民共和国合伙企业法》	《合伙企业法》
《中华人民共和国证券投资基金法》	《证券投资基金法》
《中华人民共和国清洁生产促进法》	《清洁生产促进法》
《中华人民共和国电力法》	《电力法》
《中华人民共和国银行业监督管理法》	《银行业监督管理法》
《中华人民共和国刑法修正案(九)》	《刑法修正案(九)》
《中华人民共和国铁路法》	《铁路法》
《中华人民共和国票据法》	《票据法》
《中华人民共和国对外贸易法》	《对外贸易法》
《中华人民共和国技术进出口管理条例》	《技术进出口管理条例》
《中华人民共和国专利法实施细则》	《专利法实施细则》
《中华人民共和国母婴保健法》	《母婴保健法》
《中华人民共和国母婴保健法实施办法》	《母婴保健法实施办法》
《中华人民共和国刑法》	《刑法》
《中华人民共和国妇女权益保障法》	《妇女权益保障法》

续表

全称	简称
《中华人民共和国反家庭暴力法》	《反家庭暴力法》
《中华人民共和国收养法》	《收养法》
《中华人民共和国老年人权益保障法》	《老年人权益保障法》
《中华人民共和国个人独资企业法》	《个人独资企业法》
《中华人民共和国食品安全法》	《食品安全法》
《中华人民共和国证券法》	《证券法》
《中华人民共和国道路交通安全法》	《道路交通安全法》
《中华人民共和国执业医师法》	《执业医师法》
《中华人民共和国教育法》	《教育法》
《中华人民共和国未成年人保护法》	《未成年人保护法》
《中华人民共和国建筑法》	《建筑法》
《中华人民共和国保险法》	《保险法》
《中华人民共和国国民经济和社会发展第十二个五年规划纲要》	"十二五"规划纲要
《中华人民共和国国民经济和社会发展第十三个五年规划纲要》	"十三五"规划纲要
最高人民法院《关于适用〈中华人民共和国公司法〉若干问题的规定(四)》	《公司法司法解释(四)》
最高人民法院《关于审理建筑物区分所有权纠纷案件具体应用法律若干问题的解释》	《建筑物区分所有权解释》
最高人民法院《关于适用〈中华人民共和国物权法〉若干问题的解释(一)》	《物权法解释(一)》
最高人民法院《关于贯彻执行〈中华人民共和国民法通则〉若干问题的意见(试行)》	《贯彻民法通则意见》
最高人民法院《关于适用〈中华人民共和国担保法〉若干问题的解释》	《担保法司法解释》
最高人民法院《关于适用〈中华人民共和国行政诉讼法〉若干问题的解释》	《行政诉讼法司法解释》

续表

全称	简称
最高人民法院《关于人民法院民事执行中查封、扣押、冻结财产的规定》	《关于查封、扣押、冻结的司法解释》
最高人民法院《关于适用〈中华人民共和国婚姻法〉若干问题的解释(一)》	《婚姻法司法解释(一)》
最高人民法院《关于适用〈中华人民共和国民事诉讼法〉的解释》	《民诉法司法解释》
最高人民法院《关于适用〈中华人民共和国合同法〉若干问题的解释(一)》	《合同法司法解释(一)》
最高人民法院《关于适用〈中华人民共和国合同法〉若干问题的解释(二)》	《合同法司法解释(二)》
《全国法院民商事审判工作会议纪要》	《九民会议纪要》
最高人民法院《关于审理城镇房屋租赁合同纠纷案件具体应用法律若干问题的解释》	《房屋租赁合同司法解释》
最高人民法院《关于审理买卖合同纠纷案件适用法律问题的解释》	《买卖合同司法解释》
最高人民法院《关于人民法院办理执行异议和复议案件若干问题的规定》	《异议复议规定》
最高人民法院《关于审理融资租赁合同纠纷案件适用法律问题的解释》	《融资租赁合同司法解释》
最高人民法院《关于审理建设工程施工合同纠纷案件适用法律问题的解释》	《建设工程施工合同司法解释(一)》
最高人民法院《关于审理建设工程施工合同纠纷案件适用法律问题的解释(二)》	《建设工程施工合同司法解释(二)》
最高人民法院《关于审理商品房买卖合同纠纷案件适用法律若干问题的解释》	《商品房买卖合同解释》
最高人民法院《关于审理民事案件适用诉讼时效制度若干问题的规定》	《诉讼时效规定》
最高人民法院《关于审理民间借贷案件适用法律若干问题的规定》	《民间借贷解释》

续表

全称	简称
最高人民法院《关于审理涉及国有土地使用权合同纠纷案件适用法律问题的解释》	《土地使用权解释》
最高人民法院《关于审理技术合同纠纷案件适用法律若干问题的解释》	《技术合同司法解释》
最高人民法院《关于审理物业服务纠纷案件具体应用法律若干问题的解释》	《物业服务司法解释》
最高人民法院《关于审理外商投资企业纠纷案件若干问题的规定(一)》	《外商投资企业解释(一)》
最高人民法院《关于审理道路交通事故损害赔偿案件适用法律若干问题的解释》	《道路交通事故解释》
最高人民法院《关于审理与企业改制相关的民事纠纷案件若干问题的规定》	《企业改制解释》
最高人民法院《关于审理利用信息网络侵害人身权益民事纠纷案件适用法律若干问题的规定》	《网络侵权司法解释》
最高人民法院《关于确定民事侵权精神损害赔偿责任若干问题的解释》	《精神损害司法解释》
最高人民法院《关于审理名誉权案件若干问题的解释》	《名誉权司法解释》
《个人信用信息基础数据库管理暂行办法》	《个人信息数据库暂行办法》
最高人民法院《关于当前形势下审理民商事合同纠纷案件若干问题的指导意见》	《民商事合同指导意见》
最高人民法院《关于适用〈中华人民共和国婚姻法〉若干问题的解释(二)》	《婚姻法司法解释(二)》
最高人民法院《关于适用〈中华人民共和国婚姻法〉若干问题的解释(三)》	《婚姻法司法解释(三)》
最高人民法院《关于适用〈中华人民共和国婚姻法〉若干问题的解释(二)的补充规定》	《婚姻法司法解释(二)补充规定》
最高人民法院《关于审理生态环境损害赔偿案件的若干规定(试行)》	《生态环境损害赔偿司法解释(试行)》
最高人民法院《关于审理环境侵权责任纠纷案件适用法律若干问题的解释》	《环境侵权责任司法解释》

续表

全称	简称
《机动车交通事故责任强制保险条例》	《交强险条例》
最高人民法院《关于审理环境民事公益诉讼案件适用法律若干问题的解释》	《环境民事公益诉讼司法解释》
最高人民法院《关于民事诉讼证据的若干规定》	《民事证据规定》
最高人民法院《关于审理医疗损害责任纠纷案件适用法律若干问题的解释》	《医疗损害责任司法解释》
最高人民法院《关于贯彻执行〈中华人民共和国继承法〉若干问题的意见》	《继承法意见》
最高人民法院、最高人民检察院《关于办理生产、销售假药、劣药刑事案件具体应用法律若干问题的解释》	《生产、销售假药、劣药司法解释》
最高人民法院《关于适用〈中华人民共和国刑事诉讼法〉的解释》	《刑诉法解释》
最高人民法院《关于审理人身损害赔偿案件适用法律若干问题的解释》	《人身损害赔偿司法解释》
最高人民法院《关于适用〈中华人民共和国保险法〉若干问题的解释(二)》	《保险法司法解释(二)》
《网络预约出租汽车经营服务管理暂行办法》	《网约车暂行办法》
最高人民法院《关于审理涉及夫妻债务纠纷案件适用法律问题的解释》	《夫妻债务纠纷解释》

目　录

第二编　物　　权

第三编 合 同

第四编 人 格 权

第五编 婚姻家庭

第六编 继 承

第七编 侵权责任

绪　论

2020年5月28日,历史将记住这个日子。这一天下午,第十三届全国人民代表大会第三次会议在庄严的人民大会堂,正式通过了《民法典》。《民法典》的诞生,在中华民族历史上,在中国法制史的历史长河里,在中国特色社会主义制度建设中,都具有划时代的里程碑意义。

在几千年法制发展史中,中国以自己民族的传统文化为基础,逐渐形成独特的中华法系。

从1840年的鸦片战争开始,中国逐渐沦为半殖民地半封建社会。帝国主义用大炮轰开了中国封闭的大门,逐渐把西方的商品经济引入中国。同时,帝国主义国家在中国建立租界,搞"治外法权"。所谓"治外法权",就是在租界内不适用中国的法律,而适用承租国的法律。例如,在英租界适用英国法律,德租界适用德国法律。随着帝国主义入侵的加剧,尤其是签订《辛丑条约》后,中国的统治者深陷政治危机,统治者内部及社会各界对租界中的"治外法权"反对声日益高涨。在这种形势下,清朝统治者为了维护自己的统治,开始了思考如何解决"治外法权问题"。1905年,清末的统治者慈禧太后决定向西方国家学习,宣布准备在中国实行"预备立宪"。"预备立宪"的一个重要方面,就是按照西方的法律制度模式制定中国新的法律。清朝统治者希望通过中国法律与世界法律的接轨,解决中国法律与西方法律的冲突,以达到收回"治外法权"的目的。为实现这一目的,清政府从1905年起就学习西方法律,起草六法草案,由沈家本、伍廷芳主持的修律馆负责起草工作。该六法草案中,即包括《大清民律草案》。当时,聘请日本人松岗正义参与大清民律的编纂,作为修律大臣的沈家本还积极研究中国历代法律中的民事法律规范,汇编成《九朝律考》。该民律草案以《日本民法典》和《德国民法典》为参照起草。《德国民法典》生效于1900年,《日本民法典》参照《德国民法典》起草。中国最早的民法草案是从日本那里借鉴了德国民法传统。

1911年10月,孙中山领导的辛亥革命爆发,清王朝被推翻,已经起草的大清民律草案被搁置。新成立的中华民国临时政府除通过《中华民国临时约法》从形式上建立了民主共和国外,经济制度和其他社会制度依旧还保留着半封建、半殖民地的特征。民法典这只以前试图装旧酒的新瓶,能否真正换上资本主义经济制度和其他各项社会制度的新酒呢?当孙中山领导的国民党人因"二次革命"的失败而流亡海外,北洋政府因争权夺利忙于应对各省军阀割据混战之时,谁也无暇顾及对旧制度的革命,民国政府对民法典的起草工作被束之高阁。但是因清政府的大清律已经失去法律效力,新政府开始参照大清民律草案审理民事案件。1928年新的国民政府成立,中国取得形式上的统一,民法典的起草工作被提到议事日程。1929年,国民政府立法院正式通过了《中华民国民法总则》,1931年,立法院又通过了《中华民国民法分则》。至此,《中华民国民法》获得全部通过。

《中华民国民法》是中国通过的第一部现代意义的民法典。但这部民法典从通过的那一天开始,就注定不是真正意义上的社会革命的产物,是不可能在中国统一实施的。首先,该法通过之时和以后20余年里,国民政府并没有对封建土地制度和传统的旧制度开展社会革命。因此,这部民法典不是资产阶级革命或者民主革命成果的体现,而是吸收一些西方资产阶级革命的词汇、口号和法律术语构成的一部法律,它丝毫没有实际触动现实的封建土地制度和其他旧的社会制度,是一部典型的"纸上的法律"。其次,该法通过之后20余年里,国家一直处于动乱时期,没有统一实施的可能,从未真正有效地全面实施过。最后,随着国民党政权的崩溃,该民法典被废止,失去了在中国大陆实施的可能。1949年2月以后,随着人民解放军渡江南下,中共中央发布了《关于废除国民党六法全书和确定解放区司法原则的指示》。随着国民党退到台湾地区,这部民法典正式结束了它在中国大陆的实施。

1954年,中华人民共和国召开了第一次全国人民代表大会,通过了《宪法》,建立了人民民主专政的国家制度。"五四宪法"的成功制定,开启了"民法典"在内的一系列法律的起草热潮。从1954年以后到这次民法典的编纂工作的启动,我国前后开展过4次民法典编纂工作。这4次民法典编纂工作的风风雨雨,与我国经济政治文化等各方面发展的跌宕起伏密切相关。

第一次民法典编纂始于1954年。"五四宪法"通过后,中央抓法治的决心很大。当时,毛泽东同志有一个重要指示,提出我们不仅要制定宪法,还要制定民法、刑法、民事诉讼法、刑事诉讼法等法律,以推进中国的社会主义法制建设。根据毛泽东主席这个指示,中央专门组织了民法典编纂工作。这一时期,我国开展了社会主义的"一化三改造",即社会主义工业化,民族资本主义工商业和手工业、农业的社会主义改造,完成了公有制的社会主义经济制度的建立。1958年,鉴于国内如何建立社会主义制度、如何开展社会主义建设的问题没有完全解决,加之苏联与中国之间在如何建设社会主义的问题上发生争论,这一次民法典的起草工作停止。这一次民法典的起草工作,因我党缺乏民法典起草经验,主要参照的民法典版本是《苏俄民法典》。

1962年中央对1958年以来的经济等各方面工作进行总结,确定了"调整、整顿、提高"的方针。国民经济开始得到恢复。在此背景下,我国又开始第二次民法典编纂工作。在这次民法典起草过程中,我国的社会主义经济建设该如何进行,特别是人民公社制度应当如何确立、"四清运动"如何进行等问题上,党内存在争论。在此背景下,民法典的起草工作不可能进展顺利。1966年,由于"文化大革命",第二次民法典起草工作再次中止。

1978年,中央召开了十一届三中全会。这次会议正式结束了"以阶级斗争为纲"的党的基本路线,将党和国家的工作重心转移到经济建设上来,确定了以经济建设为中心,坚持改革开放的党的基本路线。为保证党的基本路线的落实,这次会议提出了社会主义法制建设的"十六字方针",即"有法可依、有法必依、执法必严、违法必究"。在这"十六字方针"的指引下,我国又掀起了新一轮立法热潮。在这次立法高潮中,第三次民法典的起草工作再次启动。随着民法典起草工作的推进,出现了一个新的情况:虽然当时中央已经确定了以经济建设为中心,但是我国的社会主义经济是计划经济,还是以计划经济为主,商品经济为辅,或者是计划经济和商品经济并重的问题没有解决。若这一问题不明确,民法典的起草工作便很难推进。由于当时对我国社会主义经济性质的认识争议很大,民法典的起草工作面临很大困难。在我国经济社会建设急需法律保障,而认识问题又一时难以统一的情况下,邓小平同志做出了一个重大的战略性决策。这个决策对我国以后几十年的民事立法工作产生了重大影响。他说,我们现在立法经验不足,在立法上要搞成套设备不太现实,搞不了成套设备,我们就搞单行立法,等经验积累到一定程度以后再回过头来搞成套设备。

根据邓小平同志这一指导思想,第三次民法典起草工作中止,各个单行民事法律开始起草。经过若干年的努力,我国陆续制定了《经济合同法》,修改了1950年《婚姻法》,通过了《技术合同法》《涉外经济合同法》《继承法》《民事诉讼法(试行)》等民事法律。1984年10月,中央作出《中共中央关于经济体制改革的决定》,该决定提出中国社会主义经济不是单一的计划经济,而是以公有制为主体的有计划的商品经济。这一决定出台后,很多人开始呼吁,既然要建设商品经济,就要制定适应商品经济发展的法律。适应商品经济建设的法律是什么呢?这个法律应该是民法。正是在这一背景下,全国人大在1986年制定了《民法通则》。严格意义上讲,《民法通则》是一个微缩版的民法典。正是这一微缩版的民法典,对推动当时中国社会主义商品经济的发展,发挥了极其重要的作用。但是同时应当看到,在当时的背景下,中国社会主义经济的性质问题依然存在很大争论。这一争论一直持续到邓小平同志南方谈话的发表。

1992年年初,邓小平同志在视察深圳时的谈话中指出:“计划多一点还是市场多一点,不是社会主义与资本主义的本质区别。计划经济不等于社会主义,资本主义也有计划;市场经济不等于资本主义,社会主义也有市场。计划和市场都是经济手段。”所以,对这一问题不要再争论,要实干。邓小平同志提出的计划和市场都是经济手段的重要论断,打破了过去那种主张市场经济只存在于资本主义的观点,并提出了要建设社会主义市场经济的目标和要求。党的十四大召开以后,在1993年党的十四届三中全会上,通过了《中共中央关于建立社会主义市场经济体制若干问题的决定》,提出要用15年左右的时间在中国基本建成社会主义市场经济。正是中央这一决定,为我国民事立法工作指明了方向。正是在这个基础上,我国于1999年,将《经济合同法》《技术合同法》《涉外经济合同法》等法律整合到一起,制定了适应社会主义市场经济要求的重要法律——《合同法》。这部高质量的《合同法》,很好地反映了市场交易的特点,对维护我国社会主义市场经济的发展,发挥了重要作用。同时,它作为整个民法债编中最重要的组成部分,也为当前我国编纂民法典打下了坚实的基础。

《合同法》通过以后,李鹏委员长提出了要编纂民法典的要求,第四次民法典编纂工作再次启动。这次编纂工作在全国人大组织下提出了民法草案,并在全国人大上进行了第一次审议。在这次审议民法草案时发现,我们虽然有了《民法通则》,修改了《婚姻法》,并完成了民法典中最重要的法律——《合同法》的制定,但有些重要的单行民事法律还没有完成,如物权法、侵权责任法等。于是第四次民法典起草和编纂工作又再次中止。在以后近10年中,立法机关秉持邓小平同志关于先开展单行民事法律立法的指导思想,又制定了几部重要的民事单行法律——《物权法》《侵权责任法》《涉外民事法律关系适用法》。这3部法律制定完成后,民法典重要的单行民事法律基本起草完毕。2010年全国人大会上,吴邦国委员长宣布,我国基本建成了社会主义市场经济法律体系。

2012年,党的十八大胜利召开,我国的经济社会发展进入新常态,实现“两个一百年梦想”,完成中华民族的伟大复兴,成为全党、全军和全国人民的伟大任务。为保证这一伟大历史任务的完成,党的十八届四中全会提出:编纂民法典。为什么党中央会再次提出编纂民法典呢?

首先,我国要实现全面建成小康社会的目标,建立完整的社会主义法律体系,需要编纂民法典。按照党和国家设计的我国社会主义建设发展目标,中国共产党成立100周年时,我国应当全面建成小康社会,实现第一个"百年梦想"的目标。全面建成小康社会、实现中华民族的伟大复兴的第一个目标,不仅要完成确定的经济指标,还应当完成社会主义法治体系的建设目标。要建立完善的社会主义法治体系,必须以建立完整的社会主义法律体系为前提。目前,我国已制定了完整的宪法、刑法、刑事诉讼法、民事诉讼法和行政诉讼法,但还没有一部完整的民法典。而民法典是仅次于宪法的最大的基本法律,是涉及社会主义社会生产和生活方方面面的法律"百科全书"。没有完整的民法典,中国社会主义法律体系无论如何不能认为是完整的体系。因此,编纂民法典,就成为我国社会是否全面建成小康社会的一个重要标志之一。

其次,我国的社会主义经济制度和其他社会制度已经建立,并经过几十年的运行,需要用民法典的形式正式予以固定。1957 年我国完成了"三大改造",实现了建立社会主义公有制的目标;通过农村和城市的一系列改革,建立了以公有制经济为主体,多种所有制共同发展的社会主义基本经济制度,建立了社会主义市场经济体制,建立了以家庭联产承包责任制为主的农村集体土地承包责任制,国有土地有偿使用,矿产资源等自然资源有偿使用等公有财产的使用制度;通过改革开放的探索,适应社会主义市场经济交易秩序需要的合同制度已经逐渐完善;新中国成立以后,特别是改革开放以来,我国的人权事业取得了长足进步,人身自由、人格尊严维护的呼声不断提高,人格权权益保护的制度从无到有,逐渐发展,迫切需要完整的人格权法律体系的规定;通过新中国成立以来的妇女解放运动,我国不仅废除封建婚姻制度,确立了婚姻自由、男女平等、一夫一妻等新型婚姻家庭制度,而且通过 70 年来的不断丰富和完善,婚姻家庭制度和未成年人、妇女、老年人和残疾人等弱势群体的保护制度更加成熟。这一系列的经济、政治和文化的发展,都需要通过民法典的方式,从法律上予以固定化。

最后,为了给第二个"百年梦想"的实现提供法治基础和保障,需要将新中国成立 70 年以来制定的单行民事法律,用编纂民法典的方式重新进行整合。按照党和国家设计的我国社会主义建设发展目标,在第一个"百年梦想"实现以后,还要用 30 年左右的时间,即在新中国成立 100 年时,将我国建设成社会主义的现代化强国,实现中华民族的伟大复兴。新中国成立以来的 70 年里,特别是改革开放 40 年来,我国先后制定了一系列单行民事法律,如《婚姻法》《经济合同法》《继承法》《技术合同法》《涉外经济合同法》《民法通则》《合同法》《物权法》《侵权责任法》《商标法》《专利法》《著作权法》《涉外民事关系法律适用法》等法律。这些民事法律对于推动我国的改革开放,推动我国社会主义建设事业发挥了重要作用。但是,由于这些法律都是以单行民事法律的形式出现的,其碎片化的现象难以克服,法律与法律之间的矛盾和冲突给执法和司法工作带来了困难。尽管有些法律根据改革开放和社会发展的需要,已经修改和整合过多次,但是要从根子上解决碎片化的弊病还是困难的。如果说在新中国成立 70 年来,我国对包括社会主义法治建设在内的中国特色的社会主义制度建设进行了艰苦的探索,那这次民法典的编纂,就是要用体系化的民法典方式,解决单行民事法律碎片化的弊端,将这些探索所取得的成果用法律的形式予以固定化,进一步推动中国特色社会主义建设的进程,为第二个"百年梦想"的实现,为中华民族的伟大复兴,提供坚实的法治基础和保障。

正是基于上述原因,为落实党中央关于民法典编纂的指示,按照党中央的决定,由全国人大法工委牵头,最高人民法院、最高人民检察院、国务院法制办、中国社会科学院、中国法学会参与,共同承担民法典编纂的具体工作。由于民法典的编纂对今后人民法院的民事审判工作极为重要,最高人民法院党组对民法典的编纂工作高度重视。根据民法典编纂工作需要,院党组专门成立了最高人民法院民法典编纂工作研究小组,由时任最高人民法院常务副院长沈德咏担任组长,最高人民法院其他分管民事审判的院领导任副组长,笔者作为分管民事审判工作的院领导任副组长兼办公室主任,主抓此项工作,并负责组织协调和具体研究工作。参与具体研究工作的有最高人民法院各相关审判部门、综合审判部门、国家法官学院,以及司法应用研究所的法官、教师和研究人员。全国各级法院的法官和相关人员积极参与配合研究工作。

我国民法典编纂分两步走:第一步是从 2015 年年初开始起草《民法总则》,到 2017 年 3 月完成。第二步是开始编纂民法分则。这项工作从 2016 年下半年开始启动,直到 2020 年《民法典》正式通过。2017 年 3 月 15 日,《民法总则》在人民大会堂高票通过,得票率达到了 98.3%,在全国人大立法史上排第二位(排在第一位的是《反分裂国家法》)。《民法总则》通过后,最高人民法院研究小组为配合全国人大法工委起草好民法分则,又展开了工作量极大的研究工作。在编纂整个民法典过程中,最高人民法院民法典编纂研究小组及其办公室主要从以下几个方面开展工作:

一是按照分工,将研究任务分配到最高人民法院的各相关单位,由各相关单位独立开展研究工作,并提出自己的意见和建议报民法典编纂研究小组办公室。承担任务的单位不仅有 4 个民事审判庭、立案庭等相关审判部门,还包括最高人民法院派往全国各地的 6 个巡回法庭。二是最高人民法院领导小组办公室召开由各部门承办人和负责人参加的例会,专题研究各部门按照分工提出的意见和建议。在整个民法典编纂的 6 年中,这种例会召开达数十次之多,各种意见均可在会议发表,各种观点均可在会议上交锋。三是由最高人民法院民法典编纂研究小组办公室在全国各地举办专题研讨会,就民法典编纂中的重要问题听取全国各级法院法官、全国人大代表、政协委员和专家学者的意见和建议。四是陪同全国人大法工委民法典编纂专题工作班子,在各地开展调研活动和举办研讨会,听取各种意见和建议。五是在全国各级人民法院的支持下,围绕物权、合同、民事侵权、人格权、婚姻家庭和继承等专题,研究小组办公室收集了大量民事审判工作中出现的案例,提供给全国人大法工委,并作为我们开展研究的素材。

在此基础上,最高人民法院民法典编纂研究小组办公室概括归纳各方面的建议和建议,提出我们关于民法典编纂的意见和建议上报院党组。最高人民法院院长周强同志和院党组对民法典编纂研究工作非常重视,多次听取研究小组和办公室的工作汇报,并多次召开院党组会研究民法典编纂研究问题。在此基础之上,我们通过参加法工委主持召开的各种民法典编纂会议,以及他们提出的民法典编纂各分编的工作稿,提出我们的意见和建议。这些意见和建议包括正式的最高人民法院《关于〈中华人民共和国民法总则(草案征求意见稿)〉意见的复函》(法函〔2016〕27 号)、最高人民法院《关于〈中华人民共和国民法典各分编(草案稿)〉意见的复函》(法函〔2018〕62 号)、最高人民法院《关于〈中华人民共和国民法典各分编(草案稿)〉意见的复函》(法函〔2018〕117 号),以及许多非正式的工作稿和交换意见稿等,字数高达近百万字。除此之外,从 2015 年起,随着民法典编纂研究的进程,研究小组办公室不定期地出简报近 70 期,对最高人民法院民法典研究小组及其办公室的工作和研究进展情况,包括研究时的各种观点都进行了忠实的记录。笔者在这里列举这些情况是要说明,对民法典编纂,最高人民法院党组是何等重视!最高人民法院民法典编纂研究小组及其办公室是何等刻苦和努力!

中国对民法典的编纂,是21世纪世界立法史上最重要的立法活动。在这次立法活动中,这部民法典应当怎样编纂呢?为此,研究小组及其办公室通过认真研究在各种会议上提出了自己的观点和看法。

一是应正确处理立足中国国情与借鉴国外经验的关系。我国历史上因缺乏成体系的私法传统,近代民法效法欧陆较甚。从民法典的内容看,1911年《大清民律草案》和1930年《中华民国民法典》主要借鉴了《德国民法典》。中华人民共和国成立后,我国民法转而借鉴苏联,而《苏俄民法典》也主要借鉴了《德国民法典》的内容。改革开放以来,我国民法主要受德国和日本的影响,而日本民法源自《德国民法典》。社会主义市场经济与其他市场经济具有一定的内在逻辑联系,这就决定了各国民法的基本价值、理念、原则和规则具有相互借鉴的经济基础和社会基础。但同时应当看到,民法典的制定不仅是立法技术和法学理论的体现,更重要的是本国经济、政治、文化等方面的反映和社会发展的需要。这就决定了我国民法典编纂既要借鉴国外市场经济条件下立法的先进经验,更应立足本国国情,对以公有制为主体、多种所有制共同发展的社会主义基本经济制度,"两个毫不动摇"的国家经济发展战略,社会主义市场经济条件下对一切市场主体给予平等保护的社会需要给予充分体现;既要批判地借鉴西方国家的自由、平等、公正、法治的价值理念,也要根据中国国情的实际需要建立社会主义核心价值观。

同时还应当看到,任何法律都不是从天上掉下来的,都是时代的产物。正如当年"法国民法典"是以当时农业社会为主的法国社会的产物,"德国民法典"是以当时工业社会为主的德国社会的产物一样,目前处于21世纪的中国民法典,也应当是以现代中国社会现状和将来的发展方向来构建我们的民法典。因此,我们的民法典编纂,既要照顾过去的传统,又要面向未来,适应社会发展的方向,实现中华民族的伟大复兴。

二是应正确处理继承与创新的关系。新中国成立以来,我国虽一直未制定出完整的民法典,但70年来特别是改革开放40年以来,单行民事法律的制定还是相对完备的。早在1931年,国民政府立法院就已经制定了国民党民法典,虽然该法当时并没有真正在全国实施过,但毕竟是中国制定的第一部现代意义上的民法典。而且,在几千年的中国法制史中,我国虽是"诸法合体,民刑不分",但民事法律规范还是大量存在的。这些事实的存在,决定了我们在编纂民法典时,除了应当借鉴西方国家的民法典和民事法律规范制定的经验,对中国过去民法典与民事法律制定经验的继承,也是不可回避的。我们是炎黄子孙,是中华文明的继承者,不能割断历史,不能抛弃中国优秀的传统法律文化。但同时我们也必须认识到,当前对民法典的编纂,不应仅仅局限于对过往法律的总结,因时制宜,顺应时代的发展,适应当前经济社会需要和发展趋势,并在民法典中反映这种需要和趋势的创新,是需要我们更加重视的重要任务。

对于我们所说的创新,首先,要把新中国成立70年来建立的新制度通过民法典肯定下来。例如,对于社会主义基本经济制度、公有制经济与非公经济的共同发展的制度、社会主义市场经济制度,我们应通过所有权、用益物权、担保物权、合同、民事侵权等法律制度予以规范和保护。这是我国民法典对世界民法制度的最大贡献。其次,我们不能仅仅将民法典视为财产法,还应当将人格权和知识产权写入民法典。我们建立的中国特色社会主义制度,不仅要让民事主体的财产权利受到完整的法律保护,还应当让我们人民的人身自由、人格尊严受到保护和尊重,人格权益受到法律的严格保护,让我们的人民生活得更有尊严、更有价值。我们的民法典不仅要保护民事主体的有形财产,还应该让他们的知识产权受到民事法律的充分保护,激发各类民事主体和科技人员科技创新的热情,促使社会财富的创造更有生机。最后,我们现在所面临的不仅是农业社会和工业化社会,还是后工业化和信息化时代。在这个综合性的社会形态中,因新型民事关系不断出现,充分保护新型民事关系中的民事权益成为我们的重要任务。我们应当根据当今时代的要求,对知识产权等无形财产权、个人电子信息等新类型个人权益的保护、所有权所附之社会义务、合同的社会功能、债权的优越性、人身权的新发展、信息社会中交易规则的变化、民事主体从经济人假设到社会人假设的转变等新问题予以充分研究。我们所编纂的民法典要反映时代精神和社会发展趋势,具有前瞻性和创新性,从而顺应世界民法的新发展。当然,我们在编纂民法典中的创新,不是为创新而创新,而是建立在继承基础上的创新,是适应时代发展的创新,是推动社会不断进步的创新。只有这样,我们的民法典才是一部与时俱进的先进民法典。

三是应正确处理私法与公法的关系。民法是私法,以保护私权为宗旨。但如果处理不好民法与公法的关系,民法对私权的保护就会受到影响。尤其是现在很多民事权利的保护都与登记制度密切相关,如果不能处理好民法与行政登记制度的关系,相关民事权利的保护就会受到影响。如我国《物权法》颁布以后,有些观点认为,民事主体享有物权是因为登记机关的登记行为赋予了其物权,这种认识显然是错误的。物权主要是通过民事行为获得,不是行政登记机关通过登记行为赋予的。其他会影响私权的行政法制度还包括知识产权登记制度、特殊合同的审批制度、市场主体准入制度、工伤认定制度等。在编纂民法典时,不仅需要将行政法律法规中的民事规范剥离出来放到民法中,还需要将一些必要的原则性管理规范放到民法之中,指引国家行政管理机关另行制定管理性规定。之所以需要这样做,是因为民事关系不仅需要民事法律调整,如果涉及行政管理关系,还需要行政法律调整。如果对民事关系的危害很大,还会适用刑事法律进行调整。

现代民法的一大特征是私法公法化,现今已很难找到一部不掺入一点公权力的民法典。在维护社会公平、保护交易安全、提高交易效率时,公权力的介入有时是不可避免的。尤其是20世纪以来,民事法律由个人本位向社会本位转变,绝对所有权、意思自治和过错责任三大原则受到修正。这虽然不足以改变民法的私法属性,但在制定民法典时,我们要审慎把握私法公法化的度,既要承认民法典中公法因素的必要性,又要防止公权力对经济活动,特别是私人生活的不当干预。

四是应正确处理民法典与单行民事法律的关系。民法涉及面广、内容庞杂。部分国家在制定民法典时,曾希望将民法的所有内容纳入民法典,但事实证明这一做法并不可行。一方面,私人生活关系具有复杂性和广泛性,一部法典难以涵盖全部;另一方面,社会生活处于不断发展变化之中,无论多完备的法典,都会随着社会的发展而呈现滞后性,需要修改。如果民法典无所不包,则需要经常修改,不利于维护民法典的稳定性。改革开放以来,我国民事立法采取了“成熟一个、制定一个”的急需先立原则,目前单行民事法律较为完备。在这种情况下编纂民法典,需要正确处理民法典与单行民事法律的关系。民法典应规定民法的基本内容,以维护民法典内在的逻辑性和内容的稳定性,民事特别法律则需要通过单行民事法律加以规定。要注意民法典对单行民事法律的统领作用,以做到民事法律内在的协调一致,同时避免不必要的重复。

民事生活的复杂性和变化性,决定了编纂民法典的同时不可避免地要制定一些单行民事法律的事例,随着经济社会的发展会不断出现。例如,环境生态权就不宜放在民法分则中作具体规定,但是可以在民法典之外通过单行民事法律来规定。信息资源权现在研究还不深入,也不宜在民法分则中作具体规定,但可以在未来通过单行民事法律进行规定。在编纂民法典时就要处理好民法典与单行民事法律的关系。一方面,民法典尤其是民法总则要为将来要制定的单行民事法律预留"接口",让这些单行民事法律能在民法总则中找到根据;另一方面,民法典与其他单行民事法律要做好衔接,形成一个有机统一、逻辑清晰、外延开放的民事法律体系。

五是应正确处理民法与商法的关系。关于民法与商法的关系,有民商合一和民商分立之争。争论的焦点是民法典的内容是否应包含商事法律的原则和规则,在民法典之外是否要另行制定商法典。从国外立法例看,两种立法模式都有,但新近编纂的民法典多采用了民商合一的体例。从国内学术研究看,两种观点都存在。笔者认为,无须在民法典之外再制定商法典。从总体来看,民法和商法虽然在理念、规则上存在差异,但并不能截然分开,二者的共性大于个性,商法属于民法的特别法,二者是种属关系,而非并列关系。当民法已经作出规定,商法不能与之相冲突,但如果民法未作规定,商法可以用单行民事法律的方式另行规定。从历史上看,商品经济发展到特定时期,即商事行为主要发生在特定群体内部,而且商业的发展受到封建残余因素的妨碍时,商人群体的利益需要特别保护,商事行为需要特别规范。这是商法产生的原因。但随着商品经济的深化发展,特别是市场经济和其他社会生活的不断发展,在商事主体与民事主体、商事行为与民事行为已经难以划分的今天,单独制定商法典已失去社会的必要性。相反,民法调整市场经济关系的功能日益强化,民法商事化趋势愈加明显,两者相互交融,已经成为难以改变的趋势。

新中国成立以来,特别是改革开放以来,我国《民法通则》和其他单行民事法律,均采取民商合一的立法模式。在民法典外单独再编纂商法典,既不符合历史潮流,也不符合我国经济社会发展需要、法治实践的经验和现实需求。但是也应当看到,商事法律确有其相对特殊的价值取向和制度安排,将所有的商事规则完全统一到民法典中并不现实。因此,在编纂民法典时,对典型的商法如公司法、票据法、保险法、海商法、破产法等法律,在不与民法典相冲突的条件下,仍采用单行民事法律的方式是比较可行的。

六是应正确处理民法总则和民法分则各编的关系。民法典应有严密的逻辑体系,其中最重要的是要处理好总则与分则的关系。民法典内容广博,编纂任务繁重。因此,编纂工作分两步走,先制定民法总则,再制定分则各编,是一种积极稳妥的立法方法。民法典编纂工作可分步进行,但民法典编纂研究工作应作通盘考虑。在分别制定民法总则和分则的情况下,正确处理二者的关系显得特别重要。总则要反映民法普遍的规则,主要涉及民法中具有共性的内容,分则各编则是民法主要领域的具体规定。制定民法总则时应当注意与民法分则各编内容的协调和衔接,兼顾对其他部分的研究论证。民法典的编章结构,以及分则各编的结构和内容,都与总则有直接关联,需要在制定总则时一并研究和处理。

在编纂民法典过程中,我们通过各种协调会议提出了上述应正确处理六个方面关系的意见。但是,要编纂一部好的民法典,笔者认为,不仅应当处理好上述六个方面的关系,还应当思考一个问题:应当怎样通过民法典的编纂来构建我国的民法体系?

首先,我国的民法体系特别是民法总则,应该以法律关系理论为核心,以法律规范的理论为补充进行建构。民事法律关系的理论主要包括民事主体、客体、权利义务和民事行为等内容。用这个理论指导民法典编纂,特别是民法总则起草,就有了搭建的基本蓝图。民法总则自身应当具备完整严密的逻辑体系,以法律关系理论为核心来构建民法总则,重点规定民事主体、民事权利客体、民事权利和义务,以及引起民事法律关系产生、变更、消灭的民事法律事实等内容,就能实现这一立法目的。我们为什么要提出要以法律规范理论为补充呢?这是因为民事法律关系理论重点强调的是民事主体、客体、民事权利和义务,以及包括民事行为在内的法律事实,其中特别重要的是民事权利义务。至于民事责任问题,虽可以从理论上推导出来,但显得并不直接。法律规范理论,在强调适用的前提条件、权利义务的同时,更强调法律责任。以法律关系理论为核心,法律规范理论为补充,刚好弥补了法律关系理论在强调民事责任、诉讼时效等国家强制力方面的不足。采用这种理论编纂民法典,特别是起草民法总则,可以为建立科学的、逻辑严密的民法典奠定基础。正是在这一思想的指导下,在民法总则起草过程中,我们向全国人大法工委提出要增加民事责任一章的建议,以形成民事权利义务责任"三位一体"的完整体系,更便于民事法律在现实生活中的实施。虽然当时对增加这一章有争议,但经过认真讨论和研究,民事责任作为一章,写进了民法总则。

其次,我国的民法体系应当是以总则为纲、分则为要,民法典为体,民事单行法律为用的完整民法典体系。民法典编纂不同于现有民法条文的简单汇编。整部民法典必须有严密的逻辑结构和深厚的理论支撑,应当是法律逻辑与经验总结的统一,是逻辑严密与价值合理的统一,是形式完美与内容至善的统一。因此,我国制定的民法典应以总分结构主,构建一个开放性的完整民法典体系。民法总则规定民法的基本原则和一般规则,分则规定具体规则。民法分则不能涵盖的问题可以通过单行民事法律来规定。民法分则和单行民事法律应当是民法总则中基本原则和一般规则要求的具体体现,有些单行民事法律还应当是分则规定的具体体现。只有这样,我国的民法体系才能真正成为具有内在逻辑联系、相互协调、功能互补的完整民事法律体系。

民法总则是民法典的纲领和灵魂,是未来制定民法分则以及各民事单行法的依据,应当具备能够统领民法分则及民事单行法的完整科学的逻辑体系。一方面,民法分则及单行民事法律应当能够在民法总则中找到相应的依据;另一方面,在制定民法总则的过程中,应当将物权法、合同法、侵权责任法等法律的一些基本规则进行科学的抽象、概括和提炼,将其融入民法总则之中,使民法总则具有更强的概括性和指导性。

最后,在民法总则基本规定和一般规则的基础上,民法分则应当根据民事关系的不同属性,对现有的单行民事法律的规定进行编纂。就民法的体系而言,民事法规规范包括基本原则、一般规则、具体规则。它们共同构成民法体系之树。民法总则主要是关于民事基本原则和一般规则的法律规范,民事法律具体规则应由民法分则和民事单行法律作出规定,且民法分则和民事单行法律原则上不能与民法总则的规定相冲突。正是在这一认识的基础上,我们向全国人大法工委提出,应当根据民事关系的不同属性,围绕人格权、物权、债权、知识产权、亲属、继承、民事侵权、涉外民事关系法律适用 8 个方面进行民法分则的编纂。在这 8 个分编中,物权、债权、亲属(或者婚姻家庭)、继承和民事侵权争议不大,而人格权、知识产权、涉外民事关系法律适用则存在争议。为此,我们的建议重点对人格权、知识产权、涉外民事关系法律适用进行了阐述。

一是要重视人格权在民法典编纂体系中的重要性。人格权是民事主体最基本的民事权利,具有独立地位,与物权、知识产权、亲属权、债权等共同构成完整的民事权利体系。人格权是人权在民事法律中的具体化,民法中规定人格权是保障和发展人权的内在要求,可以使宪法保障人权的规定在私法中得以落实,并向国际社会彰显党和国家对保护人权的高度重视。从全球来看,近一个多世纪以来,人格权得到了快速发展,各国高度重视。中华人民共和国成立以来,特别是改革开放以来,我国的人权事业取得了很大进步。人权,特别是人格权的司法保护也逐渐发展完善。党的十八大以来,基于全面建成小康社会的需要,人格权的保护如何在立法上取得相应的地位,已成为社会关注的热点之一。因此,在民法典编纂中,应当满足这一社会需求。具体来说,自然人人格权所包含的生命权、健康权、姓名权、人身自由权、身体权、隐私权、个人信息权等具体人格权及一般人格权应当在民法中有所体现;同时,法人和其他组织形成的名称权、荣誉权等具体人格权及死者人格利益等也应当予以保护。

二是要将知识产权纳入民法典体系。我国实施国家知识产权战略,以创新型国家建设为根本目标,高度重视知识产权在经济发展战略中的核心地位和作用,以知识产权优势理论为指导,为我国实现经济转型和科学发展提供强有力的科技、经济、文化、智力和人才支持。知识产权作为现代社会民事主体最重要的权利之一,民法典应当将其作为主要民事法律制度予以规定。特别是知识产权作为民事权利的绝对权、对世权和排他权,如果在民法典予以规定,那么,对知识产权的保护力度将会大大加大。与此同时,如果在职务创作中,将科技人员在知识产权中的财产权也在民法典中予以规定,那么,对激发广大科技人员创新的积极性将会发生极大的作用,对我国科技创新推进的力度将是空前的。因此,将知识产权纳入民法典体系,既是民法典自身体系完整性的需要,也是民法典贯彻创新发展理念,为国家经济、科技、文化发展提供制度支持的最好体现。

三是要将涉外民事关系法律适用纳入民法典体系。目前,我国的经济总量已经位居世界第二。中国经济已经与世界经济融为一体,成为推动全球经济发展的重要引擎。随着"一带一路"倡议的实施,我国全方位对外开放新格局正在形成。在此背景下,我国民法典的编纂,应当适应经济全球化、对外开放和"一带一路"建设的需要,为众多的中外市场主体提供可靠的法律需求,以及时解决他们之间的各种民事和商事纠纷。为实现这一目标,在民法典编纂中将涉外民事关系法律适用作为独立一编写进去,为我国法院依法准确适用国际条约和惯例,准确查明和适用外国法律,依法行使司法管辖权、裁判权,为中外市场主体提供及时有效的司法救济提供法律依据,就显得十分必要。同时,将涉外民事关系法律适用纳入民法典体系,还可以向那些怀疑中国是否会继续对外开放、走社会主义市场经济道路的人,表明我国的对外开放基本国策没有改变,所有与我国的经济和社会交往,都能得到我国法律保护的基本态度。

从 2015 年年初开始到现在,5 年多过去了。经过全国人大法工委、最高人民法院等 6 家单位的通力合作,《民法典》在第十三届全国人民代表大会第三次代表大会上正式通过。这部将在全国 960 万平方公里国土上正式实施的《民法典》,承载着 100 多年来中华民族法治梦想的大法终于出生了。这部新诞生的《民法典》共 7 编、1260 条,即第一编总则,第二编物权,第三编合同,第四编人格权,第五编婚姻家庭,第六编继承,第七编侵权责任。

这部法律,是一部在党的领导下,各相关部门努力工作,集中全国人民共同意志的法律。在编纂民法典的过程中,全国人大的各级领导,全国人大法工委承担编纂工作专班的领导和同志们,深入全国各地、各个部门,召开有各界人士参加的调研会,进行深入的调查研究。他们除认真听取和吸收我们的意见外,其他国家机关、各种社会组织、社会团体和各界人士的许多意见,也被吸收在这部民法典中。可见,我国民法典的编纂过程,就是一个集中民意、体现民智的民主立法过程。通过这一过程,全国人民的共同意志被体现在民法典中。笔者和同事们在5年多的时间里,共同经历和见证了这一过程。这是我们莫大的荣幸。在整个民法典编纂过程中,我们代表最高人民法院提出的意见,都是在深入基层,广泛听取全国各级法院的法官、各级人民代表、政协委员、专家学者和各界群众基础上形成的意见,这些意见已经被大量吸收入这部法典中。特别值得一提的是,这次民法典的编纂,我们提出的人格权独立成编的建议被采纳,人格权作为分则中的独立一编被写进了民法典,成为我国这次民法典编纂的最大亮点;知识产权作为民事权利被写进民法总则中的民事权利一章中,为下一步知识产权法作为单行民事法律的制定奠定了基础。

这部法律,是一部体现新中国成立70年来,特别是体现改革开放40年来社会主义制度伟大成果的重要法律。1949年新中国成立以来,我国先后建立了全民所有和集体所有的社会主义财产公有制度;农村土地承包责任制,农村土地承包经营权流转制度;国有土地有偿出让、转让制度,矿产等自然资源有偿出让、转让制度以及其他公有财产有偿使用制度;公私财产保护制度;包括市场交易制度在内社会主义市场经济制度;知识产权保护和转让制度;人格权保护制度;婚姻家庭制度;继承制度;民事侵权责任制度;生态环境保护制度;涉外民事法律关系适用制度等。经过几十年的磨炼,上述制度在中国的社会主义实践中日臻完善、成熟。这次民法典编纂,不是一两个法学理论或者法学家意志的体现,更不是西方法律制度的简单移植,它是在中国共产党领导下,全国人民通过70年来对中国特色社会主义的探索,特别是改革开放40年来改革开放的经验总结。从这个意义上讲,我国新编纂的民法典,不是立法者起草出来的,它是中国人民干出来的,中间经历了多少曲折、辛酸、徘徊、思索和奋进!可以说,这部民法典是中国特色社会主义制度的完整总结,是中国社会主义制度法制化的重大成果,我国的法学家和立法者,只是在党的领导下,几代中国人民70年来探索和奋进的忠实记录者和整理者。成绩属于伟大的中国人民!

这部法律,是实现中华民族伟大复兴,为未来中国社会主义法治建设奠定基础的重要法律。1840年以后,为实现中华民族的伟大复兴,有多少仁人志士为之艰苦奋斗,流血牺牲。新中国成立后,中华民族走上了伟大复兴的新征程。经过70年的奋斗,我们离民族伟大复兴的实现已经越来越近。但是,中华民族的伟大复兴不仅仅是一个经济指标,还有政治、文化、社会管理、人与自然的和谐发展的指标。社会主义法治,就是这五大指标能否实现的综合性标志。经过70年,特别是改革开放40年的努力奋斗,我国的社会主义法治水平已经取得长足进展,但离中华民族伟大复兴的要求还有差距。在第一个“百年梦想”,即在建党100年,在我国实现全面建成小康社会的目标即将达到之时,完成民法典的编纂工作,就是要为实现第二个“百年梦想”奠定坚实的立法基础。民法典编纂结束后,我国完整的社会主义法律体系基本建成,在我们向第二个“百年梦想”迈进之时,我国的社会主义法治建设将随着“五大建设”的步伐,向中华民族伟大复兴的目标前进!这就是完成民法典编纂工作所具有的重大历史意义。

民法典编纂工作完成了,但它并不是中国社会主义法治建设的完成,而是一个新的开端,一个新的社会主义法治建设的开端。这个开端应当如何进行呢?

一是要借民法典贯彻落实的东风,在全国掀起学习民法典的热潮,树立尊重他人民事权利,提高全民族平等、自由、公平、诚信等法治意识。民法不仅仅是权利法,而且是权利、义务与责任有机统一的法律。要通过宣传让广大人民群众认识到,在依法享受自己的民事权利时,要认真履行自己的民事义务,如果不履行自己的民事义务,别人的民事权利就不能得到实现,反之亦然;在不履行自己的民事义务,或者履行民事义务不符合法律规定或合同约定时,应当依法承担民事责任。要反对侵害别人权利而不愿意承担民事责任,或者只愿意享受权利而不愿意履行民事义务或者不愿意承担民事责任的观念和意识,树立尊重他人民事权利,及时履行自己的民事义务,勇于承担民事责任的法治理念和法治意识。

二是要通过行政机关的严格依法行政,为各类民事主体提供完整的平等服务,保证实现他们的各类民事权利。我国众多的民事主体开展各类民事活动,都离不开行政机关对各类民事主体的管理。民法典的许多条文规定,也涉及行政管理机关对民事主体和民事主体活动的管理职能。例如,行政机关的各种登记管理职能、许多行政机关对民事主体开展民事活动的监督和管理职能等都是其中的表现。因此,民法典的实施离不开行政机关严格依法进行的行政管理职能的履行。在保证民法典实施的过程中,第一,要忠实履行法律规定的行政管理职责,为各类民事主体提供高效率的服务。第二,要严格按照法律的规定履行管理职责,不能超越法律规定的职权范围行使行政管理权。特别是通过"放管服"改革已经不作为行政管理范围的事项,不能再通过具体的行政权力将其收回;尤其是相关行政机关不能利用行政职权,随意介入当事人之间的民事纠纷。第三,应当按照法律规定的程序严格执法,不能违反法律的程序性规定进行执法活动。第四,对民事主体依法订立的合同应当予以尊重,不能在行政执法活动中随意改变当事人的约定。总之,行政机关的依法行政,是民法典实施的重要保障。应当始终坚持:法无授权不能行权,法无规定不能处罚,法有要求不能渎职。只要始终坚持严格依法行政,我国民法典的正确实施就能得到充分的保障。

三是要通过民事审判工作严格司法,让立法意图在法律实施中得到实现。列宁曾经说过,法律制定出来后如果得不到执行,那它就是毫无意义的空气震动而已。民法典的编纂成功,已经解决了民事纠纷有法可依的问题,下一步要解决的问题,是要让民法典在实际社会生活中得到严格实施。要实现这一目标,首先需要法官、检察官和律师认真学习理解民法典,深刻理解法律的本意,并在司法活动中围绕严格公正司法,维护法律权威,履行好各自的职责。只有法官、检察官、律师严格履行法律赋予的职责,民事司法活动中的严格公正司法才能得到保证,人民群众的守法意识才能在实践中逐渐提高,整个社会主义法治秩序的良好维护才有可能实现,民法典调整民事关系的社会功能才能真正发挥。

四是要在中国特色社会主义建设的进程中,进一步做好完善和丰富民法典和民法体系的工作。这次民法典的编纂工作是结束了,但这一结束只是阶段性工作的结束,并不是民法典和民法体系研究的终结。我国已经建立的中国特色社会主义还要不断发展和完善。为适应这一发展和完善,我国的民法典和民法体系,也需要在实践中不断得到丰富和完善。正如马克思所说的,权利永远不脱离社会的经济结构,以及由这个经济结构所制约的社会文化的发展。如果我们在民法典编纂结束后就裹足不前,那么,我们的民法典和民法体系就会在不断进步的社会发展面前逐渐失去活力而变得苍老,也难以在今后为促进中国特色社会主义的“五大建设”发挥好自己的功能和作用。要保证我国的民法典永远保持青春,我们只有紧随中国特色社会主义发展的步伐,一刻也不能停留。

“潮平两岸阔,风正一帆悬。”中国的民法典,一部真正能够在中国960多万平方公里上实施的民法典通过了。几代法律人的梦想终于实现了。但正如中国社会主义的道路是漫长的一样,中国法治建设的道路同样漫长。站在风满悬帆的航船上,我们看到的不仅仅是秀丽的风光,还会有拍打航船的惊涛骇浪。但无论前程有多么曲折,我们一定能够到达理想的彼岸。

第一编　总　则

第一章　概　述

民法是我国法律体系中效力仅次于宪法的基本法律。如果不了解民法的特征,不了解民法在我国法律体系中的地位,不了解民法与其他法律的关系,就难以在民法典实施过程中做到严格公正司法。要在我国完整法律体系中准确理解民法,必须先正确理解宪法,以及民法与其他法律,特别是刑法、行政法的区别和联系。

一、民法与其他法律的区别

在一个国家的完整个法律体系中,宪法是根本大法,规定国家的国体、政体和国家结构、基本制度。所谓国体,是指国家的性质,即国家权力的归属,是归人民还是归国王、皇帝。所谓政体,是指国家的政治制度,即国家权力是采用集中行使还是分散行使模式,以解决国家权力行使的效率问题。所谓国家结构,是指国家的管理模式,即国家是采单一制还是联邦制管理模式,以解决中央与地方关系的问题,以及国家机构的设置、职权划分和职责等问题。除此之外,宪法还规定公民的基本权利和义务,国家经济、文化和社会等基本制度。我国的宪法是按照现代宪法的模式制定的。它规定了我国的国体是人民民主专政的国家,国家权力属于人民;规定了我国的政治制度是人民代表大会制度,人民在国家中当家作主;规定了我国的国家结构是单一制国家,同时在民族聚居地区实行民族区域自治。除此之外,我国宪法还规定国家机构的设置、职权划分等问题,规定了公民的基本权利和义务、国家经济、文化和社会等基本制度。我国宪法是根本大法,是构建我国完整法律体系的基础。为保证我国法律的统一性和协调性,其他所有法律的制定,均不得与宪法相冲突、相矛盾。

我国的民法是为了落实宪法规定的基本制度而形成的最重要的基本法,其地位仅次于宪法。如果说宪法是国家的根本大法,主要规定国家制度和社会的基本制度,那民法则是将社会的基本制度具体化,其调整的范围包括经济、政治、文化、社会、人与自然关系的方方面面。可以毫不夸张地说,一个社会如果没有民事法律对各种社会民事关系的调整,这个社会将难以规范有序地运行和发展。

我国的民法是为了保护民事主体的合法权益、调整民事关系、维护经济社会秩序、弘扬社会主义核心价值观而建立的私法性质的法律部门。民法的职能是调整平等主体的自然人、法人和非法人组织之间的人身关系和财产关系。民法的特点就是体现特殊利益或者私人利益主体之间的协调和平衡,促进社会和谐发展。民法所调整的民事主体的权利和义务关系具有私益性。

民法的私益性特征,是民法与体现公益性特征的刑法、行政法和社会法的区别所在。正因如此,在整个法律体系中,我们才将宪法称为根本大法,而将具有公益性质的刑法、行政法称为公法,将体现私益性质的民法称为私法。刑事诉讼法、民事诉讼法、行政诉讼法是国家司法机关审理案件必须遵循的程序规则，性质上具有公益属性，属于公法系列。

正因为民法调整的是平等主体之间的民事法律关系，具有私法的属性，人民法院处理民事纠纷就应当按照私法的原则，即平等、自愿、公平、诚信等原则，正确适用民事法律，维护社会秩序。这是民事审判工作区别于其他审判工作的特点。但是应当看到，对经济社会的保护，不仅是民法的职责，也是公法的职责。因此，刑法、行政法都从不同的角度对民事主体资格、民事行为、民事标的物等进行规范。对此，在民事审判工作中，要注意防止两个倾向。一是忽视民事审判调整的民事法律关系的特征，对民事审判贯彻的平等、自愿、公平、诚信等原则不予尊重，过分强调刑事打击、行政管理和社会秩序、社会公共利益的维护，对社会中民事主体的私人利益、私权和契约自由保护不力，造成营商环境不佳，导致市场和社会失去活力。二是过分强调社会中民事主体的私人利益、私权保护和契约自由维护，忽视了对整个社会秩序、社会公共利益和契约正义的维护。应当看到，我国经济是社会主义市场经济，忽视宏观管理和社会公共利益，个体利益、私权保护和契约自由也会受到危害。只有将两者有机协调起来，既重视对社会中的民事主体的私人利益、私权的保护和契约自由的维护，也要重视对社会秩序、社会公共利益和宏观管理的维护，才能保证整个社会既充满生机和活力，又能有序健康发展。

二、民法典体系

我国属于成文法国家，民法体现了成文法传统。我国民法由三部分构成：一是民法总则；二是民法分则；三是单行民事法律。这三个部分构成我国的民法典体系。我国这次编纂的《民法典》，除总则和分则外，还存在大量的单行民事法律。这些单行民事法律与《民法典》是什么关系呢？

民法总则主要规定民法的基本规定和一般规则，是整个民法体系的纲领，在民法体系中地位最高。民法分则和单行民事法律，不得违反民法总则中包括基本原则在内的基本规定和一般规则。民法分则是民法总则指导下的具体规则，是主要民事法律关系的集中体现。

我国的民法典体系，除总则和分则外，还包括大量的单行民事法律。这些单行民事法律分为两类：一是民法各分则不能涵盖的单行民事法律。这类单行民事法律，实际是就是与分则平行的民事法律，如《涉外民事法律关系适用法》。这类单行民事法律不能与民法总则的基本原则和一般规则相冲突，相反是在基本原则规制下生存的法律。二是民法分则没有规定的单行民事法律。这类单行民事法律，体例上隶属于某一分则，但现有分则又没有作出相应的规定。这类单行民事法律不能与总则的一般规定相冲突，也不能与分则的规定相冲突。这类单行民事法律，在与总则和分则已有规定不相冲突的情况下，可以制定更为具体的规则。在民法典总则和分则之外之所以需要大量的单行民事法律，是因为我国民法典体系是一个开放性的体系。民法所调整的社会生活十分丰富，而且随着社会的进步而不断发展变化。随着社会生活的发展，大量新的民事关系会出现，需要新的法律予以调整，必然要产生单行民事法律。所以单行民事法律会不断对民法典体系输入新鲜营养，保持这一法律体系旺盛的生命力。正因如此，可以形象地说，我国的民法典是一棵大树，一棵以总则为干、分则为枝、单行民事法律为桠构架而成的大树，在这棵大树的干、枝、桠上泛出的一个个绿色的民事法律规范，完整地覆盖在其上。随着我国社会的不断发展，这棵大树的根会紧扎入中国大地,它的干会越来越粗壮,会越来越显得枝繁叶茂,但由干、枝、桠架构成的体系却不会改变。这次民法典的编纂之所以伟大,最重要的不是拟出了1260条法律条文,而是将过去碎片化的单行民事法律,构建成一个完整的民法典体系,一个开放性的民法典体系。正是这个完整、开放性的体系,能够保证我国民法典适应我国的社会主义经济、政治、文化、社会管理、生态文明建设不断发展变化的需要。

三、民法典构建的法律理论基础

我国民法是一个庞大体系。这一体系是按照什么理论来构建的呢?本书认为,它是以民事法律关系理论为主,民事法律规范理论为补充来构建的。这一构建思想,主要通过《民法典》总则编体现的。

民事法律关系理论主要包括以下内容:一是民事法律关系的主体;二是民事法律关系的客体,即民事法律所要保护的社会关系;三是民事法律关系的内容,即民事法律关系主体应当享有的权利和应承担的义务,这是法律关系理论中最重要的内容;四是导致民事法律关系产生、变更和消灭的法律事实,包括民事法律行为和法律事件等内容。

《民法典》总则编的谋篇布局,主要按照上述民事法律关系的理论安排。首先,第二章自然人、第三章法人、第四章非法人组织等三章,对典型的民事法律关系主体进行了规定。其次,第五章民事权利,对民事主体的权利义务内容进行规定。为了避免条文的重复表述,这一章将民事法律关系的客体与民事权利义务合并起来写。最后,第六章民事法律行为、第七章代理,以及第五章的第129条,对能导致民事法律关系产生、变更和消灭的法律事实,即民事法律行为和法律事件进行了规定。

除民事法律关系的理论外,编纂民法典同编纂其他法律一样,需要以法律规范理论作为技术支撑。从理论上看,法律规范理论有不同的表述,但实质内容相同。法律规范包含三要素。

第一个要素是事实前提。这是制定任何法律规范都必须具有的。在制定法律以及起草司法解释时,首先要描述清楚民事法律事实,明确民事法律事实在什么情况下出现,并规定出现该事实以后会产生什么后果。如果没有法律事实的出现,就不可能有法律规范。

第二个要素是内容,即立法者所要规定的权利和义务。在明确假定事实的前提后,要根据该假定事实的前提作出关于民事主体权利义务的规定。例如,假如当事人之间发生了签订化肥买卖的民事法律行为,那买方就拥有要求卖方如约交付化肥的权利;而卖方也拥有要求买方支付货款的权利。

第三个要素是后果,也就是当事人不履行法律规定或约定的义务,或者侵害其他民事主体民事权利所应当承担的民事法律责任。关于法律责任的规定是法律之所以是一种强制性规范的最重要的要件,是法律规范得到遵守的保障,也是法律与道德、习惯相区别的基本特征。对于一个法律规范而言,仅仅有事实和内容(权利、义务)这两方面还不够,还需要有法律后果。否则就不能算是法律。一部法律即使规定再多的权利和义务,如果没有规定法律后果,正如列宁所说,那就可能是毫无意义的空气震动。如果法律作出规定后,人们不遵守也不会受到处罚,就会失去其规范意义。正是基于上述原因,在民法总则制定时,我们向全国人大法工委提出,在总则中应当增加民事责任一章。后经过反复研究,民法总则增加专门一章规定民事责任。

应当看到,民事法律关系的理论与法律规范的理论在内容上有交叉。民事法律关系的理论,在民事责任、诉讼时效等国家强制力保护方面体现不明显;而法律规范的理论在民事责任、诉讼时效等国家强制力保护方面表现明显,但在民事主体、民事权利义务保护的客体等方面表现不突出。将两个理论结合起来,就能够较好地做到优势互补,为民法典的编纂奠定较好的法律理论基础。

四、《民法典》总则编的主要内容

《民法典》总则编共有 10 章,204 条。其规定的主要内容包括以下几个方面:

1. 民法的基本原则

民法的基本原则是《民法典》总则编第一章的内容,共 12 条,章名为“基本规定”。本章的内容十分重要,最初的章名就是基本原则,后考虑到具体民法典的实施中本章很重要,也应当作为法律的规定予以贯彻实施,故改为“基本规定”。实际上,本章规定的内容是贯穿整个民法典的大脑和灵魂,是整个民法体系的骨架和经脉,是整个民法典体系大厦的奠基石。因此,本章作为基本规定,更重要的是体现为原本原则,不仅对《民法典》总则编后面的章节具有指导作用,而且对民法分则各编和单行民事法律都具有指导作用。在以后的民事立法活动和民事司法活动中,所有的民事立法与民事司法行为都不能与之相矛盾、相冲突。

2. 民事主体制度

《民法典》总则编用三章的内容,规定了我国的民事主体制度。这三章所规定的民事主体,是我国主要的民事主体,主要包括以下三大类:

一是自然人。这主要是第二章规定的内容,分 4 节,共 44 个条文。这章规定了自然人的民事权利能力和民事行为能力,自然人的监护,自然人的宣告失踪和宣告死亡等民事主体制度。除此之外,在这章中,还对我国特有的、具有自然人特征的个体工商户和农村承包经营户作出了规定。

二是法人组织。这主要是第三章规定的内容,分 4 节,共 45 个条文。所谓法人,是指具有民事权利能力和民事行为能力,依法独立享有民事权利和承担民事义务的组织。在法人一章中,除法人组织的一般规定外,民法总则将法人组织分成三大类,即营利法人、非营利法人和特别法人。所谓营利法人,是指以取得利润并分配给股东等出资人为目的成立的法人组织。营利法人主要包括有限公司、股份有限公司和其他企业法人组织等。所谓非营利法人,是指为公益目的或者其他非营利目的成立,不向出资人、设立人或者会员分配所取得利润的法人组织。非营利法人组织包括事业单位、社会团体、基金会、社会服务机构等。所谓特别法人,法律没有下定义,但应当是在平等自愿基础上,与其他民事主体开展民事活动的社会组织。特别法人主要有机关法人(包括国家机关法人、事业机关法人等)、农村集体经济组织法人、城镇农村的合作经济组织法人、基层群众性自治组织法人等组织。

三是非法人组织。这主要是第四章的规定,共 7 个条文。所谓非法人组织,是指不具有法人资格,但是能够依法以自己的名义从事民事活动的组织。非法人组织主要包括个人独资企业、合伙企业、不具有法人的专业服务机构等。非法人组织与法人组织相区别的主要特征是,法人组织通常依法独立承担有限责任,而非法人组织通常依法承担无限责任。

除上述三类民事主体外,按照法律的相关规定,国家和政府(包括地方政府)在特定条件下,也是作为民事主体参与民事活动的组织。例如,国家发行公债时,国家与公债购买者之间建立的就是借贷关系;国家将国有资产投入企业时,国家享有的是出资权益,其处于股东或出资者的地位;国家以自己的名义向国际金融机构担保借贷时,国家处于担保人地位;国家以自己的名义向其他国家贷款或者放贷时,国家就是资金借贷方或者出借方;政府将国有土地出让给用地人时,政府就是出让人。在这些情况下,国家或者政府与其他民事主体之间建立的关系,是平等民事法律关系,而不是管理与被管理之间的行政管理关系,它们与民事相对人之间的法律地位是平等的。因此,国家或者政府在特定条件下是民事主体,应当按照民法典和其他法律的相关规定享受民事权利和履行义务。民法典没有将国家或者政府作为单独的民事主体进行规定,是因为国家或政府主要是行使国家权力或行政权力,其作为民事主体是在特定条件下的职能,只要按照法律的规定行事即可,无须再作出单独规定。

3. 民事权利

《民法典》总则编第五章共24条,规定了三个方面的内容。

一是规定民事主体的民事权利。(1)第109条至第111条规定人格权。其中,第109条规定了人格权保护的客体:人身自由和人格尊严;第110条规定人格权的具体权利类型;第111条规定个人信息权益的内容。(2)第112条规定因婚姻家庭关系产生的人身权利受法律保护,标明婚姻家庭类型的身份性质的权利由专门的法律予以保护。(3)第113条至第122条规定了民事主体的财产权利受法律保护。其中,第113条明确规定民事主体的财产权利受法律的平等保护,彰显我国法律在财产保护上的平等性;第114条至第117条规定民事主体的物权保护,确定了物权的性质、对象、种类和财产征收的一般规则;第118条至第119条规定民事主体的债权,确定了债权的性质、类型等一般规则;第120条规定因民事侵权而产生的民事主体的侵权责任;第121条和第122条规定无因管理和不当得利所产生的民事权利。(4)第123条规定知识产权。该条规定了知识产权专有权的性质,以及基于知识产权法律保护的客体所产生的具体知识产权权利。(5)第124条规定自然人的继承权。(6)第125条规定民事主体的股权和其他投资性权利。(7)第126条规定民事主体享有其他民事权利和利益,是民事权利的兜底性条款。(8)第127条将数据、网络虚拟财产作为保护的客体,纳入法律保护的范围。数据、网络虚拟财产是进入信息化社会后出现的新情况、新问题。此类财产如何进行法律保护,目前的经验不多。《民法典》总则编将其纳入民法体系范围,为今后此类财产的民事法律保护留下一个链接点,待将来条件成熟后,再通过制定单行民事法律予以解决。(9)第128条规定特殊群体的权利保护。这些特殊群体包括未成年人、老年人、残疾人、妇女、消费者的民事权利应当按照法律的特别规定予以保护。

从第109条到第128条,《民法典》总则编用20个条文开列出了我国法律保护的民事主体的权利清单。条文虽不多,但这是我国法律规定的民事权利总汇和清单,它构成了我国民事法律规定的民事权利的完整体系。在这个权利体系中,既有对过去传统民事权利的肯定,也有对新时代即将产生的新型民事权利类型的接口预留。这里的许多条文,一条或者几条就可能是民法分则的分编依据,一条就可能是一个法律类型的存在前提,一条就可能催生出一个甚至几个新的单行民事法律。因此,说这是中国民事权利的宣言书,一点也不为过。

二是规定了民事权利取得的方式。民事权利的取得方式,或者说民事法律关系的产生、变更和消灭,是民事权利从纸上的权利变成实际的权利,法律从纸上的法律变成实际社会生活中的法律的重要依据。第 129 条规定的方式,是整个民法典重要条款之一。正是这一规定,开启了民事法律调整社会关系的发动机。第 129 条规定:"民事权利可以依据民事法律行为、事实行为、法律规定的事件或者法律规定的其他方式取得。"正是因为有了这一规定,《民法典》总则编的第六章民事法律行为和第七章代理才有了根,《民法典》分则各编、各单行民事法律的落地才有了基础。因此,在实施《民法典》的过程中,应当高度重视对第 129 条的理解。

三是规定了民事权利行使的原则。在民事法律关系建立后,《民法典》第 130 条至第 132 条分别确立了民事权利行使的三项原则。

(1)民事权利自由行使。这是第 130 条的规定,是民事权利行使的根本性原则。具体来说,该原则是指民事主体可以根据自己的自愿,依法享受权利、放弃权利或者部分放弃权利,他人不得干预。如果民事主体不能按照自己的意愿自由行使权利,民事主体的民事权利就形同虚设,就不可能有真正的民事权利。因此,在任何时候都要尊重和保护民事主体行使权利的自由。当然,这种自由不是为所欲为,而是在法律许可范围内的自由,超出法律许可范围的所谓"自由",不是真正的自由,而是无法无天。

(2)民事主体享受民事权利与履行民事义务并重。这是第 131 条的规定。民事权利与民事义务是一块硬币的两面,两者是不可分的。民事主体权利的享受必须以对方民事义务的履行为前提,反之亦然。这条民事权利行使的原则,与《民法典》总则编第 176 条的规定合起来,就形成了民事权利义务责任相一致的原则。第 176 条规定:"民事主体依照法律规定或者按照当事人约定,履行民事义务,承担民事责任。"在 2017 年起草民法总则时,曾经想将现在的第 8 条、第 131 条和第 176 条合起来写一条"民事权利义务责任相一致的原则",放在基本规定中。后来感到分散写在基本规定章、民事权利章和民事责任章更有利于操作,就采用了现在的方式。无论哪种方式,在民法典实施中,都应当贯彻落实民事权利义务责任相一致的原则。因此,在理解民事权利行使原则时,应当将三者有机结合起来。

(3)民事主体行使民事权利不得损害国家、社会公共利益和他人合法权益。我国民事法律不仅要维护民事主体个人的合法权益,也要维护社会群体的共同利益。没有社会群体的共同利益,就不可能有个人利益的生存空间。不仅要维护自己的个人利益,还要维护他人的合法权益,不尊重他人的合法权益,自己的合法权益也会失去存在的环境。因此,这一原则是民事主体行使民事权利的前提和条件。如果不遵守这一原则,其民事权利的行使也难以得到保障。

4. 民事法律行为和代理

民事法律行为和代理是《民法典》第一编总则第六章和第七章的内容,从第 133 条至第 175 条,共 43 条。

民事法律行为,是民事权利取得,或者民事法律关系产生、变更、终止的最重要的法律事实。如果说第 129 条是规定民事权利取得,或者民事法律关系产生、变更、消灭的法律事实,那第六章则是对其中最重要的法律事实——民事法律行为作出具体规定。这一章的内容主要包括:民事法律行为的性质、种类、成立和效力等。整个民法典和单行民事法律关于民事法律行为最基本的内容,都规定在这一章中。其他具体的民事法律行为的内容,则在民法分则各编和其他单行民事法律中再作具体规定。

第七章代理,是民事主体民事法律行为的延伸,即民事主体通过代理人实施民事法律行为。代理人代理的民事法律行为,视为民事主体自己的行为。因此,代理这一章主要解决的是代理人与被代理人之间的关系,是民事法律关系中一方当事人之间的内部关系。它与民事法律关系相关,但性质不同:前者是一方当事人之间的内部关系,后者是民事法律关系中双方当事人之间的关系。在民事法律行为和代理这两章中,有几个重要问题应当引起注意。

一是要注意了解民事法律行为含义的理解。该章所述的民事法律行为,不仅指符合法律规定的有效民事法律行为,而且包括不符合法律规定的无效法律。有效民事法律行为当然可以导致民事法律关系的产生、变更和消灭,产生相应的法律后果;而无效民事法律行为虽不能导致民事法律效果的产生、变更和消灭,但无效民事法律行为的实施,会以民事主体在实施该行为时过错的大小,确定其应当承担的民事责任,也会产生相应的法律后果。因此,正确理解民事法律行为的含义,对于民事司法审判工作具有重要的意义,对当事人合法权益的维护也具有重要意义。

二是要注意把握有效民事法律行为的条件。正如前文所述,所谓有效的民事法律行为,是指能够有效取得民事权利,或者导致有效民事法律关系产生、变更和消灭的法律事实。有效民事法律行为需要符合一定条件,即第 143 条规定:“具备下列条件的民事法律行为有效:(一)行为人具有相应的民事行为能力;(二)意思表示真实;(三)不违反法律、行政法规的强制性规定,不违背公序良俗。”按照这一要求,《民法典》第 144 条、第 145 条、第 146 条分别规定,无民事行为能力人实施的民事法律行为无效;限制民事行为能力的人,超出其民事行为能力范围实施的民事法律行为无效;行为人与相对人以虚假的意思表示实施的民事法律行为无效。第六章所规定的有效民事法律行为的条件,是有效民事行为最基本的要求,在此基础上,民法分则各编、单行民事法律和行政法规还会作出更为具体的规定。但这里的规定是最基本的,不能违背。

三是要注意正确理解可撤销的民事法律行为。所谓可撤销的民事法律行为,是指在特殊情况下,为了维护契约公正等社会的公平正义,因未能体现自己真实意思表示的民事主体,可以按照法律规定行使撤销的权利,对已经实施的民事法律行为予以撤销。在理解可撤销的民事法律行为时应当注意几点:(1)可撤销民事法律行为是有效的民事法律行为。如果该行为已经实施完毕,那民事法律行为已经发生法律效力,民事法律关系已经建立。在这一点上,可撤销民事法律行为与无效民事法律行为是不同的。无效民事法律行为自始不发生法律效力,不会导致民事法律关系的产生、变更和消灭。(2)可撤销民事法律行为必须在法律上有规定。在民法总则中,可撤销的民事法律行为是第 147 条至第 151 条规定的行为,具体包括有重大误解的行为、欺诈行为、胁迫行为、乘人之危行为等。法律没有规定为可撤销行为的,民事主体不能行使撤销权。(3)可撤销权应当由法律规定的相关当事人行使。法律没有规定的,当事人不能行使撤销权。例如,重大误解的民事法律行为,只能由重大误解方当事人行使,对方当事人不能行使;一方实施欺诈行为,只能由受害方当事人行使撤销权;第三方实施欺诈行为,受害方只有在对方当事人知道或者应当知道该欺诈行为时,才能行使撤销权,如果对方当事人不知道或者不应当知道欺诈行为的情况下,受害方是不能行使撤销权的;一方或者第三方以胁迫手段,迫使对方在违背自己真实意思表示情况下实施的民事法律行为,受害方有权行使撤销权;一方利用对方处于危困状况、缺乏判断能力等情形,致使民事法律行为成立时显失公平的,受害方可以行使撤销权。除此之外,其他当事人不能行使撤销权。(4)撤销权人的撤销权,必须在法定的期间内行使。超出法定期间,撤销权消灭,该撤销权人不能再行使撤销权。如果撤销权人未具体行使撤销权,将可撤销的民事法律行为予以撤销,那么因该民事法律行为导致的民事法律关系的产生、变更和消灭仍然具有法律效力,撤销权人仍受该民事法律效力约束,应当按照约定享受相应权利并承担相应的义务。即使这种权利和义务并不对等,但因为撤销权人没有行使撤销权,就应当接受这一法律现实。

四是要注意对民事法律行为被认定为无效和被撤销后的处理。民事法律行为不符合第 143 条的规定,而符合第 144 条、第 146 条、第 153 条的规定,应当被认定为民事法律行为无效。民事法律行为符合第 147 条、第 148 条、第 149 条、第 150 条、第 151 条的规定,应当认定民事法律行为可撤销。民事法律行为被认定无效或者被撤销后,应当如何处理呢?(1)如果民事法律行为被认定无效或者可撤销,该民事法律行为自始无效。即当事人设定的民事权利,以及民事法律关系的产生、变更和消灭,自始不产生法律效力。(2)如果民事法律行为被认定部分无效,未被认定为无效的部分依然具有法律效力。具体来说,当事人依照该民事法律行为取得的权利及建立、变更和消灭的民事法律关系,依然应当受到法律的保护和支持。(3)如果民事法律行为被认定无效或者被撤销后,依照该民事法律行为取得的财产应当如何处理?首先,当事人已经取得对方的财产,应当返还对方。其次,如果该财产已经转化为其他财产不能返还或者没有必要返还的,应当向对方当事人折价补偿。最后,如果民事法律行为的无效或者被撤销造成了当事人财产损失,应当根据当事人的过错确定责任承担。如果财产损失是由一方当事人的过错造成的,所形成的财产损失应当由有过错的一方承担;如果是由双方的过错造成的财产损失,应根据双方各自的过错,分别承担相应承担。

五是要注意法人和非法人组织的工作人员,在执行职务时实施的民事法律行为的责任承担问题。法人和非法人组织的工作人员,可以是法人组织的法定代表人或者非法人组织的负责人,也可以是一般工作人员。法定代表人或者负责人、一般工作人员执行职务过程中实施的民事法律行为,其责任由法人组织或者非法人组织承担。对此,实践中没有异议。但实践中,法人或者非法人组织可能在内部对法人代表或者负责人的行为有所限制,对一般工作人员履行职务也可能有内部的工作要求。如果法定代表人或者负责人及一般工作人员在执行职务过程中超出内部的限制和工作要求,向相对人实施具体的民事法律行为,法人或者非法人组织应不应当对该民事法律行为承担相应法律后果呢?这是民事审判实践中经常遇到且有争议的问题。这次在民法典编纂过程中,为解决这一问题,专门作出相应规定。在法人组织一章中,《民法典》第 61 条第 2 款、第 3 款规定:“法定代表人以法人名义从事的民事活动,其法律后果由法人承受。法人章程或者法人权力机构对法定代表人代表权的限制,不得对抗善意相对人。”第 62 条规定:“法定代表人因执行职务造成他人损害的,由法人承担民事责任。法人承担民事责任后,依照法律或者法人章程的规定,可以向有过错的法定代表人追偿。”为统一具体的做法,在代理这一章中,即《民法典》第 170 条第 1 款、第 2 款也作出相类似的规定:“执行法人或者非法人组织工作任务的人员,就其职权范围内的事项,以法人或者非法人组织的名义实施的民事法律行为,对法人或者非法人组织发生效力。法人或者非法人组织对执行其工作任务的人员职权范围的限制,不得对抗善意相对人。”《民法典》之所以作出这些规定,就是要区分一方当事人的内部关系和外部民事法律关系。在代理这一章中,重点解决代理人与被代理人之间的关系,即被代理人在何种情况下应当对被代理行为承担法律后果,何种情况下不应当对被代理行为承担法律后果。只有厘清这些关系,我们在处理各种矛盾纠纷中,才能真正做到应对自然,有条不紊。

5. 民事责任

民事责任是《民法典》总则编第八章的内容,从第 176 条到第 187 条,共 12 条。民事责任一章,是最高人民法院向全国人大法工委提出建议后,经过各方反复讨论后确定下来的内容。这一章是我们根据民事法律规范的理论构建民法总则和民法体系的具体体现。其条文虽然不多,但把民事主体不按照法律规定和当事人约定,侵害权利人权利,不履行法律义务和当事人约定的民事义务时,必须承担的民事责任规定下来。这就为后面的民法分则各编和单行民事法律的实施,奠定了法律基础。在实施民法典过程中,民事责任这一章中有几个问题值得注意:

一是要始终坚持民事权利、义务、责任相一致的原则。坚持民事权利、义务、责任相一致的原则应当是我国立法、执法、司法、守法的基本原则。《民法典》第 176 条规定:“民事主体依照法律规定或者按照当事人约定,履行民事义务,承担民事责任。”民事法律既要加强民事权利的保护,又要重视民事义务的履行和民事责任的承担。在起草《民法总则》时,本想把这一原则规定在“基本规定”部分,但在全国人大法律委员会即将交由大会主席团决定提交全国人大大会表决前的最后一次讨论时,这条规定被放到了“民事责任”部分,主要理由是担心该条规定与《民法总则》第 8 条的规定存在交叉、重叠。实际上,权利义务责任相一致原则分别规定在《民法典》第 8 条、第 131 条和第 176 条中。《民法典》第 8 条规定:“民事主体从事民事活动,不得违反法律,不得违背公序良俗。”第 131 条规定:“民事主体行使权利时,应当履行法律规定的和当事人约定的义务。”第 176 条规定:“民事主体依照法律规定或者按照当事人约定,履行民事义务,承担民事责任。”在民事审判中,人民法院应当通过这一原则的适用,提升全社会的法治意识,使我国社会法治意识的培养更加全面、完整。强调这一原则,与我国当前国民的义务和责任意识淡化密切相关。改革开放以前,社会对权利的保护不够,公民权利意识不强。改革开放以来,公民的权利意识大大加强,但公民、法人的义务意识和责任意识又成了“短板”。有些人只讲维权,为了维护自己的权利,不惜损害他人的权利。有些人对自己应该履行的义务拒不履行,或者滥用权利,在行使“权利”时不惜损害他人权利、公共利益和国家利益。有些人责任意识不强,虽然被认定违法,应当承担责任却拒不承担。比如,人民法院现在公布的失信被执行人达到上千万人之多,而这些人多数是经商的人,属于能力、素质较高的公民。如果不加强全社会的义务和责任意识,民事权利就会落空。

二是要重视因救助他人而造成损害的民事责任问题。因求助他人造成对他人的人身损害的问题,一度成为社会关注的热点。这一问题涉及社会主义核心价值观的弘扬问题。为了鼓励全社会扶危济困,见义勇为,《民法典》在第 183 条和第 184 条作了具体规定,俗称“好人条款”。第 183 条规定:“因保护他人民事权益使自己受到损害的,由侵权人承担民事责任,受益人可以给予适当补偿。没有侵权人、侵权人逃逸或者无力承担民事责任,受害人请求补偿的,受益人应当给予适当补偿。”“因保护他人民事权益使自己受到损害的,由侵权人承担民事责任”的规定,符合《侵权责任法》的基本原则。但侵权人承担赔偿责任后,受益人可以给予适当补偿。如果“没有侵权人、侵权人逃逸或者无力承担民事责任,受害人请求补偿的,受益人应当给予适当补偿”的规定,是对受益人和见义勇为者权利的平衡,也是要求受益人懂得感恩。例如,张三殴打李四,王五去阻止,结果王五保护了李四,自己却被张三打伤。张三作为侵权人当然应向王五承担侵权责任,但是李四作为受益人,对于王五见义勇为而受到的损失也可以适当补偿。有些情况下并没有侵权人,如紧急避险,或者侵权人逃逸或无力承担赔偿责任,受益人应当给予见义勇为者适当补偿。该条是为了弘扬社会主义核心价值观,宣扬社会主义道德。

《民法典》第184条规定:"因自愿实施紧急救助行为造成受助人损害的,救助人不承担民事责任。"在民法典编纂过程中,该条争议很大。对于该条所规定的内容,直到2020年3月13日上午还在争论。在法律委员会最后一次开会讨论《民法总则(草案)》时,最后才确定该条规定的内容。在原来的草案中,该条还有一个但书。第184条原来是这样规定的,因自愿实施紧急救助行为,导致受助人损害的,救助人不承担民事责任。但是实施救助的人有重大过失,造成受助人损害的,救助人要适当承担民事责任。这一规定引起各代表团的激烈争论,很多人认为但书部分很不合适,应当删除,因为救助人在实施救助的时候通常很难判断救助的方式是否合适。例如,有人溺水,路人见义勇为,自愿将其从水里救起,并做人工呼吸,但救人者因着急求助,将被救助者肋骨压断了3根。这种情况下要求救助者赔偿就不合理。这样规定不利于鼓励救助行为。有些人认为应当保留但书部分,是因为担心有人以自愿救助的名义给他人造成损害或者故意伤害他人。本书认为,如果行为人有伤害被救助人的故意,该行为就不属于救助行为,而是侵权行为,应适用《侵权责任法》的规定,不应当由该条规定解决。如果侵权行为严重,应当追究行为人刑事责任,那就追究其刑事责任。如果救助人确实是好心帮助,即使造成了受助人的损失,也不应当承担责任。至于如何认定求助人好心求助,还是故意伤害,是事实查明问题,不应当成为该条成立的障碍。如果受害者的损失的弥补问题,必要时可以通过设立救助基金等方式对受助人的损失进行救济。总之,我们的民法典一定要弘扬社会主义核心价值观,宣扬社会主义道德,支持好人好事,为好人善举保驾护航。

三是要重视对英雄烈士的人格权益的保护。《民法典》第185条规定:"侵害英雄烈士等的姓名、肖像、名誉、荣誉,损害社会公共利益的,应当承担民事责任。"此条被称为"英烈条款",由狼牙山五壮士名誉纠纷系列案和邱少云名誉纠纷案引发,由全国人大代表在人大会上提出。人大代表要求通过立法确定对英雄人物的名誉保护。在通过《民法总则》时,因为还没有"英烈保护法"这一专门的单行民事法律,分则的人格权编也没有出来,在总则中通过专门一条保护英雄烈士的人格利益,就显得非常必要。这次编纂民法典,人格权作为分则的一编进入民法典,英雄烈士的人格利益保护已有法律依据,同时还有《英雄烈士保护法》相配套,对英雄烈士人格利益的保护已经有完整的法律体系,但在总则编中继续保留这一条作为人格权编和单行民事法律相关规定的依据,仍然有上位法在体例上支撑的重要意义。具体来说,该条的实施不仅涉及私益诉讼,还有可能涉及公益诉讼。单靠该条规定和人格权编的相关规定,对有些英烈人格利益的保护还不能落地。在过去长期的革命斗争中,很多英雄烈士牺牲的时候都很年轻,没有后代,他们的名誉等人格利益受到侵害后,由谁来请求保护呢?在过去审理此类案件,通常需要由他们的近亲属提起诉讼。例如,在狼牙山五壮士名誉纠纷系列案中,因为还有两位壮士没有牺牲,并结婚生子,其直系亲属有权提起诉讼;在邱少云名誉权纠纷案中,因邱少云牺牲时没有结婚,后来由其年迈的弟弟提起诉讼才立了案。如果他们没有近亲属,就无人能提起诉讼。2018年4月,全国人大常委会通过了《英雄烈士保护法》。该法第25条第1款、第2款规定:"对侵害英雄烈士的姓名、肖像、名誉、荣誉的行为,英雄烈士的近亲属可以依法向人民法院提起诉讼。英雄烈士没有近亲属或者近亲属不提起诉讼的,检察机关依法对侵害英雄烈士的姓名、肖像、名誉、荣誉,损害社会公共利益的行为向人民法院提起诉讼。"今后在审理同类英雄烈士的案件,依法对英雄烈士人格利益予以保护,应当将民法总则和分则结合起来,把《民法典》与《英雄烈士保护法》这一单行法律结合起来共同实施。

四是要注意民事主体因同一行为需要承担民事责任、行政责任和刑事责任时民事责任的地位。《民法典》总则编第187条规定:"民事主体因同一行为应当承担民事责任、行政责任和刑事责任的,承担行政责任或者刑事责任不影响承担民事责任;民事主体的财产不足以支付的,优先用于承担民事责任。"在实施该条时,应当注意几点:(1)该条是对民事责任地位的一般性规定。该条承继了《侵权责任法》第4条规定的精神,并将它上升到一般法律责任的要求,不再仅仅是侵权责任的要求。(2)因同一行为需要同时承担"三大责任"时,不能因承担了其中一种责任,就可以豁免其他法律责任。具体来说,行为人承担了刑事责任,不能当然豁免其民事责任。以前在刑事审判中有一种比较传统的观点,叫"打了不罚、罚了不打",即承担了刑事责任就可以不承担民事责任。这一观点值得商榷。因为所谓"打",追究的是犯罪分子的刑事责任,属于公法意义上的责任,是司法机关代表国家追究犯罪分子的责任。但是,受害人的权利被犯罪分子侵害后,其人身权或财产权受到损失,犯罪分子作为加害人还应当向受害人承担民事责任。这属于私法上的责任,该责任并不因犯罪分子受到了刑事处罚而被免除。如果因承担了公法上的法律责任而免除其向受害人承担私法上的民事责任,对受害人就是司法不公。行政责任与民事责任的关系也是同样道理,不能因为行为人已经承担了行政责任,就可以豁免其民事责任。这一司法理念在目前应当花大力气向社会宣传。尽管目前树立这一司法理念还有一定困难,但我们一定要坚持严格依法办事,不能因为有困难而放弃。(3)民事主体因同一行为应当承担民事责任、行政责任和刑事责任的,民事责任优先。例如,如果罪犯被判处罚金、没收财产的刑罚,但因他同时也侵害了他人合法权益,应向受害人承担民事侵权责任。如果先让其承担刑事责任,则其所有财产可能会因执行罚金刑、没收财产刑而被收归国家,丧失承担民事责任的能力。例如,东北曾经发生过小孩被放在汽车后备厢被捂死的案件,最后因犯罪分子承担了刑事上的罚金刑责任,受害人无法从犯罪人处获得民事赔偿。根据该条所确定的民事责任优先原则,犯罪分子同时也是民事侵权人的,其财产应首先保障其向受害人承担的民事责任。这条原则实际上是"以民为本"的原则,是国家不与老百姓争利的原则,是我们社会主义国家必须坚持的原则。至于长期在审判中形成的民刑交叉时应当"刑事优先"的原则,是指在程序上应当坚持刑事案件办理优先,而不是承担法律责任时刑事责任优先。总之,《民法典》把《侵权责任法》中的民事责任优先原则上升为法律责任的一般原则,这种"以民为本"的做法,应当引起我们的高度重视,并在实践中进一步落实该原则。

6. 诉讼时效

诉讼时效是第九章的规定,从第188条至第199条,共12条。与以前《民法通则》相比较,这次民法典编纂对诉讼时效的修改,有以下几点值得注意:

(1)将诉讼时效统一规定为3年。在《民法通则》中,一般诉讼时效为2年,但身体受到伤害要求赔偿的,出售质量不合格的商品未声明的,延付或者拒付租金的,寄存财物被丢失或者毁损的,诉讼时效为 1 年。这次编纂民法典时,将原来的 1 年和 2 年诉讼时效,统一规定为 3 年。之所以作如此规定,主要是考虑应当对诉讼时效规定一个合理期间。诉讼时效期间过短,不利于权利人权利的保护;规定过长,权利人不及时行使诉讼权利,可能会造成相关证据灭失,不利于权利人权利保护,同时民事纠纷不及时解决,当事人不能及时从民事纠纷中解脱出来,不利于民事关系的稳定,不利于当事人事业的发展。正是基于此,经过反复研究,最后将诉讼时效期间统一为 3 年。

(2)将对未成年人遭受性侵害的损害赔偿请求权诉讼时效期间起算时点,规定为受害人年满 18 周岁之日。这主要是考虑未成年人遭受性侵害时,可能因心智未熟,难解利害关系,故将诉讼时效起算点规定为 18 周岁,以利于未成年人权益保护。当然,如果未成年人的监护人发现未成年人遭受性侵害,在未成年人 18 周岁前提起诉讼,是应当被允许的,不能受本条规定约束。

(3)明确了诉讼时效制度适用的原则。诉讼时效制度从形式上看,主要是诉讼时效期间与诉讼时效期间的计算方法。设计这一制度的目的,是要督促权利人及时行使诉讼权利。如果在诉讼时效期间未及时行使诉讼权利,就将失去胜诉权,其实体民事权利将不能受到国家强制力的保护。为更好地保护权利人的民事实体权利,这次民法典编纂对诉讼时效的适用原则作出了具体规定。这些规定主要体现在《民法典》第 192 条和第 193 条中,主要包括:一是诉讼时效期间届满的,义务人可以提出不履行义务的抗辩,对此人民法院不能强制要求义务人履行民事义务;二是诉讼时效期间届满后,义务人同意履行,事后义务人又不愿意履行时,不得以诉讼时效期间届满为由提出抗辩,不履行已经同意履行的义务;三是诉讼时效期间届满后,义务人已自愿履行义务,又以诉讼时效期间已经届满,可以不履行义务为由请求返还已经履行的财产时,人民法院应当以义务人没有返还请求权为由,对其主张不予支持;四是人民法院不得主动适用诉讼时效的规定,即原告起诉后,即使超过了诉讼时效,只要被告不对超过诉讼时效提出抗辩,人民法院就应当继续审理案件,不能主动对诉讼时效进行审查。之所以要作出这样的规定,主要是因为诉讼时效毕竟只是督促权利人及时行使诉讼权利的规定,如果义务愿意继续履行民事义务,按照民事自愿原则,人民法院应当尊重民事义务人的选择。

(4)对不适用诉讼时效的请求权进行了规定。《民法典》第 196 条规定:"下列请求权不适用诉讼时效的规定:(一)请求停止侵害、排除妨碍、消除危险;(二)不动产物权和登记的动产物权的权利人请求返还财产;(三)请求支付抚养费、赡养费或者扶养费;(四)依法不适用诉讼时效的其他请求权。"在编纂《民法总则》的过程中,争议比较大的是第 196 条第 2 项,即"不动产物权和登记的动产物权的权利人请求返还财产"不适用诉讼时效的规定。争议点主要集中在物权请求权是不是应当都不适用诉讼时效。不少人主张应当规定物权请求权不适用诉讼时效,但也有人反对,认为未登记的动产物权应当适用诉讼时效制度,只有不动产物权和登记的动产物权不适用诉讼时效制度。经过争论,最后通过立法确定:不动产物权和登记的动产物权请求返还财产的,不适用诉讼时效的规定。其他没有登记的动产物权仍适用诉讼时效的规定。

(5)对不变的存续期间进行了规定。《民法典》第 199 条规定:"法律规定或者当事人约定的撤销权、解除权等权利的存续期间,除法律另有规定外,自权利人知道或者应当知道权利产生之日起计算,不适用有关诉讼时效中止、中断和延长的规定。存续期间届满,撤销权、解除权等权利消灭。"该规定实际上就是以前相关法律规定的除斥期间制度。在编纂民法典过程中,因除斥期间是外来词汇,担心普通老百姓不懂除斥期间的含义,就采用了"存续期间"的表述。这个期间制度与诉讼时效不同的地方在于,规定了权利人应当从知道或者应当知道其权利存在之日起,计算其撤销权、解除权等权利行使的期间。在期间届满前,可以行使权利;期间届满,权利人还没有行使撤销权、解除权等权利的,该权利消灭,不能再行使。由于这一权利行使的存续期间,不适用诉讼时效制度中有关中止、中断等规定,所以这一期间又称不变期间。

《民法典》总则编除上述主要内容外,还在第十章中对期间的计算进行了规定。这里就不再介绍。

《民法典》总则编是整个民法典体系的"纲"。在整个《民法典》实施的过程中,一定要紧紧抓住总则这个"纲",不能只看民法各分则和单行民事法律条款的具体规定,忽视总则的基本原则和一般规则。只有将总则的规定与各分则、单行民事法律有机结合起来,才能正确把握法律的精髓和立法本意,才能真正做到严格执法和严格司法,才能克服法律实施中的片面性,才能真正做到纲举目张。

第二章 基本规定

专题一 《民法典》第一编总则基本规定中的八个亮点

《民法典》第一编总则的第一章为“基本规定”。这一章所述内容不仅是总则编的基本规定,而且是整个民法典体系的基本规定,其效力不仅及于总则编,而且及于民法各分则,及于各个单行民事法律。在民法典编纂过程中,原来这一章的名称是“基本原则”,后来有人对“基本原则”的章名提出异议,认为本章的内容并不限于基本原则,故又改为“基本规定”,其具体内容主要表述民法典体系的基本原则。对这一问题虽有争议,但因不少同志认为“基本规定”作为本章章名的共识更强一些,最后采用了这一表述。民法的基本原则是《民法典》总则编基本规定的主要内容,是整个民法典的灵魂和核心。如果把这些内容都弄清楚了,那么中国特色的社会主义民法典就弄清楚了。这一章的基本规定中,体现了我国《民法典》的八个亮点。

一、弘扬社会主义核心价值观

《民法典》第1条规定:“为了保护民事主体的合法权益,调整民事关系,维护社会和经济秩序,适应中国特色社会主义发展要求,弘扬社会主义核心价值观,根据宪法,制定本法。”这一条最重要、最核心的内容就是把弘扬社会主义核心价值观写进了《民法典》。社会主义核心价值观是民法总则的核心和灵魂,也是整个民法典体系的核心和灵魂。这次民法典编纂把社会主义核心价值观写进民法典,标志着我们党要以法治与德治并举,提高执政能力和执政水平。把社会主义核心价值观,融入我国的民事立法中去,与我国几千年来“以德入法”“以礼入法”的传统是一致的。

我国早在西周时期就建立了“礼”的制度。“礼”既是一种秩序,也是一种规范。到了春秋末期,烽烟四起,礼崩乐坏。各诸侯国不把周天子放在眼里,天下大乱。为恢复周礼所规范的秩序,孔子提出“克己复礼”。在论述“礼”时,加入了伦理学的内容。孔子思想的核心是“仁”,用“仁”来解释“礼”。他提出:“克己复礼为仁,天下归仁焉。”我们曾见过很多这样的表述。孟子继承了孔子的儒家学说,并在孔子思想的基础上提出了“义”的思想。常言道,孔子曰“仁”,孟子曰“义”。这也道出了儒家学说的两个根本。到战国初期,继承儒家思想的荀子学派的代表人物荀子,提出了一个新的观点:“隆礼重法”,将伦理道德与法律进行了结合。在春秋战国时期,中国出现了各种学派百家争鸣的局面。其中,还有一个重要的学派就是法家。荀子提出的隆礼重法的主张,影响了中国几千年的政治制度。后来法家的代表人物商鞅、韩非、李斯等人所讲的“法、术、势”等理论的伦理色彩并不浓。秦国通过商鞅变法变得强大,最终统一了中国。但是这时法的内涵中,伦理道德的色彩仍不浓厚。汉高祖刘邦建立汉王朝时,汉承秦制,承继了秦国的政治制度。当时有一个影响巨大的学说即黄老之术,在夹杂以霸道之学后,构成了当时的一套社会治理和政治制度理论体系。而真正让我国意识形态归于统一的是汉武帝。汉武帝采纳了董仲舒的建议,“罢黜百家,独尊儒术”。董仲舒开创了“以经决狱”审理案件的模式,即以经书即“四书五经”为依据作为裁判案件理由的模式。董仲舒还开创了“引经注律”的先例,即引用儒家经典对法律进行注解。这就实际上是开始了将伦理道德融入法律适用的尝试。这一尝试到唐代达到高峰。唐代重要的法律,如《武德律》《贞观律》《永徽律》等,都体现了这一理念。尤其是长孙无忌在编纂《永徽律》的时候,就采用了“以礼入法”,即把“礼”引入法律中。《唐律》“一准于礼”,要求任何法律编纂行为都要以“礼”和道德的要求为准绳。经过这一改造,“礼”或者伦理道德成为法律的内核,而作为人们行为的规范和要求、具有国家强制力的法律,则是浸润着“礼”或者说是伦理道德的外在表现。自此,中华法系开始屹立于世界东方。中华民族之所以成为中华民族,与法律对伦理道德的捍卫和弘扬分不开。这一政治法律制度影响了中国周边国家,影响了中国几千年,成为独立于世界的一大法系——中华法系。

当前,编纂民法典面临的一个时代使命,就是要实现“两个一百年”梦想,实现中华民族的伟大复兴。为实现这一时代使命,不仅要建设一个经济强国、军事强国,而且要建立一个道德强国。编纂民法典,为未来中华民族的伟大复兴奠定法治基础,应当弘扬社会主义核心价值观,引道德入法。这就是《民法典》第 1 条“弘扬社会主义核心价值观”的立法目的。

社会主义核心价值观,一共包括 24 个字:富强、民主、文明、和谐;自由、平等、公正、法治;爱国、敬业、诚信、友善。中央提出社会主义核心价值观,是建设中国特色社会主义的需要。社会主义核心价值观体现了三方面的内涵:一是对中国优秀传统文化的提炼;二是对世界各国的先进文化的吸收,自由、平等、公正、法治都是世界各国优秀文化的体现;三是对中国现行社会发展需求的反映。社会主义核心价值观是这三方面的有机统一。社会主义核心价值观实际就是社会主义道德的核心内容。将社会主义核心价值观直接写进民法典,表明我国法律的内在核心灵魂就是社会主义核心价值观。将社会主义核心价值观写在《民法典》第 1 条,至少表明三层内涵。第一,我国高度重视社会主义道德建设。第二,我国要用法治手段,弘扬社会主义道德。第三,我国编纂民法典时要以此为准则。人民法院和人民法官在司法实践中,应考虑如何保护和弘扬社会主义核心价值观,防止陷入法律的个别具体条款,忘记法律原则和灵魂的机械司法和片面司法。在研究和适用法律时,有些同志只看到具体法律条文中的权利和义务,而没有看到权利和义务背后的价值理念。法律背后的价值理念是重要的基本道德理念和行为准则。法律,特别是完整意义上的法律,实际上可分为技术和核心两个层面。技术层面是关于权利和义务以及法律后果的规定。核心层面就是社会的道德理念。社会的价值理念和行为准则就是法律的核心。我们在司法实践中,如果偏向技术层面内容的掌握,忽视了核心层面内容的贯通,就会出现偏差。这是值得我们引起注意的问题。《民法典》中很多条文都直接体现了保护社会主义核心价值观的要求。例如,“好人条款”、赡养规定等都是弘扬社会主义核心价值观的具体体现。正因如此,将弘扬社会主义核心价值观写进《民法典》第 1 条,是我国民法典对法律思想文化和制度文化的最大贡献,是我国民法典不同于其他国家民法典的最大亮点。

二、明确民法调整范围

《民法典》第2条规定了民法的调整范围。该条规定:“民法调整平等主体的自然人、法人和非法人组织之间的人身关系和财产关系。”这条规定与《民法通则》第2条规定相比有哪些变化呢?一是将“公民”改为“自然人”。这体现了我国一直坚持并将长期坚持的改革开放的要求。《民法通则》只规范公民,而自然人还包括外国人和无国籍人。二是在自然人和法人之外,增加了非法人组织。三是将“人身关系”放到“财产关系”之前。《民法通则》规定调整“财产关系和人身关系”,而《民法典》规定调整“人身关系和财产关系”。为什么要调整二者的位置呢?《民法通则》于1986年颁布,当时中国正处于改革开放初期,发展是第一要务。当时我国对发展经济的关注度很高。经过改革开放几十年的发展,我国在规范经济关系方面出台了很多法律和规范,包括《经济合同法》《技术合同法》等。1994年中央决定建设社会主义市场经济之后,我国又制定了《合同法》《物权法》《侵权责任法》等涉财产关系的法律。但是在规范人身关系方面出台的法律虽然有,但数量很少。人身关系包括两个方面:一是身份关系;二是人格权关系。改革开放以来,我国于1980年修改了《婚姻法》,后又于2001年再次修改了《婚姻法》,都是对人身关系的调整。但是,我国民法在保护人格权方面仍比较薄弱。《侵权责任法》对人格权作了原则性规定。随着社会主义市场经济的发展,社会建设中一个明显的薄弱环节是社会主义道德建设和对人格权的保护。将来在民事立法中要加大对人身权益的保护力度。民法不仅要关注财产关系,还要关注人身关系;不仅关注人身关系中的身份关系,还要关注人身自由、人格尊严等人格利益。在我国“五位一体”建设中,道德建设应当放在非常重要的位置。例如,前几年社会反响巨大的山东于某案。该案中,高利贷放贷人在催债时,对于某的母亲采取了非法拘禁,甚至凌辱的粗暴手段,对于某母亲人格权的凌辱到了无以复加的地步。再如,在曾经收视率很高的电视剧《人民的名义》中,蔡成功因欠债而被高利贷者关狗笼。这些都从侧面反映出,我国社会需要加强对人格利益的保护。因此,在特定的社会背景下,对人格权的保护要高于对债权等财产权的保护。民事主体不能为了催债,就践踏债务人身自由、健康、生命和人格尊严。我国要实现第二个“百年梦想”,不仅仅需要坚实的物质基础,还需要有高度发达的科技水平、精神文明,高修养的国民素质。除了提高人民群众的物质生活水平,更应保护人民群众的人格尊严,爱护人、关心人,让每位人民群众生活得体面。而且有钱的人还应帮助贫困的人。只有这样,国民的素质才能有大的提高。可见,《民法典》将人身关系和财产关系的顺序对换过来不是偶然的,而是要为下一步开展社会主义道德建设做好准备。

三、明确民事权利保护原则

《民法典》第3条规定:“民事主体的人身权利、财产权利以及其他合法权益受法律保护,任何组织或者个人不得侵犯。”从我国目前权利保护的现状来看,仍需要加大权利保护力度,强调私权神圣。在起草《民法总则》时,一开始本条内容比较靠后,但因其非常重要,后来调整到第3条。虽然目前公民的权利意识有很大提高,但是在权利保护方面,还有很大缺陷。一段时期以来,中央一直十分强调要加大对产权的保护力度,强调对各类市场主体权利的平等保护,特别是非公经济主体的权利保护。这也是这次民法典编纂时要强调权利保护的原因。该条强调要保护民事主体的人身权利、财产权利和其他合法权益,为什么要用"权益"的表述呢? 因为权益包括权利和利益。实践中,有些利益还没有上升到权利的程度,但仍需要民法予以保护。权益的内涵和外延都比权利大。权利的内涵往往是较为确定的,有具体的称谓,特定的边界。但是有些权益的边界还不是那么清晰,其客体又需要保护,而且不能纳入既有的特定民事权利的范围中去,因此需要专门提出权益保护的问题。

四、明确民事活动应当坚持的基本原则

《民法典》规定,民事主体开展民事活动应坚持平等、自愿、公平、诚信原则。这些原则在《民法通则》中都有规定。平等原则在《民法通则》中用单独一条作了规定,而自愿、公平、诚信和等价有偿则用一条作了集中表述。这次编纂《民法典》时,将自愿、公平、诚信原则各单独用一个条文作出规定,并将"等价有偿"予以删除。这次编纂《民法总则》为何要将"等价有偿"删除呢? 1986 年颁布的《民法通则》强调"等价有偿",是因为当时有不同的社会背景。当时仍以计划经济为主,市场机制还不完善,企业没有独立的法人地位,特别是国营企业的生产资料还可以"一平二调",无从谈及产权保护问题。在当时很多情况下,生产资料平调后并不支付相应对价,因此需要强调按照市场规律进行等价有偿的交易。从当时的社会条件来看,《民法通则》的规定是完全正确的,它对企业法人地位的形成发挥了重要作用。经过几十年发展,社会主义建设事业获得长足发展,社会出现了大量非营利性质的活动。这些民事活动是不能完全按照等价有偿原则进行的,例如,目前社会提倡的爱心活动、志愿者活动,就不是等价有偿的,而是社会的关爱和付出。这种关爱和付出是社会主义道德建设发展的表现,是社会主义精神文明建设的需要。因此,为了适应中国特色社会主义全面建设的需要,特别是社会主义道德建设的需要,民法典编纂时删除了关于"等价有偿"的规定。应当看到,虽然民法典编纂删除了"等价有偿"原则,并不是不需要"等价有偿"原则,在社会主义市场经济条件下开展的商事活动,仍然需要坚持等价有偿原则;在其他的民事活动中,当事人做出的贡献也需要依据等价有偿原则支付对价。但是,"等价有偿"原则作为所有民事活动的基本原则就不适应了,需要进行调整。这种调整是全面开展中国特色社会主义建设的需要,而不是要放弃社会主义市场经济发展的要求。

五、确定守法原则

《民法典》第 8 条规定:"民事主体从事民事活动,不得违反法律,不得违背公序良俗。"在当前社会环境下,强调民事活动守法原则尤为重要。这个原则实际上还涵盖了权利义务责任有机统一的原则。在起草《民法典》时,最高人民法院的意见是要把这一原则写出来,但有的人感觉这一规定与其他条文有重合,最后就表述为不得违反法律和违背公序良俗。该条规定中的"守法",是守什么法呢? 本书认为,首先是要遵守国家的法律,既包括公法也包括私法。例如,企业该纳税就要纳税,对环保与对国家应当承担的义务都需要承担。民事主体还应遵守私法,尤其是私法中的强制性规

定。如根据合同法的规定,订立合同不得恶意串通损害第三人合法权益。同时,这里的守法还包括当事人依法建立的民事法律关系。依法、自愿签订的合同就是双方当事人之间的法律,必须信守。守法原则还应从另一方面解读。该条所说的法律,按照法律规范的要求,既包括权利也包括义务,还包括法律责任。因此,守法原则要求民事主体应当坚持权利与义务和责任的有机统一。在理解本条规定时,要结合《民法典》第131条和第176条的规定。第131条规定:“民事主体行使权利时,应当履行法律规定的和当事人约定的义务。”第176条规定:“民事主体依照法律规定或者按照当事人约定,履行民事义务,承担民事责任。”在编纂《民法典》过程中,我们原来希望把第131条的规定写进第8条,但后来有人提出目前的条文表述能够解读出这一层内涵,就把这一规定移到民事权利这一章,成为现在的第131条。需要注意的是,目前第8条的规定也可以解读出权利义务责任相统一原则。因此,在学习贯彻《民法典》的时候要注意这一点,全面、正确解读第8条规定的正确含义。

权利义务责任相统一原则是民法的重要原则。这一原则表明,我国的民事法律不能简单地说是以权利为核心,在当前中国的社会环境中,应坚持权利义务责任并重。这应当是当代民法的一个基本理念。民事主体不能只享受权利而不履行义务,不能在侵害别人权利、不履行义务的时候却不承担法律责任。在当前的社会环境中,强调权利与义务和责任有机统一尤为重要。我国经过近40多年的改革开放,各类民事主体,尤其是公民的权利意识空前高涨。但当前我国的权利保护还存在一些问题,还应当加大对权利的保护力度。而且在公民权利意识普遍高涨的同时,又出现了义务意识和责任意识淡薄,与权利意识高涨不相匹配的情况。因此,《民法典》规定民事主体应当坚持守法原则,就是要强调义务意识和责任意识。为什么要这样做呢?大家知道,在执行阶段被纳入失信被执行人名单的被执行人已经超过千万,很多被执行人收到人民法院的生效判决书后逃避执行,就是责任意识淡薄的体现。有些人对权利的理解很片面。民事权利的实现往往依赖于相对人民事义务的履行,如果相对人不履行民事义务,任何民事主体的民事权利都无法实现。目前大家都在强调权利,忽视了对义务和责任的宣传,显然是不对的。在宣传《民法总则》的过程中,要强调守法意识,要求民事主体不得违反法律,做到权利义务责任相统一。现在有一些人为了“维权”,不惜损害他人合法权益和社会公共利益,显然是对权利的片面理解,没有自己义务的履行和责任的承担,就不会有他人权利的实现。只有坚持权利义务责任的有机统一,才是真正理解了法治的真谛。

六、确立绿色原则

《民法典》第9条规定了绿色原则,要求民事主体从事民事活动,应当有利于节约资源、保护生态环境。将这条规定写入《民法典》,也曾经有过争论。在整个《民法典》编纂过程中,最高人民法院研究小组成员全都殷切期望将绿色原则写入《民法典》,尤其是环境资源审判部门的法官。但在编纂过程中,这一原则曾一度被从基本原则中删除了。但在我们的坚持和反复解释下,《民法典》在民事活动基本原则中保留了绿色原则。第十二届全国人大常委会副委员长李建国在《关于〈中华人民共和国民法总则(草案)〉的说明》中还专门指出,这是《民法总则》的一个重要亮点。这次将总则合编入民法典时,完全保留了当时《民法总则》起草时的表述。从目前来看,绿色原则的确是我国《民法典》最大的亮点之一,它在世界民法史上是可以载入史册的。外国民法,如《德国民法典》《法国民法典》等都没有规定绿色原则,只有我国《民法典》作了规定。这彰显了我国在未来的发展中坚持可持续发展道路的理念,即不仅要解决好人与人的关系,更要解决好人与自然的关系。这是新的发展理念。立法机关把中央提出的"五大发展理念"中的"绿色发展理念"写入《民法典》,无疑是一大贡献。应当看到,法律是处理人与人之间关系的行为规范,在《民法典》中规定绿色原则,不是直接处理人与自然的关系,而是通过人与人之间关系的处理,通过对人的行为的规范,规范人与自然的关系。具体来说,就是要求人们在从事各种民事交往活动,建立各种民事关系时,应当时时将保护生态环境的意识落实到具体的民事活动中,否则将受到法律的制裁。

七、明确民事案件的裁判依据

《民法典》第10条是非常重要的规定。尤其是对人民法院而言,这一条至关重要,需要认真学习和体会。《民法典》中这条规定对于人民法院司法工作具有革命性的意义。依据该条规定,人民法院"处理民事纠纷,应当依照法律;法律没有规定的,可以适用习惯,但是不能违背公序良俗"。在处理民事纠纷时,首先应适用法律。在早期的《民法总则》草稿中,规定的是依照法律和法规。当时我们不赞同,经过反复讨论后,改成现在的表述。处理民事纠纷为何应当依照法律呢?第一,民事基本制度都由中央立法,包括物权、债等基本民事法律制度都是由中央立法,地方没有立法权。因此,必须坚持民事法律的统一性原则。第二,从我国市场经济发展的需要看,我国要建立统一大市场,就必须适用国家统一的法律。如果每个地方如一个县、一个市都搞一套自己的法律,人民法院还必须适用它,中国统一的大市场就会分割成无数的小市场,不利于中国社会主义市场经济发展。最后,立法机关采纳了这一观点,规定处理民事纠纷应当依据法律,没有写法规。

在解读《民法典》的条文时,有些人认为此处规定的法律是指广义上的法律,包括行政法规。这不太合适。正确的解读应当是:第一,本条所称法律包括狭义的法律,即全国人大及其常委会制定的法律。第二,本条所称法律包括最高人民法院对法律规定所做的司法解释。最高人民法院的司法解释与被解释的法律一样具有同等效力。严格意义上讲,司法解释不是独立的法律渊源或者法律形式,而是依附于被解释的法律。除司法解释外,最高人民法院的一些指导性意见在司法实践中也可以参照适用。第三,《民法典》后面的一些条文规定,尤其是关于民事主体制度的规定,包括登记方面的制度会涉及行政法规。从立法技巧上看,民事纠纷的裁判依据就是法律,如果需要以行政法规为依据的,《民法典》的相应规定都已将其单独列出。所以,人民法院处理民事纠纷应当依照的法律,应当是狭义的"法律";如果《民法典》中规定要以法律和行政法规为依据的,该条法律的实施就应当将行政法规作为处理民事纠纷的依据。

处理民事纠纷,除应当适用《民法典》的规定外,还应当适用单行民事法律的规定。除单行民事法律外,还有些民事法律规范是在其他类型的法律中规定的,在处理民事纠纷时也应当适用。对此一定要注意。民事法律是私法,与公法主动干预不同,私法所调整的很多民事关系是由当事人自己的民事法律行为建立的。因此,在处理民事关系时,坚持意思自治原则特别重要。对于民事法律行为,国家运用法律规定进行干预一定要有度。如何把握好这个度呢?首先,应由国家立法来把握;其次,应由国务院行政法规来把握。其他规范不能轻易介入民事关系中。地方法规等规范可以对行政管理作出规定,但据此建立的法律关系是行政管理关系,而不是民事关系。有时对同一社会关系,除作为民事法律关系来保护外,还可以作为刑事法律关系来保护,也可以作为行政法律关系来保护,即通过行政管理来保护。除了法律,处理民事纠纷还应依照当事人依法成立的合同约定。《民法典》第10条虽然没有规定当事人的合同约定可以作为处理民事纠纷的依据,但是当事人依据法律规定订立的合同,本身就属于法律的范围,是当事人之间的法律,必须遵守,除非该协议违反国家效力性强制性规定被认定为无效。

《民法典》第10条另一个革命性的规定,是把习惯作为民法的法律渊源。法律渊源又称法律的形式,是人民法院处理案件的依据。在《民法典》之前,除《合同法》等法律的个别条款外,我国从来没有以基本规定的方式将习惯作为处理案件的依据,这次是开天辟地的第一回,是从法律上直接肯定了习惯作为法律渊源的效力。在编纂《民法典》的过程中,我们之所以主张将习惯作为处理民事纠纷的依据,是因为中国太大,幅员960多万平方公里,有56个民族,东中西部地区经济、社会、人文发展不平衡,如果完全按照国家法律统一规范民事生活,确实很难做到。特别是社会中大量的民事纠纷,在各地的表现情况就不太相同。如果将习惯作为处理民事纠纷的依据,习惯被法律采纳之后就变成习惯法,很多当地的民事纠纷就可以在当地依据本地习惯解决。

作为民事案件裁判依据的习惯,可以分为三大类:第一类是地域习惯。地域习惯,是指某一地域内的人民群众在长期的生产和生活中形成的,并被人们认可的行为规范。地域习惯往往在特定的地域范围内有效,超出其特定地域范围就没有效力了。例如,有的习惯在一个乡里、县里或其他特定地域范围内适用,如村规民约、乡规民约等,超出该特定地域范围就不能适用。第二类是民族习惯。所谓民族习惯,就是指不同的民族在长期的经济社会发展过程中形成的,并被本民族的人们认可的行为规范。在长期的社会生产和生活中,人们发生的各种纠纷,往往通过这些习惯来解决。我国有56个民族,往往不同的民族有不同的习惯,并用这些习惯处理人们之间发生的各种纠纷。第三类是行业习惯。行业习惯是在经济交往中,特别是商事交易中逐渐形成并被广泛适用的行为规范。不同的行业,通常有不同的行业习惯。而且从事同一行业的组织和人员,如果发生纠纷也愿意按照该习惯解决。在司法审判中,如果将这些习惯引入民事纠纷解决机制中,既可以弥补法律的不足,也可以快速解决当事人之间的纠纷。这在当前民商事案件快速增长的今天,对于人民法院如何建立快速解决案件纠纷解决机制是有好处的。应当看到,立法者再聪明也不可能穷尽所有的社会规范,立法机关也不可能编纂完所有的社会规范。可以肯定的是,如果将习惯适用问题处理好了,将会对人民法院化解基层矛盾带来革命性的变化。

习惯虽对民事纠纷的解决有不少好处,但也应当看到,民间存在的习惯也有好坏之分。历史上存在的陈规陋习、违背公序良俗的习惯也大量存在。因此,在解决民事纠纷时,如何判别习惯,就成为人民法院适用本条规则的重要方面。本书认为,在判别哪些习惯可作为民事案件裁判的依据时,必须坚持以下5项原则:

第一,人民法院如果要将习惯作为处理民事纠纷的依据,前提必须是法律对所涉问题没有规定。如果法律已经对此类问题作出规定,就应当按照国家法律的具体规定来处理,绝不能抛开国家法律另搞一套裁判规则。

第二,人民法院适用的习惯一定要与国家法律的基本原则不相矛盾和冲突。基本原则往往涉及国家法律的核心问题。如果所谓的“习惯”与国家法律的基本原则相冲突、相矛盾,我们仍坚持适用,就会破坏我国的法治统一。

第三，人民法院适用的习惯，不能侵害公民的基本权利，尤其不能侵害公民的基本人权。例如，有一些所谓的“民族习惯”，认为该民族的姑娘不能嫁给另一个民族的小伙，甚至连谈恋爱也不行。这种“习惯”侵害了公民的婚姻自由权。婚姻自由权是基本人权。此类禁止两个民族通婚的习惯，人民法院就不能适用。再如，封建活动不能作为习惯。古代中国民间有子孙“违反教令”罪。此罪不由官府处理，而是由家族族长处理。比如，一对男女青年因为热恋发生性关系，族长派人将其抓起来，因为他们犯了子孙“违反教令”罪。这些以“当地习惯”为由进行捆绑体罚、侵害人的基本权利，都是不允许的。

第四，人民法院适用的习惯不能与当地的公序良俗相冲突。习惯只是某地、某行业、某民族通常的做法，因习以为常、相互承继、共同遵守而成为人们行为的一种外在约束。只有当这类习俗符合本地和全社会主流、正统的价值观、道德伦理，有利于维护当地的公共秩序时，才能作为人民法院裁判的依据。

第五，坚持政教分离原则，严防宗教干预司法。在我国部分民族聚居地区，有一些僧人、阿訇直接介入民事纠纷调解，处理民事案件。我们过去在调研中曾发现，一些僧人在调解时运用的规则还包括藏族的“黄皮法典”。在一些信奉伊斯兰教的地区，出现了伊斯兰教的阿訇调处民间纠纷的个案。有些地方还将其作为经验来介绍。这些调处当地民间纠纷的宗教规则是否可作为习惯适用呢？本书认为是绝对不行的。曾经有一段时间，有人将一些宗教教义和规则披上民族习惯的外衣，运用调解的方式予以施行。这是绝对不行的。对一些宗教极端主义者的此类行为，尤其要高度警惕。我国实行政教分离的政策，作为党和国家的基本政策，政教分离绝对不能违背。宗教内部的习惯是信教教徒的行为习惯，应与民族习惯相区分，不能将民族习惯和宗教规则与教义画等号。如果允许宗教人士介入世俗纠纷的解决，可能对于个案的解决和纠纷的化解有作用，但这无异于饮鸩止渴。对于以前那种只强调“搞定就是稳定”“摆平就是水平”，无论是否有违法治要求和政教分离原则，一味地追求调解率和个案中当事人“息诉罢访”的理念和做法，必须坚决反对。

因此，人民法院在适用习惯时，如何鉴别哪些习惯可适用于民事纠纷的处理尤为重要。各高级人民法院和最高人民法院应当做好习惯鉴别的指导工作。但由最高人民法院将全国各地的习惯，或者由高级人民法院将本地区全部习惯进行全面梳理，难度太大。鉴别习惯的工作应主要由各基层人民法院及其派出人民法庭承担。此外，各中级人民法院也要做好指导工作，因为有一些适用习惯的案件会上诉到中级人民法院。如果经鉴别确定了哪些符合公序良俗的习惯可以适用，就可将其作为人民法院裁判的依据。中基层法院适用这些习惯作出裁判后，当事人不服上诉到上一级法院的，上诉法院不能任意改判。但如果中基层法院适用的习惯不符合上述5项原则，上级人民法院应依法予以改正。

八、为我国对外全面开放保驾护航

《民法典》第12条规定：“中华人民共和国领域内的民事活动，适用中华人民共和国法律。法律另有规定的，依照其规定。”从文义上看，我国法律的法域范围主要以国家领土为限，但法律另有规定的除外。最高人民法院曾向全国人大提出，应当在《民法典》分则编中专门编纂涉外民事法律关系适用法编，以解决我国法律的涉外适用问题。这次《民法典》编纂虽然没有将《涉外民事法律关系适用法》作为民法分则,但第12条规定"法律另有规定的,依照其规定",实际上就已经将该法以单行民事法律的方式纳入民法典体系中了。

我国涉外民事法律不仅要坚持属地主义,还要坚持属人主义,并尊重当事人对法律的选择。属地主义是指发生在中华人民共和国领域内的民事纠纷适用中国法律。属人主义是指只要是中华人民共和国的公民,中国的民事法律都可以适用于该公民。这里的中国法律,既包括国内法也包括我国加入的双边和多边条约。所谓尊重当事人对法律的选择,是指在涉外民事法律关系的调整中,当事人可以通过合同等方式约定选择处理其纠纷所应适用的法律。

改革开放40年来,我国的对外开放不仅"请进来",欢迎国外投资和来华交流,而且坚持"走出去",与其他国家建立了广泛的经济关系和各类民事交往。特别是近几年来,我国提出了"一带一路"倡议,大量的人力和资金流向国外,流到非洲、亚洲,甚至到了欧洲和美洲等地,有的用于基础建设、有的用于留学等。在此情况下,如果发生于国外的经济关系之中,中国国民之间、企业之间的民事纠纷发生地不在中国领域内,当事人又愿意采用中国法律解决纠纷,那还能不能适用我国法律呢?本书认为,完全可以根据需要,依法合理突破传统的"属地主义原则",将法律对属人主义原则和当事人对法律选择的规定灵活运用起来,以适应我国对外开放发展的需要。

按照《涉外民事法律关系适用法》的规定,如果当事人是中华人民共和国公民,那我国的民事法律当然应当对他们进行保护;如果当事人是我国注册的法人和非法人组织,他们在国外选择适用我国的民事法律,中国的民事法律当然可以对他们的纠纷予以解决;如果当事人是外国注册的法人和非法人组织等民事主体,他们选择中国的民事法律解决纠纷,中国的法律当然也可以帮助他们排忧解难。很显然,这些规定,对于维护我们走出去的企业和在国外的我国公民的合法权益都有好处。

《民法典》第一编总则第一章规定的民法基本原则,是我国民法的核心和灵魂。它不仅贯穿于总则之中,还贯穿于民法的各分则之中,贯穿于各个单行民事法律之中。在今后《民法典》的贯彻实施中,一定要紧紧抓住基本原则这个"纲",只有抓住这个"纲",各分则和单行民事法律所规定的众多法律规范这些"目",才能很好地实施,才能真正实现"纲举目张"。

第三章　自然人

民事主体制度是民法典的重要内容。新颁布的《民法典》，集中对最主要的三大类民事主体进行了规定，即自然人、法人组织和非法人组织。除此之外的其他民事主体没有作专章规定，但在民法分则和具体的单行民事法律中作出了规定。《民法典》规定的我国的民事主体制度，是根据我国具体社会实践需要产生的，具有很明显的时代特征。随着时代的发展和变化，有些内容可能会发生一些变化，但具有很深中国特色的规定，可能会长期存在。

专题一　自然人的民事权利能力

《民法典》第 13 条规定："自然人从出生时起到死亡时止，具有民事权利能力，依法享有民事权利，承担民事义务。"按照此规定，所谓自然人的民事权利能力，是指自然人享有民事权利，承担民事义务的能力。该民事权利能力与生俱有，伴随其终生。自然人，因没有贵贱之分，其民事权利能力也一律平等，无高低之别。上述关于自然人的民事权利能力的规定，当代各国民法典均如出一辙，并无不同。这次《民法典》编纂中，与以前表述不同的是胎儿的民事权利能力问题。

《民法典》第 16 条规定："涉及遗产继承、接受赠与等胎儿利益保护的，胎儿视为具有民事权利能力。但是，胎儿娩出时为死体的，其民事权利能力自始不存在。"按照民法基本理论，自然人享有民事权利能力的时间是开始于出生，终止于死亡。胎儿在母体里的时候，因其尚未出生，不应当具有民事权利能力。但从实际生活，如果不对胎儿的利益予以保护，胎儿出生后的成长会受到影响。为此，这次《民法典》编纂，专门对胎儿的利益保护问题作出了专门规定。要注意，该条用语是"视为具有民事权利能力"，并不是当然具有民事权利能力。但是胎儿"视为"具有民事权利能力的前提是"娩出"时不能为死体。但书部分所用的两个字为"娩出"，在起草过程中最早的表述是"出生时为死体的"。当《民法总则（草案）》提交全国人大常委会法律委员会讨论时，经推敲文字，认为不能用"出生"，因为依照文义，所谓出生，是指脱离母体时具有生命的活体即是生，即胎儿出生时具有生命的，也就具有民事权利能力。后来才决定用"分娩"的"娩"，将"出生时为死体的"改为"娩出时为死体的"。另有一个需要注意的问题就是对胎儿的解释。医学上对胎儿的解释和法律上对胎儿的解释可能不完全一样。在对胎儿进行解释时，有些概念应当明确。从人卵受精到胎儿娩出，可分为几个阶段。首先是受精卵，受精卵在医学上不称为胎儿，还没有发育成形。胚胎发育到一定时候才会形成胎儿。应当怎样来判断胎儿是否产生呢？是按照医学上的认定标准还是按照法律自己独立的标准来认定呢？这个问题对胎儿民事权利能力的确定非常重要。如果按照医学标准，自然人人卵受精一段时间后才能认定胎儿产生，在此之前发生的一些继承、赠与的事实就与该胎儿没有关系。如果按照法律的标准来认定，只要母体内能够查出有人卵受精就可认定胎儿产生，则会产生不同的法律效果。所以医学的认定标准和法律的认定标准可能并不完全相同。从法律的角度讲，如何确定这个界限，具有很强的社会伦理性和法律性。如果界限划得比较早，就会涉及权利损害的问题。尤其是关于现在的人工流产会不会涉及侵权问题等，比较复杂，需要引起注意。

专题二　自然人的民事行为能力

所谓自然人的民事行为能力，是指自然人能够通过自己的行为取得民事权利，承担民事义务的能力。以自然人能否通过自己的行为取得民事权利和承担民事义务，将自然人分为具有完全民事行为能力的人、限制民事行为能力的人和无民事行为能力的人。按照《民法典》的规定，年满 18 周岁的成年人为具有完全民事行为能力的人，16 周岁以上，以自己的劳动收入为主要生活来源的，视为完全民事行为能力的人。这些规定与《民法通则》的规定完全相同，这次民法典编纂未作改动。但在限制民事行为能力方面，民法典编纂作出了部分调整。

一是对于限制民事行为能力的未成年人的年龄界限进行了修改。《民法通则》规定限制民事行为能力的未成年人最低年龄是 10 周岁，《民法典》将其修改为 8 周岁。在编纂《民法典》的过程中，关于是否要保留 10 周岁标准的问题，争议很大。主要有三种观点：第一种观点认为，应该将标准降到 6 周岁。学龄前儿童为无民事行为能力人，只要上小学了就应当是限制行为能力人。第二种观点认为，还是应当保留《民法通则》关于 10 周岁以上的未成年人为限制行为能力人的规定。第三种观点认为，应当改为 8 周岁。最初针锋相对的观点是 6 周岁和 10 周岁。在提交给全国人民代表大会讨论的草案中此规定的是 6 周岁，这在全国人大代表中引起了巨大争论。后来全国人大常委会法律委员会根据各代表团讨论的情况，将限制民事行为能力的未成年人的年龄界限确定为 8 周岁，并按程序将其提交到大会讨论通过。

二是对限制民事行为能力人所为民事法律行为的效力作了规定。关于限制民事行为能力人所为民事法律行为的效力问题，《民法典》第 19 条规定："八周岁以上的未成年人为限制民事行为能力人，实施民事法律行为由其法定代理人代理或者经其法定代理人同意、追认；但是，可以独立实施纯获利益的民事法律行为或者与其年龄、智力相适应的民事法律行为。"因此，判断限制民事行为能力的人所实施行为的效力要注意三个问题。

第一，限制民事行为能力的未成年人实施的纯获利的民事法律行为，包括继承、接受赠与等行为必须属于合法行为。如果超出合法的范围，这种所谓的"纯获利益的民事法律行为"应当认定无效。例如,有人为了行贿,不把钱送给官员,而是送给官员的孩子,还冠冕堂皇地说,钱是送给孩子的不是给你(官员)的。这实质是在与未成年人的父母进行违法交易。例如,电视剧《人民的名义》中就有类似的情节。蔡成功给侯亮平行贿,给他的儿子1万元时说:“猴子,这是我给孩子的不是给你的。”这样做行吗?肯定不行。因此,限制行为能力的未成年人实施的纯获利益的行为,必须限定在合法范围内,必须排除行贿等不合法的“纯获利益的行为”。

第二,要正确把握哪些行为是与限制民事行为能力的未成年人年龄、智力相适应的民事法律行为。按照《民法典》第19条的规定,限制民事行为能力的未成年人,可以独立实施与其年龄、智力相适应的民事法律行为。在具体社会实践中,具体哪些行为是与限制民事行为能力的未成年人年龄、智力相适应的民事法律行为呢?这关系他们的行为是否会产生法律效力的问题,是审判实践中很值得关注的问题。8周岁到16周岁的孩子,乃至18周岁未到的青年,年龄跨度大,很难有一个统一的标准。但是,也可以大致作一些划分。其一,根据国民基础教育的不同阶段作出相应的划分:8周岁到13周岁为小学阶段;13周岁到16周岁为初中阶段;16周岁到18周岁为高中阶段。限制民事行为的未成年人,可以从事与其学习阶段相适应的民事活动。其二,可以根据城市和乡村作出一些区别。一般在城市生活的未成年人,可以从事与其年龄相当并与城市生活相适应的消费行为,如买低档消费品、学习文具等。乡村的未成年人可能还会从事一些与其年龄相当的生产劳动、简单的经营活动等,如背山核桃、水果、蔬菜等去市场出售。这些都是合理的,属于与限制民事行为能力的未成年人年龄、智力相适应的民事法律行为。其三,根据发达地区、欠发达地区和不发达地区作一些划分。不同地区根据本地区不同年龄段的未成年人通常情况下可以从事何种民事行为,可以对本地限制行为能力人可以从事的民事法律行为作出一些归纳。这样可以在实务中较好地解决未成年人与其他民事主体之间发生的民事法律关系,保证各方合法权益得到保护。

第三,哪些成年人应当认定为无民事行为能力和限制民事行为能力的人。《民法典》第21条第1款规定:“不能辨认自己行为的成年人为无民事行为能力人,由其法定代理人代理实施民事法律行为。”第22条规定:“不能完全辨认自己行为的成年人为限制民事行为能力人,实施民事法律行为由其法定代理人代理或者经其法定代理人同意、追认……”《民法典》的前述规定,与《民法通则》的规定是不同的。《民法通则》规定的无民事行为能力的人和限制民事行为能力的人,除未成年人以外,还包括成年人在内的“不能辨认自己行为的精神病人”和“不能完全辨认自己行为的精神病人”。这次《民法典》编纂时,将“精神病人”的表述删去,改为“不能辨认自己行为的成年人”和“不能完全辨认自己行为的成年人”,以之作为无民事行为能力的成年人和限制民事行为能力的成年人的认定标准。这一修改,就将无民事行为能力人和限制民事行为能力人的范围,从精神病人扩展到所有不能辨认自己行为的人和不能完全辨认自己行为的人,如老年性痴呆等非精神病人。该规定为这部分弱势群体合法利益的保护,提供了可靠的法律保障。

专题三　无民事行为能力人或限制民事行为能力人的认定

《民法典》第24条规定："不能辨认或者不能完全辨认自己行为的成年人,其利害关系人或者有关组织,可以向人民法院申请认定该成年人为无民事行为能力人或者限制民事行为能力人。被人民法院认定为无民事行为能力人或者限制民事行为能力人的,经本人、利害关系人或者有关组织申请,人民法院可以根据其智力、精神健康恢复的状况,认定该成年人恢复为限制民事行为能力人或者完全民事行为能力人。本条规定的有关组织包括:居民委员会、村民委员会、学校、医疗机构、妇女联合会、残疾人联合会、依法设立的老年人组织、民政部门等。"该条一共分为3款,表达了以下几个意思:一是申请认定成年人为无民事行为能力人或者限制民事行为能力人的主体,是利害关系人或者有关组织。利害关系人是指被申请人的配偶、父母、子女等近亲属。其他组织是该条规定的组织。通常在有近亲属时,应当由近亲属提出申请。按照该条规定,本人不能申请认定自己是无民事行为能力人或者限制民事行为能力人。二是申请已经被认定为无民事行为能力人或者限制民事行为能力人,恢复为限制民事行为能力人或者完全民事行为能力人的主体,是本人、利害关系人或者其他组织。这里,申请主体除利害关系人和其他组织外,还有本人。换句话说,本人原来有精神病,但经过治疗后已经治愈,就可以向人民法院申请恢复自己为完全民事行为能力人。三是人民法院接到申请后,应当根据被申请人的智力、精神恢复状况,作出是否恢复其为限制民事行为能力人或者完全民事行为能力人的认定。四是人民法院审理此类案件应适用特别程序。按照民事诉讼法的规定,申请认定被申请人有无民事行为能力或者限制民事行为能力,应当适用特别程序。特别程序属于非诉程序。在审判实践中,出现过有人以原告的身份向法院提起诉讼,请求认定被告某某为无民事行为能力人。这是错误的。这类案件不是诉讼案件,而是非诉案件。当事人应当提交申请书,而不是诉状。由于此类案件适用的是特别程序,就不存在两审终审的问题。特别程序结束后,案件就审完了。而且此类案件即使法院认定错误,也只能再通过特别程序使用判决方式予以纠正,不能适用再审程序。

专题四　监 护 制 度

基于自然人存在无民事行为能力人和限制民事行为能力人,为更好地维护他们的合法权益,

《民法典》规定了由无民事行为能力人和限制行为能力人的法定代理人代为行使其民事行为。为协调好无民事行为能力人和限制行为能力人与其法定代理人的关系，以及其他关系，《民法典》建立了完整的监护制度。在学习理解《民法典》关于监护这一章时，应当注意把握以下几点：

第一，监护制度应当把握的总体原则。在实践中，曾经一度存在对剥夺监护权制度适用过于泛滥的问题。如果发现父母不抚养未成年子女，就剥夺父母的监护权，将未成年子女交由国家抚养；如果发现成年子女不赡养自己的父母，也剥夺其监护权，将老年人交由国家来养。如果将未成年子女和老年人都交由国家来养，国家财政恐怕难以承担。这里就涉及监护制度的设计到底应该坚持什么原则的问题。在《民法典》编纂过程中，最高人民法院就提出，设计监护制度时应坚持以家庭监护为基础，社会监护为补充，国家监护为兜底的基本准则。为什么要坚持以家庭监护为基础呢？现在有些人动不动就提出剥夺他人的监护权，而对于有些人而言，这样做正中下怀，他们早就不想要监护权了。尤其是有些人的小孩有残疾，父母不想养，希望法院剥夺他的监护权。还有一些人主张要剥夺成年子女对老年人的监护权。这些都要十分慎重。中国正在进入老龄化社会，未来老年人监护还得依靠家庭，完全依靠社会和国家是行不通的。因此，设计监护制度时，一定要坚持要以家庭监护为基础的原则。但我国是社会主义国家，有些家庭确实不能履行监护职责的，可由社会承担，即以社会监护作补充。我们要鼓励成立一些基金会对老年人、未成年人进行监护。如果社会监护仍不能满足需要时，则应当由国家兜底。

因此，2017 年 3 月，第十二届全国人大常委会副委员长李建国在向全国人大报告《民法总则》的起草说明时就明确指出，对无民事行为能力人和限制行为能力人的监护，应当坚持“以家庭监护为基础、社会监护为补充、国家监护为兜底”的原则。此次《民法典》编纂就遵循这一原则，继续维护了在这一原则指导下对我国监护制度进行的表述。这一原则是正确理解我国监护制度的“纲”，它妥善处理了家庭、社会和国家的关系，明确了各自的责任。既要防止家庭成员推卸责任、国家大包大揽，又要防止无民事行为能力人和限制民事行为能力人无人管理的状况；既要防止近亲属争监护，又要防止家庭成员推监护。通过完善监护制度，依法维护未成年人、老年人和残疾人的合法权益。

第二，监护的性质问题。监护到底属于权利、义务还是责任？《民法通则》第 18 条第 2 款规定：“监护人依法履行监护的权利，受法律保护。”据此，我们一直使用“监护权”一词来表述监护。但这一表述太笼统。仅从权利的角度来表述监护并不准确。在起草《民法总则》时，就提出要明确监护在什么意义上称为权利，在何种意义上又称为义务和责任。首先，从监护人有资格对被监护人进行抚养、保护的角度看，监护属于一种权利。例如，对未成年子女的监护，从我有资格而你没有资格监护的角度，监护是一种权利。这在夫妻双方离婚时争夺对子女的监护权时，表现十分突出。其次，从行为的性质看，监护应当是一种义务和责任。《民法典》第 26 条规定：父母对未成年子女负有抚养、教育和保护的义务。成年子女对父母负有赡养、扶助和保护的义务。可见，监护人的监护职责是利他性的，而不是利己性的。具体来说，监护行为是有利于被监护的孩子和老人的，而不是有利于监护人本人的。监护的目的是要保护被监护人的人身权利、财产权利和其他合法权利。对于监护而言，监护是一种付出、一种贡献。从这个意义上讲，监护是一种义务，而不是一种权利。再次，如果监护人不履行监护的义务，就会受到法律的制裁。监护人对未成年人子女，不履行监护抚养职责,对生病父母不履行监护赡养义务,对生病配偶不履行监护扶养责任,会受到相应的民事处罚,严重的可能被追究刑事责任。最后,为了让监护人履行好监护的职责和义务,基于监护职责的履行会需要一些权利。例如,监护人要对生病父母进行监护,因其父母患有老年性痴呆,监护人在照顾父母的身体健康时,还需要对父母的财产进行经营管理。监护人基于监护义务的履行和责任的承担,会享有对其父母财产的经营管理权。如果作为监护人的子女为父母利益而处分父母的财产,则应当尊重其处分行为。这次编纂的《民法典》第 34 条第 2 款就将原来《民法通则》的规定修改为“监护人依法履行监护职责产生的权利,受法律保护”。很明显,这种权利实际上是一种附随性质的权利,是附随监护责任的履行而产生的权利,不是自生的权利。可见,这次《民法典》的修改,从总体上看是将监护作为义务和责任,但从资格上看又将其作为一种权利,属于一种具有排他性的权利。

正因如此,我们在审判实践中,不能将监护绝对化,而应当以辩证的观点看问题。如果笼统地说监护是权利,则民事权利既可以享有也可以放弃,大家对老人都放弃赡养,对残疾孩子都不予监护,都放弃监护权利,就不合适了。我们还应当注意,在通常的情况下,夫妻离婚时,对于未成年子女争监护权的多,而对于年老父母则推卸监护职责的多。在理解监护权的时候,一定要注意监护本身是一种职责、一种义务,只是在履行监护职责过程中,会产生一些权利,但是不能简单地视其为监护权,它是基于监护而产生的权利。履行监护职责是权利产生的前提。

第三,正确处理监护与对子女抚养、对父母赡养和夫妻相互扶养的关系。这是两种不同的法律关系。举例而言,一家有三兄妹,父母与其中一位子女共同生活。与父母共同生活的子女对年老父母行使监护责任,其他两个孩子虽然没有履行对父母的监护职责,但是对赡养父母的法定义务依然存在。再如,夫妻离婚后,与未成年子女共同生活的一方当然要抚养孩子,承担监护责任。与此同时,未与未成年子女共同生活的一方,对子女同样有抚养的法定义务。某省曾经发生过一个案件,夫妻对未成年子女完全不照顾,交给他人用以诈骗钱财。事发后,人民法院判决剥夺了父母的监护权。由于父母对未成年子女既不教育,也不保护,竟然还送给他人做犯罪工具,剥夺其监护权并无问题。但是,其他监护人承担了对该未成年子女的监护义务后,其亲生父母仍应当承担其抚养费。现在社会中有一种现象,夫妻离婚后,未成年子女与一方共同生活,另一方就完全不管,忘记了自己应当承担的抚养义务。正因如此,《民法典》第 37 条规定:“依法负担被监护人抚养费、赡养费、扶养费的父母、子女、配偶等,被人民法院撤销监护人资格后,应当继续履行负担的义务。”因此在审判实践中,一定要将监护与抚养、赡养、扶养区分开,被撤销监护权或者未履行监护责任的父母、子女、配偶等,仍要履行抚养、赡养和扶养的法律义务,特别是那些有意放弃监护责任的人,在费用的负担上应当使其尽更大的责任,以保护承担监护责任人的合法权益。至于监护人的具体职责,《民法典》第 34 条和第 35 条已经规定得十分明确,这里就不再细述。

第四,监护争议的处理。监护争议案件主要包括确定监护人争议案件、撤销监护人资格案件、恢复监护人资格案件。在审理监护争议案件时应当注意以下几个问题:一是未成年人的监护人资格问题。按照《民法典》第 27 条的规定,未成年人的监护人首先由其父母担任。未成年人的父母死亡或者没有监护能力的,由下列有监护能力的人按照顺序确定监护人:祖父母、外祖父母;兄、姐;经相关组织或者部门同意的其他愿意担任监护人的个人或者组织。二是无民事行为能力或者限制民事行为能力的成年人的监护人资格问题。按照《民法典》第 28 条的规定,无民事行为能力或者限制民事行为能力的成年人，能担负监护责任的人的顺序是：配偶；父母、子女；其他近亲属；经相关组织或者部门同意的其他愿意担负监护的个人或者组织。三是对确定监护人有争议的解决方式。如果在确定监护人时存在争议，首先由具有监护资格的人之间进行协商，协商一致则按照协商的办法处理；协商不一致，则可以由被监护人所在地的居民委员会、村民委员会或者民政部门指定监护人；如果有关当事人对指定不服的，可以向人民法院申请指定监护人。四是人民法院受理申请指定监护人案件适用的程序。按照《民法典》第 31 条的规定，受理申请指定监护人案件，应当按照《民事诉讼法》的规定运用特别程序进行审理。正如前文所说，《民事诉讼法》规定的特别程序，属于非诉性质的申请程序，即申请人向人民法院提出申请，人民法院按照特别程序对该申请进行审查后，再决定是否支持该申请。但在实践中，从个别地方法院提交的材料和案例看，有些法院对监护争议适用的程序没有搞清楚，出现了要求当事人通过诉讼的方式来解决监护争议的情况。这是错误的，应当予以纠正。五是撤销监护人监护资格和恢复原监护人监护资格的申请审理问题。在监护争议纠纷中，除前面所述的确定监护人争议纠纷案件外，还有撤销监护人资格和恢复原监护人资格的申请案件。监护人确定以后，如果监护人未依法履行监护人责任，损害了被监护人的合法权益，其他依法具有监护资格的人有权向人民法院申请撤销监护人监护资格；如果其他依法具有监护资格的人不提出申请，居民委员会、村民委员会、学校、医疗机构、妇女联合会、残疾人联合会、未成年保护组织、依法设立的老年人组织等社会组织，有权向人民法院提出申请；前述其他依法具有监护资格的人和相关组织均未及时提出申请的，国家民政部门有权向人民法院提出申请。人民法院受理申请并依法审理后，如发现具有《民法典》第 36 条第 1 款规定情形的，应当撤销监护资格，并按照最有利于被监护人的原则依法指定新的监护人。被监护人的父母或者子女被人民法院撤销监护资格后，如果之前没有对被监护人实施故意犯罪，且事后有悔改表现的，若他们向人民法院提出恢复其监护人资格的申请，人民法院应当受理。人民法院受理后，应当审查其是否有悔改表现，同时还应当征求被监护人的意见。如果他们确有悔改表现，被监护人也同意恢复其监护人资格，那人民法院应当恢复其监护人资格。《民法典》之所以作如此规定，是因为父母与子女之间是最亲密的直系亲属关系，在有利于被监护人合法利益维护的前提下，允许其恢复监护人资格，有利于和睦家庭关系的建设，有利于老年人和未成年人合法权益的维护。当然，恢复原监护人的监护资格，只适用于父母与子女之间的关系，其他原监护人被撤销监护人资格后，原则上不再恢复其监护人资格。

专题五　宣告失踪和宣告死亡制度

《民法典》关于宣告失踪和宣告死亡的规定，是自然人作为民事主体时的重要制度。这项制度所涉及的案件平时并不多，但如果遇到战争，以及地震、水灾、火灾等自然灾害时，宣告失踪和宣告死亡制度对于民事纠纷的处理就显得非常重要。

一、宣告失踪制度

所谓宣告失踪，就是自然人下落不明满两年时，为合法处理失踪人与其他民事主体之间的民事关系，由利害关系人向人民法院提出申请认定失踪人失踪，并确定失踪人财产代管人的法律制度。处理宣告失踪类型的案件，应当注意以下几点：一是要确定能够有权向人民法院提出宣告自然人失踪的申请人。按照《民法典》第40条的规定，有权提出宣告自然人失踪的申请人是利害关系人。所谓利害关系人，应当是失踪人的配偶、子女、父母等近亲属，以及与失踪人在财产等方面存在民事法律关系的自然人、法人和非法人组织等各类民事主体。二是要明确失踪人符合宣告失踪的条件。申请人在向人民法院提出申请时，应当按照《民法典》第40条和第41条的规定，举出证据证明失踪人存在宣告失踪的事实，符合宣告失踪的条件。这是人民法院审理宣告失踪案件的基础。三是要明确失踪人财产的代管人。如果人民法院经审理认为失踪人符合宣告失踪的条件，就应当确定失踪人的财产代管人。按照《民法典》第42条的规定，失踪人的财产应当由其配偶、成年子女、父母或者其他愿意担任财产代管人的人代管。如果没有代管人或者法律规定的代管人无代管能力，或者代管有争议，则应当由人民法院指定人代管。代管人在代管失踪人财产时，应当维护失踪人的利益，妥善管理失踪人财产，依法进行管理。如果代管人不履行代管职责，或者侵害失踪人合法权益，失踪人的利害关系人有权向人民法院申请变更财产代管人。四是失踪人重新出现时，经本人或者利害关系人申请，人民法院应当撤销失踪宣告。在撤销失踪宣告判决中，如果宣告失踪人申请移交代管财产的，人民法院应当在判决中一并解决。移交有争议的，由当事人通过诉讼程序另案解决。五是宣告失踪案件的审理适用特别程序。应当看到，失踪人被宣告失踪后，其民事主体资格没有消灭，只是因为被宣告失踪后，失踪人的民事权利由财产代管人代为行使。代管人行使代管行为与民事相对人发生的民事法律关系，效力及于失踪人，但是代管人与相对人共谋损害失踪人利益的行为除外。如果代管人故意或者重大过失造成失踪人财产损失的，应当向失踪人承担赔偿责任，一般情况下代管人的代理行为与相对人之间的民事法律关系不受影响。

二、宣告死亡制度

所谓宣告死亡，是指自然人下落不明满4年，或者因意外事故下落不明满2年等，为合法处理该自然人与其他民事主体之间的民事法律关系，由利害关系人向人民法院申请该自然人死亡的法律制度。宣告死亡案件与宣告失踪案件一样，也适用特别程序，如果原裁判有误，也应通过特别程序纠正。处理宣告死亡案件，还应当注意以下几点：

一是要明确有权提出死亡宣告的申请人。按照《民法典》第46条的规定，有权提出死亡宣告的申请人是利害关系人。这里利害关系人应当包括配偶、子女、父母等近亲属，以及与被宣告死亡人有财产等法律关系的自然人、法人、非法人组织。

二是申请人在提出死亡宣告申请时应当提出符合死亡宣告的事实和条件。按照《民法典》第46条的规定，要向人民法院提出死亡宣告申请，被宣告死亡者应当下落不明满4年，或者因意外事件下落不明满2年；因意外事件下落不明，经有关机关证明该自然人不可能生存的，申请宣告死亡时间不受2年时间限制。例如,著名的马航MH370航班飞机失联事件中的乘客,他们在飞机失联后生不见人,死不见尸,从法律意义上讲只能是因意外事件下落不明。但因此失联事件致使乘客不可能生存,故相关利害关系人在有关机关作出证明后,可以向人民法院申请宣告死亡。

三是要注意被宣告死亡时间的确定。宣告死亡的日期对被宣告死亡自然人权利义务的处理十分重要。宣告死亡判决作出之日视为其死亡之日。这对于继承权等民事权利的产生具有重要意义。但是,因意外事件下落不明被宣告死亡的,意外事件发生之日视为被宣告死亡人死亡之日。对此,《民法典》第48条规定:"被宣告死亡的人,人民法院宣告死亡的判决作出之日视为其死亡的日期;因意外事件下落不明宣告死亡的,意外事件发生之日视为其死亡的日期。"例如,马航MH370航班失联就属于意外事件,飞机上的乘客都可以依法宣告死亡。后来,北京法院陆续受理了相关申请宣告死亡的案件。在这些案件中,人民法院作出的死亡宣告判决,被宣告人死亡的时间就是航班失联的时间。

四是要注意被宣告死亡后的法律后果。自然人被宣告死亡后,自然人与配偶的婚姻关系终结,与所在法人组织、非法人组织之间的劳动关系终止,财产继承关系产生。但宣告死亡属于法律意义上的死亡,并不一定意味着被宣告死亡人事实上失去生命。如果被宣告死亡的自然人事实上并没有死亡,其在宣告死亡期间实施的民事法律行为,只要不违反法律的效力性强制规定,同样具有法律效力。

五是要注意被宣告死亡人重新出现后相关问题的处理。正如前文所述,自然人被宣告死亡,只是法律意义上的死亡,并非自然人一定已经死亡。如果出现被宣告死亡后,自然人又重新出现,则相关问题应当尽快作出处理。

首先,人民法院应当撤销宣告死亡判决。撤销死亡宣告,应当由本人或者利害关系人申请,人民法院经特别程序审查,发现被宣告死亡人确实并未死亡,即应当重新作出判决,撤销原死亡宣告判决。

其次,死亡宣告被撤销后自然人与原配偶已经消灭的婚姻关系如何处理。按照《民法典》第51条的规定:"被宣告死亡的人的婚姻关系,自死亡宣告之日起消除。死亡宣告被撤销的,婚姻关系自撤销死亡宣告之日起自行恢复。但是,其配偶再婚或者向婚姻登记机关书面声明不愿意恢复的除外。"在《民法总则》起草过程中,曾经有过这样的表述:自然人被宣告死亡以后,婚姻关系消灭,如果宣告死亡判决被撤销,已经消灭的婚姻关系如果要继续,必须重新办理结婚手续。后来经过讨论,没有采用重新办理结婚登记手续的方案,而是采取婚姻关系自行恢复制度,同时增加了但书的规定,即配偶再婚或者向婚姻登记机关书面声明不愿意恢复婚姻关系的,原来的婚姻关系就不能自行恢复。这样,如果死亡宣告被撤销后,自然人的配偶只要没有再婚,没有向婚姻登记机关声明不同意恢复婚姻关系,则原婚姻关系自动恢复。

再次,因宣告死亡而发生的财产继承,在宣告死亡判决被撤销后也应当恢复原状。对此,《民法典》第53条规定:"被撤销死亡宣告的人有权请求依照本法第六编取得其财产的民事主体返还财产;无法返还的,应当给予适当补偿。利害关系人隐瞒真实情况,致使他人被宣告死亡而取得其财产的,除应当返还财产外,还应当对由此造成的损失承担赔偿责任。"也就是说,依据继承法的规定取得的财产,如果被撤销死亡宣告的人主张财产返还,则应当返还。对于在死亡宣告期间,在遗产处理时已经出卖、变卖的财产,原被宣告死亡的人不能向买受人主张返还,只能向财产继承人主张出卖、变卖的对价。

最后,被宣告死亡人在被宣告死亡期间,其子女被收养时订立的收养关系如何认定问题。自然人被宣告死亡后,如果子女被他人收养,宣告死亡的判决被撤销后,其未成年子女的收养关系并不当然无效。对此,《民法典》第52条规定:"被宣告死亡的人在被宣告死亡期间,其子女被他人依法收养的,在死亡宣告被撤销后,不得以未经本人同意为由主张收养行为无效。"当然,如果在此期间他人与其子女之间没有建立收养关系,或者建立的收养关系不符合法律程序,被宣告死亡的人不同意建立收养关系的,应当尊重其意见。

专题六　个体工商户和农村承包经营户

个体工商户和农村承包经营户制度是自然人制度中具有中国特色的主体制度。它们是自然人制度的一种延伸,不属于典型的自然人,而是一种自然人的组合。这种组合既可以通过契约的形式组成,也可以是以自然人亲属关系组合成的家庭为单位。通过契约形式将自然人组合成的民事主体,主要体现为通过合伙形式共同组建的个体工商户。个体工商户通常由几个人组成,规模非常小。通过亲属关系组合的家庭作为民事主体,既可能是农村承包经营户,也可能是个体工商户。虽然《民法典》第54条至第56条对个体工商户和农村承包经营户只作了3条规定,但是个体工商户和农村承包经营户主体在我国经济,尤其是农村经济中数量特别庞大,需要引起高度重视。据统计,2019年第四次经济普查显示,全国个体工商户超过6000万户;以个体工商户为主体的各类小店超过1亿家,且这1亿家小店解决了3亿人就业。2019年我国共拥有农村承包经营户2.3亿户。两者相加共计2.9亿户,数量非常庞大。这些民事主体既是消费单位,又是生产经营单位。所以我们要对个体工商户和农村承包经营户这两类民事主体引起高度重视。

一、农村承包经营户

《民法典》第55条规定,农村集体经济组织的成员,依法取得农村土地承包经营权,从事家庭承包经营的,为农村承包经营户。农村承包经营户可以作为民事主体。最高人民法院关于审理涉及农村土地纠纷案件适用法律问题的解释中,专门对农村承包经营户作了规定。司法实践中,农村承包经营户怎么理解是一个非常重要的问题。假如,1980年有一户农村承包经营户,经营户成员包括两夫妻,另还养育两儿一女。女儿长大后,在80年代末出嫁了;大儿子考上大学,毕业后到城里当公务员;小儿子留在农村种地,后来在农村娶了媳妇生了儿子。此时,这一户农村承包经营户的成员包括:原来的老两口,小儿子夫妻俩及其子女。大儿子大学毕业后当公务员,在城里安家立户,就不再属于农户成员;女儿嫁到外村,到婆家居住地落户,也不再属于该集体经济组织所属这家农户的成员。在这种情况下,这家农户所承包的地就由老两口和小儿子一家耕种。再过若干年,老两口老了,不能再劳动,甚至去世了,就剩下小儿子一家耕种承包地。如果这时国家要征收这户农户所承包的土地,要对农户进行补偿,谁还能分得征地补偿费呢?大儿子当了公务员,在城里落户了,不属于该集体经济组织所属农村承包经营户成员,不能分;出嫁的女儿已经在婆家落户,不属于该集体经济组织农村承包经营户成员,也不能分。这类问题在农村比较普遍。

在处理此类问题时,要注意以下问题:农村承包经营户是独立的民事主体,它与户的成员是不同的。农村承包经营户的成员可以变动,如娶媳妇、媳妇又生儿子。但是农村承包经营户是确定的。嫁出去的女儿成为婆家所在农村集体经济组织中承包经营户的成员。娶进门的媳妇可能在娘家所在的农村集体经济组织中的承包经营户已经按人头分了承包地,她到婆家成为婆家农户成员后,是否还能在娘家农户中享有成员权呢?笔者认为不能,出嫁女不能"两头占"。因此,承包农村土地的农户,是一个固定的概念,是独立的民事主体。农户是铁打的营盘,农户成员可能是"流水的兵"。农户成员会因生老病死而变化、嫁娶考学而流动,但农村承包经营户本身是确定的、不变的。农村集体经济组织成员虽同时是农村承包经营户的成员,但农村承包经营户的成员不直接享有家庭土地承包经营权,不是家庭土地承包经营权的主体。农村土地承包是以户为单位进行,享有农村土地承包经营权的是农村承包经营户。虽然在最初分地的时候,会以农户成员的数量为标准进行分配,但承包经营合同一旦签订就是30年不变。第一轮划分的土地承包经营权是15年不变。一旦农村土地承包经营合同签订后,农户就对分得土地享有承包经营权。尽管农户的成员会发生变化,有增有减,但农村土地承包经营户不变,其所享有的土地承包经营权不变,至少30年内不会变。即使30年后要重新签订土地承包经营合同,在签订承包合同时,有时可能会因为农户成员的变化而对承包的土地数量作个别调整,但农户作为家庭土地承包合同的主体地位不会发生变动。

二、个体工商户的债务承担问题

《民法典》第54条规定:"自然人从事工商业经营,经依法登记,为个体工商户。个体工商户可以起字号。"第56条第1款规定:"个体工商户的债务,个人经营的,以个人财产承担;家庭经营的,以家庭财产承担;无法区分的,以家庭财产承担。"在理解个体工商户这一民事主体时,应当注意以下几点:一是个体工商户有合伙性质的个体工商户和非个人合伙性质的个体工商户。如果几个自然人通过合伙方式登记个体工商户进行生产经营,则往往通过合伙协议确定自己的出资。这种类型的个体工商户,有些合伙人只出资不经营,有些则只经营不出资,有些既经营又出资。就一般而言,这种个体工商户往往是起字号进行经营。这类个体工商户的法律责任,应当由该字号的财产承担,不足部分由合伙人共同承担。非个人合伙性质的个体工商户,则应当用个人财产或者家庭财产承担。二是注意区分个人经营的个体工商户和家庭经营的个体工商户。所谓个人经营的个体工商户,应当是指个人用归自己所有的财产进行经营,而不是用夫妻共同财产投资经营。例如,个人投资开个小餐馆、小理发店等,其债务应当由个人财产承担。如果是家庭经营的,则债务应当以家庭财产承担。所谓家庭经营,应当是指用家庭财产投资经营。家庭经营通常有两种情况:其一,夫妻用共同财产投资,共同经营,所获得收益归整个家庭;其二,夫妻用共同财产投资,由一方经营,另一方可能从事其他职业,不参与经营,所获得收益归整个家庭。以上是个人经营和家庭经营的典型形式。但实际生活中，还存在开始是个人投资经营，后来经营时间长了，又用夫妻的共同财产投资，时亏时盈，反反复复。时间一长，也分不清楚是个人投资还是家庭投资。在此情况下，按照《民法典》第56条的规定，应当以家庭财产承担。三是注意个体工商户的民事责任形式。个体工商户无论是合伙性质还是非合伙性质，无论是个人投资经营还是家庭投资经营，其承担的民事责任都是无限责任。没有有限责任的豁免。四是要注意个体工商户制度下可能产生的法律纠纷的形式。由于个体工商户的性质，其生产经营中，经常可能遇到的法律纠纷主要有：个体工商户具有个人合伙性质的，可能产生合伙协议纠纷案件；合伙债务纠纷案件；劳务纠纷案件；夫妻共同债务纠纷案件；等等。

《民法典》关于个体工商户和农村承包经营户的规定，从债务的承担看，可能涉及夫妻共同债务问题。这是现在老百姓比较关注的问题。以前夫妻没有多少共同财产，但现在夫妻共同财产多了，纠纷也多了。而且夫妻共同财产不仅包括消费性财产，还包括生产经营财产。从目前来看，我国的婚姻家庭中，在4.5亿个家庭中，有近3亿家庭既是生活消费单位，也是生产经营单位。夫妻承担共同债务在社会主义市场经济条件下，是一个必须面对的现实，不能回避。

三、农村承包户经营的债务承担问题

《民法典》第56条第2款规定："农村承包经营户的债务，以从事农村土地承包经营的农户财产承担；事实上由农户部分成员经营的，以该部分成员的财产承担。"本书认为该款规定中，分号之前的内容与分号之后的内容存在一些差异。关于分号之前的内容，实际生活中，有些家庭成员不是农户成员，故不能以全部家庭财产承担责任。此外，分号之后内容中的"事实上由农户部分成员经营"，应主要是指荒山、荒丘、荒滩、荒沟的承包。这类承包可能以家庭为主体，也可能以个人为主体。如果以个人为承包主体，就以个人财产承担民事责任。但是，实践中还存在一种情况，即夫妻双方中有一方在家里种地，另一方在外边做生意或打工赚钱。这时，农村承包经营户的债务应当怎样承担呢？这个问题值得研究。如果丈夫在外做生意，将做生意挣到的钱投入农村土地承包经营，则丈夫投入的这部分财产也应当用于承担农村土地承包经营户的债务。《民法典》第56条第2款是对夫妻的财产作了一个切割，即夫妻一方在城里做生意所获得的财产，如果没有投入农村土地承包经营，就不对农村土地承包经营产生的债务承担责任。但是，如果夫妻一方将所承包的土地或承包经营所得的财产转移到城市，作为股本、用于投资，然后再对之进行经营的，则这部分财产也应对农村土地承包经营债务承担责任。在审判实务中，对农村承包经营户的债务承担问题，应当结合家庭财产中的夫妻共同财产制、分别财产制以及家庭债务负担等问题一并解决。

第四章　法　人

专题一　法人组织的性质和分类

法人作为民事主体,是民法典编纂中是最重要的问题。在中国社会主义市场经济条件下,如果没有一个好的法人制度,市场经济的健康发展是不可能的。在定义法人时,《民法典》在原来《民法通则》的基础上,吸收市场经济国家关于法人组织的表述方式,从以下几个方面规定了法人组织的性质:一是明确了法人的含义。《民法典》第57条规定:"法人是具有民事权利能力和民事行为能力,依法独立享有民事权利和承担民事义务的组织。"二是明确规定了法人成立的条件和程序。按照《民法典》的规定,法人组织应当依法成立,即法人应当有自己的名称、组织机构、住所、财产或者经费,并按照法律、行政法规规定程序设立等。三是明确规定了法人组织的民事权利能力和民事行为能力的产生和消灭。按照《民法典》第59条的规定,法人组织的民事权利能力和民事行为能力从法人组织成立时产生,终止时消灭。法人组织的民事权利能力与民事行为能力由法律赋予,且具有一致性。四是明确了法人组织承担民事责任的根据。按照《民法典》第60条的规定,法人组织以其全部财产独立地承担民事责任。这里的全部财产是指设立法人组织的出资人出资的财产,以及由出资财产在经营中形成的全部财产。在承担民事责任时,法人组织是自己独立地以其全部财产承担有限责任,不需要出资人等再承担无限责任。这次编纂时,《民法典》所用条文比《民法通则》更多,表述更加全面,更加准确。

法人组织的分类,是法人制度的重要内容。1986年制定的《民法通则》规定了四类法人,分别是企业法人、事业法人、机关法人、社会团体法人。国外民法对于法人的分类也有不同的划分方法,其中主要是将法人分为公法人和私法人,有些还具体细分为社团法人和财团法人。这次《民法典》编纂,对法人的分类进行了修改,既与《民法通则》不同,也与国外的分类不同。根据中国实际情况,《民法典》将法人分为3个大类、11个小类。这3个大类包括:营利法人、非营利法人和特别法人。一开始编纂《民法典》时,关于法人分类的问题分歧很大,各种观点都有。经过反复讨论,最后将法人分为营利法人和非营利法人。作出这两大类分类后,现实中还是有很多问题解决不了。最后经过研究又增加了一个新法人类型,即特别法人。这3个大类、11个小类的法人组织都有什么特点呢?若不掌握这些特点,则难以在民事活动开展过程中很好地执法、司法和守法。

一、营利法人

《民法典》第76条对营利法人的含义作了规定。该条第1款规定:"以取得利润并分配给股东等出资人为目的成立的法人,为营利法人。”按照《民法典》的规定,营利法人有如下几个特点:一是营利法人可以依法分得红利。简单地说,这类法人组织是出资人以赚取利润为目的设立的。出资人出资设立该机构之后,该机构通过合法经营赚取利润,然后依据法律和公司章程的规定向出资人分配红利。二是营利法人组织是依据法律和法人章程设立的组织机构。按照《民法典》要求,营利法人应当建立3个机构:权力机构、执行机构和监督机构。营利法人的权力机构,又称重大决策机构,行使修改法人章程或者更换执行机构、监督机构成员,以及法人章程规定的其他职权。这一机构在公司制度中,就是股东会或者股东大会。这一机构由股东等出资人构成,并按照法律和营利法人章程行使权力。营利法人的执行机构,行使召集权力机构会议,决定法人的经营计划和投资方案,决定法人内部管理机构的设置,以及法人章程规定的其他职权。营利法人的执行机构通常就是公司制度中的董事会或者执行董事,它既承担着营利法人组织的日常经营管理事务,又要向权力机构汇报工作,执行权力机构的重大决定,并接受营利法人监督机构的监督。营利法人的监督机构依法行使检查法人财务、监督执行机构成员与高级管理人员执行法人职务的行为,以及法人章程规定的其他职权。营利法人的监督机构的组织形式是监事会或者监事,具体行使监督检查权力。这三大机构,构成营利法人组织机构,是在我国建立和完善现代企业制度的制度性框架。这些规定提高了营利法人的组织性,结构更趋合理,是我国现有家族性民营企业、传统国有企业和集体企业提级升档的目标,为进一步推进我国的现代化企业法人治理提供了法律制度保障。三是营利法人在清算后还剩余的财产,应当依据法律和法人章程规定向股东等出资人分配。剩余财产的分配制度,是营利法人区别于其他法人的制度标志。这是因为营利法人设立的目的是以取得利润为目标。当因撤销、解散、歇业等原因,需要终止营利法人时,该营利法人企业应当按照法律规定进行清算活动,即清理现有资产、偿还债务、收回债权。如果负有清算义务的义务人,不履行清算义务,造成企业或者企业债权人损害的,应当承担包括财产赔偿责任在内的民事责任;未经清算,股东等出资人抽逃资金,应当向企业或者企业债权人等承担法律责任;股东等出资人在营利法人清算过程中,完成债务偿还后,对剩余财产有权按照法律和法人组织章程规定取得剩余财产分配权,实现对剩余财产的取得。四是营利法人以自己的全部财产独立承担民事责任。营利法人的全部财产由两个部分构成:股东等出资人出资的财产;利用出资人出资的财产合法经营取得财产。在民事责任的承担上,营利法人以法人组织的全部财产对外承担有限民事责任,即超出全部财产范围的其他债务,营利法人不再承担;股东等出资人以其出资为限对营利法人组织承担有限责任,超出股东等出资人出资范围的其他债务,出资人不再承担。五是承担有限责任的营利法人有三种类型,即有限责任公司、股份有限公司和其他法人企业。所谓有限责任公司,就是由出资人出资形成的全部财产对外承担有限民事责任的法人组织。有限责任公司具有资合性和人合性相统一的特点。所谓股份有限公司,就是通过发起人发起,面向全社会募集股份形成的公众公司。该公司以募集的股份以及通过对募集的财产进行经营而形成的全部财产对外承担有限民事责任。股份有限公司是资合公司。有限责任公司和股份有限公司具体由公司法规范。所谓其他法人企业,是指那些不具有股份有限公司和有限责任公司的特点,但是又属于对外只承担有限责任的企业,特别是一些传统的国有企业和集体企业,数量并不少。只要法人经营所获得的利润要分配给出资人,且以其全部财产承担有限法律责任,都属于营利法人。需要注意的是,虽然《公司法》对公司法人制度已作规定,但在编纂民法典时将其相关内容吸收入这一法律效力仅次于宪法的基本法律中,相关规定的效力等级得到了很大提升;同时,将只适合于股份有限公司和有限责任公司的规定适用于所有营利法人,进一步扩大了其适用范围。这就为适应中国特色社会主义市场经济发展,建立现代企业制度提供了可靠的制度保障。

二、非营利法人

《民法典》第87条规定了非营利法人的含义。该条第1款规定:"为公益目的或者其他非营利目的成立,不向出资人、设立人或者会员分配所取得利润的法人,为非营利法人。"简单地说,投资之后投资人不能分配红利的法人组织,就是非营利法人。根据《民法典》第95条的规定,为公益目的成立的非营利法人终止时,不得向出资人、设立人或者会员分配剩余财产。剩余财产应当按照法人章程的规定或者权力机构的决议用于公益目的;无法按照法人章程的规定或者权力机构的决议处理的,由主管机关主持转给宗旨相同或者相近的法人,并向社会公告。而营利法人清算之后,投资人有权收回剩余财产。因此,非营利法人与营利法人的重大区别在于:非营利法人终结时,在偿还债务以后,即使有剩余财产,设立人、出资人、会员也不能分配剩余财产。在《民法通则》中,还没有非营利法人之说,《民法典》划清了营利法人与非营利法人的界限,为我国公益事业的发展和非营利社会组织的健康发展,提供了明确的制度安排和保障。

非营利法人分为四大类,即事业单位、社会团体、基金会、社会服务机构等。事业单位、社会团体的分类源于《民法通则》。基金会和社会服务机构如果是以公益为目的,接受捐助财产设立的,则该法人组织应当为捐助法人。捐助法人包括红十字会及其他基金会等。

捐助法人中比较特殊的是宗教活动场所。宗教活动场所在这次编纂《民法典》时才被认定为捐助法人,以前对其属性的界定并不规范。在实际生活中,我们经常会看到不少佛教庙宇设有功德箱,不少善男信女以捐赠的方式往功德箱里投钱。为此,一些"精明"的投资者发现其中的生财之道。于是,他们找到一些宗教组织,在景区投资修建、改建、扩建庙宇,并与其共同经营庙宇,赚钱之后按照约定分红。这类与投资者共同经营的宗教场所越建越多,不仅扰乱了正常的宗教活动,还导致一系列民事纠纷案件的产生。其中有些案件当事人四处投诉,矛盾越搅越深,成为处理难度大、有碍社会稳定的难案。依据我国宪法的规定,公民有信仰宗教的自由,也有不信仰宗教、宣传无神论的自由。公民去庙宇烧香拜佛并捐赠,现在却成了某些投资者赚钱谋利的商机。为了规范庙宇捐赠,维护正常宗教活动的健康发展,维护信教群众的合法利益,需要治理这些乱象。为此,一方面,国家宗教管理机关出台专门规定,规范管理正常的宗教活动;另一方面,也需要国家出台相关民事法律,对宗教捐赠活动民事法律行为进行规范。

针对上述情况,《民法典》第92条第2款规定:"依法设立的宗教活动场所,具备法人条件的,可以申请法人登记,取得捐助法人资格。法律、行政法规对宗教活动场所有规定的,依照其规定。"按照这一规定,其一,宗教活动场所必须依法设立。依法设立的宗教场所,宗教信仰者可以开展正常的宗教活动。未经依法批准的宗教场所,因不具有合法性,不能开展宗教活动。其二,依法设立的宗教场所具备法人条件的,可以申请法人登记,取得捐助法人资格。依法设立的宗教场所,如果不具备法人条件,不能取得捐助法人资格,只能在法律许可的范围内开展正常的宗教活动,不能接受捐助。其三,具备法人条件并申请法人登记,正式取得捐助法人资格的宗教场所,可以接受捐助。如果具备法人条件,依法设立的宗教场所,未向相关主管部门提出申请,或者虽然提出申请,但尚未批准取得捐助法人资格,也不能接受捐助,否则是违法。其四,取得捐助法人资格的宗教活动场所,接受捐助人的捐助建立捐助法律关系后,应当按照捐助法律规定和捐助约定享受权利,履行义务。按照我国非营利法人的要求和捐助相关法律规定,捐助人履行捐助义务以后,不能要求捐助法人分配红利;接受捐助的法人组织,则应当按照法律的规定和捐助法人组织设立的章程规定,正确使用捐助资金。这里所说的正确使用捐助资金,是指应当将捐助资金运用于正常宗教活动的开展和宗教事业的推进,不能作为捐助人与捐助法人合作经营、共同经营的出资资金使用,更不能通过作为分配所赚取利润的依据。其五,作为捐助法人的宗教活动场所,可以与其他民事主体按照平等自愿等价有偿的原则开展民事活动。例如,宗教活动场所将修建庙宇的工程承包给他人,会产生建设工程方面的民事法律关系;某庙宇委托他人设计塑造菩萨形象,修建菩萨像,就涉及著作权、勘察、设计和建筑工程多项民事合同;为开展各种宗教活动和推进宗教事业,使用捐助资金与其他民事主体开展民事活动等。这些民事活动都可以按照等价有偿原则处理。其六,要注意宗教神圣物与宗教性质产品的区别。具有捐助法人资格的宗教场所,利用捐助资金修建的庙宇、塑造的佛像或菩萨像的金身等物品,通过宗教仪式置于宗教活动场所供信众祭拜时,该宗教性质的产品就变成宗教的神圣物,就不再是普通的物品或产品。信众祭拜时所作的捐赠,应当由宗教场所的捐助法人用于正常合法的宗教活动,不能作为建造者或者生产者建造或生产该物品的对价,也不能作为与宗教场所共同经营的收益,更不能将捐赠资金作为红利进行分配。至于在宗教活动场所出售的宗教性质的纪念品等物品和开展宗教活动,宗教活动场所的捐助法人组织和相关人员也要严格遵守国家法律规定,不能随意抬高物价、借机敛财,损害信教群众的合法权益,玷污宗教的纯洁性,破坏正常的宗教活动。

作为包括捐助法人在内的所有为公益目的而成立的非营利法人组织,应当按照《民法典》第90条、第92条、第93条、第94条的规定设立法人组织,制定法人章程、建立组织机构,依法开展民事活动。当该类非营利法人组织终止时,应当严格遵守《民法典》第95条的规定,不得向出资人、设立人或者会员分配剩余财产。其剩余的财产应当按照法人章程的规定或者权力机构的决议用于公益目的;无法按照法人章程的规定或者权力机构的决议处理的,由主管机关主持转给宗旨相同或者相近的法人,并向社会公告。这是非营利法人组织应当严格遵守的法律规定,也是人民法院在处理相关案件的依据。

三、特别法人

《民法典》规定的特别法人,在国外民法规定的法人制度中没有出现过。它完全是按照我国经济社会发展需要设计的法人制度,充分体现了中国法人制度的特色。《民法典》第96条规定:"本节规定的机关法人、农村集体经济组织法人、城镇农村的合作经济组织法人、基层群众性自治组织法人,为特别法人。"这条规定采取了列举方式对特别法人进行了规定。在编纂《民法典》的过程中,我们认识到,如果不规定农村集体经济组织为民事主体,那么我们的民法典可能仅仅是城市民法典,农村数量巨大的集体经济组织就无法纳入民法典的规范范围。后来经过反复研究,最后概括出一个新的法人类型——特别法人,在将农村集体经济组织列入特别法人的同时,将机关法人、城镇农村合作经济组织法人和基层群众性自治组织法人一并列入。

特别法人的第一种类型是机关法人。所谓机关法人,是指我国有独立经费的机关和承担行政职能的法定机构。该机构从成立之日起,具有机关法人资格,可以从事为履行其职能所需要的民事活动。机关法人包括立法机关、行政机关以及法院、检察院等。从中央到地方的各级国家机关都属于机关法人。此外,党的机关也属于机关法人。具体而言,我国的机关法人包括以下几类:第一类是国家机关法人,包括政府、人大、法院和检察院。这些机关在日常运行中都要开展民事活动,如修建房屋、政府采购等。第二类是政协机关法人。政协是统战组织,是由各个党派、社会团体以及其他社会组织等共同形成的统一战线。第三类是中国共产党机关法人。党的机关法人,如统战部、宣传部等都要开展民事活动。第四类是民主党派机关法人。这应与我国的政党制度联系起来,我国的政党制度与西方的政党制度完全不同,西方的政党有执政党和在野党之分,而中国的政党制度是共产党领导下的多党合作制,只有执政党与参政党之分。各民主党派不是在野党,各民主党派的人都有在各国家机关中工作的人员,而且都由国家财政予以保障。所以民主党派在对外发生民事关系时,就是机关法人。第五类是工青妇机关法人,即工会、青年团、妇女联合会等,从中央到地方的各级机关法人。第六类是承担行政职能法定机构的机关法人。这些组织本身是事业法人,但是因其承担了国家法律规定的行政职能,也属于机关法人,如证券监督管理委员会、银行与保险监督管理委员会、国有资产管理委员会等。第七类是国家军事机关法人。机关法人还包括军队,军队也会参与民事法律关系,也可能发生日常的民事诉讼。例如,中央作出重大决策,要求军队和武警部队全面退出有偿服务,因此有些民事法律关系需要解除,可能产生民事纠纷。人民法院要为军队和武警部队全面退出有偿服务提供司法保障。军队单位符合机关法人的特点,属于民事主体,享有诉讼主体资格。

特别要注意的是,行政机关是以平等主体身份参与民事活动的,也是民事主体。国家行政机关以平等主体身份参与民事活动的情况很多。其中,大量的是行政机关非履行行政职能的民事活动,如政府采购各种办公用品和其他消费品、修建机关房屋等。除此之外,行政机关还要履行法律赋予的民事职能,包括出租公有房屋,出让国有建设用地使用权、矿产资源使用权、海域使用权等,都是行政机关以平等民事主体的身份与民事相对人开展民事活动。例如,在国有建设用地土地使用权出让活动中,国有土地使用的出让方就是国家土地管理部门,其与受让方之间的协商、招投标、拍卖、挂牌交易等,都是平等民事主体之间的缔约行为。因此,国家行政机关作为民事主体出让国有土地使用权的时候,与相对人之间的关系不是行政管理关系,而是平等主体之间的交易关系。

特别法人的第二种类型是农村集体经济组织。有人会将现在农村的村办企业、乡办企业都认为是农村集体经济组织,这种理解并不正确。在理解农村集体经济组织时,要与人民公社制度联系起来,否则理解起来会比较困难。人民公社成立后,执行的是“政社合一”制度,即政权组织和经济组织合二为一的制度。人民公社既是一级政权组织又是一个经济组织。人民公社从 1958 年开始到 1980 年,经历了 20 多年的历史。1980 年之后,伴随改革开放政策的推进,人民公社制度被废除,国家政权组织到基层只延伸到乡镇一级。1982 年《宪法》之后,乡以下的生产大队和生产队不再作为国家基层政权的组成部分,而以经济组织的形式最终得以保留,但不再保留“大队”和“生产队”

的称呼,而是以村委会和村民小组取而代之,成为集体经济组织的组织形式。原来生产队和大队作为基层政权的组成部分被取消后,其所管辖区域中的社会公共管理事务由谁来管理呢?为解决这一问题,我国颁布了《村民委员会组织法》,规定了村民大会和村民委员会自治制度,村民委员会下设村民小组,由它们行使区域内的社会公共管理事务。这样,在不少农村地区,村民委员会和村民小组分别代行了原来大队和生产队作为集体经济组织的职能,同时双行使村民自治的职能。

随着几十年来的经济发展,沿海和内地之间产生了较大的发展差异。农村集体经济组织的作用在经济发达地区和欠发达、不发达地区的差别很大。在发达地区,集体经济组织不仅拥有资源性资产,还拥有经营性资产。不少农村集体经济组织投资办了很多村办企业,并将企业经营获利分给村民。这种情况下,作为农村集体经济组织成员的村民就享有以下几项权利:土地承包经营权、宅基地使用权和集体收益分配权。内地不发达地区的集体经济组织许多没有经营性资产,但拥有资源性资产,如土地、森林、草原、滩涂等。这种情况下,集体经济组织的性质和地位应当怎么认定呢?是否应当作为民事主体呢?在这次《民法典》编纂过程中,我们就提出集体经济组织应当享有民事主体的地位。后来经过反复讨论,就决定给予农村集体经济组织以法人资格,并将其作为一种特别法人。因为农村集体经济组织要对外发生关系,去银行开账户,需要刻印章。若农村集体经济组织不享有法人资格,没有账户和印章,则不便于其开展民事活动。但是农村集体经济组织与其他营利法人和非营利法人不同,具体需要有哪些特殊规定,下一步还要继续研究。因此,如果法律、行政法规对农村集体经济组织有专门规定的,一定要依其规定。

特别法人的第三种类型是城镇农村合作经济组织。目前我国农村有大量合作社,有些合作社办成了专业合作社,专门生产水果、蔬菜,专门养猪、养羊、养牛等,种类多样。我国还颁布了《农民专业合作社法》。这一类经济组织和农村集体经济组织并非一回事,农村集体经济组织由农村集体经济组织成员构成,而合作经济组织则由农民自愿加入,没有加入合作经济组织的农民就与该组织无关,加入合作经济组织的人可以在组织中开展交易等民事活动,合作经济组织的赢利由组织成员分得。当然,农村合作经济组织的部分收益需要作为集体经济组织的发展基金留存。合作经济组织既有资合的特点又有人合的特点。有的出资人通过出资获得投资人资格,还有一些特殊人员,如管理人员、专业技术人员等,虽未投入资金但可以用他们的技术、管理专长获得干股,享有一定的分红权。这与有限责任公司和股份有限公司不完全一样。有些合作组织实际是合伙,还有一些属于法人。以前对这类组织的管理较为混乱,这次编纂《民法典》,把农村和城镇的合作经济组织统一概括为一种特别的法人,以后应当按照法人组织的要求对其进行改造,让它们成为能够适应社会主义市场经济发展需要的市场主体。

特别法人的第四种类型是群众性自治组织。我国的群众性自治组织,在农村就是依据《村民委员会组织法》成立的村民委员会,在城市就是依据《城市居民委员会组织法》成立的居民委员会。村民委员会是村民自我管理、自我教育、自我服务的基层群众性自治组织,实行民主选举、民主决策、民主管理、民主监督。村民委员会的职责是办理本村的公共事务和公益事业,调解民间纠纷,协助维护社会治安,向人民政府反映村民意见、要求和提出建议。村民委员会自治职能不少地方往往与农村集体经济组织存在交叉联系,但两者不是一回事,应当注意区分。居民委员会是居民自我管理、自我教育、自我服务的基层群众性。居民委员会接受人民政府及其派出机构的指导,协助人民政府及其派出机构开展工作。这一类组织也属于具有民事主体资格的特别法人,有权以自己名义对外开展民事活动。

专题二 法人组织民事责任的承担

法人组织民事责任承担问题,无论对当事人还是法官,都是一个很重要的问题,也是审判实践中争议最多的问题。因此,学习《民法典》,对于法人的民事责任承担这部分的规定一定要重视,否则处理争议问题时标准就难以统一。目前,关于法人民事责任的承担,虽然已经制定了不少法律,但包括《公司法》在内的民事、商事单行法和其他单行民事法律的位阶都低于《民法典》,以后此类问题都要统一到《民法典》的规定中。这是《民法典》适用时需要注意的一个重要问题。

一是关于法人承担民事责任的财产问题。《民法典》第60条规定:"法人以其全部财产独立承担民事责任。"这里所说的法人的全部财产,既包括股东在内的出资人或者法人组织的设立人出资形成的全部财产,也包括法人在经营过程中积累的财产。出资人或设立人在设立法人时,将自己的财产投入法人组织,就丧失了对这些财产的所有权。法人对这些财产享有了独立的财产权。当法人用这些财产进行经营时,这些财产和经营中的收益,都作为法人的责任财产,对外承担责任。如果设立人和出资人出资不到位,就得依据法律规定要求其出资到位。在处理包括涉公司纠纷在内的所有法人纠纷案件时,民商事法官不仅要注意公司法的规定,还要首先注意《民法典》的相关规定,不得与作为上位法的《民法典》相关规定相冲突。

二是关于法人分支机构民事责任的问题。根据《民法典》第74条的规定,法人可以设立分支机构。法人分支机构的特点是,不能以自己的财产对外独立承担民事责任。公司设立的分支机构主要是分公司,其他法人设立的分支机构则会用办事处等名称。这些分支机构有自己的财产,也可能有营业执照,进行民事活动,但是不属于独立的法人。《民法典》第74条规定:"法人可以依法设立分支机构。法律、行政法规规定分支机构应当登记的,依照其规定。分支机构以自己的名义从事民事活动,产生的民事责任由法人承担;也可以先以该分支机构管理的财产承担,不足以承担的,由法人承担。"这一条虽然在编纂《民法典》过程中存在争论,但后来各方均支持现在的条文。如果所有涉及银行、保险公司、证券公司民事责任的案件,都由作为法人的总行或者总部来作为诉讼当事人,那么大量的诉讼都会汇聚到北京的法院,这不具有现实可行性。所以,《民法典》规定分支机构的债务和民事责任先由该分支机构承担,分支机构不足以承担的,再由法人组织来承担。长期以来,这也是人民法院审理类似案件的一贯做法。今后,人民法院还应当继续按照原来的思路审理同类案件。

三是关于法人合并、分立的权利义务问题。《民法典》遵从了法人合并、分立的基本规则。《民法典》第67条规定:"法人合并的,其权利和义务由合并后的法人享有和承担。法人分立的,其权利和义务由分立后的法人享有连带债权，承担连带债务，但是债权人和债务人另有约定的除外。”根据本条规定，如果法人合并，民事责任由合并后的法人组织来承担；如果法人分立，如一个法人分立成两个或三个法人，那么分立前法人的民事责任应该由分立后的法人共同承担。在这里，法律规定分立后的各个法人组织享有连带债权，但追索债权时，如果由一个连带债权人起诉追索债权，人民法院可以将其他连带债权人追加为共同原告；如果连带债权人愿意放弃连带债权，不愿意向债务人追索，人民法院可以不将其列为共同原告。对于分立后的各个法人组织要承担连带债务，如果债权人只对其中一个连带债务人提出起诉追索全部债务，那被追索债务的连带债务人，有权要求人民法院追加其他连带债务人为共同被告；如果债权人反对追加其他连带债务人为共同被告的，那债权人只能向被告主张该被告应当承担的债务；如果连带债务人没有向人民法院申请追加其他连带债务人为共同被告，该连带债务人向债权人清偿全部连带债务后，有权向其他连带债务人行使追索权。与此同时，法人分立时，对于分立前的法人，就自己的债务问题与债权人达成协议，确定了具体债务由分立后的某一法人承担的，则应当依据意思自治原则，即债权人与债务人另有约定的，按双方约定处理。例如，分立前的法人与其债权人约定，作为债务人的法人分立为甲、乙、丙 3 个法人组织后，债权人只能向甲法人主张债权，不能向乙和丙法人主张债权，则分立后的债务承担就应按照双方约定向甲法人主张。但如果当事人之间对于法人分立后的债务承担没有约定，那就应由分立后的法人以连带债务的方式共同承担法人分立前的民事义务和责任。

四是关于法人设立人的民事责任问题。任何法人都只有在设立成功以后才能承担民事责任。但是在实践中，有些法人可能设立不成功，而且在法人设立期间也存在民事责任的承担问题。因此，需要对法人设立人的民事责任作出规定。《民法典》第 75 条规定：“设立人为设立法人从事的民事活动，其法律后果由法人承受；法人未成立的，其法律后果由设立人承受，设立人为二人以上的，享有连带债权，承担连带债务。设立人为设立法人以自己的名义从事民事活动产生的民事责任，第三人有权选择请求法人或者设立人承担。”这条规定明确了设立人在设立法人过程中形成债务的民事责任的承担：法人设立成功的，由法人组织承担；法人设立不成功的，由设立人承担；在法人设立过程中，设立人是以自己的名义从事民事活动的，则民事责任由第三人行使选择权，可由法人承担，也可由设立人承担。在实施本条规定时应当注意实践中常常出现的一个问题，如公司发起人在公司筹备过程中对外开展的民事活动，形成的债务大于净资产。在此情况下，法人组织设立虽然成功，但其法人组织的现有财产无力全部清偿这一债务。那么，该债务应当由谁来承担呢？本书认为，如果法人设立过程中产生的债务过大，由新设立的法人无力承担该债务，那么新设立的法人实际上从成立时起就已经处于支不抵债的破产状态，应当视为法人设立未成功，设立人应当对设立过程中形成的债务承担民事责任。法人设立过程中形成的债务，毕竟是由设立人设立法人的民事行为引起的，理应由其承担民事责任。若设立人承担债务后，该法人组织正常经营，以后这笔债务是否应当由法人核销，应当由股东会或者出资人共同协商解决。

专题三 法人组织内部法律责任的承担

学习《民法典》,除了解法人组织对外应当承担的民事责任外,法人组织内部的法律责任问题也是当前应当认真对待的问题。

一是关于法定代表人的责任承担问题。按照《民法典》第61条第2款和第3款的规定:“法定代表人以法人名义从事的民事活动,其法律后果由法人承受。法人章程或者法人权力机构对法定代表人代表权的限制,不得对抗善意相对人。”其第62条又规定,法定代表人因执行职务造成他人损害的,由法人承担民事责任。总之,法定代表人履行职务的行为,法律责任应当由法人组织承担。如果法定代表人越权行为,且给法人组织带来损害,法定代表人是否应当承担相应的法律责任呢?《民法典》第62条第2款规定:“法人承担民事责任后,依照法律或者法人章程的规定,可以向有过错的法定代表人追偿。”也就是说,因为法定代表人履行职务的行为,在对外关系上,法人组织应当为法定代表人的行为“买单”。法人组织虽然应当为法定代表人的行为承担责任,但是在法人承担责任后,如果法定代表人违背公司内部管理规则或者违反法律规定,在法人内部,法人组织可以追究法定代表人的责任。对法定代表人追究的责任,可以由法人组织内部作出,也可以依法向人民法院提起诉讼,依法追究其民事责任。

二是关于清算人的法律责任问题。按照相关法律规定,法人组织可以依法解散。法人组织如果要解散,必须要对法人组织进行清算,即收回债权、偿还债务、清理财产、分配剩余财产,了结内外一切关系。但是,在实际社会生活中,法人组织不再开展经营活动,需要终止法人的时候,往往无人对法人组织开展清算活动,以至于出现了大量的“僵尸企业”。为解决这一问题,这次《民法典》编纂时对法人组织中哪些人应当为清算义务人,以及他们的责任予以了明确。《民法典》第70条规定,法人的董事、理事等执行机构或者决策机构的成员,为清算义务人。清算义务人未及时履行清算义务对他人造成损害的,应当承担民事责任。这条规定非常重要。首先,它明确了法人解散时的清算义务人。他们是法人组织的董事、理事等执行机构或者决策机构的成员。具体来说,包括董事会的成员、股东等有决策权的人员。其次,法人解散时,清算义务人应当及时履行清算义务。即《民法典》第69条规定的情形出现后,清算义务人应当及时组织开展清算工作。第69条规定的情形如下:法人章程规定的存续期间届满或者法人章程规定的其他解散事由出现;法人的权力机构决议解散的决定已经做出;法人合并或者分立已经需要解散或者撤销原来的法人;法人依法被吊销营业执照、登记证书,被责令关闭或者被撤销等。如果上述情形已经出现,而且在合理的期限后,清算义务人还不履行清算义务,即应当认为未及时履行清算义务。最后,清算义务未及时履行清算义务,造成损害,应当承担民事责任。这里的造成损害,应当是因未履行清算义务,导致法人财产流失,账册、单据、权利证书等资料丢失或毁损,从而无法查清法人财产情况等情形;也包括债权人因法人财产流失和财产无法查清而不能有效主张债权损失等。这里的承担民事责任,应当包括因法人组织的财产流失和债权人债权不能实现而形成的民事责任。这里所说的清算义务人承担的民事责任,是指清算义务人用自己的财产承担民事责任。这样做的目的,就是要督促清算义务人及时履行清算义务,以便最大限度地减少“僵尸企业”存在,盘活“僵尸企业”所占用的市场资源。

三是关于出资人滥用出资人权利的责任承担问题。《民法典》第 83 条第 1 款规定:“营利法人的出资人不得滥用出资人权利损害法人或者其他出资人的利益;滥用出资人权利造成法人或者其他出资人损失的,应当依法承担民事责任。”该款所说的出资人滥用出资人权利损害法人或者其他出资人的利益,通常是指出资人利用自己出资控股所拥有的决定权,做出损害法人利益或者其他出资人利益的决定。例如,控股股东利用自己的绝对控股,不顾公司管理层和其他出资人大多数人的反对,指令法人为与本公司经营业务不相关的、极不可靠的市场主体提供担保,结果造成公司利益的重大损失。这就构成滥用出资人权利损害法人利益的行为。再如,出资人利用自己绝对控股的权利,违反公司法和公司章程规定,做出其他股东不分或者少分红利,而自己多分红利的决定。这就构成出资人滥用出资人权利损害其他出资人利益的行为。对于这种滥用出资人权利造成法人利益或者其他出资人利益受损的情形,法人组织或者其他出资人有权向人民法院提起诉讼,要求滥用权利的出资人赔偿自己的相应损失。通常情况下,由于控股股东拥有控制法人组织的权利,法人组织要以自己的名义向人民法院提起诉讼,是很困难的。在此情况下,可以依据相关法律和司法解释的规定,由部分股东向人民法院提起股东代表诉讼,即由部分股东代表法人组织提起诉讼,以保护法人组织的合法权益。

四是关于出资人滥用法人独立地位和出资人有限责任制度的责任承担问题。《民法典》第 83 条第 2 款规定:“营利法人的出资人不得滥用法人独立地位和出资人有限责任损害法人债权人的利益;滥用法人独立地位和出资人有限责任,逃避债务,严重损害法人债权人的利益的,应当对法人债务承担连带责任。”该条规定内容就是学理上常说的“刺破公司面纱”原则。在股份公司和有限责任公司中,法律规定股东等出资人应当以出资为限对公司债务承担有限责任。但是根据《民法典》的规定,只要营利法人的出资人滥用出资人权利,损害法人组织债权人的利益,受损害的债权人就有权利突破法人组织或者出资人只承担有限责任的界限,在追究法人组织民事责任的同时,追究滥用有限责任出资人的责任,要求其对公司的债务承担连带责任。例如,在有限责任公司尚欠他人债务的情况下,有限责任公司股东将公司资产转移自己名下,或者将该资产作为红利在股东中分掉,致使公司债权人追讨债务无果。在此情况下,公司债权人有权向人民法院提起诉讼,要求突破公司有限责任的界限,追究公司股东的民事责任。

五是关于营利法人的控股出资人、实际控制人、董事、监事、高级管理人员利用其关联关系损害法人利益时的赔偿责任问题。《民法典》第 84 条规定:“营利法人的控股出资人、实际控制人、董事、监事、高级管理人员不得利用其关联关系损害法人的利益;利用关联关系造成法人损失的,应当承担赔偿责任。”所谓的控股股东,是指股东拥有的股份能够达到控制公司程度的股东。控股有绝对控股和相对控股两种。所谓绝对控股,是指股东控制的股份达到公司全部股份的 50% 以上,拥有作出公司决定的绝对话语权。所谓相对控股,是指股东控制的股份虽没有达到 50%,但其他股东占有的股份相对分散,大股东通过联合其他小部分股东即可做出决定。所谓实际控制人,是指本人虽不是股东,但占有股份股东的出资是本人资金,股东只是名义股东,那本人就是实际控制人。实际控制人分为股份实际控制人和公司实际控制人。股份实际控制人实际上就是名义股东的控制人;公司实际控制人,就是股份实际控制人实际控制的股份足以控制公司的控制人。在实践中,股东或者出资人、实际控制人、董事、监事和其他高级管理人员,不仅经营管理该公司,还可能有自己的公司或者企业。如果上述人员自己的公司或者企业,与该公司发生交易关系,该交易就是关联交易;他们自己的公司与本公司的关系,就是关联关系。在市场经济中,无论是国内法律还是国外法律,都不禁止关联关系,但绝对不能借助关联关系损害公司或者法人组织的利益,也不能损害公司债权人的合法利益。这是前提。为了维护公司或者法人组织的合法利益,相关法律规定了上述人员应当履行对公司或者法人组织的忠实义务。如果违背忠实义务,造成公司或者法人组织的损失,上述人员应当承担法律责任。

正基于此,《民法典》第 84 条规定,营利法人的控股出资人、实际控制人、董事、监事、高级管理人员利用其关联关系给法人造成损失的,应当直接承担赔偿责任。适用该条法律时,应当把握以下几点:其一,主体应当是营利法人的控股出资人、实际控制人、董事、监事、高级管理人员。其二,前述人员应当利用关联关系,实施了关联交易行为。其三,前述人员实施的关联交易行为损害了法人组织的利益,造成了实际损失。这里应当强调的是造成法人组织的损失,可能会损害法人组织债权人的利益。如果债权人因为法人组织受到损害而不能主张债权,可以向前述人员提出自己的诉求。其四,前述人员应当用自己的财产或者自己公司的财产,向法人组织或者法人组织的债权人赔偿损害。其五,在诉讼程序上因为控股出资人、实际控制人等人员控制公司,可以采用股东代表诉讼的方式。如果关联交易人没有通过股份等出资方式控制公司,而是利用管理公司或者经营业务的方便,与自己的关联公司进行不正当交易,损害公司利益,则公司可以直接对这些关联交易的行为人,如董事、经理或者其他高级管理人员等提起诉讼。如果公司因关联交易损害了公司债权人的合法权益,公司又无人主张自己的利益,则公司债权人则有权对公司和关联交易人提起诉讼,主张自己的合法债权。

专题四　正确处理法人内部和外部关系

此次编纂《民法典》的一大亮点,就是明确了如何处理法人组织内部和外部的关系,为解决审判实践中长期存在的争议,提供了法律依据。在审判实践中,各级法院常常会遇到如何处理公司内部和外部关系的问题。最常见的就是《公司法》第 16 条关于公司担保效力的规定,在理解和适用上存在很大争议。人民法院处理过的此类纠纷比较多,但做法各有不同。本书认为,《民法典》出台后,应当把认识统一到《民法典》的规定中。关于如何处理法人内部和外部的关系,应注意以下几点。

一是法定代表人因执行职务造成他人损害,应由法人承担责任。《民法典》第 61 条第 1 款和第

2 款规定："依照法律或者法人章程的规定，代表法人从事民事活动的负责人，为法人的法定代表人。法定代表人以法人名义从事的民事活动，其法律后果由法人承受。"应当看到，法定代表人执行职务的行为不是个人行为，而是法人组织行为，其法律责任当然应当由法人组织来承担。在实践中，法定代表人执行职务的行为可能违背法律，或违背法人章程规定，其行为对外构成侵权，但因其是代表法人组织，其法律责任也应当由法人组织承担。但法人对外承担责任后，有权再追究法定代表人的责任。这一点《民法典》第 61 条作出了明确规定。

二是法人章程或者法人权力机构对法定代表人代表权的限制，不得对抗善意相对人。《民法典》第 61 条第 3 款对此作了规定。例如，公司章程或者股东大会对法定代表人的权限进行了限制，只允许其签订特定类型的合同。公司内部对此作出限制并无问题，但是如果在法定代表人与第三人进行交易的过程中，第三人善意无过失，在法定代表人签订合同后，该合同对公司和第三人是有效的。不能因为法定代表人签订合同的行为违背了公司内部规定，就否定其对外签订合同的效力。

三是营利法人的权力机构、执行机构决议被撤销后，不能对抗善意债权人。《民法典》第 85 条规定："营利法人的权力机构、执行机构作出决议的会议召集程序、表决方式违反法律、行政法规、法人章程，或者决议内容违反法人章程的，营利法人的出资人可以请求人民法院撤销该决议。但是，营利法人依据该决议与善意相对人形成的民事法律关系不受影响。"依据该条规定，营利法人的权力机构、执行机构违反法人章程或内部规定作出决议，损害法人或出资人权利，出资人请求撤销决议的，如果营利法人依据该决议与善意相对人已形成民事法律关系，则该民事法律关系的效力不受影响。这一规则在《公司法》中也有规定。虽然公司内部决策人员没有按照法律和公司章程作出决议，但其作出决议之后，公司的法定代表人依据该决议与善意第三人订立合同并形成民事法律关系的，该民事法律关系应当优先于内部关系得到保护。有些股东或出资人会起诉请求撤销这一决议，但是原来的法定代表人依据该决议已经与善意第三人形成的法律关系依然有效，受法律保护。这里必须要注意，营利法人在处理内部关系时不能伤及外部关系，不能破坏交易秩序，损害善意相对人的利益。但是，如果相对人不是出于善意，而是知道或者应当知道法人决议违反法律或其内部规定，仍然与法人建立民事法律关系，就不再优先保护其利益，外部法律关系就可能因法人内部决议违规被撤销而无效。

四是明确了捐助人等利害关系人或者主管机关可以请求人民法院撤销违法违规决议，但是不能请求撤销依据该决议与善意相对人形成的民事法律关系。《民法典》第 94 条第 2 款规定："捐助法人的决策机构、执行机构或者法定代表人作出决定的程序违反法律、行政法规、法人章程，或者决定内容违反法人章程的，捐助人等利害关系人或者主管机关可以请求人民法院撤销该决定。但是，捐助法人依据该决定与善意相对人形成的民事法律关系不受影响。"该条规定也坚持了优先保护外部关系的原则。

五是明确了违反法律、行政法规强制性规定的民事法律行为无效，但是该强制性规定不能导致该民事法律行为无效的除外。《民法典》第 153 条第 1 款规定："违反法律、行政法规的强制性规定的民事法律行为无效。但是，该强制性规定不导致该民事法律行为无效的除外。"不导致民事法律行为无效的强制性规定有哪些呢？在民事司法实践中，我们一般将强制性规定区分为效力强制性规定和管理强制性规定，该条所规定的不导致民事法律行为无效的强制性规定就体现为管理强制性规定。如果民事法律行为所违反的管理强制性规定不是效力强制性规定,就是有效的。基于此类行为而形成的外部民事关系,对善意相对人而言也是有效的。例如,按照相关法律规定,当事人通过出让方式取得国家建设用地使用权后,如果要向第三方转让建设用地使用权,应当在该建设用地上的投资达到总投资的25%,否则不能转让建设用地使用权。这条法律规定,就是管理性强制性规定。如果建设用地使用权人与第三方签订了建设用地使用权转让合同,并约定在一年后正式登记过户给受让人,而订立转让合同时,建设用地使用权人在土地上的出资并没有达到25%,那么这一合同是有效还是无效呢?本书认为,这一合同是有效合同。如果一年后,建设用地使用权人的投资达到25%,则转让合同的转让人就可以通过登记机构的变更登记顺利地过户给受让人;如果建设用地使用权人的投资没有达到25%,则登记机关有权按照法律规定,执行管理强制性规定,拒绝办理过户变更登记手续;因为登记机构拒绝办理过户变更登记手续,受让人有权依据有效的建设用地使用权转让合同,要求转让人承担违约责任。这种做法,既支持了行政管理权的行使,又维护了建设用地使用权交易秩序,是两全其美的好方法。很显然,建设用地使用权人如果土地上的投资没有达到总投资的25%,不能转让建设用地使用权的规定,就是不导致建设用地使用权转让合同无效的管理强制性规定。

《民法典》第153条还适用于一种情况,即一个行为产生了两种法律关系,一种是内部的法律关系;另一种是外部的法律关系。该行为违反法律、行政法规强制性规定,可能导致内部法律关系无效,但是外部法律关系仍然有效。例如,按照公司章程、股东会或者董事会的规定,公司法定代表人只能签订价值1000万元的合同。后来,法定代表人与第三方签订了价值2000万元的合同,违背了公司的内部规定,那这一合同是有效还是无效呢?本书认为,只要第三方是善意相对人,不存在与法定代表人相互勾结,损害公司的合法权益,则这一合同是有效合同。很显然,公司法定代表人的行为产生了两个法律关系,一个是内部关系,即法定代表人与公司股东或者公司之间的内部管理关系;另一个是外部关系,即公司与相对人的合同关系。在这两个法律关系中,公司法定代表人可能被内部人追究责任,但不能影响公司与善意相对人之间的合同关系,该合同依然是有效合同。

这还涉及《公司法》第16条第2款关于"公司为公司股东或者实际控制人提供担保的,必须经股东会或者股东大会决议"的规定。例如,公司内部有规定,法定代表人不应擅自签订担保合同,但是法定代表人违反该内部规定与善意第三人签订了担保合同,而第三人不知道也不应当知道公司内部的相关规定,由于法定代表人有权代表公司对外为民事法律行为,其在合同上签章之后就应当对公司发生法律效力。但是公司在承担民事责任后可以追究有过错的法定代表人的民事责任。如法人因此遭受损失,则可以请求法定代表人赔偿。这里要注意内外部关系问题,要正确处理法人对内管理关系和对外交易关系。法人内部的强制性规定是为了有效开展内部管理、维持内部秩序,使法人运转更高效、更规范。法人内部治理得当,有利于促进交易和保护交易安全。但有时法人内部制度与外部交易会发生冲突,这时就会涉及善意相对人的利益。在二者发生冲突时应当如何处理呢?本书认为,应当适用交易优先的原则。因为公司治理固然重要,但是如果交易秩序遭到破坏,就会对整个交易市场造成破坏。同时,根据马克思主义劳动价值理论,劳动价值要通过交易来实现,如果交易被破坏,劳动价值就实现不了。因此,在处理内部和外部之间的关系时,法律应当注意坚持保护交易安全、提高交易效率、降低交易成本这三大基本原则。当然对外部交易关系的保护也有限度,即相对人一定是善意的。如何认定相对人的善意,下一步还应作深入研究。相对人不善意,通常的认定标准是其对于行为人超越权限行为的事实知道或者应当知道。这里的举证证明责任也应当合理分配,不应该过分加重一方当事人的责任。

最高人民法院颁布的《公司法司法解释(四)》对一原则予以明确。《公司法司法解释(四)》的相关规定是根据《民法总则》关于法人的相关规定作出的。如果我们坚持保护内部关系优先,就没有人愿意与公司做生意,因为在交易之前相对人还要了解公司的内部规定。这样会导致交易变得非常复杂,使交易安全系数降低、交易效率下滑、交易成本增高。优先保护外部关系,就可以尽可能保护交易安全、提高交易效率、降低交易成本。国家立法时,特别是民法典编纂时,总体上是基于这一原因。此外还有一个原因,即内部作假比外部作假更为容易。例如,一个公司有 3 个股东,公司将自己名下的国有建设用地土地使用权转让给相对人。在交易时,公司觉得价钱合适公道,交易完成之后,该建设用地土地使用权价格上涨,公司认为卖亏了。虽然公司法定代表人在合同上签字了,亲自参与了交易,但公司股东完全可以基于利益考虑虚构事实,捏造公司出让土地需要股东全体同意的决定,并以法定代表人卖地未经过股东会同意为由请求认定转让合同无效。至于相关文件,他们完全有条件事后补做,且天衣无缝。这样不仅损害了善意相对人的利益,而且会对交易秩序造成极大破坏,让其他交易人对交易风险感到无法控制。相对外部人员而言,公司股东内部作假成本低,道德风险高。因此,从司法的角度来看,平衡公司内部关系和外部关系,坚持优先保护外部关系,对维护社会主义市场交易秩序是十分必要的。

专题五　营利法人的社会责任

《民法典》第 86 条规定:“营利法人从事经营活动,应当遵守商业道德,维护交易安全,接受政府和社会的监督,承担社会责任。”该条规定了营利性法人的四项社会义务。一是要遵守商业道德。任何企业都要遵守平等自愿,公正公平,等价有偿,诚实信用的原则。其中,我国几千年来传承的“货真价实,童叟无欺”的商业道德理念,应当发扬光大。二是要维护交易安全。每个营利法人组织,都有维护交易安全的社会责任,绝对不可以为自己的利益而伤害其他交易人的合法权益,应共同营造社会主义市场经济的风清气正。三是要接受政府和社会监督。任何企业都要接受政府监督,不能把自己的私权绝对化,更不能生产假冒伪劣产品;任何企业都应当自觉接受人民群众的监督,其中包括舆论监督。四是要承担社会责任。营利法人在进行经营活动中,除了要依法经营,正当获利外,对社会也要承担一定的社会责任,坚决不做损害社会公共利益的事情,必要时还应当扶危济困、匡扶正义,不能“各人只扫门前雪,不管他人瓦上霜”,应把弘扬社会主义核心价值观作为自己的社会责任。

第五章 非法人组织

专题一 非法人组织的民事主体地位

《民法典》首次明确非法人组织是民事主体。《民法通则》仅规定了自然人和法人两类民事主体,后来《民事诉讼法》使用了其他组织的概念。因此,民事主体包括公民、法人和其他组织三类。此次编纂《民法典》时,立法机关将“公民”修改为“自然人”,扩大了主体范围,并且不再使用“其他组织”这一概念,而是使用了“非法人组织”的概念。通过这种形式,《民法典》重新规范了我国的民事主体制度。我们在理解非法人组织时,应当结合自然人和法人制度来把握其含义。《民法典》第102条对非法人组织作了规定:“非法人组织是不具有法人资格,但是能够依法以自己的名义从事民事活动的组织。非法人组织包括个人独资企业、合伙企业、不具有法人资格的专业服务机构等。”个人独资企业、合伙企业、不具有法人资格的专业机构等非法人组织,是由设立人或者投资人设立的企业性质的组织。这类组织有些什么特别呢?这是我们在理解非法人组织时应当注意的。

一是非法人组织属于组织类的民事主体。非法人组织不同于个体工商户和农村承包经营户,它属于组织类民事主体。个体工商户无论有无字号,都是自然人属性的延伸,不具有组织属性;农村承包经营户由若干农户成员构成,是一种自然人的组合,也不具有组织形态。由于非法人组织不是自然人,因此需要登记。《民法典》第103条对非法人组织的登记作了规定:“非法人组织应当依照法律的规定登记。设立非法人组织,法律、行政法规规定须经有关机关批准的,依照其规定。”例如,个人独资企业、合伙企业等,都是需要依法登记的非法人组织属性的民事主体,律师事务所、会计师事务所等专业服务机构,还需要有关机关批准,在批准后才能依法登记。

二是非法人组织通常以组织的名义从事民事活动。个体工商户、农村承包经营户虽然可以以户或者字号的名义开展民事活动,但是在实践中,二者多以个人名义从事民事活动,只是在承担民事责任时会把农户成员或者组成个体工商户的自然人追加为当事人。非法人组织则是以依法登记的组织的名义开展民事活动,并以非法人组织的名义起诉或者应诉。非法人组织以其经营管理的财产承担责任,只有在其经营管理的财产不足以清偿其债务的情况下,才由出资人和设立人承担无限责任。个体工商户和农村承包经营户由个人承担责任。

三是非法人组织不具有法人资格,其出资人或设立人对非法人组织的债务承担无限责任。这里应当注意,在非法人组织的财产不足以承担民事责任时,出资人或设立人应当对非法人组织的债务承担无限责任。在这里,无限责任和无限连带责任是不同的。无限责任的承担往往要以清算为前提,只有当非法人组织自己的财产不足以清偿其债务时,出资人或者设立人才需要对非法人组织不能承担的债务承担无限责任。无限连带责任则不同。债权人可以向无限连带责任人中的任何一人或多人主张权利,不以其中某一债务人不能清偿债务为前提。而个体工商户和农村承包经营户由于户的财产与个人财产不可分,户成员通常对户的债务承担无限连带责任。正因如此,目前人民法院在审理涉夫妻债务问题的案件时,面临较大的困难。本书认为,家庭的稳定要以财产的稳定为前提。在今后的民事审判中,对于家庭的消费性财产和生产经营性财产能够分开的,应当适当分开;在生产经营性财产不足以清偿债务时,才能用家庭消费性财产清偿;如果家庭消费性财产和生产性财产无法分开,则按照《民法典》第 56 条的规定承担民事责任;家庭消费性财产不足以满足家庭成员的最低消费的,可以探索个人破产制度,保护家庭的最低消费需要。因为我国农村还有 2.3 亿户土地承包经营户,7000 万户个体工商户,应当认真对待。关于家庭生活消费性财产(债务)和生产经营性财产(债务)的区分标准,应当由国家立法机关或者地方省级人大,根据各地的不同情况作出规定。

四是非法人组织与法人组织的分支机构不同。非法人组织是《民法典》规定的独立的民事主体,对外独立承担民事责任,而法人分支机构不是独立的民事主体,虽然可以以自己的名义开展民事活动,但是原则上由法人组织来承担其分支机构的民事责任。法人组织分支机构可以先以自己的财产承担民事责任,其所不能清偿部分,再由法人组织承担。非法人组织在我国的数量也非常大。据统计,不包括合伙企业,我国目前各类个人独资企业已达 1100 多万家。随着我国经济发展和产业结构优化,服务业在国民经济中的比重将不断提高,非法人组织的数量还会增加。例如,律师事务所、会计师事务所等非法人组织还会不断增加。人民法院对于非法人组织的民事责任承担、如何调整涉非法人组织的法律关系等问题应深入研究。

五是非法人组织的负责人代表非法人组织所作出的民事法律行为,其责任应当由非法人组织承担。按照《民法典》第 105 条规定:“非法人组织可以确定一人或者数人代表该组织从事民事活动。”非法人组织可以通过合同或者组织章程等形式,确定负责人代表非法人组织从事民事活动。该负责人从事民事活动所产生的民事责任,应当由非法人组织承担;如果该非法人组织的负责人,违反合同的约定或者组织章程的规定从事民事活动,其产生的民事责任也应当由非法人组织承担,该非法人组织承担责任后,可以向该负责人追偿;该负责人在履行职务过程中违反法律规定,对他人合法权益造成损害,其民事责任也应当由非法人组织承担,该非法人组织承担后,可以向该负责人追偿。总之,与法人组织一样,非法人组织内部对负责人的约束,不能对抗善意相对人。具体来说,就是非法人组织的负责人与善意相对人之间订立的合同,不能因为违背非法人组织成员之间的约定而无效,或者说,当发生非法人组织内部的约定与外部当事人之间的合同发生冲突时,应当考虑内外有别、外部优先的原则。在这一点上,《民法典》对非法人组织的规定与法人组织的规定相同,因为《民法典》第 108 条规定:“非法人组织除适用本章规定外,参照适用本编第三章第一节的有关规定。”《民法典》总则编第三章正是法人的规定,第一节正是法人的一般规定,其中法定代表人与法人的关系,与非法人组织负责人与非法人组织的关系是相同的,应当参照执行。这样来设计民事主体制度,是维护社会主义市场经济秩序的需要,我们应当深入理解并实践中正确实施。

第六章　民事权利

专题一　我国民事权利体系的构成

根据民事法律关系理论,《民法典》首先规定的是民事法律关系的主体,随后规定的是民事权利。《民法典》第五章规定民事权利,虽然条文不多,但非常重要。从第109条到第128条,共20个条文,构成了我国民法体系整个民事权利的清单。这里的每一个条文,都可能是民法典分则各编制定的依据,是民法典体系中的单行民事法律制定的依据。因此,第五章开出的民事权利清单,应当是我国民事权利的宣言书,也是构成我国完整民事权利体系的组成部分。

第一,规定了民事主体的人身权。《民法典》第109条至第112条是对人身权利的规定。

一是对人格权作出规定。第109条明确规定,"自然人的人身自由、人格尊严受法律保护",第一次庄严宣布了我国对人格权的法律保护。第110条明确了人格权的范围:"自然人享有生命权、身体权、健康权、姓名权、肖像权、名誉权、荣誉权、隐私权、婚姻自主权等权利。法人、非法人组织享有名称权、名誉权和荣誉权。"第111条还对自然人的个人信息保护作出规定。上述规定,明确了自然人人格权、法人和非法人组织人格权各自的范围,为《民法典》人格权编的制定确定了上位法基础,也为正在起草的个人信息保护法的起草提供了依据。

二是对婚姻家庭保护所产生的人身权利进行了规定。第112条规定:"自然人因婚姻家庭关系等产生的人身权利受法律保护。"这一规定明确了因身份性质产生的人身权利,即身份权,为《民法典》婚姻家庭编的制定提供了上位法依据。

第二,规定了民事主体的财产权利。《民法典》第113条至第126条是对民事主体的财产权利的规定。

一是对物权作出规定。该章的第114条、第115条、第116条、第117条对物权的含义、物权的客体、物权法定、物的征收和征用等物权的最基本的内容给予了明确规定,为《民法典》物权编的制定提供了依据。

二是对债权作出了规定。该章第118条至第122条,对债权进行了规定。第118条对债权的内容给予了明确阐释:"民事主体依法享有债权。债权是因合同、侵权行为、无因管理、不当得利以及法律的其他规定,权利人请求特定义务人为或者不为一定行为的权利。"其他条文对合同、侵权责任、无因管理和不当得利作出原则规定,为《民法典》合同编、侵权责任编的制定提供了依据。

三是较完整地将知识产权作为民事权利纳入民法体系。第123条规定:"民事主体依法享有知识产权。知识产权是权利人依法就下列客体享有的专有的权利:(一)作品;(二)发明、实用新型、外观设计;(三)商标;(四)地理标志;(五)商业秘密;(六)集成电路布图设计;(七)植物新品种;(八)法律规定的其他客体。"这一规定将知识产权保护纳入民法典体系,对于适应我国经济全面对外开放,将我国建设成创新型国家有极大的好处。对此,王晨副委员长在《关于〈中华人民共和国民法典(草案)〉的说明》中谈到第123条的立法目的时指出:"为建设创新型国家,草案对知识产权作了概括性规定,以统领各个单行的知识产权法律。"因此,这次《民法典》编纂虽然没有将知识产权作为民法分则单独成编,但《民法典》第123条的规定已经将知识产权纳入民法典体系之中。以后的知识产权立法和司法,应当按照民法典体系的要求,在民法典规定的民法基本原则指导下进行。至于本次民法典编纂没有将知识产权纳入民法分则,是因为相关条件还不够成熟,待条件成熟,是否可以用修正案的方式纳入民法分则,由以后再作决定。不管知识产权是否纳入民法分则,但其作为民法典体系组成部分的问题,已经在本次民法典编纂中解决。这已经是毫无问题了。

四是对自然人的继承权作出了规定。第124条规定:"自然人依法享有继承权。自然人合法的私有财产,可以依法继承。"这一规定,成为民法典继承编制定的立法基础。

五是对民事主体的股权和其他投资性权利作出了规定。将股权和其他投资性权利作为与物权、债权、继承权等基本民事权利相并列的权利,适应了我国社会主义市场经济发展对民事权利制度发展的新需求,是我国民法典编纂中的一大进步,很值得关注。可以肯定,从法律上进一步完善股权制度和其他投资性权利,对于完善产权平等保护,完善法人财产权制度,从而促进我国现代企业制度的发展和完善,意义十分重大。

第三,规定了民事主体特殊民事权益和特殊群体民事权益的法律保护。《民法典》第127条和第128条是对民事主体的特殊民事权益和特殊群体保护的规定。

一是第127条对民事主体的数据、网络虚拟财产等特殊民事权益的保护作出了规定。民事主体在数据、网络虚拟财产的保护需要已经随着网络、信息化的发展被提出。但对民事主体这些特殊的民事权益应当怎样进行法律保护,现在经验还不多,还难以概括和归纳为民事权利,只能针对客体,原则性、方向性地提出民事法律保护的要求,留出一定的发展空间,待到经验成熟后,再划出明确的权利义务边界。

二是对特殊群体的保护作出了规定。第128条规定:"法律对未成年人、老年人、残疾人、妇女、消费者等的民事权利保护有特别规定的,依照其规定。"这一规定将特殊群体的民事权利保护也纳入民法典体系,让弱势群体保护进入体系化保护的机制之中。因此,将民事主体平等保护从形式平等向实质平等迈出了一大步,更加彰显我国社会主义民法"以民为本"的实质,使民法典体系更加完整。

专题二　民事权利的取得和行使

除此之外,第五章还对民事权利的取得、民事权利的行使等方面的内容作出了规定。在理解整个第五章的内容时,我们应当对其特点进行把握。

一、民事权利与民事义务相互对应、相辅相成

按照民事法律关系的理论,民事法律关系除主体之外,还应当规定民事法律关系的内容,即主体的权利和义务。第五章虽然标题为民事权利,但是所包含的内容绝不仅仅是民事权利,还包括民事义务和法律关系的客体。就民事法律理论而言,权利与义务不可分割。该章所规定的权利,反面就是相应的义务,权利和义务是一个硬币的两面。《民法典》第五章表面上只规定了一面,但反过来却是硬币的另一面,即民事义务。该章通过规定民事权利将民事义务隐含于其中。以债权为例,债权要实现,就需要债务人履行其义务。只有如此,债权人债权的实现才有保证。如果债务人不履行其义务,债权又在哪里得到实现呢？再以物权为例。物权具有对世性,我拥有这张桌子,对其拥有物权,其他义务人负有不损害这张桌子和我对桌子之物权的义务。如果其他人不履行这一义务,任意把这张桌子搬走,或将其出让给他人,则我对这张桌子权利的行使就会受到阻碍。所以在理解民事权利和义务时,不能简单地认为《民法典》第五章只规定了民事权利,没有规定民事义务,民事义务就不重要或者就没有民事义务。一定要注意,没有义务就没有权利。民事权利的实现依赖于民事义务人义务的履行,没有民事义务的履行就没有民事权利实现。

二、规定的民事权利反映了当前时代的需要

《民法典》第五章所规定的民事权利,是根据我国当前经济社会的现状和发展需要进行编纂的。总体来看,该章第 109 条至第 112 条规定的是人身权,包括了人格权和身份权;第 113 条专门规定财产权保护,突出了民事主体权利平等和对财产的保护;第 114 条至第 117 条规定的是物权;第 118 条至第 122 条规定的是债权,包括合同之债、侵权之债、无因管理之债和不当得利之债;第 123 条规定的是知识产权;第 124 条规定的是继承权;第 125 条规定的是股权和其他投资性权利。这些都是根据中国现在经济发展状况作出的规定。

在进行民法典编纂过程中都认识到,当前的中国社会既有农业社会,又有工业化社会、后工业化社会,还有信息社会。这样复杂的社会发展形势与当年拿破仑编纂《法国民法典》和德国编纂《德国民法典》时的社会背景不同。当年编纂《法国民法典》时,法国还处于农业社会;编纂《德国民法典》时,德国处于工业社会。《日本民法典》也是工业社会的产物。但当前中国社会发展状态具有多层次、多阶段叠加的特点,是一个立体化的社会。所以我国《民法典》关于民事权利的规定,应当从整体上对现实的中国社会予以反映,要囊括各类重要的民事权利。开初,全国人大法工委先明确了我国民法典分则应当围绕 5 编,即物权编、合同编、民事侵权编、婚姻家庭编、继承编进行编纂工作。后来我们最高人民法院又提出增加 3 编,包括人格权编、知识产权编和涉外民事法律适用编,其中也包括了网络虚拟财产。目的是要让我国民法对民事权利的保护适应时代发展的需要。对于那些实践和理论涉足较少、难以全面归纳概括的民事权利,我国民法也应对民事权利的客体作出予以法律保护的规定。尤其是像个人信息、虚拟财产等权利客体,在信息化社会和大数据时代,不将其纳入民事权利的保护范围,以后制定单行民事法律就在民法典体系中找不到上位法依据。

经过反复研究,人格权作为独立一编进入《民法典》分则。所以我国《民法典》规定的民事权利,应当比世界上任何一部民法典都更加全面,内容更加先进。特别是在网络信息、虚拟财产保护方面,世界各国多数民法典都还没有做到这一点。中国老百姓最关心的个人信息安全问题也在该章得到了回应,在人格权编中得到体现。

三、权利或权利客体受法律保护的区别

第五章采用了权利与权利客体受法律保护并重的表述方法。对于立法上较为成熟、在理论和实践中对其内涵和外延都较为明确的权利,直接表述为某某权利。例如,生命权、健康权、姓名权、物权等。对于立法上还不太成熟,对权利的含义和特征概括归纳还不准确、权利的内涵和外延还在探索的财产,采用的是客体受法律保护的表述方式。《民法典》第五章中就有不少某某客体受法律保护的表述。比较典型的条文是《民法典》第109条,其规定"自然人的人身自由、人格尊严受法律保护"。这就是直接将"人身自由、人格尊严"作为法律保护的客体予以规定。第111条规定"自然人的个人信息受法律保护",也是直接规定的法律所保护的客体。之所以这样做,是因为直接表述为个人信息权还有困难。第123条所规定的8类知识产权的客体也是以权利客体为重心进行的表述。第127条规定:"法律对数据、网络虚拟财产的保护有规定的,依照其规定。"该条也是直接对权利客体受法律保护的规定。之所以规定虚拟财产受法律保护,而不是直接规定虚拟财产权,是因为目前直接规定虚拟财产权的条件还不成熟。这就是立法技巧的运用。在编纂过程中,对于网络虚拟财产之上的权利,我们尝试过信息资源权等称谓,但感觉都不准确、不成熟。后来全国人大法工委提出以客体受法律保护为表述的方式,这种方式得到了大家的赞同。

四、权利取得的原则

民事权利这一章明确规定了民事权利的取得原则,这一原则规定在第129条。《民法典》第129条规定:"民事权利可以依据民事法律行为、事实行为、法律规定的事件或者法律规定的其他方式取得。"该条经过全国人大常委会法律委员会多次讨论,讨论中,有人提出要删掉这一条,认为过于学理化。我们不赞同删除,认为有了这条规定,以后关于法律事实的具体规定就可以在作为上位法的《民法典》中找到依据。如果没有这条规定,以后制定相关规定就找不到依据。该条所规定的法律事实,包括民事法律行为、事实行为、事件以及法律规定的其他引起权利取得的方式。所谓法律规定的其他方式,包括法院裁判等方式。

法律事实在民法上是非常重要的概念。《民法典》第六章民事法律行为和第七章代理所规定的内容就属于法律事实。法律可能规定了各种各样的民事权利和民事义务,但这时的法律还只是纸上的法律。法律所规定的权利要变成现实中老百姓实际享有的权利,还需要一个桥梁。因此,法律事实是纸上的法律规定的民事权利和民事义务,变为现实的民事权利和民事义务的非常重要的桥梁。任何民事权利和民事义务都是在特定民事法律关系中的权利和义务,脱离特定的法律关系,就没有实际生活中的民事权利和民事义务。如果没有法律事实的产生或者出现,民事主体就无从享有权利或承担义务。法律规定再多的民事权利,如果法律事实没有发生,那也仅仅是纸上的民事权

利，如同水中月、镜中花，看得见却摸不着，中看不中用。在理论上，许多法学家对这一问题早有论述。例如，康德就专门阐述了主观权利和客观权利；德国著名法学家、哲学家黑格尔也专门讲过抽象法和实定法。什么是客观权利呢？客观权利就是写在纸上的法律规定的权利，是“我”这一主体之外的权利，还没有被“我”所拥有。客观权利怎样才能被“我”所拥有呢？只有通过法律事实产生或者出现，客观权利才能变为“我”的主观权利。

举例而言，法律规定物权受法律保护，“我”享有拥有房屋的权利，但如果要获得某一房屋的所有权，我首先要去买房。我买房时要建立房屋买卖的债务、债权关系。我获得房屋所有权后，就和社会一般人建立了所有权关系。这个已经取得的民事权利就可以得到法律的保护。法律事实是什么呢？买房、建房都属于法律事实，这种法律事实为民事法律行为。如果没有这些法律事实或者民事法律行为，我就不能对特定房屋享有所有权。再如，达到法定婚龄的人享有结婚的权利，找到心仪的对象后，得先征求对方的意见，看对方是否愿意和你结婚。如果对方不愿意，结婚的权利就不能实现。曾经在一个朋友圈里流传过一份当事人的起诉状。一位女子起诉一位男子，理由是这位男子大展个人魅力，让这位女子爱上了他。虽然女子不断表示爱意，但这位男子非常木讷，没有回应。因此，女子非常生气，就向法院起诉要求男子和她结婚，而且限定一年之内必须生育一子。这样的案件法院能受理吗？肯定不能。因为要建立一个婚姻关系，首先要有相应的法律事实。适婚的男女二人通过自由恋爱，达成一致协议去办结婚证，婚姻关系才能建立。依法成立的婚姻关系才受法律保护。显然，这位女子提出的男子“让她内心不断的小鹿乱撞”，不构成使婚姻关系成立的法律事实。实践中还常遇到一个问题，在农村，有些农户成员向村委会提出要分地，但村委会从来没有与其签订过农村土地承包经营合同。虽然法律规定农村集体经济组织成员可以农户的名义享有承包土地的权利，但是农户成员要实际取得这一权利，必须通过与农村集体经济组织签订土地承包经营合同才有可能。如果没有与村委会签订土地承包经营合同，当然就没有建立土地承包关系。当事人在这种情况下起诉到法院，要求保护其土地承包经营权，可能会因为不存在相应的签订承包合同的民事法律行为与基于该民事法律行为建立的承包法律关系而得不到支持。最高人民法院《关于审理涉及农村土地承包纠纷案件适用法律问题的解释》专门就这个问题作了明确规定。又如，我享有生命权和健康权，我的生命权和健康权受法律保护。如果其他人打了你，由于侵权事实的出现，就可以依据《侵权责任法》请求对方承担侵权责任。所以法律事实是纸上的权利变为现实中的民事主体所拥有的权利的桥梁。在立法和司法的过程中，应当把法律事实特别是民事法律行为说清楚。如果不将法律事实或者法律行为表述清楚，老百姓的权利就落不到实处。虽然在全国人大常委会法律委员会讨论时对这条争议很厉害，但最后大部分人都支持保留这一条文。最终，第129条的内容得以完整保留。

五、民事权利行使的原则

民事主体行使权利，应坚持以下原则。第一，民事权利自由行使原则。《民法典》第130条规定：“民事主体按照自己的意愿依法行使民事权利，不受干涉。”这里所说的按照自己的意愿自由行使民事权利，应当是当事人在依法取得民事权利后，只要不违反法律的强制性规定，不损害国家、社会公共利益和他人的合法权益，有权自由行使权利，任何人不得干预；有权要求民事义务人按照法律的规定和合同的约定,向自己履行相应的民事义务;有权减轻民事义务人的民事义务或者放弃对民事义务人履行民事义务的请求;有权不行使或者放弃自己的民事权利。这都是民事权利自由行使的范围。第二,权利义务相一致原则。《民法典》第131条规定:"民事主体行使权利时,应当履行法律规定的和当事人约定的义务。"正如前面所述,民事权利和民事义务,是一个硬币的两面。一般情况下,两者是不可分离的。民事权利人在享受权利时,应当注意履行自己的民事义务;民事义务人在履行义务时,也有权享受相应的民事权利。只有将民事权利的享有和民事义务的履行放在同等重要的位置,民事主体建立的民事法律关系才能是和谐的社会关系,双方的合法权益才能在和谐中得到实现和受到保护。因此,我们在坚持民事权利和民事义务一致的原则时,一定要反对只享受民事权利而不履行相应的民事义务做法。在这方面,我们既有经验,也有教训,值得记取。第三,民事权利不得滥用原则。《民法典》第132条规定:"民事主体不得滥用民事权利损害国家利益、社会公共利益或者他人合法权益。"民事主体行使民事权利虽然是私人事务,但依然应当承担相应的社会责任。这就是任何时候民事主体都不能将自己的个人利益放在国家利益和社会公共利益之上,不能为追求自己的个人利益损害他人的合法权益。民事权利行使的这三大原则,是贯穿在每个民事权利行使的全部过程中的基本原则。在《民法典》的贯彻实施时,应当将这三大原则广为宣传,让每个民事主体都了解它们的含义,并在实践中认真贯彻落实。

第七章　民事法律行为

民事法律行为是民事主体通过意思表示设立、变更、终止民事法律关系的行为，是对合同行为、婚姻行为、遗嘱行为等一系列能够产生、变更、终止权利义务关系行为的抽象和概括，是民事主体落实民法典规定的自愿原则、实现意思自治的最重要手段和工具，体现了民事活动最基本的特征。《民法典》总则编以民事主体、民事权利、民事法律行为、民事责任为主线构建，展现了民法的基本逻辑关系，民事法律行为是这一逻辑体系中不可缺少的重要组成部分。缺少民事法律行为制度，自愿原则无法体现，民事行为能力制度也失去存在的基础，代理制度也缺乏存在的前提。民事法律行为制度使散见在民法典各部分的意思表示行为有了共性的东西，为合同行为、婚姻行为、遗嘱行为、收养行为等分编制度提供了依据。

专题一　"旧瓶新酒"的民事法律行为概念

一、"民事法律行为"概念

欲理解"民事法律行为"，须先理解"法律行为"的概念。传统民法理论对法律行为的含义通常表述为：民事主体作出的意图发生一定法律效果的意思表示行为。"法律行为"一词源于德国民法典，萨维尼给出的定义是"行为人创设其意欲的法律关系而从事的意思表示行为"。这一定义强调了法律行为的意思表示要素与所产生的私法效果。日本、意大利、荷兰、俄罗斯等国家民法典均基本采用这个概念，并作为一项重要的民事制度加以规定。1986 年制定的《民法通则》未采用"法律行为"的概念，而采"民事法律行为"和"民事行为"这两个概念。根据《民法通则》第 54 条的规定，民事法律行为是公民或者法人设立、变更、终止民事权利和民事义务的合法行为。与传统的法律行为概念相比，《民法通则》规定的"民事法律行为"有两个特点：一是只包括合法的民事行为，不涵盖无效、可撤销和效力待定的民事行为。为此，《民法通则》规定了另一个概念"民事行为"，以涵盖无效和可撤销行为。二是没有强调法律行为中的核心要素"意思表示"。

《民法典》总则编第 133 条规定："民事法律行为是民事主体通过意思表示设立、变更、终止民事法律关系的行为。"民法典尽管仍然采用"民事法律行为"的概念，但"旧瓶装新酒"，对其内涵作了根本性调整，使其既包括合法的民事行为，也包括无效、可撤销和效力待定的民事行为，同时强调了民事法律行为是民事主体通过意思表示设立、变更、终止民事法律关系的行为，突出了"意思表示"

这一核心要素。作出这样调整的主要考虑如下:一是无论是合法行为、无效行为、可撤销行为,还是效力待定行为,本质上都是基于意思表示实施的法律行为。二是这样规定既表明了当事人在民事活动中可以按照自己的意愿设立、变更、终止民事权利义务关系,也强调了当事人在按照自己的愿意从事民事活动时,还应当承担相应的法律后果。民事法律行为无效的,应当承担无效的法律后果;民事法律行为被撤销的,应当承担被撤销的法律后果。这实际上是对当事人从事民事活动提出了要求。可以说具有更强的规范性。

《民法典》之所以继续采取"民事法律行为"这一原有称谓,主要是考虑到应当采用已经约定俗成的表述,同时法律行为虽然是传统民法领域的特有术语,但自从其被引入我国以来,已被广泛应用于其他法学领域,如刑法领域的刑事法律行为、行政法领域的行政法律行为。为了和其他法律领域的法律行为相区分,民事领域仍采用民事法律行为的表述。①

二、民事法律行为的特征

1. 民事法律行为是民事主体实施的行为。非民事主体实施的行为不是民事法律行为,如司法机关作出的裁决、行政机关作出的处罚决定等也会产生法律后果,但其不是以民事主体身份作出的行为,因而裁决和处罚决定不属于民事法律行为。

2. 民事法律行为是以发生一定的法律效果为目的的行为。民事主体在社会生产生活中会从事各种各样的活动,但并非任何行为都是民事法律行为。只有以设立、变更、终止民事法律关系为目的行为才是民事法律行为,其最终结果是让民事主体享受民事权利、承担民事义务。

3. 民事法律行为是以意思表示为核心要素的行为。意思表示是指民事主体意欲发生一定法律效果的内心意思的外在表达,是民事法律行为最为核心的内容。民事法律行为之所以能对民事主体产生法律约束力,就是因为其是民事主体按照自己的意思作出的。这也是民事法律行为与事实行为最根本的区别。

三、适用民事法律行为的民法领域

1. 合同领域。合同是最为典型的民事法律行为,《民法典》合同编的有名合同都是民事法律行为的具体规则,合同编通则部分的规定是民事法律行为一般性规则在合同中的体现。无名合同也应当适用《民法典》总则编关于民事法律行为的规定。合同编以下 9 个法条均直接在条文中通过明确表述指向适用总则编的民事法律行为规则:第 466 条、第 474 条、第 475 条、第 484 条、第 485 条、第 497 条、第 505 条、第 508 条、第 1113 条。

2. 物权领域。用益物权和担保物权的设立是通过合同来实现的,如抵押合同、质押合同、建设用地使用权合同等,不但需要适用合同编的相关规定,而且应当适用民事法律行为的相关规则。

3. 商事领域。我国实行民商合一的立法传统,公司法、票据法、信托法等民商事特别法也要适用《民法典》第一编总则的规定,大量商事行为如公司设立行为、票据行为、信托行为等适用民事法律行为的规则。

---

① 李适时主编:《中华人民共和国民法总则释义》,法律出版社 2017 年版,第 414 ~ 415 页。

4. 婚姻、遗嘱、收养等身份关系和继承法领域。比如,婚姻家庭领域夫妻对财产的约定、离婚协议、无效婚姻和可撤销婚姻、收养协议等,继承领域遗嘱、遗赠扶养协议等。《民法典》第 1113 条规定:“有本法第一编关于民事法律行为无效规定情形或者违反本编规定的收养行为无效。无效的收养行为自始没有法律约束力。”

专题二　通谋虚伪表示

一、通谋虚伪表示概念

《民法典》第一编总则第 146 条第 1 款规定行为人与相对人基于虚假的意思表示而实施的民事法律行为的法律效果为无效。对于该条款中“以虚假的意思表示实施的民事法律行为”的定义,各国家并无统一的规定,德国称其为虚假行为,日本称其为虚伪表示,俄罗斯称其为假装行为等。我国学者的意见也不一致,有观点认为,该条款是对虚假行为和伪装行为的规定,即认为伪装行为是由虚假行为与隐藏行为共同构成的。① 王利明、杨立新先生认为,该条规定的是虚假的民事法律行为。梁慧星、韩世远先生认为,该条规定的是虚伪表示,又称为通谋虚伪表示。无论是虚假的民事法律行为还是伪装行为及通谋虚伪行为,其适用的法律原理是一致的,即意思与表示不一致,因此本书下文将按照通谋虚伪行为的规定理解《民法典》第 146 条第 1 款的含义。

通谋虚伪表示这一概念是大陆法系民法中的概念,最早由德国提出,对其他大陆法系国家的民法产生深刻的影响,许多大陆法系国家相继以法律的形式予以规定。《德国民法典》第 117 条规定,行为人与相对人通谋作出的意思表示不真实,则不发生法律效力,该行为无效。上述无效的法律行为所隐藏的法律行为的效力依据相关法律规定认定。②《日本民法典》第 94 条规定,行为人与相对人通谋实施虚假的意思表示,该意思表示无效。但是前述无效的法律效果,不得对抗善意的第三人。③《韩国民法典》第 108 条规定,表意人与相对人通谋作出的意思表示不真实,则该意思表示无效,该无效不得对抗善意第三人。各国对通谋虚伪表示的规定的称谓有所不同,但是内涵基本相同,均指表意人与相对人通谋而实施虚伪的意思表示,且不受该虚伪意思表示的约束。

本书认为,大部分通谋虚伪行为确实存在两个法律行为,一个用于实际履行,另一个用来备案登记等,但这并不意味着只有一个法律行为的行为不能成为通谋虚伪行为。例如,有的当事人仅仅是为了规避就读学校划分政策,实施了一个虚假的房屋转让行为,那么该行为又无法认定。同时,也并非所有的通谋虚伪行为的当事人之间都存在串通行为,因为有的虚伪行为的对方当事人消极对待,对于对方实施的虚假行为仅仅是知情默认,并不存在积极的串通行为,故该种定义有缩小通

① 杜万华:《中华人民共和国民法总则实务指南》,中国法制出版社 2017 年版,第 567 页。
② 《德国民法典》,陈卫佐译,法律出版社 2015 年版,第 36 ~ 37 页。
③ [日]我妻荣:《民法讲义Ⅰ:新订民法总则》,于敏译,中国法制出版社 2008 年版,第 273 页。

谋虚伪的适用范围的嫌疑。上述两种理解缩小了通谋虚伪行为的适用范围。本书认为,通谋虚伪表示,是指行为人与相对人通谋基于虚伪的意思表示作出的法律行为,该法律行为对其双方不具有法律约束力,不产生该行为追求的法律效果。

二、通谋虚伪表示与类似行为的辨析

(一)通谋虚伪表示与单独虚伪表示

意思与表示故意不一致的行为被称为虚伪表示,虚伪表示又可分为通谋虚伪表示和单独虚伪表示。单独虚伪表示,是指表意人单独故意隐藏其内心真实的意思表示,并实施了与其真实意思表示不一致的法律行为,相对人对此不知情。我国民法并未规定单独虚伪表示行为。单独虚伪表示的效力为原则上有效。单独虚伪表示与通谋虚伪表示的具体区别如下:(1)主体不一样。单独虚伪表示的主体为一人,而通谋虚伪表示的主体为两人或两人以上。(2)构成要件不一样。单独虚伪表示的相对人并不知晓行为人表示的是虚假意思,而通谋虚伪表示要求相对人明知或应知行为人表示的是虚假意思。(3)法律效果不一样。单独虚伪表示的意思表示原则上有效,例外是相对人明知该表意人为虚伪意思表示,则该意思表示无效,而通谋虚伪表示的效力于当事人之间为无效,于第三人之间未明确规定。

(二)通谋虚伪表示与恶意串通

恶意串通是我国民事立法中特有的法律概念,通说认为恶意串通源于通谋虚伪表示理论,二者固然存在一定的相似性,但是差异也很明显,具体表现为:(1)表现形式不同。恶意串通行为既包括意思与表示不一致的虚伪表示的情形,也包括意思与表示一致的真实意思表示行为,但是,通谋虚伪表示仅限于意思与表示不一致的虚伪情形。(2)构成要件不同。恶意串通行为要求行为人主观上必须有损害他人利益的恶意,否则不构成恶意串通行为;通谋虚伪行为无此项要求,即通谋虚伪并不必然要求行为人必须有损害他人利益的目的。(3)法律评价基础不同。恶意串通行为无效的根源在于该行为损害了国家、集体或第三人的利益,该行为的内容违反了相关法律的强制性规定,所以法律规定其为无效;而通谋虚伪表示行为无效的根源是基于意思主义的考量,即因其欠缺真实的法律效果意思,法律尊重当事人的自由意志,根据意思自治原则确认该行为无效。

(三)通谋虚伪表示与以合法形式掩盖非法目的

以合法形式掩盖非法目的,是指行为人为了规避法律适用,达到非法的目的而实施的以徒具合法形式的民事法律行为掩盖其非法目的的民事行为的情形。该规定在民法中未作规定。从内容上看,该项规定已经被《民法典》第146条吸收。以合法形式掩盖非法目的与通谋虚伪行为的区别主要体现在以下三点:(1)表现形式不同。以合法形式掩盖非法目的的行为既可能是单方行为(如赠与行为),也可能是双方行为(如低价转让行为);但通谋虚伪表示只能是双方行为。(2)构成要件不同。以合法形式掩盖非法目的的行为要求行为中必须有隐藏行为,否则无法构成此行为;而通谋虚伪表示行为无此硬性要求,其隐藏行为可有可无,并非一定包含隐藏行为。(3)以合法形式掩盖非法目的的行为中的隐藏行为系为实现非法目的,否则不构成此行为,而对于包含有隐藏行为的通谋虚伪表示行为,其实施目的并非一定具有非法性。

三、通谋虚伪表示行为对外的效力认定

根据行为无效效果范围划分，法律行为无效可以分为绝对无效和相对无效。绝对无效是指某项法律行为对任何人都无效，即使是善意第三人也不能主张有效。相对无效是指某项法律行为的效力区别对待，从行为人与相对人的角度来讲，该项法律行为无效，但是从行为人与相对人以外的第三人来讲，善意第三人在一定条件下可以主张该项法律行为有效或者主张该项法律行为无效。

对于通谋虚伪行为的对外法律效力，各国规定不尽相同。例如，德国民法并未提及对第三人的保护，此处规定的虚伪行为无效属绝对无效，但通过学理及判例对第三人的信赖利益采取了一定的补救；日本、韩国民法明确规定通谋虚伪行为的无效不得对抗善意第三人，给予善意第三人信赖利益以保护，如此规定符合民法理论。

本书认为，《民法典》第 146 条第 1 款涉及的无效应当理解为相对无效。因为民法上同时存在内部关系和外部关系时，应当优先保护外部关系。具体而言，在民事法律行为的当事人利益与善意第三人利益相冲突时，尤其保护善意第三人的信赖利益是基本原则。因此，该条款即使没有规定但书规则，司法实践中也应当保护善意第三人的信赖利益，这样更符合民法的基本理念和精神，有利于保护交易安全和善意第三人合法权益。

专题三　可撤销民事法律行为制度的四大变动

从 1986 年《民法通则》到 1999 年《合同法》再到 2017 年《民法总则》，可撤销民事法律行为制度在修法时修改幅度应是最大的。《民法典》总则编关于可撤销行为制度主要有四大变动。

一、欺诈、胁迫事由方面发生的变动

《民法通则》第 58 条第 1 款第 3 项将欺诈、胁迫规定为无效原因；《合同法》则根据是否损害国家利益将其效力区分为无效（当损害国家利益时）和可撤销、可变更（不损害国家利益时）两种情形；《民法典》则放弃此项区分，一律规定为可撤销，并且增加了第三人胁迫及第三人撤销相关内容。《民法通则》第 58 条第 1 款第 3 项、《合同法》第 54 条第 2 款和《贯彻民法通则意见》第 68 条，均仅适用于法律行为当事人之间的欺诈、胁迫。但是，表意人的意思表示不自由原因既可以源于表示受领人（相对人），也完全可能肇因于表示受领人之外的第三人。将第三人引入意思表示的表意人和受领人的关系之中，使原本较为单纯的保护意思表示自由的规则，转变为意思表示自由之保护与信赖保护之间的平衡规则。换言之，由第三人实施的欺诈、胁迫等干扰意思表示自由行为时，意思表示自由自然应当保护，但意思表示受领人的利益也不能完全置之不顾。《民法典》采取的立场是，在第三人胁迫这种违法性程度较为严重、对表意人意思自由影响较大的情形下，放弃对意思表示受领

人的保护(即使该受领人可能也是善意不知情者);而在第三人欺诈(行为违法性程度较弱)时,则兼顾意思表示自由和信赖保护,仅在意思表示的受领人知道或者应当知道欺诈时,赋予意思表示表意人以撤销权。

(一)受第三人欺诈

《民法典》第149条规定:"第三人实施欺诈行为,使一方在违背真实意思的情况下实施的民事法律行为,对方知道或者应当知道该欺诈行为的,受欺诈方有权请求人民法院或者仲裁机构予以撤销。"该条是关于相对人知道或应当知道行为人因第三人欺诈而实施的法律行为可撤销的规定,是民法典增加的条款。受第三人欺诈行为的构成要件是:第一,第三人有欺诈行为。第三人实施的欺诈行为,包括故意隐瞒重要事实和虚构重要事实的行为。第二,第三人有欺诈故意。即第三人明知其故意隐瞒重要事实和虚构重要事实的情况。通常情况下,第三人还有使行为人因其欺诈行为而陷入错误并进而作出错误意思表示的故意。第三,行为人因第三人欺诈而陷入错误,并因陷入错误而作出意思表示。第三人欺诈行为对行为人的认知产生了效果。如果第三人虽有欺诈行为,但对行为人所作意思表示并不产生影响,则不构成受第三人欺诈。第四,相对人知道或者应当知道第三人所实施的欺诈行为。即相对人对第三人实施了欺诈行为的事实是明知的,或者依其所处情况不可能不知。依诚信原则,相对人在知道行为人受第三人欺诈而作出错误意思表示的情况下,应向行为人说明。如果相对人违背诚实信用原则,反而恶意利用行为人受第三人欺诈之不利境地,使其作出错误意思表示,以迎合自己的意思,其因此所获利益就不应得到保护。如果相对人对行为人受第三人欺诈之事实不明知也不应知,主观上是善意的,则应保护善意相对人的利益,保护交易安全和秩序,行为人不能主张撤销该民事法律行为,行为人因此遭受的损失只能向第三人主张赔偿。

要注意区分受第三人欺诈行为和行为人与相对人恶意串通损害他人合法权益的行为。受第三人欺诈的行为中,相对人虽明知或应知第三人欺诈行为,但未必与第三人存在合谋和串通。如果相对人与第三人合谋,由第三人欺诈行为人,使其作出迎合相对人意思的表示行为,则可能构成行为人与相对人恶意串通,损害他人合法权益的民事法律行为。应依照《民法典》第154条规定,行为人与相对人恶意串通,损害他人合法权益的民事法律行为无效,而不是依据第149条的规定,认定为可撤销的民事法律行为。

(二)受第三人胁迫

《民法典》第150条规定:"一方或者第三人以胁迫手段,使对方在违背真实意思的情况下实施的民事法律行为,受胁迫方有权请求人民法院或者仲裁机构予以撤销。"根据《民法典》第143条的规定,意思表示真实是民事法律行为有效的条件之一。意思表示真实的前提是意思表示自由,如果民事主体意思表示自由受到限制,意思表示的真实性就无法保障。该条规定受胁迫行为可请求撤销。

受胁迫行为是指行为人因他人通过不正当预告危害的方式形成而陷入身体或心理上的强制,从而作出的不反映其真实意思的不真正法律行为。胁迫的手段多样,可以是不正当预告危害,可以是对受胁迫者的身体采取强制措施,也可以是对受胁迫者的自由采取限制。无论采取何种方式,目的都是使受胁迫者内心产生恐惧,并在恐惧心态的驱使下作出不利于自己、迎合他人的意思表示行为。受胁迫者因被胁迫所作的意思表示行为，所体现的并非本人的真实意思，在很大程度上是由胁迫人设计的，反映的是胁迫人的意思，本质上看应属于胁迫人的意思表示。因此，受胁迫者可以请求人民法院或者仲裁机构予以撤销。

（三）受第三人欺诈与受第三人胁迫的不同法律后果

第三人实施欺诈行为，相对人知道或者应当知道第三人实施欺诈行为的，受欺诈人才有权利撤销受欺诈所实施的民事法律行为。而第三人实施胁迫行为，无论相对人对第三人实施胁迫行为是否知道，受胁迫人均有权利撤销因受胁迫所作出的民事法律行为。究其原因，系胁迫较欺诈而言，违法性更严重，对意思表示自由的侵害更甚。行为人在受欺诈情形下所为的民事法律行为，仍系依自己判断而为，仅仅是作为判断基础的认知有误；但在受胁迫情形下，行为人并未陷入错误认知，其所为民事法律行为违背真实意思的原因并不是基于认知错误的判断错误，而是在于因受胁迫而不得不表达胁迫人希望其表达的意思。简言之，欺诈行为乃间接通过使表意人陷于动机错误而间接地侵犯表意人意志形成自由，胁迫行为则直接通过预告将来危害使表意人产生恐惧而侵犯其意思表示自由，显然“胁迫行为对表意人意思自由影响甚大，应（对表意人）优先予以保护”。①

二、乘人之危和显失公平事由方面发生的变动

《民法通则》第 58 条第 1 款第 3 项和第 59 条第 1 款第 2 项将乘人之危和显失公平制度分列于无效和可撤销原因。《合同法》第 54 条则将二者同列为可撤销之原因，但依然作为两个独立的原因。乘人之危和显失公平的规定源于德国的暴利行为制度。暴利行为的理论来源可追溯到罗马法时期的“非常损失规则”。戴克里先为了补正早期罗马法“严格形式主义（不论财产价格与实际有何差异均不得影响契约实现）”所带来的问题，特别是规制地主兼并农民土地问题，颁布了两个敕令。根据这两个敕令，古罗马法学家发展出了“非常损失规则”，并逐渐演变成为德国民法典所规制的“暴利行为”制度。《德国民法典》第 138 条第 2 款规定：“特别是某人以法律行为，利用他人急迫境况、无经验、缺乏判断能力或者显著意志薄弱，使他人向自己或者第三人，对一项给付允诺或者给予财产利益，而此财产利益与给付明显不成比例的，其法律行为无效。”我国《民法典》第 151 条以“利用对方处于危困状态、缺乏判断能力等情形，致使民事法律行为成立时显失公平”将二者合并，使其回到暴利行为规则原本状态。值得注意的是，我国《民法典》未如《德国民法典》第 138 条第 2 款那样，使之作为违背善良风俗无效规则的重要适用情形，而是将其作为可撤销行为予以规制。其背后的理由应该在于，该行为涉及社会利益者少，而对个人利益影响较大，因此应交由当事人自行决定。

三、删除民事法律行为可变更制度

本次民法典编纂删除了“可变更”的规定，仅保留了当事人对于合同的撤销权。理论上，撤销还是变更，所要解决的对象，都是表意瑕疵问题，赋予一方撤销权，从表意源头入手纠正瑕疵，恢复双

① 王泽鉴：《民法总则》，北京大学出版社 2014 年版，第 400 页。

方关系到成立该法律行为前，为双方提供重新作出健全表意的机会，是符合逻辑的路径。同时，表意瑕疵的不正当性主要在于其违反了意思表示过程应符合内外一致的要求和自愿原则，而当事人单方请求变更并通过裁决机关强行干预得到支持，是直接对意思内容进行单方变更，系实体变更。故“变更”非但未能纠正表意程序的不正当性，反而使公权力违反“平等原则”和“意思自治原则”、违反“非依法律规定或经对方同意，不得擅自变更”的规定入侵私法自治领域之嫌。

四、重订撤销权除斥期间规则

《民法典》总则编在可撤销行为效力规范中另一重大发展是，第152条重新制定了撤销权除斥期间规则。该条总体采取主观期间，即自知道或应当知道之日起计算。就期间长短上，在规定1年普通除斥期间和5年最长除斥期间之外，区分不同的撤销原因，对重大误解撤销权设定较短的90日除斥期间，胁迫撤销权的除斥期间则为自胁迫行为终止时起的1年。相较于《民法通则》缺少撤销权除斥期间相关规定、《贯彻民法通则意见》第73条第2款的单一客观期间规则，以及《合同法》第55条第1项的单一主观期间规则，《民法典》总则编针对不同撤销原因、不同的规范意旨，规定不同的除斥期间类型，新创最长期间规则，更为合理。

专题四　违反强制性规定之民事法律行为无效的问题

民事法律行为是平等的民事主体之间调整私权关系的行为，是民事主体维护、处分、实现自身权益的手段。因此，如果不涉及公共利益和他人合法权益，只要当事人具有相应的民事行为能力且意思表示真实即为有效。如果民事法律行为与公共利益和他人合法权益相冲突，立法者就会在不同利益之间作出平衡和选择，对一部分民事法律行为作出否定性评价，并作为法律规范进行规定，违反此类法律规定将导致民事法律行为无效。

《民法典》第153条第1款规定：“违反法律、行政法规的强制性规定的民事法律行为无效。但是，该强制性规定不导致该民事法律行为无效的除外。”如何理解该条规定呢？

一、准确认定强制性规定的范围

违法无效规则不是对民事法律行为效力控制的唯一规则，民事法律规范还存在大量其他关于民事法律行为效力性的规则，如未生效、效力待定、可撤销及其他直接关于无效规定的法律规范，它们之间是属于并列而非包含的关系。在司法实践中，务必要将该条违法无效规则与未经批准合同规则、无权代表行为规则、无权代理行为规则以及无权处分行为规则加以区分。具体来说：

1. 不包括法律、行政法规有关要求办理批准手续的规定。此类规定一般是公法中对民事法律行为的相关审批要求,但行文中很少直接规定未经审批的后果,从公法规定的目的上来看,是一种管理性规定,如仅依据该条规则,似可认定不影响合同效力。对此类行为和公法上管理要求,《民法典》第502条第2款已经作出具体规定:"依照法律、行政法规的规定,合同应当办理批准等手续的,依照其规定。未办理批准等手续影响合同生效的,不影响合同中履行报批等义务条款以及相关条款的效力。应当办理申请批准等手续的当事人未履行义务的,对方可以请求其承担违反该义务的责任。"根据该条规定,未经审批前的合同其效力待定。因此,此系与第153条违法无效规则不同的效力规则,不能适用该条规定,自不必再分析其是效力性强制性规定抑或管理性强制性规定。

2. 不包括权限性规定。关于《公司法》第16条的规定,既非效力性规范亦非管理性规定,而是有关代表权限制的规定。法定代表人违反《公司法》第16条的规定,构成无权代表,要依据《民法典》第504条"法人的法定代表人或者非法人组织的负责人超越权限订立的合同,除相对人知道或者应当知道其超越权限外,该代表行为有效,订立的合同对法人或者非法人组织发生效力"的规定来认定相关民事法律行为的效力。因此,不能依据第153条的规定,错误分析其是否属于效力性强制性规定,从而走入误区。

3. 不包括赋权性规定。民法中很多强制性规范是赋权性规范,对此类规定的违反往往涉及无权处分的相关规则,而不是适用第153条违法无效的规定。如《城市房地产管理法》第38条第4项规定,共有房地产未经其他共有人书面同意的,不得转让。如果发生此种情形,合同是否有效?实际上,随着民事法律立法的进步,及物权法与合同法的研究成果,关于此类无权处分的问题,根据处分行为和负担行为的区分原则,已经不再以无效为其后果。《民法典》第597条规定:"因出卖人未取得处分权致使标的物所有权不能转移的,买受人可以解除合同并请求出卖人承担违约责任。法律、行政法规禁止或者限制转让的标的物,依照其规定。"依据该条规定,无权处分行为的合同本身是有效的,只是因无权处分导致不能履行的情况下,要承担相应的违约责任。因此,在法律已经对此有明确的效力规则规范的情况下,不能适用第153条关于违法无效的一般性规定。

二、效力性强制性规定和管理性强制性规定的区分规则

识别效力性强制规定,要在考量强制性规定所保护的法益类型、违法行为的法律后果以及交易安全保护等因素的基础上慎重认定其性质。

1. 考察规范对象。要区分强制性规定规制的对象是意思表示本身、主体的准入条件,还是合同的缔约方式、时间、场所等要素,或者合同的履行行为。

第一,民事法律行为内容违法。主要包括:(1)以禁止流通物和限制流通物作为交易对象的行为,如以盗墓文物、珍稀动物、毒品、枪支等为合同标的物的。(2)以人身或人格利益作为交易对象的行为,如拐卖妇女、儿童,卖淫嫖娼,器官买卖,代孕等行为。(3)以违法标的为交易对象的行为,如销售假币、淫秽书刊、伪劣产品等行为。涉及合同内容违法的强制性规定,一般应认定为效力性强制性规定。

第二,主体资格违法。如担保主体资格违法、市场准入资格不符合、违反特许经营行为、违反施工资质承接工程行为。对于此类行为,要分析其有无对善意第三人保护的必要、所要保护的法益是否构成公共利益、违法行为的后果等因素,综合考量。典型的如人民币储蓄业务只有经批准的银行

等机构才能办理,其他个人和机构无权办理该项业务,否则即为无效。违反施工资质承包工程容易造成安全隐患,涉及公共利益,应认定为无效。而一般的未取得资质、超越经营范围的行为,不导致合同无效。如林某某与延边锦绣天景物业管理有限公司物业服务合同纠纷一案[案号为(2018)吉24民终985号,(2018)吉民申4006号],林某某主张天景物业在未取得物业资质、收费许可、营业执照前就签订了《前期物业服务合同》,《前期物业服务合同》的签订未经招投标程序,未依法备案,违反了《物业管理条例》规定,应为无效。法院经审理认为,《物业管理条例》中关于建设单位应当以招投标方式选聘物业服务企业、物业服务企业应当具有资质证书等规定,系对物业管理活动的规范,以便督促物业服务企业提高物业管理和服务水平,尽职地履行自己的职责,更好地提供相应的服务。上述规定均属于管理性强制性规定,而非效力性强制性规定,不影响《前期物业服务合同》的效力。

第三,合同的其他要素违法。(1)缔约方式违法。如依据《招标投标法》必须采用招投标方式订立合同而未采用的。从其保护的法益来看,规范招投标不仅涉及当事人的合法权益保护问题,而且是维护公平竞争的市场经济秩序,预防和遏制腐败的重要环节,涉及国家利益、社会公共利益。因此,此类违法行为,应认定无效。(2)场所违法。例如,占道经营、在批准的交易场所之外进行的期货交易、未在特定场所进行博彩的行为等。对此,法律禁止的只是在特定场所内从事经营,并不禁止当事人从事经营行为本身的,一般不影响合同效力,如占道经营所发生的交易行为。法律对相关场所进行限制,目的是限制当事人从事某种法律行为本身时,对其违反将导致合同无效,如场外期货交易。(3)期限、数量违法。如租赁合同超过20年、民间借贷利息超过36%。此种无效一般为民事法律规范的直接规定,如无直接规定,则应当属于当事人意思自治范围或者行政管理性规定的范围,一般不影响民事法律行为的效力。(4)履行行为违法。如以走私的方式履行买卖合同。此种违法一般只涉及一方当事人行为违法,基于保护善意相对人的考虑,不影响合同本身的效力。

2. 进行法益衡量。在初步确认民事法律行为的效力后,还要再根据法益衡量说进行检验校正。对于内容违法认定无效的,要考察是否存在不影响民事法律行为效力的情况,反之对于其他情形原则认定有效的,则要考虑是否存在导致合同无效的情形。

第一,要权衡冲突的法益,即考察所保护的法益是否超过合同自由这一法益。如所要保护的法益为人身和人格权益等基本民事权利,如生命健康权、人格尊严、婚姻自由权、劳动权、休息权,应当认定侵害这些权益的行为是无效的。如果强制性规定所保护的法益是国家军事安全利益、金融安全、市场基本秩序、国家宏观政策等公共利益的,一般也应当认定民事法律行为无效。

第二,要考察违法行为的法律后果。如果违法行为可能构成刑事犯罪的,意味着该行为具有严重的社会危害性,对该行为的效力应作无效认定,避免法律体系的矛盾。如果违法行为仅仅是轻微的行政违法行为,那么就要考虑是否予以行政处罚就足以遏制该类违法行为,而不需要进行彻底否定该行为在民事法律上的效力。此外,还需考察受害人是否是特定的,如是特定的受害人,是否赋予撤销权即足以满足规范相关行为的目的;如是不特定的当事人,则意味着可能涉及社会公共利益,可能导致相应的民事法律行为无效。

第三,要考察是否涉及交易安全保护的问题。如果法律仅是禁止一方为某种行为,在确定合同效力的时候,要优先考虑交易相对人的保护问题。如超越经营范围所签订的合同,仅是一方违反规定，不应影响合同效力。如果法律禁止的是双方的行为，则多数涉及公共利益或者公序良俗，一般应认定无效。

第四，要考察合同是否已经履行。合同瑕疵能否通过履行被治愈，取决于合同瑕疵的程度。如果是严重的瑕疵，如买卖走私文物的标的违法行为，无法通过履行行为使合同变为有效；如果不是严重的瑕疵，则在合同已经履行的情况下，考量履行的要素，在一定情况下承认合同有效，否则，会极大地浪费社会资源。

第八章　代　理

代理制度是民法的一项基本制度，广泛运用于现代社会生活，其功能在于扩张和补充私法自治。我国民法典坚持民商合一的立法传统，对代理制度体系结构的安排较为审慎。《民法典》第一编总则第七章专章规定直接代理制度，以3节15个条文明确了民商事活动代理行为应当普遍遵循的一般规则；第三编合同则沿袭《合同法》第402条、第403条的规定，规定了商事色彩更浓的间接代理制度。本专题主要论及《民法典》第一编总则的直接代理制度。鉴于代理制度与民事法律行为密切相关，还应依据体系解释，结合《民法典》民事法律行为、委托合同等章节的规定，正确理解与适用第七章关于代理的规定。

专题一　自己代理和双方代理

一、自己代理和双方代理的概念与制度

自己代理是指代理人以被代理人名义与自己实施民事行为的代理活动。在此情形下，存在代理人和被代理人之利益冲突。双方代理，又称同时代理，是指在同一法律行为中代理人同时为双方当事人所实施的代理活动，代理人同时代表双方当事人，不可避免地会顾此失彼，造成双方利益失衡。代理人行使代理权，其主要义务在于为代理人的利益，亲自实施代理行为，在代理权限范围内，谨慎、勤勉、忠实地行使代理权。代理人如果与自己或自己代理的第三人实施代理行为，通常会损害被代理人的利益，违背诚实信用原则，构成代理权的滥用，故为法律所禁止，除非被代理人事先同意或者事后追认。

《民法典》第168条新设禁止双方代理和自己代理制度，对代理权作出限制，进一步完善了代理制度规则体系。此前现行有效的立法中对此无直接规定。相关内容则最早可追溯到已经失效的1981年《经济合同法》第7条第1款第3项规定：代理人超越代理权限签订的合同或以被代理人的名义同自己或者同自己所代理的其他人签订的合同无效。该规定未被后来的立法吸收，直至《民法典》填补这一立法空白。

二、自己代理和双方代理的法律效力与补正

《民法典》第168条规定，在被代理人同意或追认的情况下，代理行为有效。立法目的是维护被

代理人的利益,将自己代理或双方代理的效力决定权赋予被代理人。可见自己代理和双方代理在未被同意或追认的情况下,其效力处于待定状态,是效力待定的行为。

当然,自己代理或双方代理并非绝对损害被代理人利益。如纯粹为履行债务行为,即为被代理人履行债务而使已经存在的债务因内容实现而消灭,并不产生新的权利义务,不影响被代理人利益。这里仅限于单纯的清偿行为,并不包括代物清偿。“盖代物清偿系以债权人受领他种给付,以代原定之给付,使债之关系归于消灭的有偿契约,于代理人与本人间将发生利益冲突。”[①]另一种例外是使被代理人纯获利益行为,如将自己名下的财产赠与未成年亲子。这两种情形下,代理人与被代理人之间并不存在利益冲突,可以通过限缩解释,认定上述代理行为有效。

自己代理和双方代理的法律效力补正,即代理人同意或行使追认权的过程。代理人的同意一般是事先同意,而追认则可参照适用《民法典》第171条第2款的规定,代理人可以催告被代理人在一个月内予以追认,作出明示。其法律后果为,被代理人未作表示的,视为拒绝追认。如四川省高级人民法院在(2019)川民申3443号房屋买卖合同纠纷案中,认为甲某明知案涉房屋的市场价值被评估为176万余元,却以乙某代理人身份与丙某、丁某签订房屋买卖合同,约定合同价款86万元,远低于市场价格。甲某既为乙某的代理人,又系丙某的父亲(法定代理人)、丁某的丈夫,其行为存在以被代理人的名义与自己同时代理的其他人实施民事法律行为的情形。被代理人乙某并不予同意或追认,甲某的行为符合《民法总则》第168条规定的双方代理,应当认定无效。

专题二　职务代理

一、职务代理制度的确立

职务代理,是指代理人根据在法人或者非法人组织中所担任职务,依据其职权对外实施民事法律行为的代理。《民法典》第170条确立了职务代理制度,将大陆法系国家的商事代理制度纳入我国民法典中。

从大陆法系商事代理的定义角度来看,存在“代理营业领域说”“商人名义说”等学说。“商事代理营业领域说”从代理的营业角度出发,认为商事代理是一般代理制度在商事领域和营业行为中的具体运用,采用民商合一立法例的国家一般把营业领域中的代理视为商事代理,如瑞士、意大利等国。《瑞士债务法》第二编规定了具体的商事代理的类型,包括经理权、代理商代理等形式。“商人名义说”则从被代理人——商人的特定主体资格入手,认为凡代理人以商人名义所为之行为为商事代理,如德国、日本等国家。《德国商法典》第一编第五章、第六章、第七章分别规定了经理权和代办权、商业辅助人和商业学徒、代理商,第四编规定了商行为。《日本商法典》在第一

① 王泽鉴:《民法总则》,中国政法大学出版社2001年版,第456页。

编第六章规定了“商业雇员”，第一编第七章规定了“代理商”，第二编第一章规定了商行为的代理以及消灭。

职务代理本质上作为代理的一种，其作为补强被代理人意思自治的重要方式，代理实施的是民事法律行为，而非侵权行为。只是在法律后果上，无论是职务代理行为还是执行工作任务导致他人损害的法律后果，都由该用人单位承担。《民法典》以《民法通则》第43条规定为基础，在总结各方意见的基础上，有针对性地对职务代理作出了规定。《民法典》第170条第1款单独作了规定：“执行法人或者非法人组织工作任务的人员，就其职权范围内的事项，以法人或者非法人组织的名义实施的民事法律行为，对法人或者非法人组织发生效力。”该条是关于法人或者非法人组织的工作人员职务行为的法律效力归属规范。

二、职务代理的构成要件

在形式上，《民法典》第170条分为两款，其第1款系职务代理制度的一般规范。据此，适用职务代理制度需满足：(1)行为人系法人或非法人组织的工作人员；(2)在其职权范围内为法律行为；(3)该法律行为需以法人或非法人组织的名义做出。这三个要件分别对应职务代理行为的主体、权限和方式。具体分析三个要件：(1)从主体要件来看，代理人需具有法人或非法人组织工作人员身份，非法人组织工作人员身份是较《民法通则》新增的内容，扩大了主体范围；如代理人非为该法人或非法人组织的工作人员，其按照被代理人的授权从事代理行为，属于一般的委托代理。(2)从权限要件来看，要求代理人实施的是职权范围内的事项。不同于一般的委托代理，职务代理通常基于法人或非法人组织就其工作人员职务所作的概括性授权，无须每次单独出具授权委托书。授权范围一般以法人或者非法人组织作出的说明为限。如无具体说明，则根据公司章程、合伙协议等或者具体的内部决议行为进行判断。(3)从方式要件来看，要求以法人或非法人组织名义实施民事法律行为。如果代理人实施的非为职权范围内事项，相对人为善意的，则应当适用第170条第2款的规定，职务代理行为成立。

值得注意的是，《民法典》第61条第2款对法定代表人以法人名义从事法律活动作了专门规定，虽然职务代理行为与代表行为的后果都由法人或非法人组织承担，但二者有根本区别，在适用时应当注意区别。

在现代市场经济条件下，法定代表人的价值就在于全面表达公司意志，然而法定代表人并非公司意志的唯一表达人。公司意志不但可以通过代表制度表亦可以通过代理制度表达，即法人(或者非法人组织)的员工基于其职务而享有职务范围的代理权，其实施的相关行为法律效果归属其所在的法人承受。现代社会经济早已告别了传统的手工作坊，由于经济主体的规模巨大、交易频繁，不可能所有交易活动都由法定代表人代表法人来实施。于是职务代理制度应运而生，法人的员工只要被委任工作，除非另有规定，其自然享有相应的代理权，而无须法人再次单独授权。因此，采购员可以代表公司采购、销售员可以代表公司销售、信贷员可以代表公司贷款等。只要在职务范围内，公司员工即可以代理公司行为，而无须再由法定代表人签字同意。① 例如，建设工程项目经理行为，

---

① 江必新等：《最高人民法院指导性案例裁判规则理解与适用·公司卷》，中国法制出版社2012年版，第66~67页。

包括参与建设工程招标、投标和签订建设工程承包合同、决定项目资金的投入和使用、物资采购、分包或转包工程、参与竣工验收、与发包人或分包人结算工程价等行为均属职务代理行为，对外应当由所在的承包企业承担法律责任。

三、越权职务代理的法律后果

关于越权职务代理的法律后果问题，是司法实践中最常见的问题。此前实务中对越权代理行为多事类推适用表见代理制度。职务代理较之一般的委托代理，具有更强的权利外观，故在适用时应当更加注重对善意相对人利益的保护和对交易安全的保障。《民法典》第170条第2款规定："法人或者非法人组织对执行其工作任务的人员职权范围的限制，不得对抗善意相对人。"善意相对人对法人或者非法人组织对执行其工作任务的人员职权范围的限制，不知道也不应当知道，法律应当对这种合理信赖予以保护，即产生有效职务代理的法律后果。《民法总则》颁布后，该条规定在审判实践中已被广泛适用。如(2018)最高法民申2109号买卖合同纠纷一案认为，甲某作为公司副总经理，持有公司授权委托书，实际参与了合同履行，基于甲某的身份，相对人有理由相信其签订合同的行为系代理公司，依据《民法总则》第170条的规定，认定甲某以公司名义与相对人签订案涉合同系职务行为。

在该款规定情形下，该代理人所实施的行为如果超出其职权范围，即超出了被代理人的授权范围，因此应当属于无权代理的情形。同样在符合《民法典》第172条规定的情形下，也可以构成表见代理。这时对相对人而言，应当构成了请求权竞合，可以允许其选择适用不同条文规范维护其合法权益。

此外，如果该工作人员实施职务代理行为超越了该法人或者非法人组织的经营范围时，就产生了超范围经营行为的效力认定问题。这一问题已非第170条第2款所能涵盖，而应一并适用《合同法司法解释(一)》第10条的规定，即"当事人超越经营范围订立合同，人民法院不因此认定合同无效。但违反国家限制经营、特许经营以及法律、行政法规禁止经营规定的除外"。

专题三　无权代理

一、无权代理的立法沿革

无权代理，是指行为人不具有代理权而实施代理行为。无权代理制度作为传统民法的一项重要制度，随着社会经济的发展而丰富发展。《民法典》第171条总结《民法通则》第66条和《合同法》第48条、第58条主旨，并吸收总结理论研究成果和审判实务经验，对无权代理作出规定，其内容较前发生较大变化。一是直接规定了相对人的催告权和善意相对人的撤销权、被代理人的追认权。同时对于追认和撤销的规则，沿用《合同法》第48条的规定，被代理人的缄默视为拒绝追认的表示，撤销则应当以通知的形式作出。二是明确无权代理人的赔偿责任及范围。无权代理行为未被追认的，善意相对人有权请求行为人为履行债务或者就其受到的损害请求行为人赔偿。赔偿范围不得超过被代理人追认时相对人所能获得的利益。三是调整了相对人有过错的情形下，相对人和行为人承担责任规则。相对人知道或应当知道行为人无权代理的，按照各自过错承担责任，不再互负连带责任。在文字上，该条内容没有使用"代理人"的概念，而是表述为更为严谨的"行为人"。

二、无权代理的法律后果

无权代理的法律后果取决于被代理人是否追认。"未经被代理人追认的，对被代理人不发生效力"。根据该款内容，无权代理以对被代理人以不发生效力为原则，但允许补正。

1. 被代理人的追认权。无权代理行为并不必然不利于被代理人。为保护被代理人利益，维护动态交易安全，法律规定了被代理人的追认权。被代理人有权对无权代理行为予以追认。一经追认，即产生有权代理的法律效力，无权代理行为自始有效。《民法通则》第66条第1款规定：本人知道他人以本人名义实施民事行为而不作否认表示的，视为同意。但《民法典》总则编未吸收该条规定，故被代理人在催告期内没有作出意思表示的，不得认定其默许从而推定同意。但被代理人的实际履行行为，则应视为追认。例如，《民法典》第503条明确规定："无权代理人以被代理人的名义订立合同，被代理人已经开始履行合同义务或者接受相对人履行的，视为对合同的追认。"

2. 相对人的催告权和撤销权。为保障相对人与被代理人之间的利益平衡，避免代理行为效力一直处于难以确定的状态，影响法律关系的稳定，法律赋予相对人催告权和善意相对人撤销权。相对人可以催告被代理人在一个月内予以追认，被代理人享有追认权或拒绝追认权。一般认为这一期间是除斥期间，但也有意见认为，可以允许当事人约定。在被代理人追认前，处于效力待定状态，并将产生两种法律后果：一是产生与有权代理相同的法律效力。一经被代理人追认，代理行为的法律效果归于被代理人，且代理行为自始有效。二是不发生有权代理的法律效果。被代理人拒绝追认的，对其不发生法律效力。需要指出的是，在此种情形下，该行为相对无效，即仅对被代理人不发生效力。善意相对人仍可主张在其与代理人之间产生相应的法律效力，有关法律责任和法律后果由代理人承担。

善意相对人知晓代理人为无权代理后，在被代理人追认前，享有撤销权，可以撤销自己的意思表示，代理行为同样不发生有权代理的法律效力。相对人享有撤销权的前提是善意，不知道也不应知代理行为是无权代理。如果相对人明知无权代理，仍然与行为人为法律行为，属于自甘冒险，仅能行使催告权。撤销权并不受催告的限制，相对人发出催告通知后，被代理人行使追认权之前可以行使撤销权。

3. 法律责任。善意相对人被赋予选择权，以充分保障其利益。《民法典》第171条第3款规定："行为人实施的行为未被追认的，善意相对人有权请求行为人履行债务或者就其受到的损害请求行为人赔偿。但是，赔偿的范围不得超过被代理人追认时相对人所能获得的利益。"行为人实际履行，则善意相对人获得全部履行利益。如果相对人选择损害赔偿或是选择履行债务而行为人未能履行的，则应赔偿损失，但不能超过履行利益。依据该款规定，并未区别行为人是否明知无代理权，行为人承担的是无过错责任。也有意见认为,行为人如果非因过失不知晓其无代理权时,仍令赔偿履行利益过于严苛,仅赔偿信赖利益更为合理。①

在相对人非善意情况下,即相对人知道或应当知道行为人无代理权的,从公平原则出发,由相对人和代理人按照各自的过错承担责任。其责任范围包括相对人和行为人向被代理人承担过错责任,也包括相对人和行为人在内部关系上,按照各自的过错程度向对方承担过错责任。

专题四　表见代理

表见代理是代理制度的重要内容。行为人虽无代理权,但存在足以使善意第三人相信其有代理权的权利外观,行为人的代理行为有效,直接约束善意第三人和被代理人。《民法典》在第172条规定了表见代理的一般规则:“行为人没有代理权、超越代理权或者代理权终止后,仍然实施代理行为,相对人有理由相信行为人有代理权的,代理行为有效。”其适用范围从合同领域扩大到全部可以通过代理实施的民事法律行为。学界通说认为,表见代理在本质上属于广义的无权代理。立法基于维护社会经济生活正常运转的价值取向,将满足法律外观的特定情形认定为有权代理。实务中,有必要把握好被代理人和相对人的利益平衡,避免表见代理制度的不当扩张。

一、表见代理的构成要件

《民法典》第172条关于表见代理的规定较为原则。更为具体的规定见于2009年7月颁布的《民商事合同指导意见》。为防止对表见代理制度的滥用,该指导意见提出,应当正确把握法律构成要件,稳妥认定表见代理行为,并明确表见代理适用的具体规定。该意见第13条规定,“合同法第四十九条规定的表见代理制度不仅要求代理人的无权代理行为在客观上形成具有代理权的表象,而且要求相对人在主观上善意且无过失地相信行为人有代理权。合同相对人主张构成表见代理的,应当承担举证责任,不仅应当举证证明代理行为存在诸如合同书、公章、印鉴等有权代理的客观表象形式要素,而且应当证明其善意且无过失地相信行为人具有代理权”。该条规定有助于理解表见代理的构成和举证证明责任。

综合分析,表见代理的构成要件如下:(1)行为人属于无权代理。没有代理权,或超越代理权、代理权终止,仍以被代理人的名义实施法律行为,此系表见代理需要满足的首要条件。(2)行为人有被授予代理权的外观,存在使相对人相信代理人有代理权的事实和理由。通常表现为无权代理人曾经被授予代理权;根据交易习惯行为人的行为外表表明其有代理权;行为人持有被代理人授权委托书、印章、空白介绍信等。但权利外观的形成与被代理人没有关联性的,不成立表见代理。如

① [德]迪特尔·梅迪库斯:《德国民法总论》,邵建东译,法律出版社2001年第2版,第745页;王泽鉴:《民法总则》,中国政法大学出版社2001年版,第348页。

行为人伪造他人印章、合同书或者授权授书等,假冒他人名义实施民事法律行为的,一般不构成授予代理权的外观,其例外情形是法人或非法人组织的工作人员伪造公章的,则需具体分析是否表见代理。(3)相对人对行为人有代理权形成合理信赖。即相对人相信行为人具有代理权,主观上善意且无过失,对行为人不享有代理权不知情,且对代理权外观应尽到了合理的审查义务。此为判断是否构成表见代理的关键。当相对人有过错时,不论故意或过失,不能适用表见代理。《民法典》第165条对委托授权书记载事项作出明确规定,考察相对人是否尽到审查义务,一般应对照该规定,审理其是否全面审查了相关事项。

最高人民法院审理的(2019)最高法民终424号股权转让纠纷案,是一则较为典型的适用表见代理的案例。案涉《融资合作、增资扩股、调整出资比例、法人变更协议书》中徐某的签名由其丈夫马某代签,王某、李某甲的签名由王某的丈夫陈某代签,一审判决排除表见代理适用。最高人民法院认为,虽然陈某、马某的代签行为属于无权代理,但还应考察该行为是否构成表见代理。陈某和王某、马某和徐某系夫妻关系,虽然股权具有人身属性,但是夫妻作为特殊社会关系人,其中一方对另一方处置其所有的巨大财产完全不知情,不符合生活常理。李某甲与李某乙是父子,李某乙在明知股权属于李某甲且不知道协议书内容的情况下,未将电子授权内容告知李某甲即转发给陈某,同意陈某替李某甲代签字,亦不符合常理。甲公司曾有相同性质的协议书同样由马某代徐某签字,陈某代王某、李某甲签字,甲公司根据该协议书发布债权债务公告,甲公司股东对于股权转让应当知情和了解。徐某代表甲公司接收乙公司两笔300万元款项,注明是订金和首付款,可以认定是徐某等履行涉案协议书的行为。陈某拥有甲公司公章,表明其亦可代表公司对外洽谈,而涉案协议始终是李某乙与陈某商谈。在双方协商谈判长达半年的时间里,甲公司股东从未对陈某出面商谈和前后两份协议书的代签字行为提出过异议。2017年5月27日甲公司向乙公司发送《解除合同通知书》,并未涉及陈某、马某的代签行为,说明甲公司及其股东当时对代签行为是认可的。乙公司等有理由相信陈某有代理权,构成表见代理。

二、表见代理举证证明责任

举证证明责任的把握是实务中的难点问题。首先应当由被代理人证明无权代理。在被代理人尽到举证证明责任后,再由相对人举证证明代理行为存在客观表象形式要素,且其"有理由相信行为人有代理权",即善意无过失。表见代理中相对人是否善意无过失,是对相对人订立协议时主观形态的判断,在相对人已尽谨慎注意义务后,其是否知道或应当知道代理人欠缺代理权,并不影响其订立协议时主观上善意且无过失的认定。安徽建工集团有限公司(以下简称安徽建工集团)与沙某、吴某借款合同纠纷案(2013)民申字第743号,最高人民法院认为:主观上沙某是善意且无过失。沙某已尽了谨慎注意义务。吴某作为安徽建工集团在沛县公安局信息中心工程的实际施工人或施工负责人,以工程资金不足为由,向沙某借款,虽然在签订借款协议、出具借据时并未加盖项目部的印章,但吴某并不是以个人名义,吴某在借据上声明"用于工程建设"及沛县公安局出具的《承诺》,足以使沙某相信吴某的借款行为是用于工程建设。至于吴某对借款取得后的实际用途,不应作为衡量吴某向沙某借款时表见代理是否成立的标准。

在判断合同相对人主观上是否属于善意且无过失时,应当结合合同缔结与履行过程中的各种因素综合判断合同相对人是否尽到合理注意义务，还要考虑合同的缔结时间、以谁的名义签字、是否盖有相关印章及印章真伪、标的物的交付方式与地点、购买的材料、租赁的器材、所借款项的用途、建筑单位是否知道项目经理的行为、是否参与合同履行等各种因素，作出综合分析判断。

第九章　民事责任

专题一　民事责任的一般规则

一、民事责任概述

民事责任，是指民事主体违反民事法律义务所应当承担的不利法律后果。可见，民事责任的承担要以民事义务的违反为前提，违反民事法律义务的这种“不利法律后果”，既包括原应履行的义务的继续履行，也包括追加一个新的法律义务。比如，买卖合同一方当事人违约，其对方当事人应承担的民事责任既包括继续履行合同，还包括对受害人因其违约行为所遭受的损失进行赔偿。《民法典》第176条规定：“民事主体依照法律规定或者按照当事人约定，履行民事义务，承担民事责任。”这一规定对于民事主体依照法律规定和当事人约定承担民事责任作了原则性规定。

作为法律责任的一种，民事责任本身具有强制性、制裁性的共同特征，但其又与其他类型的责任有着本质不同。这主要体现在：其一，民事责任作为一种具有强制性的法律责任，这种强制性较其他责任形式相对柔化。一方面，民事责任范畴的事项在一定程度上允许当事人处分，即可以体现当事人的意思自治，比如，有些赔偿责任，受到损害的当事人可以放弃。另一方面，约定的民事责任，比如，违约金的承担，允许国家公权力予以调整。而且民事责任的承担只有在违反民事义务者不承担民事责任的情形下，才按照不告不理的原则，在受到损害的一方当事人主张的情况下，由国家机关借助公权力强制义务违反者承担。其二，在民事责任中财产性责任占据重要地位，而补偿性又是财产性责任的主要形式。对财产损害的救济，最有效的救济方式就是使违反义务者就此承担民事赔偿责任。对于民事法律关系中的人身关系，基于人身不得强制的基本法理，对非财产上的损害，也可以物质抚慰的方式，如精神损害赔偿的方式，进行救济。民事责任的补偿性集中体现了民事损害纠纷的填平原则，即民事主体不能因其他民事主体的违法行为而获得超出自己损害范围的利益。民事责任的补偿性突出地体现在民事赔偿责任上。民事责任的宗旨是恢复被侵害的权利，而并非惩罚不法行为人。同时，民事责任的补偿性也体现在返还财产、恢复原状、重作、修理、更换等其他民事财产责任方式以及消除影响、恢复名誉、赔礼道歉等人身责任之上。[①] 在审判实务中，在法律没有特别规定的情况下，要坚决贯彻民事责任补偿性的基本原理，这也是平等的民法精神的基本体现。这里的法律特别规定，是指惩罚性赔偿制度，比如，《民法典》第1185条关于故意侵害知识产权的惩罚性赔偿、《消费者权益保护法》第55条规定的产品欺诈和服务欺诈的惩罚性损害赔偿金

---

① 顾昂然等编著：《中华人民共和国民法通则讲座》，中国法制出版社2000年版，第216页。

制度等,都要以法律有明文规定作为适用前提。

二、按份责任和连带责任

对于数人承担责任的情形,基于责任人之间承担外部责任的多少及责任人之间内部份额的不同,民事责任可以分为按份责任与连带责任,这是民事责任中最基本的分类形式之一。按份责任与连带责任的承担不仅在侵权责任中大量存在,在违约责任以及其他法律行为中义务的违反都可能存在连带责任或者按份责任的承担。

(一)按份责任

《民法通则》并未规定按份责任,仅是在"债权"一节中规定了按份债权和按份债务,其第86条规定:"债权人为二人以上的,按照确定的份额分享权利。债务人为二人以上的,按照确定的份额分担义务。"《民法典》第177条规定:"二人以上依法承担按份责任,能够确定责任大小的,各自承担相应的责任;难以确定责任大小的,平均承担责任。"据此,按份责任是指数个责任主体按照法律规定或者当事人约定,按照不同的份额对同一责任承担的民事责任。按份责任分为两种类型:一是约定的按份债务不履行发生的按份责任;二是依照法律规定发生的按份责任,如无意思联络的共同侵权行为导致的数个侵权人承担的按份责任。

对于法定按份责任的分别侵权行为的构成应当符合的条件有:其一,二人以上分别实施侵权行为。即两个以上的侵权人没有意思联络独立实施的侵权行为,并各自满足独立的侵权责任构成。其二,须造成同一损害后果。若数个侵权行为造成了不同的损害后果,这时完全构成两个独立的侵权责任法律关系,应该是各自独立承担各自责任的数个单独侵权行为的形态。对于约定按份责任的构成,核心在于当事人的义务份额可以依据当事人的具体约定产生,原则上讲,当事人不能通过约定的方式对民事责任承担的份额作出约定。但是可以对承担义务的份额作出约定,而义务的违反即产生法律责任,此时的责任为按份责任。需要注意的是,一方面,当事人对于按份义务的约定不能违背法律强制性规定,比如,当事人事先不能将共同侵权须承担的连带责任约定为按份责任;另一方面,对于多数人责任承担的方式,在法律没有规定为连带责任的情形下,通常为按份责任。①

关于按份责任承担的法律后果。《民法典》第177条规定明确了"能够确定责任大小的,各自承担相应的责任;难以确定责任大小的,平均承担责任"。据此,按份责任承担的法律后果可以分为两种具体情形:

一是能够确定责任大小的情形。在此以分别侵权行为为例,虽然数个侵权行为结合造成了同一损害,但是在大部分案件中,可以根据各个侵权行为造成损害后果的可能性(盖然性)来确定责任份额。判断这种可能性,可以综合各行为人的过错程度、各侵权行为与损害后果因果关系的紧密程度、公平原则以及政策考量等因素。有的学者将这种可能性称为"原因力",指在构成损害结果的共同原因中,每一个原因对于损害结果发生或扩大所发挥的作用力。法律不可能脱离具体案件,事先抽象出各种确定责任份额的标准,只能由法官在具体案件中综合考虑各种因素来确定。

二是难以确定责任大小的情形。责任分配的尺度很难有一个可以数量化的标准,在某些情形

---

① 依据《侵权责任法》的有关规定,还存在法定的不真正连带责任、补充责任的情形。

下，由于案情复杂，很难分清每个侵权行为对损害后果的作用力究竟有多大。我们可以借鉴其他国家和地区在确定各个连带责任人内部份额时的做法，如《俄罗斯民法典》第1081条第2款中规定，当过错程度不能确定时，份额应均等；《意大利民法典》第2055条第3款规定，在有疑问的情况下，推定所有人的责任相同。本条也作出了类似规定，难以确定责任大小的，各个行为人平均承担赔偿责任。①

（二）连带责任

我国《民法通则》并未规定连带责任，仅是在"债权"一节中规定了连带债权和连带债务，其第87条规定："债权人或者债务人一方人数为二人以上的，依照法律的规定或者当事人的约定，享有连带权利的每个债权人，都有权要求债务人履行义务；负有连带义务的每个债务人，都负有清偿全部债务的义务，履行了义务的人，有权要求其他负有连带义务的人偿付他应当承担的份额。"对于数人承担责任的情形，连带责任是民事责任承担的重要类型。《民法典》第178条规定："二人以上依法承担连带责任的，权利人有权请求部分或者全部连带责任人承担责任。连带责任人的责任份额根据各自责任大小确定；难以确定责任大小的，平均承担责任。实际承担责任超过自己责任份额的连带责任人，有权向其他连带责任人追偿。连带责任，由法律规定或者当事人约定。"据此，连带责任是指依照法律的直接规定或者当事人的约定，两个以上的责任主体向权利人连带承担全部赔偿责任，权利人有权要求连带责任人中的一人或数人承担全部责任，而一人或数人在承担全部赔偿责任后，将免除其他责任人对权利人的赔偿责任的民事责任形态。

连带责任的特征主要表现为：（1）连带责任对于侵权人来说是一种比较严重的责任方式。连带责任对外是一个整体的责任。连带责任中的每个人都需要对被侵权人承担全部责任。被请求承担全部责任的连带责任人，不得以自己的过错程度等为由只承担自己的责任。（2）连带责任对于被侵权人保护得更为充分。连带责任给了被侵权人更多的选择权，被侵权人可以请求一个或者数个连带责任人承担全部或者部分的赔偿责任。（3）连带责任是法定责任，连带责任人不能约定改变责任的性质，对于内部责任份额的约定对外不发生效力。②

连带责任分为两种：一是依照约定产生的连带责任，这主要是违反连带债务发生的连带责任，如违反连带债务的违约责任，但也不妨碍当事人之间直接约定连带承担民事责任。二是依照法律的直接规定发生的连带责任。比如，依照《民法典》侵权责任编的规定，以下情形侵权人承担连带责任：（1）共同侵权人的连带责任。《民法典》侵权责任编第1168条规定，二人以上共同实施侵权行为，造成他人损害的，应当承担连带责任。（2）教唆人、帮助人与侵权行为人的连带责任。《民法典》侵权责任编第1169条第1款规定，教唆、帮助他人实施侵权行为的，应当与行为人承担连带责任。（3）实施共同危险行为的侵权人的连带责任。《民法典》侵权责任编第1170条规定，二人以上实施危及他人人身、财产安全的行为，其中一人或者数人的行为造成他人损害，能够确定具体侵权人的，由侵权人承担责任；不能确定具体侵权人的，行为人承担连带责任。（4）分别实施侵权行为但单个侵权行为都足以造成全部损害的侵权行为人的连带责任。《民法典》第1171条规定，二人以上

① 王胜明主编：《中华人民共和国侵权责任法释义》，法律出版社2010年版，第70页。
② 王胜明主编：《〈中华人民共和国侵权责任法〉条文解释与立法背景》，人民法院出版社2010年版，第60页。

分别实施侵权行为造成同一损害，每个人的侵权行为都足以造成全部损害的，行为人承担连带责任。(5)网络服务提供者与网络用户的连带责任。《民法典》第1197条规定，网络服务提供者知道或者应当知道网络用户利用其网络服务侵害他人民事权益，未采取必要措施的，与该网络用户承担连带责任。(6)高度危险物品的所有人与管理人、非法占有人的连带责任。《民法典》第1241条规定，遗失、抛弃高度危险物造成他人损害的，由所有人承担侵权责任。所有人将高度危险物交由他人管理的，由管理人承担侵权责任；所有人有过错的，与管理人承担连带责任。第1242条规定，非法占有高度危险物造成他人损害的，由非法占有人承担侵权责任。所有人、管理人不能证明对防止非法占有尽到高度注意义务的，与非法占有人承担连带责任。(7)建设单位与施工单位的连带责任。《民法典》第1252条规定，建筑物、构筑物或者其他设施倒塌、塌陷造成他人损害的，由建设单位与施工单位承担连带责任，但是建设单位与施工单位能够证明不存在质量缺陷的除外。

关于连带责任的内部责任承担问题。连带责任人对外承担了赔偿责任后，需要在内部确定各自的责任，这也是对外承担了连带责任的责任主体行使追偿权的依据。连带责任内部份额的大小一般依据以下原则来确定：

一是对于约定内部份额的连带责任，有约定的按照约定处理，比如，对连带债务的约定，没有约定内部份额的则原则上平均承担责任。

二是法定连带责任的内部份额的确定。则要比较过错和原因力来确定。如果根据过错和原因力难以确定连带责任人责任大小的，可以视为各连带责任人的过错程度和原因力大小是相当的，在这种情况下应当在数个连带责任人之间平均分配责任份额。在此需要注意的是，这是在通过比较完过错、原因力后仍难以确定赔偿数额的情形。这一责任份额的确定也为追偿权的行使提供了依据。承担赔偿责任的连带责任人在对外以侵权人的身份承担赔偿责任后，即取得对内以债权人的身份请求其他连带责任人承担各自应当承担份额责任的追偿权。

在此需要注意的是，通常而言，对于承担连带责任的情形，权利人可以将全部连带责任人作为共同被告起诉；在仅起诉部分连带责任人时，被告也可以申请追加其他连带责任人作为共同被告参加诉讼，人民法院根据案件审理需要，也可以追加其他连带责任人为共同被告。对于承担按份责任的数个责任人之间是否属于必要共同诉讼的问题，理论和实务中存有争议。本书认为，对于按份责任是否构成必要共同诉讼，不能仅从数个责任人在实体上承担的责任具有相对独立性来判断，而仍应回归程序法上关于必要共同诉讼的要求来认定，如果属于诉讼标的同一，当事人具有共同权利义务的情形，则也应属于必要共同诉讼。此外，如果原告方的诉讼请求并未针对未被诉的按份责任人，基于查明案件事实需要，比如，在法定按份责任情形下，为查明各自责任份额的大小，可以追加该未被诉的按份责任人为第三人参加诉讼。

专题二 免 责 事 由

一、免责事由概述

所谓免责事由,是指被告针对原告的诉讼请求而提出的,证明原告的诉讼请求不成立或不完全成立的事实。在侵权法中,免责事由是针对承担民事责任的请求而提出的,所以,又称免责或减轻责任的事由,也称抗辩事由。[①] 免责事由与侵权责任构成关系密切,从某种意义上讲,在侵权责任构成的整体框架下,探讨侵权责任的免责事由更有道理。罗马法有“不幸事件只能由被击中者承担”的法谚,美国著名法学家霍姆斯认为:“良好的政策应该让损失停留在其发生之处,除非有特别干预的理由存在。”[②]本书认为,这一特别干预的理由,正是基于法律的价值判断及利益衡量的政策考虑得出的侵权责任的具体构成要件。具备完整的侵权责任构成要件则损害由“被击中者”转移至侵害人(此时不再称为“侵害嫌疑人”);不具备则损害“停留在其发生之处”,即侵害嫌疑人免责。[③] 而基于侵权责任构成与侵权责任的归责原则的密切关系,免责事由与侵权责任的归责原则也息息相关。适用不同的归责原则,就有不同的责任构成要件,因而也就总是要求与归责原则和责任构成要件相适应的免责事由。[④]

一般而言,免责事由有效成立都必须具备两个条件:其一,对抗性要素。必须是对抗侵权责任构成的具体要件,阻断整个侵权责任构成,使原告诉请的侵权责任不能成立。抗辩事由虽然是对抗对方当事人的侵权诉讼请求,但它具体对抗的是侵权责任构成,破坏对方当事人的请求权的成立,导致对方的侵权诉讼请求在法律上不成立。这就是侵权责任免责事由对抗性的要求。侵权责任纠纷的被告提出的主张如果不具有对抗性,而仅能证明自己具有可以被谅解,但不足以对抗对方当事人请求的情况,不能成为抗辩事由。[⑤] 其二,客观性要素。免责事由必须是客观存在的、已经发生的事实,而不能是主观臆断的情况或者尚未发生的事实。

通常而言,免责事由可以分为一般免责事由和特别免责事由。一般免责事由,是指损害确系被告的行为所致,但其行为是正当的、合法的。这种事由与阻却违法行为相同,如正当防卫、紧急避险、职务授权行为、自助行为等。特别免责事由,是指损害并不是由于被告的行为造成的,而是由一个外在于其行为的原因独立造成的,如意外事件、不可抗力、受害人过错和第三人过错等。这两种免责事由的主要区别在于,基于一般免责事由而致人损害,被告已经实施某种行为,但其行为是正当的、合法的,排除了行为人行为的违法性,因而表明行为人是没有过错的。据此,行为人应予免

---

① 王利明、杨立新编著:《侵权行为法》,法律出版社1996年版,第76页。
② 陈本寒、艾围利:《侵权责任法不可抗力适用规则研究——兼评〈侵权责任法〉第29条》,载《现代法学》2011年第1期。
③ 同上。
④ 杨立新:《侵权法论》,人民法院出版社2013年版,第348页。
⑤ 佟柔主编:《中国民法》,法律出版社1995年版,第571页。

责。在特别免责事由存在的情况下,被告根本没有实施某种致人损害的行为,或者外来原因作用于行为人,使行为人不可避免的造成了损害,由此行为人不应当承担侵权责任。各种一般免责事由和特别免责事由能否运用于具体案件,则应当根据具体案件和法律的具体规定来确定,不能一概而论。[①]

二、不可抗力

不可抗力是各国通例上最为典型的免责事由。所谓不可抗力,是指独立于人的行为之外,并且不受当事人的意志所支配的不可预见、不可避免又不可抗拒的客观情况。从分类上讲,既有自然原因的不可抗力,如地震、台风、海啸等,也有社会原因的不可抗力,如战争、动乱等。通常而言,不可抗力是各国立法通行的免责事由。不可抗力作为免责事由的根据是,让人们承担与其行为无关而又无法控制的事故的后果,不仅对责任的承担者来说是不公平的,也不能起到教育和约束人们行为的积极后果。依据这样的价值观念,将不可抗力作为免责事由,必须是构成损害结果发生的原因。只有在损害完全是由不可抗力引起的情况下,才表明被告的行为与损害结果之间毫无因果关系,同时表明被告没有过错,因此应被免除责任。[②] 以侵权责任为例,从侵权责任构成上,特别是就过错责任而言,不可抗力通常不仅阻却了因果关系这一要件,也否定了行为人的过错要件,故行为人对相应的损害后果不承担责任。同样,不可抗力也是违约责任的免责事由。此前,《民法典》第590条规定:"当事人一方因不可抗力不能履行合同的,根据不可抗力的影响,部分或者全部免除责任,但是法律另有规定的除外。因不可抗力不能履行合同的,应当及时通知对方,以减轻可能给对方造成的损失,并应当在合理期限内提供证明。当事人迟延履行后发生不可抗力的,不免除其违约责任。"应当说,不可抗力作为民事责任的一般免责事由并在总则编中予以规定既符合实践需要,也符合民法典编纂关于民事责任部分规定的体系要求。因此,《民法典》第180条规定:"因不可抗力不能履行民事义务的,不承担民事责任。法律另有规定的,依照其规定。不可抗力是不能预见、不能避免且不能克服的客观情况。"

对于这一规定的理解,需要注意关于"不可预见"的界定问题。人们对某种事件发生的预知能力取决于当代的科学技术水平。某些事件的发生,在过去不可预见,但随着科学技术水平的发展,现在就可预见。例如,现在对天气预报的准确率达到90%以上,人们对狂风暴雨的规避能力已大大提高。另外,人们对某事件发生的预知能力因人而异,有些人能预见到,也有些人预见不到。所以应当以一般人的预知能力作为标准。"不可避免并不能克服",应是指当事人已经尽最大努力和采取一切可以采取的措施,仍不能避免某种事件的发生或克服事件所造成的损害结果。"不可避免并不能克服"表明某种事件的发生和事件所造成的损害后果具有必然性。[③]

三、正当防卫

所谓正当防卫,是指行为人为了保护社会公共利益、自身或者他人的合法权益免受正在进行的

---

① 杨立新:《侵权法论》,人民法院出版社2013年版,第349页。

② 同上书,第350页。

③ 王胜明主编:《中华人民共和国侵权责任法释义》,法律出版社2010年版,第147页。

紧迫侵害,针对这一非法侵害采取必要措施,在必要限度内采取的防卫措施。由于正当防卫本身具有正当性,是一种合法行为,因此在符合正当防卫构成要件的前提下,对此造成的损害,防卫人不承担赔偿责任。对此,《民法典》第181条规定:“因正当防卫造成损害的,不承担民事责任。正当防卫超过必要的限度,造成不应有的损害的,正当防卫人应当承担适当的民事责任。”

该条对于正当防卫的条件并没有规定。但在长期的民事审判实务中已经形成较为成熟的认定标准。通常而言,构成正当防卫必须满足的条件有:(1)必须有侵害事实。侵害的事实在先,防卫行为在后;侵害是防卫的前提,防卫是侵害导致的结果。没有侵害事实,就不得进行防卫。对侵害事实的要求是须为现实的侵害,特点是已经着手,正在进行,尚未结束。对想象中的侵害、未发生的侵害、实施终了的侵害,都不能实施防卫行为。[①] (2)不法侵害须正在进行且具有现实紧迫性。不法侵害必须是正在进行的,而不是尚未开始,或者已实施完毕,否则就是防卫不适时,应当承担民事责任。而且实施正当防卫本身毕竟要对他人合法权益造成侵害,因此这一侵权行为必须具有现实紧迫性,即如果不及时实施防卫行为就会造成重大损失。如果可以通过其他方式如公力救济进行救济也不会造成无法弥补的损失的,不宜采用正当防卫。(3)须以合法防卫为目的。即将防卫公共的、他人的或本人的权益免受侵害作为防卫的目的,这里并不限于本人遭受侵害。以防卫为借口而施以报复的行为或防卫挑拨的行为都是违法行为,构成侵权行为。(4)防卫须对加害人本人实行。对加害人的防卫反击,根据制止不法侵害的需要,可以是对人身的,也可以是对财产的,但是任何防卫行为都不能对第三人实施。(5)防卫不能超过必要的限度。必要限度的要求即是该防卫行为达到足以有效制止侵害行为的强度,如果超出该必要限度,则就构成防卫过当,应当依照《民法典》第181条第2款承担相应的民事责任。鉴于总则编对于正当防卫的条件并没有作出规定,以后可以在吸收和总结既有审判实践经验的基础上,通过司法解释对此作出规定,以更加有效地指导审判实务。

正当防卫的法律后果是免除防卫人对造成损害的民事责任。但正当防卫超过必要限度的,依《民法典》第181条第2款的规定,在防卫过当的情形下,防卫人不能免责,而是要承担适当责任。正当防卫超过必要限度,造成不应有的损害的,应当承担适当的民事责任。这种适当的民事责任,应当包括以下三层意思:第一,防卫过当不能免除责任。承担适当的责任的含义是承担责任,而不是免责。这是因为民事责任是一种财产责任,赔偿具有补偿和制裁的双重性质,它不像刑罚那样是人身的而且没有补偿性质的责任。第二,对于防卫过当造成的损害,一般应当减轻民事责任。承担适当的责任中的“适当”,要求赔偿既要与防卫过当的损害后果适当,又要与案情适当,而且后者更为重要。因此,不应受全部赔偿原则的限制,而应适当减轻防卫人的责任。这是因为,一是出现防卫的前提是侵害人的不法侵害,没有不法侵害就不会造成这种过当的后果;二是防卫人在防卫过程中,特别是在情况较危急情况下,对反击行为的节制及对后果的预见是受限制的,不应对防卫行为要求过高、过苛。第三,故意加害行为的赔偿责任。防卫人在防卫过程中故意对不法侵害者采取加害行为的,对其超出必要限度的损害应当全部赔偿。这是因为,在这种情况下,防卫人已经明知会

---

① 杨立新:《侵权法论》(第4版),人民法院出版社2011年版,第281页。

超出必要限度而故意为之,是故意的违法行为,应当负担全部责任。[①] 防卫过当的损害赔偿范围,应当是超出防卫限度的那部分损害,即对"不应有"部分的损害予以赔偿。

四、紧急避险

所谓紧急避险,是指为了社会公共利益、自身或者他人的合法利益免受更大的损害,在不得已的情况下采取的造成他人少量损失的紧急措施。紧急避险是一种合法行为,是在两种合法利益不可能同时都得到保护的情况下,不得已而采用牺牲其中较轻的利益,保全较重大的利益的行为。[②] 危险有时来自人的行为,有时来自自然原因。不管危险源于哪儿,紧急避险人避让风险、排除危险的行为都有其正当性、合法性,因此,各国通行做法都是将紧急避险作为免责的情形之一。在这一点上我国与各国的通行做法相同。我国《民法典》第 182 条规定:"因紧急避险造成损害的,由引起险情发生的人承担民事责任。危险由自然原因引起的,紧急避险人不承担民事责任,可以给予适当补偿。紧急避险采取措施不当或者超过必要的限度,造成不应有的损害的,紧急避险人应当承担适当的民事责任。"具体而言,紧急避险行为须满足的构成要件有:

(1)必须是为了使本人、他人的人身、财产权利免受危险的损害。这是对紧急避险的"险"所提的要求。也就是说,紧急避险应是使本人或者他人的人身、财产和其他权利免受正在发生的危险,不得已采取的避险行为。

(2)必须是对正在发生的危险采取的紧急避险行为。如果危险尚未发生或者已经消除,或者虽然已经发生但不会对合法权益造成损害,则不能采取避险措施。某人基于对危险状况的错误认识甚至臆想而采取避险措施,造成他人利益损害的,当然要构成侵权行为,应当承担民事责任。

(3)必须是在不得已情况下采取避险措施。即该避险行为具有现实紧迫性,如果面对突然而遇的危险,不采取紧急避险措施,就会造成更大的损失,这时就要采取紧急避险行为。

(4)不能超过必要限度,这是对避险行为的要求。也就是说,在面临紧急危险时,实施紧急避险行为的人应采取适当的措施,以尽可能小的损害来保全更大的合法利益。概言之,紧急避险行为所引起的损害应轻于该危险所可能带来的损害。

满足上述 4 个要件,即可构成《民法典》第 182 条第 1 款规定的紧急避险。这时实施避险行为的人对因此造成的损害免于承担民事责任。

关于紧急避险的认识,一定要注意其与正当防卫的异同。紧急避险和正当防卫都是阻却违法行为,行为目的都是保护公共利益、公民和本人的合法利益,二者成立的前提条件都是合法权利受到严重危险,两者都造成了一定的损害但都在符合各自构成要件的情况下免于承担民事责任。但紧急避险与正当防卫具有明显的区别,主要包括:(1)紧急避险的危险来源多种多样,正当防卫的危险来源只是不法侵害人的非法侵害;(2)紧急避险造成的损害是排除危险的唯一方法,而正当防卫则不在此限;(3)紧急避险所造成的损害必须小于危险造成的损害,正当防卫则要求相适应即可;(4)正当防卫只能对不法侵害的本人实施,而紧急避险可以对第三者实施。例如,就狗咬伤人而言,

---

① 杨立新:《侵权法论》(第 4 版),人民法院出版社 2011 年版,第 282 页。

② 杨立新:《侵权法论》(第 5 版),人民法院出版社 2013 年版,第 356 页。

如果这只狗是被主人故意放出咬人的,则是行为人的不法侵害,狗构成行为人不法侵害的工具,是行为人的财产,打死狗的防卫反击,行为是指向行为人的,是正当防卫。如果是狗本身的侵袭,打死这只狗构成紧急避险,因为狗是直接的危险来源。①

五、紧急救助

《民法典》第184条规定:"因自愿实施紧急救助行为造成受助人损害的,救助人不承担民事责任。"自愿实施紧急救助行为,是行为人针对紧急情势,及时对遭受困难的受助人予以救助的情形。这里的紧急情势既可能是不法侵害,也可能是受助人突发疾病、个人危难等情况。自愿实施紧急救助行为,从道德上讲是一种彰显优良道德风尚的助人为乐行为,从法律意义上讲,这是一种见义勇为的典型样态。自愿实施紧急救助行为作为免责事由必须满足的条件有:

其一,救助情形的紧急性。也就是说需要救助对象所面临的情况如果不能第一时间予以施救,将会造成难以弥补的损失。该救助行为通常针对受助人可能遭受的人身损害,但也不限于此,挽回紧急情况下的财产损害的施救行为也包括在内。至于救助情形的紧急性,在审判实践中还需要结合具体案件情况予以判断。

其二,救助行为的自愿性。这里的自愿性体现的是其主观上的能动性,从行为样态上其主动施救,至于是否接受他人建议或者指示在所不问,但这要以其对救助者没有法定或者约定的救助义务为前提。

其三,针对该救助行为对受助人而非其他人造成的损害免责。若存在其他人的损害,则要看是否符合紧急避险、无因管理或者侵权责任构成要件等情形予以处理。

依据《民法典》第184条的规定,自愿实施紧急救助行为对于因此造成受助人的损害属于免责事由,而非减责事由。至于受助人是否有故意或者重大过失均不再过问。《民法总则(三审稿)》曾规定"救助人因重大过失造成受助人不应有的重大损害的,承担适当的民事责任"。但最终基于鼓励和倡导见义勇为、助人为乐行为的立法目的,根据出席会议的全国人大代表多数人的建议,删除这一内容。故即使在受助人故意和重大过失情形下,只要符合该条规定的适用条件,实施救助行为者即可免责。

专题三　英雄烈士人格权益保护

一、英雄烈士人格权益保护概述

英雄烈士的事迹和精神是中华民族共同的历史记忆和宝贵的精神财富,是中国共产党领导全

---

① 杨立新:《侵权法论》(第4版),人民法院出版社2011年版,第283~284页。

国各族人民不懈奋斗的伟大历程、可歌可泣的英雄史诗的缩影和代表,是实现中华民族伟大复兴的强大精神动力。英雄烈士抛头颅、洒热血在革命和建设时期都作出了重要贡献,实践中侮辱、诽谤英雄烈士的情形,不仅伤害其遗属的感情,也是对社会公共利益的损害,尤其是对于有些英雄烈士人格利益的保护,仅由其近亲属主张权利进行救济可能因遗属范围有限或者时间久远并不能达到保护英雄烈士人格利益的目的。在全国人大审议《民法总则(草案)》的过程中,有代表提出现实生活中一些人利用歪曲事实,诽谤、侮辱等方式诋毁抹黑英烈的名誉、荣誉等,损害社会公共利益,社会影响恶劣,应当予以规范。立法机关经研究后认为英雄和烈士是一个国家和民族精神的体现,是引领社会风尚的标杆,加强对英烈姓名、名誉、荣誉等的法律保护,对于促进社会尊崇英烈,惩恶扬善,弘扬社会主义核心价值观意义重大。在总结既有审判实践经验、综合各方意见的基础上,《民法典》第185条规定:"侵害英雄烈士等的姓名、肖像、名誉、荣誉,损害社会公共利益的,应当承担民事责任。"

该条规定的对英雄烈士人格利益的保护,在本质上也属于对死者人格利益保护的范畴。只是这属于对特定死者人格利益的保护,即英雄烈士。一种意见认为,无论这种侵害死者人格利益的行为是否损害了社会公共利益,都是对死者人格利益的保护,都是对私益的保护,而不是对公共利益的保护,即使本条文特别强调对英雄烈士的姓名、肖像、名誉、荣誉等进行的保护,是弘扬社会主义核心价值观,是扬善抑恶,但是适用的仍然是民法法理。这一观点较有道理。本书认为,由于公共利益界定的抽象性,侵害英雄烈士的人格利益本身与侵害社会公共利益密切相连,可以说侵害英雄烈士的人格利益本身就可以构成侵害社会公共利益。

二、英雄烈士的界定

英雄是重要的荣誉称号,烈士则有明确的评定标准。依据《烈士褒扬条例》第8条的规定,"公民牺牲符合下列情形之一的,评定为烈士:(一)在依法查处违法犯罪行为、执行国家安全工作任务、执行反恐怖任务和处置突发事件中牺牲的;(二)抢险救灾或者其他为了抢救、保护国家财产、集体财产、公民生命财产牺牲的;(三)在执行外交任务或者国家派遣的对外援助、维持国际和平任务中牺牲的;(四)在执行武器装备科研试验任务中牺牲的;(五)其他牺牲情节特别突出,堪为楷模的。现役军人牺牲,预备役人员、民兵、民工以及其他人员因参战、参加军事演习和军事训练、执行军事勤务牺牲应当评定烈士的,依照《军人抚恤优待条例》的有关规定评定"。《军人抚恤优待条例》第8条规定:"现役军人死亡,符合下列情形之一的,批准为烈士:(一)对敌作战死亡,或者对敌作战负伤在医疗终结前因伤死亡的;(二)因执行任务遭敌人或者犯罪分子杀害,或者被俘、被捕后不屈遭敌人杀害或者被折磨致死的;(三)为抢救和保护国家财产、人民生命财产或者执行反恐怖任务和处置突发事件死亡的;(四)因执行军事演习、战备航行飞行、空降和导弹发射训练、试航试飞任务以及参加武器装备科研实验死亡的;(五)在执行外交任务或者国家派遣的对外援助、维持国际和平任务中牺牲的;(六)其他死难情节特别突出,堪为楷模的。现役军人在执行对敌作战、边海防执勤或者抢险救灾任务中失踪,经法定程序宣告死亡的,按照烈士对待。批准烈士,属于因战死亡的,由军队团级以上单位政治机关批准;属于非因战死亡的,由军队军级以上单位政治机关批准;属于本条第一款第六项规定情形的,由中国人民解放军总政治部批准。"对于符合英雄烈士情形的死者人格利益的侵害，应当依据本条规定承担民事责任。

三、英雄烈士人格权益保护的公益诉讼问题

英烈烈士人格利益的保护涉及民族精神、民族感情问题，归根结底涉及公共利益的保护问题。《民法典》对于英雄烈士人格权益的保护并未明确规定公益诉讼的途径。对此，《英雄烈士保护法》第25条规定："对侵害英雄烈士的姓名、肖像、名誉、荣誉的行为，英雄烈士的近亲属可以依法向人民法院提起诉讼。英雄烈士没有近亲属或者近亲属不提起诉讼的，检察机关依法对侵害英雄烈士的姓名、肖像、名誉、荣誉，损害社会公共利益的行为向人民法院提起诉讼。负责英雄烈士保护工作的部门和其他有关部门在履行职责过程中发现第一款规定的行为，需要检察机关提起诉讼的，应当向检察机关报告。英雄烈士近亲属依照第一款规定提起诉讼的，法律援助机构应当依法提供法律援助服务。"实践中，也出现不少保护英雄烈士人格权益的公益诉讼。这其中非常典型的是董存瑞、黄继光英雄烈士名誉权纠纷公益诉讼案。现简要介绍如下：

（1）基本案情

瞿某某在其经营的网络店铺中出售两款贴画，一款印有"董存瑞舍身炸碉堡"形象及显著文字"连长你骗我！两面都有胶！！"，另一款印有"黄继光舍身堵机枪口"形象及显著文字"为了妹子，哥愿意往火坑跳！"。杭州市某居民在该店购买了上述印有董存瑞、黄继光宣传形象及配文的贴画后，认为案涉网店经营者侵害了董存瑞、黄继光的名誉并伤害了其爱国情感，遂向杭州市西湖区人民检察院举报。

杭州市西湖区人民检察院发布公告通知董存瑞、黄继光近亲属提起民事诉讼。公告期满后，无符合条件的原告起诉，杭州市西湖区检察院遂向杭州互联网法院提起民事公益诉讼。

（2）裁判结果

杭州互联网法院认为，英雄烈士是国家的精神坐标，是民族的不朽脊梁。英雄烈士董存瑞在"解放战争"中舍身炸碉堡，英雄烈士黄继光在"抗美援朝"战争中舍身堵枪眼，用鲜血和生命谱写了惊天动地的壮歌，体现了崇高的革命气节和伟大的爱国精神，是社会主义核心价值观的重要体现。任何人都不得歪曲、丑化、亵渎、否定英雄烈士的事迹和精神。被告瞿某某作为中华人民共和国公民，应当崇尚、铭记、学习、捍卫英雄烈士，不得侮辱、诽谤英雄烈士的名誉。其通过网络平台销售亵渎英雄烈士形象贴画的行为，已对英雄烈士名誉造成贬损，且主观上属明知，构成对董存瑞、黄继光的名誉侵权。同时，被告瞿某某多年从事网店销售活动，应知图片一经发布即可能被不特定人群查看，商品一经上线便可能扩散到全国各地，但其仍然在网络平台发布、销售上述贴画，造成了恶劣的社会影响，损害了社会公共利益，依法应当承担民事法律责任。该院判决瞿某某立即停止侵害英雄烈士董存瑞、黄继光名誉权的行为，即销毁库存、不得再继续销售案涉贴画，并于判决生效之日起10日内在国家级媒体公开赔礼道歉、消除影响。

（3）典型意义

董存瑞、黄继光等英雄烈士的事迹和精神是中华民族共同的历史记忆和宝贵的精神财富。对英烈事迹的亵渎，不仅侵害了英烈本人的名誉权，给英烈亲属造成精神痛苦，也伤害了社会公众的民族和历史感情，损害了社会公共利益。互联网名誉侵权案件具有传播速度快、社会影响大等特

点,该两案系全国首次通过互联网审理涉英烈保护民事公益诉讼案件,明确侵权结果发生地法院对互联网民事公益诉讼案件具有管辖权,有利于高效、精准打击利用互联网侵害英雄烈士权益不法行为,为网络空间注入尊崇英雄、热爱英雄、景仰英雄的法治能量。

专题四　民事责任优先规则

一、民事责任优先规则概述

《民法通则》并没有民事责任优先规则的规定。《侵权责任法》对侵权责任优先原则作了明确规定,其第4条规定:"侵权人因同一行为应当承担行政责任或者刑事责任的,不影响依法承担侵权责任。因同一行为应当承担侵权责任和行政责任、刑事责任,侵权人的财产不足以支付的,先承担侵权责任。"这一规定对于保护受害人利益具有重要作用,该条规定的适用在社会上引起了积极反响,取得了良好的法律效果和社会效果。《民法总则》吸收了这一成功经验,将侵权责任优先原则升格为整个民事责任优先原则在《民法总则》中予以规定,其第187条规定:"民事主体因同一行为应当承担民事责任、行政责任和刑事责任的,承担行政责任或者刑事责任不影响承担民事责任;民事主体的财产不足以支付的,优先用于承担民事责任。"总则编对这一规定予以保留。

责任(或请求权)聚合,是指行为人实施某一民事行为,违反两个或两个以上法律规范,构成并承担两个或两个以上法律责任,或者受害人享有两个或者两个以上的请求权。责任(或请求权)竞合,是指某一违反民事义务的行为,符合多种民事责任的构成要件,从而在法律上导致多种责任形式存在并相互冲突的现象。两者的主要区别在于:竞合产生的数个责任相互冲突,不能相互吸收,也不能相互并存,只能择一适用。如在侵权损害赔偿与不当得利返还责任之间只能择其一适用。一旦行使其中之一请求权而达到其目的,其他请求权则归于消灭;如某一请求权的成立存有障碍或因时效而消灭,其他请求权仍可行使。而聚合产生的数个责任相互间并不冲突,可以并存,甚至可以相互吸收。如在请求返还原物时,还可以请求消除危险或者排除妨害,直至赔偿损失,而且,这些责任形式可以相互替代。可见,在责任聚合的情况下,侵权行为人因一项违法行为而可能承担多项责任形式;或者同一个权利人因为同一损害结果而得到多项救济(请求权聚合)。[①] 民事责任、行政责任和刑事责任虽然是三种性质的不同法律责任,却可能因为同一法律行为而同时产生。一个行为既违反了民法又违反了行政法或者刑法,由此同时产生民事责任、行政责任或者刑事责任,即发生责任聚合。从法理上说,责任聚合的原因是法条竞合。比如,《产品质量法》第四章损害赔偿专章规定了民事赔偿,第五章罚则规定了行政处罚,包括行政罚款。由此,产品致害行为可能既适用第四章的规定需承担民事赔偿责任,又适用第五章的规定承担行政责任,情节严重时还可能违反刑法

---

① 最高人民法院物权法研究小组编著:《〈中华人民共和国物权法〉条文理解与适用》,人民法院出版社2007年版,第152页。

规定而构成犯罪。这种民事与行政、刑事的法条竞合存在于我国现行法中，从而可能导致民事与行政、刑事的责任聚合的情形。

民事责任、行政责任和刑事责任作为三种不同性质的法律责任，各自有其不同的发生根据和特定的适用范围。一般情况下，三者独立存在，并行不悖。侵权责任是民事责任的一种，因此，《侵权责任法》第4条第1款规定，侵权人因同一行为应当承担行政责任或者刑事责任的，不影响依法承担侵权责任。确立民事责任优先原则的理由主要有：一是民事责任优先是实现法的价值的需要。国家和个人承受财产损失的能力差别很大，在不足以同时承担两种以上责任时，不缴纳罚款、罚金及没收财产等行政、刑事责任，不会使国家发生经济上的困难，但如果不履行民事责任却可能使个人陷入极大的困难乃至绝境。民事责任优先可以取得良好的社会效益，也更能体现法律的人道和正义，人道和正义是法的社会功能的体现，也是法所追求的主要价值所在。二是民事责任优先是维护市场经济秩序和交易安全的需要。民事主体在民事活动中依法取得的权利，应具有法律的保障性。如果一方当事人对另一方当事人依法享有债权，但却因其承担财产性的行政、刑事责任后丧失清偿债务的能力而无法实现，必然造成当事人在以后的民事活动中投入一定注意核对该当事人是否存在违法或犯罪行为，否则可能影响自己权利的实现，这样必然影响当事人之间进行交易的信赖和效率，也不符合市场经济秩序和交易安全应具有法律保障性的要求。三是罚款、罚金及没收财产等行政责任、刑事责任体现了国家对行为人的惩罚。民事责任主要是平等主体之间发生的一方依法向另一方承担的责任，目的在于弥补权利人因他人的民事违法行为而给其造成的经济损失，补偿性是民事责任的显著特征。这种补偿性的责任一旦遭到破坏，权利人的权利则难以实现。四是民事责任和行政责任、刑事责任的目的和功能不同。民事责任的主要目的是给受害人以补偿损失、恢复权利；行政责任和刑事责任具有惩罚行为人、维护社会秩序的目的。在责任人的财产不足以承担两种以上的责任时，不承担民事责任，民事责任的目的就无法实现。与民事责任单一的财产性特征相比，行政、刑事责任具有人身性和财产性的双重特征。在三者发生竞合时，即使民事责任优先适用，造成财产性的罚款、罚金及没收财产等行政制裁或刑事制裁难以实施，也并不影响责任人承担人身方面的行政责任、刑事责任。①

二、民事责任优先规则的适用条件

第一，责任主体所承担的民事责任须以合法有效为前提，至于该责任发生的依据是基于法律规定还是当事人约定，则并非必须要求的条件。

第二，责任主体的财产不足以同时承担民事责任、行政责任和刑事责任的要求。这里的财产应当以其责任财产为限，如果责任主体的财产能够满足三种责任的承担，则责任人要同时承担三种责任，只有在财产不能同时满足时，才可以适用民事责任优先原则。

此外，民事责任优先原则应当适用于所有民事责任类型，既包括侵权责任，也包括违约责任，缔约过失责任等也应包括在内。这是《民法典》第187条与《侵权责任法》第4条的关键区别。侵权责任法的民事优先，仅限于民事侵权责任，对其他民事责任，则难以覆盖；同时，侵权责任法的法律

---

① 王胜明主编：《中华人民共和国侵权责任法释义》，法律出版社2010年版，第31～35页。

位阶低于刑事法律，即使致使该法的规定在实践中难以实施。民法典的法律位阶是仅次于宪法的基本法，从法律效力等级的角度来看，《民法典》第 187 条的规定从法律上解决了长期存在的这一刑民冲突问题。

第十章 诉讼时效

专题一 诉讼时效期间制度的适用规则

一、人民法院不得主动适用关于诉讼时效的规定

民事诉讼时效制度,是指民事权利人受到侵害后,在法定时效期限内不行使权利,丧失请求人民法院依照诉讼程序强制义务人履行义务的制度。民事诉讼时效制度包括“时”和“效”两个方面。“时”是法定事实状态的持续和法定时间的经过,主要包括诉讼时效期间的起算、具体期间的长短以及中止、中断和延长等问题。“效”是民事诉讼时效的效力和法律后果,具体表现为:一是导致义务人抗辩权的发生;二是权利人的胜诉权因义务人抗辩权的行使而归于消灭。

我国《民法典》第 193 条规定:“人民法院不得主动适用诉讼时效的规定。”根据该条规定,我国民事诉讼时效制度采用抗辩权发生主义,即诉讼时效期间届满后,义务人仅获得了诉讼时效抗辩权,权利人的胜诉权是否实际归于消灭,取决于义务人是否行使该抗辩权。如果义务人行使了时效抗辩权,权利人就丧失了通过诉讼程序强制义务人履行义务的权利,即丧失了胜诉权。如果义务人没有行使时效抗辩权,人民法院就不能主动适用诉讼时效,此时权利人的胜诉权不因诉讼时效期间届满而自动消灭。我国在诉讼时效的效力上采用抗辩权发生主义,一方面尊重和保障了当事人的意思自治,另一方面也符合民法的诚实信用原则。诉讼时效属于私法领域的法律制度,其在适用中理应遵循意思自治原则,由义务人自由决定是否行使该抗辩权,符合该原则的要求。而且在义务人未行使诉讼时效抗辩权的情况下,人民法院主动适用诉讼时效,实有提醒和帮助义务人逃债的嫌疑,违背诚实信用原则。胜诉权是权利人通过诉讼程序请求人民法院给予保护的权利,即请求人民法院强制义务人履行义务的权利。该权利不同于权利人基于与义务人之间的民事法律关系产生的实体权利。义务人行使抗辩权,权利人的胜诉权消灭,人民法院对权利人的实体权利不再给予法律上的保护。但权利人的实体权利并不因此消灭,而是转化为自然权利。如果义务人不行使抗辩权,则权利人的实体权利仍然是一种完整的权利,人民法院对其仍给予法律上的保护。此外,胜诉权不同于起诉权。诉讼时效期间届满不代表权利人丧失起诉权。在诉讼时效期间届满的情况下,权利人仍有权提起诉讼,在符合立案受理条件的情况下,人民法院对此应予受理,至于对于其诉讼请求是否支持,则依据义务人是否行使抗辩权作出认定。

在审判实践中,人民法院对于诉讼时效的适用应注意以下问题:一是在案件审理的各个阶段,人民法院均不能主动适用诉讼时效。无论是在案件的立案受理阶段,还是案件的实体审理阶段,无论是一审期间,还是二审期间或再审期间,人民法院均不得主动适用诉讼时效。二是在义务人未行

使诉讼时效抗辩权的情况下,人民法院不得就此向义务人行使释明权。《诉讼时效规定》第3条规定:"当事人未提出诉讼时效抗辩,人民法院不应对诉讼时效问题进行释明及主动适用诉讼时效的规定进行裁判。"但在诉讼中,如果义务人已就诉讼时效提出抗辩,只是其意思表示不够充分明确,法官为了诉讼的顺利推进,在不违反当事人意思自治和法院中立立场的情况下,可以采用适当的方式进行一定的释明。三是义务人一审中未提出诉讼时效抗辩,二审中提出或者以此申请再审的,原则上不予支持。《诉讼时效规定》第4条规定:"当事人在一审期间未提出诉讼时效抗辩,在二审期间提出的,人民法院不予支持,但其基于新的证据能够证明对方当事人的请求权已过诉讼时效期间的情形除外。当事人未按照前款规定提出诉讼时效抗辩,以诉讼时效期间届满为由申请再审或者提出再审抗辩的,人民法院不予支持。"根据该条规定,当事人在一审诉讼中未提出诉讼时效抗辩,应视为其已放弃诉讼时效抗辩权,在二审中不应允许其重新行使该项抗辩权,二审法院也不再对时效问题进行审查。但如果在二审期间当事人有新的证据足以证明权利人的请求权已过诉讼时效期间而提出诉讼时效抗辩的,人民法院应予审查。当事人一审、二审期间均未提出诉讼时效抗辩,在判决生效后又以诉讼时效期间届满为由申请再审或者提出再审抗辩的,人民法院不予支持。四是在被告缺席的案件中,人民法院不能对诉讼时效问题进行主动审查。根据《民事诉讼法》的有关规定,被告缺席审理应视为其放弃答辩权。在被告主动放弃答辩权的情况下,人民法院基于诉讼时效抗辩发生主义的原则,对诉讼时效问题应不予审理。

二、不适用诉讼时效的请求权

民事权利根据其作用的不同可以分为支配权、请求权、抗辩权及形成权。诉讼时效的主要功能是促使民事权利人在法定期限内及时向他人行使一定的权利,以维护交易安全。从支配权、请求权、抗辩权以及形成权的作用方式来看,支配权、抗辩权和形成权均不适用诉讼时效的规定,诉讼时效主要适用于请求权。

在实践中,并非所有的请求权均适用诉讼时效。是否适用诉讼时效,应当根据请求权产生的基础权利进行区分认定。根据请求权产生的基础权利不同,请求权可以分为债权请求权、物权请求权、人格权请求权等。债权请求权以财产利益为内容,不具有支配性。物权请求权,是指为维护或者恢复物权的圆满状态而产生的请求权,涉及支配权的完整性。人身权请求权,是指基于人格权和身份关系产生的请求权,该类请求权可以分为两种:一种是不具有财产给付内容的人身权请求权;另一种是具有财产给付内容的人身权请求权。关于不适用诉讼时效制度的请求权的情形。我国《民法典》采用了列举式的立法方式,其中第196条规定:"下列请求权不适用诉讼时效的规定:(一)请求停止侵害、排除妨碍、消除危险;(二)不动产物权和登记的动产物权的权利人请求返还财产;(三)请求支付抚养费、赡养费或者扶养费;(四)依法不适用诉讼时效的其他请求权。"

根据该条规定,不适用诉讼时效制度的请求权主要包括以下四类:

一是请求停止侵害、排除妨碍、消除危险。该类请求权主要是排除所有权人或其他物权人行使物权权能所存在的障碍,恢复物权人对权利客体的支配。根据物权的理论,侵害、妨碍或者造成物权危险状态的行为不会因其存在的持续性而变成合法行为。物权人对物权客体所享有的支配性,也不会因为上述违法行为的存在而丧失。基于此,上述行为无论持续多久,只要仍存在并对物权人对客体的支配造成一定的障碍，物权人均可要求侵害人停止侵害、排除妨碍、消除危险。

二是不动产物权和登记的动产物权的权利人请求返还财产。《民法典》第235条规定："无权占有不动产或者动产的，权利人可以请求返还原物。"该条规定了物权的返还请求权。物分为动产和不动产，故物权也分为动产物权和不动产物权。不动产是指依据其物理性质无法移动或者移动将严重损害其价值的财产。根据不动产的物理性质特点，不动产物权的享有和变动一般以登记作为公示方式。不动产物权的归属一般以登记簿记载的内容为准，除非法律另有规定。对于登记的不动产，如果实际占有人与登记公示的物权人不一致，他人在就该不动产进行交易时，应当对此予以注意，不能因为占有人对不动产的占有而产生其为物权人的合理信赖。如果他人由于未尽到合理的注意义务，而与无权占有人发生了交易，该交易行为不能导致实际物权人丧失对该不动产请求返还的权利。实践中，如果认可不动产物权的返还请求权适用诉讼时效，就会导致不动产物权人在时效完成后无法要求占有人或者他人返还其不动产，这与登记的公示公信效力产生矛盾。因此，对于登记的不动产物权人的返还请求权不应适用诉讼时效。对于未登记的不动产，由于目前我国不少农村地区的房屋尚未办理不动产登记，将不适用诉讼时效的范围扩大至所有不动产物权的返还请求权，可以更好地保护农民的房屋产权。[①] 对于动产物权，如果规定所有动产物权的返还财产请求权也不适用诉讼时效，实践中会存在以下问题：其一，不利于维护交易安全。动产的物权人丧失对动产的实际占有后，长期不请求占有动产的他人返还，这时他人基于对动产的占有所产生的公示效力就会越来越强。第三人基于这种善意的信赖会更容易认为占有动产的他人为物权人，并与之发生交易。如果物权人此时又根据其返还请求权不适用诉讼时效，要求第三人返还动产，不仅有违公平，而且不利于对交易秩序的维护。其二，人民法院在认定物权时存在操作上的困难。实践中，很多动产的价值都不大，且流动性极强，如果规定其物权的返还请求权不适用诉讼时效，权利人在丧失对该动产占有的多年后又提起诉讼主张物权，此时无论是当事人自身举证还是人民法院审理都存在很多困难。因此，综合考虑，动产物权的权利人请求返还财产一般应适用诉讼时效。但是对于船舶、航空器和机动车等"准不动产"，由于其多进行了物权登记，其基于物权登记所产生的公示公信效力应该与不动产是一样的，因此，这种情况下，权利人请求返还财产也不应适用诉讼时效。

三是请求支付抚养费、赡养费或者扶养费。赡养费、抚养费、扶养费请求权主要基于身份关系产生，虽然具有财产给付利益，但由于涉及公序良俗、当事人的生存权等基本人权，故对该请求权不适用诉讼时效。

四是依法不适用诉讼时效的其他请求权。《诉讼时效规定》第1条规定："当事人可以对债权请求权提出诉讼时效抗辩，但对下列债权请求权提出诉讼时效抗辩的，人民法院不予支持：(一)支付存款本金及利息请求权；(二)兑付国债、金融债券以及向不特定对象发行的企业债券本息请求权；(三)基于投资关系产生的缴付出资请求权；(四)其他依法不适用诉讼时效规定的债权请求权。"最高人民法院《关于适用〈中华人民共和国公司法〉若干问题的规定(三)》第19条第1款规定："公司股东未履行或者未全面履行出资义务或者抽逃出资，公司或者其他股东请求其向公司全面履行出资义务或者返还出资，被告股东以诉讼时效为由进行抗辩的，人民法院不予支持。"根据上

---

① 李适时主编：《中华人民共和国民法总则释义》，法律出版社2017年版，第624页。

述规定,特定类型的债权请求权以及履行出资义务请求权不适用诉讼时效。实践中,请求确认物权的请求权属于物权请求权范畴,不适用诉讼时效。请求办理房屋产权过户手续的请求权,具有物权属性,不适用诉讼时效的规定。土地使用权为物权性质的权利,其被侵犯产生的请求权不适用诉讼时效的规定。

专题二　诉讼时效期间起算规则的特殊规则

一、分期履行债务诉讼时效期间的起算规则

同一债务分期履行,是指一笔债务发生后,当事人约定分数次履行该债务,债务的内容和范围在债务发生时即已确定,不因分期数次履行而发生变化。同一债务分期履行的,债权人对债务人的债权具有同一性、整体性,因债务人未履行债务或者未完全履行债务所产生的请求权的诉讼时效期间应从最后一期履行期限届满之日计算。这里的诉讼时效期间起算点,既包括请求给付其中一笔或者几笔分期债务的诉讼时效期间起算点,也包括请求给付全部债务的诉讼时效期间起算点。当事人在同一合同项下约定的分期履行之债,既有可能是同一债务,也可能是不同债务。

实践中,人民法院在认定分期履行债务的诉讼时效期间起算点时,应注意区分当事人约定分期履行的债务是否属于同一债务。当事人约定分期履行的债务在合同签订之时就已经确定,双方约定分期、分批次履行只影响该债务的履行方式和履行期间,不会影响该债务的内容和范围,则该债务属于同一债务。此时,如果因债务人未履行其中一笔或者几笔,债权人请求给付的,该请求权应自最后一期履行期限届满之日计算诉讼时效。如果当事人在同一合同项下约定分期履行的债务不是同一债务,债权人请求债务人给付其中一笔或其中几笔的,人民法院不能将该请求权的诉讼时效期间简单认定为自最后一笔履行期限届满之日起算。

实践中,分期履行之债的具体表现形式主要包括以下几种:一是合同签订时即已明确约定总的债务履行期限和数额以及分期履行的数额和期限。这是实践中比较常见的同一债务分期履行的具体表现形式,比较典型的有分期买卖合同中约定分期付款、分期交货,借款合同中约定分期还贷等。权利人请求履行该类债务的,诉讼时效期间应自最后一笔债务履行期间届满之日起算。二是定期给付之债。实践中,该类债务比较典型的主要有租金、工资、水电煤气费、利息等定期给付合同。定期给付之债产生于合同履行过程中,导致其产生的合同在履行过程中具有双务性。该类债务与同一债务分期履行最根本的区别在于该类债务的各期债务在各自履行期限届满后均为独立债务,各债务的诉讼时效期间应自各履行期限届满之日计算。而分期履行的同一债务的各债务不属于独立债务,其诉讼时效期间均应自最后一期债务履行期间届满之日计算。三是合同签订时双方只约定了总的履行期限、债务总额,且一方已履行了付款义务,而对另一方分期履行债务的期限和数额未作明确约定。在这种情况下,双方虽未明确约定分期履行债务的期限和数额,但由于债务在合同签

订时即已产生,故其仍属于同一债务的分期履行。另一方因未履行或未完全履行相应债务所产生的请求权的诉讼时效期间仍应自合同约定的最后履行期限届满之日计算。

二、无民事行为能力人或限制民事行为能力人对其法定代理人的请求权的诉讼时效期间的起算规则

自然人这一民事主体,《民法典》根据自然人辨识能力的不同,将其区分为三类:一是无民事行为能力人;二是限制民事行为能力人;三是完全民事行为能力人。前两类并称为非完全民事行为能力人。对于非完全民事行为能力人如何从事民事活动,《民法典》规定了法定代理人制度。根据《民法典》第 19 条至第 23 条的规定,在代理关系存续期间,非完全民事行为能力人须由法定代理人代为实施法律行为及行使权利。此时,非完全民事行为能力人如对代理人行使请求权就会存在以下障碍:一是缺乏向其法定代理人主张权利的行为能力基础。非完全民事行为能力人在代理关系存续期间不具备完全的民事行为能力,无法独立行使起诉的权利。二是由于非完全民事行为能力人在代理关系存续期间的权利须由代理人代为行使,据此可能会出现法定代理人基于代理关系向自己主张权利的情形。三是被代理人在代理关系存续期间向代理人主张权利,会破坏双方之间的感情关系,影响代理职责的履行。诉讼时效制度的目的在于通过督促权利人及时行使权利,更好地维护社会秩序,促进社会经济发展,稳定交易安全。对于权利人不及时主张权利的问题,如果是基于自身主观原因,法律上通过起算诉讼时效,一定程度上可以促使当事人及时主张权利,实现诉讼时效制度设立的目的。但如果权利人不行使权利是基于客观原因,即使法律上对其请求权起算诉讼时效,也无法促使权利人主张权利,因为客观障碍仍存在。该类障碍的具体表现之一就是法定代理关系的存在。因此,在当事人行使请求权存在客观障碍的情况下,人民法院持续计算诉讼时效,不仅对当事人不公平,而且不能实现诉讼时效设立的目的。基于此,为保障非完全民事行为能力人的合法权益,避免非完全民事行为能力人因代理关系的存在无法向其法定代理人主张请求权,《民法典》对无民事行为能力人、限制民事行为能人对其法定代理人的请求权的诉讼时效期间设置了特殊的起算点,即自法定代理终止之日起计算。关于法定代理终止的特定事由,《民法典》第 175 条规定:"有下列情形之一的,法定代理终止:(一)被代理人取得或者恢复完全民事行为能力;(二)代理人丧失民事行为能力;(三)代理人或者被代理人死亡;(四)法律规定的其他情形。"实践中,人民法院在适用无民事行为能力人或限制民事行为能力人对其法定代理人的请求权的诉讼时效期间起算规则的特殊规定时,可以根据该条规定认定法定代理终止的时间。

实践中,人民法院在认定非完全民事行为能力人对其法定代理人的请求权的诉讼时效起算点时,还应注意以下问题:一是注意区分请求权的性质。此处的请求权仅指根据其权利性质可以适用诉讼时效的请求权,根据其权利性质不适用诉讼时效的请求权,也不适用《民法典》关于非完全民事行为能力人对其代理人的请求权的诉讼时效期间起算规则的特殊规定。二是视为完全民事行为能力人对其法定代理人的请求权的诉讼时效期间的起算。《民法典》第 18 条第 2 款规定:"十六周岁以上的未成年人,以自己的劳动收入为主要生活来源的,视为完全民事行为能力人。"根据该条规定,16 岁以上的未成年人被视为完全民事行为能力人后,具有与完全民事行为能力人一样的民事行为能力,其与监护人之间的法定代理人关系应因其已取得民事行为能力而终止。因此,16 岁以

上的未成年人对原法定代理人的请求权可以自其被视为完全民事行为能力人之日起算,但遭受性侵害的损害赔偿请求权除外。

三、未成年人遭受性侵害的损害赔偿请求权诉讼时效期间的起算规则

《民法通则》规定因身体受到伤害要求赔偿的,诉讼时效期间从知道或者应当知道权利被侵害时起算。该规定施行后,实践中出现了一些地方发生的未成年人遭受性侵害案件,由于事情发生的时间比较久远、未成年人的认识水平和自理能力不足等原因,大多数遭受性侵害的未成年人难以在遭受侵害时及时主张权利寻求救济,而当其成年之后,知道自己遭受了不法的性侵害,需要请求损害赔偿时,按照《民法通则》的规定,又已经超过了法定的诉讼时效期间,导致被害人的权利难以得到法律保护。鉴于此,《民法典》增加规定了未成年人遭受性侵害的损害赔偿请求权的诉讼时效期间起算规则的特殊规定,即该请求权自受害人年满 18 周岁之日起计算。该规定不仅及时回应了社会公众对未成年人遭受性侵害无法获取法律救济的深厚关切,也给予了未成年人性权益最大限度的突出法律保护,有效解决了社会上遭受性侵害的未成年人因心智不成熟、害怕或羞于告知其法定代理人,没有及时行使权利导致超过诉讼时效而无法获取法律救济的问题。为此,《民法典》第 191 条规定:"未成年人遭受性侵害的损害赔偿请求权的诉讼时效期间,自受害人年满十八周岁之日起计算。"根据该条规定,如果以 18 周岁作为起算点,未成年人遭受性侵害的,就普通诉讼时效期间 3 年而言,其损害请求权的诉讼时效至少可以算至 21 周岁。如果诉讼时效持续期间还发生了中止、中断的情形,或是在特定情况下有延长的情形,其损害赔偿请求权的诉讼时效还可以算至 21 周岁以后。

实践中,人民法院在认定未成年人性侵害损害赔偿请求权的诉讼时效期间时,应注意以下几方面的问题:一是关于 16 周岁以上,以自己的劳动收入为主要生活来源的未成年人,遭受性侵害的损害赔偿请求权是否应从其年满 18 周岁之日起算的问题。虽然《民法典》第 18 条第 2 款规定,16 周岁以上,以自己的劳动收入为主要生活来源的未成年人可视为完全民事行为能力人,但该条主要是从民事行为能力的角度作出的规定。对于未成年人,《民法典》第 17 条明确规定,18 周岁以上的自然人为成年人。不满 18 周岁的自然人为未成年人。即《民法典》对成年人与未成年人的区分严格采取年龄标准。因此,16 周岁以上可视为完全民事行为能力的未成年人,仍属于《民法典》规定的未成年人的法律范畴,其遭受性侵害的损害赔偿请求权的诉讼时效期间应自受害人年满 18 周岁之日起计算。二是关于未成年人在教育机构遭受性侵害的责任承担及举证责任的分配的问题。未成年人遭受性侵害的赔偿义务主体主要包括侵权行为人以及因他人的侵权行为依法应当承担民事责任的自然人、法人或者其他组织。未成年人遭受性侵害的,有权要求侵权行为人承担损害赔偿责任。如果未成年人在幼儿园、学校或者其他教育机构学习、生活期间受到性侵害,幼儿园、学校或者其他教育机构未尽到教育、管理职责的,应当承担相应的民事赔偿责任。对于幼儿园、学校或者其他教育机构是否尽到教育、管理职责举证责任的分配,根据未成年人民事行为能力的不同而有所区分。如果受侵害的未成年人是无民事行为能力人,推定教育机构具有过错,教育机构主张其已经尽到教育、管理职责的,应承担举证证明责任。如果受侵害的未成年人是限制民事行为能力人,其主张教育机构承担侵权责任的,应当举证证明该教育机构未尽到教育、管理职责。三是关于未成年人

遭受性侵害时,其提出的请求权中适用诉讼时效的类型。实践中,人民法院在审理未成年人遭受性侵害的案件时,还应根据当事人诉讼请求内容的不同,区分认定哪些请求权适用诉讼时效,哪些请求权不适用诉讼时效。性权利属于人格权,对于当事人基于性权利这一人格权提出的停止侵害、消除危险、恢复名誉、赔礼道歉、消除影响等不具有财产利益的请求权,不适用诉讼时效。对于旨在弥补损失的具有财产利益的损害赔偿请求权,适用诉讼时效,也只有这类请求权,才会涉及特殊起算规则的适用。

专题三　诉讼时效利益的处分

一、诉讼时效的法定性

时效制度,是从维护社会公共利益出发而由国家作出的强制性规定,具有法定性。诉讼时效的法定性主要表现以下方面:

1. 当事人不得约定延长或者缩短诉讼时效期间。《民法典》第188条第1款规定:"向人民法院请求保护民事权利的诉讼时效期间为三年。法律另有规定的,依照其规定。"第197条第1款规定,诉讼时效的期间由法律规定,当事人约定无效。《诉讼时效规定》第2条规定:"当事人违反法律规定,约定延长或者缩短诉讼时效期间、预先放弃诉讼时效利益的,人民法院不予认可。"延长或者缩短诉讼时效期间,是指当事人通过协议的方式变更法定诉讼时效期间的长短。实践中,应注意将变更诉讼时效期间与变更履行期限予以区分。当事人变更履行期间虽然表面上引起了诉讼时效期间的变更,但其实际上只是改变了诉讼时效期间的起算日和届满日,并未改变诉讼时效期间的长短。变更履行期间引起诉讼时效期间起算日的变更,不违反法律规定。因此,当事人变更履行期限不属于法定所禁止的当事人对诉讼时效期间的变更,应为有效。比如,当事人约定合同的履行期限为2017年12月5日,法律规定的普通诉讼时效期间是3年,按照规定诉讼时效期间届满日为2017年12月5日。如果双方约定将法律规定的诉讼时效期间延长为4年,诉讼时效期间届满日变为2021年12月5日,则该约定违反诉讼时效法定性的规定,应为无效。如果合同履行过程中,双方将履行期限变更为2018年12月5日,诉讼时效期间仍按照3年计算,诉讼时效届满日变为2021年12月5日,该变更属于履行期限的变更,为双方真实意思表示,应为有效。

2. 诉讼时效的计算方法及中止、中断的事由依法律规定,当事人约定无效。《民法典》第194条规定:"在诉讼时效期间的最后六个月内,因下列障碍,不能行使请求权的,诉讼时效中止:(一)不可抗力;(二)无民事行为能力人或者限制民事行为能力人没有法定代理人,或者法定代理人死亡、丧失民事行为能力、丧失代理权;(三)继承开始后未确定继承人或者遗产管理人;(四)权利人被义务人或者其他人控制;(五)其他导致权利人不能行使请求权的障碍。自中止时效的原因消除之日起满六个月,诉讼时效期间届满。"《民法典》第195条规定:"有下列情形之一的,诉讼时效中断,从中断、有关程序终结时起，诉讼时效期间重新计算：（一）权利人向义务人提出履行请求；（二）义务人同意履行义务；（三）权利人提起诉讼或者申请仲裁；（四）与提起诉讼或者申请仲裁具有同等效力的其他情形。”上述条文明确规定了诉讼时效中止、中断的法定事由。如果当事人约定的诉讼时效中断、中止的事由符合法律规定，应认定有效；如果不符合法律规定，则不能认定有效。对于实践中当事人约定排除诉讼时效中断、中止事由适用的，违反法律规定，应认定无效。《民法典》第188条第2款规定：“诉讼时效期间自权利人知道或者应当知道权利受到损害以及义务人之日起计算。法律另有规定的，依照其规定。但是，自权利受到损害之日起超过二十年的，人民法院不予保护，有特殊情况的，人民法院可以根据权利人的申请决定延长。”该条规定了民事诉讼时效的一般计算方法，即自知道或者应当知道权利受到损害以及义务人之日起计算，法律对诉讼时效的计算另有规定的，从其规定。但无论是诉讼时效的一般计算方法，还是特别规定的计算方法，均由法律明确规定，不能由当事人自由约定。

二、当事人不得预先放弃诉讼时效利益

《民法典》第197条第2款规定：“当事人对诉讼时效利益的预先放弃无效。”最高人民法院针对河南省高级人民法院的请示作出的（2004）民二他字第28号《关于借款到期后债务人在多份空白催收通知单上加盖公章如何计算诉讼时效的请示的答复》载明，时效制度属强制性规定，不允许当事人依自由意志排除时效的适用或改变时效期间。根据民事主体作出放弃意思表示时间的不同，诉讼时效放弃包括诉讼时效届满前预先放弃和诉讼时效届满后放弃。上述规定禁止的是当事人在诉讼时效届满前对诉讼时效利益的预先放弃，即合同履行期限届满之前，诉讼时效期间尚未起算、义务人尚未取得诉讼时效利益，义务人对之后的诉讼时效利益作出的放弃。我国禁止当事人预先放弃诉讼时效利益，主要基于以下原因：其一，从诉讼时效的性质来看，诉讼时效是由法律强制设定的一项制度，具有法定性。允许当事人基于自身意思表示预先放弃诉讼时效利益，与诉讼时效制度的强制法定性不符。其二，从公共利益保护的角度来看，诉讼时效设定的主要目的是维护交易秩序，保护交易安全。如果允许当事人预先放弃诉讼时效，无期限地行使权利，诉讼时效制度设立的目的将无法实现。其三，从公平的角度来看，如果允许当事人自由处分诉讼时效，将可能导致实践中权利人利用自身的优势地位，损害义务人的权利。实践中，当事人预先放弃诉讼时效利益的表现多样：如义务人在合同履行期限届满之前即将盖有其公章的空白纸交给债权人，默许债权人填写催收日期，以使债权未过诉讼时效期间；在订立合同之初即承诺不进行诉讼时效抗辩等。对于当事人预先放弃诉讼时效利益的行为，人民法院在司法实践中应进行正确把握。关于诉讼时效期间届满后，义务人能否放弃诉讼时效利益的问题。根据我国对诉讼时效的效力采用抗辩发生主义原则，即诉讼程序中义务人可以自由处分自己的诉讼时效利益。同理，诉讼时效期间届满后，在诉讼程序外义务人自愿放弃其诉讼时效利益，仅影响个人利益，并未损害公共利益，应予准许。诉讼时效期间届满后，义务人放弃诉讼时效利益可以以明示的方式作出，如积极履行债务等，也可以以默示的方式作出，如不提出诉讼时效抗辩等。

第二编　物　权

第一章　概　述

1957 年，我国已完成对农业、手工业和民族资本主义工商业的社会主义改造，完成了社会生产资料从私有制到社会主义公有制的转变。经过社会主义的反复实践，以公有制为主体、多种所有制共同发展的社会主义基本经济制度已经形成。此次《民法典》物权编的编纂工作，就是将经过几十年实践证明已经成熟的我国社会主义经济制度中最基本的制度——物权制度，用民法典这一基本法律的形式予以法治化。

此次编纂的《民法典》物权编，主要以 2007 年 3 月第十届全国人大第五次会议通过的《物权法》为基础进行。《民法典》物权编共分五个分编：第一分编通则，主要规定物权的一般规定，物权的设立、变更、转让和消灭，物权的保护等；第二分编所有权，主要规定所有权的一般规定、国家所有权和集体所有权、私人所有权、业主的建筑物区分所有权、相邻关系、共有、所有权取得的特别规定；第三分编用益物权，主要规定用益物权的一般规定、土地承包经营权、建设用地使用权、宅基地使用权、居住权、地役权；第四分编担保物权，主要规定担保物权的一般规定、抵押权、质权、留置权；第五分编占有，主要规定基于合同关系等产生的占有。整个《民法典》物权编，从第 205 条至第 462 条，共 258 条。

第一分编通则，是适用于整个物权编的原则性规定。在法律的实施过程中，它对于完整准确地理解物权编的规定，具有重要的指导意义。在通则分编的一般规定中主要有四方面的内容：

一是规定物权编调整的对象。按照《民法典》物权编第 205 条的规定，物权编调整因物的归属和利用产生的民事关系。可见，物权编重点解决物权法律关系的调整问题。具体来说，就是要规定物权法律关系的主体、客体、物权主体的权利和义务，以及导致物权法律关系产生、变更、转让和消灭的法律行为和其他法律事实的内容。所谓物的归属，是指物这一物权法律关系的客体，应当归属于哪个民事主体，即哪个民事主体对其拥有物权。所谓物的利用，是指物应当由哪些民事主体，在何种条件下可以对物享有占有、使用、收益、处分的权利。

二是规定物权编应当坚持的三项基本原则。这三项基本原则是由《民法典》物权编第 206 条和第 207 条规定的。

第一，坚持社会主义基本经济制度的原则。之所以要坚持公有制为主体、多种所有制共同发展，按劳分配为主体、多种分配方式并存，社会主义市场经济体制等的基本经济制度，是因为我国将在相当长一段时期内都处于社会主义初级阶段，在这个阶段中，基本经济制度作为我国物权法律制度的基石，不是人为强加的，而是中国历史发展的必然。以这一制度贯穿中国物权制度和整个法律制度，是中国物权制度和整个民事法律制度的最大特色，是中国《民法典》对世界民法制度文化的贡献。

第二,坚持"两个毫不动摇"的原则。所谓"两个毫不动摇",是指巩固和发展公有制经济"毫不动摇",鼓励、支持和引导非公有制经济"毫不动摇"。坚持"两个毫不动摇"的原则,是新中国成立以来的经验和教训的总结。凡是我们坚持"两个毫不动摇"时,我国社会主义经济发展就会顺利;凡是只坚持"一个毫不动摇",另一个则彷徨、犹豫、徘徊时,我国社会主义经济发展就会遇到艰难和阻碍。因此,将"两个毫不动摇"作为我国物权法律制度的原则,并将其贯彻到所有权、用益物权等各项法律规定中去,必将对未来我国社会主义经济发展产生巨大的推动作用。

第三,坚持实行社会主义市场经济,平等保护一切市场主体合法权益的原则。坚持实行社会主义市场经济,平等保护一切市场主体合法权益,也是新中国成立以来经过多次挫折总结出来的重要经验。新中国成立初期,我国坚持保护国有经济发展的同时,平等保护包括民族资本主义工商业和手工业在内的非公经济,取得了国民经济的快速恢复;之后,因实行高度集中的计划管理体制,非公经济被看成"资本主义的苗"时,就出现了国民经济发展的艰难和滞后;改革开放后,虽几经波折,但因坚持了实行社会主义市场经济的主流,坚持了平等保护一切市场主体的原则,我国社会主义经济才突飞猛进发展,取得世界第二大经济体的地位。因此,我国的物权法律制度坚持这一原则,对于今后我国经济必将会产生巨大的推动作用。

以上三项基本原则为这次《民法典》物权编编纂过程中物权法律制度的纲领,不仅构建了我国物权法律制度的基础,也是我国民商事司法审判工作中应当抓住的核心和灵魂,是最终检验我国物权法律制度社会效果的标志。我国《民法典》物权编正是基于上述三项基本原则作出的规定,在民商事审判活动中应当予以准确把握和认真贯彻。

三是准确把握物权法律关系,正确适用物权法律规范。审判工作中最重要的是把握物权法律关系。在审判工作中需厘清物权法律关系与其他民事法律关系,如债权等法律关系的区别,以准确把握审判方向。民事法律关系包括主体、客体、内容;引起民事法律关系产生、变更、消灭的法律事实,即法律行为和事实行为。

第一,要注意把握物权法律关系的主体、客体和内容。物权法律关系的主体,由国家、国家机关、自然人、法人组织、非法人组织构成。按照《民法典》第255条至第257条的相关规定,国家、国家机关可以作为物权法律关系主体。物权法律关系的主体分为权利主体、义务主体。物权法律关系的客体,是指物权法律关系主体的权利义务所指向的对象,即物。《民法典》物权编通则分编将物分为动产和不动产,审判实践中需要明确,作为物权法律关系的"物"不同于哲学上"物"的概念,哲学上的"物"是不以人的意志为转移的客观实在;法律上"物",则是指为人所认识并能为人所控制的物。物权法律关系的内容,是指物权主体享有的权利和承担的义务,最重要的是权利。物权为物权法律关系的核心,在审理物权法律关系纠纷案件时,应当特别注意。

第二,要注意把握法律上规定的物权与法律关系中的物权之区分。在审判实践中,尤其要注意区分法律上规定的物权和法律关系中的物权。法律上规定的物权,为立法者规定如何取得、变更、转让、消灭的物权。它是民事主体建立物权法律关系的法律依据,不是现实的、具体的物权法律关系本身。民事主体如果要建立现实的物权法律关系,必须要有具体的民事法律行为和事实行为等法律事实产生。例如,公民有购买住房的权利,但是公民如要建立房屋物权法律关系,必须有购买房屋的具体法律行为,完成付款、登记等手续,才能取得法律上的物权。民商事审判中保护的物权,一定是法律关系中的物权,当事人通过民事法律行为实际取得的物权。尚未取得的、法律上规定的物权不能在民商事审判中受到保护。因为法律上规定的物权是尚未取得的权利,不是现实的权利。法学理论研究中,有的法学家将权利分为主观权利和客观权利,客观权利就是法律上的权利,通过民事法律行为或事实行为等法律事实取得的权利被称为主观权利,即当事人已经实际拥有的权利。民商事审判中对当事人物权的保护,通常是在当事人取得物权以后,在取得物权之前一般不可能发生民商事审判中的物权保护。

第三,要注意物权法律关系与债权法律关系的区别。在物权法律关系中,物权具有三个特性,即绝对性、排他性、对世性。物权的绝对性,是指物权为绝对权,物权权利人对其控制的物,拥有绝对支配的权利。物权的排他性,是指物权权利人排除其他人对物的权利,具有唯一性。物权的对世性,是指一旦权利人对物拥有物权,除他之外的所有组织和个人均不得侵害其权利。由于物权权利人对物所拥有的权利具有三项特性,按照法律的规定,在他之外的所有民事主体都与他形成一种尊重其权利的法律关系。所有不特定的相对人侵害他的权利,物权人都有权运用法律手段维护自己的权利。相对于物权,债权则呈现相对性和期待性特征。债权的相对性,是指权利人的权利只能由特定的相对义务人,通过履行合同约定的义务或者法律规定的义务才能得到实现。债权的期待性,就是权利人在合同约定或者法律规定的条件成就的情况下,才能实现债权。债权实现后,其权利可能会变为物的权利或者其他现实的权利。债权的期待性特征,决定了债权能否实现,受合同义务人或者法律规定的义务人是否按照合同约定或者法律规定正确履行义务的制约。而义务人是否履行合同约定的义务或者法律规定的义务,又受制于社会风险、市场风险和自然界风险。因此,债权法律关系的相对性和期待性特征,决定了民事审判的方法和措施的不同。

第四,要注意物权侵权与债权侵权的区别。物权侵权发生在物权取得之后,物权取得之前不可能发生物权的侵权;债权侵权通常发生在物权取得之前。二者常常在民商事审判中发生混淆,无法准确区分导致错误。在发生物权侵权与债权侵权冲突的情形下,物权优先,这亦是由物权的绝对性、排他性及对世性决定的。需要注意的是,我国《民法典》并无规定债权侵权。

四是规定物权法律关系产生、变更、转让和消灭的法律行为和其他法律事实。按照《民法典》物权编第208条的规定:"不动产物权的设立、变更、转让和消灭,应当依照法律规定登记。动产物权的设立和转让,应当依照法律规定交付。"这种不动产物权变动依照登记,动产物权变动依照交付,特殊情况依照法律的特别规定的做法,体现了对不同的物,按照不同的法律规定予以保护的特点,是物权法律实施过程中应当予以特别注意的问题。

《民法典》物权编通则分编的第二章,主要在第208条的基础上详细规定物权法律关系产生、变更、转让和消灭的民事法律行为和其他法律事实。在这一章中有几个值得关注的法律问题:

一是将物权设立、变更、转让和消灭的法律事实具体化。具体来说,就是不动产物权变动在法律规定的国家登记机构依法登记,动产物权变动依照法律规定交付,其他特殊情况下的物权变动依照法律的特殊规定处理具体化。这就是第一节不动产登记、第二节动产交付和第三节其他规定的内容。在这里,不动产登记中民事主体的申请登记的民事法律行为,国家行政登记机构的登记行为,与物权产生和变动的法律效力,与物权法律关系的产生、变更、转让和消灭之间的关系应当如何认识?这是一个很重要的问题。

二是合同效力与物权效力的关系问题。《民法典》物权编第215条规定:"当事人之间订立有关设立、变更、转让和消灭不动产物权的合同,除法律另有规定或者当事人另有约定外,自合同成立时生效;未办理物权登记的,不影响合同效力。"当事人以设立、变更和消灭物权为目的订立的合同,与物权的设立、变更和消灭的法律效力应当如何认识?这是本分编中的一个重要问题,也是民事审判实践中认识上需要厘清的重要问题。

三是权利人、利害关系人申请更正登记时,因权利人不同意更正,利害关系人申请异议登记而产生的诉讼时效问题。这一问题因涉及行政登记事项与诉讼的交叉,需要澄清。

四是当事人签订房屋买卖协议和签订其他不动产物权的协议时的预告登记问题。这涉及当事人和其他利害关系人的物权取得、债权与物权的关系等方面的问题,需要认真对待。

五是当事人提供虚假材料进行登记,造成他人损害的赔偿责任问题。这涉及民事赔偿和行政赔偿如何认识,以及其他相关问题如何解决的问题。

六是法律规定需要登记的动产物权的物权变动效力问题。按照《民法典》物权编第224条规定:"动产物权的设立和转让,自交付时发生效力,但是法律另有规定的除外。"与此同时,第225条又规定:"船舶、航空器和机动车等的物权的设立、变更、转让和消灭,未经登记,不得对抗善意第三人。"在此情况下,登记和交付在什么条件下会发生物权效力?这是民事审判工作需要解决的问题。

七是特殊条件下的物权效力问题。这也是民事审判工作中需要解决的问题。

对上述这些问题,如果这里展开会造成篇幅过长,我们将在后面用专题予以解决。

《民法典》物权编通则分编的第三章,主要是物权的保护问题。即在发生物权纠纷时,如何明确当事人的物权请求权问题。按照《民法典》物权编的规定,当事人的物权请求权问题主要有:物权归属、内容争议问题;无权占有纠纷问题;妨害或者可能妨害物权权利行使问题;造成不动产或者动产的损害,当事人权利的恢复问题;侵害当事人物权,造成其损害的权利救济问题等。这些法律规定的请求权问题,最高人民法院应当根据民事审判实践的需要,通过发布案由的方式将其具体化,保证权利人维护自己物权的需要。

《民法典》物权编的第二分编是所有权。所有权分编和用益物权分编,是"民法典物权编"的重点编,主要规定我国的所有权和用益物权制度。这两大制度是我国社会主义物权制度的核心,构成了完整的中国特色社会主义物权制度,是中国探索社会主义经济制度的重大法律成果,是中国和外国物权制度和理论的继承和发展,是中国民法对世界民法制度和理论的重大贡献。

《民法典》物权编所规定的所有权制度,分为国家所有权、集体所有权和私人所有权。其中,我国的国家所有权,是国有经济或者国有财产在法律上的集中表现。

我国国有经济或国有财产是在新中国成立以后逐渐形成的。新中国成立时,我们接收了旧中国遗留的国家财产,没收了官僚、买办资产阶级的财产,没收敌伪特汉奸的逆产,接受苏联国家援助形成的财产,加之我党在根据地建设时期形成的财产,初步形成了我国的国家财产。以后又通过对民族资本主义工商业的社会主义改造,形成了我国社会主义国家财产。经过经济建设的不断积累,我国国有经济不断发展壮大,形成了庞大的国有财产。我国是人民当家作主的社会主义国家,国家财产属于全民所有。

所有权制度不仅要解决财产的归属,还应当解决财产的管理和利用。随着我国国有经济的形成和发展,国家财产的不断增多,如何利用国家财产,让它保值增值,造福于民,强大国家,一直是党和国家在社会主义经济发展道路上认真探索的问题。在社会主义经济制度建立后,我国对国有资产的利用更多是通过高度集中的计划管理体制来进行。从集中力量办大事来看,这种制度在基础性建设、国防、高科技以及其他重大项目方面发挥了很大的作用。但应当看到,高度集中的计划管理体制采用行政化手段进行经济资源配置,最终会形成配置体制的僵化,导致资源配置效率和效益的降低。改革开放以来,经过不断探索,我国建立起社会主义市场经济体制。围绕如何让市场在资源配置中发挥决定性作用,我国在所有权制度方面进行了大胆改革,在所有权与所有权权能相对分离的基础上,逐渐形成了相对完整的用益物权制度。按照这一制度,所有权与用益物权既相对分离,又相互联系;既能克服彻底私有制的弊病,又能调动市场主体的积极性,遵循市场经济规律,发挥市场在资源配置中的决定性作用。

在所有权与所有权权能相分离的所有权制度改革基础上,我国先后建立了一系列国家财产利用制度,推动了我国社会主义国有经济的不断发展。这些财产利用制度主要有:(1)设立用益物权制度。具体包括国有建设用地有偿出让制度、矿产资源在内的自然资源有偿使用制度以及其他国家财产有偿使用制度。(2)利用合同方式将国家财产交付法人、非法人组织和个人使用的财产使用制度。例如,公有住房租赁制度、企业承包、租赁、委托经营等国有财产有偿使用制度。(3)通过合资经营、合作经营等方式,将国有财产交付合资、合作经营企业使用制度。(4)通过改革国家投资制度,利用出资方式将国家财产投入公司等企业,利用股权经营或者资本经营,提高国家财产在社会主义市场经济中的利用效率和效益。(5)改革企业管理制度,以建立现代企业制度为目标,将原来的国营企业逐渐变为国家投资的国有企业、国家控股的股份制企业,赋予企业独立自主经营的权利,让企业作为市场主体的地位得以落实,以保证国有财产的保值和增值。所有权、用益物权和其他财产利用制度的改革,以及其他一系列适应社会主义市场经济运行制度的建立,我国国有资产得到有效利用,国有经济不断发展壮大,成为中国社会主义经济的主力军和“压船石”。这次《民法典》的编纂,就是要将已经成熟的一系列物权制度改革,即所有权与用益物权相结合的制度、财产利用等制度,用民法典这一基本法律的方式予以固定,以推动今后社会主义经济的稳定健康发展。

集体所有权是生产资料集体所有制在法律上的表现。我国农村集体所有制是新中国土地改革运动后逐渐形成的。通过土地改革运动,中国亿万农民分得土地,几千年来的封建制度得以彻底推翻,民主革命的任务得以完成。土地改革运动后,中国农村开始出现合作化运动。起初是互助组,继而初级合作社,而后是高级合作社。到1958年,中国农村开始建立人民公社制度。在由合作化运动演化成的人民公社制度中,农民个人的土地和其他生产资料交给农村集体经济组织,并在农村集体经济组织的统一安排下开展生产劳动。人民公社制度形成后,集体经济组织由生产队、生产大队和公社三级组织构成。生产资料占有形式是三级所有,队为基础。同时,人民公社制度是“政社合一”的组织形式,即人民公社既是集体经济组织,又是基层政权组织形式。

党的十一届三中全会后,随着以家庭联产承包责任制为主的农村集体土地承包制的推行,人民公社作为国家基层政权组织形式陆续取消,但已经建立的农村集体经济组织依然存在,合作化运动以来建立的农村集体财产所有权制度依然存在。由中国亿万农民在实践中创立的土地承包制,开启了农村集体土地所有权制度改革的大潮。在这次改革大潮中,实现了农村集体土地所有权与所有权权能的分离,创立了土地承包经营权。随着改革的不断深入,我国的1982年《宪法》、《村民委员会组织法》、《土地管理法》、《农村土地承包法》等法律,不失时机地将改革的成果法律化。土地承包经营权制度的创立,极大地激发了中国农民的生产积极性,使中国农村经济获得突飞猛进的发展,并为整个中国的改革开放奠定了扎实的基础。

经过多年来的发展,特别是社会主义市场经济的不断发展和完善,我国农村经济获得很大发展,20世纪80年代的土地所有权制度改革成果又面临新的挑战,需要对土地承包经营权再次进行改革,实现土地承包权与经营权的分离。这次《民法典》的编纂,就是要将新中国成立以来农村集体财产所有权,特别是集体土地所有权制度改革的成果以民法典这一基本法的形式予以肯定。它不仅要肯定农村集体土地所有权,还要肯定用益物权性质的土地承包经营权;不仅要肯定土地承包经营权,还要肯定土地承包权与经营权的分离。我国《民法典》所载明的农村集体土地制度,将是中国特色社会主义的土地制度。这一制度既不同于传统的中西方土地私有制,也不同于人民公社制度下的所有权与所有权权能不相分离的集体土地制度。这种所有权与用益物权相结合的土地物权制度,将是中国民法物权制度对世界物权制度的贡献。

物权编的所有权分编,对所有权制度进行了全面规定。其主要内容有:(1)规定了所有权的一般规定。即对所有权的含义,所有权与用益物权、担保物权的关系,不动产的征收和征用等问题进行了规定。(2)规定了国家所有权、集体所有权、私人财产所有权和法人财产权的内容。(3)规定了业主的建筑物区分所有权。(4)规定了物权的相邻关系。(5)规定了物权的共有关系。(6)规定了所有权取得的特别规定。在所有权分编的实施过程中,有些问题值得我们注意:

第一,国家所有权的权利属性是民事权利。按照《民法典》第246条的规定,国家所有的财产属于国家所有,即全民所有。国家所有的财产由国务院代表国家行使所有权。法律规定由地方政府行使所有权的,由地方政府代表国家行使所有权。既然国家所有权是由国务院和地方人民政府代表国家行使所有权,那国家所有权的权利属性是什么?是民事权利,还是国家公权力?本书认为,国家所有权是民事权利,而不是国家公权力。

首先,民法是调整平等主体之间财产关系的法律。无论是民法典的总则还是分则,所有权都是物权的具体权利类型。国家所有权从立法体例上被放在物权编中,当然应是一种民事权利,而不是国家公权利。

其次,国家在行使所有权时,其法律地位与其他民事主体一样是平等的,不存在其他民事主体必须服从国家的情况。国家在行使所有权时与其他民事主体地位平等的事例有很多。例如,国家利用国家资金进行投资时,接收投资的公司可以接受投资,也可以不接受投资,其法律地位与国家是平等的;国家利用援助的方式向国外发放贷款,其与受援助国的法律地位也是平等的民事地位;国家以出资人身份向金融机构出资或者向股份公司入股,其法律地位与其他股东也是平等的;国家向用地方出让建设用地使用权,向矿产资源方出让探矿权和采矿权,也是平等主体之间的出让关系,而不是行政管理者与被管理者之间的法律关系。

最后,国家通过租赁、承包等方式将国家财产交给其他民事主体使用,其建立的法律关系是民事法律关系,而不是国家行管理政关系。例如,国家将公有房屋租赁给法人、非法人组织和个人,其法律关系就是平等的租赁关系;国家将国有农场的土地、山林等等承包给民事主体,其建立的法律关系就是平等的承包关系。

之所以在这里强调这一问题,是因为人民法院的审判工作中,存在将国家所有权这种民事权利当成国家公权力,将国家在行使财产所有权时建立的民事法律关系混淆为行政管理关系的情况,造成了民事审判与行政审判的混乱。在《民法典》实施过程中,应当尽快解决这一问题。

第二,国家利用不动产和动产出资到企业时,国家取得出资人的权利和义务。《民法典》第257条规定:"国家出资的企业,由国务院、地方人民政府依照法律、行政法规规定分别代表国家履行出资人职责,享有出资人权益。"国家出资的企业,现在分别有股份有限公司、有限责任公司和包括国有独资公司在内的其他国有企业。第257条的规定虽然简单,但是它明确了一个十分重要的法律权利,即国家的投资性权利,一种与其他市场主体在社会主义市场经济平台上平等合作交往的权利。这种权利的特征是什么呢?

首先,这种投资性权利的出资主体是国务院和地方人民政府。按照国家相关法律规定,国务院和地方人民政府代表国家履行出资人职责,享有出资人权益时,通常是由国有资产管理委员会来代表政府行使权利和履行义务。

其次,国家要利用不动产和动产出资,得到的是出资人的权益和职责。国家履行出资职责,即将相应的不动产或者动产出资交付给股份有限公司、有限责任公司等企业后,他们对交付的国家财产就丧失了相应的占有、使用、收益和处分的权利,但取得了相应的股份、股权或者其他出资人权益。例如,按照约定或者出资比例享有资产收益、重大决策以及选择经营管理者等权利。国家将不动产和动产出资到股份有限公司、有限责任公司或者其他企业后,它不能再直接使用或者支配已经出资到企业的财产,而只能按照法律和公司章程的规定等行使股东权或者出资人的权益,按照出资协议的约定行使出资人的权益。

最后,国家因出资而取得的投资性权利,与其他民事主体的投资性权利相同。一是国家在出资于各种类型的企业时,应当与其他出资人一样,根据出资的状况和平等协商的合同约定,享受权利和履行义务。二是国家在出资后与被出资企业的关系,是股东或者出资人与被出资企业之间的关系,应当按照法律规定、公司章程规定和出资协议的约定享受权利和履行义务。在此意义上讲,国家与接受出资企业之间的法律地位是平等的,各按规则办事,不能超出规则要求接受出资的企业履行额外义务。三是国家作为出资人与其他出资人一样,应当依法律规定和合同约定共同承担市场风险,共同享受权利,任何人都不可只享受权利不承担风险。

第三,农民集体所有权是本集体经济组织全体成员集体所有的财产权利。《民法典》第261条第1款规定:"农民集体所有的不动产和动产,属于本集体成员集体所有。"这是农民集体财产所有权的法律表述。这一表述的核心是本集体成员集体所有。本集体成员集体所有应当如何理解呢?我们认为应当从以下几个方面考虑:

一是所有权的主体是本集体经济组织。本集体经济组织是怎样形成的呢?前文已经对农民集体所有权的形成进行了叙述。在人民公社时期,农村集体财产所有权实行"三级所有,队为基础",即生产队、大队和公社都是所有权主体,但生产队为基础主体。人民公社制度作为基层政权组织形式取消后,三级农村集体经济组织依然保留。但根据"村民委员会组织法"和"土地管理法",农民集体土地一般由村农民集体所有,由村集体经济组织或者村民委员会经营、管理;历史上已经形成由村民小组集体所有或者由乡(镇)农民集体所有的,由村民小组或者乡(镇)农村集体经济组织经营、管理。从目前中国农村的具体情况看,除土地之外的其他财产,所有权主体与集体土地的所有权主体是一致的。

二是农民集体的成员不是农民集体财产所有权的主体。这里所说的农民集体成员,是指本集体经济组织的全体成员。本集体经济组织全体成员,不是某一时间段或者时间点取得集体经济组织成员资格的成员,而是在任何时候,只要取得或者未丧失集体经济组织成员资格,就属于集体经济组织成员。本集体经济组织成员,不是农民集体财产所有权的主体,只有本集体经济组织成员组成的本集体,才是所有权主体。农村集体经济组织或者村民委员会代表本集体行使所有权。正因如此,农民集体财产所有权既不是按份共有,也不是共同共有,而是独立的所有权形式——集体所有。

三是农村集体经济组织成员对于所有权的行使以及所有权所产生的利益,享有合法权益。本集体经济组织成员虽不是集体财产所有权的主体,但他们是组成本集体经济组织的成员,那他们对包括农村集体土地在内的集体财产所有权的行使,以及由财产所有权所产生的利益享有合法权益。为此,《民法典》第261条第2款规定:“下列事项应当依照法定程序经本集体成员决定:(一)土地承包方案以及将土地发包给本集体以外的组织或者个人承包;(二)个别土地承包经营权人之间承包地的调整;(三)土地补偿费等费用的使用、分配办法;(四)集体出资的企业的所有权变动等事项;(五)法律规定的其他事项。”除此之外,《民法典》第264条、第265条等还规定了农村集体经济组织或者村民委员会、村民小组应当向村民公布集体财产状况,村民合法权益受侵害有权向人民法院提起诉讼等。

第四,法人财产权是由出资人出资和法人对出资进行经营所形成的相对独立的财产性权利。法人财产权的概念是在1993年党的十四届三中全会上提出来的,它对于维护企业独立的法人地位,更积极主动、更灵活地发挥企业法人在市场上的作用是有极大的好处的。因此,在编纂《民法典》的过程中,虽然没有明确使用法人财产权的概念,但在明确规定法人财产权的内容方面则成为共识。正因如此,在这次《民法典》编纂中,在以前通过的公司法和国家其他相关法律的规定中,企业的法人财产权受国家法律保护,包括股东等出资人在内的民事主体都不得侵害企业的这一权利,都得到很好的体现。法人财产权应当如何理解呢?

一是法人财产权是由出资人出资形成的。《民法典》第268条规定:“国家、集体和私人依法可以出资设立有限责任公司、股份有限公司或者其他企业。国家、集体和私人所有的不动产或者动产投到企业的,由出资人按照约定或者出资比例享有资产收益、重大决策以及选择经营管理者等权利并履行义务。”在前文论述国家投资性权利时已经涉及,其道理对集体和私人投资同样适用。也就是说,国家、集体和私人如果将自己的财产所有权或者使用权投资到企业法人组织以后,它就丧失了该财产的所有权或者使用权,取得了相应的股东权或者出资人权益。

二是法人组织在收到出资人出资后,就取得法人财产权。法人组织在接受出资人财产时,按照不动产依照登记、动产依照交付的原则以及其他法律规定,取得法人财产权。对于法人财产权的归属问题,《民法典》第269条和第270条都作出了明确规定。其中第269条第1款规定:“营利法人对其不动产和动产依照法律、行政法规以及章程享有占有、使用、收益和处分的权利。”具体来说,作为营利法人的企业,在收到国家、集体和私人出资的不动产、动产等财产以后,就享有了对该财产的占有、使用、收益和处分的物权权利——法人财产权。法人组织在收到出资人的财产并对该财产进行经营,导致该财产的增值,其增值部分也成为法人财产的组成部分。至于法人组织除出资之外的其他财产取得方式,在依照法律、行政法规等规定取得动产和不动产后,形成法人财产权,这里就不再叙述。

三是法人财产权的保护与股东权或者出资人权益一样,应当按照《民法典》的相关规定和其他法律规定进行。法人财产权作为独立的、物权性质的财产权利,是国家财产所有权、集体财产所有权和私人财产所有权具体行使和利用的体现。如果这一权利与股东权或者出资人权利不能很好地得到法律的保护,那"国家、集体、私人的物权和其他权利人的物权受法律平等保护,任何组织或者个人不得侵犯"的法律原则,就难以落到实处;那"国家巩固和发展公有制经济,鼓励、支持和引导非公有制经济的发展""国家实行社会主义市场经济,保障一切市场主体的平等法律地位和发展权利"的目标,也将难以实现。在当前我国对外实行全面开放,对内进行全面深化改革的背景下,要让所有投资者放心,就应当加强对法人财产权和股东权或者出资人权利的保护力度。《民法典》第233条至第239条关于物权的保护一章,对法人组织和股东完全适用,其他法律规定中对物权的保护,同样应当适用于法人财产权和股东权或者出资人权利。这一点是不容置疑的。

在《民法典》所有权编中,涉及业主的建筑物区分所有权、相邻关系、共有关系、所有权的特别规定等内容,还有不少具体的法律问题。这些法律问题后面还会具体论述,这里不再叙述。

《民法典》物权编的第三分编是用益物权。用益物权分编的许多内容,都是改革开放以来,我国通过所有权制度的改革所建立起来的新制度,是改革开放的新成果、新经验。本分编从第323条至第385条,共有63个条文。其具体分为:一般规定、土地承包经营权、建设用地使用权、宅基地使用权、居住权、地役权等,共六章。

用益物权分编在立法上采用一般用益物权概述,特殊用益物权详述的方式进行编纂。在一般规定中,本分编主要从以下几方面简述了用益物权制度。

一是明确规定一般用益物权制度。《民法典》物权编第323条规定:"用益物权人对他人所有的不动产或者动产,依法享有占有、使用和收益的权利。"这就为所有财产所有权人,在自己的不动产或者动产上依法设立用益物权提供了法律依据。

二是明确规定国家和集体可以在自己所有的自然资源上设立用益物权。在我国,法律规定矿产资源属于国家所有;城市土地、法律规定为国家所有的农村土地、城市郊区土地,所有权属于国家;森林、山岭、草原、荒地、滩涂等自然资源属于国家所有,但法律规定为集体所有的除外;除国家所有的土地和自然资源外,法律规定属于集体所有的土地和自然资源,所有权属于集体。国家和集体可以在自己所有的土地和自然资源上,依法设立用益物权。

三是明确规定国家实行自然资源有偿使用制度。这就为如何设立用益物权,提高自然资源的利用效率提供了法律依据。根据这一原则规定,目前我国已经建立了国有建设用地使用权出让制度、探矿权出让制度、采矿权出让制度等自然资源有偿出让制度。这些制度的建立,已经为我国的基本建设和矿产资源开发发挥了重要作用。

四是明确规定了用益物权人和所有权人应当遵循的基本要求。《民法典》第326条规定:"用益物权人行使权利,应当遵守法律有关保护和合理开发利用资源、保护生态环境的规定。所有权人不得干涉用益物权人行使权利。"要求用益物权人按照法律的规定合理开发利用资源,是我国《民法典》绿色原则的具体体现。这对我国的生态环境的保护会产生很大的作用。在设定用益物权时,要求所有权人不要干涉用益物权行使权利,这对用益物权制度真正发挥作用是极大的保护。

五是明确规定因不动产和动产被征收或者征用,致使用益物权消失或者影响用益物权行使时的补偿制度。《民法典》第327条规定:"因不动产或者动产被征收、征用致使用益物权消灭或者影响用益物权行使的,用益物权人有权依据本法第二百四十三条、第二百四十五条的规定获得相应补偿。"《民法典》第243条是关于征收不动产或者动产,所有权人丧失财产所有权时的补偿制度规定;第245条是关于征用不动产或者动产,造成所有权人财产损失时,对所有权人的补偿制度规定。在实践中,征收、征用不仅会给所有权人造成财产损失,同样也可能会给用益物权人造成财产损失。为保护用益物权人的合法权益,《民法典》创设了本项财产损失补偿制度。

六是明确规定了一些重要的自然资源的用益物权。我国的自然资源十分丰富,不可能在法律中列举每一种自然资源。有些自然资源十分重要,国家用专门的法律,甚至多部法律予以规定,如土地、森林、草原等,有些则涵盖在自然资源的概念中。有些比较重要的自然资源,采用列举方式在法律中列出,将其用益物权形式也明确规定出来。例如,《民法典》第328条列出的海域使用权;第329条列出的探矿权、采矿权、取水权,以及使用水域、滩涂从事养殖、捕捞的用益物权权利。至于一些很重要的用益物权类型,如土地承包经营权、建设用地使用权、宅基地使用权等,《民法典》就用专章的形式予以专门规定。

《民法典》物权编第十一章规定的土地承包经营权,从第330条至第343条,共14个条文。在该章中,对土地承包经营权这一用益物权的理解,应当注意以下几方面的问题:

一是土地承包经营权人除荒山、荒滩等其他方式承包的土地外,应当是以家庭为单位的承包。这里的家庭,不应简单地看成以婚姻和血缘关系为纽带形成的家庭成员群体,而应当是具有集体经济组织成员资格的家庭成员所组成的群体——农户。在已经进行过的三轮土地的家庭联产承包过程中,可能每户承包土地的数量,会按照具有集体经济组织成员资格农户成员的数量来决定,但土地承包的主体是农户而不是农户成员。正因为是家庭承包,土地承包发生后,农户的成员可能因婚丧嫁娶而发生变动,但土地承包的数量不会因此而改变,即"增人不增地,减人不减地"。正因为农户成员不是家庭土地承包的主体,那么农户成员就不可能取得土地承包经营权,在农户成员之间就不可能发生土地承包经营权的继承问题。这一点在审理农村土地承包经营权纠纷时应当特别注意。

二是非本农村集体经济组织的组织和个人,未经本集体其他成员依照法定程序同意,不能在本集体经济组织取得土地承包经营权。农村集体土地所有权属于本集体经济组织。农村集体土地所有权的这一属性,决定了对土地的利用和处分,集体经济组织成员拥有决定的权利。为维护集体经济组织成员的利益,按照法律规定,本集体经济组织的集体土地,应当由本集体经济组织的农户承包,"四荒地"可以由本集体经济组织成员个人承包。如果本集体经济组织之外的组织和个人,要取得本集体经济组织包括"四荒地"在内的土地承包经营权,就必须要依照法定程序经过本集体经济组织成员同意。这是本集体经济组织之外的组织和个人取得土地承包经营权的法定条件,不可逾越。

三是土地承包经营权人在流转土地经营权时必须符合法律规定。《民法典》第339条规定:“土地承包经营权人可以自主决定依法采取出租、入股或者其他方式向他人流转土地经营权。”这一规定是这次《民法典》编纂中用益物权制度改革中最重大的改革成果。如果说20世纪80年代农村改革实现了农村土地的所有权与承包经营权的分离,促进了农村经济的大发展,那么这次土地承包经营权改革,则实现了土地所有权与土地经营权的分离,也必将导致我国农村经济发展的第二次革命。在流转土地经营权时要注意把握以下几点:(1)接受土地经营权的主体可以是本集体经济组织之外的组织和个人。如果说在20世纪80年代开展土地承包时,承包主体还只能限定在本集体经济组织的农户和成员,那这次改革则将接受土地经营权的主体扩大至愿意从事农业生产经营活动的任何组织和个人。这就为中国农村开展农业集约化经营奠定了法律制度基础。(2)土地承包经营权人流转的是土地经营权。土地承包经营权人从集体土地所有权人那里取得的用益物权,既包括土地的承包权,也包括土地的经营权。长期以来,这两项权利是不可分割的。现在通过法律规定,土地承包经营权人可以将土地经营权流转出去,保留承包权。比如,土地承包经营权人用入股方式流转土地,那他入股的权利只是土地经营权部分,土地承包权仍然归土地承包经营权人,不能入股。土地承包经营权通常是30年的有效期,但土地经营权可以由双方当事人通过合同约定流转的年限,但约定的年限不能违反国家法律的规定。例如,如果采用出租方式流转土地经营权,那出租的年限不能超过土地承包的剩余年限,否则超出法律规定年限部分的合同约定无效。(3)要注意土地承包经营权的互换、转让和土地经营权流转的区别。在审判实践中,土地承包经营权的互换,是指本集体经济组织中的土地承包经营权人,为方便土地经营和管理,对原来自己承包经营的土地进行相互交换。双方在对承包土地进行互换后,都丧失了自己以前拥有的那块互换地,取得新换的土地。土地承包经营权的转让,是指承包经营权人在城市就业并取得城市的最低社会保险后,将自己的土地承包经营权全部转让给本集体经济组织农户和成员的行为。而土地经营权流转则只能流转土地经营权,不能流转土地承包权。注意土地经营权的这些特点,对于正确解决土地承包经营权案件纠纷,维护相关当事人的合法权益十分重要,应当认真把握。

《民法典》物权编第十二章至第十五章规定的建设用地使用权、宅基地使用权、居住权和地役权等四种用益物权。其中建设用地使用权规定在第344条至第361条,共18个条文;宅基地使用权规定在第362条至第365条,共4个条文;居住权规定在第366条至第371条,共6个条文;地役权规定在第372条至第385条,共14个条文。

在第十二章中,《民法典》集中对建设用地使用权制度进行全面的规定。可以说,在改革开放中,建设用地使用权制度的创立,是我国物权制度的重大创新,是中国社会主义物权制度体系的重要组成部分。要正确理解这一重大创新的内容,应当注意以下几个方面:

一是该章的建设用地使用权是针对国家所有的土地所设定的用益物权。《民法典》第344条规定:“建设用地使用权人依法对国家所有的土地享有占有、使用和收益的权利,有权利用该土地建造建筑物、构筑物及其附属设施。”至于其他建设用地使用权,如集体建设用地的设定,则按照国家土地管理的法律规定办理,《民法典》未作规定。但土地管理法中的集体建设用地使用制度是根据社会主义市场经济需要进行的规定,也是我国物权制度创新的重要组成部分。

二是建设用地使用权是在所有权基础上设定的用益物权，其性质是民事权利。这是我国建设用地使用权制度创新的基本点，是让土地进入市场，由市场对土地等资源配置发挥决定性作用的保障。用益物权是一种派生性权利，是在所有权基础上派生设定的权利。因所有权在本质上属于民事权利，其派生的用益物权当然就是民事权利，决不可能成为行政性权力。如果建设用地使用权不是民事权利，而是一种行政性权力，那建设用地这一重要的市场资源，就不能由市场进行配置，而是由政府进行配置，那社会主义市场经济的发展就会受到很大阻碍。因此，《民法典》物权编将建设用地使用权列入用益物权，为推动社会主义市场经济的健康发展，奠定了坚实的法律基础。

三是建设用地使用权主要是由出让和划拨两种民事法律行为方式设定的。在出让和划拨民事法律行为方式中，按照《民法典》第347条第3款的规定，以划拨方式设立建设用地使用权的，要严格控制。这样，出让民事法律行为方式就成为设立建设用地使用权最主要、最基本的方式。《民法典》第348条第1款规定："通过招标、拍卖、协议等出让方式设立建设用地使用权的，当事人应当采用书面形式订立建设用地使用权出让合同。"招标、拍卖、协议等民事法律行为，其本身就是平等主体之间协商行为，由该平等协商行为订立的合同，是典型的民事合同。认为出让方是国家，其行为就是国家行政行为，出让方与受让方订立的合同是行政协议的观点，忽视了国家可以成为民事法律关系主体，而所有权是民事权利，国家所有权也应当是民事权利，基于所有权这一民事权利派生的用益物权也应当是民事权利。很显然，认为建设用地使用权出让合同是行政协议而不是民事合同的观点，与《民法典》的观点是相背离的。

四是建设用地使用权人取得建设用地使用权后，有权通过转让、互换、出资、赠与或者抵押等方式行使权利。如果说建设用地使用权的出让制度为我国社会主义土地市场建立了一级市场，那《民法典》第353条则为二级土地市场的建立奠定了法律基础。通过这一市场，土地使用权人通过转让、互换、出资、赠与或者抵押等民事法律行为，进行土地、资本、管理、技术等市场资源的最佳配置。经过30多年的实践，建设用地使用权制度不断完善，不仅催生了我国的社会主义市场经济条件下的房地产市场，而且让房地产经济成为我国国民经济的重要组成部分。这次《民法典》编纂，再次将实践证明对社会主义市场经济发展具有重大推动作用的建设用地使用权制度写进民法典，就是对我国物权制度改革创新的充分肯定。

五是对建设用地使用权期限届满后如何续期问题进行了规定。这是这次《民法典》编纂时社会普遍关注的问题。我国的建设用地使用权，根据不同的用地类型，土地使用期限有不同的规定。由于建设用地使用权的出让有的已经有一定年限，如果期限届满，如何解决期限届满后的问题，这涉及建设用地使用权人的权利行使问题。《民法典》第359条第1款规定："住宅建设用地使用权期限届满的，自动续期。续期费用的缴纳或者减免，依照法律、行政法规的规定办理。"这就让大量的房屋购买者知道，建设用地使用权可以自动续期，建筑在其上面的房屋所有权仍有法律保障，不会因为没有建设用地土地使用权而失去房屋所有权。该条第2款规定："非住宅建设用地使用权期限届满后的续期，依照法律规定办理。该土地上的房屋以及其他不动产的归属，有约定的，按照约定；没有约定或者约定不明确的，依照法律、行政法规的规定办理。"非住宅用地主要包括工业用地、商业用地、综合用地等，其续期问题和期限届满后的房屋及其不动产的归属，依照法律规定和合同约定办理。按照我国现行法律规定，对于建设用地使用权人和房屋所有权人的合法权益都会依法保护，决不会损害其合法权益。

关于居住权的规定是《民法典》第十四章的全部内容。居住权制度的设置，是这次《民法典》编纂时新增加的内容，共有 6 条规定。作为一种独立的用益物权，居住权应当如何正确认识和理解呢？

第一，居住权是居住权人有权按照合同约定，对他人的住宅享有的占有、使用的用益物权，以满足生活居住需要。作为一种用益物权，居住权应当是设定在他人所有权上的权利，如果他人对房屋不拥有所有权而只有租赁权，则不能设定居住权，否则会损害真正的房屋所有权人的合法权益。同时，居住权只能设定在他人所有的住宅上，不能设定在诸如商业用房等其他房屋上。因为设定用益物权的目的是满足生活居住的需要，而不是其他目的。

第二，居住权的设定应当通过订立居住权合同来实现。具体来说，应当由住宅房屋所有权人与居住权人之间采用书面合同形式，来设立居住权。合同的内容，应当按照《民法典》第 367 条第 2 款的规定来确定："居住权合同一般包括下列条款：（一）当事人的姓名或者名称和住所；（二）住宅的位置；（三）居住的条件和要求；（四）居住权期限；（五）解决争议的方法。"在居住权合同中，居住权人只能是自然人，不能是法人和非法人组织。因为设立居住权制度的目的是解决特殊类型的自然人的生活居住问题，不是解决法人和非法人组织对房屋的需求问题。住宅房屋所有权人可以是自然人，也可以是法人和非法人组织等民事主体。也就是说，法人和非法人组织可以用自己拥有所有权的住宅房屋，为其作出特殊贡献的员工、生活困难难以自己解决住房问题的职工等，通过订立居住权合同的方式解决他们的问题。至于居住条件、居住期限等合同的具体内容问题，由当事人自行协商解决。

第三，居住权应当无偿设立，住宅所有权人一般不能收取费用。正如前面所述，设立居住权制度，一般是解决亲属、长期共同生活的人以及其他相关人员等特殊人群的住房困难问题，故所有权人不能收取费用。如果收取费用，就与租赁没有区别，也就不是新的物权制度。但是，如果居住权人有一定经济能力，且愿意支付一定费用，法律不应当禁止。这就是《民法典》第 368 条规定"但是当事人另有约定的除外"的原因。不过，如果支付的费用已经达到租金的标准，则就与居住权制度设立的目的相冲突，原则上不能视为居住权制度。

第四，居住权人取得居住权的时间点。所有权人与居住权人订立居住权合同，合同应当自成立时生效。合同生效后，当事人应当向登记机构申请居住权登记。登记机构经审查并作出登记时，居住权人才取得居住权。因此，合同生效时不是居住权取得时，而登记完成时，才是居住权取得时。如果合同生效后，当事人一直没有进行登记，则居住权就一直没有取得。居住权登记十分重要，只有完成登记，居住权的排他性权利才能发挥作用。如果居住权期限没有届满，或者居住权人没有死亡时，住宅所有权人出卖该房屋所有权，新的房屋买受人无权要求居住权人腾退房屋。这一点，是居住权作为用益物权的排他性特征决定的。

第五，居住权人的权利和义务。居住权人取得居住权后，其权利就是有权居住该住宅，其他任何组织和个人应当履行尊重其居住的权利，并不得侵害其居住权利的法定义务。《民法典》第 369 条规定："居住权不得转让、继承。设立居住权的住宅不得出租，但是当事人另有约定的除外。"这条规定实际上是为居住权人设定的义务。其法定的义务是不得将居住权进行转让，也不得将居住权作为遗产由其亲属继承;同时,对于其居住的住宅,居住权人不能出租。对居住的住宅之所以规定"当事人另有约定的除外"这一除外条款,主要是考虑居住权通常是对亲属、困难人群设定的,住宅所有权人为了保证他们的基本生活,同意他们出租部分住宅以获取相应的生活来源时,法律当然不应当禁止。但如果未获所有权人的同意,居住权人不能出租该居住住宅。

第六,居住权的消灭应当是居住权期限届满或者居住权人死亡。居住合同如果约定了居住期限,则期限届满,居住权消灭的条件具备,居住权人就应当腾退房屋。如果居住权的设定没有确定居住期限,应当视为居住权人可以居住到死亡。居住权人死亡的事件发生,居住权消灭,房屋所有权人有权收回房屋,恢复其对房屋的完整所有权。居住权消灭时,当事人应当及时办理居住权注销登记。

居住权制度的设立,对于今后解决特殊困难人群的住房问题开辟了一个新的路径。这有助于社会的和谐稳定建设,也对于中国老龄化社会中如何解决老年人养老的问题开辟了一个新的思路。由于居住权制度是新设立的制度,在今后的司法实践中还可能遇到一些新情况和新问题,有待于今后认真总结经验,以保证这一新制度更好地发挥作用。

关于宅基地使用权和地役权这两种用益物权,后面的具体法律适用还要具体论述,这里就不再叙述。

《民法典》物权编的第四分编为担保物权。我国法律最早是在《民法通则》第 89 条中规定了担保制度。1995 年 6 月,第八届全国人大常委会第十四次会议通过了《担保法》。该法共 96 条,从保证、抵押、质押、留置、定金五个方面对我国的担保制度进行了规定。2007 年 3 月,第十届全国人大第五次会议通过了《物权法》。该法第四编用专编的方式对担保物权进行了规定,该编除一般规定外,用专章对抵押权、质权、留置权三种担保物权形式分别予以了规定。本次《民法典》编纂,主要以《物权法》的担保物权为基础,作为物权编担保物权分编的内容。担保物权分编由一般规定、抵押权、质权、留置权四章构成。在一般规定中,主要规定担保物权的含义、担保物权与主债权债务合同之间的关系、担保物权担保的范围、担保责任的承担、担保物权的消灭等一般性规则;在抵押权中,主要规定一般抵押权和最高额抵押权的具体内容,这部分是实践中使用最多、最广泛的内容;在质权的规定中,主要规定动产质权和权利质权的具体内容;在留置权中,就债权人如何留置合法占有的债务人的动产,并就该动产如何优先受偿作出了具体规定。本分编从第 386 条至第 457 条,共计 72 个条文。本分编的相关内容是法律技术性最强、民商事审判工作运用最多、最广,也是审判实践中存在问题最多的部分。对这些存在的重点、难点和热点等问题,主要由下面专题进行论述,本概述不一一叙述,但对最基本的几个重要问题在这里作一个提示:

一是应当明确担保物权设立的目的。《民法典》第 387 条第 1 款规定:"债权人在借贷、买卖等民事活动中,为保障实现其债权,需要担保的,可以依照本法和其他法律的规定设立担保物权。"很显然,担保物权就是为了在债权债务活动中,保证债权人的债权能够实现而创立的一项法律制度。这项法律制度设立的目的,就是要保证担保物权人在债务人不履行到期债务,或者发生当事人约定的实现担保物权的情形时,依法享有就担保财产优先受偿的权利。在设立担保物权时,提供担保财产并为债务人履行债务担保的人为担保人;接受担保人提供担保的人为担保物权人。在审理担保物权类案件时,明确担保物权设立的目的十分重要,如果相关当事人设立担保物权时,没有主债权债务合同,或者主债权债务合同是虚假合同,那这时设立担保物权就违背了担保物权设立的目的,该设立行为就是无效的民事法律行为。因此,担保物权合同是从合同,它必须以真实、合法、有效的主债权债务合同的存在为前提条件,如果主债权债务合同不真实、无效、未成立,则担保物权合同就不可能有效。由于这类现象在审判活动中经常可以见到,应当引起我们的注意。

二是在设立担保物权时应当注意平衡好相关合同当事人的利益。设立担保物权的目的是保障债权人债权的实现,但如果债权人在实现担保物权时,超出了其债权实现的范围,则对担保人的利益是一种损害。正因如此,这次《民法典》编纂时,始终将担保物权实现的权利,限定在对担保财产享有优先受偿的范围内。在法学学术研究和审判实践中,一直存在应当将"流押"和"流质"予以合法化的观点。所谓"流押",是指抵押人将抵押物用于抵押后,如果债务人不能偿还到期债务,不管抵押物价值有多大,该抵押物应当归抵押权人所有。所谓"流质",是指质押人将用于质押的动产或者权利交付给质押权人后,如果债务人不能偿还到期债务,不管质押物或者质押的权利的价值有多大,该质押的动产或者权利都归债权人所有。在这次《民法典》编纂过程中,经过认真研究,没有采纳"流押"和"流质"有效的观点。例如,《民法典》第 401 条规定:"抵押权人在债务履行期限届满前,与抵押人约定债务人不履行到期债务时抵押财产归债权人所有的,只能依法就抵押财产优先受偿。"担保物权人就抵押财产的优先受偿,只能在自己债权实现的范围内,超出债权范围的剩余部分,应当归还抵押人。第 438 条规定:"质押财产折价或者拍卖、变卖后,其价款超过债权数额的部分归出质人所有,不足部分由债务人清偿。"与抵押的不同,质押需要将质押物或者质押权利交付给担保物权人保管。在债务人不能履行到期债务时,质押权人只能将质押物予以折价或者拍卖、变卖,不能将质押物归自己所有;处分质押物的价款超出债权的部分则应当归还出质人。之所以没有采纳"流押"和"流质"有效的观点,就是要平等保护抵押人和出质人的合法权益。在担保物权分编中,平等保护各方当事人合法权益的规定条款还有不少,在实施中应当注意把握。

三是在设立抵押权时应当注意法律规定的能够用于抵押的财产和不能用于抵押的财产。《民法典》第 395 条第 1 款规定:"债务人或者第三人有权处分的下列财产可以抵押:(一)建筑物和其他土地附着物;(二)建设用地使用权;(三)海域使用权;(四)生产设备、原材料、半成品、产品;(五)正在建造的建筑物、船舶、航空器;(六)交通运输工具;(七)法律、行政法规未禁止抵押的其他财产。"这条规定与原《物权法》规定的可以抵押的财产相比,增加了"海域使用权",删去了原第 3 项"以招标、拍卖、公开协商等方式取得的荒地等土地承包经营权"的规定。《民法典》第 399 条规定:"下列财产不得抵押:(一)土地所有权;(二)宅基地、自留地、自留山等集体所有土地的使用权,但是法律规定可以抵押的除外;(三)学校、幼儿园、医疗机构等为公益目的成立的非营利法人的教育设施、医疗卫生设施和其他公益设施;(四)所有权、使用权不明或者有争议的财产;(五)依法被查封、扣押、监管的财产;(六)法律、行政法规规定不得抵押的其他财产。"这条规定最重要的修改,就是将《物权法》第 184 条第 2 项不得抵押的财产中删去了"耕地",这一修改是为了与土地承包经营权改革的规定相协调。应当看到,担保物权设立的目的是保障债权人债权的实现,在对个人的权利进行保护时,不能损害国家利益、社会公共利益和他人的合法权益。这是实施担保物权制度的前提条件,也是第 399 条规定的目的。在这条的 6 项规定中,意思均明确具体,无须细述。但第 2 项明确规定宅基地、自留地、自留山等集体所有土地的使用权不能作为抵押财产,其原因是具有本农村集体组织成员资格的农户才能拥有上述土地的使用权。如果上述理由成立,那以家庭(或者农户)为主体的土地承包经营权,以及以其他方式承包的包括“四荒地”在内的农村土地的承包经营权,能不能作为抵押财产呢?首先,农户的土地经营权可以作为抵押财产。按照《民法典》和《农村土地承包法》的规定,农户从本集体经济组织取得土地承包经营权后,可以在承包权与经营权相分离的基础上,有权将土地经营权进行以出租、入股或者其他方式流转,并可以用土地经营权作融资担保。其次,农户的承包权则不能作为抵押财产。农户承包权的取得,是以农户成员具有本集体经济组织成员资格为前提的。这一点与宅基地、自留地、自留山使用权的取得方式是一样的。所以农户的承包权不能作为抵押财产。最后,以其他方式承包的土地,可以作为抵押财产。所谓其他方式的承包,就是《农村土地承包法》第48条规定的“不宜采取家庭承包方式的荒山、荒沟、荒丘、荒滩等农村土地,通过招标、拍卖、公开协商等方式”的承包。对于其他方式的承包,《民法典》第342条规定:“通过招标、拍卖、公开协商等方式承包农村土地,经依法登记取得权属证书的,可以依法采取出租、入股、抵押或者其他方式流转土地经营权。”显然,虽然《民法典》第395条在可以抵押的财产中,将物权法中其他方式的承包取得土地承包经营权删去,但也没有将其列入第399条规定的不得抵押的财产范围。因此,其他方式承包的农村土地,可以列入第395条第7项规定的“法律、行政法规未禁止抵押的其他财产”的范围,可以作为抵押财产。

《民法典》物权编所确定的物权法律制度,是新中国成立以来,特别是中国社会主义制度确立以来正反两个方面的经验和教训的总结。为此,在社会主义初级阶段是一个相当长的历史阶段的判断基础上,为适应中国社会主义市场经济的建立和发展,我们确立了公有制与私有制并存,以公有制为主体,多种所有制经济共同发展的所有权制度;为保证财产所有权行使效率的最大化,通过不同的法律形式确定财产所有权的多种利用方式;为保证市场在资源配置中发挥决定性作用,通过所有权与所有权权能相对分离,确立了用益物权制度;为发挥物权在市场交易中的最大效益,结合中国实际规定了担保物权制度。这一完整的物权制度既克服了单一公有制的缺陷,也克服了私有制的弊端,解决了苏联和东欧社会主义国家几十年社会主义实践中想解决而没有解决的问题。这些物权制度通过法典编纂方式被写进《民法典》中,不是立法者近几年的新发现,而是70多年来,特别是改革开放40多年来,全体中国人民在中国共产党的领导下,艰辛探索中国特色社会主义经济发展道路的智慧结晶。它被写进《民法典》,不仅是对过去几十年来中国发展成绩的肯定,更是对将来中国未来社会发展的指引。因此,中国的社会主义物权制度,是中国在借鉴国内外优秀法律文化基础上形成的,是对世界法律制度和法律文化的贡献。

第二章　物权的设立、变更、转让和消灭

专题一　物权登记在物权的设立和变动中的作用

《民法典》第209条第1款规定："不动产物权的设立、变更、转让和消灭，经依法登记，发生效力；未经登记，不发生效力，但是法律另有规定的除外。"这一规定确立了我国不动产物权登记生效的原则。在这里，物权的设立、变更、转让和消灭，即物权的设立或者变动，是民事法律行为或者事实行为的结果，还是行政机关登记行为决定的呢？这个问题是困扰民事审判工作的一个问题，应当予以澄清。

本书认为，物权的设立、变更、转让和消灭，是由当事人的民事法律行为或者事实行为导致的，不是由行政机关的登记行为产生的。其理由为：

首先，物权为私权而非公权。无论是财产所有权、用益物权，还是担保物权，其权利主体无非是国家、集体、法人组织、非法人组织和私人等民事主体。当民事主体要在不动产或者动产上设立或者变更物权时，他们往往要通过合同方式等民事法律行为将设立或者变动物权的处分意愿予以固定，而后再通过申请登记或者交付民事法律行为，实现自己的处分意愿；或者通过建造这一事实行为形成房屋或者构筑物，而后申请登记，让自己的建造成果得以向社会公示并取得社会认可。可见，物权的设立或者变动的原因，是民事法律行为或者事实行为等法律事实。

其次，行政登记机构不是民事主体，不享有物权，不可能设立或者变动物权。任何一个民事权利，要产生授权的法律效果，必须要拥有该民事权利。例如，A只有拥有房屋，才能出卖房屋，才能通过A出卖房屋的民事法律行为，使房屋所有权发生物权变动。如前所述，不动产登记机构不是民事主体，其登记行为也不是民事法律行为，当然就不可能是物权设立或者变动的原因行为。正因如此，在不动产登记过程中发生的当事人之间的物权争议，应当作为民事案件处理。由于在审判实践中还存在一些模糊认识，需要在这里予以澄清。

最后，行政登记机构的登记行为是具体行政行为，是对民事主体设立和变动物权的处分意愿向社会公示。在登记过程中，登记机构会依法要求申请登记人提供权属证明或者其他能够证明可以获得物权登记的必要的材料，并按照一定的程序进行。根据申请人提供的材料，登记机构经审查，如申请登记人的申请符合登记要求，则应当向申请人颁发权利证书。登记完成之日，物权设立或者物权变动即发生法律效力。可见，登记机构的登记行为，不是授权行为，而是社会公示行为；登记过程是向社会公示的过程，登记结果是向社会公示的结果。这种社会公示的目的有二：一是如果其他利害关系人认为设立或者变动的物权侵害了他的利益，有权向登记机构提出，以免损害真正权利人

的合法权益。二是经过登记程序后，登记机构向设立或者变动后的物权人发给权利证书，证明物权人对不动产拥有的权利是可靠的。法律之所以规定不动产实行登记制度，并以登记完成日作为物权设立或者变动发生法律效力的日子，是因为不动产是民事主体的重大民事权利，由国家登记机构帮助把关，对于保护不动产财产安全，维护民事主体的权利有益。正因如此，这次《民法典》编纂时，还专门规定国家要建立不动产统一登记制度，并对登记的范围、登记机构和登记办法予以统一。

专题二　物权合同效力与物权登记效力的关系

《民法典》第215条规定："当事人之间订立有关设立、变更、转让和消灭不动产物权的合同，除法律另有规定或者当事人另有约定外，自合同成立时生效；未办理物权登记的，不影响合同效力。"该条规定是从《物权法》第15条移植过来的。因为该条对设立和处分物权的合同效力与物权登记的效力进行了区分，正确处理了合同与物权设立、变动的关系，并经审判实践证明是行之有效的规定，这次《民法典》编纂时就未作修改，直接纳入《民法典》中。由于此条规定在审判实践中使用广泛，且容易被误读，需要进行解读。在适用本条规定时，应当注意以下几点：

首先，当事人之间就有关设立、变更、转让和消灭不动产物权订立的合同，其合同一般自合同成立时生效。例如，购房人购买预售房屋，他与出卖人之间订立的房屋买卖合同，一般从双方订立合同之日起生效。但因这是预售合同，房屋并没有交付，更没有进行产权登记，房屋的所有权还未办到购房人名下。这里所说的合同"一般"自合同成立时生效，是指法律另有规定或者当事人另有约定的，应当按照法律的规定和当事人的约定办理。例如，法律规定合同需要批准才能生效的，合同成立时还不能发生法律效力，只有在有关部门批准后才能生效；如果当事人之间在合同中约定了合同生效的时间或者条件，那合同成立时还不能发生法律效力，只有在合同约定的时间届满，或者合同约定的条件具备以后，才能发生法律效力。

其次，当事人取得物权或者完成物权变动的时间，应当是在登记机构完成登记的时间。如前所述，如果购房人一年后从卖房人那里得到房屋，并在登记机构进行了登记，那从登记完成之日起，购房人正式取得对房屋的所有权。很显然，前面所述的合同生效的时间，与购房人物权取得的时间是不一样的。前者是在一年前，后者是在合同生效一年后。

最后，当事人在合同约定的时间不能取得物权，则应当按照合同约定或者法律规定追究违约者的民事责任。购房人不能按照合同约定取得房屋，主要原因有：一是房屋出卖人不能完成房屋所有权的变动。这可能是因为房屋尚未完工，无法交付；可能是"一房多卖"无法交付房屋；可能是房屋质量有问题无法交付；可能是开发商未支付土地出让金，办不了产权证；可能是房屋开发违反城市规划，楼盘成为违章建筑；可能是没有取得建设用地使用权违规开发等。二是购房人没有履行相应的合同义务，房屋出卖人拒绝交付房屋。在此情况下，就应当按照当事人之间的合同约定，由违约方承担民事责任,双方都违约的按照各自该承担的义务,确定民事责任。这就是为什么《民法典》第215条要规定"未办理物权登记的,不影响合同的效力"的原因。

在《物权法》出台之前,在民事审判实践中存在的土地和房屋买卖,只要因不动产交易不能办理产权证,不动产交易合同就按无效处理。这种不将合同效力与物权设立或者变动效力区分开来的做法,给无权处分者或者合同违约者留下了"钻空子"的机会。《物权法》第15条出台后把这个漏洞给堵上了,相应的矛盾纠纷也减少了很多。目前在民商事审判中已基本厘清了对物权变动与合同效力的区分。在无权处分的合同中,以建设用地使用权转让合同为例,如果该土地为划拨土地,则该土地使用权不能发生物权变动,但该类合同并非绝对无效,而为无权处分合同。若国家批准该划拨土地转变为出让土地,则物权能够实现变动,合同目的实现,合同自然有效;若国家不批准该划拨土地转变为出让土地,则登记机构不会对该物权的变动予以登记,建设用地使用权的物权变动就无法完成。在此情况下,该土地使用权转让合同仍为有效合同,只是因物权无法变动,当事人应当按照合同约定和法律规定承担相应的违约责任。

专题三　异议登记生效后,利害关系人是否有权起诉主张物权

《民法典》第220条规定:"权利人、利害关系人认为不动产登记簿记载的事项错误的,可以申请更正登记。不动产登记簿记载的权利人书面同意更正或者有证据证明登记确有错误的,登记机构应当予以更正。不动产登记簿记载的权利人不同意更正的,利害关系人可以申请异议登记。登记机构予以异议登记的,申请人自异议登记之日起十五日内不提起诉讼的,异议登记失效。异议登记不当,造成权利人损害的,权利人可以向申请人请求损害赔偿。"这里需要明确两个概念:一是更正登记。所谓更正登记,是指不动产的权利人或者利害关系人认为不动产登记簿上记载的事项有错误,侵害了自己的权利,其有权向登记机构申请对该登记错误予以更正。例如,利害关系人认为登记簿记载的房屋不是权利人的,是自己的,其有权提供相关材料,并向登记机构申请将该房屋登记在自己的名下。利害关系人提出申请后,权利人同意将该房屋登记在利害关系人名下,则登记机构可以作出更正登记,将利害关系人作为权利人登记在登记簿上。二是异议登记。所谓异议登记,是指登记簿上的权利人不同意更正时,利害关系人可以就登记簿记载的事项提出异议,并可以向登记机构申请异议登记。异议登记的意义在于,当登记机构准予异议登记后,因登记的不动产存在权利争议,登记簿记载的权利人不能对登记的不动产进行处分。

利害关系人的异议登记被准许后,利害关系人应当如何行为呢?《民法典》第220条第2款规定:"登记机构予以异议登记,申请人自异议登记之日起十五日内不提起诉讼的,异议登记失效。"也就是说,利害关系人在异议登记生效后,应当立即就权利争议向人民法院提起民事诉讼。如果在15

日内不提起诉讼,则其异议登记失效。

异议登记失效后会产生什么样的法律后果呢?利害关系人还有权提起民事诉讼解决权利争议吗?从《民法典》第220条的规定来看,异议登记失效,是指利害关系人在登记机构被准许的异议登记失去法律效力。该异议登记失效后,其法律后果为登记簿记载的权利人可以对登记财产即争议的不动产进行处分,登记机关不再予以限制。15天的期限系针对异议登记是否失效的期限,而非对利害关系人的诉讼权利进行限制。如果15天以后,利害关系人认为需要对登记簿记载的不动产主张权利,可以依据相关法律规定向人民法院提起民事诉讼。只是这时提起的民事诉讼,因异议登记已经失效,登记机关不再对权利人处分不动产进行限制,利害关系人存在争议不动产有被登记簿记载的权利人处分的风险。但利害关系人起诉以后,如认为有必要的,可以向人民法院对不动产申请诉讼保全;人民法院经审查后,认为有必要对争议不动产进行诉讼保全的,可以裁定对登记簿记载的争议不动产进行保全。人民法院依照法律程序对争议不动产进行审理并作出终审裁判后,登记机构应当根据当事人的申请和人民法院的裁判结果,对登记簿记载的权利人及其事项进行更正登记。

专题四　不动产交易预告登记的法律效力

《民法典》第221条规定:"当事人签订买卖房屋的协议或者签订其他不动产物权的协议,为保障将来实现物权,按照约定可以向登记机构申请预告登记。预告登记后,未经预告登记的权利人同意,处分该不动产的,不发生物权效力。预告登记后,债权消灭或者自能够进行不动产登记之日起九十日内未申请登记的,预告登记失效。"该条规定是从《物权法》第20条移植过来的,经过10多年的实践,证明不动产的预告登记制度是适合中国国情的。这次《民法典》编纂时,基本上采用了《物权法》第20条的表述,但扩大了预告登记的范围。

为什么要制定预告登记制度呢?当年在对《物权法(草案)》进行讨论时,我们反映了审判实践中遇到的真实案例。有一开发商预售房屋,有若干户小业主分期交付全部预售房屋款。交付房屋时间到后,开发商如期交付房屋,但没有给小业主办下产权证,原因是开发商未交足土地出让金,没有正式办下大产权证。后因开发商借款支付了土地出让金并办下了大产权证,为偿还债权人的债务,开发商将已经交付给小业主的房屋又卖给了债权人抵债,并将房屋正式过户到债权人名下。为此,债权人起诉到法院,并拿出房屋产权证,要求小业主腾退房屋。在此案例中,小业主没有任何过错,没有办下产权证是因开发商未交足土地出让金。如果绝对适用登记取得产权原则,小业主的合法权益如何维护?经过激烈的讨论,后来终于找到一个办法,就是建立预告登记制度,既能维护类似本案小业主的合法权益,又能保证不动产登记制度的权威。

《民法典》第221条规定的不动产交易预告登记制度应当如何理解呢?一是当事人应当签订不

动产交易合同。当事人签订的不动产交易合同包括房屋买卖协议,或者其他不动产协议,如土地使用权转让协议等。没有不动产交易当然不会有预告登记的必要。二是当事人在签订不动产交易合同时,应当约定买受人可以向登记机关申请预告登记。在不动产交易中,从签订合同到因登记产生不动产物权变动之间会有一定的时间间隔。如果间隔时间较短,自然不必约定预告登记,直接进行物权变更登记即可。但如果间隔时间较长,为保证买受人以后能够顺利登记,实现物权,就有必要在不动产交易合同中约定买受人申请预告登记的内容。三是当事人可以依据合同约定向登记机构申请预告登记。经登记机构登记后,当事人依据预告登记取得未来不动产物权设立或者物权变动优先登记权。如果当事人有了合同约定而不提出登记申请,预告登记的优先权不能自动取得。合同约定只是预告登记优先权取得的依据,而不是登记优先权本身。四是登记优先权的法律效果是阻却其他人登记取得不动产物权的行为。按照《民法典》第221条的规定,"未经预告登记的权利人同意,处分该不动产的,不发生物权效力"。这就对以前取得物权的登记行为进行了限制。这种对登记行为的限制没有否认不动产登记制度,相反是对登记制度的进一步完善。五是通过预告登记取得的登记优先权的权利边界,是债权消灭和超出法定期限的优先权自动丧失。所谓债权消灭,应当包括两个方面:一方面,不动产交易完成,当事人通过登记已经取得不动产物权,债权自然消灭;另一方面,当事人通过解除合同等方式消灭了不动产交易的债权债务关系,预告登记存在的基础消失,其登记优先权也就自然消灭。除此之外,如果当事人能够进行不动产登记,但其未行使登记优先权且时间超过90日,预告登记失效。法律作出如此规定,其目的是促使当事人及时行使权利,以免过分拖延使对方当事人的权利受到损害。

专题五 特殊动产物权的登记效力

《民法典》第224条规定:"动产物权的设立和转让,自交付时发生效力,但是法律另有规定的除外。"该条的核心问题是动产物权的设立和变动问题。就一般动产而言,物权的设立和变动从动产交付到相对人时发生法律效力。这里所说的法律另有规定的除外,通常是指法律规定需要在登记机构登记的动产和其他法律有关动产发生物权设立和变动的规定。需要在登记机构登记的动产,其物权设立和变动应当自登记时发生法律效力。《民法典》第225条规定:"船舶、航空器和机动车等的物权的设立、变更、转让和消灭,未经登记,不得对抗善意第三人。"按照我国现行法律的规定,船舶、航空器和机动车等动产的转让,通常要求进行登记。登记成为这类动产物权取得和变动的标志。而在实践中,这些动产转让不经登记而直接交付的情况非常多,有些甚至"一物二卖",登记与交付相互混杂,情况十分复杂。在此情况下,物权的取得或者变动变得十分复杂,其中又以机动车的交易最为复杂。以机动车的物权变动为例,可能存在三种情况:一是甲与乙订立合同,将机动车卖给乙后,甲又与丙订立合同将车卖给丙并交付给丙;二是甲将机动车转让给乙,并进行了登记,而后甲将车再转让给丙并交付给丙；三是甲将机动车转让给乙并交付给乙，而后甲将车再转让给丙并登记。以上三类情形均在审判实践中大量出现。依据《买卖合同司法解释》第 10 条的规定，第一种和第二种情形的车辆所有权归丙，第三种情形归乙，但学界对此存在争议。

上述机动车交易的合同均不能轻易认定买卖合同无效，但需要注意将合同效力与物权变动效力区分开来。在“一车二卖”的两份合同中，只有一份合同买受人有权取得机动车物权，另一份合同则应当根据合同约定和履行情况确定违约责任。未经登记的机动车，因按照合同约定交付以后，买受人对出卖人的返还请求权可以进行对抗。其具体理由为：首先，买受人取得机动车有合同依据，具备合法性。其次，买受人被限制对抗权的范围仅为善意第三人，不包括作为合同相对方的出卖人，这一点比较重要。因为买受方得到机动车是基于出卖人依据合同约定的交付，故出卖人不得行使返还请求权。最后，未经登记的机动车依合同约定交付以后，买受人对不能证明自己为善意的第三人，有权对其交付机动车的请求予以对抗。第三人请求机动车占有人向其交付机动车，应当证明其与出卖人的交易为善意，此时举证证明责任在第三人，而非买受人。该举证证明责任的分配原因为，第三人与出卖人的交易是否为善意只有出卖方与第三人最清楚，买受方因没有掌握证据来源而很难完成证据的提供。

另外，对于转让人的债权人，主张其为《民法典》第 225 条规定的善意第三人，应当如何处理呢？《物权法解释(一)》第 6 条规定，转让人转移船舶、航空器和机动车等所有权，受让人已经支付对价并取得占有，虽未经登记，但转让人的债权人主张其为《物权法》第 24 条(现《民法典》第 225 条)所称的“善意第三人”的，不予支持，法律另有规定的除外。按照这一规定，如果机动车的车主将车辆出让给买受人，如车主负债，车主的债权人主张追回车辆，转让人的债权人是不能认定为善意第三人的。因为善意第三人的认定应当具备以下条件：第一，买卖双方已经订立买卖合同且合同成立；第二，受让人已经支付对价，此处对价不一定为全款，只要按照合同约定支付对价即可；第三，受让人已经取得占有；第四，法律另有规定除外。机动车车主的债权人是另一个债权债务关系的当事人，不具备《民法典》第 225 条规定的善意第三人的条件，要以善意第三人的身份追回已经交付的机动车不能得到支持。

专题六　已经依法占有动产时动产物权的设立与变动

当事人对动产物权的设立和变动一般先有意思表示，再有对动产的交付。特殊情况下，可能存在动产已经为买受人先行占有，而后才有双方当事人互相协商一致进行物权的设立和变动。在此情况下，出卖人显然无须再履行交付行为，故法理上将此情形下的交付作为民法上的简易交付。对此，《民法典》第 226 条作出专门规定：“动产物权设立和转让前，权利人已经占有该动产的，物权自民事法律行为生效时发生效力。”具体来说，在适用该条规定时应当注意：第一，买受人占有动产必须具备合法性。通常的合法占有包括租赁、质押、借用等情形；非法占有他人财物如偷盗、抢夺、欺诈等行为，不能适用第226条，以防止出现强买强卖、巧取豪夺等问题。第二，适用简易交付之前，占有人占有动产物的法律关系已经成立并生效，如租赁关系、借用关系、质押关系等。如该法律关系尚未成立、标的物尚未交付则不能适用简易交付。第三，简易交付情形下的物权变动时间与一般动产交付的物权变动时间不一致。简易交付时，物权变动的时间应当自当事人设立和变动物权的民事法律行为生效时发生效力。如标的物之前已经因其他民事法律行为完成交付，那当事人订立的买卖合同生效的时间是物权变动时间，而基于租赁、借用合同而产生的交付时间不是物权变动的时间。但在一般动产交付中，则是设立和变动物权的合同生效后才有动产交付行为，物权的设立和变动才可能发生。

专题七 动产物权设立和变动前第三人占有动产的物权变动

《民法典》第227条规定：“动产物权设立和转让前，第三人占有该动产的，负有交付义务的人可以通过转让请求第三人返还原物的权利代替交付。”按照该条规定，动产物权的出让人在签订动产物权转让合同后，为履行交付动产物权的法律义务，可以通过转让请求第三人返还原物的权利完成交付，即民法上的指示交付。适用第227条指示交付需符合的条件为：第一，动产物权出让人对动产享有物权，或在约定交付的时间内享有物权；第二，动产物权设立和转让以前，第三人已经占有动产；第三，动产物权受让人同意通过转移原物返还请求权，代替出让人的交付义务。关于第一点，交付时享有物权，是指在签订动产物权转让合同时，出让人不一定已经完整取得了物权，但是在交付动产物时应当已经取得物权。关于第二点，第三人占有动产时一般应为合法占有，但是在一定情况下非法占有亦应当允许适用指示交付。所以这次《民法典》编纂时，本条就将原来《物权法》第26条中表述的“第三人依法占有”改为“第三人占有”，删去了“依法”二字。例如，借用人借用汽车的时间是一年，到期后借用人不还该车，借用人对该车的占有已经不具有合法性。为此，汽车所有权人将该车卖给他人，然后将该车的返还请求权转让给买车人代替交付即属于这种情形。关于第三点，适用指示交付设立和转让物权的，其物权变动生效时间，为返还原物请求权转让合同生效的时间。指示交付中，负有交付义务的人即动产物权的出让人，应当与受让人达成返还原物请求权转让协议。实践中，出让人与第三人之间可能存在民事争议，受让人应在签订返还原物请求权转让协议时，预测到可能出现第三人不交付的情形。若出让人与第三人的民事争议系围绕同一动产产生，审判实践中切不可忽视第三人的合理抗辩。如出让人与第三人之间关于动产物的物权归属存在争议，第三人可提出抗辩。此案权属争议应当另案先行解决。如出让人与第三人之间的民事争议不是围绕同一动产，而是其他民事诉讼，则法院应当依据法律规定独立审理返还原物请求权案件，二者不属于同一法律关系，可自行另案处理。

专题八　动产物权转让时约定出让人继续占有动产的物权变动

《民法典》第228条规定："动产物权转让时，当事人又约定由出让人继续占有该动产的，物权自该约定生效时发生效力。"这种动产物权的转让方式，即民法上的占有改定。该条款的适用条件为：第一，动产物权的转让合同已经订立。第二，当事人约定出让人继续占有该动产，出让人不再履行交付义务。这里的当事人约定，可以是动产物权转让合同中的约定，也可以是在动产物权转让合同成立之后另行订立的合同中的约定。第三，出让人继续占有动产的依据应为其他民事法律关系。出让人以前占有动产的是因其对该动产拥有物权，但动产转让给受让人后，受让人即为动产的权利人，出让人应将该动产交付给受让人。如果出让人要将动产继续留在出让人处，必须要有其他民事法律关系为依据。例如，出让人将出让的挖掘机又通过租赁合同租回来使用，出让人将出让的货柜车通过借用方式借回来使用等，都是用其他法律关系让出让人继续占有动产的依据。第四，动产物权变动的时间，为物权转让协议生效的时间。这种类型的物权变动时间，不同于通常情况下以交付作为物权变动时间。此类物权变动时的交付，因双方约定为出让人继续占有而并未实际发生，但出让人的占有已经与原来作为物权人的占有具有本质区别。后者是以其他民事法律关系为依据产生的占有，不再是物权人的占有。由于此类物权变动时的"交付"，对外公示行为实际并未发生，物权效力在出让人和买受人之间可以对抗，但在第三人不知道或不应当知道该情况时，原出让人再次将动产出卖，原买受人的权利可能因善意第三人受到损害。鉴于此，实践中的占有改定对交易双方的诚信提出了更高的要求，对此我们应当有清醒的认识。

专题九　人民法院、仲裁机构的法律文书和人民政府的征收决定等国家行为的物权效力

人民法院、仲裁机构的法律文书和人民政府的征收决定等国家行为的物权效力问题是审判实践中经常遇到的问题。按照《民法典》第229条的规定："因人民法院、仲裁机构的法律文书或者人民政府的征收决定等，导致物权设立、变更、转让或者消灭的，自法律文书或者征收决定等生效时发

生效力。”按照这一规定，能够导致物权设立、变更、转让或者消灭的国家行为主要有以下几种形式：

一是人民法院的法律文书。主要包括判决、裁定和调解书。人民法院能够产生物权效力的判决和裁定较多，例如，人民法院因确权之诉、返还原物之诉、损害赔偿之诉等，都可以产生物权效力。在审判实践中，引起争议较多的是人民法院的调解书。一些人认为，调解书是双方妥协的产物，不是人民法院依法作出的判决，不应产生物权效力。但是应当看到，人民法院的调解书与人民调解组织或其他调解组织经过调解产生的调解书，以及双方当事人通过协商达成的调解协议是不同的。它是在民事诉讼过程中，在独任法官或者合议庭的主持下达成调解协议后，以人民法院的名义制作的法律文书，它体现国家意志，具有国家强制执行力，属于国家行为的范畴。因此，人民法院的调解书具有能够导致物权设立、变更、转让和消灭的效力。人民调解组织和其他社会组织经过调解产生的调解书，如果按照民事诉讼法规定的程序，经过司法确认，应当具有人民法院调解书的功能，也可以具有物权效力。至于当事人的和解协议，包括在执行程序中当事人达成的和解协议，因不属于人民法院调解书的范围，不应当具有物权效力。未经司法确认的人民调解组织的调解书、当事人之间的和解协议，只能作为民事法律行为达成的协议，其能否产生物权效力，还要按照法律的规定，不动产经过登记，动产经过交付后，才能产生物权效力。

二是仲裁机构的仲裁文书。仲裁机构不是国家机关，而是民间社会组织。但法律规定仲裁机构作出的仲裁文书属于法律文书，经当事人申请如果没有不得执行的事由，人民法院应当执行仲裁文书。可见，仲裁机构作出的仲裁文书具有国家强制力。仲裁机构虽然不是国家机构，但因法律赋予仲裁文书以国家强制力为保障的执行能力，该机构自然具有了准国家机构的地位。

三是人民政府的征收决定。《民法典》第 243 条第 1 款规定：“为了公共利益的需要，依照法律规定的权限和程序可以征收集体所有的土地和组织、个人的房屋以及其他不动产。”政府为了公共利益，采用国家强制力的方式对集体所有的土地和组织、个人的房屋和其他不动产进行征收后，其财产的所有权属性都将发生变化，即从集体财产和私有财产转变为国家所有的财产。因此，政府的征收决定具有能够改变物权归属的物权效力。当然，政府在进行征收时，应当按照法律规定给予合理的补偿和解决因征收而造成的被征收人的生产、生活困难，维护被征收人的合法权益。这是另一个重要的法律问题，这里不再详述。

人民法院、仲裁机构的法律文书和人民政府的征收决定等国家行为不仅具有能导致物权设立和变动的物权效力，其物权效力发生的时间也与民事主体关于设立、变更、转让和消灭物权的民事法律行为不同。法律文书和征收决定的物权效力，从法律文书和征收决定发生法律效力时生效。例如，人民法院的确认之诉，有二审判决的，从二审判决生效时物权的设立和变动发生效力；仲裁裁决发生法律效力时，所涉物权的设立和变动发生效力。民事主体设立和变动物权的民事法律行为，通常会先协商订立合同。合同成立生效后，再按照合同的约定，不动产通过登记，动产通过交付等民事法律行为，使设立和变动的物权法律效力产生。正因如此，《民法典》才将法律文书和征收决定等作为一种特殊的物权设立和变动方式。

专题十　事实行为设立和消灭物权的法律效力

在建造房屋和拆除房屋时，该事实行为在设立或者消灭物权方面产生的问题，在审判实践中经常遇到。《民法典》第231条规定："因合法建造，拆除房屋等事实行为设立或者消灭物权的，自事实行为成就时发生效力。"按照该条规定，合法建造的事实行为该如何理解呢？

一是建造行为合法，且建造行为履行完毕，房屋已经建成的问题。在此种情况下，建造人是已建造房屋的物权人或者物权登记的申请人。例如，农村集体经济组织成员组成的农户申请宅基地使用权后，自行建造房屋完毕的，则该农户就是房屋的所有权人。因为农村自建房屋没有规定必须登记，房屋建成之日即房屋所有权形成之时。如果是开发商开发修建房屋，房屋修建完成之日，开发商通过建造事实行为这一方式，对该房屋取得原始物权。开发商取得的房屋原始物权，只能享有占有和使用权，不能行使处分权。以后通过不动产登记正式取得完整物权后，才能对该房屋行使处分权。

二是建造行为已经完毕，但还不具有完全的合法性或者合法性尚待认定的问题。例如，某一建筑物已经竣工，但因多盖了两层楼房，超出批准的建筑标准，不具有完全的合法性。这两层楼房是拆除还是保留由行政管理机关进行处理，判断是否符合当地城市规划，并作出相应处罚。如果符合城市规划，可能在给予相关处罚后，按照节约原则对两层楼房予以保留。经行政机关处理后，取得相应合法性，该开发商取得原始物权。如果该建造行为的合法性尚存在争议，则应在争议解决后取得原始物权。

三是建造行为虽然具有合法性，但建造行为并没有完成，其已经形成的建筑物和构筑物的权利保护问题。例如，建造人建造的房屋只完成一部分后，因缺乏资金而成为"烂尾楼"。那建造人对"烂尾楼"拥有什么样的权利呢？从房屋的角度看，该"烂尾楼"还没有履行完建造行为，作为房屋的不动产还没有形成，还不能形成房屋的原始物权。但是，该"烂尾楼"毕竟是建造行为形成的建筑物或者构筑物，里面是资金、技术、管理和劳动力等生产要素的凝结，属于不动产性质的财产。该财产虽然不具有房屋的原始物权性质，但具有"在建工程"的物权性质，其所有权归属于建造人。建造人对"在建工程"可以依法享有占有、使用、收益和处分的权利。具体来说，建造人可以通过融资继续履行建造行为，可以依法转让"在建工程"并获得相应的收益。

四是建造行为不具有或者不完全具有合法性，且建造行为还没有履行完毕，其已经形成的建筑物或者构筑物的权利保护问题。正如前面所说，建造行为虽然没有完毕，但其形成的建筑物或者构筑物中，已经凝结了资金、技术、管理和劳动力等生产要素，已经具有财产属性。但由于建造行为不具有或者不完全具有合法性，其财产的合法性问题需要相关国家机关予以处理。在相关国家机关未解决该财产的合法性之前，任何民事主体和其他国家机关均不得对该财产进行侵害。如果有民事主体对该财产进行侵害，建造人可以依法要求侵权人承担赔偿损失、恢复原状等民事责任。相关国家机关可以要求其依法拆除、整改或补办相关手续，符合继续建造情形的，可以继续进行建造。对于那些在相关国家机关未依法处理完毕前，以建造人建造行为不具有合法性或者不完全具有合法性为由，对建造人的财产实施侵权行为的，应当依法进行处理，保护建造人的合法权益。

拆除房屋的事实行为是消灭物权的行为。拆除房屋的行为有以下三种情况：首先是自行拆除。即房屋所有权人实施拆除房屋的行为，房屋拆除后，该房屋作为所有权的标的消灭，其所有权随之消灭。其次是合同约定拆除。即房屋所有权人通过合同方式委托相关组织和人员对房屋进行拆除。该合同成立生效时，房屋作为所有权的标的尚在，所有权还没有消灭。只有当接受委托的组织或者人员拆除了房屋，房屋作为所有权的标的消灭，房屋所有权才随之消灭。最后是相关组织和人员接受人民法院和相关行政机关的指令，实施房屋的拆除。通常情况下是法院作出相关生效裁判和行政机关作出拆除令后，由相关组织和人员实施拆除行为。这时，从法院作出的生效裁判和相关行政机关作出的拆除令到正式拆除，往往存在一定的时间间隔。本书认为，法院生效裁判和相关行政拆除令的作出是消灭物权的启动，相关组织和人员拆除行为的完成是消灭物权的结束。在这个过程中，只要拆除行为没有实施完毕，物权的消灭就没有结束。因此，拆除房屋的事实行为成就之时，实际上就是拆除房屋的行为完成之时，此时，房屋的所有权消灭。拆除行为完成后，物权消灭程序还有最后一项工作，即进行物权消灭登记，正式向社会公示该房屋的所有权消灭。

关于物权登记在特殊物权的设立和变动中的意义。按照《民法典》第229条、第230条、第231条的规定，法律文书和征收决定设立和变更物权、继承取得物权和事实行为设立或者消灭物权，是特殊的物权设立或者变动形式。按照这些形式取得的物权或者发生物权变动后，需要办理登记的，还应到登记机构办理登记。如果不办理登记，那么接受不动产物权的当事人只能自己占有和使用该不动产，不能对该不动产进行处分，即使进行处分，也不发生物权效力。这是一般物权设立和变动方式与特殊物权设立和变动方式的区别，在民事审判工作中应当认真注意把握。

第三章　物权的保护

专题一　物权的保护

物权是权利人依法对特定的物享有直接支配和排他的权利。有权利必有救济。《民法典》物权编物权的保护一章就此问题作出专门规定。所谓物权保护，是指在物权受到妨害的情况下，采用法律的规定维护物权人的利益、保障权利人不受侵害的各种保护方法。[①] 除行政法和刑法领域对物权的公法保护外，物权在私法上的保护主要包括物权法上的保护和债权法上的保护。物权法上的保护主要体现为包括物权确认请求权和物的返还请求权等权利在内的物权请求权；债权法上的保护则主要包括侵权损害赔偿请求权和不当得利请求权。鉴于侵权损害赔偿及不当得利请求权本质属于债权法领域的问题，本专题主要论述物权保护中的物权请求权。此外，不享有物权的占有人之利益保护，虽与物权保护存在一定关联，但并非同一问题，本专题不作过多论述。

一、物权保护的救济途径

物权受到侵害后，根据救济的手段和方式的不同，物权保护可以分为公力救济和私力救济。公力救济，是受害人请求公权力者运用公权力对自己的物权提供保护，主要形式为提起诉讼，该诉讼主要指民事诉讼。私力救济，则是在物权受到侵害时，权利人通过自己的力量或者其他非国家力量来保护受到侵害的物权。当事人就物权争议的问题通过协商进行和解，或将争议提交第三方进行调解，或提请仲裁机构进行仲裁，均属于私力救济的范畴。此外，在紧急情况之下当事人尚得依自助、正当防卫等自力救济排除他人的不法侵害，以保护自己的物权。就物权的救济途径，有两个问题需要特别说明。

第一，关于土地承包经营权纠纷的救济途径。《农村土地调解仲裁法》规定，发生农村土地承包经营纠纷的，当事人可以自行和解，也可以请求村民委员会、乡（镇）人民政府等调解；当事人和解、调解不成或者不愿和解、调解的，可以向农村土地承包仲裁委员会申请仲裁，也可以直接向人民法院起诉。一方面，不同于普通民商事仲裁的"一裁终局"性，土地承包仲裁委员会作出的仲裁裁决并不当然发生法律效力。当事人不服该仲裁裁决的，可以自收到裁决书之日起 30 日内向人民法院起诉；逾期不起诉的，仲裁裁决才发生法律效力。另一方面，村民委员会或者乡（镇）人民政府制作调解协议书与土地承包仲裁委员会在仲裁过程中进行调解制作的调解书亦具有不同的法律效力。前

---

① 王利明：《物权法研究》，中国人民大学出版社 2016 年版，第 192 页。

者即调解协议书的效力类似于民事合同,其与一般调解协议效力相似,不具有强制执行力;后者即土地承包仲裁委员会制作的调解书经双方当事人签收后,即发生法律效力,当事人可以直接申请人民法院强制执行。

第二,关于土地等自然资源权属争议的救济途径。《土地管理法》第14条规定:“土地所有权和使用权争议,由当事人协商解决;协商不成的,由人民政府处理。单位之间的争议,由县级以上人民政府处理;个人之间、个人与单位之间的争议,由乡级人民政府或者县级以上人民政府处理。当事人对有关人民政府的处理决定不服的,可以自接到处理决定通知之日起三十日内,向人民法院起诉。……”《矿产资源法》《森林法》《草原法》均有类似规定。据此,当事人就矿产、森林等自然资源发生权属纠纷的,当事人应向行政机关申请确权,行政机关就当事人之间的土地、矿产、草原权属纠纷所作的确权决定,属于行政裁决行为。同时,根据《行政复议法》第30条第1款以及最高人民法院《关于适用〈行政复议法〉第三十条第一款有关问题的批复》之规定,当事人认为行政机关确认土地、矿藏、水流、森林、山岭、草原、荒地、滩涂、海域等自然资源的所有权或者使用权的具体行政行为,侵犯其已经依法取得的自然资源所有权或者使用权的,适用“复议前置”的规则,即需行政复议后方可向人民法院提起行政诉讼。上述所谓“确认”权属的行政行为系指当事人对自然资源的权属发生争议后,行政机关对争议的自然资源的所有权或者使用权所作的确权决定,但有关土地等自然资源所有权或者使用权的初始登记并不包括在内。[①] 当事人提起行政诉讼的,根据《行政诉讼法》第61条之规定,在其申请一并解决相关民事争议的情况下,人民法院可以一并审理。综上,山林权属等自然资源权属争议,当根据上述特别法的规定寻求救济。

二、物权请求权

物权请求权,是指物权人在其物权受到侵害、妨害或有被妨害之虞时,基于物权而请求侵害人为或不为一定行为,以恢复其物权应有之圆满支配状态的权利。根据《民法典》物权编的规定,物权请求权包括物权确认请求权、返还原物请求权、停止侵害请求权、排除妨害请求权、消除危险请求权。物上请求权是各种物权所具有的共同效力,即物权请求权不仅可以基于所有权而发生,同样也可基于用益物权、担保物权而发生。理解物权请求权需注意以下几个问题:

第一,物权请求权体现了物权消极权能对物权的保护。根据《民法典》的规定,物权是权利人依法对特定的物享有直接支配和排他的权利。该定义即表明,物权既含有占有或使用等积极的支配权能,同时也包括“排他”的消极权能。物权请求权即体现了物权的消极权能。在物权未受到侵害或妨害之时,物权请求权仅以消极、抽象的方式蕴含于物权之中,蓄而不发。在有侵害或妨害物权之积极权能的情势发生,以致物权的支配内容不能完全实现时,物权的“排他”效力即发挥作用,权利人即得请求侵害人为或者不为一定行为,以排除侵害或妨害,实现物权应有之圆满支配状态。由此亦可见,物权请求权属于请求权的范畴,只能发生在特定的当事人之间,是一种相对法律关系,其并不以直接支配物为内容,自与作为绝对权的支配权有别。

---

① 最高人民法院行政审判庭《关于行政机关颁发自然资源所有权或者使用权证的行为是否属于确认行政行为问题的答复》([2005]行他字第4号)。

第二,物权请求权与物权不可分离。物上请求权基于物权而生,随着物权的转移而转移,物权消灭时物权请求权不复存在,物上请求权亦不能与物权本身相脱离,不能独立地让与第三人。假如物权请求权可以脱离物权本体而消失或归属于他人,则物权受到侵害或妨害之时,物权人无法行使物权请求权,其物权实质上将陷于有名无实之境地。

第三,物权请求权产生和存在的目的是排除或预防妨害、恢复权利人对标的物的正常支配,使物权的圆满状态得以恢复和实现,而不是以惩罚和制裁妨害人为目的,也不以填补权利人的实际损失为考量。故物权请求权的行使需以物存在为前提,如果物已经灭失,则只能够通过要求侵权损害赔偿等方式进行救济,而无法行使原物的物权请求权。①

第四,物权请求权的诉讼时效问题。物权请求权并非依据当事人之间的约定产生,其既体现了物权消极权能,亦与物权密不可分。民法理论和立法例一般认为物权请求权不适用诉讼时效的规定,《民法典》区分物权请求权的不同形式分别作出规定。首先,停止侵害、排除妨害、消除危险请求权系针对占有之外的妨害情形,其恢复物权人对物的支配。该请求权不适用诉讼时效的规定,否则将会使物权人必须容忍他人对其物权的侵害,使物权成为有名无实的权利。其次,关于原物返还请求权。一方面,不动产物权价值重大,且一般以登记为不动产物权变动公示方法。鉴于登记簿显示了物权的归属,而登记具有公示公信之效力,任何与无权占有人发生交易关系的相对人并无理由信赖该无权占有人系真正权利人,故不动产登记物权人主张返还原物不适用诉讼时效的规定。此外,考虑到土地承包经营权不以登记为物权公示方法以及现阶段部分农村房屋未办理登记的实际情况,为切实维护不动产物权人的利益,《民法典》不区分不动产物权是否以登记为要件,统一规定不动产物权人主张返还原物不适用诉讼时效。另一方面,一般的动产价值小、流动大、易损耗,如果不适用诉讼时效之限制,多年后可再行起诉,则不仅举证困难,增加诉累且不利于当事人之间的社会关系进入稳定状态,故对于未登记的一般动产适用诉讼时效的规定。但船舶、航空器、机动车等特殊动产,不仅价值较大,且以登记为对抗要件,该类动产进行登记后与不动产的登记均可产生公示公信力,故登记的动产物权亦不适用诉讼时效的限制。最后,关于物权确认请求权是否适用诉讼时效的规定的问题,《第八次全国法院民事商事审判工作会议(民事部分)纪要》第 24 条就此明确规定:"已经合法占有转让标的物的受让人请求转让人办理物权变更登记……利害关系人请求确认物权的归属或内容……对方当事人以超过诉讼时效期间抗辩的,均应不予支持。"此外,《民法典》第 196 条第 2 项规定,不动产物权和登记的动产物权的权利人请求返还财产的,不适用诉讼时效的规定。返还财产的前提往往是物的归属。因此,关于不动产物权和登记的动产物权的权利确认,不适用诉讼时效的规定。

《民法典》物权编根据物权受侵害及妨害的具体样态、时间的不同,设置了不同的保护方法。物权确认请求权针对物权的归属、内容发生争议的情形。返还原物请求权系针对物之占有现在受到妨害的情形。停止侵害和排除妨害请求权则针对物权受到无权占有之外的其他侵害或妨害之情形。消除危险请求权则系物权于将来有受妨害可能时的保护方法。

① 孙宪忠:《中国物权法总论》,法律出版社 2003 年版,第 317 页。

(一)物权确认请求权

所谓物权确认请求权,是指利害关系人在物权归属和内容发生争议时,有权请求确认物权归属、明确权利内容。[①] 该项请求权是物权保护请求权的一种,也是物权保护的一项基本权利。物权确认既包括对所有权和他物权归属即物权主体的确认,也包括对物权内容的确认。物权确认请求权产生于物权是否存在或物权归属存在争议的前提条件之下,请求确认物权的人并不当然享有物权,但一定是以客观上拥有物权或者自认为自己拥有物权为前提的;否则其请求权就没有基础。物权的确认,虽不排除当事人协商等途径,但更多是采用公力救济的方式。当事人可以直接向法院提出确权之诉,在不动产登记物权归属发生争议的情况下也可以向登记机构申请办理更正登记。物权确认请求权的行使是从法律上确认物权的归属及内容,这往往是主张其他物上请求权的前提和基础。司法实践中,对于物权确认请求权的保护需注意以下几个问题:

第一,物权确认请求权系物权保护的前提,从逻辑上讲,只有在物权归属和内容明确的前提下,当事人才能进一步行使其他物权请求权,故物权确认可认为是当事人主张其他物权请求权等权利的"先决问题"。在原告一方主张物权请求权或侵权损害赔偿请求权,而对方质疑其物权归属的情况下,人民法院在诉讼中应先就权属问题作出认定,并在此基础上对原告的诉求进行评判,以减少当事人诉累,实现纠纷的一次性解决。

第二,正确把握权利推定与物权权属确定的关系。物权保护以证明物权的存在为前提。为了减轻动产占有人和不动产登记人证明物权权属的责任,法律设置了权利推定规则。法律上的权利推定,是指立法者在法律上就某一特定的权利或法律关系,对有关的要件事实未经证明就直接对其现状是否存在予以推认的情形。该制度始于基于占有的所有权推定,至不动产登记制度成立后,记载于登记簿的权利状态被承认。[②] 其中,占有的推定规则,是指占有人于占有物(动产)上行使所有者权利时,推定其依法有所有权。我国《民法典》对此虽然未设明文,但其中有关善意取得及占有请求权等内容都折射出其已承认这种所有权推定。[③] 登记的推定规则,指法律推定不动产登记簿上记载的不动产权属状况以及权利限制事项与真实情况保持一致。根据我国《物权法》第 16 条第 1 款有关"不动产登记簿是物权归属和内容的根据"以及《物权法解释(一)》第 2 条有关"当事人有证据证明不动产登记簿的记载与真实权利状态不符、其为该不动产物权的真实权利人,请求确认其享有物权的,应予支持"的规定,我国法律亦承认了登记的推定规则。需明确的是,上述权利推定规则本质上只是诉讼法上的证明责任分配规则,均系可推翻的推定,其与物权的真正权利人没有必然联系,否则仅以占有和登记的权利外观作为依据,物权确认制度就失去了其应有的意义。

第三,关于当事人请求对不动产登记物权权属确认的问题。根据《物权法解释(一)》之规定,当事人主张不动产登记簿的记载与真实权利状态不符、其为该不动产物权的真实权利人的,其既可就相关行政行为提起行政诉讼并申请在行政诉讼中一并解决上述民事争议,亦可直接就权属问题提起民事诉讼。通常情况下,依据法律行为导致的不动产物权变动,非经登记不产生效力。但如上

---

① 王利明:《物权法研究》,中国人民大学出版社 2007 年版,第 195 页。
② 毕玉谦:《民事证明责任研究》,法律出版社 2007 年版,第 452 页。
③ 崔建远:《物权:规范与学说》,清华大学出版社 2011 年版,第 269 页。

所述,不动产登记簿的物权登记具有推定效力,并不具有绝对效力,登记簿的记载不必然表明登记权利人系不动产物权的真正权利人。鉴于不动产登记簿属于书证中的公文书证,当事人否定不动产登记簿证明力的证据,应达到“具有高度可能性”程度。据此,在相关案件审理中,不动产登记簿的记载只是用以证明物权权属的证据,在民事诉讼中,该登记本身不影响人民法院在买卖、赠与、抵押等基础法律关系的基础上对物权权属的独立认定。在当事人已经提起民事诉讼的情况下,人民法院不得要求当事人先行提起行政诉讼,在撤销登记后再通过民事诉讼确认物权归属。同理,无论该不动产是否存在异议登记以及查封等诉讼保全和执行措施的登记,亦不论该类登记的效力状况,均不影响人民法院根据基础法律关系对物权归属和内容进行确认。

(二)返还原物请求权

返还原物请求权,是指权利人要求无权占有人返还其占有的物之请求权,其旨在使权利人获得对标的物的占有。适用返还原物请求权需注意以下问题:

1. 请求权的主体需为物权人。首先,该物权人既包括所有权人也包括他物权人。不享有物权的人即使取得了合法占有权,也只能根据《民法典》物权编占有部分的规则行使权利,而不能享有物权请求权。因人民法院、仲裁机构的法律文书或者人民政府的征收决定以及因继承、合法建造等非法律行为取得不动产所有权但尚未办理登记的权利人,亦得以所有权人的身份主张返还原物。其次,关于共有人的权利主张问题。各共有人可否单独向无权占有人主张返还原物,不无争议。我国《民法典》从保护共有人利益的考虑出发,主张共同共有人均可提出相应请求,但需明确的是该请求应为共有人全体的利益,即必须请求占有人向全体共有人返还共有物。此外,按份共有人中的一人超过其应有部分行使权利,尤其是超过其应有部分占有和使用共有物的,其他共有人亦有权对其行使返还原物请求权。最后,虽然不是物权人,但依法律规定得行使物权的人,如破产管理人、失踪人的财产代管人等亦可行使返还原物请求权。

2. 相对人需为现在占有物的无权占有人。首先,相对人须为现在占有物的人,即事实上管领物之人。根据谢在全教授的观点,返还原物请求权的目的在于取得原物之占有,在原加害人已将该物转让他人或因其他原因丧失占有的情况下,物之所有人即使向其提出请求,亦非该加害人所能给付,显无实益。故“纵曾占有其物但现在未占有其物之人,纵另所有人之占有系因其人之行为而丧失,所有人亦仅于该项行为具备侵权行为要件时,得向其人请求损害赔偿而已,尚不得对之行使物上请求权,请求返还所有物”。[①] 其次,现在占有的人包括直接占有人和间接占有人。原加害人在取得无权占有后,将该物出租、出借、寄存于他人的,其虽未直接支配标的物,但并未丧失占有,作为间接占有人其亦得为请求之相对人。占有辅助人系受他人指示而占有,其并非占有人,不得为请求的相对人。例如,甲有某画被乙盗走,乙将之出卖给知情的丙,丙把它寄存于丁处,丁交给其雇员戊保管。在这种情况下,甲行使物的返还请求权的相对人为丙(间接占有人)、丁(直接占有人);乙不是现在的占有人,戊为丁的占有辅助人,其均非物的返还请求权行使之对象。[②] 最后,相对人的占有必须为无权占有。按照占有是否有本权的依据,占有可分为有权占有与无权占有。所谓本权,是指

---

① 谢在全:《民法物权论》(上),台北,新学林出版股份有限公司修订5版,第171页。

② 王泽鉴:《民法物权(第1册):通则·所有权》,中国政法大学出版社2001年版,第166页。

基于法律上的原因,可对物进行占有的权利。有权占有即指有本权的占有,其占有本权为债权(如承租合同)或物权(如建设用地使用权)在所不论,所有人对有权占有人依法有忍受的义务。无权占有是指无本权的占有,即无占有之正当权源而仍占有其物,无论是自始无权占有或原属有权占有但其后丧失占有的,均属该情形。返还原物请求权以维持及恢复物权之圆满支配状态为目的,故无权占有时间的长短,占有形成的原因,故意或过失,善意或恶意,系由于占有人自己和他人之原因或由于自然力所致,均非所问。①

3. 关于证明责任的问题。请求人主张返还原物请求权,应举证证明自己是物权人,其无法证明自己对该物享有的物权,则其请求不能成立。此时可根据权利推定规则分配举证责任,在登记物权的情况下,请求人证明自己为登记人即可。占有人对请求人享有物权无争议,仅以其并非无权占有为抗辩的,其应举证证明自己对物的占有存在正当权源,请求人不负证明占有人系无权占有的举证责任。②

4. 原物返还请求权的限制。《民法典》规定,无处分权人将不动产或者动产转让给受让人的,所有权人有权追回。此所谓有权追回即所有权人有权自第三人处请求返还原物,这是原物返还请求权的一种特殊情况。物权赋予物权人以原物返还请求权,加强了对物权的保护,但同时于交易安全产生不利影响,即取得物之人需承担其交易相关人并非权利人,标的物可能有被取走的风险。故自《物权法》以来我国亦明确规定了善意取得制度,在无权处分人为无权处分行为,且所有权人不予追认的情况下,需考察第三人是否善意取得。若构成善意取得,则物权保护需让位于交易安全的保护,该第三人取得物权,原物权人的权利灭失,原物返还请求权亦随之灭失;否则原物权人仍可要求返还原物。

(三)排除妨害请求权

排除妨害请求权,是指当物权的享有和行使现实地受到占有以外的方式妨害时,物权人对妨害人享有请求其排除妨害,使自己的权利恢复圆满状态的权利。适用排除妨害请求权需注意以下问题:

1. 关于妨害的认定。首先,根据《民法典》物权保护的相关规定,从体系解释的角度出发,物的返还请求权针对以占有的方法妨害物权支配的情形;排除妨害请求权中的"妨害"则应认定为以占有以外的方法侵害物权或阻碍实现物权圆满支配状态的情形。妨害或是侵害物权,或使物权产生负担,或有形无形侵害标的物,或影响标的物权的行使,如将车辆停放在他人住宅门出入口之前,妨害通行等。其次,妨害并非损害,其不以造成物权实际损害为必要,亦不要求当事人存在主观过错。排除妨害旨在除去物权人在行使物权过程中的障碍或侵害,使物权恢复其圆满状态,故无论当事人的主观过错情况,权利人都可以要求行为人排除其妨害。再次,妨害需具备不法性。物权人有法定或约定之容忍义务的,即无妨害可言。其约定者,如地役权的设定;其法定者,如不动产相邻关系之规定。最后,妨害状态呈持续性,而不是短暂即逝或已经消失。否则,尽管妨害行为已经作出,物权人也不能行使排除妨害的请求权。例如,走进宅基地或通过他人的土地,如果只是一次性的,当事

① 谢在全:《民法物权论》(上),台北,新学林出版股份有限公司修订5版,第172页。

② 王泽鉴:《民法物权(第1册):通则·所有权》,中国政法大学出版社2001年版,第174~175页。

人就此主张排除妨害,并无实益。

2. 关于请求相对人的认定。因当事人的行为对他人造成妨害的,例如,将垃圾丢弃他人土地之上,其固为该请求之相对人。如果妨害并非当事人之行为所造成,但其对该妨害状态或事实具有维持或支配力的,即构成状态妨害,此时其亦为排除妨碍请求之相对人。例如,树木因自然原因或第三人的原因倒入权利人之土地,树木所有人即为本项请求之相对人。[①] 当然在妨害源于数个妨害人的情况下,则每个妨害人均负有排除妨害之义务。

(四)消除危险请求权

消除危险请求权,是指行为人的行为可能造成对他人的妨碍,并且构成一定的危险,权利人有权请求消除已经存在的危险。不同于排除妨害请求权旨在除去已经现实存在的妨害,消除危险请求权的目的在于防止可能出现的妨害,为妨害预防请求权。至于可能出现的妨害(妨害之虞),需就具体的情形,依一般社会观念进行判断。物权被妨害的可能性极大,而有防患于未然,事先加以预防之必要者,才可称为可能出现的妨害(妨害之虞)。[②] 消除危险请求权中有关危险亦即妨碍、相对人的认定等问题,与排除妨害请求权并无不同,于此不再赘述。

---

① 谢在全:《民法物权论》(上),台北,新学林出版股份有限公司修订5版,第175页。

② 姚瑞光:《民法物权论》,中国政法大学出版社2011年版,第36页。

第四章　所有权一般规定

专题一　征　　收

一、集体所有土地的征收补偿及民法保护

我国实行土地公有制,包括国家所有制和农村集体所有制。将集体所有制土地转化为国家所有制土地时,需要政府机关依照法律规定的权限和程序对集体所有的土地进行征收,并依法予以补偿。对此,《民法典》第243条规定:"为了公共利益的需要,依照法律规定的权限和程序可以征收集体所有的土地和组织、个人的房屋以及其他不动产。征收集体所有的土地,应当依法及时足额支付土地补偿费、安置补助费以及农村村民住宅、其他地上附着物和青苗等的补偿费用,并安排被征地农民的社会保障费用,保障被征地农民的生活,维护被征地农民的合法权益。征收组织、个人的房屋以及其他不动产,应当依法给予征收补偿,维护被征收人的合法权益;征收个人住宅的,还应当保障被征收人的居住条件。任何组织或者个人不得贪污、挪用、私分、截留、拖欠征收补偿费等费用。"由于土地是农村集体组织最重要的财产,农村土地承包经营权和宅基地使用权都以农村集体组织对土地的所有权为基础,征收也会直接影响农民的承包经营权和宅基地使用权。因此,农村集体所有土地征收是司法实践中问题较多、处理难度较大的领域。

征收,是指国家为了公共利益的需要,依法强制取得原属私人或者集体所有财产的所有权等权利的行为。依据我国2019年修改前的《土地管理法》《城市房地产管理法》等法律,农村集体所有土地要转化为建设用地的,必须由国家征收,转化为国有土地后才能入市。因此,对农村集体土地的征收是我国建设用地的主要来源。司法实践中,在把握征收概念时应当注意以下几个方面:第一,征收的目的是实现公共利益,如为个人利益或者商业利益,不能进行征收。第二,征收的对象是原属于私人或集体所有的财产,包括私人或集体对财产的所有权、使用权等权利,如果是属于国家的财产,国家可直接支配,自然无须征收。第三,征收必须依法进行。首先,征收主体必须具有征收的权力。实践中,有的地方政府将征收权交给开发商,导致征收不能正常进行,引发矛盾纠纷。有的地方政府将土地一级开发与二级开发挂钩,与开发商约定由开发商负责征收补偿,导致一级开发不能顺利进行,引发矛盾纠纷。其次,征收的程序必须符合法律规定。违反程序进行征收的行为将可能被认定为无效,直接影响征收行为的法律后果。第四,征收是国家以公权力为手段而采取的一种具有强制性的行政行为。征收并不发生在平等民事主体之间,对征收行为不服的,应当提起行政诉讼,而非民事诉讼。第五,征收虽然是行政行为,但征收系将集体或者个人的财产转变为国家财产,因此代表国家进行征收的行政机关应当支付相应的对价,对被征收人进行合理补偿。征收机关

需要与被征收人签订土地、房屋等征收补偿协议。土地、房屋等征收补偿协议属于行政协议。根据《行政诉讼法》第12条的规定,行政机关不依法履行、未按照约定履行或者违法变更、解除政府特许经营协议、土地房屋征收补偿协议等协议的行为属于可诉行政行为。因此,行政征收补偿协议纠纷一般通过行政诉讼解决。

农村土地问题是我国经济社会发展中的重大问题。随着改革开放的深化、城市化进程的推进,关于农村土地征收问题,集体经营性建设用地是否仍需要转化为国有土地后才能入市的问题,以及农村宅基地使用、流转等问题引起社会广泛关注。随着实践的不断发展和改革的不断深入,现行农村土地制度与社会主义市场经济体制不相适应的问题日益显现:土地征收制度不完善,因征地引发的社会矛盾积累较多;农村集体土地权益保障不充分,农村集体经营性建设用地不能与国有建设用地同等入市、同权同价;宅基地取得、使用和退出制度不完整,用益物权难落实;土地增值收益分配机制不健全,不能很好地兼顾国家、集体、个人之间的利益。① 针对实践中存在的问题,农村土地征收、集体经营性建设用地入市、农村宅基地制度改革3项改革试点启动。这3项制度改革也被通俗地称为"三块地"改革。2014年12月,习近平总书记先后主持召开中央全面深化改革领导小组第七次会议和中央政治局常委会会议,审议通过《关于农村土地征收、集体经营性建设用地入市、宅基地制度改革试点工作的意见》,部署在全国33个县开展农村土地制度改革3项试点。在征收范围方面,意见要求探索制定土地征收目录,严格界定公共利益用地范围。在征收程序上,该意见要求探索形成多层次多种形式的土地征收民主协商机制,与被征地的村集体经济组织(或村民小组)中绝大多数成员就补偿标准等内容达成书面协议、征地补偿安置资金和社会保障费用落实后方可启动土地征收程序。在完善对被征地农民的合理、规范、多元保障机制方面,意见要求合理确定土地征收补偿标准,按规定足额支付土地补偿费、安置补助费、地上附着物和青苗补偿费等费用,安排被征地农民的社会保障费用。涉及征收农民住房的,要探索保障和改善农民居住条件的多种安置途径。符合条件的被征地农民全部纳入养老、医疗等城镇社会保障体系。

根据改革试点经验,国务院向全国人大常委会作出《关于农村土地征收、集体经营性建设用地入市、宅基地制度改革试点情况的总结报告》就农村集体土地征收问题提出立法建议:一是缩小土地征收范围。明确因政府组织实施基础设施建设、公共事业建设、成片开发建设等六种情形需要用地的,可以征收集体土地。其中成片开发可以征收土地的范围限定在土地利用总体规划确定的城镇建设用地范围内。二是规范土地征收程序。建议要求市、县人民政府在征地前先与农民签订土地补偿安置协议,落实补偿安置资金,充分体现被征地农民的知情权、参与权、监督权。个别确实难以达成协议的,应当在申请征地时如实说明,供审批机关决策参考。三是完善对被征地农民的合理、规范、多元保障机制。征收农用地的土地补偿费、安置补助费标准由各地制定公布区片综合地价确定;农民住房不再作为地上附着物补偿,而是作为专门的住房财产权给予公平合理补偿;将被征收土地的农民纳入相应的医疗、养老等城镇社会保障体系,切实保障被征地农民长远生计。

我国《宪法》规定,国家为了公共利益的需要可以对土地实行征收或者征用并给予补偿。根据

---

① 乔思伟:《农村土地制度实现重大突破——自然资源部法规司司长魏莉华解读新土地管理法》,载《资源与人居环境》2019年第11期。

改革试点情况,结合我国经济社会发展现状和下一步改革发展的需要,2019 年立法机关对《土地管理法》《城市房地产管理法》进行了修改。

一是明确了征收可基于的公共利益的范围。修改后的《土地管理法》增加第 45 条,首次对土地征收的公共利益进行界定。该条规定:“为了公共利益的需要,有下列情形之一,确需征收农民集体所有的土地的,可以依法实施征收:(一)军事和外交需要用地的;(二)由政府组织实施的能源、交通、水利、通信、邮政等基础设施建设需要用地的;(三)由政府组织实施的科技、教育、文化、卫生、体育、生态环境和资源保护、防灾减灾、文物保护、社区综合服务、社会福利、市政公用、优抚安置、英烈保护等公共事业需要用地的;(四)由政府组织实施的扶贫搬迁、保障性安居工程建设需要用地的;(五)在土地利用总体规划确定的城镇建设用地范围内,经省级以上人民政府批准由县级以上地方人民政府组织实施的成片开发建设需要用地的;(六)法律规定为公共利益需要可以征收农民集体所有的土地的其他情形。前款规定的建设活动,应当符合国民经济和社会发展规划、土地利用总体规划、城乡规划和专项规划;第(四)项、第(五)项规定的建设活动,还应当纳入国民经济和社会发展年度计划;第(五)项规定的成片开发并应当符合国务院自然资源主管部门规定的标准。”这一规定将有利于缩小征地范围,限制政府滥用征地权。①

二是明确征收补偿的基本原则是保障被征地农民原有生活水平不降低、长远生计有保障。修改前的《土地管理法》按照被征收土地的原用途给予补偿,按照年产值倍数法确定土地补偿费和安置补助费。从实践的情况看,原来规定的补偿标准偏低,补偿机制不健全。对此,修改后的《土地管理法》第 48 条规定:“征收土地应当给予公平、合理的补偿,保障被征地农民原有生活水平不降低、长远生计有保障。征收土地应当依法及时足额支付土地补偿费、安置补助费以及农村村民住宅、其他地上附着物和青苗等的补偿费用,并安排被征地农民的社会保障费用。征收农用地的土地补偿费、安置补助费标准由省、自治区、直辖市通过制定公布区片综合地价确定。制定区片综合地价应当综合考虑土地原用途、土地资源条件、土地产值、土地区位、土地供求关系、人口以及经济社会发展水平等因素,并至少每三年调整或者重新公布一次。征收农用地以外的其他土地、地上附着物和青苗等的补偿标准,由省、自治区、直辖市制定。对其中的农村村民住宅,应当按照先补偿后搬迁、居住条件有改善的原则,尊重农村村民意愿,采取重新安排宅基地建房、提供安置房或者货币补偿等方式给予公平、合理的补偿,并对因征收造成的搬迁、临时安置等费用予以补偿,保障农村村民居住的权利和合法的住房财产权益。县级以上地方人民政府应当将被征地农民纳入相应的养老等社会保障体系。被征地农民的社会保障费用主要用于符合条件的被征地农民的养老保险等社会保险缴费补贴。被征地农民社会保障费用的筹集、管理和使用办法,由省、自治区、直辖市制定。”可见,修改后的《土地管理法》将国务院《关于深化改革严格土地管理的决定》(国发〔2004〕28 号)提出的保障被征地农民原有生活水平不降低、长远生计有保障的补偿原则上升为法律规定,并以区片综合地价取代原来的年产值倍数法,在原来的土地补偿费、安置补助费、地上附着物和青苗补偿费的基础上,增加农村村民住宅补偿费用和将被征地农民社会保障费用的规定,从法律上为被征地农民构

---

① 乔思伟:《农村土地制度实现重大突破——自然资源部法规司司长魏莉华解读新土地管理法》,载《资源与人居环境》2019 年第 11 期。

建更加完善的保障机制。

三是改革土地征收程序。依据修改前的《土地管理法》,行政机关在作出征地决定后,才向被征地人员发布公告。同时,被征地的农村集体经济组织和农民在征地过程中的知情权、监督权未得到有效保障。征地过程缺乏有效的磋商、意见反馈机制,导致农村土地征收过程中农民的意志得不到充分体现、农民的利益得不到有效保护,容易激化矛盾。修改后的《土地管理法》第47条规定:“国家征收土地的,依照法定程序批准后,由县级以上地方人民政府予以公告并组织实施。县级以上地方人民政府拟申请征收土地的,应当开展拟征收土地现状调查和社会稳定风险评估,并将征收范围、土地现状、征收目的、补偿标准、安置方式和社会保障等在拟征收土地所在的乡(镇)和村、村民小组范围内公告至少三十日,听取被征地的农村集体经济组织及其成员、村民委员会和其他利害关系人的意见。多数被征地的农村集体经济组织成员认为征地补偿安置方案不符合法律、法规规定的,县级以上地方人民政府应当组织召开听证会,并根据法律、法规的规定和听证会情况修改方案。拟征收土地的所有权人、使用权人应当在公告规定期限内,持不动产权属证明材料办理补偿登记。县级以上地方人民政府应当组织有关部门测算并落实有关费用,保证足额到位,与拟征收土地的所有权人、使用权人就补偿、安置等签订协议;个别确实难以达成协议的,应当在申请征收土地时如实说明。相关前期工作完成后,县级以上地方人民政府方可申请征收土地。”可见,修改后的《土地管理法》将原来的征地批后公告改为征地批前公告。如果多数被征地的农村集体经济组织成员对征地补偿安置方案有异议,征地机关还应召开听证会,作出修改。这有利于保障被征地的农村集体经济组织和农民在整个征地过程的知情权、参与权和监督权。[①] 县级以上地方政府在征地报批前,必须与拟征收土地的所有权人、使用权人就补偿安置等签订协议。这有利于保护被拆迁人的利益,促进和谐拆迁征地。

对于征收集体所有的土地和组织、个人的房屋以及其他不动产的问题,《民法典》第243条规定:“为了公共利益的需要,依照法律规定的权限和程序可以征收集体所有的土地和组织、个人的房屋以及其他不动产。征收集体所有的土地,应当依法及时足额支付土地补偿费、安置补助费以及农村村民住宅、其他地上附着物和青苗等的补偿费用,并安排被征地农民的社会保障费用,保障被征地农民的生活,维护被征地农民的合法权益。征收组织、个人的房屋以及其他不动产,应当依法给予征收补偿,维护被征收人的合法权益;征收个人住宅的,还应当保障被征收人的居住条件。任何组织或者个人不得贪污、挪用、私分、截留、拖欠征收补偿费等费用。”该条规定吸纳了《土地管理法》最新的修订精神。征收必须以公共利益的需要为前提。行政机关征收集体所有的土地和组织、个人的房屋,必须依照法律规定的权限和程序进行。征收人应当依法及时足额向被征收人支付土地补偿费、安置补助费以及农村村民住宅、其他地上附着物和青苗等的补偿费用,应当安排被征地农民的社会保障费用,保障被征地农民的生活。征收个人住宅的,还应当保障被征收人的居住条件。

完成对集体土地的征收后,将产生以下法律后果:一是征收机关应当依据征地补偿协议向被征

---

① 乔思伟:《农村土地制度实现重大突破——自然资源部法规司司长魏莉华解读新土地管理法》,载《资源与人居环境》2019年第11期。

收人进行补偿。征收机关的补偿是其获得被征收土地所有权所支付的对价。修改后的《土地管理法》除了将公平合理补偿,保障被征地农民原有生活水平不降低、长远生计有保障作为征地补偿的基本要求外,也进一步明确了补偿范围和标准;明确征收农用地的土地补偿费、安置补助费标准由省、自治区、直辖市制定公布,制定区片综合地价要综合考虑土地原用途、土地资源条件、土地产值、安置人口、区位、供求关系以及经济社会发展水平等因素;在土地补偿费、安置补助费、地上附着物和青苗补偿费的基础上,增加农村村民住宅补偿费用和将被征地农民社会保障费用,以确保被征地农民有居住和生活保障。二是被征收土地的所有权转移。征收行为完成后,被征收的土地所有权将从集体变更为国家。依赖于农村集体土地所有权的农村承包经营户的土地承包经营权、宅基地使用权也因此消灭。三是被征土地上的建筑物、附着物等的所有权也随被征土地所有权一并转移。实际上,被征土地上的建筑物、附着物等也是被征收的对象。在各项补偿费用中,土地补偿费是对集体土地所有权的补偿,归农村集体经济组织所有。土地补偿费的分配方案属于村民自治的范畴,由村民自主决定。地上附着物及青苗补偿费归地上附着物及青苗的所有者所有。如果A村民将承包地出租给B村民耕种,土地上的附着物及青苗归B所有的,地上附着物及青苗补偿费就应当补偿给B。但B无权请求分配土地补偿费。安置补助费用于安置需要安置人员。征收土地的安置补助费必须专款专用,不得挪作他用。需要安置的人员由农村集体经济组织安置的,安置补助费支付给农村集体经济组织,由农村集体经济组织管理和使用;由其他单位安置的,安置补助费支付给安置单位;不需要统一安置的,安置补助费发放给被安置人员个人或者征得被安置人员同意后用于支付被安置人员的保险费用。农村村民住宅补偿费用用于补偿住宅被征收的村民。征地农民社会保障费用用于被征地农民的生活保障。农村土地不仅是农民最重要的生产资料,还是农民安身立命之依托,是农民生活的保障。农村集体土地被征收后,农民的土地承包经营权也消灭,农民的生活失去了保障。因此,征收农村集体土地时,必须补偿被征地农民社会保障费用。

二、农民住宅和宅基地使用权的征收补偿及民法保护

关于宅基地使用权保护问题。农村宅基地是保障农民居者有其屋的根本。但长期以来,我国实行宅基地"一户一宅"、无偿分配、面积法定、不得流转的法律制度,一方面导致农民宅基地的用益物权难落实,农民合法权益未得到全面、有效保护;另一方面随着城市化进程的推进,大量农村住宅闲置,导致巨大的资源浪费。完善农村宅基地、农民住宅管理制度,是保护农民权益、提高农村资源利用效率的重要举措。2014年12月,审议通过的《关于农村土地征收、集体经营性建设用地入市、宅基地制度改革试点工作的意见》要求,科学确定"一户一宅"的分配原则,改革农民住宅用地取得方式,探索农民住房保障在不同区域户有所居的多种实现形式,健全农民住房保障机制。2017年11月,原中央全面深化改革领导小组决定将宅基地制度改革拓展到全部33个试点县(市、区)。33个试点地区在自愿有偿退出宅基地、宅基地有偿使用、下放宅基地审批权限等方面进行了积极探索。试点地区因地制宜探索户有所居的多种实现形式:一是在传统农区实行"一户一宅";二是在土地利用总体规划确定的城镇建设用地规模范围内,通过建设新型农村社区、农民公寓和新型住宅小区保障农民"一户一房"。国务院总结改革试点经验,向全国人大常委会作出《关于农村土地征收、集体经营性建设用地入市、宅基地制度改革试点情况的总结报告》,建议对人均土地少、不能保障

“一户一宅”的地区,允许县级人民政府在尊重农村村民意愿的基础上采取措施,保障其实现户有所居的权利。修改后的《土地管理法》第 62 条完善了农村宅基地制度,在原来“一户一宅”的基础上,增加宅基地户有所居的规定,人均土地少、不能保障一户拥有一处宅基地的地区,在充分尊重农民意愿的基础上可以采取措施保障农村村民实现户有所居。这是对“一户一宅”制度的重大补充和完善。

关于宅基地审批制度。《关于农村土地征收、集体经营性建设用地入市、宅基地制度改革试点工作的意见》要求,改革宅基地审批制度,使用存量建设用地的,下放至乡级政府审批;使用新增建设用地的,下放至县级政府审批。在改革试点过程中,试点地区下放宅基地审批权限,并将相关环节全部纳入便民服务体系。浙江义乌等地还结合“最多跑一次”改革,使申请更便利,审批更智能。但考虑农民建住宅主要以盘活存量为主,且为确保耕地保护红线和促进节约集约用地,对新增建设用地的农转用审批尚不具备下放条件。修改后的《土地管理法》采纳了国务院的建议。该法第 62 条第 4 款规定:“农村村民住宅用地,由乡(镇)人民政府审核批准;其中,涉及占用农用地的,依照本法第四十四条的规定办理审批手续。”第 44 条规定:“建设占用土地,涉及农用地转为建设用地的,应当办理农用地转用审批手续。永久基本农田转为建设用地的,由国务院批准。在土地利用总体规划确定的城市和村庄、集镇建设用地规模范围内,为实施该规划而将永久基本农田以外的农用地转为建设用地的,按土地利用年度计划分批次按照国务院规定由原批准土地利用总体规划的机关或者其授权的机关批准。在已批准的农用地转用范围内,具体建设项目用地可以由市、县人民政府批准。在土地利用总体规划确定的城市和村庄、集镇建设用地规模范围外,将永久基本农田以外的农用地转为建设用地的,由国务院或者国务院授权的省、自治区、直辖市人民政府批准。”

关于农民退出宅基地的问题。《关于农村土地征收、集体经营性建设用地入市、宅基地制度改革试点工作的意见》要求,对因历史原因形成超标准占用宅基地和一户多宅的,以及非本集体经济组织成员通过继承房屋等占有的宅基地,由农村集体经济组织主导,探索有偿使用。允许进城落户农民在本集体经济组织内部自愿有偿退出或转让宅基地。根据改革试点经验,国务院向全国人大常委会建议,在修改《土地管理法》时,应原则规定鼓励进城落户的农村村民依法自愿有偿退出宅基地。针对宅基地“三权分置”改革,2018 年中央 1 号文件《中共中央国务院关于实施乡村振兴战略的意见》作出探索宅基地所有权、资格权、使用权“三权分置”的改革部署。修改后的《土地管理法》对改革试点的部分成果予以了采纳。依该法第 62 条的规定,国家允许进城落户的农村村民自愿有偿退出宅基地。这就意味着地方政府不得违背农民意愿强迫农民退出宅基地。

关于农民住宅和宅基地征收补偿问题。同农村集体土地一样,修改后的《土地管理法》明确了对农民住宅和宅基地征收所基于的公共利益的范围,实质上缩限了征收范围,明确了征收程序,农民的知情权、参与权得到更好保护。在补偿范围方面,修改后的《土地管理法》在原来的土地补偿费、安置补助费基础上增加了农村村民住宅补偿。在补偿标准上,修改后的《土地管理法》改变了以前以土地年产值为标准进行补偿的办法,现在实行按照区片综合地价进行补偿,除了考虑土地产值,还要考虑区位、当地经济社会发展状况等因素综合制定地价。同时,修改后的《土地管理法》删除了土地补偿费和安置补助费,总和不得超过土地被征收前 3 年平均年产值的 30 倍的规定。即农民也可分享将集体土地转化为国有建设用地所增加的收益。《民法典》第 243 条吸收了《土地管理法》等法律的修法成果。该条规定:"为了公共利益的需要,依照法律规定的权限和程序可以征收集体所有的土地和组织、个人的房屋以及其他不动产。征收集体所有的土地,应当依法及时足额支付土地补偿费、安置补助费以及农村村民住宅、其他地上附着物和青苗等的补偿费用,并安排被征地农民的社会保障费用,保障被征地农民的生活,维护被征地农民的合法权益。征收组织、个人的房屋以及其他不动产,应当依法给予征收补偿,维护被征收人的合法权益;征收个人住宅的,还应当保障被征收人的居住条件。任何组织或者个人不得贪污、挪用、私分、截留、拖欠征收补偿费等费用。"需要注意的是,宅基地所有权在征收前属于集体,使用权属于农户,但农村住宅属于农户。因此,对农村村民住宅的补偿应当直接支付给农村村民。任何组织或者个人贪污、挪用、私分、截留、拖欠农村村民住宅补偿费的,应当承担赔偿责任。

第五章　国家所有权和集体所有权、私人所有权

专题一　国家所有权的民法保护

我国社会主义经济制度的基础，是生产资料社会主义公有制，包括全民所有制和劳动群众集体所有制。土地公有制是我国生产资料公有制的重要组成部分。《民法典》第249条规定："城市的土地，属于国家所有。法律规定属于国家所有的农村和城市郊区的土地，属于国家所有。"第260条第1项规定，法律规定属于集体所有的土地和森林、山岭、草原、荒地、滩涂属于集体所有的不动产。根据上述规定，我国土地的所有权主体只有两类，一是国家，二是农民集体。[①] 土地公有制决定了除国家和农民集体之外的市场主体不能获得土地所有权。

《民法典》对土地所有权的保护主要体现为静态安全的保护而非动态安全的保护。即《民法典》的任务是确定土地的归属，在土地所有权受到侵害后提供法律救济，但《民法典》除土地征收外，没有规范土地所有权的流转问题。这是因为我国的土地所有权禁止转让。任何买卖或者变相买卖土地的行为都是非法的。为维护土地所有权的稳定性，对于土地征收，国家也依法给予严格限制。根据《土地管理法》第45条的规定，为了公共利益的需要，以下几种情形可以依法实施征收：一是军事和外交需要用地；二是由政府组织实施的能源、交通、水利、通信、邮政等基础设施建设需要用地；三是由政府组织实施的科技、教育、文化、卫生、体育、生态环境和资源保护、防灾减灾、文物保护、社区综合服务、社会福利、市政公用、优抚安置、英烈保护等公共事业需要用地；四是由政府组织实施的扶贫搬迁、保障性安居工程建设需要用地；五是在土地利用总体规划确定的城镇建设用地范围内，经省级以上人民政府批准由县级以上地方人民政府组织实施的成片开发建设需要用地；六是法律规定为公共利益需要可以征收农民集体所有的土地的其他情形。除此之外，任何组织和个人不能随意征收农民集体土地。

---

① 从《民法典》的规定看，农民集体并不属于一个独立的民事主体，农民集体所有也不同于共有，更接近日耳曼法上的总有。农民集体所有是一种特殊的所有形式。

专题二　集体所有权的民法保护

一、准确把握农民集体所有财产所有权的主体

《民法典》第 261 条第 1 款规定,农民集体所有的不动产和动产,属于本集体成员集体所有。由于我国农村特殊的管理制度和历史沿革,我国农民集体所有的表现形式和行使主体并不相同。1986 年制定《土地管理法》时,对于农民集体所有土地制度,承认了农业集体化以来在“三级所有、队为基础”的制度下形成的集体所有土地的现状。之所以出现这样的状况,与我国人民公社改造有关。20 世纪 50 年代中期,我国从苏联引入了集体所有制概念,并在开展合作社和公私合营运动中将其放大到农村和城镇,这样就演变成了我国的农村和城镇集体经济所有制。[①] 农村集体经济组织的前身分别是“初级社”“高级社”“人民公社”,并由早期的初级社、高级社等仅具有经济职能的组织演变为将若干高级合作社联合而成,集体的规模和经营范围更大、公有化的程度更高,集政治、经济、社会职能为一体的人民公社。根据各地方不同的情况,人民公社的组织,有的是两级,即公社和生产队,有的是三级,即公社、生产大队和生产队。到 20 世纪 70 年代末 80 年代初,中国的农村经济体制掀起了一场重大变革,建立了以集体的统一经营和家庭联产承包责任制分散经营相结合的(统分结合的)经营管理体制,进而产生了乡(镇)政府、村级自治组织和村内集体经济组织。1986 年《土地管理法》第 8 条规定,集体所有的土地是按地域集合的劳动群众——乡(镇)、村、队(村民小组)农民集体所有的。[②] 这一制度一直延续至今。《民法典》第 262 条规定:“对于集体所有的土地和森林、山岭、草原、荒地、滩涂等,依照下列规定行使所有权:(一)属于村农民集体所有的,由村集体经济组织或者村民委员会依法代表集体行使所有权;(二)分别属于村内两个以上农民集体所有的,由村内各该集体经济组织或者村民小组依法代表集体行使所有权;(三)属于乡镇农民集体所有的,由乡镇集体经济组织代表集体行使所有权。”根据上述规定,我国农民集体所有分为三类:一是乡镇农民集体所有;二是村农民集体所有;三是村内的农民集体所有。

三类农民集体所有中,最常见的是村农民集体所有。属于村农民集体所有的财产,由村集体经济组织或者村民委员会代表集体行使所有权。这里的“村”是指行政村,而非自然村。行政村应当设立村民委员会。该行政村农民集体所有的土地等集体财产,就由该行政村集体经济组织代表集体行使所有权。在许多农村没有村集体经济组织或者该集体经济组织已不健全难以履行集体所有财产经营、管理职责的,则由行使自治权的村民委员会来代表集体行使所有权。分别属于村内两个以上农民集体所有的,由村内各该集体经济组织或者村民小组代表农民集体行使所有权。这里的“分别属于村内两个以上农民集体所有”主要是指该农民集体所有的土地和其他财产在改革开放以

---

① 陈淑英:《经济发展策略研究》,载《集团经济研究》2007 年 8 月下旬刊。

② 王超英:《依法使用土地保护土地资源——〈中华人民共和国土地管理法〉简介》,载《人民司法》1989 年第 4 期。

前就分别属于两个以上的生产队，而现仍然分别属于相当于生产队（村内农村集体经济组织或者村民小组）的农民集体所有。村民小组，是指在行政村内部由村民组成的自治组织。《村民委员会组织法》第3条规定，村民委员会可以根据村民居住状况、集体土地所有权关系等分设若干村民小组。如果村内有集体经济组织的，就由村内的集体经济组织行使所有权；如果没有村内的集体经济组织，则由村民小组行使。农民集体所有还存在另一种情况，即属于乡镇农民集体所有。乡镇农民集体所有的财产，由乡镇集体经济组织代表集体行使所有权。乡镇农民集体所有的财产主要是指以下情形：一是在改革开放以前，原来以人民公社为核算单位的土地，在公社改为乡镇以后仍然属于乡镇农民集体所有；二是在人民公社时期，公社一级掌握的集体所有的土地和其他财产，在公社改为乡镇以后仍然属于乡镇农民集体所有。上述两种情况下，由乡镇集体经济组织来行使所有权。①

三级农村集体和农村集体经济组织、乡镇人民政府、村委会、村民小组、城镇农村经济合作社之间的关系，以及各自的权利是司法审判中的难点问题。这几个概念中，农村集体经济组织、城镇农村的合作经济组织和村民委员会在《民法典》中规定为特别法人。《民法典》第99条规定："农村集体经济组织依法取得法人资格。法律、行政法规对农村集体经济组织有规定的，依照其规定。"第100条规定："城镇农村的合作经济组织依法取得法人资格。法律、行政法规对城镇农村的合作经济组织有规定的，依照其规定。"第101条规定："居民委员会、村民委员会具有基层群众性自治组织法人资格，可以从事为履行职能所需要的民事活动。未设立村集体经济组织的，村民委员会可以依法代行村集体经济组织的职能。"

首先，"农民集体"在我国的法律中出现的频率较高，但立法并未对"农民集体"作出明确的定义。国家土地管理局曾在关于对农民集体土地确权有关问题的答复中指出，农民集体是指乡农民集体、村农民集体和村内两个以上农业集体经济组织，包括由原基本核算单位的生产队延续下来的经济组织。农民集体并不是一个关于某类民事主体的概念，而是对一定区划（地域范围）内农民的统称，或者说是一个集合名词。因此，集体所有财产由乡镇集体经济组织、村集体经济组织、村内集体经济组织、村民委员会、村民小组代表集体行使所有权。国家所有也是全民所有。国有财产由国务院代表国家行使所有权。"全民"不是一个民事主体概念，但国家却可以作为民事主体，属于特殊的民事主体。

其次，农村集体经济组织属于《民法典》规定的特别法人。《民法典》第99条规定："农村集体经济组织依法取得法人资格。法律、行政法规对农村集体经济组织有规定的，依照其规定。"我国农村社区集体经济组织在生产生活中具有举足轻重的地位。据统计，截至2006年我国农村社区集体经济组织多达70多万个，拥有15,000亿元资产。② 截至2015年年底，全国58万个村集体经济组织的账面资产为2.86万亿元。③ 目前，我国农村集体资产在村、组两级分属于60.4万个村，495.5万个组，其中有24.4万个村，74.4万个组建立了集体经济组织。④ 实践中，农村集体经济组织的情

---

① 全国人大常委会法制工作委员会民法室编：《中华人民共和国物权法条文说明、立法理由及相关规定》，北京大学出版社2007年版，第302页。

② 农业部课题组：《推进农村集体经济组织产权制度改革》，载《中国发展观察》2006年第12期。

③ 张维炜：《农村集体经济组织法人如何归类？》，载《中国人大》2016年第22期。

④ 李适时主编：《中华人民共和国民法总则释义》，法律出版社2017年版，第306页。

况较为复杂。其具体范围以及与农村合作社、村民委员会、村民小组等相关组织的关系问题，是司法实践中的难点。

立法机关特地将农村集体经济组织规定为特别法人，有特定的立法意图。从20世纪50年代的初级社、高级社，到后来的人民公社、生产大队、生产队，经过20世纪80年代的改革，现代一般称为农村集体经济组织。在20世纪80年代之前，实行政社合一，改革后实行政社分开。之后，中央允许各地因地制宜，有的地方叫村委会，有的地方在村委会之外还加挂经济联合社的牌子。目前的集体经济组织大多是人民公社时期的"三级所有、队为基础"演变而来，以土地集体所有为基础的合作经济组织，依法管理经营本集体成员集体所有的财产。随着城市化进程的推进，一些乡镇、村、组将集体经营的财产以股份或者份额的形式量化到集体成员，积极发展农民股份合作，建立起股份经济合作社等新型集体经济组织。[①] 20世纪80年代农村改革的成果是从政社合一向政社分离发展。从职能上，集体经济组织与乡镇政府、村委会、村民小组要分开。实现村民委员会事务和集体经济事务相分离，妥善解决农村集体经济组织的交易主体、管理主体的身份问题，对于深化农村经济体制改革，进一步推动农村地区政社分离，完善市场经济交易主体制度、产权制度、搞活农村经济，具有重要意义。交易的前提是确权。对此，国土资源部等四部委《关于农村集体土地确权登记发证的若干意见》第5条规定："依法明确农村集体土地所有权主体代表。属于村农民集体所有的，由村集体经济组织或者村民委员会受本农民集体成员的委托行使所有权；分别属于村内两个以上农民集体所有的，由村内各该集体经济组织或者村民小组代表集体行使所有权；属于乡镇农民集体所有的，由乡镇集体经济组织代表集体行使所有权；没有乡（镇）农民集体经济组织的，乡（镇）集体土地所有权由乡（镇）政府代管。在办理土地确权登记手续时，由农民集体所有权主体代表申请办理。"《民法典》的相关规定正是这一所有权制度改革经验总结的制度深化。

司法实践中，人民法院应当注意农村集体经济组织与其他主体的区分：

第一，供销合作社、专业合作社是合作经济组织，不是农村集体经济组织。有的地方在农村设立了农民专业合作社法人。例如，江苏省2009年出台《江苏省农民专业合作社条例》，规定农村集体经济组织成员可以量化到其名下的集体经营性净资产份额作为主要出资方式，设立相应的农民专业合作社，领取农民专业合作社法人营业执照。改革后村级集体经济组织统称为"社区股份合作社"。上海、河北、山东等省市也允许改制成社区股份合作社等形式的集体经济组织在工商行政部门登记为农民专业合作社法人。但是，以这种方式成立的农民专业合作社法人与农村集体经济组织在合作属性、业务范围、成员构成、管理方式等方面均不相同。[②] 农民专业合作社法人由农民自愿设立，其财产不包括农民集体所有的土地等资源性财产的所有权。专业合作社的成员资格与农村集体经济组织成员资格也不一样。设立农民专业合作社法人是为入社的农民生产经营提供服务，是农民开展生产经营的组织方式。而农村集体经济组织则负责代表农民集体对农民集体所有财产行使所有权，进行经营管理。在相关法律中，供销合作社、专业合作社都是与农村集体经济组织并列的民事主体。例如，《农业法》第27条规定："国家逐步建立统一、开放、竞争、有序的农产品市场

---

① 李适时主编：《中华人民共和国民法总则释义》，法律出版社2017年版，第305～306页。

② 同上书，第306页。

体系，制定农产品批发市场发展规划。对农村集体经济组织和农民专业合作经济组织建立农产品批发市场和农产品集贸市场，国家给予扶持。县级以上人民政府工商行政管理部门和其他有关部门按照各自的职责，依法管理农产品批发市场，规范交易秩序，防止地方保护与不正当竞争。”第44条规定：“国家鼓励供销合作社、农村集体经济组织、农民专业合作经济组织、其他组织和个人发展多种形式的农业生产产前、产中、产后的社会化服务事业。县级以上人民政府及其各有关部门应当采取措施对农业社会化服务事业给予支持。对跨地区从事农业社会化服务的，农业、工商管理、交通运输、公安等有关部门应当采取措施给予支持。”

第二，农村集体经济组织不同于乡镇企业、村办企业以及企业法人。在青岛、长沙、厦门等，城中村、城郊村、经济发达村利用公司制度对农村集体经济组织进行公司化改造，被登记为企业法人。这类村拥有大量财产，已经完成撤村建居、不再具备集体统一经营土地等特征。但从全国范围来看，登记为企业法人的集体经济组织数量很少。但农村集体经济组织与企业法人属于不同性质的民事主体，关于企业法人的规则并不适用于农村集体经济组织。[①] 例如，企业法人资不抵债、不能清偿到期债务时，可以申请破产，但农村集体经济组织并不能申请破产。农村集体经济组织可以成为乡镇企业、村办企业的设立人，但其本身不属于企业法人。

第三，农村集体经济组织不同于村委会。《村民委员会组织法》第2条规定：“村民委员会是村民自我管理、自我教育、自我服务的基层群众性自治组织，实行民主选举、民主决策、民主管理、民主监督。村民委员会办理本村的公共事务和公益事业，调解民间纠纷，协助维护社会治安，向人民政府反映村民的意见、要求和提出建议。村民委员会向村民会议、村民代表会议负责并报告工作。”从我国村域治理的结构看，村民会议、村民代表会议、村民委员会以及村民委员会分设的村民小组承担着村民自治中的公共事务管理等公共管理职能，并承担了一定的行政管理职能；而农村集体经济组织承担着代表农民集体对农民集体所有财产行使所有权等经营管理职能。例如，农村集体经济组织应当与本集体成员签订农村土地承包合同。如果承包人依法流转农村土地承包经营权的，农村集体经济组织也应当依法备案。对于二者之间的关系，中共中央、国务院《关于稳步推进农村集体产权制度改革的意见》第12条规定：“发挥农村集体经济组织功能作用。农村集体经济组织是集体资产管理的主体，是特殊的经济组织，可以称为经济合作社，也可以称为股份经济合作社。现阶段可由县级以上地方政府主管部门负责向农村集体经济组织发放组织登记证书，农村集体经济组织可据此向有关部门办理银行开户等相关手续，以便开展经营管理活动。发挥好农村集体经济组织在管理集体资产、开发集体资源、发展集体经济、服务集体成员等方面的功能作用。在基层党组织领导下，探索明晰农村集体经济组织与村民委员会的职能关系，有效承担集体经济经营管理事务和村民自治事务。有需要且条件许可的地方，可以实行村民委员会事务和集体经济事务分离。妥善处理好村党组织、村民委员会和农村集体经济组织的关系。”由于我国农村集体经济组织建设在各地情况不同，有的乡镇、村、村民小组未建立农村集体经济组织。在这种情况下，乡镇政府、村委会、村民小组就需要承担代表农民集体行使所有权等经济管理和经济发展的职能。这一职能实际是“补位”，而非其本职。《村民委员会组织法》第8条规定：“村民委员会应当支持和组织村民依法

---

① 李适时主编：《中华人民共和国民法总则释义》，法律出版社2017年版，第306页。

发展各种形式的合作经济和其他经济，承担本村生产的服务和协调工作，促进农村生产建设和经济发展。村民委员会依照法律规定，管理本村属于村农民集体所有的土地和其他财产，引导村民合理利用自然资源，保护和改善生态环境。村民委员会应当尊重并支持集体经济组织依法独立进行经济活动的自主权，维护以家庭承包经营为基础、统分结合的双层经营体制，保障集体经济组织和村民、承包经营户、联户或者合伙的合法财产权和其他合法权益。”随着农村经济体制改革的深化，村民委员会事务和集体经济事务相分离的目标实现后，乡镇政府、村委会、村民小组会逐渐淡化其经济职能。

关于村民小组代表农民集体行使所有权的问题。《村民委员会组织法》第3条规定，村民委员会可以根据村民居住状况、集体土地所有权关系等分设若干村民小组。该法第28条规定：“召开村民小组会议，应当有本村民小组十八周岁以上的村民三分之二以上，或者本村民小组三分之二以上的户的代表参加，所作决定应当经到会人员的过半数同意。村民小组组长由村民小组会议推选。村民小组组长任期与村民委员会的任期相同，可以连选连任。属于村民小组的集体所有的土地、企业和其他财产的经营管理以及公益事项的办理，由村民小组会议依照有关法律的规定讨论决定，所作决定及实施情况应当及时向本村民小组的村民公布。”村民小组由村民委员会设立，不属于集体经济组织。同时，村民小组又不像村民委员会在《民法典》中被定位为特殊法人，有独立的办公地点和公章。因此，有观点认为，村民小组不具有独立的法律地位，难以成为集体土地所有权的真正代表。还有观点认为，村民小组在一些地区名存实亡，主张取消村民小组这一制度。另外，有不少学者认为，在国家层面上取消农业税以后，国家对农民的补贴统一到农户，村民小组不再发挥行政管理作用，其组织生产的经济功能也进一步弱化。[①] 但从我国目前的实践情况看，部分村民小组确实承担着较多的经济职能。由于承继于“三级所有、队为基础”的产权关系和农村经济生产组织关系，乡镇、村、村民小组在不同范围内、不同程度上承继了以前公社、生产大队和生产队的财产。与生产队相对应的村民小组自然会在一定程度上承继生产队的财产和农业生产组织及服务职能。这一客观现实导致了村民小组在我国农村生产生活中仍然是重要的民事主体，会参与民事生活、产生民事关系，成为民事权利的享有者、行使人和民事义务的承担者。如果村委会在设立村民小组的同时设立了村内集体经济组织，则由村内集体经济组织承担相应的农民集体财产所有权行使人以及经济管理、服务职能。如果村委会只设立了村民小组，未设立村内集体经济组织，村民小组就应当“补位”，承担农民集体财产所有权行使人以及经济管理、服务职能。正是由于村民小组在实践中参与了民事法律关系，这些民事法律关系引发的纠纷也需要由村民小组参与解决。对此，2006年最高人民法院《关于村民小组诉讼权利如何行使的复函》，肯定了村民小组享有诉讼权利，但在具体行使诉讼权上应严格按照《村民委员会组织法》的规定推选小组长，由小组长代表村民小组参加诉讼。《民诉法司法解释》第68条规定：“村民委员会或者村民小组与他人发生民事纠纷的，村民委员会或者有独立财产的村民小组为当事人。”因此，村民小组作为民事诉讼主体的地位已经得到确认。由于《民法典》并未规定村民小组为法人，因此，村民小组在代表农民集体行使农民集体财产所有权以及经济管理、服务职能时，可视为非法人组织。虽然村民小组由村委会设立，但在民事关系中，二

① 常利民：《村民小组是否可以取消》，载《中国乡村建设》2009年第4期。

者之间是平等关系。

二、准确把握农民集体所有权的客体

农民集体所有权的客体是农民集体所有的财产。《民法典》第260条规定:“集体所有的不动产和动产包括:(一)法律规定属于集体所有的土地和森林、山岭、草原、荒地、滩涂;(二)集体所有的建筑物、生产设施、农田水利设施;(三)集体所有的教育、科学、文化、卫生、体育等设施;(四)集体所有的其他不动产和动产。”中共中央、国务院《关于稳步推进农村集体产权制度改革的意见》第2条规定:“农村集体资产包括农民集体所有的土地、森林、山岭、草原、荒地、滩涂等资源性资产,用于经营的房屋、建筑物、机器设备、工具器具、农业基础设施、集体投资兴办的企业及其所持有的其他经济组织的资产份额、无形资产等经营性资产,用于公共服务的教育、科技、文化、卫生、体育等方面的非经营性资产。这三类资产是农村集体经济组织的主要财产,是农业农村发展的重要物质基础。”根据上述规定,农民集体所有的财产主要包括三类:一是资源性资产,主要包括法律规定属于集体所有的土地和森林、山岭、草原、荒地、滩涂;二是经营性资产,主要包括集体所有的建筑物、生产设施、农田水利设施等不动产,机器设备、工具器具等动产,对集体投资兴办的企业及其所持有的其他经济组织的资产份额等投资人权益,知识产权等无形资产等资产;三是非经营性资产,即公共、公益性资产,主要包括教育、科学、文化、卫生、体育等设施以及相应的动产。以上三类资产是农民集体所有权的客体。实践中,农民集体财产还可能包含其他类型财产。

《民法典》第209条规定:“不动产物权的设立、变更、转让和消灭,经依法登记,发生效力;未经登记,不发生效力,但是法律另有规定的除外。依法属于国家所有的自然资源,所有权可以不登记。”第214条规定:“不动产物权的设立、变更、转让和消灭,依照法律规定应当登记的,自记载于不动产登记簿时发生效力。”因此,农民集体所有的不动产,包括资源性财产,应当以登记为准。2016年12月26日,中共中央、国务院《关于稳步推进农村集体产权制度改革的意见》第2条规定:“适应城乡一体化发展新趋势,分类推进农村集体产权制度改革,在继续按照党中央、国务院已有部署抓好集体土地等资源性资产确权登记颁证,建立健全集体公益设施等非经营性资产统一运行管护机制的基础上,针对一些地方集体经营性资产归属不明、经营收益不清、分配不公开、成员的集体收益分配权缺乏保障等突出问题,着力推进经营性资产确权到户和股份合作制改革,对于切实维护农民合法权益,增加农民财产性收入,让广大农民分享改革发展成果,如期实现全面建成小康社会目标具有重大现实意义。”早在2011年,为切实落实中共中央、国务院《关于加大统筹城乡发展力度进一步夯实农业农村发展基础的若干意见》(中发〔2010〕1号),国土资源部、财政部、农业部联合下发了《关于加快推进农村集体土地确权登记发证工作的通知》(国土资发〔2011〕60号),提出“加快农村集体土地所有权、宅基地使用权、集体建设用地使用权等确权登记发证工作,力争到2012年底把全国范围内的农村集体土地所有权证确认到每个具有所有权的集体经济组织,做到农村集体土地确权登记发证全覆盖”。国土资源部等四部委出台了《关于农村集体土地确权登记发证的若干意见》,其第4条规定:“把农村集体土地所有权确认到每个具有所有权的农民集体。确定农村集体土地所有权主体遵循‘主体平等’和‘村民自治’的原则,按照乡(镇)、村和村民小组农民集体三类所有权主体,将农村集体土地所有权确认到每个具有所有权的农民集体。凡是村民小组(原生产队)

土地权属界线存在的，土地应确认给村民小组农民集体所有，发证到村民小组农民集体；对于村民小组（原生产队）土地权属界线不存在、并得到绝大多数村民认可的，应本着尊重历史、承认现实的原则，对这部分土地承认现状，明确由村农民集体所有；属于乡（镇）农民集体所有的，土地所有权应依法确认给乡（镇）农民集体。属于村民小组集体所有的土地应当由其集体经济组织或村民小组依法申请登记并持有土地权利证书。对于村民小组组织机构不健全的，可以由村民委员会代为申请登记、保管土地权利证书。涉及依法'合村并组'的，'合村并组'后土地所有权主体保持不变的，所有权仍然确权给原农民集体；'合村并组'后土地所有权主体发生变化、并得到绝大多数村民认可的，履行集体土地所有权变更的法定程序后，按照变化后的主体确定集体土地所有权，并在土地登记簿和土地证书上备注各原农民集体的土地面积。涉及依法开展城乡建设用地增减挂钩试点和农村土地整治的，原则上应维持原有土地权属不变；依法调整土地的，按照调整协议确定集体土地权利归属，并依法及时办理土地变更登记手续。对于'撤村建居'后，未征收的原集体土地，只调查统计，不登记发证。调查统计时在新建单位名称后载明原农民集体名称。在土地登记簿的'权利人'和土地证书的'土地所有权人'一栏，集体土地所有权主体按'××组（村、乡）农民集体'填写。"司法实践中，在确定农民集体所有的土地等不动产范围时，应当以登记为准。但同时也应注意到，由于全国各地情况千差万别，十分复杂，土地等财产的确权登记发证工作难度非常大。该意见也充分意识到一次性解决所有问题不现实，故定位在"面上推进工作、点上留有余地"，主要就全国普遍存在的问题明确政策措施，将一些更具体的局部地区的问题留给地方解决，允许地方细化政策；目前解决的主要是研究得比较成熟、看得比较准的问题，对一时还看不准的，留待下一步解决。[①] 因此，对于没有完成确权登记发证工作的土地等财产，应当按照尊重历史、依据事实的原则处理。

三、准确把握农民集体所有权的权能

对于农民集体所有的财产，由农村集体经济组织或者村民委员会、村民小组依法代表集体行使所有权。《民法典》第240条规定："所有权人对自己的不动产或者动产，依法享有占有、使用、收益和处分的权利。"一般而言，所有权包括占有、使用、收益和处分四项权能。其中，对于处分权，除转让所有权外，根据《民法典》第241条的规定，所有权人有权在自己的不动产或者动产上设立用益物权和担保物权。因此，农村集体经济组织或者村民委员会、村民小组依法代表集体行使所有权时，可以占有、使用、收益和处分农民集体所有的财产。但是，农村集体经济组织或者村民委员会、村民小组依法代表集体行使所有权还受到《宪法》《民法典》《土地管理法》《农村土地承包法》等法律的制约，必须维护土地公有制、家庭联产承包责任制，保护农民的集体经济组织成员权。

对于土地等资源性资产，农村集体经济组织或者村民委员会、村民小组依法代表集体行使所有权时，只能依法发包，不能转让。《土地管理法》第10条规定："国有土地和农民集体所有的土地，可以依法确定给单位或者个人使用。使用土地的单位和个人，有保护、管理和合理利用土地的义务。"《农村土地承包法》第3条规定："国家实行农村土地承包经营制度。农村土地承包采取农村

① 《解读〈关于农村集体土地确权登记发证的若干意见〉》，载中华人民共和国中央人民政府网：http://www.gov.cn/gzdt/2011-11/10/content_1990058.htm，最后访问日期：2020年4月25日。

集体经济组织内部的家庭承包方式，不宜采取家庭承包方式的荒山、荒沟、荒丘、荒滩等农村土地，可以采取招标、拍卖、公开协商等方式承包。”农村集体经济组织或者村民委员会、村民小组在发包农民集体所有的土地时，应当依法发包给农村集体经济组织成员，不得剥夺和非法限制农村集体经济组织成员承包土地的权利；同时，应当平等保护农村集体经济组织成员的权利，在承包中要保护妇女的合法权益，任何组织和个人不得剥夺、侵害妇女应当享有的土地承包经营权。农村集体经济组织或者村民委员会、村民小组作为发包方，享有下列权利：一是发包本集体所有的或者国家所有依法由本集体使用的农村土地；二是监督承包方依照承包合同约定的用途合理利用和保护土地；三是制止承包方损害承包地和农业资源的行为；四是法律、行政法规规定的其他权利。农村集体经济组织或者村民委员会、村民小组在发包农民集体所有土地时，应当遵循以下原则：一是按照规定统一组织承包时，平等保护本集体经济组织成员依法平等地行使承包土地的权利；二是坚持民主协商，公平合理的原则；三是承包方案应当依法经本集体经济组织成员的村民会议 2/3 以上成员或者 2/3 以上村民代表的同意；四是承包程序合法。其中，土地承包应当遵循以下程序：一是由本集体经济组织成员的村民会议选举产生承包工作小组；二是承包工作小组依照法律、法规的规定拟订并公布承包方案；三是依法召开本集体经济组织成员的村民会议，讨论通过承包方案；四是公开组织实施承包方案；五是签订承包合同。农村集体经济组织或者村民委员会、村民小组作为发包方应当与承包方签订书面承包合同。书面承包合同一般包括以下条款：一是发包方、承包方的名称，发包方负责人和承包方代表的姓名、住所；二是承包土地的名称、坐落、面积、质量等级；三是承包期限和起止日期；四是承包土地的用途；五是发包方和承包方的权利和义务；六是违约责任。其中，耕地的承包期为 30 年；草地的承包期为 30 年至 50 年；林地的承包期为 30 年至 70 年。规定的耕地承包期届满后再延长 30 年，草地、林地承包期届满后依照前款规定相应延长。承包合同自成立之日起生效。

承包合同生效时，承包方取得土地承包经营权。一旦承包方取得土地承包经营权，在承包期内，农村集体经济组织或者村民委员会、村民小组作为发包方不得因承办人或者负责人的变动而变更或者解除承包合同，也不得因集体经济组织的分立或者合并而变更或者解除承包合同；不得收回承包地，不能以退出土地承包经营权作为农户进城落户的条件；承包农户进城落户的，可引导支持其按照自愿有偿原则依法在本集体经济组织内转让土地承包经营权或者将承包地交回发包方，或者鼓励承包人流转土地经营权；承包方交回承包地或者发包方依法收回承包地时，承包方对其在承包地上投入而提高土地生产能力的，发包方应当给予相应的补偿；承包方自愿交回承包地的，发包方也应当给予合理补偿；妇女结婚，在新居住地未取得承包地的，发包方不得收回其原承包地；妇女离婚或者丧偶，仍在原居住地生活或者不在原居住地生活但在新居住地未取得承包地的，发包方不得收回其原承包地。此外，发包方在承包期内不得调整承包地，如果在承包期内，因自然灾害严重毁损承包地等特殊情形对个别农户之间承包的耕地和草地需要适当调整的，必须经本集体经济组织成员的村民会议 2/3 以上成员或者 2/3 以上村民代表的同意，并报乡（镇）人民政府和县级人民政府农业农村、林业和草原等主管部门批准。承包合同中约定不得调整的，按照其约定；如果有集体经济组织依法预留的机动地、通过依法开垦等方式增加的土地、依法收回和承包方依法、自愿交回的土地，应当用于调整承包土地或者承包给新增人口。

在农民集体所有的土地中,"四荒地"的处分规则较为特殊,《农村土地承包法》第三章专章规定了"四荒地"的承包。"四荒地"是指荒山、荒沟、荒丘、荒滩等不宜采取家庭承包方式的农村土地。对于"四荒地",农村集体经济组织或者村民委员会、村民小组依法代表集体行使所有权时,可通过招标、拍卖、公开协商等方式发包,也可以发包给本集体经济组织以外的单位或者个人,但在同等条件下,本集体经济组织成员有权优先承包。如果发包方将本集体经济组织的"四荒地"发包给本集体经济组织以外的单位或者个人的,应当事先经本集体经济组织成员的村民会议2/3以上成员或者2/3以上村民代表的同意,并报乡(镇)人民政府批准。发包方还应当对承包方的资信情况和经营能力进行审查。对于"四荒地",农村集体经济组织或者村民委员会、村民小组除可以依法发包外,还可以将土地经营权折股份给本集体经济组织成员后,再实行承包经营或者股份合作经营。

对于农民集体所有的经营性资产的所有权权能,则需要具体分析。其中,对于农民集体所有的经营性建筑物、生产设施、农田水利设施等不动产和经营性机器设备、工具器具等动产,农民集体经济组织及其成员享有使用权,但对此类物品的处分受到限制,不能影响其正常功能的发挥。对于集体投资兴办的企业及其所持有的其他经济组织的资产份额等投资人权益,知识产权等资产,农村集体经济组织或者村民委员会、村民小组原则上依法行使完整的所有权。随着市场经济体制和农村经济制度改革的深化,农村集体经济组织或者村民委员会、村民小组在处分此类财产受到的限制会逐渐减少,以使市场在农村资源配置中发挥更加重要的作用。对于教育、科学、文化、卫生、体育设施等非经营性资产,农村集体经济组织或者村民委员会、村民小组在行使所有权时应当维护此类财产的公共性和公益性,对这类财产的占有、使用、处分、收益,应当以村民利益最大化为目标。

农村集体经济组织或者村民委员会、村民小组并非农民集体所有财产的所有权人,只能代表农民集体行使所有权。其代表农民集体行使所有权时,还应当在法定权限内行事。对于重大的处分事项,需要依照法定程序经本集体成员决定。对此,《民法典》第261条规定:"农民集体所有的不动产和动产,属于本集体成员集体所有。下列事项应当依照法定程序经本集体成员决定:(一)土地承包方案以及将土地发包给本集体以外的组织或者个人承包;(二)个别土地承包经营权人之间承包地的调整;(三)土地补偿费等费用的使用、分配办法;(四)集体出资的企业的所有权变动等事项;(五)法律规定的其他事项。"

四、正确认定农村集体经济组织成员资格

农村集体经济组织成员资格对农民享有农民集体所有财产的权益,具有基础性意义。农民的主要财产是对土地的权利。由于我国实行土地公有制,农村土地除法律规定为国家所有的外,均为农民集体所有。农村土地的发包、承包、流转、补偿及其他与土地相关联的利益分配等,都必须根据农村集体经济组织成员资格来确定。这里所说的农村集体经济组织资格是从广义上说的,因为很多乡镇、村、村民小组未设立农村集体经济组织,一般由乡镇政府、村委会、村民小组代行农村集体经济组织的职能。农民要想对集体所有的财产享有权利,包括承包等使用、收益权,必须要具备集体成员资格(本书将其统称为集体经济组织成员资格)。在公有制这一基本经济制度下,农民对集体财产的权利依附于其所享有的农村集体经济组织成员资格。具有农村集体经济组织成员资格的农户才有权承包农民集体所有的土地,申请宅基地,获得土地承包经营权和宅基地使用权。这里需要注意农民、农户和农村集体经济组织之间的关系。有权承包农村土地和申请宅基地,获得土地承包经营权和宅基地使用权的是农户。农户可在该户承包的土地上发展农业,也可以在分配的宅基地上建房、居住。但是,农村集体经济组织在向每个农户分配承包地和宅基地时,主要依据的是农户中具有农村集体经济组织成员资格的农民的人数。此外,还有一些权利是具有农村集体经济组织成员资格的农民可直接享有,不需要以农户为中介的。例如,农村集体经济组织在作出重大决策时的表决权,对农村集体经济组织经营管理行为的知情权、监督权,对由农民集体所有的公共设施的使用权,农村土地被征收后的补偿费用分配请求权等。

如何处理涉及农村集体经济组织成员资格的纠纷,是司法实践中经常遇到的难题。这一问题在立法上尚没有明确规定。最高人民法院曾试图对此问题作出司法解释,后因多种原因未出台。因此,对于农村集体经济组织成员资格问题是否可诉,应当依据什么标准来判断农民是否享有某一农村集体经济组织成员资格,如何保护外嫁女、入赘婿的权利等问题,司法实践中没有统一,是社会广泛关注而又未得到根本解决的问题。

对于农村集体经济组织成员资格问题是否可诉的问题,争议焦点在于村民自治与国家法治的范围问题。20 世纪 80 年代以来,我国结束了人民公社制度。国家政权原则上不再深入村和村民小组。在村和村民小组的范围内实行村民自治。广义上讲,村民自治既包括公共事务的自治,也包括经济事务的自治。有观点认为,农村集体经济组织成员资格问题属于村民自治的范围,由此引发的纠纷不应由人民法院受理。有观点认为,农村集体经济组织成员资格问题涉及农民的根本利益,如果完全交由村民自治可能导致多数人决策机制对少数人基本利益的剥夺,故不应交由村民自治,而应当纳入国家法治的范畴。因此引发的纠纷,人民法院应当受理。实践中,有的法院已经受理此类案件。例如,安徽省高级人民法院《关于处理农村土地纠纷案件的指导意见》对在土地补偿、安置费用支付和分配及与土地承包相关的案件中农村集体经济组织成员资格的确认问题作了规定。陕西省高级人民法院《关于审理农村集体经济组织收益分配纠纷案件讨论会纪要》对具有农村集体经济组织成员资格和失去农村集体经济组织成员资格的情形作了规定。有观点认为,农村集体经济组织成员资格完全交由村民自治虽然可能引发不公平的结果,但在没有法律明确规定的情况下,人民法院无法依法作出裁判,由此引发的纠纷人民法院不宜受理,交由地方党政协调处理更好。实践中,有的法院明确规定因此类纠纷缺乏法律规定,故不应受理。例如,江苏省高级人民法院《关于执行〈中华人民共和国农村土地承包法〉和〈最高人民法院关于审理涉及农村土地承包纠纷案件适用法律问题的解释〉若干问题的意见》规定:"如何确认农村集体经济组织成员资格,目前并无具体法律可资适用。根据《中华人民共和国立法法》第四十二条第(一)项规定,该问题有待于立法机关作出进一步明确的规定,目前无法在民事诉讼程序中作出认定。因此,对土地征用补偿费分配争议中涉及集体经济组织成员资格确定问题,当事人提起民事诉讼的,人民法院不应受理。"之后,该院对这一问题的态度有所缓和。2016 年,江苏省高级人民法院民一庭印发《关于审理涉及农村土地承包纠纷案件适用法律问题的解答》。该解答第 9 条规定:"农村集体经济组织成员资格的认定比较复杂,目前尚无明确的法律规定,应在当地人民政府指导下,根据本地、本村实际情况通过村民自治途径处理,由其所在的村集体经济组织依照法定程序予以认定。当事人仅提起确认其村集体经济组织成员资格之诉的,不属于人民法院民事案件受案范围。但对于当事人因征地补偿费分配纠纷提起的民事诉讼,不应简单以涉及村集体经济组织成员资格认定问题为由不予受理。审理中可根据个案具体情况,综合考虑当时的政策、当事人生产生活状况、户口登记状况以及农村土地对农民的基本生活保障功能等因素,以当事人能否获得其他替代性基本生活保障为重要考量,慎重确定当事人成员资格的取得或丧失,对当事人成员资格是否丧失作出审慎的认定,在裁判说理部分阐释认定理由,但裁判主文中不应涉及。通过从严把握村集体经济组织成员资格丧失的认定,为当事人合法征地补偿权利提供必要的司法救济。”上述观点中,第二种观点较为合理。农村集体经济组织成员资格涉及农民最基本的经济权益和生存权利,应当纳入法治规范的范围。由此引发的纠纷,人民法院应当受理。在确定农村集体经济组织成员资格后,如何在农村集体经济组织成员之间分配利益等问题,则属于村民自治的范围。但村民自治也应当依法进行,不能违背法律的强制性规定。关于农村土地承包纠纷案件的受理范围,最高人民法院《关于审理涉及农村土地承包纠纷案件适用法律问题的解释》第1条规定:“下列涉及农村土地承包民事纠纷,人民法院应当依法受理:(一)承包合同纠纷;(二)承包经营权侵权纠纷;(三)承包经营权流转纠纷;(四)承包地征收补偿费用分配纠纷;(五)承包经营权继承纠纷。集体经济组织成员因未实际取得土地承包经营权提起民事诉讼的,人民法院应当告知其向有关行政主管部门申请解决。集体经济组织成员就用于分配的土地补偿费数额提起民事诉讼的,人民法院不予受理。”有观点认为,该规定表明最高人民法院认为农村集体经济组织成员资格问题不应当由人民法院受理。这一观点并不准确。上述规定只是规定集体经济组织成员因未实际取得土地承包经营权提起民事诉讼的,以及集体经济组织成员就用于分配的土地补偿费数额提起民事诉讼的,人民法院不予受理,并未规定当事人就农村集体经济组织成员资格纠纷起诉到人民法院的,人民法院不予受理。

关于如何认定农村集体经济组织成员资格问题,各地作了很多有益的探索。例如,《广东省农村集体经济组织管理规定》第8条规定,农村集体经济组织章程应当载明成员资格及其权利、义务。第15条规定:“原人民公社、生产大队、生产队的社员,户口保留在农村集体经济组织所在地,履行法律法规和组织章程规定义务的,属于农村集体经济组织的成员。实行以家庭承包经营为基础、统分结合的双层经营体制时起,集体经济组织成员所生的子女,户口在集体经济组织所在地,并履行法律法规和组织章程规定义务的,属于农村集体经济组织的成员。实行以家庭承包经营为基础、统分结合的双层经营体制时起,户口迁入、迁出集体经济组织所在地的公民,按照组织章程规定,经社委会或者理事会审查和成员大会表决确定其成员资格;法律、法规、规章和县级以上人民政府另有规定的,从其规定。农村集体经济组织成员户口注销的,其成员资格随之取消;法律、法规、规章和组织章程另有规定的,从其规定。”《湖北省农村集体经济组织管理办法》第15条规定:凡户籍在经济合作社或经济联合社范围内,年满16周岁的农民,均为其户籍所在地农村集体经济组织的社员。户口迁出者,除法律、法规和社章另有规定外,其社员资格随之取消;其社员的权利、义务在办理终止承包合同、清理债权债务等手续后,亦同时终止。《湖北省农村土地承包经营条例》第9条规定:“符合下列条件之一的人员,为本集体经济组织成员:(一)世居本地且户籍在本集体经济组织的;(二)父母双方或者一方为本集体经济组织成员,本人户籍在本集体经济组织的;(三)因合法的婚姻、收养关系,户籍迁入本集体经济组织的;(四)根据国家移民政策,户籍迁入本集体经济组织的;(五)原户籍在本集体经济组织的现役义务兵、符合国家有关规定的士官、高等院校和中等职业技术学校的在校学生;(六)原户籍在本集体经济组织的正在服刑和其他被依法限制人身自由的人员。依法保障农村集体经济组织成员对本集体经济组织土地发包承包、征收征用等的知情权、参与权、决策权和监督权。”《山东省实施〈中华人民共和国农村土地承包法〉办法》第6条规定:“符合下列条件之一的本村常住人员,为本集体经济组织成员:(一)本村出生且户口未迁出的;(二)与本村村民结婚且户口迁入本村的;(三)本村村民依法办理领养手续且户口已迁入本村的子女;(四)其他将户口依法迁入本村,并经本集体经济组织成员的村民会议三分之二以上成员或者三分之二以上村民代表的同意,接纳为本集体经济组织成员的。”第7条规定:“原户口在本村的下列人员,依法享有农村土地承包经营权:(一)解放军、武警部队的现役义务兵和符合国家有关规定的士官;(二)高等院校、中等职业学校在校学生;(三)已注销户口的刑满释放回本村的人员。”《安徽省实施〈中华人民共和国农村土地承包法〉办法》第8条规定:“符合下列条件之一的本村人员,为本集体经济组织成员:(一)本村出生且户口未迁出的;(二)与本村村民结婚且户口迁入本村的;(三)本村村民依法办理子女收养手续且其所收养子女户口已迁入本村的;(四)刑满释放后户口迁回本村的;(五)其他将户口依法迁入本村的。”

部分地方法院结合本地实践情况,对取得以及失去农村集体经济组织成员资格的情形作了规定。例如,安徽省高级人民法院《关于处理农村土地纠纷案件的指导意见》第2条规定:“在土地补偿、安置费用支付和分配及与土地承包相关的案件中农村集体经济组织成员资格的确认。在处理土地补偿、安置费用的支付和分配及与土地承包相关的案件中,农村集体经济组织成员资格的确认,一般应以依法取得农村集体经济组织所在地户籍为基本原则,依法取得包括自然取得(出生取得)和法定取得(因婚姻、收养、遗赠抚养协议、行政命令等取得)。同时兼顾在该农村集体经济组织中生产、生活或者离开后又没有取得城市最低生活保障的情形。1. 几类特殊主体成员资格的确认。‘外嫁女’的成员资格。根据《农村土地承包法》、《妇女权益保障法》、国务院办公厅《关于切实维护农村妇女土地承包权益的通知》的精神,应切实保障妇女的合法权益。对于‘外嫁女’虽未取得嫁入地集体经济组织所在地户籍,但已经脱离嫁出地集体经济组织生产、生活的,应当具有嫁入地集体经济组织成员资格。对于嫁入城市的妇女,如果其没有取得非农业户籍,应视为具有原集体经济组织成员资格。‘入赘婿’的成员资格参照前述精神处理。离婚、丧偶妇女成员资格。对于离婚、丧偶的妇女不论其户籍是在嫁出地,还是已迁入嫁入地现又回嫁出地生活的,均应以现户籍所在地确定其集体经济组织成员资格。义务兵、大中专在校生的成员资格。义务兵、大中专在校生、在服役、上学期间,其户籍已迁出,根据有关法律和政策规定仍具有其户籍迁出地的集体经济组织成员资格。服刑人员在服刑期间的成员资格参照前述规定精神处理。‘空挂户’的成员资格。‘空挂户’一般是指户籍在某集体经济组织所在地,但又不在此生产或生活的人员。对这类人员资格的确定,应区别对待。凡是与该集体经济组织有明确协议的,按协议执行;没有协议的,经过民主议定同意,应享有该集体经济组织成员资格;民主议定同意,不宜确认其成员资格。有特殊情况的可以列外。捐资购买城镇户口人员的资格。捐资购买城市户口的人员,现仍在户口迁出地的集体经济组织生产、生活的,应具有该集体经济组织成员资格。”陕西省高级人民法院《关于审理农村集体经济组织收益分配纠纷案件若干问题的意见》第6条规定:“具有下列情形之一的,应当视为其具有农村集体经济组织成员资格:(一)出生时,父母双方或者一方是本集体经济组织成员且本人户籍登记在本集体经济组织所在地的；(二)因婚姻或收养已进入本集体经济组织的农户实际生产生活，并与农村集体经济组织形成权利义务关系、但常住户口非自身原因未迁入的；(三)婚姻关系发生在农业户口和非农业户口人员之间，持农业户口的；(四)因国防建设或者其他政策性迁入的；(五)因外出经商、务工等原因，脱离集体经济组织所在地生产、生活未迁出户口的；(六)因在大中专院校学习、服义务兵或初级以下士官兵役等原因被注销、迁出常住户口的；(七)因服刑、劳教等原因被注销、迁出常住户口的；(八)其他情形经村民会议、村民代表会议讨论同意的；(九)法律法规规定应取得的。"第7条规定："农村集体经济组织成员具有下列情形之一，其丧失原集体经济组织成员资格：(一)死亡的；(二)取得其他集体经济组织成员资格的；(三)取得城镇非农业户口，且纳入国家公务员序列或者城镇企业职工、居民社会保障体系的；(四)自户口迁入时起，未在户口所在地生产、生活，未与农村集体经济组织形成权利义务关系，不以该集体经济组织所有的土地为基本生活保障的；(五)其他情形经村民会议、村民代表会议讨论同意的。"天津市高级人民法院《关于农村集体经济组织成员资格确认问题的意见》第1条规定："农村集体经济组织成员一般是指依法取得本集体经济组织所在地常住农业户口，在本集体经济组织内生产、生活的人。不符合或不完全符合上述条件，但确以本集体经济组织的土地为基本生活保障的人，也应认定具有本集体经济组织成员资格。"第2条规定："具有下列情形之一的，取得本集体经济组织成员资格：(1)出生时，父母双方或一方为本集体经济组织成员，且本人依法取得本集体经济组织所在地常住户口的(包括婚生和非婚生，计划生育和非计划生育的人员)；(2)基于婚姻关系或者收养关系，将户口迁入本集体经济组织所在地，并在本集体经济组织生产、生活的；(3)因国家建设或其他政策性原因，将户口迁入本集体经济组织所在地，并在本集体经济组织生产、生活的；(4)其他将户口依法迁入本集体经济组织所在地，并经本集体经济组织村民会议三分之二以上成员或者三分之二以上村民代表同意，接纳为本集体经济组织成员的。"第3条规定："具有下列情形之一的，丧失本集体经济组织成员资格：(1)死亡的；(2)取得其他集体经济组织成员资格的；(3)取得非农业户口，且纳入国家公务员序列或城市居民社会保障体系的。"重庆市高级人民法院《关于农村集体经济组织成员资格认定问题的会议纪要》第1条规定："农村集体经济组织成员资格的认定，应当以是否形成较为固定的生产、生活，是否依赖于农村集体土地作为生活保障为基本条件，并结合是否具有依法登记的集体经济组织所在地常住户口，作为判断农村集体经济组织成员资格的一般原则。"第2条规定："父母双方均具有本集体经济组织成员资格，或者父母一方具有本集体经济组织成员资格且依法登记为本集体经济组织所在地常住户口，则该父母之子女自出生时起认定取得本集体经济组织成员资格。"第3条规定："因合法的婚姻、收养关系，在本集体经济组织所在地生产、生活，并将户口迁入本集体经济组织所在地的人员，认定取得本集体组织成员资格。"第4条规定："因国防建设或者其他政策性原因，通过移民进入本集体经济组织所在地生产、生活，并将户口迁入本集体经济组织所在地的人员，认定取得本集体经济组织成员资格。"第5条规定："集体经济组织成员死亡，其集体经济组织成员资格自死亡时起丧失。"第6条规定："取得其他集体经济组织成员资格的，自取得其他集体经济组织成员资格时起，其原有的集体经济组织成员资格丧失。"第7条规定："迁入本市各区县(自治县)所辖街道办事处或者区县(自治县)人民政府驻地镇，转为非农业户口的，自取得非农业户口之日，其原有的集体经济组织成员资格丧失。"第8条规定："迁入第七条以外的其他城镇，转为非农业户口，且纳入国家公务员序列或者事业单位编制的，其原有的集体经济组织成员资格丧失。”第9条规定：“农村集体经济组织成员资格丧失的确认，应当遵循以人为本的原则，在农村集体经济组织成员未改变户籍性质和退出承包地之前，一般不宜认定农村集体经济组织成员资格丧失。”

中共中央、国务院《关于稳步推进农村集体产权制度改革的意见》也对确认农村集体经济组织成员身份问题作了规定。该意见第10条规定：“确认农村集体经济组织成员身份。依据有关法律法规，按照尊重历史、兼顾现实、程序规范、群众认可的原则，统筹考虑户籍关系、农村土地承包关系、对集体积累的贡献等因素，协调平衡各方利益，做好农村集体经济组织成员身份确认工作，解决成员边界不清的问题。改革试点中，要探索在群众民主协商基础上确认农村集体经济组织成员的具体程序、标准和管理办法，建立健全农村集体经济组织成员登记备案机制。成员身份的确认既要得到多数人认可，又要防止多数人侵犯少数人权益，切实保护妇女合法权益。提倡农村集体经济组织成员家庭今后的新增人口，通过分享家庭内拥有的集体资产权益的办法，按章程获得集体资产份额和集体成员身份。”该意见对于当前一段时间人民法院处理农村集体经济组织成员资格认定问题具有指导意义。

综合上述规定和我国农村实践情况，人民法院在处理农村集体经济组织成员资格认定问题时，应当注意以下几个原则：第一，农村集体经济组织成员资格具有平等性，无论加入集体组织时间长短，无论出生先后、投入财产多少或者贡献大小，各成员一律平等。不宜仅因村民对农村集体经济组织贡献小或者加入农村集体经济组织时间晚而否定村民的成员资格。第二，农村集体经济组织成员资格具有地域性。农村集体经济组织成员一般来说就是当地的村民，在当地居住、生产生活。户籍是否在当地，往往是决定农民是否在农村集体经济组织所在地生活的重要依据。同时，农民是否在农村集体经济组织所在地生活，当地群众最有发言权。因此，在认定农村集体经济组织成员资格时，户籍地和当地群众是否认可均是重要的考虑因素。第三，农村集体经济组织成员资格具有身份性。这里的身份性具有多层含义：一是农村集体经济组织成员资格本身就是一种社员身份，户籍本身就是社员身份的重要证明。这再次印证户籍是认定农村集体经济组织成员资格的重要依据。二是农村集体经济组织成员仅限于农民。公务员、国企职工等非农身份人员不应享有农村集体经济组织成员资格。农村集体经济组织成员转为非农业户口，纳入国家公务员序列或者事业单位编制，成为公有制企业正式工作人员等情形的，一般不再保留农村集体经济组织成员资格。这里需要考虑的重要因素是，农村集体经济组织成员应当是主要依赖农村集体土地生活的人。不能让农民因为失去农村集体经济组织成员资格而失去基本的生活保障。这也是农村集体土地对于农民最重要的意义。在处理外嫁女、入赘婿时，尤其要考虑到这一点。《农村土地承包法》第31条“承包期内，妇女结婚，在新居住地未取得承包地的，发包方不得收回其原承包地；妇女离婚或者丧偶，仍在原居住地生活或者不在原居住地生活但在新居住地未取得承包地的，发包方不得收回其原承包地”的规定就体现了这一精神。三是与农村集体经济组织成员有特定身份关系的人可获得农村集体经济组织成员资格。例如，农村集体经济组织成员的子女出生后自动取得集体经济组织成员资格。外来人口基于婚姻、收养等原因也可以获得农村集体经济组织成员资格。第四，农村集体经济组织成员资格具有唯一性。每人只能享有一个农村集体经济组织成员资格，不能同时享有两个或者多个农村集体经济组织成员资格。

五、依法保护农村集体经济组织成员的成员权

农村集体经济组织成员的民事权利较为广泛。其中,成员权是成员对农村集体经济组织享有的权利。此外,农村集体经济组织成员作为承包方对承包的土地还享有占有、使用、收益和依法流转的权利,有权自主组织生产经营和处置农产品等权利。农民集体所有不同于共有关系,其成员权不可继承,成员不能请求分割农民集体的土地等财产。农村集体经济组织成员的成员权具有身份性和生活保障性的双重属性,主要包括以下几方面:

第一,承包经营权。农村集体经济组织成员依法享有对本集体经济组织所有的或者国家所有由集体使用的土地、森林、山岭、草原、荒地、滩涂、水域的承包经营权。《农村土地承包法》第5条规定:"农村集体经济组织成员有权依法承包由本集体经济组织发包的农村土地。任何组织和个人不得剥夺和非法限制农村集体经济组织成员承包土地的权利。"但是,根据最高人民法院《关于审理涉及农村土地承包纠纷案件适用法律问题的解释》第1条第2款的规定,集体经济组织成员因未实际取得土地承包经营权提起民事诉讼的,人民法院应当告知其向有关行政主管部门申请解决。

第二,宅基地使用权。根据《土地管理法》第62条规定,农村村民一户只能拥有一处宅基地,其宅基地的面积不得超过省、自治区、直辖市规定的标准。人均土地少、不能保障一户拥有一处宅基地的地区,县级人民政府在充分尊重农村村民意愿的基础上,可以采取措施,按照省、自治区、直辖市规定的标准保障农村村民实现户有所居。农村村民建住宅,应当符合乡(镇)土地利用总体规划、村庄规划,不得占用永久基本农田,并尽量使用原有的宅基地和村内空闲地。但是,农村村民出卖、出租、赠与住宅后,则不能再申请宅基地。

第三,自愿退出宅基地的权利。根据《土地管理法》第62条的规定,国家允许进城落户的农村村民依法自愿有偿退出宅基地,鼓励农村集体经济组织及其成员盘活利用闲置宅基地和闲置住宅。这里有两层含义:一是进城落户的农村村民是否退出宅基地,依其意愿,不可强制;二是进城落户的农村村民退出宅基地的,有权获得相应的补偿。

第四,对农民集体所有财产使用、收益的权利。对于农民集体所有的财产,除土地外,农村集体经济组织成员享有依法、依农村集体经济组织章程使用并获得收益的权利。

第五,获得征收补偿费的权利。根据《土地管理法》第48条的规定,国家征收土地时应当给予公平、合理的补偿,保障被征地农民原有生活水平不降低、长远生计有保障。征收土地应当依法及时足额支付土地补偿费、安置补助费以及农村村民住宅、其他地上附着物和青苗等的补偿费用,并安排被征地农民的社会保障费用。其中,土地补偿费是对农民集体土地的补偿。安置补助费是为了安置以土地为主要生产资料并取得生活来源的农业人口的生活,所给予的补助费用。土地补偿费和安置补助费标准由省、自治区、直辖市通过制定公布区片综合地价确定。制定区片综合地价应当综合考虑土地原用途、土地资源条件、土地产值、土地区位、土地供求关系、人口以及经济社会发展水平等因素,并至少每3年调整或者重新公布一次。农村村民住宅补偿费是对农村村民住宅所有权的补偿,应当直接补偿给住宅所有权人。对农村村民住宅,应当按照先补偿后搬迁、居住条件有改善的原则,尊重农村村民意愿,采取重新安排宅基地建房、提供安置房或者货币补偿等方式给予公平、合理的补偿,并对因征收造成的搬迁、临时安置等费用予以补偿,保障农村村民居住的权利

和合法的住房财产权益。住宅之外的其他地上附着物和青苗等的补偿费用是对地上附着物和青苗等所有权的补偿,应当补偿给所有权人。由于农村土地对于农民而言具有基本生活保障的意义,因此,征地机关还应当承担被征地农民的社会保障费用。该费用主要用于符合条件的被征地农民的养老保险等社会保险缴费补贴。需要注意的是,根据《村民委员会组织法》第24条的规定,征地补偿费的使用、分配方案经村民会议讨论决定方可办理。实践中,一般将征地补偿费的使用、分配问题视为村民自治的范围。因此,最高人民法院《关于审理涉及农村土地承包纠纷案件适用法律问题的解释》第1条第3款规定:"集体经济组织成员就用于分配的土地补偿费数额提起民事诉讼的,人民法院不予受理。"

第六,表决权。《民法典》第261条规定:"农民集体所有的不动产和动产,属于本集体成员集体所有。下列事项应当依照法定程序经本集体成员决定:(一)土地承包方案以及将土地发包给本集体以外的组织或者个人承包;(二)个别土地承包经营权人之间承包地的调整;(三)土地补偿费等费用的使用、分配办法;(四)集体出资的企业的所有权变动等事项;(五)法律规定的其他事项。"在没有设立集体经济组织的村,村委会行使村集体经济组织的权利。《村民委员会组织法》第24条规定:"涉及村民利益的下列事项,经村民会议讨论决定方可办理:(一)本村享受误工补贴的人员及补贴标准;(二)从村集体经济所得收益的使用;(三)本村公益事业的兴办和筹资筹劳方案及建设承包方案;(四)土地承包经营方案;(五)村集体经济项目的立项、承包方案;(六)宅基地的使用方案;(七)征地补偿费的使用、分配方案;(八)以借贷、租赁或者其他方式处分村集体财产;(九)村民会议认为应当由村民会议讨论决定的涉及村民利益的其他事项。村民会议可以授权村民代表会议讨论决定前款规定的事项。法律对讨论决定村集体经济组织财产和成员权益的事项另有规定的,依照其规定。"

第七,知情权。《民法典》第264条规定:"农村集体经济组织或者村民委员会、村民小组应当依照法律、行政法规以及章程、村规民约向本集体成员公布集体财产的状况。集体成员有权查阅、复制相关资料。"

第八,撤销权。《民法典》第265条第2款规定:"农村集体经济组织、村民委员会或者其负责人作出的决定侵害集体成员合法权益的,受侵害的集体成员可以请求人民法院予以撤销。"

第九,优先权。《农村土地承包法》第38条规定,土地经营权流转应当遵循的原则包括:在同等条件下,本集体经济组织成员享有优先权。第51条规定,以其他方式承包农村土地,在同等条件下,本集体经济组织成员有权优先承包。对于集体经济组织成员优先权的司法保护,最高人民法院《关于审理涉及农村土地承包纠纷案件适用法律问题的解释》第11条规定:"土地承包经营权流转中,本集体经济组织成员在流转价款、流转期限等主要内容相同的条件下主张优先权的,应予支持。但下列情形除外:(一)在书面公示的合理期限内未提出优先权主张的;(二)未经书面公示,在本集体经济组织以外的人开始使用承包地两个月内未提出优先权主张的。"

第十,监督建议权。农村集体经济组织成员有权监督集体经济组织的经营管理活动,提出意见和建议。例如,《土地管理法》第49条规定:"被征地的农村集体经济组织应当将征收土地的补偿费用的收支状况向本集体经济组织的成员公布,接受监督。"《村民委员会组织法》第30条规定,对于村民委员会代行农民集体财产所有权以及对农民集体财产经营管理行为,农村集体经济组织成员有权进行监督。

第十一,选举权、被选举权。农村集体经济组织成员有选举和被选举为农村集体经济组织管理人员和社员代表的权利。

农村集体经济组织成员在享有权利的同时也应当履行相应的义务。例如,遵守农村集体经济组织章程,执行社员大会或社员代表大会以及本社管理机构的决议和决定,依法履行承包合同约定的义务,爱护集体财产,维护集体经济组织的合法权益,法律、法规、规章和组织章程规定的其他义务。

专题三　法人财产权的保护——正确处理出资人财产权与法人财产权的关系

出资人权益与法人权益的关系是处理涉法人纠纷的基本点,也是一个容易引起误解的难点。司法实践中,这一问题主要表现为如何正确处理股东权利与公司权利的关系。关于出资人权利,《民法典》第268条规定:"国家、集体和私人依法可以出资设立有限责任公司、股份有限公司或者其他企业。国家、集体和私人所有的不动产或者动产投到企业的,由出资人按照约定或者出资比例享有资产收益、重大决策以及选择经营管理者等权利并履行义务。"关于法人财产权,《民法典》第269条第1款规定:"营利法人对其不动产和动产依照法律、行政法规以及章程享有占有、使用、收益和处分的权利。"以公司为例,设立人将自己的财产投入公司后,该财产成为公司的财产,设立人对该财产不再享有所有权或者使用权。设立人将自己的财产投入公司所获得的对价是对公司的股权,从而成为公司股东。一旦公司获得了设立人或者股东投入的财产,公司即获得了财产的所有权或者使用权。股东不能将公司财产据为己有,只能通过分红收取投资回报,或者在公司清算解散后分配投资人剩余。

在设立公司阶段,设立人将自己的财产投入公司成为公司财产,构成公司实缴资本。《公司法》第26条规定:"有限责任公司的注册资本为在公司登记机关登记的全体股东认缴的出资额。法律、行政法规以及国务院决定对有限责任公司注册资本实缴、注册资本最低限额另有规定的,从其规定。"第27条规定:"股东可以用货币出资,也可以用实物、知识产权、土地使用权等可以用货币估价并可以依法转让的非货币财产作价出资;但是,法律、行政法规规定不得作为出资的财产除外。对作为出资的非货币财产应当评估作价,核实财产,不得高估或者低估作价。法律、行政法规对评估作价有规定的,从其规定。"因此,股东出资的实际价值应当与公司章程和工商登记的实缴出资相一致。第28条规定:"股东应当按期足额缴纳公司章程中规定的各自所认缴的出资额。股东以货币出资的,应当将货币出资足额存入有限责任公司在银行开设的账户;以非货币财产出资的,应当依法办理其财产权的转移手续。股东不按照前款规定缴纳出资的,除应当向公司足额缴纳外,还应当向已按期足额缴纳出资的股东承担违约责任。”足额缴纳公司章程中规定的各自所认缴的出资额是股东的基本义务，也是公司设立人成为公司股东的前提。公司设立后，即成为独立的民事主体。股东投入的财产也转变为公司的财产。公司是企业法人，有独立的法人财产，享有法人财产权。公司以其全部财产对公司的债务承担责任。股东的名字记载于公司名册，成为股东。股东以其出资对公司债务承担责任。依据《公司法》第 4 条的规定，公司股东依法享有资产收益、参与重大决策和选择管理者等权利。实践中，有的公司股东将公司财产视为自己的财产，任意处分，则损害了公司权益。公司有权请求侵权的股东承担赔偿责任。投资人向公司出资是其成为股东的对价。如果公司出资人抽逃出资，不仅不能享有相应的股东权利，还要对公司其他股东和公司债权人承担责任。

在公司正常经营阶段，公司以其全部财产对公司的债务承担责任。有限责任公司的股东以其认缴的出资额为限对公司承担责任；股份有限公司的股东以其认购的股份为限对公司承担责任。只要股东完成了出资义务，公司以自身财产对外承担责任的，即属于股东在出资范围内承担责任。实践中，有的观点错误理解了股东在出资范围内承担责任的规定。例如，A 和 B 共同出资设立 C 公司。A 认缴的出资已经全部缴足。B 在章程约定的缴纳出资的期限内未缴足出资。C 公司欠 D 公司的金钱债务，到期不能清偿。C 公司的资产亦不足以清偿欠 D 公司的金钱债务。D 公司起诉 C 公司偿还债务，并起诉 A 在出资范围内承担责任，B 在欠缴出资范围内承担责任。这种情况下，有观点认为，人民法院不仅应当判决 C 公司偿还 D 公司债务，还应当判决 B 在欠缴出资范围内承担责任，并判决 A 在出资范围内承担责任。这一观点并不准确。A 已经缴足出资，由 C 公司的全部财产向 D 公司承担责任即表明 A 已经在出资范围内承担责任，不应再另行判决 A 在出资范围内承担责任。这可能导致 A 在不应向 D 承担责任的情况下，仍被作为被执行人。这里需要准确理解公司责任与股东责任的关系以及股东承担有限责任的内涵。公司资本对于公司维系、公司债权人利益和交易安全具有重要意义。对此，大陆法系公司法确定了资本确定、资本维持、资本不变三原则，这是大陆法系公司法的核心原则，保证公司独立、完整，保证法定资本制得以实现，目的是维持法定注册资本和实缴资本之间的一致。根据《公司法》第 20 条第 2 款、第 3 款的规定，公司股东滥用股东权利给公司或者其他股东造成损失的，应当依法承担赔偿责任。公司股东滥用公司法人独立地位和股东有限责任，逃避债务，严重损害公司债权人利益的，应当对公司债务承担连带责任。这里所说的股东滥用股东权利，包括股东滥用其权利，处分公司财产、违法减资等行为。例如，A 公司和 B 公司约定合作建设房屋，合作的方式是 A 公司与 B 公司共同设立项目公司 C 对项目进行开发。A 公司和 B 公司根据各自在 C 公司中的持股情况，分享收益、分担风险。C 公司完成项目开发后，A 公司和 B 公司作为股东，未对公司进行清算的情况下，直接出售 C 公司开发完成的项目，并将转让款收归自己所有。这一行为就侵害了 C 公司和 C 公司债权人的利益。A 公司和 B 公司没有区分股东财产与公司财产的关系。实践中较为常见的混淆公司财产和股东财产的情况是，A 公司、B 公司与 C 公司合作经营，共同设立项目公司 D。D 公司经营一段时间后，A 公司想退出合作。A 公司就与 B 公司、C 公司约定，B 公司和 C 公司收购 A 公司在 D 公司中的股份，由 D 公司向 A 公司支付转让股份的对价。这种行为表面看是股权转让行为，实质上是 D 公司的减资行为。在股权转让合同中，应由股权受让人向出让人支付股权转让款，而不应由标的公司支付股权转让款。由标的公司支付股权转让款的，会导致标的公司实有资本减少，实际上是一种减资或者说退资行为。

这种行为一般都没有依法完成减资程序，A 公司需要承担相应的责任。

在公司经营期间，股东也有可能从公司获得财产，主要根据两种途径。一是依据《公司法》第 34 条的规定，股东有权按照实缴的出资比例分取红利。但公司向股东分配红利需要符合《公司法》第 166 条规定的条件，即公司分配当年税后利润时，应当提取利润的 10% 列入公司法定公积金。公司法定公积金累计额为公司注册资本的 50% 以上的，可以不再提取。公司的法定公积金不足以弥补以前年度亏损的，在依照前款规定提取法定公积金之前，应当先用当年利润弥补亏损。公司从税后利润中提取法定公积金后，经股东会或者股东大会决议，还可以从税后利润中提取任意公积金。公司弥补亏损和提取公积金后所余税后利润，有限责任公司依照《公司法》第 34 条的规定分配；股份有限公司按照股东持有的股份比例分配，但股份有限公司章程规定不按持股比例分配的除外。如果股东会、股东大会或者董事会违反前款规定，在公司弥补亏损和提取法定公积金之前向股东分配利润的，股东必须将违反规定分配的利润退还公司。此外，公司持有的本公司股份不得分配利润。二是公司从股东处回购股份。根据《公司法》第 74 条的规定，在公司连续 5 年不向股东分配利润，而公司该 5 年连续盈利，并且符合本法规定的分配利润条件，公司合并、分立、转让主要财产，公司章程规定的营业期限届满或者章程规定的其他解散事由出现，股东会会议通过决议修改章程使公司存续的情形下，对股东会该项决议投反对票的股东可以请求公司按照合理的价格收购其股权。如果自股东会会议决议通过之日起 60 日内，股东与公司不能达成股权收购协议的，股东可以自股东会会议决议通过之日起 90 日内向人民法院提起诉讼。根据《公司法》第 142 条的规定，公司不得收购本公司股份。但在公司减少公司注册资本；与持有本公司股份的其他公司合并；将股份用于员工持股计划或者股权激励；股东因对股东大会作出的公司合并、分立决议持异议，要求公司收购其股份；将股份用于转换上市公司发行的可转换为股票的公司债券；上市公司为维护公司价值及股东权益所必需的情形下，公司可以回购股份。但是公司回购的股份应当依法转让或者注销。

在公司清算注销阶段，公司出现《公司法》第 180 条规定的公司解散的原因时，应当解散公司。根据《民法典》第 70 条的规定，法人解散的，除合并或者分立的情形外，清算义务人应当及时组成清算组进行清算。法人的董事、理事等执行机构或者决策机构的成员为清算义务人。法律、行政法规另有规定的，依照其规定。清算义务人未及时履行清算义务，造成损害的，应当承担民事责任；主管机关或者利害关系人可以申请人民法院指定有关人员组成清算组进行清算。根据《公司法》第 186 条第 1 款、第 2 款的规定，公司财产在分别支付清算费用、职工的工资、社会保险费用和法定补偿金，缴纳所欠税款，清偿公司债务后的剩余财产，有限责任公司按照股东的出资比例分配，股份有限公司按照股东持有的股份比例分配。因此，在公司清算注销阶段，如果公司财产清偿全部债务后还有剩余的，则为出资人权益。股东有权分配剩余财产。在这种情况下，原属于公司的财产归属于股东。与此相应，由于公司消灭，股东不再享有股权。

在处理公司财产与股东财产的关系时，还需要注意公司财产与股东财产混同的情形。公司财产与股东财产混同是判断公司与股东人格混同的重要条件。司法实践中，一旦认定公司财产与股东人格混同，就会“刺破公司面纱”，股东需要对公司债务承担连带责任。对此，《公司法》第 20 条第 3 款规定，公司股东滥用公司法人独立地位和股东有限责任，逃避债务，严重损害公司债权人利益的，应当对公司债务承担连带责任。这里尤其需要注意的是一人有限责任公司财产与股东财产的独立性问题。一人有限责任公司非常容易被唯一的股东所控制。根据《公司法》第 62 条的规定，一人有限责任公司应当在每一会计年度终了时编制财务会计报告，并经会计师事务所审计。根据《公司法》第 63 条的规定，一人有限责任公司的股东不能证明公司财产独立于股东自己的财产的，应当对公司债务承担连带责任。

第六章　业主的建筑物区分所有权

专题一　建筑物区分所有权的民法保护

一、正确区分建筑物的专有部分和共有部分

在现代社会，多层建筑、高层建筑成为人们最常见的居住和工作场所。为解决多层建筑、高层建筑的产权区分问题，各国民法设立了建筑物区分所有权制度。我国《民法典》第271条规定："业主对建筑物内的住宅、经营性用房等专有部分享有所有权，对专有部分以外的共有部分享有共有和共同管理的权利。"由此可见，我国建筑物区分所有权的组成部分分别是专有权、共有权和成员权（共同管理权），为复合权利。建筑物区分所有权在不同国家法律中的称谓并不相同。例如，美国法上称之为"公寓所有权"，德国法上称之为"住宅所有权"，日本法上称之为"建筑物区分所有权"，法国法上称之为"住宅分层所有权"。我国《物权法》和《民法典》均称之为业主的建筑物区分所有权。

在审理涉及建筑物区分所有权的案件时，首先要解决的就是如何区分专有部分和共有部分。建筑物一般是指主要提供人们进行生产、生活或其他活动的房屋或场所。需要注意的是，并非所有的建筑物都能成为建筑物区分所有权的客体，有的建筑物为单一所有权人所有，自然不存在"区分"所有的问题。在建筑物为单独一人所有的情况下，为独立的所有权。而建筑物区分所有权为复合权利。作为建筑物区分所有权客体的建筑物需要具备以下条件：一是建筑物在结构上能够区分为两个以上的独立部分。在实践中，区分建筑物的方法主要是：纵割的区分、横割的区分和纵横割的区分。二是建筑物的区分各部分能够单独使用并能为不同的所有权人所专用。三是建筑物除区分专有部分外，还必须有共有部分。也就是说，建筑物在使用性质上必须能够区分为专有部分和共用部分。[①] 建筑物区分所有的特点在于，不同业主所享有权利的建筑物的专有部分以及共有部分有时在物理上是相互连接的。在这种情况下，如何区分各专有部分和共有部分就十分重要。关于专有部分的范围，按照《建筑物区分所有权解释》第2条的规定，专有部分一般需要具备以下几个条件：一是必须具有构造上的独立性。即各个部分在建筑物的构造上可以被区分开，可与建筑物其他部分完全隔离。也只有这样才能客观地划分不同部分并为各个所有权人独立支配，才能明确客体的范围，并进而明确权利主体所享有的权利的范围，同时才能准确地判断他人针对建筑物所实施的行为是否构成侵权。二是必须具有使用上的独立性。即建筑物被区分为各个部分以后，每一部分都可以被独立地使用或具有独立的经济效用，无须借助其他部分的辅助便能利用。三是必须能够通

① 郭明瑞主编：《中华人民共和国物权法释义》，中国法制出版社2007年版，第122页。

过登记进行公示并且能表现出法律上的独立性。构造上和使用上的独立性,乃是经济上的独立性,只有通过登记才能表现为法律上的独立,即通过登记能够使被分割的各个部分在法律上形成各个所有权的客体。如果被分割的各个部分登记为各个主体所有,则建筑物作为整体在法律上将不能再作为一个独立物存在。应当指出的是,通过登记表现出来的法律上独立性,是以构造上和使用上的独立性为基础的,如果构造上或使用上的独立性不复存在,则法律上的独立性也难以存在。

在物理空间上,如何界定专有部分的范围,存在争议,主要有以下几种学说:第一种学说是空间说。该说认为,专有部分的范围限于由墙壁、地板和天花板所构成的空间部分,即通常所说的使用面积所对应的空间。至于墙壁、天花板和地板本身则属于共有部分。第二种学说是墙面说。该说认为,专有部分包含墙壁、天花板、地板等界壁部分表层所粉刷部分。该说是在空间说的基础上将专有部分的范围延伸到界壁的最后粉刷的表层。第三种学说是壁心说。该说认为,专有部分达到墙壁、天花板和地板等境界部分厚度的中心线。第四种学说是壁心和最后粉刷表层说。该说认为,在区分所有权人的内部关系尤其是建筑物的维持和管理上,专有部分包括墙壁、天花板和地板等境界部分表层所粉刷部分;在外部关系上,专有部分到达墙壁、天花板、地板等境界部分的中心线。以上几种观点争议的焦点是,应当如何看待墙壁的权利归属。是将墙壁作为专有部分的组成部分,还是将其作为共有部分。目前来看,第四种学说即壁心和最后粉刷表层说较合理。该学说在处理内部关系和外部关系时采用了不同标准。专有部分的所有权人有权对其墙壁进行装饰,而不必担心侵犯他人的权利。

二、准确把握建筑物区分所有权人的权利和义务

在专有部分和共有部分中,专有部分是建筑物区分所有权的基础,共有部分从根本上来讲是为专有部分服务的。相对专有部分,共有部分具有从属性。因此,业主转让建筑物内的住宅、经营性用房,其对共有部分享有的共有和共同管理的权利一并转让。从权利的客体来看,专有部分权利人所享有的权利不仅及于其专有部分,也及于共有部分。根据《民法典》第271条和第272条的规定,业主对建筑物内的住宅、经营性用房等专有部分享有所有权,对专有部分以外的共有部分享有共有和共同管理的权利。业主对其建筑物专有部分享有的所有权包括占有、使用、收益和处分等权能。专有部分权利人在享有权利的同时,也应当承担相应的义务,以维护建筑物的安全以及其他专有权人的利益。

建筑物区分所有权人享有以下权利:第一,建筑物区分所有权人对其专有部分享有占有、使用、收益和处分的权利。建筑物区分所有权人有权占有自己的房屋,有权自己使用房屋,也有权出借或者出租给他人使用,并获得相应的收益。建筑物区分所有权人有权通过转让所有权、设立抵押权等方式处分自己的房屋。第二,在建筑物区分所有权人的权利受到他人不当干涉时,建筑物区分所有权人有权排除这种不当干涉。建筑物区分所有权是物权。这是其作为物权所当然具备的效力。第三,建筑物区分所有权人还有权合理使用共有部分。例如,商铺的所有权人在设置标示广告时,可能会用到共有部分或者他人的专有部分。建筑物区分所有权人在修建飘窗、防盗窗户会使用到共有部分。建筑物区分所有权人还可以合理地使用露台、屋顶等共有部分。对于独栋别墅的所有权人,可以合理地使用屋前、屋后花园。第四,建筑物区分所有权人对共有部分享有共有权。第五,建筑物区分所有权人对共有部分享有共同管理权。

建筑物区分所有权人所需承担的义务主要有:第一,建筑物区分所有权人应当对专有部分合理行使权利,不能对建筑物造成损害。在建筑物区分所有中,专有部分是依赖整个建筑物而存在的,在物理上与其他专有部分和共有部分相互连接,构成一个建筑物整体。专有部分与整个建筑物是整体与部分的关系,所以只有保障整个建筑物的安全才能够实现专有部分所有权的有效行使。在实践中,有的建筑物区分所有权人开挖承重墙,将与他人相邻的墙体掏空,装修时所用材料重量超过地板所能承受的范围,都是不可取的。第二,建筑物区分所有权人对专有部分的使用不得违反区分所有建筑物的使用目的。如果专有部分的权利人行使权利的行为不符合建筑物的使用目的,其他权利人有权加以制止。在实践中较常见的是在将住宅楼作为商业办公楼使用或者营业房使用,有的业主甚至直接在住宅楼中开设餐厅,影响其他业主。在这种情况下,同一小区的其他业主权利受到损害的,有权请求其停止不当使用房屋的行为。第三,建筑物区分所有权人对专有部分的使用不得损害其他区分所有权人的利益。整个建筑物是由众多的专有部分构成,专有部分与专有部分之间往往有共同的墙体、地板。相邻的房屋所有权人之间使用了共同的建筑部分。同一小区内不同业主也存在共同利益,所以任何专有部分的权利人行使权利时,不能不考虑全体建筑物区分所有权人的利益,更不能滥用其专有部分的所有权,并损害其他所有权人的利益。如果建筑物区分所有权人有违反上述义务的行为,权利人有权要求其排除妨碍、消除危险、恢复原状、赔偿损失。第四,建筑物区分所有权人对建筑物专有部分以外的共有部分承担义务,且不能以放弃权利为由不履行义务。在实践中,建筑物区分所有权人对共有部分的义务主要表现为修缮等义务。例如,有的小区电梯需要修理,维修基金不足或者没有维修基金,需要各建筑物区分所有权人共同出资维修。部分居住低楼层的建筑物区分所有权人表示自己不乘坐电梯,拒不交纳维修费。这种行为并不可取。

三、依法保护业主对共有部分的使用权

建筑物区分所有权是复合权利,其中的重要组成部分是对共有部分的共有权。建筑物区分所有中的共有权,是指建筑物区分所有权人对建筑物的共有部分享有的占有、使用、收益、处分的权利。建筑物区分所有人对共有部分的共有权具有以下特点:第一,共有权人是全部建筑物区分所有人。建筑物区分所有的共有人由整个单位建筑或多个单位建筑组成的小区内全部建筑物区分所有人组成。他们共同构成了建筑物共有部分财产的权利主体。第二,建筑物区分所有权中共有权利的客体是建筑物的共有部分。建筑物的共有部分,主要包括建筑物的基础工程;支柱、屋顶、外墙等主体工程;建筑物的电梯、楼梯、消防设施、走廊、水塔、水电气管道、暖气管道等公共部分;建筑区划内的道路、绿地,但属于城镇公共道路、城镇公共绿地或者明示属于个人的除外;建筑区划内的其他公共场所、公用设施和物业服务用房。住宅小区的围墙、小区大门、艺术装饰物、路灯、消防、安保等公用配套设施,除依法应当归属于国家或有关法人所有的以外的,原则上应当属于全体住宅小区的业主所共有。此外,建筑物有的部分是部分区分所有人所共有的部分,如各层楼之间的楼板,仅属于相邻部分的所有人共有。第三,建筑物区分所有权中共有权具有从属性。建筑物区分所有权人对共有部分享有共有权是以其对专有部分享有所有权为前提,为专有部分的所有权服务,随专有部分的所有权转移而转移、消灭而消灭。共有部分不能脱离专有部分而存在,也不能单独在专有部分上设立所有权。关于建筑物区分所有权中共有部分的范围,《建筑物区分所有权解释》第3条规定:“除法律、行政法规规定的共有部分外,建筑区划内的以下部分,也应当认定为物权法第六章所称的共有部分:(一)建筑物的基础、承重结构、外墙、屋顶等基本结构部分,通道、楼梯、大堂等公共通行部分,消防、公共照明等附属设施、设备,避难层、设备层或者设备间等结构部分;(二)其他不属于业主专有部分,也不属于市政公用部分或者其他权利人所有的场所及设施等。建筑区划内的土地,依法由业主共同享有建设用地使用权,但属于业主专有的整栋建筑物的规划占地或者城镇公共道路、绿地占地除外。”

建筑物区分所有权人对共有部分的权利包括所有权即共有权和共同管理权两个方面。其中,共有权更多地体现为对共有部分的使用和收益权。从实践的情况来看,争议较大的、纠纷较多的也是共有部分的使用和收益权问题。具体而言,建筑物区分所有权人对共有部分的权利主要包括以下几个方面:第一,建筑物区分所有权人有权按共用部分的用途使用共有部分,其他建筑物区分所有权人应予尊重,不能限制或者干涉。《建筑物区分所有权解释》第4条规定:“业主基于对住宅、经营性用房等专有部分特定使用功能的合理需要,无偿利用屋顶以及与其专有部分相对应的外墙面等共有部分的,不应认定为侵权。但违反法律、法规、管理规约,损害他人合法权益的除外。”第二,区分所有人有权分享共用部分的收益。如果将共用部分用于营利性使用,因此获得的收益,应当由建筑物区分所有权人共同享有。建筑物区分所有权人共同享有的方式很多,共有部分的收益可以用于分配、抵扣物业管理费、修缮建筑物、改善小区环境等。对这一问题,《建筑物区分所有权解释》第14条规定:“建设单位或者其他行为人擅自占用、处分业主共有部分、改变其使用功能或者进行经营性活动,权利人请求排除妨碍、恢复原状、确认处分行为无效或者赔偿损失的,人民法院应予支持。属于前款所称擅自进行经营性活动的情形,权利人请求行为人将扣除合理成本之后的收益用于补充专项维修资金或者业主共同决定的其他用途的,人民法院应予支持。行为人对成本的支出及其合理性承担举证责任。”建筑物区分所有权人在使用共有部分时,也应当承担相应的义务:第一,以合法合理的方式使用共有部分,维护共用部分,使其处于正常使用的状态,不能随意改动、改建共用部分,不得侵占共用部分,不得妨碍其他建筑物区分所有权人合理使用共有部分。在实践中,有的建筑物区分所有权人将私人物品堆放在楼道、楼梯间等公共部位,既妨碍他人正常使用共有部分,也影响安全。还有的建筑物区分所有权人在楼道或者小区内乱倒垃圾,影响环境。这些行为均不可取。第二,建筑物区分所有权人应负担维护共用部分的正常费用。对于为使用、维修、管理共用部分所支出的费用,建筑物区分所有权人有分摊的义务。

在实践中,争议较多的是小区内的绿地、车位、物业用房的归属和使用权问题。根据《民法典》第274条的规定,建筑区划内的绿地,属于业主共有,但是属于城镇公共绿地或者明示属于个人的除外。因此,原则上建筑区划内的绿地归全体建筑物区分所有权人共有。但该原则存在两个例外:一是建筑区划内的绿地属于城镇的公共绿地。在这种情况下,绿地一般视为市政公共绿地的一部分,不属于建筑物区分所有权人共有。二是明示属于个人。这里的明示属于个人应当具体分析。例如,开发商将绿地的使用权分割为不同部分,各个部分与专有部分相连,对外绿地被封闭,对专有部分则开放。更常见的是开发商在出售房屋时,即在合同里约定某部分绿地归专有部分所有权人所有。归个人所有的绿地实际属于专有部分,不适用《民法典》关于共有部分的规定。例如,其他人不享有共有权、使用权、收益权，该部分的维护也由专有权人负责。

关于建筑区划内的车位的归属和使用、收益权问题。根据《民法典》第275条的规定，建筑区划内，规划用于停放汽车的车位、车库的归属，由当事人通过出售、附赠或者出租等方式约定。占用业主共有的道路或者其他场地用于停放汽车的车位，属于业主共有。因此，车位的归属应区分不同的情况。首先，开发商与购房人有约定的，从约定。如果购房人购买了车位或者购房人在购房时，开发商将车位赠与购房人，则由购房人获得车位所有权。其次，如果开发商只是将车位出租给购房人，则购房人获得排他的使用权。在开发商只出租车位的情况下，车位所有权的归属问题应具体分析。如果开发商也对建筑物的一部分享有专有权，依据该专有权其有权对车位享有所有权的，车位所有权可归属于开发商。根据相关规定，房地产开发商按照一定的标准配置建设停车位。这些车位是建筑物的配套设备设施，其不能单独转让也不能单独办理产权，由全体业主共有共用。因此，开发商原则上不应单独对小区车位享有所有权，而应当归属全体小区业主共有。在实践中，开发商与购房人签订的车位租赁合同在开发商售完房屋、退出小区后会直接转为物业服务企业与购房人的租赁合同。在这种情况下，租赁费应当归属于全体业主所有。再次，占用业主共有的道路或者其他场地用于停放汽车的车位，属于业主共有。建筑区划内的道路及其他公共部分本就归全体业主共同所有，占用业主共有的道路或者其他场地用于停放汽车的车位自然应当属于全体业主共有。最后，根据《民法典》第276条的规定，建筑区划内，规划用于停放汽车的车位、车库应当首先满足业主的需要。这是建筑物区分所有权的特点，建筑区划内的车位本质上是房屋的配套设施，理所当然应当首先满足小区业主的需要。在实践中，有的物业服务企业在本小区车位尚不能满足小区业主需要的情况下，对外出租车位。这种行为违反了《民法典》的规定，损害了业主的权利。

关于建筑区划内的其他公共场所、公用设施和物业服务用房的归属、使用和收益问题。根据《民法典》第274条的规定，建筑区划内的其他公共场所、公用设施和物业服务用房，属于业主共有。对于小区内物业服务用房，如果开发商在出售房屋时，并未特别的声明要保留对物业服务用房的所有权，就应当属于全体业主共有。对于小区的地下室等其他公共场所、公用设施，由于这些都是小区的必备设施，实际上是专有部分的配套设施，小区的业主在购买专有部分的商品房时实质上也已对此支付了相应对价，所以也应当归小区全体业主共有。

专题二　物业管理

一、业主大会、业主委员会的主体资格及权利义务

建筑物区分所有权包含有对共有部分的管理权，同时不同建筑物区分所有人共同生活在同一建筑区划内，需要确立共同的生活准则，以维护生活秩序。因此，建筑物区分所有面临物业管理、业主共同生活秩序维护等问题。目前，世界各国均倾向将此部分交由业主自治。业主自治的机构就

是业主大会和业主委员会。业主大会是由物业管理区域内全体业主组成的。业主是房屋所有权人,也是建筑物区分所有权人。本书在不同部分根据所论述问题的需要而使用不同称谓,但业主与建筑物区分所有权人是具有相同含义的概念。《民法典》第277条第1款规定:“业主可以设立业主大会,选举业主委员会。业主大会、业主委员会成立的具体条件和程序,依照法律、法规的规定。”物业管理区域内全体业主组成业主大会。业主大会应当代表和维护物业管理区域内全体业主在物业管理活动中的合法权益。一个物业管理区域成立一个业主大会。但并不是所有的物业管理区域内都要成立业主大会。《物业管理条例》第10条规定,只有一个业主的,或者业主人数较少且经全体业主一致同意,决定不成立业主大会的,由业主共同履行业主大会、业主委员会职责。物业管理服务属于公共物品。公共物品是经济学上的概念,是指可以供社会成员共同享用的物品,具有非竞争性和非排他性。所谓非竞争性,是指某人对公共物品的消费并不会影响其对其他人的供应,即在给定的生产水平下,为另一个消费者提供这一物品所带来的边际成本为零。所谓非排他性,是指某人在消费一种公共物品时,不能排除其他人消费这一物品(无论他们是否付费),或者排除的成本很高。公共物品面临的一个突出问题是“搭便车”问题。这会导致市场失灵,即通过市场调节和私人供给将造成供给不足,从而导致业主大会和业主委员会制度在实践中的效果并不好。例如,在北京,有物业的小区中只有1/3成立了业主大会;在河南省,这一比例只能达到1/10。[①] 针对这一问题,《民法典》第277条第2款规定:“地方人民政府有关部门、居民委员会应当对设立业主大会和选举业主委员会给予指导和协助。”《物业管理条例》第10条规定:“同一个物业管理区域内的业主,应当在物业所在地的区、县人民政府房地产行政主管部门或者街道办事处、乡镇人民政府的指导下成立业主大会,并选举产生业主委员会……”但是,上述规定只是原则性规定。这一规定如何落到实处还需要细化规则、落实责任。部分地方也对相关规定进行了细化。例如,《北京市物业管理条例》第8条规定:“街道办事处、乡镇人民政府组织、协调、指导本辖区内业主大会成立和业主委员会选举换届、物业管理委员会组建,并办理相关备案手续;指导、监督业主大会、业主委员会、物业管理委员会依法履行职责,有权撤销其作出的违反法律法规和规章的决定;参加物业承接查验,指导监督辖区内物业管理项目的移交和接管,指导、协调物业服务人依法履行义务,调处物业管理纠纷,统筹协调、监督管理辖区内物业管理活动。居民委员会、村民委员会在街道办事处、乡镇人民政府的指导下开展具体工作,建立党建引领下的物业管理协商共治机制;有权就业主反映的物业管理事项向业主大会、业主委员会进行询问,引导规范运作;指导、监督物业服务人依法履行义务,调解物业管理纠纷。”

业主大会由业主组成,权利源于业主。业主大会成立后,其职责是管理物业和业主,维护物业小区良好的秩序。在业主与业主大会的关系中,业主的权利对于业主大会而言往往是义务,业主的义务对于业主大会来说往往是权利。根据《物业管理条例》第6条的规定,业主在物业管理活动中,享有下列权利:一是按照物业服务合同的约定,接受物业服务企业提供的服务;二是提议召开业主大会会议,并就物业管理的有关事项提出建议;三是提出制定和修改管理规约、业主大会议事规则

---

① 全国人大常委会法制工作委员会民法室编:《中华人民共和国物权法条文说明、立法理由及相关规定》,北京大学出版社2017年版,第142页。

的建议;四是参加业主大会会议,行使投票权;五是选举业主委员会成员,并享有被选举权;六是监督业主委员会的工作;七是监督物业服务企业履行物业服务合同;八是对物业共用部位、共用设施设备和相关场地使用情况享有知情权①和监督权;九是监督物业共用部位、共用设施设备专项维修资金(以下简称专项维修资金)的管理和使用;十是法律、法规规定的其他权利。同时,业主在物业管理活动中应当履行下列义务:一是遵守管理规约、业主大会议事规则;二是遵守物业管理区域内物业共用部位和共用设施设备的使用、公共秩序和环境卫生的维护等方面的规章制度;三是执行业主大会的决定和业主大会授权业主委员会作出的决定;四是按照国家有关规定交纳专项维修资金;五是按时交纳物业服务费用;六是法律、法规规定的其他义务。

业主大会主要承担议事和决策职能。业主大会的决策一般交由业主委员会执行。业主委员会是依据业主公约或者法定的程序由业主大会从全体业主中选举产生的,是业主大会的执行机构。根据《民法典》第278条的规定:"下列事项由业主共同决定:(一)制定和修改业主大会议事规则;(二)制定和修改管理规约;(三)选举业主委员会或者更换业主委员会成员;(四)选聘和解聘物业服务企业或者其他管理人;(五)使用建筑物及其附属设施的维修资金;(六)筹集建筑物及其附属设施的维修资金;(七)改建、重建建筑物及其附属设施;(八)改变共有部分的用途或者利用共有部分从事经营活动;(九)有关共有和共同管理权利的其他重大事项……"关于何为重大事项的问题,《建筑物区分所有权解释》第7条规定:"改变共有部分的用途、利用共有部分从事经营性活动、处分共有部分,以及业主大会依法决定或者管理规约依法确定应由业主共同决定的事项,应当认定为物权法第七十六条第一款第(七)项规定的有关共有和共同管理权利的'其他重大事项'。"该解释的部分内容已经被我国《民法典》所吸收。

相对《物权法》,《民法典》对业主共同决定事项的范围和表决程序作了修改。在共同决定的事项范围上,我国《民法典》第278条吸收了《建筑物区分所有权解释》第7条的规定。在共同决定事项的程序上,我国《民法典》第278条规定首先对参与表决的人数比例和所占专有部分比例作了规定,即应当由专有部分面积占比2/3以上的业主且人数占比2/3以上的业主参与表决。对于特别多数决定事项,《民法典》第278条提高了表决通过的人数占比和专有部分占比,即对该条第1款第6项至第8项规定的事项,应当经参与表决专有部分面积3/4以上的业主且参与表决人数3/4以上的业主同意。相对于《物权法》第76条第2款规定的"决定前款第五项和第六项规定的事项,应当经专有部分占建筑物总面积三分之二以上的业主且占总人数三分之二以上的业主同意",《民法典》提高了通过决议的要求。

业主大会会议可以采用集体讨论的形式,也可以采用书面征求意见的形式。目前,为方便业主投票、参与物业和社区管理,有的地方明确规定业主可以通过在线方式表决。例如,《北京市物业管理条例》第35条第3款规定:"业主大会会议可以采用书面形式或者通过互联网方式召开;采用互联网方式表决的,应当通过市住房和城乡建设主管部门建立的电子投票系统进行。"业主可以委托

① 关于业主的知情权,《建筑物区分所有权解释》第13条规定:"业主请求公布、查阅下列应当向业主公开的情况和资料的,人民法院应予支持:(一)建筑物及其附属设施的维修资金的筹集、使用情况;(二)管理规约、业主大会议事规则,以及业主大会或者业主委员会的决定及会议记录;(三)物业服务合同、共有部分的使用和收益情况;(四)建筑区划内规划用于停放汽车的车位、车库的处分情况;(五)其他应当向业主公开的情况和资料。"

代理人参加业主大会会议,但业主大会应当有物业管理区域内专有部分占建筑物总面积过半数的业主且占总人数过半数的业主参加。业主大会会议分为定期会议和临时会议。业主大会定期会议应当按照业主大会议事规则的规定召开。经20%以上的业主提议,业主委员会应当组织召开业主大会临时会议。业主大会或者业主委员会的决定,对业主具有约束力。

业主委员会执行业主大会的决定事项,履行下列职责:一是召集业主大会会议,报告物业管理的实施情况;二是代表业主与业主大会选聘的物业服务企业签订物业服务合同;三是及时了解业主、物业使用人的意见和建议,监督和协助物业服务企业履行物业服务合同;四是监督管理规约的实施;五是业主大会赋予的其他职责。业主委员会应当自选举产生之日起30日内,向物业所在地的区、县人民政府房地产行政主管部门和街道办事处、乡镇人民政府备案。

关于业主大会和业主委员会的主体地位问题。《民法典》未规定业主大会和业主委员会为法人。从形式上来看,业主委员会需进行登记,具有民事主体识别所需之"外观";从职能上来看,业主委员会是业主大会的执行机构,参与物业管理、社区管理活动;从实践需要来看,业主委员会履行职责的过程中必然会以自己名义为民事行为,参与相应的民事法律关系。因此,业主委员会应当具有民事主体资格,但不属于法人,应当归为非法人组织,业主委员会行为的后果最终由业主大会承担,实际上由全体业主承担。司法实践也对业主委员会的诉讼主体资格予以了认可。最高人民法院《关于春雨花园业主委员会是否具有民事诉讼主体资格的复函》(〔2005〕民立他字第8号)在答复安徽省高级人民法院时称,根据《物业管理条例》的规定,业主委员会是业主大会的执行机构,根据业主大会的授权对外代表业主进行民事活动,所产生的法律后果由全体业主承担。业主委员会与他人发生民事争议的,可以作为被告参加诉讼。业主大会作为议事和决议机关,主要通过会议方式开展工作,不属于常设性机构,没有进行登记,原则上应当以业主委员会为民事主体和诉讼主体。但实践中的情况较复杂,有的社区成立了业主大会但未设立业主委员会或者业主委员会不能正常开展工作,在这种情况下,似应肯定业主大会的民事主体和诉讼主体资格,以便于业主维权。

业主大会和业主委员会对外发生的民事关系最常见的就是与物业服务企业签订物业服务合同。业主委员会与业主大会依法选聘的物业服务企业签订的物业服务合同,对业主具有约束力。物业服务企业与业主委员会签订物业服务合同后,应当勤勉、尽职进行物业管理。如果物业服务企业未经业主委员会同意,将物业服务区域内的全部物业服务业务一并委托他人,业主委员会或者业主有权请求确认合同无效。如果物业服务合同中有免除物业服务企业责任、加重业主委员会或者业主责任、排除业主委员会或者业主主要权利的条款,业主委员会或者业主有权请求确认相关条款无效。业主大会按照法定程序作出解聘物业服务企业的决定后,业主委员会有权解除物业服务合同。物业服务合同的权利义务终止后,业主委员会有权请求物业服务企业退出物业服务区域、移交物业服务用房和相关设施,以及物业服务所必需的相关资料和由其代管的专项维修资金。但是,在业主欠付物业费的情况下,物业服务企业不应当向业主委员会主张,而应当向拖欠物业费的业主主张。需要注意的是,《民法典》通过之时正值世界范围内暴发了新型冠状病毒疫情。明确民事主体在尤其是负有一定管理职责的主体应当执行处理突发共同事件所需的应急处置措施和其他管理措施,其他民事主体负有配合的义务。这类条款有人称为"疫情条款"。新型冠状病毒疫情期间,以社区和小区为单位进行疫情防控管理已经是一种常态,也是有益的实践经验。在以居民小区为单位进行疫情防控管理的情况下，物业公司必然要协助承担一定的管理职责，业主也应当遵守相应的规定。对这一问题，《民法典》第 285 条第 2 款规定："物业服务企业或者其他管理人应当执行政府依法实施的应急处置措施和其他管理措施，积极配合开展相关工作。"第 286 条第 1 款规定："业主应当遵守法律、法规以及管理规约，相关行为应当符合节约资源、保护生态环境的要求。对于物业服务企业或者其他管理人执行政府依法实施的应急处置措施和其他管理措施，业主应当依法予以配合。"此外，该条规定也是《民法典》绿色原则的体现，要求业主的行为符合节约资源、保护生态环境的要求。

业主大会和业主委员会不仅会对外进行民事交往，产生民事法律关系，还会基于与业主之间的管理服务关系，产生民事法律关系。根据《民法典》第 280 条第 1 款的规定，业主大会或者业主委员会的决定，对业主具有法律约束力。根据《民法典》第 286 条的规定，业主应当遵守法律、法规以及管理规约，相关行为应当符合节约资源、保护生态环境的要求。对于物业服务企业或者其他管理人执行政府依法实施的应急处置措施和其他管理措施，业主应当依法予以配合。业主大会或者业主委员会，对任意弃置垃圾、排放污染物或者噪声、违反规定饲养动物、违章搭建、侵占通道、拒付物业费等损害他人合法权益的行为，有权依照法律、法规以及管理规约，请求行为人停止侵害、排除妨碍、消除危险、恢复原状、赔偿损失。业主或者其他行为人拒不履行相关义务的，有关当事人可以向有关行政主管部门报告或者投诉，有关行政主管部门应当依法处理。对于哪些行为属于损害他人合法权益的行为的问题，《建筑物区分所有权解释》第 15 条规定："业主或者其他行为人违反法律、法规、国家相关强制性标准、管理规约，或者违反业主大会、业主委员会依法作出的决定，实施下列行为的，可以认定为物权法第八十三条第二款所称的其他'损害他人合法权益的行为'：(一)损害房屋承重结构，损害或者违章使用电力、燃气、消防设施，在建筑物内放置危险、放射性物品等危及建筑物安全或者妨碍建筑物正常使用；(二)违反规定破坏、改变建筑物外墙面的形状、颜色等损害建筑物外观；(三)违反规定进行房屋装饰装修；(四)违章加建、改建，侵占、挖掘公共通道、道路、场地或者其他共有部分。"根据《民法典》第 279 条的规定，业主不得违反法律、法规以及管理规约，将住宅改变为经营性用房。业主将住宅改变为经营性用房的，除遵守法律、法规以及管理规约外，应当经有利害关系的业主一致同意。对于全体业主来说，保持住宅区域的安全和安宁十分重要。如果部分业主将住宅改变为经营性用房不仅违反法律规定和扰乱小区管理秩序，也会损害其他业主的利益。在实践中，这一问题存在一定普遍性。如果业主将住宅改变为经营性用房，违反了法律、法规以及管理规约，或者未经有利害关系的业主一致同意，利害关系人有权请求其停止侵害、赔偿损失。对于这一问题，《建筑物区分所有权解释》第 10 条规定："业主将住宅改变为经营性用房，未按照物权法第七十七条的规定经有利害关系的业主同意，有利害关系的业主请求排除妨碍、消除危险、恢复原状或者赔偿损失的，人民法院应予支持。将住宅改变为经营性用房的业主以多数有利害关系的业主同意其行为进行抗辩的，人民法院不予支持。"

业主大会和业主委员会代表业主的利益对外所为的民事行为的效果归属于全体业主。建设单位依法与物业服务企业签订的前期物业服务合同，以及业主委员会与业主大会依法选聘的物业服务企业签订的物业服务合同，对全体业主具有约束力，业主不能以其并非合同当事人为由提出抗辩。业主未按物业服务合同的约定支付物业管理费的，物业服务公司有权起诉请求其支付。但是，根据《民法典》第 280 条第 2 款的规定，业主大会或者业主委员会作出的决定侵害业主合法权益的，受侵害的业主可以请求人民法院予以撤销。需要注意的是，业主以业主大会或者业主委员会作出的决定侵害其合法权益或者违反了法律规定的程序为由，请求人民法院撤销该决定的，应当在知道或者应当知道业主大会或者业主委员会作出决定之日起 1 年内行使。

二、依法保护业主对维修资金的所有权和使用权

我国城镇住房制度改革之后，居民个人拥有住房产权的比例不断提高。在改革之前，一般由国家或单位承担住房维修义务。改革之后，住房的维修管理职责从国家或单位转移给业主承担。我国人多地少的国情决定了我国城镇住宅多以住宅小区的方式开发建设，住宅单体间存在共用部位，如住宅的地基工程、住宅的主体结构工程，包括内外承重墙体、柱、梁、楼板等，住宅楼或者住宅小区内有共用设施设备，如电梯、水、暖、照明、煤气、消防等。这些共用部位、共用设施设备是否完好、运行是否正常关系各个业主对住宅的正常使用，以及住宅楼或者住宅小区安全，关系全体业主的共同利益。为了解决住房产权结构多元化情形下，住房共用部位、共用设施设备的维修、更新、改造时，维修资金的筹集问题，确立了物业管理维修资金预缴制度。即由业主预先交纳一定费用，设立维修资金，用于建筑物共有部分、共用设施设备的维修、改造、更新。随着我国城市化进程的推进，不少城市，尤其是大型、特大型城市房地产市场进入存量房交易时代。存量房交易的特点是房龄较长，房屋的维修、房屋建筑设施的养护非常重要。近年来，由于电梯老化、维修不及时导致的人身伤亡事件时有发生。相应地，关于维修资金的归属、使用问题成为司法实践中较常见的问题。

维修资金由业主所交，应当归属全体业主共有。对此，《物业管理条例》第 53 条第 1 款规定："住宅物业、住宅小区内的非住宅物业或者与单幢住宅楼结构相连的非住宅物业的业主，应当按照国家有关规定交纳专项维修资金。"虽然按规定维修资金通常由房地产开发建设单位和业主共同负担，但实质上是业主在购买房屋时一并承担了房地产开发建设单位所负担的那部分维修资金。对此，《民法典》第 281 条规定，建筑物及其附属设施的维修资金，属于业主共有。虽然维修资金归全体业主共有，但该资金只能用于电梯、屋顶、外墙、无障碍设施等共有部分的维修、更新和改造，业主不能用作他用，也不能要求分割，或者在转让房屋后请求退还。对此，《物业管理条例》第 53 条第 2 款规定："专项维修资金属于业主所有，专项用于物业保修期满后物业共用部位、共用设施设备的维修和更新、改造，不得挪作他用。"维修资金制度是为全体业主利益和建筑物长久使用而设立的制度，有关维修资金的收取、使用、管理等必须符合国家有关规定，并由业主共同决定或者业主大会和业主委员会按规定程序决定使用。

维修资金的用途是用于电梯、屋顶、外墙、无障碍设施等共有部分的维修、更新和改造。共有部分包括以下两个方面：一是建筑物的基础部分和主体部分等，包括建筑物的内外承重墙体、柱、梁、楼板、屋顶等、外立面、门厅、楼梯间、走廊通道等；二是共用设施设备，主要是指住宅小区或单幢住宅内，建设费用已分摊进入住房销售价格的共用的上下水管道、落水管、水箱、加压水泵、电梯、天线、供电线路、照明、锅炉、暖气线路、煤气线路、消防设施、绿地、道路、路灯、沟渠、池、井、非经营性车场车库、公益性文体设施和共用设施设备使用的房屋等。维修资金的使用需经业主共同决定。在业主共同决定使用建筑物及其附属设施的维修资金时，应当由专有部分面积占比 2/3 以上的业主且人数占比 2/3 以上的业主参与表决，并经参与表决专有部分面积过半数的业主且参与表决人数过半数的业主同意。由于人口流动性增大、很多小区未设立业主大会和业主委员会，不同业主对共有部分的维修需求不同，有时由全体业主就维修资金的使用作出决定并非易事。而在电梯等建筑物共有部分不能安全正常使用的情况下，等待业主共同就使用维修资金作出决定并不是合理的选择。针对这一类问题，《民法典》第 281 条第 2 款规定，紧急情况下需要维修建筑物及其附属设施的，业主大会或者业主委员会可以依法申请使用建筑物及其附属设施的维修资金。维修资金的筹集，需经业主共同决定。在业主共同决定筹集建筑物及其附属设施的维修资金时，应当由专有部分面积占比 2/3 以上的业主且人数占比 2/3 以上的业主参与表决，并经参与表决专有部分面积 3/4 以上的业主且参与表决人数 3/4 以上的业主同意。对于维修资金筹集、使用情况，应当公布，以便于业主对维修资金筹集和使用情况进行监督管理。

三、共有部分的收益权归全体业主享有

随着城市化的发展，小区内的车位、共有部分、物业用房、房顶屋面以及电梯空间，均已成为重要的商业资源。对小区共有部分的有偿使用，已经成为较普遍的现象。共有部分的有偿使用，通常不是由小区业主进行，而是由建设单位、物业服务企业或者其他管理人等主体进行。在实践中，部分建设单位、物业服务企业或者其他管理人等将小区内的车位、共有部分、物业用房、房顶屋面以及电梯空间有偿出租后，租金收归已有，因此而引发的收益归属纠纷不断增多。根据《民法典》第 282 条的规定，建设单位、物业服务企业或者其他管理人等利用业主的共有部分产生的收入，在扣除合理成本之后，属于业主共有。

在实践中，有的物业服务企业将小区内的公共场所、公用设施和闲置的物业服务用房用于出租，收取租金。根据《民法典》第 274 条的规定，建筑区划内的其他公共场所、公用设施和物业服务用房，属于业主共有。因此，这类出租行为应当征得小区业主的同意。此外，因出租所收取的租金应当归全体业主所有。在司法实践中，关于共有部分的商业使用，包括屋顶广告、楼面广告、电梯广告收益分配引发的纠纷逐渐增多。人民法院应当根据相应部分的权属来确定收益归属。对于小区的地下室等其他公共场所、公用设施，由于这些都是小区的必备设施，实际上是专有部分的配套设施，小区的业主在购买专有部分的商品房时实质上也已对此支付了相应对价，所以应当归小区全体业主共有。例如，A 物业服务企业与 B 广告公司签订合同，约定由 B 广告公司在小区电梯里投放平面广告，B 广告公司每年向 A 物业服务企业支付 5 万元使用费。业主起诉请求 A 物业服务企业分配该笔费用或者用于管理物业的，人民法院应当支持。再如，A 物业服务企业与 B 广告公司签订车位租赁合同，约定由 B 广告公司使用小区道路上的 5 个车位，每年租金 2 万元。同时，A 物业服务企业也与小区部分业主签订车位租赁合同，约定每个车位每月支付租金 50 元。其他业主起诉请求物业服务企业返还租赁费的，对于 A 物业服务企业收取 B 广告公司的车位租金，应当在扣除合理的管理成本后返还给全体业主；对于 A 物业服务企业收取的小区部分业主的租金，A 物业服务企业辩称其收取的只是管理费用，如果 A 物业服务企业能够证明每个车位每月支付的 50 元租金只能弥补其正常的管理费用，则该部分租金应归物业服务企业，如果还有超出部分，则超出部分归全体业主享有。

第七章　相邻关系

专题一　相邻权的民法保护

一、相邻关系的特征及与地役权的区别

所有权绝对与契约自由、过错责任并称近代民法三大支柱。从近代民法到现代民法，所有权绝对原则呈缓和趋势，所有权人所应承担的社会义务被重视。所有权人在对自己之物行使所有权时，不应违反公序良俗，不应不合理地损害他人利益，因此，所有权应当受到合理限制。相邻关系也是一种关于所有权、使用权受到一定限制的法律关系。有观点认为，相邻关系其实是一种权利，所以也可以称为“相邻权”。[①] 这一观点并不准确。相邻关系，是指两个或两个以上相互毗邻的不动产的所有人或使用人，在行使所有权或使用权时，因相邻各方应当给予便利和受到限制而发生的权利义务关系。相邻关系中，既有权利因素，也有义务因素。两个或两个以上相互毗邻的不动产的所有人或使用人中一方因使用土地对另一方土地所享有的权利即是相对人所承担之义务。在相邻关系中，权利的限制与延伸是相互对应的。相邻各方中，一方不动产所有权、使用权之延伸正是其他方不动产所有权、使用权之限缩。相邻关系通常因宅基地的使用、排水、排污、用水、通行等原因而发生。

相邻关系具有以下特点：第一，相邻关系发生在特定主体之间。相邻关系的主体必须是两个或两个以上的相邻不动产的所有人或使用人。第二，相邻关系的客体具有特定性。相邻关系因不动产相邻而发生。不相邻的不动产之间不存在相邻关系。第三，相邻关系体现了相邻不动产的所有人或使用人之间最低限度的容忍义务。相邻不动产的所有人或使用人使用不动产时对他人不动产的使用以合理、必要为前提。第四，相邻关系是一组权利义务群。相邻关系因种类不同而具有不同内容。第五，相邻关系内容上具有法定性，相邻关系的内容由法律规定，而非由当事人约定。法律没有规定的，依习惯。

当事人也可以通过合同为他人利益在自己土地上设定负担，这种情况属于设立地役权。相邻关系与地役权具有密切关系，以至于我国制定《物权法》时对于是否有必要设立地役权制度发生了争议。二者在内容上都体现为为使用自己土地，或者说为提高自己土地的价值而使用他人土地。二者所涉及的客体在地域上一般相邻。但二者亦有明显区别：一是相邻关系体现了相邻不动产的所有人或使用人之间最低限度的容忍义务，以合理、必要为限；而地役权的设立需要以需役地使用

---

① 郭明瑞主编：《中华人民共和国物权法释义》，中国法制出版社2007年版，第267页。

之合理、必须的需要为限,由当事人意思自治。二是设立地役权可以是有偿的,也可以是无偿的,而相邻关系一般是无偿的。三是地役权由当事人通过合同设立,而相邻关系由法律规定或者依习惯确定。四是相邻关系发生在相邻不动产之间,而地役权只发生在不同土地之间。五是相邻关系不限使用他人土地,还包括水资源等资源的合理使用、分配;而地役权仅限于对他人土地之使用或设立负担。六是地役权的内容由当事人约定,不限于法律规定的内容或者习惯。从某种意义上来讲,相邻关系是公序良俗原则在物权法上体现,地役权是意思自治原则在物权法上的体现。

二、相邻关系中的权利和义务

关于相邻关系的内容,《民法通则》第 83 条规定,不动产的相邻各方,应正确处理截水、排水、通行、通风、采光等方面的相邻关系。这一规定过于原则,只是为司法实践中处理相邻关系提出了一个基本原则。针对实践中的情况,《贯彻民法通则意见》第 97 条至第 103 条作了进一步细化规定,修建施工临时占用他方使用的土地、使用自然流水、排水、通行、滴水、在自己使用的土地上挖水沟、水池、地窑等或者种植的竹木根枝伸延危及另一方建筑物的安全和正常使用等方面,尤其是对相邻关系中的补偿、赔偿责任作了明确。之后,《物权法》也对相邻关系作用作了较详细的规定。《民法典》物权编在《物权法》的基础上,对相邻关系制度作了进一步完善。《民法典》则规定了用水、排水,通行,建造、修缮建筑物,铺设电线、电缆、水管、暖气和燃气管线等,通风、采光和日照等方面的相邻关系。

关于相邻不动产权利人之间的用水、排水问题,根据《民法典》第 290 条的规定,不动产权利人应当为相邻权利人用水、排水提供必要的便利。对自然流水的利用,应当在不动产的相邻权利人之间合理分配。对自然流水的排放,应当尊重自然流向。这项权利在理论上和实践中可以细化为以下几个方面:一是相邻权人的用水权。《水法》第 3 条规定:"水资源属于国家所有。水资源的所有权由国务院代表国家行使。农村集体经济组织的水塘和由农村集体经济组织修建管理的水库中的水,归各该农村集体经济组织使用。"第 48 条第 1 款规定:"直接从江河、湖泊或者地下取用水资源的单位和个人,应当按照国家取水许可制度和水资源有偿使用制度的规定,向水行政主管部门或者流域管理机构申请领取取水许可证,并缴纳水资源费,取得取水权。但是,家庭生活和零星散养、圈养畜禽饮用等少量取水的除外。"根据上述规定,我国实行行政许可取水制度,但农村集体经济组织的水塘和由农村集体经济组织修建管理的水库中的水的使用由各该农村集体经济组织负责,家庭生活和零星散养、圈养畜禽饮用等少量取水,不需要行政许可。行政机关许可用水时,通常已经考虑了水资源的合理分配,一般不存在相邻关系问题。但在后一种情况下,会涉及取水权争议问题。在实践中,部分溪河、水渠的取水权问题也会引发纠纷。对自然流水的利用,不动产的相邻权利人之间应当进行合理分配。对自然流水的排放,应当尊重自然流向。二是堰坝的修筑。为了充分利用水资源,有时需要修筑堰坝。因修筑堰坝而使用他人土地,或者淹没他人土地的,应当予以赔偿。但对历史形成的堰坝进行修缮的,相邻各方应予尊重。三是排水权。高地权利人必要时需要使用低地排水或修筑排水设施,或者使用低地权人的排水设施。四是由于蓄水、引水、排水设施损毁给相邻土地造成损失的,应当采取补救措施。五是以水源地保护为主要内容的水源地权。

关于相邻不动产权利人之间的通行权。根据《民法典》第 291 条的规定,不动产权利人对相邻权利人因通行等必须利用其土地的,应当提供必要的便利。这里主要是指“袋地”权人从他人土地上通行的权利。所谓“袋地”,是指被其他土地包围,与公共道路没有适当联络,不经过他人土地不能适当使用的土地。对“袋地”的理解,不应仅从地理意义上理解,还应当从方便生产、生活以及历史意义上理解。有的土地虽可与公共道路相联络,但其他联络路线十分不便,尤其是山地或者丘陵地带,这种情况较常见。这时也应当允许“袋地”权人合理地从他人土地上通行。历史上或者说习惯上,“袋地”权人就从他人土地上通行的,应当尊重这一习惯。

关于相邻不动产权利人之间的修建权利。根据《民法典》第292条的规定,不动产权利人因建造、修缮建筑物以及铺设电线、电缆、水管、暖气和燃气管线等必须利用相邻土地、建筑物的,该土地、建筑物的权利人应当提供必要的便利。这项权利包括两个方面:一是建造、修缮建筑物。不同权利人的建筑物可能相邻,一方修缮建筑物或者在另一方建筑物旁边修建建筑物时,通常需要使用对方的土地。有的用来搭脚手架,有的用来堆放建材,有的用来搭建临时设施。如果建造、修缮的使用合理且必要,相邻人应当提供便利。二是铺设电线、电缆、水管、暖气和燃气等管线的权利。铺设管线通常需要使用他人土地。在这两种情况下,使用人应当尽量减少对相邻方的损害。

关于相邻不动产权利人之间的通风、采光和日照权利。根据《民法典》第293条的规定,建造建筑物,不得违反国家有关工程建设标准,不得妨碍相邻建筑物的通风、采光和日照。采光和日照权纠纷是实践中较为常见的相邻关系纠纷。关于采光、日照等方面的标准,原建设部《采光建筑设计标准》《工程建设标准强制性条文》《城市居住区规划设计规范》等有规定。在司法实践中,上述规定可作为认定是否侵权、损失大小的标准。

关于弃置固体废物、排放有害物质排除妨碍权利。根据《民法典》第294条的规定,不动产权利人不得违反国家规定弃置固体废物,排放大气污染物、水污染物、土壤污染物、噪声、光辐射、电磁辐射等有害物质。大陆法系国家称这一规定为关于“不可称量物质侵入”的禁止性规定。“不可称量物质侵入”,是指煤气、蒸汽、臭气、烟气、灰屑、喧嚣、振动,以及其他类似物质侵入相邻不动产。[①]相邻不动产权利人之间负有一定的相互容忍义务,但该容忍义务应当限定在合理范围内。超出该合理范围的,其他权利人有权请求消除危险、停止侵害、排除妨碍和赔偿损失。《民法典》第294条规定,不动产权利人不得违反国家规定弃置固体废物,排放大气污染物、水污染物、噪声、光、电磁波辐射等有害物质。即不动产人固定废物弃置和有害物质的排放不能违反法律规定。这里的法律规定既包括量和程度上的规定,也包括弃置、排放场所、时间等方面的规定。这里的法律主要是指《环境保护法》《固体废物污染环境防治法》《水污染防治法》《大气污染防治法》《噪声污染防治法》《水法》《水土保持法》等。如果法律没有规定的,则应当依习惯处置。

三、正确把握处理相邻关系的基本原则

关于处理相邻关系的基本原则。《民法通则》第83条规定:“不动产的相邻各方,应当按照有利生产、方便生活、团结互助、公平合理的精神,正确处理截水、排水、通行、通风、采光等方面的相邻

---

① 全国人大常委会法制工作委员会民法室编:《中华人民共和国物权法条文说明、立法理由及相关规定》,北京大学出版社2017年版,第184页。

关系。给相邻方造成妨碍或者损失的,应当停止侵害,排除妨碍,赔偿损失。”该条规定确定了有利生产、方便生活、团结互助、公平合理 4 项处理相邻关系的基本原则。《物权法》第 84 条继承了这一规定,即“不动产的相邻权利人应当按照有利生产、方便生活、团结互助、公平合理的原则,正确处理相邻关系”。同时,《物权法》第 85 条规定:“法律、法规对处理相邻关系有规定的,依照其规定;法律、法规没有规定的,可以按照当地习惯。”因此,在有利生产、方便生活、团结互助、公平合理四项原则的基础上还可加上一项原则,即尊重习惯。《民法典》保留了《物权法》的这两条规定。

第一,有利生产原则。有利生产背后的意义是要使各相邻不动产的使用价值实现最大化。如果相邻不动产权利人之间,一方权利人使用他人土地带来的损失远高于使用人所获得的利益,则不合适。这会导致使用人所支付的补偿还远高于其所获得收益的结果。当然,该原则并不绝对。有时权利大小的比较并不客观准确,同时还应当考虑公平因素。

第二,方便生活原则。方便生活也是处理相邻关系的基本原则。方便生活既要从生活习惯的角度上考虑,也要尊重历史。在实践中,多户人家存在共同使用同一条道路的情况。由于历史原因,道路所占用土地使用权的归属已不明确。在这种情况下,各户人家都应当尊重道路的现状。有的人家私自占用历史通行的道路,对其他人的通行造成妨碍的,应当排除妨碍。

第三,团结互助原则。相邻关系所体现的民法基本原则是公序良俗原则。邻里之间团结互助、守望相助,本身就是社会道德和公序良俗的体现。团结互助还有另一层意思,即相邻关系多具有相互性,往往既存在你使用我土地的时候,也有我使用你土地的时候。中国历史上有六尺巷的故事等体现邻里之间互谦互让的事迹。这是我国传统文化的重要组成部分。在处理相邻关系时,不是要破坏人与人之间的和谐关系,而是要更好地协调、促进、改善共同生活的环境。因此,相邻各方对土地、山林、草原等自然资源的使用权和所有权发生争议的,应当本着互谅互让、有利团结的精神协商解决;协商不成的,由有关行政机关和人民法院解决。人民法院在处理这类纠纷时,应当多以调解等方法化解纠纷,为人民群众和谐生活创造条件。

第四,公平合理原则。公平合理是整个民法的基本原则,是处理民事纠纷的基本要求。而且,相邻关系的种类很多,法律很难对各种相邻关系都事无巨细地作出具体规定。人民法院在处理相邻关系纠纷时,应该从实际出发,因地因时制宜,兼顾各方面利益,适当考虑历史情况和习惯,公平合理地处理纠纷。

第五,尊重习惯原则。《民法典》第 289 条规定:“法律、法规对处理相邻关系有规定的,依照其规定;法律、法规没有规定的,可以按照当地习惯。”实际上,即使没有这条规定,处理相邻关系纠纷也应当尊重习惯。一方面,《民法典》第 10 条规定:“处理民事纠纷,应当依照法律;法律没有规定的,可以适用习惯,但是不得违背公序良俗。”另一方面,在处理熟人社会中的纠纷时,尊重习惯是重要原则。相邻关系的形成大多要经过一个长期过程,是有历史沿革和当地的习惯因素的。人民法院在处理相邻关系时,就必须尊重当地的习惯和历史。只有在尊重习惯的基础上,人民法院调处纠纷才可能达到较好的效果。但是,适用习惯有一个前提,即不能违反法律的强制性规定和公序良俗。

四、因相邻关系引起的补偿、赔偿责任

相邻关系的本质是为生产生活便利,赋予相邻不动产权利人以最低的使用他人不动产的权利,以及共同合理利用水等资源的权利。关于相邻不动产权利人在合理范围内使用他人不动产是否需要支付对价,予以适当补偿的问题,存在不同认识。《物权法》第 92 条规定:“不动产权利人因用水、排水、通行、铺设管线等利用相邻不动产的,应当尽量避免对相邻的不动产权利人造成损害;造成损害的,应当给予赔偿。”《民法典》第 296 条规定:“不动产权利人因用水、排水、通行、铺设管线等利用相邻不动产的,应当尽量避免对相邻的不动产权利人造成损害。”即《民法典》虽未保留《物权法》关于“造成损害的,应当给予赔偿”的规定,但在一般情况下,相邻关系中,一方使用另一方的不动产,通常会对相邻方造成妨碍或者损失,如果是通常容忍的范围内,不应当采用收费方式;如果超出通常容忍的范围,给对方造成了不应当的损失,则应当赔偿相应损失。但也有例外,例如,不动产所有人自己要从自己土地上通行,相邻不动产权利人也只有通过不动产所有人的土地才能进入自己土地和房屋,就应当属于通常容忍的范围。总而言之,具体问题要具体分析。

首先,如果相邻不动产权利人历史上就使用相邻方的不动产,并不支付对价,应当尊重历史。只要相邻不动产权利人使用相邻方的不动产没有超出合理限度,就不需要补偿或者赔偿。这里特别需要注意的是,相邻关系并不是典型的交易关系,不以等价有偿为条件,而是反映邻里之间互让互助,要弘扬熟人社会中的社会公德。

其次,如果相邻不动产权利人历史上就使用相邻方的不动产,且支付了相应对价,也应当尊重历史。如果依据历史和习惯不能确定是否应当支付,予以合理补偿,原则上可考虑给予相邻方以补偿请求权,但相邻不动产权利人也享有在支付合理补偿的情况下使用相邻方不动产的权利。对相邻不动产权利人合理使用相邻不动产的权利,相邻方不应当拒绝。

最后,如果相邻不动产权利人使用相邻方的不动产超出合理限度,或者各相邻方未尽到合理的注意义务,侵害了其他相邻方的权利的,受害人有权请求停止侵害、排除妨碍、赔偿损失。例如,一方擅自堵截或独占自然流水影响他方正常生产、生活的,他方有权请求排除妨碍;造成他方损失的,应负赔偿责任。相邻一方可以采取其他合理的措施排水而未采取,向他方土地排水毁损或者可能毁损他方财产的,受害人有权请求致害人停止侵害、消除危险、恢复原状、赔偿损失。对于一方所有的或者使用的建筑物范围内历史形成的必经通道,所有权人或者使用权人擅自堵塞,影响他人生产、生活的,他人有权要求排除妨碍或者恢复原状。相邻一方在自己使用的土地上挖水沟、水池、地窖等或者种植的竹木根枝伸延危及另一方建筑物的安全和正常使用的,受害方有权请求其消除危险、恢复原状、赔偿损失。

第八章　共　有

专题一　共有权的民法保护

一、共同共有和按份共有的关系

所有权包括单独所有和共同所有两种形式。单独所有，是指财产所有权的主体为一人。共同所有，是指两个或者两个以上的人共同享有对某一物的所有权。根据《民法典》第297条的规定，不动产或者动产可以由两个以上组织、个人共有。共有具有以下特征：第一，有多个主体，即多个权利人共同所有。共有与单独所有的本质区别在于在同一物上有多个所有权人。多个所有权人可以是法人、非法人组织或者自然人。第二，客体的统一性。共有权仍然是一个物权，而不是多个物权。物权法以"一物一权"为原则，即指一物之上只能存在一个所有权，不得有互不相容的两个以上的物权同时存在于同一标的物上。根据"一物一权"原则，共有权是单独的物权，并非在一项财产上的两个以上所有权。共有物在共有关系存续期间不能分割，共有人的所有权及于整个共有物。第三，内容的共通性。全体共有人的共同利益制约和影响各共有人对共有物享有的权利和承担的义务。共有可以基于共有人的行为发生。例如，共有人共同出资购房，对房屋形成共有关系。共有也可以基于共同关系而发生。例如，《民法典》规定了夫妻共同财产制。夫妻关系存续期间一方获得的工资等收入为夫妻共同财产。继承人在遗产分割前对遗产形成共有关系。在未分家析产前，家庭成员对家庭财产形成共有关系。共有，是指共同所有，但实践中存在两个以上组织、个人共同享有用益物权、担保物权的情况。对这一问题，《民法典》第310条规定，两个以上组织、个人共同享有用益物权、担保物权的，参照适用关于共有权的规定。

共有与公有是两个不同的概念，二者的区别主要有：第一，公有财产的主体是单一的。公有财产包括全民所有财产和集体所有财产。其中，全民所有也是国家所有，国家是所有权人。集体所有不同于集体成员共同所有。第二，公有财产已脱离各个公有组织的成员而存在，任何个人都不能成为公有财产的权利主体，既不属于全体成员按份或者共同共有，也不能实际分割后归成员个人所有。但共有财产归全体共有人按份或者共同所有，共有人有权依法请求分割财产。财产分割之后，成为单独所有。第三，成员退出或加入公有组织不会对财产公有产生实质影响，并不妨碍公有财产的完整性，但共有人的退出或加入共有则会对财产的共有产生影响。

根据《民法典》第297条的规定，共有包括按份共有和共同共有。按份共有，又称分别共有，是指两个或两个以上的人对同一财产按照份额享有所有权。根据《民法典》第298条的规定，按份共有人对共有的不动产或者动产按照其份额享有所有权。在按份共有中，各共有人对共有物享有不同的份额。各共有人的份额,又称应有份。按份共有人虽然对共有物享有不同的份额,但各共有人的权利并非局限于其份额,而是及于共有财产的全部。按份共有是在量上对一个所有权进行分割的结果。按份共有人的份额比例是行使权利的比例,不是对共有物特定部分行使权利。如果共有人超出份额行使权利,对其他共有人的权利造成侵害,其他的人有权请求停止侵害、恢复原状并赔偿损失。按份共有人按照各自的份额分别对共有财产享有权利和承担义务,但是各个份额并不是一个完整的所有权。在这个意义上,共有不同于分别所有。分别所有是不同的所有人对财产的不同的具体部分单独享有所有权。按份共有人应当对各自就共有的不动产或者动产享有的份额作出约定。如果共有人之间没有约定或者约定不明确的,则应当按照收益与出资相对应原则,以出资额确定。如果连共有人的出资额也不能确定,则视为等额享有,即各共同人享有相同份额的共有权。

共同共有,是指两个或两个以上的人对于同一财产的全部,不分份额地、平等地享有所有权。根据《民法典》第299条的规定,共同共有人对共有的不动产或者动产共同享有所有权。共同共有一般以存在财产关系以外的另外一种身份法律关系为前提或基础,共同财产是服务于其他身份关系的,因此共同财产的目的是维系这种身份关系。实际上,共同共有之所以有份额而不明确,共同财产之所以不可分割也是在于共同共有关系不是一种纯财产关系,因此,共同共有关系的成立和存续都取决于这种共同关系的成立和存续。共同共有因共同关系解除、共有物丧失等原因而消灭。[①] 共同共有关系以共同关系的存在为前提。在实践中,共同共有关系主要有夫妻共同关系、家庭共同共有关系、遗产分割前的共同共有关系、合伙人的共同共有关系等。依意思自治原则,当事人也可以约定共同共有。如果共有人对共有的不动产或者动产没有约定为按份共有或者共同共有,或者约定不明确的,除共有人具有家庭关系等外,视为按份共有。在共同共有中,共有人对共有财产是不确定份额的共有。在共同共有关系存在期间,共有人对共有的财产之全部享有所有权,并对整个共有财产平等地享有权利和承担义务。共同共有关系终止后,需要分割共有财产时,才能确定各共有人的份额。在共同共有关系存续期间,部分共有人擅自处分共有财产的,一般认定无效。但第三人善意取得共有财产的,应当优先保护善意第三人的利益。如果部分共有人的处分行为对其他共有人造成了损失,则应当承担赔偿责任。

二、共有的内部关系与外部关系

关于因共有关系产生的债权债务关系,要注意区分共有人之间的内部关系和共有人与第三人之间的外部关系。对此,《民法典》第307条规定:"因共有的不动产或者动产产生的债权债务,在对外关系上,共有人享有连带债权、承担连带债务,但是法律另有规定或者第三人知道共有人不具有连带债权债务关系的除外;在共有人内部关系上,除共有人另有约定外,按份共有人按照份额享有债权、承担债务,共同共有人共同享有债权、承担债务。偿还债务超过自己应当承担份额的按份共有人,有权向其他共有人追偿。"

在共有人对第三人的外部法律关系上,因共有的不动产或者动产产生的债权债务,共有人享有连带债权、承担连带债务。首先,在对外关系上,基于共有的不动产或者动产产生债权债务的共有

① 郭明瑞主编:《中华人民共和国物权法释义》,中国法制出版社2007年版,第161页。

人与第三人之间成立连带债权债务关系，不因按份共有还是共同共有而不同。按份共有中，共有人的份额仅是所有权的量上的划分，在质上没有不同，而且共有关系存续期间，共有之标的物尚未分割，围绕共有物产生的与第三人之间的债权债务关系，亦不可分。其次，在共有人为连带债权人时，各共有人均有权要求债务人向其履行全部债务，债务人向任何一个共有人清偿全部债务的，全部共有人对债务人的债权关系消灭。再次，在共有人为连带债务人时，各共有人均负有清偿全部债务的责任，债权人有权请求任何一位共有人履行全部债务，各共有人都有义务履行全部债务。任何共有人对外清偿全部债务后，该债务对全部共有人均消灭。最后，这一原则也有例外：一是法律规定共有人不享有连带债权、承担连带债务的除外；二是第三人知道共有人不具有连带债权债务关系的除外。需要特别注意的是，共有人关于对外承担债务的约定，未事先告知第三人的，对第三人不发生效力。共有人仍需要对第三人承担连带责任。第三人是否知道，应由主张不成立连带债权债务的共有人负证明责任。

在共有人内部关系上，首先应当由共有人意思自治。共有人有权就如何处理内部关系进行协商，事前作出约定，或者事后协商处理。如果共有人已经就内部权利分享和义务承担作出约定，就应当依约定办理。在有约定的情况下，在实践中争议不大，争议较大的是如在共有人没有约定的情况下，如何处理内部关系。对此，依据《民法典》第 307 条的规定，按份共有人按照份额享有债权、承担债务，共同共有人共同享有债权、承担债务。此外，由于共有人对外承担连带债务，部分共有人对外所承担的债务可能会超过其在各共有人之间所应当承担的债务范围。在这种情况下，偿还债务超过自己应当承担份额的按份共有人，有权向其他共有人追偿。

专题二　共有物的管理和处分

一、共有物的管理和处分规则

共有人在共有财产期间，经常遇到的问题就是对共有财产如何管理的问题。关于管理和处分权限，《民法典》第 300 条规定，共有人按照约定管理共有的不动产或者动产；没有约定或者约定不明确的，各共有人都有管理的权利和义务。因共有人对共有物共同享有所有权，因此，对共有物的管理应当在各共有人形成一致意思的情况下为之。各共有人的一致意思，可以是事前就共有物管理所作的约定，也可以是事后协商一致或者追认。但是，对于共益行为，因对各共有人均有益，不一定需要在各共有人形成一致意思的情况下为之。共有物的共益行为主要是保存行为和改良行为。共有物的保存行为，是指为防止共有物的灭失、毁损或其权利丧失、限制，使共有物维持其现状的行为。共有物的改良行为，是指在不改变共有物性质的前提下，对共有物进行加工、整理，以增加共有物的价值或者使用价值的行为。对于共益行为，如果共有人未提出异议的，即视为认可。但是，对于处分、重大修缮、变更性质或者用途的行为，因对共有物的价值和归属有重大影响，对各个共有人的利益也具有重大影响,必须由共有人协商一致,或者取得占多数份额的共有权人同意。对此《民法典》第 301 条规定:“处分共有的不动产或者动产以及对共有的不动产或者动产作重大修缮、变更性质或者用途的,应当经占份额三分之二以上的按份共有人或者全体共同共有人同意,但是共有人之间另有约定的除外。”

关于管理费的负担,根据《民法典》第 302 条的规定,共有人对共有物的管理费用以及其他负担,有约定的,按照其约定;没有约定或者约定不明确的,按份共有人按照其份额负担,共同共有人共同负担。因共有人对共有物有共有的利益,而管理共有物的目的是维护共有物的价值或者使其增值。因此,因管理而产生的费用应当由全体共有人共同承担,对于按份共有,应当由各共有人按照其份额负担;对于共同共有,因无法确定共用人的份额,应由各共有人共同负担。这体现了权利与义务相一致的原则。当然,共有人可对共有物的负担作出约定。在有约定的情况下,各共有人应当按照约定承担相应的管理费用。

在处理共有人的管理和处分关系时,应当注意区分内部关系和外部关系。在外部关系上,应当优先保护善意相对人的合法权益。共有人之间的约定不能对抗善意第三人。例如,如果第三人有合理理由相信部分共有人享有处分共有物的权利,在支付合理对价并取得共有物所有权后,构成善意取得。其他共有权人无权请求善意取得人返还共有物,但可依据各共有人之间的约定或者法律规定请求处分人承担赔偿责任。在重大修缮时也是如此,如果修缮人有合理理由相信部分共有人享有修缮共有物的权利,在依约完成修缮工作后,有权请求合同相对人支付费用。在合同相对人不支付费用的情况下,修缮人有权留置共有物。其他共有权人无权请求修缮人赔偿损失或者返还留置的共有物,但可依据各共有人之间的约定或者法律规定请求有过错的共有人承担赔偿责任。

二、共有物的分割规则

共有关系的存续以共有物的完整存续为前提。如果要解除共有关系,则需要对共有物进行分割。在司法实践中,共有分割引发的纠纷中争议的焦点通常集中于在什么情况下共有权人有权请求分割共有物,如何分割共有物,因分割造成的损失由谁承担等方面。

关于请求分割共有物的权利。《民法典》第 303 条规定:“共有人约定不得分割共有的不动产或者动产,以维持共有关系的,应当按照约定,但是共有人有重大理由需要分割的,可以请求分割;没有约定或者约定不明确的,按份共有人可以随时请求分割,共同共有人在共有的基础丧失或者有重大理由需要分割时可以请求分割。因分割造成其他共有人损害的,应当给予赔偿。”共有关系中,因共有物为一物,才有必要共有。如果共有物被分割成多个部分,由不同共有人单独所有,则不再为共有。因此,共有人的分割请求权会受到一定限制。同时,如果需要解除共有关系,则需要对共有物进行分割。

共有关系存在的目的是实现全体共有人的利益,如果共有人为分割共有物、结束共有关系更有利的,则有权利请求分割共有物。共有人作为一个整体对共有物享有完全所有权,分割共有物是处分共有物的行为,原则上应当由全体共有人共同进行。因此,关于共有物分割事宜,应当尊重共有人的共同意思。如果共有人为维持共有关系,约定不得分割共有的不动产或者动产的,各共有人应当遵守约定,不能请求分割共有物。但如果严格按照协议约定不得对共有物进行分割,或者必须取得全体共有人新的一致同意后才能分割共有物，则过于僵化，对共有人也过于严苛，不能适应社会生活发展变化的需要。因此，即使共有人为维持共有关系，约定不得分割共有的不动产或者动产，但如果部分共有人有重大理由需要分割共有物的，仍可以请求分割。

如果共有人对于共有物的分割没有约定或者约定不明确，共有人也有权请求分割。但在按份共有和共同共有的情况下，共有人的分割权并不相同。在按份共有的情况下，共有人之间系因各方意思形成共有关系，故各共有人均有权结束共有关系，请求分割共有物。在共同共有的情况下，共有关系以共同关系为基础，如果共同关系消灭，共有关系没有继续存在的基础，共有人有权请求分割共有物。此外，即使共有关系没有消灭，但结束共有关系对共有人有重大意义时，也应当允许共有人请求分割共有物，因此，共有人有重大理由需要分割共有物的，可以请求分割共有物。对分割后财产的分配，共有人之间有协议的，按协议处理；没有协议的，应当根据等分原则处理，并且考虑共有人对共有财产的贡献大小，适当照顾共有人生产、生活的实际需要等情况。但分割夫妻共有财产，应当根据《民法典》婚姻家庭编的有关规定处理。

关于分割的方式，《民法典》第304条规定："共有人可以协商确定分割方式。达不成协议，共有的不动产或者动产可以分割且不会因分割减损价值的，应当对实物予以分割；难以分割或者因分割会减损价值的，应当对折价或者拍卖、变卖取得的价款予以分割。共有人分割所得的不动产或者动产有瑕疵的，其他共有人应当分担损失。"共有的特点是在一物之上为多人设立一个所有权。共有权人整体是完全所有权的所有权人。因此，共有物的分割方式应当以全体共有人的意思为准。共有人可以协商确定分割方式。在共有人不能就共有物的分割方式达成一致的情况下，应当以分割后物的效用最大化为目标。除保护物的静态安全外，实现物的效用最大化也是现代民法重要的价值取向。在实践中，共有物的分割包括实物分割和变价分割两种方式，以实物分割为优先，以变价分割为补充。实物分割适用于共有的不动产或者动产可以分割并且不会因分割减损价值的情况。在共有的不动产或者动产不适于分割，分割会减损其价值的情况，就应当变价分割。变价分割包括折价或者对拍卖、变卖取得的价款予以分割。折价实际上是折价补偿。即部分共有人保留共有物，获得对共有物的单独所有权，但对于其他共有人应得的份额进行价值补偿。对拍卖、变卖共有物所取得的价款予以分割，实际是对共有物的交换价值进行分割。

关于分割造成的损失承担问题。无论是实物分割还是变价分割，都可能减损共有物的价值或者产生分割成本，进而形成分割损失。在基于全体共有人共同意思分割共有物的情况下，应当由全体共有人共同承担因此带来的损失。在共同共有的情况下，各共有人应按协议分担损失；没有协议的，应根据分割的份额分担。在按份共有的情况下，各共有人应按各自份额分担损失，但当事人另有约定的除外。在非基于全体共有人共同意思分割共有物的情况下，部分共有人请求分割共有物，可能会对其他共有人的利益造成损害。在这种情况下，因分割造成其他共有人损害的，请求分割共有物的共有人应当给予合理补偿。此外，共有人分割所得的不动产或者动产有瑕疵的，其他共有人应当分担损失。

专题三　共有人优先购买权

一、共有人的优先购买权

《民法典》第305条规定："按份共有人可以转让其享有的共有的不动产或者动产份额。其他共有人在同等条件下享有优先购买的权利。"与共同共有不同，按份共有一般是基于当事人意思形成的共有关系，在共有关系存续期间，共有人的份额是明确具体的。即使没有分割共有物，按份共有权人亦有权处分其份额。共有人对于共有物所享有的利益具有共同性。共有物效用的发挥也需要共有人"协力齐心"。如果部分共有人对外转让其共有份额，由第三人加入共有关系中，可能影响共有人之间的关系，影响共有物的保管、使用，进而影响物的效用发挥以及其他共有人的利益。因此，在按份共有人转让其享有的共有的不动产或者动产份额时，《民法典》赋予其他共有人在同等条件下优先购买的权利。

共有人行使优先购买权必须符合法定条件。第一，优先购买权人必须是按份共有人。按份共有关系存在，购买人属于按份共有权人，是其享有优先购买权的前提。第二，优先购买权的客体是共有的不动产或者动产份额。但是，共同共有财产分割后，一个或数个原共有人出卖自己分得的财产属于一个整体或者配套使用，其他原共有人有权主张优先购买权。第三，共有人必须以同等条件使优先购买权。所谓同等条件，根据《物权法解释（一）》第10条的规定，应当综合共有份额的转让价格、价款履行方式及期限等因素确定。因此，按份共有人行使优先购买权时，其所提出的价格不应低于第三人提出的价格，其所提出的价款履行方式及期限不能劣于第三人提出的条件。第四，按份共有人须在合理期限内行使优先购买权。为便于按份共有人在合理期限内行使优先购买权，《民法典》第306条第1款规定："按份共有人转让其享有的共有的不动产或者动产份额的，应当将转让条件及时通知其他共有人。其他共有人应当在合理期限内行使优先购买权。"对于在司法实践中如何把握按份共有人行使优先购买权的合理期限的问题，《物权法解释（一）》第11条规定："优先购买权的行使期间，按份共有人之间有约定的，按照约定处理；没有约定或者约定不明的，按照下列情形确定：（一）转让人向其他按份共有人发出的包含同等条件内容的通知中载明行使期间的，以该期间为准；（二）通知中未载明行使期间，或者载明的期间短于通知送达之日起十五日的，为十五日；（三）转让人未通知的，为其他按份共有人知道或者应当知道最终确定的同等条件之日起十五日；（四）转让人未通知，且无法确定其他按份共有人知道或者应当知道最终确定的同等条件的，为共有份额权属转移之日起六个月。"共有人行使优先购买权的期间为除斥期间，不适合期间中止、中断、延长的规定。除斥期间届满，共有权人的优先购买权消灭。第五，依共有权人转让共有份额行为的性质可由他人优先购买。在通常情况下，共有人通过有偿的市场交易方式转让共有份额的，其他共有人享有优先购买权。根据《物权法解释（一）》第9条的规定，共有份额的权利主体因继承、遗赠等原因发生变化时，其他按份共有人主张优先购买的，不予支持，但按份共有人之间另有约定的除外。第六，受让共有权份额的人是共有人之外的第三人。如果受让人本身为优先权人，其他优先权人不享有优先购买权。因为各个共有人之间的购买权是平等，无所谓谁更优先，除非当事人之间另有约定。对此，《物权法解释（一）》第13条规定："按份共有人之间转让共有份额，其他按份共有人主张根据物权法第一百零一条规定优先购买的，不予支持，但按份共有人之间另有约定的除外。"人民法院在保护共有人的优先购买权时，应当依法审查其他共有人行使优先购买权是否符合法律规定的条件，是否以适当的方式行使。《物权法解释（一）》第12条规定："按份共有人向共有人之外的人转让其份额，其他按份共有人根据法律、司法解释规定，请求按照同等条件购买该共有份额的，应予支持。其他按份共有人的请求具有下列情形之一的，不予支持：（一）未在本解释第十一条规定的期间内主张优先购买，或者虽主张优先购买，但提出减少转让价款、增加转让人负担等实质性变更要求；（二）以其优先购买权受到侵害为由，仅请求撤销共有份额转让合同或者认定该合同无效。"

二、共有人优先权的保护顺位

应正确把握优先购买权冲突时的保护顺位。在共有人行使优先购买权时，有可能发生优先购买权竞合的情况。在实践中，常见的优先购买权竞合的情况有：一是多个共有人都想购买共有权份额；二是共有人的优先购买权与承租人的优先购买权的竞合。在第一种情况下，《物权法解释（一）》第14条规定："两个以上按份共有人主张优先购买且协商不成时，请求按照转让时各自份额比例行使优先购买权的，应予支持。"在第二种情况下，通说认为共有人享有优先权。因为如果共有人的份额占多数，承租人若想要买房必须经过房屋所有人的同意，包括必须取得共有人的同意。如果共有人也想要行使优先购买权，承租人就不能买房。即使共有人的份额占少数，也应当优先保护共有人的利益，因为共有人的物权在先，而且买卖不破租赁可以给予承租人以较好的保护。

第九章　所有权取得的特别规定

专题一　善意取得

一、善意取得概述

善意取得，是指行为人对其占有的他人财产没有处分权，但该行为人将该财产转让给对此并不知情的第三人，则该第三人将依法即时取得对该财产的所有权或其他物权的制度。善意取得制度是以日耳曼法为契机演绎发展而成的。近代以来，大陆法系各国或者地区继受了日耳曼法的善意取得制度。在《民法典》编纂过程中，综合各方意见并根据我国实际情况，我国《民法典》第311条规定："无处分权人将不动产或者动产转让给受让人的，所有权人有权追回；除法律另有规定外，符合下列情形的，受让人取得该不动产或者动产的所有权：（一）受让人受让该不动产或者动产时是善意的；（二）以合理的价格转让；（三）转让的不动产或者动产依照法律规定应当登记的已经登记，不需要登记的已经交付给受让人。受让人依照前款规定取得不动产或者动产的所有权的，原所有权人有权向无处分权人请求赔偿损失。当事人善意取得其他物权的，参照适用前两款规定。"本书认为，该条规定在明确善意取得构成要件的基础上，明确了该制度可以适用于不动产交易领域，这是我国物权法律制度的一大亮点。

二、善意取得的构成要件

依据该条规定，受让人须是善意的，不知出让人是无处分权人。受让人支付了合理的价款。转让的财产应当登记的已经登记，不需要登记的已经交付给受让人。3项条件必须同时具备，否则不构成善意取得。现具体阐述如下：

第一，受让人受让该财产时须是善意的。财产的善意取得以受让人的善意为条件，如果受让人具有恶意，则不得适用善意取得。[①] 所谓善意，是指不知让与人无处分权而言，此项要件乃就受让人论之，故与让与人是否善意无关，且在受让时为善意足矣，若其后知其为无权处分之物，仍适用善意取得之规定。至其不知无处分权，是否出于过失固非所问，然依客观情势，在交易经验上，一般人皆可认定让与无让与人之权利者，即应认定系恶意。[②] 依据《物权法解释（一）》第15条的规定："受让人受让不动产或者动产时，不知道转让人无处分权，且无重大过失的，应当认定受让人为善意。真

---

① 最高人民法院物权法研究小组：《〈中华人民共和国物权法〉条文理解与适用》，人民法院出版社2007年版，第328页。

② 谢在全：《民法物权论》（上），中国政法大学出版社1999年版，第229页。

实权利人主张受让人不构成善意的,应当承担举证证明责任。”

第二,以公平合理的价格有偿转让。受让人在取得财产时,必须以相应的财产或金钱支付给出让人。无偿取得财产时,不能适用善意取得。所谓合理,应当根据市场价格来判断,大体上应是符合市场价格的。在判断支付价格是否合理问题上,本书认为,还应当区别动产和不动产而分别考虑,对于动产善意取得来说,动产的转让应当以合理的价格进行,否则应当认为受让人取得财产时不构成善意取得。

第三,转让财产依照法律规定应当登记的已经登记,其他动产须交付给受让人。依照法律规定应当登记的已经登记,才能适用善意取得。在我国,城市的房屋依法应当办理登记。因此,房屋的买卖只有在受让人与转让人办理登记之日起才能适用善意取得,仅仅发生交付,并不能够产生善意取得的后果。动产除法律另有规定外,原则上不需要登记。适用动产善意取得制度,必须发生占有的移转,即转让人向受让人实际交付了财产,受让人实际占有了该财产。[①] 在不需要登记的情形下,占有的转移是适用善意取得的条件之一,即让与人向受让人实际交付了财产,而受让人实际占有交付的财产。只有通过交付,才发生动产所有权的转移。《物权法解释(一)》第20条规定:“转让人将物权法第二十四条规定的船舶、航空器和机动车等交付给受让人的,应当认定符合物权法第一百零六条第一款第三项规定的善意取得的条件。”即对于船舶、航空器和机动车等特殊动产,以交付给受让人作为善意取得成立的条件。

此外,依据《物权法解释(一)》第21条的规定,无权处分的标的物转让合同必须是合法有效的,这也是善意取得成立的基础性条件。

三、善意取得的法律后果

善意取得制度是基于登记和占有的公信力,基于保护交易安全,在一定程度上牺牲财产静的安全来保护交易动的安全,而在原权利人和受让人之间的权利所作的一种强制性的物权配置。具体而言,善意取得涉及三方当事人,即财产原权利人、让与人和受让人,产生以下三方面的法律关系。

第一,原权利人与受让人之间的法律关系。在善意取得的情况下,原权利人与受让人之间将确定物权变动。构成善意取得的,受让人因善意而即时取得标的物的所有权,原权利人的所有权将因此消灭。受让人取得财产所有权是法律直接规定而不是法律行为,具有确定性和终局性,善意取得行为自始有效,无须权利人追认。善意取得是财产所有权取得的一种方式。原权利人不能再向善意受让人主张返还原物。

第二,让与人与受让人之间的法律关系。让与人与受让人基于法律行为而产生债权债务关系,受让人因善意而取得相应的财产所有权,而受让人应向让与人支付财产的价款,如果受让人没有按照与让与人之间的约定支付价款,应向让与人承担违约责任。

第三,原权利人与让与人之间的法律关系。由于原权利人因受让人的善意取得使其对标的物的所有权发生消灭,故而不能请求受让人返还财产。对原权利人的保护只能在债权层面进行,即原权利人可以基于债权请求权要求让与人承担违约、侵权责任或不当得利的返还责任。

---

① 王利明:《物权法研究》(上卷),中国人民大学出版社2007年版,第445页。

此外,关于他物权的善意取得问题。《民法典》第 311 条第 3 款规定:“当事人善意取得其他物权的,参照适用前两款规定。”这实际上承认了其他物权也可以适用善意取得的规定。

最后需要强调的是,动产善意取得后相应权利负担即告消灭。对此,《民法典》第 313 条规定:“善意受让人取得动产后,该动产上的原有权利消灭。但是,善意受让人在受让时知道或者应当知道该权利的除外。”在善意取得的情况下,原权利人与受让人之间将发生相应的物权变动,即因为受让人出于善意即时取得标的物的所有权,而原权利人的所有权将因此消灭。通过善意取得制度从无权处分人处取得动产所有权,因其权利的取得并不是基于让与行为,而是基于法律的直接规定,因而善意取得属于原始取得,对善意取得动产所有权来说,原权利上的限制原则上应归于消灭,受让人对动产享有完全的所有权。[①] 在发生善意取得且善意受让人在受让时不知道或者不应当知道该权利负担的条件下,该动产之上的权利负担即告消灭。

四、遗失物的善意取得问题

对此,《民法典》第 312 条规定:“所有权人或者其他权利人有权追回遗失物。该遗失物通过转让被他人占有的,权利人有权向无处分权人请求损害赔偿,或者自知道或者应当知道受让人之日起二年内向受让人请求返还原物;但是,受让人通过拍卖或者向具有经营资格的经营者购得该遗失物的,权利人请求返还原物时应当支付受让人所付的费用。权利人向受让人支付所付费用后,有权向无处分权人追偿。”该条在总结各方意见的基础上,沿用《物权法》第 107 条的规定,明确了所有权人等权利人有权追回遗失物,表明我国的物权法律制度更倾向对所有权的保护,这也体现出了中国传统文化中倡导的拾金不昧的美德。依照法理,物品的遗失并不必然导致物权发生变动。所有人遗失财物虽然丧失了对物的占有,但原则上并不丧失对物的所有权。因此,基于所有权本身的对世效力和追及效力,所有权人就遗失物可以向相对人主张所有物返还请求权。所有物返还请求权属于典型的物权请求权,对遗失物享有和行使此项请求权的权利主体只能是遗失财物的所有人(占有人遗失财物不能依该项请求权请求返还),而请求权的相对人应为遗失物的无权占有人,原则上可能包括拾得遗失物的人和占有遗失物的第三人。换言之,此项请求权作为物权请求权,既可以针对拾得人行使,也可能针对第三人行使。当然,这里的请求返还具有时间限制。

同时依据该条规定,其他权利人可以依据其合法权利关系以及对物的合法占有关系行使对遗失物的返还请求权,这里的权利可以是他物权,如动产质权、留置权,也可以是存在合法占有标的物的合同关系,如保管人对于其保管的物品遗失后,可以向遗失物的占有人请求返还。

---

① 最高人民法院物权法研究小组:《〈中华人民共和国物权法〉条文理解与适用》,人民法院出版社 2007 年版,第 333 页。

专题二 拾得遗失物

一、物归原主的一般规则

关于拾得遗失物的法律适用问题,《民法典》第314条确立了一般原则,即"拾得遗失物,应当返还权利人。拾得人应当及时通知权利人领取,或者送交公安等有关部门"。我国自《民法通则》开始,就确立了物归原主的一般规则,《物权法》沿用这一做法,在其第109条规定:"拾得遗失物,应当返还权利人。拾得人应当及时通知权利人领取,或者送交公安等有关部门。"我国立法采信遗失物之不能取得所有权主义,规定拾得遗失物,应当返还权利人,这与几千年来中华文化所倡导的"拾金不昧""路不拾遗"的道德意境是相辅相成的。

依据《民法典》第314条的规定,拾得遗失物者负有通知或移送的义务。拾得人应当及时通知权利人领取,或者送交公安等有关部门。拾得遗失物的行为,理论上将此认定为民事法律事实中的一种事实行为,这种行为在法律上的成立生效不要求行为人必须具有行为能力,故不同于法律行为。基于这种事实行为,拾得人与遗失人之间依法可以形成原物返还请求权关系,也可以形成侵权责任关系。至于承担侵权责任的情形,通常是拾得人在占有遗失物期间,若公然将其据为己有,拒不返还,由于主观上具有非法占有他人财产的故意,客观上又有拒不返还的行为,应属对他人财产的侵占,依法应当承担相应的侵权责任。

二、有关部门的通知或者公告义务

关于遗失物报告部门的通知及公告义务,《民法典》第315条规定:"有关部门收到遗失物,知道权利人的,应当及时通知其领取;不知道的,应当及时发布招领公告。"据此,有职责接受遗失物的机构为公权力部门即公安等有关部门,这既符合我国实际情况,也有利于遗失物及时归还原主,同时也有利于避免或减轻拾得人因拾得行为所产生的不必要的负担。① 依据这一规定,公安等有关部门接到拾得人送交的遗失物后,应当及时通知权利人领取。如果知道所有权人等权利人的,应当通知其直接领取;如果不知道权利人的确切地址或者不能直接通知权利人时,应当及时发布招领公告。至于发布公告的形式,因法律并没有明确规定,实践中可以适当灵活多样。

三、拾得人和有关部门的保管义务

大陆法系各国民法典都规定拾得人对遗失物负有保管义务。《物权法》借鉴大陆法系国家立法例,不仅规定了拾得人的保管义务,而且规定了接受遗失物的公权力部门的保管义务,以及拾得人

---

① 最高人民法院物权法研究小组:《〈中华人民共和国物权法〉条文理解与适用》,人民法院出版社2007年版,第337页。

和有关部门违反上述保管义务，致使遗失物毁损、灭失的，应当承担民事责任。《物权法》第111条规定："拾得人在遗失物送交有关部门前，有关部门在遗失物被领取前，应当妥善保管遗失物。因故意或者重大过失致使遗失物毁损、灭失的，应当承担民事责任。"《民法典》第316条沿用了这一规定。

依据该条规定，遗失物的保管义务的主体包括拾得人和有关部门。关于保管的时间，是"拾得人在遗失物送交有关部门前，有关部门在遗失物被领取前"。由于拾得人和有关部门接触遗失物的时间不同，其保管遗失物的法定起算时间也是不同的。该条将拾得人的保管时间界定在"遗失物送交有关部门前"，以及将有关部门的保管时间界定在"遗失物被领取前"，在操作上符合实际情况，也不会给拾得人和有关部门加重负担。拾得人或者有关部门因故意或者重大过失致使遗失物毁损、灭失的，要承担相应的民事责任。

四、拾得人费用请求权

有关拾得人等的费用返还请求权，《物权法》第112条规定："权利人领取遗失物时，应当向拾得人或者有关部门支付保管遗失物等支出的必要费用。权利人悬赏寻找遗失物的，领取遗失物时应当按照承诺履行义务。拾得人侵占遗失物的，无权请求保管遗失物等支出的费用，也无权请求权利人按照承诺履行义务。"《民法典》第317条沿用了这一规定。

第一，依据该条第1款规定，权利人即遗失物的原所有权人领取遗失物时应当支付保管费。这符合权利义务对等原则的要求。

第二，依据该条第2款的规定，权利人悬赏寻找遗失物的，领取遗失物时应当按照相应的承诺履行义务。悬赏广告，是指以广告的形式公开表示，对完成一定行为或工作的人，给予一定报酬的意思表示。悬赏广告是针对不特定的主体而发出的。对于广大的不特定主体来说，只要其按照悬赏广告的要求完成了一定的行为或工作，其就有权要求广告人支付承诺的报酬。

第三，依据该条第3款的规定，如果拾得人侵占遗失物拒不返还的，则无权请求因保管遗失物等支出的费用，也无权请求权利人按照承诺履行义务。拾得人拒不返还的行为不仅会构成民事侵权行为，甚至可能构成犯罪，需要依法追究刑事责任。

至于所有权人不履行义务时对拾得人的救济问题，如上所述，该条规定赋予了拾得人和有关部门就保管等费用以及原所有权人履行悬赏广告义务的请求权。在权利人不履行此义务的情况下，拾得人或者有关部门可以通过提起诉讼的方式予以救济。

五、遗失物无人认领归国家所有

《物权法》第113条规定："遗失物自发布招领公告之日起六个月内无人认领的，归国家所有。"《民法典》第318条将这一规定的"六个月"认领期间延长为"一年"，以更加充分保护所有权人的权利。此一年的时间在性质属于除斥期间，也称为不变期间，不发生中止、中断和延长的后果。

在实务中，要做好《民法典》第318条规定与第315条的衔接适用。发布公告的前提条件是不知道权利人，如果知道权利人，应当及时通知。本书认为，这里不知道"权利人"，应包括根据日常生活经验,无法查证权利人具体下落或者联系方式的情形,查找下落或者联系方式成本过高时,也可以采取公告的形式。就遗失物的归属问题,我国采拾得人不能取得所有权的做法,经公告无人认领的,遗失物归国家所有,而非归拾得人或保管人所有。

专题三　添附物的归属

一、添附制度概述

添附者,为附合、混合及加工三者在学术上之总称。因附合、混合为物与物之结合,加工为工作与物之结合,均有添加结合之关系,且俱为动产所有权得丧之共同原因,并有共通之效力,故通说均将三者总称为添附,而予以合并说明。我国现行法律上没有关于添附的规定,但《民通意见》第 86 条对非产权人在使用他人的财产上增添附属物的问题作出规定,该条规定:“非产权人在使用他人的财产上增添附属物,财产所有人同意增添,并就财产返还时附属物如何处理有约定的,按约定办理;没有约定又协商不成,能够拆除的,可以责令拆除,不能拆除的,也可以折价归财产所有人;造成财产所有人损失的,应当负赔偿责任。”《担保法司法解释》第 62 条对于抵押物发生添附时相关问题的处理作有规定,该条规定:“抵押物因附合、混合或者加工使抵押物的所有权为第三人所有的,抵押权的效力及于补偿金;抵押物所有人为附合物、混合物或者加工物的所有人的,抵押权的效力及于附合物、混合物或者加工物;第三人与抵押物所有人为附合物、混合物或者加工物的共有人的,抵押权的效力及于抵押人对共有物享有的份额。”在民法典编纂过程中,立法机关在综合各方面意见的基础上了新增了关于添附物归属的规定。《民法典》第 322 条规定:“因加工、附合、混合而产生的物的归属,有约定的,按照约定;没有约定或者约定不明确的,依照法律规定;法律没有规定的,按照充分发挥物的效用以及保护无过错当事人的原则确定。因一方当事人的过错或者确定物的归属造成另一方当事人损害的,应当给予赔偿或者补偿。”这是立法上的一大进步。

二、附合物的法律归属

附合,是指不同所有人的物结合在一起而形成新物。因附合而形成的新物,称为附合物。① 附合主要有两种情形,即动产与不动产的附合及动产与动产的附合。

(1)动产与不动产的附合。这主要是指动产附合于不动产之上,成为不动产组成部分的情况。附合需具备 3 个条件:一是动产附合于不动产之上;二是动产成为不动产的重要组成部分,其相互结合而成为一个物,非经毁损或变更其性质不能将二者分离;三是动产与不动产须不属于同一人所有,若属于同一人所有,则不发生附合的法律后果。

---

① 不动产与不动产的附合现象也是存在的,如河流泥沙淤积形成的土地附合于河流两岸的土地等。但这种现象一般归属于土地法调整。

依据《民法典》第322条规定，并结合相关法理，动产附合于不动产的法律效果为：第一，除当事人另有约定外，不动产所有人取得动产的所有权。其取得所有权源于法律的规定，并不适用善意取得的规则，即无须该不动产权利人的善意为要件。第二，该附合的动产的所有权因附合而消灭。第三，原动产所有人不能请求恢复原状，这属于客观不能，但可以该条规定适用不当得利的规则和侵权责任的规则来进行救济，当然，当事人没有过错的，应当适用补偿而非赔偿的规则。此外，当事人恶意与否，在适用不当得利返还的规定时，有关返还利益的范围是有所不同的，这可以具体适用不当得利的有关规定。

（2）动产与动产的附合。这是指不同所有人的动产互相结合而成为一物的情况。例如，将油漆涂刷于他人的家具上，将钻石镶嵌于戒指上。此附合的成立也须具备3个条件：一是附合物与被附合物都是动产；二是附合后所形成的附合物非经毁损不能分离或分离的花费过大；三是原两个或者几个动产分属于不同的人所有。[①]

动产和动产附合后的归属问题，遵循《民法典》第322条的规定，当事人有约定的，要按照约定处理，如果当事人没有约定或约定不明确、法律又没有规定，则“按照充分发挥物的效用以及保护无过错当事人的原则确定”。

三、混合物的归属

混合，是指不同所有人的动产混杂在一起而成为新物。例如，将不同所有人的气体、液体或粉末状物搀在一起而形成混合物。混合的成立应具备3个条件：（1）混合的各物都是动产；（2）混合后各物原有状态已无法识别，或者虽能采用某种方法识别但识别成本太大；（3）混合前的各个动产分属于不同的所有权人。

依据《民法典》第322条的规定，关于混合物的归属，如果当事人之间有约定，则首先要遵照约定处理，当然这要以此约定合法有效，且要以明确具体为前提。没有约定或者约定不明确的，依照法律规定；在相关法律没有具体规定的，按照充分发挥物的效用以及保护无过错当事人的原则确定。在此要注意的是对“充分发挥物的效用”的理解，就要考虑动产与他人的动产混合而形成混合物，不能分离或者分离费用过高的，由主物所有权人或者价值较大的原物所有权人取得混合物的所有权。

四、加工物的归属

加工，是指在他人之物上进行劳动从而提升了该物之价值的法律事实。其构成要件有三：（1）须对他人之物进行加工的行为。（2）须提升了标的物的价值。若对他人的物实施某项行为导致标的物价值降低了，这属于侵权行为之列，行为人须承担相应的侵权责任，当然不属于加工。[②]（3）须行为人与标的物所有人之间就加工的情形没有约定。如果行为人事先与标的物所有人之间有约定，则不属于加工，则属于承揽合同或者其他合同的问题，应适用《民法典》合同编的规定。在此需要注意的是，按照《民法典》第322条规定，加工物所有权的归属，不仅允许按照约定处理，而且

---

① 刘保玉：《物权法学》，中国法制出版社2007年版，第214页。

② 席志国：《中国物权法论》，中国政法大学出版社2015年版，第215页。

此约定还要优先。本书认为,第322条规定的约定重点在于加工物的所有权归属问题,而非关于加工行为本身的约定。

关于加工物的归属问题,依据第322条规定,加工物的归属也是适用混合、附合相同的规则。即有约定按照约定处理;没有约定,依照法律具体规定处理;没有法律具体规定时,按照“充分发挥物的效用以及保护无过错当事人的原则确定”。本书认为,上述学理上的观点与该条规定并不冲突,就他人所有之物进行加工,原则上该物由该他人所有,应是更符合物尽其用规则的,否则随意加工他人之物就成为自己之物,与公平观念和所有权保护的基本原则不尽相符。基于物尽其用的考虑,只有在加工人善意进行加工行为且因加工所增加的价值明显大于他人的材料价值的,才可以由加工人取得加工物的所有权。

第十章 用益物权一般规定

专题一 矿业权的民法保护

一、矿业权出让合同的效力

《民法典》第247条规定:“矿藏、水流、海域属于国家所有。”矿产资源属于国家所有。通过出让矿业权,国家在保留矿产资源所有权的基础上,将矿产资源勘查开采的权利赋予市场主体,是矿产资源所有权与使用权的适当分离。国家对矿产资源的所有权是矿业权出让的权利之源,矿业权出让是市场经济条件下逐步实现矿产资源有偿使用的国家政策目标和建立矿业权交易市场的重大举措。矿业权出让构成矿业权流转的一级市场。市场主体从国家获得矿业权后,再向其他主体转让矿业权的,是矿业权转让,构成矿业权流转的二级市场。矿业权虽是法律术语,但在立法上没有明确规定。在理论上和实践中,矿业权作为一类涉及矿产资源开发利用的财产权,包括探矿权和采矿权。本书主要讨论探矿权和采矿权出让合同和转让合同的效力问题。

矿产资源使用权,主要是指探矿权和采矿权。市场主体获得探矿权和采矿权的方式是国家出让探矿权和采矿权,或者从其他市场主体受让探矿权和采矿权。其中,矿业权出让,是指国土资源主管部门根据矿业权审批权限和矿产资源规划及矿业权设置方案,以招标、拍卖、挂牌、申请在先、协议等方式依法向探矿权申请人授予探矿权和以招标、拍卖、挂牌、探矿权转采矿权、协议等方式依法向采矿权申请人授予采矿权的行为。矿业权转让,是指矿业权人将矿业权依法转移给他人的行为。2001年1月1日实施的国务院《关于实施西部大开发若干政策措施的通知》提出,“制定促进探矿权、采矿权依法出让和转让的政策办法,培育矿业权市场”。之后,2006年1月20日国务院《关于加强地质工作的决定》,2012年12月25日国务院《关于土地管理和矿产资源开发利用及保护工作情况的报告》以及2015年9月21日中共中央、国务院发布的《生态文明体制改革总体方案》等政策性文件中均对矿业权出让作了规定。国土资源部2000年11月1日颁布实施的《矿业权出让转让管理暂行规定》,2003年6月1日发布的《探矿权采矿权招标拍卖挂牌管理办法(试行)》,2006年1月24日发布的国土资源部《关于进一步规范矿业权出让管理的通知》,2011年12月31日发布的《矿业权交易规则(试行)》等规范性文件,进一步对矿业权出让进行了比较具体、详细的规定。2011年全国人大制定的“十二五”规划纲要附件明确了“矿产资源有偿使用制度”,“主要包括矿业权有偿取得制度和矿产资源有偿开采制度,矿业权有偿取得制度通过征收矿业权使用费和矿业权价款实现,其中,矿业权使用费按面积征收,矿业权价款的实质是国家勘查投资的收益,特指国家将其出资勘查形成的矿产地的矿业权出让给他人,或者矿业权人将国家出资勘查形成的矿产地的矿业权转让给他人,按规定向矿业权人或受让人收取的款项,矿产资源有偿开采制度通过征收矿产资源补偿费实现,矿产资源补偿费按照矿产品销售收入的一定比例以及矿山开采回采率计征,是国家作为矿产资源所有者收取的财产收益,是采矿权人对矿产资源消耗的经济补偿,通过推进矿产资源有偿使用制度,可以充分发挥市场配置资源的基础性作用,促进矿产资源勘查开发,建立珍惜利用资源的经济机制”。2015 年 9 月 21 日中共中央、国务院发布《生态文明体制改革总体方案》,明确要求“探矿权采矿权出让方式,原则上实行市场化出让”,而市场化出让主要是指以招标、拍卖和挂牌的方式出让。2016 年全国人大制定的“十三五”规划纲要规定,“深化矿业权制度改革,建立健全生态环境性权益交易制度和平台”,“加强陆上和海上油气勘探开发,有序开放矿业权,积极开发天然气、煤层气、页岩油(气)”。2017 年 2 月 27 日中共中央办公厅、国务院办公厅发布的《矿业权出让制度改革方案》提出,以矿产资源规划为基础,以市场化出让为主线,以创新出让方式为重点,突出问题导向,坚持试点先行,全面推进矿业权竞争性出让,严格限制协议出让行为,调整矿业权审批权限,强化出让监管服务,确保“放得下、接得住、管得好”,建立符合市场经济要求和矿业规律的矿业权出让制度。2017 年 4 月 13 日国务院发布《矿产资源权益金制度改革方案》,规定了矿产资源权益金制度框架和主要内容,以及配套改革政策。部分地方性法规、规章、规范性文件中对矿业权出让作出规定。根据上述规定,矿业权的出让人是国家,但由国土资源主管部门代表国家在法律、行政法规赋予的行政管理权限范围内负责。其中,探矿权出让由国土资源部和省级国土资源主管部门两级负责。采矿权出让由国土资源部和省、地、县四级国土资源主管部门负责。根据《矿业权出让制度改革方案》的规定,矿业权出让将进一步下放审批权限,强化监管服务。其中,国土资源部负责石油、烃类天然气、页岩气、放射性矿产、钨、稀土 6 种矿产的探矿权采矿权审批,负责资源储量规模 10 亿吨以上的煤以及资源储量规模大型以上的煤气层、金、铁、铜、铝、锡、锑、钼、磷、钾 11 种矿产的采矿权审批,其他原由国土资源部审批的下放至省级国土主管部门,对国土资源部下放给省级国土资源主管部门的审批权限原则上不得再行下放。从上述规定来看,我国已经形成了较完善的矿业权出让制度。为正确审理矿业权纠纷案件,依法保护当事人的合法权益,最高人民法院根据《物权法》《合同法》《矿产资源法》《环境保护法》等法律法规的规定,结合司法审判实践经验,制定了最高人民法院《关于审理矿业权纠纷案件适用法律若干问题的解释》。该解释成为指导人民法院审判矿业权出让、转让等纠纷案件重要依据。

关于矿业权出让合同的效力问题,在理论上和实践中有不同认识。有观点认为,矿业权的取得以取得矿产资源勘查许可证、采矿许可证为条件,如果矿业权出让行为未经有权机关批准,受让人未取得矿产资源勘查许可证、采矿许可证的,矿业权出让合同无效。还有观点认为,法律、行政法规并未明确规定矿业权出让合同需要行政审批才能生效。颁发矿产资源勘查许可证、采矿许可证与矿业权出让合同的效力是两回事,即使受让人未取得矿产资源勘查许可证、采矿许可证,矿业权出让合同只要是当事人的真实意思表示,不违反法律行政法规的强制性规定,也应当认定为有效。本书认为第二种观点更合理。根据国土资源部《矿业权交易规则(试行)》的规定,矿业权出让主要包括批准申请、招标、拍卖、挂牌以及协议出让 5 种形式。通过“招拍牌”方式出让矿业权时,受让人须与作为出让人的国土资源主管部门签订书面矿业权出让合同,经公告公示程序无异议,受让人可在履行付款等义务后持出让合同、中标确认书及相关材料向有审批权限的国土资源主管部门申请办理矿业权登记手续,领取许可证证书。目前,法律、行政法规并未明确规定这些合同需要行政审批才能生效。从“招拍挂”的程序来看,在实施“招拍挂”之前,国土资源主管部门需要按照颁发勘查许可证、采矿许可证的法定权限,编制探矿权采矿权招标拍卖挂牌年度计划,报上级主管部门备案。故矿业权出让合同签订前,出让机关应当履行相关的审批手续。在通过协议方式出让矿业权的情况下,2012 年发布的国土资源部《关于严格控制和规范矿业权协议出让管理有关问题的通知》(国土资发〔2012〕80 号)规定,协议出让矿业权需要经由省级国土资源厅或者国土资源部审批。但该通知并不属于法律、行政法规。而且,2015 年 5 月 10 日颁布的国务院《关于取消非行政许可审批事项的决定》,明确规定取消了该非行政许可审批。2015 年 8 月 24 日发布的国土资源部《关于严格控制和规范矿业权协议出让管理有关问题的通知》,删除了前述“探矿权、采矿权协议出让实行国土资源部和省级国土资源主管部门两级审批”的相关规定。基于上述原因,最高人民法院《关于审理矿业权纠纷案件适用法律若干问题的解释》第 2 条规定:“县级以上人民政府国土资源主管部门作为出让人与受让人签订的矿业权出让合同,除法律、行政法规另有规定的情形外,当事人请求确认自依法成立之日起生效的,人民法院应予支持。”该条解释中的“除法律、行政法规另有规定的情形外”,并非有所专指,而是针对,我国目前关于矿业权出让的法律、行政法规尚不完善,不排除未来国家会基于经济战略或者环境保护的需要对某些矿产资源的开发利用作出特别规定进而影响出让合同的效力的可能。在司法实践中,人民法院在审查认定矿业权出让合同效力时,应考虑案涉出让的矿产资源是否属于对国家具有战略意义的特定矿种或者存在于自然保护区等特殊区域,法律、行政法规对该矿产资源的出让是否有特别的审批程序。在法律、行政法规对矿业权出让有特别规定的情况下,合同的效力需要根据相应的规定以及具体案件事实依法作出相应的裁判。

二、矿业权转让合同的效力

矿业权转让,是指矿业权人将矿业权依法转移给他人的行为。关于矿业权转让合同的效力,司法实践的认识在不断变化,造成这种变化与我国民事立法、民法理论及矿业权流转市场发展变化有关。

在矿业权流转市场规制上,我国立法对矿业权转让的态度经历了从完全禁止到有限度放开以及正在逐步市场化的过程。1986 年全国人大常委会颁布实施的《矿产资源法》第 3 条第 4 款规定:“采矿权不得买卖、出租,不得用作抵押。”尽管没有禁止探矿权的转让,但在实践中探矿权的转让也是被禁止的。这一规定的背景是,虽然矿产资源确立了有偿开采制度,但是矿业权本身的取得还是无偿的,如果将从国家无偿获得的矿业权进行有偿转让,不但在理论上存在权利与义务的不平等的问题,在实践中亦担心转卖“寻租”牟利。1996 年全国人大常委会对《矿产资源法》中严格禁止矿业权流转的相关条文进行了修改,删除了“采矿权不得买卖、出租,不得用作抵押”的内容,增加了允许有条件转让,修改后的《矿产资源法》第 6 条规定:“除按下列规定可以转让外,探矿权、采矿权不得转让:(一)探矿权人有权在划定的勘查作业区内进行规定的勘查作业,有权优先取得勘查作业区内矿产资源的采矿权。探矿权人在完成规定的最低勘查投入后,经依法批准,可以将探矿权转让他人。(二)已取得采矿权的矿山企业,因企业合并、分立,与他人合资、合作经营,或者因企业资产出售以及有其他变更企业资产产权的情形而需要变更采矿权主体的,经依法批准可以将采矿权转让他人采矿。前款规定的具体办法和实施步骤由国务院规定。禁止将探矿权、采矿权倒卖牟利。”但其中依然包含“禁止将探矿权、采矿权倒卖牟利”等限制市场化流转的内容。国务院于 1998 年 2 月 14 日发布了《矿产资源勘查区块登记管理办法》《矿产资源开采登记管理办法》《探矿权采矿权转让管理办法》三部行政法规。上述两部登记管理办法确立了探矿权和采矿权作为财产权利依审批登记设立的基本原则,而转让管理办法则是为探矿权和采矿权的市场化转让提供了初步的市场交易规则。此外,国土资源部还制定了《矿业权出让转让管理暂定规定》《探矿权采矿权招标拍卖挂牌管理办法(试行)》《矿业权交易规则(试行)》等部门规章或规范性文件,对矿业权转让,尤其是市场化转让确立了更具体的规则。根据《矿产资源法》(1996 年)第 6 条和国务院《探矿权采矿权转让管理办法》第 3 条的规定,矿业权人在符合规定转让条件下经依法批准可以转让矿业权。《矿产资源法实施细则》第 5 条规定,国家对矿产资源的勘查、开采实行许可证制度。勘查矿产资源,必须依法申请登记,领取勘查许可证,取得探矿权。开采矿产资源,必须依法申请登记,领取采矿许可证,取得采矿权。《探矿权采矿权转让管理办法》第 10 条规定,申请转让探矿权、采矿权的,审批管理机关应当自收到转让申请之日起 40 日内,作出准予转让或者不准转让的决定,并通知转让人和受让人。准予转让的,转让人和受让人应当自收到批准转让通知之日起 60 日内,到原发证机关办理变更登记手续;受让人按照国家规定缴纳有关费用后,领取勘查许可证或者采矿许可证,成为探矿权人或者采矿权人。批准转让的,转让合同自批准之日起生效。不准转让的,审批管理机关应当说明理由。根据上述规定,矿业权转让依法需经国土资源主管部门批准,办理矿业权变更登记,换领新的矿产资源勘查许可证或者采矿许可证,之后受让人才能取得相应的探矿权或者采矿权。此外,根据《行政许可法》第 12 条和第 39 条的规定,矿业权转让申请的审批、矿业权的变更登记及换领矿产资源勘查许可证或者采矿许可证的过程,属于国土资源主管部门依法实施行政许可的过程。党的十八大之后,中共中央、国务院陆续出台《关于加快推进生态文明建设的意见》《生态文明体制改革总体方案》等一系列推进生态文明建设的政策性文件,强调进一步深化矿产资源有偿使用制度改革,全面推进矿业权市场建设,构建自然资源资产产权制度,推动自然资源资产所有权和使用权相分离,明确自然资源所有权、使用权等产权归属关系和权责等。国务院亦开始新一轮行政审批制度改革,简政放权,创新政府配置资源方式,发挥市场在资源配置中的决定性作用,已取消或者正在取消诸多可由市场调节或者政府可事后监管的前置审批和许可事项。上述政策性文件为进一步规范矿业权市场交易明确了方向。

在上述背景下,司法实践对于矿业权转让合同的效力问题也有转变。最高人民法院《关于审理矿业权纠纷案件适用法律若干问题的解释》第 6 条规定:“矿业权转让合同自依法成立之日起具有法律约束力。矿业权转让申请未经国土资源主管部门批准,受让人请求转让人办理矿业权变更登记手续的,人民法院不予支持。当事人仅以矿业权转让申请未经国土资源主管部门批准为由请求确认转让合同无效的,人民法院不予支持。”根据该条规定,未审批的矿业权转让合同并非不发生效力,但在矿业权转让申请未经国土资源主管部门批准的情况下,受让人不能请求转让人办理矿业权变更登记手续。矿业权转让合同依法成立后,在不具有法定无效情形下,依法成立有效。各方当事人均应当履行合同项下的义务。如果转让人不履行报批义务或者受让人不履行协助报批义务的,相对人有权请求转让人履行报批义务或者请求受让人履行协助报批义务。需要注意的是,如果矿业权转让合同在法律上或者事实上不具备履行条件,人民法院就不能判决继续履行。在转让人不履行报批义务的情况下,人民法院可以依据案件事实和受让人的请求,判决受让人代为办理报批手续,由转让人履行协助义务,并承担由此产生的费用。根据《民法典》第563条的规定,合同成立后,一方当事人拒不履行合同义务的,相对人有权解除合同。因此,矿业权转让合同依法成立后,转让人无正当理由拒不履行报批义务,受让人有权请求解除合同、返还已付转让款及利息,并由转让人承担违约责任。出让人就同一矿业权分别转让给不同受让人的,应当向不能获得矿业权一方当事人承担违约责任。对此,最高人民法院《关于审理矿业权纠纷案件适用法律若干问题的解释》第11条规定:"矿业权转让合同依法成立后、国土资源主管部门批准前,矿业权人又将矿业权转让给第三人并经国土资源主管部门批准、登记,受让人请求解除转让合同、返还已付转让款及利息,并由矿业权人承担违约责任的,人民法院应予支持。"

三、无证勘查开采合同的效力

矿产资源属于国家。除法定国家机关代表国家出让矿业权外,其他任何组织或者个人无权处分矿产资源。在实践中,除合法的矿业权出让和转让合同外,还有一种较常见的涉及"矿业权"的合同,即无证勘查开采合同。无证勘查开采行为多发生在农村集体土地上或"以探代采"的场合中,前者表现为农村集体经济组织将本集体土地上尚未取得许可证的矿产资源交由他人勘查开采,并获取利益;后者表现为探矿权人将其勘查许可证项下勘查作业区内的矿产资源交由他人开采并获取利益。根据国家对矿产资源开发利用的管理制度,取得矿产资源勘查许可证、采矿许可证是矿业权人行使勘查开采权利的前提和基础。未取得勘查许可证、采矿许可证或者仅有勘查许可证而无采矿许可证,将矿产资源交由他人勘查开采的,侵害了国家对矿产资源的所有权,造成矿业权出让过程中的税费流失,损害国家收益。此外,无证勘查开采行为容易造成乱采滥挖、破坏矿产资源,进而导致国家对矿业市场的监管调控目的落空;容易引发环境污染、生态破坏、矿难事故等风险,损害发生后缺乏强制性治理和救济手段。因此,无证勘查开采合同既不同于矿业权出让合同,也不同于矿业权转让合同。此类合同侵害国家对矿产资源的所有权,扰乱了市场秩序,破坏生态环境,应当认定为无效。最高人民法院《关于审理矿业权纠纷案件适用法律若干问题的解释》第5条规定:"未取得矿产资源勘查许可证、采矿许可证,签订合同将矿产资源交由他人勘查开采的,人民法院应依法认定合同无效。"

《民法典》第157条规定:"民事法律行为无效、被撤销或者确定不发生效力后,行为人因该行为取得的财产,应当予以返还;不能返还或者没有必要返还的,应当折价补偿。有过错的一方应当赔偿对方由此所受到的损失;各方都有过错的,应当各自承担相应的责任。法律另有规定的,依照其规定。"因此,无证勘查开采合同被认定为无效后将产生以下法律后果:第一,转让人向受让人返还已支付的价款及相应的利息。第二,受让方应当停止勘探和开采行为,退出勘探、开采场地。第三,一方当事人受到损失的,双方当事人应当根据各自过错承担相应的责任。除民法上的责任外,当事人还可能依法承担行政责任或者刑事责任。第四,在实践中,转让方还可能请求受让方返还转让方其开采出的矿产品以及收益。需要注意的是,如果转让方无权代表国家出让矿业权,原则上也无权请求受让方返还转让方其开采出的矿产品以及收益。受让方因非法开采行为所获得的矿产品以及收益,除去受让方所融入矿产品中的成本,本质上源于国家的矿产资源所有权,对该部分收益,应当收归国家所有。

第十一章　土地承包经营权

专题一　土地承包经营权取得

一、土地承包经营权纠纷概述

土地承包经营权，是指以耕作、养殖或畜牧等农业为目的，承包人依法通过承包而取得的对农村土地占有、使用、收益的权利。根据《民法典》第331条的规定，土地承包经营权人依法对其承包经营的耕地、林地、草地等享有占有、使用和收益的权利，有权从事种植业、林业、畜牧业等农业生产。同时，还规定土地承包经营权人依照农村土地承包法的规定，有权将土地承包经营权采取出租（转包）、互换、转让等方式流转。流转的期限不得超过承包期的剩余期限。简言之，涉及土地承包经营权纠纷主要是农村土地承包经营权流转纠纷。

土地承包经营权流转纠纷，是指当事人之间因承包经营土地在流转经营过程中发生的争议。依照《农村土地承包法》（2018年修正）的规定，土地承包经营权流转的主体是享有承包权的农户。农户得依自己的意思将享有的农村土地承包经营权以出租（转包）、互换、转让或者其他方式流转。任何组织和个人不得强迫或者阻碍。土地承包经营权流转的客体，是承包权依附的承包合同或合同标的物，意味着承包经营权的流转实际上是对地上权的处分，其包含有两种模式：一种是对承包合同的处分，即是农户将与集体经济组织签订的承包合同有条件地转让给第三人，从而解除与集体经济组织的承包关系，如土地承包经营权的转让；另一种是不改变原与集体经济组织的承包关系，而是将承包合同的标的物即土地经营权转由第三人使用、控制，如土地承包经营权的出租（转包）、入股等。因此，土地承包经营权流转的目的是获得收益或补偿。至于收益或补偿的归属，依照《农村土地承包法》的规定，农户流转承包经营权后可以依法取得转包费、租金、转让费等，这种流转收益归承包方所有，任何组织和个人不得擅自截留、扣缴。基于上述分析，因土地承包经营权流转形成的法律关系是平等主体之间的民事法律关系，应适用民事领域的法律调整。

根据争议的权属类型和主要适用法律不同，农村土地承包经营权流转纠纷又分为涉物权纠纷和涉合同纠纷两大类，前者主要是就土地承包经营权的权利归属发生的纠纷，主要包括土地承包经营权确认纠纷、承包地征收补偿费用分配纠纷、土地承包经营权继承纠纷；后者涉合同纠纷主要是因土地承包经营权流转合同履行过程中发生的纠纷，主要包括土地承包经营权转包合同纠纷、土地承包经营权转让合同纠纷、土地承包经营权互换合同纠纷、土地承包经营权入股合同纠纷、土地承包经营权抵押合同纠纷、土地承包经营权出租合同纠纷等。

二、土地承包经营权的确认标准

土地承包经营权确认纠纷，是指就土地承包经营权是否成立及其归属和内容所发生的纠纷。这里的确认纠纷是以享有实际的土地承包经营权为前提，如果尚未取得土地承包经营权的，其主张享有土地承包经营权，是属于土地使用权的确权纠纷。对于集体经济组织成员是否享有土地使用权，前提首先需要明确的是土地承包经营权是什么？土地承包经营权又称为农村土地承包经营权，是指承包人在法律规定和承包合同确定的范围内，对于集体所有的或国家所有但由集体长期使用的土地所享有的支配权以及享受其收益的权利。

土地承包经营权的主要特征是：第一，土地承包经营权的主体具有特定性。土地承包经营权的主体为农业生产经营者。根据承包方式的不同，土地承包经营权的主体可以分为两类：一是家庭承包的土地承包经营权主体，即承包地所属的村集体经济组织的从事农业生产的个人或农户；二是其他方式承包的土地承包经营权主体，即承包地所属的村集体经济组织的从事农业生产的个人或农户。第二，土地承包经营权的客体是集体经济组织所有或国家所有由集体经济组织长期使用的农用土地为客体。第三，土地承包经营权主要是在农村集体土地所有权之上为农业性质的耕作、养殖或者畜牧经营设立的用益物权。第四，土地承包经营权为有期限物权。

土地承包经营权的取得有两种途径：一是原始取得，即直接从发包人处取得，土地承包经营权自土地承包合同生效时设立；二是继受取得，即土地承包经营权人取得土地承包经营权是从其他承包经营权人处流转取得，流转双方应当签订书面合同且经发包方同意或者备案。从两种取得途径来看，土地承包经营权实际取得的依据是签订书面合同。土地承包经营权纠纷一般由承包地所在地的人民法院管辖。现以董某诉刘某、某村民委员会土地承包经营权确认纠纷案为例说明，吴某与武某（刘某妻子）签订协议，约定吴某将涉案土地使用权及地上房屋转让给武某。后董某（甲方）与刘某（乙方）又签订协议书一份，约定刘某将涉案土地使用权及地上房屋转让给董某。刘某出具了3张收据及收条，载明其分3次收到董某该协议价款共计45万元。农村土地承包经营权证书显示涉案土地使用权的承包方名称为吴某，承包期限至2016年12月31日。董某向一审法院起诉请求：依法确认董某对涉案土地具有承包经营权。一审法院认为，该案中董某主张其对涉案土地享有土地承包经营权，但现有证据不能证明董某为诉争土地的承包经营权人，涉案土地承包经营权现登记于吴某名下，现双方对土地承包经营权有争议，董某主张土地承包经营权证据证据不足，应当判决驳回诉讼请求。

从上述案例可以看出，在审判实践中对土地承包经营权争议有严格的界定。根据最高人民法院《关于审理涉及农村土地承包纠纷案件适用法律问题的解释》（法释〔2005〕6号，2005年9月1日起施行）第1条的规定："下列涉及农村土地承包民事纠纷，人民法院应当依法受理：（一）承包合同纠纷；（二）承包经营权侵权纠纷；（三）承包经营权流转纠纷；（四）承包地征收补偿费用分配纠纷；（五）承包经营权继承纠纷。集体经济组织成员因未实际取得土地承包经营权提起民事诉讼的，人民法院应当告知其向有关行政主管部门申请解决……"在该案中，董某主张其对涉案土地享有土地承包经营权，但因董某并非从有承包经营权人吴某或武某处流转取得承包经营权，刘某妻子享有土地承包经营权不等于刘某享有土地承包经营权，现有证据不能证明刘某为诉争土地的承包经营权人,涉案土地承包经营权现登记于吴某名下,双方对土地承包权有争议,属于对土地使用权的权属确认争议,符合该司法解释第 1 条第 1 项的规定,土地使用权权属争议属于民事案件受案范围。

需要注意的是,集体经济组织的土地属于集体经济组织所有,本集体经济组织成员享有土地承包经营权。但随着土地流转法律政策的修改,本村的土地也可以承包给其他集体经济组织的成员或单位。根据《农村土地承包法》第 52 条的规定,发包方将农村土地发包给本集体经济组织以外的单位或者个人承包,应当事先经本集体经济组织成员的村民会议 2/3 以上成员或者 2/3 以上村民代表的同意,并报乡(镇)人民政府批准。由本集体经济组织以外的单位或者个人承包的,应当对承包方的资信情况和经营能力进行审查后,再签订承包合同。由此可见,目前随着土地流转的加速,国家对土地承包经营权的对象已经逐渐放开,这样有利于引进先进的资源和技术人才,从而促进土地流转的发展。

此外,王某甲与某村村民委员会、第三人王某乙土地承包经营权确认纠纷案也很有代表性。王某甲携带《集体土地农业用地使用证》和《土地承包合同书》到某村委会进行土地确权,村委会以王某甲和第三人王某乙之间有土地纠纷为由暂停确权。诉争土地为王某甲"西南岭"3.6 亩承包地(王某乙租种王某甲的承包地)。第三人王某乙称,诉争土地已过户到其名下且称村二轮土地承包合同书已进行了修改。之后两年,王某甲多次与村协商处理此事未果。此后王某甲通过信访投诉,村委会同意在村委会办公室查看王某甲的留存合同。经查,发现第一轮和第二轮土地承包合同均被修改,但没有相关村委会工作人员的签认,且此前王某甲对此事并不知情。经乡纪委工作人员现场实地调查取证并询问当年老会计后,确认土地承包合同中修改内容的真实意思并非将诉争土地承包经营权转移至王某乙名下,而只是作为租种时计提(交公粮)依据,且王某甲签名捺印并非王某甲本人所签,是会计个人所为。王某甲系某村集体经济组织成员。第二轮土地承包时,王某甲代表户内成员与村委会签订了《土地承包合同》,取得土地的承包经营权。土地管理局依据《土地承包合同》,为王某甲登记颁发了《集体土地农业用地使用证》。2016 年新一轮土地确权时,王某甲与第三人王某乙因诉争"西南岭"3.6 亩土地权属产生争议,后经乡、村两级协商解决未果,引发该案诉讼。法院判决确认王某甲对村民委员会的"西南岭"3.6 亩土地享有承包经营权。

从上述案例分析可知,王某甲作为农户与发包方某村自愿签订农村土地承包合同,并据此取得《集体土地农业用地使用证》,应当认定原告王某甲依法取得了诉争土地的承包经营权,其合法权益受法律保护。在承包期内,非依法定程序调整,其土地承包经营权不得变更。第三人王某乙虽辩称与王某甲口头约定对诉争土地进行了转让,但其未提供证据证明其承担了诉争土地的交纳征购提留款、农业税及领取粮食直补款等承包经营权利义务,无法证明双方已按口头合同约定内容实际履行,而且作为发包方的某村出具证明证实,村委会会计在土地承包合同底簿标注内容仅作为农业税费交纳的依据,并不代表土地权属变更转让。综上所述,第三人王某乙关于诉争土地承包经营权转让为其所有的抗辩理由,依据不足,不予采纳。对于王某甲主张确认享有"西南岭"3.6 亩土地承包经营权的诉请,予以支持。

三、未取得土地承包经营权能否请求赔偿

赔偿的前提是,集体经济组织成员享有的土地承包经营权受到侵害,若未实际取得土地承包经

营权,也就不存在因此而造成的损失,故其提起的民事赔偿诉讼的利害关系不存在。程序上一般应先请求由行政主管部门解决未拿到地的问题,再起诉民事赔偿。在未取得土地承包经营权的情况下直接起诉赔偿的,法院应不予受理。法院作为司法机关,行使的是司法权,是纠纷发生以后再来确认与分配,而不是对财产的初次分配,法院无权进行初始权利的分配。集体经济组织成员未实际取得土地承包经营权,不能直接向法院起诉。这里以邹某诉某村村民委员会土地承包合同纠纷案为例进行说明,邹某系某村村民,于2001年申请享受农村五保供养待遇,村里在2004年将邹某承包的责任田收回。邹某起诉请求法院判令村委会赔偿承包田的财产损失总计60,000元。一审法院认为,邹某作为五保户,未取得农村土地承包经营权,属于集体经济组织成员因未实际取得土地承包经营权,人民法院应当告知其向有关行政主管部门申请解决的情形。依照最高人民法院《关于审理涉及农村土地承包纠纷案件适用法律问题的解释》第1条第2款的规定,裁定驳回邹某的起诉。

从上述案例分析可以得出,邹某并未取得土地承包经营权。根据《土地管理法》第14条的规定,土地所有权和使用权争议,由当事人协商解决;协商不成的,由人民政府处理。单位之间的争议,由县级以上人民政府处理;个人之间、个人与单位之间的争议,由乡级人民政府或者县级以上人民政府处理。当事人对有关人民政府的处理决定不服的,可以自接到处理决定通知之日起30日内,向人民法院起诉。在土地所有权和使用权争议解决前,任何一方不得改变土地利用现状。在该案中,邹某主张赔偿诉讼是基于其享有土地承包经营权而提起,在其未实际取得土地承包经营权之前,相应的赔偿诉讼不属于法院受理范围,应由有关行政主管部门解决。

四、代耕人能否因代耕取得土地承包经营权

代耕是承包方在一定期限内将部分或者全部土地由本集体经济组织内部的其他农户代为耕种,承包方与发包方的承包关系不变。代耕人,是指经土地承包经营权人的委托而代替其使用和管理承包土地的人。现实中,许多农户由于无力耕种,而将土地交由其他集体经济组织成员代为管理并耕种,有的代为耕种时间长达数年之久,代耕人与承包经营权人之间形成的是新的合同关系,代耕人在合同未约定转让土地承包经营权的情况下,不能因代耕而取得代耕土地的经营权。承包经营权人主张代耕人返还土地的,人民法院应予支持。法院应综合考虑实际情况作出判决。下面以张某甲与张某乙土地承包经营权确权纠纷案为例进行说明:双方系同村同宗叔侄关系,张某甲户分得责任田。1991~1992年,经双方协商,张某甲将案涉耕地交给张某乙作鱼塘使用。此后,张某乙开始对案涉土地在内的鱼塘进行经营养殖至今。后张某甲因权属纠纷向一审法院提出请求张某乙立即停止侵权、恢复、还原张某甲责任田并归还给张某甲,并确认由张某甲使用该土地。一审判决驳回其诉讼请求,张某甲上诉,二审法院判决撤销一审民事判决,张某乙返还责任田土地承包经营权给张某甲。

从上述案例分析可知,代耕者与被代耕者二者之间仅系一种委托耕种关系,而并非土地承包经营权的转包,其法律特征符合土地承包经营权转包的构成条件。具体表现在:第一,转包发生在原土地承包户与次承包人之间;第二,转包只要不违反法律禁止性规定,可不经原始发包人(村集体)的同意和参与,这与代耕的产生及形成过程一致;第三,转包不导致原承包人的土地承包经营权消

灭,这与被代耕人保留《土地承包经营权证》《农村土地使用权证》等权属证书的实际情况一致;第四,转包的对价在原承包人与次承包人身上得到体现,这与代耕人获得收益和被代耕人免去缴纳税费义务的实际情况一致。上述4点,体现了代耕关系所具有的土地承包经营权转包的法律性质,承认了代耕关系的转包性质,也就承认了被代耕人保留和享有的土地承包经营权。因此,在一般的代耕关系中,对于原土地承包经营户提出确认其对代耕地之土地承包经营权的,或者要求代耕人在合理期限交还代耕地的,应予支持。

在2003年3月1日实施的《农村土地承包法》之前,土地承包经营权流转只有两种类型:一是自愿交回集体或弃耕、丢荒由集体收回重新发包;二是代耕。从双方当时的约定来看,张某甲并未将土地交回集体重新发包。既然不存在重新发包,那么双方之间就是代耕关系,即张某甲将涉案耕地交由张某乙代耕。张某乙并未与村集体签订承包合同,张某乙不能因代耕取得土地承包经营权。

需要注意的是,代耕仅仅是取得土地的经营权,并不能因耕种而获得土地的承包权,村民的承包权非因其主动放弃而不能随意剥夺。村民可以将自己承包的土地租给或免费让他人耕种,但他人不能因耕种而获得土地的承包权。

五、土地承包经营权到期后能否自动续期

集体经济组织作为集体土地的所有人和管理主体,经过集体组织成员依法表决后,可以在集体经济组织内部重新分配发包土地。集体经济组织依法在第一轮土地承包期限届满时收回承包地,并在第二轮承包开始后在集体经济组织内重新对土地进行分配发包,第一轮承包时的承包人主张对原承包地仍享有承包经营权的,不予支持。现以方某甲、方某乙诉刘某承包经营权合同纠纷案为例来进行说明:刘某一家在落实第一轮土地承包期间,分得位于本村的口粮田。2010年村在进行第二轮土地承包时,原分给刘某一家上述地点的口粮田被收回归集体。2011年8月3日村经民主议定程序,决定将本村口粮田进行发包,并经政府批准。刘某原经营的口粮田在村发包的口粮田范围内。2011年8月8日村将口粮田发包以公开投标方式进行公示,2011年8月15日方某甲、方某乙及吴某共同参与投标中标并与签订《口粮田承包合同》,约定承包期限从2011年8月15日起至2041年8月15日止,共30年;承包款共167,400元等内容。合同由双方签名盖章并经农村承包合同办理处鉴证。合同签订后,方某甲、方某乙依约上缴了全部承包款,并取得承包口粮田承包经营权后没有进行经营管理。2014年8月刘某在原告承包的口粮田西侧建一约20平方米的房屋,并委托其胞弟刘某甲继续对其原分得的口粮田地进行经营管理。方某甲、方某乙向法院起诉要求刘某自行拆除、清退其建设位于村口粮田的房屋一间及所围墙基,并将该范围的土地归还刘某经营,法院判决予以支持。

从上述案例分析可知,原告已通过承包的方式获得案涉土地的承包经营权。被告主张其占用的土地系村第一轮承包分配给其家庭的,但从本案证据来看,村委会已于2009年11月8日向政府提出申请拟将村第一轮承包的口粮田和责任田收回集体进行重新分配,政府于2009年11月13日批复予以同意,而后经联社将涉案土地进行发包并经过政府的同意。现被告并没有提交证据证实其在西溪村第二轮土地承包中继续获得涉案土地的承包经营权,因此,刘某主张其占用的土地系村分配给其家庭的口粮田的理由不成立。需要注意的是,法律规定承包期内不得收回承包地。承包

期满后，集体经济组织有权依法收回承包地并重新发包。集体经济组织是农村土地的所有权人，其有权经过其组织内成员大会或代表会议表决通过后，在集体经济组织内部重新分配发包土地。

六、村委会能否以选举换届为由主张已签订的合同无效

村委会与村民签订合同，经过了民主议定程序表决通过，为有效合同，村委会应当履行合同。上届村委会与下届村委会选举换届，虽然组成人员不同，但不影响村委会作为法人主体对外的效力。上届村委会签订的合同，对下届村委会有约束力，下届村委会成员不得以换届为理由，主张上一届村委会签订的发包合同无效，不能支持。因为承包合同对双方均具有约束力，村委会应当予以遵守。现以高某与村委会确认承包合同为例进行说明。2017 年 7 月 5 日村委会班子成员李某、王某甲、王某乙、戴某、梁某召开会议，会议决定二轮土地时高某甲没有交钱是没有分得土地的原因，经上级部门答复可以给地，但需补交 5000 元，村委和党委一致同意给地，现在召开村民代表大会决议，李某、王某甲、王某乙、梁某在《会议记录》上签字按印。当天召集召开村民代表会议，会议主持人为时任村委会主任李某，记录人为村委会会计王某甲，会议记载内容为“首先村长李某发言，高某甲 1998 年分地时只分得 3 亩，当时想要 30 亩土地必须交 5000 元，但高某乙父亲高某甲当时拿不出这些钱。现在村里防火隔离带有 330 亩，经两委决定给高某乙东面 30 亩，现在看看大家的意见……最后一致通过给高某甲村防火隔离带东面的 30 亩土地，无直补”。会上和会后有 28 位村民在《会议记录》上签字按印同意将防火隔离带中的 30 亩发包给高某甲耕种。2017 年 11 月 16 日村委会与高某甲签订了《土地发包合同》，村委会将以西毗邻的村委会防火隔离带 30 亩发包给高某甲家耕种，约定承包期自 2017 年 11 月 16 日至第三轮土地发包时止，高某甲一次性交清 1998 年二轮土地发包时村委会建设补偿款 5000 元，无直补补贴（综合油补贴），只有种植补贴给予补助。当日，高某甲按照合同约定支付给时任村会计王某甲 5000 元，会计向其出具书面收据。2018 年 2 月经选举产生新一届村委会干部，原村会计王某甲将高某甲的补交款 5000 元上交该届村委会干部遭到拒收。而后新一届村委会召开村民会议，决定将村里防火隔离带 330 亩土地包括上届村委会发包给高某甲家的 30 亩一同发包给该村村民路某一年，当年案涉土地 30 亩由路某承包耕种。高某甲诉请确认双方签订的《土地发包合同》合法有效，并将属于高某甲使用的土地归高某甲使用。某村委会辩称，2018 年 2 月 7 日经选举产生新一届村委会班子，高某甲说的《土地发包合同》《会议记录》和交款的收据，现村委会班子不清楚，经核查村上没有这笔 5000 元的款项。高某甲提供的《会议记录》和《土地发包合同》不具有法律效力。一审法院判决，确认高某甲与村委会于 2017 年 11 月 16 日签订的《土地发包合同》合法有效，双方继续履行合同。

从上述案例分析可知，依据《农村土地承包法》第 3 条、第 5 条的规定，农村土地承包采取农村集体经济组织内部的家庭承包方式，农村集体经济组织成员有权依法承包由本集体经济组织发包的农村土地，任何组织和个人不得剥夺和非法限制农村集体经济组织成员承包土地的权利。农民通过家庭承包方式依法享有土地承包权，在性质上属于物权，发包方以承包人未缴纳相关费用而不予分给土地是对法定物权的侵害，集体经济组织成员因未实际取得土地承包经营权可以向有关行政主管部门申请解决。该案高某甲系村集体成员，1998 年第二轮土地承包时，因高某甲未能交纳村委会建设补偿款而未实际取得土地承包权。近年来高某甲家向村集体及有关部门反映并主张要求分得土地,经村委会研究决定将村委会防火隔离带中30亩土地发包给高某甲家耕种,并召开村民代表会议表决,而后由村委会和家庭户主高某甲签订了《土地发包合同》,高某甲按照合同约定补交了相关费用5000元。高某甲主张取回土地承包权,村委会在其管理的防火隔离带的土地中给予调剂解决,符合当前的国家法律政策,亦没有违背民主议定原则。根据《民法典》的规定,依法成立的合同受法律保护,对当事人具有法律约束力。当事人应当按照约定履行自己的义务,不得擅自变更或者解除合同。该案《土地发包合同》不违反法律的强制性规定,是当事人的真实意思表示,发包方不得因承办人或者村委会班子人员的换届变动而变更或者解除。需要注意的是,农村土地承包经营权的取得应以农村土地承包合同为依据,一旦村民代表大会表决同意,并签订土地承包合同,合同即应予以遵守。除非存在法律规定的无效情形,否则双方应该依法履行合同确定的权利义务。村委会换届仅是其内部工作人员的变动,并不导致对外民事主体的变更,不影响上届村委会签订合同的任何效力。

专题二　土地承包经营权征收补偿

一、承包地征收补偿费用如何分配

按照法律和司法解释的规定,承包地被征收类案件中既有行政类诉讼也有民事类诉讼。最高人民法院《关于审理涉及农村土地承包纠纷案件适用法律问题的解释》第1条第1款规定了人民法院应依法受理土地承包纠纷案件的情形,其中第4项也明确了“承包地征收补偿费用分配纠纷”属于受理范围。同时,其中第3款规定了人民法院不予受理的情形,即“集体经济组织成员就用于分配的土地补偿费数额提起民事诉讼的,人民法院不予受理”。承包地征收补偿费用分配纠纷案件是土地类纠纷最受关注的案件。按照《民法典》的规定,征收土地应以公共利益为目的,非为公共利益的不得进行征收。被征收人对征收行为的合法性提起诉讼的,应当以征收人即国家机关作出的征收决定为诉讼标的,该诉讼类型为行政诉讼不能为民事诉讼。土地被征收后,征收机关未给予补偿或者未给予充分补偿的,被征收人起诉要求征收机关支付补偿费或者要求增加补偿费的案件,即对征收标准提出的诉讼,也属于行政诉讼的范围,不宜列为民事案件受理。只有在征收补偿费用支付给农村集体经济组织后,土地承包经营权人要求取得自己应得部分的补偿费用时,才能作为民事案件处理,适用承包地征收补偿费用分配纠纷的案由。

征收土地补偿费用根据补偿对象的不同有如下几种类别:(1)土地补偿费是对失地补偿,土地补偿费归农村集体经济组织所有,村集体认为该土地补偿费“分不分”“分给谁”由其决定。在农村集体经济组织作出分配方案之前,农村集体经济组织成员向人民法院起诉要求分配土地补偿费的,人民法院不能作为民事案件受理。(2)青苗和地上附着物补偿费,它是对地上种植物的补偿费用,是对村民种植户的一种当年收益的补偿。根据“谁种植,谁受益”的原则,青苗补偿费应该由其种植人所有。土地承包经营权人将土地流转给他人种植的,该地上青苗补偿费应该由经营土地的人享有。基于地上附着物和青苗的补偿费是对承包地上的建筑物和生长物的补偿,是对承包经营权人的补偿,故农村集体经济组织不得截留,承包经营权人起诉农村集体经济组织要求取得其应得份额的,应当作为民事案件受理。(3)安置补助费和社会保险费用,是对失地农民的社会保障性的补偿,其分配应当按征收补偿安置方案的规定进行,如果约定分配给失地农民个人的,被征收土地的农民可以起诉农村集体经济组织支付该笔费用,否则不能作为民事案件受理。

本书以赵某诉某村委会承包地征收补偿费用纠纷案来进行分析说明:赵某系村民,该村 15 号地块部分土地已被政府征用,其上原有白沙枇杷树 4 株、樟树 2 株、杂树 2 株,经评估上述青苗补偿费总价为 10,660 元。赵某起诉主张村委会支付青苗补偿费 10,660 元。一审判决驳回其诉讼请求。从该案例可以得出,依照最高人民法院《关于审理涉及农村土地承包纠纷案件适用法律问题的解释》第 22 条之规定,承包方已将土地承包经营权以转包、出租等方式流转给第三人的,除当事人另有约定外,青苗补偿费归实际投入人所有,地上附着物补偿费归附着物所有人所有。在该案审理过程中,原告赵某并未举证证明涉案青苗系其实际投入种植,且在庭审中陈述白沙枇杷树均系案外人朱某实际投入种植。故判决驳回其诉讼请求。

那么,涉及的一个问题就是,土地被征收的补偿费用能否继承。农村土地征收过程中,被征收土地的承包经营户是土地补偿费、安置费和青苗补助费的合法接收人。户内部分承包人死亡,因自然人死亡而丧失民事权利能力,民事主体资格消灭,不能作为承包经营权的民事主体,已经不再是需要安置的对象,不能对集体收益参与分配。但不影响承包经营户作为一户享有的承包经营权,因土地被征收的补偿费用属于户内其他成员共同享有。本书以征地补偿费用分配纠纷案例来对此进行说明:原告与原告父母共同承包由被告发包的农村基本农田菜田一块,2011 年该承包地被征用,每亩 146,000 元。被告未支付原告已去世的父母名下的征地安置补助款 175,200 元。原告多次找被告索要,被告无正当理由拒绝支付,为维护原告的合法权益,现要求被告立即支付原告征地安置补助款 175,200 元、按银行规定的金融机构计收逾期贷款利息标准支付逾期付款违约金至其付清时止。被告某村民委员会辩称,原告本人的征地安置补偿款已经支付完了,剩余的征地安置补偿款系原告父母的,因原告其他兄弟姐妹不同意将这笔钱支付给原告,村里多次调解也没有结果,所以才没支付剩余的补助款。法院认为,二原告与父母承包经营被征用的土地,二原告父母均去世,二原告仍享有承包经营被征收土地的权利,被告应该将征地安置补偿款给付给原告。从上述案例可知,我国农村家庭承包是以户为单位的,而不是以个人为单位的。户内有家庭成员去世,但户内还有其他家庭成员的,则此时不发生继承问题。因为此时该户内还有其他经营权人,应当由其他承包人继续经营至承包期满。二原告与其父母共同承包了基本农田,承包期限至 2027 年 12 月 31 日止。2012 年该土地被征收,二原告父母在土地被征收前去世。原告作为该户户内的其他家庭成员,在其父母去世后,继续享有承包经营权。土地被征收,土地经营权未到期,该土地的安置补偿款应该支付给二原告,而不能作为原告父母的遗产由其他非承包经营权人继承。需要注意的是,家庭承包经营权的主体是农户,农户户内成员平等享有承包土地的各项权益,包括平等享有承包经营土地被征收后的补偿权益。户内部分成员去世,不影响其他户内成员继续承包土地,土地征收的补偿费用应发放给承包土地的其他户内成员,非农户户内成员由于其并非承包土地的承包方,其不应该享有相应的土地被征收的分配权益。

二、因土地调整需收回土地承包权应如何补偿

土地是集体经济组织成员赖以生存的生产资源，我国对农村集体经济组织的承包经营土地权利予以保护。农村集体经济组织成员依法享受本集体经济组织发包的农村土地，任何组织和个人都不得侵犯。集体经济组织因土地调整需要收回承包人土地的，应当按照约定对承包人给予适当补偿。根据《土地管理法》第66条的规定，“有下列情形之一的，农村集体经济组织报经原批准用地的人民政府批准，可以收回土地使用权：（一）为乡（镇）村公共设施和公益事业建设，需要使用土地的；（二）不按照批准的用途使用土地的；（三）因撤销、迁移等原因而停止使用土地的。依照前款第（一）项规定收回农民集体所有的土地的，对土地使用权人应当给予适当补偿。收回集体经营性建设用地使用权，依照双方签订的书面合同办理，法律、行政法规另有规定的除外”。根据《农村土地承包法》第27条的规定，承包期内，发包方不得收回承包地。国家保护进城农户的土地承包经营权。不得以退出土地承包经营权作为农户进城落户的条件。承包期内，承包农户进城落户的，引导支持其按照自愿有偿原则依法在本集体经济组织内转让土地承包经营权或者将承包地交回发包方，也可以鼓励其流转土地经营权。承包期内，承包方交回承包地或者发包方依法收回承包地时，承包方对其在承包地上投入而提高土地生产能力的，有权获得相应的补偿。

此外，根据最高人民法院《关于审理涉及农村土地承包纠纷案件适用法律问题的解释》第5条的规定，承包合同中有关收回、调整承包地的约定违反《农村土地承包法》第26条、第27条、第30条、第35条规定的，应当认定该约定无效。该解释第6条规定：“因发包方违法收回、调整承包地，或者因发包方收回承包方弃耕、撂荒的承包地产生的纠纷，按照下列情形，分别处理：（一）发包方未将承包地另行发包，承包方请求返还承包地的，应予支持；（二）发包方已将承包地另行发包给第三人，承包方以发包方和第三人为共同被告，请求确认其所签订的承包合同无效、返还承包地并赔偿损失的，应予支持。但属于承包方弃耕、撂荒情形的，对其赔偿损失的诉讼请求，不予支持。前款第（二）项所称的第三人，请求受益方补偿其在承包地上的合理投入的，应予支持。”同时，该解释第9条还规定，“发包方根据农村土地承包法第二十六条规定收回承包地前，承包方已经以转包、出租等形式将其土地承包经营权流转给第三人，且流转期限尚未届满，因流转价款收取产生的纠纷，按照下列情形，分别处理：（一）承包方已经一次性收取了流转价款，发包方请求承包方返还剩余流转期限的流转价款的，应予支持；（二）流转价款为分期支付，发包方请求第三人按照流转合同的约定支付流转价款的，应予支持。”

专题三 土地承包经营权流转

一、土地承包经营权能否继承

土地承包经营权继承纠纷,是指因土地承包经营权的继承而引发的纠纷。土地承包经营权作为集体经济组织一项成员权利,是与集体经济组织成员的身份有关,该身份与民法上的继承无关,专属于集体经济组织成员。集体经济组织成员对土地承包经营权是否享有继承权,以及土地承包经营权户主死亡后其户内成员是否可以继续进行土地承包经营等,一直是争议比较大的问题。根据《民法典》的规定,继承的范围是遗产,即个人的合法的财产及相关财产性权益。土地承包经营权作为一种用益物权,是农户对集体经济组织的土地享有承包经营使用的权利,并不是一种财产利益,其是基于农村集体经济组织成员身份享有的一种权利,不能发生继承。土地承包经营权的归属主体是以户为单位而不是个人。涉及该权利的继承,规定比较复杂。目前,对于林地以及通过招标、拍卖、公开协商等方式取得的土地承包经营权,该承包人死亡的,继承人可以继承,对于耕地、草地等农用地的承包经营权,目前还不允许继承。

本书以梁某甲与梁某乙土地承包经营权继承纠纷案为例进行分析说明:梁某甲与梁某乙系兄弟,均系同村村民,其父母在世时达成分家协议,梁某甲与梁某乙各赡养一位老人,父母离世后,产业各得一半。父母在世时有两块口粮地,一块是河里地,另一块是西埝地。梁某甲认为河里地有8分地,西埝地有1.96亩地,梁某乙认为两块面积相当。现梁某甲耕种着西埝地,梁某乙耕种河里地。现双方就父母遗留的口粮田未能妥善处理,梁某甲起诉要求平均分割父母承包的两块土地。法院判决驳回其诉讼请求。因为根据《农村土地承包法》的规定,家庭承包的承包方是本集体经济组织的农户,其本质特征是以本集体经济组织内部的农户家庭为单位实行农村土地承包经营。梁某甲提供的编号为10150111号农村土地承包合同书载明的承包方是梁某甲的父亲梁某,村民委员会也出具证明证实梁某夫妻在村里承包土地每人0.98亩,共1.96亩,该1.96亩西埝地属梁某与妻子作为一个农户承包的土地。梁某甲提供的户主为梁某甲的土地使用权证证明自己承包了1亩的西埝地,但在二审开庭时经询问,梁某甲陈述该1亩西埝地是村里的会计于2014年3~4月添加上去的。因此,该证据不能证明梁某甲对1亩西埝地享有土地承包经营权。现梁某夫妻都已去世,当承包经营农户家庭的成员全部死亡,由于承包经营权的取得是以集体成员权为基础,该土地承包经营权归于消灭,不能由该农户家庭成员的继承人继续承包经营,更不能作为该农户家庭成员的遗产处理。因此,梁某甲要求平均分割父母的承包地的诉讼请求没有法律依据,不予支持。

需要注意的是,《农村土地承包法》第16条规定,家庭承包的承包方是本集体经济组织的农户,说明集体经济组织内部人人有份的家庭承包是以户为生产经营单位进行承包的。但是对于农村土地承包经营权到底能否继承这一问题,首先要明确概念,即农村土地承包经营权和农村土地承包经营产生的经济权益。当农户中家庭成员死亡时，其丧失了民事权利能力，即没有了民事主体的资格。死者的合法个人财产将作为遗产由继承人继承，但是对于农村土地承包经营权来说，其是一种身份性质的权利而非一种经济利益，必须由特定的具有民事主体资格的个体享有，承包经营权人死亡，农村土地承包经营权是不能继承的。但在承包期内，其农户成员组成的农户可以继续承包，基于土地承包经营权而产生的土地上的收益等经济利益，可以作为承包人的个人合法财产即遗产由继承人继承。

二、土地承包经营权能否设定抵押权

土地承包经营权抵押权纠纷，在2015年之前国家法律规定对农村土地使用权禁止抵押，故该方面的纠纷比较少，但自2015年12月28日起施行的全国人大常委会《关于授权国务院在北京市大兴区等232个试点县(市、区)、天津市蓟县等59个试点县(市、区)行政区域分别暂时调整实施有关法律规定的决定》，未来因土地承包经营权抵押权引发的纠纷会逐渐增多。

土地承包经营权抵押权纠纷与土地承包经营权抵押合同纠纷二者不同，抵押合同纠纷是债权纠纷，是当事人因抵押合同产生的纠纷，如抵押合同无效、抵押合同不成立等纠纷。而抵押权纠纷是物权纠纷，在当事人就抵押权的设定、内容、变更、转让、实现、消灭等产生纠纷时，则应适用抵押权纠纷。那么涉及的问题就是土地承包经营权能否设定抵押，土地承包经营权是否可以抵押，对此，需分具体情况处理。

《民法典》明确规定，耕地、宅基地、自留地、自留山等集体所有的土地使用权不得抵押。当事人以农作物和与其尚未分离的土地使用权同时抵押的，土地使用权部分的抵押无效。最高人民法院《关于审理涉及农村土地承包纠纷案件适用法律问题的解释》第15条也规定："承包方以其土地承包经营权进行抵押或者抵押债务的，应当认定无效……"因此，土地承包经营权在之前的法律规定中是被法律禁止的。但是，以招标、拍卖、公开协商等方式取得的荒地等土地承包经营权，经依法登记取得权属证书的，可以抵押。

三、未经户内其他成员同意的转让合同的效力

根据《农村土地承包法》第34条的规定，经发包方同意，承包方可以将全部或者部分的土地承包经营权转让给本集体经济组织的其他农户，由该农户同发包方确立新的承包关系，原承包方与发包方在该土地上的承包关系即行终止。因土地承包经营权属于户内成员共有，但当户主与他人签订转让土地承包经营权合同时，即使其他户内成员未表示意见，也不影响合同的效力。

根据《农村土地承包法》第5条及第16条的规定，农村集体经济组织成员有权依法承包由本集体经济组织发包的农村土地。任何组织和个人不得剥夺和非法限制农村集体经济组织成员承包土地的权利。家庭承包的承包方是本集体经济组织的农户。农户内家庭成员依法平等享有承包土地的各项权益。根据《民法典》第55条的规定，农村集体经济组织的成员，依法取得农村土地承包经营权，从事家庭承包经营的，为农村承包经营户。农村承包经营户，是指在法律允许的范围内，按照农村土地承包经营合同的约定，利用农村集体土地从事种植业以及副业生产经营的农村集体经济

组织的成员或者家庭。农村承包经营户是农村集体经济组织的成员,依照法律规定与集体经济组织签订农村土地承包经营合同,利用农村集体土地进行农副业生产,就成为农村承包经营户。在我国农村,承包农村土地基本上是以户的形式进行的,只有单身的农民才以个人名义承包土地。

四、本集体经济组织外成员签订承包合同效力

法律并未限制不同集体经济组织成员之间土地承包经营权。根据《农村土地承包法》第 52 条的规定,发包方将农村土地发包给本集体经济组织以外的单位或者个人承包,应当事先经本集体经济组织成员的村民会议 2/3 以上成员或者 2/3 以上村民代表的同意,并报乡(镇)人民政府批准。由本集体经济组织以外的单位或者个人承包的,应当对承包方的资信情况和经营能力进行审查后,再签订承包合同。

专题四　农村土地经营权

一、土地经营权流转

流转,是指承包方经发包方备案同意将部分或全部土地经营权在一定期限内让渡给其他从事农业生产经营的农户,由其履行土地承包合同中的相应权利和义务。在土地经营权流转合同纠纷中,原承包人保留承包权,但不再享有经营权,由受让方取得经营权,承担承包人原有的相应的权利义务。这是这一轮农村土地改革的第二次分离,即承包权与经营权的分离。土地经营权流转合同(如租赁合同)期限届满后,如果农户未与承包人签订新的土地流转合同,其土地经营权回归土地承包权人。农户在未经承包人同意的情况下,再将土地转让给第三人,其与第三人签订的《承包协议》无效。

二、单方解除土地经营权流转合同的效力

依法成立的承包合同,若不存在法定解除或约定解除情形,一方当事人请求解除合同的,人民法院不予支持。因此,集体经济组织如村民委员会或者经济合作社均无权单方解除土地经营权流转合同。本书以原告某经济合作社与被告某有限公司农村土地承包合同纠纷案来进行说明。

原告与被告签订了《承包山地合同》约定将原告辖区范围内的山地承包给被告作为企业的实验基地和产业基地,双方达成如下协议:(1)原告于 1996 年 12 月 18 日将山地出租给陈某经营种养,现原告同意陈某将山地承包权流转给被告,同意被告按原告与陈某签订的合同继续履行,并同意将该合同延期至 2063 年 12 月底。(2)原告承诺将出租给其他承包人的山地到期后全部收回,按原合同增加 1 倍的租金流转被告。(3)陈某经营的山地与某某村交界有争议,该山地由被告经营并免租金至 50 年。(4)原告同意将村榕树周围及围墙内一并出租给被告作为修建办公宿舍及实验区的配套使用。出租面积约40亩,租期为50年,至2063年12月底,租金每年3000元,被告先支付押金20,000元,合同中并约定了原被告的责任范围。其第11条约定,本协议经双方签署并经村代表及全体村民签名后生效。原告作为甲方在协议中加盖公章并由法定代表人卢某签名,甲方共有15户家庭代表签名,被告作为乙方加盖印章确认。2013年12月25日、2014年1月2日分别由法律服务所及村委会对该合同进行见证。2014年1月9日原被告双方在公证处对该合同办理了公证手续。被告交付涉案合同租金至2017年止,并向原告交付了20,000元合同押金。原告与陈某于1996年12月18日签订了《承包荒地种养合同书》,约定将山地出租给陈某经营种养,期限自1997年3月28日至2030年3月28日,租金为每年4000元。2013年12月19日被告与山地原承包人陈某签订了转让协议书,陈某将与原告签订的《承包荒地种养合同书》所有的权利义务一并转让给被告,得到原告的同意并将租金减为3000元。原告与被告签订的《承包山地合同》中第2条及第3条所提及的土地并没有收回。经查询,被告没有在该局投资项目登记各项信息。在合同履行期间,被告对承包土地上种植果树的村民进行了补偿,进行了土地平整、栽种林木,实行综合管理。原告请求判令解除原告与被告2013年12月18日签订的《承包山地合同》。法院判决驳回原告某经济合作社的诉讼请求。

该案涉及《承包山地合同》的效力性问题。因涉案合同是双方公平、自愿协商一致后签订的,原告法人代表卢某以及原告全体村民户主代表均在合同上签名并捺手印确认,法律服务所、村民委员会为该合同见证,该合同也在公证处办理了公证手续,该合同并没有违反法律、行政法规的强制性规定。原告诉称该合同没有经过政府批准应认定为无效合同,但根据《土地管理法》和《农村土地承包法》的规定,关于报乡(镇)人民政府批准的规定并非效力性强制性规定,而是出于行政管理目的所作出的管理性规范,其目的也是进一步强化对土地承包合同的管理,稳定和完善土地承包关系,且双方订立涉案合同的目的是集体组织的经济发展,涉案土地的承包不损害国家、集体和个人的利益。根据《农村土地承包法》第23条的规定,承包合同自成立之日起生效。承包方自承包合同生效时取得土地承包经营权。故此,未报请政府批准并不影响合同的效力。综上所述,应认定《承包山地合同》合法有效。另外,关于原告主张解除合同的问题。依法成立的合同,对当事人具有法律约束力。当事人应当按照约定履行自己的义务,不得擅自变更或者解除合同。被告自合同生效之日起依照合同约定,履行合同义务,缴纳了相关租金及合同押金。涉案合同,双方并没有约定合同解除的条款,原告也无法向提交证据证实被告存在《民法典》关于合同法定解除的情形。被告也并未在该承包的土地上进行非农建设,被告并没有改变土地的用途。故此,原告请求解除双方签订的《承包山地合同》缺乏事实与法律依据。

三、土地承包经营权能否互换

土地承包经营权互换是两个土地承包经营权人,为了经营方便,用自己的承包地与对方互换。双方的承包土地互换后,该土地上的承包经营权也随之互换。土地承包经营权人互换承包地,应当向发包方即村委会备案。

土地经营权的登记备案,有利于当事人及时了解土地经营权的现状,保护交易安全,维护善意相对人的利益。但当前我国农村土地承包经营权的互换备案制度尚不完备,大量口头互换协议的存在也使备案难以进行;备案作为一种管理手段,其性质仅仅为公示,便于管理,也是一种管理性强制性规范,并不影响当事人的权利义务,不是合同的生效要件,因此以是否备案为由来否定互换协议的效力,于法无据,也不符合当前农村客观实际,不利于维护正常的农村土地流转秩序。基于此,如前所述,最高人民法院《关于审理涉及农村土地承包纠纷案件适用法律问题的解释》第14条明确规定,承包方依法互换土地承包经营权,发包方仅以该土地承包经营权流转合同未报其备案为由,请求确认合同无效的,不予支持。关于互换后的登记问题,《农村土地承包法》第41条仅仅是一种管理性规范,并无强制性的用语,遵循当事人自愿的原则,未经登记不能成为认定互换合同无效的理由。在实践中,土地互换双方应当签订书面互换合同。但是,由于历史原因,农村中存在大量土地承包经营权互换而未签订书面合同,也未在发包方处登记备案的情况,但由于双方已经进行实际耕种,应认定双方已经以其行为履行了互换义务,应确认双方互换的事实已经成立,双方互换合同有效。双方应该尊重历史,从事实出发,不得随意反悔。

需要注意的是,根据《农村土地承包法》第33条的规定,承包方之间为方便耕种或者各自需要,可以对属于同一集体经济组织的土地的承包经营权进行互换,并向发包方备案。该法第35条规定,土地承包经营权互换、转让的,当事人可以向登记机构申请登记。未经登记,不得对抗善意第三人。该法第40条还规定,土地经营权流转,当事人双方应当签订书面流转合同。为了防止双方纠纷发生,土地流转应该签订书面流转合同并向发包方备案。在双方未签订书面合同发生互换的情况下,法院应当在查明事实的基础上遵循公平原则确定各方的权利和义务。

互换合同已经实际履行的,双方不得要求返还已经互换的土地,除非存在法律规定的可撤销或无效的情形。在一般情况下,互换关系从双方相互交付标的物时即告成立,双方未约定期限,对农村承包土地互换而言,其互换期限即为农村承包合同的期限。据此,对于未约定流转期限的土地互换,当事人一方在农村土地承包合同期内主张解除互换合同的,不予支持。本书以原告诉被告土地承包经营权互换合同纠纷案来进行分析说明。

1999年1月1日原告取得了村民小组一块0.8亩土地的承包经营权,承包期限自1999年1月1日至2028年12月31日。与此同时,被告也取得了另一块0.6亩土地的承包经营权,承包期限自1999年1月1日至2028年12月31日。由于被告饲养的鸡经常到原告承包的0.8亩土地上觅食,双方为此发生了纠纷。1999年下半年经村干部组织双方进行调解,原告与被告达成口头协议约定:由原告用其0.8亩土地的承包经营权与被告0.6亩土地的承包经营权及武某林承包的0.2亩土地的承包经营权进行互换。后双方按照口头协议互换了上述两块土地的承包经营权,并对互换后的土地按照其原有的用途进行了实际耕种。2015年11月原告要求被告返还互换后的土地,被告不同意,双方为此发生纠纷。经村委会调解,双方最终未能达成协议。现原告起诉请求依法判决:(1)判令被告归还原告0.6亩农田;(2)由被告承担本案诉讼费。法院判决驳回原告武某荣的诉讼请求。

在该案中,双方当事人对口头互换协议均不持异议,且互换事实已实际发生,故一审判决确认双方的土地承包经营权互换合同成立,既体现了对农村交易习惯的认可,也严格审查了合同成立的实质要件。互换土地经营权在性质上是一种互易合同,双方农户达成互换合同后,还应与发包人变更原土地承包合同。从互换表面上来看是地块的调换,实质上是带有物权让渡性质的土地经营权的互换。权利交换后，原有的发包方与承包方的关系，变为发包方与互换后的承包方的关系。土地互换后想调回，必须征得对方同意，即双方的意思表示必须一致才能调回。

四、土地经营权入股

土地经营权入股是农村土地经营权人为发展农业经济，将土地经营权作为出资，设立股份公司或合作社等，从事农业生产经营。土地经营权入股合同纠纷，是在土地经营权入股中，双方因履行入股合同发生的权利义务关系方面的争议。村民土地入股后，应根据入股合同确定双方的权利义务，在合同约定的分红条件未成就的情况下，村民无权要求分红。同时，村民以土地入股后，应服从公司的规定。村民要求分红，应当提供相应的证据证明。

村民以土地经营权投资入股后，其享有的土地经营权就流转给他人，在无法定或约定的情况下，不得单方解除土地经营权入股合同，但出现以下情形的可以解除合同：擅自改变土地的农业用途；弃耕抛荒连续2年以上；给土地造成严重损害或者严重破坏土地生态环境；其他严重违约行为。本书以原告孟某、于某与被告某合作社土地经营权入股合同纠纷为例进行说明。

2016年12月24日孟某作为承包方代表与发包方孟家房子村委会签订《农村集体土地家庭承包合同》，承包土地的基本情况为西方田地，地块编码为40224，地类为旱地，面积为16.36亩，用途为种植业，全体承包方同意确权确股、不明确四至界限，承包期限为11年，自2016年8月30日至2027年12月31日等。2017年2月15日孟某作为承包方代表取得政府颁发的《农村集体土地承包经营权证》，承包方家庭成员为户主孟某、长子于某，土地为基本农田，面积为16.36亩。2016年12月24日孟某与被告某合作社签订《农村土地经营权入股合同》，约定孟某将其承包的村的16.36亩土地的经营权向某合作社入股，从事种植业生产经营，以上入股土地按照每亩折合1股的标准，共折合股份16.36股，入股期限自2016年8月30日至2027年12月31日，共136个月，股份分红与支付方式为不保底分红、按当年实际的土地承包费的75%分红，某合作社于每年12月31日前向孟某支付保底分配部分，次年12月31日之前支付盈余分配部分，孟某应于2016年12月31日之前将入股土地交付乙方，某合作社有权要求孟某按合同约定交付入股土地，某合作社应当按照合同规定按时足额向甲方支付股份红利，某合作社延迟支付股份红利的，应按照同等期限银行存款利息的200%支付违约金，孟某不按时交付入股土地的应按每天100元支付违约金等。孟某自2016年至2018年共收到村委会会计尚某给付的款项28,000元，经一审法院依法对尚某进行询问，其表示该款系村委会向村民所发放，钱款来源为村委会的收入，与某合作社并无关联。一审法院依法调取村委会2016年至2018年的账目，该账目显示村委会收入为鱼池承包费及土地承包费等，并以村民分款的方式由尚某支取发放并填写报销凭证。孟某起诉请求：(1)依法判令某合作社给付孟某、于某自2016年8月30日至今欠付的土地承包权入股红利84,000元；(2)判令某合作社向孟某、于某支付违约金4876.14元(自2016年8月30日至今，以延迟支付的股息红利为基数，按照中国人民银行同期同类贷款利率的2倍计算)。一审法院判决，驳回原告孟某、于某的全部诉讼请求。

通过上述案例可知，当事人对自己提出的诉讼请求所依据的事实有责任提供证据加以证明，没有证据或者证据不足以证明当事人的事实主张的，由负有举证责任的当事人承担不利后果。在该案中，根据双方提交的证据及一审法院依法调取的证据可以认定孟某一方收到的款项实际为村委会向其村民所发放,而该款的来源为村委会的收入,孟某、于某方虽主张被告合作社未按《农村土地经营权入股合同》的约定对其进行分红,其收到的款项为应发款项的50%,但根据现有证据无法认定村委会向孟某一方所发放的该款项与被告合作社之间存在关联,故对于孟某一方的诉讼请求,一审法院不予支持。需要特别注意的是,入股本质上是一种市场投资行为,必然存在市场风险,如果入股者承担市场风险的能力不强,一旦风险变成现实,在当前农村社会保障尚不健全的情况下,入股农民的基本生活保障就会受到威胁。为了积极稳妥地推动土地经营权入股,一方面,应当拓宽入股范围,允许土地承包经营权入股有限公司、股份公司等;另一方面,为了控制入股风险,更好地保障农民利益,应当对土地承包经营权入股的条件予以合理限制。

五、土地经营权抵押合同

根据《农村土地承包法》第47条的规定,承包方可以用承包地的土地经营权向金融机构融资担保,并向发包方备案。受让方通过流转取得的土地经营权,经承包方书面同意并向发包方备案,可以向金融机构融资担保。担保物权自融资担保合同生效时设立。当事人可以向登记机构申请登记;未经登记,不得对抗善意第三人。实现担保物权时,担保物权人有权就土地经营权优先受偿。土地经营权融资担保办法由国务院有关部门规定。据此,金融机构可以作为抵押权主体。土地经营权抵押,对村民来说,害怕失去土地,抵押意愿不高,对接受抵押的机构有较高的门槛要求,由于土地经营权处分的有限性,抵押价值的评估的高成本性,土地经营权交换价值低等导致抵押经营权比较困难。在抵押制度设计时,既要考虑土地的保障功能,又要体现土地的经济功能;既要把抵押可能对农民生活造成的负面影响降到最低限度,又要充分体现土地的交换价值。只有通过制度创新、设立专门的金融机构、接受土地经营权的抵押,方能解决问题。那么,涉及土地承包经营权抵押合同是否有效?本书认为,土地经营权和土地承包权分离,土地经营权作为一种用益物权,是具有相对独立性的财产权利,以其设定抵押既可以充分发挥物的效用,也可有效保护债权的安全。土地经营权抵押合同应是大势所趋,应予以保护其合法效力。下文以原告某农村信用合作联社与被告杨某土地承包经营权抵押合同纠纷案为例进行说明。

2016年12月30日被告杨某向原告某信用合作联社借款1,400,000元,约定借款期间的利率为年利率8.47%、逾期罚息利率在原借款利率基础上加收50%、借款期限12个月。借款当日,原告与被告签订借款抵押合同,约定被告杨某以其承包的1789.5亩土地使用权为上述借款提供抵押担保,担保范围为借款本金、利息、损害赔偿金、违约金以及原告实现债权的费用,担保期限自抵押生效之日至抵押担保范围内全部贷款清偿完毕止,双方办理了抵押登记。借款到期后,被告未按期偿还借款本息,原告诉至法院,法院于2018年5月3日作出(2018)新2324民初732号民事调解书,确定被告向原告偿还借款本金1,400,000元、利息24,210.56元,并按月利率10.58771‰计算支付自2018年2月11日之后的利息至本金还清为止,但调解结果对被告杨某承包的1789.5亩土地使用权抵押担保事项未做审理,原告为此申请再审,一审法院(2018)新2324民申12号民事裁定书以抵押权属物权调整范围、应向物权登记地法院提出为由驳回了原告的再审申请。被告至今未偿还上述债务,原告持调解书、抵押合同、抵押登记文书、裁定书诉至法院,请求法院依法支持原告的诉讼请求。一审法院于2018年2月12日作出(2018)新2324民初382号民事调解书,该案生效后进入强制执行阶段,一审法院执行庭已将被告杨某抵押给该案原告某信用合作联社的土地经营权全部作价抵付给该案原告,被告杨某抵押给原告某信用合作联社的土地经营权已在(2018)新2324民初382号案件中执行完毕。同时,被告杨某于2017年5月17日又将该块耕地抵押给了其他银行并办理了抵押登记。原告某农村信用合作联社请求法院确认原告与被告签订的土地经营权抵押合同有效;请求赔偿原告律师代理费20,000元;原告对被告杨某承包的位于××县5亩土地的土地经营权享有优先受偿权。被告杨某未到庭参加诉讼,也未向法院提交书面答辩意见。一审法院判决:驳回原告某合作联社的全部诉讼请求。原告信用合作联社不服一审判决,提起上诉请求:撤销原审判决,确认签订的土地承包经营权抵押合同有效。被告给原告抵押的是其从其他农户处已经合法取得的农地流转期间的经营权,被告合法取得了涉案农地的流转经营权,不属于《民法典》不得抵押财产的范畴。根据《农村承包土地的经营权抵押贷款试点暂行办法》第5条、第7条的规定,该案中原告与被告签订的抵押合同,被告将其合法取得的农地流转经营权抵押给原告的行为完全符合《农村承包土地的经营权抵押贷款试点暂行办法》的规定,应当认定为合同有效。原审驳回原告的诉讼请求错误,应当予以纠正。二审法院依法判决:(1)撤销一审判决;(2)原告某农村信用合作联社与杨某签订的《农村信用社借款抵押合同》有效;(3)驳回原告某农村信用合作联社的一审其他诉讼请求。

从上述案例分析可知,涉案土地系原告杨某从同村农户处承包的土地,且已临近承包期限,原告某合作联社根据上述意见开展的抵押贷款,实际未产生农户失地的风险,故对原告某信用合作联社主张确认双方签订的《农村信用社借款抵押合同》有效的上诉请求予以支持。但需要注意的是,土地经营权抵押,在部分地方开展土地抵押试点后,应认定抵押合同有效。在《民法典》生效以后,审理以农村土地经营权抵押的案件,既要保证抵押权人的利益,也要保障农民不会因抵押而丧失土地承包权,因为农民的土地承包权是集体经济组织成员的身份性质的权利,不能抵押。

六、土地经营权出租合同

根据原农业部《农村土地承包经营权流转管理办法》(2015年农业部令第47号)第35条第5款的规定,出租是指承包方将部分或全部土地承包经营权以一定期限租赁给他人从事农业生产经营。出租后原土地承包关系不变,原承包方继续履行原土地承包合同规定的权利和义务。承租方按出租时约定的条件对承包方负责。《农村土地承包法》第36条还规定,承包方可以自主决定依法采取出租(转包)、入股或者其他方式向他人流转土地经营权,并向发包方备案。从上述法律规定内容理解,其实土地经营权出租合同纠纷和土地经营权转包合同纠纷,实质内容都是土地经营权的流转方式,不改变原来的土地承包合同关系。出租方和转包方继续保留土地承包权,承租方则根据合同获得对土地的经营权。据此,本书认为,土地经营权出租合同属民事合同的依据在于:首先,土地经营权如果没有流转,仍然是原土地承包经营权人享受。原土地承包经营权人仍需向发包人承担承包合同约定的义务,承租人只享有土地的使用权和收益权。其次,由于土地出租并不影响原有的土地承包关系,无须经发包人许可。只需要将出租合同向发包人备案,这与土地的转包备案有异曲同工之处。

需要明确的是,根据最高人民法院《关于审理涉及农村土地承包纠纷案件适用法律问题的解释》第21条的规定,承包方未依法登记取得土地承包经营权证等证书,即以转让、出租、入股、抵押等方式流转土地承包经营权,发包方请求确认该流转无效的,应予支持。但非因承包方原因未登记取得土地承包经营权证等证书的除外。应当看到,该司法解释出台时,国家还没有出台承包权与经营权相分离的改革,土地承包经营流转与土地经营权流转还没有分开。此次《民法典》制定时,已经在改革的基础上,将承包权与经营权分离的改革成果写进了《民法典》,今后在法律适用时,如果发生法律、司法解释与《民法典》发生冲突,应当以《民法典》为准。

据此,土地承包经营权的确可以依法采取转包、出租、互换、转让或者其他方式流转。但其前提之一必须是已取得流转土地的承包经营权。首先,未取得土地承包经营权的情况下,对土地经营权私自出租的行为构成无权处分,在发包人或承包权人未追认的情况下,在登记制度尚不完备的条件下,认定私自出租土地经营权的合同无效还是有必要的。其次,如果承包方、土地经营权人违法将承包地用于非农建设的,由县级以上地方人民政府有关主管部门依法予以处罚;承包方给承包地造成永久性损害的,发包方有权制止,并有权要求赔偿由此造成的损失。其违法行为致使双方不能实现合同的目的,发包方可以起诉法院要求解除合同。最后,土地承包户在集体经济组织将其土地出租给其他村民,土地承包户未作出反对的情况下,且土地出租合同已经履行,可以视为土地承包户同意集体经济组织的出租行为。村民事后以未经其书面同意为由主张土地承包流转合同无效的,不能成立。本书以原告某草业有限公司与被告某村村民委员会第五村民小组(以下简称某村五组)土地承包经营权纠纷一案为例进行说明。

2016年6月12日杨某与某草业有限公司签订《土地经营权出租合同》,合同约定:转出方(甲方)、法定代表人杨某与受让方(乙方)某草业有限公司本着平等、自愿、诚实信用原则,达成本合同;甲方自愿将位于某村五组86亩土地的承包经营权出租给乙方用于草坪种植,租赁期限自2016年5月31日至2022年5月31日,租金每年1200元/亩,共计103,200元,于每年的6月10日前交由队长,由队长转发。2018年5月8日某村五组向胡某发送"通知",载明:胡某,你于2015年5月30日流转我组农户承包地70余亩,期间用于种植草坪,私自多次取走地表层土壤,对地力生产造成严重影响,鉴于此,决定终止合同。杨某出具情况说明,其受某村五组34户村名委托与某草业有限公司签订《土地经营权出租合同》,现受上述村民委托代表某村五组,向某草业有限公司发终止该合同的通知。杨某系某村五组组长;胡某系某草业有限公司董事长。某草业有限公司陈述诉讼请求,认为"通知"不发生解除合同的效力;某村五组陈述"通知"是基于其系土地所有权人,发出"通知"的目的系让某草业有限公司停止对土地的侵害,是表达瑕疵。某草业有限公司向法院提出诉讼请求:(1)请求人民法院依法判决确认被告终止合同,向原告送达的"通知"无效;(2)判决被告某村五组继续履行双方签订的《土地经营权出租合同》。法院判决:(1)某村五组于2018年5月8日向某草业有限公司作出的"通知"不发生解除双方于2016年6月12日签订的《某市农村土地经营权出租合同》的效力;(2)驳回某草业有限公司的其他诉讼请求。

该案例涉及的问题有:(1)关于"通知"的效力问题,杨某受委托与汪某签订的《某市农村土地经营权出租合同》系双方真实意思表示,且不违反法律、行政法规的强制性规定,合法有效,双方均应据此行使权利、履行义务。根据《民法典》第562条、第563条的规定,合同当事人可以约定一方解除合同的条件。解除合同的条件成就时,解除权人可以解除合同,当事人主张解除合同的,应当通知对方，合同自通知到达对方时解除，对方有异议的，可以请求人民法院或者仲裁机构确认解除合同的效力。在该案中，根据“通知”的内容来看，某村五组以破坏土地为由终止合同，但其并未提交相应证据证明其主张，且其表示该“通知”系表示瑕疵，仅要求某草业有限公司停止对土地的侵害，故其不享有解除合同的权利，某村五组在此情况下向某草业有限公司的董事长胡某发出的“通知”不能发生解除《某市农村土地经营权出租合同》合同的效力，故对某草业有限公司的该项诉讼请求予以支持。(2)关于合同是否继续履行问题，该案案涉标的为农村耕作土地流转，涉及人数众多、土地范围较大、合同期限较长，且具体到种植草坪的播种、收割等事务，继续履行合同不适于强制履行，且经询问，案涉土地的承包经营户杨某等33人当庭表示，因某草业有限公司种植的草坪对土地破坏性较大不再愿意继续履行合同，某草业有限公司亦坚持继续履行合同的诉讼请求，根据《民法典》第580条“当事人一方不履行非金钱债务或者履行非金钱债务不符合约定的，对方可以请求履行，但是有下列情形之一的除外……(二)债务的标的不适于强制履行或者履行费用过高……”之规定，某草业有限公司要求继续履行《成都市农村土地经营权出租合同》的诉讼请求，不予支持。从上述案例分析可知，双方当事人应按照土地使用性质签订合同，承租方违反合同约定，造成土地破坏或者改变土地使用性质的，发包方可以解除合同。解除合同后，双方根据过错程度承担各自的责任。

第十二章　建设用地使用权

专题一　建设用地使用权的取得

一、建设用地使用权属于民事权利

建设用地使用权，是指使用权人依法对国家所有的土地享有占有、使用和收益以及用该土地建造建筑物、构筑物及其附属设施的权利。建设用地使用权属于民事权益。相对于《物权法》，《民法典》物权编一个重大修改就是用益物权部分确立了绿色原则。《民法典》第326条规定："用益物权人行使权利，应当遵守法律有关保护和合理开发利用资源、保护生态环境的规定。所有权人不得干涉用益物权人行使权利。"与近代民法不同，在现代民法上，所有权绝对原则有所缓和，所有权人不得滥用权利。这一原则实际上也体现在用益物权上，并在我国《民法典》中进一步深化。用益物权人在行使用益物权时，负有保护和合理开发利用资源、保护生态环境的义务。从这一条规定来看，现代民法所调整的关系不仅是民事主体个体之间的关系，也调整个体与社会的关系以及人与自然的关系。这是我国《民法典》在新的时代背景下的一大发展。

新中国成立以来，我国建设用地使用权制度随着经济体制改革和社会经济发展需要而不断发展变化。1987年1月1日《民法通则》开始施行。《民法通则》第80条规定："国家所有的土地，可以依法由全民所有制单位使用，也可以依法确定由集体所有制单位使用，国家保护它的使用、收益的权利；使用单位有管理、保护、合理利用的义务。公民、集体依法对集体所有的或者国家所有由集体使用的土地的承包经营权，受法律保护。承包双方的权利和义务，依照法律由承包合同规定。土地不得买卖、出租、抵押或者以其他形式非法转让。"该规定对我国土地所有权、使用权两权分离制度奠定了基础。根据《民法通则》这一规定，自1987年开始，根据国家统一部署，一些地方开始探索土地使用制度改革，实现土地使用权有偿转让的试点工作。从各地试点的情况来看，由市场来配置土地使用权有利于为城市建设积累资金，加快城市建设，改善投资环境，吸引外商投资。在农村，则可以促进土地规模经营，调动农民在土地上增加投入的积极性。基于改革试点的成效，第七届全国人大及其常委会通过了《宪法修正案》和《土地管理法》修改决定，将土地使用权改革成果在立法上予以固定。[①] 1998年立法机关第二次全面修订《土地管理法》时，明确规定国家依法实行国有土地有偿使用制度。建设单位使用国有土地，应当以有偿使用方式取得。国土部门代表国家与使用权人签订建设土地使用权出让合同，或者通过行政划拨的方式，在国有土地上设立他物权即建设用地

---

① 王超英：《依法使用土地保护土地资源——〈中华人民共和国土地管理法〉简介》，载《人民司法》1989年第3期。

使用权,并将该权利转移至使用权人。无论是通过出让方式取得,还是通过划拨方式取得,建设用地使用权均属于民事权利,并不能因为出让人或者划拨人为行政机关,而将该权利视为公法上的一种权利。《民法典》物权编对建设用地使用权的含义、取得、行使、处分等问题作了规定,进一步明确了建设用地使用权的民事权利属性。

《民法典》规定的建设用地使用权与《中外合资经营企业法》规定的中外合资经营企业的场地使用权存在区别。改革开放之初,在资源禀赋上,我国具有劳动力成本、土地成本优势,发达经济体具有技术、资金和管理优势。通过改革开放,充分利用国际国内两个要素市场,引进国外技术、资金和管理经验,提高我国全要素生产率,是促进我国经济发展的重要路径。中外合资经营企业就是这种整合国内外资源,开展国际经济合作和技术交流的重要载体。因此,我国允许外国公司、企业和其他经济组织或个人(一般称为外国合营者),按照平等互利的原则,经我国政府批准,在我国境内,同我国的公司、企业或其他经济组织(一般称为中国合营者)共同举办合营企业。关于中外合资经营企业如何使用我国土地的问题,《中外合资经营企业法》第 5 条规定:"合营企业各方可以现金、实物、工业产权等进行投资。外国合营者作为投资的技术和设备,必须确实是适合我国需要的先进技术和设备。如果有意以落后的技术和设备进行欺骗,造成损失的,应赔偿损失。中国合营者的投资可包括为合营企业经营期间提供的场地使用权。如果场地使用权未作为中国合营者投资的一部分,合营企业应向中国政府缴纳使用费。上述各项投资应在合营企业的合同和章程中加以规定,其价格(场地除外)由合营各方评议商定。"根据该条规定,中外合资经营企业在我国获得场地使用权的方式有两种:一是作为中国合营者的投资,投入中外合资经营企业之中,成为合资经营企业资本的组成部分。中国合营者通过分配红利等方式获得相应的投资回报。二是在场地使用权未作为中国合营者投资的一部分的情况下,中外合资经营企业可经我国政府审批获得场地使用权,但应当向我国政府缴纳使用费。这是我国为使用国外资金、技术而作的特别的制度安排,与《民法典》规定的建设用地使用权在取得方式、使用主体、权利转让等方面均存在区别。

二、建设用地使用权的设立应当采取法律规定的方式

关于建设用地使用权的设立方式,《民法典》第 347 条规定:"设立建设用地使用权,可以采取出让或者划拨等方式。工业、商业、旅游、娱乐和商品住宅等经营性用地以及同一土地有两个以上意向用地者的,应当采取招标、拍卖等公开竞价的方式出让。严格限制以划拨方式设立建设用地使用权。"即设立建设用地使用权,可以采取出让或者划拨等方式,其中出让方式是主要途径,划拨方式则受到严格限制。《土地管理法》第 54 条规定:"建设单位使用国有土地,应当以出让等有偿使用方式取得;但是,下列建设用地,经县级以上人民政府依法批准,可以以划拨方式取得:(一)国家机关用地和军事用地;(二)城市基础设施用地和公益事业用地;(三)国家重点扶持的能源、交通、水利等基础设施用地;(四)法律、行政法规规定的其他用地。"划拨用地不仅只限于特定用途,而且必须经过县级以上人民政府依法批准。在实践中,绝大多数建设用地使用权都是通过出让方式设立。

通过出让方式设立建设用地使用权的,必须符合法定的出让程序,并采用书面合同形式,建设土地使用权人还应当缴纳土地使用权出让金等土地有偿使用费和其他费用。根据《民法典》第 347 条的规定,工业、商业、旅游、娱乐和商品住宅等经营性用地以及同一土地有两个以上意向用地者

的,应当采取招标、拍卖等公开竞价的方式出让。在实践中,有的地方政府为吸引投资,直接与投资人签订协议,约定将建设用地使用权转让给投资人,用于工业、商业、旅游、娱乐和商品住宅等经营性用途。这类协议违反了关于应以公开竞价的方式出让建设用地使用权的规定。此外,建设用地出让合同属于要式合同,应当采用书面形式。《民法典》第 348 条规定:"通过招标、拍卖、协议等出让方式设立建设用地使用权的,当事人应当采用书面形式订立建设用地使用权出让合同。建设用地使用权出让合同一般包括下列条款:(一)当事人的名称和住所;(二)土地界址、面积等;(三)建筑物、构筑物及其附属设施占用的空间;(四)土地用途、规划条件;(五)建设用地使用权期限;(六)出让金等费用及其支付方式;(七)解决争议的方法。"在通过划拨方式设立建设用地使用权的情况下,使用权人不需要支付对价,通过出让等有偿使用方式取得国有土地使用权的,使用权人应当按照国务院规定的标准和办法,缴纳土地使用权出让金等土地有偿使用费和其他费用后,方可使用土地。建设用地使用权设立后,使用权人应当按照土地使用权出让等有偿使用合同的约定或者土地使用权划拨批准文件的规定使用土地。如果改变土地建设用途,则必须经有关人民政府自然资源主管部门同意,报原批准用地的人民政府批准。

三、建设用地使用权出让合同属于民事合同

关于建设用地使用权出让合同的性质,在实践中存在争议。关于行政协议,主要规定在《行政诉讼法》和《行政诉讼法司法解释》中。《行政诉讼法》第 12 条对可诉行政行为作了规定,其中第 1 款第 11 项为行政机关不依法履行、未按照约定履行或者违法变更、解除政府特许经营协议、土地房屋征收补偿协议等协议的行为。该条规定列举的行政协议是特许经营协议、土地房屋征收补偿协议,未列举建设用地使用权出让合同。对于《行政诉讼法》第 12 条第 1 款第 11 项规定,《行政诉讼法司法解释》第 11 条专门作了解释,该条规定:"行政机关为实现公共利益或者行政管理目标,在法定职责范围内,与公民、法人或者其他组织协商订立的具有行政法上权利义务内容的协议,属于行政诉讼法第十二条第一款第十一项规定的行政协议。公民、法人或者其他组织就下列行政协议提起行政诉讼的,人民法院应当依法受理:(一)政府特许经营协议;(二)土地、房屋等征收征用补偿协议;(三)其他行政协议。"与《行政诉讼法》第 12 条第 1 款第 11 项规定相比,该条规定增加了土地、房屋等征用补偿协议,同时还增加一项"其他行政协议"。《行政诉讼法司法解释》第 11 条增加"其他行政协议"之规定表明《行政诉讼法》第 12 条第 1 款第 11 项规定中的特许经营协议、土地房屋征收补偿协议等协议中的"等",是指"等外"而非"等内"。但该条解释中的"其他行政协议"包括哪些协议,尤其是是否包含建设用地使用权出让合同,在理论上和实践中仍存在争议。

本书认为,从主体上来看,建设用地使用权出让合同的主体是平等的民事主体,而非行政主体和行政相对人;从合同的订立来看,建设用地使用权出让合同的订立行为,是平等主体之间的缔约行为,是典型的民事法律行为,则非行政管理行为;从权利的性质来看,土地使用权是典型的民事权利,出让方与受让方之间的关系是典型的民事法律关系,不是行政管理关系。如果说,在《民法典》出台前在审判实践中还对建设用地使用权出让合同还存在不同认识,那在《民法典》出台后,大家的认识就应当统一到《民法典》的规定上来,不应再在这个问题上争论不休,影响人民法院的司法统一。

四、建设用地使用权应当“净地”出让

政府机关出让建设用地使用权应当实行“净地”出让。“净地”是相对于“毛地”而言的，包括两方面的含义：一是指已经完成拆除平整，不存在需要拆除的建筑物、构筑物等设施，完成必要的通水、通电、通路、土地平整等前期开发；二是政府部门已经完成了出让前的土地使用权收回和拆迁补偿工作，不存在土地的产权、补偿安置等问题。“毛地”，是指地上存在需要拆除的建筑物、构筑物等设施，未完成必要的通水、通电、通路、土地平整等前期开发，或者政府出让土地时尚未完成国有土地使用权收回和拆迁补偿等工作。2007 年之前，我国并没有关于建设用地使用权应当“净地”出让的要求。在实践中，有的政府将没有进行前期平整开发或者尚未完成拆迁补偿的土地出让给使用权人。有的使用权人获得建设用地使用权后，无力进行土地平整开发，尤其是无力进行拆迁安置补偿等工作，导致土地长期闲置。一方面，建设用地使用权出让合同受让人的合同目的不能实施；另一方面，也导致部分建设用地闲置。有的政府部门在出让建设用地时，还与使用权人约定由使用权人负责土地拆迁安置补偿工作，但使用权人并无拆迁安置补偿的权力，导致建设用地无法进行开发。针对这一问题，为节约使用建设用地，国土资源部发布《关于加大闲置土地处置力度的通知》（国土资电发〔2007〕36 号）。该通知第 2 条规定，实行建设用地使用权“净地”出让，出让前，应处理好土地的产权、补偿安置等经济法律关系，完成必要的通水、通电、通路、土地平整等前期开发，防止土地闲置浪费。之后，国土资源部又发布《关于认真贯彻〈国务院关于解决城市低收入家庭住房困难的若干意见〉进一步加强土地供应调控的通知》（国土资发〔2007〕236 号），该通知第 2 条第 3 款规定，各地要合理控制单宗土地供应规模，缩短土地开发周期，每宗地的开发建设时间原则上不得超过 3 年，确保供应出去的土地能够及时开发建设，形成廉租住房、经济适用住房和中低价位、中小套型普通商品住房的有效供应。成片开发建设的土地应统一规划，统一进行基础设施建设，按“净地”分块供应，以增加土地供应的宗数，防止房地产开发企业大面积“圈占”土地。2008 年国务院《关于促进节约集约用地的通知》（国发〔2008〕3 号）发布。该通知要求完善建设用地储备制度。储备建设用地必须符合规划、计划，并将现有未利用的建设用地优先纳入储备。储备土地出让前，应当处理好土地的产权、安置补偿等法律经济关系，完成必要的前期开发，缩短开发周期，防止形成新的闲置土地。土地前期开发要引入市场机制，按照有关规定，通过公开招标方式选择实施单位。经过前期开发的土地，依法由市、县人民政府国土资源部门统一组织出让。

虽然政府机关出让建设用地使用权应当实行“净地”出让，但在实践中仍存在“毛地”出让的情况。如果国土部门与使用权人签订的建设用地使用权出让合同约定出让的是“毛地”使用权，导致使用权人无法进行土地开发的，使用权人是否有权解除合同，如果解除合同当事人是否应当承担违约责任等问题，在实践中存在争议。例如，A 县自然资源和规划局发布公告，挂牌出让建设用地使用权。公告载明，该地块为“毛地”出让，总占地面积内的住宅房、非住宅房由竞买人负责按城市房屋拆迁管理的有关规定补偿，退让道路红线范围内的建筑物也由竞买人负责拆迁补偿安置，竞买人对宗地范围内的拆迁现状自行组织调查确认。B 公司竞得该宗建设用地使用权，并与 A 县自然资源和规划局签订一份《国有土地使用权挂牌出让成交确认书》，确认出让土地使用权面积为 10,000 平方米。成交价款为 500 万元。之后，B 公司与 A 县自然资源和规划局签订《国有土地使用权出让

合同》。合同约定出让人同意将出让宗地交付给受让人,出让方同意在交付土地时该宗地应达到以下土地条件:场地尚未拆迁和平整,建筑物和其他地上物状况如下:“毛地”交付。双方还约定,受让人在按合同约定支付全部土地使用权出让金之日起30日内,应持该合同和土地使用权出让金支付凭证,按规定向出让人申请办理土地登记,领取《国有土地使用证》,取得出让土地使用权。出让人应在受理土地登记申请之日起30日内,依法为受让人办理出让土地使用权登记,颁发《国有土地使用证》。之后,B公司将土地出让金500万元全部交纳完毕,并依法交纳税金。B公司也取得了《建设用地规划许可证》和拆迁许可证。之后,由于B公司无法完成土地上房屋的拆迁等原因,起诉A县自然资源和规划局,请求解除《国有土地使用权出让合同》,返还土地出让款,承担违约金责任并赔偿税金损失。关于B公司的诉讼请求是否能够得到支持的问题,有不同观点。第一种观点认为,合同成立以后客观情况发生了当事人在订立合同时无法预见的,非不可抗力造成的不属于商业风险的重大变化,继续履行对于一方当事人明显不公平或不能实现合同目的,当事人请求人民法院变更或解除合同的,人民法院应当根据公平原则,并结合实际情况确定是否变更或解除。B公司与A县自然资源和规划局签订国有建设用地使用权出让合同后,相关部门为其办理了建设用地规划许可,说明该出让地块符合土地出让合同约定的用途,但土地上房屋需进行拆迁。相关部门亦为B公司办理了拆迁许可证,B公司享有对合同项下相关土地上的房屋进行拆迁的权利。B公司因客观原因未完成拆迁。案涉国有土地使用权出让合同的合同目的不能实现不可归责于A县自然资源和规划局,故A县自然资源和规划局不应当承担违约金责任。B公司因拆迁补偿等事宜未与被拆迁人达成一致,致土地上房屋未拆除,土地使用权出让合同的目的无法实现,双方亦均未提供足以证明应归责于B公司或A县自然资源和规划局的证据,继续履行对于B公司并不可行,也有碍国有土地合理使用。故对B公司关于解除《国有土地使用权出让合同》的诉讼请求,应予支持。合同解除后,A县自然资源和规划局应向B公司返还已经交纳的土地出让金,并按中国人民银行同期贷款利率支付利息。由于A县自然资源和规划局并未收取B公司交纳的税金,因此,B公司无权主张A县自然资源和规划局退还28.2万元的税金以及利息。第二种观点认为,B公司与A县自然资源和规划局签订的《国有土地使用权出让合同》系双方当事人真实意思表示,其内容不违反法律、行政法规的强制性规定,应为有效。土地使用权出让合同关系,作为受让方的合同目的,是以支付出让金为对价取得土地使用权,通过对土地进行开发、使用和经营等活动,实现一定的经济利益。B公司按约定向A县自然资源和规划局足额交纳了土地出让金,但自B公司以拍卖方式竞得土地使用权10多年之后,但该土地上仍有其他人的建筑物且与建筑物相对应的土地使用权仍然登记在第三人名下。A县自然资源和规划局未完成全部土地的征收工作。虽然出让文件载明,地块为“毛地”出让,地面上的住宅房、非住宅房由竞买人负责按《城市房屋拆迁管理条例》的规定进行补偿,但并未明示出让的土地使用权尚未收回,A县自然资源和规划局辩称B公司在签订合同时对其出让土地的使用权尚未收回是知晓的理由,缺乏事实依据。《国有土地使用权出让合同》签订后,虽然相关部门为B公司核发了《房屋拆迁许可证》《建设用地规划许可证》,B公司也与部分住宅户签订了房屋拆迁安置协议,但B公司的上述行为是应政府要求推动项目建设而为,且B公司在此期间一直在函请政府要求解决拆迁及办理受让土地使用权的变更登记等问题,不能证明B公司接受了转让土地存在的权利瑕疵,在A县自然资源和规划局还没有将全部土地收归国有的情况下,其出让争议地块不符合法律规定,由于A县自然资源和规划局未能按照法律规定及合同约定完成土地使用权变更登记等义务,构成违约。B公司要求解除合同,符合《合同法》的规定。由于《国有土地使用权出让合同》解除是由于A县自然资源和规划局未能按照法定及合同约定全面履行出让土地的交付和完成土地使用权变更登记义务所致。根据《合同法》的规定及合同约定,B公司有权要求A县自然资源和规划局返还已交纳的土地出让金500万元并赔偿因违约造成的损失。故应按照中国人民银行同期同类贷款利率标准的1.5倍计算违约金至合同解除之日止。第三种观点认为,B公司未能按时拆迁和开发的责任不在于A县自然资源和规划局。《国有土地使用权出让合同》不应解除。由于没有证据证明该土地开发无法进行,双方当事人签订的协议并未约定A县自然资源和规划局负有在出让前将土地使用权先行收回的义务,B公司作为土地使用权竞买人,对上述内容明知。土地上房屋未拆迁导致开发停滞的原因在B公司,对照《国有土地使用权出让合同》的约定,系B公司未按约定拆迁、开发。《出让公告》《成交确认书》均约定,出让使用权的土地系"毛地"交付,而非"净地"交付。B公司负有拆迁补偿安置义务。B公司未按《国有土地使用权出让合同》完成拆迁工作,也未按照其承诺进行项目建设,其行为构成违约,不享有解除合同的权利。在该土地出让行为发生之时,"毛地"出让符合法律、政策规定,不能以建设用地使用权出让行为发生之后的法律法规为依据,认定"毛地"出让行为违法。由于双方当事人约定的是"毛地"交付,故在B公司未对地上建筑物进行拆迁安置补偿的情况下,A县自然资源和规划局无法收回该国有土地。即在B公司没有完成拆迁安置的情况下其要求办理国有土地使用权证的要求不符合法律规定。本书认为,为节约集约用地,政府部门出让使用权的建设用地应当为"净地"。对于出让"毛地"的行为,是否认定其无效,不应一概而论。如果出让使用权的土地已经完成拆迁安置补偿工作,但没有完成必要的通水、通电、通路、土地平整等前期开发,出让方与建设用地使用权人约定由使用权人自行进行前期开发的,并不违反法律法规的效力性强制性规定,不宜否定建设用地出让合同的效力。但如果出让使用权的土地尚未完成拆迁安置补偿工作或者土地使用权尚未收回,出让方与建设用地使用权人约定由使用权人进行拆迁安置的,因建设用地使用权人无权进行土地拆迁,该约定无效。如果政府部门出让使用权的建设用地为"毛地",导致使用权人无法获得建设用地使用权或者建设用地无法开发的,为避免出现合同僵局、造成建设用地资源浪费,应当允许当事人解除合同。合同解除后,违约方应当承担违约责任。如果受让人(使用权人)一方在拍卖之前知道或者应当知道拍卖的建设用地是"毛地",后又以拍卖土地是"毛地"为由请求解除合同的,应当自行承担由此造成的损失。

专题二　建设用地使用权或者出让金提成不应作为土地一级开发的对价

2007年之前,我国对于建设用地使用权出让是否必须达到"净地"要求,并无明确规定。在实践中,有的地方政府在建设用地尚未完成产权回收、拆迁安置、"三通一平"等条件的情况下,就向市场出让建设用地使用权。有的地方政府直接与开发商约定,由开发商负责征地拆迁等工作。但开发商缺少征地拆迁的权力,有的开发商也缺少前期开发的资金和势力。一方面,部分开发商只拿地、不开发,囤地、炒地,坐等地价上涨,赚取差价,扰乱了土地市场秩序,导致大量建设用地闲置;另一方面,部分开发商因无力进行拆迁安置、前期开发,致使其合同目的不能实现。针对上述问题,2008 年国务院《关于促进节约集约用地的通知》(国发〔2008〕3 号)要求,完善建设用地储备制度。储备土地出让前,应当处理好土地的产权、安置补偿等法律经济关系,完成必要的前期开发,缩短开发周期,防止形成新的闲置土地。土地前期开发要引入市场机制,按照有关规定,通过公开招标方式选择实施单位。经过前期开发的土地,依法由市、县人民政府国土资源部门统一组织出让。因此,土地开发形成了一级开发市场和二级开发市场。土地一级开发,是指由政府或其授权委托的企业,对一定区域范围内的城市国有土地、乡村集体土地进行统一的征地、拆迁、安置、补偿,并进行适当的市政配套设施建设,使该区域范围内的土地达到"三通一平"、"五通一平"或"七通一平"的建设条件,将"生地"变成可以出让的"熟地"。土地二级开发,是指土地使用权人在获得国有土地使用权后对土地进行的开发建设,或者将其通过流通领域进行交易的过程,包括土地使用权的转让、租赁、抵押等。以房地产为例,房地产二级市场,是土地使用者经过开发建设,将新建成的房地产进行出售和出租的市场。

土地一级开发有不同的形式。土地一级开发早期都是政府主导,将"生地"变"熟地"。例如,上海的土地一级开发市场主要存在两种方式:一种是由市区两级人民政府控股的国有房地产开发企业持有大量土地储备,全面负责从土地开发到房屋拆迁、房产开发、销售等一系列环节;另一种则是由政府组建项目公司进行土地一级开发,再通过项目公司转让等方式将已经完成一级开发的土地投向二级开发市场。[①] 但由于政府资金有限,随着市场化步伐的加快,政府开始从经营性领域逐步撤出。部分地方政府开始引入社会资金参与土地一级开发。但对于哪些土地可以进入一级市场开发,哪些已经开发成熟的土地可以进入交易市场,如何选择适格的投资人,如何确定一级开发的对价等问题,不同地区有不同做法。以前开发企业多以协议方式参与土地一级开发。市场不透明和开发遗留问题影响了土地公开交易的顺利进行。这一直为业界所诟病。北京 2007 年发布北京市土地一级市场的招标细则,通过招标投标方式选择一级开发人。据北京市土地整理储备中心主要负责人介绍,北京市土地一级市场的招标细则是全国首部关于土地一级开发市场化的文件,"土地一级开发市场化将是发展方向"。在出台的政策中会规定目前还不适宜进入市场的土地一级开发项目:一是政府指定的土地一级开发项目,如地铁沿线、政府重点用地项目(奥运场馆和机场土地)、新城开发、城中村改造项目等。这些土地或社会敏感性强,或意义重大,一段时间内仍由政府部门操作或指定国有大开发企业来做;二是一些国有企业自有用地的一级开发,从实际情况出发仍由企业自己来做。[②] 从目前实践情况来看,地方政府在出让国有土地使用权之前,将土地交由市场主体进行一级开发,是较常见的现象。从交易规则来看,一级开发和二级开发之间并没有直接关

① 王宏胜、吕振库:《土地一级开发招标相关问题探索》,载《中国土地》2006 年第 7 期。

② 王伟民:《北京土地一级开发引入招标机制透明市场有助稳定房价》,载《中国招标》2006 年第 12 期。

系。因为按照有关规定,"生地做熟"之后必须进入土地储备中心挂牌。有的开发企业投资一级开发市场的目的不是仅仅获得开发收益,而是希望获得国有土地使用权,进行二级开发。即借助一级土地开发进军二级土地开发市场。有的地方政府缺乏资金先期投入建设用地的一级开发。在缺乏流动性的情况下,有的政府让开发公司垫资进行开发,并允诺将完成前期开发的建设用地使用权来抵偿开发费用;或者与开发公司约定,将完成前期开发的建设用地使用权出让后,由开发公司获得一定比例的出让金。由于政府拥有土地,开发企业拥有资金,二者很容易相互合作,共同进行土地成片开发,并共享开发收益。这类共享开发收益的约定是否有效,是在实践中争议较大的问题。

目前,一级土地开发市场的收益模式主要包括两种类型:一是收益分成模式,开发公司在完成拆迁及基础设施建设,将"生地"变成"熟地"后,政府逐批安排对外出让土地使用权,政府在收到土地出让金后,按照一定比例支付给开发公司。二是 BT 成本加成模式,开发公司在约定的时间内完成项目的开发建设工作,验收合格后移交给政府,政府按照总建设成本及固定比例的加成收益支付给开发公司。[①] 在第一种模式下,一级土地市场与二级土地市场直接挂钩,涉及国有土地使用权出让金的分配等问题,涉及公共利益,不宜认可其合同效力。在第二种模式下,一级土地市场与二级土地市场相分离。开发企业获得收益之大小取决于其开发成本和收益与成本的比例,不涉及国有土地使用权出让金的分配等问题。

举例而言,A 公司与 C 公司、D 区政府签订《合作开发协议》,约定 A 公司投资 4000 万元至 5570 万元用于 D 市开发区基础建设,投资款按月利率为 7‰,按季计息,以商住地块使用权或收益作为 A 公司投资的抵押与回报;协议所列 3 宗地块,D 区政府同意作为 A 公司投资的抵押担保,该地块不得再为其他债权提供抵押担保。C 公司提供合作的地块以招拍挂方式出让;合作地块起拍价分别为商业地 20 万元/亩、居住地 18 万元/亩;总计 5570 万元。合作收益分配方式之一为若 A 公司取得上述地块使用权,出让价格高于起始价时,高出部分双方按照 3∶7 比例分成所得,A 公司在交齐 C 公司所得收益后即拥有地块使用权;未取得合作地块的情形下,由 C 公司与 A 公司按 5∶5 的比例分成超出起拍价部分的溢价款,并返还投资价款。合同签订后,A 公司分别向 C 公司和 D 市开发区建设指挥部汇入土地开发款 4000 万元。将该笔资金用于土地的拆迁、"三通一平"等项目,以使土地达到可以招拍挂的标准。之后,后 D 区政府以合作协议违反国务院办公厅《关于规范国有土地使用权出让收支管理的通知》为由不再支付剩余收益。A 公司遂提起诉讼,请求 D 区政府支付剩余收益。关于 A 公司与 C 公司、D 区政府签订《合作开发协议》是否有效的问题,在实践中存在不同认识,主要存在以下 3 种观点。

第一种观点认为,从《合作开发协议》内容来看,双方合作方式为 A 公司提供资金,C 公司进行土地开发,该投资资金由 D 区政府承诺将开发的地块作为抵押担保。《合作开发协议》约定:土地出让价格高于起拍价时,高出部分由 C 公司与 A 公司按 3∶7 的比例分成,该约定的溢价是指高于土地使用权出让金起拍价格的价款,其实质仍是土地使用权出让金,双方的分配也是基于土地使用权出让金的分配。《城市房地产管理法》第 19 条、《预算法》第 56 条均有规定,土地使用权出让金应当全部上缴财政,列入预算,用于城市基础建设和土地开发,任何部门、单位和个人不得截留、占

---

① 周红云:《土地一级开发公司的会计核算研究》,载《会计师》2016 年第 9 期。

用、挪用或拖欠。该条款属于《合同法司法解释(二)》第14条规定的效力性强制性规定。《合作开发协议》关于土地使用权出让金溢价分成的约定违反了上述条款规定,损害了国家利益和社会公共利益,应为无效。且《城市房地产管理法》第19条规定,“土地使用权出让金上缴和使用的具体办法由国务院规定”,国务院办公厅《关于规范国有土地使用权出让收支管理的通知》系国务院根据法律授权制定的行政性法规,依据国务院办公厅《关于规范国有土地使用权出让收支管理的通知》,亦应认定《合作开发协议》无效。

第二种观点认为,《关于规范国有土地使用权出让收支管理的通知》是国务院办公厅的文件而非行政法规,即使该通知是行政法规,依“法不溯及既往”原则,也不应适用于上述《合作开发协议》。而且该通知中并无效力性强制性规定,故不应据此认定《合作开发协议》无效。C公司、D区政府支付给A公司的投资回报并非全部来自土地出让金收入,而且土地出让金进入国库后再支付给A公司,其性质已经不再是土地出让金,《合作开发协议》中约定规定对溢价款5∶5的比例分配仅是投资回报的一种结算方式。土地出让金其实是土地使用权的交易价格。这个价格的高低取决于土地市场的供求关系。《土地管理法》对土地出让金的适用范围是有明确规定的,土地出让收入主要用于征地、拆迁补偿支出、土地开发支出、支农支出和城市建设支出等。因此,根据国家法律规定,政府主导拆迁的土地出让金是要返还的。返还的部分用于支付开发项目相关的费用、征地拆迁以及拆迁补偿费用。由于《合作开发协议》所约定的是有关开发和投资的回报,扣除成本部分后出让金的溢价款3∶7分成,这个分成部分财政在计算土地出让的价格的过程中已经将其列为成本,并不存在损害国家公共利益的情形。此外,政府在明知其行为不合规的情况下,仍与A公司签订《合作开发协议》,待A公司完成相应的开发工作后,又反悔主张协议无效,有违诚实信用原则,不应予以支持。故《合作开发协议》有效,C公司、D区政府应当履行义务。

第三种观点认为,《合作开发协议》中关于将出让给其他人国有土地使用权所获得的土地出让金进行分成的约定是有效的,但关于出让给A公司国有土地使用权所获得的出让金进行分成的约定无效。主要理由是,在《合作开发协议》约定的第一种情况即他人取得国有土地使用权的情形下,因《合作开发协议》签订的主体也就是C公司,可以理解为是由A公司投资,C公司对涉案土地进行整理以达到“招拍挂”标准。这是一个普通且平常实体的交易,A公司没有实际获得国有土地使用权,返还的款项也就不是由其竞买土地所支付的土地出让金,而是他人支付的土地出让金上交财政后财政的返还部分。所以这部分可以认定为A公司的投资收益,该部分条款应当认定为有效。在《合作开发协议》约定的第二种情况即A公司取得国有土地使用权的情形下,国务院办公厅《关于规范国有土地使用权出让收支管理的通知》即便不是行政法规,也不能说完全与《合作开发协议》的效力无关。而且这一协议涉及土地使用权出让金的问题,如果上级政府没有返还出让金,不应直接要求其返还。A公司提前得知起拍价并获得土地出让金,事实上违反了《招标投标法》的相关规定。A公司与C公司在涉案地块土地使用权拍卖出让前以约定土地出让金返还的方式排除其他竞买者,违反了拍卖出让土地使用权应当遵循的公平公开原则,并且双方约定的返还标的直接指向土地出让金,亦损害了国家利益,属于《合同法》第52条第2项规定的合同无效的情形。

本书认为,在认定合同是否因违反法律、行政法规的强制性规定而无效时,应当在考察规范性质、规范目的以及规范对象基础上,兼顾权衡所保护的法益类型、违法性程度以及交易安全等因素综合认定合同效力。违反部门规章、监管政策等规范性文件的合同,只有在违反公共秩序时才应认定无效。对于是否违反公共秩序,要综合考虑规范内容、监管强度以及法律后果等因素予以认定。如果地方政府或者地方政府的平台公司与土地一级开发企业约定,以国有土地使用权作为开发企业投资的对价的,不仅可能会造成国有资产的流失,也违反了《民法典》第347条关于工业、商业、旅游、娱乐和商品住宅等经营性用地以及同一土地有两个以上意向用地者的,应当采取招标、拍卖等公开竞价的方式出让的规定。如果地方政府或者地方政府的平台公司与土地一级开发企业约定,以国有土地使用权出让金提成作为开发企业投资的对价的,则可能造成国有资产的流失。而且,对于国有土地使用权出让金的使用,法律行政法规有明确规定。《土地管理法》第55条、《城市房地产管理法》第19条、《预算法》第56条及国务院办公厅《关于规范国有土地使用权出让收支管理的通知》均对此有明确规定。对土地进行一级开发,本身是一种市场行为。投资者参与土地开发一级市场,并获得收益,并无不当,但应事先参照土地开发成本单独约定比例或者约定收益、对价。一级市场和二级市场不能进行捆绑。国有土地属于国家所有,如将一级土地开发市场与二级市场进行捆绑,则属于所有者权益返还,损害国家利益,无论是投资人竞得国有土地使用权还是第三人竞得国有土地使用权,均不影响出让金提成分配会损害国家利益的事实。因此,上述《合作开发协议》关于国有土地使用权出让金提成的约定,应认定为无效。

专题三　建设用地使用权的流转

一、集体经营性建设用地使用权的取得和流转

随着我国改革开放的深入,我国建设用地制度也不断发展变化。在1988年《土地管理法》修改之前,我国对建设用地使用采取行政审批制,但对国家建设用地和乡(镇)村建设用地分别规定了不同的审批程序。1998年立法机关第二次全面修订《土地管理法》时,明确规定国家依法实行国有土地有偿使用制度。建设单位使用国有土地,应当以有偿使用方式取得。自此,我国建设用地形成城乡二元化体制。城市建设用地使用权原则上由建设单位有偿取得,也可以经审批划拨取得。乡(镇)村企业建设需要使用土地经审批后可由乡(镇)村企业获得使用权。但只有通过出让方式获得的城市建设用地使用权才能在二级市场上交易,才可用于城市经营建设用地。划拨土地只能转化为出让地使用权后才能交易。乡(镇)村企业建设用地则必须经过征收,变更为国有土地后才能入市。这种制度虽在保护农民权益、保护耕地方面发挥了作用,但农地要转为建设用地,必须实行征地;建设需要用地,必须使用国有土地。这一规定规范了建设用地市场,但没有给集体建设用地进入市场留下通道。由于建设用地指标管制,引发的矛盾和问题越来越多。这对于农村建设用地来说过于僵化,随着经济的发展,其局限性也越来越明显。例如,某村当年办企业失败后留下的六七十亩地长期闲置,无法耕种,不能出售,造成土地资源浪费。某投资人花100多万元买下一幢乡

镇企业的旧厂房,准备建民宿酒店。但买下后,项目却无法推进。因为其所收购的旧厂房属于工业用地,要变为商业用地,必须先征收为国有土地再拍卖,手续烦琐,实施起来有难度。针对实践中存在的问题,2014 年 12 月习近平总书记先后主持召开中央全面深化改革领导小组第七次会议和中央政治局常委会会议,审议通过《关于农村土地征收、集体经营性建设用地入市、宅基地制度改革试点工作的意见》。该意见要求,建立农村集体经营性建设用地入市制度。针对农村集体经营性建设用地权能不完整,不能同等入市、同权同价和交易规则亟待健全等问题,要完善农村集体经营性建设用地产权制度,赋予农村集体经营性建设用地出让、租赁、入股权能;明确农村集体经营性建设用地入市范围和途径;建立健全市场交易规则和服务监管制度。统一国有建设用地与农村集体经营性建设用地市场交易规则,建立农村集体经营性建设用地公开交易的平台和制度。建立城乡统一的建设用地市场。存量农村集体建设用地中,土地利用总体规划和城乡规划确定为工矿仓储、商服等经营性用途的土地,在符合规划、用途管制和依法取得的前提下,可以出让、租赁、入股,实行与国有土地同等入市、同权同价。

2015 年 2 月 27 日第十二届全国人大常委会第十三次会议审议通过《关于授权国务院在北京市大兴区等三十三个试点县(市、区)行政区域暂时调整实施有关法律规定的决定》,授权在试点地区暂时调整实施《土地管理法》《城市房地产管理法》有关法律规定,授权期限截至 2017 年 12 月 31 日。之后,全国人大常委会根据改革试点情况,决定将试点延期至 2019 年年底。在改革试点中,试点地区形成了比较完整的工作制度和政策体系,建立了集体经营性建设用地入市管理办法和交易规则,目前交易较活跃。部分试点地区建议,允许在符合规划和用途管制的前提下,新增集体建设用地也可以入市。试点地区普遍参照国有建设用地交易制度,建立了集体经营性建设用地入市后的管理措施。其中,江苏武进以出让方式取得集体经营性建设用地资产成功上市,首次在最高层级资本市场上得到认可。浙江德清、河南长垣、山西泽州、辽宁海城等地通过集体建设用地调整入市建设乡(镇)工业园区,为促进乡村产业集聚、转型发展提供了有效平台。福建晋江通过"指标置换、资产置换、货币补偿、借地退出"4 种方式腾退宅基地 6345 亩,为农村产业发展提供了较充足的用地空间。浙江德清已入市集体经营性建设用地 183 宗、1347 亩,农村集体经济组织和农民获得净收益 2.7 亿元,惠及农民 18 万余人,覆盖面达 65%。截至 2018 年 12 月,33 个试点县(市、区)集体经营性建设用地已入市地块 1 万余宗,面积 9 万余亩,总价款约 257 亿元,收取调节金 28.6 亿元,办理集体经营性建设用地抵押贷款 228 宗、38.6 亿元。[①] 国务院总结改革试点经验,向全国人大常委会建议,对土地利用总体规划等法定规划确定为工业、商业等经营性用途,并经依法登记的集体建设用地,允许土地所有权人通过出让、出租等方式交由单位或者个人使用;为维护土地管理秩序,明确要求集体建设用地使用权人严格按照土地利用总体规划等法定规划确定的用途使用土地;集体经营性建设用地使用权的最高年限、登记等,参照同类用途的国有建设用地执行。修改后的《土地管理法》吸纳了改革试点工作经验,删除了原《土地管理法》第 43 条关于"任何单位和个人进行建设,需要使用土地的,必须依法申请使用国有土地"的规定。同时,修改后的《土地管理法》第 63

① 参见国务院于 2018 年 12 月 23 日在第十三届全国人民代表大会常务委员会第七次会议上向全国人民代表大会常务委员会作的国务院《关于农村土地征收、集体经营性建设用地入市、宅基地制度改革试点情况的总结报告》。

条规定:“土地利用总体规划、城乡规划确定为工业、商业等经营性用途,并经依法登记的集体经营性建设用地,土地所有权人可以通过出让、出租等方式交由单位或者个人使用,并应当签订书面合同,载明土地界址、面积、动工期限、使用期限、土地用途、规划条件和双方其他权利义务。前款规定的集体经营性建设用地出让、出租等,应当经本集体经济组织成员的村民会议三分之二以上成员或者三分之二以上村民代表的同意。通过出让等方式取得的集体经营性建设用地使用权可以转让、互换、出资、赠与或者抵押,但法律、行政法规另有规定或者土地所有权人、土地使用权人签订的书面合同另有约定的除外。集体经营性建设用地的出租,集体建设用地使用权的出让及其最高年限、转让、互换、出资、赠与、抵押等,参照同类用途的国有建设用地执行。具体办法由国务院制定。”这一规定是重大的制度突破,结束了多年来集体建设用地不能与国有建设用地同权同价同等入市的二元体制,为推进城乡一体化发展扫清了制度障碍,被视为修改后的《土地管理法》的最大亮点。[①]修改后的《土地管理法》第66条还对收回农村集体建设用地使用权的法定情形作了规定:“有下列情形之一的,农村集体经济组织报经原批准用地的人民政府批准,可以收回土地使用权:(一)为乡(镇)村公共设施和公益事业建设,需要使用土地的;(二)不按照批准的用途使用土地的;(三)因撤销、迁移等原因而停止使用土地的。依照前款第(一)项规定收回农民集体所有的土地的,对土地使用权人应当给予适当补偿。收回集体经营性建设用地使用权,依照双方签订的书面合同办理,法律、行政法规另有规定的除外。”

在司法实践中,需要注意以下几个问题。第一,要注意集体经营性建设用地的范围。国土资源部等四部委《关于农村集体土地确权登记发证的若干意见》第8条规定,认真做好集体建设用地的确权登记发证工作。村委会办公室、医疗教育卫生等公益事业和公共设施用地、乡镇企业用地及其他经依法批准用于非住宅建设的集体土地,应当依法进行确权登记发证,确认集体建设用地使用权。将集体土地使用权依法确认到每个权利主体。凡依法使用集体建设用地的单位或个人应申请确权登记。对于没有权属来源证明的集体建设用地,应查明土地历史使用情况和现状,认定合法使用的,由村委会出具证明并公告30天无异议的,经乡(镇)人民政府审核,报县级人民政府审批,确权登记发证。该意见第9条规定,妥善处理农村违法宅基地和集体建设用地问题。违法宅基地和集体建设用地必须依法依规处理后方可登记。对于违法宅基地和集体建设用地,应当查明土地历史使用情况和现状,对符合土地利用总体规划与村镇规划以及有关用地政策的,依法补办用地批准手续后,进行登记发证。根据上述规定,农村建设用地包括公益事业和公共设施用地、乡镇企业用地以及其他经依法批准用于非住宅建设的集体土地。首先,农民宅基地不属于集体经营性建设用地。其次,村委会办公室、医疗教育卫生等公益事业和公共设施用地不属于经营性建设用地。再次,经营性建设用地主要是指乡镇企业用地等情况。最后,经营性建设用地应当符合土地利用总体规划与村镇规划以及有关用地政策。

第二,集体经营性建设用地入市主要是指进入土地二级开发市场,主要目的是盘活存量集体经营性建设用地。修改后的《土地管理法》第60条规定:“农村集体经济组织使用乡(镇)土地利用总

---

① 乔思伟:《农村土地制度实现重大突破——自然资源部法规司司长魏莉华解读新土地管理法》,载《资源与人居环境》2019年第11期。

体规划确定的建设用地兴办企业或者与其他单位、个人以土地使用权入股、联营等形式共同举办企业的，应当持有关批准文件，向县级以上地方人民政府自然资源主管部门提出申请，按照省、自治区、直辖市规定的批准权限，由县级以上地方人民政府批准；其中，涉及占用农用地的，依照本法第四十四条的规定办理审批手续。按照前款规定兴办企业的建设用地，必须严格控制。省、自治区、直辖市可以按照乡镇企业的不同行业和经营规模，分别规定用地标准。”因此，对于新增的集体经营性建设用地，仍然要经过法定审批程序。对于增量集体经营性建设用地是否能进入二级土地开发市场，法律未作禁止性规定。

第三，要注意集体经营性建设用地入市对民事审判会带来的新的挑战：一是关于集体经营性建设用地入市的集体经营性建设用地使用权转让、抵押等合同纠纷会逐渐出现；二是集体经营性建设用地引发的合作建房、建设工程施工合同纠纷等也会增加；三是集体经营性建设用地使用权收回及补偿等新类型纠纷会出现；四是小产权房交易是否合法的问题也会进一步凸显。在处理这类纠纷时，不仅要准确适用《民法典》《土地管理法》《城市房地产管理法》等法律规定，还需要把握土地改革政策精神和乡村振兴发展战略要求。2020 年 3 月 30 日中共中央、国务院《关于构建更加完善的要素市场化配置体制机制的意见》发布。该意见第二部分“推进土地要素市场化配置”规定，建立健全城乡统一的建设用地市场。加快修改完善土地管理法实施条例，完善相关配套制度，制定出台农村集体经营性建设用地入市指导意见。鼓励盘活存量建设用地。深化农村宅基地制度改革试点，深入推进建设用地整理，完善城乡建设用地增减挂钩政策，为乡村振兴和城乡融合发展提供土地要素保障。完善土地管理体制。探索建立全国性的建设用地、补充耕地指标跨区域交易机制。加强土地供应利用统计监测。实施城乡土地统一调查、统一规划、统一整治、统一登记。推动制定不动产登记法。这些政策对于涉建设用地使用权案件的民商事审判也具有指导意义。建设用地改革对于推进城市化进程、实施乡村振兴战略、提高市场配置资源的效率、提高我国经济全要素生产率均具有重大意义。土地政策改革也还在不断进行中，民商事司法审判应当积极为发展和改革提供司法服务和保障。这也是《民法典》实施的重要方面。

二、司法实践中应当坚持“房地一致”原则

“房地一致”是处理我国房屋所有权和土地使用权关系的一项基本原则，也被通俗地称为“房随地走、地随房走”。“房地一致”原则源于房屋和土地之间天然的不可分离性。“房地一致”原则包括两个方面：一是静态归属关系中的房地一致原则；二是动态流转关系中的“房地一致”原则。“房地一致”只是通俗的说法，并不仅限于房屋与土地的关系，包括所有的建筑物、构筑物及其附属设施的所有权与其所占据土地的所有权与使用权的关系。在土地私有制的国家，“房地一致”，是指建筑物、构筑物及其附属设施的所有权与其所占据土地的所有权之间的关系。我国实行土地公有制，土地所有权的流转受到严格限制，“房地一致”原则，主要是指建筑物、构筑物及其附属设施的所有权与其所占据土地的使用权之间的关系。

由于建筑物、构筑物及其附属设施与土地天然不可分离，“房地一致”原则是各国立法之通例。我国理论界及实务界长期以来都遵守着“房地一致”原则，即“房随地走，地随房走”的模式。“房地一致”原则基于房与地天然的在物理上的一致性关系，在静态归属上承认二者的独立，但在动态处

分上坚持“一并处分”，以此避免出现建筑物缺乏土地使用权而导致的“非法”境地。这不仅有助于简化不动产权利关系，而且有利于建筑物的使用、流转以及发挥土地的效用，减少权利纠纷，维护社会关系的稳定。我国实行土地公有制，土地所有权并不能自由流转，“房地一致”主要体现为土地使用权与建筑物、构筑物及其附属设施的一致性。《民法典》第352条规定：“建设用地使用权人建造的建筑物、构筑物及其附属设施的所有权属于建设用地使用权人，但是有相反证据证明的除外。”该条是关于建设用地上的建筑物、构筑物及其附属设施的所有权属于建设用地使用权人的推定。从我国建设工程施工的行政审批和实践来看，建设工程施工合同的建设方应当为建设工程所占用土地的使用权人。只有在建设方取得建设用地使用权的情况下，才有可能继续办理建设工程规划许可证和建设工程施工许可证，才具备对建设工程进行施工的前提条件。《民法典》第231条规定：“因合法建造、拆除房屋等事实行为设立或者消灭物权的，自事实行为成就时发生效力。”建筑物、构筑物及其附属设施的所有权原则上由建设方所有。因此，在一般情况下，建设用地使用权人才能在建设用地上建造建筑物、构筑物及附属设施，故民法推定建设用地上的建筑物、构筑物及其附属设施的所有权属于建设用地使用权人。这也在制度上保证了建设用地使用权与建设用地上的建筑物、构筑物及其附属设施的所有权归属于同一人，在房地权利的静态归属上坚持了“房地一致”原则。但这一原则并不绝对。该条的但书部分主要是指在城市房地产建设中，一部分市政公共设施是通过开发商与地方政府协商约定由开发商在房地产项目开发中配套建设。这类配套设施属于市政公用设施，原则上归国家所有。这类设施的归属应当依据双方合同的约定来确定，而非当然属于建设用地使用权人。建设方将建筑物转让给第三人后，受让人也应当尊重这一权属划分。①

在建设用地使用权和建筑物、构筑物的流转上，为确保建筑物、构筑物的正常使用，原则上也坚持房地一致原则。《民法典》第356条规定：“建设用地使用权转让、互换、出资或者赠与的，附着于该土地上的建筑物、构筑物及其附属设施一并处分。”第357条规定：“建筑物、构筑物及其附属设施转让、互换、出资或者赠与的，该建筑物、构筑物及其附属设施占用范围内的建设用地使用权一并处分。”这两条规定确定了我国房地权属在动态流转让的“房地一致”原则，即所谓的“房随地走，地随房走”规则。在实践中需要注意，“房地一致”原则在房地权利归属与房地权利流转时的具体应用并不相同。对比《民法典》第356条与第352条、第357条的规定就可以发现，在房地权利归属上，“房地一致”原则有例外情形，但在房地权利的流转上，“房地一致”原则没有例外。理论上，在处理土地权利与地上建筑物的权利关系时，存在不同观点，如前文所述，也存在不同的立法例。一种观点认为，土地的权利人与地上建筑物的权利人可以不一致，可由一人享有土地使用权或所有权，而另一人享有地上建筑物的所有权。另一种观点认为，土地的权利人应与地上建筑物的权利人保持一致，土地的使用权人或者所有权利人才能是地上建筑物的所有权人。后一种观点又存在“地随房走”和“房随地走”的分歧。坚持“地随房走”的人认为，应当以地上建筑物的权属来确定土地的权属，即享有地上建筑物所有权的人，自然也享有土地使用权。坚持“房随地走”的人认为，应当以土

① 全国人大常委会法制工作委员会民法室编：《中华人民共和国物权法条文说明、立法理由及相关规定》，北京大学出版社2017年版，第302页。

地的权属来确定地上建筑物的权属,享有土地所有权或者使用权的人,就享有地上建筑物的所有权。[①] 在司法实践中需要注意的是,笼统地谈"房随地走"或者"地随房走"并不准确。立法例上的差异也主要体现在房地权利的归属上,在房地权利的流转上各国均坚持房地一致原则。当然,在房地分属不同权利人的情况下,在流转时是否需要对各方当事人分配以适当的注意义务,尤其是,是否需要根据各方当事人的过错来确定房地流转之效果,值得进一步研究。实践中的情况较复杂,还需要具体分析。但根据《民法典》的规定,我国在处理房地流转问题时,必须严格坚持房地一致原则。这也是当事人参与交易所应当注意之事项。

三、划拨土地使用权转让应当符合法定条件

关于建设用地使用权的转让,《民法典》第353条规定:"建设用地使用权人有权将建设用地使用权转让、互换、出资、赠与或者抵押,但是法律另有规定的除外。"因此,建设用地使用权原则上可以自由转让,需要注意的是有哪些"法律另有规定"的除外情形。建设用地使用权的来源主要有出让和划拨两种方式。对于出让地的使用权,使用权人可自由处分;对于划拨地使用权的转让,则需要符合法律规定的条件。《民法典》第347条第3款规定,严格限制以划拨方式设立建设用地使用权。划拨地使用权的取得需要获得主管行政机关的审批。对此,《城市房地产管理法》第23条规定:"土地使用权划拨,是指县级以上人民政府依法批准,在土地使用者缴纳补偿、安置等费用后将该幅土地交付其使用,或者将土地使用权无偿交付给土地使用者使用的行为。依照本法规定以划拨方式取得土地使用权的,除法律、行政法规另有规定外,没有使用期限的限制。"该法第24条规定:"下列建设用地的土地使用权,确属必需的,可以由县级以上人民政府依法批准划拨:(一)国家机关用地和军事用地;(二)城市基础设施用地和公益事业用地;(三)国家重点扶持的能源、交通、水利等项目用地;(四)法律、行政法规规定的其他用地。"因此,划拨土地使用权的用途以及审批都必须符合法律规定。

随着我国市场经济的发展,我国土地制度也不断发展变化。改革开放之前,我国对建设用地主要采取行政划拨制度。1990年5月国务院颁布《城镇国有土地使用权出让和转让暂行条例》,改革国有划拨土地使用制度,确立国有土地使用权有偿出让和行政划拨并存的双轨制度。该暂行条例对划拨土地使用权的转让采取严格限制的措施。2019年《划拨土地使用权管理暂行办法》的主要内容因不符合改革需要和管理实践而被废止。《城市房地产管理法》,进一步对国有划拨土地使用权的流转作了规定。该法第40条规定:"以划拨方式取得土地使用权的,转让房地产时,应当按照国务院规定,报有批准权的人民政府审批。有批准权的人民政府准予转让的,应当由受让方办理土地使用权出让手续,并依照国家有关规定缴纳土地使用权出让金。以划拨方式取得土地使用权的,转让房地产报批时,有批准权的人民政府按照国务院规定决定可以不办理土地使用权出让手续的,转让方应当按照国务院规定将转让房地产所获收益中的土地收益上缴国家或者作其他处理。"该法第51条规定:"设定房地产抵押权的土地使用权是以划拨方式取得的,依法拍卖该房地产后,应当从拍卖所得的价款中缴纳相当于应缴纳的土地使用权出让金的款额后,抵押权人方可优先受偿。"

---

① 郭明瑞主编:《中华人民共和国物权法释义》,中国法制出版社2007年版,第267页。

该法第56条规定:“以营利为目的,房屋所有权人将以划拨方式取得使用权的国有土地上建成的房屋出租的,应当将租金中所含土地收益上缴国家。具体办法由国务院规定。”2005年《土地使用权解释》颁布,该解释第12条规定:“土地使用权人与受让方订立合同转让划拨土地使用权,起诉前经有批准权的人民政府同意转让,并由受让方办理土地使用权出让手续的,土地使用权人与受让方订立的合同可以按照补偿性质的合同处理。”

在司法实践中争议较大的是划拨土地使用权转让应当符合哪些条件。根据上述规定,划拨土地使用权流转主要包括以下几种方式:一是通过办理出让手续后转让;二是实现抵押权;三是经有批准权的人民政府批准后转让;四是在企业改制中流转。第一种方式是最常见的划拨土地流转方式,是变无偿的划拨使用为有偿使用。该流转方式必须要符合3个条件:一是报有批准权的人民政府审批;二是由受让方办理土地使用权出让手续;三是依照国家有关规定缴纳土地使用权出让金。第二种方式在实践中亦较常见。划拨土地使用人在划拨土地使用权上设立抵押后,如果抵押权人请求实现抵押权,就需要流转该划拨土地使用权,以实现其交换价值。这种流转方式的实质与第一种流转方式相同,也是要将无偿的划拨使用转变为有偿使用。因此,实质设立在划拨土地使用权上的抵押权时,应当将划拨土地使用权转为出让土地使用权,并扣缴土地使用权出让金。第三种流转方式较特殊,必须符合以下三个条件:一是划拨土地使用权流转必须符合《城市房地产转让管理规定》第12条规定的7种情形;二是经有批准权的人民政府批准;三是虽可以不办理土地使用权出让手续,但应当将转让房地产所获收益中的土地收益上缴国家或者作其他处理。第四种流转方式亦较特殊,发生在企业改制过程中。综合来看,除政策性较强、因特殊历史原因或者其他原因不能将划拨土地使用权转变为有偿的出让土地使用权的情况外,划拨土地使用权转让均需要转变为出让土地使用权、补缴国有土地使用权出让金并经有权机关批准。除上述4种方式外,在实践中还存在一种转让方式,即直接将划拨土地使用权从一个划拨土地使用权人转移至另一个划拨土地使用权人。这种情况可理解为国有土地行政管理部门将划拨土地使用权收回后,另行划拨给其他使用权人使用,也需要经过行政审批。至于新的使用权人与原使用权人协商对原使用权人以经济补偿的,可从其约定。对于该问题,《土地使用权解释》第13条规定:“土地使用权人与受让方订立合同转让划拨土地使用权,起诉前经有批准权的人民政府决定不办理土地使用权出让手续,并将该划拨土地使用权直接划拨给受让方使用的,土地使用权人与受让方订立的合同可以按照补偿性质的合同处理。”

《土地使用权解释》第11条也规定:“土地使用权人未经有批准权的人民政府批准,与受让方订立合同转让划拨土地使用权的,应当认定合同无效。但起诉前经有批准权的人民政府批准办理土地使用权出让手续的,应当认定合同有效。”该解释第16条规定:“土地使用权人未经有批准权的人民政府批准,以划拨土地使用权作为投资与他人订立合同合作开发房地产的,应当认定合同无效。但起诉前已经办理批准手续的,应当认定合同有效。”过去,由于我国司法实践对负担行为和处分行为的效力未作明确区分,大陆法系传统的观点亦将合同履行不能作为影响合同效力的因素之一,因此我国司法实践以前对于土地使用权人未经有批准权的人民政府批准,与受让方订立的转让划拨土地使用权合同的效力持否定态度。2007年《物权法》颁布,该法第15条规定:“当事人之间订立有关设立、变更、转让和消灭不动产物权的合同,除法律另有规定或者合同另有约定外,自合同成立时生效;未办理物权登记的,不影响合同效力。”在理论上和实践中均倾向认为我国《物权法》对物权行为(处分行为)和债权行为(负担行为)的效力区别对待。在实践中,划拨土地使用权人在与受让人签订国有土地使用权转让合同时,往往尚未办理审批手续;或者说,办理审批手续本身就是双方当事人约定的合同内容。由于市场环境或者法律环境变化,一方当事人不愿意、不配合办理行政审批手续,并主张转让合同未经审批,应认定为无效。这种行为不仅是违约行为,也有违诚实信用原则,破坏了市场秩序。在实践中,当事人在行政机关审批之前签订划拨土地使用权转让合同是一种交易常态。受让人基于对转让合同的信赖往往已经开始了相应的土地开发准备行为,甚至部分当事人已经开发、使用土地达数年或者10多年时间。由于我国建设用地市场整体上呈价格上涨趋势,部分转让人恶意不配合办理行政审批手续,并主张划拨土地使用权转让合同无效,只愿意承担缔约过失责任。在这种情况下,区分物权行为和债权行为十分必要。就物权行为而言,在未经行政机关审批前,不发生建设用地使用权转移的效果,受让人不能获得建设用地使用权,以维护建设用地市场秩序、保护国家收取土地出让金利益。就债权行为而言,转让人与受让人之间签订的划拨土地使用权转让合同如果不是法律、行政法规规定批准生效的合同,该合同从成立时生效;如果是法律、行政法规规定应当批准才能生效的合同,未办理审批手续影响合同生效的,不影响合同中改造报批等义务条款的效力。转让人不依约配合办理行政审批手续的,应当承担违约责任,以保护善意相对人利益、维护社会诚信和交易安全。

四、转让人未取得土地使用权并不导致建设用地使用权转让合同无效

由于我国实行土地公有制,不允许自由买卖土地所有权。土地资源的流转和市场配置,就要通过建设用地使用权的流转来实现。《民法典》第353条规定:“建设用地使用权人有权将建设用地使用权转让、互换、出资、赠与或者抵押,但是法律另有规定的除外。”第354条规定:“建设用地使用权转让、互换、出资、赠与或者抵押的,当事人应当采用书面形式订立相应的合同。使用期限由当事人约定,但是不得超过建设用地使用权的剩余期限。”在实践中,有的当事人在签订建设用地使用权转让合同时,出让方尚未取得建设用地使用权。例如,2007年B市工业城规划管理局批复同意A公司《关于工程置换商住用地约100亩的规划选址申请》。随后,A公司与B市招商局签订《B市迎宾路南段建设项目投资协议》,约定由A公司全额垫资建设迎宾路南段约2300米的土方和主路面建设工程,由B市招商局以土地使用权置换道路建设款的方式运作,B市招商局负责向A公司提供出让手续完整的经营性用地,用于偿还A公司的工程款。2007年年末B市工业城规划管理局批复同意A公司《关于工程置换商住用地约27亩的规划选址申请》。次年,B市工业城规划管理局批复同意A公司《关于工程置换商住用地约20亩的规划选址申请》。以上3宗土地使用权约77亩。2010年4月6日A公司授权第三人李某全权处理A公司在B市新城投资修路所置换的所有土地的一切事宜。2010年A公司(甲方)与案外人C公司(乙方)签订《联合开发协议》,约定用上述3宗土地联合开发房地产项目,C公司以每亩20万元为标准投入合作资金,并取得商住用地的土地使用权。之后,A公司(甲方)、C公司(乙方)、杨某(丙方)签订《协议书》,约定:乙方将其在《联合开发协议》项下的权利和义务全部转让给丙方,原《联合开发协议》中的乙方变更为丙方,其后由甲方和丙方继续履行《联合开发协议》。此前乙方已经支付给甲方或其代理人的款项,视为丙

方已经支付给甲方的款坝。后续如有应支付给甲方的款项,由丙方负责支付给甲方。甲方将《联合开发协议》约定的3宗土地全部过户到丙方名下。甲方仍需负责3宗土地的拆迁,但不参与该3宗土地拆迁后的开发建设,既不分享开发建设产生的收益也不承担开发建设如有造成的亏损。仅负责收取每亩20万元合作投资资金。该3宗土地的开发建设销售等全部由乙方或其指定的第三方单方负责,联合开发的收益和产生的债权债务全部归乙方或其指定的第三方所有或承担。后因上述建设用地需要通过公开竞价方式出让,杨某不能直接取得建设用地使用权。杨某起诉请求确认《联合开发协议》《协议书》合法有效,请求A公司继续履行协议,确认开发协议中约定的30亩土地使用权归杨某所有,B市国土资源局协助办理前述土地使用权登记手续。关于《联合开发协议》《协议书》是否有效、能否确认土地归杨某所有的问题,应当如何认识?

在《民法典》已经出台的今天,本书认为,对该案应当这样认识:根据各方协议约定,A公司负责土地的拆迁,但不参与拆迁后的开发建设,既不分享开发建设产生的收益也不承担开发建设造成的亏损,仅收取每亩20万元合作投资资金;土地的开发建设销售等全部由C公司或其指定的第三方丙方杨某负责,联合开发的收益和产生的债权债务由杨某全部承担。因此,协议虽名为房地产联合开发协议,但实为国有土地使用权转让协议。《土地使用权解释》第9条规定,转让方未取得出让土地使用权证书与受让方订立合同转让土地使用权,起诉前转让方已经取得出让土地使用权证书或者有批准权的人民政府同意转让的,应当认定合同有效。该条解释只就转让方未取得出让土地使用权证书与受让方订立转让土地使用权合同在起诉前转让方已经取得出让土地使用权证书或者有批准权的人民政府同意转让的情况下,合同效力应当认定有效作了规定,但并未否定对起诉前转让方未取得出让土地使用权证书或者经有批准权的人民政府同意转让的情形下合同的效力。而根据《物权法》第15条的规定,当事人之间订立有关设立、变更、转让和消灭不动产物权的合同,除法律另有规定或者合同另有约定外,自合同成立时生效;未办理物权登记的,不影响合同的效力。国有土地使用权转让作为物权变动的一种形态,其转让行为适用物权法规定的物权变动原则,A公司是否取得案涉土地使用权证书或经有批准权的政府批准转让是属于合同履行的结果问题,并非合同的生效要件,而且案涉国有土地使用权转让合同系当事人之间的真实意思表示,亦不符合《合同法》第52条规定的情形。此外,买受人杨某基于有效合同另案主张违约责任,相对于合同无效主张缔约过失责任,更有利于保护其合法利益,可以防止不诚信方通过主张合同无效逃避违约责任,故《联合开发协议》《协议书》为有效合同。继续履行是当事人承担违约责任的一种方式。杨某有权请求协议当事人继续履行,其他协议当事人亦应当积极获取建设用地使用权,并确保杨某获得建设用地使用权。

本书认为,关于合同履行不能对合同效力的影响,应当作具体分析,不能一概而论。对履行不能,可按不同标准作不同的区分。一是可区分为主观不能与客观不能。客观不能系指给付对任何人来说皆为不能。有基于自然法则的,如标的物于订约前业已灭失;有基于法律规定的,如应为交付之物被禁止流通;也有基于经济事实理由的,如约定在海底捞针,虽在技术上或为可能,但就经济事实而言,则毫无意义,应认为是客观不能。反之,则是主观不能。如仅债务人不能为给付,但至少有一他人可以为给付的履行。二是可分为自始不能和嗣后不能。自始不能,是指在给付义务成立之时给付即为不可能。如债务成立时不存在之物。嗣后不能,是指给付在债务成立后始为不可能。

如出卖之物于合同成立后标的物交付前灭失。主观不能与客观不能,自始不能与嗣后不能两种分类可以相互混合,形成以下4种形态:自始客观不能、自始主观不能、嗣后客观不能和嗣后主观不能。三是可分为全部不能与一部不能。全部不能,是指给付标的全部不能履行。一部不能,是指给付的标的部分不能履行。四是可区分为永久不能与一时不能。永久不能,是指债务的履行存在障碍,该障碍在履行期间内或在债务人得为履行的期间内不可能消除。该障碍在履行期内或债务人得为履行期内可能消除的,为一时不能。在继续的给付中,一时的障碍使给付成为一部不能。自始客观不能,如为永久不能,则合同无效;如为一时不能,则合同有效。嗣后的永久不能,发生债务人免责或赔偿责任,而一时不能,则会引起迟延履行。五是可区分为事实不能与法律不能。事实上的不能,也称自然不能,即基于自然法则的不能,如买卖月亮。法律不能,是指基于法律的规定而履行不能,如转让禁止流动物。如果建设用地使用权的让与人在与受让人签订建设用地使用权转让合同时,虽然未取得建设用地使用权,但其有可能取得建设用地债权权,后因未取得建设用地使用权而无法履行合同的,不宜认定合同无效。在合同签订之时,让与人尚未取得建设用地使用权,属于自始不能而非嗣后不能、一时不能而非永久不能、主观不能而非客观不能、法律不能而非事实不能。正是由于让与人的之转让行为并非永久不能、客观不能、事实不能,才不宜认定其无效。而对于自始不能,虽然自罗马法以来,传统民法理论认为该行为无效,但现代民法已经改变了这一观点。例如,《国际商事合同通则》规定,合同订立时不可能履行所承担之义务的事实本身不影响合同的效力,合同订立时一方当事人无权处置与该合同相关联之财产的事实本身不影响合同的效力。《欧洲合同法原则》也遵从了这一原则。

具体到国有土地使用权转让合同的效力问题,应当将相关法律和司法解释作统一理解和适用,尤其要考虑我国市场经济的发展需要和立法、司法理念的发展变化情况。

《土地使用权解释》第9条规定:“转让方未取得出让土地使用权证书与受让方订立合同转让土地使用权,起诉前转让方已经取得出让土地使用权证书或者有批准权的人民政府同意转让的,应当认定合同有效。”对于该条解释,应当从体系解释和历史解释的角度来理解和适用。最高人民法院《关于审理涉及国有土地使用权合同纠纷案件适用法律问题的解释》制定于2005年,当时对于无权处分行为的效力等问题,在理论上和实践中存在争议。1999年制定的《合同法》第51条规定:“无处分权的人处分他人财产,经权利人追认或者无处分权的人订立合同后取得处分权的,该合同有效。”该条规定一般解读为无权处分行为无效,除非经权利人追认或者无处分权的人订立合同后取得处分权。但该条规定自《合同法》制定之日起,就引起了广泛争议。市场经济的发展和交易的扩大,早已经突破了只能处分已有之物的原则。例如,汽车经销商在与购车人签订买卖合同时,可能还没有从生产商处购得汽车。但根据汽车经销商与生产商的协议,经销商可以预期其将在两个月内收到汽车,并基于该预期提前将汽车预售给购车人,与购车人约定两个月后交车。如果由于车辆运输或者汽车生产商生产不正常等原因,导致经销商不能按时取得汽车,并且无法履行其与购车人之间的买卖合同。经销商可否以其无权处分而主张合同无效?现在从生活常识和经验法则看,不应当赋予经销商这一权利。在实践中,此类交易非常常见。2005年制定《土地使用权解释》时,之所以规定转让方未取得出让土地使用权证书与受让方订立合同转让土地使用权,起诉前转让方已经取得出让土地使用权证书或者有批准权的人民政府同意转让的,应当认定合同有效,一是因为

《合同法》第51条有无权处分的规定；二是基于《城市房地产管理法》的规定。《城市房地产管理法》第39条规定："以出让方式取得土地使用权的，转让房地产时，应当符合下列条件：(一)按照出让合同约定已经支付全部土地使用权出让金，并取得土地使用权证书；(二)按照出让合同约定进行投资开发，属于房屋建设工程的，完成开发投资总额的百分之二十五以上，属于成片开发土地的，形成工业用地或者其他建设用地条件。转让房地产时房屋已经建成的，还应当持有房屋所有权证书。"最高人民法院的司法解释既要坚持不违背当时的法律规定，又要适应经济社会发展的需要，为当时正在起草的《物权法》后来的实施预留空间，才有了《土地使用权解释》第9条的前述表述。

对于上述考量，法学理论、司法实践以及立法均有了新的认识和发展。关于无权处分的效力问题，2012年最高人民法院《买卖合同司法解释》第3条规定，"当事人一方以出卖人在缔约时对标的物没有所有权或者处分权为由主张合同无效的，人民法院不予支持。出卖人因未取得所有权或者处分权致使标的物所有权不能转移，买受人要求出卖人承担违约责任或者要求解除合同并主张损害赔偿的，人民法院应予支持"，正式明确合同标的自始不能并不影响合同效力的原则。关于国有土地使用权转让的条件问题，随着我国房地产市场的完善和立法的完善，特别是法学理论研究的深入，理论界和实务界对《城市房地产管理法》第39条规定的房地产转让条件有不同认识。人民法院在审判实践中对转让方转让的土地是否符合法律规定的转让条件与土地使用转让合同效力的关系，从一般应当认定合同无效到尽可能维持合同效力转变。换言之，《城市房地产管理法》第39条更多地被视为管理性强制性规定而非效力性强制性规定。当事人违反该规定的，行政机关可处以行政处罚，但不宜仅据此而认定国有土地使用权转让合同无效。关于债权行为与物权行为的区分问题，2007年《物权法》颁布，该法第15条规定："当事人之间订立有关设立、变更、转让和消灭不动产物权的合同，除法律另有规定或者合同另有约定外，自合同成立时生效；未办理物权登记的，不影响合同效力。"在理论上和实践中均倾向认为我国《物权法》对物权行为和债权行为区别对待。未办理物权登记，只是不发生物权法上的效果，并不影响合同这一债权行为的效力。首先，关于不动产物权变动的基础关系，即设立、变更、转让和消灭不动产物权的合同是否生效，应该依据《合同法》等规定作出判断，而不能以不动产是否已经办理物权登记为标准进行判断。如果合同具备法律规定的生效要件，则应该认定合同关系已经生效，当事人应该受到合同的约束。当事人不遵守合同约定的，应该承担违约责任。至于物权变动能否成就，并不是合同生效的必备条件。因为合同生效后不一定能够完成不动产物权的登记，有可能因为一方违约，还可能因为其他原因，因此不能因未办理物权登记而认定合同无效。其次，关于不动产物权的变动，必须以登记为必要条件，而不能认为设立、变更、转让和消灭不动产物权的合同生效就必然发生不动产物权的变动。合同的生效能够发生债权法上的效果，但是不一定能够发生物权法上的效果。要发生不动产物权变动的效果，必须进行不动产物权的公示即登记。如果合同生效而未进行不动产登记，则权利人就只享有给付请求权，这是债法上的权利，而没有取得对不动产的支配权。再次，如果法律另有规定或者合同另有约定，当事人之间订立有关设立、变更、转让和消灭不动产物权的合同，只有经过办理物权登记，合同才生效的，应该依照法律规定或者当事人的约定。因未办理物权登记而导致合同不生效的情形是例外，必须以有法律的明确规定为前提。最后，凡不以当事人的意思表示为原因的物权变动，如依法律的直接规定或者事实行为引起的物权变动，从规定。

由于《民法典》已经出台,《合同法》第51条规定的无权处分条款已经删除,《物权法》确定的物权处分行为和合同行为分离的规定继续得到肯定,原来在《物权法》出台之前出台的《土地使用权解释》,在适用时应当将认识统一到《民法典》的规定上来,不能与之相矛盾。对于建设用地转让合同来说,如果转让人在签订建设用地转让合同时以及合同约定的履行期限届满时或者原告起诉前尚未取得建设用地使用权的,仅是不能继续履行,无法产生物权法意义上的建设用地使用权转移的法律效果,但不并能因此而否定建设用地使用权转让合同的效力。如果转让人不能依约定履行义务,则应当承担违约责任,而非缔约过失责任。

第十三章　宅基地使用权

专题一　宅基地使用权的流转

一、宅基地使用权概述

根据《国家标准土地基本术语》的规定，宅基地使用权，是指“经依法审批，由农村集体经济组织分配给其成员用于建筑住宅及其他有关附属物的、无使用期限限制的集体土地建设用地使用权”。宅基地使用权是我国特有的一种用益物权形式，是我国农民最重要的带有人身属性的财产权利之一，农村用于生产生活的房屋及其所依附的宅基地使用权是绝大多数农民的安身立命之本和基本生活保障。《民法典》物权编用益物权分编第十三章以4个条文对宅基地使用权这种较特殊的用益物权进行了宏观且抽象的规定，涵盖了对宅基地的占有和使用的权益，灭失后在程序上的处理方法，以及宅基地使用权的取得、行使、转让几个方面。在法律适用方面，明确适用土地管理的法律和国家有关规定。通过转介条款将公法规范引入私法之中，既可保持民法典相当的灵活性，又在政策未定之时，使民法典可以不作终局判断，以保证其内容的中性与稳定性。① 故处理相关纠纷，应适用《土地管理法》《土地管理法实施条例》及国家有关政策。

宅基地使用权主要有以下特点：

第一，宅基地的所有权归集体。《宪法》第10条规定：“城市的土地属于国家所有。农村和城市郊区的土地，除由法律规定属于国家所有的以外，属于集体所有；宅基地和自留地、自留山，也属于集体所有……”因此，宅基地的所有权属性，已经用根本法的形式固定为集体所有。《物权法》第60条具体规定，农民集体所有的土地依法属于村农民集体所有的，由村集体经济组织或者村民委员会经营、管理；已经分别属于村内两个以上农村集体经济组织的农民集体所有的，由村内各该农村集体经济组织或者村民小组经营、管理；已经属于乡（镇）农民集体所有的，由乡（镇）农村集体经济组织经营、管理。

第二，宅基地使用权的主体是特定的农村居民。由于宅基地成为有限、稀缺的资源，且带有较强的福利性质，与农民的生活密切相关，作为宅基地使用权的主体只能是农村集体经济组织的成员，且特定的宅基地一般仅限于本集体经济组织特定的成员享有使用权。在2015~2019年的宅基地制度改革试点地区，曾出台跨农民集体经济组织成员之间可以流转宅基地使用权的政策，但《土地管理法》修正时并未明确将其纳入法律，有待法律和政策层面的进一步稳妥推进。《宪法》《土地

---

① 苏永钦：《大陆法系国家民法典编纂若干问题探讨》，载《比较法研究》2009年第4期。

管理法》均规定宅基地使用权的主体是农村居民,国务院办公厅1999年5月6日发布的《关于加强土地转让管理严禁炒卖土地的通知》第2条第2款规定:"农村的住宅不得向城市居民出售……"2004年12月24日国务院《关于深化改革严格土地管理的决定》再次强调,"加强农村宅基地管理,禁止城镇居民在农村购置宅基地",通过禁止城镇居民购买取得宅基地并取得宅基地使用权,将宅基地使用权的主体限定为农村居民。

第三,宅基地使用权具有有限性。所谓有限性,是指宅基地一般用于建造住宅及附属设施供农民居住和使用,宅基地使用权的转让和抵押均受限制,以保障农民宅基地的专有使用权,防止农民因转让房屋而丧失宅基地使用权,最终流离失所的情况出现。

在实务中,通常会遇到以下两个问题:

第一,涉宅基地纠纷的民事受案范围认定问题。解决受案范围问题,首先要区分是宅基地确权纠纷还是宅基地侵权纠纷。宅基地确权,是指人民政府对于公民因宅基地使用权争议所作出的处理决定;宅基地侵权,是指不享有宅基地使用权的人侵犯享有宅基地使用权的人的行为。《土地管理法》第14条规定,土地所有权和使用权争议,由当事人协商解决;协商不成的,由人民政府处理。当事人对有关人民政府的处理决定不服的,可以自接到处理决定通知之日起30日内,向人民法院起诉。权属不清包括当事人之间宅基地使用证存在界限不明确或者界限重合或双方均无宅基地使用权证等情形。农村房屋建造后投入使用,但有关部门未对宅基地权属作出认定,人民法院亦无法对房屋的所有权进行确权,该纠纷属于人民政府处理的宅基地使用权确权纠纷。如马某甲与马某乙宅基地使用权纠纷再审案中,两家的房屋相邻,并于1998年4月先后办理了土地使用权证和房屋所有权证,但两证均未注明四至范围。后来马某甲以马某乙侵占其所有的宅基地东西长25米,诉至法院要求马某乙拆除侵占部分退还土地。法院审理认为,经勘查的情形与土地管理部门地籍档案的记载不符,双方土地使用权证、房屋所有权证均未注明四至界限,涉案当事人宅基地使用权的范围及界限基准点并不明确,确认该案为土地使用权争议,不属于人民法院受理民事案件的范围,驳回马某甲的起诉。根据《土地管理法》第14条的规定,权属纠纷属于政府处理事项,不服处理决定的应提起行政诉讼。

第二,关于集体经济组织成员资格认定问题。农村房屋买卖合同、集体经济组织成员福利待遇等纠纷,相关人员是否为本集体经济组织成员是纠纷处理的关键要素,也是先决条件。在实务中,一般从户口迁入、是否享有选举等权利、是否享有分红等经济权利等方面综合判断,不能仅以户口迁入与否来认定,通常会参考所在村村委会对于买受人是否属于或曾属于该集体经济组织成员方面的意见。如甲原为某村集体经济组织成员,大学毕业后考入某事业单位,但户口一直未迁出,后花60万元向同村同学乙购买了宅基地,并在宅基地上建造房屋一幢。现乙以买卖合同无效为由诉到法院,要求返还宅基地。甲抗辩其户口尚未迁出,且一直住在所造房屋内,在该村仍享有选举权,是村集体经济组织成员,该买卖合同有效。法院经审理认为,甲虽仍享有该村户籍,但并非以该集体经济组织的土地为基本生活保障,亦未在该集体经济组织内形成较固定的生产、生活,故认为甲并非村集体经济组织成员,并据此对合同效力作出认定。

二、宅基地及农村房屋流转的相关问题

(一)农村房屋买卖合同相关问题

随着城镇一体化的发展,大量农民涌入城镇务工,宅基地闲置在全国各地普遍存在,而外出务工农民的生存不再主要依赖土地,农村宅基地的社会保障功能逐步弱化,经济功能进一步凸显,出现大量买卖农村房屋的现象。与此同时,农村城镇化、拆迁安置等导致土地和房屋升值,农村房屋买卖纠纷也随之出现。

1. 关于合同效力问题。我国法律并未明令禁止农村房屋买卖行为,但根据"地随房走"原则,农村房屋所有权转移后,会涉及宅基地使用权随之转移,而根据立法本意,宅基地使用权的主体只能是本集体经济组织成员。因此,对于农村房屋买卖合同的效力问题,在实务中也出现较多困惑和分歧,现对农村房屋买卖合同的效力问题分析如下。

宅基地使用权流转合同无效,但法律、行政法规另有规定的除外。《民法典》第363条规定:"宅基地使用权的取得、行使和转让,适用土地管理的法律和国家的有关规定。"很明显,《民法典》的规定把宅基地的转让指向了土地管理的法律和国家的有关规定。在《土地管理法》中,对宅基地的规定是"一户一宅",以保障农村村民户有所居,没有规定宅基地可以转让。由于宅基地是农民集体重要的土地资源,是以实现社会保障功能为目的的住宅用地,具有福利性和社会保障功能,我国农村的社会保障体系尚不健全,该福利保障功能对农村社会的稳定具有极其重要的作用。我国实行农村土地集体所有的制度,农民对其宅基地不拥有所有权,只拥有使用权,城镇居民不得享有宅基地使用权。宅基地使用权取得的成员身份属性,是宅基地使用权最本质的属性。抛开成员身份的本质属性,允许其单独成为市场要素,并处分给非集体经济组织成员,违反制度设计之根本。因此,宅基地使用权为集体经济组织成员所享有,非本集体经济组织成员无权取得或变相取得。《土地管理法》第9条规定,农村和城市郊区的土地,除由法律规定属于国家所有的外,属于农民集体所有;宅基地和自留地、自留山,属于农民集体所有。因此,尽管我国法律并未禁止农村房屋转让,但结合《土地管理法》的相关规定以及立法精神,宅基地属于农村集体所有,宅基地使用权由村集体经济组织成员享有,农村房屋在非集体经济组织成员流转,违反法律设定的宅基地制度本质属性。与此同时,国家政策禁止宅基地使用权及宅基地上房屋向城镇居民流转。如国务院办公厅1999年5月6日发布的《关于加强土地转让管理严禁炒卖土地的通知》第2条第2款规定:"农村的住宅不得向城市居民出售……"2004年10月28日国务院《关于深化改革严格土地管理的决定》再次强调:"加强农村宅基地管理,禁止城镇居民在农村购置宅基地。"2004年11月2日国土资源部《关于加强农村宅基地管理的意见》第13条规定:"……严禁城镇居民在农村购置宅基地,严禁为城镇居民在农村购买和违法建造的住宅发放土地使用证。"2007年12月30日国务院办公厅《关于严格执行有关农村集体建设用地法律和政策的通知》再次重申:"城镇居民不得到农村购买宅基地、农民住宅或小产权房。"这些规定体现了国家政策一贯的限制农民住房、宅基地使用权向城镇居民流转的态度。《第八次全国法院民事商事审判工作会议(民事部分)纪要》第19条明确规定,在国家确定的宅基地制度改革试点地区,可以按照国家政策及相关指导意见处理宅基地使用权因抵押担保、转让而产生的

纠纷。在非试点地区,农民将其宅基地上的房屋出售给本集体经济组织以外的人,该房屋买卖合同认定为无效。至于《民法典》实施后,宅基地是否可以在本集体经济组织成员中流转,宅基地上的房屋如何买卖,应当根据法律、行政法规的规定进行,如无相关规定为依据,不宜认定合同有效。

2. 合同无效的法律后果。根据《民法典》第 157 条的规定,合同无效后,因该合同取得的财产,应当予以返还;不能返还或者没有必要返还的,应当折价补偿。有过错的一方应当赔偿对方因此所受到的损失,各方都有过错的,应当各自承担相应的责任。《第八次全国法院民事商事审判工作会议(民事部分)纪要》第 19 条也规定,合同无效后,买受人请求返还购房款及其利息,以及请求赔偿翻建或者改建成本的,应当综合考虑当事人过错等因素予以确定。出卖人因房屋涨价、拆迁补偿等原因主张合同无效,要求返还房屋或拆迁补偿款的,可以考虑根据案件实际情况,扩大信赖利益范围,合理确定过错大小,避免出现利益严重失衡的情况。2019 年 11 月最高人民法院《九民商事审判工作会议纪要》第 32 条至第 35 条对合同无效的法律后果作出规定,在确定合同无效后财产返还或者折价补偿范围时,要根据诚实信用原则,在当事人之间合理分配,不能使不诚信的当事人因合同无效而获益。合同无效时,仅返还财产不足以弥补损失,一方还可以向有过错的另一方请求损害赔偿。在确定损害赔偿范围时,既要根据当事人的过错程度合理确定责任,又要考虑在确定财产返还范围时已经考虑过的财产增值或贬值因素,避免双重获利或者双重受损的现象发生。在实务中,如若讼争房屋因被征收等原因而返还不能时,此时应返还作为房屋替代物的拆迁补偿款,返还的比例根据诚实信用原则进行合理分配,主要考虑市场因素、购房人重新购房的合理支出、受让人添附以及拆迁利益等因素;如若讼争房屋能够返还,仅返还财产无法弥补买受人所遭受的损失,则出卖人还应赔偿损失。关于损失范围,一般是指房屋当前的市场价值与原购置价之间的差额。对于买卖双方的过错程度的评判,出卖人应当知道涉诉房屋不能转让,且在合同成立并实际履行后,特别是在房地产市场价格上涨或获得巨大拆迁利益时,要求确认合同无效并收回房屋,与诚实信用原则相悖,应承担主要过错责任;买受人未对购买的房屋情况及法律性质尽到必要的注意义务,对合同无效存在次要过错。在过错比例的分配上,各地区可以结合自身的实际情况作出相对统一的规定,如有的地区是 7∶3,也有的地区是 9∶1,根据个案情况可有所不同。

如在蒋某诉楼某农村房屋买卖合同纠纷案中,城镇居民楼某向蒋某购买农村房屋,并支付了购房款 60,000 元,蒋某将房屋及两本产权证一并交付。因讼争房屋涉及拆迁,蒋某要求确认合同无效。案涉房屋经评估,市场价值 808,000 元。法院审理认为,房屋买卖合同因违反法律强制性规定而认定无效,根据《合同法》第 58 条的规定,蒋某返还楼某购房款 60,000 元。考虑到蒋某为改变生活环境,携子女迁居他处而出卖讼争房屋,且房屋买卖协议经所在地村委会及中间人见证,故出售讼争房屋是其真实意思表示;在出卖房屋后,蒋某单方反悔,认定蒋某应对合同无效承担主要的过错责任。楼某作为买受人在买卖房屋时未尽谨慎审查义务,未审核自己是否符合受让房屋的条件,应承担合同无效的次要责任。楼某作为买受人的利益损失,应当以房屋现值和原买卖价格的差价范围予以确认,基于诚实信用原则及平衡利益,蒋某应承担 90% 的赔偿责任。据此,判决蒋某返还楼某购房款 60,000 元,并赔偿损失 673,200 元,楼某将讼争房屋及产权证返还给蒋某。

在实务中,对于合同确认无效后,相关损失能否分别主张,裁判规则不尽统一。农村房屋买卖合同为双务合同,买卖双方互负对待给付义务,在合同无效的情况下,相互返还以及损害赔偿等义务仍然构成对待给付，此时，出卖人在其未返还买受人购房款及赔偿相应损失时，不能请求买受人返还房屋。2019 年最高人民法院《九民会议纪要》第 36 条规定，对于合同无效时法院的释明义务进行了规定，意在防止机械使用“不告不理”原则，给予法院向双方释明变更诉讼请求或者提出同时履行抗辩的责任，尽可能一次性解决纠纷。法院经审理认定合同无效的，除要在判决书“本院认为”部分对同时返还作出认定外，还应当在判项中作出明确表述，避免因判令单方返还而出现不公平的结果。农村房屋买卖合同确认无效案件，同样须赋予法院释明责任。同时，这里要强调的是，如果全部损失范围暂时无法确定时，法院应就合同是否有效先行作出处理，并在裁判文书中明确，待全部损失确定后，当事人通过另行起诉等方式解决损失赔偿问题，而不能在确认合同无效后，仅就部分损失先行作出判决。主要考虑该类案件一般出现在讼争房屋市场价值上涨或者是被拆迁征收的情形，诉讼时，房屋的重置成新价可以通过评估确定，但极有可能房屋征收补偿款尚未确定，而房屋重置成新价往往包含在征收补偿款中且难以分割出来，导致后续诉讼中损失范围难以确定或者重复计算问题。

如在刘甲与刘乙农村房屋买卖合同纠纷案中，讼争房屋涉及拆迁，但尚未出台拆迁补偿安置方案。一审认为，合同因违反法律规定被认定无效，刘甲在购买房屋后进行了装修、添附，故根据评估确定的房屋及附属物重置成新价，判决刘乙返还刘甲 45, 070 元，对于区位补偿价，待政府出台拆迁补偿安置文件后另行主张。二审认为，涉案房屋的买卖合同被确认无效后，刘甲理应将涉案房屋及附属物予以返还，刘乙亦应当同时返还购房款并赔偿信赖利益损失。鉴于尚未发布拆迁补偿安置文件，鉴定机构无法评估宅基地区位补偿价，刘甲的信赖利益损失数额尚无法确定，等出台相应的拆迁补偿安置文件后，双方关于房屋、房款返还以及经济赔偿问题可另行一并解决，而不能仅就房屋及附属物重置成新价 45, 070 元先行判决，据此驳回相关诉请。

3. 关于诉讼时效问题。确认合同无效属于形成之诉，根据法律规定，不受诉讼时效限制，且确认之诉的判决不具有给付内容，因而不具有可执行性，无须诉讼时效的限制，转让违反法律规定的情形，单纯的时间经过不能改变无效合同的违法性。因此，当事人主张农村房屋买卖合同无效，不受诉讼时效期间的限制。但合同被认定无效后，当事人主张返还财产、损害赔偿的请求，应当适用诉讼时效期间的限制，诉讼时效的起算时间，一般从合同被认定无效的判决生效之日起计算。

（二）宅基地使用权互换合同的效力问题

宅基地使用权互换，是指宅基地使用权人经平等协商，相互交换宅基地使用权的民事法律行为。宅基地使用权互换类似于买卖合同中的易货交易，差别在于前者仅转移使用权，而后者转移所有权。宅基地使用权互换实质上是宅基地使用权的一种特殊的买卖方式，法律对此并未禁止，应予以准许。同时，有关民事法律行为以及合同效力等的法律规定，均可以适用于宅基地使用权互换合同。根据最高人民法院《合同法司法解释（一）》第 9 条第 1 款的规定，法律、行政法规规定合同应当办理批准手续，或者办理批准、登记等手续才生效，在一审法庭辩论终结前当事人仍未办理批准手续的，或者仍未办理批准、登记等手续的，人民法院应当认定该合同未生效；法律、行政法规规定合同应当办理登记手续，但未规定登记后生效的，当事人未办理登记手续不影响合同效力，合同标的物所有权及其他物权不能转移。现行法律并未规定宅基地互换合同必须经过相关行政部门的批准、登记手续。因此，对宅基地使用权互换合同的效力审查，同农村房屋买卖合同的效力审查规则，即除合同有效的一般条件外,主要考察互换后是否符合宅基地使用权的主体条件。此外,从物权变动的原因分析,宅基地互换合同是物权变动的原因,而登记则是物权变动的效力公示,宅基地使用权未变更登记,不得对抗第三人,但并不影响宅基地互换合同的成立和效力。在该类纠纷中,当事人应依约履行,不仅要完成宅基地使用权实际意义上的交付,而且完成宅基地使用权法律意义上的交付。一方要求另一方到有关部门办理土地权属变更登记手续的,人民法院应予支持。

如冯某与魏某为同一村集体经济组织成员,依法取得了互为相邻的宅基地,并办理了宅基地使用权证,后双方签订宅基地互换协议,约定双方所持的土地使用权证中的尺寸不变。之后,冯某在原魏某的宅基地上建一幢楼房。魏某得知后未表示反对。魏某以宅基地互换协议未经变更登记不生效,诉至法院要求冯某返还宅基地。经现场勘验,冯某所建房屋未侵占魏某宅基地;同时,该村村委会出具证明,对冯某与魏某交换宅基地使用权的行为无异议。法院经审理认为,法律并未规定宅基地互换协议需经审批、登记后方能生效,冯某与魏某宅基地转让协议系双方真实意思表示,未侵害国家、集体及他人利益,亦未违反法律规定,应认定合法有效,双方应诚信履行,据此,驳回魏某的诉讼请求。

(三)宅基地使用权买卖合同效力问题

对于宅基地使用权流转效力问题,与农村房屋买卖合同处理原则相似;不同的是,宅基地上房屋由买受人自行建造还是由出卖人建造。因此,在无效后果的处理上,需要考虑房屋建造成本。

(四)合资建房合同效力问题

当事人约定一方提供宅基地,一方出资,出资方在房屋建成后享有部分房屋的所有权。从协议的内容来看,出资方是以支付建房款的方式取得了建成的部分房屋的所有权,双方之间法律关系的性质符合买卖合同的法律特征。因此,该协议签订时虽名为"合作建房协议",但实际上是一方以支付建房款的方式购买所建部分房屋的买卖法律关系。该情况根据农村房屋买卖合同纠纷处理原则进行审理。

在黄某诉郑某财产权属案中,双方约定,郑某提供宅基地,黄某提供资金,建造6层农村住宅房屋。建成后,1~3层归郑某所有,4~6层归黄某所有。房屋建成后,黄某自1996年开始至今一直居住于该房4~6层。郑某、黄某均为宅基地所在村的集体经济组织成员。之后,郑某将案涉房屋出让给案外人,黄某据此诉至法院,要求确认其对案涉房屋4~6层的所有权。法院审理认为,双方协议联合建房,实为黄某支付建房款的方式购买农村房屋的法律关系,黄某购买本集体经济组织成员的房屋不违反法律规定,应认定合法有效,黄某自始建造了房屋,且符合审批条件,确认案涉房屋4~6层归黄某所有。

(五)对几种特殊情形的处理原则

1. 买受人为多人,其中有一人为集体组织组织成员的,原则上认定该买卖合同有效。如夫妻一方为城镇户口,另一方为集体经济组织成员的,房屋买卖合同由夫妻双方签订的,没有《民法典》规定的无效情形的,可以认为该买卖合同合法有效。

2. 出卖人出卖农村房屋后,退出集体经济组织的,如若买受人为集体经济组织成员的,合同有效。如若买受人为非本集体经济组织成员的,合同无效,因为此时出卖人享有房屋所有权,但不再享有宅基地使用权。房屋买卖后,买受人迁入村集体经济组织的,不违反《民法典》规定的无效情形的,合同应认定为有效。

三、宅基地使用权及农村房屋继承问题

1. 宅基地使用权继承问题。用益物权具有财产性质,法律允许流转、继承,但宅基地使用权是特殊的用益物权,因其取得具有无偿性、人身依附性、功能上的福利性,是农村集体经济组织无偿提供给本集体经济组织成员享有的,因出生而获得,因死亡而消灭,从而决定了宅基地使用权不能单独继承。如在陈某与莫某甲等人继承纠纷案中,陈某要求判令其对讼争宅基地的1/3份额享有使用权。法院审理后认为,讼争的宅基地虽然在1953年9月由集体分配给莫某户使用,莫某在1988年领取《土地使用证》,但莫某一直没有在上述土地建住宅,莫某及其3个儿子都是另有宅基地另建房屋居住,讼争的宅基地在莫某去世时,只是部分建了临时性的猪栏、猪舍。根据宅基地的性质,讼争宅基地不能单独作为遗产进行分配,故驳回陈某的诉讼请求。

2. 农村房屋继承问题。根据法律规定,农村房屋可以继承。但是,宅基地使用权作为一项特殊的用益物权,并非所有权,与使用权人的集体经济组织成员资格密切相关,在集体经济组织成员死亡时,其相应的宅基地使用权消灭。因此,宅基地使用权不存在继承问题。此外,继承取得的农村房屋原则上是不允许拆除后新建、扩建、改建等情形的。涉及拆迁利益时,由于宅基地使用权按户计算,实行增人不增地、减人不减地的原则,即当一户出现人口减少,宅基地仍是由一户中剩余的成员共同使用,宅基地使用权的补偿款也由该户剩余的成员共同所有,亦不存在继承问题。若该户已经没有农村集体经济组织成员的情况下,宅基地使用权的补偿款一般由该户房屋原权利人的继承人取得,除非集体经济组织明确反对。在司法实务中,容易产生纠纷,需要进行统一把握:(1)同一户的集体经济组织成员继承情形。以户为单位申请的宅基地使用权并非家庭成员个人财产,是村民按户申请使用的,属于该户内家庭成员共同共有的财产,共同生活是构成家庭所必不可少的要件,继承人与被继承人具有共同关系。户内某个家庭成员死亡,并不必然导致户的消灭,家庭关系仍然存在。此时,继承人可以继受被继承人的宅基地使用权。此外,户内家庭成员已退出该集体经济组织的,亦不再享有宅基地使用权。如原为村集体经济组织成员,后转为城镇户口的,其不再享有宅基地使用权,宅基地使用权由其他家庭成员继受。在一般情况下,同一户的集体经济组织成员继承房屋的同时,会继受相应的宅基地使用权。(2)不与被继承人共同生活的本集体经济组织成员继承情形。基于继承而合法取得农村房屋,与同一集体经济组织成员之间农村房屋买卖的效力是一致的,不受"一户一宅"的限制。如若房屋倒塌或拆除时,则不允许再新建房屋,如不同户的儿子继承父亲的农村房屋,其系基于"地随房走"原则而继受相应的宅基地使用权,并非基于继承而取得。(3)非集体经济组织成员继承农村房屋。根据法律规定,宅基地使用权仅为本集体经济组织成员所享有,若继承人基于继承农村房屋而继承宅基地使用权,将变相突破宅基地使用权为村集体经济组织所有的属性,有违权利设置的根本目的。如前所述,本书认为,被继承人因死亡而丧失宅基地使用权时,继承人亦无法取得该宅基地使用权。此时,继承房屋项下的宅基地使用权该如何定性,理论界观点纷呈,有的认为应属村集体经济组织享有,有的则认为该权利转化为一种新的宅基地租赁权。关于这一点,我们在处理时,应既考虑符合法律规定,又着眼于有利于保护农民的私有财产权。在立法未作新的修订之前,中央大力推进宅基地“三权分置”改革之际,实务处理中对此应暂不作表态,但要注重处理的实体效果,特别是当农村房屋涉及拆迁利益时,仍然应根据农村房屋分割的处理规则,将宅基地使用权价值与农村房屋价值分开进行处理。在不动产统一登记时,应对该宅基地使用权的权利来源进行备注。

专题二 农村房屋分割问题

1. 分割依据。我国尚未建立完善的农村房屋登记制度,集体经济组织成员持有的是集体土地使用证,包括宅基地使用权证和集体建设用地使用权证等。由于宅基地以户为单位申请,实行“一户一宅”政策,登记的权利人仅为户代表,真实的农村房屋权利主体与登记的宅基地使用权户主并不一定对应,房屋出资建造、申请用地人也并不一定是户主。在实务中,审理分家析产、离婚等纠纷中,容易出现农村房屋产权分割困难。因此,农村房屋分割,需要在房地分离、居住保障原则的基础上进行综合认定,首先必须明确房屋与其占用范围内土地的关系。关于房屋与土地的关系,即土地和房屋等建筑物的权利是否可以分开作为相互独立的不动产,存在两种不同的立法例。一是以德国、瑞士民法为代表,认为建筑物及其他地上定着物应为土地的一部分,不能构成独立的不动产。如《德国民法典》第94条规定:“附着于土地上的物,特别是建筑物,以及与土地尚未分离的出产物,属于土地的主要组成部分。”二是以日本民法为代表,认为土地和定着物都为独立的不动产,定着物可以独立于土地而存在,并不是附着于土地的财产。在我国,土地属于国家或集体所有,禁止私人拥有土地所有权。因土地与其上建筑物在自然性质上不可分离,对我国现行法律中关于土地权利与建筑物权利关系的规定理解也不尽相同。本书认为,从《民法典》及相关单行民事法律对土地及公民个人财产等的规定来看,现行法律将土地与房屋等建筑物是分别作为独立的不动产对待的。《民法典》在规定土地属于国有和集体所有的情况下,在其第266条规定:“私人对其合法的收入、房屋、生活用品、生产工具、原材料等不动产和动产享有所有权。”从上述法律规定来看,我国法律承认建筑物所有权与其占用范围内的土地所有权相分离的原则。因此,宅基地使用权与农村房屋所有权在使用上存在自然一体性,但权利仍是相互分离的两种不同权利。

2. 分割方式。根据农村房屋多层、多房的特点,在不影响其他共有人使用的情况下,对农村房屋可以进行实物分割。根据规定,共有人可以协商确定分割方式。达不成协议,共有的不动产可以分割并且不会因分割减损价值的,应当对实物予以分割;难以分割或者因分割会减损价值的,应当对折价或者拍卖、变卖取得的价款予以分割。对价款进行分割的,确定各所有人份额后,分割并不困难,在实务中遇到问题较多的是实物分割问题。农村房屋进行实物分割主要考虑各楼层以及各房屋结构上是否相对独立,是否具有相对独立的使用价值,是否具备登记的可行性,以及实物分割是否会使房屋的价值减损等因素。

3. 分割情形。在分家析产、离婚等纠纷中,经常会出现要求分割农村房屋的情形,根据宅基地使用权及农村房屋的不同权利主体实际,主要有以下几种情况:一是家庭成员或者夫妻一方既享有宅基地使用权,同时又在宅基地上建造房屋,则其要求分家析产或离婚财产分割时,按照公平原则进行分割。二是不享有宅基地使用权的家庭成员或夫妻一方,如果有证据证明其系农村房屋的出资建造人,请求分割农村房屋时,法院应予以支持,并根据其出资比例、居住情况等因素进行分割,对享有宅基地使用权的当事人可以考虑适当多分。三是享有宅基地使用权人未对房屋建造进行出资,如儿媳或者女婿,特别是仅由夫妻另一方的父母出资时,未出资的媳或婿在离婚要求分割财产时,法院应予准许,但在具体分割份额时,如果农村房屋为夫妻共同财产的,根据《婚姻法司法解释(二)》第 22 条的规定进行处理;如农村房屋为包括出资父母在内的家庭共有财产的,分割应对父母出资情况进行充分考虑。四是不享有宅基地使用权亦未对房屋建造进行出资的,属于夫妻一方婚前财产或其他家庭成员财产,媳或婿要求分割的不予准许。上述列举的第二种、第三种情形,出现房屋所有权与宅基地使用权人非同一,从表面上来看似乎与我国"地随房走""房随地走"的基本原则不相吻合,但事实上,在涉及房屋分割时,对于相关的宅基地使用权及房屋价值都会进行量化,无论是通过评估确定的地价、房价,还是在拆迁安置时体现的宅基地区位补偿价、房屋价值、安置房分配,并不会影响案件的实体处理。

例如,在 A、C、D 分家析产纠纷案中,A 作为户主于 1992 年提出建房申请,房屋于 1994 年建造,B(已死亡)、C、D 均是建房申请人之一,是 A 之妻、之女、之子。C 于 1991 年出嫁,其农业户口直至 2008 年迁出,D 户口一直在该集体经济组织。2008 年,讼争房屋涉及拆迁安置,C、D 诉请法院要求分割属于其所有的财产份额。法院审理认为,C 在申请建房前已经组建家庭,亦无证据证明对案涉房屋建造做出贡献,故认定其对拆迁房屋不具有财产性权利,不能据此分割被拆迁房屋建造价补偿,由于房屋被拆迁时,其为宅基地使用权人,故对被拆迁房屋占地面积区位补偿和安置面积享有分割权利;因 B 已经死亡,宅基地使用权由 A、C、D 享有。故 C 对宅基地使用权可分割 1/3 的利益。建房时 D 已经参加工作,作为家庭成员对建房亦有贡献,但其贡献明显小于 A、B,故确定 D 享有房屋所有权份额为 1/5,同时享有宅基地使用权 1/3 份额利益。

4. 拆迁利益分配问题。在司法实务中,存在最多的纠纷是,农村房屋拆迁补偿,此时,实物分割转化为相关权利人的利益分配问题。农村房屋拆迁补偿原则上分为房屋补偿和宅基地使用权补偿,有时还考虑人口因素。房屋拆迁的补偿,应当明确房屋所有权人,以确定房屋拆迁补偿款的归属。宅基地使用权人的确定不仅根据宅基地使用权证载明的权利人,还要结合宅基地审核表中登记的权利人以及必要时村委会的证明。此类纠纷的处理,还要看具体的拆迁政策,是根据人口因素还是根据房屋面积来计算拆迁利益。如果是根据人口因素,只要具有村集体经济组织成员身份,必须要保障"居者有其屋",此时不考虑其对房屋的审批、建造的贡献,均应按人口份额享有拆迁利益,如离婚后的儿媳或者女婿,仍为集体经济组织成员的,仍应享有相应的利益,法院一般会给予支持;如按照原有农村房屋面积进行安置的,因婚姻关系引入成为集体经济组织成员,但对农村房屋建造不存在贡献的,其要求分配拆迁利益时,法院一般不予支持。拆迁时给付宅基地区位补偿款是根据土地使用面积计算的,非宅基地使用权人,如审批建房之后因婚姻关系而户口迁入的儿媳或女婿,不应享有该部分补偿。但是,如果该人口系居住在拆迁房屋内,亦属拆迁安置人口,其主张各项补助及奖励费，以及按人口面积享有的优惠住房面积的政策利益，法院应予支持。

例如，阿玲与阿敬原系夫妻，老张与老高系阿敬的父母。1993 年老张领取《集体土地建设用地使用证》，2007 年老张签订拆迁补偿协议书，获得拆迁补偿款 610, 698 元，其中，宅基地区位补偿款 329, 967 元、房屋及附属物重置成新价补偿款 223, 196 元，各项补助与奖励费 57, 535 元。补偿协议中注明家庭人口包括老张、老高、阿敬、阿玲，每人享有 45 平方米优惠住房面积。2008 年阿敬与阿玲经法院判决离婚。现阿玲诉请法院要求判令老张、老高、阿敬给付拆迁补偿款 20 万元且不得占用其因拆迁所得的优惠购房资格。法院审理认为，案涉拆迁房屋登记在老张名下，被拆迁房屋在阿敬和阿玲结婚前已建成，阿玲不享有房屋份额，而拆迁时给付宅基地区位补偿款是根据土地使用面积计算的，而不是按照拆迁人口给予的补偿，涉案宅基地使用权审批时，阿敬与阿玲尚未结婚，因此阿玲不享有该部分补偿。搬离拆迁房屋、配合拆迁工作，与每名拆迁安置人口均密切相关，需要每名拆迁安置人口配合，阿玲作为被拆迁安置人口，拆迁单位给付的搬家费、提前搬家奖、重点工程配合奖中应有阿玲的份额，阿玲亦应享有每人 45 平方米的优惠住房面积的政策利益。

专题三　宅基地使用权的消灭

一、宅基地使用权消灭及重新分配问题

《民法典》第 364 条列举了宅基地因自然灾害等原因消灭的，应重新分配宅基地使用权。在实务中，还包括宅基地被征收或收回等情形。根据法律规定，超出法定用途利用宅基地或有其他危及用地安全的情形时，集体经济组织有权收回宅基地使用权。确因国家建设需要，或者乡村公共设施和公益事业需要，可以收回集体经济组织成员的宅基地。此时，集体经济组织作为宅基地所有权人，应主动落实宅基地成员资格利益的义务，即重新分配宅基地使用权。重新分配时，仍然应当符合申请宅基地的条件，对于不符合分配条件的，不能重新分配。同时，根据有关规定，不动产或者动产被征收、征用致使用益物权消灭或者影响用益物权行使的，应当给予合理补偿。在上述情形中，村集体经济组织实施的是行政管理职能，如果村集体经济组织成员对收回、重新分配及补偿行为存在异议的，应由人民政府处理，如果对处理不服的，应提出行政诉讼。

二、登记对于宅基地使用权转让或者消灭的意义

(一)是否以登记为生效要件

目前，我国法律尚未对宅基地使用权登记效力问题作出明确规定。《土地管理法》第 12 条规定，土地的所有权和使用权的登记，依照有关不动产登记的法律、行政法规执行。依法登记的土地的所有权和使用权受法律保护，任何单位和个人不得侵犯。原国土资源局也先后出台多分规范性文件，2004 年国土资源部《关于加强农村宅基地管理的意见》(国土资发〔2004〕234 号)第 8 项指

出,加强农村宅基地登记发证工作。市、县国土资源管理部门要加快农村宅基地土地登记发证工作,做到宅基地土地登记发证到户,内容规范清楚,切实维护农民的合法权益。要加强农村宅基地的变更登记工作,变更一宗,登记一宗,充分发挥地籍档案资料在宅基地监督管理上的作用,切实保障"一户一宅"法律制度的落实。要依法、及时调处宅基地权属争议,维护社会稳定,2016 年国土资源部《关于进一步加快宅基地和集体建设用地确权登记发证有关问题的通知》规定了宅基地使用权登记的主体、形式、条件和程序。现有法律法规对土地使用权登记有所规定,但是,宅基地使用权作为一项特殊的用益物权,它具有严格的身份性、无偿性、从属性及范围的严格限制等特点,具有更显著的"中国特色"。根据宅基地使用权的历史沿革分析,直到 20 世纪 90 年代我国才逐步完善宅基地使用权确认工作,目前仍然大量存在未经登记的宅基地使用权。本书认为,上述法律及规范性文件对宅基地使用权登记事项的规定,属于管理性强制性规范,而非效力性强制性规范。根据宅基地使用权以户为单位申请的权利属性,宅基地使用权证记载的权利人仅为户代表一人。因此,判断实际权利人需要综合考虑宅基地使用证、建房用地审批等文件上核定的人员,以及房屋新建、翻建、改扩建等情况,很多时候还要借助村集体经济组织的证明。因此,宅基地使用权登记的权利人属于法律上的推定,不动产推定力不能对抗真实物权权利人。此外,在现实生活中,非集体经济组织成员基于继承等原因取得宅基地上房屋、同一集体经济组织成员基于购买而取得宅基地上的房屋,但因此取得的宅基地使用权面积超过省、自治区、直辖市规定的标准等情形还大量存在,宅基地使用权应如何登记问题,在目前的制度框架以及"房随地走""一户一宅"政策下,都还存在操作障碍。在现阶段,不动产实行统一登记制度,宅基地"三权分置"改革中,一些制度"瓶颈"尚未解决,要求宅基地使用权以登记为生效要件与客观现实不符,宅基地使用权仍应采取登记对抗主义为宜。登记对抗主义,是指物权的变动虽然不需要办理登记,但如果不登记,一旦发生纠纷,物权取得人的权利就不能产生对抗善意第三人的效力。《民法典》第 225 条对船舶、航空器和机动车等物权的设立、变更、转让和消灭,未经登记,不得对抗善意第三人作出了明确规定。登记对抗主义会涉及善意第三人的问题。所谓善意第三人,就是对买卖双方的交易行为不知情,且基于对卖方的信任而与其进行交易的人。如果发生纠纷,法律为了保护交易安全,优先保护善意第三人的利益。宅基地使用权实行登记对抗主义,如果善意第三人先于买方与卖方办理了登记手续,则买方虽然取得了宅基地使用权,但宅基地使用权最终归第三人享有。在实务中,会出现同一集体经济组织成员间签订房屋买卖合同,但未办理产权变更登记手续,当事人以此为理由要求确认合同无效的纠纷。本书认为,《民法典》第 365 条属于管理性规定,买受人虽未办理宅基地使用权变更登记手续,但已在讼争宅基地上建造房屋并投入使用,买受人仍然享有宅基地使用权。被告登记对抗主义是在《民法典》出台之前,针对目前农村不动产登记制度不健全而采取的措施。《民法典》第 210 条第 2 款规定了国家对不动产实行统一登记制度,随着这项制度的落实,还是应当建立登记生效制度。基于此,国家鼓励宅基地使用权进行统一登记,如果买受人起诉要求出卖人履行办理产权登记过户的义务的,法院应予以支持。

在实践中,还存在这种争议,即在 1990 年土地重新申报登记时,原土改颁发的《土地房产所有证》项下的土地房屋部分共有权人以个人名义登记领取了《集体土地建设用地使用证》,对这种行为如何认定其性质?最高人民法院 1987 年 6 月 15 日《关于父母的房屋遗产由兄弟姐妹中一人领取了房屋产权证并视为己有发生纠纷应如何处理的批复》(最高人民法院〔1987〕民他字第 16 号),

对此作出了参考性解答,即“根据该房产的来源及使用等情况,以认定该屋为钟和源、王细的遗产,属钟秋香、钟玉妹、钟寿祥、钟妙、钟秋胜5人共有为宜。钟寿祥以个人名义领取的产权证,可视为代表共有人登记取得的产权证明”。

(二)登记是否影响确权问题

根据《民法典》第209条的规定,不动产应办理不动产登记。但我国至今尚未建立完善的农村房屋登记制度。因此,当事人对农村房屋提起确权之诉时,法院能否以未办理产权证件为由,驳回起诉呢?在审判实务中会出现以不符合起诉条件而驳回起诉的情形。此外,也有观点认为,参照《婚姻法司法解释(二)》第21条的规定,“离婚时双方对尚未取得所有权或者尚未取得完全所有权的房屋有争议且协商不成的,人民法院不宜判决房屋所有权的归属,应当根据实际情况判决由当事人使用。当事人就前款规定的房屋取得完全所有权后,有争议的,可以另行向人民法院提起诉讼”。因此,对于未办理农村房屋产权证件的,当事人要求确认所有权时,法院经释明后判其对房屋享有使用权而不是确认所有权。对于这一问题,本书认为,要根据请求确认的农村房屋是违章建筑还是合法建筑进行来进行裁判。

1.违章建筑的确权问题。最高人民法院《第八次全国法院民事商事审判工作会议(民事部分)纪要》第21条规定,“对于未取得建设工程规划许可证或者未按照建设工程规划许可证规定内容建设的违法建筑的认定和处理,属于国家有关行政机关的职权范围,应避免通过民事审判变相为违法建筑确权。当事人请求确认违法建筑权利归属及内容的,人民法院不予受理;已经受理的,裁定驳回起诉”。该规定虽是针对国有建设用地房屋的,但对于其中是否违法建筑的认定系属于国家有关行政机关的职权范围的规定,同样适用于农村房屋是否违章的认定。根据《土地管理法》的规定,农村房屋必须经过相应的审批手续,才属于合法建筑,对未经审批或超过审批面积等建造的房屋及构筑物等设施,属于违章建筑。本书的意见是,对于违章建筑,民事诉讼不作司法处理,并在裁判文书中进行明确说理,避免出现司法权僭越行政权的现象。

2.合法建筑的确权问题。对于合法建筑,以确认所有权为原则,以不确认所有权为例外。基于买卖而取得农村房屋的,如若符合合同有效情形的,当事人要求确认合同效力及房屋所有权时,人民法院应予准许;基于继承或合法建造而取得的,根据法律规定,因继承取得物权的,自继承开始时发生效力。因合法建造的事实行为设立物权的,自事实行为成就时发生效力,农村房屋基于合法建造的事实行为或继承而取得物权,该权利自始享有。因此,农村房屋所有权并不受是否办理产权证件的影响。国家对不动产实行统一登记制度,统一登记的范围、登记机构和登记办法,由法律、行政法规规定。对房屋等不动产进行登记,属行政机关的行政管理权,本身与当事人享有物权并不矛盾和冲突。如若仅确认对农村房屋享有使用权,将侵害当事人对房屋在一定限度内的收益、收分权,如在集体经济组织内部进行转让等权能的实现。同时,对于个别特殊案件,由于历史原因,在向行政机关发函后仍无法查明是否属于合法建筑、对多个权利主体无法查清等情况的,可以不作所有权认定,属于起诉不适时驳回起诉,或者因证据不足驳回诉讼请求,但不宜简单基于未办理产权证件而驳回起诉,如果当事人要求进行分割的,基于纠纷处理的考虑,可以确认各自享有使用权的范围。当然,在实务操作中,宅基地产权证件的办理需要家庭成员的配合;村委会的确认等程序,行政机关亦有相应的操作流程,均须在裁判文书中进行详细的说明,并对当事人进行释明,使当事人及社会公众逐步认识到司法确认所有权与行政机关颁发产权证件是两回事,两者不能等同,不能以司法裁判要求行政机关必须办证。

专题四 宅基地制度改革试点

一、宅基地制度改革介绍

《中共中央关于推进农村改革发展若干重大问题的决定》指出:“完善农村宅基地制度,严格宅基地管理,依法保障农户宅基地用益物权。”《中共中央关于全面深化改革若干重大问题的决定》进一步指出:“保障农户宅基地用益物权,改革完善农村宅基地制度,选择若干试点,慎重稳妥推进农民住房财产权抵押、担保、转让,探索农民增加财产性收入渠道。”2015 年 1 月,中共中央办公厅和国务院办公厅联合印发了《关于农村土地征收、集体经营性建设用地入市、宅基地制度改革试点工作的意见》,标志着我国宅基地制度改革进入试点阶段。针对农户宅基地取得困难、利用粗放、退出不畅等问题,该意见指出宅基地制度改革试点的主要任务是:“要完善宅基地权益保障和取得方式,探索农民住房保障在不同区域户有所居的多种实现形式;对因历史原因形成超标准占用宅基地和一户多宅等情况,探索实行有偿使用;探索进城落户农民在本集体经济组织内部自愿有偿退出或转让宅基地;改革宅基地审批制度,发挥村民自治组织的民主管理作用。”为了保证改革试点工作的依法进行,该意见指出,“试点涉及突破相关法律条款,需要由国务院提请全国人大常委会授权,允许试点地区在试点期间暂停执行相关法律条款。”2015 年 2 月 27 日,第十二届全国人大常委会第十三次会议通过《关于授权国务院在北京市大兴区等三十三个试点县(市、区)行政区域暂时调整实施有关法律规定的决定》,授权在试点地区暂时调整实施《土地管理法》《城市房地产管理法》等有关法律规定。2015 年 12 月 27 日,第十二届全国人大常委会第十八次会议通过《关于授权国务院在北京市大兴区等 232 个试点县(市、区)、天津市蓟县等 59 个试点县(市、区)行政区域分别暂时调整实施有关法律规定的决定》,两批试点地区分别暂时调整实施《物权法》《担保法》关于集体所有的耕地使用权不得抵押的规定和集体所有的宅基地使用权不得抵押的规定。经过两次延长,授权期限截至 2019 年 12 月 31 日。

试点地区涉及宅基地使用权的法律调整实施,主要是《土地管理法》第 44 条第 3 款、第 4 款,第 62 条第 3 款关于宅基地审批权限的规定,将存量建设用地的审批权限由县级人民政府下放至乡镇,涉及占用农用地的办理相关审批手续;以及暂停实施《物权法》第 184 条第 2 项和《担保法》第 37 条第 2 项关于宅基地等集体所有的土地使用权不得抵押的规定。宅基地审批权限的试点经验,在《土地管理法》修正时予以体现。2019 年 8 月 26 日修订、2020 年 1 月 1 日起实施的《土地管理法》第 44 条对农用地转用审批手续的权限进行了调整。第 62 条则新增了四个方面的规定:一是健全宅基地权益保障方式,规定“人均土地少、不能保障一户拥有一处宅基地的地区,县级人民政府在充分尊重农村村民意愿的基础上，可以采取措施，按照省、自治区、直辖市规定的标准保障农村村民实现户有所居”。二是完善宅基地审批制度，下放使用存量宅基地的审批权至乡（镇）人民政府，但涉及占用农用地的，应当依法办理农转用审批手续。三是明确了农村村民赠与住宅后，再申请宅基地的不予批准。四是探索宅基地有偿使用和自愿有偿退出机制，允许进城落户的农村村民依法自愿有偿退出宅基地，鼓励农村集体经济组织及其成员盘活利用闲置宅基地和闲置住宅。

二、宅基地制度改革试点地区的纠纷处理

《民法典》第363条规定：“宅基地使用权的取得、行使和转让，适用土地管理的法律和国家有关规定。”即除了法律、行政法规外，宅基地使用权的取得、行使和转让也适用土地管理的国家相关试点性政策。最高人民法院为了在司法实践中贯彻国家的土地政策，在2016年11月30日公布的《第八次全国法院民事商事审判工作会议（民事部分）纪要》第19条规定，“在国家确定的宅基地制度改革试点地区，可以按照国家政策及相关指导意见处理宅基地使用权因抵押担保、转让而产生的纠纷”，明确了试点地区的法律适用。以义乌市为例。2015年3月，浙江省义乌市就开始探索农村宅基地“三权分置”改革，尝试打破宅基地使用权主体的身份限制，适度放活宅基地使用权。为配套宅基地制度改革，义乌市制定出台《义乌市农村宅基地使用权流转暂行办法》《义乌市农村宅基地使用权转让细则（试行）》《义乌市农村宅基地取得置换暂行办法》《义乌市农民住房财产权抵押贷款试点实施办法》等一系列制度。这些制度，在试点时期作为义乌市处理相关纠纷的政策依据。对此，实务中主要应把握以下几点：

1. 有条件地允许跨集体经济组织转让宅基地使用权，一定程度上打破宅基地使用权主体的身份限制。但仍有一定的限制，如转让方必须持有宅基地使用权证和房屋所有权证；受让方允许为“义乌市行政区域范围内跨集体经济组织”成员；转让的宅基地使用权只能是已完成新农村建设的村庄的宅基地使用权；必须经过村民代表会议同意、镇人民政府审核以及报国土局、农林局（农办）备案三道程序。法院在处理跨集体经济组织宅基地使用权转让纠纷案件时，一般是依据最高人民法院《第八次全国法院民事商事审判工作会议（民事部分）纪要》第19条和《义乌市农村宅基地使用权转让细则（试行）》第7条关于“允许农村宅基地使用权在本市行政区域范围内跨集体经济组织转让”的规定，只要案件中的宅基地使用权转让合同符合该规定并且不违反《合同法》，法院便会认定转让合同没有违反《土地管理法》第62条、第63条以及《合同法》第52条中的强制性规定，从而判定合同有效。如在李甲诉李乙、李丙宅基地使用权纠纷案中，义乌市人民法院认为本案宅基地使用权的转让属于该市行政区域范围内跨集体经济组织转让，但是符合最高人民法院发布的会议纪要的规定和义乌市土地制度改革试点政策，因此不违反法律、行政法规的强制性规定，从而认定双方签订的宅基地使用权转让协议合法有效。

2. 保障宅基地使用权、用益物权权能发挥，特别是允许进行抵押。明确提出要保障宅基地用益物权，转让人和受让人都依法享有宅基地使用权及地上建（构）筑物的占有、使用、收益、处分权利。在满足产权清晰、持有不动产权证、承诺抵押房屋处置后尚有安居之处等条件后，允许以农民住房所有权及所占宅基地使用权抵押向银行业金融机构贷款。因抵押而产生的流转，受让人限定于义乌市范围内农村集体经济组织成员，以保障宅基地所有权的性质不变。

3. 要衔接好《土地管理法》第62条的规定。理论通说认为,我国的宅基地制度具有福利性质,是国家对于农民生存权的基本保障。《土地管理法》第62条确立了“一户一宅”制度,并且对宅基地面积也有上限规定。如规定转让面积不超过规定的最高户型面积;转让方或抵押人为村级集体经济组织成员的,必须保证转让后或因抵押流转后人均住房建筑面积不低于15平方米,体现了宅基地使用权的保障性。对于宅基地改革试点的具体措施的办法,只能在试点地区适用,未经批准的其他地区不能随意适用。

第十四章　居住权

专题一　居住权的取得

一、居住权的性质和权能

《民法典》首次以立法的方式在我国确立了居住权制度。居住权是指以居住为目的,对他人的住房及其附属设施享有的占有、使用的权利。居住权属于用益物权,也是具有人身属性的人役权。[①]居住权起源于古罗马,最早出现在罗马的继承制度中。从权利的性质看,居住权首先是一种物权,与同为占有使用他人之物的租赁权不同。在物权之中,居住权是设立于他人之物上的物权,属于他物权。从权利内容和权能看,居住权以占有和使用他人之物为内容,以满足权利人的居住需要而设定,属于用益物权。居住权不仅是一种用益物权,而且属于用益物权中的人役权。

罗马法的古典时期,役权被视为在土地上设立的一种负担,但在《法学阶梯》中尚未提出役权的概念。只有在《学说汇纂》中才找到了关于役权的记载,马尔西安把役权划分为地役权和人役权。用益权和类似权利被置于役权概念之下。人役权与地役权的区别主要体现在两个方面。二者在主体方面的区别体现为,人役权主体属人,是为特定人的利益而利用他人之物的权利,原则上不具可让与性且不得继承,而地役权主体属物,反映了不动产之间的关系,具有可让与性。二者在客体方面的区别体现为,人役权的法律规则中只须有供役地,无须有需役地,而地役权则既需有供役地又需有需役地。在优士丁尼法中,人役权分为四种类型:用益权、使用权、居住权、对奴隶和他人牲畜的劳作权。[②] 大约公元前 1 世纪左右,从用益权中分化出一种与之结构相似但内容更为狭窄的权利,只能满足单纯的个人使用,被称为使用权。居住权则出现得更晚,体现为在他人房屋上设立的用于居住的权能,最初仅作为受遗赠人享受某种利益的事实,直到优士丁尼法才被正式确立为法定的人役权类型,结束了历史上居住权属于用益权还是使用权的争议。在房屋为客体时,用益权、使用权、居住权三者的权利内容其实非常相近。[③] 居住权产生的基础是"无夫权婚姻和奴隶的解放日多,每遇家长亡故,那些没有继承权又缺乏或丧失劳动能力的人的生活就成了问题。因此,丈夫和家主就把一部分家产的使用权、收益权等遗赠给妻或被解放的奴隶,使他们生有所靠,老有所养"。[④] 古罗马法中的居住权具有人身性、救助性与期限性。居住权一般由家庭婚姻关系中的弱势

---

① 王利明:《论民法典物权编中居住权的若干问题》,载《学术月刊》2019 年第 7 期。

② 汪洋:《从用益权到居住权:罗马法人役权的流变史》,载《学术月刊》2019 年第 7 期。

③ 同上。

④ 杨晶莹、闫爽:《居住权变动规则之反思》,载《法制与社会》2020 年第 6 期。

群体享有,不可转让不可继承,最长存续到居住权人死亡。由于现实生活的需要,享有居住权利的人除了居住权本人外,居住权人的配偶和近亲属,以及客人和奴隶也可享有居住权。① 在各类人役权中,使用权与居住权以用益权为蓝本,权能范围递减而人身专属性递增。使用权与用益权的本质区别在于是否能收取孳息。但在罗马法上,虽然使用权人无权收取孳息,但在个案中逐渐认可使用权人收取孳息的权利,只是对收取孳息的主体、地点以及使用目的进行了限制,标准限于"为日常用度使用"。因此,用益权与使用权的现实边界变成了收取孳息的数量多少。使用权的功能逐渐被定性为不给所有权带来过重负担的"小用益权"的角色。居住权一开始只是视为介于习俗与法律之间的一种事实权利,未成为独立的他物权。当事人针对居住权的约定,或者被等同于使用权,或者被解释为用益权,体现了文义解释、目的解释、类推等方法的运用。优士丁尼颁布居住权谕令,使居住权独立于用益权和使用权,并赋予了居住权人出租房屋的权利。②

受罗马法的影响,欧洲、美洲、非洲的许多国家和地区都在民法典中规定了居住权制度。《意大利民法典》《奥地利普通民法典》《瑞士民法典》《阿根廷共和国民法典》《智利共和国民法典》《埃及民法典》《阿尔及利亚民法典》等民法,都对居住权作了规定。只是近现代民法对于罗马法的居住权作了进一步发展,以契合近现代经济社会发展的需要。《德国民法典》第1093条对居住权作了规定:"(1)在排除所有权人的情况下,将建筑物或者建筑物的一部分作为住宅加以使用的权利,也可以作为限制的人役权加以设定。(2)权利人有权将其家庭以及对符合身份的服侍和对护理来说为必要的人员接纳入住宅中。(3)居住权被限制于建筑物的一部分的,权利人可以合用指定供居住者共同使用的工作物和设备。"从该规定看,德国法上的居住权为他物权,是一种限制的人役权,因而是不可转让的。居住权区别于使用租赁的地方,在于居住权是一种被登记于土地登记簿的物权,而使用租赁是债法上的有偿的双务合同。

关于我国立法上是否应当设立居住权制度的问题,一直存在争议。在制定《物权法》的过程中,立法机关在2002年的物权法征求意见稿中对居住权作了专门规定。当时主张规定居住权的主要目的是"解决三类弱者的居住问题"。③《物权法征求意见稿》用了8个条文较为详细地规定了居住权制度。其后的《物权法(草案)》二审稿、三审稿、四审稿又进一步增加条文,对居住权制度进行了完善。当时对于是否应当规定居住权的问题,存在很大争议。全国人大常委会法工委接受了反对方的意见,认为既有的扶养制度完全能够替代居住权,由此提出:"居住权的适用面很窄,基于家庭关系的居住问题适用婚姻法有关抚养、赡养等规定,所以没有必要在物权法中制订这一权利了。"全国人大法律委员会在对全国人大常委会的《物权法(草案)》修改情况汇报中提出了删除这一章的建议,因此《物权法(草案)》第六次审议稿删除了居住权的相关规定。

在编纂《民法典》物权编的过程中,关于是否应当规定居住权的问题再度成为焦点。支持建立居住权制度的观点认为,居住权可以满足人们的住房需求,有助于应对老龄化的挑战、保障拆迁安置住户的居住权益以及机关事业单位工作人员家庭成员的居住权,保障人民群众实现"住有所居"

---

① 汪洋:《从用益权到居住权:罗马法人役权的流变史》,载《学术月刊》2019年第7期。

② 同上。

③ 江平、刘智慧:《确立中国居住权法律制度的若干思考》,载江平主编:《中美物权法的现状与发展》,清华大学出版社2003年版,第459页。

的目标,能够促进房屋的利用,并进一步完善我国物权体系。从司法实践的角度看,我国已经有了保护居住权的实践经验,为居住权立法提供了实践经验。而租赁制度无法替代居住权的制度功能。在《民法典》中规定居住权,有助于通过私法手段缓解特定群体的居住困境,有助于房屋所有权实现形式的多元化,缓和僵硬的物权法定主义,具有重要的现实意义。反对在《民法典》中规定居住权制度的观点认为,虽然居住权是罗马法上的制度,为近代西方各国民法所借鉴、吸收,但日本、韩国等亚洲国家在借鉴欧洲国家民法时并没有移植这一制度。从地缘的角度看,我国也没有必要规定居住权制度。而在对居住权作出规定的国家中,其民法典制定的时间都较早,一些国家之所以制定居住权制度,是因为当时男女不平等,女性没有继承权,为保护女性的权益。但我国现在社会中,男女平等已经成为基本原则,这一制度显然失去了存在的必要。现有制度足以解决居住问题。离婚案件中女方的居住问题不再是困扰法院的难题,对于父母的居住及丧夫寡母的居住,我国继承法和婚姻法已有充分保障,现有婚姻家庭继承制度即可保障居住权所保障的大部分利益,而基于租赁关系的居住问题可用合同法调整,在实践中均可以运用公平原则对居住权问题进行裁判。极个别城市居民给予保姆永久居住权的,可通过遗嘱方式实现。自《物权法》生效以来,设立居住权的实例极少且限于亲属朋友之间。因此,我国目前无须再另行规定居住权制度。最终,《民法典》采纳了肯定方的意见,专章对居住权作了规定。

在编纂《民法典》的过程中,不少人认为,应当将居住权定位为普通的用益物权,而不应限定为传统的人役权。例如,有观点认为,我国居住权制度应当走出人役的执念,专注于房屋的用益性,如此居住权制度方具有现实价值。基于物权定位之居住权不应限于满足生活需要,应以可出租、转让和继承为原则,期限亦得自由约定。① 这一观点最终未被《民法典》采纳。还有观点认为,居住权不应当仅限于消费性居住,也应当包括经营性居住,应当规定社会保障性居住权。我国的社会保障性住房包括,国家安居工程住房、经济适用房、廉租房、公共租赁住房、房改房、拆迁或棚户改造安置房、职工安置房、人才安置房等。北京、上海和广东等地还推行共有产权房。这类房屋的社会价值在于社会保障而非家庭保障,住房供给以低价或无偿为原则,具有社会福利性。实践中,居住人对上述房屋享有的权利属性不明,是单独所有权、共有权、租赁权还是居住权,并不明确,导致纠纷产生。在处理此类纠纷时,司法实践也容易混淆作为债权的租赁权与作为物权的居住权,混淆居住权本身与作为权能的处分权和使用权,混淆了权利主体。因此有必要将居住权适用于保障性住房。而且居住权更为广阔的适用空间在于经济适用房、共有产权房之类的"产权式"保障,由此可以转化为类似于所有权的居住权。② 有观点认为,从长远来看,只有把这些"产权式"保障统一转作居住权,才符合国家住房保障的内在目的和制度初衷。③ 还有观点认为,应当开放居住权转让。传统居住权作为人役权不可转让,且居住权不可转让其实是各类学者达成居住权入法共识的基本条件。尽管在法条中规定居住权转让的可能性不大,可以将法律体系中的居住权作区分,基于家庭婚姻关系的居住权不可转让,而基于社会经济关系产生的居住权应当可以转让,这是居住权发展适应现代

---

① 鲁晓明:《"居住权"之定位与规则设计》,载《中国法学》2019 年第 3 期。

② 申卫星、杨旭:《中国民法典应如何规定居住权?》,载《比较法研究》2019 年第 6 期。

③ 王利明:《论民法典物权编中居住权的若干问题》,载《学术月刊》2019 年第 7 期。

经济生活的趋向。[①] 上述观点并未被《民法典》采纳。整体来看,《民法典》仍然坚持了居住权为人役权的大陆法系传统。

司法实践中,关于居住权的保护主要体现为夫妻离婚时对无房居住一方提供特别保护。《婚姻法司法解释(一)》第27条规定:"婚姻法第四十二条所称'一方生活困难',是指依靠个人财产和离婚时分得的财产无法维持当地基本生活水平。一方离婚后没有住处的,属于生活困难。离婚时,一方以个人财产中的住房对生活困难者进行帮助的形式,可以是房屋的居住权或者房屋的所有权。"司法实践中,根据该条规定,人民法院通过保护居住权来对一方离婚后没有住处的当事人加以特别保护。但司法实践对于居住权的性质、权能、存续期间、消灭等并不明确,因此人民法院更倾向于对夫妻共同房产所有权进行分割,通常是在无法对房产所有权进行分割的情况下,才判决离婚后没有住处的一方当事人享有居住权。而在执行中,如何实现当事人的居住权也存在一些困难。有人对司法实践中居住权保护的案例进行了分析,发现司法实践对居住权的保护分为五种类型:借助公序良俗原则保护居住权、在物权或债权意义上保护居住权、将居住权作为执行异议依据或恶意认定标准等。[②] 有人对2005年1月1日至2019年8月1日间的"居住权""民事""判决"进行检索,得到案例31,740件,发现居住权案例属于物权纠纷案件的共计12,044件,其占比高达37.95%,超过了样本总数的1/3。而在婚姻家庭和继承领域发生的居住权案例共计9410件,占样本总数的29.65%;居住权纠纷案件的数量与经济发达程度、住房(或住宅)价格高低成正相关关系,而且近年来居住权案例的数量呈逐年增长趋势。[③] 需要注意的是,司法实践中所称的居住权具有多层含义,很多时候并不是指《民法典》物权编第三分编用益物权中第十四章所规定的居住权,而是指居者有其屋的权利,是执行异议之诉中为保护居住人权利而使用的概念。因此,简单搜索"居住权"并不能准确反映司法实践对居住权的保护情况。

我国《民法典》在规定居住权时,遵循了大陆法系将居住权作为他物权、用益物权、人役权的性质。《民法典》第366条规定:"居住权人有权按照合同约定,对他人的住宅享有占有、使用的用益物权,以满足生活居住的需要。"第369条规定:"居住权不得转让、继承。设立居住权的住宅不得出租,但是当事人另有约定的除外。"根据上述规定,我国民法上的居住权属于他物权、用益物权,具有人役权的特点,包括占有、使用两项权能,目的是满足居住权人的生活居住需要。居住权作为一种物权,具有对世性,任何第三人均应当予以尊重,不得侵害。如果他人侵害居住权,居住权人有权请求停止侵害、排除妨碍、恢复原状、赔偿损失。居住权是一种他物权,有权对抗房屋的所有权人。如果所有权人不当妨害居住权人占有、使用房屋,居住权人有权请求其停止侵害、排除妨碍、赔偿损失。有人指出,我国《民法典》物权编在将居住权作为一种用益物权作出明确规定的同时也承认了它具有人役权的特点,具体而言,表现在如下几个方面:第一,为特定人设立。第二,终身性,居住权以期限届满或以权利人的终身为限。作为保护权利人居住行为的用益物权,居住权是一种长期的、稳定的权利。[④] 第三,无偿性。人役权为具有特定情感关系的人设立,其所具有的是恩赐和慈善的

---

① 杨晶莹、闫爽:《居住权变动规则之反思》,载《法制与社会》2020年第6期。

② 曾大鹏:《居住权的司法困境、功能嬗变与立法重构》,载《法学》2019年第12期。

③ 同上。

④ 周枏:《罗马法原论》,商务印书馆2016年版,第414~415页。

价值,因而通常以无偿为特征。[①] 由于居住权是人役权,居住权人对居住权原则上不享有处分权,不能转让,也不能继承。设立居住权的住宅原则上也不得出租,除非当事人另有约定。有人建议,认可居住权人出租房屋从居住权的本质属性出发,居住权实质上有社会救助的性质,居住人是生活困难的老年人与离婚丧失经济来源的一方。对于生活陷入困境的人而言,部分出租其房屋换取生活所需的财产是一个相对有保障的生活来源,所以,基于居住权的经济功能,不应该限制居住权人收取孳息的经济利益。[②] 这一观点实际已被《民法典》部分采用,只是必须尊重所有权人的意愿,需征得所有权人的同意。居住权的主体是居住权人,其享有居住房屋的权利。从社会经济生活的实际需要看,除居住权人外,其近亲属和其他需共同居住者,一般也可以居住房屋。但居住权人的近亲属等人的权利依附于居住权人,且以当事人之间无相反约定为前提。有人建议,应当规定法人享有居住权。居住权作为一种财产权,在现代社会应当突破人身性救援的限制,增加其流转可能以满足其经济性需求。因此居住权的内涵应适当扩大,赋予法人居住资格。[③] 但从《民法典》的规定看,居住权的客体限定为他人之住宅,似不应将法人作为居住权人。居住权的客体是他人之住宅,也包括房屋的附属设施、公有部分。有观点认为,除房屋整体外,房屋组成部分也可设定居住权,于一房之上成立数个居住权,构成对一物一权的突破。[④] 这一观点符合社会生活实际。

二、居住权成立的条件

关于居住权的设立,我国《民法典》第367条规定:"设立居住权,当事人应当采用书面形式订立居住权合同。居住权合同一般包括下列条款:(一)当事人的姓名或者名称和住所;(二)住宅的位置;(三)居住的条件和要求;(四)居住权期限;(五)解决争议的方法。"第368条规定:"居住权无偿设立,但是当事人另有约定的除外。设立居住权的,应当向登记机构申请居住权登记。居住权自登记时设立。"第371条规定:"以遗嘱方式设立居住权的,参照适用本章的有关规定。"根据以上规定,居住权可以通过遗嘱、遗赠以及合同方式设立。居住权设立行为直接为住宅所有权设立负担,对作为不动产的住宅影响巨大,应当以要式行为为之。设立居住权的合同应当采用书面形式订立。居住权合同一般包括以下内容,一是合同主体,即当事人的姓名或者名称和住所;二是合同标的,即住宅的位置等情况;三是合同的主要内容,如居住的条件和要求,居住权期限等;四是解决争议的方法。居住权的设立应当以无偿为原则。但当事人也可以约定通过有偿的方式设立居住权。从这个角度看,通过遗赠扶养协议的方式设立居住权应当有效。居住权以住宅为标的,是一种不动产物权。《民法典》规定不动产物权的设立原则上以登记为要件。居住权亦如此,设立居住权的,应当向登记机构申请居住权登记。居住权自登记时成立。从居住权的设立看,居住权制度注重保障家庭身份关系下的弱势群体或者建立了长期家政服务的保姆等人,以身份、情感关系为基础,反映的不是商品交易关系,具有人身专属性,因此以无偿为原则,有偿为例外。

---

① 温世扬、廖焕国:《人役权制度与中国物权法》,载《时代法学》2004年第5期。

② 杨晶莹、闫爽:《居住权变动规则之反思》,载《法制与社会》2020年第6期。

③ 同上。

④ 单平基:《〈民法典〉草案之居住权规范的检讨和完善》,载《当代法学》2019年第1期。

专题二　居住权的消灭

居住权以保障居住权人的生活居住需要为目的。自然人的居住生活需要是终身的,只有在居住权人死亡后,其生活居住需要才终止。我国《民法典》第370条规定:"居住权期限届满或者居住权人死亡的,居住权消灭。居住权消灭的,应当及时办理注销登记。"由于居住权以特定住宅为标的物,因此,除居住权人死亡外,住宅灭失也会导致其承载的居住权消灭。当然,如果第三人对住宅灭失存在过错的,应当向居住权人赔偿相应的损失。此外,居住权为他物权,如果居住权与所有权混同时,即同一住宅的居住权和所有权为同一人享有时,居住权已无存在之必要。居住权期限届满。根据《民法典》第367条和第371条的规定,当事人在通过合同或者遗嘱方式设立居住权时,应当确定居住权期限。如果当事人约定的居住权期限或者遗嘱中确定的居住权期限届满,居住权消灭。居住权设立之目的在于使居住权人占有、使用住宅。如果居住权人长期不行使权利,不仅有违居住权设立之目的,也会导致资源浪费。有人建议,我国《民法典》应当规定居住权人15年未行使居住权将导致居住权消灭。[①] 但《民法典》并未采纳这一意见。居住权消灭后,居住权人负有返还住宅的义务。

专题三　公房使用权的民法保护

公房通常是指国家和集体拥有所有权的住房。体例上,公房使用权应当属于所有权的利用,放在居住权部分或者其他地方均不很妥当。但鉴于此类住房在我国占有相当大的比重,其法律纠纷也比较多,司法实践存在许多问题,以特殊专题附录于此。

一、公房使用权制度的历史发展

根据原建设部1994年颁布的《城市公有房屋管理规定》第3条规定,公有房屋系指国有房屋和集体所有的房屋。按照管理权属的不同,分为单位自管公房与直管公房。公房的主要特征表现为:一是主体具有特定性。公房出租方为政府机关或者其授权的主体,承租人主要是企事业或者机关单位职工,或者企事业及机关单位。二是住房合同具有确定性。公房租赁合同具有行政管理合同

---

① 曾大鹏:《居住权的司法困境、功能嬗变与立法重构》,载《法学》2019年第12期。

的属性,是计划经济条件住房资源分配的一种方式。三是使用期限的无期性。原则上,公房的租赁期限一般为房屋的使用寿命,无固定的期限限制。实践中,公房的转让方式包括出租、无偿划拨分配、换房、出售等方式。

在计划经济体制下,我国实行住房行政实物配给制度。在计划经济时期,归国家或者集体所有的住房,有偿或者无偿分配给职工、企事业单位或者国家机关使用。有的使用人需要支付一定租金,但租金数额很低。计划经济体制下,低租金导致的住房短缺容易引发黑市行为,但当时个人承租的公房转租比例较小,主要是单位承租的公房,尤其是公有商业用房的高价转租。房租改革开始后,公房转租的范围扩大到公有住宅。当时公房转租属违法行为,为各地房地产管理部门所重点打击、查处。改革开放之前的房屋买卖行为也被禁止。市场在房屋资源的配置中不能发挥作用。在人们观念转变,同时价格管制和供给限制下的供需矛盾愈加凸显,市场租金与政策性租金的差额巨大等多种因素的作用下,公房转租屡禁不止,且数量越来越多,逐渐呈半公开化状态。公房使用权交易起源于以物易物形式的实物换房。计划分配房屋使用权带来的僵化越来越不适应经济发展和社会生活的需要。20 世纪 80 年代末期,出于方便居民生活和工作的考虑,不少地方的房地产管理部门成立了换房站,举办换房大会。由于不同的房屋在地段、环境、面积等方面存在差异,因此在实物换房的基础上需要进行货币补差。之后,部分地方换房市场已变相为公房使用权的交易市场,但不同地方的政策并不相同。例如,天津市河西区房地产管理局下属的龙都房地产经营发展公司率先成为一个公房使用权有偿转让的中介者、经营者。但在北京等地,公房使用权交易则被严厉禁止。1987 年,《北京市人民政府关于城市公有房屋管理的若干规定》中明确规定"严禁出卖公房使用权"。1991 年,北京出台了《北京市人民政府关于查处非法买卖公有房屋使用权的规定》。在沈阳,20 世纪 80 年代末就开始了群众自发、秘密的地下隐形出让房屋使用权活动。1991 年,沈阳市房屋租赁公司即开展了公房使用权有偿转让试点活动。在上海,公有房屋置换政策于 1996 年推出,进行"差价换房"。1998 年 5 月,上海市房屋土地管理局颁发了《上海市不可售公有住房差价交换试行办法》,允许住房承租人把不可售公房按市场交换价值转让使用权,或换购商品房,或互换使用。在武汉,《武汉市直管公有住房使用权有偿转让管理试行规定》于 1997 年 5 月发布。这是全国首次公开允许直管公房承租人将使用权转让。之后,公房使用权出租、转让、交换等交易行为在全国多地兴起。

除了公房使用权人交易房屋使用权外,我国也在积极探索将房屋所有权出售给使用权人。1979 年,国家城建总局从国家补助的住宅建设投资中,分别拨给陕西、广西一部分资金,在西安、南宁等市进行建房全价出售给私人的试点。这里的建房全价是指土建成本价。这一政策拉开了我国城镇住房制度改革的序幕。1982 年 4 月,国务院选定在郑州、常州、四平、沙市等 4 个城市探索"三三三制"出售公房的政策。即公房出售价以土建成本价为准,政府、企业、个人各负担 1/3 的房价。1984 年年底,城乡建设环境保护部把北京、天津、上海及全国 23 个省的 82 个城市作为补贴出售公房的第二批试点城市,并于 1988 年提出了不发补贴、优惠出售公房的办法。优惠价以公房标准价为基础计价,扣除折旧、单位给职工发放的住房补贴及一次性付款优惠等。这里的公房标准价包括住宅建筑本体造价和征地拆迁补偿费等。自 1994 年开始,出售现有公房价格从标准价过渡到成本价。标准价按负担价和抵交价之和测定。成本价由征地和拆迁补偿费、勘察设计和前期工程费、建简安装工程费、住宅小区基础设施建设费、管理费、贷款利息和税金等7部分构成。从1998年下半年起,以成本价出售现有公房,并与经济适用房相衔接。经济适用房按微利价向中低收入家庭出售,其价格在上述成本价的7项构成的基础上再加3%以下的利润,建设用地实行行政划拨。安居工程房则以成本价销售。集资建房、合作建房适用于经济适用房的规定。实践中,很多单位集资建房、合作建房时给予本单位职工的优惠比较多,价格较为优惠。

二、公房产权的类型及性质

在改革开放之前,企业事业单位、机关单位及其职工一般只享有公房的使用权,公房所有权属于国家或者集体。改革开放之后,我国住房制度开始改革,国家或者集体通过收取一定对价的方式,将公房所有权转让给使用权人,使用权人可以获得所有权。1998年,国务院出台了《关于深化城镇住房制度改革的决定》,标志着我国住房制度改革向纵深发展。城镇住房制度改革在坚持国家统一政策目标指导下,地方分别决策,因地制宜,量力而行;坚持国家、单位和个人合理负担;坚持"新房新制度、老房老办法",平稳过渡,综合配套。住房制度改革的稳步推进,使我国延续多年的福利型、配给制的住房制度进一步向商品化、社会化的住房供给体系转变,在出售公房、加大租金改革力度和全面推行住房公积金制度等方面取得明显成效。与此同时,公房使用权流转增多、价格增长,历史遗留问题凸显,与公房所有权、使用权、承租权有关的纠纷不断,大量诉讼案件涌入人民法院。

关于公房使用权的性质,存在不同的认识,主要有以下几种观点:一是债权说。该说认为,公房的所有权属于国家或者集体,公房所有权人与使用权人建立的是租赁合同法律关系,公房管理部门代为行使收取租金等房屋所有人的权利,履行公房维修等房屋所有人的义务。公房使用人享有使用房屋等承租人权利,履行交纳房租等承租人义务。因此,公房使用权属于公房承租人基于公房租赁合同所享有的租赁权,这一权利属于债权。二是自物权说。该说认为,公房租赁的实质是变相工资分配方式建立起来的"租赁"关系,这种低租金的租赁关系实质上是一种变相的工资支付方式,其在本质上属于单位职工对自己劳动创造的价值享有的一种所有权。公房的使用权是我国传统福利住房分配政策和计划经济体制的产物,是政府对劳动者广泛实行的变相工资分配方式。在住房制度改革以前,取得公房使用权的承租人,必须是在国家机关或者国有企事业单位工作,其工作达到一定年限,组织上就会根据其工龄长短、职务高低、工作业绩大小、家庭人口等诸多因素,确定分配给其家庭一定面积的房屋,并建立起职工与国家或单位之间的房屋租赁关系。公房的使用权实际上隐含了价值,是职工多年工资中住房消费的补偿,也是劳动力价值的组成部分。所以,公房承租人所享有的权利相当于"类所有权"的权利。这种权利的本质是物权,是民事主体以自己的劳动获得的权利,属于自物权而非他物权。三是准所有权说。该说认为,公房承租人对公房的权利具有全面性,公房承租权人拥有公房的部分最终支配权,且该权利具有无期限性。因此,公房承租权人对公房享有类似于所有权性质的权利,而作为公房的所有权人(国家)的权利已经被虚化。四是居住权说。该说认为,居住权是居住权人对他人所有的住房以及其他附着物所享有的占有、使用乃至收益的权利。居住权是在他人房屋上设立的权利,是为特定自然人的生活用房而设定的。居住权属于人役权,具有无偿性、终身性、身份性等特点,在理论上可以把居住权作为一种特殊的用益物权对待。在编纂《民法典》的过程中,有观点建议将公房等政策房纳入居住权的规制范围。五是模糊性财产权说。该说认为,公房使用权具有用益物权的性质,但《物权法》并未将其作为法定物权之一种。在现阶段只能认为,公房使用权是一种高度物权化的债权或一种属性模糊的财产权。六是准用益物权说。该说认为,公房使用权具有支配性、永久性,是对所有权的限制。我国现阶段虽仍称公房使用权为一种租赁关系,但出租人的权利地位已被弱化,承租人的权利和地位得到强化,与真正市场化的租赁关系存在本质区别。由于公房使用权具有上述特征,可将其作为准用益物权。七是用益物权说。该说认为,公房使用权有别于合同法意义上的租赁权,已经具备了物权的属性,与建设用地使用权、土地承包经营权类似,属用益物权。

上述观点中,用益物权说最具合理性。在计划经济体制下,由于房屋资源不能自由交易,市场并不是房屋资源配置的方式;对于社会经济主体而言,房屋只有使用价值,没有交换价值。因此,房屋的归属并不重要,只需确定谁享有使用权益即可。公房姓"公",公房的所有权属于国家或者集体,使用权人获得的只能是使用收益权,而非所有权。使用权人无论是基于无偿的划拨、分配还是有偿的租赁获得公房使用权,都不能与市场化的房屋租赁等量齐观。公房使用权人对公房所享有的使用权或者"承租权"与现在市场交易中承租人对他人房屋享有的承租权亦有本质区别。总体上看,公房使用权具有以下基本法律特征:一是公房使用权属于物权而非债权。在计划经济中,没有商品交易,没有发生平等市场主体之间的合同行为,自然无基于租赁合同所享有之债权。不能因为"租赁""出租"等文字而将计划经济中的公房使用权等同于市场经济中的承租权。二是公房使用权属于他物权。公房所有权属于国家或者集体。公房使用权是非所有人享有的使用国家或集体所有房屋的权利。三是公房使用权具有政策限制性。公房使用权是政策分配房屋的产物。公房使用权的权能范围受到限制。即使在对公房使用权交易放松管制后,公房使用权可以继承、出租和转让,但公房使用人对公房仍不享有完全的处分权,不能在公房上设定抵押,并受到各地政策的限制。四是公房使用权具有独立性。公房使用权是一种独立的用益物权,使用权人对公房享有占有、使用及收益的权利。作为所有权人的国家或者集体不能随意撤销、限制公房使用权。五是公房使用权具有无期限性。公房使用权人对公房的使用权没有期限限定。

有人从量的角度对公房产权进行划分,认为公房的产权包括了国家产权、职工产权和企业产权。公房使用权人在获得公房的所有权后,该所有权也会受到一定的政策限制,其效力不同于普通的完全所有权。公房使用权人在购买公房时,实际上在一定程度上享受了公家的补贴或优惠。这也导致房改房的所有权人在一定时间内不能享有所有权的全部权能。关于房改房所有权的限制,1991年12月31日发布的国务院住房制度改革领导小组《关于全面推进城镇住房制度改革的意见》和1994年7月18日发布的国务院《关于深化城镇住房制度改革的决定》中都有体现。后者规定,职工以标准价购买的住房,拥有部分产权,即占有权、使用权、有限的收益权和处分权,可以继承。产权比例按售房当年标准价占成本价的比重确定。职工以标准价购买的住房,一般住用5年后方可依法进入市场,在同等条件下,原售房单位有优先购买权、租用权;原售房单位已撤销的,当地人民政府房产管理部门有优先购买、租用权。售房收入在补交土地使用权出让金或所含土地收益和按规定交纳有关税费后,单位和个人按各自的产权比例进行分配。职工以成本价购买住房的,产权归个人所有,一般住用5年后可依法进入市场,在补交土地使用权出让金或所含土地收益和按规定交纳有关税费后,收入归个人所有。有的地方还规定了部分产权的比例。例如,北京市规定,职工按标准价或1993年(含)以前按优惠价购买的住房,职工和原产权单位享有的产权比例分别为94%和6%。广州市规定,以标准价购买的住房,职工和原产权单位的产权份额分别为80%和20%。

三、公房纠纷案件的主要类型及处理规则

司法实践中,涉及公房的纠纷主要包括公房租赁合同纠纷案件、权属变更与确认纠纷案件、公房买卖或者置换合同纠纷案件、涉公房的离婚纠纷案件、公房拆迁安置纠纷案件、公房腾房纠纷案件等案件。这类案件政策性强,不同时期、不同地方的裁判尺度亦不相同,法律依据不充分,在司法实践中的处理难度较大,现分别介绍如下:

一是公房租赁合同纠纷案件。司法实践中,公房租赁合同案件主要表现为使用人拖欠公房使用费即租金的纠纷。实践中,房产公司与公房承租人之间通过签订房屋租赁合同,来确定双方的权利义务。房产公司作为原告起诉公房使用人给付公房租金的案件,一般作为房屋租赁合同纠纷处理。在此类案件中,住房使用人通常以房产公司拒绝履行修缮义务或者履行公房的修缮义务存在瑕疵为由进行抗辩,拒不支付租金。

二是权属变更与确认纠纷案件。针对承租人变更问题,有的地方专门出台了相关意见。例如,2007年7月1日,天津市开始施行新的《公有住房变更承租人管理办法》。该办法第2条规定:“公有住房承租人死亡或者户籍迁出本市的,承租人的配偶、子女、父母等可以申请过户。公有住房使用权过户只能由一人申请过户,符合过户条件的家庭成员有两人以上(含两人)的,应当达成一致意见后方可申请过户”;“没有符合过户条件的,出租人可以收回该公有住房使用权”。第3条规定:“公有住房承租人死亡后没有符合第二条规定过户条件的,承租人的兄弟姐妹等在本市主要报纸刊登公告,公告三个月期满无异议的,提交具结书后可以申请过户。”司法实践对于公房变更承租人纠纷案件的处理方式,有不同的观点。有观点认为,公房管理单位与承租人之间形成租赁合同关系,由谁继续承租应由公房管理单位和要求变更的承租人协商一致后重新签订承租合同。公房因原承租人死亡、户口迁出本市或者其他原因等需要变更承租人的,人民法院不应当干预。因此,对于此类案件人民法院不予受理。还有观点认为,公房使用权通过单位分配、国家调配等方式取得,在历史上被排除在遗产的范围之外。但随着时间的推移和住房制度改革的推进,绝大部分公房使用权允许上市交易转让,其财产属性增强,身份属性消退,可以自由流通,因此对原承租人死亡重新确定承租人的案件可依继承法的相关规则办理。这两种观点争议的实质是公房承租权是合同权利还是物权。如果公房承租权是租赁合同项下的权利,应当由当事人意思自治决定。如果一方当事人违约,则应当按《合同法》的规定和租赁合同约定承担违约责任。当事人有缔结合同的自由,也有不缔结合同的自由。承租人死亡或者户口迁出本市的,人民法院无权强制出租人再与承租人的其他亲属签订公房租赁合同。如果公房承租权是物权,承租人死亡或者户口迁出本市的,其对公房所享有之物权可被继承,或者由共同居住的其他家庭成员享有。出租人则应当继续与原承租人的亲属续签租赁合同。显然,后一种观点更符合我国公房租赁的实际情况。司法实践中争议较大的另一个问题是,公房使用权人在生前所立关于指定续任承租人的遗嘱,是否具有法律效力。对此,在符合

各地政策的情况下,应当承认其法律效力。

三是公房买卖或者置换合同纠纷案件。实践中,有的公房承租人为改善居住条件,已购买其他住房,需要转让公房使用权。这种情况下,各地一般允许,但需要公房承租人征得同户籍共同生活的家庭成员的同意才能申请公房置换。但为规范公房使用权交易秩序,各地通常都会指定交易地点、规定交易程序。例如,根据天津市公产房置换管理的有关规定,公房置换必须到天津市津房置换有限责任公司进行挂牌、摘牌的程序,房管部门将挂牌公示作为公房承租权变动的必经程序。实践中,对于没有经过挂牌公示程序而私下签订的房屋置换合同是否有效的问题,存在争议。如果认可此类合同的效力,一方当事人是否有权请求继续履行合同,司法实践中亦有不同认识。有观点认为,交易程序不符合地方政府规定不影响公房置换合同的效力。主要理由是,诉争房屋虽然是公房,但在目前的社会经济条件下,公房的承租权亦具有财产的属性,而国家政策对承租人的处分权事实上已经认可,虽然置换人由于未按照当地规定的交易方式办理置换手续而导致合同无法履行,但该合同仍为有效合同。有观点认为,此类合同应认定为无效合同。主要理由是,公房使用权具有很强的政策性,公房变更承租人应当执行各地关于公房变更承租人的管理办法,即通过公房产权人或者其委托的经营管理单位、置换经营单位回购或者代理转让的形式变更承租人。直接签订的房屋买卖协议,因不符合上述办法的规定而无效。有观点认为,此类买卖协议属于效力待定的合同。主要理由是,承租人的行为属于无权处分,应当依据《合同法》第 51 条的规定认定为属于效力待定的合同。但新编纂的《民法典》并未保留这一规定,因此,第三种观点目前来看缺乏法律依据,也与当前的理论和实践做法不相符。目前,关于合同履行不能与合同效力的关系的认识在不断发展,履行不能并不一定导致合同无效,而应当区分情况而定。上述观点中,从鼓励交易的角度看,第一种观点具有合理性。

四是涉公房的离婚纠纷案件。针对这一问题,1996 年最高人民法院发出通知,印发《关于审理离婚案件中公房使用、承租若干问题的解答》。其第 2 条规定:"夫妻共同居住的公房,具有下列情形之一的,离婚后,双方均可承租:(一)婚前由一方承租的公房,婚姻关系存续 5 年以上的;(二)婚前一方承租的本单位的房屋,离婚时,双方均为本单位职工的;(三)一方婚前借款投资建房取得的公房承租权,婚后夫妻共同偿还借款的;(四)婚后一方或双方申请取得公房承租权的;(五)婚前一方承租的公房,婚后因该承租房屋拆迁而取得房屋承租权的;(六)夫妻双方单位投资联建或联合购置的共有房屋的;(七)一方将其承租的本单位的房屋,交回本单位或交给另一方单位后,另一方单位另给调换房屋的;(八)婚前双方均租有公房,婚后合并调换房屋的;(九)其他应当认定为夫妻双方均可承租的情形。"第 3 条规定:"对夫妻双方均可承租的公房,应依照下列原则予以处理:(一)照顾抚养子女的一方;(二)男女双方在同等条件下,照顾女方;(三)照顾残疾或生活困难的一方;(四)照顾无过错一方。"同时,第 4 条规定:"对夫妻双方均可承租的公房而由一方承租的,承租方对另一方可给予适当的经济补偿。"此外,对于夫妻双方均可承租的公房,如其面积较大能够隔开分室居住使用的,可由双方分别租住;对可以另调房屋分别租住或承租方给另一方解决住房的,可予准许。离婚时,一方对另一方婚前承租的公房无权承租而解决住房确有困难的,人民法院可调解或判决其暂时居住,暂住期限一般不超过两年。暂住期间,暂住方应交纳与房屋租金等额的使用费及其他必要的费用。对于公房承租权和"部分产权"房,如双方在离婚时同意或者双方经济、住房条件基本相同,还可采取竞价方式解决。随着社会经济发展和住房改革的深化,国家对公房进入市场交易的政策也进一步放宽,因此,在离婚案件中,对公房的分配在很大程度上可参照私有产权房屋的财产分割方式。

五是公房拆迁安置纠纷案件。在公房承租人死亡后,在尚未变更或确定新承租人前,公房被拆迁的,如何在相关利害关系人之间分配房屋拆迁安置补偿费用,是司法实践中经常遇到的问题。在处理此类纠纷时,既要遵从《民法典》继承编的相关规定,也要考虑与原承租人共同生活、经济困难家庭成员的居住需求。这里需要注意公房承租人与承租人转租后的承租人所享有的房屋拆迁安置补偿权不同。只有直接承租公房的承租人才享有房屋拆迁安置补偿权。2001 年 11 月开始在全国实施的《城市房屋拆迁管理条例》与原拆迁条例相比,首先是缩小了被拆迁人的范围,即被拆迁人是指房屋的所有人而不包括使用人。此外,拆迁补偿时不再计算居住的人口。当公房遭遇拆迁时,被拆迁人是所有人而不是使用人。当因拆迁补偿款的分配发生纠纷时,公房使用权人获得补偿的性质被认为是"共同居住人的共有"。有观点认为,对于公房使用权的性质和拆迁补偿款的性质应该从两个方面加以界定:通过原始取得的公房使用权及其拆迁补偿款,应为"准共有";通过继受取得的公房使用权及其拆迁补偿款则不一定。继受取得的公房使用权实质上只能是继受取得人,如为两人共同出资继受取得则为共有,如为一人出资应为单独拥有。如果在实际拆迁补偿时不加区别地将原始取得和继受取得同等对待,势必在家庭成员之间引起纠纷。这一观点具有合理性。

六是公房腾房纠纷案件。这是司法实践中较为常见,同时也是处理难度较大的案件类型。有的公房腾房纠纷发生在亲属之间。例如,具有公房承租人身份的长辈起诉居住于公房内的晚辈。父母因家庭关系不睦起诉到法院请求同居一处的儿子、儿媳、女儿、女婿从诉争公房内迁出。公婆因家庭关系不睦起诉请求丧偶的儿媳或者岳父岳母起诉请求丧偶女婿从公房内迁出。在处理此类纠纷时,既要考虑承租人的意愿,也要弘扬家庭美德、促进家庭和谐,维护家庭关系稳定。有的公房腾房纠纷发生在公房承租人与转承租人之间。公房承租人将公房又转租给他人,后因转承租人欠租或租期届满等原因起诉转承租人腾退房屋。此类纠纷应当按公房承租人与转租人的租赁合同办理,同时也应当遵守国家及地方相关规定。有的公房腾房纠纷发生在公房所有权人或者承租人和非法强占人之间。此类案件的原告多是承租公房的企事业单位。比如,职工因早年分房争端长期强占单位办公用房作为自己的生活用房。处理此类案件时,应当依法保护公房所有权和承租人的承租权。

第十五章　地役权

专题一　地役权的民法保护

一、地役权的成立要件

地役权是按照合同约定利用他人的不动产，以提高自己不动产效益的权利。[①] 需要利用他人土地才能发挥效用的土地，为需役地。提供给他人使用的土地，称为供役地。地役权属于一种用益物权，实践中多表现为因通行、取水、排水、铺设管道等需要而使用他人土地。地役权的设立，一方面，可以使需役地的价值提升，便于需役地人使用土地，使需役地充分增值；另一方面，供役地人通过在自己土地上供役而获得相应对价。地役权人与供役地人各取所需，实现各自利益最大化，也有利于充分发挥土地的价值。与相邻关系相比，地役权更具"地尽其利、物尽其用、人得其需"的功效。[②] 在制定《物权法》之前，我国没有地役权制度，为提升自己土地价值而利用他人土地的行为，一般由相邻关系处理。正因如此，有观点认为，我国不需要制定专门的地役权制度，用相邻关系处理这类问题就行。反对观点认为，相邻关系制度并不能替代地役权制度。相邻关系只是对不动产利用所作的最低限度的调节。地役权制度则允许当事人自愿协商签订合同，来达到利用他人土地提高自己土地价值的目的。二者之间的区别，主要体现在以下两个方面：一是相邻关系与地役权产生的原因不同。相邻关系基于法律的规定直接产生。法律调整相邻土地的所有权人或者使用权人之间的利益冲突，是为维护生产生活便利而作出的最低限度的规范。地役权因当事人之间自愿订立的合同而产生。当事人可以自愿约定为提高自身土地的价值、便利自身土地的使用，而利用他人土地。二是相邻关系与地役权的性质不同。相邻关系是对不同民事主体的土地利用关系所作出的最小限度的调节，本身不是一种独立的物权，依附于所有权，属于所有权的内容，为所有权效力之当然范围。地役权能够弥补相邻关系的不足，是一种独立的他物权，不以所有权的享有为前提，不是所有权的内容。基于以上两点考虑，我国《物权法》专门对地役权制度作了规定。[③]

关于地役权的设立，《民法典》第373条规定："设立地役权，当事人应当采用书面形式订立地役权合同。地役权合同一般包括下列条款：（一）当事人的姓名或者名称和住所；（二）供役地和需役地的位置；（三）利用目的和方法；（四）地役权期限；（五）费用及其支付方式；（六）解决争议的方

---

① 郭明瑞主编：《中华人民共和国物权法释义》，中国法制出版社2007年版，第280页。

② 同上。

③ 全国人大常委会法制工作委员会民法室编：《中华人民共和国物权法条文说明、立法理由及相关规定》，北京大学出版社2017年版，第327页。

法。”因此，地役权的设立应当通过合同方式为之。设立地役权的合同为要式合同，应采取书面形式。设立地役权的合同应当包括以下内容：一是当事人基本情况，包括当事人的姓名或者名称和住所。地役权的主体不限于土地所有权人。我国实行土地公有制，真正使用土地的人往往不是土地所有权人。因此，设立地役权的主体不应当限于所有权人，也包括土地使用权人。由于地役权是在供役地上设立的负担，会直接影响到供役地使用，因此土地上已设立土地承包经营权、建设用地使用权、宅基地使用权等用益物权的，土地所有权人设立地役权，还必须征得用益物权人同意。土地使用权人在设定地役权时，地役权的期限和内容应当与其使用权相匹配，原则上不能超出土地使用权的范围。二是标的物的基本情况，包括供役地和需役地的位置。三是地役权的基本内容，包括地役权人利用供役地的目的、方法、期限等方面。这是地役权合同的基本内容。地役权的内容确立后，地役权人和供役地人的权利义务也就确定。供役地权利人应当按照合同约定，允许地役权人利用其不动产，不得妨害地役权人行使权利。地役权人应当按照合同约定的利用目的和方法利用供役地，尽量减少对供役地权利人物权的限制。此外，如果是土地承包经营权、建设用地使用权人在土地上设定地役权的，地役权的存续期限不得超过上述用益物权剩余的期限。对此，《民法典》第377条规定：“地役权期限由当事人约定；但是，不得超过土地承包经营权、建设用地使用权等用益物权的剩余期限。”四是地役权使用供役地所需支付的对价，包括费用及其支付方式等内容。设立地役权可以是有偿的，也可以是无偿的，由当事人自愿约定。如果当事人通过合同设立的地役权是有偿的，则需要明确约定地役权的费用及支付期限和方式。五是当事人发生纠纷后解决争议的方法。设立地役权的合同属于要式合同，必须采用书面形式；同时也属于诺成合同，自承诺到达要约人时，合同成立生效。当然，设立地役权的合同属于民事行为，其发生效力还需要符合《民法典》关于民事行为有效的条件。关于民事行为有效的条件，《民法典》第143条规定：“具备下列条件的民事法律行为有效：(一)行为人具有相应的民事行为能力；(二)意思表示真实；(三)不违反法律、行政法规的强制性规定，不违背公序良俗。”影响民事行为的因素主要是当事人的意思表示能力，即行为能力、意思表示的真实性以及意思表示的合法性。民法的基本原则是法无禁止即自由，但是，即使在当事人具备行为能力、意思表示真实的情况下，如果当事人通过意思表示设立权利和义务的行为违反了法律的强制性规定，也不能发生当事人意思表示之法律效果。因此，地役权的设定不得违背法律的强制性规定和公序良俗。

关于地役权的成立，是采登记生效主义，还是登记对抗主义，存在争议。登记生效主义，是指地役权的产生、变动、消灭以登记为要件，未经登记不发生地役权的产生、变动、消灭的效力。登记对抗主义，是指地役权的设立、变更和消灭于使地役权设立、转让、消灭的法律行为生效时或者取得时、继承的条件满足时即发生，但未登记不得对抗善意第三人。支持地役权登记生效主义的观点认为，不动产物权在经济生活中具有重要地位，对当事人利益影响巨大，对交易安全也有很大影响，因此不动产物权原则上都应当采登记生效主义。这也是我国民法的一项基本原则。地役权是设立于不动产之上的他物权，为保护第三人利益和交易安全，也应当进行登记。支持地役权登记对抗主义的观点认为，虽然登记生效主义在维护交易安全方面具有重要意义，但是登记对抗主义既能维护交易安全又能提高财产利用效率，兼顾了安全与效率的双重因素，更为合理。第一，物权变动是一个过程，从合同签订开始启动，到合同履行完成才全部结束。而物权在这一过程的任何时间点都有可能发生移转,因此,不能用一个僵化的标准统一确定物权变动的具体时间。登记对抗主义物权变动模式将当事人之间的约定作为确认物权变动时间的基本规则,非常符合物权变动时间多样性的现实要求。第二,物权变动与交易安全是两个层面的问题,前者只涉及交易的当事人,而后者则涉及交易的当事人和不特定的一个或数个第三人。物权变动要解决的是权利在当事人之间是否移转、何时移转的问题;而交易安全所要解决的则是同一标的物的原权利人及不同次序买受人之间的权利冲突问题。供役地登记应为地役权成立要件,但需役地上登记缺失效力如何,立法缺乏进一步的规定。[①] 从比较法的角度看,法国、日本等国亦不采用登记生效主义。《日本不动产登记条例》规定,即使缺失该项登记,亦足以发生效力。只有德国法上采用登记生效主义。我国《物权法》最终采用了登记对抗主义,主要原因是在我国农村地区,地役权 80% ~90% 都未登记。采用了登记对抗主义有利于方便群众,减少成本。[②] 我国《民法典》沿用了《物权法》的规定。《民法典》第 374 条规定:“地役权自地役权合同生效时设立。当事人要求登记的,可以向登记机构申请地役权登记;未经登记,不得对抗善意第三人。”

在司法实践中,要注意区分因地役权而产生的内部关系和外部关系。在处理内部关系即地役权人和供役地人的关系时,应当以地役权人和供役地人之间的合同为准;在处理外部关系即地役权人与第三人之间的关系时,应当以地役权登记为准。如果地役权未登记,则不能对抗第三人。举例言之,甲与乙签订合同,约定乙不能在其土地上盖房,以保障甲原有房屋获得较好观景。双方签订合同后,并未对地役权进行登记。后乙将该土地转让给丙。丙不知道该土地上设有地役权。这种情况下,甲对乙土地所享有的地役权就不能对抗丙。

二、地役权的转让规则

与相邻关系不同,地役权是一种独立的他物权,并非需役地所有权的部分或使用权内容的扩张,但地役权之目的在于便利地役权人使用需役地,更大限度地实现需役地的价值。故地役权具有从属性,地役权之价值附随于需役地之使用,失去需役地所有权和使用权后,地役权对地役权人则不再具有价值。地役权不得与需役地的所有权或者使用权分离而单独存在。地役权的从属性包括两方面的含义:第一,地役权不能与需役地分离而单独处分。对此,《民法典》第 380 条规定:“地役权不得单独转让。土地承包经营权、建设用地使用权等转让的,地役权一并转让,但是合同另有约定的除外。”第 381 条规定:“地役权不得单独抵押。土地经营权、建设用地使用权等抵押的,在实现抵押权时,地役权一并转让。”根据上述规定,地役权人不能自己保留需役地的所有权或者使用权而仅将地役权让与他人。需役地人不能自己保留地役权而将需役地的所有权或使用权让与他人。地役权人还不得将需役地的所有权或使用权以及地役权分别转让给不同的人。概言之,地役权与需役地的所有权或使用权不能分离,随需役地的所有权或使用权的转移而转移。第二,地役权也不能单独抵押。设立抵押也是处分地役权的一种方式。抵押权的实现,需要以被抵押物的拍卖、变卖、

---

① 郭明瑞主编:《中华人民共和国物权法释义》,中国法制出版社 2007 年版,第 285 页。

② 全国人大常委会法制工作委员会民法室编:《中华人民共和国物权法条文说明、立法理由及相关规定》,北京大学出版社 2017 年版,第 329 页。

折价为条件,也是被抵押物流转的一种方式。《民法典》只是规定需役地所有权人、使用权人不能将土地所有权、使用权与地役权相分离而仅以地役权进行抵押,并不禁止在地役权上设立抵押。需役地所有权人、使用权人在需役地的所有权、使用权上设立抵押时,抵押效力原则上也及于地役权。由于我国实行土地公有制,因此地役权主要是与土地使用权一并处分,包括一并抵押。因此,土地经营权、建设用地使用权等抵押的,在实现抵押权时,地役权一并转让。

地役权的从属性不仅体现为不能单独处分,而且体现为与需役地、供役地共"命运"。即需役地的所有权、使用权转让时,相应的地役权一并转让;供役地的所有权、使用权转让时,相应的地役负担亦一并转让,但当事人另有约定的除外。由于地役权是为整个需役地提供便利,除需役地整体转让外,部分转让也会产生地役权转让的效果。对此,《民法典》第382条规定:"需役地以及需役地上的土地承包经营权、建设用地使用权等部分转让时,转让部分涉及地役权的,受让人同时享有地役权。"同理,供役地是以整个地上设立的负担为需役地提供便利,除整体转让供役地外,部分转让也会产生地役负担转让的效果。对此,《民法典》第383条规定:"供役地以及供役地上的土地承包经营权、建设用地使用权等部分转让时,转让部分涉及地役权的,地役权对受让人具有法律约束力。"在后一种情况下,应以受让人在受让土地承包经营权、建设用地使用权时知道或者应当知道受让土地上设立有地役权为要件。在地役权经过登记的情况下,根据《民法典》第374条规定,该登记可以对抗受让人。在地役权未进行登记的情况下,地役权人所享有的地役权不能对抗善意第三人。这是地役权人和供役地所有权人、土地承包经营权人等用益物权人应当明白的,否则会引起相应纠纷。需要注意的是,如果依特定地役权的性质和特点,转让部分需役地并不影响地役权的,受让人可不再受此负担的影响。

司法实践中还需要注意,地役权的从属性不同于担保物权的从属性。从权利性质上看,地役权属于用益物权,其以支配标的物的使用价值为目的;而担保物权显然不属于用益物权,担保物权指向的是担保物的交换价值。从设立权利的目的来看,地役权以需役地、供役地的存在为前提,其目的并不是确保需役地所有权或使用权的实现,只是提高需役地的效益;设立担保物权的目的是确保被担保的债权的实现。

在我国,土地资源的流转主要体现为使用权的流转,而非所有权的流转。使用权的流转不仅表现为转让农村土地承包经营权、宅基地使用权的行为,也表现为设立农村土地承包经营权、宅基地使用权的行为。如果土地所有权人在其土地上为他人设立了地役权,或者为方便自己土地利用而在他人土地上设立了地役权,则其在土地上为他人设立用益物权时,该地役权或者地役负担对于用益权人仍然发生效力。这主要在农村集体经济组织为农户设立承包经营权、宅基地使用权的情况下发生。在政府机关出让建设用地使用权的情况下,建设用地之使用地必须符合城市规划要求。在城市规划之时,已经充分考虑不同土地效用的发挥。而且,城市规划具有强制性,建设用地使用权人必须遵守,因此,在我国城市地区地役权的适用范围相对较小。对于这一问题,《民法典》第378条规定:"土地所有权人享有地役权或者负担地役权的,设立土地承包经营权、宅基地使用权等用益物权时,该用益物权人继续享有或者负担已经设立的地役权。"该条规定也体现了地役权的从属性。地役权本质上是为方便需役地的利用而为供役地的利用设定负担,涉及需役地、供役地利用的转让所有权、使用权以及设立使用权的行为,之前已经设立的地役权或者地役负担对于受让人原则上均发生效力。

三、地役权合同的解除

根据《民法典》第562条、第563条的规定，合同当事人可以协商一致解除合同，也可以由当事人单方解除合同。当事人单方解除合同的，应当享有合同解除权。当事人的合同解除权既可以源于合同的约定，也可以源于法律的规定。关于当事人的法定解除权，《民法典》第563条规定了5项解除事由：一是因不可抗力致使不能实现合同目的；二是在履行期限届满前，当事人一方明确表示或者以自己的行为表明不履行主要债务；三是当事人一方迟延履行主要债务，经催告后在合理期限内仍未履行；四是当事人一方迟延履行债务或者有其他违约行为致使不能实现合同目的；五是法律规定的其他情形。设立地役权的合同，可以是有偿合同，也可以是无偿合同。如果是有偿合同，依据上述规定，地役权人拒不履行支付费用的义务或者不按合同约定支付费用，经催告后在合理期限内仍未履行的，供役地权利人有权解除合同。但鉴于地役权自身的特殊性，《民法典》对供役地权利人的解除权作了特别规定。《民法典》第384条规定："地役权人有下列情形之一的，供役地权利人有权解除地役权合同，地役权消灭：（一）违反法律规定或者合同约定，滥用地役权；（二）有偿利用供役地，约定的付款期限届满后在合理期限内经两次催告未支付费用。"即在以下两种情况下，供役地权利人可以解除地役权合同：一是地役权人违反法律规定或者合同约定，滥用地役权。地役权合同成立后，地役权设立。地役权人应当依据合同约定和法律规定行使地役权。如果地役权人违反法律规定或者合同约定，滥用地役权，损害供役地权利人的权益，供役地权利人就有权解除合同。地役权人违反合同约定滥用地役权的行为体现在多个方面，但一般是指超出合同约定范围行使地役权的行为，包括空间范围和权利范围。二是地役权人与供役地权利人约定有偿利用供役地的情况下，地役权人不按合同约定支付对价。在地役权人拒绝履行的情况下，供役地权利人依据《民法典》第563条第1款第2项规定，享有解除权。在地役权人迟延履行的情况下，第563条第1款第3项规定与第384条第2项规定不相同。《民法典》第563条第1款第3项规定，当事人一方迟延履行主要债务，经催告后在合理期限内仍未履行的，相对人享有解除权。而《民法典》第384条第2项规定，有偿利用供役地，约定的付款期限届满后在合理期限内经两次催告未支付费用，供役地权利人享有解除权。后一规定要求供役地权利人"在合理期限内经两次催告"，但《民法典》第563条第1款第3项规定并不要求两次催告。司法实践中，一般理解《民法典》第563条第1款第3项规定的当事人一方迟延履行主要债务，经催告后在合理期限内仍未履行应当以一次催告为原则。但按特别规定优先于一般规定的法律适用原则，如果地役权人迟延履行支付费用的义务，人民法院在认定供役地权利人的解除权时，应当以供役权权利人两次催告为条件。

根据《民法典》第374条的规定，我国对地役权采登记对抗主义，地役权自地役权合同生效时设立。当事人可以向登记机构申请地役权登记，若未经登记，则不得对抗善意第三人。因此，地役权合同一经解除，地役权存在的基础消灭，地役权亦消灭。如果当事人已在登记机构办理地役权登记，则对外产生公信力，会对交易安全和第三人之信赖产生影响。如果地役权合同被解除，地役权消灭，当事人应当及时注销登记。否则，地役权之外观与地役权之实质不符，会对善意第三人造成影响，并影响交易安全，最终影响到供役地权利人的利益。对此，《民法典》第385条规定："已经登记的地役权变更、转让或者消灭的,应当及时办理变更登记或者注销登记。”如果地役权已经进行登记,在地役权发生变化或者消灭时,及时办理变更登记或者注销登记,有利于克服地役权“名实不符”的情况,维护交易安全,减少纠纷争议。

第十六章　担保物权一般规定

专题一　担保物权概述

一、担保物权的含义

担保物权是现代民法中的重要制度,在社会经济生活中发挥着确保债权实现、促进资金融通的作用。作为物权的类型之一,担保物权是他物权,是担保物权人对他人财产的交换价值取得支配权,以保证债务的清偿。从《民法通则》第89条到1995年《担保法》及《担保法司法解释》,至2007年《物权法》较为全面系统地确立了担保物权制度,再到《民法典》,我国担保物权制度走过了从无到有、从简单到成熟的发展历程,担保物权制度的发展充分体现了我国经济生活的繁荣与活跃。《民法典》第387条规定:"债权人在借贷、买卖等民事活动中,为保障实现其债权,需要担保的,可以依照本法和其他法律的规定设立担保物权。第三人为债务人向债权人提供担保的,可以要求债务人提供反担保。反担保适用本法和其他法律的规定。"第386条规定:"担保物权人在债务人不履行到期债务或者发生当事人约定的实现担保物权的情形,依法享有就担保财产优先受偿的权利,但是法律另有规定的除外。"这两个条款明确了担保物权的适用范围与担保物权的含义。

在担保物权法律关系中,担保物权人通常是债权人,而提供担保财产的人可为债务人,也可为第三人。作为标的物的担保财产必须是债务人或第三人享有所有权或依法享有用益物权的财产,前者如债务人或第三人享有所有权的不动产、动产或某项权利,后者如债务人或第三人取得的海域使用权或以出让方式取得的土地使用权等。作为担保的财产必须具有合法性、独立性、特定性,以及可让与性,以方便特定情形发生时可以实现交换价值。

二、担保物权的合同

理论上将担保物权区分为意定担保物权和法定担保物权。意定担保物权系由当事人依法以订立合同的方式设立,典型的担保合同有抵押合同和质押合同。与《物权法》第172条对担保合同的规定相比,《民法典》在第388条增加了"担保合同包括抵押合同、质押合同和其他具有担保功能的合同"的规定。如此,将现实社会中各种具有一定担保功能的非典型担保合同纳入担保物权范畴,可以适用《民法典》担保物权的相关规则。通常认为,这类合同包括《民法典》合同编中所规定的所有权保留买卖合同、融资租赁合同、保理合同等。《民法典》在相关条文中明确了所有权保留的登记、融资租赁合同中出租人权利的登记、保理合同应收账款的登记均具有对抗第三人的效力,赋予登记优先、登记时间在先优先的效力。由于法条对具有担保功能的合同采取了开放的态度,因此,最高人民法院在2019年《九民会议纪要》中列举的保兑仓交易、让与担保等具有一定担保功能的合同,均可以纳入《民法典》担保物权合同范畴。《民法典》这一规定,对丰富和活跃经济十分有益。

三、担保物权的实现

担保物权实现的条件有两种情形:一是债务届期时债务人不履行债务;二是当事人约定实现担保物权的其他情形出现。担保物权最主要的效力是优先受偿性,即当条件出现时,担保物权人可以对担保财产进行折价或拍卖、变卖,以所得的价款优先实现自己的债权。这里的优先性通常体现在优先于没有担保物权的其他普通债权,或者相对于顺位在后的其他担保物权。但担保物权的优先性有例外情形,即如果法律有特别规定的,则担保物权的优先性将受到影响。这里作例外规定的法律应是宽泛意义上的法律,不仅包括全国人大及其常委会制定的法律,还包括最高人民法院出台的司法解释。前者如我国《海商法》第11条至第25条规定的船舶抵押权、船舶优先权、船舶留置权,三者优先受偿顺序为船舶优先权优于船舶留置权,船舶留置权优于船舶抵押权。我国目前施行的《税收征收管理法》第45条第1款规定"纳税人欠缴的税款发生在纳税人以其财产设定抵押、质押或者纳税人的财产被留置之前的,税收应当先于抵押权、质权、留置权执行"。后者如最高人民法院曾经在法释〔2002〕16号《关于建设工程价款优先受偿权问题的批复》中明确,"人民法院在审理房地产纠纷案件和办理执行案件中,应当依照《中华人民共和国合同法》第二百八十六条的规定,认定建筑工程的承包人的优先受偿权优于抵押权和其他债权"。该规定虽是最高人民法院所作批复,但在司法实务中广泛适用。《民法典》第807条仍作了与《合同法》第286条基本一致的规定,即"发包人未按照约定支付价款的,承包人可以催告发包人在合理期限内支付价款。发包人逾期不支付的,除根据建设工程的性质不宜折价、拍卖外,承包人可以与发包人协议将该工程折价,也可以请求人民法院将该工程依法拍卖。建设工程的价款就该工程折价或者拍卖的价款优先受偿"。

四、担保物权的社会作用

凡事均有两面性,担保物权的积极作用不难理解,但也有消极的一面,从实务来说,对这两方面均应有所认识。从债权人角度而言,担保物权的存在能确保债务的清偿,但实现担保物权需付出金钱与时间成本。对债务人来说,当以担保物清偿债务时,某种程度上说明债务人经营的失败,但同时,担保物权也有利于债务人融入资金安排生产与经营,增强债务人的责任感,最终有利于社会财富的增加。因此,建立与实现有效、透明、高效的担保制度,既是立法价值取向,也应被司法实务关注。比如,《民事诉讼法》第196条、第197条规定了担保物权的实现程序,目的在于促进担保物权尽快实现,但实务中该程序条款运用效果不尽如人意,原因之一,在于人民法院对被申请人或利害关系人提出的异议审查往往流于形式,然后驳回申请人申请,进而要求申请人通过诉讼程序解决,这在一定程度上也影响了立法目的的实现效果。

五、反担保

反担保同样适用担保的法律规定。反担保可以是物上担保也可以是保证。若是保证,则应适用《民法典》保证合同中相应的规定;若是物权担保,则应适用《民法典》担保物权的规定。因反担保仅是提供担保的第三人为实现代偿义务后确保追偿权实现的手段,在反担保中,第三人代为清偿义务后成为原债务人的债权人、担保权人。对此,实务中应当注意的是,第三人成为新的债权人的前提是代为清偿债务,如果第三人与原债权人之间成立的是新的借款关系,则无权在反担保关系中实现优先清偿。因此,第三人支付给原债权人的金钱应当明确其性质,是借款还是清偿,以免产生新的纠纷。同时,在以不动产抵押方式提供反担保时,应注意明确担保债权的内容,因此最好将主合同与担保合同、反担保合同均作登记,以便确定反担保债权的最大范围,这主要是考虑反担保债权是否存在及在多大范围上均存在或然性,而一并登记则有利于债务人的其他债权人通过查阅了解债务人责任财产状况,有利于减少矛盾与纠纷的发生。

专题二　独立担保

一、担保物权具有从属性

《民法典》第388条第1款规定,担保合同是主债权债务合同的从合同。主债权债务合同无效的,担保合同无效,但是法律另有规定的除外。

由于担保物权是为保障特定债务清偿而成立,担保物权设立时必然在先存在已有效设立的债权债务合同。因此担保合同具有从属性,这种从属性首先表现在合同成立上,无主债权债务合同则无担保合同。其次是效力上的从属性,主债权债务合同无效,担保合同也无效,但担保合同无效并不导致主债权债务合同无效。这是从主从关系上对效力的认定,在这个认定标准之外,对担保合同效力的认定仍然适用《民法典》合同编关于效力认定的规则,所以在担保合同有违合同编中关于效力认定的标准时,主债权债务合同有效但担保合同仍可能无效。

担保物权的从属性还表现在转让上的从属性。《民法典》第407条规定,抵押权不得与债权分离而单独转让或者作为其他债权的担保。债权转让的,担保该债权的抵押权一并转让,但是法律另有规定或者当事人另有约定的除外。抵押权不得与债权分离而作为其他债权的担保,具体来说,包括:抵押权人仅以抵押权为他人之债提供担保,而自己保留债权;抵押权人仅以债权为他人债权提供担保,而自己保留抵押权;抵押权人将抵押权与债权分别为他人债权提供担保。上述情形均为法律所禁止。

二、担保物权从属性的例外

根据《民法典》第388条的规定,主债权债务合同无效担保合同无效仅是一般原则,在法律另有规定的情况下，担保合同可以独立存在并有效，这是法律规定的例外情况。比如，最高额抵押合同具有相对独立性，其中某一笔债权债务合同无效，并不影响最高额抵押合同的效力。某一笔债权债务的转让也不意味着最高额抵押权的转让。也就是说，最高额抵押权并不从属于具体的某个债权。如法释〔2016〕24 号最高人民法院《关于审理独立保函纠纷案件若干问题的规定》规定，由银行或非银行金融机构开立的独立保函，无论用于国际商事交易还是用于国内商事交易，均不影响保函的效力。独立保函的特点就在于其效力、变动、管辖、准据法等均独立于基础交易关系，保证人在面对付款请求时，无须审理基础合同，仅须审查相关单据。因此，关于担保合同的从属性例外是法律所作的特别规定，当事人无权约定。

从属性是担保合同最主要的特征，作为意定担保合同，当事人能否约定排除？对这个问题的认识有个发展过程。《担保法》第 5 条规定："担保合同是主合同的从合同，主合同无效，担保合同无效。担保合同另有约定的，按照约定。"该条款允许当事人约定例外，由此给司法实务带来不少困惑。金融借款或者民间借贷中，出借人常常与借款人约定无论借款合同是否有效，担保人均应承担还款责任。因此，在主合同无效且债务人无力承担偿还责任时，纠纷由此产生，担保人往往以担保合同的从属性抗辩该约定无效，而出借人则援引《担保法》的除外规定主张该条款有效。过去主流做法是承认涉外商事交易中独立保函的效力，而否认该条款在国内交易中的适用，但往往在说理上难以回避《担保法》的规定及当事人的单独约定。直到《物权法》第 172 条将独立性的例外情形仅限于"法律另有规定的除外"，较好地解决了实务中的争议，由此金融借款与民间借贷中当事人对担保条款约定单独生效的，一般在实务中以违反从属性而认定无效。但该一律认定无效的做法又引起新的争议，因为法释〔2016〕24 号最高人民法院《关于审理独立保函纠纷案件若干问题的规定》第 23 条，承认国内交易中独立保函的效力。2019 年 11 月最高人民法院印发的《九民会议纪要》进一步厘清了争议，该纪要第 54 条明确由银行或者非银行金融机构开立的独立保险保函，只要符合法释〔2016〕24 号司法解释第 1 条、第 3 条规定情形的，无论是用于国际商事交易还是国内商事交易，均不影响保函的效力。银行或非银行金融机构之外的当事人开立的独立保函，以及当事人排除担保从属性的约定，则应认定无效。

违反从属性特性的另一种情形是，担保人承担责任的范围超过主债务人时，如何认定担保人的责任范围。比如，债权人与担保人约定，若主债务届期，担保人不及时清偿债务的，担保人应承担相应的违约责任。该约定将出现担保人除承担主债务本息外，还应承担单独的违约责任，而这部分责任将无法向主债务人追偿，因此担保人的责任范围超出了主债务人的责任范围，这种情况下，超出部分因违反从属性应认定无效。《九民会议纪要》第 55 条对该问题也作出了明确规定，担保责任无论是数额、约定的利息、履行期高于或先于主债务的，均应认定大于主债务部分无效，从而使担保责任缩减至主债务范围。

专题三　担保范围

一、担保范围的规定

《民法典》第389条规定,担保物权的担保范围包括主债权及其利息、违约金、损害赔偿金、保管担保财产和实现担保物权的费用。当事人另有约定的,按照其约定。

无论是意定担保物权还是法定担保物权均涉及担保范围的问题。在意定担保物权中,担保范围先由当事人通过合意确定,如未约定,则包括上述法律规定的6项内容。主债权是担保范围的当然内容;利息通常既包括约定利息也包括法定利息,至于逾期利息一般纳入违约责任中的违约金或损害赔偿金;违约金既包括赔偿性违约金也包括惩罚性违约金,但若违约金低于或过分高于违约所造成的损失,当事人有权根据《民法典》第585条的规定请求调整;至于损害赔偿金一般指违约金之外的其他赔偿金;保管担保财产的费用通常指保管质物和留置物产生的费用,因抵押物不转移占有,不会发生保管费用问题。保管财产的费用,应当以债权人所支出的合理、必要为限,法律不鼓励债权人采取过高的保管行为从而不利于担保物权设定人利益的保护;实现担保物权的费用,指担保物权人为实现担保物权支出的各类费用,这要根据担保物权不同的实现方式而定。另外,如果担保的债权金额再有增加时,须办理变更登记。若是担保财产不足以清偿担保范围内的所有债务时,通常的做法是将实现担保物权的费用优先扣除,剩余价款再清偿包括主债权在内的其他债权或费用。

《民法典》关于担保范围的规定属于任意性规范,即除非当事人排除其适用,否则将自动适用。从当事人约定来说,可以大于法定的担保范围,也可小于法定的担保范围。担保范围的意义不仅在于债权人自己能清楚在债务人届期不履行债务或发生当事人约定的实现担保物权情形时可以就担保财产变价优先受偿的范围,更便于同一担保财产上存在后顺位担保物权时后顺位的担保物权人也能清楚自己能优先受偿的范围,同时担保物的提供人、债务人也清楚若消灭担保物权而需要清偿的债务范围。关于担保范围的规定,虽然适用于意定担保物权和法定担保物权,但就法定担保物权而言,显然不存在当事人可另行就担保范围作出约定的问题。

二、担保物权范围登记与约定的冲突

担保物权存在的使命就是为满足主债权,主债权是担保物权的当然担保对象。当事人在订立担保合同时首先需明确担保的主债权的种类、数额以及债务人。在以登记为担保物权设立原则时,主债权也是必须在登记簿上进行明确登记的内容。

一旦以担保物清偿债务时,一定程度上说明债务人经营失败,且往往是债务缠身,此时债务人的担保财产上存在多个债权是经常普遍的现象,债务人的债权人可能是担保物权人也可能还有其他普通债权人,此时担保物权范围的认定既决定了担保物权人所能优先受偿的总额,也影响后顺位担保物权人及普通债权人的受偿份额,各债权人为所分"蛋糕"的大小必然争议激烈。许多国家或地区的法律都要求当事人必须将担保范围的约定通过公示而为第三人知晓从而保护交易安全。我国《不动产登记暂行条例》第5条明确抵押权要依照条例的规定办理登记。《不动产登记暂行条例实施细则》第66条规定了不动产抵押登记应提交不动产权属证书、抵押合同等必要的材料,但对抵押合同中哪些内容体现在登记簿上,该暂行条例虽未直接规定,但在变更登记的第68条中,明确了抵押当事人姓名或者名称变更的、被担保的主债权数额变更的、债务履行期限变更的、抵押顺位变更的,应申请办理变更登记,并明确变更登记中因被担保主债权的种类、数额、担保范围、债务履行期限、抵押权顺位发生变更申请变更登记时,如果该变更将对其他抵押权人产生不利影响,还应提交其他抵押权人书面同意的材料等。可见,法条虽未明确登记簿中应当包括的登记内容,但间接明确的登记要素基本包括了担保合同所涉担保债权的主要内容。但实际情况是,在国土资源部制定的《不动产登记簿》中,抵押权登记信息仅有被担保主债权数额栏,却没有担保范围栏。而国家工商部门在《动产抵押登记办法》中对担保范围则有明确登记要求,该办法第4条明确动产抵押登记书中应当载明抵押双方当事人的姓名或名称、抵押财产状况、被担保债权的种类和数额、担保的范围、履行期限等。因此,登记部门对不动产担保不规范的登记引起实务中的争议,即抵押范围是以登记的主债权数额为准还是以法定或约定的范围为准(通常约定的范围与法定的范围一致)。有的认为应按登记的主债权数额作为优先受偿的数额,理由是基于登记的公示具有公信效力。有的观点则认为应以合同约定或法定的范围作为优先受偿的额度。后一做法当然有利于债权人,也符合当事人的真实意思,而前一做法缩小了债权人的利益保护范围。金融系统对这一问题反映强烈,有些地方法院与登记部门协调后,在登记系统的附则部分备注"担保范围见合同",一定程度上协调了公示与合同约定的一致性。《九民会议纪要》第58条对这一问题作了明确规范,认为合同约定与登记范围的不一致非当事人原因所致,此时应尊重约定。该态度应当说是实事求是的务实之举。当然,最妥当的解决办法应是登记部门改变登记系统,尊重当事人约定,以约定的范围作为登记内容,而不是单纯地登记固定数额。

专题四　担保物权的物上代位性

一、物上代位性的含义

《民法典》第390条规定,担保期间,担保财产毁损、灭失或者被征收等,担保物权人可以就获得的保险金、赔偿金或者补偿金等优先受偿。被担保债权的履行期限未届满的,也可以提存该保险金、赔偿金或者补偿金等。这是法律关于担保物权物上代位性的规定。

无论是抵押物还是质物、留置物,在担保期间均有可能因灭失、毁损或被征收而发生标的物的改变。在灭失的情况下,担保财产已不存在;毁损后担保财产可能还在,但价值会发生改变;被征收后担保财产的形态将发生变化。这些情况发生后,对担保物权人的利益如何保护,法律作出了回应。《民法典》明确了担保人在发生上述特殊情形后因而获得的保险、赔偿、补偿等价金利益成为担保物权原担保财产的替代物,担保物权的效力延及这些替代物,担保物权人可以对这些替代物行使优先受偿的权利。法条所列举代位物的三种形态均是价金,因此,虽然有个"等"字概括,但"等"字的内涵应当也是指以价金为形态,似乎不包括替代的其他实物,如房屋被征收后采取安置补偿方式获得的安置房,当然,这种情况下如何保护抵押权人的利益也是需要思考的问题。当代位物产生时可能债权已届期,也可能债权尚未届期。债权届期,债权人当然可以立即就代位的价金优先清偿债权;若尚未届期,则担保物权人可以与担保人协商一致后提前实现债权,也可以由担保物权人与担保人协商后进行提存,待债权届期时实现清偿。

关于担保物权存续期间担保财产发生毁损、灭失或者被征收等情形下如何看待担保物权问题,《担保法》《物权法》均有规定,《民法典》的规定基本沿用《物权法》的表述。《担保法》第 58 条规定:"抵押权因抵押物灭失而消灭。因灭失所得的赔偿金,应当作为抵押财产。"《担保法》第 73 条就质物灭失后的赔偿金也作了相似规定。《担保法司法解释》第 80 条第 2 款规定了"抵押物灭失、毁损或者被征用的情况下,抵押权所担保的债权未届清偿期的,抵押权人可以请求人民法院对保险金、赔偿金或补偿金等采取保全措施"。司法解释从程序上明确了抵押权人实现权利保护的路径。《物权法》《民法典》的规定与《担保法》相比,没有提及抵押权因抵押物灭失而消灭,同时也没有规定抵押权人可以采取保全措施,而是以提存的方式保护。《民法典》的规定避免了逻辑上的矛盾,更为科学。

二、涉及物上代位性的纠纷及解决

担保物权代位权的规定强化了担保物权的担保效力,有利于保障担保物权人债权的实现。法条列举的保险、赔偿和补偿三种价金代位物与原担保财产是价值形态上的变化,但担保财产价值形态上变化有时不限于法条列举的价金,或者可能是价金之外的其他物。比如,担保物被担保人转让后所得的转让款,或者征收过程中担保人选择的不是补偿款而是安置房。那么,担保物权是否延及这些财产?从法律条文来看,并不是当然延及。在担保人转让担保财产情况下,《民法典》第 406 条已明确了抵押权作为从属权利随抵押财产转让而转让,并且抵押人转让时应当通知抵押权人,抵押权人在证明这种转让损害抵押权的,可以请求提存转让的价款,因此通过抵押物权的追及效力可以保护抵押物转让情况下抵押权人的利益,无须通过转让价金的代位来解决。而在担保人选择安置补偿房屋的情况下,担保权人如何保护自己利益,法条未予明确。由于《民法典》并未明确担保财产灭失担保物权即消灭,故担保物权人的利益保护可参照担保物权延续说,但需要注意的是,如果安置过程中担保人另出资增加面积部分的价值,担保物权人应无优先受偿权。另外,在担保财产因附合、混合或者加工而形成附合物、混合物或加工物时,可借鉴适用《民法典》第 417 条的规定处理,即抵押权不受影响,但在抵押权设立后新增添的价值,抵押权人也无优先受偿权。

担保物权人的担保物权虽延及代位物,但实践中如何操作也是需要注意的问题。质权中质权人占有质物,代位物发生情形质权人能够掌控,但在抵押关系中,抵押物由抵押人占有,若抵押人不告知抵押权人代位物发生变化的情况,代位物给付义务人直接将代位物给付了抵押人,抵押权人在对抵押物代位情况无从知晓时，抵押权面临的风险较大。另外，实践中也出现不少案例，在代位物给付义务人将代位物给付担保人后，担保物权人因利益受到损害而将担保人和代位物给付义务人均诉至法院，要求承担侵权赔偿责任。法院在判决时，对担保财产灭失后担保物权是否还存在、给付义务人是否有注意义务，以及是承担补充责任还是连带责任有不同的看法。由于法律未明确担保财产灭失而消灭担保物权，故担保物权仍存在。代位物给付义务人是否承担责任，则看其是否存在对注意义务的违反。而是否违反注意义务则应从担保物权是否进行了登记进行判断，若登记在册，则代位物给付义务人未尽注意义务，对担保物权人担保物权的损害有过错，应与担保人承担连带赔偿责任，而赔偿范围以应给付的代位物价金为限。

专题五　混合担保

一、混合担保制度的规定

为确保债权实现，债权人通常会要求债务人提供多种担保，以确保债权受偿无虞。因此，同一债权可能同时存在多个保证人的保证，或者是多个物保（共同抵押或共同质押或抵押与质押并存），或者是物保与人保的并存。对混合担保情形下相互之间的关系问题，《民法典》第392条作了规定，被担保的债权既有物的担保又有人的担保的，债务人不履行到期债务或者发生当事人约定的实现担保物权的情形，债权人应当按照约定实现债权；没有约定或者约定不明确，债务人自己提供物的担保的，债权人应当先就该物的担保实现债权；第三人提供物的担保的，债权人可以就物的担保实现债权，也可以请求保证人承担保证责任。提供担保的第三人承担担保责任后，有权向债务人追偿。

从法条规定来看，在同一债权上并存人保与物保时，债权如何实现，区分两个层次：首先，尊重当事人约定。如果当事人对人保与物保的清偿顺序明确作了约定，应当以约定为准。因为担保物权的实现涉及的仍是私权，自应当允许当事人合意加以选择。其次，在当事人没有约定或约定不明时，则应依据法律的规定处理。这时，需要区分两种情况，即物保是债务人自己提供的还是第三人提供的：在债务人自己提供物保的情况下，应以债务人的担保财产先实现清偿，若不足清偿，再由保证人承担未得清偿部分。如此规定以简化法律关系，免去担保人清偿后再向债务人追偿，以节约司法成本；在物保是由第三人提供时，则法律赋予了债权人选择权，既可以要求保证人承担保证责任，也可以就第三人提供的物保实现债权。这时不存在“物权优先债权”的问题。不管哪种情形下，由第三人清偿债务的，第三人清偿后可以向债务人追偿。此处法律没有规定可向其他保证人追偿，其目的也在于简化法律关系，由最终的债务承担者即债务人承担责任。

二、司法实践中的争议

多个担保并存尤其是混合担保情形下，问题比较复杂。可能存在的情形有：多个保证人为同一债务提供保证。这些保证可以是同时提供的,也可以是分别提供的。其中又可分为连带共同保证或按份共同保证。《担保法司法解释》第21条规定,"按份共同保证的保证人按照保证合同约定的保证份额承担保证责任后,在其履行保证责任的范围内对债务人行使追偿权。"关于连带共同保证,《担保法司法解释》第19条规定"两个以上保证人对同一债务同时或者分别提供保证时,各保证人与债权人没有约定保证份额的,应当认定为连带共同保证。"第20条规定,债权人可以要求债务人履行债务,也可以要求任何一个保证人承担全部保证责任。连带共同保证人承担保证责任后,向债务人不能追偿的部分,由各连带保证人按其内部约定的比例分担。没有约定的,平均分担。《民法典》合同编第十三章保证合同部分第699条规定:"同一债务有两个以上保证人的,保证人应当按照保证合同约定的保证份额,承担保证责任;没有约定保证份额的,债权人可以请求任何一个保证人在其保证范围内承担保证责任。"第700条规定:"保证人承担保证责任后,除当事人另有约定外,有权在其承担保证责任的范围内向债务人追偿,享有债权人对债务人的权利,但是不得损害债权人的利益。"该条未区分按份共同保证与连带共同保证,故第699条与第700条均适用于这两种共同保证。从债权人来说,在按份共同保证情况下应按份额向保证人主张,保证人承担自己的份额后也只能向债务人追偿,而无权向其他按份保证人追偿。在连带共同保证情形下,债权人可以请求任何一个保证人承担责任,由于债务人是最终的责任人,连带保证人承担责任后,自可以向债务人追偿。法条十分明确地写明"享有债权人对债务人的权利",再次表明代为偿还债务的担保人享有一种代位权,这种代位权是债权人对债务人的权利而非债权人对其他担保人的权利。由此可见,《民法典》并未赋予代偿了债务的担保人向其他担保人追偿的权利。这点十分重要。

共同物保情况,包括共同抵押、共同质押或者抵押与质押并存。对此,虽然法律没有规定,但《民法典》关于共同连带保证与本条关于混合担保规定的原则也可参照,即当事人有约定按约定,若没有约定或约定不明,应就债务人自己提供的物保先行清偿,若物保由第三人提供,债权人可以选择,承担责任的第三人承担责任后有权向债务人追偿。

关于混合担保中债权实现与追偿的问题,法律有过不同的规定,实务中也引起较大的争议。《担保法》第28条规定,"同一债权既有保证又有物的担保的,保证人对物的担保以外的债权承担保证责任。债权人放弃物的担保的,保证人在债权人放弃权利的范围内免除保证责任"。该法未区分物保提供主体是债务人还是第三人的不同情形,采取了物保优先的思路。《担保法司法解释》第38条第1款规定,"同一债权既有保证又有第三人提供物的担保的,债权人可以请求保证人或者物的担保人承担担保责任。当事人对保证担保的范围或者物的担保的范围没有约定或者约定不明的,承担了担保责任的担保人,可以向债务人追偿,也可以要求其他担保人清偿其应分担的份额"。该解释同样沿袭了《担保法》的思路,未区分物保的提供主体,债权人对债权的实现有权选择。同时明确在第三人清偿债务后,可以向债务人追偿,也可以向其他担保人追偿。《物权法》第176条对《担保法》及其司法解释的相关条款精神作了重大修改:一是区分物保提供人的不同,明确只有在第三人提供物保时,债权人才有选择权,而债务人提供物保的,必须以债务人的担保财产优先清偿债务。二是第三人清偿债务后可向债务人追偿,未规定可向其他担保人追偿。由此带来实务中最大的问题,就是混合担保中追偿权的实现争议。一种观点认为,物权法已改变了担保法追偿权的规则,第三人只能向债务人追偿,不得再向其他担保人追偿。另一种观点则认为,《物权法》并未明确否定可向其他担保人追偿，因此，《担保法司法解释》的规定仍可以适用。尤其是，当现实中有多个物保的情况下，有的提供物保的第三人为了规避担保债务的承担，通过贿赂债权人的手段，要求债权人向其他物保人主张清偿，严重影响了担保领域的社会秩序与诚信。该现象的出现使《物权法》第176条的规定受到非议。全国人大常委会法制工作委员会主编的《物权法释义》一书中明确否认担保人之间的相互追偿，最主要的理由是认为，允许担保人之间相互追偿，程序上费时费力，不经济，并且若允许追偿，份额的确定是相当复杂的计算题，可操作性不强。为此，最高人民法院2019年印发的《九民会议纪要》第56条明确规定，"承担了担保责任的担保人向其他担保人追偿的，人民法院不予支持，但担保人在担保合同中约定可以相互追偿的除外"，解决了司法实务长期以来的争议。《民法典》的规定仍沿用了《物权法》第176条的规定。由此可见，作为立法部门的立法原意并未改变。

这里还需注意"债权人应当按照约定实现债权"，应是债权人与各个保证人之间的约定，而非与个别保证人之间的约定，除非这种约定有利于其他保证人；比如，约定由该保证人先于其他保证人清偿而非约定由其他保证人先行偿债。另外，当事人约定的内容可以是各类担保权行使的顺序安排，也可以是债权份额或比例的约定。

第十七章　抵押权

专题一　抵押财产的范围

一、抵押财产范围的立法变化

《民法典》对抵押财产的范围，在立法模式上继续沿用《担保法》《物权法》的立法模式，采取了正面列举和反面排除相结合的立法方法。从正反两方面作特别强调：一是因为抵押财产对抵押权的效力有直接影响；二是针对现实生活中抵押财产混乱现象所作的规制。

关于具体可用于抵押财产的范围，我国法律规定前后变动较大，最早《民法通则》第89条第2项仅原则规定了"债务人或第三人可以提供一定的财产作为抵押物"，至于抵押财产的范围至《担保法》出台方作了具体明确：抵押人所有的房屋和其他地上定着物；抵押人所有的机器、交通运输工具和其他财产；抵押人依法有权处分的国有的土地使用权、房屋和其他地上定着物；抵押人依法有权处分的国有的机器、交通运输工具和其他财产；抵押人依法承包并经发包方同意抵押的荒山、荒沟、荒丘、荒滩等荒地的土地使用权；抵押人依法可以抵押的其他财产。《物权法》又在此基础上，扩大了抵押财产的范围，即增加了生产设备、原材料、半成品、产品；正在建造的建筑物、船舶、航空器；法律、行政法规未禁止抵押的其他财产。从法律发展趋势来看，可抵押财产的范围呈扩展趋势：一是具体财产范围在扩大；二是从抵押主体享有所有权的财产扩大到抵押人有权处分的财产；三是兜底条款从"依法可以抵押的财产"到"法律、行政法规未禁止抵押的其他财产"，前者体现的是抵押财产的封闭性，后者则对抵押财产范围采取开放的态度。

传统抵押制度中可用于抵押的标的物仅限不动产，但我国立法明确了不动产与动产均可设立抵押。《民法典》第395条再次明确了可以用于抵押的财产范围有：(1)建筑物和其他土地附着物；(2)建设用地使用权；(3)海域使用权；(4)生产设备、原材料、半成品、产品；(5)正在建造的建筑物、船舶、航空器；(6)交通运输工具；(7)法律、行政法规未禁止抵押的其他财产。第399条则从反面规定了不得抵押的财产范围：(1)土地所有权；(2)宅基地、自留地、自留山等集体所有土地的使用权，但是法律规定可以抵押的除外；(3)学校、幼儿园、医疗机构等为公益为目的成立的非营利法人的教育设施、医疗卫生设施和其他公益设施；(4)所有权、使用权不明或者有争议的财产；(5)依法被查封、扣押、监管的财产；(6)法律、行政法规规定不得抵押的其他财产。《民法典》在《物权法》规定的基础上，修改了允许抵押和禁止抵押的财产范围。

关于土地问题，我国实行的是土地公有制，土地归国家或集体所有，我国《宪法》第10条明确规定"任何组织或者个人不得侵占、买卖或者以其他形式非法转让土地。土地的使用权可以依照法律的规定转让。”所以土地虽是重要的不动产，但土地所有权禁止抵押与我国土地公有制一脉相承，体现了宪法精神。土地虽不能抵押，但地上建筑物和其他土地附着物法律是允许抵押的。

关于建设用地使用权，即用益物权允许抵押。《民法典》第344条规定，建设用地使用权人依法对国家所有的土地享有占有、使用和收益的权利，有权利用该土地建造建筑物、构筑物及其附属设施。根据土地所有权人的不同，我国对建设用地使用权分为国有土地使用权与集体建设用地使用权。国有建设用地使用权可以通过出让、划拨方式取得。通过这两种方式取得的国有土地使用权均可以设立抵押权，但划拨取得的土地在抵押时有一定的条件限制，根据《城镇国有土地使用权出让和转让暂行条例》第45条的规定，划拨地及其上建筑物抵押需经市、县人民政府土地管理部门和房产管理部门批准。至于集体建设用地使用权抵押有其特殊规定，《民法典》第398条规定，乡镇、村企业的建设用地使用权不得单独抵押。以乡镇、村企业的厂房等建筑物抵押的，其占用范围内的建设用地使用权一并抵押。

关于海域使用权，与《物权法》第180条相关规定相比，《民法典》规定有些变化，删去了《物权法》第180条第3项所规定的“以招标、拍卖、公开协商等方式取得的荒地等土地承包经营权”，而将“海域使用权”作为第3项规定。《民法典》第328条规定依法取得的海域使用权受法律保护。我国《海域使用管理法》规定“海域，是指中华人民共和国内水、领海的水面、水体、海床和底土”。该法同时规定“单位和个人使用海域，必须依法取得海域的使用权”“海域使用权可以依法转让”“海域使用权可以依法继承”。过去由于该法未明确规定海域使用权可以抵押或禁止抵押，故在使用人进行抵押登记时，海域管理部门往往以法无明文为由拒绝办理抵押登记。2014年国务院出台的《不动产登记暂行条例》第5条明确将海域使用权纳入可抵押财产范围，《民法典》因应实践与理论界呼声，将“海域使用权”明确纳入了物权法用益物权的范畴，并明确纳入可抵押财产的范围，这对加速资金融通，缓解我国海域使用开发中面临的资金压力有积极作用。

关于生产设备、原材料、半成品、产品，是指自然人、法人和非法人组织所有的用于进行某项工作或者供应某种需要所必需的机械设备、生产某种产品所需要的物质、尚未加工生产完毕的产品。

关于正在建造的建筑物、船舶、航空器，正在建造的建筑物主要针对实践中将尚未建造或正在建造的建筑物预先出售进行融资建设的情形，即商品房预售和在建工程抵押；船舶、航空器的建造资金需求较大，为了促进造船业和航空制造业的发展，法律允许将正在建造的船舶和航空器抵押融资。

关于交通运输工具，包括机动车、船舶、民用航空器、客运或货运机车。

在上述可以抵押的财产范围之外，法律出于公共利益保护、社会政策考虑还明确了禁止抵押的财产范围。除了土地所有权禁止抵押之外，法律禁止抵押的还有：

第一，宅基地、自留地、自留山等集体所有土地的使用权。宅基地使用权对农户而言有社会保障性质，与农户的生存权相关；自留地、自留山是农户生活保障的基本生产资料，故除了法律规定可以抵押的外一般禁止抵押。法律例外允许抵押的体现在《民法典》第398条，即“以乡镇、村企业的厂房等建筑物抵押的，其占用范围内的建设用地使用权一并抵押”。

第二，学校、幼儿园、医疗机构等以公益为目的成立的非营利法人的教育设施、医疗卫生设施和其他公益设施。法律禁止公益设施抵押是为保障学校、幼儿园教育，保障人民生命健康目的的实现。关于教育设施、医疗卫生设施的抵押，实践中曾经有争议。有观点认为应区分公立与私立的学校、幼儿园、医院，私立的设施应允许抵押，一律禁止没有必要，也不利于民间教育、医疗事业的发展。全国人大常委会法工委曾经在《关于私立学校、幼儿园、医院的教育设施、医疗卫生设施能否抵押的请示的意见》（法工办发〔2009〕231 号）中答复住房和城乡建设部办公厅，认为私立还是公立，只是投资渠道的不同，其公益性质是一样的，均应禁止抵押。这里关于公益设施的问题需注意两个关键词，一是以公益为目的，二是非营利法人。根据《民办教育促进法》的相关规定，经政府教育行政部门、政府劳动和社会保障部门审批设立的民办教育机构具有公益性。至于在工商部门登记注册的经营性民办培训机构是营利的主体，不在法条规制范围内。

第三，所有权、使用权不明或者有争议的财产。用于抵押的财产若存在所有权、使用权不明或争议将导致新的纠纷与争议，使法律关系复杂化，并且有可能损害真正的所有权人、使用权人的合法利益，因此，抵押权人为保证抵押权的顺利实现，宜在抵押人进行抵押时对抵押财产的权属进行一定的审查，在发现抵押财产的权属已出现纷争时，可要求抵押人更换抵押财产。当然，法律对这类权属不明或有纷争的财产抵押作禁止性规定，更多是宣示性规定。因为抵押财产登记在抵押人名下或被抵押人占有的背后是否存在其他权利主体争议，抵押权人即使进行审查也很难了解更多情况。因此，抵押财产虽有争议但抵押权人在符合善意取得时，仍不影响抵押权的取得。但若抵押权人明知有纷争仍接受抵押，有可能影响抵押权人善意取得成立时，则不能取得抵押权。

第四，依法被查封、扣押、监管的财产。查封、扣押是一种保全措施，以便于债权的实现。因此，虽然被查封、扣押的财产权属仍属于被保全人，但处分权已受到限制，否则将影响保全目的的实现。而如果在保全前财产已用于抵押，则在先抵押权不受影响。最高人民法院《关于人民法院执行工作若干问题的规定（试行）》第 40 条明确“人民法院对被执行人所有的其他人享有抵押权、质押权或者留置权的财产，可以采取查封、扣押措施。财产拍卖、变卖后所得价款，应当在抵押权人、质押权人或留置权人优先受偿后，其余额部分用于清偿申请执行人的债权。”对被监管的财产，一般是行政机关对违反相关规定的货物采取的扣押并予监管措施，对这类财产也禁止抵押。

《民法典》第 395 条将“法律、行政法规未禁止抵押的其他财产”作为抵押财产范围兜底，在第 399 条以“法律、行政法规规定不得抵押的其他财产”作为禁止抵押的范围兜底，一方面说明我国法律对用于抵押的财产范围是开放的，另一方面意味着地方性法规不得扩大禁止抵押的财产范围。

二、农村耕地抵押的重大变化

《民法典》第 395 条第 3 项与《物权法》第 180 条相关条文相比有一定的变化，删除了第 180 条第 3 项所规定的“以招标、拍卖、公开协商等方式取得的荒地等土地承包经营权”，同时《民法典》第 399 条禁止抵押的财产类型中删除了“耕地”。虽然变化不大，但意义深刻，这一变化与我国完善农地“三权分置”的重大改革密切相关。中共中央办公厅、国务院办公厅在《关于完善农村土地所有权承包权经营权分置办法的意见》中，明确允许承包农户的土地承包经营权和新型经营主体的土地经营权都可以设定抵押权。2019 年新修订的《农村土地承包法》第 36 条和第 53 条分别规定“承包方可以自主决定依法采取出租（转包）、入股或者其他方式向他人流转土地经营权，并向发包方备案”“通过招标、拍卖、公开协商等方式承包农村土地，经依法登记取得权属证书的，可以依法采取出租、入股、抵押或者其他方式流转土地经营权”。《民法典》第339条、第342条分别作出与《农村土地承包法》相同的规定,明确土地承包经营权人可以自主决定依法采取出租、入股或者其他方式向他人流转土地经营权。通过招标、拍卖、公开协商等方式承包农村土地,经依法登记取得权属证书的,可以依法采取出租、入股、抵押或者其他方式流转土地经营权。抵押是流转的方式之一,而法律、行政法规未禁止抵押的其他财产均可抵押。因此,土地经营权可以抵押已由《农村土地承包法》和《民法典》进行了明确。至于承包权,则在与经营权分离后,因其具有身份性,为保护农民的最低基本生存权,没有规定承包权可以抵押。这对稳住占人口半数的农民,具有十分重大的意义。

三、抵押范围的其他问题

值得探讨的问题还有,若主物为抵押范围,抵押效力是否及于从物。考虑到主从物在经济价值上是一体的,若主物抵押,效力应及于从物,除非在抵押设立时从物已为他人所有。若原物抵押,效力是否及于孳息。因抵押物不转移占有,且孳息与原物是各自独立之物,因此除非特别约定,否则抵押效力不及于天然孳息和法定孳息。

专题二　浮动抵押

一、浮动抵押的含义

浮动抵押起源于英国,其后逐渐得到越来越多国家的承认。《民法典》第396条进一步明确了我国浮动抵押制度,根据该条规定,企业、个体工商户、农业生产经营者可以将现有的以及将有的生产设备、原材料、半成品、产品抵押,债务人不履行到期债务或者发生当事人约定的实现抵押权的情形,债权人有权就抵押财产确定时的动产优先受偿。

与普通抵押相区别的是,普通抵押在设立时抵押财产是现有的、特定的,而浮动抵押设立时,抵押财产处于特定的变动中,因此称为浮动抵押。浮动抵押财产范围包括现有的和将有的生产设备、原材料、半成品、产品。在债务人不履行到期债务或发生当事人约定的实现抵押权的情形时,抵押财产才确定下来,以保证债权人针对特定财产变价并实现优先受偿的权利。在浮动抵押期间,抵押人在正常营业的情况下,可以自由处分浮动抵押财产而不必经抵押权人同意,且抵押权并不随着财产的转移而转移。而普通抵押的抵押人虽可以转让抵押财产,但抵押权具有追及力,抵押权随抵押财产的转让而转让。浮动抵押的设立主要便于解决中小企业和农民贷款难的问题;设立浮动抵押的主体是企业、个体工商户、农业生产经营者;设立浮动抵押的财产限于生产设备、原材料、半成品、成品,除此之外的动产和不动产不得设定浮动抵押。

二、浮动抵押的风险

浮动抵押成本不高,对促进企业融资大有裨益,但也存在较大的风险,因为设定抵押的财产处在变动中,该制度的运用有赖良好的市场诚信。浮动抵押设立后,当事人又将设定浮动抵押的生产设备等单独设立动产抵押,法律也并不禁止,如此则产生抵押顺位的确定问题。根据法律规定,优先受偿顺序的确定应根据抵押登记的时间先后进行确定,登记在先的抵押权优先于登记在后的抵押权优先受偿。

另外,虽然浮动抵押期间抵押人对抵押财产可以处分,抵押权人无追及权,但抵押人对抵押财产的处分应以合理为限,即应是在正常的生产、交换中发生的处分;若抵押人转移财产是为恶意逃债,则应赋予抵押权人追及权。

三、抵押财产的确定

由于浮动抵押期间,抵押财产处于变动之中,在债务人不履行到期债务,抵押权人要求实现债权时,抵押财产则必须确定下来,以便于抵押权人就确定的抵押财产主张优先受偿。根据《民法典》第411条的规定,浮动抵押财产的确定有以下一些情形:(1)债务履行期限届满,债权未实现;(2)抵押人被宣告破产或者解散;(3)当事人约定的实现抵押权的情形;(4)严重影响债权实现的其他情形。当浮动抵押财产确定下来后,抵押权人可根据普通抵押权的实现程序实现债权。

专题三 房地一体抵押的问题

一、房地产抵押的特殊性

房屋与土地相互依附,具有不可分性,无法分别转让,因此,《民法典》第397条规定,以建筑物抵押的,该建筑物占用范围内的建设用地使用权一并抵押。以建设用地使用权抵押的,该土地上的建筑物一并抵押。抵押人未依照前款规定一并抵押的,未抵押的财产视为一并抵押。

这就是关于房地一体抵押的特殊规定。我国在处理房地产时一贯秉持的原则是"房随地走,或者地随房走"。实现抵押权,将导致抵押财产权利主体的变化,财产权利的转移。因此在设定抵押权时房与地宜一并抵押,即使未一并抵押也视为一并抵押。比如,甲以其享有所有权的房屋一栋设定抵押,并办理了抵押权登记,但未办理所占建设用地的抵押登记,但在实现抵押权时,土地应一并作为抵押财产。同理,如果仅办理了土地使用权抵押登记,未办理房屋抵押登记,房屋应一并作为抵押财产,即抵押权人有权就房屋和土地的价金优先受偿。

房地一体抵押,登记部门的统一非常必要。《物权法》第10条规定"不动产登记,由不动产所在地的登记机构办理。国家对不动产实行统一登记制度。"2015年3月1日《不动产登记暂行条例》落地实施,与此同时,国土资源部、中央机构编制委员会办公室于当年4月联合下发《关于地方不动产登记职责整合的指导意见》,要求加快整合不动产登记职责和机构,确保年内完成各级不动产登记职责和机构整合、人员业务划转、工作流程再造和技术管理的衔接。目前不动产登记已完成了统一登记。《民法典》第 210 条再次明确,不动产登记由不动产所在地的登记机构办理。国家对不动产实行统一登记制度。统一登记的范围、登记机构和登记办法,由法律、行政法规规定。

二、房地分别抵押的实务难题

《担保法》第 36 条规定:"以依法取得的国有土地上的房屋抵押的,该房屋占用范围内的国有土地使用权同时抵押。以出让方式取得的国有土地使用权抵押的,应当将抵押时该国有土地上的房屋同时抵押。乡(镇)、村企业的土地使用权不得单独抵押。以乡(镇)、村企业的厂房等建筑物抵押的,其占用范围内的土地使用权同时抵押。"可见房地一体抵押是我国早就确立的制度。虽然《担保法》规定了房地应同时抵押,但当事人经常并不同时抵押,而《担保法》对分别抵押的后果并未明确,加之在《物权法》出台前的相当长时间里,我国的不动产登记分别由土地和房产行政部门各自进行登记,导致实务中房与地分别抵押、分别登记情况大量存在,这给抵押权的实现带来了不少矛盾。长期以来,学理与实务界就分别抵押的合同是否有效以及优先顺位如何确定产生较大争议,类案异判较为普遍。直到统一登记制度的出台,从源头上解决了房地分别抵押、分别登记的乱象。但房地分别抵押带来的遗留问题仍一定程度存在,且实务界对《物权法》第 182 条第 2 款"抵押人未依照前款规定一并抵押的,未抵押的财产视为一并抵押"如何理解与处理仍存在分歧。

比如,某公司拥有建设用地,同时在地上盖了房屋,该公司先以建设用地抵押向甲银行借款 300 万元,并于 2010 年 3 月 1 日办理了抵押登记;后又以房屋抵押向乙银行借款 200 万元,并于次年 4 月 1 日办理了抵押登记,则这两个抵押权的顺位如何,产生争议。一种观点认为,"视为一并抵押"是指一并处理、分别受偿,即房地应一并拍卖,但甲、乙银行只能分别就地和房屋的价款部分优先受偿。另一种观点认为,"视为一并抵押"是指房地应一并作为抵押财产一体抵押,故应以登记的时间确定优先顺位。

这一问题在 2019 年的《九民会议纪要》作了最终统一,该纪要第 61 条规定,根据《物权法》第 182 条之规定,仅以建筑物设定抵押的,抵押权的效力及于占用范围内的土地;仅以建设用地使用权抵押的,抵押权的效力亦及于其上的建筑物。在房地分别抵押,即建设用地使用权抵押给一个债权人,而其上的建筑物又抵押给另一个人的情况下,可能产生两个抵押权的冲突问题。基于"房地一体"规则,此时应当将建筑物和建设用地使用权视为同一财产,从而依照《物权法》第 199 条的规定确定清偿顺序:登记在先的先清偿;同时登记的,按照债权比例清偿。同一天登记的,视为同时登记。应予注意的是,根据《物权法》第 200 条的规定,建设用地使用权抵押后,该土地上新增的建筑物不属于抵押财产。《民法典》第 397 条、第 414 条与《物权法》第 182 条、第 199 条并未有大的变动,上述纪要精神完全体现了《民法典》立法本意,仍可参照适用。

专题四　流质抵押

一、流质抵押概述

抵押权人与抵押人在债务履行期限届满前约定债务人不履行债务时，抵押财产归债权人所有，该约定通常称为流质抵押或流押。过去无论是《担保法》第40条还是《物权法》第186条，均对流押条款作了明确禁止性规定。《物权法》规定，抵押权人在债务履行期届满前，不得与抵押人约定债务人不履行到期债务时抵押财产归债权人所有。因此，司法实践中凡当事人在抵押合同中对此作出约定的，一律作为无效条款。

《民法典》第401条规定，抵押权人在债务履行期限届满前，与抵押人约定债务人不履行到期债务时抵押财产归债权人所有的，只能依法就抵押财产优先受偿。《民法典》改变了旧有规定的表述，未从禁止性角度作"不得约定"，而是从当事人在作此约定情况下如何处理进行规制。法条的表述更为合理，因为，即使法律禁止约定流押，实践中当事人仍会约定，但无论约定与否，均不生效力。只要抵押的意思表示真实，则只能就抵押财产优先受偿，回归抵押制度的本源。

法律对流押约定不予认可，体现的是社会公平。融资难、融资贵一直是我国社会普遍存在的问题，而在设立抵押权时，抵押人处于资金需求地位，为了获得融资，有时不惜以价值很高的财产去担保小于抵押财产价值的债务。比如，甲为解决急需的资金，可能用50万元的房产为20万元的债务抵押；现实中的金融借款抵押，往往抵押财产要打7折或6折才能贷款。如果债权人以流押约定为融资条件，抵押人的谈判余地不大，但为了解决眼前资金困难，不得不签订城下之盟，被迫答应这一不合理条款。因此，法律禁止流押符合平等、自愿、公平和诚信的原则。另外，随着市场的变化，抵押时的债权是确定的，而抵押的财产可能在债务履行期间发生市场行情的变化，可能涨也可能跌，尤其是以房地产作抵押的，市场变化更大。若对流押不作禁止，某种程度上也是鼓励投机。

二、对流押条款的实务探索

由于在《民法典》出台之前对流押条款均作为无效条款，司法实务中产生许多规避行为。较为典型的是以物抵债，当事人在借贷合同之外，另签订房屋买卖合同，以实际上的借款金额作为房屋买卖的价金，并明确如果债务人履行债务的，买卖合同不再履行，如果不履行债务的，房屋归提供资金方所有。以物抵债的约定形形色色。有的约定发生在债务届期前，有的约定是在债务届期后，有的在约定后即已办理房屋产权变更登记或转移占有，有的尚未进行产权转移。对以物抵债约定的效力如何认定，司法实务中争议不断。早期人们认为借贷与买卖是两个不同的法律行为，只要无《合同法》第52条规定的无效情形，均应认定有效。这一认定被一些不诚信的当事人利用，某些债务人与亲戚、朋友、熟人通谋，虚构债权债务关系，并达成协议将债务人仅有的房屋或价值较大的财产用于抵债,或者签订并不真实履行的买卖协议,以致成为债务人转移责任财产而规避债务承担的常用手段,甚至有的通过虚假诉讼,“手拉手”诉到法院达成以物抵债调解协议。而法官有时囿于调查取证的困难,有时疏于审查未能发现,甚至有的明知但仍出具调解书,进而引发廉政风险。这一现象引起实务界、理论界高度关注。有的法院加强了对以物抵债问题的研究,出台了相关纪要,①将以物抵债区分了债务届期之前和届期之后所达成协议的不同情况,以及有无转移产权四种情形,明确规定在债务届期前约定以物抵债符合流押条款,约定无效;若已办理产权转移登记的,符合让与担保,因违反物权法定原则,转让物权的行为无效;债务届期之后的抵债作为清偿行为对待,已履行完毕且对价合理的认定有效;尚未履行完毕的仍认定原债权债务合同的效力,是否抵债在执行中解决。由此避免了大量的虚假诉讼的产生。此后,最高人民法院在 2016 年出台的《第八次全国法院民事商事审判工作会议(民事部分)纪要》第 16 条、第 17 条也作了规定,明确了两层意思:一是在当事人要求法院出具以物抵债调解书时,法院须严格审查以物抵债调解书是否当事人平等自愿签订,如果有损害他人利益的,不制作调解书,有虚假诉讼的依法制裁;二是债务届期后达成以物抵债且办理了产权转移手续,又没有法律规定的无效、可变更、可撤销情形的,认可其效力。2019 年最高人民法院印发的《九民会议纪要》再次就这一问题作了规定。该纪要第 44 条“履行期届满后达成的以物抵债协议”规定,当事人在债务履行期限届满后达成以物抵债协议,抵债物尚未交付债权人,债权人请求债务人交付的,人民法院要着重审查以物抵债协议是否存在恶意损害第三人合法权益等情形,避免虚假诉讼的发生。经审查,不存在以上情况,且无其他无效事由的,人民法院依法予以支持。当事人在一审程序中因达成以物抵债协议申请撤回起诉的,人民法院可予准许。当事人在二审程序中申请撤回上诉的,人民法院应当告知其申请撤回起诉。当事人申请撤回起诉,经审查不损害国家利益、社会公共利益、他人合法权益的,人民法院可予准许。当事人不申请撤回起诉,请求人民法院出具调解书对以物抵债协议予以确认的,因债务人完全可以立即履行该协议,没有必要由人民法院出具调解书,故人民法院不应准许,同时应当继续对原债权债务关系进行审理。该纪要第 45 条“履行期届满前达成的以物抵债协议”规定,当事人在债务履行期届满前达成以物抵债协议,抵债物尚未交付债权人,债权人请求债务人交付的,因此种情况不同于纪要第 71 条规定的让与担保,人民法院应当向其释明,其应当根据原债权债务关系提起诉讼。经释明后当事人仍拒绝变更诉讼请求的,应当驳回其诉讼请求,但不影响其根据原债权债务关系另行提起诉讼。

从上述规定来看,对债务届期前的抵债若符合让与担保的予以承认,不符合让与担保的,仍审理原债权债务关系。对债务届期后的抵债仍要审慎审查是否虚假。对让与担保问题,《九民会议纪要》第 71 条明确规定,“债务人或者第三人与债权人订立合同,约定将财产形式上转让至债权人名下,债务人到期清偿债务,债权人将该财产返还给债务人或第三人,债务人到期没有清偿债务,债权人可以对财产拍卖、变卖、折价偿还债权的,人民法院应当认定合同有效。合同如果约定债务人到期没有清偿债务,财产归债权人所有的,人民法院应当认定该部分约定无效,但不影响合同其他部分的效力。当事人根据上述合同约定,已经完成财产权利变动的公示方式转让至债权人名下,债务人到期没有清偿债务,债权人请求确认财产归其所有的,人民法院不予支持,但债权人请求参照法

① 参见江苏省高级人民法院审判委员会会议纪要〔2014〕2 号。

律关于担保物权的规定对财产拍卖、变卖、折价优先偿还其债权的,人民法院依法予以支持。债务人因到期没有清偿债务,请求对该财产拍卖、变卖、折价偿还所欠债权人合同项下债务的,人民法院亦应依法予以支持。"对当事人之间让与担保的约定,该纪要赋予当事人清算的权利,在此基础上认定其效力,由此避免了流押中的弊端。《民法典》立法过程中,许多学者建议不应完全禁止流押的效力,认为流押可以做到以极少的成本实现抵押权,出于效率考虑承认流押不是一件坏事。但《民法典》最后虽未以"不得"作出禁止,但仍明确,即使约定流押,也只能就抵押财产优先受偿。这一规定更科学,虽未承认流押直接产生法律效力,但抵押的意思仍予以肯定,当事人可以依法行使抵押权,而不像过去,在否定流押的同时也否定了抵押的本意。

专题五　不动产抵押登记与合同效力

一、不动产抵押权登记设立

不动产登记,是指不动产登记机构依法将不动产权利归属和其他法定事项记载于不动产登记簿的行为。不动产抵押权作为不动产权利,根据国家《不动产登记暂行条例》的规定,应当办理登记。《民法典》第 402 条规定,以本法第 395 条第 1 款第 1 项至第 3 项规定的财产或者第 5 项规定的正在建造的建筑物抵押的,应当办理抵押登记。抵押权自登记时设立。该条确立了我国不动产抵押登记设立原则。

各国关于登记对因法律行为致不动产物权变动的效力的影响,有登记生效要件主义与登记对抗要件主义两种模式。前者指不动产物权的变动非经登记不生物权变动效力,后者指物权变动可依合意生效,但登记可对抗第三人。《民法典》关于担保物权登记的效力采登记生效要件主义与登记对抗要件主义并存。第 402 条关于不动产抵押采登记生效要件主义。而关于动产抵押则采登记对抗要件主义。关于不动产物权,《民法典》第 209 条明确规定:"不动产物权的设立、变更、转让和消灭,经依法登记,发生效力;未经登记,不发生效力,但是法律另有规定的除外。依法属于国家所有的自然资源,所有权可以不登记。"抵押权作为不动产物权的种类,办理登记方发生效力,《民法典》第 402 条规定与第 209 条规定一脉相承;第 395 条列举的不动产包括"建筑物和其他土地附着物、建设用地使用权、海域使用权以及正在建造的建筑物",在这些财产上设定抵押应到不动产统一登记部门办理抵押登记。

依据物权变动的形态不同,不动产登记有首次登记、变更登记、转移登记、注销登记、更正登记、异议登记、预告登记、查封登记等。《不动产登记暂行条例》《不动产登记暂行条例实施细则》对每一类不动产登记的适用范围、申请人和申请材料等问题均作了详细的规定。法律要求不动产抵押采登记生效要件主义,也与不动产抵押直接关系与抵押人交易的第三人和后顺位抵押权人的利益保护有关,便于这些主体根据登记情况在与抵押人交易时作出合理预期,避免利益受损,也为了方便债权人查看抵押财产的权属关系以及抵押权的优先顺位,以决定是否接受抵押财产。

二、不动产抵押合同效力

不动产抵押权登记生效与抵押合同生效是两个不同领域的问题。抵押合同效力是合同范畴考量的问题,不动产抵押效力是物权范畴考量的问题。《民法典》第215条规定"当事人之间订立有关设立、变更、转让和消灭不动产物权的合同,除法律另有规定或者当事人另有约定外,自合同成立时生效;未办理物权登记的,不影响合同效力。"该规定与《物权法》第15条的规定一致。这就是物权变动与其基础关系或者原因关系的区分原则。对这两者效力的关系,法律也经过了一个正本清源的发展过程。1995年10月1日施行的《担保法》第41条规定:"当事人以本法第四十二条规定的财产抵押的,应当办理抵押物登记,抵押合同自登记之日起生效。"该条将抵押合同效力与物权登记行为联系在一起。而1999年10月1日施行的《合同法》第44条规定:"依法成立的合同,自成立时生效。法律、行政法规规定应当办理批准、登记等手续生效的,依照其规定。"抵押合同是成立生效还是登记生效在实务中出现了分歧。争议的根源在于未能区分抵押合同成立与物权变动是两个不同范畴的法律问题。《物权法》的出台才使这一问题真正得到澄清。因《合同法》施行后并没有法律、行政法规明确规定抵押合同应当办理批准或登记手续生效,抵押合同的成立、生效应当依照合同的生效原则确定,而登记是不动产物权变动的公示方法;登记并非针对合同行为,如果当事人之间就物权变动达成了合意,而没有登记,合同仍然有效。《物权法》及《民法典》明确的物权与债权的区分原则意义重大,对维护市场诚信、保护无过错当事人利益意义重大。在房地产领域,由于市场行情变化较大,当事人一方签订房屋买卖合同后,出售方往往以房屋未过户为由主张合同无效拒绝履行,另觅买主高价再售,同时规避违约责任承担。在《物权法》出台之前,判决无效的情形较为普遍,但在《物权法》出台后,这一情形得到改变,房屋买卖合同只要无《合同法》第52条规定的情形,合同效力即得到维护。合同履行没有障碍的,法院一般判决继续履行。即使合同因客观情况无法办理过户,存在履行障碍的,违约方应依据有效合同承担违约赔偿责任。

三、未办理抵押登记的责任承担

在抵押合同有效但未办登记致抵押权未设立的情况下,抵押人应否承担责任、承担何种责任也是需要研究的问题。对此曾有两种不同的观点:一种观点认为,虽然抵押权因未登记而没有设立,但抵押合同有效情形下,债权人仍可要求抵押人承担违约责任,包括要求抵押人继续履行办理抵押登记的义务,以及在不能办理登记情况下的违约赔偿责任,即以抵押物的价值为限向债权人承担违约责任。另一种观点认为,债权人可依据有效的抵押合同要求抵押人承担抵押合同上的担保义务,即以抵押物价值为限承担连带清偿责任而非补充清偿责任。最高人民法院针对上述争议,在2019年最高人民法院印发的《九民会议纪要》第60条作出规定,不动产抵押合同依法成立,但未办理抵押登记手续,债权人请求抵押人办理抵押登记手续的,人民法院依法予以支持。因抵押物灭失以及抵押物转让他人等原因不能办理抵押登记,债权人请求抵押人以抵押物的价值为限承担责任的,人民法院依法予以支持,但其范围不得超过抵押权有效设立时抵押人所应当承担的责任。也就是说,抵押人在债务人承担责任前享有先诉抗辩权，若债权人将债务人、抵押人一并提起诉讼的，为了及时高效解决纠纷，人民法院可以将其列为共同被告，但在判决中应明确在对债务人财产依法强制执行后仍不能履行债务时，由抵押人承担责任。法院在执行过程中可以一并加以处理。

四、抵押权变更登记与转移登记

抵押权登记有变更登记与转移登记两种不同的形式，根据《不动产登记暂行条例实施细则》的相关规定，不动产抵押人、抵押权人的姓名或名称变更、被担保的主债权数额变更、债务履行期限变更、抵押权顺位变更的，当事人应当申请办理抵押权变更登记。而转移登记，是指因主债权转让导致抵押权转让的，当事人应申请办理转移登记。两种不同的登记要求提供的手续有不同。并且在抵押权变更中涉及抵押权顺位的变更，还应受到《民法典》第409条的约束。相比抵押权变更登记，在抵押权的转移登记中应当注意的是抵押权转移意味着抵押权人主体改变了，虽然基于抵押权的从属性，抵押权的转移无须抵押人同意，但债权人转让债权根据法律规定应通知债务人，故该实施细则要求办理转移登记时需要提交债权人通知债务人的材料；同时，转移登记虽非受让人取得抵押权的效力要件，但基于登记的公示公信效力，转移登记有利于向社会宣示抵押权的变动，保证登记簿的记载与真实的物权状况一致，对交易安全有利。2019年最高人民法院印发的《九民会议纪要》第62条对此问题的态度也是认为，抵押权是从属于主合同的从权利，根据“从随主”规则，债权转让的，除法律另有规定或者当事人另有约定外，担保该债权的抵押权一并转让。受让人向抵押人主张行使抵押权，抵押人以受让人不是抵押合同的当事人、未办理变更登记等为由提出抗辩的，人民法院不予支持。

专题六 动产抵押设立与登记

一、动产抵押制度

登记对抗要件主义，是指当事人就物权变动达成合意之时即生物权变动效力，但非经登记不能对抗善意第三人。《民法典》明确了抵押权除了可在不动产上设立之外，动产上同样可以设立。第395条第1款规定了生产设备、原材料、半成品、产品和正在建造的建筑物、船舶、航空器，以及交通运输工具可以抵押。第396条又规定了企业、个体工商户、农业生产经营者可以将现有的以及将有的生产设备、原材料、半成品、产品抵押。第403条、第404条进一步规定，以动产抵押的，抵押权自抵押合同生效时设立；未经登记，不得对抗善意第三人；以动产抵押的，不得对抗正常经营活动中已支付合理价款并取得抵押财产的买受人。上述条款建立了我国动产抵押权登记对抗要件主义制度。采登记对抗要件主义模式，一方面，是与我国《民用航空法》和《海商法》保持一致。《民用航空法》第16条明确“设定民用航空器抵押权，由抵押权人和抵押人共同向国务院民用航空主管部门办理抵押权登记;未经登记的,不得对抗第三人”。《海商法》第 13 条对船舶抵押设定作了同样的规定。另一方面,当事人采不转移占有的抵押方式担保债权往往是出于相互的信任,若采登记生效要件主义,将增加成本、降低效率。事实上,若要求企业、个体工商户、农业生产经营者将现有的以及将有的生产设备、原材料、半成品、产品进行抵押登记,也是困难的一件事。

二、登记对抗的第三人范围

《海商法》与《民用航空法》在登记对抗效力的规定中明确的是“第三人”,而《民法典》对第三人加了一个限定“善意”。所谓“善意”,是指不知道或者虽应知道但非因重大过失而不知道某一动产上已经设定了抵押权。如果明知某项动产上已经设定了抵押权而仍与抵押人签订抵押合同取得抵押权则属于恶意。虽然《海商法》与《民用航空法》是特别法,但就抵押权而言,仍应遵守《民法典》关于担保物权的基本规定。另外,关于第三人的范围是否有所限定,是包括对动产享有物权的第三人和享有债权的第三人,还是仅指享有物权的第三人?主流观点认为应采广义的第三人范围,既包括对动产享有物权的第三人,也包括享有债权的第三人。由于法条对第三人并未有限定,故该观点符合法律规定。

动产抵押权虽然在进行登记后可以对抗善意第三人,但这种对抗也有一定限制,即对正常经营活动中已经支付合理对价购买了抵押财产并转移占有的买受人不可对抗。因为,买受人是在出卖人正常经营活动支付合理对价所购,且在出卖人转移占有后买受人已取得了所有权,若因为进行了登记而对抗一切善意第三人,不利于交易安全。应当看到,动产抵押的登记对抗效力与不动产抵押登记的公示公信效力还是存在一定的区别的,对正常经营活动中支付合理对价的买受人有保护的必要性与合理性。与《物权法》相关条款相比,《物权法》第 189 条规定不得对抗正常经营活动中已支付合理价款并取得抵押财产的买受人仅限于浮动抵押,而《民法典》扩大至一切动产抵押。

专题七　抵押权与租赁

抵押权的特点之一是不转移占有,而抵押财产的所有权人在财产抵押前或抵押后仍出租抵押财产并不存在法律或现实的障碍,由此,导致在同一项财产上抵押权和租赁权并存。但在抵押权实现时,就面临一个问题,抵押权与租赁权关系如何处理,即抵押权人是否受租赁合同的约束。

《物权法》第 190 条规定了两种情况:一是将已出租的财产抵押;二是将已抵押的财产出租。前者情形下租赁关系不受抵押权的影响;后者情形下就看抵押权是否登记,若登记则抵押权可对抗租赁权,若未登记则不破租赁。《民法典》相较《物权法》原规定,作了较大的变动。《民法典》第 405 条规定,抵押权设立前,抵押财产已经出租并转移占有的,原租赁关系不受该抵押权的影响。与《物权法》原条文相比,有三个变化:

一是将原抵押合同订立改为抵押权设立。因为我国针对不动产抵押和动产抵押分别采抵押权登记要件主义和抵押权登记对抗主义两种模式。在动产抵押下抵押合同成立虽然意味着动产抵押权即设立,但在不动产抵押中,仅有抵押合同成立并不意味着抵押权设立,而抵押与租赁并存既可能发生在不动产标的上也可能发生在动产标的上,故一律以抵押合同订立作为标准并不科学,且在以抵押合同的订立时间为判断标准时,在目前社会诚信体系不健全的背景下,很容易产生抵押合同的倒签、造假。因此,法条改为以抵押权设立为判断时间较为妥当。

二是对租赁关系的要求更严格,除了订立租赁合同之外还须转移占有,即租赁合同已实际履行。法律对抵押权设立前租赁行为的限制非常有意义,因为实践中曾出现抵押权人在实现抵押权时,承租人往往拿出一纸租赁合同进行对抗,并且租赁合同约定的租期动辄5年、10年甚至20年,而抵押权人对异议人提供的租赁合同的真实性无法审查,对承租人的异议无从抗辩,一些真真假假的承租人的出现严重影响了抵押权人对抵押财产行使权利。法条在总结实践基础上明确抵押权设立之前的承租关系必须已经出租且转移占有为条件,将避免虚假承租现象,对抵押权人利益保护非常有利。法条也意味着抵押权人在抵押权设立时为保护自己利益最好实地考察抵押物上是否存在租赁关系,有无转移占有,尽管这耗费成本,但可减少抵押权的风险。

三是法条未明确抵押权设立后抵押财产出租时二者关系的处理。抵押权设立后的租赁,虽然法条未明确,但从《民法典》第403条关于动产抵押登记对抗善意第三人的规定来看,若抵押权未进行登记的,因未能公示,承租人的承租权应不受抵押权的影响,抵押权实现时不破承租权;若登记,则可对抗无论是善意还是恶意的承租人,即抵押权人实现抵押权时,若承租权对抵押权的实现产生不利影响,抵押权人可要求解除租赁关系。

专题八　抵押权与抵押财产转让

抵押人将财产抵押后,是否仍有权利转让抵押财产?若转让,抵押权有无追及效力?转让的财产是否属于代位物,可用于优先清偿债务?这些问题一直争议不断。《担保法》第49条规定,抵押人转让办理了登记的抵押物,应当通知抵押权人并告知受让人抵押情况;未通知抵押权人或未告知受让人的,转让行为无效。转让价款明显低于实际价值的,抵押权人可要求提供相应担保,不提供的不得转让。抵押人转让所得价款应当提前清偿或提存。对于《担保法》该条规定是否含有承认抵押权的追及效力、买卖价金是否属于物上代位以及是否赋予了抵押权人涤除权等问题,学界存有分歧。有学者认为"担保法第四十九条既没有承认抵押权的追及效力,也没有承认抵押物价金的物上代位性,更未规定所谓的涤除权。简单说,该条是一个混乱而令人难以琢磨的条款"。[①] 后《担保法

① 程啸:《担保物权研究》,中国人民大学出版社2019年版,第439页。

司法解释》第67条在《担保法》第49条规定基础上进行了完善，明确了抵押人未通知抵押权人或未告知受让人的，如抵押物已登记的，抵押权人仍可以行使抵押权；取得抵押物的受让人可以代为清偿债务，消灭抵押权。如抵押权未登记的，则不具有对抗受让人的效力。该条区分已登记和未登记的抵押权，明确赋予已登记的抵押权有追及效力，同时允许受让人自主决定是否代为清偿消灭债务以得到无负担的财产。因此较好地平衡了抵押权人和受让人的利益。由于未登记的抵押权虽然合同得以成立，但因未公示，受让人无从得知财产上是否有抵押权，故未登记的抵押权则不具有追及效力，在受让人取得财产后，抵押权归于消灭，抵押权人的损失应由抵押人赔偿。此后出台的《物权法》第191条对抵押人能否转让抵押财产分两款作了规定，第1款明确规定："抵押期间，抵押人经抵押权人同意转让抵押财产的，应当将转让所得的价款向抵押权人提前清偿债务或者提存。转让的价款超过债权数额的部分归抵押人所有，不足部分由债务人清偿。"第2款明确规定："抵押期间，抵押人未经抵押权人同意，不得转让抵押财产，但受让人代为清偿债务消灭抵押权的除外。"由于该条并未明确抵押人转让抵押财产时抵押权人仍可行使抵押权，故该条有无赋予抵押权人以追及权，仍存在争议。同时，经过抵押权人同意而转让抵押财产，是否意味着抵押权人放弃抵押权也有不同看法。另外，根据物权与债权的区分原则，抵押人未经抵押权人同意，不得转让抵押财产到底是影响转让合同的效力还是影响受让人取得物权也是不清不楚的问题。最高人民法院在《第八次全国法院民事商事审判工作会议纪要(民事部分)》第14条明确，《物权法》第191条第2款并非针对抵押财产转让合同的效力性强制性规定，当事人仅以转让抵押房地产未经抵押权人同意为由，请求确认转让合同无效的，不予支持。受让人在抵押登记未涂销时要求办理过户登记的，不予支持。

《物权法》第191条带来的不明确的问题，在《民法典》编纂中得以根本解决。《民法典》第406条规定，抵押期间，抵押人可以转让抵押财产。当事人另有约定的，按照其约定。抵押财产转让的，抵押权不受影响。抵押人转让抵押财产的，应当及时通知抵押权人。抵押权人能够证明抵押财产转让可能损害抵押权的，可以请求抵押人将转让所得的价款向抵押权人提前清偿债务或者提存。转让的价款超过债权数额的部分归抵押人所有，不足部分由债务人清偿。根据本条规定，抵押人在抵押期间有权转让抵押财产，但抵押权不受影响，具有追及效力。同时，抵押人在转让时有及时通知抵押权人的义务，若转让行为有害于抵押权，抵押权人有权要求抵押人提前清偿债务或者提存。

专题九　抵押权保全

一、抵押权保全的意义

由于抵押权设立后并不转移占有，抵押财产仍由抵押人占有、使用，抵押财产很有可能受到来自抵押人的侵害而使价值减少，而抵押权本就是价值权，若抵押财产价值减少，自然会影响抵押权的实现效果。对此，法律需提供相应的救济。《民法典》第408条明确，抵押人的行为足以使抵押财产价值减少的,抵押权人有权请求抵押人停止其行为;抵押财产价值减少的,抵押权人有权请求恢复抵押财产的价值,或者提供与减少的价值相应的担保。抵押人不恢复抵押财产的价值,也不提供担保的,抵押权人有权请求债务人提前清偿债务。根据法条规定,抵押权人有防止抵押财产价值减少的权利。这种防止的权利具有针对性,即针对抵押人对财产的侵害,这种侵害行为可以是积极的作为,也可以是消极的不作为,但其结果是足以导致抵押财产价值减少。

抵押权人的权利具体来说,一是有权请求抵押人停止侵害;二是在抵押财产的价值实际已经减少时,抵押权人有权要求恢复抵押财产价值,或者要求抵押人提供与减少价值相应的担保;三是抵押人既不恢复财产价值也不提供担保时,抵押权人有权请求提前清偿债务。

二、抵押权保全针对的是侵权行为

抵押财产在抵押期间价值可能升可能降,升值情况无须讨论,但若是因市场变动导致抵押财产被动缩水,自然影响抵押权人的利益,但这是抵押权人应承担的风险,抵押权人无权要求抵押人补足。但若是抵押财产价值的减少是抵押人的行为所致,则抵押人的行为,本质上是一种侵权行为,符合侵权的构成要件,即抵押人有侵害行为、抵押人有过错、抵押财产有足以造成损害的风险或后果,侵害行为与价值减少的后果之间有因果关系。若抵押人只是正常使用,或侵害行为与抵押人无关,而是来自第三人或者是自然灾害所造成,则抵押权人并无价值减少防止权。因为法律上并不禁止抵押人在财产抵押后正常使用。在因第三人损害或自然灾害导致抵押财产灭失或毁损等,抵押权人可根据《民法典》第390条主张物上代位权。

另外,从法条表述上看,针对抵押人对抵押财产的侵害行为,抵押权人请求停止侵害的相对方主体是抵押人,应当恢复抵押财产价值或补充提供相应价值担保的义务主体应是抵押人而非债务人,此符合行为人自担责任原则。在抵押人既不恢复抵押财产价值也不提供相应担保时,即便抵押人与债务人是不同的主体,抵押权人有权要求债务人提前清偿债务。因为虽然债务人可能对抵押人的侵害行为毫不知情,但抵押权人是因债务人提供担保方与之建立法律关系,而抵押物受损对债务清偿带来风险,抵押权人主张提前清偿也符合《民法典》第527条、第528条的不安抗辩规则。

专题十　抵押顺位的变更

一、抵押权变更的对内对外后果

抵押权是抵押权人就抵押财产享有优先清偿的权利,作为私权,权利人自然可以放弃,也可以与抵押人协议变更,放弃或变更的可以是抵押权,也可以是抵押权的顺位或数额。抵押权人放弃或协议变更的行为,不仅在当事人之间产生法律后果,同时也有对外效力,影响利害关系人的利益。《民法典》第409条规定,抵押权人可以放弃抵押权或者抵押权的顺位。抵押权人与抵押人可以协议变更抵押权顺位以及被担保的债权数额等内容。但是，抵押权的变更未经其他抵押权人书面同意的，不得对其他抵押权人产生不利影响。债务人以自己的财产设定抵押，抵押权人放弃该抵押权、抵押权顺位或者变更抵押权的，其他担保人在抵押权人丧失优先受偿权益的范围内免除担保责任，但是其他担保人承诺仍然提供担保的除外。

根据该条规定，首先，抵押权变更在抵押的当事人之间产生效力，抵押权人失去对抵押财产优先受偿的权利，或者因变更而带来顺位的变化、担保债权数额的增加或减少。其次，抵押权的变更将影响其他主体权利的变化。比如，就同一财产上存在后顺位抵押权时，抵押权人放弃优先清偿的顺位，则后顺位的抵押权人的顺位依次递进，放弃顺位的抵押权人作为最后顺位的抵押权按序受偿。

抵押权人与抵押人可以协商变更抵押权顺位以及被担保的债权数额等内容。抵押权顺位的变更一般指同一抵押财产上数个抵押权清偿顺序的互换，但这种互换除非征得相关抵押权人书面同意，否则不得对其他抵押权人产生不利影响。比如，第一顺位抵押权 50 万元，第二顺位抵押权 80 万元，第三顺位抵押权 100 万元。若第一顺位抵押权与第二顺位抵押权互换顺位，对第三顺位抵押权并无影响，无须征得第三顺位抵押权人同意。但若第三顺位与第一顺位互换，则对第二顺位有影响，故须征得第二顺位抵押权人书面同意，否则，第三顺位抵押权人只能在 50 万元范围内优先受偿，另外 50 万元的顺位互换对第二顺位权利人不生效力。债权数额的变更是同样的道理。

二、不同情形不同变更的后果

在同一债权上有多个担保（多个物保或人保与物保混合）的情况下，抵押权人放弃或变更抵押权顺位及数额，对其他保证人的影响也要区分两种情形，在债务人以自己的财产抵押的情形下，法律规定其他担保人在抵押权人丧失优先受偿权益的范围内免除担保责任，除非其他担保人承诺仍承担担保责任。因为在债务人自己提供抵押时，本应先用债务人的抵押财产清偿，其他担保人可能无须再承担或承担部分清偿责任，但抵押权人放弃或变更优先受偿或顺位，将使其他担保人失去利益而承担更大的责任。由于抵押权人不能因自己的行为而损害他人利益，故法律规定其他担保人在相应范围内免责体现了抵押权人对自己行为的负责，贯彻了民法的公平原则。而在第三人提供抵押物的情况下，抵押权人放弃抵押权、变更抵押顺位及数额的，法律并没有规定其他担保人免除相应责任。盖因第三人提供物保或人保情况下，《民法典》第 392 条赋予了债权人选择权，可以就物的担保实现债权，也可以请求保证人承担民事责任，并且规定承担责任的担保人只能向债务人追偿，担保人之间并没有相互追偿权，故抵押权人放弃第三人提供的物保对其他担保人的利益在法律上并没有影响。

三、区别抵押权变更与怠于行使抵押权

实务中需注意的是，抵押权人放弃抵押权或变更顺位及数额，应当是明示放弃抵押财产优先受偿的权利或优先受偿的顺位，若仅是抵押权人不行使或怠于行使抵押权，则不能推定抵押权人放弃抵押权。

与上述问题相类似的是，债权人未办理抵押权登记致使抵押权未设立，能否认定债权人放弃抵

押,其他担保人是否因此免除相应范围的保证责任。这个问题在实践中争议较大。有观点认为抵押权并未设立,何来放弃,何况若是其他担保人承担的是连带责任担保,担保人不免责并未超出其承担担保责任的预期,故担保人不应免除责任。但也有观点认为,债权人因自己过错未办理抵押登记,导致其他担保人担保责任的加大,其他担保人应在担保物价值范围内免责。对此,应区分不同情况,抵押权因未登记而没能设立若是抵押权人过错所致,宜区分是债务人提供的抵押,还是第三人提供的抵押。若是债务人提供抵押,债权人因自己的过错导致抵押未设立,可以参考《担保法司法解释》第 38 条第 3 款的规定减轻或免除其他担保人相应责任。因为在此情况下既增加了其他担保人承担担保责任的风险,也影响了承担担保责任后的追偿。故免除担保人相应责任是公平的。但若是第三人提供抵押财产,即使抵押权成立,债权人仍可选择,且其他担保人承担责任后并无相互追偿的权利,故债权人尽管因其过错致抵押权未能设立,与其他担保人承担责任并无因果关系,且其他担保人承担担保责任后可以向债务人追偿。

专题十一 抵押清偿顺序

一、抵押清偿顺序的基本规则

同一抵押财产上成立两个或两个以上抵押权时,各抵押权之间清偿顺序的确定对债权人而言非常重要,因此《民法典》第 414 条确立的受偿顺序规则是抵押制度中非常重要的内容。根据法条规定,在同一财产上有多个抵押权时,抵押财产拍卖、变卖所得价款受偿顺序如下文所述。

一是看登记时间先后。登记作为公示方式,其先后时间决定了受偿顺位。登记时间在先先受偿。与《物权法》第 199 条规定相比,《民法典》的规定在以登记时间先后确定受偿顺位时,删除了“顺序相同的,按照债权比例清偿”的规定。这一删除与我国登记制度的改进有很大的关系。过去的登记是以“日”为标准,因此,若是同一天办理的几个抵押权登记则看不出先后顺序。为此,《物权法》将这种情况作为“顺序相同”对待,并明确在此情况下的清偿原则是“按照债权比例清偿”;但《不动产登记暂行条例实施细则》第 67 条规定“同一不动产上设立多个抵押权的,不动产登记机构应当按照受理时间的先后顺序依次办理登记,并记载于不动产登记簿。当事人对抵押权顺位另有约定的,从其约定办理登记。”目前普遍实行的是电子登记,因此,即使同一天登记也是按时点排序,故不存在同一天登记无法确定先后的问题。登记制度的精细化对抵押权人利益的保护更周全与公平,也避免了权力寻租的可能。

二是抵押权已登记的先于未登记的受偿。这主要针对同一动产上设立的抵押权,因为动产抵押自合同生效设立,登记只是对抗善意第三人。故同一动产上设立的抵押权可能有的登记有的未登记,在此情况下登记的先于未登记的受偿。

三是抵押权均未登记的,按照债权比例清偿。《担保法》曾经规定,在均未登记的情况下按照合同生效时间的先后确定顺位,但《物权法》未采此规则,《民法典》基本沿袭《物权法》,也明确按债权比例清偿规则。由于按合同生效时间确定先后极易生弊端,不仅生效时间易作伪,若是同一天更无法确定先后,且与登记对抗规则相悖,应予摒弃。

二、参照适用情形

《民法典》第414条第2款在《物权法》基础上增加规定"其他可以登记的担保物权,清偿顺序参照适用前款规定"。这一规定极具现实意义,也与第388条相呼应。《民法典》第388条明确了"担保合同包括抵押合同、质押合同和其他具有担保功能的合同"。而其他有担保功能的合同如果纳入了担保物权保护,则必须要解决是否优先受偿问题。该条在此增加一款很好地解决了问题,即这些有担保功能的合同若是均已办理登记的,以登记时间先后确定顺位;已登记的先于未登记的受偿;均未登记的,按债权比例清偿。

三、统一登记势在必行

以登记和登记时间作为确定清偿顺序的规则下,登记机关的统一显得尤为重要。而一直以来,我国的登记部门与机构较为分散,规则有差异,其中不动产登记问题,在《物权法》出台后已然统一,而动产抵押、应收账款质押登记等仍比较分散,且一些具有担保功能的合同登记无门,不仅给当事人带来不便,也极大影响经济生活的发展与秩序安定。立法部门显然已关注此问题,《民法典》第210条第2款规定,国家对不动产实行统一登记制度。未来的动产抵押和权利质押登记制度也有希望一并解决。

专题十二　抵押权与质权并存的清偿规则

动产抵押权自合同生效始设立,而抵押权的特点是不转移占有,动产质权的设立自出质人交付质押财产时设立。正是因为动产担保物权的设立标准不同,且公示方式有差异,由此同一动产上同时存在抵押权和质权成为可能,在动产抵押与动产质权并存时,如何确定优先顺序需要明确规则。《担保法司法解释》第79条规定"同一财产法定登记的抵押权与质权并存时,抵押权人优先于质权人受偿"。该规定与《担保法》关于动产抵押权的设立规则相关,根据《担保法》第41条、第42条规定,航空器、船舶、车辆等特殊动产抵押权应当办理抵押物登记,抵押合同自登记之日起生效,因此《担保法司法解释》以法定登记的抵押权优先于质权是合理的。《物权法》改变了动产抵押权设立规则,以合同生效设立、登记产生对抗,《民法典》沿袭了这一规则,《担保法司法解释》关于抵押权与质权并存时清偿顺位的规则便无适用余地。但遗憾的是《物权法》未明确抵押权与质权并存时二者顺位如何,导致司法实务无从遵循。《民法典》弥补了漏洞,增加规定了第415条,明确同一财产既设立抵押权又设立质权的，拍卖、变卖该财产所得的价款按照登记、交付的时间先后确定清偿顺序。从法条规定来看，虽然登记与交付作为公示方式，形式上有所不同，但公示的意义相同，故应在同一层面上考虑顺位，而无公示效力的强弱。也就是在抵押权与质权均有效设立且抵押权办理了登记手续的情况下，抵押权登记在前、质权交付在后的，抵押权优先清偿。抵押权登记在后，质权交付在先的，质权优先清偿。当然若抵押权未进行登记的，则质权当然优先。

专题十三　抵押物价款的优先权

一、动产抵押物价款的新规则

《民法典》第416条规定，动产抵押担保的主债权是抵押物的价款，标的物交付后10日内办理抵押登记的，该抵押权人优先于抵押物买受人的其他担保物权人受偿，但是留置权人除外。该条是新增条款，赋予了抵押物价款超优先顺位。举例来说，甲将汽车一辆售与乙，价款30万元，约定半年内支付价款，但甲在合同签订后即将车辆交付与乙。在此情况下，汽车所有权已转移给乙，乙又未支付对价，若乙不诚信，在约定期限内既不付款又将车辆转移或抵押给他人，作为债权人的甲的利益将得不到保障。但第416条规定给甲提供了强有力的保障，甲为确保30万元售价如期收回，可与乙约定将车辆抵押给甲，并在车辆交付后10日内办理抵押登记手续，如此则甲的抵押权优先于乙的其他担保物权人受偿。该规定较好地保护了动产赊购中出售人的利益。

适用该条需注意几个关键词，一是该条的抵押财产针对的是动产而非不动产，因为不动产买卖中买受人取得物权需办理登记手续，出卖人可通过不办理转移登记保护自己的利益，故无须通过该条保护自己的利益。二是抵押权针对的主债权是抵押财产的售价，而非抵押权人的其他债权。三是须在标的物交付后10日内办理抵押登记。之所以要求10日内办理登记，也是出于抵押权人对自己利益的关注，并且减少买受人将标的物再行处分的机会，减少纠纷的产生。四是抵押权人的优先权不能对抗留置权。由于留置权属于法定担保物权，通常优先于约定担保物权，《民法典》第456条明确规定，“同一动产上已经设立抵押权或者质权，该动产又被留置的，留置权人优先受偿”。

二、价金优先与所有权保留的关系

《民法典》第416条有利于保护买卖合同中应收取价金一方的利益。而收取价金这一方可能是出卖人，也可能是借款给买受人支付价款的债权方。但无论哪一种身份，抵押财产与价金必须紧密关联，即抵押的财产是用此价金所购，或者此价金是抵押财产的对价。本条与买卖合同中所有权保留条款有一定关联，是对买卖合同中出售一方或者应得价金一方从不同角度进行的保护。《民法典》第641条明确规定：“当事人可以在买卖合同中约定买受人未履行支付价款或者其他义务的，标的物的所有权属于出卖人。出卖人对标的物保留的所有权，未经登记，不得对抗善意第三人。”与

《物权法》所有权保留的第134条相比，其增加了第2款“出卖人对标的物保留的所有权，未经登记，不得对抗善意第三人”。《民法典》的规定完善了所有权保留制度，使原仅在买卖双方保留的约定，在登记的基础上有对抗一切善意第三人的效力。若未登记则不具有对抗第三人效力，仅在当事人之间有效。如果说所有权保留是从标的物所有权角度对出卖人利益进行保护，则第641条又从抵押权角度赋予出卖人权利保护的新路径，即为确保价金债权清偿，可以将所售标的物进行抵押，出售方作为抵押权人，同样遵循登记对抗效力，并要求在10日内进行登记，则该抵押权优先于买受人的除留置权外的其他担保物权人受偿。该规定既有利于出售方利益保护，也方便买受人融资。

专题十四　抵押权存续期间

抵押权作为担保物权具有的从属性，体现在抵押权的成立、效力、移转、消灭方面均随主债权而共存共灭。在主债权并未消灭而仅是罹于时效的，抵押权将何去何从，法律也需要明确。《物权法》第202条规定：“抵押权人应当在主债权诉讼时效期间行使抵押权；未行使的，人民法院不予保护。”之所以如此规定，是因为随着市场经济的快速运转，如果允许抵押权一直存续，可能会使抵押权人怠于行使抵押权，不利于发挥抵押财产的经济效用，制约经济的发展。因此，规定抵押权的存续期间，能够促使抵押权人积极行使权利，促进经济的发展。[①]《民法典》第419条仍沿袭《物权法》的规定，将抵押权存续期间与主债权诉讼时效直接挂钩。因此，抵押权人不能躺在权利上睡觉，应在主债权诉讼时效期间及时行使，否则将失去公权力的保护。

关于第202条“人民法院不予保护”的理解，是“胜诉权丧失”还是“时效抗辩权发生”，还是抵押权除斥期间，在理论和实务界一直存在争论，但多采抵押权除斥期间的观点。[②] 因此，在主债权诉讼时效期间内，抵押权人未行使抵押权的，抵押权将不受法律保护，抵押人有权向法院请求确认并注销抵押权登记。

保证与抵押均为担保主债务履行的制度，《民法典》合同编规定了保证期间当事人可以约定，债权人应在保证期间内请求保证人承担保证责任，未在保证期间内主张保证人承担责任将导致保证人免责的后果。而《民法典》担保物权编并未明确当事人可约定抵押期间的内容，如果当事人在抵押合同中约定了抵押期间，该约定是否有效？《担保法司法解释》第12条第1款曾规定“当事人约定的或登记部门要求登记的担保期间，对担保物权的存续不具有法律约束力。”基于物权法定，当事人无权在法律规定之外设定物权，也无权以法律规定之外的方式消灭物权。因此，虽然《民法典》未对此作出规定，但当事人关于抵押期间的约定因有违物权法定，应认定无效。

---

① 全国人大常委会法制工作委员会民法室编：《中华人民共和国物权法条文说明、立法理由及相关规定》，北京大学出版社2017年版，第366页。

② 参见王某诉李某抵押合同纠纷案，载《最高人民法院公报》2017年第7期。

专题十五　最高额抵押的性质和范围

一、最高额抵押权制度的性质

《民法典》第420条规定，为担保债务的履行，债务人或者第三人对一定期间内将要连续发生的债权提供担保财产的，债务人不履行到期债务或者发生当事人约定的实现抵押权的情形，抵押权人有权在最高债权额限度内就该担保财产优先受偿。最高额抵押权设立前已经存在的债权，经当事人同意，可以转入最高额抵押担保的债权范围。

最高额抵押是为适应社会经济活动需要所确立的制度，相比一般抵押权有省时、省力、省钱的优势。例如，甲公司在一年内向银行连续多次贷款，总计2亿元，其中有借有还。为此，甲公司与银行就每笔贷款均签订了贷款合同和抵押担保合同，且每次均需办理抵押登记手续。这种方式不仅烦琐，且费时费力。对甲公司与银行的贷款，完全可以采取另一种简单的方式，即甲公司与银行签订一份贷款合同，明确甲公司在一年内可连续多次向银行贷款，总额在2亿元以内，甲公司为确保债务履行可以签订一份抵押合同，为该一年内连续多次贷款在2亿元总额范围内进行担保，该抵押仅需办理一次登记手续。该抵押担保即为最高额抵押担保。在该一年内，甲公司完全可以随借随还，无论在该一年内实际贷款总数是多于2亿元还是少于2亿元，银行就抵押财产在2亿元幅度内可以优先受偿。当然，银行为规避风险，可以根据甲公司贷款的动态情况及甲公司资信状况，在抵押总额内控制实际贷款的额度。这种方式既高效又便捷，受到金融机构的欢迎，对债务人、抵押人而言也省却不少麻烦。

最高额抵押有以下特点：(1)限额抵押。抵押权人与抵押人通过协议约定抵押财产担保的最高额度。无论今后实际债权如何变化，抵押权人只在最高额度内享有优先受偿权。若实际债权超过最高额度，超过部分无优先受偿权，若实际债权少于最高额度，以实际额度优先受偿。(2)抵押针对的债权是将来发生的债权。与一般抵押权相比，最高额抵押权设立时，债权尚未发生。(3)债权具有变动性。虽然担保的债权总额确定，但实际发生的债权在变动当中，在最高额抵押权确定之前实际债权在不断的发生与消灭之中。(4)担保的债权是一定期间内连续发生的债权。对非发生在该一定期间内的债权，抵押人不负担保责任。但是第420条第2款也明确，在“最高额抵押权设立前已经存在的债权”，经当事人同意，可以转入最高额抵押担保的债权范围。

二、最高额抵押范围

《民法典》第389条规定，担保范围当事人有约定的，按照其约定办理。实践中，当事人往往在最高额抵押担保合同中除约定了最高额债权数额外，还明确了担保的范围包括主债权及其利息、违约金、损害赔偿金、保管担保财产和实现担保物权的费用等，但登记机关囿于登记簿的格式限制，仅登记债权本金总额。由于登记具有公示效力,在优先受偿时,借贷双方对优先受偿的范围引起争议。例如,某煤业公司与银行签订最高额抵押合同,为某能源公司向银行的5亿元贷款合同进行抵押担保,抵押合同中明确的担保范围为“债权本金5亿元和实现债权的律师费、保全费等实现债权的费用”,但在抵押登记簿上仅登记债权总额5亿元。因能源公司逾期未还,银行诉请能源公司、煤业公司清偿4.9亿元本金及2000万元的利息和20万元律师费。煤业公司抗辩其仅在5亿元额度内承担抵押担保责任,该5亿元包括了本金、利息、实现债权的费用在内的总额,而银行认为,抵押合同约定的担保范围包括本金5亿元,以及利息和实现债权费用。最终法院支持了银行的诉请,银行有权在贷款本金4.9亿元及2000万元的利息和20万元律师费范围内就抵押财产优先清偿。本案究竟是债权本金最高额抵押还是债权总额最高额抵押,是需要在登记时予以明确登记的问题,否则极易引起争议。因为若是债权本金最高额抵押,则利息、实现债权费用则不在优先受偿范围之列,本案抵押人仅需在4.9亿元范围内承担抵押担保责任。若是债权总额最高额抵押,则利息、实现债权费用也在优先受偿范围之列,只是超出5亿元部分无优先受偿权。从当事人本意而言,往往是按合同约定要求登记,但由于登记机关原因仅登记了总额。这个问题的解决虽然最高人民法院在《九民会议纪要》第58条明确,合同约定与登记范围的不一致非当事人原因所致,此时应尊重约定。但为规范登记、避免争议,登记机关应当尊重当事人约定,全面登记。同时,当事人如果发现登记机关未按照合同约定进行登记,有权申请更正登记,以避免以后引起纠纷。

专题十六　最高额抵押权的债权确定

最高额抵押权是为将来发生的债务所设立的抵押,在最高额抵押期间债权处变动之中,而抵押权人就抵押财产实现优先受偿时则债权必须确定。

《民法典》第423条对债权确定的法定情形作了6项规定。

一是约定的债权确定期间届满。当事人在最高额抵押合同中对债权确定时间均会作出明确约定,如约定被担保的债权发生期间为2020年1月1日至12月31日。一旦超出该期间,当事人之间的债权将不再受最高额抵押担保,因此2020年12月31日止债权被确定。最高额抵押权的债权确定期是与基础法律关系的期限密切相关的;虽然法律未明确限定当事人可约定债权确定的最长期限,但由于基础的借款或买卖关系均有履行期限的约束,最高额抵押权无须对此作出限定。

二是没有约定或约定不明确,抵押权人或者抵押人自最高额抵押权设立之日起满2年后请求确定债权。在当事人没有约定或约定不明确的情况下,如果任由最高额抵押权持续保持,抵押人将永远不能脱离担保,这对抵押人极为不利,为此法律设立了保护措施,即自最高额债权设立之日起满2年,抵押当事人双方均可请求确定。这个2年是固定期间,不存在中止、中断,起算点即是抵押权设立之日。这里法律未采纳有些国家的做法,即规定抵押权人或抵押人可随时要求确定最高额抵押的债权数额,而是明确抵押权人、抵押人均可自抵押权设立之日起满2年后请求确定。该规定是较为公平的,确保因法定确定期间的存在使最高额抵押关系相对稳定。

三是新的债权不可能发生。如债权人与债务人的基础法律关系已经消灭,不可能发生新的债权。又如连续交易的终止,新的债权也不可能发生。此时最高额债权确定。

四是抵押权人知道或者应当知道抵押财产被查封、扣押。抵押财产被查封、扣押是指最高额抵押权中抵押人提供的抵押财产被法院查封或扣押,面临着被拍卖或变卖的可能,拍卖或变卖的结果将直接影响到最高额抵押权人利益的实现,此时最高额抵押权人也必然希望被担保的债权额尽早确定,以实现优先受偿。相比《物权法》的规定,《民法典》第423条增加规定了"抵押权人知道或应当知道抵押财产被查封、扣押"。该增加内容非常有意义,吸收了《关于查封、扣押、冻结的司法解释》的相关内容。该司法解释第27条明确规定:"人民法院查封、扣押被执行人设定最高额抵押权的抵押物的,应当通知抵押权人。抵押权人受抵押担保的债权数额自收到人民法院通知时起不再增加。人民法院虽然没有通知抵押权人,但有证据证明抵押权人知道查封、扣押事实的,受抵押担保的债权数额从其知道该事实时起不再增加。"《民法典》增加的"抵押权人知道或者应当知道抵押财产被查封、扣押"将避免很多不必要的纠纷发生。具体来说,这就要求查封、扣押的法院应将保全裁定及时送达抵押权人,以便抵押权人及时行使权利;即使人民法院因特殊情况没有通知或者未通知到,但有证据证明抵押权人在知道或应当知道抵押财产被查封、扣押的,被查封、扣押后仍发生的债权,将不被纳入最高额抵押担保范围,债权人无权优先受偿。

五是债务人、抵押人被宣告破产或者解散。在最高额抵押担保期间,债务人、抵押人有可能被宣告破产或解散。《企业破产法》第46条规定,未到期的债权在破产申请受理时视为到期,附利息的债权自破产申请受理时停止计息。《企业破产法》第107条第2款规定,人民法院受理破产申请时对债务人享有的债权为破产债权。因此,在债务人或抵押人被宣告破产或解散时,如果最高额抵押担保的债权仍不确定,仍在变动之中,必然有损破产债务人及债权人的合法权益。故抵押债权此时必须确定。

六是法律规定债权确定的其他情形。这是一个兜底条款。

最高额抵押的债权一旦确定,即与一般抵押权一样,抵押权人可就抵押财产优先受偿。

最高额抵押中债权确定是重要内容。而债权确定的目的是实现优先受偿。在抵押人或债务人破产时,破产企业债权的多少、破产财产的认定,决定着债权人债权清偿比例。因此破产企业的财产认定与债权分配的矛盾较为尖锐。《企业破产法》第109条规定,对破产人的特定财产享有担保权的权利人,对该特定财产享有优先受偿权。这意味着最高额抵押权人的利益能够得到保障,而《民法典》第386条在担保物权人优先权的但书部分明确了"法律另有规定的除外"。因此,最高额抵押权的优先权仍受到法律另有规定的约束。《企业破产法》第132条即是特例,该条规定"本法施行后,破产人在本法公布之日前所欠职工的工资和医疗、伤残补助、抚恤费用,所欠的应当划入职工个人账户的基本养老保险、基本医疗保险费用,以及法律、行政法规规定应当支付给职工的补偿金,依照本法第一百一十三条的规定清偿后不足以清偿的部分,以本法第一百零九条规定的特定财产优先于对该特定财产享有担保权的权利人受偿。"因此,最高额抵押权的债权优先清偿顺序后于《企业破产法》第132条确定的债权。

第十八章 质 权

专题一 动产质权的设立

一、动产质权概述

所谓质权,是指债务人或者第三人将自己的财产交付债权人占有,或在自己的财产权利上设定权利质押,作为债务履行的担保,如果债务履行期届满,债务人不履行债务或者发生当事人约定的实现质权情形的,债权人享有从质押财产中优先受偿的权利。

中华人民共和国民事立法原先对抵押与质押不予区分,统称为抵押,并无质押概念。1995 年颁布的《担保法》首次区分了抵押与质押两种概念,并将质押分为动产质押和权利质押两种类型。《物权法》不仅全面规定了质权的内容,抓住了质权的最本质问题,并且增加了最高额质权的规定,这将对促进资金融通,进而促进我国经济的发展起到积极作用。《民法典》第 425 条沿用了《物权法》第 208 条的规定,对于动产质权的内容作出了明确规定:"为担保债务的履行,债务人或者第三人将其动产出质给债权人占有的,债务人不履行到期债务或者发生当事人约定的实现质权的情形,债权人有权就该动产优先受偿。前款规定的债务人或者第三人为出质人,债权人为质权人,交付的动产为质押财产。"

依据本条规定,质权的成立和存续,须以移转标的物的占有为必要条件。质权的这种制度设计模式,可以充分保护质权人利益。质权人不仅可以通过对质物拍卖、变卖、折价等优先受偿的方式来保障其债权的实现,还可以通过对质物的占有来给债务人以心理督促,促使其清偿债务以重新取得对质物的占有并进行相应的使用、收益。在债务人到期不履行债务时,债权人可以就出质物卖得的价金,优先于普通债权人而受清偿。质权成立在破产宣告之前的,不受破产宣告影响,质权人仍然可以就该特定的出质物在行使"别除权"的基础上实现其质权,并可以就其卖得的价金优先受偿。

(一)动产质权的含义

动产质权,是指债务人或第三人将其动产移交债权人占有,作为债权的担保,债务人不履行到期债务或者发生当事人约定的实现质权的情形时,债权人有权以该动产折价或者以拍卖、变卖该动产的价款优先受偿。在动产质权法律关系中,交付的动产为质押财产,债务人或第三人为出质人,债权人为质权人。根据《民法典》第 425 条的规定,动产质押法律关系的当事人为出质人和质权人。出质人可以是债务人也可以是第三人。第三人作为出质人的,第三人即是物上保证人。质权人应是动产质权所担保的主债权的债权人,因为质权是担保主债权的从权利。动产质权的标的为质押财产,即债务人或者第三人交付的动产。

动产质权作为担保物权,具有以下特性:第一,动产质权是以动产为标的物而设定的担保物权。出质人向质权人移交的质押财产,应当属于债务人或第三人所有。第二,出质人交付质押财产是动产质权设立的成立要件,这是动产质权区别于抵押的本质特征。动产物权的变动以占有为公示要件,若债权人不占有质押财产,则无法对外展示动产上的质权状态,将使第三人遭受不测的损害。同时,质权必须通过留置效力实现其担保主债权的功能,若允许出质人不交付质押财产,将有碍质权人对质押财产的支配,造成债权人实现质权时发生严重困难。第三,动产质权是以质押财产变价款优先受偿的权利。在债务人不履行到期债务或者发生当事人约定的实现质权的情形时,质权人有权留置质押财产,并就质押财产的变价款优先于无质权的债权人而获得清偿。

(二)动产质押和抵押权的区别与竞合

交易实践中,当事人为担保债权清偿而签订了各种:"担保合同""保证合同""抵押合同""质押合同"。但是,常常会出现合同名称与合同约定的当事人各方之间的权利义务关系、法律性质不相符合的情形。抵押和动产质押同为担保物权,审判中应注意区分两者的区别,准确判断当事人之间的法律关系性质。首先,两者客体范围不同。抵押权的标的包括不动产和动产,而动产质权的标的仅为动产。其次,两者是否需要转移标的物的占有不同。抵押权不以转移标的物的占有为成立要件,而动产质权则必须转移标的物的占有。最后,两者对外公示方法不同。抵押权以登记进行对外公示。对于不动产抵押,登记是抵押权的成立要件;对于特殊的动产如机动车、船舶等,登记则是对抗要件。动产质权通过转移占有进行公示。

同一动产上同时设立质权和抵押权的,可以参照抵押权优先顺位规则,寻求动产抵押权和动产质权竞存时顺位关系的解决方案。第一,质权有效设立,抵押权办理了抵押登记的。按照公示先后确定清偿顺序,即对比动产抵押权登记时间和动产质物交付时间;顺序相同的,按照债权比例清偿。第二,质权有效设立,抵押权未办理抵押登记的。动产抵押未登记的,因其尚未取得对抗第三人的效力,即使动产质权设立在后,动产质权亦优先于抵押权。第三,质权未有效设立,抵押权未办理抵押登记的。因此时抵押权已经有效设立,故抵押权优先受偿。

(三)动产质押合同的成立

在我国,只有约定质权一种质权类型。因此,设定质权必须通过签订质权合同的方式完成,即质权人与债务人或第三人之间为担保特定债权的实现,而特定财产约定在债务人不履行到期债务时,债权人得就该财产进行折价或拍卖、变卖并从其价款中优先受偿达成合意。质权合同,既可以是在被担保主债权合同之外签订的独立的书面合同,包括当事人之间就质权设立事项往来信函、传真等,也可以是所担保主债权合同中的一部分,即所谓主债权合同中的质权条款。

合同应当具备必要条款,质押合同也是如此。《民法典》第427条规定了质押合同的必要条款:"质押合同一般包括下列条款:(一)被担保债权的种类和数额;(二)债务人履行债务的期限;(三)质押财产的名称、数量等情况;(四)担保的范围;(五)质押财产交付的时间、方式。"实践中,当事人签订质押合同,有时并不能完备地约定上述各项内容。对于质押合同条款欠缺的法律后果,应根据不同的情形进行处理:第一,欠缺的条款导致质权合同无法明确内容的,质押合同不成立。如欠缺被担保的主债权条款,则与质权的从属性原则相悖,质权无所依从,质押合同必然不成立。第二,欠款的条款可以予以补正或者参照合同其他条款、法律规定可以明确的,则不一定导致合同不成立。如欠缺质权担保范围条款,则只要主债权约定明确,可以认为是以质押财产的全部价值为全部的主债权进行担保;如质押财产的交付时间没有约定的,则质权的生效以实际交付时间为准。

(四)最高额质押

最高额质权具有普通质权所不具备的功能,有利于简化流程、方便当事人、促进资金融通,更好地发挥质权担保的功能。因此,创设最高额质押是配合继续性交易形态的需要,也是促进社会经济繁荣的需要。除质押财产转移由质权人占有不同之外,最高额质押在最高额质权的确定、效力以及作用方面,与最高额抵押并无不同。

需要注意的是,最高额质权在质权的从属性、特定性以及适用范围和实现上具有不同于普通质权的特殊规则,最高额债权具有独立性。第一,设定最高额质权时,是以将来的债权为前提,在与被担保债权的发生存在时间差。第二,最高额质权在决算前与被担保债权中的个别债权并无一对一的担保关系,最高额质权也不承担担保责任,因此与单个债权之间并无从属性。第三,最高额质权在决算前不随被担保债权的转让而转让。第四,最高额质权不因质权存续期间内部分具体债权的消灭而消灭。

二、动产质权的标的

质权作为一类价值权,可以设立质权的动产必须是可以转让的财产。如以法律法规禁止转让的财产设定质权,则在实现质权时,无论采取折价、变卖或者拍卖的方式,都会导致质押财产因与法律法规禁止流通的强制性规定相冲突而无法拍卖或变卖,最终使质权无法实现,设立质权的目的落空。因此,作为质押财产的动产必须具有可让与性。根据流通范围和程序的不同,物可以分为流通物、限制流通物和禁止流通物。流通物,是指法律允许在民事主体之间自由流通的物;限制流通物,是指法律对流通范围和程度有一定限制的物;禁止流通物,是指法律法规明确禁止流通和转让的物。禁止流通的动产不能设定质权毋庸置疑,流通和限制流通的动产则可以出质。

(一)金钱质押

金钱也即货币,作为一种特殊的动产,是种类物,也具有高度的流通性和可替代性,其最大特征是“所有与占有同一”。货币一旦交付即发生所有权转移,而动产质权的设立仅仅是转移质押财产的占有,并不是所有权的转移,因此,一般情形下的金钱不能作为质权的标的物。但是,如果将金钱特定化,就可排除适用:所有即占有的规则,认定其为质押财产。实践中,金钱特定化的形式是多样的,如特户、封金等,将一定数额的金钱置于质押合同约定账户以满足特定化的要求,可以对抗其他债权人。

实践中,最常见的金钱质押形式为保证金质押。保证金质押,是指借款人将金钱存放于其在银行等金融机构开立的专用账户,并承诺以该账户中的款项作为偿还借款的保证。当借款人不履行债务时,银行等金融机构作为债权人,有权在保证金专用账户中直接扣划款项用于清偿借款。实践中,用于质押的保证金种类繁多,如期货交易保证金、证券交易保证金、信用证开证保证金、承兑汇票保证金等。保证金质押中经常遇到的问题是,作为特定化的货币,保证金账户内的金钱数额是否必须固定。对此,一种意见认为,如果特户或者保证金账户中的金钱数额可以变动而不固定,那么金钱就并未被特定,从而无法处置。另一种意见则认为,特定化并不等同于固定化,只要特定账户内的金钱与其他金钱相区别,且保证金的存入划出对应主债权的相应变动,也可以认定符合特定化要求。本书认为,用于质押的金钱账户与其他账户相区别是毋庸置疑的;但如果要求账户中的资金必须固定,则有碍动产质押的融资和担保功能。

(二)流动质押

流动质押又称动态质押、浮动质押,作为金融创新实践中出现的一类新的贸易融资产品,是指银行在融资服务中,接受借款人质押的动产形式可以多样化、动产在不同阶段可以以不同的形式存在,只要质押的动产价值在一个合理的范围内浮动即可。流动质押一般采用第三人监管的模式,即由银行委托物流企业监管质物,以解决质物交付、运输、管理难题,便捷交易。相较于传统的静态质押,流动质押的设立应当满足以下条件:第一,质物应当特定化。质权作为物权,用于质押的动产必须是特定物。流动质押作为特殊的质押方式,其质物也应当是特定化的种类物,即能与其他的种类物相区分,以明确质物的权属。第二,质物应当转移占有。在流动质押中,质物转移占有的表现形式比较特殊,通常为出质人将质物移交接受银行(质权人)委托的监管人直接占有和控制,银行(质权人)通过与监管人之间的合同关系间接占有质物。若监管人未实际占有、控制质物,则质权未有效设立。

流动质押中,质物处于动态变化中,并由监管人占有、控制,监管人义务、责任的确定便是流动质押中的关键问题。由于流动质押的特定之一,便是维持质物的最低价值,因此,在银行(质权人)与监管人签订的监管合同中,双方均约定监管人将质物控制在最低价值线上,而质物的数量、规格、质量等仅是衡量价值的标准。与此同时,流动质押的质物可以被更换,质物的数量、规格、质量等都可能发生变化,因此监管人的义务核心应是维持质物的最低价值,而不限于维持质物的数量、质量等不变。对于监管人的责任,一般认为监管人应依照监管合同约定履行监管义务,未尽监管义务,在无法定或约定免责事由的情形下,应当承担违约责任。监管人因未尽监管义务向银行(质权人)承担的赔偿责任,本质上为质物灭失的赔偿责任,故其承担赔偿责任的范围应以灭失质物的价值范围为限。此外,由于质权是为担保主债权的实现而设立,因此,监管人的赔偿责任范围应兼顾质权人所享有的主债权,不应超出主债权范围。2019 年最高人民法院印发的《九民会议纪要》第 63 条规定:“在流动质押中,经常由债权人、出质人与监管人订立三方监管协议,此时应当查明监管人究竟是受债权人的委托还是受出质人的委托监管质物,确定质物是否已经交付债权人,从而判断质权是否有效设立。如果监管人系受债权人的委托监管质物,则其是债权人的直接占有人,应当认定完成了质物交付,质权有效设立。监管人违反监管协议约定,违规向出质人放货、因保管不善导致质物毁损灭失,债权人请求监管人承担违约责任的,人民法院依法予以支持。如果监管人系受出质人委托监管质物,表明质物并未交付债权人,应当认定质权未有效设立。尽管监管协议约定监管人系受债权人的委托监管质物,但有证据证明其并未履行监管职责,质物实际上仍由出质人管领控制的,也应当认定质物并未实际交付,质权未有效设立。此时,债权人可以基于质押合同的约定请求质押人承担违约责任,但其范围不得超过质权有效设立时质押人所应当承担的责任。监管人未履行监管职责的,债权人也可以请求监管人承担违约责任。”这一内容对于解决审判实务中的相关问题具有很强的针对性。

（三）禁止质押的财产范围

关于学校、幼儿园、医院等以公益为目的的事业单位、社会团体的教育设施、医疗卫生设施和其他社会公益设施能否设定质押,《民法典》第 399 条第 3 项规定,学校、幼儿园、医疗机构等以公益为目的的事业单位、社会团体的教育设施、医疗卫生设施和其他社会公益设施不得抵押。该规定当然可以适用于质押。作为动产的教育设施、医疗卫生设施和其他社会公益设施,不得出质。

三、动产质权的设立

（一）质权生效的时间

质权合同是当事人在特定物上设立质权的协议,以设定质权为目的,故质权合同属于设权合同。但是,质权合同只是质权设立的原因,并不具有赋权功能。质权的创设并生效,必须经过质物占有和公示。因此,转移质押财产的占有,既是质权公示的方式,也是质权生效的条件。《民法典》第 429 条规定,“质权自出质人交付质押财产时设立。”据此,动产质权自出质人交付质押财产时发生效力。首先,出质人交付的质押财产,应是指作为主物的质押财产。如果出质人仅仅交付从物,而未交付主物,则不属于已交付质押财产,质权不成立。其次,交付质押财产应是出质人将质押财产的占有转移给质权人。交付行为有多种形式,最为典型的便是现实交付,即出质人将对质押动产的占有现实地转移给质权人。只有当质权人取得了对质押财产的单独占有,现实交付才算完成。现实交付也可以借由第三人的辅助而完成。此外,交付质押财产也可以采用简易交付和指示交付的方式。如质押财产已经由质权人占有,则出质人无须现实交付,质权自质权合同生效之日起设立;出质人不直接占有质押财产,仅是间接占有质押财产时,也可以采取将返还请求权转让给质权人的方式,以代替现实交付。

（二）质权生效与质权合同成立的区别

当事人设立质权,应当订立书面的质押合同。质押合同的必备条款有:(1)被担保债权的种类和数额。动产质权是一般质权,其只能对现在发生并且特定的债权设定,因此有必要在质权合同中明确规定被担保债权的种类、数额。质押财产所担保主债权的种类,主要是指被担保主债权是买卖、借款等原因产生的债权。主债权的数额则是限定质权人负担保责任的认定标准,特别是在当事人未约定所担保的范围时,往往就依被担保主债权的数额来界定质权人的担保范围,因此必须载明。(2)质押财产的名称、数量。质押财产是质押法律关系的标的物。质押担保是以质押财产来担保债权实现的法律制度,应当对质押财产的情况有明确的约定。

质权合同的订立和质权的设定是不同的法律事实。当事人通过订立质权合同创设有关质权设定的权利义务,是物权变动的原因行为。质权的设立,是合法有效的质权合同所产生的结果,是物权变动的范畴。作为原因行为的质权合同,仅是物权变动的必要条件,并不必然导致物权变动的法律后果。物权变动的发生,除质权合同之外,还须符合公示要求。因此,质权合同的生效,是在双方当事人之间发生设定质权的权利义务,为质权的设定奠定基础法律关系。质权合同自依法成立之日起生效,与质押财产的交付无关。而质权则自出质人交付质押财产时生效。通常情形下,质权合同先于质权而生效。在质权合同生效后,出质人未按约交付质押财产的,虽然质权不能设定和生效,但当事人可以请求法院判决出质人交付质押财产,或者判决出质人承担违约责任或损害赔偿责任。

(三)实践中质押财产交付的特殊方式

占有改定是指动产物权的让与人使受让人取得对标的物的间接占有,以代替该动产现实转移的交付。质权公示为质权生效的要件,当事人对质权设定没有公示的,不发生质权设定的效力。质权公示以转移质物占有或者登记为基本形式,如出质人代替质权人占有质物,则无法向外界公示该动产上设立的质权,势必危害交易安全。此外,由于出质人仍直接占有质物,质权人无法对质物加以留置,质权的留置效力就流于形式。因此,在动产质权的设立中,出质人不得以占有改定的方式设立质权。实践中,当事人约定由出质人或者出质人代理人代为占有质押财产的,不构成本条规定的有效交付,质权不生效。

四、流质限制的新规定

《物权法》第 211 条规定:"质权人在债务履行期届满前,不得与出质人约定债务人不履行到期债务时质押财产归债权人所有。"相较这一规定,《民法典》第 428 条作出了重大修改,该条规定:"质权人在债务履行期限届满前,与出质人约定债务人不履行到期债务时质押财产归债权人所有的,只能依法就质押财产优先受偿。"具体而言,这一规定将《物权法》上述的"不得与出质人约定债务人不履行到期债务时质押财产归债权人所有"修改为"与出质人约定债务人不履行到期债务时质押财产归债权人所有的,只能依法就质押财产优先受偿"。这一修改,虽然没有采用流质合同无效的表述,但从只能依法就质押财产优先受偿来看,法律对流质担保方式依然持否定态度,但通过赋予质权人优先受偿权的方式,对双方利益予以了新的平衡。

所谓流质契约,是指自质权设立时至债务履行期届满前,质权人和出质人关于在主债权已届清偿期未受清偿时,质押财产的所有权即移转为债权人所有的约定。我国立法之所以不支持流质担保方式,是因为出质财产未经估价即归质权所有,难以防止质权人利用自己之优势地位牟取暴利,使出质人成为流质契约的牺牲品。这次《民法典》编纂在综合各方意见后,也对《物权法》的表述作出适度调整,明确规定:质权人在债务履行期限届满前,与出质人约定债务人不履行到期债务时质押财产归债权人所有的,只能依法就质押财产优先受偿。这既扩大了融资担保的方式,也让流质回归到了质权的本质属性,还会在行为导向上规范质权设定行为。

关于该条的适用,要注意以下问题:一是该条适用的前提条件是当事人在"债务履行前"作出的约定。在债务到期后债务人没有履行债务的时候,质权人应当按照《民法典》第 438 条的规定通过对质押财产折价或者拍卖、变卖方式,保证质押权人优先受偿;其价款超过债权数额的部分归出质人所有,不足部分由债务人清偿。二是该条没有规定流质合同无效,但不能认为流质合同就绝对有效。流质合同也属于合同的一种,有关合同法律制度的一般规则,流质合同当然也要适用。如果该流质合同存在法律规定的无效或者可撤销事由的,人民法院可以依法认定合同无效或者予以撤销。

专题二　动产质权人的权利和义务

一、收取孳息的权利

在动产质权中,由于质押财产处于质权人控制或占有之下,由其收取质物的孳息较为便利,因此《民法典》第430条第1款规定了质权人的孳息收取权。该条规定:"质权人有权收取质押财产的孳息,但是合同另有约定的除外。"合同另有约定,是指质权人与出质人在质权合同中对收取质押财产孳息的对象作出特别约定。

质押财产的孳息包括天然孳息与法定孳息。天然孳息,是指依自然规律所产生的收益;法定孳息,是指依法律关系所产生的收益。孳息可以是金钱也可以是金钱以外的物。如孳息是金钱,则可直接充抵收取孳息的费用。如孳息是金钱以外的物,则可以根据当事人的合意进行估价,以估价额充抵孳息收取的费用。就估价不能达成合意时,可以拍卖或以其他方法进行变价。

《民法典》第430条规定了质权人收取的孳息应先充抵收取孳息的费用,但是对于剩余的孳息如何处理却未有明确规定。质权人可以收取孳息,追其本源应当是质权人因收取孳息而取得对孳息的质权,即质权的效力范围扩展至所收取的孳息之上,以实现质权担保目的。因此,从最有利于发挥动产质权的担保功能出发,应当认为,质权人所收取的孳息充抵收取孳息的费用后,可以充抵主债权的利息,仍有剩余的,可以充抵主债权。

二、代充质物的权利

《民法典》第433条规定:"因不可归责于质权人的事由可能使质押财产毁损或者价值明显减少,足以危害质权人权利的,质权人有权请求出质人提供相应的担保;出质人不提供的,质权人可以拍卖、变卖质押财产,并与出质人协议将拍卖、变卖所得的价款提前清偿债务或者提存。"质权人享有代充质物的权利,目的在于保障质权人不因质押财产的毁损或价值减少而受到影响。当因不能归责于质权人的事由可能使质押财产毁损、价值明显减少,足以危害质权人权利的,质权人有权要求出质人提供相应担保。出质人不提供的,质权人可以拍卖、变卖质押财产,并与出质人通过协议将拍卖、变卖所得的价款提前清偿债务或者提存。需要注意的是,质权人要求出质人提供担保,应当符合以下条件:第一,质权人无过错。质押财产可能出现毁损或价值明显减少,但是并非质权人的过错所致,而是由于质押财产自身原因或第三人原因等事由所导致。第二,质押财产毁损或价值明显减少足以危害质权人的利益。只有当质押财产毁损或价值减少,必然造成对质权人利益的危害时,质权人才有权要求出质人提供相应的担保。如果质押财产只是有减少可能,且这种可能仅是质权人的主观判断,而非客观存在或必然发生,或者损坏、减少的价值并不构成对质权人利益的侵害,则质权人不得要求出质人另行提供担保。第三,质权人要求出质人提供的相应担保,应当是与质押财产毁损、减少部分价值相当的担保。

三、放弃质权的权利

《民法典》第435条规定,“质权人可以放弃质权”。诚实信用原则要求质权人放弃质权,不得损害其他利害关系人的利益。当主债权同时存在质押担保和保证担保时,质权人关于质权的处分行为,将直接影响到保证人的利益。为确保保证人利益不受质权人放弃质权的影响,故规定质权人放弃质权的,其他担保人可以在质权人放弃权利的范围内免除保证责任。

质权人放弃质权,是对其自身权利的处分,故该条规定“质权人可以放弃质权”。一般认为,质权因质权人的放弃行为而消灭,因此质权人放弃质权,应当以明示的方式作出。质权人不行使质权或者怠于行使质权的,不能推定质权人放弃了质权。质权人放弃质权,是质权人的单方意思表示,无须出质人同意。

质权人放弃质权时,通常会丧失优先受偿权,必然会增加其他担保人的担保责任,有违公平原则。因此,该条明确规定,其他担保人在质权人丧失优先受偿权益的范围内免除担保责任。当然,如其他担保人同意质权人放弃质权的行为,则法律尊重其选择。

四、质权人不得擅自使用、出租、处分质押财产

在理论上,根据对质押财产的支配内容的不同,可以将质权分为占有质权、收益质权和归属质权。我国民法上仅承认占有质权,并不承认收益质权和归属质权。质权人占有质押财产,目的在于担保债权之实现,客观上却形成对质权人使用或者处分质押财产的限制。质权人使用、出租或者处分质押财产,违反设定质权的目的。据此,《民法典》第431条规定:“质权人在质权存续期间,未经出质人同意,擅自使用、处分质押财产,造成出质人损害的,应当承担赔偿责任。”当然,依据这一规定,质权人在质权存续期间并非完全不能使用、出租或者处分质押财产,其可以根据质权合同的约定或经出质人同意使用、出租、处分质押财产,并以其收益清偿被担保的债权。但质权人未经出质人同意或者非因保管质押财产的需要使用、出租、处分质押财产造成出质人损失的,则应当承担赔偿责任。这也就为责任转质和承诺转质提供了适用空间。质权人未经出质人同意,擅自使用、出租、处分质押财产,并从中获得收益的,该部分收益扣除支出后,成为质权人赔偿出质人的数额基准,出质人可以请求法院减少或者免除其应当承担的债务数额,收益部分大于该债务数额的,质权人还负有返还不当得利的义务。

五、妥善保管质物的义务

妥善保管质押财产,不得任意毁损或不作为使质押财产受到损害,是质权人的义务。质权人应当以善良管理人的注意义务保管质押财产。所谓善良管理人的注意义务,即质权人应以具有相当经验或知识及诚实信用人所用的注意,承担比处理自身事务尽更多注意的义务。质权人违反善良管理义务,致使质押财产遭受毁损或者灭失的,应当承担相应的赔偿责任。

质权人未尽善意保管义务而存在使质押财产遭受毁损、灭失的可能时,出质人应有的权利。由

于毁损、灭失仅是可能情形并未实际发生,出质人并不能向质权人提出损害赔偿请求,仅能基于其对质押财产所有权的享有,而采取相应的补救措施。出质人可采取以下补救措施:(1)提存质押财产。《民法典》第432条所指的提存是出质人要求质权人将质押财产交付提存机关,目的在于维护质押财产交易价值的稳定,并有利于出质人利益。在债务履行期届满,债务人已履行债务的,出质人可从提存机关取回质押财产;债务人未履行债务的,质权人仍可行使动产质权,以质押财产优先受偿。质押财产的提存是因质权人未能尽到妥善保管义务而造成的,相应的提存费用应由质权人承担。(2)返还质押财产。由于质押财产提存需要经过一系列程序,所涉成本较高、所耗时间较长,因此,债务人可以选择提前清偿债务。债务人清偿债务后,出质人可要求质权人返还质押财产。

六、禁止责任转质

《物权法》第217条规定,质权人在质权存续期间,未经出质人同意转质,造成质押财产毁损、灭失的,应当向出质人承担赔偿责任。《民法典》第434条基本沿用了《物权法》的规定,只是在表述上,删去了"向出质人"的表述。其规定:"质权人在质权存续期间,未经出质人同意转质,造成质押财产毁损、灭失的,应当承担赔偿责任。"按照该条规定,质权人是否有权转质呢?

转质,是指质权人于质权存续期间,为担保另外债权的实现,将质物移转占有于该债权人而设定新质权的行为。质权人得以质物转质的权利,即为转质权。因转质而取得质权的人,称之为转质权人。根据是否经出质人同意,质物的转质可以分为承诺转质和责任转质。

承诺转质,是指质权人经出质人同意,为担保自己的债务,而将质物移转占有于第三人,就质物再设定新质权的行为。出质人在质权设定时,作出转质承诺,即产生法律效力,出质人不得随意撤销或撤回承诺。承诺转质的后果直接指向出质人。出质人不仅要承担出质的风险,而且要承受转质带来的风险,并受到转质权的拘束。出质人向质权人清偿债务时,原质权虽然消灭,转质权的质权并不消灭,出质人不能收回质物;如果出质人想要取回质物,只能以第三人的地位向转质权人清偿质权人的债务。

责任转质则,是指质权人未经出质人同意而将质物转质。《民法典》第434条规定:"质权人在质权存续期间,未经出质人同意转质,造成质押财产毁损、灭失的,应当承担赔偿责任。"责任转质主要涉及出质人、质权人和转质权人三方当事人。对于出质人而言,在责任转质情形下,出质人清偿债务时候,应当先向转质权人清偿,若有剩余再向质权人清偿。对质权人也即转质人而言,因为责任转质是未征得出质人同意进行的,自然应当加重质权人的责任。因此,质权人即转质人不仅应当就质物因其故意或过失产生的损失承担赔偿责任,而且就质物因不可抗力所导致的损失也应承担赔偿责任。对转质权人而言,转质权人对质物取得新质权,可以依法行使质权中留置的权能和优先受偿权。原出质人要想清偿债务并取回质物,便应当先向转质权人清偿;倘若清偿转质权所担保的债务有剩余的,则应再向质权人清偿。[①] 转质权人不仅具有一般质权人的权利,也负有一般质权人的义务;而且,转质权人具有优先于质权人的优先受偿权。值得注意的是,转质权人行使优先受偿权的条件,不仅是自己的债权清偿期已届满,而且还必须是原质权所担保的债权清偿期也已届满。

---

① 最高人民法院物权法研究小组编著:《〈中华人民共和国物权法〉条文理解与适用》,人民法院出版社2007年版,第641页。

七、返还质押财产的义务

在质权存续期间,质权人依法占有质押财产。但是,债务人履行债务或者出质人提前清偿所担保的债权时,由于被担保的主债权消灭,质权随之消灭,导致质权人继续占有质押财产的基础丧失,质权人应当将质物返还出质人。正如《民法典》第 436 条第 1 款规定:"债务人履行债务或者出质人提前清偿所担保的债权的,质权人应当返还质押财产。"

专题三　动产质权的实现

一、动产质权实现的条件和方式

债务人不履行到期债务或者发生当事人约定的实现质权的情形,质权人可以与出质人协议以质押财产折价,也可以就拍卖、变卖质押财产所得的价款优先受偿。质权的实现,是体现质权担保功能的最基本方式,它在本质上属于质权人的权利,而不是义务,因此当质权人要求债务人清偿债务时,债务人不能以质权人应当先行使质权作为抗辩,也不能强行以质押物清偿债务。《民法典》第 436 条规定,"债务人履行债务或者出质人提前清偿所担保的债权的,质权人应当返还质押财产。债务人不履行到期债务或者发生当事人约定的实现质权的情形,质权人可以与出质人协议以质押财产折价,也可以就拍卖、变卖质押财产所得的价款优先受偿。质押财产折价或者变卖的,应当参照市场价格"。据此,质权的实现一般应当具备以下四个条件:其一,质权合法有效存在。如果质权无效,质权的实现自然无从谈起。在此需要注意,基于质权的从属性,主债权无效,则质权无效,当然无法实现。其二,质权所担保的债权已届清偿期。但依照本条规定,发生当事人约定的实现质权的情形时,即使债务并未届期,质权人也可以实现质权。其三,债务人没有清偿债务,既包括没有清偿全部债务,也包括尚有部分债务没有清偿,因为依据担保物权的不可分原则,债务人虽然只有部分债务未履行,质权人仍然可以对全部质押物主张实现质权。其四,对债务未清偿,非因债权人方面的原因而造成。

质权实现的方式主要有以下几种情形:一是折价方式,即质权人与出质人按照质押财产情况,参照市场价格,协议将质押财产的所有权由出质人转移给质权人。二是拍卖方式,即以公开竞价方式把质押财产卖给出价最高的人。三是变卖方式,即以拍卖以外的一般买卖形式来出卖质押财产以实现债权。因质权人实际占有质押财产,在实现质权时处于有利、便利地位,为更好地平衡出质人和质权人之间的利益,给予出质人替代债务人履行债务的机会,质权人在拍卖、变卖质押财产前应当通知出质人。

质押财产折价或者拍卖、变卖的价款低于质权设定时的约定价值时,应当按照质押财产实现的价值进行清偿,不足部分由债务人清偿。质押财产折价或者拍卖、变卖的价款,当事人没有约定的,先清偿实现质权的费用,然后清偿主债权的利息,最后是清偿主债权。

司法实践中,还要注意《民法典》第 436 条的规定与《民事诉讼法》所规定的担保物权程序之间的衔接问题。依据《民诉法司法解释》第 361 条的规定,"民事诉讼法第一百九十六条规定的担保物权人,包括抵押权人、质权人、留置权人;其他有权请求实现担保物权的人,包括抵押人、出质人、财产被留置的债务人或者所有权人等"。在申请实现担保物权的主体中,包括质权人和出质人。但在物的担保人与主债务人非为同一人时,是否应将主债务人列为被申请人或追加为第三人?本书认为,为避免不同利害关系人之间的权利冲突,应当允许将相关利害关系人作为实现担保物权案件中的被申请人。在此还要注意的是,作为非诉程序的一种,担保物权实现程序本身就是为了便捷实现担保物权而设置的程序,在此类案件中,人民法院原则上只对有关案件事实作形式审查,如果当事人就有关债权债务关系有实体性争议,则应通过相应民事诉讼程序予以解决。

二、质押财产价款分配与剩余债务清偿

质押担保目的在于确保债权的清偿,受质权担保的债权不能如期受清偿时,质权人可以通过行使质权而优先清偿。出质人是第三人的,在质押财产折价、拍卖、变卖后,超出所担保债权部分应当返还第三人。出质人是债务人本人的,质押财产变价超出债权金额部分,应当返还债务人本人。值得注意的是,质权设定后,由于市场波动等不可预测因素的影响,质押财产的价值会处于变动中。对质押财产价值计算的时间应为质权实现时质押财产的价值,而非质权设定时。当质押财产价值与质权设定时不一致时,应在债务清偿时对质押财产重新评估,按照质权实现时的价值进行清偿。

出质人对质权人仅承担物的担保责任,因此,在出质人是第三人的情形下,仅仅以质押财产折价、拍卖、变卖的价款清偿债务,不足部分出质人不再承担责任,由债务人清偿。

三、出质人行使质权请求权

债务人履行期届满,质权人在质押财产所担保的债权未全部受清偿前,可以持续占有留置质押财产。质权人可以与出质人协议以质押财产折价,也可以依法拍卖、变卖质押财产。为实现出质人与质权人利益的均衡,促进双方利益最大化,作为与出质人上述权利相对应的权利,出质人在债务到期后有权请求质权人行使质权。此外,考虑到质权人若不愿行使质权或怠于行使质权,将使质权人以及与质押财产有利害关系的其他的利益处于一种不稳定状况,为维护出质人及其他利害关系人的合法权益,也应赋予出质人请求行使质权的权利。《民法典》第 437 条第 1 款规定,"出质人可以请求质权人在债务履行期限届满后及时行使质权;质权人不行使的,出质人可以请求人民法院拍卖、变卖质押财产"。因此,出质人可以在债务到期后请求质权人行使质权;若质权人不行使质权,考虑到质押财产为质权人所占有,出质人直接处置质押财产存在现实困难,就有权请求人民法院依法拍卖、变卖质押财产。

债务人不履行到期债务的,质权人可以通过与出质人协议以质押财产折价,也可以通过拍卖、变卖质押财产获取价款进行优先受偿,也即质权实现的方式包括折价、拍卖、变卖三种方式。与此相对应,出质人请求质权人行使质权时,同样可以与质权人协商以质押财产折价来实现质权,也可

以通过拍卖、变卖质押财产来实现质权。

质权实现方式的合理性、实现时间的及时性，直接关系到出质人和其他利害关系人的利益。因此，质权人应本着善良、勤勉的注意义务行使质权。质权人怠于行使质权导致质押财产价值下降或者受到其他损害的，质权人应当承担相应的赔偿责任。但是，由于"怠于行使权利"这一要件的主观性较强，在实践中难以统一标准，因此该条规定了"出质人请求质权人及时实现质权"这一前提，换言之，界定质权人存在"怠于行使权利"的前提必须是出质人已经请求质权人行使权利。

专题四　权利质权的设立

一、权利质权概述

权利质权，是指以所有权、用益物权以外的其他具有可让与性的财产权利为标的设立的质权形态。我国长期以来在立法上对于质押和抵押都未作区分。直至 1995 年颁布的《担保法》正式区分了抵押和质押，并将质权明确区分为动产质权和权利质权。继该法之后，我国又陆续颁布了一系列有关权利质权的法律法规和司法解释，如最高人民法院于 2000 年发布的《担保法司法解释》等。《物权法》在此基础上比较全面地规定了权利质权制度。此次《民法典》制定过程中关于权利质权客体讨论较多，在《民法典(草案)》征求意见的过程中，这条改动非常频繁，但最终《民法典》第 440 条基本沿用了《物权法》第 223 条的规定，只是将原来第 6 项规定的"应收账款"之前增加"现有的以及将有的"，扩大了应收账款质押的范围。

二、权利质权客体的种类及概念

(一)汇票

依据《票据法》第 19 条的规定，汇票是指出票人签发的，委托付款人在见票时或者在指定日期无条件支付确定的金额给收款人或者持票人的票据。汇票分为银行汇票和商业汇票。所谓银行汇票，依据中国人民银行《支付结算办法》(银发〔1997〕393 号)第 53 条的规定，是指出票银行签发的，由其在见票时按照实际结算金额无条件支付给收款人或者持票人的票据。所谓商业汇票，依据《支付结算办法》第 72 条、第 73 条的规定，是指出票人签发的，委托付款人在指定日期无条件支付确定的金额给收款人或者持票人的票据。商业汇票分为商业承兑汇票和银行承兑汇票。商业承兑汇票由银行以外的付款人承兑，银行承兑汇票由银行承兑。

(二)支票

依据《票据法》第 81 条的规定，支票是出票人签发的，委托办理支票存款业务的银行或者其他金融机构在见票时无条件支付确定的金额给收款人或者持票人的票据。依据《支付结算办法》第 115 条的规定，支票可以分为现金支票、转账支票和普通支票。支票上印有"现金"字样的为现金支票，现金支票只能用于支取现金。支票上印有“转账”字样的为转账支票，转账支票只能用于转账。支票上未印有“现金”或“转账”字样的为普通支票，普通支票可以用于支取现金，也可以用于转账。

（三）本票

依据《票据法》第73条的规定，本票是出票人签发的，承诺自己在见票时无条件支付确定的金额给收款人或者持票人的票据。我国《票据法》所称的本票，仅指银行本票。根据《支付结算办法》第100条和《票据管理实施办法》第7条的规定可知，银行本票的出票人，需为经中国人民银行当地分支行批准办理银行本票业务的银行机构，一般的企业、事业单位不能签发本票。

（四）债券

债券，是指依照法定程序发行的，约定在一定期限还本付息的有价证券。债券是表明债权债务关系存在的凭证。在我国，依据发行主体的不同，债券主要分为政府债券、金融债券、企业债券、公司债券等几种。此外，我国还有央行票据、短期融资券、中期票据、中小企业集合票据、资产支持证券、国际债券等其他种类债券。

（五）存款单

存款单又称“存单”。关于存单的法律性质，我国相关的法律法规上也没有明确的规定。按照通常的理解，存款单是指由银行、储蓄机构发给存款人证明其债权的凭证。存款单分为定期存款单、存本取息存款单、定活两便存款单等。按照对权利人的记载方式，存单又可分为记名和无记名两种。在实务中，可以进行质押的存单主要包括大额存单、同业存单、单位定期存单及个人定期存单。

（六）仓单

仓单是仓库营业人应寄托人的请求所填发的一种有价证券。实务中依据是否具有可转让性，可将仓单分为两类：一是普通仓单，即保管人向存货人出具的不可转让的存储仓储物的凭证；二是可转让仓单，即因仓储物的物权归属发生变化，经仓单持有人背书和货物保管人确认后可依法转让的仓单。

（七）提单

提单，依据《海商法》第71条之规定，是指用以证明海上货物运输合同和货物已经由承运人接收或者装船，以及承运人保证据以交付货物的单证。按照这一规定，提单既是证明运输合同成立的证据，也是承运人保证交付货物的单证。依据最高人民法院《关于审理无正本提单交付货物案件适用法律若干问题的规定》第3条第1款规定可知，提单具有所有权凭证和债权凭证的双重属性。

（八）基金份额

基金份额，是指向投资者公开发行的，表示持有人按其所持有份额对基金财产享有收益分配权、清算后剩余财产取得权和其他相关权利，并承担义务的凭证。这里所称基金，仅指《证券投资基金法》调整的证券投资资金，即通过公开发售基金份额募集证券投资基金，由基金管理人管理，基金托管人托管，为基金份额持有人的利益，以资产组合方式进行证券投资活动的信托契约型基金，包括投资于不同对象的信托契约型基金、采用不同运作方式的信托契约型基金和选择不同投资收益与风险的信托契约型基金等，但不包括私募基金和公司型基金。

（九）股权

股权是股东权的简称，在我国主要有公司股权和其他企业股权两种。公司股权主要分为有限责任公司股权、股份有限公司股权、一人有限责任公司股权及国有独资公司股权这几种。其他企业股权主要包括外商投资企业的股权与合伙企业的股权。但非营利性或者公益性的社会组织与团体的股份，不属于《民法典》规定的可以出质的股权，应当排除在权利质押范围之外。

（十）注册商标专用权

根据《商标法》的规定，商标专用权，是指注册商标所有人依法对注册商标享有的独占使用权。商标权是一种纯粹的财产权利，不包含人身权利在内，因此，注册商标转让权和注册商标使用许可权这两项权利可以作为权利质权的标的进行出质。

（十一）专利权

专利权，是指国家专利主管机关依法授予专利申请人或其继受人在一定期限内实施其发明创造的独占性权利。根据《专利法》的规定，专利权包括发明专利权、实用新型专利权与外观设计专利权。专利权含有人身权和财产权两部分内容，财产权包括专利许可权、专利转让权等，专利权中的财产权可以出质。

（十二）著作权

著作权又称版权，是指基于文学、艺术和科学作品的创作者对其创作完成的作品依法享有的权利。著作权含有人身权和财产权两部分。依据《著作权法》的规定，发表权、署名权、修改权、保护作品完整权属于人身权，复制权、发行权、出租权、展览权、表演权、放映权、广播权、信息网络传播权、摄制权、改编权、翻译权、汇编权等属于财产权。著作权人可以将财产权出质。

（十三）应收账款

应收账款本是一个会计学上的术语，依据《应收账款质押登记办法》（中国人民银行令〔2019〕第4号）的规定，应收账款是指权利人因提供一定的货物、服务或设施而获得的要求义务人付款的权利以及依法享有的其他付款请求权，包括现有的和未来的金钱债权，但不包括因票据或其他有价证券而产生的付款请求权，以及法律、行政法规禁止转让的付款请求权。应收账款包括以下几类：（1）销售、出租产生的债权，包括销售货物，供应水、电、气、暖，知识产权的许可使用，出租动产或不动产等；（2）提供医疗、教育、旅游等服务或劳务产生的债权；（3）能源、交通运输、水利、环境保护、市政工程等基础设施和公用事业项目收益权；（4）提供贷款或其他信用活动产生的债权；（5）其他以合同为基础的具有金钱给付内容的债权。

（十四）其他

此为兜底性条款。关于权利质权的客体，实践中还应注意以下几个问题。一是应收账款质押与附追索权的应收账款转让不同。所谓附追索权的应收账款转让，是指我国银行在开展应收账款转让业务中，为降低风险，要求应收账款出让人必须对第三债务人的清偿能力作出保证，一旦第三债务人清偿不能，银行仍有权向出让人追索。附追索权的应收账款转让是一种非典型担保，其通过转让应收账款的方式实现债权担保的目的，在法律构成上更接近让与担保。对于这种非典型担保，应认可其合同效力，但不应承认担保物权变动的效力。二是并非所有的公路收费权都能设立权利质权。法律、行政法规规定不得转让的权利不得设立权利质权。如《收费公路管理条例》第 22 条规定:"有下列情形之一的,收费公路权益中的收费权不得转让:(一)长度小于 1000 米的二车道独立桥梁和隧道;(二)二级公路;(三)收费时间已超过批准收费期限 2/3",故上述不得转让的公路收费权不得设定权利质权。三是提单的属性。提单具有债权凭证和所有权凭证的双重属性,提单持有人是否因受领提单的交付而取得物权以及取得何种类型的物权,取决于合同的约定。开证行根据其与开证申请人之间的合同约定持有提单,结合当事人的真实意思表示以及信用证交易的特点,应认定开证行对信用证项下单据中的提单以及提单项下的货物享有质权,开证行行使提单质权的方式与行使提单项下动产质权的方式相同,即对提单项下货物折价、变卖、拍卖后所得价款享有优先受偿权。①

三、权利质权设立的条件

权利质权的设立要满足两个条件:一是当事人订立书面质权合同。在我国,权利质权只能是意定质权,且只能依据当事人之间订立的质权合同而设立。书面合同也有利于防止当事人轻率地设定权利质权导致纠纷频发,也为纠纷的解决提供证据。质押合同一般应该包括以下内容:(1)被担保的主债权种类、数额;(2)债务人履行债务的期限;(3)出质权利的情况;(4)出质担保的范围;(5)当事人认为需要约定的其他事项。书面形式是否是质押合同的生效要件,存在一定的争议。笔者认为,质押合同作为合同的一种,当然要尊重当事人之间的约定,并要求必须具备上述全部的事项,质押合同不完全具备上列规定内容的,可以补正,这不会影响质押合同的效力。二是交付权利凭证或办理质押登记。为确保质权人能够有效控制被质押的权利,同时公示权利上设立了质权这一状态,《民法典》物权编对权利质权的设立分别采取了交付要件主义与登记要件主义,也即存在权利凭证的权利,权利质权自权利凭证交付质权人时设立;没有权利凭证的权利,质权在相关机构办理出质登记时设立。

相较于《物权法》,《民法典》物权编在第 441 条至第 445 条的改动主要有两方面:一是删除"当事人应当订立书面合同"的规定。之所以如此,并非权利质权设立无须订立书面质权合同,而是因为《民法典》第 446 条规定,权利质权除适用第十八章第二节规定外,适用第十八章第一节即动产质权的有关规定。动产质权中已经明确规定设立质权,当事人应当采用书面形式订立质押合同,故权利质权这几个条款对此无须再重复。二是删除具体登记机构的规定。之所以如此规定,主要原因是目前动产抵押和权利质押的登记机构较为分散,不能完全适应现代市场经济发展的需要。建立统一的动产抵押和权利质押登记制度,有助于进一步发挥其融资担保功能。考虑到统一登记的具体规则宜由国务院规定,草案删除了有关动产抵押和权利质押具体登记机构的内容,为建立统一的动产抵押和权利质押登记制度留下空间。②

---

① 参见中国建设银行股份有限公司广州荔湾支行与广东蓝粤能源发展有限公司等信用证开证纠纷案,载《最高人民法院公报》2016 年第 5 期。

② 全国人大常委会法制工作委员会民法室:《新时代应运而生的民法典各分编草案》,载中国人大网:http://www.npc.gov.cn/npc/c183/201808/46f0799a684d46118eac8e1a37f5dea9.shtml,最后访问日期:2020 年 10 月 2 日。

四、主要权利质权的登记机关

《民法典》正式施行时,如果统一登记的具体规则还未能出台,则这段时间内的包括有价证券在内的权利质权的登记问题如何解决,将是实务中一大困惑。目前我国主要权利质权的登记机构情况如表1所示:

表1　我国主要权利质权登记机构

序号	权利种类	登记机关	现行法律依据
1	上市交易的基金份额和股权(股份有限公司)	中国证券登记结算有限责任公司	《物权法》第226条
2	非上市的股权(有限责任公司和股份有限公司)	工商行政管理机关	《物权法》第226条
3	上市交易的企业债券	中国证券登记结算有限责任公司	《物权法》第224条
4	记账式国债(政策性金融债、中央银行债、记账式企业债)	中国国债登记结算有限责任公司	《物权法》第224条
5	应收账款	中国人民银行征信中心(线上办理)	《物权法》第228条、《应收账款质押登记办法》第2条
6	注册商标专用权	国家工商行政管理局商标局	《物权法》第227条、《商标专用权质押登记程序》第2条
7	专利权	国家知识产权局	《物权法》第227条、《专利权质押登记办法》第2条
8	著作权	中国版权保护中心	《物权法》第227条、《著作权质押合同登记办法》第4条

五、正确处理《民法典》与《票据法》关于票据质押规定的关系

《民法典》第441条规定:"以汇票、本票、支票、债券、存款单、仓单、提单出质的,质权自权利凭证交付质权人时设立;没有权利凭证的,质权自办理出质登记时设立。法律另有规定的,依照其规定。"依据该条规定及相关规定,以汇票、本票、支票出质的,出质人和质权人应当以书面形式订立质押合同,出质人应当在合同约定的期限内将权利凭证交付质权人。质押合同自权利凭证交付之日起生效。《民法典》出台后,《票据法》等单行民事法律法律和相关司法解释,不得与作为上位法的《民法典》规定矛盾和冲突,否则不生法律效力。但是在与《民法典》不相矛盾和冲突的情况下,作为下位法或者特别法的单行民事法律可以作出具体的规定,在这个意义上,特别法应当优于一般

法。今后在具体法律适用中,特别是面对众多单行民事法律和司法解释,且立法机关和最高人民法院还来不及进行清理的情况下,应当坚持这一司法原则。

六、股权质权的设立

《民法典》对于股权质权设立及生效的规定相对比较宏观,但实务中,有着非常广泛应用前景的股权质押因所涉法律规定众多,其设立及生效并不简单,实务操作中应当注意:

第一,仅有交付股权证的行为,不足以证明双方当事人之间形成了股权质押关系。债务人将股权权证交与债权人,债权人出具收据证明收到上述股权证的行为,尚不足以证明双方之间形成了质押法律关系。在现有证据不足以证明债权人与担保人之间存在质押关系时,担保人未提出反诉的,其关于债权人应当赔偿其股权证贬值损失和以此冲抵债务并退赔剩余部分的抗辩,法院不予支持。①

第二,以发起人持有的本公司股份出质,约定股权转让非限制期质权方可实现的,依法应认定该质押有效。《担保法司法解释》第103条规定:以股份有限公司的股份出质的,适用《公司法》有关股份转让的规定。《公司法》第141条规定"发起人持有的本公司股份,自公司成立之日起一年内不得转让。公司公开发行股份前已发行的股份,自公司股票在证券交易所上市交易之日起一年内不得转让。"当事人将所持有股份设定质押担保,但将质权实现的时间约定在公司成立满一年以后的股权转让非限制期,在该期限到来时质权人才可以主张实现质权。该约定不违反上述规定,依法应认定有效。②

第三,股份质权的效力及于股份的孳息,该孳息的质押无须另行特别约定和登记。我国担保制度中的质权属于收益质权,质权的效力及于质物的孳息。股份质权的效力及于股份的孳息,意味着设立质押包括进行质押登记时无须特别就股份的孳息另行约定和登记。股份的质押一经生效,由其所产生的孳息包括送、增股份当然具有同样的质押效果。法院在执行中当然也无权将已设质的股份所产生的送股、转增股另行执行给质权人之外的任何人,否则将构成对质权的侵害。③

第四,公司发起人、董事、监事、高级管理人员等所持本公司股权,在不违反《公司法》规定的股权转让条件的情况下,可以出质。股权出质必须符合《公司法》规定的股权转让条件,限制转让的股权,在限制期间和限制条件下既不得转让,也不得出质。《公司法》第141条对发起人、董事、监事、高级管理人员等转让所持本公司股权作了限制性规定。由于在质押期限内并不必然发生股权变动的问题,只要股权质押的期限在限制股权转让的期限以外或者发起人设定的法定期限届满后实现即可,发起人的股权也可以进行质押。同理,董事、监事、高级管理人员等所持股权出质,符合《公司

---

① 参见海南发展银行与海南泛华高速公路股份有限公司、海南泛华实业有限公司借款合同纠纷案[最高人民法院(2009)民提字第99号],载最高人民法院民事审判第二庭编:《最高人民法院商事审判裁判规范与案例指导》(第2卷),法律出版社2011年版,第117页。

② 参见平江县国有资产管理局与湖南泰和集团股份有限公司股权转让纠纷案[最高人民法院(2002)民二终字第180号],载最高人民法院民事审判第二庭编:《民商审判指导与参考》2003年第1卷(总第3卷),人民法院出版社2003年版。

③ 中国银行海南省分行与国泰证券有限公司海口营业部、海南赛格国际信托投资公司、海南赛格燃气有限公司执行异议案[最高人民法院(2000)执监字第126号],参见刘涛:《海南省高级人民法院执行中国银行海南省分行质押股权执行异议案》,载《执行工作指导》2004年第2辑(总第10辑)。

法》规定的时限及数额限制，亦应认定有效。

第五，以国有股质押的，必须经国有资产管理部门审批。国有股是归国家拥有和归国有企业拥有的股份的统称。根据财政部《关于上市公司国有股质押有关问题的通知》(财企〔2001〕651号)的规定，政府对国有股质押的内部程序和外部备案审批程序都比较严格，虽然国有股理论上是具有财产性和可转让性，但其出质时是受到严格限制的，不能随意质押。

第六，有限责任公司的股权出质，应当受《公司法》关于股份转让规定的限制。这种限制主要表现为两个方面：一是有限责任公司的股东或投资者不得将其拥有的股权质押给本公司。《公司法》第142条第1款规定，公司不得收购本公司股份。但是为减少公司注册资本、与持有本公司股份的其他公司合并、将股份奖励给本公司职工，以及股东因对股东大会作出的公司合并、分立决议持异议，要求公司收购其股份等情形除外。该条第5款规定，"公司不得接受本公司的股票作为质押权的标的"。二是有限责任公司股东以其出资向其他股东质押的，应当允许，不受限制，但有限责任公司的股东以其出资向该公司股东以外的债权人设质时，必须经全体股东过半数同意。

第七，有限责任公司的瑕疵股权可以出质。所谓瑕疵股权是指因股东出资不足、虚假出资、抽逃出资以及外资企业中未缴付出资所形成的股权。瑕疵股权可分为完全未出资的瑕疵股权和出资不适当的瑕疵股权两种情形。根据《公司法》的规定，违反出资义务的公司股东所承担的责任仅仅是对其他已足额出资的股东承担违约责任，并不因此而否定其股东资格。同时，股权并非仅仅代表出资，只要作为出质人的股东履行了公司章程所规定的义务，取得合法股权，其所拥有的股权就可以出质，而不论其出资是否已经到位。因为，如果出质人没有履行缴纳出资的义务，而将名下的股权进行出质，最后导致质权人实现债权不能时，行使优先受偿权而受到损失的，质权人可以依照《公司法》的规定，向公司的其他股东甚至全体股东追究因没有出资到位而将股权出质的责任。

第八，合伙企业合伙人的出资经合伙人一致同意可以进行质押。合伙人的出资具有财产性和可转让性，符合权利可以质押的要件，当然可以成为质押的标的，在合伙人一致同意条件下的合伙企业财产份额可以进行质押。合伙人对合伙的财产份额形成的权利不是单纯的自然人所有权，而是对合伙企业的财产份额权，可看成是股权质押的情形之一。

七、未完成作品著作权质权的设立

未完成作品著作权能否质押，是一个相对前沿的问题，对此，各国的法律规定不一，我国法律也没有明确的规定。但是在实践中，类似的需求却日益旺盛，尤其是在影视制作领域，因为拍摄电影电视剧的投资需求较大、制作周期较长，以该作品的未来著作权作为质权标的逐渐成为制片方的重要选项，业内也勇敢地进行了一些尝试。实践中，著作权设定质权一般存在以下三种可以操作的模式：一是直接将著作权质押给银行获得融资；二是将著作权质押给担保公司获得融资；三是在向银行借贷的过程中，由担保公司提供担保，同时，融资方将自己的著作权质押给担保公司作为反担保。在对未来作品这种著作权不确定、风险较大的融资行为，一般实务中采取第三种方式，同时引入保险机构对此进行投保，使用多重措施控制风险。2008年，某大型传媒公司计划拍摄多部电视剧，为获得有效融资，就利用了这些未完成的影视剧著作权向某银行贷款，而某银行则采取了先对计划拍摄的作品进行整体质押启动贷款，然后拍摄完一部质押一部的方案，从而逐步扩大信贷规模。

专题五　权利质权的实现

《民法典》第442条规定:“汇票、本票、支票、债券、存款单、仓单、提单的兑现日期或者提货日期先于主债权到期的,质权人可以兑现或者提货,并与出质人协议将兑现的价款或者提取的货物提前清偿债务或者提存。”这一规定沿用了《物权法》第225条的规定。其中,兑现日期,是指汇票、支票、本票、债券、存款单上所记载的权利得以实现的日期;提货日期,是指仓单、提单上记载的交付物品的日期。载明兑现日期或者提货日期的汇票、支票、本票、债券、存款单、仓单、提单的兑现日期或者提货日期届至时,原则上必须兑现或者提货,以免除次债务人的债务。如果不按时兑现或者提货,有可能给债务人自身带来损失,最终影响其所担保的主债权的实现。此外,仓单提货日期届至不按时提货的,须加付仓储费。因此,该条规定,汇票、支票、本票、债券、存款单、仓单、提单的兑现日期或者提货日期先于主债权到期的,质权人可以不经过出质人同意,有权将汇票、支票、本票、债券或者存款单上所载款项兑现,有权将仓单或者提单上所载货物提货。但质权人兑现款项或者提取货物后不能据为己有,其必须通知出质人,并与出质人协商,用兑现的价款或提取的货物提前清偿债权,或者将兑现的价款或提取的货物提存。提前清偿债权的,质权消灭;提存的,质权继续存在于提存的价款或者货物上。①

在此还需要注意的是:票据承兑日期晚于债务履行期时如何处理的问题。这种情况下如果允许质权人兑现或者提货,就等于要求次债务人提前履行债务,这无疑加重了该次债务人的责任,对其有失公平。而且该次债务人的债务是对出质人的,与质权人无关,只是由于权利质权的设定才与质权人发生了法律上的关系。对此,质权人应当于有价证券到期日实现兑现或者提取货物而受偿,或者在被担保债权届期未获清偿时,于证券上权利行使之日期之前,将证券转让,以所得价款受偿。②

专题六　应收账款质押

一、应收账款质押的一般规定

《物权法》第228条规定:“以应收账款出质的,当事人应当订立书面合同。质权自信贷征信机

---

① 全国人民代表大会常务委员会法制工作委员会编:《中华人民共和国物权法释义》,法律出版社2007年版,第484~485页。

② 最高人民法院物权法研究小组编著:《〈中华人民共和国物权法〉条文理解与适用》,人民法院出版社2007年版,第662~663页。

构办理出质登记时设立。应收账款出质后,不得转让,但经出质人与质权人协商同意的除外。出质人转让应收账款所得的价款,应当向质权人提前清偿债务或者提存。"《民法典》基本沿用了这一规定,其第445条规定:"以应收账款出质的,质权自办理出质登记时设立。应收账款出质后,不得转让,但是出质人与质权人协商同意的除外。出质人转让应收账款所得的价款,应当向质权人提前清偿债务或者提存。"二者相较,《民法典》的修改内容有:一是删除订立书面合同的要求;二是删除具体登记部门的内容。

在现代应收账款融资实践中,一般将应收账款定义为"金钱债务形式的、不以流通票据为证的一种无形资产",包括"现有应收账""未挣得应收账款""未来应收账款"。应收账款实质上属于一般债权,包括尚未产生的将来的债权,但仅限于金钱债权。应注意的是,《物权法》将"公路、桥梁等收费权"纳入"应收账款"的概念中,在本条没有明确列出"公路、桥梁等收费权",仅规定了"应收账款"可以出质。[①] 此前,我国《担保法》没有明确规定应收账款可以质押,但在第75条规定了一个弹性条款"依法可以质押的其他权利"。在审判实践中,《担保法司法解释》第97条在总结实践经验的基础上,明确规定:"以公路桥梁、公路隧道或者公路渡口等不动产收益权出质的,按照担保法第七十五条第(四)项的规定处理。"学者们多将此称为不动产收益权质权。国务院《关于收费公路项目贷款担保问题的批复》也规定,公路建设项目法人可以用收费公路的收费权质押方式向国内银行申请抵押贷款,以省级人民政府批准的收费文件作为公路收费权的权力证书,地市级以上交通主管部门作为公路收费权质押的登记部门。质权人可以依法律和行政法规许可的方式取得公路收费权,并实现质权。《物权法》根据实际需要,明确规定了应收账款质押,这有利于解决中小企业融资难的问题。

我国《商业银行法》规定,商业银行贷款,须坚持担保贷款为主,信用贷款为例外的原则。这就使企业积极寻找各类型担保物以获得融资。目前在实践中,不动产抵押贷款和保证贷款占了银行贷款总额的70%,是较受银行偏爱的两种担保方式。可并非所有的企业都拥有价值巨大的不动产,尤其是一些中小企业,其厂房和办公场地均为租赁而来,无法用作担保,另寻找保证人也绝非易事。为解决中小企业融资难的问题,扩大担保物的范围尤其是允许应收账款质押不失为一种良策。据统计,多数中小型企业中60%以上的资产都是应收账款,这些企业包括服务型企业(如提供软件、餐饮和咨询服务)和凭往来信用销售产品的供应商等(如一些大企业周围的卫星企业,其为大企业赊销零配件等获得应收账款)。如果能将其利用起来进行融资,也就克服了企业经营中的一个重大障碍,对其发展会有无穷裨益。而且作为无形财产之一种,应收账款在实物形态上无法被企业利用,若将其向银行或者商业保理公司质押获得融资,相当于未来资金的提前变现和回笼,再投入企业的扩大再生产之中,能够充分践行"物尽其用"的价值。正因如此,《民法典》不仅延续《物权法》的做法,规定应收账款质押,还在第440条中将应收账款的范围作了扩充,包括现有的以及将有的应收账款。

① 全国人民代表大会常务委员会法制工作委员会编:《中华人民共和国物权法释义》,法律出版社2007年版,第481页。

二、应收账款质押的设立

应收账款质押的主要特点是涉及三方当事人，即债务人（出质人）、债权人（质权人，一般为银行或者商业保理公司）和应收账款的债务人（次债务人）。企业以应收账款为担保物向银行或者商业保理公司融资，在其不能偿还贷款或者相关融资时，银行或者商业保理公司可以直接向次债务人收取相应款项；本来次债务人要向债务人还款，现在因为应收账款作了担保物，转而向银行或者商业保理公司还款。

设立应收账款质押，要签订书面的质押合同，特别是此项质押比较复杂，容易发生纠纷，书面合同也能很好地起到证据的作用。应收账款质押既然属于担保物权，那么根据物权的公示原则，应收账款质权的设立也应该进行公示。应收账款出质的关键问题是如何使其对第三人产生效力，以妥善保护质权人、出质人和第三人的利益，明确其公示方法是解决这一问题的最佳途径。应收账款出质的公示方法一般有三种：一是书面合同的交付；二是书面合同加债权证书的交付；三是书面合同加登记。物权法采纳了第三种方法，主要是考虑到登记的公示效果最强，有利于第三人迅速、便捷、清楚地了解应收账款上存在的权利质权，更能保护质权人和其他第三人的利益。考虑到现在市场交易追求交易安全、便捷、迅速的特点，统一应收账款出质的登记机构势在必行。同时，这个登记机构必须具备一个现代的、集中化的和基于互联网的技术系统，能够做到信息准确、快速及时、查询便捷、操作简单、成本低廉和使用安全。我国已经建立了信贷征信系统，该系统是目前国内全国联网最大的电子化信息系统，覆盖面广，信息处理快捷，能够满足应收账款登记和查询的需要。基于上述原因，《物权法》规定了信贷征信机构为应收账款出质的登记机构。[①]《民法典》的规定虽然并未规定应收账款质押的登记机构，但在有关法律、行政法规没有新的规定时，原登记机构则继续负有进行应收账款质押登记的职责。当然，这一规定也是为下一步统一有关担保物权或者权利质权的登记机构预留空间。就目前而言，应收账款质押须经信贷征信机构办理出质登记，才能发生效力。

以应收账款出质的权利质权，必须办理出质登记才能发生物权效力。由于应收账款本身只是一项合同权利，以应收账款出质的权利质权一般应以用作质押登记的基础合同关系真实、合法、有效为前提，如果基础合同关系无效，应收账款质押登记的效力应当视情形认定。以往的实务中已有多份判决确认无效的案例，如上海市第一中级人民法院发布的（2014）沪一中民六（商）终字第301号判决中，法院以债权存在无证明、质权行使前提不存在为由，未支持质权人的优先受偿权；江苏省苏州市中级人民法院发布的（2014）苏中商初字第0042号判决中，因质权人提交的证据并不足以证明其主张行使的质权项下的应收账款真实存在，对质权人的优先受偿权不予支持。

三、应收账款质权设立后的法律适用问题

应收账款质权设立后，即发生相应的法律效力，由于其中所涉法律关系的复杂性，需要注意以下问题：

其一，对次债务人之外的第三人的效力。设立应收账款质押，要到信贷征信机构办理登记，否

① 全国人民代表大会常务委员会法制工作委员会编：《中华人民共和国物权法释义》，法律出版社2007年版，第490页。

则,该质权不能设立。登记的作用在于公示,即向第三人展示应收账款之上存在的权利状态,也可排除该质权的设立对第三人造成不测妨害。

其二,对应收账款的债务人即次债务人的效力。这要参照债权转让的规则,明确对债务人的通知义务。应收账款质权的实现,取决于次债务人(应收账款请求权人的债务人)的清偿,因而应当将设质的事实通知次债务人。若未通知,则不具有对抗该次债务人的效力,该次债务人仍然可以向应收账款请求权人清偿,无须对应收账款质权人负担任何责任。

四、应收账款的限制转让

《民法典》第445条规定,应收账款出质后,不得转让,但是经出质人与质权人协商同意的除外。出质人转让应收账款所得的价款,应当向质权人提前清偿债务或者提存。如果当事人违反本条规定转让了应收账款,并不会因此导致转让合同无效。主要理由为现行民法规范中的"不得"二字不是识别效力性强制性规定的标准,它有多种解释可能性,有的是指不发生物权变动的效果,有的是指转让合同、设立物权的合同不发生效力或者无效,具体要根据该条规定的各项分别判断。具体到第445条中,如果转让设立质押的应收账款债权无效,在强调债权的流通性及价值的背景下,不利于应收账款债权效益最大化的发挥,因为应收账款债权设定质押于应收账款债权转让具有不同的功能和特征,前者旨在为主债权担保,质权是否行使,取决于债务人是否履行债务,具有不确定性。在质权成立至行使质权这一段期间内,被担保的主债务人与应收账款债权人均有期限利益,这种期限利益有时对当事人利益巨大,涉及市场波动、商业交易等各种因素。同时,根据应收账款债权实现可能性的不同,应收账款债权具有不同的价值,在应收账款受让人认可该价值的前提下,限制该债权转让,将阻碍应收账款债权人变现其债权并进而损害其利益。另外,在应收账款债权受让人认可该债权价值大于其上设定的质权所担保的主债权并愿意受让该债权的场合,限制该债权流通,就更不具有合理性。同时,从是否有利于质权人利益的角度考虑,出质人转让应收账款所得的价款,应当向质权人提前清偿或者提存,如果认定合同无效,则意味着质押人已经取得的转让价款的返还,对于质权人而言,已经实现的债权(转让价款)与尚未实现的债权(应收账款债权)相比,显然前者对于质权人更为有利。从登记制度上看,在登记生效主义的物权变动模式下,应当尽量贯彻登记的公信力,不将应收账款债权转让合同归于无效,同时依照物权变动的规则确定质权的归属与效力,在逻辑上更加清晰。

第十九章　留置权

专题一　留置权的成立

一、留置权的成立要件

关于留置权,《物权法》第230条规定:"债务人不履行到期债务,债权人可以留置已经合法占有的债务人的动产,并有权就该动产优先受偿。前款规定的债权人为留置权人,占有的动产为留置财产。"《民法典》第十九章规定了留置权,并在第447条沿用了这一规定。

依照该条规定,留置权是指在一定的债权债务关系中,债权人依照一定的法律关系占有债务人的动产,于债务人未履行合同义务时,对其占有的债务人的动产予以留置并变价优先受偿的权利。可见,在我国,留置权不仅具有留置的效力,还具有优先受偿的效力,属于物权性留置权。其中,债权人为留置权人,被留置的动产为留置物,留置物一般限定为债务人本人的动产。

留置权的构成要件如下:

第一,债权人已合法占有债务人的动产。债权人事先合法占有债务人的财产是留置权成立的前提,而这种对债务人财产的占有必须是基于一定的法律关系(如保管、加工承揽等)的特定合同关系而发生。比如,某人基于合同的约定,将他人提供的木材加工成家具,他因而可以事先占有这些木材。当然,该债务人的财产应以动产为限。在我国留置物应当具有可让与性,因留置权具有强大的优先受偿效力,而优先受偿权的实现需要通过拍卖、变卖、折价的方式,这就要求留置物具有可转让性。

通常情况下,债权人占有的动产要以债务人自己所有为限,但是在债务人提供的动产并非为其所有时,如果债权人(如上述的加工承揽人)根本不知情,而且债权人的做法符合正常的同类交易规则,依据客观情况也不能判断债务人提供的动产并非其所有时或者对此进行详细调查的成本太大而不符合正常的交易规则时,在符合留置权成立的其他要求时,债权人也可以就该非债务人所有的动产主张留置权,此即为留置权的善意取得,《担保法解释》第108条对此有明确规定。

第二,债权的清偿期届满,债务人仍未履行债务。留置权的成立,只有在其担保的债权届期没有获得清偿的时候,债权人才可以留置其事先占有的债务人财产,并进而约定一定的清偿期(一般要2个月以上,即使没有约定,债权人也要给债务人2个月的准备期),如果债务人在这个期间内仍然没有履行债务,则债权人就可以对此财产变价优先受偿从而实现其债权。

第三,占有的动产与其债权的发生应属于同一法律关系。同一法律关系既包括物与债权属于同一法律关系之情形,又包括债权人对物的占有与债权属于同一法律关系之情形。对留置动产与债权关系的扩张适当放宽了留置权实施的要求，一定程度上有助于加强企业间交易安全的维护，促进工商业的繁荣。同时，债权发生并不一定基于合同关系，留置权的适用并不受债权范围的限制，可以基于合同之债，也可以基于不当得利、无因管理或者侵权之债。

留置权构成的消极要件（指阻碍留置权发生的情形或因素）如下：

第一，法律规定不得留置的情形出现。首先，法律直接明确规定不得留置的情形，如《海关法》第37条规定，“海关监管货物，未经海关许可，不得开拆、提取、交付、发运、调换、改装、抵押、质押、留置……”；其次，对于法律法规明文规定的禁止流通物不得留置，如毒品、赃物、武器、弹药等；最后，留置权人留置债务人财产不违反公共秩序、善良风俗。

第二，留置财产与对方交付财产前或交付财产时所为指示相抵触。留置权系法定担保物权，当事人不得随意设立，但既然留置权是债权人的权利，债权人可以依法享有留置权，也可以预先抛弃留置权。法律虽然不允许当事人任意设定留置权，但是，根据当事人意思自治原则，应当允许当事人约定排除留置权。当事人在合同中预先明确约定排除留置权的，债权人在留置权条件成立时也不能留置该物，只能采取其他措施来实现自己的债权，即使诉至人民法院，人民法院也不予支持。①

二、“牵连关系”的认定

债权人不可以因为他人所欠款项没有清偿而随意留置债务人的财产。法律上要求债权人可以留置的财产必须与这个债权有密切关系，即为“牵连关系”。《民法典》第448条规定：“债权人留置的动产，应当与债权属于同一法律关系，但是企业之间留置的除外。”留置的动产与债权属于同一法律关系，是指债权人占有动产是基于与其债权发生的同一法律关系。《担保法》第84条规定的保管合同、运输合同和加工承揽合同是最为典型能够产生此种留置动产的法律关系。保管合同中的保管费用之债权与保管人对保管物的占有即是基于保管合同关系产生的；运输合同中运费之债权与承运人对货物的占有都是基于运输合同产生的；加工承揽人对加工成果物的占有和其加工费之债权都是基于加工承揽合同关系产生的。所以，通常留置权的成立，留置动产与债权之间应当具备此种共同的法律关系。但现实生活中不排除在侵权之债、不当得利之债和无因管理之债关系中，也会具备此种条件。

《担保法司法解释》第109条规定：“债权人的债权已届清偿期，债权人对动产的占有与其债权的发生有牵连关系，债权人可以留置其所占有的动产。”由此降低了《担保法》所规定的留置权的牵连关系认定标准，牵连关系的构成已不限于债权和留置物来自同一特定合同关系。《民法典》强调“债权人留置的动产，应当与债权属于同一法律关系，但是企业之间留置的除外”。也就是说，第448条规定的牵连关系仅是要求留置物与其担保的债权来自同一个法律上的权利义务关系即可构成，而无须是特定的合同关系。

在此需要注意的是，债权人可以主张留置权的财产要与其为担保的债权来自同一个上述的法

① 参见山西阳煤中瑞能源有限公司、中钢国际货运山东有限责任公司日照分公司货运代理合同纠纷再审审查与审判监督民事裁定书［最高人民法院（2018）最高法民申670号］。

律关系。而对于商事营业发生的债权，本条规定了例外规则，即在债权人和债务人均为企业的情况下，债权人留置的动产，不必与债权属于同一法律关系。这种企业之间留置的情形，多称为商事留置权。需要注意的是，《民法典》第448条但书规定的债权人与债务人必须同为企业，否则不能适用这一放宽留置权的成立条件的规定。企业的范围应该以相关的法律规定为准，如股份有限公司、有限责任公司、全民所有制企业、乡镇企业、私营企业、合伙企业等。

三、留置物的范围

依据《民法典》第449条的规定，法律规定或者当事人约定不得留置的动产，不得留置。据此，留置权的成立不可以违反法律的禁止性规定，当事人的约定也可以排除留置权的适用。此外，留置财产与债权人所承担的义务或合同的特殊约定相抵触的情形下，也不能成立留置权。通常情况下，在债权人的债权还未届清偿期，他所负有的将其事先占有的债务人财产返还给债务人的期限已经届至，则债权人须将其占有的该债务人的财产返还给债务人，此时债权人就无从主张留置权。

这里说的“法律规定不得留置”中的“法律”应当作狭义理解，仅是指全国人民代表大会及其常务委员会制定的法律，不包括行政法规、地方法规和行政规章等广义上的“法律”。“法律规定不得留置”的情形包括：一是法律直接规定不得留置的情况，既包括现有法律中已经规定的不得留置的情形，如《海关法》第37条第1款规定：“海关监管货物，未经海关许可，不得开拆、提取、交付、发运、调换、改装、抵押、质押、留置、转让、更换标记、移作他用或者进行其他处置。”当然，该条规定也包括将来立法中规定的不得留置的情形。二是对于禁止流通物，不得留置。禁止流通物是依照法律规定，不允许在市场交易的物。例如，枪支弹药、毒品等，依照法律都不能作为留置物。

同时，留置权的成立也不得违反社会公序良俗。比如，承运人对其运输赈灾物资的运费不可以就此赈灾物资主张留置权；尸体的运送人不得以运费未付而对尸体予以留置。留置的物品足以影响人们日常的职业活动或正常的生活，也可以认为是对公序良俗的违反，如扣留他人的身份证、毕业证等。

此外，依据《民法典》第450条的规定，留置财产为可分物的，留置财产的价值应当相当于债务的金额。如果债权人行使留置权的范围明显超过了这一价值范围，留置动产是可分物时，债务人有权要求解除留置并返还。留置权人拒不解除留置的，则应当承担相应的违约责任或者侵权责任。

专题二　留置权的实现

一、留置权实现的基本条件

留置权的实现，是指留置权人的债权届期未受清偿时，于法定条件下得将留置物变价或取得其所有权，以优先受偿其债权的行为。《物权法》第236条规定：“留置权人与债务人应当约定留置财产后的债务履行期间;没有约定或者约定不明确的,留置权人应当给债务人两个月以上履行债务的期间,但鲜活易腐等不易保管的动产除外。债务人逾期未履行的,留置权人可以与债务人协议以留置财产折价,也可以就拍卖、变卖留置财产所得的价款优先受偿。留置财产折价或者变卖的,应当参照市场价格。"《民法典》第453条沿用了这一规定的内容,仅在表述上将"两个月"修改为"六十日"。规定60日以上的期限的原因在于:留置权是依法产生的担保物权,本已对债权人相对有利,为了平衡债权人与债务人之间的利益关系,因此在债权人处分留置物的问题上就应当采取较为慎重的态度,给债务人留有较为充分的偿还债务的期限。但是,该期限既不能过长也不能过短。由于社会生活的复杂性,《物权法》根据实际情况规定了"鲜活易腐等不易保管的动产除外",即鲜活易腐等不易保管的动产之上成立的留置权,在实现时不受经过60日以上的债务人偿还债权的宽限期的限制,而可直接变卖受偿或者提存。

《民法典》第453条的规定既体现了留置权作为先发生留置效力而后发生优先受偿效力的担保物权的特征,也明确了留置权实现的基本条件。即在留置财产后的约定或者法定债务履行期间届满后,债务人逾期未履行的,留置权人可以与债务人协议以留置财产折价,也可以就拍卖、变卖留置财产所得的价款优先受偿。依据《民法典》第455条的规定,留置财产折价或者拍卖、变卖后,其价款超过债权数额的部分归债务人所有,不足部分由债务人清偿。

关于留置权的紧急行使,是指在债务人丧失清偿能力而不能履行债务时,为保全债权人的利益,赋予债权人对其占有的债务人的动产在债权未届清偿期的情况下仍可以行使留置权。承认留置权紧急行使的原因在于公平理念的考虑,使债权人的债权切实受偿。留置权的紧急行使较类似于在破产宣告时未到期的债权视为已到期的规定。在破产程序之外,债务人已经丧失清偿能力的情形,若仅因为债权未届期而否认债权人可以对其占有的债务人的财产行使留置权,不仅有悖于留置权担保债权受偿的立法宗旨,而且使债权人承担债权不能受清偿的风险,显失公平。《担保法司法解释》第112条规定:"债权人的债权未届清偿期,其交付占有标的物的义务已届履行期的,不能行使留置权。但是,债权人能够证明债务人无支付能力的除外。"即以但书条款的形式,例外地承认了留置权的紧急行使。这一规定与《民法典》的上述规定并不冲突,可以继续适用。

二、债务人请求实现留置权的规定

《物权法》第237条规定:"债务人可以请求留置权人在债务履行期届满后行使留置权;留置权人不行使的,债务人可以请求人民法院拍卖、变卖留置财产。"《民法典》第454条沿用了这一规定。

这一规定的债务人在履行期间届满后可以请求留置权人行使留置权的内容,实际上是关于留置权的实现程序的规定,既是与《民事诉讼法》上的担保物权实现程序的有机衔接的内容,也明确规定了在留置权人不行使留置权的情况下,债务人可以直接起诉请求人民法院对留置财产进行拍卖或者变卖。

依据上述规定,债务人有权请求留置权人在债务履行期届满后行使留置权。留置权成立后,依照《民法典》第453条留置权人与债务人应当约定留置财产后的债务履行期间;没有约定或者约定不明确的,留置权人应当给债务人60日以上履行债务的期间,但鲜活易腐等不易保管的动产除外。债务人逾期未履行的,留置权人可以与债务人协议以留置财产折价,也可以就拍卖、变卖留置财产所得的价款优先受偿。留置权人在债务履行期届满后不积极行使留置权，一直占有留置物时，债务人有权启动担保物权实现程序，请求人民法院来拍卖、变卖留置财产。依据《民事诉讼法》第196条、第197条的规定，申请实现担保物权，由担保物权人以及其他有权请求实现担保物权的人依照《物权法》等法律，向担保财产所在地或者担保物权登记地基层人民法院提出。人民法院受理申请后，经审查，符合法律规定的，裁定拍卖、变卖担保财产，当事人依据该裁定可以向人民法院申请执行；不符合法律规定的，裁定驳回申请，当事人可以向人民法院提起诉讼。在适用上要做好这两条规定与本条的衔接。

三、司法实践中需要注意的问题

第一，留置权的行使不因留置过程中留置物所有权的变更而受到影响。债权人有权在合法占有的涉案全部货物中留置与债权数额价值相当的货物，留置权先行设立且为优先权利，在留置过程中，债权数额的浮动，以及留置物所有权的转移，并不影响该留置权的行使。①

第二，劳动合同之债不适用留置权。留置权是平等主体之间实现债权的担保方式，劳动关系主体双方之间不是平等关系，在履行劳动合同的过程中，用人单位和劳动者处于管理和被管理的不平等地位。同时，劳动者可能留置的动产一般为用人单位供其使用的工具、物品等，此种财物不是劳动合同的客体，与劳动合同的履行没有直接的因果关系，不属于同一法律关系，因此劳动者不得以用人单位拖欠报酬为由行使留置权。②

第三，留置财产价值范围以实现债权为界，留置不可分物除外。留置权行使的目的在于保障债权人的债权得到清偿，因此留置财产的价值范围也应以实现债权为界限，债权人已经合法占有债务人的财物，财物为动产、可分物、无法定或者约定不得留置的情况，如果留置财产为可分物，则留置财产的价值应当相当于债权金额，如若超越债权金额留置财物，则会超出担保债权的范围而损害债务人的利益。如果留置的产品价值已经超出债务金额，债权人拒绝返还超出部分的产品，就属于不当行使留置权，由此给债务人造成损失，应承担相应的赔偿责任。③ 如果是不可分物，因其强行分割可能导致价值或效益的贬损，则不强求留置物价值必须不大于债权金额。最高人民法院《贯彻民法通则意见》第91条规定："共有财产是特定物，而且不能分割或者分割有损其价值的，可以折价处理。"因此，可以留置与债权金额相当的可分动产，也可以留置大于债权金额的不可分动产，行使留置权后通过拍卖、变卖、协议折价等方式实现债权。

第四，同一个物上多重担保物权竞合的情况下，留置权优先于其他担保物权实现。留置权之所以如此优先，源于债权人对动产投入成本、施以劳务、提供技术或供给材料，保全或增加了动产之价值。若债权人不能通过该动产价值优先受偿，相当于以其劳动和投入为债务人清偿债务，殊非妥当；法律创设留置权旨在防止劳而无获，鼓励创造价值。

---

① 参见揭阳市中油油品经销有限公司、东莞市东洲国际石化仓储有限公司港口货物保管合同纠纷[最高人民法院(2017)最高法民申76号]。

② 参见长三角商品交易所有限公司诉卢海云返还原物纠纷案，载《最高人民法院公报》2017年第1期。

③ 参见江苏悦达卡特新能源有限公司、江苏悦达卡特新材料科技有限公司与富锋生物能源(泰兴)有限公司承揽合同纠纷[最高人民法院(2016)最高法民申994号]。

其一,抵押权与留置权的优先关系。同一动产上已设立抵押权,该动产又被留置的,留置权人优先受偿,这是因为留置权是法定的担保物权,而抵押权是当事人之间约定的结果,法定权利优先于约定权利。基于留置权的优先效力,若抵押权人不当行使抵押权导致留置权受侵害从而致使留置权人的债权无法实现时,则抵押权人应对留置权人承担相应的侵权责任。[①] 留置权人将留置物抵押,为自己的债务履行担保,若没有留置物所有人的同意,抵押无效;若留置物所有人同意,则抵押权生效,因留置权人是抵押权担保债权的债务人,债务人的权利不得优先于债权人的权利,此时抵押权优先于留置权。

其二,质权与留置权的优先关系。同一动产上已设立质权,该动产又被留置的,留置权人优先受偿,即留置权优先于质权。留置权是债权人占有属于他人的动产,具备一定要件时,于债权未受清偿前,得留置该动产的法定担保物权。质权是担保的一种方式,指债权人与债务人或债务人提供的第三人以协商订立书面合同的方式,移转债务人或者债务人提供的第三人的动产或权利的占有,在债务人不履行债务时,债权人有权以该财产价款优先受偿。

专题三 留置权的消灭

留置权的消灭,即留置权人因法定事由的出现,对留置物具有的支配力终止。《物权法》第 240 条规定:“留置权人对留置财产丧失占有或者留置权人接受债务人另行提供担保的,留置权消灭。”《民法典》第 457 条沿用了这一规定。

留置权作为一种担保物权,可以因物权消灭的共同原因而消灭,如留置物的灭失、混同、留置权的抛弃等;也可以因担保物权消灭的共同原因而消灭,如主债权的消灭,担保物权的实现等。但是留置权作为一种法定担保物权,有其自己的特殊消灭原因,具体如下:

一是占有的丧失。由于留置权的成立和存续以占有留置物为要件,如果占有丧失,留置权当然消灭。但并非债权人对留置物占有丧失,留置权就必然消灭,短暂的失去占有以后又可以恢复的占有或者留置权因被侵夺而丧失占有者,事后通过行使占有保护的请求权恢复占有的情形,留置权并不消灭。只有在留置权人(债权人)不能依占有保护之规定请求返还占有物时,留置权方归于消灭。

二是相当担保的提出。此作为留置权的消灭原因并无争议,但对于是否以债权人接受为必要,《担保法》第 88 条规定债务人另行提供担保须以债权人接受为必要条件,而本条直接规定只要债务人提供相当担保,留置权即告消灭。也就是说,对于发生在《物权法》颁布生效以前的案件,留置权的消灭要适用《担保法》的规定,即债务人提供相当担保且以债权人接受为必要条件,留置权方可消

① 参见浙江省嘉兴市中级人民法院(2011)浙嘉商终字第 436 号。

灭。而对于发生在《物权法》(其第 240 条的规定与《民法典》第 457 条规定一致)施行后的案件,则直接适用《物权法》及《民法典》第 457 条的规定,债务人提供相当担保不以债权人接受为必要,留置权即可消灭。

第二十章　占　有

专题一　占有的民法保护

一、占有制度概述

占有，是指自然人、法人及非法人组织等对物的事实上的管领和控制。占有的对象为物，包括动产和不动产。被占有之物并非必须是独立的物，对某一独立物的某一部分亦可成立占有。作为占有对象之物，应是民法上之物。日月星辰，虽为物，但并非占有之对象。关于占有的性质，世界各国主要有三种不同的主张和立法例：一是事实说，认为占有只是一种事实状态，而非权利。一般认为，德国、瑞士立法是这一说的代表。二是权利说，认为占有是一种权利，而非一种事实状态。日本民法典将占有就明确规定为占有权。三是权能说，认为占有是所有权的一项权能或内容。这主要体现在苏俄、东欧及我国民事立法中。[①] 有观点认为，占有系一种"类(似)物权"，为与本权(所有权、用益物权、担保物权及债权)相对应的制度，是这些权利的"外衣"，并且是动产物权的公示手段和方法。[②] 占有是与所有权及他物权完全不同的"类物权"。占有制度的逻辑起点不是物权的基本概念而是占有事实。[③] 理论上，有人将占有与作为占有依据之物权、债权相区分，认为后者属于本权。占有之本权不但决定了占有是有权占有还是无权占有，而且有自身特殊的法律效力。[④] 占有与本权的关系也是理论和实践上较难把握的问题。

我国民法上的占有可以从多个角度理解，在实践中也需要作具体分析。

首先，占有可以作为其他民事权利尤其是物权的权能。例如，占有是所有权的一项权能。《民法典》第240条规定："所有权人对自己的不动产或者动产，依法享有占有、使用、收益和处分的权利。"占有是用益物权的一项权能。《民法典》第323条规定："用益物权人对他人所有的不动产或者动产，依法享有占有、使用和收益的权利。"占有是质权的一项权能。《民法典》第425条规定："为担保债务的履行，债务人或者第三人将其动产出质给债权人占有的，债务人不履行到期债务或者发生当事人约定的实现质权的情形，债权人有权就该动产优先受偿。前款规定的债务人或者第三人为出质人，债权人为质权人，交付的动产为质押财产。"占有是留置权的一项权能。《民法典》第447条规定："债务人不履行到期债务，债权人可以留置已经合法占有的债务人的动产，并有权就

---

① 杨年合：《试析占有概念的性质及占有制度在我国物权立法中应有的地位》，载《法学》2001年第4期。

② 陈华彬：《我国民法典物权编占有规则立法研究》，载《现代法学》2018年第1期。

③ 尹田：《法国物权法上的占有制度》，载《现代法学》1997年第5期。

④ 隋彭生：《论占有之本权》，载《法商研究》2011年第2期。

该动产优先受偿。前款规定的债权人为留置权人,占有的动产为留置财产。”另外,占有是留置权不可缺少的权能。《民法典》第457条规定:“留置权人对留置财产丧失占有或者留置权人接受债务人另行提供担保的,留置权消灭。”

其次,占有在民法上本身是一种独立的物权。占有权被侵害的,占有权人有权请求返还原物、排除妨害、消除危险或者损害赔偿。《民法典》第462条规定:“占有的不动产或者动产被侵占的,占有人有权请求返还原物;对妨害占有的行为,占有人有权请求排除妨害或者消除危险;因侵占或者妨害造成损害的,占有人有权依法请求损害赔偿。占有人返还原物的请求权,自侵占发生之日起一年内未行使的,该请求权消灭。”

再次,占有也可以是一种事实状态。即占有并不表现为民法上的一种权利,而只是一种事实状态。这种事实状态就是一种对物的实际管领和控制。如无权占有人并不享有相应的权利,但仍对物实际管领和控制。

最后,占有是法律上拟制的事实。即占有人不一定实际管领和控制物,更不需要每时每刻对物进行管领和控制,只要物在占有人管领和控制之下,或者说物处于占有人可随时管领之状态即可。目前,司法实践中一个争议较大的问题是,占有是否需要直接的管领或控制,无论是所有权人之管领或控制还是基于合同由他人管领或控制。例如,最高人民法院《关于人民法院办理执行异议和复议案件若干问题的规定》第28条规定:“金钱债权执行中,买受人对登记在被执行人名下的不动产提出异议,符合下列情形且其权利能够排除执行的,人民法院应予支持:(一)在人民法院查封之前已签订合法有效的书面买卖合同;(二)在人民法院查封之前已合法占有该不动产;(三)已支付全部价款,或者已按照合同约定支付部分价款且将剩余价款按照人民法院的要求交付执行;(四)非因买受人自身原因未办理过户登记。”关于该条第2项规定的“在人民法院查封之前已合法占有该不动产”应当如何理解?本书认为,买受人只要领了钥匙,即说明已经管领、控制不动产,符合该项规定。因为此时不动产已经处于买受人可随时管领的状态,实际已经在买受人控制之下。即使买受人收到钥匙后,从未到过该不动产处,也视为其已经占有该不动产。

民法上,占有制度具有丰富的内容,一般包括占有与占有人的含义,占有权利与样态的推定,直接占有人、间接占有人与占有辅助人的含义及其判定,占有的变更、移转、合并与分离,善意、恶意占有人的责任及其与所有人等之间的回复关系,占有人(含占有辅助人)的自力救济权与物上请求权、共同占有及其权利行使,占有的消灭及准占有等。① 通常情况下,在买卖合同等以交付特定物为标的的合同中,占有人应当承担标的物毁损、灭失的风险。例如,《商品房买卖合同解释》第11条规定:“对房屋的转移占有,视为房屋的交付使用,但当事人另有约定的除外。房屋毁损、灭失的风险,在交付使用前由出卖人承担,交付使用后由买受人承担;买受人接到出卖人的书面交房通知,无正当理由拒绝接收的,房屋毁损、灭失的风险自书面交房通知确定的交付使用之日起由买受人承担,但法律另有规定或者当事人另有约定的除外。”同时,占有人对于所占有之物也具有妥善管领之职责。占有人所占有之物对他人造成损害的,占有人通常也需要承担相应的民事责任。因此,占有对民事主体而言,不仅意味着权利和利益的享有,也意味着风险和

① 陈华彬:《我国民法典物权编占有规则立法研究》,载《现代法学》2018年第1期。

责任的承担。

二、民法对占有的保护方式

第一,占有作为一种权能之保护。占有作为物权的权能,在相应的物权受到侵害后,占有也会受到侵害。此时,对物权的保护通常也是对占有的保护。例如,所有权人、用益物权人之占有权被侵害后,有权请求非法占有人返还原物。动产质押权人所占有的质物被他人非法侵占后,也有权请求非法占有人返还质物。只是这种情况下,占有人的请求权基础是其所享有的所有权、用益物权和质押权,并非单纯的占有权。不仅在侵权领域,在合同领域对占有作为物权权能的保护也体现在多个方面。例如,动产所有权之转移以交付为原则,即以占有的改变为原则。占有是所有权人获得动产所有权的前提条件,也有人称之为物权之"外衣"。尤其是在"一物二卖"的情况下,多个买受人中,谁占有标的物,谁就享有所有权。

第二,占有作为一种权利之保护。即使占有人不能证明其对物享有所有权、用益物权和质押权,只要其对物的占有是有权、合法占有,同样应当受到民法的保护。对此,《民法典》第462条规定:"占有的不动产或者动产被侵占的,占有人有权请求返还原物;对妨害占有的行为,占有人有权请求排除妨害或者消除危险;因侵占或者妨害造成损害的,占有人有权依法请求损害赔偿。占有人返还原物的请求权,自侵占发生之日起一年内未行使的,该请求权消灭。"因此,民法上占有作为一种独立的物权而受到保护,并非只是作为所有权、使用权、质权、留置权等物权的一种权能,无须依赖于所有权、使用权、质权、留置权而存在。只要占有的不动产或者动产被侵占,占有人就有权获得救济。占有权的救济方式包括请求非法占有之人返还原物,请求妨害占有之人排除妨害,请求造成占有物危险之人消除危险。如果第三人侵占或者妨害占有造成占有人损害,占有人有权依法请求侵权人赔偿损害。需要注意的是,占有人返还原物的请求权,自侵占发生之日起1年内未行使的,该请求权消灭。即占有人返还原物请求权的除斥期间为1年。占有人逾期未行使的,返还原物请求权消灭。

第三,占有作为一种状态之保护。民法对占有的保护不仅体现为对占有权能、占有权的保护,也体现为对占有状态的保护,尤其是涉及多个相同性质权利(主要是债权)的保护时,是否占有标的物,对当事人的权利保护具有重大意义。例如,在执行异议纠纷中,房屋买受人是否在查封前占有房屋,对其债权保护会发生重大影响。根据《民法典》相关规定,不动产物权的归属以登记为准。如果不动产买受人支付了购房款,且没有向登记机构申请预告登记取得登记优先权,出卖人又未变更产权过户登记的,买受人对出卖人只享有请求转移不动产所有权的请求权,该请求权为债权。依债权平等性原则,该债权与出卖人的其他债权人对其所享有的金钱债权是平等的。如果出卖人的其他金钱债权人已经申请人民法院查封了尚登记在出卖人名下的不动产,该金钱债权人有权就被查封不动产折价、拍卖的价款受偿。如果不动产买受人在人民法院查封之前已合法占有该不动产,同时又符合《异议复议规定》第28条规定的其他条件的,不动产买受人就能够排除强制执行。这里就体现了民法对占有状态的保护。

三、善意占有与恶意占有

善意占有，是指占有人基于合法占有之意思而占有物，包括善意的有权占有和善意的无权占有。凡有权占有，原则上为善意。善意的无权占有，是指占有人不知道其占有为无权占有的情况。恶意占有，是指占有人知道其占有为无权占有而仍为占有。善意占有可能转化为恶意占有。善意占有人从其知道自己不享有占有之本权后仍为占有的，即成为恶意占有人。例如，两个相邻农户均养小鸡。甲家的 3 只小鸡跑到乙家。乙家并未注意多了 3 只小鸡，误以为均为自家小鸡而为占有。1 个月后，甲家发现自家少了 3 只小鸡，问乙家这 3 只小鸡是否误走到乙家。乙家清点小鸡后发现确实多了 3 只小鸡，其中 3 只小鸡未像其他小鸡一样剪掉背部部分羽毛，没有乙家小鸡的标记。但乙家不愿意偿还这 3 只小鸡，遂用剪刀剪去这 3 只小鸡背部部分羽毛，作为自家小鸡饲养，并告知甲家未发现其小鸡。此时，乙家对 3 只小鸡的善意占有转化为恶意占有。对于无权占有，无论是出于善意还是恶意，占有人均应当向所有权人等权利人返还占有物及其孳息。但在占有保管费用补偿、占有物损害赔偿责任承担等方面，善意占有与恶意占有之法律后果并不相同。

其一，关于占有期间维护占有之物所支出费用的补偿问题。在上例中，如果乙家拒绝返还小鸡后 1 个月，甲家发现乙家有 3 只小鸡与自己家的小鸡一样，腹下有用红漆所作的标记，遂要求乙家返还这 3 只小鸡。乙家认为，自己白白为甲家养了 2 个月小鸡，要求甲家补偿养鸡费用。此案中，3 只小鸡的所有权属于甲家，乙家对 3 只小鸡的占有属于无权占有，应当向甲家返还这 3 只小鸡。关于甲家是否应当补偿乙家饲养 3 只小鸡的费用问题，就应当区分乙家是善意占有还是恶意占有而作出不同处理。对于这一问题，《民法典》第 460 条规定："不动产或者动产被占有人占有的，权利人可以请求返还原物及其孳息；但是，应当支付善意占有人因维护该不动产或者动产支出的必要费用。"根据该条规定，占有人在占有期间，如果为了维护占有的不动产或者动产支出了相应费用，当占有物真正的权利人出现并要求占有人返还该物及孳息时，就涉及权利人是否有义务支付这些费用的问题。这种情况下，应区别占有人占有物是出于善意还是恶意而作出认定。如果占有人为善意，其为维护该不动或者动产支出了必要费用的，则有权请求权利人返还。如果占有人为恶意，明知自己对于某物无权占有而仍然继续占有，即使其为了维护占有物而支出了费用，也无权请求占有物的权利人返还该费用。因为该费用的产生是占有人自己的原因导致。在上例中，乙家在第 1 个月并不知道占有他人小鸡，其占有 3 只小鸡的行为系善意占有。这种情况下，甲家就应当补偿乙家饲养 3 只小鸡所支出的必要费用。但从乙家知道 3 只小鸡不属于自己所有仍然占有时，其占有行为是恶意占有。因此，对于乙家后 1 个月饲养 3 只小鸡所产生的必要费用，甲家则无须补偿。另需注意的是，权利人之补偿义务以"必要"为限，即其仅对维护占有物的"必要费用"负有补偿义务。所谓"必要费用"，是指为了防止物的毁损、灭失，维护物的正常状态、价值和用途而支出的基本费用。与"必要费用"相对的是有益费用和奢侈费用，是指为了使物增值而支出的费用。对于占有物的有益费用和奢侈费用，权利人一般没有返还的义务。[①]

其二，关于占有人使用占有物的损害赔偿责任问题。占有并非占有人之目的，而是其实现目的

---

① 郭明瑞主编：《中华人民共和国物权法释义》，中国法制出版社 2007 年版，第 437 页。

的手段。占有人占有某物,或为获得其使用价值,或为获得其交换价值。占有人在占有期间可能使用其占有的不动产或者动产,有可能因其使用行为而造成被使用物的损害。在占有人为无权占有的情况下,该损害最终将由占有物的权利人承担。对此,占有物的权利人通常会要求占有人赔偿因占有物受到损害而导致的损失。这种情况下,在确定占有人的赔偿责任时,应当区分占有人是善意占有还是恶意占有。如果占有人明知自己无权占有某动产或者不动产而仍然占有,在占有期间使用占有物,造成占有物损害的,占有物的权利人就享有请求占有人赔偿的权利。如果占有人在占有期间不知道或者不应当知道自己不具有占有的权利而仍然占有某动产或者不动产,在占有期间使用占有物,造成占有物损害的,占有物的权利人就无权请求占有人赔偿损失。对此,《民法典》第459条规定:“占有人因使用占有的不动产或者动产,致使该不动产或者动产受到损害的,恶意占有人应当承担赔偿责任。”

其三,关于占有物毁损、灭失的赔偿责任问题。占有不仅意味着权利和利益的享有,还意味着风险的转移和责任的承担。如果在占有期间,占有的不动产或者动产毁损、灭失,有权占有人应当承担相应的损失。在无权占有的情况下,如果占有的不动产或者动产毁损、灭失,占有物的权利人请求无权占有人返还财产已无可能,无权占有人虽不能返还原物,但仍应当返还占有物毁损、灭失后,占有人获得的保险金、赔偿金或者补偿金。而无权占有人赔偿责任的范围,则因占有人是善意占有还是恶意占有而有所区别。在善意占有的情况下,无权占有人的赔偿责任以其所获得的利益为限,即返还占有物毁损、灭失后占有人获得的保险金、赔偿金或者补偿金等即可。在恶意占有的情况下,无权占有人的赔偿责任以填补占有物权利人所受到的全部损失为限,即如果占有物毁损、灭失后占有人没有获得保险金、赔偿金或者补偿金等补偿,或者所获得的保险金、赔偿金或者补偿金不足以弥补占有物权利人所受到的损失的,恶意占有人还需要承担赔偿责任。对此,《民法典》第461条规定:“占有的不动产或者动产毁损、灭失,该不动产或者动产的权利人请求赔偿的,占有人应当将因毁损、灭失取得的保险金、赔偿金或者补偿金等返还给权利人;权利人的损害未得到足够弥补的,恶意占有人还应当赔偿损失。”

四、有权占有与无权占有

占有可基于多种原因发生,既可以因合同关系产生,如基于买卖或者租赁合同而占有;也可以因其他事实行为产生,如拾得遗失物、侵占他人财物、占有自己修建之房屋等,还可以基于自然事件而发生,如他人鱼塘之鱼因洪水被冲到自家鱼塘而产生之占有。占有人对物的占有可能有正当的权源,即基于合法之原因而占有,如基于有效的买卖合同而占有;也可能没有正当的权源,即基于违法之原因而占有,如非法侵占他人之物而占有。前者为有权占有,后者为无权占有。有权占有与无权占有之法律后果并不相同。司法实践中,在处理占有纠纷时,要注意区分有权占有与无权占有。

占有人占有物,原则上推定为有权占有,即推定占有人对占有物系以无过失、善意、公然、和平、以所有的意思占有,且占有人有继续占有之意思。占有人对占有物行使的权利被推定为适法有其权利,即是占有权利的推定。[①] 这是各国和地区之通例。在制定《物权法》的过程中,有观点对有权

---

① 陈华彬:《我国民法典物权编占有规则立法研究》,载《现代法学》2018年第1期。

占有之推定提出异议，认为这实际会保护贪污、受贿等违法利益获得者，使对违法之物的占有也被推定为合法。在民法上，作此推定，目的是保护物的现在占有人，使其占有物之地位得以安定。否则，任意第三人均可随时对他人之占有予以否定，占有人需随时对所占有物之合法性承担举证责任，则使财产关系始终处于不稳定之中。需要注意的是，合法占有之推定为有限推定，而非无限推定。占有人是否享有与占有相对应的所有权、用益物权、担保物权等权利，仍需依据《民法典》等法律的规定和相关法律事实作出认定。

有权占有得继续占有物，任何第三人均应尊重，不得侵害。有权占有人占有权受到侵害的，占有人可请求排除妨害、消除危险、赔偿损害。对此，《民法典》第 462 条规定：“占有的不动产或者动产被侵占的，占有人有权请求返还原物；对妨害占有的行为，占有人有权请求排除妨害或者消除危险；因侵占或者妨害造成损害的，占有人有权依法请求损害赔偿。占有人返还原物的请求权，自侵占发生之日起一年内未行使的，该请求权消灭。”司法实践中，对有权占有的认定，应当根据具体情况而作出认定。举例而言，甲将房产转让给乙，已经收取乙的购房款，但由于该房产上设定有抵押，一直未办理过户手续，只是将房屋和房产证交给乙。之后，乙又将该房产转让给丙，丙已经支付了全部购房款，由于该房产上设定的抵押未解除，仍未办理过户手续，乙只是将房屋和房产证交给丙。丙居住 3 年后，因房价上涨，甲提出其对该房产享有所有权，丙系无权占有，起诉请求丙将房屋返还给自己。对于甲的诉讼请求，不应支持。根据甲与乙的房屋买卖合同，甲应当将房屋所有权转移给乙；根据乙与丙的房屋买卖合同，乙应当将房屋所有权转移给丙。丙对房屋的占有和使用有合法原因，不属于无权占有，故甲无权请求丙返还房屋。对此，《民法典》第 458 条规定：“基于合同关系等产生的占有，有关不动产或者动产的使用、收益、违约责任等，按照合同约定；合同没有约定或者约定不明确的，依照有关法律规定。”

对于无权占有，占有人不享有继续占有物之权利，实际权利人有权请求其返还物。对此，《民法典》第 235 条规定：“无权占有不动产或者动产的，权利人可以请求返还原物。”占有他人遗失物属于无权占有。遗失物的占有人应当将遗失物返还遗失人或者送交公安等有关部门。对此，《民法典》第 314 条规定：“拾得遗失物，应当返还权利人。拾得人应当及时通知权利人领取，或者送交公安等有关部门。”遗失物之受让人亦不能合法占有遗失物。如果遗失物的无权占有人将遗失物转让给第三人，第三人亦不能合法占有遗失物。这种情况下，遗失物之所有权人、使用权人等权利人有权自知道或者应当知道受让人之日起 2 年内向受让人请求返还原物。如果第三人为获得遗失物支付了对价，在第三人通过拍卖或者向具有经营资格的经营者购得该遗失物的情况下，遗失物之权利人在请求受让人返还原物的同时，还应支付受让人受让遗失物所支付的费用。在其他情况下，遗失物之权利人在请求受让人返还原物时，不必支付受让人受让遗失物所支付的费用。对这一问题，《民法典》第 312 条规定：“所有权人或者其他权利人有权追回遗失物。该遗失物通过转让被他人占有的，权利人有权向无处分权人请求损害赔偿，或者自知道或者应当知道受让人之日起二年内向受让人请求返还原物；但是，受让人通过拍卖或者向具有经营资格的经营者购得该遗失物的，权利人请求返还原物时应当支付受让人所付的费用。权利人向受让人支付所付费用后，有权向无处分权人追偿。”

无论是有权占有还是无权占有，占有人均对被占有之物有妥善管理之职责。如果占有人未妥善管理占有物，损害他人权益的，应当承担相应的民事责任。对于高度危险物等特殊物品，法律规定占有人承担无过错责任的，只要高度危险物造成他人损害，占有人就应当承担侵权责任，除非存在法律规定的免责事由。例如，如果损害是受害人故意或者不可抗力造成的，则占有人不必须承担责任。受害人对损失的发生亦有重大过失的，则可以减轻占有人的责任。如果占有人非法占有高度危险物造成他人损害的，非法占有人应当承担侵权责任。对于高度危险物，所有人、管理人等合法占有的人应当负担高度的注意义务，以防止其脱离合法的管领和控制，从而防控高度危险物对社会造成损害。如果所有人、管理人未对防止非法占有尽到高度注意义务，就应当与非法占有人承担连带责任。对于所有人、管理人对防止非法占有尽到高度注意义务的事实，应由所有人、管理人承担举证责任。对此，《民法典》第 1239 条规定："占有或者使用易燃、易爆、剧毒、高放射性、强腐蚀性、高致病性等高度危险物造成他人损害的，占有人或者使用人应当承担侵权责任；但是，能够证明损害是因受害人故意或者不可抗力造成的，不承担责任。被侵权人对损害的发生有重大过失的，可以减轻占有人或者使用人的责任。"第 1242 条规定："非法占有高度危险物造成他人损害的，由非法占有人承担侵权责任。所有人、管理人不能证明对防止非法占有尽到高度注意义务的，与非法占有人承担连带责任。"

第三编　合　同

第一章　概　述

我国的合同法律制度,开始于20世纪80年代初。党的十一届三中全会以后,随着党和国家的工作重心转移到经济建设上,如何适应经济建设的需要,建立包括合同法在内的民事基本法律制度,就成为当时的一项重要任务。1979年,我国《刑法》和《刑事诉讼法》通过后,全国掀起了社会主义法制建设的热潮。在此背景下,第三次民法典起草工作启动。随着经济建设大幕的拉开,产生了一系列问题,如我国社会主义经济性质是计划经济,还是商品经济?是以计划经济为主,商品经济为辅,还是计划经济与商品经济并存?对这些问题的争论,直接影响了当时民法典起草工作的进行。为适应经济建设的需要,法律的制定工作不可能等待争论的结束。为此,邓小平同志对当时的立法工作提出了折中的解决办法:在搞成套设备条件不具备的情况下,先制定单行法律,待条件成熟后再搞成套设备。在此思想的指导下,第三次民法典起草工作中止,制定单行法律的计划付诸实施。1981年12月,第五届全国人大第四次会议通过了《经济合同法》;1985年3月,通过了《涉外经济合同法》;1987年6月,通过了《技术合同法》。为贯彻1984年通过的《中共中央关于经济体制改革的决定》的需要,我国于1986年4月通过了《民法通则》。这几部法律的出台,初步建立起了我国的合同法律制度。应当看到,由于当时对我国社会主义经济的认识还存在很大争议,合同法律制度像一幅杂乱的碎片化式拼图,缺乏统一指导思想和灵魂。

1992年春天,邓小平同志南方谈话以后,我国社会主义市场经济的性质被确定下来。1993年11月,在党的十四届三中全会上正式通过了《中共中央关于建立社会主义市场经济体制若干问题的决定》。为完成中央提出的建立适应社会主义市场经济体制的法律体系的任务,全国人大决定起草统一合同法。经过几年的努力,1999年3月,在第九届全国人大第二次大会上,《合同法》正式通过。《合同法》是在总结改革开放20年来的经验,吸收国内司法审判实践成果和国外合同法经验基础上制定的,共23章,428条。《合同法》通过后,最高人民法院结合审判实践,又制定一批实施《合同法》的司法解释。回首20年来,《合同法》及其相关司法解释的出台,对维护社会主义市场经济的交易秩序,保证交易安全,解决交易纠纷,提高交易效率,降低交易成本,促进市场发展,发挥了巨大作用。

这次《民法典》编纂,又在总结20年来经验的基础上,以《合同法》为基础,对《民法典》合同编进行了全面打造。合同编是这次《民法典》编纂的重点。整个《民法典》共1260条,合同编从第463条至第988条,共有526条,几乎占整个《民法典》条文的一半;与原来的《合同法》相比,增加了100多个条文。《民法典》合同编共分为三个分编——通则、典型合同和准合同,这三个分编构成了合同编完整的法律体系。

合同编在整个《民法典》中居于非常重要的地位。如果说物权编所规定的完整物权制度,特别是所有权与用益物权制度，在民法典中奠定了我国社会主义市场经济的基石，那合同编则通过规范各类市场主体的交易行为，构建了社会主义市场经济的交易秩序。在社会主义市场经济条件下，市场交易秩序十分重要。它是资本、土地、科学技术、管理、劳动力等各类市场资源能否进行最佳配置的前提条件，是国民财富增长能否在市场中顺利实现的保障，是我国国民经济能否健康、持续、稳定发展的关键。因此，如何贯彻保护交易安全，提高交易效率，降低交易成本三大原则，成为合同制度维护社会主义市场经济交易秩序的重要任务。

要完成保护交易安全，提高交易效率，降低交易成本的重要任务，正确适用合同编中的相关法律规定，维护社会主义市场经济交易秩序，应当始终注意贯彻落实以下基本原则：

一是在合同案件纠纷的处理中必须贯彻落实《民法典》总则编中的六大原则。这六大原则为：民事主体法律地位应当坚持平等原则；从事民事活动应当遵守的自愿原则；从事民事活动应当遵循的公平原则；从事民事活动应当信守的诚信原则；从事民事活动不得违法的守法原则；从事民事活动应当坚守的有利于节约资源保护生态环境的原则。这六大原则是合同法律制度的核心和灵魂，在法律实施时特别在司法审判中，必须将其放在非常重要的位置上来考虑。丢掉了这六大原则就丢掉了合同法律制度最本质内容。由于这六大原则在前面已经作了介绍，这里就不再重复。

二是贯彻落实契约自由原则。契约自由原则是社会主义市场经济条件下合同法律制度的本质。没有契约自由，就没有市场交易；没有法律对契约自由的保护，就没有社会主义市场经济交易秩序。首先，保护契约自由，需要保护各类市场主体的缔约自由。只要不违反法律的禁止性规定，市场主体就可以自由缔约，不得随意限制。其次，保护契约自由，要充分尊重当事人依法自愿订立的合同。对当事人依法自愿订立的合同，其他任何人都不能依自己的意志改变其合同的内容。对审判实践中仍存在的一些不尊重当事人契约自由，凭主观意志随意去"探索"当事人真实意思表示的做法，应当克服。最后，保护契约自由，应当在发生合同纠纷时，严格按照合同约定去判断相关当事人是否违约，并确定违约者的违约责任。我国的合同法律制度，实行严格的合同主义，当事人依法平等自愿订立的合同，就是当事人之间的法律，必须严格遵守。任何违反合同的行为，都应当承担相应的法律责任。

三是贯彻落实保护契约正义的原则。应当看到，我国的合同法律制度所规定的契约自由，并不是古典自然法时代所提倡的绝对契约自由，而是相对的契约自由。当事人订立合同必须坚持公平公正原则，不能损害国家利益、社会公共利益和他人的合法权益。如果当事人利用合同的方式，即利用契约自由的方式损害了国家利益、社会公共利益和他人的合法权益，违反了公平公正的原则，该契约自由行为应当受到限制。限制契约自由，维护契约正义，应当通过什么方式来进行？是由法官来直接限制当事人契约自由，分配契约正义，还是通过法律的方式进行？按照民法典的规定，应当通过法律的方式限制契约自由。这就是《民法典》总则编和合同编中为什么要规定何种条件下合同无效，何种条件下合同可撤销或者合同可解除的原因。除法律规定外，对契约自由的限制，契约正义的分配，还可以通过最高人民法院对法律进行司法解释的方式进行。因此，人民法院在审判工作中限制当事人契约自由行为，维护契约正义时，一般情况下，应当依据法律和司法解释进行，不能利用自己的价值判断来直接进行契约正义的分配。如果在特殊情况下，需要采用司法方式进行契约正义的分配，应当通过正当程序，由最高人民法院审判委员会决定。

四是贯彻落实合同中民事权利、义务、责任有机统一原则。在合同中,当事人民事权利的实现,要以民事义务人如约履行民事义务为前提。民事义务人不履行民事义务,民事权利人的权利就无法得到实现。但在实践中,不少当事人对自己的民事权利很重视,但对自己应当承担的民事义务则不愿意认真履行。与此同时,在违约以后,对自己应当承担的违约责任也不愿意承担。例如,在人民法院实行失信被执行人名单制度以后,大量的失信被执行人的名单被公布。很明显,这些失信被执行人侵害了他人权利,或者没有履行自己的义务,本应依法承担相应的民事责任,但是他们不愿意承担。导致这一问题出现的原因,主要是全社会对于民事权利、民事义务和民事责任的统一性认识不够。在《民法典》编纂过程中,民事权利、义务、责任的有机统一,实质上已经充分地得到了反映。在今后的民事审判工作中,特别是合同案件纠纷的处理中,要将这一原则贯彻落实到位,让各类民事主体充分认识到:享受民事权利的同时,一定要承担民事义务;侵害他人民事权利和不履自身民事义务时,一定要承担民事责任。只有在实践中始终坚持民事权利、义务和责任的有机统一的原则,保护交易安全、提高交易效率、降低交易成本的任务才能完成,社会主义市场经济的交易秩序才能得到有序地维护。

这次《民法典》编纂时,合同编分为通则分编、典型合同分编和准合同分编三个部分。合同编的通则分编,相当于许多国家民法典合同编(或者债编)的总则部分。通则分编的内容除一般规则外,还有合同的订立、合同的效力、合同的履行、合同的保全、合同的变更和转让、合同的权利义务终止、违约责任等内容。这些内容与通常所说的债权总则的内容是基本一致的,都是关于合同法的一般性规则的规定。

关于合同的订立,是通则分编第二章的内容。这部分内容主要涉及订立合同的民事法律行为的形式、合同的内容,订立合同时要约与承诺民事法律行为的要件,以及预约合同、格式合同、缔约过失责任等方面的规定。在这章之中,预约合同是缔约过程中的新合同形式,应当予以关注;格式条款的规定也进行了新的修改,应注意认真把握。在贯彻实施该章内容时,应当与总则编第六章民事法律行为结合起来认真理解,特别是与其第一节一般规定的内容和第二节意思表示的相关规定结合起来,准确把握订立合同的民事法律行为,判断合同是否成立。

关于合同的效力,是通则分编第三章的内容。该章主要规定依法成立的合同在什么条件下能够生效,即产生对合同当事人的法律约束力,以及在什么条件下合同或者合同条款无效的规定。具体来说,它涉及如何处理批准生效的合同,无权代理和越权代理的合同,超越经营范围订立的合同的效力,无效合同应当如何处理等问题。其中值得注意的是,《合同法》第51条规定的无权处分的内容被删除,解决了长期以来存在的无权处分与合同效力没有明确区分的问题,解决了审判实践中长期存在的合同效力难以确认的问题。合同效力这一章的内容在民事审判实践中,是使用最为广泛的规定。要把准确把握该章的内容,在审判实践中准确认定合同的效力,一定要与总则编第六章第三节民事法律行为的效力结合起来,以其内容为指导。

《民法典》总则编第六章第三节系统地规定了民事法律行为效力的内容:一是明确规定了民事法律行为有效的条件。这些条件为:(1)行为人具有相应的民事行为能力;(2)意思表示真实;(3)不违反法律、行政法规的强制性规定,不违背公序良俗。二是明确规定了何种情况下民事法律行为无效。例如,无民事行为能力人的民事法律行为,限制民事行为能力人超出法律规定许可范围实施的民事法律行为,以及行为人与相对人以虚假的意思表示实施的民事法律行为均无效;违反法律、行政法规的强制性规定的民事法律行为无效,但是该强制性规定不导致民事法律行为无效的除外;违背公序良俗的民事法律行为无效;行为人与相对人恶意串通,损害他人合法权益的民事法律行为无效。三是明确规定了何种条件下实施的民事法律行为可撤销。例如,基于重大误解实施的民事法律行为,行为人有权申请撤销;行为人在对方实施欺诈行为而错误实施的民事法律行为,受害人有权申请撤销;行为人在第三人实施欺诈行为时,违背真实意思表示实施的民事法律行为,如果对方当事人知道第三人欺诈的,受害人有权申请撤销;行为人在对方当事人或者第三人实施胁迫行为时,违背真实意思表示实施的民事法律行为,有权申请撤销;一方当事人利用对方处于危困状态、缺乏判断能力等情形时,迫使其实施的民事法律行为显失公平,受害人有权申请撤销该民事法律行为。四是明确规定了民事法律行为无效、被撤销和确定不发生法律效力后,行为取得的财产应当如何处理。

除此之外,要准确认定合同的效力,还应当结合《民法典》总则编第七章代理的相关规定。如果脱离总则编第七章的规定,在认定无权代理和越权代理时,就难以做到准确、合法,合同效力的认定就可能出现偏差。

关于合同的履行,是通则分编第四章的内容。在这次《民法典》合同编编纂中,合同履行增加了一些新内容,值得引起注意。

一是通过互联网等信息网络订立的电子合同履行的规定。具体来说,就是第 512 条的规定。电子合同的履行,与一般买卖合同的履行不同,存在各种不同的方式。这次《民法典》合同编编纂时就根据这些不同,提出了解决问题的方法。例如,如果电子合同的商品交付是通过快递物流的,收货人的签收时间为交付时间;电子合同的标的是提供服务的,生成的电子凭证或者实物凭证中载明的时间,为交付时间等。

二是明确规定了债务选择权。所谓债务选择权,是指债务标的有多项而债务人只需要履行其中一项的情况下,债务人可以有权选择其中一项履行。《民法典》第 515 条和第 516 条具体规定了债务选择权的内容。

三是明确规定了按份之债。所谓按份之债,是指债权人或者债务人都在两人以上,在债权债务标的可分的情况下,债权人或者债务人应当按照各自确定份额享有债权或者承担债务。《民法典》第 517 条规定了按份之债的内容。

四是明确规定了连带之债。连带之债分为连带债权和连带债务。债权人为两人以上,部分债权人或者全部债权人均有权向债务人请求履行债务的,为连带债权;债务人为两人以上,债权人有权向部分债务人或者全体债务人请求履行全部债务的,为连带债务。连带债权或者连带债务,均应当由法律规定或者当事人约定,除此之外,不能随意认定连带债权或者连带债务。

五是明确规定了合同履行时的情势变更原则。情势变更原则在 1999 年《合同法》制定时,曾经想将其写进合同法,但因争议很大,在合同法上全国人大会表决前删去了。后最高人民法院制定《合同法司法解释(二)》时,经征得全国人大法工委同意,将其写进了该司法解释,但在程序上作了严格限制。具体来说,就是在适用情势变更原则时,只能作为个案原则适用,并需要报高级人民法院批准。在适用这一原则时应当注意几点:(1)合同成立以后,合同的基础条件一定要发生了订立合同时当事人无法预见的重大变化;(2)该重大变化不属于商业风险,如果是商业风险不在此列;(3)继续履行合同对一方当事人明显不公,也就是说,如果履行该合同,一方当事人利益损失巨大,另一方得利明显巨大;(4)受不利影响的当事人与对方重新协商,协商成功,按照协议履行;(5)在合理时间内协商不成,可向人民法院或者仲裁机构请求变更或者解除合同;(6)人民法院或者仲裁机构根据案件的实际情况,按照公平原则处理。在实施情势变更原则条款时,人民法院或者仲裁机构如何结合案件的实际情况,如何根据公平原则变更或者解除合同,还需要在实践中继续探索。情势变更原则如果运用得好,可以维护实质公正;但如果运用不好,出现滥用情况,可能会对多年来坚守的严格合同主义原则是一种危害。

六是明确规定了相关行政管理机构的监管职责。具体来说,就是当事人利用合同实施危害国家利益、社会公共利益的行为的,市场监督管理和其他有关行政主管部门应当依照法律、行政法规的规定监督处理。赋予相关行政管理机构对合同的监管职责,是完善其市场管理职能的必要措施,对于社会主义市场经济秩序的健康发展非常必要。

关于合同的保全,是通则分编第五章的内容。这章的内容在《合同法》中是第73条至第75条的规定,包括代位权和撤销权。这次《民法典》合同编编纂,将合同的保全,又叫债的保全,从3条扩充到8条,并从合同的履行中独立出来,用专章进行规定。该章内容在实施时所涉及的以下几个问题应当引起注意:(1)债权人到期债权的确定。这是债权人是否有代位权的前提。债权的确定包括债权是否真实存在和债权是否到期。如果债权不真实,债权人不可能有代位权。如果债权人的债权没有到期,且没有第536条规定的债务人的债权诉讼时效期间届满,或者债务人破产债权未及时申报等情形,债权人不能行使代位权。(2)债务人是否存在到期债权。如果债务人没有债权或者债务人的债权尚未到期,则债权人行使代位权就没有基础。(3)债务人是否存在怠于行使到期债权的行为,是否存在怠于行使与该到期债权相关的从权利——担保性权利的行为。如果债务人正在积极行使催促次债务人履行到期债务,或者正在积极行使担保性权利,则债权人只能在该债权或者担保性权利实现后再向债务人主张自己的权利,不能行使代位权。(4)债权人行使撤销权的前提是否确定。债权人撤销权行使的前提除自己的到期债权真实确定外,还应当具备债务人放弃自己的到期债权、债权担保,无偿转让财产等无偿处分自己财产的行为,或者以明显不合理的低价转让财产,以明显不合理的高价受让他人财产等。否则,债权人不具备行使撤销权的条件。至于合同保全的其他内容,这里不再重复。

关于合同的变更和转让,是通则分编第六章的内容。对于第六章的内容,这次《民法典》合同编进行编纂时,对合同法的相关内容进行了修改。

一是在规定债权人可以将债权的全部或者部分转让给第三人时,增加了不得对抗善意第三人或者第三人的内容。按照《民法典》第545条的规定,下列三种情形债权人不能转让债权:(1)根据债权性质不得转让;(2)按照当事人约定不得转让;(3)依照法律规定不得转让。除法律规定的债权不得转让的这三种法定情形外,其他情形下债权人可以全部或者部分转让债权。但是,在当事人约定债权不得转让时,还应当注意两种情况:(1)当事人在合同中约定非金钱债权不得转让时,不得对抗善意第三人。这就是说,非金钱债权转让合同约定是否有效,要看第三人是不是善意相对人,如果是善意相对人,则该债权转让合同是有效的;如果第三人不是善意相对人,是知道或者应当知道债权人与债务人已经在原合同中约定非金钱债权不得转让,但依然与债权人订立债权转让合同,则债权转让合同是无效的。(2)当事人在合同中约定金钱债权不得转让时,不得对抗第三人。这就是说,债权转让合同是有效合同。无论第三人在与债权人订立债权转让合同时是不是善意的,原合同的约定都不能约束第三人。之所以这样规定,是由金钱债权中的物——货币的属性决定的。货币是种类物,债权人将金钱债权转让第三人后,由第三人要求债务人向第三人给付金钱,并不影响和危害债务人的权利和利益。

二是增加了债务人转让债务时向债权人催告的内容。按照《合同法》第 84 条的规定,债务人转让全部或者部分债务给第三人,应当经债权人同意。这次《民法典》编纂时,仍然保留这一规定。但为了提高缔约效率,这次在第 551 条中增加了第 2 款:“债务人或者第三人可以催告债权人在合理期限内予以同意,债权人未作表示的,视为不同意。”这一规定事实上将债权人的同意作为债务转让合同生效的要件,即只要债权人没有表示同意,该债务转让合同就不能产生法律效力。这样规定既维护了债权人的合法权益,又保证了债务人与第三人之间的债务转让合同能够尽快有结果。

三是增加了第三人债务加入的内容。《民法典》第 552 条规定:“第三人与债务人约定加入债务并通知债权人,或者第三人向债权人表示愿意加入债务,债权人未在合理期限内明确拒绝的,债权人可以请求第三人在其愿意承担的债务范围内和债务人承担连带债务。”第三人的债务加入与债务人转让债务性质相近。债务转让后,原债务人将不再向债权人履行债务,这直接涉及债权人的依赖利益,故债务转让应当经债权人同意。而第三人的债务加入,原债务人不退出法律关系,债权人对债务人的依赖利益并不受到损害,反而会增加债权人利益实现的可能性,所以该条就规定,只要债权人在合理期限内不明确表示拒绝,第三人就可以在其愿意承担债务的范围内向债权人承担债务。

关于合同的权利义务终止,是通则分编第七章的内容。合同的权利义务终止,是合同约定建立的法律关系将终结的表现。在解决合同纠纷中,明确合同的权利义务在何种情况下应当终止是非常重要的。按照《民法典》第 557 条的规定,以下情况合同的权利义务应当终止:债务已经履行;债务相互抵销;债务人依法将标的物提存;债权人免除债务;债权债务归于一人;合同解除;法律规定或者当事人约定终止的其他情形。上述情形的规定,基本沿用合同法的规定,只是将合同的解除单独抽出来作为第 2 款,其原因在于合同的解除,是在合同目的未达到的情况下,基于当事人协商或者法律规定的条件具备时,合同的权利义务的终止。其他情形基本上是合同目的已经实现的情况下,合同的权利义务权利的自然终结。

在这次《民法典》编纂时,合同法规定的合同的权利义务终止的内容大部分保留,还增加了一些新内容。

一是规定了因债务履行终止时,多个债务种类的履行终止情形。《民法典》第 560 条第 1 款规定:“债务人对同一债权人负担的数项债务种类相同,债务人的给付不足以清偿全部债务的,除当事人另有约定外,由债务人在清偿时指定其履行的债务。”这就是指定履行,即债务履行行为是针对哪个债务种类,债务人应当向债权人指定清楚。债务人对所指定的债务清偿完毕,该债务上的权利义务关系终止。除此之外,如果债务人在履行债务清偿行为时,未向债权人明确指定是针对哪笔债务的清偿,那多项债务的清偿如何确定呢?第 560 条第 2 款规定:“债务人未作指定的,应当优先履行已经到期的债务;数项债务均到期的,优先履行对债权人缺乏担保或者担保最少的债务;均无担保或者担保相等的,优先履行债务人负担较重的债务;负担相同的,按照债务到期的先后顺序履行;到期时间相同的,按照债务比例履行。”第560条的规定,解决了民事审判中经常遇到的多项债务清偿如何认定的问题,如果债务人有指定履行行为,按照其指定的债务种类认定,没有指定的,则按照第2款规定的顺序进行。

二是明确规定了债务人在履行主债务、利息以及其他相关费用的债务清偿义务时,如果其给付不足以清偿全部债务,应当如何认定所履行的清偿义务是针对何种债务的。这是多年来审判实践中经常遇到的常见问题,法律一直没有作出规定,最高人民法院的司法解释根据审判实践的需要曾经作出过相关规定。在这次《民法典》编纂过程中,立法者吸收了最高人民法院司法解释的意见,作出了明确规定。《民法典》第561条规定:“债务人在履行主债务外还应当支付利息和实现债权的有关费用,其给付不足以清偿全部债务的,除当事人另有约定外,应当按照下列顺序履行:(一)实现债权的有关费用;(二)利息;(三)主债务。”按照该条规定,如果清偿顺序当事人另有约定,则可以不按该条规定的顺序,而按照合同约定的顺序进行清偿。

三是对合同解除的内容作了补充和修改。合同的解除在合同法规定中分为协商解除、约定解除和法定解除三种类型。这次编纂《民法典》合同编时,对解除的三种方式依然保留,但结合审判实际作了补充和修改。

1. 在《合同法》第94条法定解除条文的基础上增加了第2款,作为《民法典》第563条。该条第2款规定:“以持续履行的债务为内容的不定期合同,当事人可以随时解除合同,但是应当在合理期限之前通知对方。”以持续履行的债务为内容的不定期合同,在社会生活中十分常见,审判实践中如何解除合同的纠纷也很多。这次将不定期合同的解除作为法定解除的内容列入,为处理此类纠纷提供了法律依据。今后当事人的任何一方,只要在合理期限之前通知对方,该合同就可以解除,而不必双方协商一致。

2. 对当事人行使合同解除权的期限进行了修改。按照合同法的规定,只要当事人约定一方解除合同的事由发生,或者法律规定的法定解除的条件成就,相关当事人就可以单方行使合同解除权。这种单方合同解除权行使的期限,如果当事人有约定或者法律有规定的,在约定的期限或者法律规定的期限内不行使合同解除权的,该权利归于消灭。如果当事人没有约定解除权行使期限,或者法律也没有规定解除行使期限的,按照合同法规定,经过对方催告后在合理期限内不行使的,该权利消灭。这次《民法典》合同编编纂时,上述规定的内容依然保留,但在第564条第2款中作出了重要补充:“法律没有规定或者当事人没有约定解除权行使期限,自解除权人知道或者应当知道解除事由之日起一年内不行使,或者经对方催告后在合理期限内不行使的,该权利消灭。”这一补充十分重要,因为在法律没有规定或者当事人没有约定解除权行使期限的情况下,要对方当事人催告解除权人行使解除权,加重了对方当事人的法律责任,不利于双方纠纷的及时解决。因为如果对方当事人不催告,则解除权人的合同解除权就一直存在,纠纷也就一直存在。为保证纠纷及时解决,增加解除权人自知道或者应当知道解除事由之日起一年内不行使解除权,则该权利消灭的内容,有利于解除权人及时收集证据材料,及时行使权利。

3. 明确了在约定解除和法定解除中合同解除的时间。在民事审判中,约定解除和法定解除合同解除的时间是一个长期争论不休的问题。按照《合同法》的规定,合同一方当事人行使合同解除权的,自合同解除的通知到达对方当事人时解除。但如果当事人对合同解除有异议,需要提起诉讼或者仲裁时,合同解除的时间就没有明确的法律规定。这次《民法典》合同编编纂中,经过认真研究,特别是吸收民事审判工作中的经验,终于形成完整的解决方案。按照《民法典》第565条的规定,合同一方当事人按照约定解除或者法定解除的要求提出合同解除的。首先,一方当事人应当通知对方,合同以自解除通知到达对方时解除。其次,解除合同的通知载明债务人在一定时间内不履行债务则合同自动解除,债务人在该期限内未履行债务的,合同自通知载明的期限届满时解除。再次,通知送达后,对方对解除合同有异议的,双方均可请求人民法院或者仲裁机构确认解除行为的效力。如果人民法院或者仲裁机构确认其解除行为的,合同的解除时间应当是解除通知到达时,或者是通知载明期限届满时。最后,如果当事人一方未通知对方,直接以提起诉讼或者申请仲裁依法主张解除合同的,如果人民法院或者仲裁机构确认其主张的,合同自起诉书副本或者申请书副本送达对方时解除。

合同的权利义务的终止这一章除上面所述的主要修改内容外,还有一些小的修改,以及大量未修改的内容,这里就不再叙述。

关于合同的违约责任,是通则分编第八章的内容。这一章基本上沿用了合同法的制度设计,未作大的修改,这里也不再介绍。

《民法典》合同编第二分编,是典型合同编。该分编主要是在通则编所述一般规则的框架内,筛选出经济发展和社会生活中经常使用的合同类型加以规制,以规范和引导社会交易秩序的健康发展。典型合同分编共列出19类合同:买卖合同;供用电、水、气、热力合同;赠与合同;借款合同;保证合同;租赁合同;融资租赁合同;保理合同;承揽合同;建设工程合同;运输合同;技术合同;保管合同;仓储合同;委托合同;物业服务合同;行纪合同;中介合同;合伙合同。在这19类合同中,有4类是这次《民法典》编纂时新列入的合同,即保证合同;保理合同;物业服务合同;合伙合同。其他15类合同是《合同法》规定的合同类型,这次《民法典》编纂时照旧收入。在19类典型合同中,每一类还可以划分出不少更小类型的合同,形成一个树形合同体系。

在典型合同分编中,因不同的合同类型有不同的特点,实施时应当认真把握住这些特点。下面就部分典型合同应当把握的问题作一简单的提示。

1. 买卖合同

买卖合同是社会经济生活中使用最为广泛的合同。这次《民法典》编纂时,由于买卖合同部分在《合同法》制定时比较成熟,修改和补充的内容不多。适用买卖合同这一章时有几点应当注意把握:

一是要注意把握买卖合同法律关系。在买卖合同法律关系中,当事人的权利义务共同指向的对象是标的物,如百货、粮食、各种产品等;出卖人的基本权利是因交付货物而有权收取货款,其基本义务是按照约定交付货物;买货人的基本权利是按照约定收取货物,基本义务是按照约定支付货款。买卖合同法律关系虽然简单,但十分重要,是正确处理买卖合同纠纷应当掌握的基本点。

二是出卖人出卖未取得处分权的标的物的合同效力问题。出卖人出卖自己未取得处分权的标的物时,只要当事人之间订立合同时是平等自愿,没有违反国家法律和行政法规的效力性强制规定,该合同应当有效。如果出卖人不能按照合同的约定交付或者转移标的物的所有权,出卖人就应当按照合同约定或者法律规定承担违约责任;如果买受人因不能取得标的物所有权,提出解除合同,应当予以支持;如果买受人不提出解除合同,要求出卖人继续履行合同的,出卖人应当继续履行合同;如果出卖人已经不可能取得标的物的所有权,买受人的合同目的已经落空,当事人应当按照《民法典》第 563 条第 2 款的规定解除合同。

三是要注意合同标的物毁损、灭失风险的责任承担问题。合同标的物的毁损、灭失在买卖合同纠纷中十分常见,从法律上划清风险责任的界限对于纠纷处理十分重要。按照"买卖合同"这一章的规定,一般情况下,标的物在交付前,毁损、灭失的风险由出卖人承担,标的物交付后,该风险由买受人承担。除此之外,法律还规定了以下几种情况:(1)出卖人按照约定将标的物运送至买受人指定的地点交付给承运人的,在交付给承运人之前,毁损、灭失的风险由出卖人承担;交付之后则由买受人承担。但当事人另有约定的从约定。(2)因买受人的原因,致使合同标的物未能按照约定的期限交付,买受人自违反约定时起承担标的物毁损、灭失风险;违反约定之前的风险则由出卖人承担。(3)出卖交由承运人运输在途的标的物的,毁损、灭失的风险自合同成立时起,由买受人承担。但当事人有约定的从其约定。(4)当事人没有约定交付地点或者约定交付地点不明确,且该标的物又需要运输的,毁损、灭失的风险在出卖人将标的物交付第一承运人后,由买受人承担。(5)出卖人按照约定或者依据《民法典》第 603 条的规定将标的物置于交付地点,但买受人违反约定没有收取的,则标的物的毁损、灭失的风险自违反约定时起由买受人承担。(6)因标的物不符合质量要求,致使合同目的不能实现时,买受人可以拒绝接受标的物或者解除合同。由此而产生标的物毁损、灭失时,该风险由出卖人承担。如果注意了上述法律规定所划分的标的物毁损、灭失的风险责任的承担,买卖合同的交易安全和交易风险将会大大降低。

四是要注意合同标的物的瑕疵担保责任问题。合同标的物的瑕疵担保责任,又可以分为标的物的权利瑕疵担保责任和物的瑕疵担保责任。所谓权利瑕疵担保责任,是指出卖人在交付标的物时,要保证第三人对该标的物不享有任何权利,以保证买受人对标的物享有绝对权利。如果出卖人交付的标的物上存在第三人的权利,除买受人在订立合同时就知道或者应当知道第三人对该标的物享有权利以外,出卖人应当按照《民法典》第 582 条至第 584 条的规定承担违约责任。所谓物的瑕疵担保责任,是指出卖人在交付标的物时,应当按照合同约定或者《民法典》第 510 条和第 511 条规定的质量标准或者要求交付标的物,如果出卖人未按此要求交付标的物,则买受人可以依据《民法典》第 582 条至第 584 条的规定追究出卖人的违约责任。除这四个问题外,买卖合同中还有许多规定,就不再提示。

2. 借款合同

在我国经济社会生活中,借款合同是使用较多的合同类型。金融是我国国民经济的重要组成部分,金融如何为实体经济服务,涉及我国社会主义经济能否健康发展的大问题。各类民事主体通过借贷方式开展间接融资活动,获得经营资金,促进市场主体经营活动的开展。因此,《民法典》对借款合同所作的相关法律规定,对于规范市场主体的间接融资活动,保护间接融资市场是非常重要的。这次《民法典》编纂时,主要吸收了《合同法》借款合同一章的内容,并作了个别修改,变动不大。在适用借款合同的法律规定的内容时,还是有必要注意以下几个问题。

一是注意把握借款合同的法律关系。在借款合同法律关系中,当事人的权利义务指向的对象是资金,即出借方借出资金、借款方借用资金。出借方因出借资金本金而有权利收取本金利息,并要求借款方按期归还本金;借款方有权足额收取本金,也有义务到期归还本金并支付本金利息。同时,双方在订立并履行借款合同时,必须遵守国家关于借款融资活动的相关法律规定,不得违背。这是审理借款合同纠纷案件必须注意的基本点。

二是要注意金融借款合同与民间借贷的区分。所谓金融借款,通常是指银行业机构与客户之间的借贷活动。金融借款活动因有国家金融业监管机构的严格监管,借贷活动比较规范,产生纠纷相应较少。即使存在纠纷,因有较严格的规范,处理难度相应较小。所谓民间借贷,是指除银行业机构之外的市场主体之间开展的借贷活动,包括自然人之间的借款纠纷,法人组织之间、法人组织与非法人组织之间、非法人组织之间、法人组织和非法人组织与自然人之间的借款活动。民间借贷活动是我国长期以来在经济生活和社会生活中形成的民间融资活动,是我国正规金融活动的补充。在正规金融不能对我国经济生活和社会生活实现全覆盖的条件下,民间借贷的融资形式将会长期存在。但是应当看到,由于长期以来我国缺乏严格有效的管理,民间借贷纠纷案件一直居高不下。特别是我国经济进入新常态以来,由于金融借贷不能满足中小微企业的需要,民间借贷空前活跃,民间借贷纠纷案件更是出现井喷式增长。正是因为民间借贷存在与金融借贷不同的特殊性,人民法院在审理民间借贷纠纷案件时,一定要结合审判实践中总结的经验,正确地开展审判活动。

三是要注意民间借贷合同纠纷与其他民事合同纠纷的区别。目前,我国每年审理的民间借贷合同纠纷案件,高达200万~300万件,数量十分庞大。但在审理中,发现不少其他类型的案件混入民间借贷案件进行审理的现象。例如,民间借贷从法律关系上看,出借方与借款方的权利义务关系,是围绕资金这一合同标的物设立的。而货物买卖关系,则是当事人围绕货物这一合同标的物设立的。如果买货方收货后没有支付货款,向卖货方出具欠条,当卖货方持欠条向人民法院起诉要求收款时,其案件是民间借贷案件纠纷,还是货物买卖纠纷呢?很显然,这是货物买卖纠纷,买货人欠货款违约,应当承担违约责任,但如果仅看借条或者欠条,不看借条或者欠条产生的基础民事法律关系,一概按照民间借贷纠纷案件审理,要求买货方支付欠条记载的金额并计算利息,张冠李戴,错误适用法律,就可能办"错案"。因此,在审理民间借贷纠纷案件时,一定要审理基础民事法律关系。其基础法律关系是民间借贷关系的,按照民间借贷纠纷处理;其基础法律关系是买卖、工程款欠款、劳务等民事法律关系的,应当按照各自的基础民事法律关系的性质确定案由,不能都简单地归入民间借贷纠纷进行处理。

四是要注意民间借贷利率的合法性。银行业机构开展的金融借贷活动,通常都是按照国家许可的利率开展业务,合法性不成问题。但民间借贷活动,利率通常由当事人议定,中国人民银行没有规定专门的民间借贷利率。为解决人民法院审理民间借贷纠纷案件,最高人民法院曾经商相关国家机关,用司法解释的形式划定了利率的"两线三区",以解决利率的合法性问题。所谓利率的"两线三区",即以24%和36%划出两条线,分出三个区域:当事人约定的利率如果在24%以内的,为受民事法律保护的区域;如果约定的利率在24%至36%的,为自然债务区域,民事法律不保护,但债务人愿意主动履行的除外;如果约定的利率在36%以上的,为利率的无效区域,完全不受法律保护。由于民间借贷的利率没有国家基本法律的规定,实践中出现了不少问题,如"套路贷""校园贷"等形式的高利贷不断出现,危害甚大。这次《民法典》编纂时,在第680条专门规定:"禁止高利放贷,借款的利率不得违反国家有关规定。”以后在审理民间借贷纠纷案件时,如何认定高利贷,还应当按照国家相关法律和最高人民法院的相关司法解释规定进行。最近,最高人民法院对民间借贷的司法解释进行了修正,重新规定了利率的保护标准,即以中国人民银行授权全国银行间同业拆借中心每月20日发布的一年期贷款市场报价利率(Loan Prime Rate,LPR)的4倍为标准确定民间借贷利率的司法保护上限,取代原规定中以24%和36%为基准的“两线三区”的规定。今后民间借贷的利率标准,应当按此标准执行。

五是注意民间借贷合同的效力。民间借贷合同的有效和无效、生效和未生效、成立和未成立,是审理民间借贷合同纠纷案件很重要的问题。审理时,应当按照合同编和相关法律处理,特别要注意按照最高人民法院关于民间借贷的司法解释的规定处理,这里就不一一细述。关于民间借贷案件的审理,还存在许多具体问题,解决这些问题的措施和方法,最高人民法院关于民间借贷司法解释有详细规定,应当注意在实践中认真把握。

3. 保证合同

保证合同最初是规定在《担保法》中的内容,这次《民法典》编纂时将其从《担保法》中移置过来,作为合同编新增加的合同类型。在实施保证合同时应当注意以下几点:

一是注意正确把握保证合同的法律关系的基本构成。这是审理保证合同纠纷的基本要点。保证合同作为保证主债权债务关系中债务人向债权人履行债务的从合同,其权利义务指向的对象是债务人向债权人应当履行的债务;保证人的义务是在债务人不履行应当履行的债务时,保证用自己的财产向债权人履行;债权人的权利是在债务人不履行债务时,有权要求保证人向自己履行。

二是注意保证合同与抵押、质押等担保物权一样,都是对主债权债务关系的担保。在《担保法》中,保证、抵押、质押、留置、定金等都是作为主债权债务关系的担保方式出现。编纂《民法典》时,抵押、质押、留置作为担保物权,归入物权编,而保证是以信誉作为担保,不具有物的担保的属性,故将其归入合同编。虽然两者分别属于不同的分则,但它们作为担保的属性没有改变,作为主债权债务合同的从合同的性质没有改变。

三是在审理担保合同纠纷案件时,应当注意抵押、质押和保证的关系。在经济生活和社会生活中,民事主体设定担保时,可能既设定了抵押、质押等物的担保,又以保证的方式设定了人的担保。出现这一情况应当如何适用法律呢?《民法典》第392条规定:“被担保的债权既有物的担保又有人的担保的,债务人不履行到期债务或者发生当事人约定的实现担保物权的情形,债权人应当按照约定实现债权;没有约定或者约定不明确,债务人自己提供物的担保的,债权人应当先就该物的担保实现债权;第三人提供物的担保的,债权人可以就物的担保实现债权,也可以请求保证人承担保证责任。提供担保的第三人承担担保责任后,有权向债务人追偿。”该条规定就是人保与物保发生冲突时解决问题的基本方法。当然,实践中出现的问题可能更为复杂,要以这种方法为基础和原则,即以“有约定按约定,无约定或约定不明时,自己担保先于他人担保;第三人担保时由债权人选择”为基础和原则处理纠纷。

四是注意保证合同中一般保证与连带责任保证的区别。所谓一般保证,是指当事人在保证合同中约定,债务人不能履行债务时,由保证人承担保证责任,即由保证人替代债务人向债权人履行。这里的债务人不能履行到期债务,一般情况下是指债务人的财产依法强制执行仍不能履行债务时。

在此情况下,债权人有权请求保证人承担保证责任。在特殊情形下,债务人不能履行到期债务还包括:债务人下落不明且无财产可供执行;人民法院受理债务人破产案件;债权人有证据证明债务人的财产不足以履行全部债务或者丧失履行债务能力等情形。在特殊情形下,债权人也有权请求保证人承担保证责任。所谓连带责任保证,是指当事人在保证合同中约定,在债务人不能履行到期债务的情形出现时,债权人有权请求保证人在其保证的范围内承担保证责任。在这里必须强调一点,由于连带责任保证对保证人责任压力较大,而保证人在保证合同中又主要是承担责任,没有合同权利,因此认定连带责任保证法律关系必须从严掌握。具体来说,认定连带责任保证必须要有当事人明确的合同约定,当事人在保证合同中对保证方式没有约定或者约定不明时,只能按照一般保证认定保证责任,不能认定为连带保证责任。在保证合同一章中还有其他审判实践中经常遇到的问题,这里不再细述。

4. 保理合同

保理合同是这次《民法典》编纂时新增加的合同类型。应收账款的保理活动,在世界各国已经开展多年。近年来,我国对应收账款的保理业务逐渐在经济发达地区发展起来。目前,我国的保理不仅有银行业开展的银行保理业务,还有大量保理公司开展的商业保理。据不完全统计,我国涉及的保理业务资金量已经高达数万亿元人民币,覆盖面越来越宽。这对各类市场主体的融资、债务催收和不良资产运作都有很大的好处。随着社会主义市场经济的发展,保理业务的发展趋势会越来越广泛,需要从法律层面进行规范,保证保理活动的健康发展。由于保理合同后面还会有详细的解读,这里只是概略谈几点。

一是要注意正确理解保理合同的含义。保理合同,实质上是基于对债权人应收账款债权的转让所订立的服务性质的合同。保理合同的当事人应当是应收账款的债权人和保理人。保理合同的标的物是双方权利义务所指向的对象——应收账款,这里的应收账款既包括现有的应收账款,也包括将有应收账款。双方的权利义务应当围绕应收账款协商设定,具体来说包括:(1)应收账款债权人将应收账款转让给保理人;(2)保理人为应收账款债权人提供资金融通、应收账款管理或者催收,为应收账款债务人付款提供担保等服务;(3)保理人基于为应收账款债权人提供服务而收取相应的佣金。

二是要注意保理合同的生效时间。保理合同是应收账款债权人与保理人通过平等自愿协商后达成的协议。当协议达成后,该保理合同是否就正式发生法律效力呢?本书认为,保理合同应当是实践性合同,应当以应收账款转让为前提条件,即只有当应收账款交付给保理人后,保理合同才可能有履行的基础和条件。如果应收账款不能转让到保理人名下,保理人的保理服务就无法开展。因此,双方当事人签订保理合同,只能是合同的成立,不能是合同生效。保理合同的生效时间,应当以应收账款转到保理人名下时为生效时间。按照《民法典》第546条第1款的规定:"债权人转让债权,未通知债务人的,该转让对债务人不发生效力。"这里规定的债权转让通知到达债务人的时间,不是保理合同生效的时间,而是保理合同中的应收账款转让效力及于应收账款债务人的时间。除债权人通知外,按照《民法典》第764条的规定,保理人的通知也应当能够产生保理合同中的应收账款转让效力及于债务人的法律效力。因为按照该条规定:"保理人向应收账款债务人发出应收账款转让通知的,应当表明保理人身份并附有必要凭证。"这就表明法律将应收账款转让的通知权利,也赋予了保理人。

三是要注意保护保理人在原基础合同中债权人的地位。应收账款转让给保理人后,保理人取代了应收账款债权人在原基础合同中债权人的地位。有了债权人的地位,保理人才能提供资金融通工作,开展应收账款的管理或者催收工作,保理服务的合同义务才可能履行。因此,未经保理人同意,应收账款债权人与债务人不能随意变更或者终止交易合同。要保护保理人在原基础合同中的债权人地位,有两个方面的问题需要注意:一方面,原基础合同的债权人与债务人所订立的基础合同是虚假合同,债权以此合同为据与保理订立保理合同,以骗取保理人的融资。如果出现前述情况,保理人的合法权益如何维护?为此,《民法典》第763条规定:“应收账款债权人与债务人虚构应收账款作为转让标的,与保理人订立保理合同的,应收账款债务人不得以应收账款不存在为由对抗保理人,但是保理人明知虚构的除外。”该条规定的目的就是,通过不减轻基础合同债务人的民事责任的方式,遏制虚假合同的生存空间,保护保理活动的正常运行。另一方面,保理合同订立,应收账款债务人收到应收账款转让通知后,原基础合同的债权人与债务人变更或者终止基础交易合同,造成保理人处于不利地位,利益受到影响。如果出现上述情况,应当如何处理呢?《民法典》第765条规定:“应收账款债务人接到应收账款转让通知后,应收账款债权人与债务人无正当理由协商变更或者终止基础交易合同,对保理人产生不利影响的,对保理人不发生效力。”也就是说,其变更或者终止交易合同的民事法律行为,只能在他们双方有效,对保理人无效。保理合同继续履行,保理人在原基础合同中的债权人地位依然存在,相对人依然应当履行其应当履行的法律义务。当然,如果原基础合同的债权人与债务人遇到突发事件,原基础合同无法履行,债权人与债务人想变更或者终止合同,应当征求保理人的意见。因为这时的保理人已经取得相应债权人的地位,不征求其意见而作出相应变更基础合同,其效力也同样不能及于保理人。如果基础合同的变更或者终止导致保理合同的履行也出现问题,保理人有权要求应收账款债权人返还相应的融资,并承担相应的民事责任。

四是要注意保理合同中有追索权保理合同与无追索权保理合同的区别。所谓有追索权的保理合同,是指保理人履行保理合同义务以后,可以依约向应收账款债权人主张返还保理融资款本金和利息,也可以依约要求应收账款债权人回购应收账款债权,还可以依约向应收账款债务人主张应收账款债权。这里的追索权,就是指保理人对应收账款债权人的追索权。在实践中,应收账款债权人与保理人在转让应收账款债权时,保理人通常会按照约定向债权人支付保理融资款。除上面所说的形式外,当事人还可以约定在保理人履行完保理义务后,如果债权人不能返还该融资款本金和利息,保理人可以要求债权人回购应收账款债权;如果既不能返还融资款本金和利息,又不能回购应收账款债权,保理人还可以直接向应收账款债务人主张应收账款债权。但保理人在向应收账款债务人主张应收账款债权时,只能折抵保理融资款本金和利息以及相关费用,剩余部分应当返还应收账款债权人。有追索权的保理的特点是,只要保理人按照保理合同履行了义务,将催收到的应收账款交付给应收账款债权人后,无论应收账款债务人实际履行了多少债务,保理人都要追索回已经支付的保理融资款本金和利息以及相关费用。所谓无追索权保理合同,是指保理人在支付保理融资本金后,保理人取得向应收账款债务人主张应收账款债权后,保理人收回的应收账款无论多少,都与应收账款债权人无关,无须向应收账款债权人返还;保理人也无权向应收账款债权人主张融资本金和利息等费用,但双方因发生商务合同纠纷,导致应收账款不能收回的除外。保理合同是新的合同类型,目前这类合同纠纷案件的审理在经济发达的东部地区虽已经有了一些案例,积累了一些经验,但在全国的其他地区还不算太多。随着经济的发展,保理业务也必然会随之发展,相应的保理纠纷会逐渐增多。今后人民法院还应当注意这方面案件的审理,以促进保理合同在经济生活中发挥更大的作用。

5. 建设工程合同

建设工程合同是《民法典》合同编中重要的典型合同,对于我国基本建设中建设工程质量的规范和保护是至关重要的。这次《民法典》编纂编入的建设工程合同的内容,主要源于《合同法》第十六章。《民法典》编纂时,增加了审判实践中需要的条款,如第 793 条规定的建设工程施工合同无效时工程款应当如何支付;第 806 条规定的建设工程承包合同的解除等。由于《合同法》已经适用了 20 年,建设工程合同如何适用已经有许多成熟的经验,这里不作细述,只强调以下几点:

一是要明确建设工程合同的法律关系。建设工程合同的主体,主要是工程建设的发包方和承包方,以及因工程建设监理事务相关的发包方与监理方。建设工程合同的客体,是工程建设主体双方权利义务所指向的对象——建设工程。由于建设工程的建设是一个过程,围绕工程建设的不同阶段,在建设工程合同之下就形成一系列的具体合同类型:在工程的勘察阶段,需要工程勘察合同;勘察完成后,在工程设计阶段,需要工程设计合同;勘察、设计完成后,在工程的施工阶段,需要工程施工合同;在建设工程施工阶段,为保证建设工程的质量,需要发包方委托专业人士对建设工程的质量进行监理,这就需要订立委托监理合同。围绕建设工程而产生的发包方与承包方、发包方与监理方的权利义务,第十八章作了明确规定,不再细述。

二是要明确因建设工程质量等涉及社会公共利益事宜,当事人契约自由的行为应当受到限制。发包方与承包方订立建设工程合同时,其建设工程无论是住宅、商场、厂房,还是公路、桥梁、水坝等,其工程质量等都涉及社会公众的切身利益,而不仅仅是合同双方当事人的利益。这一点,是建设工程合同与其他合同不同之处。例如,张三向李四买一花瓶,李四称花瓶是古董,索要高价。张三出高价买了此花瓶。这里张三和李四的行为是纯粹个人行为,不涉及社会公共利益,两人你情我愿,与他人无涉,完全可以契约自由。但建设工程则不同。发包方和承包方开发承建住宅楼盘,可能双方均不住此楼,住楼人是小业主。如果任由发包方与承包方拥有不受限制的契约自由权利,让楼盘成为“豆腐渣工程”,受损害的是小业主。因此,建设工程合同当事人不能拥有不受限制的绝对契约自由的权利,他们的合同行为不能侵害社会公众的利益。

三是要明确工程建设的过程必须遵守建筑技术性法律规范。在长期的社会历史发展中,工程营造从简到繁,积累了丰富的经验,形成了大量专业性的工程建筑技术性规范。这些技术性规范是工程建造科学规律的反映,任何从事工程建设的活动都应当遵循。工程建设的这一特点,决定了建设工程合同的当事人订立合同时,不得违背工程建筑技术性规范。如果违背,双方订立的合同或者相关合同条款,就有可能无效或者被撤销。因此,当事人契约自由的行为在工程建筑技术性规范面前一定要受到严格限制。基于这一原则,如果建设工程合同在工程款的计算、工期期限的要求、建筑材料的使用等方面,与工程建筑技术性规范发生冲突,造成财产损失,就应当根据合同当事人的过错,确定各自的合同责任。合同是否可以解除,由当事人根据实际情况具体依法处理。合同当事人的契约自由行为不能违背工程建筑技术性规范的原则，是人民法院审理建设工程合同纠纷时，必须坚守的底线。这是防止目前不断出现的“豆腐渣工程”所必需的。

四是要明确建设工程合同无效处理。按照合同法的一般规则，合同如果被认定无效，已经占有对方财产的应当返还对方；造成财产损失的，由过错方承担赔偿损失的责任；双方都有过错的，根据各自过错的大小，分别承担相应的责任。但是，建设工程合同往往有自己的特殊性。当合同被认定无效后，工程建设可能已经完成，返还财产已经没有可能。为解决这一实际情况，最高人民法院运用司法解释的方式规定，如果合同无效，但建设工程经验收合格，且不违反国家其他相关法律规定的，可以参照合同关于工程价款的约定折价补偿承包人；如果建设工程经验收不合格的，可以由承包人进行修复，修复后合格的，参照合同约定的工程价款的约定补偿承包人；不合格的建设工程经修复后仍然不合格，承包人不能请求参照合同关于工程价款的约定补偿。经过多年实践证明，这一规定有效地解决了实践中的不少难题。这次《民法典》编纂，就在第 793 条中将其正式写进了合同编。建设工程合同还有不少规定，因下面还要作专门介绍，就不再细述。

除上述合同编规定的 19 类合同外，还有许多合同类型没有列入典型合同分编。(1)物权编规定的民事合同。例如，国有土地使用权出让合同、国有土地使用权转让合同、探矿权出让合同、探矿权转让合同、采矿权出让合同、采矿权转让合同、农村集体土地承包经营权合同、农村土地承包经营权转让合同、农村土地经营权转让合同、海域使用权合同、自然资源使用权交易合同、悬赏合同、宅基地使用权合同、居住权合同、地役权合同、抵押合同、质押合同，等等。除上述合同外，在物权编中还有一些具体的合同，这里就不再列举。(2)人格权编规定的民事合同。例如，法人和非法人组织的名称权转让合同、自然人的肖像权使用许可合同和姓名权使用许可合同、法人和非法人组织的名称权使用许可合同、个人信息使用许可合同等属于人格权保护中的特殊类型合同。(3)婚姻家庭编、继承编规定的民事合同。例如，当事人的离婚协议、夫妻共同财产分割协议、夫妻财产协议、夫妻共同债务协议、子女抚养协议、赡养协议、收养协议、遗赠扶养协议、遗产分割协议，等等。因婚姻家庭关系涉及当事人的身份关系，相关协议订立和履行不得与婚姻家庭编和其他相关法律的规定相违背。(4)侵权责任编中的民事合同。因民事侵权而必然产生侵权之债，民事侵权编中也涉及不少合同。其中主要的有：人身伤害赔偿协议、人身死亡赔偿协议、精神损害赔偿协议、财产损害赔偿协议，等等。在此之下，还可以产生出更多更细的合同，这里不再列举。(5)没有列入合同编典型合同范围的其他民事合同。中外合资经营企业合同、中外合作经营企业合同、中外合作勘探开发自然资源合同、保险合同、旅游合同、医疗服务合同、劳务合同、证券交易合同、股权转让合同、期货交易合同、知识产权交易合同、网络服务合同等，因其已经或者将要体现在单行民事法律中，典型合同中也不再体现。上述 5 类合同都属于民事合同，那么，这些民事合同的适用规则还有什么特殊性呢？《民法典》第 467 条第 1 款规定：“本法或者其他法律没有明文规定的合同，适用本编通则的规定，并可以参照适用本编或者其他法律最相类似合同的规定。”第 468 条规定：“非因合同产生的债权债务关系，适用有关该债权债务关系的法律规定；没有规定的，适用本编通则的有关规定，但是根据其性质不能适用的除外。”具体来说，《民法典》包括合同编之外的其他各编，对合同有规定的按照其规定办理；其他法律有规定的，按照其他法律的规定办理；民法典和其他法律都没有规定的其他合同，按照合同编通则的规定办理，并参照适用典型合同或者其他法律最相类似的规定办理。有了这一系列规定，我国合同法律制度体系就基本完善了。

《民法典》合同编第三分编是准合同。该分编共分为两章，即第二十八章无因管理和第二十九章不当得利。在其他国家的民法典中，因为设立了债权总则，"无因管理"和"不当得利"就放在债权总则中。而我国《民法典》没有按照债权总则和债权分则的体例，合同通则中放不进去，就采用了"准合同"的方式，将"无因管理"和"不当得利"放入其中。至于它们的具体规定，在实践中已经为大家所熟悉，这里不再介绍。

这次对合同编的编纂，结合我国40年来社会主义市场经济发展的实践经验，在合同法的基础上，为维护社会主义市场经济秩序，推动市场交易活动的健康开展，建立起了完整的合同制度体系。正如前面所述，我国的民法典是一个开放的体系，随着社会主义市场经济的不断发展和完善，我国的合同制度也将不断发展完善。随着合同制度的完善，严格司法也更为重要。只有严格司法，我们的合同制度才能拥有生命力，社会主义法治秩序才能真正建立，法治中国的形象才能真正在世界树立起来。这是我们法律工作者的使命。

第二章 合同的订立

专题一 预约合同问题

为解决实践中是否承认预约、预约构成要件、预约的法律效力和违反预约的法律后果等问题，最高人民法院通过总结审判经验，制定了《买卖合同司法解释》等规定，对解决预约纠纷案件发挥了规范作用。《民法典》编纂时，对上述司法解释规则予以确认，上升为立法，增加规定了一般预约合同，弥补了合同法的不足。《民法典》第 495 条规定："当事人约定在将来一定期限内订立合同的认购书、订购书、预订书等，构成预约合同。当事人一方不履行预约合同约定的订立合同义务的，对方可以请求其承担预约合同的违约责任。"对于这一规定，在实践中应当如何理解呢？

一、预约与本约

（一）预约的定义与特征

预约是相对于本约的合同。所谓预约，是指当事人约定将来订立一定合同（本约）的合同。[①]将来应订立的合同是本约，约定订立本约的合同，称为预约。[②] 本约是具有民事权利义务给付内容的一般合同，通过本约定的履行，能够满足当事人的生活、生产经营需要。预约合同的目的只是约定将来订立本约合同。预约可以称为预备合同，本约可以称为正式合同。民法典规定的全部有名合同，都是本约合同。合同编关于合同的条文，除第 495 条之外，基本也是针对本约合同作出的规定。预约合同在形式上一般都能区别于本约合同，如多称为认购书、订购书、预订书、意向书等，多数构成预约合同。从经济性原则出发，当事人通常是可以直接订立本约合同，无须先签订预约合同。当事人之所以订立预约合同，是因为当事人遇到某些事实和法律上的障碍暂时不能订立本约合同，或者是为了防止一方当事人将来不订立本约合同，从而采取订立预约合同的办法，使一方当事人预先受到订立本约合同义务的拘束。[③] 民法典增加预约合同是水到渠成：一是从比较法上看，各国对预约合同多有规定，法国民法、日本民法、俄罗斯民法、瑞士债务法、意大利民法典、德国民法等亦有关于预约的规定。二是我国实践中预约合同已经广泛存在，因其不同于本约之性质和内容，需要不同于本约合同的制度规则。三是最高人民法院司法解释确定的预约规则已经司法实践证

---

① 史尚宽：《债法总论》，中国政法大学出版社 2000 年版，第 12 页；郑玉波：《民法债篇总论》，中国政法大学出版社 2004 年版，第 31 页。

② 王利明：《合同法新问题研究》，中国社会科学出版社 2011 年版，第 135 页。

③ 郑玉波：《民法债编总论》，陈荣隆修订，中国政法大学出版社 2004 年版，第 30 页。

明,并为法官和其他法律共同体普遍接受。

预约合同是一种独立的合同,合同标的是在一定期限内签订本约。根据预约,当事人负缔结某个合同的义务,如果一方当事人违反预约,属于不履行合同的行为,应按违约责任处理。[①] 因此,预约合同通常应具备合意性、约束性、确定性和期限性四个基本特征。

1. 预约的合意性。预约合同是合同,既非要约,也非要约邀请,必须是双方当事人意思表示的合意。预约合同必须经双方当事人完成要约承诺的过程,并达成合意。预约合同的主要条款应当达成一致意见,即对将来订立本约形成合意。对于实践中常见的预约形式,如意向书、允诺书、认购书、原则协议、谅解备忘录、定金收据、谈判纪要等,要通过是否达成了双方将来订立合同的合意进行判断,如果有合意,可以初步作为预约,如果是一方的意思表示,可能是要约,也可能是要约邀请,但不是预约合同。如果不能确定有订立本约的意思,则不能认定成立预约合同。例如,当事人在函件、意向书、备忘录中表明要"考虑"将来订立合同,则双方将来订立本约欠缺明确的意思表示,不能成立预约合同。

2. 预约的约束性。由于预约合同往往是当事人谈判进程中达成的合意,表现形式一般不称为合同,预约合同效力既然源于当事人的意思表示一致,就应有当事人受合同约束的意思表示。当事人接受预约合同约束的意思表示,可以是明示的,也可以是默示的。如果仅仅是记录谈判过程及结果的进程性文件,没有明确的接受记录内容的约束的意思表示的,不能构成预约。如订立意向书中仅包括了双方继续磋商订立合同的订约意向,而没有明确表示双方负有订立本约合同的义务,则不构成预约合同,只是订约意向。

3. 预约的确定性。预约合同是将来订立本约合同的合同,其应当具有订立本约合同的确定内容,包括本约合同的类型和性质,以免陷入本约谈判的僵局,否则预约丧失了存在的价值。预约合同的成立遵循要约和承诺的要求,合同内容应具备具体明确的合同成立条件。预约合同成立条件,应遵循本约合同的标准,根据《合同法司法解释(二)》第1条的规定,人民法院能够确定合同当事人名称或者姓名、标的和数量的,一般应当认定合同成立。《联合国国际货物销售合同公约》(the United Nations Convention on Contracts for the International Sale of Goods,CISG)第14条规定,买卖合同成立只需具备3个条款:(1)货物的名称;(2)明示或默示规定货物的数量或者规定如何确定数量的方法;(3)明示或默示规定货物的价格或者规定如何确定价格的方法。上述规定是合同成立的必备条款的判断标准,也是最低要求。当然,不同的合同对于成立条款的要求不同。尽管实践中,许多预约合同中已经就本约合同的主要内容作了约定,但预约合同的成立并不要求必须具备本约合同的主要内容,"意思表示应当仅是对于未来订立某种类型而作出的表示,而不应当包含此类合同的主要内容"。[②] 但在判断预约合同的内容是否确定时,应以达成该类合同应当具备的最低要求为限,欠缺本约合同的条款既可以通过协商确定,也可以在协商不成时通过解释方法予以填补,一般还要具有订立合同的时间或者方式。预约合同的确定性,还会受到本约合同订约可能性的限制。如最高人民法院认为,商品房买卖预约合同的签订时间应在开发商办妥立项、规划、报批手续

① 王利明:《合同法新问题研究》,中国社会科学出版社2011年版,第135页。

② 王利明:《预约合同若干问题研究——我国司法解释相关规定评述》,载《法商研究》2014年第1期。

后至销售许可证取得前;在立项审批前签订预约,无异于非法融资,应当认定无效。立项规划后,房屋开发位置、总层次、总建筑面积等已基本确定,当事人完全有条件作出较明确的约定。[①]

4. 预约的期限性。《民法典》规定,"当事人约定在将来一定期限内订立合同"为预约合同,突出强调了其期限性,即将来一定期限内订立合同,既非已经订立了合同,为本约,也非无限期的等待订立合同,失去预约之意义。王利明教授认为,如果当事人订立了应当订立本约合同,但是对于在什么期限内订立并没有作出约定,则很难认定预约合同成立。[②] 预约合同中的期限是指订立本约合同的期限,这不同于附期限的合同。附期限的合同是已经成立的合同,只是约定了其将来经一定期限合同才生效,属于本约合同于成立一定期限后生效的情况。在预约合同下,本约合同还未成立,当事人只是对将来订立本约合同达成了合意。附期限的合同在生效之前,因其已经成立,所以对当事人具有形式约束力,预约合同下本约合同未订立,当事人只受预约合同约束,不会受本约合同的约束。

(二)预约合同的效力

预约合同的法律效力,理论上有争论,[③]我国民法典将预约合同定位为独立的合同,并明确其标的为"在将来一定期限内订立合同",则预约合同具备合同的法律效力,主要在于应当依约订立本约合同。

1. 预约合同双方当事人均可以请求对方履行订立本约合同义务,不能请求履行预约合同中所预定的本约合同的给付义务。只有履行了预约中的订立本约合同的义务,本约合同才为成立,产生法律效力。

2. 预约合同约定的双方当事人将来订立本约合同的权利义务,在性质上属于合同债权债务,受合同相对性原则约束,一般不得对抗第三人。预约合同之债权,仍然是请求权,而不是形成权,故本约合同之订立,仍然遵循要约承诺的方式,而不能依一方意思表示成立。

3. 预约合同义务违反后当事人应当承担违约责任,可以适用违约金、定金、损害赔偿等责任形式,能否适用《民法典》第580条的强制履行的责任方式,争议较大。

4. 预约合同有向本约合同转化的法律效力。在预约合同约定了本约合同的主要条款,虽未订立本约合同,但当事人已经实际履行了本约合同的,则根据《合同法》第36条[④]和《合同法司法解释(二)》第2条[⑤]的规定,可以认定本约合同成立。《商品房买卖合同解释》第5条关于"商品房的认购、订购、预订等协议具备《商品房销售管理办法》第十六条规定的商品房买卖合同的主要内容,并且出卖人已经按照约定收受购房款的,该协议应当认定为商品房买卖合同"之规定,承认了预约与

---

① 最高人民法院民事审判第一庭编:《最高人民法院关于审理商品房买卖合同纠纷案件司法解释的理解与适用》,人民法院出版社2003年版,第61页。

② 王利明:《预约合同若干问题研究——我国司法解释相关规定评述》,载《法商研究》2014年第1期。

③ 《买卖合同司法解释》在理论上被认为采纳了应当缔约说,本书从之。预约合同的效力是订立本约的义务,而不仅仅是磋商义务;预约合同的效力不能因预约合同的内容不同而不同,内容确定说会造成实务混乱;预约本身不是本约,否则就否定了预约的独立性。

④ 《合同法》第36条规定:法律、行政法规规定或者当事人约定采用书面形式订立合同,当事人未采用书面形式但一方已经履行主要义务,对方接受的,合同成立。

⑤ 《合同法司法解释(二)》第2条规定:当事人未以书面形式或者口头形式订立合同,但从双方从事的民事行为能够推定双方有订立合同意愿的,人民法院可以认定是《合同法》第10条第1款中的"其他形式"订立的合同。但法律另有规定的除外。

本约之间的可转化性。此时,预约合同中关于本约合同的内容因为当事人的实际履行行为,推定当事人之间形成了本约合同的合意,本约合同即独立生效。在马某某与北京荧佳房地产信息咨询有限公司商品房预售合同纠纷案中,[①]最高人民法院认为:双方另又签订《补充协议》对《商品房买卖合同》的未尽事宜进行了约定,系双方真实意思表示。马某某按约定交付了50%的购房款作为首付款,已实际履行了合同。因此,该合同应属于商品房买卖合同。

(三)预约与本约的关系

理论和实践中,对预约合同与本约的关系认识有不小的争议,这影响了对预约合同纠纷的处理。为此,应当正确认识预约的法律性质,把握预约合同与本约合同的区分标准。

关于预约合同的法律性质,有不同观点。一是前契约说,主张预约处于本约成立前的前契约阶段,是本约成立的其中一个过程,是一项没有法律拘束力的协议。实质上否认预约是合同。二是从合同说,主张预约是本约的铺垫,是本约成立的保证,本约的成立不以预约存在为条件,预约是本约的从合同。三是附停止条件本约说,主张预约实质为附停止条件的本约,合同约定的订立本约的条件成就时,本约合同成立并生效。四是独立契约说,主张预约为独立的合同,预约合同有自身的合同标的,双方负有订立本约合同的权利义务;又有预设的本约合同中的民事权利义务关系。预约合同符合《合同法》的规范并受其调整,故预约合同和本约合同均为各具效力之独立契约。独立契约说是我国学界通说,[②]《买卖合同司法解释》采独立契约说,民法典亦采独立契约说。

由上观之,预约合同与本约合同的区别比较清楚,预约合同就是为了订立本约合同的合同,其与本约合同的区别在于:

一是预约合同的意思表示是订立本约合同,不设定具体的民事权利和义务;本约合同意思表示必然指向具体的民事权利义务。双方均可履行各自义务,实现缔约目的而无须另外订立合同,即使名为预约,亦应认定为本约。反之,必须另行订立合同,才能实现各自的缔约目的,则应属于预约。[③]

二是预约合同的内容,需要具备合同标的并包含将来订立合同的意思,无须包括完备的本约合同条款。但本约合同应当具备主要条款,能够确定当事人之间的民事法律关系的性质。

三是预约合同的效力只是约束当事人按照约定订立本约合同,而没有当事人之间民事给付义务方面的拘束力;本约合同的效力就是产生当事人之间的给付义务。例如,预约买卖合同双方当事人的权利,是请求对方履行订立买卖合同(本约)的义务,而非请求对方履行买卖合同本约之交货或者付款义务。如果合同中直接约定了当事人的给付义务的,则为本约。

四是预约合同违反的责任虽为违约责任,但限于订立本约合同义务的违反之责任,可以请求预约合同违反之责任,但不能请求承担本约合同的违约责任;本约合同违约责任是违反给付义务的法律后果,可以直接请求履行给付义务或者解除合同请求损害赔偿等违约责任。

(四)预约合同的违约救济

预约合同是独立的合同,违反预约合同义务的,应当承担违约责任,具备解除条件的,可以解除

---

① 最高人民法院(2012)民抗字第54号。

② 王利明:《预约合同若干问题研究——我国司法解释相关规定评述》,载《法商研究》2014年第1期。

③ 梁慧星:《对买卖合同司法解释(法释〔2012〕8号)的解读和评论》,载法学中国网:http://www.io/aw.org.cn/showarticle.aspx?xcl=3660,最后访问日期:2020年10月25日。

预约合同。预约合同的违约责任与本约合同的违约责任是否有区别,民法典并未作规定,原则上应认为预约合同的违约责任依其内容可以适用《民法典》合同编违约责任一章的规定。

1. 强制履行责任

《民法典》第577条和第580条规定了违反合同之强制履行责任形式。预约合同作为以订立本约合同为标的合同,是否适用强制履行责任形式,即能否强制履行订立本约的义务?《民法典》未作明确规定,最高人民法院《买卖合同司法解释》最终也未能作出选择。[①] 此后,理论界继续研究,实务界不断探索,目前否定说和肯定说仍各执一词,难以达成共识。

肯定说在理论上和比较法上有较多支持:

一是在比较法上,大陆法德国、日本、俄罗斯立法和实务中均承认强制缔约说。德国联邦最高法院曾经在一个案件中明确了"实际履行"预约合同即"强制缔(本)约"的规则。按照该规则,原告先向法院告知本约合同的内容,如果被告对此没有异议,则由法院确定本约合同的内容,法院并依诚信原则要求被告履行本约合同的内容。因此,依据预约合同债务人也具有一定的履行义务,即建立了强制缔约义务。[②] 在日本,则承认预约当事人的预约完结权,在一方当事人基于预约发出订立本约之要约时,不以对方的承诺为必要,即可成立本约。[③]《俄罗斯民法典》第429条、第445条规定,当签订预约合同的一方当事人拒绝订立本合同时,另一方当事人有权向法院提出强制对方签订合同的请求。在非违约方请求对方实际履行时,本约合同并不当然成立,应当由法院决定是否成立本约合同。

二是在理论上,我国主流观点承认强制缔约义务。史尚宽先生持肯定说。[④] 王泽鉴先生也认为,"预约债务人负有订立本约的义务,权利人得诉请履行,法院命债务人为订立本约的意思表示,债务人不为意思表示者,视同自判决确定时已为意思表示"。[⑤] 王利明、崔建远先生也认为,"预约虽然仅使当事人负有订约义务,但也是一种合同。如果预约的一方当事人不履行其订立本约的义务,则另一方有权请求法院强制其履行义务及承担责任"。[⑥]

三是肯定说的理由。首先,预约是独立的合同,应当赋予其与其他合同相同的效力,在违约的情况下,违约责任的形态包括了实际履行。对于违反预约合同的责任,显然也可以适用实际履行的方式。[⑦] 其次,预约合同的强制履行效力,是诚信原则和合同严守原则的要求。它可以督促当事人履行其承诺,签订本约合同,保护当事人的信赖,不使合同目的落空。再次,审判实务中出现的债务人不积极作出意思表示以及本约合同的内容成立问题,可以通过合同解释、合同漏洞填补等途径解决。最后,人身强制并不是在任何时候都被禁止。如在买卖合同中,当一方当事人不愿履行交货义务并经法院判决强制履行时,就属于人身强制的适用。因此,在宏观制度构建观之,人身强制不存在应不应该的问题,而是存在强制程度的问题。当一种制度在强制履行之余仍能保证履行的效果,

① 最高人民法院民二庭编著:《最高人民法院关于买卖合同司法解释的理解与适用》,人民法院出版社2012年版,第58页。
② 王利明:《预约合同若干问题研究——我国司法解释相关规定评述》,载《法商研究》2014年第1期。
③ 韩世远:《合同法总论》(第2版),法律出版社2008年版,第58页。
④ 史尚宽:《债法总论》,中国政法大学出版社2000年版,第13页。
⑤ 王泽鉴:《债法原理(一)》,中国政法大学出版社2001年版,第150页。
⑥ 王利明、崔建远:《合同法新论·总则》,中国政法大学出版社1996年版,第48页。
⑦ 王利明:《预约合同若干问题研究——我国司法解释相关规定评述》,载《法商研究》2014年第1期。

就没有理由不予采纳。

否定说也有比较法和实务、理论上的支持：

一是在比较法上，有些国家的法院拒绝作出实际履行的判决，认为这种责任承担方式有违公平原则。[①] 除日本法和俄罗斯民法对强制缔约义务有规定外，多数国家民法典并未明确。

二是预约合同的标的是签订本约合同的行为，而不是金钱或财物的给付行为。债务人拒不签订本约合同的违约行为，属于《民法典》第580条规定的不适用继续履行之情形。

三是强制缔约有违合同意思自治原则。依据合同法关于合同自由原则的规定，当事人对于是否订立合同有完全的自由，不受他人和组织的强制。如法院强制当事人订立买卖合同，将剥夺当事人的意思自由，而与合同自由原则相悖。因此，强制订立本约，属于《合同法》第110条第1项所谓"法律上不能履行"。[②] 如由人民法院补足本约的缺失条款，不符合预约当事人的真实意思表示。在张某某、北京王忠诚医疗科技有限公司与佛山市顺德区银景房产有限公司、佛山市顺德区德利企业管理顾问有限公司等股权转让纠纷案[③]中，最高人民法院以强制缔结本约违反合同意思自治原则予以否定，"预约合同作为一个独立的合同，其违约责任形式可以包括继续履行，但可由人民法院强制缔结本约的法律依据并不充分，否则有违合同意思自治原则，亦不符合强制执行限于物或行为的给付而不包括意志给付的基本原理"。

四是缔结合同属于意志的给付，法律规定的强制执行方式均无法适用，如直接强制、间接强制、代替执行、行为及不行为之强制执行均须有给付内容（包括物和行为），对预约合同当事人无适用之余地。[④]

本书认为，预约合同是否产生强制缔约的义务，要充分考虑预约合同的具体情形，既不能一概要求预约合同当事人必须订立本约合同，也不能一概否定预约合同的实际履行义务。从民法典规定、维护诚信和合同严守原则、促进交易等价值判断出发，应当以肯定说为原则，以否定说为例外。具体言之：

一是本约合同性质上具有人身属性的，应当依《民法典》第580条予以排除强制缔约义务。这就是否定说提出的人身性的合同不宜强制缔约。实践中的承揽合同、劳务合同、委托合同等以提供劳务为内容的合同，宜排除强制缔约义务。

二是本约合同标的在法律上和事实上不能的，强制缔约也不能实际履行，无须强制缔约。反之，则考虑适用强制缔约义务。如枣庄市海天房地产开发有限公司与冯某某合同纠纷案[⑤]中，法院认为：被告负有在合同约定的期限内订立买卖合同的义务，被告未按照约定履行订立买卖合同的义务，构成违约。根据《合同法》第107条的规定，原告请求被告继续履行的义务的诉讼主张，符合法律规定，且本案中并不存在《合同法》第110条规定的不能履行和不适于强制履行的情形，故原审判

---

① 钱玉林：《预约合同初论》，载《甘肃政法学院学报》2003年第4期。

② 梁慧星：《对买卖合同司法解释（法释〔2012〕8号）的解读和评论》，载法学中国网：http://www.io/aw.org.cn/showarticle.aspx?xcl=3660，最后访问日期：2020年10月25日。

③ （2016）最高法民申200号。

④ 最高人民法院民二庭编著：《最高人民法院关于买卖合同司法解释的理解与适用》，人民法院出版社2012年版，第58页。

⑤ 枣庄市中级人民法院（2014）枣民申字第66号。

决被告继续履行合同义务,并无不当。

三是法律对缔约一方当事人给予特别保护的,如果该受特别保护之一方当事人不愿意订立本约合同的,不得强制缔约。如消费者订立消费预约合同,后不愿意订立正式消费合同的。反之,则应当承认强制缔约义务。

四是对于双务预约合同,在判断强制缔约义务时,应当根据当事人在预约中对本约合同内容约定的程度分别处理。如果已经构成了本约合同的基本内容,只要使本约合同成立,可以顺利履行的,承认强制缔约义务是合适的。如果相反,则不宜强制缔约。[①] 如张某某诉上海振龙房地产开发有限公司商品房预约合同纠纷一案中,[②]法院以欠缺本约的主要条款而否定了强制缔约的请求,"上诉人主张双方应继续履行预约,以签订正式的房屋买卖合同,但双方目前仅成就预约合同关系,即便已届预约合同确立的订立本约之时间节点,在双方并未就买卖合同本约之基本条款达成一致的情况下,上诉人要求被上诉人履行强制缔结买卖合同本约之义务,缺乏合同约定及法律依据,预约合同双方仅能就本约不能订立之后果依法承担相应之责任"。最高人民法院在福建省莆田市广源饲料有限公司与陈某建设用地使用权转让合同纠纷案[③]中则以具备履行条件而支持了强制履行请求,认为"基于诚实信用的原则,依法生效的预约合同应当履行。当是否继续履行预约合同产生争议时,若根据合同目的、合同履行方式和预约合同实际履行情况能够继续履行的,依法应当继续履行"。显然,法院直接支持对本约履行的请求,而未按先强制缔约,然后再履行本约合同的顺序处理,与日本、德国的实践做法相似。

对于单务预约合同,双方约定权利人能够以单方意思表示即可使本约合同成立,权利人享有形成权的,则形成权一行使,本约合同成立。反之,订约义务一方无法单独意思表示使本约合同成立,对方当事人可以放弃其形成权利,亦应准许。

五是应当尊重当事人的约定,如果当事人明确约定一方违约时,另一方可以请求法院强制缔约的,应当允许。反之,也应当尊重当事人的约定。

2. 损害赔偿责任

预约合同是独立的合同,根据民法典规定,违反预约合同造成损害的,应当承担违约损害赔偿责任。但该赔偿损失的范围如何确定,实为审判实务之难题。当然,违反预约的违约损害赔偿责任,不同于违反本约的损害赔偿责任,在性质上可归入本约合同的缔约过失责任。其中,需要进一步厘清违约损失的总体范围、机会损失是否赔偿等问题。

第一,预约合同违约损失的范围。预约合同的内容是订立本约合同,违反了订立本约合同的义务,本约合同没有成立,因此违约损失不能按照违反本约合同的违约损失计算。预约合同相对于本约合同,属于缔结本约合同过程中的一个环节。有观点认为,相对于本约,预约其实处于订立本约

① 内容决定说的主张,根据预约中本约合同条款的具备程度,作为区别预约产生应当缔约还是必须磋商效力的标准,本书不予认同,但在预约合同违约之强制缔约效力上有其可借鉴之处。参见韩强:《论预约的效力与形态》,载《华东政法学院学报》2003年第1期。

② 上海市第一中级人民法院(2014)沪一中民二(民)终字第2917号

③ 最高人民法院(2014)民申字第935号民事裁定书。

的先契约阶段。违反预约的行为既是预约违约行为，也可以视为本约之缔约过失行为。① 鉴于预约合同违约损害的特殊性，将预约违约的损失在总体上限于本约的缔约过失责任范围还是适当的。当然，缔约过失责任的损失范围，在理论界由于对于信赖利益的范围存有较大的争议，本身也是具有复杂和不确定性，审判实务颇感困惑。应当承认，理论界主要存在的消极利益说、损害说、处境变更说、既存利益说及利益说 5 种学说，各所确定的信赖利益范围均有所不同。② 信赖利益通常包括所受损失与所失利益。所谓"所受损失"，亦称积极损害，是指因损害事故的发生，致使信赖人现有财产所减少之利益。所谓"所失利益"，亦称消极损害，是指因损害的发生，致信赖人之财产应增加而未增加之利益。③

第二，机会损失是否赔偿。一般缔约过失责任的所受损失包括：缔约费用、准备履行所需费用、已给付金钱的利息等；所失利益主要是另失订约机会之损害。④ 预约合同的损害赔偿范围主要是指"所受损失"，至少应当包括 4 项内容：(1) 订立预约合同支付的各项费用，如交通费、通信费等；(2) 准备为签订买卖合同所支付的费用，如考察费、餐饮住宿费等；(3) 已付款项的法定孳息；(4) 提供担保造成的损失。

缔约过失责任的"所失利益"，就是订约机会的损失。认定缔约机会的损失，必须证明预约合同违反与机会损失之间具有因果关系，权利人应当负举证责任。预约合同越接近于订立本约合同，机会损失的可能性越高，对当事人订约机会约束越小，机会损失的可能性越小。机会损失的判断，仍然取决于当事人对预约合同的信赖程度的高低，依然属于信赖利益损失的范畴。最高人民法院裁判认为，"对于因不能实现签订本约合同的机会损失如何赔偿的问题，主要应当衡量预约合同内容及履行状态、签订本约意愿、客观障碍、市场风险、政策因素（如鼓励投资还是遏制炒房）等未签订本约合同的原因要件"。⑤ 作为预约合同履行的可得利益，在计算上尚未有明确的标准。对此问题，解决方案在于：一是赋予当事人强制缔约的义务，一旦缔约成功，可得利益损失自以本约履行利益而为替代。二是在不能强制缔约，也无法单独计算出可得利益时，即限于订立本约合同机会丧失的损失。在"张某与徐州市同力创展房地产有限公司商品房预售合同纠纷案"中，法院采用了以约定的订立本约时标的价格与预约合同约定的价格之差价为基础，并考量其他相关因素酌定的方法确定订约机会丧失的损失额，"原告与被告签订预订单后，有理由相信被告会按约定履行订立本约合同的义务，从而丧失了按照预订单约定的房屋价格与他人另订购房合同的机会，因此被告因违约给原告造成的损失应根据订立预订单时商品房的市场行情和现行商品房价格予以确定，但因被告所开发建设的房屋无论是结构还是建筑成本都与双方签订预订单时发生了重大的变化，因此原告以被告开发建设房屋的现行销售价格作为赔偿标准亦显失公平，法院不予采纳。综合考量商品房市场的价格变动过程以及原告向被告交纳房款的数额，对于被告因违约给原告造成的损失确定为

---

① 最高人民法院民二庭编著：《最高人民法院关于买卖合同司法解释的理解与适用》，人民法院出版社 2012 年版，第 58 页以下。

② 邹挺骞：《论信赖利益及其损害赔偿》，载最高人民法院民事审判第一庭编：《民事审判指导与参考》（总第 17 辑），法律出版社 2004 年版，第 218 页。

③ 曾世雄：《损害赔偿法原理》，中国政法大学出版社 2001 年版，第 136 页。

④ 王泽鉴：《民法学说与判例研究》（第 5 册），中国政法大学出版社 1998 年版，第 227 页。

⑤ 最高人民法院民（2019）民申字第 2826 号民事裁定书。

150000 元”。[①] 在陈某某诉江阴兰星公司房屋买卖合同纠纷案[②]中，无锡市中级人民法院则以违约方因违约所获得的利益作为违约损失额，“参考了违约方将诉争房产出卖给第三方的实际交易价格，以违约方在交易中违背诚实信用原则而获得的实际经济利益作为对另一方的损失赔偿，即违约方的违约行为给其带来的直接经济利益，也就是原告的机会利益的损失”。这两种订约机会丧失损失的计算方法，基本上等同于本约违约之损害赔偿责任。依我国理论上基本共识，《合同法》上的对信赖利益的赔偿以不超过本约合同的履行利益为限，受《民法典》第 584 条可预见性规则的限制，应当根据个案按照可预见性规则进行判断，法律上很难确定统一的标准。[③]

3. 违约金责任

预约合同中约定有违约金条款的，可以依照《民法典》合同编关于违约金的规则处理。违约金为违约之预订赔偿金，在预约合同中原则上与损害赔偿不能并用。违约金过低或者过高的，可以依照《民法典》第 585 条第 2 款“约定的违约金低于造成的损失的，人民法院或者仲裁机构可以根据当事人的请求予以增加；约定的违约金过分高于造成的损失的，人民法院或者仲裁机构可以根据当事人的请求予以适当减少”之规定，请求法院合理增加或者减少违约金。在违约金过低时，也可以通过增加损害赔偿的方式予以救济。违约金过高调整时，违约方应当对违约金过高负举证责任，另一方有抗辩的，也应提供相应证据。预约合同的损失主要指“所受损失”，通常包括 4 项内容：其一，订立预约合同所支付的各项费用；其二，准备为签订本约合同所支付的费用；其三，已付款项的法定孳息；其四，提供担保造成的损失。预约合同的损失也应当包括订约机会丧失的损失在内，但应当有证据予以证明。为平衡当事人利益，特别是考虑取得证据的便利性，倾向于将举证责任分配给主张违约金的一方当事人。

4. 定金罚则

《民法典》第 587 条规定了定金责任，即“债务人履行债务的，定金应当抵作价款或者收回。给付定金的一方不履行债务或者履行债务不符合约定，致使不能实现合同目的的，无权请求返还定金；收受定金的一方不履行债务或者履行债务不符合约定，致使不能实现合同目的的，应当双倍返还定金”。通说认为，合同上的定金是违约定金，兼具证约定金的功能。《商品房买卖合同解释》第 4 条对预约中的定金罚则作出明确规定：“出卖人通过认购、订购、预订等方式向买受人收受定金作为订立商品房买卖合同担保的，如果因当事人一方原因未能订立商品房买卖合同，应当按照法律关于定金的规定处理；因不可归责于当事人双方的事由，导致商品房买卖合同未能订立的，出卖人应当将定金返还买受人。”预约合同可以适用定金罚则，定金亦应属违约定金，作为违约损害赔偿之预定，原则上不能与损害赔偿并用。依《买卖合同司法解释》第 28 条规定，在能够证明定金责任不足弥补守约方损失的，可以请求损害赔偿，并用之总额以不超过因违约造成的损失为限。

关于定金数额问题，《民法典》第 586 条规定，定金数额不得超过主合同标的额的 20%。预约定金的标的是将来订立本约合同，因此通常不能确定预约合同中的标的额，故无法地直接适用上述

---

① (2010)泉民初字第 2427 号，载《最高人民法院公报》2012 年第 11 期。

② (2012)锡民终字第 0024 号民事判决书。

③ 王利明：《预约合同若干问题研究——我国司法解释相关规定评述》，载《法商研究》2014 年第 1 期。

限制。如果约定的定金明显过高的，能否比照上述规定，按照公平原则予以调整，还需要实践中进一步提炼和明确规则。比如，考虑参照违约金过高调整的规则，兼顾定金的补偿性和惩罚性，适当予以调减。

5. 预约合同的解除

《买卖合同司法解释》第 2 条规定，“……一方不履行订立买卖合同的义务，对方请求其承担预约合同违约责任或者要求解除预约合同并主张损害赔偿的，人民法院应予支持”，明确预约合同在违约情形下也可以解除，并要求违约方承担损害赔偿责任。《民法典》第 495 条虽没规定预约合同可以解除，但预约合同本身为独立的合同，自可适用合同解除规则。预约合同的解除适用《民法典》第 563～568 条的规定。因不可归责于双方的原因解除合同的，预约合同终止，双方承担恢复原状义务，已经交付的定金应当予以返还，但不适用双倍返还罚则。如最高人民法院公报案例戴某某诉华新公司商品房订购协议定金纠纷案[①]中，法院认为，“如果双方在公平、诚信原则下继续进行了磋商，只是基于各自利益考虑，无法就其他条款达成一致的意思表示，致使本约不能订立，则属于不可归责于双方的原因，不在预约合同所指的违约情形内。这种情况下，预约合同应当解除，已付定金应当返还”。因一方根本违约而解除的，守约方可以请求违约方承担违约责任，有定金的，可以适用定金罚则。

二、实务中的问题

实践中，应当注意区分预约与缔约过失责任。相对于本约而言，预约在担保本约合同有效订立方面与缔约过失责任制度有相同的功能。如前文在确定预约合同违约损害赔偿责任时，也主要信赖于对本约合同缔约过失责任的赔偿范围确定。但预约与缔约过失责任是完全不同的两种制度，在实务中应当避免将两者等同处理。一是预约合同是独立的合同，当事人之间具有合同债权债务。缔约过失只是对法律规定的在缔约阶段当事人之间相互保护和协作义务违反的后果。“对于当事人而言，开始合同磋商即已经设立增强的注意义务，即已经设定特别结合关系，在因过失而违反这种义务时，当事人负损害赔偿责任。”[②]根据缔约过失理论之通说，缔约当事人负有在其领域内保护相对方人身安全、财产安全的义务，对接触的对方信息的保密义务，依诚信进行磋商的义务等。二是预约合同是以订立本约为标的的合同，具备合同的全部要素，通常包含违约责任条款，预先确定当事人的违约责任，如通常支付定金，有时也明确约定违约金条款。缔约过失则是对当事人在签约谈判过程中过失的一种事后评价，缔约过失适用于本约签订的整个过程，但其范围因缔约阶段、当事人相互信赖程度等而有不同。三是违反预约合同应当承担违约责任，预约不产生缔约过失责任。[③] 预约合同违约后，可以直接适用定金罚则，也可以直接按照约定的违约金条款请求支付违约金，没有定金和违约金条款的，可以请求损害赔偿。此种损害赔偿属于违约责任，但由于预约合同内容的特殊性，其履行利益的计算，通常可以参考本约的缔约过失责任的范围。缔约过失责任只是

---

① 《最高人民法院公报》2006 年第 8 期。

② ［德］迪特尔·梅迪库斯：《德国债法总论》，杜景林、卢谌译，法律出版社 2004 年版，第 95 页、第 342～347 页。

③ 王利明：《合同法研究》（第 1 卷），中国人民大学出版社 2002 年版，第 331 页。

一种法定赔偿责任,是信赖利益的赔偿。四是缔约过失责任以缔约人违反法定义务有过失时产生,是过错责任的一种。预约合同的违约责任是严格责任还是过错责任,在理论上如果与一般违约责任适用相同规则,也应当解释为严格责任。但从实务来看,对预约责任倾向于采过错责任,即只要未订立本约合同不可归责于双方当事人,则不产生违约责任。笔者倾向于过错责任说,更符合预约合同违约的特点,符合当事人的合理期待,在双方之间实现利益平衡。五是预约合同具有在一定条件下向本约合同转化的效力,违反预约合同时,可以请求强制缔约,或者请求履行本约合同义务。一旦缔约成功或者转化为本约合同,预约合同终止。缔约过失责任是在合同成立之前的责任形态,在合同成立后,一般不会消灭,如人身、财产安全保障义务违反产生的责任,不会因合同成立而消灭,有些缔约过失则转为合同的附随义务而继续存在,如保密义务。

专题二　格式条款问题

一、格式条款及民法典修改内容

格式条款,又称为格式合同、定型化合同、标准合同、一般条款等,是指当事人一方为了重复使用目的而预先拟定不与对方协商的合同条款。格式条款是20世纪合同法发展的重要标志,[①]主要适用于一些经营性企业与不特定消费者订立大量合同的领域。用格式条款订立合同最早产生于保险业与铁路运输业,之后广泛适用于公用事业,尤其是在20世纪40年代后盛行于几乎所有的商业领域,如电信、铁路、银行、航空、运输、邮政、城市用电、城市用水、医院等各个行业。

1999年《合同法》规定了格式条款制度,第39条明确了格式条款的定义和使用者的提示说明义务,第40条规定了格式条款无效的情形,第41条规定了格式条款的解释规则。此外,在《消费者权益保护法》第26条、《保险法》第17条、《民用航空法》第130条、《海商法》第126条等单行法律中也规定了格式条款。最高人民法院先后出台《合同法司法解释(二)》和《关于适用〈中华人民共和国保险法〉若干问题的解释(二)》进一步完善细化了格式条款的相关规则,构成了我国民事审判的主要裁判依据。

格式条款具有重要的作用:一是可以有效降低效果成本、提高交易效率。在面向大量消费者的商业交易中,需要不断地签订内容基本相同的合同,采用传统的一对一单个进行缔约的方式费时费力,不仅增加了经营者成本,对于没有缔约经验的消费者而言也是费力的事情,因此双方均有简化缔约程度提高交易效率的需求,这是格式条款产生的经济原因。通过一方事先就合同的主要内容进行拟定格式条款,在缔约时提交给另一方认可后缔约,减少了与每个缔约人协商的过程,节约了协商合同条款的时间,从而加快了交易过程,节约了个别交易的成本,提高了市场交易的效率。二

---

① 王利明:《合同法新问题研究》,中国社会科学出版社2011年版,第210页。

是有利于增加交易安全,防范交易风险。使用格式条款可以使当事人事先对交易的风险进行判断并进行防范,限制交易风险的范围,合理分配交易风险负担,并对影响合同实现的外在风险提前在合同中作出安排。如在保险合同中,保险人往往要事先对保险风险的概率进行统计和核算从而确定合理的保险费率,这也使保险合同责任条款日益复杂但更精细化。

但格式条款同样也存在明显的弊端:一是对契约自由冲击较大。契约自由是合同法的基本原则。契约自由包括当事人订约的自由、选择交易对方的自由、决定合同内容的自由和合同形式的自由。格式条款的使用,在表面上仍然存在契约自由,但实质上合同的内容已经事先由另一方定好,谈判的过程就是接受的过程。特别是经营者处于明显市场优势甚至垄断地位时,这种交易的自由,包括选择交易对方、谈判能力受到明显的限制,在"take it or leave it"下,契约自由的空间被压缩到极低的状态。二是对契约正义的妨害。契约自由是契约正义的基础,法谚"契约即正义",其理论基础是个人应当拥有最大限度的选择余地,因为他们是自身利益的最佳判断者。① 契约正义主要是契约当事人之间的权利义务平衡,包括享有的权益以及承担的风险。格式条款的使用,拟订条款一方利用其市场优势地位预定一些对其有利而对对方不利的条款,有时会使双方利益明显失衡,违背公平原原则。最为典型的是一些免责条款、限制责任条款和排除对方权利的条款,成为最为诟病的滥权行为。如何在契约自由体制下规制不合理的交易条款,维护契约正义,使经济上的强者,不能假契约之名,压倒弱者,是现代法律所应担负的任务。

各国民法对格式条款规制的重点在于保障契约自由和契约正义:一是通过赋予条款提供方以特别提示和说明义务来保护相对人,尽可能保障相对方的契约自由。二是通过限制某些免责条款、限责条款或者加重对方责任的条款之效力来保护相对人,保障契约正义。三是通过对格式条款设定特别解释方法来限制格式条款对相对人造成不公平结果。《合同法》第 41 条采用了客观解释方法和不利于提供格式条款一方的解释规则。

《民法典》编纂对《合同法》格式条款部分的修改主要有:

一是在第 496 条增加一款明确了提供格式条款一方未尽提示说明义务的法律后果,即"提供格式条款的一方未履行提示或者说明义务,致使对方没有注意或者理解与其有重大利害关系的条款的,对方可以主张该条款不成为合同的内容"。

二是在第 497 条完善了格式条款无效的情形:"(一)具有本法第一编第六章第三节和本法第五百零六条规定的无效情形;(二)提供格式条款一方不合理地免除或者减轻其责任、加重对方责任、限制对方主要权利;(三)提供格式条款一方排除对方主要权利。"

关于未尽提示说明义务的法律后果,合同法对格式条款使用者未尽提示说明义务之法律后果未有明确,理论有两种不同观点。一种观点是未订入合同说,主张格式条款提供方未尽到《合同法》第 39 条第 1 款规定的义务的,该格式条款应当视为未订入合同,不是合同条款。理由是:一是依体系解释方法和逻辑解释的方法,从该条在合同法中所处的位置("合同的订立"一章)即可得知,第 39 条第 1 款属于格式条款订入合同的规则,违反该条款规定者,格式条款即没有订入合同。② 二是

① 杜军:《格式合同研究》,群众出版社 2002 年版,第 117 页。

② 王利明:《合同法研究》(第 1 卷),中国人民大学出版社 2002 年版,第 394 页。

从合同缔结的程序上来说,格式条款亦须符合要约承诺的合同订立规则。格式条款提供方未按照《合同法》第 39 条第 1 款的规定"采取合理的方式提请对方注意免除或者限制其责任的条款,按照对方的要求,对该条款予以说明"的,则表明格式条款未经相对人同意,受要约人未做出承诺,合同双方未就格式条款达成合意,故应当认为格式条款未订入合同,不构成合同内容。[①] 另一种观点是无效说,主张格式条款已经订入合同,但无效。[②] 主要理由是:格式条款提供方未尽到《合同法》第 39 条规定的义务的,该格式条款虽然已经成为合同的条款,但该条款由于违反了法律规定而对另一方当事人不具备法律约束力,所以应当是无效条款。从现行法律规定来看,我国《保险法》第 17 条规定:保险合同中规定有关于保险人责任免除条款的,保险人在订立保险合同时应当向投保人明确说明,未明确说明的,该条款不产生效力。此规定确立了未尽说明义务则该格式条款无效的立法例。

《合同法司法解释(二)》第 9 条既没有采未订入说,也未采无效说,而是创新为可撤销说,即"提供格式条款的一方当事人违反合同法第三十九条第一款关于提示和说明义务的规定,导致对方没有注意免除或者限制其责任的条款,对方当事人申请撤销该格式条款的,人民法院应当支持"。解释立足于充分保护格式条款接受一方的利益,赋予其决定该格式条款效力的选择权,既非一概认为不构成合同内容,也非一概认定为无效。这一解释具有开创性的贡献,特别是在处理《合同法》第 39 条和第 40 条的关系上,提供了有意义的视角。如果采无效说,则与第 40 条格式条款无效规定难以清楚区分,而且《保险法》第 17 条规定是不产生效力而非无效。

《民法典》编纂中对此先后有不同的认识,最终采可主张未订入合同的模式,既借鉴了《合同法司法解释(二)》赋予接受格式条款一方选择权的创新,又回归到合同订立的阶段,在后果上与司法解释规定没有明显差异。

关于格式条款无效的事由,《民法典》第 497 条在《合同法》第 40 条规定的基础上有所完善:第一项根据民法典总则法律行为无效的规定确定格式条款的效力,与合同法规定无异。第二项"提供格式条款一方不合理地免除或者减轻其责任、加重对方责任、限制对方主要权利",一是增加了"减轻其责任""限制对方主要权利"两项事由,二是增加了"不合理地"限定条件。在增加无效事由的同时,又以"合理性"判断作为标准限缩了无效的范围。第三项"排除对方主要权利"事由未作修改。

合理性标准将是今后判断格式条款效力的重要内容。当事人在合同中约定免责条款是常见的,这些免责条款是当事人对合同履行风险的一种预先控制,是必要的。在经过双方协商而确定的情况下,免责条款原则上对双方当事人具有约束力,《民法典》第 506 条对无效的免责条款的规定[③]除外。在格式条款下,由于双方无法充分平等的磋商,故对免责条款的效力采用更为严格的约束,

---

① 参见郑辉:《格式条款订入合同之规则解析》,载《西北大学学报》(哲学社会科学版)2007 年第 4 期;刘璐、高圣平:《格式条款之订入合同规则研究》,载《广西社会科学》2005 年第 2 期;韩世远:《免责条款研究》,载梁慧星主编:《民商法论丛》(第 2 卷),法律出版社 1994 年版,第 486 ~ 489 页。

② 参见杨立新:《中华人民共和国〈合同法〉释解与适用》(上),吉林人民出版社 1999 年版,第 136 页;尹华广:《论我国格式条款立法规制的不足与完善》,载《黑龙江政法管理干部学院学报》2005 年第 6 期。

③ 《民法典》第 506 条规定:"合同中的下列免责条款无效:(一)造成对方人身损害的;(二)因故意或者重大过失造成对方财产损失的。"

《民法典》第497条的规定是,如果符合《民法典》第506条规定事由,格式条款当然无效;如果不符合《民法典》第506条的事由,但在违背公平原则达到了不合理的程度的,亦应当认定为无效,以纠正不公正的结果,加强对相对方的保护。如果未达到《民法典》第497条规定的程度,且提供格式条款的一方尽到了《民法典》第496条规定的提示说明义务,则应当认定免责条款有效;如果未尽到《民法典》第496条规定的提示说明义务,则赋予接受格式条款的一方否认其效力的权利。于此,可以将格式条款的免责条款(指第二项)的效力区分为三档:绝对无效、未订入和有效。

二、实务中的问题

1.提示说明义务标准。《合同法司法解释(二)》第6条在《民法典》生效后仍然可以适用,其规定"提供格式条款的一方对格式条款中免除或者限制其责任的内容,在合同订立时采用足以引起对方注意的文字、符号、字体等特别标识,并按照对方的要求对该格式条款予以说明的,人民法院应当认定符合合同法第三十九条所称'采取合理的方式'。提供格式条款一方对已尽合理提示及说明义务承担举证责任"。第一,格式条款中需要以合理的方式作出特别提示或说明的,是指格式条款的免责条款和限责条款;第二,关于免责条款和限责条款的特别提示或说明必须是在合同订立时作出;第三,这种特别提示或说明的具体方式包括文字、符号、字体等特别标识,以及在合同相对方要求的情况下所进行的特别说明;第四,所采取的特别标识必须足以引起对方注意;第五,格式条款提供方应当就自己已尽合理提示及说明义务承担举证责任。一般认为,如果相对方在合同中对负责条款予以签字确认的,通常可以作为提供格式条款一方尽到了提示说明义务的证明,但允许以反证推翻。

2.《合同法司法解释(二)》第10条的理解与适用。《合同法司法解释(二)》第10条规定,"提供格式条款的一方当事人违反合同法第三十九条第一款的规定,并具有合同法第四十条规定的情形之一的,人民法院应当认定该格式条款无效"。本书认为,在《民法典》第497条第2项规定"不合理"限定标准后,与第496条提示说明义务之间的关系可以协调,无须再借助《合同法司法解释(二)》第10条规定。《民法典》第496条是订立合同的当事人的义务条款,凡格式条款具有免责或者限制对方权利的条款,均应当适用该条款,这一合同成立前的义务,目的在于保障相对方订约的自由。《民法典》第497条规定的是格式条款当然无效的事由,不依第496条规定提示说明义务的违反为前提,只要符合条件即为无效。在第497条第2项和第3项规定之外的免除部分责任、限制部分权利、减轻责任等,符合"合理性标准"的,且尽到了第496条提示说明义务,则应为有效;如果没有尽到提示说明义务,虽未达到无效的程度,但可以主张未订入合同。

3.不合理标准的理解。《民法典》第497条第2项规定的不合理标准,如何掌握和适用,将会是一个难点。王利明先生一直主张,"条款的制定人在格式条款中不合理地、不正当地免除其现在应当承担的责任,则该条款是无效的"。[①] 此处所指的不合理,首先是指已经达到了显失公平的程度,且利用了其优势地位,即达到了《民法典》第151条规定的法律行为显失公平可撤销的程度。在广

① 王利明:《合同法新问题研究》,中国社会科学出版社2011年版,第224页。

东直通电讯有限公司诉洪某某电话费纠纷案[1]中，广州市中级人民法院认为：电讯公司在《广州市数字移动电话(gsm)安装申请卡》用户须知第10条规定，"停机三个月后，本营业处有权将该用户号码转给别人使用，一律不予退还所有入网费用"，是以格式条款的形式出现，只强调了自己的权利，忽视了用户的利益，损害了洪某某的财产权益，违背了公平原则，该格式条款应属无效。本书认为，首先，对于直接剥夺一方主要权利的显失公平的条款，之所以规定为无效而不是可撤销，在于它是格式条款，相对方没有协商的能力，只能接受或者不订合同。对于一般轻微责任的免除、非主要权利的限制、适度的降低责任程度等没有造成显失公平，尚在合理限度内的，均不宜认定为无效。其次，是指条款制订人主观上有过错。如果其提出了正当的理由，或者按照通常的理解其理由是正当的，则不谓不合理。如出卖人明知有瑕疵，故意不告知对方，特别约定要免除其物的瑕疵担保责任的，则难谓合理；如以较低的价格出卖二手物品，约定免除出卖人的物的瑕疵担保责任，只要予以提示说明，难谓不合理。

专题三　悬赏广告问题

一、悬赏广告的内涵及要件

悬赏广告，是指以广告声明对完成一定行为之人给予报酬。[2] 大陆法系国家民法对悬赏广告多有规定，我国合同法对悬赏广告未作规定。最高人民法院《合同法司法解释(二)》第3条对此作了原则规定，"悬赏人以公开方式声明对完成一定行为的人支付报酬，完成特定行为的人请求悬赏人支付报酬的，人民法院依法予以支持。但悬赏有合同法第五十二条规定情形的除外"。该条为实践中悬赏广告案件的裁判提供了依据。《民法典》吸收了司法解释规定，于第499条规定了悬赏广告，即"悬赏人以公开方式声明对完成特定行为的人支付报酬的，完成该行为的人可以请求其支付"。

悬赏广告大致可以划分为两类：一是对人性悬赏广告；二是对世性悬赏广告。对人性悬赏广告是指悬赏人对某个特定主体所作出的悬赏广告，尽管该特定主体在悬赏广告时并不为悬赏人所知悉，但悬赏广告相对人却是确定的。《民法典》第314条规定，"拾得遗失物，应当返还权利人。拾得人应当及时通知权利人领取，或者送交公安等有关部门"。可见遗失物的拾得人是确定的并且依法负有返还遗失物的义务。但其依法仍然享有获得相应报酬的权利。对世性悬赏广告是指悬赏人对不特定人作出的悬赏广告。如有奖征文、创意大赛、微信点赞送门票等就是典型的对世性悬赏广告。

悬赏广告就是以公开广告的方式，对于实施某一行为的特别是对于引起某一结果而悬赏的人，

---

① 参见《最高人民法院公报》2001年第6期。

② 王泽鉴：《债法原理》(第1册)，中国政法大学出版社2001年版，第153页。

有义务向实施了该行为的人支付报酬。[1] 悬赏广告大致可以分为三个阶段：一是悬赏人做出悬赏广告；二是相对人完成悬赏广告确定的特定行为；三是完成特定行为人的请求支付悬赏广告声明的报酬。因此，悬赏广告不是一个单独的行为，而是一个动态的行为链，由3个相互递进的行为构成的体系。

关于悬赏广告的法律性质，学理上主要有"单独行为说"和"契约说"两种观点。究竟是采用契约说还是单独行为说，实属理论上之争议，而观各国悬赏广告之制度设计，处理结果大致相同。"契约说"通过对无行为能力人和不知道悬赏广告存在之人完成悬赏行为之报酬请求权作特别规定后，仍然得到充分之支持，此与采单独行为说无异。同样，采用"单独行为说"的，也对悬赏广告之撤回或者撤销制度予以规定，肯定悬赏广告人之悬赏自由。正如王泽鉴先生所指出的，"悬赏广告法律性质的争论，严格言之，是一个法律学方法论上的问题"。"对具体问题之解决，并不因为采用何说而异，仅是说明方法不同而已"，"在法学方法论上，应采实质标准"。[2]

《合同法司法解释(二)》将悬赏广告规定在合同订立部分，在悬赏广告的性质上以解释为采"契约说"为妥。《民法典》亦将悬赏广告规定在合同订立部分，与《合同法司法解释(二)》在立场上应属契合。

二、悬赏广告的构成及效力

悬赏广告之成立，按"契约说"，即须有要约和承诺，即成立悬赏广告合同。悬赏广告是不要式合同、不要物合同、有偿合同和双务合同。[3] 具体而言：

(一)悬赏广告之要约

悬赏广告的要约，就是悬赏人以公开声明的方式对完成特定行为的人支付报酬的意思表示。第一，悬赏人。从悬赏广告实践来看，悬赏人的范围很广，悬赏人可以是自然人也可以法人，也可以是其他组织，并无特别限制。法人中即有民事主体的公司、企业，也有事业法人，现在越来越多的国家机关法人也成为悬赏广告的主体。近几年广泛引发社会关注的悬赏广告案件，多数与国家机关行使职权有关，如犯罪线索悬赏、执行悬赏、交通违法悬赏等，都曾引发社会热议。悬赏人必须是具有民事行为能力的人，无民事行为能力人和限制行为能力人发布悬赏广告的，可以按照民法典有关法律行为效力的规定处理。第二，以公开方式发布悬赏广告。悬赏应当以公开形式予以声明，即以"广告形式"做出悬赏的意思表示。以"广告形式"其意在要求悬赏应当以针对不物定人而声明，但不限于广告法规定的广告方式。既可以在报刊上登载，也可以在广播电视上播放，在公开场合进行张贴，或者当街喊叫；既可以是文字方式，也可以是语言方式。不特定人，以属于多数为已足，一定范围之人，亦无不可。[4] 第三，须有一定行为的完成。完成一定行为是悬赏广告要约的实体内容之一，它是悬赏人和相对人之间权利义务产生的基础。一定行为，既可以是积极的作为，也可以是不作为；既可以是对悬赏人有利益的行为，也可以是对悬赏人不利益的行为；既可以涉及公利的行

---

① 《德国民法典》第657条。

② 王泽鉴：《民法学说与判例研究》(第2册)，中国政法大学出版社1997年版，第61页。

③ 王泽鉴：《债法原理》(第1册)，中国政法大学出版社2001年版，第258页。

④ 同上。

为,也可以涉及私利的行为;既可以是只有特定人能够完成的行为,也可以是多数人都能完成的行为。完成一定行为,悬赏广告中应当有一定期限的限制,行为之完成应当在期限内,超出期限的,不能产生悬赏广告中完成一定行为的效果。该行为应以合法行为为限,凡是违反法律、行政法规强制性规定,侵害国家、社会公共利益或者他人利益的行为,均不能成为悬赏广告之"行为",即使完成了该行为,也不能产生悬赏广告之效力。

对于在悬赏声明之前已经完成一定"行为"的,是否可以按照悬赏广告而取得报酬请求权,应当细究悬赏之本意,即看悬赏人意在促使完成一定行为还是重点在于一定行为,如果属于前者,在悬赏前已经完成的行为不符合悬赏要求,如果属于后者,在悬赏前已经完成的行为符合悬赏的要求。比如,刑事犯罪的亲属为及早破案而发布对提供破案线索的人给予报酬,在发布悬赏广告之前有人已经向公安机关提供了破案的线索,而正由于该线索,使公安机关顺利破案,悬赏人其意在能有线索帮助破案,而不在于是否在悬赏后提供破案线索,因此应当认定提供线索的行为符合悬赏广告要求。

(二)悬赏广告的承诺

悬赏广告的承诺与一般合同的承诺不同。一般的承诺是一种意思表示,并须向要约人作出,以承诺到达要约人时生效。悬赏广告的承诺,是以完成一定行为为意思表示的方式,完成一定行为时承诺生效。此即悬赏人声明"对完成一定行为的人支付报酬,完成悬赏特定行为的人请求悬赏人支付报酬的,人民法院应当依法予以支持"之本意。通常情况下,悬赏广告的承诺应当以行为人知道有悬赏广告存在为前提,即完成行为以对悬赏广告要约之承诺为目的。但对于特殊的两种情况,应当特别对待:一是对不知道有悬赏广告的人完成一定行为的,不能以行为人行为时不知悬赏广告存在为由使其不享有报酬请求权。对此有两种解释:扩大承诺范围,悬赏广告的承诺以完成行为即为成立,不以知道悬赏广告为必要;将不知悬赏广告存在之情形设为特例,准用悬赏广告承诺的法律效果,即享有报酬请求权。两种解释方法其结果相同,均无不可。对此,各国法律均设特别规定。二是无行为能力人完成一定行为的,是否享有报酬请求权。悬赏广告是契约行为,承诺人应当是适格的合同主体,以有行为能力为必要。因此,无民事行为能力人完成一定行为的,原则上不能当然作为承诺,在处理上,可以根据民法典关于无民事行为能力人订立合同的有关规则,由法定代理人追认而确定其生效,当然也可以享有报酬请求权。尽管如此,可能使无民事行为能力人在理论上权利保护不足,但实践中无民事行为能力人完成悬赏广告行为的情形很少见,加之法定代理人追认制度,可以解决好这一问题。

(三)悬赏广告的效力

悬赏广告成立后的法律效力效果有两方面:一是行为人的报酬请求权;二是行为结果的归属。

第一,报酬请求权。报酬请求权是悬赏广告的最主要的法律效果。悬赏广告中一般都会明确约定支付一定的报酬,这是完成行为人享有报酬请求权的基础。一般情况下,悬赏广告会对支付报酬的数额有明确约定,如"如有提供破案重要线索者,支付酬金 50 万元",或者"被评为一等奖之作品,获得奖金 1 万元","请拾到者归还,失主愿以 5000 元重谢"等。悬赏广告有明确约定的,支付报酬时则以约定为准。也有一些悬赏广告对支付报酬的数额没有具体约定,只是说"请予归还遗失物,失主愿重金酬谢”。重金酬谢,只是说明要给予酬谢,但酬谢的数额并不明确。加之我国物权法关于遗失物归还的报酬也没有明确规定,具体标准还需要法官自由裁量。但一般应当符合:下不低于完成行为人为此付出的费用等成本,上不高于悬赏广告人因此而获得的最高利益。如归还遗失物的,不能低于拾得人的保管费用、返还费用,不宜高于遗失物本身的价值。总之,应以生活之常识、常理,按照公平原则合理确定报酬的数额。

第二,完成悬赏广告行为所产生的成果的归属。一般的完成悬赏广告行为都会产生成果,有的成果不能独立存在,如提供线索破案,结果是破案,但不能作为独立价值而确定其归属,有的成果则可能成为法律上承认的独立价值的财产,如文稿、商标、专利等。那么,这些完成行为的人取得报酬请求权后,这些完成行为之成果该如何确定其归属?参考各国立法例,原则上这些成果的归属应按照悬赏广告的约定处理。悬赏广告没有约定的,原则上归行为人所有。

三、悬赏广告实务中的问题

(一)对于行为负有特定义务的人不享有报酬请求权

一是负有合同义务的人。根据悬赏广告人与相对人的合同约定,该合同相对人对完成悬赏广告中的行为负有合同义务的,则该相对人完成悬赏广告的行为,同时也是其履行与悬赏广告人合同义务的行为,这就产生同一行为满足两个法律关系的情形。此种情形,应当采用特别约定优先的原则,该合同相对人只能按照其与悬赏广告人之间单独的合同约定承担相应的权利义务,而不适用悬赏广告取得报酬请求权。

二是对行为负有法定义务的人。第一,行为人负有完成该行为的法定义务的,行为人完成悬赏广告的行为,不能依据悬赏广告取得报酬请求权。如国家公职人员依据法律规定履行其职务的行为,我国《人民警察法》第19条规定:“人民警察在非工作期间,遇有其职责范围内的紧急情况,应当履行职责。”第21条规定:“人民警察遇到公民人身、财产安全受到侵犯或处于其他危难情形,应当立即救助……”制止犯罪、追捕逃犯、捉拿盗贼、寻找价值重大的遗失物、解救人质等都属于警察职责范围内的紧急情况,警察完成以上工作即使是在非公职期间,仍然属于其法定职责,不能按照悬赏广告请求支付报酬。第二,依据法律规定负有完成某行为的义务的人,即使与悬赏广告所指定的行为一致,也不能依据悬赏广告取得报酬请求权。犯罪受害人对提供破案线索的悬赏广告,如果犯罪人提供了犯罪线索的,不能按照悬赏广告取得报酬请求权。再如,窃贼偷了人家的东西,失主寻物悬赏广告,窃贼归还该物的,也不能按照悬赏广告取得报酬请求权。

当然,上述例外情形仅为一般通例,在是否享报酬请求权约定不明发生争议时,当以上述规则判断。现实中也经常见到如犯罪受害人家属奖赏破案的警察的情况,奖赏负有法定或者合同义务的人的情形。此种奖赏原则上属于道德层面,应由当事人自愿履行。

(二)数人完成悬赏广告行为的报酬请求权

数人完成悬赏广告行为的,如何确定报酬请求权问题,是实务中经常遇到的问题。一般可分以下情形分别处理:

第一,数人先后分别完成该行为的,除非悬赏广告中有特别约定,一般应由先完成该行为的人取得报酬请求权,后完成行为人不能取得报酬请求权。[①]

第二,数人共同完成该行为或者同时分别完成该行为的,由该数个行为人共同取得报酬请求权,每人有权获得报酬的相等部分。

(三)悬赏广告的撤回

承诺成立前,要约可以撤回,我国《合同法》对此有规定。所以,悬赏广告原则上应以行为完成前为时间上的限制。如果行为已经完成,则悬赏广告已经完成生效,即不能再撤回要约,只能是撤销悬赏广告,其后果也是合同违反而非违反要约。

悬赏广告撤回,在形式上应当以不低于悬赏广告方式。撤回悬赏广告应当采用与悬赏广告相同或者优于悬赏广告方式的形式,才能产生撤回的效力。如果不能符合此项要件,则悬赏广告的撤回不产生法律效力,悬赏广告仍然有效。但对于明知已经撤回的行为人,该撤回有效。

悬赏广告撤回,在法律效果上,按照撤回的情况而有不同。如果是在行为实施前撤回的,由于行为并未发生,悬赏广告失效后,不会产生其他法律后果。如果撤回于行为完成前进行,悬赏广告失效后,因依悬赏广告实施一定行为的人,因悬赏广告被撤回而遭受的损失,可以请求悬赏广告人给予赔偿,赔偿额以悬赏广告约定的报酬额为限。如果悬赏广告人能够证明,该行为根本不可能完成的,则不承担赔偿责任。

① 《德国民法典》第659条规定:“所悬赏的行为被多次实施的,报酬属于最先实施该行为的人。”

第三章　合同的效力

专题一　经批准生效的合同问题

一、经批准生效合同裁判问题及《民法典》修改影响

(一)《民法典》修改的内容

《民法典》第502条保留了《合同法》第44条第1款规定的合同成立生效的一般规定,对第2款法律、行政法规规定批准生效的合同规定作了重大修改:一是从引致规范修改为直接规范,明确了条件和效果;二是明确了在经依法批准前合同效力是“不生效”,即“未办理批准等手续影响合同生效的”;三是增加了“报批义务条款及相关条款”的独立生效规定及相应的违约责任,“不影响合同中履行报批等义务条款以及相关条款的效力。应当办理申请批准等手续的当事人未履行义务的,对方可以请求其承担违反该义务的责任”;四是删除了登记生效类合同内容,只保留了批准生效类合同。这次修改充分吸收了司法解释规定,借鉴了司法裁判经验,解决了经批准生效合同理论和实践上的主要争议问题,对审判工作具有重要意义。

(二)经批准生效合同的性质

《合同法》第44条第2款规定“法律、行政法规规定应当办理批准等手续生效的,依照其规定”。此类合同的生效依法要有特殊的批准要件,不同于一般合同成立即生效的情况,学理上称之为经批准生效的合同。合同从成立到生效、履行、终止是一个动态生命周期。《合同法》明确区分了合同的成立和生效,合同成立即指当事人的合意达到了合同必备条款的最低标准,《合同法司法解释(二)》第1条专门对合同成立的必备条款即最低标准作了解释,包括主体、标的和数量三个方面,这是合同成立的强制性标准,也是最低标准。合同生效是法律对已经成立的合同的合法性评价,即合同符合发生法律效力的合法性要件。《民法典》第143条和第153条取代了合同法相关条文,确定了法律行为生效的一般要件和违反法律强制性规定无效的原则,充分体现了国家公权力对私法自治的进入,出于公共利益和公序良俗的维护需要对经济生活进行必要的管理。《合同法》第44条第2款属于引致规范,其作为强制性规范对合同效力进行控制,与转介条款一样,此种引致规范也提供了一条公法规范进入私法领域的“管道”。[①] 通过引致公法规范,使此类合同的效力处于行政机关控制之下,通过审批程序决定其是否产生效力,有权机关的批准是决定合同效力的强制性

---

① 苏永钦:《从动态法规范体系的角度看公私法的调和》,载苏永钦:《民事立法与公私法的接轨》,北京大学出版社2005年版,第83~87页。

条件。因此,只有法律、法规有明文规定时,该条才得以适用,其范围受到严格的限制。

理论和实务界,曾对《合同法》第44条第2款的批准要件对合同效力的影响进行了长期的争论。第一种意见为无效说,主张法律行政法规规定合同经批准生效,是为保护国家利益和社会公共利益目的,凡是未经批准的合同,是无效的合同。第二种意见为未生效说,主张法律、行政法规规定的审批条件是合同特别生效要件或合同特别形式要件,①"若民法或者特别法对于特别行为,要求当事人、第三人或国家有一定行为,或发生一定事实,始承认其效力,这样的规定就是特别生效要件"。"仅仅成立而未具备特别生效要件的行为,不发生法的效力。"②只要当事人能够通过妥当方式申请审批,则合同因完全符合法律的规定而生效。因此,依法需要审批而未经审批的合同的效力状态是未生效。③ 此种观点实际是构建了我国合同效力形态的新类型,即未生效。第三种意见为未成立说,主张批准是合同成立的特殊形式,属于要式合同的范畴,因此未经审批的合同属于未成立。

虽然司法实务中对未经审批的合同效力有不同认识,但从最高人民法院的司法解释来看,自《合同法》实施起一直采用未生效说。《合同法司法解释(一)》第9条明确规定,"依照合同法第四十四条第二款的规定,法律、行政法规规定合同应当办理批准手续,或者办理批准、登记等手续才生效,在一审法庭辩论终结前当事人仍未办理批准手续的,或者仍未办理批准、登记等手续的,人民法院应当认定该合同未生效……"。最高人民法院《企业改制解释》第17条规定,"以协议转让形式出售企业,企业出售合同未经有审批权的地方人民政府或其授权的职能部门审批的,人民法院在审理相关的民事纠纷案件时,应当确认该企业出售合同不生效"。第30条规定:"企业兼并协议自当事人签字盖章之日起生效。需经政府主管部门批准的,兼并协议自批准之日起生效;未经批准的,企业兼并协议不生效。但当事人在一审法庭辩论终结前补办报批手续的,人民法院应当确认该兼并协议有效。"及至2009年的《合同法司法解释(二)》第8条、2010年《外商投资企业解释(一)》第1条等均采未生效立场。未生效说虽为我国新创建的一种学说,但它比较准确地把握了经批准生效的合同在未经审批时的效力状态,因为不具备特别生效要件的合同,有转换为生效合同的可能,即依法办理审批手续,获得主管机关的批准后生效;当然在未获得主管机关批准时,即不能转换为生效的合同。因此,未经审批生效的合同不同于无效合同,④无效合同是确定不能生效的合同,也是无法通过补正而生效的。未经批准生效的合同,也不是未成立的合同,合同成立是当事人之合意达到法律规定的最低标准,审批生效是当事人意思之外的效力评价条件,与合同成立无关。也有观点认为,未生效可以归入效力待定状态,⑤这种观点符合我国传统对合同效力形态的通说,包括合同不

---

① 王利明:《合同法新论》,中国社会科学出版社2011年版,第130页以下。

② 苏永钦:《起入新世纪的私法自治》,中国政法大学出版社2002年版,第25页。

③ 王利明:《合同法新论》,中国社会科学出版社2011年版,第130页以下。

④ 阜新市中级人民法院(2016)辽09民终985号民事判决书中认为:"《资产置换协议》第十条表明,向明大矿业移交油土地函〔2011〕9号文件所列资产,是中国石油阜新分公司所负主要合同义务,由其向审批机关提交申请并完成报批义务亦属当然,如仅因其怠于履行报批义务而认定资产移交行为无效,势必导致由此产生的损失与守约方明大矿业共同承担的不利后果。鉴于《资产置换协议》至起诉前已实际履行完毕,为保证交易安全,避免可能造成的损失及市场风险,故暂不宜认定《资产置换协议》的效力,待当事人按照相关法律法规的规定,履行完毕相关审批手续后再确认该协议的效力。另因中国石油阜新分公司怠于履行包括提请审批在内的合同义务,是导致案涉土地及地上资产至今尚未办理审批手续的直接原因,应由其承担主要责任,继续履行报请审批的义务。"

⑤ 杨永清:《批准生效合同若干问题探讨》,载《中国法学》2013年第6期。

成立、无效、可撤销、效力待定、有效五种，与效力待定最为接近，但与合同法规定的无权代理、限制行为能力人、无权处分三类需要追认的效力待定合同相比，经批准生效的合同的不同点在于未经追认的效力待定合同归于无效，而未经审批生效的合同只是确定不发生效力，在法律上仍然不是全面的否定评价。民法典草案明确采纳了未生效说，直接规定"未办理批准等手续的，该合同不生效"，最终规定为"未办理批准等手续影响合同生效的"，实质上亦为未生效。

（三）第502条适用的范围

《合同法》第44条第2款规定适用中的另一个争议问题是：法律行政法规规定的经登记生效的合同，是否包括经登记产生物权变动效力的合同？在合同法之前，司法实践中确实存在未对合同登记生效和物权变动登记效力相区分的问题，导致本属于物权变动登记，被认定为合同登记，因而有不少因物权变动未办理登记而认定合同无效的裁判。其主要原因有二：一是当时物权法还未出台，物权变动登记规则尚未完全独立，操作上主要是提交合同交作登记，以至于立法上未能区分两种登记的效力。二是担保法上还存在抵押合同登记生效和质押合同登记生效的规定，没有将合同登记与物权变动登记相区分。《合同法》第44条规定的经登记生效的合同，当然就包括了担保法规定的抵押合同登记生效情形。但最高人民法院很早认识到这一问题，1999年《合同法司法解释（一）》第9条专门区分了《合同法》第44条中的审批和登记，特别是合同登记生效和物权变动登记效力，明确规定"法律、行政法规规定合同应当办理登记手续，但未规定登记后生效的，当事人未办理登记手续不影响合同的效力，合同标的物所有权及其他物权不能转移"。这一规则在后来的《物权法》第15条规定的区分原则中得到了进一步加强。正是物权法将抵押合同与抵押权成立作了区分，改抵押合同登记生效为抵押权登记生效，正式宣告经登记生效的合同消亡。《民法典》第502条顺理成章地删除了"经登记生效合同"，但规定了"经审批等手续生效的合同"，该"等"字，据全国人大法工委关于民法典草案的说明，是为将来法律可能规定的批准之外的合同特别生效要件预留空间，并非指原登记生效情形。

（四）报批义务的独立性

实践中第三个争议问题是未经审批的合同，是应认定整个合同不生效，还是可以认定报批义务条款单独有效？对此问题，《合同法司法解释（一）》《企业改制解释》均未涉及。《合同法司法解释（二）》第8条直接指向这一问题，提出的解决方案是"依照法律、行政法规的规定经批准或者登记才能生效的合同成立后，有义务办理申请批准或者申请登记等手续的一方当事人未按照法律规定或者合同约定办理申请批准或者未申请登记的，属于合同法第四十二条第（三）项规定的'其他违背诚实信用原则的行为'，人民法院可以根据案件的具体情况和相对人的请求，判决相对人自己办理有关手续；对方当事人对由此产生的费用和给相对人造成的实际损失，应当承担损害赔偿责任"。一是对于有义务办理审批手续的当事人课以损害赔偿责任，性质仍为缔约过失责任，范围包括支出的费用和造成的实际损失。这表明解释建立在报批义务作为整体合同的一部分而整体确定合同效力的认识上，"在合同成立以后，负有办理批准或者登记手续的一方当事人故意不去或者拖延办理批准或者登记手续，致使合同不能生效，往往给另一方合同当事人造成损失，但由于合同未生效，不能按照合同要求承担违约责任，只能按照缔约过失的规定，列为'其他违背诚实信用的行为'，要求其承担缔约过失责任”。[①] 二是根据案件的具体情况和相对人的请求可以判决相对人自己办理相关手续，以尽力促成合同生效，这是解释的首创。《合同法司法解释(二)》在传统理论的基础上，努力向前迈进了一步，承认报批义务在促成合同生效方面的独特作用，赋予其作为有效条款予以实际履行的地位，这是因为解释起草者充分认识到，“从实践来看，在应办理批准或者登记手续而未办理手续合同不生效的状况来看，对另一方当事人损害至大。根据促进合同交易原则，有的法院尝试在判决中判令负有办理批准或者登记手续的当事人去办理批准或者登记手续，以促使合同生效”。[②] 解释之所以只迈出一小步而未全面肯定报批义务一方的实际履行责任，是因为“起草本司法解释时，曾总结了这些法院的做法，规定了如果当事人向法院请求判令办理批准或者登记手续的，人民法院可以做出这样的判决”，[③]但这种做法，存在理论上和实践中的难题。理论上的难题为：一是一方请求另一方办理批准或者登记的手续的权利基础不当，即合同还未生效，不能承担违约责任。二是从各国关于缔约过失责任的规定看，其责任形式没有采用强制履行缔结合同义务的责任方式。实践中的问题：一是人民法院判令一方当事人承担办理批准或者登记手续，而义务人不去办理批准或者登记手续时，基本上没有强制执行的可能，当事人只能重新请求追究其缔约过失责任。二是人民法院依判决形式而强制进行批准或者登记，等同于变相地代行了行政权力，有违司法权和行政权分工作的基本宪治要求。[④]

2010 年《外商投资企业解释(一)》第 1 条第 2 款迈出了重要的一步，其明确规定“前款所述合同因未经批准而被认定未生效的，不影响合同中当事人履行报批义务条款及因该报批义务而设定的相关条款的效力”。正式承认报批义务条款及因该报批义务而设定的相关条款具有独立的效力。正是由于普遍认识到，若将推动合同生效的当事人报批义务之生效也系于整个合同要批准生效，“于是报批义务与批准互为前提，当事人双方陷入无谓的逻辑困境，这在私法自治之下是荒谬的”。[⑤] 尤其在外商投资领域不断放宽审批限制，特别是影响我国国际投资环境情况下，解决这一问题任务紧迫，《外商投资企业解释(一)》规定报批义务条款及相关条款的独立效力，理由有三：其一，《合同法》第 57 条、第 43 条规定的清算、保密义务可以在合同终止之后单独发挥效力，报批义务与之相类，只是时间上处于整体合同生效之前单独发挥效力而已。其二，若当事人在合同中明确约定了报批义务，自应有效。其三，即使合同未明确约定报批义务的承担，参考《合同法》第 45 条第 2 款规定的条件拟制成就规则，批准是合同生效的法定条件，义务人拒绝履行报批义务就是不当地阻碍条件成就，应拟制为条件成就。本书认为，报批义务条款或者法定义务从性质上属于独立于要批准的合同的单独条款，报批义务条款预先独立生效，是基于诚信原则，[⑥]如德国法上认为“须经公法

① 沈德咏等主编：《最高人民法院关于合同法司法解释(二)理解与适用》，人民法院出版社 2009 年版，第 75 页。

② 同上书，第 75 页。

③ 最高人民法院在广州市仙源房地产股份有限公司与广东中大中鑫投资策划有限公司、广州远兴房产有限公司、中国投资集团国际理财有限公司股权转让纠纷案判决中认为，“即使转让合同未经批准，仍应认定‘报批’义务在合同成立时即已产生，否则当事人可通过肆意不办理或不协助办理‘报批’手续而恶意阻止合同生效，有悖于诚实信用原则”。参见最高人民法院民事裁定书(2009)民申字第 1068 号，载《最高人民法院公报》2010 年第 8 期。

④ 参见沈德咏等主编：《最高人民法院关于合同法司法解释(二)理解与适用》，人民法院出版社 2009 年版，第 75 页。

⑤ 汤文平：《批准生效合同报批义务之违反、请求权方法与评价法学》，载《法学研究》2014 年第 1 期。

⑥ 《合同法司法解释(二)》第 8 条即明确，拒不办理批准手续是违背诚实信用的行为。

上批准生效的合同在合同效力未定期间(schwebezustand),可以出现某种预先效力(vorwirkung),当事人应当彼此诚信行事,为促成批准而相互协作"。[①]"法定未生效合同既会产生合同当事人的消极不作为义务,也会派生当事人完成合同报批手续等积极作为义务。"[②]办理审批手续义务虽可约定或者法律规定由一方负担,但通常需要双方合作,如准备相关资料,甚至共同提出申请,有的负有审批义务人还是合同当事人之外的其他主体,如外资企业是股权转让合同的报批义务人,因此报批义务是先合同义务,是合同生效之前就已经存在并发生法律效力的义务,当事人应当履行。这与合同终止以后独立存在的清算条款以及纠纷解决条款具有后合同义务的地位相对应,只是两类条款发挥的作用不同而已。但鉴于《外商投资企业解释(一)》适用范围限定的外商企业有限的合同类型,人民法院"在审理其他纠纷案件时,对于这类合同中的报批义务的效力,在没有批准的情况下,大多数法官的做法是认定未生效,比照合同无效处理"。[③]但在《合同法司法解释(二)》指引下,实践中越来越多的案件根据受让方要求转让方办理报批义务的请求,法院判令转让方办理报批手续。2019年《九民会议纪要》第38条将报批义务条款及相关条款的独立生效规则扩展到全部案件,"须经行政机关批准生效的合同,对报批义务及未履行报批义务的违约责任等相关内容作出专门约定的,该约定独立生效。一方因另一方不履行报批义务,请求解除合同并请求其承担合同约定的相应违约责任的,人民法院依法予以支持"。民法典总结司法经验,明确规定未经审批的合同未生效"不影响合同中履行报批等义务条款以及相关条款的效力",正式承认了报批义务的独立性,具有重要意义,为人民法院判决报批义务人承担强制履行报批义务,以及处理相关条款的履行问题提供了直接的法律依据。

(五)违反报批义务的责任

第四个争议的问题是,如果当事人违反报批义务,应当承担何种责任?一种观点是缔约过失责任。王利明先生认为,在一方没有履行或者拒绝履行报批义务时,另一方应当享有两项请求权:一是诉请求人民法院强制要求负有报批义务一方履行报批义务;二是请求缔约过失的损害赔偿,因为在报批之前,毕竟合同没有生效,一方不能依据合同主张违约损害赔偿请求权,只能依据诚实原则主张缔约过失责任。[④]《合同法司法解释(二)》第8条和《外商投资企业解释(一)》第5条[⑤]即采该种观点:一是规定请求方自己可以办理审批手续;二是适用《合同法》第42条规定,违反报批义务的一方对另一方产生的费用和给相对人造成的实际损失,应当承担缔约过失责任。有学者注意到《合同法司法解释(二)》在规定缔约过失责任的同时,"又规定了判由权利人代为申请的'间接强制履行',与通说中的缔约过失救济方式明显不符",[⑥]"合同法司法解释二第8条所规定的'判决相对人自己办理有关手续'和'损害赔偿责任'两种责任方式已经使得其在缔约过失责任和违约责任之间

---

① 王雷:《批准、登记手续与法定未生效合同——合同法第44条第2款评注》,载《判解研究》2015年第2期。

② 赵旭东:《论合同的法律约束力与效力及合同的成立与生效》,载《中国法学》2000年第1期。

③ 杨永清:《批准生效合同若干问题探讨》,载《中国法学》2013年第6期。

④ 参见王利明:《合同法新论》,中国社会科学出版社2011年版,第134页。

⑤ 《外商投资企业解释(一)》第5条规定:"外商投资企业股权转让合同成立后,转让方和外商投资企业不履行报批义务,经受让方催告后在合理的期限内仍未履行,受让方请求解除合同并由转让方返还其已支付的转让款、赔偿因未履行报批义务而造成的实际损失的,人民法院应予支持。"

⑥ 汤文平:《批准生效合同报批义务之违反、请求权方法与评价法学》,载《法学研究》2014年第1期。

弹性跳动”。[①] 该司法解释隐含地对报批义务的预先效力在一定程度上的承认是无可置疑的。缔约过失责任范围是信赖利益的损失,通说认为信赖利益的损失包括两部分,即所受损失和所失利益。所谓“所受损失”,亦称积极损害,是指因损害事故的发生,致使信赖人现有财产所减少之利益。所谓“所失利益”,亦称消极损害,是指因损害的发生,致信赖人之财产应增加而未增加之利益。[②] 一般缔约过失责任的所受损失包括:缔约费用、准备履行所需费用、已给付金钱的利息等;所失利益主要是丧失订约机会之损害。[③] 信赖利益的损失以不超过合同履行利益为限,“根据个案中当事人的过错程度不同,其具体的赔偿责任范围则‘游走’于最小范围信赖损害和最大范围履行损害之间”。最高人民法院有判决认为,除“直接损失外,缔约过失人对善意相对人的交易机会损失等间接损失,应予赔偿。间接损失数额应考虑缔约过失人过错程度及获得利益情况、善意相对人成本支出及预期利益等,综合衡量确定”。[④]

另一种观点是违约损害赔偿责任,认为未经行政审批的合同既非无效合同,也非未生效合同,而是已生效合同,不仅对当事人具有形式拘束力,而且对当事人具有实质拘束力,即负有报批义务的一方如果不履行报批义务,就应承担相应的违约责任。也就是说,未经行政审批的合同虽然不具有履行的效力,即一方当事人不得请求另一方当事人履行合同所约定的义务,但具有约束当事人并使其承担报批义务的效力。[⑤]《外商投资企业解释(一)》第6条即采此说,规定“外商投资企业股权转让合同成立后,转让方和外商投资企业不履行报批义务,受让方以转让方为被告、以外商投资企业为第三人提起诉讼,请求转让方与外商投资企业在一定期限内共同履行报批义务的,人民法院应予支持……转让方和外商投资企业拒不根据人民法院生效判决确定的期限履行报批义务,受让方另行起诉,请求解除合同并赔偿损失的,人民法院应予支持。赔偿损失的范围可以包括股权的差价损失、股权收益及其他合理损失”。[⑥] 此处的赔偿范围为股权的差价损失、股权收益和其他合理损失,是一种违约责任。有法院曾在判决中明确认定,“办理股权转让的审批手续在此并非合同的生效要件,而是缔约一方应当履行的合同义务”。[⑦] 但正如有学者指出的,这一方案在解释论上难以成立,[⑧]它在立法论上的功用也是有限的。[⑨] 从解释论上看,即使报批义务条款(包括法定义务形态)对当事人具有法律效力,但未经批准合同其他内容仍未生效,不具有实质拘束力,没有产生违约责任的基础;主管机关批准作为合同的特别生效要件,是公法介入私法领域的强制性管制机制,未

---

① 王雷:《批准、登记手续与法定未生效合同——合同法第44条第2款评注》,载《判解研究》2015年第2期。

② 参见曾世雄:《损害赔偿法原理》,中国政法大学出版社2001年版,第136页。

③ 参见王泽鉴:《民法学说与判例研究》(第5册),中国政法大学出版社1998年版,第227页。

④ (2016)最高法民终802号深圳市标榜投资发展有限公司与鞍山市财政局股权转让纠纷案民事判决书。

⑤ 参见刘贵祥:《论行政审批与合同效力——以外商投资企业股权转让为线索》,载《中国法学》2011年第2期;吴光荣:《行政审批对合同效力的影响:理论与实践》,载《法学家》2013年第1期。

⑥ 解释起草者说明:在法院已经判令转让方及外商投资企业履行报批义务而义务人拒不履行的情况下,应准用《合同法》第45条“当事人为自己的利益不正当地阻止条件成就的,视为条件已成就”的规定,认为双方的股权转让合同所附的法定条件已经因为转让人不正当阻止条件成就而拟制成就,从而科予受让人违约损害赔偿请求权。应予指出的是,此处之所以准用《合同法》第45条的规定,是因为法院的判决对审批机关、当事人均具有拘束力。但审批作为合同的法定生效条件,其成就与否涉及审批机关的管制,批准与否则取决于审批机关,并不依赖于当事人的意思表示,因此,在一般情况下,不能准用《合同法》第45条的规定。

⑦ 参见广州市仙源房地产股份有限公司与广东中大中鑫投资策划有限公司、广州远兴房产有限公司、中国投资集团国际理财有限公司股权转让纠纷案,广东省广州市中级人民法院(2008)穗中法民四初字第80号。

⑧ 参见蔡立东:《行政审批与权利转让合同的效力》,载《中国法学》2013年第1期。

⑨ 参见汤文平:《批准生效合同报批义务之违反、请求权方法与评价法学》,载《法学研究》2014年第1期。

经审批而认定合同有效有违立法目的;司法机关对合同效力的评价应遵从既定的法秩序要求,无法代行行政机关的权力。因而,在欠缺立法进一步规定的情况下,认定合同有效并判令违反报批义务一方承担违约责任给法官释法带来的巨大压力,是该规则在外资企业领域之外无法全面适用于其他合同的根本原因,实务中形成《合同法司法解释(二)》第8条和《外商投资企业解释(一)》第6条作用于不同合同领域纠纷的双轨制局面,实属必然。

为进一步解决这一问题,《九民会议纪要》第40条规定,"人民法院判决一方履行报批义务后,该当事人拒绝履行,经人民法院强制执行仍未履行,对方请求其承担合同违约责任的,人民法院依法予以支持"。为了明确表达拒不履行法院判决的报批义务一方承担的是合同的违约责任而非报批义务条款的违约责任,特意使用了"合同违约责任"一词。《九民会议纪要》采违约责任说的理由是,"此时可以参照适用《合同法》第45条'当事人为自己的利益不正当地阻止条件成就的,视为条件已成就'的规定,认为合同所附的法定条件因报批义务人不正当地阻止条件成就而拟制成就,从而使另一方享有违约损害赔偿请求权"。[①] 但此观点有进一步检讨的必要。在德国法上,为私人法律行为设置的机关批准是私法形成性行政行为,违反此种公法上批准规定的构成要件与法律效果都取决于相关公法规范的规定,[②]因而与当事人意定的附条件合同在性质上全然不同。正如前文所述,不可以当事人意思而取代行政机关的职权。另外,既然已经承认报批义务条款及相关条款的独立性,相关条款按《九民会议纪要》的释义,"本条所谓的'相关内容',主要是指有关违约责任的规定,即合同中专门约定的报批义务人怠于履行报批义务时将承担违约责任的约定,此种约定有别于主合同约定的违约责任条款"。[③] 当事人约定的违反报批义务的违约责任,与承担"合同违约责任"之间如何取舍?为何不直接遵从当事人意思承认违反报批义务的违约责任?显然纪要并没有把报批义务条款的独立性立场贯彻到底。正是由于分合不定的立场,这一疑问在《民法典》编纂中成为争论的重点。

《民法典》第502条最终对违反报批义务的责任没有规定"合同违约责任",而是规定"办理申请批准等手续的当事人未履行义务的,对方可以请求其承担违反该义务的责任"。这一规定明确将责任限定于"承担违反该义务的责任",基于报批条款的独立性,应解释仅为违反报批义务的责任,而非违反合同履行义务的责任。违反报批义务的责任有两种形式:一是当事人在报批义务条款中单独约定了违反该义务的违约责任的,应当按照当事人意思自治原则,支持当事人主张该违约责任的请求,即单独的违反报批义务的违约责任。二是当事人仅约定了报批义务条款,而未约定违反该义务的单独违约责任的,一方主张违反报批义务方承担损害赔偿责任的,可以缔约过失责任处理,具体赔偿损失的范围根据违反义务方的过错程度和实际损失确定,以合同是否具备批准的条件即被批准的可能性为尺度,在不超过履行利益的限度内支持当事人的赔偿请求。

---

① 最高人民法院民二庭:《〈全国法院民商事审判工作会议纪要〉理解与适用》,人民法院出版社2019年版,第288页以下。

② 汤文平:《德国法上的批准生效合同研究》,载《清华法学》2010年第6期。

③ 最高人民法院民二庭:《〈全国法院民商事审判工作会议纪要〉理解与适用》,人民法院出版社2019年版,第280页。

二、实务中的有关问题

（一）报批条款及相关条款与报批义务

《民法典》规定了报批义务条款及相关条款的独立性，相关条款包括违反报批义务的违约责任内容，还包括与报批义务形成直接关联的条款。在实践中，后一种条款主要是与报批义务的履行直接相关的条款，最常见的是另一方要先行支付一定的价款，再履行报批义务；还包括履行报批义务中双方的配合、协作等内容以及其他担保性内容。

《民法典》第502条第2款规定的报批义务是一种法定义务，有的当事人作为合同内容进行约定，有的当事人未在合同中约定，但不影响当事人的报批义务，只是形式上不属于合同中的条款，属于法定义务，在解释上，可以视为合同的默示条款，适用报批条款的规则。如果法律规定报批义务由合同之外的第三人承担，如外资企业股权转让合同的报批义务人是外资企业，该第三人的义务应当以合同当事人正式通知第三人时始生效力。合同当事人负有推动第三人办理审批手续的义务。在第三人拒不履行报批手续时，可以请求人民法院判决其承担履行义务，如果拒不执行人民法院判决的，以妨碍执行予以制裁。必要时，人民法院可以通过提请审批机关协助的方式启动审批程序，由当事人提供相关材料报请审批。但不宜判决第三人承担违约责任或者缔约过失责任。

如果当事人约定以受让方支付一定合同价款作为转让方办理报批手续的条件，而受让人未依约支付价款时，转让人能否直接请求受让人履行付款义务？《九民会议纪要》的起草者认为，虽然该约定作为与报批义务相关的约定应当独立生效，但对方支付价款也是合同的对价，整个合同毕竟尚未生效，在报批义务方尚未转让权利的情况下，让受让方先行付款会使当事人之间的权利义务失去平衡，因而不能请求实际履行，报批义务方可以基于该约定享有针对请求其履行报批义务的抗辩权。[①] 这一观点有继续检讨的必要。

（二）法定报批生效与约定报批生效合同裁判规则

《民法典》规定的是法律、行政法规规定的批准生效的合同，实践中还存在当事人在合同中约定履行一定批准程序后合同生效，前者称为法定批准生效合同，后者称为约定批准生效合同。区分当事人约定的报批义务的是内部审批还是法定审批主要看法律依据，如果属于法律、行政法规规定的审批生效，当事人在合同中约定为报批义务条款的，仍然是法定批准生效合同；如果依据的是法律、行政法规之外的其他规范性文件，则属于约定批准生效的合同。

在实践中要注意，约定批准生效合同与法定批准生效合同的裁判规则有明显的不同。根据最高人民法院相关裁判，两者裁判规则主要有以下不同：

一是前者适用的裁判规则是《民法典》第502条及《合同法司法解释（一）》、《企业改制解释》、《合同法司法解释（二）》、《外商投资企业解释（一）》的规定。后者适用的裁判规则是《民法典》第158条、第159条规定，为附生效条件的合同。最高人民法院在李某某与海南省海洋渔业总公司、海南省南海现代渔业集团有限公司等一案中，直接依照《合同法》第45条规定认定，“李某某与海渔

---

① 最高人民法院民二庭：《〈全国法院民商事审判工作会议纪要〉理解与适用》，人民法院出版社2019年版，第286页。

公司签订的《房产转让合同》属于附约定生效条件的合同,该合同生效与否取决于合同所约定的生效条件是否成就。李某某未提供证据证明其与海渔公司签订的《房产转让合同》业经海南省国资委批准。在《房产转让合同》未经海南省国资委审批,且亦不可能再予以审批的情况下,应认定《房产转让合同》所附约定条件不成就”。[①]

二是前者在未履行审批程序之前,合同不生效;后者在履行报批义务之前,有可能直接认定合同有效。如最高人民法院判决认为,“合同约定以一方内部因素为生效条件的,负有促使协议生效义务的一方未履行约定义务,在合同约定内容不违反法律禁止性规定和损害他人利益并经双方签字盖章成立,且已部分履行的前提下,则应当认定合同已经生效”。[②] 在符合《民法典》第159条规定的“当事人为自己的利益不正当地阻止条件成就的,视为条件已经成就”情形下,则可以直接认定合同生效。如最高人民法院在黑龙江博瑞商业发展有限公司与哈尔滨秋林大厦有限公司、哈尔滨秋林集团股份有限公司房屋买卖合同纠纷案中认为,“秋林股份公司负有召开股东大会对案涉房地产转让进行审批的义务。秋林股份公司在签订《房地产买卖协议》后未提交股东大会就《房地产买卖协议》事宜进行审批,系‘为自己的利益不正当地阻止条件成就’,根据《合同法》第四十五条规定,可以视为条件已成就”。[③] 最高人民法院还承认了约定的批准机构不存在时视为条件成就的情形,在西藏国能矿业发展有限公司与薛某懿、薛某蛟等股权转让纠纷案中认为,“协议中双方当事人在第十四条14.1款约定:‘本协议经各方签署后协议成立,并经各方有权机构批准后生效。’由于协议各方当事人并不存在其他有权机构,当事人自身对协议成立均无异议,即视为批准。因此,根据上述法律规定及当事人约定,本案合作协议依法成立并生效”。[④]

三是在当事人违反报批义务后,前者当事人可以请求报批义务违反之违约责任或者合同的缔约过失责任;后者在推定合同生效的,可以直接请求履行合同或者合同违约责任,其他情形可以主张约定的违约责任或者合同的缔约过失责任。

(三)报批义务的判决与执行

对报批义务的判决,既可以依请求判决约定的或者法定的报批义务方履行报批义务,也可依请求判决请求方自行办理报批手续,法律有规定的情况下,请求方也可以诉请第三人承担报批义务。

对法院判决报批义务人实际履行报批义务的判决,如何进行执行?最高人民法院2019年发布的指导案例[⑤]提供了裁判要点:“生效判决认定采矿权转让合同依法成立但尚未生效,判令转让方按照合同约定办理采矿权转让手续,并非对采矿权归属的确定,执行法院依此向相关主管机关发出协助办理采矿权转让手续通知书,只具有启动主管机关审批采矿权转让手续的作用,采矿权能否转让应由相关主管机关依法决定。申请执行人请求变更采矿权受让人的,也应由相关主管机关依法判断。”此类判决首先应当由义务方自行履行,如果拒不履行的,人民法院可以向审批机关发送协助

① 最高人民法院(2015)民一终字第317号民事判决书。

② 参见最高人民法院(2006)民二终字第159号中国信达资产管理公司兰州办事处与甘肃亚盛盐化工业(集团)有限责任公司上诉案。

③ 最高人民法院(2014)民一终字第314号民事判决书。

④ 最高人民法院(2014)民二终字第205号民事判决书。

⑤ 最高人民法院指导案例123号于某某与锡林郭勒盟隆兴矿业有限责任公司执行监督案。

执行通知，但该通知只有启动审批程序的作用，而非强制审批机关办理批准手续。当然，人民法院也不是代当事人办理审批手续。审批权力是行政机关的职权，批准抑或不批准由行政机关自行依法决定，法院执行无权干预。同样，是否进入审批程序，以及如何审批，均应由行政机关依法办理，人民法院也不宜干预。当然，对报批义务方拒不执行生效判决的，人民法院可以根据民事诉讼法规定给予相应的制裁。

（四）报批义务履行与不履行责任的诉之合并

为避免因报批义务人拒不履行报批义务再行起诉麻烦，可以考虑在一案中合并审理损害赔偿责任，如拒不执行报批义务，直接进入赔偿责任的执行，减少二次诉讼，提高解决纠纷的效率。本书认为，因判决相对人自己申请可能难获批准，而仍须求助损害赔偿，为免另行起诉的麻烦，可以在判决中直接确定未受批准时损害赔偿的数额，[①]这种单纯的诉讼合并，无疑是解决问题的有效路径。同样，在《外资企业法》第5条规定下，原告亦可以选择诉的合并方式一次性解决纠纷。

（五）报批义务的释明

《九民会议纪要》第39条规定了对报批义务的释明，即"须经行政机关批准生效的合同，一方请求另一方履行合同主要权利义务的，人民法院应当向其释明，将诉讼请求变更为请求履行报批义务。一方变更诉讼请求的，人民法院依法予以支持；经释明后当事人拒绝变更的，应当驳回其诉讼请求，但不影响其另行提起诉讼"。一是经释明后当事人拒不变更诉讼请求的，在人民法院应当判令驳回起诉还是驳回诉讼请求问题上，存在不同观点，该纪要倾向于驳回诉讼请求，但允许当事人另行起诉。二是在一方当事人直接请求确认合同无效的情况下，人民法院是直接驳回其诉讼请求，还是应当向其释明，告知其解除合同，该纪要未作明确规定，但学理上认为应当向其释明。[②]

（六）未批准合同的解除

法律、行政法规规定批准生效的合同，未办理批准等手续的，该合同不生效。对于不生效的合同，是否可以解除，司法解释已经给出答案。《外商投资企业解释（一）》第5条规定，"外商投资企业股权转让合同成立后，转让方和外商投资企业不履行报批义务，经受让方催告后在合理的期限内仍未履行，受让方请求解除合同并由转让方返还其已支付的转让款、赔偿因未履行报批义务而造成的实际损失的，人民法院应予支持"。《九民会议纪要》第38条进一步将这一解释规定扩展到其他合同类型，即"一方因另一方不履行报批义务，请求解除合同并请求其承担合同约定的相应违约责任的，人民法院依法予以支持"。进而进一步将解除规则延伸到行政机关不批准的情形，《九民会议纪要》第40条规定，"一方依据判决履行报批义务，行政机关予以批准，合同发生完全的法律效力，其请求对方履行合同的，人民法院依法予以支持；行政机关没有批准，合同不具有法律上的可履行性，一方请求解除合同的，人民法院依法予以支持"。经报主管机关审批，主管机关依法确定不予批准的，合同效力已经从不生效的状态转为确定不生效状态，因为此时合同已经失去了转变为有效合同的可能，是一种效力确定状态。对于确定不生效的合同的法律后果，《民法典》第157条已经有明确的规定："民事法律行为无效、被撤销或者确定不发生效力后，行为人因该行为取得的财产，应当

---

① 沈德咏等主编：《最高人民法院关于合同法司法解释（二）理解与适用》，人民法院出版社2009年版，第75页以下。

② 最高人民法院民二庭：《〈全国法院民商事审判工作会议纪要〉理解与适用》，人民法院出版社2019年版，第285页。

予以返还;不能返还或者没有必要返还的,应当折价补偿。有过错的一方应当赔偿对方由此所受到的损失;各方都有过错的,应当各自承担相应的责任。法律另有规定的,依照其规定。”此时,无须再对确定不生效的合同进行解除,当事人可以直接依上述规定请求返还财产、赔偿损失。

(七)法定批准生效合同的类型

一是外商投资企业领域中的批准生效合同。《中外合资经营企业法》第3条规定:“合营各方签订的合营协议、合同、章程,应报国家对外经济贸易主管部门(以下称审查批准机关)审查批准。审查批准机关应在三个月内决定批准或不批准。合营企业经批准后,向国家工商行政管理主管部门登记,领取营业执照,开始营业。”《中外合资经营企业法实施条例》第14条规定:“合营企业协议、合同和章程经审批机构批准后生效,其修改时间。”第20条规定:“合营一方向第三者转让其全部或者部分股权的,须经合营他方同意,并报审批机构批准,向登记管理机构办理变更登记手续……违反上述规定的,其转让无效。”

二是须经许可的技术进、出口合同。《技术进出口管理条例》第16条规定:“技术进口经许可的,由国务院外经贸主管部门颁发技术进口许可证。技术进口合同自技术进口许可证颁发之日起生效。”第36条规定:“技术出口经许可的,由国务院外经贸主管部门颁发技术出口许可证。技术出口合同自技术出口许可证颁发之日起生效。”

三是对外合作开采海洋石油资源合同。《对外合作开采海洋石油资源条例》第7条规定:“中国海洋石油总公司就对外合作开采石油的海区、面积、区块,通过组织招标,采取签订石油合同方式,同外国企业合作开采石油资源。前款石油合同,经中华人民共和国商务部批准,即为有效。”“中国海洋石油总公司采取其他方式运用外国企业的技术和资金合作开采石油资源所签订的文件,也应当经中华人民共和国商务部批准。”

四是国有资产法对国有企业改制、兼并、分立、股权转让、产权交易等,需要经过相应行政机关审核批准的规定。如《企业国有资产法》第34条、第40条、第53条,《全民所有制工业企业法》第18条,《企业国有资产监督管理暂行条例》第21条、第23条,《企业国有产权转让管理暂行办法》(国务院国资委、财政部3号令),国务院办公厅《关于加强国有企业产权交易管理的通知》第1条、第2条和国务院《减持国有股筹集社会保障资金管理暂行办法》第15条等。

《企业改制解释》第17条规定:“以协议转让形式出售企业,企业出售合同未经有审批权的地方人民政府或其授权的职能部门审批的,人民法院在审理相关的民事纠纷案件时,应当确认该企业出售合同不生效。”第30条规定:“企业兼并协议自当事人签字盖章之日起生效。需经政府主管部门批准的,兼并协议自批准之日起生效;未经批准的,企业兼并协议不生效。但当事人在一审法庭辩论终结前补办报批手续的,人民法院应当确认该兼并协议有效。”

五是金融机构股权转让批准规定。《商业银行法》第24条规定,“商业银行有下列变更事项之一的,应当经国务院银行业监督管理机构批准:……(五)变更持有资本总额或者股份总额百分之五以上的股东……”;第28条规定,“任何单位和个人购买商业银行股份总额百分之五以上的,应当事先经国务院银行业监督管理机构批准”。

六是采矿权、探矿权转让的批准规定。《矿产资源法》第6条规定:“除按下列规定可以转让外,探矿权、采矿权不得转让:(一)探矿权人有权在划定的勘查作业区内进行规定的勘查作业,有权优先取得勘查作业区内矿产资源的采矿权。探矿权人在完成规定的最低勘查投入后,经依法批准,可以将探矿权转让他人。(二)已取得采矿权的矿山企业,因企业合并、分立,与他人合资、合作经营,或者因企业资产出售以及有其他变更企业资产产权的情形而需要变更采矿权主体的,经依法批准可以将采矿权转让他人采矿。前款规定的具体办法和实施步骤由国务院规定。禁止将探矿权、采矿权倒卖牟利。"《探矿权采矿权转让管理办法》第10条规定:"申请转让探矿权、采矿权的,审批管理机关应当自收到转让申请之日起40日内,作出准予转让或者不准转让的决定,并通知转让人和受让人。准予转让的,转让人和受让人应当自收到批准转让通知之日起60日内,到原发证机关办理变更登记手续;受让人按照国家规定缴纳有关费用后,领取勘查许可证或者采矿许可证,成为探矿权人或者采矿权人。批准转让的,转让合同自批准之日起生效。不准转让的,审批管理机关应当说明理由。"

专题二　无权处分的删除与适用问题

一、《合同法》第51条之删除——无权处分争议与立法选择

《合同法》第51条规定,"无处分权的人处分他人财产,经权利人追认或者无处分权的人订立合同后取得处分权的,该合同有效",此谓无权处分的一般规定,加之《合同法》第132条对出卖物处分权的规定和第150条买卖物的权利瑕疵担保责任的规定,形成了合同法上的无权处分规则体系。但《合同法》第51条自出台以来,各种观点众说纷纭,民法学中的无权处分问题,"可谓是法学上之精灵",[①]及到民法典编纂,争论仍未平息。特别是民法典草案删除无权处分合同规定后,又掀起一波热议。至于为什么要删除这一规定,官方并未给出一个明确的意见,仅仅提了一句"根据合同理论和实践的发展,修改了合同效力、合同履行、债权转让、合同解除和违约责任等一般规则(第二章至第八章)"。[②] 民法典删除无权处分合同,在立法上问题已为结束,但理论上的争议不会停止,法律适用上问题必将长存。

所谓无权处分,是指无所有权或者处分权的人对他人之物进行的处分。民法上的"处分",包括事实上和法律上的处分。对财产的消费(包括生产和生活的消费)属于事实上的处分。法律上的处分,既包括各种处分财产所有权的行为,如买卖、赠与等,也包括处分债权和其他财产权的行为,如出租或转租、转让债权、免除债务等行为,还包括对财产权作出限制或设定负担的行为,如在某些财产上设立抵押、质押等。法律上的处分分为负担行为和处分行为,负担行为就是债权行为或者债务行为;处分行为就是转移物权的行为,又称为物权行为。负担行为是产生债权请求权的法律行为,

① 王泽鉴:《民法学说与判例研究》(第4册),台湾1991年版,第150页。

② 沈春耀:《关于〈民法典各分编(草案)〉的说明》,载中国人大网:http://www.npc.gov.cn/zgrdw/npc/cwhhy/13jcwh/2018-08/27/antent_2059319.htm,最后访问日期:2020年10月25日。

处分行为是产生物权变动后果的法律行为,如所有权的转移、抵押权的设定、所有权的抛弃和准物权行为(如债权转让和债务免除等)。[①] 处分行为是最狭义的处分。德国等国家民法承认物权行为的独立性和无因性,物权行为与债权行为相互独立,产生债权请求权的合同本身无处分行为意思在内,为物权变动时,当事人之间另有物权行为。法国、意大利和日本等国家的民法不采物权行为理论,一个买卖合同中既有债权行为的效果意思也有处分行为的效果意思,负担行为和处分行为采合一模式。我国《合同法》第 51 条规定的"处分",仅指法律上的处分,[②]系采负担行为与处分行为合一模式。"当事人之间订立的买卖合同,不仅包含发生债权债务关系的效果意思,而且包含引起物权发生变动的效果意思。也就是说,物权变动的合意已经包含在当事人所订立的买卖合同,因此交付或者登记仅仅是履行买卖合同的事实行为,而非包含物权合意的法律行为。"[③]因此,无权处分必须在法律上存在两个层面的效力评价:第一个层面,是无权处分的合同的效力如何;第二个层面,是无权处分下物权变动的效力,即相对人能否取得的所有权或者其他物权。

在《合同法》之前,我国民事法律未对无权处分问题作规定,人民法院处理相关案件主要依靠司法解释和司法政策。所见最早的司法解释是 1951 年 4 月 16 日发布的《最高人民法院华东分院关于解答房屋纠纷及诉讼程序等问题的批复》之一,即"房屋代管人,未得原业主同意,私擅将房屋盗卖,此种买卖行为原属无效,惟该项被盗卖得房屋,已辗转买卖,更易数主,且均系出于善意,并无过失,为保障房屋所有权人正当权益并兼顾善意承买人既得权利起见,应准许业主向现在房屋占有人进行追诉,并于审理时,票传原盗卖人一并到庭应讯,以确定其应负的刑民事责任。如果原盗卖人业已死亡,则只可就其被继承之财产取偿,如果盗卖人贫无所有,无力赔偿,既系实际情形。为谋社会经济秩序安定,城市房屋交易活泼起见,对于房屋原所有权人的正当权益,固应予以保护,而房屋善意买受人,既确系出于善意,并且无过失等情,亦应予以适当之照顾或补偿"。该批复确立了无权处分的重大规则:一是"买卖行为原属无效",未区分买卖行为是处分行为还是负担行为,一律无效;二是权利人可以取回房屋,"为保障房屋所有权人正当权益并兼顾善意承买人既得权利起见,应准许业主向现在房屋占有人进行追诉";三是对善意买受人利益予以保护,"房屋善意买受人,既确系出于善意,并且无过失等情,亦应予以适当之照顾或补偿,"但未承认善意取得制度;四是无权处分应当承担不当得利返还责任,"并于审理时,票传原盗卖人一并到庭应讯,以确定其应负的刑民事责任。如果原盗卖人业已死亡,则只可就其被继承之财产取偿,如果盗卖人贫无所有,无力赔偿,既系实际情形"。这一规则从计划经济时代直至社会主义市场经济初期,是最为重要的无权处分规则。1988 年 4 月 2 日发布的最高人民法院《贯彻民法通则意见》第 89 条增加了善意取得规则,即"第三人善意、有偿取得该项财产的,应当维护第三人的合法权益;对其他共有人的损失,由擅自处分共有财产的人赔偿"。

1999 年《合同法》第 51 条第一次明确规定无权处分的一般规则,即"无处分权的人处分他人财产,经权利人追认或者无处分权的人订立合同后取得处分权的,该合同有效"。这在当时得到理论

---

① 参见王泽鉴:《民法学说与判例研究》(第 4 册),中国政法大学出版社 1998 年版,第 136 ~ 137 页。

② 王利明:《论无权处分》,载《中国法学》2001 年第 3 期。

③ 王轶:《论无权处分行为的效力——以物权变动模式的立法选择为背景》,载《中外法学》2001 年第 3 期。

界和实务界普遍认同，在解释论上却引发了长期的争议，但效力待定说是有力说。该说认为，无权处分行为的效力处于待定状态，如果经权利人追认或者事后取得处分权，则合同有效，否则，合同无效。[①] 立法者并不完全赞同这一观点，"第51条只讲了半句话，即经追认或者取得处分权后的合同效力，未经追认或者未取得处分权的怎么办，不少学者反推认为合同无效，这是学者个人理解，法律没有规定"。"我们当时认为，未经追认或者未取得处分权的怎么办？有的是无效，更多的是合同有效，但不能履行需要承担违约责任。"[②]效力待定说具有明显的历史承继性，与此前司法解释的观点一脉相承，因而为广泛接受，在司法界具有深厚的影响力。2007年《物权法》出台，横跨合同法和物权法的无权处分制度终于完备起来，《合同法》第51条和《物权法》第106条分别为权利人利益保护和相对人利益保护提供了规范基础，构建了财产保护和交易安全维护完整的法律框架。

此后，最高人民法院《买卖合同司法解释》第3条规定"当事人一方以出卖人在缔约时对标的物没有所有权或者处分权为由主张合同无效的，人民法院不予支持。出卖人因未取得所有权或者处分权致使标的物所有权不能转移，买受人要求出卖人承担违约责任或者要求解除合同并主张损害赔偿的，人民法院应予支持"。这一司法解释集中体现了理论界和实务界对无权处分规则特别是《合同法》第51条反思的结果。依该司法解释，一是买卖合同不因出卖人缔约时没有所有权或者处分权而无效，已经从效力待定说改为有效说；二是买卖合同有效，但出卖人人未取得所有权或者处分权致使标的物所有权不能转移，买受人可以请求出卖人承担违约责任，暗含了负担行为与处分行为区分意思在内。这一司法解释很好地解决了无权处分善意相对人利益保护不足问题，同时也解决了处分人恶意主张合同无效的背信问题，确实加强了交易安全的保护，弥补了《合同法》第51条规定之不足。

《买卖合同司法解释》第3条采有效说的首要理由，是根据《物权法》第15条区分了负担行为和处分行为，这是该解释的立论基础。[③] 该解释规定出卖人不具有所有权或者处分权的不影响买卖合同的效力，应仅限于负担行为有效，即作为合同的债权效力不受影响，处分行为被剥离了出去，实质上将《合同法》第51条、第132条均定性为纯债权行为，而不包括处分行为。因此，《买卖合同司法解释》第3条规定不会与《物权法》第106条发生冲突，也不会影响《合同法》第151条规定的权利瑕疵担保责任。立法者根据"合同理论与实践的发展"，在《民法典》第597条吸收了《买卖合同司法解释》第3条内容，规定"因出卖人未取得处分权致使标的物所有权不能转移的，买受人可以解除合同并请求出卖人承担违约责任。法律、行政法规禁止或者限制转让的标的物，依照其规定"，同时删除《合同法》第51条无权处分的一般规则。《民法典》虽未采纳《买卖合同司法解释》第3条第1款"当事人一方以出卖人在缔约时对标的物没有所有权或者处分权为由主张合同无效的，人民法院不予支持"的规定，但从被采纳的第2款规定仍然可以反推出第1款的意思，即合同不因无处分

---

① 王利明：《论无权处分》，载《中国法学》2001年第3期；杨立新：《合同法总则》，法律出版社1999年版，第147页。

② 王胜明：《如何理解合同法第51条？》，载微信公众号"民法茶座"，2019年12月29日推送。

③ 2014年12月12日最高人民法院对"《关于审理买卖合同纠纷案件适用法律问题的解释》第三条中的'当事人'是否为合同缔约方问题的答复"认为，《买卖合同司法解释》第3条"是关于出卖人对出卖的标的物无所有权或处分权时，买卖合同是否无效的规定。基于物权变动的原因行为与物权变动的结果相分离的原则，本条规定出卖人在订立买卖合同时，对出卖的标的物没有所有权或处分权，并不影响作为原因行为的买卖合同的效力，但出卖物是否能够因买卖合同而发生所有权转移的物权变动效果，则要依出卖人此后能否取得标的物的所有权或处分权等予以确定"。

权而无效,始得“请求出卖人承担违约责任”;合同虽然无效,出卖人无处分权的,会影响请求实际履行的义务,即影响到物权的变动,这也为承认处分行为巧妙地提供了空间。

二、民法典时代无权处分规则的模式选择

《民法典》删除无权处分合同的一般规定后,无权处分相关合同效力、善意取得、权利瑕疵担保、表见代理等多种制度如何整合成科学的规则体系,还需要统一的理论范式和解说体系。我国和法国、意大利、日本同样采合一模式,均不承认物权行为理论,债权的意思表示与物权变动的意思表示之间并没有本质的区别,物权的变动只需要当事人的意思表示即可生效,物的交付通常表现为债权行为的履行,物权变动也只是债权效力的结果。《合同法》第 51 条采合一模式,但其规定无权处分合同为效力待定,既非法国的无效说,也非意大利、日本的有效说,走了一个中间路线。《民法典》第 597 条则转采有效说,抛弃了法国的立法模式。意大利和日本的无权处分规则体系与我国《民法典》的规定最为接近,理论上同为合一理论。我国《民法典》第 597 条规定的违约责任,是基于有效的债权合同而生,并非承认处分行为同时有效;因没有处分权而不能转移标的物所有权,即为处分行为意义的无权处分,直接影响物权能否变动。

本书以为,《民法典》删除《合同法》第 51 条的同时,在买卖合同中通过准用规则提供无权处分合同的效力一般规则是妥当的。实务中,对无权处分规则通过解释的方法予以增补和细化,至为必要。从上述比较分析可以看到,我国无权处分规则最接近意大利和日本模式,在规则解释和分析框架上可以予以借鉴。分析理论上可以不采物权行为理论,在《物权法》第 15 条规定的区分原则的基础上,将合同效力区分为负担行为与处分行为效力两个层次,以此作为构建无权处分规则的基础。物权法的区分原则强调的是物权变动与合同效力的区分,即合同效力不受物权变动的影响;但若合同无效,则物权变动亦无效。[①] 将合同评价留在合同规则下,将物权变动放在物权规则之处,这是区分原则的核心要义,也是无权处分规则的基础。正是理论分析基础的这种分野,不仅更加明确地排除德国法上的物权行为理论之独立性和无因性,而且不宜作为无权处分规则解释补充的依据,有利于法的安定性和明晰性,避免造成法律适用者无所适从。

三、无权处分的规范体系

《合同法》第 51 条删除后,无权处分的民法规范包括《民法典》第 597 条无处分权买卖合同的效力规则、第 612 条至第 614 条出卖物的权利瑕疵担保责任规则和第 311 条善意取得规则。合同编规定解决交易行为的效力,保障交易安全;物权编解决权利人的物权保护和交易安全。

无权处分大致分为三种:一是无所有权而签订买卖合同、设定抵押、质押、赠与合同、租赁合同[②]等。最高人民法院(2007)民二终字第 222 号,《最高人民法院公报》2009 年第 12 期(总第 158 期)判决认为:“虽然当事人仅抵押其自有的土地使用权,但根据‘地随房走,房随地走’的原则,应视为

---

① 房绍坤:《论民法典物权编与合同编的立法协调》,载《现代法学》2018 年第 6 期。

② 《合同法》第 228 条规定:“因第三人主张权利,致使承租人不能对租赁物使用、收益的,承租人可以要求减少租金或者不支付租金。第三人主张权利的,承租人应当及时通知出租人。”

土地使用权与地面建筑物所有权一并抵押。如在抵押时地上建筑物已属他人所有,抵押人抵押土地使用权的行为构成无权处分。"[①]二是部分共有人单独处分共有物的情形。理论上对此种情形是否构成无权处分有争议。但主流观点认为,共有人虽为财产所有人之一,但财产属于"共有"而非"区分所有";对于共有财产的处分,其权利必须由全体共有人共同行使,而任何单个共有人均没有单独处分共有物的权利。因此,共有人之一擅自处分共有物,仍属于无权处分。[②] 司法实务历来承认共有物处分可以构成无权处分。在王某诉孙某某、姜某某房屋买卖合同纠纷案中,法院认为,"当事人未经他人同意,擅自处分共有财产,侵犯了他人的共有权利的,构成无权处分"。[③] 依《民法典》第301条规定,在共同共有,部分共有人未经其他共有人同意处分共同共有财产的,构成无权处分;在按份共有,未达到2/3以上份额的部分共有人未经其他共有人同意处分按份共有财产的,构成无权处分。三是法律、行政法规限制交易物的出让也可能构成无权处分。

四、《民法典》第597条的准用

《民法典》第597条规定:"因出卖人未取得处分权致使标的物所有权不能转移的,买受人可以解除合同并请求出卖人承担违约责任。法律、行政法规禁止或者限制转让的标的物,依照其规定。"该条第1款规定没有从正面表述无权处分合同的效力,而是从所有权不能转移的后果请求"解除合同并请求出卖人承担违约责任"规定,以反推合同有效。现在《合同法》第51条已经删除,作为一般条款,该条就应当解决上述问题。作为《民法典》第597条第1款的前提,无权处分权人出让他人之物的,出卖人负取得该权利并移转于买受人的义务。无权处分合同具有债权行为效力,当事人之间产生债权债务关系,但不涉及合同处分行为的效力,实现无权处分合同的负担行为效力和处分行为效力的区分,解决合一模式下合同效力的合一确定问题。在因无处分权不能转移所有权发生违约时,可以请求违约责任,但不得请求物权变动,即排除了转移标的物所有权的实际履行义务。如此,固定起负担行为与处分行为的二分结构后,第597条规定才能承担起无权处分合同效力一般规则的功能。

作为无权处分一般规则,第597条规定于买卖合同部分,直接适用于买卖合同。买卖合同内容以转移物的所有权为目的,以物权法上的物包括不动产和动产为合同的标的,但不包括权利。对于买卖合同之外的无权处分合同,因欠缺特别规定时,可以《民法典》第646条的"法律对其他有偿合同有规定的,依照其规定;没有规定的,参照适用买卖合同的有关规定"为依据,准用买卖合同的规定,即准用第597条对合同的效力进行裁判。具备准用《民法典》第597条无权处分规则的合同限于:一是双务有偿合同,对于无偿的合同不得准用;二是属于无权处分的合同,处分人欠缺对合同标

---

① 在该案中法院以"抵押该土地使用权的行为构成无权处分。抵押权人的抵押权在未经权利人追认且不符合善意取得的情况下不能设立。故最高法院根据《合同法》第五十一条的规定"为由,判定抵押合同无效。

② 参见韩世远:《无权处分与合同效力》,载《人民法院报》1999年11月23日,第3版。

③ 北京市第二中级人民法院(2013)二中民终字第10214号民事判决书。

的物的处分权。除所有权无权处分外,还包括担保物权、用益物权等物权的无权处分,[①]以及股权、[②]知识产权等财产性绝对权利的无权处分。实践中,也承认物的所有权权能的无权处分,如租赁使用权。[③]

《民法典》第597条第2款“法律、行政法规禁止或者限制转让的标的物,依照其规定”的规定,作为第1款的例外,是否可以理解为不适用第1款的规定?《民法典》对《合同法》第132条作了修改,第2款作为“因出卖人未取得处分权致使标的物所有权不能转移的,买受人可以解除合同并请求出卖人承担违约责任”的例外规定,指向的是合同的特别生效要件,法律和行政法规对交易行为规定有特别的效力规则的,应当依照该规定认定合同的效力。对于法律行政法规禁止转让的标的物,如违禁出版物、野生动物、国有土地所有权等,相关的合同应当依据《民法典》第153条认定无效。对于限制交易的物,相关情况可以区分为三种:一是国有资产交易的行政审批生效规则,如《物权法》第53条和第54条的国有资产转让,行政法规规定的采矿权转让的审批等,审批是合同生效的要件,未经审批合同未生效。二是法律规定了物的交易需要相关权利人的同意,如《物权法》第191条规定抵押财产的转让应当经抵押权人同意,租赁物转租需要出租人同意,因仅涉及权利人的权利保护问题,交易行为原则上应当适用第1款的规定认定为有效。三是法律行政法规限制了交易的主体范围,如枪支买卖,一般无效,在法律允许的情况下,合同有效。第597条第1款规定,也同样可以准用于其他无权处分合同,如以法律禁止转让的物设定抵押的合同、租赁违禁出版物的合同等。

五、无权处分的取回权与占有返还请求权

在权利人行使取回权时,受让人以合法占有出卖物进行抗辩,法院是否支持的问题,是无权处分下的一个重要法律问题。

在“郭某海诉赵某某物权保护纠纷”案[④]中,郭某金、郭某海、郭某玉、郭某义、郭某来、郭某林、郭某利、郭某银系兄弟姐妹关系,系郭某某、应某某之子女,应某某于2006年10月10日死亡,郭某某于2007年8月26日死亡。10排2号系公房,原承租人系郭某某,郭某某死亡后,上述公房未重新签订租赁合同。后10排2号房屋列入危旧房改造范围,郭某金于2010年4月3日与北京昊泰房

---

① 最高人民法院(2007)民二终字第222号(《最高人民法院公报》2009年第12期)认为,无处分权设定抵押权的,属于无权处分,适用《合同法》第51条处理,“信达西安办虽然在名义上享有对案涉44.466亩的土地享有抵押权,但实际上中转冷库在为债权人陕西中行设定抵押权时,该土地上存在着第三人职工所有的建筑物。根据《房地产管理法》第三十二条的规定,建筑物的所有权人已经取得了其占用土地的法定土地使用权。中转冷库已非该建筑物占用土地的土地使用权人。故抵押该土地使用权的行为构成无权处分。抵押权人的抵押权在未经权利人追认且不符合善意取得的情况下不能设立。故最高法院根据《合同法》第五十一条的规定,判定抵押合同无效,信达西安办因此败诉”。

② 最高人民法院(2006)民二终字第1号崔某某、俞某某与无锡市荣耀置业有限公司、燕某等股权转让纠纷上诉案认为,“当事人通过伪造股东签名、制作虚假股东会决议、签订虚假股权转让协议等方式将股东所持有的公司股权转让至其名下并办理工商变更登记,后将前述股权另行转让给受让人,属于无权处分。《物权法》所规定的善意取得制度也适用于股权转让。若受让人已支付合理价款,并尽到了谨慎审查义务,应当认定其已经善意取得该股权”。

③ (2017)最高法民终314号民事判决书认为,《合同法》第51条规定,无处分权的人处分他人财产,经权利人追认或者无处分权的人订立合同后取得处分权的,该合同有效。王某未提供证据证明达尔曼公司将涉案房产出租给王某的行为得到权利人的追认,或者达尔曼公司取得了处分权,王某请求确认涉案《房屋租赁协议》有效,缺乏事实与法律依据,本院不予支持。

④ 北京市第一中级人民法院(2017)京01民终8935号民事判决书。

地产开发有限公司签订回迁安置协议,郭某金获得安置房两套,其中包括604号房屋。2010年5月17日,郭某海、郭某玉、郭某义、郭某来、郭某林、郭某利、郭某金、郭某银签订协议,其中约定604号房屋归郭某海所有。2015年6月12日,北京市门头沟区人民法院作出(2014)门民初字第305号民事判决书,确认604号房屋归郭某海所有。判决生效后,经北京市门头沟区人民法院强制执行,604号房屋产权人由郭某金变更为郭某海。郭某海于2016年1月取得不动产权证书,编号为:京(2016)门头沟区不动产权0010367号,权利人为郭某海。2012年12月16日,郭某金与赵某某、易家公司签订《房屋买卖居间合同》,约定郭某金将604号房屋卖与赵某某,赵某某依照合同约定支付了购房款66万元,郭某金于2013年2月8日将604号房屋交付赵某某,赵某某支付郭某金涉案房屋公共维修基金、装修管理费、物业费、装修押金、供暖费共计4900元,后赵某某对涉案房屋进行装修并居住至今。郭某海起诉要求赵某某腾房,以其合法购买并实际占有抗辩。

法院经审理认为,郭某海是真正权利人,郭某金擅自出卖房屋构成无权处分。赵某某购房时尽到注意义务,房屋买卖合同合法有效。虽然该合同判决认定为有效,但无权处分行为效力待定,即郭某金尚不具备转移占有的处分权,其转移占有于赵某某的行为效力待定。出卖人不享有处分权,该移转占有系无权处分,未经权利人追认或事后未取得处分权的,买受人移转而来的占有系无权占有。根据《物权法》第34条"无权占有不动产或者动产的,权利人可以请求返还原物"规定,法院支持了郭某海退房之请求,并指出赵某某可在另案中向郭某金主张相应违约责任。

本案中,被告赵某某依据合法的买卖合同取得房屋的占有,并装修用,但未办理过户手续,所有权并未转移,不能适用善意取得规定取得房屋所有权。其对房屋占有基于合法有效的买卖合同而来,具有正当依据。判断其占有为有权占有还是无权占有,不能仅仅从合同依据上看,还要看其取得的占有是否有权利来源,即转让人是否有权处分占有。本案在房屋未分割时,属于全体继承人共有,其中一个共有人的处分构成无权处分。因出卖人属于无权处分,处分行为效力待定,占有作为处分内容,其效力也属待定状态。后因权利人主张腾房,未予以追认,故赵某某之占有没有效力,仍属于无权占有。

从法院裁判依据来看,本案援引的是《物权法》第34条占有返还请求权,并无不当。从《物权法》第311条与第34条之间的关系看,法院将第34条作为请求权规范,将第311条作为第34条的辅助性规范,依第311条规定的占有的无权处分情形,作为第34条无权占有的一项补充性规范。从法律适用上看,本案确定请求权规范的方法正确,可供参考。当然,直接援引《物权法》第311条,把无权处分情形权利人享有的取回权作为完整的请求权规范,即第34条的特殊规则,也无不可。

第四章 合同的履行

专题一 选择之债问题

一、选择之债的内涵与条件

选择之债，谓以得于数宗给付中，依选择而定之一个给付为标的之债。[①] 债务标的有多项，当事人只须从中选择一项标的来履行，债务的标的因当事人行使选择权而予以确定，始得进行履行。选择之债通常因当事人的约定而成立，生活中较为常见。相较在合同中仅约定一项债务标的单纯之债或者简单之债，选择之债的履行更为复杂。《民法通则》和《合同法》均未规定选择之债，《民法典》编纂新增加该项制度。《民法典》第515条第1款规定："标的有多项而债务人只需履行其中一项的，债务人享有选择权；但是，法律另有规定、当事人另有约定或者另有交易习惯的除外。"

选择之债的当事人须从数项债务标的中选择一项履行，因此选择之债须具备以下两个条件：

第一，在债务标的上有可选择性。债务标的具有可选择性，即指于债的成立时就有两项以上债务标的可供选择。两项以上的债务标的，既可以是两种以上的债务标的，也可以是同种类但不同形式的债务标的，前者如金钱债务和劳务债务为不同种类之债务标的，后者如金钱债务或以人民币给付或者以美元支付，也可以是履行时间、履行地点、履行方式等可供选择的债务标的。如约定既可以一次性履行，也可以分期履行；既可以在码头交货，也可以在仓库交货等。

第二，在履行前应当先行选择债务标的。选择之债的债务标的虽有数项，当事人应当从中确定一项履行，也只有在债务标的确定后当事人才能履行债务。如果无须选择确定即可以履行的债务，则不属于选择之债。如以种类物为标的合同，在履行时才能够确定化，但无须进行选择。

关于选择之债的性质，有单数债还是复数债之争，有复数债权说、单数债权说与折中说不同的观点。[②] 上述学说以特殊债权说为当，此也为通说。[③] 该说主张，选择之债的标的虽有数个，只是一个债权而不是有数个债权，当事人仅得从中选择一项履行。选择之债只有在债务标的确定后才能履行，并且当事人也只负有一项给付的义务，而不是就债成立之时确定的各项给付都负有义务。

---

① 史尚宽：《债法总论》，中国政法大学出版社2000年版，第264页。

② 同上书，第265页、第266页。

③ 王利明、郭明瑞、方流芳：《民法新论》(下)，中国政法大学出版社1988年版，第269页；王家福主编：《中国民法学·民法债权》，法律出版社1991年版，第57页。

二、债务标的选择权

债务标的经选择而确定，是选择之债得以履行的前提条件。通过选择债务标的使之特定化，民法典规定为选择权。此种选择权由一方当事人行使，通过一方意思表示而选定应为履行之给付，故为形成权。[①] 选择之债的选择权既可归债务人，亦可归债权人，也可以归第三人。依《民法典》第515条规定，如果当事人没有特别约定或者法律规定，选择权归债务人；享有选择权的一方当事人如未在约定期限内或者履行期限届满未作选择，经催告后在合理期限内仍未选择的，选择权转移至对方。选择权之转移，有促进债务标的尽快确定，使债得以及时履行之目的。在债权人有选择权而怠于行使时，经债务人催告仍不行使，选择权归于债务人，债务人自可作出选择而为履行，使债之目的实现，纵债权人迟延，债务人仍得以提存等方式完成履行，使债之关系消灭。在选择权归于债务人时，债务人怠于行使选择权，依该款规定，经催告后选择权归债权人，然债权人作出选择后，债务人也未必履行，仍不免发生诉讼。虽选择权无须也不宜通过诉讼行使，但债权人于债务人迟延时，得提起选择之债的给付之诉，在强制执行开始前，债务人仍未作出选择的，则由债权人选择债务标的予以强制执行。允许债权人于债务人迟延时提起选择之债的给付之诉，并不影响债权人选择权之行使，且债务人本有故意不作选择而推迟债务履行的行为，允许债权人提起给付之诉已有必要，当然应以债务履行期限届满为前提。

关于选择权的行使，《民法典》第516条规定，“当事人行使选择权应当及时通知对方，通知到达对方时，标的确定。标的确定后不得变更，但是经对方同意的除外。可选择的标的发生不能履行情形的，享有选择权的当事人不得选择不能履行的标的，但是该不能履行的情形是由对方造成的除外”。通知对方，即以单方的意思表示行使。通知之形式既可以是书面的，也可以是口头的。通知到达对方即发生法律效力，债务标的即为确定，无须对方同意。选择权行使一经生效，则不得撤回，但经对方同意，可以变更债务标的。可以选择的债务标的有的发生履行不能的，原则上选择权人不能选择不能履行的债务标的，只能选择可履行之债务标的。若只有两项债务标的，一项履行不能，则变为简单之债。若有两项以上债务标的，一项履行不能的，仍然需要在其余债务标的中作出选择。不能履行，有自始不能与嗣后不能、客观不能和主观不能之分。此处规定的不能履行包括自始不能和嗣后不能，但均属客观不能。客观不能，属于我国《民法典》第580条第1款第1项规定的法律上的不能和事实上的不能，以及第590条第1款规定的因不可抗力导致的履行不能。履行不能可归责于选择权一方的，其应在其余可履行的债务标的中进行选择，不得选择不能履行的债务标的；可归责于另一方当事人的，选择权一方可以选择不能履行的债务标的。于此情形，除法律另有规定或当事人另有约定外，有选择权的一方可依自己的意愿，或选择可履行的标的而使债得以履行，或选择不能履行的标的为特定标的使债不能履行而请求损害赔偿。[②]

---

① 史尚宽：《债法总论》，中国政法大学出版社2000年版，第268页。

② 王利明、郭明瑞、方流芳：《民法新论》（下），中国政法大学出版社1988年版，第271页。

专题二　按份之债问题

一、按份之债修改的内容及影响

按份之债是多数人之债的一种，是指债的一方当事人为多数，且多数人一方的当事人各自按照份额分享权利或者分担义务的债。按照份额各自享有债权的，为按份债权；按照份额各自负担债务的，为按份债务。我国《民法通则》最早规定了按份之债与连带之债作为多数人之债的基本类型。按份之债与连带之债这一类型划分是以债之主体关系为标准，是债之实现的最终方式，也是各国普遍的立法例。此后，我国侵权责任法规定了侵权的按份责任和连带责任，民法总则规定了民事按份责任和连带责任。这次《民法典》编纂延续了《民法通则》立法例，在多数人之债中仅规定了按份之债和连带之债，没有在类型上作新的发展。既没有借鉴德国、法国、意大利等国家民法采用的可分之债（按份之债）、连带之债和不可分之债传统类型化模式，[①]也没有采纳《欧洲合同法原则》（2003年）、《欧洲示范民法典草案》（2009年）以及《国际商事合同通则》（2010年）等采用的按份之债、连带之债、协同之债（共同之债）[②]新模式。我国学者根据合同法、侵权法及司法解释规定，也提出了多数人之债的新的类型：[③]不真正连带之债和补充之债。[④] 我国民事之债实现规则，必然要在按份之债和连带之债这一基本分类的基础上，加以法律和当事人的特别约定予以进一步细化分类规制。不真正连带之债和补充之债，可以以合同编、侵权责任编以及各单行立法规定而予以规范。对于不可分之债中的协同之债（共同之债），可放在连带之债的规则下予以调适规范。

《民法通则》第86条规定的是按份之债，即“债权人为二人以上的，按照确定的份额分享权利。债务人为二人以上的，按照确定的份额分担义务”。《民法典》第517条规定：“债权人为二人以上，标的可分，按照份额各自享有债权的，为按份债权；债务人为二人以上，标的可分，按照份额各自负担债务的，为按份债务。按份债权人或者按份债务人的份额难以确定的，视为份额相同。”相比《民法通则》第86条规定，有两处明显修改：一是增加“标的可分”，作为按份之债的条件；二是增加第2款“按份债权人或者按份债务人的份额难以确定的，视为份额相同。”

（一）增加“标的可分”的意义

依债的标的或者给付之标准，各国民法将债类型划分为可分之债和不可分之债。在理论上，可

---

① 齐云：《论我国多数人之债的完善——以不可分之债与连带之债的区别为中心》，载《河北法学》2012年第3期。

② “协同之债”又译为共同之债，是多数人不可分之债的实现方式，根本特征是多数债务人或者多数债权人在债的实现上存在协同（共同）关系，但不同于连带关系。

③ 王洪亮：《债法总论》，北京大学出版社2016年版，第485～486页；李永军：《论连带责任的性质》，载《中国政法大学学报》2011年第2期。

④ “补充之债”主要是指补充债务，由数人承担同一债务，债权人应当首先请求主要债务人清偿，只有在该债务人的财产不足以清偿时，方可请求其他债务人对不足部分依法予以补充的债务形式。一般保证人与主债务人是合同法领域常见的补充债务；侵权法规定了多种类型的补充责任。

分之债系指债的标的在事实上可分或者在观念上可分，前者如金钱之债，后者如给付一幅画或一匹马。不可分之债系指债的标的在事实上和观念上均不可分。① 事实上的可分是指标的物的物理性质上可分，观念上的可分是权利上的可分。对于给付乃至债的可分性与不可分性的区分标准包含了三个方面的考量因素：给付的事实性质（或物理性质或自然性质）、给付的观念性质（或权属性质或权利份额）、债的目的（包括当事人的约定和法律的规定）。② 法国学者朴蒂埃将不可分性分为3类："性质不可分"（individuum natura）、"债不可分"（individuum obligatione）、"清偿不可分"（individuum solutione）。性质不可分是绝对不可分，如一项通行地役权的负担，在事实和观念两个方面在任何情况下都不可分。债不可分，如一项建筑房屋的债务，其特点则是，建房这样的工作可以通过分别缔约来完成房屋的各个部分，但当其作为债的标的时，从缔约当事人的看法来考虑是不可分的。"清偿不可分"，在性质上仍然属于可分之债的范畴，只是在清偿或履行上不可分割，必须全体当事人共同履行或共同接受履行，否则将导致不公平。③

可分之债和不可分之债，主要着眼于债的标的（给付）的客观标准，其法律意义在于根据标的是否可分而于债的实现方式上有所不同。可分之债和不可分之债均可以适用于单一之债和数人之债的情形。在单一之债下，此种分类的意义不明显，按照通常的债的实现规则即可解决。在法律上的意义，可分与不可分在能否部分履行、部分解除、部分无效、部分撤销上会有差异。如果不可分，债之标的只能整体给付，合同的效力也只能整体上确定，不可以部分履行，也不可以部分确认无效、解除、撤销；如果是可分的，则依据法律的规定和当事人的约定，可以部分给付、解除、确认无效、撤销。

在多数人之债的情况下，此种划分则有显著的意义。多数人之可分之债，在实现方式上可以为按份之债，也可以为连带之债；多数人不可分之债的实现方式为连带之债和协同之债（共同之债），无法适用按份之债。相应建立的按份之债、连带之债和协同之债规则，具有明显的差异。正是由于可分之债和不可分之债在实务中，仅具有确定实现方式和立法规则的中间性和辅助性功能，各国立法通常不作为单独层级的类型化的规定，而是放在多数人之债下以债之实现的终局性为目的而作相应的规定。德国民法典是最早在多数人之债下统一规定可分之债（按份之债）、连带之债和不可分之债的立法。2016年法国民法亦借鉴德国之模式，仅在多数人之债下规定可分之债、连带之债和不可分之债。有趣味的是，传统大陆法国家民法并没有单独规定按份之债，多是于可分之债同一规定。

我国《民法通则》仅规定按份之债与连带之债，并没有可分之债和不可分之债的规则，从实务上考察，也是考虑到可分之债和不可分之债最终价值体现在多数人之债的类型下，且多数人之债下可分之债等同于按份之债，因而规定按份之债不规定可分之债是合理的。民法典专门在按份之债增加"标的可分"的条件，从表面上看似有承认可分之债和不可分之债传统类型划分的蕴涵，但其法律上的意义何在？从《民法典》第517条规定来看，其使用"按照份额"负担债务或者享有债权，这一用语的增加，从民法体系解释论上，则有法律上的价值——在民法典专门规定"连带之债""连带责

① 李中原：《多数人之债的类型建构》，载《法学研究》2019年第2期。
② 同上。
③ 同上。

任”必须由法律规定或者当事人约定严格限制下，于多数人之债法律没有规定、当事人也未约定为连带之债（连带责任）时，则为债的类型归属提供解释的标准。

（二）第 517 条第 2 款的意义

这一规则最早规定于《侵权责任法》第 12 条，即“二人以上分别实施侵权行为造成同一损害，能够确定责任大小的，各自承担相应的责任；难以确定责任大小的，平均承担赔偿责任”。该规则是针对无意思联络的数人侵权承担按份责任时，如何确定责任份额的规则。《民法典》继承了这一规则，于第 177 条规定，“二人以上依法承担按份责任，能够确定责任大小的，各自承担相应的责任；难以确定责任大小的，平均承担责任”。这一规则对于因侵权行为而产生的按份之债的份额的确定提供了规则，以解决实践中确定份额的困难。此次民法典在按份之债中增加此款规定，以将上述规则扩及于全部按份之债领域，包括了合同、不当得利、无因管理之债的领域。通常在合同之债中，按份之债会有份额之约定，但也不排除未约定份额之情形，于此可以适用。特别是，按前文对于多数人可分之债解释为按份之债予以实现时，确定各债务人或者债权人之份额必将是一项重要任务。

二、按份之债的要件和效力

（一）按份之债的构成要件

按份之债既可因法律行为产生，也可因侵权行为、不当得利等原因产生。按份之债的成立应具备 3 个条件：

一是债权人或者债务人为数人。按份之债或者在债务人之间分担债务份额，或者在债权人之间分享债权份额，必须债权人或者债务人一方为两人以上。在单一之债中，不可能发生一方当事人之间的权利或义务的份额问题，不会成立按份之债。

二是债的标的是可分的。按份之债首先是可分之债。按份之债的标的（给付）或者在物理性质上可分，或者在权利观念可分，否则无法构成按份之债，不可分之债无法推定为按份之债。

三是债权或债务由多数债权人分享或由多数债务人分担。按份之债的最本质特征在于债务人与债权人之间按照份额负担债务或者享有债权。债的标的（给付）虽为可分，但法律另有规定或者当事人另有约定时不能成立按份之债。

（二）按份之债的效力

按份之债的效力，可以分为 3 个层次：债权人和债务人整体之间的行为效力（对外效力）、单个债权人和债务人之间的行为效力（就当事人一人所生事项的效力）、债务人之间的行为效力（对内效力）。

一是对外效力。按份债务的债权人仅能向各个债务人按份额要求履行债务，各债务人对其他债务人承担的债务份额不负履行义务。某一债务人履行义务超过自己分担的份额的，除可认定为第三人履行外，只能向接受其履行的债权人请求返还不当得利，其他债务人的债务并不消灭。按份债权的债权人各自只能请求债务人履行自己份额的债务，债务人只能向各债权人履行各份额之债务。某一债权人接受债务人的履行超过自己分享的权利份额的，除可认定为第三人接受履行的外，构成不当得利，其他债权人的权利并不消灭。

二是就某一人所生事项的效力。各债权人的债权或各债务人的债务各自独立,对某一债权人或某一债务人发生效力的事项,对于其他债权人或债务人原则上不发生影响。例如,不履行债务、免除债务、抵销、提存、诉讼时效等,对其他债权人或债务人不发生影响。

三是对内效力。如有法律规定或债务人有约定的,则各债务人或者各债权人按照法定或约定份额承担债务或者享有债权。如无法律规定或债务人特别约定时,数个债务人平均分担债务,各个债权人平均享有债权。债务人超过其债务份额而对债权人进行清偿的,因为各个债务人间清偿并不存在利害关系,超额清偿不构成代位清偿,应认定为第三人清偿。但如果内部另有约定的,超额清偿的债务人可以取得代位求偿权。①

三、按份之债在实务中的问题

一是诉讼方式问题。在诉讼中,各按份债权人或债务人可作为共同诉讼人起诉或应诉,按份债权人一人也能够单独提起诉讼,按份债务人也可以个别被提起诉讼。按份债权人或者债务人作为共同诉讼当事人的,为类似的必要共同诉讼。但在特殊情况下,为"一揽子"解决纠纷或者公平处理纠纷,按份债务人或者按份债权人应当作为必须共同诉讼人参加诉讼。如数人无意思联络侵权纠纷,各侵权行为人承担按份责任的,首先要确定各侵权行为人的责任份额,需要全体侵权人共同参加诉讼以查明事实,各按份侵权责任人即为必须共同诉讼当事人。再如《民事诉讼法解释》第72条规定,"共有财产权受到他人侵害,部分共有权人起诉的,其他共有权人为共同诉讼人"。即使按份共有的情况下,按份共有人对侵害人虽为按份债权人,依该解释规定,各共有人也为必需的共同诉讼当事人。

二是按份之债的合同无效与撤销问题。成立按份之债的合同,符合无效或者可撤销条件的,当事人可以依法申请确认无效或者撤销。如果整体无效或者撤销的,因涉及全体按份之债当事人利益,原则上按份债务人或者债权人一方共同主张。但对于合同无效之确认,依据民法典规定,合同无效是绝对无效,任何人均可主张无效,法院亦可依职权确认无效,故按份债务人或者债权人一人主张的,自无不予允许之理。同样,对于合同无效,我国历来承认部分无效制度,《民法通则》第60条规定,"民事行为部分无效,不影响其他部分的效力的,其他部分仍然有效"。《合同法》第56条规定,"无效的合同或者被撤销的合同自始没有法律约束力。合同部分无效,不影响其他部分效力的,其他部分仍然有效"。《民法典》第156条规定,"民事法律行为部分无效,不影响其他部分效力的,其他部分仍然有效"。故在按份之债合同部分无效的,可以单独就该部分予以确认无效,不影响其他部分的效力,该部分仅涉及部分按份债务人或者债权人的,该部分债务人或者债权人可以单独主张。但应当注意,合同部分无效,不等于按份之债的某份额无效,多数情况下,债务或者债权份额未必与合同部分相对应,故允许一人或者部分按份债务人或者债权人主张合同部分无效时,应当予以仔细斟酌。合同部分撤销时,可按合同部分无效原则处理。

三是按份之债的同时履行抗辩权问题。对按份之债的同时履行抗辩权行使方式问题,有不同的观点。有观点认为,只要债务人中一人未为对待给付的提出,债权人可以就全部给付主张同时履

---

① 郑玉波:《民法债编总论》(修订2版),中国政法大学出版社2004年版,第387页。

行抗辩权,但当事人之间另有约定的除外。[①] 另有观点认为,对于按份之债,如能进行分割的,应尽可能就债权人和各个债务人之间的关系分割开来,[②]除他方所负担的对待给付为不可分者外,于一方当事人未为全部履行前,各债权人仅得就自己应享受的部分独自拒绝履行自己的相应义务,而不能就他方当事人未为全部履行而行使同时履行的抗辩。[③] 我国民法典虽规定了同时履行抗辩权,但就此问题并没有具体规定。故按份之债的各债权人或各债务人各自按确定的份额享受权利或负担义务,除非对待给付不可分,似应以第二种观点为妥当。

四是按份之债合同解除权行使问题。各个债务人毕竟来自同一法律关系,故解除权一般只能由所有债务人共同行使。从学理上看,这是解除权行使不可分原则的体现,契约当事人一方有数人时,解除意思表示应由全体共同行使,但当事人之间另有约定的除外。[④] 但实践中,此种观点未免绝对。我国《合同法》承认合同的部分解除制度,其第 164 条规定,"因标的物的主物不符合约定而解除合同的,解除合同的效力及于从物。因标的物的从物不符合约定被解除的,解除的效力不及于主物"。第 166 条第 1 款规定,"出卖人分批交付标的物的,出卖人对其中一批标的物不交付或者交付不符合约定,致使该批标的物不能实现合同目的的,买受人可以就该批标的物解除"。《民法典》第 631 条、第 633 条规定相同。对于可分的合同给付,民法典采分部解除优先规则,只有在一部分给付致使合同整体目的不能实现时,才得解除整个合同。《民法典》第 632 条规定:"标的物为数物,其中一物不符合约定的,买受人可以就该物解除。但是,该物与他物分离使标的物的价值显受损害的,买受人可以就数物解除合同。"第 633 条第 2 款、第 3 款规定:"出卖人不交付其中一批标的物或者交付不符合约定,致使之后其他各批标的物的交付不能实现合同目的的,买受人可以就该批以及之后其他各批标的物解除。买受人如果就其中一批标的物解除,该批标的物与其他各批标的物相互依存的,可以就已经交付和未交付的各批标的物解除。"故解除部分与按份债务人的份额对应时,例外地允许该按份债务人单独行使解除权,或者债权人单独行使解除权,难谓不合理。

专题三　连带之债问题

一、连带之债的内涵及构成

连带之债,是指"以同一给付为标的,债务人或债权人间具有连带关系之复数主体之债"。[⑤]"各债权人虽得请求给付之全部,然债务人对于债权人中之一人为履行,则对各债权人免其债务,或

① 王洪亮:《债法总论》,北京大学出版社 2016 年版,第 493 页。
② 史尚宽:《债法总论》,中国政法大学出版社 2000 年版,第 638 页。
③ 王利明、郭明瑞、方流芳:《民法新论》(下),中国政法大学出版社 1988 年版,第 262 页。
④ 史尚宽:《债法总论》,中国政法大学出版社 2000 年版,第 551 ~ 552 页。
⑤ 郑玉波:《民法债编总论》,中国政法大学出版社 2004 年版,第 387 页。

各债务人虽负为全部给付之义务,然一债务人为全部给付,则他债务人亦免其债务。"[①]连带之债是多数人之债最为常见的类型,其特征在于连带关系,多个债权人或者债务人之间均须对同一债务的请求全部履行,或者在对一个连带债权人全部履行或者一个连带债务人全部履行后,其他债权人之债权或者债务人之债务均告消灭。《民法典》第518条规定:"债权人为二人以上,部分或者全部债权人均可以请求债务人履行债务的,为连带债权;债务人为二人以上,债权人可以请求部分或者全部债务人履行全部债务的,为连带债务。连带债权或者连带债务,由法律规定或者当事人约定。"

连带之债的构成要符合以下要件:

第一,有多数债权人或多数债务人。至少有一方当事人为多数,是连带之债成立的先决条件。连带之债,有多数债权人或者债务人,因此形成了数个债,属于复数之债。

第二,连带之债有同一标的。一般情况下,连带之债的标的应当相同,即有同一标的,否则不能成立连带之债。在实践中,非同一标的之连带之债实属少见,当事人若有此种特约也未尝不可。以同一标的为要件,在确定当事人之约定是连带之债还是担保责任,是有意义的。如连带责任保证中,主债务人负有交货义务,被保证人在先行给付货款的情况下,为保证在对方不交货时能够收回货款,约定第三人承担连带责任保证。此项连带保证之约定,并非形成保证人交货的义务,而是违约责任的保证,故虽有连带之债之名,实为单纯的责任保证。连带之债的标的是否须为可分的,通说认为,无论可分之债还是不可分之债均可成立连带之债。郑玉波先生即认为,"连带之债其标的须为同一给付,至于其给付是否可分,在所不问"。[②] 从各国立法来看,不可分之债,即使当事人没有明确约定或者法律规定为连带之债,在数个债务人时多数规定准用连带债务规则。如果有数个债权人时,多数国家规定不适用连带债权之规定,而是适用协同之债(共同为之债)规则。我国《民法典》没有规定协同之债(共同为之债),在不可分之债当事人没有约定为连带之债或者法律没有规定为连带之债的,有数个债务人时,应当作为连带债务处理。对于在有数个人债权时,能否作为连带债权处理,后面再予论说。

第三,当事人之间的债权、债务有同一的目的。连带之债的目的须是同一的。债的目的同一,是指各债权人享受的债权或者各债务人负担的债务的目的是一个。各债权人中只要一人受偿全部债权或各债务人中一人清偿了全部债务,债即消灭。

第四,须多数当事人一方之间有连带关系。连带关系是连带之债的根本特征,是由连带之债的同一目的性质决定的。连带关系是指"其债务或债权各具有共同之目的而在债之效力上及消灭上互有牵涉之谓"。[③] 虽有数个债权人或者债务人,形成了数个债,但债的目的同一,一个债目的实现,其他债相应消灭,债与债之间的目的共同性和效力及消灭上的牵连性,即为连带关系。例如,某一连带债权人接受了债务人的全部债务的履行时,其他债权人的债权同样归于消灭;某一债务人履行了全部债务时,其他债务人对债权人所负的债务也归于消灭。

---

① 史尚宽:《债法总则》,中国政法大学出版社2000年版,第635页。

② 郑玉波:《民法债编总论》,中国政法大学出版社2004年版,第387页。

③ 同上书,第388页。

二、连带之债的效力

连带之债分为连带债权和连带债务。从实践来看,连带债务更为常见,由于连带债务有利于债权的实现,更为当事人所使用,更有意义。而连带债权因一债权人得单独请求债务人履行全部债务,其后能否对其他债权人进行分享取决于该债权人的资力和信用,对其他债权人显有不利。连带债权之效力规则可参照连带债务之效力规则,故各国立法以及国际示范法通常只规定连带债务效力规则,连带债权予以修正的参照。民法典亦采此立法例。为讨论简便,本处重点针对连带债务的效力予以述明。

连带债务,是债务人为数人之连带之债,数个债务人对同一内容的给付,各自独立负全部给付债务,且其中一人给付时,其他债务人同样被免除债务的多数人的债务。① 连带债务的效力分为对外效力、债务人一人所生事项的效力和对内效力三个方面。

1. 对外效力。连带债务中的债权人,在请求债务人履行债务方面,可以向一债务人或数个债务人或全部债务人请求履行;可以同时或先后向债务人请求履行;也可以向债务人请求全部或部分债务。

2. 就债务人一人所生事项的效力。连带债务中,就一债务人所生效力的事项,有的其他债务人发生效力,有的则不发生效力。就一债务人所生效力的事项,对其他人也发生效力的,称为发生绝对效力的事项,有的称为有涉他效力的事项;就一债务人所生效力的事项,对其他债务人不发生效力的,称为发生相对效力的事项,有的称为无涉他效力的事项。② 按照学理,债务人一人所生事项,以生相对效力为原则,以生绝对效力为例外。从各个国家规定来看,并不完全一致。我国《民法典》第 520 条对产生绝对效力的事项此作了专门的规定。

一是部分连带债务人履行、抵销债务或者提存标的物的,其他债务人对债权人的债务在相应范围内消灭。《民法典》第 520 条第 1 款规定,“部分连带债务人履行、抵销债务或者提存标的物的,其他债务人对债权人的债务在相应范围内消灭;该债务人可以依据前条规定向其他债务人追偿”。二是部分连带债务人的债务被债权人免除的,在该连带债务人应当承担的份额范围内,其他债务人对债权人的债务消灭。部分债务人的债务被免除,基于债的同一性,其他债务人在被免除的债务人债务份额内也相应免责,而非对于免除的全部债务免责,有一定的限制。三是部分连带债务人的债务与债权人的债权同归于一人的,在扣除该债务人应当承担的份额后,债权人对其他债务人的债权继续存在。债务人与债权人发生混同,依《民法典》第 557 条第 1 款第 5 项规定,债权债务终止。部分连带债务人与债权人混同,他们相互之间的债权债务终止,对其他债务人而言,在该债务人承担的份额内,债务消灭,其他债务继续存在。四是债权人对部分连带债务人的给付受领迟延的,对其他连带债务人发生效力。《民法典》第 589 条规定了债权人迟延制度,其效力及于全体债务人。五是我国司法解释规定诉讼时效中断事由可以产生绝对效力,最高人民法院《诉讼时效规定》第 17 条第 2 款规定,“对于连带债务人中的一人发生诉讼时效中断效力的事由,应当认定对其他连带债务人

---

① [日]我妻荣:《新订债权总论》,王燚译,中国法制出版社 2008 年版,第 363 页以下。

② 王家福主编:《中国民法学·民法债权》,法律出版社 1991 年版,第 48 页。

也发生诉讼时效中断的效力”。

除了上述事项产生绝对效力外，其他事项都只能产生相对效力，如判决的效力、时效利益的放弃、债务不履行、履行迟延、不适当履行等。[①] 法院对一债务人的判决虽对其他债务人没有既判力，但判决有利于其他债务人的，也会发生一定的涉他效力：一债务人得到法院的有利判决，而该判决又非基于该债务人与债权人之间的个人关系的，其他债务人得援用该判决拒绝履行。[②] 如《国际商事合同通则》第11.1.8条规定，“法院就一个连带债务人对债权人之责任所做出的判决，不影响：(a)其他连带债务人对该债权人所承担的债务；或者(b)依据第11.1.10条规定的连带债务人之间的追索权。但是，除非该判决是基于相关债务人自身之原因做出，否则其他连带债务人可以依赖该判决”。从诉讼程序上讲，依《民诉法司法解释》第94条规定已经生效判决确认的事实属于免证事实，具有预决效力。连带之债基于同一原因产生，该债之涉诉内容具有同一性，在先判决对债之事实已经确认，在后诉中自应适用《民诉法司法解释》第94条规定。

3. 对内效力。连带债务的内部效力是指连带债务人相互之间的关系。连带债务的各个债务人都有清偿全部债务的义务。因此，一债务人清偿全部债务后，债即消灭。但在各债务人之间，各债务人是按照一定份额分担债务的，所以清偿债务超过自己应分担的份额的债务人有权向其他债务人追偿。《民法典》第519条第1款、第2款规定，“连带债务人之间的份额难以确定的，视为份额相同。实际承担债务超过自己份额的连带债务人，有权就超出部分在其他连带债务人未履行的份额范围内向其追偿，并相应地享有债权人的权利，但是不得损害债权人的利益。其他连带债务人对债权人的抗辩，可以向该债务人主张”。履行了义务的债务人享有的请求其他债务人偿还其应承担份额的权利，即债务人的追偿权。

债务人追偿权的成立须具备以下条件：

一是债务人履行了债务。所谓债务人履行了债务，是指债务人实施了有使债消灭的行为，而不限于债务人的实际履行的清偿行为。凡能因债务人财产利益的减少而又达到债的履行效果的行为，都应包括在内：清偿、提存、抵销、代物清偿、混同等方式而清偿债务的，均可发生追偿权。二是其他债务人因该债务人的清偿而共同免责。这里的共同免责包括其他债务人因此而免除全部清偿责任或者免除部分清偿责任。三是债务人履行的义务超过其应承担的份额。债务人的追偿权的成立，在于其对外履行了债务，其履行对内超过了其份额，故为其他债务人进行了清偿，就超过部分享有追偿权。某债务人履行了全部义务的，有权要求其他债务人偿付其应当承担的份额；某债务人虽没有履行全部义务，但其履行超过自己应承担的份额的，其超过部分也属于为他债务人履行债务，因而也有权要求其他债务人偿付，不过其他债务人每个人应偿付的部分应按其各自应承担的义务份额的比例确定之。[③]

债务人只能对超出其份额的部分进行追偿。债务人追偿权的范围，除其超额履行的债务部分外，也包括履行债务时所支出的必要费用应予分担的部分。

---

① 郑玉波：《民法债编总论》(修订2版)，中国政法大学出版社2004年版，第398～401页。

② 王家福主编：《中国民法学·民法债权》，法律出版社1991年版，第49页。

③ 王利明、郭明瑞、方流芳：《民法新论》(下)，中国政法大学出版社1988年版，第267页。

债务人行使追偿权,应当向各债务人分别追偿,其他各债务人按其应承担的比例偿付。如果其他债务人也有清偿的,仅就其清偿债务与其应担份额之间的差额部分受追偿。对此也有例外,按照《民法典》第519条第3款的规定,当被追偿之一债务人失去偿付能力时,对该债务人不能偿还的部分,由追偿权人和其他债务人按照各自应承担的份额的比例分担。

代位权,是指因代位清偿产生在有利害关系的各个债务人之间的债权债务关系,《民法典》第519条明确规定了追偿权人的代位权利,"并相应地享有债权人的权利"。代位权的产生基础是法定债权转移。追偿权人代债权人行使的权利,民法典规定了两方面的限制:一是行使债权人权利,不得损害债权人的利益。这主要是指在追偿权人行使追偿权时,债权人的债权尚未全部消灭,还需要向其他债务人行使债权,债权人对其他债务人的权利要优先于追偿权人行使的债权人的权利。《国际商事合同通则》第11.1.11条规定,"未获得全部清偿的债权人,以共同债务人未清偿部分为限,对共同债务人保有优于共同债务人行使分担请求权的各项权利"。二是其他连带债务人对债权人的抗辩,可以向该债务人主张。即追偿权要受债权人债权行使抗辩权的同样限制,不因其先行履行债务而取得优先于债权人的权利,否则对其他债务人不公平。

三、连带之债实务中的问题

(一)不真正连带之债

连带之债最为相关的是不真正连带之债,主要是不真正连带债务。不真正连带债务,谓数债务人基于不同之发生原因,对于债权人负以同一之给付为标的之数个债务,依一债务人完全履行,他债务因目的之达到而消灭之法律关系。① 不真正连带债务主要为法律规定的请求权并存的情形,其共同特点在于多数债务人中存在某个债务人须承担终局责任或主要责任,其他债务人承担责任后可以向前者追偿。比如,保险人与加害人的共同责任、保证人与主债务人的共同责任、借用人与盗贼对被盗物品所有人的共同责任,以及雇主与侵害人对被侵害雇员的共同责任,等等。② 我国在侵权责任法实施后,不真正连带责任规则蔚为大观,成为理论和实务中讨论的热点问题,不真正连带之债逐步形成较为统一的理论架构和裁判规则。不真正连带责任,是指多数行为人违反法定义务,对一个受害人实施加害行为,或者不同的行为人基于不同的行为而致使受害人受到损害,各个行为人产生的同一内容的侵权责任,各负全部赔偿责任,并因行为人之一的履行而使全体责任人的责任归于消灭的侵权共同责任形态。③ 如《民法典》第1203条规定的产品责任、第1223条规定的医疗产品损害责任、第1233条规定的因第三人原因导致的环境污染责任、第1250条规定的因第三人的过错导致的动物损害责任等。但对于不真正连带责任即不真正连带债务与连带债务之间的关系,在观点上仍有较大的争议。从理论上看,素来有肯定说和否定说。肯定说认为,不真正连带债务也是连带债务,属于单纯连带的一种。否定说认为,不真正连带债务不是连带债务,是与连带债务全然无关之观念,不可以连带文字表示之。④

---

① 史尚宽:《债法总则》,中国政法大学出版社2000年版,第672页。

② 李中原:《不真正连带债务理论的反思与更新》,载《法学研究》2011年第5期。

③ 杨立新:《论不真正连带责任类型体系及规则》,载《当代法学》2012年第3期。

④ 史尚宽:《债法总则》,中国政法大学出版社2000年版,第672页。

从侵权责任法规定与司法实践中的做法分析，不真正连带债务与连带债务具有如下不同点：一是不真正连带债务的各个债务发生于不同的原因，在合同法上基于不同的合同，在侵权法上基于各自义务的违反。在发生原因上与连带债务往往发生于同一原因不同。二是债务人内部关系上不同于连带债务人之间的追偿权，其终局责任人没有追偿权，其他债务人有追偿权。三是在对债权人关系上不同，除与债务履行有关的事项，清偿、代位清偿、抵销、提存等积极的给付事实有绝对效力外，其他的混同、免除、诉讼时间中断等不具有绝对效力。四是在债务形态上通常没有连带之限制，表述为“既可以，也可以”。因有终局责任人，其他责任人不具有终局责任地位，通常有法定“替代履行的”的特征。在法院判决上最为经常的是各债务人分别对债权人承担全部清偿义务，但不表述为连带清偿义务。相同点有：一是每个债务人承担全部债务履行义务；二是债权人对各债务人有选择行使全部债权的权利；三是每一个债务人全部履行后发生债全部消灭的效力。

不真正连带债务在对债权人关系上与连带债务具有形式上的相同性，在债的清偿效力上与连带债务也相同，因此不真正连带债务在对外效力上与连带债务基本相同，只有在诉讼时效等与履行有关的事项上效力不同；不真正连带债务与连带债务最大的不同是债务人之间关系上完全不同，基本的追偿权不同。不真正连带债务不是连带债务，应当作为一种独立的多数人之债的类型为宜。此种分类法具有如下好处：一是不真正连带债务通常是法定之债，并有明确的责任规则，通常无须借助于连带债务的规则进行裁判。不真正连带债务虽不作连带债务之论，也不影响债权人权利的实现，立法目的不会落空。二是不真正连带债务在效力规则上与连带债务的差异性，包括诉讼时效和免除等事项不产生绝对效力、债务人之内部追偿权等，要求在裁判上有不同的规则，如果归为连带债务则会受连带债务规则的影响，不利于案件的法律适用。

尤其是要注意的是，法律和司法解释规定的一些连带责任的情形，有的没有区分真正连带与不真正连带，主要着眼于债的对外效力，如最高人民法院《人身损害赔偿司法解释》第 9 条规定，雇员故意或重大过失对外致人损害的，雇主和雇员承担连带责任，雇主在承担了责任之后，有向雇员求偿的权利，但是，反过来则是不可以追偿的，也就意味着雇员应承担最终责任。有的规定的连带责任实质上是补充责任和补充责任的连带债务，如《合伙企业法》第 2 条规定的“普通合伙企业由普通合伙人组成，合伙人对合伙企业债务承担无限连带责任”。此处的连带责任实质上仅指合伙人在合伙企业财产不足以清偿的债务承担连带责任，首先是补充责任，其次是普通合伙人之间的连带债务。

（二）不可分之债与连带之债的关系

对于不可分之债，有的国家民法专门规定作为一种多数人之债的类型，有的称为协同之债，有的称为共同之债。不可分之债在实现方式上不同于连带之债的本质特征是“履行的不可分性”，要求给付必须由全体债务人或者为了全体债权人而共同实施，此即“共同实施性”“协同性”。协同之债在多数债务人时，必须由全体债务人共同履行给付，任一债务人不得单独履行该给付，称为“协同债务”；在多数人债权时，必须为了全体债权人的利益而主张和履行给付，任一债权人不得单独受领该给付，称为“协同债权”。

不可分之债，在实现上对应协同之债，因履行具有协同关系，其具体的规则，有 4 种模式：第一种模式是法国模式，即协同之债在规则上完全适用连带之债的规定，完全抛弃协同模式。无论是不可分之债务还是不可分之债权，均按连带之债实现。不可分之债权人可以单独行使债权，但应当告知其他债权人，且不得单独处分债权、受领代位标的物之赔偿金。这种模式，对于连带债权人利益保护不足。第二种模式是德国模式，即不可分之债中的协同债务适用连带债务规则，协同债权适用协同方式。对于不可分债权，当事人没有约定为连带债权时，只能协同行使债权，一个债权人只能为全体债权人利益请求履行给付，但不得受领给付。日本民法典亦采此模式。第三种模式是意大利模式，即不可分债务准用连带债务规则，不可分债权允许一债权人请求履行，在提供担保时可以受领。第四种模式是《国际商事合同通则》的规定。该通则第 11.2.1 条(c)规定，“所有债权人必须共同请求清偿”。此种模式采全体债权人共同主张说，则一旦部分债权人懈怠，其他债权人的给付请求即无法产生法律效力，这对后者的利益保护极为不利。①

从以上四种模式来看，法国模式有保护债权人之不足；德国模式有其合理之处，对债权人利益保护充分；意大利模式也有其可取之处。在当事人对协同之债的实现方式有明确约定时，按照当事人的约定处理。当事人对协同之债的实现方式没有约定时，对于协同债务，比照适用连带债务的规则；对于协同债权，债权人可以单独提出请求履行请求，但只能为全体债权人利益请求，且不能单独受领。对于协同债务，从司法实践为看，人民法院也是适用连带债务规则处理。如在罗某某等诉高某某等退还建房集资款案中，人民法院认为“建房集资协议虽具有多数人共同行为性质，但就协议内容而言，应当具有资金责任条款和责任人条款。其所涉债属不可分之债，而债务人所负之义务又具有牵连性，司法中应当认定本债务为连带之债”。② 对于协同债权，在当事人自行履行的情况下，如果债务人直接向其中一债权人给付，对其他债权人不产生效力，仍应负给付义务。但如此，债务人承担的风险明显很高，此种规则应当由法律明确规定，赋予债务人的给付拒绝权。在诉讼架构上，协同债权的实现，应当以全体债权人作为必需的共同诉讼当事人要求全体参加诉讼。人民法院可以依据《民事诉讼法》第 132 条规定，依职权通知未参加诉讼的债权人作为共同原告参加诉讼，其他当事人也可以申请法院通知未参加诉讼的债权人作为共同原告参加诉讼。《民诉法司法解释》第 72 条规定，“共有财产权受到他人侵害，部分共有权人起诉的，其他共有权人为共同诉讼人”。即作为不可分债权，明确共有人为必需的共同原告如果其他债权人拒不参加诉讼，明确放弃债权的，不列为共同原告；如果不明确放弃债权的，则列为共同原告。实践中，也有案例对协同债权按照协同规则处理。如在刘某某等诉王某某股权转让及债权转让合同纠纷案中，③法院认为，数人各自拥有的股权和债权被打包出售后，该数人共同享有的价款债权构成不可分债权。由于债权人之间无分配约定，出售财产的总价虽约定明确但各项股权和债权的价值很难进行评估，法院据此裁定驳回部分债权人主张全部价款的请求。

此外，不可分债务还可以向可分债转化。不可分债务在当事人没有约定时，适用连带债务规则，在于给付的不可分性，债务人应当协作履行，如一公司约请两人共同表演相声，两债务人应当共同演出，否则债务无法履行，这种客观上的不可分，是适用连带债务规则的合理基础。但一般转化

① 李中原：《多数人之债的类型建构》，载《法学研究》2019 年第 2 期。
② 四川省成都市中级人民法院(1993)成民终字第 467 号民事判决书。
③ 北京市第一中级人民法院(2013)一中民初字第 12179 号民事裁定书。

为损害赔偿之债后,如果仍有两债务人承担连带责任,则过于苛责,既然已经成为可分之债,按按份债务处理公平合理。

(三)多数人债务情形下,债务份额和连带之债未约定时的追偿权处理

实践中,对于有多个债务人的合同纠纷,既未约定各自的债务份额,也未约定连带之债,如果一个债务人向债权人履行了全部债务,后向人民法院起诉向其他债务人进行追偿的,有3种不同的情形和处理方法:

第一种情形认为,多数人债务不属于连带之债,不应支持各债务人之间的追偿权。主要理由为:《民法典》第178条第3款规定,"连带责任,由法律规定或者当事人约定"。在法律没有规定为连带之债,在当事人也未约定为连带之债情形下,不应认定为连带债务,故债务人之间不应享有追偿权。在上诉人彭某某与被上诉人万某某追偿权纠纷一案①中,法院认为行使追偿权应基于法律规定或者当事人约定,而目前法律并没有明确规定共同借款人中履行了义务的借款人可以向其他共同借款人追偿,且彭某某也未举证证明其与万某某之间有可以行使追偿权的约定,也未举证证明该款项实际是否由万某某使用,在该款项的实际使用者处于不确定状态下,若要求万某某作为该债务的终局承担者,由其承担全部借款本息不符合公平原则。

第二种情形认为,多数人债务在一人履行债务后,虽内部对如何承担债务没有约定,但推定为连带之债,每个债务人负有清偿全部债务的义务,履行了义务的债务人可以向其他债务人追偿。奉化市人民法院裁判认为,借款人之外的数人作为共同还款人承诺对全部借款及利息承担还款义务的,对外是连带债务的债务人,根据《民法通则》第87条的规定,履行了义务的人,有权要求其他负有连带义务的人偿付他应当承担的份额,故有求偿权。②

第三种情形认为,若无法查明共同借款的资金使用或者获利情况,则按照公平原则由所有债务人平均分担。民事主体从事民事活动,应当遵循公平原则,合理确定各方的权利和义务。在案件审理过程中,能够查明共同借款的最终使用人或者获利人的,由该借款的最终使用人或者获利人承担责任,其他清偿了共同借款的共同债务人有权要求最终责任人承担责任。若无法查明共同借款的资金使用或者获利情况,则按照公平原则由所有债务人平均分担。在上诉人梁某某与被上诉人余某某、原审被告罗某某追偿权纠纷一案③中,法院根据《民法典》第4条、第5条、第6条、第7条的规定认为,民事主体从事民事活动,应当遵循自愿平等、公平合理、诚实信用的原则,在双方没有约定清偿份额的情况下,共同借款的借款人有权依据公平原则,就已经清偿部分向其他借款人进行追偿。该案中,无证据显示上诉人梁某某与被上诉人余某某对共同借款的分担进行过约定,故双方对涉案借款已清偿部分的承担,应在公平原则的基础上,按获利比例或者使用比例确定,无法确定的,应平均承担责任。

从上述案例处理争议可知民法典规定细化完善按份之债和连带之债制度的重要性。如前文所述,依据"标的可分"一词,可以解释出可分之债,在当事人没有约定为连带之债,法律也未规定为连

① 参见(2019)鲁02民终899号民事判决书。

② 参见浙江奉化人民法院:《共同还款人还款后可向其他共同还款人求偿》,载《人民司法·案例》2015年第4期。

③ 参见深圳市中级人民法院(2019)粤03民终1306号民事判决书。

带之债时,认定为按份之债,适用按份之债的规则处理。前述第一个和第三个案例,其共同性均在既未约定份额,也未约定为连带之债,依法又不属于连带之债,标的又为可分的,则直接按照按份之债处理,无连带之债适用。一债务人履行了全部债务的,其仍然有追偿权,能够确定份额的,可以按照其他债务人应当承担的份额进行追偿,难以确定份额的,则按照等额比例处理。就其追偿权之基础,为不当得利返还请求权,而不必借助于公平原则和诚信原则。第二个案例,共同还款人虽未明确约定为连带债务,但明确约定各债务人承担全部还款义务,符合连带债务条件,应当认定为连带债务。一债务人履行债务后,依连带债务之规则可以行使追偿权。

专题四　第三人利益合同问题

一、第三人利益合同的内涵、特征和法律关系

(一)第三人利益合同的内涵

《民法典》第522条和第523条分别规定了“向第三人履行的合同”“由第三人履行的合同”,这两种合同在理论上被称为“涉他合同”。《合同法》第64条和第65条规定,仅为第三人为当事人履行辅助人的情形,不属于真正的第三人利益合同,第三人在合同中不享有债权或负担债务,既不能依合同提出给付请求,也不承担给付义务。学界在解释论上有不同观点,最高人民法院《合同法司法解释(二)》第16条予以明确,“人民法院根据具体案情可以将合同法第六十四条、第六十五条规定的第三人列为无独立请求权的第三人,但不得依职权将其列为该合同诉讼案件的被告或者有独立请求权的第三人”。尽管该规定不够周延,但从文义上看,第三人仅得为无独立请求权的第三人,对合同不享有独立的请求权,也不能作为案件的被告即不承担债务或违约责任。但实践中对第三人利益合同,法院也予以承认。如有法院判决认为,公司股东之间达成的股东向目标公司增资的协议,属于典型的第三人利益合同。第三人利益合同中,当事人双方约定债务人向第三人履行义务,第三人享有独立的请求权。第三人利益合同的产生,使合同不仅在当事人之间产生了拘束力,而且对第三人也发生了效力。①

本次《民法典》编纂,专门在第522条增加第2款,即“法律规定或者当事人约定第三人可以直接请求债务人向其履行债务,第三人未在合理期限内明确拒绝,债务人未向第三人履行债务或者履行债务不符合约定的,第三人可以请求债务人承担违约责任;债务人对债权人的抗辩,可以向第三人主张”。这是真正意义上的第三人利益合同。

《民法典》第522条规定的第三人利益合同,从学理上分为真正的第三人利益合同和不真正第三人利益合同。第1款规定的即为不真正第三人利益合同,又称为“向第三人履行合同”,第三人仅

① 李元宏:《公司纠纷中目标公司基于第三人利益合同享有独立请求权》,载《人民司法·案例》2014年第22期。

为受债权人指示而代为受领债务人给付的地位,不享有合同的请求权。在合同实务中通常的指定收货人即为此种情形,只是债权人指定的接收给付的人。真正的第三人利益合同,是指当事人一方,约定他方向第三人给付,第三人因之取得直接请求给付权利之契约。① 真正第三人利益合同又称为利他契约,即通常意义上的"第三人利益合同"。第522条将第1款称之为向第三人履行合同,第2款称之为第三人利益合同。向第三人履行合同与第三人利益合同,在形式上有两处相同点:一是第三人是合同中约定的受领给付的主体;二是合同是双方当事人订立,第三人并不是合同的缔约当事人,既无参与谈判,也未在合同上签字或者盖章。两者根本区别在于:第三人利益合同中第三人取得直接请求权,即享有债权,被称为受益第三人;向第三人履行合同中第三人没有合同请求权,只是履行辅助人,不享有合同债权。正是由第三人利益合同与向第三人履行合同在形式上的相似性,在实务中区分一个约定向第三人履行的合同是否是第三人利益合同是非常有争议的事情,也是一大难题。

此前,我国单行法中有一些承认第三人直接请求权的规定,这主要涉及保险、货运、海商等方面,属于第522条第2款规定的"法律规定"的第三人利益合同。我国《保险法》第26条规定,"人寿保险以外的其他保险的被保险人或者受益人,向保险人请求赔偿或者给付保险金的诉讼时效期间为二年,自其知道或者应当知道保险事故发生之日起计算。人寿保险的被保险人或者受益人向保险人请求给付保险金的诉讼时效期间为五年,自其知道或者应当知道保险事故发生之日起计算"。全面承认了保险受益人的法律地位,赋予其受益权,有独立的请求权。《保险法》还授予了投保人和被保险人变更受益人的权利,这与普通赠与赠与人的撤销权的授予,基于相同的基础。《保险法》第65条规定:"保险人对责任保险的被保险人给第三者造成的损害,可以依照法律的规定或者合同的约定,直接向该第三者赔偿保险金。责任保险的被保险人给第三者造成损害,被保险人对第三者应负的赔偿责任确定的,根据被保险人的请求,保险人应当直接向该第三者赔偿保险金。被保险人怠于请求的,第三者有权就其应获赔偿部分直接向保险人请求赔偿保险金。"责任保险合同依据当事人的约定或者法律的规定,直接发生对第三人的效力,属于典型的第三人利益合同。《道路交通事故解释》第25条规定:"人民法院审理道路交通事故损害赔偿案件,应当将承保交强险的保险公司列为共同被告。但该保险公司已经在交强险责任限额范围内予以赔偿且当事人无异议的除外。人民法院审理道路交通事故损害赔偿案件,当事人请求将承保商业三者险的保险公司列为共同被告的,人民法院应予准许。"《民用航空法》第168条赋予了受害人一定条件下对保险人或担保人的直接诉权,使保险合同发生产生第三人合同权利的效果。

另一种第三人利益合同即当事人通过合同约定赋予第三人请求权的合同,称为约定的第三人利益合同,以下重点讨论这一问题。

(二)第三人取得请求权的基础与模式

第三人利益合同显然是对合同相对性的突破,第三人基于何种理论取得他人合同的请求权是最为重要的问题。从罗马法上的"不得为他人缔约"原则,及至自然法下实现了以自由意志理论统一合同效力的解释规则后,合同相对性原则一直是合同法的基石。同时,对第三人利益合同在现实

① 郑玉波:《民法债编总论》(第2版),陈荣隆修订,中国政法大学出版社2004年版,第358页。

考量,理论上和实务中不断通过法律解释逐步在自由意志论下取得突破,法国民法典开始正式例外地承认有限的第三人利益合同。《德国民法典》从第328条至第335条用8个条文,对第三人利益合同的成立、债权人请求权成立标准、债务人对第三人的抗辩权、第三人的拒绝权等内容作了规定,使第三人利益合同制度成为债法总则的重要制度。《美国合同法重述(一)》即规定了第三人利益合同。科宾甚至认为,第三人利益合同不是例外,而是合同的普遍规则,[①]《美国合同法重述(二)》进一步强化了这一观念。第三人利益合同是各国普遍承认的合同制度,其共同的特征有3个方面:一是均承认第三人基于他人之间的合同而取得直接请求权,只享有权利,不负有义务,第三人利益合同是单纯的利益合同。但第三人利益合同可以附期限或者附条件,典型者如死因第三人利益合同。二是均承认第三人不需要参加合同缔约,不是合同的缔约人,不需要在合同上签名或者盖章。如果需要第三人同意始生效力,则与一般的合同无区别。三是均认为第三人利益合同并非典型合同,是相对于只约束缔约当事人的束己合同的涉第三人合同,是债法总则或者合同法总则的规则,可以适于各类有名合同和无名合同。

(三)第三人利益合同的关系

第三人利益合同产了三方法律关系:一是债权人与第三人之间的关系为对价关系,二是债权人与债务人之间的关系为补偿关系,三是债务人与和第三人之间的关系。[②]

债权人与第三人之间的对价关系,即债权人与债务人约定向第三人给付的原因。实践中的情况:一是赠与,甲和乙签订的遗赠扶养协议,约定丙为受遗赠人的情形;二是债务转清偿,甲和乙签订借款协议,约定乙在合同期限届满后将本金和利息返还给丙,以清偿甲所欠丙的借款,即为双务合同之债务的转清偿关系。三是为法定义务,典型的法定义务包括赡养义务、抚养义务、扶养义务,也包括因侵权责任产生的赔偿义务,等等。儿子对父母承担赡养的义务,儿子可以与其债务人约定由债务人向父母履行给付。产品生产者与保险人签订责任保险合同约定,发生保险事故时,产品责任的受害人直接向保险人请求支付赔偿金。

债权人与债务人之间的补偿关系,即第三人利益合同使债务人向第三人给付的原因,本质上也是一种对价关系,只是从合同约定来看,因债务人向第三人履行给付,债权人与债务人之间不构成对价关系,故称为补偿关系。补偿关系既可以是有偿的,也可以是无偿的;既可以是在合同中明确约定的给付关系,也可以是合同之外的补偿关系。比如,甲和乙签订契约,乙允诺向某慈善基金会捐赠一批防疫物资,甲并不需要向乙支付物资款项的,即是无偿的。如果甲出钱购买原防疫物资,由乙出面捐给基金会,则为有偿的。常见的补偿关系是有偿的,在合同之外的补偿关系也大量存在,包括因侵权、不当得利、无因管理等产生的债权。补偿关系对第三人利益合同关系会有不同影响,间接影响第三人的请求权。

债务人与第三人之间的关系,即直接的债务债权关系,他们之间既没有合同关系,也不存在赠与关系,也没有法定义务,债务人与第三人只是因为第三人利益合同而联系在一起,只是一种给付与受领给付的关系。

---

① [美]科宾:《科宾论合同》(下册),王卫国等译,中国大百科全书出版社1998年版,第177页。

② 丁晓春:《第三人利益合同研究》,载《政法学刊》2006年第5期。

二、第三人利益合同的权利义务

(一)第三人的请求权

第三人利益合同的本质在于第三人直接取得合同债权请求权。第三人从合同取得请求权,在理论上有多种解释:一是代理说,即债权人在与债务人签订第三人利益合同时,债权人是第三人的代理人,且为无权代理,代理行为经第三人事后追认即同意或者接受后,产生本人追认的效果,合同权利归属于第三人。二是直接取得说。此说主张第三人利益合同直接使第三人取得权利,具体又分为契约说、单方行为说和共同行为说。三是契约说,即缔约当事人通过缔结第三人利益的合同,第三人基于该合同而取得请求权,是一个合同行为产生的三方的法律关系。单方行为说认为,对第三人而言是基于债权人的单方行为而取得,无须其意思表示参与。共同行为说即以契约双方的共同行为之契约作为单方行为,而使第三人取得请求权。三种解释路径只是方法上的差异,从本质上看,第三人取得请求权是直接基于第三人利益合同,这是直接说的基础;请求权的取得因为不以第三人接受或者同意形成合意为必要,第三人利益合同直接产生对第三人之效力,显然更符合单方行为的效力模式。直接取得说在承认直接突破合同相对性的同时,为避免对第三人私人自治领域的不当干预而赋予第三人以拒绝权,即依第三人拒绝而溯及地使第三人合同的利他效果归于消灭。《民法典》第522条规定,显然采直接取得说,而且将向第三人履行合同与第三人利益合同合并规定在一起。

第三人请求权首先是依据合同请求债务人向其给付的权利。第三人有独立债权请求权,债务人应当向其履行给付义务。第三人有无行为能力,在第三人利益合同下,不受影响。即使第三人为限制行为能力人或者无行为能力人也无不可。第三人请求权的行使,不以债权人或者债务人对其告知或者通知为前提,也不以有明确的同意或者接受的意思表示为前提,可以直接提出给付请求,也可以起诉请求权给付。

第三人的拒绝权,在性质上属于形成权,一经其对债权人或者债务人表示意思,即产生法律效力。在其法律效果上,拒绝权与撤销权行使之后果相同。第三人的拒绝权不同于权利的抛弃或者放弃,权利的放弃和抛弃是债权的处分行为,与拒绝权的效果不同,对于第三人最大的法律差异是在处分行为下会产生债权撤销权和代位权行使的可能,不利于第三人利益的保护。

第三人未按照约定接收履行的,构成受领迟延。对债务人而言,构成债权人迟延。但债务人不得请求第三人承担违约责任。第三人拒绝受领给付时,第三人请求权消灭。

债务人未按照合同约定向第三人履行给付的,除因不可抗力予以免责外,应当对第三人承担违约责任。第三人可以请求违约损害赔偿。债务人享有依照合同对债权人的抗辩权,如同时履行抗辩权、不安抗辩权等,得对抗第三人履行请求权。债务人亦可以直接对第三人享有的抗辩权,如诉讼时效抗辩权,对抗辩第三人的履行请求权。

(二)债权人的请求权

在合同中约定债务人向第三人履行给付时,债权人是否还享有对债务人的请求权,通说以不与第三人请求权冲突为限。除非合同中另有特别约定,第三人和债权人不能同时享有请求给付的权利,第三人请求权原则上排斥债权人请求权。第三人利益合同中,债权人只能要求债务人向第三人给付,而不能要求其向自己或是自己与第三人共同为给付。债权人请求权与第三人请求权内容相同,但两者之间既不是连带债权也非不可以分之共同债权,债权人的请求权是辅助性或者从属性的,是为更好实现第三人和债权人的利益的一种手段。之所以授予债权人该请求权,是为了辅助第三人更好地实现自己的利益:在发生债务纠纷时,涉及合同内容效力、合同履行、合同解除、诉讼时效等一系列抗辩事由,鉴于债权人是合同缔约当事人,更有利于对防御债务人的抗辩,督促债务人及时向第三人履行。同时,授予债权人请求权也能更好地保护债权人的利益:债权人在第三人利益合同中约定债务人向第三人履行义务,其中必有其原因,或为清偿债务,或为赠与,或为其他对价。因此,债务人向第三人履行义务,债权人也将从中享受利益。赋予债权人以自己的名义请求债务人向第三人履行给付的权利,正是出于保护债权人利益的必要。但债权人的请求权不得与第三人的请求权冲突,否则应以保护第三人权利为优先。

(三)债务人的给付义务

债务人依合同负有对第三人给付的义务。债务人不履行给付义务或者履行不符合约定的,应当对第三人承担违约责任。债务人享有合同上的抗辩权利,并以之对抗第三人。

(四)第三人利益合同的变更和撤销

第三人利益合同缔约当事人是否可以变更或者撤销合同,一般区分为两种不同情况不同对待。一是当事人在合同中保留了变更或者撤销合同的权利,允许在债务人向第三人履行前进行变更或者撤销合同。但在第三人提起诉讼要求履行给付之后,当事人不得再行使变速或者撤销权。二是当事人未在合同中保留变更或者撤销合同权利的,只要第三人表示接受合同利益,当事人即不得再行变更或者撤销合同,除非第三人同意。第三人接受合同利益的表示,既可以是明示的,也可以是默示的,均无不可。第三人接受合同利益的情形:第三人利益合同一经订立,第三人就明确表示接受;第三人虽未明确表示接受合同权利,但基于对合同的合理信赖而作出一定行为的,为了保护第三人的信赖利益,合同当事人也不得变更或撤销合同;第三人知道第三人利益合同的存在而未作出拒绝利益的意思表示的。

(五)第三人利益合同的解除

第三人利益合同是否可以解除?在何种情况下可以解除?谁有解除权?解除后果如何处理?合同的解除既有协议解除也有法定解除,还有约定解除。解除合同是当事人为解决合同履行障碍而摆脱合同约束并寻求救济的重要方法。第三人利益合同虽有其涉及第三人利益的特殊性,但不能因此而消解合同解除制度的适用。从司法实践来看,原则上第三人利益合同当事人仍可以解除合同,尤其是债务人的解除权不因第三人取得请求权而受不利益,但解除时应充分考虑第三人利益的保护。由于第三人不是合同的当事人,其不得主张解除合同,因为解除合同是合同当事人的权利,第三人虽然可以直接向债务人请求给付,但并不因此成为合同当事人,所以第三人不享有解除合同的权利。[①] 这一点无争议。

---

① 王泽鉴:《民法学说与判例研究》(第7册),台北,三民书局股份有限公司1996年版,第169页。

对于约定解除权情形,因为合同中已经对解除事由作了明确约定,视为当事人对解除合同权利的保留,原则上应当推定第三人接受了此项约定,只要其接受合同利益,但在第三人不知有此约定时,在解释上应当侧重对第三人利益的保护。债务人在合同未履行之前解除合同的,第三人之请求权消灭。第三人已经提出履行请求的,债务人仍可以主张解除,以之对抗第三人。在已经向第三人履行后,债务人解除合同的,应为有效,但不能请求第三人返还给付,仅得请求债权人承担解除后的法律责任。债权人主张解除合同的,应当顾及第三人利益。判断债权人解除合同是否允许,应当斟酌各案具体情况,对解除的事由、解除的时间、解除的后果、履行情况、第三人信赖程度等因素综合考量。当然,如果取得第三人同意后,债权人得解除合同。

合同法定解除是当事人享有的法定权利。法定解除的事由主要包括《民法典》第533条、第564条以及各单行法之规定。债务人主张因法定事由而解除合同的,不应进行限制,包括因第三人原因取得解除权情形。若第三人迟延受领致使给允诺人带来损害的,允诺人也可解除合同。[①] 债权人在因客观原因导致合同不能履行时,解除合同应当允许之。债权人因债务人违约而享有解除权的,解除合同恢复原状还是请求实际履行,权利在第三人请求权,应当由第三人决定之。

三、第三人利益合同与相关制度比较

(一)第三人利益合同与向第三人履行合同

《民法典》第522条同时规定了向第三人履行的合同和第三人利益合同,但没有进一步明确判断两类合同的明确标准。两类合同从表面看均是向第三人履行,从实际后果上多数情况下也无太大的差别,但作为两类不同的合同,在根本上两者具有重大差异,即是否有直接的请求权。实务中如何掌握两类合同区别的标准,需要在利益架构相同的类案中不断抽象出明确的标准以为指引。

两者区别的标准:第一,看当事人的意思表示,即从合同条款中判断是否赋予第三人请求权。如果不仅约定向第三人履行,而且可以推知第三人因而取得给付之利益,则认定第三人有请求权。第二,在从合同条款难以判断时,综合合同情况,重点考量合同的目的予以确定。第三,承担履行情形的解释规则。"在一个合同中,一方当事人有义务向另外一方当事人的一个债权人进行清偿而不承担债务的,在发生疑义时,不应当认为该债权人直接取得向其请求清偿的权利。"其旨在针对履行承担,设置特别解释规则。据此,在发生疑义时,既不认定为债务承担,也不认定为债务加入,而是成立面向原债务人之单纯的、内部的履行承担。[②] 当事人发生争议,无法判断是第三人利益合同还是向第三人履行合同时,可以解释为向第三人履行的合同。第四,在无偿赠与、死因给付等情形发生争议时,可以解释为第三人利益合同。在法律规定比较原则的情况下,应给予法官较大的自由裁量空间,在解释上更侧重于法官的理论逻辑、政策判断和价值判断。

(二)第三人代为清偿与第三人利益合同

《民法典》第524条新增加第三人代为清偿规则:"债务人不履行债务,第三人对履行该债务具有合法利益的,第三人有权向债权人代为履行;但是,根据债务性质、按照当事人约定或者依照法律

---

① 王泽鉴:《民法学说与判例研究》(第7册),台北,三民书局股份有限公司1996年版,第167页。

② 杜景林、卢谌:《德国民法典——全条文注释》(上册),中国政法大学出版社2015年版,第242页。

规定只能由债务人履行的除外。债权人接受第三人履行后,其对债务人的债权转让给第三人,但是债务人和第三人另有约定的除外。"这是我国立法首次正式规定第三人代为清偿一般规则。此前,在各民事法律中已经有代为清偿的规定,如《民法通则》第35条第2款规定的合伙人的代为清偿,《担保法》第12条和第31条规定的保证人的代为清偿,《物权法》第191条规定的抵押财产受让人的代为清偿等。司法解释如2009年《房屋租赁合同司法解释》第17条规定:"因承租人拖欠租金,出租人请求解除合同时,次承租人请求代承租人支付欠付的租金和违约金以抗辩出租人合同解除权的,人民法院应予支持……"

《民法典》第524条规定的第三人代为清偿,应当具备如下前提条件:一是债务人不履行债务;二是第三人对履行该债务有利害关系;三是债务非专属于债务人。从性质上看,该条规定的第三人代为清偿是法定代为清偿,不包括当事人约定的代为清偿。

债务人不履行债务,包括债务人未履行债务的情形,也包括依法对债务人财产进行强制执行的情形,但债务人依法享有免除违约责任的情形除外。此处的债务人,既可以是合同主债务人,也可以是担保债务人,还可以是不当得利、侵权行为、无因管理之债务人。

第三人对履行债务具有合法利益,是指第三人与债务履行有法律上的利害关系,不包括事实上的利害关系。从各国法律规定来看,利害关系人包括保证人、连带债务人、物上保证人、担保不动产的受让人、同一不动产的后顺位抵押权人、清偿遗产债务的继承人、合伙人、强制执行标物上的权利人等。由此可见,具有合法利益通常是指对于履行债务具有重大的利益,有的属于对执行标的物具有权利或者占有利益,有的属于与债务的履行有法定的利害关系如合伙、保证、连带关系、后顺位权利人等。实践中,身份上的特定关系也可以认定有法律上的利害关系,如父母对子女等。

第524条规定的是法定的代为清偿,债务人不得异议,债权人不得拒绝,因此应作严格的限定,适用范围不宜过宽。代为清偿的债务范围,基于债的不可转让性有三方面的限制:

第一,依债的性质,债的标的是具有人身专属性的给付,即以债务人的劳务、技能等为给付内容的,如劳务提供者、受托人、保管人、合伙执行人、特约医生等可以认定应当由债务人亲自给付,此种债务具有不可替代性。但如果债权人允许的,也可以代位清偿。

第二,依合同的约定,当事人可以事先约定债务不得由第三人清偿。但当事人的约定不能损害国家利益和他人的合法权益。例如,如果约定以侵害他人为主要目的,即属滥用权利,应认定为约定无效;当事人之间约定不得对抗就债务履行"有利害关系的第三人"。第三人代为清偿既然以保护第三人对履行债务上之法律利害关系为目的,债务人与债权人排除利害关系之第三人的代为清偿权应以有正当理由为限,仅以事先约定而排除在理由上尚有不足。

第三,依法律规定,不得代为清偿的从其规定。

关于第三人代为清偿的方式,依《民法典》第557条的规定,既可以直接给付,也可以通过提存或者抵销的方式予以清偿。如有争议,应当允许第三人提起诉讼确认其代为清偿的效力。

第三人代为清偿后,债权人对债务人的请求权在清偿范围内消灭,第三人在其清偿范围内取得债权人对债务人的债权,"债权人接受第三人履行后,其对债务人的债权转让给第三人",这是代为清偿的直接法律效果。此种转让,是代偿行为的直接法律后果,无须再行债权转让的意思表示,实谓债权法定移转。第三人受让债权后,可以向债务人请求清偿。第三人代为清偿并未改变债权债务关系的当事人,债权债务关系当事人仍为原债权人与债务人,因此即使第三人未实际代债务人清偿全部债务,债权人就剩余部分也只能向债务人主张权利。最高人民法院有判决认为:“第三人代为履行债务的情形,没有给原债权人设定义务,其与债务转让最本质的区别在于有无变更原合同债权债务关系的主体,当第三人代为履行债务没有实际发生或者没全面履行时,债权人只能向原债务人主张,而不能向第三人主张。”[①]在第三人与债务人之间另有约定的情况下,可以排除第三人的代位权。第三人的代位权,包括债权人对债务人的履行请求权、违约损害赔偿请求权及对债权的从权利包括保证债权、担保物权、代位权、撤销权等权利。债务人得以对债权人的全部抗辩而对抗第三人。

关于法定代为清偿与第三人利益合同,两者在形式上均为对合同相对性的突破,以第三人介入他人债之关系为特征。两者的区别:第三人利益合同之第三人处于债权人地位,法定代为清偿的第三人首先处于债务人地位;第三人利益合同是债权人与债务人之间的约定产生对第三人的效力,法定代为清偿是一种法定的权利,基于第三人对债务履行上的利害关系而产生;第三人利益合同只享有债权,并非合同关系的当事人,代为清偿的第三人因为清偿债务而取得债权人的代位地位,成为新的债权人。

(三)债务加入与第三人利益合同

《民法典》第552条新增加了债务加入规则。即“第三人与债务人约定加入债务并通知债权人,或者第三人向债权人表示愿意加入债务,债权人未在合理期限内明确拒绝的,债权人可以请求第三人在其愿意承担的债务范围内和债务人承担连带债务”。此前,司法实务中已经承认债务加入制度。最高人民法院在新余高新技术产业开发区管理委员会与江西新王龙实业有限公司合同纠纷再审案民事裁定书中认为,案件的争议焦点在于案涉《补充合同书》的性质属于债务转移还是债务加入。债务转移产生原债务人脱离债的关系的法律后果,将实质性影响债权人的利益,需要债权人明示同意。本案中,《补充合同书》仅约定兴邦公司从银行获得贷款后10个工作日内将1000万元支付给新王龙公司,并没有高新管委会因此而脱离案涉债务关系的表述,故二审判决认定,《补充合同书》性质上属于债务加入而非债务移转,有相应的事实和法律依据,高新管委会据此仍应向新王龙公司履行案涉付款义务。[②]《九民会议纪要》第23条规定,“法定代表人以公司名义与债务人约定加入债务并通知债权人或者向债权人表示愿意加入债务,该约定的效力问题,参照本纪要关于公司为他人提供担保的有关规则处理”。这是最高人民法院首次发文对债务加入的裁判规则提出指引。

债务加入,亦称并存的债务承担,系指第三人加入既存的债务关系中,与债务人就其债务对债权人负连带之责。因相当于在债务人之外为债权人增加了一个新债务人,债务加入和保证一样具有担保债权实现的功能。[③] 第三人与债务人缔约加入债务,从本质上看,属于利他合同,与第三人利益合同无本质区别。从《民法典》第552条的法律构造上看,一方面采用单方行为的效果模式,同时赋予了债权人拒绝权,也与《民法典》第522条第2款规定相同。但第552条规定增加了“通知债权

① 最高人民法院民事判决书(2005)民二终字第35号。
② (2018)最高法民申1720号民事裁定书。
③ 史尚宽:《债法总论》,中国政法大学出版社2000年版,第751页。

人,或者第三人向债权人表示愿意加入债务"的程序,一是修改了第三人利益合同下债权人拒绝权的前提,即有通知行为;二是增加了第三人单独意思加入债务的方式,不以其与债务人达成协议为前提。债务加入后,债权人可以请求加入人与债务人在加入范围内承担连带责任。但该条有3处留白:一是债务加入是否有限制;二是债务加入后加入人与债务人之间的关系;三是第三人与债务人达成债务加入协议时对债权人的通知的效力。

债务加入并没有改变债务内容,债务加入人与债务人一样应当依合同约定履行债务,因而对债权人一般不会有影响,如果有影响,通过债权人拒绝权可以很好地消解这一问题,留待当事人自由决定更为稳妥,无须加以专门规定。但如果债务加入是通过第三人自己的单方意思加入债务的,债务人是否可以拒绝?这可以参照债权转让之规则处理,除非债务人有特别的理由,不应承认其排除权,但债务性质应由债务人亲自履行的不应允许第三人加入。

债务加入后,债权人即取得请求债务加入人与债务人承担连带债务清偿义务的权利,加入人清偿债务后是否可以向债务人行使追偿权,则是另一重要问题。根据《民法典》第519条第1款和第2款规定:"连带债务人之间的份额难以确定的,视为份额相同。实际承担债务超过自己份额的连带债务人,有权就超出部分在其他连带债务人未履行的份额范围内向其追偿,并相应地享有债权人的权利,但是不得损害债权人的利益。其他连带债务人对债权人的抗辩,可以向该债务人主张。"连带债务人之间在清偿超出自己应担份额时,有向其他连带债务人追偿的权利。对于债务加入人的追偿权,如果双方已经达成债务加入协议的,按照协议约定处理;如果协议没有约定的,应当以允许债务加入人对债务人进行追偿为原则。按照连带责任的追偿规则,应当认定连带责任人之间的份额是确定的,即以加入人实际清偿的债务份额可以全额进行追偿。如果债务加入以加入人单方意思表示进行的,加入人能否向债务人追偿,考虑到对债务人私法自治的因素,可以根据相关法律规定或者具体情况对追偿权予以限制。对此,可以参照《民法典》第524条第三人代为清偿的限制:合同约定、债务性质、法律规定不得代为清偿的,排除债务加入人的追偿权为宜。其他情形,如果债务人对第三人加入债务提出异议,债权人未拒绝其给付的,债务加入人在清偿债务后对债务人无代位追偿权,但可以依无因管理规则,以其清偿带给债务人之利益为限对债务人进行追偿,对于因其清偿而导致债务人受有的损害,如履行准备费用、不能履行产生的费用和损失等应当扣除。

债务加入人与债务人达成加入协议后,通知债权人行为之法律效力,从第三人利益合同统一解释,应作提示义务解,是一种不真正义务,并非债务加入对债权人发生效力的条件。即使未作通知,债权人知道债务加入协议后,亦享有请求债务加入人清偿债务的权利。债务加入人和债务人对加入协议的变更、撤销及解除,可以比照第三人利益合同相关规则。

债务加入与第三人代为清偿有较大相似性:第三人成为清偿债务的主体,第三人清偿后产生债之关系消灭的后果,第三人在清偿范围内有向债务人追偿或者代位求偿的权利。两者的区别在于:债务加入以债务人与第三人有约定或者第三人单独为意思表示为条件,第三人代为清偿以债务人不履行债务且第三人对债务履行有法律上的利害关系为前提;债务加入的效果是债权人取得请求权,债务人与债务加入第三人对债权人承担连带责任,第三人代为清偿是一项法定权利,债权人不得拒绝,与债务人是替代关系不是连带债务关系;清偿后,债务加入人有追偿权,代为清偿人取得债权人代位地位。有法院判决认为,"通常认为债务加入是指第三人与债权人、债务人达成三方协议或第三人与债权人达成双方协议或第三人向债权人单方承诺由第三人履行债务人的债务,但同时不免除债务人履行义务的债务承担方式。第三人代为履行与债务加入的一个重要区别是第三人有无向债权人作出履行债务的意思表示,如作出则为债务加入,反之则为第三人代为履行”。[①] 该判决所指的第三人代为履行是指《合同法》第65条规定的作为辅助履行人的第三人履行,不同于《民法典》新增加的第三人代为清偿。法院认为“第三人有无向债权人作出履行债务的意思表示,如作出则为债务加入,反之则为第三人代为履行”,以第三人与债权人或者债务人之间是否成立债务加入的协议作为与第三人履行承担的区分标准,有其合理之处。但应当注意的是,《合同法》第65条规定的第三人履行是在合同中已经有明确的规定,无须另行有意思表示,而债务加入人是原合同约定的履行给付义务人之外的第三人,其加入需要另有明确的承担债务的意思表示。

第三人单方意思表示的债务加入与无利害关系第三人的代为清偿更为相似,两者最主要的区别是:第三人代为清偿应以债务人不履行债务为前提条件,如果不存在这种前提条件,特别是债务人明确拒绝其清偿的,有疑义时,解释为债务加入为当。

(四)债务转移与第三人利益合同

《民法典》第551条对债务承担作了规定:“债务人将债务的全部或者部分转移给第三人的,应当经债权人同意。债务人或者第三人可以催告债权人在合理期限内予以同意,债权人未作表示的,视为不同意。”该条规定的是免责的债务承担,又称为债务转移,是指债务人经债权人同意,将其债务部分或全部移转给第三人负担,不包括并存的债务承担(债务加入)。免责的债务承担的效力表现在:原债务人脱离债的关系,不再对所移转的债务承担责任(免责);第三人则成为新的债务人,对所承受的债务负责;与主债务有关的从债务,除专属于原债务人自身的以外,也随主债务移转给新债务人承担;同时,原债务人对债权人享有的抗辩权,新债务人亦可以之对抗债权人。并存的债务承担是指债务人不脱离债的关系,第三人加入债的关系,与债务人共同承担债务,《民法典》第552条规定的债务加入即是。如无特指,债务承担仅限债务转移。债务承担的构成要件有:(1)须存在有效的债务;(2)被移转的债务应具有可移转性;(3)第三人须与债权人或者债务人就债务的移转达成合意;(4)债务承担须经债权人同意。

债务承担产生如下效力:第一,第三人取代原债务人,成为新债务人,原债务人脱离债的关系,由第三人直接向债权人承担债务。第二,抗辩权随之移转。根据《民法典》第553条的规定,债务人转移义务的,新债务人可以主张原债务人对债权人的抗辩。债务存在无效原因的,第三人作为新债务人,可以向债权人主张无效;履行期尚未届满的,新债务人对债权人的履行请求也可以抗辩。在双务合同中,也可以主张同时履行抗辩权。第三,从债务一并随之移转。依《民法典》第554条规定,债务人转移义务的,新债务人应当承担与债务有关的从债务。例如,附随于主债务的利息债务,随着主债务的移转而移转于第三人。但从债务专属于原债务人自身的除外,如保证债务不当然随主债务移转于第三人,除非保证人同意。

在债务转移中,债务也系由第三人履行,债务转移应由债务人与第三人达成协议,最后经债权人同意。而第三人利益合同成立于债务人与债权人之间,第三人直接取得请求权。

---

① 江苏省高级人民法院(2015)苏审三民申字第01088号民事裁定书。

债务转移不同于第三人代为清偿,最高人民法院有的判例认为,两者之的区别在于:“债务转移和第三人代为履行的主要区别在于债务人是否退出原债权债务关系。在债务转移的情况下,第三人完全代替债务人的地位,债务人退出合同关系,原合同关系消灭。在第三人代为履行的情况下,第三人只是履行主体而不是合同的债务人。对于债权人只能将第三人作为债务履行的辅助人而不能将其作为合同当事人。”①这一裁判观点前两句完全正确,第二句依据的是《合同法》第65条履行承担的规定,并非《民法典》第524条规定的第三人代为清偿。《民法典》新增加的利害关系人的代为清偿,第三人处于债务人的地位而非履行辅助人地位,债权人可以之为债务人而有请求权。

专题五　情势变更问题

一、情势变更原则的含义

情势变更原则,是指合同有效成立后,因不可归责于双方当事人的事由发生情势变更,导致合同的基础动摇或者丧失,若继续维持合同会显失公平,因此允许变更合同内容或解除合同的原则。②情势变更原则的目的是排除合同成立后因情势变更所生之不公平结果,基本手段是变更合同内容或者解除合同,是对合同严守原则的突破,是在出现合同履行客观障碍时给予受明显损害的一方当事人免于按原合同约定履行义务的救济规则。

2009年最高人民法院出台《合同法司法解释(二)》正式确立了情势变更制度,其第26条规定:“合同成立以后客观情况发生了当事人在订立合同时无法预见的、非不可抗力造成的不属于商业风险的重大变化,继续履行合同对于一方当事人明显不公平或者不能实现合同目的,当事人请求人民法院变更或者解除合同的,人民法院应当根据公平原则,并结合案件的实际情况确定是否变更或者解除。”这一规定,为处理合同情势变更案件提供了明确的一般裁判规范。当然,最高人民法院在解释时即明确情势变更只能是一种例外的个案规则,必须严格适用。为此,最高人民法院随司法解释同时下发通知,③要求情势变更案件适用备案程序,确保正确适用,防止被滥用。《合同法司法解释(二)》出台10年后,民法典增加情势变更原则已经是水到渠成了。《民法典》第533条保留了司法解释规定的大模样,但作了3处明显的修改:一是删除了该司法解释中“非不可抗力”的限制,立法上似乎有将不可抗力与情势变更之间的区分淡化的意图;二是增加了受不利影响当事人一方可以请求重新协商规定,增加当事人之间通过协商调整利益不均衡的机会,更加尊重当事人之间的意思自治,再交涉的义务成为法定义务;三是删除了“合同目的不能实现”之情势变更情形,只规定“继

① 最高人民法院(2017)最高法民申724号民事裁定书。

② 王家福主编:《中国民法学·民法债权》,法律出版社1991年版,第393页。

③ 最高人民法院《关于正确适用〈中华人民共和国合同法〉若干问题的解释(二)服务党和国家的工作大局的通知》第2条规定:“……对于上述解释条文,各级人民法院务必正确理解、慎重适用。如果根据案件的特殊情况,确需在个案中适用的,应当由高级人民法院审核。必要时应报请最高人民法院审核。”

续履行合同对于当事人一方明显不公平”一种情形。下文将专门对这三处内容作解释。

二、情势变更原则适用的条件

情势变更原则的适用条件，应当包括并应同时具备以下五个方面。

(一)合同的基础条件发生重大变化——事实条件

合同的基础条件发生重大变化，是情势变更制度的原因事实，即事实意义上的“情势变更”。《合同法司法解释(二)》以“客观情况”指代“情势”，《民法典》改用“合同的基础条件”以指代“情势”。情势，是指当事人订立合同时所共同考虑的关涉合同内容和目的的客观情况，与合同无关或者对合同影响甚微的情况，自不应属于“情势”之范围。从我国《民法典》的规定看，订立合同之主观观念错误，可以撤销制度予以调整，不必纳入情势变更。① 对于因第三人原因导致情势发生变更的，因可归责于第三人，受不利益一方可得依法律或者契约而寻求救济，故亦不适用情势变更原则。我国《民法典》第593条规定，“当事人一方因第三人的原因造成违约的，应当依法向对方承担违约责任。当事人一方和第三人之间的纠纷，依照法律规定或者按照约定处理”。因此，《民法典》规定之情势，宜限于合同客观基础为妥。

“情势”作为成立合同的客观基础条件，合同分共同目的型合同和对价型合同、单务合同和双务合同、有名合同和无名合同等，合同的基础具有明显的个性化，不同类型合同，甚至于不同时期、不同地域影响合同基础的情况均有差异，对具体案件中的情势认定，必须是个性化的，要充分考虑个案的情形。

“情势变更”，即“情势”发生了重大变化，此“情势变更”即为适用情势变更制度的原因事实。情势变更，此时即指“合同赖以成立的环境或基础发生异常之变动”。②《国际商事合同通则》称之为“事件”，突出了其影响面之广泛性，重大性，非常准确。“重大变化”，是对情势变化的程度要求，一般、轻微的变化，往往对合同当事人带来的风险较小，通常不会超出交易风险的正常限度，不可能达到情势变更制度所要解决的履行利益显失公平(根本性失衡)结果的程度。正如《民法典》专门规定情势变更“不属于商业风险”，首先即指情势变更之风险是超出交易固有之危险——商业风险。

《民法典》所使用的“商业风险”一词，此前并不是一个法律用语，但进入立法后，必然要作为法律概念进行界定，明确其内涵与外延，确定其评价标准。商业风险，是指一个理性的交易当事人在交易时应当注意并自愿承担的从事交易固有之风险，其最典型的表现是由于价格的涨落和市场供求关系的变化导致的财产上的损失。③ 这种理解与《合同法司法解释(二)》第26条中使用的商业风险之内涵一致，“商业风险是指在商业活动中，由于各种不确定因素引起的，给商业主体带来获利或损失的机会或可能性的一种客观经济现象”。④《民法典》和该司法解释中将商业风险排除在情势变更之外，其目的即以商业风险作为情势变更的反对解释，以限制情势变更的范畴。在比较法

---

① 韩世远：《情事变更若干问题研究》，载《中外法学》2014年第3期。

② 史尚宽：《债法总论》，中国政法大学出版社2000年版，第450页。

③ 王利明：《情事变更制度若干问题探讨——兼评〈民法典合同编(草案)〉(二审稿)第323条》，载《法商研究》2019年第3期。

④ 沈德咏主编：《最高人民法院关于合同司法解释(二)理解与适用》，人民法院出版社2009年版，第199页。

上,亦为通例。在法国法上,作为一条通用规则,引发重大事由的事实须处于对方当事人的“风险领域”(sphere of risk)。[①]《国际商事合同通则》第6.2.2条规定,事件不能为处于不利地位的当事人所控制且事件风险不由处于不利地位的当事人承担。欧洲《合同法原则》第6111条规定,“依据合同,情事变更之风险并非受影响之当事人所应承担的”。

情势变更和商业风险都是商业交易的风险,甚至可能基于同样原因而发生。[②] 商业风险是商业活动固有、市场正常变化之风险,情势变更是非市场固有的风险,是市场供求关系、价格涨跌、税收政策等异常变化之危险,在事实层面主要是程度上的区别。《民法典》将商业风险作为当事人自行承担的风险,不适用情势变更原则,此为主观意义上的商业风险,即经过评价而归属于某一主体承担的商业风险。[③] 在事实上的区分,正是区别情势变更和商业风险的基础。这种事实上的风险的分配取决于合同条款、其目的以及相关立法规则。[④] 在当事人对合同风险有约定时,依约定进行分担;无约定时,依合同目的按照不同类型合同的风险分配规则确定。对于典型合同,依其法律规定对通常之交易风险会有分配规则,可以作为合同约定的补充分担标准。不同类型的合同,商业风险程度和分配规则各不相同。对于价格长期以来波动较大的国际钢、铁、磁石、石油等大宗商品贸易,以及证券、期货等风险投资合同,多数价格变动等风险通常可以认定为该交易固有之商业风险,应当由当事人自行承担,要极其谨慎和严格地认定构成情势变更。以此为区别标准的第一层级,第二层级在主观上再适用可预见性和可归责性标准,在结果上适用显失公平标准和合同目的不能实现标准。

在司法实践中,对概括性条款“情势变更”进行类型化梳理,提炼出一般化的标准,是准确理解和适用情势变更原则的关键。德国法上的情势变更原则是通过多年的司法实践不断类型化后,才上升为立法规定,故对情势变更类型化的总结较完整。在德国法上“情势变更”主要被总结为以下几类:[⑤]

(1)货币贬值。在以货币作为履行标的的长期双务合同中,货币贬值是一种影响平衡关系的常见类型。(2)法律变动与行政行为。法律变动通常为当事人所不能预见,往往会构成履行不能或情势变更。主要有以下几种情况:其一,征收(Enteignung);其二,税法的变动;其三,法律变动;其四,经济管理法律的变动。(3)灾难。在德国,基于灾难而适用情势变更原则的情况不多。就中国而言,在出现灾难的情况下,可以直接通过适用不可抗力条款加以解决。(4)其他经济因素的变化。这里的经济环境,包括影响民事主体生产和经营的各种客观因素。其一,成本增加。但只是在特别的情况下,外界因素导致成本异乎寻常地增高,才有适用情势变更的余地。其二,技术发展。技术的发展也可以导致合同标的贬值。[⑥]

---

① 秦立威等译注:《〈法国民法典:合同法、债法总则和债之证据〉法律条文及评》,载《北航法律评论》2016年第1辑。

② 沈德咏主编:《最高人民法院关于合同法司法解释(二)理解与适用》,人民法院出版社2009年版,第199页。

③ 正如韩世远教授指出的,“第26条中的‘商业风险’只宜理解为‘主观意义上的商业风险’,是一种经过评价的并被归结于某特定主体的不利益;所谓‘不属于商业风险’,意指相应的不利益不应归结于某特定合同主体,不应由该合同主体负担”。

④ 秦立威等译注:《〈法国民法典:合同法、债法总则和债之证据〉法律条文及评》,载《北航法律评论》2016年第1辑。

⑤ 卡斯腾·海尔斯特尔(Carsten Herresthal)、许德风:《情势变更原则研究》,载《中外法学》2004年第4期。

⑥ 比如,双方签订了一个长期的电报发送(Langfristiger Telexvertrag)合同,而随着通信技术的发展,这样的合同对原告已不再有价值。法院认定构成情势变更,原告可解除合同。参见卡斯腾·海尔斯特尔(Carsten Herresthal)、许德风:《情势变更原则研究》,载《中外法学》2004年第4期。

另有学者研究后，对德国法行为基础丧失的类型作了梳理，提出了7种类型，[①]与前述归纳完全可以整合。其实，上述四种类型，除第三种类型外，与各国包括我国司法实践中认定的情势变更基本相符。有学者研究了2013～2016年543件情势变更案例后，总结出法院认定的情势变更主要分为三类：一是法律法规或者政策改变；二是行政行为；三是当事人意外死亡等其他事由。[②] 但应当注意，情势变更概念本身内涵和外延不易确定且有相当弹性，上述类型化列举有助于司法认定和适用，除非有兜底式留余，否则为不完全列举。德国学者对情势变更的类型归纳，给人很大启发，但应注意在使用法律概念上一定要准确，不可大而化之。比如，有人说经济危机、金融危机等是情势变更，这些概念过于宏大而不够具体，难以成为法律概念。再如，新冠肺炎疫情，多数论者直接将其作为一个概念以归入情势变更还是不可抗力，缺乏在事实层面对新冠肺炎疫情进行精细的界分，以至于对疾病、疫情、疫情防控措施等不作区分，一概而论，难谓科学。

(二)情势变更发生于合同订立之后——时间要件

《民法典》规定，情势变更应当发生在合同成立之后，履行完毕之前。如情势变更发生在订立合同之前，当事人知道应当知道而订立合同的，属于当事人自担风险或者疏忽大意的过失，自不属于情势变更；当事人不知道而订立合同的，可依重大误解撤销合同，亦不属于情势变更。

在合同履行后发生情势变更时，不能适用情势变更。《民法典》第533条规定"继续履行合同对于当事人一方明显不公平"的文义上看，情势变更适用于未履行之债务，已经履行完毕的不予适用。如果因情势变更而请求重新协商不产生停止或者中止履行的效力，则从提出主张到谈判成功或者法院裁判作出之间尚存在继续履行，法院在认定成立情势变更，予以变更或者解除合同并对当事人利益进行平衡时，可以对于已经履行部分与未履行部分统筹考量以求公平结果。当然，如果主张情势变更之时，全部债务已经履行的，除非当事人可以协商，对于法院裁判来说，可以不支持情势变更。受不利影响一方因其履行迟延期间发生情势变更的，其能否主张情势变更？根据《民法典》第180条的规定，不可抗力发生在迟延履行后的，不得免责。其原理在于，不可抗力本不会影响合同履行，义务人履行迟延有过错，对不能履行具有可归责性，故不能免责。情势变更原则上亦可类推适用，于因债务人迟延后发生情势变更的，不得请求变更或者解除合同。但对于持续性履行合同，对于未履行的未处于迟延的债务，对债务人不具有可归责性，情势变更应有适用必要。

(三)受不利益一方在订立合同时对情势变更不可预见——可预见性要件

情势变更应当属于当事人在订立合同时未预见到且不可预见的。如果已经预见到，则订立合同时已经考虑过此种风险，自不应作为情势变更处理，应自担风险。如果当事人虽然没有预见到，

---

① 杜景林、卢谌编著：《德国民法总则、债权、物权评注》，法律出版社2011年版，第153页。一是等价关系障碍，是指双务合同中，给付与对待给付之间的同等价值性，构成合同之行为基础；二是货币贬值，通常之购买力贬值风险由债权人承担，但在例外情况下，如给付与对待给付之间的均衡关系在很大程度上受到妨碍，以至于已经超出所承担的风险界限，并且已经不再能够维持受不利益之一方当事人的利益，则可以请求调整；三是物之给付的贬值，此种风险属于债权人的风险范围，但在例外情形中，如已经显著超出典型合同风险，则可以作出调整；四是给付加重，按照合同上的风险分配，此项风险原则上由债务人承担，例外情形可以作调整；五是给付减轻，即金钱给付和物之给付出现增值，与上述情况构成镜像对称，仅于例外情形予以调整；六是法之变更和公权力干涉，此种事由同样可以妨碍给付与对待给付之间的等价关系；七是使用目的的障碍，只要给付不存在瑕疵，则使用风险缘由即由债权人承担，但在例外情形中，债权人的意图的使用目的，也可以构成行为基础，从而可以按照本规范作出调整。

② 万方：《我国情势变更制度要件及定位模式之反思》，载《法学评论》2018年第6期。

但其应当预见到的，对未预见有过失的，亦应自担风险。

订约当事人对情势变更的预见性，既有主观标准，又有客观标准。对于订约当事人的预见能力，因人而异，此为主观标准，在实践中往往难以审查认定。故应当采客观预见标准，“法官进行判断时，主要应当考虑客观标准而非当事人的主观因素”，可预见性标准“逐步客观化，它并不以特定的订约人而是以一个抽象的一般理性交易人作为考察的对象”。[①] 即使是客观标准，也并非所有合同类型均适用同一标准，在不同交易领域，不同的交易主体，不同的交易类型，应适用该领域（民事合同与商事合同）、该类主体（消费者与经营者）、该类型（日常性合同与投机性合同）的客观标准，因此，客观标准也是具体化的，可以区分为老百姓式的标准，从一般理性人标准到专家式的标准，甚至到投机性标准。最高人民法院有案例认为，“从事房地产营销的经营者应当对国家房地产调控政策可能带来的履约风险进行充分的预估，其以政策调控原因主张情势变更的，法院不予支持”，[②]即充分考量经营者的专业性，要求其对行业风险的预见能力要高于一般人。合同的风险性越高，可预见性标准要求也越高，适用情势变更的可能性越小。在德国法上，“危险性买卖之投机行为，根本不适用情势变更原则”。[③] 最高人民法院相关指导意见强调，“对于涉及石油、焦炭、有色金属等市场属性活泼、长期以来价格波动较大的大宗商品标的物以及股票、期货等风险投资型金融产品标的物的合同，更要慎重适用情势变更原则”。[④] 高风险交易，长期合同的当事人往往会自行设定复杂的公式，分配潜在风险，如与通货膨胀或者生产成本挂钩的价格自动调整条款等，[⑤]通过市场化方式化解，无须情势变更适用。

可预见性，除从合同类型、主体两方面考量外，第三个考虑的因素是风险的类型，不同的风险本身的预见可能性差别很大。最高人民法院相关案例认为，“国家行政法规明确禁止在风景区采矿，即便地方政策执行宽松，作为矿业公司对政策的走向应当有预见，之后当地政策逐步收紧导致探矿权不能延续，对于龙煤公司而言不属于意外风险，而是商业风险”。[⑥] 在法律已经有明确规定时，即使地方政策发生变化，该类风险也是应当预见的。

在合同成立时，当事人订有情势变更条款，即约定情事将来有变更时、双方对之应如何调整给付的，在该条款范围内，应当认定当事人已经预见，自无情势变更原则之适用。

（四）情势变更不可归责于当事人——不可归责要件

情势变更必须不可归责于双方当事人，即由不可抗力以外的其他意外事故所引起。如果可归责于当事人，则应由其承担风险或违约责任，而不适用情势变更原则。[⑦] 情势变更的不可归责要件，是仅对受不利影响一方不可归责，还是要求对各方均不可归责，必须予以明确。国际商事合同通则

---

① 王利明：《情事变更制度若干问题探讨——兼评〈民法典合同编（草案）〉（二审稿）第323条》，载《法商研究》2019年第3期。

② 最高人民法院（2014）民申字第232号民事裁定书。

③ 史尚宽：《债法总论》，中国政法大学出版社2000年版，第453页。

④ 参见最高人民法院《关于当前形势下审理民商事合同纠纷案件若干问题的指导意见》。

⑤ [美]罗伯特·A.希尔曼：《合同法的丰富性：当代合同法理论的分析与批判》，郑云端译，北京大学出版社2005年版，第218页（转引自万方：《我国情势变更制度要件及定位模式之反思》）。

⑥ （2019）最高法民终827号民事判决书。

⑦ 崔建远主编：《合同法》（第3版），法律出版社2003年版，第93页。

提出,情势变更要符合"发生的事件不能被受不利地位的当事人控制",[①]仅指明为受不利影响一方控制,即不可归责于受不利影响一方。但应当注意,即使情势变更不可归责于受不利影响一方,如果可归责于受利益一方,则应由其承担风险或违约责任,也不适用情势变更原则。[②] 如赠与合同,因受赠人有对赠与人之忘恩行为,赠与人有撤销权,该撤销权之产生,是因为受赠人之忘恩行为之可归责于受赠人的事由,自不属于情势变更。

因可归责于第三人之事由致情势变化,能否适用情势变更?通常因第三人之原因导致合同履行之障碍时,因受不利影响之一方可以依侵权责任法等法律请求权而主张损害赔偿,其利益能够得到填补,无须适用情势变更原则予以救济。《民法典》第593条明确规定,因第三人造成违约的,违约方应当承担违约责任,第三人原因不是合同责任的免责事由,因而也无法归入情势变更之内。

(五)情势变更导致履行利益显失公平或者不能实现合同目的——后果事实和因果关系要件

情势变更原则适用,以救济合同履行利益根本性失衡为目的,即以解决因客观情势变更导致的合同双方利益显失公平问题。《民法典》第533条规定情势变更导致"继续履行合同对于当事人一方明显不公平"作为结果事实,《合同法司法解释(二)》第26条还规定了情势变更导致"合同目的不能实现"后果。是否意味着《民法典》不承认"合同目的不能实现"类型情势变更?

本书认为,《民法典》规定的"显失公平"包含了"合同目的不能实现"的后果。从显失公平的理解着手。情势变更导致的显失公平结果,通常分为两类:一是一方履行成本显著增加。一方履行其义务的费用大幅增加,对于非金钱义务来说,包括生产成本的增加,表现为货物生产的原材料价格或者提供服务的价格剧增,按照法律的新要求,生产工序投资大幅增加,还包括义务履行的费用剧增,既可以是金钱义务也可以是非金钱义务的履行,如运费的剧增,税费的剧增,货币的剧烈贬值等。二是一方因履行成本增加,可得利益显著减少。因履行所获利益的大幅降低,既可能是金钱履行,也可能是物或者其他权利的履行。如因为通货膨胀导致的合同约定价格的显失公平,或者因为法律、政策的改变等原因,导致合同目的落空。《国际商事合同通则》明确规定,合同目的不能实现为合同履行利益降低的一种类型,"债务履行的价值大幅下降或者全部丧失,可能是由于市场条件的巨大变化,或者因为要求履行的合同目的落空"。[③]

从中外情势变更立法和司法实践来看,多承认"合同目的不能实现"适用于情势变更原则。《德国民法典》第313条规定,如果当事人预见到情势变更,"就不会订立合同或会以不同的内容订立合同",既包括了合同目的不能实现,也包括履行利益显失公平。在"杜某某与黄某某转让合同纠纷上诉案"中,法院认为,"因合同成立以后发生了所转让的店面面临拆迁的这一双方无法预见的重大变化,致使转让合同目的不能实现,根据《合同法司法解释(二)》第26条规定,依据公平原则,并结合本案的实际情况,原告诉请解除《转让协议》,予以支持",[④]也是典型的因情势变更合同目的无法实现的案例。比如,政府调整城市规划,将某合同项下拟开发之土地调整为公共绿地,则原有合

① 《国际商事合同通则》第622条(c)。
② 崔建远主编:《合同法》(第3版),法律出版社2003年版,第93页。
③ 参见《国际商事合同通则》第622条注解。
④ 福建省高级人民法院民事判决书(2010)闽民终字第261号。

同目的落实。再如,房屋限购政策的出台,原本房屋买卖合同因为限购政策而无法过户,合同目的无法履行。[①]

显失公平从实质上包括继续履行合同显失公平和合同目的不能实现两种类型,理论和实务支撑坚实。梁慧星先生认为,“具体判断是否构成情势变更,应以是否导致合同基础丧失,是否致使目的落空,是否造成对价关系障碍,作为判断标准”。[②] 有学者认为,显失公平应按照理性人的看法加以判断,包括履行特别困难、债权人受领严重不足、履行对债权人无利益。[③] 本书认为,即使《民法典》没有规定合同目的不能实现之情势变更类型,在解释论上,也可以将合同目的不能实现这种受履行利益完全丧失情形的最严重的显失公平,作为显失公平的下位概念。如此,仍然可以将情势变更分为显失公平和合同目的不能实现两类,这便于理解和适用。显失公平型情势变更,限于德国民法上“等价障碍”情形,归于履行困难之列,通常可以通过变更合同而解决。合同目的无法型情势变更,鉴于合同目的已经无法实现,变更无法解决问题,只能通过解除解决。

情势变更导致合同目的不能实现,通常是指合同的全部目的不能实现,不应包括部分目的不能实现情形。[④] 合同目的可以分为一般目的和特殊目的。一般目的是通过签订和履行某一类合同所要达到的基本的、共通性的目标和结果。合同的一般目的是特定类型的合同所固有并意欲实现的一般交易目标,任何一个正常的交易人依据交易惯例均可事先得以预判,因此合同的一般交易目的无须特别声明即视为当事人双方在订立合同时均已知晓。合同的特殊目的是在一般交易目的之外当事人所欲实现的特殊交易目标。在买卖合同中,买方的一般合同目的在于获得符合约定的标的物,卖方的一般合同目的在于获取对价;在租赁合同中,出租方的一般合同目的在于获取租金,承租方的一般合同目的在于取得承租物的使用权。合同的主要目的不能实现的,视为合同目的不能实现。合同的特殊交易目的是当事人根据合同类型和交易惯例无法直接预判而得知的,故当事人在订立或履行合同时应将其特殊交易目的向对方明示才能产生相应的约束力。否则,当事人不得以特殊交易目的落空为由主张解除合同。判断合同目的,考察的是当事人的缔约目的,主观性较强,有时比较困难,各国都是根据合同的主要标的来确定合同的目的。[⑤] 如特定物买卖的标的物毁损或者灭失的,即可认定合同目的不能实现。合同通常都有明确的合同标的,以合同的性质则可判断缔约方的合同目的,如以房屋为标的物的合同,可以是租赁、买卖、借用等各类合同,如果合同约定转移房屋的所有权,则买方的合同目的是受让取得房屋所有权。在合同标的之外,于必要条件下,亦得认定合同的目的。

还要特别强调,情势变更与履行利益显失公平之间要具有因果关系,这是情势变更产生法律后果的核心因素。情势变更应当是导致履行利益显失公平的最近、唯一和关键的原因,并且不能有阻断因果关系的事由。情势变更是履行利益显失公平最近的原因,即情势变更是造成履行利益显失

① 宁波市镇海区人民法院民事判决书(2011)甬镇民初字第713号。

② 梁慧星:《中国民法经济法诸问题》,法律出版社1991年版,第226页。

③ 崔建远主编:《合同法》(第3版),法律出版社2003年版,第93页。

④ 最高人民法院(2015)民二终字第284号民事判决书认为,“如果合同目的可以得到部分实现且未实现的合同目的并未导致一方获益而另一方受到损害或者产生其他不公平的情形的,不符合合同法司法解释二关于情势变更的规定。当事人据此主张变更或者解除合同的,法院不予支持”。

⑤ 叶林:《论不可抗力制度》,载《北方法学》2007年第5期。

公平的最直接的原因,而不是间接原因或者远因,若没有情势变更,就不会出现履行利益显失公平。情势变更还必须是唯一的原因,始得请求变更或者解除合同。如果有其他原因存在,通常具有可归责性,则履行利益显失公平的后果依法可以归属一方或者其他主体,不应再适用情势变更原则予以平衡。情势变更还应当是履行利益显失公平的关键原因,即情势变更单独存在即能够达到导致显失公平后果的程度,尤其在致合同目的不能实现时,情势变更直接等于合同目的无法实现。因果关系既是一个事实问题,也是一个法律问题,在现实生活中具有复杂多样性,在判断是否存在因果关系以及原因力大小时,需要借助情势变更与后果之间的事实上的关联、影响的程度、有无阻断事由的介入、结果是否必然产生、有无避免结果出现的可能等各方面因素。

三、情势变更的效力

(一)重新协商的效力

《民法典》规定,情势变更,受不利影响一方可以请求重新协商,即情势变更之再交涉义务。

一是再交涉义务的性质和效力。再交涉义务是诚实信用原则下附随义务的法定化,是一种法定义务。[①] 再交涉义务是法律规定的于有情势变更时,受不利影响一方可以提出协商请求。对方接受请求进行协商,对于双方均为一种义务,是以启动和实现重新协商为目的的义务。因此,情势变更的再交涉义务,是一种法定的重新确定合同内容的义务,[②]在实体法上应为不真正义务,[③]该义务不应在原合同债务之外再加重受不利影响一方的责任,即违反及时交涉义务,不产生损害赔偿责任,其法律后果应为减损其变更或解除合同请求权。

二是再交涉义务的履行。首先,受不利影响一方应当于情势变更后,毫不迟延地提出协商请求,这是提出协商的时间要求。毫不迟延,即指没有过失的迟延。如果没有及时提出协商请求,原则上不应排除其适用情势变更原则的权利,但因为其迟延提出请求,在提出之前不能停止其履行义务,否则可能产生相应的违约责任。如果因为迟延提出,即使情势变更成立,在利益平衡时也应当考虑因迟延主张而致对方扩大的损失,由受不利影响一方承担。其次,双方在交涉过程中当事人应当遵守诚实信用原则。双方当事人必须诚实交涉,主要体现在双方积极协作配合义务方面,要提供充分真实的信息,诚实回应对方提案、提出自身提案等。受不利影响一方应当在其请求中说明情势变更事由,情势变更对合同履行的影响以及变更或者解除合同的明确主张。另一方应当按照诚信原则予以回应、协作和配合。但诚实交涉义务不应当包括无正当理由不得拒绝对方当事人合理提案的义务,否则将过分干预当事人之间的意思自治。实质交涉义务是程序性义务,而不是结果义务,对于受不利影响一方提出的调整方案,另一方没有必须接受的强制缔约义务。即使另一方直接拒绝重要协商,受不利影响一方亦得通过请求法院或者仲裁机构变更或者解除合同。最后,重要协

① 王利明:《情事变更制度若干问题探讨——兼评〈民法典合同编(草案)〉(二审稿)第323条》,载《法商研究》2019年第3期。

② 德国法上有争议,通说认为是确定权,既非形成权,也不是请求权。参见朱岩:《德国新债法条文及官方解释》,法律出版社2003年版,第141页。

③ 王利明:《情事变更制度若干问题探讨——兼评〈民法典合同编(草案)〉(二审稿)第323条》,载《法商研究》2019年第3期。

商要在合理期间进行，协商不成的，可以向法院或者仲裁机构提出请求。期间的限制，是为提升解决纠纷的效率，避免过分拖延，给双方造成更多不利后果。

三是再交涉义务的法律后果。当事人违背再交涉义务是否发生法律效果，即无正当理由拒绝协商或者违背诚信而不接受对方方案的当事人是否承担相应的损害赔偿责任？① 这显然是不妥当的。首先，再交涉义务是实体法上的不真正义务，不指向具体实体权利义务，自不应有实体法上的责任。其次，再交涉义务的违反，并不影响其请求法院变更或者解除合同的权利。最后，再交涉义务制度，仍属于当事人自治范畴，不能破坏契约自由，更不得违背契约正义。法律应当鼓励当事人继续谈判，但并不以惩罚为制度设立的目的。再交涉义务的行使，以后续法院或者仲裁机构对请求变更或解除合同进行审查裁判为保障，为避免更大的不利影响，当事人仍有协商的动机和积极性，无须课以赔偿责任。②

再交涉义务是否具有停止履行的效力？从规定有再交涉义务的各国民法来看，基本上都不认可再交涉义务具有停止履行的义务。如《法国民法典》第1195条规定，受情势变更不利影响一方，在协商期间应继续履行义务。《国际商事合同通则》第623条规定，重新谈判的要求本身并不能使处于不利地位的当事人有权停止履约，理由是："其原因在于艰难的例外特性和可能滥用救济手段的风险。"本书赞同再交涉义务不产生停止履行的效力，但在例外情况下，当事人可以停止履行：第一，合同履行的标的如不变更会导致合同履行无利益。如原来的交货标准在法律上已经强制改变，如果继续交货则无意义。第二，一方提出重新谈判请求后，另一方当事人有中止履行的正当理由。

四是当事人滥用再交涉义务的，应当承担违约责任。当事人一方若在未发生情势变更或者未受影响之时，恶意提请再交涉，并因对方拒绝再交涉而中止履行合同义务的，应当承担违约责任。

（二）变更、解除合同的效力

情势变更，受不利影响一方当事人可以请求变更和解除合同，这是情势变更的主要效力。情势变更之效力体现为对所导致合同履行利益显失公平结果的调整，通过变更合同内容或者解除合同的方式对危险进行分担。

一是情势变更所生变更和解除合同的权利的性质。对于情势变更所产生之请求变更或者解除合同的权利，应解释为形成诉权，而非形成权。形成诉权，从当事人方面讲是一种请求权，而不是形成权。一方面，其可以请求对方重新协商对合同进行变更或者解除；另一方面，可以请求法院裁判变更或者解除合同，请求权人无法以自己单方的意思变更和解除合同。在这一点上，情势变更与不可抗力有根本区别，不可抗力和情势变更都是对抗合同义务履行的抗辩权利，具有相似的法律功能和权利属性，但不可抗力是对所生之危险的直接分配，对因不可抗力不履行合同义务一方予以免责，故不可抗力直接以一方通知而产生解除合同效力，为形成权，同样产生免责效力，当事人不服起诉到法院的，法院只是予以确认；情势变更产生之变更或解除合同权利，当事人一方不享有变更、解除权，只能由法院裁判变更或者解除。事实上，情势变更被确认后，适用变更或者解除合同，重新分

---

① 韩世远：《情事变更若干问题研究》，载《中外法学》2014年第3期。

② 王利明：《情事变更制度若干问题探讨——兼评〈民法典合同编（草案）〉（二审稿）第323条》，载《法商研究》2019年第3期。

配当事人的风险负担，包括受情势变更不利影响一方，请求法院减免其按照原合同履行的义务或者不履行的责任。法院裁判确定情势变更风险的重新分担的，无论是减免一方的责任，还是加重另一方的责任，事实上对受不利影响一方都具有部分免责的法律效力。

二是变更和解除的适用规则。因情势变更，变更合同和解除合同效力关系如何，是一个重大问题。维护原有合同效力，是诚信原则的最大体现，最符合当事人意愿，最大可能地促进交易，实现当事人利益最大化的方式。法院在裁判案件时，应当遵从上述原则要求，根据情势变更是显失公平还是合同目的不能实现不同类型，决定变更还是解除合同。对显失公平型情势变更案件，法院应尽可能促成合同变更，只有无法变更，或者变更不足以达成目的时，才可以解除合同。最高人民法院1992年法函〔1992〕27号在合同价格增加近3倍的情况下，仍然没有支持解除合同，"鉴于武汉市煤气公司与重庆检测仪表厂签订的技术转让合同已基本履行，煤气表生产线已投入生产并产生了经济效益，一审法院判决解除该合同并由仪表厂拆除煤气表装配生产线，是不利于社会生产力发展的"。强调了能够变更合同解决问题的，不得直接解除合同的原则。对于合同目的不能实现型情势变更案件，变更无法解决问题，可以直接判决解除合同，不必先经变更程序。

情势变更原赋予受不利影响一方请求变更或者解除合同的权利，是受不利影响一方请求救济的抗辩性权利，应当由当事人主张，法院不能依职权直接适用。如最高人民法院相关判决认为，[①]如果当事人未予主张情势变更的，人民法院在审理合同纠纷中不得依职权主动适用，判决变更、解除合同。

三是变更和解除的时间点。变更合同，通常会对当事人的合同权利义务整体进行调整。既涉及已经履行部分，也涉及将来要履行的部分，在法院作出裁判时产生法律效力，不会存在理解上和执行中的困难。但如果是判决合同解除，则解除的时间点是合同终了后清算关系的基准点，直接影响恢复原状、采取其他补救措施及赔偿损失等后果的承担，对于当事人有重要利害关系，影响巨大。《民法典》第565条规定，行使解除权的合同一方，直接起诉请求解除合同的，法院生效裁判确定解除合同的，合同自起诉书送达对方当事人之时解除。显然按照解除权行使通知到达生效规则处理，虽有其缺陷，但符合法理。在实践中，法院裁判通常以"自本判决生效时"作为合同解除的时间点，在多数情况下是合适的，但对于持续性合同，则未必合适。[②] 从比较法上看，《国际商事合同通则》第6.2.3条第4款规定，"如果法院认定存在艰难情形，只要合理，法院可以：(a)依其确定的日期和条件(atadateandontermstobefixed)解除合同"，由法院确定合同解除的日期和条件。从我国司法实践来看，亦有依判决确定解除合同日期的。[③] 鉴于目前《民法典》已经颁布，为促使当事人及时协商，及时行使诉讼权利，及时解决矛盾纠纷，因情势变更由人民法院判决解除合同的时间点，以《民法典》第565条第2款规定的"合同自起诉书副本或者仲裁申请书副本送达对方时解除"为宜。

---

① 最高人民法院(2016)最高法民终342号民事判决书。

② 韩世远：《情事变更若干问题研究》，载《中外法学》2014年第3期。

③ 广东省东莞市中级人民法院民事判决书(2013)东中法民一终字第325号判决书。

第五章　合同的保全

专题一　代位权制度的修改与适用

1999年《合同法》第73条首次规定代位权制度，作为债权的一般担保规则，发挥了重要作用。为实施这一新制度，最高人民法院通过司法解释作了大量的细化和完善，即《合同法司法解释（一）》的12个条文（第11～22条）及《合同法司法解释（二）》第17条，形成了完整的规则体系。民法典总结审判实践经验做法，对代位权制度作了较大的修改完善，将《合同法》第73条修改为《民法典》第535条、第536条和第537条3个条文。修改内容主要有：

一是将《合同法》第73条修改后规定为第535条，将代位权行使的对象从“债务人怠于行使其到期债权”扩大到“债务人怠于行使其债权或者与该债权有关的从权利”。该条作为实行型代位权的一般规定，扩张了代位权行使的对象的范围，同时为保存型代位权预留了空间。

二是增加了第536条债务保存之代位权，即“债权人的债权到期前，债务人的债权或者与该债权有关的从权利存在诉讼时效期间即将届满或者未及时申报破产债权等情形，影响债权人的债权实现的，债权人可以代位向债务人的相对人请求其向债务人履行、向破产管理人申报或者作出其他必要的行为”。明确增补了司法实践中未予明确承认的以保存债权为目的的代位权制度，并规定了不同于实行债权为目的的代位权的要件，即不以债权到期为必要。

三是增加了代位权行使的法律效果，《民法典》第537条规定，“人民法院认定代位权成立的，由债务人的相对人向债权人履行义务，债权人接受履行后，债权人与债务人、债务人与相对人之间相应的权利义务终止。债务人对相对人的债权或者与该债权有关的从权利被采取保全、执行措施，或者债务人破产的，依照相关法律的规定处理”。这一条文借鉴了《合同法司法解释（一）》第20条①的规定并作了相应完善。

一、代位权的功能及行使要件

债务人应当以其全部责任财产对债权予以担保，为法定的一般担保。未设定特别担保的一般债权的实现，取决于债务人的财产状况。为避免因为债务人随意处分自己的财产导致债权不能实现，法律赋予债权人以对债务人财产进行保全的权利。对于债务人消极的不行使权利的行为，债权

---

① 《合同法司法解释（一）》第20条规定：“债权人向次债务人提起的代位权诉讼经人民法院审理后认定代位权成立的，由次债务人向债权人履行清偿义务，债权人与债务人、债务人与次债务人之间相应的债权债务关系即予消灭。”

人以自己的名义而代为保全债务人权利，这就是代位权。对于债务人积极的不当减少责任财产的行为，债权人通过行使撤销权予以保全。代位权和撤销权是对合同相对性或者债的相对性的突破，使债权的效力直接及于第三人，从而保障债权得以实现。代位权是债权的对外效力，通说认为代位权是从属于债权的特别权利，是一种固有的实体权利，不是法定的债权转让，只是行使债务人债权的权利。[①] 代位权是以债权人自己的名义行使之权利，与债务人不是代理关系，是债权人自己的权利，属于广义的管理权。[②]

代位权的行使，应当符合法定的要件，《合同法司法解释（一）》第 11 条依照《合同法》第 73 条规定明确为四个方面：（1）债权人对债务人的债权合法；（2）债务人怠于行使其到期债权，对债权人造成损害；（3）债务人的债权已到期；（4）债务人的债权不是专属于债务人自身的债权。

一是债权人对债务人有合法的债权。债权人的代位权以保全债权为目的的权利，其发生当然应当以债权合法有效为前提。如果债权本身不合法、无效，则不能行使代位权。合法的债权，就其范围而言，包括合同债权，也包括非合同之债权，侵权行为之债权、无因管理之债权、不当得利之债权均无不可。同样，法律对债权的种类也未作明确限制，无论是金钱债权，还是非金钱债权，都可以行使代位权。但应当注意，《合同法司法解释（一）》第 13 条规定，代位权行使的对象限于"享有的具有金钱给付内容的到期债权"，受此限制，债权人行使代位权应以其享有债权为金钱债权始得准许，故在非金钱债权转化为损害赔偿之债的情况下，才可以行使代位权。能够行使代位权的债权人应当包括追偿权之债权人，如保证人承担保证责任后对债务人享有追偿权，对债务人的到期债权，保证人也有权追偿。最高人民法院司法案例研究院公布的浙江江山法院判决胡某某诉汪某某债权人代位权纠纷案认为，"当债务人不行使担保追偿权这种特殊的到期债权时，债权人也可以就此提起代位权诉讼"。[③]

二是债务人怠于行使其债权。对此，《合同法司法解释（一）》第 13 条解释为，"合同法第七十三条规定的'债务人怠于行使其到期债权，对债权人造成损害的'，是指债务人不履行其对债权人的到期债务，又不以诉讼方式或者仲裁方式向其债务人主张其享有的具有金钱给付内容的到期债权，致使债权人的到期债权未能实现"。司法解释采客观标准，即以债务人对于其到期债权，未以诉讼方式或者仲裁方式向相对人主张权利即构成"怠于行使债权"，且其对债权人已经构成履行迟延。法院一般以此标准作出债务人"怠于行使权利"。最高人民法院在（2011）民提字第 210 号某国土局诉某开发公司等债权人代位权纠纷案[④]中认为，"债务人与次债务人之间存在以代物清偿方式清偿债务的约定，若次债务人未实际履行，债权人仍有权行使代位权"。虽然当事人之间就债务履行约定了有代物清偿，在代物清偿约定未履行时，仍然可以认定债务人怠于行使权利，其采客观标准甚为明显。当然，《合同法司法解释（一）》的这一认定标准针对的是实行型代位权，不适用于《民法

---

① 韩世远：《合同法总论》（第 4 版），法律出版社 2018 年版，第 436 页。

② 同上。

③ 参见（2017）浙 0881 民初第 3251 号，（2017）浙 08 民终 1061 号民事判决书。

④ 参见《成都市国土资源局武侯分局与招商（蛇口）成都房地产开发有限责任公司、成都港招实业开发有限责任公司、海南民丰科技实业开发总公司债权人代位权纠纷案》（审判长王闯，审判员李京平，代理审判员王富博），载《最高人民法院公报·裁判文书选登》（2012 年第 298 期）。

典》第536条规定的保存型代位权。王利明先生认为,“此种方式具有一种客观的明确的标准,能够用来判断是否构成怠于行使。而债务人是否通过诉讼或者仲裁以外的方式向其债务人主张了权利,对此债权人很难举证”。[①] 当然,这一标准并非绝对,亦允许相对人可以通过举证证明债务人未怠于行使权利进行抗辩,《合同法司法解释(一)》第13条第2款规定,“次债务人(即债务人的债务人)不认为债务人有怠于行使其到期债权情况的,应当承担举证责任”。相对人抗辩成功的,代位权将得不到法院支持。同理,债务人参加诉讼的,也可以举证证明其没有怠于行使权利而为抗辩。债务人通过诉讼或者仲裁方式主张过其债权,即使败诉,债权人也不得再主张代位权。但债务人起诉后或者申请仲裁后又撤回起诉或者仲裁申请的,不影响代位权的行使。

债务人怠于行使其债权及相关权利,应以次债务合法成立为条件,但不以次债务在代位权行使时确定为条件。代位权行使时,次债务尚不确定的,可以在诉讼中通过审理予以认定。经过审理,人民法院认定次债务人的债务不成立的,可以驳回代位权人的诉讼请求权。

三是影响债权人的债权实现。此即代位权行使的必要性要件,《合同法》第73条规定的是“对债权人造成损害”,《民法典》修改为“影响债权人的到期债权实现”,其义相同。《合同法司法解释(一)》第13条解释为“致使债权人的到期债权未能实现”。代位权行使突破了合同相对性,对债务的权利予以干涉,应当具有正当的理由。债权人行使代位权必须有保全其债权的必要性,在保全金钱债权的场合,以债务人无资力为要件;而在保全特定债权的场合,则并不以债务人无资力为要件。[②] 债务人无资力即指债务人的财产无法清偿债权。这一要件适用于实行型代位权,债务人对债权的清偿已经陷于迟延,且其财产不足以清偿债权。这主要看两个方面:第一,债权人的债权已经到期,债务应当清偿。债权人的债权此时应当是确定的,即已经有确定的数额并届履行期。对于尚未确定或者未届期的债权,不能行使代位权。最高人民法院判决认为,“债权人提起代位权诉讼,应以主债权和次债权的成立为条件。而‘债权成立’不仅指债权的内容不违反法律、法规的规定,而且要求债权的数额亦应当确定。这种确定既可以表现为债务人、次债务人对债权的认可,也可经人民法院判决或仲裁机构的裁决加以确认”。[③] 第二,人债权人的债权无其他可以满足清偿的足够财产。如果债权已经设定了担保,特别是担保物权、连带责任保证,此时,应当优先行使担保权利,不宜认定有行使代位权的必要性。对于一般责任保证,由于保证人享有先诉抗辩权,应当先以债务人的责任财产清偿,因此,债权人在不能获得清偿时,可以主张代位权。

四是债务人的债权不是专属于债务人自身的债权。依《合同法司法解释(一)》第12条规定,专属于债务人自身的债权“是指基于扶养关系、抚养关系、赡养关系、继承关系产生的给付请求权和劳动报酬、退休金、养老金、抚恤金、安置费、人寿保险、人身伤害赔偿请求权等权利”。代位权应当以保全债务人财产而间接受债之清偿为目的。值得注意的是,并非所有的债权,均可主张代位权。民法典排除专属于债务人自身的债权,是指应当由债务人自行行使的债权,他人不得代为行使。“基于扶养关系、抚养关系、赡养关系、继承关系产生的给付请求权”,属于应当由债务人自行决定是

① 王利明:《论代位权的行使要件》,载《法学论坛》2000年第1期。

② 史尚宽:《债法总论》,中国政法大学出版社2000年版,第464页。

③ 最高人民法院(2011)民提字第7号《中国银行股份有限公司汕头分行与广东发展银行股份有限公司韶关分行、第三人珠海经济特区安然实业(集团)公司代位权纠纷案》,载《中华人民共和国最高人民法院公报》2011年第11期。

否行使的权利,不得代行。“劳动报酬、退休金、养老金、抚恤金、安置费、人寿保险、人身伤害赔偿请求权等权利”,一般被认为是不得强制执行的债权。但应当注意,民事诉讼法规定,对于被执行人的工资是可以强制执行的,只是应当保留被执行人的基本生活费用,似有可以代位行使的空间。除司法解释规定的上述债权外,以行为为内容的债权,原则上也不得行使代位权。

二、《民法典》第535条的影响

《民法典》第535条规定:“因债务人怠于行使其债权或者与该债权有关的从权利,影响债权人的到期债权实现的,债权人可以向人民法院请求以自己的名义代位行使债务人对相对人的权利,但是该权利专属于债务人自身的除外。代位权的行使范围以债权人的到期债权为限。债权人行使代位权的必要费用,由债务人负担。相对人对债务人的抗辩,可以向债权人主张。”这条规定对代位权的行使有较大影响。

一是对代位权行使对象范围的影响。《民法典》第535条规定将代位权行使对象从“债务人怠于行使其到期债权”扩大到“债务人怠于行使其债权或者与该债权有关的从权利”,从债权扩大到债权的从权利。代位权人向次债务人主张债权的,可以一并主张债权的从权利。债权的从权利包括:债权的担保(包括保证、抵押权、质权、留置权)、优先权(建设工程价款优先受偿权、船舶优先权、航空器优先权)、债权利息等。当然,与债务人的债权一样,债权的从权利专属于债务人自身的除外。

需要讨论的问题是代位权行使对象是否仅限于债权及其从权利?《合同法》第73条规定为债权,最高人民法院一直坚持以债权为代位权行使的对象。在王某某与北海市卫生局、一审第三人北海海景房地产开发公司债权人代位权纠纷案中,最高人民法院认为:“在债权人代位权法律关系中,债权人代位权的客体是指债务人怠于向次债务人主张其到期债权,债务人怠于主张其他权利如物上请求权,债权人向次债务人行使代位权的,人民法院不予支持。”①同时,最高人民法院《合同法司法解释(一)》规定为金钱债权,进一步限缩了债权的范围。主要理由在于考虑到对非金钱给付内容的权利行使代位权对于债权的保障意义不大而且程序复杂,并有过多干预债务人权利之嫌,故合同法解释将代位权的标的限定在具有金钱给付内容的债权,债务人的其他权利不得作为代位权的标的。②《民法典》第535条仍将代位权行使的对象限定在债权范围,如果按传统动产返还请求权为物权请求权的观点,动产返还请求权将无法适用代位权。本书认为,应从保护债权人债权的现实需要考量,将适用诉讼时效的未登记的动产返还请求权解释为债权或者准用债权,以适用代位权制度。

二是对债权到期与否的影响。合同法规定代位行使的债权是“到期债权”,民法典此次删除“到期”,是否意味着代位权普遍扩大到未到期债权?本书认为,代位权行使的债务人的债权依然要到期,否则构不成“债务人怠于行使债权”的条件。如果债务人的债权尚未到期,则债务人不能行使该债权,自然债权人也不得代位行使该债权。民法典之所删除“到期”主要是与第536条保存的代

① 参见最高人民法院(2012)民申字第604号民事裁定书。

② 参见曹守晔:《对合同法中代位权的理解与适用》(上),载《人民法院报》2000年3月3日,第3版。

位权规定相协调。根据该条规定，保存的代位权在某些情况下在债务人债权到期前即可行使，如相对人破产的情况下，虽然债权尚未到期，但此时依照破产法的规定应当申报破产债权，以获得清偿，否则将丧失此项权利，应允许债权人行使代位权。

三是“对债权人造成损害”修改为“影响债权人的到期债权实现”，并不会影响司法实务。《合同法司法解释(一)》即将“对债权人造成损害”解释为“致使债权人的到期债权未能实现”。这一修改，在文字表述上更为清晰明确。

四是民法典将合同法中“次债务人”的概念变更为“相对人”，扩大了代位行使的债权范围的要求。相对人不仅包括次债务人，还包括抵押人、质押人、保证人等担保人。

五是增加第 3 款“相对人对债务人的抗辩，可以向债权人主张”的规定，弥补了合同法规定的漏洞。《合同法司法解释一》第 18 条规定，“在代位权诉讼中，次债务人对债务人的抗辩，可以向债权人主张”。债权人以自己的名义行使代位权，其享有债务人的法律地位，不应减损相对人包括次债务人和担保人享有的对债务人的抗辩权。凡第三人得对抗债务人的一切抗辩，如诉讼时效届满之抗辩、抵销之抗辩、同时履行之抗辩、次债务不存在、已履行完毕、未到期、债务人未怠于行使债权等，均得用以对抗债权人。但从时间看，相对人的抗辩权，应当以发生于代位权行使之前为必要。对于代位权行使之后产生的抗辩权，应当给予相应限制，但第三人因对债务人为清偿而取得的债务消灭抗辩权，可以之对抗债权人。

三、保存债权代位权

《民法典》第 536 条增加了保存债权为目的的代位权。该条规定：“债权人的债权到期前，债务人的债权或者与该债权有关的从权利存在诉讼时效期间即将届满或者未及时申报破产债权等情形，影响债权人的债权实现的，债权人可以代位向债务人的相对人请求其向债务人履行、向破产管理人申报或者作出其他必要的行为。”此前合同法解释中未承认以保存债权为目的的代位权，理由是《合同法》及《合同法司法解释(一)》并未对债权人的保存行为作出例外规定。从其他国家和地区立法来看，通常认可保存债权为目的的代位权。《日本民法典》第 423 条规定，虽然债务未届履行期，但债权人专为保存债务人权利的行为，亦可行使代位权，如中断时效、保证期间利益、声请登记、申报破产债权、申请参与分配等。此类代位权主要目的是防止债务人债权面临消灭或者发生变更如产生抗辩权的，等到债务履行迟延时，已经无法行使代位权。当然，此类代位权行使的最终目的还是实现自己的债权。

保存债权的代位权行使，不以债权人债权已经到期为条件，即使未到期，也可以代位主张。第 536 条同时规定，保存债务人权利的代位权也要具备“影响债权人的债权实现的”要件，对代位权行使也有较为严格的限制。考虑到保存债权对债务人的利益性特点，可适当放宽标准。

四、代位权行使的法律效果

《民法典》第 537 条新增加了代位权行使法律效果的规定，即“人民法院认定代位权成立的，由债务人的相对人向债权人履行义务，债权人接受履行后，债权人与债务人、债务人与相对人之间相应的权利义务终止。债务人对相对人的债权或者与该债权有关的从权利被采取保全、执行措施,或者债务人破产的,依照相关法律的规定处理”。合同法未规定代位权行使的法律效果,是为法律漏洞。《合同法司法解释(一)》第20条对此予以填补,规定“债权人向次债务人提起的代位权诉讼经人民法院审理后认定代位权成立的,由次债务人向债权人履行清偿义务,债权人与债务人、债务人与次债务人之间相应的债权债务关系即予消灭”。对此,可以归纳为两方面效果:一是代位权成立的,由次债务人向债权人履行清偿义务;二是债权人与债务人、债务人与次债务人之间相应的债权债务关系消灭。这一规定引发了代位权是适用“出库规则”还是“入库规则”的长期争论。

代位权行使的“出库规则”被称为“代位权人优先受偿说”,主张谁行使代位权所获得的财产,就应当归属于谁。因此,代位权将产生一种优先受偿的效力。[①] 在日本法上,债权人对于债务人责任财产的全部,存有一种“包括的担保物权”,该担保物权在实体法上虽未规定,但债权人代位权可视为此等不经公示的物权实行方法的规定,其效力类似于一般优先债权。一经行使,享有优先受偿权。最高人民法院法官认为,司法解释的这种观点全面修正了传统代位权理论中以法定债权权能说为基础的“入库规则”,是当前解决代位权行使效果归属问题方面颇为现实妥当的解决途径,堪称债权人代位权制度的理论和实践创新。[②] 但在传统上,通说为“入库规则”,代位权行使的效果直接归属于债务人而不能直接作为对债权人自己债权的清偿,行使代位权取得的财产先加入债务人责任财产的做法,即为入库规则。[③] 史尚宽先生认为,债权人代位权的效用,为强制执行之准备。[④] 入库规则是基于债权的平等性,各债权一律平等,不产生优先受偿效力。此种观点认为,司法解释规定“次债务人向债权人履行清偿责任”是债权人代为受领,“债权人与债务人、债务人与次债务人之间的债权债务关系消灭”实质上是在金钱债务场合,借助于抵销制度,使代位权制度发挥了简易的债权回收手段的功能。[⑤] 从实践来看,优先受偿说占有一定的优势:一是代位权人行使代位权往往投入较大成本,也自担一定风险,按照权利义务一致原则,完全平等受偿有违公平;二是代位权人有优先受偿权具有激励作用,避免“搭便车”行为;三是从操作来看,既符合代位权行使目的即获得清偿,也更为简便可行,无须再行起诉债务人求偿;四是如果承认抵销适用,在理论上也未违背债权平等原则。但应当承认,如果承认代位权的绝对优先受偿效力,也会有对其他债权人有失公平的地方,如因为其他债权到期晚,无法同时提起代位权诉讼的情况。在民事执行程序中,债权人对被执行人的到期债权进行代位执行时,根据《民诉法司法解释》第508条规定参与分配的规则可以适用,即“被执行人为公民或者其他组织,在执行程序开始后,被执行人的其他已经取得执行依据的债权人发现被执行人的财产不能清偿所有债权的,可以向人民法院申请参与分配。对人民法院查封、扣押、冻结的财产有优先权、担保物权的债权人,可以直接申请参与分配,主张优先受偿权”。在代位权诉讼生效判决执行程序中,其他债权人能否申请参与分配,值得深入讨论。

---

① 王利明:《合同法新问题研究》,中国社会科学出版社2011年版,第480页。

② 王闯:《关于合同法债权人代位权制度若干重要问题》,载最高人民法院民事审判第二庭编:《民商事审判指导》(2004年第2辑·总第6辑),人民法院出版社2005年版,第26~28页。

③ 崔建远、韩世远:《合同法中的债权人代位权制度》,载《中国法学》1999年第3期。

④ 史尚宽:《债法总论》,中国政法大学出版社2000年版,第463页。

⑤ 韩世远:《合同法总论》(第4版),法律出版社2018年版,第449页。

《民法典》第537条与《合同法司法解释(一)》第20条规定相比,有一处重要的修改是增加了“债权人接受履行后”,使“债权人与债务人、债务人与次债务人之间的债权债务关系消灭”,不再以法院认定代位权成立时发生,而是在履行到位时发生。同时,增加了第二句“债务人对相对人的债权或者与该债权有关的从权利被采取保全、执行措施,或者债务人破产的,依照相关法律的规定处理”。这是否有修正司法解释采用的出库规则的意图?本书认为,《民法典》该条规定虽没有直接明确是采入库规则还是出库规则,但从两处修改来看,相比《合同法司法解释(一)》第20条规定更接近于入库规则:一是债务的清偿作为终止权利义务关系的方式,是债权债务关系消灭的普遍方式,并没有特殊之处。这改变了《合同法司法解释(一)》第20条代位权生效判决确认代位权成立债权债务关系消灭的规则。[①] 二是以“债权人接受履行后”即代位权人实际取得财产获得清偿作为债权债务关系终止的条件,即为在从法院判决到实际执行到位之间留下了执行程序适用的空间,也为第2款规定的各种程序的适用提供了管道;实质上改变了《合同法司法解释(一)》第20条设立的“代位权成立的判决生效之时起,不论是否履行,债权人与债务人、债务人与第三人之间的两个债之法律关系归于消灭”的规则,在解释论上推定代位权人享有优先受偿权的基础不再坚实。三是债务人对相对人的权利被采取保全、执行措施,或者债务人破产的,依照相关法律规定处理,并未明确给予代位权之特殊地位,无法直接作为优先受偿权解释,而是对第一句向“出库规则”游走的一种牵引,以在代位权人与其他债权人之间取得平衡。并不能完全解释为入库规则,应当是对代位权人作一定倾斜,保证代位权人行使代位权的费用等成本作为共益权得到优先保障,还要适当给予代位权人相应激励,代位权人在合理限度内可以优先受偿。

《民法典》第537条关于“债务人对相对人的债权或者与该债权有关的从权利被采取保全、执行措施,或者债务人破产的,依照相关法律的规定处理”的规定,是为解决代位权的实现与其他权利人之间的关系而设。保全是指《民事诉讼法》第100条和第101条规定的保全措施,人民法院依权利人的申请,对相对人的权利可以采取查封、扣押、冻结措施,以限制权利人对权利的处分。相对人的债权属于到期债权的,《民诉法司法解释》第159条规定可以采取保全措施,即“债务人的财产不能满足保全请求,但对他人有到期债权的,人民法院可以依债权人的申请裁定该他人不得对本案债务人清偿。该他人要求偿付的,由人民法院提存财物或者价款”。对于相对人的其他权利,如担保物权等,在债权到期后也可以采取保全措施。《民诉法司法解释》第501条规定了代位执行,即“人民法院执行被执行人对他人的到期债权,可以作出冻结债权的裁定,并通知该他人向申请执行人履行。该他人对到期债权有异议,申请执行人请求对异议部分强制执行的,人民法院不予支持。利害关系人对到期债权有异议的,人民法院应当按照民事诉讼法第二百二十七条规定处理。对生效法律文书确定的到期债权,该他人予以否认的,人民法院不予支持”。对相对人的与债权有关的权利,依据权利的性质,执行法院可以依法直接采取查封、扣压、冻结措施。如果其他权利人对债务人债

---

① 从对《合同法司法解释(一)》第20条“出库规则”的解读来看,其理论基础在于通过法院生效判决,即在代位权人与次债务人之间形成独立的债的关系,债务人与次债务人之间的债关系已经消灭,从而代位权人从次债务人取得的财产是其财产,而非债务人的责任财产,因而实现其优先受偿的目的,这是出库规则的正面价值。很少有人注意到这一规则的负面价值:如果代位权因取得次债务人的债权而消灭了与债务人之间的债权,一旦次债务人清偿不能,则代位权人无法再要求债务人清偿,代位权人就要承担不利后果。

权以及与债权有关的从权利采取了保全措施或者执行措施，代位权人未采取保全或执行措施，或者采取的保全或者执行措施顺位在后，即轮候查封，或者代位权人先申请采取了保全措施或者执行措施，其他债权人也可以依法参与到执行程序中。如果被执行人是自然人或者其他组织，可以适用《民诉法司法解释》第508条的规定，代位权人在执行程序开始后，被执行人的其他已经取得执行依据的债权人发现被执行人的财产不能清偿所有债权的，可以向人民法院申请参与分配。对人民法院查封、扣押、冻结的财产有优先权、担保物权的债权人，可以直接申请参与分配，主张优先受偿权。依《民诉法司法解释》第510条规定，参与分配执行中，执行所得价款扣除执行费用，并清偿应当优先受偿的债权后，对于普通债权，原则上按照其占全部申请参与分配债权数额的比例受偿。清偿后的剩余债务，被执行人应当继续清偿。债权人发现被执行人有其他财产的，可以随时请求人民法院执行。在被执行人是法人时，适用《民诉法司法解释》第513条规定，在执行中，作为被执行人的企业法人符合《企业破产法》第2条第1款规定情形的，即不足以清偿全部债权的，代位权人可以向执行法院申请裁定中止对该被执行人的执行，将执行案件相关材料移送被执行人住所地人民法院，适用破产程序进行清算清偿债务。如果不能转入破产程序，根据《民诉法司法解释》第516条的规定，执行法院就执行变价所得财产，在扣除执行费用及清偿优先受偿的债权后，对于普通债权，按照财产保全和执行中查封、扣押、冻结财产的先后顺序清偿，采取保全或者执行措施在后的债权人包括代位权人，其受偿顺序将劣后于采取保全或者执行措施在先的债权人。当然，代位权人对相对人的担保物权行使权利的，因其享有优先受偿权，可以优先于普通债权包括采取保全措施或者执行措施的普通债权人获得清偿。

在债务人为法人且已经裁定进入破产程序的，债权人行使代位权的所得，应遵循“入库规则”，作为破产财产由全体债权人按债权比例平均分配。债务人对第三人的债权为当然的破产财产，债权人的债权也为当然的普通破产债权与其他债权一并纳入破产清算范围，债权人没有什么特权。按照“入库规则”处理，与《企业破产法》相一致。但依“优先受偿权”制度，代位权之债权人可凭空将本应纳入破产财产范围的该部分财产抽出，脱离了破产清算程序之外获得清偿，无疑是对其他破产债权人合法权益的剥夺和侵犯。

专题二　债权人撤销权的修改与适用

一、民法典对撤销权制度的主要修改

民法典对债权人撤销权作了较大的改动：一是将撤销权事由区分为无偿处分行为和有偿处分行为，分别规定为第538条和第539条；二是对无偿分处分行为列举由“放弃其债权”“无偿转让财产”增加了“放弃债权担保”“恶意延长其到期债权的履行期限”两种情形，吸收了《合同法司法解释（二）》第18条规定；三是对有偿处分行为列举在“以明显不合理的低价转让财产”之外增加《合同

法司法解释(二)》规定的“以明显不合理的高价受让他人财产”“为他人的债务提供担保”两类;四是对有偿行为的撤销权构成件的“相对人知道”修改为“相对人知道或者应当知道”;五是增加撤销权行使的法律效果,吸收《合同法司法解释(一)》第25条第1款于第542条规定“债务人影响债权人的债权实现的行为被撤销的,自始没有法律约束力”。

从总体上看,这次修改主要在于吸收司法解释的成果,对审判工作影响不大。

二、撤销权的基本类型和构成要件

债权人的撤销权制度,是债权保全制度的一项重要内容,针对债务人实施的无偿转让财产或者放弃其到期债权等积极损害债权的行为,[①]赋予债权人通过向人民法院提起诉讼的途径撤销这类法律行为的权利,以达到保全债务人责任财产的目的。从撤销权的性质来看,有三种不同的观点:形成权说、请求权说和折中说即撤销并返还请求权说。从性质上看,债权人的撤销权应当兼具形成权和请求权内容,“撤销权的主要目的是为了撤销已实施的民事行为,而返还财产只是因民事行为被撤销所产生的后果”。[②] 撤销权首先是一种形成权,因只能通过诉讼方式行使,应当是一种形成诉权,但“因其影响相对人利益甚巨,或为创设明确的法律状态,有由法院审究认定形成权的要件是否具备的必要”。[③] 与一般的形成权相比,形成诉权不能依撤销权人的单方意思表示而产生变更法律关系的效力,充分体现了法律对撤销权行使的谨慎和限制态度。由此,可以找到民法典没有承认通过仲裁方式行使撤销权的原因。债权人撤销权作为形成诉权,可以实现否认债务人积极处分其权利的行为之效力的目的,这在债务人还未交付财产之前保全责任财产的意图已经达成,但在债务人已经交付财产甚至已经完成财产权转移的,仅有形成诉权尚不足以达成撤销权的目的,因而有赋予撤销权人请求返还财产的权利,此为撤销权具有请求权属性的基础。

民法典延续合同法对撤销权分为撤销无偿行为和有偿行为两类的立法例,并分别规定其构成要件和法律效果。

(一)对无偿行为的撤销权构成要件

对无偿行为行使撤销权的构成要件包括:

一是撤销权人对债务人有合法债权。与代位权不同,撤销权作为债权人的一项权利,其行使不以债权到期为条件,这是因为撤销权的行使通常具有紧急性,如果限制行使时间,会有丧失保全责任财产的机会之风险。债权人撤销权,在于防止债权人所预期的债务人作为一般担保的责任财产被削减,故不存在行为后发生的债权因此受害的问题。但此原则也有例外,如连带保证人中之一人,因清偿全部债务对其他连带保证人享有求偿权。在尚未清偿期间,其对于其他连带保证人以有

---

① 一种观点认为,放弃到期债权和怠于行使到期债权均属传统民法中的消极处分行为,由代位权制度调整,而处分现有财产的,则属积极处分行为,由撤销权制度调整。我国合同法对此作了部分修正。参见王闯:《解读〈关于适用《中华人民共和国合同法》若干问题的解释(一)〉》,载《解读最高人民法院司法解释·民事卷》(1997~2002),人民法院出版社2003年版,第211页。本文立论,则以放弃到期债权为单方法律行为,无偿转让财产为契约行为,均属积极侵害债权;怠于行使到期债权,则系应行使、能行使而不行使之谓,系不作为行为,故为消极侵害债权。证以《日本民法典》第424条、《法国民法典》第1167条第1项,概以“行为”或“法律行为”为撤销权之对象,则与我国立法尚无不合。

② 王利明:《合同法新问题研究》,中国社会科学出版社2011年版,第487页。

③ 王泽鉴:《民法总则》,北京大学出版社2009年版,第79页。

损于求偿权的目的所为的行为,亦得行使撤销权。[①] 根据近年来立法、判例与学说的发展趋势,金钱债权以外以给付特定物为标的的特定债权,亦不适用撤销权。与代位权不同,债权人撤销权行使的范围,并不以撤销权人债权额为限,应以对债务人全体一般债权人为限,最高人民法院裁判认为:"债权人行使撤销权恢复债务人责任财产,是保全全体债权人的利益,行使撤销权的范围,故应以保全全部一般债权人的总债权额度为限。"[②]

二是债务人有无偿处分其财产的行为。无偿,是指受让财产方无须支付对价。无偿处分财产,包括消极处分,如债务免除,也包括积极处分,如赠与等。

三是撤销权的对象应当仅限于财产权行为,非以财产为内容的处分行为,不属于撤销权适用范围。非以财产为内容的行为,一种是身份法上的行为,如结婚、离婚、收养、非婚生子女之认领、继承的抛弃与承认等;另一种是以行为为内容的行为,如劳务合同等。处分财产的行为,主要是指减少现有财产或者增加财产债务的行为,而财产上利得之拒绝行为,如赠与要约之拒绝、第三人债务承担之拒绝、继承或遗赠之抛弃等行为虽然是以财产为标的之行为,但因其纯粹为增加债务人之偿债资力,拒绝与否,可以听凭债务人的自由意思,而不得为撤销权之对象。因为债权人撤销权之目的,仅在保持债权人原有之资力,而非增加其资力。[③]

四是无偿行为的撤销不受相对人是否属于善意的影响。根据《民法典》第 311 条的规定,无偿处分行为不适用善意取得制度,即使相对人受让财产时是善意的,也不能妨碍撤销权行使。

五是债务人处分财产的行为损害了债权。债务人处分财产的行为明显损害债权时,债权人才可以行使撤销权。对于判断明显损害债权的标准,有债务超过说和支付不能说。债务超过说认为,以资产为清偿的基础,如果债务人的负债超过资产,则认为构成债务超过。如果债务人债务超过其现实财产(不包括信用、劳力),该行为即为有害于债权,而不以支付停止或者支付不能的事实为必要。支付不能说认为,对损害债权的判断应以债务人支付不能为标准。因为债务人的债务超过资产并不意味着债务人没有资产清偿债务,必须将债务人的信用、劳力等计算入债务人的资产范围内,未来可以获得的财产也应计算在内。债务超过说更为客观,易为判断,便于操作。支付不能说存在确定上的复杂性,不便于操作但对债务人保护更为周全。本书倾向于以债务超过说为判断标准,同时由债务人提供证据证明其在债务到期时有无可信之财产进行清偿,综合考量作出判断。但对于有偿行为行使撤销权应当采用更为严格的标准,应当直接采支付不能说标准,撤销权人应当证明债务人因其处分财产行为,造成其债权届时无法得到清偿。

判断是否侵害债权在时间上受双重标准的限制:第一,在债务人处分财产时,即行为时标准。行为时标准要求,必须在债务人实施积极减少其财产的行为时即已陷于"无资力",方得成立损害债权的行为;如果债务人于行为时有足以清偿债务的财产,未对债权造成损害,即使其后因经济的变动致其财产贬值不足以清偿,仍不成立损害行为。第二,撤销权行使时标准,即债权人行使撤销权时损害债权的状态仍在持续中,才能撤销。如果在债务人处分财产时具有损害债权性,但行使撤销

---

① 史尚宽:《债法总论》,中国政法大学出版社 2000 年版,第 480 页。

② (2017)最高法民申 910 号民事裁定书。

③ 郑玉波著,陈荣隆修订:《民法债编总论》,中国政法大学出版社 2004 年版,第 300 页。

权时因债务人的经营或者经济状况好转导致其责任财产增加或者升值，足以清偿债权时，债权人不得行使撤销权。这是因为，债权人撤销权为保护债权人的手段，而非以追究债务人责任为其目的。①撤销权的行使，应当同时受上述两个时间点限制，同时符合，才能够成立。

《民法典》增加的放弃未到期债权，在本质上与放弃到期债权无异，在认定上无特别之处。民法典增加的放弃债权担保和恶意延长到期债权的履行期，相对复杂。

关于放弃债权担保，判断债务人放弃债权担保是否构成损害债权的行为，主要看是否因此导致债务人处于债务超过状态。债务人放弃其债权担保并不必然导致债务人积极财产减少，关键取决于次债务人及其他担保是否具有足以清偿债务的财产。放弃债权担保构成对债权的损害，在于次债务人和其他担保人无力清偿债务，而放弃的债权担保与债权受有损害即可能得不到清偿或者无法得到清偿之间具有因果关系。此时，构成损害债权行为，可以撤销。通常在债务人放弃债权担保时，如果债务人已经陷于无力清偿债务的状态，如已经陷入破产或者被强制执行不能状态时，即属于损害债权的证明，债权人得行使撤销权。故判断债务人放弃债权担保是否构成诈害行为，必须同时具备两个条件：(1)次债务人的责任财产不足以清偿其债务，即已发生“债务超过”；(2)债务人因“债务超过”陷于支付不能。于此情形，债务人放弃债权担保构成诈害行为，债权人可得行使撤销权。②

债务人恶意延长其到期债权的履行期，并未减少其积极财产，只是取得对方履行时间被延后，即由于债权展期，不能按预期“归仓”。如果因此而导致债权得不到清偿，债权人得行使撤销权而撤销。一般情况下，债务人债权尚未到期时，债务人对其到期债权的履行期进行延展时，不构成对主债权的损害，不应行使撤销权。但在债务人不能履行债务时，债务人的债权已经到期且同意次债务人延长履行期，通常可以认定构成对主债权的损害，应当允许主债权人对次债务人延长的履行期限行使撤销权。《合同法司法解释(二)》和《民法典》都规定债务人延长其到期债权履行期，债权人行使撤销权时，必须以债务人恶意为要件。判断债务人是否恶意，主要看债务人延长其到期债权履行期的目的是否正当。如果没有正当理由而延长，且明知债权人债权已届履行期且未履行的，可以认定为恶意。债务人的正当理由包括，次债务人履行有客观障碍、破产重整方案所必需的延期等，以及其他基于道义上或者符合公序良俗方面的理由。

(二)对有偿行为的撤销权构成要件

对有偿行为行使撤销权的构成要件与无偿行为相比，主要差异在行为时，债务人和相对人均非善意，难点在于判断交易价值的标准是否合理。

对于债务人有偿处分财产行为的撤销，必须以债务人及其相对人在实施交易行为时都具有加害债权人的恶意为要件。仅一方有恶意，而另一方为善意，不能发生撤销的效果。③ 对于债务人的恶意，《民法典》第539条并没有规定撤销权应当举证证明债务人行为时“明知有害于债权人之权利者”，只是要求债权人证明债务人在行为时明知转让的价格明显不合理。一般来讲，认定债务人是

① 韩世远：《合同法总论》(第4版)，法律出版社2018年版，第311页。
② 沈德咏等主编：《最高人民法院关于合同法司法解释(二)理解与适用》，人民法院出版社2015年版，第135页。
③ 王利明：《合同法新问题研究》，中国社会科学出版社2011年版，第503页

否恶意,应以行为时为准。如果在实施行为时并无恶意,而在以后才具有恶意,该行为也不应予以撤销。[①]

对于相对人的恶意,《合同法》规定为"受让人知道"价格明显不合理,《合同法司法解释(二)》规定为"受让人知道或者应当知道"价格不合理,民法典采纳了司法解释的观点。知道就是明知,应当知道就是因其过失而未知。如最高人民法院在"国家开发银行与沈阳高压开关有限责任公司、新东北电气(沈阳)高压开关有限公司、新东北电气(沈阳)高压隔离开关有限公司、沈阳北富机械制造有限公司等借款合同、撤销权纠纷"[②]中认为,沈阳高开将其13,000万元的资产与东北电气价值约2787.88万元的资产相置换,且据东北电气公开的《东北电气发展股份有限公司2004年年度会计报表及审计报告》,东北电气明知自己与沈阳高开交易支付的10台汽轮发电机组价值仅为2787.88万元,还仍然与沈阳高开进行股权置换,从而认定债务人与相对人有恶意。准确地说,此时相对人是非善意,与通常意义的恶意在程度上有所降低。对于相对人之恶意,撤销权人应当举证证明。

关于"明显不合理的低价"转让财产的判断标准,民法典继续采用《合同法》第74条规定的"明显不合理的低价"这一"不确定性概念"作为对有偿处分财产行为进行评价的标准。《合同法司法解释(二)》第19条对此提供了时间、地域和一般的判断标准。

第一,时间标准。根据《合同法司法解释(二)》第19条规定,对"以明显不合理的低价转让财产"进行判断的时间基准为"交易当时",即实施交易行为时。有偿转让财产的行为,受让方需要支付受益人对价,一般不会构成债务人责任财产的积极减损。如果对方支付的对价明显不合理,则会对债务人责任财产造成相应的减损,影响债权的清偿,债权人可以行使撤销权。交易行为时是当事人对交易价格进行合意的时间节点,也是判断交易价格是否合理以及是否达到明显不合理低的合理时间。市场是随时变化的,价格的变动是常态,不变动是非常态,如果交易是合理的,则随着后来市场价格变动已经变得不合理的,也不能行使撤销权。反之,如果交易时价格明显过低,而后来市场价格发生明显变动,于撤销时如果价格是合理的,此时撤销已经没有实益,同样撤销权也不成立。在判断交易价格合理性时,首要标准是交易时标准,同时也受撤销权行使时的标准限制。交易时标准还有另一重要意义,即在判断债务人和相对人是否有恶意上,也应当遵循这一时间标准。如果债务人和相对人在交易时知道价格是明显不合理的,则应当认定有恶意,交易时债务人或者相对人不知道交易价格明显不合理,则不应认定为有恶意。对有偿行为行使撤销权须具备主观要件,即债务人与受让人主观上具有恶意,而恶意来自行为人对其行为的认知,即知有害于债权人而为转让,故只有以实施交易行为时作为判断基准才能彰显其恶意。

第二,空间标准。《合同法司法解释(二)》规定对"以明显不合理的低价转让财产"进行判断的空间基准为"交易当地",即交易行为地。交易行为地,也是一个虽然能够明确,但不够确定的概念。本书认为,首先,交易行为地是一个具体的交易地点,这是最小范围的交易行为地的概念。这一点可以将交易行为地在最小点和不同区域的范围进行界定。如在北京朝阳区交易,朝阳区就构成一个交易地域的最小行政区划单位。其次,交易行为地需要区别交易标的的种类和性质确定可以比

---

① 王家福主编:《民法债权》,法律出版社1991年版,第185页。

② 最高人民法院(2008)民二终字第23号民事判决书。

较的价格形成地域单元。如房地产，各省市之地域价格差异明显。即使在北京，不同区域的房屋、不同性质的房屋交易价格也有明显的差异。北京定期会公布各区房地产交易的平均价格和变动幅度等，各区差异也很明显。实务中，应当根据转让财产的性质、种类，结合市场流通、交易惯例、关税区域等综合因素予以判定。[①]

第三，主体标准。《合同法司法解释(二)》规定，对是否以"明显不合理的低价转让财产"按照"交易当地一般经营者的判断"为标准，采用了客观标准，即不以交易双方当事人的判断为准，而是以一般经营者的判断为准。"一般经营者"标准，是一种通常标准，而非个人标准。一般经营者判断，通常可以由市场交易价格、物价指导价格等客观反映；如果没有明确的市场交易价、物价指导价格的，可以通过评估确定其价格。采取客观标准的意义，就在于排除个别化、偶然性等违反常识、市场行情和公众认知的不合理判断。

第四，一般判断标准。《合同法司法解释(二)》第 19 条第 2 款对"明显不合理的低价"提出了一个一般的参考标准，"转让价格达不到交易时交易地的指导价或者市场交易价百分之七十的，一般可以视为明显不合理的低价"。低于交易时交易地的指导价或者市场交易价 70% 只是一般的标准，而非强制性标准，这是判断明显不合理的基础标准，同时考虑交易标的性质、交易时市场状况、交易当事人的认知能力、交易情势等其他相关因素，进行综合判断确定是否是"明显不合理"。季节性产品和不动产的交易不同、交易标的额大与小也不同、市场变化剧烈时和正常状态不同、供不应求和产品积压严重时不同、专业人士和一般群众判断能力不同等，这都是影响判断"是否明显不合理"应当区别的重要考量因素。作为一般标准，对于当事人而言，允许其通过提供证据予以反证；对于法官而言，通过综合案例的具体情况进行自由裁量。

对于"以明显不合理的高价受让财产"的判断标准，也适用前述四个标准进行判断。

《民法典》新增加了"为他人的债务提供担保"作为可以撤销的有偿行为类型。此前合同法和司法解释均未明确规定。判断"为他人的债务提供担保"是否符合撤销权行使的对象，相对复杂。通常情况下，为他人提供担保，并不直接减损债务人的责任财产，只有在债务人承担了担保责任后，才能够判断是否影响了债权的实现。王利明先生认为，"债权人也不得随意干涉他人提供担保的行为，除非债权人有证据证明债务人提供担保时具有转移财产、逃避债务的恶意，债权人才可以请求撤销"。[②] 判断债务人为他人的债务提供担保能否行使撤销权，首先，要看债务人与相对人对提供担保是否具有恶意，即是否明知会影响到债权的实现。如果债务人出于转移财产、逃避债务的目的而为他人提供担保，相对人知道或者应当知道的，才能够认定担保当事人具有恶意，符合行使撤销权的主观要件。如果债务人与他人本为联保关系或者具有其他正当理由的，主观上不具有恶意，则不得行使撤销权。其次，看债务人为他人提供担保是否造成债权人债权得不到清偿或者具有得不到清偿的现实风险。如债务人将其仅有的不动产为他人债务设定抵押权，相对人取得抵押权后，债权将无法得到清偿的，可以认定已经影响了债权的实现，得行使撤销权。如果债务人只是提供保证，将保证期间晚于债权到期时间的，原则上不得认为造成债务人责任财产的减少，不得行使撤

① 沈德咏等主编：《最高人民法院关于合同法司法解释(二)理解与适用》，人民法院出版社 2015 年版，第 135 页。

② 王利明：《合同法新问题研究》，中国社会科学出版社 2011 年版，第 500 页。

销权。

三、撤销权行使的效果

对于撤销权行使的法律效果,《合同法》第74条没有规定,《合同法司法解释(一)》第25条规定,"债权人依照合同法第七十四条的规定提起撤销权诉讼,请求人民法院撤销债务人放弃债权或转让财产的行为,人民法院应当就债权人主张的部分进行审理,依法撤销的,该行为自始无效"。《民法典》第542条增加规定,"债务人影响债权人的债权实现的行为被撤销的,自始没有法律约束力"。民法典没有采司法解释"自始无效"立场,改采"自始没有法律约束力"。

在理论上,对债权人行使撤销权之法律后果,有绝对无效说和相对无效说两种。《合同法司法解释(一)》规定为合同"自始无效",比照可撤销合同之撤销后果,该无效为绝对无效。民法典规定的"自始没有法律约束力",其意似在回避"无效"之语,避免使人以被撤销之行为属于"无效"行为的理解。从撤销权行使的后果来看:对于债务人无偿减少财产的行为,包括单方行为,也包括双方行为,符合撤销权要件时,债权人得通过行使撤销权而撤销该行为,以恢复债务人的责任财产,撤销的效力既要及于债务人,也应当及于相对人。在单方行为时,通常为处分行为,处分行为被撤销的,权利变动之效果应当自始消灭,权利视为未处分。在双方无偿行为时,通常有债务合同和物权变动两个层面,在债务合同层面,因不要求相对人为恶意,因此,不能认为债务合同绝对无效,被撤销后债务合同失去效力,未履行的丧失履行请求权,但因此对相对人造成损失的,债务人应当对善意相对人承担赔偿责任;已经履行的,则撤销对处分行为产生效力,物权变动自始消灭,具有绝对效力,相对人负有返还标的物或者赔偿责任,同样债务人应当对善意相对人的损失承担责任。对于因有偿减少财产的行为,撤销权行使的要件要求主观上债务人和相对人均为恶意,可以比照恶意串通损害他人利益的法律行为之无效后果处理。此时,相对人亦不能适用善意取得转让财产的权利,依民法典规定,相对人负有返还财产的责任。具体根据返还财产的性质确定为原物返还,抑或不当得利返还。

如果涉及相对人之后续财产之取得人的,因相对人取得的权利自始消灭,相对人与后续财产取得人之间的行为,可以比照无权处分处理,原则上债权债务合同的效力不受影响,但处分行为因欠缺处分权而处于效力待定状态,取得人有适用善意取得的抗辩权。

在撤销权行使后果上,特别是在有偿处分财产行为撤销时,应当允许相对人通过补足差价而对抗撤销权行使,弥补处分行为效力上的瑕疵,使之既满足保护债权人债权目的,又有能够促进交易减少损害之功能。

撤销权行使之后果对于债权人而言,是否具有优先受偿权,直接影响其他债权人的利益。从立法例上看,德国法采优先受偿说,撤销权行使之债权人就取回之债务人财产享有优先于其他债权人受偿的权利。日本民法则采共同担保说,撤销为全部债权人之利益发生效力。郑玉波先生指出,"撤销权行使之目的既在保全一般之担保,则其效力自应为全体债权人之利益而发生,故债权人不得就该给付物优先受偿"。[①] 我国民法典和司法解释虽未明确规定,但同为债的保全规则,本书认

---

① 郑玉波:《民法债编总论》(第2版),陈荣隆修订,中国政法大学出版社2004年版,第305页。

为应当与《民法典》第537条的适用规定相同。最高人民法院(2017)最高法民申910号裁定书认为,“债权人行使撤销权恢复债务人责任财产,是保全全体债权人的利益,行使撤销权的范围,故应以保全全部一般债权人的总债权额度为限”。

第六章　合同权利义务终止

专题一　合同解除问题

一、合同解除的内涵、功能和权利规范

合同解除，是指合同有效成立以后，当具备合同解除条件时，因当事人一方或双方的意思表示而使合同关系自始消灭或向将来消灭的一种行为。[①] 合同解除是合同履行发生障碍时的救济方法，是"当事人在出现给付障碍的情况下如何从已经发生拘束效力的合同中解脱出来，如何重新获得'当事人自由'和'处分自由'"的制度。[②] 合同解除是终止合同权利义务关系的事由，它不会消灭因合同所生一切债务关系，只是使合同约定的给付义务终止，因合同履行产生的违约责任不受影响。《民法典》第557条明确将合同解除从债之关系消灭事由中区别出来，对应于第566条新增加的解除合同不影响违约责任之规定，立法意旨即在于此。

合同一经有效成立，就具有法律效力，当事人双方都要严格遵守，认真履行，不得擅自变更或解除。如果发生了使合同履行变成不可能，[③]或者不具有期待性[④]事由时，例外地让当事人摆脱合同约束，避免更大损害，稳定社会关系。合同解除，首先功能是"合同义务的解放"，派生功能还包括"交易自由的恢复"及违约方"合同利益的剥夺"。[⑤] 解除合同是在特定情形下突破合同约束力的制度，是合同严守原则的例外和补充性制度。

《民法典》为合同解除提供的规范基础包括：一是《民法典》第562条第1款规定的协议解除，即以一种新协议终止原合同关系，属于当事人自治解除合同的方式。二是《民法典》第562条第2款规定的约定解除权的合同解除。三是《民法典》第563条[⑥]第1款规定的5种法定解除权的合同解除。第563条规定法定解除事由，可以分为两类：一类是不可抗力导致履行不能，另一类是因对方根本违约而解除。[⑦] 四是《民法典》第563条第2款规定的继续性合同的任意解除。五是《民法

---

① 王利明：《合同编解除制度的完善》，载《法学杂志》2018年第3期。

② 卢谌、杜景林：《论合同解除的学理及现代规制——以国际统一法和民族国家为视角》，载《法学》2006年第4期。

③ 履行不可能包括事实上的不同、法律上的不能和实际履行不能3种。

④ 履行不具有可期待性包括根本违约、合同目的不能实现、履行利益严重失衡等。

⑤ 韩世远：《合同法总论》，法律出版社2018年版，第649页。

⑥ 《合同法》第94条规定："有下列情形之一的，当事人可以解除合同：(一)因不可抗力致使不能实现合同目的；(二)在履行期限届满之前，当事人一方明确表示或者以自己的行为表明不履行主要债务；(三)当事人一方迟延履行主要债务，经催告后在合理期限内仍未履行；(四)当事人一方迟延履行债务或者有其他违约行为致使不能实现合同目的；(五)法律规定的其他情形。"

⑦ 《合同法》第94条第5项法律规定的其他情形，需要通过法律解释明确其解除事由类型。如委托合同中的任意解除制度，既非不可抗力，也非根本违约。第167条分期买卖合同的解除，仍属于根本违约解除。

典》第533条规定的情势变更合同解除,当事人因客观情况变化而请求解除合同,未赋予当事人以解除权,当事人取得请求法院变更解除合同的形成诉权。六是《民法典》第580条规定排除给付请求权情形的合同解除,新增加的第2款对此明确。七是《民法典》合同分编在买卖合同、租赁合同、委托合同等又规定了合同解除的特殊规则。

《民法典》针对合同解除机制、解除后果也提供了配套的规范基础。关于解除权行使机制的规范基础包括:一是《民法典》第564条规定了解除权行使的期间,二是《民法典》第565条规定了解除权行使方的通知和异议、起诉机制。关于合同解除法律后果的直接的规范基础是:《民法典》第566条规定了解除后终止履行,请求恢复原状、采取补救措施和赔偿损失,违约责任及担保责任(新增加的第2款和第3款)。合同解除的3种法律后果:终止合同履行、恢复原状和赔偿损失,后两种法律效果需要援引民法典相关请求权规范始得适用。恢复原状请求权规范,可以分为两类:一是不当得利返还请求权,适用《民法典》合同编第三分编不当得利一节的规定;二是物权返还请求权,适用《民法典》物权编物权请求权的相应规定。

合同解除后损害赔偿的请求权规范包括:

一是《民法典》第566条规定的赔偿损失的请求权规范。① 此处赔偿损失是对不能返还之折价赔偿和构成侵权的赔偿责任两类。前者直接适用《民法典》不当得利返还的规定,后者可以比照适用合同无效、撤销后之物之返还规定,构成侵权的适用侵权损害赔偿责任。

二是该条第2款的违约损害赔偿请求权基础规范,直接适用《民法典》第566条第1款"有权请求赔偿损失"的规定,"合同因违约解除的,解除权人可以请求违约方承担违约责任,但是当事人另有约定的除外"。违约损害赔偿,当事人有特别约定的优先适用,没有约定的,适用合同法一般规则。对于合同约定违约金的,非违约方可以根据《民法典》第585条的规定请求支付违约金;对于合同约定定金的,非违约方可以根据《民法典》第586条、第587条的规定请求适用定金罚则;对于合同既约定违约金,又约定定金的,非违约方依据《民法典》第588条可以选择适用;对于合同无违约金或定金特别约定的,非违约方可以根据《民法典》第584条的规定请求赔偿损失。

二、合同解除的理论基础及后果

在合同法制定时,我国立法者在比较各种观点的基础上,"借鉴国外经验,遵循经济活动高效的原则,对合同解除的后果作了比较灵活的规定"。② 放弃了德国旧民法合同解除与损害赔偿竞合规则,我国《合同法》第97条明确规定合同解除后果包括"赔偿损失"。虽在学理上被认为采纳了德国直接效果说,但很好地借鉴了国际私法和示范法合理内容,从规则反推理论,至少是修正版的直接效果说。合同法之后的司法实践,审判共识承认了合同解除与不履行合同的违约损害赔偿的并

① 该款照搬《合同法》第97条的规定,并新增加了第2款违约责任的内容。这将原来以第1款的赔偿损失作为合同解除后的损害赔偿的全部基础,既包括违约损害赔偿,也包括恢复原状不能之损害赔偿。对于有溯及力解除之违约损害赔偿,有违约赔偿说和信赖赔偿说之争议。《民法典》增加第2款后,第1款无须提供违约赔偿之请求权基础,该"赔偿损失"在解释上限缩为因返还不能而承担的赔偿损失是合理的。另一种解释亦可成立,即该"赔偿损失"包括了第2款违约责任中的损害赔偿,第2款是对违约责任单独规定,不限于损害赔偿。从立法论上,笔者倾向前一种解释。

② 胡康生:《〈中华人民共和国合同法〉释义》,法律出版社1999年版,第162页。

用关系，认可清理、结算、违约金和附随义务条款继续有效。最高人民法院进一步在司法解释[①]和判决[②]中明确支持清算关系说，以更好地解决认识分歧，对接各国债法现代化和国际合同私法、示范法的理论发展及规则共识，适应中国经济全球化进程中对统一合同法规则的新需求和巨大愿望。本书认为，对《民法典》第566条规定的合同解除效力，以清算关系说当为正说。唯于返还请求权，可作与德国法上差异化的解释，基于我国物权变动有因说，因合同给付义务已经消灭，依合同交付的原物存在时，得依法适用物权请求权予以返还，以此为债权人提供更有效的救济，尤其在债务人破产时意义更为明显；其他返还，为不当利返还。

依据《民法典》第566条的规定，合同解除后，法律后果有三：一是合同终止履行；二是恢复原状或者采取其他补救措施；三是损害赔偿。《民法典》第567条规定了合同解除的第四种后果，结算和清理条款继续有效。

(一)合同终止履行

合同终止履行，通说认为是指合同的给付义务消灭，包括主给付义务和从给付义务。合同的给付义务，包括双方负有的主给付义务和从给付义务，均应予以消灭，无须再予以履行和接受履行。对于合同的附随义务，通常亦应随之消灭，但于合同中有关争议解决的条款和后合同的附随义务应当作为例外，于合同解除后仍应有效。《民法典》第567条规定，"合同的权利义务关系终止，不影响合同中结算和清理条款的效力"。不因合同解除而消灭的合同义务，包括清算条款和后合同义务两大类。后合同义务，是指合同终止以后当事人仍然承担的义务，典型的如保密义务、竞业禁止义务等。

对于已经履行的给付义务，解除后是否消灭，应否消灭？如果解除只是终止合同，则与已履行的给付义务无涉。但在有溯及力的解除时，理论上应当回答这一问题。在直接效果理论下，合同溯及力的消灭，当然消灭了已经履行的给付义务，逻辑关系清楚。在清算关系说下，返还已经履行的给付的理论依据来源哪里？我国民法不承认物权行为理论，《民法典》第557条第2款规定，"合同解除的，该合同的权利义务关系终止"，并未规定合同解除只对未履行义务予以终止，其意包括已经履行的给付义务，"我国合同法承认合同的解除可以产生溯及既往的效力效果"，[③]这符合通常有溯及力解除之观念，亦符合我国民法基本秩序，具有法政策上的妥当性。对于诉讼中，当事人主张解除合同后返还已经履行给付得到法院支持时，宜明确返还请求权源于给付义务之消灭，区分请求权类型给予相应法律保护，否则目前在司法实践中对返还之性质不作明确规定的普遍做法仍将延续，进入执行程序，特别是在执行异议之诉中，将引发重大争议。《民法典》实施中，有必要澄清模糊认

---

① 最高人民法院《关于审理买卖合同纠纷案件适用法律问题的解释》第26条；最高人民法院《关于当前形势下审理民商事合同纠纷案件若干问题的指导意见》(法发〔2009〕40号)规定，"合同解除后，当事人主张违约金条款继续有效的，人民法院可以根据合同法第九十八条的规定进行处理"。

② 最高人民法院(2015)民二终字第1号"中信国安集团有限公司与江苏省工商行政管理局、创维集团有限公司合同纠纷案"，法院认为，案涉合同于2004年7月26日被解除后，江苏省工商局与中信国安公司、创维集团应对截至2004年7月26日前合作期间内各自损益进行清算；再审申请人舟山华昌房地产开发有限公司因与被申请人嵊泗裕华房地产有限责任公司合资、合作开发房地产合同纠纷申请再审民事裁定书[最高人民法院(2013)民申字第1317号]，将违约金条款解释为清算条款，而得以适用；最高人民法院(2011)民二终字第76号判决书。

③ 王利明：《合同法新问题研究》(修订版)，中国社会科学出版社2011年版，第568页。

识，确定以溯及解除作为恢复原状的逻辑起点，在此基础上寻找《民法典》相应的返还请求权的基础规范，而不是通过对《民法典》第566条第1款规定的立法，续造创设新类型返还请求权的基础，避免造成法体系混乱和法律适用上的分歧。

（二）恢复原状

《民法典》第566条第1款规定，合同解除后，对于已经履行的给付，可以请求恢复原状，即恢复到合同履行前的状态。[①] 如前所述，对于无溯及力的解除，一般不会产生恢复原状请求权；[②]有溯及力解除始产生恢复原状请求权。一般认为，恢复原状包括：一是原物返还。原物存在的，应当返还原物，原物不存在的，如果原物是种类物，可以用同一种类物返还。二是返还财产所产生的孳息。三是支付一方在财产占有期间为维护该财产所花费的必要费用。四是因返还财产所支出的必要费用。[③] 有学者认为，这主要是实物形态的恢复原状，不包括交付的劳务、支付的金钱、原物消灭时恢复原状等广义的恢复原状。[④] 从比较法上看，恢复原状不限实体之返还，金钱和收益亦包括在内。

恢复原状的请求权基础。依不同的理论，恢复原状的请求权基础不同。本书认为，在解除合同后适用恢复原状以对当事人进行救济，应当坚持两个原则：一是保护守约方利益原则。尤其是在因根本违约而解除合同时，对守约方的救济是恢复原状的主要目的。二是确保现有法律规则体系的协调。在结果上各种观点并无实质差异，正如前所述，从比较法上看，合同解除的后果并无实质差异，基础理论应优先考虑现有理论和规则供给，以减少对现有规范体系的破坏。对于已经履行的给付义务，因合同解除而溯及消灭，原给付履行的原因消灭，因而构成返还请求权基础。依我国关于恢复原状的通说，既所有物返还也有不当得利之返还。合同解除后返还财产的请求权规范，即《民法典》第157条的规定，"民事法律行为无效、被撤销或者确定不发生效力后，行为人因该行为取得的财产，应当予以返还；不能返还或者没有必要返还的，应当折价补偿。有过错的一方应当赔偿对方由此所受到的损失；各方都有过错的，应当各自承担相应的责任。法律另有规定的，依照其规定"，属于其中"确定不发生效力"类型。我国《民法典》针对返还财产责任的两种不同类型的标的：物和其他财产，分别提供了不同请求权（辅助性）的规范：一是针对物规定的所有物返还请求权，[⑤]是一种物权请求权；二是《民法典》规定的不当得利返还请求权，[⑥]是一种债权请求权。前者适用于特定物的返还，后者适用于种类物返还、金钱返还以及其他非实体物的返还。对于不当得利返还，《民法典》第985条至第988条提供了请求权基础。

原物不能返还时的价值补偿。《民法典》第157条关于合同无效、被撤销后物之返还规则，合同解除后之返还请求权可以参照适用，"不能返还或者没有必要返还的，应当折价补偿。有过错的一方应当赔偿对方由此所受到的损失；各方都有过错的，应当各自承担相应的责任。法律另有规定

---

① 需要注意，恢复原状在直接效果说下解释为"恢复到订约之前的状态"，在清算关系说下应为"合同履行前的状态"，因为清算说认为合同并没有完全消灭，依然是解除后处理双方权利义务的有效框架。

② 合同终止的，使用租赁合同、融资租赁合同等也会产生租赁物返还，但在性质上不是恢复原状，而是一般占有返还。

③ 胡康生：《〈中华人民共和国合同法〉释义》，法律出版社1999年版，第163页。

④ 韩世远：《合同法总论》，法律出版社2018年版，第675页。

⑤ 《民法典》第235条规定，"无权占有不动产或者动产的，权利人可以请求返还原物"。

⑥ 《民法典》第122条规定，"因他人没有法律根据，取得不当利益，受损失的人有权请求其返还不当利益。"第985条规定，"得利人没有法律根据取得不当利益的，受损失的人可以请求得利人返还获得的利益……"。

的，依照其规定"。折价补偿，值得探讨的是折价标准如何确定，包括确定的时间标准和价格计算标准，这涉及对双方当事人是否公平，以及实际操作是否方便两个层面。折价的时间，一般依返还之日为准。《国际商事合同通则》第736条评注中也支持以返还时的价值为准。德国民法虽然未有明确规定折价时间标准，但从其清算关系说，返还为新债务，可以推定以合同解除请求权产生时为准。笔者认为，在解除合同后物之返还多数都是双务合同，通常会有约定对价，在折价补偿时，应当首先按照当事人约定的对价补偿；没有约定对价的，按照返还之日的价值计算，可以用替代交付之价格或者评估价确定；因不可归责于返还人的事由造成返还物毁损灭失的，[①]仅需要返还现存利益；因可归责于返还人之事由造成返还物毁损灭失的，可以侵权责任计算赔偿损失。

(三)采取其他补救措施

《民法典》第566条将《合同法》第97条规定的"可以请求恢复原状、采取其他补救措施"修改为"可以请求恢复原状或采取其他补救措施"，恢复原状与采取其他补救措施从并列关系调整为选择关系。如此修改，解决了《合同法》第97条对恢复原状与其他补救措施以及赔偿损失并列规定造成解释论上的困惑。恢复原状和采取其他措施不能同时适用：前者适用于溯及解除合同的情形，后者适用终止型解除合同。恢复原状和采取其他补救措施均与赔偿损失可以并用。

对于"补救措施"，《民法典》第577条规定为违约责任形态之一，与继续履行、赔偿损失并列。除"修改、更换、重作、减少价款或者报酬"补救措施外，不同类型合同终止后可能还存在其他补救措施，最典型的是解除前未履行的给付应当继续履行。比如，租赁合同解除(终止)后，继续给付终止前欠付的租金和利息也是"采取其他补救措施"的应有之义。[②]

(四)赔偿损失

《民法典》第566条第1款和第2款，提供了合同解除后损害赔偿请求权的基础，包括违约损害赔偿和原物返还不能的损害赔偿请求权两类，但并不排除缔约过失之信赖利益赔偿请求权。[③] 如前所述，该条第2款专门增加违约损害赔偿请求权基础后，对第1款在合同法中提供合同解除后各类损害赔偿请求权基础的"赔偿损失"可以限缩解释以排除违约损害赔偿，亦可作为赔偿损失的一般条款，这对于法条适用的影响不大。对于返还不能的损害赔偿，在恢复原状部分已经就折价补偿内容作了讲述，对于因可归责于返还人原因造成返还物的毁损灭失之损害赔偿，可以适用《民法典》第157条的规定，即"有过错的一方应当赔偿对方由此所受到的损失；各方都有过错的，应当各自承担相应的责任"，亦可以按照侵权法的规定确定。

因合同解除，有学者认为，当事人可以在违约损害赔偿和信赖利益损害赔偿之间进行选择。[④]本书认为，赋予债权人以选择权，或出于证明方便，或出于维持继续关系等，能更好地维护债权人利益。合同解除的违约损害赔偿，可以直接适用《民法典》第566条第2款的规定，"合同因违约解除的，解除权人可以请求违约方承担违约责任，但是当事人另有约定的除外"。《合同法》第97条规

① 原物因不可归责于返还人的事由毁损灭失，主要是考虑现存利益。

② 姜强：《租赁合同解除中的若干问题》，来源：legalrisk。

③ 《瑞士债务法》第107条规定，合同解除的损害赔偿，在学理上也被解释仅为信赖利益赔偿，与旧法国民法典和德国民法典观点一致，由此看来其现代化任务也比较紧迫。

④ 韩世远：《合同法总论》，法律出版社2018年版，第588页、第589页。

定的赔偿损失由于规则过于模糊，导致理解上产生了信赖利益损失说和违约损失说两种不同的观点，进而影响违约金条款在合同解除后之命运的认识。我国法院审判共识承认违约解除合同违约金条款的适用。① 对此，《民法典》专门增加第2款，上述争议已经彻底解决。违约责任，除损害赔偿外，包括实际履行（《民法典》第580条）、其他补救措施（《民法典》第582条），还包括定金和违约金等。违约金和定金在填补违约损失时，在性质上与损害赔偿相同。

（五）违约金条款的适用

违约金是违约赔偿金的事先确定，具有填补损害、减轻证明责任、高效便捷的优点，通说认为应优先于损害赔偿适用。违约金条款，仅在因违约解除合同时有意义；因不可抗力解除合同时，无违约责任即无违约金适用的前提。此前虽有最高人民法院公报案例，裁判要旨认为合同解除应当排除违约金条款适用，但非主流观点，《民法典》第566条第2款为此专门规定，合同因违约解除的，不排除违约责任，违约金是违约责任一种形式，自应适用，甚至更为明确。

合同解除后，违约金条款的适用，可分为以下3种情况：

一是法定解除时，除非当事人另有约定，在违约人不具备免责事由时，违约金条款应当适用。此时，无论是一方违约，还是双方违约，均得适用违约金条款。

二是协议解除时，违约金条款的适用。协议解除时，当事人在解除协议中明确约定了适用违约金条款的，当然适用。有争议的是，如果解除协议没有对违约金条款作出规定，是否适用？如果只是约定解除合同，未约定违约责任的，原则上视为排除违约责任，②或者推定当事人放弃了违约金条款，③违约金条款自不能适用。因协议解除是以新协议代替原协议，故其与法定解除在解除原因、解除方式和解除后果上不同，协议解除后果信赖双方当事人的协商一致，在没有约定时，不能直接适用法定解除的后果，即直接适用《民法典》第566条的规定。在协议解除的事由是不可抗力时，不存在违约责任，违约金不可能适用。在协议解除的事由是违约行为时，当事人未对违约责任作出约定的，视为无违约责任，违约金条款不得适用；当事人约定承担违约责任，而没有涉及违约金条款的，除非当事人协议能够排除违约金条款适用，否则可以适用违约金条款。当事人在协议解除诉讼中主张适用违约金条款的，应由其对违约责任构成、协议保留了违约金条款负举证责任。

三是迟延违约金的计算。迟延履行违约金是违约金中的特殊类型，其仅在填补迟延履行的损失，不影响合同给付义务的履行。迟延违约金既适用于终止型解除合同，也适用于溯及解除合同。于不同情形，迟延违约金起算的开始时间均应为迟延发生之时，并无不同；计算的终止时间应予以区别对待：溯及解除时，自解除生效之日，原给付义务终止，迟延履行状态即为结束，故其迟延履行责任终止，迟延违约金计算也应截止。终止型解除，解除时并不终止之前的给付义务，迟延违约金按照审判实务的通行做法，应当计算到实际履行之日止。

---

① 《买卖合同司法解释》第26条规定，“买卖合同因违约而解除后，守约方主张继续适用违约金条款的，人民法院应予支持；但约定的违约金过分高于造成的损失的，人民法院可以参照合同法第一百一十四条第二款的规定处理”。《九民会议纪要》第49条规定，“合同解除时，一方依据合同中有关违约金、约定损害赔偿的计算方法、定金责任等违约责任条款的约定，请求另一方承担违约责任的，人民法院依法予以支持”。

② 王利明：《合同法新问题研究》（修订版），中国社会科学出版社2011年版，第546页以下。

③ 姜强：《租赁合同解除中的若干问题》，来源：legalrisk。

(六)担保责任

《民法典》第566条新增第3款,即"主合同解除后,担保人对债务人应当承担的民事责任仍应当承担担保责任,但是担保合同另有约定的除外"。明确了主合同被解除后,对债务人应当承担的民事责任的担保责任不受影响,但担保合同另有约定的除外。该款规定主要采纳了《担保法司法解释》第10条的规定。[①] 该款规定对担保人对合同解除后的担保责任有两层限定:一是解除后债务人承担的民事责任范围,担保责任以此为限。二是对民事责任承担担保责任的范围以担保合同约定的担保范围[②]为限,超出的不承担担保责任,排除了担保合同约定担保范围之外的民事责任。

对"担保合同另有约定",最高人民法院相关案例认为,"是指在主合同解除的情形下,担保合同中关于担保人免责或担保人仍承担担保责任范围的约定,并非指此时担保人仍按原主合同约定的履行期限来承担担保责任。因此,倍合德公司关于张德玉在原约定的履行期限前要求其承担担保责任,加重其担保负担的主张,本院不予支持"。[③] 此见解合理。

(七)结算、清理条款

《民法典》第567条规定,"合同的权利义务关系终止,不影响合同中结算和清理条款的效力"。确认了结算和清理条款合同权利义务的终止的影响,因解除而终止合同权利义务的,结算和清理条款仍为有效。

结算是经济活动中的货币给付行为,结算的方式有银行汇票结算、商业汇票结算、银行本票结算、支票结算、汇兑、委托收款等。

清理条款包括两类:一是涉及纠纷解决机制的程序条款,比如,仲裁条款、调解条款、清算条款、法院管辖条款、法律适用条款等;二是实体处理条款,比如,违约金条款、定金条款,以及当事人约定的在合同解除后处理双方民事权利义务、责任的条款,合同中担保条款等。

三、合同解除权的行使

《民法典》第565条规定,"当事人一方依法主张解除合同的,应当通知对方。合同自通知到达对方时解除;通知载明债务人在一定期限内不履行债务则合同自动解除,债务人在该期限内未履行债务的,合同自通知载明的期限届满时解除。对方对解除合同有异议的,任何一方当事人均可以请求人民法院或者仲裁机构确认解除行为的效力。当事人一方未通知对方,直接以提起诉讼或者申请仲裁的方式依法主张解除合同,人民法院或者仲裁机构确认该主张的,合同自起诉状副本或者仲裁申请书副本送达对方时解除"。这规定了合同解除权行使的方式。

我国《民法典》规定协议解除、行使解除权的通知解除和司法解除3种方式。协议解除,以当事人订立解除协议为行使方式,其同于合同订立方式,适用民事法律行为要约和承诺规则,适用合同

---

① 《担保法司法解释》第10条规定:"主合同解除后,担保人对债务人应当承担的民事责任仍应承担担保责任。但是,担保合同另有约定的除外。"

② 《民法典》第691条规定,"保证的范围包括主债权及其利息、违约金、损害赔偿金和实现债权的费用。当事人另有约定的,按照其约定"。第389条规定,"担保物权的担保范围包括主债权及其利息、违约金、损害赔偿金、保管担保财产和实现担保物权的费用。当事人另有约定的,按照其约定"。

③ 最高人民法院(2011)民提字第219号美国倍合德国际有限公司与张某某、高邮市振阳绝缘材料有限公司民间借贷纠纷案。

成立和效力的相关评价。合同协议解除的，解除协议为新合同，应适用合同订立规则，于双方要约承诺完成时成立，即“协商一致时”，除当事人另有约定或者法律另有规定外，产生合同解除效力。

《民法典》对协议解除条文未作修改。在约定解除权或者法定解除权情形，《民法典》第565条规定了两种方式：一是解除权人以单方受领的意思表示行使，即以解除通知送达相对方当事人。解除权是形成权，通知到达相对方时产生解除效力；二是直接向法院起诉或者申请仲裁主张解除合同，人民法院或者仲裁机构确认解除的，解除自起诉状副本或者仲裁机构申请书副本送达对方时解除。相比《合同法》第96条，有3处重要修改：增加催告定时解除制度，完善解除权行使异议制度，增加解除权人直接起诉或者申请仲裁解除合同规定。

（一）通知解除

《合同法》第96条规定，解除通知达到对方时合同解除。合同解除权是形成权，解除权之行使，只需向他方当事人以意思表示为之，不必请求法院为宣告解除之形成判决。[①] 解除合同的意思表示，是一种受领的单方行为，[②]主要以通知解除方式进行。解除通知达到对方之时，产生合同解除之效力。通知解除既有合适的公示方式，让双方当事人及时知晓合同状态，便于适应经济生活，又有方便快捷、成本低廉优势，集安全、效率于一身，节约司法资源，为各国立法所采用。

解除通知的内容，是否需要说明解除的理由和解除的意思？按照《民法典》第565条的规定，当事人依法解除合同的，应当通知对方。即第565条的适用，应当以当事人“依法解除”为前提条件。所谓“依法”，就是应当依照法律规定或者合同约定赋予的单方解除权。因此，当事人在行使单方解除权时，应当说明合同解除的理由。至于理由是否合理合法，由对方当事人判断，并决定是否提出抗辩意见或者向人民法院或者仲裁机构提请确认是否解除。如果不这样理解，就与《民法典》第562条第1款规定的协商解除不能区分了。在不符合单方解除的条件下，不能适用第565条规定的单方通知解除。具体来说，一方当事人通知对方解除，对方如无承诺，合同不能解除。

解除通知的效力。解除通知到达对方后，合同解除，此效力及于双方而非仅对另一方有约束力。通知解除后，对于通知方：一是免除自己的给付义务，二是请求损害赔偿之请求权和返还请求权。对于另一方：一是在合同因通知解除时，合同约定的给付请求权消灭，自己的对待给付义务被免除；二是在通知之解除权不成立时，取得不安履行抗辩权，可以按照预期违约行使解除权或者要求对方履行全部义务；在对方接到解除通知后，可以提出异议，可以请求法院或者仲裁机构确认解除效力；四是取得违约损害赔偿请求权，已为给付之返还请求权等，返还对方给付。

解除通知能否撤回或者撤销？一般认为，解除通知可以撤回，但应当参照要约撤回的条件，即撤回应当先于通知到达，或者同时到达。解除权行使一般不允许撤销，以避免造成法律关系过于随意的变动而无确定性，损害对方当事人之利益。只有在特殊情况下，即经得对方同意时，才可以撤销。

（二）催告定期解除

《民法典》第563条第1款第3项规定“当事人一方迟延履行主要债务，经催告后在合理期限内

---

① 黄立：《民法债编总论》，中国政法大学出版社2002年版，第526页。

② 《德国民法典》第349条规定，“解除合同，应以意思表示向另一方当事人为之”。

仍未履行”,另一方可以解除合同,此为解除催告制度,即在解除合同前,守约方应当通知违约方在指定的合理期间内履行合同义务,未经催告,无权解除合同。对于《合同法》第167条规定的分期付款买卖合同解除,《民法典》第634条修改时也增加了催告条件。通常一方有迟延履行等违约行为,另一方并不当然取得解除权,必须先行催告违约方在合理期间内履行合同,在合理期间内仍未履行债务时,守约方才取得解除权。催告是合同严守和诚信原则的要求,目的在于保护违约方利益:一方面,给违约方提供了第二次履行给付义务的机会,以对违约进行补救;另一方面,给违约方以警告,使其知道如果再不履行将产生的解除的严重后果。催告既有激励履行的作用,也有解除警告作用,有利于促进交易完成。

对于催告的内容和形式,我国《民法典》未作规定。《民法典》规定,对于约定解除权解除合同的催告,必须明确提及解除条款,否则不产生效力;对于法定解除权解除合同,催告应当指定债务人在合理期限内履行合同义务,明确提出,除非债务人履行其应尽义务,否则债权人将行使解除合同的权利。催告的内容重点在督促违约方在指定期间内履行合同义务,必须要有明确的履行期间,而且是合理期间,以及要求履行的合同义务。对于不履行将行使解除权的意思,在法律未作强制规定时,未表明解除权行使意思或者指明解除条款的,以作不影响催告效力为合理解释。

应予注意,催告定期解除,不同于附条件或者附期间的解除通知。解除形成权赋予了权利人以自己单独的意思表示干预双方法律关系的法律权力,他方必须接受权利人行使形成权的事实,因此必须保护其免受不公平结果的损害。因此,法律对形成权规定了各种不同的限制,撤销法律行为的信赖赔偿义务、法院审查义务、终止合同要求陈述理由等特别规定,还有一般性的两个限制:一是不得附条件、附期限;二是不得撤回。[①] 催告定期解除是催告和解除通知一并行使两个行为,催告期满合同通知到达,合同解除。附期限的法律行为,是指一个法律行为以所附期限的到期而生效或者失效。两者的区别是明显的。

(三)解除异议

《合同法》第96条规定了解除权行使相对方的异议制度,“对方有异议的,可以请求人民法院或者仲裁机构确认解除合同的效力”。合同解除权属于形成权,自通知到达非解约人处即生解除效力,此种设计是为了迅速了结当事人间的合同关系,让受害人一方迅速摆脱合同的束缚。[②] 但市场交易中影响合同履行的因素千差万别,合同当事人对是否满足解除权的要件难说有十足把握,如果缺少督促当事人间磋商、博弈的实体法上的异议制度,不利于合同关系的及时稳定。

合同法实施后不久,有研究认为,非解约方异议权可能会滥用,不利于法律关系的稳定,提出应当限制异议权行使的期间。[③] 随着研究不断深入,对异议权的期限、性质、逾期后果等问题进行了广

---

① [德]迪特尔·梅迪斯库:《德国民法总论》,邵建东译,法律出版社2000年版,第79页。

② 朱京安、杨丽珍:《论国际货物买卖合同的解除》,载《西北大学学报》(哲学社会科学版)2004年第1期。

③ 张传军:《对合同解除异议权的行使应有期限规定》,载《人民司法》2000年第6期。崔建远:《解除权问题的疑问与释答(上篇)》,载《政治与法律》2005年第3期;等等。

泛探讨。[①] 合同法“没有规定异议期限,无法达到快速解除合同的目的,学界和实务界几乎一致认为应该增加异议期限的规定,《合同法解释二》第二十四条应运而生”。[②]《合同法司法解释(二)》第24条出台正式回应这种呼吁,“当事人对合同法第九十六条、第九十九条规定的合同解除或者债务抵销虽有异议,但在约定的异议期限届满后才提出异议并向人民法院起诉的,人民法院不予支持;当事人没有约定异议期间,在解除合同或者债务抵销通知到达之日起三个月以后才向人民法院起诉的,人民法院不予支持”。该司法解释,一方面正式承认解除相对方的异议权利性质,赋予相对方更有力地对抗解除权滥用的防御手段,克服解除权单方决定合同效力的权力过大问题;另一方面通过规定异议权行使期限以利于从速确定合同解除效力,尽早稳定法律关系,有利于避免解除权行使不确定性的弊端。[③] 有研究指出,“长期以往,通知解除方式只是一种试探,诉讼解除才是主流,这与我国《合同法》采用的通知解除为原则,诉讼解除是例外的解除权行使方式不符,也有可能颠覆解除权的形成权属性,造成我国民法上权利体系的不安定”。[④] 实际上,上述担忧不是我国特有现象,正是解除权作为形成权必然存在的共通问题。

《合同法司法解释(二)》第24条在适用中引起较大争议,研究者主要指出四个问题:一是诱发机会解约。解释规定异议方未在约定或者法定3个月内行使异议权,法院将不再支持其异议。这为缺乏解除权的一方利用异议期间制度达到解除合同的投机目的提供了机会。不但侵蚀了市场的诚信之本,也无谓耗费了法院的司法成本和当事人的诉讼成本。[⑤] 二是限缩了自治空间。该司法解释规定异议方在3个月法定异议期间必须提起诉讼或者申请仲裁,而和市场交易各方通过协商处理解除合同事项的经常时间多数明显超过3个月。[⑥] 三是破坏交易预期。除斥期间规则有溯及适用于解释生效之前的案件,超出了当事人的交易预期。四是司法救济降级。由于对合同解除后能否赔偿违约损害包括违约金条款适用有争议,[⑦]如果违约方只需赔偿信赖利益而不是履行利益,非解约方的合同救济将从继续履行请求权直接降为信赖利益赔偿请求权,对守约之异议人救济明显不足。

针对以上问题,主要形成两种解决思路。第一种是实质理解说的解决方案。主张以解除权行使必须以具备解除权条件为前提,超过异议期提起诉讼的,人民法院也应当审查是否具备解除权条件,审查认定不符合解除条件的,确认合同解除行为不生效。《合同法》第96条规定的“异议”应为注意性规定,仅具有提示异议方提起诉讼确认解除效力的作用。此种方案否定了异议制度存在的

---

① 崔建远:《解除权问题的疑问与释答(上篇)》,载《政治与法律》2005年第3期;徐纯先:《论合同解除权的行使》,载《求索》2006年第8期;汪张林、杜凯:《论合同解除权的行使》,载《西南政法大学学报》2005年第1期;胡智勇:《合同解除权的行使方式——对〈合同法〉第96条第1款的理解与适用》,载《法律适用》2006年第1期;张立锋、邵艳梅:《合同法定解除权的行使方式研究》,载《河北学刊》2007年第4期;李晓艳:《合同解除权行使的若干争议问题》,载《山西省政法干部管理学院学报》2009年第2期。

② 汪东丽、袁洋:《合同解除异议制度废除论》,载《河南财经政法大学学报》2015年第6期。

③ 沈德咏等主编:《最高人民法院关于合同法司法解释(二)理解与适用》,人民法院出版社2009年版,第175页以下。

④ 沈红、李益松:《合同解除异议权性质的厘清与定位——兼论〈合同法〉司法解释(二)第24条的理解与完善》,载《法律适用》2015年第3期。

⑤ 姜旭阳:《股权转让协议解除的效力认定》,载《人民法院报》2012年4月25日,第7版。

⑥ 贺剑:《合同解除异议制度研究》,载《中外法学》2013年第3期。

⑦ 姚宝华:《再议合同解除异议期条款的适用——兼与张卓郁、孙闫同志商榷》,载《人民法院报》2011年12月22日,第7版。

必要性,等于回到了司法解释之前的原点。最高人民法院研究室法研〔2013〕79号《合同法司法解释(二)》第24条理解与适用的请示的答复即采此种方案,“当事人根据合同法第九十六条的规定通知对方要求解除合同的,必须具备《合同法》第九十三条或者第九十四条规定的条件,才能发生解除合同的法律效力”。这一方案并未平息相关争议。[①] 第二种是形式修正说的解决方案。提出在保持司法解释规定框架不变的基础上进行修改:第一点修改是在起诉和申请仲裁之外增加异议通知方式,降低异议压力,保障当事人自治的空间;第二点修改是适当延长3个月;第三点是增加解除方起诉确认合同解除效力的对等机制。

对于降低司法救济程度的问题,最高人民法院司法解释和规范性文件均已明确因违约解除合同的受害一方可以请求违约损害赔偿及违约金,实务共识已经形成。异议期间溯及适用影响当事人交易预期问题,研究室上述答复已经解决,“当事人没有约定异议期间,一方当事人在《合同法解释(二)》施行前已依法通知对方当事人解除合同,对方当事人在《合同法解释(二)》施行之日起三个月以后才起诉的,人民法院不予支持”。随着时间推移自然不是问题。从实质来说,直接后果就是会促使当事人更多地选择诉讼或者仲裁行使解除权,解约成本和诉讼成本加重。综合看来,上述第二种修正方案有其合理性。

民法典编纂中,立法者没有采纳实质说解决方案,基本采纳了形式修改说的完善方案。“解除人承担合同错误解除的法律风险是意思自治的必然要求,不宜转嫁,因此我国合同法建立异议制度本身就是一个错误,应该予以取消”[②]的观点在立法论上可以画上句号。《民法典》第565条第1款保留了解除权行使的异议权制度,同时作了重要修改。将“对方有异议的,可以请求人民法院或者仲裁机构确认解除合同的效力”修改为“对方对解除合同有异议的,任何一方当事人均可以请求人民法院或者仲裁机构确认解除行为的效力”。一是放宽了异议的形式要求,不再以起诉或者申请仲裁为必要;二是赋予了解除方在对方提出异议后有同等地起诉确认解除效力的权利。上述修改解决了《合同法司法解释(二)》第24条最主要的问题,承认诉外异议方式后:一是能有效对抗滥用解除权,控制解除投机行为;二是异议期间过短问题亦为解决;三是赋予解除方提起确认诉讼的权力,可以控制解除权行使效力不确定的风险;四是打开了当事人之间自治的空间,有利于双方积极沟通协商解决纠纷,促进了合同自治。《民法典》肯定了异议权在合同解除权行使中尽快确定合同解除效力的效率价值和稳定法律关系的安全价值。这次修改,无疑很好地解决了解除异议权行使制度不足的问题,有助于正确理解异议权的内涵、构成、行使与效果,在裁判中合理兼顾公正与效率,为合同解除当事人提供平等合理的司法救济。

(四)起诉解除

《民法典》第565条第2款规定,“当事人一方未通知对方,直接以提起诉讼或者申请仲裁的方式依法主张解除合同,人民法院或者仲裁机构确认该主张的,合同自起诉状副本或者仲裁申请书副本送达对方时解除”。该款规定作为新增款项,其内容包括:一是解除方可以选择通知解除或者直

---

① 《九民会议纪要》第46条就“通知解除的条件”规定,只有享有法定或者约定解除权的当事人才能以通知方式解除合同。不享有解除权的一方向另一方发出解除通知,另一方即便未在异议期限内提起诉讼,也不发生合同解除的效果。

② 汪东丽、袁洋:《合同解除异议制度废除论》,载《河南财经政法大学学报》2015年第6期。

接起诉解除合同。在约定解除权或者法定解除权情形下,解除方可以依该条第1款通知解除合同,也可以不通知解除而直接起诉解除合同,法院应当受理。解决了理论和实务对有解除权的情形下,通知解除是否是起诉的前置程序问题。二是解除合同纠纷诉讼是确认之诉。解除权人没有事先通知解除合同,直接起诉解除合同,在性质上仍然是行使解除权,法院只是确认有无解除权及解除是否生效,而非法院依职权直接裁判解除合同。法院的裁判是确认判决,而非形成判决。三是法院裁判支持解除合同的,解除生效时间溯及至载有解除合同诉讼请求的起诉状副本送达对方当事人之时。法院裁判支持解除合同,是确认解除行为生效与否的判决,因此解除生效的时间应以解除行为生效时间为准。可见相似的立法例是《法国民法典》第1227条,"在任何情况下,合同解除请求都可以通过诉讼的方式提出"。此前,最高人民法院《融资租赁合同司法解释》第11条规定,"出租人或者承租人请求解除融资租赁合同的,法院应予支持"。《买卖合同司法解释》第3条规定,"出卖人因未取得所有权或者处分权致使标的物所有权不能转移,买受人要求出卖人承担违约责任或者要求解除合同并主张损害赔偿的,法院应予支持"。本次立法修改,是确认了审判实践做法。

《民法典》实际上承认了解除方有选择通知解除合同或者直接起诉解除合同的权利。合同解除权虽作为形成权,只需要一方的意思表示即可生效,但解除权行使能否产生效力有很大的不确定性,为避免这种不确定性带来过大风险,解除权人选择直接诉讼解除合同,自应允许。但如此规定,可能带来的不利影响应予关注:一是有可能违背私法自治的要求。在未发生争议时即允许当事人起诉,有将自治范畴事项推向司法公权力提早干预之嫌。会挤压私法自治的空间,通知解除合同的过程,也是当事人协商处理合同履行事务的机会,如果一方通知解除合同,另一方提出异议后经协商一致继续履行合同或者变更合同后继续履行,或者对方不作异议甚至接受解除,甚至可以协商完成解除后合同清理工作,最符合当事人意愿。二是有可能损害形成权行使的效率原则。各国民法及国际私法上多以解除通知方式行使解除权为常态,形成权即以单方意思而生效之权利,只在确有必要时,方得进入司法程序。三是有可能加重诉讼负担,过多占用司法资源,增加当事人诉讼成本。从适用上看,应当尽量完善相关规则,鼓励私法自治,由当事人自行管控双方的风险,提高解决问题的效率,同时对该条第2款规定作适当限制,避免过多的使合同解除权行使推向司法程序,节省司法资源。但本书认为,采用通知解除与诉讼或者仲裁并用的方式,可以利用诉讼等方式为后盾,促进异议方及时与解除方协商,快速解决双方的纠纷。否则,合同解除纠纷不能及时解决的长期困扰难以消除。

合同解除的时间问题。在实践中有观点认为,有解除权的当事人直接起诉解除合同的,合同自起诉状送达对方当事人合同解除,即以含有解除合同意思表示的起诉状副本送达对方,解除权人解除合同的通知即到达对方,即产生合同解除的效力。如此理解,会带来两个困惑:一是在诉讼中原告能否变更诉讼请求,如放弃解除合同的请求,改为请求实际履行?二是起诉以后,当事人是否还需要继续履行合同义务,是否中止履行?对第一个问题,民事诉讼法明确规定,在一审诉讼庭审终结之前,当事人可以变更、增加诉讼请求。原告解除合同的诉讼请求依民事诉讼法可以变更,但按照民法形成权的行使规则,一旦生效,不得撤销,当然也不能变更。《民法典》对此设置的应对方案是,"于判决确认解除主张时",合同解除时间确定,有溯及确定的意思,在法院审查确定有解除权之前,合同解除与否处于不确定状态。似乎可以解释为,既然解除与否要等最终裁判结果,此时未发生解除效力,可以变更诉讼请求。但这一方案仍然未解决解除合同的诉讼请求能否变更的问题。笔者认为,形成权一旦行使,一般不得撤销,但并不是绝对不能撤回,在相对人提出异议以后,形成权人可以撤回其行为。一经撤回,相对人期待的法律关系即告形成,不会造成法律关系的不确定性。[①] 一方提起诉讼请求解除合同,另一方提出异议即否认或者抗辩解除时,原告取得撤销解除行为的权利,即可以变更诉讼请求,法院应当允许。在另一方对解除合同没有提出异议的情况下,原告无法取得撤销解除行为的权利,自不应允许其变更诉讼请求,当然在对方当事人同意的情况下,法院可以允许其变更诉讼请求。对第二个问题,一旦起诉解除合同,对于另一方来说,其即取得了信赖解除而停止履行自己义务的中止履行权,即使最终法院审查确定合同解除,解除之后果,也即给付义务终止,亦无须再履行,诉讼期间中止履行对其不会有不利影响。但如果其认为原告不具有解除权,其仍应履行其已到期义务的,也可以通过提存的方式来履行自己的义务,如果最终法院没有确认解除,其义务也已经履行,不会承担违约责任。对于起诉方来说,其提起解除诉讼,对于解除不当行使的后果,就要由其承担,其并不会因起诉而取得中止履行的权利,如果法院最终没有确认解除合同,其在诉讼期间未履行自己的合同义务的,要承担违约责任。

撤诉后的法律效果。撤诉使诉讼归于终结,当事人得另行起诉。解除合同的意思能够撤回?按照形成权说,解除的意思表示到达对方时合同解除,不得撤回。若对方有异议的,可以撤回。若对方没有异议,撤诉不影响合同解除效力。虽已经撤诉,但合同已经解除,对方取得合同解除的抗辩权。但此种结论与人们的通常观念有较大差距,实不可取。[②] 笔者认为,除非在诉讼中双方就解除合同达成一致,否则原告撤诉的,由于不符合《民法典》规定的法院确认其解除主张的条件,故不产生解除效力。

(五)违约方的能否解除合同

最高人民法院公报案例(2006 年第 6 期)新宇公司诉冯某某商铺买卖合同纠纷案,在其裁判要点和裁判理由是:"当违约方继续履约所需的财力、物力超过合同双方基于合同履行所能获得的利益时,应该允许违约方解除合同,用赔偿损失来代替继续履行。"此案例被认为是创造性地依据《合同法》第 110 条[③]和第 94 条规定,赋予了合同继续履行不能时,违约方以支付充分赔偿为代价请求解除合同的权利。这个"违约方享有解除权"的判决一经作出,因突破了我国传统上守约方才能解除合同的通说,受到广泛关注,成为争议的热点和研究的重点。一方面,最高人民法院沿此一路前行,通过司法解释、案例、规范文件不断完善和发展违约方在解除合同中的依据、地位、适用范围等基本规则。最高人民法院《商品房买卖合同解释》第 23 条、[④]《融资租赁合同司法解释》第 11

---

① [德]迪特尔·梅迪库斯:《德国民法总论》,邵建东译,法律出版社 2000 年版,第 79 页以下。

② 杨永清:《合同法第九十六条中的"通知"包括通过法院通知》,载《人民司法·应用》2008 年第 19 期。

③ 《合同法》第 110 条规定:"当事人一方不履行非金钱债务或者履行非金钱债务不符合约定的,对方可以要求履行,但有下列情形之一的除外:(一)法律上或者事实上不能履行;(二)债务的标的不适于强制履行或者履行费用过高;(三)债权人在合理期限内未要求履行。"

④ 《商品房买卖合同解释》第 23 条规定:"商品房买卖合同约定,买受人以担保贷款方式付款,因当事人一方原因未能订立商品房担保贷款合同并导致商品房买卖合同不能继续履行的,对方当事人可以请求解除合同和赔偿损失。因不可归责于当事人双方的事由未能订立商品房担保贷款合同并导致商品房买卖合同不能继续履行的,当事人可以请求解除合同,出卖人应当将收受的购房款本金及其利息或者定金返还买受人。"

条、[①](2016)最高法民终203号"重庆长虹塑料厂与重庆天龙房地产开发有限公司房屋拆迁安置补偿合同纠纷案"判决书[②](以下简称重庆案)、《九民会议纪要》第48条[③]以及地方法院的规范文件[④]。另一方面,理论界也从固有的守约方才有解除权的前提下,不断跟进研究,对违约方亦得享有合同解除权或者应当承认违约方解除权提出了许多论证、支撑、反思、批评、重构。[⑤]《民法典》起草过程中回应司法需求,欲正式将司法规则上升为立法,承认违约方可以请求解除合同,曾在《民法典各分编(草案)》(二次审议稿)第563条即《合同法》第94条增加第2款,"合同不能履行致使不能实现合同目的,解除权人不解除合同对对方明显不公平的,对方可以向人民法院或者仲裁机构请求解除合同,但是不影响其承担违约责任"。后因"有的专家学者提出,这一规定的出发点在于解决实践中存在的由于合同不能履行而导致的僵局问题,但规定违约方可以申请解除合同,与严守合同的要求不符,建议删去。对个别合同僵局问题,可以考虑通过适用情势变更规则或者其他途径解决。宪法和法律委员会经研究,建议采纳这一意见,删去该款规定"。故三审稿未予规定。《民法典》在通过前于第580条增加了第2款,"有前款规定的除外情形之一,致使不能实现合同目的的,人民法院或者仲裁机构可以根据当事人的请求终止合同权利义务关系,但是不影响违约责任的承担"。真是柳暗花明又一村。

《民法典》对第580条第1款规定的3种免除履行义务情形的合同效力,提供了协商、约定解除权、法定解除权、情势变更4种规则。按照理论通说,对于非不可抗力、情势变更的原因导致不能履行情形,于法定解除权人不行使解除权造成合同僵局,又无法终止合同效力时,应当承认存在法律漏洞。《德国民法典》现代化时,于第326条针对该法第275条排除履行义务后合同效力后果,规定在履行不能直接免除履行义务,或者其他情形排除履行义务后,对待履行请求权消灭;债权人在债务人不再实际履行义务时,有合同解除权。由此观之,这次《民法典》第580条增加第2款,即借鉴了《德国民法典》第326条的规定,以弥补立法漏洞。

---

① 《融资租赁合同司法解释》第11条规定:"有下列情形之一,出租人或者承租人请求解除融资租赁合同的,人民法院应予支持:(一)出租人与出卖人订立的买卖合同解除、被确认无效或者被撤销,且双方未能重新订立买卖合同的;(二)租赁物因不可归责于双方的原因意外毁损、灭失,且不能修复或者确定替代物的;(三)因出卖人的原因致使融资租赁合同的目的不能实现的。"

② 案情:天龙公司于2004年6月5日获得南坪正街地块(包括长虹塑料厂在内)的开发使用权后,因未按照约定期限支付土地出让金,也未与重庆市国土资源和房屋管理局签订国有土地使用权出让合同,从而导致其未能取得涉案土地使用权。这也是《房屋联建合同》及补充协议不能履行的根本原因。天龙公司无法取得该地块的土地使用权,案涉《房屋联建合同》及补充协议的合同目的已无法实现。根据《合同法》第94条和第96条的规定,天龙公司解除合同的行为有效。虽然天龙公司解除合同的行为有效,但其行为已构成违约。一方违约,土地使用权未取得,联合开发成为不可能,合同目的不能实现,违约方解除通知,法院认可解除有效,但承担违约责任。

③ 《九民会议纪要》第48条规定:"违约方不享有单方解除合同的权利。但是,在一些长期性合同如房屋租赁合同履行过程中,双方形成合同僵局,一概不允许违约方通过起诉的方式解除合同,有时对双方都不利。在此前提下,符合下列条件,违约方起诉请求解除合同的,人民法院依法予以支持:(1)违约方不存在恶意违约的情形;(2)违约方继续履行合同,对其显失公平;(3)守约方拒绝解除合同,违反诚实信用原则。人民法院判决解除合同的,违约方本应当承担的违约责任不能因解除合同而减少或者免除。"

④ 重庆市高级人民法院《关于审理合同纠纷案件若干问题的指导意见(一)(试行)》第2条规定:"第一审人民法院对于当事人基于合同有效提起的诉讼,可以根据案件事实作出的认定进行释明:……(2)人民法院认定合同有效但实际履行不能的,告知当事人可以按合同解除提起诉讼请求……"《北京市高级人民法院审理民商事案件若干问题的解答之五(试行)》第17条规定:"当事人无法协议解除合同,继续履行又有现实困难的,法院应认定合同一方当事人或双方当事人的合同目的已经不能实现,判令合同解除。对于合同解除的后果,法院应根据《合同法》第九十七条规定的内容,及当事人对合同解除后的处理约定行使释明权,以决定是否一并处理合同解除后当事人之间债权债务的实体问题。"

⑤ 蔡睿:《吸收还是摒弃:违约方合同解除权之反思——基于相关裁判案证的实证研究》,载《现代法学》2019年第3期。

专题二 抵销问题

一、抵销的内涵与构成

抵销,是指两人之间互负债务的同时消灭。[①] 我国合同法规定抵销是合同权利义务关系终止的一种原因,民法典规定抵销是债权债务关系消灭的一种原因。合同法和民法典都规定了两类抵销:法定抵销和合意抵销。《民法典》第568条规定的法定抵销,是指双方当事人互负同种类、同品质的债务,任何一方均可将自己的债务与对方到期债务予以抵销,使双方债务在抵销数额范围内消灭。《民法典》第569条规定了合意抵销,合意抵销又称为约定抵销,是指双方当事人互负不同种类、不同品质的债务,经协商一致,也可以使双方债务以抵销方式消灭。抵销人的债权,又称为主动债权、抵销债权。被抵销的债权称为被动债权。法定抵销的构成要件依法律的规定,不符合法定条件者不得抵销,法定抵销依一方的意思表示(通知)即可以产生使双方债务消灭的效力。合意抵销则以当事人的意思表示一致为必要条件,不受法律规定条件的约束,在本质上属于一种抵销合同。[②] 两者在使债消灭的功能上相同,但在构成要件和法律效力显有不同,法定抵销的效力依法律规定,合意抵销发生合同之债的效力,在实务中应当注意予以区分。下文如未特别注明,仅指涉法定抵销。

(一)《民法典》关于抵销的修改和完善

《民法典》对合同法关于法定抵销的规定作了如下修改完善:

一是《民法典》第568条将《合同法》第99条规定的"当事人互负到期债务"修改为"对方的到期债务",即只要求抵销债权到期,对于被动债权是否到期不作要求。因为被动债权未到期,抵销人享有期间利益,其主张抵销的,即视为其放弃了该利益,自无不可。这一修改,扩大了可以抵销的债务的范围,更符合抵销的功能。

二是《民法典》第568条在不得抵销的情形中增加了"按照当事人约定"不得抵销的情形,作为根据债务的性质、法律规定不得抵销之外的第三种不得抵销的事由,系采纳了《合同法司法解释(二)》第23条的规定,"对于依照合同法第九十九条的规定可以抵销的到期债权,当事人约定不得抵销的,人民法院可以认定该约定有效"。

三是《民法典》第549条对债权转让后债务人对让与人享有的债权向受让人主张抵销的情形,增加"债务人的债权与转让的债权是基于同一合同产生"这一新情形,比《合同法》第83条要求"债务人接到债权转让通知时,债务人对让与人享有债权,并且债务人的债权先于转让的债权到期或者同时到期"的条件更宽松,基于同一交易关系的债务抵销不再受到期条件的限制。该条构成《民法典》第568条规定的特别规定,对债权转让中的债务人明显有利。

---

① 参见《法国民法典》第1347条之规定。

② 王利明:《合同法新问题研究》,中国社会科学出版社2011年版,第604页。

四是《民法典》第553条在原《合同法》第85条规定基础上，对债务人转移债务后新债务人可以主张原债务人对债权人的抗辩事由，作了“原债务人对债权人享有债权的，新债务人不得向债权人主张抵销”的限制规定，新债务人不得主张原债务人的抵销权，明显对债权人、原债务人有利，也不损害新债务人利益。

五是《担保法》第20条规定“一般保证和连带责任保证的保证人享有债务人的抗辩权”，又规定“抗辩权是指债权人行使债权时，债务人根据法定事由，对抗债权人行使请求权的权利”。引发了对保证人能否行使债务人的抵销权的争议。为此，《民法典》第702条明确规定：“债务人对债权人享有抵销权或者撤销权的，保证人可以在相应范围内拒绝承担保证责任。”

（二）法定抵销的构成要件

法定抵销的构成要件，包括以下几个方面：

第一，双方互负合法债务。双方互相负有债务，即指双方相互享有债权，又负有债务，存在两个相对债权。可以抵销的债务，应当都是合法有效的债务，对于非法之债，不得进行抵销。抵销中的主动债权应当是抵销人自己对被抵销人享有的债权。被动债权应当属于被抵销人的债权，不允许用第三人的债权进行抵销。如《民法典》第553条规定，“债务人转移债务的，新债务人可以主张原债务人对债权人的抗辩；原债务人对债权人享有债权的，新债务人不得向债权人主张抵销”。但在法律规定的例外情况下，允许抵销人以他人之债权用以抵销。如《民法典》第549条规定，在债权转让后，债务人得以其对原债权人的债权向新债权人予以抵销，“有下列情形之一的，债务人可以向受让人主张抵销：（一）债务人接到债权转让通知时，债务人对让与人享有债权，且债务人的债权先于转让的债权到期或者同时到期；（二）债务人的债权与转让的债权是基于同一合同产生”。在允许第三人进行清偿的情形，能否允许以第三人之债权与债权之抵销虽有争议，但法律规定第三人负有履行义务时，符合法定抵销的条件的，以其债权予以抵销自不应禁止。再如，《民法典》第524条规定的第三人代为履行制度，“债务人不履行债务，第三人对履行该债务具有合法利益的，第三人有权向债权人代为履行；但是，根据债务性质、按照当事人约定或者依照法律规定只能由债务人履行的除外。债权人接受第三人履行后，其对债务人的债权转让给第三人，但是债务人和第三人另有约定的除外”。第三人履行时，应当允许其主张抵销。如《担保法》第20条规定保证人享有债务人对债权人的抗辩权，在解释上，我国学者通常认为该条规定的抗辩权应当作广义解释，允许保证人以债务人的抵销权进行抗辩，应当允许保证人代债务人行使抵销权，也是其行使抗辩权的具体表现。①《民法典》修改了《担保法》第20条规定于第701条、第702条，“保证人可以主张债务人对债权人的抗辩。债务人放弃抗辩的，保证人仍有权向债权人主张抗辩”；“债务人对债权人享有抵销权或者撤销权的，保证人可以在相应范围内拒绝承担保证责任”。明确规定债务人对债权人的抵销权纳入保证人对债权人的抗辩权范围，赋予保证人在债务人的抵销权范围内免于承担保证责任的抗辩权。这一修改弥补了《担保法》第20条规定的漏洞，有利于保护保证人的利益。但应当注意，保证人以债务人的抵销权进行抗辩，是可抵销性抗辩，本身不同于作为形成权的抵销权，性质上属于一项履

① 王利明：《合同法新问题研究》，中国社会科学出版社2011年版，第595页。

行拒绝权,是对于保证债务的延缓的抗辩权。[①] 既可以避免保证人无终局给付义务而仍须先为给付的不利后果,也可以避免"越俎代庖",对主债务人的权利自由构成侵害。[②]

另外需要讨论的一种情况是,在连带债务中,如果连带债务人之间存在分担协议,某一债务人被追诉时,可以其他连带债务人的债权向债权人抵销[③]的观点是否可以在民法典规范下合理解释予以接受。我国《民法典》第520条规定的连带债务人之间的事项的效力,仅承认一债务人主张抵销的效力及于其他连带债务人,没有规定连带债务人可以主张其他连带债务人的抵销权。本书认为,连带债务人一人对债权人享有债权,符合抵销条件的,可以通过抵销消灭债权债务,该效力可以及于其他债务人,能够以此对抗辩债权人,但不宜允许连带债务人主张其他债务人对债权人的抵销权,否则会过度干涉他人权利自由,但是否可以比照适用《民法典》第701条之规定,连带保证人可以主债务人的抵销权对债权人进行抗辩拒绝相应部分履行规则,赋予连带债务人相应抗辩权,值得研究。在立法上,2016年新《法国民法典》第1347－6条第2款规定,"连带债务人,得以债权人与任一共同债务人之间存在抵销(债务)为由,要求从全部债务中扣除他(即有抵销权的连带共同债务人)的份额"。抛弃了法国旧民法第1294条[④]禁止连带债务人主张其他连带债务人的抵销权的立法例,而改采拒绝履行抗辩权规则,可资借鉴。

双方互负债务,既包括两个独立的债务,也包括同一合同中产生的两个债务。两个独立债务的抵销,称为独立抵销;同一交易中的两个债务的抵销,称为"同一交易中的抵销",英美法上称为衡平抵销。我国《民法典》对此未作明确规定,在第592条第1款规定,"当事人都违反合同的,应当各自承担相应的责任"。在第549条第2项规定"债务人的债权与转让的债权是基于同一合同产生",明显即为同一交易中债务的抵销。《海商法》第215条的规定也与此相类似,"享受……责任限制的人,就同一事故向请求人提出反请求的,双方的请求金额应当相互抵销,本章规定的赔偿限额仅适用于两个请求金额之间的差额"。在司法实务中,对独立抵销与同一交易抵销一般不作区分,均为认可。

第二,债务种类品质相同。法定抵销债务的种类和品质应当相同,如果不同,则不允许使用法定抵销。债务种类相同,是指给付的标物权种类相同。因此,能够适用法定抵销的债务应当限于种类之债,[⑤]主要适用动产之债[⑥]特别是金钱之债,对于特定物之债,特别是不动产不适用法定抵销,因为不动产都具有其独特性,不可能存在种类、品质相同的问题。之所以在法律上要求种类相同才能抵销,是因为不同种类的给付之间价值难以确定,很难进行抵销,而且不同种类的给付,表明了当事人的合同目的是不同的,如果允许抵销,就无法实现合同目的。[⑦]

品质相同,是指标的物的质量等级相同。标的物的品质,有的有法定的标准,有的有行业的标准,如果没有法定标准、行业标准,则按照交易习惯确定。如大米有不同的产地,有不同的等级,都决定了品质相差很大,价格也差别很大。因此品质不同,通常有不同的合同目的,难以进行抵销。

---

① 韩世远:《合同法总论》,法律出版社2018年版,第700页。

② 尹腊梅:《民事抗辩权研究》,知识产权出版2013年版,第255页以下。

③ 周枏:《罗马法原论》(下册),商务印书馆1996年版,第845页。

④ 旧《法国民法典》第1294条规定,"连带债务人中的一人对于债权人有债权者,其他连带债务人不得主张抵销"。

⑤ 韩世远:《合同法总论》,法律出版社2018年版,第701页。

⑥ 王利明:《合同法新问题研究》,中国社会科学出版社2011年版,第597页。

⑦ 同上。

有观点认为,如果主动债权的品质优于被动债权的,则应当允许抵销。[①] 笔者认为,如果不因此违背被动债权的合同目的,可以允许抵销,否则不应允许。

第三,抵销债权已经到期。《合同法》第 99 条规定,双方债务到期是抵销的条件。此次《民法典》修改为抵销债权须到期。到期,即指届清偿期。双方债权均已到期进行抵销自为正当,在抵销债权到期,被抵销债权尚未到期时,通说认为抵销权人抛弃了其履行期限利益,亦应当允许抵销。但如果主动债权未到期,因债务人享有履行期限利益,如果允许抵销则会使债务人受到损害,因此抵销债权应以到期为条件。对于未定履行期的债权,依《民法典》第 511 条的规定,可以通知债务人于必要的准备期满后到期,再进行抵销。依法律特殊规定,未到期的债权加速到期的,也可以进行抵销。如《企业破产法》第 46 条第 1 款规定,"未到期的债权,在破产申请受理时视为到期"。

第四,双方债务不属于不能抵销情形。《民法典》第 568 条第 1 款规定,"当事人互负债务,该债务的标的物种类、品质相同的,任何一方可以将自己的债务与对方的到期债务抵销;但是,根据债务性质、按照当事人约定或者依照法律规定不得抵销的除外"。该条列举了 3 种债务不得抵销的情形:一是根据债务性质不得抵销;二是依照法律规定不得抵销;三是根据当事人约定不得抵销。

其一,依债务性质不得抵销情形。根据债务性质,只有清偿才能实现合同目的的,则不应适用抵销。一般认为,具有人身专属性的债务、不作为债务、提供劳务的债务等,因其债务性质不适于抵销。对于因侵权行为发生的损害赔偿债权,多数国家立法限制进行抵销,无论是故意侵权还是过失侵权在所不问,皆予以禁止。禁止或者限制侵权损害赔偿之债的抵销有两方面理由:一是侵权人应当现实且迅速地填补受害人的损害;二是防止诱发侵权行为。[②] 从防止诱发侵权行为而言,限制在故意侵权范围不适用抵销为妥,但如果为使受害人得到及时的损害赔偿目的,则全部侵权损害赔偿之债皆不宜允许抵销。我国《民法典》对此未作规定。对于侵害财产之损害赔偿,以防止诱发侵权行为已足,限制在故意侵权为妥。对于侵害物质性人格权的损害赔偿之债,受害人能够得到及时损害赔偿以为治疗恢复健康等是必要的,因此抵销应当全面限制。如在"王某申请执行终结案"中,法院认为,金钱债务和侵犯人身权之债在执行阶段不能抵销,理由是"在执行程序中,如果没有当事人双方的合意,法院对于两种不同性质的债的抵销无法可依,同时也违反了法律设置抵销制度的初衷。另外,从道德的角度看,如果允许不同性质的债在执行程序中抵销的话,将造成道德领域的混乱,不利于体现对人身权的保护"。[③] 具体适用,可以类推适用《民法典》第 506 条的规定,"合同中的下列免责条款无效:(一)造成对方人身损害的;(二)因故意或者重大过失造成对方财产损失的"。造成对方人身损害的责任,既然不能事先约定免除,自亦不能抵销,[④]侵权债务人不得主动以之抵销。当然,为妥当平衡双方的利益,可以赋予受害人放弃抗辩利益的权利,如果其同意抵销,无论是故意侵权还是无害的侵权之债,均可合意抵销。

对于有抗辩权相对抗的债权,不得用作抵销。[⑤] 因债权上附有债务人的抗辩权,如《民法典》第

① 刘春堂:《判解民法债篇通则》,台北,三民书局股份有限公司 1991 年版,第 233 页。
② 韩世远:《合同法总论》,法律出版社 2018 年版,第 705 页。
③ 夏春海、叶利成:《金钱债务和侵犯人身权之债在执行阶段能否抵销》,载《人民法院报》2006 年 1 月 10 日,第 11 版。
④ 王利明:《合同法新问题研究》,中国社会科学出版社 2011 年版,第 600 页。
⑤ 参见《德国民法典》第 390 条。

525 条、第 526 条规定的同时履行抗辩权、先履行抗辩权等，不能因为抵销的行使而剥夺抗辩权人的抗辩权，故不得抵销。但抗辩权人主张抵销的，视为其放弃抗辩权，自可以抵销。抵销人经过抗辩权人同意，也可以抵销。

对于被扣押的债权，原则上不限制进行抵销，[①]但在法律另有规定，或者损害第三人利益的情形下应当予以禁止。对被扣押的债权抵销，可以比照适用《企业破产法》第 40 条的规定，在债权被扣押之后取得对债务人的债权的，或者其债权在被扣押之后到期且晚于被扣押债权到期时间的，不得进行抵销，否则损害扣押债权的权利人的利益。如在哈尔滨银行股份有限公司重庆分行、重庆神龙峡旅游开发有限公司债权人代位权纠纷案[②]中，最高人民法院支持了符合抵销条件在被保全之前的债务对被扣押债权抵销，"虽然根据 481 – 2 号执行裁定书，神龙峡公司对铭嘉公司负有的 6157.2352 万元借款债务中的 4500 万元被保全，但是一方面该情形不属于不得抵销的债务，另一方面这属于程序上的措施，不影响债务的真实存在。故，神龙峡公司对铭嘉公司的债务适于抵销"。对于设立应收账款质押的债权，能否抵销的问题，笔者认为于应收账款登记公示之日起，视为对债权采取了相应扣押措施之效力，主张抵销时，亦应比照《企业破产法》第 40 条的规定，对登记之日后取得的债权或者负有的债务，不得以抵销权对抗应收账款质权。

对于第三人利益合同中第三人享有合同债权，合同双方不得以之相互抵销。第三人请求债务人履行合同义务时，债务人不得以其对合同相对方享有的债权进行抵销；反之，债务人向合同相对方请求履行合同义务的，合同相对方也不得以第三人享有的债权与债务人进行抵销。我国《民法典》未作规定。《瑞士债法典》第 122 条规定，"一方当事人为第三人利益订立合同的，该当事人不能将其债务与其对合同另一方当事人的债权相抵销"。可资借鉴。还应当注意，《民法典》第 522 条规定，"当事人约定由债务人向第三人履行债务，债务人未向第三人履行债务或者履行债务不符合约定的，应当向债权人承担违约责任。法律规定或者当事人约定第三人可以直接请求债务人向其履行债务，第三人未在合理期限内明确拒绝，债务人未向第三人履行债务或者履行债务不符合约定的，第三人可以请求债务人承担违约责任；债务人对债权人的抗辩，可以向第三人主张"。该条第 1 款规定的是约定向第三人履行债务，第 2 款规定的是第三人利益合同。约定向第三人履行，第三人仅是履行辅助人，不是债权人，故不影响债权的抵销。[③] 该条第 2 款规定的是第三人利益合同，第三人享有合同债权，抵销权的行使应当受有限制。

其二，法律规定不得抵销的情形。法律规定不得抵销的债务，不得依法定抵销消灭。具体情形包括如下六类：

一是《民事诉讼法》第 243 条和第 244 条规定，被执行人未按执行通知履行法律文书确定的义务，人民法院有权扣留、提取被执行人应当履行义务部分的收入，但应当保留被执行人及其所扶养

---

① 参见《德国民法典》第 392 条的规定，"债务人对债权人享有的一项债权被扣押之后取得自己的债权时，或者在自己的债权系于扣押之后并且是后于被扣押的债权始届清偿期时，才因该项债权的扣押而被排除用作抵销"。

② (2017)最高法民申 1392 号。

③ 《民法典》之前有学者对《合同法》第 64 条规定的约定向第三人履行合同性质有不同认识，主张为第三人利益合同的，相应地则主张此类债权的抵销应当作为限制。《合同法司法解释(二)》明确规定《合同法》第 64 条的第三人是履行辅助人，《民法典》第 522 条采司法解释观点后增加第 2 款后，第 1 款规定的"约定向第三人履行"中的第三人只能是履行辅助人，第 2 款规定的才是第三人利益合同。

家属的生活必需费用。人民法院查封、扣押、冻结、拍卖、变卖被执行人应当履行义务部分的财产，应当保留被执行人及其所扶养家属的生活必需品。上述法律规定的不得扣押执行的被执行人的收入和财产，如果属于被动债权，则不允许抵销，应当予以清偿，否则会严重影响债务人的生活。

二是《信托法》第18条规定，"受托人管理运用、处分信托财产所产生的债权，不得与其固有财产产生的债务相抵销。受托人管理运用、处分不同委托人的信托财产所产生的债权债务，不得相互抵销"。

三是《合伙企业法》第41条规定，"合伙人发生与合伙企业无关的债务，相关债权人不得以其债权抵销其对合伙企业的债务；也不得代位行使合伙人在合伙企业中的权利"。

四是《企业破产法》第40条规定，"债权人在破产申请受理前对债务人负有债务的，可以向管理人主张抵销。但是，有下列情形之一的，不得抵销：(一)债务人的债务人在破产申请受理后取得他人对债务人的债权的；(二)债权人已知债务人有不能清偿到期债务或者破产申请的事实，对债务人负担债务的；但是，债权人因为法律规定或者有破产申请一年前所发生的原因而负担债务的除外；(三)债务人的债务人已知债务人有不能清偿到期债务或者破产申请的事实，对债务人取得债权的；但是，债务人的债务人因为法律规定或者有破产申请一年前所发生的原因而取得债权的除外"。

五是《证券投资基金法》第6条规定，"基金财产的债权，不得与基金管理人、基金托管人固有财产的债务相抵销；不同基金财产的债权债务，不得相互抵销"。

六是最高人民法院《关于破产债权能否与未到位的注册资金抵销问题的复函》(法函〔1995〕32号)中规定，"破产企业的股东享有的破产债权，不得与其未到位的注册资本金相抵销"。

其三，当事人约定不得抵销的情形。合同法未规定约定不得抵销，《合同法司法解释(二)》第23条对此作了规定，"对于依照合同法第九十九条的规定可以抵销的到期债权，当事人约定不得抵销的，人民法院可以认定该约定有效"。《民法典》吸收该司法解释的规定，增加了"根据当事人约定"不得抵销规定。当事人约定不得抵销，按合同自由原则，应予认可。此种约定在当事人间产生约束力，自无疑义。但禁止抵销约定对第三人是否产生法律效力，《民法典》未作规定，《合同法司法解释(二)》也未明确，应作进一步解释。从比较法上看，《日本民法典》第505条第2款规定，抵销"不适用于当事人表示了反对意思情形，但不得以其意思表示对抗善意第三人"禁止抵销的约定，不得对抗善意第三人，主要目的是保护债权受让人之抵销权。《瑞士债法典》第126条规定，当事人可以事先放弃抵销权，但未规定不得对抗善意第三人。我国《民法典》第568条禁止抵销约定对第三人效力问题，可比照《民法典》第545条第2款"当事人约定非金钱债权不得转让的，不得对抗善意第三人"之规定，亦解释为禁止抵销之约定不得对抗善意第三人。

二、法定抵销的行使及效力

(一)法定抵销的行使

对法定抵销的行使，《民法典》第568条第2款规定，"当事人主张抵销的，应当通知对方。通知自到达对方时生效。抵销不得附条件或者附期限"。《九民会议纪要》第43条也规定，抵销权既可以通知的方式行使，也可以提出抗辩或者提起反诉的方式行使。

第一,抵销依抵销人的单方意思表示进行。具备法定抵销条件时,双方之债务并不当然抵销,需要抵销人通知对方进行抵销。抵销的通知,即抵销人进行抵销的意思表示,是一种单方行为。抵销的通知自到达对方时生效,可见抵销通知是需对方受领的单方意思表示。抵销通知的方式,法律没有明确限制,以书面、口头均无不可,也可以在诉讼中提出。最高人民法院在判决书认为,关于债务抵销的程序,在诉讼中提出的,也是通知的一种方式。[①] 对于票据债权人以对于票据债务人所负担之债务与票据债权为抵销时,应当交付票据。[②] 抵销人以单方意思即可产生抵销的效果,即双方互负债权债务的消灭,抵销人享有的是抵销权。抵销权是形成权,与解除权在性质上相同,是以变动当事人之间的法律关系为目的的权利。抵销权一旦行使,即发生效力,不得撤销。

第二,抵销不得附条件或者附期限。抵销不得附条件或者附期限,是司法实务中的通例。抵销不得附条件或者附期限,主要原因在于,抵销权在性质上是形成权,基于抵销人的单方意思表示即可发生效力,如果允许附条件或者期限,将使抵销行为不能产生确定的效力,有违形成权的性质,且会使对方当事人因受其约束而遭受不公平结果。

第三,抵销之异议。抵销人通知抵销,对方对抵销不予认可的,如何处理,《民法典》未作规定。《合同法司法解释(二)》第24条规定,"当事人对合同法第九十六条、第九十九条规定的合同解除或者债务抵销虽有异议,但在约定的异议期限届满后才提出异议并向人民法院起诉的,人民法院不予支持;当事人没有约定异议期间,在解除合同或者债务抵销通知到达之日起三个月以后才向人民法院起诉的,人民法院不予支持"。首先,该司法解释明确规定,当事人对抵销有异议的,可以向人民法院提起抵销异议之诉。因对抵销权的行使有异议而提起的诉讼,同于对解除权行使有异议提起之诉讼的性质,为确认之诉,即对抵销权行使是否发生法律效力的确认诉讼,作出的判决是确认判决,而非形成判决。其次,该司法解释规定当事人对抵销有约定的异议期间,应当在该约定期间内提出异议;当事人没有约定异议期间的,应自抵销通知到达之日起3个月内提出异议,超过异议期间后向人民法院提起异议之诉的,人民法院不予支持。该司法解释规定在适用中有争议,本书在合同解除部分已经就异议期间问题作过论说,形成权异议为形成抗辩权行使方式,不属于债权请求权,其行使虽不受诉讼时效限制,但应当有期间限制。鉴于抵销是债权债务消灭事由,解除是合同履行效力消灭事由,两者法律效果不同,在异议期间经过之效力上应有不同,对抵销异议期间制度应当作进一步研究。

(二)法定抵销的效力

法定抵销因抵销适状,符合法律规定的抵销条件,则以抵销人单方意思表示而产生效力:一是使债权债务消灭的效力;二是具有溯及于抵销适状之时的效力;三是依最高人民法院《诉讼时效规定》第13条第8项规定,抵销可以产生中断诉讼时效实体法效力。

第一,使债权债务消灭的效力。抵销通知生效时,使抵销人与相对方之间互负的等额债务同时消灭。双方的债权额不等时,抵销债权多于被抵销债权的,则在被抵销债权范围内消灭,剩余部分,对方仍有履行义务;抵销债权少于被抵销债权时,则在抵销债权范围内消灭,剩余部分抵销人仍应

---

① 参见(2018)最高法民再51号民事判决书,载《最高人民法院公报》2019年第4期。

② 史尚宽:《债法总论》,中国政法大学出版社2000年版,第861页。

履行。抵销人有数个适于抵销的被动债权时,如果不足以抵销全部被动债权,则适用债务充抵规则,按照《民法典》第560条规定的顺序处理。抵销债权不足以清偿一个被动债权的全部的,按照《民法典》第561条规定的顺序充抵。最高人民法院《九民会议纪要》第43条第3款规定,"行使抵销权一方享有的债权不足以抵销全部债务数额,当事人对抵销顺序又没有特别约定的,应当根据实现债权的费用、利息、主债务的顺序进行抵销"。

第二,抵销的溯及力。我国合同法、民法典对抵销的溯及力问题未作规定,但理论上多数持肯定说。[①] 从比较法上看,主要国家和地区的民法承认抵销的溯及力,[②]债务之关系溯及至得为抵销时消灭,而不是从抵销通知生效之时发生效力。从我国司法实务来看,尽管长期以来有不同观点,但近来趋于一致,抵销有溯及力说被明确采纳。《九民会议纪要》承认抵销的溯及力,其第43条规定,"抵销权既可以通知的方式行使,也可以提出抗辩或者提起反诉的方式行使。抵销的意思表示自到达对方时生效,抵销一经生效,其效力溯及自抵销条件成就之时,双方互负的债务在同等数额内消灭。双方互负的债务数额,是截至抵销条件成就之时各自负有的包括主债务、利息、违约金、赔偿金等在内的全部债务数额……"。

抵销的溯及效力包括如下方面:

其一,自抵销适状之时起,双方债权、债权担保及其他从权利均在抵销范围内消灭。已为抵销者,就同一债务更为履行的,发生不当得利。[③] 其二,自抵销适状之时起,不再发生利息债务;如果债务人已支付利息,可依不当得利请求返还。其三,自抵销适状之时起,不再发生债务人迟延责任;如果债务人已给付迟延利息,可依不当得利请求返还;违约金、损害赔偿金债务也归于消灭。[④] 其四,自抵销适状之时起,债权债务发生的变动,比如,后来的债权转让、主动债权罹于诉讼时效、后来被动债权被扣押、后来债务人进入破产等,均不妨碍抵销权人主张抵销。[⑤]

法院对于超过执行期限的主动债权,溯及于符合抵销条件时未超过执行期限的,也允许抵销。如在赵某某与红寺堡开发区盛达建材有限公司、邱某某合伙协议纠纷执行案中,[⑥]执行法院驳回了被执行人以超过申请强制执行期间的债权抵销执行债权的执行异议,中级人民法院、高级人民法院和最高人民法院则支持了该执行异议,最高人民法院认为,"红寺堡开发区法院(2005)红民初字第109号民事判决生效后,邱某某未在法定期限内申请执行,但其债权是客观存在且经生效判决确认的。邱某某虽不能申请法院强制执行,但不影响其主张债务抵销的权利"。但应当注意,抵销的溯及力只能回溯到抵销适状之时,即以主动债权与被动债权符合抵销的法定条件之时,主动债权没有超过诉讼时效为限,仍得为有效抵销。如果在主动债权诉讼时效届满时还不符合与被动债权的抵

---

① 王利明:《合同法新问题研究》,中国社会科学出版社2011年版,第607页。

② 《德国民法典》第389条规定,"抵消发生如下效力:在双方的债权彼此一致的范围内,在适合于抵消而相互对待之时,双方的债权视为已消灭"。2016年《法国民法典》第1347条规定,"抵销依当事人请求,在条件成就之日,在对等额内消灭债务"。《瑞士债务法》第124条第2款规定,"在抵销范围之内,双方债务视为于抵销一旦可能时即为解除"。《荷兰民法典》第6编第1章第129条第1款规定,"抵销之效力溯及抵销权产生之时"。《日本民法典》第506条规定,抵销"溯及于双方债务适于相互抵销之始发生效力"。

③ 参见史尚宽:《债法总论》,中国政法大学出版社2000年版,第865页以下。

④ 崔建远主编:《合同法》,法律出版社2016年版,第217页。

⑤ 韩世远:《合同法总论》,法律出版社2018年版,第711页。

⑥ 参见(2016)最高法执监83号执行裁定书。

销条件,如被动债权产生在主动债权诉讼时效届满之后的,则不得抵销。如在单某某与沂南农商银行借款合同纠纷案[①]中,借款人未按期清偿所欠银行贷款,但在银行对其享有的该笔债权已过诉讼时效情况下,借款人又在该银行存入一笔存款,银行以抵销为由将该笔存款予以扣划的,没有得到法院支持。

(三)诉讼抵销

《民法典》第568条规定抵销权可以通知方式行使。《九民会议纪要》进一步规定抵销权既可以通知的方式行使,也可以提出抗辩或者提起反诉的方式行使。通知,是指在诉讼之外行使抵销权的方式,抗辩或者提起反诉是在诉讼中行使抵销权的方式。由于民事诉讼法没有对抵销设计明确的程序,目前在诉讼中主张抵销,只能借助于现行民事诉讼的抗辩或者反诉制度予以实现。

抵销以抗辩或者反诉方式行使,因其程序设计不同,因而各有利弊,[②]主要差异体现在四个方面:一是抗辩得在一审、二审提出,不受限制;[③]反诉只能在一审提出,如果在二审提出,对方不同意调解或者直接审理的,则应另诉。[④] 二是抗辩通常在于以事实或者抗辩权对抗对方的请求,一般不会作为判项内容,有否既判力不确定;反诉有独立诉讼请求,处理结果会作为判项内容,其既判力至为确定。三是抗辩不涉及管辖问题,反诉会涉及本诉法院有无管辖权问题。四是抗辩无须缴纳诉讼费用,反诉应当缴纳诉讼费用。无论诉讼中认定抵销抗辩成立还是抵销反诉成立并产生抵销效力,要在裁判结果中确认抵销的效力,而不只是在说理部分述明。但从目前最高人民法院的判决来看,对于以抗辩方式主张抵销的,多在说理部分论证抵销是否成立,在判项中只写明债务抵销之计算结果。[⑤] 地方法院受理当事人反诉抵销,亦是在判决理由中认定抵销成立,在判决主文中相应减少了对原告诉讼请求的支持。[⑥] 因而,为解决重复诉讼问题,有必要承认裁判说理中关于抵销成立的认定应当例外的具有既判力。[⑦]

在诉讼中,抵销权应是以抗辩还是反诉方式提出,两种方式有何不同,划分标准如何,均值得研究。有司法观点认为,诉讼中抵销既可以抗辩也可以反诉方式行使,具体根据案件情况进行确认。如在安徽盛仁投资有限公司、伟基建设集团有限公司建设工程施工合同纠纷二审案[⑧]中,最高人民法院相关判例认为:"对于抵销权的行使,既可以在诉讼中也可以在诉讼之外而为抵销的意思表示,但在诉讼中的抵销,是为抵销抗辩或者反诉抵销,并无法律明确规定,需要人民法院根据具体情况进行确认。"因同一合同而双方互负债务时,被告一方主张抵销的,可以依抗辩方式进行,法院不得以未反诉而不予以支持。上述案涉抵销属于同一交易中债务的抵销,其法律关系同一,在诉讼中允

---

① (2019)鲁民申字233号民事裁定书。

② 刘哲玮:《论诉讼抵销在中国法上的实现路径》,载《现代法学》2019年第1期。

③ 最高人民法院在哈尔滨银行股份有限公司重庆分行、重庆神龙峡旅游开发有限公司债权人代位权纠纷案[(2017)最高法民申1392号]中认为,"神龙峡公司已于2016年10月10日(二审庭审时)将《债务抵销通知书》当庭送达给铭嘉公司,根据《合同法》第九十九条的规定,此时产生抵销后果,双方债务在6157.2352万元范围内等额消灭"。

④ 最高人民法院在福建省青州造纸有限责任公司与福建省青山纸业股份有限公司股东占用公司资金纠纷案[(2008)民二终字第49号民事判决书]中认为,"在一审期间没有提出反诉,在二审期间提出此新的诉讼请求,本院不予审理"。

⑤ 参见最高人民法院(2017)最高法民终518号民事判决书。

⑥ 参见天津市高级人民法院(2012)津高民二终字第0013号民事判决书。

⑦ 张卫平:《民事诉讼法》,法律出版社2016年版,第322页。

⑧ 最高人民法院(2017)最高法民终518号民事判决书。

许以抗辩方式主张，当事人亦可选择提起反诉主张。依《合同法司法解释(二)》第27条的规定，对因同一个不同产生的违约金酌减请求权，既可以以反诉也可以以抗辩方式提出，并不强调抗辩与反诉的区分。

对于两个独立的债务之间的抵销，即基于两个不同的法律关系产生的债务的独立抵销，在一个债权进入诉讼后，另一方以另一债权主张抵销的，应以反诉还是以抗辩方式行使？因两个债务产生的基本法律关系不同，抵销成立与否的判断，既要对主动债权事实进行判断，也要对被动债权事实进行判断，有两个诉讼标的，此时，抵销以反诉方式提出且作为两个诉合并审理相对合理。

(四)执行抵销

2015年最高人民法院出台《异议复议规定》，正式承认执行程序中的抵销，在第19条规定，"当事人互负到期债务，被执行人请求抵销，请求抵销的债务符合下列情形的，除依照法律规定或者按照债务性质不得抵销的以外，人民法院应予支持：(一)已经生效法律文书确定或者经申请执行人认可；(二)与被执行人所负债务的标的物种类、品质相同"。该司法解释正式承认了执行抵销制度，并规定了执行抵销的条件和程序。

从《异议复议规定》第19条的规定看，采纳了限制说，即通过附加一定程序条件而限制被执行人行使抵销权，其中包括了"主张抵销的债权经过生效法律文书确认"或者"经申请执行人认可"，这比《民法典》第568条规定的法定抵销要件显然更严格，提高了抵销的门槛。这是从申请执行人和被执行人形式平等角度出发，主张抵销的债权应与执行债权从效力上做到平等，同样需要生效法律文书确认。[①] 这实质上是将确定债权与未确定债权进行区分，避免在执行程序中对抵销债权实体审理引发"以执代审"的质疑，[②]有其合理性。当事人互负债务，抵销得于抵销适状时主张之，既可以在诉讼之前主张，也可以在诉讼中主张，一方已经提起诉讼，另一方却一直未予抵销主张，有怠于行使权利之嫌，反而将抵销之实体审理置于执行程序之中，难谓妥当。但也应当注意，在特殊情况下，一方之债权或届期晚于对方诉讼，或者取得晚于对方之诉讼，抵销适状产生于执行之际，如仍不纳入执行抵销之审查范围，似乎对其抵销权有保护不周之嫌，对此应予以注意。

---

① 刘亮灵、林洋：《论执行程序中的抵销权行使——兼评〈执行异议和复议规定〉第十九条》，载《政法学刊》2017年第5期。

② 《最高人民法院关于人民法院办理执行异议和复议案件若干问题规定理解与适用》，人民法院出版社2015年版，第241页。

第七章　违约责任

专题一　债权人迟延问题

一、债权人迟延内涵、性质及要件

债权人迟延，又称受领迟延，是指债权人对于已提出之给付，未为受领或未为其他给付完成所必要协力之事实。[①] 债务的履行，在多数情况下需要债权人受领或者协作，如果债权人未按照约定受领债务提出的给付或者未提供必要的履行协助义务，会实质影响债的实现。我国《合同法》没有对债权人迟延作出规定，一般依《合同法》第60条"当事人应当按照约定全面履行自己的义务。当事人应当遵循诚实信用原则，根据合同的性质、目的和交易习惯履行通知、协助、保密等义务"的规定作为处理的依据。本次《民法典》第589条专门增加债权人迟延制度非常必要，意义重大。

我国《民法典》以诚信原则为基础，构成了诚信义务违反的责任规则，在法律适用上更加简洁明了，也符合国际立法之趋势。但这一模式在适用上也带来较大困难，由于债权人诚信义务与债务人给付义务在性质上迥异，在责任原则、责任构成及法律效果上如何在以债务人违约为基准的违约责任体系中确定合理的救济方式，是一项重大而又困难的适法任务。我国《民法典》增加债权人迟延的规定，其目的即要解决这一困难。《民法典》在立法模式上，继续秉持合同法义务违约的立场，将新增加的债权人迟延制度规定在"违约责任"一章下。

从《民法典》第589条的规定来看，债权人迟延与债务人违约责任构成有显著不同：该条第1款规定债权人违反义务采过错归责原则，即"债权人无正当理由拒绝受领"，始产生债务人就增加费用的请求权。该条第2款规定在债权人受领迟延期间，债务人免除支付利息的义务。该项仅以债权人受领迟延为要件。由此观之，《民法典》规定的债权人迟延制度，具有鲜明的特点：一是采用二元归责体系，在债权人迟延可归责于债权人时，得请求费用赔偿；在债权人迟延下，利息支付义务免除。二是虽为一般规定，但不够完整，仅涉及增加费用的赔偿和迟延期间利息支付的免除两个方面，而对于迟延后债务人其他可以救济的手段未作规定。三是该规定并未明确债权人迟延的一般构成，仅列举了两种迟延情形之后果。该条第1款规定虽有责任构成的要件内容，但仍然属于特定情形，尚不能作为债权人迟延的一般构成。

《民法典》第589条虽未提供债权人迟延的一般责任构成，但为构建债权人迟延规则提供了基本依据：一是将债务人受领及协助义务从《民法典》第509条第2款诚信义务一般规定中独立出来，

---

① 史尚宽：《债法总论》，中国政法大学出版社2000年版，第422页。

单独作出规定，建立了明确的规制路径。二是继续采义务违反说，同时又区别于债务给付义务，为形成独立的债权迟延规则提供了明确指引。[①] 三是规定了二元归责制，奠定了债权人迟延规则的基本构架。四是以《民法典》第589条作为一般规则，并辅以合同通则分编和典型合同的其他特别规定，构成债权人迟延规则体系。

债权人迟延的构成要件，包括以下四个方面：

第一，债务之履行需要债权人协助。债务之履行无须债权人之协力者，无成立受领迟延之余地。[②] 在实践中存在大量只要债务人一方行为即可完成给付的债务，包括不作为债务、意思表示债务、事务处理型债务、劳务给付债务、广告、旅行等，在合同中主要包括劳务合同、代理合同等类型，在买卖动产之合同的标的物已经由债权人占有的情形等。在双务合同中，有标的物实际交给的合同，债权人负有提供协助的合同等，债务的履行通常需要债权人的受领、协力等始能完成。如不动产产权的变动需要双方共同进行申请，演出合同需要提供场地，技术开发合同委托方提供相应资源，承揽合同定作人提供图纸等，如果不提供协助，债务无法履行。

第二，债务人应为履行且能够履行。债务合法成立且已经届履行期，这是债务履行的前提。依《民法典》的规定，债务人也可以提前履行债务，但应当给予对方相应的履行准备期间。债务人提出履行时，该债务是能够履行的。如果债务人本身无法履行债务，其履行提出不产生债权人迟延的效果。如果因为债权人原因导致债务不能履行的，一般不应认定债务不能履行，债权人未及时接受履行的，构成受领迟延。债权人不能接收履行，如果不可归责于债权人，不能认定债权人违反受领义务。

第三，债务人依约提出履行。债务人提出债务履行，应当符合合同的约定或者法律的规定。债务履行提出应当有明确的给付意思，表明给付的内容及请求债权人予以受领和提供协助。债务的履行在我国不认为是法律行为，在行为主体上也不必以法律行为条件要求之，限制行为能力人的给付提出或者向限制行为能力人提出给付，均可以产生提出履行的效力。在给付依法律规定应当由完全行为能力人实施的，则欠缺行为能力人的提出履行，不产生效力。如办理不动产物权变更登记。对于提出的履行内容，原则上应当符合约定或者法律规定的内容，不符合质量要求的，依《民法典》第610条的规定，"因标的物不符合质量要求，致使不能实现合同目的的，买受人可以拒绝接受标的物或者解除合同。买受人拒绝接受标的物或者解除合同的，标的物毁损、灭失的风险由出卖人承担"。给付的内容如果不足即部分履行的，债权人也有权拒绝，《民法典》第531条第1款规定，"债权人可以拒绝债务人部分履行债务，但是部分履行不损害债权人利益的除外"。给付的时间在原则上不限制债务提出，但《民法典》第530条第1款规定，"债权人可以拒绝债务人提前履行债务，但是提前履行不损害债权人利益的除外"。履行提出还应当符合约定的履行地点，没有约定履行地或者约定不明的，按照《民法典》第511条之规定履行。债务之提出履行应当由债务人进行，合同约定第三人履行的，第三人可以提出履行，法律规定第三人可以履行的，该第三人提出的履行，也产生

① 《民法典》第592条规定，当事人双方都违反合同的，应当各自承担相应的责任。

② 史尚宽：《债法总论》，中国政法大学出版社2000年版，第425页。

债权人受领义务。[①] 连带债务的一个债务人提出履行的,是合格的履行提出。[②] 债务履行提出,应当向债权人提出,向其中部分连带债权人提出的,对全部债权人有效力,《民法典》第520条第4款规定,“债权人对部分连带债务人的给付受领迟延的,对其他连带债务人发生效力”。合同约定或者法律规定向第三人履行的,应当向第三人提出履行。[③] 在债权转让情形,应当向债权受让人提出履行,未接到债权转让通知的,可以向原债权人提出履行。

债务履行的提出包括两种方式:一是现实提出,即事实提出,债务人已经完全按照合同约定或者法律规定作好了履行准备,只要债权受领即完成履行。如《民法典》第607条第1款规定,“出卖人按照约定将标的物运送至买受人指定地点”的,在劳务合同中,劳务提供人已经到达劳务接受方指定的工作地点,即为现实提出。二是言词提出,是指债务人将给付已经准备好通知债权人以催告债权人受领或者提供必要协助,或者债权人实施某种行为,而不必现实提出履行。言词提出适用于债权人已经有拒绝受领之意思或者给付必须债权人为协助行为的情形,[④]特别是债权人应当自行前往交付地点提取给付标的物的。[⑤] 如选择之债,在履行之前应由债权人选择债之标的,债务人要求债权人作出选择的,也是债务言词提出,债权人拒绝选择的,构成受领迟延。以行为为标的的债务,债务人只需要言词提出履行即可,也须提供其准备履行的事实说明。对于债权人预先表示拒绝受领的意思情形,通常是指债权人无正当理由拒绝在履行期间内的履行,一般认为提出解除合同、撤销合同、确认合同无效等排斥合同履行的主张,以及拒绝自己先行履行之义务或者无理由要求推迟履行的时间等,均属于有预先拒绝履行的意思。此时,不可再要求债务人以现实方式提出履行,只需要言词提出即产生提出履行的效力。

第四,债权人不受领履行。债权人不受领履行,包括拒绝受领和不能受领两种形式,包括拒绝履行和不能履行协助义务在内。《民法典》第589条第1款仅规定“债权人无正当理由拒绝受领”一种情形,有将不可归责于债权人的不能受领情形排除在外的目的,但不能因此认为我国民法只承认拒绝履行一种债权人迟延,《民法典》第589条第2款的债权人迟延并未限定在“债权人无正当理由拒绝”一种情形,应当将《民法典》第1款解释为请求“赔偿增加的费用”的限定情形,第2款为债权人迟延的一般情形。如《民法典》第570条规定的提存的理由中,将债权人无正当理由拒绝与第2项、第3项规定的客观不能情形并列,债权人迟延的情形并不以债权人可归责为限定条件。债权人迟延是否可归责于债权人,将影响债务人获得救济的方式和可能。

在双务合同同时履行情形,债务人提出履行,债权人亦应同时履行自己的对待给付,如果债权人仅接受履行而未提出自己的履行,则视为债权人拒绝受领。《民法典》第525条规定了同时履行抗辩权,一方在对方未提出履行时,可以拒绝自己的履行。

---

① 《民法典》第522条(《合同法》第64条)。

② 《民法典》第520条。

③ 《民法典》第522条第2款规定,“法律规定或者当事人约定第三人可以直接请求债务人向其履行债务,第三人未在合理期限内明确拒绝,债务人未向第三人履行债务或者履行债务不符合约定的,第三人可以请求债务人承担违约责任;债务人对债权人的抗辩,可以向第三人主张”。

④ 史尚宽:《债法总论》,中国政法大学出版社2000年版,第431页。

⑤ 《德国民法典》第295条规定,“债权人已经向债务人表示,自己将不受领给付的,或者为履行给付而需要债权人实施行为的,特别是债权人应当前往提取所负担之物的,以债务人言词提出给付为已足。催告债权人实施必要的行为,视同提出给付”。

二、债权人迟延的效力

债权人迟延发生何种效力，须依前述《民法典》各条文规定确定之。经类型化梳理，大致有以下几个方面内容。

1. 提存的效力。在债权人受领迟延时，债务人依《民法典》第 570 条至第 574 条规定可以将标的物提存而替代给付，“提存成立的，视为债务人在其提存范围内已经交付标的物”。并且“标的物提存后，毁损、灭失的风险由债权人承担。提存期间，标的物的孳息归债权人所有。提存费用由债权人负担”。[①] 标的物不适宜直接提存的，可以依将标的物拍卖或者变卖所得价款予以提存。通常不动产不适用提存方式。《德国民法典》第 303 条[②]规定了抛弃占有救济方式。我国民法未作规定，不得认为债务人可以抛弃方式代替履行。《民法典》第 799 条第 2 款规定，“建设工程竣工经验收合格后，方可交付使用；未经验收或者验收不合格的，不得交付使用”。

2. 增加费用请求权。《民法典》第 589 条第 1 款规定，“债务人按照约定履行债务，债权人无正当理由拒绝受领的，债务人可以请求债权人赔偿增加的费用”。此处的“增加的费用”，包括提出履行后因为债权人未受领而增加再次履行及保管标的物所的费用，属于客观的必要费用。该条限制此项赔偿请求权以“债权人无正当理由拒绝受领”为要件，如果债权人有正当理由拒绝受领的，不产生此项请求权。是否有正当理由，应当由债权人负举证责任。一般来说，债务人提出的履行不符合合同约定的数量、质量以及其他履行条件的，可以认为拒绝有正当理由。如果债务人提前履行的，应当给予债权人相应的受领准备时间，未提前通知债权人或者为债权人留下的准备时间明显不足的，债权人拒绝也为有正当理由。

除就增加的费用，可以请求债权人赔偿外，《民法典》还规定了债务人的损害赔偿请求权，如第 776 条规定，“承揽人发现定作人提供的图纸或者技术要求不合理的，应当及时通知定作人。因定作人怠于答复等原因造成承揽人损失的，应当赔偿损失”。第 777 条规定，“定作人中途变更承揽工作的要求，造成承揽人损失的，应当赔偿损失”。第 803 条规定，“发包人未按照约定的时间和要求提供原材料、设备、场地、资金、技术资料的，承包人可以顺延工程日期，并有权请求赔偿停工、窝工等损失”。第 804 条规定，“因发包人的原因致使工程中途停建、缓建的，发包人应当采取措施弥补或者减少损失，赔偿承包人因此造成的停工、窝工、倒运、机械设备调迁、材料和构件积压等损失和实际费用”。第 805 条规定，“因发包人变更计划，提供的资料不准确，或者未按照期限提供必需的勘察、设计工作条件而造成勘察、设计的返工、停工或者修改设计，发包人应当按照勘察人、设计人实际消耗的工作量增付费用”。第 798 条规定，“隐蔽工程在隐蔽以前，承包人应当通知发包人检查。发包人没有及时检查的，承包人可以顺延工程日期，并有权请求赔偿停工、窝工等损失”。

3. 利息不再支付。《民法典》第 589 条第 2 款规定，“在债权人受领迟延期间，债务人无须支付利息”。此即债权人迟延免除债务人利息债务的效力。债务人已经依约提出履行，因债权人受领迟

---

① 《民法典》第 573 条（《合同法》第 103 条）。

② 《德国民法典》第 303 条规定：“债务人对土地、登记船舶或者在建船舶负有交付义务的，其可以在债权人迟延发生之后，抛弃占有。此项抛弃必须向债权人预先警告无法警告的，不在此限。”

延而无法履行,因此产生的后果应当由债权人承担,债务人利息义务自应免除。此处的利息,既包括合同中约定支付的利息,也包括法定利息。最高人民法院有判决[①]认为,"在被执行人积极履行债务而债权人怠于受领给付或者拒绝受领给付,债权人对债务未履行负有一定责任的情况下,如果对此具体情况完全不予考量,一律无条件要求被执行人加倍支付迟延履行期间的债务利息,则将对积极诚信履行债务的人施以制裁,此与设置迟延履行利息以达到促使债务人普遍积极履行义务的立法目的不符"。应"根据双方在履行债务过程中的表现及过错等相关因素酌情减轻或免除加倍支付迟延利息"。债权人迟延期间,不能够苛求准备给付之债务人,在债权人迟延期间还去操心用益之收取。债务人的交付义务限于事实上所收取的用益,而且即使债务人系因重大过失甚或故意而没有收取进一步的用益,亦为如此。[②]

4. 风险负担转移效力。依《民法典》的规定,债务人依约提出履行,债权人无正当理由拒绝受领的,标的物毁损、灭失的风险转移到债权人处。《民法典》第604条规定,"标的物毁损、灭失的风险,在标的物交付之前由出卖人承担,交付之后由买受人承担,但是法律另有规定或者当事人另有约定的除外。出卖人按照约定将标的物运送至买受人指定地点并交付给承运人后,标的物毁损、灭失的风险由买受人承担,但是当事人另有约定的除外"。第605条规定,"因买受人的原因致使标的物未按照约定的期限交付的,买受人应当自违反约定时起承担标的物毁损、灭失的风险"。第608规定,"出卖人按照约定或者依据本法第六百零三条第二款第二项的规定将标的物置于交付地点,买受人违反约定没有收取的,标的物毁损、灭失的风险自违反约定时起由买受人承担"。

5. 合同解除权。在债权人迟延后,债务人是否取得解除合同的权利,一般认为债权人迟延不产生债务人解除合同的权利。在双务合同情形,债务人如欲解除合同,应先请求对方为债务之履行,于其不履行时始得解除合同。[③] 因为在双务合同情形,债权人受领迟延,不影响债务人请求债权人履行债务,故不符合《民法典》规定的解除合同的事由,尤其在债权人已经履行了自己债务的情形下,债务人因债权人受领迟延而解除合同也无必要,一般应当按《民法典》规定通过提存方式处理。当然,在合同当事人另有约定或者法律有明确规定的情形下,债务人可以解除合同。从《民法典》规定的债务人在债权人迟延时可以解除合同的情形,主要是债权人对债务履行应当提供必要协助行为,而协助行为的实施直接决定了合同能否履行,如果债权人拒绝实施协助行为的,合同因无法履行而得解除。如《民法典》第778条规定,"承揽工作需要定作人协助的,定作人有协助的义务。定作人不履行协助义务致使承揽工作不能完成的,承揽人可以催告定作人在合理期限内履行义务,并可以顺延履行期限;定作人逾期不履行的,承揽人可以解除合同"。第806条第2款规定:"发包人提供的主要建筑材料、建筑构配件和设备不符合强制性标准或者不履行协助义务,致使承包人无法施工,且在催告的合理期限内仍未履行相应义务的,承包人可以解除合同。"第816条规定,"旅客因自己的原因不能按照客票记载的时间乘坐的,应当在约定的时间内办理退票或者变更手续。逾期办理的,承运人可以不退票款,并不再承担运输义务"。

---

① 参见时利和公司与武汉市国土局、武汉市政府执行案裁定书。
② 杜景林、卢谌:《德国民法典——全条文注释》,中国政法大学出版社2015年版,第196页。
③ 史尚宽:《债法总论》,中国政法大学出版社2000年版,第442页。

6. 债务免除。依各国立法例，债权人迟延并不消灭债务，债务人仍得为债务履行。《民法典》第570条规定债务人可以通过提存而替代履行，产生消灭债务的效力。对于不动产，因还涉及物权变动的义务，即使提存，仍不消灭该义务。但依各国立法和判例，对于提供劳务类的合同，提供劳务方提出履行，债权人无正当理由拒绝受领的，可以消灭债务，且债务人享有报酬支付请求权。

第八章　买卖合同

专题一　试用买卖问题

一、试用买卖的含义和特点

试用买卖是一种附条件的买卖,是指当事人双方约定由买受人试用或者检验标的物,以买受人认可标的物为条件的买卖合同。对于试用买卖,除法律另有规定外,应当适用一般买卖的有关规定。试用买卖的特点主要在于以下几点。

第一,买受人可试用标的物。在一般的买卖中,双方只要达成协议,合同就成立并生效。但在试用买卖中,双方仅就标的物达成一致意见还不够,还必须就标的物的试用作出特别规定。《民法典》第637条规定:"试用买卖的当事人可以约定标的物的试用期间。对试用期间没有约定或者约定不明确,依照本法第五百一十条的规定仍不能确定的,由出卖人确定。"该条明确了此类合同当事人必须就试用达成协议。

第二,以买受人试用后同意购买为合同的生效条件。在一般买卖中,当事人意思表示一致,合同就成立并生效。在试用买卖中,只有当事人经过试用,认可标的物的质量、功能等,并明确表示购买,才能导致买卖合同正式生效。如果双方在合同中约定,以买受人决定购买标的物作为合同的生效条件,则此种买卖仅属于一般买卖。

第三,买受人享有决定是否购买的权利。在试用买卖中,买受人试用之后,即便认可标的物,也可以选择不购买。在试用阶段,买受人可以随时退还标的物。

第四,标的物所有权在交付试用时并没有发生转移。在一般买卖中,标的物一旦交付,所有权就发生转移。在试用买卖中,标的物的交付只是使买受人享有占有和使用的权利,而不享有所有权。在试用期间,标的物所有权仍属于出卖人。一旦试用期届满,买受人同意购买,从同意时发生所有权的转移。因此,如果当事人没有特别约定,买受人也不需要向出卖人支出试用期间使用标的物的费用。

二、试用期间的确定

标的物的试用期间是试用买卖合同中的重要条款,而试用买卖合同同样适用一般合同的自愿原则,合同当事人当然可以对标的物的试用期间进行约定。根据《民法典》第637条的规定,试用期间的确定有以下三种方法:

1. 当事人约定。对试用期间，法律未作强行规定，双方当事人可以根据自愿原则在合同中约定试用期间。

2. 依照《民法典》第 510 条确定，若当事人对试用期间没有约定或约定不明确的，应首先由当事人协议补充，不能达成补充协议的，按照合同有关条款、合同性质、目的或者交易习惯确定。

3. 出卖人确定。如果当事人在买卖合同中未约定试用期间，而按照《民法典》第 510 条仍然未确定试用期间的，则由出卖人确定试用期间。因为在试用买卖中，买受人试用标的物属于无偿使用，根据权利义务相一致的规则，应由出卖人确定试用期间。如果允许买受人确定试用期间显然不利于维护出卖人的利益，有失公平，也将使双方之间的法律关系处于悬而未决的状态。因此，应允许出卖人确定试用期间。尽管法律并未对出卖人确定试用期间的长短进行限制，但是适用该规则由出卖人确定试用期的前提是，双方协商及根据交易习惯无法确定的情形，因此应给与买受人通常所需的试用时间，尤其是买受人作出承认及拒绝购买决定的必要时间。

三、同意购买的推定

试用买卖合同是以买受人对试用标的物的承认为生效条件的附条件合同。买受人承认标的物，合同所附条件成就，合同生效；买受人不承认标的物，则为合同所附条件不成就，合同不生效。因此，同意购买是试用买卖合同生效的条件。作为同意购买意思表示的方式之一，同意购买推定也是试用买卖合同生效的条件。

同意购买一般是以明示的方式作出。但在当事人没有特别约定的情况下，买受人可以自由选择口头形式或者书面形式向出卖人表示同意购买标的物。在一些特殊情况下，买受人虽未采用任何明示方式表示同意购买，但从其事实的一些行为，可推知其具有购买使用标的物的意愿，此时应认为其已经表示同意购买。《民法典》第 638 条规定："试用买卖的买受人在试用期内可以购买标的物，也可以拒绝购买。试用期限届满，买受人对是否购买标的物未作表示的，视为购买。试用买卖的买受人在试用期内已经支付部分价款或者对标的物实施出卖、出租、设立担保物权等行为的，视为同意购买。"买受人在试用期间对标的物有试用的权利，是为了解标的物的品质和性能，其对标的物没有处分权。如果买受人进行出卖、出租或设定担保等非试用行为，属于将标的物视为已物进行的权利处分，超出了标的物试用的范围，故可推定其已同意购买标的物。

需要注意的是，试用买卖的同意购买的意思表示，必须买受人向出卖人作出，并经出卖人受领方能生效。买受人以非对话方式作出的表示同意购买的，在该意思表示到达出卖人时生效。如果买受人在试用期内已经支付一部分价款的，或者就标的物为出卖、出租、设定担保物权等非试用行为的，只有在出卖人知道或者应当知道的情况下，才对出卖人产生效力。

四、买卖合同中试用排除

在审判实践中，如何判断一个买卖合同是否属于试用买卖，可以根据《买卖合同司法解释》第 42 条的规定来界定，即"买卖合同存在下列约定内容之一的，不属于试用买卖。买受人主张属于试用买卖的，人民法院不予支持：（一）约定标的物经过试用或者检验符合一定要求时，买受人应当购买标的物;(二)约定第三人经试验对标的物认可时,买受人应当购买标的物;(三)约定买受人在一定期间内可以调换标的物;(四)约定买受人在一定期间内可以退还标的物”。

第一,试用买卖不是试用标准买卖。试用买卖是以买受人认可标的物为生效条件的买卖。买受人是否认可,完全取决于自己的意愿。而试用标准买卖是双方约定标的物经过试用或检验符合一定要求时,买受人必须购买标的物的买卖,即当标的物符合一定标准时,买受人只能同意购买,不能拒绝。

第二,试用买卖不是第三人试验后买卖。第三人试验后买卖,是指当事人约定如果第三人经试验对商品满意,则买受人购买该商品的买卖,即买卖合同的效力完全取决于第三人的认可。而试用买卖中,是否生效完全取决于买受人,即使试验标的物的品质符合合同规定的标准,买受人也有权拒绝。

第三,试用买卖不是保留换货买卖。保留换货买卖,是指双方在订立合同时约定,在一定期限内买受人可以任意调换标的物的合同。这里的调换,不仅限于同种类物的调换,也包括不同种类物的调换。例如,以鞋换衣服或其他商品。但这种调换并非没有限制,一般仅能调换与标的物等价或贴钱换高于标的物价款的商品。对于试用买卖,表现为合同效力的不确定,买受人是否认可标的物决定合同的生效与否;在保留换货买卖中,是标的物不确定,但是合同效力是确定的,买受人仅能要求换货,不能要求解除合同。

第四,试用买卖不是保留退货买卖。保留退货买卖,是指双方在订立合同时约定,在一定期限内买受人可以退还标的物,并要求出卖人返还价款的合同,即使标的物没有任何瑕疵,买受人仍然可以退货。但是,试用买卖的无效,是因条件不成就而不发生效力;保留退货买卖是已经生效,因买受人退货解除合同而归于无效。前者是附停止条件的买卖,买受人未作出表示前效力不确定;后者属于附解除条件的买卖,在买受人退货之前买卖合同已经生效,合同因买受人退货而解除。

五、相关案例评析

张某个人购买案涉车辆并挂靠在某货运代理公司名下。2018 年 5 月 10 日张某(甲方)与李某(乙方)签订租赁协议,约定:“现甲方有自卸车一辆,现由乙方租代售来使用。试用期为 5 天,试用期乙方每天支付甲方 400 元租金作为补偿(注:试用期间乙方使用自己的轮胎),在试用期间一切违章和交通事故有乙方负责,车辆损坏照价赔偿(车价为人民币 8 万元)。试用期过后乙方一次性支付甲方全部车款人民币 8 万元。在乙方把车拉走之前预付甲方定金 5000 元。”当日,李某向张某支付 5000 元作为定金。

2018 年 5 月 11 日张某将案涉车辆交给李某。2018 年 5 月 16 日张某联系李某催收车款,李某称还不能确定是否需要买车。2018 年 5 月 26 日张某继续联系李某要求支付车款和 16 天的租金。李某于 2018 年 5 月 28 日支付 3000 元租金,并表示没确定是否购买前会继续支付租金。2018 年 6 月 20 日李某再支付 5000 元给张某。2018 年 8 月 9 日李某称将车还给张某,但一直未归还。

张某即向一审法院起诉请求:(1)判令李某归还张某所有的案涉车辆或车款 8 万元;(2)判令李某按照每日租金 400 元向张某支付从 2018 年 6 月 20 日至李某归还车款之日所拖欠的租金,租金计算至起诉之日,租金合计 12 万元。李某辩称,张某要求李某归还挂车,但该挂车是违规的,李某不敢使用。张某主张的每日400元的租金过高，市场价是每天100元。张某提供不符合规型的车辆给李某，李某将该车辆停在停车场，没有使用过该车辆。

一审法院认为，案涉车辆的实际所有人为张某，李某有意向张某购买该挂车并与张某签订了《租赁协议》。合同中明确约定了李某"租代售来使用"挂车，以及试用期5天，试用期过后李某支付全部车款等内容，因此，双方系试用买卖合同关系，该合同合法有效，双方应当按照合同约定享有权利及履行义务。在该案中，张某将挂车交付给李某，李某在约定的试用期届满后未明确作出拒绝购买挂车的意思表示，也没有向张某退回挂车，应视为其同意购买该挂车。李某未依约向张某支付全部购车款，构成违约，应当承担违约责任，李某应向张某支付购车款8万元及试用期间的租金2000元（每天400元，合计5天）。李某已支付了13,000元，抵扣全部租金及部分购车款后，李某仍需支付69,000元。张某要求李某支付试用期届满后车辆租金的诉讼请求，一审法院不予支持。故判决：(1)李某于判决生效之日起10日内向张某支付购车款69,000元；(2)驳回张某的其他诉讼请求。二审法院最终维持了一审判决结果。

该案是试用买卖合同纠纷。《民法典》第638条规定："试用买卖的买受人在试用期内可以购买标的物，也可以拒绝购买。试用期间届满，买受人对是否购买标的物未作表示的，视为购买。试用买卖的买受人在试用期内已经支付一部分价款或者对标的物实施出卖、出租、设定担保物权等行为的，视为同意购买。"李某虽认为车辆存在非法改装无法使用，但直至本案二审阶段，其均未返还车辆。故一审法院认定，李某未拒绝购买亦未返还车辆应视为同意购买，并无不妥。现一审判决认定双方均应按《租赁协议》履行，即在试用期5天届满后由李某支付购车款购买车辆，已付款项在扣减试用期租金后应予以抵扣应付购车款。综上所述，一审判决认定事实清楚，适用法律正确，应予以维持。

专题二　买卖标的物回收问题

特定标的物到期后出卖人的回收义务，是《民法典》规定的有别于现行合同法的内容之一。《民法典》第625条规定出卖人依法承担旧物回收义务，即"依照法律、行政法规的规定或者当事人约定，标的物在有效使用年限届满后应予回收的，出卖人负有自行或者委托他人对旧物予以回收的义务"。该条的设定体现了《民法典》第9条确定的"绿色原则"。

目前，对于标的物回收制度，现行的法律法规体现在污染物以及可回收利用资源方面的规制，如《废弃电器电子产品回收处理管理条例》《再生资源回收管理办法》《清洁生产促进法》《固体废物污染环境防治法》等，[①]系以实质废弃而非使用年限届满作为回收标准，而非该条中所称的"使用年

① 罗娟、余嘉勉：《生态文明体制改革视角下我国生产者责任延伸制度研究》，载《光华法学》2019年第1期。

限届满”。而针对该条中“当事人约定”,原则上可以包括当事人合意的任何标的物,其在范围上远大于可重复利用的资源和污染物。

至于“回收”,则尽管目前回收义务条款的标的物范围尚不明确,但只要存在法定或者约定使用年限的标的物,完全可以进行集中处理或投入再利用,并且可投入再利用的资源,应当投入再利用,否则出卖人基于自身便利将其回收之后再度弃置,则违背该法律初衷。出卖人在自行或通过代理人回收之后,有能力处理的自行处理,负有自行处理义务;无能力处理的,负有送往有能力处理的机构的义务。

专题三 所有权保留问题

一、所有权保留的适用范围

所谓“所有权保留”,是指动产买卖合同生效后,买受人先享有对标的物的占有和用益,在其支付全部价款或者履行约定义务前,出卖人保留标的物所有权。买卖合同中的所有权保留条款,是标的物所有权转移问题中的重要内容。各国法律都允许当事人通过约定这样的条款来明确标的物所有权转移的时间,而且在合同实务中,尤其是在国际贸易中,这种条款也是很多见的。所有权保留条款是有利于出卖人的条款,其主要功能是可以使出卖人有效避免不能取得标的物价款的风险。在买受人未履行支付价款或者其他出卖人认为重要的义务以前,出卖人仍然享有标的物的所有权。这样就可以免去在出卖人已交付标的物而买受人不履行其主要义务时,因所有权已转移可能给自己造成的损害。

此前,我国《合同法》第134条原则性地明确了所有权保留制度,《民法典》第641条进一步规定:“当事人可以在买卖合同中约定买受人未履行支付价款或者其他义务的,标的物的所有权属于出卖人。出卖人对标的物保留的所有权,未经登记,不得对抗善意第三人。”由于目前法律法规未对所有权保留买卖的适用对象作出限制,导致消费市场上也存在一些以所有权保留方式买卖房屋的行为。

本书认为,所有权保留制度不应适用于不动产。首先,由于不动产买卖完成转移登记后所有权即发生变动,此时双方再通过约定进行所有权保留,明显违背法律规定。其次,在转移登记的情况下双方还采用所有权保留,出卖人的目的是担保债权实现,买受人的目的在于防止出卖人一物数卖。《民法典》第221条规定的预告登记制度足以满足买卖双方所需,因此没有必要再采取所有权保留的方式。特别是转移登记是不动产所有权变动的要件,在转移登记完成前不动产所有权不会发生变动,买受人即使占有、使用标的物,只要双方不转移登记,出卖人仍然享有所有权,当然也可以保障债权,所以更无必要进行所有权保留。最后,综观境外立法及司法实践,大多认为该制度仅适用于动产交易。因此,《买卖合同司法解释》第34条规定:“买卖合同当事人主张合同法第一百三十四条关于标的物所有权保留的规定适用于不动产的,人民法院不予支持。”

应当注意的是,并不是所有的动产都适合进行所有权保留。比如,对于一经使用就消灭实体形态的一次性消费物,其实体形态不存在所有权就随之消灭。又如,类似牲畜之类的活物买卖,因为此类标的物容易患病或者丢失,管理费用也很高,其既不适合出质,也不适宜保留所有权。另外,虽然该司法解释未明确,但因为货币的特殊性,亦不应当作为保留所有权的对象。

二、出卖人取回权

所有权保留条款的设定系为了保护出卖人的利益,防止出现因买受人未支付全部价款即擅自处分标的物,导致出卖人债权难以实现的情况。而赋予出卖人取回权,则是保障出卖人利益的实现路径。所谓“取回权”,是指在买受人违约的情况下,出卖人享有的取回标的物的权利。具体来说,在所有权保留买卖中,标的物在实际交付、所有权转移于买受人之前,因买受人不按约定履行义务、不当使用标的物或者擅自将标的物进行处分,损害出卖人权益的情况下,出卖人有权取回标的物。①

《民法典》第642条规定:“当事人约定出卖人保留合同标的物的所有权,在标的物所有权转移前,买受人有下列情形之一,对出卖人造成损害的,除法律另有规定或者当事人另有约定外,出卖人有权取回标的物:(一)未按约定支付价款,经催告后在合理期限内仍未支付;(二)未按约定完成特定条件的;(三)将标的物出卖、出质或者作出其他不当处分。出卖人可以与买受人协商实现取回权;协商不成的,参照适用担保物权的实现程序。”取回的标的物价值明显减少,出卖人有权要求买受人赔偿损失。由此可见,取回的事由主要有以下3类情形:

第一类是“未按约定支付价款”,这是最常见的事由。对于未按约定支付价款的比例问题,《买卖合同司法解释》第36条规定,买受人已经支付标的物总价款的百分之七十五以上,出卖人就丧失了取回权。而《民法典》则删除了关于付款比例的规定,并参照合同解除催告制度,增加了“经催告后在合理期限内仍未支付”的支付时间上的限制。但应注意,当所有权保留买卖与分期付款买卖竞合时,出卖人可能丧失买受人迟延金额达“五分之一”时的法定、单方解除权。

第二类是“未按约定完成特定条件”。例如,甲因工作原因需出国几年,故将饲养多年的两条狗卖给乙,为了防止乙不妥善饲养,双方约定,甲在交付后3个月内,乙需办理好饲养手续,并提供适于两只狗生活的环境,此时乙方取得狗的所有权。如果乙方未能提供适于狗生存的环境,甲有权将该爱狗收回。

第三类是买受人对占有的标的物作不当法律处分。这种不当处分主要是指出卖、出质等。该条规定所参照的美国原《同意附条件买卖法》也规定买受人届期未偿付价款,或不履行其取得物品财产权应履行之条件,或违反其经明示如有违反即得由出卖人取回标的物之承诺时,出卖人可以取回附条件之物品。例如,甲将一辆汽车出卖给乙,约定了所有权保留,交付后,乙冒充自己的汽车出卖给丙,甲有权取回,丙若构成善意取得,甲就丧失了取回权。《买卖合同司法解释》第36条规定,“……第三人依据物权法第一百零六条的规定已经善意取得标的物所有权或者其他物权,出卖人主张取回标的物的,人民法院不予支持”。

---

① 柴振国、史新章:《所有权保留若干问题研究》,载《中国法学》2003年第4期。

如果出卖人行使了取回权,买受人在双方约定或者出卖人执行的合理期间内是有回赎权的。回赎权是意定的(约定或单方指定),不是法定的。约定回赎而未回赎的,合同解除。出卖人可以另行出卖(就物求偿)。另行出卖的方式没有限制。如果买受人在回赎期间内没有回赎标的物,出卖人可以合理价格出卖标的物,出卖所得价款扣除原买受人未支付的交款及必要费用后仍有剩余的,应当返还原买受人;不足部分由原买受人清偿。

三、相关案例评析

第二被告李某与第三被告彭某系个人合伙,共同出资以分期付款保留所有权形式向第一被告A公司购买了涉案车辆。同时,为担保债权实现,将车辆登记于A公司名下。2016年按照原告B公司的要求,第二被告李某将货物运输到了指定工厂,但在将货车安全绳松解后未告知装卸工,致使其在攀爬过程中因安全绳失效跌落,头部受伤,成为植物人。2018年B公司与伤者家属达成调解协议,共赔偿医疗费、护理费、伤残赔偿金等费用94万元。B公司特向法院提起诉讼,请求判令3被告——A公司、李某以及李某的合伙人彭某,连带承担伤者各项损失的40%。

一审法院认为,李某、彭某与A公司之间属于运输经营挂靠关系,判决:(1)A公司、李某、彭某于判决书生效之日起10日内给付B公司赔偿款20万元;(2)驳回B公司的其他诉讼请求。宣判后,A公司认为其与李某、彭某并非运输经营挂靠法律关系,提起上诉。二审法院判决:(1)撤销一审判决;(2)李某、彭某于判决书生效之日起10日内给付B公司赔偿款20万元;(3)驳回B公司在一审中的其他诉讼请求。

所谓挂靠经营,是指道路客运车辆的机动车登记证书及行驶证的所有(权)人不具备道路客运经营资质,但以其他具备资质的企业名义从事道路运输经营活动的行为。具体到该案中,涉案车辆采取了分期付款购买所有权保留形式后,车辆的机动车登记证书以及行驶证的所有权人都是A公司,而非李某、彭某。同时,该车也是登记于A公司名下,因此,不能直接判定A公司与李某、彭某构成挂靠经营法律关系。A公司要求出售的车辆登记于本公司名下并以部分运营收入折抵车款,是车辆分期付款买卖中所有权保留形式的一种体现,在兼营道路运输及车辆销售的企业中,是为担保债权实现所采用的一种较常见的固有售车模式,并非为控制车辆的运行并获取利益,且该案中李某、彭某亦是以自己名义对外经营。故最终认定双方不构成挂靠关系,判决由李某、彭某自行承担本次事故的赔偿责任。

专题四　买卖标的物的风险负担问题

在买卖合同中,风险由谁负担就意味着谁将承担不利后果,故风险负担制度作为在当事人之间就标的物毁损、灭失的损失进行合理分配的制度,必然成为各方关注的焦点。《民法典》第604条较详细地规定了风险负担规则，主要新增加了两方面规定：一是设计买卖运输时的风险负担，即第607条第1款规定："出卖人按照约定将标的物运送至买受人指定地点并交付给承运人后，标的物损毁、灭失的风险由买受人承担。"该规定与《买卖合同司法解释》第12条的规定一致。二是试用买卖的风险负担，即《民法典》第640条规定："标的物在试用期间毁损、灭失的风险由出卖人承担。"

一、风险负担的具体适用

由于标的物的风险既有可能在当事人未违约时发生，也有可能在当事人已违约时发生，而风险发生的外部条件不同，风险负担的规则也相应存在差异。从类型化角度，可以从区分未违约与已违约两种不同情形来把握买卖合同的风险负担规则。

（一）未违约时的风险负担

1. 标的物毁损、灭失的风险，在标的物交付之前由出卖人承担，交付之后由买受人承担。这是法律对转移风险的原则性规定，但法律另有规定或者当事人另有约定的除外。

2. 当事人没有约定交付地点或者约定不明确的，依照有关法律规定标的物需要运输的，出卖人将标的物交付给第一承运人后，标的物毁损、灭失的风险由买受人承担。

如果不需要运输的，出卖人和买受人订立合同时知道标的物在某一地点的，出卖人应当在该地点交付标的物；不知道标的物在某一地点的，应当在出卖人订立合同时的营业地点交付标的物。

3. 出卖人出卖交由承运人运输的在途标的物，除当事人另有约定外，毁损、灭失的风险自合同成立时起由买受人承担。

（二）违约时的风险负担

1. 因买受人的原因致使标的物不能按照约定的期限交付的，买受人应自违反约定之日起承担标的物毁损、灭失的风险。

2. 出卖人按照约定或有关法律规定将标的物置于交付地点，买受人违反约定没有收取的，标的物毁损、灭失的风险自违反约定之时由买受人承担。

3. 因标的物质量不符合要求，致使不能实现合同目的的，买受人可以拒绝接受标的物或者解除合同。买受人拒绝接受标的物或者解除合同的，标的物的毁损、灭失的风险由出卖人承担。

4. 出卖人未按照约定交付有关标的物的单证和资料的，不影响标的物毁损、灭失风险的转移。

5. 标的物的毁损、灭失的风险由买受人承担的，不影响因出卖人履行债务不符合约定，买受人要求其承担相应违约责任的权利。

此外，对于不动产买卖的风险负担，《商品房买卖合同解释》第11条规定，在商品房买卖合同中，房屋标的物毁损、灭失的风险，在交付使用前由出卖人承担，交付使用后由买受人承担；买受人接到出卖人的书面交房通知，无正当理由拒绝接收的，房屋毁损、灭失的风险自书面交房通知确定的交付使用之日起由买受人承担。

（三）法律另有规定或当事人另有约定的除外

风险负担问题上应充分尊重当事人的意思自治，关于风险负担的法律规定只能起到弥补当事人意思表示不完备的作用。《民法典》第604条规定，"法律另有规定或者当事人另有约定的除外”,故如果当事人在合同中对风险负担的移转有特别约定,即作出与交付主义的风险负担规则相悖的约定,应当认定有效。如动产的出卖人与买受人约定,“在买受人支付完价款前,一直由出卖人承担风险”,或者约定,“买卖合同一订立,买受人就承担风险”等与法律规定的风险转移时点不符的约定,也应当根据《民法典》第604条关于风险负担的规则属于任意性规定解释,认定当事人在买卖合同中关于风险负担的特别约定有效。但需注意的是,此处所言“另有约定”专指买卖合同的双方当事人就“风险负担的移转”另有约定,而非就“标的物所有权的移转”另有约定。如果当事人仅就买卖标的物所有权的移转作出特别约定的,并不影响标的物的风险依据该条所定“交付”标准而移转,如动产的出卖人与买受人在合同中仅约定,“自买卖合同订立时起,买受人取得标的物的所有权”,则该标的物的风险仍然在出卖人交付时移转。

二、相关案例评析

2017年11月10日原告、被告双方签订整车销售协议及涉案购销合同,约定运输方式为:被告(甲方)本着快捷、安全、节约的原则,受托为原告(乙方)安排车辆运输,运费由乙方承担,乙方也可安排车辆自提。在购销合同中,明确了涉案车辆订单的数量、规格型号、价款为11.2万元。原告于合同签订之日支付定金1万元,于2017年11月25日支付车款10.2万元。2017年11月28日被告经武城某公司联系,将涉案车辆交由实际承运人陈某承运,武城某公司与陈某的司机签订了货物运输合同。在运输过程中,车辆在河南境内发生交通事故,所运涉案车辆损坏。2018年10月9日经法院主持调解,承运人陈某赔偿武城某公司货物损失21万元。原告之后向法院起诉请求:(1)判令被告返还原告双倍定金及购车款12.2万元及相应利息;(2)诉讼费用由被告负担。

一审法院认为,该案争执焦点主要为涉案车辆是否已经交付及在运输过程中发生毁损、灭失的风险承担。在该案中,由于原告所订购车辆较少,不够整车运输条件,在被告和另外两个厂家同时给原告供货的情况下,3个厂家联合找一个承运人的汽车运输,符合原、被告所约定的甲方(被告)本着快捷、安全、节约的原则,受托为乙方(原告)安排车辆运输,运费由乙方承担之目标。双方销售合同及购销合同中没有约定交付地点,而涉案车辆已经由被告实际交付给了承运人陈某承运,涉案车辆确已发货且在运输途中因交通事故受损,应当认定被告作为出卖人已经履行了货物交付义务,其不应当承担涉案车辆在运输途中毁损、灭失的风险。故一审法院判决驳回了原告的诉讼请求,二审法院维持了一审判决。

在该案中,涉案车辆被告已经安排车辆运输,并且运输车辆在运输途中毁损,原告对此也表示认可。关键是运输途中运输车辆发生事故,导致涉案车辆毁损,该风险责任应由谁承担的问题。《民法典》第607条第2款规定:“当事人没有约定交付地点或者约定不明确,依照本法第六百零三条第二款第一项的规定标的物需要运输的,出卖人将标的物交付给第一承运人后,标的物毁损、灭失的风险由买受人承担。”在该案中,双方未约定交付地点,但约定被告受托安排车辆运输,由原告承担运费,且协议中并没有约定怎样的运输方式。因此,根据上述法律规定,应当认定涉案车辆的毁损、灭失的风险由原告承担。

专题五　出卖人的瑕疵担保责任问题

一、瑕疵担保的含义及类型

买卖合同中出卖人对标的物的瑕疵担保责任包括权利瑕疵担保和物的瑕疵担保责任。权利瑕疵担保，是指出卖人应当保证对标的物享有合法的权利，没有侵犯任何第三人的权利，并且任何第三人都不会就该标的物向买受人主张任何权利。在第三人基于所有权、用益物权或者担保物权等向买受人追夺标的物时，出卖人应当承担瑕疵担保责任。买卖合同的主要内容就是标的物所有权的转让，因此，权利瑕疵担保义务是出卖人的一项基本义务。权利瑕疵担保义务是出卖人的法定义务，即使合同中未作约定，出卖人也必须履行。目前，相关法律主要集中在《民法典》第612条至第624条。

物的瑕疵可以分为数量瑕疵和质量瑕疵，其中质量瑕疵根据检验的难易程度，分为外观瑕疵和隐蔽瑕疵。外观瑕疵包括标的物的表面性能和种类瑕疵，即产品的规格、型号、花色、品种等，一般可通过感官检验就可以发现。外观瑕疵又可以细分为两种类型：如果标的物的外形结构、外观瑕点、色泽、声音、气味、滋味、弹性、硬度、光滑度、包装和装潢等各方面存在瑕疵，直接影响标的物的性能和效用。隐蔽瑕疵，是指通过通常的感官检验方法无法发现的瑕疵，需要借助理化检验、生物检验或对标的物进行使用才能发现的瑕疵，又被称为“内在质量”。正是因为其认定需要较强的专业性，故在实践中大量采用委托司法鉴定的方法来确定是否存在。但随着科学技术的发展，专业鉴定机构有时亦无法对标的物的瑕疵出具鉴定意见。在此种情况下，多数法官倾向以买受人举证不能而驳回当事人关于质量瑕疵的主张。

二、买受人的检验义务

在买卖合同的履行过程中，在出卖交付标的物后，买受人应当对交付的标的物进行检验，查明出卖人交付的标的物是否与合同的约定相符。对此，《民法典》第620条规定：“买受人收到标的物时应当在约定的检验期间内检验。没有约定检验期间的，应当及时检验。”

关于检验期间的问题，《民法典》第621条规定了两种情况：

一是当事人对检验期间有约定的情况。在此情况下，买受人应当在检验期间内将标的物数量或者质量不符合约定的情形通知出卖人。买受人怠于通知的，视为标的物的数量或质量符合约定。如果当事人约定的检验期间过短，导致买受人不可能在该期限内完成检验或者发现瑕疵的，《民法典》第622条则规定，根据标的物的性质和交易习惯，买受人在检验期间内难以完成全面检验的，该期间仅视为买受人对外观瑕疵提出异议的期间。约定的检验期间或者质量保证期间短于法律、法规规定期间的，应当以法律、法规规定的期间为准。

二是当事人没有约定检验期间的情况。在此情况下，买受人应当在发现或者应当发现标的物的数量或者质量不符合约定的合理期间内通知出卖人。如果买受人在合理期间内未通知或者自标的物收到之日起两年内未通知出卖人的，则视为标的物的数量或者质量符合约定。如果对标的物有质量保证期的，适用质量保证期，不适用前述两年的规定。此时有四个问题需要注意。

第一，如何理解“及时检验”的问题。《买卖合同司法解释》第15条规定：“当事人对检验期间未作约定，买受人签收的送货单、确认单等载明标的物数量、型号、规格的，人民法院应当根据合同法第一百五十七条的规定，认定买受人已对数量和外观瑕疵进行了检验，但有相反证据足以推翻的除外。”第二，如何理解“合理期间”以及“两年期间”的关系。本书认为，两年期限应当认定为法律限定的最长合理期间，仍是检验期间的一种，性质上属于除斥期间。合理期间应当从买受人发现或者应当发现标的物瑕疵之日起算，但如果以买受人无法发现瑕疵而使合理期间迟迟不能起算，买受人的异议权始终不能消灭，显然不利于交易关系的稳定。于是法律在规定合理期间的同时，也对其最长实现限制，即买受人对标的物瑕疵的异议最长应在收到标的物之日起两年内发出，即使标的物的隐蔽缺陷是在买受人收到货物两年后才被发现，也即使这两年后才满足了“合理期间”的起算，买受人亦丧失了主张标的物与合同不符的权利。第三，检验期间的例外情况。如果出卖人知道或者应当知道其提供的标的物不符合约定，买受人不受前述通知时间的限制。第四，当事人对检验期间未作约定，买受人签收的送货单、确认单等载明标的物数量、型号、规格的，推定买受人已经对数量和外观瑕疵进行检验，但有相关证据足以推翻的除外。

三、法律效果

买受人应当在检验期间内向出卖人就合同标的物的数量或质量不符合合同约定提出异议。如果瑕疵存在，则买受人可要求出卖人承担修理、更换、减少价款或者赔偿损失等违约责任，或在瑕疵导致无法实现合同目的时主张解除合同。

1. 买受人没有在检验期间内提出标的物瑕疵异议。买受人未在检验期间内提出异议，所导致的结果就是在法律上视为标的物没有瑕疵。买受人既然无法主张标的物有瑕疵，也就无权要求出卖人承担标的物瑕疵的违约责任。在这种情况下，买受人的瑕疵担保责任救济权，如解除合同、减少价款、修理、更换或赔偿损失等权利行使期间，均无起算的必要。

2. 买受人在检验期间内提出瑕疵异议。此时，无论标的物的瑕疵是否真的存在，都能产生阻却视为标的物符合约定的后果，买受人也就有权向出卖人进一步主张瑕疵担保责任救济权。此时，出卖人再以买受人已经支付价款、确认欠款数额、使用标的物等为由，主张买受人放弃异议的，人民法院不予支持，但当事人另有约定的除外。

3. 如果当事人约定减轻或者免除出卖人对标的物瑕疵承担的责任，因出卖人故意或者重大过失不告知买受人标的物瑕疵的，出卖人物权主张减轻或者免除责任。

四、相关案例评析

王某在梁某处购买轿车一辆，双方签订《旧机动车交易市场车辆成交协议书》，协议书载明了车牌号、车架号、发动机号、车辆价款等内容，并约定“因双方交易车辆为旧机动车车辆，故双方签订协议时均对车身及发动机工作状态表示认同”。同日，王某支付购车款，梁某将涉案车辆及车辆行驶证交于王某。之后，王某办理了车辆过户手续，同时将车辆档案提出。但王某在车辆转入地进行上户查验时，该车被转入地车管所纳入嫌疑车辆扣车进行调查处理，车管所出具《机动车登记业务告知书》载明，案涉车辆存在车架号整块挖补、发动机号粘贴情况，不予上户。王某即找到梁某商议退车事宜。后经双方协商，梁某向王某退还部分购车款，并由王某向梁某出具收条予以确认。对尚欠余款，梁某向王某出具欠条。后因涉案车辆无法恢复登记至梁某名下，梁某拒不退还剩余车款，车辆现在为空挂状态，由王某保管。王某向法院起诉请求：(1)确认双方签订的车辆成交协议已经解除；(2)梁某立即退还剩余购车款并支付违约金。

一审法院认为，双方签订的《旧机动车交易市场车辆成交协议书》合法有效。由于涉案车辆存在车架号整块挖补、发动机号粘贴等瑕疵，无法办理上户登记，致合同目的无法实现，经双方口头协商，该协议书已经合议解除。同时，对于涉案车辆能否恢复登记，根据车管所出具的复函，需由车主提供真实有效的交通事故或技术鉴定证明，证明该车曾发生过交通事故且碰撞部位涉及车辆识别代码和发动机位置，符合相关要求后才能办理。从该案查明的事实，能够确认涉案车辆的发动机号、车架号与注册登记机动车信息是一致的，该机动车与原车为同一辆车。因王某持有时间较短，不可能发生致车架及发动机受损的交通事故，梁某作为出卖人应当对此承担瑕疵担保责任，故车管所复函中载明的“车主”应理解为原车主即梁某。机动车登记属于车辆管理机关行政许可的范围，涉案车辆最终能否恢复登记取决于梁某能否按照规定提供相关证明资料，而非王某所能实现。由于双方基于协商解除合同而退车退款，其责任不能归责于梁某，故对王某要求梁某支付违约金的诉讼请求不予支持。二审法院维持了一审判决结果。

【简要评析】

《民法典》第610条规定：“因标的物质量不符合质量要求，致使不能实现合同目的的，买受人可以拒绝接受标的物或者解除合同。买受人拒绝接受标的物或者解除合同的，标的物毁损、灭失的风险由出卖人承担。”法律规定了买卖合同中出卖人应尽的瑕疵担保责任，同时赋予了买受人享有的合同解除权。在该案中，王某在购买梁某的车辆后，因无法办理上户登记导致其购车的合同目的不能实现，王某本就享有解除合同的权利。而事实上，从梁某向王某退还部分购车款，并向王某出具剩余购车款欠条等事实来看，梁某在王某提出了解除合同的要求后亦作出了同意解除合同的意思表示，在双方意思表示一致的情况下，双方签订的《旧机动车交易市场车辆成交协议书》实际上已协商解除。合同解除后，尚未履行的，终止履行；已经履行的，根据履行情况和合同性质，当事人可以要求恢复原状、采取其他补救措施，并有权要求赔偿损失。在该案中，在王某与梁某协商一致解除购车合同后，王某有权要求梁某退还其已支付的全部购车款。

第九章　供用电、水、气、热力合同

专题一　供用合同的特征

《民法典》第648条规定："供用电合同是供电人向用电人供电，用电人支付电费的合同。向社会公众供电的供电人，不得拒绝用电人合理的订立合同要求。"第656条规定："供用水、供用气、供用热力合同，参照适用供用电合同的有关规定。"根据上述规定，对于供用电、供用水、供用气、供用热力合同，由于交易标的物的特殊性，采取不同于一般合同订立的自愿和意思表示一致原则，对于使用人合理的订立合同要求，向社会公众提供电、水、气、热力的合同主体不得拒绝。

电、水、气、热力，既是国民经济中的重要能源，也是一种特殊的商品。该类供用合同是指供应人向使用人供应电、水、气或者热力，使用人支付价款的合同。双方当事人的关系属于特殊类型的买卖合同。除具有买卖合同的一般特征外，主要具有以下特征：

第一，合同的标的物是特殊的物品。供用电、水、气、热力合同的标的物为电、水、气、热力，具有不同于一般交易标的物的特点。虽然这些客体客观存在，但无法以通常的方法固定或保存，或者这难以通过外观显现。但其与有体物又具有共同性，可以被感知、被支配，并作为物来对待。从这个意义上来讲，它们常常被视为有体物。[①] 例如，供用电合同的标的物是电力，电力属于无体物，具有一经产生使用就被消耗掉的特点。因此，供用电合同不存在买卖合同中的退货问题。该类合同解除的效力不具有溯及力，只能对未来发生效力。合同解除之后，当事人不得要求恢复原状。同时，这类商品是生产、生活中的必需品，为保障人们生产和生活的需要，法律一般对其予以特别规制。[②]

第二，供应方是特殊主体。只能是依法取得特定营业资格的供应企业，其他任何单位和个人都不得作为供应方。如供应水合同的供应商只能是自来水公司。[③] 在我国，通常是由专门的社会公共机构负责供电、供水等，供用电、水、气、热力合同的一方当事人不是一般的民事主体，而是社会公共机构。

第三，一般采用格式合同。为了适应大量交易的需要，合同条款一般是由供应方拟定的，使用方只能决定是否同意订立合同，而一般不能决定合同的相关内容。尽管使用方在标的物的用量、用时上可以提出自己的要求，但供应方具有决定权。双方当事人按照格式条款订立合同，有利于降低交易成本，使供应方集中精力提高供应质量，但容易产生垄断地位带来的不公平问题。对于供应方

---

① 史尚宽：《民法总论》，中国政法大学出版社2000年版，第251页。

② 黄丽：《民法债编各论》（上册），中国政法大学出版社2003年版，第144页。

③ 胡康生主编：《〈中华人民共和国合同法〉释义》，法律出版社1999年版，第275页。

式有特殊要求的使用方,也可以采用非格式条款订立合同。

第四,合同的履行具有连续性。由于电、水、气、热力的供应和使用具有连续性,因而合同的履行处于一种连续状态。在合同规定的期间内,在正常情况下,供应方须连续地供电、水、气、热力,使用方享有连续使用的权利,并按期支付相应的价款。

第五,原则上实行统一定价。如我国《电力法》第35条第2款规定:"电价实行统一政策,统一定价原则,分级管理。"电价的确定,一般是由电网经营企业提出方案,国务院有关物价行政主管部门核准。供电企业应当按照国家核准的电价和用电计量装置记录,向用电人收取电费。供电企业不得擅自变更电价。①

专题二　供用合同的主要内容

《民法典》对供用电合同作了明确规定,并在第656条规定:"供用水、供用气、供用热力合同,参照适用供用电合同的有关规定。"由于供用水、供用气、供用热力合同与供用电合同具有许多共同特点,因此有些合同权利义务可以参照适用。但各类合同还具有本身的特点,不完全相同,这里以供用电合同双方的权利义务来进行分析,以供参照。

第一,供电人的主要义务。(1)及时、安全、合格供电的义务。按照国家规定的供电质量标准和合同约定向用电人安全供电,是供电人的主要义务。供电人的供电质量包括电压频率、电压、供电可靠性须符合国家规定和约定的标准,供电的方式、时间、地址和点量等须符合合同的约定。供用电合同的履行地点,按照当事人约定;当事人没有约定或者约定不明确的,供电设施的产权分界处为履行地。在用电人为单位时,供电设施的产权分界点为变电设备的一个瓷瓶或开关。在用电人为散用户时,供电设施的产权分界处通常为进户墙的第一个接收点。② 供电人未按照国家规定的供电质量标准和约定安全供电,造成用电人损失的,应当承担损害赔偿责任。(2)因故中断供电的通知义务。供电人因供电设计计划检修、临时检修、依法限电或者用电人违法用电等原因,需要中断供电时,应当按照国家有关规定事先通知用电人。供电人未事先通知用电人而中断供电,造成用电人损失的,应承担损害赔偿责任。(3)因不可抗力断电的抢修义务。因自然灾害等原因断电时,供电人应当按照国家有关规定及时抢修,以尽早恢复供电。供电人未及时抢修,造成用电人损失的,应当承担损害赔偿责任。

第二,用电人的主要义务。(1)安全用电的义务。由于电力系统具有网络性,任何一个用电人的安全合理用电都关系整个供电系统的安全,关系社会的公共安全,所以用电人应当严格按照规定能够安全合理用电,不得违章用电、违约用电,以免造成重大损害。用电人未按照国家有关规定和约定安全用电,造成供电人损失的,应当承担损害赔偿责任。(2)正常检修停电限电的配合义务。

① 王利明、房绍坤、王轶:《合同法》,中国人民大学出版社2013年版,第272页。
② 同上书,第273页。

供电属于高度危险作业。为保持供电的安全性、防止意外事故的发生,需要对用电设施进行检修,用电人应当进行协助。因检修或者供电总量受限等原因导致停电限电,用电人应当忍受配合。(3)交付电费的义务。用电人应当按照国家有关规定和当事人的约定及时交付电费。用电人逾期不交付电费的,应当按照约定支付违约金。经催告用电人在合理期限内仍不交付电费和违约金的,供电人有权按照国家规定的程序中止供电。

专题三　强制缔约义务的设立

根据以上对供用电、水、气、热力合同特点及当事人权利义务的分析,对该类合同的供应方设立强制缔约义务主要有以下几个方面因素:

第一,合同主体的公共性。供用电、水、气、热力合同的当事人具有特定性,一方为具备相应资质的供应企业,而消费对象为社会不特定的一般社会公众,并非特定群体。使用人可能是企事业单位,也可能是普通的社会公众,具有广泛性、分散性和普遍性的特点。在一般情况下,用户对于供应人不具有选择的客观可能性,在停止供应的情况下,将严重影响用户的生产经营和生活,使其陷入困境。甚至使其不能获得必要的公共服务而影响其基本生存。因此,对于使用人提出的合理订立合同请求,供应人应当负有强制缔约的义务,不得拒绝正常的缔约请求。

第二,合同目的的公益性。该类合同的目的不单纯由供应人获取经济利益,更主要是满足人民群众日常生活需要,提高人民群众生活水平。用电、水、气、热力的供应,直接涉及不特定多数人的权益,涉及千家万户,关系基本民生。供用电、水、气、热力合同不仅关系当事人的利益,而且关系社会公共利益。[①] 基于合同双方当事人在经济实力、缔约能力上存在较大差距,如果仍然采取传统的绝对合同自由原则,可能使使用人处于被动接受的不利地位,导致利益关系失衡,违背公平正义原则。[②] 设立强制缔约义务,有利于防止企业利用市场垄断地位在缔约过程中侵害相对弱势的用户的合法权利。故只要供应方具有供应能力,就不得拒绝签订合理要求的签订请求,也不能随意解除合同。

第三,合同内容的确定性。由于供用电、水、气、热力合同大多以格式条款的形式订立,合同价格由相关部门根据国家规定的程序确定,对于不同的使用人,也公平地采取相同的供应价格及条件,当事人的权利义务相对比较清晰和固定。因此,对于使用人请求合理的,强制缔约并不损害供应人的合法权利。当然,对于使用人提出不合理的订立合同请求的,供应人有权拒绝。

第四,供应人的中止权利。订立合同后,使用人应当及时付费。经催告使用人在合理期限内不交付电费和违约金的,供应人有权按照国家规定的程序中止供应。供应人对于不履行交款义务的使用人,享有依法中止供应的权利,可以对强制缔约后供应人的权利进行适当救济。同时,为了保

① 崔建远主编:《合同法》,法律出版社2003年版,第395页。

② 王利明:《合同法研究》,中国人民大学出版社2015年版,第185页。

障民生，对供应人的同时履行抗辩权进行适当限制。中止供应前，供应人应当履行催告义务，并给使用人合理的准备期限。在使用人缴纳使用费和违约金后，供应人应当恢复供应，而不能解除合同。同时，按照《民法典》第654条第2款的规定，供电人因用电人不交纳电费需要依法中止供电时，应当事先通知用电人。从审判实践看，通知中止供电时间，应当给予用电人合理的准备时间，以免造成用电人不必要的损失，否则应当承担相应的赔偿责任。至于多少时间为合理时间，应当根据不同的企业、自然人的具体情况而定。

专题四　关于供用合同的中止履行和解除权利

在供电、供水、供热、供燃气等供用合同中，在物业服务人并非合同履行主体的情况下，中止供应的权利主体为供应人，而且在经催告使用人不缴纳使用费用和违约金的情况下才能行使。《民法典》第944条第3款规定："物业服务人不得采取停止供电、供水、供热、供燃气等方式催缴物业费。"这既是维护广大人民群众正常基本生活的需要，更是因为物业服务人本身并非供电、供水、供热、供燃气的主体，业主不缴纳物业费，与供电、供水、供热、供燃气合同的履行并无直接关系，物业服务人并非该合同履行主体，不具有中止履行的法定及约定主体资格。业主不缴纳物业费，也不是物业服务人可以干涉供电、供水、供热、供燃气合同履行的合理事由。

使用人提出中止供电、供水、供热、供燃气合同的，供应人一般情形下不享有以此为由解除合同的权利，在供用合同中，是否解除合同应由使用人决定。在非集中供热地区，开发商向业主出售的商品房含有供热设施，且约定由开发商向业主供热，开发商负有强制缔约义务，是否解除供热合同应当由业主或者业主大会决定。例如，原告某房地产公司与张某供用热力合同纠纷案中，张某购买某房地产公司房产一套。双方约定业主同意供暖期按建筑面积每月每平方米4.2元收费，非供暖期按照每月每平方米0.7元收费。2011年张某向原告某房产公司递交《关于申请停用暖气热水的报告》，原告某房地产公司起诉请求法院确认双方之间的热力代供关系已经解除。法院经审理认为，原告某房地产公司与被告张某签订的房屋买卖合同中，对供暖、供热水的时间和使用费进行了约定，由原告某房地产公司履行供暖、供热水的义务，张某按照标准支付使用费，故双方之间形成供用热力的合同关系。对于原告某房地产公司要求确认双方热力代供关系已经解除的请求，因张某提交的停用暖气、热水报告中仅要求停用热水及暖气，并未要求解除双方之间的供热合同，在案件审理中，张某也不同意解除双方之间的供热合同。而且原告某房地产公司提供的供热水、供暖服务的对象为该社区全体业主，属于相关设施及小区业主的公共设施，解除供热合同势必影响张某房屋的价值和其他业主的合法权益，是否解除供热应由业主大会决定。故对于原告某房地产公司的该项请求，人民法院不予支持。①

---

① 杜万华主编，最高人民法院民事审判第二庭编：《合同案件审判指导》，法律出版社2018年版，第1067页。

第十章 赠与合同

专题一 赠与合同的撤销制度

《民法典》第657条规定:“赠与合同是赠与人将自己的财产无偿给予受赠人,受赠人表示接受赠与的合同。”赠与合同属于诺成、单务、无偿合同。在赠与合同中,转让财产的一方为赠与人,接受财产的一方为受赠人。赠与合同由于与买卖合同具有转移标的物所有权等权利的相同点,因而买卖合同的规定对于赠与合同具有参照适用的效力。① 同时,由于赠与合同又具有无偿合同的特点,对于赠与人履行义务的约束相对宽松,主要表现为赠与的撤销。

法律对于赠与撤销的规定,系基于赠与合同的如下特点:

1. 赠与合同属于诺成合同,合同成立的前提是双方当事人意思表示一致。比如,对于立遗嘱赠与财产的情况,仅依遗嘱人单方的意思表示即可成立法律行为,②属于单方法律行为。而赠与合同并非单方法律行为,需要依据双方合意成立。根据《民法典》关于赠与合同的规定,赠与合同并非实践性合同,不以交付赠与物为合同成立要件,依法成立的合同,自成立时生效。赠与合同生效后,可依法进行撤销,但不交付赠与物不能导致赠与合同不成立。③

2. 赠与合同必须存在给与行为。在减少赠与人财产的同时,使受赠人的财产因赠与而有所增加。主要包括向受赠人移转财产的所有权、土地使用权、股权、债权、免除受赠人负担的债务等。但下列行为不属于给与行为:无偿提供劳务、无偿地将自己的财产借予他人使用、为他人利益而不愿为某项财产的取得、抛弃自己应继承份额或遗赠物的。④ 对于不属于给予行为的法律行为,不适用赠与撤销的相关规定。

3. 赠与合同为单务、无偿合同。在赠与合同中,赠与人负有给付赠与财产的义务,而受赠人并无对等给付义务,因此赠与人不享有合同履行抗辩权。根据《民法典》第16条“涉及遗产继承、接受赠与等胎儿利益保护的,胎儿视为具有民事权利能力。但是,胎儿娩出时为死体的,其民事权利能力自始不存在”的规定,包括胎儿在内的无民事行为能力人均可以成为受赠人。但是,对于赠与

① 王利明、房绍坤、王轶:《合同法》,中国人民大学出版社2013年版,第276页。

② 韩世远:《合同法总论》,法律出版社2018年版,第7页。

③ 对于赠与合同的性质。历来存在争议。有学者如张新宝、巩赛红在《买卖合同、赠与合同》一书中认为,对赠与合同的性质,我国法律采取了两分法加以规定。对于一般的赠与,赠与人可以无条件撤销,受赠人不得请求交付赠与财产,应属于实践性合同。对于具有社会公益等特殊的赠与合同,应为诺成性合同,受赠人可以要求交付。

④ 梅仲协:《民法要义》,中国政法大学出版社1998年版,第362~363页。

合同的单务和无偿来说，并非双方约定不存在对价，即直接认定为赠与。还应审查双方是否存在买卖合同等其他法律关系，如果属于履行合同附随义务等情形，则不属于赠与合同，不能适用赠与撤销的规定。

专题二　赠与合同的任意撤销

赠与人任意撤销权，是指未经公证的赠与或非履行道德义务的赠与，赠与人在赠与财产的权利转移以前无须任何理由均可撤销赠与的权利。

行使任意撤销权的条件包括：(1)赠与合同尚未履行，赠与物的物权尚未发生转移。动产的物权转移以交付为要件，不动产和特殊动产（如机动车、船舶、飞机）的物权转移为登记要件。因为赠与合同具有实践合同的特点，物权转移后，赠与人即丧失任意撤销权。(2)赠与合同不具有社会公益和道德义务的性质。(3)赠与合同未经过公证。具备上述条件的，赠与人方可行使任意撤销权。

任意撤销权为形成权，自赠与人撤销的通知到达受赠人时即发生撤销效力。其法律后果如下：一是赠与合同自始或仅向将来消灭，赠与人不再承担赠与义务。但任意撤销之前已经部分交付的动产，不得请求返还。二是赠与人有过失的，应当承担缔约过失责任，赔偿受赠人信赖利益的损失。

对于不能任意撤销的赠与合同，赠与人不交付赠与财产的，受赠人可以要求交付。因赠与人故意或者重大过失致使赠与财产毁损、灭失的，赠与人应当承担损害赔偿责任。

专题三　赠与合同的法定撤销

赠与合同的法定撤销，是指在具备法定撤销事由时，赠与人或者其继承人、法定代理人行使撤销权，使赠与合同自始无效的行为。

法定撤销权基于法定事由，由赠与人行使撤销赠与的权利。行使该项权利的要件是，无论赠与合同是否已经履行，受赠人只要符合下列情形即可行使撤销权：一是严重侵害赠与人或者赠与人的近亲属；二是对赠与人有抚养义务而不履行；三是不履行赠与合同约定的义务。只要具备前述3项事由之一，无论赠与合同是否经过公证证明，赠与的财产是否已经交付，也无论是否属于社会公益和道德义务性质，享有撤销权的人均可以撤销赠与。

法定撤销权亦为形成权，自撤销的通知到达受赠人时发生撤销的效力，赠与合同自始无效。撤销权人有权要求受赠人返还赠与的财产。

撤销权行使的除斥期间：一是赠与人行使法定撤销权。赠与人应当自知道或者应当知道撤销原因之日起1年内行使撤销权。二是赠与人的继承人、法定代理人行使撤销权。仅限于赠与人因受赠人的违法行为死亡或者丧失民事行为能力之情形，赠与人的继承人、法定代理人才享有撤销赠与合同的权利。

从这两种撤销权的条件可以看出，依法成立的法定撤销权的行使范围，可以包含任意撤销权适用的情形，而任意撤销权的行使范围则不包括法定撤销权。

专题四　赠与合同的法定解除

《民法典》第666条规定，赠与合同成立后，若赠与人的经济状况显著恶化，严重影响其生产经营或者家庭生活的，赠与人有权不再履行赠与义务。对于该条规定，有观点认为，属于赠与合同穷困撤销、穷困抗辩权，或称拒绝履行抗辩权，[①]本质上应属于情势变更情形下的合同解除。赠与合同不再履行与法定撤销的主要区别在于：(1)合同的撤销具有溯及效力。赠与合同被撤销后，对于已经交付给受赠人的赠与物，赠与人可以要求返还。而赠与合同的法定解除，不具有溯及效力。对于已经履行的部分，不能要求返还。(2)赠与合同的法定撤销，主要是对于受赠人的忘恩行为及不履行义务行为的一种惩罚。而合同解除的目的在于照顾确实已经处于困境中的赠与人，根据赠与合同为单务、无偿合同的特点，在赠与人的经济情况显著恶化的情况下，若继续要求赠与人履行赠与义务，与济危扶困的道德传统多有不和，因此赠与人可以行使不再履行赠与义务的抗辩权。

① 刘春堂：《民法债编各论》(上)，台北，三民书局股份有限公司2008年版，第204页。

第十一章　借款合同

专题一　民间借贷法律关系的认定

一、民间借贷的定位

民间借贷，是指除金融业务外，自然人、法人和非法人组织之间进行资金融通的行为。近年来，随着我国经济社会的持续发展，民间借贷活动在经历空前的繁荣发展后，进入逐渐规范成熟发展的历史阶段。

民间借贷作为一种经济现象，是一种历史悠久、在世界范围内广泛存在的民间金融活动。在中国至少已有上千年的发展历史，是社会经济生活中不可缺少的部分。传统意义上的民间借贷，因主要属于自然人之间的互助，历来是受到保护的。所谓欠债还钱天经地义。同时，基于中国特殊的伦理及文化传统，民间借贷受国家政策影响较大，也受到了一定程度的歧视甚至指责。如新中国成立后，我国长期实行企业之间借贷无效的司法政策，对于维护金融市场秩序、防范和化解金融风险产生过积极作用。在中国特色社会主义市场经济深入发展的历史背景下，民间借贷作为正规金融的合理补充，因手续简便、放款迅速日益活跃，信贷规模不断扩大。这在一定程度上解决了中小微企业融资矛盾，满足了企业发展过程中对资金的需求，拓宽了民间资本投资逐利的渠道和出路，增强了经济运行自我调整的适应能力。

前些年，由于我国金融和法律体系尚不完善，对民间借贷活动的规制未形成有效立法，缺乏对民间资本的有效监管和健康引导。民间借贷一直游离于国家金融监管体系的边缘，存在交易隐蔽、监管缺位、刑民交叉、风险难控等现象。有些甚至通过地下钱庄，行使诈骗洗钱等违法犯罪活动，造成民间借贷利率高企、投机盛行、救济乏力。个别地区民间借贷资金流向非法领域，虚假诉讼、“套路贷”等问题高发，并出现借助黑社会势力暴力追贷的现象。隐患突出、风险渐增，给经济发展带来较大负面影响。这些问题不仅扰乱了金融市场秩序，削弱了金融市场信心，也加剧了风险向银行体系蔓延的危险。[①] 2015 年《民间借贷解释》的实施，对明确民间借贷定位、规范民间借贷市场、促进民间资本融通等起到积极的推动作用。然而，由于资本的逐利性，民间借贷活动发展惯性带来的负面作用不断凸显，较多职业放贷行为违反金融管理秩序进行资金拆借，部分出借人为获取高额收益规避法定利息上限、虚假恶意诉讼问题突出，甚至出现虚增债务、伪造证据、转单平账、收取高额费

---

① 杜万华主编，最高人民法院民事审判第一庭编著：《最高人民法院民间借贷司法解释理解与适用》，人民法院出版社 2015 年版，第 5 页。

用等“套路贷”新型诈骗犯罪,严重影响了企业经营和社会秩序。

2020年8月18日最高人民法院对《民间借贷解释》进行了修改。将民间借贷的利率上限大幅度调低至合同成立时一年期贷款市场报价利率4倍。同时,严格限制职业放贷行为,对于“未依法取得放贷资格的出借人,以营利为目的向社会不特定对象提供借款”的情形,列为合同无效的范围,大大压缩了经营性职业放贷的合法活动空间。另外,对于利用信贷资金转贷等行为,放宽了认定无效的标准,不再把转贷中的高利设置为认定无效的条件,而是将套取金融机构贷款转贷行为一律规定为无效。通过采取以上种种措施,对于民间借贷活动,进行合理有力的民法规制。

二、基础法律关系的界定

民间借贷是借款合同的一种类型,根据《民法典》第667条的规定,“借款合同是借款人向贷款人借款,到期返还借款并支付利息的合同”。自然人、法人和非法人组织之间进行的资金融通,应当符合上述借款合同的规定。《民间借贷解释》第15条规定:“原告以借据、收据、欠条等债权凭证为依据提起民间借贷诉讼,被告依据基础法律关系提出抗辩或者反诉,并提供证据证明债权纠纷非民间借贷行为引起的,人民法院应当依据查明的案件事实,按照基础法律关系审理。当事人通过调解、和解或者清算达成的债权债务协议,不适用前款规定。”

现实中,当事人因买卖、承揽、股权、合伙、损害赔偿、精神损失等法律关系形成债权债务,却以民间借贷的形式来确认的情况在审判实践中较常见。借条、欠条等内容直观明了,可大大减轻当事人的举证证明责任,经常被作为当事人起诉的主要证据。在此种情况下,需要解决的问题是:原告的请求权基础如何确定?依据的事实以及相应的法律关系如何认定?倾向性观点认为,虽然当事人可以通过意思自治形成某种法律关系,但由于形成债权债务的基础法律关系不同,双方当事人的举证证明责任和抗辩权利也不同。《民事诉讼法》第7条规定,“人民法院审理民事案件,必须以事实为根据,以法律为准绳”。准确认定法律关系的性质,是案件审理的基本任务,也是作出裁判的前提。法律关系性质的判断,要以能够被证据证明的事实为前提,而非仅仅根据当事人请求的事实和理由。只有查清双方存在的基础法律关系,才能够对争议的债权债务关系进行准确认定和调处。同时,也不能一概否定当事人的意思表示,对于双方基于调解、和解或者清算等方式达成的债权债务协议,应当予以尊重。例如,双方之间基于买卖合同法律关系进行结算,形成欠款数额并约定了支付时间及利息,可以按照双方形成的结算协议进行认定。但在审判实践中,对于已经明确因其他法律关系形成的以借条形式确认的债权债务,债务人对双方基础法律关系的效力或履行实施提出抗辩,存在较大争议的,原则上应该按基础法律关系审理。例如,2011年甲与乙公司签订股权转让协议,甲同意将其持有的丙公司20%的股权以5000万元价格转让给乙公司。后乙公司签订合同受让了丙公司其他股东的股权,持有丙公司100%的股份。2011年10月甲乙双方签订补充协议载明:由乙公司首先支付1000万元现金给甲,余款4000万元作为乙公司借款分期支付,每月结息,年利率为30%。后由于其他股东的股权转让协议未完全履行,乙公司一直未能实现合同目的。一审法院认为,甲与乙公司之间是民间借贷法律关系,应当按照民间借贷纠纷的法律规定进行审理。二审法院认为,借款合同是借款人向贷款人借款,到期返还借款并支付利息的合同。案涉4000万元款项,并非甲将资金出借给乙公司由乙公司偿还本金及利息的协议,而是基于双方之间股权转让形成的欠款，基础法律关系为股权转让，并非民间借贷，故案涉争议应定性为股权转让纠纷，按照股权转让纠纷的基础法律关系进行审理。需要在查清双方违约责任的基础上，对股权转让款项及违约金的争议进行审理认定，而不是排除双方履行股权转让合同的事实，按照民间借贷法律关系认定本金和利息。

三、民间借贷法律关系的厘清

在审判实践中，民间借贷与其他法律关系的交叉认定问题较普遍，主要存在以下几个方面：

1. 关于名为合作开发实为借款合同的问题。根据《土地使用权解释》第 26 条规定："合作开发房地产合同约定提供资金的当事人不承担经营风险，只收取固定数额货币的，应当认定为借款合同。"即当事人以合作开发合同为名，实际从事资金融通行为，不承担合作开发经营风险的，本质上属于资金借用，应认定为借款合同。

2. 关于名为投资实为借款合同的问题。民间借贷法律关系是一种债的关系，意味着出借人将其资金转移给了借款人。而投资意味着将货币转化为资本，投资者仍然享有一定的支配权，在投资关系下投资主体之间共同出资、共担风险、共享收益。对于当事人之间是否建立真实的民间借贷关系，应根据双方合同约定和履行情况进行审查判断。例如，郭某和甲公司订立的《合作协议》第 3 条约定由于郭某是中途进入合伙，所以不承担项目的债权债务，郭某只安排人员监管账目，不从事经营管理，不承担其他任何法律责任。该协议第 4 条约定从郭某投资之日起第一年期满，甲公司支付本金和投资回报共计 5000 万元给郭某。第二年期满甲公司支付投资回报 3000 万元。根据该约定，郭某仅是将款项投入安华公司，到期收回固定投资回报，而不参与项目的经营，也不承担该项目亏损风险和其他法律责任，故双方实质是建立了民间借贷法律关系。

3. 关于以买卖合同为民间借贷进行担保的问题。根据《民间借贷解释》第 24 条的规定，对于当事人以签订买卖合同作为民间借贷合同的担保，借款到期后借款人不能还款，出借人请求履行买卖合同的，人民法院应当按照民间借贷法律关系审理。经向当事人释明变更诉讼请求，当事人拒绝变更的，应裁定驳回起诉。按照民间借贷法律关系审理作出的判决生效后，借款人不履行生效判决确定的金钱债务，出借人可以申请拍卖买卖合同标的物，以偿还债务。在实践中，对商品房买卖合同和民间借贷法律关系的性质界定，应根据当事人的真实意思和合同约定的内容来判断。对于双方之间是否成立房屋买卖法律关系，应当根据借款及还款时间、房屋买卖合同约定的权利义务是否对等、履行方式是否有违常理等方面综合认定。

4. 关于买卖合同中的垫资条款是否设立借款法律关系的问题。当事人在买卖合同中约定，出卖人在约定期限内垫资供应一定数量的货物，并收取垫资期间的加价款、资金占用费等款项的，由于约定垫资虽然实际起到了融资作用，但是出卖人与买受人之间并没有借款的意思表示，也没有借款款项的交付，不应认定合同中存在借款法律关系，基础法律关系应当认定为买卖合同。[①]

5. 关于民间借贷与委托理财的关系认定问题。在实践中，存在一定程度的交叉。委托理财，是指委托人将其资金、证券等资产委托给受托人，由受托人将该资产投资于期货、证券等交易市场，或

---

① 杜万华主编、最高人民法院民事审判第二庭编：《合同案件审判指导》，法律出版社 2018 年版，第 669 ~ 670 页。

通过其他金融形式进行管理,所得收益由双方按约定进行分配,或由受托人收取代理费的经济活动。由于当事人约定的权利义务关系不同,委托理财合同会有不同的法律关系予以界定。包括委托理财、委托监管、借款合同、合伙协议、信托合同等。部分委托理财合同约定了“保底条款”,即投资方不承担投资风险,只享受固定回报或利润。如果委托人的缔约目的和合同预期,是纯粹追求资金投入的固定回报,对受托人管理资产行为与收益后的分成并无预期,也不承担经营风险,可以认定名为理财实为借贷。但是,对于“保底条款”性质的认定不能一概而论,而应根据当事人的真实意思进行判断。如果约定委托人系参与收益分配,即使合同中约定了本息固定回报的保底条款,但因条款中约定了对收益按约定比例,则当事人的缔约目的与纯粹的借贷合同并不相同,[①]不宜否定委托理财合同的性质。

6. 关于民间借贷与不当得利的法律关系认定问题。不当得利,是指无法律依据,使他人受损而自己取得利益的行为。其构成要件有 4 个:一是取得不当利益;二是造成他人损失;三是取得利益与所受损失存在因果关系;四是取得利益没有合法根据。不当得利作为一种独立的法律制度,具有严格的构成要件及适用范围,不能作为当事人在其他民事法律关系中缺少证据时的请求权基础。因此,对当事人因借贷关系缺少证据证明或借贷纠纷案件诉讼请求被驳回后,又以不当得利为由主张权利的,不应予以支持。[②]

四、基础法律关系存在争议的程序处理

对于人民法院认定的基础法律关系与当事人主张的不一致的情形,应当按照最高人民法院《民事证据规定》第 53 条第 1 款的规定进行审理,即“诉讼过程中,当事人主张的法律关系性质或者民事行为效力与人民法院根据案件事实作出的认定不一致的,人民法院应当将法律关系性质或者民事行为效力作为焦点问题进行审理。但法律关系性质对裁判理由及结果没有影响,或者有关问题已经当事人充分辩论的除外”。上述规定,变更了之前对于法律关系性质认识不一致的情况下,由人民法院进行释明的做法。在案件终审前,能够充分保障当事人的诉讼选择权。但是,为维护当事人的合法权利,在案件审理中应当将法律关系的性质作为案件的焦点问题进行审理,保障当事人就不同法律关系及产生法律后果进行充分的辩论。

专题二　自然人之间借款法律关系的成立

一、关于自然人之间借款合同的成立和生效

《民法典》第 679 条规定,“自然人之间的借款合同,自贷款人提供借款时成立”,将自然人之间

① 林晨、金赛波主编:《民间借贷实用案例解析》,法律出版社 2015 年版,第 57 页。

② 最高人民法院民事审判第一庭编:《民事审判指导与参考》[2010 年第 3 集(总第 43 集)],法律出版社 2011 年版,第 138 页。

的借贷关系成立界定为借款提供时。对于合同的订立,当事人可以采取邀约、承诺方式或者其他方式。合同订立过程完成后,如当事人对合同的基本内容达成一致意见,要约承诺阶段宣告结束,当事人合意一致的成果即合同成立。在一般情形下,除法律另有规定或者当事人另有约定的外,合同成立于承诺生效时。《民法典》第679条将自然人之间的借贷合同界定为贷款提供时成立,而非意思表示达成一致,反映了国家立法对于自然人之间借款合同干预程度的降低,当事人在订立合同时享有更大的意思自治和实际履行空间。

合同的生效,是指依法成立的合同为使其具有法律所赋予的约束力而产生的效力,是国家通过法律评价合同的表现,是法律认可当事人的意思的结果。合同虽已成立,但却可能因各种原因而未能生效或自始无效。合同的成立与合同的生效是两个层次的问题,是不同的范畴和制度。[①] 第一,合同的成立属于事实认定,着眼点在于判断合同是否存在,而合同的生效则是法律价值的判断,着眼点在于判断合同是否符合法律的精神和规定,能否发生法律上的效力。第二,判断合同是否成立,结果只能是成立或不成立的事实,而判断合同是否有效,其结果则有生效、无效、未生效、可变更、可撤销等多种情形。第三,合同的成立主要是强调当事人合意,体现了合同自由原则,国家不会主动干预。合同的生效强调立法者对合同关系的评价,反映了立法者对合同的干预。

根据合同的成立是否以交付标的物为成立条件,可以将合同分为诺成合同和实践合同。诺成合同,是指当事人一方的意思表示一旦为对方同意既能产生法律效果的合同。当事人双方意思表示一致时,合同即告成立。实践合同,是指除当事人双方意思表示一致外,尚须交付标的物才能成立的合同。诺成合同和实践合同的主要区别在于两者成立与生效的时间是不同的。诺成合同自双方当事人意思表示一致时成立。而实践合同则需当事人交付标的物和完成其他给付后,合同才能成立。[②] 从沿革的角度来看,诺成合同的范围是在逐渐增加的。在传统民法中,借贷、保管、运送、赠与等合同属于实践合同。随着现代经济生活的发展,尤其是银行业、运输业的发展。若坚持在双方当事人达成合意之外,还需以物之交付为合同成立要件,无利保障营业者一方的利益。因此,信贷合同中银行借款合同和运输合同中的铁路航空等客运货运合同,在我国《合同法》上均已脱离实践合同的范畴而成为诺成合同。[③] 目前,由于绝大多数合同都从双方形成合意时订立,因而都属于诺成合同。而实践合同则必须有法律特别规定。自然人之间的合同,则属于法律明确规定的实践性合同。

二、关于自然人之间借贷法律关系的成立要件

自然人之间借贷合同是借款合同的一种,属于民间借贷法律关系。根据《民间借贷解释》第1条的规定,经金融监管部门批准设立的从事贷款业务的金融机构及其分支机构,因发放贷款等相关金融业务引发的纠纷,不属于民间借贷司法解释的适用范围。由此,借款合同可以区分为民间借贷和金融借贷。而民间借贷根据当事人主体的不同,又可以区分为自然人之间的借贷和一方主体为

---

① 崔建远主编:《合同法》(第6版),法律出版社2016年版,第62页。
② 王利明、房绍坤、王轶:《合同法》,中国人民大学出版社2013年版,第8页。
③ 崔建远主编:《合同法》(第6版),法律出版社2016年版,第18~19页。

非自然人的借贷。借款合同的成立及生效,适用合同订立的一般原则,除当事人另有约定或者法律、行政法规另有规定外,合同签订时成立并生效。

对于自然人之间的借贷,与保管合同被我国学者公认为实践合同。在《合同法》的规定中,对于保管合同,规定为交付保管物时成立。而对于自然人之间的借贷,规定为提供贷款时生效,两者存在一定程度的区别。《民法典》统一了两个法律关系的规定,明确了自然人之间的借贷合同自贷款提供时成立,即自然人之间的借贷合同仅有借贷双方当事人的合意不能成立,必须要有实际的交付行为才能成立。由此,对于自然人之间的借贷,证明合同成立还需要资金进行实际交付的证据。同时,对于一方主体为非自然人的借款合同订立后,出借人违反约定未及时提供资金时,借款人可以要求出借人承担违约责任。但是,对于自然之间的借贷,由于借款未实际交付,合同并未成立,出借人不具备承担违约责任的合同基础。由此,自然人之间的民间借贷法律关系的成立,需符合形式要件和实质要件。形式要件即达成合意的外在形式,如借条、借款合同、口头约定以及其他可以表明双方借款合意的形式;实质要件即款项的实际交付。

首先,当事人一方仅提供款项交付凭证,未提供借贷合意凭证,借款人对此提出合理抗辩的,出借人仍需就双方之间存在借贷合意承担举证证明责任。《民间借贷解释》第 17 条规定:"原告仅依据金融机构的转账凭证提起民间借贷诉讼,被告抗辩转账系偿还双方之前借款或者其他债务的,被告应当对其主张提供证据证明。被告提供相应证据证明其主张后,原告仍应就借贷关系的成立承担举证责任。"例如,王某诉刘某民间借贷纠纷案中,王某提供其向刘某支付 740 万元的银行转账凭证。但经审理查明,王某与刘某在此期间,存在合作开发法律关系。双方之间账目往来频繁,并未汇总核对,该部分款项系用于支付合作开发的土地出让金。因此,认定该 740 万元的支付,双方之间不存在借款的合意,不成立民间借贷法律关系。

其次,债权人仅凭付款凭证起诉而未提供借据等证据证明,在债务人抗辩并举证证明双方不存在借款合意而存在其他法律关系的,债权人主张的民间借贷关系不能认定成立。《民诉法司法解释》第 91 条规定:"人民法院应当依照下列原则确定举证证明责任的承担,但法律另有规定的除外:(一)主张法律关系存在的当事人,应当对产生该法律关系的基本事实承担举证证明责任;(二)主张法律关系变更、消灭或者权利受到妨害的当事人,应当对该法律关系变更、消灭或者权利受到妨害的基本事实承担举证证明责任。"由此,出借人主张双方存在民间借贷法律关系的,应承担相应的举证证明责任。否则,将承担对自己不利的法律后果。例如,借款人刘某为经营需要,与出借人王某达成借款 50,000 元、借款期限为 30 天的借款协议。王某将 50,000 元款项交付给中间人崔某,但崔某并未将该借款交付给刘某。在此种情形下,基于案涉纠纷属于自然人之间借贷,借款协议虽然已经订立,但由于款项未能实际交付,不能证明民间借贷法律关系成立。

三、关于贷款提供的事实认定

对于何种情况属于贷款已经提供的认定问题,根据《民间借贷解释》第 9 条的规定,自然人之间的借款合同具有下列情形之一的,可以视为合同成立:(1)以现金支付的,自借款人收到借款时;(2)以银行转账、网上电子汇款等形式支付的,自资金到达借款人账户时;(3)以票据交付的,自借款人依法取得票据权利时;(4)出借人将特定资金账户支配权授权给借款人的,自借款人取得对该账户实际支配权时;(5)出借人以与借款人约定的其他方式提供借款并实际履行完成时。对于上述情形,应当认定为出借的款项已经完成交付。

关于借款交付的争议在民间借贷案件中广泛存在,尤其是大额现金交付的认定问题,属于民间借贷案件审理中的一个难点、热点。《民间借贷解释》第16条第2款规定:“被告抗辩借贷行为尚未实际发生并能作出合理说明,人民法院应当结合借贷金额、款项交付、当事人的经济能力、当地或者当事人之间的交易方式、交易习惯、当事人财产变动情况以及证人证言等事实和因素,综合判断查证借贷事实是否发生。”第一,对于借款数额较少,当事人存在较亲密身份关系的案件。如果出借人具有相应支付能力,能够提供借据及合理解释的,一般应认定出借人完成了举证责任。第二,对于借贷数额较大,当事人主张现金交付没有其他相关证据予以佐证的,需要审查出借人的款项来源、支付能力、双方关系、交易习惯、业务联系等因素。综合判断是否存在款项的真实交付。第三,必要时应根据《民诉法司法解释》第110条的规定,要求当事人本人到庭陈述借款交付的原因、时间、地点、方式、用途,进行综合判断。负有举证证明责任的当事人拒绝到庭、拒绝接受询问或者拒绝签署保证书,待证事实又欠缺其他证据证明的,对其主张的事实不予认定。

在实践中,应注重对虚假诉讼、“套路贷”、高利贷、“砍头息”等进行全面审查,根据双方当事人的主体、关系、主张及诉讼目的,判断是否存在虚假诉讼情形。根据借款数额的形成及支付过程,判断是否属于以循环出具借据、隐瞒复利,甚至是以非法占有为目的的“套路贷”等违法行为,防止通过诉讼将非法利益合法化。①

专题三 民间借贷合同的效力

一、民间借贷合同效力的职权审查

近年来,民间借贷市场交易中违规转贷、虚假诉讼、职业放贷、民刑交叉等问题突出,高额利息现象未得到有效遏制。甚至出现以民间借贷形式,通过“虚增债务”“恶意制造违约”“收取高额费用”等方式非法侵占财物的“套路贷”诈骗等新型犯罪,严重侵害了人民群众的合法权益,影响社会和谐稳定。为防止少数当事人通过民事诉讼将违法犯罪行为合法化,利用审判程序实现其非法利益,在民间借贷纠纷审理中,对合同效力的审查尤为重要。对合同效力的审查属于人民法院的职权范围,民间借贷合同要依职权重点审查是否存在无效的情形,准确认定合同效力。

对于民事法律行为效力的认定,《民法典》第143条规定:“具备下列条件的民事法律行为有效:(一)行为人具有相应的民事行为能力;(二)意思表示真实;(三)不违反法律、行政法规的强制性规定,不违背公序良俗。”第153条规定:“违反法律、行政法规的强制性规定的民事法律行为无效,但

① 杜万华主编、最高人民法院民事审判第二庭编:《合同案件审判指导》,法律出版社2018年版,第826页。

是该强制性规定不导致该民事法律行为无效的除外。违背公序良俗的民事法律行为无效。”第154条规定：“行为人与相对人恶意串通，损害他人合法权益的民事法律行为无效。”

在合同纠纷案件审理中，需依据《民法典》第153条第1款的规定，慎重判断“强制性规定”的性质，特别是要在考量强制性规定所保护的法益类型、违法行为的法律后果以及交易安全保护等因素的基础上认定其性质。下列强制性规定，应当认定为“效力性强制性规定”：强制性规定涉及金融安全、市场秩序、国家宏观政策等公序良俗的；违反金融行业特许经营规定的；关于经营范围、交易时间、交易数量等行政管理性质的强制性规定，一般应当认定为“管理性强制性规定”。值得关注的是，违反规章在一般情况下不影响合同效力，但该规章的内容涉及金融安全、市场秩序、国家宏观政策等公序良俗的，应当认定合同无效。人民法院在认定规章是否涉及公序良俗时，要在考察规范对象基础上，兼顾监管强度、交易安全保护以及社会影响等方面进行慎重考量。①

二、民间借贷合同无效的主要情形

《民间借贷解释》第14条规定：“具有下列情形之一的，人民法院应当认定民间借贷合同无效：（一）套取金融机构贷款转贷的；（二）以向其他营利法人借贷、向本单位职工集资，或者以向公众非法吸收存款等方式取得的资金转贷的；（三）未依法取得放贷资格的出借人，以营利为目的向社会不特定对象提供借款的；（四）出借人事先知道或者应当知道借款人借款用于违法犯罪活动仍然提供借款的；（五）违反法律、行政法规强制性规定的；（六）违背公序良俗的。”

关于套取信贷资金转贷行为的认定。银行根据国家产业政策和宏观调控需要，向具有信贷资金使用条件的企业发放贷款，目的是支持产业发展，而借款人将之转贷，违背了与银行约定的贷款用途，使信用资金难以监管，资金安全难以保障。通过银行管制利率与市场利率的利差牟利，扰乱了国家对资金投向、利率宏观管控等政策的导向。出借人套取金融机构信贷资金又转贷给借款人的民间借贷行为，既增加了融资成本，又扰乱了信贷秩序，应当认定此类行为无效。当前，在认定套取信贷资金转贷行为时，应当注意把握以下两点：一是要审查出借人的资金来源。借款人能够举证证明在签订借款合同时出借人尚欠银行贷款未还的，一般可以推定为出借人套取信贷资金，但出借人能够举反证予以推翻的除外。② 二是根据最高人民法院《民间借贷解释》修改后对套取信贷资金转贷行为无效认定的规定，此种情形认定无效，不要求出借人通过转贷行为牟利，也不要求借款人对转贷行为的知悉。只要存在套取信贷资金进行转贷的行为，即符合认定合同无效的全部要件。

关于转贷牟利的认定。2018年10月中国银行保险监督管理委员会、公安部、国家市场监督管理总局、中国人民银行下发《关于规范民间借贷行为 维护经济金融秩序有关事项的通知》（银保监发〔2018〕10号）明确提出，严格执行我国《银行业监督管理法》《商业银行法》《非法金融机构和非法金融业务活动取缔办法》等法律规范，未经有权机关依法批准，任何单位和个人不得设立从事或者主要从事发放贷款业务的机构或以发放贷款为日常业务活动。民间借贷活动必须严格遵守国家法律法规的有关规定，遵循自愿互助、诚实信用的原则。在民间借贷中，出借人的资金必须是其

① 参见《九民会议纪要》（最高人民法院法〔2019〕254号）。

② 同上。

合法收入的自有资金,禁止吸收或变相吸收他人资金用于借贷。对于向其他营利法人借贷、向本单位职工集资或者以向公众非法吸收存款等方式取得的资金,又转贷给借款人牟利,应严格根据《民间借贷解释》第 14 条第 2 项的规定,认定民间借贷合同无效。值得注意的是,合同无效的认定不以"借款人事先知道或者应当知道上述情形的"作为认定前提。

关于职业放贷行为的认定。《银行业监督管理法》第 19 条规定:"未经国务院银行业监督管理机构批准,任何单位或者个人不得设立银行业金融机构或者从事银行业金融机构的业务活动。"该规定直接关系国家金融管理秩序和社会资金安全,属于效力性强制性规定。国务院《非法金融机构和非法金融业务活动取缔办法》第 5 条亦明确规定:"未经中国人民银行依法批准,任何单位和个人不得擅自设立金融机构或者擅自从事金融业务活动。"根据《民间借贷解释》第 14 条的规定,未依法取得放贷资格的出借人,以营利为目的向社会不特定对象提供借款的行为无效。由此,未依法取得放贷资格的自然人、法人和非法人组织,不得向社会不特定对象进行营利性资金出借行为,否则应认定无效。同一出借人在一定期间内多次反复从事有偿民间借贷行为的,一般可以认定为是职业放贷行为。对于职业放贷行为,因违反法律、行政法规的效力性强制性规定,双方所订立的民间借贷合同无效。

例如,刘某与李某、甲公司等民间借贷合同纠纷案中,一审判决,认定李某返还刘某借款 2000 万元及利息,甲公司承担连带清偿责任。刘某不服提出上诉,主张借款本金应为 2100 万元。借款人李某、甲公司均未提起上诉,但二审中抗辩刘某为职业放贷人。经查询中国裁判文书网等公开资料显示,全国范围内以刘某为出借人的民间借贷诉讼多达上千起,有多地人民法院生效判决认定刘某为职业放贷人。二审法院认为,合同效力问题属于人民法院依职权进行审查的范围,虽然李某、甲公司均未对一审判决提起上诉,但在二审中主张案涉《借款协议》因刘某系职业放贷人而无效,案涉合同效力问题关系国家金融管理秩序,二审应对案涉合同效力问题进行审查。因刘某近年来多次向不特定人出借款项,金额巨大,引发多起民间借贷诉讼,多地人民法院生效判决均认定刘某为职业放贷人。刘某对外出借款项具有反复性、经常性,属于向社会不特定对象放贷,借款目的具有营业性,属于未经批准擅自从事经常性的贷款业务。根据《合同法》第 52 条关于"有下列情形之一的,合同无效:……(五)违反法律、行政法规的强制性规定"的规定及《合同法司法解释(二)》第 14 条关于"合同法第五十二条第(五)项规定的'强制性规定',是指效力性强制性规定"的规定,案涉《借款协议》无效。遂依法改判借款人李某返还 2000 万元借款及资金占用费。资金占用费以借款本金 2000 万元为基数,自款项支付之日即 2014 年 5 月 7 日起至 2019 年 8 月 19 日按中国人民银行同期贷款基准利率标准计算,自 2019 年 8 月 20 日起至实际清偿之日止按同期全国银行间同业拆借中心公布的贷款市场报价利率标准计算。①

关于向违法犯罪活动提供借款的认定。非法债务不受法律保护,出借人明知借款人为了进行非法活动而出借款项的,借款合同应依法认定无效。非法借贷属于民间借贷中的非法债务,主要包括因非法行为转化产生的借贷和明知借款用于非法活动的借贷。因赌博而产生的债务是日常生活中较常见的一种非法债务,包括输家以欠条方式确认的赌博债务,其他出借人向参与赌博人员发放

① 参见山东省高级人民法院(2020)鲁民终 574 号民事判决书。

的借款。在司法实践中,即使借款人提出非法借贷的抗辩,也往往无法提供直接证据予以证明。特别是对出借人明知的心理状态,很难举证证明。因此在案件审理中,应加强对借贷关系合法性的审查,注重甄别和防范非法借贷。① 从当事人的职业、双方关系、出借目的、背景、款项用途等方面进行全面审查核实,防止出现将非法债务合法化的情况。

三、关于对民间借贷与犯罪行为的区分

在审理民间借贷纠纷案件中,要严格区分民间借贷行为与诈骗、非法集资等犯罪行为。切实提高对“套路贷”诈骗等犯罪行为的警觉,加强对民间借贷行为与诈骗等犯罪行为的甄别,发现涉嫌违法犯罪线索、材料的,及时按照最高人民法院《关于在审理经济纠纷案件中涉及经济犯罪嫌疑若干问题的规定》和《民间借贷解释》依法处理。对于民间借贷行为本身涉及违法犯罪的,应当裁定驳回起诉,并将涉嫌犯罪的线索、材料移送公安机关或检察机关,切实防范犯罪分子将非法行为合法化,利用民事判决侵占被害人财产。刑事判决认定出借人构成“套路贷”诈骗等犯罪的,对已按普通民间借贷纠纷作出的生效民事判决,人民法院应当及时通过审判监督程序予以纠正。

根据最高人民法院、最高人民检察院、公安部《关于办理非法集资刑事案件适用法律若干问题的意见》和《关于办理非法放贷刑事案件若干问题的意见》的规定,涉嫌集资诈骗、非法吸收公众存款等涉众型经济犯罪,所涉人数众多、当事人分布地域广、标的额特别巨大、影响范围广,严重影响社会稳定,对于受害人就同一事实提起的以犯罪嫌疑人或者刑事被告人为被告的民事诉讼,人民法院应当裁定不予受理,并将有关材料移送侦查机关、检察机关或者正在审理该刑事案件的人民法院。受害人的民事权利保护应当通过刑事追赃、退赔的方式解决。正在审理的民间借贷案件发现有上述涉众型经济犯罪线索的,应当及时将犯罪线索和有关材料移送侦查机关。

对于部分当事人以涉嫌刑事犯罪为由,不履行合法民间借贷合同义务的,应注重审查其所主张的犯罪线索与民间借贷行为是否属同一法律行为,是否影响民间借贷案件的审理。对于公安机关未进行刑事案件立案追究刑事责任的,加强沟通协调,并对民间借贷与刑事案件的关系进行审查判断。如果民间借贷案件必须以相关刑事案件的审理结果为依据,而刑事案件尚未审结的,应当根据《民事诉讼法》第150条第5项的规定裁定中止诉讼。待刑事案件审结后,再恢复民间借贷案件的审理。如果民间借贷案件不是必须以相关刑事案件的审理结果为依据,应当按照民间借贷法律关系继续进行审理。

四、虚假诉讼的甄别与防范

当前,民事审判领域存在的虚假诉讼现象,不仅严重侵害案外人合法权益,破坏社会诚信,也扰乱了正常的诉讼秩序,损害司法权威和司法公信力。民间借贷一直是虚假诉讼的高发区域,《民事诉讼法》第112条、第113条对虚假诉讼行为作出了相应规定,在实践中虚假民间借贷诉讼主要可分为两种类型:一种是双方当事人共谋通过虚构实际并不存在的实体纠纷,意图借助法院对该纠纷的判决达到损害第三人权益的诉讼,该类案件审判实务中较多。根据《刑法修正案(九)》与最高人

---

① 林晨、金赛波主编:《民间借贷实用案例解析》,法律出版社2015年版,第90页。

民法院、最高人民检察院《关于办理虚假诉讼刑事案件适用法律若干问题的解释》的规定，除当事人双方恶意串通外，另一种是一方当事人以损害另一方当事人的合法权益为目的，通过伪造证据、虚构案件事实向法院提起诉讼，以达到非法占有对方财产等目的的，也可以构成虚假诉讼罪。

相较其他领域中的虚假诉讼行为，虚假民间借贷诉讼具有隐蔽性高、识别难度大等特点，比较常见的表现形式有两种：一是因对抗已生效判决的债务履行或为在离婚纠纷诉讼中分得更多财产，通过虚构债务，利用民间借贷合同进行虚假诉讼，逃避债务；二是当事人企图借助法院的裁判变非法财产为合法财产。这种行为在审判实践中最常见的是高利贷、赌债，以赠与、买卖或民间借贷的形式诉诸法院，意图将不受法律保护利益变为合法之债。

根据最高人民法院《关于防范和制裁虚假诉讼的指导意见》(法发〔2016〕13号)的规定，虚假诉讼的判断一般主要包含以下要素：(1)以规避法律、法规或国家政策谋取非法利益为目的；(2)双方当事人存在恶意串通；(3)虚构事实；(4)借用合法的民事程序；(5)侵害国家利益、社会公共利益或者案外人的合法权益。在实践中，要特别注意以下情形：(1)当事人为夫妻、朋友等亲近关系或者关联企业等共同利益关系；(2)原告诉请司法保护的标的额与其自身经济状况严重不符；(3)原告起诉所依据的事实和理由明显不符合常理；(4)当事人双方无实质性民事权益争议；(5)案件证据不足，但双方仍然主动迅速达成调解协议，并请求人民法院出具调解书。

《民间借贷解释》总结吸收审判实践中的有益经验做法，采纳了合理怀疑加综合判断的规范模式，总结出可能是虚假民间借贷诉讼的以下10种行为方式。

1. 出借人明显不具备出借能力。对于民间借贷出借人是否实际出借款项，进而确定当事人之间的民间借贷纠纷诉讼是否系虚假诉讼，应考察出借人是否具有履约能力。如果出借人明显不具备出借能力，应对其是否出借款项持有合理怀疑。考虑到民间借贷的特殊性，可允许出借人进一步举证证明其具备出借能力。

2. 出借人起诉所依据的事实和理由明显不符合常理。司法实践中的案件事实并非客观事实的重现，而是法律人在已掌握证据的基础上，根据法律规定和生活常识等对案件事实的重构。在这个过程中，日常生活经验等常理起到重要作用。一个事实假设要想经得起检验，它首先必须遵循常理，符合大多数人的日常生活经验。

3. 出借人不能提交债权凭证或者提交的债权凭证存在伪造的可能。对于民间借贷纠纷来说，如果出借人不能提交债权凭证，往往会给审判人员带来虚假诉讼的合理怀疑。另外，如果审判人员通过对证据的审查，发现书证有伪造可能的，即便双方当事人对证据并无异议，也应产生该诉讼系虚假诉讼的合理怀疑。

4. 当事人双方在一定期间内多次参加民间借贷诉讼。虚假民间借贷诉讼案件程序的启动，多发生在以虚假诉讼一方当事人为被告的另案已经进入诉讼程序或者执行程序但是财产尚未处置完毕之前。

5. 当事人一方或者双方无正当理由不到庭参加诉讼，委托代理人对借贷事实陈述不清或者陈述前后矛盾。为了避免承担法律责任及出现陈述缺陷和矛盾，大多委托诉讼代理人单独参加诉讼，如代理人对借贷事实陈述不清，或者陈述矛盾，则应对借贷关系是否真实发生产生疑问。

6. 当事人双方对借贷事实的发生没有实质争议或者诉辩明显不符合常理。一般而言，虚假民间借贷诉讼过程具有合谋性和非对抗性，一般不具有实质性对抗。且双方一方面力图规避法官对案件事实的审查，另一方面希望尽快达到其诉讼目的，往往倾向调解结案，通过诉讼调解的合法形式掩盖其非法目的。

7. 借款人的配偶或者合伙人、案外人的其他债权人提出有事实依据的异议。在虚假民间借贷诉讼中，当事人往往通过串通的形式意图减少一方的责任财产，以达到损害案外人的其他债权人利益的目的。如果案外人的其他债权人对此诉讼提出异议，则应结合案件的其他事实加以综合判断。

8. 当事人在其他纠纷中存在低价转让财产的情形。如果当事人在纠纷中出现低价转让财产的情形，则往往不符合市场交易的规则，可以参考《合同法司法解释(二)》第19条中对"明显不合理低价"的规定来加以认定，如果经审查发现当事人存在以地域市场价或者交易指导价70%以下进行交易的情形，则可以考虑当事人有虚假诉讼的嫌疑。

9. 当事人不正当放弃权利。对于不正当的判定，应以可能对他人的权利造成损害作为其实质的判断要素，不应将当事人是否认识到这种放弃会对他人的权利造成损害作为考虑的要件。

10. 其他可能存在虚假民间借贷诉讼的情形。

针对以上情形，为切实防范虚假诉讼，应当进一步加大公开审判力度，增加案件审理的透明度。对与案件处理结果可能存在法律上利害关系的，可依职权通知其参加诉讼，避免其民事权益受到损害，防范虚假诉讼行为。经查明属于虚假诉讼，原告申请撤诉的，不予准许，并应当根据《民事诉讼法》第112条的规定，驳回其请求。对虚假诉讼参与人，要适度加大罚款、拘留等妨碍民事诉讼强制措施的法律适用力度；虚假诉讼侵害他人民事权益的，虚假诉讼参与人应当承担赔偿责任；虚假诉讼违法行为涉嫌虚假诉讼罪、诈骗罪、合同诈骗罪等刑事犯罪的，应当依法将相关线索和有关案件材料移送侦查机关。

专题四　借款合同的利息

一、借款合同类型对利息的影响

利率，是指一定时期内利息的数额同借贷资金本金的比率。《民法典》第667条规定："借款合同是借款人向贷款人借款。到期返还借款并支付利息的合同。"《民间借贷解释》第1条第2款的规定，经金融监管部门批准设立的从事贷款业务的金融机构及其分支机构，因发放贷款等相关金融业务引发的纠纷，不属于民间借贷司法解释的适用范围。由此，借款合同可以区分为金融机构借款合同和民间借款合同。民间借款合同根据当事人主体的不同，又可以区分为自然人之间的借款和一方主体为非自然人的借款。

《民法典》关于借款合同的规定，是以金融机构借贷为基础形成的，以金融机构借贷为一般形态，将自然人借款为例外情形而设计的法律规则。从我国金融体系来看，银行和其他金融机构是贷款的主要主体。合法的融资主要是从银行和其他金融机构那里获得资金。因而我国《民法典》主要规定借款合同,而没有像大陆法系国家那样采纳更广泛的消费借贷的概念,这样规定有利于维护金融秩序。因为银行被纳入整个国家的监管体系之中,有必要对利率等内容加以规范。对于金融机构借贷的相关规定,都体现了国家对此类借款合同的干预。[①] 主要表现在禁止高利贷、借款的利息不得预扣、贷款人有权检查和监督借款的使用情况、借款利率不得违反国家有关规定等。

借款人应当按照约定的期限支付利息,这是借款人的主给付义务。金融借款合同和民间借款合同除主体不同外,主要存在如下区别:第一,金融借款合同属于诺成合同,而民间借款合同中,自然人之间的借款合同为实践合同,其他的为诺成合同。第二,金融借款合同是双务有偿合同,而自然人之间的借款合同具有单务性。第三,金融借款合同是要式合同,而民间借款合同为非要式合同。第四,金融借款合同受到商业银行法等法律规制,受到严格监管,政策性较强。民间借贷款合同交易隐蔽,具有较强的随意性。

基于金融借贷、民间借贷及自然人借贷的不同特点,法律对借款合同的利息采取了不同的规制方式。如在借款合同对利息的约定不明确时,就存在不同的处理原则。自然人之间的借款合同原则上是无偿的,支付利息需要当事人的特别约定。个人之间的借款合同,利息约定不明确的,视为无利息。非自然人之间的借款合同一般是有偿的。对于除自然人之间以外的其他民间借贷合同,双方对利息约定不明确的,按照当地或者当事人的交易方式、交易习惯、市场利率等因素确定利息。

二、关于对高利放贷的限制

高利贷,目前我国法律对此没有一个明确的界定。从字面上理解,就是借贷利率明显高于正常利率的资金借贷。《民法典》第680条第1款规定:"禁止高利放贷,借款的利率不得违反国家有关规定。"由此对于借款利息的高利限制,有了法律的明文规定,为我国对高利放贷的司法规制翻开了新的一页。

对于高额利息的限制,新中国成立以来,我国一直持相对谨慎的立法态度。1952年最高人民法院在《关于城市借贷超过几分为高利贷的解答》中明确,"关于城市借贷利率以多少为宜的问题,根据目前国家银行放款利率以及市场物价情况私人借贷利率一般不应超过三分。但降低利率目前主要应该依靠国家银行广泛开展信贷业务,在群众中大力组织与开展信用合作业务,非法令规定所能解决问题。为此人民间自由借贷利率即使超过三分,只要是双方自愿,无其他非法情况,似亦不宜干涉"。1988年《贯彻民法通则意见》第122条规定,"公民之间的生产经营性借贷的利率,可以适当高于生活性借贷利率。如因利率发生纠纷,应本着保护合法借贷关系,考虑当地实际情况,有利于生产和稳定经济秩序的原则处理"。在此之前,没有关于对借贷高利的限制。

1991年最高人民法院《关于人民法院审理借贷案件的若干意见》第6条规定:"民间借贷的利率可以适当高于银行的利率,各地人民法院可根据本地区的实际情况具体掌握,但最高不得超过银行同类贷款利率的四倍(包含利率本数)。超出此限度的,超出部分的利息不予保护。"从此之后,贷款高利的界定,一般以超过银行同类贷款利率的4倍作为认定标准。但是,对超过部分,司法解

---

① 王利明:《合同法研究》,中国人民大学出版社2015年版,第244页。

释规定的处理原则为不予支持，并非无效返还。

值得关注的是，根据中国人民银行《关于调整金融机构存、贷款利率的通知》（银发〔2004〕251号）规定："（一）金融机构（城乡信用社除外）贷款利率不再设定上限。商业银行贷款和政策性银行按商业化管理的贷款，其利率不再实行上限管理，贷款利率下浮幅度不变。城市信用社和农村信用社贷款利率仍实行上限管理，最大上浮系数为贷款基准利率的2～3倍，贷款利率下浮幅度不变。"商业银行的贷款利率，已经不设上限。以银行同类贷款利率作为计息的标准，幅度更加难以掌握。

2015年出台的《民间借贷解释》，将民间借贷的利息调整基数更改为固定利率，设置"两线三区"，即以年利率24%～36%为两个上限，利息低于年利率24%的为合法范围，国家法律予以保护；24%～36%部分的利息视为自然债务，对于追索及返还的请求，国家法律均不予保护；超过年利率36%部分的利息无效，可以主张返还。在实践中，出借人合法取得的利息中年息36%以下部分，不再冲抵本金，间接导致了民间借贷司法保护利率的提升。

最高人民法院《关于进一步加强金融审判工作的若干意见》（法发〔2017〕22号），规定了金融借款合同的借款人以贷款人同时主张的利息、复利、罚息、违约金和其他费用过高，显著背离实际损失为由，请求对总计超过年利率24%的部分予以调减的，应予支持，以有效降低实体经济的融资成本。这一规定意在规范和引导民间融资秩序，否定民间借贷纠纷案件中预扣本金或者利息、变相高息等规避民间借贷利率司法保护上限的合同效力，并对"砍头息""贴水息""利滚利"等隐性的高利贷行为给予否定。

2020年8月最高人民法院修改后的《民间借贷解释》，取消了"两线三区的规定"，将民间借贷利息的上限设定为合同成立时一年期贷款市场报价利率4倍。该"一年期贷款市场报价利率"，是指中国人民银行授权全国银行间同业拆借中心自2019年8月20日起每月发布的一年期贷款市场报价利率。在目前，上述规定大幅度降低了民间借贷利息的保护空间，将民间借贷利率从年24%、年36%的固定利率，变更为可浮动利率，使对高利放贷的限制与社会经济发展结合得更加紧密。但是，取消了年36%的利率高限设置后，对于高利支付是否认定无效并予以返还，如何确定高利贷行为的认定标准，进而直接认定借款合同无效，还需要进一步探索。

在实践中，对高利放贷的限制，应注意以下方面：

1. 预扣利息。利息从本金中预扣的行为被称为"砍头息""抽头""贴水贷款"。按照《民法典》第670条规定，"借款的利息不得预先在本金中扣除。利息预先在本金中扣除的，应当按照实际借款数额返还借款并计算利息"。对于预扣利息的性质存在两种认识：一种观点认为，预扣的利息可以视为双方对于利息支付的约定，按照实际交付的本金为基数，计算是否超过规定的利率上限。在审判实践中，另一种（主流）观点认为，预扣利息违反了"借款的利息不得预先在本金中扣除"的规定，属于侵害借款人合同利益的行为，不符合借款人借款的真实意思，也违背出借人交付借款的主要合同义务，使偿还利息在时间上提前到借款交付之时，无论借款人是否同意，均应当认定无效。借款数额应认定实际借款数额，而非约定的借款数额。借款利息也应以实际借款数额计算利息，而非以约定的借款数额计算。

2. 约定利息、违约金及高额实现债权的费用。针对在实践中放贷人采取约定利息、违约金以及高额实现债权的费用的问题，《民间借贷解释》第30条规定："出借人与借款人既约定了逾期利率，又约定了违约金或者其他费用，出借人可以选择主张逾期利息、违约金或者其他费用，也可以一并主张，但是总计超过合同成立时一年期贷款市场报价利率四倍的部分，人民法院不予支持。”出借人和借款人可能会在借款合同中约定借款人应向出借人支付服务费、咨询费、管理费等“其他费用”，这些费用虽名目不同，但其实质上仍属于借款人为获得借款支付的成本，借款人获得借款的成本应主要以利息的形式体现，约定的其他费用多数情况是双方为规避对利率上限的规定而设。故在此种情形下，若出借人一并主张逾期利息、违约金和其他费用，折算下来总计不能超过合同成立时一年期贷款市场报价利率4倍，对于超过部分，人民法院不予支持。对于实现债权的费用中律师费问题，因民间借贷案件中又不排除出借人通过律师费等形式来掩盖超额利率的问题，所以在民间借贷纠纷案件中，当事人双方为实现债权支出的律师费有明确约定的，可以按照约定处理，但对于超出合理部分律师费用的，当事人可以请求扣减。

3. 计算复利。对于复利的问题，曾经有两部司法解释明文进行过规定，《贯彻民法通则意见》第125条规定，公民之间的借贷，出借人将利息计入本金计算复利的，不予保护。最高人民法院《关于人民法院审理借贷案件的若干意见》第7条规定，出借人不得将利息计入本金谋取高利，审理中发现债权人将利息计入本金计算复利的，其利率水平超过银行同期贷款利率4倍的，超出部分的利息不予保护。由于《贯彻民法通则意见》是1988年制定的，而《关于人民法院审理借贷案件的若干意见》是1991年制定的专门规定借贷案件的司法解释，相当长时间以来，参照法律适用新优于旧、专门优于一般的原则，人民法院按照后者第7条的规定，对复利进行有条件的保护，即不超过同期银行贷款利率的4倍。

根据《民间借贷解释》第28条的规定，借贷双方对前期借款本息结算后将利息计入后期借款本金并重新出具债权凭证，如果前期利率没有超过合同成立时一年期贷款市场报价利率4倍，重新出具的债权凭证载明的金额可认定为后期借款本金。超过部分的利息，不应认定为后期借款本金。按前款计算，借款人在借款期间届满后应当支付的本息之和，超过以最初借款本金与以最初借款本金为基数、以合同成立时一年期贷款市场报价利率4倍计算的整个借款期间的利息之和的，人民法院不予支持。

根据上述规定，司法解释未禁止当事人之间以循环出具借款凭证的方式，允许将不超过法定利率的利息计算为本金，在一定程度上允许复利的存在。同时，为防止“利滚利”不良后果，对于借款人在借款期间届满后应当支付的本息之和，不能超过最初借款本金与以最初借款本金为基数，以法定支持的最高利率计算的整个借款期间的利息之和，将利率总体控制在正常利息高线的范围之内。

4. 已支付高利的处理。已支付高利部分的处理问题。当事人在订立借款合同后，在通常情况下会积极主动履行合同约定的义务，所以即使合同约定较高或畸高利息，借款人在其偿还能力范围内支付一定期间的高利的情况也不在少数。关于已支付的高额利率如何处理的问题，在实践中主要存在以下情形：

第一，对于借款人本息偿还义务已经履行完毕的处理。对于此种情形，1991年出台的最高人民法院《关于人民法院审理借贷案件的若干意见》规定，对于超出银行贷款利率4倍的利息人民法院不予保护，但未规定合同无效，因此借款人主张返还的主张一般不予支持。2015年出台的《民间借贷解释》规定，超过年36%利息的约定无效，借款人请求出借人返还已支付的超过年利率36%部分的利息的,人民法院应予支持。该司法解释修改后,上述意见被取消,对于支付高额利息的返还问题,需要在司法实践中进一步探索。

第二,对于合同履行中已支付高利部分的处理问题。对于未履行完毕的借款合同的高利抵扣问题,存在不同做法。有的认为,超额利息应直接裁判抵扣本金;有的认为,应依当事人的申请进行抵扣。由于出借人收取超额部分利息无合法依据,应当予以返还。对于依照法律及司法解释规定合同无效的情形,人民法院应当依职权认定。基于双方的民间借贷合同尚未履行完毕,在合同部分无效的情况下,应予返还的款项在归还法定合法利息后,应在本金中予以扣减。对于合同有效但超出法律规定利率上限的部分,根据目前司法解释的规定,对于超出合同成立时一年期贷款市场报价利率 4 倍以上部分的利息,不予支持。如果借款人已经支付的,为贯彻禁止高利放贷的规定,在双方借款合同尚未履行完毕前,原则上应抵扣本金,并合理认定举证责任。

5. 变相利息。金融借款合同纠纷中,借款人认为金融机构以服务费、咨询费、顾问费、管理费等为名变相收取利息,金融机构或者由其指定的人收取的相关费用不合理的,人民法院可以根据提供服务的实际情况确定借款人应否支付或者酌减相关费用。

6. 刑事规制。我国现行刑事法律体系中没有关于高利贷的专门规定,对高利贷行为一般套用非法经营罪这一罪名予以制裁。最高人民法院于 2012 年在《关于被告人何伟光、张勇泉等非法经营案的批复》(〔2012〕刑他字第 136 号)中指出,"何伟光、张勇泉等人高利放贷的行为具有一定的社会危害性",但其行为是否属于"其他严重扰乱市场秩序的非法经营行为,相关立法解释和司法解释尚无明确规定,故对何伟光、张勇泉等人的行为不宜以非法经营罪定罪处罚"。[①]

随着高利放贷行为的泛滥,为打击高利贷涉及的犯罪行为,2019 年 10 月 21 日起施行的最高人民法院、最高人民检察院、公安部、司法部《关于办理非法放贷刑事案件若干问题的意见》中,规定以非法经营罪打击非法放贷。该意见第 1 条规定,违反国家规定,未经监管部门批准,或者超越经营范围,以营利为目的,经常性地向社会不特定对象发放贷款,扰乱金融市场秩序,情节严重的,依照《刑法》第 225 条第 4 项的规定,以非法经营罪定罪处罚。"经常性地向社会不特定对象发放贷款",是指 2 年内向不特定多人(包括单位和个人)以借款或其他名义出借资金 10 次以上。对于情节严重的界定,严格控制合法借款利率标准即 36% 年利率,凡是超过 36% 年利率借贷,符合相应数额、获利、人数及后果等标准的,认定为犯罪。同时,对于 2 年内因实施非法放贷行为受过行政处罚 2 次以上的或者以超过 72% 的实际年利率实施非法放贷行为 10 次以上的,一般掌握在相应数额、数量标准的 80% 以上,即可认定为犯罪。用刑罚来对社会上以放贷为生的人员和组织的高利放贷行为,进行约束和规制。

三、约定不明的利息支付

关于未约定利息的认定,对于借款合同双方没有约定利息的,视为没有借期内利息,出借人请求支付借期内利息的,不应予以支持。自然人之间对利息约定不明,应视为没有约定利息,对于出借人支付利息的请求,不应予以支持。除自然人之间的借贷外。借贷双方对借贷利息约定不明出借人主张利息的,应当结合民间借贷合同的内容,并根据当地或当事人的交易方式交易习惯、市场

① 陈晓枫、周鹏:《高利贷治理之史鉴》,载《法学评论》2019 年第 4 期。

报价利率等因素确定利息。

关于利息与本金的偿还顺序认定,《合同法司法解释(二)》第21条规定:“债务人除主债务之外,还应当支付利息和费用。当其给付不足以清偿全部债务时,并且当事人没有约定的,人民法院应当按照下列顺序抵充:(一)实现债权的有关费用;(二)利息;(三)主债务。”

关于利息支付的期限,《民法典》第674条规定,对支付利息的期限没有约定或者约定不明确的,当事人可以协议补充。不能达成补充协议的,按照合同有关条款、合同性质、合同目的或者交易习惯确定。依据上述规定仍不能确定的,借款期限不满一年的,应当在返还借款时一并支付。借款期限一年以上的,应当在每届满一年时支付。剩余期间不满一年的,应当在返还借款时一并支付。

四、未依约还款的利息认定

关于提前还款的利息。提前偿还借款,是借款人在借款期限届满前向贷款人返还所借金钱的行为。在通常情况下,贷款人不能要求借款人提前偿还借款,而借款人可以提前偿还借款。《民法典》第677条规定:“借款人提前偿还借款的,除当事人另有约定的以外,应当按照实际借款的时间计算利息。”根据该条规定,借款人提前偿还借款,除另有约定外,无须贷款人同意,且贷款人不能拒收,按实际借款的期间计付利息。如此规定的理由是,借款合同中的借款期限原本是为借款人的利益而约定的,借款人放弃部分使用期限这一利益而提前还款应当准许,而这一行为不损害贷款人的利益。所要注意的是该条规定只适用于有约定期限的借款,对借款期限没有约定或者约定不明确的,除补充协议成立外,借款人可以随时返还。

关于金融借款逾期利息。中国人民银行《关于人民币贷款利率有关问题的通知》(银发〔2003〕251号)第3条规定:“逾期贷款(借款人未按合同约定日期还款的借款)罚息利率由现行按日万分之二点一计收利息,改为在借款合同载明的贷款利率水平上加收30%~50%;借款人未按合同约定用途使用借款的罚息利率,由现行按日万分之五计收利息,改为在借款合同载明的贷款利率水平上加收50%~100%。”在当事人没有就逾期利息作出约定的情况下,金融借款合同应当按照上述规定计算逾期利息。

关于民间借贷逾期利息,对于民间借贷合同来说,借贷双方对逾期利率有约定的,从其约定。约定的逾期利率超出法定利率的,超出部分的利息,不应予以保护。根据《民间借贷解释》第29条的规定,未约定逾期利率或者约定不明的,人民法院可以区分不同情况处理:(1)既未约定借期内利率,也未约定逾期利率,出借人主张借款人自逾期还款之日起承担逾期还款违约责任的,人民法院应予支持;(2)约定了借期内利率但是未约定逾期利率,出借人主张借款人自逾期还款之日起按照借期内利率支付资金占用期间利息的,人民法院应予支持。这一规定明确了逾期利息计算的3种情况:一是约定了逾期利率的,按照约定计算,但不得超过法定利率上限;二是约定了借期内利率,没有约定逾期利率的,可以支持按照借期内约定支付资金占用费的主张;三是均未约定的,按照逾期还款违约责任进行认定。

关于逾期利率与违约金,借贷双方对逾期还款的责任既约定了逾期利率,又约定了违约金的,出借人可以选择主张逾期利息或者违约金,但以不得超过法定利率为限。出借人同时主张逾期利息、违约金或者其他费用,折算后的实际利率没有超出法定利率的,可以予以支持。

第十二章　保证合同

专题一　一般保证的认定问题

保证，是指第三人和债权人约定，当债务人不履行其债务时，该第三人按照约定履行债务或者承担责任的担保方式。“按照约定履行债务或者承担责任”即保证责任。保证的方式分为一般保证和连带责任保证。一般保证，是指当事人在保证合同中约定，债务人不能履行债务时，由保证人承担责任的保证。连带责任保证和一般保证相区别的重要标志在于：一般保证的保证人享有先履行抗辩权，即债权人必须先行对主债务人主张权利，在经强制执行仍不能得到清偿的情况下，才能要求保证人承担保证责任；而连带责任保证的保证人不享有先诉抗辩权，债务人不履行到期债务时，债权人可以直接请求保证人承担保证责任。

先履行抗辩权，又称先索抗辩权，一般是指保证人在主债权人向其请求履行保证责任时，有权要求主债权人先就债务人财产诉请强制执行。在债务人的相关财产依法强制执行仍不能履行债务前，保证人可以对主债权人拒绝承担保证责任的特殊抗辩权。就其性质而言，它是一种延期的抗辩权。行使先诉抗辩权的结果，是暂时延续债权人请求权的行使。担保人的先诉抗辩权主要存在以下情形：(1)一般保证人具有先诉抗辩权。(2)混合担保中，债务人以自己的财产提供物保，债权人未就该财产行使担保物权，而直接就全部的债务要求提供担保的第三人承担担保责任时，提供担保的第三人享有先履行抗辩权。

另外，除保证人明确表示放弃先履行抗辩权的情形外。为保障债权的实现，出现下列情形的，视为债务人不能履行债务，保证人不得行使先履行抗辩权：(1)债务人下落不明，且无财产可供执行；(2)人民法院受理债务人破产案件，中止执行程序；(3)债权人有证据证明债务人的财产不足以履行全部债务或者明显缺乏履行债务能力。

除先履行抗辩权外，一般保证的保证人还享有部分免责抗辩权，如果一般保证的保证人在主债务履行期限届满后，向债权人提供债务人可供执行财产的真实情况。债权人放弃或者怠于行使权利，没有或没有及时向法院提起诉讼及申请财产保全措施，致使该财产不能被执行的，保证人在其提供可供执行财产的价值范围内免除保证责任。

一、与连带保证责任的区分

一般保证与连带责任保证的区分主要在于，保证合同中约定保证责任的承担是否以债务人不能履行债务为前提。根据双方的意思表示，如果能够判断保证责任的承担是以债务人不能履行为前提的，为一般保证。当事人在保证合同中约定保证人和债务人对债务承担连带责任的，为连带责任保证。连带责任保证的债务人不履行到期债务或者发生当事人约定的情形时，债权人可以要求债务人履行债务，也可以要求保证人在其保证范围内承担保证责任。连带责任保证具有以下特点：(1)作为保证方式的一种，当事人应当在保证合同中明确约定连带责任保证方式。连带责任保证可以由保证人与主债权人在保证合同中约定，也可以根据法律规定予以确定。(2)由保证人与主债务人对主合同债务承担连带责任。这意味着保证人与主债务人对主合同债务均负有全部清偿的责任。(3)主债务人在债务履行期届满没有履行债务时由保证人承担保证责任。在连带责任保证的情况下，一旦主债务人到期不履行主合同债务，债权人既可以要求主债务人清偿债务，也可以要求保证人承担保证责任。

《民法典》第686条第2款规定："当事人在保证合同中对保证方式没有约定或者约定不明确的，按照一般保证承担保证责任。"这是立法对于保证方式认定规定的主要变化。按照上述规定的内容，对于当事人没有约定或者约定不明确的，推定为一般保证。

《民法典》的规定更加符合当事人的合同自由原则，对于担保人是一种基于合理意思表示认定基础上的权利上保护，在一般情形下也不会过分损害债权人的合法权益。这是因为：第一，根据担保人作为一般民事主体提供担保的正常意思表示，如果保证合同未约定连带担保责任的，其本意应为在债务人确实无力偿还债务时，方承担担保责任。第二，保证本身是对债务履行的担保，担保人并非主债务人，过分强调担保人直接履行债务的责任，容易导致当事人权利义务的失衡，也不利于债务人积极履行债务。第三，连带责任属于加重责任，尽管可以保障债权的履行，但相对一般保证的承担方式，连带保证责任承担后，仍存在保证人向债务人的追索问题，可能形成更多纠纷。第四，债权人对于债务履行享有主动权，在订立合同时，具有请求债务人提供连带责任保证的优势地位，可以在订立合同时进行明确，约定不明或者没有约定的情况下推定为一般保证，不会从根本上损害交易安全。

二、一般保证的认定

当事人在保证合同中可以对保证的方式即一般保证还是连带责任保证进行约定，合同约定明确的，对当事人具有法律上的约束力。按照《民法典》第178条第3款的规定，关于"连带责任，由法律规定或者当事人约定"的规定，如果没有法律的规定或者当事人的约定，当事人不能承担连带责任。对于当事人在合同中明确约定连带责任保证的，按照约定处理；没有约定保证方式为一般保证还是连带责任保证的，应当按照一般保证处理；如果当事人没有明确约定的，原则上按照一般保证处理，除非当事人的意思表示指向十分明显，可以按照连带保证责任处理。

1. 一般保证与主合同属于主从合同关系，不是并列关系。如果当事人之间的约定不属于从合同，不能认定为一般保证。[①] 例如，李某与甲公司约定，如完成《购买资产协议书》约定的业绩承诺，可根据《购买资产协议书》的约定从甲公司处获得4亿元奖励。同时，赵某出具《承诺函》，载明如果未能完成约定的业绩承诺，则可根据《承诺函》从赵某处获得等额补偿。对于《承诺函》的性质问

① 最高人民法院(2018)民终127号民事判决书。

题,赵某主张是一般保证,并以主合同债务并未实际发生为由提出抗辩。但经审查认为,《承诺函》本身是独立的单方意思表示,其与《购买资产协议书》项下甲公司对李某一方负有的义务属于并列的、选择行使的关系,而非主合同与担保合同的关系。所以,不能认定《承诺函》为一般保证合同。

2. 当事人之间就保证方式没有约定的,应认定为一般保证。如甲向乙借款100万元,由乙出具借据。丙提供担保,丙在担保人处签字,但未表明担保方式。此种情况下,在《担保法》实施前,应当认定为一般保证,《担保法》实施后,对于当事人对保证方式没有约定或者约定不明的情形,认定为连带责任保证。在《民法典》施行后,根据《民法典》的规定,对保证方式没有约定或者约定不明的,应当认定为一般保证。这里需要研讨的是,法律对于实施之前的行为一般不具有溯及力,即对于《民法典》施行前的担保行为及纠纷,一般应适用《担保法》的规定。对于《民法典》施行后的担保行为及纠纷,适用《民法典》的规定。案件进入审判监督程序的,应当适用案件审理时的法律规定。

3. 当事人在保证合同中约定,债务人不能履行债务时,由保证人承担保证责任的,为一般保证。其中的债务人不能履行债务,是指债务人客观上丧失了债务的履行能力,即一般保证必须以债务人届期没有能力履行债务为前提。如甲公司在其提供的《抵押借款互保声明书》上载明:在债务人乙公司对债权人陈某的借款"到期无法偿还"的情况下,甲公司承担为乙公司偿还所有款项的责任。该内容表明了甲公司保证责任承担的顺序性,甲公司仅在借款到期且乙公司无法偿还,即客观不能偿还借款的情况下方才承担保证责任,而非债务到期、乙公司未偿还债务时,甲公司即无条件承担偿还借款的责任。因此,甲公司提供的系一般保证,而非连带责任保证。[①]

4. 保证合同约定在一定期限内债务人不履行债务,保证人承担保证责任的,不属于债务人不能履行债务的约定,不应认定为一般保证责任。例如,借款人李某与出借人郑某于2017年2月签订《借款协议》,约定李某向郑某借款200万元用于归还到期的贷款及支付员工工资。许某作为保证人对上述借款承担保证责任。《借款协议》第7条约定,"李某到期后没有归还郑某本金,3天后担保方负责归还郑某的全部借款本金及违约金等各项费用"。同日,许某出具《担保书》,约定,"如到2018年2月,李某不能偿还该笔借款,我及家人愿意承担该借款的全部责任,并用个人资产和有价证券、股票等无条件立刻偿还该笔借款本金及利息和费用(借款协议约定的其他费用)"。从上述约定看,许某作为保证人承诺担全部债务履行责任的条件是时限,而非债务人丧失了履行债务能力,故许某承担的保证责任不具有一般保证的要件。[②] 又如,甲公司提供的保证在借款合同中有两种表述,一种表述是,"全部贷款到期,贷款方发出逾期通知三个月后,仍未归还,贷款方可以直接从借款方或担保方的各项投资和存款中扣收"。另一种表述是,"贷款到期,借款方如不能按期偿还,由担保单位代为偿还,担保单位在接到还款通知三个月后仍未归还,贷款方有权从借款方或担保单位的投资或存款户中扣收,或委托其他金融机构扣收"。上述借款合同中的第一种表述,只要贷款达到约定期限仍未归还,即将担保方与借款方的责任一并对待,并未区分保证人应否在主债务人客观偿还不能,即先向主债务人主张权利不能后,方承担保证责任。因此,此处保证责任约定是清楚的,为连带责任保证。上述借款合同中的第二种表述有"不能"字样,如单纯使用"不能"字样,则具

---

① 最高人民法院(2018)民申2968号民事裁定书。

② 最高人民法院(2018)民申1505号民事裁定书。

有客观上债务人确无能力偿还借款的含义,此时保证人方承担保证责任可以认定为一般保证责任。但是,该“不能”字样是与“按期”结合在一起使用,则不能将其理解为确实无力偿还借款的客观能力的约定,仅是表明到期不能偿还即产生保证责任。因此,第二种表述亦应认定为连带保证责任。①

连带责任保证与一般保证的权利特征存在明显不同。在一般保证中,保证人享有先诉抗辩权,即债权人必须先行对主债务人主张权利并经强制执行仍不能得到清偿时,方能要求保证人承担责任。连带责任保证,则保证人没有先诉抗辩权,债权人可以直接要求保证人承担保证责任。目前,在《担保法》具有法律效力的情形下,当事人对保证方式没有约定或者约定不明确的,按照连带责任保证承担保证责任。

专题二　保证责任的承担问题

一、保证责任的范围

保证责任的承担,是指保证人根据保证合同的约定,在债务人不履行或者不能履行债务时,按照法律规定和合同约定履行债务或者承担责任。保证责任的内容包括代为履行和承担赔偿责任两种,具体应由当事人约定。在一般情形下,保证人应当在保证范围内承担保证责任。

保证人承担保证责任的范围是保证人所担保的债权范围。《民法典》第684条规定:“保证合同的内容一般包括被保证的主债权的种类、数额,债务人履行债务的期限,保证的方式、范围和期间等条款。”根据《民法典》第691条的规定,除当事人另有约定外,保证担保的范围包括主债权及其利息、违约金、损害赔偿金和实现债权的费用。

对于保证范围的限定主要有约定和法定两种途径。首先,由于保证债务相对比较独立,保证范围可以由债权人和保证人协商确定。当事人可以在不超过主债务范围的限度内,合意约定保证债务的范围。限制保证范围的约定主要有两种:一种情况是,保证人承担的保证责任仅针对主债务的一部分,而非全部。另一种情况是,虽然约定对整项债务承担保证,但对保证人的义务设置保证限额,保证人在一定的上限内对主债务承担保证责任。这种保证方式主要出现于对连续发生的债务所为的保证。其次,由于保证合同的从属性,保证人承担的担保责任范围不应大于主债务及其相关费用范围。《民法典》第691条规定,“保证的范围包括主债权及其利息、违约金、损害赔偿金和实现债权的费用。当事人另有约定的,按照其约定”。保证人承担保证责任,应当按照此规定处理。

法定的保证范围为保证合同当事人约定保证范围提供指导和范本,约定保证范围则是对当事人的协商意向的明确化、具体化。约定保证范围优先于法定保证范围,在保证合同合法有效而约定保证范围和法定保证范围不一致时,优先适用保证合同中当事人约定的保证范围,而排除法定保证

---

① 最高人民法院(2008)民二终字第106号民事判决书,载《最高人民法院公报》2009年第10期(总第156期)。

范围的适用。如果当事人在保证合同中,对保证的范围没有约定或者作出的约定不明确的,就应当适用法定保证范围。因此也可以说,法定保证范围又是约定保证范围的有效补充。

在实践中,对于保证责任的范围,目前争议较大的是律师代理费是否属于实现债权的费用。有倾向性的裁判观点认为,对于在主债权、担保合同已明确约定实现债权的费用承担主体,实现债权的费用亦属于约定担保范围的情形下,律师费金额符合律师收费标准的相关规定并已实际支付的情况下,律师费属于债权人实现债权的合理支出项目,人民法院应予以支持。[①] 对此,笔者认为,既然法律已经规定实现债权的费用属于保证范围,那人民法院对债权人主张的律师费用,原则上应当予以支持。但鉴于目前存在律师风险代理等情况,当事人约定的风险代理等费用较高,如果全部予以支持,债务人或者保证人承担的责任过大,可能有违公平正义,故律师费用只能支持合理支出部分。

二、保证人的抗辩权

抗辩权,是指在债权人行使债权时,债务人根据法定事由对抗债权人行使请求权的权利。抗辩权以对方当事人请求权的存在和有效为前提,以法律规定的抗辩事由为依据。抗辩权的行使可以造成对方请求权的消灭或者延期。抗辩权按照不同的标准区分,可以分为独立抗辩权和从属抗辩权;永久抗辩权和一时抗辩权。永久抗辩权,又称消灭抗辩权、毁灭抗辩权,是指抗辩权的行使可以永远拒绝相对人的请求权的效力。如时效完成抗辩权,权利人在法定时效期限内不向义务人积极主张债权,债务人即享有时效完成抗辩权,拒绝权利人的请求从而使权利人的债权无法通过行使请求权来实现。一时抗辩权,又称延缓抗辩权、延期抗辩权,是指抗辩权的行使可以暂时地拒绝相对人的请求权效力。如先诉抗辩权,一般保证人可以在主债权人未就主债务人的财产强制执行而无效果前,行使抗辩权拒绝主债权人的请求。一旦主债权人已就主债务人的财产强制执行而未实现债权,则先诉抗辩权消灭,请求权发生效力。

保证人的抗辩权主要可以分为两类:一类是专属于保证人的抗辩权;另一类是保证人享有的属于主债务人的抗辩权。保证人专属抗辩权,是指基于保证合同的相对独立性,不以主合同债务人的抗辩权为前提,而由保证人直接取得和专门享有的对抗债权人之请求权的一种抗辩权。保证人专属抗辩权与一般抗辩权均由保证人以自己的名义行使,目的在于延缓或免除其保证责任,保护保证人的正当权益,制约债权人的行为,维护合同交易的公平与安全。两者的主要区别为:(1)保证人专属抗辩权的享有和行使受到保证责任方式的限制。与一般抗辩权不同的是,某些保证人专属抗辩权只能在特定的保证责任方式中行使,如先诉抗辩权就只能在一般保证中行使,而对连带责任保证人来说则不存在先诉抗辩权。(2)保证人专属抗辩权的取得不以主合同债务人的抗辩权为前提,而是源于保证合同的相对独立性,只能由保证人直接享有和行使,债务人不能享有和行使。而一般抗辩权源于主合同债务人,债务人、保证人均可享有和行使。(3)一般抗辩权的行使主要是针对主合同履行中的特定事由进行,因为这些事由的存在,产生债务人可以拒绝或延缓债权人请求权行使的后果。保证人专属抗辩权还包括保证人可以根据主合同约定,得出与保证合同的联系和应否承担

---

① 最高人民法院(2019)民终109号民事判决书。

保证责任的抗辩意见。

保证人的专属抗辩权中,具有代表性的是一般保证人享有的先诉抗辩权。《担保法》第 17 条第 2 款、第 3 款规定,一般保证的保证人在主合同纠纷未经审判或者仲裁,并就债务人财产依法强制执行仍不能履行债务前,对债权人可以拒绝承担保证责任。有下列情形之一的,保证人不得行使前款规定的权利:(1)债务人住所变更,致使债权人要求其履行债务发生重大困难的;(2)人民法院受理债务人破产案件,中止执行程序的;(3)保证人以书面形式放弃前款规定的权利的。《民法典》第 687 条第 2 款规定,一般保证的保证人在主合同纠纷未经审判或者仲裁,就债务人的财产依法强制执行仍不能履行债务前,有权拒绝承担保证责任,但是有下列情形之一的除外:(1)债务人下落不明,且无财产可供执行;(2)人民法院受理债务人破产案件,中止执行程序;(3)债权人有证据证明债务人的财产不足以履行全部债务或者明显缺乏履行债务能力;(4)保证人明确放弃本款规定的权利。

可以看出,对于除外情况的列举,表述发生了一些变化:第 1 款由“债务人住所变更,致使债权人要求其履行债务发生重大困难的”变更为“债务人下落不明,且无财产可供执行”。增加第 3 款“债权人有证据证明债务人的财产不足以履行全部债务或者明显缺乏履行债务能力”,同时最后一款的表述由“保证人以书面形式放弃前款规定的权利的”变更为“保证人明确放弃本款规定的权利”。《担保法》第 17 条第 3 款第 1 项除外情形的规定在实务中往往缺乏明确的裁判尺度,而《民法典》中对于债务人下落不明,且无财产可供执行更加明确具体。

另外,在混合担保中,如果对物的担保及人的担保的债权实现顺序有约定,应当尊重其约定。对于没有约定或约定不明确,债务人提供物的担保的,连带责任保证人可以请求先就债务人提供的物的担保实现债权。如果物的担保由第三人提供,则债权人可自主选择先就物的担保或者是人的担保实现债权,保证人不享有后履行抗辩权。

一般抗辩权,是指保证人基于所保证的主合同债务人抗辩权而享有的在债权人提出保证之债履行请求时予以拒绝的一种权利。其本质是属于债务人的基本的、常态型的抗辩权,鉴于保证的从属性、补充性等,决定了保证人同时享有,凡主合同债务人依法依约享有的一切抗辩权,都应为保证人享有和行使,成为保证人的抗辩权,这也是保证人负有监督债务人履行合同义务时应当获得的相应权利。其特点表现为:(1)保证人一般抗辩权的享有和行使不受保证责任方式的限制。即基于保证的从属性,保证人行使属于债务人合同抗辩权的权限与债务人完全相同。只要保证合同合法有效,无论一般保证,还是连带责任保证,保证人均可以享有和行使债务人的这些抗辩权。(2)一般抗辩权虽然源于债务人,但不为债务人专有,债务人放弃抗辩权也不影响保证人的继续享有和行使。债务人放弃抗辩权,实质是对保证人合法利益的侵犯,保证人的抗辩权不因债务人放弃而消灭。(3)一般抗辩权的行使主要是针对主合同履行中的特定事由进行,因为这些事由的存在,产生债务人可以拒绝或延缓债权人请求权行使的后果。如可撤销事由使合同不履行得以成立、时效丧失使债权人债的请求丧失胜诉权、同时履行及不安抗辩事由的出现使义务人可以拒绝先行给付以延缓对方请求权的行使。

三、保证责任的免除

1. 担保合同无效的,保证人部分免责。《民法典》第 682 条规定:“保证合同是主债权债务合同的从合同。主债权债务合同无效,保证合同无效,但是法律另有规定的除外。保证合同被确认无效后,债务人、保证人、债权人应当根据其过错各自承担相应的民事责任。”《担保法司法解释》第 7 条规定,主合同有效而担保合同无效,债权人无过错的,担保人与债务人对主合同债权人的经济损失,承担连带赔偿责任;债权人、担保人有过错的,担保人承担民事责任的部分,不应超过债务人不能清偿部分的 1/2。《担保法司法解释》第 8 条规定:“主合同无效而导致担保合同无效,担保人无过错的,担保人不承担民事责任;担保人有过错的,担保人承担民事责任的部分,不应超过债务人不能清偿部分的三分之一。”《民法典》第 682 条第 2 款规定,“保证合同被确认无效后,债务人、保证人、债权人有过错的,应当根据其过错各自承担相应的民事责任”。《担保法司法解释》的规定是否继续适用,主要看是否与《民法典》的规定相冲突,如果不相冲突,应当可以继续适用。

由于保证合同的无偿性,除《民法典》中规定主合同影响合同效力的情形外,保证合同的效力还受到主体资格的影响。《民法典》第 683 条规定:“机关法人不得为保证人,但是经国务院批准为使用外国政府或者国际经济组织贷款进行转贷的除外。以公益为目的非营利法人、非法人组织不得为保证人。”上述主体担任保证人的,除法律规定的情形外,保证合同无效。

需要关注的是,依据最高人民法院《关于审理独立保函纠纷案件若干问题的规定》,由银行或非银行金融机构开具的独立保函,无论是用于国际商事交易还是用于国内商事交易,均不影响保函的效力。银行或非银行金融机构之外的当事人开立的独立保函,以及当事人有关排除担保从属性的约定应当认定无效。根据无效法律行为的转换原理,在否定其独立担保效力的同时,应当将其认定为从属性担保。此时如果主合同有效,则担保合同有效,担保人与主债务人承担连带保证责任。主合同无效,则该所谓的独立担保也随之无效,担保人无过错的不承担责任,担保人有过错的,其承担民事责任的部分不应超过债务人不能清偿部分的 1/3。①

2. 未经保证人同意加重债务或者转移债务的,保证人可就加重或者转移部分债务免责。《民法典》第 695 条规定:“债权人和债务人未经保证人书面同意,协商变更主合同内容,减轻债务的,保证人仍对变更后的债务承担保证责任;加重债务的,保证人对加重的部分不承担保证责任。债权人与债务人变更主债权债务合同的履行期限,未经保证人书面同意的,保证期间不受影响。”即保证的范围需根据保证人的意思表示确定,未经保证人同意,债权人、债务人不得加重担保人的担保责任。对于超出担保人同意部分的加重债务,保证人免责。对于债务转移的问题,根据《民法典》第 697 条的规定,除合同有约定外,债权人在保证期间内未经保证人书面同意,允许债务人转移全部或者部分债务,保证人对未经其同意转移的债务对受让人不再承担保证责任。

3. 违反合同约定进行债权转让,保证人可以依约不承担保证责任。《民法典》第 696 条规定,“债权人转让全部或者部分债权,未通知保证人的,该转让对保证人不发生效力。保证人与债权人约定禁止债权转让,债权人在未经保证人书面同意转让债权的,保证人对受让人不再承担保证责

---

① 参见最高人民法院《关于印发〈全国法院民商事审判工作会议纪要〉的通知》(法〔2019〕254 号),第 54 条。

任"。对于在保证合同中约定,担保仅针对特定债权人或者禁止转让债权的情形,如果债权人实施了违反担保合同约定将债务进行转让的,根据担保合同的约定,担保人可以拒绝承担保证责任。

4. 由于债权人原因导致债务人财产不能执行的,一般担保人部分免责。《民法典》第698条规定:"一般保证的保证人在主债务履行期限届满后,向债权人提供了债务人可供执行财产的真实情况,债权人放弃或者怠于行使权利致使该财产不能被执行的,保证人在其提供可供执行财产的价值范围内免除保证责任。"由于一般保证人享有先诉抗辩权,只有在债务人财产经强制执行仍不足以清偿债务时,一般保证人方承担保证责任。对于一般保证人提供的财产线索,由于债权人不正确及时行使权利的原因,导致该财产灭失的,将增加担保人的义务,损害担保人的利益。因此,在这种情况下,担保人可以在相应财产价值内免责。

5. 因债务人放弃混合担保顺序,保证人可相应免责。在混合担保合同中,对物的担保及人的担保的债权实现顺序有约定,债权人违反合同约定放弃对在先的保证行使权利,在后的保证人可以就债权人放弃部分免责。对于没有约定或约定不明确,债务人提供物的担保的,连带责任保证人可以请求先就债务人提供的物的担保实现债权。如果债权人未先就该物的担保实现债权的,连带责任保证人可就相应价值部分免责。

6. 因超过保证期限而免责。《担保法司法解释》第31条规定:"保证期间不因任何事由发生中断、中止和延长的法律后果。"这就明确了保证期间不适用诉讼时效的规定,超过了该期间,权利即归于消灭。在合同约定的保证期间或者在法定的保证期间内,债权人没有要求保证人承担保证责任的,保证人即免除了保证责任。

专题三　保 证 期 间

一、保证期间规定的变化

保证期间作为保证责任的存续期间,关系保证人与债权人之间的债务承担能否实现。保证期间不适用诉讼时效的规定,是担保债权的存续时间,超过了该期间,权利即归于消灭。在合同约定的保证期间或者在法定的保证期间内,债权人没有要求保证人承担保证责任的,保证人即免除了保证责任。

《担保法》第25条规定,一般保证的保证人与债权人未约定保证期间的,保证期间为主债务履行期届满之日起6个月。在合同约定的保证期间和前款规定的保证期间,债权人未对债务人提起诉讼或者申请仲裁的,保证人免除保证责任。《担保法》第26条规定,连带责任保证的保证人与债权人未约定保证期间的,债权人有权自主债务履行期届满之日起6个月内要求保证人承担保证责任。在合同约定的保证期间和前款规定的保证期间,债权人未要求保证人承担保证责任的,保证人免除保证责任。《担保法司法解释》第32条规定,保证合同约定的保证期间早于或者等于主债务履行期限的,视为没有约定,保证期间为主债务履行期届满之日起6个月。保证合同约定保证人承担保证责任直至主债务本息还清为止等类似内容的,视为约定不明,保证期间为主债务履行期届满之日起2年。《担保法司法解释》第31条规定,保证期间不因任何事由发生中断、中止、延长的法律后果。

《民法典》作了较大修改,其第692条规定,"保证期间是保证人承担保证责任的期间,不发生中止、中断和延长。债权人与保证人可以约定保证期间,但是约定的保证期间早于主债务期限或者与主债务期限同时届满的,视为没有约定;没有约定或者约定不明确的,保证期间为主债务履行期限届满之日起六个月。债权人与债务人对主债务履行期限没有约定或者约定不明确的,保证期间自债权人要求债务人履行义务的宽限期届满之日起计算"。第693条规定:"一般保证的债权人未在保证期间内对债务人提起诉讼或者申请仲裁的,保证人不再承担保证责任。连带责任保证的债权人未在保证期间内对保证人主张承担保证责任的,保证人不再承担保证责任。"

不同于一般的债务,保证人对债权人的保证债务受三重时间上的限制:一是保证期间;二是保证债务诉讼时效时间;三是主债务诉讼时效时间。从时间上看,保证人有3次免于承担保证责任的机会:第一次,债权人未在保证期间内依法定方式主张权利(一般保证:未提起诉讼或者申请仲裁;连带责任保证:未对保证人主张承担保证责任),保证责任因保证期间经过而消灭。第二次,保证人对债权人之保证债务的诉讼时效期间经过。保证人获得自己的抗辩权。第三次,主债务的诉讼时效期间经过。此时,保证人有权援用债务人的抗辩权,这源于保证债务在内容和范围上的从属性。

二、保证期间的确定

1. 有约定的从约定。约定的保证期间早于主债务期限或者与主债务期限同时届满的,视为没有约定;没有约定或者约定不明确的,保证期间为主债务履行期限届满之日起6个月。债权人与债务人对主债务履行期限没有约定或者约定不明确的,保证期间自债权人要求债务人履行义务的宽限期届满之日起计算。

2. 未约定保证期间的,无论一般保证与连带责任保证,保证期间均为6个月。6个月的起算点是:自主债务履行期届满之日起计算;没有约定债务履行期限的,自宽限期届满之日起计算(《担保法司法解释》第33条);债务人被宣告破产的,自破产程序终结之日起计算(《担保法司法解释》第44条)。

三、保证期间与保证债务诉讼时效的关系

《担保法司法解释》第34条规定:"一般保证的债权人在保证期间届满前对债务人提起诉讼或者申请仲裁的,从判决或者仲裁裁决生效之日起,开始计算保证合同的诉讼时效。连带责任保证的债权人在保证期间届满前要求保证人承担保证责任的,从债权人要求保证人承担保证责任之日起,计算保证合同的诉讼时效。"根据《民法典》第694条的规定,一般保证的债权人在保证期间届满前对债务人提起诉讼或者申请仲裁的,从保证人拒绝承担保证责任的权利消灭之日起,开始计算保证债务的诉讼时效。连带责任保证的债权人在保证期间届满前要求保证人承担保证责任的,从债权人要求保证人承担保证责任之日起,开始计算保证债务的诉讼时效。

对于保证合同的诉讼时效与主合同的诉讼时效的关系问题,主合同和保证合同各有自己独立的诉讼时效。在保证债务的诉讼时效与主债务的诉讼时效的关系问题上,在理论上及实践中有时效从属性原则及时效独立性原则两种观点:时效从属性原则的观点认为,主债务的诉讼时效中断、中止,保证债务的诉讼时效也中断、中止;时效独立原则的观点认为,主债务诉讼时效的中断、中止对保证债务诉讼时效的中断、中止没有任何影响。《担保法司法解释》采取的是以从属原则为主,以各自独立原则为补充的方法。

1. 在一般保证中,主债务的诉讼时效中断,保证债务的诉讼时效是否中断?依《民法典》第694条第1款关于"一般保证的债权人在保证期间届满前对债务人提起诉讼或者申请仲裁的,从保证人拒绝承担保证责任的权利消灭之日起,开始计算保证债务的诉讼时效"的规定,如果债权人有证据证明债务人的财产不足以履行全部债务或者丧失履行债务能力,债权人有权按照《民法典》第687条第2款的规定,要求一般保证人承担保证责任时,主债务的诉讼时效中断,但保证债务的诉讼时效却应当按照《民法典》第694条的规定进行计算,不必同时中断。

2. 在连带责任保证中,主债务诉讼时效中断,保证债务诉讼时效不中断。与一般保证相比,连带保证责任具有很大的独立性。当债权人直接向保证人主张权利时,主债务的诉讼时效中断,而保证债务的诉讼时效则应当进行计算。所以主合同诉讼时效的中断,并不必然导致保证债务诉讼时效中断。

专题四 "借新还旧"保证的效力

一、"借新还旧"的性质

"借新还旧"是债权人与债务人在旧的贷款尚未清偿的情况下,再次签订贷款合同,以新贷出的款项清偿部分或者全部旧的贷款。"借新还旧"必须在旧的贷款尚未清偿的情况下进行,对于债务人在履行完旧贷的还款义务后才与原债权人签订与旧贷款数额相同款项的借款合同,则不属于"借新还旧"。由于在法律规范层面,"借新还旧"及其性质等尚缺乏统一有效的规定,在实践中对如何认定"借新还旧""借新还旧"担保的法律效力及法律责任等问题存在争议,存在同案不同判的现象。

有观点认为,"借新还旧"从其本质上讲,是对原借款合同中贷款期限、利率等条款的变更,其实质内容是对借款期限法律契约上的延长。借新还旧"与贷款人用自有资金归还贷款,从而消灭原债权债务的行为有着本质的区别。虽然新贷代替了旧贷,但贷款人与借款人之间的债权债务关系并未消除,客观上只是以新贷的形式延长了旧贷的还款期限",故借新还旧的贷款本质上是旧贷的一种特殊形式的展期。①

有观点认为,“借新还旧”是用新的贷款偿还旧贷款,尽管贷款的用途是还款,但本质上是建立新的贷款关系。贷新还旧是在旧贷款尚未清偿的情况下,借贷双方再次签订贷款合同,以新贷出的款项清偿旧的贷款。对这种安排下的法律后果,应当认为原贷款合同已经履行完毕。②

由于“借新还旧”是在债务人没有清偿旧债的情况下完成的,债务人的偿债能力由于资金周转等原因,产生一定程度的下滑。新贷款的目的是用于偿还旧贷款,贷款的发放并未增加债务人的资金实力和偿债能力,贷款不能偿还的风险要远远超出正常贷款,保证人的责任也因此增加。

二、“借新还旧”保证责任的认定

根据《担保法司法解释》第39条的规定,按照以旧贷和新贷保证人是否为同一人保证人的责任分为以下情形处理:

1. 新旧两笔贷款保证人不是同一人,新贷款的保证人如果不知道或者不应当知道以贷还贷的实情,可以认定债权人与债务人恶意串通,应当按照关于骗保的规定免除保证人的保证责任。保证人在知道骗保后要求借款人提供反担保,不能以此推定担保人追认了以贷还贷的事实,而应当认定为是对被骗保的一种自我救济途径。相反,如果新贷款的保证人知道或者应当知道新贷款是用于偿还旧贷款,仍然没有提出异议,保证人应当承担保证责任。

在举证证明责任的分配上,保证人主张不知道以贷还贷事实的,只要举出主合同未写明以贷还贷即可认定其不知。贷款人、借款人主张保证人明知主合同双方有以贷还贷的,应负主要举证证明责任,若其不能举证,则应认定保证人不知合同双方以贷还贷的事实。对于写明借款用途为“购原材料”等的借款活动,必须有其他有效证据证明保证人知道或者应当知道该贷款的实际用途为以贷还贷。

但是,如果保证人在保证合同中允许主合同当事人对主合同进行变更、修改、补充、删除,则认定保证人知道主合同的实际目的是以贷还贷。如果保证人事前已经知道债务人之前曾与债权人发生过贷款关系,而其对债权人与债务人的贷款依然提供担保,也应当推定保证人知道主合同的目的是以贷还贷。另外,从保证人与借款人是否存在夫妻关系、上下级单位关系或两个单位的法定代表人为同一人等特殊关系等事实,也可以推定保证人知道主合同以贷还贷的事实。

由于在实践中大多数以贷还贷的合同。往往都不会以书面的形式明示“以贷还贷”从而导致证明保证人是否知道或者应当知道新贷合同用于以贷还贷,成为司法实践中的难点之一。一般而言,借款合同中的借款用途写明“借款还贷”“以贷还贷”“转贷”等或者写明“流动资金周转”,可以直接认定为保证人知道以贷还贷的事实。

2. 在旧贷与新贷均有保证人,且保证人为同一人的情况下,保证人应当承担保证责任。理由是,在旧贷和新贷是同一保证人的情况下,由于债务人用新贷款偿还了旧贷款,从而免除了保证人对旧贷的保证责任,保证人承担的风险和责任就只是针对新贷款的,较之债务人按照实际贷款用途

---

① 最高人民法院(2008)民二终字第81号民事判决书。
② 最高人民法院(2013)执监字第67号执行裁定书。

适用新贷款产生对保证人的风险和责任要小。比如，债务人按照实际贷款用途使用新贷款，而不是以贷还贷，如租金不能收回，则旧贷未还又出新债，保证人同时为旧贷、新贷承担保证责任，由此改变贷款用途以贷还贷，并未因借款人以贷还贷而增加风险或者扩大损失，反而因此减少了风险。因此，保证人无论是否知晓债权人和债务人以贷还贷，均应承担对后一份贷款的保证责任。所以要求保证人仍然承当保证责任的规定，从公平的角度来看，对保证人也不会有什么不公平的结果。

应当注意的是，以上规定应当只适用于新旧贷款合同主体一致的情形。如果保证人为同一债务人的两笔不同的贷款提供保证，该两笔贷款的债权人不同，在债务人未经保证人同意的情况下，将新贷款用予偿还旧贷款，此时尽管保证并未增加保证人的负担，对保证人也不会有什么不公平的结果；但是，新旧两笔贷款的主合同主体不一致，便不再是债务的延续，而是在债务人之间产生的新债。因此，这种情况不适用《担保法司法解释》第 39 条关于以贷还贷的特殊规定，而应当适用《担保法》第 24 条"债权人与债务人协议变更主合同的，应当取得保证人书面同意，未经保证人书面同意的保证人不再承担保证责任"的规定。

若保证人为同一人，前一份借款合同中保证人的保证期间已届满，债权人又与借款人签订新的借款合同，并以贷还贷，保证人的责任是否适用《担保法司法解释》第 39 条第 2 款的规定？应当认为对于前一份合同保证人因保证期间届满而免责，其只对新的借款合同承担保证责任。如果保证人对新的借款合同是以贷还贷不明知，则应当适用《担保法司法解释》第 39 条第 1 款的规定，保证人免责。

3. 借款双方连续借新还旧后几笔贷款的担保人与最初一笔贷款的担保人不是同一个人的，后两笔贷款的担保人是否承担责任，也应当根据上述不同情况，审查每相邻两笔贷款之间保证人的主观意思和客观行为。

在起初的以贷还贷中不知道主合同的目的是以贷还贷，后来又为同一笔贷款签订的以代还贷的借款合同提供担保的，在这种情况下，无论第一笔贷款的用途如何，法院只审查相邻的两笔，也就是相对的旧贷和新贷。如果最后两笔贷款的担保人为同一人，保证人就应当承担担保责任。因为保证人连续的担保行为形成连续的担保关系，事关自身的切身利益和社会经济关系的稳定。如果说，保证人对第一笔担保的借款无法控制借贷双方的使用方式，那么在签订新的借款担保合同之前，保证人应当查清第一笔贷款的使用方式，以依法主张权利或者决定是否继续担保。若保证人轻信借贷双方或放弃自己权利又再次签订担保合同，应当视为对其第一笔担保借款放弃抗辩权，不能适用《担保法司法解释》第 39 条第 1 款规定而主张免除民事责任，如果对该条作无限循环的理解，则保证人进行数次担保，甚至担保 10 多次后又以该条提出抗辩的，不仅不利于警示保证人在签订担保合同时审慎行使权利，也会危害社会关系的稳定，因此，用新贷偿还旧贷，新贷的担保人与原借贷双方签订的第二笔借款担保合同，借贷双方又将第二笔贷款归还上一笔贷款的，不宜以保证人不知道借贷双方将第一笔贷款是借新还旧为由免除保证人的民事责任。

第十三章 租赁合同

专题一 租赁合同登记备案问题

《民法典》第706条规定："当事人未依照法律、行政法规规定办理租赁合同登记备案手续的，不影响合同的效力。"该条与《合同法》规定相比系新增条款，主要规定了租赁合同登记备案手续对于合同效力的影响问题。关于此问题，1999年12月29日起施行的《合同法司法解释（一）》第9条规定："依照合同法第四十四条第二款的规定，法律、行政法规规定合同应当办理批准手续，或者办理批准、登记等手续才生效，在一审法庭辩论终结前当事人仍未办理批准手续的，或者仍未办理批准、登记等手续的，人民法院应当认定该合同未生效；法律、行政法规规定合同应当办理登记手续，但未规定登记后生效的，当事人未办理登记手续不影响合同的效力，合同标的所有权及其他物权不能转移。"2009年9月1日起施行的《房屋租赁合同司法解释》第4条规定："当事人以房屋租赁合同未按照法律、行政法规规定办理登记备案手续为由，请求确认合同无效的，人民法院不予支持。当事人约定以办理登记备案手续为房屋租赁合同生效条件的，从其约定。但当事人一方已经履行主要义务，对方接受的除外。"《民法典》此条的规定，应当说与上述规定内容的精神是一致的，是对司法实践经验的总结和吸收。

一、租赁合同登记备案的具体情形

租赁合同登记备案制度，是指在租赁合同签订后，合同当事人向国家有关部门办理登记备案手续的制度。租赁合同登记备案主要在房屋租赁、国有土地租赁、光船租赁等领域适用。

（一）房屋租赁登记备案

在我国，房屋租赁登记备案制度由来已久。1994年制定并经2007年修正的《城市房地产管理法》第54条规定，房屋租赁合同签订后应向房产管理部门登记备案，将房屋租赁登记备案制度上升到法律层面。2010年12月1日住房和城乡建设部发布《商品房屋租赁管理办法》。

从房屋租赁合同登记备案制度的产生与演变过程看，房屋租赁登记备案制度的建立，其实质是房地产管理部门对出租方与承租方已签订的房屋租赁合同是否体现"自愿、平等、互利和诚实信用、协商一致"的原则，是否明确租赁双方的权利义务的具体审查，是对房屋租赁合同合法性的事后确认。[1] 随着《行政许可法》的实施，房屋租赁行政审批制也通过地方法规的修改被废止，登记备案仅

---

① 江汝南、徐步明：《论登记备案制度对房屋租赁合同效力的影响》，载《安徽纺织职业技术学院学报》2003年第1期。

成为将房屋租赁行为纳入市场管理的标志,房屋租赁合同登记备案制度的最初目的已难以实现。[①]而且,在实践中,除需要开具发票报销等情况外,个人出租房屋进行备案的较少。[②] 因为无论登记备案与否,都不会影响房屋租赁本身的发展。当前,房屋租赁合同登记备案的首要目的已转变为对于城市流动人口的管理。[③]

(二)国有土地租赁登记备案

国有土地租赁是国家将国有土地出租给使用者使用,由使用者与县级以上人民政府土地行政主管部门签订一定期限的土地租赁合同,并支付租金的行为。国有土地租赁是国有土地有偿使用的一种形式,是出让方式的补充。国有土地租赁的法律依据,主要是《土地管理法实施条例》第29条的规定:"国有土地有偿使用的方式包括:(一)国有土地使用权出让;(二)国有土地租赁;(三)国有土地使用权作价出资或者入股。"

国有土地租赁的登记备案制度主要源于《规范国有土地租赁若干意见》和2008年2月1日起实施的国土资源部《土地登记办法》的规定。其中,《规范国有土地租赁若干意见》第2条规定:"国有土地租赁,可以采用招标、拍卖或者双方协议的方式,有条件的,必须采取招标、拍卖方式。采用双方协议方式出租国有土地的租金,不得低于出租底价和按国家规定的最低地价折算的最低租金标准,协议出租结果要报上级土地行政主管部门备案,并向社会公开披露,接受上级土地行政主管部门和社会监督。"第6条规定:"国有土地租赁,承租人取得承租土地使用权。承租人在按规定支付土地租金并完成开发建设后,经土地行政主管部门同意或根据租赁合同约定,可将承租土地使用权转租、转让或抵押。承租土地使用权转租、转让或抵押,必须依法登记。"《土地登记办法》第29条规定:"依法以国有土地租赁方式取得国有建设用地使用权的,当事人应当持租赁合同和土地租金缴纳凭证等相关证明材料,申请租赁国有建设用地使用权初始登记。"

(三)光船租赁登记备案

光船租赁是我国海商法上规定的一种租赁方式。根据《海商法》第144条的规定,光船租赁合同是指船舶出租人向承租人提供不配备船员的船舶,在约定的期间内由承租人占有、使用和营运,并向出租人支付租金的合同。但是,《海商法》并未规定光船租赁登记制度,该制度源自行政法规《船舶登记条例》第6条的规定:"船舶抵押权、光船租赁权的设定、转移和消灭,应当向船舶登记机关登记;未经登记的,不得对抗第三人。"

二、租赁合同登记备案与合同效力的关系

登记备案对于租赁合同效力的影响,在司法实践中主要有如下两种观点:一是租赁合同未办理登记备案手续的,一律认定合同无效;二是房屋租赁合同未办理登记备案手续不影响合同的效力。民法典采纳了第二种观点,其主要理由如下。

第一,关于租赁合同登记备案的规定,并非效力性强制性规定。《合同法》第52条第5项规定,

① 李朝晖:《论房屋租赁合同登记备案制度的立法价值目标》,载《广西社会科学》2008年第2期。

② 石晨谊:《房屋租赁权性质及登记研究》,载《中国国土资源经济》2019年第5期。

③ 房梁:《从租购并举政策反思我国房屋租赁权登记的实现》,载《安徽工业大学学报》(社会科学版)2018年第2期。

违反法律、行政法规的强制性规定的，应当认定合同无效。上述规定实质是以一种概括性的抽象规范，打开了国家公权力干预当事人私法自治的通道，如果不对这种概括性规范进行必要的甄别，势必导致大量公法规范进入当事人私法自治领域，从而轻易否定合同效力，影响私法秩序的安定。[①]因此，《合同法司法解释(二)》第14条规定："合同法第五十二条第(五)项规定的'强制性规定'，是指效力性强制性规定。"《民法典》第153条第1款规定："违反法律、行政法规的强制性规定的民事法律行为无效，但是，该强制性规定不导致该民事法律行为无效的除外。"其中，前一个强制性规定指的是效力性规定，后一处强制性规定是指管理性规定。

对于效力性强制性规定的判断标准，《九民会议纪要》第30条规定，要慎重判断"强制性规定"的性质，特别是要在考量强制性规定所保护的法益类型、违法行为的后果以及交易安全保护等因素的基础上认定其性质，应当认定为"效力性强制性规定"的情形包括交易标的禁止买卖的，如禁止人体器官、毒品、枪支等买卖；违反特许经营规定的，如场外配资合同；交易方式严重违法的，如违反招投标等竞争性缔约方式订立的合同；交易场所违法的，如在批准的交易场所外进行期货交易。关于经营范围、交易时间、交易数量等行政管理性质的强制性规定，一般应当认定为"管理性强制性规定"。

根据以上判断标准，具体到租赁合同登记备案的规定，首先，现有关于租赁合同登记备案的规定，均未规定如果违反将导致租赁合同无效；其次，前述租赁合同的登记备案，除光船租赁登记外，其余都是基于防止税费流失、加强流动人口管理等行政管理的需要而规定，而光船租赁登记虽有对抗第三人作用，但本身也不影响合同的效力。因此，相关法律、行政法规中租赁合同登记备案的规定应为管理性强制性规定，而非效力性强制性规定。

第二，在关于租赁合同登记备案的规定中，并无"合同登记后生效"的内容。《民法典》第502条规定："依法成立的合同，自成立时生效，但是法律另有规定或者当事人另有约定的除外。依照法律、行政法规的规定，合同应当办理批准等手续的，依照其规定……"这一规定意味着，合同自成立起生效是合同生效的一般原则，法律和行政法规规定办理审批和登记手续后生效的，属于法律规定的特别情形。《合同法司法解释(一)》第9条规定，"法律、行政法规规定合同应当办理登记手续，但未规定登记后生效的，当事人未办理登记手续不影响合同的效力，合同标的物所有权及其他物权不能转移"。从目前现有租赁合同登记备案规定看，均未有"合同登记后生效"的内容。因此，上述有关合同登记的规定不影响租赁合同的效力。

第三，部分租赁合同登记备案的规定并非法律、行政法规所规定，不影响合同的效力。《合同法司法解释(一)》第4条规定："合同法实施以后，人民法院确认合同无效，应当以全国人大及其常委会制定的法律和国务院制定的行政法规为依据，不得以地方性法规、行政规章为依据。"而《商品房屋租赁管理办法》《土地登记办法》等均为行政规章，《规范国有土地租赁若干意见》为国家政策文件，均非法律或行政法规，不能作为判断合同效力的依据。

---

① 最高人民法院民事审判第一庭编著：《最高人民法院关于审理城镇房屋租赁合同纠纷案件司法解释的理解与适用》，人民法院出版社2009年版，第59页。

三、租赁合同登记备案与物权法上登记的关系

物权法上的登记具有特定的含义，就不动产变动而言，采用的是登记生效主义，即不动产物权的设立、变更、转移和消灭都应当进行依法登记，登记后始能产生物权设立和变动法律效力。对于动产变动，一般采取以交付为生效要件，但对于一部分特殊动产则采取登记对抗主义，即船舶、航空器和机动车等物权的设立、变更、转让和消灭，未经登记，不得对抗善意第三人。由上可知，租赁合同登记备案并不属于物权法上的登记。

以公示公信为目标，建立新的房屋租赁合同登记备案制度，规定登记是一种当事人可以自由选择的行为，是否登记备案不影响房屋租赁合同效力。房屋租赁合同经登记备案，才具有对抗第三人的效力；如果合同没有登记备案，合同效力仅及于合同双方当事人，对合同双方当事人之外的善意第三人不构成约束力。[①] 目前，上海市已经将房屋租赁合同登记备案制度规定为公示制度，并实行自愿登记原则。不过，《民法典》并未规定租赁登记的对抗效力，因此，在没有特别规定的情况下，不能因为未进行租赁登记而否定租赁权所享有的"买卖不破租赁"和优先权等对抗第三人的效力。

四、当事人约定登记备案为生效条件的处理

《房屋租赁合同司法解释》第 4 条第 2 款规定"当事人约定以办理登记备案手续为房屋租赁合同生效条件的，从其约定。但当事人一方已经履行主要义务，对方接受的除外。"该条规定由于符合《民法典》相关规定的精神，仍然可以继续适用。上述规定包括两方面内容：其一，是关于未办理登记备案手续导致合同未生效情形的规定，即如果当事人将办理房屋租赁合同的登记备案手续作为合同生效条件在合同中明确约定的，未办理相关登记备案手续则未满足合同约定的生效条件，其合同处于未生效状态。这种规定，体现了对当事人私法自治原则和缔约自由的尊重。依据上述原则，法律行为可以附加条件，以决定效力的发生与否。所谓附条件法律行为，其法律依据是《民法典》第 158 条的规定："民事法律行为可以附条件，但是根据其性质不得附条件的除外。附生效条件的民事法律行为，自条件成就时生效。附解除条件的民事法律行为，自条件成就时失效。"其二，关于租赁合同未办理登记备案手续，导致合同未生效情形的例外规定。当事人虽未依合同约定办理登记备案手续，但一方履行了合同主要义务，对方接受的，租赁合同发生效力。其法律依据是《民法典》第 490 条的规定："当事人采用合同书形式订立合同的，自当事人均签字、盖章或者按指印时合同成立。在签字、盖章或者按指印之前，当事人一方已经履行主要义务，对方接受时，该合同成立。法律、行政法规规定或者当事人约定合同应当采用书面形式订立，当事人未采用书面形式但是一方已经履行主要义务，对方接受时，该合同成立。"

---

① 李朝晖：《论房屋租赁合同登记备案制度的立法价值目标》，载《广西社会科学》2008 年第 2 期。

专题二　租赁合同书面形式问题

《民法典》第707条规定,“租赁期限六个月以上的,应当采用书面形式。当事人未采用书面形式,无法确定租赁期限的,视为不定期租赁”。该条规定了租赁合同的形式,并规定了不定期租赁的确定方式。本条在原合同法基础上新增了未采用书面形式,视为不定期租赁的补充条件,即“无法确定租赁期限”。

一、租赁合同的形式

所谓租赁合同的形式,是指租赁合同当事人之间确立、变更或者终止租赁关系的方式。租赁合同的形式有书面形式、口头形式和其他形式。①

1. 书面形式。合同的书面形式,是指当事人订立合同时以文字有形地表达和记载其意思表示内容及其达成的合意。依照《民法典》第469条的规定,书面形式包括合同书、信件等可以有形地表现所载内容的形式,而以电报、电传、传真、电子数据交换和电子邮件等方式能有形地表现所载内容,并可以随时调取查用的数据电文,视为书面形式。在《民法典》合同编中,对《合同法》所规定的数据电文形式中增加了“可以随时调取查用”这样的限制条款,应属对数据电文形式的书面合同的细化审查要求。

2. 口头形式。合同的口头形式,是指当事人采用口头对话或者电话沟通等以言语的形式进行意思表示所订立的合同。口头形式的租赁合同,是指当事人之间通过当面谈判或者电话等以言语方式订立的租赁合同。

3. 其他形式。合同的其他形式,是指合同的口头形式、书面形式以外的形式。合同一方当事人通过履行主要合同义务等方式表达订立合同意愿,另一方当事人通过民事行为能够推定认可对方当事人的订立合同意愿,合同应推定成立。②

书面形式的租赁合同的优点在于有据可寻,便于将租赁合同的名称、数量、用途、租赁期限、租金以及其支付期限和方式、租赁物维修等条款以书面形式进行确认,便于当事人正确履行合同。同时,亦是发生纠纷时的核心关键证据。随着租赁合同期限在时间维度上的拉长,当事人之间可能会因为租赁物的变化、租赁情况的变化产生纠纷,在这种情况下,书面合同有利于租赁合同的双方当事人有一个明确双方权利义务关系的依据。

---

① 吴高盛主编:《〈中华人民共和国合同法〉释义及实用指南》,中国民主法制出版社2014年版,第344页。

② 《合同法司法解释(二)》第2条。

二、租赁期限6个月以上，未签订书面合同，双方的租赁合同法律关系的处理

《合同法》第215条规定，租赁期限6个月以上的，应当采用书面形式。当事人未采用书面形式的，视为不定期租赁。该条款与《民法典》第707条的区别为，第707条新增了未采用书面形式，“无法确定租赁期限的”，视为不定期租赁的条件。

依照《合同法》的规定，6个月以上的合同，只要未采取书面形式订立租赁合同，无论是否有证据证明双方对合同期限达成合意，均需视为不定期租赁。《民法典》第707条对该条规定进行了补充与完善，超过6个月的租赁合同，当事人未采用书面形式，不应直接认定为不定期租赁。

人民法院在审查相关案件时，应当实体审核当事人所提交的相应证据，如果当事人能够证明双方之间就租赁期限达成一致，即双方之间的租赁关系可以确定租赁期间，则该情形不能认定为不定期租赁。在审判实务上，当事人可以通过证人证言、双方的实际履行行为等方式来对双方租赁期限进行举证。

从立法理念来看，第707条体现了立法者对当事人意思自治原则的鼓励。在司法实践中，大量租赁合同是以口头形式订立的，如全部以未采用书面形式为由认定为不定期租赁，会导致租赁关系处于随时可以解除的状态，在很大程度上影响交易安全。第707条符合鼓励交易与诚实信用的基本价值理念，应属对《合同法》条文的进一步优化与完善。

三、不定期租赁的任意解除问题

不定期租赁的实质是租赁期限没有约定或者约定不明，当事人无法确定租赁期限或知晓且接受租赁期限不确定。也正是由于这种租赁期限的不确定性，不定期租赁的当事人拥有随时解除合同的权利。但值得注意的是，《合同法》对不定期租赁的规定是，“当事人可以随时解除合同，但出租人解除合同应当在合理期限之前通知承租人”。《民法典》对不定期租赁的规定则为：“当事人可以随时解除合同，但是应当在合理期限之前通知对方”。合同法默认承租人一方在租赁关系中处于相对弱势的地位，一旦合同被任意解除，承租人所面临的是即时返还租赁物，在此种情况下，承租人无法及时对合同解除作出防止损失扩大的准备。因此，就出租人一方而言，如果想要行使租赁合同的任意解除权利，作为解除合同的一方，出租人需要在合理期限内作出意思表示，并将其解除租赁合同关系的通知准确传递到承租人一方处。这次民法典编纂，将合同解除权赋予双方当事人，出租人与承租人拥有同样的权利与义务是重大修改。事实上，作为不定期合同的合同双方，对不定期合同的法律后果应当有相应的心理预期，承租人一方并不当然处于合同中的弱势地位。例如，在经营性租赁合同中，如果承租人没有提前通知出租人，那么在租赁合同解除后，出租人在找到下一个合适的承租人前会出现空置期的损失，所以不区分出租人与承租人的地位是应有之义。

关于任意解除权通知的合理期限问题，原则上是按照不定期租赁合同双方当事人之间的事先约定，如果双方关于此项期限没有约定的，一般以租赁标的物返还的时间和租赁物的一般使用期限作为标准来确定合理通知期限。①

---

① 王利明：《合同法分则研究》（上卷），中国人民大学出版社2012年版，第285页。

专题三　租赁物维修责任

《民法典》第713条规定,“承租人在租赁物需要维修时可以请求出租人在合理期限内维修。出租人未履行维修义务的,承租人可以自行维修,维修费用由出租人负担。因维修租赁物影响承租人使用的,应当相应减少租金或者延长租期。因承租人的过错致使租赁物需要维修的,出租人不承担前款规定的维修义务”。该条第1款明确了出租人的维修义务,第2款在出租人维修义务的基础上增加了承租人的义务。《合同法》第221条规定:“承租人在租赁物需要维修时可以要求出租人在合理期限内维修。出租人未履行维修义务的,承租人可以自行维修,维修费用由出租人负担。因维修租赁物影响承租人使用的,应当相应减少租金或者延长租期。”从条文上看,除非双方当事人另有约定,否则在租赁期间租赁物的维修义务归于出租人,在实践中,会出现在因承租人过错导致租赁物损坏从而需要维修,此时仍将维修义务确定给出租人,对出租人过于苛责。《民法典》第713条对《合同法》第221条予以补充,排除了因承租人过错导致租赁物需要维修时出租人的维修责任,符合公平正义原则。

一、出租人的维修义务

在租赁合同中,出租人以收取租金为对价,将租赁物的占有、使用、收益权能转移给承租人,承租人可以对租赁物进行有效利用。在租赁期间,如果租赁物出现损坏,将影响承租人的租赁权益。此时,需要出租人通过修理和维护以保持租赁物适于使用收益状态。对于出租人不能及时维修时,法律允许承租人可以自行维修,并向承租人主张维修费用的权利。因维修而对承租人造成影响的,承租人有权通过减少租金或延长租期得到救济。出租人履行维修义务需要具备以下条件:(1)租赁物有维修的必要,即租赁物的损坏影响承租人对租赁物的使用,如不维修,不能发回租赁物应有效能。如租赁物虽有损毁,但并不影响承租人的使用收益权能时,出租人没有维修的必要,不负维修义务。必要性的认定,应根据当事人约定、合同目的、交易观念等加以判断。[①] (2)租赁物有维修的可能。租赁物在损坏后可通过出租人维修恢复到完好状态。如租赁物损毁严重,无法进行维修的或者租赁物可以维修但需要巨大经济支出,使维修所获得的效果不足以弥补维修费用的,出租人不负有维修义务。(3)当事人没有相反约定。《民法典》第712条规定了当事人可通过约定排除出租人的维修义务。因为在租赁合同履行过程中,承租人对租赁物处于持续占有状态,从效率方面来看,在租赁物损坏后,由承租人直接进行维修更方便,省去通知环节,节省维修时间。当事人可自行约定租赁物维修主体。(4)承租人及时通知。出租人将租赁物的占有权能转移给承租人,租赁物的

---

① 宁红丽:《租赁物维修义务的法律构造——基于对我国司法案例的分析》,载《清华法学》2013年第5期。

损坏是发生在承租人占有期间，此时，对于租赁物状态出租人并不知晓，承租人应及时履行通知义务以便出租人进行维修。

二、承租人过错是否影响出租人维修义务的承担

法律之所以将租赁物维修义务归于出租人是为了保障承租人的使用权，保证租赁物在租赁期限内的具备适租条件。但是，在租赁期间，承租人持续占有、使用租赁物的过程中，不可避免存在因其使用不当导致租赁物的毁损情形。此时，出租人是否仍对租赁物负有维修义务？

(1)从目的上来看，出租人的维修义务，是为了保证承租人正常使用租赁物，因承租人原因导致租赁物使用受限，而让出租人承担修缮义务，有悖诚信原则。(2)让已对租赁物丧失占有的出租人承担修缮义务，在修缮完毕后出租人再向承租人主张相应费用，增加租赁物维修环节，使租赁物的维修变得烦琐，易产生纠纷。(3)无条件的将维修义务强加给出租人可能会导致承租人滥用抗辩权。承租人可在维修前，以出租人未履行维修义务为借口出而得以拒绝支付租金，损害出租人权益。(4)无论肯定说还是否定说，对于租赁物维修损失的负担，应由致害人承担，这是没有争议的。按照这一思路，因出租人原因导致租赁物损坏，出租人自然承担其维修责任；而承租人过错导致租赁物损坏时，无论维修义务是否应归为出租人，维修费用由承租人负担是无可厚非的，此时出租人不履行维修义务，承租人自然无权向出租人主张维修费用或减免租金等请求。

例如，爱生雅公司与合兴公司房屋租赁合同纠纷案。[①] 爱生雅公司与合兴公司签订租赁合同，合兴公司承租爱生雅公司的工业园厂房及相关配套设施、道路、周转场地等。爱生雅公司认为，在租赁过程中，由于合兴公司的不当使用造成所承租的道路、车间地面及配套设施严重的损坏。后法院委托鉴定机构对受损租赁物是否符合使用和质量标准进行质量技术鉴定、确定形成原因并出具相关修复方案，在此基础上鉴定确认各项经济损失价值为2,017,315.00元，爱生雅公司要求合兴公司对上述损失予以赔偿。一审法院经审理认为：在租赁物建设竣工验收后直到合兴公司租赁前，爱生雅公司对租赁物未使用过，因此，经鉴定机构鉴定的损坏租赁厂房、物品损失，应由合兴公司承担。但对于租赁物损失中含有209,807元室外路面损失，因该路面损失牵涉鉴定结束前爱生雅公司自建厂房使用情况，无法区分该路面损失中爱生雅公司与合兴公司的责任，爱生雅公司亦未提供证据证实厂区外的道路损坏系合兴公司所致。故该部分不应由合兴公司负责修缮。最终法院判令合兴公司赔偿爱生雅公司损失1,807,508元(2,017,315元-209,807元)。

二审法院认为，出租人对涉案租赁标的物具有维护、维修义务(含因承租方正常使用引起的地面损坏，即正常磨损)。本案一审审理期间委托鉴定机构进行了鉴定，委托事项是“受损租赁物是否符合使用和质量标准进行质量技术鉴定、确定形成原因并出具相关修复方案，在此基础上鉴定确认各项经济损失价值”。鉴定结论为涉案场地“为被鉴定申请人因生产使用及生产使用维护不当造成”。一审采用的鉴定意见没有区分正常使用的损耗以及使用不当造成的损坏，租赁费用本身包含了对租赁物的正常损耗。合兴公司承担的修复责任应扣除正常使用部分。二审法院征询评估机构意见征询意见，对于属于正常使用、维护不当的价值加以区分，最终确认属于维护不当部分价值为

---

① 山东省青岛市(2019)鲁02民终1171号民事判决书。

488,107元,无法区分部分价值为1,038,637元。据此改判合兴公司支付赔偿费用1,526,744元。

在该案中,合兴公司在租用租赁过程中,租赁物发生损坏,其损坏原因由两方面构成,即自然损耗及合兴公司使用不当,一审法院并未对此加以区分,以租赁物在合兴公司的控制之下出现损坏,确定维修责任由合兴公司负担。二审法院对损坏原因加以区分,对于租赁物自然损耗部分的维修责任归于出租人即爱生雅公司;对合兴公司使用过程中造成租赁物损坏的维修责任归于合兴公司。本书认同二审法院的意见。

三、第三人过错是否影响出租人维修义务的承担

在租赁合同履行过程中,经常会出现第三人原因导致租赁物出现瑕疵,此时,对于出租人与承租人的租赁关系中,出租人对承租人是否还具有维修义务,在第三人不履行维修义务时,承租人能否要求出租人进行维修,出租人能否以租赁物瑕疵系第三人所致而免除其维修责任?

一种观点认为,根据合同相对性原理,在租赁物出现瑕疵时,承租人向出租人主张其履行维修义务的,出租人不得拒绝,出租人应保证租赁物适于使用、收益状态,出租人作为租赁物的所有权人,可向第三人主张侵权责任。另一种观点认为,出租人将租赁物交付给承租人后,承租人即为租赁物的占有人,其当然享有占有的保护。租赁物在承租人占用期间,因第三人原因导致租赁物出现损坏,影响了承租人的使用,承租人可根据原《物权法》行使占有保护请求权或损害赔偿请求权。出租人在此过程中并不存在过错,不承担维修责任。

在司法实践中亦存在不同的认定。

在抚顺三联公司与忠英学校、生科旅行社房屋租赁合同纠纷案中,①抚顺三联公司作为房屋所有权人将房屋出租给忠英学校,忠英学校转租给生科旅行社。在租赁期间,由于案外人在楼顶私搭乱建导致涉案房屋出现漏水,造成生科旅行社无法使用房屋。忠英学校以此作为抗辩拒绝支付抚顺三联公司房屋租金。在另案中,抚顺三联公司曾诉中维物业公司,要求对涉案房屋屋顶进行维修,法院认定涉案房屋屋顶存在被他人占用情况,待排除妨害后中维物业公司进行维修。抚顺三联公司又诉阔达医药公司、张某、李某,要求其停止侵害、排除妨害、恢复原状、赔偿损失,后经调解,阔达医药公司、张某、李某停止对涉案房屋屋顶的侵害并赔偿抚顺三联公司损失。本案法院经审理认定,涉案房屋屋顶系物业共用部分,日常维修和养护由物业公司负责。另造成屋顶漏水损害后果系案外人私自搭建违章建筑造成的,并非出租人维修义务,故抚顺三联公司无须承担维修责任。法院判令支持了抚顺三联公司租金及延付金的诉请。

在龚某与王某房屋租赁合同纠纷案②中,龚某、王某于2016年3月16日签订房屋租赁合同,约定龚某将其所有的商铺租赁给王某用于红酒经营,租期约定3年。2017年2月,涉案房屋因厨房共用排污管道堵塞发生污水渗漏。王某发现后告知龚某,龚某联系物业公司前去维修。经过一周左右维修完毕,但经过维修后,屋内出现仍存在多处漏水及潮湿霉变的情况,导致王某无法经营。2017年5月后,王某未向龚某交纳租金,王某以龚某未尽到维修义务为由要求解除合同。龚某认

---

① 辽宁省沈阳市皇姑区人民法院(2018)辽0105民初757号民事判决书。

② 江苏省宿迁市中级人民法院(2018)苏13民终5442号民事判决书。

为,污水渗漏的原因是公共管道堵塞所导致,不属于房屋本身的瑕疵,其不应承担维修义务,物业公司应承担维修义务。一审、二审法院均认定龚某作为房屋出租人,对房屋出现的瑕疵具有维修义务,该房屋在发生渗漏霉变近一年仍未修缮,认定龚某对涉案房屋并未维修到位,导致无法实现王某租赁经营目的,支持王某解除合同的请求,并扣减部分租期内的租金。

上述两个案件均是由案外人导致房屋受损需要维修,但是认定却截然不同。在第一个案件中,法院认定维修义务由案外人承担,免除了承租人的维修义务。出租人通过起诉案外人,使租赁物得到的修复并获得了损失赔偿,但对于承租人来说,其因漏水而造成的损失无法得到救济。在第二个案件中,因公共排污管道导致污水的渗漏,维修义务人为物业公司,法院认定,即使因案外人导致房屋需要维修,出租人对承租人仍具有维修义务。

本书认为,第三人侵权并不能免除出租人的维修义务。从法律规定来看,我国《合同法》第220条规定出租人应当履行租赁物的维修义务,但当事人另有约定的除外。可以看出,租赁物的维修义务的承担分为两种:一种是由出租人承担,此为一般情形;另一种是由承租人承担,此为特殊情形,即只有在存在双方当事人约定情况下才适用。从字面上来看,除非双方当事人另有约定,租赁物的维修义务都由出租人来承担。《民法典》又增加了一种情形,即承租人过错致租赁物损坏。可见,第三人过错致租赁物损坏并不能作为出租人承担维修义务的除外条件。

在第三人致使租赁物受损时,出租人可要求第三人承担侵权责任,赔偿因租赁物受损而造成的损失或要求第三人恢复原状;也可依据《民法典》第237条要求第三人对租赁物进行修理或恢复原状。对于承租人来说,其已取得租赁物之占有权益,第三人行为的后果干扰了承租人对租赁物的正常使用,并因此产生损害。《民法典》第462条明确,占有受侵害时占有人有权请求排除妨害、消除危险,造成损害的可要求损害赔偿。此时,承租人有两种救济途径:第一,可基于占有直接向第三人主张要求恢复原状;第二,根据租赁合同要求出租人承担维修义务。此时,出租人履行合同义务,第三人承担侵权责任,出租人与第三人是基于不同原因负担同一内容给付,且各负全部履行之义务,具备了部分不真正连带责任的特性。故承租人可以选择其一行使,并于债务人之一履行后使全体债务人的相同范围内的债务归于消灭,债务人内部则形成求偿关系。[①] 若承租人向出租人主张维修义务,出租人在履行完毕后可向第三人追偿。若承租人向第三人主张维修,则出租人无权再主张第三人进行修复,但可针对租赁物的损失主张第三人赔偿。

专题四　租赁物的改善和增设他物的问题

《民法典》第715条规定,"承租人经出租人同意,可以对租赁物进行改善或者增设他物。承租

---

① 朱晶晶:《第三人致害租赁物的法律关系分析》,载《晋阳学刊》2014年第3期。

人未经出租人同意,对租赁物进行改善或者增设他物的,出租人可以请求承租人恢复原状或者赔偿损失"。这是关于租赁物改善或增设他物的规定,沿袭了《合同法》第223条之规定。改善,是指对租赁物并不改变其外观形状,而是对其性能进行改良。[①] 如通过修改行车电脑提升汽车的马力。增设他物也叫添附,是指在租赁物基础上增加他物使其与租赁物相结合,如在汽车上加装尾翼、在房屋中加装空调。在租赁合同中,有时为了使租赁物能够得到更好的利用,承租人需要对租赁物进行改动。但因为出租人仅将租赁物的占有、收益、使用权能让与给承租人,但处分权能还保留在出租人处,承租人无权对租赁物进行改动。一方面,租赁物的改动有可能会对租赁物本身造成侵害;另一方面,因增设他物会与租赁物形成添附,产生所有权争议。因此,承租人在改善或增设他物之前应取得出租人同意。承租人擅自对租赁物进行改动的,出租人有权要求承租人恢复原状,或者赔偿出租人损失。

一、承租人改善或增设他物须经出租人同意

出租人可通过明示或默示的方式作出同意的意思表示。所谓明示,是指出租人直接将同意的意思表示于外的许诺方法,具体有书面、口头、短信、微信等方式。如双方在租赁合同中明确约定承租人可对租赁物进行改善和添附。出租人可在改动之前同意,也可以在承租人改动后进行追认。默示,是指对于承租人提出要求对租赁物进行改善或增设他物的请求,出租人未用语言或者文字明确表示意见,但其行为表明已经接受,可以视为出租人同意。不作为的默示只有在法律有规定或者当事人双方有约定的情况下,才可以视为意思表示。如双方合同中约定租赁物的租赁用途,而要实现其租赁用途必须经过改善或添附,出租人签署合同的行为表明其默示同意承租人对租赁物进行改善或添附。但是,如果双方对租赁用途并未约定,出租人在改善或添附过程中知晓但未提出异议,出租人的不作为不能推定其默示同意。

二、承租人擅自改善或增设他物的法律后果

对于承租人擅自改善或增设他物的处理,在实践中存在分歧。《房屋租赁合同司法解释》第13条规定:"承租人未经出租人同意装饰装修或者扩建发生的费用,由承租人负担。出租人请求承租人恢复原状或者赔偿损失的,人民法院应予支持。"

对于承租人来说,未经出租人同意或者经出租人同意但超出合同约定用途的合理范围进行的改善或增设,属于恶意添附,其行为虽有可能使租赁物价值升高,但因违反了合同约定,构成违约,应承担继续履行、采取补救措施或者赔偿损失等违约责任。但同时,承租人的行为造成了对出租人租赁物的侵犯,构成侵权。承租人违法行为造成违约与侵权的竞合。出租人可选择承租人承担违约责任或侵权责任。而不论基于何种请求权,出租人可向承租人主张恢复原状、赔偿损失等责任。对于改善、增设过程中所支出的费用,因其违约或侵权行为所导致。承租人对该费用的支出行为属

① 胡康生主编:《中华人民共和国合同法释义》,法律出版社1999年版,第182页。

于违法行为,不具备向出租人请求的法律依据。[①] 此外,承租人改善、增设费用的支出是为了满足其自身需要而支出,故该费用应由其自行承担。

从权利角度来看,无论承租人对租赁物上进行改善或增设他物是否获得了出租人的同意,承租人都有取回增设物的权利。但增设物的取回不能对租赁物造成破坏。具体来说,如果增设物与租赁物未形成附合,可允许承租人收回;已形成附合的,如果出租人不同意利用,出租人可要求承租人拆除,并恢复原状。如果出租人同意利用的,可基于添附获得租赁物所有权。

从责任承担方面看,出租人能否既主张要求承租人恢复原状,又要求赔偿损失?从条文本身来看,赔偿损失与恢复原状是或然性关系,而并非补充关系,即出租人可择一选择。第715条中的赔偿损失是指承租人擅自对租赁物改造而对出租人造成的财产损失,是承租人无法恢复原状时的一种替代责任方式,是租赁物恢复原状已无可能或承租人自行负担恢复原状费用的损失,[②]故承租人无权同时进行主张这两种权利。

对于恢复原状及赔偿损失的具体范围,《民法典》第733条规定:"租赁期限届满,承租人应当返还租赁物。返还的租赁物应当符合按照约定或者根据租赁物的性质使用后的状态。"故不能机械地将租赁物恢复至出租之前的状态,因为租赁物在承租人的使用过程中必然会产生损耗,而被损耗掉的价值承租人已通过租金形式向出租人支付,承租人无须恢复至出租前状态,对承租人不公。赔偿损失时也应当考虑租赁物的折旧情况。比如,出租人将一辆全新小轿车租赁给承租人,租期5年,在租赁期间,承租人对小轿车进行改装。租赁期届满后,承租人对小轿车应当恢复原状,无法恢复原状,需要赔偿损失的,应参考车辆使用5年后的价值进行赔付,而不是以全新车辆价值为基础进行赔付。

三、经出租人同意进行改善或增设他物的法律后果

对于承租人经出租人同意对租赁物进行改善或增设他物的,需要解决承租人费用负担、增设物所有权归属问题。《房屋租赁合同司法解释》第9~14条规定了关于房屋装修及改扩建处理,可予以参照。承租人经同意装饰装修,区分情况使用不同的处理原则。一是对附合和未形成附合的装饰装修物分别适用不同的处理规则。未形成附合的装饰装修物,承租人作为所有权人享有处分权;已形成附合的装修装修物区分合同无效、合同有效解除、合同履行期限届满情形,适用不同的处理规则。二是出租人是否对承租人附合的装饰装修进行补偿,如何补偿要区分不同情况。合同无效时,出租人同意利用的装饰装修,基于不当得利对承租人进行补偿;不同意利用的,装饰装修的现值损失作为无效合同的损失,由双方按照过错承担;合同解除,由导致合同解除的违约方承担装饰装修残值损失。在双方均无过错情形下,由双方依照公平原则分担装饰装修残值损失;需要注意的是,合同解除时,如果出租人同意利用承租人装饰装修的,仍需要基于不当得利对承租人予以补偿;

---

① 最高人民法院民事审判第一庭编著:《最高人民法院关于审理城镇房屋租赁合同纠纷案件司法解释的理解与适用》,人民法院出版社2009年版,第164页

② 同上书,第173页。

合同履行期间届满，出租人取得附合装饰装修物无须补偿。[①]

（一）残值损失与现值损失的区分

在处理房屋租赁合同纠纷中，不可避免地需要对装修物进行处理，而不同法院对于装修"残值"与"现值"的理解不同，导致在处理装修物损失时存在认定标准不统一的问题。根据《房屋租赁合同司法解释》规定，要处理装修物问题，首先需要对装修残值与现值进行区分，现值出现在合同无效中，即装修物的现存价值；残值发生在合同解除时，即解除时装修物的剩余价值。在实践中，经常会出现残值与现值混淆不清的情况。如翟某诉姜某房屋租赁合同纠纷案。[②] 2015 年 9 月 30 日，姜某将房屋出租给翟某，租期 3 年，自 2015 年 10 月 1 日至 2018 年 9 月 30 日。姜某同意翟某对房屋进行装修，双方约定装修在 3 年内折损完毕。2017 年 10 月，涉案房屋被政府拆迁，双方租赁合同无法继续履行。姜某收到拆迁装修补偿款 30, 842 元。现翟某要求姜某赔偿其装修损失。法院结合双方约定租期为 3 年，未使用期 1 年，认定姜某赔偿翟某装修补偿款 10, 281 元（30, 842 元 ÷ 3 年 × 1 年）。在本案中，翟某在房屋租赁过程中因遭遇拆迁而导致合同解除，双方应针对装修残值损失进行分担。姜某所收到的装修补偿款应为拆迁公司对装修物现价值进行的评估。法院直接以此为基础，并根据合同约定期间计算分摊费用，混淆了残值与现值的概念。最高人民法院民一庭负责人就《房屋租赁合同司法解释》答记者问时，明确了残值的概念，残值损失是合同解除时装饰装修的剩余价值，以解除时装饰装修的现价值为基础，且不能低于合同履行期间摊销的装饰装修费用。合同履行期间摊销的装饰装修费用应以造价费用为基础而非现价值，进行分摊后，再以合同未履行期未分摊费用与装修物现值进行比较，取其低者为残值。[③] 具体到本案中，应根据翟某装修时造价花费进行分摊，除以合同约定的 3 年，再乘以剩余期限 1 年，得出的数值与装修物现价值 30, 842 进行比较，较低者为残值。

（二）扩建造价费如何确定

扩建主要是针对原有房屋的基础上，通过加高加层，增加其使用面积。对于承租人经出租人同意扩建的，办理合法建设手续的，扩建造价费用由出租人负担；未办理合法建设手续的，扩建造价费用由双方按照过错分担。扩建与装修均是动产与不动产形成附合，但处理原则却不同。这是因为，装饰物会随承租人的使用而导致价值逐渐减少，而扩建是在原房屋上进行加建，并不会随承租人的适用而损毁严重。如果扩建物能够办理合法建设手续，反而有可能导致房屋的升值，根据添附原理，扩建物所有权归属出租人，势必对承租人不公，故出租人应支付承租人扩建费用。对于扩建费用，在《房屋租赁合同司法解释》制定过程中曾提出了 3 种计算方法，即支出费用年度分摊法、工程造价费用支出法、现存价值审计鉴定法。3 种方法各有利弊，最终选择工程造价费用支出法，即以扩建时，承租人实际支付的工程造价费用作为准，鉴定基准日为扩建日而非勘验日。

未办理合法建设手续的，扩建造价费用按照双方过错分担，此时，"过错"如何理解？有观点主张此"过错"仅指未办理合法建设手续的"过错"；有观点主张"过错"也应考虑导致合同解除、撤销、

① 最高人民法院民一庭编著：《最高人民法院关于审理城镇房屋租赁合同纠纷案件司法解释的理解与适用》，人民法院出版社 2009 年版，第 10 页。

② 新疆维吾尔自治区阿勒泰市人民法院（2019）新 4301 民初 1262 号民事判决书。

③ 李瑞翔主编：《人民法庭民事审判实务问答》，法律出版社 2014 年版，第 104 页。

无效的过错,如承租人对合同解除有过错的,可以减少出租人对建造费用的负担。本书认为,根据该条文,扩建与装修不同,在计算费用时,并未对合同解除、到期、无效进行区分,只考虑是否取得建设手续,故本条中的"过错"仅指对于扩建物未能办理合法建设手续的"过错"。合同是否解除与否、是否到期均不影响扩建费用的负担。

专题五　转租问题

《民法典》第716条规定:"承租人经出租人同意,可以将租赁物转租给第三人。承租人转租的,承租人与出租人之间的租赁合同继续有效;第三人造成租赁物损失的,承租人应当赔偿损失。承租人未经出租人同意转租的,出租人可以解除合同。"该条是对租赁物转租的规定,与《合同法》第224条内容一致。但在《民法典》颁布后,该条款内涵发生变化,值得进行分析讨论。

一、转租合同效力问题

(一)未经出租人同意的转租合同是否有效

未经出租人同意的转租合同,是承租人对承租房屋的无权处分。目前,我国理论界的通说并未采负担行为与处分行为之划分。一般认为,无权处分就是指广义上的法律处分,不仅指处分行为。依照这种观点,擅自转租属于无权处分行为之列。无权处分行为是现代社会生活中的常见现象,在租赁法律关系中也普遍出现,对该行为的效力进行研究和认定,有重大的现实意义。

该条款未对合同法规定进行变更,未在条款中明确说明未经出租人同意的转租合同是否有效。《民法典》第717条规定:"承租人经出租人同意将租赁物转租给第三人,转租期限超过承租人剩余租赁期限的,超过部分的约定对出租人不具有法律约束力,但是出租人与承租人另有约定的除外。"对转租期限超过承租人剩余租赁期限的,《民法典》未采无效说,而采对出租人不具有法律约束力说。依照我国司法实务的轨迹,从2012年买卖合同司法解释规定以来,裁判观点日趋统一,有无处分权不再成为合同是否有效的影响因素之一,最高人民法院亦在多个裁判文书中对"物权行为""债权行为"进行了区分。在《民法典》将《合同法》第51条删除后,在司法实践中,出租人如以转租合同未经其同意为由,请求人民法院判令合同无效,人民法院应不予以支持。

(二)未经其他共有人同意出租房屋,租赁合同是否有效

《民法典》第300条规定了共有物的管理,第301条则规定了共有物的处分。《民法典》颁布前,对于共有物出租究竟是属于管理行为还是处分行为,即应适用《物权法》第96条还是第97条的规定,一直存在两种观点。一种观点认为:对共有物的出租是共有人处分行为的表现形式之一。据此,部分共有人出租房屋,在按份共有的情况下,应当经占份额2/3以上的按份共有人同意,在共同共有的情况下,应当经全体共有人同意,反之,则租赁合同无效。另一种观点认为:对共有财产的出

租,不是对共有财产的处分,而是对共有财产进行管理中的使用和收益,不应适用《物权法》第97条规定,而应适用《物权法》第96条规定,在共有人没有约定的情况下,各共有人都有管理的权利和义务,因此,部分共有人出租共有房屋的租赁合同应为有效。

依照前文对未经出租人同意的转租合同效力的分析,未经其他共有人同意出租赁物,即使如前文中第一种观点所述,属于处分行为,那么在《民法典》颁布后,无处分权不再成为合同是否有效的影响因素之一,其他共有人如以租赁合同未经其同意为由,请求人民法院判令合同无效,人民法院应不予以支持。

二、承租人对租赁物转租的实务处理

根据《民法典》第716条的规定,承租人对租赁物的转租,包括5个实务维度。

第一,转租条件。承租人转租给第三人的前提条件是经过出租人同意。承租人与出租人租赁关系成立后,承租人取得了租赁物的使用、收益权,但并没有取得对租赁物的处分权,而转租在法律性质上是对租赁物处分权的形式,承租人无权擅自作出。出租人同意承租人转租租赁物,意味着承租人取得了出租人的授权,承租人也就有权行使这一处分权。

第二,出租人同意的方式。第716条未规定出租人同意的方式。其一,转租之前的同意。(1)书面方式。出租人可以通过出租人与承租人之间的租赁合同明确约定承租人可以转租租赁物,也可以在租赁期间,出租人以书面方式同意承租人将租赁物转租。(2)口头或其他方式。我国未有法律规定出租人同意转租必须采用书面方式,但我国住房和城乡建设部2010年发布的《商品房屋租赁管理办法》第11条规定:"承租人转租房屋的,应当经出租人书面同意。承租人未经出租人书面同意转租的,出租人可以解除租赁合同,收回房屋并要求承租人赔偿损失。"该条规范限制了出租人同意转租的方式必须是书面同意,但本书认为该条规定未免过于苛刻。出租人对自己的房屋转租应当有完全的意思自治的权利,如承租人通过电话录音、证人证言等其他方式能够形成完整证据链,确定出租人已经同意了承租人的转租行为,则不宜因未有书面转租而直接赋予出租人解除合同的权利。该观点与《民法典》第707条的立法精神一脉相承,第707条相比《合同法》对当事人未采用书面形式增加了"无法确定租赁期限的"的限制条款,已经不再机械要求书面形式。因此,把握《民法典》第716条时,亦应当遵循该立法精神,不宜要求出租人的同意必须通过书面形式。其二,转租之后的同意。依照《民法典》第718条的规定,出租人知道或者应当知道承租人转租,但是在6个月内未提出异议的,视为出租人同意转租,该条款的本质即为权利人对无权处分行为的默示追认。

第三,原租赁合同的效力。承租人转租的,承租人与出租人之间的租赁合同继续有效。虽然转租后,租赁物上产生了新的租赁关系,但这并不影响出租人与承租人之间租赁合同的效力,二者间的租赁合同继续有效,双方应当依照租赁合同的约定履行各自的义务。

第四,承租人转租后的义务。《民法典》第716条所规定的第三人对租赁物造成损失的,承租人应当赔偿损失,在本质上并未突破合同的相对性,原因是承租人将租赁物转租后,依然应当承担对租赁物的保管义务。第三人对租赁物造成损失时,该损失也同样造成了承租人违反对租赁物的保管义务的法律后果,所以,承租人对出租人承担赔偿损失的义务是应有之义。

第五,承租人未经出租人同意转租时对出租人的救济。承租人未经出租人同意转租,出租人可以解除合同。赋予出租人解除合同的权利,是因为承租人未经出租人同意擅自将租赁物转租他人,就直接破坏了出租人与承租人之间签订租赁合同的信任基础,损害了出租人对租赁物的所有权、处分权,在本质上,已经导致双方合同目的无法实现,所以应当赋予出租人合同解除权。出租人解除与承租人的租赁合同后,有权收回租赁物。租赁物收回后,承租人与次承租人之间的转租合同是另一法律关系,应当由双方当事人另行解决。

三、承租人未经出租人同意擅自转租,其向次承租人收取的租金,是否构成不当得利

本书认为,该情形不属不当得利。《民法典》第122条规定:因他人没有法律根据,取得不当利益,受损失的人有权请求其返还不当利益。第一,在转租关系中,承租人向次承租人收取租金的行为,是承租人依照承租人与次承租人之间的租赁合同收取的,如本章前文所述,承租人与次承租人之间的租赁合同不因出租人未能同意而无效,故承租人向次承租人收取租金的行为存在法律依据,不属于不当得利;第二,出租人不属于受损失的人,既然出租人与承租人之间存在合法的租赁关系,出租人也已以租金为对价将租赁物交于他人占有、使用、收益,其收益已经确定而不能再对租赁物进行使用、收益,而至于承租人向次承租人收取的租金,只是就其使用、收益的变相形式而言,无论其收取多少,出租人的租金并不因此而受到损害,因此,不能因为承租人因转租而获益就认为损害了出租人的利益。[①] 因此,承租人向次承租人收取租金不属于不当得利的构成要件。

四、转租期限超过承租人剩余租赁期限问题

《民法典》第717条对超期转租效力问题作了规定,与《合同法》相比系新增条款。对《房屋租赁合同司法解释》关于超期转租部分进行了修改。《房屋租赁合同司法解释》第15条规定:"承租人经出租人同意将租赁房屋转租给第三人时,转租期限超过承租人剩余租赁期限的,人民法院应当认定超过部分的约定无效。但出租人与承租人另有约定的除外。"该条将关于超期转租约定部分无效修改为对出租人不具有法律约束力,以契合立法中关于无权处分处理原则,同时,平衡了出租人与次承租人权益的保护。

(一)第717条立法背景

在租赁市场,有时承租人基于其自身需求,在出租人同意的情况下,可以租赁物进行转租,此时,承租人与次承租人形成新的租赁关系,承租人将租赁物的占有使用权能转移给了次承租人。对于出租人来讲,其与次承租人并不存在直接权利义务关系,出租人对于租赁物的控制力会随着转租的发生而降低,为了使出租人的租赁期限结束后能够顺利收回租赁物,需要对承租人的转租期限加以限制,即承租人对租赁物的转租期限不得超过其与出租人约定的租赁剩余期限。但是,在现实生活中,承租人超期转租现象时有发生,对于这种情况,该如何进行处理?是维护出租人权益对超期约定的效力不予认定?还是维护次承租人利益保证转租合同的顺利履行?

---

① 最高人民法院民事审判第一庭编著:《最高人民法院关于审理城镇房屋租赁合同纠纷案件司法解释的理解与适用》,人民法院出版社2009年版,第220~221页。

在《房屋租赁合同司法解释》出台前,对于超期转租存在争议。

2009 年《房屋租赁合同司法解释》出台,其中第 15 条明确了承租人与次承租人约定的转租期限超过租赁合同剩余期限的,超过部分约定无效。该观点否认了负担行为与处分行为的分离,认为我国《合同法》上的“处分行为”不同于德国法的“处分行为”,并不存在处分行为和负担行为的划分。超期转租行为也不能适用《合同法》第 51 条关于无权处分的规定。承租人将房屋转租,依据的是与出租人订立的房屋出租合同,其权源是依据租赁合同而享有的在房屋租赁期限内的占有和使用。转租合同具有一定依附性,如果转租合同约定的租赁期限超出了承租人的剩余租赁期限,而租赁合同约定的履行期限又届满,承租人就丧失了对于该房屋进行处分的合法权益,该行为当然归于无效。①

2012 年《买卖合同司法解释》第 3 条规定:“当事人一方以出卖人在缔约时对标的物没有所有权或者处分权为由主张合同无效的,人民法院不予支持。”在出卖他人之物的情形中,处分合同的效力并非未定,而是确定有效的;真正效力未定的是处分人履行合同的行为以及履行合同的结果。②

《买卖合同司法解释》出台后,按照其思路,即使承租人租赁期限届满后已经丧失了转租权利,但不影响租赁合同效力,只影响合同的履行。此时,《房屋租赁合同司法解释》中关于超期转租效力的规定,已经难以契合无权处分的立法趋势。《民法典》第 597 条规定:因出卖人未取得处分权致使标的物所有权不能转移的,买受人可以解除合同并请求出卖人承担违约责任。从文意上看,出卖人无权处分,买受人可主张解除合同,但合同解除的前提应为合同是有效的。进一步明确了无权处分不影响合同效力的认定。

(二)承租人转租经出租人同意

根据《民法典》第 716 条之规定,承租人转租房屋必须经过出租人的同意。双方可在租赁合同订立时明确约定承租人有权出租租赁物或者在租赁合同履行过程中承租人征得出租人同意对租赁物进行转租。出租人还可通过默示作出同意转租的意思表示,根据《民法典》第 718 条的规定,出租人知道或者应当知道承租人转租,但是在 6 个月内未提出异议的,视为出租人同意转租。

(三)超过剩余租赁期限的约定对出租人不发生效力

承租人与次承租人在转租合同中对于转租期限之约定,系其双方的真实意思表示,其约束力及于双方,该约定并不因超过剩余租赁期限而无效,也不能对抗租赁期满出租人收回租赁物之权利。《民法典》修改了《房屋租赁合同司法解释》关于超期转租超过部分无效的规定,肯定了转租合同效力,同时也兼顾了出租人利益的保护。在租赁合同到期后,出租人可根据合同法上请求权或物上请求权要求承租人归还租赁物,或根据物上请求权要求次承租人归还租赁物。对于承租人与次承租人来说,超期转租影响的只是合同的履行,即因出租人收回房屋导致转租合同不能继续履行,而转租合同效力不受影响,次承租人可通过解除转租合同并追究承租人违约责任得到救济。在租赁期限届满后,如出租人并未收回房屋,而是对租赁期限进行展期,此时不影响转租合同的继续履行,虽

---

① 最高人民法院民事审判第一庭编著:《最高人民法院关于审理城镇房屋租赁合同纠纷案件司法解释的理解与适用》,人民法院出版社 2009 年版,第 200 页。

② 最高人民法院民事审判第二庭编著:《最高人民法院关于买卖合同司法解释理解与适用》,人民法院出版社 2012 年版,第 79 页。

然承租人在转租时存在瑕疵,但是其通过在租赁期限届满后与出租人续约,补正了该瑕疵的,次承租人可继续占用租赁物。

（四）租赁合同系不定期租赁,转租合同期限如何限定

《合同法》规定了三种不定期租赁情形,即当事人对租赁期限没有约定或者约定不明确,根据交易习惯仍不能确定的、未采用书面形式无法确定租赁期限的、租赁期限届满转为事实租赁的,均视为不定期租赁,当事人可以随时解除合同,但应在合理期限前通知对方。在出租人与承租人的租赁合同系不定期租赁,此时不存在剩余租赁期限,那么承租人转租期限是否可任意约定不受限制？在转租期限届满前,出租人能否行使任意解除权？如甲将房屋出租给乙,双方未约定租赁期限,形成不定期租赁,乙经过甲同意将房屋转租给丙,并约定租赁期限为 10 年,转租期限 10 年对甲是否形成约束力？

本书认为,承租人租赁期限为不定期,在出租人同意情况下,其有权与次承租人约定转租,但其所约定的期间对出租人不具有约束力。首先,根据文意理解,出租人应仅对租赁期限内的转租负责。不定期租赁的租赁期限是不确定状态而不是无限长。出租人在租赁过程中可行使任意解除权,合同解除后,转租合同不能产生对抗出租人的效力。其次,超期转租对出租人不发生效力之规定,其旨在维护出租人权益。避免承租人将租赁物转租时间过长,脱离出租人控制,导致其无法收回租赁物。在不定期租赁中,如果承租人与次承租人约定的转租期限对出租人产生效力,将导致出租人无法行使任意解除权,任意解除权系法定权利,当事人无权排除。对于次承租人因此而遭受的损失,因承租人对不定期租赁系明知,在其知道出租人有可能随时解除合同的情况下仍与次承租人签订 10 年租赁期,对因出租人解除合同收回租赁物,导致转租合同不能履行的,承租人应承担责任。

（五）次转租合同的期限超过转租合同的剩余期限,是否适用第 717 条规定

在租赁市场,经常出现多手转租的情况。比如,甲作为所有权人将房屋出租给乙,租赁期限为 10 年,乙将房屋转租给丙,租赁期限为 3 年,丙再将房屋转租给丁,租赁期限为 5 年。对于丙来说,其将房屋转租给丁的转租期限为 5 年,超过其从乙处承租期限 3 年,超出的 2 年对乙是否具有法律约束力？一种观点认为:乙相对丙来说法律地位为出租方,丙的转租期限超过了其从乙处承租房屋的租赁剩余期限,丙丁超期约定对乙没有约束力。另一种观点认为:第 717 条之规定是为了保护作为所有权人的出租人的权益,而作为转租合同中的出租人,其只是租赁合同的承租人,享有的合同中债的利益,并非所有权利益,对其无须特别保护,在法律没有明确规定的情况下,不应对出租人进行扩大解释。本书赞同第一种观点,《民法典》第 717 条并未将出租人限定为所有权人,承租人作为转租合同中的出租人,其权益亦应得到保障,当然可适用该条规定。

五、出租人对转租合同的默示同意

《民法典》第 718 条规定:“出租人知道或者应当知道承租人转租,但是在六个月内未提出异议的,视为出租人同意转租。”该条与《合同法》规定相比系新增条款,在《房屋租赁合同司法解释》第 16 条第 1 款基础上进行了修改,并删除了“因租赁合同产生的纠纷案件,人民法院可以通知次承租

人作为第三人参加诉讼”规定。该条主要规定了出租人对承租人转租同意与否的除斥期间及出租人逾期未提异议时转租行为的法律后果。

(一)6个月的理解

本条中6个月期间的性质。本条中的6个月的应属除斥期间。依照《民法典》第716条第2款规定,承租人未经出租人同意转租的,出租人可以解除合同。因此,该期间应系出租人行使合同解除权的期间,符合《民法典》第199条的规定。《民法典》第199条规定:法律规定或者当事人约定的撤销权、解除权等权利的存续期间,除法律另有规定外,自权利人知道或者应当知道权利产生之日起计算,不适用有关诉讼时效中止、中断和延长的规定,存续期间届满,撤销权、解除权等权利消灭。

在《房屋租赁合同司法解释》第16条起草过程中,前几稿将异议的期限规定为3个月,后讨论中认为3个月的期限不利于对出租人的保护,故延长至6个月。6个月异议期的规定,能够充分做到平衡出租人与次承租人的利益,期限太短,不利于保护出租人权利,期限太长,不利于稳定转租关系及对次承租人的保护。

(二)出租人在知道转租后逾期未提出异议的合同效力及法律后果

第一,出租人知道转租后未提出异议的合同效力。《房屋租赁合同司法解释》第16条第1款规定:“出租人知道或者应当知道承租人转租,但在六个月内未提出异议,其以承租人未经同意为由请求解除合同或者认定转租合同无效的,人民法院不予支持。”《民法典》第718条与之相比,将“其以承租人未经同意为由请求解除合同或者认定转租合同无效”修改为“视为出租人同意转租”。该司法解释起草时,是默认承租人未经出租人同意时,转租行为无效的。但随着立法理念的变化,如本书前文对第716条的分析梳理,《民法典》倾向于不将未经出租人同意时的转租合同认定为无效合同。据此,出租人知道转租后未提出异议的合同亦属有效合同。但值得注意的是,出租人知道转租后有没有在除斥期间内提出异议,不会对转租合同的合同效力造成影响,但会对合同的履行产生其他法律后果。

第二,出租人在知道转租后逾期未提出异议的法律后果。《民法典》第716条第2款规定,承租人未经出租人同意转租的,出租人可以解除合同。而在第718条中,除斥期间届满后的法律后果,则为“视为出租人同意转租”,依照《民法典》第199条的规定,除斥期间届满,撤销权、解除权等权利消灭,而在本条中,除斥期间届满的法律后果则为,在承租人未经出租人同意转租的情形下出租人所享有的解除租赁合同的权利消灭。

值得一提的是,第718条中的“视为”是一种法律拟制,即根据相应情形,将某种事实看作另一种事实,使其与另一事实发生同一的法律效果。这里的“视为”不是事实推定,推定事实是允许当事人提出反证推翻的,而本条中的法律拟制,在拟制事实发生后,是不允许当事人提出反证来推翻的。

(三)承租人未经出租人同意转租,出租人的救济途径及法律后果

第一,出租人行使解除权时,对转租合同的影响。未经出租人同意的转租,出租人有权在除斥期间内解除其与承租人之间的租赁合同。出租人不行使解除权的,转租合同自可以正常存续,不会受到影响,而如果出租人行使解除权,则需要从出租人及次承租人两方面来考量行使解除权的影响。

一是转租后,次承租人对租赁物实际处于支配状态,而出租人与次承租人之间没有合同关系,其可以对其依据物权请求权要求返还租赁物。二是由于原租赁合同的解除,承租人丧失租赁权,转租合同失去了赖以存在的标的物基础,其失去了继续履行的可能。此时,对于次承租人来讲,由于其与出租人之间并无直接的租赁关系,其无权请求出租人承担违约责任,其相应的救济途径则应为要求承租人承担违约责任。此时,需判断其承租行为是否为善意,如果次承租人为善意,即在其与承租人订立合同之时不知道也不应当知道承租人未经出租人同意转租,为保护善意第三人的利益,应由承租人承担无法继续履行转租合同的违约责任;如果次承租人在其与承租人订立合同之时知道或应当知道承租人未取得出租人的同意,那么其属恶意,其自然无要求承租人承担转租合同的违约责任。

第二,承租人自行转租的侵权责任。承租人在未征得出租人同意的情况下,将他人之物擅自转租,是否侵犯了出租人的所有权呢?本书认为,因为租赁行为是物之所有权人通过租赁合同将租赁物的占有、使用、收益权移转给承租人,而自己收取租金作为其他权利移转的对价,仅保留处分权。因此,当承租人自行转租时,尽管出租人与承租人之间的诚信程度受到动摇,租赁物的占有层次增加、受损可能性加大,但转租合同中的权利义务内容并不突破租赁合同约定的范围,出租人的所有权并不一定能受到侵害。如果出租人仅就转租行为,要求承租人就租赁物的损害向出租人负赔偿责任,此种侵权损害赔偿请求不宜支持。

(四)次承租人的诉讼地位

《房屋租赁合同司法解释》第16条第2款“因租赁合同产生的纠纷案件,人民法院可以通知次承租人作为第三人参加诉讼”的内容未被纳入《民法典》第718条内容中,但不意味着该条款的失效。由于出租人的出租房屋行为与承租人的转租房屋行为处分的是同一标的物,因此,为查清案件事实,考虑到判决生效后的执行问题以及保护次承租人利益的需要,人民法院可追加次承租人作为第三人参与诉讼,但该规定不属强制要求,人民法院应当根据案件的具体情况,来确定追加此承租人参加诉讼与否。

专题六　次承租人的代位清偿权问题

《民法典》第719条规定:“承租人拖欠租金的,次承租人可以代承租人支付其欠付的租金和违约金,但是转租合同对出租人不具有法律约束力的除外。次承租人代为支付的租金和违约金,可以充抵次承租人应当向承租人支付的租金;超出其应付的租金数额的,可以向承租人追偿。”本条是关于次承租人代位清偿权的规定,属于新增条款。在承租人拖欠出租人租金导致出租人要求解除租赁合同时,次承租人面临转租合同不能履行的风险,由此,可能导致次承租人遭受巨大损失。此时,法律赋予次承租人可代承租人向出租人支付租金,以维持转租合同稳定。

一、立法背景

2009年《房屋租赁合同司法解释》第17条规定:"因承租人拖欠租金,出租人请求解除合同时,次承租人请求代承租人支付欠付的租金和违约金以抗辩出租人合同解除权的,人民法院应予支持。"该条出台后,引发了较大的争论。一种观点认为:根据合同相对性原理,出租人和承租人的租赁合同与承租人与次承租人的转租合同时两个独立的合同,出租人与次承租人并无合同法上的权利义务关系,法律赋予次承租人代偿请求权,突破了合同相对性,对出租人权利造成限制。另一种观点认为:租赁权从性质上来看虽仍然属于债权,但"买卖不破租赁""优先购买权"等制度均体现出租赁权物权化的趋势。租赁权物权化理论可以突破合同的相对性,使租赁权如同物权一样具有对抗一般人的效力。[①] 次承租人以代为清偿承租人所欠付的租金及违约金的行为,对抗转租合同之外的出租人,可致使出租人解除合同的事由消灭。

按民法有关债的基本理论,除根据债之性质,必须债务人亲自履行,或者债权人与债务人事先约定必须由债务人亲自履行外,第三人可以为清偿人。盖第三人依债务之本旨,提出给付者,债务人既未因此而受不利益,债权人亦可借此满足其希望。故第三人为清偿时,无须得债务人或债权人之同意。唯在债务人有异议时,债权人得拒绝清偿。但第三人就债之履行,有利害关系者,债权人不得拒绝。[②] 在租赁合同中,虽然次承租人没有向出租人支付租金的义务,但是出租人与承租人债的关系直接影响次承租人租赁的稳定性,为维护其自身利益,次承租人可提出代承租人清偿债务的请求,出租人无正当理由无权加以拒绝,在债务清偿后,出租人解除权因丧失基础而消灭。

从合同目的来看,出租人将租赁物出租的目的是收取租金,具体支付人是谁,并不重要。对次承租人来讲,对租赁物的占有使用是其需要。在承租人拖欠租金时,允许次承租人直接向出租人代付租金,将使出租人收取租金的权益免受损害。另外,次承租人可继续使用租赁物,避免因提前解除合同导致经济损失。从实际效果来看,出租人因承租人拖欠租金而解除合同,次承租人因租赁物被收回导致转租合同无法继续履行,其损失只能向承租人主张,但承租人拖欠出租人租金的行为表明其支付能力存在问题,次承租人的索赔面临极大风险。对于出租人来说,其追讨拖欠租金也面临无法履行的困境。允许次承租人代偿可降低执行不能的风险。

《民法典》第719条与《房屋租赁合同司法解释》第17条规定基本一致,虽然字面上看删除"抗辩解除权"的字眼,但从立法原意上来讲,次承租人代偿行为仍可以抗辩出租人的合同解除权。

二、代位清偿权的行使条件

(一)次承租人知晓租赁合同因承租人拖欠租金而将被解除

次承租人履行代位清偿权的前提,是其已知晓承租人未交纳租金而致使租赁合同可能面临解

---

① 最高人民法院民事审判第一庭编著:《最高人民法院关于审理城镇房屋租赁合同纠纷案件司法解释的理解与适用》,人民法院出版社2009年版,第228页。

② 同上书,第231页。

除。对承租人来讲，其作为转租合同中的出租房，因其拖欠租金导致租赁合同面临解除，租赁合同解除后，转租合同面临无法继续履行的风险，作为合同相对方，其应及时通知次承租人。对出租人来说，《民法典》第565条规定："当事人一方依法主张解除合同的，应当通知对方。合同自通知到达对方时解除"。从性质来讲，解除权属于形成权，其行使不需要相对人的同意，只需要解除权人将解除的意思表示送达到相对方，就可以使合同发生解除的法律效果。在租赁合同中，解除的意思表示系出租人向承租人提出。次承租人常常不知道承租人拖欠租金而导致租赁合同解除，在其知晓时可能已经处于出租人依据物上请求权要求次承租人腾退房屋之时。此时，租赁合同状态已经解除，次承租人已丧失了代为清偿租金及违约金以抗辩出租人解除权的机会，规定代偿权的意义也就丧失了。故虽然出租人与次承租人不存在合同关系，但因合同的解除涉及次承租人所占有的租赁物可能被收回，根据诚实信用原则和第三方合法利益的保护，出租人在解除合同时仍应对次承租人履行通知义务。诚实信用原则和第三方合法利益保护，不仅是合同当事人应遵守的原则，也是民事活动中所有当事人应遵循的原则。因次承租人直接占有、使用租赁物，租赁物的使用价值通过次承租人的使用而实现，出租人解除合同的行为直接影响次承租人的利益，要求出租人履行通知义务合情合理。①

（二）次承租人的抗辩权应在合理期限内行使

次承租人行使代位清偿权以抗辩出租人解除合同的权利，虽然使出租人收取租金的权益得到了保障，但是出租人的利益不仅包括收取租金，还包括租赁物的合理维持以及对租赁物的自由处分等。赋予次承租人代位清偿权以抗辩出租人合同解除权，必然限制了出租人的契约自由。在考虑次承租人的弱势地位对其进行保护的同时，应兼顾出租人利益的保障。在交易效率与交易稳定之间寻找一个平衡点，不能过分维护次承租人的权益而致使出租人权益受损。次承租人在知道出租人将因承租人拖欠租金而解除合同时，必须在合理期间内行使代位清偿权和合同解除抗辩权。如果让出租人无限期地等待次承租人作出决定，虽维护了交易稳定，却过分限制了所有权人的利益，影响了交易效率。因此，必须对次承租人行使代位清偿权规定一个合理期间。② 自次承租人知道解除事由起，在一定期限内作出代偿意思表示，否则，将视为次承租人放弃抗辩的权利。对于合理期限具体应为多长时间，法律并未明确规定，可在出租人在通知次承租人解除事由时约定，亦可在诉讼中由法官指定。

（三）次承租人代偿后的法律后果

次承租人向出租人支付租金和违约金后，次承租人享有向承租人追偿的权利。因为根据合同相对性原理，向出租人支付租金的义务由承租人负担，而因逾期缴纳租金而产生的违约责任亦应由承租人承担。次承租人在其按约定履行转租合同的情况下，其对出租人并没有支付义务。次承租人代为支付租金及违约金是为了保持合同的稳定性，能够继续利用租赁物，但并未改变租金及违约金的承担主体，故次承租人在支付后可向承租人追偿。

但从实务来看，承租人欠付租金的行为表明承租人的财务状况存在风险。如次承租人一方面

---

① 胡国运、吴玉萍：《论次承租人代位清偿权制度之完善》，载《人民司法》2015年第3期。

② 同上。

向承租人履行支付租金的义务,另一方面代承租人支付出租人租金及违约金,在次承租人向承租人追偿时可能会发生无财产可追的情况。但是,如次承租人未按时支付承租人租金,亦可能造成转租合同违约的风险。故为了维护次承租人的权益,法律赋予了次承租人代为支付的租金和违约金,以充抵次承租人应当向承租人支付的租金的权利。此即在次承租人代承租人向出租人支付租金和违约金时起,其所支付金额即可抵扣其应向承租人支付的租金,而并不对转租合同违约。其代付的金额超过转租金额的,可继续向承租人追偿。

专题七　承租人的法定解除权

《民法典》第 724 条规定了承租人的法定解除权:"有下列情形之一,非因承租人原因致使租赁物无法使用的,承租人可以解除合同:(一)租赁物被司法机关或者行政机关依法查封、扣押;(二)租赁物权属有争议;(三)租赁物具有违反法律、行政法规关于使用条件的强制性规定情形。"该条系新增条款,主要规定了承租人享有合同解除权的三种具体情形,与《房屋租赁合同司法解释》第 8 条规定基本一致,只是将租赁标的由房屋扩大为所有租赁物。

一、第 724 条项下承租人行使合同解除权的必要前提

在出现租赁物被司法机关或者行政机关依法查封、权属有争议,或者不符合法律、行政法规关于租赁物使用条件的强制性规定任何一种情形时,承租人的合同解除权并不当然产生,还必须有一个必要前提,即该情形的出现导致"租赁物无法使用"。根据《民法典》第 711 条的规定,"无法使用"可理解为无法按照租赁物的约定用途使用或者无法按照租赁房屋的性质使用。比如,虽然租赁物权属现在有争议,针对该租赁物的诉讼仍在进行,但还未影响承租人对租赁物的正常使用,承租人不得以此主张解除合同。又如,有的租赁物被司法机关或者行政机关依法查封,但该查封只是禁止该租赁物转让,并不禁止对该租赁物的正常利用。因此,在暂时不影响承租人正常使用的情况下,承租人也无权主张解除合同。

二、如何理解"司法机关或者行政机关依法查封"

查封,是指行政机关或司法机关强制封存当事人的财产,限制其处分的一种执行措施。[①] 查封是保全和执行中的重要手段之一,具有保证权利义务实现的重要功能,法院和有关行政机关在执行过程中均享有一定的查封财产的权力。[②]

---

① 徐燕华:《民事执行中查封之效力》,载《上海政法干部管理学院学报》2001 年第 3 期。
② 尤波、张明军:《行政执行与民事执行的冲突与协调——以财产查封为例》,载《人民司法》2008 年第 17 期。

(一)查封的生效判断标准

以司法机关的查封为例,只有法院作出了有效的查封裁定且采取登记或封条等方式控制了财产,查封才得以发生法律效力;如果法院作出了查封裁定,尚未完成查封行为,则生效的只是查封裁定,而并不是查封。①

(二)查封是否影响租赁物使用的判断

在我国民事执行实务中有俗称的“活查封”和“死查封”之分。“死查封”,是指被执行人在财产被查封后不仅其处分权受到限制,而且丧失了使用、管理权,只有妥善保管的义务。而“活查封”则相反,被执行人在财产被查封后,仍享有对该财产的使用、管理和收益权。那么,在何种情况下,被执行人才能继续对租赁物享有使用、收益权呢？这完全依靠执行法官的自由决断。《关于查封、扣押、冻结的司法解释》第12条规定:“查封、扣押的财产不宜由人民法院保管的,人民法院可以指定被执行人负责保管;不宜由被执行人保管的,可以委托第三人或者申请执行人保管。由人民法院指定被执行人保管的财产,如果继续使用对该财产的价值无重大影响,可以允许被执行人继续使用;由人民法院保管或者委托第三人、申请执行人保管的,保管人不得使用。”根据该规定,在租赁物被查封的情况下,出租人作为被执行人有可能在被法院指定的情况下对租赁物进行保管,且在对租赁物财产价值不产生重大影响的情况下继续使用租赁物。

另一个值得探讨的问题是,租赁物的使用管理权是否包括出租之权利？本书认为,对于查封时未出租的标的物,若行使出租权通常会影响被查封租赁物的拍卖及成交,为了保证执行的效果,被执行人一般不得擅自行使或出租。但是,对于查封前已经出租的房屋,承租人的租赁权不受影响,有权继续使用,因为根据“买卖不破租赁”原则,即使被查封的房屋被拍卖,仍不影响承租人的租赁权。《异议复议规定》第31条也规定:“承租人请求在租赁期内阻止向受让人移交占有被执行的不动产,在人民法院查封之前已签订合法有效的书面租赁合同并占有使用该不动产的,人民法院应予支持。”

三、权属有争议时租赁合同效力

根据《民法典》第724条的规定,虽然租赁物的权属存在争议,但并未影响承租人对租赁物正常使用的,承租人不能以此为由主张解除合同。对于租赁物存在权属争议情形下,租赁合同的效力如何认定,在实践中争议很大。由于合同效力是法院依职权审查的事项,因此有观点认为,在房屋租赁中,在房屋确权前,该租赁合同是效力待定合同,因为由于租赁房屋权属存在争议,意味着出租人有可能不是房屋的真正所有权人。如果出租人最后被确认为房屋的所有权人,则房屋租赁合同有效;如果出租人最后被确认不是房屋的所有权人,则因其无权处分该房屋,导致房屋租赁合同无效。② 本书不赞同上述观点,认为权属的争议并不影响租赁合同的效力。理由如下:

首先,第724条规定在租赁物权属存在争议时,承租人有权解除合同,而解除合同的前提是合

---

① 刘哲玮:《论民事司法查封的效力》,载《国家检察官学院学报》2019年第4期。

② 最高人民法院民事审判第一庭编著:《最高人民法院关于审理城镇房屋租赁合同纠纷案件司法解释的理解与适用》,人民法院出版社2009年版,第111页。

同有效。因此,该条实际上已经暗含了在租赁物权属有争议的情况下租赁合同有效的意思。实际上,《民法典》第723条的规定与此条类似。该条规定:"因第三人主张权利,致使承租人不能对租赁物使用、收益的,承租人可以请求减少租金或者不支付租金。第三人主张权利的,承租人应当及时通知出租人。"根据该规定,第三人主张租赁物权利意味着租赁物权属存在争议,在此情况下,法律规定不是认定合同未生效或无效,而是让出租人承担违约责任。由于违约责任的承担是以合同有效为前提的,故可以明确,第724条隐含了租赁合同有效的规定。[①]

其次,即使在权属争议确定出租人构成无权处分的情况下,无权处分也不影响合同效力。《民法典》出台后,在合同编删掉了《合同法》第51条有关无权处分的规定,总则编的民事法律行为章则未对权利的处分新增任何规定,物权编保留了《物权法》第15条的规定。这意味着,无权处分的合同不再是效力待定,对于合同效力的判断,主要依据是《民法典》第143条、第146条、第153条、第154条、第497条、第506条等规定,无权处分与否不影响合同效力的认定。《民法典》第597条规定:"因出卖人未取得处分权致使标的物所有权不能转移的,买受人可以解除合同并请求出卖人承担违约责任。法律、行政法规禁止或者限制转让的标的物,依照其规定。"根据该条规定,无权处分的买卖合同,买受人可以解除合同并主张违约责任。因此,该条规定已经暗含了无权处分的买卖合同有效的意思。虽然该条规定针对的是买卖合同,但"在出卖人无权处分订立的合同效力不受影响的情况下,根据类推逻辑中'举重以明轻'的规则,租赁合同的效力当然更不受影响,更不应当被列入效力待定的范围之内"。[②]

最后,如果将权属争议下的租赁合同认定为效力待定的合同,则在承租人起诉至人民法院或仲裁机构要求解除合同时,人民法院或仲裁机构将不得不中止案件诉讼,待权属争议确定后才能恢复诉讼,实际上会使承租人的解除权行使受到很大影响,其效果亦会大打折扣,与第724条的立法目的并不相符。

四、租赁物违反法律、行政法规关于使用条件强制性规定的具体情形

法律、行政法规中关于使用条件的强制性规定,主要有以下内容:

1.《建筑法》第61条第2款规定:"建筑工程竣工经验收合格后,方可交付使用;未经验收或者验收不合格的,不得交付使用。"

2.《消防法》第11条第1款规定:"国务院住房和城乡建设主管部门规定的特殊建设工程,建设单位应当将消防设计文件报送住房和城乡建设主管部门审查,住房和城乡建设主管部门依法对审查的结果负责"。第13条第3款规定:"依法应当进行消防验收的建设工程,未经消防验收或者消防验收不合格的,禁止投入使用;其他建设工程经依法抽查不合格的,应当停止使用。"第15条规定:"公众聚集场所在投入使用、营业前,建设单位或者使用单位应当向场所所在地的县级以上地方人民政府消防救援机构申请消防安全检查。消防救援机构应当自受理申请之日起十个工作日内,根据消防技术标准和管理规定,对该场所进行消防安全检查。未经消防安全检查或者经检查不符

① 李庆峰:《无权处分租赁合同的效力》,载《杭州电子科技大学学报》(社会科学版)2018年第1期。

② 同上。

合消防安全要求的,不得投入使用、营业。”

另外,《商品房屋租赁管理办法》第 6 条规定:“有下列情形之一的房屋不得出租:(一)属于违法建筑的;(二)不符合安全、防灾等工程建设强制性标准的;(三)违反规定改变房屋使用性质的;(四)法律、法规规定禁止出租的其他情形。”《商品房屋租赁管理办法》虽是部门规章,但人民法院在审理案件时会将其作为重要的参照适用依据。

五、未经竣工验收或消防验收的房屋租赁合同的效力

《民法典》第 724 条中租赁物违反法律、行政法规关于使用条件强制性规定的情形,主要就是指未经竣工验收或消防验收的租赁房屋。对于此类租赁合同的效力,根据本条的规定,由于承租人有权解除合同,而解除合同的前提是合同有效。因此,本条似乎已经暗含了未经竣工验收或消防验收租赁合同有效的意思。一些地方法院也出台了类似的指导意见,如《北京市高级人民法院关于审理房屋租赁合同纠纷案件若干疑难问题的解答》第 3 条规定:“当事人一方以租赁房屋未办理工程竣工或消防验收,或者经验收不合格为由,要求确认房屋租赁合同无效的,不予支持。”

但是,在实践中,对于未经消防验收的房屋租赁合同效力问题的裁判尺度也并不统一。比如,“嘉亨公司与万尚公司租赁合同纠纷案”,西安市中级人民法院(2013)西民一初字第 00020 号民事判决和陕西高院(2015)陕民二终字第 00130 号民事判决均认为,依据国务院、公安部发布的《建设工程消防监督管理规定》第 13 条、《消防法》第 11 条、第 13 条规定,涉案的标的物属于应当进行消防验收的建设工程。由于该标的物至今未经消防验收合格,属于法律明令禁止投入使用的范畴,涉案租赁合同虽经双方协商签订,但因违反前述法律禁止性规定,符合《合同法》第 52 条第 5 项规定的法定无效情形。最高人民法院经审查后,作出(2016)最高法民申 818 号民事裁定,认为:案涉租赁房屋至今未经消防验收合格,违反《消防法》的相关规定,属于《房屋租赁合同司法解释》第 8 条第 3 项规定的“租赁房屋具有违反法律、行政法规关于房屋使用条件强制性规定情况的,导致租赁房屋无法使用,承租人请求解除合同的,人民法院应予支持”的情形,并不导致案涉租赁合同无效。

实际上,在租赁房屋未经竣工验收或消防验收情况下判断租赁合同的效力,最终还是需要认定《建筑法》《消防法》中的上述相关规定,究竟属于效力性强制性规定,还是禁止性强制性规定。本书认为,《建筑法》《消防法》中关于竣工验收和消防验收的规定应认定为管理性强制性规定,而非效力性强制性规定。但是,并非说违反上述规定的房屋租赁合同一定有效,因为在违法建设租房合同被认定为无效的情况下,一些大型的人员密集场所、有重大影响的特殊建设工程等,如果未经消防验收合格投入使用,对公众的生命财产安全所带来的威胁,绝不亚于未经规划许可建造的违法建设。因此,在一些特殊建筑出租可能损害社会利益或公共利益的情况下,合同仍可能被认定为无效。

专题八　“买卖不破租赁”问题

《民法典》第725条规定：“租赁物在承租人按照租赁合同占有期间发生所有权变动的，不影响租赁合同的效力。”该条规定的是“买卖不破租赁”规则。与《合同法》第229条相比，该条进行了修改，对所有权变动从之前的“租赁期间”变更为“承租人依据租赁合同占有期间”，其余内容则保持一致。“买卖不破租赁”即租赁权的对抗力制度，是指在租赁期间，租赁物的所有权变动并不导致租赁关系的解除，承租人可以其租赁权对抗在租赁期内受让租赁物的第三人。

一般认为，“买卖不破租赁”是近代法发展的产物。近代各国为强化对承租人的保护、促进对租赁物的有效利用，大多承认了“买卖不破租赁”的规则。虽被称为“买卖不破租赁”，但实际上所有权发生变动的原因并不限于买卖，还可以是互易、赠与、遗赠等。可以说，所有基于法律行为而发生的所有权变动，都不应影响租赁合同的效力。①

一、“买卖不破租赁”的正当性基础

租赁权本是合同法上的权利，是一个请求权，按照传统民法“物债二分”的原则，并不具有对抗第三人的权利。也即出租人在租赁期内将租赁物转让给买受人而造成出租人的履行不能，依据“物债二分”的原则，承租人至多只能向出租人主张损害赔偿等合同责任。但是，依据“买卖不破租赁”制度，承租人竟可以其租赁权直接对抗买受人的所有权，从而得以继续占有、使用租赁物。

“买卖不破租赁”规则是立法者为矫正物债二分和公示方式二分的僵硬体例所带来的违背私人自治现象而采取的补救性措施，承租人保护是适用该规则的客观结果。② “买卖不破租赁”的正当性在于以下方面。(1)稳定租赁关系，保护交易安全。依据“买卖不破租赁”规则，在租赁期间内，租赁物所有权发生变动的，租赁关系并不会受到影响，这对于稳定租赁关系、保护交易安全具有重要意义。当然，“买卖不破租赁”规则并没有改变租赁权的债权属性，其本质上只是一种利益冲突的实用主义解决方式，并没有使租赁权上升为一种物权，而只是通过使租赁权物权化的方式，实现稳定租赁关系、保护交易安全的立法目的。(2)实现物尽其用。采纳“买卖不破租赁”规则，有利于鼓励承租人对租赁物进行中长期投资和利用。就商业承租人而言，其商业经营场所的选址往往是基于多项因素的综合考量而予以确定的，商业业绩、利润的发展和维持也与选址具有密切关系；同时，由于顾客群和广告效应等原因，保持租赁关系的稳定有利于鼓励商业承租人对商业用房进行长期投资，以充分发挥其商业价值，实现物尽其用。③

---

① 韩世远：《合同法学》，高等教育出版社2010年版，第456页。

② 黄凤龙：《“买卖不破租赁”与承租人保护——以对〈合同法〉第229条的理解为中心》，载《中外法学》2013年第3期。

③ 王利明：《论“买卖不破租赁”》，载《中州学刊》2013年第9期。

当然,本书认为,对承租人利益的保护不是因为其是弱者,而是因为其在先的合同利益。在先租后移转所有权的情景中,存在三方的利益角逐:出租人之自由处分利益、承租人之在先合同利益与买受人之物权利益。一味奉行债权相对性原则的结果就是对承租人在先合同利益的牺牲。然而,承租人与出租人之间的合同既是双方当事人之间特殊的法规范,又是一种法事实。就法规范的面向而言,合同具有相对性,承租人的债权只能向出租人主张;就法事实的面向而言,这是一种既成的法秩序,任何人都负有不干涉不破坏的尊重该法事实的行为义务。并非仅有物权才对第三人有此种义务之要求,债权亦有,只是第三人的此种不干涉、不破坏的尊重义务不是绝对的,必须要满足一定的条件。就物权而言,由于登记具有很强的公示性,因此,第三人知道或者应当知道该物权的存在,物权就可以很容易地对第三人产生对抗力;就债权而言,由于债权通常隐匿于当事人内部而缺乏公示外观,第三人即无从得知债权之存在,因而一般情形下债权也就仅具有相对性。然而,债权并非本质上不可公示,其公示的手段可能为占有,甚至登记,则一旦满足一定的公示要件而令第三人知道或应当知道债权之存在,此时,第三人即负有尊重该债权的义务。就"买卖不破租赁"而言,就是在揭示租赁合同作为一个既存事实,承租人的债权作为一种在先利益,值得法律保护。当买受人通过一定的公示外观知道或应当知道该租赁关系之存在时,其仍然选择购买租赁物,则相应的必须尊重承租人的在先合同利益。因此,出租人虽可自由处分租赁物,买受人虽可取得租赁物所有权,但是买受人负有对承租人继续享有其原有合同利益的容忍义务。①

二、如何理解"不影响租赁合同的效力"

《民法典》第725条规定的"不影响租赁合同的效力",从字面上理解,是指租赁合同的效力与租赁物权利归属的变动无关。对此,应该是没有疑问的。但是,需要进一步考虑的是,租赁物权利归属在租赁期间发生变动后,租赁合同的效力是在出租人与承租人之间仍得以维持呢?还是在承租人与买受人之间得以维持?它的法律效果是指整个租赁合同关系的法定转承呢?还是指承租人对租赁物之占有和请求权的维持呢?

本书认为,租赁物的权利发生变动后,买受人和承租人将成为新的合同当事人,原出租人的权利义务将概括移转给买受人。该观点被称为"法定概括移转说",目前,许多国家采取了这一模式。我国司法实践采纳这一观点。《房屋租赁合同司法解释》第20条的规定:"租赁房屋在租赁期间发生所有权变动,承租人请求房屋受让人继续履行原租赁合同的,人民法院应予支持",这就意味着,就房屋租赁而言,房屋受让人已经成为租赁合同的当事人。正因如此,承租人才有权请求受让人继续履行原租赁合同。大量的案例实践也表明,司法实践中至少就城镇房屋的租赁采纳了法定概括移转说。②

在实践中,在"法定概括移转说"下,有两种情况下引发的纠纷应当引起注意。

(一)出租人预先收取租金之情形

《民法典》第548条规定,债务人接到债权转让通知后,债务人对让与人的抗辩,可以向受让人

① 黄赤橙:《动产作为"买卖不破租赁"客体的适格性分析》,载《西安电子科技大学学报》(社会科学版)2017年第1期。

② 周江洪:《买卖不破租赁规则的法律效果——以契约地位承受模式为前提》,载《法学研究》2014年第5期。

主张。由于租赁合同权利义务概括移转买受人,而概括移转适用债权转让的规定,因此,在承租人已经预先支付租金的情况下,其可以对抗买受人租金请求权。在此情形下,买受人只能向出租人主张要求其给付预先收取的租金。在我国司法实践中,有不少判决积极肯定了受让人对于出让人预先收取租金的请求权。对于买受人向出租人主张预先收取租金请求权的,应把握以下原则:

第一,所有权变动之后的租金,应由买受人收取,如果出租人预收的,应向买受人给付。所有权发生变动后,即使标的物未曾交付,受让人亦成为新的出租人,出让人依原租赁关系的租金请求权自所有权发生变动时起消灭,承租人负有向出租人支付租金的义务,受让人据此享有租金收取权。受让人对于出让人预先收取的租金享有不当得利返还请求权,其租金收取日期以所有权变动之时开始计算。

第二,租赁物交付与所有权变动时间不一致情况的处理。如果租赁物交付在先、所有权变动在后,在存在买卖合同等有偿合同关系的情况下,依据《民法典》第321条和第630条之体系性解释,买卖标的物交付于受让人后,受让人即取得买卖合同上的孳息收取权,出让人虽然在预先收取租金时有其租赁合同基础,但因标的物的交付而丧失其对于法定孳息的收取权。受让人因标的物之交付而享有租金收取权(即使所有权未发生变动),其请求权基础在于买卖合同之效力。受让人对于标的物交付后已发生之租金(分离后的孳息),可以要求出让人返还所收取的租金及其孳息(租金的利息)。

如果所有权变动在先、标的物交付在后,根据《民法典》第630条之规定,其在交付之前得以收取的孳息应当归属于出卖人(原出租人),出卖人(原出租人)无须向买受人给付标的物交付之前已收取的相应租金。

当然,上述所有权变动时间与租赁物交付时间不一致的情形,主要适用于不动产。在标的物为动产的情况下,依《民法典》第224条的规定,除非存在所有权保留等特殊情形,所有权变动时间多与交付时间相一致,并不存在上述因标的物交付与所有权变动时点不同而产生的孳息收取权归属问题。①

(二)出租人收取押租金之情形

若承租人已将押租金交给原出租人,租赁关系结束时,承租人是否有权对原出租人或新所有权人请求返还押租金?新所有权人可否有权请求原出租人将其收取的押租金交付给自己?若承租人尚未交付押租金给原出租人,新所有权人是否有权请求承租人交付押租金?

对押租金的归属和返还关系问题,从实践来看,主要有以下几种处理方式:一是依原出租人是否向新所有权人转交了押租金,判断押租金返还关系。若原出租人向新所有权人转交了押租金的,租期届满时,由新所有权人承受原押租金关系,或用以抵扣租金等相关费用,或予以返还。承租人不得向原出租人要求返还。二是若押租金仍留存于原出租人处的,则承租人向原出租人要求返还。但若在原租赁合同中明确约定所有权变动时由受让人承受全部合同权利义务的,则由新所有权人承受押租金的返还义务,是明确肯定原出租人应当转交押租金,并由新所有权人承受押租金返还义务,即使未对押租金进行交接,亦复如此。

---

① 周江洪:《买卖不破租赁规则的法律效果——以契约地位承受模式为前提》,载《法学研究》2014年第5期。

关于出租人地位移转时的押租金法律关系问题，历来颇有争议。有观点认为，受让人须承受押租金之返还义务，其已受押租金之转交与否，在所不问。原因在于，押租权并非质权，无须以押租金之转交为受让人负返还义务之要件，而其转交乃属押租权移转以后之问题。有观点认为，承租人与原出租人约定须交付押租金而尚未交付时，受让人得根据该项约定向承租人请求交付；承租人已将押租金交付于原出租人时，受让人可向原出租人请求转付；受让人已自承租人取得押租金，或自原出租人转受押租金者，应负返还之责；受让人未取得押租金，不负返还之责。其理由在于，上述问题所涉及者，不仅是押租金之法律性质，亦是当事人之利益衡量。

1. 押租金关系的法律性质。租赁情形押租金的性质，当然应依当事人的意思而定，但通常都是为了担保出租人租赁合同上的权利，诸如迟延租金债权、租赁终止后租赁物返还前的租赁物使用费及其他因租赁关系所生之债权等。我国现行法律对此未作规定，如何解释其性质当进一步分析。

2. 作为担保，押租金契约具有从属性。担保通常依附于被担保的主债权，两者之间具有主从关系，除非法律规定或当事人特别约定，担保合同是主债权债务合同的从合同。除非该从权利专属于债权人，主债权转让的，受让人取得与债权有关的从权利。在法定概括移转模式下，押租金担保亦同样由新所有权人承受。因此，押租金返还债务应当由买受人承受，而不是由原出租人承担。依押租金契约的从属性，原出租人因出租人地位的移转而免除其押租金返还债务。若承租人尚未交付押租金给原出租人，因承受了出租人地位而同时承受押租金法律关系的买受人当然有权请求承租人交付押租金。若原出租人已收取承租人交付之押租金，原出租人因丧失其出租人地位而同时丧失押租金法律关系之主体地位，其留存押租金并无正当依据，除非双方当事人已就此在标的物价格上作适当考量，买受人可以依押租金法律关系主体地位的承受而请求原出租人转交押租金。

3. 关于买受人是否仅就原出租人抵充后的余额承担押租金返还债务。上述主从法律关系的角度看，买受人承受的出租人地位，仅是所有权变动后的权利义务关系，对于迟延租金债权等并不发生承受关系。对于迟延租金债权，即使原出租人因契约地位承受退出原租赁关系，原出租人仍有权收取，押租金对此仍有担保功能，当发生押租金的清算问题。因此，在解释论上应当认为，已发生的迟延租金抵充，既是原出租人的权利，亦符合承租人利益保障的需要。当然，若交易实践中存在诸如全额移转于受让人之默示规则，为保障交易之顺利进行，采取全额移转于新所有权人亦未尝不可。①

三、"买卖不破租赁"必须以承租人占有租赁物为要件

《民法典》第725条将承租人占有租赁物作为适用"买卖不破租赁"的必要条件予以规定，是对《合同法》第229条的主要修订。之所以要作如此修改，主要是基于以下因素。

第一，有效遏制实践中出现的虚假租赁现象。近年来，实务上出现了很多涉及虚假租赁的案例。在这些案例中，债务人与第三人串通，为了规避强制执行等目的，恶意签订以租赁物为对象的租赁合同，利用法律规定的租赁权的对抗力，使租赁物的所有人无法取得对租赁物的占有使用。在虚假租赁合同没有被司法鉴定机构确认时，一旦第三人对标的物主张租赁权，法院只有中止或实际

---

① 周江洪：《买卖不破租赁规则的法律效果——以契约地位承受模式为前提》，载《法学研究》2014年第5期。

终止强制执行程序,使买受人陷入无法行使所有权的制度困境,"买卖不破租赁"原则的适用在一定程度上也就成为阻碍不动产交易利进行、扰乱交易秩序的制度障碍。为了有效地防止第三人通过虚假诉讼来谋取非法利益,法院在实践中不得不调整对租赁关系的认定标准,考察租赁合同缔结的过程以及履行情况,查明出卖人与第三人之间是否存在其他债权债务等特殊关系,分析租赁期限、租金的数额以及支付方式是否符合常理,合同内容是否违背公平原则、等价有偿原则,是否因为出租人与承租人之间的特殊关系而具备某些权利让与或让利、补偿的情形,给法院的审理工作增加了很多负担和审理难度。[①]

在执行程序中,为了避免某些被执行人与第三人通谋订立虚假租赁合同,并由该第三人以实现租赁权为由提出执行异议来损害执行申请人的利益,依《异议复议规定》第 31 条第 1 款规定,对承租人阻止向受让人移交占有的不动产,除要求在查封前签订合法有效的租赁合同外,还增加了承租人需占有使用的条件。如果案外人提供了书面租赁合同,但不能证明已经实际占有、使用该标的物,则应该裁定执行异议不成立,由案外人向法院提起执行异议之诉。如果案外人不能证明所提交的租赁契约合法有效并对执行标的物进行了实际占有使用,就不能主张对该标的物拥有租赁权,因而也不能适用"买卖不破租赁"原则。[②]

第二,基于租赁权具有的对抗力,需要以一定的方式予以表征。租赁权虽然属于债权,但由于其具有"买卖不破租赁"的对抗效力,已经具有一定的物权化特征。"权利对于第三人之对抗效力与权利之公示作用应相伴而生,乃法律之基本原则。"[③]正是基于租赁权强大的对抗效力,租赁物的受让人面临潜在的交易风险,因此,很多国家和地区同时搭配一定租赁权公示措施,要求租赁权经公示后,承租人才受到优先保护,以限制租赁权对抗效力的绝对扩张。

权利表征和公示方式具有多样性,占有、登记皆可,《民法典》物权编中规定的权利公示方式主要是登记和占有。有许多人主张租赁法律关系领域,应当一律以登记作为公示要件。不过,《民法典》合同编中并未将公示作为租赁合同的生效或对抗要件,而在我国的不动产登记制度中,也未将不动产租赁权纳入登记范围。也就是说,法律制度层面上,立法者并未选择将登记作为租赁权的公示方式。其主要原因有两点:其一,我国目前的房屋租赁,尤其是社会经济地位差别较大的住房租赁,是以不定期租赁和短期租赁为主要形式的。在这些租赁形式中,租赁关系并不稳定,承租人和出租人双方没有动机选择登记。其二,我国目前的房屋租赁登记成本较高。这里的登记成本不仅是指登记费用,还有出租人需要缴付的租赁税,大致在租金的 10% ~17%。[④] 因此,最终《民法典》选择了占有作为租赁权具有对抗效力的表征方式。

第三,符合国际的立法惯例。不少国家的立法都有规定,适用"买卖不破租赁"规则,应以租赁物已交付给承租人并由承租人占有为要件。《德国民法典》第 566 条第 1 款规定:"所出租的住房在交给承租人后,被出租人让与给第三人的,取得人代替出租人,加入在出租人的所有权存续期间因使用租赁关系而发生的权利义务中。"《俄罗斯民法典》第 675 条也有相关规定。

---

① 季金华:《买卖不破租赁原则限制适用的条件分析》,载《政法论丛》2016 年第 4 期。
② 同上。
③ 苏永钦:《走入新世纪的私法自治》,中国政法大学出版社 2002 年版,第 335 页。
④ 朱志峰:《"买卖不破租赁"原则释疑》,载《河南社会科学》2013 年第 6 期。

"买卖不破租赁"必须以承租人占有租赁物为要件,在实践中有以下几点需要注意:

第一,占有是指租赁物在出租人与承租人之间的移转交付。如果租赁合同签订后,租赁物尚未交付承租人的,承租人不能依据《民法典》第725条规定对抗买受人,而只能向出租人主张租赁合同违约责任。

第二,承租人经出租人同意将租赁物转租,是否应认定为承租人占有租赁物?对此,本书认为应该认定。首先,《民法典》准许承租人在出租人同意后将租赁物转租,如果认为转租情况下承租人并不占有租赁物,则会导致许多承租人因为担心将来不具备"买卖不破租赁"的对抗效力,而不敢进行转租,从而影响租赁市场的发展。其次,占有要件主要强调的是租赁物从出租人向承租人的移转交付,而承租人转租的前提是其已从出租人处取得租赁物。因此,承租人转租与上述要件主旨并不冲突。最后,占有要件主要目的是将租赁关系通过占有方式表征出来,让买受人知道出卖人将租赁物出租的事实,而在承租人转租的情况下,次承租人或者次次承租人等占有租赁物,亦能让买受人知晓出卖人将租赁物出租的事实。

第三,在法律法规规定某些租赁物应当登记才具备对抗第三人效力的情况下,这些租赁物适用"买卖不破租赁规则",除需满足第725条中规定的占有要件外,还需满足法律规定的登记要件。比如,光船租赁,《船舶登记条例》第6条规定:"船舶抵押权、光船租赁权的设定、转移和消灭,应当向船舶登记机关登记;未经登记的,不得对抗第三人。"

四、"买卖不破租赁"是否适用动产租赁

在动产租赁是否适用"买卖不破租赁"规则这一问题上,我国现行立法采纳肯定说。但是,不少学者对此提出了批评。他们认为,"买卖不破租赁"规则的适用对象应限定于不动产租赁,动产租赁不应适用该规则。理由主要有:其一,"就买卖不破租赁规则之缘起言,其旨在于保护不动产尤其住房承租人阶层之生存利益,而动产能关乎承租人之生存利益者,殊难想象,该动产多具可替代性,承租人纵因出租人让与其物而不能维持对物之使用,转而求诸市场,多能满足其使用利益"。其二,"买卖不破租赁"规则被认为是保护处于弱势地位的承租人的一种法律手段,然而,"动产租赁之承租人,其与出租人或受让人之间,一般并无经济上之强者或弱者之关系,承租人实欠缺保护之必要"。其三,对于动产租赁,"由于其具有种类性,承租人虽然合同被解除,但是其在市场上选择可替代物的余地较大,因此,对其影响不致太大"。①

本书认为,上述理由在当前情况下均不太成立。首先,如果脱离"要对承租人特别保护"而单独强调"要有利于财产的流通",从而就不主张对动产适用"买卖不破租赁"规则,这不仅在逻辑上不尽合理,而且在实际生活中的意义也不大。因为对不动产适用"买卖不破租赁"规则不会影响财产流通,同样地,对动产适用"买卖不破租赁"规则于财产的流通也并无阻碍。从实际生活看,如果买受人的主要目的是取得租赁物,在"买卖不破租赁"规则下自然不会影响其对该物的所有权;如果买受人的主要目的不但是要取得租赁物的所有权,还要对该物实际占有和使用,其便可以舍弃租赁物而选择其他的同类物,而在一般情形下,动产以种类物居多,对种类物的选择是十分便捷的。

---

① 周江洪:《买卖不破租赁规则的法律效果——以契约地位承受模式为前提》,载《法学研究》2014年第5期。

其次,如果以"是否涉及承租人安身立命"这一立法政策考量因素作为是否适用"买卖不破租赁"规则的标准,则需要考察这一立法政策得以产生的历史环境以及现实中是否要继续予以适用的客观环境。在当前背景下,"买卖不破租赁"对于承租人生存利益或弱势利益的保护的观点已经认同者少,之所以坚持"买卖不破租赁",更多人认为是为了维护租赁交易秩序,保护承租人的在先合同利益等。因此,依此价值取向,对于动产租赁和不动产租赁的保护并无二致。

再次,承租人可以其租赁权对抗取得租赁物所有权或其他物权的人,以及有权对侵害租赁权的第三人请求排除妨害和损害赔偿,这主要是缘于方便承租人对租赁物的支配、使用、收益以及既要方便租赁物权利的流转,又要维持承租人对租赁物的租赁支配地位。无论租赁合同的客体是动产还是不动产,这种立法需求都是客观存在的。从实际生活看,期限较长的动产租赁的客体大多为交通运输工具、工程设备、大型机械等,承租人的这种需求丝毫不亚于不动产租赁。[①]

最后,与其他法律规定相一致的需要。《海商法》第 138 条规定了船舶的"买卖不破租赁",属法律明文将这类动产纳入"买卖不破租赁"适用范围,没有理由在《民法典》"买卖不破租赁"的一般规定中将动产排除。

在实践中,不少动产适用"买卖不破租赁"的案例,涉及的动产类型主要有船舶、航空器、机动车、机器设备等。这些案例中绝大多数都适用了"买卖不破租赁"规则,没有适用该规则亦并非因为动产的缘故,而是有其他不满足"买卖不破租赁"规则的事由。[②]

五、"买卖不破租赁"的例外情形

(一)不适用于租赁物所有权的征收取得之情形

公用征收是原始取得被征收物所有权的一种方式,在国外,土地征收后果是私人土地所有权转变为国家土地所有权。在我国,土地征收权的法律后果是农民集体土地所有权转变为国家土地所有权。土地征收既产生土地所有权和他物权的变更,也导致地面附着物的所有权和他物权的改变。在一般情况下,土地征收的结果是国家取得土地所有权,而原权利人则丧失了土地所有权、土地使用权、土地承包经营权、租赁权、土地抵押权等权利。许多国家通过土地征收立法或司法解释明确规定,国家为了公共利益的需要,可以强制性征收私人土地或集体土地,一般经营性项目用地不能启动国家征地权。依据法律的规定,征收不受被征收物之上用益物权之约束,承租人不能凭借土地租赁合同或占有使用土地的事实行为对抗国家的土地征收强制权力,只能要求国家或土地出租人给予自己的损害以充分和公正的补偿。《国有土地上房屋征收与补偿条例》明确规定,公共利益征收与商业开发彻底分开、政府作为唯一的补偿主体应该对被征收人给予公正的补偿,而房屋承租人可以依据房屋租赁合同请求出租人对自己不能继续承租造成的损害给予公平的补偿。因此,"买卖不破租赁"原则不适用于通过公用征收取得租赁物所有权的情形,土地承租人、房屋承租人不能以租赁权对抗征收权。[③]

---

① 徐澜波:《"买卖不破租赁"规则的立法技术分析》,载《法学》2008 年第 3 期。

② 黄赤橙:《动产作为"买卖不破租赁"客体的适格性分析》,载《西安电子科技大学学报》(社会科学版)2017 年第 1 期。

③ 季金华:《买卖不破租赁原则限制适用的条件分析》,载《政法论丛》2016 年第 4 期。

（二）不适用于擅自转租之情形

《民法典》第716条规定："承租人经出租人同意，可以将租赁物转租给第三人。承租人转租的，承租人与出租人之间的租赁合同继续有效……承租人未经出租人同意转租的，出租人可以解除租赁合同。"第717条规定："承租人经出租人同意将租赁物转租给第三人，转租期限超过承租人剩余租赁期限的，超过部分的约定对出租人不具有法律约束力，但是出租人与承租人另有约定的除外。"从以上条文可知，擅自转租主要包括未经出租人同意的转租和超出承租人剩余租赁期限的转租。这两种情形都是法律不予支持的，其中，在前一种情形下，出租人有权解除合同；在后一种情形下，转租合同中对于超出承租人剩余租赁期限部分的约定对出租人不具有法律约束力。因此，在上述情形下，次承租人不能凭借转租合同对抗租赁物的买受人。而且，本书认为，如果承租人未经出租人同意转租，在出租人行使租赁合同解除权的情况下，承租人亦不能再向租赁物买受人主张"买卖不破租赁"。当然，如果出租人对于承租人擅自转租的行为进行追认，或者符合《民法典》第718条规定："出租人知道或者应当知道承租人转租，但是在六个月内未提出异议的，视为出租人同意转租"，可以认定出租人同意转租，次承租人可以适用"买卖不破租赁"规则对抗租赁物买受人。

（三）不适用于承租人不同意继续履行之情形

在租赁物所有权发生变动后，如果承租人不愿意继续履行，那么，"买卖不破租赁"规则是否继续适用？此即租赁合同是否继续在承租人与买受人之间发生效力？对此，有学者认为，因为出租人出卖标的物本身并不构成违约，承租人无法以违约为由请求出租人承担违约责任或解除合同，亦难以合同目的难以实现为由要求解除合同。而且，在交易实践中，特别是在一些商铺买卖中，若承租人以所有权变动为由"退租"，势必会影响标的物受让人对于将来租金收益的期待，因此，除非原租赁合同存在特别约定或承租人与新出租人达成解除之合意，承租人并不能以所有权变动为由依单方意思表示退出租赁关系。①

本书认为，"买卖不破租赁"规则是法律为了保护承租人在先的合同权利、保持租赁关系稳定、维护正常的租赁交易秩序，而强行要求买受人概括继受出卖人（原出租人）在租赁合同中的权利义务。对承租人来讲，其要求买受人继续原租赁合同，对其而言是一种利益，如果其自愿放弃这种利益，应该予以准许，法律也无必要在承租人自愿放弃其利益的情况下，再强制给予其保护而要求买受人与承租人继续原租赁合同关系。而对买受人来讲，绝大多数买受人购买租赁物都希望享有完整的所有权，包括占有、使用、收益、处分。因此，承租人不愿意继续履行原租赁合同，则买受人作为租赁物新所有权人将享受完整所有权，对其利益不会产生损害。即使买受人想将租赁物继续出租，其完全可以从承租人手中收回租赁物后另行出租，其出租权益亦不会受损。因此，只要承租人明确表示放弃继续承租的权利，出租人和买受人就不能以"买卖不破租赁"规则为由要求承租人继续履行租赁合同。

（四）不适用于在房屋出租前已设立抵押权的实现情形

《民法典》第405条规定："抵押权设立前，抵押财产已经出租并转移占有的，原租赁关系不受该

---

① 周江洪：《买卖不破租赁规则的法律效果——以契约地位承受模式为前提》，载《法学研究》2014年第5期。

抵押权的影响。”该条与《物权法》第190条相比，主要有以下变化：一是对于“先租后抵”的情形，将要求抵押财产的出租必须在“抵押合同订立前”改为“抵押权设立前”，即动产（包括特殊动产）出租应在抵押合同生效之前，不动产出租应在抵押权登记之前；同时，增加了抵押财产应转移占有的条件，这一改变也是与该条关于适用“买卖不破租赁”规则的要件一致的。二是直接删除了《物权法》第190条对“先抵后租”情形的规定：“抵押权设立后抵押财产出租的，该租赁关系不得对抗已登记的抵押权。”特别是第二种变化，是否意味着《民法典》改变了《房屋租赁合同司法解释》第20条的规定，不再“先抵后租”作为适用“买卖不破租赁”规则的例外情形呢？

本书认为，答案是否定的。因为“买卖不破租赁”规则的设立，主要是为了保护承租人在先的租赁合同利益，而在“先抵后租”的情形下，承租人并不具有这种在先利益，而抵押权作为物权，租赁权作为债权，在承租人不具有在先利益的情况下，自然应该优先保护作为物权的抵押权。所以，在“先抵后租”的情况下，承租人不得适用“买卖不破租赁”规则对抗因实现抵押权而取得租赁物的新所有权人。我国的司法实践也早已认同上述做法。

在出租人未向承租人告知房屋已经抵押的情况下，因抵押权实现导致利益受到侵害的承租人应当如何维护自己的权益？本书认为，在租赁合同中，出租人应当承担对租赁物权利瑕疵担保义务，即出租人应当保证不因第三人主张对租赁物享有权利，而导致承租人不能对租赁物使用、收益的义务。出租人违反租赁物权利瑕疵担保义务的，应当承担违约责任，承租人可以解除合同，要求减少租金或者不支付租金。但是，如果承租人订立合同时明知租赁物具有权利瑕疵而仍愿意承租房屋，表明其自愿承担风险，因此，出租人不承担权利瑕疵担保义务。《担保法司法解释》第66条第2款亦有类似规定：“抵押人将已抵押的财产出租时，如果抵押人未书面告知承租人该财产已抵押的，抵押人对出租抵押物造成承租人的损失承担赔偿责任；如果抵押人已书面告知承租人该财产已抵押的，抵押权实现造成承租人的损失，由承租人自己承担。”

（五）不适用于房屋租赁前已被法院依法查封情形

查封是人民法院依法采取的财产保全措施，其目的是在判决执行前限制查封物不动产的流转或使用，以便人民法院在被执行的当事人不执行判决确定的债务时，对查封标的物予以强制执行。即依法拍卖、变卖查封标的物，以其价款清偿被执行人应当履行的债务。出于这个原因，被人民法院依法查封后出租的房屋，其所有权变动不受租赁关系的限制。

对此，关键在于如何认识强制拍卖与“买卖不破租赁”的关系。在强制拍卖中，被拍卖的标的物被法院查封或冻结，被执行人已丧失了处分权能，法院基于法律赋予的职权强行对该标的物予以处置变现，在强制拍卖中并不能体现拍卖标的物原所有权人的意思表示。在人民法院对被执行人的责任财产采取拍卖、变卖措施时，执行标的物上经常会存在抵押权、租赁权等负担，此类物上负担在拍卖后，是否仍能有效存在于拍卖物之上，既关系抵押权人、承租人的利益，也关系拍定人的利益。人民法院实施查封措施之前设定或发生的租赁房屋抵押权，在处理方式上不同于采取查封措施之后发生的租赁房屋抵押权。由于查封是基于国家的公权力对被执行人的财产采取的强制性执行措施，具有对世的效力。对不动产或者登记的动产，法院在查封时不仅张贴封条、公告，还通知登记机关协助办理查封登记手续，具备了相当强的公示性。《城市房地产管理法》第37条第2项的规定：“司法机关和行政机关依法裁定，决定查封或者以其他形式限制房地产权利的”不得转让。对于租赁房屋被强制执行而拍卖的，同样可以适用。《关于查封、扣押、冻结的司法解释》第 26 条规定："被执行人就已经查封、扣押、冻结的财产所作的移转、设定权利负担或者其他有碍执行的行为，不得对抗申请执行人。"这意味着，被执行人在已查封的财产上设定抵押权对于申请执行人是无效的。

对此，一般理解为，在我国的司法实践中，对于强制拍卖引起的所有权变动仍然适用了所有权变动不破租赁原则，但是这种适用是有限制的。最高人民法院《关于民事执行中拍卖、变卖财产的规定》第 31 条第 1 款规定：拍卖财产上原有的担保物权及其他优先受偿权，因拍卖而消灭，拍卖所得价款，应当优先清偿担保物权人及其他优先受偿权人的债权，但当事人另有约定的除外。第 2 款规定：拍卖财产上原有的租赁权及其他用益物权，不因拍卖而消灭，但该权利继续存在于拍卖财产上，对在先的担保物权或者其他优先受偿权的实现有影响的，人民法院应当依法将其除去后进行拍卖。该条中"拍卖财产上原有的租赁权及其他用益物权，不因拍卖而消灭"，是说拍卖引起所有权发生变动，不影响原租赁权及其他用益物权的效力。但在该规定中又规定了例外情形，即如果上述权利继续存在于拍卖的财产上，对在先设定的担保物权或其他优先受偿权的实现有影响的，应当依法将其除去后进行拍卖。该条规定的意思是，如果在拍卖财产上设定的租赁权在先，设定的抵押权在后，依物权优先的原则，租赁权应当被优先予以保护，拍卖后，租赁权应由买受人继续承受；相反，如果抵押权设定在先，租赁权设定在后，同样依据物权优先原则，设定在后的租赁权不能影响设定在先的抵押权的实现，如果租赁权继续存在于拍卖财产上，会导致拍卖的价款过低，影响抵押权实现，执行法院应当将该租赁权取消，然后再进行拍卖。此外，从《关于查封、扣押、冻结的司法解释》第 26 条"财产执行人就已经查封、扣押、冻结的财产所作的移转、设定权利负担或者其他有碍执行的行为，不得对抗申请执行人"的规定中可以看出，在所有权人对财产享有的所有权能受到人民法院强制措施的限制时，所设定的租赁权在所有权变动时不再适用所有权变动不破租赁原则。当然，为保护善意第三人的利益，该司法解释第 26 条第 3 款又规定：人民法院的查封、扣押、冻结没有公示的，其效力不得对抗第三人。也就是说，如果查封、扣押、冻结没有公示，或查封、扣押、冻结在后，而租赁权设定在先的，可以适用所有权变动不破租赁原则。人民法院对被执行人财产进行查封、冻结时，如果被查封、冻结的财产上尚未设定租赁权，而是在查封、冻结后，被执行人才设定的租赁权的情形，应另当别论。查封、冻结的实质在于禁止或者限制被执行人处分其特定财产，直接影响被执行人对该财产的占有、使用和收益。被执行人的财产被查封、扣押、冻结后，其处分权已经受到了禁止或限制，如果仍然在该财产上进行移转、设定权利负担等行为，则妨碍了人民法院对该财产进行强制执行。因此，人民法院可依申请执行人的请求，直接对该财产进行执行。如果要进行拍卖，则被执行人在查封财产上设定的租赁权，将不受法律保护。而查封不动产的公示方法主要是通知有关登记机关办理登记手续，同时，在该不动产上张贴封条或者公告。因此，如果租赁权设定在先，法院查封、冻结在后，那么，该租赁权仍然应当受到法律保护，可以适用"买卖不破租赁"的原则。如果法院已经查封、冻结，且查封、冻结进行了登记及张贴公告、封条等公示，在此之后被执行人又在该财产上设定了租赁权，则属于在该财产上设定了权利负担，如果该租赁权的存在影响了拍卖活动的进行，会导致拍卖价款过低或者拍卖无法成交，则人民法院可以应申请执行人的请求，将该租赁权除去，然后委托拍卖。

专题九　房屋承租人的优先购买权

《民法典》第726条规定："出租人出卖租赁房屋的，应当在出卖之前的合理期限内通知承租人，承租人享有以同等条件优先购买的权利；但是，房屋按份共有人行使优先购买权或者出租人将房屋出卖给近亲属的除外。出租人履行通知义务后，承租人在十五日内未明确表示购买的，视为承租人放弃优先购买权。"该条规定了承租人的优先购买权问题。《合同法》第230条规定：出租人出卖租赁房屋的，应当在出卖之前的合理期限内通知承租人，承租人享有以同等条件优先购买的权利。2009年9月1日起施行的《房屋租赁合同司法解释》第24条规定："具有下列情形之一，承租人主张优先购买房屋的，人民法院不予支持：(一)房屋共有人行使优先购买权的；(二)出租人将房屋出卖给近亲属，包括配偶、父母、子女、兄弟姐妹、祖父母、外祖父母、孙子女、外孙子女的；(三)出租人履行通知义务后，承租人在十五日内未明确表示购买的；(四)第三人善意购买租赁房屋并已经办理登记手续的。"

与《合同法》相比，《民法典》第726条增加了关于"房屋按份共有人"和"近亲属"作为买受人以及"出租人履行通知义务后，承租人在十五日内未明确表示购买的，视为承租人放弃优先购买权"的规定。与前述司法解释相比，亦有一定修改，该条未规定"第三人善意购买并已经办理登记手续"，承租人能否主张优先购买权的情形。

一、共有人的优先购买权与承租人优先购买权的冲突

《民法典》第305条规定："按份共有人可以转让其享有的共有的不动产或者动产份额。其他共有人在同等条件下享有优先购买的权利。"根据上述规定，房屋的按份共有人和属于一个整体的房屋原共有人对房屋也享有优先购买权。因此，在房屋共有人出售已经出租的房屋时，就会产生共有人的优先购买权和承租人的优先购买权相冲突的问题。

我国多数学者赞同共有人优先购买权优先于承租人的优先购买权。本书亦赞同此观点。

二、出租人将房屋出卖给近亲属的情形

我国自古以来就注重伦理纲常，重视血缘关系和家族利益。《唐律·户婚律》中规定："身丧户绝者，所有部曲、客女、奴婢、店宅、资财，并令近亲转易货卖。宋朝规定，应典、卖、倚当物业，先问房亲；房亲不要，次问四邻；四邻不要，他人并得交易。"清末虽没有规定近亲属优先购买权，但该制度在民间已经成为一种习惯。我国现实生活中也常常出现出租人与第三人基于法律上的身份关系，如近亲属关系、抚养关系等，出租人将房屋以低于市场价或其他优惠条件出卖房屋，而若离开这种身份关系，出租人则不愿以同等条件出售房屋。这种买卖关系掺杂了情感因素、身份利益等，带有

浓厚的身份属性,不同于一般的买卖,有时无法以金钱所衡量,因此,承租人也不能要求以同等条件行使优先购买权。我国《合同法》对此情形没有规定,《房屋租赁合同司法解释》第 24 条作了相应规定,《民法典》第 726 条亦基于遵循基本国情、维护社会习俗、促进社会和谐的考量,吸收了司法解释的观点,规定出租人将房屋出卖给近亲属的情况下,承租人不享有优先购买权。

但这是否意味着,近亲属也同承租人一样享有优先购买权?本书认为,答案是否定的。《民法典》第 726 条只是规定了出租人自愿将房屋出卖给近亲属,且近亲属也愿意购买时,承租人不能行使优先购买权。也就是说,这种情形出现的前提是出租人和其近亲属就买卖房屋能够达成合意,最重要的是出租人愿意将房屋出售给其近亲属。而在社会生活中,也存在大量基于各种原因导致出租人不愿意将房屋出售给近亲属的情形,如果此时,赋予出租人的近亲属优先购买权,则可能违背了该条款的设置本意,剥夺了出租人出卖房屋的自由意志,甚至引发亲属间的矛盾,导致亲属关系破裂。因此,该条并未采用"优先购买权"的表述,只是规定了在出租人将房屋出售给近亲属时,限制承租人行使优先购买权,这是对近亲属优先购买房屋的保护,且在此种情况下,出租人并无提前通知承租人的义务,也没有将出卖条件告知承租人的义务。

三、出租人履行通知义务后,承租人在 15 日内未明确表示购买的法律后果

出租人通知义务的履行是承租人行使优先购买权的基础。出租人应在合理期限内通知承租人。出租人的通知义务是法定义务,但关于出租人通知承租人的合理期限,《民法典》第 726 条和《合同法》第 230 条均没有规定。国务院《城市私有房屋管理条例》(已废止)第 11 条规定:"房屋所有人出卖租出房屋,须提前三个月通知承租人,在同等条件下,承租人有优先购买权。"但从实践看,现代社会市场交易活动十分活跃,市场行情变动很快,房屋租赁或销售价格时常发生较大波动,要求出租人提前 3 个月通知承租人时间过长,不符合市场经济所追求的效率目标,极有可能导致出租人失去商机。但是,如果期限过短,则会使承租人缺少必要的考量和准备时间。因此,该期间不宜规定过于僵化。

而承租人接到出租人通知后,应当在合理期限内予以答复,如果未明确表示购买,视为放弃优先购买权。考虑该期限只要给承租人合理的时间考虑是否行使优先购买权即可,从保护交易安全和交易效率的角度,不宜过长,否则不利于保护出租人的利益,故将期限确定为 15 日。《民法典》第 726 条亦遵循了《租赁合同司法解释》第 24 条之精神。

四、关于同等条件的认定

同等条件是优先购买权行使的实质要件,在优先购买权行使的条件中居于核心地位。关于同等条件的界定,《合同法》和《房屋租赁合同司法解释》均无相关规定。北京市高级人民法院《关于审理房屋租赁合同纠纷案件若干疑难问题的解答》第 28 条规定,《合同法》第 230 条规定优先购买权的"同等条件",主要是指房屋转让的价格、价款支付方式等。学界对何为"同等条件"主要存在三种观点:第一种观点是绝对同等说。该学说认为,承租人购买房屋的条件应当与其他买受人的购买条件完全一致,不能有丝毫差别。第二种观点是相对同等说。该学说认为,承租人购买房屋的条

件,与其他买受人大致相同即可认定为同等条件。第三种观点,认为应将其理解为价格相同,即主要指承租人购买房屋的价格与其他买受人购买房屋的价格一样。第一种观点,过于严苛,在实践中并不存在绝对一样的条件,如果以绝对一致为标准,则会使制度形同虚设。第二种意见规定的大致相同,则过于宽泛,在实践中无法准确对比确定,容易导致当事人无法达成一致的情形。第三种观点,将同等条件简化为价格相同,亦存在不妥之处,在实践中,除价格外,往往存在很多其他因素影响交易的完成。承租人的优先购买权,一方面,是为了保护承租人可以稳定使用租赁物;另一方面,还要不损害出租人作为租赁物所有权人的利益。因此,承租人的优先购买权虽是为了保护承租人,但不能过度扩大其适用范围,损害出租人的利益,以同等条件来限制承租人的优先购买权是平衡出租人与承租人利益冲突的应有之义。而无论是何种学说,无非对出租人在承租人和第三人购买条件之间进行价值权衡。同等条件的判断,在一般情况下,主要考虑如下几个因素:

1. 交易价格。就买卖双方而言,交易价格是最重要的交易条件。因此,交易价格相同为同等条件的核心之意。但当出卖人基于某些特殊原因,给予其他买受人较为优惠的价格,那么承租人能否主张以该价格作为同等条件。在这种情况下,如果完全忽略出租人与其他买受人之间的特殊利益关系,而以该优惠价格作为同等条件判断标准,则对出租人有失公允。因此,此时以市场价确定交易价格更适当。

2. 价款支付方式。价款支付方式影响出租人利益。如果其他买受人系一次性付清的方式付款,承租人亦应采取同样的方式付款。对该项条件应采取完全相同的标准,认定是否符合同等条件。

3. 价款支付期限。同价款支付方式一样,价款支付期限也应作为同等条件之一,作为客观性的一般条件,价款支付期限亦应采用完全相同的标准,认定是否符合同等条件。

五、承租人优先购买权在拍卖程序中的行使

《民法典》第727条规定:"出租人委托拍卖人拍卖租赁房屋的,应当在拍卖五日前通知承租人。承租人未参加拍卖的,视为放弃优先购买权。"该条系新增条款,规定了在拍卖行为中对承租人优先购买权的程序性保护。

(一)拍卖行为中优先购买权的法律性质

关于优先购买权的法律性质,学界主要在形成权与请求权上存在争议。王泽鉴先生认为,承租人的优先购买权依承租人单方意思表示,而且这种买卖关系必须在出租人向第三人出卖房屋时才能行使,属附条件形成权。[①] 王利明先生则主张,优先购买权的实质就是法律赋予承租人的、在出租人出卖房屋时优先于其他人订约的请求权,在此种权利受侵害时,承租人可以请求出租人赔偿损失。[②] 学界另外的观点则认为优先购买权是强制缔约请求权,认为如果出租人擅自出卖房屋,承租人可向人民法院诉请确认而强迫出卖人表示承诺直接形成合同法律关系,确定承租人合法得到租

---

① 王泽鉴:《民法学说与判例研究》(第1册),北京大学出版社2009年版,第315页。

② 王利明:《合同法分则研究》(上卷),中国人民大学出版社2012年版,第288页。

赁房屋。[①]

在立法者视角下,承租人的优先购买权应属附强制缔约义务的请求权。将承租人的优先购买权确定为附强制缔约义务的请求权,在立法功能上更有利于实现请求权人的利益,能直接使承租人取得租赁物买受人的地位,使法律关系的稳定性增强,而且也符合维护物的使用和归属相统一的目标。同时,从权利的行使来看,由于形成权只能因一方的意思表示即可使法律关系发生变更,因此,不可能存在被侵害的问题,但出租人在不经过承租人知悉的情况下将租赁物出卖给第三人时,承租人则无法以形成权的形式实现优先购买权。

(二)租赁房屋被拍卖时如何行使优先购买权

《拍卖法》第3条规定:"拍卖是指以公开竞价的形式,将特定物品或者财产权利转让给最高应价者的买卖方式。"第51条规定:"竞买人的最高应价经拍卖师落槌或者以其他公开表示买定的方式确认后,拍卖成交。"

拍卖属于买卖的一种特殊方式,是以落槌为成交标志的诺成性合同。以最高应价确认的拍卖原则与承租人在同等条件下优先购买的权利会产生法律上的冲突。在拍卖程序中,对承租人优先购买权的保护在本质上是对优先购买权与拍卖中价高者得的拍卖原则之间的价值取舍与价值平衡。本书认为,为了平衡承租人优先购买权与保护拍卖理念之间的冲突,在租赁房屋被拍卖时,承租人行使优先购买权的方式可作如下规范:

一是出租人的通知义务。出租人负有拍卖5日前通知承租人的义务,这里的5日,是指承租人提前5日收到该拍卖通知。此处适用到达主义的法理原则,出租人必须保证承租人在拍卖行为开始的5日前收到该通知,否则,应认定通知行为无效。

二是通知内容。在出租人对承租人发起的通知中,应当包含下列要素:拍卖的时间、地点、拍卖底价、拍卖保证金数额、交纳拍卖款的期限等内容,以便优先购买权人决定是否参与竞买。出租人需在通知中限定承租人在一定时期内作出是否参加拍卖并在可能的情况下行使优先购买权的意思表示,优先购买权人明确放弃或者逾期未作表示的,不再予以保护。

三是拍卖公告。为保护其他竞买人的利益,在拍卖前的公告阶段,应当将标的物存在先期租赁的情况作为瑕疵告知竞买人。

四是承租人的程序要求。承租人也应当根据《拍卖法》的相关规定经过竞买登记、交纳竞买保证金、拍卖日到场等程序参加竞拍。未按规定登记竞买、交纳竞买保证金的,视为放弃优先购买权。另外,优先购买权人经通知未到场的,视为放弃优先购买权。

五是拍卖过程中的优先购买权。在拍卖中出现了最高应价时,承租人可以举牌或以其他形式表示以该最高价购买,如无更高应价,承租人享有以该最高价优先购买的权利;如有更高应价,承租人不作表示的,应当认定承租人放弃优先购买权。如果承租人在出现最高应价时未作出以该价格购买的意思表示,则拍卖房屋由最高应价人购买。如果有更高应价时,承租人应与更高应价者继续竞买,直至出现新的最高应价为止。

---

① 易军、宁红丽:《合同法分则制度研究》,人民法院出版社2003年版,第198页。

（三）对承租部分房屋的承租人的保护

关于出租人将房屋整体拍卖时，只承租部分房屋的承租人是否享有优先购买权的问题，需要从以下两个维度进行综合考虑：第一，从房屋的使用功能看，如果承租人承租的部分房屋与房屋的其他部分是可分的、使用功能可相对独立的，则承租人的优先购买权应仅及于其承租的部分房屋；如果承租人承租的部分房屋与房屋的其他部分是不可分的、使用功能整体性较明显的，则其对拍卖全部房屋享有优先购买权。第二，从承租人承租的部分房屋占全部房屋的比例看，承租人承租的部分房屋占拍卖全部房屋一半以上的，则其对拍卖房屋的全部享有优先购买权；反之，则不宜认定其对全部房屋享有优先购买权。

六、承租人的优先购买权的侵害责任

《民法典》第728条规定："出租人未通知承租人或者有其他妨害承租人行使优先购买权情形的，承租人可以请求出租人承担损害赔偿责任。但是，出租人与第三人订立的房屋买卖合同的效力不受影响。"该条规定了承租人优先购买权受到侵害时享有的赔偿请求权，为新增条款。

在现实生活中，出租人侵害承租人优先购买权的情形主要有以下几种：一是出租人未通知承租人出卖租赁房屋的相关事宜；二是出租人阻碍承租人行使优先购买权，如与第三人签订阴阳合同，通过不合理的交易内容阻碍承租人购买租赁房屋等；三是出租人的债权人主张对租赁房屋拍卖、变卖以实现其享有的债权时，侵害承租人优先购买权的情形等。

对该条的理解，应当把握以下几个方面。

（一）出租人通知义务是否有期限限制

《民法典》第728条规定："出租人未通知承租人"为侵害承租人优先购买权的情形之一，未对通知期限进行明确。但第726条第1款规定，出租人出卖租赁房屋的，应当在出卖之前的"合理期限"内通知承租人。因此，该条款虽未再次规定通知期限，但亦受第726条之约束，即第728条规定的"出租人未通知承租人"，应理解为"出租人未在合理期限内通知承租人"，而关于"合理期限"的认定标准亦同本法第726条中"合理期限"的认定标准一致。

（二）承租人优先购买权受到损害时的救济途径

根据《民法典》第728条的规定，承租人优先购买权受到侵害时，可以请求出租人承担损害赔偿责任。本书认为，《民法典》之所以优先将赔偿责任列出，主要是因为优先购买权是一种缔约请求权，虽具有物权的一些表征，但不是物权，不具有对抗第三人的权利，承租人在优先购买权受到损害时主张权利的方式主要表现为请求出租人承担损害赔偿责任。如在原告逄某甲、逄某乙与被告冯某、李某某房屋租赁合同纠纷案[①]中，原告逄某甲、逄某乙承租被告李某某名下的房屋，后李某某将涉案房屋出售给冯某某，原告逄某甲、逄某乙诉至法院，要求：（1）确认二被告之间签订的房屋买卖合同无效；（2）二原告对承租的涉案房屋行使优先购买权，确认二原告与李某某在与冯某同等条件性成立房屋买卖合同关系。法院认为，二被告就涉案房屋签订《存量房屋买卖合同》，且涉案房屋已

---

① 北京市朝阳区人民法院（2015）朝民初字第01678号民事判决书。

登记至冯某名下,现二原告持逄某甲与李某某签订的《房屋租赁合同》及二原告与李某某签订的《房屋租赁合同补充协议书》主张优先购买权,要求确认二被告签订的《存量房屋买卖合同》无效,不符合法律及司法解释的规定,本院不予支持。法律虽赋予承租人优先购买权,但在现有情况下,即便李某某真的未在出卖涉案房屋之前的合理期限内通知二原告,二原告行使优先购买权的方式应是请求李某某承担损害赔偿责任,而不能基于优先购买权要求以同等条件与李某某成立房屋买卖合同关系,故二原告要求确认二原告与李某某在与冯某同等条件下成立房屋买卖合同关系的诉讼请求,于法无据,本院不予支持。

当然,有的观点认为,承租人可以要求按照出租人与第三人的同等条件与出租人成立买卖合同。审判实践中也有在认定出租人与第三人签订的合同无效基础上,判令承租人与出租人依照出租人与第三人约定的买卖合同主要条款形成买卖合同关系。如上海市高级人民法院《关于处理房屋租赁纠纷若干法律适用问题的解答(二)》第20条认为,承租人在诉讼过程中仅主张确认买卖合同无效,而未要求行使优先购买权,经过法院释明后不变更诉讼请求的,对其诉讼请求不予支持。

以前类似裁判方法在全国各地都有。出现《民法典》第728条规定的情形时,特别是在出现出租人与第三人订立房屋买卖合同时,该合同不能无效;如果承租人请求出租人承担赔偿责任,出租人应当承担赔偿责任;如果承租人要求按照与第三人合同缔约,但物权已经变动到第三人名下时,出租人只能承担赔偿责任;如果承租人要求与第三人合同缔约,而物权又尚未发生变动时,则可以按照第726条的规定处理,但涉及国家利益和社会公共利益情形的除外。

专题十　不定期租赁的解除问题

《民法典》第730条规定:"当事人对租赁期限没有约定或者约定不明确,依据本法第五百一十条的规定仍不能确定的,视为不定期租赁;当事人可以随时解除合同,但是应当在合理期限之前通知对方。"该条规定的是不定期租赁合同的任意解除权。与《合同法》相比,该条规定内容有一定修改。《合同法》第232条规定:"当事人对租赁期限没有约定或者约定不明确,依照本法第六十一条的规定仍不能确定的,视为不定期租赁。当事人可以随时解除合同,但出租人解除合同应当在合理期限之前通知承租人。"《合同法》第61条规定:"合同生效后,当事人就质量、价款或者报酬、履行地点等内容没有约定或者约定不明确的,可以协议补充;不能达成补充协议的,按照合同有关条款或者交易习惯确定。"由此可知,《合同法》仅要求出租人解除合同时应当在合理期限内通知承租人,未规定承租人解除合同时的通知义务。而《民法典》总结和吸收了司法实践经验,规定"当事人可以随时解除合同,但是应当在合理期限之前通知对方",即租赁双方在解除合同时均负有在合理期限内通知对方的义务,而非仅出租人解除合同时负有在合同期限内通知承租人的义务。

一、不定期租赁合同的认定

根据租赁合同是否有明确的租赁期限,租赁合同被划分为定期租赁和不定期租赁。定期租赁合同中有明确约定的固定租赁期限,不定期租赁合同中当事人对租赁期限没有约定或者约定不明确。[①] 定期租赁合同,是指有明确的租期的租赁合同或者虽然没有规定明确的租期,但是在履行时达成协议确定了租期,或者可以通过合同的相关条款、使用租赁物的目的来确定租赁期限,甚至可以用一般的交易习惯进行判断后确定租赁期限的租赁合同。[②] 而不定期租赁合同,是指租赁期限没有约定或者约定不明且无法确定租赁期限的合同。根据《民法典》第730条及第707条"租赁期限六个月以上的,应当采用书面形式。当事人未采用书面形式,无法确定租赁期限的,视为不定期租赁"与第734条"租赁期限届满,承租人继续使用租赁物,出租人没有提出异议的,原租赁合同继续有效,但是租赁期限为不定期。租赁期限届满,房屋承租人享有以同等条件优先承租的权利"的规定,我国《民法典》所规定的"不定期租赁合同"主要为:租期在6个月以上,但未采用书面形式,且无法确定租赁期限的合同;当事人未约定租期或租期约定不明的合同;租赁期满,当事人继续使用租赁物且出租人未提出异议的合同。

二、不定期租赁合同的任意解除权

(一)任意解除权的界定及性质

合同解除,是指在合同有效成立后,因一方或双方当事人的意思表示,使合同关系终了,未履行的部分不必继续履行,已履行的部分依具体情形进行清算的制度,它是合同特有的终止原因。[③] 合同解除包括法定解除和约定解除。法定解除,是指法律直接规定了合同解除的条件。其中,包括适用于所有合同的条件,被称为一般法定解除,适用于特定合同的条件,被称为特别法定解除。[④] 合同任意解除权是由法律直接规定当事人享有的一种权利,属于法定解除权中的一种。它是指合同的一方当事人享有的可以随时按照自己的意愿单方解除合同的权利,不需要其他任何条件。[⑤] 其主要特征有:一是仅适用于法律有明确规定的情形;二是解除权的行使不以一方违约等为前提;三是双方当事人均可主张行使合同解除权。由此可知,任意解除权与法定解除权、约定解除权最主要的区别就是任意性,即解除权人可以根据自己的意志随时解除合同,无须符合法定条件,亦无须对方存在违约。因此,合同任意解除权的行使存在很大的"任意性",该权利的存在使合同处于不稳定的状态,在一定程度上与合同"严守原则"相悖。因此,任意解除权的行使应当受到一定程度的限制。

从权利的作用看,任意解除权的性质属于形成权,在合同解除方解除合同的意思表示到达对方后,即发生合同解除的效力。

---

① 韩世远:《合同法学》,高等教育出版社2010年版,第443页。
② 黄立:《民法债编各论》(上册),中国政法大学出版社2003年版,第194页。
③ 张红:《继续性合同终止制度研究》,湖南大学2011年博士学位论文,第3页。
④ 崔建远主编:《合同法》(第2版),法律出版社2000年版,第200页。
⑤ 郑秋阳:《论合同的任意解除权》,载《硅谷时代》2009年第11期。

（二）任意解除权与继续性合同的关系

根据时间因素是否对合同给付义务的内容及范围发生影响，可将合同区分为一时的合同与继续性合同。一时的合同，又称一次性给付合同，指合同内容因一次给付即可实现。如买卖、互易、赠与、承揽等。[①] 继续性合同，指合同内容并非一次给付可以完结，而是继续地实现，其基本特色是，时间因素在债的履行上居于重要的地位，总给付的内容取决于应为给付时间的长度。如合伙、租赁、雇佣、保管、委托等，均属于继续性合同。[②]

任意解除权主要适用于继续性合同。其主要理由在于：在一般情况下，对于一时的合同，债务一经履行，债权关系即消灭，履行时间较短且双方当事人对履行标的、履行时间、履行方式等有明确约定，如果允许合同当事人在无约定或法定事由的情况下任意解除合同，那么将构成严重的违约行为，亦违背了合同严守原则。而继续性合同的履行处于持续状态，双方之间的债权关系并不因一次给付而立即消灭，因此，继续性合同更强调当事人之间的信赖关系。信赖基础一旦丧失，应当允许当事人解除合同，从没有期限的合同关系中解脱出来。

继续性合同当事人是否均享有任意解除权？定期租赁合同当事人是否享有任意解除权？《民法典》第563条第2款规定："以持续履行的债务为内容的不定期合同，当事人可以随时解除合同，但是应当在合理期限之前通知对方。"该条第2款明确规定了不定期继续性合同当事人的任意解除权，在合理期限之前通知对方后即可解除，第一次在总则中规定了不定期继续性合同的任意解除权制度，即不定期继续性合同的当事人享有合同任意解除权，在合理期限之前通知对方后即可解除合同。但该规定亦仅规定了不定期继续性合同当事人的任意解除权，对于定期继续性合同或其他类型合同当事人是否享有任意解除权，并未规定。

（三）"合理期限"的认定

《民法典》第730条规定："当事人可以随时解除合同，但是应当在合理期限之前通知对方。"任意解除权的行使虽然不附加任何条件，但是为了防止因一方突然行使任意解除权而给对方当事人造成损失，应当赋予行使合同解除权的一方当事人相应的通知义务，这个通知义务也是预先通知程序的体现。承租人在租赁关系中一般处于相对弱势地位，《民法典》基于保护弱势一方的考虑，规定出租人在行使任意解除权时，需要在合理期限内通知承租人。如此规定，承租人在接到出租人解除通知后可以尽快寻找替代房屋，也可提前做好腾退、返还租赁房屋之准备，减少流离失所的风险。而就出租人而言，即使承租人突然要求解除合同，其受到的损害也相对较小，可较好地保护承租人的利益，也在一定程度上有利于维护社会的稳定。但随着我国住房保障制度的日益完善以及租赁市场的不断发展，特别是商业性租赁，双方当事人订立合同的目的均为实现一定的商业目的，商业租赁的租金标准也往往较高，如果承租人可以不经通知而任意解除合同，将给出租人造成较大的房屋空置损失。因此，《民法典》吸收了实践经验，将通知义务人由出租人一方扩大到承租人与出租人，可较好保护双方当事人利益。

---

① 韩世远：《合同法总论》（第4版），法律出版社2018年版，第86～87页。转引自王泽鉴：《债法原理》（第1册），北京大学出版社2001年版，第132页。

② 王泽鉴《债法原理》（第1册），北京政法出版社2001年版，第132页。

关于"合理期限"的认定,《民法典》第 730 条未作具体规定。在司法实践中,原则上,双方有约定的,按照约定;没有约定的,可结合租赁合同已经履行的期限、腾退房屋所需时间等因素综合考量。

三、不定期租赁任意解除权的赔偿

尽管任意解除权的行使不要求符合法定或约定解除条件,不以当事人违约为前提,但合同解除权的行使客观上使合同不再继续履行,可能会给合同一方利益造成损害,如果不对因此造成的损失进行赔偿,将有违诚实信用和公平原则。合同解除引起的损害赔偿的本质是间接填补当事人的损失。因此损害赔偿之债在实务上最为重要,万流归宗,民法上之问题,实以此为核心。①

关于损害赔偿范围,《民法典》第 584 条规定:"当事人一方不履行合同义务或者履行合同义务不符合约定,造成对方损失的,损失赔偿额应当相当于因违约所造成的损失,包括合同履行后可以获得的利益;但是,不得超过违约一方订立合同时预见到或者应当预见到的因违约可能造成的损失。"由此可知,因违约所造成的损害赔偿范围包括实际损失和可得利益损失。而对因行使任意解除权产生的损害赔偿范围,我国法律没有明确规定,无论在学术界还是在实务界,对该问题均存在诸多争议。

本书认为,因行使任意解除权导致的损害赔偿范围应限于实际损失,而不应包括信赖利益和可得利益。

首先,信赖利益,是指当事人因信赖合同有效和对方将履行合同而支付的费用和代价,②主要适用于缔约过失责任的情形。而可行使任意解除权的租赁合同,是已经成立并生效的合同,其解除后的损害赔偿责任与缔约过失责任不同,不应考虑因信赖合同有效,在合同订立和履行过程中支出的费用,且租赁合同作为继续性合同,其解除权的行使原则上不具有溯及力。故其损害赔偿范围不应包括信赖利益损失。

其次,关于可得利益,即合同适当履行后可以获得的利益。《民法典》第 584 条明确规定,因违约所造成的损害赔偿范围包括实际损失和可得利益损失。而任意解除权的行使并不以发生违约为前提,且将因行使任意解除权导致的损害赔偿范围与违约损害赔偿范围等同,将架空任意解除权制度。从当事人利益的法律保护衡量角度来看,对行使任意解除权苛以实际损失和可得利益的赔偿虽然具有限制当事人行使任意解除权、稳定交易关系的功能,但是极大削弱了当事人及时从漫长的合同关系中跳脱出来的可能性,阻碍更多交易关系的建立,违反了"契约自由"和"契约正义",因此,在协调二者之间的关系后,保护契约自由,使当事人及时摆脱合同关系束缚更重要。③

因此,因行使任意解除权导致的损害赔偿范围应限于实际损失,而不应包括信赖利益和可得利益。

---

① 王泽鉴:《民法学说与判例研究》(第 1 册),1991 年台湾自版第 2 版,第 346 页。

② 王利明、崔建远:《合同法新论·总则》(修订版),中国政法大学出版社 2000 年版,第 315 页。

③ 卢洋:《继续性合同的解除问题研究》,武汉大学 2018 年硕士学位论文,第 40 页。

专题十一　房屋承租人死亡后共同使用人的租赁权

《民法典》第732条规定："承租人在房屋租赁期限内死亡的，与其生前共同居住的人或者共同经营人可以按照原租赁合同租赁该房屋。"该条规定的是承租人死亡后，其生前同住人和共同经营人的继续承租权。根据社会经济关系发展的现实需要，该条在《合同法》第234条规定的基础上，增加了对"共同经营人"继续租赁权的保护。

我国1999年《合同法》第234条规定："承租人在房屋租赁期间死亡的，与其生前共同居住的人可以按照原租赁合同租赁该房屋。"2009年9月1日施行的《房屋租赁合同司法解释》第19条规定："承租人租赁房屋用于以个体工商户或者个人合伙方式从事经营活动，承租人在租赁期间死亡、宣告失踪或者宣告死亡，其共同经营人或者其他合伙人请求按照原租赁合同租赁该房屋的，人民法院应予以支持。"2011年2月1日起施行的《商品房屋租赁管理办法》第12条第2款规定："承租人在房屋租赁期间死亡的，与其生前共同居住的人可以按照原租赁合同租赁该房屋。"

由此可知，该制度的立法目的：一是照顾共同居住人的生活，避免承租人死亡后，租赁合同终止导致共同居住人的生活受到很大影响。二是稳定合同关系。在一般情况下，房屋居住以"户"为单位，共同居住人虽非合同当事人，但一直与承租人一起在租赁房屋内生活，同承租人一起占有、使用涉案房屋，在承租人死亡后，赋予共同居住人继续承租权，也有利于稳定合同关系。而且，我国并不承认承租权可以继承。对于生前未与其共同生活的亲属或者法定继承人，通过优先承租权予以保护，但与共同居住人的利益相比，共同居住人保护顺位更优先。

一、共同居住人的继续承租权性质之辩

关于承租人死亡后，房屋租赁合同的承续问题，理论界主要有以下几种观点：

一是有条件继承说。该学说认为，继承人享有对租赁合同的继承权，同住家庭成员属于继承人的可以按照继承的规定处理，如果不属于继承人的，则可以给予继续共同居住的权利。如果租赁房屋的目的不是居住，而是开店做生意等，就不符合对承租人的共同居住人照顾法律精神，这时的租赁权不能继承。

二是事实合同说。该学说认为，共同居住人的继续承租权本身就是共同居住人的权利，共同居住人与死者生前一起使用租赁房屋，也承担相应的义务，是事实上的承租人。

三是法定让与说。该学说认为，承租人死亡的，并不影响租赁合同效力，死者其他家庭成员仍可继续使用承租的房屋至租期届满，是对原房屋租赁合同的概括继受，承租人退出租赁合同关系，将合同权利义务让与第三人。

按照《民法典》第732条的规定，"与其生前共同居住的人或者共同经营人可以按照原租赁合同

租赁该房屋”。这里的“可以按照原租赁合同租赁”,应当为共同居住人或者共同经营人的“法定承继权”的含义。首先,共同居住人并不一定是承租人的继承人,且经营性租赁合同关系中的共同经营人无法纳入继承人范围,故“有条件的继承说”不能完整保护同住人利益。其次,共同居住人或共同经营人并非合同当事人,在承租人在世时,亦不承担合同义务,且在承租人死亡时,可自由选择是否按照原租赁合同租赁该房屋,与合同的当事人不具有相同法律地位。最后,虽从合同法理论讲,承租人死亡导致合同一方当事人主体消灭,租赁合同应当终止。但租赁合同往往是承租人与家属或其他人共同使用租赁房屋或者承租人与其他共同经营人共同使用租赁房屋,从便利共同居住人或共同经营人居住、使用,稳定租赁关系的角度看,应当对共同居住人和共同经营人的继续承租权予以保护,亦符合社会实际。在各方法律关系上,承租人退出租赁关系,共同居住人、共同经营人成为合同当事人,概括继受合同权利义务,而房屋租赁权让与的本质是承租人对租赁合同的概括转让。因此,“法定让与说”更契合制度特点和制度目的。

二、条文理解

(一)“共同经营人”

合同法的立法目的是保护与承租人生前共同居住的人的居住权利,通过利益平衡的制度设计来保护租赁双方的利益,因此规定“承租人在房屋租赁期间死亡的,与其生前共同居住人可以按照原租赁合同租赁该房屋”。但随着社会经济的发展,房屋租赁不再局限于居住,出现了商业经营性租赁,承租人租赁房屋用于经营、生产需要,以获得经济目的。因此,“共同居住人”的概念无法适应新的社会经济发展需求,有必要将“共同经营人”纳入保护体系中,以维护租赁双方的经济利益。《房屋租赁合同司法解释》第19条将“共同经营人”的范围解释为包括个体工商户、个人合伙中的“承租人的共同经营人或其他合伙人”。“个体工商户”和“个人合伙”都是自然人从事商业活动的一种形式,《民法典》第732条未进一步细化,仅规定为“共同经营人”,不考虑所采用的商业形式,只要是与承租人生前共同经营的人均为该条款保护范围,用语更简练、保护对象更全面。

(二)“承租人在租赁期间死亡”

首先,民法意义上的“死亡”既包括自然死亡,也包括法律拟制的“死亡”——宣告死亡。其次,“宣告死亡”制度设置的目的即保护利害关系人的利益,维护人身关系及财产关系的稳定,租赁关系亦属该制度所保护的社会经济关系。因此,无论是从概念本身的民法上的含义看,还是从两种制度的设置目的看,承租人被宣告死亡的,亦应赋予其共同居住人或共同经营人可以按照原租赁合同租赁房屋的权利。因此,《民法典》第732条规定的“死亡”既包括自然死亡,也包括法律拟制的“宣告死亡”情形。

专题十二　承租人的房屋优先承租权问题

《民法典》第 734 条规定："租赁期限届满，承租人继续使用租赁物，出租人没有提出异议的，原租赁合同继续有效，但是租赁期限为不定期。租赁期限届满，房屋承租人享有以同等条件优先承租的权利。"该条第 1 款为"继续租赁"的规定，是原租赁合同的延续。第 2 款是关于房屋优先承租权的规定，是在原合同期限届满后，有多个承租人希望订立租赁合同的条件下原承租人的优先缔约权，系新增条款。

一、优先承租权适用于房屋租赁

在租赁关系中，根据租赁物的性质，可分为动产租赁与不动产租赁，不动产租赁又分为房屋租赁与场地租赁。① 对于房屋租赁，《城市房地产管理法》第 53 条确定房屋租赁概念，即指房屋所有权人作为出租人将其房屋出租给承租人使用，由承租人向出租人支付租金的行为。第 55 条规定："住宅用房的租赁，应当执行国家和房屋所在城市人民政府规定的租赁政策。租用房屋从事生产、经营活动的，由租赁双方协商议定租金和其他租赁条款。"故房屋租赁又可分为居住用房和经营性用房。在居住用房租赁中，租赁物是承租人租赁期间的活动中心，承租人已经在工作和生活中适应租赁房屋及周边环境，并与相关主体产生法律关系，若租赁期间届满后不能继续承租，将不利于承租人保障原有的权益。② 在经营性用房中，承租人为了生产、经营需要，其往往在租赁初期会进行前期成本投入，在后期的持续经营中不断积累客源、树立商誉。而作为经营场所的租赁物，是出租人吸收和保留客源的地点，在租赁期限届满后，承租人往往有继续租用租赁物的需求，为了保障承租人的权益，应赋予承租人与第三人在同等条件下优先承租房屋的权利。

鉴于上述原因，此次《民法典》编纂在第 734 条中，在继续肯定租赁物的继续承租的规定外，专门增加第 2 款，对房屋的优先承租作出了规定。《民法典》第 734 条第 1 款规定的继续承租的合同有以下特点：一是指原租赁合同的延续，合同的当事人不变；二是当事人没有订立新的租赁合同，只是承租人继续使用租赁物，出租人没有提出异议；三是因当事人没有新的约定，该合同为不定期合同，双方当事人可以随时解除；四是合同的标的物可以是房屋、土地等不动产，也可以是动产。而第 2 款规定优先承租权，只能适用于房屋，其他不动产和动产不能适用；同时，优先承租权是在多个承租人准备与出租人缔约时，原房屋租赁合同的承租人的优先缔约权。这些都是与继续承租合同不同的特点。

---

① 胡莉凤：《房屋优先承租权法律问题研究》，中国政法大学 2015 年硕士学位论文，第 4 页。

② 罗翌：《论法定优先承租权——兼议〈民法典各分编（草案）〉第 525 条》，载《法制与经济》2018 年第 11 期。

二、房屋优先承租权行使条件

(一)出租人与承租人之间具有合法有效的租赁关系

优先承租权的行使需要以合法有效的租赁关系为基础。如租赁合同存在重大瑕疵或者违反法律规定导致合同无效或被撤销的,则租赁权消灭。而优先承租权是基于租赁权产生的权利。在租赁权消灭的情况下,承租人自然无法享有优先承租权。对于租赁期限,本书认为,租赁期限的长短不应对优先承租权的行使产生限制。首先,在租赁关系中,承租人往往希望能够得到较长的租赁期限,以便保证租赁物的使用处于稳定状态,优先承租权设定的目的也在于此。但租赁期限的确定往往取决于出租人而非承租人。而如果仅因租赁期限短而否认承租人的优先承租权,使优先承租权形同虚设。其次,如果以长期租赁作为享有优先承租权的前提,会使强势的出租人以多份短期租赁合同替代长期租赁合同、变更名义承租人等方式,规避优先承租权的法律规定,不利于保护承租人的权益。实现"租购同权",不应当以租赁期间的长短限制承租人享有优先承租权。从条文本身上看,《民法典》并未将租赁期限作为行使优先承租权的限制,只要存在合法有效的房屋租赁关系,在租赁期限届满时,承租人在满足其他条件的基础上就有权享有优先承租权。

(二)出租人继续出租房屋

一是在租赁期满后,只有在出租人有继续出租房屋的意愿,承租人才享有同等条件下优先承租的权利。如出租人收回房屋自用等情况,出租人没有出租意愿,优先承租权则无从谈起。二是只有存在多个承租人愿意承租房屋的条件下,才有原承租合同的承租人的优先承租权的行使问题。如果只有原承租人,没有其他承租人,出租人又愿意出租房屋,那是当事人之间协商订立新合同的问题,没有优先权的问题。

(三)同等条件

同等条件应是出租人与第三人订立的合同所约定的条件,承租人如果能够接受该条件,则享有优先承租的权利。而《民法典》并未对同等条件进行明确规定。对于同等条件认定标准,目前实践中采用"相对同等说",即认为承租人所提供的条件与第三人的条件只须大致相等,即为同等条件,也就是综合考虑租金支付方式、租赁期限、租赁用途、承租人信誉等情况大致相当即可,而不需要条款完全一致。

三、侵害房屋优先承租权的救济途径

在租赁关系终止后,出租人直接与第三人签订租赁合同,侵害承租人优先承租权,承租人应当寻何种途径进行的司法救济呢?

本书认为,优先承租权是基于租赁合同产生的,故该权利源于租赁权,对于租赁权,虽然其具备某种物权特性,但其本质上仍为债权。根据合同的相对性,承租人的权利并不能对抗第三人,只能对抗出租人。另外,优先承租权只是设定在租赁物上的一种负担,此种负担只是限制出租人在租赁期间届满后另行出租的权利,其占有、使用、收益、处分的权能并未受限,并无实质上的不利益。该权利设定的目的只是维护房屋租赁关系的稳定,便于承租人继续租用房屋,但并没有给予承租人额外优惠。故优先承租权应为债权,归入请求权范畴。

对于侵害承租人优先承租权的救济条件,如认可强制缔约说就意味着认可了优先承租权的物权属性,该权利可以对抗第三人的承租权,其优点在于满足了承租人的优先承租权,保护了承租人的利益,弊端在于过分限制出租人的缔约选择权,而且可能损害第三人的合法权益。故承租人的优先承租权不能对抗第三人,在权益受损时,可向出租人主张违约责任或赔偿损失。

第十四章　融资租赁合同

专题一　融资租赁合同章的修改情况

1999年《合同法》将融资租赁合同作为一种典型的商事合同进行了明确规定。《合同法》的融资租赁合同一章，共有14个条文，尽管条文不多，但包括的融资租赁合同定义、融资租赁合同的内容、融资租赁合同中出租人的主要权利和义务、承租人的主要权利和义务、融资租赁交易中融资租赁合同与买卖合同的关系、融资租赁合同中租金的构成、租赁期间届满租赁物的归属等内容，构建了融资租赁交易模式的"四梁八柱"，基本可以解决融资租赁的主要问题。但是，随着融资租赁市场规模的不断扩大、交易方式的不断细化、案件数量的大量增长，《合同法》原有的14个条文已经无法满足司法需求。在实践中客观存在的融资租赁关系的认定和效力问题、买卖合同和融资租赁合同的关系问题、租赁物的善意取得与出租人所有权保护的冲突问题以及关于租赁物的清算问题，由于在合同法中未作明确规定，很难得到公正和高效的处理，而融资租赁合同法又未能出台，最高人民法院于2013年制定了《融资租赁合同司法解释》(法释〔2014〕3号)，自2014年3月1日起施行。该解释共26条，主要包括融资租赁合同的认定及效力、合同的履行和租赁物的公示、合同的解除、违约责任以及其他规定等五大方面，大大弥补了合同法中融资租赁合同章规范依据的不足。

在民法典编纂过程中，有不少意见提出，建议将《融资租赁合同司法解释》中的成熟条文纳入《民法典》合同编，使融资租赁合同章的结构更丰富、内容更合理、逻辑更严密，更有利于引导市场的规范、有序和健康发展。立法机关最终采纳了上述建议，在融资租赁合同章增加了10个司法解释条文；同时，修改了1个条文以及另外根据实践需要增加了2个条文。因此，目前合同编的融资租赁合同章共有26个条文。

新增的将11条司法解释内容上升为法律的条文是《民法典》第739条、第740条、第742条、第743条、第748条、第751条、第753～756条、第760条，修改的1个条文是第745条，另外，根据实践需要增加的2个条文是第737条和第759条。

专题二 融资租赁合同的定义是否有必要增加售后回租内容

《民法典》第735条规定:“融资租赁合同是出租人根据承租人对出卖人、租赁物的选择,向出卖人购买租赁物,提供给承租人使用,承租人支付租金的合同。”该条的主旨是融资租赁合同的定义。《合同法》第237条规定,融资租赁合同是出租人根据承租人对出卖人、租赁物的选择,向出卖人购买租赁物,提供给承租人使用,承租人支付租金的合同。在《民法典》编纂的过程中,草案曾将司法解释中的售后回租条款增加为该条的第2款,即增加规定:“承租人将其自有物出卖给出租人,再通过融资租赁合同将租赁物从出租人处租回的,承租人和出卖人系同一人不影响融资租赁合同的成立。”所谓售后回租,是指承租人将自己所有的物件卖给出租人,同时与出租人签订一份融资租赁合同,再将该物件租回使用的一种租赁形式。在售后回租情况下,出卖人同时也是承租人,买受人同时也是出租人。但是,在征求意见过程中,对是否增加售后回租内容,形成了两种截然不同的观点。

持赞同意见者认为,在融资租赁多种业务模式中,售后回租型融资租赁因其盘活固定资产这一优点在我国享有广泛的市场需求,占比高达80%。在融资租赁业务之外的融资方式中,因银行信贷对企业资信要求高、效率慢且行业限制多等弊端,售后回租因独特的融资属性,很快成为企业替代银行信贷的重要融资方式之一。作为重要融资方式,售后回租型融资租赁对金融市场的安全与稳定存在较大影响,其特征主要有如下三方面:第一,售后回租型融资租赁具有更强的经济性。对比融资租赁业务模式以内的融资方式,特别是与直接融资相比,售后回租型融资租赁模式通过对于承租人已有所有权的设备进行购买和租赁,实现了承租人自身的存量资产变现,即盘活了承租人固定资产;而直接融资租赁模式是承租人通过出租人购置新的固定资产,扩大了资产规模;盘活存量资产、实现资产重组远远比扩大资产规模重要;故售后回租较传统的融资租赁有更强的经济性。对比融资租赁业务模式以外的融资方式,售后回租型融资租赁业务模式与银行贷款等传统融资模式相比,打破了现实当中中小企业因规模小、信用低、评级低、授信少导致的融资困局。第二,售后回租型融资租赁具有更强的便捷性。在售后回租业务模式项下,承租人对于租赁标的物的占有使用收益权并不会发生改变,承租人生产经营状态保持连续不会受融资干扰;特别是与直接融资相比,售后回租模式减少了出租人与承租人与第三方供应商的买卖行为,出租人与承租人双方之间的买卖与租赁一体化手续更便捷迅速。第三,售后回租型融资租赁具有较小的资金压力。售后回租型融资租赁的融资期保持在3~5年,相较银行贷款等短期的融资方式,售后回租业务模式有效减缓了融资方的还款压力;承租人可通过融资款扩大产能,增加产量,提升经济效益,增加现金流,减少企业负债率,提升资金的利用率;且售后回租可以享受承租人税收优惠,即按照计提折旧方式增大当期成本,承租人可享受延缓缴税等税收优惠。此外,在会计处理上属于表外融资,非企业负债,有助于承租人美化财务报表、实现资产重组、降低资产负债率。

持反对意见者认为:第一,融资租赁交易的目的是通过出租人提供"融资",实现承租人使用租赁物的"融物"。其制度背景是,承租人需要使用租赁物,但购买该租赁物价格过高,其难以承担,故通过融资租赁实现。融资租赁合同在法律性质上仍为租赁合同,正如该条的界定,是"出租人根据承租人对出卖人、租赁物的选择,向出卖人购买租赁物,提供给承租人使用,承租人支付租金"的一种特殊形式的租赁合同。第二,草案该条第2款规定的内容,行业中俗称"回租赁"。回租赁与融资租赁性质完全不同,它是承租人将自己拥有所有权的物通过一个买卖合同卖给出租人(大多是形式上的),再通过一个租赁合同租回(大多也是形式上的),从出租人处得到出卖款,用于他处,故其本质上就是抵押贷款,是以融资租赁合同为表现形式的抵押借款,其完全不具备融资租赁的法律特征。第三,融资租赁为"舶来品",故现实中相当多的企业并不知道融资租赁为何物(甚至监管机构的某些人也认为融资租赁就是飞机、汽车租赁,而事实上在国外,飞机、汽车租赁的占比相当小),他们热衷设立融资租赁公司,是认为它是很好的融资平台,也因此许多融资租赁公司热衷于"回租赁"业务。因此,有相当多的名为融资租赁公司,但实际上不构成融资租赁法律关系,其订立的融资租赁合同,其标的物在性质、价格、租金等方面,均与租赁合同的本质不符,其实质只是为了实现"融资",而不是"融物",有的甚至完全不存在租赁物或者租赁物只是个形式或借口。随着2018年4月融资租赁行业由商务部转归银保监会监管,融资租赁势必聚焦主业,回归既"融资"更"融物"的本原。第四,最高人民法院制定《融资租赁合同司法解释》时,已考虑现实中存在以融资租赁之名从事其他交易的情形,故其第1条规定,应当"结合标的物的性质、价值、租金的构成以及当事人的合同权利和义务,对是否构成融资租赁法律关系作出认定"。针对售后回租的"回租赁"问题,该司法解释第2条规定:"承租人将其自有物出卖给出租人,再通过融资租赁合同将租赁物从出租人处租回的,人民法院不应仅以承租人和出卖人系同一人为由认定不构成融资租赁法律关系。"该条规定与草案第735条第2款所规定的"承租人和出卖人系同一人不影响融资租赁合同的成立"的含义明显不同,代表了截然相反的评判态度。第五,在融资租赁公司实务中,的确存在相当量的"回租赁"业务,但不足以在法律上就将其界定为"融资租赁合同",更不宜在《民法典》这部大法中规定。因为此与法理不同,于现实不利。

对于上述争议,考虑《民法典》作为基本法地位,需要保持长期的稳定性,而售后回租系属于特定时期的现象,不具有长期性特征。将售后回租留在司法解释中规定,更符合实际情况,因此,民法典最终没有增加售后回租的内容。

另外,需要特别指出的是,《民法典》第737条规定,当事人以虚构租赁物方式订立的融资租赁合同无效。这是对虚构租赁物进行融资租赁的规定,与《民法典》未规定售后回租的旨趣是基本一致的,即融资租赁必须有真真正正且符合融资租赁基本要求的基础交易。该条是总则编通谋虚伪表示规定的具体化,根据《民法典》第146条的规定,行为人与相对人以虚假的意思表示实施的民事法律行为无效。以虚假的意思表示隐藏的民事法律行为的效力,依照有关法律规定处理。在交易实践中,当事人可能会为了逃脱金融监管,如某些不符合金融放贷资质的金融机构以融资租赁的名义来进行金融放贷,或者贷款的利息违反了利率管制的要求,从而选择以虚构租赁物的形式进行贷款。所以,这是以虚假的意思表示实施的民事法律行为,应当否认其效力。至于具体的处理结果,由于"名为融资租赁实为借贷"不能产生融资租赁的法律效果,法院应适用借款合同的相关法律规定,依法认定借款合同的效力、借款的本金与利率,结合当事人的过错,综合予以认定。

专题三　关于出租人对其租赁物享有所有权的公示问题

《民法典》第745条规定:“出租人对租赁物享有的所有权,未经登记,不得对抗善意第三人。”该条是新增条款,主旨是出租人享有租赁物所有权的登记公信力。

《合同法》第242条规定:“出租人享有租赁物的所有权。承租人破产的,租赁物不属于破产财产。”之所以对出租人对租赁物所有权的规定作出这一修改,是因为融资租赁合同表面上是一个有关租赁的合同,但实际上承担担保的功能。按照原先规定,出租人对租赁物虽然享有名义上的所有权,但是这个名义上的所有权却产生了一个真正所有权的效果,使出租人在承租人破产的时候可以行使取回权。这种规定模式的问题是,出租人对租赁物享有的所有权并不对外公示,但享有对世效力,甚至在承租人破产时享有取回权,会给交易安全造成巨大的影响,尤其是在同一标的物上可能同时存在动产抵押、浮动抵押、融资租赁、所有权保留等各种共存的担保物权情形时。如果出租人借助未公示的所有权即可享有一个最强大、最完整的权利,就会使其他按照现有法律规范进行真正公示的权利当事人得不到保障,有违担保交易的基本原理,也会给交易中的民事主体增加调查的成本。

2020年1月1日开始施行的《优化营商环境条例》第47条第2款规定:“国家推动建立统一的动产和权利担保登记公示系统,逐步实现市场主体在一个平台上办理动产和权利担保登记。纳入统一登记公示系统的动产和权利范围另行规定。”同时,中国人民银行也相应修改了《应收账款质押登记办法》,该办法第35条规定:“权利人在登记公示系统办理其他动产和权利担保登记的,参照本办法的规定执行。本办法所称动产和权利担保包括当事人通过约定在动产和权利上设定的、为偿付债务或以其他方式履行债务提供的、具有担保性质的各类交易形式,包括但不限于融资租赁、保证金质押、存货和仓单质押等,法律法规另有规定的除外。”上述行政法规和部门规章的颁布实施为逐步建立全国统一的动产与权利担保登记系统奠定了基础。

基于上述前提,《民法典》第745条规定出租人对租赁物享有的所有权未经登记不得对抗善意第三人,明确了必须登记了才能取得对抗第三人的效力,这样才真正符合公示公信的要求。同时,《民法典》第641条第2款“出卖人对标的物保留的所有权,未经登记,不得对抗善意第三人”的规定,也是同理。而且,上述规定,已经被《民法典》第388条第1款“担保合同包括抵押合同、质押合同和其他具有担保功能的合同”的规定所包括,因此,在事实上属于担保的具体形式之一。据此,在实践中发生多个权利冲突时,可以按照《民法典》第414条的规定处理,该条规定:“同一财产向两个以上债权人抵押的,拍卖、变卖抵押财产所得的价款依照下列规定清偿:(一)抵押权已经登记的,按照登记的时间先后确定清偿顺序;(二)抵押权已经登记的先于未登记的受偿;(三)抵押权未登记的,按照债权比例清偿。其他可以登记的担保物权,清偿顺序参照适用前款规定。"故就融资租赁而言,无论是同一标的物上存在多个融资租赁,或者出现融资租赁与抵押权的竞存,这些情形都要适用上述规定处理清偿顺序问题。

另外,《融资租赁合同司法解释》第9条规定:"承租人或者租赁物的实际使用人,未经出租人同意转让租赁物或者在租赁物上设立其他物权,第三人依据物权法第一百零六条的规定取得租赁物的所有权或者其他物权,出租人主张第三人物权权利不成立的,人民法院不予支持,但有下列情形之一的除外:(一)出租人已在租赁物的显著位置作出标识,第三人在与承租人交易时知道或者应当知道该物为租赁物的;(二)出租人授权承租人将租赁物抵押给出租人并在登记机关依法办理抵押权登记的;(三)第三人与承租人交易时,未按照法律、行政法规、行业或者地区主管部门的规定在相应机构进行融资租赁交易查询的;(四)出租人有证据证明第三人知道或者应当知道交易标的物为租赁物的其他情形。"由于《民法典》第745条所规定的登记制度,该司法解释条款的内容不仅与第745条规定的内容有些重复,而且存在一定程度的冲突,建议在司法解释清理的过程中删去上述司法解释的规定。

第十五章 保理合同

专题一 何为保理合同以及规定保理合同作为典型合同的必要性

保理合同是民法典新增的典型合同。《民法典》第761条规定:“保理合同是应收账款债权人将现有的或者将有的应收账款转让给保理人,保理人提供资金融通、应收账款管理或者催收、应收账款债务人付款担保等服务的合同。”该条主旨是关于保理合同的定义。

保理合同的定义有几个版本,大多是以保理的业务内容为主,系以应收账款债权人转让其应收账款为前提,主要包括资金融通、应收账款催收、应收账款管理、应收账款债务人付款担保等业务。《国际保理公约》第1条第2款第2项要求保理人列举的4种服务中至少要提供两种,《国际保理通则》第1条仅要求提供一项即可,我国的《商业银行保理业务管理暂行办法》第6条、银行业协会的《中国银行业保理业务规范》第4条以及其他一些司法文件也仅要求提供一项即可。在《民法典》编纂时,最后将保理合同的定义确定为,保理合同是应收账款债权人将现有的或者将有的应收账款转让给保理人,保理人提供资金融通、应收账款管理或者催收、应收账款债务人付款担保等服务的合同。保理合同之所以采取如此定义:一是与国际上通常的保理业务内容保持一致;二是与民法典本身的内容相协调,如与权利质权的相关权利表述;三是与我国的保理实践保持连贯。

需要特别指出的是,保理合同必须具备的要素是应收账款债权的转让,没有应收账款的转让就不能构成保理合同。按照中国人民银行《应收账款质押登记办法》第2条的规定,应收账款是指权利人因提供一定的货物、服务或设施而获得的要求义务人付款的权利以及依法享有的其他付款请求权,包括现有的和未来的金钱债权,但不包括因票据或其他有价证券而产生的付款请求权,以及法律、行政法规禁止转让的付款请求权。应收账款主要包括下列权利:(1)销售、出租产生的债权,包括销售货物,供应水、电、气、暖,知识产权的许可使用,出租动产或不动产等;(2)提供医疗、教育、旅游等服务或劳务产生的债权;(3)能源、交通运输、水利、环境保护、市政工程等基础设施和公用事业项目收益权;(4)提供贷款或其他信用活动产生的债权;(5)其他以合同为基础的具有金钱给付内容的债权。通过当事人之间的约定,这些应收账款的转让可以是单独转让,也可以是批量集合转让。

在《民法典》编纂过程中,初次审议的《民法典》合同编典型合同并没有保理合同,之后对于合同编二审前是否增加保理合同作为典型合同,发生了较大的争议。最高人民法院建议在典型合同部分增加保理合同章,主要考虑为:一是我国保理行业发展迅猛、体量庞大。2017 年的商业保理业务量达到 1 万亿元,居全球第二位,设立专章将有利于规范发展。二是保理业务以应收账款转让为基础,为实体企业提供综合性金融服务,尤其可以为中小型民营企业拓宽融资渠道。三是法院受理的保理案件数,近年来以每年超过 50% 的速度递增,无法可依的情况比较突出,亟须高位阶的法律规定。反对者主要认为,保理合同的实质为债权转让,发生纠纷适用合同通则分编的债权转让规则即可,无须单独规定保理合同。

经研究认为,保理业务在我国发展迅猛、体量庞大,据国际保理商联合会 2018 年数据统计,保理业务总量居世界首位,占 20.3%。考虑保理业务作为企业融资的一种手段,在权利义务设置、对外效力等方面具有典型性。对保理合同作出明确规定,提供清晰的交易规则和司法裁判规则,一方面,针对保理合同的特殊问题予以规定;另一方面,补充债权转让的一般性规则。这有利于促进保理业务的发展,缓解中小企业"融资难、融资贵"的问题,也有利于对保理业务进行规范,规制保理业务当前出现的一些问题,使保理业务能够健康、有序地发展,进而促进我国实体经济发展。最终将保理合同章的内容确定为 9 条,对保理合同的概念、内容和形式、虚构应收账款的保理、保理人发出转让通知、保理后变更或者终止基础交易合同、有追索权保理、无追索权保理和多重保理等作出基本规定。

专题二　应收账款债权人与债务人虚构应收账款的处理规则

《民法典》第 763 条规定:"应收账款债权人与债务人虚构应收账款作为转让标的,与保理人订立保理合同的,应收账款债务人不得以应收账款不存在为由对抗保理人,但是保理人明知虚构的除外。"该条的主旨是应收账款债权人与债务人虚构应收账款作为保理转让标的的规定。

在《民法典》编纂过程中,坚持以实践问题为出发点,以解决实践问题为导向。应收账款债权人与债务人虚构应收账款作为保理转让标的,根据调研了解,是保理实践中的突出问题,以至于有些市场主体不敢尝试保理业务。典型的案例是,在保理人尽职调查过程中,保理人向债务人核实应收账款债权人应收账款的真实性,由于债权人在订立保理合同前和债务人有串通,因此,债务人在征询函或其他文书上均会确认该应收账款真实存在;在此前提下,保理人与应收账款债权人签订保理合同,并让应收账款债权人支付融资款,但在应收账款到期后保理人向债务人主张权利时,债务人通常以基础交易合同不实或应收账款虚假为由抗辩,拒绝向保理人付款。此时,保理合同的效力如何以及保理人是否可以向债务人主张应收账款,在实践中产生了不少争议。

针对此种情形,其他各国和地区的法律存在不同的规定方式。一种方式是统一规定通谋虚伪表示不得对抗善意第三人,这当然也适用于《民法典》第 763 条所针对的情形。例如,《日本民法典》第 94 条第 1 款规定,与相对人通谋而进行虚假意思表示的,该意思表示为无效。第 2 款规定,前款意思表示的无效，不得对抗善意第三人。另一种方式是对该条所针对的情形予以特别规定，如《德国民法典》第405条规定："债务人出具关于债务之文书者，如于文书提出时而为债权让与，债务人不得对新债权人主张债之关系之成立或者承认系出于虚伪，或者与原债权人曾有债权不得让与之约定。但新债权人于债权让与时明知或者可得而知其情事者，不在此限。"《瑞士债法》第18条第2款也采取了类似的方式。还有一种方式是受让人有权请求债务人承担侵权的损失赔偿责任。另外，参照我国《民法典》第597条第1款的规定，因出卖人未取得处分权致使标的物所有权不能转移的，买受人可以解除合同并请求出卖人承担违约责任。据此意味着，应收账款债权人与债务人虚构应收账款作为保理转让标的，并不导致保理合同的无效。因此，无论采取哪一种立法方式，共识是在此种情形中，债务人应当向保理人承担责任，以对保理人的利益给予充分保护，进而维持保理市场的诚信和健康发展。

《民法典》第763条适用需要特别说明的有四点：一是作为转让标的的应收账款不存在。该不存在包括应收账款全部不存在或者部分不存在。二是应收账款不存在是因为应收账款债权人与债务人虚构，而虚构方式可以是多样。根据实践总结，虚构方式主要为应收账款债权人与债务人通谋虚假以及债务人单方向保理人虚伪确认应收账款的真实性。三是保理人对虚构的应收转款产生了合理信赖并与应收账款债权人订立了保理合同。如果未订立保理合同，自然不适用该条规定。四是保理人明知应收账款为虚构的，保理人无权适用该条规定要求应收账款债务人承担还款责任。这是因为，保理人有一定的对应收账款的审核义务。只要保理人不是明知应收账款为虚构的，保理人有权请求债务人履行如同债权存在时相对应的债务。

专题三　保理人的通知权利和义务

《民法典》第764条规定："保理人向应收账款债务人发出应收账款转让通知的，应当表明保理人身份并附有必要凭证。"该条的主旨是保理人发出转让通知并提供必要凭证的规定。

《民法典》第546条第1款规定，债权人转让债权的，未经通知，该转让对债务人不发生效力。《合同法》第80条第1款规定，债权人转让权利的，应当通知债务人。未经通知，该转让对债务人不发生效力。尽管《民法典》相对于《合同法》删除了"应当通知债务人"的内容，但是就言词解释角度而言，由于条文的主语未变，故债权转让的通知仍然应当是以债权人通知为原则，以受让人通知为例外。

既然如此，《民法典》第764条为何明确规定保理人有权单独向债务人发出应收账款转让通知。对于通常的债权转让，就转让通知的发出主体，不同的立法例有不同的规定。一种是规定仅赋予债权让与人有通知权，如《日本民法典》第467条第1款规定，债权的转让只有在转让人通知债务人，或者债务人作出同意后，方可对抗债务人及其他第三人。另一种是赋予让与人或受让人均可发出债权转让通知。再一种是应收账款让与人和受让人均可发出转让通知，但受让人发出转让通知的必须附有必要凭证，未提供必要凭证的，转让通知不发生效力。例如，《联合国国际贸易中应收账款转让公约》第17条第7款规定，债务人收到受让人发出转让通知的，债务人有权要求受让人在一段合理时间内提供关于初始转让人向初始受让人的转让和任何中间转让确已作出的充分证据；除非受让人这样做，债务人可视为未曾收到受让人的通知，通过根据本条付款而解除义务。转让的充分证据包括但不限于由转让人签发并指明转让确已发生的任何书面文件。《国际商事合同通则》第9.1.12条规定：(1)当转让通知由受让人发出，债务人可以要求受让人在合理时间内提供转让已发生的充分证据；(2)在提供充分证据之前，债务人可以暂停清偿；(3)在提供充分证据前，通知不产生效力；(4)充分证据包括但不限于让与人作出的并能够表明转让已作出的任何书面文件。

参考各种立法模式，《民法典》第764条规定允许作为应收账款受让人的保理人有权通知，主要理由如下：第一，各国或者各地区有允许受让人通知的立法模式；第二，在我国的保理实践中，大多数情形都是由保理人发出应收账款转让通知；第三，保理人是经依法登记的主体，归银监部门监管，允许保理人通知不至于发生失控状况；第四，保理人进行通知时，应当提供应收账款及其转让的必要凭证，以供应收账款债务人识别，可以有效维护保理活动的秩序。

由保理人进行通知应收账款债权的转让，真正的问题在于，何为必要凭证以及债务人对这些凭证的审核义务程度。如果债务人承担过高的审核义务，则其就会处于两难境地而遭受不利益：要么向受让人履行，但如果受让人并未取得债权，此时债务人就仍需向让与人再次履行，且增加了债务人依据不当得利要求让与人返还所可能承担的让与人资力不足的风险；要么拒绝受让人的履行请求，但如果受让人确实取得债权，此时债务人可能就会陷入违约。如果债务人承担过低的审核义务，则又会不利于对受让人利益的保障。只要允许受让人发出通知，此种价值权衡上的进退维谷无法避免。因此，保理人向应收账款债务人发出应收账款转让通知的，应当表明保理人身份并附有必要凭证。在《民法典》编纂过程中，曾试图列举必要凭证的具体内容，但担心出于市场的复杂性，列举一二可能出现挂一漏万的情况，故最终放弃了该方案。

至于究竟在实践如何判断必要凭证，原则上应当采取严格的认定标准。如果保理人仅提交了书面的债权转让合同，或者让与人签字或盖章的书面转让通知，考虑我国当前的实际信用环境，而这些凭证的伪造相对容易，故可能无法判断应收账款转让通知的真实性。本书认为，目前相对具有较高证明力的方式为，保理人可以将债权转让合同、保理合同或者转让通知进行公证，由于公证需要应收账款转让人和保理人的共同参与，债务人收到相关凭证的，可以认为具有同债权人发出转让通知同等的效力。当然，如果保理合同纠纷进入诉讼的，人民法院可以主动或者通过诉讼当事人申请，追加应收账款债权人为无独立请求权的第三人，以确定应收账款债权转让的真实性。

专题四　基础交易合同的变更或者终止对保理人的影响

《民法典》第765条规定："应收账款债务人接到应收账款转让通知后，应收账款债权人与债务人无正当理由协商变更或者终止基础交易合同，对保理人产生不利影响的，对保理人不发生效力。"该条的主旨是保理合同的基础交易合同变更或者终止对保理人的效力。

由于保理合同中转让的应收账款包括将来的应收账款，由于具有长期性，基于主客观条件的变化，基础交易合同难免会发生变化。针对此实际情况，必须有相应的规范依据。同时，依据保理合同，为保障保理人地位，应收账款债权人负有保持该应收账款债权价值的义务，因此，不能通过与债务人协商，作出任何使转让债权价值落空或者减损的行为。当这些行为发生时，其是否对保理人发生效力，需要在法律上作出明确。因此，第765条对基础交易合同的变更或者终止作出规定。

综观各国立法例，为保护保理人的利益，各国主要范式如下：(1)《德国民法典》第407条第1款规定，对于债务人在债权让与后向原债权人履行的给付，以及债权让与后在债务人和原债权人之间就债权所实施的一切法律行为，新债权人必须允许它们被对他自己主张，但债务人在给付时或法律行为实施时知道债权让与的除外。(2)《联合国国际贸易中应收账款转让公约》第20条第2款规定，在发出转让通知后，转让人与债务人之间订立的涉及受让人权利的协议对受让人不具效力，除非：(a)受让人同意该协议；或(b)履约不足未挣得全部应收账款以及原始合同中写明可作修改，或根据原始合同，通情达理的受让人会同意此种修改。

对于《民法典》第765条的具体适用，在实践中应当着重注意以下几点：第一，应收账款债权人和债务人协商作出的行为发生在债务人接到债权转让通知后。如果是债务人接到债权转让通知前，根据《民法典》第546条的规定，应收账款债权转让对债务人不发生效力，保理人所取得的债权发生相应变动的，保理人仅能依法请求让与人承担违约责任，而与债务人无关。第二，应收账款债权人和债务人协商作出了变更或者终止基础合同的行为，这是适用《民法典》第765条规定的前提。该行为必须是关于转让债权的，如果不涉及转让债权，自然不会对保理人发生影响，也就不适用该条规定。同时，债权人和债务人应当是协商一致的行为，这里既包括协商变更或者终止基础交易合同的情形，如延期、和解、协议抵销、协议解除等，也包括债权人免除债务人的债务而债务人未在合理期限内拒绝的情形；但是，不应包括基于法律规定以及债务人单方行使基于法律规定享有的法定解除权等，使基础交易合同发生变更或者终止的情形。第三，应收账款债权人和债务人协商作出的行为，将对保理人产生不利影响。也就是可能使保理人获得应收账款债权的价值落空或者减损，如果债权人和债务人的行为有利于保理人，自然无须保理人同意即可对保理人发生有利的效力。第四，对保理人产生不利影响的应收账款债权人和债务人，协商做出的行为无正当理由。这里的正当理由，通常而言，要么是经过了保理人同意，要么是相关行为符合诚信原则且保理人并无合理理由反对,具体可能包括:(1)基础交易合同已约定可变更或者终止的情形;(2)政府合同和复杂的合同安排中,尤其对于数额尚未最终确定的债权。①

至于《民法典》第765条适用的法律后果是,应收账款债权人和债务人协商作出的行为对保理人不发生效力。也就是说,保理人仍然可以根据该行为成立之前的债权状况,请求债务人履行支付应收债款的债务,以充分保护保理人利益。当然,保理人可以依据《民法典》第563条的规定解除保理合同并请求债权人承担违约责任。而且,如果保理人有证据证明债权人与债务人恶意串通变更或者终止基础合同,进而损害保理人利益的,保理人可以依据《民法典》第1168条的规定,要求应收账款债权人和债务人就保理人的损失承担连带责任。②

专题五　有追索权保理和无追索权保理

《民法典》第766条规定:"当事人约定有追索权保理的,保理人可以向应收账款债权人主张返还保理融资款本息或者回购应收账款债权,也可以向应收账款债务人主张应收账款债权。保理人向应收账款债务人主张应收账款债权,在扣除保理融资款本息和相关费用后有剩余的,剩余部分应当返还给应收账款债权人。"本条主旨是有追索权保理的处理规则。《民法典》第767条规定:"当事人约定无追索权保理的,保理人应当向应收账款债务人主张应收账款债权,保理人取得超过保理融资款本息和相关费用的部分,无需向应收账款债权人返还。"该条主旨是无追索权保理的处理规则。

一、有追索权保理

有追索权保理,是指保理人不承担为债务人核定信用额度和提供坏账担保的义务,仅提供包括融资在内的其他金融服务,有追索权保理在应收账款到期无法从债务人处收回时,银行可以向债权人反转让应收账款,或要求债权人回购应收账款或归还融资,又称为回购型保理。③ 在我国当前的保理业务市场中,大多属于有追索权保理模式。

在我国目前的保理交易实践中,就有追索权的保理,当事人通常会明确约定,保理人有权而非有义务同时要求应收账款债务人和债权人清偿各自所负债务,保理人并有权自主决定将已受让的应收账款转让给其他第三人,或者明确约定,债权人负有融资款到期后无条件足额偿还的义务。就上述约定,在司法实践中,形成了两种不同的做法:一种做法是,保理人必须先向应收账款债务人主张权利,在应收账款债务人经判决无法得到执行的情况下,才可以提起另一个诉讼向应收账款债权人主张权利;另一种做法是,在应收账款到期且债务人未及时还款时,准许保理人同时对应收账款

① 黄薇主编:《中华人民共和国民法典释义》,法律出版社2020年版,第1412页。

② 同上。

③ 同上书,第1413页。

债权人和债务人提起诉讼。对此,在《民法典》编纂过程中的基本考虑为:基于保理业务的通常实践,避免当事人通过约定排除法定规则的交易成本以及对保理人负担越大,越需要保理人的明确同意这种解释原则,同时,基于基础交易合同关系和保理合同关系的关联性,便于查明事实、减轻当事人讼累、提高审判效率,在保理人和债权人无特别约定或者约定不明确时,《民法典》第766条规定,保理人可以向应收账款债权人主张返还保理融资款本息或者回购应收账款债权,也可以向应收账款债务人主张应收账款债权。即在有追索权保理中,在当事人无特别约定或者约定不明确时,保理人有权选择向应收账款债权人主张返还保理融资款本息或者回购应收账款债权,或者向应收账款债务人主张应收账款债权;保理人也可以同时向应收账款债权人和债务人主张权利。

另外,需要明确指出的是,在有追索权保理中,保理人向应收账款债务人主张应收账款债权并获得履行后,首先应当扣除保理融资款本息和相关费用,具体包括:保理融资款本息、保理商未受清偿的应收账款融资额度承诺费、保理手续费、保理首付款使用费及其他债权人到期未付款等。在扣除后仍有剩余的这部分保理余款的归属,首先由保理人和债权人在保理合同中约定。保理合同对此无约定或者约定不明确时,《民法典》第766条规定了一个默认规则,即保理余款应当返还给应收账款债权人。此时,保理人负有清算义务,这也与担保的规则保持一致。[①]

二、无追索权保理

无追索权保理,是指保理人根据债权人提供的债务人核准信用额度,在信用额度内承购债权人对债务人的应收账款,并提供坏账担保责任,债务人因发生信用风险未按基础合同约定按时足额支付应收账款时,保理人不能向债权人追索,又称为买断型保理。无追索权保理在性质上属于应收账款债权买卖,保理人受让债权并享有债权的全部清偿利益、负担债权不能受偿的风险,作为债权转让对价的融资款,实际上是通过买卖取得债权的价款。[②] 在《民法典》编纂过程中,业界普遍反映无追索权保理在实践中很少使用,建议不作规定。《民法典》第767条最终就无追索权保理作出规定,主要是从《民法典》作为基础性立法的长远考虑。尽管目前的市场环境很少采用无追索权保理模式,但并不意味着将来市场环境发生变化后也不会采用。而且,对无追索权保理模式作出规定,给市场主体多一种选择,可以适应多样性需要。

依据《民法典》第767条的规定,当事人约定无追索权保理的,保理人应当向应收账款债务人主张应收账款债权,而不能向应收账款债权人主张返还保理融资款本息或者回购应收账款债权。这里需要特别指出的是,保理人只能向债务人主张权利,前提是应收账款债权人转让给保理人的应收账款本身并无问题,只是债务人本身的信用发生了问题,保理人只能自行承担后果,包括债务人未按照基础交易合同约定履行债务或者履行债务不符合约定、债务人破产等。也就是说,就保理人而言,除非当事人另有约定,应收账款债权人不对债务人的履行能力负有担保责任。《联合国国际贸易中应收账款转让公约》第12条第2款规定,除非转让人与受让人之间另行议定,转让人并不表示债务人具备或将会具备付款的能力。

---

① 黄薇主编:《中华人民共和国民法典释义》,法律出版社2020年版,第1414页。

② 同上。

但就另一角度而言，无追索权保理并不意味着在任何情形下保理人对应收账款债权人均无追索权，如果债务人因不可抗力而无法支付，或者债务人依法主张基础交易合同所产生的抗辩、抵销或者依法解除基础交易合同而拒绝付款，则保理人仍有权对债权人追索，向应收账款债权人主张返还保理融资款本息或者回购应收账款债权。例如，债权人和债务人签订了货物买卖合同，债权人就其对债务人的应收账款债权与保理人签订了保理合同，在保理人向债务人主张应收账款债权时，债务人因债权人出卖的货物有严重的质量瑕疵而依法解除货物买卖合同，并拒绝保理人的履行请求。此时，由于这并非债务人的信用风险，保理人仍然有权向应收账款债权人主张返还保理融资款本息或者回购应收账款债权。

另外，需要明确指出的是，就无追索权保理，保理人通常承受了无法从债务人处获得权利时不能向应收账款债权人追索的风险。因此，针对保理人向应收账款债务人主张应收账款债权并获得履行后，对保理人的超过保理融资款本息和相关费用的这部分保理余款的归属，应当归属于保理人，无须向应收账款债权人返还，这应当是无追索权保理的应有之义。尽管保理人获得了超过保理融资款本息和相关费用之外的利益，但是该利益并非属于不当得利，而是保理人依法应当的合法权益，应当予以保护。

专题六　多重保理的处理规则

《民法典》第768条规定："应收账款债权人就同一应收账款订立多个保理合同，致使多个保理人主张权利的，已经登记的先于未登记的取得应收账款；均已经登记的，按照登记时间的先后顺序取得应收账款；均未登记的，由最先到达应收账款债务人的转让通知中载明的保理人取得应收账款；既未登记也未通知的，按照保理融资款或者服务报酬的比例取得应收账款。"该条主旨是保理业务中发生应收账款多重转让的规则。

在实践中，由于应收账款债权人的不诚信，时常会出现应收账款债权人将同一应收账款订立多个保理合同，致使多个保理人主张债权的情形。当发生纠纷进入诉讼领域，就必须有相应规则对此作出判决。在《民法典》之前，在立法领域没有就债权竞合的相关处理规则，而实践中又有此需要，因此，在《民法典》编纂过程中对此进行了完善。就多个作为债权受让人的保理人之间优先顺位的确定，存在不同的立法例。

我国《民法典》究竟对此问题应采取何种方式，经研究，以何种方式确定多个保理人之间的优先顺位，取决于能够使债权交易的公示成本、事先的调查成本、事中的监督防范成本、事后的债权实现成本等各种成本中，哪种方式更低以及对第三人和社会整体的外部成本也更低。在上述三种方式中，采取登记在先的方式，保理人调查成本、监督防范成本、实现债权的执行成本都是最低的，并有助于防止债权人和其他人串通损害保理人的道德风险，提高债权的流通和担保价值，最终降低债权人的融资成本。建立在电子化的通知登记程序系统上的债权转让登记，由于电子化登记簿、自助登记和登记机构的审核程度低。因此,这种方式登记成本非常低,且其他第三人对登记的查询成本也较低,是最便捷、安全、高效、可靠的公示方法,采取登记在先的方式,使整体的社会成本最低,对受让人的地位保障最为充分,有利于保护交易安全,提升营商环境,同时便利企业的融资实践。关于登记机构的问题,《优化营商环境条例》第47条第2款已经规定:"国家推动建立统一的动产和权利担保登记公示系统,逐步实现市场主体在一个平台上办理动产和权利担保登记。纳入统一登记公示系统的动产和权利范围另行规定。"修订后的《应收账款质押登记办法》第34条也规定,权利人在登记公示系统办理以融资为目的的应收账款转让登记,参照本办法的规定。同时,同一债权向多个保理人多重转让的情形,在利益衡量上类似于同一财产向两个以上债权人抵押的情形。对后一种情形,《民法典》第414条第1款规定,抵押权已登记的,按照登记的时间先后确定清偿顺序,抵押权已登记的先于未登记的受偿;同时,在第2款中规定,其他可以登记的担保物权,清偿顺序参照适用前款规定。因此,为了提升营商环境,保护交易安全,便利融资,在利益结构相似的情形中保持规则一致,提高裁判统一性,第768条首先采取了登记在先的方式,确定多个保理人之间的优先顺位,即应收账款债权人就同一应收账款订立多个保理合同,致使多个保理人主张权利的,均已登记的,按照登记的先后顺序取得应收账款;已登记的先于未登记的取得应收账款。

对于保理人都未进行债权转让登记的情形,考虑通知在先虽然较登记在先社会成本要高,但较合同成立时间仍然成本要低。因此,此时采取通知在先的顺位确定方式,最先到达债务人的转让通知中载明的受让人顺位在先。这对于暗保理的保理人可能会有所不利,但整体上仍然有助于保护交易安全,且暗保理的保理人应当承担因选择暗保理所应当承担的风险。因此,第768条首先采取了登记在先的顺位确定方式,其次采取了通知在先的顺位确定方式。

对既未登记也未通知债务人的情形,有意见认为,应采用合同成立在先的顺位确定方式。但是,基于我国的信用环境有待进一步提升,在实践中为自身利益而倒签合同的现象时常存在,采用合同成立在先的顺位确定方式,将很难操作。基于此,选择相对客观固定的顺位确定方式,不仅有利于操作,操作成本也较低,而且有利于对市场主体作出指引,故第768条规定,既未登记也未通知的,按照保理融资款或者服务报酬的比例取得应收账款。

专题七　债权转让规则对保理合同的补充适用

《民法典》第769条规定:"本章没有规定的,适用本编第六章债权转让的有关规定。"该条主旨是保理合同可以直接适用债权转让的规则。

保理合同的成立以应收账款债权的转让为前提,没有应收账款的转让就不能构成保理合同,而应收账款是债权的一种,应收账款债权转让属于债权转让。据此,保理合同履行的相关情况,在保理合同章没有规定时,自然可以适用《民法典》合同编第六章中债权转让的相关规则。具体而言,在涉及债权转让的范围内,适用以下规定。

第一,禁止债权转让的相关规定。《民法典》第545条第1款规定:债权人可以将债权的全部或者部分转让给第三人,但是有下列情形之一的除外:(1)根据债权性质不得转让;(2)按照当事人约定不得转让;(3)依照法律规定不得转让。第2款规定,当事人约定非金钱债权不得转让的,不得对抗善意第三人。当事人约定金钱债权不得转让的,不得对抗第三人。该条内容适用到保理合同中,因保理合同系以应收账款转让为前提,即原则上是以金钱债权为前提,因此,不存在根据债权性质和依照法律规定不得转让的情况。但是,如果当事人约定不得转让应收账款,倘若债权人已经转让给保理人的,该转让将对保理人发生效力;不过,应收账款债权人应当向债务人承担违约责任。

第二,债权转让的通知和撤销。《民法典》第546条第1款规定:"债权人转让债权,未通知债务人的,该转让对债务人不发生效力。"第2款规定:"债权转让的通知不得撤销,但是经受让人同意的除外。"该条内容原则上都可以适用于保理合同。只是就暗保理而言,出于某种目的,作为保理合同当事人的应收账款债权人和保理人约定不向债务人通知,因此,不存在应收账款债权人或保理人向债务人通知的问题。

第三,债权受让人取得与债权有关的从权利。《民法典》第547条第1款规定:"债权人转让债权的,受让人取得与债权有关的从权利,但是该从权利专属于债权人自身的除外。"第2款规定:"受让人取得从权利不因该从权利未办理转移登记手续或者未转移占有而受到影响。"该条内容可以适用于保理合同。需要特别说明的是,第2款规定是在《民法典》编纂过程中新增的内容,是针对主债权转让完成后,受让人对于从权利的享有是否需要履行特定程序,该款明确不需通过特定程序,以提高债权转让的效率和充分保护债权人的合法利益。

第四,债务人对债权让与人的抗辩可以向受让人主张。《民法典》第548条规定:"债务人接到债权转让通知后,债务人对让与人的抗辩,可以向受让人主张。"该条规定完全可以适用于保理合同,而且在保理合同履行过程中可能将会得到较普遍的适用。在实践中,应收账款债务人因从债权人处收到的货物存在质量问题,享有合理的减少价款或迟延付款等的抗辩理由,当保理人向债务人主张应收账款债权时,债务人可以直接向保理人提出抗辩,保理人应当受到本条规定的约束。

第五,债务人可以向债权受让人主张抵销。《民法典》第549条规定:"有下列情形之一的,债务人可以向受让人主张抵销:(一)债务人接到债权转让通知时,债务人对让与人享有债权,且债务人的债权先于转让的债权到期或者同时到期;(二)债务人的债权与转让的债权是基于同一合同产生。"该条规定可以适用于保理合同,而且第2项内容为《民法典》编纂过程中新增加,债务人对债权人享有的债权与债权人转让的应收账款债权系基于同一合同产生的,无须受到债权到期时间先后的约束,可以直接向保理人主张抵销。

第六,因债权转让而增加的履行费用负担。《民法典》第550条规定:"因债权转让增加的履行费用,由让与人负担。"该条规定表面看来与保理合同的适用无关,但结合实践情况,因保理人已经受让让与人的债权,当债务人就增加的履行费用向保理人主张时,是否应当支持。本书的意见是,因保理人受让了让与人的债权,考虑债权的相对性,保理人具有了让与人的地位,故债务人可以向保理人主张增加的履行费用。但是,当保理人负担该费用后,应当按照保理人与应收账款债权人的约定,最终决定该费用由谁负担。

第十六章　承揽合同

专题一　承揽合同的概念与特征

《民法典》第770条规定:“承揽合同是承揽人按照定作人的要求完成工作,交付工作成果,定作人支付报酬的合同。承揽包括加工、定作、修理、复制、测试、检验等工作。”该条规定的是承揽合同的定义和种类,与《合同法》第251条规定一致,没有变化。该条规定了承揽合同的定义,即承揽合同是指承揽人按照定作人的要求完成工作,交付工作成果,定作人支付报酬的合同。由此可知,在承揽合同中,承揽人的合同义务是按照定作人的要求完成工作、交付工作成果。定作人的合同义务是支付报酬。

一、承揽合同的法律特征

一是以完成一定工作并交付工作成果为目的。承揽合同中的承揽人必须按照定作人的要求完成工作,并交付工作成果,这也是定作人订立合同的目的。而工作成果的种类,并无限制,只要不违反法律、行政法规的强制性规定,不违背公序良俗,其成果为有形的(如装修、加工、修表等)、无形的(如宣传、演戏、评估、看护、设计等),有财产价格的(如定做西装)、无财产价格的(如宣传),均无不可。其项目繁多,涉及人民生活的方方面面,但不作为不得成为承揽合同的标的。[①]

二是标的物具有特定性。承揽合同的标的物是承揽人按照定作人的要求,为了满足定作人的特定需要而完成的。

三是承揽人要独立完成承揽工作。定作人看重的是承揽人的工作技能和条件,承揽人要以自己的设备、技术、劳力等完成工作,如经定作人同意,承揽人将主要工作交由第三人完成的,承揽人要向定作人负责。

四是承揽合同是双务、有偿、诺成、不要式合同。在承揽合同中,承揽人和定作人均负有合同义务,承揽人负有按照定作人要求完成工作,交付工作成果的合同义务,定作人负有支付报酬的合同义务,因此,承揽合同是双务合同。承揽合同为有偿合同,若定作人不支付报酬,则将成为赠与合同或无偿委托合同。承揽合同的成立以承揽人和定作人达成一致意思表示即可,亦无须采用特定形式。

---

① 崔建远:《合同法》(第3版),北京大学出版社2016年版,第546页。

二、承揽合同的种类

在传统民法中，承揽合同包括加工承揽合同与建设工程合同两大类，因建设工程合同具有自身的典型特点，故对其予以单独规定。第770条第2款规定了几种常见的承揽合同的种类。

1. 加工合同。加工合同，是指承揽人按照定作人的要求，以自己的技能、设备和劳力，将定作人提供的材料进行加工，并将加工后的成品交付给定作人，定作人支付报酬的合同。加工合同是实践中大量存在的一种承揽合同，企业之间都称为“来料加工”。需要注意的是，材料必须由定作人提供。

2. 定作合同。定作合同，是指承揽人以自己的技能、设备和劳力，用自己的材料，按照定作人的要求，为定作人制作特定的成品，定作人接受该成品并支付报酬的合同，如定作服装等。定作合同与加工合同的区别在于定作合同由承揽人自行准备材料，而加工是由定作人提供材料。

3. 修理合同。修理合同，是指承揽人按照定作人的要求，以自己的技能、设备和劳力，为定作人修复损坏的物品，定作人接受该工作成果并支付报酬的合同。这里既包括对动产的修理，如修理汽车，也包括对不动产的修缮，如修缮房屋。

4. 复制合同。复制合同，是指承揽人按照定作人的要求，以自己的技能、设备和劳力，将定作人提供的样本进行复制，并将复制品提供给定作人，定作人支付报酬的合同，如复制字画等。

5. 测试合同。测试合同，是指承揽人按照定作人的要求，以自己的技能、设备和劳力，为定作人指定的项目进行测试，并将测试结果提供给定作人，定作人支付报酬的合同。

6. 检验合同。检验合同，是指承揽人按照定作人的要求，以自己的技能、设备和劳力，为定作人提供的事物的性能、质量等进行检验，并将检验结果提供给定作人，定作人支付报酬的合同。

三、承揽合同的认定是否以“交付工作成果”为要件

《民法典》第770条规定沿用了《合同法》第251条之规定，未进行修改。但对承揽合同是否以“交付工作成果”为要件，存有不同意见。

本书认为，首先，在承揽合同中，定作人的合同目的即取得承揽人按照其要求完成的工作成果，承揽人的合同义务不仅是按照定作人的要求完成工作，还应将完成的工作成果交付给定作人，由定作人验收合格。因此，承揽人交付工作成果是其合同义务的一部分。尽管有时由于工作成果本身的特性，未必需要现实交付，但在无须交付时，可以工作完成代替交付。但这并不能否认承揽人负有交付工作成果的义务。而概念的归纳、总结应当体现其基本特征，因此，在承揽合同的概念界定上，注明“交付工作成果”能更全面地体现承揽人与定作人的权利义务。其次，即使在概念界定中不明确写明“交付工作成果”，亦无法否认在能够交付工程成果时，“向定作人交付工作成果”是承揽人重要的合同义务，且在德国、日本等国家的民法及其理论上，完成一定工作，于无须交付工作物的场合，是指单纯完成工作，于必须交付工作物的场合，是指将工作物制作完成并交付给定作人的整个过程。[①] 也就是说，“完成一定工作”这一概念本身包含“须交付工作物”和“无须交付工作物”两

① 崔建远：《合同法》（第3版），北京大学出版社2016年版，第547页。

种情况。再次,承揽合同与雇佣合同虽确实存在难以区分之处,但并非仅因承揽合同强调“交付工作成果”所导致,亦不足以因此而消灭承揽人交付工作成果的合同义务。最后,关于风险负担问题。依据民法上关于标的物毁损、灭失风险负担的规则,结合承揽合同的自身特点以及工作成果是否需要现实交付予以处理,实则并不存在障碍。

四、承揽关系与雇佣关系的区分

雇佣关系与承揽关系都是在生活中比较常见的法律关系,两者最大的共同点在于以通过提供劳务来换取报酬为主要内容,在司法实践中经常出现一些交织于雇佣关系和承揽关系的边界性案件,如合同内容不明确,既有雇佣合同的特点,又有承揽合同的特点,导致合同类型难以判断。但该两种合同双方发生争议时,在权利义务关系、责任承担主体、责任承担等多方面均存在较大差异,因此,对该两种关系性质的准确界定具有重要意义。

雇佣合同是指当事人约定,受雇人于一定或者不定期限内向雇佣人提供劳务,雇佣人给付报酬的协议。[①] 其法律特征主要有以下几点:(1)以提供一定的劳务为合同标的。雇员通过提供劳务获得报酬,雇主通过雇员提供的劳务获取经济利益。(2)雇主对雇员有控制、支配、监督及管理的权力。雇员需听从雇主的安排,在雇主的指挥、监督下完成工作。(3)雇员因从事雇佣活动造成他人损害的,由雇主承担替代赔偿责任。

承揽关系与雇佣关系的相似之处主要表现在:(1)二者都属于双务、不要式、诺成、有偿合同。即当事人意思表示达成一致时,合同即成立,亦不需要特殊的形式。合同双方当事人在合同中互负权利义务,定作人和承揽人均需向合同相对方支付报酬。(2)定作人和雇主合同目的的实现都依赖于合同相对方提供劳务,承揽人需要按定作人的要求完成工作,并在一定程度上接受定作人的监督、检查;雇员需要听从雇主的指挥,在雇主的管理、监督下完成工作,且有时雇员在提供劳务过程中也有相对的独立性和自主性。

承揽关系与雇佣关系的区别:(1)合同目的不同。承揽合同的目的是完成一定工作并交付工作成果,不过多关注承揽人提供的劳务,劳务只是一种手段,承揽人提供劳务需完成工作成果,才有权请求定作人支付报酬;而雇佣合同中,提供劳务即为合同目的,无论是否有工作成果,雇员均可请求支付报酬。(2)完成工作的独立性不同。在承揽合同中,承揽人与定作人之间不存在支配与服从的关系,承揽人完成工作具有独立性;在雇佣合同中,雇员要在雇主的管理、监督下完成工作,不具有独立性。(3)提供劳务专属性强弱程度不同。承揽人虽然原则上应当亲自完成主要工作,但亦可将其承揽的主要工作交由第三人完成的,并应当就该第三人完成的工作成果向定作人负责;而雇员则必须亲自提供劳务,提供劳务的专属性更强。(4)承担的法律责任不同。在承揽合同中,由于承揽人的独立性,在一般情况下,承揽合同履行中的风险由承揽人承担,后果和责任由承揽人负责,定作人仅在前期选任、定作和指示方面存在过失的,才承担相应责任;在而雇佣关系中,由于雇员的从属性,雇佣合同履行中的风险由雇主承担。

关于承揽关系与雇佣关系的认定,最高人民法院民事审判第一庭编著的《人身损害赔偿司法解

① 史尚宽:《债法各论》,中国政法大学出版社2000年版,第291页。

释的理解与适用》中给出具体指导:当事人双方就承揽与雇佣的性质发生争议时,人民法院可以综合分析下列因素,结合案件具体情况予以认定:(1)当事人之间是否存在控制、支配和从属关系;(2)是否由一方指定工作场所、提供工作工具或设备,限定工作时间;(3)是定期给付劳动报酬还是一次性结算劳动报酬;(4)是继续性提供劳务,还是一次性提供工作成果;(5)当事人一方所提供的劳动是其独立的业务或经营活动,还是构成合同相对方的业务或者经营活动的组成部分。如当事人之间存在控制、支配和从属关系,由一方指定工作场所、提供劳动工具或设备,限定工作时间,定期给付劳动报酬,所提供的劳动是接受劳务一方生产经营活动的组成部分的,可以认定为雇佣。反之,则应当认定为承揽。①

专题二　承揽人的留置权、拒绝交付权

《民法典》第783条规定:"定作人未向承揽人支付报酬或者材料费等价款的,承揽人对完成的工作成果享有留置权或者有权拒绝交付,但是当事人另有约定的除外。"该条规定的是承揽人的留置权和拒绝交付的权利。《合同法》第264条规定:"定作人未向承揽人支付报酬或者材料费等价款的,承揽人对完成的工作成果享有留置权,但当事人另有约定的除外。"该条与《合同法》第264条规定相比,增加了承揽人"有权拒绝交付"完成的工作成果。

留置权是法定担保物权。《物权法》第230条规定,债务人不履行到期债务,债权人可以留置已经合法占有的债务人的动产,并有权就该动产优先受偿。前款规定的债权人为留置权人,占有的动产为留置财产。根据该条规定,留置权的成立需要符合3个条件:(1)须债权人占有属于债务人之动产。留置权的主体为债权人,客体为债权人所有的动产。(2)须债权已届清偿期。债权人行使留置权应当以债权已届清偿期为条件,如果债权清偿期尚未届满,债务人可通过履行债务进行清偿,债权人不得留置债务人的动产。(3)须债权人合法占有债务人的动产,即债权人留置债务人的动产,须基于合法占有。

由此可知,债权人已经合法占有债务人的动产,是债权人行使留置权的前提条件。在承揽合同中,对承揽物的所有权是归属于承揽人所有还是定作人所有,存在不同意见,在承揽物所有权归承揽人所有的情况下,则可能引发承揽人占有自己所有的工作成果,其无法对自己所有的动产行使留置权的情况。《合同法》第264条仅规定"承揽人对完成的工作成果享有留置权",未考虑"已完成工作成果的所有权归属问题",存在不妥之处,亦给司法实践带来适用困境。基于此,《民法典》第783条增加了"承揽人有权拒绝交付"的权利,即在"已完成工作成果"所有权归承揽人所有,承揽人无法行使留置权的情况下,鉴于承揽合同系双务合同,其可行使同时履行抗辩权,拒绝交付工作成

① 最高人民法院民事审判第一庭编著:《最高人民法院人身损害赔偿司法解释的理解与适用》,人民法院出版社2015年版,第157页。

果。该规定在理论逻辑上更周延,也更符合司法实践之需要。

承揽合同,是指承揽人按照定作人的要求完成工作,交付工作成果,定作人支付报酬的合同。承揽包括加工、定作、修理、复制、测试、检验等工作。承揽合同涉及的工作成果为有体物时,在一般情况下,承揽人需要将完成的工作物交付给定作人,工作物自交付给定作人时,定作人取得工作物的所有权。然而,工作物在完成后,交付给定作人之前,其所有权归属于承揽人还是定作人,存在较大争议。

从几种常见的承揽合同所涉及的工作物看,承揽物所有权归属各有不同之处。如加工合同是指定作人提供材料,承揽人以自己的技能、设备和劳力进行加工。定作合同是承揽人自己准备材料,并以自己的技能、设备和劳力进行加工,将工作物交付给定作人。这两种合同因材料所有权归属不同,一个归属于定作人,一个归属于承揽人,导致承揽物在交付前的归属存在争议。一种意见认为,无论材料由谁提供,均应归属于定作人,因定作人订立承揽合同的目的即为取得承揽物的所有权。另一种意见认为,应依据材料提供者确定承揽物交付之前的归属,材料由定作人提供,则归定作人所有;材料由承揽人提供,则归承揽人所有,在承揽人将承揽物交付给定作人后,定作人继受取得承揽物所有权。而修理则是承揽人以自己的设备、技术和劳力将定作人提供的损坏的物品修理好后归还给定作人。在修理合同中,如承揽人在修理定作人所有之物品时,进行了零部件的添附,添附物与工作物所有权的归属问题亦存在两种意见。一种意见认为,承揽所依附的基础(损坏之物)由定作人提供,定作人的合同目的即为修好该损坏之物,故所有权应归定作人所有;另一种意见认为,应依据添附内容与定作人提供的物是否形成附和,如已经形成附和,根据主物和从物的关系,应归定作人所有,如果没有形成附和,则应分开对待,添附物所有权归承揽人所有,原物所有权归定作人所有。

关于承揽物的所有权归属,我国无明确规定。加工作为承揽的一种,关于加工物的所有权归属问题,自罗马法时期便存有争议,分为两派:一是“Sabinus 派”,认为加工物应归材料所有人所有;二是“Proculus 派”,认为加工物所有权应归加工人所有。至古典法学后期,出现折中说,以加工物能否还原为原来的原材料来区分所有权人,能还原,则归材料所有人所有;不能还原,则归加工人所有,该学说对各国立法产生重要影响。当前,法国和意大利是以“Sabinus 派”为主的折中主义,即主要采取“材料主义”,同时吸收“加工主义”,而德国是以“Proculus 派”为主的折中主义,或者说是较为纯粹地采取了“加工主义”,以加工人取得所有权为原则。日本民法规定原则属于材料所有人,无例外。

关于加工制度,《贯彻民法通则意见》第 86 条规定:“非产权人在使用他人的财产上增添附属物,财产所有人同意增添,并就财产返还时附属物如何处理有约定的,按约定办理;没有约定又协商不成,能够拆除的,可以责令拆除,不能拆除的,也可以折价归财产所有人;造成财产所有人损失的,应当负赔偿责任。”首次确定了附属物的处理原则,填补了立法的空白。2000 年《担保法司法解释》第 62 条规定,抵押物因附合、混合或者加工使抵押物的所有权为第三人所有的,抵押权的效力及于补偿金;抵押物所有人为附合物、混合物或者加工物的所有人的,抵押权的效力及于附合物、混合物或者加工物;第三人与抵押物所有人为附合物、混合物或者加工物的共有人的,抵押权的效力及于抵押人对共有物享有的份额。我国 2007 年颁布的《物权法》中未规定加工制度。《民法典》第 322

条规定:“因加工、附合、混合而产生的物的归属,有约定的,按照约定;没有约定或者约定不明确的,依照法律规定;法律没有规定的,按照充分发挥物的效用以及保护无过错当事人的原则确定。因一方当事人的过错或者确定物的归属造成另一方当事人损害的,应当给予赔偿或者补偿。”

从上述关于加工物所有权归属问题的国外立法沿革及我国的立法现状,对承揽物归属的认定可得到如下启示:首先,审查当事人合同之约定,如当事人合同中明确约定了工作成果所有权的归属,应尊重当事人的意思自治,根据当事人的约定来确定所有权的归属。其次,在当事人没有约定或者约定不明确的,可按如下规则处理:(1)承揽人提供原材料的,因原材料的所有权属于承揽人,承揽人完成的工作成果所有权亦归承揽人所有,而当承揽人将承揽物交付给定作人后,所有权才转移至定作人。(2)定作人提供原材料的,则承揽物的所有权归属于定作人。(3)承揽人与定作人均提供原材料的,如承揽人提供的原材料占主要部分,则承揽物的所有权归属于承揽人,承揽人将承揽物交付给定作人时,定作人获得承揽物的所有权;如定作人提供的原材料占主要部分,则承揽物的所有权归定作人所有。

专题三　承揽人的瑕疵担保责任

《民法典》第781条规定:“承揽人交付的工作成果不符合质量要求的,定作人可以合理选择请求承揽人承担修理、重作、减少报酬、赔偿损失等违约责任。”该条是关于承揽人瑕疵担保责任的规定。瑕疵担保,是指有偿合同中的债务人,对其所提出的给付应担保其权利完整和标的物质量合格。[①] 如果债务人违反了这项规定,就应当承担瑕疵担保责任。瑕疵担保责任主要分为物的瑕疵担保责任和权利瑕疵担保责任,承揽合同中主要涉及物的瑕疵担保责任。承揽人接受定作人的委托进行工作,应按照定作人的要求保质保量完成任务,承揽人在交付工作成果时,经定作人检验,其质量不符合要求的,承揽人应当修理、重作、减少报酬、赔偿损失违约责任。

一、承揽人承担违约责任的条件

1. 工作成果不符合质量要求。承揽人承担违约责任的首要前提是工作成果不符合要求。对于质量要求如何判断,应参考《民法典》第510条、第511条之规定,首先应以双方合同中的约定标准进行判断;如合同没有约定,可以协议补充;不能达成补充协议的,则按照合同有关条款或者交易习惯确定;仍不能确定的,按照强制性国家标准确定;没有强制性国家标准的,按照推荐性国家标准确定;没有推荐性国家标准的,按照行业标准确定;没有国家标准、行业标准的,按照通常标准或者符合合同目的的特定标准判断。工作成果不符合质量要求,应由定作人承担举证责。

① 参见崔建远:《合同责任研究》,吉林人民出版社1992年版,第269页。

2. 质量问题应在工作交付时存在。定作人只有在接受工作成果时才能进行验收，此时，通过检验才能发现出有无质量问题。在成果交付前，因承揽人的工作尚未完成，其有充分的机会去除工作中存在的瑕疵。在工作成果交付后，如因定作人操作不当导致定作物出现质量问题，承揽人不承担责任。如定作人在相对合理期限内正常使用情况仍出现质量问题，承揽人仍应承担修复责任，但此时承揽人所承担的责任并非瑕疵担保责任，而是质保责任。

3. 定作人在合理期限内提出质量异议。承揽人在交付工作成果后，定作人应当及时进行验收，经检验存在质量问题的，及时通知承揽人。关于验收时间，可参照买卖合同关于验收的规定，即定作人应当按照合同约定时间进行检验，没有约定验收期限的，定作人应当在发现或者应当发现承揽无质量不符合要求的合理期间内通知承揽人，该期限最长不超过两年。定作人未及时提出异议的，视为质量符合要求。在实践中，不乏因定作人未及时验收导致无法要求承揽人承担违约责任的约定。如凯德华俱乐部诉简元中心承揽合同纠纷案，[①]凯德华俱乐部委托简元中心进行水处理设备的供货及安装，双方对验收标准进行了约定，在简元中心完成安装后，未经验收情况下凯德华俱乐部进行了使用，后发现水质不合格，要求简元中心重作或返还预付款。法院审理认为：承揽物交付后，作为定作人的凯德华俱乐部应当在合理的期限内验收，如发现承揽物质量不符合合同约定及时通知承揽人简元创维中心。凯德华俱乐部未对承揽物质量进行验收就投入使用的行为，在其没有证据证明简元创维中心有任何阻碍验收之行为的情况下，视为承揽物质量符合合同约定，即丧失了主张质量瑕疵的实体权利。

4. 定作人不存在过错。瑕疵担保责任是为了保护承揽人所交付的工作成果符合质量要求，如果定作人在接收货物时，明示瑕疵存在未提出异议或者约定免除承揽人的瑕疵担保责任，则承揽人所交付的工作成果符合要求，承揽人不承担责任。如果工作成果不符合质量要求系因定作人的指示或其提供的材料所致，则承揽人无须承担瑕疵责任；如果承揽人明知上述情形而不告知定作人，则其仍应承担瑕疵责任。[②]

二、承揽人未在规定期限内完工，定作人能否因其违约解除合同

《民法典》未对承揽人延期交付工作成果的法律后果进行规定。工作成果完成前，定作人当然可以通过行使任意解除权解除合同，但其法律后果是赔偿承揽人损失。在约定期限届满时，承揽人尚未完成工作的，是否构成根本违约，定作人能否依据《民法典》第 563 条解除双方之间合同，并追究定作人违约责任？

一种观点认为，根据《民法典》第 563 条的规定，“有下列情形之一的，当事人可以解除合同：……（三）当事人一方迟延履行主要债务，经催告后在合理期限内仍未履行；（四）当事人一方迟延履行债务或者有其他违约行为致使不能实现合同目的”。承揽人延迟完工的，定作人可在催告后或直接解除合同并追究承揽人违约责任。另一种观点认为，定作人或发包人仅催告一次，确定一个期限，待该宽限期届满时承揽人、勘查人、设计人或施工人仍未交付工作成果的，就准许他们行使解

---

① 北京市第一中级人民法院（2006）一中民终字第 01022 号民事判决书。

② 宁红丽：《论承揽人瑕疵责任的构成》，载《法学》2013 年第 9 期。

除权,将合同解除,极有可能使已经完成的大部分工作丧失其价值。因为此类工作成果基本上都是非通用的、特定用途的,难有其他用户,只好留在承揽人、勘查人、设计人或施工人之手,变成废铜烂铁。①

本书认为,在承揽合同中,在承揽人已完成大部工作,仅交付工作成果迟延,对于定作人的影响不大时,准许定作人行使解除权,将极有可能使承揽人已经完成的大部分工作丧失价值。对承揽人也过于苛责。故不宜直接适用《民法典》第563条第3项之规定解除合同,而应当按照第4项的规定,在不影响定作人合同目的实现的情况下,给予承揽人一定的宽限期以完成工作。工作完成后,定作人应当接受工作成果,但因承揽人延迟交付给定作人造成的损失,可要求承揽人承担相应违约责任。如果因承揽人延期交货导致定作人合同目的无法实现,定作人可依据《民法典》第563条第4项的规定解除合同。在新旭贸易公司催促金泱泱服饰公司承揽合同纠纷案中,②法院认为,双方均有交付"船头办"的要求及承诺,故应认定金泱泱服饰公司接受并认可"船头办必须于出货前15天交付确认"。但金泱泱服饰公司并未按照约定的期限向新旭贸易公司交付"船头办",显属违约。但交付"船头办"并非金泱泱服饰公司履行合同的主要义务,新旭贸易公司不能举证证明金泱泱服饰公司的违约行为导致合同的目的不能实现。因此,不符合《合同法》第94条规定的可以解除合同的情形。法院依据定作人任意解除权判令合同解除,并判令新旭贸易公司赔偿金洋洋服饰公司损失。

三、承揽人瑕疵担保责任的承担有无顺位要求

修理、重作、减少报酬、赔偿损失均是承揽人承担违约责任的方式,在条文中以并列方式存在,在承揽人定作物出现瑕疵时,定作人能否任意选择追究定作人违约责任的方式?

从条文来看,《民法典》第781条对《合同法》第262条进行修改,在定作人要求承揽人承担违约责任时,应当合理选择责任承担方式。对于违约责任的承担,如果工作成果有轻微瑕疵,承揽人可以通过修整、修补,使工作成果符合质量标准的,可以选择修理;如果工作成果瑕疵严重的,通过修复仍不能达到质量要求的,定作人可以要求承揽人返工重新制作。对承揽人来讲,如果其本身具有较强的修复能力,在能够满足质量要求的条件下,可以选择修理。对定作人来讲,其所注重的往往只是获得无瑕疵的工作成果,至于承揽人以何种方式完成承揽工作对其利益不产生影响。故修复、重作与其他违约责任在承担上,虽属并列关系,但定作人应合理进行选择。即承揽物出现瑕疵时,定作人可要求承揽人进行修理,只有在修理无法满足要求时,定作人可要求承揽人重作。如果定作物在客观上已经不具备修复、重作的条件,坚持要求承揽人进行修复、重作会造成修复费用巨大,此时,如果定作人同意利用的,可以按质论价,相应地减少所应付的报酬。在修理、重作、减少报酬仍不能弥补定作人损失的,定作人可同时主张赔偿损失。

---

① 崔建远:《合同一般法定解除条件探微》,载《法律科学》(西北政法大学学报)2011年第6期。

② 广东省汕头市中级人民法院(2015)汕中法民四终字第2号民事判决书。

专题四　定作人的任意解除权

《民法典》第787条规定:"定作人在承揽人完成工作前可以随时解除合同,造成承揽人损失的,应当赔偿损失。"该条是关于定作人任意解除权的规定。定作人在合同成立后,工作完成前,因定作人自身原因不再需要承揽人继续完成工作。此时,如果要求合同继续履行,强制定作人接受工作成果,将导致其为已不需要的成果买单。法律赋予定作人随时解除合同的权利,旨在维护定作人权益,避免损失的扩大。

定作人之所以享有任意解除权是因为定作物的特殊性,定作物是因定作人的特殊要求而产生,如若因某些原因定作物不再满足定作人的需求时还强行要求其接受履行,对定作人不利且浪费资源。① 另外,任意解除权给予了定作人极大自由度,打破了合同的约束力,对定作人如不加以限制,不利于交易的稳定,亦有违诚信原则。

《日本民法典》第641条规定:"在承揽人未完成工作期间,定作人可以通过赔偿损害而随时解除契约。"《德国民法典》第649条规定:"到工作完成时为止,定作人可以随时通知终止合同。"可见,各国将定作人行使任意解除权时间限定在工作完成之前。

我国《民法典》第787条对定作人解除权也限定在"完成工作前",并明确规定,造成承揽人损失的,应当赔偿损失。但是,定作人在行使任意解除权后,赔偿承揽人遭受的损失,应当如何计算呢?

本书认为,定作物分为已完成部分和未完成部分。在工作未完成的情况下,定作人任意解除应当赔偿的损失主要包括:承揽人已完成的工作部分所应当获得的报酬;承揽人为完成这部分工作所支出的材料费;承揽人因合同解除而受到的其他损失等。如果定作人预先支付报酬的,在扣除已完成部分的报酬和应当支出的相关费用外,承揽人也应当将剩余价款返还定作人。具体来说,对于定作人行使任意解除权后的赔偿,不仅应包括赔偿承揽人的直接损失,还应包括履行利益损失,但是应扣除解除合同所节约的费用。之所以应当如此认识,是因为:第一,定作人的任意解除权虽为法律规定,但是其解除行为依然突破了合同严守原则,故其行为具有违约性,由此造成的履行利益损失,定作人应当赔偿。第二,法律规定定作人任意解除权,赋予了定作人极大的自由度,在完成工作前都可以行使,容易出现定作人恶意解约,损害承揽人权益的情况。对于履行利益的赔偿可以防止任意解除权的滥用。第三,对履行利益损失予以赔偿,对提前解除而避免的损失予以抵扣,符合立法原意。因为,任意解除权的规定是为了降低定作人的损失,在其已不需要定作物时及时通知承揽人,避免资源的浪费,对于所避免的损失由定作人收取,由此造成承揽人的损失由定作人赔偿。

① 朱腊梅、高蕴嵘:《合同任意解除权的任意边界刍议》,载《山西省政法管理干部学院学报》2020年第1期。

第十七章　建设工程合同

专题一　建设工程施工合同的订立问题

一、建设工程合同应当采用书面形式

《民法典》第789条规定:“建设工程合同应当采用书面形式。”书面形式,是指合同书、信件和数据电文(包括电报、电传、传真、电子数据交换和电子邮件)等可以有形地表现所载内容的形式。以书面形式订立合同的优点是有据可查,便于合同的监督、检查和管理,纠纷发生时便于举证和分清责任。建设工程合同是要式合同,必须根据法律规定的方式而成立的合同。对于一些重要的交易,法律常常要求当事人必须采取特定的方式订立合同。不要式合同,是指当事人订立的合同依法并不需要采取特定的形式,当事人可以采取口头方式,也可以采取书面形式。[①] 要式合同与不要式合同的区别在于是否以一定的形式作为合同成立的条件。法律对合同成立形式要件的要求体现了法律对当事人合同自由的干预,从这个意义上看,要式合同属于法律上的“形式强制”。[②] 建设工程通常具备交易所涉金额高、交易存续期限长、交易规则复杂等特点,建设工程合同采用书面形式,有利于当事人保存证据,也有利于人民法院在审理相关案件时分清各方的责任。

在司法实践中,对于建设工程合同,当事人一般采用书面形式,但也存在当事人不按照法律规定采用书面形式,仅以口头形式签订合同的情况。对于欠缺形式要件的要式合同,我国采取了较灵活的态度,即有条件地承认该类合同的成立,对此,学理上称为合同履行治愈规则。所谓履行治愈规则,是指欠缺法定或者约定形式要件的合同,因当事人履行的事实而弥补合同缺陷,促使本来无效的合同成为有效合同。[③]《民法典》第490条第2款规定:“法律、行政法规规定或者当事人约定合同应当采用书面形式订立,当事人未采用书面形式但是一方已经履行主要义务,对方接受时,该合同成立。”根据该条规定,适用履行治愈规则,承认欠缺形式要件的要式合同成立包括两个条件:一是合同一方当事人已经履行主要义务;二是对方当事人接受履行。在实践中,建设工程合同的当事人未按法律规定签订书面合同,但双方实际已经按照原先的约定履行相应的义务的,应认定双方当事人形成了事实上的建设工程合同关系。施工方应按照约定向发包方交付质量合格的工程,发

---

① 郑玉波:《民法债编总论》(第2版),陈荣隆修订,中国政法大学出版社2004年版,第29页。

② 王利明:《合同法研究》(第1卷),中国人民大学出版社2015年版,第30页。

③ 王洪:《合同形式欠缺与履行治愈论——兼评〈合同法〉第36条之规定》,载《现代法学》2005年第3期。

包方应按约定向施工方支付工程款。

二、中标通知到达中标人时建设工程施工合同成立

关于建设工程合同成立的问题,在实践中争议较大的是通过招标投标程序订立的建设工程施工合同自何时成立。

第一种观点认为,《招标投标法》第46条第1款规定,招标人和中标人应当自中标通知书发出之日起30日内,按照招标文件和中标人的投标文件订立书面合同。招标人和中标人不得再行订立背离合同实质性内容的其他协议。因此,中标通知到达中标人时,建设工程施工合同并不成立,如果中标人收到中标通知后,一方当事人拒不按照《招标投标法》第46条第1款规定签订书面合同的,应当承担缔约过失责任。

第二种观点认为,虽然在中标通知到达中标人后,招标人与中标人未按《招标投标法》第46条规定签订书面合同前,建设工程施工合同并不成立,但如果一方当事人拒不履行招标文件、投标文件和中标通知书所规定的义务或者不按照《招标投标法》第46条第1款规定签订书面合同却只承担缔约过失责任,对另一方当事人明显不公平,有违诚实信用原则。根据《招标投标法》第46条第1款规定,招标人和中标人应当自中标通知书发出之日起30日内,按照招标文件和中标人的投标文件订立书面合同,因此,中标通知到达中标人时可以视为预约成立,只有当招标人和中标人按照招标文件和中标人的投标文件订立书面合同后,本约才成立。而双方当事人在招标文件、投标文件和中标通知书中所约定的违约责任属于预约中的违约责任,一方当事人如果违反该预约的约定,仍应承担相应的违约责任。这既有利于平衡双方当事人的利益、维护诚实信用原则,也有相应的法理依据。《建设工程施工合同司法解释(二)》的征求意见稿专门用一条规定了中标通知书的效力问题,并提出了两种方案,分别代表了第一种观点和第二种观点。

本书认为,根据《民法典》关于合同的规定以及合同的相关法理,招标人发布招标公告为要约邀请、投标人投标为要约、招标人向中标人发送中标通知书为承诺,中标通知书到达中标人时承诺生效,合同成立。因此,中标通知书到达中标人时,本约即成立。一方当事人不遵守招标文件、投标文件及中标通知书的约定的,应当承担违约责任,而非缔约过失责任。预约是当事人约定将来订立特定契约的契约。当事人将来要订立的契约为本约,而以订立本约为其标的的契约是预约,但是无论是招标文件、投标文件,还是中标通知书均无关于将来订立特定契约的约定,并已经约定了建设工程施工合同的主要内容,因此,不能将中标通知书理解为预约。

本书认为,这种观点符合《民法典》关于合同成立的规定和合同法法理,最终《建设工程施工合同司法解释(二)》没有保留征求意见稿第1条的规定。对于中标通知书的效力问题,相关法律规定已经有明确答案,理论上也无争议,无须再作规定。既然招标文件、投标文件和中标通知书已经符合书面形式的要件,为何《招标投标法》第46条第1款还要规定,招标人和中标人应当自中标通知书发出之日起30日内,按照招标文件和中标人的投标文件订立书面合同呢?《民法典》第789条所规定的合同的"书面形式"与《招标投标法》第46条第1款规定的"书面合同"是否一致呢?这里需要特别区分书面合同和合同书这两个概念。《民法典》对合同的书面形式和合同书作了区分,但《招标投标法》却并未对二者进行区分。根据《民法典》第469条关于"书面形式是合同书、信件、电

报、电传、传真等可以有形地表现所载内容的形式”的规定，合同书只是属于书面合同的一种类型，除合同书外，信件和数据电文等可以有形地表现所载内容的形式均属于书面形式。《招标投标法》第46条第1款规定的“书面合同”理解为“合同书”更合理。该款规定只是要求当事人将书面合同的一种形式（招标文件、投标文件和中标通知书）变更为另一种形式（合同书）。这只是书面合同形式的变更，并不影响合同的同一性，也不妨碍合同在中标通知书到达中标人时成立。正因如此，《招标投标法》第46条第1款规定，招标人和中标人在中标通知书发出之日起30日内所订立的书面合同必须与招标文件和中标人的投标文件一致。将体现为招标文件、投标文件和中标通知书的书面合同变更为合同书形式的书面合同，不仅更契合我们日常生活中对书面合同形式的认识，而且便于建设工程施工合同的登记备案和当事人保管。

专题二 建设工程招标投标行为的效力问题

有的建设工程施工合同的订立涉及国家利益、公共利益保护，必须通过招标投标的方式进行。有的发包人为获得更好的缔约条件，也会通过招标投标方式选择承包人。《民法典》第790条规定，建设工程的招标投标活动，应当依照有关法律的规定公开、公平、公正进行。《民法典》规定建设工程的招标投标活动应当公开、公平、公正进行，目的是使建设工程招标投标活动健康进行，从而使招标投标活动当事人的合法权益得到保护，经济效益得到提高，建设工程项目质量得到保证。[①] 建设工程的招标投标活动，应当按照有关法律，特别是《招标投标法》的规定进行。在司法实践中，必须招标的工程未经招标投标方式订立建设工程施工合同、先定后招、串通招标投标、低于成本中标等违反《招标投标法》等法律强制性规定的行为都会导致中标无效或者建设工程施工合同无效。

一、准确把握必须招标工程项目的范围

对于建设工程合同的订立，法律提倡采用招标投标形式进行，但并非所有的工程项目都必须通过招标投标方式订立合同。关于必须招标投标工程的范围，《招标投标法》第3条规定：“在中华人民共和国境内进行下列工程建设项目包括项目的勘察、设计、施工、监理以及与工程建设有关的重要设备、材料等的采购，必须进行招标：（一）大型基础设施、公用事业等关系社会公共利益、公众安全的项目；（二）全部或者部分使用国有资金投资或者国家融资的项目；（三）使用国际组织或者外国政府贷款、援助资金的项目。前款所列项目的具体范围和规模标准，由国务院发展计划部门会同国务院有关部门制订，报国务院批准。法律或者国务院对必须进行招标的其他项目的范围有规定的，依照其规定。”

---

① 吴高盛主编：《〈中华人民共和国合同法〉释义及实用指南》，中国民主法制出版社2014年版，第431页。

依据《招标投标法》第3条的规定，国家发改委制定了《必须招标的工程项目规定》（国家发改委令第16号），报经国务院批准后自2018年6月1日起施行。与2000年《工程建设项目招标范围和规模标准规定》相比，《必须招标的工程项目规定》大幅限缩了必须招标工程的范围，将原规定中民间资本投资较多的商品住宅项目、科教文卫体和旅游项目、市政工程项目、生态环境保护项目等从必须招标的工程项目范围中删除，将原规定中"其他基础设施项目""其他公用事业项目"兜底条款删除，避免造成适用中的扩大。根据新施行的《必须招标的工程项目规定》的规定，必须招标的工程范围包括以下三类：一是全部或者部分使用国有资金投资或者国家融资的项目，包括使用预算资金200万元人民币以上且该资金占投资额10%以上的项目，以及使用国有企业事业单位资金且该资金占控股或者主导地位的项目。二是使用国际组织或者外国政府贷款、援助资金的项目，包括使用世界银行、亚洲开发银行等国际组织贷款、援助资金的项目，使用外国政府及其机构贷款、援助资金的项目。三是不属于前两类的其他大型基础设施、公用事业等关系社会公共利益、公众安全的项目，但此类项目的具体范围必须由国务院发展改革部门会同国务院有关部门按照确有必要、严格限定的原则制定，报国务院批准。

为明确其他大型基础设施、公用事业等关系社会公共利益、公众安全的项目的范围，国家发改委又制定了《必须招标的基础设施和公用事业项目范围规定》（发改法规规〔2018〕843号），已经国务院批准，于2018年6月6日开始施行。根据《必须招标的基础设施和公用事业项目范围规定》，在上述三类建设工程之外，下列大型基础设施、公用事业等关系社会公共利益、公众安全的项目属于必须招标的基础设施和公用事业项目：(1)煤炭、石油、天然气、电力、新能源等能源基础设施项目；(2)铁路、公路、管道、水运，以及公共航空和A1级通用机场等交通运输基础设施项目；(3)电信枢纽、通信信息网络等通信基础设施项目；(4)防洪、灌溉、排涝、引(供)水等水利基础设施项目；(5)城市轨道交通等城建项目。属于上述三类工程范围内的工程，如果施工单项合同估算价在400万元人民币以上，或者重要设备、材料等货物的采购，单项合同估算价在200万元人民币以上，或者勘察、设计、监理等服务的采购，单项合同估算价在100万元人民币以上，都必须招标。如果同一项目中可以合并进行的勘察、设计、施工、监理以及与工程建设有关的重要设备、材料等的采购，合同估算价合计达到上述规定金额标准，也必须招标。

二、准确把握中标无效的具体情形

中标无效会直接影响通过招标投标方式订立的建设工程施工合同的效力。因此，在什么情况下中标无效是司法实践中经常遇到的问题。根据《招标投标法》的规定，下列行为将导致中标无效：

第一，《招标投标法》第50条规定，招标代理机构违反《招标投标法》规定，泄露应当保密的与招标投标活动有关的情况和资料，或者与招标人、投标人串通损害国家利益、社会公共利益或者他人合法权益，影响中标结果的，中标无效。

第二，《招标投标法》第52条规定，依法必须进行招标的项目的招标人向他人透露已获取招标文件的潜在投标人的名称、数量或者可能影响公平竞争的有关招标投标的其他情况，或者泄露标底，影响中标结果的，中标无效。

第三，《招标投标法》第53条规定，投标人相互串通投标或者与招标人串通投标的，投标人以向招标人或者评标委员会成员行贿的手段谋取中标的，中标无效。

第四，《招标投标法》第54条规定，投标人以他人名义投标或者以其他方式弄虚作假，骗取中标的，中标无效。

第五，《招标投标法》第55条规定，依法必须进行招标的项目，招标人违反《招标投标法》规定，与投标人就投标价格、投标方案等实质性内容进行谈判，影响中标结果的，中标无效。

第六，《招标投标法》第57条规定，招标人在评标委员会依法推荐的中标候选人以外确定中标人的，依法必须进行招标的项目在所有投标被评标委员会否决后自行确定中标人的，中标无效。

专题三 发包、转包、分包行为的效力问题

一、准确理解建设工程发包承包行为的类型和效力

《民法典》第791条规定："发包人可以与总承包人订立建设工程合同，也可以分别与勘察人、设计人、施工人订立勘察、设计、施工承包合同。发包人不得将应当由一个承包人完成的建设工程支解[①]成若干部分发包给数个承包人。总承包人或者勘察、设计、施工承包人经发包人同意，可以将自己承包的部分工作交由第三人完成。第三人就其完成的工作成果与总承包人或者勘察、设计、施工承包人向发包人承担连带责任。承包人不得将其承包的全部建设工程转包给第三人或者将其承包的全部建设工程支解以后以分包的名义分别转包给第三人。禁止承包人将工程分包给不具备相应资质条件的单位。禁止分包单位将其承包的工程再分包。建设工程主体结构的施工必须由承包人自行完成。"在实践中，建设工程有多种发包承包方式，包括总承包、转包、分包、再分包、支解发包等方式。其中转包、违法分包、支解发包等方式违反法律的强制性规定，为无效行为。

发包，是指发包人将工程的勘察、设计、施工一并交给一个工程总承包人完成或者将工程勘察、设计、施工的一项或几项交给一个承包人完成的行为。建设工程发包既可以由发包人与承包人就整个建设工程从勘察、设计到施工签订总承包协议，承包人对整个建设工程负责，也可以由发包人分别与勘察人、设计人、施工人订立勘察、设计、施工承包合同，勘察人、设计人、施工承包人分别就建设工程的勘察、设计、施工与发包方产生债权债务关系。承包人与发包人签订总承包协议的承包方式，是指发包人将建设工程的勘察、设计、施工等工程建设的全部任务一并发包给一个具备相应的总承包资质的承包人，由该承包人负责工程的全部建设工作，直至工程竣工，向发包人交付经验收合格符合发包人要求的建设工程的承包方式。《建筑法》第27条第1款规定："大型建筑工程或者结构复杂的建筑工程，可以由两个以上的承包单位联合共同承包。共同承包的各方对承包合同的履行承担连带责任。"故建设工程的总承包人即可能是一个单位，也可能是两个以上单位。由于

---

① 《民法典》第791条将《合同法》第272条中的"肢解"修改为"支解"，二者是同义词。由于其他法律、行政法规、部门规章中多用"肢解"一词，本书对这两个词不作区分。

在总承包中,总承包人要从事勘察、设计、施工等各个方面的工作,因而总承包人通常需具有勘察、设计、施工等各个方面的资质,能够独立完成整个工程项目。① 发包人分别与勘察人、设计人、施工人订立勘察、设计、施工承包合同,属于单项工程承包。单项工程承包与总承包之间的不同主要表现在:当事人之间并不是订立一个合同,而是订立多个合同,发包人仅有一个,而承包人有多个,各承包人分别对建设工程的勘察、设计、施工,按照各阶段的质量、工期、工程造价等与发包人产生债权、债务关系。② 在实践中,发包人是采取总承包还是单项工程承包应由发包人自主决定。关于发包,《民法典》第791条规定,发包人不得将应当由一个承包人完成的建设工程支解成若干部分发包给数个承包人。因此,无论发包人是采取总承包还是单项工程承包,均不得将按其性质和技术联系应当由一个承包单位整体完成的工程,支解成若干部分,分别发包给不同的承包单位。

同时,《建筑法》第26条规定:"承包建筑工程的单位应当持有依法取得的资质证书,并在其资质等级许可的业务范围内承揽工程。禁止建筑施工企业超越本企业资质等级许可的业务范围或者以任何形式用其他建筑施工企业的名义承揽工程。禁止建筑施工企业以任何形式允许其他单位或者个人使用本企业的资质证书、营业执照,以本企业的名义承揽工程。"因此,无论是总承包人还是单项工程承包人均应具有相应的资质等级,并在其资质等级范围内承揽工程。发包人将建设工程发包给不具有相应资质的建筑企业或者个人的,会导致发包行为无效。

分包,是指总承包人、勘察承包人、设计承包人、施工承包人承包建设工程后,将自己承包的某一部分工程或者某几部分工程,再发包给其他承包人完成。根据《民法典》第791条的规定,建设工程可以分包,但分包必须要满足相应的条件:一是经发包人同意;二是分承包人具有相应的资质条件;三是分包单位不得将其承包的工程再分包。在司法实践中,常见的违法分包包括:一是未经发包人同意的分包;二是分承包人不具有相应的施工资质;三是分承包人将其承包的工程再分包。对于违法分包的法律后果和责任,《建筑法》《招标投标法》等法律法规均作了具体详细规定。

转包,是指承包人承包建设工程后,不履行合同约定的责任和义务,将其承包的全部建设工程转给他人,或者将其承包的全部建设工程肢解以后,以分包的名义分别转给第三人承包的行为。转包与分包的不同点在于,转包是将承包人所承包的全部工程转包给他人施工,其本人并不履行建设工程施工合同项下的施工义务。分包,是将所承包工程中的部分工程分包给其他单位或者个人施工。区分两者的关键在于承包人是对其所承包的建设工程进行部分施工还是均不施工。如果承包人对其所承包的建设工程进行部分施工,将剩余部分分包给其他企业或个人施工,则属于分包行为。如果承包人对其所承包的建设工程均不施工,而是将全部工程转包给其他企业或个人施工,或者将工程肢解后再包给不同的人施工,则属于转包行为。所有的转包行为,无论是直接转包还是变相转包,均为法律所禁止,均系非法行为。但对于分包行为,法律所禁止的只是违法分包。对于合法的劳务分包和专业分包关系,应当依法予以保护。因此,在实践中,要注意区分分包行为与转包行为,尤其是合法分包行为与转包行为。

---

① 胡康生主编:《中华人民共和国合同法释义》,法律出版社1999年版,第409页。

② 王利明、崔建远:《合同法》,北京大学出版社2003年版,第305页。

二、正确把握违法发包行为的范围

关于建设工程的违法发包，住建部《建筑工程施工转包违法分包等违法行为认定查处管理办法（试行）》第4条规定："本办法所称违法发包，是指建设单位将工程发包给不具有相应资质条件的单位或个人，或者肢解发包等违反法律法规规定的行为。"该条规定了两类违法发包的行为：一是承包人不具备资质；二是肢解发包。对于承包人不具备资质，根据《建筑工程施工转包违法分包等违法行为认定查处管理办法（试行）》第5条的规定，又可以将其分为两小类：一是承包人为不具有相应资质条件的单位；二是承包人为个人。关于肢解发包，《建筑法》第24条规定："提倡对建筑工程实行总承包，禁止将建筑工程肢解发包……不得将应当由一个承包单位完成的建筑工程肢解成若干部分发包给几个承包单位。"《建设工程质量管理条例》第7条规定："建设单位应当将工程发包给具有相应资质等级的单位。建设单位不得将建设工程肢解发包。"第78条第1款规定："本条例所称肢解发包，是指建设单位将应当由一个承包单位完成的建设工程分解成若干部分发包给不同的承包单位的行为。"哪些工程属于应当由一个承包单位完成的建设工程呢？单位工程必须由一个承包单位完成施工。根据《建设工程分类标准》（GB/T50841—2013）的规定，单位工程是指具备独立施工条件并能形成独立使用功能的建筑物或构筑物。举例而言，如果一个商品房小区由1号楼至5号楼组成，一般而言，每幢楼都属于具备独立施工条件并能形成独立使用功能的建筑物或构筑物，是单位工程。发包人可以将其中的一幢或者数幢楼发包给一个承包人，但不得将其中一幢楼的工程肢解发包给不同的承包人。《建筑工程施工转包违法分包等违法行为认定查处管理办法（试行）》第5条第5项和第6项规定，建设单位将一个单位工程的施工分解成若干部分发包给不同的施工总承包或专业承包单位的，或者将施工合同范围内的单位工程或分部分项工程又另行发包的，都属于违法行为。与单位工程相对应的是分部工程。所谓分部工程，是指不能独立发挥能力或效益，且不具备独立施工条件，但具有结算工程价款条件的工程。分部工程是单位工程的组成部分。在一般情况下，一个单位工程可按其工程实体的各部位划分为若干个分部工程。例如，如果单位工程是建造房屋，可按其部位划分为土石方工程、砖石工程、混凝土及钢筋混凝土工程、屋面工程、装饰工程等。除单独立项的专业工程外，建设单位不得将一个单位工程的分部工程施工发包给专业承包单位。

三、正确区分违法分包和合法分包行为

建设工程分包包括合法分包和违法分包两种情况。对于违法分包，《建筑工程施工转包违法分包等违法行为认定查处管理办法（试行）》第8条规定："本办法所称违法分包，是指施工单位承包工程后违反法律法规规定或者施工合同关于工程分包的约定，把单位工程或分部分项工程分包给其他单位或个人施工的行为。"根据这一定义，违法分包的主体一方是从发包人处承包工程的承包人，另一方是分包合同的承包人。违法分包行为的违法性体现为，承包人把单位工程或分部分项工程分包给其他单位或个人施工的行为，违反法律法规规定或者施工合同关于工程分包的约定。关于各类违法分包行为的具体规定，主要体现在《建筑法》《招标投标法》《建设工程质量管理条例》

《建筑工程施工转包违法分包等违法行为认定查处管理办法(试行)》等法律法规和规章中。《建筑法》第29条规定:“建筑工程总承包单位可以将承包工程中的部分工程发包给具有相应资质条件的分包单位;但是,除总承包合同中约定的分包外,必须经建设单位认可。施工总承包的,建筑工程主体结构的施工必须由总承包单位自行完成。建筑工程总承包单位按照总承包合同的约定对建设单位负责;分包单位按照分包合同的约定对总承包单位负责。总承包单位和分包单位就分包工程对建设单位承担连带责任。禁止总承包单位将工程分包给不具备相应资质条件的单位。禁止分包单位将其承包的工程再分包。”该条规定确定了4种违法分包行为,即未经建设单位同意的分包、将建筑工程主体结构分包、将工程分包给不具备相应资质条件的单位、分包单位将其承包的工程再分包。《招标投标法》也对分包作了规定。该法第48条第2款规定:“中标人按照合同约定或者经招标人同意,可以将中标项目的部分非主体、非关键性工作分包给他人完成。接受分包的人应当具备相应的资格条件,并不得再次分包。”根据该款规定,中标人将中标项目的主体工作、关键性工作分包给他人完成的,也属于违法分包。《建设工程质量管理条例》第78条第2款规定:“本条例所称违法分包,是指下列行为:(一)总承包单位将建设工程分包给不具备相应资质条件的单位的;(二)建设工程总承包合同中未有约定,又未经建设单位认可,承包单位将其承包的部分建设工程交由其他单位完成的;(三)施工总承包单位将建设工程主体结构的施工分包给其他单位的;(四)分包单位将其承包的建设工程再分包的。”该条规定的违法分包行为的范围与《建筑法》第29条的规定一致。

《建筑工程施工转包违法分包等违法行为认定查处管理办法(试行)》第9条对违法分包行为作了较全面的规定:“存在下列情形之一的,属于违法分包:(一)施工单位将工程分包给个人的;(二)施工单位将工程分包给不具备相应资质或安全生产许可的单位的;(三)施工合同中没有约定,又未经建设单位认可,施工单位将其承包的部分工程交由其他单位施工的;(四)施工总承包单位将房屋建筑工程的主体结构的施工分包给其他单位的,钢结构工程除外;(五)专业分包单位将其承包的专业工程中非劳务作业部分再分包的;(六)劳务分包单位将其承包的劳务再分包的;(七)劳务分包单位除计取劳务作业费用外,还计取主要建筑材料款、周转材料款和大中型施工机械设备费用的;(八)法律法规规定的其他违法分包行为。”该条规定列举了7种违法分包行为,第8项是兜底条款。其中,第1项和第2项规定的分包行为违法,是因为分承包人缺乏资质,在我国个人均无建筑工程施工资质。第3项规定的分包行为违法,是因为分包未经发包人同意。第4项规定的分包行为违法,是因为将工程主体结构的施工分包。需要注意的是,该项增加了除外规定,即主体工程中的钢结构工程可以分包。第5项和第6项规定的分包行为违法,是因为分承包人再分包。第7项规定的是以分包之名行承包工程之实的违法分包行为。劳务分包单位提供的是劳务,其所应收取的对价一般包括劳务报酬和必要的辅材费用。如果劳务分包单位在上述费用外,还收取分包工程主要建筑材料款、周转材料款和大中型施工机械设备费用中一项或者几项的,则属于以劳务分包之名超越资质范围承接工程,在实践中也称为扩大劳务分包,属于违法分包行为。

关于合法分包,住建部《房屋建筑和市政基础设施工程施工分包管理办法》第5条规定:“房屋建筑和市政基础设施工程施工分包分为专业工程分包和劳务作业分包。本办法所称专业工程分包,是指施工总承包企业(以下简称专业分包工程发包人)将其所承包工程中的专业工程发包给具有相应资质的其他建筑业企业(以下简称专业分包工程承包人)完成的活动。本办法所称劳务作业分包,是指施工总承包企业或者专业承包企业(以下简称劳务作业发包人)将其承包工程中的劳务作业发包给劳务分包企业(以下简称劳务作业承包人)完成的活动。本办法所称分包工程发包人包括本条第二款、第三款中的专业分包工程发包人和劳务作业发包人;分包工程承包人包括本条第二款、第三款中的专业分包工程承包人和劳务作业承包人。"根据上述规定,可以总结出合法分包的条件:一是分包须经发包人同意,无论是事前在总承包合同中约定允许分包事宜还是发包人在分包时表示同意或者事后追认;二是分承包人应具有相应的资质,缺乏相应资质的个人或单位不能成为分承包人;三是分包工程限于非主体结构工程,但是主体结构是钢结构工程的除外;四是与发包人签订建设工程施工合同的承包人才能分包工程,分承包人不能再分包工程;五是分包限于劳务分包或者专业分包。

在合法分包的情况下,发包人、分包人和分承包人之间形成两个合法的合同关系:一是发包人与分包人之间的总承包合同关系;二是分包人与分承包人之间的分包合同关系。各方当事人的权利义务应当根据各自的合同约定确定。但是,由于分包人也是发包人所发包工程的施工人,其施工行为对工程质量也会产生影响。分承包人作为施工人,应向分包人主张工程款,但如果分包人怠于向发包人主张工程价款债权,分承包人的工程价款债权也可能无法实现。因此,发包人与分承包人之间虽然无直接的合同关系,但也会依据《建筑法》等法律的规定发生一定的权利义务关系,主要体现在以下两方面:第一,分包人(总承包单位)和分承包人(分包单位)就分包工程对发包人(建设单位)承担连带责任;第二,分包人可参照《建设工程施工合同司法解释(一)》第26条和《建设工程施工合同司法解释(二)》第24条规定请求发包人在欠付工程范围欠付工程款范围内承担责任。

四、正确把握非法转包行为的范围

关于转包,《建筑法》第28条规定:"禁止承包单位将其承包的全部建筑工程转包给他人,禁止承包单位将其承包的全部建筑工程肢解以后以分包的名义分别转包给他人。"《建设工程质量管理条例》第78条第3款规定:"本条例所称转包,是指承包单位承包建设工程后,不履行合同约定的责任和义务,将其承包的全部建设工程转给他人或者将其承包的全部建设工程肢解以后以分包的名义分别转给其他单位承包的行为。"《建筑工程施工转包违法分包等违法行为认定查处管理办法(试行)》第6条规定:"本办法所称转包,是指施工单位承包工程后,不履行合同约定的责任和义务,将其承包的全部工程或者将其承包的全部工程肢解后以分包的名义分别转给其他单位或个人施工的行为。"《房屋建筑和市政基础设施工程施工分包管理办法》第13条规定:"禁止将承包的工程进行转包。不履行合同约定,将其承包的全部工程发包给他人,或者将其承包的全部工程肢解后以分包的名义分别发包给他人的,属于转包行为。违反本办法第十二条规定,分包工程发包人将工程分包后,未在施工现场设立项目管理机构和派驻相应人员,并未对该工程的施工活动进行组织管理的,视同转包行为。"

从上述规定看,转包行为无合法与违法之分,所有的转包行为均为非法。转包既可以是将全部工程转包给一人,也可以是将全部工程肢解后转包给多人。除前述两种转包方式外,《房屋建筑和市政基础设施工程施工分包管理办法》第13条第2款还规定了一种视为转包的行为,即违反该办法第12条规定，分包工程发包人将工程分包后，未在施工现场设立项目管理机构和派驻相应人员，并未对该工程施工活动进行组织管理的，视同转包行为。在实践中，部分转包人为规避关于禁止转包的法律法规，以分包之名行转包之实。名义上的分包人虽然形式上有的在施工现场设立项目管理机构和派驻相应人员，但设立项目管理机构和派驻相应人员的行为仅为应付行政监管，实际上并未对该工程施工活动进行组织管理。此即分包人并未实际履行其与发包人签订的建设工程施工合同项下的主要义务。在这种情况下，虽然承包人名义上是分包工程，但实际上是转包工程，应当视为转包。转包人设立项目管理机构和派驻人员只负责收取工程管理费，未组织管理工程施工的，亦属于转包。

关于转包行为的具体类型，《建筑工程施工转包违法分包等违法行为认定查处管理办法(试行)》第7条规定："存在下列情形之一的，属于转包：(一)施工单位将其承包的全部工程转给其他单位或个人施工的；(二)施工总承包单位或专业承包单位将其承包的全部工程肢解以后，以分包的名义分别转给其他单位或个人施工的；(三)施工总承包单位或专业承包单位未在施工现场设立项目管理机构或未派驻项目负责人、技术负责人、质量管理负责人、安全管理负责人等主要管理人员，不履行管理义务，未对该工程的施工活动进行组织管理的；(四)施工总承包单位或专业承包单位不履行管理义务，只向实际施工单位收取费用，主要建筑材料、构配件及工程设备的采购由其他单位或个人实施的；(五)劳务分包单位承包的范围是施工总承包单位或专业承包单位承包的全部工程，劳务分包单位计取的是除上缴给施工总承包单位或专业承包单位'管理费'之外的全部工程价款的；(六)施工总承包单位或专业承包单位通过采取合作、联营、个人承包等形式或名义，直接或变相的将其承包的全部工程转给其他单位或个人施工的；(七)法律法规规定的其他转包行为。"该条规定列举了6项转包行为，第7项为兜底条款。第1项和第2项规定的转包行为包含在转包的定义之中。其中，第1项规定的是典型的转包行为，也是实践中最常见的转包行为。第2项规定的是以肢解分包的方式进行的转包，即承包人将其所承包的全部工程分成若干部分，再分别发包给多人施工。承包人自身并不履行其与发包人建设工程施工合同项下的义务，不参与所承包工程任何部分工程的施工。第3项、第4项、第5项和第6项从转包行为的实质特征出发，分别从主要管理负责人、履行管理义务和主要材料设备采购、劳务分包、其他形式等方面，对实践中的各类转包行为进行了概括总结。第3项规定的是总承包人或者专业承包人未参与其所承包工程施工管理的情形。在正常、合法的施工承包关系中，施工单位在承接工程后，应当在施工现场设立项目管理机构并派驻实际管理人员，履行合同约定的责任和义务，对工程的施工活动进行组织管理。如果施工单位未在施工现场设立项目管理机构或未派驻相应的项目负责人、技术负责人、质量管理负责人、安全管理负责人等主要管理人员，而现场施工却在进行，则系未自行履行合同约定义务，未对该工程的施工活动进行组织管理，可认定为转包。此外，即使承包人以自身名义在现场设立了项目管理机构，但项目管理机构的项目负责人、技术负责人、质量管理负责人、安全管理负责人等主要管理人员与施工单位间没有合法的劳动合同关系尤其是工资关系和社会保险关系的，对施工单位的行为可认定为转包。第4项规定的是承包人不履行管理义务，只向实际施工人收取费用，在实践中体现为管理费、协调费或者分包费，本质上是转包套利，但未自行购买或者委托他人购买主要建筑材料、构配件及工程设备的转包方式。在正常、合法的施工承包关系中，主要建筑材料、构配件及工程设备的采购应由施工单位或者发包人负责采购。第5项规定的是以劳务分包之名进行的转包行为。合法的劳务作业分包应依法受到保护。但劳务分包的对象仅为劳务，劳务分包方收取的费用也应是其提供劳务的对价，应限定在劳务报酬及必要的辅材费用。如果建筑主材、构配件、设备等都是由劳务分包单位购买，施工设备、周转材料租赁也由劳务分包单位租赁，劳务分包单位的承包范围与施工总承包或专业承包单位的范围相同，就属于以劳务分包之名行转包之实，发包人的行为应当认定为转包行为。第6项规定的是转包人以合作、联营、个人承包等形式或名义，直接或变相开展的转包行为。合作、联营、内部个人承包等形式本身并不被法律所禁止，均是施工单位生产经营过程中正常的经营和管理措施。

在认定某一行为是属于合作、联营行为还是转包行为，应注意以下两点：第一，承包人是否实际参与工程的组织施工与管理以及合作、联营人是否以自身身份或联合体身份参与施工；第二，合作、联营人是否具有实施该工程的资质。两者必须全部满足才能被认定为合作、联营施工，而不是转包或挂靠。如果合作、联营方没有资质，或者在项目上不是以其自身身份或联合体身份出现，仍然以承包人名义对外的，应认定合作、联营方存在挂靠行为，承包人为转包。此外，合作、联营行为与转包行为还有一个重要区别。在合作、联营的情况下，承包人与各合作方、联营方需共同承担经营风险。一方面，各方既可能盈利，也可能亏本；另一方面，各合作方或联营方需依据约定或者出资比例分享利润、分担风险，而非由一方收取固定收益。但在转包的情况下，转包人通常按工程价款的固定比例收取管理费等费用。在区分内部承包关系与转包关系时，关键要看是否组成项目管理机构以及现场主要管理人员与施工单位之间有无劳动合同、工资、社保关系，有无统一的资产、财务关系等，如果没有这些关系，对施工单位可认定为转包。

专题四 建设工程施工合同无效的后果

一、建设工程施工合同无效的法律后果

建筑领域管理性规定较多，当事人出于降低成本、违法获取市场准入、非法获利等原因，可能会作出规避相关法律和行政法规的行为。如果当事人所规避的法律和行政法规的规定属于效力性强制性规定，则会导致建设工程施工合同无效。对于民事法律行为无效的法律后果，《民法典》第157条规定："民事法律行为无效、被撤销或者确定不发生效力后，行为人因该行为取得的财产，应当予以返还；不能返还或者没有必要返还的，应当折价补偿。有过错的一方应当赔偿对方由此所受到的损失；各方都有过错的，应当各自承担相应的责任。法律另有规定的，依照其规定。"根据该条规定，合同无效的一般法律后果有三种：返还财产、折价补偿、赔偿损失。其中，返还财产责任的构成要件有三：一是合同无效；二是当事人因合同取得财产；三是该财产能够返还且有必要返还。折价补偿

的构成要件有三：一是合同无效；二是当事人因合同取得财产；三是当事人因合同取得的财产不能返还或者没有必要返还。赔偿损失的构成要件有四：一是合同无效；二是当事人有过错；三是当事人因合同无效遭受损失；四是当事人损失与对方当事人的过错存在因果关系。

建设工程施工合同与其他合同比较来讲，具有特殊性，即承包人在履行建设工程合同的过程中逐步将劳动和建筑材料等物化在建设工程中，而建设工程作为特定物，对发包人具有较大价值，但对于承包人来讲价值不高。因为承包人对建设工程施工的目的是要获得建设工程价款，而不是建设工程。同时，关于建设用地使用权以及建筑物的转让，《民法典》第356条："建设用地使用权转让、互换、出资或者赠与的，附着于该土地上的建筑物、构筑物及其附属设施一并处分。"第357条规定："建筑物、构筑物及其附属设施转让、互换、出资或者赠与的，该建筑物、构筑物及其附属设施占用范围内的建设用地使用权一并处分。"这两条法律规定体现了房地一体处分原则。在实践中，建设工程所占用的土地的使用权通常归发包人所有。建设工程合同被确认无效后，如果要求发包人将承包人施工建设的工程返还给承包人，则会违反上述房地一体原则。因此，建设工程合同被确认无效后，对于已经履行的部分不能适用返还财产的处理方式。虽然建设工程施工合同无效，但是，如果承包人施工完成、交付给发包人的建设工程质量合格，发包人就因无效的建设工程施工合同获得了建设工程，即获得了财产。该财产是承包人施工完成的，凝聚了承包人提供的劳务，是劳务的物化。承包人所付出的劳务和建筑材料已经物化在建设工程中。由于建设工程不适于返还给承包人，而发包人又因无效的建设工程施工合同获得了承包人已施工完成的工程，在这种情况下需要发包人对承包人所付出的劳务和建筑材料等支出进行折价补偿。承包人请求发包人参照建设工程施工合同的约定折价补偿的基本前提，是其所施工的建设工程质量合格。在建设工程施工合同中，承包人的主要义务就是向发包人交付质量合格的建设工程。如果承包人向发包人交付的工程质量不合格，就会导致发包人的合同目的无法实现。如果承包人施工的工程经验收不合格，但有修复可能的，可以由承包人进行修复。建设工程经修复后验收合格的，承包人有权请求发包人支付建设工程价款，但修复费用应由承包人承担。如果修复后的建设工程经验收仍然不合格的，承包人就无权请求发包人支付工程价款。在一般情况下，承包人对工程的施工质量负责，并对此承担民事责任。但如果因发包人原因导致工程质量缺陷，按照过错责任，应当由发包人承担损失赔偿责任。

针对实践中建设工程施工合同无效的情况，结合审判经验和《合同法》相关规定，《建设工程施工合同司法解释（一）》第2条规定："建设工程施工合同无效，但建设工程经竣工验收合格，承包人请求参照合同约定支付工程价款的，应予支持。"第3条规定："建设工程施工合同无效，且建设工程经竣工验收不合格的，按照以下情形分别处理：（一）修复后的建设工程经竣工验收合格，发包人请求承包人承担修复费用的，应予支持；（二）修复后的建设工程经竣工验收不合格，承包人请求支付工程价款的，不予支持。因建设工程不合格造成的损失，发包人有过错的，也应承担相应的民事责任。"以上两条司法解释在实践中取得了较好的效果。《民法典》吸纳了上述规定。《民法典》第793条规定："建设工程施工合同无效，但是建设工程经验收合格的，可以参照合同关于工程价款的约定折价补偿承包人。建设工程施工合同无效，且建设工程经验收不合格的，按照以下情形处理：（一）修复后的建设工程经验收合格的，发包人可以请求承包人承担修复费用；（二）修复后的建设工程经验收不合格的，承包人无权请求参照合同关于工程价款的约定折价补偿。发包人对因建设工程不合格造成的损失有过错的,应当承担相应的责任。"

二、建设工程折价补偿的方式

在实践中,建设工程折价主要有两种方式:一是发包人与承包人协商折价;二是委托第三方评估鉴定折价。如果发包人与承包人因建设工程施工合同纠纷起诉至法院,说明双方当事人无法就建设工程折价或者建设工程价款数额达成一致。委托第三方评估鉴定折价在现实中也面临诸多困难:一是评估鉴定的成本很高;二是我国评估鉴定中介市场不完善,有的评估鉴定结论与客观真实价值有一定距离。当事人在建设工程施工合同中约定的建设工程价款或者建设工程价款的计算方式是双方讨价还价、磋商一致的结果。合同约定确定的建设工程价款与发包人应当折价返还的建设工程价值相近。因此,从实践的角度看,最佳的补偿办法就是由发包人参照建设工程施工合同的约定向承包人支付工程价款。

对于如何理解"参照合同关于工程价款的约定折价补偿承包人"的问题,实践中存在不同的观点。本书认为,"参照合同关于工程价款的约定折价补偿承包人"就是原则上应当参照合同约定支付全部工程款。由于建设工程竣工验收合格,合同无效的折价补偿与合同有效的工程价款支付对建设方来讲没有实质区别。其理由如下:

第一,无论建设工程合同有效还是无效,在建设工程竣工验收合格的情况下,发包人都得到了质量合格的建筑物,其签订建设工程合同的目的已经实现,在此种情况下要求发包人付出同样的对价,不违反公平原则。第二,在实践中,影响建设工程施工合同效力的因素有很多,如承包人不具备相应的建筑工程施工资质,合同不是双方真实意思表示,违法发包、转包、违法分包等,建设工程合同无效的情况也较为常见。在《民法典》第179条规定的民事主体承担民事责任的方式中,未再规定收缴非法所得这一责任形式。第三,在建设工程施工合同无效的情况下,折价补偿不同于赔偿损失,合同无效的原因及过错对于赔偿损失的确认具有意义,但与建设工程的折价并无直接关系。因此,以合同无效的原因及过错作为认定建设工程折价补偿标准的因素是不合理的。

三、建设工程折价补偿应当参照的合同文本

《民法典》第793条规定,建设工程施工合同无效,但是建设工程经验收合格的,可以参照合同关于工程价款的约定折价补偿承包人。在双方签订的多份建设工程施工合同均无效的情况下,就会出现应当参照哪份合同约定确定工程价款的问题。关于这一问题,实践中的争议主要有以下四种:第一种观点认为,应当参照备案合同的约定确定建设工程价款。因为在黑白合同中,白合同一般指备案的建设工程施工合同,而黑合同是当事人私下签订的与备案合同不一致的建设工程施工合同。当事人签订黑合同的目的是规避法律法规的规定,对这样的行为法律上应予否定。因此,在黑白合同不一致的情况下,应当将白合同作为确定当事人权利义务的依据。第二种观点认为,应当参照中标合同的约定确定建设工程价款。因为对于必须招标的工程,当事人应当通过招标投标程序签订建设工程施工合同,虽然中标合同与其他合同一样都无效,但通过招标投标程序签订的建设工程施工合同相对于其他合同更具可信性。第三种观点认为,应当参照当事人实际履行合同的约

定确定建设工程价款。第四种观点认为,应当参照当事人最后签订合同的约定确定建设工程价款。

对于该问题,2019 年 2 月 1 日起施行的《建设工程施工合同司法解释(二)》第 11 条规定:“当事人就同一建设工程订立的数份建设工程施工合同均无效,但建设工程质量合格,一方当事人请求参照实际履行的合同结算建设工程价款的,人民法院应予支持。实际履行的合同难以确定,当事人请求参照最后签订的合同结算建设工程价款的,人民法院应予支持。”一方面,当事人实际履行的建设工程施工合同反映了当事人的真实意思;另一方面,其所约定的价格也最贴近真实情况。在发包人与承包人所签订的全部建设工程施工合同均无效的情况下,按当事人的真实意思表示确定双方的权利义务对当事人而言既最容易接受,也最符合客观情况。双方据此折价的数额也最真实客观。这有利于纠纷的解决。如果当事人对实际履行的合同有争议,根据意思表示的解释规则,在发包人与承包人就同一建设工程签订多份建设工程施工合同的情况下,最后签订的合同往往才是双方当事人的真实意思表示。在存在多份建设工程合同且均无效的情况下,《建设工程施工合同司法解释(二)》规定选择一份最符合客观情况的建设工程施工合同作为确定建设工程价款的参照,使折价更合理、更客观,并不是要将无效合同作为有效合同处理。

在司法实践中,适用第 793 条规定时还需注意一个问题,即建设工程施工合同无效,承包人所建设的工程也验收合格,承包人是否可以不请求参照合同约定支付工程价款,而申请人民法院委托鉴定机构对工程价款进行鉴定呢?对此,本书认为,既然该条规定并未限定承包人只能请求参照建设工程施工合同约定折价补偿,根据法无禁止即自由的民事基本原则,承包人在起诉时可以选择请求参照建设工程施工合同约定支付工程价款,也可以申请人民法院委托鉴定机构对工程价款进行鉴定。但一旦选定后,就不应再反悔,即人民法院既应注重保护承包人的选择权,也应注重维护诉讼诚信原则。

四、建设工程价款的支付应当以建设工程质量合格为前提

发包人与承包人订立建设工程施工合同的目的是获得质量合格的建设工程。如果承包人施工的建设工程质量不合格,发包人的合同目的就不能实现。根据《民法典》第 563 条第 1 款第 4 项规定,如果承包人的违约行为致使发包人不能实现合同目的,发包人可以解除合同。《民法典》第 610 条规定:“因标的物不符合质量要求,致使不能实现合同目的的,买受人可以拒绝接受标的物或者解除合同。买受人拒绝接受标的物或者解除合同的,标的物毁损、灭失的风险由出卖人承担。”第 646 条规定:“法律对其他有偿合同有规定的,依照其规定;没有规定的,参照适用买卖合同的有关规定。”因此,就有偿合同而言,履行一方提供符合合同约定的质量标准或者要求的物品或者服务,原则上都是相对人支付价款的对价。建设工程质量合格的判断标准,既可以是发包人根据施工图纸及说明书、国家颁发的施工验收规范和质量检验标准对建设工程验收合格,也可以是纠纷发生后由鉴定机构出具质量合格的鉴定意见。

无论建设工程施工合同是否有效,建设工程质量合格都是承包人请求发包人依照建设工程施工合同约定或者参照建设工程施工合同约定支付建设工程价款的前提条件。《建设工程施工合同司法解释(一)》第 16 条第 3 款规定:“建设工程施工合同有效,但建设工程经竣工验收不合格的,工程价款结算参照本解释第三条规定处理。”根据该规定,建设工程施工合同有效,发包人和承包人

均应当按照合同约定履行义务。如果承包人所施工的工程经竣工验收不合格,应当依照《建设工程施工合同司法解释(一)》第3条规定,有修复可能的,应当由承包人进行修复。建设工程经修复后验收合格的,承包人有权请求发包人支付建设工程价款,但应当由承包人承担修复费用。修复后的建设工程经竣工验收仍然不合格的,承包人就无权请求发包人支付工程价款。另外,《民法典》第793条第1款规定:“建设工程施工合同无效,但是建设工程经验收合格的,可以参照合同关于工程价款的约定折价补偿承包人。”因此,在建设工程施工合同无效的情况下,承包人请求发包人参照建设工程施工合同的约定支付工程价款的基本前提一定是其所施工的建设工程质量合格。

建设工程施工合同被解除后,如果承包人已经完成的全部或者部分建设工程质量合格的,承包人也有权请求发包人支付建设工程价款。对此,《民法典》第806条第3款规定:“合同解除后,已经完成的建设工程质量合格的,发包人应当按照约定支付相应的工程价款;已经完成的建设工程质量不合格的,参照本法第七百九十三条的规定处理。”

专题五　建设工程施工合同的内容

一、建设工程施工合同应当具备的主要条款

《民法典》不仅规定建设工程施工合同必须采取书面形式,而且对建设工程施工合同的内容作了规定。《民法典》第795条规定:“施工合同的内容一般包括工程范围、建设工期、中间交工工程的开工和竣工时间、工程质量、工程造价、技术资料交付时间、材料和设备供应责任、拨款和结算、竣工验收、质量保修范围和质量保证期、相互协作等条款。”

当事人通过招标投标方式签订建设工程施工合同的,《招标投标法》第46条第1款规定:“招标人和中标人应当自中标通知书发出之日起三十日内,按照招标文件和中标人的投标文件订立书面合同。招标人和中标人不得再行订立背离合同实质性内容的其他协议。”如果允许招标人和中标人在中标后变更合同实质性内容,将导致通过招标投标程序确定的中标结果失去意义,破坏招标投标市场秩序,背离《招标投标法》的立法意旨。在实践中,在理解合同实质性内容时应注意以下两点:

第一,合同实质性内容不同于合同的基本内容,不能将《民法典》第795条规定的工程范围、建设工期、中间交工工程的开工和竣工时间、工程质量、工程造价、技术资料交付时间、材料和设备供应责任、拨款和结算、竣工验收、质量保修范围和质量保证期、相互协作等合同的主要内容全部认定为合同实质性内容。合同实质性内容一般是指影响或决定合同当事人基本权利义务的条款,对当事人是否缔约、与谁缔约、如何缔约有重要影响。《民法典》第795条规定的施工合同内容中的技术资料交付时间、材料和设备供应责任、拨款和结算、竣工验收等条款一般不会对合同的基本权利义务产生实质性影响,而且对于这些条款的内容招标人也可以在中标通知书发出后与中标人进一步完善或协商变更。

第二,合同实质性内容与合同主要条款不同。合同的主要条款,是指合同成立必须具备的条款,主要条款欠缺将造成合同不成立的后果。合同的主要条款有的是由法律直接规定的,如借款合同中有关借款币种的条款;有的是由合同的性质决定的,如买卖合同标的物价款的条款。《民法典》第795条规定的施工合同的11项内容,有的是施工合同的主要条款,有的并非施工合同的主要条款。对于合同主要条款,《合同法司法解释(二)》第1条第1款明确规定:"当事人对合同是否成立存在争议,人民法院能够确定当事人名称或者姓名、标的和数量的,一般应当认定合同成立。但法律另有规定或者当事人另有约定的除外。"根据该解释,除法律另有规定或者当事人另有约定外,合同的主要条款包括合同主体即当事人名称或者姓名、标的和数量三方面的条款。在通常情况下,当事人达成的任何协议只要包括这3方面的内容,即可认定合同成立。合同具备主要条款而欠缺其他内容的,当事人可以协商补充,也可以依照《合同法》的规定或者解释规则予以补充。[①]

关于建设工程施工合同实质性内容的范围,《建设工程施工合同司法解释(二)》第1条规定:"招标人和中标人另行签订的建设工程施工合同约定的工程范围、建设工期、工程质量、工程价款等实质性内容,与中标合同不一致,一方当事人请求按照中标合同确定权利义务的,人民法院应予支持。招标人和中标人在中标合同之外就明显高于市场价格购买承建房产、无偿建设住房配套设施、让利、向建设单位捐赠财物等另行签订合同,变相降低工程价款,一方当事人以该合同背离中标合同实质性内容为由请求确认无效的,人民法院应予支持。"根据该条规定,建设工程施工合同实质性内容包括工程范围、建设工期、工程质量、工程价款等内容。《招标投标法》第46条第1款规定:"招标人和中标人应当自中标通知书发出之日起三十日内,按照招标文件和中标人的投标文件订立书面合同;招标人和中标人不得再行订立背离合同实质性内容的其他协议。"因此,招标人和中标人应当按照招标文件和中标人的投标文件订立中标合同。对于当事人未按《招标投标法》第46条规定,按照招标文件和中标人的投标文件订立中标合同的,《建设工程施工合同司法解释(一)》第21条规定:"当事人就同一建设工程另行订立的建设工程施工合同与经过备案的中标合同实质性内容不一致的,应当以备案的中标合同作为结算工程价款的根据。"《建设工程施工合同司法解释(二)》第9条规定:"发包人将依法不属于必须招标的建设工程进行招标后,与承包人另行订立的建设工程施工合同背离中标合同的实质性内容,当事人请求以中标合同作为结算建设工程价款依据的,人民法院应予支持,但发包人与承包人因客观情况发生了在招标投标时难以预见的变化而另行订立建设工程施工合同的除外。"因此,招标人和中标人在中标合同之外另行签订了背离中标合同实质性内容的建设工程施工合同的,应当以中标合同作为确定建设工程施工合同实质性内容的依据。

二、注意保修条款与质量保证金条款的区别

在实践中,当事人在建设工程施工合同中除约定保修期限外,一般还会约定发包人在建设工程竣工验收合格后,有权保留一定比例的建设工程价款,作为建设工程质量保证金,待缺陷责任期满后,再支付给承包人。住建部《建设工程施工合同(示范文本)》第二部分通用合同条款第1.1.4.4

---

① 最高人民法院民事审判第一庭编:《最高人民法院关于审理建设工程施工合同纠纷案件适用法律问题的解释(二)》,人民法院出版社2019年版,第45页。

项约定:"缺陷责任期:是指承包人按照合同约定承担缺陷修复义务,且发包人预留质量保证金(已缴纳履约保证金的除外)的期限,自工程实际竣工日期起计算。"第1.1.4.5项约定:"保修期:是指承包人按照合同约定对工程承担保修责任的期限,从工程竣工验收合格之日起计算。"保修期对应的是承包人的保修责任,保修期届满,承包人不再承担保修义务。缺陷责任期对应的是瑕疵担保责任。缺陷责任期届满,发包人应当向承包人退还建设工程质量保证金,但如果缺陷责任期已经届满但保修期还没有届满,承包人仍需要承担保修责任。在实践中,不少人混淆了保修期与缺陷责任期。保修期与缺陷责任期是两个不同的概念,对应的是不同的责任。

在我国,保修制度先于缺陷责任期制度出现。1998年3月1日起施行的《建筑法》第62条规定:"建筑工程实行质量保修制度。建筑工程的保修范围应当包括地基基础工程、主体结构工程、屋面防水工程和其他土建工程,以及电气管线、上下水管线的安装工程,供热、供冷系统工程等项目;保修的期限应当按照保证建筑物合理寿命年限内正常使用,维护使用者合法权益的原则确定。具体的保修范围和最低保修期限由国务院规定。"该法规定了质量保修制度,但未对缺陷责任期制度作出规定。对于保修期限,《建设工程质量管理条例》第40条规定:"在正常使用条件下,建设工程的最低保修期限为:(一)基础设施工程、房屋建筑的地基基础工程和主体结构工程,为设计文件规定的该工程的合理使用年限;(二)屋面防水工程、有防水要求的卫生间、房建和外墙面的防渗漏,为5年;(三)供热与供冷系统,为2个采暖期、供冷期;(四)电气管线、给排水管道、设备安装和装修工程,为2年。其他项目的保修期限由发包方与承包方约定。建设工程的保修期,自竣工验收合格之日起计算。"根据该条规定,同一建设工程中的不同分部工程保修期并不相同。在实践中,由于设计文件规定的基础设施工程、房屋建筑的地基基础工程和主体结构工程的合理使用年限可能长达数十年,出现了保修金长期不能返还给承包人的问题。为解决这一问题,我国借鉴国际做法,引入了缺陷责任期制度。2002年9月27日,财政部颁布的《基本建设财务管理规定》规定了建设工程质量保证金制度。该规定第34条规定:"建设单位应当严格执行工程价款结算的制度规定,坚持按照规范的工程价款结算程序支付资金。建设单位与施工单位签订的施工合同中确定的工程价款结算方式要符合财政支出预算管理的有关规定。工程建设期间,建设单位与施工单位进行工程价款结算,建设单位必须按工程价款结算总额的5%预留工程质量保证金,待工程竣工验收一年后再清算。"虽然财政部颁布的《基本建设财务管理规定》规定了建设单位与施工单位进行工程价款结算时应当预留工程质量保证金,但实践中对于质量保证金与保修金的关系仍不明确。2004年10月20日,财政部和原建设部发布的《建设工程价款结算暂行办法》第7条规定,发包人和承包人应当在合同条款中对工程质量保证(保修)金的数额、预扣方式及时限进行约定。第14条规定,发包人根据确认的竣工结算报告向承包人支付工程竣工结算价款,保留5%左右的质量保证(保修)金,待工程交付使用一年质保期到期后清算(合同另有约定的,从其约定),质保期内如有返修,发生费用应在质量保证(保修)金内扣除。该办法使用了"质量保证(保修)金"的概念,并规定了1年的质保期,自工程交付使用后1年质保期届满,再进行清算。当事人对质保期有约定的,从约定。2005年1月12日,财政部和原建设部颁布了《建设工程质量保证金管理暂行办法》,其第2条规定:"本办法所称建设工程质量保证金(保修金)(以下简称保证金)是指发包人与承包人在建设工程承包合同中约定,从应付的工程款中预留,用以保证承包人在缺陷责任期内对建设工程出现的缺陷进行维修的资金。缺陷是指建设工程质量不符合工程建设强制性标准、设计文件,以及承包合同的约定。缺陷责任期一般为六个月、十二个月或二十四个月,具体可由发、承包双方在合同中约定。”该暂行办法提出了缺陷责任期这一概念,虽然仍然采用了“工程质量保证金(保修金)”的表述,但与我国当前所称的建设工程质量保证金已无本质区别。2016 年 6 月 27 日,国务院下发了国务院办公厅《关于清理规范工程建设领域保证金的通知》(国办发〔2016〕49 号),该通知明确只保留投标保证金、履约保证金、工程质量保证金、农民工工资保证金,同时,也确定了“工程质量保证金”这一称谓。与此相应,2016 年 12 月 27 日,住建部、财政部颁布的《建设工程质量保证金管理办法》,也采用了工程质量保证金这一概念。2017 年 6 月 20 日,住建部、财政部对《建设工程质量保证金管理办法》进行了修订,将工程质量保证金预留比例由原来规定的不得高于工程价款结算总额的5%修订为不得高于工程价款结算总额3%,进一步完善了工程质量保证金制度,目的是为建筑企业减负。住建部和原国家工商行政管理总局制定的《建设工程施工合同(示范文本)》(GF－2017－0201)也采用了质量保证金这一表述,并有针对性地设计了通用合同条款和专用合同条款。该示范文本也在建筑市场上广泛使用。至此,保修期与缺陷责任期的制度也已经较为明确。与保修期相对应的是保修责任。与缺陷责任期相对应的是瑕疵担保责任。缺陷责任期届满,建设工程无质量问题的,发包人应当向承包人返还工程质量保证金。缺陷责任期内,由承包人原因造成的质量缺陷,承包人负责维修,并承担鉴定及维修费用;如承包人未履行缺陷修复义务,则发包人可以按照合同约定扣除质量保证金,并由承包人承担相应的违约责任。缺陷责任期届满,发包人返还保证金后,承包人仍应按合同约定或者法律规定的各部分工程的保修年限承担保修责任。

对于质量保证金的返还,《建设工程质量保证金管理办法》第 2 条第 3 款规定,缺陷责任期一般为 1 年,最长不超过 2 年,由发包、承包双方在合同中约定。当事人对工程质量保证金的返还有约定的,承包人有权请求按照约定返还工程质量保证金;没有约定的,发包人返还承包人质量保证金的期限不超过两年。对于起算时点,应当自工程竣工验收时起算。工程未竣工验收的,《建设工程质量保证金管理办法》第 8 条规定,由于发包人原因导致工程无法按规定期限进行竣工验收的,在承包人提交竣工验收报告 90 日后,开始计算缺陷责任期。结合《建设工程质量保证金管理办法》的规定和司法实践情况,《建设工程施工合同司法解释(二)》第 8 条规定:“有下列情形之一,承包人请求发包人返还工程质量保证金的,人民法院应予支持:(一)当事人约定的工程质量保证金返还期限届满。(二)当事人未约定工程质量保证金返还期限的,自建设工程通过竣工验收之日起满二年。(三)因发包人原因建设工程未按约定期限进行竣工验收的,自承包人提交工程竣工验收报告九十日后起当事人约定的工程质量保证金返还期限届满;当事人未约定工程质量保证金返还期限的,自承包人提交工程竣工验收报告九十日后起满二年。发包人返还工程质量保证金后,不影响承包人根据合同约定或者法律规定履行工程保修义务。”根据该规定,当事人对缺陷责任期有约定的,从约定;没有约定的,按《建设工程质量保证金管理办法》第 2 条规定的最长期限,即 2 年计算。关于缺陷责任期的起算点,应当自建设工程通过竣工验收之日起算。如果建设工程未按约定期限进行竣工验收,系由发包人原因造成,则自承包人提交工程竣工验收报告 90 日后起算缺陷责任期。当事人约定或者法律规定缺陷责任期届满,发包人就应当返还工程质量保证金。

专题六　工期顺延及相应责任问题

一、准确把握发包人对隐蔽工程的检查义务

《民法典》第798条规定:"隐蔽工程在隐蔽以前,承包人应当通知发包人检查。发包人没有及时检查的,承包人可以顺延工程日期,并有权请求赔偿停工、窝工等损失。"

隐蔽工程,是指施工过程中被掩埋于其他物体或工程之下,整体工程完工后从表面上无法看到的工程。在实践中,每个单位工程一般都包含有隐蔽工程,如地基与基础工程、给排水工程、电气管线工程、地板基层、护墙基层、门窗套基层、吊顶基层、强电线缆、网络综合布线线缆、网线、电话线、监控线、电梯通话线等。关于隐蔽工程的内涵、外延,目前尚无专门规定,相关规定散见于《建设工程质量管理条例》等法律法规中。实践中,对隐蔽工程的检查验收一般要先于主体工程。因为在隐蔽工程施工完成后,其表面上往往还会被覆盖上其他工程,隐蔽工程一旦被隐蔽,双方再因工程质量发生争议,很难对隐蔽工程是否存在质量问题作出判断。但隐蔽工程的质量又直接影响着工程的整体质量。如果采用破坏性勘察的方式检查隐蔽工程的质量,往往又会对建设工程造成损害,而且如果查明隐蔽工程确实存在质量问题,采用去除隐蔽工程表面的覆盖物、掩盖物,进行修复、重装、重做等,又会给各方当事人造成巨大的损失,如发包人可能会因此无法按时得到质量合格的工程,承包人则会因重做付出额外的成本。为了避免资源的浪费和当事人双方的损失,保证工程的质量和工程的顺利完成。

《民法典》第798条的规定平衡了发包人和施工人的利益,规定了承包人的通知义务,即在对隐蔽工程隐蔽以前,承包人应当及时通知发包人检查,以确定隐蔽工程的质量是否符合合同约定和法律法规的要求。经发包人检查确认合格的,承包人可以对隐蔽工程进行隐蔽施工。如发包人发现隐蔽工程存在质量问题的,有权要求承包人及时对隐蔽工程进行修复或重做。承包人对隐蔽工程完成修复后,应再次通知发包人进行检查,经发包人再次检查确认合格后,方可进行隐蔽。承包人没有通知发包人,就自行将隐蔽工程进行隐蔽的,发包人有权要求承包人对隐蔽工程进行剥露,以供发包人检查。在这种情况下,因检查所产生的相关费用,应由承包人自行承担。发包人在接到承包人关于检查隐蔽工程的通知后,应当及时对隐蔽工程进行检查。发包人接到通知后怠于检查的,承包人也尽量不要自行将工程隐蔽。在这种情况下,承包人可以选择暂停施工,对于由此而产生的停工、窝工等损失,承包人有权要求发包人予以赔偿,同时,也可以要求按照合同约定或法律规定顺延相应的工期。

关于隐蔽工程检查的技术标准和具体流程,我国目前尚无明确规定。《建设工程质量管理条例》第30条规定:"施工单位必须建立、健全施工质量的检验制度,严格工序管理,作好隐蔽工程的质量检查和记录。隐蔽工程在隐蔽前,施工单位应当通知建设单位和建设工程质量监督机构。"但

该条也仅规定了承包人对隐蔽工程检查通知的对象。结合建设工程实践,隐蔽工程检查一般包括以下几个步骤:一是先由承包人进行自检;二是经承包人自检确认具备覆盖条件的,承包人再书面通知监理人或者发包人检查;三是监理人或者发包人按照通知到场检查。在实践中,当事人一般会在合同中约定由监理人对隐蔽工程进行检查,但如果没有约定由监理人进行检查,则承包人仍应该通知发包人进行检查。承包人通知发包人对隐蔽工程检查后,发包人不履行检查的义务,并表示由施工人自行检查出具记录即可的,应尊重当事人的真实意思。承包人自行检查将工程隐蔽后,发包人又要求对隐蔽工程质量进行检查的。由此产生的再次检查费用,则应视检查结果而定。如果检查结果符合合同约定,承包人有权要求发包人承担由此所产生的相关费用以及赔偿造成的相关损失,同时,承包人因再次检查耽误工期的,承包人可以根据所耽误工期的实际情况,要求顺延工期。但如果再次检查的结果是工程质量未达到合同约定的标准,那么,检查费用应当结合发包人、承包人各自的过错程度予以认定。如果施工人代为检查后,明知隐蔽工程存在瑕疵仍予以隐瞒并隐蔽工程的,对于检查出来的质量问题,承包人仍应当承担修复义务。因为发包人虽作出了由承包人代为履行检查义务的意思表示,但并未表示由此免除承包人作为施工方对隐蔽工程质量的责任。

二、正确认定发包人怠于检查隐蔽工程导致的工期顺延

在建设工程施工合同有效的情况下,承包人延误工期的,应当承担违约责任。在建设工程施工合同无效的情况下,根据《建设工程施工合同司法解释(二)》第3条的规定,承包人也要赔偿发包人因工期延误造成的损失。但如果工期延误是因发包人原因造成的,承包人可以以工期顺延进行抗辩。承包人通知发包人对隐蔽工程进行检查后,如果发包人没有及时检查,承包人无法获得隐蔽工程验收合格的记录,就无法对隐蔽工程进行隐蔽,影响施工进度,造成工期延误。《民法典》第798条规定,发包人不及时对隐蔽工程进行检查的,承包人可以顺延工期。

在建设工程施工合同纠纷案件中,对于发包人是否及时履行了检查的义务,则应当根据当事人之间的约定或行业习惯予以认定。如果当事人之间对检查隐蔽工程的期限进行了约定,应当根据当事人之间的约定判断发包人是否存在不及时检查的情形。如果当事人之间对此没有约定,可以结合建设工程施工实践、行业习惯等作出判断。对于隐蔽工程检查的时间,住建部和国家工商总局共同制定的《建设工程施工合同(示范文本)》(GF-2017-0201)第5.3.2项第3款规定:"除专用合同条款另有约定外,监理人不能按时进行检查的,应在检查前24小时向承包人提交书面延期要求,但延期不能超过48小时,由此导致工期延误的,工期应予以顺延。"在实践中,如果当事人之间采用该示范文本,就可依据上述约定确定发包人对隐蔽工程进行检查的合理时间。如果当事人未采用该示范文本,鉴于该示范文本是由监管部门依据实践情况制定,在实践中广泛使用,也可以将上述规定视为行业习惯,作为认定发包人对隐蔽工程进行检查的合理时间的参照。

工期顺延事由发生后,应当顺延多长时间工期,也是当事人容易引发争议的问题。对此,建设工程施工合同一般会约定工期顺延的事由发生后,承包人需向发包人或者监理人提出顺延工期的申请,由发包人或者监理人以签证的方式予以确认。由于发包人在建筑市场上处于优势地位,加之实践中转包、违法分包等情形存在,导致施工人提交的工期顺延申请并不一定能得到发包人或者监理人的签证确认。对于这一问题,《建设工程施工合同司法解释(二)》第6条第1款规定:"当事人

约定顺延工期应当经发包人或者监理人签证等方式确认,承包人虽未取得工期顺延的确认,但能够证明在合同约定的期限内向发包人或者监理人申请过工期顺延且顺延事由符合合同约定,承包人以此为由主张工期顺延的,人民法院应予支持。"因此,人民法院在审查承包人提出的工期顺延的主张时,不能仅以发包人或者监理人作出的确认工期顺延的签证为依据,而是要对承包人是否在建设工程施工合同约定的期限内提出了工期顺延申请、承包人提出的工期顺延申请是否符合建设工程施工合同的约定等问题进行实质性审查。即使当事人约定顺延工期应当经发包人或者监理人签证等方式确认,而承包人提出的工期顺延申请未取得发包人或者监理人以签证等方式作出的确认,只要承包人能够证明在合同约定的期限内向发包人或者监理人提出过工期顺延的申请,而且其所提出的工期顺延事由为建设工程施工合同约定的事由,人民法院就应当支持其顺延工期的主张。

三、正确认定发包人违约导致的工期顺延

《民法典》第803条规定:"发包人未按照约定的时间和要求提供原材料、设备、场地、资金、技术资料的,承包人可以顺延工程日期,并有权请求赔偿停工、窝工等损失。"为保证建设工程合同的顺利履行,一般情况下发包人和承包人还需要承担很多协助义务,如承包人协助竣工验收,发包人协助交付工程施工的相关材料。在实践中,发包人最常见的协助义务是按照约定的时间和要求提供原材料、设备、场地、资金、技术资料。如果发包人违反约定,未及时履行上述义务,将直接影响承包人对建设工程的施工,造成工期的延误。

在建设工程施工中,原材料是指工程所需的原料和材料,工程施工所需的原材料种类繁多,如水泥、沙子、钢筋,木材、电线电缆、电气元、保温材料、防水材料、给排水材料等。设备是指承包人对工程进行施工所需要的机械、设施,常用的机械设施有:搅拌机、施工升降机、电焊机、挖土机、塔吊、推土机等。对于施工材料和设备的供应,当事人可自行作出约定。《民法典》第795条亦将设备和材料的供应作为施工合同的一般内容予以了规定。发包人和承包人在建设工程施工合同中,如果约定由发包人提供工程所需全部材料和设备,则属于承包人包工不包料;如果约定工程施工所需的材料和设备全部由承包人自行采购,则属于承包人包工包料;如果约定部分工程材料和设备由发包人供应,部分材料由承包人自行采购,则属于承包人包工半包料。无论承包人对建筑工程是包工半包料还是包工不包料,在这两种承包方式下,发包人均需要按照施工合同约定向承包人提供全部或部分的材料和设备。所谓场地,是指承包人对工程进行施工建设需要的地方。施工场地除了建设工程所占用的土地,还应包括承包人施工所需要的其他场地,如施工材料的堆放场地、承包人施工所需的通道等。在某些情况下,有些施工场地上可能还涉及征收房屋的拆迁、障碍物的清除。对此,发包人应当及时完成,并按时向承包人交付场地。资金一般是指按照合同约定发包人应向承包人支付的工程款。资金是承包人对工程建设施工的经济基础,施工期间发包人应按照合同约定提供建设资金。技术资料是承包人进行工程建设的技术保障,一般包括施工图纸、勘察数据、设计文件等。发包人应当按照约定及时向承包人提供相关的技术资料,以保证工程的顺利开工和进行。如果发包人未按约定的时间和方式提供工程施工所需的原材料、设备、场地、资金、技术资料,可能直接影响承包人的施工进度,造成工期延误。对此,承包人可以根据发包人不按约履行协助义务的事实,结合工期延误的实际情况,申请顺延工期。承包人因此产生的停工、窝工等损失,亦应由发包

人根据其过错承担。

四、正确认定发包人对停工、窝工等损失的赔偿责任

因发包人原因导致承包人不能正常施工，除工期顺延外，承包人还会遭受相应的停工、窝工损失。对于因发包原因导致的停工、窝工损失，《民法典》第798条、第803条都有明确规定。停工是指工程施工停止。窝工是指承包人所安排的工人、机械超过了实际施工需要，导致工人、机械的效用不能有效发挥。由于发包人原因造成停工、窝工，如发包人变更设计导致停工、窝工；在建设工程施工合同约定发包人提供建筑材料的情况下，发包人迟延提供建筑材料导致停工、窝工；发包人在建设项目土地征用、拆迁安置、拆迁补偿等方面的原因导致工程建设受阻，导致的停工、窝工；承包人进场后发现施工场地不符合约定的进场条件，导致的停工、窝工；承包人因执行发包人、监理人的指令，导致的停工、窝工；发包人迟延支付工程价款，导致的停工、窝工；发包人在收到承包人通知后，未及时对隐蔽工程进行检查，导致的停工、窝工；等等。

在实践中，还有因非可归责于双方当事人的原因造成停工、窝工，如不可抗力等。《民法典》第590条规定："当事人一方因不可抗力不能履行合同的，根据不可抗力的影响，部分或者全部免除责任，但是法律另有规定的除外。因不可抗力不能履行合同的，应当及时通知对方，以减轻可能给对方造成的损失，并应当在合理期限内提供证明。当事人迟延履行后发生不可抗力的，不免除其违约责任。"因不可抗力导致的停工、窝工，根据不可抗力影响，应当部分或者全部免除当事人的责任。由此引起或将引起工期延误的，应当顺延工期。原则上，承包人在停工期间按照发包人要求照管、清理和修复工程的费用应由发包人承担。

关于停工、窝工的赔偿标准，如果当事人有索赔签证的，按签证办理；如果没有索赔签证，但建设工程施工合同对赔偿标准有约定的，按合同约定办理；如果既无索赔签证，建设工程施工合同也没有约定的，可按定额标准，根据停工、窝工的时间计算停工、窝工造成的人工费、机械费、管理费、材料费等费用。

专题七　建设工程竣工验收问题

一、建设工程竣工验收制度

《民法典》第799条规定："建设工程竣工后，发包人应当根据施工图纸及说明书、国家颁发的施工验收规范和质量检验标准及时进行验收。验收合格的，发包人应当按照约定支付价款，并接收该建设工程。建设工程竣工经验收合格后，方可交付使用；未经验收或者验收不合格的，不得交付使用。"建设工程竣工验收制度正是确保建设工程质量的基本制度。原则上，只有竣工验收质量合格的工程才能交付发包人使用。此外，发包人、承包人签订施工合同的目的就是发包人获取符合合同

约定的工程,承包人按照合同约定获得工程款。而发包人向承包人支付全部工程款的前提是承包人按照约定完成全部工程建设任务且确保施工工程质量合格。因此,承包人对建设工程施工完成后,向发包人交付前,应先经过验收。

竣工验收是指建设工程竣工后,准备交付给发包人投入使用时,由发包人会同设计、施工、工程监理等有关单位及工程质量监督部门,依照国家关于建设工程竣工验收制度的规定,对该项工程是否合乎设计要求和工程质量标准所进行的检查、考核工作。建设工程的竣工验收是工程建设全过程的最后一道程序,是对工程质量实行控制的最后一个重要环节。《建筑法》第 61 条规定:"交付竣工验收的建筑工程,必须符合规定的建筑工程质量标准,有完整的工程技术经济资料和经签署的工程保修书,并具备国家规定的其他竣工条件。建筑工程竣工经验收合格后,方可交付使用;未经验收或者验收不合格的,不得交付使用。"根据该规定,发包人组织对工程进行竣工验收,应当依据承包人施工所依据的图纸、说明书、国家颁发的施工验收规范以及建设工程质量检验标准。需要特别说明的是,在某些情况下,承包人施工所依据的图纸与设计的图纸有时会有所出入,造成这一现象的原因是发包人与承包人施工过程中基于特殊情况协商对工程的某些部分的施工进行了变更。在施工图纸和设计图纸不一致的情况下,如果双方协商变更了图纸,发包人进行竣工验收应当根据施工时的图纸,而原来的非设计图纸。

《建设工程质量管理条例》第 16 条规定:"建设单位收到建设工程竣工报告后,应当组织设计、施工、工程监理等有关单位进行竣工验收。建设工程竣工验收应当具备下列条件:(一)完成建设工程设计和合同约定的各项内容;(二)有完整的技术档案和施工管理资料;(三)有工程使用的主要建筑材料、建筑构配件和设备的进场试验报告;(四)有勘察、设计、施工、工程监理等单位分别签署的质量合格文件;(五)有施工单位签署的工程保修书。建设工程经验收合格的,方可交付使用。"根据该规定,建设工程验收的主要内容包括:是否完成建设工程设计和合同约定的各项内容;是否有完整的技术档案和施工管理资料;是否有工程使用的主要建筑材料、建筑构配件和设备的进场试验报告;是否有勘察人、设计人、施工人、监理人等分别签署的质量合格文件;是否有施工人签署的工程保修书。

二、建设工程竣工验收条件

竣工验收是履行建设工程施工合同的重要环节,建设工程经竣工验收合格,承包人才能请求发包人支付剩余工程款。在实践中,建设工程是否竣工验收、是否具备竣工验收的条件、因哪方当事人原因导致建设工程未验收等问题都是较为常见的争议问题。根据《建设工程质量管理条例》第 16 条的规定,建设工程竣工验收通常需要具备以下条件:

第一,发包人收到承包人提交的建设工程竣工报告。承包人完成全部建设工程的施工任务后,应当向发包人提交建设工程竣工报告。发包人收到竣工报告后,才能组织相关单位进行竣工验收。

第二,建设工程竣工验收应当由发包人组织,并由设计单位、承包人、工程监理单位等单位参加。《建设工程质量管理条例》第 37 条规定:"工程监理单位应当选派具备相应资格的总监理工程师和监理工程师进驻施工现场。未经监理工程师签字,建筑材料、建筑构配件和设备不得在工程上使用或者安装,施工单位不得进行下一道工序的施工。未经总监理工程师签字,建设单位不拨付工程款,不进行竣工验收。”

第三,承包人应当按照建设工程设计和建设工程施工合同的约定完成全部分部分项工程的施工。这是竣工的当然之义。

第四,应当有完整的技术档案和施工管理资料和有工程使用的主要建筑材料、建筑构配件和设备的进场试验报告。这是司法实践中争议较多的一个问题。有的发包人以承包人未提交施工资料为由,要求承包人承担建设工程不能按时竣工的责任。有的承包人担心建设工程价款还未结算,向发包人交付施工资料后,没有结算的凭证,不向发包人提交施工资料。更常见的情况是,承包人虽向发包人提交了相关资料,但发包人认为资料不全,无法进行竣工验收,而承包人则认为,在施工过程中只有这些资料,资料不全的原因在于发包人和监理方。

第五,有勘察、设计、施工、工程监理等单位分别签署的质量合格文件。就建设工程竣工验收的程序而言,一般包括建设工程竣工预验收和验收两个阶段。发包人、监理人和承包人参加建设工程竣工预验收。建设工程竣工后,监理工程师按照承包人自检验收合格后提交的《单位工程竣工预验收申请表》,审查资料并进行现场检查。如果经检查建设工程存在问题,项目监理部就存在的问题提出书面意见,并签发《监理工程师通知书》,要求承包人限期整改。承包人整改完毕后,编制《建设工程竣工验收报告》,交监理工程师检查,由项目总监签署意见后,提交建设单位。正式的建设工程竣工验收由建设单位负责组织实施,由监理单位、勘察单位、设计单位、施工单位参加。其中,承包人需提交《建设工程竣工验收报告》、工程技术资料;监理单位需提交《工程质量评估报告》;勘察单位和设计单位需要提交质量检查报告;发包人需取得规划、公安消防、环保、燃气工程等专项验收合格文件。如果建设工程未取得这些专项验收合格证明文件,也不能进行竣工验收。如《城乡规划法》第45条第1款规定:“县级以上地方人民政府城乡规划主管部门按照国务院规定对建设工程是否符合规划条件予以核实。未经核实或者经核实不符合规划条件的,建设单位不得组织竣工验收。”

第六,承包人应当签署工程保修书。保修书是承包人就保修期内出现的建设工程质量问题进行保修的承诺。《建筑法》第61条第1款规定:“交付竣工验收的建筑工程,必须符合规定的建筑工程质量标准,有完整的工程技术经济资料和经签署的工程保修书,并具备国家规定的其他竣工条件。”《建设工程质量管理条例》第39条规定:“建设工程实行质量保修制度。建设工程承包单位在向建设单位提交工程竣工验收报告时,应当向建设单位出具质量保修书。质量保修书中应当明确建设工程的保修范围、保修期限和保修责任等。”

三、发包人未经竣工验收擅自使用工程后质量责任的承担

在司法实践中,建设工程施工合同纠纷案件多由承包人提起。承包人提起的建设工程施工合同纠纷案件中,主要的诉讼请求是请求发包人支付建设工程价款。个别发包人占有使用已完工建设工程长达数年甚至10年以上,却以各种理由拖延竣工验收,也不向承包人支付其欠付的工程款。承包人起诉请求发包人支付工程款后,发包人又以建设工程质量不合格为由提出抗辩。有的发包人还就建设工程质量问题申请鉴定。由于发包人在使用已完工工程时往往已经对工程进行了装饰装修,有的在使用过程中也有损毁或者改建,因此,即使存在建设工程质量不合格的情况,也很难确

定是何种原因导致,应由哪方当事人承担责任。造成这一困境的主要原因是发包人在建设工程未经竣工验收的情况下擅自使用该建设工程。对此,《建设工程施工合同司法解释(一)》第13条规定:“建设工程未经竣工验收,发包人擅自使用后,又以使用部分质量不符合约定为由主张权利的,不予支持;但是承包人应当在建设工程的合理使用寿命内对地基基础工程和主体结构质量承担民事责任。”在理解和适用《建设工程施工合同司法解释(一)》第13条的规定时,应当注意以下问题。

第一,建设工程未经竣工验收,发包人擅自使用了建设工程,不能以使用部分质量不符合约定为由主张权利。如果不存在建设工程未经竣工验收,发包人擅自使用的事实,就不能适用该条规定。

第二,建设工程未经竣工验收,发包人擅自使用了建设工程后,只是对其所使用部分,不能以工程质量不符合约定为由主张权利。对于发包人未使用部分,不适用该条规定。

第三,发包人擅自使用建设工程前,并无证据证明建设工程存在质量问题。如果在发包人擅自使用建设工程前,就已经发现建设工程质量问题,发包人要求承包人修复,承包人未予修复,发包人另行联系第三方修复后才使用建设工程的,就不能适用该条规定。在这种情况下,发包人有权请求承包人赔偿其为修复而支出的合理费用。

第四,虽然发包人在建设工程未经竣工验收的情况下就擅自使用,但是如果建设工程的地基基础工程和主体结构质量在合理使用寿命内出现质量问题的,发包人仍然有权请求承包人承担相应的民事责任。一方面,地基基础工程和主体结构质量影响到建设工程的安全使用,承包人对此所应承担的瑕疵担保责任应当更重;另一方面,发包人擅自使用未经验收合格的建设工程通常不会对地基基础工程和主体结构质量造成影响。导致这两项工程质量问题的责任比较容易划分。

专题八　勘察人、设计人的违约责任问题

《民法典》第800条规定:“勘察、设计的质量不符合要求或者未按照期限提交勘察、设计文件拖延工期,造成发包人损失的,勘察人、设计人应当继续完善勘察、设计,减收或者免收勘察、设计费并赔偿损失。”勘察人、设计人违反合同约定,迟延提交勘察、设计文件或者提交的勘察、设计文件质量不合格,导致发包人损失的,应当承担违约责任。对此,该条规定了勘察人、设计人两种违约行为:一是勘察人、设计人迟延履行;二是勘察人、设计人瑕疵履行。迟延履行较容易判断,只要勘察人、设计人未在合同约定的期限内提交勘察报告或者设计报告的,即属于违约行为。瑕疵履行则应当依据当事人合同约定和相关法律法规规章的规定作出认定。在建设工程合同纠纷立法和司法中,保护建设工程质量是首要的价值取向。如果勘察人、设计人提交的勘察报告、设计报告质量不合格,必然会影响建设工程质量。这不仅会对发包人造成损害,也会对公众以及社会公共利益造成损害。由于建设工程具有外部性、公共性,对建设工程勘察、设计的技术要求较高,因此,关于建设工

程勘察、设计的强制性规定、技术规范，勘察人、设计人在作出勘察报告、设计报告时必须遵守这些规定。对此，《建设工程勘察设计管理条例》第5条第2款规定："建设工程勘察、设计单位必须依法进行建设工程勘察、设计，严格执行工程建设强制性标准，并对建设工程勘察、设计的质量负责。"程序是建设工程勘察、设计质量的保障。勘察人、设计人在勘察、设计中应当遵守国家规定的建设工程勘察、设计程序。对此，《建设工程勘察设计管理条例》第22条规定："建设工程勘察、设计的发包方与承包方，应当执行国家规定的建设工程勘察、设计程序。"

由于建设工程勘察、设计质量与勘察人、设计人的专业能力密切相关，国家对勘察人、设计人实现资质管理制度。《建设工程勘察设计管理条例》第8条规定："建设工程勘察、设计单位应当在其资质等级许可的范围内承揽建设工程勘察、设计业务。禁止建设工程勘察、设计单位超越其资质等级许可的范围或者以其他建设工程勘察、设计单位的名义承揽建设工程勘察、设计业务。禁止建设工程勘察、设计单位允许其他单位或者个人以本单位的名义承揽建设工程勘察、设计业务。"第9条规定："国家对从事建设工程勘察、设计活动的专业技术人员，实行执业资格注册管理制度。未经注册的建设工程勘察、设计人员，不得以注册执业人员的名义从事建设工程勘察、设计活动。"第10条规定："建设工程勘察、设计注册执业人员和其他专业技术人员只能受聘于一个建设工程勘察、设计单位；未受聘于建设工程勘察、设计单位的，不得从事建设工程的勘察、设计活动。"第21条规定："承包方必须在建设工程勘察、设计资质证书规定的资质等级和业务范围内承揽建设工程的勘察、设计业务。"根据上述规定，勘察人、设计人承揽建设工程勘察、设计业务的，必须具备相应的资质。勘察人、设计人不具备勘察、设计资质而承揽建设工程勘察、设计业务，超越资质承揽建设工程勘察、设计业务以及自然人承揽建设工程勘察、设计业务都属于违规行为。如果勘察人、设计人伪造、借用建设工程勘察、设计资质承揽建设工程勘察、设计业务，就应当承担违约责任。实践中，存在缺乏相应资质的单位或者个人以修改勘察报告、设计报告的名义，承揽建设工程勘察、设计业务。《建设工程勘察设计管理条例》第28条第1款规定："建设单位、施工单位、监理单位不得修改建设工程勘察、设计文件；确需修改建设工程勘察、设计文件的，应当由原建设工程勘察、设计单位修改。经原建设工程勘察、设计单位书面同意，建设单位也可以委托其他具有相应资质的建设工程勘察、设计单位修改。修改单位对修改的勘察、设计文件承担相应责任。"故勘察人、设计人修改建设工程勘察、设计报告的，也应当具备同等的资质。《建设工程勘察设计管理条例》第17条规定："发包方不得将建设工程勘察、设计业务发包给不具有相应勘察、设计资质等级的建设工程勘察、设计单位。"如果发包人知道或者应当知道勘察人、设计人缺乏资质或者超越资质承揽建设工程勘察、设计业务，仍与其签订建设工程勘察、设计合同，由此造成的损失，发包人也应当承担相应的责任。

关于勘察人、设计人承担违约责任的方式，《民法典》第800条规定了继续完善勘察、设计，减收或者免收勘察、设计费以及赔偿损失三种方式。如果勘察人、设计人迟延履行提交勘察报告或者设计报告，发包人有权请求其勘察人、设计人继续履行，并赔偿发包人因此而受到的损失。在实践中，发包人因勘察人、设计人迟延提交勘察报告、设计报告导致的损失主要是工期延后带来的损失。《民法典》第563条规定，当事人一方迟延履行主要债务，经催告后在合理期限内仍未履行，或者当事人一方迟延履行债务导致相对人合同目的不能实现的，相对人有权解除合同。如果勘察人、设计人提交的勘察报告或者设计报告质量不符合要求，发包人有权请求勘察人、设计人重新进行勘察、设计,重新提交质量合格的勘察报告、设计报告。勘察人、设计人提交的勘察、设计报告质量不合格导致建设工程施工延后的,应当承担赔偿责任。如果勘察人、设计人提交的勘察报告或者设计报告质量不符合要求,发包人、监理人、施工人未及时发现,导致建设工程质量不合格的,也应赔偿因此导致的拆除、维修、返工等损失以及工期延后导致的损失,有权少付或者拒付勘察费、设计费。如果勘察人、设计人提交的勘察报告或者设计报告质量不符合要求,导致工程质量安全事故或其他事故的,勘察人、设计人应当采取补救措施,通过所投工程勘察或者设计责任保险向发包人承担赔偿责任,或者根据损失大小向发包人支付赔偿金。

专题九 施工人质量责任问题

《民法典》第801条规定:"因施工人的原因致使建设工程质量不符合约定的,发包人有权请求施工人在合理期限内无偿修理或者返工、改建。经过修理或者返工、改建后,造成逾期交付的,施工人应当承担违约责任。"

《建筑法》第58条规定,建筑施工企业对工程的施工质量负责。在实践中,因施工人原因导致建设工程质量不合格的情形主要包括:施工人不按发包人提供的工程设计图纸和规定的施工技术标准施工,施工人缺乏相应的建筑工程施工资质,施工人施工过程中偷工减料,施工人承包工程后又将建设工程违法分包或者转包给不具有相应建筑资质的单位或个人等。对于建设工程质量问题,如果是由设计文件引起的,发包人可以要求设计人承担责任,如果是由发包人自身原因导致的,发包人应自行承担责任;如果是由施工人原因导致的,发包人可以要求施工人承担责任。

对于因施工人的原因致使建设工程质量不符合约定的违约责任,《民法典》第577条规定:"当事人一方不履行合同义务或者履行合同义务不符合约定的,应当承担继续履行、采取补救措施或者赔偿损失等违约责任。"该条规定了违约方承担违约责任的3种具体方式:一是继续履行;二是采取相应的补救措施;三是赔偿损失。《民法典》第801条规定的施工人修理或者返工、改建就是上述第二种违约责任方式。因施工人的原因致使建设工程质量不符合约定,施工人通过修理或者返工、改建,使建设工程达到合同约定的质量标准的,对于由此所产生的费用应自行承担。此外,施工人还要承担工期延误的违约责任。施工人通过修理或者返工、改建,使建设工程符合合同约定的,发包人应支付工程款,但对于因修理或者返工、改建造成的工期延误损失,施工人仍应承担。

一、建设工程质量的责任主体的确定

《民法典》第801条规定仅就施工人对建设工程质量的责任作了规定。实践中的情况较复杂,存在分包、违法分包、转包、借用资质签订建设工程施工合同等情形。对于建设工程质量的责任主体,应当区分不同情形予以确定。

第一,在建设工程实行总承包的情况下,总承包单位应当对全部建设工程质量负责。对此,《建设工程质量管理条例》第 26 条第 3 款规定:“建设工程实行总承包的,总承包单位应当对全部建设工程质量负责;建设工程勘察、设计、施工、设备采购的一项或者多项实行总承包的,总承包单位应当对其承包的建设工程或者采购的设备的质量负责。”

第二,在合法分包的情况下,分包人(与发包人签订建设工程施工合同的承包人)和分承包人都应当对分包工程质量承担责任。《建筑法》第 55 条规定:“建筑工程实行总承包的,工程质量由工程总承包单位负责,总承包单位将建筑工程分包给其他单位的,应当对分包工程的质量与分包单位承担连带责任。分包单位应当接受总承包单位的质量管理。”即在分包的情况下,分包单位即分承包人作为施工人,应当对分包工程质量问题承担责任,而总承包单位即分包人对分承包人负有进行质量管理的义务,其对分包工程的质量应当与分承包人承担连带责任。

第三,在违法分包的情况下,分包人和分承包人都应当对分包工程质量承担责任。《建筑法》第 55 条只是规定,分包人应当对分包工程的质量与分承包人承担连带责任。从文义上看,该条规定未区分合法分包和违法分包。但无论如何理解,在违法分包的情况下,分包人和分承包人都应当对分包工程质量承担责任。首先,如果从广义上理解,《建筑法》第 55 条所规定的分包既包括合法分包,也包括违法分包,则违法分包合同的分包人和分承包人都应当对分包工程质量承担连带责任。其次,如果从狭义上理解,《建筑法》第 55 条所规定的分包只包括合法分包,不包括违法分包,则依据举轻以明重的原则,既然合法分包合同的分包人和分承包人都应当对分包工程质量承担连带责任,违法分包合同的分包人和分承包人更应当对分包工程质量承担连带责任。结合《建筑法》第 67 条的规定,从体系解释的角度看,《建筑法》第 55 条所规定的分包似应只包含合法分包。对于违法分包,应依据《建筑法》第 67 条规定处理。再次,无论是在合法分包的情况下,还是违法分包的情况下,分包人和分承包人都是广义上的施工人,都应当对其所施工的工程质量承担责任。最后,《建筑法》第 67 条规定,承包单位将承包的工程违反该法规定进行分包的,对因违法分包的工程不符合规定的质量标准造成的损失,与接受分包的单位承担连带赔偿责任。该条所规定的连带责任系承包人与实际施工人对建设工程质量承担连带赔偿责任的一种表现。

第四,在转包的情况下,转包人与转承包人应当对建设工程质量承担连带责任。转包人将其所承包的工程转包给第三人,不仅违反法律规定,而且会损害发包人的利益。发包人在与转包人签订建设工程施工合同时,对于其所发包的工程将由第三方施工的事实并不知情。转包人将其所承包的工程转包给第三人,既违反了法律的规定,也违反了建设工程施工合同的约定。而转包人和转承包人均知道或者应当知道其转包行为属于违法和违反约定的行为,在主观上均具有过错。《建筑法》第 67 条也规定:“承包单位将承包的工程转包的,或者违反本法规定进行分包的,责令改正,没收违法所得,并处罚款,可以责令停业整顿,降低资质等级;情节严重的,吊销资质证书。承包单位有前款规定的违法行为的,对因转包工程或者违法分包的工程不符合规定的质量标准造成的损失,与接受转包或者分包的单位承担连带赔偿责任。”

第五,在缺乏资质的单位或者个人借用资质签订建设工程施工合同的情况下,出借资质一方应当与借用资质一方对建设工程质量承担连带责任。《建设工程施工合同司法解释(二)》第 4 条规定:“缺乏资质的单位或者个人借用有资质的建筑施工企业名义签订建设工程施工合同,发包人请求出借方与借用方对建设工程质量不合格等因出借资质造成的损失承担连带赔偿责任的,人民法院应予支持。”

第六,在确定建设工程质量的责任主体时,还应当注意区分责任单位的内部责任和对外承担责任。《建设工程质量管理条例》第26条第1款和第2款规定:“施工单位对建设工程的施工质量负责。施工单位应当建立质量责任制,确定工程项目的项目经理、技术负责人和施工管理负责人。”在外部责任上,施工单位,无论是建设工程施工合同约定的承包人还是转承包人、分承包人、借用资质签订建设工程施工合同的单位或者个人,均应当对建设工程质量承担责任。施工单位承担责任后,如果其项目经理、技术负责人和施工管理负责人违反单位内部管理规定,应对建设工程质量不合格承担责任的,施工单位可向其追责。在转包、分包和借用资质签订建设工程施工合同的情况下,应当先由转包人和转承包人、分包人和分承包人、出借资质的建筑企业和借用资质的单位或者个人先对外承担连带责任。在对外承担责任后,根据转包人和转承包人、分包人和分承包人、出借资质的建筑企业和借用资质的单位或者个人的过错,一方对外承担的责任超出其责任范围的,可以向另一方追偿。

二、施工人承担建设工程质量责任的方式

根据建设工程质量责任方式的相关规定,对建设工程质量不合格的救济主要包括以下几种途径:

一是对质量不合格部分的建设工程进行修复。承包人对质量不合格的建设工程进行修复的前提是建设工程有修复的可能。如果建设工程的基础工程、主体工程存在严重质量缺陷,无修复可能的,则无须再由承包人进行修复。在这种情况下,发包人可以拒付或者少付工程款,并要求承包人赔偿损失。如果建设工程经修复后质量合格,承包人就有权请求发包人依照或者参照建设工程施工合同的约定支付建设工程价款。由于修复造成的工期延误,发包人有权请求承包人依其过错承担赔偿责任。如果承包人拒绝对质量不合格的建设工程进行修复或者建设工程经修复后质量仍不合格,发包人则有权拒付或者少付工程款,并要求承包人赔偿损失。修复的方式包括修理、返工或者改建等方式,目的是要使建设工程达到合同约定或者国家规定的质量标准。

二是发包人有权解除建设工程施工合同。通常在两种情况下发包人享有解除建设工程施工合同的权利。一是建设工程质量严重不合格,已无修复可能,发包人的合同目的确定不能实现。《民法典》第563条第1款第4项规定,如果当事人一方迟延履行债务或者有其他违约行为致使不能实现合同目的,相对人有权解除合同。二是承包人已经完成的建设工程质量不合格,并拒绝修复。由于承包人拒绝修复质量不合格的建设工程,发包人请求承包人交付质量合格的建设工程在事实上不可能,因此《建设工程施工合同司法解释(一)》第8条规定,在这种情况下,发包人请求解除建设工程施工合同的,应予支持。

三是发包人有权拒付或者少付建设工程价款。建设工程质量不合格,应当由承包人修理、返工或者改建,使之达到约定或者法律规定的质量标准。但是,如果建设工程存在严重质量问题,无修复可能的,发包人有权拒付建设工程价款;如果承包人明确表示拒绝修理、返工或者改建,或者经承包人修理、返工或者改建后建设工程质量仍不合格,发包人有权请求减少支付工程价款。除非建设

工程存在严重质量问题,即使进行修复也不能安全使用,发包人不应拒付全部工程款。根据建设工程质量问题的严重程度和修复费用不同,发包人减少支付建设工程价款的数额也不同。发包人减少支付工程价款的数额应当相当于发包人另行委托第三人进行修复所需支付的合理价款数额。

四是发包人有权扣除建设工程质量质保金。根据《建设工程质量保证金管理办法》第2条的规定,建设工程质量保证金是指发包人与承包人在建设工程承包合同中约定,从应付的工程款中预留,用以保证承包人在缺陷责任期内对建设工程出现的缺陷进行维修的资金。建设工程缺陷是指建设工程质量不符合工程建设强制性标准、设计文件,以及承包合同的约定。缺陷责任期一般为1年,最长不超过2年,由发包人和承包人双方在合同中约定。有的建设工程质量问题显而易见,有的建设工程质量问题则是潜在的,在发包人使用过程中才会发现。即使建设工程经竣工验收合格,发包人在缺陷责任期内发现问题,而该问题系由承包人原因造成,则承包人应负责维修,并承担鉴定及维修费用。如承包人拒不维修或拒不承担维修费用,或者建设工程虽经维修,但质量仍不合格。发包人就有权依据合同约定从建设工程质量保证金中扣除。

五是发包人有权请求承包人承担保修责任。如果建设工程质量问题在竣工验收、缺陷责任期内都未出现或者发现,但在保修期限内发现了,承包人也应当承担保修义务。建设工程承包单位在向建设单位提交工程竣工验收报告时,应当向建设单位出具质量保修书。质量保修书中应当明确建设工程的保修范围、保修期限和保修责任等。建设工程的保修范围应当包括地基基础工程、主体结构工程、屋面防水工程和其他土建工程,以及电气管线、上下水管线的安装工程,供热、供冷系统工程等项目;保修的期限应当按照保证建筑物合理寿命年限内正常使用,维护使用者合法权益的原则确定。根据《建设工程质量管理条例》第40条的规定,在正常使用条件下,建设工程的最低保修期限为:基础设施工程、房屋建筑的地基基础工程和主体结构工程,为设计文件规定的该工程的合理使用年限;屋面防水工程、有防水要求的卫生间、房间和外墙面的防渗漏,为5年;供热与供冷系统,为2个采暖期、供冷期;电气管线、给排水管道、设备安装和装修工程,为2年。建设工程的保修期,自竣工验收合格之日起计算。建设工程在保修范围和保修期限内发生质量问题的,施工单位应当履行保修义务,并对造成的损失承担赔偿责任。

六是发包人有权请求承包人赔偿损失。在民事责任中,赔偿损失具有兜底作用。如果其他民事责任不适合或者承包人在承担其他民事责任后,发包人仍有损失的,发包人还有权请求承包人承担赔偿损失的责任。例如,在缺陷责任期内,由承包人原因造成质量缺陷,但承包人拒不维修或拒不承担维修费用,或者建设工程虽经维修但质量仍不合格,发包人所支出的维修费用超出保证金的,发包人可按合同约定向承包人进行索赔。即使承包人维修并承担相应费用后,也不免除其对发包人损失的赔偿责任。在保修期内发现建设工程存在质量问题的,承包人履行保修义务后,如果对发包人造成了损失,如因维修而导致发包人不能正常营业,承包人也应对发包人的损失承担赔偿责任。承包人不仅要为其瑕疵给付承担赔偿责任,还要为其加害给付承担赔偿责任。因承包人的原因致使建设工程质量不合格,导致建设工程在合理使用期限内造成人身和财产损害的,承包人应当承担损害赔偿责任。

七是发包人有权请求承包人承担迟延履行的违约责任。如果因施工人原因造成建设工程质量不合格,建设工程经过修理或者返工、改建后,造成建设工程逾期交付的,施工人应当承担因工期延误导致的违约责任,包括违约金责任以及损害赔偿责任等。

专题十　建设工程施工合同违约赔偿责任

一、承包人加害给付赔偿责任

《民法典》第802条规定:“因承包人的原因致使建设工程在合理使用期限内造成人身损害和财产损失的,承包人应当承担赔偿责任。”建筑物是一种具有公共性、外部性的商品。建设工程作为建设工程施工合同的标的物,其最终使用人往往不是订立建设工程施工合同的施工人和发包人,而是广大人民群众。因此,建设工程质量直接影响的通常是广大人民群众的人身安全和财产利益。施工人在进行工程建设时,应当严格遵守法律的强制性规定以及相关技术规范,以确保建设工程质量。由于承包人未按照规定标准施工等原因导致建设工程质量不合格,在合理使用期限内造成他人人身损害和财产损失,属于加害给付,承包人应当承担赔偿责任。根据《民法典》第802条的规定,承包人损害赔偿责任的构成要件主要包括三个方面。

一是建设工程造成了人身和财产损害。即只有建设工程在合理使用期限内造成他人人身损害和财产损失时,承包人才应当承担赔偿损失责任。这里的人身损害和财产损失,不仅包括发包人的人身损害和财产损失,也包括建设工程合同之外的第三人遭受的人身损害和财产损失。建设工程交付使用后,发包人将建设工程出售或者出租,建设工程新的买受人或承租人在建设工程使用的过程中,因建设工程质量受到人身损害或者财产损失的,建设工程买受人或承租人可以请求发包人承担赔偿责任。承包人与受到损害的第三人之间虽然没有合同关系,但造成工程质量不合格的原因是由于承包人的原因,且承包人对在合理使用期限内的建设工程质量亦负有安全保障责任。因此,承包人也应当对此承担赔偿责任。

二是损失发生在建设工程合理使用期限内。无论什么样的建设工程,都有一定的使用期限。承包人只在合理使用期限内,对建设工程质量负责。如果建设工程已经超过合理使用期限的,应当予以拆除。建设工程所有权人在超过合理使用期限内仍然继续使用的,由此造成的损失不应当由承包人负责赔偿。

三是因承包人的原因造成损害。也就是说,只有建设工程造成的人身损害和财产损失是由承包人引起的,承包人才承担损害赔偿责任。这里的承包人是指广义上的承包人,包括总承包人、分承包人、勘察人、设计人和施工人。实践中,建设工程造成人身损害和财产损失除因承包人原因外,也可能是由发包人、勘察人、设计人或不可抗力引起。因发包人、勘察人、设计人或不可抗力原因致使建设工程造成他人人身损害或财产损失的,承包人不承担赔偿责任。

建设工程的合理使用期限,一般是指建设工程主体结构工程的设计使用期限。不同类型的建筑工程,其设计使用期限亦不相同。住房和城乡建设部发布的《建筑结构可靠性设计统一标准》(GB 50068－2018)第3.3.1规定:“建筑结构的设计基准期为50年。”第3.3.2条规定:“建筑结构设计时,应规定结构的设计使用年限。”第3.3.3条规定:“建筑结构的设计使用年限,应按表3.3.3采用”,即临时性建筑设计使用年限为5年;易于替换的结构构件设计使用年限为25年;普通房屋和构筑物设计使用年限为50年;标志性建筑和特别重要的建筑结构设计使用年限为100年。根据上述规定,对建设工程合理使用期限的认定,应当根据建筑物的类别予以确定。

建设工程的合理使用期限不同于建设工程所占用土地的土地使用年限。关于建设工程用地的土地使用权,《城镇国有土地使用权出让和转让暂行条例》第12条规定:“土地使用权出让最高年限按下列用途确定:(一)居住用地七十年;(二)工业用地五十年;(三)教育、科技、文化、卫生、体育用地五十年;(四)商业、旅游、娱乐用地四十年;(五)综合或者其他用地五十年。”一方面,建设工程不同部分的合理使用年限并不相同;另一方面,即使建设用地使用年限届满还可以续期,建设工程的合理使用时间可以长于其所占用土地的使用期限。

关于《民法典》第802条规定的赔偿责任的性质,有观点认为应限于违约责任,只是关于承包人对发包人责任的规定,承包人对第三人的侵权责任应当依据《民法典》第1252条规定处理。如果将该条规定仅适用于承包人对发包人的责任,将会产生以下问题:一是《民法典》第1252条仅规定了建筑物、构筑物或者其他设施倒塌造成他人损害的侵权责任,实践中承包人的质量责任范围很广泛,如电梯质量问题、水电气线路质量问题、外立面或玻璃幕墙掉落问题等对第三人造成的损害,承包人是否应当承担责任,需要明确。二是《民法典》第1252条没有规定承包人承担质量责任的期限,如果建设工程已经超出了设计使用年限,发包人或者所有权人继续使用,建筑物、构筑物或者其他设施倒塌造成他人损害的,仍由建设单位与施工单位承担连带责任,缺乏法理基础。三是该条规定的责任主体是承包人,民法典规定的承包人范围较为广泛,而《民法典》第1252条规定的是建设单位与施工单位的责任,对勘察单位和设计单位的质量责任未作明确规定。有观点认为,《民法典》第802条涉及的是承包人的侵权责任,不应当放在《民法典》的合同编。本书认为,不宜将该条所规定的责任仅限定于承包人对发包人的责任,或者仅理解为侵权责任。《民法典》第802条规定的责任既包括承包人对发包人的违约责任,也包括承包人对第三人的侵权责任,是关于承包人对建设工程承担质量责任时间限制的规定。这样理解更有利于厘清承包人对建设工程的质量责任,也不影响民法典的逻辑体系。而且,该条规定承包人对因其原因致使建设工程在合理使用期限内造成人身损害和财产损失的,应当承担赔偿责任,并未限定只对发包人承担赔偿责任。勘察人提交的勘察材料、设计人提交的设计材料或者施工人的施工存在问题,导致建设工程在合理使用期限内造成人身损害和财产损失,既可能是对发包人一方造成损害,也可能是对第三人造成损害。如果是对发包人造成损害,承包人固然应当承担赔偿责任。如果是对第三人造成损害,发包人基于安全保护义务等原因,也可能会对第三人承担赔偿责任。在这种情况下,受害人既可以请求承包人承担赔偿责任,也可以请求发包人承担赔偿责任。发包人承担责任后,可向承包人追偿。

二、发包人违约赔偿责任

《民法典》第804条规定:“因发包人的原因致使工程中途停建、缓建的,发包人应当采取措施弥补或者减少损失,赔偿承包人因此造成的停工、窝工、倒运、机械设备调迁、材料和构件积压等损失和实际费用。”在建设工程施工合同中,承包人与发包人均承担有一系列的合同义务,即除支付工程价款和交付建设工程的主要义务外,发包人和承包人往往还承担有很多协助义务,如发包人提供相关施工技术资料,对隐蔽工程配合检查等义务;承包人提交竣工资料,通知发包人对隐蔽工程检查等义务。在建设工程施工的过程中,要保证工程建设的顺利进行不仅需要承包人按照合同约定履行自己的义务,进行工程建设,还需要发包人按照合同约定履行自己的义务,为承包人的建设提供必要的条件。如果在工程建设的过程中,因发包人的原因,如发包人提供的设计文件等技术资料有错误,发包人未能按照约定及时提供建设材料、设备或者工程进度款,发包人未能及时进行中间工程和隐蔽工程条件的验收并办理有关交工手续等,导致建设工程中途停建、缓建的,对于承包人由此产生的停工、窝工、倒运、机械设备调迁、材料和构件积压等损失,发包人应当予以赔偿。

对于因发包人原因致使工程中途停建、缓建的,发包人承担违约责任的方式主要有两种。一是采取措施弥补或者减少损失。发包人对因自己的原因致使工程中途停建、缓建的,应当采取必要的措施,尽量减少损失。对于因发包人未及时提供变更后的相关设计文件,导致工程停工的,发包人应当及时予以提供;对于因发包人没有及时对隐蔽工程检查,导致工程停建的,发包人应当立即对隐蔽工程进行检查验收并办理有关交工手续。二是赔偿承包人因此造成的停工、窝工、倒运、机械设备调迁、材料和构件积压等损失和实际费用。发包人由于自身原因致使工程中途停建、缓建,对于停建、缓建期间承包人所产生的人员工资等损失,以及承包人因工程停建、缓建对施工方案重新调整的机械设备调迁等费用,发包人应当予以赔偿。建设工程停建后,发包人不能克服不利因素,且双方当事人不能就复工达成一致意见的,则可能导致建设工程永久停建,进而造成建设工程合同解除。但对于建设工程合同解除之前,承包人已经完成的建设工程,质量合格的,发包人应当向承包人支付工程款。

发包人违约造成工期延误的,承包人有权请求顺延工期。在实践中,发包人和承包人通常会在建设工程施工合同中约定工期的顺延事由。建设工程施工合同一般会约定发包人原因、监理人原因、客观条件变化、不可抗力等非承包人原因为工期顺延事由。例如,因发包人原因未按开工通知上载明的时间施工;基准日期后,因法律变化造成工期延误;因发包人修改设计造成的工期延误;因不可抗力影响承包人履行合同约定的义务,引起工期延误;因监理人、发包人未及时监查、验收隐蔽工程等原因造成的工期延误;等等。在实践中,人民法院在审查承包人提出的工期顺延的主张时,不能仅以发包人或者监理人作出的确认工期顺延的签证为依据,而是要对承包人是否在建设工程施工合同约定的期限内提出了工期顺延申请、承包人提出的工期顺延申请是否符合建设工程施工合同的约定等进行实质性审查。在当事人约定顺延工期应当经发包人或者监理人签证等方式确认的情况下,承包人提出的工期顺延申请即使未取得发包人或者监理人以签证等方式作出的确认,但只要承包人能够证明在合同约定的期限内向发包人或者监理人提出过工期顺延的申请,而且其所提出的工期顺延事由为建设工程施工合同约定的事由,人民法院就应当支持其顺延工期的主张。

因发包人的原因致使工程中途停建、缓建的,承包人有权请求发包人赔偿因此造成的停工、窝工、倒运、机械设备调迁、材料和构件积压等损失。按照“谁主张,谁举证”的原则,承包人应当对其所遭受的损失承担举证责任。在实践中,认定承包人损失的方式主要有四种:一是根据建设工程施工合同中的索赔签证认定损失数额；二是由鉴定机构根据建设工程施工合同的履行情况进行鉴定；三是根据建设工程施工合同约定的标准进行计算；四是参照合同履行地的市场价格和实际损失数额进行估算。此外，如果发包人未采取合理措施弥补或者减少损失，对该部分损失也应当由发包人承担。

专题十一　建设工程施工合同的解除问题

一、建设工程施工合同解除权

关于合同解除，依据《民法典》第 562 条、第 563 条的规定，可以分为协议解除和行使解除权的解除两种情形。协议解除，是指合同当事人自愿协商解除合同的情形。行使解除权的解除，包括约定解除权和法定解除权解除两类。

关于发包人的解除权，《建设工程施工合同司法解释（一）》第 8 条规定："承包人具有下列情形之一，发包人请求解除建设工程施工合同的，应予支持：（一）明确表示或者以行为表明不履行合同主要义务的；（二）合同约定的期限内没有完工，且在发包人催告的合理期限内仍未完工的；（三）已经完成的建设工程质量不合格，并拒绝修复的；（四）将承包的建设工程非法转包、违法分包的。"该条第 1 项规定的是承包人拒绝履行的情况。第 2 项规定的是承包人迟延履行，且经发包人催告后在合理期限内仍未履行的情况。需要注意的是，承包人在建设工程施工合同项下负有多种义务，该项规定的是承包人迟延履行其主要义务，即完成工程施工的任务。承包人迟延履行其他义务，尤其是从义务或者附随义务的，并不当然导致发包人享有合同解除权。第 3 项规定的是不完全履行，包括瑕疵给付和加害给付两种情形。向发包人移交工程质量合格的建设工程是承包人的主要义务。如果承包人施工的建设工程质量不合格，承包人应当承担修复义务。如果承包人拒绝修复，将导致发包人在建设工程施工合同项下的目的不能实现，故发包人享有解除建设工程施工合同的权利。第 4 项规定的是承包人将建设工程非法转包、违法分包的情形。前 3 项规定在《民法典》第 563 条已经规定。第 4 项规定为《民法典》所吸纳，第 806 条第 1 款规定："承包人将建设工程转包、违法分包的，发包人可以解除合同。"

在实践中，承包人将建设工程非法转包和违法分包属于严重违反法律、行政法律禁止性规定的行为。承包人将建设工程转包、违法分包不仅损害建筑市场秩序，还会影响建设工程质量安全，损害发包人的利益。而且建设工程施工合同实质性上是承揽合同的一种。对于承揽合同，《民法典》第 772 条规定："承揽人应当以自己的设备、技术和劳力，完成主要工作，但是当事人另有约定的除外。承揽人将其承揽的主要工作交由第三人完成的，应当就该第三人完成的工作成果向定作人负责；未经定作人同意的，定作人也可以解除合同。"因此，在承包人将建设工程非法转包、违法分包的情况下，发包人应享有解除建设工程施工合同的权利。当事人在施工合同中约定由发包人提供主要建筑材料、建筑构配件和设备的,发包人不仅应及时提供,同时,还要保证其提供的材料和设备符合强制性标准。发包人提供的主要建筑材料、建筑构配件和设备不符合强制性标准的,有可能会对建设工程质量造成直接影响,在这种情况下,承包人有权要求发包人重新提供符合强制性标准的材料和设备。对于合同约定的其他应由发包人履行的协助义务,如向承包人交付技术资料、工程施工场地等,发包人未履行,导致承包人无法施工。在上述两种情况下,发包人经承包人催告后,仍未在合理期限内履行的,属于《民法典》第563条规定的迟延履行导致合同目的无法实现的法定解除的情形,承包人应享有解除权。

对于发包人不履行义务,承包人的解除权,《建设工程施工合同司法解释(一)》第9条规定:"发包人具有下列情形之一,致使承包人无法施工,且在催告的合理期限内仍未履行相应义务,承包人请求解除建设工程施工合同的,应予支持:(一)未按约定支付工程价款的;(二)提供的主要建筑材料、建筑构配件和设备不符合强制性标准的;(三)不履行合同约定的协助义务的。"《民法典》吸纳了这一规定。《民法典》第806条第2款规定:"发包人提供的主要建筑材料、建筑构配件和设备不符合强制性标准或者不履行协助义务,致使承包人无法施工,经催告后在合理期限内仍未履行相应义务的,承包人可以解除合同。"

二、建设工程施工合同解除的法律后果

关于合同解除的法律后果,《民法典》第557条第2款规定:"合同解除的,该合同的权利义务关系终止。"第566条第1款规定:"合同解除后,尚未履行的,终止履行;已经履行的,根据履行情况和合同性质,当事人可以请求恢复原状或者采取其他补救措施,并有权请求赔偿损失。"根据上述规定,合同解除后的法律后果包括:合同的权利义务终止;尚未履行的,终止履行;已经履行的,恢复原状,采取其他补救措施,赔偿损失。相应地,建设工程施工合同解除后,如果合同尚未履行,则不再履行;如果合同已经履行,则应恢复原状,采取其他补救措施,赔偿损失。具体而言,建设工程施工合同解除后,将产生以下法律后果。

第一,建设工程施工合同权利义务终止。建设工程施工合同解除后,双方当事人不再承担合同义务,也不再享有合同权利,双方当事人均不应再依据建设工程施工合同的约定主张权利。如果当事人在建设工程施工合同外,又就建设工程保修、工程价款结算、支付时间和方式等达成协议的,此类协议的效力不因建设工程施工合同的解除而受影响,除非当事人另有约定或者之后签订的协议与建设工程施工合同是一个整体,不能独立存在。此外,建设工程施工合同解除后,并非所有的合同条款均不发生效力。《民法典》第507条规定:"合同不生效、无效、被撤销或者终止的,不影响合同中有关解决争议方法的条款的效力。"第567条规定:"合同的权利义务关系终止,不影响合同中结算和清理条款的效力。"因此,建设工程施工合同解除后,虽然当事人的合同权利和义务终止,但合同中的结算和清理条款、独立存在的有关解决争议方法的条款仍然对当事人有拘束力。

第二,恢复原状。建设工程施工合同的特点在于,一旦承包人完成部分或者全部工程,恢复原状不仅在客观上很难实现,而且对双方当事人和社会利益而言均不利,因此,建设工程施工合同无效后,通常不适用恢复原状这一责任承担方式。但是,如果承包人所施工工程质量严重不合格,不能使用且无法修复,发包人仍然有权请求其恢复原状。这种情况在实践中极少见。建设工程施工

合同解除后,恢复原状这一责任方式在实践中适用得较少。

第三,采取其他补救措施。建设工程施工合同解除后,当事人应采取的其他补救措施因具体情况不同而不同,较常见的是承包人已完成的工程质量不合格,承包人应当采取修复等补救措施。

第四,赔偿损失。在合同责任和合同法责任上,赔偿损失责任具有兜底性,即其他责任不足以弥补当事人损失的情况下,需要由当事人通过承担赔偿损失责任予以补足。

此外,合同被解除后还会产生一个法律后果,即合同清算。如果当事人已经履行了部分合同,无论之后合同是被认定无效、被撤销还是被解除,都涉及对已履行合同如何进行清算的问题。实际上,《民法典》第566条规定也可以被理解为合同清算的方式。但实践中的合同更复杂,不同类型合同之清算方式亦不相同。在建设工程施工合同中,如果建设工程已经完成部分或者全部施工任务,建设工程质量合格或者虽有质量瑕疵但可以补救,就不能适用该条规定的恢复原状的责任方式。在这种情况下,由发包人占有已经完成部分的建设工程,或者由承包人履行修复义务后将建设工程移交给发包人,对双方当事人而言都更有利。发包人占有已完成的工程后,应当向承包人支付相应的对价,即相应的建设工程价款。对此,《建设工程施工合同司法解释(一)》第10条第1款规定:"建设工程施工合同解除后,已经完成的建设工程质量合格的,发包人应当按照约定支付相应的工程价款;已经完成的建设工程质量不合格的,参照本解释第三条规定处理。"根据该规定,建设工程施工合同解除后,将产生以下法律效果:一是承包人向发包人移交已经完成施工的建设工程。二是发包人向承包人支付相应的工程价款,即已完成工程所对应的工程价款。发包人支付工程价款的前提是其所接收的建设工程质量合格。如果建设工程质量不合格,发包人有权拒绝支付工程价款。三是承包人已完成的建设工程不合格的,应当由承包人承担修复义务,并负担修复费用。如果承包人拒不承担修复义务或者修复后的建设工程仍不合格的,承包人则无权请求发包人支付相应的工程价款。

专题十二　建设工程价款优先受偿权问题

一、建设工程价款优先受偿权的性质

《合同法》确立了建设工程价款优先受偿权制度。《民法典》承继了这一制度,其第807条规定:"发包人未按照约定支付价款的,承包人可以催告发包人在合理期限内支付价款。发包人逾期不支付的,除根据建设工程的性质不宜折价、拍卖外,承包人可以与发包人协议将该工程折价,也可以请求人民法院将该工程依法拍卖。建设工程的价款就该工程折价或者拍卖的价款优先受偿。"建设工程价款优先受偿权制度赋予了建设工程价款债权就该工程折价或者拍卖的价款优先受偿的权利,目的是对农民工等建筑工人的工资权益予以优先保护,但此项保护并非直接指向建筑工人的工资权益,而是以保护承包人的建设工程价款债权为媒介,间接保护建筑工人的权益。关于建设工程价款优先受偿权的性质,实践和理论上存在争议,主要有以下三种观点。

第一种观点是留置权说。该说认为,建设工程价款优先受偿权为留置权。建设工程合同在性质上属于承揽合同,根据《民法典》第 808 条的规定,建设工程施工合同可适用该法关于承揽合同的规定。《民法典》第 783 条规定,定作人未向承揽人支付报酬或者材料费等价款的,承揽人对完成的工作成果享有留置权或者有权拒绝交付,但是当事人另有约定的除外。该条规定实际扩大了留置财产的范围,建设工程合同的债权人对不动产同样可以行使留置权。但留置权说存在弊端,这与留置权的行使对象为动产①相悖。而且,留置权的存续以留置人占有留置物为条件,在实践中,很多承包人在未取得建设工程价款的情况下已经丧失了对建设工程的占有。如果将建设工程价款优先受偿权作为留置权,在承包人失去对建设工程的占有的情况下就得不到保护,对承包人亦不公平。

第二种观点是法定抵押权说。有人认为,从合同法立法过程可知,《合同法》第 286 条从设计、起草、讨论、修改、审议直至最后通过,始终是指法定抵押权。法定抵押权说在理论上和实践中拥有较多支持者。这一观点的弊端在于与物权法定原则存在矛盾,而且设立于不动产之上的抵押权,于登记后才成立,但建设工程价款优先受偿权无须登记。有观点认为,建设工程价款优先受偿权作为法定抵押权,为维护交易安全和第三人利益,应当建立建设工程价款优先受偿权登记制度,但现行法律未对建设工程价款优先受偿权作出规定。

第三种观点是优先权说。该说认为,建设工程价款优先受偿权属于优先权,符合优先权特点。首先,建设工程价款优先受偿权只要符合本条规定的条件即成立,既不需要以承包人占有建设工程为要件,也不需要登记;其次,我国其他法律也规定有各种类型的优先权;最后,最高人民法院《关于建设工程价款优先受偿权问题的批复》使用了"建设工程承包人行使优先权"的表述,说明司法实践认可建设工程价款优先受偿权为一种优先权。本书认为,第三种观点具有合理性。

二、承包人行使建设工程价款优先受偿权的条件

《民法典》第 807 条规定,建设工程的价款就建设工程折价或者拍卖的价款优先受偿需要具备以下条件:一是发包人未按照建设工程施工合同约定支付建设工程价款;二是发包人经承包人催告后,在合理期限内仍未支付建设工程价款;三是建设工程依其性质,宜折价、拍卖;四是承包人与发包人协议将该工程折价,或者申请人民法院将该工程依法拍卖。在满足上述四个条件后,承包人就可以要求其对发包人享有的建设工程价款债权就该工程折价或者拍卖的价款优先受偿。在实践中,承包人并非严格按照上述程序或者条件行使建设工程价款优先受偿权,通常在请求发包人支付欠付工程款时,一并主张享有或者行使建设工程价款优先受偿权。对此,司法实践一般予以认可。

司法审判中还应注意以下问题:第一,承包人行使建设工程价款优先受偿权应当以建设工程质量合格为条件。如果承包人施工完成的建设工程质量不合格,导致发包人合同目的不能实现,就无权请求发包人依照约定支付建设工程价款。而且,质量不合格的建设工程一般也不适于折价或者拍卖。第二,承包人行使建设工程价款优先受偿权无须以建设工程施工合同有效为条件。关于承包人行使建设工程价款优先受偿权是否必须以建设工程施工合同有效为前提的问题,《建设工程施

① 《民法典》第 447 条规定,债务人不履行到期债务,债权人可以留置已经合法占有的债务人的动产,并有权就该动产优先受偿。前款规定的债权人为留置权人,占有的动产为留置财产。

工合同司法解释(二)》第19条规定:“建设工程质量合格,承包人请求其承建工程的价款就工程折价或者拍卖的价款优先受偿的,人民法院应予支持。”本条解释的本义是,承包人享有建设工程价款优先受偿权必须以建设工程质量合格为前提,无须以建设工程施工合同有效为前提。第三,承包人行使建设工程价款优先受偿权无须以建设工程竣工为条件。建设工程价款优先受偿权不是合同权利而是法定权利,其成立不以登记或当事人达成一致意见为条件,而是以法律规定的构成要件成就为条件。对此,《建设工程施工合同司法解释(二)》第20条规定:“未竣工的建设工程质量合格,承包人请求其承建工程的价款就其承建工程部分折价或者拍卖的价款优先受偿的,人民法院应予支持。”

三、建设工程价款优先受偿权的权利主体

从《民法典》第807条文义上理解,承包人享有建设工程价款优先受偿权。建设工程的承包人包括勘察人、设计人和施工人。由于我国建筑市场不规范,存在转包、违法分包、肢解发包、借用建筑工程施工资质签订建设工程施工合同等情况。因此,建筑市场存在多种施工,包括直接与发包人订立建设工程施工合同的承包人、转包合同和分包合同的承包人、借用资质和出借资质的承包人等。在实践中,对于哪些承包人享有建设工程价款优先受偿权的问题,争议较大。人民法院在把握建设工程价款优先受偿权的主体时,应当注意以下几点。

第一,建设工程的勘察人和设计人不享有建设工程价款优先受偿权。建设工程价款优先受偿权制度的初衷是保护农民工等建筑工人的工资权益。建设工程是农民工等建筑工人劳动物化的成果,因此,应当对建筑工人的物化劳动予以特别优先保护。农民工等建筑工人主要受雇于建设工程施工合同的承包人。因此,原则上建设工程的勘察人和设计人不享有建设工程价款优先受偿权。

第二,转包合同和分包合同的承包人不享有建设工程价款优先受偿权。关于建设工程价款优先受偿权的主体,《建设工程施工合同司法解释(二)》第17条规定:“与发包人订立建设工程施工合同的承包人,根据合同法第二百八十六条规定请求其承建工程的价款就工程折价或者拍卖的价款优先受偿的,人民法院应予支持。”该条规定的本意是,与发包人没有建设工程施工合同关系的实际施工人不享有建设工程价款优先受偿权。这是基于平衡保护农民工利益和保护交易安全及其他当事人利益的考虑。

第三,不仅实际施工人不能享有建设工程价款优先受偿权,合法分包合同的承包人与发包人之间也不存在建设工程施工合同关系,合法分包合同的承包人也不享有建设工程价款优先受偿权。因此,转包合同和分包合同的承包人均不应享有建设工程价款优先受偿权。

第四,在肢解发包的情况下,承包非主体工程的承包人不享有建设工程价款优先受偿权。在肢解发包的情况下,存在多个承包人,且承包人均与发包人签订了建设工程施工合同。在肢解发包合同中,不仅发包人有过错,承包人也有过错。在存在多个承包人的情况下,如果每个承包人都享有建设工程价款优先受偿权,将会对工程的施工、利用以及交易安全造成较大的损害,尤其是承包非主体工程的承包人,其可能因一小部分工程的价款而对全部建设工程行使建设工程价款优先受偿权,对施工秩序和交易秩序的影响都非常大。因此,综合当事人过错、各方当事人利益和建设工程施工的客观情况,在肢解发包的情况下,本书认为,应当将建设工程价款优先受偿权的权利人限定为承包主体工程的承包人。

第五,与代建人签订建设工程施工合同的承包人享有建设工程价款优先受偿权。

第六,在借用资质签订建设工程施工合同的情况下,缺乏资质的单位或者个人是否享有建设工程价款优先受偿权的问题,实践中存在争议。对这一问题,有两点需要注意:一是享有建设工程价款优先受偿权的主体原则上应当是一人而不宜为多人;二是在处理出借资质的建筑企业、借用资质的单位或者个人、发包人三方之间的关系时,应当考虑《民法典》第146条的规定,以各方当事人的真实意思为基础确定各自法律关系。

装饰装修工程承包人所享有的工程款中也包含农民工等建筑工人的工资利益,依法理也应当享有建设工程价款优先受偿权。对此,《最高人民法院关于装饰装修工程款是否享有合同法第二百八十六条规定的优先受偿权的函复》记载:"福建省高级人民法院:你院闽高法〔2004〕143号《关于福州市康辉装修工程有限公司与福州天胜房地产开发有限公司、福州绿叶房产代理有限公司装修工程承包合同纠纷一案的请示》收悉。经研究,答复如下:装饰装修工程属于建设工程,可以适用《中华人民共和国合同法》第二百八十六条关于优先受偿权的规定,但装饰装修工程的发包人不是该建筑物的所有权人或者承包人与该建筑物的所有权人之间没有合同关系的除外。享有优先权的承包人只能在建筑物因装饰装修而增加价值的范围内优先受偿。此复。"《建设工程施工合同司法解释(二)》吸纳了上述批复的内容,该解释第18条规定:"装饰装修工程的承包人,请求装饰装修工程价款就该装饰装修工程折价或者拍卖的价款优先受偿的,人民法院应予支持,但装饰装修工程的发包人不是该建筑物的所有权人的除外。"

四、建设工程价款优先受偿权的优先效力

在实践中,围绕同一建设工程存在多种权利,涉及多个权利主体,这些权利在实现时存在冲突,某一权利实现后,其他权利的部分或者全部就可能落空。因此,在各权利中,如何确定权利效力的位阶具有重要意义。建设工程价款优先受偿权的效力层级直接决定了其在实践中实现的可能性。对于这一问题,《最高人民法院关于建设工程价款优先受偿权问题的批复》(法释〔2002〕16号)作了规定。该批复记载:"上海市高级人民法院:你院沪高法〔2001〕14号《关于合同法第二百八十六条理解与适用问题的请示》收悉。经研究,答复如下:一、人民法院在审理房地产纠纷案件和办理执行案件中,应当依照《中华人民共和国合同法》第二百八十六条的规定,认定建筑工程的承包人的优先受偿权优于抵押权和其他债权。二、消费者交付购买商品房的全部或者大部分款项后,承包人就该商品房享有的工程价款优先受偿权不得对抗买受人。三、建筑工程价款包括承包人为建设工程应当支付的工作人员报酬、材料款等实际支出的费用,不包括承包人因发包人违约所造成的损失。四、建设工程承包人行使优先权的期限为6个月,自建设工程竣工之日或者建设工程合同约定的竣工之日起计算。五、本批复第一条至第三条自公布之日起施行,第四条自公布之日起6个月后施行。此复。"根据这一批复,围绕同一建设工程的各项权利可作如下排序:第一位是交付购买商品房的全部或者大部分款项的消费者对建设单位(卖房人)所享有的交付房屋和转移房屋所有权的给付请求权;第二位是承包人享有的建设工程价款优先受偿权;第三位是抵押权人对建设工程所享有的抵押权;第四位是发包人其他债权人所享有的普通债权。该批复虽未写明,但还有一项权利排在第

五位,即发包人对建设工程所享有的所有权。这一批复对司法实践具有巨大影响,成为处理同一建设工程上多种权利冲突的主要依据。

五、建设工程价款优先受偿的范围

从《民法典》第807条规定的文义上理解,只要是建设工程施工合同所约定的价款,均可就建设工程折价或者拍卖的价款优先受偿。关于建设工程价款的范围,原住建部、财政部印发的《建筑安装工程费用项目组成》(按费用构成要素划分)第1条第1款规定,建筑安装工程费用项目按费用构成要素组成划分为人工费、材料费、施工机具使用费、企业管理费、利润、规费和税金。原建设部《建设工程施工发包与承包价格管理暂行规定》第5条规定:"工程价格由成本(直接成本、间接成本)、利润(酬金)和税金构成。"二者虽然表述不同,但内涵基本一致。在确定建设工程价款优先受偿的范围时,应当依照上述规定确定。

关于建设工程价款优先受偿的范围问题,最高人民法院已经在对下级法院的批复中作出过答复。2002年6月20日,最高人民法院公布了《关于建设工程价款优先受偿权问题的批复》。对于建设工程价款优先受偿的范围问题,该批复第3条规定,建筑工程价款包括承包人为建设工程应当支付的工作人员报酬、材料款等实际支出的费用,不包括承包人因发包人违约所造成的损失。该条批复将建设工程价款限定为承包人为建设工程应当支付的工作人员报酬、材料款等实际支出的费用,目的是回归《合同法》第286条设立建设工程价款优先受偿权制度的本意,也有利于进一步平衡各方当事人的权益。就价值取向和法理基础而言,最高人民法院《关于建设工程价款优先受偿权问题的批复》第3条规定是适当的。但本条规定也存在不足,即缺乏可操作性,没有考虑诉讼成本。对此《建设工程施工合同司法解释(二)》第21条规定:"承包人建设工程价款优先受偿的范围依照国务院有关行政主管部门关于建设工程价款范围的规定确定。承包人就逾期支付建设工程价款的利息、违约金、损害赔偿金等主张优先受偿的,人民法院不予支持。"该条解释将承包人利润予以优先保护,目的是减少当事人诉累,便于纠纷处理,而将利息等排除在建设工程价款优先受偿权保护外,是基于利益平衡的考虑。

六、建设工程价款优先受偿权的行使期间

最高人民法院《关于建设工程价款优先受偿权问题的批复》第4条规定,行使建设工程价款优先受偿权的期间自建设工程竣工之日或者建设工程合同约定的竣工之日起计算6个月。该条规定在实践中适用的效果并不理想,主要原因是没有考虑从建设工程竣工到验收合格再到完成建设工程价款结算需要一定时间。在实践中,建设工程竣工验收和工程价款结算都是争议较大的问题,所耗费的时间也较长。这也导致上述规定缺乏可操作性,可能会导致承包人的建设工程价款优先受偿权实质上落空。在履行建设工程合同过程中,建设工程竣工后,还需要发包人组织各方当事人进行验收,如果验收不合格,则需由承包人对不合格工程进行修复。如果建设工程经竣工验收合格或者修复后经验收合格,则需要发包人与承包人进行结算。结算的方式即可以是双方依据合同约定和实际施工情况进行对账,也可能是依合同约定由相关审计单位进行审计,或者由发包人和承包人

共同委托的专业机构或者人员就建设工程价款出具咨询意见,作为双方结算的依据。只有在确定建设工程价款数额之后,承包人才能行使建设工程价款优先受偿权。对此,《建设工程施工合同司法解释(二)》第22条规定:“承包人行使建设工程价款优先受偿权的期限为六个月,自发包人应当给付建设工程价款之日起算。”

七、建设工程价款优先受偿权的行使方式

关于承包人应当以何种方式行使建设工程价款优先受偿权的问题,实践中存在争议。第一种观点认为,承包人应当通过诉讼的方式行使建设工程价款优先受偿权。主要理由是,承包人是否享有建设工程价款优先受偿权、在多大范围内行使建设工程价款优先受偿权、行使权利时是否超出了法律规定的除斥期间等问题都应当由人民法院作出认定。如果承包人不通过诉讼的方式行使建设工程价款优先受偿权,上述争议无法解决。第二种观点认为,承包人不应当以诉讼的方式行使建设工程价款优先受偿权。根据《民法典》第807条的规定,承包人可以与发包人协议将该工程折价,也可以申请人民法院将该工程依法拍卖,其建设工程的价款债权可就该工程折价或者拍卖的价款优先受偿。该条所规定的申请人民法院将该工程依法拍卖不属于普通的民事诉讼,而是一种特殊救济程序,类似于申请人民法院强制执行公证债权文书一样,属于非诉程序。

本书认为,诉讼不是承包人行使建设工程价款优先受偿权的唯一方式。承包人不仅可以通过诉讼的方式行使建设工程价款优先受偿权,还可以通过与发包人协商折价的方式行使建设工程价款优先受偿权。依据《民法典》第807条规定,承包人行使建设工程价款优先受偿权的方式有两种:一是与发包人协议将该工程折价;二是申请人民法院将该工程依法拍卖。将承包人行使建设工程价款优先受偿权的方式限定为诉讼方式,与《民法典》第807条规定不符。

八、承包人承诺放弃建设工程价款优先受偿权行为的效力

建设工程价款优先受偿权是较特殊的民事权利。关于建设工程价款优先受偿是否可由承包人承诺放弃的问题,在实践中存在争议。一方面,依民法法理,如果不违反法律的禁止性规定和社会公序良俗,民事权利主体有权自由处分其财产权利,包括放弃财产权利或者限制该财产权利。如果民事主体放弃或者限制财产权利的行为损害第三人利益的,对第三人不发生效力。另一方面,建设工程价款优先受偿权属于法定权利,《民法典》第807条规定赋予承包人此项权利,目的是保护建筑工人的利益。因此,承包人对该项权利的处分不能违背《民法典》第807条的立法宗旨,不能损害农民工等建筑工人的权益。对此,《建设工程施工合同司法解释(二)》第23条规定:“发包人与承包人约定放弃或者限制建设工程价款优先受偿权,损害建筑工人利益,发包人根据该约定主张承包人不享有建设工程价款优先受偿权的,人民法院不予支持。”

发包人与承包人约定放弃或者限制建设工程价款优先受偿权,是否会损害建筑工人利益,应从承包人整体资产负债情况出发作出判断。建设工程价款优先受偿权制度的目的是保护建筑工人的工资权益。建筑工人与建筑施工企业存在劳动或者劳务关系。建筑工人的工资由建筑施工企业发放。如果建筑施工企业的经营和资金出现困难,建筑工人的工资权益就不能得到保障。《民法典》

第 807 条是通过赋予承包人以建设工程价款优先受偿权来达到保护建筑工人权益的目的。承包人放弃建设工程价款优先受偿权，将降低其建设工程价款债权实现的可能性，从而影响其资产负债状况。承包人的营业收入来源基本上全部来自承包建设工程的收入，都体现为建设工程价款。建设工程价款债权的实现情况，会直接决定承包人的责任财产状况。承包人的责任财产不仅是对外承担民事责任的基础，也是对内承担工资等债务的基础。如果承包人与发包人约定放弃或者限制建设工程价款优先受偿权，导致其工程价款债权不能实现，进而造成其资产负债状况恶化，以至于不能支付建筑工人的工资，则该放弃或者限制建设工程价款优先受偿权的行为就违背了《民法典》第 807 条设立建设工程价款优先受偿权制度的本意。根据《建设工程施工合同司法解释(二)》第 23 条的规定，在这种情况下，承包人与发包人关于放弃或者限制建设工程价款优先受偿权的约定就无效。在判断承包人放弃或者限制建设工程价款优先受偿权是否损害建筑工人的利益时，要看承包人这一行为是否影响其整体的清偿能力，要将承包人整体的资产负债情况以及现金流情况是否因此恶化到影响建筑工人工资支付的程度作为主要的考虑因素。

第十八章　运输合同

本章内容与《合同法》相比，修改内容较少，主要针对实践中的突出问题作了补充：一是在第815条增加第2款对实名制客票补办进行规制，即"实名制客运合同的旅客丢失客票的，可以请求承运人挂失补办，承运人不得再次收取票款和其他不合理费用"。二是在第819条和第820条强化了对旅客权利的保障。修改内容主要集中在客运合同当事人的权利义务方面。

客运合同，是指承运人与旅客之间达成的由承运人将旅客及其行李安全送达目的地，由旅客支付运费的合同。① 客运合同多采用票证形式，表现为车票、船票、机票等。合同的价款、运输时间、运输路线等通常由承运人事先拟定，旅客只能在购票或不购票之间选择，没有讨价还价的余地，故多具有格式合同的性质。客运合同与老百姓的生活息息相关，《合同法》专设11个条文对客运合同当事人的权利义务进行规范。随着时代的发展，特别是移动互联网的发展，部分客运合同的成立、履行都发生了相应的变化。因应社会生活的发展变化，《民法典》合同编对客运合同的相关条文作出调整，客运合同当事人的权利义务亦随之发生新的变化。客运合同新条文有力回应了近年来实践中所发生的高铁霸座、实名制旅客补票收费、旅客抢夺方向盘、承运人晚点索赔等社会关注问题。目前，《民法典》合同编第814条至824条规定客运合同一节，保持11个条文不变。这11个条文规定了客运合同的成立、旅客乘坐方式、行李携带规范、安全运输义务、迟延等非正常运输赔偿、物品损失赔偿等多方面的问题，并将部分条文表述进行了调整，条文结构整体更具准确性、严谨性和体系性。以下本书结合实践中一些社会关注度高的案例，重点针对发生变化的条文，就客运合同当事人权利义务的新变化进行解读。

专题一　关于乘客是否需持票按座位号乘车以及实名制旅客车票的挂失补办问题

《民法典》第815条规定，"旅客应当按照有效客票记载的时间、班次和座位号乘坐。旅客无票乘坐、超程乘坐、越级乘坐或者持不符合减价条件的优惠客票乘坐的，应当补交票款，承运人可以按

---

① 马俊驹、余延满：《民法原论》，法律出版社2010年版，第703页。

照规定加收票款;旅客不支付票款的,承运人可以拒绝运输”。实名制客运合同的旅客丢失客票的,可以请求承运人挂失补办,承运人不得再次收取票款和其他不合理费用。这是合同编客运合同一节部分变化较大的一个条文,回应了社会高度关注的问题,如旅客是否应持票按座位号乘车以及实名制客运合同旅客车票的挂失补办等问题。

一是将《合同法》中的“旅客应当持有效客票承运”修改为“旅客应当按照有效客票记载的时间、班次和座位号乘坐”。客票作为一种书面凭证,既是旅客的乘车凭证,也是旅客支付运费的凭证。[①] 长期以来,纸质客票承载着乘车凭证、报销凭证的功能,但随着移动互联网技术的发展以及电子客票的推广,乘客购票后使用二代身份证等证件替代纸质票,“刷手机”“刷身份证”进站乘车已成为新的趋势。电子客票并非有体物,其作为电子数据,实际上并不存在可以“手持”的有形票证。因此,用“持有效客票”便难以涵盖旅客按照电子客票乘车的情形,将“持”修改为“按照”体现了客票电子化的新变化,用语更为准确规范。电子客票的推广减少了纸质车票印制以及退票改签产生的废票数量,减少了污染,节约了资源,体现了绿色发展的理念。本条根据电子客票的使用情况作出适当调整亦体现了《民法典》有关“民事主体从事民事活动,应当有利于节约资源、保护生态环境”的原则。

二是明确规定旅客应当按照座位号乘坐。近年来,“霸座”现象层出不穷,引起社会广泛关注。旅客购买客票后,与承运人之间就成立了客运合同关系,承运人应当为旅客提供安全、准时的运输服务,旅客也应当按照客票记载的车次、座位等级和座位号就座。虽然按座位号乘坐属于客运合同中乘客一方的当然义务,但由于之前缺乏直接禁止“霸座”行为的法律规范,导致一些人对“霸座”行为的违法性认识不足,在列车上强行“霸座”,给同行旅客带来严重困扰。为解决该问题,部分省份也以出台地方性法规的方式予以禁止,如广东省人大2018年制定的《广东省铁路安全管理条例》第34条第3款即规定:“旅客应当按照车票载明的座位乘车,不得强占他人座位。”该条则明确无误地规定旅客应当按照座位号乘坐,从《民法典》的高度为“霸座”行为画上了休止符,回应了社会大众关切的问题,也为司法裁判提供了可以直接援引的规范。

三是确认实名制旅客车票的挂失补办问题。虽然电子客票的使用得到有力推广,但目前客票还是以纸质形式为主,旅客持有的纸质客票丢失甚属常见,然丢失之后应当如何处理却是一个相当有争议的问题。《铁路旅客运输规程》(铁运〔1997〕101号)第43条规定:“旅客丢失车票应另行购票。在列车上应自丢失站起(不能判明时从列车始发站起)补收票价,核收手续费。旅客补票后又找到原票时,列车长应编制客运记录交旅客,作为在到站出站前向到站要求退还后补票价的依据。退票核收退票费。”根据该规定,旅客丢失客票后似乎必须另行购票,还须支付手续费,司法实践中一些法院也是如此裁判。2016年4月20日,钟某通过“12306”官网购买了4张从南宁东开往广州南的列车车票,票价每张169元。4月22日,钟某换取纸质车票后检票乘坐该次列车,当列车到达广州南站下车时,钟某发现所取纸质车票丢失。广州南站出站口工作人员要求钟某补票,经双方交涉无果后,钟某支付了票款169元及补票费2元后出站。其后,钟某诉至法院请求铁路公司返还补票款及补票费,并要求赔礼道歉。法院认为,钟某未妥善保管客票构成违约,铁路公司依据《铁路旅

---

① 崔建远:《合同法》,北京大学出版社2012年版,第523页。

客运输规程》收取补票款并加收手续费符合法规规定,驳回了钟某的诉讼请求。事实上,实名制旅客购买的客票丢失后,通过旅客的个人信息可以查询到其购票信息,收取实名制旅客补票款及手续费有失公允。1997 年的《铁路旅客运输规程》发布时,铁路客运并不存在实名购票的情况,该规程关于"旅客丢失车票应另行购票"的规定,也不应适用于当下实名购票的情形。并且考虑到人脸识别、大数据技术的发展,承运人完全有能力识别实名制购票旅客,继续固守 1997 年的规定已不合时宜。2017 年 1 月 1 日,铁路部门进一步完善了实名制车票挂失补办的办法,在一定程度上矫正了此前的做法,避免了旅客的损失。《民法典》第 815 条规定从民事基本法的角度彻底解决了这一困扰社会大众多年的问题。自此,无论是铁路旅客运输还是公路等其他形式的旅客运输,实名制客运合同的旅客丢失客票的,均可请求承运人挂失补办,承运人不得再次收取票款和其他不合理费用。

专题二 明确旅客随身携带行李的品类限制问题

《民法典》第 817 条规定:"旅客随身携带行李应当符合约定的限量和品类要求;超过限量或者违反品类要求携带行李的,应当办理托运手续。"

旅客运输合同中,承运人的主要义务是将旅客从起运地运到目的地,而不是为了专门运输行李。但是为了旅客乘运的方便,承运人一般允许旅客随身携带一定数量的行李。《民法典》第 817 条规定了旅客随身携带行李的相关要求。与《合同法》第 296 条相比,该条除要求旅客携带行李应当符合约定的限量要求外,还要求应当符合约定的品类要求,该变化使条文语义更为完整。如根据铁路运输规定,对于被褥、衣物、书籍等旅行物品,旅客携带时有限量要求,超过限量即须办理托运。航空运输中,通常要求超过 100 毫升的液体、瓶装酒类、化妆用刀和较大的指甲刀以及家庭饲养的猫、狗等宠物等不能随身携带,均需要办理托运。可见,旅客运输实践中已经存在对乘客随身携带的行李品类的限制。《合同法》仅规定旅客应按照限量携带行李,条文含义不够完整,《民法典》根据客运合同的实际情况增加了品类限制,进一步完善了旅客限量、限类随身携带行李的相关规则。

专题三 明确旅客禁止携带违禁物品或危险物品的规定

《民法典》第 818 条规定:"旅客不得随身携带或者在行李中夹带易燃、易爆、有毒、有腐蚀性、有放射性以及可能危及运输工具上人身和财产安全的危险物品或者违禁物品。旅客违反前款规定的，承运人可以将危险物品或者违禁物品卸下、销毁或者送交有关部门。旅客坚持携带或者夹带危险物品或者违禁物品的，承运人应当拒绝运输。”安全对于旅客运输有着重要意义。为保障运输安全，旅客负有不得携带、夹带危险品和违禁品的义务。《民法典》第 818 条规定了旅客不得携带、夹带的物品种类。与《合同法》第 297 条相比，该条将“其他违禁物品”中的“其他”删除，使条文语义更加明确。根据原条文的含义，旅客不得携带的物品有两类：一是易燃、易爆、有毒、有腐蚀性、有放射性以及有可能危及运输工具上人身和财产安全的危险物品；二是其他违禁物品。第 818 条所规定的旅客不得携带的物品则是易燃、易爆、有毒、有腐蚀性、有放射性以及有可能危及运输工具上人身和财产安全的危险物品或违禁物品。虽然仅删除了“其他”二字，但旅客不得携带物品的界定已经十分清晰，即不得携带的违禁物品也须是可能危及运输工具上人身和财产安全的违禁物品。

通常而言，违禁物品可以分为不同类别，如禁止出入境物品、航空违禁品、铁路违禁品、寄递违禁品等，这几类违禁品具有共性，但也具有个性。比如，根据《禁止寄递物品管理规定》规定，侵犯专利权、商标权、著作权的图书、音像制品不得寄递，这些物品属于寄递违禁品，但并不当然属于客运合同的违禁品。若某甲购买了一本盗版书籍，并将其携带至高铁上阅读消磨旅行时光，则由于携带阅读一本盗版书籍并不会危及列车上的人身和财产安全，不在客运违禁品文义射程之内，因此不宜认定为客运违禁品。《合同法》的表述采用“其他违禁品”可能过分限制旅客的行动自由，《民法典》第 818 条将“其他”删除更加符合旅客违禁品的本然含义。

值得注意的是，《铁路安全管理条例》第 66 条关于“不得违法携带、夹带管制器具，不得违法携带、托运烟花爆竹、枪支弹药等危险物品或者其他违禁物品”的规定中，“其他违禁物品”也应根据《民法典》第 818 条的规定，进行目的性限缩，将其解释为“可能危及运输工具上人身和财产安全的违禁物品”。

此外，根据《民法典》第 818 条第 2 款的规定，如果旅客坚持携带或者夹带违禁物品的，承运人应当拒绝运输。该规定不同于货运合同中类似情况下“承运人可以拒绝运输，也可以采取相应措施以避免损失的发生”的内容。其之间差异的原因主要在于，客运合同对人身安全的保护采取更为严格的要求。

专题四　明确承运人的安全运输义务和乘客的协助配合义务

《民法典》第 819 条规定：“承运人应当严格履行安全运输义务，及时告知旅客安全运输应当注意的事项。旅客对承运人为安全运输所作的合理安排应当积极协助和配合。”

遇有不能正常运输的特殊情形和重要事由，承运人应当及时告知旅客并采取必要的安置措施。《合同法》客运合同一节虽从履行告知安全运输注意事项的角度，对承运人课以相应的义务，但并未明确承运人的安全运输义务；虽规定客运合同中旅客所携带的物品不得造成或增加运输的危险，但并未明确运输途中发生特定危险或为避免危险采取安全措施时旅客的相应义务。随着交通条件的飞跃发展和人民生活水平的改善,民用航空、高铁、邮轮等公共交通行业与人们的日常生活更为密切相关。社会生活的发展需要法律对人们的行为模式作出指引。《民法典》第819条根据实践的需要,不仅明确要求承运人应当严格履行安全运输义务,还对旅客课以积极协助和配合的义务。其变化详述如下:

一是明确承运人须严格履行安全运输义务。所谓安全义务,是指合同当事人一方负有顾及相对人的身体、健康、生命以及财产等法益不受侵害的义务。[①] 合同履行过程中,安全义务亦与合同目的联系在一起,在客运合同中即指承运人的安全运输义务。《合同法》第298条仅规定了承运人的告知义务,即向旅客及时告知不能正常运输的重要事由和安全运输应当注意的事项。该条则规定承运人需要严格履行安全运输义务。所谓严格,既体现了对承运人安全运输义务的要求程度,同时也呼应了承运人对旅客伤亡所承担的无过错责任原则。该义务既包括及时告知旅客安全运输应当注意的事项,也体现为承运人应保证运输工具处于适合营运的状态,确保客运合同履行过程中的运输安全。安全运输义务的违反,既可能是承运人自身的原因,也可能是承运人自身以外的原因。

二是承运人应当采取必要的措施。《民法典》起草过程中曾规定:“遇有不能正常运输的特殊情形和重要事由,承运人应当及时告知旅客并采取必要的安置措施。”该内容此后虽删除,但承运人采取必要安置措施亦是其承担“安全运输义务”的当然之义,不能认为删除该规定即意味着承运人无须采取必要的措施。据此,承运人的义务不仅仅停留在口头上,还须体现在行动上。相关安置措施既包括对旅客作出妥善安置,也包括制止不法行为。近年来,承运人采取必要安置措施的案例较多,如2018年4月2日,客车司机包师傅正常驾驶长途大巴行驶时,一名女性乘客忽然提出要在路边下车,包师傅拒绝后,该女乘客突然抢夺方向盘来回转动,导致车身左右晃动,为了避免发生意外,包师傅在保持方向盘稳定的同时,靠边停车后报警。本案例中客车司机保持方向盘稳定、临时停车及报警的行为即属于为履行安全运输义务所必需的措施。

三是旅客负有积极协助和配合的义务。近年来发生的“东方之星”客轮翻沉等重大客运事故,每每引起社会普遍关注。客运合同中旅客既是合同的一方当事人,也是运输的对象。因飞机、船舶、车辆等运输工具在运输途中处于相对封闭的状态,承运人和旅客实际成为一个安全共同体,如何避免安全运输风险,或在发生危险时快速有效地组织脱险和使用救助资源,成为最大限度减小损失的关键。旅客对安全事项的协助和配合程度与其个体自身乃至其他旅客和运输工具的共同安全都至关重要。协助配合义务的规定,体现了同舟共济、共克难关的理念,有利于推动客运合同的安全运输。

---

① 姚志明:《债务不履行——不完全给付之研究》,中国政法大学出版社2003年版,第72页。

专题五　明确承运人迟延等非正常运输时的告知和赔偿义务

《民法典》第820条规定："承运人应当按照有效客票记载的时间、班次和座位号运输旅客。承运人迟延运输或者有其他不能正常运输情形的，应当及时告知和提醒旅客，采取必要的安置措施，并根据旅客的要求安排改乘其他班次或者退票；由此造成旅客损失的，承运人应当承担赔偿责任，但是不可归责于承运人的除外。"新增了承运人迟延等非正常运输时的告知提醒义务，并明确承运人因此给旅客造成损失时的赔偿责任。实务之中对于承运人迟延等非正常运输的告知提醒义务较少有争议，争议较大的是迟延等非正常运输给旅客造成损失时，承运人应如何承担责任的问题。

实践中，旅客因承运人迟延等非正常运输提起诉讼的并不鲜见。如2013年3月，卢某购买了从北京站到石家庄站的T145次列车车票，车票载明北京站开车时间为12时9分，而实际该列车从北京站发车时间为下午2时8分。卢某因此诉至法院，要求北京铁路局赔偿因列车晚点造成的经济损失。一审法院认为，我国法律没有规定承运人迟延等非正常运输时的赔偿责任，另外卢某也未能举证自己因列车晚点产生的损失，故而驳回了卢某的诉讼请求。卢某不服一审判决提起上诉，二审法院亦没有支持其请求。[①] 该案例中，法院未支持旅客对承运人索赔的一个重要理由便是于法无据。《铁路法》第10条规定："铁路运输企业应当保证旅客和货物运输的安全，做到列车正点到达。"该法虽规定了铁路须正点发车到达的义务，但并没有规定晚点时如何赔偿。虽然诉诸合同法的一般原理，迟延履行即属于当事人履行义务不符合约定的情形，应当承担继续履行、采取补救措施或赔偿损失等违约责任，但就运输合同而言实践中仍会存在法律适用的困惑。

《民法典》第820条则彻底解决了客运合同承运人迟延等非正常运输时承担赔偿责任的"找法"问题，从法律的层面明确了迟延等非正常运输损害赔偿的请求权基础；确立了承运人迟延等非正常运输时以赔偿为原则、不赔偿为例外的规定，此例外情形即不可归责于承运人的事由。所谓不可归责于承运人的事由，主要包括两个方面的情况：一是不可抗力、意外事件等客观原因导致的损失。不可抗力，即客运合同履行过程中发生了不能预见、不能避免、不能克服的情形，比如地震、海啸、泥石流、疫情、战争等，此为法定免责事由。二是旅客自身的原因导致的损失。因旅客自身原因导致迟延等非正常运输不可归责于承运人，承运人亦不应承担损害赔偿责任。

承运人迟延等非正常运输时的赔偿数额与一般合同迟延履行时的损失赔偿并无本质差异。从合同法的基本原理来看，损失包括直接损失和间接损失，直接损失主要包括旅客在合同约定的到达时间和实际到达时间之间所支出的必要费用（如餐饮费、住宿费等），间接损失是指承运人未能履行按时运输义务为旅客带来的期待利益损失。原则上，承运人因迟延等非正常运输所赔偿的范围限

① 参见(2016)京04民终62号案例。

于直接损失,除非承运人在签订合同时对旅客的期待利益有所预见,否则一般不应支持旅客主张的间接损失。如铁路运输,承运人每天运送大量的旅客,不可能了解每名旅客的出行目的,也不可能对旅客的期待利益有所预见,自不应要求铁路承运人赔偿旅客的间接损失。但对于可能了解旅客出行期待利益的承运人,如单独向旅客特定旅程提供服务的承运人,其明确知悉旅客出行的目的,发生迟延等非正常运输的,则应当赔偿旅客因此产生的间接损失。

专题六　从“自带物品”到“随身携带物品”

《民法典》第 824 条规定:“在运输过程中旅客随身携带物品毁损、灭失,承运人有过错的,应当承担赔偿责任。”与《合同法》第 303 条相比,该条将原条文中的“自带物品”修改为“随身携带物品”,此修改使条文语义表达更为准确。从文义来看,旅客自带物品似包括旅客随身携带物品和办理托运的物品,而办理托运物品毁损、灭失的,适用货运合同的有关规定,即以承运人承担无过错赔偿责任为原则,以不可抗力、货物本身的自然性质或合理损耗以及托运人、收货人的过错为免责事由。而第 824 条规定的旅客随身携带物品毁损、灭失的,则由承运人承担过错赔偿责任。

旅客随身携带物品和办理托运物品毁损、灭失归责原则区别的主要原因在于,旅客对于其随身携带物品没有丧失直接占有,仍须履行监管义务,其毁损、灭失的责任原则上仍应由旅客自身承担。承运人没有直接控制旅客随身携带的物品,自然无须承担无过错责任。[①] 而旅客已经办理托运的物品,其直接占有已经转移给了承运人,承运人须根据货运合同对托运物品履行监管义务,自然应当对托运过程物品的毁损、灭失承担无过错损失赔偿责任。该条修改之后,准确传达二者的区别,在体系上更为严谨、合理。

---

① 马俊驹、余延满:《民法原论》,法律出版社 2010 年版,第 706 页。

第十九章　技术合同

专题一　技术合同的一般规定

一、技术合同的含义

《民法典》第843条规定:“技术合同是当事人就技术开发、转让、许可、咨询或者服务订立的确立相互之间权利和义务的合同。”该条对《合同法》第322条进行了修改,增加了技术许可合同类型。

技术合同是当事人就技术开发、转让、许可、咨询或者服务订立确立相互之间权利和义务的合同,是一种有名合同。根据技术合同标的不同,技术合同分为技术开发合同、技术转让合同、技术许可合同、技术咨询合同和技术服务合同五类。

根据《民法典》第843条的规定,技术合同的主体没有特别限制,自然人、法人以及非法人组织都可以成为技术合同的主体。无论是企业法人、机关法人、事业单位法人、社会团体法人或非法人组织,只要具有科研能力或拥有科技成果,都可以订立技术合同。同样,公民不受其职业、职务、年龄等限制,只要具备履行技术合同的能力,都可以订立技术合同。在审理技术合同纠纷案件时,只要合同当事人具备履约能力,就不能以合同主体不适格而认定合同无效。

在技术合同的具体认定上,还有一些特殊情形需要注意。例如,法人或者非法人组织设立的从事技术研究开发、转让等活动的不具有民事主体资格的科研组织(包括课题组、工作室等)订立的技术合同,经法人或者非法人组织授权或者认可的,应视为法人或者非法人组织订立的合同,由法人或者非法人组织承担责任;未经法人或者非法人组织授权或者认可的,由该科研组织成员共同承担责任,但法人或者非法人组织因该合同受益的,应当在其受益范围内承担相应的责任。

技术合同的标的是技术成果。《民法典》以及《合同法》对于技术成果的定义并未明确。根据《技术合同司法解释》第1条的规定,技术成果是指利用科学技术知识、信息和经验作出的涉及产品、工艺、材料及其改进等的技术方案,包括专利、专利申请、技术秘密、计算机软件、集成电路布图设计和植物新品种等。技术成果应当不具有公开性,如果已经公开,属于社会公知的技术,就不应作为技术合同的标的。

实践中,技术合同往往与联营合同、经销合同、包销合同或者其他合同混合在一起。对于当事人将技术合同和其他合同内容合订为一个合同,或者将不同类型的技术合同内容合订在一个合同中的,应当根据当事人争议的权利义务内容,确定案件的性质和案由,适用相应的法律法规。技术合同名称与合同约定的权利义务关系不一致的,应当按照合同约定的权利义务内容,确定合同的类型和案由,适用相应的法律法规。

关于技术合同相关法律适用的顺位问题,《技术合同司法解释》第46条规定,集成电路布图设计、植物新品种许可使用和转让等合同争议,相关行政法规另有规定的,适用其规定;没有规定的,适用合同法总则的规定,并可以参照《合同法》第十八章和本解释的有关规定处理。《民法典》第876条规定,集成电路布图设计专有权、植物新品种权、计算机软件著作权等其他知识产权的转让和许可,参照适用《民法典》合同编第二十章第三节技术转让合同和技术许可合同的规定。相对于《合同法》的技术合同章,该条是新增条文,对技术合同的法律适用顺位予以规定。《民法典》第877条规定,对于技术进出口合同或者专利、专利申请合同,法律、行政法规另有规定的,依照其规定。没有规定的,参照适用《民法典》的相关规定。也就是说,集成电路布图设计专有权、植物新品种权、计算机软件著作权等其他知识产权使用和转让等合同争议,著作权法以及其他法律、行政法规另有规定的,依照其规定;没有规定的,适用《民法典》合同编一般规定的条文,并可以参照《民法典》合同编技术合同章的有关规定处理。

二、订立技术合同的目的

《民法典》第844条规定:"订立技术合同,应当有利于知识产权的保护和科学技术的进步,促进科学技术成果的研发、转化、应用和推广。"

当事人订立技术合同,作为一项民事法律活动,首先,应当遵循《民法典》总则规定的平等、自愿、公平、诚实信用、遵守法律的基本原则。同时,依据技术合同的特点,当事人订立技术合同,还应当符合有利于知识产权的保护和科学技术的进步,促进科学技术成果的研发、转化、应用和推广的目的。

技术合同是技术成果商品化的法律形式,实施技术合同的目的,是将技术成果推向市场,创造更大的经济效益和社会效益。因此,当事人在订立技术合同时,应当从推动科学技术进步,促进科技与经济发展的角度出发,确定权利义务,努力研究开发新技术、新产品、新工艺、新材料及其系统,促进先进的科技成果在生产实践中获得应用,使科学技术更好地为社会主义现代化建设服务。规定这一合同目的,在于鼓励和引导当事人正确运用技术合同这一有效的法律形式,在科研和生产之间架起一座桥梁,促使技术成果尽快向生产领域转移,形成新的生产力。

三、技术合同的条款内容

《民法典》第845条规定了3款内容:"技术合同的内容一般包括项目的名称,标的的内容、范围和要求,履行的计划、地点和方式,技术信息和资料的保密,技术成果的归属和收益的分配办法,验收标准和方法,名词和术语的解释等条款。与履行合同有关的技术背景资料、可行性论证和技术评价报告、项目任务书和计划书、技术标准、技术规范、原始设计和工艺文件,以及其他技术文档,按照当事人的约定可以作为合同的组成部分。技术合同涉及专利的,应当注明发明创造的名称、专利申请人和专利权人、申请日期、申请号、专利号以及专利权的有效期限。"

订立技术合同的当事人应当在平等、自愿的基础上,协商确定合同内容。技术合同的内容即合同条款,是当事人权利和义务的体现,也是当事人履行合同、判明违约责任的主要依据。技术合同条款一般由合同双方当事人协商约定,不需要由法律作出具体规定。《民法典》该条旨在提示和引导当事人规范地签订技术合同。该条对技术合同一般应具备的条款作出规定,以便当事人双方具体、明确地约定合同内容。根据该条规定,技术合同的条款一般应当包括:

1. 项目名称。一般指技术合同标的涉及项目的名称,当事人应当准确约定。

2. 标的的内容、范围和要求。合同标的,是合同法律关系的客体,是合同当事人双方权利和义务共同指向的对象。不同的技术合同标的,有着不同的技术范围和技术指标要求。因此,当事人在订立技术合同时,不仅要明确技术合同标的,而且还要根据不同标的的要求,明确该标的的技术范围和技术指标要求。

3. 履行的地点和方式。履行的地点是指合同的履行地。履行地是指履行技术合同所涉及的区域范围。如利用受让的技术生产商品销售的范围。履行方式是指当事人采用什么样的方式和手段履行合同规定的义务。履行方式根据合同的内容不同而有所不同。对履行方式的具体要求应当在合同中明确规定。

4. 技术信息和资料的保密。有些技术合同的内容涉及国家安全或者当事人的重大利益,需要对技术信息和资料加以保密,对此,双方当事人应当在合同中对保密事项、保密范围、保密期限以及违反保密的责任等加以规定。

5. 技术成果的归属和收益的分配办法。技术合同履行的结果可能创造出一项或几项技术成果,为避免成果归属或者分享产生纠纷,当事人应当在合同中约定其所有权和使用权的归属、分享以及由此产生的利益分成办法。在没有约定或者约定不明确的情况下,当事人可以协商,协商不成的根据法律有关规定确定。

6. 验收标准和方法。技术合同的履行是否符合合同的约定,需要验收后予以确定。因此,当事人应当在合同中载明技术合同的验收项目、验收标准以及验收办法等。

7. 名词和术语的解释。技术合同的内容具有很强的专业性,在合同文本中要使用一些专业名词术语和简化符号,为防止因理解不同而发生争议,对关键性术语和简化符号,需经双方协商作出明确无疑义的解释。

上述技术合同条款是指导性条款,不要求订立技术合同的当事人必须采用,也不限制当事人在合同中约定其他权利义务,如当事人可以约定对技术合同的担保等。与履行合同有关的技术背景资料、可行性论证和技术评价报告、项目任务书和计划书、技术标准、技术规范、原始设计和工艺文件,以及其他技术文档,按照当事人的约定可以作为合同的组成部分。技术合同涉及专利的,还应当遵守专利法的有关规定,合同中应当注明发明创造的名称、专利申请人和专利权人、申请日期、申请号、专利号以及专利权的有效期限。

四、职务技术成果与非职务技术成果的财产权权属

《民法典》第 847 条规定了职务技术成果的财产权权属,第 848 条规定了非职务技术成果的财产权权属。《民法典》第 847 条对《合同法》第 326 条进行了相应的修改,删除了《合同法》第 326 条中“法人或者其他组织应当从使用和转让该项职务技术成果所取得的收益中提取一定比例,对完成该项职务技术成果的个人给予奖励或者报酬”。

(一)职务技术成果的财产权权属

《民法典》第847条明确了职务技术成果的使用权、转让权属于法人或者非法人组织。法人或者非法人组织转让职务技术成果时,职务技术成果的完成人享有优先受让权。我国现有的相关法律规定有:《专利法》第6条第1款规定,执行本单位的任务或者主要是利用本单位的物质技术条件所完成的发明创造为职务发明创造。职务发明创造申请专利的权利属于该单位;申请被批准后,该单位为专利权人。该条第3款规定,利用本单位的物质技术条件所完成的发明创造,单位与发明人或者设计人订有合同,对申请专利的权利和专利权的归属作出约定的,从其约定。《技术合同司法解释》第2条第2款规定,法人或者其他组织与其职工就职工在职期间或者离职以后所完成的技术成果的权益有约定的,人民法院应当依约定确认。

对于雇主与雇员就"执行法人或者非法人组织的工作任务"完成的技术成果约定权利归属条款的效力,实践中一直有不同的认识。一种观点认为,2000年修订的《专利法》第6条第1款规定,执行本单位的任务或者主要是利用本单位的物质技术条件所完成的发明创造为职务发明创造,该条第3款规定允许当事人对利用本单位物质技术条件作出约定,未规定是否允许当事人对执行本单位任务作出约定,《专利法》未明确允许就是禁止作出这种约定。另一种观点认为,雇主与雇员对技术成果权益的约定只是合同自由原则的体现,《专利法》第6条属于针对私权所作的私法性法律规范,而不涉及行政管理的公法性内容,根据私法中法无明文禁止即为允许的规则和私权自治原则,不能将《专利法》该条的立法本意理解为禁止对执行本单位任务完成的职务技术成果权益的归属作出约定。

对职务技术权益归属的界定,《技术合同司法解释》体现了当事人意思自治原则,以当事人约定优先。该司法解释第2条第2款的规定充分体现了合同自由原则。雇主与雇员不管以何种形式约定技术成果的权益,只要该约定本身不能依据合同法被认定为无效或者可撤销或可变更,即应当从其约定判定权利归属。即使是职务技术成果,也应当尊重当事人对于权属的有效约定。

(二)职务技术成果的奖励与报酬

关于职务技术成果的奖励与报酬问题,《专利法》第16条规定,被授予专利权的单位应当对职务发明创造的发明人或者设计人给予奖励;发明创造专利实施后,根据其推广应用的范围和取得的经济效益,对发明人或者设计人给予合理的报酬。《专利法实施细则》(2010年修订)第76条规定,被授予专利权的单位可以与发明人、设计人约定或者在其依法制定的规章制度中规定《专利法》第16条规定的奖励、报酬的方式和数额。企业、事业单位给予发明人或者设计人的奖励、报酬,按照国家有关财务、会计制度的规定进行处理。第77条规定,被授予专利权的单位未与发明人、设计人约定也未在其依法制定的规章制度中规定《专利法》第16条规定的奖励的方式和数额的,应当自专利权公告之日起3个月内发给发明人或者设计人奖金。一项发明专利的奖金最低不少于3000元;一项实用新型专利或者外观设计专利的奖金最低不少于1000元。由于发明人或者设计人的建议被其所属单位采纳而完成的发明创造,被授予专利权的单位应当从优发给奖金。第78条规定,被授予专利权的单位未与发明人、设计人约定也未在其依法制定的规章制度中规定《专利法》第16条规定的报酬的方式和数额的,在专利权有效期限内,实施发明创造专利后,每年应当从实施该项发明或者实用新型专利的营业利润中提取不低于2%或者从实施该项外观设计专利的营业利润中提取不低于0.2%，作为报酬给予发明人或者设计人，或者参照上述比例，给予发明人或者设计人一次性报酬；被授予专利权的单位许可其他单位或者个人实施其专利的，应当从收取的使用费中提取不低于10%，作为报酬给予发明人或者设计人。有观点认为，《专利法》及其实施细则等现行法律法规对职务发明制度已经作出了较为完善的规定，实践中需要进一步理解与适用现有法律，合理确立企业职务发明创造的奖励和报酬制度，维护企业正当利益，鼓励职工技术创新，帮助企业防范经营风险。也有观点认为，需要通过职务发明条例的制定，对职务发明制度进一步细化，完善科技成果知识产权归属和利益分享机制，保护科技成果创造者的合法权益，明确职务发明人权益，提高主要发明人受益比例，充分激发发明人的创新积极性。还有观点认为《合同法》第326条的不足在于未区分奖励和报酬予以分别规定，此外关于报酬规定的方式过于单一。《民法典》第847条对职务技术成果的奖励和报酬的内容予以删除。

（三）职务技术成果的定义

《民法典》该条与《合同法》相关规定相比，并无实质性变化。仅将《合同法》第326条第2款中的"其他组织"改为"非法人组织"，以和《民法典》总则部分保持一致。技术合同的标的为技术成果。技术成果可以划分为职务技术成果和非职务技术成果。《民法典》第847条就是关于职务技术成果及其转让使用权的规定。该条第2款规定，职务技术成果是执行法人或者非法人组织的工作任务，或者主要是利用法人或者非法人组织的物质技术条件所完成的技术成果。依据这一规定，确认职务技术成果的标准有两条：一是执行法人或者非法人组织的工作任务；二是主要利用法人或者非法人组织的物质技术条件。确认技术成果是否是职务技术成果，并不要求同时具备上述两个条件，只要具备一个条件就可以认定是职务技术成果。

执行法人或者非法人组织的工作任务是指：(1)职工履行本岗位职责或者承担法人或者非法人组织交付的其他科学研究和技术开发任务。(2)离职、退职、退休后一年内继续从事与其原所在法人或者非法人组织的岗位职责或者交付的任务有关的科学研究和技术开发，但法律、行政法规另有规定或者当事人另有约定的除外。所谓岗位职责，是指根据法人或者非法人组织的规定，职工所在岗位的工作任务和责任范围。主要利用法人或者非法人组织的物质技术条件，是指职工在完成技术成果的研究开发过程中，全部或者大部分利用了法人或者非法人组织的资金、设备、器材或者原材料，或者该技术成果的实质性内容是在该法人或者非法人组织尚未公开的技术成果、阶段性技术成果或者关键技术的基础上完成的。但对利用法人或者非法人组织提供的物质技术条件，约定返还资金或者交纳使用费的除外。在研究开发过程中利用法人或者非法人组织已对外公开或者已为本领域普通技术人员公知的技术信息，或者在技术成果完成后利用法人或者非法人组织的物质条件对技术方案进行验证、测试的，不属于主要利用法人或者非法人组织的物质技术条件。

完成技术成果的个人既执行了原所在法人或者非法人组织的工作任务，又就同一科学研究或者技术开发课题主要利用了现所在法人或者非法人组织的物质技术条件所完成的技术成果的权益，由其原所在法人或者非法人组织和现所在法人或者非法人组织协议确定，不能达成协议的，根据对完成该项技术成果的贡献大小由双方合理分享。职工于本岗位职责或者其所在法人或者非法人组织交付的任务之外从事兼职活动或者与他人合作完成的技术成果的权益，按照其与聘用人（兼职单位)或者合作人的约定确认。没有约定或者约定不明确,依照《民法典》第510条的规定不能达成补充协议的,按照《民法典》第847条和第848条的规定确认。

(四)非职务技术成果的财产权权属

非职务技术成果,是指完成技术成果的个人自行研究开发的,不属于执行法人或者非法人组织的工作任务,也未利用法人或者非法人组织的物质技术条件所完成的技术成果。该技术成果不是完成人在所在单位或者非法人组织承担的科学研究和技术开发课题,也不是该完成人的岗位职责,需要注意的是,不以是否在业务时间进行科学研究作为区分职务与非职务技术成果的标准。完成技术成果的资料、材料、设备等物质条件主要不是法人或者非法人组织提供,也没有采用该法人或者非法人组织尚未公开的技术成果、技术资料。虽然利用了法人或者非法人组织的物质技术条件,但与实际所需相比,占有的比例较小;或者按照事先约定,返还资金或者交纳使用费的,都应当认定为非职务技术成果。

非职务技术成果的财产权即使用权、转让权属于完成技术成果的个人。完成技术成果的个人有权就该项非职务技术成果订立技术合同,有权获得因使用或者转让该项技术成果所取得的收益。法人或者非法人组织擅自以生产经营为目的使用或者转让属于个人的非职务技术成果,是侵犯个人合法权益的行为。

专题二　技术开发合同

一、技术开发合同的定义、分类及合同形式

《民法典》第851条规定,技术开发合同是当事人之间就新技术、新产品、新工艺、新品种或者新材料及其系统的研究开发所订立的合同。技术开发合同包括委托开发合同和合作开发合同。技术开发合同应当采用书面形式。当事人之间就具有实用价值的科技成果实施转化订立的合同,参照适用技术开发合同的有关规定。

(一)技术开发合同定义及合同形式

根据上述条文第1款的规定,技术开发合同,是当事人之间就新技术、新产品、新工艺、新品种和新材料及其系统的研究开发所订立的合同。新技术、新产品、新工艺或者新材料及其系统,包括当事人在订立技术合同时尚未掌握的产品、工艺、材料及其系统等技术方案,但在技术上没有创新的现有产品改型、工艺变更、材料配方调整以及技术成果的检验、测试和使用的除外。《技术合同司法解释》第17条的规定对技术开发合同作了进一步的解释。

如何理解技术开发合同标的的"新",这里是指在技术上具有技术创新成分和技术进步特征。但并不要求其标的必须都达到专利所要求的新颖性、创造性、实用性的标准,也并不要求必须是世界新颖、国内首创或者本行业、本地区第一等。合同的一方当事人根据生产实践的需求提出研究开

发课题,另一方当事人根据其科技水平和能力决定是否承接该项课题,双方之间达成协议成交,应认为是一份技术开发合同。研究开发成果的新颖性、创造性不是判断技术开发合同是否有效的标准。研究开发成果的技术水平高低不影响技术开发合同的合法、有效。

1. 新技术开发。新技术开发是在一定时间和区域内首次利用新的科学研究成果所进行的产品、工艺、材料及其系统等技术方案的开发,包括对原有技术的改进、创新。这里的新技术开发要求,当事人各方对技术的知晓程度必须是未完全掌握或者根本未知的状态,否则,不能成为技术开发合同的标的。

2. 新产品开发。新产品开发是在技术原理、结构、物理性能、化学成分、材料、功能和用途等某一方面或者几方面与原有产品比较,有显著不同或者新的改进的产品开发,具有明显的技术特征和工业化、商品化特征。

3. 新工艺开发。新工艺开发是采用新的原理和方法制造零部件及其成品的研究开发,包括对原有工艺的显著改进与创新。

4. 新材料开发。新材料开发是运用科学理论,采用新的方法,开发新型物质和材料,包括增加材料品种,改进材料性能,以提高产品性能和综合经济效益。

5. 新技术系统开发。新技术系统开发是对产品、工艺、材料等多种技术之间的新的有机组合或者配套使用的研究开发。

技术开发合同具有以下特点:一是技术开发合同的标的物是具有创造性的技术成果,在订立合同时,这种技术成果是当事人还没有掌握的;二是技术开发合同是双务合同、有偿合同、要式合同;三是技术开发合同的当事人共同承担研究开发失败的风险;四是技术开发合同是研究开发用于生产、可作为商品流转的技术成果,要具有实用性和可操作性。如果只是进行基础理论研究,则不属于技术开发合同。订立技术开发合同,应当有必要的研究开发经费、基础设施、技术情报资料等物质条件。当事人在订立合同前应当进行可行性论证,收集有关的技术信息,选择适当的研究开发方案。对列入国家计划的科技项目订立技术开发合同,应当符合国家计划和项目任务的要求;其他技术开发合同,应当符合国家有关技术政策。

技术开发合同是一种特殊的民事合同,其合同内容由双方当事人在平等、自愿的基础上协商确定。合同的内容一般应当具备下列条款:(1)项目名称;(2)标的技术的内容、形式和要求;(3)研究开发计划;(4)研究开发经费或者项目投资的数额及其支付、结算方式;(5)利用研究开发经费购置的设备、器材、资料的财产权属;(6)履行的期限、地点和方式;(7)风险责任的承担;(8)技术成果的归属和分享;(9)验收的标准和方法;(10)报酬的计算和支付方式;(11)违约金或者损失赔偿额的计算方法;(12)技术协作和技术指导的内容;(13)争议的解决办法;(14)名词和术语的解释。与其他合同相比,技术开发合同的内容较多、履行期长、涉及风险责任较大。因此,《民法典》第 851 条第 3 款规定当事人订立技术开发合同应当采用书面形式。

合同约定对产品进行复杂技术性研发的,是技术开发合同。在深圳市某实业公司诉某电子(北京)有限公司技术合同纠纷案中,双方当事人对于签订的技术合同的性质存在争议,一方当事人认为属于技术咨询服务合同,不属于技术委托开发合同。法院认为,双方合同约定的 SCMC 管理系统虽然在签约前已由某电子公司研发完成,不存在根据合同约定由某电子公司从零开发的问题,但将该系统应用于深圳某公司的日常现代化管理仍须根据该公司的需求特点进行相当程度的修改、增补、完善等复杂技术工作。双方履行合同的过程证明这种修改、增补、完善等复杂技术工作需要某电子公司在SCMC管理系统的基础上,根据深圳某公司的需求编制方案、开发软件并进行技术支持,明显具有委托开发性质,因此双方合同应属委托开发合同。

(二)技术开发合同的种类

根据《民法典》第851条第2款的规定,技术开发合同包括委托开发合同和合作开发合同两种类型。

委托开发合同,是指当事人一方委托另一方进行研究开发所订立的合同。即委托人向研究开发人提供研究开发经费和报酬,研究开发人完成研究开发工作并向委托人交付研究成果。委托开发合同的特征是研究开发人以自己的名义、技术和劳务独立完成研究开发工作,委托人不得非法干涉。

合作开发合同,是指当事人各方共同进行研究开发所订立的合同。即当事人各方共同投资、共同参与研究开发活动、共同承担研究开发风险、共享研究开发成果。合作开发合同的各方以共同参加研究开发中的工作为前提,可以共同进行全部研究开发工作,也可以约定分工,分别承担相应的部分。这里需要注意的是,当事人一方仅提供资金、设备、材料等物质条件或者承担辅助协作事项,由另一方进行研究开发工作的合同,是委托开发合同,而不属于合作开发合同。

实践中当事人就科技成果转化订立的合同逐渐增多,为适应技术创新和科技产业化的需要,第4款规定"当事人之间就具有实用价值的科技成果实施转化订立的合同,参照适用技术开发合同的有关规定"。"当事人之间就具有实用价值的科技成果实施转化订立的"技术转化合同,是指当事人之间就具有实用价值但尚未实现工业化应用的科技成果包括阶段性技术成果,以实现该科技成果工业化应用为目标,约定后续试验、开发和应用等内容的合同。

二、委托开发合同的效力以及技术成果权益的归属

(一)委托开发合同的效力

1. 委托方的义务

依照《民法典》第852条的规定,委托方具有以下义务:

(1)按照合同约定支付研究开发费用和报酬。研究开发费用是指完成研究开发工作所必需的成本。除合同另有约定外,委托方应当提供全部研究开发费用。研究开发报酬是指研究开发成果的使用费和研究开发人员的科研补贴。委托方应按合同约定按时支付报酬。

(2)按照约定完成协作事项。委托方应依合同约定,向研究开发方提供研究开发所需要的技术资料、原始数据,并完成其他协作事项。在研究开发中,应研究开发方的要求,委托人应补充必要的背景材料和数据,但只以研究开发方为履行合同所必需的范围为限。

(3)提出研究开发需求并接受研究开发成果。委托方要提出明确的研究开发需求,研究开发完成时,应当按期接受研究开发方完成的研究开发成果。委托方不及时接受研究开发方交付的已完成的成果时,应承担违约责任并支付保管费用。

2. 研究开发方的义务

依照《民法典》第853条的规定，研究开发方具有以下义务：

(1)依约制订和实施研究开发计划。研究开发方应尽快制订研究开发计划。研究开发方应当按照合同的约定，亲自履行研究开发的合同义务，制订和实施研究开发计划。研究开发方不亲自履行研究开发义务的，由他人代为履行研究开发义务的，委托方有权解除合同，并请求返还研究开发经费和赔偿损失。

(2)合理使用研究开发费用。研究开发方在完成研究开发工作中应当依合同的约定合理使用研究开发费用。研究开发方将研究开发费用用于履行合同以外的目的的，委托方有权制止并要求其退还。

(3)按期完成研究开发工作并交付成果。研究开发方应当按照合同约定的时间节点，按期完成研究开发工作，及时组织验收并将工作成果交付给委托方。研究开发方在完成研究开发工作中不得擅自变更标的内容、形式和要求。由于研究开发方的过错，致使研究开发成果不符合合同约定条件的，研究开发方应当支付违约金或者赔偿损失；致使研究开发工作失败的，应当返还部分或全部研究开发费用，支付违约金或赔偿损失。

(4)研究开发方的后续义务。研究开发方还应当提供有关的技术资料，并给予必要的技术指导，对委托方人员进行技术培训，帮助委托方掌握该项技术成果。研究开发方不得向第三人泄露技术开发成果的技术秘密，不得向第三人提供该项技术成果，但当事人另有约定或法律另有规定的除外。

实践中要判断技术开发合同是合作开发合同还是委托开发合同，应当根据合同约定的权利义务关系确定。当事人一方仅提供设备与资料，对技术成果的开发无创造性贡献的，该技术开发合同应为委托开发合同。在吴某某与上海市机电局等技术委托开发合同纠纷上诉案中，合同中虽然写明双方为合作关系，但当事人一方仅提供设备与资料，根据该合同的约定，是吴某某受于某委托单独完成X射线源高压发生装置的国产化设计与国产化制造，而非由吴某某与于某共同完成X射线源高压发生装置的国产化设计与国产化制造，故该合同是委托开发合同，而非合作开发合同。

(二)委托开发合同的技术成果权益的归属

依照《民法典》第859条的规定，委托开发所完成的技术成果如可以申请专利，一般情况下，申请专利的权利属于研究开发人。但当事人约定申请专利的权利归委托人或由双方当事人共同行使的，从其约定。委托开发所完成的技术成果如不能申请专利，或虽可以申请专利但当事人不欲申请专利的，对于此项技术秘密成果，当事人各方都有使用、转让和收益的权利；当事人就此另有约定的，从其约定。委托开发合同中，研究开发人取得专利权的，委托人有权依法实施该项专利。研究开发人员转让专利权的，委托人有优先购买权，此项优先购买权的享有和行使以同等条件为前提。对于履行委托开发合同所取得的技术秘密成果，委托开发的研究开发人不得在向委托人交付研究开发成果之前，将研究开发成果转让给第三人，违反此项义务研究开发人员应承担违约责任。

三、合作开发合同的效力以及技术成果权益的归属

(一)合作开发合同的效力

《民法典》第855条规定，合作开发合同的当事人应当按照约定进行投资，包括以技术进行投

资,分工参与研究开发工作,协作配合研究开发工作。

1. 合作开发合同的双方当事人应负担的义务

(1)合作各方应当依照合同约定投资。合作开发合同当事人各方应依合同的约定投资。以资金以外的形式投资的,应当折算成相应的金额,明确当事人在投资中所占的比例。

(2)合作各方应依约定的分工参与研究开发工作并相互协作配合。合作开发合同的各方有共同进行研究开发工作的权利和义务。合作开发合同的当事人可以由双方代表组成指导机构,对研究开发工作中的重大问题进行决策,协调和组织研究开发工作。当事人各方均应按照合同中约定的分工参与研究开发工作,并在工作中相互协作、相互配合。

(3)合作开发合同的当事人各方应保守技术情报、资料和技术成果的秘密。

2. 合作开发合同的违约责任

《民法典》第856条规定,合作开发合同的任何一方违反合同,造成研究开发工作停滞、延误或者失败的,应当承担违约责任。合作开发合同当事人的违约行为主要表现为:(1)不按照合同约定进行投资(包括以技术进行投资);(2)不按照合同约定的分工参与研究开发工作;(3)不按照合同约定与其他各方完成协作配合任务。若合作开发合同当事人在约定的期限内不履行义务的,另一方或其他各方有权解除合同。违约方应当支付违约金,或者赔偿因解除合同而给另一方或其他各方所造成的损失。

(二)合作开发合同的技术成果的归属

依照《民法典》第860条的规定,合作开发所完成的技术成果,如可以申请发明等专利的,申请专利的权利属于合作开发的当事人共有。但当事人约定归其中一方或几方当事人所有的,从其约定。如不能申请专利,或虽可申请专利但当事人不欲申请专利的,对于此项技术秘密成果,合作开发的各方当事人均有使用和转让、收益的权利。当事人就此另有约定的,从其约定。当事人一方转让专利申请权的,其他各方当事人在同等条件下享有优先购买权,其他各方当事人都行使优先购买权的,得按原有份额共同受让。此项优先购买权的行使在本质上系属准共有关系中共有人所享有的优先购买权。合作开发的当事人一方声明放弃其共有的专利申请权的,可以由另一方单独申请或者由其他各方共同申请。申请人取得专利权的,放弃专利申请权的一方可以免费实施该专利。

《民法典》第861条规定,委托开发或者合作开发完成的技术秘密成果的使用权、转让权以及收益的分配办法,由当事人约定;没有约定或者约定不明确,依据本法第510条的规定仍不能确定的,在没有相同技术方案被授予专利权前,当事人均有使用和转让的权利。但是,委托开发的研究开发人不得在向委托人交付研究开发成果之前,将研究开发成果转让给第三人。

四、技术开发合同风险负担及通知义务

技术开发合同的风险是指在研究开发过程中,虽经当事人一方或者双方主观努力,但受现有科技知识、认识水平和试验条件的限制,出现无法预见、无法防止和无法克服的技术困难,导致研究开发失败或者部分失败所发生的损失分担。《民法典》第858条规定,技术开发合同履行过程中,因出现无法克服的技术困难,致使研究开发失败或者部分失败的,该风险由当事人约定;没有约定或者

约定不明确,依据本法第510条规定的补充性规则仍不能确定的,风险由当事人合理分担。但是,当事人一方发现可能致使研究开发失败或部分失败的情形时,应当及时通知另一方并采取适当措施减少损失;没有及时通知并采取适当措施,致使损失扩大的,应当就扩大的损失承担责任。

技术开发是一项探索性活动,蕴藏着开发不成功的风险。在研究开发过程中,如果当事人一方或者双方已尽了最大努力,但仍因科技知识、认识水平或试验条件等客观因素的限制,出现无法克服的技术困难,致使研究开发全部或者部分失败,未能达到合同约定的预期目的,即产生技术开发合同的风险责任承担问题。

实践中应注意把握技术开发合同的风险判定标准。一项技术开发的失败或者部分失败属于风险,应当具备以下各项条件:(1)课题本身在国际和国内现有技术水平下具有足够的难度;(2)研究开发方已经尽其主观努力;(3)该技术领域的专家认为研究开发失败属于合理的失败。技术开发存在的风险一旦出现,将使技术开发合同无法履行,给当事人造成损失。因此,当事人应当在订立合同时明确约定风险责任的承担。如果当事人没有约定或者约定不明确,风险发生后,当事人可以协议补充风险责任。不能达成补充协议的,可以按照合同的有关条款或者交易习惯确定;仍不能确定,风险责任由当事人合理分担。

在某仪器厂诉某汽车厂技术开发合同纠纷案中,该案合同标的的汽车厂专用自控电焊机不属现有的技术成果,而是有待研究开发的技术成果。本案主要问题在于由于仪器厂技术水平的限制而开发失败能否构成技术开发合同的风险。研究开发风险不同于技术开发合同的违约和不可抗力。违约是当事人因故意或过失不履行约定的义务或者履行义务不符合约定的条件。不可抗力是指因当事人不能预见、不能避免并不能克服的客观情况。研究开发风险与不可抗力有一些相同之处,二者都是由于当事人主观以外的客观因素导致研究开发工作失败或部分失败。但不可抗力是指战争、动乱、灾害等社会因素或自然因素,而风险是指在一定时期的科技水平下由于人们主观能力和客观条件的限制未能履行合同。在该案中,仪器厂成立了由副厂长挂帅的课题组,耗时半年,分析参考了国外同类产品,在已有生产技术的基础上试制了一套样机。仪器厂已经尽了最大努力,但该项开发工作存在无法克服的技术困难,导致开发失败。因此,该案的情形构成了技术开发风险。当事人对此风险责任并未作出约定,从合同条款内容看也难以确定,依法只能由当事人合理分担,即造成的5万元损失可以由汽车厂和仪器厂分担,但汽车厂支付的20万元研究开发经费已经使用的不能请求返还。

专题三　技术转让合同

一、技术转让合同概述

根据《民法典》第862条的规定,技术转让合同,是指合法拥有技术的权利人,将现有特定的专利、专利申请、技术秘密的相关权利让与他人所订立的合同。合法拥有技术的权利人既包括技术的所有人,也包括其他有权对外转让技术的人(权利人特别授权的人)。由于专利、专利申请或者技术秘密都可以成为被转让的对象,相应地,也就衍生出专利权转让合同、专利申请权转让合同以及技术秘密转让合同等合同类型,《民法典》第863条对此予以相应的规定。

专利权转让合同,是指专利权人作为让与人将其发明创造专利的所有权转让给受让人,受让人支付约定价款所订立的合同。专利权是发明人或其权利受让人对其发明成果在一定年限内享有的独占权或专用权。根据《专利法》第10条的规定,专利权可以转让,转让专利权的,当事人应当订立书面合同,并向国务院专利行政部门登记,由国务院专利行政部门予以公告,专利权的转让自登记之日起生效。

专利申请权转让合同,是指让与人将其发明创造的专利申请权转让给受让人,受让人支付约定价款所订立的合同。专利申请权是发明人对其专利技术享有的专属权利。根据《专利法》第10条的规定,专利申请权也可以转让,转让专利申请权的,当事人应当订立书面合同,并向国务院专利行政部门登记,由国务院专利行政部门予以公告,专利申请权的转让自登记之日起生效。

在德阳市机电配套厂诉四川省星河建材总公司技术转让合同纠纷一案①中,一审法院认为,星河建材公司是以其未取得国务院专利行政部门批准的科技发明技术假冒专利技术转让给德阳机电厂,此行为具有一定的欺诈性,故该合同应为无效。二审法院则认为,星河建材公司以通过有关部门鉴定并经生产实践证明是成熟可靠的非专利技术与德阳机电厂签订的合同,符合有关法律规定,应为有效合同。从上述案例可以看出,一审、二审法院之间的分歧,在于对一方以已经申请专利尚未获得专利权的技术订立名为专利技术转让合同,是属欺诈行为,还是属合法行为的认定上。涉案合同名为专利权转让合同,实为专利申请权转让合同,双方签订转让合同时该技术属于已经申请专利但尚未被授予专利权的技术,受让人实际获得的是专利申请权的转让,如果该技术最终未被授予专利,则受让该技术的一方可以主张解除合同关系并要求另一方承担违约责任。

技术秘密转让合同,是指技术秘密的持有人或者其授权的人作为让与人将技术秘密提供给受让人,明确相互之间技术秘密成果使用权、转让权,受让人支付价款或者使用费所订立的合同。这里的使用权,是指以生产经营为目的使用技术秘密的权利。转让权,是指通过合同向他人提供和转让技术秘密的权利。

技术转让合同的内容复杂,涉及转让技术的范围(包括专利申请号、专利号和专利权的有效期限,或者技术秘密的范围)、转让费的支付以及后续技术成果的归属和使用等,因此,为避免各方当事人日后产生争议,法律规定此类合同应当采用书面形式订立。

司法实践中,还需要注意区分技术转让合同与其他几种合同之间的区别:

1. 技术转化合同。技术转化一般是对阶段性技术成果等约定由研究开发人继续参与后续开发并实现工业化应用,其合同目的在于实现该技术的工业化应用,主要内容是约定有关后续试验、开发和应用等。而技术转让中让与人一般不再参加后续研究开发,但不排除负有提供后续技术指导和服务的义务。

---

① 参见德阳机电厂诉星河建材公司以已经申请专利尚未授予专利权的技术签订的非专利技术转让合同违约赔偿案。

2. 技术服务合同。技术转让合同中转让的通常是完整的产品技术和工艺技术,且局限于专利技术和技术秘密。而技术服务合同所利用的技术是一般的不受专利法保护和不需要加以保密的公知技术。如在申某某诉贵阳黔峰生物制品有限责任公司技术转让合同纠纷案[①]中,最高人民法院指出,判断涉案合同应当定性为技术转让合同还是技术服务合同,主要看诉争技术是否属于公有领域的技术。从涉案合同约定以及当事人的实际履行情况看,合同标的符合不为公众知悉、具有实用性、经权利人采取保密措施等技术秘密的构成要素,故涉案合同属于技术秘密转让合同。

由于技术转让合同的履行中,通常会附带有部分技术咨询、技术服务工作,合同各方可以在订立技术转让合同的同时,就与之相关的技术服务工作单独订立技术咨询合同、技术服务合同,也可以将两者合并订立成一项技术转让合同。在技术转让合同中关于提供技术咨询、技术服务的约定,属于合同的组成部分。在海南葫芦娃药业集团股份有限公司、广西科伦制药有限公司确认合同效力纠纷案[②]中,广西壮族自治区高级人民法院认为,技术指导是技术转让合同让与人的法定附随义务,若不能证明其未履行会导致所转让技术根本无法实施的,让与人不构成根本性违约。

二、技术竞争和技术发展的限制

在技术转让合同或者技术许可合同中,当事人可以约定转让、实施专利技术或者使用技术秘密的范围。但是,当事人不得以合同条款限制技术竞争和技术发展,这种限制一般表现为:(1)限制当事人一方在合同标的技术基础上进行新的研究开发或者限制其使用所改进的技术,或者双方交换改进技术的条件不对等,包括要求一方将其自行改进的技术无偿提供给对方、非互惠性转让给对方、无偿独占或者共享该改进技术的知识产权。(2)限制当事人一方从其他来源获取与技术让与人类似技术或者与其竞争的技术。(3)限制技术受让人对依法获得的技术进行再转让。(4)要求技术受让人或者被许可人接受并非合同所需的其他附带条件,如购买非必需的技术、原材料、产品、设备、服务以及接收非必需的人员等。在黄河公司诉大洋公司专利实施许可合同纠纷案[③]中,大洋公司以黄河公司实施专利许可的目的是强制并高价销售并非实施该专利必不可少的设备,属于"非法垄断技术、妨碍技术进步"的行为为由,据此主张涉案合同无效。最高人民法院审理后认为,涉案专利实施许可合同涉及的石材成型机是包含专利技术的专用设备,大洋公司实施该技术,购买该机器设备是必需的。依据专利实施许可合同的约定,实施该专利技术所使用的设备包括主机、特种模具及传送带,以建立造价为500万元的生产线。大洋公司从黄河公司处约定获得的专利实施许可,并不是制造专利产品(石材切压成型机),而是通过使用该专利产品生产、销售最终产品石材。因此,在专利实施许可合同中约定由技术许可人提供履行合同所需要的专用设备并不违反法律、法规的规定。大洋公司以"非法垄断技术、妨碍技术进步"的理由确认合同无效不能成立。由此可见,由许可人向被许可人提供履行合同所需要的专用设备并不构成《民法典》第864条所指的限制技术竞争和技术发展之行为。(5)不合理地限制技术被许可人或者受让人购买原材料、零部件、产品或者设

① 参见最高人民法院(2007)民三提字第2号民事判决书。
② 参见广西壮族自治区高级人民法院(2018)桂民终134号民事判决书。
③ 参见最高人民法院(2003)民三终字第8号民事判决书。

备等的渠道或者方式等。(6)阻碍当事人一方根据市场需求以合理方式充分实施合同标的技术,包括明显不合理地限制被许可人实施专利技术或者使用技术秘密生产产品或者提供服务的数量、品种、价格、销售渠道和出口市场。(7)禁止技术被许可人对合同标的技术的知识产权的有效性提出异议或者对提出异议附加条件等。

三、让与人的权利瑕疵、质量瑕疵担保义务

技术转让合同的让与人应保证合同标的在法律上和客观上没有瑕疵,这是订立技术转让合同的前提。首先,让与人应保证所提供的技术是自己合法拥有的,而不能是剽窃、冒充、仿造的。其次,让与人还应保证转让的技术在客观上是完整、无误和有效的,能够达到合同约定的目的。具体来说,技术转让合同的让与人对其转让的技术负有权利瑕疵、质量瑕疵担保义务:

1. 权利瑕疵担保义务。让与人应当保证该技术上没有妨碍技术转让的权利负担,包括所有权、知识产权以及他物权等权利负担。当然,在不同性质的技术转让合同中,让与人的保证程度是不同的。受让人使用让与人转让的技术生产或者销售产品,如果被他人指控侵权,应当由让与人承担相应的侵权责任,但是当事人另有约定的除外。

2. 质量瑕疵担保义务。对于专利权转让合同,让与人应当保证专利真实有效,专利说明书可视为让与人对技术性能和技术指标的担保。在技术秘密转让合同中,让与人应当保证技术成熟、实用、可靠,能够在合同约定的领域内应用,同时还要保证该技术秘密处于事实上的独占状态。如在扬子江药业集团有限公司诉陕西西大科技园发展有限公司技术转让合同纠纷案①中,江苏省高级人民法院认为,转让方提供的技术被证明为不成熟技术,自合同开始时起即不能有效实现合同之目的,转让方的行为构成根本违约,受让人有权主张解除合同。但是需要注意的是,受让人仅以未能在一定时间内生产出专利产品来主张专利缺乏实用性并要求解除合同的,并不能得到法院的支持。

技术秘密转让合同的让与人,还应按照合同约定提供技术资料,进行技术指导,以使受让人能有效利用相关技术。如在济川药业集团股份有限公司诉北京福瑞康正医药技术研究所技术转让合同纠纷一案②中,最高人民法院认为,在新药申报中,申报生产时的稳定性数据是临床申报时稳定性数据的一种延续,保证申报资料数据的真实可靠属于技术让与人所应当负有的责任。药品研发和药品生产企业均有保证公众用药安全的义务和责任。药品研发中的技术让与人提供真实可靠的技术资料,对申报资料内容的真实性负责,不仅是合同义务,也是其作为药品注册申请人的法定义务。

技术转让合同的受让人在合同的履行过程中,也负有一定的义务,表现在:一是按照合同约定的范围和期限使用技术;二是按照约定支付使用费;三是按照合同约定承担保密义务,或者对尚未公开的技术秘密承担保密义务。

四、技术转让合同中让与人、受让人承担违约责任的具体情形

实践中,与技术转让合同相关的民事纠纷不少,违约责任的承担往往成为法庭内外双方争议的

---

① 参见江苏省高级人民法院(2014)苏知民终字第0023号民事判决书。

② 参见最高人民法院(2013)民申字第718号民事裁定书。

焦点，因此，有必要厘清和明确让与人、受让人承担违约责任的具体情形。一般来说，技术转让合同让与人承担违约责任的具体情形包括：

1. 违反专利权转让合同的责任。让与人不履行合同义务、迟延办理专利权移交手续、未提供有关的技术资料、转让的专利不是让与人合法拥有的专利或者违反保密义务的，应当返还部分或者全部使用费，并且应当承担违约责任。

2. 违反专利申请权转让合同的责任。让与人不履行合同，迟延提供技术情报和资料的，或者所提供的技术情报和资料没有达到使该领域技术人员能够实施发明创造的程度的，应当承担违约责任。违反保密义务的，应当承担违约责任。

3. 违反技术秘密转让合同的责任。让与人未按照合同约定转让技术秘密的，应当返还部分或者全部使用费，并且承担违约责任；使用技术秘密超越合同约定的范围，或者违反约定擅自许可第三人使用该项技术秘密的，应当停止违约行为，并承担违约责任；违反保密义务，泄露技术秘密，使受让人遭受损失的，承担违约责任。但需要注意的是，除合同另有约定让与人不得申请专利的外，技术秘密转让合同让与人承担的保密义务并不包括限制其申请专利。技术秘密成果达不到合同约定的技术指标，承担违约责任。如在江苏济川制药有限公司诉成都华诚信息产业有限公司技术转让合同纠纷案①中，江苏省高级人民法院认为，涉案合同中违约责任条款明确约定，产品因技术原因未能取得国家药监局临床批件的，责任由让与人承担。国家药监局审批结论证明技术产品因存在技术缺陷而不符合要求的，让与人应依约承担违约责任，赔偿对方损失。但是，如果事实证明技术秘密让与人切实履行了合同应尽的义务，那么对受让人的技术产品未获批准是无须承担违约责任的。如在重庆赛诺生物药业股份有限公司诉天津泰普药品科技发展有限公司技术秘密让与合同纠纷案②中，重庆市高级人民法院指出，药品技术受让人能否取得新药证书和药品生产批准文号，不仅有赖于当事人双方的相互协作，还受制于国家药品监督管理部门的意志和行为。让与人提供的技术符合国家规定，且提供了相应的技术资料，已准备了充分的形式申报条件，故其对于受让人新药注册申请未被受理一事并无违约之处。受让人关于让与人构成根本违约的主张不成立。

技术转让合同受让人承担违约责任的具体情形包括：(1)违反专利权转让合同的责任。受让人未按照约定支付合同价款，应当补交并按照约定支付违约金；不补交合同价款或者支付违约金的，应当返还专利权，交还技术资料，并承担违约责任；违反保密义务的，承担违约责任。(2)违反专利申请权转让合同的责任。受让人不履行合同，迟延支付合同价款的，应当补交并按照约定支付违约金；不补交合同价款或者不支付违约金的，应当返还专利申请权，交还技术资料，并承担违约责任。如在黄某诉乔某等专利申请权转让合同纠纷案③中，盐城市中级人民法院认为，在专利申请权已实际变更、受让人也没有反证证明转让技术存在重大瑕疵的情况下，应当按照承诺履行付款责任。违反保密义务的，承担违约责任。(3)违反技术秘密转让合同的责任。受让人不按照合同约定支付使用费的，应当补交使用费并按照约定支付违约金；不补交使用费或者支付违约金的，应当停止使用

① 参见江苏省高级人民法院(2010)苏知民终字第111号民事判决书。

② 参见重庆市高级人民法院(2008)渝高法民终字第168号民事判决书。

③ 参见江苏省盐城市中级人民法院(2008)盐民三初字第36号民事判决书。

技术秘密,交还技术资料,并承担违约责任;使用技术秘密超越合同约定的范围的,未经让与人同意,擅自许可第三人使用该技术秘密的,应当立即停止违约行为,承担违约责任;违反保密义务,泄露技术秘密,给让与人造成损失的,应当承担违约责任。

五、技术进出口合同

技术进出口合同,是指我国境内的自然人、法人或者其他组织从国外引进或者向国外输出技术,与技术输出国或者技术引进国的当事人订立的合同。近年来,随着我国对外科学技术交流的发展,我国企事业单位和其他经济组织不仅从国外引进技术,也向国外输出技术,其所借助的法律形式就是技术进出口合同。技术进出口实质上是技术转让,当事人在订立技术进出口合同时,对涉及技术转让的问题,可以依据《民法典》中的技术转让合同的有关规定办理。技术进出口的情况比较复杂,为加强技术进出口的管理,国家制定了一些相关的法律法规,如《对外贸易法》《技术进出口管理条例》等,当事人签订和履行技术进出口合同,也应当遵守这些法律、行政法规的规定。

专题四　技术许可合同

一、技术许可合同概述

根据《民法典》第862条第2款的规定,技术许可合同,是指合法拥有技术的权利人,将现有特定的专利、专利申请、技术秘密的相关权利许可他人实施、使用所订立的合同。根据许可标的的不同,技术许可合同可以分为专利实施许可合同、技术秘密使用许可合同等类型。

在《合同法》中,专利实施许可合同作为技术转让合同的一种类型被规定在"技术转让合同"一节中。在《民法典》起草过程中,有部门建议技术转让和技术许可具有不同的法律含义,建议区分技术转让合同和技术许可合同。立法机关在综合各方意见的基础上,在二次审议稿中将第20章第3节的名称修改为"技术转让合同和技术许可合同",并在第647条中增加规定技术许可合同的定义,有关规定也作了相应修改。

(一)专利实施许可合同

专利实施许可合同,是指专利权人或者其授权的人作为许可人许可他人在约定的范围内实施(制造、使用、许诺销售、进口)专利,并由被许可人支付约定使用费所订立的合同。专利实施许可合同是双务合同、有偿合同、合意合同、连续履行合同和有名合同,同时也是要式合同。专利实施许可合同许可的是专利实施权,被许可人可以在合同约定的范围内实施专利,无权允许合同约定以外的任何单位或者个人实施该专利。从这个意义上说,在专利实施许可合同中,专利权人并不转让专利权,而是有条件地许可他人使用专利技术。相应地,被许可人只能在合同的有效期和有效范围内实施使用专利。

根据《技术合同司法解释》第29条第2款的规定，当事人之间就申请专利的技术成果所订立的许可使用合同，专利申请公开以前，适用技术秘密转让合同的有关规定；发明专利申请公开以后、授权以前，参照适用专利实施许可合同的有关规定；授权以后，原合同即为专利实施许可合同，适用专利实施许可合同的有关规定。

专利实施许可合同按照许可方式的不同，可以分为独占实施许可合同、排他实施许可合同和普通实施许可合同等类型。(1)独占实施许可合同。独占实施许可合同是指被许可人在合同范围内对专利技术享有独占的使用权。许可人不得在许可合同规定的期限和范围内，自己实施或者以其他方式利用专利，也不得再与第三方签订任何其他形式的许可合同，否则即构成违约，承担相应的违约责任。(2)排他实施许可合同。排他实施许可合同是指被许可人在合同规定的地域、期限等范围内享有对专利技术的排他使用权。许可人不得在已经许可的范围内，就同一专利与第三人订立专利实施许可合同。但是，许可人保留了自己在该范围内实施专利的权利。但如果该许可人不具备独立实施专利的条件，根据《技术合同司法解释》第27条的规定，该许可人可以以普通许可的方式许可他人实施专利，他人的实施视为许可人自己实施，但当事人另有约定的除外。因此，排他实施许可合同是许可人与被许可人分享专利使用权的协议。(3)普通实施许可合同。普通实施许可合同是最常见的专利实施许可方式。普通实施许可合同的许可人允许被许可人在合同规定的范围内使用其专利技术，同时保留自己实施和允许任何第三方在该范围内实施专利技术的权利。如果当事人在合同中对专利实施许可方式未约定或者约定不明确的，应当认定为普通实施许可。

(二)技术秘密使用许可合同

技术秘密使用许可合同，是指技术秘密的持有人作为许可人许可被许可人在约定的范围内使用技术秘密成果，并由被许可人支付约定的使用费所订立的合同。技术秘密使用许可合同的被许可人应当按照合同约定的范围使用技术秘密，并承担保密义务，无权允许合同规定以外的任何单位或者个人使用该技术。技术秘密许可合同的内容复杂，涉及被许可的技术秘密的范围、许可费的支付、被许可人的保密义务等，因此，为避免各方当事人日后产生争议，《民法典》规定此类合同应当采用书面形式订立。实践中，技术秘密的许可使用方式可以参照专利实施许可方式进行约定，分为独占使用许可、排他使用许可和普通使用许可。

二、技术许可合同的限制

当事人可以在技术许可合同中约定实施专利或者使用技术秘密的期限、地域、方式以及接触技术秘密的人员等限制。具体而言：

(一)许可性质的限制

专利实施许可合同或技术秘密使用许可合同按照许可方式的不同，可以分为独占型、排他型和普通型。许可方式不同，被许可人使用技术范围的限制也不同。

(二)期限限制

技术秘密使用许可合同可以约定使用技术秘密的期限，或者签订保密协议约定保密的期限。但是，在当事人对实施专利或者使用技术秘密的期限没有约定或者约定不明确的情况下，被许可人实施专利或者使用技术秘密不受期限限制。专利实施许可的期限不得超过专利权的存续期。除当事人另有约定外,专利实施许可合同的许可人应当在合同有效期内维持专利权有效。在专利权有效期限终止或者专利权宣布无效后,专利权人不再享有专利权,因而不得就该项专利与他人订立专利实施许可合同,即使订立,该合同也是无效合同。

在实践中,需要注意以下问题:(1)专利实施许可合同的许可人应当在合同有效期内维持专利的有效性。如果专利实施许可合同期限超过该专利权的存续期间,专利权存续期间届满后,专利实施许可合同自动终止。(2)在合同有效期内,专利权被终止的,合同同时终止,许可人应当支付违约金或者赔偿损失。专利权被宣布无效的,许可人应当赔偿由此给被许可人造成的损失。宣告专利权无效的决定,对已经履行的专利实施许可合同不具有追溯力。但是因专利权人的恶意给他人造成的损失,应当给予赔偿。如果专利权人不返还专利使用费明显违反公平原则,则应当全部或者部分返还专利使用费。这是因为,有的专利权人在收取专利实施许可费之后,怠于维持专利权的有效性,特别是不依法缴纳专利年费或不积极应对他人提出的宣告专利权无效的请求,甚至有的专利权人恶意放弃专利权,这对被许可人的合同利益造成重大或者根本影响。(3)由于专利权的取得一般会经过申请、初步公开、实质审查、公告等程序,在这些程序的进程中,必然经过一定的时间。而技术成果的时效性又是特别明显的,可以说机遇转瞬即逝,可能很有潜力的技术成果在经过相当长的程序取得专利权后其经济价值会大打折扣。因此,为促进科技成果尽快形成生产力,充分发挥其效能,体现科技立法的宗旨,结合专利实施许可合同的具体情况,给予特殊情形下的专利实施许可合同以效力期限方面的宽松规定,即"人民法院不以当事人就已经申请专利但尚未授权的技术订立专利实施许可合同为由,认定合同无效"。[①] 作为许可实施的技术,如果已经申请专利,那么就会有两种结果,即取得专利权或者被驳回申请。如果许可人顺利取得专利权,这种期待因素变为现实,许可人隐瞒真相的情节将被现实消除,该合同认定继续有效应该没有问题。而对最后没有能够取得专利权的实施许可合同如何处理,这就应从当事人签订许可合同的真实意思表示来考虑。在该类实施许可合同中,实际上被许可人真正希望通过合同取得的是作为标的技术的使用权,至于该技术是否为专利技术,应该是第二位的问题。在技术未能取得专利权的情况下,根据当事人的上述意思表示,可以不急于认定合同无效,而给予当事人自主决定合同命运的权利。如被许可人认为技术虽未取得专利权,但仍有相应的实施价值,当事人可以通过对技术合同的有关内容予以适当变更完善即可继续履行;如被许可人认为其追求的就是技术,必须是专利技术,双方可以将有关合同予以解除即可,不必通过无效认定解决该问题。

(三)地域限制

技术许可合同可以约定实施专利或者使用技术秘密的地理范围,包括与实施专利或者使用技术秘密相联系的产品制造、使用和销售的地区。

(四)实施方式的限制

当事人可以在合同中对实施专利或者使用技术秘密的方法或者用途加以约定。专利权人可以对被许可人实施专利的行为予以限制,如限制为仅是制造或者销售;如果被许可人超越这些限制实

---

① 《技术合同司法解释》第29条第3款。

施其他行为,即构成对专利权人权利的侵犯。如果是可以用于多个领域或有多种用途的方法发明专利,双方可以约定一种实施许可和限定用于某一个或几个领域或者用途的特定实施许可。

三、技术许可合同中许可人、被许可人的义务

(一)技术许可合同许可人的义务

技术许可合同的许可人应当按照约定的期限、地域及实施方式许可被许可人实施专利技术或者技术秘密,交付相关的技术资料,并为被许可人实施专利或者使用技术秘密提供必要的技术指导,保证技术的实用性和可靠性,并承担保密义务。但需要注意的是,在技术秘密使用许可合同中,许可人虽然应承担保密义务,并不意味着其不能对技术秘密申请专利,毕竟技术成果是作为专利技术保护还是技术秘密保护,权利人拥有判断权和决定权,但当事人另有约定的除外。

具体来说,在专利实施许可合同中,许可人负有下列义务:第一,保证自己是专利技术的合法拥有人,保证专利技术完整、无误、有效,能够达到合同约定目的。在订立专利实施许可合同时,许可方应向被许可方如实指明该专利的真实性和完整程度。如是否存在先用权,该专利权是否受物权或抵押权的约束,是否存在指定许可实施情况等。第二,按照约定许可被许可人实施专利。如前所述,按照许可方式的不同,专利实施许可分为独占实施许可、排他实施许可、普通实施许可等方式。如果是独占实施许可合同,许可人在已经许可被许可人实施专利的范围内无权就同一专利再许可他人实施或者自己实施;如果是排他实施许可合同,许可人在已经许可被许可人实施专利的范围内无权就同一专利再许可他人实施,但自己仍然可以实施;如果是普通实施许可合同,许可人在已经许可被许可人实施专利的范围内仍可以就同一专利再许可他人实施。第三,交付实施专利有关的技术资料,提供必要的技术指导。即使当事人在合同中未约定此义务,许可人也负有此项义务。许可人应当向被许可人如实说明专利权保护的范围,指出该专利权的真实情况和完整程度。如果当事人对专利技术的性能作出约定,许可人应当保证专利技术在实施过程中达到约定的技术性能。当相关技术资料涉及技术秘密时,当事人还可以订立技术秘密转让合同,或者订立专利技术和技术秘密混合的技术转让合同。所谓提供必要的技术指导,是指许可人应依合同约定协助被许可人实施被转让的专利技术,帮助被许可人解决专利技术实施过程中出现的问题,为被许可人培训人员,协助进行设备安装、调试等。

此外,当专利权人与其他非专利权人共同作为专利实施许可合同的一方,特别是合同对其他非专利权人也约定了权利义务的情况下,专利权人行使专利权应当受到合同的约束。不经过其他非专利权人的同意,专利权人无权独自解除所签订的专利实施许可合同,否则,就会损害合同其他当事人的合法权益。在王某华、王某中、吕某某、梅某某与黑龙江无线电一厂专利实施许可合同纠纷案①中,最高人民法院就明确指出,作为合同一方当事人代表的专利权人应依照合法成立的合同履行其义务,在未经本方其他当事人同意的情况下,擅自解除与对方的合同违背了依合同履行义务原则和诚实信用原则,损害了其他当事人的合法权益。

---

① 参见最高人民法院(2006)民三提字第2号判决书。

（二）技术许可合同被许可人的义务

技术许可合同的被许可人应当按照约定的期限、地域及实施方式实施专利技术或者技术秘密，交付约定的使用费，并对合同约定的技术成果承担保密义务。

具体来说，专利实施许可合同的被许可人承担下列义务：第一，按照合同约定支付使用费。使用费是被许可人取得专利使用权所付出的代价，也是许可人转让其专利使用权应获得的报酬。在不同的许可方式下，使用费的金额确定方式不同。在约定许可的情形下，由合同约定金额；在强制许可的情形下，有约定则按照约定，约定不成则按照国务院专利行政部门的裁决；在指定许可的情况下，由国家规定。当然，专利权人有权放弃其收取专利使用费的权利。由于支付使用费是被许可人的法定义务，所以专利权人放弃权利应当是明示的才能有效。第二，在合同约定的范围内实施专利，并不得许可合同约定以外的第三方实施该专利。无论被许可人以何种方式获得专利实施许可，都没有超越合同的权利，都无权允许合同规定以外的任何单位或者个人实施该专利。这一规定目的在于充分保护专利权人的权利，使合同约定以外的专利权的其他权利依然保留在专利权人手中。被许可人只能依据实施许可合同取得专利的实施权，不得行使合同没有明确约定的任何权利。

另需注意的是，被许可人以下几方面的权利和义务。

一是被许可人未经专利权人许可，不能将其根据许可合同所获得的实施权转让给第三人，也不能对第三人授予分许可。也就是说，只有经过专利权人许可，在合同中明文规定，被许可人才可以授予分许可。

二是专利权人虽然签订了许可合同，允许被许可人实施该专利，但其仍然可以将该专利权转让与第三人，不影响被许可人与其签订的专利实施许可合同的效力；专利实施许可合同约定的原专利权人的权利和义务由专利转让合同的受让人承受，但合同另有约定的除外。如果因专利权转让而使被许可人受到损失（如停止许可合同的实施），被许可人可以根据专利实施许可合同要求原专利权人赔偿损失。

三是被许可人实施的专利受到侵犯时，一般不能以自己的名义单独提起侵权诉讼，除非法律另有规定。根据《专利法》的规定，只有专利权人或者利害关系人才可以提起侵权诉讼。这里所说的利害关系人，主要是指独占实施许可和排他实施许可的被许可人。

四、技术许可合同中许可人承担违约责任的具体情形

在技术许可合同中，许可人违反技术许可合同的违约责任的情形包括：

第一，违反专利实施许可合同的责任。许可人未按照约定许可专利技术的，应当返还部分或者全部使用费，并且承担违约责任；实施专利技术超越约定的范围，或者违反约定擅自许可第三人使用该项专利技术的，应当停止违约行为，承担违约责任；违反约定的保密义务的，承担违约责任；被许可人按照约定实施专利技术构成侵权的，应由许可人承担相应的侵权责任，但合同另有约定的除外。

许可人未尽到维持专利有效性的义务的，应当返还部分或者全部使用费，并且承担违约责任。

在杭州华兴印染有限公司诉钟某某实用新型专利实施许可合同纠纷案[①]中，浙江省高级人民法院认为，宣告专利权无效的决定，对已经履行的专利实施许可合同不具有追溯力。涉案专利权被宣告无效的部分，对合同已经履行的部分不具有追溯力，故被许可人无权要求专利权人全部返还使用费。鉴于专利权人在无效宣告程序中主动删除权利要求，未尽到维持专利有效的义务，对此导致的专利权保护范围缩小应承担相应的违约责任。

许可人未按照约定交付专利技术资料、专用设备等导致合同目的无法实现的，承担违约责任。在名山电力有限责任公司诉威格尔国际合作发展公司等专利实施许可合同纠纷案[②]中，四川省高级人民法院指出，本案专利实施许可合同签订后，被许可人名山公司按约履行了自己的义务，许可人周某某也按约向名山公司交付了专利设备、相关的技术情报、资料，并完成设备的安装、调试。试车后，该套专利设备生产出汽油、柴油40吨。经检测，转化率略低于合同约定的70%，油品符合国家质量标准。然而，该套设备在运行中多次发生故障并引发火灾，一直没有达到合同约定的连续、安全生产的标准。虽经多次调试、整改，仍不能正常运行。周某某不能在名山公司提出的期限内再试机，根据该设备现在的实际情况，双方已无继续合作的可能性。周某某履行合同义务不符合约定，应当承担违约责任，除应当返还名山公司为履行合同支付的款项外，还应当赔偿因设备在期限内不能连续、安全生产给名山公司造成的直接经济损失。该案系由于专利权人交付不合格的专利设备导致合同目的无法实现，构成违约，被许可人依法可以主张解除合同，并要求专利权人承担相应的违约责任。

第二，违反技术秘密使用许可合同的责任。许可人未按照合同约定许可技术秘密的，应当返还部分或者全部使用费，并且承担违约责任；使用技术秘密超越合同约定的范围，或者违反约定擅自许可第三人使用该项技术秘密的，应当停止违约行为，承担违约责任；技术秘密成果达不到合同约定的技术指标，承担违约责任；违反保密义务，泄露技术秘密，使被许可人遭受损失的，承担违约责任；被许可人按照约定使用技术秘密构成侵权的，应由许可人承担相应的侵权责任，但合同另有约定的除外。

五、技术许可合同中后续改进技术成果的分享问题

后续改进，是指在技术许可合同有效期内，一方或双方对作为合同标的的专利技术或者技术秘密成果所作的革新或者改良。新技术的创新总是建立在已有技术的基础上，是对已有技术的吸收与改进。因此，现有技术是技术创新的来源，也是推动科技发展的基础。但由于现有技术与改进技术两者存在交织，司法实践中往往纠缠不清，因此，本着互利互惠的原则，当事人可以在合同中约定实施专利、使用技术秘密后续改进的技术成果的分享办法。在理解和把握上，应当注意以下几点：

1. 原则上，实施专利、使用技术秘密后续改进的技术成果属于完成该项后续改进的人。技术合同无效或者被撤销后，因履行合同所完成的新的技术成果或者在他人技术成果的基础上完成的后续改进部分的技术成果的权利归属和利益分享，当事人不能重新协议确定的，由完成技术成果的一

① 参见浙江省高级人民法院(2010)浙知终字第110号民事判决书。

② 参见《最高人民法院公报》2002年第2期，第69～72页。

方当事人享有。

2. 技术许可合同的当事人双方可以按照互利的原则，在合同中约定实施专利、使用技术秘密后续改进的技术成果的分享办法。需要注意的是，当事人双方约定分享办法时，应防范一方利用优势地位提出显失公平的条款。例如，主张被许可人有义务将其实施、使用技术过程中取得的改进成果无偿提供给许可人，而许可人没有同等义务等。

3. 没有约定或者约定不明确，当事人可以协议补充；不能达成补充协议的，按照合同有关条款、合同性质或者交易习惯确定。按照合同有关条款、合同性质或者交易习惯仍不能确定，后续改进技术的技术成果由完成该项后续改进的一方享有，其他各方无权分享。

4. 分享后续改进的技术成果应当遵循公平、竞争的原则。技术转让合同当事人对后续改进的技术成果的归属、提供与分享的约定必须是相互的，即应约定双方都有义务在同样条件下向对方提供后续改进的情报、信息和技术细则，在同等条件下优先给予对方实施或使用。单方行为不符合平等互利的原则，也有碍于技术的竞争和发展，是法律所不提倡的。

六、专利实施许可合同无效的认定问题

《民法典》关于民事法律行为的效力的一般规定适用于专利实施许可合同。除此以外，基于专利实施许可合同的特性，以下情形亦可认定合同或合同的部分条款无效。

1. 专利权有效期限届满、专利权终止或被宣告无效后订立的专利实施许可合同无效。《民法典》第865条规定："专利实施许可合同仅在该专利权的存续期限内有效。专利权有效期限届满或者专利权被宣告无效的，专利权人不得就该专利与他人订立专利实施许可合同。"根据这一规定，专利实施许可合同以订立时存在有效的专利权为前提。若专利权终止、被宣告无效或者期限届满，所涉及技术进入公有领域。他人实施该技术无须获得专利权人许可，此时所订立的专利实施许可合同因违反法律强制性规定而无效。

2. 侵害他人技术成果的专利实施许可合同无效。《民法典》第850条规定"侵害他人技术成果的技术合同无效"。该条规范意在调适技术合同双方与第三人权益之关系，具有重要的价值功能。依据《全国法院知识产权审判工作会议关于审理技术合同纠纷案件若干问题的纪要》，"侵害他人技术成果"包括以下情形：侵害他人专利权、专利申请权、专利实施权；侵害他人技术秘密成果使用权、转让权的；侵害他人植物新品种权、植物新品种申请权、植物新品种实施权的；侵害他人计算机软件著作权、集成电路布图设计权、新药成果权等技术成果权的；侵害他人发明权、发现权以及其他科技成果权的。

3. 专利实施许可合同中非法垄断技术、妨碍技术进步的条款无效。根据《技术合同司法解释》第10条的规定，有六种情形属于"非法垄断技术、妨碍技术进步"情形：(1)限制当事人一方在合同标的技术基础上进行新的研究开发或者限制其使用所改进的技术，或者双方交换改进技术的条件不对等，包括要求一方将其自行改进的技术无偿提供给对方、非互惠性转让给对方、无偿独占或者共享该改进技术的知识产权。(2)限制当事人一方从其他来源获得与技术提供方类似技术或者与其竞争的技术。(3)阻碍当事人一方根据市场需求，按照合理方式充分实施合同标的技术，包括明显不合理地限制技术接受方实施合同标的技术生产产品或者提供服务的数量、品种、价格、销售渠

道和出口市场。(4)要求技术接受方接受并非实施技术必不可少的附带条件,包括购买非必需的技术、原材料、产品、设备、服务以及接收非必需的人员等。(5)不合理地限制技术接受方购买原材料、零部件、产品或者设备等的渠道或者来源。(6)禁止技术接受方对合同标的技术知识产权的有效性提出异议或者对提出异议附加条件。

专题五　技术咨询合同

一、技术咨询合同概述

《民法典》第878条规定,技术咨询合同是当事人一方以技术知识为对方就特定技术项目提供可行性论证、技术预测、专题技术调查、分析评价报告等所订立的合同。根据该规定,技术咨询合同包括就特定技术项目提供可行性论证、技术预测、专题技术调查、分析评价报告等合同。所谓特定技术项目,包括有关科学技术与经济社会协调发展的软科学研究项目,促进科技进步和管理现代化、提高经济效益和社会效益等运用科学知识和技术手段进行调查、分析、论证、评价、预测的专业性技术项目。技术项目的范围比较宽泛,主要分为三类:(1)有关科学技术与经济、社会协调发展的软科学研究项目;(2)促进科技进步和管理现代化、提高经济效益和社会效益等运用科学知识和技术手段进行的调查、分析、论证、评价、预测的专业性技术项目;(3)其他专业性技术项目。如果咨询的内容不涉及特定的技术项目,比如,对经济、法律、社会等非技术的项目进行的分析、论证、评价和调查所订立的合同,就不属于技术咨询合同。

技术咨询合同具有以下法律特征:一是技术咨询合同的标的是特定技术项目;二是受托人提供的是智力劳动,即以自己的技术知识、信息和经验为依托为委托人服务,提供分析、论证、评价和预测;三是受托人的工作成果是供决策参考的建议和方案,而不去具体解决特定问题;四是受托人不是决策者和具体实施者,除合同另有约定外,一般只对合同约定的咨询报告的质量负责,而对委托人依咨询报告或意见实施后的风险不承担责任。

需要注意的是,下列合同不属于技术咨询合同:一是就经济分析、法律咨询、社会发展项目的论证、评价和调查所订立的合同;二是就购买设备、仪器、原材料、配套产品等提供商业信息所订立的合同。

司法实践中,还需要注意区别技术咨询合同与其他几种合同之间的区别:

1.与技术服务合同的区别。技术咨询和技术服务尽管都表现为受托人一方,为委托人一方提供与技术项目有关的服务,但二者之间存在明显的差别。首先,技术咨询合同是受托人为委托人提供决策参考所订立的合同,其中相当大一部分属于软科学研究。它主要发生在研究开发、成果转让和项目实施之前,而技术服务合同是受托人为委托人解决生产建设中具体技术问题,促使科学技术转化为生产力所订立的合同,它主要发生在科技成果进入经济建设之后。其次,技术咨询属于决策服务。除了合同另有规定之外,委托人将受托人提出的咨询报告或者意见付诸实施所发生的损失,受托人不承担责任;而技术服务是实施服务,受托人必须保证工作质量并对实施的结果负责。就解决特定技术项目提出实施方案,进行技术服务和实施指导所订立的合同,不属于技术咨询合同;符合技术服务合同条件的,可认定为技术服务合同。

2. 与技术开发合同的区别。技术咨询合同是就科技决策服务而订立的合同,是反复运用所掌握和储备的科学知识和技术手段提供决策服务,完成的工作成果是可供参考、选择的建议和意见。而技术开发合同则是以当事人尚未掌握的新技术方案为目标,是科学技术的创新,完成的是可供实施的技术成果。判断技术咨询合同与技术开发合同区别的难点在于咨询方提供的咨询成果在什么情况下可被视为"参与研究开发工作"。实践中常常有这种情况:新产品研制单位委托某专业研究机构就其新产品的设计方案给予可行性论证,而研究机构在进行咨询工作中常常对原设计方案加以修改,甚至提供出重新设计的方案。在这种情况下,当事人之间一旦发生权利归属争议,委托人一般坚持认为双方的关系是技术咨询合同关系,成果是自己独立开发,当然归己所有。因为当初双方订合同的目的很清楚,是"技术咨询"。而受托人则坚持认为,虽然形式上是咨询或开始的时候是为了咨询,但实质上或后来的发展都是参与了新的设计,如果没有双方共同的创造性研究,一方独立搞是不会成功的。因此,双方关系应视为合作开方,成果归双方共有。判断是否属于合作开发合同,应以"合作开发合同的当事人应当按照约定进行投资,包括以技术进行投资;分工参与研究开发工作;协作配合研究开发工作"作为判断标准,根据该规定严格审查合同当事人是否"按照约定""分工参与""协作配合",来进行区分。如果当事人共同参与了研究开发工作,并在开发工作中协作配合,则双方关系应视为合作开发。反之,则应视为技术咨询。

二、技术咨询合同委托人和受托人的义务

由于技术咨询存在不确定性和风险性,为了避免日后发生纠纷,有必要明确委托人和受托人的相应义务。技术咨询合同的委托人应当按照约定阐明咨询的问题,提供技术背景材料及有关技术资料,接受委托人的工作成果,支付报酬。具体包括:(1)按照合同约定阐明咨询的问题;(2)为受托人提供技术背景材料及有关技术资料;(3)按时接受受托人的工作成果;(4)及时支付报酬;(5)对受托人提出的咨询报告和意见保密。技术咨询合同的受托人应当按照约定的期限完成咨询报告或者解答问题;提出的咨询报告应当达到约定的要求。具体而言:受托人要做到:(1)依约提交咨询报告或解答委托人的问题;(2)提交的咨询报告应当达到合同约定的要求;(3)合同履行中或者履行结束后对委托人的技术秘密和商业秘密承担保密义务;(4)负担费用;(5)发现委托人提供的资料等有明显错误或者缺陷的,应当及时通知和补正。

三、委托人、受托人违反技术咨询合同的违约责任

技术咨询合同的当事人违反合同约定,应当依照合同约定的违约条款以及《民法典》有关违约责任的规定,承担违约责任。

(一)委托人违反技术咨询合同的违约责任

技术咨询合同的委托人不按合同约定履行义务的,应承担相应违约责任。具体而言,委托人的

违约责任主要有：

第一，委托人未按照约定提供必要的资料，影响工作进度和质量，造成合同履行迟延和中止问题，按过错责任原则，受托人不承担责任。委托人未按约提供必要的资料，主要包括迟延提供、提供的资料有严重缺陷等情形。一是委托人迟延提供背景材料、技术资料，影响了工作的进度和质量的，已经给付受托人的报酬不得追回，未给付的报酬要如数支付，如果给受托人造成损失，应当向受托人承担支付违约金或者赔偿损失等违约责任。如果委托人经催告后在合理期限内仍不提供或不补充有关技术资料和工作条件，使受托人无法开展工作的，受托人有权解除合同，委托人要向受托人承担支付违约金或赔偿委托人的损失等违约责任。二是委托人提供的资料有严重缺陷，影响受托人工作进展和质量的，应当如数支付报酬，给受托人造成损失的，应当支付违约金或赔偿损失。根据《技术合同司法解释》第32条规定，受托人有权在合理的期限内通知要求委托人补充、修改，委托人接到受托人的补正通知后未在合理期限内答复并予补正的，发生的损失由委托人承担。

第二，委托人未按合同约定支付报酬。有两种情形，即委托人迟延支付和不支付。委托人迟延支付报酬的，应当支付违约金。不支付报酬的，应当退还咨询报告和意见、补交报酬、并支付违约金或者赔偿损失。

第三，委托人不接受或不按时接受受托人的工作成果。及时接受工作成果是委托人的义务。不接受或不按时接受受托人的工作成果，组织评估和鉴定，是违反合同的行为，应当承担违约责任，即已经支付的报酬不得追回，未支付的报酬应当支付。

（二）受托人违反技术咨询合同的违约责任

技术咨询合同的受托人不按合同约定履行义务的，应承担相应的违约责任。具体而言，受托人应承担的违约责任主要有：

第一，受托人未按期提交咨询报告和意见。受托人不提交咨询报告和意见是严重违反合同的行为，不仅无权收取报酬，而且应当支付违约金或者赔偿损失。即合同约定了违约金的，应支付违约金；合同没有约定违约金的，应赔偿由此给委托人所造成的损失。受托人迟延提交咨询报告和意见的，也应当承担减收或免收报酬等违约责任。

第二，迟延履行合同约定的义务。受托人在接到委托人提交的技术咨询后，不进行分析、论证、评价等履行合同的工作，委托人有权要求其履行并采取适当补救措施，包括加快进度、弥补迟延履行的损失等。受托人在接到委托人所提交的技术资料之日起超过约定期限不进行调查论证的，委托人有权解除合同，受托人应当返还已付的报酬，并支付违约金或者赔偿损失。但是，合同另有约定的除外。

第三，咨询报告不符合合同约定的条件。依合同约定组织的专家评估或成果鉴定认定受托人所提交的咨询报告不符合合同约定的验收条件的，受托人应当免收报酬，支付违约金并赔偿给委托人造成的损失。如果咨询报告和意见的基本部分或主要部分符合合同要求，但也存在明显缺陷的，受托人应减收报酬，已收取全部报酬的，应返回部分报酬。但是，如果合同对于咨询报告需经专家评估或成果鉴定认定没有约定的，委托人不能以此为由主张受托人构成违约。如在代某某诉钟某技术咨询合同纠纷案[①]中，四川省高级人民法院认为，当事人对于咨询报告是否要通过评审没有进行约定，且委托人也未能举证证明存在国家或行业强制性规定，故“通过评审”不是必须在合同中约定的内容，也不是这类合同必需的条款，委托人不能以咨询报告未通过评审为由主张受托人违约。

第四，受托人违反保密义务。在合同履行过程中，受托人违反双方约定的保密义务的行为，是违约行为，应当承担违约责任，即减收或免收咨询报酬。在合同履行之后，受托人违反法定的保密义务的，要向委托人承担赔偿责任。

第五，对于发现委托人提供的资料等有明显错误、缺陷未尽通知的责任。根据《技术合同司法解释》第32条规定，“技术咨询合同受托人发现委托人提供的资料、数据等有明显错误或者缺陷，未在合理期限内通知委托人的，视为其对委托人提供的技术资料、数据等予以认可”，相应的责任由受托人承担。

四、技术咨询合同决策风险责任的承担

技术咨询是一项复杂并具有探索性的工作，技术咨询报告和意见本身受各种因素影响，具有一定的不确定性，实施技术咨询报告和意见，具有可能无法达到预期目标并出现损失的风险。技术咨询合同受托人依合同约定作出符合要求的咨询报告和意见后，委托人采纳受托人作出的咨询报告或者意见，如果出现损失，应当由谁承担？这就是技术咨询合同涉及的决策风险责任。根据《民法典》第881条第3款的规定，技术咨询合同的委托人按照受托人符合约定要求的咨询报告和意见作出决策所造成的损失，由委托人承担，但当事人另有约定的除外。这是因为：

第一，技术咨询合同的受托人为委托人完成的咨询建议、设计方案、分析调查结论以及可行性报告等，是受托人根据自己掌握的技术知识、信息和经验对技术项目进行的分析、论证和预测，只供委托人决策时选择参考，不是直接可以付诸实践的技术研究成果。委托人应对这一参考意见进行评价分析，自行决策。委托人是否采纳受托人的意见或者建议，并不构成委托人是否应当支付咨询费的必要条件。

第二，技术咨询报告或者意见的实施具有滞后性，而社会客观情况是复杂多变的，实施时咨询报告或意见是否还能适应实际情况，起到指导实践的作用，存在一定的不确定性。即使咨询报告或者意见仍然适用，委托人也需要根据实际情况进行鉴别和取舍，有时还需要采取必要的修改和补充，而受托人一般不参加委托人的决策和实施，因此，受托人对委托人按照咨询报告和意见作出决策并付诸实施所发生的损失不承担责任。但是，合同另有约定除外。如在顺峰科技开发公司诉某咨询小组技术咨询合同纠纷案[②]中，法院认为，对于技术咨询合同而言，咨询报告经验收合格后，技术咨询合同即宣告终止，受托人对委托人的责任亦宣告终止，对委托人按照咨询报告和意见作出决策付诸实施所发生的损失不承担责任，除非合同约定受托人对咨询报告的实施结果负有责任。故

---

① 参见四川省高级人民法院(2011)川民终字第130号民事判决书。

② 黄富:《顾问方对咨询意见实施后果承担什么责任？——顺风科技开发公司诉某顾问小组技术咨询合同纠纷案》，载《电子知识产权》1997年第1期。

技术咨询合同的委托人按照受托人符合要求的咨询报告和意见作出决策所造成的损失，除另有约定外应由委托人承担。

之所以明确决策风险责任，是为了鼓励受托人积极向委托人提供咨询意见。但是，需要注意的是，在受托人参与决策和实施等情况下，当事人也可以在技术咨询合同中约定，委托人按照受托人符合约定要求的咨询报告和意见作出决策所造成的损失，由受托人承担。另外，如果受托人对委托人委托的技术项目未按约定进行调查研究，对咨询报告和意见不负责，提供的咨询报告和意见没有科学依据，或者有明显的缺陷甚至错误的，受托人应当承担违约责任。

五、技术咨询合同和技术服务合同中新技术成果的归属

技术咨询合同和技术服务合同既不是新技术成果的研究开发，也不是现有的、特定的、权利化的技术成果的转移。一般情况下，技术咨询合同和技术服务合同的内容并不涉及专利权或者技术秘密成果权的权属，合同也不约定技术成果的归属和分享。在履行合同过程中所传递的资料、情报和信息，任何一方都可以自由利用，也可以向社会提供、传递。

但是，在技术服务合同和技术咨询合同中，当事人可能利用对方提供的资料、数据、样品、材料和场所或相关的技术成果，进一步开发出新的技术成果。这既包括受托人利用委托人提供的技术资料和工作条件完成的新的技术成果，也包括委托人利用受托人既有的工作成果完成的新的技术成果。在产生了新的技术成果的情形下，由于双方对于新技术成果的产生都有贡献，实践中关于新技术成果的权利归属易产生争议。《民法典》第885条规定："技术咨询合同、技术服务合同履行过程中，受托人利用委托人提供的技术资料和工作条件完成的新的技术成果，属于受托人。委托人利用受托人的工作成果完成的新的技术成果，属于委托人。当事人另有约定的，按照其约定。"依据这一规定，首先，新技术成果的归属由双方当事人进行约定，有约定的按照约定处理。尊重当事人的约定既有利于避免发生纠纷，也方便新技术成果的利用。其次，双方当事人无约定的，则依据"谁完成，谁拥有"的规则确定新技术成果的权属。这既是为了防止不必要的纠纷，尊重新技术成果完成人所投入的智力劳动和创造，同时也有利于新技术成果的利用。具体而言：

1. 技术咨询合同、技术服务合同履行过程中，受托人利用委托人提供的技术资料和工作条件完成的新的技术成果，除合同另有约定外，属于受托人。委托人利用受托人的工作成果完成的新的技术成果，除合同另有约定外，属于委托人。对新的技术成果享有所有权的一方当事人，可就该技术成果依法享有精神性权利和财产性权利。

2. 当事人也可以在合同中另行约定新技术成果的归属和享有。当事人对履行技术咨询合同、技术服务合同所产生的新的技术成果的归属和分享办法的特别约定，优于法律的一般原则规定。当事人约定通常有以下情形：(1)技术咨询合同、技术服务合同履行过程中，受托人利用委托人提供的技术资料和工作条件完成的新的技术成果，属于委托人或者由双方共有；委托人利用受托人的工作成果完成的新的技术成果，属于受托人或者由双方共有。(2)当事人可以约定新的技术成果的分享办法。例如，受托人利用委托人提供的技术资料和工作条件完成的新的技术成果，归受托人所有，但委托人享有免费使用权。当事人在作出约定时，应当遵循平等互利的原则。

专题六　技术服务合同

一、技术服务合同概述

《民法典》第878条第2款规定:"技术服务合同是当事人一方以技术知识为对方解决特定技术问题所订立的合同,不包括承揽合同和建设工程合同。"技术服务合同中所称的"特定技术问题",是指需要运用科学技术知识解决专业技术工作中有关改进产品结构、改良工艺流程、提高产品质量、降低产品成本、节约资源能耗、保护资源环境、实现安全操作、提高经济效益和社会效益等专业技术问题。作为技术服务合同标的的"特定技术问题",是需要运用专业技术知识、经验和信息解决的专业技术问题。就不涉及专业技术问题的服务订立的合同,不属于技术服务合同。技术服务合同可以分为一般技术服务合同、辅助服务合同、技术培训合同和技术中介合同。

技术服务合同的法律特点如下:第一,技术服务合同的标的,是受托人运用自己的专业技术知识、经验和信息为委托人提供的智力劳动,解决特定的技术问题。第二,技术服务合同的内容是解决特定的技术问题,如改进产品结构、改良工艺流程、提高产品质量、降低产品成本、节约资源能耗、保护资源环境、实现安全操作、提高经济效益和社会效益等专业技术工作。第三,技术服务合同是一种特殊的劳务关系。技术服务一般不具有创造性,通常表现为科技人员在其熟悉的专业范围内,对自己现有知识、技术、经验、信息的重复运用,因而技术服务合同标的带有简单的技术传授和技术协助的性质,合同当事人的权利、义务关系不是存在于有风险的需探索的未知技术的领域之中,其成果不具有比较复杂的研究开发的性质。第四,技术服务合同履行后所完成的技术成果具有具体的数量和质量的指标。第五,技术服务合同履行过程中,仅仅涉及技术知识的传递,不涉及专利权和技术秘密等技术成果的权属问题。第六,技术服务合同是不要式合同。这与技术开发合同、技术转让合同不同,而与技术咨询合同相同。因此,是否采用书面形式并不影响技术服务合同的成立。

需要注意的是,下列合同不属于技术服务合同:(1)以常规手段或者为生产经营目的进行一般加工、定作、修理、修缮、广告、印刷、测绘、标准化测试等订立的加工承揽合同和建设工程的勘察、设计、安装、施工合同。但以非常规技术手段,解决复杂、特殊技术问题而单独订立的合同除外。(2)就复印图纸、翻译资料、摄影摄像等所订立的合同。(3)计量检定单位就强制性计量检定所订立的合同。(4)理化测试分析单位就仪器设备的购销、租赁及用户服务所订立的合同。

二、技术转让合同与技术服务合同的转换问题

实践中,由于当事人对合同内容理解与法律认知的不同,经常存在合同名称与合同约定内容不符,或者当事人理解不一致的情形。由于技术服务合同与其他技术合同有着易于混淆的内容,不可避免存在这些情况。对此,《技术合同司法解释》第34条规定:"当事人一方以技术转让的名义提

供已进入公有领域的技术，或者在技术转让合同履行过程中合同标的技术进入公有领域，但是技术提供方进行技术指导、传授技术知识，为对方解决特定技术问题符合约定条件的，按照技术服务合同处理，约定的技术转让费可以视为提供技术服务的报酬和费用，但是法律、行政法规另有规定的除外。依照前款规定，技术转让费视为提供技术服务的报酬和费用明显不合理的，人民法院可以根据当事人的请求合理确定。”根据这一规定，司法实践中，应当把握以下规则：

1. 当事人双方签订的合同是技术转让合同，但是，对于让与人所提供的技术，如受让人对该让与技术的状况提出异议，认为是已经进入公有领域的技术；该技术的状况一经查实确为公知技术，则该技术合同应定性为技术服务合同，并且按照技术服务合同的规定处理有关的纠纷。在申某某诉贵阳黔峰生物制品有限责任公司技术转让合同纠纷案[①]中，最高人民法院认为，判断涉案合同属于技术转让合同还是技术服务合同，主要是看诉争技术是否属于公有领域的技术。从涉案合同约定以及当事人的实际履行情况看，合同标的符合不为公众知悉、具有实用性、经权利人采取保密措施等技术秘密的构成要素，故涉案合同应属于技术秘密转让合同。

2. 当事人签订技术秘密转让合同后，在合同履行过程中，作为合同标的的技术秘密被公开，成为进入公有领域的技术。但是技术提供方进行技术指导、传授技术知识，为对方解决特定技术问题符合约定条件的，该合同应定性为技术服务合同，按照民法典关于技术服务合同的有关规定处理。

3. 当事人在合同中约定的有关转让费应当按照合同当事人意思自治的原则，视为技术服务合同的报酬，不能因合同性质的认定发生变化而随意改变当事人的约定。

4. 在技术转让合同因存在以上情形而被定性为技术服务合同后，由于技术转让费用明显会高于技术服务合同的报酬，如仍按照技术转让费用由委托人承担，明显不公平。根据公平原则，应给予委托人请求适当调整的权利。

上述规则无疑对解决技术服务合同定性以及相关问题起到一定的指导作用。

三、技术服务合同委托人和受托人的主要义务

技术服务合同是受托人运用专业技术知识、经验和信息为委托人提供智力劳动，解决特定技术问题的合同。具体来说，技术服务合同的委托人应当按照约定提供工作条件，完成配合事项，接受工作成果并支付报酬。此外，委托人还应按合同约定提供工作条件、完成配合事项或在接到受托人的通知后及时补正、及时答复，并承担保密义务。受托人的义务是按照约定完成服务项目，解决技术问题，保证工作质量，并传授解决技术问题的知识，妥善保管和使用委托人交给的样品、材料和技术资料，负担费用，承担及时通知和保密等义务。

四、技术服务合同的当事人违反合同约定应当承担的违约责任

在技术服务合同中，当事人违反合同约定的，应当承担相应违约责任，具体来说：

（一）委托人违反技术服务合同的违约责任

委托人不履行合同义务或者履行合同义务不符合约定，影响工作进度和质量，不接受或者逾期

① 参见最高人民法院（2007）民三提字第2号民事判决书。

接受工作成果的，支付的报酬不得追回，未支付的报酬应当支付。具体而言：

第一，委托人不履行合同义务或者履行合同义务不符合约定。委托人未按照合同约定提供有关技术资料、数据、样品和工作条件，影响工作质量和进度的，已支付的报酬不得追回，仍然应当如数支付报酬。委托人逾期不提供约定的物质技术条件的，受托人有权解除合同，委托人应当支付违约金或者赔偿由此给受托人造成的损失。

第二，逾期不支付报酬。支付报酬是委托人的基本义务。委托人不支付报酬的，应当补交报酬，支付违约金。委托人迟延支付报酬的，应当支付违约金，逾期一定期限不支付报酬或者违约金的，应当交还工作成果、补交报酬、支付违约金或者赔偿损失。

第三，迟延接受工作成果。接受受托人的工作成果是委托人的权利，也是其义务，委托人不按合同规定的期限接受工作成果，给受托人增加了保管工作成果的负担，委托人不接受或者迟延接受工作成果的，应当支付违约金，受托人有权要求委托人支付保管费。其中委托人逾期一定期限不领取工作成果的，受托人有权处分工作成果，从所获得的利益中扣除报酬、违约金和保管费后，剩余部分返还委托人；受托人所获得的收益不能抵偿报酬、违约金和保管费的。有权要求委托人赔偿损失。

第四，有关通知义务的责任。委托人应当承担在接到受托人关于提供的技术资料、数据、样品、材料或者工作条件不符合合同约定的通知后，未能在约定的期限内补充、修改、更换或者不按期作出答复的责任；承担在履行合同期间，接到受托人因发现继续工作将对材料、样品或者设备等发生损坏危险而中止工作或者处理建议的通知后，未在约定的期限内作出答复的责任。

第五，违反保密义务的责任。委托人承担违反保密义务，泄露受托人完成的需要保密的工作成果的，应当支付违约金或者赔偿损失。

（二）受托人违反技术服务合同的违约责任

技术服务合同的受托人未按照约定完成服务工作的，应当承担免收报酬等违约责任。具体而言：

第一，受托人迟延交付工作成果的，应当支付违约金。受托人逾期不交付工作成果的，委托人有权解除合同，受托人应当交还技术资料和样品，返还已付的报酬，支付违约金或者赔偿损失。

第二，工作成果不符合合同约定条件的，应当根据不同情况承担违约责任。一般可以分为两种情况：一是工作成果存在一般缺陷，如果委托人同意利用，受托人应减收报酬，并采取补救措施；如果委托人不同意利用，受托人应向委托人支付违约金或赔偿损失。二是工作成果有严重缺陷，受托人应免收报酬，并向委托人支付违约金或赔偿损失。在浙江新明华特种水泥有限公司诉洛阳水泥工程设计研究院技术服务合同纠纷案①中，浙江省高级人民法院认为，受托人在提供的技术服务未使项目达到考核验收要求的情况下，拒绝继续履行合同义务，已构成违约，且严重影响服务合同目的的实现，委托人可据此主张解除合同，并要求受托人支付违约金、赔偿损失。

第三，受托人对委托人交付的样品、技术资料保管不善，造成灭失、缺少、变质、污染或者损坏的，应当支付违约金或者赔偿损失。

---

① 参见浙江省高级人民法院（2014）浙知终字第51号民事判决书。

第四,未尽有关通知义务的责任。受托人应当承担发现委托人提供的技术资料、数据、样品、材料或者工作条件不符合合同约定,未能及时通知委托人的相应责任;承担在履行合同期间,发现继续工作会对材料、样品或者设备等有损坏危险而中止工作后,不及时通知委托人并未采取适当措施的相应责任。

第五,违反保密义务的责任。受托人违反保密义务,泄露委托人提供的需要保密的技术资料、数据、样品的,应当支付违约金或者赔偿损失。

在实际生活中,有些技术服务合同的工作成果、服务质量,在短期内难以发现缺陷,需要经过较长时期的实践检验,对此,技术服务合同的当事人可以在合同中约定保证期。在保证期内发现服务质量缺陷的,受托人应当负责返工或者采取补救措施。但因委托人使用、保管不当引起的问题除外。如在卫辉市双龙铜业有限公司诉张家港市联旺机械有限公司买卖合同及技术服务合同纠纷案[①]中,河南省高级人民法院认为,受托人完成的技术项目经验收后在质量保证期内出现问题,受托人应承担委托人自行维修所支出的费用。但是,对于依合同验收合格的项目,委托人仍应当支付相应的款项。

---

① 参见河南省高级人民法院(2014)豫法民一终字第21号民事判决书。

第二十章　保管合同

本章与《合同法》保管合同的内容相比，主要变化体现在两个方面：一是吸收了法定保管合同制度；二是赔偿责任更加明确。对于无偿保管，保管人须对故意或重大过失承担赔偿责任。

专题一　保管合同的概念和特征

保管合同，又称为寄托合同、寄存合同，是指保管人有偿或无偿保管寄存人交付的保管物，并在约定期限内返还或应寄存人的请求返还该保管物的合同。保管物品的一方称为保管人或者受寄托人，其所保管的物品为保管物，将物品交付给他人保管的一方为寄存人、寄托人。

保管合同具有以下特征：

第一，保管合同为实践合同，寄存人交付保管物是保管合同成立的要件。保管合同的成立，不仅须有当事人双方的意思表示一致，而且须有寄存人将保管物交付于保管人的行为。也就是说，寄存人交付保管物是保管合同成立的要件。因此，保管合同为实践合同，自寄存人交付保管物时成立。但是，如果当事人另有约定的，则从其约定。

第二，保管合同原则上为无偿合同，以有偿为补充。保管合同是社会成员之间相互提供帮助或者社会服务部门为公众提供服务的一种形式。所以，保管合同原则上为无偿合同。但当事人也可以约定为保管而给付报酬。约定有报酬的，寄存人应当按照约定向保管人支付保管费。如果当事人对保管费没有约定或者约定不明确，依照《民法典》第510条的规定仍不能确定的，则保管是无偿的。

第三，保管合同以物品的保管为目的。保管人对寄托交给的财产有保管的权利和义务，即以保管物品为目的，而非以获得保管物品的所有权或使用权为目的，或以消灭债权债务关系，对物品进行改良、加工为目的。因此，保管合同的标的不是保管的物品，而是保管人的保管行为，保管人的主要义务是保管寄存人交给其保管的物品。保管合同的这一特征，使之与借用、租赁、提存、承揽、运输等合同区分开来。

第四，保管合同须转移保管物的占有。保管合同是实践合同，以保管物移交给保管人为成立条件。但因保管合同不以保管人获得保管物的所有权或使用权为目的，所以保管合同不转移保管物品的所有权或使用权。一般情况下，未经寄存人的同意，保管人不得使用或处分保管物。但因保管合同的意义在于保管人为寄存人保管物品，故保管人须取得对保管物的占有。不转移保管物品的占有,保管人无法履行保管义务。正是因为保管合同的这一特征,为了保护寄存人的合法权益,《民法典》第 891 条规定:“寄存人向保管人交付保管物的,保管人应当出具保管凭证,但是另有交易习惯的除外。”

专题二 法定保管合同问题

《民法典》第 888 条第 2 款规定:“寄存人到保管人处从事购物、就餐、住宿等活动,将物品存放在指定场所的,视为保管,但是当事人另有约定或者另有交易习惯的除外。”该款是以合同成立的条件为标准,在《合同法》第 365 条的基础上对法定保管合同作出的新规定。法定保管合同是指依照法律规定而直接成立的保管合同。当事人之间只要具备法定条件,便形成保管合同关系。其中一方即负保管人的义务,而无须双方当事人另行约定。法定保管合同的保管人通常为旅店、餐饮店和法定的经营者,寄存人则为顾客。保管合同一般适用于电影院、商场、车站、码头等公共场所为个人寄存物品的场合。保管合同是实践性合同,虽然保管合同的成立不仅需要当事人意思表示一致,而且须有寄存人将保管物交付于保管人的行为。但是,在实践中,存在大量事实保管合同。比如,去超市购物,在自助柜存寄物品,或将车子停放在无人工收费的停车场,这些都无须保管人作出明确意思表示而成立合同关系,只要将物品存放到指定场所或将车辆停放在停车场,合同即告成立。对于这类合同本身,是因事实过程而成立,其主要特点就在于,成立的要件事实并非要求当事人的合意,而是另有独特的要件事实。[①] 现实生活中所形成事实的合同关系,已经超越意思自治范畴,根本无法依意思理论作出解释,按照“事实的合同关系”的理论,可以比较灵活地解决新的现实问题。也正基于此,对于此类事实合同关系,采取法律拟制的方式,只要将物品存放在指定场所,即视为成立保管合同关系。比如,小区业主在物业公司收费停车的小区公共道路边有偿停放车辆,物业公司向业主收取了停车费用,视为双方建立了车辆保管合同,当事人将车辆驶入物业公司管理的区域内,视为交付保管物,保管合同成立。[②]

专题三 保管合同标的物问题

保管合同是保管人保管寄存人交付的保管物,并返还该物的合同。民法上的物,依据不同的标

① 韩世远:《合同法总论》(第 3 版),法律出版社 2011 年版,第 110 页。
② 云南省昆明市中级人民法院(2010)昆民四终字第 328 号民事判决书。

准,可以划分为动产与不动产、特定物与不特定物、消费物与不消费物等。

一、不动产

对于保管合同的标的物,《民法典》未予以明确是否仅限于动产。世界各国立法主要有两种模式:一种是以德国、法国、瑞士、意大利等国为代表的,在民法典中明确规定寄托物以动产为限。另一种是以日本为代表,在民法典中对寄托合同的定义,仅以物来指称,未明确寄托物是动产或不动产。从我国《民法典》第888条对保管合同的定义中可知,我国法律未规定保管物以动产为限。准此以言,像果园、池塘、鱼塘等不动产也可以成为保管对象。因委托他人保管不动产而形成的权利义务关系也可属保管合同的调整范畴。

二、货币和各类物

从保管合同的规定看,货币也可以成为保管对象,但是,货币属于动产、种类物,会产生占有即所有的问题。《民法典》第901条规定:“保管人保管货币的,可以返还相同种类、数量的货币;保管其他可替代物的,可以按照约定返还相同种类、品质、数量的物品。”从该条规定内容看,货币保管本质上属于消费保管,也称无规则保管,是指保管物为种类物,当事人双方约定保管人取得保管物的所有权,而仅负以种类、品质、数量相同的物返还寄存人的义务。消费保管合同具有一般保管合同的共同法律特征,但其与一般保管合同相比较具有以下不同点:(1)消费保管合同须转移保管物的所有权与保管人;(2)消费保管合同的保管物须为种类物;(3)消费保管合同的保管人仅负有偿还种类、品质、数量相同的物的义务;(4)消费保管合同的保管物的利益及危险均由保管人享受和负担;(5)当保管人破产时,寄存人无权取回保管物,在消费保管合同中,合同终止时,寄存人不能要求保管人返还原物。[①] 但并非所有的种类物的寄存都属于消费保管合同。如《民法典》第898条规定的寄存人寄存货币的情形,就属于返还原货币的保管合同,而不属于消费保管合同。一般而言,寄存人只转移保管物的占有给保管人,而不转移使用权和收益权,即保管人只有权占有保管物,而不能使用保管物,这也是保管合同的一般原则。但在消费保管中,保管人享有对保管货币或其他可替代物的使用权、收益权和处分权,而只须以同种类、品质、数量的物返还即可。那么,在有偿保管货币合同中,既要支付保管费,又无偿由保管人使用货币,在保管人使用后还无须支付利息,是否有违公平?《德国民法典》第698条规定:“受寄人为自己的利益而使用受寄的金钱的,有义务自使用时起支付该金钱的利息。”第700条第1项规定:“代替物被以这样的方式寄托,即所有权应转移给受寄人,且受寄人应有义务将种类、品质和数量相同的物予以返还的,在金钱的情形下,适用关于贷款合同的规定,在其他物的情形下,适用关于物的消费借贷合同的规定。寄托人许可受寄人消费所寄托的代替物的,自受寄人领有物时起,在金钱的情形下,适用关于贷款合同的规定;在其他物的情形下,适用关于物的消费借贷合同的规定。”寄存货币的消费保管合同与储蓄合同非常相似,但消费保管合同的目的侧重于为寄存人保管货币,一般不向寄存人支付利息,而储蓄合同中存款人的目的除了保管货币外,还有获取利息的目的。保管合同的本质在于保管义务和原物返还义务,《民法典》第

---

① 谢怀栻等:《合同法原理》,法律出版社2000年版,第568~569页。

901 条规定允许保管人保管货币的同时，并未禁止当事人对消费保管合同作出另行约定。随着众多网络平台第三方支付的兴起，支付中产生的沉淀资金，特别是在货款交付至第三方支付机构，如与第三方支付机构之间形成保管合同关系时，此时当事人不仅完全可以对资金沉淀产生的利息归属进行约定，而且也可以约定第三方支付机构使用保管资金需要支付利息，从而规范第三方支付机构的资金管理，防止挪用、截留等侵害消费者的事件发生。因此，在货币保管合同纠纷中，要面对现实社会发展，充分尊重当事人意思自治，体现合同自由。

三、盗赃物

通常寄存保管的物品为寄存人所有之物，但不限于寄存人所有之物，第三人之物也可以作为保管标的物，如寄存人将捡拾的物品交给保管人保管，甚至保管人所有的物在特殊情形下也可以成为保管的标的物。如承租人将租赁物临时交给出租人保管，此时出租人作为保管人系保管自己之物。如果保管物为盗赃物，也可以成立保管合同，但该合同能否有效，则应区分不同情形而定。保管合同关涉双务或单务民事法律行为，民事法律行为生效需要主体适格，意思表示真实，标的确定、合法，[①]当保管人明知保管物为盗赃物，主观为恶意时，该保管合同标的违法，应属无效；当保管人为善意时，该保管合同应为有效，但保管人嗣后发现保管物为盗赃物的，该保管人可以错误或欺诈为由撤销保管合同，并拒绝继续保管。[②]

专题四　保管合同的损害赔偿问题

保管期内，因保管人保管不善造成保管物毁损、灭失的，保管人应当承担赔偿责任。

一、财产损害赔偿

妥善保管保管物是保管人依保管合同应负的主要义务。也就是说，保管人对保管物的保管应尽相当的注意义务。而保管人应尽何种注意义务，与寄存人所负有的义务以及保管合同的有偿或无偿密切相关。

首先，寄存人对标的物情况的告知义务。依《民法典》第 893 条规定，寄存人交付的标的物有瑕疵或者按照保管物的性质，如易燃、易爆、有腐蚀性、放射性等危险物品或易变质物品，需要采取特殊保管措施的，寄存人应当将有关情况告知保管人；寄存人未告知，致使保管物受到损失的，保管人不承担损害赔偿责任；保管人因此受损失的，除保管人知道或者应当知道且未采取补救措施外，寄存人应当承担损害赔偿责任。寄存人于交付保管物时未告知有关情况，不仅应自己负担保管物的

---

① 梁慧星：《民法总论》（第 5 版），法律出版社 2017 年版，第 174 页。

② 宁红丽：《论我国保管合同制度的法律适用》，载《暨南学报》（哲学社会科学版）2008 年第 6 期。

损失,而且对保管物因此受到的损失应负赔偿责任。其中,“保管人知道或者应当知道且未采取补救措施外”,是指保管人在接受寄存人交付的保管物时或者在保管期间,尽管寄存人违反了告知义务而没有告知,但保管人已经发现了保管物存在瑕疵、不合理的危险或者易变质等情况,没有将发现的情况及时通知寄存人并要求寄存人取回,或者主动采取一些特殊的保管措施,以避免损失的发生或扩大,法律规定在这种情况下,保管人无权要求寄存人承担损害赔偿责任。因保管物的性质或瑕疵而给第三人造成损害的,寄存人也应赔偿责任,只不过该责任为侵权责任。

其次,寄存货币等贵重物品的声明义务。寄存人寄存货币、有价证券或者其他贵重物品的,应当事先向保管人声明,由保管人验收或者封存。寄存人未声明的,该物品毁损、灭失后,保管人可以按照一般物品予以赔偿。

再次,保管人有亲自保管的义务。保管人不得将保管物转交给第三人保管,但当事人另有约定的除外。保管人擅自将保管物转交第三人保管,对保管物造成损失的,应当承担损害赔偿责任。对保管物造成的损害强调的是基于保管人转保管的过错造成的损害。当事人如果没有在合同中预先约定保管人可以使用保管物,或者保管人未经寄存人同意,擅自使用或许可第三人使用保管物,造成保管物损坏的,保管人应当承担损害赔偿责任。

最后,保管人责任大小与保管合同是否有偿密切相关。确定保管合同的有偿与无偿,是保管合同的重要问题。在有偿保管合同中,寄存人应当按照约定向保管人支付保管费。保管人只能按照约定要求寄存人支付保管费,而不能无依据地要求寄存人支付保管费。保管合同中关于保管费用支付的约定,就是寄存人支付费用和保管人收取费用的依据。无偿保管合同,是寄存人无须支付保管费的保管合同。无偿保管合同是单务合同。无偿的认定,主要看当事人的约定,但当事人对保管费没有约定或者约定不明确,依据《民法典》第510条的规定仍不能确定的,推定为无偿。有偿保管属于商业行为,从商业道德和权利义务平衡角度出发,对保管人的要求应当更高,保管人的责任也应当更重。所以,在保管期间因保管不善造成毁损、灭失的风险,应由保管人承担赔偿责任,保管人须尽善良管理人的注意义务,保管他人财物应比保管自己的财物给予更多的注意。而无偿保管多属互助性质,保管人能够证明自己没有故意或者重大过失的,不承担赔偿责任,即对于无偿保管,保管人应当尽与保管自己的物品同样的注意,负具体轻过失的责任。比如,消费者入住酒店或在饭店就餐,基于酒店消费取得酒店派发的停车券,将车辆停放于规定的收费停车场内,虽然酒店并未直接保管车辆,但应当认定消费者与酒店之间存在车辆的保管合同关系。此时,如果消费者需要在酒店消费才能取得收费停车场的停车券,应认定消费金额中已包含停车费金额,由此成立的保管合同为有偿保管合同。[①] 需要注意的是,在保管期间,凡是因不可归责于保管人的事由造成保管物毁损、灭失的,保管人都不负损害赔偿责任。

二、精神损害赔偿

《民法典》第996条规定:“因当事人一方的违约行为,损害对方人格权并造成严重精神损害,受损害方选择请求其承担违约责任的,不影响受损害方请求精神损害赔偿。”该条确立了因加害履行

① 参见广东省中山市中级人民法院(2016)粤20民终4266号民事判决书。

等违约行为造成合同一方当事人人格权被侵害，当事人在主张违约责任的同时，还可以请求赔偿精神损害，即违约责任和精神损害赔偿责任相竞合，请求权并行。需要注意的是，该条适用的精神损害必须是因违约行为而致人格权遭受到侵害引起。虽然此前最高人民法院《精神损害司法解释》第4条规定："具有人格象征意义的特定纪念物品，因侵权行为而永久性灭失或者毁损，物品所有人以侵权为由，向人民法院起诉请求赔偿精神损害的，人民法院应当依法予以受理。"该司法解释仅规定当事人可以侵权为由提起诉讼，进行主张。《民法典》第1183条第2款吸收上述司法解释的内容，亦规定："因故意或者重大过失侵害自然人具有人身意义的特定物造成严重精神损害的，被侵权人有权请求精神损害赔偿。"该条仅针对侵权行为产生的精神损害赔偿。也就是说，据此条违约损害赔偿责任是不包括精神损害赔偿的。在全国首例原告寄存人与被告殡仪馆之间的骨灰盒保管合同纠纷中，法院认为，"原告未举证要求赔偿两只骨灰盒以及赔偿精神损失一万元的相关证据，尤其是精神赔偿请求，不属于最高院有关解释中的赔偿范围，故判决被告殡仪馆返还原告保管费160元，赔偿原告路费、住宿费损失460元，案件受理费520元、邮寄费20元由被告承担"。[①] 实际上，骨灰属于具有人格象征意义的特定纪念物品，其灭失从公序良俗角度来看，应当包括在因殡仪服务公司违约而给他人造成的精神损害的范围内，受害人可主张精神损害赔偿。因此，在保管合同的履行过程中，因保管人的违约行为造成具有特定纪念意义的物品毁损或灭失，侵害到人格权的，寄存人请求保管人承担违约责任的同时，可以请求精神损害赔偿。

三、赔偿的诉讼时效

《民法典》第188条第1款规定："向人民法院请求保护民事权利的诉讼时效期间为三年。法律另有规定的，依照其规定。"在《民法总则》颁布后，最高人民法院已依据《民法总则》制定了关于诉讼时效问题的司法解释。最高人民法院《关于适用〈中华人民共和国民法总则〉诉讼时效制度若干问题的解释》第1条规定："民法总则施行后诉讼时效期间开始计算的，应当适用民法总则第一百八十八条关于三年诉讼时效期间的规定。当事人主张适用民法通则关于二年或者一年诉讼时效期间规定的，人民法院不予支持。"因此，寄存财物丢失或毁损而引发的保管合同纠纷的诉讼时效期间应当按照3年来计算。

---

① 几凡：《全国首例骨灰盒保管合同纠纷》，载《检察风云》2002年第10期。

第二十一章　仓储合同

本章与合同法规定相比较，除了个别词语修改之外，仓储合同的规定内容并没有发生变化。

专题一　仓单转让

《民法典》第910条规定，“仓单是提取仓储物的凭证。存货人或者仓单持有人在仓单上背书并经保管人签名或者盖章的，可以转让提取仓储物的权利”。

仓单是经济生活中经常使用的一种有价证券。仓单持有人凭仓单可以提取仓储物，也可以依法设立质权，这表明仓单是具有物权表征性的凭证。在仓单签发之后，持有人可以在仓单上背书并经保管人签名或者盖章转让，也可以以仓单设定质权，可见仓单具有很强的流通性。虽然《民法典》第910条规定的内容并不复杂，但是其内涵却极为丰富。该条所涉及仓单转让规则的解释适用不仅对仓储业的发展具有重要的意义，对促进企业的资金融通和国家经济的发展也具有重要的意义。

一、仓单的属性

《民法典》第910条首先规定，仓单是提取仓储物的凭证，这说明仓单作为一种有价证券，[①]具有表征特定仓储物的权利。

（一）物权证券特性

我国理论界对于仓单系属物权性有价证券还是债权性有价证券，有不同观点。[②] 物权性有价证券说认为，仓单的证券权利内容系属物权性质，“仓单是提取仓储物的凭证”，“存货人取得仓单后，就意味着存货人取得了仓储物的所有权。转移仓单即意味着仓储物的所有权亦随之转移”。[③] 债权性有价证券说认为，仓单的证券权利内容系属债权性质，存货人与保管人根据仓单上所记载的权利义务内容行事，存货人凭仓单具有对于仓储物的提货请求权，而保管人只认单不认人，完全凭仓单上记载内容履行义务。“双方的权利均依照仓单上的文义记载，仓单这种文义性的效力即属于债

---

① 胡康生主编：《中华人民共和国合同法释义》，法律出版社2013年版，第607页。

② 胡铁红、杨巍：《仓单物权凭证与债权凭证的双重效力分析》，载《人民司法》2009年第18期；吴才毓：《仓单凭证性质考》，载《福建法学》2014年第4期。

③ 房绍坤：《仓单若干问题探讨》，载《求是学刊》2002年第1期。

权性效力。”[①]随着讨论的不断深入，学界对于仓单性质，还有“债权性物权证券”说和“物权性债权证券”说。甚至有学者还指出，仓单既是物权证券，又是债权证券，“其物权凭证性质与债权凭证性质归根结底宜论作法政策上的考量”。[②] 也有观点认为，仓单背书转让需要保管人签名或者盖章这一规定阻断了仓单的完全物权证券效力，阻碍了仓单的高效流通，使仓单最终只能属于“不完全的物权证券”。[③]

（二）仓单属性的现实规定

（1）仓单是提取仓储物的物权性有价证券。存货人取得仓单后，就意味着取得了代表仓储物所有权的凭证；存货人转移仓单，该仓单代表的仓储物所有权也随之转移；受让人取得了仓单，即意味着取得了仓储物的所有权。[④] 而以仓单出质，即以仓单所代表的仓储物出质。（2）仓单流通上的特殊要求。《民法典》第910条规定，仓单的转让规定有别于其他物权性有价证券，除需在仓单上背书以外，还需要经保管人签名或者盖章。按照立法精神，法律之所以如此限制，是为了防止仓单持有人通过非法途径获得仓单，侵犯存货人的所有权。这是因为仓储物交付给保管人后，所有权依然属于存货人，此时所有和占有已经分离，保管人只认仓单不认人，仓单才是唯一提取仓储物的凭证。[⑤] 此规定同时亦有使保管人免于承担不应负的责任的意义。

（三）仓单的其他证券特性

第一，记名指示证券。在比较法上，仓单区分为以下几种：（1）记名仓单，要求保管人将货物“交付给特定人”；（2）不记名仓单，要求保管人将货物“交付给持票人”；（3）指示仓单，要求保管人将货物“交付给特定人或其指定人”。《民法典》关于仓单记载事项的内容并未明确所“包括”事项的性质。但是，就该条所规定的“仓单上背书并经保管人签名或者盖章”的要求来看，我国仓单则具有记名指示证券的特性。[⑥]

第二，背书证券。背书证券是指有价证券可以通过背书这种方式达到转让的目的。本条规定“存货人或者仓单持有人在仓单上背书并经保管人签名或者盖章的，可以转让提取仓储物的权利。”由此可知，仓单的背书证券性质是无可非议的。但与其他背书证券不同的是，《民法典》第910条还要求“经保管人签名或者盖章”。而对于有合法背书，但未经保管人签名或者盖章的仓单的效力，需要进一步深入探讨。

第三，文义证券。仓单为文义证券，一经填发而流通，其善意受让人之利益，应受保障，此乃交易安全之基本原则。[⑦] 故仓单的正当持有人和仓库营业人之间的法律关系，以仓单为准。[⑧] 当然，对于并未产生交易信赖的保管人与存货人之间的权利义务，需要依据双方当事人之间的证据加以

---

① 刘琳琳、王越：《论提单、仓单的“债权证券”性质》，载《求索》2012年第1期。

② 吴才毓：《仓单凭证性质考》，载《福建法学》2014年第4期。

③ 刘琳琳、王越：《论提单、仓单的“债权证券”性质》，载《求索》2012年第1期。

④ 吴才毓：《仓单凭证性质考》，载《福建法学》2014年第4期；房绍坤、赵志毅：《论仓单质押》，载《法制与社会发展》2001年第4期；霍冰：《仓单质押法律问题浅析》，载《金融理论与实践》2005年第11期。

⑤ 胡康生主编：《中华人民共和国合同法释义》，法律出版社2013年版，第608页。

⑥ 同上书，第606页。

⑦ 林诚二：《民法债编各论》（中），中国人民大学出版社2002年版，第283页。

⑧ 《德国商法典》，杜景林、卢谌译，中国政法大学出版社2000年版，第4编第6章仓库营业中的第475d条第1款。

证明。

第四,无因证券。有因证券是指作成证券的原因是证券所记载权利存在及行使的要件;反之,作成证券的原因并非证券所记载权利存在及行使的要件,即无因证券。学界对于仓单属于有因证券还是无因证券观点不一。仓单究竟系有因证券,还是无因证券,需要结合立法精神进一步考量。比较法上理论多认为,在仓单涉及交易安全保护时,应强调仓单的无因性;即使保管人开具空单,出于交易安全保障的考虑,保管人不能以空单为由对仓单持有人提出抗辩。[①] 如果仓单持有人以该仓单出质,并交付了该仓单,在债务人不履行义务时,债权人可以对该仓单之物权主张优先受偿权;而由于系空单,在此情况下,保管人需要在该仓单对应的物权价值范围内承担责任。

第五,缴回证券。缴回证券又称交回证券,是指当证券权利人凭证券行使权利时,必须将证券交还给义务人,否则证券义务人有权拒绝履行证券所记载的义务。《民法典》第910条规定,仓单是提取仓储物的凭证,故当存货人或其他仓单持有人持有仓单,向开具仓单的保管人提出提取货物的物上请求权时,保管人必须收回该仓单,或者在该仓单上标注作废或批注注销,才能将仓储物返还仓单持有人。虽然本法并未对仓单的性质加以规定,但是出于交易安全的考虑,应作此当然解释。

二、仓单转让方式

仓单的转让发生提取仓储物权利的转让,实际上发生物权变动的效力。因此,物权变动,需要符合一定的要件。《民法典》第910条规定,存货人或者仓单持有人在仓单上背书并经保管人签名或者盖章的,可以转让提取仓储物的权利。因此,就仓单的转让而言,除了必须就仓单转让达成合意外,还应当满足以下要件:

(一)仓单已签发

《民法典》第908条规定,存货人交付仓储物的,保管人应当出具仓单、入货单等凭证。仓单未签发或未交付存货人,自然不能转让。而就已经签发的仓单来说,对仓单效力会产生以下两方面影响:一是欠缺相关记载事项的仓单效力问题。《民法典》仅规定仓单的包括事项,而对于仓单的应记载事项及缺乏相关事项的效力则欠缺规定。虽然2013年12月31日国家标准委批准的《仓单要素与格式规范》(GB/T 30332—2013)目前已经实施,该规范也提供了不可转让的普通仓单和可流转的仓单应该记载的要素,但该标准对于所签发仓单的效力能否发挥作用,还有待有关部门从仓储行业出发的角度进一步明确。二是未收到仓储物而签发空单的效力问题,则需要深入研究。

(二)仓单的转让背书

仓单转让中的背书,让与仓单权利的人为背书人;受让仓单权利的人为被背书人。关于仓单转让背书的记载事项、方式、效力等,《民法典》以及之前的《合同法》均无明确规定,有待相关部门进一步予以规范。鉴于关于仓单的背书方式,目前我国法律无明文规定,也可考虑借鉴《票据法》关于汇票背书的要求。

首先,在仓单背书的格式上,可以类推适用我国《票据法》第27条、第28条及相关法规的规定,

---

① 林诚二:《民法债编各论》(中),中国人民大学出版社2002年版,第283页。

即背书的记载和签章应当记载于仓单背面,当仓单背面不能满足背书人记载事项的需要时,背书人可以加附粘单,粘附于仓单上,并于粘单上背书,但粘单上的第一记载人,应当在仓单和粘单的粘接处签章。

其次,应要求背书连续。我国《票据法》第31条第1款规定:"以背书转让的汇票,背书应当连续,持票人以背书的连续,证明其汇票权利";第2款规定:"前款所称背书连续,是指在票据转让中,转让汇票的背书人与受让汇票的被背书人在汇票上的签章依次前后衔接。"依据该规定,持票人持有背书连续即保管人签章连续的票据,不仅具有合法持票人资格,而且享有票据权利。除非票据上其他绝对记载事项不符合法定要求,或者持票人存在恶意和重大过失,都应当承认持票人可以持票行使票据权利,而无须提供另外的证明。

（三）保管人的签名或者盖章

仓单转让时,除了让与人的背书外,还需要保管人的签名或者盖章。仓单代表仓储物,持有仓单即代表了具有仓单项下仓储物的所有权,转让仓单代表了仓单项下仓储物的所有权的转让。所以,转让仓单即是转让了仓单所体现的物上请求权。就返还请求权的让与而言,原则上并不需要返还义务人同意为条件。当然,在现行法律明确规定要求签章的情况下,此种返还请求权的让与需要遵守法律的规定。在要求背书连续的同时,还要求保管人签名或者盖章的连续。

（四）仓单的交付

仓单转让的交付,不同于仓单制作后的交付,是指仓单转让时,仓单持有人将仓单交给受让人,以实现仓单转移占有的行为。有效的仓单转让行为,除需要仓单持有人背书转让之外,还应将仓单交付给相对持有人。虽然我国法律对此无明文规定,但仓单的交付乃仓单转让的应有之义。

（五）仓单转让的效力

仓单转让发生提取仓储物权利的转移。这实际上发生《民法典》第227条指示交付的效力,即"动产物权设立和转让前,第三人占有该动产的,负有交付义务的人可以通过转让请求第三人返还原物的权利代替交付"。通过仓单的转让,还赋予仓单在物权上的排他性,即只有通过转让仓单才可处分仓储物,不以仓单转让的方式转让物权则构成无权处分,不可以对抗仓单持有人。也就是说,仓储物物权变动的效力与仓单转让的效力保持一致,即由仓储物的直接交付转化成仓单背书转让。

对于未经保管人签名或盖章,究竟对仓单转让的效力产生何种影响,尚需要结合实践中的纠纷进一步深入思考。本书倾向于认为,考虑到对于保管人利益的保护,未经保管人签章的仓单转让自然可以在转让人与受让人之间发生转让的效力,但是保管人对于存货人基于仓储合同所享有的抗辩可以对抗仓单的受让人。如果仓单转让经过保管人的签章,则存货人所享有的抗辩应该受到切断,不能对抗之后的仓单受让人,即使该后手转让并未获得保管人的签章。

三、空单转让的纠纷处理

《民法典》第910条的规定在实务中的解释空间很大,也容易引发纠纷,这涉及对仓单背书转让的理解。在保管人签发空单时,保管人和所谓的"存货人"很难不知晓,二者往往有共同的意思。对于保管人签发的空单，仓单持有人背书转让给受让人的，受让人在持有仓单请求提取仓储物时，保管人能否以仓单系空单，保管人与“存货人”之间并无真实的交易关系对抗仓单受让人呢？

对此，从交易安全的角度考虑，如果仓单受让人系善意且无过失，则签发空单的保管人不能以此对抗仓单受让人。对于仓单受让人的善意无过失的判断，在仓单受让时已经保管人签名或盖章，则可以推定受让人系善意无过失。进一步需要由保管人或者仓单持有人提供证据推翻仓单受让人系“善意无过失”的推定。

四、质权设立时空单的对抗问题

与仓单转让的要求不同，以仓单出质的质权设立要件则不同。《民法典》规定，当事人以仓单出质的，应当订立书面质权合同，质权自权利凭证交付质权人时设立。因此，在质权设立时并不需要保管人的签章。由此，在判断质权人设立质权时的善意时，并不需要考察质权人是否有审查保管人签章的义务。由此，为了保护交易安全，在仓单设立后，即使仓单系空单，保管人亦不能以此对抗质权人的权利行使。这也是比较法上对于仓单流通性的通行做法，《民法典》涉及质权行使时自然也需要作此解释。例如，乙欲向丙银行借款1000万元。为担保该借款，甲保管人与乙“存货人”通过签发空单的方式向乙交付仓单。该仓单载明乙在甲处仓储4万吨玉米。事实上，该玉米并未交付甲保管人保管。乙以该仓单为其向丙银行借款设立质权。在乙未偿还借款时，丙银行起诉以在甲处的仓单所代表的玉米所有权拍卖款优先受偿。此种情况，甲仓储人不能以该仓单系空单为由提出抗辩，主张免责。

当然，上述对质权人的保护，实质上系贯彻仓单的流通证券属性。由此，当事人完全可以仓单出质的方式来实现仓单的高效流通，促进交易，因此引发仓单出质取代仓单转让的做法，进而导致保管人在签发空单时需要承担更高的责任。对此，这恰恰系发挥仓单在促进资金融通中的功能要求，有利于促进仓储业的健康发展，从而能够起到禁止保管人签发空单的不当行为。

专题二　保管人的违约责任问题

《民法典》第917条规定，“储存期内，因保管不善造成仓储物毁损、灭失的，保管人应当承担赔偿责任。因仓储物本身的自然性质、包装不符合约定或者超过有效储存期造成仓储物变质、损坏的，保管人不承担赔偿责任”。该条与《合同法》第394条相比较，有两点修改：一是将“因仓储物的性质、包装不符合约定或者超过有效储存期造成仓储物变质、损坏的”修改为“因仓储物本身的自然性质、包装不符合约定或者超过有效储存期造成仓储物变质、损坏的”；二是将“储存期间”修改为“储存期内”。这两处修改并未改变该条规定的实质含义。

第917条规定的保管人因违约应承担的损失赔偿责任，要件有三个方面：第一，保管人有保管不善的行为。所谓保管不善,就是指保管人没有尽到善良管理人应尽的义务来保管仓储物。例如,保管人没有提供相应的保管设备,保管人没有针对特殊保管物采取特殊的保管措施等。第二,因保管不善造成仓储物毁损、灭失。保管人保管不善的行为直接导致了仓储物的毁损、灭失,两者之间存在因果联系。如果仓储物的毁损、灭失是因为其他原因造成的,则保管人不负责任;如仓储物超过有效储存期,仓储物的包装不符合约定。第三,保管人不具有法定或约定的免责事由。因此,理解保管人的损失赔偿责任,首先,需要明确保管人妥善保管保管物的义务,这是保管人承担责任的关键问题。只有在保管人违反该义务造成保管物毁损、灭失时,保管人才需要承担损害赔偿责任;其次,进一步说,如果因仓储物本身的自然性质、包装不符合约定或者超过有效储存期造成仓储物变质、损坏的,保管人不承担损害赔偿责任,这是法定的免责事由。

一、仓储人的保管义务

《民法典》第 917 条规定"储存期内,因保管不善造成仓储物毁损、灭失的",蕴含的前提为保管人违反了妥善保管义务造成仓储物毁损、灭失。虽然仓储合同章并未规定保管人负有妥善保管仓储物的义务,但是依据第 918 条"本章没有规定的,适用保管合同的有关规定"的规定,则能够得出保管人需要负担该义务结论。在适用"保管人应当妥善保管保管物"时,首先需要研究保管人妥善保管保管物的义务的内涵。

(一)保管人具备必要的仓储条件

具备法定的资格和保管条件,是保管人履行其妥善保管义务的前提。仓储合同和保管合同的区别在于,在仓储合同中,保管人必须是具备仓储设备,并专门从事保管业务的人;其不仅需要具备从事仓储业务的资格,而且要有一定的仓储场所和仓储设备,适合于保管仓储物。在大陆法系的一些国家中,仓储人提供的场所如果不适合标的物的存放,则被认为具有过错。对于储存有特殊要求的物品的,则需要具备储存该特殊物品的条件。如《民法典》第 906 条第 3 款规定:"保管人储存易燃、易爆、有毒、有腐蚀性、有放射性等危险物品的,应当具备相应的保管条件。"这就要求,对于危险物品的保管,法律规定了特别的保管条件,应当符合法律规定的条件。

(二)亲自实施保管行为

在一般的保管合同中,法律都要求保管人亲自保管,不得擅自将保管物交给第三人。在仓储合同中,存货人之所以选择特定的仓储人进行保管,是基于对仓储人的设备、技能和专业经验的信赖,因此应更加注重仓储人的主体情况,更加需要仓储人亲自保管。[①] 将仓储物交由第三人保管,可能会加大仓储物毁损、灭失的风险,同时也可能导致保险公司拒绝赔付,从而不利于维护存货人的利益。

鉴于仓储人所签发的仓单还具有物权凭证的属性,故在以仓储营业的仓库中存储的动产物品,往往不能基于占有即所有的原则推定为保管人所有,对此,交易相对人原则上应知悉。一旦仓储人将仓储物交由非仓库保管,则可能发生动产占有即所有的权利外观,从而对存货人产生重大的权利

---

① 林诚二:《民法债编各论》(中),中国人民大学出版社 2002 年版,第 291 ~ 293 页。

失去风险。因此,未经存货人的同意,保管人不得将仓储物转交他人保管。任意更换保管人,就有可能使存货人的信赖落空,从而有损存货人的利益。

(三)善良管理人的妥善保管义务

在仓储合同中,对仓储物的保管的方式、方法、人员等,大多由法律法规规定或合同约定,这构成了对其营业资格的特定要求。因此,虽然原则上保管人需要负担善良管理人的注意义务,但是此种注意义务应与其营业所需要的注意义务保持一致。对此,需要专门加以探讨。

二、仓储营业人的善良管理人注意义务

债务人所应尽的注意义务,民法理论根据程度的不同确立了三种:一为普通人的注意义务。欠缺普通人的注意,构成重大过失。二为与处理自己事务为同一的注意义务。违反此种注意义务,即为具体轻过失,也称主观的轻过失。三为善良管理人的注意义务。违反此种义务即为抽象的轻过失,也称客观的轻过失。近代民法倾向以债务人对抽象的轻过失负责为原则。对此,虽然依据本法规定,可以准用保管合同的规定,要求保管人负担善良管理人的注意义务,而当其违反善良管理人的注意义务时,则需要承担违反妥善管理义务的责任。但需要注意的是,由于仓储人系以保管物品为职业,故相对于保管合同的保管人而言,其所负担的注意义务应更高,而不能等同于保管人的注意义务。对此,最高人民法院(2017)最高法民再112号民事判决书认为,根据当事人约定的动产质押监管协议,质押监管人除一般监管义务外,还应对质物负有谨慎、妥善管理的义务,应尽最大可能性确保质物安全、完好。监管人未履行义务导致质物丢失的,应承担质物损失的赔偿责任。

考察仓储营业人的善良管理义务,需要根据仓储行业的管理水平来确定,一定程度上,该管理水平更类似于专业管理的义务。比如,《粮油仓储管理办法》第10条规定:"粮油仓储单位应当及时对入库粮油进行整理,使其达到储存安全的要求,并按照不同品种、性质、生产年份、等级、安全水分、食用和非食用等进行分类存放。粮油入库(仓)应当准确计量,并制作计量凭证。"显然,这种要求与一般保管有明显区别,更加强调仓储的专业性。因此,储存油类,需要防止油品泄漏;储存粮食,需要确保仓库具有通风、防潮湿的条件。而根据《粮油仓储管理办法》第7条的规定,在仓储营业人储存粮油时,不具备相应储存场所和条件时,则应认为其违反了善良管理人的义务。

三、保管人承担责任的归责原则

我国合同法体系对违约责任采纳以严格责任为主的归责原则。对于本条规定的"因保管不善"造成保管物毁损、灭失的,究竟属于严格责任,还是属于过错责任,不无探讨余地。

本书认为,鉴于《民法典》第917条规定保管人承担赔偿责任的要件之一为"保管人因保管不善",则对于该保管不善应定位于过错责任。主要理由有以下几个方面:

其一,从《民法典》第917条的文义来看,只有保管人在履行保管义务时存在保管不善导致标的物毁损、灭失时,才需要承担损害赔偿责任。而未规定在保管人保管期内,只要发生保管物毁损、灭失,保管人即需要承担责任的严格责任原则。

其二,《民法典》第917条还规定,因仓储物本身的自然性质、包装不符合约定或者超过有效储

存期造成仓储物变质、损坏的，保管人不承担赔偿责任，从反面说明如果仓储物变质、损坏的原因非保管人的原因造成的，则保管人不需要负担责任，佐证了本条保管人的过错责任性质。

其三，《民法典》第917条规定的责任规范为损失赔偿责任，而按照损害赔偿以“过错”为责任基础的原则，则除非法律特别规定损害赔偿为严格责任的情形外，其他的损害赔偿责任原则上应为过错责任原则。

其四，与比较法上的仓储业实践保持一致。比较法上，对于仓储营业人，多要求其履行善良管理人的义务；当然，需要由仓库营业人证明其履行了善良管理人的义务。例如，日本《仓库寄托法》要求，仓库营业人必须以善良管理者的注意来保管接受寄托的物品，如果仓库营业人不能证明自己或自己的雇佣人对寄托物的保管履行了必要的注意义务，就必须对寄托物的灭失或毁损负损害赔偿责任。

其五，我国实践中对于仓储人的损失赔偿责任也多认同为过错责任。在作为人民法院典型案例的扬州市燃料总公司诉江苏省邳州市汽车运输公司偿还结欠的中转、仓储的煤炭纠纷案中，法院认为：“储存期间，因保管人保管不善造成仓储物毁损、灭失的，保管人应当承担损害赔偿责任。仓储合同关系合法有效，仓储合同双方当事人明确，确定保管人过错导致仓储物毁损灭失的，存货人要求保管人承担赔偿责任的，人民法院应予支持。”①

四、保管人的免责事由

《民法典》第917条确立了法定的免责事由，主要包括两种具体的情形：一是因仓储物本身的自然性质、包装不符合约定造成仓储物变质、损坏。例如，存货人交付的货物本身是不符合约定的、腐烂变质的货物，即使采取了必要的、合理的措施，也无法避免其变质。因此，对于该批货物在保管期内由于自身性质原因导致的腐烂变质，保管人不应当承担责任。二是保管物超过有效储存期造成仓储物变质、损坏。货物本身可能有其特定的储存期，如果存货人超过该期限储存货物，则应当自行承受货物超过储存期的损失。此外，如果发生不可抗力（如地震、海啸等）导致仓储物的毁损灭失，以及因存货人的行为导致仓储物毁损灭失（如存货人未告知保管货物的特殊性而导致损失）等，保管人也不承担责任。

五、保管人承担违约责任的证明责任

虽然《民法典》第917条将仓储人的损害赔偿责任定位于过错责任。但是，鉴于仓储人以保管物为营业，故相较于保管合同的保管人而言，应更强调其保管物上的专业要求。因此，根据《民事诉讼法》第64条和《民诉法司法解释》第91条的规定，在出现保管物毁损、灭失情形时，则已经说明保管人在履行仓储合同上存在“违约”行为，在此情况下推定保管人存在保管上的过错，进一步应由保管人提供证据证明，其履行了妥善保管义务，仍然不能避免发生毁损、灭失的免责情形；或者由其提

---

① 参见 http://wenshu.faxin.cn/wenshu/page/detail.html? uniqid = C662254&type = case_gist&token = xHBM%2bsqOh47G4iMLKk6IG6og6u8DJmAJl9gOHwEJxO%2f%2fC4mle4e9Vg%3d%3d&backurl = http://www.faxin.cn/. 最后访问日期：2020年4月20日。

供证据证明存在第917条由于仓储物本身的自然性质、包装不符合约定或者超过有效储存期造成仓储物变质、损坏的抗辩。

六、保管人的减损义务

在任何情况下,保管物遭受损害之后,无论引发损害的原因是保管人或是第三人,保管人都应当尽量避免损害的扩大。即保管人应采取合理措施避免和减少各种不必要的损害,无论此种损害是由保管人或保管人的雇员,或是第三人还是其他外在的原因所造成。保管人未履行减损义务的,应承担相应的责任。

第二十二章　委托合同

随着我国市场经济的发展,委托业务在经济生活中发挥越来越重要的作用。与此相对应,围绕委托合同产生的纠纷数量也居高不下。委托合同审判纠纷中的热点难点问题,也多困扰着审判人员。《民法典》结合我国市场经济发展对委托合同的影响,对《合同法》委托合同章的内容进行了相应修订和完善。与《合同法》的规定相比较,《民法典》对委托合同制度进行了较大程度的修订。

专题一　委托合同的立法变化

《民法典》基本延续了《合同法》委托合同章的规定结构,条文上仍然保持了 18 条规定内容。但是,在具体内容上进行修改的有 12 条之多。这些修改内容主要涉及 3 方面:

一、重要制度内容的修改

《民法典》第 933 条对《合同法》第 410 条委托合同的任意解除权进行了重大修改。针对理论界和实务界关于委托合同任意解除权的讨论,第 933 条在坚持任意合同解除权的原则基础上,又基于诚实信用原则,突出对有偿合同中当事人利益的保护,强调对交易安全的维护。该条通过对有偿委托合同解除方应赔偿的损失范围进行重大补充,既强调委托合同注重当事人之间信任关系的属性,又强调对合同当事人合法利益的保护。

二、制度的完善

其一,《民法典》第 923 条将《合同法》第 400 条规定的“转委托经同意的,委托人可以就委托事务直接指示转委托的第三人,受托人仅就第三人的选任及其对第三人的指示承担责任”,修改为“转委托经同意或者追认的,委托人可以就委托事务直接指示转委托的第三人,受托人仅就第三人的选任及其对第三人的指示承担责任”,增加了委托人对受托人转委托的追认规则,从而完善了转委托中委托人和次受托人的规则。

其二,《民法典》第 935 条对《合同法》第 412 条关于受托人继续处理委托事务的规定进行了完善,将“因委托人死亡、丧失民事行为能力或者破产,致使委托合同终止将损害委托人利益的,在委托人的继承人、法定代理人或者清算组织承受委托事务之前,受托人应当继续处理委托事务”,修改为“因委托人死亡或者被宣告破产、解散,致使委托合同终止将损害委托人利益的,在委托人的继承人、遗产管理人或者清算人承受委托事务之前,受托人应当继续处理委托事务”。

其三,《民法典》第936条对《合同法》第413条关于受托人的继承人等的义务规定进行了完善,将“因受托人死亡、丧失民事行为能力或者破产,致使委托合同终止的,受托人的继承人、法定代理人或者清算组织应当及时通知委托人。因委托合同终止将损害委托人利益的,在委托人作出善后处理之前,受托人的继承人、法定代理人或者清算组织应当采取必要措施”,修改为“因受托人死亡、丧失民事行为能力或者被宣告破产、解散,致使委托合同终止的,受托人的继承人、遗产管理人、法定代理人或者清算人应当及时通知委托人。因委托合同终止将损害委托人利益的,在委托人作出善后处理之前,受托人的继承人、遗产管理人、法定代理人或者清算人应当采取必要措施”。

三、表述和用语的修改和完善

《民法典》第921条、第925条、第926条、第928条、第929条、第930条、第931条、第934条等作了文字修改,内容并未改变。

专题二　委托合同的定义和特征

《民法典》第919条规定:“委托合同是委托人和受托人约定,由受托人处理委托人事务的合同。”委托合同,又称委任合同,指合同双方当事人即委托人和受托人经协商一致约定,由受托人处理委托人事务的合同。其特征主要有以下几个方面:

一、委托合同的标的是劳务

委托合同是以劳务给付为债务人主给付义务的合同。[①] 具体而言,受托人根据委托人的指示处理完毕委托事务,即履行了委托合同约定的义务。委托合同与以工作成果的交付为主给付义务的承揽合同不同,委托合同中受托人是提供劳务处理委托事务,承揽合同承揽人的劳动则需要物化到工作成果中,由承揽人向定作人交付工作成果。委托合同虽然不以交付工作成果作为合同要件,但受托人有向委托人报告委托事务处理情况的义务,以便委托人了解委托事务处理进展或结果。《民法典》第924条明确规定:“受托人应当按照委托人的要求,报告委托事务的处理情况。委托合同终止时,受托人应当报告委托事务的结果。”

---

① 李淑明:《债法各论》,台北,元照出版有限公司2005年版,第113页。

二、委托合同可以是有偿或无偿

最初,委托合同是以无偿为原则的。随着社会经济发展,现在的委托合同更多的是有偿合同,无偿的反而较少。委托合同有偿和无偿是以委托人是否向受托人支付报酬为区分标准,约定委托人向受托人支付报酬的是有偿的委托合同,反之则是无偿的委托合同,无偿和有偿委托合同在受托人注意义务、任意解除权行使上存在不同的处理要求。

1. 在有偿和无偿委托合同中,受托人的注意义务不同。《民法典》第 929 条第 1 款规定:"有偿的委托合同,因受托人的过错造成委托人损失的,委托人可以请求赔偿损失。无偿的委托合同,因受托人的故意或者重大过失造成委托人损失的,委托人可以请求赔偿损失。"因此,根据本条规定,对于有偿的委托合同,受托人应当尽到善良管理人的注意义务,即有偿受托人需要负担抽象轻过失责任,这与比较法上的规定是一致的;如果受托人违反该注意义务而给委托人造成损失的,委托人可以要求受托人赔偿损失。对于无偿的委托合同,本法规定因受托人故意或重大过失给委托人造成损失的,委托人可以要求赔偿损失。

需要注意的是,比较法上认为,对于无偿委托合同,受托人需要负担与处理自己事务同一的注意义务,这是具体轻过失责任。此种过错责任较之于抽象轻过失责任为轻。对于实务中涉及受托人违反与处理自己事务同一注意义务的,应否承担赔偿损失责任,则需要由审判实践根据案件具体情况加以判定。当然,有时具体轻过失和重大过失的界限是模糊的,审判人员可以基于诚实信用原则考虑,对当事人的过失程度加以判断。

2. 无偿和有偿委托合同,在不可归责于解除权人一方的情况下,任意解除权行使的后果不一样。对此将在下文关于任意解除权部分详细阐述,在此略过。

3. 委托合同中委托人向受托人支付的报酬和委托人向受托人支付的费用有明显的区别。《民法典》第 921 条规定,委托人在委托受托人处理委托事务时,应当预付处理委托事务的费用,如受托人在处理委托事务时垫付必要费用,委托人应当偿还该费用并支付利息。报酬是委托人支付给受托人的对价,是受托人处理委托事务劳务的对价,与受托人的劳务相关;而费用是完成委托事务需要的,是受托人处理委托事务时产生的费用,与委托事务相关。如法律事务委托合同,当事人向律师支付的律师费是律师处理委托事务的报酬,而鉴定机构、评估机构等其他第三方机构收取的费用,是处理委托事务需要支付的费用,和律师收取的律师费并不一样。因此,从内涵上看,报酬并不能涵盖费用。如果双方签订委托合同仅仅约定委托人向受托人支付报酬,而没有对费用作出约定的,受托人可以根据《民法典》第 921 条的规定,要求委托人偿还垫付的必要费用及利息。同时,报酬是委托人支付的对价,是委托合同约定的委托人应当承担的主要义务,如果委托人拒绝支付的,受托人可以行使抗辩权拒绝处理委托事务;而费用并非委托合同约定的主给付义务,因此委托人不支付费用或者不预付费用,受托人不能因此拒绝处理委托事务。

4. 委托事务符合法律和公序良俗。根据《民法典》第 919 条的规定,委托合同是受托人替委托人处理委托事务的合同。该条规定,委托合同的标的为处理事务。该条并未限制委托事务的范围,理论上通说认为委托事务应当包括法律行为和事实行为,前者如会计师之查账、出具审计意见;后者如律师出庭之诉讼行为、保证人之保证行为等。[①]

但是,委托事务的范围也并不是没有任何限制。在我国审判实务中,委托事务违反法律规定或者违反公序良俗的亦多发、频发,由此导致审判实践中对于委托合同效力问题,也困扰审判人员。委托事务需要受到以下情形的限制:

第一,委托事务不得违反法律或者违背公序良俗。《民法典》第8条规定:"民事主体从事民事活动,不得违反法律,不得违背公序良俗。"第10条规定:"处理民事纠纷,应当依照法律;法律没有规定的,可以适用习惯,但是不得违背公序良俗。"因此,委托合同的签订,不得违反法律和不得违背公序良俗。即使委托合同章没有规定,但是法院在处理纠纷时,应当看民事法律行为是否符合法律和公序良俗。《民法典》第153条规定:"违反法律、行政法规的强制性规定的民事法律行为无效。但是,该强制性规定不导致该民事法律行为无效的除外。违背公序良俗的民事法律行为无效。"因此,如果委托合同违反法律或者违背公序良俗的,则该委托合同无效。委托事务违反法律或者违背公序良俗,则该事务不得履行。实务中施工企业委托某人斡旋某评标委员会的评标事项,该行为人可能违反《招标投标法》第50条规定,招标代理机构违反本法规定,泄露应当保密的与招标投标活动有关的情况和资料的,或者与招标人、投标人串通损害国家利益、社会公共利益或者他人合法权益的,由此导致中标无效。与中标无效相对应,则该委托合同也为无效。

当然,对于具体委托事务违反法律和违背公序良俗的认定,需要法官根据案件具体情况加以判断。

第二,由委托人自己从事的行为,不属委托事务的范围。如果委托事务在性质上需要由他人为之或者处分的,须委托人亲自为之,则不得成为委托合同的标的。例如,结婚、离婚等纯身份行为,不得委托行使。

三、委托合同是诺成合同

根据合同成立除意思表示一致以外,是否还需要交付标的物或者完成其他给付为标准,可以将合同分为诺成合同与实践合同两种类型。所谓诺成合同,即合同的成立只需双方当事人协商一致即可成立;而实践合同,又称为"要物合同",是指合同的成立,除当事人双方意思表示一致外,还需要交付标的物或完成其他现实给付。委托合同是以"劳务之提供为主要目的之契约形态",[②]受托人向委托人提供处理事务的"劳务",因此委托合同并不需要交付标的物或者完成其他现实给付,故委托合同是诺成合同。

四、委托合同是不要式合同

根据合同的成立是否需要具备一定的形式,合同分为要式合同和不要式合同。要式合同是需要采取一定的形式才能成立的合同,而不要式合同是指合同的成立不需要采取特定的形式,可以是口头形式,也可以是其他形式。《民法典》委托合同章并未要求委托合同必须采取特定的形式签订,

---

① 林诚二:《民法债编各论》(中),中国人民大学出版社2007年版,第162页。
② 李淑明:《债法各论》,台北,元照出版有限公司2005年版,第114页。

因此委托合同是不要式合同。

专题三　转委托问题

《民法典》第923条规定:“受托人应当亲自处理委托事务。经委托人同意,受托人可以转委托。转委托经同意或者追认的,委托人可以就委托事务直接指示转委托的第三人,受托人仅就第三人的选任及其对第三人的指示承担责任。转委托未经同意或者追认的,受托人应当对转委托的第三人的行为承担责任;但是,在紧急情况下受托人为了维护委托人的利益需要转委托第三人的除外。”委托合同产生的基础是委托人对受托人的信任,由受托人提供劳务处理委托事务,因此原则上委托事务应当由受托人亲自为之,受托人不得转委托。而在法律有规定的情形,受托人可以转委托。

一、可以转委托的情形

(一)经委托人同意或追认,受托人可以转委托

《民法典》第923条对于受托人转委托规定了“追认”的法律效果。追认,是指权利人事后同意或者承认。其理论基础是行为人事后追认在法律效果上视同于行为人事前同意,立法目的在于使既存法律关系的不确定状态及时稳定下来,以减少讼争,维护市场交易的动态安全。就追认行为而言,追认通知是单方意思表示,无须相对人同意,仅凭权利人的单方意思表示即可完成,但追认的意思表示需要相对人收到,即需要为相对人所了解或者达到相对人方可生效。追认的方式,依《民法典》第140条规定:“行为人可以明示或者默示作出意思表示。沉默只有在有法律规定、当事人约定或者符合当事人之间的交易习惯时,才可以视为意思表示。”委托人同意或追认转委托可以采取明示的方式作出,也可以采取默示的方式作出。如果委托人采取了一定的作为行为认可了转委托,如直接指示次受托人处理委托事务,则应当认为是默示同意或追认。沉默是委托人完全不作为,如果委托人不作任何表示,也不采取任何行为,即使委托人明知受托人转委托,也不能直接认定为委托人同意转委托,应当根据是否有法律规定、是否有当事人约定或者是否符合当事人之间的交易习惯进行认定,只有在有法律规定或者当事人约定或者符合当事人之间交易习惯的情况下才能将沉默视为同意或追认转委托。

(二)在紧急情况下受托人为维护委托人的利益可以转委托

《民法典》第923条规定,在紧急情况下受托人为了维护委托人的利益,受托人可以转委托。紧急情况,如受托人生病住院,又联系不上委托人,如果不处理委托事务,委托人的利益可能受损,此时为了维护委托人的利益,必须进行转委托,否则不仅会影响委托事务的完成还会损害委托人的利益,因此法律规定受托人在紧急情况下,可以转委托。

(三)商业习惯允许的转委托

比较法上,还允许受托人基于习惯的转委托,这多适用于商业习惯允许的转委托情形。例如,

有价证券的买卖,由经纪人对于另一交易所的再委托或者由一银行再委托另一交易所所在地之银行;财产管理人将债权收取的事务处理委托律师或者银行行使,在实务中亦存在。

二、委托人、受托人、次受托人之间的法律关系

在实务中,对于审判实务具有重大影响的是经委托人同意的转委托和未经委托人同意的转委托的区别,二者在法律效果上是有重大区分的。

(一)经委托人同意的转委托当事人权利

受托人合法转委托后,委托人和受托人之间仍然存在委托法律关系,受托人仍然要向委托人承担责任。但经委托人同意或追认的转委托,受托人仅对次受托人的选任和对次受托人的指示向委托人承担责任。

1. 次受托人无权向委托人主张报酬和费用

对于委托人同意或追认的转委托,委托人可以直接向次受托人指示委托事务,委托人直接指示委托事务的行为,并不导致委托人和次受托人之间形成直接的委托合同关系,也不导致委托人与受托人之间的委托关系消灭。但是,次委托人能否直接向委托人主张支付委托报酬,或者请求返还支出的费用呢?本书认为,此类转委托,在次受托人与委托人之间并不存在直接的合同关系。次受托人因处理转委托事务产生费用或报酬时,可以基于其与受托人之间形成的转委托法律关系,要求受托人支付;受托人支付后,可以基于其与委托人之间的委托合同,要求委托人支付。

2. 委托人对次受托人有主张委托事务的直接请求权

在委托人同意的转委托关系中,委托人可以直接要求次受托人承担责任。在转委托中,委托人对于次受托人关于委托事务的履行,有直接请求权。理由是在转委托中,真正处理委托事务的是次受托人,如果不赋予委托人直接请求权,相当于委托人对自己的事务完全失去了控制,这会严重损害委托人的利益。该种处理方式,系基于保护委托人利益,谋求便利而使委托人可向次受托人直接请求。① 虽然《民法典》第923条没有明确规定,委托人对次受托人有直接的请求权,但是该条规定了受托人在合法转委托下,仅仅对次受托人的选任和向次受托人的指示承担责任,对于前述情形以外的次受托人给委托人造成损失的,委托人可以向次受托人主张,否则委托人如因次受托人的行为遭受损失时,就无法获得救济。

委托人可以向次受托人主张权利,但是该种请求权限于受托人基于转委托合同对次受托人的权利;如果次受托人基于转委托合同,对于受托人可以拒绝给付的范围,也可以向委托人行使。② 比如,次受托人的留置权,对于委托人也发生效力。但是,次受托人对于受托人债权的抵销权,不得对抗委托人。

(二)未经委托人同意的转委托

此类转委托,是指受托人转委托事先未取得委托人同意,事后也未取得委托人追认,同时也不符合紧急情况下为了委托人利益转委托的情形。未经委托人同意的转委托,并非不会产生任何法

① 林诚二:《民法债编各论》(中),中国人民大学出版社2007年版,第176页。

② 史尚宽:《债法各论》,中国政法大学出版社2000年版,第394页。

律后果，对于受托人而言，不能免除其向委托人承担责任。

1. 转委托合同的效力

此类转委托合同，除非存在委托事务违反法律或者违背公序良俗的情形，受托人和转委托人之间的转委托应是合法有效的。受托人和次受托人之间，产生委托法律关系。基于该委托合同，次受托人可以基于委托合同关系要求受托人支付报酬或费用；受托人对次受托人的行为，向委托人承担责任后，可以基于转委托法律关系向次受托人追偿；如次受托人的行为给受托人造成损失的，受托人可以基于合同相对性要求次受托人承担责任。

2. 次受托人对委托人不享有直接请求权

在此类委托法律关系中，委托人往往并不知悉次委托人的存在，因此委托人与次受托人之间并不存在合同关系，故次受托人对委托人并不享有直接的合同请求权。

3. 委托人对次受托人履行委托事务有直接的请求权

转委托合同虽未经委托人同意，委托人对次委托人仍享有直接的请求权，原因是转委托合同无论是否经委托人同意，其委托的事务均是委托人的同一事务，事关委托人的利益。如果委托人不能直接行使请求权，委托人将对自己利益的维护完全失控。因此，委托人基于同一委托事务，可以向次受托人直接请求，而受托人也可以直接基于合同关系向次受托人直接请求，此时委托人与受托人对于次受托人，形成类似连带债权关系。①

4. 受托人对委托人需要负担违约责任

受托人转委托在未经委托人同意的情况下，受托人需要就次受托人的行为负担完全责任。例如，次受托人处理事务有过失，受托人即使没有过失，也需要对委托人负担债务不履行的责任。该责任与次受托人之侵权行为之责任关系，为不真正连带债务。② 受托人代次受托人向委托人赔偿后，其有权请求委托人让与其对次受托人的损害赔偿请求权。

专题四　委托合同的任意解除权

《民法典》第933条规定："委托人或者受托人可以随时解除委托合同。因解除合同造成对方损失的，除不可归责于该当事人的事由外，无偿委托合同的解除方应当赔偿因解除时间不当造成的直接损失，有偿委托合同的解除方应当赔偿对方的直接损失和合同履行后可以获得的利益。"该条规定了委托人和受托人有任意解除权，且对有偿委托和无偿委托合同区分了解除后的赔偿范围。该条修改了《合同法》第410条"委托人或者受托人可以随时解除委托合同。因解除合同给对方造成

---

① 史尚宽：《债法各论》，中国政法大学出版社2000年版，第394页；林诚二：《民法债编各论》（中），中国人民大学出版社2007年版，第176页。

② 林诚二：《民法债编各论》（中），中国人民大学出版社2007年版，第176页。

损失的,除不可归责于该当事人的事由以外,应当赔偿损失”的规定,该修改是对有偿委托合同任意解除权的限制。

一、任意解除权的限制

从委托合同的发展来看,委托合同最初以无偿为原则。无偿的委托关系通常基于委托人和受托人之间的信任而建立,受托人处理委托人的事务不收取任何报酬,因此委托合同并不能给受托人带来收益。委托人基于信任,相信受托人在无偿的情况下可以认真处理委托事务。但当信任关系不复存在时,赋予合同各方任意解除权,使各方都可以从不受信任的关系中解脱出来,符合无偿委托合同的特点。随着有偿委托合同的出现,尤其是商事活动中有偿委托合同的出现,合同双方更多是希望通过合同获得一定的收益,信任虽然也是签订有偿委托合同的基础,但合同各方对取得合同履行利益有一定的期待;即便信任关系受到影响,合同各方特别是受托人可能会考虑到继续履行可以获得的利益而选择继续履行合同,因此有偿委托合同应当限制任意解除权的行使。同时立法也需要从维护交易稳定的角度考虑,限制有偿委托合同中任意解除权的行使。

《合同法》第410条规定委托合同各方可以行使合同解除权,并没有区分有偿还是无偿。因此,该条赋予了有偿委托合同各方和无偿委托合同各方相同的任意解除权。在探讨委托合同的任意解除权时,人们均认为该权利的范围过大,尤其是在有偿委托合同中,委托人任意解除合同后,赔偿范围可能远远少于合同继续履行给受托人带来的收益,同时从诚实信用原则出发,也应当限制有偿委托合同中任意解除权的行使。《民法典》第933条赋予有偿委托合同各方任意解除权,并通过赔偿范围间接限制了各方行使解除权的可能性。因为行使任意解除合同的一方,要赔偿相对方直接损失和可得利益损失;赔偿范围的扩大,可能导致解除合同的成本高于继续履行合同的成本,因此各方解除合同的意愿会降低,从而达到限制有偿委托合同任意解除权行使的目的。

关于任意解除权行使的效果,合同解除仅向将来发生效力,不具有溯及既往的效力。故合同解除之前已经成立的法律关系,不受影响,如受托人所取得的利益交付义务。如果委托事务已经履行完毕,则也不能解除。①

二、任意解除权行使的赔偿范围

(一)《民法典》关于赔偿范围的区别

《民法典》出台之前,对于解除人的损害赔偿范围,在理论和实践中一直存在较大争议,赔偿履行利益还是信赖利益是该问题的焦点。为解决上述问题,《民法典》第933条规定,在赋予当事人任意解除权的情况下,又区分委托合同的有偿、无偿而规定了不同的损害赔偿范围。

1. 无偿委托合同,一方解除合同造成对方损失的,除不可归责于解除合同一方的事由外,解除合同方应当赔偿相对方因解除时间不适当造成的直接损失。因此对于无偿委托合同解除后,赔偿范围仅仅限于直接损失。

---

① 黄立主编:《民法债编各论》(下),中国政法大学出版社2003年版,第526页。

2. 有偿委托合同，解除合同造成对方损失的，除不可归责于该当事人的事由外，有偿委托合同的解除方应当赔偿对方的直接损失和可以获得的利益。

（二）有偿委托合同任意解除权行使的赔偿范围再探讨

对有偿委托合同任意解除权行使的损害赔偿问题，需要进一步深入探讨。

第一，关于《民法典》第 933 条规定的赔偿损失责任的性质。笔者认为，鉴于第 933 条规定当事人已经享有委托合同任意解除权，解除权人行使法律赋予的权利具有正当性，解除合同并不构成违约。在此基础上，则该条规定的当事人承担损失赔偿责任的性质自然非违约责任。当然，该种损失系履行合同所发生的损失，且其并不具有侵权行为的构成要件，故也非侵权责任。当然，也很难将之归入不当得利和无因管理之债务。在该损失的赔偿责任非前述责任性质的情况下，该损失赔偿的性质应界定为法定的损失赔偿责任。

第二，对"除不可归责于该当事人的事由外"，有两种解释的路径：一种路径是解除可归责说；另一种是损失可归责说。解除可归责说认为，"不可归责于该当事人的事由"主要限定当事人的解除权，即只要当事人行使任意解除权系由于不可归责于其的事由，则应对损失赔偿产生影响。损失可归责说认为，"不可归责于该当事人的事由"主要限定损失赔偿范围，如果损失系可归责于解除权人的解除行为，则才有赔偿的适用。二者的区别在以下案件中可以明确加以区别。甲委托乙律师事务所代理其一审、二审案件诉讼事务，一审、二审阶段委托诉讼报酬分别为 10 万元。在一审诉讼结束后，甲解除对乙律师事务所的委托。如果根据解除可归责说，则在该案例中，甲解除合同系行使任意解除权，并非基于"不可归责于该当事人的事由"，则甲仍然需要支付二审案件委托报酬。如果根据损失可归责说，则由于二审案件并未由乙律师事务所提供法律服务，则甲解除委托后，乙律师事务所由于并未提供法律服务而未产生基于劳务应收取报酬的损失；如果有所谓的损失，也只是其信赖二审会提供服务而受到的信赖利益损失，而非当事人所约定的二审报酬。故乙律师事务所原则上无权请求其支付报酬。这在《民法典》施行后必然是司法实践所面对的问题。鉴于该问题的处理，涉及对于第 933 条规定的文义解释和立法精神解释，尚需要在出现争议后由最高人民法院在总结经验基础上明确处理意见。当然，对该问题的处理，可以由当事人在合同中加以约定，以避免纠纷发生时法院法律适用的困难。

第三，关于当事人是否可以通过约定对赔偿范围予以限制。就损失赔偿范围的约定而言，原则上无排斥当事人约定的理由存在，当事人通过约定予以限制的，如无其他约定无效的因素，则不能依据《民法典》第 933 条认定该约定无效。

专题五　破产程序中善意受托人利益的特别保护

《企业破产法》第 54 条规定："债务人是委托合同的委托人，被裁定适用本法规定的程序，受托人不知该事实，继续处理委托事务的，受托人以由此产生的请求权申报债权。”在委托人破产的情况下，要根据《企业破产法》第54条的规定，对受托人加以保护。该规定从保护善意受托人的角度出发，在委托合同因破产程序开始而终止后，对受托人处理委托事务的利益保护，作出了相关规定。因此，受托人不知委托人进入破产程序的事实而继续处理委托事务的，因此所产生的债权虽然产生在破产案件受理以后，不符合《企业破产法》第44条关于可申报债权的规定，但仍然可以进行债权申报。

第二十三章 物业服务合同

专题一 物业服务概况

随着城镇化进程的加速及房地产业的蓬勃发展,物业管理行业呈现出需求不断增强、覆盖面不断扩大的发展态势。物业服务良性运转对发挥住宅小区及建筑物的整体功能、保障群众最根本的生产生活需求、提升社会管理的专业化水平起到了不可或缺的重要作用。物业服务合同纠纷是人民法院审理案件类型中数量一直居高不下的民事案件,但物业服务合同在《民法典》之前却并未获得法律层面上典型合同的地位。

1999 年 10 月 1 日起施行的《合同法》中规定了 15 种典型合同,其中并没有物业服务合同。2011 年 4 月 1 日起施行的《民事案件案由规定》里明确规定了"物业服务合同纠纷"这一案由,并且作为 3 级案由放在了"服务合同纠纷"项下。《民法典》正式将物业服务合同写进去,回应了司法实践中此类纠纷数量不断增长的现实,也是直面物业服务领域中突出问题的表现。此外,之所以将物业服务合同正式确立为典型合同,也与不同类型合同的规则有关。如果是非典型合同规则和混合合同规则足以解决的新类型合同,就没有必要再以典型合同加以规定。但物业服务合同并非如此,其兼具了委托、承揽、劳务等诸多合同类型中的部分给付的性质,还由于其重要的合同主体——业主,而涉及《民法典》物权编中建筑物区分所有权里的重要内容,包括业主之间、业主大会、业主委员会以及物业服务人之间的关系等。因此,《民法典》最终将物业服务合同作为典型合同专章予以规定。

《民法典》第二十四章用了 14 个条文明确了物业服务合同的定义、物业服务合同的内容和形式、合同主体、前期物业服务合同的效力、物业服务人的权利和义务、业主的权利和义务、物业服务合同的解除和终止等内容,涵盖了物业服务的整个过程和参与物业服务的各个主体,并就实践中突出的前期物业服务问题、物业服务交接问题、物业费的收取问题等给予了重点关注。

从《民法典》颁布前的司法实践来看,物业服务合同纠纷的审理面临很多问题和困难。比如,在很多涉及请求支付物业费的案件中,同一住宅区不同业主被先后起诉请求支付同一时段物业费的,因诉讼时间不同或办案法官不同,相类似的案件中法院判决的物业费数额有所区别。表面上看,这属于请求支付物业费案件中裁判尺度不统一的问题,但更深层次的原因是物业纠纷既有"私权"的特性,又有"共治"的色彩,二者难免存在冲突和矛盾。

物业服务合同的性质较为复杂。正确理解物业服务合同的性质,也是正确适用相关法条的前提和基础。物业服务合同的特殊性质,主要体现在以下几个方面:

首先,物业服务合同不是典型的委托合同。委托合同是委托人和受托人约定,由受托人处理委托人事务的合同。从外观上看,物业服务人接受业主的委托,处理小区相关事务,这似乎符合委托合同关系的特征。但实际上,物业服务合同的委托人与普通委托合同的委托人存在根本区别。物业服务合同的委托人并非单个物业服务合同中所记载的某个业主,其实质上是业主的集合体,是物业服务所涉小区全部业主共同意志的体现。也正因如此,单个物业服务合同的双方当事人,都不能随时解除这一合同(《民法典》第946条),而随时解除权是委托合同的一个显著特征。

其次,物业服务合同具有承揽合同的某些特征,但又显著区别于承揽合同。物业服务合同的部分内容,如为业主提供建筑物及其附属设施的维修养护、管理小区环境、管理小区停车等,都具有承揽的特征,并且根据《民法典》的规定,物业服务人可以将物业服务区域内的部分专项服务事项委托给专业性服务组织或者其他第三人,并就该部分专项服务事项向业主负责(《民法典》第941条),这也与承揽合同的相关规则相一致。但物业服务又有明显不同于承揽的自我意志体现,主要表现为物业服务人可以经营物业服务区域内的业主共有部分,这显然是承揽人无法拥有的权利。

再次,物业服务合同显然不是简单的劳务合同。劳务合同的劳务提供者是自然人,其通过自己的技能和经验完成雇主要求的任务,而物业服务人一般为依法设立的专业企业,它依靠自身的资金实力、专业人员的配备以及综合性的管理服务能力提供物业服务,并且在完成物业服务的过程中具有很强的独立性,具体事务上不必完全接受业主的指示。

最后,物业服务合同的订立、履行、终止等整个过程都涉及《物权法》上的建筑物区分所有权也就是业主共治的内容,并且还带有一定的行政色彩。小区内的很多重大事项,包括物业服务人的选聘和解聘,在决定前都需要履行业主共治的法定程序,满足法定条件,这使物业服务合同的履行面临很多不确定因素,进而具有不确定性。此外,根据《民法典》的规定,地方人民政府有关部门、居民委员会应当对设立业主大会和选举业主委员会给予指导和协助。而县级以上地方人民政府房地产行政主管部门对于物业服务企业的违规行为,包括将一个物业管理区域内的全部物业管理一并委托给他人,挪用专项维修资金,未经业主大会同意擅自改变物业管理用房的用途等,可以依法予以行政处罚。这些都体现出物业服务合同具有一定的行政色彩。

综上,基于物业服务合同的上述复杂性,将其归于某一类典型合同或者混合合同,不能解决其特殊性和复杂性带来的实践困惑。独立成章的设计,体现了《民法典》对这一涉及国计民生的重要领域的重视和前瞻性。

由于历史原因,我国城市的住房结构非常复杂,在国家把住房推向市场的短短20多年时间里,先后出现了普通商品房、高档商品房、房改房、经济适用房、比照经济适用房管理的住房、限价商品房、共有产权房、公租房等多种类型的住宅房屋。不同类型的住房有不同的物业需求,最直接的体现就是物业服务费的不同。目前,相关行政管理部门区分不同物业的性质和特点分别实行政府指导价和市场调节价。[①] 以北京为例,对于经济适用住房住宅区、危改回迁住宅区,在成立业主大会之

① 我国《物业服务收费管理办法》第6条规定:"物业服务收费应当区分不同物业的性质和特点分别实行政府指导价和市场调节价。具体定价形式由省、自治区、直辖市人民政府价格主管部门会同房地产行政主管部门确定。"

前，物业服务收费实行政府指导价，执行经济适用住房住宅区物业服务收费政府指导价标准。[①] 对于其他商品房，则实行市场调节价的物业服务收费，收费标准由业主与物业服务企业在物业服务合同中约定。[②] 这一情况有着独特的社会历史背景，立法时很多具体问题难以整齐划一地作出统一规定。

我国物业服务制度发展历史仅30余年，虽然不少地区正在不断探索物业服务质量的管理和评估工作，但就全国范围而言，物业服务评估规范尚未完全构建。并且，即便建立了评估规范，距离有效落实也尚存差距。而物业服务评估体系的建立对于提高物业服务质量、顺利交割物业服务等都具有重要意义。司法实践中，很多物业纠纷的诉讼一旦进入评估程序就难以推进，这是因为市场上尚无足够权威的物业评估系统和物业评估机构，法院作为裁判机构又无法仅凭一己之力查清物业工作的方方面面，如果将物业服务内容切割、细分为工程、财务、劳务等各项内容分别加以评估、审计，无疑又会大大增加当事人的时间、金钱等诉讼成本。此外，物业服务企业市场信用监管机制也有待健全。长期以来对资质监管的高度依赖难以在短时间内摆脱，全国层面针对物业服务市场信用监管的顶层设计尚未完成，各地以信用监管为核心的物业服务市场监管体制也未形成，市场监管出现"真空"。基于这样的现状，《民法典》并未就物业服务的评估问题加以规定，也未就更换物业服务人的具体操作作出明确规定，这些都有待司法实践的进一步探索和完善。

专题二　物业服务合同的订立与主体

一、物业服务合同的订立

物业服务合同的一般内容以书面约定为准。《民法典》第937条和第938条分别以定义的方式和集中规定的方式，明确了物业服务合同的内容。根据第937条的规定，物业服务合同的内容包括物业服务人在物业服务区域内，为业主提供建筑物及其附属设施的维修养护、环境卫生和相关秩序的管理维护等物业服务。第938条规定，物业服务合同的内容一般包括服务事项、服务质量、服务费用的标准和收取办法、维修资金的使用、服务用房的管理和使用、服务期限、服务交接等条款。这些规定应当理解为物业服务合同中的基本条款，并不排斥双方当事人在这些内容的基础之上，通过协商增加或变更服务内容。我国《物业管理条例》第34条第2款规定："物业服务合同应当对物业管理事项、服务质量、服务费用、双方的权利义务、专项维修资金的管理与使用、物业管理用房、合同期限、违约责任等内容进行约定。"《民法典》第938条的规定基本上吸收了《物业管理条例》的内容。

需要注意的是，《民法典》第938条第2款"物业服务人公开作出的有利于业主的服务承诺，为

---

① 参见《北京市物业服务收费管理办法（试行）》第5条、第6条。

② 参见《北京市物业服务收费管理办法（试行）》第5条第2款。

物业服务合同的组成部分”的规定。物业服务人的单方承诺,应当有条件地成为物业服务合同的组成部分。这是因为根据《物业管理条例》第24条的规定,国家提倡建设单位按照房地产开发与物业管理相分离的原则,通过招投标的方式选聘物业服务企业。也就是说,绝大部分前期物业服务合同的订立都是通过招投标方式实现的,如果竞标的物业服务企业在竞标过程中公开作出有利于业主的服务承诺,但由于建设单位并非物业服务的直接享受者,那么服务承诺就有可能并未落实在前期物业服务合同中,这对业主是明显不利的。第938条明确了物业服务企业单方承诺的法律效力,也显示出我国构筑物业服务诚信体系的态度。此外,还有一种情况是,业主大会成立后,业主大会和业委会依法选聘物业服务企业时,也会面临多家物业服务企业的选择,物业服务企业在小区内公开作出承诺以获取缔结合同机会的行为,应当视为向全体业主发出的要约邀请;将具体承诺内容视为合同的组成部分,也符合我国《合同法》的立法本意。

二、物业服务合同的主体

(一)从“物业服务企业”到“物业服务人”

《物业管理条例》《物业服务司法解释》对提供物业服务的一方都称为“物业服务企业”,但是《民法典》使用的是“物业服务人”的表述,并在第937条第2款明确“物业服务人包括物业服务企业和其他管理人”。这主要是立法为了周延,考虑到实践中有些涉纠纷的主体并非物业服务企业,如决定自行管理的业主、业主大会和业委会未成立之前作为过渡性存在的物业管理委员会。[①] 这些主体在提供物业服务期间,虽然不具备物业服务企业的法人主体资格,但事实上却提供了物业服务,也应享有相应的权利,承担相应的义务。此外,实践中还有一些提供物业服务的当事人,并不具备法人主体的资格。

(二)“业主”的内涵

从物业服务合同在实践中的签订主体来看,对于《民法典》第937条的“业主”,应当作扩大理解。这主要包括三种情况:一是建设单位依法签订的前期物业服务合同对业主有效。这时,合同显示的表面主体是建设单位,但实际主体是业主。当然,实践中很多建设单位在办理入住时会要求业主单独签署《前期物业服务合同》,以便于物业服务合同形式上的完善。二是业主委员会依法与选聘的物业服务人签订的物业服务合同,对物业服务区域内的全体业主有效。在司法实践中,部分业主以选聘物业服务人未经自己同意、自己并非物业服务合同一方当事人为由,拒绝履行合同义务。根据《民法典》第280条的规定,业主大会或者业主委员会的决定,对业主具有法律约束力。因此业主委员会依法选聘和签订的物业服务合同对全体业主有效。三是业主大会依法选聘的物业服务人,有可能存在部分业主签订了物业服务合同,部分业主没有签订合同。在这种情况下,只要选聘程序合法,未签订书面合同的业主也要受到依法选聘结果的约束。

---

① 《北京市物业管理条例》第52条规定:“街道办事处、乡镇人民政府负责组建物业管理委员会。物业管理委员会作为临时机构,依照本条例承担相关职责,组织业主共同决定物业管理事项,并推动符合条件的物业管理区域成立业主大会、选举产生业主委员会。”第54条规定:“物业管理委员会由居民委员会、村民委员会、业主、物业使用人代表等七人以上单数组成,其中业主代表不少于物业管理委员会委员人数的二分之一。物业管理委员会主任由居民委员会、村民委员会代表担任,副主任由居民委员会、村民委员会指定一名业主代表担任。物业管理委员会委员名单应当在物业管理区域内显著位置公示。”

需要注意的是,《民法典》对于业主大会选聘和解聘物业服务企业或者其他管理人的规则进行了重大修改。《物权法》第76条规定,业主共同决定选聘和解聘物业服务企业或者其他管理人,应当经专有部分占建筑物总面积过半数的业主且占总人数过半数的业主同意。“双半数”的要求看似不高,但实践中操作难度很大,尤其是在我国很多小区房屋所有权人与实际使用人相分离,业主本人难以实际参与小区管理的现状下。对此,《民法典》作出重大修改,在第278条中规定,业主共同决定选聘和解聘物业服务企业或者其他管理人,应当经参与表决专有部分面积过半数的业主且参与表决人数过半数的业主同意。增加了“参与表决”这个限定条件,使小区共治的难度切实降低,决议更易达成。

三、事实物业服务合同的效力

根据《民法典》的规定,在物业服务合同关系中,业主们不仅要被自己所签署的物业服务合同约束,还会受到建设单位所签前期物业服务合同以及业主大会、业委会依法选聘并签订的物业服务合同的约束。但《民法典》没有穷尽实践中可能的情况。

比如,司法实践中常常遇到的回迁安置小区物业公司诉请物业费的纠纷,这些小区的物业服务企业具有一定的行政色彩,有些是由当地的行政主管部门指定的,业主们被安置前有的居住在农村,压根就没有支付物业服务费的意识,回迁后也排斥和拒绝交纳物业服务费,即使收费标准已经很低,物业服务企业也难以完成每年的收缴工作。这类案件诉至法院后,有的法院认为根据我国《合同法》第36条的规定,这类合同是成立且有效的,属于事实合同。物业服务企业提供了事实上的服务,业主事实上也接受了服务,双方的合同已经履行,故而应当判决业主交纳物业费。但在物业费的交纳金额方面,法院一般会视业主的具体情况(如生活是否十分困难),来决定减免部分物业费或者未按时缴费的滞纳金。

又如,未上市房改房物业费应当由谁负担的问题。房改售房,又称已购公房,是指在国家住房制度改革过程中享受房改优惠政策,以标准价或成本价扣除工龄等因素折算后购买的公房。房改售房后,房屋产权人由单位变更为个人。按房改规定购买公有住宅楼房的住户将购买的房屋上市交易后,该房屋的产权性质转变为商品房产权,新购买并取得该房屋所有权的人应负担全部物业管理交费项目。而对于未上市的房改房物业费负担的主体问题,审判实践中存在不同的观点。一种观点认为,应当由个人负担,因为个人是物业服务的实际受益人。另一种观点则认为,应当以《关于在京中央和国家机关职工住宅区物业管理和供热采暖改革的意见》的实施时间为分界点。2015年1月1日之前的物业费,由单位和个人各自承担相应的物业服务费用缴纳义务,如果单位和个人对物业服务费用缴纳责任主体另有约定的,按照约定执行。2015年1月1日以后的物业费,单位不再负担,全部由个人负担。上述两种观点,不论是哪种观点,认为由个人负担的依据都是以事实物业服务合同来认定业主与物业服务企业之间的关系。

专题三　物业服务人的权利与义务

《民法典》第941条、第942条、第943条、第949条、第950条是关于物业服务人在合同履行中、合同终止后应当承担的义务的规定。

一、物业服务人的管理义务

物业服务的内容多且庞杂，进而造成了物业服务合同的复合性。而业主选择某家物业服务企业为其提供服务，看中的肯定不仅仅是其在某个专业领域具有专业的服务能力，更看重的应该是这个企业的综合管理能力和应急处置能力。事实上，绝大部分物业服务企业对于物业区域内的各项事务无法做到事必躬亲，一般的做法是将物业服务中的一些具体、专门的事项委托出去，由该领域的专业人士来完成相关的工作。比如，小区的保安工作往往会聘请专门的保安公司进行管理；小区的某处公共设施需要修缮维护，可能会承包给专业的建设工程施工企业完成。对于专业事项的委托，法律是允许的，因为这对于业主权益是更好的保护和实现。但如果允许物业服务人将全部物业服务一并委托或分解后分别委托给其他组织，实际就使业主丧失了按照自己意愿选择物业服务人的权利。因此，《民法典》第941条禁止物业服务人将物业服务全部转委托给第三人，或者将全部物业服务分解后分别转委托给第三人的行为。

二、物业服务人的"安全保障义务"

《民法典》第942条还规定了物业服务人的安全保障义务。关于物业服务人的安全保障义务是存在争议的，因为我国《侵权责任法》关于安全保障义务的规定中，并没有涉及物业服务的安全保障责任，但实务中涉及物业服务企业的财产损害赔偿纠纷和生命权、健康权、身体权纠纷近年来呈现上升态势。在涉物业服务纠纷中，经常有以下情形实质上涉及物业安全保障义务：

一是物业区域的设施布置、设施状况不符合安全要求。[①] 实践中常见的情形有：物业区域内的消防通道堆放杂物、堵塞，甚至搭建临时建筑导致出现火灾等紧急情况影响居民逃生；没有对电梯尽到维修养护义务导致电梯运行失常；公共路灯、安全摄像头配备不足，损坏后未及时维修等导致小区内侵权事实无法查清；小区健身设施及其他设施有重大安全隐患而未能及时拆除或及时修理导致居民受损等。

二是未能及时警告、制止相关危险。小区内的各种设施损坏后、维修前，未能向业主作出真实且明确的说明和警示。对于本身具有危险因素的设施，未能向业主说明其正确的使用方法和防止

① 柳经纬、刘智慧主编：《房地产法制专题研究》，中国法制出版社2011年版，第298页。

危险发生的方法。危险发生时,未能及时采取措施保护业主,导致损失进一步扩大。

三是未能及时履行救济义务。物业区域内的业主或其他人员发生意外事故时,未能及时将伤者护送到医院。在物业区域内,第三人侵犯业主时,未能及时制止或采取报警措施、提供侵害事件的录像等。

在涉物业的财产损害赔偿纠纷和生命权、身体权、健康权纠纷中,很多争议都涉及以上3种情形中的一种或几种,其实质都是物业安全保障义务没有履行到位。然而,对于物业服务人应该承担什么样的安全保障义务,以及在多大程度上承担安全保障义务,《民法典》之前的法律并未作出明确规定。实践中,有人主张,应合理运用法学方法论中的法律解释方法,扩张解释《侵权责任法》第37条第1款中"公共场所的管理人",认定物业服务人具有安全保障义务。比如,在马某某与北京鲁能物业服务有限责任公司顺义物业服务中心生命权、健康权、身体权纠纷一案中,[①]法院根据《侵权责任法》第37条认为,被告作为物业服务单位,未采取有效的安全措施对住宅区垃圾池大门进行固定,造成原告被大门刮倒受伤致残,故被告应对由此给原告造成的损失承担赔偿责任。还有人主张,理论上可以将物业服务人的安全保障义务解释为合同法上的附随义务。《民法典》解决了这一问题,明确规定了物业服务人的安全保障义务,打破了"法无明文规定"的旧况。

三、物业服务人的报告义务

(一)物业服务人对物业区域内违法行为的报告义务

《民法典》第942条第2款规定:"对物业服务区域内违反有关治安、环保、消防等法律法规的行为,物业服务人应当及时采取合理措施制止、向有关行政主管部门报告并协助处理。"强化了物业服务人的管理责任,有利于行政主管部门与物业管理人之间建立起物业区域内社会管理的联防联控机制,促进城市精细化管理。

实践中,该条在适用时主要是指物业服务人在物业区域内履行物业服务工作时对其发现但没有执法权的违法行为,应当在知情或合理知情的情况下尽到必要的通知、劝阻义务,并应及时向相关行政主管部门进行报告。对于可能危及业主人身、财产安全的,物业服务人还应采取必要的防范措施避免危害事件的发生。

(二)物业服务人对服务区域管理情况的信息披露报告义务

《民法典》第943条规定,"物业服务人应当定期将服务的事项、负责人员、质量要求、收费项目、收费标准、履行情况,以及维修资金使用情况、业主共有部分的经营与收益情况等以合理方式向业主公开并向业主大会、业主委员会报告"。《建筑物区分所有权解释》第13条就业主知情权的具体内容进行了列举,但作为知情权对象的信息披露是需要业主主动要求和争取的。《民法典》将这些信息披露的义务赋予物业服务人,对于业主的权利保护更加周到和积极,也便于业主后续行使自己的权利。

目前的司法实践中,很多业主关于知情权的诉讼并非业主诉诸法律手段的目的,知情权诉讼是

---

① 参见北京市顺义区人民法院(2017)京0113民初9120号民事判决书。

为了获取物业服务人在提供服务过程中所掌握的信息,以便后续行使业主撤销权时掌握相应的证据。但业主知情权的行使往往会因为司法解释的兜底条款“其他应当向业主公开的情况和资料”这一模糊规定变得盲目且容易越界。比如,有的诉讼中,业主要求公开其他业主的个人隐私信息,有的笼统要求公开所有的物业服务资料,前者容易侵犯到其他业主的隐私权,后者则可能影响物业服务人正常的工作秩序,进而影响其物业服务的质量。《民法典》采用列举但不穷尽的方式明确物业服务人的公开披露范围,对实践具有重要的指导意义,也是引导物业服务人规范服务、业主理性维权的重要条款。

需要注意的是,该条用“定期”和“合理方式”给了物业服务合同双方当事人足够的自治空间和协商余地,也结合中国区域发展不平衡的特点给了各地因地制宜的操作空间。

四、物业服务人的权利及其限制

物业服务人的权利和权力,源于全体业主对其管理物业服务区域的授权,因此,无论其内容为何,目的和宗旨都应该是为全体业主的共同利益。

(一)收取物业费的权利及限制

《民法典》第944条规定:“业主应当按照约定向物业服务人支付物业费。物业服务人已经按照约定和有关规定提供服务的,业主不得以未接受或者无需接受相关物业服务为由拒绝支付物业费。业主违反约定逾期不支付物业费的,物业服务人可以催告其在合理期限内支付;合理期限届满仍不支付的,物业服务人可以提起诉讼或者申请仲裁。”物业费对于物业服务人的经营和管理的重要性不言自明,而物业服务人的正常运转和正常工作又关系每一位业主的生活品质。《物业服务司法解释》13个条文中,有6个条文涉及物业费问题(第5条至第10条),第6条规定:“经书面催交,业主无正当理由拒绝交纳或者在催告的合理期限内仍未交纳物业费,物业服务企业请求业主支付物业费的,人民法院应予支持。物业服务企业已经按照合同约定以及相关规定提供服务,业主仅以未享受或者无需接受相关物业服务为抗辩理由的,人民法院不予支持。”第7条规定:“业主与物业的承租人、借用人或者其他物业使用人约定由物业使用人交纳物业费,物业服务企业请求业主承担连带责任的,人民法院应予支持。”《物业管理条例》第41条第1款规定:“业主应当根据物业服务合同的约定交纳物业服务费用。业主与物业使用人约定由物业使用人交纳物业服务费用的,从其约定,业主负连带交纳责任。”第65条规定:“违反物业服务合同约定,业主逾期不交纳物业服务费用的,业主委员会应当督促其限期交纳;逾期仍不交纳的,物业服务企业可以向人民法院起诉。”

《民法典》第944条对物业费的规定进行了完善:

一是进一步明确了物业费的支付主体。《物业管理条例》第7条和《物业服务司法解释》第7条都规定,业主与物业实际使用人约定由实际使用人交纳物业服务费的,从其约定,业主负连带交纳责任。《民法典》明确了物业费的支付义务主体为业主,这更加符合物业服务合同的本质和合同相对性原则。物业服务人服务的对象不仅是单个的业主,更是服务区域内包括业主、公共区域、建筑物私有部分在内组成的整体。一旦物业服务人按合同要求提供了服务,就应视为对所有业主都履行了义务,而不论该业主是否实际需要或是否已经享受了相应的服务。由于我国住房商品化改革后业主与房屋实际使用人分离的现象比较普遍,如果让物业服务人核实房屋实际使用人的情况,或者核实业主与实际使用人,显然不现实,也大大增加了物业服务人不必要的成本,而这些成本最终还是会加诸业主身上。此外,物业服务合同的双方当事人一般都是业主和物业服务人,根据合同相对性的原则,由物业服务人向业主主张物业服务费更加合理。至于业主与实际使用人之间的约定,仅在这二者之间有效,其效力不能约束物业服务人。

二是丰富了物业费纠纷的解决途径,由旧法向人民法院起诉,变更为可以提起诉讼或者申请仲裁,充分体现了民法中当事人的意思自治原则。

三是对催交的方式作出限制性规定,要求不能对业主的基本生活造成严重影响。这也是《民法典》保障基本民生的体现。需要注意的是,由于我国经济发展不平衡、住宅种类繁多且历史成因复杂,物业费收取难的现状还是比较严峻的。对此,应当采取积极的应对措施。目前,不少省份已将欠缴物业费等公共费用的公民纳入失信被执行人名单,且设置了相对严格的前置条件,即被执法机关或司法机关依法确认后仍拒不履行。① 这种规定与最高人民法院《关于公布失信被执行人名单信息的若干规定》确立的失信被执行人制度的精神不谋而合。此外,对于多次(3 次及以上)被起诉支付物业费且均已败诉的业主,也可考虑将其纳入个人信用档案,并通过公共信用信息共享平台,作为多部门联合实施信用惩戒措施的参考。

(二)获取与物业管理相关信息的权利

《民法典》第 945 条规定:"业主装饰装修房屋的,应当事先告知物业服务人,遵守物业服务人提示的合理注意事项,并配合其进行必要的现场检查。业主转让、出租物业专有部分、设立居住权或者依法改变共有部分用途的,应当及时将相关情况告知物业服务人。"这也是物业服务人依法获取相关信息的权利。

物业服务兼具服务和公共管理双重属性。物业服务人在行使权利时必须要考虑物业管理区域整体公共利益的需要,因此该规定是物业管理性质的内在要求。根据该条规定,物业服务人有权获取的信息包括:(1)业主对建筑物专有部分的装饰装修计划,物业服务人可以要求业主配合必要的现场检查;(2)业主转让物业专有部分的情况;(3)业主出租物业专有部分的情况;(4)业主为专有部分设立居住权的情况;(5)业主依法改变共有部分用途的情况。其中第(2)~(5)项内容是《民法典》新增的内容,此前《合同法》《物权法》《物业服务司法解释》等均未对此作出规定,仅在《物业管理条例》第 49 条"物业管理区域内按照规划建设的公共建筑和共用设施,不得改变用途。业主依法确需改变公共建筑和共用设施用途的,应当在依法办理有关手续后告知物业服务企业;物业服务企业确需改变公共建筑和共用设施用途的,应当提请业主大会讨论决定同意后,由业主依法办理有关手续",对改变公共用途部分有类似规定。增加这些内容也是为适应我国房地产交易频繁的现状,通过明确权利责任主体来便利服务、管理。

业主的权利与义务,主要规定在物权编的建筑物区分所有权部分,此处不再赘述。

---

① 如《南京市住宅物业管理条例》第 51 条第 2 款规定:"业主欠交物业服务费用、公共水电分摊费用的,业主委员会、物业服务企业可以通过上门催交、在物业管理区域内显著位置公示等形式,督促其限期交纳;逾期不交纳的,物业服务企业可以依法申请仲裁或者提起诉讼。经仲裁裁决或者司法判决确认后仍不履行的,按照个人信用信息管理有关规定录入个人信用档案。"

专题四　物业服务合同的终止

《民法典》第946条至第950条对物业服务合同终止的相关问题作出了安排。从条文数量上来看,整个物业服务合同章一共14个条文,而关于物业服务合同终止就用了5个条文,占1/3,可谓相当重视。这也与实践中因物业服务人退出物业服务区域引发纠纷多的情况密切相关。

一、物业服务合同的解除与续订

(一)业主的单方解除权

《民法典》第946条规定:"业主依照法定程序共同决定解聘物业服务人的,可以解除物业服务合同。决定解聘的,应当提前六十日书面通知物业服务人,但是合同对通知期限另有约定的除外。依照前款规定解除合同造成物业服务人损失的,除不可归责于业主的事由外,业主应当赔偿损失。"

前期物业服务公司是由开发商聘用的,因此这类纠纷又掺杂了很多开发商与业主之间的纠纷,主要集中于开发商遗留的问题。开发商遗留的问题主要包括擅自变更住宅区规划、房屋质量问题、配套建筑及设施设备不健全、开发商承诺的售后维修服务和物业服务不兑现等。这些问题的存在,在很大程度上直接导致了物业纠纷的产生,很多业主以这些问题为由拒付物业服务费,引发了后期物业管理中的诸多矛盾。

因物业服务合同的签订旨在确定物业服务人,为全体业主提供服务,其基础是出于信赖,如信赖性消失,继续履行合同对双方都无意义,且徒增损失。从实务操作上看,物业服务人与业主的生活环境关系密切,可谓业主的"管家"。如果业主对物业服务人失去了信任,不愿由其继续提供服务,物业服务合同实际上也很难继续履行,物业服务人开展服务困难重重,结果必然是矛盾激化。实践中,有相当一部分关于物业服务合同解除的纠纷是由于业主对前期物业服务人不满而引起的。因此,《民法典》保留了《物权法》业主单方解除权。为了防止随意解聘损害物业服务人权益的情形,在具体操作上,业主解聘物业服务人的决定必须依照《民法典》第278条对"双过半"的具体要求和程序作出决定。根据《物业服务司法解释》第8条第1款的规定,业主大会按照《物权法》第76条规定的程序作出解聘物业服务企业的决定后,业主委员会请求解除物业服务合同的,人民法院应予支持。

(二)物业服务人的续聘拒绝权

《民法典》第947条规定:"物业服务期限届满前,业主依法共同决定续聘的,应当与原物业服务人在合同期限届满前续订物业服务合同。物业服务期限届满前,物业服务人不同意续聘的,应当在合同期限届满前九十日书面通知业主或者业主委员会,但是合同对通知期限另有约定的除外。"第948条规定:"物业服务期限届满后,业主没有依法作出续聘或者另聘物业服务人的决定,物业服务人继续提供物业服务的,原物业服务合同继续有效,但是服务期限为不定期。当事人可以随时解除不定期物业服务合同,但是应当提前六十日书面通知对方。”物业服务人不同意续聘,提前通知的期限为90日,长于业主的60日。这是因为业主行使单方解除权后,双方对于合同解除后的后续事宜处理主要就是物业服务的交割问题,而物业服务人行使单方解除权后不仅要与业主交割,还要留出足够的时间让业主们依照法定程序选出新的物业服务人,避免物业服务出现“真空”阶段,影响业主的基本生活。

(三)业主行使单方解除权的后果

《民法典》第566条对合同解除的法律后果进行了规定:“合同解除后,尚未履行的,终止履行;已经履行的,根据履行情况和合同性质,当事人可以请求恢复原状或者采取其他补救措施,并有权请求赔偿损失。合同因违约解除的,解除权人可以请求违约方承担违约责任,但是当事人另有约定的除外。”《民法典》第946条第2款“解除合同造成物业服务人损失的,业主应当赔偿损失”的规定是与上述第566条的精神相契合的。但该条设置了一个例外条件,那就是对于“不可归责于业主的事由”造成的损失,物业服务人不得要求业主赔偿,究竟哪些属于“不可归责于业主的事由”,还有待于司法实践予以明确。

二、物业服务合同终止后的交接

物业服务合同解除或到期终止后,因物业服务人拒绝退出或物业交接不顺利而引发的纠纷实践中不在少数。此类诉讼多见于以下主体之间:前期物业服务人与新选聘的物业服务人(这类诉讼还经常会牵扯到建设单位)、即将退出的物业服务人与作出解聘决定的业主大会或业主委员会。当事人诉讼请求移交的内容头绪众多,除了移交物业服务用房、相关配套设施等硬件设施之外,还包括物业服务过程中的财务账目、外包合同等资料。这些硬件和资料的移交,双方如果无法达成一致,就会给法庭调查增加很大难度,也为案件的后续处理提出难题。此外,在这类纠纷中,还伴随着损害赔偿的诉求,受移交人在接收硬件设施设备时往往会提出移交人未尽到合理的维护养护义务,造成物业设施损坏,请求判决修复或者赔偿,这类诉讼请求往往需要借助于第三方评估机构的专业知识来完成举证。这过程涉及会计、工程、评估、审计等各种专业,但现阶段我国还缺乏统一的评估标准和足够专业、全面的评估公司。尽管有些地区如北京已经在逐步摸索和建立相应的配套制度,①但相关制度成熟尚需时日。

基于上述原因,对于物业交接的整体事宜和一般交接事项作出明确规定是十分必要的,这也是第949条的良苦用心,但具体操作流程和规范还有待各地进行积极的探索后再行明确。此外,为了防止物业交接期间出现物业管理的真空期,影响业主的正常生活,《民法典》第950条明确规定了原物业服务人的继续服务义务和收取相应物业费的权利。

---

① 《北京市物业管理条例》第12条规定:“本市支持物业管理、专业评估机构等行业协会依法制定和组织实施自律性规范,实行自律管理,编制团体标准、调解行业纠纷,组织业务培训,维护企业合法权益,推动行业健康有序发展。支持、鼓励物业服务企业加入行业协会。”第13条规定:“本市支持法律、会计、工程、评估、咨询等专业服务机构和人员参与物业管理和服务活动,为物业管理相关主体提供公正、专业的咨询、培训、评价、检验、监督和审计等服务。支持非营利性社会组织参与物业服务活动。业主、物业使用人、物业服务人因物业管理事项需要法律咨询的,可以向公共法律服务机构咨询;符合法律援助条件的,可以依法申请法律援助。”

第二十四章　中介合同

专题一　立法修改与完善

与《合同法》的规定相比较，中介合同也是《民法典》进行了较大幅度修订的有名合同。随着我国市场经济的发展，中介组织和中介业务获得迅猛发展，对于提高交易效率、活跃经济发挥着重要的作用。与此相对应，围绕中介业务产生的纠纷数量也居高不下。中介合同纠纷审判中的热点难点问题，也困扰着审判人员。因此，在《民法典》对中介合同进行较大幅度修订的情况下，对该章修改的重要内容进行深入研究。

中介合同章基本源于《合同法》居间合同章。鉴于居间的术语较难被人民群众理解，实践中人民群众对从事促成合同订立行为的更直接认识是中介，《民法典》修改为“中介合同”。“中介合同”章全部吸收了《合同法》“居间合同”章的4条内容。除此之外，还增加了两条规定：一是对委托人跳单行为的处理。第965条规定：“委托人在接受中介人的服务后，利用中介人提供的交易机会或者媒介服务，绕开中介人直接订立合同的，应当向中介人支付报酬。”二是中介合同参照适用委托合同有关规定的内容。第966条规定：“本章没有规定的，参照适用委托合同的有关规定。”同时第965条的规定还与中介业务中的报告中介和媒介中介这两种形式相一致，既体现法律逻辑的完整性，又体现对于中介人权利的保护。

《民法典》中介合同对《合同法》居间合同用语的修改完善，实质上并不构成新的内容，并不改变过去《合同法》相关条文的解释和适用。因此，我们重点解读新增加的两条内容。

专题二　中介合同当事人的权利义务

《民法典》第961条规定：“中介合同是中介人向委托人报告订立合同的机会或者提供订立合同的媒介服务，委托人支付报酬的合同。”该概念基于中介人受托内容的不同区分了两类中介行为：报告中介和媒介中介。二者的差异在于媒介中介系受合同当事人双方之委托，在双方当事人之间予以斡旋，促使合同成立；而报告中介则仅向一方报告订约的机会。二者区别的意义在于，中介报酬的义务人有所不同,[①]即在合同没有约定的情况下,如果因为中介人提供订立合同的媒介服务而促成合同成立的,由该合同当事人平均负担中介人的报酬(《民法典》第963条)。报告中介,则不以订约时斡旋于他人之间为必要,仅仅为他方报告订立合同的机会即可;对于报告中介的报酬,在双方当事人因为中介而订立合同时,应允许当事人有请求权。对于自始约定为媒介中介的情况下,如果仅仅基于报告机会而订立合同,也应该允许中介人请求支付报酬。[②]

中介合同就性质而言,系诺成、双务、有偿、不要式的有名合同。中介合同的标的为报告行为或者媒介行为,因此该合同标的为劳务的一种。就此而言,在中介人提供了符合合同约定的劳务的情况下,原则上委托人即负担支付报酬的义务。但是,中介人提供的劳务却以促成合同订立为结果,并以合同订立为报酬请求权的前提。而是否订约,往往取决于委托人的意思决定范畴;因此,在中介人提供服务符合委托人订立合同条件情况下,如果委托人违反诚信原则不予缔约或者跳过中介人自行缔约的,如何对二者进行平衡,则是中介合同制度设计的重点。因此,为了保护中介人所提供劳务价值的报酬请求权,同时是对委托人不诚信行为的遏制,比较法上多对委托人跳单行为或者其他违反不诚信的行为加以规制。《民法典》第965条即针对跳单行为进行规制的规定。

一、中介人的报告义务和媒介义务

《民法典》第962条规定:"中介人应当就有关订立合同的事项向委托人如实报告。中介人故意隐瞒与订立合同有关的重要事实或者提供虚假情况,损害委托人利益的,不得请求支付报酬并应当承担赔偿责任。"中介人的主要义务为报告义务或媒介义务。报告义务为向委托人报告订立合同的机会,即受委托人委托,寻找和发现愿意按照委托人提供的条件与委托人订约的人。所谓媒介义务,是指居间人在订约的当事人之间进行斡旋、协商、游说,促使双方当事人最终达成交易。

在提供中介服务过程中,中介人应向委托人负担如实报告义务。鉴于中介合同系有偿合同,中介人应以善良管理人的注意为之,[③]应包括合同相对人的各方面情况,如相对人的身份信息、资产状况、经营状况、履行能力等方面的信息都属于对合同订立较为重要的信息。对于以中介为营业的,中介人除负担如实报告义务之外,还要求中介人负担调查义务,即针对订约事项及当事人之履约能力或订立该合同的能力,进行调查。此种中介人的调查义务,主要是为了保护当事人权利和维护交易安全。《民法典》虽未规定中介人的调查义务,但该义务应当被涵盖在中介人的如实报告义务之中,否则中介行业难有发展前途。

二、中介人的权利:报酬请求权

中介合同为有偿合同。中介人促成合同成立的,委托人应该支付报酬。基于契约自由原则,中介报酬可以由当事人约定。基于该合同为有偿合同,如果当事人未约定报酬,不能推定为无偿,需要根据相关的合同解释原则确定委托人应支付的报酬。

---

① 林诚二:《民法债编各论》(中),中国人民大学出版社2007年版,第210页。

② 同上。

③ 同上书,第214页。

（一）未约定报酬或约定不明时的解释原则

《民法典》第963条规定："对中介人的报酬没有约定或者约定不明确，依据本法第五百一十条的规定仍不能确定的，根据中介人的劳务合理确定。"此处是基于中介合同为有偿合同的合同法定补充解释原则。根据《民法典》第510条规定："合同生效后，当事人就质量、价款或者报酬、履行地点等内容没有约定或者约定不明确的，可以协议补充；不能达成补充协议的，按照合同相关条款或者交易习惯确定。"《民法典》第511条还规定："当事人就有关合同内容约定不明确，依据前条规定仍不能确定的，适用下列规定：……（二）价款或者报酬不明确的，按照订立合同时履行地的市场价格履行；依法应当执行政府定价或者政府指导价的，依照规定履行……"根据上述规定，对于没有约定报酬或者约定报酬不明确的，则应遵循以下合同补充解释规则：首先，推定为当事人之间需要支付报酬。其次，在报酬没有约定或者约定不明确的情况下，可以协议补充；不能达成补充协议的，按照合同相关条款或者交易习惯确定。比如，基于房产中介的中介行为而订立房屋买卖合同，则可以以房产中介收费价目表作为报酬支付依据；但是，在习惯上该价目表并非实际支付价额，而有折扣额的，则应查明实际中执行的折扣额予以支付。再次，根据《民法典》第510条仍然不能确定报酬支付依据的，则应按照订立合同时履行地的市场价格履行；有政府定价或者政府指导价的，则依照规定履行。最后，如果订立合同时履行地的市场价格不存在或者没有政府定价或者政府指导价的，则"根据中介人的劳务合理确定报酬"。

（二）报酬支付义务人

基于中介行为区分为报告中介和媒介中介，报酬支付义务人亦有所区别。在报告中介中，中介人仅向委托人报告订约机会，不与相对人发生法律关系，故需要由委托人给付报酬，相对人则不负担给付义务；媒介中介，因中介人充当媒介作用，与双方当事人均有合同存在，故《民法典》第963条规定，由合同当事人平均负担中介人的报酬。需要注意的是，该条规定应为指引性规范，而非强制性规范。如果当事人另有约定的，则应该以当事人的约定为准。对此，《民法典》第963条亦应作此解释。比如，在房屋租赁中介实务中，中介实质上履行的义务系媒介义务，但是在支付报酬问题上通常存在由一方支付的情形。故在当事人约定由一方支付的，则应依据当事人的约定处理。

专题三　中介报酬支付的几个特殊问题

如果中介人没有促成合同成立，根据《民法典》第964条规定，中介人无权要求支付报酬；但是，可以按照约定，请求委托人支付相关费用。对此，请求支付相关费用，以有合同约定为条件；如果合同未有约定，则应由委托人自行负担相关费用。但在中介报酬支付问题上，尚有以下几个特殊问题需要加以研究。

一、中介行为不得违反法律和违背公序良俗

实务中,经常存在一些游离于违法犯罪之间的中介行为,这就涉及中介行为不得违反法律和违背公序良俗的问题。在我国审判实务中,中介行为违反法律规定或者违反公序良俗的多发、频发,由此导致审判实践中中介合同效力的问题。

《民法典》中介合同章并未规定报告中介或媒介中介不得违反法律或者违背公序良俗。但是,根据《民法典》的适用原则,合同编没有规定的,则应该适用总则编规定;合同分编有名合同章没有规定的,适用合同编通则的规定。《民法典》第 8 条规定:“民事主体从事民事活动,不得违反法律,不得违背公序良俗。”因此,中介合同的签订,不得违反法律,不得违背公序良俗。即使中介合同章没有规定,法院在处理纠纷时,也应要求民事行为符合法律和公序良俗。而第 153 条规定“违反法律、行政法规的强制性规定的民事法律行为无效。但是,该强制性规定不导致该民事法律行为无效的除外。违背公序良俗的民事法律行为无效”。因此,如果中介合同违反法律或者违背公序良俗的,则该中介合同无效。比如,介绍行贿,以取得某个项目的中标。此种“介绍行贿”的媒介中介,因为其违反我国刑事法律,不能认定为合法的中介合同标的。当事人以此行为委托的,则该中介合同应为无效合同。因此,即使由于该“中介行为”而发生委托人与相对人订约的结果,即使所中介的合同不因此无效,但是鉴于该中介行为系违法行为,原则上中介人也不能请求该违法行为之报酬。

二、所中介之附条件合同的报酬请求权

《民法典》第 158 条规定:“民事法律行为可以附条件,但是根据其性质不得附条件的除外。附生效条件的民事法律行为,自条件成就时生效。附解除条件的民事法律行为,自条件成就时失效。”由此条可知,中介订立之合同可以附条件。

(一)附生效条件的报酬支付请求权

就所中介合同的附生效条件而言,虽然所中介之合同已经成立,但是该合同是否生效则系于条件成就与否。在此情况下,依据《民法典》第 963 条规定,合同已经成立,中介人是否即有权请求报酬?对此,虽然此种情况下合同已经成立,鉴于合同是否生效尚未确定,中介人尚不得请求报酬。只有在条件成就、合同生效之后,中介人才能请求委托人支付报酬。①

(二)附解除条件的报酬支付请求权

如果中介人所中介之合同附有解除条件,则中介人的报酬请求权是否因条件成就而受影响。比较法上对此有不同的处理意见。一种意见为影响说,认为此种情况下,影响中介人报酬请求权,故在合同解除条件成就的情况下,中介人所中介之合同自始失去效力,故中介人收取该报酬构成不当得利。另一种意见为不影响说,认为合同基于中介行为已经订立,故中介人收取报酬有法律依据;即使合同解除条件成就,中介人亦无须返还该报酬。对此,我们认为,鉴于合同订立,解除条件尚未成就,故此种情况下中介人有权请求支付报酬。但是,在解除条件成就时,则该合同为自始不

---

① 林诚二:《民法债编各论》(中),中国人民大学出版社 2007 年版,第 219 页。

生效力,故委托人可以请求返还已经向中介人支付的报酬。当然,如果对于附解除条件的合同,委托人恶意促成合同成就的,则不能请求返还报酬。

三、所中介之合同无效、被撤销或者解除的报酬请求权

中介人所中介订立的合同还存在无效、被撤销或者解除的情形,对此,应区分以下情形处理:

(一)所中介之合同无效的情形

鉴于所中介之合同无效,则在合同当事人之间无法律约束力,故委托人之合同目的无法达到。在此情况下,中介人自然无权请求支付报酬。至于中介人对于所中介之合同无效有过错的,则应承担相应的责任,这属于不同的法律关系。

(二)所中介之合同被撤销的情形

如果中介人所中介之合同被撤销,则视为自始无效,故中介人丧失其请求权;如果中介人已经收取报酬,则应依据不当得利的规定予以返还。

(三)所中介之合同被解除的情形

如果中介人所中介之合同被解除,则对于中介人的报酬是否有影响,比较法上有认为委托人不得请求返还报酬的意见。本书认为,为避免中介人的道德风险而损害委托人利益的情形,则应区别情况加以处理。原则上,如果委托人对于合同解除没有过错的,则其有权请求返还所支付的报酬。例如,甲委托中介人乙购买房屋,乙媒介丙与甲签订房屋买卖合同。甲支付购房款后,由于丙欠付他人债务导致该房屋被查封。甲请求解除与丙之间的房屋买卖合同。在此情况下,甲虽然基于乙的中介行为而与丙订立合同,但是其通过订立合同欲达到的目的并没有实现。如果此种情况认为甲仍然需要负担支付报酬义务,则容易引发乙的道德风险。由此,则可能出现营业中介人为了收取中介报酬,而与无承担违约责任能力的第三人串通损害委托人利益的情形;且此种道德风险,对于甲来说,其很难加以防范。在此情况下,则应允许甲有权请求乙返还已经收取的报酬。又如,丁委托戊寻求某批钢材购买方,戊向丁报告戍有购买意向,基于该报告中介,丁与戍签订钢材买卖合同。后由于钢材价格大幅上涨,丁不向戍履约导致戍与丁解除合同。此种情况下,则丁不能免除支付报酬的义务。

专题四　跳单问题

《民法典》第965条针对实务中经常出现的中介纠纷中的跳单行为,进行了规制,“委托人在接受中介人的服务后,利用中介人提供的交易机会或者媒介服务,绕开中介人直接订立合同的,应当向中介人支付报酬”。此系《民法典》新增加的条文。

对于第965条的法理基础,比较法上存在不同的认识。一种观点认为,委托人跳单行为系违反

诚实信用原则,故为保护中介人的合法权益,应依据诚实信用原则,要求委托人支付报酬。另一种观点认为,中介合同之义务完成系不确定的事实,如果当事人基于中介媒介或者报告而订立合同,则就中介合同的当事人权利义务而言,中介人已经履行了合同义务,委托人已经实现了合同目的,故虽然委托人绕过中介签订合同,但是其合同已经履行完毕,故其应按照中介合同约定支付报酬。当然,无论该法理基础何在,都属于进一步的解释问题。《民法典》已经将该义务上升为一种法定义务,故依据该法律规定加以适用即可。本书认为,就该条规定的规范基础而言,在委托人跳单的情况下,根据本条的要件,应属于中介人已经履行了合同的义务,且委托人基于中介人提供的合同义务而实现了合同目的,故在其实现合同目的的情况下,应承担合同上的支付报酬的义务。

一、第 965 条适用的构成要件

《民法典》第 965 条规定的"跳单行为"的法律要件有以下几个方面:

1. 委托人与中介人之间存在委托合同。第 965 条规定的"委托人接受中介人的服务"的前提即为委托人与中介人之间存在中介合同。由于中介合同为不要式合同,只要有双方当事人的要约、承诺即告成立,不论是否存在书面形式。对于存在中介合同,在产生纠纷时需要有中介人负担证明义务。比如,中介人提供其带委托人看房的看房单,即可证明二者存在中介合同的关系。

2. 中介人已经履行了中介义务。中介义务包括报告义务和媒介义务。无论中介合同约定的受托人的义务系何种义务,只要中介人履行了该义务即可。上文已经提及,在中介人已经履行了其义务的情况下,且委托人与相对人已经订立合同的情况下,则委托人原则上应支付报酬。

3. 委托人利用中介人提供的交易机会或者媒介服务,与相对人订立合同。也就是说,如果没有中介人提供的交易机会或者媒介服务,则委托人不可能与相对人订立合同。例如,出卖人丁将其房屋在两家房屋中介公司对外出售,购房人甲在委托乙中介公司带看房后,又到丙中介公司进行委托,后在丙中介公司媒介之下与出卖人丁订立房屋买卖合同。此种情况下,则难以认定系利用乙中介人的交易机会或者媒介服务订立合同。

4. 委托人绕开中介人,即规避中介人的服务,而径行与对方当事人缔约。从形式上看,委托人与相对人的订约系自行订立,而非由于中介人的中介行为。但是,实质上是由于中介人的中介行为,委托人与相对人有了订约的条件。

二、"应当向中介人支付报酬"的请求权性质

中介人请求支付报酬的请求权基础为中介合同约定的给付义务请求权。在委托人拒绝支付报酬的情况下,中介人有权请求其支付该报酬,并有权要求其承担违约责任。比如,甲委托乙中介购买房屋,约定合同订立后 7 日内,甲支付购房款 2.5% 的报酬;如果甲违反约定不支付报酬,每迟延一日支付应付报酬 0.02% 违约金;乙为甲介绍了丙出卖人,但甲绕开乙直接与丙订立房屋买卖合同。在本案中,如果能够认定甲为跳单,则自甲与丙订立合同之日 7 日后,甲应支付购房款的 2.5% 中介报酬;同时鉴于甲构成违约,迟延支付该报酬,则甲还应自与丙签订合同 7 日之后按照应付报酬 0.02% 支付违约金。

关于支付报酬的数额,《民法典》第965条规定,在委托人跳单情况下,"应当向中介人支付报酬"。委托人支付报酬的事实基础在于:中介人已经履行了报告或者媒介义务,履行了合同所约定的主给付义务。因此,如果中介合同有约定的,则应该根据该合同约定支付报酬。没有约定的,则有《民法典》第963条解释适用的空间。当然,委托人利用中介人提供的交易机会或者媒介服务,绕开中介人直接订立合同的,这种情况下属于中介人履行了合同主给付义务;如果合同尚有约定从给付义务的,且中介人并未履行该从给付义务的,则鉴于中介人未履行该义务,应节省一定的支出,在支付报酬时,应扣除该部分未履行义务所对应的支出。

至于支付报酬的时间,也应依据《民法典》第963条规定,将"中介人促成合同成立"作为支付报酬的时限,即以报酬后付为原则。

三、跳单行为与最高人民法院1号指导案例的适用关系

最高人民法院发布的指导案例1号上海中原物业顾问有限公司诉陶德华居间合同纠纷案,裁判要点为:"房屋买卖居间合同中关于禁止买方利用中介公司提供的房源信息却绕开该中介公司与卖方签订房屋买卖合同的约定合法有效。但是,当卖方将同一房屋通过多个中介公司挂牌出售时,买方通过其他公众可以获知的正当途径获得相同房源信息的,买方有权选择报价低、服务好的中介公司促成房屋买卖合同成立,其行为并没有利用先前与之签约中介公司的房源信息,故不构成违约。"该指导案例针对的情形为委托人不构成跳单的情形,即虽然委托人接受了中介人的中介服务,但是其与相对人订立合同并非基于该中介服务,则并不构成跳单行为。就上述指导案例所确定的规则,与第965条的关系及衔接问题,在《民法典》施行后,需要审判人员在实务中加以区别适用。

(一)跳单行为规范与指导案例1号的关系

上述指导案例对于审判实践的适用而言,亦属于参照效力。在其构成事实上,该类推适用需要存在法律漏洞为前提。《民法典》规定委托人利用中介人提供的交易机会或者媒介服务,绕开中介人直接与相对人订立合同的,委托人需要支付报酬。从该条规定的反面解释来看,能够解释指导案例1号的结论。因此,就第965条规定和指导案例1号的关系而言,二者是一个问题的两个方面,并不冲突。就第965条规定的适用条件而言,在于委托人利用中介人提供的交易机会或者媒介服务,绕开中介人直接与相对人订立合同。上述1号指导案例确定的条件则为"没有利用先前与之签约中介公司的房源信息"。也就是说,不符合《民法典》第965条规定的"利用中介人提供的交易机会或者媒介服务",因此二者并不存在适用上的交叉问题。

(二)二者证明责任的区别

根据前述阐释,适用第965条规定,中介人除需要证明其与委托人之间存在中介合同之外,还需要提供证据证明委托人利用其提供的交易机会或者媒介服务与对方订立合同。在中介人提供证据证明上述事实之后,则应由委托人提供证据反证。因此,委托人需要提供证据证明其并未利用"中介人提供的交易机会或者媒介服务"。而就签署跳单案例而言,按照1号指导案例的要求,则需要由委托人证明以下事实:(1)该房屋销售信息并非委托人所独家授权出售,而系通过多家中介机构挂牌出售;(2)其他中介机构为其与相对人签订房屋买卖合同提供了交易机会或者媒介服务。如

果委托人能够证明上述两个方面事实,则可以起到反证作用。

(三)是报酬请求权,还是违约责任?

根据第965条的规定,如果委托人构成跳单,则需要向中介人支付报酬。此种“支付报酬”并非违约损失赔偿的范围,而是在中介人履行合同义务情况下,其有权请求委托人履行合同义务。这与1号指导案例所确定的“违约责任”定位有所区别。故在反面适用指导案例的情况下,即如果能够认定委托人“利用先前与之签约中介公司的房源信息”,则符合《民法典》第965条规定的构成要件,需要依据该规定支付报酬;如果合同约定迟延支付报酬之外尚有违约金约定的,还应承担相应的违约责任。

专题五　参照适用委托合同的理解

《民法典》第960条规定:“本章没有规定的,参照适用委托合同的有关规定。”中介合同和委托合同之间存在密切的关系,一方面,二者均为以劳务为标的,委托合同的受托人与中介合同的中介人在履行合同中,都要向委托人提供一定的劳务,都必须履行一定的义务,因此可以说,中介合同与委托合同具有一定的共性。另一方面,委托合同的受托人与中介合同的中介人均是为了委托人的利益而提供服务,二者都是建立在委托人对受托人的信任基础之上。适用该条需要注意以下几点:

一、参照适用的基本问题

参照适用作为一种法律解释适用的方法,也可以称为“准用”。“‘比照’或‘参照’是准用性法条的关键词或‘律眼’,是准用性法条的外观识别标志。”①在参照适用的法律适用方法上,其有两个层面的含义:一个层面是予以适用;另一个层面是不予以适用。在予以适用的层面上,在参照适用的事实要素符合被参照适用的规范构成要件时,得出与适用被参照规范相同的法律效果,②这是参照适用事实的积极确定。而在强调不予适用这一层含义上,则应该将关注点集中在某一事实与另一事实的区别上,需要基于被调整的生活关系本身的差别而不予适用。③“参照适用”建立在既类似又不同的两层含义之上,因此“须加以变通而为适用,性质上可用之部分则用,不可用之部分则不用;而适用则径行适用,不必有所变通也”。④“如其事件有差异时,于性质许可之限度,应基于其差异,加以取舍变更,以变通适用,此点与适用应完全适用者不同。”⑤

---

① 刘风景:《准用性法条设置的理据与方法》,载《法商研究》2015年第5期。

② [德]卡尔·拉伦茨:《法学方法论》,陈爱娥译,商务印书馆2003年版,第141页。

③ 同上。

④ 郑玉波:《法谚》(一),法律出版社2007年版,第238页。

⑤ 史尚宽:《民法总论》,中国政法大学出版社2000年版,第52页。

二、审判实践中"参照适用"的具体情形

中介合同可能参照委托合同的具体规则,需要在审判实践中总结经验基础上深入研究。参照适用应建立在中介合同和委托合同的受托人(中介人)均为提供劳务这个基础上,并依此作为参照适用的出发点。因此,考虑到二者提供劳务的性质,则有以下几种可能的参照适用情形:

一是中介人违反善良管理人义务的损失赔偿责任。《民法典》第929条规定:"有偿的委托合同,因受托人的过错造成委托人损失的,委托人可以请求赔偿损失。"至于受托人的过错,则应要求有偿委托合同的受托人在处理委托事务时负善良管理人的注意义务。如果受托人违反善良管理人义务,则构成过错;由此,给委托人造成损失的,则应承担损失赔偿责任。这对于中介合同来说也应参照适用,即在中介人违反了该善良管理人义务的情况下,则应对委托人承担损失赔偿责任。至于该善良管理人的义务,则需要结合具体案件情况加以判断。

二是中介人违反委托人指示的损失赔偿责任。委托合同规定,受托人应当按照委托人的指示处理委托事务。对于中介合同来说,如果委托人对于中介人有特殊委托指示的,则中介人应按照委托人的指示提供中介服务。否则,则引起损失赔偿责任。比如,甲委托乙中介购买学区房,乙媒介丙与甲签订购房合同。房屋办理完过户手续后,甲发现该房屋的入学指标刚刚用完,无法实现甲购买学区房为其子女入学的目的。对此,则在乙中介知悉甲委托目的的情况下,其应基于善良管理人的注意义务查明该房屋的入学指标是否有效。乙未尽该义务,则应承担损失赔偿责任。

三是中介合同的任意解除权。由于以提供劳务为标的的合同,多建立在双方当事人的人身信赖属性上,在二者的信赖基础丧失时,应允许合同当事人从该合同拘束中解脱出来。由此,雇佣合同、委托合同、承揽合同这些以劳务为标的的合同,多规定了当事人的任意解除权。《民法典》第933条规定:"委托人或者受托人可以随时解除委托合同。因解除合同造成对方损失的,除不可归责于该当事人的事由外,无偿委托合同的解除方应当赔偿因解除时间不当造成的直接损失,有偿委托合同的解除方应当赔偿对方的直接损失和合同履行后可以获得的利益。"因此,委托合同的任意解除权则可以适用于中介合同的当事人。

在参照适用的法学方法上,除了上述在方法上积极确定可以适用的情形之外,还需要消极确定不得适用的情形。这也需要法院在裁判时加以注意,也是参照适用的法律解释方法的重要方面。至于何种规范不得参照适用,也需要在个案中加以裁量。《民法典》第928条规定,因不可归责于受托人的事由,委托合同解除或者委托事务不能完成的,委托人应当向受托人支付相应的报酬。当事人另有约定的,按照其约定。就中介合同而言,支付报酬以基于中介行为而订立合同为条件,即使因不可归责于中介人的事由导致中介合同解除,委托人也无须向中介人支付相应的报酬。故在此中介合同的解除事实上,不能参照适用上述第928条的规定。

第二十五章　合伙合同

专题一　《民法典》对民事合伙的调整

一、合伙合同的性质和特征

合伙协议是民事合伙存在的基础,民事合伙的各合伙人之间是契约关系。合伙协议通常是合伙人之间就共同出资、共同经营、共担风险而形成的合意,在性质上属于民事合同,应受《合同法》的调整。合伙合同的订立、履行及相应责任的承担应遵循《合同法》的基本原则。虽然《合伙企业法》对商事合伙作出了特别法上的具体规范,但在民商法体系中,对于民事合伙仍缺乏体系性的规范,《合同法》并未将合伙合同作为有名合同加以单独规定。尽管从理论上讲,合同的订立适用“契约自由”的原则,但因合伙合同的特殊性,特别是合伙人对第三人的关系应当通过法律作出特别的规定加以规范,《合同法》总则部分无法找到可以完整调整民事合伙相关事宜的法律规范。因此可以说,《民法典》施行之前,我国法律关于民事合伙的规范体系存在漏洞。《民法典》首次设立专门章节对合伙合同作出规定,弥补了民事合伙相关规则缺失的法律漏洞,推进了我国合伙法律制度的发展和完善。

《民法典》“合伙合同”,明确了民事合伙本质上属于民事合同的一种,合伙合同的订立应遵循自由平等、诚实信用等合同法的基本原则,且《民法典》合同通则部分关于合同的订立、履行、变更等一般性规定,大多可以适用于合伙合同。此外,将合伙合同作为有名合同而加以单独规定,是基于合伙合同所具有的协议性和人合性的特征,以及民事合伙关系中合伙之间的内部关系和对外责任承担方面的特殊性。《民法典》“合伙合同”一章共规定了12个条文,内容上主要围绕合伙合同的性质、合伙合同具有的“共同目的性”以及“人合性”等特征,对合伙合同的内容以及合伙人的权利义务和责任承担等内容作出了规定。

第一,《民法典》“合同合伙”一章明确了合伙合同具有民事合同的性质,突出了合同自由原则对合伙合同的构造意义,其第967条规定“合伙合同是两个以上合伙人为了共同的事业目的,订立的共享利益、共担风险的协议”,明确了合伙合同的协议性。作为民事合同的一种,合伙合同的订立应遵循合同自由原则,在不违反法律和行政法规的效力性强制性规定或公序良俗的情况下,合伙人可以据其所需自行确立合伙目的、约定各合伙人应承担的出资份额和损益分配规则、制定合伙事务的实施方案,确定合伙事务执行权和决策机制,限定合伙份额的转让和继承规则等。《民法典》第968条规定“合伙人应当按照约定的出资方式、数额和缴付期限,履行出资义务”;第970条规定“合伙人就合伙事务作出决定的,除合伙合同另有约定外,应当经全体合伙人一致同意”;第972条规定

"合伙的利润分配和亏损分担,按照合伙合同的约定办理";第974条规定"除合伙合同另有约定外,合伙人向合伙人以外的人转让其全部或者部分财产份额的,须经其他合伙人一致同意"等,均体现了合同自由原则对合伙合同的构造意义。

第二,强调了合伙合同具有"共同目的性"。《民法典》第967条规定"合伙合同是两个以上合伙人为了共同的事业目的,订立的共享利益、共担风险的协议"。从语义上看,该条使用了"共同的事业目的"一语,突出了合伙合同是合伙人之间为实现此项目的而形成的契约性联合。并且该条突出强调了合伙人之间的法律关系是一种互负义务,以促成"共同目的"得以实现的继续性债务关系,而非彼此间旨在实现交换目的而形成的利益对立关系。就此而言,合伙合同不同于以交换目的与利益对立为基础建构的双务合同。合伙合同的当事人之间并未产生诸如买卖合同、租赁合同当事人间的相互牵连的双务合同关系,也不产生一方意在以尽可能低的价格买进,而另一方意在以尽可能高的价格卖出的利益对立关系,而是在追求一个共同目的上,所有当事人负有协力合作义务。

第三,强调了合伙具有"人身信赖属性"的特征。合伙协议本质上是一种共同行为,合伙人订立合伙合同的目的,旨在经营某项合伙事业,实现共同的事业目的。而为了实现共同目的,各合伙人之间需要相互信任、协同合作。合伙关系的"人身信赖性"体现在:一是全体合伙人对合伙事务的执行权。《民法典》"合伙合同"一章的内容亦体现出合伙关系的"人身信赖性",第970条规定:"合伙人就合伙事务作出决定的,除合伙合同另有约定外,应当经全体合伙人一致同意。合伙事务由全体合伙人共同执行……"该规定明确了除合伙合同另有约定外,合伙事务的表决和执行应遵循全体一致决定原则和共同执行原则。而该条第2款规定:"按照合伙合同的约定或者全体合伙人的决定,可以委托一个或者数个合伙人执行合伙事务;其他合伙人不再执行合伙事务,但是有权监督执行情况。"据此可知,即使在合伙人将其对合伙事务的执行权委托给其他合伙人,而将自己排除在合伙事务的具体执行之外,该合伙人对合伙事务的执行仍享有一定程度的控制权,如监督权。二是合伙关系的"人身信赖性"要求合伙人之间保持一定的稳定性,从而一定程度上限制了合伙成员的流动性。《民法典》"合伙合同"规定的相关内容亦体现出对合伙关系内合伙成员应保持一定程度的稳定性的要求。第974条规定"除合伙合同另有约定外,合伙人向合伙人以外的人转让其全部或者部分财产份额的,须经其他合伙人一致同意",第977条规定"合伙人死亡、丧失民事行为能力或者终止的,合伙合同终止;但是,合伙合同另有约定或者根据合伙事务的性质不宜终止的除外",均体现了对合伙成员稳定性的要求。

二、合伙人的权利与义务

(一)合伙人的主要权利

一是对合伙财产的共有权。合伙财产指合伙关系存续中,因经营合伙事业所拥有和取得的一切财产,包括合伙人的出资及其通过经营取得的一切合伙财产。在民事合伙关系中,因合伙组织不具有独立的民事主体资格,合伙财产属于全体合伙人共有。合伙人对合伙财产的共有权,源于其对合伙的出资。在该共同共有关系中,各合伙人对于合伙财产之全部存在一个潜在的份额,该份额不同于分别共有制之下某物或权利之应有部分。在共有关系消灭之前,各合伙人不得请求分割共有物。此一合伙财产之共有权,应是将其对物之占有、使用权能让渡于合伙人全体,而将处分权能冻结,仅保留对物的收益权,而此收益权又潜藏于对合伙盈利的请求权。当然,这些权能上的让渡,更多的是基于合伙人之共同目的。共有关系消灭之后,转化为出资返还请求权和剩余财产分配请求权。

二是合伙利润分配请求权。共同出资、共同经营、共享收益、共担风险是合伙制度的基本原则。合伙人对于合伙事业经营获得之盈利享有利润分配请求权,是合伙制度应有之义。合伙利润分配的比例,一般依照合伙合同的约定;在无特别约定的情况下,应以各合伙人出资额作为确定该分配比例的依据,唯应符合合伙人之间的利益平衡。进行合伙事务决算与利润分配,一般而言应该于每届事务年度终了时进行,合伙人自该结算结束后可为请求。至于该分配方法,可以采取合伙合同约定的方法,或经合伙决议或全体合伙人同意的办法。

三是合伙事务执行权、决定权与监督权。合伙人享有参与合伙事务执行的权利,对于合伙事务具有决定权。合伙合同成立生效之时,全体合伙人即因具有合伙人身份而取得合伙事务执行权和决定权,该种取得方式可以称为身份取得。此外,全体合伙人也可以另行约定由合伙人中的一人或者数人为事务执行人。在该种情况下的取得方式为约定取得。合伙人可以约定对于合伙事业经营之通常事务,可以由事务执行人一人或数人决定;而对于涉及合伙的非通常事务,需要全体合伙人共同执行的,则由全体合伙人共同执行。事务执行权和决定权尊重当事人的意思自治。未担任事务执行人之合伙人及未参与事务决定之执行人,对合伙事业经营状况及事务决定作出等情况具有监督权。至于针对合伙事务执行权、决定权及监督权的具体操作制度,由合伙人根据实际情况进行约定。

(二)合伙人的主要义务

一是出资义务。合伙的目的在于经营共同事业,而事业的推动以有相当的资产作为前提条件。所谓出资,就是合伙人为筹集合伙的资本所作出的一定比例的财产上或者是非财产上的给付。根据意思自治原则,合伙人可以自行约定该出资比例和数额。

二是对合伙债务承担连带责任。就民事合伙而言,其性质为民事合同的一种,民事合伙本身不具有民事主体资格,无法独立承担民事责任。因此,合伙经营期间产生的债务由全体合伙人共同负担,是全体合伙人的共同共有债务,合伙人对合伙债务承担连带清偿责任。用合伙财产清偿合伙债务后,对不足部分,部分合伙人履行清偿义务后,可以向其他合伙人追偿,此为合伙人内部就债务分担比例约定的问题。

三是忠诚义务。忠诚义务是合伙人的主要义务之一,合伙人之间订立合伙协议,旨在通过共同行为以实现共同的事业目的,因此,合伙人负有诚实信用地履行合伙人的权利和义务以促进合伙目的实现的基本义务。合伙人的忠诚义务一般呈现为消极义务的形态,即合伙人不得为有碍合伙之共同事业经营的行为。

专题二　同时履行抗辩权在合伙合同中的适用限制

《民法典》第968条规定,“合伙人应当按照约定的出资方式、数额和缴付期限,履行出资义务。”那么,合伙人的出资义务,能否适用同时履行抗辩权,是值得研究的一个问题。

对于同时履行抗辩权能否在合伙合同中适用,应明确合伙合同在性质上是否属于双务合同,合伙人出资义务的履行是否构成对待给付、是否具有牵连性。

对于合伙合同的性质,理论上有“双务合同说”和“共同行为说”。其中,“双务合同说”认为合伙合同在性质上属于双务合同,“合伙人各负为出资之债务,其债务在于相互为对价的关系,故合伙为双务契约。在合伙人之出资虽非互为交换,然苟为对价而给付,尚不妨为双务契约,从而为有偿契约”。[①] “共同行为说”认为合伙合同并非传统意义上的双务合同,而是多个当事人平行的意思表示一致而成立的法律行为。“同时履行抗辩权与风险负担的规定,乃是一作为各自的利益而交换给付为前提、并确保此间公平为目的的规定,因此并不适用于合伙合同”。[②] 因“合伙人订立合伙的目的不在于财产交换,而旨在经营合伙事业,某一合伙人履行其出资义务不是为了换取另一方的对价,而是为了形成合伙财产,所以合伙在本质上不属于一般以财产交换为目的的双务合同”。[③]

从《民法典》“合伙合同”一章中相关条款规定的内容来看,第967条关于合伙合同的定义,突出强调了合伙合同具有“共同的事业目的”,具有区别于一般双务合同的特殊性。与一般买卖合同、租赁合同等不同,合伙合同不具有互负债务的交易性或者对价交换的特点,而具有为共同事业的意思表示。就双务合同而言,双务当事人基于合同的约定具有相互给付的义务,而且给付具有“对待”之意,具有相互交换性,如买卖、互易等。但合伙合同本身并没有这种特性——合伙人根据合伙合同履行出资义务,但该给付与其他合伙人的给付并不构成“对待关系”。因此,将合伙合同定性为共同行为更加符合合伙关系的特征。

民事合伙主要是一种合同关系,当事人之间主要通过合伙合同来调整合伙人之间的法律关系。合伙合同本质上是一种共同行为,合伙人订立合伙合同的目的旨在经营某项合伙事业,实现某种共同目的。合伙协议是全体合伙人意思表示一致的产物,是合伙人之间基于共同的利益,就共同出资、共同经营、共担风险而达成的合意。从内容上看,合伙合同是各个合伙人有关经营收益和经营风险的一种安排,不同于一般的双务合同,在内容上各个合伙人的权利义务并不具有相对性,而是指向同一方向。传统上人们常称其为“合”与“同”行为,不无道理。例如,二人约定共同出资购买房屋,合同约定每人居住其中一间,并共同维护,共同交纳有关费用,此种情形即不属于合伙的范

① 史尚宽:《债法各论》,中国政法大学出版社2000年版,第684页。
② [日]我妻荣:《我妻荣民法讲义——债权各论(中卷二)》,周江洪译,中国法制出版社2008年版,第226页。
③ 王利明:《违约责任论》,中国政法大学出版社1996年版,第224页。

畴,而只是一般的合同关系。但如果二人共同出资购买房屋用于出租,共享收益,共担风险,则应当构成合伙。在合伙协议中,各个合伙人并非互负对待给付义务,其是为了追求共同的利益而订立协议,一方负担义务并非构成另一方的权利。某一合伙人履行其出资义务不是为了换取另一方的对待给付,或使另一方履行出资义务,而是为了形成合伙财产、从事合伙经营。因此,在一方不履行其出资义务时,其他合伙人不能主张双务合同的同时履行抗辩权;如果其他合伙人可行使同时履行抗辩权,拒绝履行自己的出资义务,将难以形成合伙财产,合伙事业和合伙目的因此而难以实现。当然,在一合伙人未按照合伙协议履行出资义务时,其他合伙人可以依据合伙协议的约定向其主张违约责任。

专题三　民事合伙的债务承担

一、合伙人的连带责任

《民法典》第973条规定:"合伙人对合伙债务承担连带责任。清偿合伙债务超过自己应当承担份额的合伙人,有权向其他合伙人追偿。"该条确定了民事合伙关系中,合伙人对合伙债务承担连带责任。

(一)合伙债务的性质

就民事合伙而言,合伙债务具有连带性,全体合伙人对合伙债务承担连带责任。所谓连带债务,是指"数人负同一债务,依其明示或者法律之规定,对于债权人各负全部给付之责任的多数主体的债的形态。连带债务一经成立,债务人的给付虽为可分,各债务人均独立负担全部给付责任,故债务人中一人或者数人为全部给付,其他债务人所负之债务,因给付目的已经失去其存在,亦随之消灭"。①

此外,就连带责任的分类角度而言,合伙人对合伙债务的连带责任属于真正的连带责任。就合伙债务而言,因合伙合同是各合伙人基于共同的事业目的,共同投资、共享收益、共担风险而订立,所以对于因经营合伙事务而对第三人产生的债务,各合伙人是基于共同的法律关系而对合伙债务承担连带责任。且从合伙人之间的内部关系上看,因合伙协议中通常对合伙人的责任份额作出了约定,结合我国《民法典》第973条关于"清偿合伙债务超过自己应当承担份额的合伙人,有权向其他合伙人追偿"的规定来看,合伙人在承担责任后,享有就其承担的超出其责任份额的部分向其他合伙人追偿的权利。据此可知,合伙人对合伙债务承担的连带责任属于真正的连带责任。

(二)合伙人连带责任的基础

从《民法典》第967条关于合伙合同的定义以及合伙人的权利和义务等方面来看,民事合伙,是

---

① 林诚二:《民法债编总论》,中国人民大学出版社2003年版,第477页。

各合伙人间基于相互信赖,为了共同的事业目的订立合伙协议而成立的"契约共同体"。合伙事业有赖于合伙财产而得以存续和发展,合伙人的出资以及合伙事务经营期间产生的收益,共同构成合伙财产。基于合伙人之间的共同关系,全体合伙人对合伙财产构成共同共有关系。《民法典》第969条第2款规定:"合伙合同终止前,合伙人不得请求分割合伙财产。"据此,在民事合伙关系中,各合伙人基于共有关系对合伙事务共同享有管理权,同时也共同享有收益权,但在合伙关系结束前,各合伙人不得请求分割合伙财产。因此,在对合伙财产进行分割前,合伙财产为合伙人共同共有。

根据法律规定,共有人应对外承担连带责任。《民法典》第307条规定"因共有的不动产或者动产产生的债权债务,在对外关系上,共有人享有连带债权、承担连带债务,但是法律另有规定或者第三人知道共有人不具有连带债权债务关系的除外",据此,民事合伙人基于对合伙财产的共有关系,应当对合伙债务承担连带责任。

(三)合伙人对合伙债务的连带责任

合伙人对合伙债务的连带责任分为对外责任和对内责任。合伙人在对外清偿债务时,应当首先用合伙人共同共有的合伙财产进行清偿;合伙财产不足以清偿合伙债务的,全体合伙人对不足部分均有清偿义务,即合伙人对合伙债务承担连带责任;部分合伙人对不足部分向债权人履行了清偿义务后,有权就超过自己应当承担份额的部分向其他合伙人追偿。在审判实践中,即使有债权人向部分合伙人提起诉讼,要求偿还债务,人民法院也应当考虑先用合伙财产偿还债务,不应当抛开合伙财产,直接先用该合伙人的非合伙财产进行清偿。只有在合伙财产不足以清偿债务时,才可以用合伙人的其他财产进行清偿。

二、合伙人的追偿权

《民法典》第973条明确了合伙人的追偿权。连带责任制度要求合伙人作为整体对外负全部赔偿义务,而追偿权是为了兼顾对债权人的保护和债务人的内部利益平衡,在内部寻求利益平衡的工具。合伙人追偿权的成立应满足三方面的条件:一是合伙人履行了债务,只有合伙人履行了债务并导致全体合伙人共同免责,履行债务的合伙人方能取得追偿权。二是其他合伙人因该合伙人的清偿行为而共同免责,这里的共同免责包括其他合伙人因该清偿行为而全部免责以及部分免除责任。三是该合伙人清偿债务超过其应当承担的份额。关于合伙人对合伙债务应当承担的债务份额,《民法典》第972条规定:"合伙的利润分配和亏损分担,按照合伙合同的约定办理;合伙合同没有约定或者约定不明确的,由合伙人协商决定;协商不成的,由合伙人按照实缴出资比例分配、分担;无法确定出资比例的,由合伙人平均分配、分担。"据此,应当根据上述法律规定确定合伙人承担合伙债务的份额,对于履行责任超过自己应承担比例的合伙人,有权向其他合伙人追偿。

第二十六章　无因管理

准合同的概念发源于罗马法,本指非合同、非侵权行为引起的债权。罗马法学家盖尤斯在《法学阶梯》中描述说,某些债务的渊源并非来自合同,但是却和合同所生之债类似,债务人承担一种类似来自合同的义务。大约在公元6世纪时,查士丁尼根据市民法和执政官法把债进行了初步分类:合同、准合同、侵权、准侵权,准合同概念正式被提出。在近代私法法典化进程中,法国民法在继受罗马法学说汇纂体系的基础上,采纳了准合同的概念。

我国民法体系建设过程中,无论是《民法通则》,还是之后的《合同法》《民法总则》,以及将施行的《民法典》,均采取提取公因式的立法技术,将一些共性的规则提炼出来规定在总则之中。在我国《民法典》之前的立法中,无论是《民法通则》,还是《民法总则》,均未从准合同角度去界定无因管理和不当得利。《民法典》重新采用准合同概念,主要理由在于,我国民法并无债法总则的规定,在《民法典》中合同通则部分承担了债法总则的功能,因此在合同编体系之下无法容纳无因管理和不当得利这两种独立于合同的债。为了无因管理和不当得利之债能够在《民法典》中找到合适的位置,采用准合同方式将其放在合同编中,不失为一种好的立法方法。

虽然这两种法定之债均被放在准合同之下,但就二者的制度特殊性,与合同还是有区别的。就无因管理制度而言,其在制度构造上与委托合同具有很大的相似性,因此,《民法典》第984条规定"管理人管理事务经受益人事后追认的,从管理事务开始时起,适用委托合同的有关规定……"。故将之界定为类似合同的制度,并无问题。作为《民法典》准合同项下的不当得利制度,应当主要解决给付型的不当得利。至于非给付型的不当得利,随着社会实践的不断发展,再从理论和实践相结合的角度,有针对性地提出应对之策。

专题一　无因管理在《民法典》中的体例安排和变化概述

无因管理作为债发生的原因,是与合同、侵权行为、不当得利相并列的债法上的基本制度。无因管理请求权与物权请求权、合同请求权、不当得利请求权、人身权请求权共同构成完整的、不可分割的民法请求权体系。此次《民法典》编纂,我国的无因管理制度得到重大发展,在第118条、第121条及第183条规定了无因管理的相关内容以外,在合同编中的第三分编准合同中,单独规定第二十八章无因管理,下设6条,对无因管理制度进行了丰富和完善,形成了体系较为完整的无因管理制度,弥补了我国此前立法关于无因管理制度的规定过于简略的不足。

专题二　无因管理的概念及构成要件

无因管理,指没有法律规定或约定的义务,为避免他人利益受损而为其管理事务或者服务。《民法典》第121条规定:"没有法定的或者约定的义务,为避免他人利益受损失而进行管理的人,有权请求受益人偿还由此支出的必要费用。"无因管理制度起源于罗马法,无因管理行为源于特定情形下对他人私人领域的介入需要,对于介入者,即管理人而言,源于朴素的利他情感;对于被介入者,即被管理人或受益人而言,源于无法掌控自己财产时对他人的求助。进而,为了从法政策上平衡"禁止干预他人事务"这一基本法律原则,与"鼓励互帮互助"这一人类共同生活的社会利益所需,逐步产生了调整无因管理行为的法律规定。

无因管理受到法律保护的原因,在于管理人"原来对于他人事务,并无加以干涉之权利或义务。然吾人相倚互助,以防止他人之损害或增进他人之利益,自社会连带之理想,为应奖励之事。管理事务之制度,即基于此理想而建立,于保护本人利益之中,寓有适合社会利益之意"。[①] 可见,无因管理不仅具有私法维护权益的意义,更兼具鼓励形成相互帮助良好社会风尚的公益功能。

《民法典》第979条规定:"管理人没有法定的或者约定的义务,为避免他人利益受损失而管理他人事务的,可以请求受益人偿还因管理事务而支出的必要费用;管理人因管理事务受到损失的,可以请求受益人给予适当补偿。管理事务不符合受益人真实意思的,管理人不享有前款规定的权利;但是,受益人的真实意思违反法律或者违背公序良俗的除外。"据此,无因管理的构成要件主要有以下三个方面:

一、管理他人事务

管理他人事务,即为他人进行管理。一是对于"事务"的理解。事务是指与人的生活利益相关、满足人的生活需要并能成为债务目的的一切事项。既可以是经济事务,也可以是非经济事务;既可以是有关财产的事务,也可以是有关人身的事务;既可以是一时性事务,也可以是继续性事务;既可以是事实行为,也可以是法律行为;既可以是单一事务,也可以是复合事务。事务应符合以下条件:须是合法事务,违法或违反公序良俗的事务不得管理;须不属于本人专属或非经授权不得办理的事务;须适合作为债的目的的事务,纯粹的宗教、道德、习俗和社会公益性质的事务不属于无因管理的事务;事务须为私人事务,不包括公共事务。这里的"事务"不包括下列事务:单纯之不作为;不发生债权债务关系的事项,如为了生病的人而祈祷神明保佑的宗教行为;本身就违法的行为,如帮盗窃

① 史尚宽:《债法总论》,中国政法大学出版社2000年版,第57~58页。

团伙寄存赃物。

二是对于“管理”的理解。管理应是积极的作为，单纯的不作为不构成无因管理中的“管理”。管理的目的是避免他人利益受到损失，表现为保存、利用、改良行为，一般不包括为他人取得权利或负担义务的行为，否则有过度干涉他人事务之嫌；只要有管理事务的行为即可，管理行为是否成功，不影响无因管理的成立；管理行为属于事实行为，故不要求管理人具有行为能力。

三是对于“他人事务”的理解。“他人事务”可以理解为，凡是能成为债务目的的一切事项均可成为无因管理中的事务。他人事务有客观上的他人事务和主观上的他人事务之分。客观上的他人事务是指依事务性质，当然属于他人的事务。主观上的他人事务是指依事务性质与特定人并无当然的结合关系，应结合管理人主观上的意思和行为事实上或法律上的结果归属加以确定。如管理人将自己事务主观上误认为是他人事务进行管理，不能构成无因管理。对他人事务，管理人就他人（本人）是谁，并无认识的必要。即使对本人认识错误，也可就真正的本人成立无因管理。管理他人事务是成立无因管理的首要条件。

四是为他人管理事务意思的判断。为他人管理事务的意思系内心的意思表示，不需要一定有对外的意思表达行为。这时的意思表示是一种事实。值得注意的是，为他人管理事务的意思不是法律行为中的效果意思，因此限制行为能力人或无行为能力人均可实施无因管理行为。

二、管理人没有法定或约定的义务

无因管理中的“无因”，是指管理人没有法定或者约定的义务。法定义务既包括私法上的义务，也包括公法上的义务。如连带债务人超出自己的份额偿还债务不构成无因管理。管理人是否有法律上的义务，应依客观判断。如客观上本无义务，管理人误以为有义务而管理，仍可成立无因管理；如客观上有义务，管理人误以为无义务而管理，则不成立无因管理。

无因管理属于事实行为，“事实行为是指行为人主观上并无产生民事法律关系的意思，而是依照法律的规定引起民事法律关系后果的行为”。[①] 如果无因管理人与受益人之间因约定义务或法定义务而为管理事务，例如管理人基于仓储合同对被保管人的货物进行管理，或父母基于监护关系照顾子女，均不构成无因管理。无因管理作为事实行为的法律效果与管理人的意志无关，直接根据法律规定而产生。

判断管理人有无义务，应当按照客观标准。管理人原没有义务，而在管理时有义务的，不能成立无因管理；原有义务，而至管理时没有义务的，自没有义务之时即可成立无因管理；本有义务而误认为自己没有义务的，不为无因管理；本无义务，而误认为自己有义务的，则仍可成立无因管理。[②]

三、避免他人利益受损失

从主观上看，管理人须是出于避免他人利益损失而进行管理的主观动机而实施管理行为；从行为后果上看，由管理行为所取得的利益最终归受益人所有，而非由管理人享有。如果管理人在维护

① 江平主编：《民法学》，中国政法大学出版社1999年版，第178页。

② 郭明瑞主编：《关于无因管理的几个问题》，载《法学研究》1988年第2期。

自己利益的同时,具有为他人利益的意思,仍可成立无因管理。即为他人事务管理的意思,不是专为本人利益的意思。

审判实践中应注意,关于管理人的管理行为同时有利于自己和他人是否构成无因管理的问题。本书认为,无因管理的构成要件只要求管理人的管理行为有利于他人,至于是否有利于自己在所不问。帮助他人,同时有利于自己的行为,并不违反无因管理制度的立法目的。例如,在郑某诉润兴公司案中,郑某为润兴公司代缴了税款和滞纳金后向法院起诉,请求润兴公司承担责任。润兴公司抗辩称郑某代缴上述款项的目的是为自己妻子减刑。法院最终认定郑某的行为构成无因管理。①

专题三　无因管理人费用支付请求权

《民法典》第979条区分无因管理是否符合受益人真实意思而规定了两种情形。一是无因管理符合受益人真实意思,则无因管理人有权请求受益人支付必要的费用,对于管理人因管理事务受到损失的,可以请求适当的补偿;二是无因管理不符合受益人真实意思的,管理人不享有费用支付请求权,但是受益人的真实意思违背公序良俗的除外。

《民法典》第979条第1款规定了符合受益人真实意思的无因管理,无因管理人享有费用支付请求权。虽然条文中没有明确规定该款的请求权适用于符合受益人真实意思的无因管理情形,但从该条第2款可以推断出第1款隐含着符合受益人真实意思的要件。关于"符合受益人真实意思"的理解,应当是在照顾本人真实或可推知的意思的情况下,以本人的利益所要求的方式管理该事务,或者说是以受益人明示或者可推知的意思为标准进行判断。

一、直接支出的必要费用

根据《民法典》第979条第1款规定,无因管理,符合受益人真实意思的,无因管理人可以请求受益人偿还因管理他人事务而支出的必要费用。从立法过程演变来看,该条沿袭了《民法通则》第93条的规定:"没有法定的或者约定的义务,为避免他人利益受损失进行管理或者服务的,有权要求受益人偿付由此而支付的必要费用",并略有修改。《贯彻民法通则意见》第132条规定,"民法通则第九十三条规定的管理人或者服务人可以要求受益人偿付的必要费用,包括在管理或者服务活动中直接支出的费用,以及在该活动中受到的实际损失"。

该部分费用主要包括管理事务的必要支出及利息。对于"必要"的判断标准,应当按照支出时的客观情况。"得请求返还之费用,以必要或有益为限,是否必要或有益,依支出时的客观标准加以认定。"②也就是说,如当时支出该费用是必要的,即使事后为不必要,亦仍应视为必要费用。如果

① 参见浙江省宁波市中级人民法院(2009)浙甬商终字第1054号民事判决书。

② 王泽鉴主编:《债法原理》(第1册),中国政法大学出版社2001年版,第349~350页。

当时该费用不是必要的，事后即使为必要，仍不属于必要费用。

二、实际损失的适当补偿

首先，这里采用适当补偿并非赔偿责任。也就是说，不能采用赔偿的填平原则确定补偿数额。《民法典》第183条规定："因保护他人民事权益使自己受到损害的，由侵权人承担民事责任，受益人可以给予适当补偿。没有侵权人、侵权人逃逸或者无力承担民事责任，受害人请求补偿的，受益人应当给予适当补偿。"一般认为，无因管理的实际损失仅指因特定管理行为造成的损失，既不包括管理人自己的过错所导致的损失，也不包括管理人在不管理该事务时也可能遭受的不特定的损失。例如，为管理他人事务乘车发生交通事故造成损失。由于该损失并非管理行为造成的特定损失，故不属于无因管理的损失。而为帮助救火而被烧伤则是管理行为造成的特定损失，属于无因管理的损失。其次，当受益人的收益小于管理人的损失时，只要管理人进行了适当管理行为，受益人应给予适当的补偿。理由在于，管理的结果及双方的损益情况不是无因管理的构成要件，不影响受益人承担偿付责任。例如，甲发现乙宅着火后及时帮助救火，但因火势过大房屋仍然被烧毁。此时乙虽未获益，但仍应就甲的损失承担补偿责任。此外，管理人原则上不得请求受益人支付报酬，除非该报酬可以计入必要支出或损失。

《民法典》第979条第2款规定了不符合受益人真实意思的无因管理，无因管理人不享有费用支付请求权，但是受益人的真实意思违背公序良俗的除外。违反受益人或称本人意思的事务管理，学理上称为不适法无因管理。"唯此情形，衡量社会利益及本人利益对管理人无特别予以优惠之必要，故不应使其管理事务行为具有阻却违法之法律效果。"[①]在大多数情况下，无因管理人并不知道他人的意思，此时如何判断管理行为是否违反受益人明示或可推知的意思？本书认为，只要管理人的行为符合常识常情常理，不低于一般人的判断标准，即应当认为符合受益人的真实意思。需要指出的是，在特定情形下，出于维护社会公共利益和公序良俗的需要，管理人即便违反受益人的真实意思管理事务，仍可以构成无因管理。如将因迷信不愿进医院的患者强行送往医院救治的行为，虽违反本人意思，仍构成无因管理。又如，邻居将其高龄父母遗弃，邻居不忍对被遗弃老人的生活进行照料构成无因管理，该管理虽不符合受益人要遗弃其父母的真实意思，但由于遗弃的不法行为本身违反公序良俗，因此，管理人进行管理支出的必要费用受益人仍应偿还。

三、不属于真正的无因管理的费用支付请求权

《民法典》第980条规定："管理人管理事务不属于前条规定的情形，但是受益人享有管理利益的，受益人应当在其获得的利益范围内向管理人承担前条第一款规定的义务。"对不符合《民法典》第979条规定的无因管理要件的，在学理上称为不真正无因管理。根据管理人是否具有为他人管理事务的意思为标准，分为真正无因管理和不真正无因管理。真正无因管理是指管理人具有为他人管理事务的意思，没有法定或约定的义务而为本人管理事务。不真正无因管理又称不法管理，是指管理人明知系他人事务，却故意作为自己事务或误信他人事务为自己事务或误信自己事务为他

---

① 王泽鉴主编：《民法学说与判例研究》，中国政法大学出版社1998年版，第90页。

人事务而加以管理的行为。不真正的无因管理是指管理人为自己管理事务,而不是为他人管理事务。

不真正无因管理不具备无因管理的构成要件,不发生无因管理的法律效果,应根据不同情况确定相应的法律后果:

1. 管理人误将他人事务作为自己事务管理的,根据管理人或受益人的过错,在管理人和受益人之间可产生不当得利或侵权关系。误将他人事务作为自己事务是受益人过错造成的,或双方都有过错,或双方都无过错,成立不当得利关系。误信是管理人的过错造成的,可成立不当得利或侵权关系。依据《民法典》第980条的规定,受益人享有管理利益的,受益人在其获得利益范围内向管理人承担必要费用的偿还以及损失的适当补偿的责任。

2. 管理人误将自己的事务当作他人的事务进行管理,可成立不当得利或侵权关系。

3. 管理人明知为他人事务,仍作为自己事务管理,本不应成立无因管理,而构成不当得利或侵权行为,但若依据不当得利和侵权关系救济,未必妥当保护受益人的利益。因此,对管理人明知为他人事务,仍作为自己事务管理的,受益人可主张成立无因管理,从而得以请求管理人返还全部利益。

专题四　无因管理的管理人义务

《民法典》第981条至第983条规定了无因管理中管理人的义务。

一、适当管理的义务

管理人一旦介入本人事务,应依本人明示或可推知的意思以有利于本人的方法进行管理,并且管理行为具有继续性和不可间断性。"有利于本人"的判断标准,应以处理自己事务的注意义务为标准,在收取报酬时,应负善良管理人的注意义务。在特殊情况下,适当减轻管理人的注意义务。特殊情况是指在紧急情况下,为救助本人的生命、身体或财产,除非管理人有恶意或重大过失,才使其承担没有尽适当管理义务的责任。作为管理人,一般情况下应根据事务的性质,以一般公众对此事务处理的惯常做法进行管理,但管理人已知悉本人意思或可以推知本人意思的,应依本人意思进行管理。如本人意思与其真正利益有冲突的,虽违反本人意思,但符合其真正利益的,也是适当管理。如管理人尽了适当管理的义务,仍给本人造成损失的,除非有故意或重大过失,管理人应依债务不履行负损害赔偿责任,而不宜认定为侵权行为。

二、通知义务

管理开始后,客观上能通知的,应立即通知本人,等待本人指示,根据本人的指示继续管理或停止管理。如果管理人因过失未为通知或迟延通知导致损害的,应负债务不履行责任。

三、继续管理义务

在客观上不能通知本人或紧急情况下，管理人一旦开始管理应负继续管理义务，但如果继续管理违反本人意思或不利于本人的，应停止管理。

四、报告及交付义务

管理人应在管理终止时，将管理事务的情况报告本人，并将因管理事务所收取的金钱、物品、孳息及取得的权利交付或移转于本人。

审判实践中应注意把握管理人注意义务的标准。关于管理人应尽何种注意义务，目前存在两种观点。第一种观点认为，管理人应尽善良人之管理注意义务。"无因管理人无法律上义务而干预他人事务，依其事件之特性，原则上应负善良管理人之注意义务。其未尽此项义务，致本人遭受损害时，应依债务不履行规定，负损害赔偿责任。"①该观点的依据为，无因管理属于对他人事务的积极介入，其注意义务的要求应该较为严格，不能因为管理人自己的能力不足而为本人招致损失。第二种观点则认为，应尽到管理人自己处理同一事务的注意义务。"在管理人的管理知识水平低于本人的管理要求或社会常识的情况下，那么只要管理人尽其所能地进行管理，就应认定为适当管理。"②理由在于"无因管理人是为公益或他人的利益而予以管理，承担与处理自己的事务为同一注意义务即可，不应承担善良管理人的注意义务"。③ 本书倾向于认为，鉴于无因管理有鼓励社会成员互助之功能，且管理人系无偿管理，不应要求其承担过高的注意义务。故第二种观点较为可取。从实践看，由于无因管理一般为日常事务，不论是善良人注意义务，还是处理自己事务的同一注意义务，并不会有多大差别。但在特定情况下，如果管理人的管理能力过低造成损失的，管理人还是应当承担责任。这是因为，管理人在不具备管理能力的情况下管理他人事务，并不符合本人利益，违背了本人可推知的意思。例如，甲发现乙家中电器着火后未及时关闭电源反而用水灭火导致重大损失，甲的行为不能成立无因管理。

---

① 王泽鉴主编：《债法原理》（第1册），中国政法大学出版社2001年版，第347页。

② 马俊驹、余延满：《民法原论》，法律出版社2005年版，第779页。

③ 王利明主编：《中国民法案例与学理研究》（债权篇），法律出版社2004年版，第27页。

第二十七章　不当得利

专题一　作为准合同的不当得利

不当得利作为一种重要的债的发生原因，在调整平等民事主体之间无正当原因的财产归属与转移上发挥着重要作用。无论英美法系，还是大陆法系，不当得利均系产生债或者义务的重要原因，均受到理论界和实务界的高度重视。

1986 年出台的《民法通则》第 92 条，将不当得利制度规定为一种独立的债的发生原因。之后最高人民法院出台的《贯彻民法通则意见》第 131 条对不当得利的法律后果作了补充解释规定："返还的不当利益，应当包括原物和原物所生的孳息。利用不当得利所取得的其他利益，扣除劳务管理费用后，应当予以收缴。"至于善意、恶意不当得利人返还范围的区别、排除不当得利返还的原因等问题，并未涉及。

《民法典》先在第 118 条列举了产生债权的各种原因，然后在第 122 条规定了不当得利的一般条款："因他人没有法律根据，取得不当利益，受损失的人有权请求其返还不当利益"。

《民法典》将不当得利放在合同编第三分编第二十九章，进一步细化和明确了不当得利的法律后果，规定善意不当得利人和恶意不当得利人的不同返还义务、特定情况下第三人的返还义务，对不当得利制度进行了较为系统的规定。与之前的不当得利法律制度相比较，《民法典》合同编第三分编不当得利制度系全新增加规定的内容，主要包括了以下几个方面的新内容：一是不当得利的构成要件和法律后果（第 985 条）；二是排除不当得利返还义务的情形（第 985 条但书）；三是善意不当得利人的返还范围（第 986 条）；四是恶意不当得利人的返还范围（第 987 条）；五是第三人的不当得利返还义务及其范围（第 988 条）。

准合同制度可以概括给付型不当得利的特点，但是对于非给付型不当得利而言，合同的相关规范则很难适用。《民法典》并未在"给付型"和"非给付型"不当得利之间进行区分，特别是其规范的基础仍然更多关注于给付型不当得利，由此在下一步《民法典》施行后，司法解释需要进一步积累非给付型不当得利的特点，填补相应规则的缺失。《民法典》对于返还利益的范围以及"没有法律根据"的判断标准，亦均未涉及，使合同无效、合同撤销等双务合同的不当得利返还请求权的法律适用问题，仍然需要结合其他法律规定，通过审判实践加以解决。

专题二　不当得利的构成要件与法律后果

《民法典》第122条规定:"因他人没有法律根据,取得不当利益,受损失的人有权请求其返还不当利益。"第985条规定:"得利人没有法律根据取得不当利益的,受损失的人可以请求得利人返还取得的利益。"二者均规定了不当得利的构成要件和法律后果,仅仅在术语上存在区别,其内涵是一致的。

一、不当得利的构成要件

(一)一方取得利益

不当得利中的利益,包括财产性权利和利益,不包括人身利益。一般而言,取得财产利益主要表现为以下形式:一是财产权利的取得,如所有权、用益物权、担保物权、知识产权、债权等取得。二是财产利益的取得,如占有利益的取得。三是财产权的扩张,财产权利人在原有权利的基础上扩张了行使权利的范围。例如,因为添附而扩展原有所有权或者用益物权等担保物权的范围等。四是财产利益上负担的消灭。对于财产利益限制的消除或者撤销,使权利人可以不受限制地行使权利。例如,附加于所有权之上的用益物权的消灭,使所有权恢复到完全所有权的状态。五是债务消灭。债务人负担的债务归于消灭,使债务人的财产负担减轻。六是其他法律义务的消灭,导致消极财产的增加。例如,错误扶养而支出一定的费用,导致真正负担法律扶养义务人免除了扶养义务。

需要注意的是,现代不当得利法作为矫正无法律根据财产变动中发生的失衡利益的一种重要制度工具,在其功能发挥过程中,其调整范围不仅是变动的,而且在现代法律发展中具有扩张的趋势。因此,上述情形并非封闭的。至于具体不当得利的形态,则需要司法实践在总结经验基础上加以裁量,且应保持开放的态度。比如,侵害权利型不当得利,侵权人因为侵权而获利,对于受损失的人而言,可以请求侵权损害赔偿,也可以请求不当得利返还。

(二)一方获益无法律根据

无法律根据,是指缺乏受益的法律上的原因,而不是指权利或者财产的取得没有法律上的直接依据。关于这一问题,理论上存在统一说与区分说的观点。统一说认为,无法律根据应当具有统一的意义,对于任何情形下的不当得利的构成,均应作统一的解释和说明。有学者认为,违反公平即为无法律根据,"公平观念为近现代法理和立法对不当得利返还请求权均附加'不当'或者'无法律上的原因'要件的理由。总之,不当得利以调节财产变动发生的不公平现象为目的"。[①]

主张区分说的观点则认为,应当区别各种不当得利的具体类型,分别说明无法律上的原因,才

---

① 孙森焱:《民法债编总论》(上册),法律出版社2006年版,第99页。

可以满足不当得利制度的需要。区分说将不当得利区分为给付型不当得利及非给付型不当得利两种类型。前者是指因给付目的欠缺而发生的不当得利情形,包括合同无效、不成立、被撤销以及解除等情形。后者是指基于给付以外的事由而发生的不当得利,包括侵权行为、误信管理(误将他人事务当成自己事务管理)、准无因管理、自然事件以及法律的直接规定等。

现代民法学不当得利理论和实务的发展,基本沿着区分说的路径发展。不当得利"不仅贯穿于民法典,而且也贯穿于商法、民事诉讼法、经济法等与财货转移有关的各个领域中"。①

(三)一方获利与另一方损失之间存在因果关系

因果关系的判断标准,决定了获利方的求偿范围。不当得利的因果关系不同于侵权责任中行为与损害结果之间的直接因果关系,属于非直接的因果关系,即牵连关系。两者的区别在于,直接因果关系要求一方获益与他人受损必须基于同一事实;而在不当得利判断上应遵循相当因果关系的标准,"若没有取得利益的事实,他人不至有损失发生,应当认定取得利益和他人损失之间存在因果关系"。②

二、不当得利的法律后果

《民法典》第122条和第985条所规定的返还所取得的"利益",系不当得利请求权的客体。③要注意区分不当得利请求权客体和不当得利受损人可以请求返还的范围。以下述双务合同被撤销后的法律后果为例。甲乙签订房屋买卖合同,甲支付了购房款,乙交付了房屋,并办理了房屋权属变更登记手续。后丙向法院请求撤销该房屋买卖合同,经法院审理并判决,撤销甲乙之间的房屋买卖合同。因此,在该合同被撤销之后,甲继续保有该房屋构成不当得利,④甲需要返还已经取得的乙的房屋,则乙对甲有一个对该房屋的不当得利返还请求权;同样,乙保有甲所交纳的购房款构成不当得利,乙需要返还给甲该购房款,则甲取得对乙的该购房款的不当得利请求权。由此,在该纠纷中,产生两个不当得利请求权,即有两个不当得利请求权的客体。就不当得利请求权客体,应遵循以下解释思路:

第一,返还原物。如果受益人基于不当得利取得物,则应返还原物;如果原物毁损、灭失,则基于该毁损、灭失所得之赔偿金、保险金等可以替代为应返还之诉;如果基于该原物尚有所得,则还应返还该所得。《贯彻民法通则意见》第131条规定:"返还的不当利益,应当包括原物和原物所生的孳息。"这里的孳息,实际上就属于另有所得的范畴。例如,甲乙签订买卖木材合同,甲向乙交付了木材,乙尚未支付购买价款。后乙基于欺诈行使撤销权,解除了合同。因此,乙取得木材则没有合同依据,构成不当得利。在此情况下,乙应向甲返还该木材。但是,如果乙已经转手出售此批木材,

---

① 洪学军:《不当得利制度研究》,中国检察出版社2004年版,第43页。

② 史尚宽:《债法总论》,中国政法大学出版社2000年版,第72页。

③ 黄立:《民法债编总论》,中国政法大学出版社2002年版,第219页。

④ 对于合同撤销之后,当事人所享有的请求权系原物返还请求权还是不当得利请求权,需要实践中进一步厘清。王利明教授认为,对于受损人来说,有两种请求权,即原物返还请求权和不当得利返还请求权,且二者构成请求权竞合。参见王利明:《债法总则研究》(第2版),中国人民大学出版社2018年版,第404~406页。本书认为,对于双务合同无效、撤销、解除之后双方返还义务的性质的认定,决定该权利系物权请求权还是债权请求权。但是,无论该请求权是否构成物权返还请求权,其可以构成不当得利返还请求权,则并无异议。

则乙应向甲返还该批木材的出售款；如果出售款比原购买款要多，则也应将该多出款项返还。

第二，偿还价额。如果在性质上不能返还原物或者受益人基于其他理由不能返还原物的，则应偿还其价额。例如，建筑材料附合在建筑物上，且建筑物所有权人取得附合该建筑材料的所有权，此种情况并非原物遭受毁损、灭失的替代给付，而是所有权人保有原物价值之后的返还对应价额。

三、不当得利返还义务的排除

《民法典》第985条规定，"得利人没有法律根据取得不当利益的，受损失的人可以请求得利人返还取得的利益，但是有下列情形之一的除外：(一)为履行道德义务进行的给付；(二)债务到期之前的清偿；(三)明知无给付义务而进行的债务清偿"。但书规定了三种排除不当得利返还的例外情形。

不当得利返还义务的排除，是指获利人的获利不构成不当得利，或者虽然构成不当得利，但依据法定的原因无须负担返还义务的情形。就本条规定的排除不当得利返还义务的情形，并非完全排除受损人的不当得利返还请求权，而只是赋予受益人一种抗辩权。此时，受益人拒绝返还不当得利实际上属于提出抗辩。排除不当得利返还义务的情形包括：

第一，为履行道德义务进行的给付。道德义务并非法律所规定的法定义务，但该义务符合社会的一般道德观念，故使其发生法律上的效力，受损人不得请求返还其利益。如在我国传统习俗中，亲戚朋友之间结婚、生子均具有送交贺礼的习俗，该种习俗所产生的给付即应界定为一种道德义务。

道德义务系一不确定性概念，需要由司法机关在实务中根据案件纠纷情况进行认定。在实践中如何判断系履行道德义务，应当依照社会观念和当事人之间的关系，以及给付标的物的价值等确定。比如，对于救助其生命的人给付报酬，虽然对于给付人来说并无义务，但是从实际生活来看，此种给付带有一种道德义务性质，故得到该报酬的人并不构成不当得利。

还应当区别基于道德义务的给付与赠与的界限。赠与就是明知自己无义务而为无偿的财产给付，赠与人原则上并无义务。而道德义务对于受损人而言系负担义务，只不过该种义务为道德义务。

第二，债务到期之前的清偿。定有清偿期的债务，债务人于未到期之前而为清偿给付的，是期前清偿。期限系为债务人的利益而设，清偿期未届至，债务人并无清偿义务。如果债务人并非为了提前清偿的目的而为给付，属于欠缺给付目的的清偿。此时，受领人受领并非无法律根据，但是这种清偿也发生债务消灭的后果，所以，清偿人不得以不当得利为由请求返还。

当然，对于给付人在给付时至清偿期届至前期间的中间利息利益或期前利益是否可以请求返还，需要进一步研究。我们倾向于支持请求返还的观点。

第三，明知无给付义务而进行的债务清偿。非债清偿是不当得利的最典型形式。但在明知的非债清偿情形下，比较法上许多国家和地区的法律均规定，给付人无权向对方当事人请求返还。关于明知无债务仍然清偿不得请求返还不当得利的原因，有不同观点。自我国民法体系角度出发，则应认为该种出尔反尔的行为违反诚信原则，故对其返还的请求，不应予以保护。[①]

四、不法原因给付的处理

比较法上还有基于不法原因之给付不能请求不当得利返还的法律规定，《民法典》并未采纳比较法上的做法。对此，应自文义解释角度出发，解释出来法律不支持此种处理的态度。至于涉及不法原因给付的具体案件纠纷处理，则需要结合案件具体情况加以处理。例如，民间借贷中债务人支付的超限利息问题，在实务中应允许其自然抵扣尚欠付的本金。这种处理方式已经内含了允许不当得利返还的请求。[②]

五、双务合同不当得利请求权的处理

双务合同所产生的返还请求权，其具有的准合同特性是比较明显的。其中比较典型的是，双务合同履行请求权对于给付型双务合同不当得利返还请求权的准用。

以下述案例为切入点：出卖人甲将某奔驰牌机动车作价50万元与乙的某批钢材互易。双方均已经交付。后乙基于该机动车系泡水车受欺诈为由请求撤销该合同，经法院判决认定，该泡水车价值仅值30万元，故支持乙行使撤销权的请求。根据该撤销结果，则乙保有甲机动车构成不当得利，乙应向甲返还该机动车；而甲要向乙返还某批钢材。鉴于甲已经将该批钢材对外出售，取得价款60万元，故甲应向乙返还该另有所得的60万元价款。此时，假如甲进入破产程序。对乙的权利如何保障？

上述双务合同上的不当得利请求权，实务上缺乏相关判例。就案涉情形而言，乙需要向甲返还机动车，该请求既可以系物权返还请求权，也可以构成不当得利返还请求权，二者形成竞合。[③] 无论甲向乙主张何种请求权，乙均需要向甲返还该机动车。但是，对于甲需要向乙返还的钢材而言，鉴于该钢材已经出售并有所得，则应该基于返还原物之另有所得原则，返还所得价款60万元。在负担返还义务的双方均具有偿还能力的情况下，往往不会产生纠纷。但是，在甲进入破产程序之后，显然乙对其请求返还60万元的不当得利请求权属于破产债权。如此，则乙向甲返还价值“30万元”的机动车，而乙对甲的债权则纳入破产债权参与破产财产分配。如果二者均据此处理，而不允许乙对此提出同时履行抗辩，这对于乙来说是明显不公平的。

对于上述双务合同不当得利请求权的关系，我国现行法律并未规定。而德国判例学说历经100多年的发展，创设若干基本理论和思考方法，值得借鉴。

第一，不当得利请求权对立说。该说认为当事人各有独立的不当得利请求权。从上述案例来说，乙对甲有返还钢材销售款60万元的请求权，甲对乙有返还机动车的请求权，这两种请求权可以主张同时履行抗辩。如果应返还的标的种类相同，可以相互抵销。但是，在非由于当事人原因导致

---

① 王泽鉴：《债法原理（第二册）：不当得利》，中国政法大学出版社2002年版，第114页；王利明：《债法总则研究》（第2版），中国人民大学出版社2018年版，第478页。

② 参见仲伟珩：《民间借贷超限利息的抵扣》，载《最高人民法院第二巡回法庭法官会议纪要》，人民法院出版社2019年版，第63页。

③ 王利明：《债法总则研究》（第2版），中国人民大学出版社2018年版，第404页。

标的物毁损灭失的情形，该说认为在所受利益不存在时，则免负返还或偿还价额的责任，而他方仍然可以向对方请求返还。显然，这样的处理对于一方当事人而言是不公平的。

第二，差额说。为克服上述不当得利请求权对立说的缺点，德国法理论和实务上还有差额说，认为双务合同上不当得利请求权自始存在于一个基于双方对待给付的计算之上，故以差额的返还为其内容。该说强调双务合同双方的给付基于经济上的交换目的而构成一个整体，故对合同无效、被撤销的情形，给付与对待给付应一并观察计算。例如，在上述案例，甲应向乙返还钢材销售款60万元，乙要向甲返还机动车。鉴于本案机动车并不值50万元，故应根据实际市价折算30万元，由此在甲进入破产程序之后，乙可主张抵销权，故甲在以该机动车实际价值30万元"抵销"30万元之后，甲应向乙返还钢材销售款30万元。则该30万元在甲进入破产程序后，可作为乙的破产债权请求参与分配。德国法上还针对标的物毁损灭失的个案情况，强调对未成年人的特殊保护及对欺诈一方当事人的制裁等。

差额说多受德国学术界批评。① 但是，德国实务界仍然秉持差额说的处理方式。德国法的上述处理思路均具有一定参考价值。经过近100年的争辩，目前德国实务中主流的处理方法仍然是差额说。

本书认为，就我国类似问题的处理而言，应明确以下几个方面的问题：

首先，与双务合同的履行一样，在双务合同被撤销或被认定无效之后，所产生的不当得利请求权也具有对立性。基于该对立性，所产生的双方不当得利请求权人能够主张同时履行抗辩，这是对此问题思考的起点。对此，《民法典》第525条规定的同时履行抗辩权在此情况下应有适用的空间。就引入案例而言，甲需要返还乙钢材款，乙需要返还甲机动车，这两种请求权在合同当事人之间是对立的，基于此对立则应强调二者的同时履行抗辩权。

其次，差额说是实务中终局解决纠纷的进一步措施。就引入案例而言，如果允许乙返还甲机动车，而乙对甲的债权转化为普通债权，这显然将风险完全交由乙承担，是不公平的。由此，则应允许乙以机动车的现有价款抵销甲应返还的60万元，之后再将剩余款项30万元纳入破产债权。事实上，差额说的解决机理类似于当事人抵销权的行使。而根据《民法典》第569条的规定，当事人互负债务的标的物种类、品质不相同的，需要经协商一致才能主张抵销。但是，在双务合同不当得利返还请求权成为对立状态的情况下，如何才能适用该抵销，则需要进一步深入探讨。另外，如果合同被确认无效、撤销后，一方享有的物权返还请求权，而另一方享有的仅系不当得利返还请求权，此种情况下，如何才能适用差额说，亦需要进一步深入研究。上述问题，均需要司法裁判在个案中加以探索。

最后，对于双务合同履行之后，标的物毁损灭失的风险负担问题，及由此能否影响到上述差额方法的适用，又或者是否对于特定当事人需要给予特殊保护，需要在审判实践中针对具体问题再行深入研究。比如，某未成年人盗刷父母信用卡购买一非常喜爱的古董，未成年人之父母自然可以未成年不具有民事行为能力为由主张撤销该合同。但是，在该古董被未成年人不小心摔碎。而在未成年父母撤销合同后，未成年人需要返还该古董，古董商需要返还支付的价款。鉴于该古董已经灭

① 比较法上的学说参见王泽鉴：《债法原理（第二册）：不当得利》，中国政法大学出版社2002年版，第223～226页。

失，故古董商是否得基于同时履行抗辩权而拒绝返还价款？德国司法实务在此情况下，对于未成年人予以特别保护，即未成年人所受领的标的物虽然已经灭失，但其仍然有权请求古董商返还价款。上述系基于对未成年人特殊保护而设计的规则，是否在我国司法实务中具有参考价值，需要进一步研究。如果对于没有特殊保护的市场主体而言，又当如何处理，也需要在审判实践中进一步深入研究。

专题三　不当得利返还范围的区别

《民法典》在不当得利返还范围上，区分得利人系善意还是恶意，规定了不同的返还范围。第986条、第987条分别规定了善意不当得利人和恶意不当得利人的返还义务；第988条规定了第三人的不当得利返还义务。

一、善意不当得利人的返还范围

《民法典》第986条规定："得利人不知道且不应当知道取得的利益没有法律根据，取得的利益已经不存在的，不承担返还该利益的义务。"根据该条规定，如果受益人在取得利益时并不知道其取得利益无法律上原因，其返还范围应以现存利益为限；如果该利益已不存在，则无须进行返还。该规定的立法目的在于使善意得利人的财产状态不致因发生不当得利责任而受不利影响，从而损害到得利人的利益。现存利益应从以下几个方面把握：

其一，现存利益是指受益人被请求返还之日起还存在的利益。如果该利益在被请求返还之日已经不存在，则受益人不负返还义务。下列情形则不属于利益不存在：(1)种类物被消费。比如，甲将向乙交付的大米错误给付给丙。丙将该大米消费，此种消费不能作为所受利益不存在，丙不能以该大米已经被消费对抗乙的不当得利返还请求。(2)受领款项用于自身经营用途。比如，收取的错误汇款用于偿还其对外负债。(3)因毁损、灭失但取得赔偿金或者补偿金的，此种情况返还利益则及于所受的赔偿金、补偿金。

由于得利人故意、重大过失导致所得利益不存在，能否免除得利人的返还责任，则不无疑问。对此，本书认为，基于诚实信用原则，在得利人对于所得利益失去具有故意和重大过失的，仍然需要负担返还责任。至于具体的利益不存在的判断，在比较法上多通过具体案件来进行处理。

其二，现存利益不存在，还应当考虑受益人财产总额的整体情况。例如，得利人将得利转售取得增值利益的，则属于使受益人财产总数增加的情形，增加的部分应当属于现存利益。但是，如果受领利益完全丧失，而没有增加受益人财产，则不属于现存利益。因此，判断现存利益时，应当考察受益人的财产总额的情况。

其三，应当扣除受益人因信赖能够取得该利益而遭受的损失。受益人在利用其获利或者在返还获利的过程中遭受损失时，如果该损失是因该获利本身导致的，而非因受益人的原因引起，则受益人有权扣除该部分损失，将剩余的利益返还给受损人。例如，甲将超过保质期的粮食以100万元出售给乙；乙为减少损失，将该批粮食以40万元出售给某饲料企业用于制造动物饲料。为此，乙支付仓储费用2万元。在乙后来基于欺诈撤销该买卖合同，进而应负担返还获利40万元义务的情况下，则其有权主张返还利益中扣除该仓储费用2万元。

二、恶意不当得利人的返还范围

《民法典》第987条规定："得利人知道或者应当知道取得的利益没有法律根据的，受损失的人可以请求得利人返还其取得的利益并依法赔偿损失。"该条规定了恶意不当得利人的返还范围。

（一）受益人恶意的判断时点

关于受益人恶意判断的时点，学理上常常区分两种情形。一是自始恶意，即受益人在取得利益时即知道其取得利益欠缺法律上的原因。受益人自始恶意的，其应该将从受领开始所取得的全部利益返还，且不论该利益在被请求返还时是否仍然存在。如果返还全部利益后仍有损失的，恶意受益人还应承担损害赔偿责任。[①] 此外，受益人因处分该利益或其他原因受到损害的，其仍然应对所取得之全部利益进行返还。二是嗣后恶意，即受益人在受领时并不知道其无受领原因，而受领后的一段时间才知道其取得利益欠缺法律上的原因。受益人嗣后恶意的，如果在知道无受领原因前，所取得利益已经不存在，则受领人不再负担返还义务；如果其知道无受领原因后，其所取得利益仍存在的，则应向受损人返还自其知道其取得利益欠缺法律上原因之时起的现存利益；从受益人知道其取得利益欠缺法律上的原因之日起，如果造成受损人损失的，受益人还应承担赔偿责任。

（二）恶意受益人的返还范围

在受益人是恶意的情况下，不当得利的返还范围应当是其所取得的全部利益。受益人返还的利益既包括受领时所获之利益，也包括该利益所生孳息。孳息包括天然孳息和法定孳息，孳息可以移转的，应当直接返还给受损人。恶意受益人不得以利益不存在主张免除返还义务。例如，甲明知乙的机动车非自己所有，趁该机动车钥匙未拔出而偷开运送自己的货物。该机动车复被盗窃，甲仍然应偿还该车的价值。较之于善意受益人，恶意受益人的返还义务更重。

（三）恶意受益人的损失赔偿义务

如果恶意受益人所返还的利益不足以弥补受损人的损失，则应根据该损失确定恶意受益人的赔偿范围。在受益人为恶意的情形下，即使对方当事人没有遭受损失的，恶意受益人也仍应当负担返还义务，这也体现了法律对恶意受益人行为的否定。当然，在确定返还范围时，也应当考虑受益人所支出的成本，正确评价行为人自身行为在其获利中的作用。例如，乙公司申请一专利多年未生产。甲公司未经乙公司专利授权，生产乙公司专利产品，销售额200万元。本案自可产生侵权损害赔偿请求权与不当得利返还请求权的竞合。但是，从侵权角度来看，乙需要证明其损失，而由于未投入生产，乙很难证明具体损失数额。而在甲需要返还乙公司不当得利的情况下，则可以以甲公司

---

① 王利明：《债法总则研究》（第2版），中国人民大学出版社2018年版，第470页。

销售额来主张不当得利收益,由此则需要由甲举证证明其所支出的相应成本和费用,并主张扣除。

需要注意的是,《民法典》第987条规定的"赔偿损失"并非侵权责任的赔偿损失,而系不当得利返还之债中独立的损失赔偿请求权基础。该损失赔偿不以得利人具有故意或过失为要件,仅需对不当得利获利本身具有恶意即可。[①]

专题四　第三人的不当得利返还义务

一、第三人的不当得利返还义务

《民法典》第988条规定:"得利人已经将取得的利益无偿转让给第三人的,受损失的人可以请求第三人在相应范围内承担返还义务。"这就是第三人的不当得利返还义务。

根据该条规定,如果受益人将其取得的利益,无偿让与给第三人,如赠与,第三人则应在相应范围内负担不当得利返还义务。

第三人主要是指因受益人的行为而间接取得利益的人。在受益人将其所获利益无偿让与第三人的情形下,由于第三人取得利益并没有支付对价,因而,课以其返还义务并不会加重其负担。

第三人的返还义务,以其无偿取得的现存利益为限。对于此种返还义务的确定,其理论基础仍然在不当得利之本质,即得利人无法律根据取得利益,负返还得利之责任。[②]

第三人负担不当得利返还义务的法理基础仍然是不当得利,因此首先需要第三人取得利益"构成不当得利"的事实,即需要第三人基于"无偿转让"而符合《民法典》第122条规定或第985条前段规定要件。除此之外,尚需要符合第988条规定的要件。

二、第三人返还义务是否以原得利人免除返还义务为前提

就第三人返还义务,有学者认为,原则上需要在免除受利人返还义务的情况下始得适用。[③] 对此,《民法典》未作规定,不无探讨空间。

笔者倾向认为,该条规定并不局限于原得利人因无偿让与而免返还义务的善意不当得利情形,对于原得利人负担返还义务的情形,受损失当事人也可以请求第三得利人在无偿转让范围内承担返还责任。具体理由如下:

首先,从体系解释来看,《民法典》并未要求第三人负担返还义务以原得利人免除返还义务为前提。第987条规定:"得利人知道或者应当知道取得的利益没有法律根据的,受损失的人可以请求得利人返还其取得的利益并依法赔偿损失。"由此,在得利人对于取得利益系恶意的情况下,自然需

---

① 王泽鉴:《债法原理(第二册):不当得利》,中国政法大学出版社2002年版,第233页。

② 黄立:《民法债编总论》,中国政法大学出版社2002年版,第231页。

③ 王泽鉴:《债法原理(第二册):不当得利》,中国政法大学出版社2002年版,第235页。

要根据本条规定承担返还责任,并需要赔偿损失。第 988 条规定:“得利人已经将取得的利益无偿转让给第三人的,受损失的人可以请求第三人在相应范围内承担返还义务”,该条规定得利人无偿转让得利情形下,第三人在相应范围内承担返还义务。因此,在上述两条适用的体系解释上,并未排斥第 987 条与第 988 条的同时适用。故就现有法律规定的体系解释来看,则应允许当事人同时提出请求。

其次,从第三得利人返还义务的法律基础来看,其保护的本质在于“经济上之得利人负返还得利之责任”,[①]与善意保护并无关系。因此,就第三人返还义务来说,在于其无偿受让利益,与得利人应否负担责任应无关联。而恶意不当得利之返还基础在于对恶意行为的纠正;即使该不当得利并不存在,也不能免除其返还义务,这是立法之本意。如果将第三得利人返还义务局限于得利人善意且已不负担返还义务的前提,则无异于将该适用空间局限于善意得利人的情形,这不符合该制度的立法目的。

最后,要求得利人与第三得利人共同承担责任,有利于避免道德风险。如果将第三得利人承担责任限于得利人善意的情形,则在恶意得利人需要承担责任,进而免除无偿受让之第三人的返还义务的情况,会给得利人留下规避返还义务的制度空间。

---

① 王泽鉴:《债法原理(第二册):不当得利》,中国政法大学出版社 2002 年版,第 235 页;黄立:《民法债编总论》,中国政法大学出版社 2002 年版,第 231 页。

第四编　人 格 权

第一章 概 述

人格权独立成编为我国民法典最大亮点。从清末起草民律草案到《中华民国民法》，都少有纳入人格权的问题。新中国成立到改革开放之前，人格权的保护问题也未引起足够重视。改革开放以来，我国的人格权法律保护从无到有，从简单到复杂，并逐渐发展形成完整的人格权法律体系。

在反思“文化大革命”这段历史时，人们开始思考应当采用什么方式来保护人的人格权益。1986 年通过《民法通则》，人格权保护被正式写入法律，内容一共 5 条。这 5 条规定只是宣誓性地对公民的生命健康权、公民的姓名权、法人等民事主体的名称权、公民的肖像权、公民和法人的名誉权与荣誉权作出了规定。这 5 条具有革命意义的规定，宣告了中国将采用法律方式保护公民和其他民事主体的人格权益。为贯彻落实《民法通则》的规定，最高人民法院又在《贯彻民法通则意见》中以司法解释的形式作出了 6 条规定。正是根据这 6 条规定和最高人民法院以后陆续作出的批复，人民法院开始了用法律方式保护公民、法人和其他组织的人格权的司法审判活动，开启了司法保护人格权的先河。

进入 20 世纪 90 年代以后，我国在各种不同的法律形式中，逐渐增大对人格权的保护力度。例如，全国人大常委会制定的《产品质量法》和《消费者权益保护法》加大了对人格权的保护力度；2001 年 2 月最高人民法院通过了《精神损害司法解释》；2003 年 12 月最高人民法院又通过了《人身损害赔偿司法解释》。上文两个司法解释的通过，对进一步推动人格权保护，特别是生命权和健康权的保护发挥了重要作用。2009 年 12 月，全国人大常委会通过了《侵权责任法》，我国对人格权的保护又上了一个新台阶。按照这一法律，我国对生命权、健康权、姓名权、名誉权、荣誉权、肖像权、隐私权等的保护作出了明确的规定。2014 年 6 月，最高人民法院根据信息网络发展，出现利用信息网络侵害民事主体人身权，特别是人格权的具体情况，制定了《网络侵权司法解释》。最高人民法院这一司法解释，对通过互联网等信息网络进行“人肉搜索”，利用各种形式的文字、图片、影像、视频等方式对公民、法人和非法人组织的隐私权、名誉权、荣誉权、姓名权、名称权等人身权利进行侵害的案件如何处理进行了规定，对于信息化条件如何保护公民、法人和非法人组织的人格权进行了规范，取得了良好的法律效果和社会效果。

从《民法通则》出台到《民法典》编纂之前，随着法律和司法解释的不断出台，我国对人格权的司法保护力度不断加大。各地法院在最高人民法院的指导下，陆续审理了一些具有指导性意义的案件，对推动全国法院审理人格权保护的案件发挥了很好的作用。例如，最高人民法院“关于处理《荷花女》名誉权纠纷案”的复函，就死亡人的名誉权应当受到法律保护回复了天津市高级人民法院的请示，树立了死亡人名誉权应当受到法律保护的先例；最高人民法院关于徐某诉上海文化艺术报社、赵某某侵害名誉权案件的请示，开启了根据他人传闻撰写严重失实的文章并发表，应当承担名誉权侵权责任的先河；卓某某诉孙某某、重庆市乳品公司侵犯肖像权一案，是确立了公民肖像权受法律保护的典型案例；蔡某某与百度公司侵害名誉权、肖像权、姓名权、隐私权纠纷案，在如何认定网络服务提供者的责任边界、公众人物监督和侵权的界限等方面提供了可供借鉴的经验。近年来，北京法院受理的狼牙山五壮士名誉权侵权案、邱少云名誉权侵权案，更是在名誉权案件的审理中，就如何保护先烈名誉权，维护民族精神树立了标杆性质的经典案例。依据现行法律、司法解释，人民法院审理了大量涉人格权纠纷的案件。2002 年，全国人民法院审理人身自由权、名誉权、荣誉权、名称权、肖像权等具体人格权纠纷的案件只有 18,220 件，但到 2019 年，全国法院审理的人格权纠纷案件已达 177,135 件，案件数量增长了近 10 倍。

30 多年来，在人格权司法保护的审判工作中，人民法院取得了很大的成绩，但同时也存在一些令人思考的问题。大量的人格权纠纷案件的审理，基本上是从民事侵权责任的角度进行的，而人格权及其具体权利的性质、类型、特征，以及权利人的权利行使，义务人的义务边界，合同责任和侵权责任的认定和承担等问题，并没有统一的法律规定，碎片化特征十分明显。正因如此，在审判实践中出现了人格权类的案件，从立案、审判到执行都出现不少难题。例如，因邻里纠纷两位妇女吵架，其中一位当事人因败落下风到法院起诉，要求追究对方的名誉权侵权责任，这类案件是否应当立案？因法律界限不清，此类案件法院立案后难以息诉。在隐私权案件审理过程中，关于隐私权的边界，法律没有明确规定，实践中也很难掌握。在审理肖像权纠纷案件时，何种情况下构成肖像权侵权，何种情况下不构成侵权，也没有法律的明确规定。个人信息在哪些情况下应当予以保护，哪些情况下不属于法律保护的范围等，都不同程度地存在问题。这些问题，需要从完整的人格权法律体系入手，划清当事人之间权利和义务的边界，才能让法官在审判实践中正确认定当事人的行为是合法还是违法，才能确定当事人的民事责任。如果仅仅从民事侵权责任出发，不清楚当事人在法律上的权利和义务，则很难提高审判质量，让当事人服判息诉。应当看到，由于我国人格权的司法保护问题是改革开放以来，特别是《民法通则》通过后才开始的，不可避免地有一个从无到有、从简单到复杂的过程，出现碎片化现象在所难免。但是，经过 30 多年的立法和司法的经验积累建立人格权法律体系，将是提高公民素质，促进人格权司法审判工作规范化的一个极大推动。这就是我们为什么会向全国人大常委会法工委建议在《民法总则》中增加人格权作为民法分则单独成编的原因。

在《民法总则》通过前，最高人民法院《关于〈中华人民共和国民法总则(草案)〉(征求意见稿)意见的复函》提出："建议重视人格权在民法典体系中的重要性。人格权是民事主体最基本的民事权利，与物权、知识产权、亲属权、债权等构成完整的民事权利体系，具有独立地位。人格权是人权在民事法律中的具体化，民法中规定人格权是保障和发展人权的内在要求，可以使宪法保障人权的规定在私法中得以落实，并向国际社会彰显党和国家对保护人权的高度重视。"

在《民法总则》通过以后，在最高人民法院《关于〈中华人民共和国民法典各分编(草案)稿〉意见的复函》中讲到："人格权独立成编有利于构建完整的民法典体系结构。人格权独立成编，一方面，是科学立法的体现，人格权独立成编既是新中国人权发展成果的立法体现，也是民法发展世界趋势的立法回应，代表了民法发展的未来；另一方面，也是民法总则结构设计的必然展开。民法总则是以法律关系为逻辑基础的民法体系总纲，人格权作为重要的民事权利与民事主体制度相区分，是民法体系内在逻辑的体现，民法总则专章规定了民事权利，其中人格权部分作为首要权利类型与身份权、财产权和其他民事权益并列作了原则规定，民法典分则各编的编纂应当以此为基础展开。”“人格权独立成编有利于促进人格权的司法保护。通过立法清晰界定人格权的内容、权利边界、行使方式、保护规则，特别是完善人格权请求权基础规范，对人格权司法保护有效实施提供明确依据，有利于更好的保护人格权，也有利于更好地发展人格权。”

事实上，从立法上将人格权纳入民法典的工作，在制定《民法总则》时就已经开始了。《民法总则》第2条中，就将“人身权”从原来《民法通则》中放在“财产权”之后，改为放在“财产权”之前，体现了我国《民法典》编纂更加重视对人身权的保护。《民法总则》第五章是构建我国民事权利体系的依据，在该章中“人格权”被放在了各种民事权利之前，且成为构建人格权法律体系的基础。其中，第109条规定：“自然人的人身自由、人格尊严受法律保护。”第110条规定：“自然人享有生命权、身体权、健康权、姓名权、肖像权、名誉权、荣誉权、隐私权、婚姻自主权等权利。法人、非法人组织享有名称权、名誉权和荣誉权等权利。”《民法总则》通过后，《民法典》编纂工作全面进入第二阶段。在《民法典》分则各编紧锣密鼓开展的关键时期，党的十九大召开。习近平总书记在党的十九大报告中指出，要“保护人民的人身权、财产权、人格权”。人格权作为《民法典》的独立一编，正式纳入《民法典》，开始了人格权法律体系的专编编纂工作。

人格权在《民法典》中居于第四编，共6章51条。第一章为一般规定，共有13个条文，是人格权编的重点，主要规定在调整基于人格权的享有和保护产生的民事关系的过程中，应当坚持的基本规则和一般规定。在实施该章的规定时，应当注意以下几方面的内容：

一是要注意把握基于人格权的享有和保护而产生的民事法律关系。(1)人格权民事法律关系的主体。享有人格权的主体主要是自然人和法人、非法人组织。自然人包括公民、外国人和无国籍人；法人和非法人组织在名称权、名誉权和荣誉权等权利上成为人格权法律关系的主体。与享有人格权的主体相对的民事法律关系主体有：国家、自然人、法人和非法人组织。(2)人格权民事法律关系的客体是主体民事权利和义务所共同指向的对象。这个对象就是人格权民事主体应当拥有的人格和人格利益。人格权民事法律关系的客体与人格权主体是不可分的。任何一个民事主体离开了相应的人格和人格利益，该民事主体就不可能拥有真正的民事权利能力和行为能力，就不可能真正有资格参加民事活动。因此，保护民事主体的人格和人格利益，应当用法律的手段赋予民事主体以人格权，对其人格和人格利益给予国家强制力保护。(3)人格权民事法律关系的权利和义务。人格权主体应当享有的人格权利和相对人应当履行的法定义务，是人格权民事法律关系中最重要的内容，也是《民法典》人格权编立法的重心。在人格权民事法律关系中，特定民事主体的人格权，应当得到国家和不特定民事主体的尊重，它们负有不得侵害其人格权利的法定义务。如果发生对特定民事主体人格权的侵害，侵权人应当承担相应的民事法律责任。(4)人格权民事法律关系的产生。自然人的人格权，从自然人出生时取得，其他人与特定自然人的人格权民事法律关系，从自然人取得人格权如生命权、身体权、健康权等权利时建立。特定自然人的人格权民事法律关系建立后，无民事行为能力人和限制民事行为能力人因人格权的享有和保护而产生的权利，由其监护人代为行使，直到他们成为完全民事行为能力人时，才能完全由他们独立行使。按照《民法典》的规定，法人和非法人组织依法享有名称权、名誉权、荣誉权等人格权。与自然人的人格权产生方式不同，法人和非法人组织的人格权，应当从法人和非法人组织设立登记生效时取得。其与相对人之间的人格权民事法律关系，也应当自其人格权取得之时起产生。

二是应当注意人格权的性质和特征。所谓人格权，是指民事主体所固有的、应当采用法律手段予以保护的法定基本权利。人格权是一种具有排他性属性的专有权利，任何组织或者个人都应当承担尊重和不得侵害民事主体人格权的法定义务；国家机关依法负有保护民事主体人格权的职责；任何国家机关非因法律授权和法律规定，非经法定程序，不得剥夺民事主体的人格权。正因为人格权是民事主体固有的、应当采用法律手段保护的法定基本权利，且是具有排他性属性的专有性质的权利，所以当然地具有民事主体不得放弃、不可转让、不能继承的特征。其中，自然人的人格权表现更为明显。人格权所具有的这三大特征，是民事主体，特别是自然人生存和发展的基础，是维护人格独立、人身自由、人格尊严的重要条件，是审理人格权纠纷案件时应当引起注意的关键之处。在把握人格权的特征时，应当注意某些具体人格权的许可使用问题。《民法典》第 993 条规定："民事主体可以将自己的姓名、名称、肖像等许可他人使用，但是依照法律规定或者根据其性质不得许可的除外。"这里的许可使用，与第 992 条规定的人格权不得放弃、转让或者继承，是否相矛盾呢？应当是不矛盾的。从法律上讲，"许可使用"是许可人允许被许可人使用，被许可人不取得排他权，即被许可人使用，许可人也可以自己使用，甚至许可人还可以许可其他人使用。而"转让"则是转让人将自己权利按照合同交给受让人，权利被"转让"后，转让人将不再拥有原权利。因此，第 992 条与第 993 条的规定是不矛盾的。

三是应当注意区分一般人格权与具体人格权。《民法典》人格权编对人格权的表述，采用的是具体列举加抽象概括的方式。其第 990 条第 1 款规定："人格权是民事主体享有的生命权、身体权、健康权、姓名权、名称权、肖像权、名誉权、荣誉权、隐私权等权利。"这里列举的人格权就是具体人格权，因为难以穷尽，故在 9 个具体人格权之后又加了一个"等权利"的表述。但在该条的第 2 款中则采用了这样的表述："除前款规定的人格权外，自然人享有基于人身自由、人格尊严产生的其他人格权益。"这种表述实际上是一种抽象的概括表述方式，是对一般人格权的表述。所谓一般人格权，是指自然人基于人格独立、人身自由、人格尊严等人格利益基础产生的权益。在实践中，无论是对一般人格权的侵害，还是对具体人格权的侵害，都应当按照第 995 条的规定承担相应的法律责任。《民法典》第 995 条规定："人格权受到侵害的，受害人有权依照本法和其他法律的规定请求行为人承担民事责任……"这里讲的人格权，就是既包括具体人格权也包括一般人格权。

四是应当注意死者人格利益的保护。《民法典》第 994 条规定："死者的姓名、肖像、名誉、荣誉、隐私、遗体等受到侵害的，其配偶、子女、父母有权依法请求行为人承担民事责任；死者没有配偶、子女且父母已经死亡的，其他近亲属有权依法请求行为人承担民事责任。"按照《民法典》第 13 条的规定，自然人的民事权利能力，始于出生，终于死亡。人格权作为一种民事权利，在自然人死亡后也自然终止。但是，死者的人格权终止，不标志其人格利益不受法律保护。这是对死者人格尊严的尊重。按照第 994 条的规定，对死者人格利益的保护，由死者的近亲属，即死者的配偶、子女、父母依法行使请求权，对侵害人提起诉讼；没有前述近亲属的，由其他近亲属即兄弟姐妹、祖父母、外祖父母、孙子女、外孙子女依法行使请求权，对侵害人提起诉讼。如果死者为英雄烈士的，应当按照《民法典》第 185 条的规定，要求侵害人承担民事责任。《民法典》第 185 条规定："侵害英雄烈士等的姓名、肖像、名誉、荣誉，损害社会公共利益的，应当承担民事责任。"这里的所说的对"英雄烈士等"

的人格利益侵害，包括对革命领袖的姓名、肖像、名誉、荣誉等人格利益的侵害；侵害英雄烈士的人格利益，如果涉及损害社会公共利益的，人民检察院有权依法向人民法院提起公益民事诉讼，追究侵害人的民事责任。对英雄烈士人格利益司法保护的具体操作，应当按照《英雄烈士保护法》第25条的规定办理。该法第25条规定，对侵害英雄烈士的姓名、肖像、名誉、荣誉的行为，英雄烈士的近亲属可以依法向人民法院提起诉讼；英雄烈士没有近亲属或者近亲属不提起诉讼的，检察机关依法对侵害英雄烈士的姓名、肖像、名誉、荣誉，损害社会公共利益的行为向人民法院提起诉讼；负责英雄烈士保护工作的部门和其他有关部门在履行职责过程中发现前述规定的侵害行为，需要检察机关提起诉讼的，应当向检察机关报告；英雄烈士近亲属依法提起诉讼的，法律援助机构应当依法提供法律援助。概括起来说，一般死者的人格利益的司法保护，限制在近亲属的范围内提起诉讼，超出近亲属范围则不能提起诉讼；英雄烈士的人格利益的司法保护，不涉及社会公共利益的，由近亲属提起诉讼；涉及社会公共利益的，如果没有近亲属提起或者近亲属不提起的，则由检察机关采用公益诉讼的方式向人民法院提起。至于超出近亲属范围不能通过司法保护的死者人格利益，或者不涉及社会公共利益的英雄烈士人格利益，不能通过公益诉讼的方式进行司法保护的，则通过道德、舆论的方式来解决。通过这种方式对死者人格利益进行司法保护，较好地协调了个人利益与社会公共利益之间的关系，解决了现时的死者人格利益与较为久远的死者人格利益的保护问题。

五是应当注意同一行为形成违约与侵权的竞合时严重精神损害的赔偿问题。这里的所谓行为竞合，是指当事人的行为既构成违约行为，又构成侵权行为。《民法典》第186条规定："因当事人一方的违约行为，损害对方人身权益、财产权益的，受损害方有权选择请求其承担违约责任或者侵权责任。"赋予当事人选择权，是民法典解决违约与侵权发生竞合时处理案件纠纷的基本规则。一般来说，如果受害人选择违约之诉，则不再按照侵权之诉的规定处理纠纷；如果受害人选择侵权之诉，则不再按照违约之诉的规定处理。实践证明，按照这一基本规则处理违约与侵权的行为竞合，对于公正解决当事人之间的纠纷是合理的。但是，如果当事人的违约行为造成了受害人严重的精神损害时，违约之诉的规则和侵权之诉的规则可能会出现不平衡的情况。这一问题在审判实践中经常遇到。为了解决这一不平衡的现象，《民法典》第996条规定："因当事人一方的违约行为，损害对方人格权并造成严重精神损害，受损害方选择请求其承担违约责任的，不影响受损害方请求精神损害赔偿。"适用该条规定时，首先，是当事人实施了违约行为，且该违约行为不仅损害了受害人的财产权益，而且损害了受害人的人格权并造成了受害人严重的精神损害。如果当事人的违约行为只是损害了受害人的财产权益，没有损害其人格权，或者虽然损害了受害人的人格权，但该损害没有达到严重精神损害的程度，则不能适用该条。其次，受害人在行使选择权时选择了违约之诉。如果受害人选择了侵权之诉，则按照侵权之诉的规定，其本身就可以对精神损害承担赔偿责任，不必选择该条适用。最后，受害人选择违约之诉时，可以在违约之诉中直接提出精神损害赔偿的诉讼请求。在审判实践中，违约之诉通常是按照当事人在合同中的约定追究对方的违约责任，只有没有约定或者约定不明且法律有规定时，才按照法律的规定追究违约方的民事责任。按照第996条规定，法律赋予当事人可以追究违约方的精神损害赔偿责任，但这种对精神损害赔偿的追究，是应当在违约之诉结束后另案追究呢，还是在该诉讼中一并追究呢？本书认为，可以在该诉讼中一并追究。因为一并追究可以减轻当事人的诉累，提高审判的效率，同时也可以使受害人及时得到赔偿。但是，如果受害人在违约之诉中没有提出精神损害的诉讼请求，是否可以就此另案再提起诉讼呢？本书认为，可以另案起诉。因为违约或者侵权形成的行为竞合造成的财产损害是一个行为造成的损害，损害结果是相当的，受害人选择哪种规定处理纠纷都大致公平。但违约行为对受害人的财产权益造成损害时，对其精神损害则是可以造成也可以不造成，可以造成得重也可以造成得轻。因此，违约行为对精神损害赔偿是独立的诉因，可以另案处理。

除此之外，第一章还对受害人人格权受到损害后的请求权问题、停止侵害禁令的申请问题、行为人承担人格权侵权民事责任时的综合因素考量问题、为公共利益实施的新闻报道和舆论监督等行为的合理性与侵害民事主体人格权行为的度量把握问题、行为人的侵害人格权的行为程度与承担民事责任相当问题等，进行了原则规定。这些规定对于审理一般人格权和具体人格权纠纷案件，都具有非常重要的作用，在审判实践中应当认真把握。

第二章至第六章是对具体人格权的具体规定。其中，第二章规定生命权、身体权和健康权，共有10个条文；第三章规定姓名权和名称权，共有6个条文；第四章规定肖像权，共有6个条文；第五章规定名誉权和荣誉权，共有8个条文；第六章规定隐私权和个人信息保护，共有8个条文。

1. 生命权、身体权、健康权。生命权、身体权和健康权是自然人最重要的具体人格权，是自然人其他人格权的基础。自然人的这3个具体人格权有一个共同的特点，就是人格权主体与人格权客体具有同一性，即人的生命、身体、健康与作为权利主体的自然人完全不能分割。自然人维护自己的其他权利，必须以维护自己的生命权、身体权、健康权为前提。没有这3种权利就没有了人的一切。因此，人格权编在安排具体人格权时，将这3种人格权放在最前面。除共性外，对生命权、身体权、健康权的理解还应当从不同的角度进行深入。

一是注意生命权是自然人最根本的人格权，是其他人格权存在的前提和基础。生命权是以生命的出生确认、维持延续、安全保障、尊严维护为内容的基本权利。在生命权的民事法律关系中，生命权的主体与客体均为人自身，具有高度的同一性。因此，从法律上讲，生命的主体不能对其客体即生命进行抛弃，也不能进行转让。在因生命权的享有和保护而产生的民事法律关系中，包括国家在内的任何组织和个人，对自然人的生命所负有的法定义务是广泛的，但其中对其生命安全和生命尊严是义务，是重中之重。生命安全是自然人生命权的保障，丧失生命安全，生命将随时受到威胁。生命尊严是自然人生命权的另一个重要内容。在人与人之间，任何人的生命价值都是平等的，不存在高低贵贱之分；他们在生前都应当得到社会的尊重，死后也应当受到社会的敬畏。即使死刑犯，当他们因为犯罪而被依法剥夺生命时，其生命的尊严也应当得到尊重，不能受到侮辱和欺凌，有权得到合理的安葬和亲友的祭奠，其陵墓也应当受到法律的保护。自然人的生命权受到侵害，应当依法对侵权行为进行追究，构成犯罪的，按照刑事诉讼程序追究其刑事责任；需要承担民事责任的，按照民事诉讼程序追究侵权人的民事责任。在依法追究侵权人的民事责任时，如果侵权人是对自然人的生命安全进行侵害，则被侵权人有权依据《民法典》第995条和其他相关法律，向人民法院提起诉讼，要求侵权人停止侵害、消除危险、排除妨碍、赔礼道歉、赔偿物资损失和精神损失等；如果侵权人的侵权剥夺了自然人的生命，因自然人生命的丧失而失去民事权利能力，无法向侵权人主张权利，则其近亲属有权依法向人民法院提起诉讼，要求侵权人支付死亡赔偿金、治疗和抢救费、误工补偿费、丧葬等其他相关费用，以此特殊的方式保护生命权。

二是注意身体权是自然人的基本人格权，是自然人对自己的身体组织、肢体、器官等身体构成整体和组成部分的完全支配权。自然人这一基本人格权最重要的内容，是要保证自己的身体完整性、身体行动的自由性、请求对侵权人的处罚性。所谓身体的完整性，就是有权享有自己身体组织、肢体、器官等身体构成要件的完整保护。所谓身体行动的自由性，就是自然人有权支配自己的身体，保证自己身体的行动自由。身体权所保护的自然人的身体，是自然人其他人格权的物质基础，没有完整的身体，就不能行使各种社会活动，就不可能有人身自由的存在。所谓请求对侵权人的惩罚性，就是自然人在遭受侵权人对自己的身体权进行侵害时，有权请求相关国家机关依法对侵权人进行处罚。法律保护自然人的身体权不受侵害，是人格权立法的重要任务。如果侵权人侵害自然人的身体权，使其身体完整性、身体行动的自由性受到侵害，受害人有权依照《民法典》第995条和其他相关法律规定向人民法院提起诉讼，要求侵权人承担赔礼道歉、赔偿物资损失和精神损失等民事责任，如支付医疗费等治疗康复费用、误工补偿费、残疾赔偿金等费用；侵权人的行为对自然人的身体权正在进行侵害，或者构成威胁、危险的，受害人还有权要求侵权人承担停止侵权、排除妨碍、消除危险等民事责任。

三是注意健康权是自然人的基本人格权，是对自然人的身体组织、器官的机能正常工作和运行状态的享有和保护。自然人的身心健康包括器质健康、生理健康、心理健康。健康权，是指自然人享有的生理、心理等能够保持身体机能的正常工作和运行、不受侵害的权利。这种权利包括健康保持权和特定情形下的健康利益支配权。健康权和身体权是两种不同的具体人格权，健康权强调的是对身体机能的正常工作和运行的享有和保护，而身体权则强调的是身体组织、器官和肢体的完整和行动自由支配的享有和保护。但应当看到，身体权和健康权又是密切联系的，侵害自然人的健康权，就有可能造成对自然人身体组织、器官、肢体完整性的侵害。如果侵权人对自然人身心健康造成损害，那受害人有权依据《民法典》第995条和其他相关法律的规定，向人民法院提起诉讼，要求侵权人停止侵害、排除妨碍、消除危险、赔礼道歉、赔偿物资损失和精神损失等。例如，受害人可以根据案件的具体情况，要求侵权人承担医疗等治疗康复费用、精神损害赔偿金等民事责任。

在对生命权、身体权、健康权具体人格权的规定中，《民法典》第1010条和第1011条，对性骚扰和非法剥夺、限制他人行动自由，非法搜查他人身体进行了规定。这两条规定中的违法行为，既可能对自然人身体权造成侵害，也可能对自然人健康权造成损害，同时也可能对自然人人身自由和人格尊严这一一般人格权造成侵害。具体是造成单一损害，还是综合损害，应当根据侵权人侵权行为的性质、侵害力度和损害结果的危害程度综合进行判断，并在此基础上确定侵权人应当承担的民事责任。受害人据此可以提起的具体诉讼为：实施性骚扰行为产生的侵害身体权、健康权和人身自由、人格尊严而引起的诉讼；实施非法拘禁行为剥夺他人行动自由产生的侵害他人身体权、健康权和人身自由、人格尊严而引起的诉讼；实施威胁、恐吓行为剥夺、限制他人行动自由产生的侵害他人身体权、健康权和人身自由、人格尊严而引起的诉讼；实施非法搜查、强占他人住宅行为剥夺、限制他人行动自由产生的侵害他人身体权、健康权和人身自由、人格尊严而引起的诉讼；实施非法搜查他人身体的行为产生的侵害他人的身体权、健康权和人身自由、人格尊严而引起的诉讼；等等。其要求侵权人承担的民事责任，可以根据案件的具体情况，依据《民法典》第995条和其他相关法律的规定，有针对性地提出。

2. 姓名权、名称权、肖像权。姓名、名称、肖像是自然人、法人和非法人组织参与社会活动的特定标识。正因为有这些特定标识,自然人、法人和非法人组织才能相互区别,避免社会活动中各自行为的相互混淆,保证社会活动繁而不乱,有序进行。姓名权、名称权、肖像权是以姓名、名称、肖像为客体的法定人格权,具有在法律许可范围内的专有性和排他性。在基于姓名权、名称权、肖像权的享有和保护而形成的民事法律关系中,任何组织和个人负有不得侵害自然人、法人和非法人组织的姓名权、名称权、肖像权的法定义务,否则应当承担相应的民事责任。除上述共同特征外,还应当根据它们的各自特征,认真注意把握其权利和义务内容。

一是应当注意姓名权的决定权和变更权的问题。姓名权是自然人的具体人格权。《民法典》第1012条规定,在不违背公序良俗的情况下,自然人有权依法决定、使用、变更或者许可他人使用自己的姓名。按照这一规定,自然人的姓名权包括姓名的决定权、使用权、变更权、他人使用姓名许可权。他人使用姓名的许可权,因与名称使用许可权等相似,将另行叙述。这里主要论述姓名决定权和姓名变更权。姓名的决定和姓名的变更,直接涉及自然人姓名权的取得或者重新取得,涉及自然人基于姓名权的享有和保护而产生的民事法律关系中,相对人法定义务的履行。因此,自然人决定或者变更姓名不能违背相关法律规定。按照法律和习惯,自然人出生后,其姓名通常是由其法定监护人父母或者直系血亲的长辈决定,但他们的决定应当符合法律的规定。在未成年时期,因权利人为无民事行为能力人或者限制民事行为能力人,不能自己变更姓名。当其成为完全民事行为能力人后,作为权利人的自然人是否能够根据自己的意愿变更姓名呢?按照民法典的规定,自然人有权变更自己的姓名,但是应当符合法律规定。

首先,自然人的姓氏应当按照《民法典》第1015条的规定决定。按照这一规定,自然人的姓氏一般情况下,应当随父姓或者母姓。如果要在父母姓氏之外另选姓氏,则只能选取其他直系长辈血亲的姓氏,或者法定扶养人之外的扶养人的姓氏,或者有不违背公序良俗的其他正当理由的,可以选取的其他人的姓氏。这里的所谓其他直系长辈血亲的姓氏,通常是指爷爷、奶奶、外公、外婆的姓氏。如果要选取法定扶养人之外的扶养人的姓氏,其前提是自然人的扶养人不是其同辈的哥哥和姐姐,而是哥哥和姐姐之外的其他同辈亲属,如表哥表姐。因为兄、姐的姓氏通常与弟、妹是相同的。在此情况下,可以选择表哥表姐的姓氏。所谓有不违背公序良俗的其他正当理由的情形是什么呢?例如,张某和李某是战友,在战场上李某为救张某牺牲了,张某为感谢李某的救命之恩,让没有结婚的李某有后继有人,叫自己的孩子选取李某的姓氏。这种情况应当就是不违背公序良俗的正当理由。自然人选取姓氏,应当按照法律的这一规定。以后自然人要变更姓氏也不能违背这一规定。例如,在某地有人取名为"北雁云衣",因其姓氏既不是从父母姓氏,也不是直系长辈血亲的姓氏,也没有其他不违背公序良俗的正当理由,故不能得到法律的支持。同时应当看到,我国是一个多民族的国家,除汉族外,还有55个少数民族。至于少数民族的姓氏,可以遵从本民族的文化传统和风俗习惯。

其次,自然人要决定或者变更自己的名,可以根据自己的意愿进行,但不得违背公序良俗。这里的公序良俗,应当是中国的公序良俗,是中华民族通行的公序良俗,如果违背公序良俗,则不能得到法律的支持。例如,某人自己姓赵,取名为C,即"赵C"。该名选取不符合中国的公序良俗,自然不能得到法律的支持。

最后，自然人决定、变更姓名一般应当依法向有关机关办理登记手续。在通常情况下，如果没有办理登记手续，其姓名没有取得对外公示效力，不能依法取得姓名权，其办理身份证、出国护照和其他身份证明文件都会受到障碍。

二是应当注意法人和非法人组织的名称权的特殊性问题。法人和非法人组织的名称权，是法人和非法人组织的人格权。这一权利，是法人和非法人组织对自己的名称享有依法决定、使用、变更、转让或者许可他人使用的权利。法人和非法人组织的这五大权利中，名称的决定权、使用权、变更权都具有排他性，即法人和非法人组织在行使这三种权利时，任何人都不得采用干预、盗用、假冒等方式侵害其权利。至于转让权和许可权，就是否有权转让或者许可而言，法人和非法人组织拥有绝对权，但就相对人是否接受转让或者许可而言则是协议权。因此，法人和非法人组织的名称权有与自然人的姓名权相似的地方，例如，决定、变更姓名和名称都需要到有关机关办理登记手续，姓名和名称都可以许可他人使用等。但名称权与姓名权也有不同的地方。这种不同点主要体现在以下两方面：首先，自然人姓名的决定权和变更权在行使时要符合《民法典》第1015条的规定，违反则不会受到法律保护，而法人和非法人组织名称权则没有相应的严格限制。这是因为，自然人的姓名是一个国家民族文化的产物，应当遵循本民族的传统文化和风俗习惯，而法人和非法人组织的名称则没有这方面的严格限制。其次，名称权可以转让，而姓名权则不能转让。法人和非法人组织的名称、自然人的姓名在商业化社会中都可能产生商业价值，如果可以转让，则原来的民事主体就不能再使用。法人和非法人组织的名称如果转让，它们可以做到不再使用该名称。但自然人的姓名与其身份密切相关，如果法律上准许转让姓名权，则与自然人身份相关的诸多人格利益问题将难以解决。正因如此，除名称权特别规定可以转让外，姓名权以及其他人格权法律规定不得转让。

三是应当注意肖像权的保护问题。自然人的肖像权，是指自然人依法制作、使用、公开或者许可他人使用自己肖像的权利。肖像权的客体是自然人的肖像，所谓肖像，是指通过影像、雕塑、绘画等方式在一定载体上所反映的特定自然人可以被识别的外部形象。自然人的肖像权包括四个方面：肖像制作权、肖像使用权、肖像公开权、肖像许可他人使用权。从性质特征上看，肖像权是具有绝对性和排他性的权利，即当自然人拥有肖像权时，除非法律另有特别规定外，其他人就不能拥有制作、使用、公开、许可他人使用的权利。为保护自然人的肖像权，《民法典》第1019条规定："任何组织或者个人不得以丑化、污损，或者利用信息技术手段伪造等方式侵害他人的肖像权。未经肖像人同意，不得制作、使用、公开肖像权人的肖像，但是法律另有规定的除外。未经肖像权人同意，肖像作品权利人不得以发表、复制、发行、出租、展览等方式使用或者公开肖像人的肖像。"按照这一规定，以下形式均构成对自然人肖像权的侵害：以丑化、污损或者伪造等方式侵害他人肖像权；未经肖像权人同意，制作、使用、公开肖像权人的肖像；未经肖像人同意，肖像作品权利人以发表、复制、发行、出租、展览等方式使用或者公开肖像人的肖像。除前述规定外，《民法典》第1020条规定了可以合理制作、使用、公开肖像权人肖像的例外情形："合理实施下列行为的，可以不经肖像权人同意：（一）为个人学习、艺术欣赏、课堂教学或者科学研究，在必要范围内使用肖像权人已经公开的肖像；（二）为实施新闻报道，不可避免地制作、使用、公开肖像权人的肖像；（三）为依法履行职责，国家机关在必要范围内制作、使用、公开肖像权人的肖像；（四）为展示特定公共环境，不可避免地制作、使用、公开肖像权人的肖像；（五）为维护公共利益或者肖像权人合法权益，制作、使用、公开肖像权人的肖像的其他行为。”除上述例外情形外，任何组织和个人如果构成对自然人肖像权的侵害，受害人有权向人民法院提起肖像权侵权之诉。

四是应当注意姓名权、名称权和肖像权的许可使用问题。鉴于人格权保护的人格和人格利益，与民事主体自身具有密不可分的属性，《民法典》第 992 条规定：“人格权不得放弃、转让或者继承。”法律虽规定人格权不得放弃、转让或者继承，但并非禁止使用他人的一切具体人格权。相反，姓名权、名称权、肖像权经民事主体同意后其他组织和个人可以使用，并在此基础上建立了许可使用制度。民事主体的姓名权、名称权、肖像权的许可使用制度应当如何落实呢？首先，姓名权、名称权、肖像权的权利人，应当就前述人格权订立许可使用合同。合同应当对姓名权、名称权、肖像权的许可使用的范围、时间、区域、费用、违约责任等方面的权利义务内容作出具体约定。其次，当事人在合同中没有约定，但法律有明确规定的，应当按照法律规定办理。例如，当事人对肖像许可使用合同中关于肖像使用条款的理解有争议的，应当作出有利于肖像人的解释。当事人对肖像许可使用期限没有约定或者约定不明确的，任何一方当事人可以随时解除肖像许可使用合同，但应当在合理期限之前通知对方；当事人对肖像许可使用期限有明确约定，肖像权人有正当理由的，亦可以解除肖像许可使用合同，但是应当在合理期限之前通知对方；等等。前述事例，不仅肖像许可使用合同可以适用，姓名许可使用合同和名称许可使用合同也可以适用。最后，当事人在许可使用合同中出现违约或者民事侵权，另一方当事人可以提起许可合同之诉和侵权之诉。在审判实践中，如何判定当事人违约或者发生人格权侵权，关键应当看权利人的权利边界。在姓名权、名称权、肖像权许可合同中，只是许可他人使用自己的姓名权、名称权、肖像权，并不标志自己不能使用，权利人依然可以使用自己的权利。可见，许可使用权除非当事人合同明确约定排除他人使用，可以不具有排他性的；如果许可合同没有明确约定排他性条款，则权利人可以与多个相对人订立许可使用合同。在实践中，通常姓名权、名称权、肖像权的许可使用往往在特定行业会给一个相对人，但不排除在不同行业中同时许可他人使用自己的姓名或者名称，其原因在于不同行业使用同一姓名或者名称引起不当竞争的可能性较小。

在正确理解许可使用的权利边界时，应当注意法人和非法人组织名称权的转让问题。就人格权的一般属性而言，人格权是不能转让的。但就具体人格权来看，由于法人和非法人组织的名称往往具有商业价值，这些法人和非法人组织为了追求更大的商业利益，会转让自己的名称权。当法人和非法人组织转让自己的名称权后，由于转让的性质是出让方放弃原权利，受让方接受转让后取得该权利，所以转让合同生效并履行转让行为后，原法人和非法人组织应当丧失名称权。在丧失名称权后，该法人和非法人组织因不能再使用该名称，通常会另外使用其他名称，或者撤销该法人和非法人组织。由于法人和非法人组织的特殊性，故法律特别作出了法人和非法人组织的名称权可以转让的规定。

3. 名誉权、荣誉权、隐私权和个人信息保护。名誉权、荣誉权、隐私权是民事主体的具体人格权。个人信息保护则是自然人的人格利益保护问题。

一是名誉权的保护问题。在审判实践中，关于人格权诉讼的案件里，名誉权纠纷案件占一定比例。这次《民法典》编纂，在总结我国人民法院几十年来名誉权诉讼经验的基础上，作出了 7 条相应的规定。首先，《民法典》人格权编明确对名誉权的客体作出了规定。名誉权的客体是名誉权主体的权利所指向的对象,即名誉。名誉是什么呢?《民法典》第1024条第2款规定:“名誉是对民事主体的品德、声望、才能、信用等的社会评价。”这就是说,自然人的品德、声望、才能、信用等构成自然人的人格利益;法人和非法人组织的品德、声望、能力、信用、业绩等也构成其人格利益。而这些人格利益,构成自然人、法人和非法人组织的独立特征,成为他们进行民事活动的标识,成为他们取得其他民事主体信任的基础。因此,自然人、法人和非法人组织通常会把维护自己的名誉,看成与维护自己的生命一样具有同等的价值,有时甚至把对名誉的维护看成比生命更重要的社会价值。其次,《民法典》人格权编对名誉权作出了规定。民事主体的名誉权,实质上就是民事主体应当享有的对自己名誉的尊重和维护的权利。基于对民事主体名誉的尊重和维护而产生的民事法律关系中,任何组织和个人都负有不得以侮辱、诽谤等方式侵害民事主体名誉权的法定义务。最后,侵权人因侵害民事主体的名誉权而承担民事责任,一定要以侮辱、诽谤等方式实施了侵害民事主体名誉权的行为,并足以导致在社会上产生对民事主体人格评价降低的社会后果。在审判实践中,以下行为构成名誉权侵权,应当承担民事责任:行为人通过实施捏造、歪曲事实等行为,足以导致社会对民事主体名誉人格评价降低;行为人通过对事实严重失实的叙述,足以导致社会对民事主体名誉人格评价降低;行为人所述事实虽然属实或者部分属实,但使用侮辱、诋毁、贬损性言辞等散布他人隐私、攻击他人人格,或者散布诽谤性内容,足以导致社会对民事主体名誉人格评价降低;等等。因此,是否构成名誉权侵权,不仅要看侵权人是否实施了侵害人格权的行为,更重要的是要看该行为是否足以构成对民事主体名誉人格利益的侵害,无论是自然人还是法人和非法人组织均是如此。侵权人如果实施名誉权侵权行为,侵害名誉权人的荣誉,名誉权人有权依据《民法典》第995条和其他相关法律的规定,向人民法院提起诉讼,要求侵权人停止侵害、恢复名誉、消除影响、赔礼道歉、赔偿经济损失或者精神损失等。

二是荣誉权的保护问题。荣誉是自然人、法人和非法人组织因其对社会或者社会组织的贡献,而由国家、相关机关或者部门、社会组织对其给予的褒奖。自然人、法人和非法人组织的荣誉受国家法律保护,是荣誉权的客体。自然人、法人和非法人组织基于对荣誉权的享有,与其各种组织和个人形成民事法律关系,其相对的任何组织和个人均负有尊重和不得侵害其荣誉的法定义务。这一法定义务包括不得非法剥夺其荣誉称号,不得诋毁、贬损其荣誉;负有荣誉记载和管理职责国家机关、相关部门和社会组织,应当真实记载和管理荣誉人的荣誉。侵权人如果实施侵权行为,侵害荣誉权人的荣誉,荣誉权人有权依据《民法典》第995条和其他相关法律的规定,向人民法院提起诉讼,要求侵权人停止侵害、恢复荣誉、消除影响、赔礼道歉、赔偿经济损失或者精神损失,等等。

三是隐私权的保护问题。隐私权是自然人的人格权利,是自然人所享有的对其隐私人格利益给予保护的权利。自然人的隐私是隐私权的客体,是人格权法律保护的对象。《民法典》第1032条第2款规定:“隐私是自然人的私人生活安宁和不愿为他人知晓的私密空间、私密活动、私密信息。”按照这一规定,自然人基于隐私权而形成的民事法律关系中,其相对的任何组织和个人,对自然人的私人生活安宁和不愿为他人知晓的私密空间、私密活动、私密信息等,负有尊重和维护的法定义务,不能通过刺探、侵扰、泄露、公开等方式侵害其隐私权。为更好地保护自然人的隐私权,这次《民法典》编纂时,在第1033条中专门作出禁止性规定,对私人的生活安宁、自然人不愿为他人知晓的私密空间、私密活动、私密部位、私密信息等予以保护。该条规定:“除法律另有规定或者权利人明确同意外,任何组织或者个人不得实施下列行为:(一)以电话、短信、即时通讯工具、电子邮件、传单等方式侵扰他人的私人生活安宁;(二)进入、拍摄、窥视他人的住宅、宾馆房间等私密空间;(三)拍摄、窥视、窃听、公开他人的私密活动;(四)拍摄、窥视他人身体的私密部位;(五)处理他人的私密信息;(六)以其他方式侵害他人的隐私权。"应当注意的是,这条规定确定了两个除外情形;其一,法律另有规定的除外情形。这里所说的法律另有规定,通常是指按照法定程序立案后对犯罪行为的调查,以及按照法定程序依法执行公务的情形等。其二,权利人明确同意的情形。法律虽然保护自然人的隐私权,但是由于权利人的权利是可以自由处分的,如果权利人同意,则这6条禁止性规定可以不适用。除此之外,如果行为人违反法律规定实施了对权利人名誉权的侵权行为,则应当承担相应的民事责任。例如,如果行为人利用电话、短信、微信等方式对自然人进行骚扰,可能构成对他人私人生活安宁的侵扰;如果行为人在别人的住宅、宾馆房间安装摄像头,对自然人进行拍摄、窥视,则可能构成对他人私密空间的侵扰;如果行为人通过跟踪、盯梢、窃听等方式拍摄、窥视、刺探自然人的活动,则可能构成对他人私密活动的侵扰;如果行为人通过偷拍、窥视等方式窥探他人身体的秘密部位,可能构成对他人身体隐私权利的侵扰;如果行为人通过侵入个人网络账户或者其他方式窃取、收集、存储、使用、加工、传输、提供、公开个人私密信息,则可能构成对他人私密信息的侵害。发生上述类似隐私权侵权行为,被侵权人有权依据《民法典》第995条和其他相关法律的规定,向人民法院提起诉讼,要求侵权人停止侵害、消除影响、恢复名誉、赔礼道歉、赔偿相应的经济损失或者精神损失等。在审判实践中,有些侵权人泄露、公开个人隐私,不仅可能侵害个人的隐私权,还可能对受害者的名誉权产生侵害。如果出现牵连性人格权侵权行为,应当根据侵权人对被侵权人权利侵害的程度,决定其应当承担的民事责任。

四是自然人的个人信息保护问题。自然人的个人信息是具体人格权法律保护的对象。《民法典》第1034条规定:"个人信息是以电子或者其他方式记录的能够单独或者与其他信息结合识别特定自然人的各种信息,包括自然人的姓名、出生日期、身份证件号码、生物识别信息、住址、电话号码、电子邮箱、健康信息、行踪信息等。个人信息中的私密信息,适用有关隐私权的规定;没有规定的,适用有关个人信息保护的规定。"通过这一法律规定我们可以看出,自然人的个人信息保护,还没有上升到专门的具体人格权的程度,只是表示我国法律对个人信息予以保护,人格权编仅作出了原则性规定。而如何更好地、更科学地保护个人信息,还需要在实践中进一步摸索。尽管如此,将个人信息保护列入人格权保护的范围,一些原则性的规则还是已经明确了下来,下一步在审判实践中应当注意把握。首先,个人信息是自然人的人格利益,应当予以法律保护。基于对个人信息人格利益保护的法律规定,自然人有权要求相对人,即任何组织和个人尊重、维护和不得侵害自己个人信息人格利益。至于这些个人信息保护的对象和范围,《民法典》第1034条第1款中作出了规定,就是"以电子或者其他方式记录的能够单独或者与其他信息结合识别特定自然人的各种信息",具体形式该条文也作出了列举,这里不再重复。其次,个人信息保护与国家信息化发展应当有机协调起来,既要做到很好地保护个人信息,又要适应国家信息化发展的需要。具体来说,就是对个人的信息必须严格依法保护,不允许任何组织和个人在运用收集、存储、使用、加工、传输、提供、公开等方式处理个人信息时,随意侵害个人信息的人格利益。但是,对个人信息的人格利益的保护也不能绝对化,对于民事主体根据国家信息化发展的需要,在遵循合法、正当、必要原则的基础上,在不损害个人合法人格利益的基础上，适当地对个人的信息进行处理，即通过收集、存储、使用、加工、传输、提供、公开等方式处理个人信息，是应当支持和保护的。在审判工作中，如果不能处理好个人信息保护与国家信息化发展的关系，在当今信息化突飞猛进发展的时代，就有可能要么个人权利受到损害，要么整个国家难以跟上时代的步伐。在这里如何把握好两者之间的度，是问题的关键，也是考验司法智慧的地方。再次，要注意个人信息保护与私密信息保护的区别。《民法典》第1034条第2款规定，“个人信息中的私密信息，适用有关隐私权的规定；没有规定的，适用有关个人信息保护的规定”。由于对隐私权的保护力度相对要大一些，区分私密信息与一般的个人信息是有必要的。私密信息当然是个人信息的范围，但它比一般的个人信息所涉及的个人隐私人格利益更多，在《民法典》编纂时，就将私密信息列入隐私的内容。最后，要注意处理个人信息的民事主体应当遵循的原则、条件和义务。正如前所述，处理个人信息的民事主体在收集、存储、使用、加工、传输、提供、公开个人信息时，应当遵循合法、正当、必要的原则，并且要符合一定的条件：(1)征得该自然人或者监护人同意，但是法律、行政法规另有规定的除外；(2)公开处理信息的规则；(3)明示处理信息的目的、方式和范围；(4)不违反法律、行政法规的规定和双方的约定。按照《民法典》第1038条的规定，处理个人信息的民事主体应当承担的义务为：信息处理者不得泄露或者篡改其收集、存储的个人信息；未经自然人同意，不得向他人非法提供其个人信息，但是经过加工无法识别特定个人且不能复原的除外；确保其收集、存储的个人信息安全，防止信息泄露、篡改、丢失等。上述需要注意的问题对于人民法院依法保护个人信息具有十分重要的作用，应当引起人民法院法官的重视。如果处理个人信息的民事主体未遵守合法、正当、必要的原则，处理个人信息时未遵守第1035条规定的条件，未履行自己应当履行的法定义务和合同约定的义务，构成对自然人个人信息权益的侵害，那么受到侵害的自然人有权依据《民法典》第995条和其他相关法律的规定，向人民法院提起诉讼，要求侵权人停止侵害、消除影响、赔礼道歉、赔偿相应经济损失或者精神损失等。

《民法典》人格权编，已经构建出了我国人格权法律体系。在今后开展的人格权司法审判工作时，我们应当从整体上把握好人格权法律体系，深入理解人格权法律的基本原则、基本精神、人格权的权利义务边界，把握住人格权法律制度的精髓所在，既要认真贯彻落实具体人格权法律规定，也要将体现人身自由、人格尊严的一般人格权保护放在重要位置。在具体法律适用中，要认真落实人格权编中已经作出规定的请求权基础和民事责任，对人格权编没有作出规定但又需要适用侵权责任规定的，应当通过适用该规则，对其合法权益进行保护。

《民法典》人格权编加大了对自然人、法人和非法人组织人格权利的保护力度，这对提高我国国民素质必将产生巨大作用，也对全面推进中国特色社会主义人权事业发挥重要作用。随着司法审判的不断推进，我国人格权保护的经验会越来越丰富，人格权法律体系也会越来越完善。届时，我们的人格权法治在中国特色社会主义建设中也一定会发挥越来越大的作用。

第二章　一般规定

专题一　一般人格权条款的功能及适用

一、一般人格权的规定及基本理论

《民法典》第990条规定：人格权是民事主体享有的生命权、身体权、健康权、姓名权、名称权、肖像权、名誉权、荣誉权、隐私权等权利。除前款规定的人格权外，自然人享有基于人身自由、人格尊严产生的其他人格权益。该条是人格权概念及内容的规定，第1款采取列举式方式对具体人格权进行了定义和分类，第2款则以一般人格权为理论基础进行了兜底条款规定。该条第2款中的一般人格权是实务适用中的难点问题。

一般人格权是相对于具体人格权而言的，即以人格尊严、人格平等、人身自由为内容的，具有高度概括性和权利集合性特点的权利。[①] 我国以往的民事法律中并没有一般人格权的明确规定。《民法典》第109条“自然人的人身自由、人格尊严受法律保护”的规定，是我国民事法律中第一次明确规定了一般人格权。结合上述第990条规定的人格权的范围，具体人格权和一般人格权的框架基本建立起来，构成了完整的人格权规范范围，为实务中对二者进行区分和运用一般人格权条款奠定了立法基础。

一般人格权在法律体系中的主要功能包括：(1)权利创设功能。人格权的重要特点就是其内容和范围无法明确进行界定，且随着社会发展会不断出现新的人格权类型。因此，在具体列举发展成熟的具体人格权类型以外，需要保留一个抽象、概括的一般人格权规定，为具体人格利益的发现、类型化、司法保护提供法律依据，为不断发展的人格权留下一个扩张空间。在司法实务中，这些就表现为一定程度上的法律漏洞填补功能，填补具体人格权权利体系列举中的不足。(2)价值指引功能。我国《民法典》第109条和第990条均把人身自由和人格尊严作为一般人格权保护的对象，明确了人格权法的根本性价值取向。在法律上，人身自由和人格尊严是民法保护中的高位阶价值，当财产权益和人身自由、人格尊严发生冲突时，应当优先保护后者。具体人格权实际体现了人身自由、人格尊严保护的不同方面要求，一般人格权条款体现了价值指引的功能。

---

① 王利明：《人格权法研究》，中国人民大学出版社2018年版，第131页。

二、实务中的主要疑难问题

(一)一般人格权条款的法律漏洞填补功能

一般人格权制度在实务应用中的主要难题是如何运用一般人格权进行具体人格权的法律漏洞填补工作。这一工作涉及许多具体司法技术的综合运用,对于司法工作者的理论水平和实务能力均有较高的要求,是一项较为艰巨复杂的工作。具体来说,运用一般人格权进行法律漏洞填补工作,主要涉及以下具体工作:(1)具体人格权案件中法律漏洞的发现,也可以称为社会关系中新类型人格权法益的发现。(2)对于法益属于人格权范畴的具体论证和司法上应当进行保护正当性的论证。(3)对新类型人格权法益中具体体现的人身自由、人格尊严、人格平等利益的具体分析。(4)对于具体责任承担方式的选取和论证。如何在实务案件中做好以上工作,是个案中具体人格权能否妥当获得司法保护的必要条件。

(二)法人能否适用一般人格权规定

这是一般人格权在实务中应用的另一疑难问题,即法人能否以《民法典》第990条一般人格权条款作为请求权基础,主张具体人格权之外的一般人格权保护。《民法典》第990条第2款明确"自然人享有基于人身自由、人格尊严产生的其他人格权益",将一般人格权适用主体限定在自然人范畴。这意味着法人不能在实务中以第990条一般人格权作为请求权主张基础。但在实务中,存在法人主张信用权益、信息保护权益等目前由一般人格权所涵盖的权利。在这种情况下,囿于目前我国《民法典》的明确规定,应通过侵权法、知识产权法、反不正当竞争法等法律制度加以保护,而不能适用一般人格权规定。

总体而言,《民法典》第990条第2款关于一般人格权的规定是《民法典》人格权编中较为特殊的规定。该条文在体系中实际起到了法律原则的作用,在适用中起到了法律漏洞填补的实际作用。由于人格权在社会中不断发展变化的特性,该条文对于人格权法理论与实践的发展意义重大。既起到了总括性的框架功能,又起到了为后续发展留下空间的功能。

专题二　人格权专属性

一、人格权专属性的规定及基本理论

《民法典》第992条规定:"人格权不得放弃、转让或者继承。"该条明确了人格权的专属性特征。所谓人格权专属性,是指人格权只能为特定的权利人所享有,与权利主体不可分离。人格权从出生取得,至死亡时消灭,是与特定民事主体不可分离的固有权利。这种专属性是指人格权作为整体所具有的专属特定主体的特性,但这并不意味着人格权的部分权能也不可转让,如肖像权等的特定使用权能是可以通过许可的方式允许他人使用,但这不意味着该肖像权等归属他人,该权利仍属于本人。

人格权的专属性主要表现为以下特点:(1)与权利主体的人身联系紧密。但这种紧密联系并不意味着合而为一,完全不可分离。由于人格权是一个开放发展的权利体系,许多新发展的新类型人格权,如法人名称权、个人信息权益等,不再像传统的生命、健康、身体等权利那样具有强烈专属性,在部分情况下其权能使用可以与主体发生适当分离。(2)人格权具有不可转让性。与财产权可以自由流转不同,人格权与权利主体是不可分离的。只有在法律有特殊规定的情况下,其部分权能如法人名称权可以进行转让。另外,这种不可转让性并不意味着人格权在遭受侵害后的损害赔偿请求权不可以转让,这种损害赔偿请求权已经转化为一种财产性权利,是可以转让的。(3)人格权不得抛弃。作为专属权利主体的权利,人格权始终由主体享有,禁止主体随意进行抛弃。在我国法律体系内,自由、身体、生命等人格权是不能自行放弃的,这种放弃人格权的意思表示行为因违反公序良俗而为无效。(4)人格权不能继承。人格权作为专属于特定主体的权利,因死亡而消灭,因此不存在继承的问题。虽然《民法典》第994条规定了死者人格利益保护问题,但该规定保护的法益是近亲属的感情以及某种社会公共利益的需要,并非指人格权可以继承。

二、人格权专属性与许可使用的区别

在实务中,人格权专属性的主要问题集中在与《民法典》第993条人格权许可使用规定如何衔接与区分的问题。根据上文所述,人格权中的某些权利,如肖像权、姓名权、法人名称权、个人信息利益等可以进行流动,发挥商品的一般功能。这种人格权部分权能的商品化是现代人格权发展的新现象。因此,实务中应注意区别人格权专属性与部分权能可许可使用之间的界限。首先,传统的生命权、身体权、健康权、名誉权等是不能许可使用的,上述权利和特定主体紧密联系,不能分离许可他人使用,否则即有违反公序良俗之虞。其次,可许可使用的肖像权、姓名权等权利仅是部分权能的分离使用,而不能把人格权整体转让许可使用。目前,随着现代信息网络技术和媒体的不断发展,人格权的商业应用日益发展,人格权许可使用将越来越广泛,在实务中必须认真把握专属性与许可使用之间的界限。

专题三　人格权许可使用

一、人格权许可使用的规定及基本理论

《民法典》第993条规定:"民事主体可以将自己的姓名、名称、肖像等许可他人使用,但是依照法律规定或者根据其性质不得许可的除外。"人格权许可使用,是指民事主体将姓名、肖像、声音等人格要素(人格权客体)所承载的,个人通过对这些人格要素的商业化利用来实现和享有经济利益。无论是从实现人格权中财产利益的角度来看,还是从实现人格权人的精神利益角度看,都有必要允

许人格权人授权他人使用其人格要素。人格权人授权他人使用其人格要素,不仅为人格权人带来经济利益,从某种意义上说也是一种人格权人发展和塑造自己人格的方式,是人格自由发展的体现。

人格权总体不能转让,但是人格权的某些权能可以与主体分离,人格权中财产价值也可以授权他人使用。权能分离理论说解决了人格权中财产利益人格权保护模式下最棘手的问题。该学说最早源于物权法理论,后被借鉴到同样属于绝对权的人格权理论中。依据“权能分离”说人格权中财产利益的许可使用不会导致人格权与主体的整体分离。人格权人通过许可使用合同,将人格权的部分权能暂时授权他人行使,为自己的人格权设置一种暂时的限制,合同期限到期后,人格权恢复圆满状态。因此,人格权许可使用合同不会导致人格权权利主体的更换,只是一种人格权人行使自己权利的方式。

二、实务中的主要疑难问题

(一)人格权许可使用合同解除

实践中,人格权许可使用多采取人格权许可使用合同形式实现。人格权许可使用合同的法定解除可以适用《合同法》关于合同法定解除的一般规则,但由于人格权的特殊性,对于合同解除具有一定的特殊性。根据《民法典》第1022条的规定:“当事人对肖像许可使用期限没有约定或者约定不明确的,任何一方当事人可以随时解除肖像许可使用合同,但是应当在合理期限之前通知对方。当事人对肖像许可使用期限有明确约定,肖像权人有正当理由的,可以解除肖像许可使用合同,但是应当在合理期限之前通知对方。因解除合同造成对方损失的,除不可归责于肖像权人的事由外,应当赔偿损失。”这一规定可以类推适用于其他性质人格权使用合同之中。一般认为,与合同解除一般规则相比,应当放宽人格权许可使用合同的法定解除条件。由于《合同法》中的合同法定解除规则是以财产交易合同为原型而设计的,并没有考虑到人格权经济利用的特殊性,因此关于人格权许可使用合同的解除应理解为,只要人格权人能够证明其人格尊严和人格自由受到不当影响,其即应当有权解除合同。对人格权人法定解除权行使的限制应侧重于事后救济,即在人格权人因行使任意解除权造成受许可人财产损失时应当承担的损害赔偿责任。由于人格权解除人格权许可使用合同的事由主要发生在合同履行阶段,人格权人基于任意解除权而解除合同的行为不同于撤销合同的行为,不应当适用缔约过失责任的规则,受许可人应有权请求人格权人赔偿其履行利益损失。

(二)人格许可使用权不能成为强制执行的对象

人格权的特殊性决定了人格许可使用不能强制执行,而只能采取其他替代性执行方式。首先,许可人与被许可人之间的人格权中财产利益的许可使用合同是不能强制执行的合同。人格权人的债权人不能向法院申请对人格权中财产价值的强制执行。其次,被许可人和许可人破产时,人格要素的许可使用权不属于破产财产,不能列入破产财产用于偿还债务。

(三)许可使用权再转让的限制

被许可人通过许可使用合同获取对许可人的人格要素的使用权,但被许可人不能将这个使用权授权或转让给第三人。这主要是出于对人格尊严和人格自由的保护,不能将这种使用权完全脱离人格权人的控制,在不同的主体之间自由的流动。因此,允许人格权中财产利益的许可使用的同时,要从维护人格权人的精神利益出发,限制人格权许可使用权的再次授权。人格权的许可使用涉及人格权人的精神利益,人格权人为了保护自己的名誉、形象等,在许可他人使用其人格要素之前,是在充分了解被许可人之后再作出的决定。一般人格权人授权他人许可使用行为是建立在人格权人对被许可人信赖基础之上的,受让人通过许可使用合同获取的是对人格权人人格要素的使用权,此使用权不包括对此权利的处置的内容。因此,受让人的再次出让或者授权使用是缺乏权利依据的。

专题四　死者人格利益的民法保护

一、死者人格利益的民法保护的规定及基本理论

《民法典》第994条规定:"死者的姓名、肖像、名誉、荣誉、隐私、遗体等受到侵害的,其配偶、子女、父母有权依法请求行为人承担民事责任;死者没有配偶、子女且父母已经死亡的,其他近亲属有权依法请求行为人承担民事责任。"死者人格利益,是指自然人死亡后与该死者相关的人格利益,如姓名、名誉、荣誉、肖像、隐私等。自然人去世后的人格利益的保护即对上述利益的保护。理论上,死者人格利益的保护在"直接说"与"间接说"之间摇摆,目前通说为"间接说"。虽然自然人死亡后不再具有权利能力,无法再享有以权利能力为基础的各种权利,但是自然人在生前享有并行使权利时所产生的人格利益会在其死亡后继续产生影响,并且还有受到侵犯的可能,不能因为权利主体的死亡和权利的丧失而否定其人格利益存在的价值。法律实施的目的之一在于维护人的权益和社会的共同秩序,因此通过赋予近亲属请求权方式或公益诉讼方式等间接方式保护死者人格利益,是维护社会秩序的要求。

在我国,死者人格利益亦经历了由不保护到保护的发展演变。最高人民法院多项司法解释中均有关于死者人格利益保护的相关规定。如最高人民法院《关于死亡人的名誉权应依法保护的复函》、最高人民法院《关于范应莲诉敬永祥等侵害海灯法师名誉权一案有关诉讼程序问题的复函》、最高人民法院《关于审理名誉权案件若干问题的解答》第5条和最高人民法院《精神损害司法解释》第3条、第7条。除此之外,《最高人民法院公报》共公布了3例关于死者人格精神利益保护的案例:1992年第2期刊载的《陈秀琴诉魏锡林、〈今晚报〉社侵害名誉权纠纷案》("荷花女案")、1998年第2期刊载的《李林诉〈新生界〉杂志社、何建明侵害名誉权纠纷案》("李四光案")和2002年第6期刊载的《彭家惠诉〈中国故事〉杂志社名誉权纠纷案》("彭家珍案")。以上述司法解释文件和案例为基础,学界也在不断完善该领域的理论体系。

二、实务中的主要疑难问题

(一)死者人格利益中财产利益的保护

死者人格利益中存在的财产利益,隐藏着巨大的商业价值。对死者人格利益的保护,既是对死者人格利益中的精神利益的保护,也是对死者人格利益中财产利益的保护,且后一种保护尤为重要。可能获得死者人格利益中财产利益的主体,主要是死者的近亲属,他们是最主要的承受者。这是基于近亲属的死者人格利益保护主体的地位决定的,也可以推定为最符合死者的意志和社会传统观念。此外,由于死者人格利益保护具有期限性,因此对于超过保护期限的死者人格利益中的财产利益,应当允许他人进行适当开发,满足社会的需要,以服务社会和公众。但是,这种开发必须遵从死者遗愿,征得其近亲属同意,对其的商业化利用应严格遵守公序良俗,不得违背社会公共道德,更不得损害死者的人格利益。

(二)主体范围

《民法典》第994条规定,"死者没有配偶、子女且父母已经死亡的,其他近亲属有权依法请求行为人承担民事责任"。《关于审理名誉权案件若干问题的解答》第5条规定:死者名誉受到损害的,配偶、父母、子女、兄弟姐妹、祖父母、外祖父母、孙子女、外孙子女可以作为原告起诉。从上述法律和司法解释规定可以看出,三代以内的近亲属是可以有权主张死者人格权保护的权利人,其中配偶、子女、父母属于优先顺序人。

(三)英烈人格权公益诉讼的衔接

公益诉讼在死者人格利益保护领域的引入,是有明确的限定条件的,即死者的身份为英雄烈士,侵害死者人格利益的行为需同时对社会公共利益造成了较为严重的损害,只有在这种情况下,国家公诉机关和相关组织才可以取得诉权,成为适格的诉讼主体。这些主体本身与民族情感、文化传统、国家形象密切相关,他们的人格利益在很大程度上是社会公共利益的组成部分,被侵害时社会公共利益存在遭受较大侵害的可能性,因此在这一类死者不存在近亲属或者近亲属怠于行使权力时,可由国家公诉机关和相关组织提起公益诉讼。

(四)保护期限

根据上文论述,对于死者人格利益的保护期限,应结合诉讼主体进行确定,即在三代近亲属生存期间内即为保护期限,如果上述原告皆已不复存在,则诉权消灭。由此可看出,我国的死者人格利益保护期限是不确定期限。此外应指出,通过公益诉讼保护英烈人格利益应不受此期限限制。建立公益诉讼制度是为了维护英烈人格权中的社会公共利益,此时不管死者去世多久,其人格利益都会对社会公共利益产生影响。当国家公诉机关和社会组织为保护英烈人格利益而提起诉讼时,不受死者人格利益保护期限的限制,无论死者去世时间多久均享有诉权。

专题五　人格权请求权

一、人格权请求权的规定及基本理论

《民法典》第995条规定:“人格权受到侵害的,受害人有权依照本法和其他法律的规定请求行为人承担民事责任。受害人的停止侵害、排除妨碍、消除危险、消除影响、恢复名誉、赔礼道歉请求权,不适用诉讼时效的规定。”该条的内容明确规定了人格权请求权范围。根据上述条文,人格权请求权,是指民事主体在其人格权受到侵害或者存在侵害危险时,有权向加害人或人民法院请求加害人消除危险或恢复人格权的圆满状态的请求权。人格权请求权具体包括停止侵害、排除妨碍、消除危险、消除影响、恢复名誉、赔礼道歉、预防妨碍等具体类型。我国《民法通则》和《侵权责任法》规定的责任承担方式中虽然包含人格权请求权,但并没有将人格权请求权单独进行规定。《民法典》中关于人格权请求权的规定,是我国民事法律中第一次明确单独规定人格权请求权。

根据人格权请求权的不同,人格权请求权的功能主要包括三个方面:一是预防侵害。即通过事先预防的积极主动方式保证人格权的圆满。二是制止侵害。即在侵害持续过程中,通过拦阻的方式停止侵害的继续。三是消除侵害的影响。即在侵害已经发生后,通过消除影响、恢复名誉等回复性手段,实现人格权的恢复圆满。

二、人格权请求权与侵权损害赔偿请求权的区别

人格权请求权在实务适用中应注意与侵权损害赔偿请求权相区别。侵权损害赔偿请求权基于侵权法为基础产生,主要的责任承担方式为损害赔偿。两者之间在责任构成、责任承担方式、证明责任等方面均存在不同。首先,请求权产生前提不同。人格权请求权在人格权受到侵害或有侵害危险时产生,而侵权损害赔偿请求权则在人格权受到侵害并产生实际损害的情况下才能够产生。其次,是否要求过错不同。人格权请求权属于绝对权请求权,目的是保证人格权的完整状态,其行使不要求存在过错;侵权损害赔偿责任则以过错责任为原则,其成立要件通常要求行为人在主观上具有过错。最后,在预防性功能上存在不同。人格权请求权注重事先对人格权的预防性保护;侵权损害赔偿请求权则侧重于事后救济,由于大多数人格权损害具有不可逆的特点,往往难以恢复到原状,因此侵权损害赔偿主要注重以物质方式在其他方面进行填补。

在实务中,人格权请求权和侵权损害赔偿请求权大多在一个诉中一并提起,因此对于其构成要件和证明责任的不同应加以区别和注意。

专题六　违约精神损害赔偿制度

一、违约精神损害赔偿制度的规定及基本理论

《民法典》第996条规定："因当事人一方的违约行为，损害对方人格权并造成严重精神损害，受损害方选择请求其承担违约责任的，不影响受损害方请求精神损害赔偿。"该条为违约精神损害赔偿制度的相关规定。

随着我国市场经济日益发展，违约所造成的精神损害频繁发生。《民法典》第1183条第1款明确规定："侵害自然人人身权益造成严重精神损害的，被侵权人有权请求精神损害赔偿。"违约方的行为不构成侵权精神损害赔偿的情形下，又无法诉诸违约责任获得精神损害赔偿，因侵权责任和违约责任对守约方的保护不同，仅通过侵权责任守约方的利益无法得到充分救济。国外许多国家已经建立违约精神损害赔偿制度。我国对于是否承认违约精神损害赔偿长期存在争论，民法典的规定明确了这一请求的规范基础。

二、实务中的主要疑难问题

（一）主体范围

最高人民法院《精神损害司法解释》第5条规定："法人或者其他组织以人格权利遭受侵害为由，向人民法院起诉请求赔偿精神损害的，人民法院不予受理。"从该条文可看出，法人和其他组织是不能主张侵权精神损害赔偿的。该规定应可以用于违约精神损害赔偿中，法人或者其他组织亦不得主张违约精神损害赔偿。

另外，违约精神损害赔偿应可由特定的合同外第三人来主张，但存在一定限制条件：首先，第三人必须被置于与债权人同等程度的给付障碍危险中；其次，债权人对保护第三人具有特别的利益；最后，上述两个要件为债务人所得识别。①

（二）适用违约精神损害赔偿的合同范围

违约精神损害能否得到赔偿，主要看合同的目的，当合同的目的是获得精神利益，或者精神利益成为合同的重要条款时，才可以主张精神损害赔偿。如果合同的履行目的是获得财产权益，即使在合同中可能产生了精神上的损害，但因为该精神上的损害难以预见，并且它相对于财产利益的履行而言并不是主要的，则不应赔偿精神损害。因此，商业合同即使合同当事人为个人，如房屋买卖合同，由于其是以商业利益的获取为目的合同，在商业合同中，一般推定商事合同的主体具有承担违约风险的能力，即使商事合同中一方当事人违约产生巨大损失，守约方也无法获得精神损害赔

① ［德］梅迪库斯：《德国债法总论》，杜景林等译，法律出版社2004年版，第592页。

偿。实践中,给予精神损害赔偿的合同主要集中在客运运输合同、骨灰盒保管合同、美容手术合同、医疗合同、旅游合同、摄影合同、婚庆合同、特殊承揽合同等。

(三)诉讼请求的主张方式

根据《民法典》第996的规定,首先,受损害方提起违约之诉的,不影响另行提起违约精神损害赔偿之诉。其次,受损害方在提起违约之诉同时一并提起违约精神损害赔偿之诉的,法院应当可以合并案由一并予以审理。最后,受损害方在提起侵权之诉的同时提起违约精神损害赔偿的,如果侵权之诉中没有精神损害赔偿请求,则可以合并一并提起或同时分别审理。

(四)归责原则

针对侵权责任,《民法典》第1165条、第1166条分别规定了过错责任和无过错责任两种形式,同样适用于精神损害赔偿。合同则采严格责任原则,违约责任上并不要求违约人具有过错,只要没有免责事由,就要承担违约责任,债权人证明债务不履行即为已足,而由债务人举证免责事由。不过,对于《民法典》第996条规定的违约精神损害赔偿在与当事人违约责任之诉中一并提起时,应注意与违约责任的归责原则相区别,即仍应按照具体人格权侵权行为的归责原则确定。此外,对于违约造成的精神损害事实,需要受害一方举证证明。

(五)可预见性原则

在合同成立时,若违约方可以预见到精神损害是巨大的则精神损害赔偿主张可以获得支持。如新婚夫妇旅游案例,如果该新婚夫妇中的一方因特殊原因即将逝世,则违约方应该尽到比较高的注意义务,此时一旦违约,违约方就该承担精神损害赔偿,这大大减轻了守约方的证明责任。而如果只是一般的新婚旅行,夫妇告知该旅行对他们很重要,则此时违约方难以预见到违约会给受害人造成巨大的精神损害,如果仅仅是违约就应赔偿该巨额的精神损害赔偿金,对于违约方显然也是不公平的。

专题七　禁令制度的运用

一、禁令制度保护人格权的规定及基本理论

《民法典》第997条规定:"民事主体有证据证明行为人正在实施或者即将实施侵害其人格权的违法行为,不及时制止将使其合法权益受到难以弥补的损害的,有权依法向人民法院申请采取责令行为人停止有关行为的措施。"这一条即为《民法典》人格权编中禁令制度的规定。该条是停止侵害请求权的一种,是指受害者在正面临即将发生的损害的情况下,有权请求法院要求加害人停止其实施侵害行为。《民法典》第179条、第1167均将停止侵害作为首要的责任方式进行规定。《民法典》人格权编特别用一个条文对禁令这一停止侵害责任进行规定,是考虑到人格权无形性的特殊性,及其受到侵害后恢复的不可逆,因此需要特别强调预防性停止侵害责任方式对人格权救济的特

殊作用。人格权益的损害一旦发生,往往难以事后救济,金钱替代方式的效果较为有限,生命、身体、隐私、名誉等被侵害后的修复是十分困难甚至是不可能的。因此,对盖然性较高的侵害采取事先禁止的方式便极为必要。另外,如果损害正在发生,及时采取禁令方式停止侵害能够及时制止侵害行为,防止损害的继续蔓延。

英美法系中通常采取禁令方式实现停止侵害的人格权权利救济,其主要作用就是预防侵权行为的发生和制止侵权行为的继续。大陆法系比较类似的制度是通过诉讼保全制度保护人格权,是指法官根据当事人的申请采取必要措施防止侵害的继续。目前,也有一些大陆法系国家也借鉴英美法系的经验采取禁令方式。我国实践中也有在人格权纠纷中采取禁令方式,如"钱钟书书信案"中,就首次采取了这一方式。但在法律上明确以禁令方式保护人格权,尚属制度上的全新发展,如何在实践中实施尚有待进一步研究。

二、实务中的主要疑难问题

(一)禁令适用的条件

首先,侵害行为及危险正在进行过程中,受害者面临着持续的侵害和危险将要发生或将持续扩大的情况。在这种情况下,禁令措施才有现实意义,如果侵害及其潜在危险已经结束或损害后果也已经终了,则禁令保护方式就失去意义,转而采取其他事后救济方式。其次,侵权行为及危险必须是确定的,这一确定不必须由判决确定,法官依一般社会认识认为可以确认的,即可采取禁令的救济方式。最后,侵权及损害的发生具有可能性。侵害人格权的行为事后难以修复,因此只要侵权损害发生具有可能性,采取禁令救济方式就存在必要。

(二)禁令不以过错为要件

《民法典》第997条禁令的请求权基础来自停止侵害责任,属于人格权请求权范畴,而非侵权请求权范畴。因此,禁令的适用,不以侵害人具有故意或者过失为要件,只要侵害行为及危险正在继续,并持续对权利人构成了侵害及危险,受害人就有权请求禁令保护。

(三)禁令适用的阶段

《民法典》第997条禁令既可以在诉前作出,也当然可以作为诉讼中的保全方式在诉讼中申请作出。该禁令制度应当有一定的期限,以便督促当事人尽快以诉讼等方式对确立保护及责任进行确定。

专题八　精神性人格权侵权责任承担

一、精神性人格权侵权责任承担相关规定及基本理论

《民法典》第998条规定:"认定行为人承担侵害除生命权、身体权和健康权外的人格权的民事

责任,应当考虑行为人和受害人的职业、影响范围、过错程度,以及行为的目的、方式、后果等因素。”该条规定明确了人格权中的精神性人格权侵权责任承担中应考量的因素。

与物质性侵害和生命权、身体权和健康权等侵害不同,精神性人格权侵权责任的确定没有明确的市场价格标准,因而其本身具有一定程度的不确定性,不能完全客观量化,具有一定的不确定性;且精神损害具有一定程度的主观性,在很大程度上,纯属当事人的主观感受,对此进行举证也十分困难。这导致法官确定责任时自由裁量空间较大,给判决结果带来一定的不确定性。对法官审理该类案件的考量因素予以明确,主要可以实现以下功能:首先,有助于明确判案思路,限制法官的自由裁量,保持司法的确定性与稳定性。在精神性人格权民事责任的确定中,法官天然具有很大的自由裁量的空间,如果运用得当,则可以非常有效地发挥精神损害赔偿的功能;但如果运用不当,则会对受害人和加害人的权益造成严重的损害。其次,对当事人的举证提供指导,提高对审判的预期。实践中,由于精神性人格权损害赔偿数额难以确定,出现很多投机性诉讼,导致一些非常轻微的侵权损害,受害人都会不切实际地提起诉讼或提出高额赔偿。对于考量因素予以列明,有助于引导当事人理性诉讼,避免滥诉。最后,精神性人格权损害责任考量因素的限制,能间接起到维护赔偿数额合理性的功能。合理范围内的赔偿责任负担,能起到赔偿损失和惩罚侵害行为的功能,但过当的责任承担则会带来新的不公平。例如,报纸在作出失实报道后,如果及时更正就足以消除影响的,则在赔偿责任的确定上应当予以适当衡平考虑。

二、实务中的主要疑难问题

(一)条文列举考量因素的适用

按照《民法典》第998条规定中列举的考量因素主要包括“行为人和受害人的职业、影响范围、过错程度,以及行为的目的、方式、后果等”。按照该条规定中的因素,主要包括以下几类:

1. 当事人的职业和身份。原则上,人格权赔偿责任考量中不因职业和身份的不同而存在差距,但仍存在需要考量的例外情形。人格权合理使用制度的一个重要方面就是对公众人物人格权的限制,包括政府公职人员,公益组织领导人,文体界明星,科学家、知名学者、劳动模范等知名人士。这些特殊职业和身份的人由于其身份的公众性,对于侵犯人格权有更高的容忍义务。另外,在人格权商业保护中,对于商业价值更高的名人,应按照市场价值在数额上给予更高考量。综上,在人格权侵权责任承担时,应当在一些特定情况下适当考虑职业和身份的特殊性。

2. 过错程度。精神性人格权损害赔偿兼具补偿性和惩罚性的功能,过错的严重程度也会影响到损害的严重程度,应当根据过错归责原则,根据加害人的过错程度来决定赔偿数额。此处所说的“过错程度”是指侵权人的过错程度。对于侵权人的过错程度,先应当区分故意和过失,然后可以进一步区分恶意、一般的故意、重大过失、一般过失和轻微过失,侵权人的过错程度越高,其承担的损害赔偿数额就越高。如果是恶意侵权,其所应赔偿的数额显然要高于过失侵权。如在恶意诽谤而侵害他人名誉权时,侵权人所应赔偿的数额则比过失更高一些。

3. 侵害的目的、方式等具体情节。侵权人的侵害手段、场合、行为方式等具体情节的不同,对受害人人格权所产生的损害程度也是不同的,这也影响对损害赔偿数额的确定。例如,侵权人在网上发布侵害他人名誉权的言辞,与侵权人向第三人传讲他人的言辞,影响程度是不同的,因而侵权人所应承担的损害赔偿数额也应有所区别。

4. 侵权行为所造成的影响范围和后果。对于影响范围和后果的判断可以从多个方面来考虑:首先,主客观结合,考察受害人自身遭受的痛苦程度。对于受害人主观上的痛苦程度,如是否造成心理疾病等,应给予考虑,但也不能单纯从受害人不良情绪的反应来确定精神损害赔偿的数额,也应当适当考虑社会对该种损害的一般感受。其次,考虑行为人实施的侵害他人人格权的行为所造成的社会影响和不良后果。例如,诽谤言论是否对受害人产生重大影响等。另外,须注意的是,如何确定无法感知精神痛苦的无行为能力人、限制行为能力人的赔偿数额。这主要是针对一些精神病人、未成年人等。在此情况下,应根据客观标准来确定其精神损害,即根据社会一般的感受来加以评价,即使受害人本人无法感知其精神痛苦,也应当按照社会一般人在此情况下所可能遭受的损害来确定精神损害赔偿数额。

(二)其他可以考量的因素

由于《民法典》第998条中的列举属于不完全列举,实践中根据具体案情还应当有其他考量因素,如侵权人的获利情况、侵权人承担责任的经济能力、当地的平均生活水平等。

专题九　人格权合理使用制度

一、新闻报道中人格权合理使用

《民法典》第999条规定:“为公共利益实施新闻报道、舆论监督等行为的,可以合理使用民事主体的姓名、名称、肖像、个人信息等;使用不合理侵害民事主体人格权的,应当依法承担民事责任。”该合理使用包括两方面内容,即新闻报道中的合理使用,以及舆论监督中对公众人物人格权的合理限制。

现代社会中言论自由的重要体现为新闻报道和舆论监督自由,新闻报道和舆论监督中人格权的合理使用,其实质为平衡人格权保护与言论自由保护之间的关系。从实践来看,新闻报道、舆论监督与人格权保护之间的冲突主要体现为言论自由与姓名、名称、肖像、个人信息、名誉权保护之间的冲突。

二、实务中的主要疑难问题

在判断新闻报道、舆论监督是否构成人格权合理使用,而非侵权行为情形,主要应当根据以下因素确定。

第一,区分事实与评论。在判断新闻报道、舆论监督是否构成人格权合理使用时,应当区分其中的事实部分与评论部分。对于事实部分的报道,真实性是新闻报道和舆论监督的基本要求,如果事实的描述或者转述失实，则一般构成人格权侵权。对于评论部分，则相对要求较为宽松。如果新闻报道和舆论监督中对于事实的描述或者转述属实，则单纯的评论不当或者言语不当且评论者并无恶意，不存在是非颠倒、定性不准等问题，一般不应认定构成侵权。

第二，是否存在故意或重大过失。如果媒体或者新闻从业人员在新闻报道和舆论监督中恶意损害他人的名誉或他人的隐私，或者虽然没有恶意但是存在重大过失而导致他人的人格权受损，就不能因为保护言论自由而给予这些行为免责。这些恶意和重大过失的行为已经超出了言论自由的必要限度，属于不合理使用范畴，不能对其给予特别的保护。

第三，新闻报道和舆论监督是否存在公益性。新闻报道的种类繁多，既有娱乐板块、体育板块，也有时事板块，但也有具有社会监督色彩的公益性报道。这一类新闻报道的目的在于保护社会公共利益、维护社会公德，如该类报道与人格权发生冲突，应当对其进行倾斜保护，即使存在一定程度失实和评论偏颇，也应予以宽容。如为了保护食品药品公益性安全的深度报道，由于材料不全导致对某产品的质量报道并不完全属实，从而使该企业名誉权受损，只要却不存在故意情形，则不应轻易认定报道存在侵权。

第四，新闻报道和舆论监督是否尽到合理核实义务。新闻报道为现代社会提供了大量的信息和资讯，但囿于信息采集的客观障碍，新闻报道无法实现百分之百的客观真实。在因报道有失偏颇情况下如何判断哪些属于应容忍的合理使用，哪些属于侵权行为，应当从是否对报道素材的真实性尽到合理的核实义务角度进行判断。首先，如新闻报道将严重损害受害人的名誉，则报道人即应当对其内容进行更为严格的审核；反之，则不需要进行严格的审核。其次，对于敏感性内容有必要调查的义务。如果新闻报道的内容具有较强的敏感性，则报道人有义务进行必要的调查核实。否则在出现失实时可认为存在侵权。再次，信息来源问题。如果其依据的是官方的资料、档案或者新闻发布会上的材料所描述的事实，如无重大过失，原则上也应当予以免责。如果消息来源并非权威渠道，未经核实就加以披露报告，则认为存在重大过失应承担侵权责任。最后，审查的成本。确定报道人的审查义务标准时，还应当考虑审查的成本，若审查成本较小，则应要求尽到相应的审查义务；若审查成本较高，则审查义务应当相应降低。这里的审查成本既包括费用支出，也包括时间支出，这是因为新闻报道的高度时效性，决定了不能在审查程序中耗费过多时间成本。此外应当明确，报道人是否尽到其审查义务的举证责任，原则上应当由报道人承担。

第三章　生命权、身体权和健康权

专题一　法定救助的适用

作为侵权法上的一种作为义务，民事救助义务彰显了扶危济困功能，随着社会风险程度日益加深，对危险控制的需求增加，民事救助义务的功能也不断增强。此前我国对民事救助义务只是零散式立法，民法典顺应时代发展的现实之需，于第1005条规定法定救助义务，强化了对自然人基本人身权利的保护，体现了民法典的人文精神和人文关怀。

一、民事救助义务的国内立法

当前，我国有关民事救助义务的法律规定比较零散，明确以救助义务形式规定的主要有以下法律：《合同法》第301条规定，在运输过程中，承运人对患有急病、分娩、遇险的旅客负有尽力救助的义务。该条被民法典合同编客运合同继受，其中，第822条规定："承运人在运输过程中，应当尽力救助患有急病、分娩、遇险的旅客。"

《人民警察法》第2条规定，对于公民的人身、财产安全，人民警察负有保护的义务；第21条规定，当遇到公民人身、财产安全受到侵犯或者处于其他危难情形时，人民警察应当立即救助。

《消防法》第44条第4款规定："消防队接到火警，必须立即赶赴火灾现场，救助遇险人员，排除险情，扑灭火灾。"

《执业医师法》第3条规定，医师承担的救死扶伤义务；第24条规定："对急危患者，医师应当采取紧急措施进行诊治；不得拒绝急救处置。"

《道路交通安全法》第70条规定，发生交通事故的车辆驾驶人对受伤人员的立即抢救义务；第72条规定，交通警察对交通事故受伤人员的先行组织抢救义务；第75条规定，医疗机关对事故受伤人员的及时抢救义务。

《海商法》第38条规定："船舶发生海上事故，危及在船人员和财产的安全时，船长应当组织船员和其他在船人员尽力施救……"；第174条规定，在不严重危及船舶和船上人员安全的情况下，船长有义务尽力救助海上人命。

《民用航空法》第48条规定："民用航空器遇险时，机长有权采取一切必要措施，并指挥机组人员和航空器上其他人员采取抢救措施……"。

此外，有些救助义务的规定是以作为义务，如安全保障义务、保护义务等形式存在的，如《侵权责任法》第37条规定，住宿、餐饮、娱乐等公共场所的管理人或者群众性活动的组织者的安全保障义务;2013 年修正的《消费者权益保护法》第 18 条规定,经营者对消费者的人身和财产负有安全保障义务;《民法典》第 34 条规定,监护人负有保护被监护人的人身权利、财产权利,以及其他合法权益等的职责;《婚姻法》第 20 条规定,夫妻之间负有相互扶养的义务。

二、法定救助义务的来源

《民法典》第 1005 条规定的"法定救助义务"包括因法律规定、特殊关系、先行行为和合同约定产生的救助义务。

(一)法律规定

这里所指的法律原则上限于全国人大及其常委会制定的法律,而地方性法规等其他法律是否产生作为义务,则需要接受法院的审查。由于是制定法产生的作为义务,因此,因职务或业务需要产生的作为义务也属于此类型。具体可分为两类:

第一,违反私法上的救助义务,如《消费者权益保护法》中经营者对消费者的安全保障义务等。

第二,违反公法上的救助义务,如《人民警察法》规定人民警察救人的义务,《消防法》规定消防员的救火义务,《执业医师法》规定医生救死扶伤的义务等。违反公法上的救助义务,情节严重的,还有可能需要承担刑事责任。例如,国家机关工作人员违反法定的救助义务造成严重后果的,不仅需要对受害人的损失承担赔偿责任,如果行为足以构成不作为犯罪的,还应当受到刑事处罚。

(二)特殊关系

我国现行法律中体现着特殊关系理论,如《民法典》第 34 条规定的监护人对被监护人的责任;第 1059 条规定的夫妻之间的相互扶养义务;第 1191 条规定的用人单位对劳动者的责任;第 1198 条规定的公共场所管理人或群体活动组织者的安全保障义务;第 1199 条、第 1200 条规定的学校对学生的责任等。近年来,司法实践中涌现了大量与特殊关系有关的不救助侵权案件,法院在认定当事人之间是否存在因特殊关系所生的救助义务时,应把握以下三方面:

第一,因特殊关系而能够预见危险。鉴于具有特殊关系的一方当事人对另一方当事人可能遭受危险的可预见性要远大于陌生人之间,因此,如果行为人作为一个有理性的人应当合理预见他人将要遭受的危难而没有预见,或者虽然已经预见,但没有采取合理的措施避免损害的发生,行为人应当对受害人的损失承担赔偿责任。

第二,因特殊关系而产生合理信赖。我国民法对合理信赖的保护体现于诚实信用原则中,要求民事权利义务关系的任一方当事人必须谨慎地维护对方利益,满足对方的合理期待。当行为人与受害人之间存在信赖关系时,受害人对危险的感知能力和自我保护能力可能会有所下降,受害人的这种合理信赖是行为人注意义务的产生原因之一。

第三,因特殊关系而在施救条件上具有优越性。行为人对于身处险境的受害人具有施救条件的优越性体现在:一是基于当事人之间的紧密关系,行为人能够第一时间得知受害人的人身安全受到威胁,可以及时采取措施进行救助;二是当事人之间的特殊关系排除了他人进行救助的可能。比如,当危难发生于一个行为人控制范围内的相对独立空间时,就排除了外界人进入救助的可能性,此时行为人有义务救助于该空间遇险的受害人。因此,要求拥有优越施救条件的行为人承担救助义务,具有正当性。

(三)先行行为

"基于先行行为的作为义务"是指因为行为人先前实施的某种行为导致他人受法律保护的权益处于危险状态,行为人应当承担积极采取有效措施排除危险或避免损害结果发生的作为义务。[①] 救助义务是作为义务的下位概念,自然也涵盖在其中。法院在认定当事人之间是否存在因先行行为引起的救助义务时,应把握以下三方面:

第一,先行行为引发了一定的危险性或者升高了危险。并非所有引发危险性的先行行为都能产生救助义务,引发的危险应当达到威胁人身安全的程度,否则行为人不必为此承担救助义务。

第二,先行行为的范围不限于侵权行为。先行行为不一定非是侵权行为,合法行为[②]也可构成先行行为,只要先行行为造成了一定的危险或者升高了危险,那么行为人就负有采取措施救助受害人的积极义务。

第三,行为人的不作为或不恰当作为与受害人所遭受的损害后果之间存在因果关系。如果行为人的先行行为与实际的危险无关,行为人自然不必为此承担救助义务,相反,如果行为人的先行行为导致了危险的产生或加剧,其就负有降低危险程度的义务。

(四)合同约定

《民法典》第509条第2款规定:"当事人应当遵循诚信原则,根据合同的性质、目的和交易习惯履行通知、协助、保密等义务。"违反合同约定的不作为,是指行为人按照合同的约定负有作为义务,但并未依约履行该义务。合同义务包括主给付义务、从给付义务和附随义务,附随义务基于诚实信用原则和交易习惯而产生,作用在于更好地保护当事人利益,其内容主要包括合同当事人之间的通知、协助、保密等义务。如果当事人违反因合同而生的包括附随义务在内的作为义务,既可能产生相应的合同责任,如一方当事人存在主观过错并造成损害后果的,也可能构成不作为侵权,应当为此承担侵权责任。

三、法定救助义务的救助标准

设置危难救助义务的主要目的在于保护身处危难之中的受害人的生命健康权,但是义务的设置毫无疑问会相应地减损人们的行为自由,义务履行的要求过于严格或者过于宽松,都将不利于实现立法目的。因此,合理限定危难救助义务的救助标准是其在实践中发挥作用的前提。

(一)引入"理性人"标准

如果行为人在救助过程中没有尽到一个"理性人"应尽的注意义务,法院可以认定行为人的救助行为存在过失。从实质上说,"理性人"标准仍属于客观标准,它强调被告的行为是否构成过失是由一个外化的、能够为公众所知晓的标准来判断,而不是基于行为人自身的主观想法来衡量。司法

---

① 赵万一、蒋英燕:《论不作为侵权及其法律完善》,载《北方法学》2010年第1期。

② (2016)渝0113民初6015号民事判决认定,被告因交通事故后追逐原告的行为本不属于侵权行为,但基于被告对环境的熟识应当预见到追赶行为有一定的危险性,仍然继续追赶,使受害人不得不下水躲避并陷于危难境地,被告据此应当承担帮助受害人脱离险境的救助义务,被告未合理履行救助义务,其行为与受害人的死亡存在因果关系,应当承担赔偿责任。

实践中,已有部分法院以“合理”标准作为依据判断救助者的救助行为是否存在过错,乃至是否应当承担责任。[①] “理性人”标准能够在一定程度上限制法官的自由裁量权,从而减少法官在判决上的分歧,使司法裁判更具有公信力。

（二）根据专业化程度有所区分

专业人士,是指具备某特定领域专业知识、技能和经验的职业人士,通常持有该领域的专业资格。尽管法律未明确区分专业人士与非专业人士的注意程度,但对专业人士和非专业人士采取同样的救助程度标准,可能会导致专业人士在救助过程中采取不够谨慎的态度,从而给受害人带来不必要的二次损害。因此,专业人士在执业时负有高度注意义务,不得违背法律法规、执业准则及与当事人的约定等,否则将承担责任。尽管专业人士在非工作环境中实施的救助并不是严格意义上的执业,但是这并不意味着他们能够因此忽略在执业中必须要遵守的注意要求。法官的自由裁量权进行判断,结合相同领域的人在遇到相同情形时应尽到的注意程度,以认定救助者是否善意地履行了救助义务。

四、违反法定救助义务的法律责任

救助义务按其属性可分为法律性质的救助义务和道德性救助义务。前者主体主要为具备特殊身份或职务的人、存在特殊关系之人、因先行行为导致损害之人以及与受害人约定存在救助义务的人;后者又称为一般性救助义务,指当事人之间没有任何特殊关系,仅建立在陌生之间的道德性的救助义务。《民法典》第184条“好人条款”仅适用于道德性救助义务场合,当行为人和受害人之间存在特殊关系或特殊情形时,若适用“好人条款”对行为人的过错进行免责,不仅不利于保护受害人的权益,也有违公平正义原则。因此,违反法定救助义务要承担相应法律责任。

（一）归责原则

违反救助义务导致损害不属于特殊侵权的范畴,因此,应当适用民法中一般侵权的归责原则,即过错责任原则,包含以下两层含义:一是行为人只有在故意或过失的情形下才需要承担侵权责任;二是责任承担方式和承担范围的认定以行为人的过错程度为依据。司法实践中,不仅应考虑行为人的过错程度,还应考虑受害人或第三人对损害后果的发生是否存在过错,如果受害人或第三人也有过错,则应由各方按各自过错大小以及各自行为与损害之间因果关系大小分担损害后果,行为人则依过失相抵原则相应减轻责任。

（二）责任认定

过错责任原则要求行为人在行为时尽到注意义务,尽量避免损害后果,同时应当尊重他人的权益,将行为人的个人自由限定在不损害他人权益的范围内。因此,违反危难救助义务的行为表现为不救助和不适当救助,即有救助义务的行为人基于故意或过失未实施救助或基于故意或过失采取了不适当的救助方式,造成了损害后果。在举证责任分配上,由受害人一方对行为人的过错承担举证责任,既不会让行为人承担过重的救助义务,也能够达到保护受害人权益的目的,平衡个人自由

---

① (2016)渝0113民初6015号民事判决书。

和社会安全之间的关系。

（三）责任承担

当行为人违反危难救助义务导致受害人人身损害的，行为人应当就该损害后果承担赔偿责任。责任承担分两类：

第一，直接责任，即当行为人的行为直接导致危难产生或加重时，行为人负有采取措施避免或减少损害发生的义务，如果其未履行或未恰当履行该义务，应当承担直接责任，并按照行为人的过错程度确定责任范围，要求其承担按份赔偿责任。

第二，补充责任，即当危难是由受害人自身或第三人导致，与行为人无关时，行为人未履行或未恰当履行救助义务，应当对此承担相应的补充责任，这类似于《人身损害赔偿司法解释》第 6 条规定，安全保障义务人对于因第三人侵权所致的损害结果有过错的，应当在其能够防止或者制止损害的范围内承担相应的补充赔偿责任。

专题二　人体器官捐献的适用

我国人体器官移植兴起于 20 世纪 60 年代，2007 年《人体器官移植条例》的颁布标志着我国人体器官移植走上法制化道路，2015 年全面取消利用死刑犯器官作为移植供体。为进一步规范人体器官捐献行为，保障捐献者的人格权益，《民法典》第 1006 条和第 1007 条对遗体器官捐献作出规定。

一、人体器官捐献的界定

根据《人体器官移植条例》规定，器官捐献是指 18 周岁以上的精神正常人在不影响自己正常生活的前提下自愿捐献自己的器官或者在近亲属死亡后捐献近亲属遗体或器官用于器官移植等其他合法目的。

器官捐献分为遗体器官捐献和活体器官捐献两种情形，活体器官捐献要求需要器官移植的患者为器官捐献者的配偶、直系血亲或者三代以内旁系血亲，或者有证据证明与活体器官捐献人存在因帮扶等形成亲情关系的人，并要求一定在不影响捐献者正常生活的前提下；遗体器官捐献首先要求尊重死者生前的愿望，其次应根据死者近亲属的共同意愿来决定是否捐献。

二、遗体器官捐献的司法适用

《民法典》第 1006 条规定的器官捐献，仅适用于遗体器官捐献，不涉及活体器官捐献和未成年人的器官捐献；第 1007 条规定买卖人体细胞、人体组织、人体器官、遗体的行为无效。

（一）遗体器官捐献的条件

第一，捐献人体器官的公民应当具有完全民事行为能力，限制行为能力人和无行为能力人不能作为遗体器官捐献的主体。因此,未成年人及不具有意识控制能力的自然人作出捐献器官意思表示的,原则上无效。任何组织或者个人不得摘取未满 18 周岁公民的遗体器官用于移植。

第二,完全民事行为能力人捐献器官必须是自愿的,任何组织或者个人不得强迫、欺骗或者利诱他人捐献人体器官。

第三,遗体器官捐献必须是无偿的,当遗体器官移转行为以器官买卖为内容,该器官捐献行为无效。

第四,完全民事行为能力人捐献遗体器官的意愿必须以书面形式表示。器官捐献因客体为人身不可分割的器官,故为区别于一般赠与行为的特殊赠与行为,因此,在捐献行为实施前,已作出的书面捐献意思表示可以随时撤销。

(二)遗体器官捐献的方式

遗体器官性质具有双重性:遗体因缺乏人类生命体征而具有物的属性,但因承载器官的遗体原属于人的身体,应当尊重死者生前的意愿,且考虑到遗体器官往往寄托着家属的哀思,蕴含着人格利益,具有人身性。《民法典》第 1006 条第 2 款、第 3 款分别规定了遗体器官捐献的生前捐献和死后捐献两种方式,结合《人体器官移植条例》的规定,遗体器官捐献涉及以下情形:

第一,完全民事行为能力人生前表示同意捐献其遗体器官的,应以遗嘱形式表达捐献意愿,且遗嘱为有效。对于在生前作出遗体器官的捐献主体通常不能为完全不能辨认、不能控制自己行为以及不具有表达能力的人。

第二,自然人生前明确表示不同意捐献其遗体器官的,应当充分尊重公民生前拒绝捐赠的意愿。自然人死亡后,即使家属完全同意,任何组织或者个人不得摘取该自然人的人体器官,否则依照《刑法》第 234 条侮辱尸体罪定罪处罚。

第三,自然人生前未表示不同意捐献其人体器官的,该自然人死亡后,其配偶、成年子女、父母可以书面形式共同表示同意捐献该自然人人体器官的意愿。

第四,对于未明确表示拒绝死后器官捐献的无民事行为和限制民事行为能力人,如智力正常的未成年人、间歇性精神病人、完全不能辨认和控制自己行为能力的精神病人,其父亲、母亲、监护人可以在其死后作出器官捐献的决定。①

第五,遗体器官捐赠由医院实施,需要红十字会的协调人对捐献是否符合行政法规的要求进行审查。审查标准为形式审查,即只要登记表上签字完整,持有相应的身份证明、户口证明、亲属关系证明、授权委托书有明确具体的捐献授权内容,即可认定近亲属具有捐献意愿,不应以医院和红十字会未进行实质审查来认定其具有过错。

三、非法买卖器官的行为无效

禁止人体器官买卖是国际共同遵循的规则,《民法典》第 1007 条明确禁止任何组织或者个人以

① 尽管本编没有明确规定无民事行为能力人和限制民事行为能力人死后,其监护人是否有权捐献遗体,但现实中已有很多类似事件。2013 年 5 月 22 日,昆明医科大学附属第一医院,8 岁的丹丹因不慎摔倒导致重型颅脑外伤,经医生的诊断及医学评估,确定已经脑死亡。丹丹的父母代其签署了中国人体器官捐赠登记表。她的肝脏、两侧肾脏和两个角膜分别捐给了 4 名患者,丹丹成为云南年龄最小的器官捐献者。参见《云南 8 岁女孩捐献器官,要让别人看清人世》,载 http://qd.sohu.com/20130524/n376997931.shtml,最后访问日期:2020 年 10 月 2 日。

任何形式买卖人体器官,买卖行为无效。现实中,非法买卖人体器官行为可分为被害人非自愿买卖人体器官和被害人自愿买卖人体器官两种情况,但因人体器官不是可以随意买卖的商品,即便"供体"和"受体"双方自愿,也不允许这种交易。实践中,确实有病人通过非法肾脏移植手术康复了,但采用这种方式有极大的风险,由于"供体"在非常简陋的医疗条件下被摘除肾脏,而"受体"也可能产生身体排斥反应,二者都极易发生重伤或死亡的严重后果。因此,法律禁止一切可能发生的买卖或者变相买卖人体器官的行为。

(一)被害人非自愿买卖人体器官的责任认定

被害人非自愿买卖人体器官是指被害人在不知情或者被强迫、欺骗等的情形下,参与买卖人体器官。此时,相关组织和个人承担的责任包括:

第一,刑事责任。对于违背本人生前意愿摘取其尸体器官,或者本人生前未表示同意,违反国家规定,违背其近亲属意愿摘取其尸体器官的,依照侮辱尸体罪定罪处罚;对于公民有组织的出卖器官的行为,构成组织出卖人体器官罪,不要求以牟利为目的。

第二,行政责任。《人体器官移植条例》第3条明确规定不得买卖人体器官,第26条规定了买卖人体器官的医疗机构和医务人员的行政责任。

第三,民事责任。对于未经允许擅自摘取死者器官,会使刚刚遭遇至亲离世的家属遭受二次伤害,损害的是死者家属对死者遗体完整及去世后应当享有安宁的一般人格利益,这种伤害主要体现在心理层面的精神创伤。因此,家属有权要求精神损害抚慰金;在家属内部,《民法典》明确规定遗体捐献决定权是由配偶、父母、成年子女共同享有的权利。因此,个别家属不得擅自行使器官捐赠权,否则侵犯了其他亲属对死者的人格利益,也应当承担相应民事责任。

(二)被害人自愿买卖人体器官的责任认定

被害人自愿买卖人体器官是指被害人以有偿的方式提供自己的器官。根据《民法典》第1007条第2款规定,无论被害人是未成年人,还是年满18周岁的成年人,买卖人体器官的行为均无效,相关组织或个人的行为应被认为是组织他人出卖人体器官或者侮辱尸体罪。

专题三　人体医学实验的适用

人体医学实验虽是现代医学发展的必经环节,是为人类福利进行的活动,应予尊重保护。但有时实验给受试者造成的伤害和损失往往被掩盖于其所带来的成果和利益之下。因此,受试者的权利保护程度决定了人体医学实验健康发展的高度,《民法典》第1008条规定的关键在于如何确保新药实验等活动符合自愿的原则,并尊重自然人的生命健康。

一、保障受试者的知情同意权

受试者知情同意权是由知情权和同意权两部分内容组成,知情权强调的是受试者有权利从研究者那儿获取并相应地的理解与试验有关的信息，同意权强调的是受试者在具备同意能力的前提下有权自愿作出接受或拒绝实验的意思表达。①

（一）知情同意权的构成要素

第一，研究者主动披露信息。披露时间段包括实验前披露包括但不限于试验的目的和方法，受试者参与试验的预期时间及预期效果，试验结果对受试者之可预期的合理利益，试验可能产生的副作用或潜在危险，可供受试者选择的其他治疗方法或说明等；试验中披露试验进展、变化和受试者身体的现实情况；实验后反馈研究的应用情况和其他进展。

第二，受试者对信息的理解。研究者应根据受试的理解能力的不同来确定具体告知信息的方法，研究者负有真实、耐心、全面解释的义务。

第三，受试者要具有同意的能力。对人体医学试验同意能力的界定要远高于常规医疗行为，同意的表达方式以受试者自己签字为准。

第四，受试者自愿同意，不受任何人不正当的影响或强迫。

（二）研究者履行全面告知义务

第一，告知义务的对象。对于具有完全民事行为能力的受试者，研究者应向其本人履行告知义务。对于非完全民事行为能力的受试者，从保护未成年人角度出发，原则上应尽量避免在未成年人身上进行人体医学实验，除非实验目的与患儿病情治愈有直接关联时才宜被作为实验对象；对于未成年患者中的限制民事行为能力人，研究者应当同时对患者本人以及患者的监护人履行告知义务；对于无民事行为能力的患者，受试者的监护人为告知对象。

第二，告知的内容与方式。目前，我国涉及医学实验的法律法规尚未对告知或信息披露的标准作一般性的规定，这是今后相关立法的方向。从告知内容上看，研究者应向受试者告知全面精准的信息和详细的试验方案，特别是试验目的、试验过程和期限，还包括研究方法、研究者所属机构、资金来源、试验的预期利益、任何可能产生的利益冲突，以及可能给受试者带来的不适、受试者可能获得的利益和可能面临的风险等。从告知方式上看，人体医学试验经口头讲解，书面告知后，必须签订知情同意书。

（三）通过伦理审查保障知情同意权

伦理委员会是由医学、药学及其他背景人员组成的委员会，其职责是通过独立地审查、同意、跟踪审查试验方案及相关文件、获得和记录受试者知情同意所用的方法和材料等，确保受试者的权益、安全受到保护。

我国于2016年9月30日颁布的《涉及人的生物医学研究伦理审查办法》（2016年12月1日施行）首次明确涉及人的生物医学研究的6项伦理原则：知情同意原则、控制风险原则、免费和补偿原则、保护隐私原则、依法赔偿原则、特殊保护原则，建立了详细的人体医学试验中的伦理审查制度，包括伦理审查委员会的设立与运行，伦理审查程序及委员会的监督管理工作，以及人体医学试验知情同意的伦理审查制度体系。

---

① 侯雪梅：《人体医学实验中受试者知情同意权研究》，载《西部法学评论》2015年第5期。

(四)侵犯受试者知情同意权的民事责任

开展人体医学实验过程中,如研究者侵犯受试者知情同意权,其承担的民事责任包括违约责任和侵权责任。

第一,违约责任。因研究者与受试者签订实验合同,并通过该合同以及知情同意等形式履行其告知义务。若研究者未履行或未完全适当的履行其如实告知义务,即为违约,研究者承担相应的违约责任。

第二,侵权责任。由于告知义务为研究者的法定义务,违反该法定义务可能构成侵权行为。在我国目前的司法实务中,法院通常将人体医学试验侵权纠纷作为医疗损害纠纷来处理。根据我国《医疗损害责任司法解释》①规定,医疗领域的侵权行为适用过错推定责任原则,人体医学实验侵权责任也适应“举证责任倒置”,即只要受试者提出侵权事实和理由,研究者就必须负担举证责任,证明自己的实验行为没有过错,否则将承担不利法律后果。这在一定程度上解决了受试者由于地位不平等和相关资料知识的缺乏而导致的举证困难情况,同时加重了研究者和申办者的责任,有利于保护处于弱势方的受试者。

二、人体医学实验侵权责任的承担

(一)过错认定

认定研究者在人体医学试验侵权责任中是否存在过错,其核心在于受试者是否充分行使知情同意权,如存在以下几种情形,可视为过错:

第一,申办者和研究者采用欺骗、胁迫、暴力等手段,强迫或诱使受试者参与试验活动。第二,受试者虽依自己的意志作出了同意参加人体医学试验的决定,但研究者未对其充分履行告知义务,如隐瞒试验活动中可能存在的风险,这是对受试者知情权的侵犯。第三,受试者在试验过程中遭受损害,但研究者已经取得了受试者的同意并履行了告知义务。此时,应当考虑研究者在试验过程中是否尽到了充分注意义务,如果存在操作不当或者管理不当,从而导致损害的发生,那么应当认定其存在过错。第四,存在虚假利益承诺,即研究者在招募受试者时,夸大了受试者若参加试验而可能获得的利益,或者进行了没有根据的虚假承诺,以此种方式来促使受试者作出参加试验的决定。

(二)侵权行为形式

实务人体医学试验侵权行为的形式多种多样,情况复杂。研究者在人体医学试验中的侵权形式主要包括:

第一,违反告知义务。违反告知义务包括违反初始告知义务以及违反后续告知义务两方面。违反初始告知义务是指在征募受试者阶段时,研究者违反相关规定的要求,没有对受试者充分说明试验的全部信息和应当告知的全部内容。例如,对受试者隐瞒试验相关情况,尤其是试验潜在的危

① 该法第4条规定:“患者依据侵权责任法第五十四条规定主张医疗机构承担赔偿责任的,应当提交到该医疗机构就诊、受到损害的证据。患者无法提交医疗机构及其医务人员有过错、诊疗行为与损害之间具有因果关系的证据,依法提出医疗损害鉴定申请的,人民法院应予准许。医疗机构主张不承担责任的,应当就侵权责任法第六十条第一款规定情形等抗辩事由承担举证证明责任。”

险以及试验可能出现的副作用、身体不适等。违反后续告知义务是指在人体医学试验进行过程中，违反相关规定的要求，没有及时告知受试者试验的最新进展情况、受试者的身体变化状况，以及试验方案有无修改等情况，使受试者对试验的信息掌握缺乏，无法及时决定是否退出试验。

第二，违反注意义务。这是指研究者在人体医学试验中，没有谨慎勤勉、尽职尽责地从事实验工作，没有对受试者尽到最大限度地保护，没有充分尊重并且保护受试者的生命健康安全，致使受试者的生命健康权等合法权利受到损害的情形。

第三，侵犯受试者的自我决定权。例如，研究者采取强迫、威胁、引诱或其他不法手段，使受试者违背自身的意愿，无法自由地作出参加还是不参加人体医学试验的决定，或者无法作出中途退出试验的决定，就构成违反受试者自我决定权。

(三)侵权损害事实

在人体医学试验中，受试者可能遭受的损害包括人身损害、财产损害和精神损害。

第一，人身损害表现为自然人的身体、健康损伤和生命的丧失。例如，试验行为导致了受试者身体的内外有形组织和各器官的生理机能遭受破坏，使受试者的劳动能力减弱或丧失，或者直接导致了受试者死亡等。[①]

第二，财产损害包括直接损失和间接损失。直接损失是指受试者现有财产的减少，例如，受试者在治疗其人身损害过程中产生的医疗费、护理费、交通费，以及后续的康复费用；若受试者在人体医学试验过程中死亡，或在人体医学试验结束后因试验原因死亡，其亲属因此支出的丧葬费等相关费用也属于直接损失的范畴。间接损失是指受试者在一定范围内的未来应该能获得的收入或财产，因身体遭受损害而无法获得。例如，受试者因人体医学试验行为导致残疾或身体障碍，使受试者完全丧失劳动能力或丧失部分劳动能力，影响其正常的工作和生产经营，从而导致受试者丧失工作收入或经营收入。

第三，精神损害达到严重程度。表现形式可是受试者因身体损害所致的精神创伤或精神痛苦，也可是单纯造成其精神上的损害，但必须具备"严重"性。

(四)因果关系认定

在因果关系认定上，考虑到人体医学实验的特殊性，应使用盖然性因果关系说。[②] 此即当人体医学试验的受试者处于不利地位，没有办法完全证明因果关系时，只要受试者初步证明其遭受的损害与研究者的行为存在事实上的联系，就可以推定加害行为与损害事实之间存在因果关系，如果研究者无法证明因果关系不存在，则推定因果关系成立。

事实上的联系包括：第一，受试者在参加人体医学试验前的身体或精神健康状况，可提供参加试验前的体检报告证明。第二，受试者确实参与了研究者开展的人体医学试验，可提供研究者与受试者签署的知情同意书，发放的药物等证据证明。第三，受试者在人体医学试验进行过程中或者在试验结束后出现了身体或精神上的健康损害，其健康状况与参与试验之前的健康状况不同，如患有

---

① 满红杰：《人体试验法律问题研究》，中国法制出版社 2013 年版，第 219 页。

② 盖然性因果关系说又称为推定因果关系说，是在原告和被告之间分配举证责任的理论。即原告证明侵权行为与损害结果之间存在某种程度的因果关联的可能性，原告就尽到了举证责任，然后由被告举反证，以证明其行为与原告的损害之间无因果关系，不能反证或者反证不成立，即可判断因果关系成立。

某种疾病、身体遭受损害或精神遭受损害，可提供参加试验后的疾病诊断书等证明。

（五）侵权责任承担方式

根据研究者的具体侵权情况，受试者可要求研究者承担的侵权责任包括：第一，赔礼道歉。研究者置受试者人格权于不顾，将受试者的人格权商品化，损害了受试者的人格尊严，须对此行为进行道歉。第二，排除妨碍。在受试者不退出实验的情况下，研究者必须对知情同意书中的专业术语以通俗的语言、当地通用的语言文字和适当的方式进行解释，继续履行其法定的告知义务，同时给予受试者充分思考和理解的时间，使受试者得以准确理解并重新作出决定。第三，损害赔偿。此即要求研究者对因自身侵权行为给受试者造成的损害进行赔偿，赔偿范围包括但不限于直接损失以及因丧失其他机会所造成的间接损失，还包括精神损害的认定和赔偿。

专题四　人体基因科研活动的适用

基因科技整体上可分为与人体相关的基因科技和非人体相关的基因科技，前者能够直接对人的生命进行"操控"，甚至影响从出生到死亡的全过程，对人们生活影响更为广泛和直接。2018 年年底基因编辑婴儿事件[①]引发学界对人体基因、人体胚胎科研活动合法性的重新审视，为应对新型生命社会关系，促进人体基因科技良性发展的同时，防范人体基因科技滥用，使科研活动在科学、伦理的指引下健康有序发展，《民法典》第 1009 条对人体基因科研活动予以明确规范，即从事与人体基因、人体胚胎等有关的医学和科研活动的，只有在遵守法律、行政法规和国家有关规定，且不危害人体健康、不违背伦理道德、不损害公共利益时，才是合法的，才受到法律保护，否则，研究者要承担相应的法律责任。

一、不得违反法律、行政法规和国家有关规定的认定

目前，与人体基因和人体胚胎直接相关的法律规范包括行政法规和部门规章。行政法规为 2019 年出台的《人类遗传资源管理条例》，部门规章分别是 2015 年国家卫生和计划生育委员会和国家食品药品监督管理总局共同出台的《干细胞临床研究管理办法（试行）》、2003 年科学技术部和卫生部共同出台的《人胚胎干细胞研究伦理指导原则》、2003 年卫生部出台的《人类辅助生殖技术和人类精子库的伦理原则》、1993 年国家科学技术委员会出台的《基因工程安全管理办法》。

---

① 2018 年 11 月 26 日，在第二届国际人类基因组编辑峰会召开前一天，人民网深圳频道发布名为《世界首例免疫艾滋病的基因编辑婴儿在中国诞生》的报道，称来自中国深圳的科学家贺建奎通过基因编辑技术修改人体胚胎基因后将胚胎植入母体，并于 11 月在中国健康诞生一对名为露露和娜娜的基因编辑婴儿。这对双胞胎的一个基因经过修改后，出生即能天然抵抗艾滋病。该报道一出即引爆舆论，广东省"基因编辑婴儿事件"调查组查明，该事件系南方科技大学副教授贺建奎为追逐个人名利，自筹资金，蓄意逃避监管，私自组织有关人员，实施国家明令禁止的以生殖为目的的人类胚胎基因编辑活动，该行为严重违背伦理道德和科研诚信，严重违反国家有关规定，在国内外造成恶劣影响，相关人员移交司法处理。

《人类遗传资源管理条例》明确人类遗传资源包括人类遗传资源材料和人类遗传资源信息。人类遗传资源材料是指含有人体基因组、基因等遗传物质的器官、组织、细胞等遗传材料。人类遗传资源信息，是指利用人类遗传资源材料产生的数据等信息资料。开展涉及人类遗传资源的活动，必须以维护我国公众健康、国家安全和社会公共利益为原则，必须符合伦理规定，必须保护资源提供者的合法权益，必须遵守相应的技术规范，划定了涉及人类遗传资源活动的5条红线：一是采集、保藏、利用、对外提供我国人类遗传资源，不得危害我国公众健康、国家安全和社会公共利益；二是采集、保藏、利用、对外提供我国人类遗传资源，应当符合伦理原则，并按照国家有关规定进行伦理审查；三是采集、保藏、利用、对外提供我国人类遗传资源，应当尊重人类遗传资源提供者的隐私，取得其事先知情同意，并保护其合法权益；四是禁止买卖人类遗传资源；五是外国组织、个人及其设立或者实际控制的机构不得在我国境内采集、保藏我国人类遗传资源，不得向境外提供我国人类遗传资源。同时，加大对违法违规行为的处罚力度，除大幅度提高罚款金额以外，对情节严重或特别严重的，一定期限或永久禁止从事涉及我国人类遗传资源的活动，并对相关责任人予以处分和处罚、记入信用记录等处理。

二、不得危害人体健康的司法认定

由于人体基因科技的研究直接以人本身及其组织为研究对象，研究自由的权利很容易与他人的尊严权、生命权、健康权、隐私权等各项基本权利发生冲突，甚至对社会的生态环境、人类种族存续等带来影响和危害。所以，研究时不得侵犯人性尊严的价值，不得侵犯他人的生命权、健康权、人格权等基本权利。

我国《人类遗传资源管理条例》规定，采集、保藏、利用、对外提供我国人类遗传资源，不得危害我国公众健康、国家安全和社会公共利益；利用我国人类遗传资源开展国际合作科学研究的，必须对我国公众健康、国家安全和社会公共利益没有危害。

我国《人类辅助生殖技术和人类精子库的伦理原则》规定，要安全、有效、合理地实施人类辅助生殖技术，保障个人、家庭以及后代的健康和利益：医务人员应综合考虑患者病理、生理、心理及社会因素，医务人员有义务告诉患者目前可供选择的治疗手段、利弊及其所承担的风险，在患者充分知情的情况下进行辅助生殖技术；患者的配子和胚胎在未征得其知情同意情况下，不得进行任何处理，更不得进行买卖；如果有证据表明实施人类辅助生殖技术将会对后代产生严重的生理、心理和社会损害，医务人员有义务停止该技术的实施；在尚未解决人卵胞浆移植和人卵核移植技术安全性问题之前，医务人员不得实施以治疗不育为目的的人卵胞浆移植和人卵核移植技术。

三、不得违背伦理道德的司法认定

我国《人类辅助生殖技术和人类精子库的伦理原则》规定以下伦理原则：一是有利于患者原则，即医务人员应综合提出有医学指征的选择和最有利于患者的治疗方案；二是知情同意原则，即人类辅助生殖技术必须在夫妇双方自愿同意并签署书面知情同意书后方可实施；三是保护后代原则，即医务人员不得对近亲间及任何不符合伦理、道德原则的精子和卵子实施人类辅助生殖技术，医务人员不得实施代孕技术、胚胎赠送助孕技术和以生育为目的的嵌合体胚胎技术。同时,医务人员有义务告知接受人类辅助生殖技术治疗的夫妇,他们通过对该技术出生的孩子(包括对有出生缺陷的孩子)负有伦理、道德和法律上的权利和义务;四是社会公益原则;五是保密原则,即供受方互盲[①]及机构和医务人员对使用人类辅助生殖技术的所有参与者有匿名和保密义务;六是严防商业化原则,即机构和医务人员不能受经济利益驱动而滥用人类辅助生殖技术;七是伦理监督原则,即实施人类辅助生殖技术的机构应建立生殖医学伦理委员会,并对人类辅助生殖技术的全过程和有关研究进行指导和监督。

我国《人胚胎干细胞研究伦理指导原则》中明确的伦理规则:一是禁止进行生殖性克隆人的任何研究。二是禁止买卖人类配子、受精卵、胚胎或胎儿组织。三是用于研究的人胚胎干细胞只能通过体外受精时多余的配子或囊胚、自然或自愿选择流产的胎儿细胞、体细胞核移植技术所获得的囊胚和单性分裂囊胚、自愿捐献的生殖细胞的方式获得。四是进行人胚胎干细胞研究的行为规范包括:利用体外受精、体细胞核移植、单性复制技术或遗传修饰获得的囊胚,其体外培养期限自受精或核移植开始不得超过 14 日;不得将前款中获得的已用于研究的人囊胚植入人或任何其他动物的生殖系统;不得将人的生殖细胞与其他物种的生殖细胞结合。

四、不得损害公共利益的司法认定

基因科技研究中涉及各方权利主体,为平衡彼此之间的利益冲突,共享资源、和谐共进,要对研究自由权的行驶划定边界,保障研究自由的同时,防止研究主体在行驶自己权利的时候侵犯他人的自由与权利以及违反公序良俗或给社会带来紧急危险等。

我国《人类辅助生殖技术和人类精子库的伦理原则》规定以下社会公益原则:一是医务人员必须严格贯彻国家人口和计划生育法律法规,不得对不符合国家人口和计划生育法规和条例规定的夫妇和单身妇女实施人类辅助生殖技术;二是根据《母婴保健法》规定,医务人员不得实施非医学需要的性别选择;三是医务人员不得实施生殖性克隆技术;四是医务人员不得将异种配子和胚胎用于人类辅助生殖技术;五是医务人员不得进行各种违反伦理、道德原则的配子和胚胎实验研究及临床工作。

五、违法研究者承担民事侵权责任

在基因医学领域,基因权损害的归责原则可参照人体医学实验的过错推定原则,对医师(研究者)设置一种高度注意义务,并采取举证责任倒置的方式。构成要件包括损害、加害行为、因果关系和过错。

第一,加害行为表现为存在违反法律、行政法规和国家有关规定、危害人体健康、违背伦理道德、损害公共利益的科研行为。例如,研究者未向人类遗传资源提供者履行全面、完整、真实、准确告知义务,存在隐瞒、误导、欺骗提供者,或出现危险情况时未及时停止科研活动等行为。

---

① 凡使用供精实施的人类辅助生殖技术,供方与受方夫妇应保持互盲、供方与实施人类辅助生殖技术的医务人员应保持互盲、供方与后代保持互盲。

第二,损害区分“实际的损害”和“抽象的损害”。“实际的损害”,是指因侵权行为而致受害人现实发生的人身损害、精神损害或财产损害;“抽象的损害”,是指权利本身一旦被侵害即可成立的损害,如医师未获告知后同意而擅自利用他人的血样进行医疗目的之外的基因检测,即使没有产生基因隐私泄露、基因歧视、精神痛苦等实际的损害后果,也足以认定因未履行如实告知义务,产生非自愿的基因检测而损害基因自主权。

第三,过错表现在未按《人类遗传资源管理条例》《人胚胎干细胞研究伦理指导原则》等规定,在从事人体基因和人体胚胎科研活动中,履行事先充分告知义务、[①]征得人类遗传资源提供者书面同意、保护受试者隐私等法定义务。此外,必须对医师(研究者)设置较高的注意义务,即对损害的预见义务和避免义务,这将在基因侵权损害救济个案中决定着过失的认定以及实际损害的分配倾向。在无过错而发生损害时,并不存在真正的“侵权”行为,存在的只是试验过程中的不可预料的损害。

第四,基因侵权损害责任承担形式主要为停止侵害、排除妨碍、消除危险、赔偿损失等。

专题五　性骚扰的适用

《民法典》第1010条对性骚扰问题进行规定,体现了国家对性骚扰问题的重视,及遏制性骚扰行为的积极立场。

一、性骚扰概念在中国的产生

我国法律关于禁止对女性实施性骚扰的规定最早见于2005年8月28日修改通过的《妇女权益保障法》第40条规定:“禁止对妇女实施性骚扰。受害妇女有权向单位和有关机关投诉。”该规定具有探索性和开创性,其宣誓意义大于实践意义。

2012年国务院颁布的《女职工劳动保护特别规定》第11条规定:“在劳动场所,用人单位应当预防和制止对女职工的性骚扰。”该规定强调了用人单位在劳动场所预防和制止性骚扰行为的责任。

2018年10月26日修改通过的《妇女权益保障法》第58条规定:“违反本法规定,对妇女实施性骚扰或者家庭暴力,构成违反治安管理行为的,受害人可以提请公安机关对违法行为人依法给予行政处罚,也可以依法向人民法院提起民事诉讼。”该规定对于性骚扰行为的法律规制具有里程碑式的意义,性骚扰行为从此成为一种违法行为,公安机关和法院都能对受害者进行救济。

尽管《妇女权益保障法》《女职工劳动保护特别规定》规定了禁止对妇女或女职工实施性骚扰,

① 告知内容为:采集目的、采集用途、对健康可能产生的影响、个人隐私保护措施及其享有的自愿参与和随时无条件退出的权利。

但由于上述规定过于原则,对性骚扰的规制并没有附随相应的惩戒和责任追究机制,故而性骚扰虽被禁止,却因实践可操作性不强而不具有事实上的拘束力,故很少成为司法裁判的直接依据。2001年7月西安市童女士向西安市莲湖区法院提出起诉,指控上司对其进行性骚扰。这是我国首例性骚扰案。但因缺少证据的支持,法院最终判决童女士败诉。此后全国陆陆续续的性骚扰案例不断涌现,但绝大多数都以原告的败诉为终。

民法典是当事人维护民事权利、司法机关进行民事审判的直接法律依据,具有较强的可操作性。《民法典》第1010条关于性骚扰的规定遵循了前述第二条路径——私权保护主义模式,主要通过保护人格权进而对性骚扰进行私法上的规制。这一立法趋势不仅可以改变过去有法不依的状况,解决受害人立案难的困境,进而产生鼓励受害人勇敢维权的效果,还可以推动具体制度上的突破和进步。

二、性骚扰的司法规制

《民法典》第1010条作为对于性骚扰的规制规则,条文内容分为两款,其中第1款规定了性骚扰的概念以及受害人的人格权请求权,第2款规定了单位防止和制止性骚扰的义务。

(一)性骚扰的责任主体

《民法典》第1010条规定的性骚扰行为的责任主体有两类:一类是实施性骚扰的行为人;另一类是负有注意义务的机关、企业、学校等单位。第一类责任主体不限于工作场所的上下级之间,还包括同级之间,以及陌生人之间等。第一类责任主体承担直接责任,第二类责任主体承担补充责任。

从行为发生地来看,尽管最为新闻媒体和社会公众关注的性骚扰行为主要发生在工作场所,确实侵害了受害人的性别平等或工作机会平等等劳动者权利,但民法典规范的性骚扰并不局限于以权力为背景的职场行为模式。发生在学校等学习场所,或地铁、公交车等其他公共场所,以及个人住所等私人场所的性骚扰,同样也受法律规制。

(二)禁止性骚扰的保护对象

《妇女权益保障法》《女职工劳动保护特别规定》均规定禁止对妇女或女职工进行性骚扰,将立法的保护对象限于女性。而《民法典》第1010条规定的违背"他人"意愿实施的性骚扰,并未将性骚扰的受害人限定为女性,男性遭受性骚扰也可依法请求行为人承担民事责任。相较以往法律规定,民法典将不同性别的人同时纳入保护范围,体现了性别平等理念。

(三)行为人性骚扰的构成要件

性骚扰是一种侵权行为,侵犯他人的人格尊严。具体地说,侵害的是他人的性权利和性尊严,行为人应当承担侵权责任。一般侵权行为构成要件为行为、过错、后果、因果关系。根据《民法典》第998条"认定行为人承担侵害除生命权、身体权和健康权外的人格权的民事责任,应当考虑行为人和受害人的职业、影响范围、过错程度,以及行为的目的、方式、后果等因素"的规定可知,物质性人格权中排除比例性原则的适用,故对于性骚扰行为,在过错和行为后果的认定上,与一般侵权行为的认定规则,有所差异。

第一,具有主观过错。性骚扰行为在侵权责任编中未作特殊规定,故归责原则为过错责任原则,即性骚扰的直接实施者承担过错责任。性骚扰实施者的过错即故意实施性骚扰行为,包括明知其言语或行为会使承受者抗拒或者产生不愉悦的感受仍然实施性骚扰行为,或者明知其言语或行为可能使承受者抗拒或者产生不愉悦的感受而放任自己实施性骚扰行为。"明知"以社会一般认识为标准,有其他证据证明性骚扰承受者对性方面的言语和行动较为敏感,比社会一般认识更易受到侵犯的,则以行为人明知的程度为标准。司法实践中,对于加害人是否有过错的认定,采过错推定形式,即只要行为人不能证明受害人承诺,就应当认定行为人有故意。

第二,具有"违背他人意愿"的客观行为。性骚扰行为构成上强调行为人的行为与性有关,且该行为违背他人意愿,以区别于两情相悦的友谊或者调情行为。首先,在"违背他人意愿"的判断上可参照美国的"合理人标准",[①]如果一个智虑正常的普通人认为这种言语或行为,足以使受害者感到厌恶、不安,是不能被欢迎或者不被接受的,那么这种言语或行为就是违背受害者意志的。其次,行为方式既可以表现为口头言语,又可以表现为非口头的肢体行为、文字、图像、微信、短信、写信、跟踪等。

第三,造成损害结果。法律规定性骚扰以"违背他人意愿"为前提,包括言语上或行动上的性侵害行为,现实中,言语上的性侵害行为往往不太可能造成受害人身体上的损害,而仅造成精神上的损害。因此,性骚扰侵权的损害结果采取宽松规制性骚扰行为的标准,即从受害人的角度,以其产生不愉悦的感受为准则,只要受害人感受到了基于性方面的不愉悦即可,而不论是否对身体上、精神上产生损害。现实中,性骚扰侵权产生的后果通常包括3种情形:一是受害人产生不愉悦的感受但身体上未受损害;二是受害人身体上受到损害,但未遭受严重的精神损害;三是受害人既遭受身体上的损害,还遭受严重的精神损害。

(四)单位义务和责任的认定

为有效规制性骚扰行为,《民法典》明确了单位的两项义务:

第一,对性骚扰行为进行预防。机关、企业、学校等单位应当根据自身情况制定专门的预防性骚扰的政策措施,或者在其自身典章制度中对性骚扰行为加以规定,明确对性骚扰行为的处理态度、处理方法等。其具体内容应当包含以下方面:工作中或单位内禁止性骚扰行为;对雇员或单位员工进行相关岗前培训,定期组织其参加有关性骚扰行为的讲座或课程;将相关法律法规明确讲解,使雇员或员工知悉在何种情况下其行为构成性骚扰。

第二,性骚扰行为发生后要及时处置。当性骚扰行为发生后,机关、企业、学校等单位人员能够及时向内部机构告知、寻求解决,单位内部的内部处理机构要及时受理投诉,并指派调查人员或成立调查组对受害人反映的问题进行调查,以公平、公正地处置案件。

因此,如机关、企业、学校等单位未采取合理预防性骚扰措施,以及在性骚扰发生后未及时制止处置的,则可参照《民法典》第1198条经营场所、公共场所的经营者、管理者未尽安全保障义务的情形,以及第1201条幼儿园、学校和其他教育机构对于在校的无民事行为能力人和限制民事行为能

---

① "合理人标准"最早源于美国凯瑟琳·麦金侬教授提出的"合理女性标准",即判断一种行为是否构成性骚扰行为,其当然的要看这种行为是否为女性所欢迎,一名正常女性在合理情形下对一种行为表达反感,那么这种有关性的行为就是性骚扰行为。

力人未尽管理职责的情形,要求性骚扰发生的机关、企业、学校等单位承担补充责任。单位仅在下列情况时免责:一是单位已经采取了预防和制止性骚扰发生的合理措施;二是受害人并未向单位内部机构寻求救济,未能合理利用单位的预防或救济措施。

(五)性骚扰的举证证明责任

第一,对性骚扰行为人的举证证明责任。性骚扰的举证证明责任遵循举证证明责任分配的一般规则,即《民诉法司法解释》第91条的规定。通常而言,应遵循"谁主张,谁举证"的规则,由受害人就实施者实施了性骚扰行为造成了自己不愉悦的感受等损害结果承担举证证明责任。具体来说,当性骚扰的受害人要求性骚扰的实施者承担侵权责任时,性骚扰的受害人需要举证证明性骚扰的实施者对自己实施言语上的或者行动上的性骚扰行为使自己产生了不愉悦的感受,甚至遭受身体上和严重的精神上的损害,并且应当证明性骚扰的实施者具有过错。

第二,对单位的举证证明责任。当性骚扰的受害人要求性骚扰行为发生的机关、企业、学校等单位承担补充侵权责任时,需要举证证明上述单位未能采取合理的措施使性骚扰行为发生或延续,造成自己不愉悦的感受,甚至身体上严重的精神损害。举证分为两个阶段:受害人在第一阶段提出初步证据,足以证实其工作场所内存在有关"性"的言论、游戏、举动即可;被诉单位在第二阶段提出证据证明其已经采取了合理的预防措施或者在性骚扰行为发生后已经采取了有效的制止措施。

(六)性骚扰侵权责任的承担方式

对于性骚扰的责任承担方式,受害人可依《民法典》第995条、第1000条与第1183条规定主张。

第一,侵犯民事主体人格权应当承担的民事责任。包括停止侵害、排除妨碍、消除危险、赔偿损失、消除影响、恢复名誉、赔礼道歉等民事责任。第二,民事主体因人格权受到侵害提出的停止侵害、排除妨碍、消除危险、消除影响、恢复名誉请求权不受诉讼时效的限制。侵犯人格权的相应民事责任没有规定受害人起诉的诉讼时效,亦符合性骚扰案件具有持续性的特点。第三,行为人因侵害人格权承担消除影响、恢复名誉、赔礼道歉等民事责任的,应当与行为的具体方式和造成的影响范围相当。第四,如行为人拒不承担消除影响、恢复名誉、赔礼道歉等民事责任的,人民法院可以采取在报刊、网络等媒体上发布公告或者公布生效裁判文书等方式执行,产生的费用由行为人负担。第五,如性骚扰行为造成受害人严重精神损害的,受害人可依《民法典》第1183条请求精神损害赔偿。

第四章　姓名权和名称权

专题一　自然人姓名权的内容和保护

一、自然人的姓名权

(一)姓名权的概念和保护

所谓姓名权,是自然人决定其姓名、使用其姓名、变更其姓名,并要求他人尊重自己姓名的一种权利。① 人之立于世,需借助姓名形成与自我的同一性,亦需借助姓名与他人予以区分,从而具备主体的可识别性。于此,一方面,自然人得以通过姓名彰显自己的人性尊严,并通过姓名的行使拓展自己的自由范围。在此意义上,作为人格权的姓名权,与人的尊严和自由密不可分。《民法典》第109条明确规定自然人的人身自由、人格尊严受法律保护,并将此作为一般人格权的基础,正是对人格权上述价值的确认。另一方面,自然人参与法律关系的形成,需要具备"我—他"的不同主体识别标识。姓名作为展现自我的符号,使自然人"具有了特定的位置,产生符号意义上的归属与认同"。② 交易关系的确定性和稳定性得到最大限度的保障。

如上所述,姓名权关系到人的尊严和自由,具有重要的价值。人之生命健康身体等权利虽然是人的存在基础,但姓名等标表型人格权却是人基于其存在进而健全、完善自己人格的基础,从这个角度讲,法律对姓名权的保护就显得格外重要。我国在《民法通则》制定之时,就明确将自然人的姓名权作为一项重要的人身权利而加以规定,《侵权责任法》从救济的角度,对姓名权侵害亦明确进行规定。《民法典》从民事权利积极确认的高度再次肯定了自然人的姓名权,并在人格权编进行了更为具体的规范,形成了目前的姓名权保护体系。

(二)姓名权的特征

姓名权具有以下几个方面的特征。

第一,姓名权属于标表型人格权。姓名权属于人格权无须多言,而标表性的意义在于凸显出姓名权背后自然人的属性。正是由于姓名权的该属性,才使对姓名权的侵犯与对自然人的自由尊严、名誉等人身权益的侵犯联系在一起,也使姓名权具备自己使用与许可他人使用的客观条件。

第二,姓名权主体是自然人。法人、非法人组织不享有姓名权,但享有名称权,《民法典》将法人、非法人组织的名称权规定在第1013条之中。

---

① 王利明:《人格权重大疑难问题研究》,法律出版社2019年版,第437页。

② 同上书,第438页。

第三,姓名权不得让与但可通过授权许可使用。实践中,一些人认为姓名权的许可使用属于姓名权的让与。该观点并不准确。姓名权作为人格权不具有让与性。任何人都不得放弃、转让自己的人格权,《民法典》第992条对此作出明确规定。而姓名权的许可或授权使用与放弃、转让并不一致。许可使用是在不放弃转让自己人格属性的前提下,许可他人使用自己的姓名、肖像等人身权益,属于自然人对姓名权权能的一种合理支配利用。

第四,姓名权包含精神利益和财产利益。人格权是以人格的精神利益为保护目的,但鉴于姓名权与肖像权等标志性人格权往往体现一定的财产利益,因此姓名权的权能逐渐得到扩张。今天,我们看到大量姓名权纠纷实际上都是财产利益的争夺。比如,在姚明与武汉云鹤大鲨鱼体育用品有限公司侵犯人格权以及不正当竞争纠纷上诉案[①]中,法院认定武汉云鹤大鲨鱼体育用品有限公司未经权利人许可,使用姚明的姓名以及肖像,侵害了姚明的姓名权与肖像权,也构成不正当竞争。该判决所反映的现象就是自然人姓名因其蕴含的财产性价值,在当代社会易受到侵害。

二、自然人姓名权的内容和发展

(一)姓名权的内容

《民法典》第1012条规定:"自然人享有姓名权,有权依法决定、使用、变更或者许可他人使用自己的姓名,但是不得违背公序良俗。"依据该条以及理论通说,姓名权的内容包括以下几个方面。

第一,姓名决定权。自然人有权决定自己的姓名。此又可分为以下两方面:一是自然人不但有权决定自己的正式姓名,还有权决定与正式姓名有同样功能的笔名、艺名、网名等;二是从消极保护上,既然自然人有权决定自己的姓名,那么意味着其他人均不得妨碍干涉权利人该权利的行使,他人必须予以尊重。

第二,姓名使用权。自然人的姓名使用权亦包含两个方面内容:一是自然人有权使用自己的姓名;二是自然人有权授权他人使用自己的姓名,[②]即上文所述的姓名权的许可适用。

第三,姓名变更权。姓名变更权属于姓名决定权的延伸。依据《户口登记条例》第18条之规定,公民变更姓名,依照下列规定办理:(1)未满18周岁的人需要变更姓名的时候,由本人或者父母、收养人向户口登记机关申请变更登记;(2)18周岁以上的人需要变更姓名的时候,由本人向户口登记机关申请变更登记。可以说无论自然人是否成年,其均有权变更自己的姓名。阻止、干涉他人变更姓名的,属于侵犯自然人姓名权的行为。在郑某与绍兴市公安局柯桥区分局其他行政行为纠纷上诉一案中,[③]法院认定,上诉人郑某以其名与东汉末年名将关云长名字相同且姓氏相似、给其造成伤害为由,向被上诉人申请变更姓名为郑宸,而被上诉人以公安部三局《关于执行户口登记条例的初步意见》第9条、《浙江省常住户口登记管理规定(试行)》第53条释义之规定,作出不同意的回复,显然依据不足。

(二)姓名权的发展

姓名权在20世纪的发展与人格权制度的整体发展同频共振。依据传统见解,人格权保护的是

① 湖北省高级人民法院(2012)鄂民三终字第137号民事判决书。

② 程啸:《侵权责任法》(第2版),法律出版社2015年版,第138~139页。

③ (2016)浙06行终432号行政判决书。

自然人人格尊严自由的精神利益，而与财产利益无涉。然而，随着工商业的发展，“个人的姓名、肖像等人格特征具印象转移的功能，得用于推销商品、服务等商业上的用途，创造了一定的经济财产价值”。[①] 由此，人格权商业化利用的历史随之起步发展。同时，由于人格权所具有的开放性特征，特别是20世纪发生的两次世界大战，使人们对残害人权的暴政有切肤之痛，对人的尊严和自由的保护成为战后各个国家首先思索的问题。德国就此发展出一般人格权理论就是最好的例证。具体来讲，包括姓名权在内的人格权的发展体现在以下几个方面。

第一，人格权主体理论不断发展完善。人格权作为生存自然人的一项权利应无异议。但比较法上，各国立法和判例大多肯定了应当通过侵权责任对死者的人身利益进行保护。同时，姓名权也逐渐扩展给予法人以及无权利能力社团之上。

第二，人格权内容和客体不断扩展。内容上，姓名权的商业化利用就是典型的例子。在客体上，《民法典》第1017条规定，具有一定社会知名度，被他人使用足以造成公众混淆的笔名、艺名、网名、译名、字号、姓名和名称的简称等，参照适用姓名权和名称权保护的有关规定。可见，姓名权保护的不仅是自然人的正式姓名，网名、艺名、笔名等同样作为保护客体对待。

第三，人格权的支配方式不断发展。传统人格权的保护主要限于对人格权受侵犯的消极保护，其主要规范体现在侵权法中。但如上所述，随着人格权内容的不断发展，自然人人格利益的不断扩张，法律有必要从消极保护过渡到积极确认。而此积极确权，最重要的制度之一，就是赋予权利人就个别具体人格权许可他人使用的制度。应当说，人格权的“可利用”不仅不会损害人格价值，反而是对人格价值的拓展、增益行为，彰显人之尊严和人格发展完善。《民法典》第1012条亦对姓名权的许可使用制度作出了明确规定。

三、《民法典》对姓名权的保护

大体上，我国《民法典》对姓名权的保护可分如下几个层次。

第一，《民法典》总则编规定了自然人所享有的一般人格权及具体人格权，其中就包括姓名权。

第二，在人格权编部分，《民法典》对自然人以及法人、非法人组织享有的一般人格权和具体人格权进行了细化规定。不但明确了包括姓名权在内的具体人格权的权能，还积极赋予自然人许可使用的人格权制度。同时，厘定不同权利之间的冲突规则，不断完善人格权内在的保护体系。在请求权上，明确规定了人格权请求权，极大地强化了对人格权的救济。

第三，在婚姻家庭编部分，《民法典》对夫妻双方的姓名权，收养子女后的姓氏选择问题进行规定，凸显出立法者深刻认识到在亲属家庭这一与身份利益交织的相对封闭领域中对人身权益保护的重要性。

第四，与侵权责任编协同，对侵害人格权的行为予以惩罚，对损害予以填补。与合同法协同，对许可使用等合同进行符合人格权保护目的的特殊规制，如许可使用合同的特殊解释规则等。

---

① 王泽鉴：《人格权法》，北京大学出版社2013年版，第296页。

专题二　自然人姓名权行使边界

一、禁止权利滥用

姓名权属典型的人格权。尽管人格权是以保障人之尊严和自由为终极目的，带有强烈的法伦理考量，但是，私法中“没有哪一项权利是没有任何限制的”。[①] 任何权利的产生或者权利的行使都必须受到法律的规制。否则，法律所欲维护的公共秩序和善良风俗将会因个体利益无序冲突而被侵蚀。但是，私法中自然人均得以享有各项民事权利，因权利系“得为某事或不为某事之法律上之力。此力之现实化，即为权利之行使”。[②] 因此，权利的行使会导致他人的不利益。对该种不利益，相对人一般应当予以容忍。既然如此，对于权利的行使界限，就应放置于超脱个人权利之上的公共利益、善良风俗等法伦理层面去考量，方得妥当。

那么这种界限的判断标准是什么呢？主要集中于以下几个原则：一是公共利益原则；二是诚实信用原则；三是公序良俗原则；四是禁止权利滥用原则。我国《民法典》第132条规定，民事主体不得滥用民事权利损害国家利益、社会公共利益或者他人合法权益。该条即我们所说的权利不得滥用原则。

然而，需要注意的是，权利不得滥用原则是对权利的一般性限制。在法律适用中，由于权利不得滥用条款具有抽象性，属于高度概括的一般条款，因此需要遵循立法旨意，根据个案进行价值补充之后，方可适用。如果法律对权利行使规则有具体规定的，亦不应放弃该具体规则而直接适用高度抽象的权利不得滥用条款，此即法律适用方法上“禁止向一般条款的逃避”原则。

二、姓名权行使的边界

（一）姓名的决定和变更应符合法律规定

《民法典》第1015条规定：“自然人应当随父姓或者母姓，但是有下列情形之一的，可以在父姓和母姓之外选取姓氏：（一）选取其他直系长辈血亲的姓氏；（二）因由法定扶养人以外的人扶养而选取扶养人姓氏；（三）有不违背公序良俗的其他正当理由。”该条第一句用的是“应当”二字，不是“可以”。因此，如果不存在该条规定的其他情况，就应该选择父亲或母亲的姓氏作为自己的姓氏。

我国《居民身份证法》第4条规定，居民身份证使用规范汉字和符合国家标准的数字符号填写。民族自治地方的自治机关根据本地区的实际情况，对居民身份证用汉字登记的内容，可以决定同时使用实行区域自治民族的文字或者选用一种当地通用的文字。因此，自然人在决定自己姓名时，一

---

① ［德］迪特尔·梅迪库斯：《德国民法总论》，邵建东译，法律出版社2001年版，第107页。

② 史尚宽：《民法总论》，中国政法大学出版社2000年版，第31页。

般来说“从文化传统出发，公民应尽量使用规范汉字作为名字”。[①]

（二）姓名决定、变更、行使不得侵犯其他人的合法权益

实践中争议较大的问题是，离婚后子女姓氏变更问题。本书认为，对于离婚后，直接抚养子女的一方是否有权变更子女姓氏不应一概而论，应充分考虑各种因素而定。首先，变更子女姓名原则上要经过父母双方同意。虽然《民法典》对此没有规定，但是基于我国的传统文化，一方面，姓氏具有浓厚的身份属性，是家族传承的标志，代表一定的伦理秩序，随意更改不但会影响个人的身份属性，也会给对方家族造成一定的伤害。另一方面，子女随父性或一定条件随母姓，在一些地区是习惯做法，并不违反善良风俗。因此，如果未能形成协议而单方变更，一般认为侵犯了对方的合法权益。事实上，公安部在《关于父母离婚后子女姓名变更有关问题的批复》中，也要求离婚双方必须对变更姓名达成一致意见。其次，变更子女姓名必须坚持儿童利益最大化原则。《民法典》第35条第1款规定，监护人应当按照最有利于被监护人的原则履行监护职责。因而，如果双方离婚后，为了让孩子融入新的家庭和环境，或者不更改姓名确实不利于儿童身心发展的，可以允许一方单独变更子女姓氏。最后，父母变更子女姓氏，应该最大限度征询未成年人的意见，尊重未成年人的选择权。《民法典》第35条第2款规定，未成年人的监护人履行监护职责，在作出与被监护人利益有关的决定时，应当根据被监护人的年龄和智力状况，尊重被监护人的真实意愿。因此，父母不仅要保护好未成年人的各项合法权益，而且在适当时候征询未成年人意见，也有助于未成年的人格健全和完善。如果在子女有一定行为能力，且能完全表达自己主观想法的情形下，强行更改子女姓名将会侵犯子女的姓名权。

实践中存在的另一种姓名权行使不当的问题就是恶意改名，故意制造与他人姓名之间的冲突，企图导致身份混同，从而为自己带来利益。前文已有论述，姓名权作为标表型人格权，具有识别身份同一性的功能，而鉴于姓名本身所蕴含的商业利益，一些人在商事活动中恶意改名，损害他人的在先权利。如将自己姓名更改为“姚明”，而在自己注册的体育类公司商号中使用自己姓名。我国法律并不禁止自然人同名同姓，一般情形下，同名同姓不视为侵犯他人在先权利。但界限在于，如果当事人制造姓名的冲突意在导致身份混同，获得不当利益，那就另当别论。

（三）姓名权决定、变更、行使不得违背公序良俗

公序良俗是公共秩序与善良风俗的简称。公共秩序并非具体的法律规范，而是指向法律的价值体系，尤其是宪法上基本权利价值体系。善良风俗则指向法律外的伦理规范。[②] 因此，公序良俗在民法中发挥着重要转介作用，它将宪法价值与法律外的伦理价值转引到民法规范中，作为评价民事法律行为效力的多元因子。

“姓名在当今世界各国各民族中主要有辨明身份、家族血缘文化、美好文化寓意等作用，以及衍生出的文化价值作用，姓名文化源远流长、影响深远，已成为当代中国社会乃至世界的善良风

---

① 宋天一、陈光斌：《从“北雁云依案”看“姓名决定权”与社会公序的价值冲突——兼论公序良俗的规制》，载《法律适用》2019年第6期。

② 陈甦主编：《民法总则评注》（上），法律出版社2017年版，第58页。

俗。”[1]因此，姓名权的行使不得违背公序良俗。例如，将自己的姓名更改为仇人父亲的姓名，或不当更改使姓名具有一些封建迷信含义的，或者更改姓名目的不当以及与传统道德观念不符，违背姓名的身份、伦理功能等情形。在一起行政案件中，[2]姚某以书面方式向公安局提出申请，要求变更其姓名为“汩稽幽悠”。公安局经审查后认为该申请不符合相关法律规定，告知姚某后未予办理。姚某对此不服，经行政复议仍不服后诉至法院。法院认为，姚某变更姓名的主要原因是在情感上无法认同父母，是“审判父母的行为”。我国历来重视中华传统伦理道德的传承与社会主义核心价值观的弘扬，中国人民对姓氏传承的重视和尊崇，不仅体现了血缘关系、亲属关系，更承载着丰富的文化传统、伦理观念、人文情怀。如果任由公民仅凭个人意愿喜好，随意选取姓氏甚至自创姓氏，则会造成对文化传统和伦理观念的冲击，违背社会的公共秩序与善良风俗，法院据此驳回了姚某的诉讼请求。

专题三　自然人姓名权的扩张保护

一、自然人姓名权保护范围的扩张

姓名权的客体是姓名，传统上，姓名原则上是指自然人的本名。本名也是法定的姓名，是经自然人申请登记并经国家审查核准的符号。但是，在现实生活中，除了自然人的本名之外，还存在笔名、艺名、网名等其他彰显人格的符号。这些符号是否应该和姓名本名同样受到的法律的保护，实践和理论中有不同的观点。《民法典》第 1017 条规定，具有一定社会知名度，被他人使用足以造成公众混淆的笔名、艺名、网名、译名、字号、姓名和名称的简称等，参照适用姓名权和名称权保护的有关规定。该条对除本名之外其他名称符号作出了与姓名同等保护的规定，体现了立法者对姓名权客体扩张保护的思想。

二、自然人姓名权扩张保护的范围

（一）笔名

笔名一般是作者发表作品时签署的别名，如“鲁迅”是周树人的笔名。笔名一般具有某种文化气质，往往使用在自己的特定文化生活中，而非经常性的日常生活里，故而其他人可能并不知晓。笔名要获得法律的姓名权保护，必须是该笔名已具有相当的社会知名度，公众看到笔名就联系到某个自然人本人。

---

[1] 宋天一、陈光斌：《从“北雁云依案”看“姓名决定权”与社会公序的价值冲突——兼论公序良俗的规制》，载《法律适用》2019 年第 6 期。

[2] 参见（2018）京 02 行终 1246 号行政判决书。

（二）艺名

艺名是演员、模特等从事艺术活动时所使用的代替自己真实姓名的名称。① 艺名有自然人的艺名和团体的艺名之分。自然人的艺名如“小香玉”、团体的艺名如“Beyond”。艺名如要获得保护也必须建立起与自然人之间的稳定联系，且需为公众所知悉。

（三）网名

网名是个人上网所使用的名称。网络作为虚拟世界，本可避免个人身份暴露，但事实上，要在网络中保持虚拟自我实属不易，况且很多网络“大V”和知名人士均会将自己的网络名称广而告之以形成聚粉效应，进一步扩大自己的知名度并带来一定的经济利益。当网名为大家所知悉时，法律就应提供相应的保护，以免因网络中的人格混同给现实世界中的自然人带来诸多困扰。

（四）译名、姓名的简称

姓名的简称包括中文姓名的简称也包括英文姓名的简称，还包括译名的简称。比如，美国NBA著名球星迈克尔·杰弗里·乔丹，在中文中往往简称“乔丹”且被公众所熟知。在著名的迈克尔·杰弗里·乔丹与国家工商行政管理总局商标评审委员会、一审第三人乔丹体育股份有限公司商标争议行政纠纷的再审案件中，最高人民法院认定本案证据足以证明再审申请人及其姓名“乔丹”在我国具有长期、广泛的知名度，相关公众熟悉并普遍使用“乔丹”指代再审申请人。“乔丹”与再审申请人之间已经建立了稳定的对应关系。对此应该予以保护。②

（五）其他与自然人相联系的名称标识

除了上述法典列举之外，实践中还存在字、号、雅称等。本书认为，这些表彰人格的符号，如果已经与自然人具备稳定的关联，具有相当的知名度，被他人使用足以造成公众混淆的，也应当属于法律保护的范围。

三、自然人姓名权扩张保护的规则

对于笔名、艺名、网名等是否属于姓名，学界有不同的观点。本书认为，笔名、艺名、网名等本身不属于姓名。姓名具有法定性，是被国家有关机关予以登记核准的代表自然人身份的符号。从姓名的结构上分析，姓名由姓氏和名字组成，既有辨明身份的作用，也具有表示血缘关系、象征家族文化的作用。而这些笔名、艺名、网名等本身并不要求法律登记核准，自然人是否需要，起什么样的笔名完全由其自己决定，虽然个别的笔名、艺名也充满着文化气质，但多为兴趣使然，与姓名相比有很大的不同。《民法典》第1017条规定这些符号与姓名和名称受同等保护，而非“本法所称的姓名包括本名、笔名、艺名、网名等”。由此可见，笔名、艺名、网名等并不属于姓名。虽然不属于姓名，但由于自然人对于笔名、艺名、网名等名称的长期使用，可能已经建立起符号与人本身的自然联系，这种同一性意味着，对笔名、艺名、网名等名称的侵犯往往触及自然人本人的人格尊严，因此，基于对人之尊严自由的最高保护，法律有理由对这些笔名、艺名、网名等名称予以保护。

第一，法律保护的笔名、艺名、网名、姓名的简称等必须具有一定社会知名度。一是该名称与自

① 王利明：《人格权重大疑难问题研究》，法律出版社2019年版，第447页。

② 参见（2016）最高法行再26号行政判决书。

然人已经建立起了较为稳定的对应关系。笔名、艺名等之所以受到法律保护,就是因为其与姓名一样,能够标识个人的身份。户籍姓名与特定自然人之间存在确定的对应关系,笔名、艺名、译名与特定自然人之间也可以存在确定的对应关系。① 二是该名称必须具备社会知名度。在信息传媒发达的今天,具备某种社会知名度可能就是一夜之间的事情,因此并不当然需要个人长期、连续的使用,只要公众知悉能够建立同一性对应关系即可。

第二,被他人使用足以造成公众混淆。足以导致公众产生混淆,正是笔名、艺名、网名、姓名的简称等受到法律保护的主要缘由。这种混淆,有可能导致自然人的人格减损,故而需要予以规制。应当说,一些人之所以要使用他人标识从事某种行为,往往有一些非正当目的存在,正是基于这些非正当目的才冒用、盗用、不当使用他人的标识。基于对人格尊严的最大维护,本书认为,这里所谓足以导致公众产生混淆中"公众"不应泛指一般的社会公众,而应该限缩解释为相关领域或者相关地域或者相关团体中的公众,只要在一定范围内为大家所熟知即可。

专题四　民法典对名称权的保护

一、名称权的概念和特征

所谓名称权,是特定团体针对其名称享有的排他性支配权,名称权人有权决定、适用、变更以及转让自己的名称。②《民法典》第1013条规定,法人、非法人组织享有名称权,有权依法决定、使用、变更、转让或者许可他人使用自己的名称。名称权具有以下特征:

第一,名称权的主体是法人与非法人组织。对于法人和非法人组织的分类,《民法典》在总则编第三章已经作出明确规定。应予说明的是,《民法通则》颁布之时,为了适应社会发展需要,在民事主体二元划分的基础上,将个体工商户、个人合伙等作为自然人参与交易的特殊形式规定下来,并赋予个体工商户以及个人合伙可以起字号并享有名称权。《民法典》第54条规定,自然人从事工商业经营,经依法登记,为个体工商户。个体工商户可以起字号。

关于法人分支机构是否享有名称权的问题,本书认为,根据《企业名称登记管理规定》第14条之规定,企业设立分支机构的,企业及其分支机构的企业名称应当符合下列规定:(1)在企业名称中使用"总"字的,必须下设3个以上分支机构;(2)不能独立承担民事责任的分支机构,其企业名称应当冠以其所从属企业的名称,缀以"分公司""分厂""分店"等字词,并标明该分支机构的行业和所在地行政区划名称或者地名,但其行业与其所从属的企业一致的,可以从略;(3)能够独立承担民事责任的分支机构,应当使用独立的企业名称,并可以使用其所从属企业的企业名称中的字号;(4)能够独立承担民事责任的分支机构再设立分支机构的,所设立的分支机构不得在其企业名称中

① 崔建远:《姓名与商标:路径及方法论之检讨》,载《中外法学》2017年第2期。
② 程啸:《侵权责任法》(第2版),法律出版社2015年版,第143页。

使用总机构的名称。从上述规定来看,法人分支机构经核准后,便取得了企业名称的专用权,虽然并不属于完整的名称权,但“任何人冒用、盗用这些名称,法人的分支机构可以向不法行为人提出停止侵害、赔偿损害等请求,并可以要求人民法院予以保护”。①

第二,名称的取得需要审核登记。与自然人姓名权相比,企业名称权因事关商事交易的信赖利益保护等,对其规制更为严格。比如,根据《企业名称登记管理规定》第21条的规定,申请登记注册的企业名称与下列情况的企业名称相同或者近似的,登记主管机关不予核准:(1)企业被撤销未满3年的;(2)企业营业执照被吊销未满3年的;(3)企业因前两项所列情况以外的原因办理注销登记未满1年的。

第三,名称权具有强财产属性,可以依法转让。姓名权属于自然人人格权,具有人身专属性,不可转让,也无法转让,而企业名称权则不同。企业名称权虽然也属于人格权,但团体人格权之所要受到保护,主要是因为其本身具有的强财产属性。根据《民法典》第1013条规定,法人、非法人组织享有名称权,有权依法决定、使用、变更、转让或者许可他人使用自己的名称。根据《企业名称登记管理规定》第23条规定,企业名称可以随企业或者企业的一部分一并转让。企业名称只能转让给一户企业。企业名称转让后,转让方不得继续使用已转让的企业名称。

二、名称权的内容

依据《民法典》第1013条规定,法人、非法人组织享有名称权,有权依法决定、使用、变更、转让或者许可他人使用自己的名称。名称权的内容包括以下内容。

(一)名称决定权

法人、非法人组织得在成立时决定自己的名称,但需要符合法律法规的规定。具体体现在:第一,需经依法核定。《企业名称登记管理规定》第3条规定,企业名称在企业申请登记时,由企业名称的登记主管机关核定。企业名称经核准登记注册后方可使用,在规定的范围内享有专用权。第二,名称内容选择需符合法律规定。根据《企业名称登记管理规定》第9条的规定,企业名称不得含有下列内容和文字:有损于国家、社会公共利益的;可能对公众造成欺骗或者误解的;外国国家(地区)名称、国际组织名称;政党名称、党政军机关名称、群众组织名称、社会团体名称及部队番号;汉语拼音字母(外文名称中使用的除外)、数字;其他法律、行政法规规定禁止的。第三,名称必须符合行业特点,组织形式,以免导致公众发生混淆。企业应当根据其主营业务,依照国家行业分类标准划分的类别,在企业名称中标明所属行业或者经营特点。企业应当根据其组织结构或者责任形式,在企业名称中标明组织形式。所标明的组织形式必须明确易懂。对不符合上述规定的名称,依据上述规定,登记主管机关有权主动予以纠正,除此之外,任何单位和个人可以要求登记主管机关予以纠正。

(二)名称使用权

法人、非法人组织除了自己对名称具有专有使用权外,还享有许可他人使用其名称的权利。最

---

① 王利明著:《人格权重大疑难问题研究》,法律出版社2019年版,第480页。

典型的表现就是特许经营。按照《商业特许经营管理条例》之规定,拥有注册商标、企业标志、专利、专有技术等经营资源的企业,可以合同形式将其拥有的经营资源许可其他经营者使用,被特许人按照合同约定在统一的经营模式下开展经营,并向特许人支付特许经营费用的经营活动。

(三)名称变更权

与自然人一样,法人、非法人组织的名称权亦可以进行变更。但是,鉴于法人、非法人组织具有经营性质或公共服务性质,其名称变更将会给社会公众带来一定困扰,亦有损害交易安全和秩序的可能。因此,与自然人变更姓名相比,法人、非法人组织变更名称会受到更多的限制。如《企业法人登记管理条例》第17条规定,企业法人改变名称、住所、经营场所、法定代表人、经济性质、经营范围、经营方式、注册资金、经营期限,以及增设或者撤销分支机构,应当申请办理变更登记。同时,《企业名称登记管理规定》第22条规定,企业名称经核准登记注册后,无特殊原因在1年内不得申请变更。

(四)名称转让权

依据《民法典》规定,法人、非法人组织可以转让名称。《企业名称登记管理规定》第23条规定,企业名称可以随企业或者企业的一部分一并转让。企业名称只能转让给一户企业。企业名称的转让方与受让方应当签订书面合同或者协议,报原登记主管机关核准。企业名称转让后,转让方不得继续使用已转让的企业名称。从上述规定来看,企业转让名称时,应该随企业或企业的一部分转让,即所谓与营业转让具有同时性。从受让人角度观察,名称权转让中受让主体具有唯一性,这也意味着权利人不得将名称权转让给多人,以免在市场交易中造成混淆。名称权转让之后,原权利人丧失权利,如果继续使用,则构成侵权。

三、名称权的保护范围扩张

(一)字号

字号又称为商号,是商业主体依法申请登记、用以表示自己营业的名称,即商业主体在营业上所使用的名称。[①]《民法典》第1017条规定,具有一定社会知名度的字号等,参照适用姓名权和名称权保护的有关规定。

字号和名称既有联系又有区别。二者在的联系在于,依据《企业名称登记管理办法》第7条之规定,字号属于企业名称的组成部分。企业名称应当由字号(或者商号)、行业或者经营特点、组织形式等依次组成。但是二者之间仍有区别。首先,从主体上,一切法人、非法人组织均享有名称权。而字号往往是营利法人享有,非营利法人、特别法人不享有字号。另外,依据《民法典》的规定,个体工商户也可以取字号。其次,名称需要进行登记后方可以取得,但字号并不需要登记。[②] 最后,二者的保护程度不同。字号必须达到有一定社会知名度,被他人使用足以造成公众混淆的程度,而名称权的保护则无此要求。例如,在原告爱慕股份有限公司与被告广东艾慕内衣有限公司不正当竞争

---

① 刘清波:《商事法》,台北,"商务印书馆"1986年版,第31页。转引自王利明:《人格权重大疑难问题研究》,法律出版社2019年版,第475页。

② 杨立新:《人身权法论》,中国检察出版社1996年版,第442~443页。

纠纷一案中,[①]法院认为,原告为依法注册成立的企业,自1994年至今一直将"爱慕"作为企业字号使用。被告于2015年10月12日注册成立,自成立后一直将"艾慕"作为企业字号使用。在案证据可以证明原告的字号"爱慕"在被告成立之前在内衣的生产、销售领域已为相关公众熟知,具有较高知名度,属于有一定影响的企业名称,应当予以保护。被告使用的企业字号"艾慕"与原告的企业字号"爱慕"仅一字之差,呼叫完全相同,足以误导公众,已构成《反不正当竞争法》第6条第2项规定的不正当竞争行为。

(二)简名

名称的简称即简名,如"北大"指代北京大学,"阿里"指代阿里巴巴。由于简称并不属于团体名称,而是社会公众或团体本身对自己的名称的简化称呼,故不能与名称相提并论。况且,简称可能由多个主体享有,例如,"山大",在山西指代的是山西大学,但在山东,其指代的就是山东大学。正因如此,对简称的保护就必须符合特定的条件。本书认为,简称要想获得保护必须符合以下条件:首先,简称必须与某团体之间建立稳定的联系。如果只是偶然指代,或者在一个区域内,根据历史或者习惯或者公众认同存在不同主体使用同一简称的,都不具备这种稳定的联系。其次,必须具备有一定社会知名度。最后,被他人使用足以造成公众混淆。只有被公众所熟知,使用后导致公众混淆,才具备他人使用简称侵害自己利益的可能性。例如,在山东起重机厂有限公司与山东山起重工有限公司侵犯企业名称权纠纷案一案中,[②]最高人民法院认为,山东起重机厂是起重机行业中的知名企业。在企业宣传片、合同等对外宣传活动和经营活动中,山东起重机厂多次主动地使用"山起"简称。因此,可以认定"山起"在一定地域范围内已为相关公众识别为山东起重机厂,两者之间建立了稳定联系。如果经过使用和公众认同,企业的特定简称已经为特定地域内的相关公众所认可,具有相应的市场知名度,与该企业建立起了稳定联系,已产生识别经营主体的商业标识意义,他人在后擅自使用该知名企业简称,足以使特定地域内的相关公众对在后使用者和在先企业之间发生市场主体上的混淆,进而将在后使用者提供的商品或服务误认为在先企业提供的商品或服务,造成市场混淆,在后使用者就会不恰当地利用在先企业的商誉,侵害在先企业的合法权益。山起重工公司与山东起重机厂同处青州市区,两者距离较近,经营范围基本相同,在"山起"作为山东起重机厂的特定简称已经为相关公众认可的情况下,山起重工公司也理应知道"山起"是山东起重机厂的特定简称。在这种情况下,山起重工公司仍然在企业名称中使用"山起"作为字号,足以造成相关公众对两家企业产生误认,侵犯了山东起重机厂的合法权益,构成不正当竞争。

---

① 参见(2017)京73民初1741号民事判决书。

② 参见最高人民法院(2008)民申字第758号裁定书。

专题五　姓名权、名称权与其他权益的辨析

一、姓名权与署名权

依据我国《著作权法》第10条的规定，署名权是表明作者的身份，在作品上署名的权利。署名权属于著作人身权，和作为人身权的姓名权联系紧密。但是署名权和姓名权在性质上存在区别，主要表现在：

第一，署名权属于知识产权的范畴，它的客体是作者的作品，重在表明作品和作者关系。而姓名权属于标表性人格权，是自然人得以区分的标识，它的客体是人格利益。第二，署名权可以抛弃，但姓名权专属于自然人，不可放弃，亦无法放弃。第三，署名权的前提是存在作品，没有作品，不存在需要署名的问题，而自然人的姓名权却与生俱来。

实践中，对于加害人侵犯的到底是姓名权还是署名权，确实存在不同的观点。例如，对吴冠中诉上海朵云轩、香港永城古玩有限公司出售假冒其署名的美术作品纠纷案，[①]第一种观点认为，侵犯了吴冠中的署名权，其依据是《著作权法》第48条第8项，即制作、出售假冒他人署名的作品的，构成侵权行为。第二种观点认为，侵犯了姓名权，没有侵犯著作权。该观点认为，《著作权法》第48条第8项虽然规定制作、出售假冒他人署名的作品的构成侵权行为，但没有规定侵犯的就是著作权。被假冒制作品不属于被侵权人的作品，因此不存在侵犯著作权的问题。第三种观点认为，本案构成法条竞合，受害人有权选择对自己最有利的一种诉因起诉。

本书认为，司法实务中必须根据"作者才享有署名权"的标准来判断一个行为是否侵犯署名权，从而和侵害姓名权加以区分。[②] 如果不存在作品，就没有署名权的问题。如果在自己的作品上署他人姓名，侵犯的是他人的姓名权而非著作权。如果在他人的作品上冒用第三人姓名的行为，才会侵犯著作权人的署名权。当然，此种情况也同时侵犯了该第三人的姓名权。目前，司法实践对二者的这种区分判断已逐渐明晰。例如，在张某某与吉林电子出版社有限责任公司著作权权属、侵权纠纷一案中，[③]法院认为，综合案件事实和张某某的诉讼请求，其意在维护其合法的姓名权和名誉权、肖像权不受损害，而作者署名权因其不是该书的真正作者，故不应当存在侵害署名权问题。

二、姓名权与个人信息

我国《民法典》第1034条规定，自然人的个人信息受法律保护。个人信息是以电子或者其他方式记录的能够单独或者与其他信息结合识别特定自然人的各种信息，包括自然人的姓名、出生日

---

① 该案例以及观点争鸣参见程啸：《侵权责任法》（第2版），法律出版社2015年版，第140页。

② 石冠彬：《姓名权侵权纠纷的裁判规则研究》，载《当代法学》2018年第3期。

③ 参见（2018）吉民终684号民事裁定书。

期、身份证件号码、生物识别信息、住址、电话号码、电子邮箱、健康信息、行踪信息等。个人信息中的私密信息,适用有关隐私权的规定;没有规定的,适用有关个人信息保护的规定。该条对什么是个人信息采取了"一般概括+具体列举"的模式,对个人信息内涵和外延进行了非常准确的界定。但是这同时带来一个问题,即如何区分姓名权与个人信息中的姓名保护。

(一)姓名权与个人信息交叉与重合

姓名权以姓名客体,体现了自然人对姓名的支配性利益。而个人信息是以电子或者其他方式记录的能够单独或者与其他信息结合识别特定自然人的各种信息资料。从分类上,个人信息可以分为直接指向个人的信息和间接指向个人的信息。前者是指这些信息具有明显的可识别性,可以直接表彰某个个体,而不需要与其他信息结合,如姓名、肖像、身份证号码等。① 从上述定义可以看到,姓名权和个人信息的客体有重合之处。姓名作为一种符号或者标表性人格权,承载着自然人的各种身份信息,与其他信息结合,能够将所归类的信息指向个人。因此,姓名本身确实是一种个人信息。从实践层面,姓名的往往需要和其他信息材料合并使用。由于重名现象大量存在,因此自然人在使用姓名标识身份和表征人格时,往往需要同时使用其他个人信息,如申办信用卡、申请入学,除了需要使用姓名,还需要使用身份证、档案、学籍信息等。② 这种客体和使用层面的交叉重合为姓名权和个人信息的区分和救济带来了一定的困扰,需要予以区分鉴别。

(二)姓名权与个人信息区分

一是二者本质不同。姓名权的本质是支配姓名与姓名主体的对应关系。③ 姓名作为表彰自己的符号,首先,在于建立起自然人与符号之间的同一性关系,达到识别目的;其次,将人格信息归属于姓名,形成姓名与其表彰人格的统一。个人信息的本质是个人信息自决权,体现的是个人对其有关个人信息的自主决定。正是因为有个人信息的自主决定,才会衍生出个人信息的收集利用是否需要知情同意的问题,也才会有对个人信息的消极防御保护和积极使用的权能。

二是二者功能不同。二者功能上差异源于二者本质的不同。姓名权重在维护姓名表征作用的发挥,维持姓名和主体之间的对应关系。姓名的功能将主体和人格信息赋予符号之上,建立起主体和符号之间的对应关系。而姓名权的侵犯往往是因为行为人打破了这种稳定对应关系,要么表征姓名主体,要么表征错误的内容。而个人信息的首要功能在于防止表征作用的发挥,即"个人信息利益保护的核心在于防止个人信息识别性的实现,以避免揭露个人信息背后的主体。这也是现阶段个人信息保护的关键"。④

由此可见,姓名权和个人信息利益因其本质不同,发挥功能不同而有不同的立法旨趣,不能不察。现实中,因为个人信息立法的滞后,司法实践往往有将二者混同保护的做法,⑤应该引起我们的注意。当然,从责任竞合的角度,如果实践中确实发生同一行为既符合侵犯个人信息的要件,也符合侵犯姓名权的要件,当事人可以择一行使。

---

① 王利明:《人格权重大疑难问题研究》,法律出版社2019年版,第437~667页。

② 张素华、宁园:《论姓名权与个人信息利益保护的区分》,载《河北法学》2019年第7期。

③ 同上。

④ 同上。

⑤ 参见(2015)徐民终字第2805号民事判决书。

三、姓名权、名称权与商标权

姓名权和名称权都是受到法典保护的人格权，二者的内容和范围上文中已有论述，在此不再赘言。由于姓名权和名称权本身可具有一定的财产价值，在人格权商品化的时代，极有可能被其他抢注为商标。因此，有必要对姓名权、名称权和商标权进行辨析。

（一）姓名权和商标权

姓名权和商标权之间的区别是显而易见的，实践中不是辨析的问题，而是冲突的解决。

所谓商标，是指商品或者服务的提供者在其提供的商品或者服务上采用的、用于区别其来源的具有显著特征的标志。商标权则是权利人对其商标所享有的商标专用权。[①] 姓名权虽然是自然人所享有的一项重要人格权利，但因为法律并不禁止重名重姓，因此姓名之间一般并不会产生利益冲突。但是，如果姓名本身蕴含着一定的财产价值，被他人恶意利用注册为商标后，就不仅会导致姓名权人的人格尊严受到损害，更会对权利人带来一定的财产损失。

在当前市场经济中，由于监管不善，诚信缺失等因素，加之一些知名人士因姓名本身蕴含的强财产属性，导致一些市场经营者或者自然人故意地将这些知名人士的姓名恶意抢注为姓名商标。这种抢注行为不仅对具有较高知名度名称所指代的自然人的声誉造成负面影响，而且会导致相关公众或者消费者对标记这种姓名商标的商品或者服务产生来源的误认，甚至错误地将该商品或服务与这种具有较高知名度的名称所指代的自然人相关联。[②] 知名的美国篮球运动员迈克尔·杰弗里·乔丹与国家工商行政管理总局商标评审委员会、一审第三人乔丹体育股份有限公司商标争议行政纠纷案件就涉及该问题。最高人民法院最终认定，乔丹公司对争议商标“乔丹”的注册损害迈克尔·杰弗里·乔丹在先姓名权，违反商标法的有关规定，予以撤销。

姓名本身作为一种符号，一般仅具有表征主体的意义，不具有专有性特征。那么将他人姓名作为商标注册，为何能侵犯姓名权人的利益呢？这个问题就涉及在先权利的问题。我国《商标法》第9条第1款规定，申请注册的商标，应当有显著特征，便于识别，并不得与他人在先取得的合法权利相冲突。所谓在先取得权利，包括但不限于姓名权、肖像权、商标权等。但是，问题在于，姓名权一般不具有专属性特征，那么其取得在先权利的依据是什么？本书认为，姓名权属于在先权利是多种因素互促的结果。首先，该姓名本身具有知名度，因此蕴含着一定的财产价值。如果不具有知名度，那就没有在先权利的基础。其次，商标和姓名之间存在合法性误导、关联性误认。最高人民法院《关于审理商标授权确权行政案件若干问题的规定》第20条第1款规定，当事人主张诉争商标损害其姓名权，如果相关公众认为该商标标志指代了该自然人，容易认为标记有该商标的商品系经过该自然人许可或者与该自然人存在特定联系的，人民法院应当认定该商标损害了该自然人的姓名权。所谓公众认为商标指代该自然人，实际上就是该姓名就具有一定知名度的隐含表达。而公众对于指代的误导和被许可使用以及特定联系的误认，就是合法性误导，关联性误认。符合这些条件，就属于侵犯他人的在先权利。没有这些条件，谈在先权利并无实际意义。值得说明的是，虽然

---

① 王利明：《人格权重大疑难问题研究》，法律出版社2019年版，第480页。

② 曹新明：《姓名商标与姓名权客体冲突及合理避让研究》，载《甘肃政法学院学报》2019年第5期。

有姓名等在先权利，但是该姓名商标的注册或者使用是善意的，而且使用该姓名商标的商品或服务与具有一定知名度的姓名权人所从事的领域不存在关联性，①那也不会构成与在先权利的冲突。

除了商标权与本名冲突外，还可能与笔名、艺名、网名等出现冲突。对此，我们首先应该审查笔名、艺名、网名等是否与本名受到同等保护。最高人民法院《关于审理商标授权确权行政案件若干问题的规定》第20条第2款对此也进行了规定：当事人以其笔名、艺名、译名等特定名称主张姓名权，该特定名称具有一定的知名度，与该自然人建立了稳定的对应关系，相关公众以其指代该自然人的，人民法院予以支持。该条与《民法典》第1017条规定基本思想一致，仅仅是表述不一致而已。总体就是三要素标准：第一，自然人的笔名等特定符号具有一定的知名度；第二，该特定名称与该自然人建立了稳定的对应关系；第三，对相关公众产生了混淆。有学者提出，涉及姓名权扩大保护的还包括一些绰号等，有时是自己取的绰号，有时是公众取的绰号。如果是自己取的绰号，保护应无问题。但是如果是公众取的绰号，还应当附加一项条件，如未得到本人的认可，就不能作为姓名权客体给予保护。② 本书认为该观点非常有道理。

还需要提及的是，如果姓名商标选定时间早于他人本名的选定时间，或者姓名商标所使用的姓名是第三人的，但是经过该第三人许可或授权，并且该第三人的姓名选定时间早于他人本名选定时间。在此情形下，姓名商标所涉及的姓名权相对他人姓名权为在先权利，不受在后权利人干扰和妨碍。如果姓名商标在商业活动中使用的时间或者申请注册的时间早于他人本名获得一定知名度的时间，单纯从姓名权角度看，姓名商标所涉及的姓名权相对于他人姓名权并不一定是在先权利。但是，姓名商标作为商标而产生的商标权早于他人姓名获得一定知名度的时间，排除了该姓名商标恶意抢注"搭便车"的嫌疑，属于正常行使其姓名权的行为，不受他人姓名权的影响。③

（二）名称权与商标权

名称权与商标权之间的冲突主要是名称中的字号或名称的简称被他人注册为商标。对此，最高人民法院《关于审理商标授权确权行政案件若干问题的规定》第21条规定，当事人主张的字号具有一定的市场知名度，他人未经许可申请注册与该字号相同或者近似的商标，容易导致相关公众对商品来源产生混淆，当事人以此主张构成在先权益的，人民法院予以支持。当事人以具有一定市场知名度并已与企业建立稳定对应关系的企业名称的简称为依据提出主张的，适用前款规定。在这里主要考虑的因素有二：第一，"谁在先，谁优先"的原则。第二，必须具有一定的市场知名度且使用后容易被公众混淆的条件。否则，依据《民法典》第1017条之规定，这些字号或简称尚达不到与名称同等保护的程度。

另外，实践中也有在自己的名称中使用他人注册商标的行为。如果恶意将他人的商标用在自己企业名称中，将会构成不正当竞争。例如，在全友家私有限公司与佛山市全友卫浴有限公司、刘某某侵害商标权纠纷一案中，④最高人民法院认为，根据原审查明的事实，涉案商标通过全友家私及相关公司多年持续广泛的宣传和使用在全友卫浴名称登记前就具有较高的知名度。全友卫浴在明

① 曹新明：《姓名商标与姓名权客体冲突及合理避让研究》，载《甘肃政法学院学报》2019年第5期。
② 同上。
③ 同上。
④ 参见(2014)民三终字第1号民事判决书。

知涉案商标具有较高知名度的情形下,登记企业名称时将“全友”作为字号,实际生产、销售卫浴产品时在产品、网站等上使用与涉案商标相近似的标识,并使用与全友家私“绿色全友温馨世界”相近似的“世界卫浴绿色全友”广告语。因此,即便全友卫浴在生产经营过程中使用全友卫浴企业名称全称,并未突出使用全友字样,但全友卫浴在主观上具有攀附全友家私涉案商标声誉的主观意图,客观上易使相关公众产生混淆或误认,违反了诚实信用原则,破坏了公认的商业道德,扰乱了正常的市场秩序,构成了对全友家私的不正当竞争。

专题六　侵害姓名权、名称权的侵权样态和救济

我国《民法典》第1014条规定:“任何组织或者个人不得以干涉、盗用、假冒等方式侵害他人的姓名权或者名称权。”可见,民法典以列举的方式规定了姓名权和名称权受侵害的样态,但实践中还存在其他方式,法典也以“等”字予以概括,属于不完全列举。

一、干涉

所谓对姓名权的干涉,一般是指行为人违法干涉他人行使姓名权。从姓名权的权能上分类,包括干涉他人行使姓名决定权、姓名变更权、姓名使用权以及干涉他人对姓名的商业化许可使用等。从姓名权的保护范围上,包括干涉他人使用本名、网名、艺名、姓名的简称等。从姓名权的主体上分析,包括干涉自己子女行使姓名权,干涉养子女行使姓名权,干涉被监护人决定和使用其姓名,以及干涉其他人自然人行使姓名权。实践中需要强调的有以下几点。

第一,重名的问题。我国法律并不禁止自然人重名,亦不可能杜绝此类事情的发生。但是,如前所述,姓名权的功能除了表彰自我统一性外,还具有主体识别的功能。如果一方当事人违法或悖于公序良俗和他人重名,故意造成姓名冲突,借以获得不当利益的,则应该认为侵犯了他人的姓名权。

第二,离婚后父母一方擅自变更子女姓名的情形。一般来讲,离婚直接扶养子女的一方有对子女的监护权,其可以通过监护权行使变更自己子女的姓名,他人无权予以干涉。但是,基于我们国家传统,一方面,姓氏具有浓厚的身份属性,是家族传承的标志,代表一定的伦理秩序,随意更改不但会影响个人的身份属性,也会给对方家族造成一定的伤害。另一方面,子女随父性或一定条件随母姓,在一些地区是习惯做法,并不违反善良风俗。因此,一般情况下,更改姓氏需要经过子女父母双方的同意,擅自更改,会侵害另一方对子女的命名权。如果更改名字,不更改姓氏,本书认为,只要此种更名行为符合未成年子女利益最大化原则,在子女有一定行为能力并征求子女同意后,依法可以单方更改,除此之外,亦需要经过子女父母同意。

第三,养子女姓名的问题。《民法典》第1112条规定,养子女可以随养父或者养母的姓氏,经当

事人协商一致，也可以保留原姓氏。本书认为，根据上述规定，只有在生父母和养父母协商一致时，才可以保留子女的原有姓氏。如果没有协商一致，生父母干涉养父母为养子女更改姓名的，侵犯了养父母对自己养子女姓名的决定权。如果生父母要求子女从其姓氏的，则侵犯了子女的姓名权。

二、盗用

盗用姓名，是指未经过姓名权人的同意而使用其姓名。① 盗用他人姓名，行为人通常出于某种不正当的目的，行为的结果直接损害人了他人的切身利益或者社会公共利益。② 例如，在董某某与济宁市兖州区某镇人民政府、刘某某姓名权纠纷案中，③法院认定，被告镇政府信访办人员，未经原告许可，在被告镇政府出具的原告上访的答复意见中填写了原告的姓名，并将该答复意见进行了上报，属盗用原告姓名权的行为，对原告的姓名权构成侵害，被告镇政府应负侵权责任。被告刘某某作为信访办主任，对盗用原告的姓名权之事存在过错，但其是履行职务中的过错，其责任应由被履职单位承担。

三、冒用

所谓冒用他人姓名，就是将他人的姓名作为自己的姓名使用，以他人姓名进行交易或署名，目的是导致身份上的混同。冒用他人受保护的笔名、艺名等，亦属于冒用行为。

关于盗用和冒用的区别，一般认为，盗用他人的姓名不存在混淆的同一性危险，即公众不会将盗用人和姓名权人的身份加以混淆。但冒用姓名是将他人的姓名作为自己的姓名，或者一个实际存在的第三人的姓名，目的是混淆身份，因此，会发生混淆同一性的危险。④

四、其他侵权样态

实践中，除了上述典型的类型外，还存在其他非典型样态。比如，在应当使用他人姓名的场合不使用或者歪曲使用姓名。此外，以侮辱方式表达他人姓名，将他人姓名与侮辱性字眼联系，将他人姓名读走调而谐音为低级趣味的事物，将他人姓名做侮辱性书写，故意读错或写错，给他取侮辱性绰号等，都属于侵犯他人姓名权的行为。⑤

---

① 程啸：《侵权责任法》(第2版)，法律出版社2015年版，第142页。
② 王利明：《人格权法研究》，中国人民大学出版社2005年版，第422页。
③ 参见(2015)兖民初字第13号民事判决书。
④ 程啸：《侵权责任法》(第2版)，法律出版社2015年版，第142页。
⑤ 张新宝：《侵权责任法原理》，中国人民大学出版社2005年版，第196页。

第五章　肖像权

专题一　肖像权概念、发展及权能

一、肖像权的概念和保护

肖像权是以肖像所体现的人格利益和财产利益为内容的民事权利,它直接关系自然人的人格尊严及其形象的社会评价,是自然人所享有的一项重要的具体人格权。① 当代社会,随着传媒技术的快速发展,我们每天都被各种肖像包围,形成了以"肖像—视觉"为中心的世界图式,肖像作为一种展现自我的符号,早已超出其原有简单的识别功能,成为符号化的世界不可或缺的因子。人有人的肖像,物有物的肖像。人们对所有肖像的理解和解释似乎构成了人们心中世界的面貌。当代的人们,须臾离不开肖像,这绝对不是夸大其词。生活消费看重的是名人的肖像代言,电视节目充满肖像展现,人们利用肖像展示自我,肖像缺失反而意味着某些能量弱化。肖像决定着人们的生活方式,在今天有过之而无不及。因此,对肖像的保护成为法律特别是民法人格权中极其重要的内容之一。

我国《妇女权益保障法》第42条、《广告法》第25条等皆对肖像权保护作出了明文规定。《民法典》第110条再次将肖像权作为具体人格权予以规定,并在人格权编予以细化,形成了对肖像权的民法保护框架。

二、肖像权的扩大保护——肖像的识别标准转换

肖像权是以自然人的肖像为客体人格权。谈论肖像权的扩大保护,可从两个角度阐释。一是肖像的表现方式,二是表现肖像的方式。一般而言,法律上的肖像有如下几种特征:②

第一,肖像具有个体性。它标记着自然人的个人特征。第二,肖像具有客观性。肖像权的主体必须是实际存在的自然人,而非虚构的人。第三,肖像具有再现性。法律上肖像,是指个人的外部形象所形成的区别于他人的要素,并可以通过绘画、照相、雕刻、录像、电影等艺术形式使个人外貌在物质载体上再现的视觉形象。一言概之,就是自然人的肖像可以通过其他载体予以再现,并让他人可以识别。肖像必须在载体上再现出来,才有保护的必要。否则,肖像脱离不了自然人,不存在任何可能的侵害。第四,肖像具有可识别性。所谓可识别,就是通过技术手段再现的个人肖像必须

---

① 王利明:《人格权法研究》,中国人民大学出版社2005年版,第449页。

② 王利明:《人格权重大疑难问题研究》,法律出版社2019年版,第495~497页。

能够被辨别。他人无法识别,即符号无法被解释为某个具体人,就无所谓肖像的侵权问题了。

既然肖像具有再现性,那么肖像的表现方式就会是多样的。传统上,我们认为摄影、绘画是最直接的展现肖像形式。但是,随着技术发展,人们再现肖像的方式变得多种多样起来。除了传统的摄影外,一般还存在以下方式。一是雕塑,通过雕刻展示自然人的形象。二是各种方式的绘画。比如,油画、素描等。三是漫画形象。卡通漫画和一般绘画相比具有夸张和扭曲的手法。卡通人物形象也经常见诸媒体报刊,有些漫画纯属艺术创造,有些漫画则属于对具体自然人肖像的再创作,虽有主观创造性,但能够识别为某一具体人物。四是艺术角色形象。艺术角色虽然是经过艺术加工的剧目角色形象,但不能否认演员的肖像和艺术角色形象有重合之处,一般而言,表演者对纯脸谱化或面部形象特征不清晰的剧照以外的人物剧照都享有肖像权。[①] 五是互联网或手机肖像表情。从来源上,可分为自然人故意创作公开发布,以及被动创作公开使用两种情形。这些肖像表情亦涉及自然人的肖像保护问题。

在这里,亦涉及一个很重要的问题,即法律及理论对肖像认定标准的转换问题。

前文已述,过去民法理论将肖像权之肖像限定为以面部特征为中心的外部形象,这种界定本身并非错误。人之识别往往通过面部肖像获得,故而以面部特征为中心的肖像定义模式,反映了人的认识重心。但事实上,得益于科学技术的发展,表现人的肖像的载体已愈加丰富。很多时候,对面部肖像的再创造或者非面部肖像的创作,也可以让人们获得肖像所表征的自然人,因此,再以面部为中心的认定模式显得力不从心,故理论上逐渐将以面对为中心的肖像认定标准转换为以"可识别性"为核心的肖像认定标志,旨在扩大肖像的保护范围。《民法典》第 1018 条第 2 款规定,肖像是通过影像、雕塑、绘画等方式在一定载体上所反映的特定自然人可以被识别的外部形象。以"等"字表征开放性,以"识别"作为认定标准,凸显了民法典对肖像识别标准的转换以及对肖像权扩大保护的肯定。正是由于对肖像认定标准的转换,上文所述肖像权扩大保护的第二个角度即表现肖像的方式也就必然产生多元化。

第一,非面部肖像。所谓非面部肖像,是指不以面部而系以人体其他部分为标准的肖像。王泽鉴先生认为,"肖像固以人之面部特征为主要内容,但应从宽解释,凡足以呈现个人外部形象者,均包括在内,例如拍摄某模特众所周知之美腿作商品广告,当可辨识其人时亦得构成对肖像权之侵害"。[②]

第二,不完全面部肖像。不完全面部肖像是遮挡部分五官但依然能够表征自然人特征的形象。如果部分五官被遮挡,但公众仍然能够基于一些外在特征辨识到自然人的,也应属肖像无疑,如电影中知名的蒙面形象。

第三,集体肖像。所谓集体肖像,是指数个人的肖像并存在一个载体上,构成一个完整的、独立于个体的肖像。但该多个肖像本身并不具有独立性,其不过是整体的一个部分。[③] 集体肖像固然属于肖像之集合,但并非于个体无任何意义。一般认为,如果集体肖像中有突出的个人肖像呈现,每

① 程啸:《侵权责任法》(第 2 版),法律出版社 2015 年版,第 147 页。
② 王泽鉴:《人格权法》,北京大学出版社 2013 年版,第 141 页。
③ 王利明:《人格权法研究》,中国人民大学出版社 2005 年版,第 469 页。

个个人都可辨识,则该个人均得主张肖像权。如果集体肖像没有个体突出性,则每个成员无法单独主张自己的肖像权。集体肖像乃载体上多个自然人肖像之聚合呈现,无个人肖像确认之前提自然也无享有该集体肖像集合利益之可能。[①] 此时的肖像权属于自然人之集体或某个团体。在信禾公司与三军仪仗队肖像权和名称权纠纷案中,法院就认定三军仪仗队的形象属于集体肖像。[②]

以上可以看到,理论和法律对肖像权的扩大保护可以从肖像的表现方式和表现肖像的方式的渐次更迭中清晰观察到,《民法典》无疑也继受了理论成果和实践发展,对肖像权的保护具有重大的理论和实践意义。

三、肖像权的权能

《民法典》第1018条第1款规定,自然人享有肖像权,有权依法制作、使用、公开或者许可他人使用自己的肖像。由此可见,肖像权一般包含如下权能。

第一,肖像享有权。人格权本身或其个别人格利益均具有专属性,不得与其人分离而为让与。第二,肖像制作权。自然人可以依其自由意思制作自己的肖像,亦可以授权他人制作自己的肖像,如让摄影师为其拍摄照片。未经过本人许可,不得擅自为他人制作肖像,否则构成对自然人肖像权的侵犯。第三,肖像使用权。肖像使用权包含两个方面:一方面,基于专属性,自然人可以自己决定是否使用肖像或者将肖像使用在哪些场合,用何种方式使用等。另一方面,自然人可以自己决定是否许可他人使用自己的肖像。应该说明的是,这种人格权的商品化不应被认为是对人格权伦理性的违背,而应理解为对人的人格尊严和自由保护的结果。第四,肖像公开权。自然人有权决定是否公开肖像以及以何种方式公开。擅自公开他人肖像的,构成对肖像权的侵害。

专题二 《民法典》对肖像权的保护

一、未经肖像权人同意,不得以制作等方式侵害肖像权

《民法典》第1019条规定,未经肖像权人同意,不得制作、使用、公开肖像权人的肖像,但是法律另有规定的除外。从该规定以及前述肖像权的权能入手判断,凡是侵犯肖像权人的享有权、制作权、使用权、公开权等,均属于侵犯自然人肖像权行为。但肖像权的侵害,得因被害人的允诺而阻却违法。[③] 法典表述为"未经肖像权人同意",通过反面解释,如果经过肖像权人同意的,则不属于侵犯肖像权行为。实践中,对于肖像权的侵害问题,一般还涉及如下几个问题需要进一步辨析。

---

① 张红:《肖像权保护中的利益平衡》,载《中国法学》2014年第1期。

② 《首例军人集体肖像权案终审宣判三军仪仗队获赔80万》,载http://news.sohu.com/2006080/n244555132.shtml,最后访问日期:2020年10月2日。

③ 王泽鉴:《人格权法》,北京大学出版社2013年版,第142页。

第一，肖像权的侵害是否以营利为目的。《民法通则》第100条规定，公民享有肖像权，未经本人同意，不得以营利为目的使用公民的肖像。《贯彻民法通则意见》第139条规定，以营利为目的，未经公民同意利用其肖像做广告、商标、装饰橱窗等，应当认定为侵犯公民肖像权的行为。在司法实践中，有很多法院判决对肖像权侵害的认定，都将营利目的作为构成条件之一。但是，随着我国肖像权等人格权保护制度的不断发展，已无必要简单、机械地以营利为目的作为界分合理使用肖像与侵害肖像权的方法。①

本书认为，将以营利为目的作为是否侵害自然人肖像权的构成要件，不当缩减了肖像权的法律保护范围，与法律对人的尊严和自由的保护相背离，不应予以坚持。但审查是否具有营利性并非没有意义，肖像权的商品化本身意味着肖像权内涵财产性价值，对营利性的审查，有助于确定损害赔偿额度，有利于全面保护肖像权人的合法权益。值得注意的是，《民法典》第1019条并未将以营利为目的作为侵权肖像权的构成要件，凸显了法典对人格权最大限度的保护和对人的尊严的高度维护。

第二，对未成年肖像权的保护。相较于姓名权，对未成年人肖像权的保护更加重要。一方面，当今传媒的发展对肖像的作用更加重视；另一方面，父母对未成年人的培养更加注重外在形象的展示，如一些家长有将孩子培养为童星的目的，其愿意让孩子多出镜，参加各种节目录制。由此，就涉及对未成年人肖像权的保护。对未成年人肖像权的保护，不仅涉及民事权利的保护，更重要的，还涉及未成年人切身利益。因此，对其评价还要立足于未成年人保护法的规定。

《民法典》第35条确定了未成年监护的两项基本原则：一是未成年子女利益最大化原则，二是尊重被监护人的真实意愿原则。在处理未成年人的肖像权问题时，如果未经监护人同意，制作、公开、使用未成年人肖像的，监护人可依据《民法典》第997条之规定，在有证据证明行为人正在实施或者即将实施侵害未成年人人格权的行为，不及时制止将使其合法权益受到难以弥补的损害的，有权依法向人民法院申请采取责令行为人停止有关行为的措施，以避免损害的发生和扩大，尽最大努力保护未成年人的权益不受侵害。造成相关损失的，可以依据侵权责任向侵害人要求赔偿。对于未成年子女肖像的许可适用问题，监护人应该以未成年子女利益最大化原则，并根据未成年人年龄和智力状况，尊重其真实意愿，而后决定是否许可或者许可使用的范围。如果监护人违反该项原则，过度使用或者不当使用未成年肖像，明显影响未成年身心健康的，应属于侵犯子女肖像权的行为。公权力机关、新闻媒体等亦应承担起未成年人人格权的保护责任。比如，2012年《未成年人保护法》第58条规定，对未成年人犯罪案件，新闻报道、影视节目、公开出版物、网络等不得披露该未成年人的姓名、住所、照片、图像以及可能推断出该未成年人的资料。否则，即构成对未成年人姓名权、肖像权、隐私权、个人信息利益等权益的侵害。在颜某某与大连启韵教育咨询有限公司肖像权纠纷一审中，②原告颜某某系未成年人，学习期间被告公司的员工高某通过个人微信在朋友圈中发布了原告学习、演唱、弹奏的视频，其中有原告肖像的部分留有被告公司名称及电话号码。颜某某以侵犯其肖像权为由提起诉讼。法院经审理认为，被告提供了高某与原告的聊天记录以及原告母

① 程啸：《侵权责任法》(第2版)，法律出版社2015年版，第148～149页。

② 参见(2018)辽0211民初8792号民事判决书。

亲给高某某一朋友圈点赞截图作为证据,证明其使用原告肖像的行为系经原告同意的,但聊天记录中并未有原告同意使用其肖像的字样,原告母亲的点赞亦仅是针对某一条朋友圈,并不能据此认定原告同意被告使用其肖像。因此,被告将原告肖像发布到朋友圈的行为已经符合侵犯原告肖像权的要件,故原告主张被告停止侵害赔礼道歉,应予支持。

第三,监视器与肖像权保护。当前,经营者以及自然人个人为了安全等方面的考量,往往选择在经营场所以及入户门附近等区域安装监视器,凡经过监视器者,均被拍摄保存,由此带来自然人隐私权以及肖像权的保护问题。一般认为,在公共场所以及经营场所安装摄像头,其主要目的是维护公共安全以及经营安全,并无侵犯公民肖像权和隐私权的恶意,即目的合法。同时,其针对的是不特定的多数人,而非专门针对某一自然人,即涵盖范围广。再者,一般在进入监控区域前都会被提示"进入视频监控区域",此举保证了自然人的知情权。因此,此类行为一般不构成对自然人肖像权或者隐私权的侵犯。但是,在私人大门前装设相应的设备,则有可能侵犯他人的合法权益。对此,应该从安装目的、是否有针对性、是否非法使用他人肖像等情形综合衡量。

二、不得以丑化、污损等方式侵害他人的肖像权

肖像权属于标表型人格权,使用他人肖像,不仅要经过自然人的同意,更要以适当的方式使用。在许可使用的场合,还要以符合人格权保护和合同目的的方式正确行使合同权利,不得在使用过程中违背法律人格权保护的立法旨意。以丑化、污损等方式使用他人肖像的,就是对肖像权的不当使用,通过肖像权的标表性作用,最终影响到个人的尊严。关于利用信息技术手段伪造等方式侵害他人的肖像权,是这次法典新增的规定,其针对的正是引起社会热议的关于"PS"技术、"换脸"技术引发的问题。例如,一些人在网上利用信息技术手段,将明星的脸换到他人身上,以达到"恶搞"或其他非法目的。此种行为亦属于侵犯他人肖像权的行为,当然,涉及丑化、玷污的,可能同时构成对名誉权、隐私权等其他人格权益的侵犯。

三、肖像作品权利人不得以发表、复制等方式侵害肖像权

《民法典》第1019条第2款规定,未经肖像权人同意,肖像作品权利人不得以发表、复制、发行、出租、展览等方式使用或者公开肖像权人的肖像。该款涉及的是肖像权和著作权的冲突问题。

实践中,肖像权和著作权的冲突表现在两个方面:一是行使肖像权侵犯他人的著作权。例如,某自然人将自己写真集出版发行,但未标明摄影作品的作者,即侵害了作者的署名权。二是行使著作权侵犯了他人的肖像权。例如,某摄影作者未经肖像权人同意,擅自公开、利用他人的肖像。二者在行使过程中如何进行价值判断,实属不易。本书认为,在肖像权和著作权冲突时,应把握两种行使方式:一是"自愿+署名",二是"同意+正当"。

所谓"自愿+署名"的方式,是指肖像权作为人格权,应由自然人自愿行使,自然人得以任何不违背公序良俗的方式公开、使用、许可他人使用自己的肖像。但是,由于肖像作品往往蕴含着著作权人的创作智慧,故自然人在行使时,应该尊重著作权人的署名权。

所谓"同意+正当"的方式,是指著作权人在行使著作权时,由于作品本身涉及自然人的肖像

权,故其应取得肖像权人的同意,并且以正当的方式行使。否则,即侵犯了他人的肖像权。之所以采用上述两种方式解决肖像权和著作权的冲突问题,根本原因还在于,法律对肖像权的保护具有优先性。此可以从两个角度论述:[①]一是从法益位阶上看,著作权系因作品而产生,属于"后来权利",著作人格权体现的是一种派生利益。而肖像权从自然人诞生的一刻即存在,具有天然的合理性,是人之为人的基本权利之一,任何自然人都享有并不得剥夺。基本权利高于派生权利。二是从法的价值位阶来看,著作权之保护系以实现文化繁荣、激励创作为主要价值选择,而肖像权是以维护个人基本尊严为最高宗旨,实现人之自由价值,当二者存在不可调和的冲突时,个人自由价值的实现当优先考虑。本书认为,上述观点具有合理性,实践中,对肖像权的优先保护也已被法院肯认。比如,在朱某某、汉华易美(天津)图像技术有限公司肖像权纠纷一案中,[②]经法院查明,汉华易美公司经营的视觉中国网站中有某教育集团朱某某照片,图片说明为"2008 年 10 月 27 日,某教育集团总裁朱某某,某教育集团朱某某",肖像权/物权说明:未获得模特肖像权或所有物权授权,图片使用说明:此图片是编辑图片,如用于商业用途,请致电或咨询客户代表。关于涉案照片的拍摄,朱某某表示系某报社对其采访过程中,由报社的工作人员拍摄而成。汉华易美公司表示涉案照片系其用户某报社通过其账户后台上传至汉华易美公司网站。汉华易美公司同时表示,涉案照片系报社员工拍摄而成,报社享有涉案照片的著作权,有权将涉案照片授权汉华易美公司代理销售。法院经审理认为,首先,肖像权是人格权,侧重保护人格利益,肖像作品著作权属于知识产权,更侧重财产利益的保护。如果在一个摄影作品中同时存在肖像权与著作权的双重权利,而双重权利分属两个不同权利主体时,肖像权和著作权两种权利之间并不会互相吸收,基于两种权利之间的价值差异,应对人身权益给予更高保障的立法精神,对著作权的行使不能损及肖像权。其次,汉华易美公司主张,某报社授权后,其有权就涉案照片进行代理销售。但汉华易美公司并未提交证据证明某报社对其就涉案照片进行授权许可。最后,即使汉华易美公司确有报社的授权许可,其对涉案图片所享有的著作权也不能影响朱某某对其所享有的肖像权利益进行保护。在未经朱某某同意的情况下,汉华易美公司将涉案照片作为商业用途进行展示的行为构成对朱某某肖像权的侵害。

除了上述权利冲突时的适用规则外,实践中还应注意以下几个特殊问题。第一,委托作品中的著作权保护。《著作权法》第 17 条规定:受委托创作的作品,著作权的归属由委托人和受托人通过合同约定。合同未作明确约定或者没有订立合同的,著作权属于受托人。所以,双方合同的约定对处理权利冲突至关重要。第二,职业人体模特的肖像权问题。一方面,模特作为权利人,应该对自身的职业之特殊性具有清晰认识。另一方面,要尊重行业惯例,即模特原则上不可以对以其为原型的绘画作品、雕塑作品、摄影作品主张肖像权,因为当他同意成为模特的时候,就视为已经让渡了作品中的肖像权。第三,一些志愿者或朋友无偿担当模特时,由于其不属于行业内成员,不应当以行业惯例进行约束,而应该依据志愿者可推知的意思进行判定。如果画家创作作品是为了展览,且已经进行了告知,那么可以认定志愿者有公开肖像的意思。如果画家创造是为了收藏或练习,没有征

① 张红:《肖像权保护中的利益平衡》,载《中国法学》2014 年第 1 期。

② 参见(2019)京 01 民终 1629 号民事判决书。

得肖像权人同意时,不得以行使个人著作权为由将该画作发表,否则构成侵犯他人肖像权。①

专题三　肖像权的合理使用

一、肖像权行使的法律限制

对肖像权的保护及其限制,应该放在当代所谓"肖像社会"或者"符号社会"这样的背景下去思考。合理的做法就是在肖像权的侵犯和合理使用之前划定界限,以取得平衡。

肖像权的限制或合理使用从肖像权侵权责任免除的角度,也可以作为侵害肖像权的免责抗辩事由之一。所谓肖像权的合理使用,是指在法律规定的条件下,既不必征得肖像权人的同意,又不必向其支付报酬,基于正当目的使用他人肖像的合法行为。② 我国《民法典》第1020条规定,合理实施下列行为的,可以不经肖像权人同意:(1)为个人学习、艺术欣赏、课堂教学或者科学研究,在必要范围内使用肖像权人已经公开的肖像;(2)为实施新闻报道,不可避免地制作、使用、公开肖像权人的肖像;(3)为依法履行职责,国家机关在必要范围内制作、使用、公开肖像权人的肖像;(4)为展示特定公共环境,不可避免地制作、使用、公开肖像权人的肖像;(5)为维护公共利益或者肖像权人合法权益,制作、使用、公开肖像权人的肖像的其他行为。该条规定的即是肖像权的合理使用规则。

二、肖像权合理使用的考量因素

过于保护肖像权不仅会导致过高的社会成本,而且在很多场合亦与公共利益的保护不符。因而,需要对肖像权予以适当的限制。

第一,无法推知肖像权人有同意使用的意思。现实中,我们发现在互联网以及手机平台上,很多人基于某种目的,公开展示自己的肖像或在处理其他事物时,附带展示自己的肖像。而且,身处互联网世界,行为人应该知道他的行为会导致自己的肖像等被广泛传播,甚至一些当事人具有明显传播自己肖像的故意。这些行为,均可视为自然人以默示的行为允许自己肖像被他人传播,社会公众基于善意的理解而使用传播,应不属于侵犯肖像权的行为。但是,对于自然人展示自己的肖像能否视为允许他人使用不可一概而论。例如,作者在出版的书籍中介绍自己时附加照片就不能视为作者同意他人使用,一般仅可理解为作者行使自己的肖像公开权。肖像权的合理使用解决的是自然人肖像权和他人正常使用权之间的冲突问题,只有在肖像权人不同意或无法推知其是否同意时,才有适用的余地。

第二,不得商业化利用。在合理使用时,应该符合比例原则,即最大限度地保护人格权,最小限度地允许他人使用,以避免对他人的人格利益造成侵犯。合理使用本质上应当是无偿使用,其立法

---

① 张红:《肖像权保护中的利益平衡》,载《中国法学》2014年第1期。
② 同上。

目的在于通过平衡不同主体之间利益,减少任何使用他人肖像都要本人同意而造成的不便,因为合理使用所能得到的主要是一种非物质利益,不具有营利性。但是,因商业化利用而产生的财产性利益不应该属于合理使用的范畴,否则,利用他人肖像营利明显违背了上述比例原则,突破了权利平衡的界限。

第三,公共场所不可避免。公共场所本为公众公开使用的场所,任何人都可进入或离开,如果拍摄照片或影像系在公共场所针对不特定的人所为,一般就不能认为是侵犯他人肖像权的行为。此时,肖像权人要么不可避免地进入镜头,要么肖像权人和他人在一起,不可避免地构成整体性的画面。如果人物原为风景的一部分,其后单独加以突出放大,予以公开时,则构成对肖像权的侵害;[①]或者拍摄者不是为了拍摄事件,而系针对某人,亦属于侵犯肖像权的行为。另外需要注意的是,若拍摄不可避免地涉及人物,亦应该符合比例原则,即要选择对他人人格利益影响最小的方式使用。例如,在拍摄公共事件时,画面中的某人物可清晰分辨但衣着被毁,视之不雅,此时即应选择其他画面使用或对画面进行特殊处理。

第四,必须是为了公共利益。国家利益和社会公共利益是限制民事权利的一般规则,任何人行使权利都不得与国家利益和社会公共利益相冲突。但是,国家利益或者公共利益较为抽象,需要在实践中予以类型化。一般认为,满足公众基本需求、教育目的、新闻报道和舆论监督、国家机关执行公务等,都属于国家利益以及公共利益的范畴。

这里特别强调的是满足公众的基本需要。何为基本需要,一方面,体现为个人的学习、欣赏等。另一方面,对于娱乐明星、球星等公众人物,基于公众自然的好奇心,使用传播肖像也应该视为满足公众基本需要的行为。但是,界限在于不得以侵犯公众人物隐私的方式,拍摄他人的私生活细节并使用传播这些与明星的社会活动无关的私人肖像。

三、《民法典》对肖像权合理使用的具体化

《民法典》吸收了人格权学理和实践的发展,将肖像权的合理使用明确规定下来。其第 1020 条共规定了 5 项合理使用的具体情形。其中第 5 项为兜底条款,为其他合理使用方式留下了可兹适用的空间。

第一,为个人学习、艺术欣赏、课堂教学或者科学研究,在必要范围内使用肖像权人已经公开的肖像。对科学研究以及文化教育目的而在一定范围使用他人已经公开的肖像情形,许多国家都认定属于合理使用范围。最高人民法院早在 1990 年民他字第 28 号复函中就肯定了在宣传医疗经验中使用他人肖像对社会是有益的,在没有造成严重不良后果的情况下,不构成侵害肖像权的行为。该条规范契合了上述为了公共利益且非商业利用进而构成合理使用的情形。在北京东方美莱医疗美容门诊部有限公司与柳某人格权纠纷一案中,[②]二审法院经审理认为,东方美莱公司未经柳某同意在其经营的网站发布的文章中使用了柳某的照片,虽然东方美莱公司主张该文章属于介绍外耳畸形知识的科普文章,不具备营利性,但根据涉案文章内容显示,文章中除介绍外耳畸形外还有针

---

① 王泽鉴:《人格权法》,北京大学出版社 2013 年版,第 143 页。

② 参见(2014)三中民终字第 02429 号民事判决书。

对外耳畸形手术的介绍，且根据文章两侧及浮动窗口中内容亦可看出该文章具有营利目的，故构成对柳某肖像权的侵犯。

第二，为实施新闻报道，不可避免地制作、使用、公开肖像权人的肖像。新闻报道既涉及保护社会公众的知情权，也有着舆论监督的功能，其正当的权利行使事关社会公共利益。“倘若被拍照者动辄以侵害肖像权为由，提起诉讼，必然严重妨害新闻自由，损害广大公众获取信息的正当利益。因此，有必要对新闻人物的肖像权进行适当限制。”[①]这里需要强调的有几下两点：一是对新闻人物的定义，[②]理论上可以分为“绝对的新闻人物”和“相对的新闻人物”。前者是指政治、文化、经济、社会、体育等领域中的知名人物，如总统、总理、议员、外交官、作家、艺术家、运动员、演艺明星等。这些人因为享有较高的知名度，公众对于获取该人的信息具有正当利益。在报道与之相关的任何新闻时，都可不经其同意。后者是在突发的新闻事件中涉及的人。只能在报告该特定新闻事件时，不经其同意而适用肖像。二是该条款强调的是不可避免。意在对肖像权人的损害降到最低，凸显法律对人格权严格保护。但即便这样，在面对未成年人时，仍要进到最大保护义务。比如，2012 年《未成年人保护法》第 58 条规定，对未成年人犯罪案件，新闻报道、影视节目、公开出版物、网络等不得披露该未成年人的姓名、住所、照片、图像以及可能推断出该未成年人的资料，否则即构成对未成年人姓名权、肖像权、隐私权、个人信息利益等权益的侵害。

第三，为依法履行职责，国家机关在必要范围内制作、使用、公开肖像权人的肖像。国家机关履行法定职责事关国家利益和公共利益，在必要的范围内需要使用他人肖像的，亦不构成对肖像权的侵犯。该条规定的“必要范围”，应该理解为在履行职务中，不可避免地需要使用他人肖像，且该使用行为与履行职务有内在关联。例如，在网上发布通缉令将犯罪嫌疑人的照片公之于众，拍摄违法行为人的照片等均属于此类。公权力机关在执行公务过程中使用他人肖像的，如果涉及他人的肖像权，则应当采用相关的技术手段予以处理，不得侵害他人的肖像权。[③] 当然，如果与履行职务没有内在关联性，则应采取适当措施保护当事人的肖像权。比如，公安机关破案后制作素材供媒体使用，该行为与其履行职务就没有关联。

第四，为展示特定公共环境，不可避免地制作、使用、公开肖像权人的肖像。该条款属上文所述的公共场所不可避免的情形。首先，从目的上看，拍摄人系为了展示特定的公共环境，而非是针对某人。其次，是不可避免地涉及他人的肖像。这里需要注意的是何为“展示特定的公共环境”。对此，本书认为不应该狭义理解，即仅仅认为是拍摄静态的涉及公共环境的照片，而应当包括以视频方式拍摄纪录片以及电影场景等。例如，电影中为了展现人物生活的场景而在拍摄地实体取景等情形。学理以及司法实践中，对于电影拍摄中，某些进入镜头的人长时间定格展现是否侵害了肖像权有一定争论。本书认为，在展现电影的写实性、艺术性与自然人肖像权的保护中，应该以肖像权人的保护为重。一方面，电影拍摄可以使用群众演员，且其成本较低，在与他人肖像权保护的比较中处于较低位阶。另一方面，电影往往都具有一定的商业利益，因商业利益使用他人肖像，一般都

---

① 程啸：《侵权责任法》（第 2 版），法律出版社 2015 年版，第 150 页。
② 同上。
③ 张红：《人格权各论》，高等教育出版社 2016 年版，第 207 页。

不应该视为合理使用。

第五,为维护公共利益或者肖像权人合法权益,制作、使用、公开肖像权人的肖像的其他行为。该条款属于合理使用的兜底条款。实践和理论中也有其他一些属于合理利用的情形,如为了权利人的利益而使用,如张贴寻人启事。再如,描述历史性事件。某人在电影、电视、回忆录等作品中描述某个历史事件,其中可能会涉及某人的肖像。但是在描述历史事件时,必须与特定历史事件相联系,而不能突出报道特定的人。[①] 在此,需要强调的是,因公共利益本身属于不确定概念,较为抽象,在认定何为公共利益时,必须以保护自然人的人格权为出发点和最终归宿,不应对具体情形中是否属于公共利益的解释过于宽泛,从而导致人格权的实质保护受损。

专题四　肖像权商业化合同的特殊规制

一、肖像权的商业化

肖像权的商业化如姓名权的商业化一样,也是随着社会经济发展产生的对人格权利用的现象。肖像权属于标表型人格权,本身可以与自然人相分离而利用,这是肖像权可以商业化的客观条件。本书认为,对肖像权的商业化的正当性可以从以下几个角度加以说明。

第一,肖像权得以商业化的原因,首先在于肖像权的使用可以与自然人分离。自然人借助商业化利用,可以获取一定的经济价值,进而展现自我发展和自我的尊严。第二,肖像权得以商业化的原因,更重要的是在于,人们看中肖像所代表的某种积极利益。这种积极利益反映在肖像背后的自然人身上。即只有当社会公众认可某自然人的人格价值,对其人格的健全和完善持肯定态度,那么自然人肖像权的商业化空间才会展现出来。因此,肖像权的商业化,本质是人格权的健全和完善的体现,是对人格的尊重。

《民法典》第1018条第1款规定,自然人享有肖像权,有权依法制作、使用、公开或者许可他人使用自己的肖像。可见,肖像权的商业化是自然人主动利用其肖像权的行为,是民法典赋予自然人的人格权利。

二、肖像权的许可使用

许可使用,是指权利人通过合同的方式,许可他人在约定的期限和范围内使用其人格权。[②] 许可使用合同属于典型的合同类型,但是人格权许可使用合同和一般交易合同相比,具有其特殊的一面。

第一,一方面,许可合同可作为交易关系看待;另一方面,许可合同也是自然人支配利用其人格

---

① 王利明:《人格权重大疑难问题研究》,法律出版社2019年版,第524页。

② 同上书,第299页。

权的体现，即属于人格权权能行使问题。

第二，合同内容需要受到一定规制。契约自由是近代私法的精神之一。但是，在合同领域，对于特殊主体以及特殊利益的保护，并不完全遵循契约自由，体现法律层面更多的强制性因素，其目的是保证契约实质正义。例如，《民法典》第496条关于对格式条款的特殊规制，第648条关于向社会公众供电的供电人与用电人强制缔约的规定，等等。而人格权的许可使用合同因涉及人的尊严和自由，故法律对其亦有特殊的规制，例如，《民法典》赋予权利人特殊解除权即明显的表现。

第三，许可使用期限应该有一定的限制。包括肖像权在内的人格权不得转让、继承，但可以允许他人使用，这就决定了许可使用合同的期限必须受到一定的限制，否则，将可能导致人格权的许可使用异化为人格权的转让合同，并最终损害到自然人的合法权益。①

第四，许可使用合同应该具有特殊的解释规则。关于意思表示的解释规则，《民法典》第142条以及第466条都作出了规定。但是，如上所述，法律对于特殊主体以及特殊利益往往采取特殊的办法保护，以求实质正义。例如，在第498条，《民法典》规定了对格式合同的特殊解释规则，大家已经很熟悉了。那么对人格权的许可合同，《民法典》同样进行了有利于人格权保护的特殊解释方法，即其第1021条规定。

三、人格权编对肖像权许可使用合同的特殊规制

（一）特殊的解释规则

《民法典》第1021条规定，当事人对肖像许可使用合同中关于肖像使用条款的理解有争议的，应当作出有利于肖像权人的解释。该条款与格式合同的解释规则相似，即一般情形下应该按照合同文义、目的等进行解释，只有在双方当事人对合同条款理解有争议时，才有特殊解释规则适用余地。这样规定的理由是，一方面，许可使用合同本身属于人格权的行使，事关人的尊严与自由，与合同利益相比，人格权所体现的利益处于更高的位阶，应该得到全方位的保护。另一方面，在一些许可使用的场合，权利人属于自然人，而对方往往是公司企业。自然人与之相比，明显处于弱势地位。如果不采取特殊方法进行校正，自然人很可能处于无法对抗而任由他人摆布的境地。

（二）肖像权许可使用的特殊解除权

《民法典》第1022条规定，当事人对肖像许可使用期限没有约定或者约定不明确的，任何一方当事人可以随时解除肖像许可使用合同，但是应当在合理期限之前通知对方。当事人对肖像许可使用期限有明确约定，肖像权人有正当理由的，可以解除肖像许可使用合同，但是应当在合理期限之前通知对方。因解除合同造成对方损失的，除不可归责于肖像权人的事由外，应当赔偿损失。依据该条款，肖像权许可使用如果没有设定期限或期限不明的，任何一方可以随时解除且无须赔偿损失，但应履行提前通知义务。该条规定的初衷即为了倒逼当事人在许可使用合同中约定期限。如果双方约定了使用期限，肖像权人仍有单方解除权利，但必须有正当理由，且应当在合理期限前履行通知义务，对相对方造成的损失的，一般需要赔偿。对于何为正当理由，该条款并没有规定，解释

---

① 王利明：《人格权重大疑难问题研究》，法律出版社2019年版，第300页。

论上,应该认为此处的正当理由是对人格权人单方解除权的限制,是为了防止权利的滥用,也可以说是诚信原则的延伸。[①]

专题五 《民法典》对声音利益的保护

一、声音及其保护问题

声音是由物体振动产生的,振动的物体为声源,声音以声波的形式在介质中传播。每一个人因其特质不同,发出声音亦有不同之处。“人的声音和各种乐器的声音,以及自然界中各种不同的声音,其波形往往是一种较为复杂的形状,恰恰是这些不同形状的波形,才决定了不同声音的音色。”[②]也正由于音色的独特性,故从声音中能够分辨其发出的人是谁。因此,声音就具有了表征自然人身份的功能。利用模仿他人的声音,有可能让外界建立声音与某人之间的自然关联。现实中,随着科技的发展,除了是窃听器、录音机,电脑互联网技术和声音克隆技术更是加剧了对声音侵害的现实性。以声音克隆技术为例,声音克隆技术可以通过一种程序先对个人的声音进行分解,分解以后再和别人的声音进行嫁接,也可以和个人的形象嫁接。现在 AT&T 实验室也正在做声音克隆软件的开发,预计声音克隆技术会大大提高,这种克隆的声音将会和真人嫁接,与真人声音、形象完全相同的虚拟人物将会出现在银幕上。[③] 因此,对声音保护的必要性日益凸显。

《民法典》将声音的保护规定在第 1023 条之中。

二、《民法典》对声音利益保护的规则

(一)声音与其他人格权益的辨析

《民法典》将声音规定在肖像权部分,故首先应予辨析的是声音与肖像权之异同。

1. 声音与肖像权。二者之间相同点在于,声音与肖像权都具有表征自然人身份的功能,人的声音往往具有独特的音色,所谓“听其声,知其人”,肖像权亦是如此。另外,由于这种表征他人身份的特征,使声音和肖像权都可以被商业化,进而体现某种财产性利益价值。但二者之间亦有明显之不同,肖像权具有直观表明自然人身份的特点,通常情况下不存在混淆的可能,除非长相相似不易辨认。而声音则不具直观性,有时仅仅对熟悉人来说可以区分出来。更甚者,不同人的音色也可能有相近之处,普通公众难以区分到底是谁的声音。故而,对声音的保护比起肖像应更为严格。从这个角度而言,声音与姓名权倒是具有相似之处,因为自然人之间重名重姓现象亦不在少数。

2. 声音与隐私权。所谓隐私,依据《民法典》第 1032 条之规定,是自然人的私人生活安宁和不

① 王利明:《人格权重大疑难问题研究》,法律出版社 2019 年版,第 303 页。
② 李丽峰、李岩:《人格权:从传统走向现代——理论与实务双重视角》,中国法制出版社 2007 年版,第 261 页。
③ 杨立新、袁雪石:《论声音权的独立及其民法保护》,载《法商研究》2005 年第 4 期。

愿为他人知晓的私密空间、私密活动、私密信息。当事人的隐私活动和信息等很多情形都是以语言为载体的,如私人通话,故而声音与隐私权之间存在一定的关联。但是二者之间的区分亦非常明显。声音保护体现的是自然人的声音控制和声音利用,而隐私权侧重保护生活安宁和私密活动、信息等。声音保护主要建立在声音与自然人之间的身份关联之上,而隐私强调私密生活不受侵犯。声音保护的是声音这种载体本身,而声音的内容构成隐私的,属于隐私的保护范畴。同一侵权行为,如果既涉及声音也涉及隐私,如何保护主要依据权利人的选择。如果权利人看重其声音利用,并不关注内容,那么侵犯的就是声音利益。如果权利人看重隐私内容,而不涉及声音,则侵犯了权利人的隐私权。如果权利人既要求承担隐私侵权,也要求承担声音侵权,则构成请求权聚合关系。

3. 声音与著作权。声音与著作权亦存在关联,因为一些作品本身就是以声音为载体的,如歌曲、评书等。但二者亦有很大区别,首先是保护客体不同,声音重在保护自然人对其声音的控制和利用,而著作权保护的是作品利益,侧重于保护财产价值。侵害声音权主要体现为模仿他人声音以造成人格混淆,或者未经许了录制、利用他人的声音,侵害著作权的方式主要是未经许可对声音作品进行篡改或者未经许可利用他人的声音作品。[①]

(二)《民法典》对声音的保护规则

《民法典》第1023条第2款规定,对自然人声音的保护,参照适用肖像权保护的有关规定。依据理论上法条的分类,该法条属于不完全法条,且为不完全法条中的引用性法条。引用性法条的主要功能,从立法技术的观点论,是为了避免烦琐的重复规定或避免挂一漏万的规定。由法律适用的观点论,这种法条具有授权法院或其他主管机关为法律补充的功能。在引用性法条的分类中,有一种"准用……之规定"或"比照……之规定"的类型,这种用语用于拟处理之案型与拟引用之法条所规范之案型,其法律事实并不同一,但却有类似的情形,从而基于平等原则的考虑,对它们作同一之处理。[②] 由此可见,在该类型中,欲规范的事实和被比照适用的法条所规范的事实之间仅具有类似关系,而非同一关系。如是同一事实,则无此必要。根据上述法条性质的论述,我们看到,《民法典》该条应属于引用性法条,且参照的意思意味着声音与肖像权属不同之事实,但具有类似性,那么对声音的保护,就需要比照肖像权来进行。但这种类似性表现在什么方面呢?本书认为,一是都具有表征人格主体的作用,二是都可以与自然人分离而为商业化利用。

既然二者具有一定的相似性,《民法典》又规定为参照适用肖像权的保护,则对肖像的认定标准即"可识别性"亦应该成为声音是否保护的认定标准。前文已述,声音的音色虽因人而异,亦有难以区分之处,故而可识别性就成了声音能否保护的关键。但具有可识别性不见得就成立侵权行为,如果行为人模仿他人声音,意在引起主体混同,就构成了声音侵权。如果声音相似,不具有刻意引起主体混同的恶意,则不应构成侵权。商业娱乐中,以展现技艺为目的的模仿他人声音,亦不应构成侵权。在传统戏剧如京剧中,衡量一些表演者的表演是否精湛,往往看他与某位前辈大师的音色等是否相似,也不应构成侵权。

---

① 王利明:《人格权重大疑难问题研究》,法律出版社2019年版,第437页。

② 关于完全法条以及不完全法条的定义和分类,参见黄茂荣:《法学方法与现代民法》,中国政法大学出版社2001年版,第126~156页。

另外,自然人对声音支配和利用的权能以及侵害形态,应该与《民法典》第 1018 条和第 1019 条的规定一致。对声音的合理使用以及许可适用合同的解释规则以及特别解除权等,亦应与《民法典》第 1020 条、第 1021 条、第 1022 条的规定一致,此无须赘言。

三、侵害声音利益的认定

1. 未经许可录制他人的声音。这体现了自然人对其声音的控制权和利用权。未经许可擅自录音,无论是否已经实际公开,均应该视为对他人声音利益的侵犯。

2. 未经过同意利用或者公开他人的声音。声音具有商业化的特质,如果未经同意利用他人声音进行商业化宣传或其他商业化利用,应属侵犯他人声音利益的行为。对于公开,既包括非法录制并公开,亦包括合法录制,但未经同意而公开,其侵犯的是自然人对自己声音控制的权利。

3. 模仿声音,恶意混淆。模仿的声音也是模仿人身体器官发出的声音,如果仅仅基于善意或是为了表演展示,一般不认为侵犯他人的声音利益。但是,借模仿他人声音混淆身份,有将声音效果和内容指向他人的,就属于恶意混淆,应该承担侵权责任。

4. 不当使用他人声音。如通过剪辑拼接,歪曲他人声音内容,或在他人声音表达中通过技术制造失真、掺入杂音等影响声音表达效果,借以达到恶搞或其他不法目的的,均属于侵权行为。

第六章　名誉权和荣誉权

专题一　名誉权的一般规定

一、名誉和名誉权的概念

名誉是名誉权的客体。《民法典》规定,名誉是对民事主体的品德、声望、才能、信用等的社会评价,即认定名誉是一种社会评价。《民法典》第1024条列举了构成名誉的社会评价的常见对象,包括品德、声望、才能和信用等。《民法典》第1024条在“信用”后面增加“等”字,说明不限于以上社会评价对象要素,涉及对民事主体的社会评价类似要素亦可构成民事主体的名誉。品德指道德品质,是民事主体行动所根据的内在原则。声望指受众人仰慕的名声,反映社会对民事主体的认可程度。信用,是指对一个人(自然人和法人)履行义务的能力,尤其是偿债能力的一种社会评价。①

名誉权,是指民事主体对自身名誉享有不受他人侵害的权利。自然人的名誉权对由其活动产生的社会评价享有不受他人侵害的权利,自然人、法人、非法组织都享有名誉权。法人的商誉权是法人名誉权的一部分。名誉权的特征包括:第一,名誉权的取得具有法定性和社会性。名誉权作为人格权,不是与生俱来的自然权利,而是法定的权利。名誉权的客体范围、权利限制等问题都需要法律规定。名誉权是在民事主体在经过一定社会活动后,由社会公众对其进行一定评价后才产生,体现了名誉权的社会性。第二,非财产性以及与财产的关联性。名誉是人格利益,本身不是财产,不能直接表现为一定财产利益,也不能直接用货币计算价值。但名誉权具有非财产性不代表名誉权与财产利益无关。名誉权常常是民事主体从事正常经济活动,开展社会交往的前提。对以企业为代表的营利法人而言,名誉权与财产利益关联更为密切。民事主体获得名誉权后不能随意抛弃。法人的名誉权不能像名称权一样转让。第三,主体的普遍性和特定性。名誉权主体的普遍性在于,自然人、法人和非法人组织都可以拥有名誉权。不同类型的民事主体的名誉权又各有特征。自然人的名誉权更注重精神利益的维护,而法人的名誉权更注重财产利益的维护。名誉权主体的特定性在于,名誉权是特定主体维护自身名誉,排除他人侵害的权利。侵害名誉权的行为必须是在针对特定人时才损害特定主体的名誉权。如果行为人的行为指向不特定的主体,则不能认为该行为侵犯了他人的名誉权。第四,内容的综合性。名誉权的基本内容是保有和维护自己的社会评价。名誉本身具有综合性,是社会对特定主体各项行为的综合评价,包括能力、品德和信用等社会生活的

---

① 张鹏:《信用权概念研究》。转引自王利明主编:《中国民法典学者建议稿及立法理由》(人格权编·婚姻家庭编·继承编),法律出版社2005年版,第126页。

诸多方面。①

二、享有名誉权民事主体的范围

《民法典》第110条规定,自然人、法人和非法人组织享有名誉权。《民法典》第1024条对这一规定再次确认,并将"自然人、法人和非法人组织"概括为民事主体。自然人、法人享有名誉权已具有普遍共识。非法人组织与自然人、法人一样同样享有名誉权。非法人组织作为独立民事主体,其正常运转同样需要良好的社会评价,确认非法人组织的名誉权有利于维护非法人组织的正常运转。②

自然人的名誉权与法人、非法人组织的名誉权存在一定区别。主要表现在:第一,名誉的内容不同。对自然人的名誉主要围绕其个人素质,如品德、才能等因素,是人格尊严的体现。通常而言,品德和才能是属于自然人的社会评价。法人和非法人组织的社会评价主要围绕其信用、生产经营能力和经营状况等因素,与财产性利益联系更密切。第二,名誉权受侵害的方式不同。暴力侮辱只能对自然人名誉造成侵害。法人和非法人组织的名誉权通常因商业信誉、商品声誉受损,自然人的名誉不包括这些商业性内容。另外,侵害法人名誉权的行为同时可能构成《反不正当竞争法》规定的不正当竞争行为。第三,损害后果不同。自然人可能因名誉受损而遭受精神损害,法人和非法人组织没有精神损害。法人和非法人组织在名誉上的损害主要表现为财产损失。但法人和非法人组织的名誉权不能界定为财产权。③

三、侵害名誉权行为的认定

(一)行为人实施了侮辱、诽谤等毁损名誉的行为

《民法典》第1024条以概括列举的方式指明侮辱和诽谤是侵害民事主体名誉权的基本方式。这一规定基本延续了以往立法的做法。《民法通则》第101条规定,禁止用侮辱、诽谤等方式损害公民、法人的名誉。《贯彻民法通则意见》第140条规定,以书面、口头等形式宣扬他人的隐私,或者捏造事实公然丑化他人人格,以及用侮辱、诽谤等方式损害他人名誉,造成一定影响的,应当认定为侵害公民名誉权的行为。

1. 侮辱

侮辱,是指故意以暴力或其他方式贬损他人人格,毁损他人名誉。常见的侮辱方式有暴力侮辱、语言侮辱和文字侮辱。暴力侮辱,是指对受害人施加暴力或以暴力相威胁,使他人名誉受到侵害。语言侮辱是指用语言对他人进行嘲笑、辱骂。广义的语言包括口头语言,书面语言和动作语言。语言侮辱中的语言是狭义上的口头语言。④ 文字侮辱即以书面表达的形式,通过书写文字、图形等内容对他人进行侮辱,侵害他人名誉。新闻报道、文学作品和发表作品等常涉及文字侮辱。其他的侮辱方式包括行为侮辱,如当众焚烧法人的牌匾、污损法人的标志,等等。

---

① 王利明:《人格权法研究》,中国人民大学出版社2018年版,第465~466页。

② 同上书,第473页。

③ 同上书,第473~475页。

④ 杨立新:《人格权法》,法律出版社2015年版,第224~225页。

实践中,应当注意民法上的侮辱行为与刑法中侮辱罪的侮辱行为的区别。首先,两者认定标准不同。刑法中侮辱罪的行为要求公然进行。对民法的侮辱行为而言,不要求公然进行,只要行为人的侮辱行为让第三人得知,就可以认定侮辱行为成立。其次,两者损害后果的危害程度不同。侮辱行为在造成情节严重的后果时构成犯罪。情节严重包括造成受害人精神失常、自杀,造成恶劣社会影响。民法上侮辱行为的损害后果要求结合具体案情可判断受害人社会评价降低。最后,对两者的惩罚目的不同。刑法用刑罚对侮辱行为人进行惩罚。民法则注重弥补受害人的损失,兼顾对侮辱行为人的惩罚和教育。①

2. 诽谤

诽谤通常,是指捏造虚假事实丑化他人人格,损害他人名誉。诽谤可按表现载体分为口头诽谤和文字诽谤,按损害名誉方式分为直接诽谤和间接诽谤。口头诽谤,是指用口头表达的形式散布虚假事实损害他人名誉。文字诽谤则以撰写文章、发表新闻和出版印刷品等方式散布可损害他人名誉的虚假事实。文字诽谤行为方式较为复杂,责任主体多样,过错形式不限于故意。此外,以绘制图画、漫画等方式捏造并散布虚假事实的,也构成诽谤。直接诽谤指明确针对特定人进行语言和文字上的诽谤。影射诽谤则是间接用语言文字对特定人诽谤,其认定要结合具体案情判断特定人的名誉是否受到损害。通常而言,对诽谤行为成立的认定应以合理第三人的标准进行判断,同时整体性地参考表达内容的背景、时代性等因素。合理第三人的标准要求即按一个有理性的、普通的、一般人的理解认为某种表达是否属于诽谤。整体性要求注意受害人的年龄层次、职业,考虑行为人行为时的具体环境。②

(二)侵害名誉权的行为必须有特定指向

《民法典》第1027条第1款规定:"行为人发表的文学、艺术作品以真人真事或者特定人为描述对象,含有侮辱、诽谤内容,侵害他人名誉权的,受害人有权依法请求该行为人承担民事责任。"该规定虽是文学、艺术作品中侵害名誉权的行为,但条文中"以真人真事""特定人"的内容亦是对本章名誉权受损的认定标准之一的概括。只有行为人的行为指向特定对象时,才可能构成对他人名誉权的侵害,如果行为的认为未指定特定的对象,仅泛指包括原告在内的一般人或某方面的人,不能具体认定指向谁,则不能认定侵害名誉权。③ 但该特定人不一定是指名道姓地侵害名誉权,如果侵害人没有指名道姓,但被告的行为使社会一般人可通过实施的侵害行为能够明确被告侵害的特定人的,依然能够认定指向明确。例如,被告人通过描述某人的相貌特征、语言特征、行为特征以及生活工作环境等,足以使他人能够认定侵害人的,则行为就具有特定指向性。

(三)侵害名誉权的行为需为第三人所知悉

名誉既然是社会评价,对名誉权的侵害必须是行为人所实施的侵害名誉行为影响了受害人的社会评价,应当以社会公众对受害人的评价降低为标准。有学者认为,只要行为人所实施的诽谤行为为第三人所知悉,就可以认定导致了受害人社会评价的降低。④ 至于第三人是否一定要有在场的

---

① 王利明:《人格权法研究》,中国人民大学出版社2018年版,第490~492页。

② 同上书,第492~499页;杨立新:《人身权法论》,人民法院出版社2006年版,第598页。

③ 王利明:《人格权重大疑难问题研究》,法律出版社2019年版,第558页。

④ 同上书,第560页。

必要,则并未严格要求。当然,如果第三人知悉,但不知所言也无具体指向的,也不能确定为是第三人知悉。

四、侵害死者和英烈名誉的保护

对于死者的人格利益的保护,与对胎儿权利保护一样,都是对民事主体人身权利的延伸保护。对胎儿的保护,是对民事主体人身权利保护的向前延伸。对死者的保护,是对民事主体人身权利保护的向后延伸。对死者人格权益的保护,其中很大一部分内容是对其名誉的保护。《民法典》第994条对死者人格权益保护问题作了专门规定:"死者的姓名、肖像、名誉、荣誉、隐私、遗体等受到侵害的,其配偶、子女、父母有权依法请求行为人承担民事责任;死者没有配偶、子女且父母已经死亡的,其他近亲属有权依法请求行为人承担民事责任。"

当然,对于死者人格权益保护,还包括对英雄烈士人格权益的保护问题。近年来,侵害英雄烈士姓名、肖像、名誉、荣誉等人格利益的案件时有发生,社会对于用立法来保护英雄烈士人格利益的呼声日益高涨。为此,我国《民法典》第185条和《英雄烈士保护法》专门对英雄烈士人格名誉保护作出了规定。《英雄烈士保护法》第22条规定:"禁止歪曲、丑化、亵渎、否定英雄烈士事迹和精神。英雄烈士的姓名、肖像、名誉、荣誉受法律保护。任何组织和个人不得在公共场所、互联网或者利用广播电视、电影、出版物等,以侮辱、诽谤或者其他方式侵害英雄烈士的姓名、肖像、名誉、荣誉。任何组织和个人不得将英雄烈士的姓名、肖像用于或者变相用于商标、商业广告,损害英雄烈士的名誉、荣誉。"对侵害英雄烈士名誉、荣誉等行为,英雄烈士的近亲属当然可以依法向人民法院提起诉讼的。英雄烈士近亲属没有提起民事诉讼时,检察机关可以提起公益诉讼。最高人民检察院第十三批指导性案例第51号以指导性案例形式再次明确,对侵害英雄烈士的姓名、肖像、名誉、荣誉,损害社会公共利益的行为人,英雄烈士近亲属不提起民事诉讼的,检察机关可以依法向人民法院提起公益诉讼,要求侵权人承担侵权责任。在实体审理方面,最高人民法院第十九批指导性案例第99号葛某某诉洪某某名誉权、荣誉权纠纷案中也明确,人民法院审理侵害英雄烈士名誉、荣誉等案件,不仅要依法保护相关个人权益,还应发挥司法彰显公共价值功能,维护社会公共利益。任何组织和个人以细节考据、观点争鸣等名义对英雄烈士的事迹和精神进行污蔑和贬损,属于歪曲、丑化、亵渎、否定英雄烈士事迹和精神的行为,应当依法承担法律责任。

专题二　新闻报道、舆论监督侵害名誉权

一、新闻报道、舆论监督等行为的理解

新闻报道是指新近或正在发生的,对公众有知悉意义的事实的陈述。它具有满足公众需要、事实的时间性、须知性和转述性几个要点。司法实务中,对新闻报道的定义有"新闻报道是媒体就新

近发生事实所做的即时披露”。舆论监督就是公民通过新闻媒介对国家机关、国家机关工作人员和公众人物的与公共利益有关的事务的批评、建议,是公民言论自由权利的体现,是人民参政议政的一种形式。王利明教授认为:“正当的舆论监督是指新闻工作者以及其他人依法通过新闻媒介发表评论,对社会的政治生活、经济生活、文化生活等方面进行批评,实行监督。”[①]司法实务中,通常不对舆论监督作明确定义,而是直接认定某种表达是否属于舆论监督的范畴。实务中争议的焦点在于舆论监督合理范围的确认。

《民法典》第1025条以概括列举的方式规定“新闻报道、舆论监督等行为”,为其他言论自由行为留下空间。“等行为”与《民法典》第999条的“等行为”外延应当一致。但对哪些为公共利益而实施的行为,立法并没有规定。《民法典》第1020条规定:“合理实施下列行为的,可以不经肖像权人同意:(一)为个人学习、艺术欣赏、课堂教学或者科学研究,在必要范围内使用肖像权人已经公开的肖像;(二)为实施新闻报道,不可避免地制作、使用、公开肖像权人的肖像;(三)为依法履行职责,国家机关在必要范围内制作、使用、公开肖像权人的肖像;(四)为展示特定公共环境,不可避免地制作、使用、公开肖像权人的肖像;(五)为维护公共利益或者肖像权人合法权益,制作、使用、公开肖像权人的肖像的其他行为。”从该条规定的情形来看,“等行为”可以理解为为了公共目的实施教学研究、社会管理等内容的行为。

二、新闻报道、舆论监督侵权的责任主体

新闻报道、舆论监督侵害民事主体名誉权案件中,侵权的责任主体一般包括以下几类:第一,媒体本身,如网络经营者、网络服务提供者、报社、出版社等;第二,媒体从业人员,包括记者、编辑、特约撰稿人、网络写手等;第三,新闻信息提供者;第四,其他利用媒体实施侵权行为的自然人。[②] 舆论监督领域,在媒介工具仅限于报刊、广播、电视的传统媒体时代,舆论监督的主体一般为新闻媒体。但是,随着媒介技术的迅猛发展,网站论坛、博客、播客、微信等新媒体形式的出现且已逐渐成为聚合民众意见、呈现公正情绪和各种思想观点激烈碰撞的主要平台和主要平道的时候,公民个人已成为舆论监督的重要主体力量。言论自由行为侵犯名誉权的案件通常是共同侵权案件。在网络时代,新式媒体的出现也模糊了传统媒体与公众的界限,需要加以甄别。

三、新闻报道、舆论监督等行为侵害名誉权的表现形式

《民法典》第1025条列举的3种违法情形是对言论自由正当性的违背,事实的失真程度达到要受法律谴责的程度,使评论对名誉的侵犯突破了公正合理的法律边界。

(一)捏造、歪曲事实

真实是新闻的生命、媒体公信力的基础,也是新闻工作者的基本准则。[③] 捏造、歪曲事实是诽谤的基本形式之一,属于《民法典》第1024条规定的侵害名誉权的基本行为。在新闻报道、舆论监督

---

① 王利明:《人格权法研究》,中国人民大学出版社2018年版,第509页。
② 刘凯湘:《在私权保障与新闻自由之间——以媒体侵权的类型为视》,载《法律适用》2013年第9期。
③ 新闻出版总署《关于严防虚假新闻报道的若干规定》新出政发〔2011〕14号。

等行为中捏造、歪曲事实,使虚假的信息得到传播,误导公众,显然不具有正当性。最高人民法院《关于审理名誉权案件若干问题的解答》第8条对因撰写、发表批评文章引起的名誉权纠纷作了规定:"因撰写、发表批评文章引起的名誉权纠纷,人民法院应根据不同情况处理:文章反映的问题基本真实,没有侮辱他人人格的内容的,不应认定为侵害他人名誉权。文章反映的问题虽基本属实,但有侮辱他人人格的内容,使他人名誉受到损害的,应认定为侵害他人名誉权。文章的基本内容失实,使他人名誉受到损害的,应认定为侵害他人名誉权。"司法实践中,应注意与事实轻度偏离和捏造、歪曲事实的区分。鉴于新闻的时效性、公众知情权要求的急迫性和新闻从业者有限的能力,舆论监督中的事实可能与真实情况有一定偏差,这种偏差是被允许的。严重失实才是值得法律评价的侵权行为。

(二)对他人提供的严重失实内容未尽到合理核实义务

若言论自由行为人对他人提供的严重失实内容未尽到合理核实义务,则构成不作为侵权。这种侵权是媒体侵权的典型情况。提供不实新闻材料者,也可能与新闻发布者构成共同侵权。如《名誉权司法解释》第7条规定:主动提供新闻材料,致使他人名誉受到损害的,应当认定为侵害他人名誉权。因被动采访而提供新闻材料,且未经提供者同意公开,新闻单位擅自发表,致使他人名誉受到损害的,对提供者一般不应当认定为侵害名誉权;虽系被动提供新闻材料,但发表时得到提供者同意或者默许,致使他人名誉受到损害的,应当认定为侵害名誉权。除专业媒体外,即使是普通公众,在发表言论时也需要对所依据的事实作一定的合理核实。但普通公众的合理核实义务应低于专业媒体,并符合社会的一般期待。否则,会过度限制公众意见的表达。

(三)使用侮辱性言辞等贬损他人名誉

侮辱是侵害名誉权的基本形式之一,《民法典》第1024条已有规定。侮辱性言辞属于意见表达。判断侮辱性言辞可从行为人的主观动机是否善意、语义的通常含义等方面进行判断。同时,侮辱性言辞应结合表达行为的整体进行判断。在意见表达的遣词造句中允许较为激烈的表达,但直接侮辱他人人格的言辞、人身攻击是不被允许的。司法实务中,侮辱性言辞的认定由法官运用自由裁量权,从一般社会理性人角度出发,依一般社会经验判断,判断言辞是否具有侮辱性。如果侮辱性言辞会造成他人名誉的损害,即可对因果关系作推定。

四、新闻报道、舆论监督侵权的抗辩理由及其判断

(一)正当性

正当性通常构成抗辩事由,形成认定言论自由行为违法性的认定标准。英美法中,新闻报道、舆论监督中的言论分为"事实陈述"与"意见表达",简称事实和意见。事实陈述,是指对过去和现在的事件的记载与描述;意见表达是对事务发表自己的见解或立场,是主观的确信,包括赞同和非议。[①] 事实应该真实,言论涉及的事实应秉持合理核实原则;意见则应限制在合理评论范围内,不得以侮辱性言辞侵害他人合法权利。对事实与意见混杂的言论则应以合理核实和公正评论双重标准

① 王泽鉴:《人格权法:法释义学、比较法、案例研究》,北京大学出版社2013年版,第156页。

进行考察,综合性判断其合法性。

对于公正评论问题,《民法典》第1025条指出,在言论自由行为中捏造、歪曲事实和以侮辱性言辞等贬损他人名誉属于违法行为,这些都涉及公正评论问题。但判断何为“公正”是理论和实践上的难点,《民法典》也未直接表达公正评论原则。英美诽谤法将“公正评论”作为诽谤诉讼的一项辩护事由,只要被告证明被指控内容是对公众关注的问题所作的真诚的、没有恶意的评论,即可免责。① 杨立新教授认为,构成公正评论的构成要件包括:第一,评论的基础事实是公开传播的事实;第二,评论的内容没有侮辱、诽谤等损害人格尊严的言辞;第三,评论须出于公共利益目的,没有侵权故意。②《名誉权司法解释》第9条针对产品质量、服务质量问题作了公正评论的规定。公正评论权又称合理评论权和诚实评论权,是公众针对社会普遍关注的有关公共利益的问题,通过新闻传播媒介善意地发表有事实根据的意见,应当免除承担侵权责任。公正评论权要求:第一,评论的对象必须是与社会公共利益有关的问题。第二,评论依据的事实必须是真实存在的。第三,评论必须出于善意。舆论监督行为在进行过程中可能有言辞激烈,部分失实,进而对他人名誉造成负面影响。但考虑到充分的舆论监督所能发挥的积极社会作用,以及舆论监督的时效性等因素,名誉权人应对正当舆论监督适度容忍。若对舆论监督行为严加限制,苛求其真实性,则会抑制人们的表达自由,造成“寒蝉效应”,不利于健康舆论环境的营造,削弱舆论监督抨击社会缺陷的功能。

(二)公共利益

公共利益通常作为新闻报道、舆论监督侵权抗辩的一个重要事由,能够全面对抗新闻侵权请求权,是完全抗辩。特别是在批评性的新闻报道中,公共利益目的完全可以对抗新闻侵权请求权,免除新闻媒体的侵权责任。③《民法典》第1025条规定“为公共利益实施新闻报道、舆论监督等行为”,实践中应当注意须具有公共利益目的理解,即新闻报道、舆论监督须是以公共利益为行为的出发点和目的。这里“为公共利益实施”要求新闻报道、舆论监督活动本身是为公共利益而实施的,同时也作为新闻报道、舆论监督免责的抗辩事由。

专题三 新闻报道、舆论监督的合理核实义务

一、新闻报道、舆论监督的核实义务

实施新闻报道、舆论监督主体的核实义务来自民法上的谨慎人注意义务。所谓谨慎人注意义务是按照法律、法规等规范所确立的注意义务和一个合理的、谨慎的人所应当具有的注意义务,来确定行为人应当达到的行为标准,并且兼顾不同群体、不同年龄、不同职业等人群的特点,确定其应

① 王利明、杨立新:《人格权与新闻侵权》,中国方正出版社2000年版,第650页。

② 杨立新:《法人名誉权侵权法律界限须划清》,载《法制日报》2015年6月15日,第7页。

③ 杨立新:《论中国新闻侵权抗辩及体系与具体规则》,载《河南省政法管理干部学院学报》2008年第5期。

当具有的注意义务标准。①

新闻报道、舆论报道可以是记者深入调查后取得的第一手资料，也可以是根据其他单位和个人提供向新闻记者提供的新闻素材形成的。根据《关于严防虚假新闻报道的若干规定》第2条规定，新闻机构要规范使用消息来源。按照“谨慎人”的标准，新闻媒体对不同渠道的消息来源，应当按照其权威性和可靠性程度的高低决定直接引用、进一步审查还是避免使用。② 新闻报道、舆论监督中的核实义务是大多数国家认为应当遵守的基本义务。我国也很早就有新闻媒体核实义务的规定。例如，2005年中共中央办公厅、国务院办公厅《关于进一步加强和改进舆论监督工作的意见》规定：“对报道的内容，必须进行认真核实，做到真实、准确、可靠，不得编发互联网上的信息，不得刊播未经核实的来稿。”2009年新闻出版总署《关于采取切实措施制止虚假报道的通知》规定：“要认真核实报道的基本事实，确保报道的新闻要素准确无误，不得编发未经核实的信息，不得刊载未经核实的来稿。”

二、认定合理核实义务的具体标准

《民法典》第1026条列举了几类人民法院认定新闻报道、舆论监督作为“已尽合理核实义务”的标准。

（一）内容来源的可信度

内容来源可信度的认定可参考新闻出版总署2011年颁布的《关于严防虚假新闻报道的若干规定》。其第1条规定：新闻记者编发新闻报道必须坚持实事求是，严禁依据道听途说编写新闻；新闻记者报道新闻事件必须坚持实地采访，采用权威渠道信息，不得依据未经核实的社会传闻等非第一手材料编发新闻。根据该规定，对核实新闻来源方面还做了以下要求：（1）新闻机构要规范使用信息来源。无论是自采的还是转发的新闻报道，都必须注明新闻来源，真实反映获取新闻的方式。除危害国家安全、保密等特殊原因外，新闻报道须标明采访记者和采访对象的姓名、职务和单位名称，不得使用权威人士、有关人士、消息人士等概念模糊新闻消息来源。（2）新闻机构要严格使用社会自由来稿和互联网信息制度，不得直接使用未经核实的网络信息和手机信息，不得直接采用未经核实的社会自由来稿。对于通过电话、邮件、微博、博客等传播渠道获得的信息，如有新闻价值，新闻机构在刊播前必须派出自己的编辑记者逐一核实无误后方可使用。（3）转载、转播新闻报道必须事先核实，确保新闻事实来源可靠、准确无误后方可转载、转播，并注明准确的首发媒体。

（二）对明显可能引发争议的内容是否进行了必要的调查

某些内容容易引起社会争议，占用社会舆论空间，宜在真实性得到更高程度的确认后进行报道。媒体在报道此类内容应负担更重的合理核实义务。一是要判断哪些内容明显可能引发争议，并对相关内容做必要的调查。例如，根据《关于严防虚假新闻报道的若干规定》规定，民意调查结果属于可能引发争议的内容。新闻机构对民意调查结果的刊播要更加谨慎。对于“明显可能引发争议的内容”，应由法官根据案件发生的具体情境认定，如热点民生事件。“必要的调查”应结合行为

① 王利明：《侵权责任法研究》（上卷），中国人民大学出版社2010年版，第347页。

② 亓培冰、李丹：《新闻报道使用匿名消息来源是否侵权的认定》，载《人民司法》2016年第29期。

人的能力进行判断。

(三)内容的时限性

维护社会公益目的对内容时限性要求越强,媒体能够用于调查取证的时间就越少,相应地,合理核实义务的标准应该降低,以便充分保护民众的知情权。例如,对重大自然灾害、恐怖袭击等重大突发事件,在保持谨慎的条件下,可适当降低合理核实义务。对于发生在过去的事实,行为人有充分的时间进行调查,且公众对事件真相的期待更高,此时应要求较高的合理核实义务。

(四)内容与公序良俗的关联性

《民法典》第8条要求民事主体从事民事活动不得违背公序良俗。公序良俗包括公共秩序(社会公共秩序和生活秩序)和善良风俗(社会公共道德,由全体社会成员所普遍认可、遵循的道德准则)。新闻报道、舆论监督等行为承担着维护、塑造公序良俗的功能。且《民法典》第1025条规定"行为人为公共利益实施新闻报道、舆论监督",这也说明与公序良俗联系越密切的事实往往与公共利益也联系密切。相关事实因与公共利益相关,媒体应在尽合理核实义务后发布。一般而言,与公序良俗联系越密切的事实,对行为人合理核实义务的要求也越高。同时,合理核实义务的标准也不应阻碍信息的正常流通,与公共利益联系密切的事实也需要尽快进入公众视野,为了新闻的时效性,此时合理核实义务标准也不能过高。即使发布的信息事后被证伪,履行了合理核实义务的媒体也可以不负责任。

(五)受害人名誉受贬损的可能性

若事实本身以及基于该事实的评论使受害人名誉受贬损可能性越大,则合理核实义务的标准应越高。新闻报道、舆论监督的行为人应当预见到某些信息可能导致他人名誉受损,因而负有更高的核实义务。

(六)核实能力和核实成本

合理核实义务应与核实能力相适应,让新闻报道、舆论监督得以顺利进行。不应让媒体承担过高的核实成本,否则会阻碍信息的流通,损害公众的知情权,让全社会无法获得有效的舆论监督。因此,核实成本较高,相应的核实义务应相应降低。

《民法典》第1026条针对新闻报道、舆论监督主体的注意义务进一步细化规定,以便法官在司法实务中适用。条文所列情形并不需要机械地一一全部考虑,人民法院应当根据个案的具体情况进行认定。在某些情况下,满足一个或几个因素即可认定行为人尽到合理核实义务。《民法典》第1026条列举的考虑因素为人民法院更全面准确地判断合理核实义务提供了思维框架,但同时也较为抽象,仍需要人民法院在实践中结合个案进行判断。审判实践中,针对不同身份的行为人,对其核实能力需确定不同程度的要求。如在肖某某与方某某等名誉权纠纷案中,①北京市高级人民法院认为公民通过网络检索资料并以此为依据发表评论时,并无向相关网站及被评论人核实的义务。此时,公民要承担的义务有两点:"一是评论人对其评论所依网络资料来源的正当性和内容的可信性应尽善良管理人之注意义务,排除正常人的合理怀疑;二是评论人应当意识到自己检索到的网络

① 北京市高级人民法院民事判决书(2007)高民终字第1146号。

资料可能是不完整的,甚至是不准确的,因此在依据甄别后的资料发表评论时应当谦抑、有度,不应超出其依据资料可合理推知的范围。”同时,北京市高级人民法院认为,本案当事人方某某是专业学术打假人,对评论时依据的材料有更高的注意义务。

三、匿名消息来源侵权问题

无论是自采的还是转发的新闻报道,都必须标注新闻消息来源,真实反映获取新闻的方式,除危害国家安全、保密等特殊原因外,新闻报道须标明采访记者和采访对象的姓名、职务和单位名称。但有时候,新闻从业者使用匿名消息来源是与消息提供者达成保密协议,新闻从业者基于保密协议不得公开匿名消息来源。但新闻媒体对匿名消息来源应当承担审慎注意义务,特别是对负面消息应尽量核实,进行多头来源核实。例如,《关于严防虚假新闻报道的若干规定》第 1 条第 5 项规定,新闻记者开展批评性报道至少要有两个以上不同的新闻来源,并在认真核实后保存各方相关证据,确保新闻报道真实、客观、准确,新闻分析及评论文章要在事实准确的基础上做到公正评判、正确引导。但使用匿名消息来源的新闻报道并非一定构成侵权报道,如果新闻报道、舆论监督没有歪曲事实、不实报道的主观故意或过失,且有合理和信赖的消息来源为依据,则不应承担侵权责任。在世奢会(北京)公司名誉权的侵害案件中,法院认为,涉案文章虽多处引用来自化名人物唐路秘密曝料的负面信息,但记者对采访录音表明采访过程真实可信。尽管唐路的曝料内容均系负面信息,但部分内容经记者调查核实属实,且曝料涉及的展会、奢侈品发布会等均真实存在……涉案文章通过记者调查并引用多方意见参与对世奢会现象的关注和讨论,是行使媒体舆论监督权的行为。文章整体的批评基调和尖锐用语符合批评性文章的特点,不应因此否定作者写作目的的正当性。法院还认为,应注意正确适用举证责任分配规则,不宜简单地以媒体拒绝披露消息来源的真实身份或消息来源拒绝出庭作证为由,对媒体作出不利推定。即使未披露消息来源或者消息来源未出庭作证,但是文章基本事实属实且评论正当的,不应认定为侵权报道。

专题四　作品侵害名誉权

一、作品侵害名誉权制度的确立

所谓名誉权,是公民、法人享有的在名誉受到侵害时,请求司法机关予以保护的权利,其为精神性人格权,具体包括名誉和尊严。名誉,是指社会对公民、法人在道德、品行、信用和才能等方面的评价;尊严,是指个人根据社会评价对于自身的品质和社会地位的自我评价。名誉关系到民事主体在社会中所处的地位和信誉以及被他人尊重的程度,若名誉受损将影响到民事权利地位和民事权利的取得,若尊严受损则可能造成严重的精神痛苦。文学、艺术作品以真人真事或者特定人为描述对象所涉及的名誉权也符合以上的基本特征,但其又具有特殊性。文字、艺术作品所表现的就是自由,公民具有表达自由的权利,作品表现自由正是公民表达的自由之一。人们对于艺术表达的形式往往是丰富多彩的,作家以现实生活为蓝本通过充分想象和虚构创造出文学、艺术作品,属于文学艺术的合理表现形式。正是由于艺术表达自由和作品的虚构性,可能导致文学、艺术创作触碰到名誉权的边界。因此,创作文学、艺术作品的行为人进行创作,事实上,该创作者当然有可能侵犯他人名誉权。因为:其一,荣誉权是法律明确保护的民事权利,无论以哪种形式贬损他人名誉或尊严都可能侵犯此项基本民事权利,其侵权形式不能影响到侵权实质的判断;其二,文学、艺术作品是一种创作性的产品,其中蕴含着作者的思想,如若基于文学、艺术作品的创作性、自由性而豁免侵犯他人名誉的行为,则就不能排除作者利用作品这种创作方式侮辱、诽谤他人的可能性。因此,文学、艺术作品以真人真事或特定人为描述对象,侮辱、诽谤被描述对象的,可以构成侵犯他人名誉权。

在《民法典》颁布之前,我国没有专门的文学、艺术作品侵权责任立法,有关文学作品中的名誉权侵权责任的确立依据要从名誉权保护的诸多法律法规和司法解释中寻找。我国《宪法》第38条规定:"中华人民共和国公民的人格尊严不受侵犯。禁止用任何方法对公民进行侮辱、诽谤和诬告陷害。"《民法通则》第101条规定:"公民、法人享有名誉权,公民的人格尊严受法律保护,禁止用侮辱、诽谤等方式损害公民、法人的名誉";第120条规定:"公民的姓名权、肖像权、名誉权、荣誉权受到侵害的,有权要求停止侵害,恢复名誉,消除影响,赔礼道歉,并可以要求赔偿损失。法人的名称权、名誉权、荣誉权受到侵害的,适用前款规定"。《侵权责任法》第2条规定:"侵害民事权益,应当依照本法承担侵权责任。本法所称民事权益,包括生命权、健康权、姓名权、名誉权、荣誉权、肖像权、隐私权、婚姻自主权、监护权、所有权、用益物权、担保物权、著作权、专利权、商标专用权、发现权、股权、继承权等人身、财产权益。"由此可见,我国法律对于民事主体的名誉权早已给予明确保护。

除法律以外,司法机关也相继颁布实施了若干个有关名誉权侵权责任认定的司法解释:《贯彻民法通则意见》第140条、第150条①对于侵犯民事主体名誉权的行为作出更为细致的规定;还有最高人民法院针对下级法院在审理有关名誉权纠纷时所遇到的普遍问题给予的解答;②针对各地法院的个别疑难问题给予的答复。③ 在这些司法解释中,有针对文学作品中侵犯名誉权责任认定的专门解释:"撰写、发表文学作品,不是以生活中特定的人为描写对象,仅是作品的情节与生活中某人的情况相似,不应认定为侵害他人名誉权。描写真人真事的文学作品,对特定人进行侮辱、诽谤或披露隐私损害其名誉的;或者虽未写明真实姓名和住址,但事实是以特定的人为描写对象,文中有侮

---

① 《贯彻民法通则意见》第140条规定:"以书面、口头等形式宣扬他人的隐私,或者捏造事实公然丑化他人人格,以及用侮辱、诽谤等方式损害他人名誉,造成一定影响的,应当认定为侵害公民名誉权的行为。以书面、口头等形式诋毁、诽谤法人名誉,给法人造成损害的,应当认定为侵害法人名誉权的行为。"第150条规定:"公民的姓名权、肖像权、名誉权、荣誉权和法人的名称权、名誉权、荣誉权受到侵害,公民或者法人要求赔偿损失的,人民法院可以根据侵权人的过错程度、侵权行为的具体情节、后果和影响确定其赔偿责任。"

② 1993年、1998年和2001年最高人民法院先后发布了《关于审理名誉权案件若干问题的解答》(法发〔1993〕15号)、《名誉权司法解释》(法释〔1998〕26号)和《精神损害司法解释》(法释〔2001〕7号)。

③ 针对各地法院遇到的疑难个案,最高人民法院按照时间顺序依次作出了如下答复:《最高人民法院关于徐良诉上海文化艺术报社等侵害名誉权案件的函》(〔1989〕民他字第28号)、《最高人民法院关于刘兰祖诉山西日报社、山西省委支部、建设杂志社侵害名誉权一案的复函》(〔1999〕民他字第32号)、《最高人民法院关于广西高院请示黄仕冠、黄德信与广西法制报社、范宝忠名誉侵权一案请示的复函》(〔2000〕民他字第8号)。

辱、诽谤或披露隐私的内容,致其名誉受损害的,应认定为侵害他人名誉权。”①可以想见,最高人民法院在将近30年前对于文学、艺术作品以真人真事或特定人为描述对象,侮辱、诽谤被描述对象的,就具有了较为清晰的审判思路。

《民法典》人格权编第五章的部分内容规范了名誉权的各项规则,其中就包括“作品侵害名誉权”的具体规范,即第1027条的规定:“行为人发表的文学、艺术作品以真人真事或者特定人为描述对象,含有侮辱、诽谤内容,侵害他人名誉权的,受害人有权依法请求该行为人承担民事责任。行为人发表的文学、艺术作品不以特定人为描述对象,仅其中的情节与该特定人的情况相似的,不承担民事责任。”至此,结束了文学、艺术作品侵犯名誉权无立法规定的状况。

二、作品侵害名誉权的条件

作品侵害名誉权属于侵权行为,因此首先需要满足侵犯一般名誉权的构成要件,再将文学、艺术作品的因素考虑进去,判断是否构成作品内容对于描述对象的名誉权侵害。最高人民法院《关于审理名誉权案件若干问题的解答》的第七个问题就明确了侵害名誉权的构成要件,即“是否构成侵害名誉权的责任,应当根据受害人确有名誉被损害的事实、行为人行为违法、违法行为与损害后果之间有因果关系、行为人主观上有过错来认定。以书面或者口头形式侮辱或者诽谤他人,损害他人名誉的,应认定为侵害他人名誉权……”。作品侵害名誉权的认定大体上也是依照这四要件来确认,但又要结合文学、艺术作品侵害名誉权的特点重点考察以下四个方面:

第一,行为人须向特定主体实施侵权行为。文学、艺术作品构成对他人侵权必须是针对特定的主体,而不能是不特定的人或者社会上的某一类人。这是因为名誉权具有专属性,其不能与特定人的人身相分离。最高人民法院《关于审理名誉权案件若干问题的解答》的问题九也明确:“撰写、发表文学作品,不是以生活中特定的人为描写对象,仅是作品的情节与生活中某人的情况相似,不应认定为侵害他人名誉权。描写真人真事的文学作品,对特定人进行侮辱、诽谤或者披露隐私损害名誉的;或者虽未写明真实姓名和住址,但事实是以特定人或者特定人的特定事实为描写对象,文中有侮辱、诽谤或者披露隐私的内容,致其名誉受到损害的,应认定为侵害他人名誉权。”《民法典》第1027条对于作品描述对象的特定性与该条司法解释具有一致性,只是该条第2款又作出进一步的说明,即作品描述对象与特定人情况相似,而不能明确聚焦于特定人的,不构成侵权。可见,判断“特定主体”的关键是作品是否以确定某特定人为描述对象,若不能确定以特定人为描述对象的,就不能视为满足该要件。

第二,作品内容的违法性。这种违法性主要表现在作者通过文学或者艺术作品的表现方式对他人侮辱、诽谤等,致使他人名誉受损。在已有的案例中,文学作品侵犯名誉权的居多,而这些侵权的文学作品中又以纪实文学和创作文学见常。纪实作品往往是依赖于原型人物及即有事实来创作,这类作品侵犯名誉权通常表现为作品对特定的人进行侮辱、诽谤,产生了他人名誉贬损的不良影响。创作文学主要是不使用现实人物的虚构的作品,此类作品判断其侵权难度要高于纪实文学。创作文学作品认定侵权的关键是作品所描述的对象是否可以指向特定人,即读者通过阅读该作品

① 参见最高人民法院1993年法发〔1993〕15号第9条。

是否可以毫无悬念地联想到某特定人,若其内容对特定人有名誉上的贬损,那么基本上就可以认定满足内容违法性要件。

第三,作者主观上存在恶意。这一点主要是指作者的创作目的不仅是客观表述,而且带有侮辱、诽谤的故意。恶意在民法上可分为故意和过失,主观故意是比较好认定的,即作者明知此作品会给他人造成名誉贬损而为之,该结果是作者所追求的。而主观过失是较难认定的,即作者对于自己行为后果应当预见而由于疏忽或者懈怠而未预见。在这种情况下,认定是否侵权,就要结合损害事实和后果,以及内容违法的程度来判断,不能都认定为侵权,否则将抑制文学作品的创造和产业发展。

第四,名誉受损的客观性。在名誉侵权认定中,倘若原告不能举证证明其因作品内容而导致名誉受损,那么就不能认定侵权。在司法实践中,不能忽略名誉受损的客观性问题,即仅仅认定侮辱、诽谤的构成还不够,法院还要认真审查被告是否真正的遭到了名誉毁损。

专题五　失实报道更正或删除请求权

一、失实报道更删制度的确立

所谓"失实报道更删制度",即失实报道更正或删除请求权,确切而言是失实报道侵犯他人名誉权,受害人有权请求采取必要措施的制度。这里所言的必要措施包括更正和删除,受害人请求采取必要措施的对象,首先是失实报道的媒体,但在媒体不及时采取必要措施的情况下,受害人亦可请求法院责令媒体限期履行。具体而言,"失实报道"是指那些"事实"不真实并侵犯他人名誉的报道;而主要事实准确,仅存在个别用词不当的,不应认定为失实报道。"名誉"乃社会对自然人或者法人的行为、能力、道德、信誉、名声等诸要素的综合评价。"名誉权"是自然人或者法人所获得的人格尊严不受侵犯的权利。我国立法对于该项权利具有保护性规定,《宪法》第 38 条规定:"中华人民共和国公民的人格尊严不受侵犯。禁止用任何方法对公民进行侮辱、诽谤和诬告陷害。"《民法通则》第 101 条规定:"公民、法人享有名誉权,公民的人格尊严受法律保护,禁止用侮辱、诽谤等方式损害公民、法人的名誉。"最高人民法院《关于审理名誉权案件若干问题的解答》第 7 条规定:"因新闻报道严重失实,致他人名誉受到损害的,应按照侵害他人名誉权处理。"就新闻报道侵害名誉权行为而言,可以分为三种情况:新闻侮辱行为、新闻诽谤行为、新闻侮辱诽谤行为。新闻侮辱行为,是指新闻报道中的言语侮辱他人的人格,致使他人名誉受损的行为。新闻诽谤行为即新闻报道的内容失实,致使他人名誉权受损的行为。新闻侮辱诽谤行为是报道言语使用侮辱性言语并且内容失实,致使他人名誉受损的行为。后两种类型均属本文所述报道失实的范畴,一经归入这两类行为,受害人有权行使删除权。

"失实报道"作为法律概念,虽然没有规定在《民法通则》中,但最高人民法院在司法解释中早已提及。对于判断新闻报道失实抑或属实，最高人民法院早在1993年就发布了《关于审理名誉权案件若干问题的解答》在第8条中提及“因撰写、发表批评文章引起的名誉权纠纷”，并将文章报道分为“基本内容真实”和“基本内容失实”加以区分。1998年最高人民法院又颁布了《名誉权司法解释》(法释〔1998〕26号)，其中，第6条在阐述“新闻单位报道国家机关的公开的文书和职权行为引起的名誉权纠纷”时，也将报道区分为“客观准确”与“失实”，并作出不同的侵权认定。第9条还明确“新闻单位对生产者、经营者、销售者的产品质量或者服务质量进行批评、评论，内容基本属实，没有侮辱内容的，不应当认定为侵害其名誉权；主要内容失实，损害其名誉的，应当认定为侵害名誉权”。

在司法实践中，应当适用失实报道侵犯名誉权的情形大量存在，审判法官已经具有丰富的经验。传统的媒体多为报纸、杂志等纸质传媒，因报道内容失实给被报道人带来名誉贬损。例如，1989年5月30日记者羊某某在四川某报发表一篇报道，披露著名影星刘某某“偷漏税上百万元”，税务机关据此进行调查，发现事实并非如此。后刘某某以该报和作者侵害其名誉权为由提起诉讼，法庭最后判定这条新闻贬低了刘某某的社会评价，侵害了她的名誉权。法院认为，双方当事人本无个人恩怨，羊某某作为新闻记者，发表文章履行一个记者应有的新闻监督职责，其动机是好的，但有部分内容失实，文章亦有不妥之处，对刘某某的人格造成了损害，应当承担一定的民事责任，刘某某对羊某某及报社提起诉讼，请求保护其名誉权是合法的，但不能否认其确实存在一定的偷税漏税款行为的事实。合议庭在与当事人交谈中，阐明道理、讲清依据，在法院主持下，开庭调解，达成如下协议：(1)羊某某承认“羊文”有失实之处，某些提法不妥，对刘某某的名誉造成了不良影响；(2)羊某某表示愿意用公开的形式对刘某某表示歉意，即在该报刊上撰文澄清事实。由此可见，该案件虽然是通过调解协议的方式结案，但是可以窥见当年法院对失实报道的处理思路，对失实内容采取了及时更正的措施。①

随着互联网技术的发达，网络媒体作为现代主要的传媒工具，海量数据的储存和传播技术，已经使信息报道主体不再局限在新闻单位，自媒体的广泛建立和信息传播的成本降低，促进越来越多的信息发布来源趋于多元化。报道失实的侵权也不仅被圈定在新闻单位媒体中，报道主体已经扩大到新闻业以外的单位和自媒体主体。例如，2014年上海新世纪机器人有限公司与北京泡泡信息技术有限公司名誉权纠纷案，②就是新闻业以外媒体侵犯他人名誉权的典型案例。其基本案情为：业界有一定影响力的信息公司通过测试7款不同品牌的自平衡电动车(均非全新车辆)后，通过官网发布测评文章并被广泛转载，其中设备公司的电动车综合排名倒数第二，信息公司建议消费者“慎重购买”，设备公司以名誉权侵权起诉并索赔5万元。法院认为：(1)侵权行为成立须要求侵害他人权利的行为具不法性。若被告证明有违法阻却事由可不负侵权责任。行为人有正当行使言论自由、批评建议等合法权利的自由，但任何自由均存在界限。首先，评论建议应具公正性。任何一项针对不同品牌产品性能的对比性测试，只有在相同的产品条件和质量标准下进行才具有科学性及正当性。信息公司测评文章测试对象为7款不同品牌的自平衡电动车，均非全新车辆。但陈旧

① 参见成都市中级人民法院研究室：《对刘晓庆诉侵害名誉权案的审理和分析》，载《法学》1990年第11期。
② 参见上海浦东新区法院(2014)浦民一(民)初字第39872号。

度是否一致,该测评文章并未交代。在此背景下进行续航能力、速度、操控性等方面测试,显然无法真实反映特定自平衡电动车的相关性能。设备公司所生产电动车续航能力及最高车速,根据国家轻型电动车及电池产品质量监督检验中心所出具的《检验报告》,均符合相关标准,并非如测评文章所显示的数据参数。故在上述测试基础上得出的结论与建议缺乏公正性,易对消费者产生误导作用。其次,评论建议应与公共利益有关。在通常情况下,对产品的评价仅限于对产品性能参数及优劣作出客观描述,消费者根据自身需求及偏好自行判断是否值得购买。信息公司测评文章虽提示测试结果仅为参考,但却于文章最后进行综合推荐指数评分并提出购买建议,其中针对设备公司电动车作出"慎重购买"建议,显已超出纯粹测评范畴,转为带有引导性的推荐。故应认定设备公司发布诉争测评文章行为缺乏合法性基础。(2)作为一名通过网购的普通消费者,对7款不同品牌的自平衡电动车均采取亲身体验与对比后再作出购买决定的概率不大,更多是通过网络途径获取产品信息,信息公司测评文章通过对市场主流的自平衡电动车进行汇总测评并作出购买建议,无疑会对消费者购买意向产生更大心理影响,给设备公司产品不合理地增加了负面作用。同时,测评文章被广泛转载,传播范围广泛,足以造成社会公众对设备公司产品社会评价降低的后果。(3)信息公司制作并发布的本案测评文章涉及对设备公司产品的负面评价,并对消费者作出慎重购买的建议,系建立在缺乏正当性的测试标准基础之上,应认定信息公司存在主观过错,其行为与设备公司名誉受损之间存在因果关系,判决信息公司删除其官网上文章,并刊登致歉声明,赔偿设备公司公证费、律师费7000元。可见,对商家产品作负面评价,并对消费者作出慎重购买建议的测评文章,如建立在缺乏正当性的测试标准基础之上,可能侵犯对方名誉权。该判决即是针对网络媒体的评价性报道失实给被报道人带来商誉贬损作出的司法判决,该判决支持了受害人的删除权,对于纠正失实报道,减少受害人损失具有重要的司法实践意义。

在《民法典》起草过程中,是否规定失实报道侵犯名誉权的规则是人格权编起草过程中的一个重要问题。最高人民法院作为重要的参与法典编纂的单位,就这一问题展开积极的论证,在总结以往审判经验的基础上提出了失实报道侵权后赋予受害人更正或者删除的请求权,这对于约束媒体遵循报道的真实性,保障公民和法人的名誉权具有明显的实践价值。立法机关在综合各方意见的基础上,确立了失实报道侵犯名誉权的更删权。此即《民法典》第1028条所规定:民事主体有证据证明报刊、网络等媒体报道的内容失实,侵害其名誉权的,有权请求该媒体及时采取更正或者删除等必要措施。"

二、报道内容失实的具体认定

内容失实的认定是失实报道侵犯名誉权制度的重点和难点。明确内容失实的判断标准,是指引法官作出恰当裁判的关键。就内容失实而言,可以分为两种类型,即主要事实要素失实和细节事实要素失实。一方面,从语义解释来看,"主要事实"或者"主要内容"是对报道材料起主要的、根本的、决定性作用的要素,构成了报道材料的基本事实、具体行为等方面的内容。从司法裁判角度看,主要事实的认定不应仅仅衡量事实内容所占的"量"的比重,而是要看该部分的内容与相对人的名誉关联的实质程度,那些与相对人的名誉产生质的影响的内容即可以认定为主要内容或者基础内容。需要特别说明的是,在司法实践中,出现相关纠纷较多的类型是发表批评报道,批评报道的目的本来就是通过舆论监督不合理、不合法的行为或现象，通过批评报道，公众对于被报道人肯定会降低评价，得到一个对公众公正的结果。然而，司法裁判时不能仅从社会公正的角度衡量，还要考量报道的主要内容的定性是否正确，如若报道对于事实中体的叙述与事实情况相符，但是报道者所下的结论与事实本质向左，导致不了解真相的公众对当事人产生误解，则也应当属于报道失实。

另一方面，“细节事实要素”可解释为非主要事实或者不占据主导的要素。对此，《辞海》解释为：细腻地描绘人物性格、事物发展、社会环境和自然景物的最小的组成单位。那么，细节失实可否构成事实失实呢？报道媒体常以仅细节失真而主要事实真实作为报道属实的抗辩理由。而根据我国现有司法解释并非此种判断视角，如上文司法解释条文所示：“客观准确”作为判断失实的标准，而非以是否属于细节失真来加以判断。细节描述常见于细微之处，但作用不一定微小。如在批评报道中用细节表述可能较之于报道者直抒胸臆更显客观、更具说服力，有些细节所产生的负面评价不逊色于主要事实失实的后果。因此，判断报道内容是否失实，并非考察内容是否主体抑或细节，而是失实要素与社会评价所产生的实质关联，虚假的细节表述，也可能促成错误的评价致使相对人名誉受损。这里需要强调的是，如果细节表述仅仅存在个别用词不当，并不影响公众对报道基本事实的认识错误，则不构成报道失实。而细节表述导致社会错误的评价并侵害他人名誉的，应当认定为构成报道失实。

专题六　信用评价保护

一、信用和信用保护立法

理论界一般认为，信用是主体在社会中应受的经济能力上的评价。信用并不单指主体的偿债能力，还包括对其产品的质量、售后服务情况等其他方面的评价。[①] 中国人民银行征信中心对信用的定义为：“信用：指在交易的一方承诺未来偿还的前提下，另一方为其提供商品或服务的行为，是随着商品流转与货币流转相分离，商品运动与货币运动产生时空分离而产生的。信用既是社会经济主体的一种理性行为，也是一种能力体现。”[②]

美英等普通法传统国家或地区则是通过颁布单行法律对信用权进行保护。在英国、美国没有明确的信用权概念，他们通过对信用信息征信过程中隐私权的保护，来保护权利主体的“信用权”。国内首先对信用权规范的是 1993 年《反不正当竞争法》。该法第 14 条规定：“经营者不得捏造、散布虚伪事实，损害竞争对手的商业信誉、商品声誉。”该条被认为是对信用权的间接规定，实际上起到保护信用权的作用。此外，我国《公司法》亦规定“个人所负数额较大的债务到期未清偿的，不得

---

① 王利明：《人格权法》，中国人民大学出版社 2009 年版，第 257 ~ 258 页。

② 《征信的基本知识》，载中国人民银行征信中心：http://www.pbccrc.org.cn/zxzx/zxzs/201401/a01d28731de24b1192402cd7889e11a3.shtml，最后访问日期：2020 年 5 月 4 日。

担任公司的董事、监事、高级管理人员。对信用差的人员,限制担任高管的资格”。该条也被认为是对信用的间接保护。《名誉权司法解释》第9条也被认为是有关商品信誉的保护性解释。该条规定:“消费者对生产者、经营者、销售者的产品质量或者服务质量进行批评、评论,不应当认定为侵害他人名誉权。但借机诽谤、诋毁,损害其名誉的,应当认定为侵害名誉权。”总体而言,我国关于信用保护的立法都非常零散。

在我国《民法典》起草过程中,很多学者呼吁要效仿大陆法系的很多国家,在《民法典》中专门规定信用权对信用进行保护。但正如有些学者所言,在我国《民法通则》《民法总则》《侵权责任法》已经明确将名誉法益纳入保护范围的情况下,似已没有必要再创设一项信用法益或信用权。“那种试图将各种可能的人格法益都称为权利的做法,其价值仅在于创造了众多权利概念,而这些所谓的权利却几乎没有任何实质内容。”①我国最终选择将信用纳入名誉权中进行一体保护。

二、信用评价

信用评价,也被称为信用评估、信用评级、资信评估、资信评级等。信用评价是由专业机构,根据“客观、公正、科学”原则,以一套相关指标体系及评估方法为考量基础对各类市场的参与者经济承诺的能力及可信任程度进行综合评价的活动。根据评价的对象不同,信用评价可以分为个人信用评价、企业信用评价、证券信用评价、国家主权信用评价以及其他信用评价等。

一般认为,信用评价是以信用方程式予以表达并揭示出信用与主体品格、能力、资本有关,即良好的信用=品格+能力+资本;欺诈的信用=能力-品格-资本。② 从比较法上看,美国的信用评价采用的是信用评级方法,包括经验判断法和信用评分法。一方面,由当事人对对方的资信状况予以经验估计;另一方面,则由专门机构对顾客信用予以评级。美国大学国民银行(University National Bank)采取的就是“5C”与“4C”标准。“5C”指品质(Character)、能力(Capacity)、资本(Capital)、担保(Collateral)和环境(Condition);“4C”则包括品质、能力、资本和信息披露(Disclosure)。③

三、信用评价人

2012年,国务院颁布的《征信业管理条例》第5条规定:“本条例所称征信机构,是指依法设立,主要经营征信业务的机构。”《民法典》第1029条“信用评价人”也可以被解释为“依法设立,主要经营信用评价业务的机构”。根据《征信业管理条例》第6条规定,设立经营个人征信业务的征信机构,除要求符合《公司法》设立条件和下列条件外,并经国务院征信业监督管理部门标准:(1)主要股东信誉良好,最近3年无重大违法违规记录;(2)注册资本不少于人民币5000万元;(3)有符合国务院征信业监督管理部门规定的保障信息安全的设施、设备和制度、措施;(4)拟任董事、监事和高级管理人符合本条例第8条规定的任职条件;(5)国务院征信业监督管理部门规定的其他审慎性条

---

① 韩强:《人格权确认与构造的法律依据》,载《中国法学》2015年第3期。

② 刘乐平主编:《信用评级原理》,中国金融出版社2012年版,第72页、第73页、第151页。

③ [美]安东尼·索尼斯:《信用风险度量——风险估值的新方法与其他范式》,刘宇飞译,机械工业出版社2003年版,第20页。

件。同时，中国人民银行作为征信机构的监督管理部门，2013 年还颁布了《征信机构管理办法》，对征信机构的设立、变更与终止；高级任职人员管理以及中国人民银行对征信机构的监督管理等内容进行了规定。对信用主体的信用评价，最重要的是专业机构的专业评价，而不是公众的社会评价。专业机构基于信用主体资产、能力、品格的评价，因其评价方法、模型、数据分析等科学方法的运用，其评价结果才能是客观的、公正的。

目前，我国最主要的信用评价机构为人民银行征信中心。该中心的征信系统收集的信息以银行信贷信息为核心，另包括企业和个人基本信息以及反映其信用状况的非金融负债信息、法院信息和政府部门公共信息等，如工商、环保、质检、税务、法院等部门的行政处罚与奖励、公积金缴存、社保缴存和发放、法院判决和执行、缴税和欠税、环保处罚、企业资质等信息。《征信业管理条例》将央行的征信系统定位为国家的"金融信用信息基础数据库"。

我国市场化的信用评价机构，目前仍在发展之中。就行业发展背景而言，国务院于 2013 年 1 月颁布《征信业管理条例》，2014 年 6 月发布《社会信用体系建设规划纲要（2014—2020 年）》，为我国社会信用评价体系建设提供了基本的建设指南。在此背景下，2014 年年底 50 多家企业征信机构完成备案，2015 年 1 月中国人民银行印发《关于做好个人征信业务准备工作的通知》，授权芝麻信用、腾讯征信等 8 家机构开始个人征信业务准备工作，后该 8 家机构共同发起组建了百行征信，是我国国内目前唯一一家获准进行个人征信业务的市场化公司。另外，中国人民银行、国家发展和改革委员会、财政部、中国证券监督管理委员会于 2019 年 11 月联合发布了《信用评级业管理暂行办法》，可见，我国市场化的信用评级机构也在发展之中。

在《民法典》制定过程中，有意见认为，应当明确"信用评价人"的概念，并对"信用评价人"的资质、条件作出规定。因此，有人建议将《民法典》第 1029 条"信用评价人"限定为国务院征信业管理部门批准的主体。由于《征信业管理条例》《征信机构管理办法》等行政规章对信用评价主体都已有规定，且信用行业正处发展之中，《民法典》第 1029 条并没有对"信用评价人"进行更细致的规定。在审判实践中，应当根据相关法律、行政法规等进行判断。

四、信用评价不当

导致信用评价不当的原因有两种：一种是信用评价依据的基础信息有误，导致信用评价有不当，如当事人没有欠费记录，信用记录记载错误导致评价有误；另一种是信用依据的基础信息是真实的，但评价机构的算法模型有错误。以征信业为例，不同征信机构收集的基础信息都一样，但由于算法模型不一样，做出的模型不一样，能否据此认定评价错误？

就信用评价不当问题，目前《征信业管理条例》第 25 条规定，信息主体认为征信机构采集、保存、提供的信息存在错误、遗漏的，有权向征信机构或者信息提供者提出异议，要求更正。《民法典》第 1029 条规定，"民事主体可以依法查询自己的信用评价；发现信用评价不当的，有权提出异议并请求采取更正、删除等必要措施"。立法对"信用评价不当"并没有区分是信用基础信息错误的评价不当，还是信用评价模型带来的信用评价差异。《个人信息数据库暂行办法》第 16 条规定，个人认为本人信用报告中的信用信息存在错误（以下简称异议信息）时，可以通过所在地中国人民银行征信管理部门或者直接向征信服务中心提出书面异议申请。该暂行办法针对个人信用信息错误原因分别规定了异议和更正程序。针对信息处理过程中存在的错误,《个人信息数据库暂行办法》第17条第2款规定,征信服务中心发现异议信息是由于个人信用数据库信息处理过程造成的,应当立即进行更正,并检查个人信用数据库处理程序和操作规程存在的问题。针对商业银行报送的信息有误的,《个人信息数据库暂行办法》第19条规定,商业银行应当在接到核查通知的10个工作日内向征信服务中心作出核查情况的书面答复。异议信息确实有误的,商业银行应当向征信服务中心报送更正信息。可见,《个人信息数据库暂行办法》对因商业银行报送的信息有误和因数据库处理导致的信息有误,都规定了相应更正程序。目前,《民法典》没有区分就这一问题,在审判实践中,是否有必要结合政府机关颁布的规章制度等进行审慎判断。本书认为,对于基础信用信息错误,导致的信用评价不当比较好判别,但对于信用是否存在错误,应当看评价机构在评价过程中是否存在恶意、过错或者过失。如果信用评价机构故意运用错误方法或错误数据,导致评价结果发生显著偏离或错误的,应当承担民事责任。与此同时,监管机构对于评价机构还应当给予行政处罚。

五、信用评价保护

《民法典》第1029条及有关法律法规中关于信用评价保护措施主要包括:

1. 保护对象。该条规定"民事主体可以依法查询自己的信用评价",有权查询自己信用评价的主体不仅局限于自然人,还包括法人和非法人组织。

2. 保护内容。

(1)查询信用评价。《民法典》第1029条规定,民事主体可以依法查询自己的信用评价。关于民事主体查询信用评价,《征信业管理条例》第17条规定,信息主体可以向征信机构查询自身信息。个人信息主体有权每年两次免费获取本人的信用报告。对于查询他人信用信息的,《征信业管理条例》第18条规定,向征信机构查询个人信息的,应当取得信息主体本人的书面同意并约定用途。但是,法律规定可以不经同意查询的除外。征询机构不得违反前款规定提供个人信息。

(2)不良记录告知义务。《民法典》第1029条并没有规定不良记录告知义务。《征信业管理条例》第15条规定,信息提供者向征信机构提供个人不良信息,应当事先告知信息主体本人。

(3)异议权和更正、删除权。为了维护权利人的权利,《民法典》第1029条赋予了权利人对信用评价的异议权、更正权和删除权,并赋予了评价机构核查更正的义务。异议权,即民事主体发现信用评价不当的,有权提出异议的权利。更正、删除权,即针对不当的信用评价,权利人有权要求对这些评价进行更正、删除。

六、信用评价不当侵害名誉权的法律后果

虽然《民法典》第1024条已将"信用"纳入名誉权进行保护,但在审判实践中,就相关的侵权行为损害事实、因果关系与主观过错等基本的民事权益以及举证责任赔偿认定方式等问题法律都没有明确规定。立法原则性地规定信用评价不当的民事责任具体问题,主要考虑如下:一是我国信用市场还处于发展的初级阶段,覆盖全社会的征信系统尚未完全形成,尚未建立完善的社会信用体系,原则性的规定更有利于鼓励征信行业的培育和发展;二是司法实践中信用评价不当的司法案例

很少见。即使如美国这样信用体系完整的国家,也有因信息评估错误的侵权责任而产生同案不同判的裁决。连美国学界也认为不能仅由于评估事后证明不合理而得出评估错误的结论,就要求征信机构承担责任。① 但对于信用信息的民事责任处理原则,《民法典》第 1030 条进行了指引性规定:"民事主体与征信机构等信用信息处理者之间的关系,适用本编有关个人信息保护的规定和其他法律、行政法规的有关规定。"信用评价更多地体现是对民事主体的评价,但与民事主体与征信机构、信用信息处理者之间的关系,更宜适用个人信息保护规定。同时,国务院发布的《征信业管理条例》,中国人民银行发布的《征信机构管理办法》等行政法规、部门规章有规定的,也应当适用。

专题七　信用信息保护制度

一、信用信息

信用信息是指与个人信用相关的客观信息。民事主体的信用信息是个人信息权所要保护的对象之一。目前我国征信体系采用二元征信模式:个人征信系统和企业征信系统。依据该体系可以将信用信息分为个人信用信息和企业信用信息。

1. 个人信用信息。个人信用信息是个人在信用交易活动中形成的履行或不履行义务的记录及相关数据。对于个人信用信息的内容和范围,不同的国家有不同的规定。② 它的内容可能涉及两个方面:一方面,个人信用状况的客观记录,包括身份识别信息、商业信用信息、公共记录信息(如欠税记录、民事判决记录、强制执行记录、行政处罚记录、电信欠费信息);另一方面,征信机构的主观评价信息,通过信用数据的征集、加工分析后得出的个人信用报告和信用评级信息。③ 根据《个人信用信息数据库暂行办法》第 4 条的规定,个人信用信息包括个人基本信息、个人信贷交易信息以及反映个人信用状况的其他信息。个人基本信息,是指自然人身份识别信息、职业和居住地址等信息;个人信贷交易信息,是指商业银行提供的自然人在个人贷款、贷记卡、准贷记卡、担保等信用活动中形成的交易记录;反映个人信用状况的其他信息,是指除信贷交易信息之外的反映个人信用状况的相关信息。

2. 企业信用信息是全面记录企业各类经济活动,反映企业信用状况的文书,是企业征信系统的基础产品。企业信用信息是信息主体的"经济身份证"。中国人民银行公布的《企业信用信息基础数据库管理暂行办法》(征求意见稿)中在附则第 37 条第 3 款、第 4 款中对企业的信用信息的内容进行了规定:"本办法所称借款人、担保人信用信息包括借款人、担保人的基本信息、信贷业务信息

---

① 宋佳儒、肖宇:《大数据背景下错误信用评估侵权救济探析》,载郭锋主编:《证券法律评论》(2018 年卷),中国法制出版社 2018 年版,第 242 页。

② 张新宝:《隐私权的法律保护》,群众出版社 1997 年版,第 4 ~ 6 页。

③ 艾茜:《个人征信法律制度研究》,中国政法大学 2006 年博士学位论文。

以及反映其信用状况的其他信息。前款所称借款人、担保人基本信息,是指借款人、担保人的概况信息及财务信息;信贷业务信息是指金融机构提供的借款人、担保人在贷款、担保、保理、票据贴现、信用证、保函、银行承兑汇票等信用活动中形成的交易记录;反映信用状况的其他信息是指除基本信息、信贷业务信息之外的反映借款人、担保人信用状况的其他相关信息。"

二、信用信息的保护对象

《民法典》第1030条规定沿用了名誉权享有主体的一贯表述——"民事主体",包括自然人、法人和非法人组织。但对于法人和非法人组织的"信用信息",也就是企业信用信息,在实践中能否成为《民法典》第1030条规定的保护对象,以及如何实现企业信用信息的民法保护,仍然存在需要在实践中对接的条款。法人和非法人组织对信用信息的享有权、知情同意权、查询权、利用权、更正删除权等应当和自然人一样,但也不能和自然人一样完全按照《民法典》第四编人格权第六章个人信息保护的相关规定进行适用。信用信息,特别是企业信用信息,也是政府管理机制重要内容,法人、非法人组织的信用信息是政府机构信息资源管理以及数据库建设的主要对象。因此,《民法典》第1030条规定,不仅要适用个人信息保护的规定,还要适用其他法律、行政法规的有关规定。

三、个人信用信息的民法保护

如果禁止个人信用信息的披露,会妨碍相对人决策的制定,增加交易成本。然而,允许对个人信用信息毫无限制地披露则无异于是对个人权利的践踏。因此,在允许个人信用信息开放的同时,必须加强对个人信用信息的保护。

(一)个人信用信息保护的立法情况

个人信息保护单独立法之外,世界上其他国家大多以个人资料保护为中心建构个人信用信息保护制度和强化个人权利的保护,如英国《资料保护法》,瑞典《个人资料保护法》,加拿大《个人信息和电子文档保护法》以及联合国、OECD和欧盟先后制定的有关个人资料保护的国际公约,如《欧盟个人数据保护指令》《欧共个人数据自动化处理的个人保护协定》《保护隐私及跨国交流个人资料准则》等。信用资料只是个人资料保护的内容之一,除此之外,还包括医疗、保健、营销等一系列个人信息。我国也采取这种模式,将信用信息纳入个人信息进行保护。

我国非常重视对个人信用信息的保护。国务院发布的《社会信用体系建设规划纲要(2014—2020年)》明确指出:建立信用信息分类管理制度。制定信用信息目录,明确信用信息分类,按照信用信息的属性,结合保护个人隐私和商业秘密,依法推进信用信息在采集、共享、使用、公开等环节的分类管理。加大对贩卖个人隐私和商业秘密行为的查处力度。建立信用信息侵权责任追究机制。制定信用信息异议处理、投诉办理、诉讼管理制度及操作细则。进一步加大执法力度,对信用服务机构泄露国家秘密、商业秘密和侵犯个人隐私等违法行为,依法予以严厉处罚。通过各类媒体披露各种侵害信息主体权益的行为,强化社会监督作用。2013年1月21日,为规范征信活动,保护当事人合法权益,引导、促进征信业健康发展,推进社会信用体系建设,国务院公布《征信业管理条例》。《征信业管理条例》适用于在我国境内从事个人或企业信用信息的采集、整理、保存、加工,并向信息使用者提供的征信业务及相关活动。《征信业管理条例》对征信机构、信息提供者和信息使用者的行为,以及征信机构的监督管理进行了全面规范。

（二）我国个人信用信息保护的司法实践

在《民法典》规定信用权益保护前,由于我国法律并没有明确将个人信用信息作为一项独立的民事权利给予特殊保护。因此,在司法实践中,对于个人信用信息民事权益的保护主要通过名誉权、姓名权或者按照合同纠纷进行救济。

1. 案由选择。一般选择名誉权纠纷案件、侵权责任纠纷案件、一般人格权纠纷案件、姓名权纠纷案件、合同纠纷案件等案由进行诉讼。

2. 案件类型。以第三人伪造签名、冒用受害人身份致使个人信息权益受损而引发诉讼为主,还有因为银行内部工作人员输入错误导致个人信用受损以及因超过 5 年不良记录法定保存期限引发的纠纷。①

3. 责任主体。若第三人冒用被侵权人的身份信息,在银行办理贷款或开办信用卡,逾期未还款,导致被侵权人在征信中心产生不良记录,一般以金融机构为被告。如果能够找到身份冒用人的,也有直接将身份冒用人列为共同被告。部分案件也有将中国人民银行征信中心列为共同被告的。

4. 关于有个人信用信息保护模式。在司法实践中,法院在处理侵害信用利益有关纠纷时大致有以下 3 种模式可供选择:一是名誉权保护模式。此种方案下法院的裁判亦存在分歧:第一种观点认为,侵害信用即是侵害名誉,对二者不予区分。理由在于,中国人民银行的征信系统相对封闭,只有特定主体因法定事由才能对该系统内的有关记录进行查询,且这些记录并未在不特定对象中进行传播,也并未造成受害人的社会评价降低的不利后果,故不能认定其构成名誉权侵权。② 基于同样的案情,另一种观点认为,征信系统的封闭性为相对封闭性,在银行信用市场上,信用评级公开且为交易时不特定的第三方所知,且信用利益有其独立价值,因此加害人的行为构成侵权,故须通过名誉权对其进行保护。《民法典》颁布后,对信用评价的保护已经被明确纳入名誉权的保护范围。在审判实践中,应当注意区分信用评价不当的认定与其他名誉权侵害的认定标准问题。对于其他侵害名誉权的认定,名誉受损为不特定第三方所知悉是侵害名誉权的重要认定标准。而就信用评价而言,该标准并不适用。信用评价虽未在不特定人中传播,但民事主体因信用评价不当导致其生产、生活受限应当成为重要判断标准。二是姓名权保护模式。这类保护一般发生且通常发生于“冒名骗贷型”案例中。此类案件通常存在的问题包括:在这类案件中,法院一般能支持原告的诉讼请求,然而,在是否应承担损害赔偿责任这一问题上裁判者之间存在分歧。有的法院判决被告消除不良信用记录,向原告赔礼道歉,但驳回了原告损害赔偿之请求,也有的法院判决被告赔偿原告的经济损失和精神损失。另一个问题就是商业银行是否因疏于审查作为共同侵权人与冒名骗贷人一起共同承担责任,各地法院的认定也有差别。三是一般人格权保护模式。法院以一般人格权为信用

---

① 张继红:《个人信用权益保护的司法困境及其解决之道——以个人信用权益纠纷的司法案例(2009—2017)为研究对象》,载《法学论坛》2018 年第 3 期。

② 如周某芳诉中国银行股份有限公司上海市分行名誉权纠纷案,载《最高人民法院公报》2012 年第 9 期。四川省乐山市中级人民法院(2016)川 11 民终字第 727 号民事判决书;山东省肥城市人民法院(2017)鲁 0983 民初 2560 号民事判决书等。

利益纠纷裁判依据的基本思路是，信用利益属于与名誉权有别的人格利益，且在我国现行民事权利体系中无此规定，故须通过权利保护的兜底性条款进行保护。[①]

四、对《民法典》第1030条信用信息保护规定的理解

《民法典》第1030条规定，民事主体与征信机构等信用信息处理者之间的关系，适用本编有关个人信息保护的规定和其他法律、行政法规的有关规定。关于人格权编有关个人信息保护的规定，主要包含以下内容。

1. 采集信用信息是否以被征信人的同意为前提。根据《民法典》第1035条的规定，一般情况下采集个人信用信息需要权利人或其监护人的同意，但是法律、行政法规另有规定的除外。如果法律、行政法规规定不需要权利人或其监护人同意，采集个人信用信息也可以不经其或其监护人同意。

2. 保护个人信用信息的准确性。《民法典》第1037条赋予了信息权利人知情权、异议权和要求更改权。第1037条规定："自然人可以依法向信息处理者查阅或者复制其个人信息；发现信息有错误的，有权提出异议并请求及时采取更正等必要措施。自然人发现信息处理者违反法律、行政法规的规定或者双方的约定处理其个人信息的，有权请求信息处理者及时删除。"所谓知情权，是指权利人在一定的前提下查询本人信用信息的权利。所谓异议权是指权利人对自己信用信息中不真实的信息，有提出不同意见的权利。更改权，是指权利人对自己信用信息中不真实的信息，有提出修改的权利。

3. 个人信用信息安全的保护。《民法典》第1038条规定："信息处理者不得泄露或者篡改其收集、存储的个人信息；未经自然人同意，不得向他人非法提供其个人信息，但是经过加工无法识别特定个人且不能复原的除外。信息处理者应当采取技术措施和其他必要措施，确保其收集、存储的个人信息安全，防止信息泄露、篡改、丢失；发生或者可能发生个人信息泄露、篡改、丢失的，应当及时采取补救措施，按照规定告知自然人并向有关主管部门报告。"第1039条规定："国家机关、承担行政职能的法定机构及其工作人员对于履行职责过程中知悉的自然人的隐私和个人信息，应当予以保密，不得泄露或者向他人非法提供。"安全管理对权利人权益保障至关重要，无论是信息提供者还是征信机构等信用信息的收集者、控制者对信息的采集、存储和报送都要采取严密的保护措施，防止个人信息被窃取、篡改、毁损、灭失或泄露。

4. 其他法规规章对信用信息保护规定。《征信业管理条例》在征信业务活动中保护个人信息安全方面也有全面的规定。一是明确个人征信业务规则。除采集个人信息应当经信息主体本人同意外，规定向征信机构提供个人不良信息的，应当事先告知信息主体本人；征信机构对个人不良信息的保存期限不得超过5年，超过的应予删除；除法律另有规定外，他人向征信机构查询个人信息的，应当取得信息主体本人的书面同意并约定用途，征信机构不得违反规定提供个人信息。二是明确规定禁止和限制征信机构采集的个人信息，包括：禁止采集个人的宗教信仰、基因、指纹、血型、疾病和病史信息以及法律、行政法规规定禁止采集的其他个人信息；征信机构不得采集个人的收入、存

---

① 刘欢：《法教义学视角下信用利益之损害赔偿责任研究》，载《南华大学学报》（社会科学版）2019年第2期。

款、有价证券、不动产的信息和纳税数额信息，但征信机构明确告知信息主体提供该信息可能产生的不利后果，并取得其书面同意采集的除外。三是明确规定个人对本人信息享有查询、异议和投诉等权利，包括：个人可以每年免费两次向征信机构查询自己的信用报告；个人认为信息错误、遗漏的，可以向征信机构或信息提供者提出异议，异议受理部门应当在规定时限内处理；个人认为合法权益受到侵害的，可以向征信业监督管理部门投诉，征信业监督管理部门应当及时核查处理并限期答复。个人对违反《征信业管理条例》，侵犯自己合法权利的行为，还可以依法直接向人民法院提起诉讼。四是严格法律责任，对征信机构或信息提供者、信息使用者违反《征信业管理条例》，侵犯个人权益的，由监管部门依照《征信业管理条例》的规定给予行政处罚；造成损失的，依法承担民事责任；构成犯罪的，依法追究刑事责任。

专题八　荣　誉　权

一、荣誉权制度概述

所谓“荣誉”，是民事主体在社会活动中基于突出表现，由政府、企业或者其他社会组织所给予的积极评价。例如，“全国劳动模范”“感动中国人物”“三八红旗手”“十佳法官”“英雄模范人物”“信得过企业”等。荣誉其实质是一种社会评价，在社会生活中被授予荣誉的对象一般为自然人、法人和其他组织。荣誉授予的主体往往是专业化的团体或组织，而自然人不太可能授予他人荣誉。荣誉授予的过程通常是特定团体凭借专业化的标准，依照特定的程序，对自然人或者法人作出积极的正式评价。对于荣誉权的界定，《法律辞典》释义为：“公民、法人因自己对社会的突出贡献而获得各种光荣称号及其他良好评价的权利。”①有学者指出，荣誉权是“民事主体对其获得的荣誉及其利益所享有的保持、支配的基本身份权”；②另有学者指出，“荣誉权是指公民和法人对自己的荣誉称号所享有的不受他人非法侵害的权利”。③ 基于荣誉的界定，荣誉权可以被阐释为获得荣誉的主体保持、支配荣誉的权利，即“获得荣誉的主体可支配即利用、凭借自己的荣誉，参与民事活动，此为荣誉权”。④ 其具有两方面的特征：其一是荣誉权的客体既包括荣誉本身，也包括荣誉所包含的利益，表现为荣誉权人对于获得的荣誉及其利益的占有权；其二荣誉权即可以是一种既得权，也可以是一种期待权，表现为荣誉权人可以依法向授予人主张应取得的荣誉权利。

二、荣誉权的侵权形态及救济

荣誉权作为一种实然的权利，具有独立存在的必要。其权利内容主要包括两个方面。一是荣

① 浦法仁编写：《法律辞典》，上海辞书出版社 2009 年版，第 89 页。
② 杨立新：《人身权法论》，人民法院出版社 2002 年版，第 585 ~ 586 页。
③ 王利明：《人格权法》，中国人民大学出版社 2009 年版，第 230 页。
④ 李锡鹤：《民法原理论稿》，法律出版社 2009 年版，第 324 页。

誉保持权。即荣誉的获得并非民事主体与生俱有的权利,荣誉的赋予是由于特定主体的突出贡献,民事主体对于自己的荣誉具有的不受他人非法剥夺的权利。“如无正当理由非法剥夺公民的‘劳动模范’和‘先进工作者’等称号或非法剥夺法人的‘先进企业’称号等,将会影响到社会公众对该公民和法人的社会评价。此种情况表明,行为人的行为直接侵害的仍然是荣誉权,只是因为对荣誉权的侵害附带产生了对名誉权侵害的后果,一般仍然应当按侵害荣誉权处理”。虽然“法律规定禁止非法剥夺公民和法人的荣誉称号,但如果主体的行为表明在他不应当继续享有某种荣誉称号,或违背了有关授予其荣誉称号的规定,行政机关和社会组织可以依法剥夺其荣誉称号,此种剥夺尽管导致主体对该项荣誉权的丧失,但并不否定该主体独立人格的存在”。① 二是荣誉支配权。即民事主体所具有的不受他人非法干预的权利。荣誉获得者因荣誉而获得利益,“对该种利益的占有、控制、利用,但不得将荣誉的精神利益予以处分,如转让享有或转让他人利用”。荣誉获得者可以对因荣誉获得的物质利益进行处分。例如,在社会生活中,在赋予荣誉称号的同时,也可能给予物质奖励,荣誉获得者对这些物质奖励也具有支配权。

在司法实践中,根据荣誉权的内容,从权利保护的角度,可以将荣誉权纠纷的侵权形态大致分为以下三种类型。②

第一,荣誉权取得类。这个类型的案件包括原告请求获得某种荣誉或者保持特定荣誉不受非法剥夺,其与是否应当取得实体权利有关。这一类案件,应当不属于法院民事案件的受理范围,归为行政行为较妥。例如,明某诉深圳市公安交通管理局龙岗大队荣誉权纠纷案,该案中,原告应被告所传达的《关于加强宣传报道的通知》一年内独立在新闻单位发稿200多篇。按照文件的规定,80篇以上者即可报立三等功,并给予2000元人民币的奖励,但是原告并未评上三等功,也未获奖励。因而起诉要求为其报立三等功,恢复荣誉未果,双方发生纠纷。③ 又如,张某某不服安福县人民政府取消其荣誉证书案,该案中,原告任村党委书记期间,由于开展植树造林活动取得显著成绩,根据《安府发(1989)3号文件》规定被授予一级造林绿化荣誉资格。后原告因在任职期间受到警告处分,根据《安府办字(1997)41号通知》第6条规定被撤销荣誉证书,并因此与被告发生荣誉权纠纷。④

第二,荣誉利益的侵害类。因荣誉获得的利益具有不同的性质,如精神利益、奖金以及荣誉证书和奖杯等。在此类案件中,法院通常要对有关事迹是否属于荣誉进行裁判。在多数案件中,法院肯定了权利人提起的荣誉权侵权救济请求。其中,一方面,精神利益可以因诋毁、贬损而遭到侵害;另一方面,物质利益因减损而遭到损害。例如,四川新兴电气研究所诉成都国光电气总公司电子仪表厂等荣誉权纠纷案,该案中,两被告以非法串通并采取欺骗性手段,通过成果鉴定,获得了本应由原告获得的1994年国家级新产品和国家级优秀节能产品推荐证书,进而使其遭受经济利益的损

---

① 王利明、杨立新主编:《人格权与新闻侵权》,中国方正出版社1995年版,第310~312页。

② 姚辉、叶翔:《荣誉权的前世今生及其未来——兼评民法典各分编(草案)中的相关规定》,载《浙江社会科学》2020年第3期。

③ 参见明某诉深圳市公安交通管理局龙岗大队荣誉权纠纷案案情,(2002)深中法民终字第3753号裁定书。

④ 参见张某读不服安福县人民政府取消其荣誉证书案案情,(2000)安行初字第13号判决书。

失。[①] 又如,荣誉标志物侵害的典型案例如何某某诉垣曲县华峰乡人民政府荣誉权、返还原物纠纷案。在该案中,根据中宣电〔2005〕59 号《关于做好颁发中国人民抗日战争胜利 60 周年纪念章工作的通知》,原告伯父符合资格得以享受此荣誉章,但由于被告民政所工作人员的失误,致使原告伯父直到 2010 年 12 月 23 日才得到此荣誉章。[②]

第三,荣誉称号记载与更正类。这类型的案件无须判定是否应当获得荣誉称号,裁判焦点集中在荣誉登记的形式是否有误方面。例如,贾某与锦州市教育委员会的荣誉权纠纷。在该案中,原告系市级"优秀学生干部",但在高考报名中被被告工作人员登记为"三好学生",丧失了享受加分的待遇,并因此未被重点院校录取。法院认为,被告工作人员的过错行为,致使原告在报考大学的录取中未能享受市级"优秀学生干部"降分投档的待遇,丧失了重点大学录取的机会,支持了原告的诉讼请求。[③] 目前,此类案件不多见,但随着个人信息技术和产业的发展,在未来类似案件数量将增加。

《民法典》第 1031 条赋予了荣誉权人请求救济的途径。该条第 1 款规定了不得非法剥夺、诋毁、贬损他人的荣誉,为侵犯他人荣誉权开拓了一条新的救济路径,并且,该条救济路径在司法裁判中也可以更直接地确认侵权。在之前的司法实践中,诋毁、贬损他人荣誉可以以侵害名誉权作为诉由,因为在荣誉权纠纷中,讼争的行为本身会由于其"诋毁、贬损"的表现对受害人名誉造成损害。此外,荣誉权人获得的荣誉除精神奖励外,还可能有物质利益,如若荣誉权被侵害,物质利益也被侵害。因此,可以根据取得荣誉存在的不同法律关系,获得相应的救济。具体而言,若是政府授予荣誉,则荣誉权人与政府之间就形成具体行政关系;若是社会组织授予荣誉,则荣誉权人与社会组织在财产关系上就形成了合同关系。以上两种法律关系可以分别通过行政诉讼和债权诉讼解决。但是,从整个法律关系的梳理可以看出,这两种纠纷解决的法律关系都没有《民法典》第 1031 条第 1 款规定的法律关系简明,该条款为受害人增加了一条更直接的救济途径。

根据《民法典》第 1031 条第 2 款的规定,荣誉权人可以请求记载或更正错误登记的荣誉称号,即赋予了荣誉权人补正错误荣誉记录的权利。在荣誉权人没有该项权利之前,社会实践中出现应当记载荣誉称号而未记载或者记载错误的,受害人只能基于荣誉颁发机构和荣誉权人之间的基础关系来处理。该条款适用后,荣誉权人被赋予直接的记载或变更的请求权,该请求权可以作为法院裁判的法律依据。

---

① 参见四川新兴电气研究所诉成都国光电气总公司电子仪表厂、成都国光电器总公司专利权、科学技术成果权、荣誉权、名誉权纠纷案案情,(1996)成经初字第 689 号判决书。

② 参见何某桃诉垣曲县华峰乡人民政府荣誉权、返还原物纠纷案案情,(2015)垣民初字第 466 号判决书。

③ 赵宏伟:《女大学生告倒教委:辽宁省首例侵害学生荣誉权案始末》,载《法制天地》2001 年第 2 期。

第七章　隐私权和个人信息保护

专题一　隐私权的保护

一、隐私的范围

(一)私人生活安宁

所谓私人生活安宁,系指个人私人生活不受他人干涉和侵扰。私人生活的和谐安宁,系自然人维护自身人格尊严和人格完整的重要内容。《民法典》第1032条第2款将其纳入"隐私"的范围,充分体现了立法者对私人生活安宁保护的重视。在实践中,对私人生活安宁的侵扰,就可能构成对自然人隐私权的侵犯。比如,在李某与黄某某隐私权纠纷再审案中,广东省高级人民法院认为,黄某某在自家住宅大门安装的摄像监控装置虽出于自我防护,但该装置可以完整监控相邻住户李某出入住宅全部情况,记录和存储李某不愿为他人知悉的个人信息,对李某的个人居住安宁造成了侵扰后果,应视为民事侵权。①

(二)私密空间

所谓私密空间,系指自然人不愿意为他人所知晓的私密领域,包括物理意义上的私密领域,也包括虚拟空间的私密领域。前者如私人卧室、私人会客室等;后者如电子邮箱、各种云账户等。随着电子计算机信息技术的发展,自然人在网络虚拟空间中的私密领域,越来越多地显现出被暴露的风险,网络空间内的隐私权保护,也越来越受到全社会的重视。近年来,经常发生的黑客侵入私人电子邮箱、QQ空间、百度网盘等,实际上就侵入了自然人的私密空间,从而构成对权利主体隐私权的侵犯。

(三)私密活动

所谓私密活动,系指与公共利益无任何关联而仅与自然人私人有关的不愿为外人所知晓的行为和活动。在实践中,比较典型的私密活动,如与恋人的约会、性行为等。需要强调的是,即使是参与性行为活动的当事人,在未经对方当事人允许的情况下,亦无权将其与对方的性行为通过图像、声音等方式予以记录。一旦实施此类行为,即构成对对方当事人隐私权的侵犯,应当承担侵权责任。在王某与邢某某隐私权纠纷一案中,法院认为,邢某某在未经王某同意的情况下,将其与王某的性行为拍摄录像,给王某造成了严重的精神伤害,侵犯了王某的隐私权。邢某某应就其侵犯王某

---

① 参见广东省高级人民法院(2016)粤民再464号民事判决书。

隐私权的行为承担赔偿责任。[①]

(四)私密信息

所谓私密信息,系指与自然人人格利益密切关联的能够指向特定自然人,且不愿为外界所知悉的个人信息。一般而言,私密信息都是通过特定的载体呈现出来的。比如,记录自然成长和生活经历的日记,记录自然人疾病情况的病历等。在实践中,容易将私人信息和私密信息相混淆。私人信息并非都是私密信息,因而并非都是隐私。有些已经被个人公开的私人信息,就不属于私密信息,从而不再属于隐私。[②] 根据《网络侵权司法解释》第12条第1款第4项规定,网络用户或者网络服务提供者利用网络公开自然人基因信息、病历资料、健康检查资料、犯罪记录、家庭住址、私人活动等个人隐私和其他个人信息,造成他人损害,被侵权人请求其承担侵权责任的,人民法院应予支持。但自然人自行在网络上公开的信息或者其他已合法公开的个人信息,则不在此列。

二、隐私权的一般侵害类型

(一)刺探行为

1. 进入、窥视、拍摄他人的住宅、宾馆房间等私密空间

进入、窥视、拍摄他人的住宅、宾馆房间等私密空间的刺探行为,并不一定针对权利主体而实施。即使趁自然人(权利主体)不在家或不在宾馆时而进入、窥视或拍摄,也构成侵权权利主体的隐私权。在日常生活中,出于安全的考虑,一些家庭会在自己门前安装摄像头,可能会拍摄到邻居家的私人空间。对于这种情况,只要摄像头不对准自己的私人空间的,相邻的不动产权利人之间应该相互予以容忍,不宜动辄认定侵犯隐私权。比如,在白某某与张某某隐私权纠纷一案中,法院认为,虽然涉诉的摄像头可拍摄到院内公共区域,考虑白某某与贾某某、张某某系不动产相邻方,且涉诉的摄像头并未涉及白某某的私密空间。因此,白某某在贾某某、张某某未明显侵害其利益的前提下亦有一定的容忍义务,故对于白某某要求贾某某、张某某拆除摄像头的诉讼请求,该院不予支持。[③] 另外需要注意的是,有权机关依照法定程序进入或拍摄他人住宅或宾馆房间,则不构成侵权。但是,如果相应的国家机关工作人员将通过职务行为获取的他人私密空间的相关图片、视频资料擅自予以公布,则可能构成侵犯隐私权。

2. 拍摄、录制、公开、窥视、窃听他人的私密活动

此处所谓的他人的私密活动不应作过窄的理解,应理解为既包括在他人私密空间内的私密活动,如在更衣室换衣服等;也包括在非私密空间的私密活动,如在公共浴室洗澡等。无论是私密空间内的私密活动,还是非私密空间的私密活动,都严禁他人拍摄、录制、公开、窥视、窃听等。当然,如果拍摄、录制的他人活动属于公共空间的活动,则不应认定为侵犯隐私权。比如,在刘某某与周某隐私权纠纷一案中,法院认为,本案中的4张照片反映的是刘某某在其自家门市和饭店大厅的"半公共空间"的情况,但是上述场合均为不特定人可以随时进出的完全开放性的公共场合,并非涉

---

① 参见北京市第二中级人民法院(2018)京02民终9366号民事判决书。

② 王利明:《人格权法研究》,中国人民大学出版社2005年版,第561页。

③ 参见北京市第二中级人民法院(2016)京02民终6654号民事判决书。

及公民隐私的私密空间,且反映的个人生活信息也未向社会公众公布和传播,尚未达到侵害刘某某私生活安宁的程度,故该4张照片亦不构成刘某某隐私权的侵犯。[①]

3. 拍摄、窥视他人身体的私密部位

隐私的重要内容之一是所谓的"身体隐私",即自然人的身体私密部位。身体私密部位涉及自然人人格尊严和人格完整中最为敏感的部分,自古以来就受到严格的法律保护。在有些情况下,即使没有拍摄或窥视,而是以看似合理合法的理由目睹他人身体私密部位,也构成侵犯他人的隐私权。比如,在一起案件中,若干位女性在观看赌博时被抓,民警强令其脱衣搜身,构成对涉事女性的隐私权的侵犯。[②] 但是,基于合理事由拍摄或观看他人身体私密部位的,则并不构成侵犯隐私权。比如,皮肤科医生基于诊疗需要而查看患者私密部位,影像科医生基于检查需要而拍摄患者身体私密部位等。在实践中,自然人自愿将自己私密部位的图片或视频资料公开后,他人浏览或转发的,根据前述《网络侵权司法解释》第12条第1款第4项,不构成侵犯隐私权。但如果自然人公开其私密部位的图片或视频资料后又明确表示撤回的,则此前获得授权的民事主体不得再行转发或公开,否则构成对隐私权的侵犯。

(二)侵扰行为

侵扰,是指以短信、电话、即时通信工具、电子邮件、传单或其他方式侵扰他人的私人生活安宁。在实践中,侵扰行为主要有直接侵扰、通信侵扰和广告侵扰。

1. 直接侵扰行为

直接的侵扰行为有跟踪、盯梢、监听、监视、骚扰等,此类行为直接损害自然人私人生活的安宁,常常会引起自然人的精神痛苦,故而被各国法律所禁止。即使在把言论自由推向极致因而对公众人物隐私权限制颇多的美国,也对于跟踪等侵扰行为严格予以规制。比如,美国前总统肯迪夫人杰奎琳·奥纳西斯(Jacqueline Onasis)及其子女曾长期遭受摄影记者唐纳德·格加莱拉(Donald Galela)的跟踪拍摄,拍摄地点包括学校门口、网球场、游泳馆等场所。奥纳西斯不堪其扰而将该记者诉至法院。法院认为,摄影记者的行为已经构成对奥纳西斯隐私权的侵犯,判决其在一定空间距离内不得接近奥纳西斯及其子女。[③]

2. 通信侵扰行为

除上述直接的侵扰行为外,通过信件、电话等通信方式,侵扰自然人生活安宁的,也构成侵犯隐私权。比如,在李某与兰某隐私权纠纷一案中,法院判决指出,兰某的上述侵权行为,客观上导致李某经常被陌生电话骚扰,干扰了李某的正常生活,给李某精神造成一定程度的损害,兰某应当承担相应的赔偿责任。[④] 同时,在现代社会,超越信件、电话等传统通信手段,新的电子通信手段已经成为人们日常生活不可或缺的组成部分。比如,电子邮件、微信、脸书、QQ等电子通信工具的普遍运用,使现代人的生活时时处处充满在电子社交的包围之中,这也给借助电子通信手段进行侵扰而实施不法行为提供了可乘之机,使侵扰的行为样态越来越多元。但无论其表现形式如何变化,归根到

---

① 参见江苏省扬州市中级人民法院(2018)苏10民终1556号民事判决书。

② 王利明:《人格权法研究》,中国人民大学出版社2005年版,第614页。

③ Galella v. Onassis,487F.2d986(2d Cir.1973).

④ 参见贵州省凯里市人民法院(2018)黔2601民初796号民事判决书。

底其实质仍然是借助特定的电子通信工具实施侵扰行为，只要其行为符合侵犯隐私权的构成要件，一般就应认定侵犯自然人的隐私权。

3. 广告侵扰行为

广告侵扰行为既可能是前述的直接侵扰行为，也可能是通过电子通信手段而实施的侵扰行为，但其实质都是投放商业广告，强迫他人接受广告信息的行为，在法律上构成对他人私人生活安宁的侵扰。在德国法上，曾有较著名的广告投放案。在该案中，原告的信箱内在一段时间内多次受到被告投放的广告，原告深受其扰，留言于信箱，警告投放人员不要再投放类似广告，否则将依法起诉。后来，原告发现其信箱内仍然有被告的广告传单，遂起诉。法院判决认为，按照现代社会生活及市场经济运作，发送广告传单，固属通常，但住宅的所有人或占有人张贴告示，抗拒于其信箱投入广告资料时，对于继续投入广告资料的广告者，应有不作为请求权，因为被告违反了侵害他人不接受广告的自主权。在广告者委托广告公司发送传单时，仍得对其主张此项请求权。广告者应采取可能的法律或其他必要措施，以防止对被害人的侵害。[①] 虽然在德国法上，类似本案原告这样的权利侵害，委诸一般人格权来保护，即如梅迪库斯教授所言，"越来越多的人将一般人格权用作抵抗不请自来的广告的法律手段"，[②]但那是因为《德国民法典》中没有专门的对隐私权的规定，所以在司法实务上发展出一般人格权理论进行保护。不过，这种保护思路上的不同并不妨碍这样的共识，即对于不请自来的广告，无论是通过一般人格权，还是通过隐私权，都应予以规制。其规制的最终目的，还是更好地保护自然人的人格利益。

(三)泄露或公开行为

泄露或公开行为是侵犯隐私权行为中最传统、最常见的类型，一般是基于合法事由掌握特定自然人隐私的自然人、法人或其他组织，将其掌握的自然人隐私泄露他人知晓的行为。就实践中的情形而言，泄露或公开行为主要有如下几种类型。

1. 泄露或公开患者健康隐私

医院基于健康检查、诊疗等合法事由掌握了患者的部分隐私，如既往病史、家族病史、接触史、身体异常特征等隐私。对于这些隐私，未经患者允许，医院不得扩散至第三人。这里的扩散，既包括故意的披露，也包括过失而导致的泄露。无论故意，还是过失，都构成对患者隐私权的侵犯。在实践中，患者的诊疗报告往往集中记载了患者的上述隐私，因而是非常敏感的个人隐私文件，医院应妥善保管，防止诊疗报告被不当扩散。比如，在张某某与俞某某隐私权纠纷案中，法院判决认为，第一医院作为医疗机构，在未经患者本人同意或缺乏相关部门的合法手续的情况下，不得泄露患者的医疗诊断报告。第一医院在俞某某仅口头提供张某某相关信息和出具书面说明一份的情况下擅自向其提供了张某某的医疗诊断报告，其做法也是错误的。[③]

2. 泄露或公开自然人通信隐私

通信自由和通信秘密是自然人隐私权的重要范畴，任何个人或组织，未经法律授权，都不得私

---

① MünchKommBGB/Rixecher(4Aufl. 2001), §12AnhangAnmerkung90. 转引自王泽鉴：《人格权：法释义学、比较法、案例研究》，北京大学出版社2013年版，第233页。

② ［德］迪特尔·梅迪库斯：《德国民法总论》，邵建东译，法律出版社2001年版，第810页。

③ 参见浙江省杭州市中级人民法院(2017)浙01民终3053号民事判决书。

拆他人信件、窃听他人电话、拦截他人手机信号、擅自窃取他人电子信件内容。① 同时,任何个人或组织,无论是基于合法原因获取上述通信信息,还是基于非法手段获取上述通信信息,均不得再行向第三人泄露,否则,向第三人泄露的行为本身,也将独立地构成对自然人隐私权的侵犯。

3. 泄露或公开自然人身份隐私

自然人的身份隐私,是指表征或确定自然人特定身份的各种隐私资料,包括但不限于:身份证号码、年龄、宗教信仰、私人日记、个人档案、经历信息等。擅自出版他人的私人日记、离婚之夫传播其妻所告知的私事,媒体报道个人不名誉的陈年旧事等,②都构成对他人隐私权的侵犯。基于生活事实而得知自然人隐私,但并没有向第三人泄露的,则不构成侵犯隐私权。比如,在孙某与罗某隐私权纠纷一案中,法院判决认为:"原告在婚姻关系存续期间内,书写有关日记,被告在离婚前拍照,离婚后发送给原告,原告并未提交证据证明被告向不特定的第三人披露且造成一定影响,故被告向原告本人手机发送该照片的行为不属于离婚协议书中约定的'流传或转发',不构成侵权,故原告要求被告赔礼道歉、停止骚扰及侵权并依离婚协议书的约定赔偿精神费100,000元的诉求,本院依法予以驳回,但被告应依约将该日记照片删除。"③

4. 泄露或公开自然人的家庭隐私

家庭本身并非法律上的主体,但家庭是由具体的家庭成员所组成,与家庭成员集体密切相关的信息如果被泄露,也会直接影响,甚至可能造成对家庭成员个人的隐私权侵害。家庭隐私的范围主要有:家庭的财产状况、家庭成员的婚姻状况、子女状况、家庭生活细节情况、家庭的特定社会关系、家族的遗传病情况等。家庭是个人生活、休养的港湾,每个人都有权确保自己在家休养时不受任何外界的打扰。因此,家庭住址已经不仅是一个单纯的地理意义上的方位,而是承载自然人人格完整和人格尊严价值的具有法律意义的"空间点"。所以,本书认为,家庭的住址常常和家庭生活的安宁,甚至家庭成员的安全具有密切的关系,应当受到隐私权的保护。即使是公众人物的家庭住址也应当受到保护。非法泄露个人的家庭住址,构成对隐私权的侵害。④

三、侵犯隐私权的民事责任

《民法典》第179条规定了11种民事责任的承担方式,但并非所有责任形式都适用于侵犯隐私权的情形。从隐私权的法律特质及隐私权侵权的损害后果看,在《民法典》所规定的民事责任方式中,适用于隐私权侵权的民事责任方式应只有停止侵害,消除影响、恢复名誉,赔礼道歉及赔偿损失4种。并且,根据《民法典》第179条第3款规定,以上4种责任方式可以单独适用,也可以合并适用。

(一)停止侵害

停止侵害的责任方式针对任何正在进行或持续进行的民事权益侵害行为。⑤ 如果加害人正在

① 王利明:《人格权法研究》,中国人民大学出版社2005年版,第609页。
② 王泽鉴:《侵权行为》(第3版),北京大学出版社2016年版,第159页。
③ 参见陕西省西安市高陵区人民法院(2016)陕0117民初3号民事判决书。
④ 王利明:《人格权法研究》,中国人民大学出版社2005年版,第611页。
⑤ 沈德咏主编:《〈中华人民共和国民法总则〉条文理解与适用》(下册),人民法院出版社2017年版,第1180页。

实施刺探、侵扰、泄露或公开等侵犯隐私权的行为，则权利人可以直接请求停止侵害。加害人拒不履行停止侵害责任的，权利人可以起诉。不过，实践中的隐私权侵权行为，并非总是持续进行的，或者往往已经实施完毕。无论是何种情况，只要侵害行为已经结束，则不再适用停止侵害的责任方式。在隐私权侵权案件中，停止侵害可以有很多具体的执行方式。根据个案的不同，判决加害人删除公开他人隐私的链接或源文件，撤下暴露他人隐私的照片，销毁印有他人私人日记内容的资料，拆除对他人进行监视、监听的摄像摄录设备，禁止对他人进行尾随跟踪等。具体以何种方式执行，需要根据个案的不同情况确定。但无论执行方式如何变化，其目的都是要使正在进行的隐私权侵权行为停止。

（二）赔礼道歉

赔礼道歉的意义在于弥补精神痛苦，这一点决定了其不应适用于法人被侵权的情形。因为，法人或其他组织并不存在心理意义上的“精神”。[①] 而侵犯自然人隐私权的情形，在很多情况下会导致被侵权人（自然人）的精神痛苦，因而赔礼道歉的民事责任方式当然可以适用于侵犯隐私权的情形。由于隐私信息天然排斥公开的原因，赔礼道歉责任方式一般在非公开的场合进行。[②] 不过，赔礼道歉的具体行文（书面道歉）或口头表述（口头道歉）可以根据实际情况调整，只要能够确保在赔礼道歉之时不致使被侵权人的隐私进一步暴露，赔礼道歉也不妨在公开场合进行。有时，公开场合进行赔礼道歉可能更容易使被侵权人的精神痛苦得到弥补。在这一点上，赔礼道歉的责任方式应比消除影响、恢复名誉的责任方式更为积极。

需要探讨的是，加害人如果不愿意赔礼道歉时，能否强制其赔礼道歉。对此问题，历来有不同的做法和主张。王泽鉴教授曾就各国法上关于赔礼道歉的态度和法律适用情况进行比较研究，其大致的结论是，英国、美国的法院判决不会要求赔礼道歉，但如果加害人自动道歉的，可以减免赔偿金；德国法院的判决也不会要求赔礼道歉，但可以命令撤回事实陈述。《日本民法》规定法院可以命令被告作恢复原状的适当处分，故赔礼道歉的广告并不违宪。[③] 各国关于赔礼道歉适用上的不同做法和态度，可能与各国法律文化传统和各自的社会现实需要有关。法律本来就有非常鲜明的传统因素和地方性因素，甚至也有非常鲜明的时代因素，在宏观的法律制度体系方面我们都无法希冀一国与他国雷同，则在具体的制度设计上更无法奢求这种划一。就我国的情况而言，从1986年《民法通则》开始，就在第134条中明确地将“赔礼道歉”作为一种民事责任方式。2009年公布的《侵权责任法》第15条也明确将其确定为侵权责任的承担方式。《民法典》第179条再次明确将其确定为民事责任的承担方式。这一立法史表明，我国社会对于赔礼道歉作为民事责任方式的共识是明确的。既然赔礼道歉是一种民事责任，那么当被侵权人不履行法院判决的赔礼道歉义务时，当然可以强制执行。否则，将其明确无误地规定为民事责任方式又有何意义？否定赔礼道歉的重要理由就是认为其不能强制执行，因为这样就侵害了侵权人的所谓“良心自由”，[④]但其实，这是赔礼道歉的强制

---

① 葛云松：《赔礼道歉民事责任的适用》，载《法学》2013年第5期。

② 王利明：《人格权法研究》，中国人民大学出版社2005年版，第619页。

③ 王泽鉴：《人格权：法释义学、比较法、案例研究》，北京大学出版社2013年版，第447～448页。

④ 杜文勇：《认真对待“良心”自由》，载《河北法学》2010年第5期；吴小兵：《赔礼道歉的合理性研究》，载《清华法学》2010年第6期。

执行方式问题，不能因此否定赔礼道歉的价值，那样会离间道德与法律的互动，有致市民法沦作"市场法"的风险。[①] 在实践中，如果被告拒不履行生效判决确定的赔礼道歉义务的，人民法院可以选择在相关媒体上刊登判决书的主要内容，刊登费用由被告承担；[②]或者由受害人发表谴责声明而由被告负担其费用的方式替代执行。如果受害人不选择以该方式强制执行，则可以请求被告支付一定的金额，其数额应由法院在判决书中确定。[③]

（三）消除影响、恢复名誉

严格意义上讲，消除影响、恢复名誉并非隐私权侵权的民事责任方式。但是，在实践中侵犯隐私权的行为，往往同时侵犯受害人的名誉权，因而在隐私权侵权案件中，原告往往会主张消除影响、恢复名誉的责任方式。法院经审查认为侵犯隐私权的行为，也使他人社会评价降低的，一般也会判决支持消除形象、恢复名誉的责任方式。但是，需要指出的是，消除影响、恢复名誉的责任方式在执行中往往需要重提涉诉侵权行为等旧事，这样反而会进一步泄露受害人的隐私。因此，在隐私权纠纷案件中，消除影响、恢复名誉的责任方式需要谨慎适用。

（四）赔偿损失

侵犯隐私权的最后一种民事责任方式是赔偿损失。民事责任意义上的赔偿损失，既包括财产损害的赔偿，也包括非财产损害的赔偿。在侵犯隐私权的场合，可能发生财产损失。比如，受害人因他人侵犯其隐私权而花费金钱收回扩散其隐私的资料，或者因隐私权受侵犯而遭受巨大精神痛苦产生的就医诊疗费用。在侵犯隐私权的场合，也可能发生非财产损失。比如，因被告的侵权行为，原告饮食难安，精神抑郁，遭受了非常严重的精神痛苦。这一严重的精神痛苦，就是非财产损失。对于上述财产损失，根据《民法典》第1182条的规定，被告应予赔偿。对于上述非财产损失，根据《民法典》第1183条的规定，被告也应予以赔偿。在确定财产损害赔偿时，主要根据被害人的实际损失，遵循填平原则进行赔偿。在确定非财产损害时，虽然也是遵循填平原则，但因非物质损害的确定，不易定量，因而应根据《精神损害司法解释》第10条，在综合考虑侵权人的过错程度，侵害的手段、场合、行为方式等具体情节，侵权行为所造成的后果，侵权人的获利情况，侵权人承担责任的经济能力以及受诉法院所在地平均生活水平等因素的基础上酌情确定。

四、隐私权侵权责任的抗辩事由

（一）公众人物抗辩

在某些侵犯隐私权的案件中，侵权人（被告）可以被侵权人（原告）为公众人物因而应对侵犯其隐私权有更多的容忍义务为由而请求免除或减轻侵权责任的抗辩，其实质是对公众人物隐私权的限制。

法院在审查公众人物抗辩能否成立时，应把握两个问题。一方面，是认定"公众人物"需要把握其构成要件。公众人物的构成要件有三个，分别是主体要件，主观要件和客观要件。主体要件，是

---

① 黄忠：《一个被遗忘的东方经验——再论赔礼道歉的法律化》，载《政法论坛》2015年第4期。
② 参见北京互联网法院（2018）京0491民初1813号民事判决书。
③ 葛云松：《民法上的赔礼道歉责任及其强制执行》，载《法学研究》2011年第2期。

指公众人物必须是自然人。这一要件把法人和非法人团体排除到“公众人物”的范围外。主观要件，是指受公众关注的主观愿望。这种主观愿望既包括本人自认的主观愿望，如本人自认系公众人物；也包括可得推知的本人的主观愿望，主要是从当事人行为、案件无争议事实或有效证据中可以推知的被侵权人的主观愿望。客观要件，是指被公众关注或知悉的客观事实或状态。自然人若只有成为公众人物的主观愿望，尚不足以被认定为“公众人物”，只有其既具备主观愿望又有被公众关注的客观事实，方可被认定为“公众人物”。[①] 另一方面，公众人物抗辩仅限于与公共利益有关的范围。对“公众人物”的隐私予以限制，应限定在保护公共利益和公众知情权的必要范围内，而不能将公众人物正当、合理的隐私都予以公开，满足某些人的庸俗兴趣。

（二）公共场所抗辩

公共场所抗辩是指虽然自然人的隐私权受保护，但如果是自然人在公共场所实施的行为，则即使其行为具有私密性，也不应认为暴露该私密行为构成侵犯隐私权。在我国，支持公共场所抗辩的一个著名案例是“复兴中学播放学生接吻视频侵权案”。该案中，法院判决认为，两位学生在晚自习教室内（且有20多名学生在场）接吻的行为已超越个人空间的领域，从而不具备隐秘性。[②] 不过，随着科学技术的发展进步，公共场所无隐私的传统认识逐渐受到了挑战，公共场所与私人事务已经无法设置泾渭分明的界限，很多看似在公共场所发生的私人行为，或者仅在公共场所对私人的关注，却可能侵犯他人的隐私权。

从实践中的情况看，公共场所抗辩中的“公共场所”分为两种：一种是有特定公开活动的公共场所，另一种是一般公开场所。对于上述两种公共场所发生的被诉侵犯隐私权的行为，被告均可主张公共场所抗辩，其条件是，原告参与公共场所活动成为公共场景的一部分，[③]在此种情况下，法院可以准许被告以此为抗辩。但若将该普通人在公共场所的活动进行有目的跟踪特写，则构成侵犯其隐私权，不应准许其援用公共场所抗辩。

（三）依法行使职权抗辩

隐私权侵权行为中经常涉及对原告私密空间的侵入，私人事务的侵扰和私密信息的获取。但是，当有权国家机关基于合法事由并履行法定程序后，可以在一定程度上对公民个人的隐私权进行“合法”的侵犯，这就是依法行使职权的抗辩。比如，侦查机关基于犯罪侦查或揭露其他违法事实的需要而对自然人的家庭状况、存款状况、房产状况，甚至对电子邮件、微信记录、私人日记等进行调查了解，此时，不应作为侵权行为对待。再如，公安机关在查处卖淫嫖娼行为时，可能直接闯入私密空间执法，此时也不应将此行为作为侵权行为对待。当然，有权机关基于合法事由和法定程序侵入私人领域也是有限制的，必须遵守法治原则和比例原则，否则将构成公权力的滥用。比如，在搜查女性身体时，应该由女性执法人员实施；因执法需要而查阅他人私人信件时，应以确有必要为限；因执法而获取的他人隐私信息，应控制在最小的范围，并在达成工作目的后应予物理删除等。

---

① 丁宇翔：《人格权侵权中“公众人物抗辩”的裁判规则》，载《法律适用》2016年第6期。

② 参见上海市第二中级人民法院（2014）沪二中民一终字第2106号民事判决书。

③ 王利明：《人格权法研究》，中国人民大学出版社2005年版，第623页。

专题二　个人信息的收集处理

一、个人信息的法律属性

个人信息,是指以电子或者其他方式记录的能够单独或者与其他信息结合识别自然人个人身份的各种信息,包括但不限于自然人的姓名、出生日期、身份证件号码、个人生物识别信息、住址、电话号码等。① 从这一定义出发,理论与实务界对个人信息的属性有不同的认识。

(一)关于个人信息法律属性的论争

第一种观点认为,个人信息属于隐私权的客体。即个人信息属于所谓的"数据隐私"(Data Privacy),强调对个人数据的控制与利用,对其以隐私权进行保护较恰当。第二种观点认为,个人信息属于人格权的客体。在个人信息下,对其的收集、处理和利用,都直接关系到信息主体个人的人格尊严。因此,对于个人信息应该按照人格权进行保护。这一主张主要是德国、法国等欧陆部分国家的观点。第三种观点认为,个人信息属于财产权的客体。即个人信息体现的是一种财产利益,既然是一种财产权益,则其权利内容可以比照所有权,因而权利主体对个人信息享有占有、使用、收益、处分的权能。② 第四种观点认为,个人信息就是一种独立的权利客体,个人信息所负载的是个人信息权,个人信息就是个人信息权的客体。《民法典》第 111 条规定的个人信息,就是个人信息权,是一种具体人格权。③

(二)个人信息法律属性的述评

以上关于个人信息法律属性的认识各有所据,值得研究。在个人信息的具体类型中,有很多都与自然人的隐私利益密切相关。比如,个人生物识别信息中的基因,个人健康生理信息中的既往病史,其他信息中的性取向等,都属于个人的隐私。可见,个人信息的确与隐私有很多交叉。但如果因此将个人信息确定为隐私权的客体,则又人为地限缩了个人信息的范围。因为,在个人信息中,同时也有很多信息并不属于隐私,比如,个人姓名、性别、电话号码等。因此,单纯地将个人信息确定为隐私权的客体是以偏概全了。将个人信息视为财产权的客体同样限缩了个人信息的种类和范围。虽然根据黑格尔的学说,个人信息本身并非主体的内在物,主体可以将自有的意志体现在个人信息中,且可根据自由意志对个人信息进行商业利用。④ 但如果据此认定个人信息属于财产权客

---

① 此外,最高人民法院、最高人民检察院《关于办理侵犯公民个人信息刑事案件适用法律若干问题的解释》第 1 条也对"个人信息"规定了类似的定义。

② 以上各种观点可参见张平:《大数据时代个人信息保护的立法选择》,载《北京大学学报》(哲学社会科学版)2017 年第 3 期。

③ 杨立新:《个人信息:法益抑或民事权利——对〈民法总则〉第 111 条规定的"个人信息"之解读》,载《法学论坛》2018 年第 1 期。

④ 刘德良:《个人信息的财产权保护》,载《法学研究》2007 年第 3 期。

体,也未尽妥当。传统民法中的肖像权,也是可以商业利用的权利,但是否可以据此认为肖像权属于财产权呢?所以,将个人信息作为财产权的客体,也不可取。《民法典》第111条虽然规定了个人信息受法律保护,但并没有明确将其称为"个人信息权",而在其他条款中,明确将姓名权、身体权、健康权、物权、债权等称为"某某权"。按照体系解释的方法,应当认为立法上并没有完全承认"个人信息权"这样的概念。在《民法典》中,第四编人格权第六章的题目也是"隐私权和个人信息保护",仍然没有用"个人信息权"的表述。这表明,《民法典》仍然没有将个人信息承认为一种独立的权利类型。根据以上分析,排除个人信息的隐私权客体说、财产权客体说以及个人信息权客体说,本书认为,在现阶段,个人信息应当认为属于人格权的客体,在具体的权利表达上,一般可以将个人信息利益归入一般人格权进行保护,也可以直接用个人信息权益来表达。

二、个人信息的分类

(一)政府掌握的个人信息与自然人掌握的个人信息

按照个人信息掌控主体的不同可以将个人信息划分为政府掌控的个人信息、自然人掌控的个人信息、其他组织掌控的个人信息。该分类标准虽然比较周延,但三种类别下的个人信息存在交叉,如身份证号码由政府提供,自然人自身也控制着身份证号码。对于其他组织掌控的个人信息,主要从隐私权的角度,体现在金融部门、医疗部门、企业经营者等主体对消费者个人信息的保护,但对于其他不能通过隐私权保护的个人信息则缺乏体系化的保护手段。[①]

上述分类的意义在于,在确定侵犯个人信息的侵权责任时,对于政府掌控的个人信息,应当确立无过错责任原则;而对于其他组织掌控的个人信息,应当确立过错推定责任;对于自然人掌控的个人信息,则应当确立一般的过错责任原则。[②] 政府以及其他组织相较自然人而言,获取以及通过数据自动处理(大数据)技术处理个人信息的能力更强,更有可能侵犯个人合法权益。并且,由于信息处理的复杂性,一旦发生个人信息的侵害事件,个人对于过错的举证能力相对较弱,因此,上述证明责任的分配标准较合理。

(二)原生的个人信息与衍生的个人信息

按照个人信息产生来源的不同可以将个人信息划分为原生的个人信息、衍生的个人信息。原生的个人信息,是指个人信息通过合法的记录、储存而产生,并不依赖现有数据。原生个人信息的产生是一个从无到有的过程,被记录和储存是其重要技术特征。原生的个人信息并不能被直接使用,也不是大数据交易中所要研究的对象,其可以直接被获取的价值极为有限。衍生的个人信息,是指系统的、通过计算机数据处理系统可读取的、有使用价值的信息,其建立在原生的个人信息被合法记录、存储后,并经过特定的算法计算、加工和聚合之后。相较于原生的个人信息,加工、计算、聚合等处理是其重要特征。[③]

上述分类的意义在于,一方面,实践中针对原生个人信息,一般不会发生大规模侵权;而针对衍

---

① 阳雪雅:《论个人信息的界定、分类及流通体系——兼评〈民法总则〉第111条》,载《东方法学》2019年第4期。

② 叶名怡:《个人信息的侵权法保护》,载《法学研究》2018年第4期。

③ 李雅男:《数据保护行为规制路径的实现》,载《学术交流》2018年第7期。

生个人信息,则可能发生针对某一群体的大规模侵权,从而存在提起公益诉讼的必要性。另一方面,针对原生个人信息,司法审判中应强调保护优先;而针对衍生个人信息,因涉及国家的信息产业战略,在强调对衍生个人信息进行保护的同时,需要兼顾衍生个人信息的流通。因此,不宜仅强调对信息主体的保护,而不合理地限制个人信息(数据)的流通。

(三)敏感个人信息与非敏感个人信息

按照信息内容与信息主体是否具有直接相关性可以将个人信息划分为敏感个人信息和非敏感个人信息。敏感个人信息是指,关涉个人隐私核心领域、具有高度私密性、对其公开或利用将会对个人造成重大影响的个人信息,如有关性生活、基因信息、遗传信息、医疗记录、财务信息等个人信息。[①]《信息安全技术、公共及商用服务信息系统个人信息保护指南》(2013 年 2 月 1 日起实施)将个人敏感信息界定为,一旦遭到泄露或修改,会对标识的个人信息主体造成不良影响的个人信息,包括身份证号码、手机号码、种族、政治观点、宗教信仰、基因、指纹等。信息安全技术《个人信息安全规范》(2020 年)将敏感个人信息定义为,一旦泄露、非法提供或滥用可能危害人身和财产安全,极易导致个人名誉、身心健康受到损害或歧视性待遇等的个人信息。在通常情况下,14 岁以下(含)儿童的个人信息和涉及自然人隐私的信息属于个人敏感信息。就此而言,敏感个人信息基本可以等同于隐私信息。《民法典》第 1034 条第 3 款也规定,个人信息中的私密信息,同时适用隐私权保护的有关规定。而非敏感个人信息,是指敏感个人信息(隐私信息)以外的个人信息。

上述分类的意义在于,敏感个人信息与个人的合法权益联系得更紧密,一旦遭到泄漏或修改将直接侵犯个人的合法权益。因此,对于敏感个人信息的保护应高于非敏感个人信息的保护。在具体的司法审判中,对于敏感个人信息被侵犯的信息主体,应提供更便捷和低成本的保护,在证明责任分配上应考虑采取举证证明责任倒置的方式,由侵权人证明其对于个人信息的侵害没有过错,同时,应降低被侵权人对于侵权行为、因果关系的证明标准,对于造成损失的赔偿以实际发生的损失为准。

三、个人信息规定与隐私权规定的法律适用关系

(一)个人信息与隐私的区别

第一,二者的权利性质有所不同。隐私权属于人格权是目前学界的通说。但对于个人信息到底属于什么性质的权利,则存在较大争议。然而,无论争议如何大,但基本都认同个人信息具有财产性因素。[②] 基于此,至少可以说,隐私权在权利性质上属于人格权,而个人信息权益,则是兼具人格属性和财产属性的权利。

第二,二者对公开性的要求不同。隐私权客体中的私密信息属于个人未向社会公开的信息,而个人信息权益中的个人信息,可能未公开,也可能已经公开,或者本来就属于公共事务的范畴。[③] 因此,隐私权天然排斥公开,而个人信息则并不天然排斥公开。

---

① 张新宝:《从隐私到个人信息:利益再衡量的理论与制度安排》,载《中国法学》2015 年第 3 期。

② 阳雪雅:《论个人信息的界定、分类及流通体系——兼评〈民法总则〉第 111 条》,载《东方法学》2019 年第 4 期。

③ 郭瑜:《个人数据保护法研究》,北京大学出版社 2012 年版,第 26 页。

第三,二者权利行使的积极程度不同。在绝大多数情况下,隐私权并非权利主体可以主动行使的一项权利。只有在隐私权被侵犯时,权利主体才通过行使请求权的方式对自身的隐私权进行保护。就此而言,隐私权是一种较消极的防御性权利。但个人信息权益则不同,它体现的是信息主体对其个人资料的自决和控制,在还没有被侵犯前,个人信息权益就可以"同意""查询""复制""变更"等积极的方式行使。因此,个人信息权益则是一种较积极的利用性权利。

第四,二者权利客体的核心要素不同。隐私权的核心要素是私密性。作为隐私权客体的私密信息一旦合法公开,则在已经公开的范围内就不再是隐私。此时,即使隐私权主体提出保护主张,也会遭到合法有效的抗辩。而个人信息权益的核心要素则是可识别性。即使单个的个人信息经过匿名化、假名化或隐名化处理后无法识别特定的自然人,但是如果与其他信息相结合可以识别特定自然人身份的,则该匿名化、假名化或隐名化的信息仍然可以构成个人信息。

(二)个人信息保护与隐私权保护的法律适用关系

根据《民法典》第1034条第3款规定,个人信息中的私密信息,适用有关隐私权的规定;没有规定的,适用有关个人信息保护的规定。这就意味着,对于自然人私密信息利益的侵犯,直接视为对隐私权的侵犯,可以直接适用关于隐私权的所有规范。而从我国民法的体系看,除《民法典》作为基本法外,还有很多其他效力层级的民事法律规范。最典型的是最高人民法院所颁布的涉及民事部分的司法解释。《民法典》所谓"适用有关隐私权的规定"应该作广义的理解,即既包括《民法典》中的隐私权规范,也包括其他民事法律规范中的隐私权规范。比如,最高人民法院于2001年发布的《精神损害司法解释》,应认为也适用于个人信息中的私密信息。

同时,由于私密信息本身就属于个人信息中一个类别。因此,在隐私权的相关规范不足时,当然可以转而适用个人信息保护的规范。

四、收集、处理个人信息的原则

(一)合法、正当原则

个人信息的收集和处理应依法并经过信息主体的授权方可进行,不能违反法律、行政法规和当事人之间的约定。根据《民法典》第1034条规定,这里的处理,包括个人信息的使用、加工、传输、提供、公开等。合法、正当是对个人信息收集、处理的一般性指导原则。依据该原则,收集和处理个人信息除要最低限度地不违法外,还应满足如下两方面的要求。

1. 征得同意。个人信息是能够单独或者与其他信息结合识别自然人个人身份的各种信息,对于信息主体本人关涉甚大。如果允许任何个人和组织可以未经信息主体本人允许而收集和处理其个人信息,则每个人将完全暴露于他人,无任何个人信息上的自主可言。因此,《民法典》第1035条第1款第1项明确规定,收集和处理个人信息,需征得该自然人或者其监护人同意,但是法律、行政法规另有规定的除外。在实践中,征得自然人同意的方式可以是口头,也可以是书面,还可以是默示的行为。比如,房主通过中介公司登记房屋进行出租时,房主将其姓名、联系方式、房屋坐落位置、建筑面积及租金价格等信息书写入中介公司的表格中的行为即表明,其同意房屋中介公司收集和利用上述个人信息。

2. 不得误导。信息的收集、控制者如果通过欺骗手段收集和处理个人信息，或者通过非法途径获取个人信息，则显然违法，自不待言。但如果收集者通过比较委婉的方式误导信息主体提供个人信息，亦应认定为违反合法、正当原则。比如，网络服务提供者将收集用户的网络浏览记录的功能选项，默认为用户“同意”，且以非常小的字体进行提示，以至于一般的网络用户根本不会注意到这一提示，就顺着网页上提示的下一步而进行选择，最终导致该用户的网络浏览记录被收集。

（二）必要性原则

收集、处理个人信息应该坚持必要性原则，即信息收集者或控制者只收集和处理满足个人信息主体授权同意的、目的所需的最少个人信息类型和数量。目的达成后，应及时删除个人信息。[①] 其实质是要求，个人信息的收集和使用应该合乎比例。个人信息的范围非常广泛，信息收集者应在信息主体授权同意的范围内尽可能地少收集个人信息。信息收集后，也应尽可能地限制信息的扩散范围。使用信息时，不能超越信息主体授权同意的范围，也不能超出信息收集者向信息主体所明示的使用目的范围。信息收集目的达到后，应立刻且毫无保留地将收集到的信息进行物理删除。在实践中，个人信息收集和处理的必要性原则应如何具体掌握，常常是难以划一的，而需要具体案件具体分析。比如，公共交通乘车软件收集用户的位置信息是必要的，但要求收集用户的通讯录和通话记录，就完全违背了必要性原则。美图软件要求收集用户的照片、图片记录是必要的，但如果要求收集用户的网络浏览记录则明显是不必要的。目前，日常生活中的大量手机应用（App）都存在过度收集收集个人信息的问题。中国消费者权益保护协会于2018年开展的调查表明，在参加测评的100款手机App中，10款App普遍存在涉嫌过度收集个人信息的情况，59款App涉嫌过度收集“位置信息”，28款App涉嫌过度收集“通讯录信息”等。[②] 可见，违反个人信息收集、处理的必要性原则的情形在实践中广泛存在，全社会必须马上行动起来，捍卫我们每个人的个人信息安全。

（三）公开透明原则

公开透明原则，是指信息收集者、控制者应当以明确、易懂和合理的方式公开处理个人信息的范围、目的、规则等，并接受外部监督。具体而言，公开透明原则主要体现为以下两项具体的要求。

1. 信息收集处理者的信息公示。信息收集处理者应当负有信息公示的义务，即应向个人信息主体告知其收集处理的信息的类型、信息收集处理者的身份、信息收集处理的目的、信息的接收方等情况。[③] 在实践中，信息收集处理者的信息公示，很多是通过其隐私政策进行的。就信息主体而言，只有对于前述公示内容完全知晓，才可能判断信息收集和处理者是否遵循了必要性原则。否则，信息主体自身被“蒙在鼓里”却不自知，其根本无法确定自己的个人信息是否合法正当被收集和处理，甚至可能都不知道自身个人信息被收集或处理了。于此，公开透明原则也将变得毫无实际意义。

2. 信息收集处理过程的公开。只有个人信息收集和处理的实施行为和实施过程公开，公开透明原则才是具有实际意义的。否则，即使信息收集处理者公示了其收集目的、规则和使用范围，信

---

① 参见《信息安全技术·个人信息安全规范》（GB/T35273—2020）。

② 《中消协：手机App过度收集用户信息，个人隐私在互联网“裸奔”》，载搜狐网：https://www.sohu.com/a/278439983_469168，最后访问日期：2020年4月21日。

③ 阳雪雅：《论个人信息的界定、分类及流通体系——兼评〈民法总则〉第111条》，载《东方法学》2019年第4期。

息主体也无从判断信息收集处理者是否如其公示的那样实际执行的。因此,个人信息收集处理过程的公开是公开透明原则的关键环节。在实践中,如果信息收集处理者不能证明其收集、处理信息的过程是公开的,则应认定其违反了信息收集处理的公开透明原则。

(四)主体参与原则

所谓主体参与原则,是指在信息收集、处理的全过程,信息收集处理者应向个人信息主体提供能够查询、更正、删除其个人信息,以及撤回授权同意、注销账户、投诉等方法。①

在《民法典》中,个人信息保护之所以放入人格权编,就在于其天然的人格属性。这就要求,个人信息保护需要从尊重人格尊严、人格完整、人格自由的角度出发,去配置个人信息收集和处理中的权利义务规范。其中,信息主体自身在信息收集、处理过程中的参与方式和程序非常关键。《民法典》第1037条规定的参与方式主要有,依法查阅或者复制其个人信息;发现信息有错误的,有权提出异议并请求及时采取更正。但这些方式还较为原则,还需要相关主管部门的行政规章予以落实,甚至需要信息控制者的隐私政策予以落实。一旦信息主体的参与要求被拒绝,关于个人信息的权利实际上就受到了侵犯,就需要通过追究信息收集、处理者的民事责任来提供强有力的保护。

专题三　个人信息的私法保护

一、自然人信息获取权益的保护

自然人作为信息主体,对信息收集者、处理者所收集处理的其个人信息,有权利获取。这种获取的权利具体包括查阅、和复制等权利内容,以下分别予以探析。

(一)查阅权利及其保护

1. 查阅权的实现条件。查阅是信息主体获取自身信息的基本途径。从法理上讲,信息主体要实现其查阅的权能,应满足如下条件:其一,信息主体知悉信息控制者的沟通联系方式。所谓信息控制者就是有能力决定个人信息处理目的、方式等的组织或个人。② 实践中收集、处理个人信息的主体,原则上都可归入信息控制者的范畴。这里的沟通联系方式应具体到相关的工作人员,并且在个人信息收集阶段,即应将工作人员的姓名、联系方式告知信息主体。工作人员职责发生变动的,应通过通知或其他合理方式让信息主体知晓。其二,信息控制者应以明确可读的方式向信息主体提供查阅。在电子计算机技术广泛应用的当下,信息是以电子数据的形式生成、传输和存储的。控制了数据就掌握了信息,因此,数据和信息具有天然的共生性和一致性。③ 但数据要呈现在信息主体眼前,需要通过特定的软件程序进行读取。只有信息控制者提供的数据是一般数据读取软件可

---

① 参见《信息安全技术·个人信息安全规范》(GB/T35273—2020)第4条。

② 参见《信息安全技术·个人信息安全规范》(GB/T35273—2020)第3.4条。

③ 梅夏英:《数据的法律属性及其民法定位》,载《中国社会科学》2016年第9期。

读的，或者信息控制者向信息主体提供了信息读取的软件工具，信息主体的查阅权能才能真正落实。其三，信息控制者应向信息主体提供投诉的渠道。这里的投诉既包括信息控制者自身的投诉渠道，如互联网企业的隐私保护专员、信息保护专员等；也包括监管机关的投诉渠道，如医疗机构作为信息控制者时，其投诉机关是卫生行政部门，如银行作为信息控制者时，其投诉机关就是银保监会。

2. 查阅受阻时的私法救济。《民法典》第四编人格权的规范虽然有些不是严格意义上的裁判规范，但并不意味着个人信息的相关权益受损就不能寻求民事司法救济。根据《民法典》第四编人格权的一般规定中的相关条款和第1167条的规定，侵权行为危及他人人身、财产安全的，被侵权人有权请求侵权人承担停止侵害、排除妨碍、消除危险等侵权责任。信息主体就其个人信息所享有的查阅的权利也是一种合法的民事权益，受侵权法保护。如果信息主体的查阅要求被拒绝，信息控制者构成对信息主体权益的不作为侵害，应承担停止侵害的责任。考虑到查阅权满足的时效性，在实践中，如果原告请求被告提供查阅信息的服务，法院应将该类案件纳入速裁程序进行处理。

（二）复制权利及其保护

1. 复制权利的内涵。复制权利，就是将信息控制者掌握的个人信息予以摘抄、拷贝，以固定信息内容并为己所用的权利，其实质是查阅权利的延伸。在很多情况下，信息主体仅是查阅了信息控制者提供的信息内容是不足够的，只有复制后才能运用于其自身的合法目的。比如，在京东商城上的费用支出记录。如果仅可以自己查阅，则只能满足自己对于过去购物的记忆需要。但在很多情况下，这一费用支出记录可以向第三人证明自己的信用情况，或其他情况（如捐款情况等）。此时，复制的权利就具有了非常重要的意义。复制权利的实现条件与查阅权的实现条件基本相同，但复制权利的实现，还需要信息控制者提供能够兼容的文件格式，以确保信息主体在复制之后能够读取所复制的信息内容。

2. 复制与数据可携权。数据可携权是欧盟《一般数据保护条例》前言第68项和正文第20条予以明确的一项权利。其内涵是指，信息主体有权在信息控制者之间不受阻碍地携带其数据进行转移，只要技术上可能，载明个人信息的数据可以经由信息主体在信息控制者之间进行直接传输。[①]本书认为，数据可携权的本质仍然是个人信息自决的重要内容，具有浓厚的人格伦理因素。数据可携权在很大程度上与信息自决相关，应作为个人信息自决概念和个人对控制其个人信息泄露和控制对其个人信息进一步处理的默认授权的逻辑延伸。[②] 从逻辑结构上看，数据可携权实际上包括三个层面：一是个人数据的获取；二是信息主体自己对个人数据的传输；三是信息主体可以要求其数据直接从一个信息控制者传输到另一个信息控制者。就个人数据的获取而言，通过上文所述的查阅和复制等即可实现。就信息主体自己对个人数据的传输而言，只要信息主体获取了其个人数据，并且，该数据是结构化的、通用的、机器可读的、能够共同操作的，[③]则将该个人数据传输给其他信息控制者就是可行的。就数据直接从一个信息控制者传输到另一个信息控制者而言，欧盟《一般数据

① 李蕾：《数据可携带权：结构、归类与属性》，载《中国科技论坛》2018年第6期。

② Purtova N., Property Rights in Persona Data: A European Perspective, Alphen aan den Riji: Kluwer Law International, 2011. 转引自张哲：《探微与启示：欧盟个人数据保护法上的数据可携权研究》，载《广西政法管理干部学院学报》2016年第6期。

③ 参见欧盟《一般数据保护条例》第20条。

保护条例》对其施加的条件是"若技术上可行"。也就是说,只要技术上是允许的,那么信息主体可以要求信息控制者直接将其个人数据传输到另一个哪怕是与该控制者有竞争关系的信息控制者,这是数据可携权的最高境界。要达到这一点,在技术上消除数据格式壁垒,至为关键。[①] 并且,这一点对于信息控制者来讲,也会增加运营成本,还会使数据企业之间以此为工具抢夺数据,导致不正当竞争。[②] 不过,成本的上升只是在数据直接传输的初期会有,若数据格式壁垒消除,则这种成本就不是问题。而不正当竞争可以通过《反垄断法》和《反不正当竞争法》加以解决,不应成为拒绝数据可携权的理由。考察以上三个层次,至少就前两个层次而言,数据可携权是可以被上文讨论的复制权利所包容的。就第三个层次而言,随着技术的发展进步和人们认识的发展,应信息主体要求的直接传输也会成为现实,并必将马上成为现实。这种应信息主体要求的直接传输也应被认为是信息主体复制权利的必然延伸。基于以上分析,本书认为,数据可携权是可以包含在《民法典》第1037条的框架内的。也就是说,从解释上,应认为信息主体的复制权利包含了数据可携权。

3. 复制权利的私法救济。信息主体的个人信息之所以能被信息控制者掌握,大多数情况下是因为双方达成了合同。在日常生活中,我们使用各种手机App时,都会看到是否同意收集某一类信息的提示,或者是否同意其隐私政策的提示。只要选择同意,就与App的运营者达成了允许其收集个人信息的协议。这一协议同时也会提供我们访问、复制被收集的个人信息的方式和渠道。如果,我们向信息控制者提出复制个人信息的要求而被拒绝时,可以主张信息控制者违约,要求其承担继续履行(提供复制服务等)的违约责任。这一点,即使没有《民法典》第1037条第1款的规定,也是可以主张的。

但是,《民法典》第1037条第1款的重大意义在于,它以法典的高规格确认了信息主体可以向信息控制者主张复制等项权利。而根据《民法典》第1165条,行为人因过错侵害他人民事权益造成损害的,应当承担侵权责任。因此,当信息主体提出复制要求而不被信息控制者接受时,其除了可以向信息控制者主张违约责任之外,还可以根据第1165条第1款和第1037条第1款规定,要求信息控制者承担侵权责任。从实践中的情况看,目前,因复制请求被拒绝而提出违约之诉和亲权之诉的案例还不多见。但是,随着人们对其个人信息保护观念的加强,随着《民法典》的实施,这类案件必将越来越多,个人信息的保护水平也必将越来越高。

二、自然人信息更正、删除权益的保护

(一)更正权益及其保护

信息主体有权要求信息控制者保证其控制之下的个人信息内容的完整和正确。[③] 而更正恰是实现这种完整性要求的必然举措。在实践中,对错误个人信息的更正,可以针对一般的信息控制者,如互联网公司,也可以针对专门的掌握某类个人信息的机构或组织,如征信机构。在吉林柳河农村商业银行股份有限公司与杨某某一般人格权纠纷一案中,法院认为,被告未提供证据证明与原

① 丁宇翔:《协力保护个人信息安全》,载《人民日报》2019年10月14日,第5版。
② 京东法律研究院:《欧盟数据宪章:〈一般数据保护条例〉GDPR评述及实务指引》,法律出版社2018年版,第64页。
③ 王利明:《人格权重大疑难问题研究》,法律出版社2019年版,第695页。

告发生贷款业务往来，也未提供证据证明原、被告之间存在借款与担保法律关系，《个人信用报告》中信贷交易信息有误以致原告一般人格权受损，原告有权要求被告承担侵权责任，故原告的诉讼请求该院予以支持。依照《侵权责任法》第15条第1款第1项、第8项的规定，遂判决：被告吉林柳河农村商业银行股份有限公司于本判决生效后立即对原告杨某某在征信服务中心个人信息中2009年12月29日的信贷交易信息予以更正。①

（二）删除权益及其保护

1. 删除权的实现

个人信息的收集、处理行为即使取得了信息主体的授权或同意，但信息控制者的收集和处理行为很可能超出授权范围进行收集或处理，或者即使没有超范围，但仍然可能在收集、整理时发生错误，这种错误实际上就对信息主体的人格利益造成了侵害。基于此，赋予信息主体对错误信息的删除权利，可以有效预防和制止对个人权利的侵害。② 在实践中，如果信息主体因个人信息错误而起诉时，信息控制者往往在接到应诉通知后的合理期限内就会删除其错误信息。比如，在新丽电视文化投资有限公司等与张某隐私权纠纷一案中，张某系某物业管理公司员工，电话号码“186××××××××”系其本人所有并持续使用，用于日常生活和工作联系，与个人微信、支付宝、银行卡绑定。在电视连续剧《爱情进化论》第17集中，该剧制片公司新丽公司未经核实，也未经张某许可，直接在《爱情进化论》中公开张某私人电话号码。该集播出以后，大量的观众通过电话、短信、申请添加微信好友等方式，不分日夜地对其进行骚扰，严重干扰了其正常地生活和工作，并造成巨大精神压力。后张某起诉后，新丽电视文化投资有限公司将显示张某电话号码的画面删除。③

2. 删除权与被遗忘权

2014年5月，欧洲法院对合并审理的谷歌公司、谷歌西班牙公司诉西班牙数据保护局案作出最终裁决，④要求谷歌公司删除涉及有关冈萨雷斯的过时的、无关紧要的因债务危机而拍卖房产的信息链接后，此前在学理上已经被探讨的被遗忘权，更被实务界进一步关注起来。⑤ 其后，2018年生效的《一般数据保护条例》在第17条专门规定了“删除权（被遗忘权）”。本书认为，这里的删除权利，更多的是针对错误信息或违法信息（《民法典》第1036条）而设置的权利，与欧盟《一般数据保护条例》中所谓的被遗忘权有很多联系，但并不完全等同。当信息控制者收集、处理信息的目的已

---

① 参见吉林省通化市中级人民法院（2019）吉05民终434号民事判决书。

② Neethling, JM Potgieter&PJ Visser, Neethling's law of personality, Lexis Nexis South Africa, 2005, p. 279. 转引自王利明：参见王利明：《人格权重大疑难问题研究》，法律出版社2019年版，第697页。

③ 参见北京市第一中级人民法院（2019）京01民终3655号民事判决书。

④ 该案简要案情：2010年西班牙公民冈萨雷斯向西班牙数据保护局投诉《先锋报》和谷歌公司、谷歌西班牙公司，要求《先锋报》删除或修改其页面，不再显示其1998年因进入追缴社保欠费的扣押程序而被强制拍卖房产的相关信息，要求谷歌公司和谷歌西班牙公司删除或屏蔽上述信息。西班牙数据保护局一方面驳回了针对《先锋报》的投诉，因为《先锋报》此前的信息公布行为是合法的；另一方面则支持了针对谷歌公司和谷歌西班牙公司的请求。谷歌公司和谷歌西班牙公司不服，诉至西班牙高等法院。该法院认为，本案涉及对《欧盟数据保护指令》的理解问题，因而提请欧洲法院就相关问题进行解释。2014年5月，欧洲法院对该案作出了裁决，确定《欧盟数据保护指令》适用于互联网搜索服务提供商，并明确数据主体享有被遗忘权，网络搜索服务提供者有义务删除过时的、不相关的信息，但网络出版商可以援引言论自由免除此种义务。具体介绍，可参见 Google Spain SL, Google Inc. v. Agencia Espanolade, Judgment of the Court, Case C－131/12, paras. 14－15。

⑤ 丁宇翔：《被遗忘权的中国情境及司法展开——从国内首例“被遗忘权案”切入》，载《法治研究》2018年第4期。

经达成时，此前收集、处理的个人信息可能过时、不必要，此时就会涉及被遗忘权的问题。① 如前所述，在欧盟《一般数据保护条例》第17条明确规定被遗忘权后，我国也有很多引进被遗忘权的呼声。但从我国的司法实践看，在2015年终审判决的任某某与百度名誉权纠纷案中，法院并没有支持任某某提出的被遗忘权的主张。法院认为，我国现行法律中并无对被遗忘权的法律规定，亦无被遗忘权的权利类型。任某某依据一般人格权主张其被遗忘权应属一种人格利益，该人格利益若想获得保护，任某某必须证明其在本案中的正当性和应予保护的必要性，但任某某并不能证明上述正当性和必要性，故判决驳回任某某的诉讼请求。②

实际上，就权利的保护而言，到底采用删除权的概念，还是被遗忘权的概念，并非问题的关键。在权利保护的实践中，被遗忘权或删除权所代表的民事权益被真正保护起来，才是更重要的问题。在我国现行法的框架下，《民法典》第1037条第2款、《民法典》第1195条等都提供了删除的救济途径。也就是说，在我国现行法中，我们完全可以通过法律规定的删除、屏蔽、断开链接等手段达到与欧盟被遗忘权（删除权）相同的效果。就此而言，似乎并没有必要专门移植"被遗忘权"的概念。③

三、个人信息泄露、篡改或非法提供他人时的私法救济

在实践中，个人信息被侵害的最主要的表现形式是信息被泄露、篡改或非法提供给他人。在非常著名的徐某某案中，徐某某因被诈骗电话骗走上大学的费用9900元，伤心欲绝，郁结于心，最终导致心脏骤停，经医院抢救不幸离世。后经警方侦查发现，犯罪嫌疑人陈某某租住房屋，购买手机、手机卡、无线网卡等工具，从犯罪嫌疑人杜某某手中购买5万余条山东省2016年高考考生信息，雇佣郑某某、黄某某冒充教育局工作人员以发放助学金名义对高考录取生实施电话诈骗。可见，在个人信息保护中，防止泄露和阻止非法提供非常重要。而一旦信息被泄露、篡改或提供给他人发生严重后果的，除追究刑事责任外，还会有民事责任的承担。

（一）归责原则问题

在个人信息泄露、篡改和非法提供等案件中，经常需要决定是否需要考虑被告过错的问题。就篡改和非法提供行为而言，其主观上的恶意是非常明显的，一般不存在过错证明的难题，其过错的认定相对较为容易。但是，就泄露而言，因为在很多情况下行为人并无主观恶意，很可能是过失导致。过失的认定必须通过原告的证明来完成，而证明过失对于原告来说，却并非易事。

对此问题，理论界提出的一种方案是所谓三元归责原则体系，即针对公权力机关所实施的个人信息自动化处理行为而发生泄露的，应采无过错责任原则；针对非公权力机关的企业所实施的个人信息自动化处理行为而发生泄露的，应采过错推定责任原则；针对非自动化处理的个人信息处理行为发生的泄露，应采过错责任原则。④ 从表面上看，《民法典》第1038条和第1039条并非裁判规范，无法从条文内容中看出其所采纳的归责原则。但结合人格权编一般规定中对请求权的表述，个人信息的侵权应当主要坚持过错责任原则。一般而言，作为被告的信息控制者均是具有精准专业处

---

① 王利明：《人格权重大疑难问题研究》，法律出版社2019年版，第697页。

② 参见北京市第一中级人民法院（2015）一中民终字第09558号民事判决书。

③ 丁宇翔：《被遗忘权的中国情境及司法展开——从国内首例"被遗忘权案"切入》，载《法治研究》2018年第4期。

④ 叶名怡：《个人信息的侵权法保护》，载《法学研究》2018年第4期。

理能力的专业组织和人员，对于他们的注意义务的要求，应明显高于一般人。对于一般主体的信息泄露很可能不构成过失，但是对于这样的高度专业化的主体的信息泄露而言，则可能构成过失。在庞某某与趣拿公司、东航公司隐私权纠纷案中，生效判决指出，东航和趣拿公司作为各自行业的知名企业，一方面，因其经营性质掌握了大量的个人信息；另一方面，亦有相应的能力保护好消费者的个人信息免受泄露，这既是其社会责任，也是其应尽的法律义务……而本案泄露事件的发生，正是其疏于防范导致的结果，因而可以认定趣拿公司和东航具有过错，理应承担侵权责任。[①]

(二)因果关系的问题

在最常见的泄露个人信息的民事案件中，按照传统民法中相当因果关系理论的要求，原告必须要证明如下两点：一是原告的个人信息是被告泄露的；二是被告的泄露行为在一般情况下会造成原告的权益损害。然而，恰恰是对这两点的证明难度非常大。一方面，在大数据时代，日常工作、学习、生活的各个阶段、各个领域、各个环节都普遍存在个人信息泄露的可能。一旦信息泄露发生，我们很难确定泄露到底发生在哪个阶段、哪个环节，更难以确定是哪个信息控制者实施的泄露行为。另一方面，即使原告能够证明泄露行为的实施者，但又如何证明该泄露行为造成了原告的损害？因为，如果仅仅将原告因其个人信息被泄露而产生的焦虑、惊慌等消极情绪作为损害，这样的损害是否具有相当性呢，即是否大多数人在此种情况下都会有这种消极情绪呢？

在实践中，对于上诉问题的解决之道主要是降低证明标准，即直接援引《民诉法司法解释》第108条规定的"高度盖然性"的证明标准，只要相关证据能够支撑法官内心确信：被告的泄露侵权行为与信息被不当利用、心情焦虑等损害有因果关系高度可能性存在，即可认定存在因果关系。[②] 但是，这一解决思路只是从程序视角提供的方案。要从根本上寻求解决办法，还是应该通过审判实践总结经验，建立个人信息泄露的因果关系认定规则，免去原告就因果关系进行证明的沉重负担，更好地提升个人信息保护的效果。

(三)非法提供个人信息的认定

当信息处理者所处理的信息是经过加工无法识别特定个人且不能复原的信息时，即使向他人提供这些信息，也不应构成侵犯个人信息。这是因为个人信息的核心要素在于其可识别性。如果所提供的个人信息根本不具有可识别性时，则即使其具有信息的形态，但因其无法与特定自然人相关联，无法认定其为个人信息，因而无法按照个人信息进行保护。然而，需要引起格外注意的是，经过加工的信息无法识别并非绝对的。随着计算机科学技术的发展，很多过去被匿名化处理的信息，通过特定的技术手段可以再识别。比如，撞库和大数据等再识别技术的深入研究和应用，[③]使个人信息匿名化处理的效果正面临严峻挑战。在此情况下，即使此前的个人信息经过匿名化进行了脱敏处理，但如果可以再识别，则其个人信息的属性将再次被确认。此时，此前被匿名化处理的信息还将作为个人信息对待。因此，强调"且不能复原"特别重要。另外，在极端情况下，即使被匿名处理的个人信息不能复原或再识别，但如果这些单个的信息与其他信息结合起来仍然可以匹配到具

① 参见北京市第一中级人民法院(2017)京01民终509号民事判决书。

② 丁宇翔：《个人信息民事司法保护的若干难点及破解路径》，载《中国审判》2019年第19期。

③ 何渊：《智能社会的治理与风险行政法的建构与证成》，载《东方法学》2019年第1期。

体的自然人,则这些信息从法律上还是可以定性为个人信息,从而适用有关个人信息保护的法律规范。

四、国家机关等泄露或非法提供个人信息的私法救济

(一)因履行职责而泄露个人信息的救济

国家机关、承担行政职能的法定机构及其工作人员因履行工作职责而掌握的个人信息,必须严格控制范围,避免个人信息的泄露。即使履行工作职责本身正当合法,但该履职行为不能成为泄露个人信息的正当理由。比如,个人征信管理部门工作人员在履职过程中所知悉的公民个人征信信息,在未履行法定程序的情况下,不应对外披露或提供给第三人。如果因泄露征信信息或向第三人提供征信信息造成损害的,应承担损害赔偿责任。在例外情况下,即使没有造成财产损失,但如果造成自然人严重精神痛苦的,亦应承担精神损害抚慰金的赔偿责任。只不过,由于这是执行职务的行为,对外的侵权责任应由该国家机关承担。当然,国家机关、承担行政职能的法定机构对外承担民事责任后,可以根据相关法律规定对违法履职的工作人员进行追责。从实践中的情况看,涉及国家机关、承担行政职能的法定机构泄露个人信息的侵权案件还非常少。在《民法典》施行后,随着人们个人信息保护意识的进一步提高,这样的案件无疑将越来越多。

(二)非因履行职责而泄露或非法提供个人信息的救济

国家机关、承担行政职能的法定机构及其工作人员在履行职责过程中应严格遵守工作纪律,对于所知悉的他人个人信息,不得扩散和传播。如果在其他非履行职责的场合,工作人员将他人个人信息泄露或非法向第三人提供,将承担民事责任。如果个人信息泄露发生严重后果的,该工作人员还可能承担刑事责任。在承担民事责任的情况下,因泄露行为或非法提供行为是行为人的个人行为,而非履行职务行为,即使是国家机关工作人员,也不应由国家机关承担责任,而应由其本人承担民事责任。在案由的选择方面,如前所述,在最高人民法院关于民事案件的案由规定没有做出修改前,只能以隐私权纠纷或一般人格权纠纷确定案由。在归责原则方面,同样需要贯彻一般的过错责任原则。在具体的法律适用方面,这种情况下的侵权责任承担需要满足一般侵权责任的四个构成要件,即侵害行为(泄露或非法提供)、损害(物质损害和严重精神痛苦)、侵害行为和损害之间的因果关系、行为人的过失。在行为人的过失认定方面,考虑其作为国家机关工作人员的工作职责定位及其所负担的更重的注意义务,应采取较宽松的标准。只要行为人存在泄露的行为,即应认定其存在过失。就非法提供行为而言,则主要是故意,其司法认定一般较容易。

五、个人信息侵权的抗辩

(一)信息主体的同意

受害人同意是侵权责任的一般免责事由。[①] 在个人信息的收集、处理行为中,如果该行为是经过信息主体同意,或者是在信息主体同意的范围内实施的,则不需要承担侵权责任。另外,基于对

---

① 参见程啸:《侵权责任法》(第2版),法律出版社2015年版,第301页。

无行为能力和限制行为能力人的保护,涉及无行为能力人和限制行为能力人的个人信息的收集、处理行为需征得其监护人的允许,并在其允许的范围内实施。因此,无行为能力人和限制行为能力人的监护人的同意,也是个人信息侵权的抗辩事由。需要明确的是,这里的“同意”,需要接受公序良俗原则的限制。也就是说,同意不能违背善良风俗,否则,同意是不生效的。[①] 比如,监护人将未成年女童星身体隐私信息授权他人使用。

在司法实践中认定是否构成“同意”,需要根据案件的具体情况进行具体分析。一般而言,除明示的同意外,如果信息主体以其行为表明其已经授权他人使用该信息,则其后不能以其未同意为由主张侵权,这就是默示的同意。在张某某与苏州市姑苏区人民政府金阊街道办事处隐私权纠纷一案中,原告张某某申请低保,需要提供其患病信息,而根据规定批准机构也需要对其申报情况进行相应的审核并进行民主评议。但张某某据此认为,民主评议期间未经原告同意授权,将原告所患疾病在民主评议上公开和评议,被告的行为侵犯了原告的人身权利(隐私权),于是起诉。法院判决认为,原告在申请最低生活保障时提交了体检报告作为依据,但又认为在民主评议过程中对公开其疾病属于侵权,原告前述逻辑自相矛盾。另外,对原告提及的材料进行评议属被告的履职行为,原告主张该行为构成侵权无事实依据。[②] 在该案中,原告的行为实际上就构成默示的“同意”。

(二)个人信息已由信息主体自行公开或合法公开

信息主体既然已经自行公开其个人信息,这就表明其同意其被公开部分的个人信息可以由他人使用。这实际上是侵权法中“受害人同意”规则的进一步具体化,理应成为合法的抗辩事由。同时,就已经合法公开的个人信息而言,因其已经合法地进入公有领域,原则上不应再限制他人的合法使用。然而,即使是收集、处理已由信息主体自行公开或合法公开的个人信息,也并非全部可以免责。至少在以下情形中,相关的收集、处理行为可能构成侵权。

1. 信息主体明确拒绝。自然人虽然自行公开了其个人信息,或者其个人信息此前已经被合法公开,但如果自然人又明确对相应的收集、处理行为表示拒绝的,则表明信息主体又对此前默示的同意或合法公开重新施加了限制,个人信息的收集、处理者必须对此给予尊重。在最新修订的国家标准中也确认,个人信息主体有撤回授权同意的权利。这就意味着,一方面,收集、处理者应向个人信息主体提供撤回收集、使用其个人信息的授权同意的方法。撤回授权同意后,个人信息控制者后续不应再处理相应的个人信息。另一方面,应保障个人信息主体拒绝接收基于其个人信息推送商业广告的权利。对外共享、转让、公开披露个人信息,应向个人信息主体提供撤回授权同意的方法。[③]

2. 处理该信息侵犯信息主体重大利益。虽然自然人自行公开了其个人信息,或者其个人信息此前已经被合法公开,但如果处理上述合法公开信息可能侵犯信息主体重大利益的,也应被视为侵权行为而予以禁止。比如,针对自然人已经合法公开的各种信息进行社会分选,即收集个人信息,再依据年龄、教育背景、籍贯、经济实力等标准,将目标人群进行分类,通过大数据分析由系统自动

---

① [德]埃尔温·多伊奇、汉斯-于尔根·阿伦斯:《德国侵权法》,叶名怡、温大军译,刘志阳校,中国人民大学出版社2016年版,第48页。

② 参见江苏省苏州市姑苏区人民法院(2019)苏0508民初4892号民事判决书。

③ 参见《信息安全技术·个人信息安全规范》(GB/T35273—2020)第8.4条。

化决定谁应当享受何种待遇。[①] 在这种情况下,信息的收集和处理虽然使用的是已经合法公开的个人信息,但其处理的结果很可能产生社会歧视,会侵犯信息主体的重大利益,因而不应作为侵权责任的抗辩事由。

3. 以违反社会公共利益、社会公德的方式再次公开。即使是此前已经合法公开的个人信息,如果行为人以违反社会公共利益、社会公德的方式二次公开,也构成侵权,不得以其信息已经公开而为抗辩。这种情况最典型的是人肉搜索,其所搜集的信息基本都是此前已经公开的,但其信息搜集的方式很容易使被搜集者迅速成为没有任何个人隐私的"透明人",明显违反善良风俗。在冉某某与厦门外服人力资源服务有限公司、张某名誉权纠纷一案中,法院判决认为,私力救济也应在法律允许限度内通过合法手段行使,张某通过在网络上披露原告个人信息、发起人肉搜索之方式要求原告履行合同义务,显属不当,且张某在取得所购车辆后近两年时间里也未及时删除上述网贴,综上,认定被告张某的行为已构成对原告名誉权的侵害。[②]

(三)为维护公共利益或信息主体合法权益而实施的行为

为维护公共利益而收集、处理个人信息的情况,如对犯罪嫌疑人发布通缉令、网上追逃等信息,其中有较详细的个人信息。这些个人信息的收集和处理虽然没有经过信息主体自身(犯罪嫌疑人)的同意,但基于社会公共利益,对其个人信息的收集和处理行为阻却违法,成为合法的抗辩事由。为维护信息主体自身合法权益而收集、处理其个人信息的情况,如对于因意外事故而受重伤的伤者实施紧急救治时,医院无法征得伤者本人或其监护人的同意。但为了及时救治伤者而对其进行各种检查,收集伤者的各种身体、生理健康信息。为维护公共利益或信息主体合法权益而实施的行为难以一一列举,在实践中,法官必须根据个案具体情况,对是否有利于公共利益和信息主体自身合法权益进行仔细甄别,方可作出妥当的判断。

① 叶名怡:《个人信息的侵权法保护》,载《法学研究》2018年第4期。

② 参见福建省厦门市思明区人民法院(2014)思民初字第2807号民事判决书。

第五编　婚姻家庭

第一章 概 述

《民法典》第五编婚姻家庭编纂工作,遵循和贯彻《民法典》编纂工作指导思想、基本原则,总结实践经验,适应时代要求,对我国现行《婚姻法》《收养法》等方面的民事法律规范、司法解释进行全面系统的编订纂修,进一步完善增进家庭和睦的婚姻家庭制度,完善自然人和其他民事主体身份权、人格权、财产权的保护救济制度。编纂第五编婚姻家庭,一是坚持以人民为中心,以保护民事权利为出发点和落脚点,更好地满足人民日益增长的美好生活需要,努力让《民法典》成为新时代保护人民民事权利的权利法典。二是坚持立足国情和实际,坚持问题导向,适应中国特色社会主义步入新时代的需要,总结改革开放40多年来婚姻家庭立法和司法实践经验,提高婚姻家庭法律制度的针对性、有效性、适应性,努力发挥民法核心价值引领作用和法律保障作用。三是以习近平法治思想为指导,坚持依法治国和以德治国相结合,将社会主义核心价值观融入民事法律规范,国家规治与民事自治相结合,大力弘扬社会公德、家庭美德和良风美俗,将和谐、创新、发展、绿色和开放等新发展理念融入婚姻家庭制度中。四是坚持立法的科学性,增强民事法律规范的系统性,既保持民事法律制度的继承性、连续性、稳定性,又保持适度的前瞻性、开放性和国际性,同时,处理好衔接好法典化民事法律制度体系下《民法典》与老年人、未成年、妇女、残疾人、消费者、劳动者权益保障法等特别法以及各类法规规范之间的关系。

一、新中国婚姻法70年的简要回顾

新中国第一部法律是1950年《婚姻法》。1949年新中国的成立,意味着战争时代的结束,国民党政府统治时期的伪法统被砸烂,包括民法在内的"六法"被废除。城乡内外各类娶妻、休妻、退婚、再嫁等婚姻案件急剧增加,人民政府迫切需要制定一部新的婚姻法来规范。时任政务院法制委员会主任委员王明,负责组织起草这部婚姻法。法制委员会的主要工作,就是为中央人民政府起草各种法律和法规。王明要求法制委员会的工作人员必须很快熟悉这一方面的马列论著;同时,一条一条地审理共产党在战争年代制定过的有关婚姻的法规和条例。这些都成为起草新中国婚姻法的基础。此外,借鉴了苏联、东欧等社会主义国家的婚姻法资料,王明还翻译了《苏联婚姻、家庭和监护法典》。1950年4月1日,在中央人民政府第七次会议上,王明代表法制委员会向会议提交了《中华人民共和国婚姻法草案》,并作了"草案"起草经过和起草理由的报告。会议通过了这部8章27条的《婚姻法》和《土地改革法》。毛泽东同志随即发布中央政府主席令,《婚姻法》自1950年5月1日起在全国实行。历经41稿,新中国第一部《婚姻法》诞生了。毛泽东同志指出:"婚姻法是关系到千家万户、男女老少的切身利益,其普遍性仅次于宪法的国家根本大法之一。"1950年《婚姻法》的诞生,与当时《土地改革法》一道,成为彻底摧毁几千年来旧中国的封建土地经济制度和婚姻家庭制度的锐利武器，成为新中国区别与旧中国的重要标志之一。1950年《婚姻法》在短短的几年里，用新婚姻家庭制度完全取代了旧中国几千年来的封建婚姻家庭制度。

1950年《婚姻法》在中国适用了30年，直到1980年开始修改。无论是1980年9月10日的修改还是2001年4月28日的修改，其所确立的婚姻自由、一夫一妻、男女平等、保护妇女和子女合法权益的基本原则，一直是婚姻法的基本准则。尽管1950年《婚姻法》只有短短51个法条，但对于解决婚姻关系难题很管用。在现实生活中，案件之多、民众之关心与法学研究之不足、法律条文规定比较原则，以“感情确已破裂”为离婚标准，离婚案件很少错案。

时过境迁，随着社会发展变化，1950年颁布的《婚姻法》适用30年，有些条文已经不能适应变化了的社会关系，在婚姻家庭领域内，面临许多亟须解决的问题。例如，结婚年龄规定得偏低（男20岁，女18岁），允许五代以内旁系血亲结婚的条件过宽等。1980年9月10日，第五届全国人大第三次会议审议通过并于当天公布，自1981年1月1日起开始实行新的《婚姻法》。这是我国第二部《婚姻法》。1980年《婚姻法》将“实行计划生育”纳入了法条，并将结婚年龄改为“男不得早于22周岁，女不得早于20周岁”，规定“三代以内旁系血亲禁止结婚”，彻底废除了表兄弟姐妹之间的“中表婚”。①

时光飞逝，沧海桑田。整个社会经济活动日益频繁。30年改革开放，个人家庭财产迅速增加，1980年《婚姻法》对夫妻财产制规定过于简单，缺乏对夫妻共同债务、家事代理、个人权利、经济利益的基本规定。2001年4月28日，第九届全国人大常委会第二十一次会议通过《关于修改〈中华人民共和国婚姻法〉的决定》并随后颁布了修正后的婚姻法，即2001年《婚姻法》，共6章51条。2001年1月11日，全国人大常委会办公厅全文公布了《婚姻法（修正草案）》征求意见。截至2001年2月28日，共收到来信、来函、来电等3829件。这是我国影响重大的一次法律草案全民讨论之一。2001年《婚姻法》的立法过程，被称为“是20世纪末21世纪初中国人国家观念、法律观念、道德观念、婚姻家庭观念和性观念的一次大普查”。

2020年是我国首部《婚姻法》颁布实施70周年。近70年来的中国婚姻家庭随着社会的进步和发展产生了巨大变化。婚姻关系的伦理性、社会性决定了婚姻纠纷的复杂性，特定时代的婚姻很容易受到社会经济、政治、文化、科技、习俗等多种因素的影响。婚姻案件也不单是简单的法律诉讼，更深深镌刻着时代的历史文化背景和政治法律观念。因此。我国《婚姻法》《收养法》也需要与时俱进，及时修改完善并纳入基本法《民法典》。

二、《民法典》第五编婚姻家庭的编纂

婚姻家庭制度是规范夫妻关系和家庭关系的基本准则，关系家家户户的利益。为进一步弘扬夫妻互敬、孝老爱亲、家庭和睦的中华民族传统家庭美德，体现社会主义核心价值观，促进家庭关系

---

① 青梅竹马的一对表兄妹，在双方父母的同意下，两人欲登记结婚。民政部门以“法律禁止近亲结婚，以保障其子孙后代健康”为由拒绝。女方做绝育手术后再去登记仍遭拒绝，2008年5月27日，两人向漯河市郾城区法院起诉婚姻登记部门。法院认为：我国《婚姻法》规定了直系血亲和三代以内的旁系血亲禁止结婚，该规定属于强制性规范，不允许随意变通适用；两原告是表兄妹关系，属于《婚姻法》规定的三代以内旁系血亲，应禁止结婚。即使原告做了绝育手术，仍应当适用《婚姻法》的有关规定，而不能变通法律。

和谐稳定,第五编婚姻家庭以现行《婚姻法》《收养法》为基础,在坚持婚姻自由、一夫一妻等基本原则的前提下,结合社会发展需要,修改完善了部分规定,并增加了新的规定。第五编共 5 章 79 条,与《婚姻法》《收养法》相比,主要修改内容如下。

第一章在《婚姻法》规定的基础上,重申了婚姻自由、一夫一妻、男女平等等婚姻家庭领域的基本原则和规则,并在此基础上,作了进一步完善:一是为贯彻落实习近平总书记有关加强家庭文明建设的重要讲话精神,更好地弘扬家庭美德,规定家庭应当树立优良家风,弘扬家庭美德,重视家庭文明建设(第 1043 条第 1 款);二是为了更好地维护被收养的未成年人的合法权益,将联合国《儿童权利公约》关于儿童利益最大化的原则落实到收养工作中,增加规定了最有利于被收养人的原则(第 1044 条第 1 款);三是界定了亲属、近亲属、家庭成员的范围(第 1045 条)。

第二章规定了结婚制度,并在《婚姻法》的基础上,对有关规定作了完善。一是将受胁迫一方请求撤销婚姻的期间起算点由"自结婚登记之日起"修改为"自胁迫行为终止之日起"(第 1052 条第 2 款)。二是修改禁止结婚的条件。《婚姻法》规定,患有医学上认为不应当结婚的疾病者禁止结婚。这一规定在实践中很难操作,且在对方知情的情况下,是否患有疾病并不必然会影响当事人的结婚意愿。为尊重当事人的婚姻自主权,不再将"患有医学上认为不应当结婚的疾病"作为禁止结婚的情形,并相应增加规定:一方隐瞒重大疾病的,另一方可以向人民法院请求撤销婚姻(第 1053 条)。三是增加规定婚姻无效或者被撤销的,无过错方有权请求损害赔偿(第 1054 条第 2 款)。为维护婚姻登记制度的权威性,保障婚姻当事人的合法权益,遏制利用伪造、变造或者冒用他人身份证件、户口簿、无配偶证明等方式骗取结婚登记的行为,增加规定以伪造、变造、冒用证件等方式骗取结婚登记的婚姻无效情形。

第三章规定了夫妻关系、父母子女关系和其他近亲属关系,并根据社会发展需要,在《婚姻法》的基础上,完善了有关内容:一是明确了夫妻共同债务的范围(第 1064 条);二是规范亲子关系确认和否认之诉。亲子关系问题涉及家庭稳定和未成年人的保护,作为民事基本法律,草案对此类诉讼进行了规范(第 1073 条)。

第四章对离婚制度作出了规定,并在《婚姻法》的基础上,作了进一步完善。一是增加离婚冷静期制度。在实践中,轻率离婚的现象增多,不利于婚姻家庭的稳定。为此,规定了提交离婚登记申请后 30 日的离婚冷静期,在此期间,任何一方可以向登记机关撤回离婚申请(第 1077 条)。二是针对离婚诉讼中出现的"久调不判"问题,增加规定,经人民法院判决不准离婚后,双方又分居满 1 年,一方再次提起离婚诉讼的,应当准予离婚(第 1079 条第 5 款)。三是关于离婚后子女的抚养,将现行婚姻法规定的"哺乳期内的子女,以随哺乳的母亲抚养为原则"修改为"不满两周岁的子女,以由母亲直接抚养为原则",以增强可操作性(第 1084 条第 3 款)。四是将夫妻采用法定共同财产制的,纳入适用离婚经济补偿的范围,以加强对家庭负担较多义务一方权益的保护(第 1088 条)。五是增加了离婚损害赔偿的兜底条款,完善离婚赔偿制度。《婚姻法》规定了 4 种适用离婚损害赔偿的情形,为更好地发挥离婚损害赔偿制度的预防、制裁作用,促进婚姻关系的稳定,将"有其他重大过错"增加规定为离婚损害赔偿的适用情形(第 1091 条第 5 项)。

第五章对收养关系的成立、收养的效力、收养关系的解除作了规定,并在《收养法》的基础上,进一步完善了有关制度。一是扩大被收养人的范围,删除被收养的未成年人仅限于不满 14 周岁的限制,修改为符合条件的未成年人均可被收养(第1093条)。二是与国家计划生育政策的调整相协调,将收养人须无子女的要求修改为收养人无子女或者只有一名子女(第1098条第1项)。《婚姻法》《收养法》中都有关于计划生育的条款。为适应我国人口形势新变化,不再规定有关计划生育的内容。三是为进一步强化对被收养人利益的保护,在收养人的条件中增加规定"无不利于被收养人健康成长的违法犯罪记录",并增加规定民政部门应当依法进行收养评估(第1098条第4项、第1105条第5款)。

婚姻是家庭的基础,家庭是社会的细胞。维护平等、和睦、文明的婚姻家庭关系,需要法律的强力支撑。融入社会主义核心价值观,解决婚姻家庭领域出现的新情况新问题,进一步保障每一位家庭成员的合法权益——《民法典》第五编婚姻家庭中的每一项规定,都与你我息息相关。

婚姻家庭制度是规范夫妻关系和家庭关系的基本准则,关系千家万户的利益。《婚姻法》《收养法》两部法律实施以来,对于建立和维护和谐的婚姻家庭关系发挥了重要作用。但随着婚姻观念、家庭关系的变化,我国婚姻家庭领域出现了一些新情况。为进一步弘扬夫妻互敬、孝老爱亲、家庭和睦的中华民族传统家庭美德,体现社会主义核心价值观,促进家庭关系和谐稳定,《民法典》第五编婚姻家庭修改部分规定,并增加了一些新内容。

1. 树立优良家风入法,弘扬社会主义核心价值观。家庭是社会的基本细胞,是人生的第一所学校。我国自古至今都对家风家教极为重视,"家和万事兴"的观念早已深入国民的骨髓。习近平总书记强调,不论时代发生多大变化,不论生活格局发生多大变化,我们都要重视家庭建设,注重家庭、注重家教、注重家风,紧密结合培育和弘扬社会主义核心价值观,发扬光大中华民族传统家庭美德,促进家庭和睦。

《民法典》的编纂工作始终坚持依法治国和以德治国相结合,将社会主义核心价值观融入民事法律规范,大力弘扬社会公德、家庭美德,贯彻和体现新发展理念,这在《民法典》草案婚姻家庭编中得到了鲜明的体现。为贯彻落实习近平总书记关于加强家庭文明建设的讲话精神,更好地弘扬家庭美德,体现社会主义核心价值观,2019年10月提交常委会第十四次会议审议的婚姻家庭编草案三审稿明确规定,"家庭应当树立优良家风,弘扬家庭美德,重视家庭文明建设";"夫妻应当互相忠实,互相尊重,互相关爱;家庭成员应当敬老爱幼,互相帮助,维护平等、和睦、文明的婚姻家庭关系"。这是继2017年将"社会主义核心价值观"写入《民法总则》后,社会主义核心价值观融入《民法典》的又一体现。婚姻家庭领域法治和德治密不可分,决定了建设平等、和睦、文明的家庭关系需要法律和道德协同发力。《民法典》第五编婚姻家庭新增的这一规定,宣示了国家对树立优良家风、弘扬家庭美德和家庭文明建设的高度重视与强力倡导,有利于强化家庭及其成员的责任感和义务感,使我国新时代的家庭文明建设在法律的保障和促进下取得新成就。

2. 婚前告知重大疾病,尊重婚姻自主权。一方患有重大疾病是否必然成为结婚的阻碍?对此,《民法典》的态度是,尊重当事人的婚姻自主权。根据《婚姻法》的规定,患有医学上认为不应当结婚的疾病者禁止结婚。在实践中这一规定很难操作,且在对方知情的情况下,是否患有疾病并不必然会影响当事人的结婚意愿。因此,《民法典》对禁止结婚的条件作出修改,规定一方患有重大疾病的,应当在结婚登记前如实告知另一方;不如实告知的,另一方可以向人民法院请求撤销婚姻。

值得一提的是,对于婚姻无效或者被撤销的,应当赋予无过错方请求损害赔偿的权利,以有利于保护无过错方的权益。这一建议被采纳,《民法典》第 1054 条第 2 款规定:"婚姻无效或者被撤销的,无过错方有权请求损害赔偿。"但是,若对方婚前不如实告知患有重大疾病,撤销婚姻的请求应向哪个部门提出?针对受理机关,2019 年 12 月提请审议的《民法典》草案将之前婚姻家庭编草案规定的"婚姻登记机关或者人民法院"修改为"人民法院"。其原因是,由婚姻登记机关对一方在结婚登记前是否如实告知对方患病情况进行认定较为困难。因此,《民法典》第 1053 条规定,由人民法院行使撤销权。

3. 完善家事代理制度,明晰夫妻共同债务。《民法典》第 1064 条规定:"夫妻双方共同签名或者夫妻一方事后追认等共同意思表示所负的债务,以及夫妻一方在婚姻关系存续期间以个人名义为家庭日常生活需要所负的债务,属于夫妻共同债务。夫妻一方在婚姻关系存续期间以个人名义超出家庭日常生活需要所负的债务,不属于夫妻共同债务;但是,债权人能够证明该债务用于夫妻共同生活、共同生产经营或者基于夫妻双方共同意思表示的除外。"《婚姻法》没有对夫妻共同债务的范围作出规定。2003 年最高人民法院根据《婚姻法》的规定出台《婚姻法司法解释(二)》,其第 24 条对夫妻共同债务的认定作出规定,近年来成为社会关注的热点问题。2017 年、2018 年,最高人民法院先后出台新的司法解释,补充完善了此前关于夫妻共同债务认定的规则。从新司法解释施行效果看,基本上能够有效平衡各方利益,各方面总体上赞同。因此,《民法典》在完善家事代理制度(第 1060 条)和夫妻财产制(第 1062 条、第 1063 条和第 1065 条)的同时,吸收新司法解释的规定,明确了夫妻共同债务的范围。

《民法典》第 1064 条的切实实施,还需要结合夫妻家事代理效力、夫妻约定财产制(第 1065 条)来进行。换言之,夫妻一方因家庭日常生活需要而负债,对夫妻双方发生效力,属于夫妻共同债务,但是夫妻一方与相对人另有约定的除外;以个人名义超出家庭日常生活需要所负的债务,不属于夫妻共同债务。夫妻对婚姻关系存续期间所得的财产约定归各自所有,夫或者妻一方对外所负的债务,相对人知道该约定的,以夫或者妻一方的个人财产清偿(第 1063 条),否则以夫妻共同财产清偿(第 1062 条)。

以所负债务的目的和用途推定是否属于夫妻共同债务,是《婚姻法》多年来坚持的原则。1950 年《婚姻法》颁布以来,我国法院对于夫妻共同债务认定一直坚持目的推定规则。1950 年《婚姻法》第 24 条规定:"离婚时,原为夫妻共同生活所负担的债务,以共同生活时所得财产偿还",该条规定确认了夫妻共同生活所负债务为夫妻共同债务的准则。现行《婚姻法》第 41 条延续规定:"离婚时,原为夫妻共同生活所负的债务,应当共同偿还。"夫妻一方为了家庭日常生活所负担的债务,以家事代理归入夫妻共同债务的范围,并无多少异议。社会反响最激烈的是夫妻一方营商对外负担的超出家庭日常生活的债务,能否认定为夫妻共同债务。2003 年《婚姻法司法解释(二)》第 24 条规定:"债权人就婚姻关系存续期间夫妻一方以个人名义所负债务主张权利的,应当按夫妻共同债务处理。但夫妻一方能够证明债权人与债务人明确约定为个人债务,或者能够证明属于婚姻法第十九条第三款规定情形的除外。"该条解释以夫妻日常家事代理权为法理,确认了夫妻共同债务推定规则。如果配偶一方能够证明债权人与债务人明确约定为个人债务,或者证明存在《婚姻法》第 19 条第 3 款的情形,即债权人明知夫妻存在分别财产制的约定,则该债务为举债方个人债务。该解释出台后,引发了一些争论。为增强对非举债配偶方利益的保护,最高人民法院于 2018 年 1 月发布《夫妻债务纠纷解释》,其第3条规定:"夫妻一方在婚姻关系存续期间以个人名义超出家庭日常生活需要所负的债务,债权人以属于夫妻共同债务为由主张权利的,人民法院不予支持,但债权人能够证明该债务用于夫妻共同生活、共同生产经营或者基于夫妻双方共同意思表示的除外。"该规定意味着,在事实判断上,对于以夫妻一方名义所负的超出日常生活需要的债务,不再推定为夫妻共同债务,而由债权人举证证明该超出日常生活需要的债务用于"夫妻共同生活""共同生产经营"或者基于夫妻双方共同意思表示等事实。将举证责任分配给债权人后,债权人为了防范风险保障自身债权的实现,自然或者选择"共债共签",或者不予借贷。家事代理的效力和夫妻共同债务范围的明晰、债权人对风险的评估及个人破产制度的试行,对调整夫妻个人债务与共同债务、保护非举债配偶与保护债权人之间关系法律制度的构建,大有益处。

4. 设置离婚冷静期,避免轻率离婚。《民法典》草案第五编婚姻家庭制定和修改的过程,是我国民法不断积极回应社会发展所面临的婚姻家庭新问题、完善婚姻家庭法律制度的过程。近年来,我国离婚率不断攀升,由此引发了一系列社会问题。据民政部统计数据显示,从2003年起,我国离婚率已连续15年上涨。2019年前三季度全国登记离婚达310.4万对,比上一年同期多出20.5万对。其中,不乏轻率离婚的情形。

离婚冷静期制度有利于减少轻率离婚、冲动离婚现象,维护家庭稳定。《民法典》设置了"离婚冷静期",明确自婚姻登记机关收到离婚登记申请之日起30日内,任何一方不愿意离婚的,可以向婚姻登记机关撤回离婚登记申请。设置离婚冷静期是为自愿离婚的当事人在登记离婚中设置适当的时间"门槛",促进当事人冷静思考、妥善抉择,既能保障当事人的离婚自由,又能保障双方当事人作出正确抉择、保护好未成年子女的利益。

离婚自由不是绝对自由,而是相对自由,是法定范围内的自由。法律规定离婚冷静期,不是限制婚姻当事人的离婚自由,而是充分尊重当事人的意思,在离婚两愿的前提下,给出适当的时间让其冷静思考,改变现行登记离婚基本上是"即申即离",无法防止一时冲动、草率离婚的现状。只要期间适当,就不存在干涉当事人离婚自由的问题,有利于保持婚姻的稳定,减少社会不安定因素。

离婚冷静期制度已经有实践基础。当前,有些地方的婚姻登记部门在地方立法的指导下,已进行了登记离婚冷静期制度的相关试行工作;部分地方法院也在离婚案件中探索设立离婚冷静期制度,产生了较好的社会效果。有婚姻登记部门的工作人员表示,婚姻来之不易,他们在实际工作中也会劝导离婚意愿不强烈的夫妻先冷静一段时间再作决定,有些夫妻在冷静思考后最终选择不离婚。实践表明,设置离婚冷静期也是一次善意提醒,提醒大家谨慎行使权利,激发对婚姻家庭的责任心,使社会形成良好的婚姻家庭观。其在挽救破裂家庭、维护婚姻秩序、维系社会稳定等方面发挥的积极作用是值得赞许的。

5. 完善收养法律制度,保护被收养人合法权益。作为孤残儿童回归家庭的一种方式,收养具有养老扶幼、稳定家庭、稳定社会的功能。随着不少家庭或个人领养孩子的愿望逐年升高,被收养人的身心健康和权益如何得到有效保护,亟须法律给出答案。因此,保障被收养人合法权益,也是《民法典》关注的重点之一。《民法典》草案对现行收养制度作出了一系列调整,如放宽了对收养条件的限制,规定已有1名子女的收养人也可收养子女。就收养人应当具备的条件,《民法典》草案一审稿中规定了4项,分别为:无子女或者只有一名子女;有抚养、教育和保护被收养人的能力;未患有在医学上认为不应当收养子女的疾病;年满30周岁。在征求意见时,有关方面提出,为保障被收养人的健康成长,建议增加规定收养人无不利于被收养人健康成长的违法犯罪记录这一条件。该意见经研究后被采纳,立竿见影地体现于《民法典》第1098条中。

至《民法典》草案三审稿,收养相关规定的修改完善再次向前迈出一步。为更好地维护被收养的未成年人的合法权益,草案吸纳相关部门和专家学者的建议,将我国已加入的联合国《儿童权利公约》关于儿童利益最大化的原则落实到收养工作中,在《民法典》第1044条中明确提出收养应当遵循最有利于被收养人的原则。有了《民法典》的明文规定,被收养人和收养人的合法权益将得到更好的保障。①

三、《民法典》第五编婚姻家庭的施行

(一)法律施行

《婚姻法》第49条规定:"其他法律对有关婚姻家庭的违法行为和法律责任另有规定的,依照其规定。"所谓"其他法律",指《刑法》《反家庭暴力法》《妇女权益保障法》《侵权责任法》等。

《婚姻法》第六章附则实际上是婚姻法施行法,其第50条规定:"民族自治地方的人民代表大会有权结合当地民族婚姻家庭的具体情况,制定变通规定。自治州、自治县制定的变通规定,报省、自治区、直辖市人民代表大会常务委员会批准后生效。自治区制定的变通规定,报全国人民代表大会常务委员会批准后生效。"这些变通规定,在当地可以优先于《婚姻法》适用。第51条规定:"本法自1981年1月1日起施行。1950年5月1日颁行的《中华人民共和国婚姻法》,自本法施行之日起废止。"正式宣布第一部《婚姻法》废止,第二部《婚姻法》施行。

《民法典》附则明确了《民法典》与《婚姻法》《民法通则》《收养法》《民法总则》的关系。《民法典》施行后,上述民事单行法律将被替代。因此,《民法典》2021年1月1日施行之时,同步废止上述民事单行法律(第1260条)。2014年第十二届全国人大常委会第十一次会议通过的《全国人民代表大会常务委员会关于〈中华人民共和国民法通则〉第九十九条第一款、〈中华人民共和国婚姻法〉第二十二条的解释》,作为与《民法通则》《婚姻法》相关的法律解释,也同步废止。

(二)司法解释

为了正确审理婚姻家庭纠纷案件,根据《婚姻法》《民事诉讼法》等法律的规定,最高人民法院先后对人民法院适用《婚姻法》的有关问题作出三个解释,分别为:《婚姻法司法解释(一)》于2001年12月24日由最高人民法院审判委员会第1202次会议通过,自2001年12月27日起施行;2003年12月26日《婚姻法司法解释(二)》;《婚姻法司法解释(三)》于2011年7月4日由最高人民法院审判委员会第1525次会议通过,自2011年8月13日起施行。针对《婚姻法司法解释(二)》第24条施行中的问题,最高人民法院颁布《夫妻债务纠纷解释》,该解释2018年1月8日最高人民法院审判委员会第1731次会议通过,自2018年1月18日起施行。

上述司法解释,只要与《民法典》的规定不相矛盾和冲突,应当都是有效的。在《民法典》生效

---

① 参见《中国人大》杂志。

实施后,它们应当继续作为处理种类案件的依据。如果一些司法解释的规定已经与《民法典》发生矛盾和冲突,就不应当作为法院处理案件的依据。为切实实施《民法典》,最高人民法院会根据审判工作的需要,对以往发布的婚姻法司法解释和有关收养问题的司法解释进行系统的梳理,并适时制定出新的司法解释,以推动审判工作的健康发展。

第二章　一般规定

专题一　基本原则与家风建设

《民法典》第1041条的基本原则与第1043条倡导性规定共同体现了立法基本指导方向，构成了婚姻家庭法律规范最主要的一般性条款。通过一般条款中的原则性规定，第五编婚姻家庭可以形成与第一编总则的思想、精神和方向相统一，但又可能有别于总则的价值秩序和具体规则，体现作为家事法的独立性与特殊性。此外，在婚姻家庭法律适用中，上述一般条款的作用还有为法官的法律漏洞填补提供依据的作用。

应当指出的是，在运用一般原则适用法律中，要着重注意两个关系的问题。第一，在与民法总则的基本规则和一般规则不相矛盾冲突，婚姻家庭法有特别规定的，应当适用婚姻家庭法的特别规定；第二，当参照适用《民法典》第三编合同、第四编人格权等编规定时，应考虑亲属等身份关系的特殊性。

上述一般性条文中需要着重强调的包括国家保护原则、婚姻自由原则、家风建设等规定。

一、国家保护原则

《民法典》第1041条首次明确了婚姻家庭受国家保护的原则。其第五编婚姻家庭的调整范围，是因婚姻家庭产生的民事关系，包括亲属身份关系的发生、变更和消灭，以及配偶、父母、子女和其他一定范围内的亲属之间身份地位与权利义务关系。毫无疑问，家庭是社会的细胞，是社会融合和发展的前提。国家保护婚姻家庭关系，是推动中国特色社会主义建设基础。

家庭是社会和国家的最小组成单位，家庭的和睦稳定是国家和社会稳定繁荣的基础。正是因为家庭对于社会稳定的重要意义以及家庭本身的脆弱性，使国家对婚姻家庭的保护成为必然。诚然，婚姻自由是婚姻家庭的基本原则，但如何在婚姻家庭保护和婚姻自由之间找到平衡，是婚姻家庭法律制度设计中应当注意的基本取向。近年来，随着我国社会离婚率的持续升高，家庭越来越趋于不稳定，如何加强对婚姻家庭的保护成为日益凸显的问题。近年来的家事审判改革也体现了这一趋势，一方面，加强对于婚姻家庭纠纷的司法干预，如对于社会力量参与家事案件的强调；另一方面，通过立法方式保证婚姻家庭关系的稳定，如离婚冷静期制度的推出。国家对于婚姻家庭制度的干预和保护，并不是对个人自由权利的侵犯，而是实现社会稳定和发展职能的必然要求。

二、婚姻自由原则

婚姻自由原则，是指自然人依法律规定行使结婚或者离婚不受拘束、不受控制、不受非法干预的权利。婚姻自由是近现代婚姻家庭立法体现以人格独立、平等、自由、尊严为基础的一项基本原则，也是作为婚姻主体的自然人本身的一项基本权利。在亲属法领域，婚姻自由一直被认为是重要的基本原则之一。婚姻自由包括结婚自由和离婚自由。结婚自由，是指婚姻当事人享有根据自己的意愿与他人缔结婚姻的自由，即是否结婚、和谁结婚，当事人有权自主决定，不允许任何一方对另一方加以强迫或任何第三方加以干涉。离婚自由，则是指在婚姻关系难以维系的情况下，双方或一方可依法定程序解除婚姻关系的自由。《民法典》第1041条中对婚姻自由的规定体现出对当事人婚姻自主权的充分尊重。

但同时，这一自由也不是不受约束的自由，《民法典》第1042条中的禁止性婚姻家庭行为，以及婚姻家庭国家保护原则，就体现了对这一自由边界的规制。在前述第1042条规定中，禁止性规范包括禁止重婚、有配偶者与他人同居、家庭暴力等。婚姻自由不是冲动和草率的代名词，法律意义上的自由，还意味着选择及其后果，权利及其义务。马克思提倡在爱的基础上结婚自由并承认婚姻可以离异，但反对轻率离婚。其曾指出："自由就是从事一切对别人没有害处的活动的权利。每个人所能进行的对别人没有害处的活动的界限是由法律规定的，正像地界是由界标确定的一样。"[①]学说中常被引用的四项限制婚姻自由的原则，包括"伤害原则"（对伤害他人的自由加以限制）、"亲缘主义原则"（对伤害自身的自由加以限制）、"立法伦理主义原则"（法律道德主义原则，对不道德行为的自由加以限制）、"冒犯原则"（对冒犯他人的自由加以限制）。[②] 后两者均系亲属法限制自由的道德原则。

三、家风建设

《民法典》第1043条第1款规定，家庭应当树立优良家风，弘扬家庭美德，重视家庭文明建设。这是《民法典》新增的一般性规定，是近年来国家最高层一直强调的家风建设的具体体现。

树立优良家风入法，体现了立法者对于婚姻家庭关系中道德伦理规则的尊重，有利于社会风气的整体提升。家风是一个家庭或家族的传统风尚，体现着家庭或家族的价值观。如何使中华民族家庭美德通过家风代代相传，为塑造文明个体人格、形成良好社会风尚提供支撑，是立法，也是全社会关注的问题。从注重"家风"建设，到加大权益保护力度，在这一意义上，《民法典》更堪为我国婚姻家庭立法进程中的重要里程碑。

此前的《婚姻法》虽对处理夫妻关系和家庭关系的基本原则作出规定，但是，《民法典》第五编婚姻家庭在此前立法基础上强调家庭应当树立优良家风，重视家庭文明建设，并对维护平等、和睦、文明的婚姻家庭关系作出规定，是我国婚姻家庭法的重要发展。《民法典》第1043条的家风建设内容，亦成为继2017年"社会主义核心价值观"写入《民法总则》后、社会主义核心价值观融入《民法

---

① 《马克思恩格斯全集》（第1卷），人民出版社1956年版，第438页。

② 曹贤信：《亲属法的伦理性及其限度研究》，群众出版社2012年版，第231～233页。

典》的又一具体体现。

专题二　亲属及家庭成员概念

《民法典》第 1045 条规定,亲属包括配偶、血亲和姻亲。配偶、父母、子女、兄弟姐妹、祖父母、外祖父母、孙子女、外孙子女为近亲属。配偶、父母、子女和其他共同生活的近亲属为家庭成员。该条规定是我国《民法典》中的全新规定,也是我国第一次用基本法律形式明确规定了亲属概念和家庭成员范围。基于这些婚姻家庭法律基本概念的明晰,长期以来,难以明确界定的身份权制度和身份法律体系,都可凭借该条所作界定予以明确化。

关于亲属和近亲属的概念。该条中对于亲属的概念采取了列举式的界定,明确亲属包括配偶、血亲和姻亲,这一亲属概念的范围较宽泛,属于广义的亲属概念。对于近亲属,该条中采取了较为狭义的规定,明确近亲属范围包括配偶、父母、子女、兄弟姐妹、祖父母、外祖父母、孙子女、外孙子女。长期以来,我国法律制度中的亲属尤其是近亲属概念都处于较混乱的状态,多部司法解释对于近亲属进行了范围不同的列举规定,造成适用中的混乱。该条对于近亲属范围的明确规定,有助于结束这种混乱局面。通过将近亲属与其他亲属范围相区别,有助于明确划分两者在亲属法律关系中的不同权利义务边界。

关于家庭成员的概念。该条明确了配偶、父母、子女和其他共同生活的近亲属为家庭成员。这条规定对于解决理论和实践中的大量疑难问题具有重大意义。首先,对于民事主体理论具有重大意义。我国虽然不承认家庭的独立民事主体地位,但长期都认可个体工商户和农村承包经营户(以下简称"两户")的独立民事主体地位。在实践中"两户"基本都与家庭联系在一起,即所谓"家户"制度。但由于家庭概念外延内涵不清晰,导致"两户"成员范围也长期处于模糊状态,造成实践中"两户"作为民事主体承担民事责任的障碍。在明确家庭成员范围基础上,下一步通过实践中的法律解释,将可逐步解决"两户"成员范围界定这一难题。

其次,家庭成员概念的确定对于社会福利政策的精准实施意义重大。随着我国城乡社会福利政策的日益完善,大量社会福利制度日趋确定,其中包括宅基地制度、城市保障房制度等。上述制度的重要特点就是以家庭为单位进行制度设计的。在家庭成员范围不明确情况下,上述制度设计在运行中存在大量障碍,造成资源分配中的大量争议,也给司法实践带来了许多困扰。《民法典》第 1045 条对家庭成员范围的明确,有助于在此基础上精准设计相关制度和政策,将为这一系列政策制度落实提供了法律前提保障,也减少后续的争议隐患。

第三章　结　婚

专题一　无效婚姻

无效婚姻，是指因缺乏婚姻成立要件而没有法律效力的违法婚姻，即男女双方的结合不符合法律规定的条件或违反了结婚程序因而自始不具备婚姻的法律效力。① 虽然缔结婚姻是男女之间的民事法律行为，但是基于婚姻所产生的家庭、子女、亲属等关系，对于整个社会的秩序稳定和健康发展都有重要意义。因此，国家有必要通过法律对于婚姻制度进行规范和调整。无效婚姻制度的设立体现了国家强制力对于婚姻制度的干预。

我国1950年《婚姻法》和1980年《婚姻法》均没有对无效婚姻制度进行规定。2001年修订的《婚姻法》②明确规定了无效婚姻和可撤销婚姻。《民法典》基本延续了《婚姻法》的制度设计，并对相关内容进行了修订，对于保护合法婚姻、预防和制裁违法婚姻、完善我国婚姻制度具有积极的意义。婚姻的成立必须具备法定的实质要件和形式要件才具有法律效力。结婚的实质要件，是指申请结婚的当事人本人及双方之间的关系必须符合法定的条件，包括结婚的必备条件和禁止条件。结婚的形式要件是指婚姻成立的法定程序或方式，它是婚姻取得社会承认的方式，同时，也是婚姻成立的实质要件得到切实贯彻执行的有力保障。在我国，结婚登记是公民结婚的法定形式要件，是结婚的必经程序。③ 从《婚姻法》及《民法典》的规定来看，我国目前立法上认定婚姻无效情形主要是针对违反婚姻实质要件而言的。根据《民法典》第五编婚姻家庭的规定，婚姻实质要件主要包括男女双方完全自愿、必须达到法定婚龄、符合一夫一妻制度、没有禁止结婚的亲属关系。

一、婚姻无效的情形

《民法典》第1051条规定：有下列情形之一的，婚姻无效：(1)重婚；(2)有禁止结婚的亲属关系；(3)未到法定婚龄。而《婚姻法》第10条规定：有下列情形之一的，婚姻无效：(1)重婚的；(2)有禁止结婚的亲属关系的；(3)婚前患有医学上认为不应当结婚的疾病，婚后尚未治愈的；(4)未到法定婚龄的。

从《婚姻法》与《民法典》内容比较来看，除表述上更规范外，重点是《民法典》将“婚前患有医学

---

① 王胜明、孙礼海主编，全国人大常委会法制工作委员会民法室编：《〈中华人民共和国婚姻法〉修改立法资料选》，法律出版社2001年版，第132页。

② 如无特殊说明，以下所称《婚姻法》即指2001年修订的《婚姻法》。

③ 人民法院出版社编：《司法解释理解与适用全集》(家事卷)，人民法院出版社2019年版，第162～163页。

上认为不应当结婚的疾病,婚后尚未治愈的”这一情形不再规定为婚姻无效的情形之一,而将其归为可撤销婚姻的范围。事实上,在《民法典》起草过程中,关于婚姻无效的情形经历了多次修订。2017 年 9 月,全国人大法工委民法室草案中沿用了《婚姻法》的规定,明确了四种情形为无效婚姻。而在 2018 年 4 月《婚姻法(草案)》中,对无效情形进行了修订,并在 2019 年 7 月 5 日、2019 年 10 月 31 日的征求意见稿中予以了延续。其中,2019 年 10 月 31 日《民法典》婚姻家庭编三审稿第 828 条规定,有下列情形之一的,婚姻无效:(1)重婚;(2)有禁止结婚的亲属关系;(3)未到法定婚龄;(4)以伪造、变造、冒用证件等方式骗取结婚登记。该条删除了“婚前患有医学上认为不应当结婚的疾病,婚后尚未治愈的”这一情形,而增加了“以伪造、变造、冒用证件等方式骗取结婚登记”的情形。而在 2019 年 12 月 28 日的征求意见稿第 1051 条规定中,又删除了“以伪造、变造、冒用证件等方式骗取结婚登记”这一情形,只规定重婚、有禁止结婚的亲属关系、未到法定婚龄三种情形属于无效婚姻。最终通过的《民法典》即采用了上述规定。从上述草案征求意见稿中规定内容的变化来看,反映了专家学者、社会公众对这一问题的关注,也反映了国家在这一问题上的慎重立场。

法律对于婚姻无效情形范围的界定,体现出国家在尊重当事人的婚姻意愿与维护社会公共利益之间的平衡。婚姻无效情形范围的大小,与一个国家的历史、社会经济发展状况都有密切的关系,并不能简单以多少来判断优劣。从立法的趋势来看,婚姻无效的范围是逐渐缩小的。若将大多数不合法婚姻归入自始无效婚姻范畴,虽说维护了法律的尊严,但可能影响百姓的家庭稳定和基本权益的保护。[①] 从《民法典》的规定来看,重婚严重违反了一夫一妻制度,有悖公序良俗,应当严禁。禁止亲属婚,主要是从生物学规律出发,有利于优生优育,有利于民族兴旺和社会长远发展,同时,也能够有效避免伦理道德等问题。从世界范围来看,多数国家和地区也都将重婚和亲属婚认定为无效婚姻。而对于未达法定婚龄的无效婚姻,应当考虑保护未达婚龄当事人的利益,同时,也能够保证法律规定的结婚年龄得到有效落实。《民法典》规定了三种婚姻无效的情形,但实践中的情形十分复杂,当事人可能以其他理由提起申请主张婚姻无效,如之前草案中规定的“以伪造、变造、冒用证件等方式骗取结婚登记的”如何认定,法律并没有进一步明确。但从审判实践来看,将该条规定删除是有一定合理性的。因为虽然当事人存在伪造、变造、冒用证件的行为,但是,其欲达到的目的可能是重婚、未达到婚龄结婚、掩盖有直系亲属关系结婚等,与已规定的婚姻无效情形有重合,在多数情形下这些行为只是一种手段,而不是一种目的。如果将这类情形均规定为无效婚姻,则无效婚姻的数量会大幅增加,不利于婚姻的稳定,且在认定时可能发生冲突。如一方当事人不到法定婚龄,其伪造身份证件或者冒用他人身份证件办理了婚姻登记,现另外一方以双方结婚时未达法定婚龄主张婚姻无效,因目前其年龄已达到法定婚龄,按照审判实践,导致婚姻无效的事由已经消失,法院对于另外一方的申请不予支持。但是,一方伪造或者冒用身份证件的行为是客观存在的,如果只对该行为作出评价,则双方婚姻仍然是无效的。因此,将该条删除能够保证法条之间内在逻辑的统一性,但是实践中对于此种情形应当如何认定,法律上并没有明确规定,从审判实践来看,可以根据《婚姻法司法解释(三)》第 1 条规定,当事人以《婚姻法》第 10 条规定以外的情形申请宣告婚姻无效的,人民法院应当判决驳回当事人的申请。当事人以结婚登记程序存在瑕疵为由提起民事诉讼,

---

① 蒙晓毅:《中国无效婚姻制度立法浅探》,载《广西民族学院学报》(哲学社会科学版)2003 年第 4 期。

主张撤销结婚登记的,告知其可以依法申请行政复议或者提起行政诉讼。

二、婚姻无效的阻却事由

《民法典》第1054条规定:无效的或者被撤销的婚姻自始没有法律约束力,当事人不具有夫妻的权利和义务。就无效婚姻而言,自始无效并无多大争议。但是,对于如何确定其自始无效则存在不同的观点和认识。一种观点认为,既然法律规定自始无效,那这种婚姻从一开始就是无效的,属于当然无效,不需要经过确认;另一种观点则认为,无效婚姻需要经过法院宣告后才自始无效,无效婚姻的确定需要经过法定程序。

我国《婚姻法》和《民法典》中对此虽没有涉及,但《婚姻法司法解释(一)》第13条与《民法典》精神相一致,在《民法典》生效后亦可适用。该规定为"婚姻法第十二条所规定的自始无效,是指无效或者可撤销婚姻在依法被宣告无效或被撤销时,才确定该婚姻自始不受法律保护"。因此,就我国审判实践角度而言,采用的是宣告无效制度。在明确这一制度后,实践中产生的问题是,当事人向法院申请宣告婚姻无效的,是否只要双方"缔结"婚姻时符合无效婚姻条件的,法院就应当宣告无效,而不存在其他因素可以阻却,即无效婚姻属于绝对无效。对此,《婚姻法》和《民法典》中虽没有明确规定,但《婚姻法司法解释(一)》第8条与《民法典》精神相一致,《民法典》生效后仍可适用。该条规定,"当事人依据婚姻法第十条规定向人民法院申请宣告婚姻无效的,申请时,法定的无效婚姻情形已经消失的,人民法院不予支持"。从该条规定来看,我国司法实践中是认可存在婚姻无效的阻却事由的。但是,是否法律规定的全部婚姻无效情形均存在阻却事由、阻却事由如何认定审判实践中却有不同的认识。如对于因重婚申请宣告婚姻无效的,在甲男与乙女婚姻无效纠纷①一案中,法院认为,《婚姻法》明确规定,我国实行婚姻自由、一夫一妻、男女平等的婚姻制度。重婚的,婚姻无效。重婚行为严重违反一夫一妻制的法律规定,从性质上不应当存在阻却事由,无论在申请确认婚姻无效时重婚者是存在两个婚姻关系,还是只余一个婚姻关系,都应确认构成重婚的婚姻关系无效。甲男在未解除婚姻关系的情况下与乙女登记结婚,甲男与乙女之间的婚姻关系已构成重婚,应当无效。进而,判决认定双方的婚姻关系无效。而在另一起丙女与丁男婚姻无效纠纷②案件中,法院认为,重婚的,婚姻无效。当事人依据《婚姻法》第10条规定向人民法院申请宣告婚姻无效的,申请时,法定的无效婚姻情形已经消失的,人民法院不予支持。在本案中,丁男在原婚姻关系存续期间和丙女结婚,其行为确已构成重婚。但在丙女诉讼至法院之前,丁男的前一段婚姻已经登记解除,丁男重婚的状态已不存在,丙女与丁男之间构成无效婚姻的法定事由亦已消除。故丙女的诉讼请求法院难以支持,进而判决驳回了丙女的申请。

上述两个案件不同判决理由和结果反映出审判实践中对于无效婚姻的阻却事由存在很大的认识差异。理论界对此也有不同的看法。如有观点认为,为打击重婚这种违法行为,不应认可此种瑕疵治愈事由。而另有观点认为,在重婚一方的前婚已经不复存在的情形下,从尊重既成身份关系的

---

① 参见北京市昌平区人民法院(2014)昌民初字第10248号民事判决书。

② 参见北京市朝阳区人民法院(2015)朝民初字第5653号民事判决书。

角度出发,应认为法定无效的事由已经消失,不应再认定后婚无效。[①] 因为对于该问题的认识直接关系法院最后的裁判结果,对于当事人的利益有重大影响,有必要予以统一。本书认为,认定婚姻无效是否存在阻却事由应当与导致婚姻无效的原因紧密结合起来,要从立法将该种情形规定为无效婚姻所意欲保护的权益来看,是否允许相关阻却事由的存在。因此,应当对无效婚姻的情形进行具体分析,进而判断存在阻却事由是否合理,是否符合立法本意。

如前所述,重婚这种情形严重违反了婚姻制度中的一夫一妻原则,严重损害了社会的公序良俗,所以不应当存在阻却事由。此即无论申请时,重婚者是存在两个婚姻关系,还是已只有一个婚姻关系,都应宣告其中一个婚姻无效,构成犯罪的,还应予以刑罚制裁。[②] 此外,重婚本身是因为缔结了另外一个“婚姻”关系而直接侵害了在先的婚姻,侵权后果从其缔结时即产生,如果这种侵权行为后果因为在先婚姻的解除或者配偶死亡而消失,则从侵权逻辑上也是说不通的,还容易产生道德上的风险。因此,对于重婚来讲,重婚事实一旦发生,当事人的婚姻关系即绝对无效,不产生从违法到合法转化的问题,不存在婚姻无效的阻却事由。相关地方法院的规范性意见中也明确了这种意见。[③]

关于亲属婚,我国法律规定的是直系血亲和三代以内的旁系血亲禁止结婚。因为血缘近亲关系是基于生物学意义产生的特定关系,是与生俱来的,并不因当事人的意志转移而改变,所以这种基于血缘关系的近亲婚姻是没有无效阻却事由的,属于绝对无效婚姻。无论双方的婚姻经过多少时间,也不管当事人是否生育子女或者承诺不生育子女,都不影响婚姻无效的认定。如果允许根据当事人的意愿区分不同的效力情形,则极易产生法律执行的漏洞,有损法律的权威和统一。在审判实践中,我们需要注意的是,形成了法律拟制亲属关系的当事人能否结婚的问题。如养父母与养子女、继父母与形成扶养关系的继子女之间能否结婚。虽然从生物学角度上来说,双方之间本身不存在血缘关系,但是根据我国法律规定,拟制的父母子女关系适用亲生父母子女关系的规定。因此,从法律规定的身份关系上来说,具有法律拟制亲属关系的当事人之间如果形成了直系亲属或者三代以内旁系亲属关系,也是应当禁止结婚的。但是,基于双方这种关系属于法律拟制,亦可以通过法定的方式予以解除,如果双方合法解除了拟制亲属关系,则可以结婚。

关于未达法定婚龄的婚姻,通说认为,此类婚姻的社会危害性与前两种情形相比要小很多,立法的目的更多的是保护其中当事人的私权利。如果一方申请宣告婚姻无效时,双方均已经达到法定婚龄,也就是说,双方的婚姻已经完全符合法律规定的要件,则该婚姻应当认定为有效婚姻。因此,双方均达到了法定婚龄构成了此类婚姻被宣告无效的阻却事由。在双方婚姻有效的情形下,如果双方当事人感情破裂无法共同生活的,则可以通过离婚解决双方之间的争议。

此外,实践中有案件当事人还存在这样一种认识,认为无效婚姻的一方当事人死亡的,则构成

① 田韶华:《民法典婚姻家庭编瑕疵婚姻制度的立法建议——以〈民法总则〉之瑕疵民事法律行为制度在婚姻家庭编中的适用为视角》,载《苏州大学学报》(法学版)2018 年第 1 期。

② 人民法院出版社编:《司法解释理解与适用全集》(家事卷),人民法院出版社 2019 年版,第 174 页。

③ 江苏省高级人民法院 2019 年制定的《家事纠纷案件审理指南(婚姻家庭部分)》第 7 条规定:依照婚姻法司法解释一第十三条的规定,无效或者可撤销婚姻只有在依法被宣告无效或者被撤销时才自始不受法律保护。因此,婚姻被宣告无效或者被撤销之前又与他人结婚的,构成重婚。以重婚为由申请宣告婚姻无效,申请时即使当事人已经办理了合法婚姻的离婚登记手续或者合法婚姻配偶一方已经死亡等导致重婚情形已经消失的,亦应予以支持。

了婚姻无效的阻却事由,法院对于宣告无效申请不应予以支持。事实上,这是对无效婚姻制度缺乏全面准确的理解。如前所述,我国对于无效婚姻采用的是宣告主义,在无效婚姻被宣告为无效之前其就是有效婚姻,在法律上产生合法婚姻规定的身份关系和财产关系。如果一方死亡,另外一方可以主张双方关系存续期间取得财产属于夫妻共同财产,可以作为死亡一方的第一顺位继承人继承遗产等。因此,即使一方或者双方死亡,双方基于"合法婚姻登记形式"所产生的法律后果对于生存一方或者相关利害关系人的影响是存在的。以重婚为例,甲男与乙女是合法夫妻,丁男是双方婚生子,在甲男与乙女婚姻关系存续期间,甲男和丙女又结婚,构成重婚。在甲男或者丙女一方或者双方去世的情况下,如果不允许相关利害关系人宣告甲男与丙女的婚姻无效,则甲男与丙女之间互有继承权,对于乙女、丁男的继承利益产生了重要影响。而且,从婚姻登记上看甲男、丙女属于合法夫妻关系,对于乙女、丁男的身份利益和社会评价也会有重大影响。因此,即使无效婚姻的一方或者双方死亡,仍应当允许在世一方或者相关利害关系人申请无效,这样才符合立法本意,才能更全面有效的保护合法利益。因此,《婚姻法司法解释(二)》第5条规定:夫妻一方或者双方死亡后1年的,生存一方或者利害关系人依据《婚姻法》第10条规定申请宣告婚姻无效的,人民法院应当受理。应当说,该条的设立具有很强的现实意义。需要注意的是,这里的1年是除斥期间,不适用中止、中断和延长的规定。

对于《民法典》第五编婚姻家庭规定的3种婚姻无效情形,只有未达婚龄的婚姻存在阻却事由,其他两种情形均不存在阻却事由。审判实践中随之需要解决问题是,对于未达婚龄的,如果申请时双方因年龄已符合条件而存在阻却无效事由的,双方当事人的婚姻关系从何时起算。对此,本书认为,应当从双方均达到法定婚龄的时间作为婚姻关系时间起点,而不是以双方办理结婚登记的时间为起算点。因为阻却事由的存在,是在惩罚严重违法婚姻的大原则下有限地设定例外条件,其目的在于维护合法婚姻的持续稳定性,而不是保护不合法的利益。因此,其对于不符合婚姻实质要件之前的婚姻不具有溯及力。这一时间节点的确定对于认定双方关系存续期间所得财产属性具有重要意义,在双方不符合结婚实质要件前取得的财产按照同居关系期间所得财产认定,而不是当然推定为夫妻共同财产。

三、婚姻无效的法律后果

《民法典》第1054条第1款规定:无效的或者被撤销的婚姻自始没有法律约束力,当事人不具有夫妻的权利和义务。同居期间所得的财产,由当事人协议处理;协议不成的,由人民法院根据照顾无过错方的原则判决。对重婚导致的无效婚姻的财产处理,不得侵害合法婚姻当事人的财产权益。当事人所生的子女,适用本法关于父母子女的规定。该部分内容与《婚姻法》的规定基本相同。从法律规定来看,婚姻被宣告无效后,当事人之间自始不存在夫妻身份关系,没有夫妻间的权利义务。但对于双方所生子女,从保护子女利益角度出发,法律赋予了与合法婚姻婚生子女同等的权利。

在审判实践中,相对于当事人之间以及当事人与子女之间的身份关系的确认而言,当事人之间的财产分割更具争议,也亟须司法裁判的统一。本书认为,婚姻无效后当事人之间财产处理应当与合法婚姻离婚财产处理有明确的区分,否则,无效婚姻的意义会大打折扣。从法律规定来看,在婚姻被宣告无效后,对于当事人同居期间所得财产,首先尊重当事人的意思自治,如果双方当事人达成协议,则按照协议处理。但是,对于当事人未能达成协议的,法律只规定应当照顾无过错原则予以判决。

《婚姻法司法解释(一)》第15条规定:被宣告无效或被撤销的婚姻,当事人同居期间所得的财产,按共同共有处理。但有证据证明为当事人一方所有的除外。从该条规定看,当事人同居期间取得财产按照共同共有处理。需要注意的是,该司法解释出台的时候,我国《物权法》还没有制定实施,关于共同共有的规定适用《民法通则》和最高人民法院《贯彻民法通则意见》。但是应当看到,《民法典》关于共同共有的相关规定与《民法通则》和《物权法》的规定基本一致,适用司法解释时运用《民法典》关于共同共有的规定应无问题。

如前所述,被宣告婚姻无效的当事人之间不具有夫妻关系,也就不存在法律规定的家庭关系。因此,本书认为,在此情形下,如果双方在同居期间拥有的共同所得财产,双方之间没有约定,应当按共同共有处理。

在上述基本原则的基础上,实际分割财产时,人民法院还应当依据照顾无过错方的原则予以判决。例如,甲男未达法定婚龄,其伪造证件虚构年龄与乙女结婚,乙女对此不知情,后知情后乙女向法院提出宣告婚姻无效申请,并主张分割财产。同居期间,以乙女名义购买一套房屋登记在乙女名下,甲男未能举证证明其对房屋有出资,该房屋认定为乙女的个人财产。对于双方同居期间购买的家具家电等财产,双方均有出资,但无法证明各自的出资额,按照照顾乙女的原则进行判决。

需要强调的是,对于重婚导致婚姻无效的,还应当注意保护合法婚姻配偶一方的利益。《婚姻法司法解释(一)》第16条规定:人民法院审理重婚导致的无效婚姻案件时,涉及财产处理的,应当准许合法婚姻当事人作为有独立请求权的第三人参加诉讼。该规定就是从程序设置上保护合法婚姻配偶一方的利益。例如,甲男和乙女是合法夫妻关系,在双方婚姻关系存续期间,甲男和丙女结婚,构成重婚。甲男和丙女同居期间购买了一套房屋,登记在甲男名下。经查,该房屋是甲男用个人工资和父母赠与款项购买,丙女未出资,则该套房屋丙女无权主张分割。如无相反证据,该套房屋应当认定为甲男和乙女的共同财产。如果该房屋购买时登记在甲男名下,后甲男将房屋变更登记到丙女名下,则该房屋仍应当认定属于甲男和乙女的夫妻共同财产,丙女没有权利予以分割,因为其没有出资,丧失共有的基础,即使抗辩甲男对其赠与,但因为甲男赠与处分的是其与乙女的夫妻共同财产,赠与行为亦应当认定为无效。当然,如果房屋购买时即登记在丙女名下,则至少可以认定甲男所出的购房款属于赠与无效,应当返还。如果该房屋双方均有出资,则可以根据双方的出资比例大小、照顾无过错方的原则判决予以分割。

除财产外,对于同居期间形成的债务,因为涉及案外第三人的利益,具体处理时,本书认为,如果善意债权人对于双方婚姻无效的情形并不知情,其所借债务可以根据《民法典》第1064条关于夫妻共同债务的标准予以认定,构成双方共同债务的,则无效婚姻双方当事人对此债务承担连带清偿责任。因为导致婚姻无效是当事人一方或者双方造成的,债权人基于对他们"合法婚姻关系"的信赖出借款项并无过错,其权利应当优先保护。但如果债权人对双方无效婚姻情形明确知悉,如甲男作为乙男的朋友,其对于乙男与丙女重婚的事实完全了解,则对于甲男所借款项需要根据借款用途、金额、对象等因素按照一般民间借贷关系予以处理。

四、无效婚姻的损害赔偿

《民法典》第1054条第2款规定:婚姻无效或者被撤销的,无过错方有权请求损害赔偿。该款规定是《民法典》中的新增内容。事实上,赋予无效婚姻中无过错方的损害赔偿请求权在理论和实务界中一直有较高的呼声,认为这是维护实质正义、制裁预防违法行为的有利手段。如有学者认为,在统计学意义上,多数情况下重婚中有配偶的一方为恶意,而无配偶一方为善意且多数为女性,如果法律规定婚姻为自始绝对无效,双方不发生夫妻的权利和义务,那么当事人在长期共同生活中享有的现实的及可信赖的期待利益便得不到任何法律保护,这对于善意相对方来说是极不公平的。如果是这样,那些有配偶者在向对方隐瞒了真相而"结婚"后,在他想终止他们之间的关系时,就很容易摆脱善意相对方,而不必承担作为配偶的各种义务。这与《民法典》的立法目的是不符的。导致婚姻无效和撤销的其他情形也存在同样的问题。可以说,本次《民法典》中增加无效婚姻或者可撤销婚姻中无过错方的损害赔偿请求权是一大进步,对于完善无效和可撤销婚姻制度有积极意义。

为准确适用这一规定,本书认为应当把握以下三个问题。

(一)请求权的主体

从《民法典》规定来看,被赋予请求权的主体是无过错方。如何界定这里"无过错方"?首先,需要对于"过错"进行明确。这里的"过错"应当作狭义理解,仅指对于导致出现婚姻无效或者被撤销情形存有过错,如故意隐瞒已婚的事实,伪造材料更改年龄等。"无过错方",则指对于上述情形出现没有过错的一方。这里的"无过错方"对于对方实施的行为不知情,如果明知对方已婚、明知对方不符合结婚年龄与其结婚,则亦不属于"无过错方"。对于"过错"作狭义理解,有助于聚焦婚姻无效或者被撤销的实质问题,而不是泛化为双方同居期间各种争执和矛盾的简单堆砌比较,符合立法的本意,也有助于在审判实践中统一裁判尺度。如果双方当事人对于婚姻无效或者可撤销均存在过错,则双方均不能向对方提出损害赔偿的请求。这一点也能够与《婚姻法司法解释(三)》第17条的规定契合。

在实践中需要注意的是,如果无过错方去世,相关利害关系人申请宣告婚姻无效的,能否向对方主张损害赔偿?此时,利害关系人不能主张该权利,因为虽然法院经过审查可以查明双方存在导致婚姻无效的情形,但是鉴于一方已经去世,对于其缔结婚姻时无效情形是否知晓,是否是绝对的无过错方,可能永远无法查清。因此,从法律规定的严谨角度出发,不应当赋予利害关系人该权利。基于同样道理,如果过错方已经去世,在世一方也不能向其继承人主张该权利。虽然如此规定可能在某些个案中对于当事人的权益有影响,但这是当事人在处理社会关系时所可能面临的风险之一,也是法律调整手段局限性的一种体现。

双方同居关系存续期间,一方对于另一方有侵权行为,造成另外一方身体伤害,侵害的是另外一方的身体权、健康权。在此种情形下,受害一方有权基于《民法典》侵权责任的相关规定向加害方追究责任,要求予以赔偿。此时,加害方实施的侵权行为是一般侵权,与实施导致婚姻无效情形的行为有显著区别,在实践中应当予以区分认定。

(二)损害赔偿的范围

关于无过错方请求损害赔偿的范围,目前并没有明确的规定,在实践中可以参照《婚姻法司法解释(一)》第28条的规定处理。“婚姻法第四十六条规定的‘损害赔偿’包括物质损害赔偿和精神损害赔偿,涉及精神损害赔偿的,适用最高人民法院《关于确定民事侵权精神损害赔偿责任若干问题的解释》的有关规定。”对于婚姻无效或者被撤销的,无过错方亦应当有权主张物质损害和精神损害赔偿。因为在双方同居期间,无过错一方基于对于双方“婚姻”关系的信赖,可能有很多财产性的投入,如用个人财产维持双方的生活,为对方的日常消费、医疗健康等支出了较多费用等,这些都应当作为损失计算在内。当然,对于具体物质损失的大小,需要无过错方举证证明,以实际造成的损失为限进行赔偿。关于精神损害赔偿,无过错方因为对方的隐瞒欺骗等行为,导致婚姻被宣告无效或者被撤销,在情感或者精神上不可避免受到伤害,作为对其感情和精神上的抚慰,精神损害抚慰金有助于帮助其尽早恢复身心健康、重拾对公平正义的信心,也有助于为整个社会提供正确的价值导向,应当结合个案情况判决。关于精神损害抚慰金的具体数额,需要根据双方生活期间的长短、过错情节、造成的损害后果等情况予以判断。

(三)损害赔偿请求权行使时间

无效婚姻损害赔偿请求权是建立在婚姻被宣告无效的基础上,以婚姻被宣告无效为前提的,法院在审理无效婚姻案件时,会对婚姻无效的事由进行审查。因此,当事人可以在申请宣告婚姻无效的案件中提出损害赔偿请求,此时,当事人提出主张与当事人在该类案件中提出子女抚养、财产分割请求类似。但是,需要明确的是,从审判程序上来说,宣告婚姻无效之诉实行的是一审终审,而损害赔偿之诉适用的是普通程序或者简易程序,当事人不服可以提出上诉。因此,法院在具体审理时,如果确定婚姻无效,则应当就婚姻无效和其他内容分别制作不同的裁判文书。

同时,根据《婚姻法司法解释(一)》第7条规定:有权依据《婚姻法》第10条规定向人民法院就已办理结婚登记的婚姻申请宣告婚姻无效的主体,包括婚姻当事人及利害关系人。利害关系人包括:(1)以重婚为由申请宣告婚姻无效的,为当事人的近亲属及基层组织;(2)以未到法定婚龄为由申请宣告婚姻无效的,为未达法定婚龄的近亲属;(3)以有禁止结婚的亲属关系为由申请宣告婚姻无效的,为当事人的近亲属;(4)以婚前患有医学上认为不应当结婚的疾病,婚后尚未治愈为由申请宣告婚姻无效的,为与患病者共同生活的近亲属。近亲属的范围包括配偶、父母、子女、兄弟姐妹、祖父母、外祖父母、孙子女、外孙子女。当不是婚姻无效的当事人而是利害关系人申请婚姻无效时,因利害关系人不能提起婚姻无效损害赔偿的诉求,应当允许无效婚姻当事人在婚姻被宣告无效后再另行单独提起损害赔偿之诉。但为了督促当事人尽快行使权利,应当规定当事人需在婚姻被宣告无效后1年内提出损害赔偿请求。该期间为除斥期间,不适用延长、中止、中断。

专题二 可撤销婚姻

可撤销婚姻属于违法婚姻,从广义上来说,其也是无效婚姻的一种。对于采用双轨制立法例的国家和地区来说，均规定了无效婚姻和可撤销婚姻。相对狭义的无效婚姻而言，一般认为，可撤销婚姻更多违反的是私益要件，其危害性与无效婚姻相比更小。在可撤销婚姻问题上，我国的立法与国外有所不同。国外许多国家规定的属于可撤销婚姻的情形较多，诸如因受欺骗、误解、受胁迫而缔结的婚姻等都属于可撤销婚姻。相对而言，我国法律规定的可撤销婚姻范围比较有限，《婚姻法》只规定了受胁迫缔结婚姻属于可撤销婚姻这一种情形，《民法典》适当扩大了可撤销婚姻的范围，除保留受胁迫婚姻可撤销规定之外，将《婚姻法》中规定的原属于无效婚的疾病婚确定为可撤销婚姻。在胁迫婚和疾病婚这两种情形下，当事人作出结婚的意思表示并不真实，法律赋予了当事人可撤销的权利。

一、受胁迫婚姻

《民法典》第1052条第1款、第2款规定：因胁迫结婚的，受胁迫的一方可以向人民法院请求撤销婚姻。请求撤销婚姻的，应当自胁迫行为终止之日起1年内提出。第3款规定：被非法限制人身自由的当事人请求撤销婚姻的，应当自恢复人身自由之日起1年内提出。

与《婚姻法》相比，《民法典》将撤销婚姻的起算时间从“结婚登记之日”修改为“胁迫行为终止之日”，该修订调整具有合理性，有利于保护受胁迫方的合法权利。因为在受胁迫缔结婚姻的情形中，胁迫方的胁迫行为可能处于持续状态中，如果在胁迫行为没有终止时即起算时间，可能导致受胁迫方的救济权利无法得到实现。

（一）请求撤销的主体

根据《民法典》的规定，因胁迫结婚的，受胁迫一方可以请求撤销婚姻。与无效婚姻中申请主体既可以是双方当事人亦包括利害关系人不同，此类案件只有受胁迫一方可以提起撤销婚姻之诉。这主要是根据胁迫婚姻危害程度和范围，从尊重当事人的婚姻自由意愿、保护受胁迫方的合法权益而设定的。因为受胁迫而结婚的意思表示最终是受胁迫方自己作出的，如果一方虽然受胁迫而结婚，但是婚后生育了子女，其愿意与对方共同生活，此时，若允许其他人（包括婚姻的相对方）随意提起撤销婚姻，则是对受胁迫方婚姻自由意愿的加重伤害。即使是受胁迫方的近亲属，在受胁迫方不同意的情形下，亦不能依据他们曾被作为威胁或伤害对象而提起撤销之诉。如果他们认为自己的身体、健康或者其他合法权益因胁迫方的侵权行为而受损，可以依据《民法典》侵权责任编的规定主张权利。

（二）被请求的主体

与请求撤销的主体只能是受胁迫一方相对应，被请求的主体只能是婚姻关系的另外一方当事人。与无效婚姻不同，如果另外一方当事人死亡，则受胁迫一方不能再提起撤销婚姻之诉，双方的婚姻关系自然终止，双方的财产关系按照婚姻和继承予以处理。需要注意的是，在胁迫婚姻关系中，实施胁迫行为的主体往往较多，包括婚姻一方当事人的近亲属、朋友等，这些主体不能成为撤销婚姻之诉的被告。因为他们虽然参与实施了胁迫行为，但最终受胁迫方作出结婚意思表示的相对方是婚姻关系的另外一方当事人，应当由该当事人承担胁迫婚姻所导致的法律后果。但是，如果相关人员在实施胁迫过程中，有民事侵权甚至犯罪行为，则应当依据相关法律规定承担相应的法律后果。

（三）"胁迫"的认定

在实践中，对于如何理解和把握"胁迫"是审理这类案件的难点之一。《婚姻法司法解释（一）》第10条规定：《婚姻法》第11条所称的"胁迫"，是指行为人以给另一方当事人或者其近亲属的生命、身体健康、名誉、财产等方面造成损害为要挟，迫使另一方当事人违背真实意愿结婚的情况。因受胁迫而请求撤销婚姻的，只能是受胁迫一方的婚姻关系当事人本人。本书认为，判断行为人构成胁迫需要满足以下条件：一是行为人有主观上的故意，即意欲通过威胁恐吓的方式让对方产生恐惧；二是行为人客观上实施了胁迫的行为，如对于对方或者其近亲属已经有了言语上的威胁或者实质上的伤害；三是对方因此而产生了恐惧，并作出了同意结婚的意思表示，即行为人的胁迫行为与对方违背意愿同意结婚之间存在因果关系。在满足上述条件的情况下，受胁迫一方当事人撤销婚姻的主张应当得到支持。当然，实践中的情形较为复杂，法院需要根据当事人的举证情况综合予以判断。

（四）撤销的机关

根据《民法典》的规定，人民法院是胁迫婚姻的撤销机关。与《婚姻法》相比，婚姻登记机关不再享有撤销胁迫婚姻的权力，人民法院成为唯一撤销机关。这一规定与域外立法例一致。从国外有关婚姻家庭的立法看，无论是法制比较发达的国家立法，还是法制相对薄弱的国家立法，对婚姻的撤销，多数均以诉讼方式，由法院判决宣告。① 有实务界人士也长期呼吁，我国应当彻底废除民政机关主管婚姻效力纠纷和适用行政诉讼程序解决婚姻效力案件的机制。凡涉及婚姻是否成立或有效的案件，全部统一由法院主管，按民事诉讼程序处理。② 应当说，《民法典》的这一修订回应了社会关切和期待，也能够有效解决实践中的部分问题。因为在撤销婚姻案件中，除对于婚姻情况审查外，还涉及子女抚养、财产分割、过错认定、损害赔偿等问题，而婚姻登记机关无法解决这些问题。根据《婚姻登记条例》第9条的规定，因胁迫结婚的，受胁迫的当事人依据《婚姻法》第11条的规定向婚姻登记机关请求撤销其婚姻的，婚姻登记机关经审查认为受胁迫结婚的情况属实且不涉及子女抚养、财产及债务问题的，应当撤销该婚姻，宣告结婚证作废。也就是说，婚姻登记机关只有在不涉及子女抚养、财产及债务的情况下才能作出认定，而这在实务中是非常少见的。因此，由人民法院统一行使撤销婚姻的权利有利于尺度统一，彻底解决当事人之间的争议，减少当事人的诉累。

（五）撤销的法律后果

《民法典》没有区分无效婚姻和可撤销婚姻法律后果的不同，一律认定其为自始无效。当事人不具有夫妻的权利和义务。同居期间所得的财产，由当事人协议处理；协议不成的，由人民法院根据照顾无过错方的原则判决。当事人所生的子女，适用本法关于父母子女的规定。鉴于在无效婚姻部分相关内容已经进行了论述，本部分不再赘述。

需要强调的是，当事人因受胁迫请求撤销婚姻关系，行使的是撤销权，法院在处理此类案件时，应当适用简易程序或者普通程序进行审理，当事人对于判决结果不服的，可以提起上诉。如前所

① 人民法院出版社编：《司法解释理解与适用全集》（家事卷），人民法院出版社2019年版，第283～284页。
② 王礼仁：《婚姻诉讼前沿理论与审判实务》，人民法院出版社2009年版，第592页。

述，因胁迫而撤销婚姻诉讼中的当事人仅限于婚姻双方，而原告只能是受胁迫方，因此，如果原告主张损害赔偿，应当在请求撤销婚姻案件中一并提出，如果不主张，则不得再另行主张。这样，一方面可以督促当事人尽快行使权利，另一方面也便于法院查清相关事实。

二、可撤销的疾病婚

《民法典》第1053条第1款规定：一方患有重大疾病的，应当在结婚登记前如实告知另一方；不如实告知的，另一方可以向人民法院请求撤销婚姻。

在《民法典》婚姻家庭编起草过程中，关于疾病婚纳入无效婚还是可撤销婚存有一定的争议。在2018年4月《民法典》婚姻家庭编草案征求意见稿中，相关条款表述为：一方患有严重的传染病、精神病或者遗传性疾病等疾病时，应当在结婚登记前如实告知另一方，故意隐瞒的，另一方可以向婚姻登记机关或者人民法院请求撤销该婚姻。而在此之后的征求意见稿中，将"患有严重的传染病、精神病或者遗传性疾病等疾病"修订为"重大疾病"，即对于疾病的具体类型没有明确，以重大疾病作为统称。最后通过的《民法典》第五编婚姻家庭保留了该种表述。

除对于疾病的类型在《民法典》起草过程中有变化外，对于撤销疾病婚姻的机构，《民法典》明确人民法院为唯一撤销机构，与胁迫婚保持了一致。事实上，不将疾病婚作为无效婚姻被很多国家或者地区的法律所采用，实际上更能够体现婚姻自由的理念，将选择权交给婚姻当事人，在没有损害公共利益的情形下，减少国家的强制干预。也就是说，即使患有严重疾病的当事人，其婚姻自由的权利法律仍然保护，只要在结婚前如实告知对方，双方同意，则法律上并不禁止。但是，如果一方患有严重疾病而故意隐瞒，事实上构成了欺诈，让对方作出了错误的意识表示，从民法理论上来说，这种行为是可撤销的，法律赋予不知情一方当事人撤销婚姻的权利。

在具体审理此类案件过程中，应当重点把握以下四个问题。

1. 合理界定"重大疾病"的范围。与之前《婚姻法》上规定的不应当结婚的疾病类似，"重大疾病"目前在法律上并没有一个明确的范围界定。结合《民法典》立法过程中关于疾病婚姻表述的演变和现实的医学水平，"重大疾病"应当包含了《母婴保健法》《母婴保健法实施办法》以及卫生部颁发的《婚前保健工作规范（修订）》的规定中的相关疾病。其中，《母婴保健法》第8条第1款规定：婚前医学检查包括对下列疾病的检查：（1）严重遗传性疾病；（2）指定传染病；（3）有关精神病。其第38条规定：指定传染病，是指《传染病防治法》中规定的艾滋病、淋病、梅毒、麻风病以及医学上认为影响结婚和生育的其他传染病。严重遗传性疾病，是指由于遗传因素先天形成，患者全部或者部分丧失自主生活能力，后代再现风险高，医学上认为不宜生育的遗传性疾病。有关精神病，是指精神分裂症、躁狂抑郁型精神病以及其他重型精神病。除上述疾病外，一些重要脏器疾病、生殖系统疾病、血液病等也应当被包含在内。

上述规定中的疾病在以往实践中并不完全被认定为不应当结婚的疾病，还包括了暂缓结婚、不宜生育的疾病。从立法将疾病婚从无效婚修订为可撤销婚的态度来看，在尊重当事人婚姻自由意思自治的同时，也明确了要保护婚姻双方的知情权。而对于当事人来说，结婚是一项重大权利的处分，对于一方涉及可能影响双方共同生活的"重大疾病"，另外一方应当具有知情权。这些"重大疾病"不限于有很强的传染性、影响生育等，对于一方身体健康有重大伤害，严重影响婚后婚姻质量，大幅增加家庭支出的,也应当包括在内,如癌症等恶性疾病。因此,“重大疾病”的范围相较而言更大,但是在具体案件中所涉疾病是否属于此范围需要法院根据法律规定、审判经验综合予以判断,必要时还要征询参考专业医疗机构的意见。当然,随着现代医学技术的不断发展,人们对于一些疾病的特点规律、对人体健康的影响等的认识都在不断更新,“重大疾病”的范围也应当是处于一个动态调整的过程中,在实践中应灵活予以掌握。

2. 明确要求患病一方知悉自己患有重大疾病。法律要求患病一方在登记前如实向另一方告知病情,前提是其本身知道自己患有重大疾病。因为不同疾病有不同的特点,而且病情有演变发展的过程,在不同时期病情表现的形式亦可能有重大差异。在现实生活中,患病一方自己确实有可能不了解自己的病情。法律在保护一方知情权的同时,也不能苛责患病一方对自身疾病一定有完整明确的认识。在审判实务中,如果患病一方抗辩自己对于病情不知情,则法院需要就此作出准确判断。在具体认定时,需要结合疾病类型、发病时间、发病状态、是否有过婚史等具体情况综合予以考虑,必要时,法院根据当事人申请或者依职权调取患者过往的就诊记录等材料。

3. 准确认定一方未履行如实告知义务。在明确一方确实患有“重大疾病”,但其抗辩已经在婚前如实告知另一方时,法院亦需要对此作出准确认定。从举证责任的角度来说,患有疾病一方主张自己如实告知了对方,在对方予以否认的情况下,患有疾病一方如果无法有效举证,则其应当承担不利后果。法院应当根据疾病的类型、结婚之前双方是否有过共同生活经历、双方是否进行婚检以及一般生活常识等综合予以判断。

4. 妥当判断是否存在阻却事由。在审判实践中,如果一方因对方隐瞒重大疫病而请求撤销婚姻的,在一方诉讼时,对方疾病已经完全治愈的,法院还能否支持请求。本书认为,对此,可以不予支持,如果双方当事人因此感情破裂,双方可以通过离婚解除婚姻关系。作出如此认定的理由主要有两点:一是比较而言,无效婚姻的违法程度较可撤销婚姻来说更严重,构成无效婚姻的,如果申请时无效事由已经消失的,法律对于当事人的申请即不予支持,举重以明轻,可撤销婚姻不予支持是能够成立的;二是法律对于违法婚姻确定无效或者予以撤销,目的是更好地保护合法婚姻,维护婚姻家庭关系的稳定。因此,对于此种情形下当事人的主张不予支持,进而在合法有效婚姻范围内解决双方当事人的争议,在一定程度上更有利于保护无过错当事人和子女的合法利益。

关于疾病婚被撤销后的法律后果等问题,从法律规定上来看,与无效婚姻、胁迫婚姻并无不同,在此不再赘述。需要强调的一点是,因为《民法典》首次将疾病婚规定为可撤销婚姻,而法院判断是否满足撤销条件时需要综合考虑疾病类型、当事人是否知情、是否如实告知等具体情形才能作出准确认定。与请求法院予以救济相协调,双方当事人办理结婚登记时,可以由婚姻部门制作相应的承诺书,将涉及疾病的上述内容在承诺书中明确载明并提示当事人注意。这一方面有利于增强当事人对于疾病婚姻法律后果的了解,另一方面也便于当事人产生争议时法院查明相关事实、合理分配举证责任。

第四章　家庭关系

专题一　家事代理

一、制度设立

家事代理,是指夫妻一方与第三人就家庭日常事务实施民事法律行为时,享有代理夫妻另一方的权利,该行为应当视为夫妻双方的共同意思表示,双方对代理行为的后果承担连带责任。随着市场经济的不断深入发展,现代家庭越来越多地参与各类经济活动中,家事代理范围日益呈现扩大趋势。该制度的逻辑起点在于,家庭系夫妻双方因缔结婚姻组成的社会组织,夫或妻因家庭日常生活需要实施的民事法律行为,在通常情形下对夫妻均具有利益一致性与目的共同性。其既有利于贯彻男女平等原则,保证夫妻双方对日常家事相互享有平等的代理权,在一定程度上也突显出家庭在经济社会中的整体性;也有利于保障家庭生活开展,促使家庭事务的处理更简易便利,大大降低交易成本和生活成本;还有利于保证交易效率与安全,因夫妻双方就家庭日常生活开支的代理行为需要承担连带责任,在便利夫妻共同生活的同时,保证相对人的合法利益,有效维护交易安全。

我国《婚姻法》自1950年颁布实施到2001年重新制定,一直没有明确规定家事代理制度,但从其第17条第2款"夫妻对共同所有的财产,有平等的处理权"之规定,可以略窥家事代理制度的影子,该平等处理权,应当既包括对积极财产的处理,也包括对消极财产即债务的处理。《婚姻法司法解释(一)》第17条进一步明确,"婚姻法第17条关于'夫或妻对夫妻共同所有的财产,有平等的处理权'的规定,应当理解为:(一)夫或妻在处理夫妻共同财产上的权利是平等的。因日常生活需要而处理夫妻共同财产的,任何一方均有权决定。(二)夫或妻非因日常生活需要对夫妻共同财产做重要处理决定,夫妻双方应当平等协商,取得一致意见。他人有理由相信其为夫妻双方共同意思表示的,另一方不得以不同意或不知道为由对抗善意第三人"。该规定涵盖了家事代理制度的实质性内容。

在日常生活中,夫妻一方在家事代理权限范围内实施的民事法律行为极为普遍,但夫妻一方超越家事代理权限范围实施的民事法律行为也较常见,由此引发的案例屡见不鲜。例如,2016年4月起,阿美先后三次通过其丈夫账户向朋友阿强的妻子阿燕账户转入154,000元、48,000元、27,500元。2016年10月26日,阿强在阿美追款时承诺分期还款,并就未偿还的200,000元向阿美出具借条,约定借款期2个月内还清100,000元,余款100,000元到2017年2月底还清。阿强没有依约履行还款义务，阿美催收未果提起诉讼。① 法院经审理认为，本案争议焦点在于阿强有没有收到阿美的200,000元借款，即阿美通过其丈夫向阿强的妻子阿燕转账款项的认定（家事代理）。阿美的丈夫阿平向阿燕转账的行为以及阿强向阿美出具借条确认已收款，均是夫妻对外一致性的具体体现，不应分割各个行为而作评定，故依法认定阿强夫妻已收取借款并应予偿还。

又如，黄某、邓某夫妻二人于2012年5月出资19万元购买一套商品房，产权登记在邓某名下。2016年3月18日，邓某瞒着妻子与王某签订房屋买卖协议，约定该房屋以27万元出卖给王某，王某先付20万元，入住后付清余款并取得房屋所有权。协议签订后，王某2016年3月26日向邓某支付房款20万元，一周后搬入居住并付清余款，但一直未办理过户手续。2018年4月，黄某发觉后要求王某搬离该房屋，王某称邓某已以27万元出卖而拒不搬出。黄某遂起诉请求确认王某、邓某签订的房屋买卖协议无效，并判令王某归还房屋。② 本案涉及房屋是否为夫妻共同财产、邓某在未征得黄某同意下处分房屋的效力以及王某是否善意取得房屋所有权等相关事实认定及利益保护，实质上是家事代理行为及其效力的问题。

《民法典》第1060条规定："夫妻一方因家庭日常生活需要而实施的民事法律行为，对夫妻双方发生效力，但是夫妻一方与相对人另有约定的除外。夫妻之间对一方可以实施的民事法律行为范围的限制，不得对抗善意相对人。"该条文明确，婚姻关系存续期间，夫或者妻一方因家庭日常生活需要实施的民事法律行为，对夫妻双方具有法律效力。反之，非因家庭日常生活需要处分夫妻共同财产时，夫妻双方应当协商一致，任何一方无权单独处分夫妻共同财产。

二、家事代理的构成条件

（一）家事代理主体范围

相对人选择与夫妻一方进行交易，是基于对其所代表的婚姻共同体的合法身份关系外观的合理信赖。具有合法婚姻关系的夫妻双方均享有家事代理权已成共识，并无争议。但事实婚姻、同居关系下的男女之间是否享有夫妻日常家事代理权，存在较大争议。从传统民法理论来讲，家事代理权的主体仅限定于具有婚姻关系的配偶。将家事代理的效力限定于配偶之间，体现了立法者维系夫妻共同体生活稳定的意图。对此，应当依法界定夫妻之内涵，方能合理地区分事实婚姻关系与同居关系的家事代理权限问题。

事实婚姻关系下的双方虽然具备夫妻的外观，且《婚姻法司法解释（一）》第5条也对事实婚姻关系的时间节点及认定标准作出了相应规定，但其与《民法典》意义上的法定夫妻关系不同，毕竟其二人并未依法到民政部门进行婚姻登记。因此，出于保护交易相对人利益的考虑，以及相关立法的完善及婚姻登记程序的公示公信及法律效力，即使符合事实婚姻但未依法进行婚姻登记的，依法不得享有家事代理权。而同居关系则不具备夫妻的外观，更容易发生变动，如果将家事代理制度扩大适用至同居关系当事人、其他家庭成员等主体范围，很可能带来内部责任和外部关系复杂化等新问

---

① 《这个案件告诉你什么是"夫妻间的家事代理权"》，载搜狐网：https://www.sohu.com/a/317128508_120026229，最后访问日期：2020年5月13日。

② 《夫妻双方登记结婚后，一方将其婚前所有的房屋登记在夫妻双方名下的法律效力》，载个人图书馆网：http://www.360doc.com/content/19/0322/15/34136519_823393371.shtml，最后访问日期：2020年5月3日。

题。家事代理权本是作为婚姻的当然效力而产生于夫妻的权利义务中的，如果有证据证明夫妻已经分居的，自分居之日起家事代理权径行消灭。综上，家事代理的行使主体应当仅存在于依法具有婚姻关系的夫妻双方，不包括事实婚姻关系与同居关系。

再如，李某与张某系夫妻关系，因感情不和而分居，分居期间张某持自己的身份证、结婚证及擅自拿走的存款单，以急需支付医药费为由将李某名义下存的2000元存款本息取走。后李某认为信用社违规操作，起诉要求赔偿存款本息。法院经审理认为，李某、张某二人为夫妻关系，对日常家事可以互相代理。张某向信用社工作人员出示了结婚证、自己的身份证和存款单，法院据此推定张某的行为构成家事代理行为，驳回李某的诉讼请求。①

（二）家事代理能力与行为

行使民事代理权的主体应具有相应的民事行为能力，这是民事法律行为成立的一般构成要件之一，家事代理权的行使亦如此。无民事行为能力人和限制行为能力人由于缺乏民事法律行为成立与生效的基本要件，其实施的代理行为无效，故依法不能享有家事代理权。如果相对人主张该民事代理行为具有法律效力，依法应当不予支持。因为如果此时认定其代理权具有约束夫妻双方的法律效力，会对夫妻另一方的利益带来损失，造成明显不公。

同时，家事代理的民事法律行为应当限于纯粹的财产性行为，诸如购买家庭日常生活用品或子女教育费用支出、出售普通财产等。对于涉及收养、继承等身份行为，以及具有较强人身性的合同行为，如出版社预约文艺创作、电视台预约文艺演出、教研机构预约学术演讲等，则不适用家事代理制度，要么夫妻双方签字后共同行使权利、履行义务，要么仅由夫妻一方签字后行使权利、履行义务。

（三）相对人为善意第三人

民法保护善意第三人在不知真实权利状态下对权利外观的合理信赖，目的是保护交易安全，使善意第三人的利益不致受损。具体到家庭事务处理中，夫妻一方在行使家事代理权时，与之交易的相对人必须在主观上属于善意，亦即相对人不知夫妻一方存在足以影响民事法律行为效力的真实情况。根据《民商事合同指导意见》第14条的规定："人民法院在判断合同相对人主观上是否属于善意且无过失时，应当结合合同缔结与履行过程中的各种因素综合判断合同相对人是否尽到合理注意义务，此外还要考虑合同的缔结时间、以谁的名义签字、是否盖有相关印章及印章真伪、标的物的交付方式与地点、购买的材料、租赁的器材、所借款项的用途、建筑单位是否知道项目经理的行为、是否参与合同履行等各种因素，作出综合分析判断。"所以，家事代理中相对人善意的判断标准，是其是否明知、应知夫妻一方无代理权却仍然与之交易，或者其有无与夫妻一方恶意串通，损害夫妻另一方的合法权益。对此，一般至少包括以下几个因素：买卖行为的主体关系、夫妻关系是否恶化、第三人是否知晓或是否应当知晓出让人之婚姻情况、是否实际支付对价或约定支付对价是否合理等。为此，在审判实践中不可忽视相对人基于对交易标的额或价值等客观要素的判断，进行必要的询证、确认，尤其是在相对人认为有超出家庭日常事务范围之可能或临界时，其更需审慎考量夫

① 《夫妻家事代理权初论》，载中国法院网：http://nmgfy.chinacourt.gov.cn/article/detail/2014/12/id/1498417.shtml，最后访问日期：2020年5月13日。

妻一方的行为是否是夫妻共同意思表示,否则相对人因主观疏忽或轻信而作出意思表示后,不得以表见代理为由主张夫妻共同承担责任。如果相对人主观上出于恶意,或甚至与夫妻一方恶意串通损害夫妻另一方的合法权益,则该代理行为不发生法律效力。

（四）家事代理范围界定

家事代理是夫妻一方将夫妻共同财产用于处理家庭日常事务,代理范围限于家庭日常事务,这已达成共识,主要分歧在于如何界定家庭日常事务的具体范围。俗话说,家家都有一本难念的经。家庭是夫妻双方的组合与结晶,家庭事务因家庭人员结构的不同导致日常生活需求千差万别,处理家庭日常事务的内容、方式、方法也因人而异,故《民法典》第1060条中"因家庭日常生活需要"的规定乃是审判实践中的判断难点之一。因家庭日常事务所涉种类繁多,难以一一列举,既需要从宏观上综合考量经济、社会、政治、文化及个人状况等因素,也要从微观上仔细考虑当地习俗、不同家庭结合及同一家庭不同时期支付能力等因素,以防止夫妻一方滥用家事代理权侵害到相对人或另一方的合法权益。

1. 行为性质视角

本书认为,将不动产转让、数额巨大的家庭财产赠与以及其他重大事务排除在日常家事范围外,因为对家庭生活有重大影响的法律行为,如处分不动产、明显过分的开支、用途不明的大额借款、以分期付款形式购买不动产或大额动产、与风俗习惯不符的大额无偿捐赠等,以及具有人身专属性的事务、风险较大的投资行为以及其他不宜代理的事务,均已超出家庭日常事务的范围。在审判实践中,要注重对诸如不动产及大额不动产等交易所涉标的金额大小、购买或处分财产的价值与家庭收入间的比例关系、行为目的与家庭事务的关联程度、借贷金额大小及频率、款项使用目的及资金流向等相关细节的审查,精准把握夫妻双方的真实意愿。因为夫妻一方超越家庭日常事务范围与相对人进行越权交易,或无权处置专属于另一方的个人财产,均不属于家事代理范畴,此时,应由夫妻双方共同协商办理或者取得另一方的明确授权,否则为无权代理。

例如,王某和罗某系夫妻关系,两人共有一套私房,王某与陈某签订购房协议,罗某未签字,也不在场。后王某未履行协议,陈某将王某告上法庭,罗某也以有独立请求权的第三人身份参加诉讼,要求法院确认购房协议无效。法院经审理认为,诉争房屋系王某与罗某共同共有,在婚姻关系存续期间,部分共有人王某擅自处分共有财产的应为无效,遂判决购房协议无效,由王某返还陈某的购房款及利息。①

2. 区域与家庭视角

我国各地经济发展水平不一,长三角、珠三角等地消费水平明显高于内陆及西部地区,且同一地区的不同家庭也存在富裕程度、消费开支不一的情形,在审判实践中不可"一刀切"地处理,要综合考量案件中夫妻的职业背景、经济收入、家庭资产状况及生活水准,日常交易习惯及是否要求夫妻另一方作出相关意思表示等。本书认为,在审判实践中,可以将日常生活需要界定在夫妻双方及子女日常必需的物品和服务,包括日用品购买、医疗服务、子女教育等。具体应当限定在:(1)家庭

① 《夫妻家事代理权初论》,载中国法院网:http://nmgfy.chinacourt.gov.cn/article/detail/2014/12/id/1498417.shtml,最后访问日期:2020年5月13日。

成员衣食住行方面的必要支出;(2)家庭成员有关医疗、医药等身体健康维护的必要开支;(3)家庭成员在娱乐、锻炼方面的必要支出;(4)子女教育、个人发展及赡养老人的必要支出;(5)因家庭基本社交馈赠亲朋好友的财产或接受赠送等;(6)其他应当属于家庭日常事务的事项。

3. 特殊情形

在非正常状态下,家事代理范围应当作出相应的必要调整,既可以扩张,如在某些意外交通事故、老人病危借款等急迫情形下,即使夫妻一方实施了超出"家庭日常事务"一般性标准的民事法律行为,也应赋予其家事代理的法律效果,以解决家庭燃眉之急;也可能缩小,如夫妻一方超越权限行使家事代理权侵害另一方的权益时,另一方有权依法限制或禁止其代理权限,尽可能避免损失的发生或者扩大。

三、家事代理的法律效力

1. 夫妻之间的内部效力方面

家事代理建基于夫妻共同财产制,承认夫妻双方在处置共同财产时享有平等及互为代理的权利,同时,也由夫妻双方共同承担相应的法律责任。这是因为,婚姻是夫妻生活之共同体,夫妻在处理家庭日常事务范围内互为代理人,此乃婚姻的当然效力,夫妻因配偶身份关系的确立而依法当然享有此种代理权,其基于法律规定而产生,而非当事人约定而形成,具有不同于一般委托代理的当然性和法律强制性。况且,家事代理所涉民事法律行为产生或指向的利益,最终归属于夫妻共同体或家庭成员,甚至直接以家庭或家庭成员为交易行为的受益对象。不过,为了保护相对人的合法权益,夫妻一方因家庭日常事务与相对人所实施的民事法律行为,视为夫妻共同的意思表示,除夫妻一方与相对人另有约定之外,对夫妻二人均具有法律约束力,由其二人承担连带责任。为此,在审判实践中要仔细考虑夫妻共同体双方的内在意图及外在表示行为。(1)夫妻一方在发出要约或接受承诺的意思表示中,应当包含将行为后果及其所属利益归于夫妻共同体的意图,并在外在表示过程中予以表露。这种意思表示的形式可以是在交易中披露动机、婚姻状况、潜在主体等隐藏信息,也可以是通过电子通信等方式询问夫妻另一方的意愿等。(2)夫妻另一方对待交易行为的主观认识状态也属于重要的评价要素。尤其当该行为具有表见代理外观,且交易双方对该行为是否构成有效的家事代理行为存在争议时,夫妻另一方在磋商阶段的信息占有状态、交易过程中的放任、干预或促进交易等主观心态,都将构成影响评价结果的动态因素。

2. 夫妻双方与相对人之间的外部效力方面

夫妻双方对家事代理行为承担连带责任,是该制度外部效力的最终体现,故无论夫妻双方采用何种财产制,对外都要对行使该权利的法律后果承担连带责任,但夫妻一方事先明确向相对人表示不承担责任的除外。[①] 因为家事代理制度的功能主要表现为夫妻共同债务推定的法律效果,价值目标在于维持交易秩序及交易安全,而并非仅单向地保护相对人利益。问题在于夫妻一方实施超越代理权范围或存在无权代理情形下连带责任应当如何认定。在审判实践中要具体问题具体分析,不能一概而论。根据《民法典》有关无权代理的规定,夫妻一方超出家庭日常事务范围擅自处分共

---

① 陈苇主编:《婚姻家庭继承法学》,群众出版社 2012 年版,第 255 页。

同财产或处分另一方个人财产的,如果经夫妻另一方追认的,应由夫妻双方承担连带责任;夫妻另一方不予追认或夫妻约定的一方代理范围限制的,如果符合表见代理构成要件,可适用表见代理的相关规定保护善意相对人的利益。夫妻一方与相对人恶意串通对夫妻另一方的个人财产或共同财产造成损害的,除夫妻一方与相对人承担连带责任外,夫妻另一方还可主张分割夫妻共同财产。

专题二　夫妻共同财产

一、制度设立

近代以来,夫妻财产制的主要类型有妆奁制(嫁资制、并吞制)、统一财产制、联合财产制、分别财产制和共同财产制。前三种夫妻财产制因与男女平等原则相悖,已被各国废止。夫妻共同财产制指在婚姻关系存续期间,除特定归夫妻个人所有的财产外,夫妻双方所取得的财产为共同所有的财产制度。社会和谐稳定的前提之一是家庭和睦稳定,亦即建立在家庭或夫妻共同所有财产的物质基础上,此乃保证夫妻双方及其未成年子女正常生活的物质基础。因为婚姻目的在于使夫妻双方共同生活、相互抚养,共同经营、管理婚后财产符合夫妻共同生活的目的,既有利于夫妻的经济生活与身份关系保持一致,也有利于促使家庭财产最大化,还尽可能实现夫妻合法财产关系与维护第三人利益之间的平衡。

我国1950年《婚姻法》是新中国成立后制定的第一部法律,意味着新中国夫妻财产制度的开局与构建。该法第10条“夫妻双方对于家庭财产有平等的所有权和处理权”之规定,确立了夫妻一般共有财产所有制,将夫妻双方的全部财产纳入共有财产范围中,没有对约定财产制作出规定。但从《关于婚姻法起草经过和起草理由的报告》“不妨碍夫妻间真正根据男女权利平等和地位平等的原则来做出任何种类家庭财产的所有权、处理权和管理权相互自由的约定”来看,承认了在维护男女平等基础上的夫妻约定财产制。2001年修订的《婚姻法》保留婚后所得共同制作为法定财产制,同时建立夫妻个人财产制,满足夫妻个人对于财产的特殊需求,还完善了约定财产制,允许夫妻通过约定扩张共同财产的范围,便于选择使用。但因约定财产制系夫妻双方对共同财产的管理、归属作出的具体约定,从而排除法定财产制的适用,且第三方对此通常不知情,在一定程度上影响了交易安全。为此,在审判实践中尤其需要审查夫妻约定的真实性,防止虚假诉讼逃避债务,也就是要考量夫妻约定对第三人利益甚至国家、社会利益的影响等效力问题。

《婚姻法司法解释(一)》规定夫妻均有权平等处理夫妻共同财产(家事代理),同时,明确婚前个人财产不因婚姻关系延续转化为夫妻共同财产,有利于保护夫妻个人财产。《婚姻法司法解释(二)》就住房公积金、养老保险金、知识产权、军人除工资以外所得费用及房改房归属等作出详细规定,提供了具体解决方法。《婚姻法司法解释(三)》首次明确夫妻一方个人财产婚后产生的孳息和自然增值不是共同财产,明确婚后一方父母出资为子女购买不动产且产权登记在自己子女名下的应认定为夫妻一方的个人财产。总体而言,《民法典》沿袭了《婚姻法》及其司法解释对夫妻财产采取法定财产制与约定财产制相结合的立法模式,同时,将其他劳务报酬、投资收益等吸纳于夫妻共同财产中。

家庭本系男女双方因婚姻关系缔结而组建,夫妻之间产生的纠纷不少缘起于夫妻共同财产问题。如赵某某起诉田某某及其弟田某案中,[①]赵某某与田某某于 1992 年 4 月登记结婚至今,双方在 2000 年购买了 712 室房屋,购房时使用了双方的工龄和共同财产,登记在田某某名下,也一直居住在该房屋。2009 年 12 月 25 日,田某某未经赵某某同意与田某某的弟弟田某签订协议,约定该房屋属于田某某与田某的共同财产,并在 2009 年 12 月 28 日签订了存量房屋买卖合同,约定过户价格 1 元,将该房屋过户至田某名下。赵某某遂将田某某及其弟田某诉至法院,要求确认田某某与其弟田某签订的协议中有关"712 室的房屋属于田女士与田先生共同财产"约定无效、确认《存量房屋买卖合同》无效,712 室房屋转移登记至田某某名下。法院经审理认为,恶意串通,损害国家、集体或者第三人利益的,合同无效。案涉房屋为赵某某与田某某在婚姻关系存续期间购买,系夫妻共同财产。田某作为田某某的弟弟,明知该房屋系赵某某与田某某的夫妻共同财产,在赵某某不知情的情况下与田某某签订了包含该房屋属于田某某与田某共同财产的书面协议,后将登记在田某某名下的房屋过户至田某名下。因田某未支付任何对价,田某某实质是将该房屋赠与田某,在该赠与行为中的相关约定和买卖合同应均属无效。因合同无效而取得的财产应当返还,故赵某某起诉要求田某协助将该房屋转移登记至田某某名下应予支持。

在唐某诉李某某、唐某乙法定继承纠纷中,[②]案由虽为继承纠纷案件,但实质争议是《分居协议书》的效力认定,亦即约定财产制的认定处理。因《分居协议书》约定"财富中心房屋归李某某拥有,李某某可以任何方式处置这些房产,唐某不得阻挠和反对,并有义务协办相关事务",系唐某与李某某基于夫妻关系作出的内部约定,是平等自愿前提下对家庭财产协商一致分配的结果,对夫妻双方具有约束力。虽然财富中心房屋登记在唐某名下,双方因房贷之故没有办理过户登记手续,但《民法典》物权编的不动产登记原则不应影响婚内财产分割协议关于房屋权属约定的效力。且结合唐某与李某某已依据《分居协议书》各自占有、使用、管理相应房产之情形,应当将财富中心房屋认定为李某某的个人财产,而非唐某之遗产予以法定继承。细言之,约定财产制是夫妻双方通过书面形式,在平等、自愿、意思表示真实前提下对婚后共同财产归属作出的明确约定。在不涉及第三人利益,应当尊重夫妻之间的真实意思表示,按照双方达成的婚内财产分割协议履行,优先保护事实物权人。此处的第三人主要是相对于婚姻家庭关系外部而言,如夫妻财产涉及向家庭以外的第三人处分物权,应当适用《民法典》物权编等调整一般主体之间财产关系的相关法律规定。而对于夫妻家庭关系内的财产问题,应当优先适用《民法典》第五编婚姻家庭的相关规定,不宜以产权登记作为确认不动产权属的唯一依据。

---

① 《称妻子将共同房产 1 元过户给其弟丈夫起诉确认协议无效》,载人民法治网:http://www.rmfz.org.cn/contents/2/241658.html,最后访问日期:2020 年 5 月 13 日。

② 参见《最高人民法院公报案例》2014 年第 12 期。

二、夫妻共同财产如何认定处理

(一)夫妻共同财产的范围

1. 劳动收入

劳动收入,是指婚后配偶一方或双方付出劳动所取得的一切报酬,其列入夫妻共同财产范围的,不仅包括工资,也包括津贴、奖金、福利等,还包括一定范围的实物分配。我国《民法典》第1062条第1款第1项规定为"工资、奖金、劳务报酬",相比《婚姻法》第17条的规定新增了"劳务报酬"的内容。劳务报酬,是指根据夫妻一方或双方提供劳务的数量和质量获得的薪酬,通常是不存在劳动合同关系情形下所获得的财产性收益,具有不稳定性、短暂性、金额小等特点。考虑社会主义市场经济下需求的多样性,也为了更公平地处理夫妻之间的财产纠纷,《民法典》将正常工作之外或达到退休年龄之后所获取的劳务报酬纳入夫妻共同财产中,甚属必要。

2. 经营收益

经营收益通常指婚后夫妻一方或双方通过生产、经营或投资活动所获得的收益。无论是运用婚前还是婚后财产进行投资、经营,无论是夫妻双方还是一方进行投资、经营,都具有一定的共同财产属性。我国《婚姻法》第17条曾规定了生产经营的收益,但并没有规定投资的收益,《民法典》第1062条第1款第2项予以增加。考量当前不少民众剩余资金充裕,以及信息化时代下个人投资期待获益的行为相对便利,只需在手机上操作便可进行投资行为。与此同时,该类投资活动具有较大的风险性,既可能获益甚多,也可能本息无归,将其认定为夫妻共同财产,无论对于夫妻另一方还是相对人来说,都是有必要且公平合理的。

3. 知识产权收益

知识产权具有复杂性,其能否实现其财产性权利、何时能够实现等都具有不确定因素,大多数国家和地区并没有在《民法典》中直接规定其归属。《婚姻法》第17条规定,婚姻关系存续期间所得的"知识产权的收益"归夫妻共同所有。《婚姻法司法解释(二)》第12条又将知识产权的收益进一步明确为婚姻关系存续期间,实际取得或者已明确可以取得的财产性收益。鉴于知识产权权利本身的取得和财产性权益的取得有时并不同步,准确理解《民法典》第1062条第1款第3项规定的"知识产权的收益"尤为重要。知识产权是基于智力的创造性所产生的权利,既具有财产权属性,也体现了人身权利益,但其收益应当为侧重于财产性的收益。因此,认定一项财产是否属于夫妻共同财产时,应以其取得是否在婚姻关系存续期间内为判断标准,而不以知识产权权利本身的取得为判断依据。(1)如果一项知识产权于婚前取得,但婚前并未确定财产性收益问题,婚后才确定财产性收益的取得问题,则应认定为夫妻共同财产。(2)如果在婚姻关系存续期间取得了知识产权,但财产性收益并未确定,离婚后才确定并实现了该财产性收益的,就属于该知识产权人的个人财产,其原来的配偶无权要求分割。(3)如果该知识产权人离婚后又与他人结婚,也无特殊约定的情况下,则后一个婚姻关系期间得到了上述财产性收益的,应认定为属于该知识产权人与后一个婚姻关系中的配偶共同所有。因为夫妻离婚只能对现有财产进行分割,对没有实现其价值的财产性收益不能估价分割,智力成果只有在转化为有形财产后才属于夫妻共同财产,对于夫妻另一方在共同生活中付出的劳动则可从其他财产中给予适当补偿、照顾。

4. 继承或赠与收益

夫妻双方在婚姻关系存续期间作为一个共同体，应当共惠共存，只要二人没有相反意思表示，继承或赠与的财产应当是夫妻共同财产。《婚姻法》第 18 条第 3 项规定，一方因遗嘱继承或接受赠与所得的财产，如果遗嘱人或赠与人在合同中明确表明归夫或妻一方所有，则为夫或妻一方所有；如果遗嘱人或赠与人在合同没有明确表明归夫或妻一方所有，则为法定的夫妻共同财产范围。同时，结合《民法典》中有关婚姻关系存续期间，除个人特有财产和夫妻另有约定外，夫妻双方或一方所得（包括继承、赠与方式）的财产均为夫妻共同财产的相关规定。可见，前述规定并没有将法定继承人的范围扩大到继承人的配偶，仅明确将夫妻一方通过继承或赠与获得的财产，在没有明确为夫妻一方的个人财产时，应当依法认定为夫妻共同财产，既体现出家庭的整体性，也有利于婚姻的稳定性。

5. 其他财产

虽然《婚姻法司法解释（二）》第 11 条对"其他应当归共同所有的财产"进行了细化明确，具体包括投资收益及实际取得或应当取得的住房补贴、住房公积金、养老保险金及破产安置补偿费，但随着时代的发展变迁，未来必将出现没有囊括在现有的法律及相关司法解释的新型财产种类，有必要通过此种兜底性条款，确保立法内涵的开放性，以适应变动不居的社会生活。在审判实践中要审慎确定，以发挥裁判的指引功能。

（二）区别对待的认定处理

1. 买断工龄款

买断工龄款，是指企业与下岗职工解除劳动合同，应当按照《劳动法》等相关规定向下岗职工给付经济补偿金的行为。对于婚姻关系存续期间夫妻一方买断工龄款属何种性质的财产，在审判实践中有不同观点：(1)属于夫妻共同财产。因买断工龄款属于一方劳动所得收入，我国实行法定的夫妻共同财产制，在婚姻关系存续期间得到的买断工龄款，应作为家庭共同生活费用，不能由夫或妻一方独享，应当推定为夫妻共同财产。(2)不属于夫妻共同财产。因买断工龄款与特定的人身不可分离，与婚姻关系无明显、必然的内在联系。买断工龄款是对其失去工作后能在一定时期内得以继续谋生、减少生存风险的一种经济扶助，也是为其今后再就业提供的资助和保障，有较强的人身依附性，在本质上与工资、奖金等普通劳动所得有明显的区别。如将买断工龄款作为夫妻共同财产予以分割，将有悖于公平合理，故应认定为夫妻一方的个人财产。

其实，国家统计局《1999 年年报劳动统计新增指标解释及问题解答》明确，"一次性买断工龄所支付给职工的费用从性质上说属于保障性质而非劳动报酬性质，因此，不应统计为工资"。因此，将买断工龄款完全视为夫妻共同财产或者一方的个人财产都失之偏颇。买断工龄款作为发放给职工的一次性补偿费用，与发放到军人名下的复员费、自主择业费等有相似之处，均包含劳动或者军队工作补偿、失业或再就业保障金，故买断工龄款的归属可参照《婚姻法司法解释（二）》第 14 条有关对军人复员费、自主择业费的规定处理,如此,能够兼顾夫妻双方利益。[①] 在实践中,买断工龄款存在向前买断和向后买断两种。(1)前者按工龄计算的,其多少与工龄长短成正比关系,可按工龄段划分。如属夫妻共同生活期间的工龄段产生的买断工龄款是夫妻共同财产,属婚前工龄段产生的买断工龄款应认定为个人财产。(2)后者则以人均寿命70岁减去买断时的年龄计算出以后每年的款项,其中属于婚姻关系存续期间的部分为夫妻共同财产,其余的属于一方的个人财产。如果不能分清向前还是向后买断,则以参加工作时年龄至70岁计算平均款项,其中,属于婚姻关系存续期间的部分应当作为夫妻共同财产处理。

2. 住房公积金、住房补贴

《婚姻法司法解释(二)》第11条规定,住房公积金、住房补贴、养老保险金等款项属于婚姻关系存续期间所得或者应得的,应为夫妻共同财产。这些款项并非当事人随时随地就能拿到手实际控制,而需具备一定条件时才可动用,所以采用了"实际取得或者应当取得"的表述,以求更好、更明确地划定夫妻共同财产范围,利于纠纷解决。如住房公积金,虽然按月工资收入的一定比例计提、发放,但必须用于购买房屋或者对已购房屋进行重大维修等,否则只能待职工退休、调动时一次性提出。依照《住房公积金管理条例》的规定,住房公积金属于职工个人所有,住房公积金的所有权是限制性所有权,职工对公积金的占有、使用、收益和处分的行使受到一定限制。从其性质来看,住房公积金作为一种个人积蓄、单位资助、统一管理、专项使用的住房长期储金,实际上是平时收入的储备,一部分从个人月工资中扣缴,另一部分是单位为个人缴存,属于工资的一部分,住房补贴也如此。为此,在审判实践中应依法查明款项的取得时间,根据款项取得是在婚前还是婚后作出区别处理。离婚分割的只是婚姻关系存续期间的住房补贴和住房公积金,操作时可计算出双方婚姻关系期间的住房公积金、住房补贴总额后再行分割。因为离婚并不是提取住房公积金的事由,故应经折抵后由夫妻一方根据其拥有的公积金、住房补贴的差额给另一方予以补偿。

3. 夫妻双方将购买的房屋登记在未成年子女名下

对于夫妻双方将购买的房屋登记在未成年子女名下的,在审判实践中存在两种不同观点:(1)根据《民法典》物权编的规定,不动产权属证书是权利人享有该不动产物权的证明,意味着夫妻已将房屋赠与未成年子女,离婚时夫妻双方无权分割;(2)不能按产权登记情况将房屋一概认定为未成年人的财产,还应审查夫妻双方的真实意思表示。其实,判断是否为夫妻共同财产,一要审查夫妻双方在购买房屋时的真实意思表示,二要考虑不动产物权登记的公示效力,保护善意第三人的权利。因不动产物权登记分为对外效力和对内效力,前者是指物权公示公信原则,不动产物权经过登记后,善意第三人基于对登记的信赖而与登记权利人发生的不动产交易行为应予保护;后者是指应审查当事人的真实意思表示来确定真正的权利人。在现实中,夫妻双方共同出资购买房屋后,基于多种因素考虑而将房屋产权登记在未成年子女名下,但并不意味着该房屋的真实产权人即为未成年子女,在审判实践中应注意审查夫妻双方购买房屋的真实意思表示。如果真实意思确是将房屋赠与未成年子女,应认定为未成年子女的财产;如果真实意思并非将房屋赠与未成年子女,应认

① 吴晓芳:《夫妻一方所在企业发放的买断工龄款是否属于夫妻共同财产》,载黄松有主编、中华人民共和国最高人民法院民事审判第一庭编:《中国民事审判前沿》(2005年第2集),法律出版社2005年版,第245页。

定为夫妻共同财产。

4. 婚姻关系存续期间夫妻一方请求分割、确认夫妻共同财产

(1)婚姻关系存续期间请求分割夫妻共同财产。对于夫妻一方能否在不解除婚姻关系的情况下主张对共同财产进行分割,在审判实践中存在两种看法:(1)认为夫妻共同财产这种共有关系是最典型的共同共有关系,一方在婚姻关系存续期间请求分割夫妻共同财产的,法院应当不予受理;(2)认为在持有或控制夫妻共同财产的一方私自转移、变卖夫妻共同财产,或为了赌博、吸毒而单独处分共同财产等,另一方不想离婚或起诉离婚后被判决不准离婚的特殊情形下,应当为该另一方提供财产权利救济途径,否则有悖公平原则。

《民法典》第303条突破了传统民法的共有理论,明确规定共同共有人在共有的基础丧失或者有重大理由需要分割时可以请求分割,故夫妻一方在出现前述情形时可以请求分割,但在审判实践中一定要从严把握"共有的基础丧失"和"重大理由"的含义,确保裁判标准统一,以利于夫妻关系的稳定和谐。其中,"共有的基础丧失",是指共同共有赖以产生的特殊关系,如夫妻关系已经不存在;"重大理由",是指出现了可以分割的事由,如果不分割可能对共有人的利益产生重大影响,或者某个或某几个共有人要脱离家庭共同生活,如在婚姻关系存续期间内,夫妻财产由原来的共同财产制变为分别财产制,或者夫妻已经分居,需要对共同财产进行分割。其中,后者是指某个或某几个家庭成员要与家庭分开,单独生活,家庭关系虽不解体,但共有财产要实行分割。[①] 为此,《民法典》第1066条吸收了《婚姻法司法解释(三)》第4条规定的内容,明确婚姻关系存续期间分割共同财产的两种情形。不过,还应根据个案的具体情况、审理的社会效果、能否案结事了等方面综合考虑处理结果。

(2)婚姻关系存续期间请求确认夫妻共同财产。根据《民法典》第1065条第1款关于男女双方没有约定或者约定不明的,适用该法第1062条、第1063条的规定,婚姻关系存续期间无须请求确认为夫妻共同财产,故相关案件并不多见。因房产登记在夫妻一方尤其是男方名下多见,故仅在少数与夫妻双方婚姻关系存在变动征兆的情形下才有请求法院予以确认之必要。如在陈某某起诉请求确认鹿城路房屋为夫妻共同财产案中,[②]吴某某与陈某某1975年3月28日登记结婚,双方婚后购买鹿城路的房屋并登记在吴某某一人名下。在双方婚姻关系存续期间,吴某某通过家庭分产契约获得坐落于永宁巷的房屋并登记在其名下。陈某某认为上述房屋系夫妻共同财产遂诉至法院。法院经审理认为,双方仅对永宁巷房屋是否为夫妻共同财产存在争议。从权属登记来看,案涉房产证上载明争议房屋的所有权人为吴某某,这与《房产分析协议书》载明该房屋归吴某某所有相吻合,但该登记及析产具有一定的时代性。在20世纪90年代,房屋权属登记很少同时登记夫妻双方的姓名,通常仅登记作为户主的男方姓名,按照地方习俗进行的分家析产也很少将女方姓名载入相应的协议中。而双方当事人自1975年结婚到争议房屋析产时已共同生活16年,至今仍未解除婚姻关系,且《分产契约》明确改建房屋属其吴某某本人出资建造,可见,争议房屋并非由吴某某的父母出资建造,吴某某也没有提供证据证明争议房屋为其父母对吴某某的个人赠予,故认定永宁巷

---

① 刘德权总主编,王松卷主编:《最高人民法院司法观点集成》(民事卷),中国法制出版社2017年版,第3028页。

② 参见浙江省温州市中级人民法院(2019)浙03民终1842号民事判决书。

房屋为夫妻共同财产。总之,根据《民法典》的相关规定,不动产物权原则上采取登记生效主义,但该登记的公示公信效力主要针对不特定的第三人,案涉房屋虽然登记在吴某某名下,但陈某某有证据证明该房产为夫妻共同财产的,法院可以直接进行确权认定。

专题三　夫妻共同债务

一、制度设立

夫妻共同债务纠纷是我国理论界与实务界多年来持续关注的热点,至今尚未彻底解决,这与我国的经济、社会发展变迁密切相关。我国古代是一个典型的农耕社会,家庭以自给自足为主,近代以降逐渐转变为农业和工业相结合的社会,但仍以家庭为交易单位,由此所生债务普遍存在夫债妻还、父债子还等观念,亦即个人债务与家庭债务混同,高利放贷下出现诸如杨白劳逼债等几代致贫难以翻身的现象。新中国成立后,相应的制度机制未能及时建立健全,夫妻共同债务纠纷的审判实践出现阶段性倾向。

1950 年《婚姻法》第 24 条规定:"离婚时原为夫妻共同生活所负的债务,以共同生活时所得财产偿还",确立了夫妻共同债务的认定标准,明确夫妻共同债务的偿还机制即以共同生活所得财产偿还。1980 年《婚姻法》采取婚后共同财产所有制,充实夫妻约定财产制,排除第三方与夫妻一方的交易顾虑。随着市场经济体制的逐步建立,市场交易引发的债务纠纷不断增多,其中一部分与家庭有关,涉及夫妻共同债务认定的案件也日趋增加,不少与离婚纠纷相伴。1993 年《关于人民法院审理离婚案件处理财产分割问题的若干具体意见》第 7 条、第 17 条分别规定:"对个人财产还是夫妻共同财产难以确定的,主张权利的一方有责任举证。当事人举不出有力证据,人民法院又无法查实的,按夫妻共同财产处理。""夫妻为共同生活或为履行抚养、赡养义务等所负债务,应认定为夫妻共同债务,离婚时应当以夫妻共同财产清偿。"由此可见,夫妻共同债务应为连带债务,但对夫妻债务的范围、证明责任等问题未作出明确规定。2001 年《婚姻法》第 19 条第 3 款规定:"夫妻对婚姻关系存续期间所得的财产约定归各自所有的,夫或妻一方对外所负的债务,第三人知道该约定的,以夫或妻一方所有的财产清偿。"第 41 条重申 1950 年《婚姻法》的"夫妻共同生活所负债务"实质认定标准及夫妻共同债务的共同偿还制度,但在夫妻共同财产不足清偿全部共同债务时,法院判决的依据和标准是什么,没有作进一步规定。《婚姻法司法解释(一)》第 18 条规定:"婚姻法第十九条所称'第三人知道该约定的',夫妻一方对此负有举证责任。"随着社会进一步发展,经济活动更加频繁、复杂,出现不少以夫妻一方举债夫妻双方恶意损害债权人利益的现象,亦即夫妻"假离婚、真逃债"问题高发,给法院工作提出了新挑战、新要求。

2003 年,最高人民法院从保护债权人利益和交易安全角度出发,颁布《婚姻法司法解释(二)》,该解释第 24 条确立了新的夫妻共同债务认定规则:只要婚姻关系存续期间所负的债务,应为夫妻共同债务;夫妻一方主张不属于共同债务的应举证证明,但债权人与举债方明确约定该债务为个人债务的及债权人知道夫妻双方实行约定财产制的除外。然而,随着我国城乡居民家庭财产结构、类型、数量、形态以及理财模式等发生巨大变化,社会公众的婚姻家庭观念和家庭投资渠道也日趋多元,许多家庭财富快速增长后因投资而产生的债务风险也在不断放大,当非举债夫妻一方无法举证证明上述两种除外情形时,需要承担举证不能的不利后果,又出现夫妻一方与债权人恶意串通造成夫妻一方"被负债"等极端案例,引起社会广泛关注。

其实,问题根源不在法律条文的修订,而在于相关制度群的缺失。一方面,部分家庭将共同财产用于投资,导致家庭财产与经营资产混为一体,相应的制度措施并未跟进,没有构筑起风险防火墙;另一方面,当时的金融市场投资途径不畅,非正规的民间借贷却爆炸式增长,造成民众创业投资难、中小企业融资难的"两难"难题。为此,最高人民法院 2017 年 2 月出台《婚姻法司法解释(二)补充规定》,增加"夫妻一方与第三人串通,虚构债务"及"夫妻一方在从事赌博、吸毒等违法犯罪活动中所负债务"的认定处理,但并未对《婚姻法司法解释(二)》第 24 条进行本质性修改。最高人民法院于 2018 年 2 月公布《夫妻债务纠纷解释》,对夫妻共同债务的认定以及举证责任分配前进一大步,可以说是颠覆性改变。其中,第 1 条根据合同相对性原则确立了"共债共签原则",引导债权人在日常生活中争取夫妻债务共同签署;第 2 条、第 3 条则是关于没有夫妻双方共同签署情形下的债务性质认定。

对债权人和未举债夫妻一方举证责任的重新分配,使未举债夫妻一方的利益得到有力保护,同时,对打击虚假诉讼起了很大作用。《民法典》第 1064 条沿袭了《夫妻债务纠纷解释》的立法要旨及相关内容,但夫妻共同债务制度还是不全面,并不等于围绕司法解释的适用以及理论学说、审判实践中的相关争议就此平息。因为一方面,生活之债和营利之债之间仍存在交叉,共同债务和个人债务存在分歧,理论争议和实务盲区依然存在;另一方面,夫妻共同债务制度是夫妻权利、义务的结合体,内含着权利义务相对等的原则,还与第三人的权利义务相碰撞,简单的法律条文难以有效解决现实生活中的矛盾纷争。如何在立法层面构建完善的夫妻债务制度,特别是在《民法典》编纂的背景下,将夫妻财产共有制、夫妻财产分别制以及夫妻共同债务制度完整地楔入亲属法框架中,仍需要制度化的梳理和整合。法律应当与经济社会发展同频共振。夫妻共同债务涉及债权人的债权和夫妻一方的财产所有权之双重法律关系的考量,不仅与夫妻双方的财产权利息息相关,也影响债权人利益和交易安全。在审判实践中,既要依法保护善意债权人的合法权益,又要依法保护夫妻特别是未具名举债一方的合法权益,防范夫妻双方串通损害债权人利益、夫妻一方与债权人串通损害夫妻另一方利益这两个风险朝极端化发展;既不能让夫妻一方承担不应该承担的债务,也不能让本该承担债务的夫妻一方逃避责任,而是要通过举证证明责任的合理分配等方式,取得二者之间的"最大公约数",真正依法平等保护各方当事人利益。

在现实生活中,夫妻债务纠纷较多。例如,赵某与乔某于 2008 年 5 月 6 日登记结婚,后于 2014 年 5 月产生矛盾,赵某起诉要求离婚并判令乔某承担夫妻共同债务 2258 万元。[①] 该案是认定夫妻共债的标准和判断规则的典型应用。(1)夫妻共同债务要有共同举债的合意。共同意思表示要求

① 参见北京市第一中级人民法院(2018)京 01 民终 9610 号民事判决书。

在形成夫妻共同债务时,夫妻双方共同签字或者夫妻一方事后追认等。该意思表示的作出需要当事人具有民事行为能力,意思表示真实,且合意内容不得违反法律法规的强制性规定。(2)没有夫妻合意的债务,夫妻实际"共享"是关键。夫妻之间因家庭日常生活需要所负债务属于夫妻共同债务,原因在于该类债务往往具有日常性和合理性,是为了满足家庭基本生活所需。超出合理性和日常性的大额举债,一般不认为是夫妻共同债务,但如果夫妻双方实际享有该债务利益,即《民法典》第1064条所规定的用于夫妻共同生活、共同生产经营,那么该债务因夫妻实际"共享",就应认定为夫妻共同债务。本案中的赵某向案外人借款所签订的三份借款合同均没有乔某签字,也未能提交充分有效证据证明借款用于日常家庭生活或共同生产经营,案涉债务不符合《民法典》第1064条的规定,故不属于夫妻共同债务。

二、夫妻共同债务如何认定

(一)夫妻共同意思表示所负共同债务的认定

夫妻双方共同签字或者夫妻一方事后追认等共同意思表示所负的债务属于夫妻共同债务,这是按照合同相对性原则和订立合同的基本要求制定的。从夫妻共同债务的形成角度,明确和强调了夫妻双方共同签字或者夫妻一方事后追认以及其他共同意思表示形式(如电话、短信、微信、邮件等)所负的债务,应认定为夫妻共同债务的基本原则。这既充分尊重了民商事法律确定的一般交易规则,又对夫妻之间特殊的身份关系给予了充分关注。夫妻虽然存在紧密的身份联系,以及由于共同生活而在法律规定的家庭日常生活范围内享有互相代理的权限,但双方作为独立的民事主体地位,并不因婚姻的缔结而丧失。《民法典》第1064条第1款的规定,进一步完善了《婚姻法司法解释(二)》第24条规定的夫妻共同债务认定标准,以强调夫妻共同债务形成时的"共债共签"原则,具有大力引导民事商事主体主动规范交易行为,自觉加强风险防范的深刻用意。这种制度安排,既可以从债务形成源头上尽可能杜绝夫妻一方"被负债"现象发生,也可以有效避免债权人因事后无法举证证明债务属于夫妻共同债务而遭受不必要的损失,对于保障交易安全和夫妻一方合法权益都具有积极意义。

尤其是债权人在交易过程中处于相对优势地位,完全有可能也有条件要求夫妻双方作出共同负债的意思表示,以避免日后产生纠纷时的举证风险。《民法典》第1064条第1款前半部分仅列举了"夫妻双方共同签字"和"夫妻一方事后追认"作为夫妻共同意思表示的两种情形。此外,诸如夫妻双方共同作出口头承诺、共同作出某种行为等也是夫妻共同意思表示的表现形式。若有证据证明夫妻一方对负债知晓且未提出异议的,如存在出具借条时在场、所借款项汇入夫妻掌握的银行账户、归还借款本息等情形的,可以推定夫妻具有共同举债的合意。另外,该条款规定的"所负的债务"应当作广义理解为合同之债,不应作狭义理解为借贷之债。只要基于夫妻共同意思表示所负的合同之债,均应由作出意思表示的各主体按照约定负担。对于夫妻双方没有共同签字或者夫妻一方事后没有追认的,应当结合借款金额、款项去向与用途等综合予以认定。即使没有签字、不予认可,只要夫妻双方具有共同意思表示的证据链确凿,事实清楚,也可以认定为夫妻共同债务,判令其共同承担偿还责任。

（二）家庭日常生活所负共同债务的认定

在夫妻双方对婚姻关系存续期间所得财产未约定归各自所有，或者虽有约定但债权人不知道该约定的情况下，夫妻一方以个人名义为家庭日常生活需要所负的债务，都应认定为夫妻共同债务。如果未具名举债的夫妻另一方认为该债务不属于夫妻共同债务，应当承担相应的举证证明责任。《民法典》虽然明确规定了“家庭日常生活需要”，但未就其内涵予以明确。负债是否超出“家庭日常生活需要”是判断是否构成夫妻共同债务的重要标准，通常指夫妻双方及其共同生活的未成年子女在日常生活中的必要开支事项，如正常的衣食住行消费、日用品购买、医疗保健、子女教育、老人赡养、文化消费等。在审判实践中，要审查债务的合法性、合理性以及非举债夫妻一方是否因借款享受利益，结合负债金额大小、家庭富裕程度、夫妻关系是否安宁、当地经济水平及交易习惯、借贷双方的熟识程度、借款名义、资金流向等因素进行综合判断。

1. 认定“为家庭日常生活需要所负债务”的考量因素：(1)单笔举债或对同一债权人举债金额在20万元以下的（金额为浙江省高级人民法院所确定，最高人民法院目前没有作出统一规定，由各高级人民法院审慎确定更具有灵活性与可行性）；[①](2)举债金额与举债时家庭收入状况、消费形态基本合理匹配的；(3)交易时，债权人已尽谨慎注意义务，经审查举债人及其家庭支出需求、借款用途等，有充分理由相信债务确系为家庭日常生活需要所负的。

2. 认定“超出家庭日常生活需要所负债务”的考量因素：(1)单笔举债或对同一债权人举债金额在20万元以上的（同上）；(2)债务发生于夫妻分居、离婚诉讼等夫妻关系不安宁期间，债权人知道或应当知道的；(3)出借人明知借款人负债累累、信用不佳，或在前债未还情况下仍继续出借款项的；(4)借贷双方约定高额利息，与正常生活所需明显不符的。在具体案件审理过程中，应注意引导各方当事人积极举证。举债发生于父母子女、兄弟姐妹等密切关系主体之间的，债权人理应对举债人的生活状况、夫妻关系较常人更了解，在这种情形下对债务是否为家庭日常生活需要所负的审查应严于一般主体，在举证责任分配上也可依职权适当加重债权人的举证责任。

（三）债权人能够证明的夫妻共同债务认定

相对于家庭日常生活需要所负的债务，在实践中还存在大量夫妻一方以个人名义超出家庭日常生活需要所负的债务。这类债务是否属于夫妻共同债务，审判实践中的认定难度和争议都比较大。《民法典》第1064条第2款的规定分两个层次，前半部分明确非夫妻共同债务，后半部分明确债权人能举证证明即例外情形下属夫妻共同债务。也就是说，当夫妻一方以个人名义对外所负的债务，尤其是数额较大的债务，超出家庭日常生活所需范畴时，认定该债务是否属于夫妻共同债务的标准，是债权人能否证明债务用于夫妻共同生活或者共同生产经营，或者债务的负担系基于夫妻双方共同的意思表示。如果债权人不能举证证明的，则不能认定为夫妻共同债务。该举证证明责任的分配符合《民事诉讼法》第64条第1款“当事人对自己提出的主张，有责任提供证据”之规定，也与《民诉法司法解释》第90条“当事人对自己提出的诉讼请求所依据的事实或者反驳对方诉讼

---

① 参见江苏省泰兴市人民法院（2017）苏1283民初5366号民事判决书。该案所涉金额19.5万元虽没有超过20万元，但法院经审理后认为不属于夫妻共同债务，在一定程度上体现出各地法院综合经济社会及个案情况合理决定更可行，不宜“一刀切”地认定处理。

请求所依据的事实,应当提供证据加以证明”之规定相一致,实际上是通过分配举证证明责任来平衡债权人和债务人夫妻一方的利益保护。该条款其实与《民法典》第1064条第1款规定相呼应,按照合同相对性原则强调在夫妻一方具名举债的情况下,当债务超出家庭日常生活需要尤其是大额债务时,债权人主张该债务属于夫妻共同债务的,应当承担举证证明责任,以此引导处于优势地位的债权人在债务形成过程中尽到充分的谨慎注意义务。

(四)夫妻共同生活、共同生产经营的认定

对超出家庭日常生活需要所负的债务,债权人能够证明债务用于夫妻共同生活、共同生产经营或基于夫妻共同意思表示的,应当认定为夫妻共同债务。

1. 夫妻共同生活的范围。其指男女双方结婚后相互扶持,共担生活压力,共创美好生活的持续、稳定的状态。男女双方主观上具有长期共同生活在一起的愿望,客观上能相互扶持,共同履行夫妻义务和家庭义务,共同承担生活的压力和风险,共同创造并享受美好生活。其主要包括:(1)共同的住所;(2)夫妻共同的精神生活,主要是指基于配偶身份的相互理解和慰藉;(3)夫妻相互扶助的义务;(4)夫妻共同承担的其他家庭义务。这在概念外延上大于“家庭日常生活”,只要是夫妻双方共同消费支配或者用于形成夫妻共同财产的支出,都属于“夫妻共同生活”的范围。

2. 夫妻共同生产经营的范围。此种情况则更复杂,其虽强调“共同性”,但并非指夫妻双方实际共同处理经营事务,而是指夫妻双方将经营活动纳入其家庭意志范围,经营收益也作为其家庭收入的来源,满足此种条件也属于共同生产经营,较常见的有夫妻双方共同决定生产经营事项、一方授权另一方决定生产经营事项等情形。如果夫妻一方隐瞒另一方对外经营,经营所获得利益未用于夫妻家庭生活,原则上不属于夫妻双方“共同生产经营”,所产生的债务一般由举债方自己承担。在审判实践中,判断经营活动是否属于夫妻共同生产经营,要根据经营活动的性质以及夫妻双方在其中的地位作用等综合认定。

3. 夫妻共同债务的认定。有证据证明存在以下情形的,可以考虑认定为夫妻共同债务:(1)负债期间购置大宗资产等形成夫妻共同财产的;(2)举债用于夫妻双方共同从事的工商业或共同投资;(3)举债用于举债人单方从事的生产经营活动,但夫妻一方分享经营收益的。

4. 夫妻个人债务的认定。有证据证明存在以下情形的,可以考虑认定为个人债务:(1)婚姻持续短暂且夫妻关系存续期间无大宗开支,负债用于家庭共用共益的可能性较低的;(2)债务发生于夫妻分居、离婚诉讼等婚姻关系不安宁期间,夫妻一方有固定工作或稳定收入来源的;(3)债务用途存在指向举债人从事赌博、吸毒等违法犯罪活动的高度可能性;(4)债务用途与举债人无直接关联,而是举债人单方自愿负担且用途与家庭共同生活、共同生产经营无关的,如与家庭共同生活、共同生产经营无关的担保、债务加入等;(5)债务用途无益于家庭甚至有损于家庭安宁生活的,如用于婚外同居生活等。

另外,我国幅员辽阔,各地经济发展水平不一,民间资金活跃程度及经商文化、投资氛围程度不同,对一些案件中负债用于夫妻一方以单方名义经商办企业,或进行股票、期货、基金、私募等高风险投资的,不宜一律以“不能排除收益用于共同生活”为由,“一刀切”地认定为夫妻共同债务。尤其在夫妻长期分居、矛盾激烈等情况下,如果有独立收入来源的夫妻一方抗辩对举债人的经营或投资行为完全不知情,且未分享经营或投资所得的,应谨慎认定为夫妻共同债务。

（五）举证证明责任分配

在案件审理过程中，要充分注意不同负债情形下举证证明责任的分配。该举证证明责任是指结果意义上的证明责任，亦即事实真伪不明时应由承担证明责任的一方承担不利后果，法院对其构成或不构成夫妻共同债务的诉讼主张不予支持。

1. 对夫妻存在举债合意的证明责任分配。对于《民法典》第1064条第1款前半部分规定的夫妻共同意思表示，应由债权人承担证明责任。夫妻双方共同签字的借款合同、借条以及短信、微信、QQ聊天记录、电子邮件等其他能够体现夫妻共同举债意思表示或事后追认的有关证据，都是债权人用以证明债务系夫妻共同债务的有力证据。

2. 为家庭日常生活需要负债情形下的证明责任分配。对于《民法典》第1064条第1款后半部分规定的夫妻一方为家庭日常生活所负的债务，原则上应当推定为夫妻共同债务，债权人无须举证证明该债务是否实际用于家庭日常生活。若夫妻一方抗辩债务不属于夫妻共同债务的，应当由其举证证明所负债务并非用于夫妻共同生活。

例如，2015年5月，邵某与昆山某银行签订了一份个人消费借款合同，向银行借款10万元，贷款用途为"家庭装修"。2016年10月，邵某死亡。银行认为邵某当初的贷款用途为"家庭装修"，贷款资金用于夫妻共同日常生活属夫妻共同债务，遂将邵某妻子王某、儿子小邵诉至法院，要求王某承担这笔"夫妻共同债务"，小邵在继承遗产范围内承担责任。[①] 小邵提供两份残疾证，证明邵某手掌残疾，王某智力残疾三级，银行将贷款发放给没有偿还能力的邵某时未尽到审核义务。此外，小邵还当庭提交邵某生前微信记录，证明邵某生前一直从事赌博、放贷，甚至开立虚假工资证明去银行和小贷公司贷款，催款数额高达近百万元；微信留有一份电子遗书，证明所有债务均系邵某个人行为。法院经审理认为，银行与邵某的借款合同合法有效，银行有权依据合同约定，要求邵某归还所欠全部借款本息。王某系智力残障人士，实际无法得知邵某的借款情况，也无证据证明案涉款项实际用于夫妻共同生活，结合小邵的当庭陈述及其提供的相关微信记录，对于邵某的10万元债务，不宜认定为夫妻共同债务，判决因债务人邵某死亡，其法定继承人王某、小邵在继承的遗产范围内对上述债务承担还款责任。《民法典》第1064条第1款后半部分规定虽然将为家庭日常生活需要所负债务原则上认定为夫妻共同债务，但如果债务人夫妻一方能像本案小邵、王某举证证明债务确非基于夫妻合意，且未用于夫妻共同生活或共同生产经营，仍应将其排除在夫妻共同债务之外，这与《婚姻法司法解释（二）补充规定》精神也是一致的。

3. 超出家庭日常生活需要负债情形下的证明责任分配。对于债务超出家庭日常生活范围，不属于夫妻共同债务的证明责任，《民法典》第1064条第2款分配给夫或者妻一方承担；将属于夫妻共同债务的证明责任，则分配给了债权人，亦即此时应由债权人举证证明该债务用于夫妻共同生活、共同生产经营或基于共同意思表示。

例如，李某于2014年起诉要求王某归还借款800万元及利息，法院经审理判决王某归还借款800万元及利息，但执行未果。2018年李某再次起诉要求王某妻子徐某归还上述借款，理由为王某

① 《丈夫生前贷款用于"家装"，能否认定夫妻共同债务？》，载民主与法制网：http://js.mzyfz.com/detail.asp？cid＝242&dfid＝18&id＝389720，最后访问日期：2020年5月3日。

结欠借款及法院判决时间均在王某、徐某婚姻关系存续期间，属夫妻共同债务。徐某辩称，其与王某自20世纪90年代后期以来一直分居，且已提起离婚诉讼，其未在借条上签字，亦未参与公司经营，对王某借款及开办公司并担任法定代表人的事情不知情，李某出借给王某的借款均直接支付给了王某、公司及公司财务人员；且其有稳定工作和收入，王某的借款并未用于购房或有其他添置，也未用于家庭日常生活。法院经审理认为，本案争议焦点在于案涉借款是否属于夫妻共同债务。(1)夫妻一方在婚姻关系存续期间以个人名义为家庭日常生活需要所负的债务，属于夫妻共同债务，但李某主张的借款800万元及利息显然高于家庭日常生活需要所负债务的正常水平。(2)债权人能够证明夫妻一方所负债务用于夫妻共同生活、共同生产经营或者基于夫妻双方共同意思表示的，亦属于夫妻共同债务，但李某并未举证证明。(3)徐某曾提起离婚诉讼，可见其和王某夫妻关系确有不睦。结合法院审核的徐某的房产、车辆、银行存款等基本经济情况，判决驳回李某的诉讼请求。本案涉及夫妻一方在婚姻关系存续期间以个人名义超出家庭日常生活需要举债的情形下，债权人主张为夫妻共同债务的，应当举证证明该债务用于夫妻共同生活、共同生产经营或者基于夫妻双方共同意思表示，否则将承担举证不能的法律后果。①

总之，法官既要依法适用对于举证证明责任的分配，也要强化法院职权探知，确有必要的，可依当事人申请或依职权主动调查案件事实。同时，要充分认识债权人对夫妻内部关系举证的客观难度，在案件审理过程中要注意运用法官心证，如果凭借日常生活经验或逻辑推理，能够对"债务用于夫妻共同生活、共同生产经营或基于共同意思表示"形成高度盖然性判断的，则不存在对债权人适用结果责任的余地，以避免对举债人夫妻过度救济，致显失公平。

（六）夫妻一方对外担保之债应区别对待

1. 原则上不属于夫妻共同债务。例如，李某于2012年7～9月三次向王某借款150万元，并出具三张欠条约定月利1.8%，宋某在三张欠条上签字提供担保。借款后李某未按照约定还款，王某起诉请求判令：李某、陈某（李某之妻）共同归还借款本金100万元及利息，宋某及其妻子叶某对上述债务承担连带责任。宋某、叶某均辩称叶某对于担保不知情，不属于夫妻共同债务，叶某不承担责任。担保之债不同于婚姻法规定的夫妻共同债务，夫妻一方对外担保之债不能适用《婚姻法司法解释（二）》第24条规定认定为夫妻共同债务。夫妻担保之债可从以下两种方法予以考量加以认定：(1)如果夫妻一方对外担保并收取了经济利益，这种利益往往用于家庭生活，则属于夫妻共同债务的范畴，应由夫妻双方对该担保之债承担连带清偿责任；(2)对于夫妻一方无偿保证所生之债务，则应认定为个人债务，因为保证人既没有从债权人也没有从债务人处获得对价给付，无法给保证人带来任何利益，对于夫妻共同生活目的的实现没有任何帮助，因此，该保证债务的设定并没有基于夫妻共同生活的可能，属于《婚姻法司法解释（二）》第24条规定的明确约定为个人债务的情形，不属于夫妻共同债务的范畴，应认定为夫或妻一方的个人债务。②

2. 与夫妻共同生活或共同生产经营密切相关宜认定为夫妻共同债务。例如，杨某与张某1996

---

① 《个人大额借款如何认定是否属夫妻共同债务？》，载太仓市人民法院网：http://www.jstcfy.gov.cn/site_newscenter/001002/20180827/53ebe2fb-6717-4d6b-b38b-b6ac40e44e73.html，最后访问日期：2020年5月3日。

② 刘德权总主编，王松卷主编：《最高人民法院司法观点集成》（民事卷），中国法制出版社2017年版，第3138页。

年登记结婚，作为海南某公司的股东分别持有60%、40%的股份。2006年，北京某物业公司与海南某公司达成《合作开发房产合同》，约定北京某物业公司投入建房资金1500万元。2013年、2015年，北京某物业公司与海南某公司又签订两份借款协议，杨某出具个人担保书，自愿对上述款项承担连带保证责任。后海南某公司仅偿还250万元，北京某物业公司将海南某公司、杨某诉至法院。经法院调解确认海南某公司给付北京某物业公司借款本金及利息共计4290.25万元；杨某对上述债务承担连带保证责任。到期后，海南某公司、杨某亦未按时还款。① 本案是否构成夫妻共同债务，核心要件是债务发生时间以及借款去向用途。一般而言，如果债务发生于夫妻关系存续期间且该借款用于夫妻共同生活或者夫妻共同生产经营活动，应当认定为夫妻共同债务。对于夫妻一方对外担保之债的定性，应当依据上述标准进行审查。(1)夫妻一方对外担保之债应与夫妻共同生活或共同生产经营密切相关。担保之债作为一种债务，同样适用《民法典》第1064条相关认定标准。同时，夫妻一方对外担保之债也要考虑担保的性质和法律意义。担保是指为保证特定的债权人实现债权，以第三人或债务人的特定财产或信用来督促债务人履行债务的制度，而夫妻一方在法律上具有独立人格，夫或妻的信用并不存在必然连带关系，故对于夫妻一方对外担保之债的定性不能一概而论，需要根据个案具体分析，要具体结合债务金额大小、借款名义、资金流向、家庭情况、夫妻经营状况等因素来认定。当夫妻一方对外担保之债与夫妻共同生活或共同生产经营密切相关，或因担保产生的利益用于家庭生活或夫妻共同生产经营，则该担保之债属于夫妻共同债务。② (2)认定共同生产经营需具备"共同性"。因夫妻双方在家庭生活和经营中可能存在分工不同的事实，该"共同性"并不要求双方实际共同经营，而是指生活经营活动属于夫妻共同的意志范围。本案属于典型的双方共同参与情形，在实践中表现为共同决策、共同投资、分工合作、共同经营管理等，该担保之债款项的具体应用宜认定为属于夫妻共同债务。

(七)主张亲属借款尤其应证明债务真实性及其用途

在夫妻共同债务中，夫妻一方时常以向亲属借款为由主张夫妻另一方共同偿还，在审判实践中要注重审查债务的真实性及实际用途。例如，李某与綦某2006年登记结婚，2019年綦某起诉离婚。双方均同意离婚。对于债务，綦某主张其自2015年5月至2019年4月信用卡消费2万余元及取暖费、物业费1万余元尚未偿还，此笔费用为夫妻共同债务；李某称为其父看病向妹妹李小某借款10万元，双方应共同负担该10万元。③ 对此，要查明以下2点：(1)诉争债务合法且真实发生。离婚纠纷中举债的夫妻一方常主张为家庭购房、购车、子女抚养等借父母或其他亲属钱款，根据《民诉法司法解释》第90条的规定，当事人未能提供证据或者证据不足以证明其事实主张的，由负有举证证明责任的当事人承担不利的后果。此时，主张举债的夫妻一方应承担证明债务真实发生的责任，包括证明双方确有借款行为、举债一方与债权人有借贷的意思表示、债务系因合法用途发生等，同时可以向法院提交举债一方与债权人之间的转账凭证、借款或收款凭证等予以佐证。为此，审查债务真实性要重点把握两个方面：一是债权人与债务人之间存在资金往来、借条等佐证债务真实性的证

---

① 参见北京市第一中级人民法院(2018)京01民终8017号民事判决书。

② 参见最高人民法院(2015)民申字第752号民事裁定书。

③ 参见北京市第一中级人民法院(2019)京01民终8137号民事判决书。

据,要求出借人向人民法院起诉时,应当提供借据、收据、欠条等债权凭证以及其他能够证明借贷法律关系存在的证据;二是债权人与债务人之间具有借贷意思表示,双方之间资金往来并非为其他用途。(2)诉争债务用于家庭日常生活需要。根据《民法典》第1064条的规定,对于家庭日常生活需要范围的衡量侧重于夫妻家庭生活需求"日常性"与"合理性"的审查。对"日常性"行为的解释一般应结合普通人的观念加以衡量,包括日常生活消费、日常精神消费、日常投资性消费以及为赡养老人、教育抚育子女的合理花费等;对"合理性"的衡量亦应根据"日常性"判断,同时,结合夫妻共同财产收入、当地消费水平等情况认定。

(八)虚构夫妻共同债务之虚假诉讼的认定处理

虚构夫妻共同债务之虚假诉讼的原因多种,有的为了解除婚姻关系,从中谋求利益;有的为了夫妻另一方"被负债";等等。例如,赵某起诉其朋友项某2007年为装修房屋借款20万并约定5%年利息,其交付现金后项某出具借条。项某2009年向赵某支付利息两万元,并延长借款期限两年。赵某2011年起诉时对赵某的妻子何某是否承担还款责任不予表态。项某对赵某所称事实无异议,并称10万元用于装修夫妻名下房屋,10万元用于提前偿还购房时的银行贷款,故借款为夫妻共同债务应共同偿还。法院依法追加何某为第三人参加诉讼,赵某及项某一再反对何某参加本案诉讼。何某辩称其与项某在2007年自有资金不需借款,赵某当时也不具备出借20万元的经济能力;且何某对案涉债务不知情,项某、何某2009年约定对外债务双方中任一方不确认即不成立;项某、何某自2010年7月开始分居,何某分别于2010年8月、2011年5月提起离婚诉讼。[①] 本案可谓疑点重重:(1)赵某及项某反对法院追加何某参加诉讼,缺乏法律依据,也有违常理;(2)基于项某、何某的婚姻状况以及利益冲突,项某对系争借款的认可不能当然产生项某、何某自认债务的法律效果;(3)项某借款提前偿还银行贷款与其银行购房贷款享有利率七折优惠,再以5%的年利率向他人借款偿贷缺乏必要性与合理性;(4)项某经法院合法传唤明确表示拒绝到庭,赵某与项某应就其借贷关系成立并生效的事实承担举证责任;(5)赵某以其名下有多套房产并从事经营活动为由主张借款能力,但也表示当时其因购房负担着巨额银行贷款,且未在合理举证期限提供证据证明其资产状况和现金出借能力。

又如,李某和刘某因感情不和离婚。离婚后,李某对离婚时的财产分割不满,在向刘某索要无果的情况下找到好友孙某和赵某协商,李某向孙某、赵某出具了虚假的拖欠劳务费的欠条,还分别与孙某、赵某伪造了劳务协议,又指使孙某、赵某起草民事起诉状,以李某、刘某共同拖欠孙某劳务费16.7万元、赵某劳务费9.2万元为由分别向法院提起诉讼。[②] 面对孙某、赵某出具的劳务协议,以及拖欠近26万元的劳务费欠条,刘某坚称欠条是假的,李某却企图通过这种方式向刘某进行要挟,试图诈取已经依法分割过的夫妻共同财产。其间,公安局在刘某报案后传唤了李某、孙某和赵某,孙某和赵某见事情闹大便如实讲出原委。法院经审理以虚假诉讼罪给李某、孙某和赵某定罪量刑。

---

① 参见《最高人民法院公报》2014年第12期。

② 《离婚男子虚构夫妻共同债务涉嫌虚假诉讼被判刑》,载金龙律师事务所网:http://www.zhangjinlong.com/view.asp?nid=2766,最后访问日期:2020年5月12日。

对此，在审判实践中需要做好以下几个方面：首先，在举债夫妻另一方未参加诉讼，而系争债务可能使其承担债务份额的，依法应当追加其为第三人参加诉讼，以在诉讼中形成实质性对抗；其次，准确理解《民法典》第1064条规定的具体情形，依法合理分配相应的举证责任，防止举证责任分配不当影响案件处理结果；再次，发现恶意串通的当事人提供的证据表面上合理，但部分证据有违常理的情况下，法官可依职权调查借贷合意的真实性，综合出借人的经济状况、资金来源、交付方式、见证人、款项去向等因素判断当事人陈述的可信度；最后，必要时，可移送公安机关进行侦查处理，待侦查后区别情形处理。对于触犯刑事法律的，要依法追究其刑事责任。

专题四　亲子关系确认

一、制度设立

亲子关系，即父母子女关系，指父母与子女之间法律上的权利、义务关系。其作为确定亲子间一切权利义务的前提和基础，主要包括自然血亲的亲子关系和拟制血亲的亲子关系，前者指父母双方都是子女生父生母时所认定的亲子关系，不能变更或解除；后者基于收养或再婚的法律行为而形成的继父母与继子女关系以及收养关系，可随父母离婚或者收养关系解除而解除。其中，母子关系的确认，根据医院的分娩事实、住院记录等即可证明；父子关系本不应成为问题，但由于夫妻双方对忠实义务的履行和对性自由与婚姻自由的混淆，从而产生亲子关系确认的需要。各国法律对此均作出了相应的规定，如《法国民法典》第312条规定："夫妻婚姻期间生育的子女，夫为其父"；第314条规定："夫妻结婚后满180天出生的子女为婚生子女，并且视其自受孕起即为婚生子女"。《瑞士民法典》第255条第1款规定："在婚姻存续期间或婚姻解除后的三百日内出生的子女，推定夫为父"。《日本民法典》第772条第1款规定："妻于婚姻中怀胎的子女，推定为夫的子女"。综观域外亲子关系立法，亲子关系确认制度包含两个方面，即亲子关系的推定与亲子关系的否认：前者是在法律上确立夫或妻与孩子之间成立亲子关系；后者则是对亲子关系成立的反驳，主要证明夫或妻与孩子之间不存在亲子关系。

我国《婚姻法》未明确规定亲子关系确认制度，零散地体现在最高人民法院的相关批复、复函中。如1956年最高人民法院《关于徐秀梅所生的小孩应如何断定生父问题的复函》，提出确认婚生子女推定的法律原则，即在婚姻关系存续期间所生子女应认为是夫妻双方共同的子女，夫否认子女非其所生应负证明责任。1991年最高人民法院《关于夫妻关系存续期间以人工授精所生子女的法律地位的复函》，明确"在婚姻关系存续期间，双方一致同意进行人工授精的，所生子女应视为夫妻双方的婚生子女，父母子女之间的权利义务关系适用《婚姻法》的有关规定"，这是对人工生育技术的父母认定作出的规范。1992年最高人民法院《关于夫妻关系存续期间男方受骗抚养非亲生子女离婚后可否向女方追索抚养费的复函》，这给亲子关系受到否认后的法律效果、生母对于丈夫的赔偿问题提供审判参考。1998 年最高人民法院《关于确认非婚生子女生父案件中男方拒作亲子鉴定时如何处理的答复》指出:“在确认非婚生子女的案件中,应由原告承担举证责任,被告如果否认原告的证明结论,应当提供相应的证据。若男方不能证明自己不是该子女的生父,法庭认为有必要时,可以要求进行亲子鉴定。如果被告拒做亲子鉴定,法庭可根据查证属实,并且排除第三人为子女生父的证据,推定原告诉讼请求成立。”《婚姻法司法解释(三)》第 2 条,被认为是我国对亲子关系确认制度的首次规定。

法院受理的亲子关系确认案件相比过去要多,因父子之间不存在亲子关系而引发的离婚纠纷更常见。如同代疑似血亲不适用亲子关系推定规则案中,[①]黄某与季某于 1982 年登记结婚,婚后育有一女黄甲。黄某于 2017 年 11 月病故,张乙的母亲张某作为张乙的法定代理人,以张乙的名义诉至法院称张乙系黄某的亲生儿子且与黄某以父子名义共同生活,张乙应继承黄某 40% 的遗产。张某提供了 DNA 检验报告书,该报告书载明送检的标记为“大”的毛发供者的基因型符合作为标记为“小”的毛发供者亲生父亲的遗传基因条件,张某称“大”和“小”毛发供者分别为黄某和张乙。张某另提供其与黄某的照片及黄某亲友等人的谈话录音等证据,以证明黄某与张乙系父子关系。为了进一步确认其与黄某的亲子关系,张乙向法院申请就其与黄甲之间是否具有血缘关系进行鉴定。黄甲明确表示不同意进行 DNA 比对检验。法院经审理认为,张某无法证明标记为“大”的送检毛发来源于黄某,其提供的录音、微信聊天记录等证据亦非确定黄某与张乙存在亲子关系的确切证据,法院不宜强制黄甲与张乙进行 DNA 比对,同辈疑似血亲并不适用亲子关系不利推定原则,故在无法确定张乙与黄某存在亲子关系的情况下,张乙无权继承黄某的遗产。其实,《婚姻法司法解释(三)》第 2 条规定所确立的亲子关系推定规则,系建立在主张方提供初步必要证据的前提下,且存在严格的适用边界,即限定在父母子女之间,并不适用于兄弟姐妹之间。身份关系具有鲜明的道德性和伦理性,又与财产关系紧密相连,随意扩大亲子关系推定规则适用主体的范围不符合法律及司法解释的精神。婚生子女并无配合非婚生子女进行亲子鉴定的义务,同代疑似血亲不适用亲子关系推定规则。

在《民法典》起草过程中,曾有建议扩大至利害关系人享有确认或否认亲子关系的权利,但最终未被采纳。《民法典》第 1073 条规定:“对亲子关系有异议且有正当理由的,父或者母可以向人民法院提起诉讼,请求确认或者否认亲子关系。对亲子关系有异议且有正当理由的,成年子女可以向人民法院提起诉讼,请求确认亲子关系。”学理上认为,该条文真正确立了亲子关系确认(异议)制度。该条文前后两款区别主要有两个方面:一是请求权主体,第 1 款为父亲或者母亲,第 2 款为成年子女,两者区分的标准夹杂着两种不同视角,既有父母与子女视角,又有子女成年与否的考量。明确赋予子女以亲子关系确认的请求权,且不再区分婚生子女与非婚生子女。二是权利范围,第 1 款为请求确认或者否认亲子关系,第 2 款为请求确认亲子关系。具体而言,主张存在或不存在亲子关系需要符合以下两个条件:(1)持有异议,即对夫妻另一方主张的是否存在亲子关系不予认可;(2)正当理由,有相应的证据来证明其提出的诉讼请求。

---

① 《省法院、省妇联联合发布 2019 年度江苏法院婚姻家庭十大典型案例》,载北大法宝网:https://www.pkulaw.cn/case_es/pal_a3ecfd5d734f711d36cb04159d865714e39ec36f96b1646ebdfb.html? match = Exact,最后访问日期:2020 年 5 月 3 日。

二、亲子关系认定处理

亲子关系诉讼属于身份关系诉讼，相关直接证据的缺乏和亲子关系证明责任的高标准，使亲子鉴定成为认定或否定亲子关系的关键性证据。现代生物医学技术的发展，使 DNA 鉴定技术被广泛用于子女与父母尤其是与父亲的血缘关系的证明，确认亲子关系的比率达 99% 左右。但若当事人拒绝做亲子鉴定，能否进行强制？亲子关系该如何确认？这在审判实践中往往很难定夺。

（一）亲子关系的推定

根据《民法典》第 1073 条的规定，仅父亲、母亲或成年子女有权提起否认亲子关系之诉，其他民事主体无权起诉。尽管该条文没有规定亲子关系的认定标准，但婚姻关系存续期间出生的子女一般应当确认为法律上的父母与子女的关系是审判实践中的一项不成文规则。对于其他有争议的亲子关系，不能简单地认为当事人提供了必要的证据、对方当事人没有证据亦拒绝做亲子鉴定，就一概适用《婚姻法司法解释（三）》第 2 条第 2 款推定主张确认亲子关系一方的请求成立，而应当根据案件具体情况决定是否需要推定亲子关系成立：（1）对于有迫切抚育需要的未成年人，应当果断决定确认亲子关系，以保护未成年子女的合法权益；（2）对于请求认领已经跟随母亲另组家庭生活的未成年人为其子女的当事人，法院在具备前述条款条件的情况下，还应权衡支持其诉讼请求对未成年子女的影响；（3）对于成年子女请求确认亲子关系，由于不涉及其父或者母的抚养义务，对于亲子鉴定应当严格掌握。如果其提供的证据不足以令法官相信可能确有其事，而对方当事人没有证据或证据不够充分但拒绝亲子鉴定，法院则应当在真实血缘联系与当事人身份关系及家庭的和谐、稳定以及自然人的名誉权之间进行衡量，以决定是否通过推定确认亲子关系。

在被告拒绝做亲子鉴定且具备下述条件时，方可推定亲子关系成立：男女双方有接触交往的机会；男女双方有性生活的时间、空间；有相关的证据，如人证、物证、视听资料等。为此，审判实践要认定原告所举证据是否已经达到"正当理由"的证明程度甚为关键，可从两个方面把握：（1）原告所举证据形成合理的证据链条，法官遵循职业道德及现代自由心证原则，全面、客观地审核证据，运用逻辑推理和日常生活经验对证据进行综合判断，使法官内心确信可能确实存在这样的事实；（2）原告举证所要达到的证明程度是必要条件而非充分和必要条件，这种证明标准低于正常的证明标准，但只要具有高度盖然性即可。被告举证不能且拒绝做亲子鉴定的，法官应当对其进行释明，告之其配合做亲子鉴定与拒绝做亲子鉴定的法律后果，使其认识到一旦适用推定，对婚姻家庭及亲子关系都可能带来重大变化。经法官释明后被告仍拒绝做亲子鉴定的，法院可以依照《民事证据规定》第 95 条"一方当事人控制证据无正当理由拒不提交，对待证事实负有举证责任的当事人主张该证据的内容不利于控制人的，人民法院可以认定该主张成立"之规定，推定原告主张成立。

在审判实践中，亲子关系的推定可以区分为以下四种情况。

1. 如果子女是在母亲婚姻关系存续期间受胎（该受胎时间应在子女出生日之前的第 300 日到第 180 日之间）出生的，则推定母亲的丈夫为其生父。如果子女是在母亲婚姻解除 10 个月内出生的，则推定母亲在未解除婚姻关系的丈夫为其生父；如果母亲的丈夫被判决宣告失踪或宣告死亡的情况下，子女于该人失踪300天之后出生，则不能将该母亲的丈夫推定为该子女的父亲。

2. 如果子女是在母亲与他人同居期间受胎的或出生的子女，则推定与该子女的母亲同居的男子为其父亲。

3. 如果母亲再婚或因母亲先后与不同男子同居而致使数名男子均可被推定为子女的父亲时，则依照下列规则处理：在母亲的丈夫和与母亲非婚同居的男子之间，应优先推定母亲的丈夫为子女的生父；在子女出生时母亲的丈夫和与受胎时母亲的丈夫之间，应优先推定子女出生时母亲的丈夫为子女的父亲；在子女出生时与母亲同居的男子和受胎时与母亲非婚同居的男子之间，应优先推定子女出生时与母亲非婚同居的男子为其父亲。

4. 通过人工授精方式生育的子女，则以书面同意采用该方式生育的男女为其父母。

（二）亲子关系的否认

根据《民法典》第1073条第1款的规定，仅父亲或母亲有权提起否认亲子关系之诉，其他主体无权提起诉讼。一方拒绝做亲子鉴定的，具备下述条件之一的，可以否认亲子关系：在女方受孕期间，男方无接触女性的机会，如公差、生病等，无法从事性生活；男方在性功能上存在缺陷，如性无能、无精子或者死精等。另在特殊情形下，即使男方与子女进行了亲子鉴定，根据医学上可能存在10%的不确定状态存在，而女方拒绝鉴定的，也可否认亲子关系。

审判实践中，否认亲子关系应当从以下几个方面综合考量。

1. 否认亲子关系的具体理由。在可能的受胎期间，双方未发生性关系或者通过其他科学方法能够排除子女亲生性。其主要有以下情况：（1）否认权人在子女出生前的第300天到第180天之间不可能与子女的母亲发生性关系。配偶因一方提出离婚请求实际地与该方分居的期间，或根据他们之间达成的书面协议分居的期间，被视为彼此之间没有发生性关系，对此不得提出相反的证据。（2）在特定情形下否认权人绝对不可能是子女的父亲，也就是说，通过可靠的医学方法证明被推定的父亲不可能是子女的父亲，如亲子鉴定、经过医学认定明确夫存在生育不能的情况等。（3）有其他事实证明被推定的父亲不是子女的父亲，如血型、种族特征等与遗传信息不符的情况。

2. 有权提起否认亲子关系的权利主体范围。有权提起否认之诉的权利人，只能是通过适用立法规范被赋予父亲或母亲身份的人，其他人（包括子女）无权提起否认之诉。如否认权人明确表示要行使否认权，但在时效期间届满前丧失行为能力的，其监护人在该时效期间届满前可代为行使。如否认权人已经提起亲子关系否认之诉而在诉讼期间死亡的，其法定继承人可以继续参与诉讼，其他继承人或代理人不得代为提起。

3. 提起亲子关系否认之诉的限制。如果能证明子女是经母亲的丈夫书面同意以人工授精怀孕时，该丈夫无权提起否认之诉（此限制也适用于同居关系男女通过人工授精方式生育子女的情形）。如果被推定的父亲在知道或应当知道可以行使否认权理由的情形后明确表示放弃否认权的，其无权提起否认之诉。

4. 行使亲子关系否认权的时效期间和程序。根据《民法典》第152条第1款的规定，撤销权的行使期间为1年，亲子关系否认权也应当据此行使。此期间应为当事人提供调查取证并提起诉讼的时间，既足以让当事人有充裕的时间准备提起诉讼，又不会使亲子身份长期处于不稳定之中，切实维护当事人的合法权益，保障婚姻家庭和社会关系的稳定，维护立法统一性与法律严肃性。

（三）人工授精技术下的亲子关系如何认定

在李某、郭某阳诉郭某和、童某某继承纠纷中，[①]1998年3月3日，李某与郭某顺登记结婚。2004年1月30日，李某、郭某顺与医院签订人工授精协议书，对李某实施了人工授精，后李某怀孕。2004年4月，郭某顺得知患了癌症后表示不要这个孩子，但李某坚持要生下孩子。5月20日，郭某顺自书遗嘱声明他不要这个孩子，并将306室房屋赠与其父母郭某和、童某某，后于5月23日病故。10月22日，李某产子取名郭某阳。后因继承引发诉讼。法院经审理认为，本案争议焦点之一是郭某阳是否为郭某顺和李某的婚生子女。最高人民法院《关于夫妻离婚后人工授精所生子女的法律地位如何确定的复函》指出："在夫妻关系存续期间，双方一致同意进行人工授精，所生子女应视为夫妻双方的婚生子女，父母子女之间权利义务关系适用《婚姻法》的有关规定。"郭某顺因无生育能力，签字同意医院为其妻子即李某施行人工授精手术，该行为表明郭某顺具有通过人工授精方法获得其与李某共同子女的意思表示。只要在夫妻关系存续期间，夫妻双方同意通过人工授精生育子女，所生子女均应视为双方的婚生子女。《民法典》第136条规定："民事法律行为自成立时生效，但是法律另有规定或者当事人另有约定的除外。行为人非依法律规定或者未经对方同意，不得擅自变更或者解除民事法律行为。"因此，郭某顺在遗嘱中否认其与李某所怀胎儿的亲子关系是无效民事行为，应当认定郭某阳是郭某顺和李某的婚生子女。

上述争议关键在于人工授精亲子关系如何认定。人工授精有同质与异质之区分，前者中的父母双方与子女都具有生物学关系，即存在血缘关系，可定性为自然血亲亲子关系；后者中的子女仅与母亲一方有血缘关系，可将有血缘关系的子女与生母认定为自然血亲亲子关系，问题在于没有血缘关系的男方该如何定性？（1）可依是否同意人工授精进行区别对待：一是仅有一方同意人工授精时，没有血缘关系的一方与子女无任何法律上的关系；二是双方都同意人工授精时，没有血缘关系的一方与子女虽不属于自然血亲亲子关系，但是仍然有法律上的亲子关系，这种亲子关系在法律适用效果上应与自然血亲亲子关系的法律效果相类似，不能被解除。本案属于后一情况，此时，李某、郭某顺与郭某阳所产生的亲子关系是不能被解除的。（2）不同于拟制血亲亲子关系。拟制血亲亲子关系包括因收养关系形成的拟制血亲以及因再婚形成的继父母与继子女之间的拟制血亲，而人工授精是由于生育技术发展所产生的新事物，属于非自然受孕所形成的亲子关系，与拟制血亲存在本质区别，故应推定其与自然血亲亲子关系具有相同的法律效果。

（四）亲子关系与监护制度如何衔接

在冷冻胚胎继承案中，[②]沈某与刘某婚后因"原发性不孕症、外院反复促排卵及人工授精失败"，要求在鼓楼医院施行体外受精—胚胎移植助孕手术。其间，鼓楼医院与沈某、刘某签订《配子、胚胎去向知情同意书》《胚胎和囊胚冷冻、解冻及移植知情同意书》，明确胚胎不能无限期保存。目前，该中心冷冻保存期限为1年，首次费用为3个月，如需继续冷冻，需补交费用，逾期不予保存；如果超过保存期，沈某、刘某选择同意将胚胎丢弃。刘某、沈某因交通事故先后死亡，但二人的4枚受精胚胎仍在鼓楼医院冷冻保存，后沈某的父母诉请法院判令由其行使胚胎的监管权和处置权。一

① 参见最高人民法院指导案例50号。
② 参见江苏省无锡市中级人民法院（2014）锡民终字第01235号民事判决书。

审法院判决驳回诉讼请求。二审法院经审理认为,我国现行法律对胚胎的法律属性没有明确规定,并从伦理、情感、特殊利益保护及卫生部行政管理规定等方面综合考虑涉案胚胎的相关权利归属,判令4枚冷冻胚胎由沈某的父母和刘某的父母共同监管和处置。

1. 体外受精术后亲子关系如何认定。本案案由为继承纠纷,实际上涉及亲子关系的认定处理。关于冷冻胚胎的归属,不仅是国内的难题,在国外也没有一致标准,因其既不是"人",也不是"财产",只是由于它们有变成人类的可能性而暂时给予特殊的尊重,故其归属不仅要看生理关系或者血缘关系,更要注重伦理关系或者道德关系。(1)冷冻胚胎的法律地位。《民法典》继承编主要为人身关系的法律,但从其第1122条"遗产是自然人死亡时遗留的个人合法财产"的规定来看,遗产是一种财产,涉及财产法的内容,但不能与《民法典》合同编所涉财产同日而语。而人工授精是不孕不育多发后形成的新生事物,卫生部《人类辅助生殖技术管理办法》也没有就冷冻胚胎的法律身份作出规定。从生物学遗传等学科的角度看,冷冻胚胎应属于人的生命部分,可参考《民法典》第13条、第1155条的规定确认为母体中未出生婴儿的法律身份。(2)冷冻胚胎的权利享有主体。《人类辅助生殖技术管理办法》明令禁止非法代孕,鼓楼医院作为人工授精手术的实施者,对冷冻胚胎的合法使用享有监管权,但并非权利行使主体。冷冻胚胎从沈某、刘某身体中获得,参照《民法典》第1074条的规定,结合我国的传统风俗习惯,由沈某与刘某的父母依法享有对该冷冻胚胎的保管和照顾权,也应当最符合沈某、刘某的意愿。该案在一定程度上体现出法律空白时技术与伦理的冲突,通过顺天意、存人伦、敬法律的综合考虑,达到了法、情、理的有机融合。

2. 亲子关系与监护制度如何衔接。沈某与刘某的父母在本案胜诉的同时,也带来沉甸甸的监护义务。因为沈某、刘某的意外死亡,冷冻坯胎未来出生后必然涉及监护问题,其作为权利与义务的综合体,才能保障冷冻坯胎婴儿出生后的成长。《民法典》第27条规定:"父母是未成年子女的监护人。未成年人的父母已经死亡或者没有监护能力的,由下列有监护能力的人按顺序担任监护人:(一)祖父母、外祖父母;(二)兄、姐;(三)其他愿意担任监护人的个人或者组织,但是须经未成年人住所地的居民委员会、村民委员会或者民政部门同意。"由此可见,沈某与刘某的父母作为第一顺序的监护人,在具有监护能力的情形下必须承担起监护义务,具体包括对冷冻坯胎婴儿的抚养(抚养费数额、给付方式等)、教育(婴儿享有受教育的权利)和保护(对婴儿自身的保护及婴儿致第三人损害的责任承担)的义务,这需要在沈某与刘某的父母之间协商处理;在沈某与刘某的父母由于年龄、身体等原因不具备监护能力时,依法应当变更监护人。在审判实践中,可以参照普通监护案件处理模式予以考量裁判。

(五)不具有亲子关系的抚养费追索与精神损害赔偿

在王某起诉董某返还抚养费并赔偿精神损失案中,[①]王某与董某结婚生子后离婚,王某做亲子鉴定发现其并非孩子的亲生父亲,遂起诉要求董某返还抚养费并赔偿精神损害抚慰金25万元。对此,审判实践中看法不一,有的仅支持返还抚养费,有的抚养费和精神损害抚慰金均予支持。其实,抚养未成年子女是父母的法定义务,男方受欺骗抚养了非亲生子女,代替孩子的亲生父亲履行了法定的抚养义务,男方得知事实真相后当然有权追索以前所支付的抚养费。同时,女方在婚姻关系存

① 刘德权总主编,王松卷主编:《最高人民法院司法观点集成》(民事卷),中国法制出版社2017年版,第2943页。

续期间与他人通奸并生育子女，对男方精神上造成了巨大的伤害，尤其是在男方错过生育年龄情形下更显著，故其有权要求侵权者赔偿精神损害抚慰金。不过，该精神损害抚慰金的赔偿有别于《民法典》第1091条规定的离婚损害赔偿，婚姻关系存续期间与他人通奸生育子女不一定构成“与他人同居”的赔偿要件，即通奸生育子女与“持续稳定地共同居住”不能等同，而判决女方赔偿精神损失的依据应当是《民法典》第一编总则及《精神损害司法解释》中的有关规定。

在蒋某起诉韩某变更抚养权、返还抚养费、医药费及赔偿精神损害抚慰金案中，①2015年8月，蒋某和韩某相识，恋爱数月后分手。2016年年初，韩某称自己怀了蒋某的孩子小朵，并于当年6月在蒋某家乡生下女儿小朵，小朵的出生医学证明载明父亲为蒋某。小朵满月后，蒋某和韩某分手，小朵以蒋某女儿身份一直跟随蒋某生活并抚养至今，韩某未支付过抚养费。2018年8月，小朵被确诊为白血病。期间，蒋某为确认其与小朵的亲子关系以便给小朵办理户籍和医保做亲子鉴定，经鉴定明确排除蒋某为小朵的生物学父亲。2018年9月，小朵一期治疗完毕，蒋某带小朵到韩某家协商此事，但韩某拒不会见。2018年11月，蒋某起诉要求将小朵的监护权变更为韩某，并索赔抚养费10万元、医药费10万元、精神损害抚慰金5万元。（1）在变更抚养权方面，蒋某并非小朵的生父，也没有建立养父女关系，其本就不享有监护权，故对蒋某要求变更监护权的诉讼请求，不予支持。（2）在返还抚养费等方面，韩某与他人生育了小朵，并对蒋某隐瞒真实情况，蒋某受韩某欺骗抚养至今，韩某的行为违反诚实和公序良俗原则，严重侵犯了蒋某的合法权益，并给蒋某造成一定的财产和精神损失，应当向蒋某承担一定的侵权赔偿责任。根据《民法典》第1091条及《婚姻法司法解释（一）》第28条的规定，损害赔偿包括物质损害赔偿和精神损害赔偿。本案蒋某和韩某虽非夫妻关系，但可按照该规定确定赔偿范围：小朵并非蒋某亲生女，蒋某对小朵并无抚养的责任和义务，故蒋某支付的全部抚养费用和医疗费用均应由韩某承担，即物质损害赔偿；韩某的不道德行为侵害了蒋某的人格利益和人格尊严，伤害了蒋某的情感，给蒋某造成精神损害，应向蒋某承担一定的精神损害赔偿责任。综上，判决韩某赔偿蒋某抚养费42,000元、医药费10万元、精神损害赔偿金3万元，合计172,000元。

---

① 《孩子患白血病“单亲父亲”一纸诉状告上狠心母亲》，载 http://www.yzfy.gov.cn/K/KInfo/507.html，最后访问日期：2020年5月3日。

第五章 离 婚

专题一 离婚冷静期

一、离婚冷静期制度内涵及适用

(一)制度规定

目前,我国离婚率呈逐年上升趋势,其中登记离婚和诉讼离婚数量均逐渐提高,很多离婚当事人的婚龄短至3~5年,冲动型、草率型离婚的数量近年大幅增加。我国《民法典》第1077条新增设了离婚冷静期的规定。条文如下:“自婚姻登记机关收到离婚登记申请之日起三十日内,任何一方不愿意离婚的,可以向婚姻登记机关撤回离婚登记申请。前款规定期限届满后三十日内,双方应当亲自到婚姻登记机关申请发给离婚证;未申请的,视为撤回离婚登记申请。”由于该条文在《民法典》颁布实施后可能影响公众对离婚事宜处理方式的选择,在对离婚的规制上更具体,该规定也成为《民法典》众多新规中受到全社会瞩目的焦点之一。在前述新增条款中,最受社会关注的焦点之一即离婚冷静期的设立。

《民法典》第五编婚姻家庭中为协议离婚设置了30日的离婚冷静期,目的主要是预防在协议离婚中出现的冲动型离婚给婚姻家庭带来的影响。离婚冷静期的设置其本质并没有违背离婚自由的原则。因为它只适用于协议离婚的情况,对于诉讼离婚并没有冷静期的规定,在遭遇家庭暴力、遗弃等双方达不成离婚一致意见情形下,可以选择诉讼离婚。

(二)制度要素

就其内涵而言,主要包括以下几点要素:

第一,适用主体。此即选择协议离婚方式来解除婚姻关系的双方。

第二,适用期限。具体包括:一为冷静期限,即自婚姻登记机关收到离婚登记申请之日起30日内;二为撤回期限,即自前述30日冷静期届满后的30日内,任何一方如不愿离婚均可向婚姻登记机关撤回离婚登记申请。

第三,适用效果。如在30日冷静期届满后的30日内当事人未到婚姻登记机构申请离婚证,则视为撤回离婚登记之申请,即不发生离婚之法律后果。此时,如双方亲自到场申请颁发离婚证,则相关机构应当发给双方离婚证,双方的婚姻关系自此解除。

(三)适用规则

在适用离婚冷静期制度中,主要遵循如下规则。

1. 两愿离婚。这包括男女双方自愿申请离婚、自愿登记离婚。

2. 单方阻却。此即任何一方均可自愿撤回离婚登记申请，从而使登记机构不能颁发离婚证，该过程中亦不能以此途径解除婚姻关系。

3. 默示放弃。此即在30日离婚冷静期完成后，在其后的30日内不申请离婚证的，视为撤回离婚登记申请，放弃了此次登记离婚的机会。

4. 程序独立。此即该次申请登记离婚如撤回或因默示而被视为放弃，婚姻双方仍然可以再次主张登记离婚，同时，需要再次提出登记离婚之申请。

（四）适用提示

第一，在适用该制度中，要注意区别协议离婚与诉讼离婚两种解除婚姻关系方式所赋予当事人行使权利的不同方式。离婚冷静期的设立并非要取代诉讼离婚，该制度系对婚姻加强保护，但其规定中并未限制当事人起诉离婚的权利，亦不可能代替司法机关作出具有强制执行效力的裁判的诉讼程序。

第二，离婚冷静期制度的规定并未就当事人申请登记离婚的次数予以限制。此即如当事人愿意选择协议离婚，则在撤回或被视为撤回申请后仍可继续申请。它更趋于提示婚姻双方离婚申请提出的慎重与离婚方案的完整等。

第三，作为新制度的执行者，婚姻登记机构应当进一步做好解释说明工作。对于冷静期内出现伤害、威胁一方当事人或其他家庭成员人身安全等情形的，受害方可立即报警及寻求人身安全保护令等司法保护，亦可向相关单位、亲属或有帮助义务和监护职责的单位或个人等求助。起诉离婚无间隔30日的要求。

虽然该条文并非司法机关而是行政机关处理离婚登记事务的规定，但其在对其法律效果的判断则要依据上述规定内容解析。

二、我国离婚冷静期制度立法背景

关于协议离婚，很多国家出于维护婚姻关系稳定、防止草率离婚、保护婚姻关系中的弱势一方等考虑，在实践中增加了一些特有的限制条件。而在我国，传统的婚姻模式也在社会经济快速发展、人口大量流动和人际交往日趋频繁的大背景中发生着变化，有些地区“闪婚”“闪离”等现象不断涌现，传统模式呈现不可逆转地异化，成为动摇婚姻家庭关系基础的新问题。

在《民法典》第1077条新增设的规定中，“自婚姻登记机关收到离婚登记申请之日起三十日内，任何一方不愿意离婚的，可以向婚姻登记机关撤回离婚登记申请”。该30日的期间被称为“离婚冷静期”。

为什么要增设此项制度呢？从公开渠道看我国民政部公布的数据，自2003年起，我国离婚率连续15年上涨，由1987年的0.55‰，上升为2017年的3.2‰。其中，2017年依法办理离婚手续的共有437.4万对，比上年增长5.2%，其中民政部门登记离婚370.4万。这说明登记离婚比诉讼离婚多得多。我们可以看到，取消审查期之后，导致离婚更容易，甚至非常草率，产生了不良的后果。此外，我国现阶段的买房、买车、贷款等政策都和家庭密不可分。为了获得不当的利益，很多人通过虚假离婚的方式来规避法律,导致离婚变得非常随意,这与离婚成本过低有关,可能影响一部分领域的社会诚实信用的价值观趋向。

1994 年民政部发布的《婚姻登记管理条例》第 16 条规定,“婚姻登记管理机关对当事人的离婚申请进行审查,自受理申请之日起一个月内,对符合离婚条件的,应当予以登记,发给离婚证,注销结婚证。当事人从取得离婚证起,解除夫妻关系”。

但是,2003 年《婚姻登记条例》修改后取消了审查期,而是在第 13 条中规定“婚姻登记机关应当对离婚登记当事人出具的证件、证明材料进行审查并询问相关情况。对当事人确属自愿离婚,并已对子女抚养、财产、债务等问题达成一致处理意见的,应当当场予以登记,发给离婚证”。

2003 年取消了“审查期”是有特殊的时代背景。2000 年随着我国加入 WTO、改革开放日渐深入,要求逐渐减少公权力机关对私人生活的介入。此外,这个条例的变更和 2001 年修改《婚姻法》的精神是相匹配的,即强调结婚自由、离婚自由以及简化离婚程序。在此之前,离婚当事人需要提交所在单位、村民委员会或者居民委员会出具的介绍信,后来也不需要了,甚至取消了婚检制度,因此协议离婚的审查期限也顺应趋势被取消了。《民法典》第五编婚姻家庭中重新规定了 30 日的“离婚冷静期”,立法的目的与现实意义非常明显。离婚冷静期在某种程度上是对过去婚姻登记机关审查制度的一种回归,以适度的限制离婚自由,追求家庭与社会稳定。此次《民法典》第五编婚姻家庭新增了一条规范,“家庭应当树立优良家风,弘扬家庭美德,重视家庭文明建设”。在我国这样一个特别重视家庭文化的国度,通常认为家庭是社会的细胞,如果家庭不稳定,则会影响社会稳定。离婚冷静期制度的立法初衷是希望通过设立离婚冷静期的方式减少随意性、冲动型离婚,以及规避法律的离婚,适当增加离婚成本,维护家庭的稳定,保护未成年子女和弱势一方(特别是妇女)的利益。

离婚冷静期的立法目的是值得肯定的。设置“离婚冷静期”的目的不仅是避免草率、冲动型离婚,还有保护婚姻中的弱势群体、实现离婚协议实质意义上的公平和正义。

积极意义可从三个层面来看:从第一个层面上来讲,其体现的是对家庭关系稳定的维护和对婚姻的拯救,也是对婚姻中的个体的理性引导。冷静是针对大多数冲动离婚、草率分手的配偶而言的。从第二个层面来讲,其体现的是国家对社会组成单元的进一步重视与保护。该冷静期仅限于登记离婚时,并非诉讼的前置程序。后者仍然能对急于寻求保护的离婚主体提供救济。从第三个层面来讲,社会发展与治理的现代化表征即应包括对家庭秩序、伦理秩序的有别于公权扩张的保护。这是深远意义的国家保护,也是从秩序规则意义上的婚姻保护。

同时,作为新设制度与弹性措施,其争鸣观点与顾虑亦相应存在。第一,来自公众的担心主要集中于,如果家庭矛盾的不可弥合与婚姻关系破裂的不可避免已经成为现实,那么离婚冷静期可能会成为不具实际意义的关系冷冻期。而从技术层面分析,离婚的主体将面对的时间跨度包括,在协议离婚时有彼此的矛盾上升期、关系破裂期、争议协商期等,消耗的时间已经较长,多数人身心俱疲。再加上 1 个月,甚至几次 1 个月,无疑是更大的消耗。在诉讼离婚时,可能还有其他期间要计入时间成本,如诉前调解、简易程序、普通程序、一审程序、二审程序等,甚至还有不符合离婚法定情形而再等待起诉的时间。第二,家庭暴力成为离婚冷静期反对者的主要担忧因素之一。家暴多是发生在家庭成员特别是配偶之间。而作为婚姻中的一方,除了报警、申请人身保护令等,维护权益的有效途径之一,即是解除婚姻关系,彻底切断与暴力源的联系。家暴受害者担忧不易结束的婚姻附加一个空窗期。第三,个人婚姻自由的权利保障,当然包括结婚自由,亦包括离婚自由。有人认为冷静期的规定赋予了相应机构"拒绝权",改变了形式审查及当场办理的旧有制度,易造成公权干涉私权。

三、离婚冷静期的制度沿革

《民法典》中设立的离婚冷静期制度其他国家,已有规定,如英国、韩国等。其中,英国法的离婚缺席专门规定了限制离婚条款其内容包括离婚考虑期等。英国 1973 年《婚姻诉讼法》第 3 条第 1 款规定,自结婚之日起 1 年内,不得向法院起诉离婚。第 2 款同时规定,结婚第一年禁止离婚的规定并不妨碍当事人以第一年一方配偶的通奸或其他法定事由为由在结婚满 1 年之后提出离婚。对于有特殊情况要求分开的,可以向法院请求司法分居。①

专题二　离婚法定情形

《民法典》第 1076 条规定,夫妻双方自愿离婚的,应当签订书面离婚协议,并亲自到婚姻登记机关申请离婚登记。离婚协议应当载明双方自愿离婚的意思表示和对子女抚养、财产以及债务处理等事项协商一致的意见。第 1078 条规定,婚姻登记机关查明双方确实是自愿离婚,并已经对子女抚养、财产以及债务处理等事项协商一致的,予以登记,发给离婚证。第 1079 条规定,夫妻一方要求离婚的,可以由有关组织进行调解或者直接向人民法院提起离婚诉讼。人民法院审理离婚案件,应当进行调解;如果感情确已破裂,调解无效的,应当准予离婚。有下列情形之一,调解无效的,应当准予离婚:(1)重婚或者与他人同居;(2)实施家庭暴力或者虐待、遗弃家庭成员;(3)有赌博、吸毒等恶习屡教不改;(4)因感情不和分居满 2 年;(5)其他导致夫妻感情破裂的情形。一方被宣告失踪,另一方提起离婚诉讼的,应当准予离婚。经人民法院判决不准离婚后,双方又分居满 1 年,一方再次提起离婚诉讼的,应当准予离婚。

以上法律条文规定了我国实行的两种离婚制度。《民法典》第 1076 条至第 1078 条规定了协议离婚制度,而第 1079 条则对诉讼离婚作出了规定。

一、协议离婚

协议离婚,又称登记离婚,即在婚姻双方就离婚各项争议达成一致意见后可持包含前述内容的书面离婚协议到登记机构办理离婚登记,在履行必要程序后取得离婚证明从而解除婚姻关系并处

---

① 石雷:《英国现代离婚制度研究》,群众出版社 2015 年出版,第 298 ~ 299 页。

理相关争议的程序。《民法典》的规定中新增了关于离婚协议系“书面”的明确形式要求。且在条文中明确指出了离婚协议的主要内容应当包括“子女扶养、财产以及债务处理等事项”。这是对法定形式的完善,也是对当事人慎重离婚、慎重行使权利的提示。

二、诉讼离婚

(一)诉讼特点

1. 裁判生效为婚姻解除的基本确认方式。

2. 离婚诉讼为典型的合并之诉。

3. 离婚诉讼实行调解先置程序。

(二)适用范围

1. 主体应为符合法律规定的结婚要件的夫妻,且关于是否离婚等问题存有争议。

2. 双方对离婚无争议但对子女抚养、财产分割等存在分歧。

3. 双方就前述问题存在一致意见,但系属法律承认的事实婚姻情形,请求解除事实婚姻关系的。

(三)一般程序

起诉、答辩、调解、判决。

(四)离婚事由

关于离婚的判断标准,理论界一直有破裂主义与过错主义之争。近代以来,过错离婚主义(又称有责离婚主义)和破裂离婚主义(又称无责离婚主义或自由离婚主义)作为两大阵营,一直处于离婚制度改革的中心。前者旨在制裁有过错配偶的过错行为,对法定离婚理由采取列举式的立法模式。凡是符合理由之一的,无过错方配偶始得向法院起诉并获准离婚。后者则从婚姻生活的目的出发。在法律是否准予离婚的立场上,不要求当事人是否存在婚姻过错,只要无可挽回的破裂,无法共同生活,依双方或一方的请求,即可准予离婚。[①] 许多国家在离婚法定理由上大多实行相对破裂离婚主义的原则。而折中主义认为,不应毫不例外地否定或支持有过错配偶的离婚请求,应避免“一刀切”。[②]

根据我国《民法典》的规定,我国所采的是二者结合的混同式判断模式或标准。根据上述立法模式和精神,在判断是否应当判决离婚的法定事由中,本书认为,可分为基本事由、具体事由与行权事由。

1. 基本事由

基本事由即规范事由或一般事由,也就是法律明确规定的一般可作为判决离婚直接依据的情形。我国采混合主义立法例,故基本事由应为夫妻感情是否破裂。即配偶之间的夫妻感情是否已经不复存在,亦无和好之可能,婚姻已经死亡。

---

① 陈苇主编:《婚姻家庭继承法学》(第2版),群众出版社2012年版,第237页;蒋月:《婚姻家庭法前沿导论》,科学出版社2007年版,第130页。

② 林秀雄:《婚姻家庭法之研究》,中国政法大学出版社2001年版,第73~78页。

2. 具体事由

依照《民法典》第1079条的规定，离婚的具体事由主要包括如下情形：

（1）重婚或有配偶者与他人同居。

对重婚的规定，刑法方面主要来自《刑法》第258条和最高人民法院1994年《关于〈婚姻登记管理条例〉施行后发生的以夫妻名义非法同居的重婚案件是否以重婚罪定罪处罚的批复》的规定。关于重婚罪的认定，通常包括两种情形：一是具有前后两个法定婚的；二是先有法定婚而后有以夫妻名义同居生活的事实婚的。

有配偶者与他人同居，这一规定延续了《婚姻法》及相关司法解释的规定内容，仍指有配偶者与婚外异性不以夫妻名义持续稳定地共同居住。

不论是在婚姻法立法过程中还是本次《民法典》编纂进程中，关于此条规定的有配偶者与他人同居情形应如何认定都是社会较关注的热点问题之一。而重婚与有配偶者与他人同居二者之间一个重要区别，即是否以夫妻名义共同生活。多数行为人为规避刑法规定的重婚罪及婚姻法中重婚的法律责任和后果之规定，并不以夫妻名义同居生活。

（2）实施家庭暴力或虐待、遗弃家庭成员。

家庭暴力，是指行为人以殴打、捆绑、残害、强行限制人身自由以及以其他手段，给配偶以及其他家庭成员的身体、精神等方面造成损害后果的行为。虐待则包括打骂、冻饿、禁闭、患病不就医、过度劳动、限制自由和其他侮辱甚至凌辱人格的方式对共同生活的家庭成员进行肉体、精神上的摧残折磨的行为。遗弃则指具有扶养义务的家庭成员拒不履行扶养义务的行为。在适用法律时还应当考虑虽然在空间上未共同居住在一起，但负有生活上照顾义务，或具有对家庭成员及其他共居生活存在人身依附关系、监护义务的人员的侵害行为的认定。家庭暴力也包括冷暴力、性暴力和精神暴力等。而虐待方式也包括性虐待、强迫卖淫、引诱自杀等。以上侵害他人人身权或人格权构成犯罪的，还应追究刑事责任。

（3）存在赌博、吸毒等恶习而屡教不改的。

（4）配偶间因感情不和分居满2年。

此处的分居，是指配偶双方因一方或双方原因拒绝在一起继续共同生活，互不履行夫妻义务的情形。包括主观上有分居之愿望和拒绝之意愿，客观上有分居生活之实。

（5）其他导致感情破裂的情形。

在离婚事由中所新增设的其他事由，与其后的离婚损害赔偿的过错情形相对应。以兜底条款的形式把因法律滞后性而未涵盖其中的可能导致夫妻感情破裂或产生不可调和的矛盾的若干情形纳入其中，体现了立法的科学进步，这也是《婚姻法》及相关司法解释实施多年一直未能解决的一个技术问题，可以说弥补了一项法律漏洞。

增加离婚法定事由的兜底条款可以说是本部分内容中最突出的修法要点。为使大家对此处“其他”情形的理解更加深入和具体，现以以下列举的几种典型事由为例作一说明：

一是生育权的冲突与侵害。包括配偶一方对对方生育权的侵害，也包括双方就生育权问题存在根本对立的冲突矛盾。如有的案件中一方当事人在婚姻关系存续期间和与自己存在不正当关系的婚外异性签订代孕协议进行辅助生殖，在是否生育方面夫妻间存在不同观念或因客观因素导致无法统一意见,等等。

二是性权利和性文化的冲突与矛盾。如在司法实践中有的离婚诉讼女方起诉离婚的主要原因是婚后发现男方存在同性恋的性取向而无法接受,亦无法继续共同生活。虽然世界发展至今,某些多元化的价值理念和文化冲突已不可避免,但对于朝夕相对的配偶来说,则极易形成根本性的冲突对立,从而影响婚姻维系的基础。

三是忠实义务的违反。如一方出轨,与婚外异性甚或同性发生性行为,违反了夫妻的忠实义务,严重影响夫妻感情的情形。或者一方存在嫖娼、卖淫等违法情形导致夫妻感情破裂的情形。此外,还有严重的精神出轨、长期与他人或多人保持不正当的暧昧关系等情形。这些均应作为影响婚姻继续存在、导致夫妻感情破裂以及动摇婚姻基础的重要情形。

四是危害未成年子女的切身权益。对于未成年子女利益最大化原则的倡导应当及于婚姻关系中问题与矛盾的解决。而在有些案件中,一方当事人存在酗酒、狂躁、抑郁及家庭暴力等情形,不仅严重影响夫妻感情,更可能甚或实际危害未成年子女的身心健康。故此类情形亦应作为裁判离婚的适当事由。

五是存在严重品格瑕疵,或对家庭生活拒绝负担相应义务,对家庭成员缺乏关心而不履行监护职责和扶养义务等。如在司法实践中,有的离婚案件一方当事人曾提出导致双方夫妻感情破裂并且无法修复的是对方存在偷盗行径等。有的当事人指称对方婚前婚后表现不一,婚后严重缺乏责任感、对家庭不尽任何义务等。有的当事人提出,对方在经济困难之时离家逃债,或在配偶患重大疾病时不顾而去,缺乏基本的伦理道义。众所周知,前述情形很难为家庭成员所接受和容忍,故应成为法院裁判离婚的考量因素。

六是财产处分方面不当扩张家事代理权限或恶意、故意造成经济困难、债务负担,擅自赠与他人特别是存在不正当关系的婚外异性大额财产等,影响正常的家庭生活甚至侵害配偶、子女权益。

3. 行权事由

行权事由即当事人可以行使起诉离婚权利的法定事由。依照《民法典》的规定,主要包括以下两种情形:

(1)一方被宣告失踪,另一方提起离婚诉讼的,应当准予离婚。

(2)经人民法院判决不准离婚后,双方又分居满 1 年,一方再次提起离婚诉讼的,应当准予离婚。

需要说明的是,第二种情形是《民法典》首次规定的离婚事由。在第五编婚姻家庭立法过程中,很多理论界的专家学者和司法实务界的法官、律师代表均谈及初次起诉是否应当判决离婚的问题。对此问题各界观点不一,立场各异。最终,《民法典》编纂中新增设了关于判决不准离婚后的特殊期限规制。此条规定从一定程度上回应和解决了上述问题。同时,也依然体现了对于草率离婚和冲动离婚的反对。

以上问题的裁判所适用的法律条文包括最高人民法院《关于人民法院审理离婚案件如何认定夫妻感情确已破裂的若干具体意见》,《婚姻法司法解释(一)》第 1 条、第 2 条、第 22 条,《婚姻法司法解释(三)》第 8 条、第 9 条等。此外,还有《妇女权益保障法》《反家庭暴力法》等。

在适用上述法律规定处理离婚诉讼时,亦要注意其他几方面问题:

一是行为能力受限的自然人离婚自由的权利应得到充分保障。特别是在该权利的行使与配偶监护职责的履行存在冲突时,应予以更多的关注和救济。如果配偶一方存在引诱离婚、欺诈离婚或违背前述当事人意志甚至损害其利益、逃避扶养照顾义务等情况,应考虑监护人选是否应当变更,由适当的监护人代为行使权利,或裁定驳回起诉。

二是人民法院认定夫妻双方分居的事实依据及判断标准应当包括的因素。特别是婚姻生活的私密性和隐私性使分居时间的查明往往主要依靠当事人自己的陈述。而双方陈述难免存在差异。法院认定上述事实之时除应考察当事人陈述的真实性外,亦应结合其他客观证据予以审度。如一方搬出共居房屋后的租赁合同、物业公司的证明、双方签订的协议、缴纳生活费用证明、同住家庭成员的证明等。鉴于《民法典》此条规定在满足又分居满 1 年的条件下用语为"应当"准予离婚,故对分居的查明和界定显得尤为重要。就未来法律适用和实践探索、立法完善的意义来讲,本书更倾向对我国目前立法中缺乏明确规定的分居制度予以进一步确立和完善。

三是家庭暴力的判断标准应当与反家庭暴力法相一致。在审理案件时如有需要法官应当向受害人释明相应的救济途径。并根据当事人的请求及时作出人身安全保护令。公安机关亦应及时采取措施,执行完整的接处警程序,及时验伤,制作笔录,并根据需要出具告诫令或作出行政处罚等。

专题三　离婚经济补偿

一、离婚经济补偿制度确立

《民法典》第 1088 条规定,夫妻一方因抚育子女、照料老年人、协助另一方工作等负担较多义务的,离婚时有权向另一方请求补偿,另一方应当给予补偿。具体办法由双方协议;协议不成的,由人民法院判决。第 1090 条规定,离婚时,如果一方生活困难,有负担能力的另一方应当给予适当帮助。具体办法由双方协议;协议不成的,由人民法院判决。

《民法典》在综合此前法律表述的基础上,重申了经济补偿的目的,并界定了离婚经济补偿的条件和标准。这就意味着离婚家务劳动经济补偿请求权不再以夫妻约定适用分别财产制为前提条件,而是更加独立。反映了我国婚姻家庭法律对于无酬家务劳动价值的进一步确认,和我国离婚经济补偿制度的正式确立。从全局视角来看,更体现了《民法典》公平原则的精神。当然,必须看到,目前我国离婚救济制度还不够完善,离婚救济制度的适用范围较小,救济功效较低,法律规定欠完善。可以说是应当改善的问题。

二、离婚经济补偿制度构成

《婚姻法》第 40 条规定的离婚财产补偿请求权,系仅限于"夫妻书面约定婚姻关系存续期间所得的财产归各自所有"的情形。《民法典》中第 1088 条规定删除了前述限制条件。这一变化体现了

《民法典》将离婚财产补偿请求权扩展为一般性规则，使其适用范围更加扩大，更为科学，更趋合理。根据《民法典》的规定，我国离婚经济补偿制度主要由两部分构成，即家务劳动补偿和经济困难补偿。

（一）家务劳动补偿

适用《民法典》第1088条规定时，应当注意以下几点：第一，离婚为前提。依照前述法律规定，离婚时，一方对他方享有财产补偿请求权适用范围及于所有离婚当事人，而是否实行夫妻约定财产制则在所不问。第二，具合法婚姻。即夫妻离婚时，一方对对方的财产补偿，或称经济补偿。对于婚姻之外的第三人，以及不存在合法婚姻关系的同居伴侣之间，法律没有直接赋予他们获得此项补偿的权利。第三，尽义务较多。一方因在婚姻生活中承担了抚育子女、照顾老年人、协助另一方工作等方面的家庭义务较多，对家庭建设贡献更大的情况下，尽义务较多一方享有此项请求权。未尽较多义务一方不能依据此条规定主张补偿。第四，补偿应适当。按照权利义务相一致的原则，承担义务较多的一方享有要求对方给予经济补偿的权利，补偿的范围和标准虽由法官酌情确定，但应与其贡献相当，并应结合补偿方的经济条件和给付能力等实际情况予以审度。

（二）经济困难补偿

对于家庭里“生活困难”应如何界定，《婚姻法司法解释（一）》第27条中采用了绝对困难的标准，即离婚后依靠分得的共同财产和个人财产无法维持当地基本生活水平的才视为生活困难。《民法典》颁布于2020年，与2001年相比，我国人均收入和生活水平已经有了很大提高，故经济帮助适用率低也体现在了具体案件诉讼中。

法律条文中规定了以对困难方提供适当帮助的方式实现对离婚后存在特殊困难一方的保障与扶助。其性质仍可视为婚姻关系解除后的一种补偿。在适用时应当注意的是，针对司法实践中经济帮助适用条件苛刻的情况，《民法典》第五编婚姻家庭实际上将“生活困难”的衡量标准由绝对困难改为相对困难，并且不再强调以往注重的住房帮助等形式。从施助者一方来看，适当的程度也更加公平和具有可操作性。具体补偿的程度，可以参考夫妻双方的收入水平的差距、婚姻关系解除时一方困难程度和主张的补偿标准以及社会保障程度等因素。

三、离婚经济补偿制度的意义

第一，将家务劳动补偿制度延展适用于夫妻共同财产制。

总的来说，《民法典》设立的经济补偿制度应当给予积极评价和肯定。一方面，要适当肯定以往分别财产制下的家务劳动补偿机制；另一方面，要看到家务劳动补偿制度有条件地延展至共同财产制，在夫妻未书面约定婚姻关系存续期间所得的财产归各自所有，离婚时通过分割夫妻共同财产亦不能得到适当补偿的一方的贡献得到了肯定与回报，更加符合《民法典》第五编婚姻家庭所倡导的家庭文明与伦理道德。

第二，降低离婚时经济帮助的生活困难适用标准。对生活困难的界定，不仅应包括一方离婚后不能维持自己生活，也应包括其生活水平比婚姻关系存续期间显著下降的情形。相对困难标准能够最大限度地照顾离婚后生活处于困顿或生活水平明显下降的一方以及未成年子女的权益，对于失婚或失独的老年人亦有帮助，更加符合实质公平的原则，也与国际社会对需要扶养者普遍采用的原有生活主义或合理生活主义的判断标准相接近。对生活困难的界定，应当以动态和静态指标参照相结合的方式予以判断。即不仅应包括一方离婚后不能维持自己生活的窘困情形，亦应包括其生活水平因正常消耗支出较之婚姻关系存续期间显著下降的情形。这样可以适当扩大受助者的范围，保证其基本维持原有的生活标准或避免在离婚后陷于严重的生活困顿。

专题四　离婚损害赔偿

一、离婚损害赔偿制度

《民法典》第 1087 条规定了照顾无过错方原则。第 1091 条规定，有下列情形之一，导致离婚的，无过错方有权请求损害赔偿：(1)重婚；(2)与他人同居；(3)实施家庭暴力；(4)虐待、遗弃家庭成员；(5)有其他重大过错。

离婚过错损害赔偿，是指夫妻一方因为过错实施法律规定的违法行为，妨害婚姻关系和家庭关系，导致夫妻离婚，过错方应当承担的损害赔偿责任。离婚损害赔偿制度也是构成我国离婚救济制度的重要组成部分。第 1091 条规定最大的亮点即在列举式的各种情形后明确增加了离婚损害赔偿的兜底性条款。从技术层面看，通过增加概括性的兜底条款规定，采取了列举性规定与概括性规定相结合的方式，在现有列举性规定之后增加一个概括性规定，实际扩大了离婚损害赔偿请求的事由，“列举 + 概括”的方式促进了离婚损害认定前提的延伸适用；从效果层面看，具体何种行为构成重大过错可由法官根据过错情节与伤害后果确定，亦切实保护无过错方的利益，明显提升了离婚损害赔偿制度的适用效度和标准维度；从现实意义看，增加无过错方的损害赔偿请求权，则有利于对司法实践和对全社会婚姻中的个体形成最有力、最清晰的指引。

二、离婚损害赔偿制度发展过程

离婚损害赔偿制度相关内容主要见于《婚姻法》第 46 条的规定。而第 46 条规定虽为界定婚姻过错、惩罚婚姻主体侵权行为、保护无过错方合法权益提供了依据，但在多年司法实践中，该条规定因其内容限制较窄、过错标准认定严苛，适用情形非常有限。且在诉讼中很多当事人面临举证困难、赔偿数额偏低等问题。部分学者和法官均认为此条规定有欠商榷，没能涵盖社会发展中遇到了对家庭生活和婚姻关系造成新的冲击的特殊现象和社会问题，对于普通公众维护合法权益、惩戒过错、弥补损失、修复伤害的现实需求不能予以充分满足。例如，对于与重婚、有配偶者与他人同居有一定差别的出轨行为，应当如何界定其性质，是否应置于法官裁判的考量范围，其程度和危害与损害之间的关系等。在司法的认识和裁判的标准方面均难以统一。

三、离婚损害赔偿制度适用

应当指出的是,在适用本制度中应当注意以下几点:

第一,诉讼主体。承担前述法律规定的损害赔偿责任的主体,应为离婚诉讼当事人中的过错方;而提出该损害赔偿主张的当事人则应为无过错方。

第二,主张范围。离婚损害赔偿主张既应包括物质损害亦应包括精神损害之主张。《民法典》的规定对于未明确列举的其他情形的“留白”实际上扩大了离婚损害赔偿的过错范围。在以往的司法实践中,适用此制度容易陷入的一个误区就是离婚损害赔偿仅指精神损害赔偿,这可能与多数婚姻过错的受害方所提出的诉讼主张有关。在很多案件中,受害方当事人仅仅提出精神损害赔偿,而较少提出物质损害赔偿。在部分司法者看来,婚姻过错侵害的是配偶的人格权,造成的是精神损失,而物质多系夫妻共同财产。在缺乏夫妻财产约定的情况下处于共同共有状态,在离婚损害出现之际尚难以厘清其权属,故在裁判中缺乏实际意义。上述观点混淆了离婚损害的后果与当事人请求权基础,其对离婚损害赔偿制度的立法本义和适用标准的认识均存在偏差。离婚损害赔偿应包括物质损害和精神损害,并应适当提高精神损害赔偿的金额,以真正体现损害赔偿的惩罚和抚慰功能,方能达到实现法律公平与正义的最终目的。

第三,离婚前提。即第 1091 条规定的适用系以夫妻双方离婚为前提方可适用。对于人民法院判决不准离婚的案件,对于当事人基于该条规定提出损害赔偿之请求,则应不予支持。

第四,时效规定。根据法律规定,符合第 1091 条规定的无过错方作为原告基于该规定向法院提起损害赔偿请求的,必须在离婚诉讼的同时提出。而符合上述情况的无过错方作为被告的离婚诉讼案件,如果被告不同意离婚也不基于此规定提起损害赔偿请求的,则可以在离婚后 1 年内就此单独提起诉讼。同样,无过错方作为被告的离婚诉讼案件,一审时被告未基于该条规定提出损害赔偿请求,二审期间提出的,法院应当进行调解,调解不成的,告知当事人在离婚后 1 年内另行起诉。注意,此时解决的方式不能由二审以此为由发回重审。

下面,仅以家庭暴力为视角,对离婚损害赔偿的具体情形作概括说明。

《民法典》第 1042 条、《反家庭暴力法》等均对家庭暴力予以禁止性规定。《反家庭暴力法》第 2 条规定,本法所称家庭暴力,是指家庭成员之间以殴打、捆绑、残害、限制人身自由以及经常性谩骂、恐吓等方式实施的身体、精神等侵害行为。

根据全国妇联以往的抽样调查结果,家庭暴力现象在我国具有相当的普遍性,它不仅发生在夫妻之间,还多发于父母与未成年子女、成年子女与年迈父母之间。据统计,全国 2.7 亿个家庭中,遭受过家庭暴力的妇女已高达 30%,其中,施暴者九成是男性。每年有近 10 万个家庭因家庭暴力而解体。在这一背景下,将家庭暴力纳入有效的法律干预之下,确已刻不容缓。

在家庭暴力的认定方面,最高人民法院于 2015 年 12 月 4 日公布的 49 起婚姻家庭纠纷典型案例中,周某诉张某离婚后损害责任纠纷案即为无过错方在离婚后发现被告的婚姻存续期间的出轨行为,请求精神损害赔偿,法院依法予以支持。另一典型案例为张某诉程某身体权纠纷案。该案为家庭暴力的受害者在离婚后如何请求保护指明了规则。在该案中,张某在婚姻关系存续期间对程某的家庭暴力行为提起过刑事附带民事诉讼,获得了部分赔偿。在离婚后,其对家暴造成自己的人身损害再次起诉,赔偿请求终审得到法院的支持。即当刑事附带民事判决不能囊括受害人全部人身损害之赔偿,对于没有受偿部分,受害人有权另行提起民事诉讼。

在具体把握认定家庭暴力的标准之时,近年来,对家庭成员范围的理解不再限于配偶两人之间,而是进一步扩充到同住家庭成员甚至同居伴侣等。家庭暴力行为的类型,从最初的着重于对殴打、攻击等人身侵害行为的重视,扩展到对精神暴力、冷暴力、性暴力等的关注。在反家庭暴力制度建设完善中,不仅规定了人民法院作出人身安全保护令的条件和性质等具体规定,也提出了公安机关出具告诫令的规定,并使包括妇联组织、村居委会、单位等社会组织与机构等在内的广大社会力量形成了反对家庭暴力的重要合力。在相关制度改革探索中,局部地区还出台了离婚重要事实披露制度。最高人民法院、最高人民检察院、公安部、司法部《家庭暴力犯罪案件司法政策理解适用与案例指导》的出台,形成了对家庭暴力行为的合围禁止与共同打击。我国的反家暴制度在全社会共同努力下不断完善发展。

专题五　离婚财产分割

一、离婚财产分割原则

《民法典》第 1087 条规定,离婚时,夫妻的共同财产由双方协议处理;协议不成的,由人民法院根据财产的具体情况,按照照顾子女、女方和无过错方权益的原则判决。对夫或者妻在家庭土地承包经营中享有的权益等,应当依法予以保护。

在婚姻家庭类纠纷中,财产问题往往是一大焦点。如何更好地维护家庭成员合法权益?如何让无过错方的经济损失降到最低?根据现行法律,同居期间所得的财产,由当事人协议处理,协议不成的,由人民法院根据照顾无过错方的原则判决。婚姻家庭编则明确赋予了婚姻无效或者被撤销的无过错方的索赔权。"照顾无过错方"几个字虽略显抽象,但却赋予法官一定的自由裁量权。

简单地说,我国夫妻财产分割主要适用以下原则:一是均等分割原则,体现为夫妻性别平等,作为民事主体和家庭成员的权利平等,以及份额均等;二是公平分割原则,对弱势妇女予以帮助,体现夫妻扶助义务,实行权利义务对等;三是照顾无过错方原则,坚持婚姻正义,实现国家保护。

二、对妨碍分割夫妻共同财产行为的处置

《民法典》第 1092 条规定,夫妻一方隐藏、转移、变卖、毁损、挥霍夫妻共同财产,或者伪造夫妻共同债务企图侵占另一方财产的,在离婚分割夫妻共同财产时,对该方可以少分或者不分。离婚后,另一方发现有上述行为的,可以向人民法院提起诉讼,请求再次分割夫妻共同财产。该条规定系对分割夫妻共同财产的规定之一。与《婚姻法》第 47 条规定相比,其重大变化即删除了对上述行

为认定为妨碍民事诉讼行为、可以予以民事制裁的规定。主要原因在于,该规定与《民事诉讼法》第111条规定的内容不一致。对于妨碍分割夫妻共同财产行为的认定并未作出重大调整。在对共同财产权利寻求救济的路径中,当事人仍可以离婚后财产纠纷为由提起新的诉讼,对相关财产予以分割。

第六章　收　养

专题一　收养关系的成立

收养是使原本没有血缘关系的人之间产生法律拟制的父母子女关系的一种民事法律行为。制定和完善收养制度，对于保护合法收养关系，充分发挥家庭养老育幼功能，维护社会和谐稳定有着重要意义。我国1992年实施的《收养法》首次以立法的形式对于收养制度进行了体系化规定，并于1998年进行了修订。在收养法律关系中，一般涉及送养人、养子女、收养人三方主体。作为一种要式法律行为，收养关系的成立需要符合法律规定的条件，其中重要的一点就是收养法律关系中的各主体要满足一定的资格要求。法律之所以对收养人、送养人、被收养人明确资格限制，既是民法公序良俗原则在收养法律领域的具体体现，也是为了维护未成年的利益不受侵害。[①]《民法典》第1044条明确规定，收养应当遵循最有利于被收养人的原则，并以此原则作为统领，在具体制度设计中修订完善了《收养法》中的相关内容。在收养法律制定实施之后，收养关系的成立、解除以法律规定的要件为准。但如前所述，我国收养法是在20世纪90年代才制定实施，在此之前，我国民间有大量的事实收养关系长期存在，因此引发的争议在当前审判实践中占有相当大的比重。为便于讨论，以收养法实施时间为界，我们分别就法定收养关系和事实收养关系予以分析。

一、法定收养关系的成立

1. 被收养人

《民法典》第1093条规定，下列未成年人，可以被收养：(1)丧失父母的孤儿；(2)查找不到生父母的未成年人；(3)生父母有特殊困难无力抚养的子女。与《收养法》相比，《民法典》取消了被收养人需不满14周岁的年龄限制，统一修改为未成年人；这一规定扩大了被收养人的范围，即只要是未满18周岁的未成年人均可以被收养。一方面，为有能力、有意愿收养子女的公众提供了收养可能；另一方面，也为更多渴望回归家庭得到父母关爱的未成年人提供了机会，有积极的意义。当然，从该条规定看，目前我国立法并不承认成年收养，即不认可将成年人作为被收养的对象。

2. 收养人

《民法典》第1098条规定，收养人应当同时具备下列条件：(1)无子女或者只有一名子女；(2)有抚养、教育和保护被收养人的能力；(3)未患有在医学上认为不应当收养子女的疾病；(4)无

---

① 靳羽：《要件欠缺收养关系的法律规制》，载《人民司法》2010年第3期。

不利于被收养人健康成长的违法犯罪记录;(5)年满30周岁。此外,《民法典》第1102条规定,无配偶者收养异性子女的,收养人与被收养人的年龄应当相差40周岁以上。与《收养法》相比,《民法典》规定的收养人的范围适当予以了扩大,不再局限于必须是无子女的收养人,对于本身有一名子女的收养人也可以收养一名子女,而无子女的收养人最多可以收养两名子女。同时,《民法典》中增加了"无不利于被收养人健康成长的违法犯罪记录"这一内容,此规定具有重要的现实意义。近些年,暴露出来的很多针对未成年人的犯罪,包括家庭暴力、性侵害等性质恶劣的事件,部分就是打着收养的名义与被害者建立了关系,进而实施了侵害。通过对于收养人过往有无不利于被收养人健康成长记录的审查,有利于全面评估收养人是否适宜收养子女,从而更好地保护被收养人的合法权益。

3. 送养人

《民法典》第1094条规定,下列个人、组织可以作送养人:(1)孤儿的监护人;(2)儿童福利机构;(3)有特殊困难无力抚养子女的生父母。相对于《收养法》而言,《民法典》对于送养人的规定,并无实质上的调整。从法条规定的内容来看,立法重点还是贯彻了保护被收养人利益的原则,在此前提下,对于送养的条件予以明确。如对于未成年人的父母均不具备完全民事行为能力且可能严重危害该未成年人的,规定该未成年人的监护人可以将其送养。生父母一方不明或者查找不到的,单方可以送养。

在送养人和收养人自愿达成一致意见的基础上,对于8周岁以上的未成年人的收养,法律规定还需要征得被收养人的同意。因为8周岁以上未成年人属于限制行为能力人,对于收养这一涉及自己个人重大利益的问题,已经具有一定的认知和判断能力,有权利作出自己的选择,这也是贯彻最有利被收养人利益原则的体现。

上述对于收养人、送养人、被收养人资格的规定,属于法定收养关系成立的实质要件,在满足上述条件后,《民法典》第1105条第1款规定,收养应当向县级以上人民政府民政部门登记。收养关系自登记之日起成立。也就是说,在我国,法定收养关系的成立需经过登记,这是收养关系成立的形式要件。在符合实质要件和形式要件双重条件后,法定收养关系成立生效。否则,按照《民法典》第1113条的规定,收养行为无效,且自始没有法律约束力。

二、事实收养关系的成立

如前所述,目前在审判实践中,对于主张确认收养关系成立的案件中,涉及收养法实施之前的案件比重相当大。在此类案件中,当事人之间并没有办理收养登记手续,很多收养人、被收养人之间的资格条件也不符合现行法律规定。能否认定收养人、被收养人的收养关系成立,不仅涉及双方身份关系的关系确认,更多时候还涉及巨大的利益关系,如遗产继承、财产分割等。法院在审理此类案件时,如何根据在案证据认定事实、适用法律对于统一裁判尺度有重要影响。

如在谭某与戴某乙法定继承纠纷一案①中,案件焦点问题即谭某是否与被继承人戴某乙之间成立事实收养关系,是否可以作为法定继承人继承遗产。对此,一审法院认为,认定事实收养关系存

① 参见北京市第一中级人民法院(2011)一中民终字第5485号民事判决书。

在需考虑如下因素:(1)公开称呼。收养人与被收养人应以父母子女称呼,但谭某自始称呼戴某乙为姑爹。(2)个人档案。收养人如在其个人档案涉及亲属关系栏目内填写收养子女情况,可明确表明其收养之意思表示。但戴某乙个人档案中涉及亲属关系的栏目内均未填写子女情况。(3)当事人达成收养协议或因收养事实而共同生活。戴某乙夫妇与谭某未签订书面收养协议,且谭某在赴宁夏前一直与亲生母亲生活,自宁夏回京后亦未与戴某乙父母共同生活。则谭某虽提交戴某乙请调其到京工作的相关资料并实际完成户籍登记手续,但基于当时特定历史背景,以收养名义将亲友请调入京或安置工作的做法属于落实政策,不能必然代表双方成立收养关系。而谭某作为戴某乙夫妇亲属,对此二人生前照料、处理后事的行为亦不足以证明双方已然发生收养关系。依据现有证据,法院无法认定谭某与戴某乙之间成立收养关系,进而判决驳回谭某的诉讼请求。谭某不服一审法院判决,提起上诉。二审中,谭某坚持称由于戴某乙夫妇没有子女,其自幼年(1950 年左右)以传统的方式过继给他们,并提交有关部门请调谭某夫妇到京工作的函件及相关复函,其中写道:戴某乙同志是相关领域专家,现因年迈多病,生活自理有困难,夫妇二人没有亲生子女,将侄女谭某从小带在身边,作为养女扶养,1965 年高中毕业后从北京到宁夏生产建设兵团锻炼,为了解决生活上的困难,戴某乙同志要求调其养女谭某到北京工作。此外,以戴某乙为户主的户口簿一份,显示谭某"与户主关系"为"之女"。二审法院审理后认为,人民法院就数个证据对同一事实的证明力大小的认定,可以依照国家机关、社会团体依职权制作的公文书证的证明力一般大于其他书证的原则。居民户口簿具有证明公民身份状况以及家庭成员间相互关系的法律效力。根据以上就数个证据对同一事实的证明力大小的判断原则,户口簿在证明公民身份状况及家庭成员间相互关系的作用,以及现无证据表明戴某乙夫妇在世时曾否认与谭某之间存在收养关系的事实,应当可以认定谭某与戴某乙之间成立收养关系,一审法院对此认定不当,故二审撤销一审判决并予以改判。

从上述案例可以看出,针对同一案件,一审、二审法院对于事实收养关系是否成立的判断标准并不一致。主要原因在于在没有明确法律标准的情形下,如何在当事人所述的纷繁复杂的事实中把握有价值的信息,进而形成认定事实的证据链是一大难点。判断事实收养关系是否成立,应当重点把握以下两个方面内容:

1. 法律依据

事实收养关系,是指收养法实施之前形成的收养关系,并不完全适用收养法规定。对此,1992 年最高人民法院《关于学习、宣传、贯彻执行〈中华人民共和国收养法〉的通知》第 2 条规定:"收养法施行后,各级人民法院必须严格执行。收养法施行后发生的收养关系,审理时适用收养法。收养法施行前受理,施行时尚未审结的收养案件,或者收养法施行前发生的收养关系,收养法施行后当事人诉请确认收养关系的,审理时应适用当时的有关规定;当时没有规定的,可比照收养法处理……"也就是说,对于《收养法》实施前的收养关系是否成立,适用当事人主张成立时的规定。鉴于当时我国没有关于收养的法律规定或专门司法解释,在实务中需要根据案件当事人主张的时间等案件具体情况,援引《收养法》实施之前最高人民法院的相关意见作为裁判的依据。其中,1951 年 1 月 1 日最高人民法院《关于收养关系诸问题的几点意见》中指出,收养契约虽为养父母与养子女间的契约,但幼年子女的生父母亦可与收养的父母成立契约,将子女交其收养。只不妨碍子女利益,在习惯上(如近亲辈分)又无妨碍,即应认为是合法的契约。收养契约,无论写成书面或口头订立皆可,只要确能证明,均为有效。1953 年 8 月 22 日最高人民法院《关于收养关系诸问题的解答》中指出,我们新中国现在还没有制定关于收养子女的法律,实际上也只需有收养者与被收养者的父母或监护人的同意(如被收养者已达一定年龄或已能了解收养的意义并须经其本人同意),就能成立收养关系,而别无其他必需的手续。1984 年 8 月 30 日最高人民法院《关于贯彻执行民事政策法律若干问题的意见》中指出,亲友、群众公认,或有关组织证明确以养父母与养子女关系长期共同生活的,虽未办理合法手续,也应按收养关系对待。

从上述收养法实施之前的规定来看,对于收养关系的成立采取了较宽松的认定标准,并没有设定严格的形式和实质要件,这与当时的时代背景是有密切关系,也符合当时的实际情况。

2. 事实查明

在当时法律规定没有严格标准限定的情况下,在当前审判实践中,依据“谁主张,谁举证”的原则,法院对于一方当事人主张收养关系成立的,根据其对于相关事实的举证情况予以认定。如果一方当事人举证证明双方关系符合一般公众认知的养父母关系,形成了较完整的证据链,在另外一方没有相反证据的情况下,可以认定双方收养关系的成立。在实践中,法院需要审查的内容主要包括户口簿、档案材料、双方共同生活经历、单位证明、来往书信、家谱、家族墓碑、过往诉讼案件中的陈述等。需要注意的是,对于上述内容,当事人双方均可能提供证据,证据之间亦可能相互冲突,此时法官需要根据证据的形式、证据形成时间等情况,按照《民事诉讼法》《民诉法司法解释》《民事证据规定》的规定,综合运用逻辑推理和日常生活经验,对证据有无证明力和证明力大小进行判断。必要时,还需要对共同生活地区的村委会、居委会、邻居走访调查,从而固定补强相关证据,尽最大可能还原案件事实。

专题二　收养关系的解除

收养关系得依一定条件成就而成立,亦可以在符合条件情况下予以解除。从现行法律规定来看,主要区分未成年养子女、成年养子女与养父母解除收养关系的情形,并设定了不同的条件。

一、未成年养子女与养父母解除收养关系

《民法典》第 1114 条第 1 款规定,收养人在被收养人成年以前,不得解除收养关系,但是收养人、送养人双方协议解除的除外。养子女 8 周岁以上的,应当征得本人同意。

收养人不履行抚养义务,有虐待、遗弃等侵害未成年养子女合法权益行为的,送养人有权要求解除养父母与养子女间的收养关系。送养人、收养人不能达成解除收养关系协议的,可以向人民法院提起诉讼。

从上述规定来看,未成年养子女与养父母解除收养关系是有严格条件限制的,除收养人、送养

人达成解除协议外，收养人不得在被收养人成年之前单独提出解决收养关系。这一规定主要是为了保护被收养人的利益，最大限度地保证养子女能够在一个稳定的家庭生活环境成长，而不必承担随时可能被解除收养关系的风险。当然，如果收养人不履行抚养义务，对未成年养子女有虐待、遗弃等现实侵害行为的，则维持收养关系对未成年子女更加不利，此时赋予送养人解除收养关系的权利是十分必要的。此外，《民法典》规定，县级以上人民政府民政部门应当依法进行收养评估。在实践中，民政部门还应当对收养关系成立后的收养家庭进行追踪随访，了解被收养人在收养家庭中的生活状态，特别是对于送养人已经去世或者不具备实际监督了解能力时，切实承担起责任，从而保证被收养人健康成长。

二、成年养子女与养父母收养关系的解除

《民法典》第1115条规定，养父母与成年养子女关系恶化、无法共同生活的，可以协议解除收养关系。不能达成协议的，可以向人民法院提起诉讼。

在审判实践中，此类案件的难点在于如何理解"关系恶化、无法共同生活"。在诉讼中，双方当事人对此往往各执一词，一方称双方关系已经恶化，另一方称双方没有根本性矛盾，关系可以很快得以修复，这就需要法院根据案件事实准确予以认定。

在李某艳与李某芳解除收养关系纠纷①一案中，李某艳于20世纪70年代出生，出生后不久即被李某芳与前妻成某抱回家中抚养，共同生活。2000年9月23日成某因病去世，2012年李某芳再婚；李某艳婚后一年半与李某芳共同居住于海淀区，后李某艳搬至别处居住至今；李某芳主张李某艳搬走后未尽到日常照顾义务，对其再婚及再婚妻子落户有意见，双方关系恶化，向法院提起诉讼，请求解除其与李某艳的收养关系。李某艳主张搬走后每年均看望李某芳，给李某芳钱，送李某芳去医院看病，没有阻止过李某芳再婚，亦同意配合落户，不同意解除双方的收养关系。一审法院经审理认为，李某艳已成年，李某芳以双方关系不好为由要求解除收养关系，李某艳不同意解除。养父女之间虽不存在血缘关系，但双方结缘源于养父母的慈念，养父女情义在长达近20年的养育中建立和稳固，现已到李某艳尽赡养义务之时。双方近年因家庭生活琐事产生矛盾，但远未到关系恶化需解除养父女关系之程度，故对李某芳要求解除养父女关系的诉求不予支持，判决驳回李某芳的诉讼请求。李某芳不服该判决，提起上诉。二审审理过程中，二审法院就李某芳、李某艳之间的关系问题前往李某芳居住地进行了调查。经二审法院多次询问并作调解工作，李某芳称因自己再婚事宜与李某艳产生矛盾，坚决要求解除收养关系，自己今后的生活有保障。李某艳不同意解除收养关系，称没有不同意李某芳再婚，但李某芳再婚没有经过自己的同意。二者无法达成一致意见。

二审法院经审理认为，该案的争议焦点在于李某芳、李某艳之间的收养关系是否应当解除。根据法律规定，养父母与成年养子女关系恶化、无法共同生活的，可以协议解除收养关系，不能达成协议的，可以向人民法院起诉。在该案中，李某芳与前妻收养李某艳后，进行了照顾、教育，尽到了作为养父母的抚养义务。现李某艳已经成年，理应对李某芳进行赡养。但根据查明的事实，李某芳、李某艳已经多年未在一起共同生活，双方因李某芳再婚事宜确实发生过矛盾，关系较紧张。现李某

---

① 参见北京市第一中级人民法院（2017）京01民终第7669号民事判决书。

芳坚决要求解除收养关系,考虑李某芳年事已高,需要平和的心态和安定的生活环境,勉强维持双方的收养关系不利于李某芳安度晚年,对于双方的生活亦无益处。综合考虑上述因素,二审法院认定,李某芳、李某艳的收养关系应当解除,对于李某芳上诉主张解除李某芳与李某艳养父女关系的请求予以支持。最终二审法院撤销一审判决,改判解除李某芳与李某艳的收养关系。

通过该案的审理,可以发现,对于"关系恶化、无法共同生活"并没有一个确切标准,法律之所以如此规定,也主要受限于立法技术无法就此予以准确一一描述,但是法院在审理具体案件时,必须严格查明案件事实,在事实确实充分的基础上作出合理认定。审理此类案件,应当重点把握以下三个方面:

一是要查明案件基础事实。主要包括双方收养关系的形成过程、共同生活情况、产生矛盾的原因、矛盾持续的时间、矛盾能否消除化解等。其中,对于养父母与成年养子女之间矛盾的审查应当是重中之重。在审判实践中,导致养父母与成年养子女关系恶化的原因可能有多种,如养父母与成年养子女生活习惯差异较大、儿媳与公婆无法和睦相处、成年养子女不赡养养父母、对养父母有遗弃、虐待的情形、双方因房产等财产分割问题引发冲突等。对于双方矛盾的细致审查有助于辨别主张解除收养关系一方是一时冲动还是已经过深思熟虑,进而有助于判断双方关系能否修复,为做调和工作打下基础。

二是要区分情形确定标准。具体来说,应当区分主张解除的主体是成年养子女还是养父母,进而适用有差异的审查标准。对于成年养子女主张解除的,审查予以解除的标准应当非常严格,因为此时一般是成年养子女应当尽赡养义务的时候,如果随意解除收养关系,可能导致老年人利益受到损害,易发生成年养子女借此逃避赡养义务等有悖道德与法律规定的事情发生。当然,此时也应当注意成年养子女对养父母是否有虐待、遗弃等情形,准确判断维持双方的收养关系是否对养父母权益保护反而更加不利,如果确实不利,则也应当判决解除收养关系;而如果是养父母主张解除与成年养子女的收养关系的,审查解除的标准则应相对宽松,如果确认是养父母真实意思表示,养父母与成年养子女确实存在矛盾且不可调和,养父母并非一时冲动作出解除决定,之后的生活亦有相应保障,继续维持收养关系会直接影响养父母的合法权益,实无益处,则可以予以解除。

三是要注重老年人权益保护。与在未成年养子女与养父母解除收养关系时要保护未成年养子女权益一致,法院在审理成年养子女与养父母解除收养关系案件过程中,在保护双方当事人的合法权利基础上应更加注重老年人的权益保护,从而使作出的裁决更加符合立法本意,亦为社会公众提供正确的行为指引。因在此类案件中,养父母多数都已经是老年人,《民法典》在一般规定中明确了保护老年人合法权益的原则,在具体制度条文中也规定了成年养子女在解除收养关系后还应当对没有劳动能力和收入来源的养父母进行补偿、支付生活费等内容,可以说,在处理此类时,保护老年人权益原则是应有之义,也符合我国《老年人权益保障法》的精神。因此,在此类案件审查标准及案件处理结果确定过程中,都应当将老年人权益保护原则贯穿始终。

第六编　继　承

第一章　概　述

一、主要内容

1985 年第六届全国人民代表大会第三次会议通过了《继承法》。随着人民群众生活水平的不断提高，个人和家庭拥有的财产日益增多，因继承引发的纠纷也越来越多。根据我国社会家庭结构、继承观念等方面的发展变化，第六编"继承"在现行继承法的基础上，修改完善了继承制度，以满足人民群众处理遗产的现实需要。第六编共 4 章 45 条，第一章是一般规定，第二章是法定继承，第三章是遗嘱继承和遗赠，第四章是遗产的处理。主要内容如下所示。

1. 一般规定。第六编第一章规定了继承制度的基本规则，重申了国家保护自然人的继承权，规定了继承的基本制度。并在现行继承法的基础上，作了进一步完善：一是增加规定相互有继承关系的数人在同一事件中死亡，且难以确定死亡时间的继承规则（第 1121 条第 2 款）。二是增加规定对继承人的宽恕制度，对继承权法定丧失制度予以完善（第 1125 条第 2 款）。

2. 法定继承。法定继承是在被继承人没有对其遗产的处理立有遗嘱的情况下，继承人的范围、继承顺序等均按照法律规定确定的继承方式。第六编第二章规定了法定继承制度，明确了继承权男女平等原则，规定了法定继承人的顺序和范围，以及遗产分配的基本制度。同时，在现行继承法的基础上，完善代位继承制度，增加规定被继承人的兄弟姐妹先于被继承人死亡的，由被继承人的兄弟姐妹的子女代位继承（第 1128 条第 2 款）。

3. 遗嘱继承和遗赠。遗嘱继承是根据被继承人生前所立遗嘱处理遗产的继承方式。第六编第三章规定了遗嘱继承和遗赠制度，并在现行继承法的基础上，进一步修改完善了遗嘱继承制度：一是增加了打印、录像等新的遗嘱形式（第 1136 条、第 1137 条）。二是修改了遗嘱效力规则，删除了现行继承法关于公证遗嘱效力优先的规定，切实尊重遗嘱人的真实意愿。

4. 遗产的处理。第六编第四章规定了遗产处理的程序和规则，并在现行继承法的基础上，进一步完善了有关遗产处理的制度：一是增加遗产管理人制度。为确保遗产得到妥善管理、顺利分割，更好地维护继承人、债权人利益，增加规定了遗产管理人制度，明确了遗产管理人的产生方式、职责和权利等内容（第 1145 条至第 1149 条）。二是完善遗赠扶养协议制度，适当扩大扶养人的范围，明确继承人以外的组织或者个人均可以成为扶养人，以满足养老形式多样化需求（第 1158 条）。三是完善无人继承遗产的归属制度，明确归国家所有的无人继承遗产应当用于公益事业（第 1160 条）。

二、编纂过程

《民法典》继承编基本内容源于《继承法》，《继承法》由第六届全国人民代表大会第三次会议通过，共分 5 章，自 1985 年 10 月 1 日起施行。该编将原第一章总则改为第一章一般规定，避免与《民法典》总则编重复，删除原第1条立法根据，统一各编体例增加调整范围（第119条），文字修改立法目的（第120条）；第二章、第三章名称未变，第五章附则关于民族自治地方民族财产继承立法、涉外继承法律适用和法律施行等3条内容被删除。第六编在吸收《继承法意见》等司法解释的基础上，从遗产范围到遗产管理人制度，民法典完善了这些继承制度。①

继承权是与人身关系密切、具有财产内容的民事权利，继承制度涉及老百姓切身的利益。《继承法》自1985年施行以来，由于立法质量比较高，法律实施效果比较好，继承法律秩序比较稳定，因而法律一直未作修改，直至本次民法典编纂，仍然坚持了原有的基本框架和基本制度。

在立法过程中，第六编的部分条文几经易稿，在分析比较博采各观点合理部分的基础上，立法机关坚持以下4项原则：（1）坚持以人民为中心，以保护民事权利为出发点和落脚点，切实回应人民的法治需求，更好地满足人民日益增长的美好生活需要，努力让民法典成为新时代保护人民民事权利的权利法典。（2）坚持立足国情和实际，坚持问题导向，适应中国特色社会主义步入新时代和我国社会主要矛盾变化的需要，总结40年来民事立法和实践经验，以法典化方式巩固、确认和发展民事法治建设成果，提高民事法律制度的针对性、有效性、适应性，努力发挥引领、推动、保障改革的积极作用。（3）坚持依法治国和以德治国相结合，将社会主义核心价值观融入民事法律规范，大力弘扬社会公德、家庭美德，贯彻和体现新发展理念。（4）增强民事法律规范的系统性，既保持民事法律制度的连续性，又保持适度的前瞻性、开放性，同时处理好、衔接好法典化民事法律制度体系下各类规范之间的关系。在此基础上，立法机关修订继承法形成了本编的内容。

2018年8月27日《民法典》继承编草案与其他各分编草案合体由全国人大常委会第一次审议。与《继承法》比较，为确保遗产得到妥善管理、顺利分割，更好地维护继承人、债权人利益，避免和减少纠纷，草案一审稿增加了遗产管理人制度。这是编纂民法典继承编的最大亮点。考虑到改革开放以来人民群众私有财产大幅增加，为妥善管理、顺利分割遗产，更好保护相关当事人利益，《民法典》继承编草案一审稿借鉴破产管理人制度，增设遗产管理人制度。犹如企业法人破产清算是企业法人退出市场的终止一样，自然人的死亡则是自然人生命的终结，事殊理同，皆需料理后事及时清理遗产。《民法典》继承编草案一审稿同时完善了遗赠抚养制度以及税款和债务清偿规则，还增加了打印、录像等遗嘱形式。

2019年6月25日《民法典》继承编草案二审稿提交第十三届全国人大常委会第十一次会议审议，全国人大宪法和法律委员会作关于《民法典》继承编草案修改情况的汇报。草案二审稿进一步完善了继承人宽恕制度、亲属的定义、危急情况下口头遗嘱、遗产管理人制度等规定。这些规定有利于保护自然人的继承权，对满足人民群众处理遗产的现实需要，促进家庭和睦，在我国进入老年人社会的情况下推进老龄事业和产业发展，具有积极的意义。

具体来说，《民法典》继承编草案二审稿，主要完善了如下内容：

一是规定村委会可担任特定遗产管理人。草案二审稿规定，没有继承人或者继承人均放弃继承的，由被继承人生前住所地的民政部门或者村民委员会担任遗产管理人。

---

① 《从亲子关系诉讼到遗产管理人制度，民法典草案完善这些婚姻继承重要规定！》，载新华网：www. xinhuanet. com/legal/2019－06/25/c. 1124670178. htm，最后访问日期：2020年11月2日。

二是对遗产管理人的职责予以完善，增加规定遗产管理人应当向继承人报告遗产情况，采取必要措施防止遗产毁损，以及实施与管理遗产有关的其他必要行为等。村委会作为基层群众性自治组织，根据《民法典》的规定具有特别法人资格，因此可以担任遗产管理人，发挥应有作用。遗产管理人必须履行义务、受到监督，其因故意或者重大过失造成继承人、受遗赠人、债权人损失的，应当承担民事责任。

三是严格限定宽恕条件。草案一审稿规定，对继承人遗弃被继承人、伪造或者篡改遗嘱等行为，被继承人表示宽恕或者事后在遗嘱中明确将其列为继承人的，该继承人不丧失继承权。立法过程中有人提出，应当进一步严格限定条件，与最高人民法院有关遗嘱继承司法解释相衔接，强调对确有悔改表现的继承人，才能予以宽恕。宪法和法律委员会采纳了这一建议，将草案二审稿修改为：继承人有遗弃被继承人、伪造或者篡改遗嘱等行为，确有悔改表现的，才能予以宽恕，不丧失继承权。

四是明晰法定继承人的概念。为了明确界定属于法定继承人范围的父母、子女和兄弟姐妹的概念，《民法典》继承编草案二审稿对《继承法》中的相关规定予以保留，对相关概念进行了明确界定，相比一审稿增加了 3 款规定："本编所称子女，包括婚生子女、非婚生子女、养子女和有扶养关系的继子女。""本编所称父母，包括生父母、养父母和有扶养关系的继父母。""本编所称兄弟姐妹，包括同父母的兄弟姐妹、同父异母或者同母异父的兄弟姐妹、养兄弟姐妹、有扶养关系的继兄弟姐妹。"将原来法律的规定吸收进来，体现立法的整体性、稳定性和连续性。无论婚生子女、非婚生子女、养子女、继子女，法律都一视同仁，其享有的权利与承担的义务相一致。

五是在口头遗嘱方面，草案二审稿规定，遗嘱人危急情况下可以立口头遗嘱。危急情况解除后，遗嘱人能够用书面或者录音录像形式立遗嘱的，所立的口头遗嘱无效。相比一审稿，删除了"所立的口头遗嘱经过三个月无效"的期限规定。一审稿中关于 3 个月期限的起算点不明确，且口头遗嘱仅在危急情况下才适用，危急情况消除后，遗嘱人已能够用其他形式立遗嘱，所立口头遗嘱即应无效，不必规定 3 个月的期限。①

在立法过程中，还有人建议扩大法定继承人的范围，调整法定继承人两个顺序为 3 个顺序等，因其理由不足未被采纳，立法机关维持了《继承法》的规定。

继承制度是关于自然人死亡后财富传承的基本制度。随着我国经济社会迅速发展、人口平均寿命不断提高、个人财产和可继承遗产显著增加，不仅体现在财产数量和价值上，还表现为财产形式的多样化、民事主体诉求的多元化，人民法院受理的继承纠纷案件数量和标的额大幅上升，《继承法》的有些规定已不能完全满足社会现实需要和司法实践需要。《民法典》继承编的修改坚持解放思想、与时俱进，坚持科学立法、问题导向，以宪法为根据，充分尊重个人合法财产权益，保护自然人的继承权，总结司法实践经验，建立起了与中国特色社会主义市场经济和社会发展相匹配的、更加细致完备的继承法律制度，必将为相关民事主体的继承权提供更全面有力的法律保护，为各级人民法院审理继承纠纷案件提供更明确充分的法律依据。

---

① 《村委会可以担任遗产管理人》，载《人民日报》2019 年 6 月 26 日。

第二章　一般规定

专题一　遗产范围如何确定

《继承法》对于遗产范围采用定义加列举式规定,《民法典》继承编对于遗产范围采用总括式规定,即自然人死亡时遗留的个人合法财产。依照法律规定或者根据其性质不得继承的遗产,不得继承。法律规定的个人合法财产包括财产权益,有种误解认为,所有财产权益都要转换成现金,这显然是错误的。基于国家经济发展快速,财产权益类型多种多样,法律条文无法全面覆盖,故遗产范围的确定成为继承纠纷案件的审理难点。

一、没有权属证明的房产能否列入遗产范围予以继承

没有取得产权证的城市平房和农村住宅能否作为遗产,一种观点认为,作为遗产的城市平房未经审批翻建、改建、扩建,没有取得产权证或者无法办理新产权证的,继承人要求继承该房屋及分割使用的,人民法院应予支持。但人民法院应在判决中明确,该判决不作为拆迁补偿依据;并明确对于该房屋是否属于违章建筑、能否取得房产证,应由相关行政主管部门依相关规定确定。[①] 另一种观点认为,遗产是公民死亡时遗留的个人合法财产,房产无产权证,无法依据权属登记确认被继承人享有所有权,不应列入遗产范围,不能继承。

本书认为,这部分房屋是不具有完全合法性的财产,应当从有利于财产管理,有利于维护当事人合法权益,有利于定分止争的角度进行处理。虽然房产没有经过行政管理部门的权属确认并颁发产权证,但房产毕竟存在且有一定价值,房产上也附有相应权利义务,所以可以分配给继承人管理并严格控制使用功能和范围;同时,继承人应严格依据法律规定行使权利或承担相应义务,特别是禁止对房屋行使处分权。当然,参照继承的规则分配房产给继承人管理并严格控制使用,并不是超越行政管理部门赋予合法所有权,仅是对现有房屋的管理责任进行分配,符合物尽其用原则,不具有确权性质。

二、非营利法人的财产权益应否列入遗产范围予以继承

《民法典》第87条规定,"为公益目的或者其他非营利目的成立,不向出资人、设立人或者会员分配所取得利润的法人,为非营利法人。非营利法人包括事业单位、社会团体、基金会、社会服务机

---

① 北京市高级人民法院《关于审理继承纠纷案件若干疑难问题的解答》第11条。

构等”。第95条规定,“为公益目的成立的非营利法人终止时,不得向出资人、设立人或者会员分配剩余财产。剩余财产应当按照法人章程的规定或者权力机构的决议用于公益目的;无法按照法人章程的规定或者权力机构的决议处理的,由主管机关主持转给宗旨相同或者相近的法人,并向社会公告”。根据以上规定,非营利法人存续期间不能分配利润,但非营利法人终止时的剩余财产并非一律不得分配,应区别对待。

(一)非营利法人设立宗旨分为公益目的、其他非营利目的两类

以公益为目的非营利法人的剩余财产必须用于公益,不能分配给出资人或设立人、会员,所以出资人或设立人、会员对于以公益为目的设立的法人没有财产权益,无法列入个人遗产范围继承分配。民政部《民办非企业单位登记暂行办法》第6条也明确规定,民办非企业单位须在其章程草案或合伙协议中载明该单位的盈利不得分配,解体时财产不得私分。据此,民办非企业单位是从事非营利性社会服务活动的社会组织,不以营利为目的,可以开展一定形式的经营性业务而获得收入,但不能作为利润向出资者或者组织成员进行分配,而是作为民办非企业单位的合法财产,不因出资者或组织成员的死亡或者变更而改变。

(二)《民法典》没有禁止以其他非营利目的设立法人的剩余财产向出资人、设立人及会员进行分配

法人清算后的剩余财产,应根据法人章程或法人权力机构决议处理,如果法人章程或决议未禁止分配剩余财产的,则可以列入出资人、设立人或会员的个人遗产进行分配。

三、农村宅基地使用权拆迁补偿能否列入遗产范围予以继承

农村宅基地使用权拆迁补偿的继承问题,在实践中处理方式多种。一种观点认为,不应列入遗产范围,依据《物权法》《土地管理法》的规定,农村村民一户只能拥有一处宅基地,由农村集体经济组织无偿提供给本集体成员享有,具有人身依附性,宅基地使用权不能继承,决定了宅基地使用权拆迁所得补偿利益也不能继承,只有宅基地上的房屋及房屋的拆迁补偿属于合法遗产,可以继承;[①]另一种观点认为,应列入遗产范围,根据《物权法》的规定,宅基地使用权人对集体所有的宅基地依法享有占有和使用的权利,有权利用该土地建造住宅及其附属设施。法律肯定了农民宅基地及其房屋的财产利益,虽然宅基地使用权不能作为遗产继承,但宅基地使用权的征收补偿属于自然人合法财产,可以作为遗产继承。[②]

《民法典》第362条规定:“宅基地使用权人依法对集体所有的土地享有占有和使用的权利,有权依法利用该土地建造住宅及其附属设施。”该规定肯定了农村宅基地使用权及房屋的所有权具有福利性和无期限性。虽然宅基地所有权主体为农村集体经济组织,但是使用权主体为农户,所以因宅基地被征收而获得的补偿款应适当补偿给宅基地使用权人农户,所以该补偿款属于合法财产,可以作为遗产进行继承。

---

① 参见河北省高级人民法院(2017)冀民再225号民事判决书。

② 参见山东省青岛市中级人民法院(2020)鲁02民终572号民事判决书。

四、土地承包经营权及相应补偿收益能否列入遗产范围

一种观点认为,不应列入遗产范围,[①]《土地管理法实施条例》第26条规定:土地补偿费归农村集体经济组织所有;地上附着物及青苗补偿费归地上附着物及青苗的所有者所有。最高人民法院《关于审理涉及农村土地承包纠纷案件适用法律问题的解释》规定,农村集体经济组织或者村民委员会、村民小组可以依照法律规定的民主议定程序,决定在本集体经济组织内部分配已经收到的土地补偿费。据此,土地补偿费是国家征用集体所有的土地而对集体经济组织丧失土地所有权的补偿,属于集体经济组织的财产而不是承包人的承包收益,集体经济组织分配土地补偿费及其他收益的对象是农户而不是个人,所以不能作为遗产继承。

另一种观点认为,应列入遗产范围,国家实行农村土地承包经营制度,采取农村集体经济组织内部的家庭承包方式,故承包经营土地补偿收益应归相应的农户所有,即农户家庭财产,可以分割出相应份额作为遗产进行继承。

《农村土地承包法》第15条、第16条规定,家庭承包的承包方是本集体经济组织的农户,承包方权利包含承包地被依法征收、征用、占用的,有权依法获得相应的补偿。土地补偿费是国家征用集体所有的土地而对集体经济组织丧失土地所有权的补偿,应由集体经济组织按照法律规定进行内部分配给承包户,家庭承包户有权获得相应补偿,家庭内部的家庭成员均有权获得分配补偿,家庭成员获利的土地补偿费可以作为遗产继承分配。

农村土地承包经营权不发生继承的问题。家庭承包是以农户为单位而不是以个人为单位,承包经营权不属于个人财产,承包户成员之一死亡,由其他承包经营户成员继续享有承包经营权,不能因此发生继承问题。如果承包户成员之一死亡后,其他成员均为集体经济组织以外的成员,属于《农村土地承包法》第26条规定的承包方全家迁入设区的市,转为非农业户口的,发包方集体经济组织可以收回承包地,承包经营权消灭,当然不能作为被继承人的个人财产进行继承分配。但是,依照《农村土地承包法》第16条、第32条和第54条的规定,农村承包土地的财产权益、土地承包经营收益可以作为遗产继承。

---

① 参见云南省高级人民法院(2016)云民再15号民事判决书。

第三章　法定继承

专题一　继承主体的确定

《民法典》规定,继承权男女平等,同时规定了继承人的范围,但在审判实践中如何认定继承人身份及范围是继承纠纷案件的审理难点。

一、人民法院应主动调查继承人范围

继承人作为原告提起诉讼,经常有意无意漏列其他继承人,尤其是女性继承人为当事人,忽略女性继承人的继承权利,被继承人户口簿上又不记载子女信息。在案件审理过程中,有初步证据表明可能有其他未参加诉讼的继承人存在,人民法院应依职权调查核实,可以确认有其他继承人的,人民法院应依法追加为当事人。虽然增加了法院审理难度,但减轻当事人诉累,能够彻底解决纠纷。

二、人民法院应综合认定有扶养关系的继子女

有扶养关系的继子女应理解为继父母抚养的未成年继子女和赡养继父母的成年继子女,在审判实践中对于是否存在抚养关系、赡养关系难以界定,当事人举证多为证人证言,且证言内容经常反复或自相矛盾,其他继承人通常也不认可证言的证明效力,人民法院在判断是否存在抚养关系或赡养关系时,应依抚养或赡养时间的长期性、经济与精神扶助的客观存在、家庭身份融合性等因素综合判断。

继子女继承了继父母遗产的,不影响其继承生父母的遗产,养子女不能继承生父母的遗产,对生父母扶养较多的,可以作为法定继承人以外的人适当分得生父母的遗产份额。

三、人民法院依法认定夫妻关系

假离婚后的配偶不能作为法定继承人。双方离婚后仍然共同居住生活,双方从办理离婚之日起,已经没有夫妻关系,因未按《婚姻登记条例》的规定进行登记结婚,双方属于同居关系,并不构成婚姻关系,不能以配偶身份继承遗产。

第四章 遗嘱继承和遗赠

专题一 打印遗嘱

一、打印遗嘱的确立

遗嘱是遗嘱人生前在法律允许的范围内,按照法律规定的方式处分其个人财产或者处理其他事务,并在其死亡时发生效力的单方法律行为。基于遗嘱的死因性质及其所涉内容的重大等方面的考虑,遗嘱乃要式法律行为,未能符合法定形式者,无效。[①] 我国1985年颁布实施的《继承法》第17条规定:“公证遗嘱由遗嘱人经公证机关办理。自书遗嘱由遗嘱人亲笔书写,签名,注明年、月、日。代书遗嘱应当有两个以上见证人在场见证,由其中一人代书,注明年、月、日,并由代书人、其他见证人和遗嘱人签名。以录音形式立的遗嘱,应当有两个以上见证人在场见证。遗嘱人在危急情况下,可以立口头遗嘱。口头遗嘱应当有两个以上见证人在场见证。危急情况解除后,遗嘱人能够用书面或者录音形式立遗嘱的,所立的口头遗嘱无效。”通过明确列举的方式,《继承法》确定了5种法定形式的遗嘱,即公证遗嘱、自书遗嘱、代书遗嘱、录音遗嘱、口头遗嘱,并对不同形式遗嘱的形式要件作了具体规定。《继承法意见》第35条规定:“继承法实施前订立的,形式上稍有欠缺的遗嘱,如内容合法,又有充分证据证明确为遗嘱人真实意思表示的,可以认定遗嘱有效。”由此反面解释,《继承法》实施之后,不符合5种法定形式的遗嘱,即属无效,不能发生遗嘱效力。

《继承法》出台时,用笔书写是普通民众制作文书的主要方式,计算机和打印机尚未普及,对以文字作成的遗嘱仅规定了自书遗嘱和代书遗嘱,与当时社会发展的实际情况相适应。随着科学技术的进步和经济社会的发展,电脑、手机、打印机等电子设备越来越普及,电子打印系统逐渐成为大多数人生活中重要的文书制作工具,在实践中出现了许多以打印方式形成的遗嘱,遗嘱人通过自己或他人在电子设备中录入遗嘱内容,并用打印机打印出来作成遗嘱的现象屡见不鲜。近年来,因打印遗嘱产生的纠纷逐渐增多,在实践中对打印遗嘱的性质效力也存在不同的看法。概括而言,大致有以下几种观点:第一种观点认为,根据《继承法意见》第40条的规定,公民在遗书中涉及死后个人财产处分的内容,确为死者真实意思表示,有本人的签名并注明了年、月、日,又无相反证据的,可按自书遗嘱对待。参照这一规定,打印遗嘱也可以按照自书遗嘱对待。[②] 第二种观点认为,打印遗嘱与自书遗嘱的最大区别是其主文内容由机器打印而成,难以直接判断遗嘱为被继承人亲自书写还

---

① 江平主编:《民法学》,中国政法大学出版社2011年版,第747页。

② 梁芬、刘文革:《打印遗嘱效力探究》,载《人民司法》2010年第11期。

是他人代书,如果打印遗嘱是遗嘱人亲自操作电脑打印、签名并注明年、月、日的,则应当按照自书遗嘱予以认定;如果遗嘱人请他人打印制作遗嘱,遗嘱人在打印遗嘱上签名,注明年、月、日,并由打印人、见证人和遗嘱人共同签名的,则应当按照代书遗嘱进行认定。[①] 第三种观点认为,打印遗嘱既不是自书遗嘱,也不是代书遗嘱,应作无效认定,因为打印遗嘱既不符合"亲笔书写"的自书遗嘱要求,也不符合代书遗嘱的要求,不属于其中任何一种形式。第四种观点认为,打印遗嘱应作为一种独立的遗嘱类型而有效,电脑打印也是一种书写、记载方式,既然打印遗嘱不属于《继承法》规定的5种遗嘱类型中的任何一种,但《继承法》并未规定打印遗嘱应确认无效,故只要打印遗嘱是遗嘱人的真实意思表示,理当有效。

从上述不同观点可以看出,多数意见倾向缓和打印遗嘱大量出现的事实与《继承法》并未将打印遗嘱作为法定形式的遗嘱之间的矛盾,在有充分证据证明的情况下,采取扩张解释的方法,尝试突破《继承法》关于遗嘱形式的严格规定,有条件地将打印遗嘱解释为自书遗嘱或者代书遗嘱,进而认定遗嘱成立并认可其法律效力,以充分尊重遗嘱人的遗嘱自由。但是,尽管从理论上来说承认打印遗嘱的效力有利于尊重遗嘱人的遗嘱自由,但对成文法国家来说,在立法有限列举遗嘱的法定形式且并未将打印遗嘱纳入法定遗嘱形式范畴的情形下,在实践中对打印遗嘱的法律效力予以确认在一定程度上会影响立法权威,且由于各地法院对打印遗嘱效力性质的认定标准不一,出现"同案不同判"的问题在一定程度上损害了司法公信力。因此,如何对实践中存在的这一矛盾进行回应成为现实而紧迫的问题之一。

在民法典编纂过程中,注意到打印遗嘱大量出现及在实践中对打印遗嘱性质效力争论激烈的现实。经过研究论证,《民法典》第1136条规定:"打印遗嘱应当有两个以上见证人在场见证。遗嘱人和见证人应当在遗嘱每一页签名,注明年、月、日。"自此,关于打印遗嘱性质效力的争论将会告一段落,民法典将打印遗嘱作为一种新类型的遗嘱吸收为法定形式的遗嘱之一,使遗嘱形式的立法与当今社会生活的现实状况和科技发展的实际水平相适应,具有创新性和先进性。

二、打印遗嘱的形式要件

根据《民法典》第1136条的规定,打印遗嘱应当有两个以上见证人在场见证,遗嘱人和见证人应当在遗嘱每一页签名,注明年、月、日。从上述规定可以看出,有效打印遗嘱在形式上至少应具备以下两个要件:第一,有两个以上的现场见证人。第二,遗嘱人和见证人在遗嘱的每一页签名,注明年、月、日。与自书遗嘱和代书遗嘱相比,打印遗嘱有其自身特点。一般而言,每个人的书写笔迹并不相同,且不易被轻易模仿或伪造,通过笔迹鉴定即可在最大限度内判断遗嘱是否为遗嘱人或代书人所写,进而判断遗嘱内容的真实性,且通过手书形成的遗嘱不容易被篡改,而打印遗嘱是通过电脑排版、机器打印形成,非常易于被伪造和篡改。因此,《民法典》对打印遗嘱的形式作出了比自书遗嘱、代书遗嘱更严格的规定,自书遗嘱不需要见证人在场见证,只需由遗嘱人亲笔书写,签名,并注明年、月、日即可;代书遗嘱需要两个以上见证人在场见证,由其中一人代书,并由遗嘱人、代书人和其他见证人签名,注明年、月、日;打印遗嘱需要两名以上见证人在场见证,并由遗嘱人和

---

① 张萱、陶海荣:《打印遗嘱的法律性质和效力》,载《法学》2007年第9期。

见证人在遗嘱每一页都签名并注明年、月、日。《民法典》对打印遗嘱的形式要件作出更严格的规定，除要求有两名以上见证人在场见证外，还要求遗嘱人和见证人在打印遗嘱的每一页都签名并注明年、月、日，其目的是保证打印遗嘱的内容为遗嘱人详细知悉，打印遗嘱的内容是遗嘱人的真实意思表示，同时防止打印遗嘱被伪造或篡改，从而确保遗嘱人的财产按照其自由意志得以处分。

三、在实践中应当注意的问题

遗嘱的核心要件是遗嘱人自由处分权行使的合法性与遗嘱内容的真实性，形式要件的功能是确保遗嘱人意思表示真实的一种重要方法手段，对遗嘱形式予以明确规定的立法本意在于充分保证遗嘱真实，以维护遗嘱自由原则。最高人民法院在《关于代书遗嘱虽不符合法定形式要件但确系遗嘱人真实意思表示能否认定有效问题的答复中》曾明确指出："根据《中华人民共和国继承法》以及《最高人民法院关于贯彻执行〈中华人民共和国继承法〉若干问题的意见》的有关规定，不符合法定形式要件的代书遗嘱不宜认定为有效。"参照这一观点，在《民法典》已经将打印遗嘱吸收为一种法定遗嘱形式的情形下，有必要对《民法典》关于打印遗嘱法定形式要件的要求从严掌握，对不符合法定形式要件的打印遗嘱，也不宜认定为有效。

第一，关于打印遗嘱的编写打印。在实践中，打印遗嘱的打印可能有以下几种情形：一是由遗嘱人自己亲自操作电子设备编写遗嘱内容形成打印遗嘱；二是由见证人使用电子设备编写遗嘱内容形成打印遗嘱；三是由遗嘱人、见证人以外的他人使用电子设备编写遗嘱内容形成打印遗嘱。在上述 3 种情形中，操作电子设备编写遗嘱的人与操作电子设备打印遗嘱的人可能是同一人，也可能是不同的人。从《民法典》第 1136 条的规定来看，并未对打印遗嘱的编写打印主体进行特别的限定，与自书遗嘱要求由遗嘱人亲笔书写，代书遗嘱由同时作为见证人之一的代书人代为书写的规定有所不同。但毫无疑问的是，虽然《民法典》对打印遗嘱的编写打印主体没有进行明确限定，在编写打印遗嘱的过程中，无论编写打印遗嘱的主体是谁，都应当是根据遗嘱人的真实意思表示对遗嘱内容进行编写打印，而不是根据任何其他人的意思表示对遗嘱内容进行编写打印。

第二，关于打印遗嘱的见证。《民法典》第 1135 条的规定沿袭了继承法关于代书遗嘱的规定，要求"代书遗嘱应当有两个以上见证人在场见证"。相应地，《民法典》第 1136 条规定，"打印遗嘱应当有两个以上见证人在场见证"。从上述两个条文的规定来看，《民法典》对代书遗嘱和打印遗嘱的见证要件采取了相同的表达方式，没有任何区别，即"应当有两个以上见证人在场见证"。因此，打印遗嘱"应当有两名以上见证人在场见证"的含义应当与代书遗嘱"应当有两名见证人在场见证"的含义一致。无论是代书遗嘱还是打印遗嘱，遗嘱人在订立遗嘱的过程中，见证人必须自始至终在现场见证整个遗嘱订立的过程，其标准应当是时间、空间的高度一致性。见证人在遗嘱订立的过程中中途加入见证，或者在订立过程中临时走开，并未见证整个过程，事后回到现场签字，又或者见证人自身并未见证，仅是事后听闻后在遗嘱上签字以凑齐法定人数等情形，都可能导致见证人无法了解遗嘱内容是否被继承人的真实意思表示，进而导致遗嘱无效。因此，打印遗嘱的见证人必须亲自在场见证打印遗嘱的编写、打印、签字过程，且见证人的人数为两人以上。此外，根据《民法典》第 1140 条的规定，有三类人员不能作为遗嘱的见证人：一是无民事行为能力人、限制民事行为能力人以及其他不具有见证能力的人；二是继承人、受遗赠人；三是与继承人、受遗赠人有利害关系的人。

第三，关于打印遗嘱的签名。与自书遗嘱和代书遗嘱的签名不同，《民法典》第 1136 条对打印遗嘱的签名作了更严格的规定，不是简单要求遗嘱人、见证人在遗嘱上签名，并注明年、月、日，而是要求遗嘱人、见证人在遗嘱的每一页都签名、并注明年、月、日。因为打印遗嘱通过电子设备编辑打印形成，易于复制，在不留痕迹的情况下对其中部分页面的内容进行篡改也较容易，要求遗嘱人、见证人在每一页都签上名字，并注明年、月、日可以有效防止遗嘱部分页面内容被篡改。同时，区别打印遗嘱与自书遗嘱的最大难度在于笔迹鉴定，遗嘱人立遗嘱时是否受到胁迫、是否神志清楚，其死后很难确认，由于遗嘱人、见证人要在打印遗嘱的每一页都签名，并注明年、月、日，有利于通过多次签字的情况来鉴别遗嘱人在订立打印遗嘱时是否处于受胁迫状态，神志是否清醒，也有利于保证遗嘱人、见证人认真核对打印遗嘱每一页的内容，确保打印出来的每一页内容都是遗嘱人真实的意思表示，进而将订立遗嘱是遗嘱人的真实意思表示固定下来。因此，对于打印遗嘱中遗嘱人、见证人签字不符合法定形式要求的部分，不宜认定其法律效力。

此外，在司法实践中，除严格审查法律规定的形式要件外，还要将法律规定的形式要件和证据的证明效力相结合，对打印遗嘱的真实性及其效力进行综合判断，注意以下几个问题：第一，来源审查。证据的来源不是独立的证据种类，但是证据的来源可以借助当事人陈述、证人证言、勘验笔录等形式转化为证据。对打印遗嘱来说，证据的来源显得尤为重要。一般来说，从遗嘱人身边或居住地发现的打印遗嘱在证据效力上要高于非遗嘱人所持有的遗嘱，无利害关系人持有的打印遗嘱在效力上要高于继承人持有的遗嘱。打印遗嘱的来源存在越多的疑问，其证明效力就越低。第二，形式审查。虽然打印遗嘱的主要内容是采用电脑打字的方式书写，遗嘱人、见证人都要在打印好的遗嘱上每一页亲笔签上自己的姓名和日期。因此，对打印遗嘱的形式审查同样是必不可少的环节。只有形式完整、意思表示明确、具有立嘱人和见证人真实落款签名的打印遗嘱才能具有遗嘱的效力。第三，内容审查。在通常情况下，遗嘱包含了遗嘱人对重大财产的处分意思。由于打印遗嘱更容易被变造和伪造，如果有证据证明打印遗嘱所记载的意思表示与遗嘱人生前的意思表示或者具体行为存在明显出入，打印遗嘱的证明效力就会因为出现相反事实而降低。第四，辅助证据审查。对于自书遗嘱来说，由于当事人可以对遗嘱的行文、笔迹等方面进行鉴别，可以最大限度地降低遗嘱被伪造和篡改的可能性。打印遗嘱因遗嘱人亲笔书写的痕迹较少，在技术高度发达的今天，不能完全排除利害关系人利用遗嘱人在其他文件中的签名伪造遗嘱的可能性。因此，凡是可以印证或否定打印遗嘱的内容为遗嘱人真实意思表示的信件、邮件、手稿、录音以及证人证言等证据，均可以作为辅助证据予以使用。

专题二　录像遗嘱

一、录像遗嘱的确立

与打印遗嘱的情形类似，在《继承法》制定之时，以录像方式作成遗嘱的情况十分少见。因此，我国《继承法》并未规定录像遗嘱作为一种法定形式的遗嘱，而是仅在《继承法》第17条规定，以录音形式立的遗嘱，应当有两个以上见证人在场见证。但是，尽管我国在实体法上并未将录像遗嘱作为法定遗嘱形式予以确定，理论上一般认为，录音遗嘱不过是将遗嘱人的声音予以记录，其可伪造性理应高于既记录声音又记录图像的录像遗嘱，“举重以明轻”，《继承法》虽未明确许可录像遗嘱的适格性，但当以肯定为宜。①

随着科学技术的进步和经济社会的发展，录像设备越来越普及，使用越来越方便，通过录像的方式作成遗嘱的情况也越来越常见，因此引发的矛盾纠纷也逐渐增多，在司法实践中也采取了比较灵活的方式进行处理。例如，在严某与李某遗嘱继承纠纷案中，法院认为，我国《继承法》规定的遗嘱形式中没有录像遗嘱，只规定了录音遗嘱。因录像是视听资料，属于法定证据范畴，除声音外还有画面，对订立遗嘱的环境、场面、被继承人的精神状态、身体状况等记录得更全面客观，故应当认定录像遗嘱的效力。对于录像遗嘱的认定，录像遗嘱除在声音方面能够完整反映遗嘱内容外，其他方面虽优于录音遗嘱，但考虑录像遗嘱作为视听资料易于被复制、剪接、伪造等不利因素，故应当比照录音遗嘱的规定，制作录像遗嘱时还应当有两个以上见证人在场见证，以保证录像遗嘱的真实客观性。② 在王某甲、王某乙与王某丙等继承纠纷案中，法院认为，《继承法》中并未规定视频录像遗嘱，在该案中视频录像遗嘱能否认定为遗嘱应当比照录音遗嘱的形式要件进行审查，录音遗嘱必须有两个以上见证人在场见证，见证人应当具有完全民事行为能力，并且与遗嘱没有利害关系。遗嘱见证人应当把自己的姓名、年龄、职业工作单位等事项一并录制，询问该遗嘱是否是立遗嘱人真实意思表示，须得到肯定回答，并对录制情况作出说明。③ 在陈某与陈某甲、陈某乙等遗嘱继承纠纷案中，法院认为，我国《继承法》第17条规定了5种遗嘱类型，并对其生效要件有明确规定。鉴于立法时代背景所限，继承法并未规定录像遗嘱，但相较5类遗嘱之一的录音遗嘱，录像遗嘱更能体现出订立遗嘱时的场景、遗嘱人的身体及精神状况、见证人具体情况等影响遗嘱效力的主客观因素，故录像遗嘱可适用继承法关于录音遗嘱的规定。依法定程序订立，且是遗嘱人真实意思表示的录像遗嘱，应认定为合法有效的遗嘱，并可作为处分被继承人遗产的依据。④ 在实践中诸如此类的案件

---

① 江平主编：《民法学》，中国政法大学出版社2011年版，第748页。

② 参见(2016)京01民终6269号判决。

③ 参见(2019)辽0213民初1982号判决。

④ 参见(2016)沪民终7448号判决。

有很多,在绝大多数案件中,法院都认为我国法律虽然未规定录像遗嘱的形式,但与最类似的录音遗嘱相比,录像遗嘱在具有声音的同时还拥有画面,更有利于还原订立遗嘱之时的真实情况。因此,可以比照录音遗嘱的相关规定进行审查认定录像遗嘱的效力,进一步作为处分遗嘱人遗产的依据。因此,《民法典》在沿袭《继承法》关于录音遗嘱的规定基础上,将录音录像遗嘱作为法定形式的遗嘱之一。

二、录像遗嘱的形式要件

《民法典》第1137条规定:"以录音录像形式立的遗嘱,应当有两个以上见证人在场见证。遗嘱人和见证人应当在录音录像中记录其姓名或者肖像,以及年、月、日。"从中可以推出有效的录音录像遗嘱至少需要满足以下两个条件:第一,在订立录音录像遗嘱的过程中,应当有两个以上见证人在场见证;第二,遗嘱人和见证人应当在录音录像遗嘱中记录其姓名或肖像,以及年、月、日。与《继承法》第17条相比,《民法典》第1137条对录音录像遗嘱的形式要件规定得更加详细,不仅要求录音录像遗嘱要有两个以上见证人在场见证,还要求遗嘱人和见证人应当在录音录像遗嘱中记录其姓名或肖像,以及年、月、日。这样规定有利于进一步规范遗嘱人、见证人在订立录音录像遗嘱时的行为,以确保录音录像遗嘱的真实性。

三、在实践中应当注意的问题

随着录像设备越来越常见,使用也越来越方便,可以预见在民法典将录像遗嘱明确规定为一种法定形式的遗嘱之后,采取录像形式订立遗嘱的情形会越来越多。在司法实践中对有关录像遗嘱的继承纠纷,应当注意以下几个问题。

第一,关于录像遗嘱的真实性。如今录像设备越来越丰富,使用也越来越方便,通过录像可以全面记录遗嘱人订立遗嘱时的声音及画面,以还原订立遗嘱时的真实情况。但同样不容忽视的是,各种电脑软件、手机软件也可以轻易实现对音视频的编辑、剪接,录像遗嘱存在易于被剪接、拼接的缺点。因此,在因录像遗嘱引起的继承纠纷中,应当注重审查录像遗嘱中录像是否连续稳定,声音与画面是否同步等细节。如果录像遗嘱存在被剪接、剪辑、画面前后连接不紧密、内容被篡改等情况,则应当被认定为无效遗嘱。

第二,关于录像遗嘱的形式。遗嘱是遗嘱人对其财产的终意处分,且在其死后才得以执行,因此,为了确保其真实性和严肃性,法律有必要对遗嘱设以严格的形式要求,以最大限度防止他人伪造、篡改遗嘱内容。在录音录像遗嘱中,必须要有两个以上见证人在场见证,遗嘱人单独录制,没有见证人见证的录音录像遗嘱应当无效;虽有见证人在场见证,但未记录见证人姓名或者肖像,以及年、月、日的录音录像遗嘱应当无效。《民法典》对录音录像遗嘱形式要件的要求,对遗嘱人来说要求并不算苛刻,必须严格执行。如果在录音录像遗嘱中缺少这一必要的形式要件,那么录音录像遗嘱能否反映遗嘱人的真实意图就值得怀疑,遗嘱的真实性和客观性就不容易得到保证,因此,有必要对录音录像遗嘱的形式要件予以严格审查,以保证其真实性。此外,实践中还必须注意审查几类特殊主体不能作为遗嘱见证人。《民法典》第1140条规定:"下列人员不能作为遗嘱见证人:

(一)无行为能力人、限制行为能力人以及其他不具有见证能力的人;(二)继承人、受遗赠人;(三)与继承人、受遗赠人有利害关系的人。”这一规定,对于保证遗嘱能够顺利实施,有重要意义,无行为能力人和限制行为能力人及其他不具有见证能力的人,因为没有正常的、健全的认识能力和判断能力,有的甚至神志不清,不能区分真伪,明辨是非,不能领会遗嘱人的真实意思,根本不能起到见证作用,因此不能作为遗嘱见证人。继承人、受遗赠人本身是遗嘱的当事人,遗嘱关系他们的切身利益,为了避免发生直接的利害冲突,影响当事人之间的团结,扰乱遗嘱的正常进行,所以也规定不让他们做见证人。同样,与继承人、受遗赠人有利害关系的人,做遗嘱见证人也很不合适,对遗嘱的保密、执行都是很不利的,因此他们也不能作为遗嘱见证人。

第三,关于录像遗嘱的内容。一般而言,在录像遗嘱中应当由遗嘱人亲自口述遗嘱内容。在对录像遗嘱进行审查时,应当注意通过录像遗嘱所记载的声音、画面等来判断遗嘱人立遗嘱时的年龄、精神状态、身体状况以及录像中遗嘱人表达的意思是否清楚等情况,进而确定录像遗嘱是否表达了遗嘱人处分自己财产的真实意思表示。

专题三　遗嘱的撤回、变更

一、遗嘱的撤回、变更概述

遗嘱是遗嘱人处分其个人财产的行为,遗嘱只有在遗嘱人死亡后才会发生效力。因此,订立遗嘱后,遗嘱人认为遗嘱不当或有错误,或者改变主意的,遗嘱人在死亡之前均可以撤回或变更原来订立的遗嘱,这也是遗嘱自由原则的具体体现。《民法典》第1142条规定:“遗嘱人可以撤回、变更自己所立的遗嘱。立遗嘱后,遗嘱人实施与遗嘱内容相反的民事法律行为的,视为对遗嘱相关内容的撤回。立有数份遗嘱,内容相抵触的,以最后的遗嘱为准。”相较于《继承法》,《民法典》继承编对遗嘱的撤回或变更的相关规定作了较大改变。

一是《民法典》将《继承法》中“遗嘱人可以撤销、变更自己所立的遗嘱”修改为“遗嘱人可以撤回、变更自己所立的遗嘱”。“撤销”与“撤回”虽仅有一字之差,但意思截然不同。严格来说,“撤销”一般针对已生效的法律行为,使已经生效的法律行为自始失去效力;“撤回”一般针对尚未生效的意思表示,使其不再发生法律效力。遗嘱是遗嘱人生前对其财产进行处分的意思表示,在遗嘱人死亡之后才生效。因此,遗嘱生效即意味着遗嘱人已经死亡,在遗嘱生效之后也就不存在遗嘱人撤销遗嘱的可能,仅在遗嘱生效之前,遗嘱人得随时撤回遗嘱。《民法典》继承编中将《继承法》中的“撤销”修改为“撤回”,含义表达更准确。

二是《民法典》继承编吸收了《继承法意见》第39条的规定,在立法中明确“立遗嘱后,遗嘱人实施与遗嘱内容相反的民事法律行为的,视为对遗嘱相关内容的撤回”。与订立遗嘱一样,变更或撤回遗嘱也是遗嘱人自由处分自己财产的一种权利。遗嘱虽然是由遗嘱人生前设立的,但在死亡时才能发生效力。在遗嘱人去世之前,遗嘱人并不受尚未生效遗嘱的拘束,其意思表示可能随时发生变化,可以随时按照自己的想法处分自己的财产。如果遗嘱人在事实上实施了处分所立遗嘱中涉及的财产等与遗嘱内容相反的民事法律行为,这部分财产在发生遗嘱继承时就不可能再被当作遗产进行处分。因此,遗嘱人实施与遗嘱内容相反的民事法律行为的,应当视为对遗嘱相关内容的撤回。

三是《民法典》继承编中删去了《继承法》关于公证遗嘱效力优先的规定。根据《继承法》第20条的规定,自书、代书、录音、口头遗嘱不得撤销、变更公证遗嘱。但是,经过多年实践,普遍认为规定将公证遗嘱定为效力绝对高于其他所有形式的遗嘱存在一定的缺陷,不仅给一些年事已高、行动不变的老年人造成了更改遗嘱的不便,也增加了公证遗嘱的撤回与变更的成本,甚至在有些情况下与遗嘱人的遗嘱自由、真实意愿相冲突。因此,为切实尊重遗嘱人的真实意愿,满足人民群众处理遗产的现实需要,《民法典》不再规定公证遗嘱效力优先,而是将"时间在后"作为唯一标准,规定立有数份遗嘱,内容相抵触的,以最后的遗嘱为准。

遗嘱的撤回和变更具有如下特征:第一,遗嘱的撤回或变更,是遗嘱人本人意志的改变。遗嘱是单方法律行为,遗嘱人不仅可以自由地订立遗嘱处分自己死后的财产,而且还可以随时撤回或变更自己订立的遗嘱。也就是说,遗嘱人撤回或变更自己所立的遗嘱,完全取决于他自己的意志,无论他思想上出于什么考虑,法律不予过问。遗嘱的变更或撤销所具有的这一特征与一般的民事法律行为的撤回或变更要有法定或约定的原因不同。第二,遗嘱的撤回或变更,必须是合法成立的遗嘱。违反社会主义公共利益和社会主义道德的遗嘱,未按法定方式订立的遗嘱、无行为能力或行为能力受限制的人所立的遗嘱、违背遗嘱人本人真实意思而订立的遗嘱等,由于其本身不具备遗嘱成立的条件,应当视为自始没有成立。因此,不合法的遗嘱,其本身是无效的,不存在遗嘱的撤回或变更的问题。第三,遗嘱的撤回或变更,必须由遗嘱人本人行使。遗嘱的撤回或变更与遗嘱的订立一样,必须由遗嘱人亲自进行,不得由他人代理。这一特征与一般法律行为也不同。第四,遗嘱的撤回或变更,使尚未发生法律效力而于遗嘱人死亡时才发生法律效力的遗嘱失去效力。对于原来所立遗嘱内容进行部分改变的,被改变的遗嘱内容于遗嘱人死亡后即失去效力。对于原来订立的遗嘱内容进行全部修改的,原来订立的整个遗嘱于遗嘱人死亡后即失去效力。

二、遗嘱的撤回和变更的方式

遗嘱是一种要式民事法律行为,撤回或变更遗嘱也必须采用一定的方式。《民法典》对遗嘱的撤回和变更的方法没有作出具体规定,但依据立法精神和司法实践,遗嘱的撤回和变更的方法通常有以下几种:

第一,遗嘱人重新订立遗嘱,并在重新订立的遗嘱中明示撤回或变更原来所立的遗嘱。这种方式简单明了,遗嘱人为撤回或变更原来所立遗嘱,可按照关于法定遗嘱形式的要求,重新订立公证遗嘱、自书遗嘱、代书遗嘱、打印遗嘱、录音录像遗嘱或口头遗嘱,明示撤回之前订立的遗嘱。

第二,遗嘱人可订立与原来所立遗嘱内容相抵触的新立遗嘱,撤回或变更以前所立的遗嘱。遗嘱人为撤回或变更原来所立的遗嘱,可以设立前后内容相抵触的遗嘱。《民法典》第1142条第3款规定:"立有数份遗嘱,内容相抵触的,以最后的遗嘱为准。"如果遗嘱人所立的前后遗嘱内容全部相抵触的，则应当以最后所立的遗嘱为准，前面的遗嘱视为被撤回。如果遗嘱人所立的前后遗嘱内容部分相抵触的，则视为遗嘱的变更。

第三，遗嘱人将遗嘱涂改、损毁，或者在遗嘱上注明废弃的意思表示。这也是撤回、变更遗嘱的一种常见方式。遗嘱人损毁、涂销遗嘱，或者在遗嘱上写明废弃的意思表示，法律应尊重遗嘱人的意思，此遗嘱应当视为撤回。如果涂毁遗嘱的部分内容，则其涂毁的部分应当视为变更。如果遗嘱因损毁，使人辨别不清遗嘱的内容，该遗嘱应当被视为全部撤回。凡在遗嘱书上记明废弃遗嘱的意思表示的，应当由遗嘱人亲笔记明。如系他人代笔，必须要有遗嘱人签名及两个以上无利害关系的证人作证。否则，不能认为遗嘱已经撤回。遗嘱的损毁、涂改或注明废弃的意思表示不是出于遗嘱人的本意，而是不可抗力或第三人造成的，且有证据予以证明，则不应当视为遗嘱的撤回和变更，该遗嘱仍然有效。由于不可抗力，遗嘱人的过失或第三人的行为，致使遗嘱损毁或涂销而又无法证明遗嘱的内容的，则该遗嘱不生效。

第四，遗嘱人可以通过与遗嘱内容相抵触的自己的行为，撤回或变更原来所立的遗嘱。例如，遗嘱人订立了一份遗嘱，将登记于其名下的一套房屋指定由其儿子继承。之后，遗嘱人又将这套房屋出卖给他人，且已实际交付并办理转移登记。在这种情况下，由于遗嘱人的行为直接与其所订立的遗嘱内容相抵触，其行为本身就否定了原来所立的遗嘱。因此，原来所立的遗嘱应当视为被撤回。即使遗嘱人在订立遗嘱以后，因忘记了自己已经订立了遗嘱，而作出与遗嘱相抵触的行为，也应视为原订立的遗嘱被撤回。需要注意的是，这种与遗嘱相抵触的行为必须是遗嘱人本人亲自所为的行为，否则，不能视为对遗嘱的撤回。例如，遗嘱人立有一份遗嘱，指定自己存于某银行账户中的50,000元存款由其女儿继承。不久，遗嘱人患上精神疾病生活不能自理，需要请人照看和治疗。为此，遗嘱人的配偶将其存款取出用来治疗其精神疾病。这种行为虽然与遗嘱相抵触，但不是遗嘱人本人所为，而是遗嘱人的法定代理人所为。因此，这种情况不能视为遗嘱的撤回，只能视为遗嘱无法执行或遗嘱内容无法实现。

遗嘱人采用立遗嘱后的行为撤回或变更原来所立的遗嘱，且与遗嘱内容相抵触的，还有以下几个问题应当注意：一是所谓遗嘱人的行为与遗嘱相抵触，指的是遗嘱人在立遗嘱以后的行为。如遗嘱人在立遗嘱前所为的行为与遗嘱相抵触的，则不属于撤回或变更原来所立遗嘱的问题，其行为属于其他性质的行为。例如，某遗嘱人在立遗嘱前已将其名下所有的一套房屋卖给他人，房屋已实际交付并办理转移登记。此后，他又订立遗嘱，指定这套房屋由其儿子继承。在此种情形下，遗嘱人出卖房屋的行为是立遗嘱前所为的行为，且该行为已经发生了法律效力。遗嘱人立遗嘱时，房屋已不属于他的财产，故属无权处分。此种遗嘱是属于无效遗嘱。可见，遗嘱人在立遗嘱前的行为与遗嘱人在立遗嘱以后的行为是两种不同性质的法律行为。二是遗嘱人在立遗嘱后所为的行为，如仅是对其财产所有权的限制，其遗嘱不得视为撤回。例如，遗嘱人在遗嘱中确定将价值50万元的房产由其儿子继承，后因遗嘱人急需用钱，以此房产作为抵押物向银行办理贷款。此时遗嘱不应视为被撤销，因为房产的所有并未因此而丧失。三是遗嘱人在立遗嘱后的行为与遗嘱相抵触的，其相抵触部分的遗嘱视为被撤销，其余部分仍然有效。例如，遗嘱人在遗嘱中指定将自己名下所有两套房产由其子继承，在订立遗嘱后，又将两套房产中的一套卖给了乙。在此情况下，对已经出卖的这套房产的继承部分视为被撤回，对尚未出卖的另一套房产的继承部分仍然有效，仍由其儿子继承。

第五章 遗产的处理

专题一 遗产管理人

《民法典》继承编较之《继承法》，在第四章“遗产的处理”中对遗产处理的规则作了丰富和完善。最突出和最大的改变是新增了遗产管理人制度，通过第1145条至第1149条共采用5个条款规定了遗产管理人的产生、指定、职责以及遗产管理人未尽职责的民事责任、遗产管理人的报酬请求权，由此对遗产管理人制度的主要内容作出了详细规定，填补了原立法上对于遗产管理人制度的欠缺。

一、设立遗产管理人制度的原因

这次新增加的遗产管理人制度，是继承编的一大亮点。这次《民法典》编纂为什么要新增遗产管理人制度？其出发点是什么？

第一，有利于遗产的保管、保值增值和公平分配。确保继承人、受遗赠人以及债权人等利害关系人的合法权益得到实现，减少遗产继承纠纷，是继承制度设立的目的。应当看到，被继承人死亡后，遗产的管理、处理状况是遗产分割的前提，也是继承人、被继承人的债权人等相关主体利益实现的关键。《继承法》缺失遗产分割前的遗产管理与处理规则，导致遗产难以有效清理，难以规范遗产保管人的行为，难以规范继承人清偿遗产债务等行为，出现了不少隐匿、私分、变卖遗产，侵害了其他继承人、受遗赠人、被继承人之债权人合法权益，这显然不利于家庭关系和相关经济关系的和谐稳定。特别值得注意的是，随着社会经济的快速发展，自然人死亡时遗留的个人合法财产价值越来越高，财产的形式和内容也越来越复杂、多样，亟须建立健全遗产分割前的遗产管理、处理机制以适应日益复杂的遗产保障、处置、分割问题。遗产管理人就是在这样的背景下产生的。

第二，有利于实现被继承人的意愿。尊重被继承人的意愿，是《民法典》继承编的重要立法理念，这一理念体现在新增录音录像遗嘱、取消公证遗嘱的优先效力上，也体现在遗产管理人的设置上。在被继承人设立遗嘱的情况下，遗产管理人通过其管理、处理行为，可以有效实现被继承人的遗嘱。在被继承人未设立遗嘱的情况下，遗产管理人的参与同样有利于被继承人的遗产得到依法顺利的处置和分配，减少围绕遗产发生的各类纠纷。

依照《民法典》第1147条的规定，我国遗产管理人应当履行下列职责：(1)清理遗产并制作遗产清单；(2)向继承人报告遗产情况；(3)采取必要措施防止遗产毁损；(4)处理被继承人的债权债务；(5)按照遗嘱或者依照法律规定分割遗产；(6)实施与管理遗产有关的其他必要行为。这无疑有利于遗产与继承人财产分割,实现遗产的有效管理与处理,也无疑符合被继承人关于其遗产处置的意愿。

二、遗产管理人选任和确定

这是遗产管理人制度实施的首要问题。遗产管理人的合理选任对于继承人和遗产债权人等相关主体的意义重大,一旦遗产管理人选任不当,则可能会给继承人和遗产债权人造成难以弥补的损失。关于遗产管理人的资格,《民法典》未作明确规定,但依其基本精神,应认为具有完全民事行为能力的自然人可以充当遗产管理人。依照《民法典》第1145条、第1146条的规定,遗产管理人应按如下顺序确定:其一,有遗嘱执行人的,遗嘱执行人为遗产管理人;其二,没有遗嘱执行人的,继承人应当及时推选遗产管理人;其三,继承人未推选的,由继承人共同担任遗产管理人;其四,没有继承人或者继承人均放弃继承的,由被继承人生前住所地的民政部门或者村民委员会担任遗产管理人;其五,对遗产管理人的确定有争议的,利害关系人可以向人民法院申请指定遗产管理人。概言之,选任遗产管理人可以分为被继承人生前指定、继承人推选、继承人共同担任、民政部门或村委会担任以及人民法院指定5种情况,这其间的逻辑顺序是被继承人意愿优先,继承人意愿次之,在出现特殊情况时由有管理权的部门或组织担任,在发生争议的情况下由人民法院指定。

《民法典》第1133条规定:"自然人可以依照本法规定立遗嘱处分个人财产,并可以指定遗嘱执行人。"第1145条明确,"继承开始后,遗嘱执行人为遗产管理人"。这将遗产管理人与我国当前实际情况进行了很好的结合。在《民法典》实施后,立遗嘱人可以直接确定遗嘱执行人为遗嘱管理人。在没有遗嘱执行人的情况下,应当由继承人推选遗产管理人,未推选或推选不出的,由全体继承人共同担任。本书认为,为了充分实现遗产管理人制度目的,这里的继承人,包括遗嘱继承人、法定继承人和受遗赠人;这里的遗产管理人,既可以是继承人中的一人或数人,也可以是继承人以外的人。如果没有继承人或者继承人均放弃继承的,为便于处理被继承人殡葬产生的费用以及被继承人生前的债务、应当缴纳的税款等,亦应设立遗产管理人。在这种情况下,根据《民法典》第1160条的规定,遗产归国家所有,用于公益事业;如死者生前是集体所有制组织成员的,则归所在集体所有制组织所有。此时由被继承人生前住所地的民政部门或者村民委员会担任遗产管理人,以便于对此类遗产的处理。在农村地区,村民委员会作为基层自治组织,其对所属村民的家庭关系及相关亲属情况、财产状况较熟悉了解,由其作为遗产管理人,能够有效地完成各项遗产管理人应尽的职责。

如前所述,遗产管理人的选任以被继承人意愿和继承人共同意思为一般原则。但在缺乏上述意愿和共同意思表示的情况下,可能会发生确定遗产管理人的争议。解决争议的具体办法是:首先,由人民法院指定遗产管理人。由人民法院指定遗产管理人,其适用情形与由被继承人生前住所地的民政部门或者村民委员会担任遗产管理人的情形显然不同。应当明确,法院指定遗产管理人的前提是遗嘱未指定遗嘱执行人,继承人对选任遗产管理人有争议,被继承人的债权人或相关主体证实其合法权益已遭受继承人的损害或将要受到损害等。其次,法院指定须经利害关系人申请,法院不得擅自指定。此处的利害关系人既包括相关继承人,也包括被继承人的债权人。最后,法院应妥当指定遗产管理人。所谓妥当,就是在最大限度上有利于遗产的保管和处理。法院指定的遗产管理人,既可以是继承人中的一人或数人,也可以是继承人以外的人。

还需要研究的是，法院指定遗产管理人应采用何种程序？是通常民事诉讼程序，还是特别程序？对此有不同的观点。有人认为，法院指定遗产管理人基于存在确定遗产管理人的争议，且《民事诉讼法》在特别程序中并未规定法院指定遗产管理人的情形，因此应适用通常诉讼程序。有人则认为，法院指定遗产管理人基于利害关系人的申请而提出，应当适用特别程序。本书认为，按照《民法典》第1146条关于"对遗产管理人的确定有争议的，利害关系人可以向人民法院申请指定遗产管理人"的规定，对遗产管理人的确定有争议时，当事人向人民法院提出解决问题的权利是非诉性质的申请权，不是对抗性质的诉讼权利。因此，其程序只能适用《民事诉讼法》规定的特别程序，不能适用诉讼程序。当然，应当看到，遗产管理人是《民法典》确定的一项新制度，目前的《民诉法司法解释》还未规定。在《民法典》实施后，作为遗产管理人确定的争议申请制度，最高人民法院应当作出相应规定。在未作出规定之前，参照特别程序执行，与民事诉讼法的精神是不相违背的。

三、遗产管理人的报酬和责任

从各国立法例来看，多数国家规定遗产管理人有权取得报酬，但也有少数国家和地区规定遗产管理人一职具有无偿性，不能索取报酬。依照我国《民法典》第1149条的规定，遗产管理人可以依照法律规定或者按照约定获得报酬。我国的上述规定符合权利与义务相一致的原则，既然遗产管理人承担了相应的法定义务与责任，有必要赋予其取得报酬的权利，这不仅是对遗产管理劳动价值的承认，也有利于促使遗产管理人积极、妥善地管理遗产事务。当然，若遗产管理人就是继承人时，考虑到继承人在某种程度上是为自己管理遗产，故一般无须取得报酬，但是如其他继承人或者受遗赠人愿意支付给其酬劳的则不受限制。对于遗产管理人报酬金额的确定，如被继承人遗嘱中已确定给予其报酬金额，或者继承人与遗产管理人之间有约定的，应按照约定金额计算；没有约定的，可以依据遗产管理人的工作量、管理的难易程度以及遗产的数额等诸多方面的因素，综合予以考量。在劳务付出量的计算上，则可参考最高人民法院《关于审理企业破产案件确定管理人报酬的规定》第9条关于我国破产管理人报酬的相关规定，主要是综合考量遗产的数额、管理工作的复杂性、勤勉程度、实际贡献、风险和责任、当地的收入与物价水平等。

关于遗产管理人未尽职责的民事责任。《民法典》第1148条规定："遗产管理人应当依法履行职责，因故意或者重大过失造成继承人、受遗赠人、债权人损害的，应当承担民事责任。"不难看出，《民法典》就此采用了过错赔偿的原则。在具体的过错认定上，应以遗产管理人是否尽到善良管理人义务为标准进行判断，并以故意或重大过失为限。故意即明知或应知其后果而积极追求或放纵，重大过失即行为人欠缺一般人具有的基本注意，行为人只要稍加注意，损失本不会发生。之所以以故意或重大过失为限，是因为遗产管理人系为继承人及其他相关主体的利益进行遗产管理，若责任过重，会导致无人敢担任遗产管理人一职，导致该制度便形同虚设，不利于遗产管理人制度目的的实现。据此，如遗产管理人只是一般过失，则无须担责。至于遗产管理人与部分利害主体合谋而损害其他利害主体利益的，则应适用《民法典》的共同侵权规则，由遗产管理人与同其合谋的部分利害主体共同向其他受损利害主体承担连带责任。

四、遗产管理人的诉讼地位

遗产管理人是我国民法的新生制度,《民事诉讼法》及其司法解释并无对遗产管理人诉讼地位的相关规定,但这一问题关系遗产管理人制度的实施,有很强的实践意义。结合遗产管理人的职责角色,本书认为,遗产管理人的诉讼地位主要涉及以下情况:

第一,以法定代表人的身份,代表被继承人的生前意愿和继承人、受遗赠人的利益参加诉讼。依照《民法典》第 1147 条的规定,遗产管理人需要履行一系列职责,如采取必要措施防止遗产毁损、灭失,处理被继承人的债权债务,实施与管理遗产有关的其他必要行为等。遗产管理人履行上述职责,在对内关系上,其身份是受托人,即受被继承人生前之托处理遗产事务;对外关系上,其身份应当是法定代表人,即代表被继承人生前之托,又代表继承人和受遗赠人利益开展民事活动。在履行职责过程中,如果发生诉讼,遗产管理人应当是以法定代表人的身份参加诉讼。它既是被继承人生前意愿的代表,又是继承人和受遗赠人合法权益的代表。但作为原告或者被告的民事主体,仍然应当是继承人和受遗赠人。

第二,在涉及遗产继承纠纷诉讼中作为证人。在实践中,遗产管理人在遗产管理、清理、析产等方面无疑会发挥积极作用,能够减少很多纠纷,但仍不能排除继承人之间因继承争议而发生诉讼。在此种情况下,遗产管理人因参与遗产保管、整理、处理的过程,对相关争议事实了解和知情,在相关诉讼中可以成为证人,经当事人申请和法院同意后可以出庭作证。

第三,在涉及向继承人、受遗赠人追索报酬时,遗产管理人应当作为案件的原告。这也是不难理解的。在经遗产管理人努力后,相关主体之间就继承问题最终不能达成一致而提起诉讼的情况下,遗产管理人就其已付出劳动有权要求相应报酬。就此问题涉及的法理是,遗产管理人的报酬在属性上可否是遗产的一部分。笔者认为,为保障遗产管理人的利益,可参照破产管理人报酬从破产财产中优先支付的法理,将遗产管理人的报酬确定为遗产中优先给付的部分。遗产管理人可以主张在遗产中优先给付其报酬,此时其在相关诉讼中是有独立请求权的第三人。遗产管理人如放弃此优先权,也完全可基于报酬请求权,起诉要求继承关系受益人连带承担给付报酬的义务,此时其在单独起诉的案件中系作为原告。

此外,按照《民法典》第 1148 条的规定,遗产管理人应当依法履行职责,因故意或者重大过失造成继承人、受遗赠人、债权人损害时,则可能因继承人、受遗赠人、债权人提起诉讼而成为被告。此问题因前面已有论述,这里不再详述。

第七编　侵权责任

第一章　概　述

2009 年第十一届全国人大常委会第十二次会议通过了《侵权责任法》。《侵权责任法》实施以来，在保护民事主体的合法权益、预防和制裁侵权行为方面发挥了重要作用。《民法典》侵权责任编是在《侵权责任法》基础上编纂而成的。

《民法典》第七编侵权责任编，在总结《侵权责任法》实施以来实践经验的基础上，针对侵权领域出现的新情况，吸收借鉴司法解释的有关规定，对侵权责任制度作了必要的补充和完善。结构上仍然采用总分结构，前三章为总，之后为分。第一章保留了《侵权责任法》第一章章名“一般规定”。解构《侵权责任法》第二章“责任构成和责任方式”和第三章“不承担责任和减轻责任的情形”的规定，将其中保留的部分条文分别编入第一章“一般规定”和第二章“损害赔偿”。第二章“损害赔偿”，规定损害赔偿侵权责任方式的具体适用，大部分条文承继了《侵权责任法》第二章。第三章“责任主体的特殊规定”基本承继了《侵权责任法》第四章，结合司法实践经验作了较多补充和完善。第四章“产品责任”大致承继了《侵权责任法》第五章的规定，个别条文进行了补充完善。第五章“机动车交通事故责任”大致承继了《侵权责任法》第六章的规定，同时吸收司法解释的一些成果，增设了“好意同乘”条款。第六章“医疗损害责任”承继了《侵权责任法》第七章，没有增减条文，个别条文补充完善。第七章“环境污染和生态破坏责任”修改了章名，承继了《侵权责任法》第八章的主要规定，系统增加了生态破坏责任的相关内容，重点增加了惩罚性赔偿责任、环境生态修复和损害赔偿的规定。第八章“高度危险责任”较《侵权责任法》第九章而言，增加了加强生物安全管理、完善高度危险责任的规定，明确占有或者使用高致病性危险物造成他人损害的，应当承担侵权责任。第九章“饲养动物损害责任”承继了《侵权责任法》第十章的规定，第 1246 条增加了“但书”规定。第十章“建筑物和物件损害责任”大致承继了《侵权责任法》第十一章的主要规定，最大修改是建筑物抛(坠)物品损害赔偿规则。

《民法典》侵权责任编共 10 章 95 条。第一章是一般规定，相当于该编的小总则；第二章损害赔偿主要是解决损害赔偿的基本问题，主要包括侵害人身权益造成的损失类型及其赔偿内容、同一侵权多人死亡时死亡赔偿金的相同数额、被侵权人死亡后的请求权主体、侵害财产权的赔偿损失标准、侵害知识产权可适用惩罚性赔偿、受害人和行为人无过错时的损失分担以及赔偿损失的支付方式；第三章是责任主体的特殊规定。之后第四章至第七章是产品责任、机动车交通事故责任、医疗损害责任、环境生态损害责任等 7 种具体责任。主要内容有：

1. 一般规定。第一章规定了侵权责任的归责原则、多数人侵权的责任承担、侵权责任的减轻或者免除等一般规则。并在现行侵权责任法的基础上作了进一步完善：一是确立“自甘风险”规则，规定自愿参加具有一定风险的文体活动，因其他参加者的行为受到损害的，受害人不得请求没有故意或者重大过失的其他参加者承担侵权责任（第1176条第1款）。二是规定“自助行为”制度，明确合法权益受到侵害，情况紧迫且不能及时获得国家机关保护，不立即采取措施将使其合法权益受到难以弥补的损害的，受害人可以在保护自己合法权益的必要范围内采取扣留侵权人的财物等合理措施，但是应当立即请求有关国家机关处理。受害人采取的措施不当造成他人损害的，应当承担侵权责任（第1177条）。

2. 损害赔偿。第二章规定了侵害人身权益和财产权益的赔偿规则、精神损害赔偿规则等。同时，在现行侵权责任法的基础上，对有关规定作了进一步完善：一是完善精神损害赔偿制度，规定因故意或者重大过失侵害自然人具有人身意义的特定物造成严重精神损害的，被侵权人有权请求精神损害赔偿（第1183条第2款）。二是为加强对知识产权的保护，提高侵权违法成本，增加规定，故意侵害他人知识产权，情节严重的，被侵权人有权请求相应的惩罚性赔偿（第1185条）。

3. 责任主体的特殊规定。第三章规定了无民事行为能力人、限制民事行为能力人及其监护人的侵权责任，用人单位的侵权责任，网络侵权责任，以及公共场所的安全保障义务等。同时，在现行侵权责任法的基础上作了进一步完善：一是增加规定委托监护的侵权责任（第1189条）；二是完善网络侵权责任制度。为了更好地保护权利人的利益，平衡好网络用户和网络服务提供者之间的利益，细化了网络侵权责任的具体规定，完善了权利人通知规则和网络服务提供者的转通知规则（第1195条、第1196条）。

4. 各种具体侵权责任。第七编的其他各章是类型化的侵权，分别对产品生产销售、机动车交通事故、医疗、环境污染和生态破坏、高度危险、饲养动物、建筑物和物件等领域的侵权责任作出了具体规定。并在现行侵权责任法的基础上，对有关内容作了进一步完善：一是完善生产者、销售者召回缺陷产品的责任，增加规定，依照相关规定采取召回措施的，生产者、销售者应当负担被侵权人因此支出的必要费用（第1206条第2款）。二是明确交通事故损害赔偿的顺序，即先由机动车强制保险理赔，不足部分由机动车商业保险理赔，仍不足的由侵权人赔偿（第1213条）。三是进一步保障患者的知情同意权，明确医务人员的相关说明义务，加强医疗机构及其医务人员对患者隐私和个人信息的保护（第1219条、第1226条）。四是贯彻落实习近平生态文明思想，增加规定生态环境损害的惩罚性赔偿制度，并明确规定了生态环境损害的修复和赔偿规则（第1232条、第1234条、第1235条）。五是加强生物安全管理，完善高度危险责任，明确占有或者使用高致病性危险物造成他人损害的，应当承担侵权责任（第1239条）。六是完善高空抛物坠物治理规则。为保障好人民群众的生命财产安全，对高空抛物坠物治理规则作了进一步完善，规定禁止从建筑物中抛掷物品，同时针对此类事件处理的主要困难即侵权行为人难以确定的问题，强调公安等机关应当依法及时调查，查清责任人，并规定物业服务企业等建筑物管理人应当采取必要的安全保障措施防止此类行为的发生（第1254条）。

5. 实施。“附则”明确了《民法典》侵权责任编与侵权责任法的关系。《民法典》施行后，《侵权责任法》将被替代。因此，规定在《民法典》施行之时，同步废止《侵权责任法》等民事单行法律（第1260条）。

侵权责任编实施应当注意的主要问题有：

一、侵权责任编与《民法典》第一编规定的民事责任的关系

民法典编纂的重要价值，在于体系化梳理民法规范，并通过合理结构和严密逻辑使民法的规范与规范之间的关系融贯自洽，实现立法的科学化和司法的规范化。

民事责任是民事主体违反民事义务的法律后果，是保障和维护民事权利的重要制度。《民法典》第一编第八章规定的民事责任：规定了民事责任的承担方式，并对不可抗力、正当防卫、紧急避险、自愿实施紧急救助等特殊的民事责任承担问题作了规定。侵权责任编在《民法典》中的地位与作为单行法的《侵权责任法》在民法中的地位有较大区别，《民法典》中的侵权责任编可以理解为主要是损害赔偿责任的承担，而不是原来单行法中 7 种民事责任的承担。因为侵权责任编第二章把单行法中的"责任构成和责任方式"改成了"损害赔偿"，避免与第一编第八章规定的民事责任重复，同时第 1165 条、第 1166 条补充完善了关于侵权行为的构成要件，增加"造成损害的"这一表述，间接明确了本编涉及损害赔偿的范围。侵权责任编主要规定损害赔偿责任承担的同时，第 1167 条、第 1205 条仍然保留规定了"停止侵害、排除妨碍、消除危险"等损害赔偿以外的民事责任形态作为侵权责任的承担方式。"侵权责任"具体包括的具体类型，已经被包含在第一编中，侵权责任编不再论述。《民法典》第一编总则第 179 条规定了民事责任的 11 种承担方式，涵盖了《侵权责任法》第 15 条规定的侵权责任承担的 7 种方式和《民法典》第三编合同第 577 条和第 578 条规定的违约责任具体类型。在《民法典》民事责任体系中，第三编合同第八章"违约责任"与第七编"侵权责任"在法律适用上实际上处于同等位阶，在与第一编第八章"民事责任"不相矛盾和冲突的情况下可以优先适用。侵权责任编"侵权责任"具体类型是被提取公因式后的不完全规范，与第三编合同第 577 条和第 578 条对违约责任具体类型的单独规定在民法典中处于同等位阶。

二、请求权竞合和聚合

这里所谓请求权竞合，是指违约与侵权请求权竞合选用。《民法典》总则编第 186 条沿袭《合同法》第 122 条的内容规定："因当事人一方的违约行为，损害对方人身权益、财产权益的，受损害方有权选择请求其承担违约责任或者侵权责任。"根据《合同法》第 122 条的规定，1999 年《合同法司法解释(一)》第 30 条作出赋予当事人选择权的解释："债权人依照合同法第一百二十二条的规定向人民法院起诉时作出选择后，在一审开庭以前又变更诉讼请求的，人民法院应当准许。对方当事人提出管辖权异议，经审查异议成立的，人民法院应当驳回起诉。"

所谓请求权聚合，一是指违约与严重精神损害请求权重合并用。《民法典》第 996 条关于违约行为损害相对方人格权并造成严重精神损害的，损害方应承担精神损害赔偿的规定。这里的精神损害赔偿也是金钱赔偿，而且精神损害赔偿请求权在《民法典》实施以后，不因当事人首先选择违约责任请求权而丧失。换言之，违约行为损害相对方人格权并造成严重精神损害的，受害人有权单独请求精神损害赔偿，也可以与违约之诉一并提出赔偿请求。二是指公法请求权与民法侵权请求权重合并用。《民法典》第 187 条规定："民事主体因同一行为应当承担民事责任、行政责任和刑事责任的，承担行政责任或者刑事责任不影响承担民事责任；民事主体的财产不足以支付的，优先用于

承担民事责任。"欠付税金、行政罚款、刑事罚金等都可以成为公法请求权的内容。《民法通则》虽然没有民事责任优先的规定,但是其第110条最早规定了法律责任重合问题,及刑行民并用不可相互取代原则。《公司法》第214条、《刑法》第36条、《个人独资企业法》第43条、《合伙企业法》第106条、《物权法》第38条、《证券投资基金法》第150条、《产品质量法》第64条、《食品安全法》第147条、《证券法》第220条、《侵权责任法》第4条对民事责任优先承担原则作了明确规定。《侵权责任法》第4条规定:"侵权人因同一行为应当承担行政责任或者刑事责任的,不影响依法承担侵权责任。因同一行为应当承担侵权责任和行政责任、刑事责任,侵权人的财产不足以支付的,先承担侵权责任。"这样规定对于保护受害人利益具有重要作用,取得了良好的法律效果和社会效果。《民法典》总则编将民事责任优先原则在其第187条予以规定:"民事主体因同一行为应当承担民事责任、行政责任和刑事责任的,承担行政责任或者刑事责任不影响承担民事责任;民事主体的财产不足以支付的,优先用于承担民事责任。"

《民法典》第187条与《刑诉法解释》第138条第2款的关系问题。《刑诉法解释》第138条第2款规定:"被害人因人身权利受到犯罪侵犯或者财物被犯罪分子毁坏而遭受物质损失的,有权在刑事诉讼过程中提起附带民事诉讼;被害人死亡或者丧失行为能力的,其法定代理人、近亲属有权提起附带民事诉讼。因受到犯罪侵犯,提起附带民事诉讼或者单独提起民事诉讼要求赔偿精神损失的,人民法院不予受理。"《刑诉法解释》中规定的是刑事附带民事诉讼中精神损害赔偿的立案问题,《民法典》第187条规定的在依法判决当事人承担的法律责任中,既有刑事责任,又有民事责任的情形,优先承担民事责任。这里规定的责任承担的先后顺序。根据《刑法》所作《刑诉法解释》第138条的规定,主要考虑的是在刑事附带民事诉讼中,让被告承担的刑事处罚相当于已经对受害人进行了精神上的抚慰,因此在刑事附带民事诉讼中受害人提出赔偿请求只能限于物质损失,不能再提出精神损害补偿。即从国家角度作出的刑事处罚和对受害人的赔偿是两个层面的问题,刑事处罚是对犯罪者从法律关系上看,对犯罪行为人的惩罚、对社会危害性的制裁及对社会秩序的维护,不能否定是对受害人的精神抚慰,但也不可完全等同,特别是造成严重精神损害的时候。从比较法来看,德国、日本、美国等都可以另行要求主张精神损害赔偿。德国法认为,对于被告刑事制裁是对社会危害性的惩罚,与对受害人的精神抚慰是两个问题。我国各地司法实践有支持也有不支持的,支持的,从法律适用的角度来看,我国《刑诉法解释》第155条对于交通肇事中的赔偿有专门的规定,是依据《道路交通安全法》确定赔偿责任,而根据《道路交通安全法司法解释》的规定,其损害赔偿范围包括精神损害赔偿。不支持的往往以刑法为依据。然而刑法是否修改还有待观察。在我国刑法修改以前,我们倾向认为刑事附带民事诉讼一般应赔偿直接物质损失。但是,自2021年1月1日起《民法典》实施,违约行为损害相对方人格权并造成严重精神损害的,应当支持受害方提出的承担精神损害赔偿请求,至于不属于违约行为的犯罪行为损害相对方人格权并造成严重精神损害的,是否支持精神损害赔偿请求,则是急需刑事立法认真对待的一个问题。

三、公平责任

《民法典》第1186条规定,受害人和行为人对损害的发生都没有过错的,依照法律的规定由双方分担损失。这一规定对《侵权责任法》第24条中的"可以根据实际情况,由双方分担损失"作出了修改。《民法典》第1186条所规定的实际是损失分担规则,在我国之前的民事立法及理论中被称为公平责任。《民法通则》第132条规定,当事人对造成损害都没有过错的,可以根据实际情况,由当事人分担民事责任。显然,这既不是过错责任,也不是无过错责任,故学界称之为公平责任。在《民法典》之前,最高人民法院亦曾试图对《侵权责任法》第24条作类型化分析(如体育活动中受到损害),将公平责任限于法律和司法解释明确规定的范围内,并通过总结既有案件类型概括其构成要件,在参与《民法典》编纂过程中,也提出了限制公平责任范围的意见。

《民法典》中规定的公平责任的条文,如第53条死亡宣告撤销、第117条征收征用补偿、第182条紧急避险、第183条见义勇为、第322条添附问题、第336条承包地调整、第979条无因管理、第1118条收养关系解除、第1190条完全民事行为能力人丧失意识下导致他人伤害赔偿、第1192条第2款提供劳务期间损害补偿、第1254条高空抛物坠物的损害补偿等,并没有具体量化补偿或者赔偿的数额,单行法大多也没有具体量化。因此,立法机关删除"可以根据实际情况",并不意味着在无法可依的情况下法官不可以根据案件的实际情况和立法精神具体裁量损失的分担或者承担了。

四、自甘冒险免责规则

《民法典》第1176条规定:"自愿参加具有一定风险的文体活动,因其他参加者的行为受到损害的,受害人不得请求其他参加者承担侵权责任,但是,其他参加者对损害的发生有故意或者重大过失的除外。活动组织者的责任适用本法第一千一百九十八条至第一千二百零一条的规定。"该条明确限定了自甘冒险的适用范围为"自愿参加具有一定风险的文体活动",排除了其他社会活动;活动组织者承担的责任既包括安全保障义务人的责任,还包括学校、幼儿园及其他教育机构承担未尽到教育、管理职责的侵权责任。自甘冒险免责是一项新规则,在《民法典》编纂过程中,是否规定自甘冒险规则,是侵权责任编起草过程中的一个重要问题。最高人民法院《民法典》编纂研究工作小组在总结以往民事审判经验的基础上,建议规定自甘冒险规则,全国人大常委会法工委在综合各方意见的基础上,在二次审议稿中第954条之一规定了自甘冒险规则,即"自愿参加具有危险性的活动受到损害的,受害人不得请求他人承担侵权责任,但是他人对损害的发生有故意或者重大过失的除外。活动组织者的责任适用本法第九百七十三条的规定"。①

五、自助行为免责规则

《民法典》第1177条规定:"合法权益受到侵害,情况紧迫且不能及时获得国家机关保护,不立即采取措施将使其合法权益受到难以弥补的损害的,受害人可以在保护自己合法权益的必要范围内采取扣留侵权人的财物等合理措施;但是,应当立即请求有关国家机关处理。受害人采取的措施不当造成他人损害的,应当承担侵权责任。"有学者认为,构成自助行为,指权利人为保护自己的权

---

① 二审稿第973条系沿用了《侵权责任法》第37条的规定,系关于安全保障义务的规定。该条规定:"宾馆、商场、银行、车站、娱乐场所等经营场所、公共场所的经营者、管理者或者群众性活动的组织者,未尽到安全保障义务,造成他人损害的,应当承担侵权责任。因第三人的行为造成他人损害的,由第三人承担侵权责任;经营者、管理者或者组织者未尽到安全保障义务的,承担相应的补充责任。经营者、管理者或者组织者承担补充责任后,可以向第三人追偿。"

利,在情事紧迫而又不能及时获得国家机关救助保护的情形下,对他人的财产或人身施加扣押、约束或其他形式的措施,而为法律或社会公德所认可的行为。①

自助行为的性质,属于私力救济的范畴。确立自助行为、引导依法维权、规范私力救济行为,是市场经济发展的需要,是保护人民财产权、人身权和人格权的需要。在符合法定条件下适用私力救济,是对公力救济的拾遗补阙和必要补充,调动当事人维权积极性制止侵权抑恶扬善,成本低、效率高、效果好。毋庸置疑,私力救济的存在具有合理性,对于防止损害扩大,及时救济民事权利,弥补公力救济的不足和不及时,乃至促进社会发展具有积极作用。不少国家的法律和判例承认自助行为,如德国、法国、日本、英国等。我国《合同法》第264条就有规定:"定作人未向承揽人支付报酬或者材料费等价款的,承揽人对完成的工作成果享有留置权,但当事人另有约定的除外。"

在《民法典》编纂过程中,立法机关在综合各方意见的基础上,在第二次审议稿第954条之二明确规定:"合法权益受到侵害,情况紧迫且不能及时获得国家机关保护的,受害人可以在必要范围内采取扣留侵权人的财物等合理措施。受害人实施前款行为后,应当立即请求有关国家机关处理。受害人采取的措施不当造成他人损害的,应当承担侵权责任。"此后,立法机关根据常委会审议意见和实务部门建议,对该条内容作了进一步完善:一是增加了"不立即采取措施将会使其权益受到难以弥补损害的"这一限定条件加以规范;二是将原来第2款规定的"受害人实施前款行为后,应当立即请求有关国家机关处理"修改为"但是,应当立即请求有关国家机关处理",并入第1款,严格规范了自助行为适用的后续条件。

六、民事惩罚性赔偿

民事惩罚性赔偿,是指民事主体违反民事法律规定,人民法院依照法律的规定判处侵害人向受害人支付超过实际损失数额的一种民事责任。其主要目的在于除填补损失以外惩罚有主观故意、危害严重的侵权行为,并遏制这种侵权行为的发生。我国法律(《消费者权益保护法》第55条、《侵权责任法》第47条、《合同法》第113条第2款、《食品安全法》第148条第2款以及《商品房买卖合同解释》第8条和第9条)规定的惩罚性赔偿,均以行为人的主观故意、明知或者欺诈为前提,体现其惩罚性和威慑目的。惩罚性赔偿具有法定性,必须有立法的规定才可以适用,否则不允许适用。

生态环境损害赔偿是环境侵权的法律后果,生态环境损害,是指环境权利、环境法益因侵权破坏遭受损害的一种状态。生态环境损害赔偿诉讼中"赔偿损失"的范围包括被侵权人因污染行为而造成的财产损失以及消除污染、修复生态环境费用和防止损害的发生和扩大所支出的合理费用。具体而言,民法规定了造成生态环境损害应当赔偿5项基本费用:(1)生态环境修复期间服务功能丧失导致的损失;(2)生态环境功能永久性损害造成的损失;(3)生态环境损害调查、鉴定评估等费用;(4)清除污染、修复生态环境费用;(5)防止损害的发生和扩大所支出的合理费用。增加生态环境损害赔偿,是《民法典》侵权责任编编纂中的一大亮点。

《民法典》第1185条规定侵害知识产权惩罚性赔偿的内容,要件包括:一是侵权人的故意;二是情节严重;三是数量上是相应的惩罚性赔偿。该条规定作为基本法的一项制度与我国单行的专利、

① 王利明、杨立新编著:《侵权行为法》,法律出版社1996年版,第85页。

商标、著作权等知识产权法有机衔接,体现了科学立法,便于规范司法。

七、高空抛物侵权责任

《民法典》第1254条规定:"禁止从建筑物中抛掷物品。从建筑物中抛掷物品或者从建筑物上坠落的物品造成他人损害的,由侵权人依法承担侵权责任;经调查难以确定具体侵权人的,除能够证明自己不是侵权人的外,由可能加害的建筑物使用人给予补偿。可能加害的建筑物使用人补偿后,有权向侵权人追偿。物业服务企业等建筑物管理人应当采取必要的安全保障措施防止前款规定情形的发生;未采取必要的安全保障措施的,应当依法承担未履行安全保障义务的侵权责任。发生本条第一款规定的情形的,公安等机关应当依法及时调查,查清责任人。"高空抛物侵权责任如何承担,规则如何修改,是《民法典》侵权责任编编纂中的一个争议点。《侵权责任法》第87条规定:"从建筑物中抛掷物品或者从建筑物上坠落的物品造成他人损害,难以确定具体侵权人的,除能够证明自己不是侵权人的外,由可能加害的建筑物使用人给予补偿。"新旧比较,主要变化有4点:一是明确了"禁止从建筑物中抛掷物品"的态度;二是明确了从建筑物中抛坠的物品造成他人损害的,由侵权人依法承担侵权责任为一般规则,由可能加害的建筑物使用人给予补偿为例外;三是明确了物业服务企业等建筑物管理人的安全保障义务和未履行安全保障义务的侵权责任;四是明确了公安等机关的调查义务和查清侵权人职责。

新冠肺炎疫情发生以来,全国人大常委会高度关注,结合民法典编纂工作,对与疫情相关的合同制度(第494条)、侵权责任编生物安全管理和高度危险责任(第1239条)等内容进一步作出有针对性的修改完善。

《民法典》侵权责任编对侵权责任制度的修改和完善,有利于妥善处理民事侵权纠纷、维护广大人民群众的合法权益,促进社会公平正义,弘扬社会主义核心价值观,促进社会和谐稳定,对于整体民法典的切实有效施行具有重大意义。

第二章　一般规定

专题一　共同侵权行为

一、共同侵权行为的界定

共同侵权，是指数人共同不法侵害他人权益造成损害的行为。《民法典》第 1168 条规定："二人以上共同实施侵权行为，造成他人损害的，应当承担连带责任。"

近年来，学界和实务界对于共同侵权行为的适用范围作了进一步的研究和检讨，主要观点有：一是意思联络说，认为共同加害人之间必须有意思联络始能构成。意思联络即共同故意，它使主体的意志统一为共同意志，使主体的行为统一为共同的行为。反之，如无主体间的意思联络，则各人的行为就无法在实质上统一起来，因而也不构成共同侵权行为。[①] 二是共同过错说，认为共同侵权行为的本质特征在于数个行为人对损害结果具有共同过错，既包括共同故意，也包括共同过失。[②] 三是共同行为说，认为共同行为是共同加害人承担连带责任的基础，共同加害结果的发生，总是与共同加害行为紧密联系，不可分割。[③] 四是关联共同说，认为共同侵权行为以各个侵权行为所引起的结果，有客观的关联共同为已足，各行为人间不必有意思的联络。数人为侵权行为的时间或地点，虽无须为统一，但损害则必须不可分离，始成立关联共同。[④]《人身损害赔偿解释》第 3 条第 1 款规定："二人以上共同故意或者共同过失致人损害，或者虽无共同故意、共同过失，但其侵害行为直接结合发生同一损害后果的，构成共同侵权，应当依照民法通则第一百三十条规定承担连带责任。"这一规定在坚持共同侵权行为的共同过错的同时，还部分承认共同侵权行为的客观标准，认为数人虽无共同故意、共同过失，但其侵害行为直接结合发生同一损害后果的，构成共同侵权。这一条规定在民法典中被吸收，并被规定在第 1168 条和其他条款中。

二、共同侵权行为的构成要件

《民法典》第 1168 条对共同侵权行为的规定，是民事共同侵权的请求权基础。如要行使请求权，应当首先了解构成共同侵权行为需要满足以下几个要件：

一是侵权主体的复数性。共同侵权行为的主体必须是两个以上的主体。行为主体既可以是自

---

① 伍再阳：《意思联络是共同侵权行为人的必备要件》，载《现代法学》1984 年第 2 期。

② 王利明主编：《民法 · 侵权行为法》，中国人民大学出版社 1993 年版，第 354 页。

③ 邓大榜：《共同侵权行为人的民事责任初探》，载《现代法学》1982 年第 3 期。

④ 欧阳宇经：《民法债编通则实用》，台北，汉林出版社 1977 年版，第 78 页。

然人,也可以是法人。这是共同侵权行为所应具备的基本特征。

二是共同实施侵权行为。这一要件中的"共同"主要包括3层含义:其一,共同故意实施的行为。基于共同故意侵害他人合法权益的,属于典型的共同侵权行为。其二,共同过失实施的行为。"共同过失"主要是数个行为人共同从事某种行为,基于共同的疏忽大意或者过于自信的过失,而造成他人的损害。其三,数个侵权行为相结合而实施的行为造成他人的损害。换言之,在数个行为人之间尽管没有意思联络,但他们的行为结合在一起,造成了同一个损害结果,形成了客观的关联共同,也构成共同侵权行为。①

三是侵权行为与损害后果之间具有因果关系。在共同侵权行为中,有时各个侵权行为对造成损害后果的比例有所不同,但必须存在法律上的因果关系,如果某个行为人的行为与损害后果之间没有因果关系,不应与其他行为人构成共同侵权。②

四是受害人具有损害,且损害具有不可分割性。这是受害人请求共同侵权人承担连带责任的一个基本要件。

三、共同侵权行为的责任承担规则

在数人侵权情形下,如果构成第1168条规定的共同侵权,数个行为人对受害人承担连带责任,受害人可以要求任何一行为人承担全部侵权责任。连带责任的制度价值就在于通过增加承担全部责任的主体数量,加强对受害人请求权的保护,以确保受害人获得充分的救济。连带责任的承担,实际上对于某个先行承担责任而后再行追偿的主体来说,是一种责任的加重。就外部责任而言,该条明确规定共同侵权人承担连带责任。至于如何具体适用连带责任,则要适用《民法典》第178条关于连带责任的一般规则。连带责任的特征主要表现在:(1)连带责任对于侵权人来说是一种比较严重的责任方式。连带责任对外是一个整体责任。连带责任中的每个人都需要对被侵权人承担全部责任。被请求承担全部责任的连带责任人,不得以自己的过错程度等为理由只承担自己的责任。(2)连带责任对于被侵权人保护得更充分。连带责任给了被侵权人更多的选择权,被侵权人可以请求一个或者数个连带责任人承担全部或者部分的赔偿责任。(3)连带责任是法定责任,连带责任人不能约定改变责任的性质,对于内部责任份额的约定不发生对外效力。③

至于内部责任,应当按照《民法典》第178条的规定予以确定。在共同侵权行为中,共同加害人就内部责任而言,各个加害人的过错和行为的原因力可能不一样。各加害人必须根据各自的过错和行为的法律原因力分担其内部责任份额。依据第178条第2款的规定,连带责任人的责任份额根据各自责任大小确定;难以确定责任大小的,平均承担责任。实际承担责任超过自己责任份额的连带责任人,有权向其他连带责任人追偿。具体而言,可以分为4种情形来确定共同侵权人的内部责任份额:

其一,各行为人的过错与法律原因力都能确定的,确定共同加害人责任份额的基本要求,是各

---

① 杨立新:《侵权法论》(第5版),人民法院出版社2013年版,第908页。

② 王胜明主编:《〈中华人民共和国侵权责任法〉条文解释与立法背景》,人民法院出版社2010年版,第47页。

③ 同上书,第60页。

共同行为人过错程度和行为的原因力,将这两个因素综合判断,确定各共同加害人各自的份额。具体方法是:第一,确定整体责任是100%。第二,确定各行为人主观过错在整体过错中的百分比,按照故意重于重大过失,重大过失重于一般过失的标准,分别确定各行为人各自所占过错比例的百分比。第三,确定各行为人的行为对损害发生的原因力,亦用百分比表示,即全体行为人的行为总和为100%,各行为人的行为所占百分比。第四,某一行为人的过错百分比与行为原因力百分比相加除以2,即为该行为人的责任份额。例如,某一行为人的过错程度为30%,行为的原因力为50%,其责任份额即为40%。①

其二,全部或部分行为人的过错难以确定但各行为人的法律原因力能确定的,则根据各自法律原因力的大小确定各行为人的责任份额。

其三,全部或部分行为人的法律原因力难以确定,但各行为人的过错能确定的,应根据各自过错的大小分配各行为人的责任份额。

其四,各个共同侵权行为人的过错与法律原因力都无法确定的,应当以各行为人平均分担责任为原则,并适当考虑加害人的非法获利、经济负担能力等情况来确定。

四、与民事诉讼程序中共同被告确定问题的衔接

对于第1168条的适用,要注意与民事诉讼中确定共同被告特别是追加被告的规则衔接问题。依据《民诉法司法解释》第73条规定:"必须共同进行诉讼的当事人没有参加诉讼的,人民法院应当依照民事诉讼法第一百三十二条的规定,通知其参加;当事人也可以向人民法院申请追加。人民法院对当事人提出的申请,应当进行审查,申请理由不成立的,裁定驳回;申请理由成立的,书面通知被追加的当事人参加诉讼。"具体而言,人民法院通过审核诉讼材料和审前调查,如果发现必须共同进行诉讼的当事人没有参加诉讼,应当通知其参加诉讼。依法追加当事人参加诉讼,这样才可以使人民法院实现全面彻底解决争议。对于必须共同进行诉讼的当事人,因属于不可分之诉,人民法院应当依照《民事诉讼法》第132条的规定,依职权追加其参加诉讼。必须共同进行诉讼的当事人没有参加诉讼的,已经参加诉讼的当事人也可以申请人民法院追加共同诉讼当事人。人民法院对当事人提出的申请,应当进行审查,申请没有理由的,裁定驳回;申请有理由的,书面通知应被追加的当事人。人民法院依法追加共同诉讼的当事人时,应当通知其他当事人。人民法院依法追加原告时,如果应当追加的原告已经明确表示放弃实体权利的,可不予追加;既不愿意参加诉讼,又不放弃实体权利的,仍应追加为共同原告,其不参加诉讼,不影响人民法院对案件的审理和判决。人民法院依法追加被告时,不以其本人和案内所有其他诉讼当事人的主观意愿为转移,均应通知追加,即便其不参加诉讼,也不影响人民法院对案件的审理与判决,且判决生效以后,对其同样具有约束力。但是,如果应当追加的被告属于依法必须到庭的被告,在其经人民法院通知追加后拒不到庭参加诉讼的,经两次传票传唤,无正当理由拒不到庭的,可以对其实行拘传。另外,如果发现原告或被

---

① 杨立新:《侵权法论》(第5版),人民法院出版社2013年版,第942~943页。

告不符合当事人条件的,应当通知符合条件的原告或被告参加诉讼,更换不合格的当事人。①

此外,关于教唆和帮助侵权的责任承担,《民法典》第1169条规定:"教唆、帮助他人实施侵权行为的,应当与行为人承担连带责任。教唆、帮助无民事行为能力人、限制民事行为能力人实施侵权行为的,应当承担侵权责任;该无民事行为能力人、限制民事行为能力人的监护人未尽到监护职责的,应当承担相应的责任。"

专题二 共同危险行为

一、共同危险行为的界定

"共同危险行为",又称"准共同侵权",属于广义的共同侵权类型之一,是指数人的危险行为对他人的合法权益造成了某种危险,但对于实际造成的损害又无法查明是危险行为中的何人所为,法律为保护被侵权人的利益,数个行为人视为侵权行为人。共同危险行为制度为世界大多数国家和地区的民法典所规定。

《人身损害赔偿解释》则根据审判实践经验,对共同危险行为的构成要件和免责事由予以明确规定。其第4条规定:"二人以上共同实施危及他人人身安全的行为并造成损害后果,不能确定实际侵害行为人的,应当依照民法通则第一百三十条规定承担连带责任。共同危险行为人能够证明损害后果不是由其行为造成的,不承担赔偿责任。"《民法典》在总结以往经验的基础上,在第1170条中对共同危险行为作出规定,"二人以上实施危及他人人身、财产安全的行为,其中一人或者数人的行为造成他人损害,能够确定具体侵权人的,由侵权人承担责任;不能确定具体侵权人的,行为人承担连带责任",进一步明确了共同危险的法律制度。

二、共同危险行为的构成要件

根据《民法典》第1170条的规定,共同危险行为即为二人以上实施危及他人人身、财产安全的行为,仅有其中一人或者部分人的行为造成他人损害,但无法确定具体侵权人的侵权行为类型。具体而言,共同侵权行为的构成要件如下:

第一,二人以上实施危及他人人身、财产安全的行为。行为主体是复数性,这是构成共同危险行为最基本的条件。关于行为的要求:(1)各行为人均有作为行为,该作为行为虽相互独立,但却并列发生,即是一种行为并列的"共同",但非"并发的侵权行为"。并发的侵权行为,是指每一行为均构成独立的侵权行为,并与损害结果具有明确具体的因果关系,各行为人均应对全部损害结果独立负责。如甲、乙各自从不同方向射击猎物,两弹均误中丙,一弹致死,一弹致伤,或两弹均射中要害,

---

① 全国人大常委会法制工作委员会民法室编著:《〈中华人民共和国民事诉讼法〉释解与适用》,人民法院出版社2012年版,第215页。

均足以致丙死亡。(2)危险行为的性质或者种类相同,例如,甲、乙同时向丙所在方向射击猎物,丙中一弹身亡;几名小学生在放学路上同时向河面打水漂,一石从水面飞起击中对岸河边洗手的小学生的眼睛,造成失明。(3)相同性质或者相同种类的危险行为在同一辐射范围内偶然并列发生。即数人实施的危险行为在时间和空间上存在联系。

第二,行为主体之间没有意思联络。共同危险行为主体具有复数性,即二人以上,这与共同加害行为同一特征;但与共同加害行为的区别在于,各行为主体之间对加害行为没有共同的意思联络,也缺乏共同的认识。

第三,其中一人或者部分人的行为造成他人损害。这里包含两个层次的要求,一方面,要造成损害后果;另一方面,明确此损害行为系其中一人或数人的行为,而非全部人的行为。另外,这里也包括行为与后果的因果关系的要件,即某一或者数个行为造成了相应的损害后果。

第四,不能确定具体加害人。在共同危险行为制度中,数个行为人实施的危及行为在时间上、空间上存在偶然性,事实上只有部分行为人的行为造成了损害后果。但是,由于受害人无法掌握各个行为人的行为动机、行为方式等证据,无法确定具体哪个行为才是真正的加害行为,为了保护受害人的合法权益,避免其因不能指认真正加害人而无法行使请求权,同时由于每个行为人都实施了危及他人人身财产安全的行为,在道德上具有可谴责性,所以规定由所有实施危及行为的人承担连带责任。如果受害人能够指认或者法院能够查明具体加害人,就不能适用第1170条规定,只能要求具体加害人承担侵权责任。

三、共同危险行为的免责事由

根据《民法典》第1170条的规定,适用共同危险行为制度的法律后果,是数个行为对受害人承担连带责任。从侵权人的角度,其免责事由的问题有必要予以明确。侵权责任法中的免责事由,是指被告针对原告的诉讼请求而提出的,证明原告的诉讼请求不成立或不完全成立的事实。在侵权责任法中,免责事由是针对承担民事责任的请求而提出来的,所以,又称免责或减轻责任的事由,也叫作抗辩事由。① 一般而言,免责事由有效成立必须具备两个条件:其一,对抗性要素。必须是对抗侵权责任构成的具体要件,阻断整个侵权责任构成,使原告诉请的侵权责任不能成立。抗辩事由虽然是对抗对方当事人的侵权诉讼请求,但它具体对抗的是侵权责任构成,破坏对方当事人的请求权的成立,导致对方的侵权诉讼请求在法律上不成立。这就是侵权责任免责事由对抗性的要求。侵权责任纠纷的被告提出的主张如果不具有对抗性,而仅能证明自己具有可以谅解,但不足以对抗对方当事人请求的情况,不能成为抗辩事由。② 其二,客观性要素。免责事由必须是客观存在的、已经发生的事实,而不能是主观臆断的情况或者尚未发生的事实。

从理论上讲,侵权责任的免责事由主要是正当防卫、紧急避险、受害人的同意、第三人过错、不可抗力等。通常而言,这些免责事由对于适用过错责任原则的侵权行为类型都可以适用,以及法律、行政法规没有排除这些免责事由适用的其他侵权行为类型都可以适用。也就是说,《民法典》规

---

① 王利明、杨立新编著:《侵权行为法》,法律出版社1996年版,第76页。

② 佟柔主编:《中国民法》,法律出版社1995年版,第571页。

定的免责事由,如不可抗力、紧急避险、受害人故意等,对于共同危险行为来说,都可以适用。

在共同危险行为的免责问题上,如何确定部分行为人免责的问题存在两条路径:因果关系排除说或因果关系证明说。

一是"因果关系排除说"。该说认为,既然共同危险行为人中仅一人或者数人的行为造成损害结果,并非全体共同危险行为人的行为均参与造成损害结果,则共同危险行为人只要能证明其行为与损害结果没有因果关系,根本不可能导致损害结果的发生,即可免责。其理由在于:共同危险制度实际上就是因果关系推定制度。法律为了保护受害者的利益,已经减轻了受害人的举证责任,直接推定各个参与共同危险的行为人共同对损害承担连带责任。既然如此,就应当允许共同危险行为人通过反证证明因果关系不存在,从而免于承担责任,以使参与危险行为人与受害人之间的利益平衡,这也是共同危险行为中因果关系推定制度的应有之义。[①] 二是"因果关系确证说"。该说认为,仅证明自己的行为与损害结果之间没有因果关系尚不足以免责,必须进一步证明数行为人中谁是真正的加害人,即证明损害结果与何人的行为具有因果关系,才能免除证明者的责任。

从第1170条规定的文义看,《民法典》系采取"因果关系确证说"。因为依照"因果关系排除说",其内容应当体现"共同危险行为人能够证明损害后果不是由其行为造成的,不承担赔偿责任"的表述,而该条规定,"能够确定具体侵权人的,由侵权人承担责任;不能确定具体侵权人的,行为人承担连带责任"。显然,该条是要求在明确证明谁是具体造成损害后果的侵权行为人时,其他人才可以免责。从逻辑上讲,共同危险行为应当存在一个基于充分救济受害人考虑的构成共同危险行为时的数人连带责任规则,这应属于外部责任;而共同危险人之间如何免责的问题,则可以类似于他们之间的内部责任。从该条规定加强对受害人保护的初衷以及公平原则的考虑,"确定具体侵权人"的举证证明责任也不能分配给受害人一方,而只能分配给主张自己免责的实施危险行为的人。其实,从常理上看,这也符合"谁主张,谁举证"的一般规则。在此需要说明的是,也有观点主张该条并未明确规定免责抗辩。理由在于:第一,"能够确定具体侵权人的,由侵权人承担责任;不能确定具体侵权人的,行为人承担连带责任"。依其文义,应当是对共同危险行为与独立侵权行为的要件构成进行区别的规定,即强调只有加害人不明的情形才构成共同危险行为,承担连带责任;加害人能够确定的,即非共同危险行为,而系独立侵权行为,应由成立该独立侵权的行为人承担侵权责任。第二,具体侵权人能否确定,系事实证明问题,而非免责抗辩问题。不能证明的,该条为保护受害人,乃采取法定的因果关系推定,使共同危险行为人负连带责任。依照法理,凡属事实推定,受不利推定的当事人均可以事实反证推翻该项推定。此项事实反证,即系因果关系不存在;而指证具体侵权人,虽亦可以排除其他共同危险行为人与损害结果之间的因果关系,达到事实反证的效果,但其不能排斥共同危险行为人采用其他事实反证的方法和路径,即指证具体侵权人不能成为免责抗辩的强制性义务和唯一路径。[②] 这一见解颇有道理,也符合形式逻辑的要求,对于完善有关共同危险行为理论体系以及加强实务指导具有积极意义。

---

① 周友军:《论我国侵权法上共同侵权制度的重构》,载中国人民大学法学院"侵权责任法立法建议研讨会"论文集。

② 最高人民法院侵权责任法研究小组编著:《〈中华人民共和国侵权责任法〉条文理解与适用》,人民法院出版社2010年版,第87页。

专题三　自 甘 冒 险

一、自甘冒险制度的确立

所谓甘冒风险，是指“被害人原可以预见损害至发生而又自愿冒损害发生之危险，而损害结果真不幸发生”[①]的情形。换言之，即受害人事先了解为某项行为可能伴随风险、损失或事故，但仍自愿为此行为，并同意自行承担可能的后果。在现代民法上，自甘冒险作为一项抗辩事由，通常也会产生减轻或免除加害人赔偿责任的后果。

《侵权责任法》没有专门规定自甘冒险制度，但在该法第 76 条规定：“未经许可进入高度危险活动区域或者高度危险物存放区域受到损害，管理人已经采取安全措施并尽到警示义务的，可以减轻或者不承担责任。”学理上一般认为这是在高度危险责任领域确立了自甘冒险的规则。

在审判实践中，应当适用自甘冒险的情形大量存在，已经具有丰富的经验。最典型的是体育比赛中发生人身伤害，即应当适用自甘冒险规则，减轻或者免除加害人的责任。当然，加害人故意或者重大过失的，属于除外情形。又如，明知他人醉酒，仍然搭乘其驾驶的车辆，发生翻车等事故时，受害人的行为即属自甘冒险行为，应当减轻或者免除加害人的赔偿责任。比如，在梁某等二人诉覃某夺等五人侵权责任案中，乘车人韦某周明知驾驶人覃某夺饮酒驾车而乘坐，如何确定驾驶人覃某夺对于乘车人韦某周因交通事故受到损害的赔偿责任问题上，法院判决认为，《道路交通安全法》第 22 条规定，饮酒、服用国家管制的精神药品或者麻醉药品，或者患有妨碍安全驾驶机动车的疾病，或者过度疲劳影响安全驾驶的，不得驾驶机动车。受害人在明知他人酒后驾驶，仍搭乘其车辆的情况下，受害人的行为构成自甘冒险，应由其对酒后驾驶行为引发的损害后果适当承担责任，减轻赔偿义务人的责任。[②] 在其他领域中，如在户外活动中，特别是一些类似探险的活动中，也有适用自甘冒险的实践。在这里需要专门说一下近来发生的一起典型案例，吴某近亲属诉广州市花都区某村违反安全保障义务责任纠纷案，即“擅自上树摘杨梅坠亡案”，在该案中，广州市花都区某村是国家 3A 级旅游景区，村委会在河道旁种植了杨梅树。2017 年 5 月 19 日该村村民吴某私自上树采摘杨梅，不慎跌落受伤，经抢救无效死亡。其近亲属以村委会未采取安全风险防范措施、未及时救助为由，将村委会诉至花都区人民法院。一审、二审认为，吴某与村委会均有过错，酌定村委会承担 5% 的赔偿责任，判令向吴某的亲属赔偿 4.5 万余元。广州市中级人民法院经审查，依法裁定对该案进行再审。再审认为，村委会作为该村景区的管理人，虽负有保障游客免遭损害的义务，但义务的确定应限于景区管理人的管理和控制能力范围之内。村委会并未向村民或游客提供免费采摘杨梅的活动，杨梅树本身并无安全隐患，不能要求村委会对景区内的所有树木加以围蔽、设置警示标志。

---

① 曾世雄：《损害赔偿法原理》，中国政法大学出版社 2001 年版，第 261 页。

② 参见广西柳州市柳江县人民法院（2011）江民初字第 1301 号判决书。

吴某作为具有完全民事行为能力的成年人,应当充分预见攀爬杨梅树采摘杨梅的危险性。该村村规民约明文规定,村民要自觉维护村集体的各项财产利益,包括公共设施和绿化树木等,吴某私自上树采摘杨梅的行为,违反了村规民约,损害了集体利益,导致了损害后果的发生。吴某跌落受伤后,村委会主任及时拨打了急救电话,另有村民在救护车抵达前已将吴某送往医院救治,村委会不存在过错。再审法院认为,吴某因私自爬树采摘杨梅跌落坠亡,后果令人痛惜,但行为有违村规民约和公序良俗,且村委会并未违反安全保障义务,不应承担赔偿责任。原审判决认定事实清楚,但适用法律错误,处理结果不当,应予以撤销。2020 年 1 月 20 日广州市中级人民法院对该案再审宣判,撤销原审判决,驳回吴某近亲属要求村委会承担赔偿责任的请求。

从上述案例中可以看出,在审判实践中对于自甘冒险制度在体育活动、户外探险以及其他有一定危险性的活动中都有适用。在这里要注意的是,自甘冒险的适用,确实更多地在体育活动中存在。换言之,"具有一定风险的文体活动"在实践中有其典型适用的领域,但也有进一步具体解释甚至扩大适用的空间。比如,在最后一个案件中,就体现了法律应是公序良俗的"兜底条款",司法绝不允许守法者为"小恶"买单,法律和司法维护社会道德、守护社会底线的立场。这就是一种基于维护公序良俗,倡导法治精神,弘扬社会主义核心价值观的法政策判断而得出的结论。

在《民法典》起草过程中,是否规定自甘冒险的规则是侵权责任编起草过程中的一个重要问题,最高人民法院作为重要参与单位,就这一问题积极展开论证,在总结以往审判经验的基础上提出了规定自甘冒险的主张。在综合各方意见的基础上,第 1176 条作了进一步完善,即"自愿参加具有一定风险的文体活动,因其他参加者的行为受到损害的,受害人不得请求其他参加者承担侵权责任,但是其他参加者对损害的发生有故意或者重大过失的除外。""活动组织者的责任适用本法第一千一百九十八条至第一千二百零一条的规定。"在这里,该条明确限定了自甘冒险的适用范围为"自愿参加具有一定风险的文体活动",而非一切社会活动,这就需要对"文体活动"作出法律上的合理解释。本书认为,"文体活动"应当作广义解释,除去通常理解的文化体育活动外,旅行、户外探险、登山、季节旅游、民俗竞技等都应在此范围。活动组织者承担的责任不仅限于安全保障义务人的责任,还包括学校、幼儿园及其他教育机构未尽到教育、管理职责的侵权责任。

二、自甘冒险适用的条件

(一)自甘冒险的构成要件

自甘冒险的构成,一般应当具备基础关系要件和冒险行为要件。所谓基础关系要件,是指自甘冒险行为人与相对人之间存在某种法律关系,使行为人得以从事自甘冒险的危险行为。这种基础法律关系可以表现为合同关系,也可以是单方法律行为。而行为人与相对人也都遵守这种法律关系所衍生的义务。如体育比赛,运动员根据规则即处于身体碰撞的危险之中。所谓冒险行为要件,则包括:(1)所从事的行为具有不确定的危险,即从事的行为具有导致冒险行为人遭受损害的可能性。(2)冒险行为人对于危险和可能的损害有预见或认知。这种认知既包括对于其行为的性质、条件的认知,也包括对其行为所面临的危险和可能发生的损害的认知。这种危险应当是一种具体的、现实的危险,而损害则是一种非必然发生的、可以避免的损害。(3)行为人默示同意,即行为人对于可能发生但不确定发生之损害，表示有意一赌其不发生，并于损害不幸发生时，愿意承受其不利。(4)行为人自甘冒险行为，并非出于尽法律或者道德上的义务。(5)行为人自甘冒险是为了获得如无偿、重赏或特殊期待等非常规利益。[①] 在这里要注意的是，自甘冒险的适用范围应当限定在活动的参与者当中，这时也要依相应的社会日常生活经验法则来判断，如在体育活动中，发生在运动员、裁判员等参加者之间的损害可以不承担侵权责任，但对观众造成的损害不宜包括在内。在此，要注意与第1176条但书内容"其他参加者对损害的发生有故意或者重大过失的除外"的衔接。

首先，这一内容无疑是有关其他参加者承担责任的规定，也就是其他参加者以对损害的发生有"故意"或者"重大过失"为限，方可承担责任。从文义上讲，其他参加者的责任仅限于此，不包括一般的过错行为造成损害发生的情形。其次，这里的因重大过失或者故意而承担责任的人仅限于活动的参加者，而不包括组织者、管理者。组织者、管理者承担责任应当适用第1176条第2款的规定。也就是说，不能限定在他们只有故意或者重大过失时才承担侵权责任，其具有一般过错时也要承担侵权责任，而且这仅是限于直接责任而言，至于承担补充责任的情形，都不再强调其是否有过错的问题。最后，这里的受害人"自愿参加"在主观过错上应当属于"明知"而为的故意情形，如果此时在主观过错上为过失，则不能适用该款规定。

(二)安全保障义务的适用

《民法典》第1176条第2款采取指引性规定的做法，明确了"活动组织者的责任适用本法第一千一百九十八条至第一千二百零一条的规定"。至于本编第1198～1201条的具体适用问题，在这里不作过多论述，符合相应情形的，直接适用上述规定即可。在这里专门强调以下3点：

一是关于直接责任的适用。从法理上讲，活动组织者、管理者承担责任的规则适用安全保障义务及学校责任的规则与自甘风险规则并不矛盾。理由在于，自甘冒险应属于免责事由，而活动组织者的有关安全保障义务可以并行。如果活动组织者已经尽到安全保障义务，则活动参加者应当对活动风险自我承担责任；但如果活动组织者对于可以预见的风险不采取任何措施，那他们就应当对未尽安全保障义务承担相应责任。可见，活动组织者、管理者、经营者以及有关学校、幼儿园及其他教育机构这类主体承担的责任应属于过错责任，在没有相应过错的情况下当然不承担责任。在判断有关有无过错及过错大小时，要结合案件的具体情况来判断，尤其是其管理、保护措施是否符合相应的法律、法规规定或者行业自律要求以及有关习惯规则等。如果符合相应要求，则即时出现受害人遭受损害的情形也不应承担责任。在这里要采取适当从严认定上述主体过错的态度，从法律适用的角度要切忌"和稀泥"，以有利于推动上述主体积极组织相应活动，这也符合自甘冒险制度的初衷。

二是关于补充责任的适用问题。自甘冒险导致的损害后果是第三人原因造成的，有关学校、幼儿园及其他教育机构要承担补充责任。若无第三人的情形，如就是自然原因造成的，则不存在适用补充责任的可能。而且这里补充责任的适用仅限于活动组织者、管理者、经营者以及有关学校、幼儿园及其他教育机构这类主体。这里涉及第三人的范围问题，本书认为，这也要结合具体案件来分析。原则上，该第三人应当属于活动参与者以外的人，如果是活动参与者当中的人，本书认为，在符

① 曾世雄：《损害赔偿法原理》，中国政法大学出版社2001年版，第90～91页。

合第1176条第1款规定的情形下，即在其对损害的造成有故意或者重大过失符合侵权责任构成的情况下，其行为构成侵权行为，这时活动组织者、管理者有过错的，也应当承担补充责任。如果某参与者对于损害的发生仅有一般过错，这时其行为不构成侵权，即其并非侵权行为人，这时应不存在活动组织者、管理者代其承担“补充责任”的可能。在这种情况下，活动组织者、管理者是否承担责任，应当从其自身是否尽到相应的安全保障义务或者是否尽到教育、管理职责来判断，即仍应回到其自身是否有过错来判断是否应当承担直接责任的问题。

三是有关举证证明责任问题。关于自甘冒险的举证证明责任，应当遵循举证责任分配的一般规则，即《民诉法司法解释》第91条的规定。通常而言，应遵循“谁主张，谁举证”的规则，比如，受害人一方主张活动组织者、管理者承担相应责任，则要对他们未尽到安全保障义务承担举证责任；主张其他参与者承担相应责任，则要对其存在故意或者重大过失承担举证责任。

专题四 自助行为

一、自助行为的界定

自助行为，是指权利人为保护自己的权利，在情事紧迫而又不能及时请求国家机关予以救助的情形下，对他人的财产或人身施加扣押、约束或其他形式的措施，而为法律或社会公德所认可的行为。[①] 自助行为的性质，属于私力救济的范畴。从近现代法治发展的轨迹看，应该是越来越重视公力救济，私力救济处于例外状态，即能够通过公力救济解决的，就不宜适用私力救济的方式，只有在符合特定条件下才可以例外地适用私力救济，这应该是适用私力救济的一般规则。

不可否认，私力救济的存在具有合理性，对于防止损害扩大，及时救济权利，以及弥补公力救济的不足，乃至促进社会发展具有积极作用。在《民法典》编纂过程中，立法机关在综合各方意见的基础上，注重对审判实践经验的总结和吸收，最终在《民法典》第1177条中明确规定了自助行为，即“合法权益受到侵害，情况紧迫且不能及时获得国家机关保护，不立即采取措施将使其合法权益受到难以弥补的损害的，受害人可以在必要范围内采取扣留侵权人的财物等合理措施；但是，应当立即请求有关国家机关处理。”“受害人采取的措施不当造成他人损害的，应当承担侵权责任。”在这里，一是规定了“不立即采取措施将会使其权益受到难以弥补损害的”这一限定条件，更加科学合理。二是明确规定了“但书”内容，即“但是，应当立即请求有关国家机关处理”，更加严格了自助行为的适用条件，使自助法律制度更加科学。

二、自助行为的构成要件

依据《民法典》第1177条的规定，构成自助行为须具备：

---

① 王利明、杨立新编著：《侵权行为法》，法律出版社1996年版，第85页。

其一,须有不法侵害状态存在。侵害,是指对某种权利的侵袭和损害,或者说是对某种权利的攻击。没有侵害,无须进行救济行为。只有在侵害发生后,才有可能实施自助行为。

其二,须为保护自己的合法权利。自助行为旨在保护自己的权利,而非他人权利,这也是自助行为与正当防卫、紧急避险的一个显著区别。

其三,须为情况紧迫来不及请求有关国家机关的援助。这是指权利人在客观上来不及请求有关国家机关的保护,如果不实施自助行为,请求权就无法实现,或者实现的难度显著增加。第1177条规定的"不立即采取措施将使其合法权益受到难以弥补的损害的",即为明确要求,也体现了比例原则的理念。

其四,不得超过必要限度。所谓必要的自助行为,是为了保全其请求权而需要的行为。这里"必要限度"的要件,也要包括采取的措施必须合理,且原则上应当限制在对侵权人财物予以扣留等的范畴,在解释上应当严格依据该条规定进行,不可随意扩大。

其五,须为法律或公共道德所许可。一方面要求实施自助行为不得违反法律的强制性规定;另一方面也是不能违反社会公序良俗。比如,雇用他人以暴力方法讨债,将债务人囚禁于笼子里来讨债等形式皆为法律或者公序良俗所禁止。

三、自助行为与正当防卫的区别

作为保护民事权利的两种私力救济方法,正当防卫与自助行为颇为相似,如两者都可以针对正在发生的侵害民事权利的行为而实施。此前在实务中也有将自助行为类推适用正当防卫的做法。比如,在崔某菊、邓某平诉黄某朋、王某炯等其他侵权责任纠纷案中,法院裁判认为,民事主体在紧迫情势下为了保护或者实现其合法权益可以实施民事自助行为。民事自助行为未超过合理限度的,自助行为人不承担民事责任。其实,自助行为与正当防卫之间存在明显区别:首先,正当防卫针对正在进行的侵害,而自助行为针对的是侵害行为已经发生,具有一定的事后性。权利正在受到侵害时所实施的保护权利的行为是正当防卫而不是自助行为。其次,正当防卫可以是为了保护自己、他人的合法权益以及公共利益,而自助行为只能是为了保护自己的权利。再次,自助行为限于情事紧迫而又不能及时请求国家机关予以救助的情形,而正当防卫则不以此为要件。最后,正当防卫采取的措施在本质上要求是制止侵权行为,在紧迫性上更加紧急,而自助行为则是以救济自身损害为要求,紧迫性上要缓于正当防卫,且在程序上要求必须是及时请求有关国家机关处理。

第三章 损害赔偿

本章规定的主旨是解决损害赔偿的基本问题，主要包括侵害人身权益造成的损失类型及其赔偿内容、同一侵权多人死亡时死亡赔偿金的相同数额、被侵权人死亡后的请求权主体、侵害财产权的损失赔偿标准、侵害知识产权可适用惩罚性赔偿、受害人和行为人无过错时的损失分担以及赔偿损失的支付方式。

本章规定除第1185条关于侵害知识产权可适用惩罚性损害赔偿的规定为新增条款外，其他条款均继承了《侵权责任法》第二章责任方式部分的规定，其中第16条至第22条以及第24条至第25条的规定被保留，而《侵权责任法》第15条被《民法典》第179条所替代，《侵权责任法》第23条被放置在《民法典》第183条。由于总则编中关于民事责任的规定亦应根据具体情况适用于侵权责任编，侵权责任编仅就侵权责任中需要专门规定的损害赔偿部分作出专章规定。

作为一种责任方式，《民法典》中的损害赔偿，通常表述为赔偿损失或者损害赔偿。在责任性质上可能是缔约过失责任，如《民法典》第157条、第500条、第501条；法定责任，如《民法典》第171条第3款；违约责任，如第577条；以及侵权责任和其他债务不履行的责任。本章仅讨论作为责任方式的损害赔偿的相关问题。

专题一 损害赔偿的基本原则及其类型

一、《民法典》侵权损害赔偿的基本原则

损害赔偿，是指应依法赔偿他人权益受侵害而发生的不利益。损害赔偿的首要功能在于填补受害人所受的损害，即“损害填补”，其最高指导原则是使受害人的利益状态能够恢复到如同损害未发生时的应有状态。[①]《民法典》的首要功能是填补受害人损失，应无疑义。对于损害赔偿我国在司法实践中采取的是完全赔偿原则和禁止得利原则。[②]

完全赔偿原则作为《民法典》侵权责任损害赔偿中的指导原则，将在如下方面发挥功能：一是对于相关条文的解释适用具有一定的指导作用。例如，第1179条所列举的侵害人身权益所应赔偿的

① 曾世雄：《损害赔偿法原理》，中国政法大学出版社2001年版，第16页。

② 程啸：《侵权责任法》（第2版），法律出版社2015年版，第664页。

医疗费、护理费、交通费、营养费、住院伙食补助费等具体项目显然是不完全列举，在发生新的项目时，判断应否赔偿就应以完全赔偿原则作为衡量标准或指导原则。在判断某种财产损失的计算方法是否属于第1184条所规定的"其他合理方式"时，完全赔偿原则显然也是解释的逻辑起点。二是有利于准确适用《民法典》的相关制度。因果关系在责任成立和责任范围上均有其作用；损益相抵制度则是完全赔偿原则与禁止得利原则协力的产物，体现的是损害赔偿的填补功能；受害人过错是责任减轻或者免除事由等。三是在出现新的损失类型时，完全赔偿原则有利于判断、识别其可赔偿性。①

需要注意的是，《民法典》在损害赔偿的方法上，并未采取恢复原状优先的原则，而是将恢复原状和赔偿损失并列。由此，在理解损害赔偿时，涉及如何理解《民法典》所规定的恢复原状、赔偿损失与损害赔偿的关系问题。

损害赔偿作为上位概念，涵盖了恢复原状和金钱赔偿（赔偿损失）两种具体方法。但是，尽管有学者建议，应将损害赔偿作为恢复原状和金钱赔偿（赔偿损失）的上位概念规定在《民法典》中，②但《民法典》的最终条文却将损害赔偿与金钱赔偿（赔偿损失）在同一个含义上使用，主要表现在：（1）第191条关于未成年人遭受性侵害的损害赔偿请求权诉讼时效期间的规定，这里的损害赔偿显然不包括恢复原状。（2）第238条关于侵害物权的权利人可以依法请求损害赔偿的规定，与第237条对比来看，可知这里的损害赔偿显然不包括恢复原状。（3）第311条关于受让人善意取得所有权的，原所有权人有权向无处分权人请求损害赔偿的规定，第312条遗失物的权利人有权向无处分权人请求损害赔偿的规定，因原物不能返还，也无法恢复原状，所以损害赔偿显然是指金钱赔偿。（4）第389条和第691条关于担保物权和保证的担保范围包括损害赔偿金的规定，也是指金钱赔偿。（5）第996条关于违约行为损害相对方人格权并造成严重精神损害的，损害方应承担精神损害赔偿的规定，这里的精神损害赔偿也是金钱赔偿。（6）第1054条、第1091条关于婚姻无效或被撤销后或者特定情形导致离婚的，无过错方有权请求损害赔偿显然不可能包括恢复原状。（7）本章规定的损害赔偿，从文义及体系观察，也均指金钱赔偿（赔偿损失）。另外，从《民法典》第179条将赔偿损失和恢复原状均规定为责任方式，以及根据《民法典》其他出现赔偿损失的条文可知，赔偿损失就是金钱赔偿。所以，结论就是《民法典》的赔偿损失与损害赔偿是同一含义，损害赔偿与恢复原状是同一层次的概念，而非种属关系。在此意义上，恢复原状优先还是金钱赔偿优先自然就不成为问题，而是根据损害的类型，确定恢复原状还是赔偿损失，或者两者并用。

二、损害的分类

根据不同的标准，对损害可以区分为不同的类型，在《民法典》中，最重要的为以下两类：

（1）所受损害与所失利益。所受损害，是指现存利益积极减少。所失利益，是指消极妨害新财

---

① 李昊：《损害概念的变迁及类型建构——以民法典侵权责任编的编纂为视角》，载《法学》2019年第2期。

② 张新宝：《侵权责任编起草的主要问题探讨》，载《中国法律评论》2019年第1期；程啸、王丹：《损害赔偿的方法》，载《法学研究》2013年第3期。

产的取得,即因损害事故之发生权利人财产应增加未增加。[①]

(2)财产损害与非财产损害。财产损害,是指具有财产价值,以金钱计算的损害。非财产损害,是指精神、肉体痛苦等不具有财产价值、难以用金钱计算的损害,又称精神损害。[②]

专题二　人身损害侵权的财产损害赔偿

依据完全赔偿原则,侵权行为造成人身损害,亦应赔偿被侵权人所受损害和所失利益。人身损害,是指侵权行为造成的自然人的生命、健康、身体遭受侵害,造成受伤、致残或者致死的后果。

对于人身损害所导致的财产损害赔偿,《人身损害赔偿解释》作出了更进一步的规定。其第17条更全面地规定了人身损害赔偿范围,除《民法通则》的规定外,关于就医治疗支出的各项费用和因误工减少的收入,包括医疗费、护理费、交通费、住宿费、住院伙食补助费、必要的营养费;被侵权人因伤致残的,则应赔偿因增加生活上需要所支出的必要费用以及因丧失劳动能力导致的收入损失,包括残疾赔偿金、残疾辅助器具费、被扶养人生活费以及因康复护理、继续治疗实际发生的必要的康复费、护理费、后续治疗费;被侵权人死亡的,则还应当赔偿丧葬费、被扶养人生活费、死亡赔偿金及受害人亲属办理丧葬事宜支出的交通费、住宿费和误工损失等其他合理费用。该司法解释第18条以下更具体规定了各个项目的计算标准。《侵权责任法》则概括性地规定了医疗费、护理费、交通费等为治疗和康复支出的合理费用,以及因误工减少的收入等相关费用。与前述司法解释相比,主要变化在于:一是在具体的项目上并未像司法解释那么详细,如交通费、住宿费、住院伙食补助费、营养费等。对此,从《侵权责任法》的立法目的来看,并非对前述司法解释的限制,而只是因为采取了不完全列举的立法技术所致。因此,《侵权责任法》实施后,这些赔偿,司法实践仍然适用前述司法解释的规定。二是《侵权责任法》未再规定被扶养人生活费。这是《侵权责任法》有意为之。主要理由是,残疾赔偿金和死亡赔偿金应当涵盖被扶养人生活费,因此被扶养人生活费不应单独规定。鉴于此,最高人民法院《关于适用〈中华人民共和国侵权责任法〉若干问题的通知》(法发〔2010〕23号)规定,在《侵权责任法》实施后,关于被扶养人生活费,应当按照前述司法解释的规定计算后,计入残疾赔偿金和死亡赔偿金。

《民法典》在被扶养人生活费问题上与《侵权责任法》保持了一致,但在其他具体项目增加列举了营养费、住院伙食补助费。总体来看,《民法典》的人身伤亡的财产损害赔偿的范围也贯彻了完全赔偿原则。其中,医疗费、护理费、交通费、营养费、住院伙食补助费、辅助器具费、丧葬费等为治疗

① 王泽鉴:《损害赔偿》,北京大学出版社2017年版,第70页;曾世雄:《损害赔偿法原理》,中国政法大学出版社2001年版,第136页。

② 王泽鉴:《损害赔偿》,北京大学出版社2017年版,第75页;曾世雄:《损害赔偿法原理》,中国政法大学出版社2001年版,第132页。

和康复支出的合理费用为所受损害(积极损失)。但需要强调的是,这些为治疗和康复支出的合理费用,是不完全列举,因此在实践中就有根据具体情况作扩展的可能和必要。这种扩展的规范依据即为第1179条中的“为治疗和康复支出的合理费用”。因误工减少的收入、残疾赔偿金和死亡赔偿金则为被侵权人因人身伤亡而丧失的预期收入的损失,即所失利益(消极损害)。①

一、所受损害

1. 医疗费。医疗费,是指被侵权人因人身损害接受医疗检查、治疗与康复所已经支出和必须支出的费用。关于医疗费的认定标准,原则上以诊疗人身损害而实际发生的为准。《人身损害赔偿解释》第19条规定,医疗费根据医疗机构出具的医药费、住院费等收款凭证,结合病例和诊断证明等相关证据确定。赔偿义务人对治疗的必要性和合理性有异议,应当承担相应的举证责任。医疗费的赔偿数额,按照一审法庭辩论终结前实际发生的数额确定。器官功能恢复训练所必要的康复费、适当的整容费以及其他后续治疗费,赔偿权利人可以待实际发生后另行起诉。但根据医疗证明或者鉴定结论确定必然发生的费用,可以与已经发生的医疗费一并予以赔偿。

2. 护理费。护理费,是指被侵权人在遭受人身伤害(包括死者生前的抢救期间)期间,生活无法自理需要他人护理而付出的费用。从产生的时间来看,护理费也可区分为已经发生的护理费和未来确定要发生的护理费。两者都属于现存既有利益的减少。

《人身损害赔偿解释》第21条作出了明确规定,护理费根据护理人员的收入状况和护理人数、护理期限确定。护理人员有收入的,参照误工费的规定计算;护理人员没有收入或者雇用护工的,参照当地护工从事同等级别护理的劳务报酬标准计算。护理人员原则上为一人,但医疗机构或者鉴定机构有明确意见的,可以参照确定护理人员人数。护理期限应计算至受害人恢复生活自理能力时止。受害人因残疾不能恢复生活自理能力的,可以根据其年龄、健康状况等因素确定合理的护理期限,但最长不超过20年。受害人定残后的护理,应当根据其护理依赖程度并结合配制残疾辅助器具的情况确定护理级别。

由上述规定可知,如果护理人员是被侵权人雇用的专职护工,则按照被侵权人实际支付的护理费用计算。如果护理人员是受害人的亲属、朋友等非专业护理人员,则护理费的计算标准分为两类:有收入的,则按照其误工费计算;没有收入的,则按照同等级别护理人员的劳务报酬标准计算。

3. 交通费。交通费,是指为治疗和康复而支出的用于交通方面的合理费用。《人身损害赔偿解释》第22条规定,交通费根据受害人及其必要的陪护人员因就医或者转院治疗实际发生的费用计算。交通费应当以正式票据为凭证;有关凭据应当与就医地点、时间、人数、次数相符合。当然,贯彻完全赔偿原则,因治疗和康复而使用私家车所产生的费用,亦在交通费的范围之内。②

4. 住院伙食补助费。住院伙食补助费,是指被侵权人在住院治疗期间补助伙食所需要的费用。《人身损害赔偿解释》第23条规定,住院伙食补助费可以参照当地国家机关一般工作人员的出差伙

---

① 最高人民法院审判第一庭编著:《最高人民法院人身损害赔偿司法解释的理解与适用》,人民法院出版社2004年版,第247~248页。

② 程啸:《侵权责任法》(第2版),法律出版社2015年版,第683页。

食补助标准予以确定。受害人确有必要到外地治疗,因客观原因不能住院,受害人本人及其陪护人员实际发生的住宿费和伙食费,其合理部分应予赔偿。

5. 营养费。营养费,是指受害人遭受人身伤害为康复所需要的额外营养而产生的费用。《人身损害赔偿解释》第 24 条规定,营养费根据受害人伤残情况参照医疗机构的意见确定。

6. 辅助器具费。辅助器具费,是指因受害人残疾而造成身体部分功能丧失需要配置补偿功能的残疾辅助器具的费用。关于其认定标准,《人身损害赔偿解释》第 26 条规定,残疾辅助器具费按照普通适用器具的合理费用标准计算。伤情有特殊需要的,可以参照辅助器具配制机构的意见确定相应的合理费用标准。辅助器具的更换周期和赔偿期限参照配制机构的意见确定。

7. 其他为治疗和康复支出的合理费用。人身受损害而产生的合理的治疗和康复费用,会随着诊疗手段和技术的发展而不断变化,贯彻完全赔偿原则,就需要根据这些发展变化将这些合理费用纳入赔偿范围。

8. 丧葬费。丧葬费是因侵权行为导致被侵权人死亡办理丧事所产生的财产损失。对于丧葬费,《人身损害赔偿解释》采取了客观计算方法,其第 27 条规定,丧葬费按照受诉法院所在地上一年度职工月平均工资标准,以 6 个月总额计算。

《民法典》第 1181 条均规定,被侵权人死亡的,支付被侵权人医疗费、丧葬费等医疗费用的人有权请求侵权人赔偿费用,但侵权人已支付该费用的除外。该规定旨在解决非侵权人支付医疗费、丧葬费的情形下,实际支付费用的人向侵权人的请求权基础问题。无此规定,则实际支付前述费用之人的请求权基础,要么通过无因管理、要么侵权责任等请求权,请求侵权人承担此责任。[①] 在法律适用上较辗转。在《侵权责任法》之后请求权基础就较明确,被侵权人死亡的,则支付上述合理费用的人对侵权人有直接请求权;被侵权人未死亡的,则被侵权人对侵权人有侵权责任请求权,被侵权人与支付上述费用之人的法律关系,另行判断。这一规定不仅涉及对侵权人请求权,还涉及支付费用之人对强制责任保险的保险人的请求权问题。对此,《道路交通事故损害赔偿解释》第 26 条第 3 款规定,被侵权人因道路交通事故死亡,无近亲属或者近亲属不明,支付被侵权人医疗费、丧葬费等合理费用的单位或者个人,请求保险公司在交强险责任限额范围内予以赔偿的,人民法院应予支持。

《人身损害赔偿解释》所规定的上述所受损害(积极损失)的具体认定标准和计算规则,均采用了主观标准为主、客观标准为辅的方法加以确定。所谓主观标准,是指以被侵权人这一特定主体的实际情况为衡量标准,并因此呈现因人而异的状态。客观标准则是指不因被害人不同而发生变化。[②] 例如,在护理费的计算上,如果护理费根据护理人员的收入状况和护理人数、护理期限确定。护理人员有收入的,参照误工费的规定计算,此即为主观标准。护理人员没有收入或者雇用护工的,参照当地护工从事同等级别护理的劳务报酬标准计算,此即为客观标准。这种主观标准为主客观标准为辅的计算方法,具有完全填补损失和防止被侵权人恣意提升相应标准,给侵权人造成不合理赔偿负担及防止被侵权人得利的双重功能,从实践来看,目前仍然是较妥当的规则,在《民法典》实施后,仍应继续适用。

---

① 程啸:《侵权责任法》(第 2 版),法律出版社 2015 年版,第 683 ~ 684 页。

② 曾世雄:《损害赔偿法原理》,中国政法大学出版社 2001 年版,第 162 页。

二、所失利益

1. 因误工减少的收入

因误工减少的收入，是指如果没有侵权行为时被侵权人本应获得的收入。[①] 误工费的可赔偿性是自《民法通则》以来均予以确认的规则，也凸显了完全赔偿原则以使被侵权人恢复到侵权行为未发生时的应有状态这一目标。

误工费赔偿的特点在于，个体性差异大、计算标准无法固定统一且具有一定的推测性。[②] 因此，其计算标准就应当根据被侵权人的收入状况加以确定，在无固定收入时，则应采取某种客观标准计算。对此，《人身损害赔偿解释》第20条规定，误工费根据受害人的误工时间和收入状况确定。误工时间根据受害人接受治疗的医疗机构出具的证明确定。受害人因伤致残持续误工的，误工时间可以计算至定残日前一天。受害人有固定收入的，误工费按照实际减少的收入计算。受害人无固定收入的，按照其最近3年的平均收入计算；受害人不能举证证明其最近3年的平均收入状况的，可以参照受诉法院所在地相同或者相近行业上一年度职工的平均工资计算。

2. 残疾赔偿金

残疾赔偿金的概念取决于其弥补的损失，以下文所阐述的《民法典》采纳残疾赔偿金的劳动能力丧失说为基础，残疾赔偿金就是用来赔偿被侵权人因残疾导致劳动能力丧失或者部分丧失所遭受的财产损失。

关于残疾赔偿金的性质，学说上主要有收入丧失说、劳动能力丧失说和生活来源丧失说。收入丧失说又称所得丧失说，该说认为损害赔偿的目的在于填补受害人实际所受损害，所以受害人纵然丧失或者减少劳动能力，但如未发生实际损害，或受伤前后的收入并无差别，则不得请求赔偿。计算时，以受害人受伤前后收入的差额为损害额，以此差额予以赔偿。收入丧失说的问题在于，对于无业人员、未成年人等在受伤致残前后的收入均未发生变化的，即不能获得赔偿。劳动能力丧失说认为，受害人因身体或者健康受损害，以致丧失或者减少劳动能力本身即为损害，并不限于实际所得的损失。所以，劳动能力丧失即应予以赔偿，而不是赔偿实际收入的差额。只是劳动能力并不像一般的财物那样具有交换价格，但是通过雇佣合同或者劳动合同的方式，劳动能力也是完全可以买卖的，工资就是其对价。因此劳动能力有一定的收益行情，部分或者完全丧失劳动能力本身就构成了一种损害。至于个人实际所得额不过是对劳动能力损害程度进行评价时的一种参考因素而已。因此，在未成年人、失业人员以及家庭主妇遭受侵害以致部分或者完全丧失劳动能力时，也有权请求侵权人承担赔偿责任。生活来源丧失说认为，受害人劳动能力丧失与减少，必致其生活来源丧失，因而应当赔偿受害人的生活补助费，使其生活来源能够恢复。赔偿所救济的，既不是劳动能力丧失的本身，也不是受害人致残前后的收入差距，而是受害人致残前后生活来源的差额。[③]

《民法典》之前，《人身损害赔偿司法解释》规定的残疾赔偿金在功能和性质上，以劳动能力丧

① 程啸：《侵权责任法》（第2版），法律出版社2015年版，第684页。

② 同上书，第684～685页。

③ 最高人民法院审判第一庭编著：《最高人民法院人身损害赔偿司法解释的理解与适用》，人民法院出版社2004年版，第253～254页；程啸：《侵权责任法》（第2版），法律出版社2015年版，第686页。

失说为原则,同时吸收"收入丧失说"的合理成分,考虑受害人收入丧失与否的实际情况,作为决定残疾赔偿金的加权因素,以平衡当事人双方的利益。该司法解释第25条规定,残疾赔偿金根据受害人丧失劳动能力程度或者伤残等级,按照受诉法院所在地上一年度城镇居民人均可支配收入或者农村居民人均纯收入标准,自定残之日起按20年计算。但60周岁以上的,年龄每增加1岁减少1年;75周岁以上的,按5年计算。受害人因伤致残但实际收入没有减少,或者伤残等级较轻但造成职业妨害严重影响其劳动就业的,可以对残疾赔偿金作相应调整。其中,该条第1款显然是采用劳动能力丧失说,第2款将受害人的实际收入是否减少作为衡量因素,吸收了收入丧失说的合理成分。①

需要注意的是,《人身损害赔偿司法解释》的框架下,除残疾赔偿金外,还有被扶养人生活费,依据劳动能力丧失说,残疾赔偿金赔偿的是劳动能力丧失的损失,但在计算上,则采取抽象的计算标准即定型化赔偿的方式,并由此可以理解为抽象意义上的未来收入损失。但因其并非按照实际的差额加以计算,所以也并非完全的收入丧失说。换言之,无论未来是否有收入的丧失,均加以赔偿,这是劳动能力丧失说的体现,但采取客观计算的方式。在此意义上,被侵权人的残疾赔偿金按照平均收入计算更符合该目的。由此,被扶养人生活费因为最终都从被侵权人的"未来收入"中支出,所以就无单独计算的必要。但是该司法解释在两个项目的计算标准上加以区分,即残疾赔偿金按照城镇居民人均可支配收入或者农村居民人均纯收入计算,而被扶养人生活费则按照城镇居民人均消费性支出和农村居民人均年生活消费支出计算。如此,则两项合计基本构成被侵权人因劳动能力丧失或者部分丧失所导致的未来收入损失。②

《民法典》第1181条采取了《侵权责任法》相同的立场。在《民法典》实施后,如上述司法解释未变化,则残疾赔偿金仍应按照司法解释规定的计算标准,将被扶养人生活费计入残疾赔偿金。

《民法典》施行后,关于残疾赔偿金的计算,可能会面临如下问题:一是前述司法解释根据受害人户籍所在地、经常居住地等因素采用城乡二元标准的合理性问题;二是被扶养人生活费纳入残疾赔偿金,是以有被侵权人有法定的被扶养人为前提。在其他条件相同的情况下,有被扶养人的被侵权人所获得的残疾赔偿金与无被扶养人的被侵权人所获得的残疾赔偿金之间存在明显差距,在采取抽象计算标准确定残疾赔偿金的背景下,就难谓妥当。

解决上述问题,有如下方案:一是关于城乡二元标准,其根源是我国城乡二元化的现实问题,采取抽象(客观)计算标准,就不得不照顾此种现实。从现状来看,在不少省市,城乡一体化已经到相当程度,城乡二元标准自然随之消灭;或者说,采取统一标准的时机已经成熟。随着经济的进一步发展,采取同一标准的范围会越来越广。依据我国现实,逐步实现城乡标准统一化是未来的总体趋势,法律或者司法解释只能顺应这种趋势而不能人为改变这种趋势。或者说,不宜硬性地统一规定采用同一标准。二是关于被扶养人生活费的问题,将来可能的方案是采取职工平均工资或者其他的能够涵盖被侵权人未来收入的统一标准,以避免因被扶养人的有无而导致残疾赔偿金的数额

---

① 最高人民法院审判第一庭编著:《最高人民法院人身损害赔偿司法解释的理解与适用》,人民法院出版社2004年版,第254～255页。

② 同上书,第322页。

差别。

3. 死亡赔偿金

死亡赔偿金是侵权行为导致被侵权人死亡所产生的财产损失。关于死亡赔偿金的性质，理论上主要有扶养丧失说和继承丧失说。

扶养丧失说认为，因侵害他人生命导致受害人死亡，受害人生前扶养的未成年人或者没有劳动能力又没有其他生活来源的成年近亲属，因此丧失了生活资源的供给来源，受有财产损害，侵权人应当对该项损害予以赔偿。依据这一理论，如果受害人没有受其供养的被扶养人，则侵权人就无须赔偿该项被扶养人生活费；因为损害不存在，当然救济亦无从发生。此时，侵权人仅需就有关丧葬事宜支出的费用予以赔偿。在财产损失外，由于被侵权人因侵权行为身亡，死亡受害人的近亲属因此受有反射性精神利益损害，侵权人对此精神损害应当予以赔偿。

继承丧失说认为，因侵害他人生命导致被侵权人死亡，不仅生命利益本身受侵害，而且造成被侵权人余命年岁内的收入丧失，给予受害人共同生活的家庭共同体造成财产损失。因为近亲属被认为与受害人是经济性同一体或“钱包共同”关系，因婚姻或者继承能够合法取得被侵权人在正常生存情况下个人消费部分以外的全部收入。如果不发生侵权事故，可以预期被侵权人在以当地人口平均寿命为基准计算的余命年岁内，将会继续获得正常的劳动收入，除去其中个人消费部分，其余应为其家庭成员或者其他合法继承人继承。因此，侵权事故事实上导致受害人提前死亡，而使这部分应得财产丧失，对此“逸失利益”，侵权人应当予以赔偿。[①]

继承丧失说与扶养丧失说在立法上的区别，表现为继承丧失说与扶养丧失说互相排斥，采取继承丧失说的立法例均不再规定被扶养人生活费，因该项费用已包含在继承丧失说的死者收入损失之中，再作规定就是重复赔偿。从比较法上看，德国、英国、俄罗斯采取的是扶养丧失说，日本采取的是继承丧失说。

《民法通则》并未规定死亡赔偿金，而是以丧葬费及死者生前扶养的人必要的生活费涵盖因侵权造成死亡所产生的所有财产损失。直至《人身损害赔偿司法解释》出台，我国司法实践才采取了继承丧失说，死亡赔偿金的内容是对收入损失赔偿，其性质是财产损害赔偿，而不是精神损害赔偿。[②] 该司法解释第 29 条规定，死亡赔偿金按照受诉法院所在地上一年度城镇居民人均可支配收入或者农村居民人均纯收入标准，按 20 年计算。但 60 周岁以上的，年龄每增加 1 岁减少 1 年；75 周岁以上的，按 5 年计算。

分析上述司法解释的规定，之所以认为其采取了继承丧失说，主要原因是，按照继承丧失说，受害人死亡导致的财产损失，应当以家庭整体收入的减少为标准进行计算，即按照代表死者生前综合收入水平的年收入标准计算。但是鉴于当时的《民法通则》和司法解释尚保留被扶养人生活费这一项目，所以将死者的未来收入在技术上分为两部分，一部分为人均可支配收入，另一部分为被扶养人生活费。人均可支配收入的按人均工资除以平均负担系数计算，代表的是人均工资的 2/3，另外

---

① 最高人民法院审判第一庭编著：《最高人民法院人身损害赔偿司法解释的理解与适用》，人民法院出版社 2004 年版，第 357～358 页。

② 同上书，第 363 页。

1/3 则以“被扶养人生活费”的方式体现,按“平均生活费”指标计算。“平均生活费”,是指“城镇居民人均消费性支出”或者“农村居民人均年生活消费支出”。[①]

基于死亡赔偿金的上述性质可知,死亡赔偿金不是对死者生命本身的赔偿,而是对生命权受侵害所导致的受害人近亲属的财产损失的赔偿。逻辑上,采取个别化的具体计算标准最符合完全赔偿原则。但是,在理念及技术上,个别化的具体计算方法存在如下问题:(1)不同被侵权人的死亡赔偿金数额差别过大,使本来应该是平等的对侵害人的生命、身体的赔偿额产生极端的个人之间的差别,从法的理想来看不是理想状况;(2)以极其暧昧的盖然性掩盖其不正确性:个别化的具体计算实际上是假定受害人将来一定从事其死亡时的工作,这一假定同样是高度不确定的;对于个体工商户、自营业主等的收入的预测也是高度不确定的;对于现在没有收入的家庭主妇、幼儿等的未来收入同样不具有合理性。[②] 基于这些理由,虽然抽象的定额赔偿计算方法不考虑具体受害人个人财产损失的算术差额,未能个别化地计算受害人未来收入损失,但因个别化的具体计算方法同样存在盖然性较低的问题,同时抽象的定额化赔偿更兼具社会妥当性和社会公正性的优点,因此仍然是死亡赔偿金的妥当计算方法。

从立法来看,《侵权责任法》和《民法典》未改变死亡赔偿金的继承丧失说性质。因此,最高人民法院《关于适用〈中华人民共和国侵权责任法〉若干问题的通知》(法发〔2010〕23 号)将被扶养人生活费纳入死亡赔偿金的计算范围当中。在《民法典》实施之后,如果未出台新的司法解释,该规定仍应适用。

采取《人身损害赔偿解释》所规定的死亡赔偿金的计算方法,与残疾赔偿金类似。《民法典》实施后亦将面临城乡二元标准和被扶养人生活费单独计算并计入死亡赔偿金导致死亡赔偿金标准不一的问题。对于城乡二元标准,《民法典》第 1180 条和《侵权责任法》第 17 条一样,规定了因同一侵权行为导致多人死亡的,死亡赔偿金按照相同数额计算,部分解决了死亡赔偿金的二元标准问题。从长期来看,采取定额化的赔偿方式,必须兼顾经济社会发展水平、受害人损失填补和侵权人赔偿负担的平衡。所以,根本上解决城乡二元标准,应当依靠城乡一体化进程。目前,已经有部分省市不再区分城乡标准,统一采用城镇标准。关于赔偿标准,则按照《民法典》的立法精神,将来可能的方案是采取职工平均工资或者其他的能够涵盖被侵权人未来收入的统一标准,以避免因被扶养人的有无而导致死亡赔偿金的数额差别。

三、同一侵权行为造成多人死亡时死亡赔偿金的计算

如前所述,按照前述司法解释关于死亡赔偿金的计算方法,两个因素可能导致同一侵权行为造成多人死亡的,其死亡赔偿金却存在较大差异的情况:一是死亡赔偿金按照受诉法院所在地城镇标准或农村标准的二元标准;二是被扶养人生活费单独计入残疾赔偿金,会造成有被扶养人的受害人的死亡赔偿金远高于无被扶养人的受害人的死亡赔偿金。

---

① 最高人民法院审判第一庭编著:《最高人民法院人身损害赔偿司法解释的理解与适用》,人民法院出版社 2004 年版,第 364 ~ 367 页。

② 于敏:《日本侵权行为法》(第 2 版),法律出版社 2006 年版,第 382 ~ 383 页。

《民法典》第1180条规定,因同一侵权行为造成多人死亡的,可以相同数额确定死亡赔偿金。这主要基于如下原因:(1)避免多个原告举证困难,防止诉讼迟延;(2)节省司法资源;(3)维护众多原告之间团结,防止原告之间相互攀比,避免同一事故的众多原告之间赔偿数额差距过大引发社会争论。[①]

适用《民法典》第1180条,需要注意以下几点:(1)第1180条是一个任意性规范或者授权性规范,即授予人民法院根据具体情况在同一侵权行为造成多人死亡的案件中,按照相同数额认定死亡赔偿金的自由裁量权,而非必须采取相同数额;(2)必须是因同一侵权行为或者事故造成的多人死亡;(3)以相同数额确定死亡赔偿金,原则上不考虑受害人的年龄,有无被扶养人等因素,即以现行司法解释的赔偿标准所产生的差别均不再考虑;(4)在实践中,以相同数额确定死亡赔偿金,通常有两种方式,采取"就高不就低"的原则或者确定某个固定的数额。采取"就高不就低"的原则,通常在死亡人数较少的案件中,一是有利于最大化地赔偿受害人;二是有利于迅速解决纠纷。采取固定数额的做法,通常在大规模侵权导致死亡人数较多的案件中。

四、人身损害赔偿的计算方法

损害赔偿计算方法分为主观计算方法和客观计算方法。主观计算方法即具体计算方法,是指计算损害赔偿数额时应根据被侵权人的具体情况加以判断,被侵权人的收入、职业、教育背景等因素因人而异,损害赔偿数额也就有所不同。客观计算方法即抽象计算方法或类型化的计算方法,则不考虑被侵权人的具体情况,而是根据相同的标准计算损害赔偿数额,被侵权人的个别因素不影响该数额的计算。

《民法典》未规定人身损害赔偿项目的计算方法。而《人身损害赔偿解释》则区分损失类型,对所受损害,以主观计算方法为主,以客观计算方法为辅;对所失利益,以客观计算方法为主,以主观计算方法为辅。这种做法符合我国现实,也符合完全赔偿原则的计算方法。在无新的计算方法替代前,仍应适用。

五、人身损害赔偿的计算时点

《民法典》第六编第二章并未规定人身损害赔偿的计算时点。损害赔偿的计算时点或准据时点,实体法上需要解决的问题是侵权人在法律上应履行损害赔偿债务的时点。在此时点之后所发生的价额变动,对赔偿数额不产生影响。依据完全赔偿原则,因损害赔偿是为填补被侵权人的现实财产状况与假设财产状况的差额。因此,损害发生后实际赔偿前的所有因素均应考虑在内,反映在诉讼法上,就是以事实审最后言词辩论日为准。[②]

根据《人身损害赔偿解释》的规定,医疗费、护理费、交通费、营养费、住院伙食补助费、辅助器具费、误工费等,均以实际发生的或者以医疗机构的意见为准,计算时点本身不影响其数额。在实体

---

① 全国人大常委会法制工作委员会编:《中华人民共和国侵权责任法条文说明、立法理由及相关规定》,北京大学出版社2010年版,第66页。

② 曾世雄:《损害赔偿法原理》,中国法政法大学出版社2001年版,第25页。

法上的计算时点，就是实际发生时、合理期间内侵权人即应履行。诉讼法上的计算时点就是事实审言词辩论终结日。对此，《人身损害赔偿司法解释》第19条第2款规定，医疗费的赔偿数额，按照一审法庭辩论终结前实际发生的数额确定，即反映了这一思想。只是就虽未实际发生但必然发生的费用，例如，根据医疗证明或者鉴定结论确定必然发生的医疗费用、营养费、护理费、营养费等，为诉讼经济考虑，可以在同一诉讼中直接请求，无须等到实际发生之后另行起诉。

另一类是丧葬费、残疾赔偿金和死亡赔偿金。丧葬费以受诉法院所在地上一年度职工月平均工资为准，以6个月总额计算。残疾赔偿金和死亡赔偿金以受诉法院所在地上一年度城镇居民人均可支配收入或者农村居民人均纯收入为标准，而计入残疾赔偿金和死亡赔偿金的被扶养人生活费，以受诉法院所在地上一年度城镇居民人均消费性支出和农村居民人均年生活消费支出为标准。这里的上一年度，《人身损害赔偿司法解释》第35条规定，是指一审法庭辩论终结时的上一统计年度，而非损害结果发生时的上一年度。因此，在损害后果发生后至一审庭审辩论终结前，如果"上一年度"的标准提高了，则丧葬费、残疾赔偿金和死亡赔偿金的数额会增加。这就是诉讼法上的计算时点规则。

六、损害赔偿的计算基准地

采取客观计算方法及定型化的计算方法，客观上所采取的标准就只能是某个地区的标准。在我国地方发展不均衡的情况下，产生了采取客观计算的损害赔偿项目，以何地标准作为标准的问题。对此，《人身损害赔偿司法解释》采取"受诉法院所在地"标准计算丧葬费、残疾赔偿金和死亡赔偿金（含被扶养人生活费）。"受诉法院所在地"也可以说是客观计算方法中的客观因素。

但是，如果受诉法院与原告即被侵权人的住所地或者经常居住地不一致，原告住所地经济发展水平较高，以受诉法院所在地的标准确定被侵权人相应的损害赔偿项目，就难以弥补受害人的所失利益。因此，《人身损害赔偿司法解释》就计算基准地，也采取了"客观标准为主""主观标准为辅"的方法，原则上以受诉法院所在地为基准地，但赔偿权利人举证证明其住所地或者经常居住地城镇居民人均可支配收入或者农村居民人均纯收入高于受诉法院所在地标准的，残疾赔偿金或者死亡赔偿金可以按照其住所地或者经常居住地的相关标准计算。也可以说，客观计算方法中体现了主观因素。

专题三　损害赔偿请求权人的范围

因侵权行为而产生的损害赔偿关系，其内容为侵权行为所产生的损害赔偿之债，其主体为债权人和债务人，债权人通常为被侵权人、债务人通常为侵权人。《民法典》第120条规定，民事权益受到侵害的，被侵权人有权请求侵权人承担侵权责任。但是，请求权人与债务人并不总是与被侵权人和侵权人一一对应。主要体现在:实施侵权行为的人并非承担侵权责任的人,而在受害人死亡的场合,请求权人也显然不可能是因侵权而死亡的受害人。

在《民法典》之下,损害赔偿请求权的主体除被侵权人外,还有如下特殊情形:

1. 被侵权人的近亲属。被侵权人死亡的,被侵权人的权利能力消灭,作为主体不存在,也不存在针对生命的死亡赔偿。此时需要填补的利益损失,乃是受害人近亲属因受害人死亡导致的财产损失。因此,被侵权人的近亲属为请求权主体。《民法典》第1181条规定,被侵权人死亡的,其近亲属有权请求侵权人承担侵权责任。第1045条规定,配偶、父母、子女、兄弟姐妹、祖父母、外祖父母、孙子女、外孙子女为近亲属。关于请求权主体的顺位,因死亡赔偿金采取继承丧失说,是对与受害人共同生活的家庭共同体造成的财产损失的赔偿,根据《民法典》第1045条第3款的规定,配偶、父母、子女和其他共同生活的近亲属为家庭成员,同时类推适用《民法典》第1127条的规定,将配偶、子女、父母和其他共同生活的近亲属作为是第一顺位的请求权主体;兄弟姐妹、祖父母、外祖父母、孙子女、外孙子女是第二顺位的请求权主体。有第一顺位的近亲属的,第二顺位的近亲属不得请求。关于死亡赔偿金的分割,因死亡赔偿金不是遗产,根据规范目的,不宜类推《民法典》第1130条同一顺序继承人一般应当均等的规定,而应该按照共同生活的紧密程度决定。①

被侵权人的近亲属同时也是精神损害赔偿金的请求权主体,其法律构成将在精神损害赔偿部分予以说明。

需要说明的是,《民法典》之后,被扶养人生活费不是一个单独计算的赔偿项目,也不构成独立的请求权内容。因此,被侵权人的被扶养人不是独立的请求权主体。

2. 胎儿。尚未出生的胎儿能否作为损害赔偿的权利主体,涉及的问题是胎儿的权利能力的问题。《民法典》第16条规定,涉及遗产继承、接受赠与等胎儿利益保护的,胎儿视为具有民事权利能力。但是,胎儿娩出时为死体的,其民事权利能力自始不存在。这一规定,弥补了《民法典》之前我国法律关于胎儿权利能力一般规定尚付阙如的空白。

根据前述规定,胎儿出生前如其父遭受不幸,则应享有独立的损害赔偿请求权,由其母作为法定代理人代理行使。如胎儿娩出后为死体的,则发生不当得利返还。

3. 分立、合并后的组织。作为组织的被侵权人分立、合并的,则承继其权利义务的组织享有损害赔偿请求权。《民法典》第67条规定,法人合并的,其权利和义务由合并后的法人享有和承担的;法人分立的,其权利和义务由分立后的法人享有连带债权,承担连带债务,但是债权人和债务人另有约定的除外。

4. 支付人身损害中的医疗费、丧葬费的人。被侵权人死亡的,所产生的医疗费、丧葬费未必是侵权人或者被侵权人支付,经常会由被侵权人的亲属、朋友等支付。由于医疗费、丧葬费的损失是死者的所受损害,应由侵权人予以赔偿。但在前述场合,则通常通过无因管理或者不当得利制度予以解决。《民法典》第1181条第2款明确规定了实际支付医疗费、丧葬费等合理费用的人对侵权人有请求权,无须再转至无因管理或者不当得利请求权。这里的人,不仅是自然人,也包括其他实际

---

① 最高人民法院审判第一庭编著:《最高人民法院人身损害赔偿司法解释的理解与适用》,人民法院出版社2004年版,第21页。

支付或者垫付的医疗机构或者其他组织。

另外,在涉及交强险的场合,实际支付医疗费、丧葬费等合理费用的人,因这些费用在交强险的赔偿范围内,在被侵权人无近亲属或者近亲属不明时,应当赋予实际支付费用的人有向保险公司直接请求支付保险金的请求权。对此,《道路交通事故解释》第 26 条第 3 款规定,被侵权人因道路交通事故死亡,无近亲属或者近亲属不明,支付被侵权人医疗费、丧葬费等合理费用的单位或者个人,请求保险公司在交强险责任限额范围内予以赔偿的,人民法院应予支持。

5. 未经法律授权的组织无损害赔偿请求权。实践中经常发生的一种情形是,被侵权人因侵权行为死亡,但无近亲属或者近亲属不明,民政部门等有关部门起诉侵权人或者强制责任保险请求赔偿死亡赔偿金的,是否应当支持的问题。对此,应当以法律授权为前提,法律未授权的组织请求的,不应支持。《道路交通事故解释》第 26 条第 1 款规定,被侵权人因道路交通事故死亡,无近亲属或者近亲属不明,未经法律授权的机关或者有关组织向人民法院起诉主张死亡赔偿金的,人民法院不予受理。其主要理由在于:死亡赔偿金的实体法性质决定了未经法律授权的组织不享有请求权,公法的特征决定了未经法律授权的有关组织无权代替死者近亲属主张死亡赔偿金,程序法的要求决定了未经授权的组织不能成为适格原告,以及民事诉讼法关于公益诉讼的规定决定了此类案件不能纳入公益诉讼。

专题四　侵害其他人身权益的财产损害赔偿

人身权益除生命权、身体权、健康权外,还有姓名权、名誉权、荣誉权、肖像权、隐私权、婚姻自主权等其他人身权益。后者与前者最重要的区别在于,前者为物质性人身权益,后者则主要为精神性人身权益。侵害精神性人身权益所造成的财产损失,显然与人身损害赔偿中的医疗费等所受损害及所失利益那样可通过具体计算方法和抽象计算方法计算不同。

关于侵害他人人身权益造成的损失,《民法典》第 1182 条规定,“侵害他人人身权益造成财产损失的,按照被侵权人因此受到的损失赔偿或者侵权人因此获得的利益赔偿;被侵权人因此受到的损失以及侵权人因此获得的利益难以确定的,被侵权人和侵权人就赔偿数额协商不一致,向人民法院提起诉讼的,由人民法院根据实际情况确定赔偿数额。”上述规定,将被侵权人的损失标准和侵权人的获益标准确定为并列关系,改变了《侵权责任法》的实际损失标准优先、侵权人的获益标准劣后的规则,两者再无优先与劣后之分。

侵害其他人身权益所造成的财产损害赔偿,主要是指侵害了可以商品化的姓名权、名称权、肖像权等精神性人格权益上。对于此类损害赔偿,有如下赔偿标准。

一、以实际损失为标准

侵害其他人身权益所造成的财产损失,按照完全赔偿原则,包括所受损害(积极损失)和所失利益（消极损失），转化为《民法典》第 1182 条的表述就是"按照被侵权人因此受到的损失"赔偿。

在侵害人身权益的财产损害赔偿中，以实际损失作为赔偿标准，会出现损失难以计算的问题。一是对精神性人格权益的侵害，主要表现在未经许可的使用等方面，被侵权人的损失既不体现在特定利益的支出，也不体现在特定收益的减少。在有的案件中，即使没有侵权人的使用，被侵权人也不可能以与侵权人同样的方式利用这些人格权益。或者说，没有将这些人格权益商业化利用的意愿和能力时，按照"差额说"的理念，这里就不存在损失。二是侵害精神性人格权益所造成的损失，以具体方法计算，难以确定其数额；按照抽象方法计算，难以确定其标准。

财产损失的有无或者计算上的难题，说明"差额说"于此场合下的不敷使用。从评价上来看，无论权利人是否会利用或者如何利用精神性人格权益，未经同意使用他人肖像、姓名、名誉等人格权益本身，就是侵权人所获得的利益。这种利益不能归属于侵权人而应归属于权利人，这是至为明显之理。由此，产生了第 1182 条所规定的以侵权人获得的利益作为赔偿的所谓"获利返还"型的损害赔偿的计算方法。

二、以侵权人获得的利益为标准

以侵权人获得的利益作为赔偿损失的标准，是《侵权责任法》第 20 条的规定，《民法典》予以继承并将其与被侵权人的损失标准并列，作为并行的损害赔偿计算方法。学理上，称之为"获利返还"。对此，需要注意以下几点：

（一）获利返还作为损害赔偿方法的正当性

获利返还作为损害赔偿方法最重要的质疑，就是有人认为这种以侵权人的得利而非被侵权人的损失作为损害赔偿方法，违反了损害赔偿法的完全赔偿原则和禁止得利原则，破坏了损害赔偿法与不当得利法乃至无因管理法之间的关系。但是，这种质疑并不成立。

第一，按照损害的"差额说"及其计算方式，在若干场合，会出现被侵权人总的财产状况与假设的应然状态之间并无差额的情形。由此认定被侵权人无损失，而侵权人则享有利益，不符合任何人不得通过自己的违法行为获利的公平理念。也正是"差额说"在诸如物的使用可能性损失、交易性贬值、亲属看护费用、假设因果关系等情形下不敷使用；"组织说"及"规范损害说"才将法律上的评价因素用于损害的认定上，进而扩展了损害的范围。① 由此，通过对损害作出规范性的评价进而判断损害赔偿的方法，是全面认定损害，实现损害赔偿法目的的应有之义。依据规范目的，人身权益等绝对权被侵害本身即应当被评价为损害，而不拘泥于被侵权人总体财产状况与假设状况是否存在差额，有利于被侵权人人身权益的侵权法保护。另外，从利益衡量上看，在自身法益遭受侵害的情况下，受害人较之于加害人应当获得更好的救济。②

第二，获利返还作为侵权法上的损害赔偿方法，有利于实现侵权法的预防功能。在侵权人获得的利益大于被侵权人损害的情况下，如果允许侵权人保有这种利益，则损害赔偿法的预防功能将会

---

① 王泽鉴：《损害赔偿》，北京大学出版社 2017 年版，第 68 ~ 69 页。

② ［奥地利］海尔姆特·库奇奥：《侵权责任法的基本问题（第一卷）：德语国家的视角》，朱岩译，北京大学出版社 2017 年版，第 43 页。

落空。

第三,以不当得利返还作为获利返还的请求权基础不能完全实现对被侵权人的保护。从不当得利所返还的"利益"看,通常不包括利润。《民法典》第985条至第988条关于返还不当得利中的"利益",并未给出确定的范围。在审判实际中,返还的不当利益包括原物和原物所生的孳息。因所获得的利益而取得的利润,不在不当得利的返还范围之内;利润原则上不属于原物的用益,企业通过经营活动取得的利润原则上不属于物之孳息也不属于使用利益。从根源上来说,利润返还之所以不属于不当得利的返还范围,是因为它完全剥夺了受益人通过权益侵害获得的收益,具有浓厚的制裁性和预防性。所以,超过客观价额的获利(包括利润)究竟应归属于谁,实非不当得利所能决定。①

第四,关于不法无因管理能否构成获利返还的请求权基础问题。从《民法典》第980条的规定来看,因"管理人管理事务不属于前条规定的情形",可以解释为包括了不符合第979条的适法无因管理构成要件的不法无因管理。因此,第980条后段规定的"受益人享有管理利益的",就是指受益人选择主张获利返还,并因此在获利范围内有费用偿还义务。但是,尽管第980条并未明确不法无因管理以明知系他人事务为构成要件,但在理论上亦只能作此解释。由此,不法无因管理的故意要件就难以涵盖侵权责任中的过失。这就意味着,在有些构成侵权责任但不构成不法无因管理的案型中,就难以将获利赔偿作为损害赔偿的计算方法。这也说明,在侵权损害赔偿中单独承认获利返还作为损害赔偿方法的必要性。

第五,需要注意的是,侵害精神型人身权益造成的财产损失,在证明及计算上通常较困难,获利返还作为损害赔偿的方法,具有减轻被侵权人证明负担的作用。

(二)获利返还的具体计算

获利返还,显然是以侵权人获得的利益作为衡量标准,这里的利益就不仅体现在积极利益的增加,而且包括应支付费用的减少。前者如利用他人姓名、肖像做广告所获得利润的增加;后者如节省的许可使用费等。两者的共同特征是它们均未必构成"差额说"下的受害人损失。

侵权人获得的利益,通常由被侵权人的权益与侵权人投入的生产要素相结合而产生。这里的生产要素包括简单的劳动或交易行为、经营行为等。在观念上,可以区分为被侵权人权益所对应的价值和侵权人投入生产要素所贡献的增量价值。② 在计算侵权人取得的利益时,需要区分侵权人投入的生产要素与被侵权人的权益对最终获利的不同影响,在计算时将侵权人的成本予以扣除,从而计算出侵权人因侵权而获得的净利润。但是,需要注意的是,不是所有的成本都能从侵权人获得的利益中扣除,而是需要同时考虑因果关系,可以扣除的是那些在权益侵害中发挥作用的成本,应当将获利返还中的获利限定为行为人因侵害受害人人格权益而获得的利益,因为行为人的经营模式、商业秘密等获得的利润,则应当予以扣除。③

获利返还同样会存在证明困难的问题。可以采用拟制的许可使用费或者同类的市场标准予以

① 王泽鉴:《不当得利》,北京大学出版社2015年版,第254页。

② 和育东:《非法获利赔偿制度的正当性及适用范围》,载《法学》2018年第8期。

③ 王利明:《侵权获利返还若干问题探讨——兼评民法典分编草案二审稿第959条》,载《广东社会科学》2019年第4期。

确定,这实际上是按照侵权人应支付费用的减少标准计算侵权人的获利。

(三)两种赔偿标准由被侵权人选择

《民法典》第1182条将获利返还与实际损失赔偿规定为并列的计算方法,而非有先后次序。如此规定就意味着被侵权人可以选择行使:在实际损失高于侵权人获利时,选择按照实际损失赔偿;如实际损失低于侵权人获利时,则选择获利返还。如此规定,有利于发挥法律的损害预防功能,有利于降低受害人的举证负担,[①]有利于实现违法之人不应从其违法行为中获利的价值判断。

(四)法院根据实际情况确定赔偿数额

在被侵权人的损失和侵权人的获利均难以确定时,《民法典》第1182条规定,由人民法院根据实际情况确定赔偿数额。需要考虑的实际情况包括侵权人的主观过错、侵权行为的方式、损害后果的严重程度等因素。

专题五 侵害财产权益的损害赔偿

《民法典》第1184条规定,侵害他人财产的,财产损失按照损失发生时的市场价格或者其他合理方式计算。该条规定,继承了《侵权责任法》第19条的规定,在表述上将"其他方式"修改为"其他合理方式"。

第1184条规定"侵害他人财产",实质是指侵害他人财产权益。不仅是动产和不动产,具有财产权益权利类型均应包括,如所有权、用益物权、担保物权、著作权、专利权、商标专用权、股权、继承权等。侵害财产权益,表现形态多种多样,但适用损害赔偿,则通常表现为侵权行为导致动产、不动产的毁损、灭失;或者虽未毁损、灭失,但侵权人侵害动产、不动产的占有导致权利人无法使用的损失;对其他财产权益,如知识产权,则表现为未经许可使用。财产权益的形态不同,损害赔偿适用的侵权行为的形态也会有不同。

侵犯财产权益的损害赔偿,贯彻完全赔偿原则,同样包括所受损害即积极财产的减少,和所失利益即应增加的利益未增加。无论是何种损失,在损害赔偿的计算上,均以客观计算方法为主,而非以主观计算方法为主。

一、所受损害

由财产权益这一侵权行为的客体所决定,侵害财产权益导致被侵权人的所受损害,包括财产本身的毁损灭失而直接减少的价值,被侵权人因侵权而支出的费用以及财产毁损后的贬值损失。财产毁损灭失直接减少的价值,可以看作财产本身的使用收益价值的减少,财产毁损后的贬值损失,

---

① 王利明:《侵权获利返还若干问题探讨——兼评民法典分编草案二审稿第959条》,载《广东社会科学》2019年第4期。

则往往是财产的交换价值的降低。

对于财产的毁损灭失所减少的价值,计算方法就是原有价值减去现存的价值。如果财产是可替代物,则应区分新物和旧物。[1] 新物灭失,则其减少的价值就是该物的市场价格。新物毁损,则其减少的价值就是市场价格与该物现在价格的差额。当然,如果毁损能够修复的,则采取修理的方式能够达到赔偿财产使用收益价值的目的,则可以赔偿修复费用或者由侵权人修理或者委托他人修复。如果毁损不能修复的,则应按照市场价与现物残值之间的差额赔偿,或者按照市场价赔偿,由侵权人取得残值部分。旧物毁损灭失,所赔偿的则是旧物的市场价格与残存价值的差额。同样,因该赔偿是使用收益价值的赔偿,因而物虽未灭失但已因侵权丧失功用的,同样应当采取前述赔偿规则。对此,《道路交通事故解释》第 15 条就道路交通事故造成机动车的损失,规定了如下内容:(1)维修被损坏车辆的所支出的费用、车辆所载物品的损失、车辆施救费用;(2)因车辆灭失或者无法修复,为购买交通事故发生时与被损坏车辆价值相当的车辆重置费用。因此,机动车的修复费用或者重置费用,都是对机动车毁损灭失所减少的价值的赔偿;车辆施救费用,就是因被侵权人因侵权而支出的费用。

对于交换价值降低的赔偿,即通常所说的贬值损失应否赔偿,仍有争议。贬值损失包括技术性贬值和交易性贬值。技术性贬值,是指的被毁损的物通过修理之后不能完全恢复原状,仍然存在瑕疵,致使其价值与被毁损之前依旧存在差异。交易性贬值,是指被毁损的物经过完全修复,但是因曾经发生过损害事故而导致交易价格的降低。[2] 多数观点认为,贬值损失是一种客观损失,应予赔偿。但司法实践并不统一,《道路交通事故解释》并未明确规定机动车因发生交通事故而产生的贬值损失应予赔偿,并且认为我国尚不具备完全支持贬值损失的客观条件,其主要理由是:(1)虽然理论上多数观点认为贬值损失具有可赔偿性,但仍有较多争议,如因维修导致零部件以旧换新是否存在溢价,从而产生损益相抵等问题等。(2)贬值损失的可赔偿性要兼顾一国的道路交通实际状况。在事故率比较高、道路安全意识尚需提高的我国,普遍性地赔偿贬值损失会加重道路交通参与人的负担,不利于社会经济发展。(3)我国目前鉴定市场尚不规范,贬值损失的认定具有较大任意性,贬值损失数额确定的不科学将导致案件实质上的不公平。(4)贬值损失几乎在每辆发生事故的机动车上都会存在,规定贬值损失可能导致本不会成诉的交通事故案件大量涌入法院,不利于减少纠纷。因此,现阶段原则上对贬值损失持保守态度。但在少数极端情形下,也可以考虑赔偿,但必须慎重,严格把握。[3] 如果说交通事故因其数量较大,影响广泛,且存在较大的社会效应而应采取慎重态度对待机动车贬值损失是合理的,则在其他不具备这些特征的侵害财产的案型中,则应承认贬值损失的可赔偿性。这也说明,损失的可赔偿性问题,不仅是计算问题,也隐含了价值判断和利益衡量。

---

① 程啸:《侵权责任法》(第 2 版),法律出版社 2015 年版,第 699 页。

② 王泽鉴:《损害赔偿》,北京大学出版社 2017 年版,第 180 ~ 182 页;程啸:《侵权责任法》(第 2 版),法律出版社 2015 年版,第 700 页。

③ 最高人民法院民事审判第一庭编著:《最高人民法院关于道路损害赔偿司法解释理解与适用》,人民法院出版社 2012 年版,第 200 页。

二、所失利益

侵害财产导致的所失利益，是指该财产本应获得的利益因侵权行为而未获得的利益。基于该概念即可知，所谓本应获得的利益就具有一定的推测性。由此，强调所失利益在发生上要具备较高的可能性就是其应予赔偿的要件之一。

按照完全赔偿原则，所失利益应当予以赔偿，但是被侵权人因该财产应取得的利益，要么是对该财产本身的自然产出，要么是该财产通过法律关系的产出，这就需要被侵权人投入一定的人力或者其他资源。例如，通过驾驶机动车运输货物，要么是需要被侵权人与他人产生某种法律关系；房屋所有权人将房屋出租给他人。在这里，侵权行为与损失的因果关系上，就不像所受损害那样显而易见，但仍应一般性地肯定。对此，《道路交通事故解释》第 15 条第 3 项、第 4 项规定，依法从事货物运输、旅客运输等经营性活动的车辆，因无法从事相应经营活动所产生的合理停运损失以及非经营性车辆因无法继续使用，所产生的通常替代性交通工具的合理费用，均属于应赔偿的财产损失。在这里，该司法解释对所失利益规定了一定的条件，即依据被侵权人对该财产的通常使用目的和方法判断所失利益的范围。在判断营运损失时，应当考虑受害人的运营成本、运营能力、近期平均利润等因素，在判断非营运车辆的使用中断损失时，也有一定限制，即通常替代性交通工具的合理费用而非任何替代性交通工具的费用。[①] 另外，“合理费用”的表述也说明，所失利益并非完全因财产本身而产生，而是需要结合人的劳动或者法律关系的缔结才能发生，因此应当考虑物对所失利益的贡献度以及其他因素，从而实现禁止得利原则。

另外，在即使没有侵权行为，被侵权人也不会使用该财产或者以该财产谋取利益的场合下，这里的所失利益就可能是一种抽象的使用可能性利益，是否具有可赔偿性，在比较法上有不同观点。但是，需要注意的是，完全抽象的使用利益实质上是非财产上损害，不能将之财产化。[②]

三、财产损失的计算时点：损失发生时或其他合理时点

被侵权人因财产权益被侵害所产生的施救费用等损失，以其实际发生为准。而财产被毁损灭失导致的自身价值损失的计算时点在实践中会发生争议，主要原因是，财产的价值通常通过其市场价格确定，而市场价格却是变动不居的。由此，财产损失的计算时点与如下问题就存在紧密关系：损失发生后实际赔偿前，以价格反映的财产价值有可能上涨或者下跌，是否应考虑在内？由此，计算时点的问题就影响被侵权人获得损害赔偿的数额。

贯彻完全赔偿原则，以侵权人实际赔偿之时的价格确定财产损害赔偿额在大多数情形下是最接近完全赔偿原则的计算时点。但同样也会面临问题，如果受害人在没有发生侵权行为时，可能会于财产价格较高之时出售。如股票，因盗卖股票行为的发生导致这种溢价收益不可能实现，而实际赔偿之时股票价格已经下跌，此时以实际赔偿之时确定损害赔偿数额，是否与完全赔偿原则相符

---

① 最高人民法院民事审判第一庭编著：《最高人民法院关于道路损害赔偿司法解释理解与适用》，人民法院出版社 2012 年版，第 198 页。

② 王泽鉴：《损害赔偿》，北京大学出版社 2017 年版，第 186 页。

合？如果通过诉讼确定赔偿损失的数额，法院必须判决具体的数额，这一价格显然也可能与侵权人实际履行的价格不同等。

既然我国损害赔偿法坚持完全赔偿原则，判断上述问题就应以此为标准。《民法典》第 1184 条关于"财产损失按照损失发生时的市场价格或者其他合理方式计算"的规定，就可得出如下结论：一是这里的损失发生时是指损害后果确定时，损害后果不确定，即难以确定损失是否发生。二是"其他合理方式"包括计算时点和市场价格两种因素。换言之，这里的"其他合理方式"既包括以其他时点的市场价格，也包括不以市场价格而以其他标准。三是损失发生时或者其他计算时点并无先后之分，两者统一于完全赔偿原则，如果损害发生时的市场价格不足以实现完全赔偿原则，就应采取其他方法；反之，损害发生时就是计算时点。相应地，就应当区分具体情形确定计算时点：

1. 在财产为即时消耗物时。如日常用品，因价格相对稳定，损失发生时的市场价格，能够使受害人的财产状态恢复到应有状态，符合完全赔偿原则。

2. 非即时消耗物。在损害后果发生后价格上涨的，以损失发生时作为损失计算的时点就难以实现完全赔偿原则，当事人在诉讼中能够举证证明价格上涨以及其通常会持有该财产至诉讼时，或者被侵权人会在损害后果发生后诉讼前价格上涨时的时点转让的，则应当以一审庭审辩论终结前的市场价格或者价格上涨时的市场价格确定损害赔偿额。

3. 非即时消耗物。在损害后果发生后价格下跌的，以损失发生时作为损失计算时点可能会发生过度填补的后果，进而违反禁止得利原则。因此，则当事人举证证明价格下跌以及被侵权人通常会持有该财产至诉讼之时的，则应当按照一审庭审辩论终结前的市场价格确定损害赔偿额。

4. 股票、大宗商品等价格波动型的财产。因受害人持有财产的目的通常就是交易，因此损害后果发生后至诉讼之时的价格波动对损害赔偿额的影响，还受到被侵权人交易行为的影响。但是，基于这种交易行为的不可预见性，在判断是否应当按照当时的市场价格确定损害赔偿额时，应当考虑被侵权人通常的交易习惯等因素。例如，在盗卖他人股票的案型中，最高人民法院就认为，"与其他财产权不同的是，股票所代表的股权价值会随着公司经营状况，市场行情等因素的变化而增长或降低。同时，股票价值的实际实现也与投资者的投资习惯密切相关。因此，在侵权人盗卖投资者股票获取价金的情况下，判断被侵权人所遭受损失的范围应当综合考虑受害人的投资习惯、市场行情的变化等因素……如果受害人的投资行为表现为短线操作、通过股票涨跌变化，以频繁买入、卖出方式获取投资收益，则其股票被盗卖的损失，未必包含股票被盗卖后的股票本身升值部分以及相应的股利；如果该受害人的投资行为表现为长线操作、主要通过对股票的长期持有、获取股票增值以及相应的股利等收益，则其股票被盗卖的损失，通常应当包括股票被盗卖后的升值部分以及相应的股利。具体到本案……（被侵权人）张某英进行短线交易的可能性很小。因此，张某英的损失应当包括股票被盗卖后的股利损失和升值损失"。①

四、财产损失的计算标准：市场价格及其他合理方式

如前所述，其他合理方式既包括其他合理计算时点的市场价格，也包括不采用市场价格而采用

① 《中华人民共和国最高人民法院公报》2013 年第 2 期。

其他标准。市场价格通过一定的方法加以确定,并无异议。需要注意的是,市场价格能够特定化的,即应采用该特定化的价格而不宜采用平均价格。例如,一套商品房的价格,同小区同户型的市场价格足以参照。

但是,如果财产无市场价格或者无法确定市场价格的,则可以采用其他方式,如通过鉴定、评估等方式,具体包括文物、古董、旧物等。需要注意的是,被侵权人对旧物等有个人感情为由主张较高赔偿的,则不属于财产赔偿应当考虑的因素,而应是精神损害赔偿的考量因素。

专题六 公平分担损失

《民法典》第1186条规定,"受害人和行为人对损害的发生都没有过错的,依照法律的规定由双方分担损失"。这一规定,与《侵权责任法》第24条的"可以根据实际情况,由双方分担损失"相比较,发生了重大变化。《民法典》规定损失分担以法律规定为限,限制了法官的自由裁量权。

一、公平分担损失不是一项归责原则

《民法典》第1186条所规定的损失分担规则,在我国之前的民事立法及理论中被称为公平责任。其根源为《民法通则》第132条。其内容为,当事人对造成损害都没有过错的,可以根据实际情况,由当事人分担民事责任。随着实践及理论的发展,对该条的性质、功能及其适用范围也逐步清晰。

《民法典》第1186条不是与《民法典》第1165条、第1166条并列的一项归责原则。其原因在于,该条规定是基于特殊的法政策而设立的,是在双方均无可归责原因不成立侵权责任的前提下的一种损失分担。它显然不具有与过错责任和无过错责任在侵权责任编中的体系位置和功能。

事实上,在《民法典》之前,最高人民法院亦曾试图对《侵权责任法》第24条作类型化分析。其基本的思路是,应当将公平责任或者公平分担损失的责任限制在当时法律和司法解释明确规定的范围内,并通过总结既有的公平责任的类型归纳其构成要件。①

最高人民法院民一庭认为,应当从消极方面和积极方面共同确定公平责任的适用范围。所谓消极方面,即运用排除法将一些类型从公平责任的适用范围中排除出去。如体育运动伤害案件,由于《侵权责任法》的立法目的在于权衡行为自由与权益保护,在利益衡量和价值判断上,如果承认体育运动中致人损害适用公平责任,显然会大大限制行为人的行为自由。再如,在校园伤害案件中,不少法院为了解决纠纷,过分加重学校的责任,从而导致学校不愿组织集体活动或课外活动,甚至主动拆除学校中必要的体育设施等,说明此类判决在效果上难谓妥当。所谓积极方面,即从正面解

① 最高人民法院民一庭:《体育活动中受到损害是否适用公平责任?》,载最高人民法院民一庭编:《民事审判指导与参考》(总第41集),法律出版社2010年版,第235页以下。

释公平责任的构成要件,归纳适用公平责任的具体类型。立法者无使公平责任成为不具有独立裁判功能的一般条款的目的。但从审判实践来看,效果并不理想。正因如此,民法典编纂时,将公平原则实施的法官自由裁量,修改成法定原则。

二、《民法典》中的公平分担损失类型:法定原则

在《民法典》中,在不成立侵权责任的场合下,行为人和受害人分担损失的规定,主要体现在如下几点:(1)第182条规定的由自然原因引起的危险,紧急避险人对受害人适当补偿;(2)第183条规定的受益人对因保护其权益而受第三人侵权的受害人的适当补偿;(3)《民法典》第1190条规定的完全民事行为能力人对自己的行为暂时没有意识或者失去控制造成他人损害没有过错的,根据行为人的经济状况对受害人适当补偿;(4)第1192条第2款规定的提供劳务一方被第三人侵权,接受劳务一方对提供劳务一方的适当补偿;(5)第1254条规定抛掷物或坠落物致人损害的,难以确定具体侵权人的,由可能的加害人对受害人补偿。

从上述规定可以看出,公平分担损失的具体类型可以归纳为两类:第一类是受害人为了受益人的利益而受损害,例如,第(1)、(2)、(4)这种类型可以称为“受益人分担损失型”;第二类则主要是基于虽不成立侵权责任,但受害人的损失应予补偿的公共政策考虑,可以称为“受害人损失补偿型”。

应当看到,无论何种公平分担损失的类型,都构成了对侵权责任归责基础的重大挑战。这种价值判断,由立法者作出,就更为妥当和周全。因此,《民法典》将公平分担损失确定为由法律规定,值得肯定。

第四章　责任主体的特殊规定

专题一　委托监护责任

一、委托监护概述

所谓委托监护，是指监护人有正当理由不能亲自履行监护职责时，将自己的监护职责部分或全部委托给他人代为履行监护权的情形。委托监护须有监护人委托与受委托人接受委托的意思表示才能成立。因此，委托监护实际上是一种合同关系。委托监护根据委托职责范围的不同可以是全权委任，也可以是限权委任；但法定或指定监护人对被监护人应承担的民事责任，不因委托监护而移转，监护人转移的仅是监护职责。

委托监护责任在这次《民法典》中得到体现。第1189条规定，“无民事行为能力人、限制民事行为能力人造成他人损害，监护人将监护职责委托给他人的，由监护人承担侵权责任；受托人有过错的，承担相应的责任”，又进一步明确了委托监护成立的条件及受托人在被监护人侵权行为发生时如何承担责任。

二、委托监护责任的构成要件

委托监护的主体包括：委托人（监护人）、受托人、无民事行为能力人、限制民事行为能力人。构成要件为：形成委托监护关系；无民事行为能力人、限制民事行为能力人造成他人损害。

委托监护基于监护人与受托人的合意设立。一般而言，委托监护的设立并非要式行为，监护人可以通过书面协议或事实行为等多种方式实现监护委托。故在现实生活中，绝大部分将未成年人交由他人代为监护的情形均属于委托监护，如父母出差时将孩子交由长辈、托管机构看管，均属于委托监护的范畴。

对委托监护的成立是否必须要有明确的合同约定还是可以通过事实行为实现，此次《民法典》并未作出规定。在理论上存在一定争议，在司法实践中，法院在侵权案件中认定“委托监护”关系时，多采用较宽松的认定标准。如王某某与任某某、刘某某等生命权、健康权、身体权纠纷一案，①法院认定“潘某作为任某某的外婆照管任某某，属协助监护人履行监护职责”，肯定了其委托监护关系；傅甲与张某某生命权、健康权、身体权纠纷一案，②法院认定“张某某夫妇在接受其女儿女婿委

① 参见上海市闵行区人民法院(2017)沪0112民初11720号判决书。

② 参见上海市第二中级人民法院(2015)沪二中少民终第32号判决书。

托照顾其外孙时,一并承担了对其外孙的监督保护的职责”。再如,罗某甲诉刘某某、第三人徐某某、杨某生命权纠纷一案①中,法院根据在案证据、日常生活经验分析,亦认定“监护人将未成年人临时委托商铺老板代管时,委托监护的事实存在”。

从上述案例中可以看出,法院多认为委托监护不需要书面协议,如采用口头形式,有其他证据证明的,同样可以认定监护人将监护职责转移给第三人,委托监护关系成立。

三、委托监护的归责原则及责任认定

关于责任承担,在委托监护中委托人和受托人适用不同的归责原则。委托人作为监护人,其所监护的主体行为产生的一切法律后果由其监护人来承担,其承担的是无过错责任。受托人虽然接受了转移的短暂的监护权,但其并不是法定的监护权而是意定的,受托人责任的承担原则上根据过错原则予以认定。

在司法实践中会综合考虑受托人系有偿受托还是无偿受托,也会考虑受托人在履行监护职责过程中的过错程度,并区分受托人系故意、重大过失还是一般过失,来据此判定受托人承担的责任比重。

(一)受托人系有偿还是无偿对责任承担的影响

受托是有偿还是无偿会影响受托人承担的责任比例。如曹某某等与曾某、王某某等生命权、健康权、身体权纠纷一案中,②法院认为,“被告王某某招收寄宿制学生,并收取食宿费,依此足以说明寄宿期间寄宿学生的部分监护职责已部分委托给王某某。王某受害发生在王某某家住宅二楼学生宿舍内,从事件发生时间、地点看,王某与曾某发生纠纷时应是王某某监护的时段,其应有保护被监护人的身体健康,照顾监护人的生活,对被监护人进行管理和教育的职责,被告王某某没有及时制止王某与曾某的打斗,未充分履行管理和保护的义务,主观上有一定过错,导致了本次事故的发生,应当对伤害后果承担责任。被告曾某是限制民事行为能力人,从其智力发育情况看,其应知道持刀杀人的后果,其对王某的加害行为与其法定监护人的平时教育有一定的关系。法定监护人将监护职责委托给王某某,虽没有过错责任也应承担相应的民事赔偿责任。故法院最终认定被告王某某没有履行好管理和保护被告监护人的责任与限制民事行为能力人曾某的责任相比,王某某的责任要相对大一些,应酌情由被告曾某的法定监护人承担45%的赔偿责任,被告王某某承担55%的责任”。而在韩某与郭某、郭某某、韩某某等生命权、健康权、身体权纠纷一案③中,韩某某系韩某的祖父,对韩某系无偿监护。法院认为,“韩某某接走原告韩某和被告郭某后,原告韩某与被告郭某午饭后在无成人在场看护下自行玩耍。玩耍期间,被告郭某手持的一根竹棍脱手打在原告左上腹部,造成原告损伤。被告郭某某、吴某某作为其法定监护人,其赔偿责任法定。韩某某明知无民事行为能力人对自身的行为缺乏辨识和控制能力,监管人员负有高度的注意和保护义务,而其放任两儿童自行玩耍,未尽到足够的教育、监管责任,未能防止和避免损害发生,其对原告的损伤有间接责任,故

① 参见漾濞彝族自治县人民法院(2014)漾民初字第91号判决书。

② 参见贵州省水城县人民法院(2017)黔0221民初1038号判决书。

③ 参见孝感市中级人民法院(2016)鄂09民终274号判决书。

负担30%损失”。以上案例,均显示法院认定有偿受托人应承担更高的责任。

(二)受托人过错程度对责任的影响

前述傅甲与张某某生命权、健康权、身体权纠纷一案中,法院认为,“因张某某违法行为造成事故,其存在重大过失,故根据张某某夫妇与傅甲父母之间存在的基础法律关系、张某某的重大过失行为、张某某的赔偿能力等多重因素,酌情确定由张某某承担30%的赔偿责任”。而曾某某、冉某等与冉某某生命权、健康权、身体权纠纷一案①中,一审法院认为,“谢某某在受到马蜂攻击的时候,未尽到合理的照顾义务,其存在过错,综合考虑善良风俗及谢某某的过错程度,判令谢某某承担5%的赔偿责任”。二审法院则认为,“谢某某系无偿代理,作为代理人,其在突然遭遇马蜂威胁时对应的处理并无明显过当之处,其不应承担赔偿责任”。另在原告云某某诉被告王某甲、王某乙、孙某某健康权纠纷一案②中,法院认为,“被告孙某某在被告王某甲母亲去世后代被告王某乙照顾被告王某甲,被告王某乙、孙某某之间形成了委托监护的关系。但被告孙某某对被告王某甲推原告的行为不存在过错,不应承担本案的赔偿责任”,以上案例,体现法院针对受托人是否存在过错以及过错程度,作出的不同判决。

故在委托监护关系中,受托人如何承担责任依据过错原则为基础,法院会综合考虑受托人是有偿受托还是无偿受托,受托人是否存在过错、过失以及过错程度,合理确定受托人是否应承担责任以及应予承担责任的大小,确保在充分保护受害人合法权益的同时,衡平社会诚信,体现法律应是公序良俗的“兜底条款”等原则,以更好地推进社会和谐发展。

四、在实践中需要注意的问题

(一)未成年学生家长与包括学校在内的教育、托管机构是否成立委托监护关系

对该类案件,在司法实践中大体上经历了从学校对在校未成年学生“具有监护职责”或“具有部分监护职责”,到“不具有监护职责”的转变,关于学校职责的法律规定正不断回归教育之本位。

目前,我国法院普遍认定学校对未成年学生承担的是教育管理责任,而非委托监护责任。如田某某与上海市某幼儿园人身损害赔偿纠纷一案③中,法院认定,“田某某在被告幼儿园接受学前教育,幼儿园的基本职能是对学生进行教育,发展其智力、培养其能力,其履行的是教育和管理两种职责,而不是由学校和未成年人的监护人自行约定的委托监护关系”。覃某与岑甲、岑乙教育机构责任纠纷一案④中,法院认为,“有被告认为家长与学校之间形成了委托监护关系,但是,委托合同的成立必须以当事人双方意思表示一致为前提,它必须在当事人双方之间自愿达成一致意见。本案被告某小学并未与学生家长达成任何委托监护合同,故某小学不承担对在校学生的监护责任。另强调法律对担任监护人的范围有明确的规定,监护责任不因未成年人到学校接受教育而当然的发生转移”。另杨某某与贵某某等教育机构责任纠纷一案⑤中,法院认为,“被告某小学与学生之间是

① 参见重庆市第四中级人民法院(2016)渝04民终362号判决书。

② 参见虎林市人民法院(2015)虎民初字第889号判决书。

③ 参见上海市浦东新区人民法院(2010)浦少民初字第422号判决书。

④ 参见广东省珠海市中级人民法院(2015)珠中法民一终字第664号判决书。

⑤ 参见襄阳市樊城区人民法院(2015)鄂樊城民二初字第00460号判决书。

教育管理关系，不是委托监护关系，无监护职责。其因未及时发现并制止该侵权行为，未尽到相应管理职责；也对受害人伤情估计不足，未送其到正规医院就治，延误了受害人的治疗，存在一定的过错，应承担一定的责任”。以上案例，均认可学校对未成年学生不具有监护职责。

然而，仍有部分法院认定在特定条件下，教育、托管机构对学生承担监护职责。如在前述陈甲与福州市某小学、潘某某、第三人陈乙侵权责任纠纷中，法院认定，“被告某小学收取原告及被告潘某某等无民事行为能力的学生监护人支付的全托费用，可以认定双方形成委托监护及有偿托管合同关系，被告某小学自收受全托费用之日起接受寄宿学生监护人之委托，为无民事行为能力的寄宿学生的监护人提供有偿托管服务，承担对无民事行为能力的寄宿学生在校寄宿期间的监护人之职责”。故教育、托管机构对未成年学生的责任如何界定，在司法实践中应充分考虑机构特点，审慎认定双方关系；同时应注意不要混淆委托监护责任与机构的安全保障义务。对于未成年人在教育机构生活、学习期间受到人身损害的，应当依照《民法典》第1199条、第1200条、第1201条的规定处理。

（二）精神病人法定监护人与医院是否成立委托监护关系

部分法院认为，精神病人法定监护人与医院存在委托监护关系。如李甲、某精神卫生中心生命权、健康权、身体权纠纷一案中，[①]法院认为，“李甲经某精神卫生中心诊断确实患有精神分裂症，符合‘严重精神障碍’的诊断，具有危害他人的危险，需要按照非自愿住院流程处置，于2016年9月5日，李甲的法定代理人李乙与某精神卫生中心签署《非自愿住院治疗同意书》办理入院手续。根据李甲的特殊病情以及其监护人李乙与某精神卫生中心签署《非自愿住院治疗同意书》分析，一审法院认定，李乙将其对于李甲的监护权委托给某精神卫生中心，李甲与某精神卫生中心之间形成事实上的监护法律关系并无不当。某精神卫生中心应承担委托监护人合理的看管、照顾、保护被监护人李甲的责任”。成都市武侯区某医院与梁某某医疗服务合同纠纷一案[②]中，一审法院认为，“精神病患者因患精神疾病进入医院住院治疗，其法定监护人对其监护权不发生转移，只是与医院存在事实上非规范的委托监护关系。但是，医院虽不是监护人，但其负有监护的职责，应对患者的生活料理、人身安全等方面予以保障。由于精神病人入院后实行封闭式管理，除了医院方面，其他单位和个人，包括其监护人均无法接触病人，不具备对该病人实际监护的条件，医院既然同意接收精神病人入院，就意味着它同意承担必要的、原由监护人承担但因病人入院后无法承担的监护责任”。以上案例，均认可医院委托监护责任的事实存在。

亦有部分法院认为，精神病人法定监护人与医院不存在委托监护关系。如在胡甲、胡乙等与黄石市某医院医疗服务合同纠纷一案[③]中，法院认为，“监护责任系法定责任，既是权利又是义务，一般归属于法定监护人。医院对患者承担监护责任必须有法律依据。而现有法律只规定了医院的医护、管理责任，并没有规定医院的监护责任，并且医患双方也没有就委托监护达成一致，故原告、被告之间不存在委托监护关系，医院只承担医护及相关的管理责任”。在安岳县某医院与杨某某、李某某、明甲、明乙医疗损害责任纠纷一案[④]中，法院认为，“监护关系的成立须法律规定或经法定程

① 参见重庆市第一中级人民法院（2018）渝01民终1513号判决书。
② 参见成都市武侯区人民法院（2010）武侯民初字第4738号判决书。
③ 参见黄石市黄石港区人民法院（2016）鄂0202民初2216号判决书。
④ 参见资阳市中级人民法院（2017）川20民终875号判决书。

序确定，患者与医疗机构能否形成委托监护关系，因为委托合同的成立必须以当事人双方意思表示一致为前提，必须在当事人双方之间自愿达成一致意见，故不予认定委托监护关系的存在”。

故医院与精神病人法定监护人是否存在委托监护关系在司法实践中仍存在较大分歧，仍需根据具体案情具体分析，妥善处理该类案件。

专题二　用人者责任

一、用人者责任概述

用人者责任又称“雇主责任”“辅助人责任”“使用人责任”“使用者责任”。[①] 用人者责任有广义、狭义之分，狭义的用人者责任，是指被使用人在执行工作任务中对用工关系以外的第三人造成的损害，用人者承担的责任。广义的用人者责任除上述责任外，还包括用人者对被使用者因工作原因受到损害承担的责任，是对被使用人所承担的责任。

《民法通则》第121条规定用人者责任为：“国家机关或者国家机关工作人员在执行职务中，侵害公民、法人的合法权益造成损害的，应当承担民事责任。”《人身损害赔偿解释》第9条、第11条、第12条、第13条、第14条，对广义上的用人者责任作了相应的规定，同时还对用人者与被使用人之间的关系不同作了区分。《侵权责任法》并未完全吸收《人身损害赔偿解释》的规定，仅以第34条、第35条，对不同用人主体作了分别的规定。通常认为，第34条规范的是劳动关系中的用人单位责任以及劳务派遣关系中的用人单位、用工单位责任。第35条规范的是个人之间的劳务关系中接受劳务一方的责任。此次《民法典》基本秉承了《侵权责任法》的规定。仅有3处变动：一是在第1191条和第1192条中均增加了用人者在承担对外赔偿责任后可以向有故意或者重大过失的被使用者行使追偿权。二是在第1191条第2款劳务派遣关系中，规定了劳务派遣单位即用人单位有过错的，承担相应的责任。改变了侵权责任法规定的补充责任。三是在第1192条中吸收了《人身损害赔偿解释》的规定，增加了个人劳务关系中因第三人侵权所致损害的责任承担。

二、用人者责任类型及归责原则

（一）劳动关系中的用人单位责任

《民法典》第1191条第1款规定了用人单位的工作人员因执行工作任务造成他人损害的，由用人单位承担侵权责任。用人单位承担侵权责任后，可以向有故意或者重大过失的工作人员追偿。此处用人单位承担的对外赔偿责任系替代责任，是与自己责任相对立的一种责任形态。

无论是《侵权责任法》还是《民法典》，均对劳动关系中用人者责任采用了无过错责任归责原

① 张新宝：《侵权责任法》（第3版），中国人民大学出版社2017年版，第168页。

则,但无过错责任不是绝对责任。在实务中,用人者通常会提出两方面的抗辩意见:一是不具备用人者责任的构成要件,比如,用人者和直接侵权人之间不是用工关系,或侵权行为并非在执行工作任务中发生的;二是侵权法上的法定免责事由,包括受害人故意、第三人过错、不可抗力、正当防卫和紧急避险,尤其前者是审判工作中的重点和难点。例如,在孙某等与缑某等机动车交通事故责任纠纷一案中,①缑某系铁卫公司派遣到鸿绅廷公司的保安,鸿绅廷公司经营一家歌舞厅,歌舞厅指派缑某给客人代驾,缑某在代驾途中发生了交通事故,致使客人孙某受伤。该事故责任经交管部门认定,缑某负全部责任。鸿绅廷公司在法庭上辩称,《劳务派遣合同》中的工作内容并无代驾这一项,公司也没有安排他代驾,代驾是他个人行为。法院通过对工作时间、地点以及是否充分举证等角度,认为缑某的代驾行为发生于工作时间,且客人是通过歌舞厅服务员联系上的缑某,缑某提供的代驾服务是其所在单位经营范围的延伸和扩展,缑某的行为即使超出了职权范围也仍构成职务行为。

综上可知,判断用人者是否承担侵权责任不能一概而论,首先需要厘清用人者与被使用者之间的关系,并针对个案中存在不同的情况,从侵权行为发生的时间、地点、因果关系等因素对案件事实作出综合判断。

(二)劳务派遣中单位责任

劳务派遣,是指劳务派遣单位招聘员工,并与之签订劳动或劳务合同,将员工派遣到用工单位工作,其劳动过程由用工单位管理,其工资、福利、社会保险费等由用工单位提供给派遣单位,再由派遣单位支付给员工的一种特殊用工形式。劳务派遣单位作为用人单位,负责对人员的选任、监督、管理职责;接受劳务的单位是用工单位,享有对劳动者的指挥监督权,双方实际上存在隶属关系与人身关系的结合。

《民法典》第1191条第2款规定,“劳务派遣单位有过错的,承担相应的责任”。这意味着劳务派遣单位承担的不再是补充责任,而是与过错相匹配的自己责任。补充责任承担的前提是直接行为人赔偿不足或者赔偿不能,因此补充责任人享有抗辩权,在直接侵权人没有穷尽其责任承担能力之前,可以拒绝承担补充责任。因此,先前的法律规定劳务派遣单位仅承担补充责任实际上弱化了劳务派遣单位的责任,用人单位可能会想尽办法规避承担责任,这亦可能导致权利与责任不相称的后果。因此,将该条款修改为用人单位不再承担补充责任是一种进步,这也将更好地约束用人单位,提高其选任、管理人员的水平。

但此次《民法典》对用人单位应承担“过错责任”没有作出改动。在实践中,这种过错通常体现在用人选任方面的错误。在前述孙某某等与缑某等机动车交通事故责任纠纷一案中:法院根据《侵权责任法》第34条第2款的规定,认为铁卫公司与鸿绅廷公司签订的保安服务合同书中约定,派遣的保安所提供的保安服务不包括为客人代驾,铁卫公司将缑某作为保安派遣至鸿绅廷公司工作在选任上并无过错。故根据上述法律规定,鸿绅廷公司作为用工单位应对缑某代驾行为造成的损害后果承担赔偿责任,而铁卫公司作为劳务派遣单位不应承担赔偿责任。

可以得知,从归责原则上看,劳务派遣中的用工单位承担的是无过错责任,而劳务派遣单位承

① 参见北京市第一中级人民法院(2015)一中民终字第03612号判决书。

担的则是过错责任。由于劳务派遣"用人"和"用工"分离的先天属性,导致劳务派遣单位对被派遣的员工失去了实际指挥、控制和监督权,但劳务派遣单位作为"用人"方在招聘、录用被派遣员工时应当对员工的能力、资质以及所任职务是否胜任进行必要的考察,即劳务派遣单位负有对被派遣员工的选任责任,故劳务派遣单位的过错主要也是指其选任方面的过错。

(三)个人劳务关系中接受劳务一方的责任

劳务关系侵权责任的相关规定最早出现于《人身损害赔偿解释》,其中第9条、第11条分别规定了雇佣关系中雇员造成他人伤害及雇员受到伤害的责任承担。第13条、第14条规定了无偿帮工情形下的责任承担。至《侵权责任法》,第35条规定了个人之间形成劳务关系,提供劳务一方因劳务造成他人损害的,由接受劳务一方承担侵权责任。提供劳务一方因劳务自己受到损害的,根据双方各自的过错承担相应的责任。与《人身损害赔偿解释》相比,一是在表述上作了调整,以"提供劳务一方""接受劳务一方""劳务""劳务关系"等术语分别取代了"雇员""雇主""雇佣""雇佣关系"等术语,在我国立法及司法实践中,二者的含义其实是相通的。[①] 二是删除了接受劳务一方向有故意或者重大过失的提供劳务一方的追偿权及第三人侵权情形下的责任承担问题。三是将个人劳务关系中提供劳务者因劳务受到伤害的归责原则从无过错原则改为过错原则。此次,《民法典》第1192条与《侵权责任法》相比,增加了追偿权以及因第三人行为造成损害的责任承担的相关内容。

个人劳务关系最为典型的就是家政服务员,例如,在唐某某诉育某提供劳务者受害责任纠纷一案[②]中,唐某某自2006年起在育某家提供家政服务。2017年某日,唐某某在房屋院内种菜,发现由其搭建的黄瓜架有些松动,在把竹竿拔起重插的过程中摔倒受伤。因赔偿事宜无法达成一致,唐某某遂诉至法院。一审法院认为,唐某某作为完全民事行为能力人,未尽到小心谨慎的义务,对受伤存在一定的过错,育某作为雇主未为劳动者提供必要的安全保障,存在主要过错,最终确定唐某某自担20%的责任,雇主育某承担80%的赔偿责任。育某不服上诉,二审法院经审理后认为,"唐某某在从事家政服务工作之前在家务农,且到事发时唐某某在育某家中从事家政工作亦有十余年,其作为具有丰富经验的家政服务从业人员,应具备较高的职业素养和自我保护意识,对于自己在家政服务中的活动能力应有足够的认知,故唐某某对其在搭建黄瓜架过程中因未尽到安全注意义务不慎摔伤的后果具有明显过错。育某作为接受劳务一方,年事已高,行动不便,庭审中,双方均认可唐某某摔伤系早晨,故育某对唐某某的摔伤无法预见或提供相应保护措施,其在唐某某摔伤一案中并不存在过错。且在事发后育某亲属及时将唐某某送医救治,并垫付了相关费用,对唐某某的损害已尽到积极救治的义务"。最终二审法院改判,驳回了唐某某的诉讼请求。此案即是十分典型的个人劳务关系中,提供劳务一方在工作过程中受伤,应当如何确定责任。一审法院从雇主应当为雇员提供相应的生产设备或者采取相应的安全保护措施出发,从而认定雇主承担主要责任。二审法院认为,作为个体雇主的安全保障义务不是无限的,而应当是与之能力相匹配,包括是否可以预见,是否

---

① 最高人民法院侵权责任法研究小组:《〈中华人民共和国侵权责任法〉条文理解与适用》(第2版),人民法院出版社2016年版,第258页。

② 参见北京市第二中级人民法院(2018)京02民终5888号判决书。

可以采取措施避免。在该案中,虽然种菜是唐某某应育某要求所做,但是种菜并未超出作为有丰富务农、家政服务经验的唐某某的能力范围,同时唐某某系在育某并不知情的情况下自行开展了搭建工作,所以育某对此并没有过错。根据个人劳务提供劳务一方自身受伤系过错归责原则,没有过错即不承担责任。

三、用人者的追偿权

追偿权,是指追偿权人在承担法定或者约定的义务以后,再根据法定或约定向追偿权义务人求偿。《民法典》第1191条、第1192条分别增加了"追偿权"的规定,即"用人单位承担侵权责任后,可以向有故意或者重大过失的工作人员追偿","接受劳务一方承担侵权责任后,可以向有故意或者重大过失的提供劳务一方追偿","接受劳务一方补偿后,可以向第三人追偿"。

实际上,虽然《侵权责任法》中并未规定用人者的追偿权,在审判实践中,不乏引述《人身损害赔偿解释》第9条的规定,判决用人者可以行使追偿权的案例。例如,在刘某诉上海天坊食品制造有限公司追偿权纠纷一案,①法院陈述如下:"本院认为,尽管《侵权责任法》未对用人单位对外承担了赔偿责任后,是否可以向劳动者追偿进行规定,但并非排除适用。用人单位确实应当有一定的用人风险,但是此类风险的承担应以一个普通用人单位在用人时可以预见的风险为限。如果将此风险无限扩大,则不利于构建善良、诚实、信用的用人关系。因此,对于用人单位追偿权的行使应区分情况,对于一般过失,应由用人单位承担终局责任;但对于有重大过失、故意甚至恶意的,则应赋予用人单位追偿权,否则有失公允,且与立法本意有冲突。"

此次《民法典》明确了"追偿权"是在充分了解用人者与实际侵权人的矛盾并认真吸收了审判实践的精华后对原有的法条作出的改进,具有较大的现实意义。不仅保护了用人者的合法权益,促进了社会的公平正义,同样也督促工作人员在履行职务中能够谨慎行事、认真严格约束自己以避免侵权行为的发生。并且对于审判工作大有裨益,解决了很多争议性问题,让司法审判实现了有法可依。

但是同样也需要注意对用人者的追偿权加以限制,防止用人单位滥用追偿权,如何把握追偿权的条件和程度是实践中应当把握的要点。在谢某与新疆中基红色番茄产业有限公司追偿权纠纷一案②中:谢某系中基公司的员工,在执行工作任务时发生交通事故,造成案外人赵某受伤。该事故经交管部门认定,谢某负事故全部责任。中基公司对外承担责任之后请求法院向谢某追偿。法院认为,在该案中,因谢某在履行职务行为过程中存在重大过失,中基公司虽享有追偿权,但不能以此将风险全部转移给有过错的实际侵权人被告,故中基公司主张由谢某承担全部侵权赔偿责任不符合法律规定也有违公平原则。谢某作为车辆驾驶人负有谨慎驾驶的义务,而其由于操作不当导致事故发生,应当承担一定责任。综合该案事实及双方承担责任的能力,酌定中基公司追偿比例为中基公司已付赔偿款的30%。

综上可知,"追偿权"的适用应具体情况具体分析:对于一般过失,应由用人单位承担终局责任;

---

① 参见上海市第一中级人民法院(2018)沪01民终1519号案判决书。

② 参见新疆生产建设兵团第六师中级人民法院(2019)兵06民终355号判决书。

但对于有重大过失、故意甚至恶意的，则应赋予用人单位追偿权。裁判时还需考量公平原则，用人单位应当对员工的职务行为承担一定的经营风险，故用人单位虽享有追偿权，但不能以此将风险全部转移给有过错的员工。

四、在实践中需要注意的问题

此次《民法典》关于用人者责任的规定作出了较大改动，但仍然不可避免还存在一些问题，需要从整体上把握民法典的适用，依法作出裁判。

（一）如何判定直接侵权人存在故意或重大过失

“故意”所体现的是提供劳务者明知道自己在执行职务过程中的行为会造成他人损害，仍积极促成或放任这种损害结果的发生。“重大过失”主要体现对注意义务的违背。提供劳务者即使不通过专业判断，只需达到普通善意之人的基本认识程度并稍加注意，就能避免损害的发生，而提供劳务者未予以注意致损害发生，则构成重大过失。酒后驾驶，不但以普通人的认知既可预料可能造成他人损害，而且违反了法律的禁止性规定。依照一般的举证证明责任的规定，用人者应对故意或重大过失承担举证证明责任。对于直接侵权人在履行职务过程中因一般过失致人损害的，用人者承担替代责任后请求行使追偿权的不应支持。

（二）个人与非个人之间的劳务关系应当如何处理

《民法典》第1192条的规定，规范的是个人与个人之间的劳务关系。与之对应的第1191条的用人单位责任，规范的是具有劳动关系的双方的对外责任。因为在构成劳动关系的情形下，劳动者在工作过程中受伤，应当通过工伤路径进行救济，属于劳动法范畴，《民法典》未作出相应规定。这与《人身损害赔偿解释》第12条规定的精神是一致的。在实践中除上述劳动关系、个人之间的劳务关系以外，还存在个人与非个人之间形成劳务关系。在《侵权责任法》出台之时，此问题并不突出。但随着享受退休待遇的人员再就业人数不断增多，最高人民法院《关于审理劳动争议案件适用法律若干问题的解释（三）》第7条规定，用人单位与其招用的已经依法享受养老保险待遇或领取退休金的人员发生用工争议，向人民法院提起诉讼的，人民法院应当按劳务关系处理。但是对于提供劳务的一方在工作过程中自身受到伤害的归责原则，有人认为应当参照个人之间劳务关系，适用过错原则。有人认为应当参照劳动关系，适用无过错原则。本书认为，《民法典》沿用《侵权责任法》的过错原则，是从接受劳务一方的责任能力来考虑的。接受劳务一方为个人的，其个人偿付能力相对较弱，无法通过工伤保险分散风险；且接受劳务一方享用提供劳务一方的劳动成果，并非通过劳动成果牟利，如课以过重责任，将会导致利益和风险失衡。所以，民法典对个人之间的劳务关系采过错原则。但是，个人与非个人之间的劳务关系则不一样。接受劳务一方为法人组织或者非法人组织，就应当按照通常的雇主原则处理双方的权利义务关系。具体来说，如果个人在履行职务的过程中受到损害，应当由法人或者非法人组织承担无过错责任，如果个人对损害存在故意或者重大过失，依法可以减轻或者免除的，按照法律的规定处理。

专题三　网络侵权责任

一、网络侵权责任概述

网络侵权行为，是指在互联网上，网络用户、网络服务提供者以及他人故意或者过失借助电脑网络和电信网络侵害他人民事权益的特殊侵权行为。[①] 由此产生的民事责任即是网络侵权责任。

网络侵权责任最早出现在2009年《侵权责任法》中，其第36条规定了网络用户、网络服务提供者利用网络侵害他人民事权益的，应当承担侵权责任。网络用户利用网络服务实施侵权行为的，被侵权人有权通知网络服务提供者采取删除、屏蔽、断开链接等必要措施。网络服务提供者接到通知后未及时采取必要措施的，对损害的扩大部分与该网络用户承担连带责任。网络服务提供者知道网络用户利用其网络服务侵害他人民事权益，未采取必要措施的，与该网络用户承担连带责任。到2013年《信息网络传播权保护条例》、最高人民法院《关于审理侵害信息网络传播权民事纠纷案件适用法律若干问题的规定》，着重对网络侵权中信息网络传播权作了规范。再到2014年最高人民法院《关于审理利用信息网络侵害人身权益民事纠纷案件适用法律若干问题的规定》，这部司法解释是对《侵权责任法》第36条的解释。该规定共计19条，对利用网络侵害人身权益案件的管辖、诉讼程序、《侵权责任法》第36条的适用、转载的过错认定、个人信息的保护、权威来源作为免责事由及其例外、删帖协议的效力、网络水军的连带责任以及损害赔偿计算方法等问题作出了规定。[②] 此次《民法典》在吸收最高人民法院司法解释条文的基础上制定了4个条文，即第1194条至第1197条，对网络侵权责任作了规范，使制度设计得更完整。

二、网络侵权责任的构成要件

（一）网络用户或网络服务提供者

网络用户，是指实际接受网络服务的法人、自然人及其他社会组织。网络服务提供者则是指面向网络用户进行搭建网上服务平台的法人、自然人及其他社会组织。根据最高人民法院、最高人民检察院《关于办理非法利用信息网络帮助信息网络犯罪活动等刑事案件的司法解释》第1条的规定，网络服务提供者包括：一是提供网络接入、域名注册解析等信息网络接入、计算、存储、传输服务的单位和个人；二是提供信息发布、搜索引擎、即时通信、网络支付、网络预约、网络购物、网络游戏、网络直播、网站建设、安全防护、广告推广、应用商店等信息网络应用服务的单位和个人；三是利用信息网络提供电子政务、通信、能源、交通、水利、金融、教育、医疗等公共服务的单位和个人。由上

① 杨立新：《侵权责任法》（第3版），法律出版社2018年版，第200页。

② 杨临萍、姚辉、姜强：《〈最高人民法院关于审理利用信息网络侵害人身权益民事纠纷案件适用法律若干问题的规定〉的理解与适用》，载《法律适用》2014年第12期。

可见，网络侵权覆盖生活的方方面面。

（二）利用网络实施侵权行为

侵权行为可以分为单独侵权与共同侵权，直接侵权与间接侵权。常见的情况是网络用户直接侵权，网络服务提供者间接侵权，并且构成对权利人的共同侵权。

不同主体其行为模式是不相同的。首先，网络用户的侵权行为往往是直接的、积极的侵权行为，比如，某网络用户破解网站技术保护措施获取他人版权作品的行为，这种行为侵犯了著作权人的作品使用权和获得报酬权，是一种积极的故意侵权行为，属于直接侵权。又如，某网络用户未经本人同意，使用他人肖像在网上传播、以侮辱、诽谤等形式对他人名誉权进行侵害、非法利用他人的个人信息，或擅自在网上公布他人的隐私等侵害他人人格权的行为。

而网络服务提供者的行为既可以是积极作为，也可以是消极不作为。其积极侵权行为，表现在网络服务提供者未经权利人的同意或授权，将权利人的作品非法登载或提供下载链接在自己的网站上。此时，若网络用户选择下载该作品，可能会与网络服务提供者构成共同侵权。网络服务提供者的间接侵权行为体现在我国《民法典》第1195条第2款和第3款，其体现了网络服务提供者在得知网络用户实施的侵权行为之后，其拥有通知网络服务提供者采取必要措施止损的权利，而网络服务提供者在接到权利人的通知后，应当采取必要的措施，如删除、屏蔽、断开链接等；反之，如果网络服务提供者在接到权利人的通知后没有作为，则网络用户实施的行为可被认定为侵权行为，实质即为消极意义上的侵权行为。

（三）过错

根据《民法典》第1165条第1款的规定，“行为人因过错侵害他人民事权益造成损害的，应当承担侵权责任”表明我国采用以过错原则为主，以无过错原则为辅的二元归责体系。在法律没有特别规定的情况下，都适用过错责任原则，网络侵权责任也不例外。

过错分为故意和过失。在网络环境下，对行为人直接侵权的过错相对较容易认定，但是对于网络服务提供者的间接侵权的过错认定，在实践中容易引起争议。其中，对于《民法典》第1197条网络服务提供者“知道”网络用户侵权的认定，因与《侵权责任法》第36条第3款的表述一致，可以参照《关于审理利用信息网络侵害人身权益民事纠纷案件适用法律若干问题的规定》第9条的规定予以认定，(1)网络服务提供者是否以人工或者自动方式对侵权网络信息以推荐、排名、选择、编辑、整理、修改等方式作出；(2)网络服务提供者应当具备的管理信息的能力，以及所提供服务的性质、方式及其引发侵权的可能性大小；(3)该网络信息侵害人身权益的类型及明显程度；(4)该网络信息的社会影响程度或者一定时间内的浏览量；(5)网络服务提供者采取预防侵权措施的技术可能性及其是否采取了相应的合理措施；(6)网络服务提供者是否针对同一网络用户的重复侵权行为或者同一侵权信息采取了相应的合理措施；(7)与本案相关的其他因素。

如在广州市千钧网络科技有限公司与上海激动影业有限公司等侵犯著作财产权纠纷一案①中，激动公司为电影《神探》在2007年11月30日至2009年11月29日享有独家信息网络传播权的权利人。某网络用户在56网上传《神探》视频，侵犯了激动公司的信息网络传播权。故激动公司起诉

① 参见北京市第二中级人民法院(2010)二中民终字第03086号民事判决书。

56 网的经营者千钧公司及我乐公司。而被告辩称自己只提供信息存储空间服务，根据我国《信息网络传播权保护条例》的有关规定，提供信息存储空间服务的网络服务提供者免除赔偿责任。但法院认为，被告对涉案作品进行了详细的整理、分类，并按受欢迎程度设置榜单，说明网站对作品进行了编辑，对侵权作品的存在应当知晓，故应视千钧网络公司和我乐信息公司具有明知上传涉案电影的服务对象并非涉案电影的权利人而提供存储和在线播放的主观故意，应承担赔偿责任。在该案中，法官运用了《关于审理利用信息网络侵害人身权益民事纠纷案件适用法律若干问题的规定》第 9 条第 1 款，根据网站是否对侵权产品有编辑，判断出网站是否有明知的故意。

三、在实践中需要注意的问题

（一）网络服务提供者过错的认定

《民法典》第 1195 条增加了权利人通知的具体内容，同时第 2 款还规定了错误通知造成网络用户或者网络服务提供者损害的，应当承担责任。这一条规定在学界也被称为“通知规则”。具体而言，对于网络用户的直接侵权，网络服务提供者在不知道侵权行为存在时不承担侵权责任，但是在被“通知”知道侵权行为存在时，没有采取作为的方式进行“删除”，对于其这样的不作为则存在过错；此处体现的正是不作为的过错。

在新传在线（北京）信息技术有限公司与上海全土豆网络科技有限公司一案[①]中，源创公司、华纳横店公司、映艺公司为《疯狂的石头》电影的著作权人，将该电影在中国的信息网络传播权以独占许可的方式授权被上诉人新传公司使用。土豆网为网络服务提供者，某网络用户将整部电影拆分成数个长度为 20 ~ 30 分钟的部分进行上传。虽然经土豆网删除链接之后，还是有新的视频上传到平台上，故新传公司诉至法院。土豆网抗辩说，其免费为用户提供信息存储空间且未从用户向公众发布的网络信息内容中直接获得经济利益，并且在收到起诉状后及时删除了涉嫌侵权的作品，不应承担侵权责任。但法院认为，土豆网作为一家专门从事包含影视、音乐等在内的多媒体娱乐视频共享平台的专业网站，在日常网站维护中，应当知晓当时在中国热播的电影作品之一的《疯狂的石头》的上传是未经许可的。且土豆网实行的是上传视频的事前审查机制，用户提供的视频的信息只有经过“审片组”审核后才会在 12 小时后得以向公众发布。这说明土豆网在具备合理理由知晓侵权行为存在的情况下，不仅不采取合理措施防止侵权行为的发生，还采取了视而不见、予以放任的态度，其主观上具有过错，应当承担相应的侵权民事法律责任。

《民法典》第 1197 条将《侵权责任法》规定的“知道”改为“知道或者应当知道”。其中“应当知道”至少包括 3 层意思：一是它表明网络服务提供者没有知道；二是网络服务提供者本来可以知道；三是造成网络服务提供者本来可以知道，却未能知道这一后果，是基于网络服务提供者自己的原因。未来在审判实践中，关于网络服务提供者是否具有过错不仅需要考察行为人是否存在明知的故意，也需要考察行为人是否有应知而未知的过失。

（二）“通知—删除”规则

“通知—删除”规则即《民法典》第 1195 条第 2 款的规定，这也被称为“避风港规则”，是指在发

---

① 参见上海市高级人民法院（2008）沪高民三（知）终字第 62 号判决书。

生著作权侵权案件时,当ISP(互联网服务提供商)只提供空间服务,并不制作网页内容,如果ISP被告知侵权,则有删除的义务,否则就被视为侵权。如果侵权内容既不在ISP的服务器上存储,又没有被告知哪些内容应该删除,则ISP不承担侵权责任。后来"避风港原则"也被应用在搜索引擎、网络存储、在线图书馆等方面。

对于这个机制来说,早期引发了许多围绕通知内容所展开的诉讼。比如,在翰德森公司诉易贝公司(Hendrickson v. EBay)案中,由于原告发送的要求停止侵权的信件没有说明哪些复制件是侵权的,也没有充分阐明原告的版权权利,因此被法院认定通知未达到标准。在优胜风林(北京)音乐文化有限公司诉北京我乐信息科技有限公司案①中,法院认为原告的删除通知未写明作品名称、作品所处网络地址,不符合法律规定。

对此,在2014年出台的《利用信息网络侵害人身权益民事纠纷案件适用法律若干问题的规定》第5条与2013年出台的《信息网络传播权保护条例》第14条针对权利人的通知的内容作出了详细规定。此次《民法典》针对"通知义务"的内容也作出更明确具体的规定,如《民法典》第1195条第1款将"被侵权人"改为"权利人",并且增加了"关于通知的内容应当包括构成侵权的初步证据及权利人的真实身份信息"。《民法典》实质上是在吸收了以往审判实践中的经验并结合了司法解释的相关规定后作出的修改。以简练的语言诠释了"通知"所包含的要件,即主体适格、形式适格、内容完整。

主体适格表现在只有权利人作出通知时,网络服务提供者才需对其通知进行审查,否则网络服务提供者承担的成本将过重,造成权利与义务不匹配的结果。形式适格,是指需以书面的形式发出通知,这是因为书证能被更好地保存为证据,在日后可能产生的诉讼中起到重要作用。内容完整,是指通知需要包括侵权对象、相应的网址以及初步证明材料,完整的材料能够帮助网络服务提供者了解侵权的事实并作出合理的审查,否则网络服务提供者可以通知内容不完整为由提出抗辩。

网络服务提供者的转通知义务体现在《民法典》第1195条第2款,即"网络服务提供者接到通知后,应当及时将该通知转送相关网络用户,并根据构成侵权的初步证据和服务类型采取必要措施;未及时采取必要措施的,对损害的扩大部分与该网络用户承担连带责任"。在"通知—删除"规则下,"转通知"是"通知—删除"环节中的一个程序性环节,并非独立措施。在"通知—删除"规则体系下,其价值和意义是法律对删除、断开链接措施的一种平衡,即网络服务提供者在删除、断开链接后,应及时告知服务对象,保护其知情权,也有利于服务对象针对权利人通知采取应对措施。但"转通知"自身也具有存在的价值,在网络服务提供者不适合直接采取删除措施的情况下,"转通知"体现了网络服务提供者"警示"侵权人的意图,从而在一定程度上有利于防止损害后果扩大,可以成为"必要措施"从而使网络服务提供者达到免责条件。

比如,在阿里云计算有限公司与北京乐动卓越科技有限公司一案②中,阿里云公司作为云服务器提供商,不直接提供信息存储服务,但也属于《侵权责任法》定义的广义的网络服务提供者。其收

① 参见北京市朝阳区人民法院(2009)朝民初字第22280号判决书。

② 参见北京知识产权法院(2017)京73民终1194号判决书。

到权利人的通知后不能直接将运行在他人租赁服务器上的具体作品断开，退而求其次，其将权利人的通知转送给服务器租赁人也尽到了义务。反例可见浙江天猫网络有限公司与福建省南安市帮登鞋业有限公司、深圳市千悦环保科技有限公司商标权权属、侵权纠纷一案①，网络服务提供者因未将网络用户的反通知转送给侵权公司，没有尽到事前或事后的相关义务，没有起到避免侵权继续发生的义务，应承担连带责任。

（三）反通知规则

《民法典》第1196条新增了侵权者的反通知权利，是指网络服务提供者应权利人的要求，在采取相应的删除、断开链接等措施之后，侵权人认为其所发布的信息并不构成侵权，网络服务提供者应当予以恢复的要求。

为网络用户设置反通知权利是十分必要的，如果法律不设置反通知规则，则仅凭借法条本身过于简单的规则会造成对合法行使权利的网络用户十分不公平，造成对未侵权网络用户不利，也为司法机关增加了负担。在网络侵权责任的法律规定中设置了"通知—删除"规则，就必须配置"反通知—恢复"规则，否则就会造成网络关系中各方当事人的利益不平衡。若网络服务提供者仅凭被侵权人一面之词就将侵权网络用户发布的信息删去或阻止访问，后"侵权人"提起诉讼并向网络服务提供者索赔，那网络服务提供者则将承担错误删除内容的责任。当被侵权人滥用权利作出不实通知时，仅有"通知—删除"规则极有可能损害网络侵权用户以及其他网络用户的合法权益。没有"反通知—恢复"规则，就难以克服上述网络侵权责任确认中的困境。因此，网络服务提供者在接到网络用户的书面反通知后，应当及时恢复被删除的内容，或者取消屏蔽，或者恢复与被断开的内容的链接，同时将网络用户的反通知转送通知的发送人。反通知的目的就是将通知的效果打回原形，使通知失效。反通知一旦生效，对通知的打击将是毁灭性的，但是被侵权人主张自己合法民事权益不受侵害的权利并没有受到限制，只是不享有再通知的权利。

确立了网络侵权中的反通知规则将使我国的网络侵权责任规则形成完善的规范体系。《民法典》所规定的网络侵权责任，将与电子商务知识产权侵权责任、网络交易产品或者服务侵权责任一道，构成我国侵权责任法与网络有关的侵权责任的类型体系。

但《民法典》并没有明确规定网络服务提供者在收到反通知之后应对删除内容予以回复的合理期限是多久，在审判实践中需要法官的自由裁量权发挥作用，根据案件的具体情况予以确定，7～10天都是一个比较适中的时间。目前我国关于反通知的网络侵权案件数量较少，《民法典》实施后，对反通知规则的考察必将成为审判中面临的一个新的重点。

---

① 参见深圳市中级人民法院（2017）粤03民终12785号判决书。

专题四 违反安全保障义务责任

一、安全保障义务概述

安全保障义务，是指宾馆、商场、银行、车站、娱乐场所等公共场所的管理人或者群众性活动的组织者，应尽到在合理限度范围内使他人免受损害的义务。[①] 安全保障义务是一种作为义务，即保障义务人应当在合理限度内通过采取一定的积极行为，防止或者制止他人受到损害。而承担违反安全保障义务的责任，系因为保障义务人不作为致使他人受到损害而承担的责任。

2003 年《人身损害赔偿司法解释》最早对安全保障义务作出了规定，其第 6 条规定："从事住宿、餐饮、娱乐等经营活动或者其他社会活动的自然人、法人、其他组织，未尽合理限度范围内的安全保障义务致使他人遭受人身损害，赔偿权利人请求其承担相应赔偿责任的，人民法院应予支持。因第三人侵权导致损害结果发生的，由实施侵权行为的第三人承担赔偿责任。安全保障义务人有过错的，应当在其能够防止或者制止损害的范围内承担相应的补充赔偿责任。安全保障义务人承担责任后，可以向第三人追偿。赔偿权利人起诉安全保障义务人的，应当将第三人作为共同被告，但第三人不能确定的除外。"2009 年《侵权责任法》出台后，其中第 37 条吸收了上述规定，并作了一定的调整。

《民法典》第 1198 条延续了《侵权责任法》的规定，并在其基础上作了完善和补充。一是扩大了安全保障义务的主体范围，将高频发生安全保障义务纠纷的机场、体育场馆列举出来。二是主体除管理者，还增加了经营者，使表述上更严谨。三是参照《人身损害赔偿司法解释》的规定，增加了第三人侵权前提下经营者、管理者、组织者的追偿权。《民法典》的编纂吸收了 2010 年最高人民法院《关于审理旅游纠纷案件适用法律若干问题的规定》中第 7 条的相关规定，即"旅游经营者、旅游辅助服务者未尽到安全保障义务，造成旅游者人身损害、财产损失。旅游者请求旅游经营者、旅游辅助服务者承担责任的，人民法院应予支持。因第三人的行为造成旅游者人身损害、财产损失，由第三人承担责任；旅游经营者、旅游辅助服务者未尽安全保障义务，旅游者请求其承担相应的补充责任的，人民法院应予支持"。

二、安全保障义务的性质

对于安全保障义务的性质，存在不同观点，有认为是法定义务，有认为是合同义务（可能是合同主义务也可能是合同附随义务），还有认为是法定义务与约定义务的竞合。从实践角度来分析，第三种观点更完整。固然安全保障义务可以通过合同约定，尤其是在一些消费领域，例如，旅游行业，

---

① 王成：《侵权责任法》（第 2 版），北京大学出版社 2014 年版，第 248 页。

保障游客的人身、财产安全往往都作为主要条款被写进合同。但是,如果将安全保障义务的性质限定为合同义务,那与保障义务人没有交易关系的相对人就无法获得保障了。所以将安全保障义务定性为法定义务与合同义务竞合是相对合理的。

对公共场所的经营者、管理者以及群众性活动的组织者课以法定的安全保障义务,是基于上述经营者、管理者、活动者对于公共场所以及群众性活动场所均具有绝对的控制力。这种控制力表现为可以防止或者制止危险的发生,在危险发生后,能够帮助受害人及时进行救治等。并且上述主体往往能从经营、管理活动中获得利益,由其对进入该公共区域的不特定的人群承担安全保障义务,与之得利相较,并未超出合理范围,符合收益和风险相一致的原则。鉴于安全保障义务的法定义务、合同义务的双重性质,当受害人与保障义务人有交易关系时,就会出现责任竞合的情形。受害人既可以违约为由主张权利,也可以通过侵权诉讼来获得救济。

三、违反安全保障义务责任的种类

违反安全保障义务责任,是指依照法律规定或者约定,对他人负有安全保障义务的人,违反该义务,造成他人人身或者财产权益损害,应当承担的损害赔偿责任。[①] 根据损害的发生是否因第三人侵权所致,又可以将违反安全保障义务责任分为两类。

(一)直接责任

直接责任,顾名思义,即安全保障义务人未尽保障义务直接导致受害人受到伤害的。比如,在原告黄某某诉被告上海中医药大学附属曙光医院健康权纠纷一案中,原告黄某某就医过程中于医院门诊大厅内摔倒,在确定曙光医院是否尽到了安全保障义务时,法院认为"曙光医院虽然辩称事发当日其已经在医院门诊大厅内铺设了地毯,但由于事发当日为雨天,且上午九时许恰为就诊高峰期,人员流动量较大,作为医院门诊大楼的主要进出通道,应当设置醒目的警示标志,并采取更为人性化的举措,如设置专人引导或协助进出人员包裹雨具、分流人群等,以防止雨水滴落造成地面湿滑。但从在案证据来看,曙光医院作为一家三级甲等医院,并未尽到合理限度内的安全保障义务,故黄某某的摔倒受伤与曙光医院未尽安全保障义务之间存在一定的因果关系"。[②] 最终二审法院改判医院承担20%的赔偿责任。在该案中,法院即依据曙光医院未设置警示标志,未采取更合理措施以防止损害的发生,认定曙光医院没有尽到完全的安全保障义务,所以应当承担一定的赔偿责任。此处承担的责任即为直接责任,也是终局责任。

(二)补充责任

补充责任,系因第三人侵权的原因直接导致了受害人受到伤害,安全保障义务人并非实施侵权行为人,而是因为其疏于管理,客观上为侵权人实施行为创造了条件,所以应当对于危险发生的防控能力相适应的范围内承担责任。这种责任比例是在第三人的侵权责任范围内与之未尽义务之大小相当。并且这种责任具有后顺位性,即只有在实际侵权人下落不明或者实际侵权人不能偿付时,才由安全保障义务人承担与之过错相对应的责任。最典型的就是"银河宾馆案",此案也是推动了

---

① 杨立新:《论违反安全保障义务侵权行为及其责任》,载《河南省政法管理干部学院院报》2006年第1期(总第94期)。

② 参见上海市第一中级人民法院(2019)沪01民终14359号判决书。

安全保障义务立法的经典案例。1998年受害人王某在银河宾馆客房里遭抢劫遇害。警方事后从监控资料中发现,凶手在入室作案前尾随王某,并在不到2小时内,7次上下电梯,而宾馆安保人员无一人上前盘问。王某近亲属遂诉至法院,要求宾馆赔偿。此案最终法院认定王某与宾馆之间系合同关系,宾馆承诺24小时保安巡视,所以应当承担违约责任。王某系因他人行凶死亡,与宾馆不作为之间不具有因果关系,不构成侵权责任。最终酌情判决宾馆赔偿8万元。此案是典型的第三人侵权情形下的违反安全保障义务人责任。当然,现在看来,此案的论述存在瑕疵。但在当时,尚未有安全保障义务相关的法律规定,法院智慧地通过引述合同义务从而最终作出公平和正义的判决,这也大大推进了将安全保障义务纳入法律的进程。

四、违反安全保障义务责任的构成要件

根据“四要件说”,安全保障义务人直接责任的构成要件为:安全保障义务人不作为、安全保障义务人有过错、受害人民事权益受到损害、安全保障义务人的不作为与受害人民事权益之间有因果关系。

需要强调的是,此处的安全保障义务人的过错应当表现为主观上的过失,即应当注意而没有注意,而非故意。例如,在前案中,曙光医院应当注意到下雨天可能会导致地面湿滑,但是没有注意到,所以没有采取警示措施以提醒公众,也没有采取必要的措施,以防止伤害的发生。

安全保障义务人补充责任的构成要件总体上与直接责任情形下并无区别。但在因果关系中,补充责任情形下,因受害人权益受损系因第三人的违法行为直接导致,所以与直接责任情形相比,因果关系具有间接性。安全保障义务人的不作为只是未能防止或者制止损害的发生。应当说,该不作为是导致最终的损害结果的一个必要条件,而非原因。①

五、违反安全保障义务责任的归责原则

违反安全保障义务责任的归责原则是过错原则,并无争议。但是理论界对于是过错推定原则还是一般过错原则有不同观点。持过错推定原则的认为,推定的事实基础,就是被侵权人已经证明了被告的行为违反了安全保障义务,在此基础上推定被告具有过错。经营者如果否认自己的过错,则过错的举证责任由自己承担,证明自己没有过错的事实。如果其能够证明自己没有过错,则推翻过错推定,免除侵权责任。② 持一般过错原则的认为,安全保障义务人承担责任是由于其有过错,即未尽到安全保障义务,只有在有过错的情况下才承担责任,没有过错不承担责任。并且,对于过错的举证责任,原则上应当由受害人一方承担。③

归责原则的确定,直接影响举证责任的分配,进而会影响司法裁判结果。理论上过错推定原则并非独立的归责原则,其归属于过错原则,属于过错原则的特定形式。在适用过错推定的纠纷类型中,侵权责任构成要件仍然是行为人有过错,只是无须受害人举证,而由法律规定直接推定其有过

① 张新宝:《侵权责任法》(第4版),中国人民大学出版社2016年版,第180页。
② 杨立新:《侵权责任法》(第4版),法律出版社2018年版,第207页。
③ 张新宝:《侵权责任法》(第4版),中国人民大学出版社2016年版,第175~176页。

错。行为人只有在举证证明自己没有过错的情况下,才可以推翻推定,不承担责任。上述两种观点虽然结论上存在差异,但究其实质,并无区别。适用过错推定原则的观点系将侵权构成要件之一违法行为确定为违反安全保障义务的行为,所以受害人就该要件举证中就应当包含保障义务人不作为且不作为的是其应当承担的保障义务两方面的内容,而后者即体现了保障义务人的过错。也就是说,既然证明了是属于法定义务,不作为当然就是过错。而适用一般过错原则的观点则是将违法行为确定为不作为,该不作为是否有过错,应当举证证明。从前述黄某某诉曙光医院一案来看,曙光医院的责任系因为没有采取合理的措施消除地面湿滑的危险,也没有设置一定标识警示不特定的公众。这是曙光医院有不作为的情形,并且这种不作为没有超出合理范畴,属于同行业其他主体普遍能履行的行为,这就是证明属于应当尽到的法定义务。

从立法技术角度看,《民法典》第1198条①的表述与典型的过错推定原则,例如,第1199条②的表述存在一定的差异,前者承担责任的前提为未尽到安全保障义务,后者并没有相应的表述。后者规定了只有在义务人证明了其尽到职责的,才不承担责任。由此可见,违反安全保障义务责任应当是一般过错原则。这也是与保障义务仅是一个基本义务,不能课以过高的标准的基本理念保持一致。

六、在实践中需要注意的问题

(一)安全保障义务人的追偿权

2009年《侵权责任法》没有规定在第三人侵权的情形下,安全保障义务人承担了补充责任后,是否有向第三人追偿的权利。有学者认为,我国《侵权责任法》规定的相应的补充责任,是补充责任人对自己的过错和原因造成的损害负责,本质上是一种自负责任,因为补充责任人在承担责任后不能再向实际侵权行为人追偿。③ 此次《民法典》回应了这个问题,吸收了《人身损害赔偿司法解释》第6条第2款的规定,明确了安全保障义务人的追偿权。追偿权的行使,以安全保障义务人承担了补充责任为前提,向实际侵权人就其承担部分全额追偿。

在审判实践中,受害人仅起诉安全保障义务人的,是否要追加实际侵权人?《人身损害赔偿司法解释》中规定,赔偿权利人起诉安全保障义务人的,应当将第三人作为共同被告,但第三人不能确定的除外。实际侵权人与安全保障义务人之间并非共同侵权,原则上不属于必要的共同诉讼。但是因为安全保障义务人承担的是补充责任,具有后顺位性,所以在能确定第三人的情况下,应当先由实际侵权人承担侵权责任,在其不能承担的范围内,安全保障义务人才承担相应的补充责任。所以原则上应当追加实际侵权人参加诉讼。特别需要说明的是,追加实际侵权人后经法院释明受害人仍不变更诉讼请求,即对实际侵权人没有诉讼请求,法院不能径行判决实际侵权人承担责任,而

① 《民法典》第1198条规定,宾馆、商场、银行、车站、机场、体育场馆、娱乐场所等经营场所、公共场所的经营者、管理者或者群众性活动的组织者,未尽到安全保障义务,造成他人损害的,应当承担侵权责任。因第三人的行为造成他人损害的,由第三人承担侵权责任;经营者、管理者或者组织者未尽到安全保障义务的,承担相应的补充责任。经营者、管理者或者组织者承担补充责任后,可以向第三人追偿。

② 《民法典》第1199条规定,无民事行为能力人在幼儿园、学校或者其他教育机构学习、生活期间受到人身损害的,幼儿园、学校或者其他教育机构应当承担侵权责任;但是,能够证明尽到教育、管理职责的,不承担侵权责任。

③ 王利明、周友军、高圣平:《中国侵权责任法教程》,人民法院出版社2010年版,第37页。

是应当驳回原告的诉讼请求。只有在第三人不能确定的情况下,才可以直接起诉安全保障义务人,并且直接判决安全保障义务人承担相应的补充责任。

(二)安全保障义务人服务有偿与否对应不同的义务标准

安全保障义务人与受害人之间可能存在交易关系或者存在潜在的交易机会,也可能与受害人之间不存在任何交易关系。其所提供的服务或者组织的活动可能是有偿的,也可能是无偿的。例如,一些公益活动的组织者,其并不从活动中获利,参加者也无须支付对价。根据风险和收益相一致的理论,对于提供无偿服务或者组织无偿活动的安全保障义务人,与有偿者相较,义务标准应当略低一些。

专题五　第三人在教育机构造成人身损害的侵权责任和补充责任

一、第三人造成学生损害时学校补充责任制度的确立

校园安全特别是学生的人身安全,是社会安全最重要、最能牵动人心的一个方面。《民法典》用了三条规定,即第 1199 条、第 1200 条、第 1201 条,专门规定了无民事行为能力人或者限制民事行为能力人在幼儿园、学校或者其他教育机构学习、生活期间发生的人身损害事故责任。为了便于表述,本专题论述中将"无民事行为能力人或者限制民事行为能力人"简称为"非完全民事行为能力人"或"学生",将"幼儿园、学校或者其他教育机构"简称为"教育机构"或"学校"。在司法实践中,经常遇到的情况是,一旦学生在学校里遭受人身损害时,学生家长总先想到的是要求学校承担责任。即便是社会上的第三人行为造成学生损害的,学生家长仍然要求学校予以处理并承担责任;而学校往往认为,责任是第三人造成的,学校完全不应当承担责任,学生家长应当去找第三人承担责任。学校承担责任是有条件的,并非凡是学生在学校里受到伤害,学校都应当一律承担赔偿责任。学校最主要的功能是教育,《民法典》在规制第三人侵害学生人身安全保护上,加强了对学生、学校的保护力度。

在《人身损害赔偿司法解释》出台之前,教育部于 2002 年 8 月 21 日先行制定了《学生伤害事故处理办法》,但该办法体现在行政管理规范上,在法律层级上属于教育部的部门规章,在处理学生人身损害赔偿事故过程中,仅具有参照的效力。《人身损害赔偿司法解释》在 2003 年 12 月 26 日公布,于 2004 年 5 月 1 日起施行,该解释的第 7 条第 2 款规定:"第三人侵权致未成年人遭受人身损害的,应当承担赔偿责任。学校、幼儿园等教育机构有过错的,应当承担相应的补充赔偿责任。"司法解释作为国家最高审判机关对法律适用作出的解释,对人民法院审理案件具有约束力。这一解释以第三人承担侵权责任为主,存在过错的教育机构承担补充责任为辅,至此,我国关于第三人造成学生损害的,由第三人承担侵权责任、学校承担补充责任制度以司法解释的形式作出了明确规

定。《侵权责任法》在吸收司法解释规定的基础上，作出了相应规定。《民法典》出台后，该法第1201条规定："无民事行为能力人或者限制民事行为能力人在幼儿园、学校或者其他教育机构学习、生活期间，受到幼儿园、学校或者其他教育机构以外的第三人人身损害的，由第三人承担侵权责任；幼儿园、学校或者其他教育机构未尽到管理职责的，承担相应的补充责任。幼儿园、学校或者其他教育机构承担补充责任后，可以向第三人追偿。"《民法典》延续了《侵权责任法》的既有规定，将幼儿园、学校或者其他教育机构以外的人员实施侵权行为时，在法律责任主体上，明确规定为"第三人"。同时，在《侵权责任法》规定的基础上，新增并明确规定了学校承担补充责任后的追偿权。

二、第三人承担侵权责任构成要件分析

根据一般情形下的侵权责任构成理论，学校发生的第三人侵权责任的构成要件为：第一，第三人在教育机构内实施了侵权行为；第二，学生受到了人身损害；第三，第三人的侵权行为与学生受到的伤害具有因果关系；第四，第三人行为违法，有过错或法律规定的无过错。在司法实践中，第三人的侵权行为认定需要注重以下几个方面：

（一）主体要件：第三人为教育机构以外的人员

《民法典》第1201条将幼儿园、学校或者其他教育机构以外的人员侵权时的侵权人身份在法律表述上进行了修正，明确表述为"第三人"，该处的"第三人"是指相对于学生和学校教育管理法律关系之外的其他第三方人员。与教育机构存在劳动关系、劳务雇佣关系的教职员工，不属于本条规定的第三人；与教育机构存在辅助关系、安保关系而形成的相对稳定的后勤保障人员、保安服务人员，不属于本条规定的第三人；在校的学生发生对其他学生侵权时，该学生不属于本条规定的第三人。该条规定的第三人，举例来说，"来学校接送学生的家长，经许可或未经许可进入到学校等教育机构的其他人员等。"①

（二）客体要件：第三人实施的特定侵害行为

1. 有学生受损害的客观事实

第三人的行为从法条的表述来看，"……受到幼儿园、学校或者其他教育机构以外的第三人人身损害的"。这里的第三人实施侵害行为只要让学生受到了人身损害，都应当承担相应的侵权责任。第三人的侵权行为既有可能是过错侵权行为，也可能是无过错侵权行为。过错责任比较好理解，无过错责任的情况也是可能发生的。比如，学校从外部购入高度危险的化学实验用品，在外部人员经学校允许后运送到学校，在校园里发生了学生伤害事件，这里就应当结合其他法律条款综合适用法律，这时第三人承担的责任适用无过错责任归责原则。

2. 应当发生在教学期间

第三人的侵权行为应当发生在正常的学校负有教育、管理、保护职责的期间。一般来说，上课时间、课间休息、学校组织的自由活动和课外活动时间应当包括在内。实践中比较容易发生争议的是在放学前、放学后或放假期间。这些时间点应结合学校负有教育、管理、保护职责来综合认定。

---

① 最高人民法院侵权责任法研究小组编著：《〈中华人民共和国侵权责任法〉条文理解与适用》，人民法院出版社2016年版，第292页。

如家长还没将学生送进学校，或放学后已经接到学生，管理保护责任应由法定监护人承担，此种情形不符合该条的适用条件。放假期间，应当看是否经学校允许并在学校内参加假期活动。

3. 应当发生在学校内

第三人的侵权行为应当发生在学校内或学校控制、管理的范围内。实践中比较容易发生争议的地方是学校大门口，学校大门口人员比较容易聚集，学生受到伤害概率较大。学校大门口是学校应当加强管理的重要地点，即在学校大门口边上一定距离内，学校能实施有效管理职责的范围内，从保护未成年人利益的角度出发，可以延伸理解为学校控制、管理的范围内。

三、教育机构承担补充责任的责任承担规则

（一）教育机构承担补充责任的条件

1. 教育机构未尽到管理职责

教育机构承担责任的条件是管理上的不作为。有必要明确的是，要准确把握教育机构管理职责的具体内容，其管理职责应结合《教育法》、《未成年人保护法》（第三章）、《学生伤害事故处理办法》等有关规定来确定。“着重看学校是否真正履行了相关职责，只有学校确实履行了对未成年人的教育、管理、保护职责，自身没有过错的情况下，才可以免除学校的民事责任。”①

2. 教育机构存在的管理过失与第三人侵权行为发生存在直接或间接的牵连关系

教育机构管理职责上的过失，应当结合教育机构在第三人侵权行为发生的原因、过程、事后处置等方面的所作所为来进行综合判断，而不应仅去分析教育机构的管理职责存在哪些缺失。教育机构管理过失与第三人侵权行为发生的这种牵连关系体现为：当发生第三人侵权时，教育机构在避免、制止第三人侵权损害发生，或者减轻、防止第三人侵权损害扩大等方面的行为，是否在履行适当的管理职责；如果应当履行而未履行，教育机构在主观上存在过错，就应当根据自己的过错程度，承担相应的补充责任份额。

（二）教育机构承担补充责任的特点

补充责任是“责任人在行为人自己不足以赔偿某行为所致损害时，就其不足部分承担的赔偿责任。”②这里将补充责任认定为一种特殊的赔偿责任。本书认为，补充责任是基于某一特定债务，在主责任人应承担清偿责任的范围内不足额给付时，次责任人基于法律规定承担的补充清偿的民事责任。只有先产生了主责任，才有补充责任的依存所在，其性质类似于一般保证责任，承担的是一定清偿范围内的担保类的代为清偿责任。不能将补充责任理解为连带责任，补充责任是基于法律规定的一种特殊的责任形态，在层级上与按份责任、连带责任属于同一层次。

1. 教育机构承担补充责任应与过错程度相适应

就《民法典》中的规定而言，补充责任可以分为完全的补充责任和相应的补充责任。比如，监护人责任中的补充责任问题，《民法典》第1188条第2款规定：“有财产的无民事行为能力人、限制民

---

① 最高人民法院民事审判第一庭编著：《最高人民法院人身损害赔偿司法解释的理解与适用》，人民法院出版社2015年版，第125页。

② 北京大学法学百科全书编委会编著：《北京大学法学百科全书：民法学·商法学》，北京大学出版社2004年版。

事行为能力人造成他人损害的,从本人财产中支付赔偿费用;不足部分,由监护人赔偿。"即属于一种完全的补充责任。而教育机构的补充责任则为相应的补充责任,其补充赔偿的额度不是以直接侵权的第三人应当承担的赔偿责任的总额为限,而是根据教育机构的过错程度判定应当承担清偿责任的额度为限,应当在其未尽到管理责任而失职程度与可能防止、制止、减轻损害范围内承担相适应的补充责任。

2. 第三人在全额承担赔偿责任后,教育机构无须额外再承担补充责任

补充责任具有次位性,是后一顺位的责任。当第三人在学校实施侵权行为后,未全部赔偿是教育机构承担补充责任成立的前提。一般情况下,受害学生不能直接单独要求教育机构承担补充责任,而应该先要求第三人承担责任,在主责任人的财产不足给付时,才能要求补充责任人承担补充责任;或者在诉讼过程中同时要求第三人和教育机构承担责任。当发生第三人不明确的情况下,为了保护学生的利益,学生家长才能单独要求补充责任人承担补充责任。

3. 教育机构承担的补充责任以责任限额为准

教育机构在确定责任划分后,其承担相应比例的补充责任份额应当仅局限于所划分的范围之内,超出份额之外的部分,不应当由教育机构承担责任。例如,第三人侵权造成的损害为 100 万元,假如教育机构作为补充责任人应承担相应的补充责任确定为 10%,那么,第三人应对全部损害承担赔偿 100 万元的赔偿责任,教育机构承担相应的补充责任限额为 10 万元,即使第三人只有能力支付几万元的赔偿,教育机构也只承担 10 万元的责任。

四、教育机构的追偿权

在《民法典》出台前,教育机构作为补充责任人承担责任后是否享有追偿权,一直存在不同的观点。《民法典》公布实施后,教育机构依法取得了追偿权。该法第 1201 条规定:"幼儿园、学校或者其他教育机构承担补充责任后,可以向第三人追偿。"需要特别注意的问题是追偿权的实施条件:

(一)被追偿的责任主体是在教育机构内侵害学生的第三人

《民法典》第 1199 条、第 1200 条规定的其他类型的侵权案件,明确规定教育机构承担侵权责任,不是补充责任,不享有追偿权。因此,在这种情况下,即使教育机构承担了赔偿责任,也不能当然地认为享有追偿权。第三人针对学生的侵权案件发生在教育机构内,符合《民法典》第 1201 条规定条件的情况,教育机构才能享有追偿权。例如,2010 年 9 月 13 日中午休息期间,某初中二年级学生王某的哥哥因事到学校找王某。同学张某见王某哥哥的头较大,便说"猪头来了",王某哥哥闻言,怒将身旁课桌上的三角尺朝张某扔去,致伤张某的眼睛。张某由其家人送至医院救治,花去医疗费 3 万余元。但张某的左眼仍不幸失明,经鉴定为伤残 5 级。某中学因之承担了补充赔偿责任,付给学生张某医疗费、残疾赔偿金、精神损害抚慰金等 5 万余元。2011 年 9 月,某中学诉至法院要求王某哥哥偿还学校付给学生张某的补充赔偿款 5 万余元。

就某中学承担补充赔偿责任后能否向王某哥哥追偿,存在两种意见:第一种意见认为,某中学承担补充赔偿责任后不能向王某哥哥追偿。其理由为:第一,《人身损害赔偿司法解释》与《侵权责任法》均未规定教育机构承担补充赔偿责任后可以向伤害学生的第三人追偿;第二,某中学是因为

未尽教育管理职责而承担补充赔偿责任,即系为自己的过错承担责任,因此不存在追偿。第二种意见认为,某中学承担补充赔偿责任后可以向王某哥哥追偿。其理由为:某中学虽未尽到教育管理职责,但仅为补充责任人;而加害人王某哥哥实施侵权行为,为终局责任人,故某中学可以向其进行追偿。本书认为,某中学对受害学生张某承担补充赔偿责任后,可以向加害人即第三人王某哥哥进行追偿。

《民法典》施行后,涉及校园伤害案件,法律明确规定了第三人侵权案件教育机构享有追偿权。因此,本案中法院判决教育机构胜诉并享有追偿权,符合新法的规定。

需要注意的问题是,假如将本案的案情作一个小小的调整:“王某哥哥因事到学校找王某。同学张某见王某哥哥的头较大,便说‘猪头来了’,王某(这时的侵权人不是王某哥哥而变成在校的王某)闻言,怒将身旁课桌上的三角尺朝张某扔去,致伤张某的眼睛。”在这种情况下,教育机构是否享有追偿权呢?本书认为,此时,侵权人从王某哥哥(校外第三人)变成了校内未成年学生,教育机构不应当享有追偿权。理由如下:第一,新法就其他情况发生的教育机构承担责任后的追偿权未作规定,视为新法没有采信“其他情况下学校承担责任后享有追偿权”的意见,不适用追偿权的规定。第二,本案情经修改后的情况是在校园内部未成年人之间发生的侵权案件,不属于《民法典》第1201条第三人侵权案件规定的情况,未成年在校学生作为侵权人,应当适用《民法典》第1188条第1款关于法定监护责任条款,由未成年人法定监护人承担侵权责任,教育机构的民事责任适用《民法典》第1199条、第1200条规定进行处理,而第1199条、第1200条规定的教育机构承担的责任类型都明确表述为侵权责任,不是补充责任。因此,在这种情况下教育机构不享有追偿权。

(二)教育机构享有追偿权的前提是已经承担了补充责任

教育机构只有在已经履行了补充责任确定的清偿义务之后,才能具有追偿的事实依据。这类似于保证人承担了保证责任之后才能向主债务人追偿;未承担保证清偿的支付责任,就没有请求权的基础。

五、第三人侵权与教育机构侵权责任在程序法上的适用

(一)诉讼主体地位

《人身损害赔偿司法解释》第6条第2款规定:“因第三人侵权导致损害结果发生的,由实施侵权行为的第三人承担赔偿责任。安全保障义务人有过错的,应当在其能够防止或者制止损害的范围内承担相应的补充赔偿责任。安全保障义务人承担责任后,可以向第三人追偿。赔偿权利人起诉安全保障义务人的,应当将第三人作为共同被告,但第三人不能确定的除外。”参照该条安全保障义务人承担补充责任中关于诉讼程序的规定,本书认为,在学校发生的第三人侵权诉讼案件中,如果受害人仅起诉第三人,人民法院不宜主动依职权追加教育机构参加诉讼,受害人申请将教育机构列为诉讼案件中的第三人除外;如果受害人仅起诉教育机构,在侵权第三人能确定的情况下,人民法院应当依职权追加侵权第三人参加诉讼,列为诉讼案件中的共同被告;在无法确定侵权第三人的情况下,受害人以教育机构为单独被告的,人民法院应予受理。

(二)举证证明责任分配

在学校发生的第三人侵权案件中,对于教育机构未尽到管理职责情况下的举证,教育机构仍然

是以过错责任为承担责任的基础。应当看到,《民法典》对教育机构的过错归责规定是不同的。第1199条规定的无民事行为能力人所在的教育机构承担的是过错推定责任;第1200条规定的限制民事行为能力人所在的教育机构承担的是过错责任;第1201条规定的第三人侵权时教育机构承担的也是过错责任。因此,在举证证明责任的分配上,应当按照《民法典》的规定进行。当然,如果教育机构掌握相关证据,能够证明自己已经履行教育管理职责,应当积极主动提供相关证据,以保证人民法院案件的及时、合法、公正审理,也有利于教育机构自身合法权益的维护。

第五章　产品责任

专题一　产品责任的构成要件及责任承担规则

一、产品责任概述

产品责任是近现代以来重要的侵权责任领域。我国有关产品责任的法律规范此前在《民法通则》《消费者权益保护法》《产品质量法》等法律中均有规定。《侵权责任法》在总结以往经验做法的基础上专章规定了产品责任,其中第41条明确规定:“因产品存在缺陷造成他人损害的,生产者应当承担侵权责任。”《民法典》侵权责任编第1202条规定:“因产品存在缺陷造成他人损害的,生产者应当承担侵权责任。”很明显,《民法典》保留了这一规定,明确规定了生产者关于产品责任承担的规则。

概言之,产品责任,又称为产品侵权责任,是指产品制造商、销售者因生产、销售缺陷产品致使他人遭受人身伤害、财产损失或有致使他人遭受人身、财产损害之虞而应当承担的赔偿损失、消除危险、停止侵害等责任。①

二、产品责任的构成要件

要解决产品责任的法律问题,首先要对产品在法律上作出准确界定。

(一)产品的界定

我国《产品质量法》第2条第2款第一次对“产品”作了概括性的界定,产品侵权责任中的“产品”概念,是指“经过加工、制作,用于销售的产品”。

首先,关于“加工、制作”,我国法律法规以及司法解释都缺乏明确的界定,本书认为,仅将“加工、制作”理解为“机械化的、工业生产的加工、制作”不利于消费者权益的保护,有悖于产品责任法的立法宗旨。② 应将“加工、制作”界定为包括机械化的,也包括手工业的加工、制作,乃至任何对产品质量实施的影响和控制行为都属于加工、制作。凡是改变原材料、毛坯或半成品的形状、性质或者表面形态,使之达到一定规定要求的各类工作都构成加工、制作。③ 生产者、销售者通过上述行为对产品质量实施了实际影响或控制,就应该是这类产品导致侵权责任的承担者。

---

① 杨立新主编:《类型侵权行为法研究》,人民法院出版社2006年版,第732页。

② 季义流:《论产品的范围》,载《当代法学》2002年第11期。

③ 周新军:《关于中外产品责任法中农产品问题的思考》,载《国际经贸探索》2007年第8期。

其次,对于"用于销售",有学者很早就主张,使用"销售"不如使用"流通"更为准确。[①] 本书认为,于现今法律框架下,我们应当将赠送、试用买卖等行为视为销售行为,并可以进一步考虑通过法律解释的方法将产品出租等行为准用"销售"的规定,来达到充分保护消费者的目的。

(二)产品责任的构成要件

在我国,产品责任实行的是严格责任,即产品责任之构成不必考察过错因素,只要产品存在缺陷,即可构成侵权责任。通常而言,产品责任的构成,必须具备3个要件:

第一,产品具有缺陷,通常包括制造缺陷、设计缺陷和跟踪观察缺陷。依据《产品质量法》第46条的规定,产品缺陷是指产品存在危及人身、他人财产安全的不合理的危险或产品不符合产品本身之保障人体健康和人身、财产安全的国家标准、行业标准。

第二,缺陷产品造成了受害人的损害,即产品的使用人或者第三人的人身损害或者财产损害、精神损害。

第三,缺陷产品与造成的损害事实之间具有因果关系,即产品缺陷与受害人的损害事实之间存在的引起与被引起的关系。

简言之,产品缺陷导致他人损害,生产者应当承担相应的侵权责任,至于产品的生产者是否具有主观过错,在所不问。在上述3个构成要件中,产品缺陷是认定产品侵权责任的最关键要素。

(三)产品责任的抗辩事由

《民法典》第1202条并没有规定产品责任的抗辩事由,因此有关产品责任的抗辩事由,适用侵权责任的一般抗辩事由和《产品质量法》所规定的特殊抗辩事由。

前者主要包括不可抗力、受害人自身原因或第三人过错行为等。至于不可抗力,自然不必多言,而受害人自身原因则是指受害人在使用产品的时候,没有按照产品所标示的使用说明加以使用,因而造成自己的人身或者财产损害。第三人过错行为则是指如果产品造成的使用者或者第三人的损害,是由于第三人的原因而引起的,则应当由该第三人承担责任,不能由产品的生产者或者销售者承担责任。对于受害人的自身原因或第三人过错引起的损害,产品的销售者或者生产者不承担损害赔偿责任。

后者则主要是指《产品质量法》第41条第2款的规定。产品生产者能够证明有下列情形之一的,不承担赔偿责任:其一,未将产品投入流通的;其二,产品投入流通时,引起损害的缺陷尚不存在的;其三,将产品投入流通时的科学技术水平尚不能发现缺陷的存在的。凡是具有这些情形之一的,提供产品的一方能够证明属实的,都可以免除责任。

三、产品责任的责任承担规则

关于生产者、销售者承担的产品责任,《民法典》侵权责任编第1203条规定:"因产品存在缺陷造成他人损害的,被侵权人可以向产品的生产者请求赔偿,也可以向产品的销售者请求赔偿。产品缺陷由生产者造成的,销售者赔偿后,有权向生产者追偿。因销售者的过错使产品存在缺陷的,生

① 朱克鹏、田卫红:《论我国产品责任的构成要件及其完善》,载《深圳大学学报》(人文社会科学版)1995年第14期。

产者赔偿后,有权向销售者追偿。”

(一)生产者与销售者外部责任的承担

基于对因产品缺陷导致损害的被侵权人利益保护的需要,各国产品责任法大都确立了生产者与销售者对外承担全部责任的规则。而具体由谁承担责任,根据受害人的主张来确定。流通过程中所有的产品提供者,包括销售者都要对缺陷产品导致损害的被侵权人承担责任。此时销售者承担的责任和生产者承担的责任一样,都是严格责任。“在他们和缺陷产品的无辜受害者之间,产品的销售者作为商业机构比个人使用者和消费者更有能力针对此类损害采取保险措施。在大多数情形下,批发商和零售商能够将产品责任的所有损失追及产品派售链的源头——制造商。当参与侵权诉讼的制造商对于原告来说存在法律程序方面的诉讼困难时,本地零售商可以先将损害赔偿金支付给受害人,然后从制造商那里获得补偿。最后,让零售商和批发商承担严格责任,能够激励他们仅和有商业声望的、财务状况良好的制造和分销商打交道,从而有利于保护产品的使用者和消费者。”①在满足产品责任构成要件的前提下,只要产品在离开经销链之时存在缺陷,受害人选择要求销售者承担责任,该销售者就要承担全部责任;若选择主张生产者承担责任时,生产者就要承担全部责任。

(二)生产者与销售者内部责任的划分

生产者与销售者内部责任关系的确定规则是产品缺陷的造成者应为产品侵权赔偿责任的最终承担者,这也是确定销售者与生产者之间追偿权的依据。

产品缺陷形成的原因,尤其是销售者的过错及其对产品缺陷形成的原因即为划定销售者与生产者之间有关责任范围的基本依据。至于销售者与生产者之间的追偿权法律关系,包括以下两种情形:其一,销售者向生产者追偿。这时必须满足的条件是:(1)销售者已经向被侵权人承担赔偿责任;(2)该产品缺陷之形成原因在于生产者,而非销售者自己过错行为。在此举证责任分配上,本书认为,考虑到“谁主张,谁举证”这一举证责任的基本规则和生产者对产品制造、设计等的实质控制,有关产品缺陷形成原因的举证责任,生产者和销售者应该予以分担。比如,生产者可以通过举证证明该缺陷是由销售者过错造成来免除自己的责任,对于其生产流程、产品设计方案等内容承担举证责任;销售者也要对该缺陷之形成是由于生产者的原因承担一定的举证责任。而且这时,产品缺陷形成的原因,通常会在销售者向产品缺陷受害人承担赔偿责任的诉讼中确认,从某种意义上讲,并不会加重销售者的举证责任负担。其二,生产者向销售者追偿。这时必须满足的条件是:(1)生产者已经向被侵权人承担赔偿责任;(2)该产品缺陷之形成是销售者的过错行为所致。如上所述,在这种情况下,基于销售者与生产者之间的经济实力并不悬殊,而且生产者往往处于优势地位。因此,这时销售者的责任应该是过错责任,即由生产者对销售者的过错以及因果关系的成立承担举证责任。对于销售者之间,比如批发商与零售商之间的追偿关系,也要遵循上述规则确定,在举证责任上采用“谁主张,谁举证”的规则,由主张追偿权的销售者承担举证责任。

---

① [美]肯尼斯·S.亚伯拉罕、阿尔伯特·C.泰特选编:《侵权法重述——纲要》,许传玺、石宏等译,法律出版社2006年版,第285页。

(三)销售者承担最终责任的构成要件

由于销售者的过错使产品存在缺陷,造成人身、财产损害的,销售者应当承担赔偿责任。当然,这仅是销售者承担最终责任的依据,而非销售者承担外部责任的依据。具体而言,其构成要件如下:

第一,产品存在缺陷。在产品责任中,销售者承担责任仍然要以产品存在缺陷为基础;产品不存在缺陷,则销售者无须承担责任。这也充分说明产品缺陷在产品侵权责任构成中极其重要的地位。

第二,受害人遭受损害,即产品的使用人或者第三人遭受人身损害或者财产损害、精神损害。此内容与生产者承担产品责任的构成要件相同。

第三,销售者对于产品存在缺陷具有过错。此种过错既可以是故意,也可以是过失,以过失为常态。如果是故意,则要涉及惩罚性赔偿的适用问题。在此需要注意的是,此过错条件仅影响其内部责任的承担,并不影响其对外向被侵权人承担责任的构成。

第四,缺陷产品与造成的损害事实之间具有因果关系。在产品责任中,销售者责任的构成,须有双重的因果关系的要求:一是产品责任自身的因果关系要件,即产品的缺陷与受害人的损害事实之间存在的引起与被引起的关系。二是产品缺陷与销售者过错行为的因果关系。此二者缺一不可。销售者的过错行为对某种产品缺陷的造成具有因果关系,该产品缺陷可能完全是销售者的过错行为导致,也可能是销售者的过错行为仅是使该产品缺陷更为严重。销售者应该在其过错行为导致产品缺陷并最终导致损害的原因力范围内承担责任。

在满足上述构成要件后,该条规定可以直接作为因产品缺陷致损的受害人向该产品销售者主张权利的实体法依据。只要满足上述构成要件,销售者就应该向受害人承担相应的侵权责任。

此外,就运输者、仓储者等第三人的责任,《民法典》第1204条规定:"因运输者、仓储者等第三人的过错使产品存在缺陷,造成他人损害的,产品的生产者、销售者赔偿后,有权向第三人追偿。"产品的运输和仓储等行为通常会增加产品的附加值,但如果运输或仓储等行为不当,也会造成产品缺陷。根据自己责任原则,行为人必须对自己的过错行为造成的损害负责。因此,运输者、仓储者等第三人的行为导致的产品缺陷导致的他人人身、财产损失,该损害赔偿的责任最终就应该由运输者或者仓储者自己承担。在此应当注意的是,这一规定既是运输者或者仓储者承担最终责任的规则,也是他们与生产者、销售者之间划定内部责任、确定相应的追偿权大小的基础,并不涉及运输者、仓储者等第三人对被侵权人承担责任的问题。

专题二　产品责任中预防型民事责任的承担

一、预防型民事责任概述

关于预防损害发生的民事责任承担方式,《民法典》第1167条规定:“侵权行为危及他人人身、财产安全的,被侵权人有权请求侵权人承担停止侵害、排除妨碍、消除危险等侵权责任。”这应属于预防型民事责任的一般规定。所谓预防型民事责任,是指权利相对人违反其义务,对权利人的权利已经造成损害而且还在继续侵害时,或者虽然没有造成现实损害却存在造成侵害的危险时承担的一种民事责任。预防型民事责任在对某些权利和利益的保护方面,尤其是对绝对权的保护,有着补偿性民事责任形式所无法比拟的优点和长处。因为损害赔偿仅仅是在损害发生后的一种亡羊补牢的做法,而停止侵害则是防患于未然的做法,防患于未然胜于亡羊补牢。[①] 现代侵权法不仅注重损害的填补和救济,更应该在具体的侵权责任制度设计时注重损害预防功能的实现。而损害预防功能的实现,不仅要依赖侵权责任的惩戒性措施的警示威慑作用来实现,更要依赖诸如消除危险、停止侵害等积极的或具有事先性的救济措施来实现。[②]

关于产品责任的承担方式,《产品质量法》第44条规定了产品责任的损害赔偿的责任承担方式。在传统民事救济方式中,损害赔偿居于最为重要的地位,在产品责任中也不例外。具体而言,在产品责任中所涉及的损害赔偿有以下几种类型:(1)人身损害赔偿,即对身体、健康乃至生命所致损害的赔偿。《产品质量法》第44条规定:“因产品存在缺陷造成受害人人身伤害的,侵害人应当赔偿医疗费、治疗期间的护理费、因误工减少的收入等费用;造成残疾的,还应当支付残疾者生活自助具费、生活补助费、残疾赔偿金以及由其扶养的人所必需的生活费等费用;造成受害人死亡的,并应当支付丧葬费、死亡赔偿金以及由死者生前扶养的人所必需的生活费等费用。因产品存在缺陷造成受害人财产损失的,侵害人应当恢复原状或者折价赔偿。受害人因此遭受其他重大损失的,侵害人应当赔偿损失。”另外在具体案件中,对损害赔偿具体数额,还应依据《人身损害赔偿司法解释》的规定进行确定;(2)财产损失赔偿。通常而言,此种损害赔偿并不包括对受损产品本身的赔偿。产品自身的损害属纯经济上的损失,不包括在损害赔偿范围之内。因此,产品缺陷所导致的财产损失是指产品之外固有财产的直接损失和可得利益的丧失;(3)精神损害赔偿。此可依照《精神损害司法解释》的规定进行确定。

二、承担预防型民事责任的基本构成要件

停止侵害,实际上是要求侵害人不实施某种侵害行为,即不作为。行为人实施的侵害行为仍在

① 丁海俊:《预防型民事责任》,载《政法论坛》2005年第4期。

② 王利明、杨立新编著:《侵权行为法》,法律出版社1996年版,第100~101页。

继续进行,受害人可以依法请求法院责令侵害人停止其侵害行为,这样可以及时制止侵害行为,防止侵害后果扩大。消除危险,则是在行为人的行为对他人人身和财产安全造成威胁,或存在侵害他人人身和财产的可能的时候,他人有权要求行为人采取有效措施来消除此种危险。[①] 排除妨碍,则是指权利人行使其权利受到不法阻碍或妨害时,加害人负有排除该阻碍以保障权利正常行使的责任形式。停止侵害、消除危险和排除妨碍的责任形式,是对民事权利积极的保护,都体现了对损害或者未来损害的预防。

随着经济科技的进步,现代工业社会也同样充斥着风险。环境污染、责任事故、产品致害等所造成的损害越来越触目惊心,发挥侵权法的预防功能就显得愈加重要。由此自然就要求在产品责任的具体制度设计上体现侵权法预防功能的要求,《民法典》第1205条的规定正是回应这一需求,明确规定消除危险、排除妨碍等预防型民事责任的承担方式。同时在下一条又明确规定了缺陷产品售后警告以及产品召回制度,对停止侵害和消除危险等预防型民事责任方式进一步具体化。

生产者、销售者承担预防型民事责任,须满足以下条件:

第一,产品缺陷已经客观存在,这是生产者、销售者承担预防型民事责任的前提条件。也就是说,产品本身必须已经存在危及人身、财产的不合理危险,至于该缺陷为制造缺陷、设计缺陷还是警示缺陷,在所不问。

第二,产品缺陷会危及他人人身、财产安全。这包括两种情形:其一,产品缺陷并未导致实际损害,但具有危及他人人身、财产安全的高度盖然性;其二,产品缺陷已经导致实际损害的发生,且其有进一步加大他人人身、财产损害的高度盖然性。

第三,被产品缺陷危及人身、财产安全的人是权利主体,其可选择要求生产者承担预防型责任,也可以选择销售者为责任主体,也可以同时要求生产者和销售者来承担责任。

三、产品责任中有关预防型民事责任的具体承担方式

生产者或销售者承担的责任形式除了传统意义上的消除危险、排除妨碍、停止侵害外,还有产品责任中特有的跟踪观察、售后警示、产品召回等。对此,《民法典》第1206条规定:"产品投入流通后发现存在缺陷的,生产者、销售者应当及时采取停止销售、警示、召回等补救措施;未及时采取补救措施或者补救措施不力造成损害扩大的,对扩大的损害也应当承担侵权责任。"

如上所述,现代侵权法不仅注重损害的救济,更重视损害的预防,以防患于未然。售后警示、跟踪监视、产品召回在消费者保护法上的法理基础是生产者、销售者的安全保障义务。但是我国《民法通则》以及《产品质量法》对于上述制度等都没有规定。《上海市消费者保护条例》第一次将产品召回制度列入了地方性法规,《缺陷汽车产品召回管理规定》则第一次真正意义上确立了缺陷汽车召回制度。2009年通过的《食品安全法》第一次以法律的形式规定了缺陷食品的召回制度。在总结以往立法经验的基础上,《侵权责任法》才正式确立了生产者、销售者对缺陷产品采取售后警示、召回等补救措施即跟踪观察义务这一私法义务,以在产品责任领域充分发挥侵权责任的预防损害的功能。《民法典》在总结以往立法经验的基础上,在该条对产品跟踪观察义务作了明确规定,相较

---

① 王利明、杨立新编著:《侵权行为法》,法律出版社1996年版,第100~101页。

于《侵权责任法》第46条的规定，该条在第1款增加了“停止销售”这一补救措施，将原来的“造成损害”修改为“造成损害扩大”，另在文字上“承担侵权责任”之前增加了“也”。尤其是新增第2款内容，明确规定了“依据前款规定采取召回措施的，生产者、销售者应当负担被侵权人因此支出的必要费用。”

《民法典》第1206条确立了生产者、销售者对缺陷产品采取警示和召回等补救措施义务，但不限于警示和召回，从而明确产品使用人要求生产者、销售者对缺陷产品进行警示和召回等补救措施的请求权基础。具体内容如下：

其一，售后警示。售后警告义务的成立，要求具备以下4个要件：第一，生产者知道或应当知道该产品会对人身或财产造成损害的危险；第二，生产者能够认识到应当予以警告的对象，并可以合理地推断他们不知晓该损害的危险；第三，警告应当能够有效到达应予以警告的人，并且他们能够采取有效行动减低风险；第四，实际损害发生的危险大大超过实施售后警告的费用。

其二，产品召回。产品召回制度是现代民法中的一项新制度，具有预防和消除缺陷产品对公民人身和财产的危害的独特功能。产品召回义务，是指因投放市场的产品存在缺陷，可能或已经对消费者的生命、健康造成严重损害，生产者依特定程序收回、退换缺陷产品并承担与此相关费用的义务。产品召回义务的特点主要表现在以下几个方面：第一，已经投放市场的产品存在缺陷，可能或已经导致人身重大损害是召回义务的成立要件；第二，生产者是召回义务的主体，中间经销商是召回义务的履行辅助人；第三，产品召回义务履行程序包括指令召回和自主召回，有严格的法定步骤和效果评估机制；[①]第四，义务履行方式包括缺陷产品的回收、更换、退货以及相应的损害赔偿。

其三，追踪观察。生产者、销售者对投入流通的产品，负有跟踪监视的义务：于消极方面，生产者须建立完备的客户投诉和信息反馈机制，明确消费者投诉渠道，保存并报告消费者所反映的产品质量问题；于积极方面，生产者应该完备产品质量回访机制，在提取有效信息的基础上，对产品的设计、制造以及警示说明方面进行相应的改进。尤其是在科技水平进步后，更应该对原来投入流通的产品，进行安全性能方面的回访。

另外，第1206条第2款新增了有关采取补救措施费用承担的规则，即由生产者、销售者承担的规则，这符合国际通例，既体现了对消费者权益的保护，也属于公平合理的做法。

专题三　产品责任中的惩罚性赔偿

一、惩罚性赔偿概述

惩罚性赔偿，是指侵权人所要承担的损害赔偿数额超过其造成被侵权人实际损害数额，在填平

① 杨立新、陈璐：《论药品召回义务的性质及其在药品责任体系中的地位》，载《法学》2007年第3期。

被侵权人损害的基础上提高赔偿数额,以彰显对侵权人侵权行为进行惩罚的制度。惩罚性赔偿,是指法院作出决定的赔偿数额超出实际损害数额的赔偿。① 通常赔偿是为了弥补受害者的损害,不具有惩罚性,其数额不能超出受害者的实际损失。各国对应否支持惩罚性赔偿存在较大差异,但是惩罚性赔偿制度所特有的功能逐渐获得重视和认可。惩罚性赔偿不局限于补偿功能,具有惩罚、震慑、激励等功能。

其一,惩罚和震慑不法行为人。惩罚性赔偿与补偿性赔偿相对而言。补偿性赔偿仅弥补受害人的实际损失,受司法制度、受害人的诉讼能力、诉讼意愿等多方面的限制,在实践中,不法行为人并不会对所有受害人以及受害人的所有损失承担赔偿责任,违法成本较低。在产品责任领域,补偿性赔偿不利于促使不法行为人尽足够注意义务防止缺陷产品进入流通市场。惩罚性赔偿则使不法行为人承担更重的责任,一方面惩罚不法行为,另一方面通过提高违法成本,产生示范效应,震慑其他潜在的不法行为人。惩罚着眼于事后补救,震慑着眼于事前预防。②

其二,抚慰受害人并促进受害人提起诉讼。在补偿性赔偿制度下,受害人会因诉讼耗费精力金钱而不提起诉讼,姑息不法行为。给予受害人惩罚性赔偿,不仅使受害人心理获得安抚,弥补法院通常不予支持的律师费等支出,使其获得完全赔偿,还能获得超出实际损失的奖励。惩罚性赔偿能够激励受害人维护自己合法权益,制止违法行为,有益于维护社会整体利益。

其三,弥补国家机关执法能力之不足。制裁不法行为属于政府职责,但是政府部门囿于编制、经费,不能及时掌控违法信息和证据惩治不法行为。惩罚性赔偿利用私人力量,使责任人的行为受到惩罚,起到协助公权力的作用,有效弥补了公权力执法不足。③

我国的惩罚性赔偿制度起初主要规定在消费者权益保护领域。比如,原《消费者权益保护法》第 49 条(修订后的第 55 条)明确规定了商品或者服务欺诈的 3 倍赔偿规则,此后《食品安全法》也在第 148 条规定了惩罚性赔偿。《侵权责任法》第 47 条则对产品责任中的故意行为,规定了惩罚性赔偿,使我国的惩罚性赔偿制度更为完善。《民法典》在这一规定的基础上对惩罚性赔偿的适用情形作了进一步细化,其第 1207 规定:“明知产品存在缺陷仍然生产、销售,或者没有依据前条规定采取、补救措施,造成他人死亡或者健康严重损害的,被侵权人有权请求相应的惩罚性赔偿。”相较《侵权责任法》第 47 条的规定,该条增加了第 1206 条规定的“没有依据前条规定采取、补救措施”这一适用惩罚性赔偿的情形。

二、惩罚性赔偿的适用条件

惩罚性赔偿的具体要件如下:

其一,产品存在缺陷。依据《产品质量法》第 46 条的规定,缺陷,是指产品存在危及人身、他人财产安全的不合理的危险;产品有保障人体健康和人身、财产安全的国家标准、行业标准的,是指不符合该标准。产品如果不符合国家标准或者行业标准,应认定存在缺陷。

---

① 王利明:《侵权责任法研究》(下卷),中国人民大学出版社 2016 年版,第 276 页。
② 陈年冰:《中国惩罚性赔偿制度研究》,北京大学出版社 2016 年版,第 28 页。
③ 张晓梅:《中国惩罚性赔偿制度的反思与重构》,上海交通大学出版社 2015 年版,第 128 页。

其二,主观故意。惩罚性赔偿对生产者、销售者的主观要件有严格要求。产品责任是严格责任,被侵权人无须证明生产者、销售者是否存在故意还是过失,即可请求其承担补偿性赔偿(先行赔偿人有追偿权)。但是被侵权人要求生产者、销售者承担惩罚性赔偿责任,则应证明生产者、销售者存在故意。比如,就医疗产品惩罚性赔偿责任而言,患者应证明"医疗产品的生产者、销售者明知医疗产品存在缺陷仍然生产、销售"。明知是指意识到某种事物,是一种意志活动。故意是指意识到某种事物,还积极去做。[①]

其三,后果上须造成受害人死亡、健康严重损害。惩罚性赔偿的适用排除了被侵权人仅遭受财产损害后果的情况。死亡的结果容易判断,但是如何认定健康严重损害,民事法律规范对此未进行界定,可以参考相关刑事规范。《生产、销售假药、劣药司法解释》第2条、第3条规定,生产、销售的假药、劣药被使用后,造成轻伤以上伤害,或者轻度残疾、中度残疾,或者器官组织损伤导致一般功能障碍或者严重功能障碍,或者有其他严重危害人体健康情形的,应当认定为《刑法》第141条规定的"对人体健康造成严重危害"。

在受害人未受到严重损害情况下,如果经营者生产、销售产品的行为构成欺诈,可依据《消费者权益保护法》第55条第1款的规定,"经营者提供商品或者服务有欺诈行为的,应当按照消费者的要求增加赔偿其受到的损失,增加赔偿的金额为消费者购买商品的价款或者接受服务的费用的三倍;增加赔偿的金额不足五百元的,为五百元。法律另有规定的,依照其规定。"请求惩罚性赔偿。此外,生产者、销售者应承担行政责任,情节严重的承担刑事责任,并不能逃脱法律的制裁。

其四,产品缺陷与损害后果具有因果关系。因果关系是损害赔偿的归责要件之一。如果生产者、销售者虽然明知产品存在缺陷,但是产品缺陷并非被侵权人遭受损害的原因,被侵权人亦不能主张惩罚性赔偿。

---

① 朱广新:《惩罚性赔偿制度的演进与适用》,载《中国社会科学》2014年第3期。

第六章　机动车交通事故责任

本章是关于机动车交通事故责任的规定，与《侵权责任法》相比，主要有如下变化：一是条文数量增加，由《侵权责任法》的6个条文增加到10个条文；二是吸收了《道路交通事故解释》第2条、第3条、第6条和第16条的规定；三是在内容上增加了保险公司所承担保险责任与侵权人承担侵权责任的顺序的规定，增加了以挂靠形式从事经营道路运输情形下、未经允许驾驶他人机动车发生交通事故的责任主体的规定，以及好意同乘情形下的责任减轻规则；四是吸收前述司法解释的规定，将机动车管理人纳入责任主体范围，主要体现在第1209条、第1212条。整体来看，本章规定基本上承继了《侵权责任法》及其司法解释的理念、原则和具体规定，无实质性修订。

准确适用本章规定，应重点把握如下几个问题：一是强制责任保险、商业保险与侵权责任的关系问题。这是机动车交通事故责任的特殊之处，无论是责任主体的确定还是责任份额的确定，均与该问题直接相关，也是理解本章规定的基础性问题。二是机动车交通事故责任主体的认定规则及其例外。三是机动车交通事故责任与其他类型的侵权责任并存时如何处理的问题。四是在机动车交通事故责任中常出现的好意同乘的责任主体、责任性质及其减责规则的适用问题，这主要涉及本章规定与侵权责任编以及《民法典》其他编的协调问题。

专题一　机动车交通事故责任与交强险的关系

一、交强险的简要发展过程

2004年5月1日实施的《道路交通安全法》首次建立了我国的机动车第三者责任强制保险（以下简称交强险）制度，并将该项制度的制定授权给了国务院。该法第76条对机动车交通事故责任的归责原则和责任分担作出了明确规定，根据交通事故在机动车之间以及在机动车与非机动车驾驶人、行人之间发生而规定了不同的归责原则。2006年3月1日，国务院通过《交强险条例》，交强险制度于2006年7月1日正式实施。2010年7月1日实施的《侵权责任法》关于机动车交通事故责任，设专章予以规定，但其第48条将机动车交通事故责任的承担仍然指向了《道路交通安全法》的规定。2012年颁布实施的《道路交通事故解释》在《侵权责任法》规定的基础上，对相关问题作出了回应。《民法典》第七编第五章规定的精神与《道路交通安全法》《侵权责任法》及前述司法解释的规定一脉相承。

二、我国交强险的功能定位

交强险制度从世界范围来看,可以区分为两种:一种可以将其归纳为责任保险模式;另一种则可以将其归纳为基本保障模式。

第一种模式的主要特点是,以侵权责任为基础,强调机动车强制责任保险仍然是一种责任保险,即对被保险人依法应当向第三人承担的侵权责任为保险标的的保险,强调强制责任保险分担被保险人损失的功能。相应地,在法律关系上,以一个保险合同关系、一个侵权责任关系为基本的规范模型;在保险金给付请求权的主体上,强调原则上被保险人为请求权人,例外情况下为受害人;在请求权的成立上,主张先成立侵权人与受害人之间的侵权责任,侵权人(被保险人)再依据保险合同成立保险金给付请求权;在诉讼程序上,原则上保险人并非道路交通事故责任的当事人,而是保险合同诉讼的当事人;等等。

第二种模式更加重视强制责任保险的基本社会保障功能,在不同程度上,使之与侵权责任相互分离,亦即强制责任保险不再以侵权责任为出发点,在理念上,更强调强制责任保险对受害人的损害填补功能。为实现此种目标,主要有两种方式。第一种方式虽然在逻辑上、形式上仍然以侵权责任为基础,但通过将机动车交通事故责任的归责原则定位为无过错责任或严格责任,间接地使保险人的保险金给付责任不再附加条件。① 第二种方式则更为直接,即在机动车强制责任保险限额内,侵权责任与责任保险相互"脱钩",不讨论侵权责任的问题,只要发生损害,保险人即须向交通事故的受害人承担赔偿责任。其特点是将机动车发生交通事故造成的损害,区分为两部分,一部分为由第三者责任强制保险所赔偿的损失,此范围内的损失填补与侵权责任无关。另一部分在责任限额之外,根据侵权法的规则认定侵权责任。

现行法更为强调交强险的基本保障功能,更为重视交强险对受害人损失的填补功能,因此,我国采纳的是基本保障模式。进言之,交强险限额内,保险公司的赔偿责任与被保险人的侵权责任相互脱钩,保险公司在此范围内的责任更接近于一种法定责任。

首先,《道路交通安全法》第76条第1款前半段规定保险公司在交强险责任限额范围内对受害人予以赔偿。立法者在这里并没有明确说明保险公司的赔偿义务是以被保险人的责任为前提。对比该条第1款前半段和后半段可知,如果立法者欲采纳责任保险的模式,则合理的做法应当是,先规定机动车交通事故侵权责任的归责问题,再规定保险公司的责任承担,而非相反。

其次,《道路交通安全法》设置交强险制度的重要目的之一,是缓解城市道路交通拥堵。《道路交通安全法》制定出台的背景之一,是为了缓解城市道路交通拥堵问题,而交强险正是解决该问题的重要制度设计。所以,交强险与侵权责任相互脱钩、在责任限额内不涉及侵权责任的模式才更有利于该规范目的的实现。②

---

① [德]克雷斯蒂安·冯·巴尔:《欧洲比较侵权行为法》(下卷),焦美华译,法律出版社2004年版,第460页、第466~467页;本书编写组编:《机动车强制责任保险制度比较研究》,中国财政经济出版社2008年版,第42~46页、第60页、第75页、第76页、第81页、第94~95页、第123页、第193页、第203页;王泽鉴:《侵权行为》,北京大学出版社2009年版,第506页。

② 参见公安部部长(时任,下同)贾春旺2001年12月24日在第九届全国人民代表大会常务委员会第二十五次会议上《关于〈中华人民共和国道路交通安全法(草案)〉的说明》。

再次,从《交强险条例》第1条规定的内容来看,《交强险条例》[①]将交强险的首要功能定位于"保障机动车道路交通事故受害人依法得到赔偿",该条甚至并未提及交强险对被保险人的风险分散功能。可以说,使受害人的损失得到及时赔偿是交强险制度的首要目的。在两种模式的选择中,显然与侵权责任脱钩的基本保障模式更有利于该目的的实现。

最后,我国目前的机动车强制责任保险的理赔实务也能反证这一结论。在目前的理赔实务中,发生交通事故后,如果机动车一方是有责的,则该车交强险的保险公司在责任限额范围内对受害人的全部损失进行赔付。如果机动车一方是无责的,则保险公司也仍然要承担赔付责任,只不过该赔付责任的限额与机动车有责情况下的限额不同。[②] 这就说明,无论机动车一方是否承担侵权责任,保险公司都在相应的责任限额内进行赔付。这一赔付规则也遵循了责任限额内保险赔付与侵权责任脱钩的原则。

综上可知,我国交强险采纳的是基本保障模式。而《民法典》第1208条所规定的"机动车发生交通事故造成损害的,依照道路交通安全法律和本法的有关规定承担赔偿责任"指向的核心内容之一就是,在前述交强险基本保障模式的前提下,确定交强险保险公司的保险责任和侵权人的责任。结论就是,交强险的基本保障模式决定了,交强险的赔偿在一定范围内与侵权责任脱钩。

专题二　基本保障模式下的交强险制度与机动车交通事故责任相关问题的处理

一、交强险保险公司的赔付责任不以被保险人(机动车一方)侵权责任为前提

依据前述对交强险的功能定位及其模式的分析结论,我国的交强险制度定位于基本保障功能,在责任限额范围内与侵权责任相互脱钩,如此既能实现对受害人的损失填补、安定社会的功能,也能达到快速处理交通事故、维护交通秩序的行政管理目的。这既是解释《道路交通安全法》第76条的基础,也是《民法典》第1208条的解释结论,同时也是《民法典》第1213条前半段的内容,即"机动车发生交通事故造成损害,属于该机动车一方责任的,先由承保机动车强制保险的保险人在强制保险责任限额范围内予以赔偿"。这里"属于该机动车一方责任的",基于前述我国交强险的基本保障功能,交强险保险公司承担保险责任并不以机动车一方承担侵权责任为前提,只不过,在机动车一方无责时,是在交强险的"无责限额"中予以赔偿。

二、"强制保险责任限额"在目前交强险制度下包括分项限额

《民法典》第1213条所规定的"强制保险责任限额",按照《交强险条例》的规定,区分为有责限

---

① 参见《交强险条例》第1条规定:为了保障机动车道路交通事故受害人依法得到赔偿,促进道路交通安全,根据《中华人民共和国道路交通安全法》《中华人民共和国保险法》,制定本条例。

② 关于目前机动车强制责任保险分项限额的合理性问题,下文将有论述。

额和无责限额,“有责”和“无责”是指被保险人(机动车一方)在交通事故中是否有责任。同时,在这两个限额之下,根据交通事故所造成的损失类型的不同,又将限额区分为死亡伤残赔偿限额、医疗费用赔偿限额以及财产损失赔偿限额。实践中将这些限额分类称为“分项限额”。由此,保险公司在实践中理赔时,如被保险人无责任,则在无责限额内的相应分项限额内赔付;如被保险人有责任,则在有责限额内的相应分项限额内赔付。

在目前交强险制度下,上述分项限额有其合理性,不宜以较强的基本保障功能否定这种分项限额。因为,在基本保障模式下,交强险的保障范围更多地取决于费率水平、事故率、道路交通状况、保险业的经营管理水平、再保险市场的发展程度乃至人们的道路交通安全意识。进言之,保障范围的大小与一国所欲投入的损失填补成本息息相关,而并不取决于法律上的逻辑。保险限额范围内与侵权责任相互脱钩的做法,在逻辑上也并不会必然产生限额范围内的所有损失都应当由保险予以赔付的结论。事实上,正如多数国家或地区的立法及实践所彰显的那样,在更为重视交强险的基本保障功能、损失填补功能的理念下,保险限额内的赔偿范围也是逐步扩大但始终有限的。在费率水平确定的情况下,采取基本保障模式的交强险的赔偿范围更多取决于事故率等因素。我国《交强险条例》中将责任限额区分为有责限额、无责限额以及各自限额下的细分限额,其合理性就只有从整个制度所涉及的纷繁复杂的多个因素综合考虑,而不应当仅仅是受害人的保护或法律逻辑。

从我国交强险制度的发展来看,几乎可以断定,随着前述多个因素的变化,未来交强险的保障范围也会相应地发生变化,总的趋势应该是保障范围的扩大。

三、机动车未投保交强险时的责任承担问题

与交强险的基本保障功能相联系的是,在机动车未投保时,机动车发生交通事故的侵权责任如何处理?对此,《民法典》第1216条后半段仅规定在机动车驾驶人发生交通事故后逃逸且机动车未参加交强险的,由道路交通事故社会救助基金垫付,垫付后,其管理机构有权向交通事故责任人追偿。显然,这里并未就机动车未投保交强险发生交通事故时侵权人应如何承担责任作出规定。

对此,《道路交通事故解释》第19条明确规定,未依法投保交强险的机动车发生交通事故造成损害,当事人请求投保义务人在交强险责任限额范围内予以赔偿的,人民法院应予以支持。投保义务人和侵权人不是同一人,当事人请求投保义务人和侵权人在交强险责任限额范围内承担连带责任的,人民法院应予支持。

司法解释的这一规定,在本章规定之下,仍应适用,即应当由机动车一方先在第三者责任强制保险责任限额内承担赔偿责任,超出责任限额外的损失,则按照《道路交通安全法》第76条第1款后半段规定的侵权责任承担。这是因为:

第一,虽然机动车所有人或管理人未投保交强险并非受害人权利受损的原因,但是机动车所有人或管理人未投保交强险导致受害人不能从保险公司获得赔偿这一损失,因机动车所有人或管理人违反了投保交强险的法律义务而具有了可赔偿性。

第二,根据交强险的赔偿实务,单纯地依据侵权责任规则所作出的赔偿和将交强险综合考虑的赔偿,受害人所获得的赔偿是不同的。如果机动车一方购买交强险,则在发生交通事故后,只要机动车一方有责任,无论责任大小,其第三者责任强制保险的保险公司都在第三者责任强制保险责任

限额内给予赔偿。如此,在机动车一方未购买交强险的情形下,如果单纯依照侵权责任进行赔偿,则即使机动车一方有赔付能力,受害人所获得赔偿也要少很多。①

第三,虽然《道路交通安全法》、《交强险条例》以及《道路交通事故社会救助基金管理试行办法》等法律、行政法规规定,对于未投保交强险的机动车所造成的损害,受害人可以请求道路交通事故社会救助基金垫付其人身伤亡的丧葬费用、部分或者全部抢救费用。

另外,根据《道路交通安全法》《交强险条例》《道路交通事故社会救助基金管理试行办法》以及第1216条等规定,道路交通事故救助基金在垫付以后仍然可以向侵权人追偿。换言之,侵权人仍然要最终承担这部分责任。因此,让未投保机动车一方的投保义务人在第三者责任强制保险的责任限额范围内先承担责任,与法律、行政法规所规定的最终责任归属是一致的,能够充分保护受害人的损失。

还有,在机动车交通事故中,如果投保义务人和行为人不一致时,根据《道路交通事故解释》的规定,应由投保义务人和机动车使用人在保险限额内承担连带责任。原因在于,对于责任限额范围内的赔偿责任应当放在何人违反法定义务的判断上。根据《道路交通安全法》的规定,未投保交强险的机动车不能上路行驶。在未投保机动车发生交通事故时,是投保义务人的未投保行为和实际使用人的使用行为两种违反保护他人之法律的行为相互结合,导致了受害人损失,所以,应承担连带责任。

四、多辆车导致一起交通事故的赔偿问题

关于多辆车相撞的交通事故,需要解决几个问题:多辆车的侵权责任如何承担?保险公司的责任如何承担?其中部分车辆未投保的,交强险保险公司的赔付责任如何分配?

《民法典》延续了《侵权责任法》的立法政策,整体上限制了《侵权责任法》之前立法和司法解释共同侵权的范围,缩小了连带责任的适用。《人身损害赔偿司法解释》关于共同侵权的规定主要包括主观的共同侵权、拟制的共同侵权、共同危险行为以及客观的共同侵权中的直接结合。《侵权责任法》显然限制了共同侵权的类型,将客观的共同侵权中的替代性因果关系作为连带责任处理,而在其他情形下则按照按份责任处理。

虽然在交通事故中,多方主体构成主观共同侵权的可能性几乎不存在,但也不能完全排除连带责任的适用。对此,《道路交通事故解释》第13条规定,多辆机动车发生交通事故造成第三人损害,当事人请求多个侵权人承担赔偿责任的,人民法院应当区分不同情况,依照《侵权责任法》第10条、第11条或者第12条的规定,确定侵权人承担连带责任或者按份责任。在该章规定之下,依照前述思路,就应当按照第1170条、第1171条或者第1172条规定确定行为人承担连带责任或者按份责任。

多辆车发生交通事故时,交强险的保险公司的责任如何承担,需要分情况讨论:第一种情况,各个机动车承担连带责任的情形,对受害人而言,可以请求每一辆机动车承担全部责任。因此,已经

---

① 例如,某机动车发生交通事故,造成A各项损失20万元,该机动车承担40%的责任。如果该机动车已投保,则保险公司在交强险限额内先赔偿(如12.2万元),剩余部门由机动车一方承担40%;如果该机动车未投保,则仅就20万元的40%承担责任,显然受害人获得的赔偿要少很多。

投保的机动车的保险公司也应当在责任限额内对受害人承担赔偿责任。当然,这里不能认为保险公司与其他机动车在交强险限额内承担连带责任。这是其一。其二,超出限额的部分,再由未投保机动车一方在交强险限额内承担责任。其三,仍有损害的,由多个机动车承担连带责任。同时,如果损害未超出各自交强险限额的总和的,保险公司承担了超出被保险机动车应承担的赔偿份额的,有权就超出份额部分向未投保机动车一方追偿。已投保的机动车一方放弃了对未投保机动车一方的追偿权的,对保险公司不发生效力。

关于第二种即多个责任人承担按份责任的情形,《道路交通事故解释》第 21 条考虑到将交强险定位于基本保障功能、在责任限额内与侵权责任脱钩的模式,采取了如下方案:不区分各个责任人的责任份额,先由已投保的一方的保险公司在其责任限额内承担赔付责任,不足部分,由未投保的投保义务人在责任限额内赔付,仍有不足的,按照侵权责任的规则分配各自的份额。上述规定与《民法典》的规定并不冲突,且具有在现行交强险制度下补充《民法典》规定不足的功能,仍应适用。

五、关于几种违法情形下的责任承担问题

《交强险条例》第 22 条规定:"有下列情形之一的,保险公司在机动车交通事故责任强制保险责任限额范围内垫付抢救费用,并有权向致害人追偿:(一)驾驶人未取得驾驶资格或者醉酒的;(二)被保险机动车被盗抢期间肇事的;(三)被保险人故意制造道路交通事故的。有前款所列情形之一,发生道路交通事故的,造成受害人的财产损失,保险公司不承担赔偿责任。"

对于上述规定中的问题,《民法典》第 1215 条仅规定了被盗抢车辆发生交通事故,交强险的保险人垫付抢救费用后有权向交通事故责任人追偿,但对于交强险应否就受害人的人身损害在交强险限额内赔付等问题,未作规定。对此,《道路交通事故解释》第 16 条明确规定,在无证驾驶、醉酒驾驶、吸毒后驾驶以及驾驶人故意制造交通事故导致第三人人身损害的,保险公司应在交强险责任限额范围内予以赔偿,保险公司赔偿范围内对侵权人有追偿权。上述规定仍应适用,原因在于:一是交强险的基本保障功能,决定了保险责任限额内的赔偿责任与侵权责任脱钩,在无证驾驶、醉酒驾驶等情形下,解释上应首先考虑受害人的损失填补问题,而非侵权责任的预防功能。二是在一般情形下甚至致害人无过失的情形下,保险公司都应当赔偿受害人的人身伤亡、财产损失。而在无证驾驶、醉酒驾驶等重大过失的情形下亦即被保险人的侵权责任明显成立的情况下,保险公司反倒承担如此小的赔偿责任,显然与其责任保险的功能定位不相符合。三是《交强险条例》第 22 条的功能在于区分保险公司与投保人谁是责任的最终承担者这样一个责任划分问题,而非对第三人免责问题。

专题三　机动车交通事故责任与商业三者险的关系

《民法典》第 1213 条吸收了《道路交通事故解释》第 16 条的规定,明确了机动车交通事故责任

的承担顺序:先由承保机动车强制保险的保险人在强制保险责任限额范围内予以赔偿,不足部分,由承保机动车商业保险的保险人按照保险合同的约定予以赔偿,仍然不足或者没有投保机动车商业保险的,由侵权人赔偿。

上述责任承担顺序,一是准确区分了交强险和商业险的不同功能;二是明确了承保交强险和商业险的保险公司承担责任的不同性质;三是划分了交强险和商业险赔偿的不同范围。由此决定了,机动车第三者责任险(商业三者险)与机动车交通事故责任的关系,就与交强险不同。

商业三者险系投保人与保险人订立的以被保险人对第三者依法应负的赔偿责任为保险标的的保险合同。虽然在性质上,商业三者险和交强险都是责任保险,但两者在是否强制购买、保险的定价权、赔偿限额、免责事由等方面均存在不同。这些不同决定了交强险和商业三者险的功能定位相异,交强险具有一定的社会保障功能,商业三者险则主要是分担被保险人的损失。在性质上,交强险保险人承担的是法定责任,而商业三者险保险人承担的是合同责任。在赔偿范围上,交强险的赔偿范围以法律、行政法规确定的范围为主,而商业三者险的赔偿范围则主要根据保险合同的约定来确定。

由此,在发生交通事故损害后,在法律适用上应遵循如下逻辑:

第一,首先确定机动车一方是有责还是无责。如果为有责,则在交强险有责限额范围内,由交强险保险人向受害人赔偿;如果为无责,则在交强险无责限额范围内,由交强险保险人向受害人赔偿。

第二,根据《道路交通安全法》第76条的规定,确定机动车一方的侵权责任的大小。交通事故是在机动车之间发生的,则由有过错一方承担侵权责任;交通事故发生在机动车与非机动车驾驶人或者行人之间的,则机动车一方即使没有过错的,也应承担不超过10%的责任。由此,机动车一方的责任按照《道路交通安全法》的前述规定确定后,则由商业三者险的保险公司按照保险合同的约定予以赔偿。

第三,《民法典》第1213条强调"按照保险合同的约定予以赔偿",在实践中意味着如下内容值得重视:

一是不能以交强险的思考逻辑和方法对待商业三者险。在商业三者险的赔偿中,原则上都应以合同约定为出发点。

二是在商业险的保险标的是交强险赔偿范围之外的部分,这一保险标的的范围应予遵守。在被保险机动车没有依法投保交强险时,商业三者险的赔付范围应当是扣除交强险依法应予赔付的部分。

三是在免责条款的问题上,应按照格式条款和免责条款的相关规则判断其效力。在免责条款认定标准上,根据《保险法司法解释(二)》第9条的规定,责任免除条款、免赔率条款、免赔额条款、比例赔付等条款应认定为免责条款。但在免责条款的效力问题上,先根据提示和说明规则解决该条款是否成立的问题,履行提示和说明规则的,意味着双方当事人均明确知晓该条款的内容以及该条款已经达成一致,所以该条款成为双方的合意。否则,则意味着该条款并不构成双方合意的一部分,该条款不成立。此即《保险法》第17条所规定的"未作提示或者明确说明的,该条款不产生效力"的含义。在认定该免责条款成为合同内容的一部分之后,则应根据《保险法》第19条、《民法典》第 497 条等规范确定该条款的效力问题。违反这些规定，免责条款无效；反之，则有效。

第四，商业险保险公司的赔偿是在侵权人的侵权责任范围内的赔偿，因此，商业三者险赔付之后的剩余部分就是侵权人应实际承担的赔偿责任。

专题四 《民法典》第 1213 条的诉讼程序问题

《民法典》第 1213 条的规定涉及诉讼程序的相关问题，主要有：在交通事故损害赔偿案件中，交强险保险公司和商业三者险保险公司的责任能否在同一个案件中一并审理？如果一并审理，则诉讼结构应如何设计？

《道路交通事故解释》第 25 条规定，人民法院审理道路交通事故损害赔偿案件，应当将承保交强险的保险公司列为共同被告。但该保险公司已经在交强险责任限额范围内予以赔偿且当事人无异议的除外。人民法院审理道路交通事故损害赔偿案件，当事人请求将承保商业三者险的保险公司列为共同被告的，人民法院应予准许。该规定实质上是将交强险保险公司作为共同被告，将商业三者险的保险公司作为经当事人申请的共同被告，在同一个诉讼中一并处理。《民法典》施行后，第 1213 条的程序设计亦应如此。主要理由如下：

一、交强险保险公司应作为共同被告的原因

在我国，应当根据我国民事诉讼法和实体法的框架安排道路交通事故损害赔偿案件的诉讼程序，这种安排应当追求解决纠纷的实效性，维持私法上的秩序，为权利人提供充分、便捷和公平的保护，并且要为当事人提供程序参加机会的程序保障。①

第一，第三人（受害人）对保险公司享有直接请求权决定了保险公司可以作为被告。从实体法的规定来看，《道路交通安全法》第 76 条和《民法典》第 1213 条均直接规定，机动车发生交通事故后，由保险公司在交强险责任限额范围内予以赔偿。这些规定，确立了在交强险限额范围内交强险的赔付与侵权责任在一定范围内脱钩的模式，也赋予了第三人（受害人）对保险公司的直接请求权。

第二，道路交通事故损害赔偿案件的实体法律关系决定了应当将保险公司作为共同被告。尽管侵权责任与保险公司的赔付义务相互脱钩，但并非一旦发生交通事故，保险公司就负有赔偿义务，至少需要机动车是交通事故发生的参与方或原因之一这一条件，而该条件同时也是侵权损害赔偿的要件事实。换言之，虽然两者诉讼标的不是单一的，但是两个请求权存在事实上的牵连关系。在诉讼中，保险公司就机动车一方是否是交通事故的参与方或原因之一就具有共同的诉讼利益，法院判决就该要件事实的认定，就存在合一确定的必要。如果保险公司不作为共同被告，则一方面在

① ［日］新堂幸司：《新民事诉讼法》，林剑锋译，法律出版社 2008 年版，第 8 页。

受害人（第三人）向侵权人提起的前诉中，保险公司不能对该要件事实进行攻击防御，难以保障其诉讼权利；另一方面，在之后受害人或被保险人向保险公司提起的诉讼中，有可能出现与前诉相互矛盾的判决，反之亦然。

根据《道路交通安全法》第76条的规定，道路交通事故中侵权人的赔偿范围是在超出交强险赔偿之外的部分中确定的。如果不追加保险公司作为共同被告，在受害人（第三人）仅起诉侵权人的前诉中，因保险公司不是当事人，所以侵权人侵权责任的范围即无法准确确定。如果该判决仅按照侵权责任的规定判令侵权人承担相应责任，则侵权人（被保险人）另行起诉保险人的后诉中，由于保险公司未参与前诉程序，所以可能会发生保险公司与侵权人的赔偿责任计算与《道路交通安全法》及《交强险条例》规定不一致的地方。此其一。其二，在侵权人（被保险人）另行起诉保险人的后诉中，被保险机动车是否为交通事故的参与方或原因之一仍然是重要的争点之一。由于保险公司未参与前诉的诉讼程序，而前诉认定的责任范围实际上要拘束后诉，如果不将保险公司列为共同被告，其诉讼权利也难以得到保障。其三，在受害人仅对保险公司提起的前诉中，侵权人也无法就机动车是否是交通事故的参与方或原因之一进行有效的攻击防御，无论法院作出何种判决，对该事实的评价均是在侵权人未参与诉讼的基础上作出的，显然对侵权人而言，在该诉讼以及之后可能发生的诉讼中都将不能为其提供充分的程序保障。

所以，交强险保险公司与侵权人的责任在实体法上恰恰是需要合一确定的。

第三，道路交通事故损害赔偿案件中，虽然实体法上可以说，被侵权人（第三人）就其请求权可以分别向保险公司和侵权人主张。但是，允许适用个别诉讼时，那些没有成为某一诉讼当事人的人，虽然在法律上不会受到该判决效力的约束，也获得了相应的程序保障，但事实上会受到该判决的影响；这也就意味着事实上剥夺了其程序保障权利。① 道路交通事故损害赔偿案件中，由于保险公司与侵权人的赔偿责任在事实上和法律上都存在较为密切的牵连性，如果不将保险公司和侵权人作为共同被告从而达到实体上合一确定的效果，就会导致未参加诉讼的某一方当事人在事实上被剥夺了其程序保障权利，矛盾判决的风险也会大大增加。

第四，将交强险保险公司作为共同被告不会造成诉讼过分迟延。在道路交通事故损害赔偿案件中，法院依职权追加交强险保险公司作为共同被告不会造成诉讼的过分迟延，原因在于，首先，从目前交强险的实务来看，查明事故参与方机动车的投保及承保公司的情况在技术上不存在障碍；在通知参加诉讼、送达等程序上不会过分迟延。其次，从审理的角度看，将交强险保险公司作为共同被告有利于推进诉讼的迅速进行。因为，交强险保险公司的赔付义务与侵权责任在一定范围内脱钩，在有责限额范围内也不区分责任大小，尤其是保险公司加入诉讼后，可利用其较为成熟的计算方法迅速计算出其赔偿数额。并且，在保险公司作出赔偿后，侵权人的侵权责任在客观上被保险公司分担，因诉讼引发的抵触情绪、因赔偿数额较大的畏难情绪会在一定程度上降低，也有利于诉讼的推进。最后，如果被侵权人或侵权人上诉，该上诉并非因保险公司作为共同被告而引发的诉讼拖延。如果保险公司上诉，则该上诉与分别诉讼情形下的上诉并无明显不同，同时，在同一个诉讼中一并解决保险公司和侵权人的侵权责任，其裁判矛盾所引发的纠纷也会降低，不会造成诉讼的过分

① ［日］高桥宏志：《重点讲义民事诉讼法》，张卫平、许可译，法律出版社2007年版，第203页。

迟延。

第五，在道路交通事故损害赔偿案件中，不宜将交强险保险公司作为无独立请求权第三人，原因在于交强险保险公司与侵权人之间并非责任的转移，而是各负其责，两者的责任是同时存在的。所以，道路交通事故损害赔偿案件中，交强险保险公司作为无独立请求权第三人的法律地位并不妥当。

第六，将交强险保险公司作为共同被告有利于纠纷的一次性解决。

二、商业三者险保险公司可以作为共同被告

在《民法典》第1213条之下，当事人请求将承保商业三者险的保险公司作为共同被告的，按照前述司法解释的规定，人民法院应予准许。该规定的实质是，只要被侵权人或者侵权人请求，人民法院就应当将被侵权人与商业三者险保险公司或者侵权人（被保险人）与商业三者险保险公司之间的纠纷与交强险纠纷和侵权责任合并处理，即在一个程序中处理多个纠纷。其合理性在于：

第一，实体法的规定为当事人与商业三者险保险公司之间的纠纷合并处理提供了条件。《保险法》第65条第2款规定，责任保险的被保险人给第三者造成损害，被保险人对第三者应负的赔偿责任确定的，根据被保险人的请求，保险人应当直接向该第三者赔偿保险金。被保险人怠于请求的，第三者有权就其应获赔偿部分直接向保险人请求赔偿保险金。如果被侵权人（第三人）已经对侵权人（被保险人）提起诉讼的情况下，被保险人还未向保险公司提出理赔请求或者保险公司尚未赔偿，即可认定被保险人怠于请求。当然，依据侵权人（被保险人）的请求将商业三者险保险公司作为共同被告，其实体法上的依据更为明确。

第二，将商业三者险合并处理有利于减少讼累。根据《民法典》第1213条的规定，机动车交通事故发生后，赔偿顺序是，先由交强险保险公司在责任限额内予以赔偿，再确定侵权人的侵权责任，然后由商业三者险的保险公司在侵权人的责任范围内根据保险合同予以赔偿。商业三者险保险公司承担赔偿责任后，如果还有剩余的侵权责任，即为侵权人实际承担的部分。这就意味着，只有先确定了交强险的赔付范围和被保险人应承担的侵权责任的范围，商业三者险保险公司的赔付义务才能具体确定。所以，在机动车一方投保商业三者险的情况下，经当事人请求将商业三者险保险公司作为共同被告，有利于减少多次诉讼的讼累。

第三，将商业三者险合并处理不会造成诉讼过于复杂。根据《民法典》第1213条的规定，由于商业三者险是以交强险之外被保险人依法应当承担的赔偿责任为保险标的，那么，在同一个诉讼中，先确定交强险保险公司的赔偿责任，再确定侵权人的侵权责任，最后由商业三者险的保险公司根据合同约定和法律规定就被保险人的侵权责任对第三人直接赔付，法律关系上比较清晰，并不存在难以厘清的问题。

第四，允许当事人追加商业三者险保险公司为被告，有利于商业三者险保险公司行使诉讼权利，提高诉讼效率，避免矛盾判决。

允许商业三者险保险公司进入诉讼，商业三者险保险公司便有机会在诉讼中对被侵权人提出的侵权事实进行辩论，能够协助侵权人（被保险人）对该事实进行攻击防御并减轻自己的赔偿责任，

也有利于商业三者险保险公司对交强险保险公司的赔偿范围问题进行辩论，更有利于商业三者险保险公司行使相应的诉讼权利和实体权利。同时，也可以避免因为前诉判决关于侵权责任的判决主文已经发生了既判力而后诉又作出与之不同的判决。

在实践中，由于多数机动车在投保时，都是在一家保险公司投保交强险和商业三者险，合并处理就更具有合理性。

综上所述，在侵权人或被侵权人申请的条件下，人民法院应当将商业三者险保险公司作为被告，在同一诉讼程序中合并处理多个纠纷。

专题五　机动车交通事故侵权责任主体的认定

《民法典》第1209条至第1212条以及第1214条、第1215条等条文均是关于机动车交通事故责任主体的规定。与《侵权责任法》相比，增加了挂靠、未经允许驾驶他人机动车两种情形下的责任主体认定的规定；由此形成了《民法典》中机动车交通事故责任主体如何认定的体系：以行为人为责任主体的基本原则，其他主体则以存在过错或者违法为要件承担相应的赔偿责任。

一、机动车使用人为责任主体的理由及其例外

一个人对自己的行为造成的损害承担赔偿责任，即自己责任原则，是侵权法上的基本规则。机动车交通事故责任作为行为责任，发生交通事故时驾驶机动车的使用人是该损害赔偿责任的责任主体，系这一逻辑的自然结论。

机动车使用人是交通事故损害赔偿责任的责任主体，但遵循《民法典》的体系，在适用责任主体的特别规定时，会有如下例外：一是根据《民法典》第1188条的规定，无民事行为能力人、限制民事行为能力人驾驶机动车造成他人损害的，则由监护人承担侵权责任。这是监护人责任在机动车交通事故责任中的体现。二是根据《民法典》第1191条第1款的规定，用人单位的工作人员因执行工作任务驾驶机动车造成他人损害的，由用人单位承担侵权责任。用人单位承担侵权责任后，可以向有故意或者重大过失的工作人员追偿。三是根据《民法典》第1191条第2款的规定，被派遣的工作人员因执行工作任务驾驶机动车造成他人损害的，由接受劳务派遣的用工单位承担侵权责任；劳务派遣单位有过错的，承担相应的责任。四是如果机动车使用人系与其他自然人形成劳务关系而驾驶机动车，造成他人损害的，则由接受劳务一方承担侵权责任。接受劳务一方承担侵权责任后，可以向有故意或者重大过失的驾驶人追偿。

二、机动车使用人之外的其他主体根据过错承担相应的责任

《民法典》第1165条所规定的过错责任是侵权责任的基本归责原则，这就意味着，在没有特别

价值判断、利益衡量或者法政策考虑时，使某个主体承担侵权责任必须以其存在过错为前提。如果说《民法典》人格权编是人之为人、享有各种人格权的积极表达的话，过错责任则在避免人动辄得咎而畏首畏尾、丧失自由，进而影响人格发展的意义上，更是个人人格发展的坚强保护。所以，在机动车交通事故责任中，其他主体如果要承担责任，就应以过错为前提，在个别情况下，还要有基于价值判断或者法政策的考量。

（一）租赁、借用情形下机动车所有人、管理人的过错责任

《民法典》第1209条规定，租赁、借用情形下，机动车的使用人驾驶机动车发生交通事故造成损害，机动车所有人、管理人应当承担过错责任。与《侵权责任法》第49条相比并无实质性变化，仅是删除了其中关于保险公司责任的规定，因保险公司的责任已经由第1208条指向的《道路交通安全法》第76条及《民法典》第1213条统一规定，但吸收了《道路交通事故损害赔偿司法解释》的精神，将该规则扩展至机动车的管理人。

所有人、管理人承担过错责任的主要原因在于，机动车所有人、管理人虽然不是机动车的实际控制人，但是其仍然具有一般的注意义务。首先，在基于其意思移转机动车的占有、使用场合，所有人、管理人应当预见到机动车由他人驾驶会产生危险，在此情况下，所有人、管理人应当尽到必要的审查义务。例如，机动车的车况、使用人是否具备必要的驾驶能力等。如果所有人、管理人未尽上述义务，则显然在一定程度上构成损害发生的原因。其次，从危险责任的角度看，不能科以所有人、管理人此种场合下危险责任。因为，无论是借用还是租赁，都是现代社会中的必要交流方式，如果科以所有人、管理人危险责任，对所有人的行为自由、现代社会的社会关系和相关行业的发展都会造成过于严格的限制和阻碍。最后，从受害人获得赔偿的角度看，科以所有人、管理人过错责任，既能够一定程度上加强对受害人的赔偿，也能够最大限度地保障行为人的行为自由。

所有人、管理人的过错主要体现在未对借用人、承租人是否具有相应的行为能力、驾驶能力等影响机动车驾驶安全驾驶因素的合理审查，或者体现为未对机动车适于运行状态进行合理维护等方面。对此，《道路交通事故损害赔偿司法解释》第1条作出了解释，主要是指：（一）知道或者应当知道机动车存在缺陷，且该缺陷是交通事故发生原因之一的；（二）知道或者应当知道驾驶人无驾驶资格或者未取得相应驾驶资格的；（三）知道或者应当知道驾驶人因饮酒、服用国家管制的精神药品或者麻醉药品，或者患有妨碍安全驾驶机动车的疾病等依法不能驾驶机动车的；（四）其他应当认定机动车所有人或者管理人有过错的。由此可见，上述过错的认定标准强调的是机动车所有人、管理人对于机动车本身及驾驶人应当负有的必要审查和注意义务。

需要注意的是，除了上述司法解释列举的情形外，在其他场合判断所有人、管理人的过错时，原则上所有人、管理人的注意义务在出租场合应当高于借用场合。换言之，在判断出租人的过错时应比出借人更严格。主要理由在于：第一，因租赁为有偿，由出租人收取租金，而出借人一般为无偿。因此，根据法律对无偿受益人的保护高于对有偿受益人的保护的一般原则，也应当对出租人科以更高的注意义务。第二，出租人可以通过定价机制等转移风险，而出借人往往并无相应的风险转嫁机制。因此，出租人也应当承担比出借人更多的责任。[①] 第三，出租人往往是专业的经营者，其专业知

① 张新宝、解娜娜：《"机动车一方"：道路交通事故赔偿义务人解析》，载《法学家》2008年第6期。

识、危险防范能力也往往高于出借人。

另外，所有人、管理人承担的是按份责任而非连带责任。首先，所有人承担的责任大小，应当考虑所有人的过错以及原因力与损害后果的关系综合判断。因此，在有些情况下，所有人可能承担全部责任。例如，所有人为了加害使用人，故意将制动装置失灵的机动车出借给使用人且未告知，造成与其他机动车相撞的后果。在此情形下，根据第 1175 条和第 1209 条的规定，所有人即应承担全部责任。其次，所有人承担的是与其过错相适应的责任，而非连带责任。从连带责任的法定性来看，《民法典》第 468 条规定，非因合同产生的债权债务关系，先适用该债权债务关系的法律规定，没有规定的，则适用合同编通则的规定。《民法典》第 518 条规定，连带债权或者连带债务，由法律规定或者当事人约定。这就意味着，在侵权责任中成立连带责任，必须法律明确规定。从侵权责任编的规定来看，立法者显然是在需要承担连带责任的地方均明确规定了连带责任。所以，从文义和体系解释上看，所有人、管理人承担的是按份责任而非连带责任。最后，在出借、出租场合，所有人、管理人与使用人并不构成共同侵权，也无其他连带因素，因此，即使由于所有人、管理人的过错和使用人的驾驶行为结合造成第三人损害，所有人、管理人也承担按份责任而非连带责任。

在出借、租赁场合，尤其是租赁场合，机动车的所有人、管理人往往与使用人有关于交通责任如何承担的约定，从合同相对性原理来看，该约定不能对抗交通事故中的受害人，受害人仍可根据本条规定请求所有人、管理人和使用人承担相应的责任。但是，这并不妨碍所有人、管理人和使用人按照其有效合同的约定向对方行使请求权。

（二）未经允许驾驶他人机动车情形下，所有人、管理人的过错责任

《民法典》第 1212 条规定，未经允许驾驶他人机动车造成交通事故的，由使用人承担赔偿责任，机动车所有人、管理人承担过错责任。本条是新增条款，吸收了《道路交通事故解释》第 2 条的规定。

未经允许驾驶他人机动车发生交通事故造成损害的，驾驶人承担责任，是自己责任，所有人、管理人承担过错责任。主要理由是机动车的所有人、管理人对于机动车负有妥当保管和管理以防被他人不当使用的义务。如果未尽该义务致使被他人擅自使用并造成交通事故，则应承担相应的赔偿责任。某种意义上，这种责任类似于对具有一定危险程度的物的监管责任。

未经允许驾驶他人机动车的情形在实践中可以区分为两类：一类是具有特定关系的当事人（如家人、亲戚、朋友、关系很好的同事）。此种情形下，行为人驾驶他人机动车虽未被允许，但并不违背所有人或管理人可得推知的意思。此种情形下，与借用更为接近，应适用第 1209 条的规定。另一类是违背所有人、管理人意思，未经允许驾驶他人机动车。于此，则应当适用该条规定。

未经允许驾驶他人机动车，所有人、管理人的过错认定标准应与借用、租赁情形下的所有人、管理人的过错认定标准区分开来。首先，在借用、租赁场合下，所有人是基于自己的意思将机动车交付他人使用，其过错主要体现在未对使用人的驾驶能力进行审查、未对机动车适于运行的状态进行合理的维护等方面。但未经允许驾驶他人机动车的，因违背所有人、管理人的意思且所有人、管理人并不知晓，所以所有人、管理人就不应当负有前述注意义务，而应当负有是否妥善保管或管理的注意义务。其次，从过错行为与损害后果的因果关系上看，未尽妥善保管或管理的义务的过错行为在造成损害的原因力上，也明显小于借用、租赁情形下所有人、管理人的过错行为的原因力。

（三）盗抢情形下所有人、管理人不承担责任，实际使用人与盗抢人承担连带责任

《民法典》第1215条规定，盗窃、抢劫或者抢夺的机动车发生交通事故造成损害的，由盗窃人、抢劫人或者抢夺人承担赔偿责任。盗窃人、抢劫人或者抢夺人与机动车使用人不是同一人，属于该机动车一方责任的，则由盗窃人、抢劫人或抢夺人与机动车使用人承担连带责任。这一规定与《侵权责任法》第52条相比，增加了连带责任的规定。

机动车被盗抢，也属于未经允许驾驶他人机动车。逻辑上，本条规定构成了第1212条的特别条款。但特殊性在于，盗抢他人机动车是机动车所有人、管理人无法控制占有的情形，所有人、管理人是盗抢犯罪的受害人，自然无承担侵权责任的基础。

《民法典》第1215条第1款后半段是盗抢人与机动车使用人不一致时承担连带责任的规定，主要是指盗抢人将盗抢的机动车转让、赠与或者出借给他人使用的情形。对此，无论机动车使用人是否明知或应知该机动车是盗抢的赃物，机动车使用人的侵权责任均不受影响，但对于盗抢人而言，其承担连带责任的基础均在于其在先行为的违法性。

需要注意的是，本条规定还涉及交强险的赔付责任问题，对此，《道路交通事故解释》第18条仅规定了无证驾驶、醉酒驾驶、吸毒后驾驶以及故意制造交通事故4种情形下交强险保险公司应承担人身损害的赔付责任，而未将盗抢情形纳入此条规定之中。这说明，在盗抢情形下，交强险保险公司仅垫付抢救费用而不应赔偿人身损害。[①]

（四）机动车转让未办理登记的，转让人不承担赔偿责任

《民法典》第1210条规定，当事人以买卖或者其他方式转让并交付机动车但未办理登记，发生交通事故造成损害，属于该机动车一方责任的，由受让人承担赔偿责任。该规定的意思就是转让人不承担责任。该条规定与《侵权责任法》第50条实质内容一致，仅是删除了保险公司的责任规定，因保险公司的责任已经由第1208条指向的《道路交通安全法》第76条及《民法典》第1213条统一。

机动车转让且交付但未办理登记的，转让人不承担赔偿责任，其原因在于：首先，发生交通事故时的行为人是受让人而非转让人，行为人承担行为责任。其次，《民法典》第225条规定，机动车物权的设立、变更、转让和消灭，登记仅为对抗要件而非物权变动的生效要件。所以，在转让且已经交付的场合，受让人是所有人。此时第1209条关于所有人承担过错责任的规定就无适用余地。最后，之所以规定由受让人承担责任，意指在该规定情形下，转让人不会单纯因未办理过户登记，仍以机动车所有人名义承担侵权责任。换言之，未办理过户登记不构成侵权责任上的过错。

但是，需要注意的是，转让人不因未办理变更登记而承担侵权责任，但并不意味着排除了转让人承担侵权责任的可能性。例如，在买卖合同、互易合同、赠与合同等场合，转让人故意隐瞒机动车缺陷，交付机动车后受让人驾驶机动车发生交通事故，且该缺陷是交通事故的发生原因的，则构成加害给付，转让人可能同时成立违约责任和侵权责任。

（五）转让拼装车或报废车，转让人和受让人的连带责任

《民法典》第1214条规定，转让拼装车和报废车，转让人和受让人就交通事故所造成的损害承

---

① 最高人民法院民事审判第一庭编著：《最高人民法院关于道路交通损害赔偿司法解释理解与适用》，人民法院出版社2011年版，第236页。

担连带责任。这一规定与《侵权责任法》第 51 条一致。

《道路交通安全法》第 14 条规定，国家实行机动车强制报废制度。第 16 条规定，任何主体均不得拼装机动车。国务院《报废汽车回收管理办法》第 15 条亦明确规定禁止以任何形式转让报废机动车和使用报废汽车"五大总成"以及其他零配件组装的机动车。以报废机动车为规范对象，相关部门先后出台了《汽车报废标准》《摩托车报废标准暂行规定》以及《农用运输车报废标准》。由此可见，现行法关于报废机动车和拼装车，明确禁止转让和交易。

在此背景下，转让拼装车和报废车发生交通事故的，转让人和受让人承担连带责任就具有合理性：一是转让人和受让人均违反了现行法的注意义务，使不具有安全运行状态的机动车上路行驶，应对这一危险物造成的损失承担责任。二是从受害人的损失赔偿角度看，连带责任扩大了责任主体，有利于受害人的损失填补。三是从强制性规范的目的实现角度看，有利于促进禁止转让报废车和拼装车，减少事故隐患，保障公众安全。依据这些理由，得出如下结论就自然而然：在多次转让拼装车、报废车或其他依法禁止上路行使的机动车的场合下，所有的转让人和受让人均应依据本条规定承担连带责任。对此，《道路交通事故解释》第 6 条也予以明确规定。

（六）被挂靠人的连带责任

《民法典》第 1211 条规定，以挂靠形式从事道路运输经营活动的机动车发生交通事故造成损害的，由挂靠人和被挂靠人连带承担机动车一方的责任。这一规定是新增条款，但吸收了《道路交通事故解释》第 3 条的规定。

以挂靠形式从事道路运输经营活动，是指具有道路运输经营许可证的被挂靠人向不具备道路运输经营资格的挂靠人非法转让、出租道路运输经营许可证的行为。于此情形下，发生交通事故造成损害，挂靠人与被挂靠人承担连带责任的主要原因是：首先，挂靠是违背行政许可、规避国家有关行业准入制度的行为。对此，《道路运输条例》（2019 年修正）第 63 条、第 66 条规定，对未取得道路运输经营许可擅自从事道路运输经营的以及客运经营者、货运经营者、道路运输相关业务经营者非法转让、出租道路运输许可证件的，可以给予相应行政处罚。从其规范目的来看，道路运输采用经营许可证的方式是为了保证道路运输经营者具有相应的安全保障能力、危险防范能力以及安全运输能力。但将经营许可证出租、出借，显然使行政法规的这一规范目的落空，使不具有相应能力资质的主体进入道路运输经营行业，放大了交通事故的风险。其次，从受害人角度看，被挂靠人作为具有道路运输经营资质的主体，应当是侵权责任的承担主体。被挂靠人与挂靠人之间的关系，受害人无从知晓，如果被挂靠人不承担责任，显然赋予了挂靠人与被挂靠人的内部约定以外部效力，在挂靠人的赔偿能力通常远远小于被挂靠人的现实条件下，对受害人的损失填补显然不利。最后，从侵权责任的分配应有利于实现公法目的的角度看，让被挂靠人承担连带责任，也有利于增加其违法成本，减少不具备经营资格的主体从事道路运输经营，使被挂靠人切实履行安全运输义务，减少交通事故，保障公共安全。

（七）机动车使用人对无偿搭乘人的过错责任

《民法典》第 1217 条规定，非营运机动车发生交通事故造成无偿搭乘人损害的，属于该机动车一方责任的，应当减轻其赔偿责任，但是机动车使用人有故意或者重大过失的除外。本条规定系新增规定。

《民法典》第1217条解决的是机动车使用人对无偿搭乘人的侵权责任问题，适用的主体范围限于非营运机动车，通常发生在同事之间、朋友之间甚至陌生人之间好意同乘的情形。于此场合，发生交通事故造成搭乘人损害的，因《道路交通安全法》第76条将交通事故中的机动车一方评价为物理上的强者，机动车一方对于非机动车一方、行人所承担的责任要比机动车之间的责任更为严格。而机动车一方内的驾驶人和乘车人之间，《道路交通安全法》和《民法典》并无特别规定，理应适用一般侵权规则，即过错责任。

但是，需要注意的是，民法上的以下规则对于好意同乘情形下机动车使用人的过错责任有影响：一是对有偿受益人的保护高于对无偿受益人的保护原则。这主要体现在赠与合同中赠与人的撤销权、无偿保管人一般过失免除因保管不善造成的保管物毁损灭失的赔偿责任等。二是鼓励相互帮助、好意施惠等体现社会主义核心价值观的价值判断。例如，因自愿实施紧急救助行为造成受助人损害的，救助人不承担民事责任。反映在《侵权责任法》中，则主要是行为人为一般过失时免除其责任或者减轻其责任的规则上。

侵权法上的过失分为重大过失、一般过失和具体过失。重大过失，是指行为人未尽到普通人的注意义务，“连所有人都知道的事都不知道”，[①]又被称为加重的过失。一般过失，则是指行为人未尽善良管理人的注意义务，也被称为抽象轻过失。一般过失即满足侵权责任的构成要件。具体过失则是指以行为人未尽通常在自己事务上应尽的注意义务，也被称为具体轻过失。[②] 在逻辑上，第1217条所规定的减轻机动车使用人的赔偿责任，以机动车使用人存在抽象轻过失或者具体轻过失为限。

但是，需要注意的是，《民法典》第1217条减轻责任条款的适用前提是“属于该机动车一方责任的”，这意味着机动车使用人需先成立侵权责任。这里显然不是指按照《道路交通安全法》第76条的规定机动车使用人对机动车外第三人的侵权责任，因为《道路交通安全法》第76条区分了机动车与机动车、机动车与非机动车驾驶人、行人的归责原则，至少于此不能适用机动车与行人之间的归责原则认定机动车与无偿搭乘人的责任，而仍然应当适用过错责任。只不过，在交通事故中，机动车一方对第三人应当承担侵权责任的，通常存在违规驾驶等情形。对此，也满足了抽象轻过失的标准，对无偿搭乘人应承担侵权责任。具象来说，在交通事故责任认定中被认定为次要责任的，通常是满足了抽象轻过失的标准；被认定为主要责任或者全部责任的，通常就满足了重大过失的标准。

另外，无偿搭乘非营运机动车还可能涉及酒店、大型超市促进经营提供的免费班车，房地产开发公司的免费看房车等情形，此类情形应被评价为系以营利为目的，造成乘客损害，无适当减轻的理由。换言之，这里的非营运机动车并不应作目的限缩，不仅是指非用于道路运输经营的机动车，而且包括其他用于经营的机动车。

需要注意的是，第1217条减轻责任的事由与侵权责任编一般规定中的减责事由和免责事由是

---

① [德]埃尔温·多伊奇、汉斯－于尔根·阿伦斯：《德国侵权法——侵权行为、损害赔偿及痛苦抚慰金》（第5版），叶明怡、温大军译，刘志阳校，中国人民大学出版社2016年版，第63页。

② 程啸：《侵权责任法》（第2版），法律出版社2015年版，第269～270页；郑玉波：《民法债编总论》（第2版），陈荣隆修订，中国政法大学出版社2004年版，第80页。

并存而非替代关系，无偿搭乘人对损害的发生或者扩大有过错的，也可以减轻机动车使用人的责任，无偿搭乘人故意造成损害的，免除机动车使用人的责任。之所以如此，是因为该条规定的减责事由与一般规定中的减责事由的基础不同。

三、责任主体的规定与保险责任规定之间的关系

《民法典》第1209条、第1210条、第1211条、第1212条、第1216条以及第1217条所规定的情形下，造成第三人损害的，应当根据第1213条的规定，首先由交强险保险公司在交强险范围内予以赔偿；再由商业三者险保险公司根据保险合同的约定予以赔偿，最后由前述各条规定的相应主体承担责任。换言之，上述各条关于责任主体的规定，仅解决第1213条后段中的“仍然不足或者没有投保机动车商业保险的，由侵权人赔偿”中的“侵权人”的认定问题。

专题六　网约车交通事故的侵权责任认定

一、网约车法律地位的确立

网络预约出租车（以下简称网约车）是以“互联网+”“共享经济”为基础，通过互联网信息传递将司机与乘客联接起来的一种新型用车模式。近年来，网约车服务发展十分快速，已经成为城镇居民出行中一种十分常见的出行方式，现在市场上较为常见的“滴滴出行”“神州专车”“曹操专车”等即为典型的网约车。为了适应新形势下的多样化、差异化出行服务需求，2016年7月28日，国务院办公厅颁布了《关于深化改革推进出租汽车行业健康发展的指导意见》（国办发〔2016〕58号）。2016年7月27日，交通运输部、公安部、商务部等七部门联合颁布了《网络预约出租汽车经营服务管理暂行办法》（交通运输部等令2016年第60号，以下简称《网约车暂行办法》）。上述指导意见和《网约车暂行办法》的出台，表明我国已经将网约车营运合法化，网约车的法律地位得到了确立，规范化的网约车运营模式得到了国家的鼓励、支持和保护。

司法实践中，网约车引发的侵权纠纷究竟应当如何承担责任成为这一类案件的热点。如何处理好因网约车发生交通事故的侵权责任主体及责任认定，需要不断通过各种具体案例在审判实践中予以逐步完善。

二、网约车发生交通事故的侵权责任主体

考虑到网约车主体性质的复杂性，有着各种各样的不同运营模式，本书主要针对司法实践中的一些典型情况进行分析。网约车发生交通事故造成损害，属于机动车一方责任的，可能存在的侵权责任主体有：网约车平台公司，车辆所有人、使用人，车上乘客等。

（一）网约车平台公司

网约车平台公司，是指通过App等构建网络服务平台，从事网约车经营服务的企业法人。“网

约车平台公司的法律地位不能仅仅依据其提供的格式合同，要通过整个网约车运行过程的真实运行情况来反映。因为处于缔约优势地位的网络平台出于自身责任最小化的考量，总是会选择拟定最符合其利益的合同文本而不顾该合同是否反映了交易运行的实质。"[①]网约车平台公司是依法取得《网络预约出租汽车经营许可证》的网约车平台经营主体，从事经营网络预约出租汽车业务的公司，负责开发、经营、管理在网约车平台下的汽车运输服务。网约车平台公司在法律地位上属于运输合同的承运人，网约车发生交通事故造成损害，属于机动车一方责任的，网约车平台公司构成承担侵权责任的法律主体。

（二）网约车主、网约车使用人

网约车辆涉及的法律主体主要有网约车主（车辆所有权人或者管理人）、网约车使用人（驾驶人），在分析网约车辆与网约车平台公司的关系上，结合网约车不同的经营情况，主要有以下模式：

1. 网约车平台公司自营模式

网约车平台公司自有车辆直接聘用，其运营采用的都是公司自己购置的车辆，网约车辆的所有权和经营权都属于网约车平台公司所有。网约车平台公司直接从市场上招募驾驶人并直接与其签订了劳动合同，是用人单位，驾驶人是网约车平台公司的工作人员。驾驶人根据平台公司的网约车平台指派进行接单，根据获得的收益按劳动合同约定的方式结算工资收入。此种情况下，网约车平台公司与网约车使用人之间的法律关系是劳动合同关系，由网约车平台公司缴纳社会保险和发放工资待遇，而网约车的所有权和经营权也都属于网约车平台公司。

2. 网约车平台公司与外部车辆合作模式

这些合作模式的种类很多，较为复杂，在实践中还可能存在不断的创新。当前网络约车的外部合作模式主要分为以下 4 种：一是网约专车模式，即由网络约车平台、租车公司、劳务公司与乘客分别签订专车服务协议、租车服务协议、驾驶服务协议，以四方协议的模式开展业务，典型的是滴滴专职专车、神州专车、易到专车。二是网约私家车模式，即私家车主注册网络约车平台，通过网络约车平台开展乘客接送业务，典型的是优步、滴滴兼职专车、快车。三是网约顺风车模式，即私家车主注册网络约车平台，上下班期间通过网络约车平台开展乘客接送业务，典型的是滴滴顺风车。四是网约出租车模式，即网络约车平台连接出租车，出租车通过网络约车平台开展业务，典型的是滴滴出租车。[②] 不管何种模式，主要表现形式均是驾驶人在网约车平台公司的平台指令下进行接单，运营获得的收益由网约车平台公司收取，网约车平台公司扣除一定比例的平台管理费后将主要收益返归给驾驶人。网约车平台公司通过与外部车辆的合作，使网约车平台公司与网约车使用人之间的法律关系复杂多样，直接增加了网约车交通事故赔偿问题的难度。归纳现有观点主要有：

第一，劳务合同关系。网约车司机是提供劳务的一方，而网约车平台则是接受劳务的一方，两者之间是普通的临时的劳务关系，而非稳定的劳动关系。[③]

第二，中介合同关系。有观点认为网约车主与网约车平台公司达成中介合同关系。理由如下：

---

① 张新宝：《顺风车网络平台的安全保障义务与侵权责任》，载《法律适用》2018 年第 12 期。

② 李后龙、俞灌南、潘军锋：《分享经济背景下网络约车民事案件的疑难问题》，载《人民司法》2016 年第 22 期。

③ 张玉婷：《网约车平台与司机的民事责任研究及裁判策略应对——从一则乘客起诉网约车司机、平台公司及保险公司案说起》，载《法律适用》2018 年第 21 期。

由于乘客与网约车主之间的信息不对称，两者不能就直接的交易进行磋商，网约车平台公司作为促成乘客与网约车主交易的中介人，网约车平台公司通过收集乘客的乘车需求、路线、乘客人数，收集网约车的数量、地理位置、车型、司机个人信息等，促成乘客与网约车主之间达成客运合同关系。同时，网约车主也可以自由选择是否接受网约车平台公司提供的乘车订单。在这过程中，网约车平台公司收取一定的费用，符合《民法典》第961条有关中介合同的规定。①

第三，挂靠关系。网约车主与网约车平台公司成立挂靠关系，网约车主是挂靠人，网约车平台公司是被挂靠人。在“私家车辆+私家车主”与“汽车租赁公司车辆+劳务公司驾驶员”的快车、专车业务模式下，网约车主与网约车平台公司成立挂靠法律关系，发生交通事故侵权时，就应当由网约车主与网约车平台公司共同承担连带责任。②

第四，偶然合伙关系。有学者认为，网约车平台公司与私家车车主之间，具有明显的不成立组织的偶然合伙性质。就一单网约车业务而言，网约车平台公司与私家车车主是共同出资、共同经营、共享收益，故而对外应当承担连带责任，即共担风险。③

本书认为，网约车平台公司与外部车辆合作模式下，不管网约车平台与网约车使用人之间的内部法律关系如何认定，网约车发生交通事故造成损害，属于机动车一方责任的，对外部的被侵权人而言，车辆所有人、使用人构成承担侵权责任的法律主体，在特定的条件下，网约车平台公司构成共同的侵权责任法律主体。

（三）乘客

乘坐网约车的乘客，在特殊情况下也可能构成网约车交通事故中机动车一方的责任主体。比如，乘客不按规定要求下车，在开门的过程中，造成其他第三方的人身、财产损害的。

三、网约车发生交通事故的归责原则

虽然《民法典》最终未构建单独的“网约车侵权条款”，但本书认为，网约车发生交通事故完全可以适用现有法律规范予以处理。网约车道路交通责任的归责原则仍适用过错责任原则，在审查各类主体是否应当承担侵权责任时，首先，应分析各类主体是否存在过错。这种过错与交通事故的发生是否存在因果关系。由于网约车运营模式多样，网约车司机与平台之间难以类型化为单一的执行工作任务关系，亦不能简单地认定为“网络服务提供者”或“承运人”。因此，网约车交通事故纠纷在过错责任原则的基础上，根据侵权责任编的相关规定，结合《道路交通安全法》《公路法》《保险法》《道路交通事故解释》《人身损害赔偿司法解释》等相关法律法规综合分析各主体的法律责任。

四、网约车发生交通事故的损害责任认定

传统巡游出租汽车与网约车最大的区别就在于网约车通过网络预约平台接单，而不是在街道

---

① 杨涛：《网约车侵权责任主体的认定》，载《西昌学院学报》（社会科学版）2018年第1期。

② 同上。

③ 梁分：《网约私家车交通事故责任之认定与承担》，载《法律适用》2017年第19期。

巡游。《网约车暂行办法》第2条规定“从事网络预约出租汽车(以下简称网约车)经营服务,应当遵守本办法。”《网约车暂行办法》第16条规定:“网约车平台公司承担承运人责任,应当保证运营安全,保障乘客合法权益。”依据此条规定,网约车平台公司承担的是承运人责任,但这只是从客运合同角度对网约车侵犯车内乘客权利的情形作了规定,在网约车发生交通事故等其他侵权形式的认定上无法适用。网约车作为数字经济和共享经济的典型代表,无疑为广大市民提供了出行方便,造就了一批网约车互联网企业,但也带来了侵权责任等法律难题。网约车发生交通事故的损害责任如何认定,本书认为:网约车发生交通事故造成损害,属于该机动车一方责任的,首先由保险公司在机动车强制保险或商业险责任限额范围内予以赔偿。不足部分,可以从这几个方面来分析认定赔偿责任:

(一)网约车平台公司提供机动车、驾驶人的,由网约车平台公司承担赔偿责任

网约车平台公司在自营模式下,网络预约平台提供机动车、驾驶人的,是《道路交通安全法》及《民法典》侵权责任编中规定的机动车一方的实际营运主体,应当作为承运人自己承担机动车交通事故侵权责任。平台公司提供了机动车、驾驶人,网约车驾驶人与网约车平台公司形成了劳动合同关系,当发生交通事故时,属于机动车一方的责任应由平台公司承担。其依据为《民法典》第1191条的规定,“用人单位的工作人员因执行工作任务造成他人损害的,由用人单位承担侵权责任。用人单位承担侵权责任后,可以向有故意或者重大过失的工作人员追偿。”需要说明的是,平台提供机动车、驾驶人的情况包括三种:同时提供机动车和驾驶人、仅提供驾驶人和仅提供机动车。无论是哪一种情形,平台公司在承担赔偿后,依据驾驶人的过错情况来判断,在驾驶人故意或者重大过失的情况下,平台公司享有追偿的权利。

(二)网约车平台公司与外部车辆共同提供营运服务的,造成乘客受到损害的,由机动车驾驶人承担赔偿责任;网约车平台公司承担连带赔偿责任

网约车平台公司与外部车辆合作模式下,网约车平台公司是否对外承担机动车交通事故侵权责任,其关键在于网约车平台本身是否符合《道路交通安全法》及《民法典》中机动车一方的界定,即是否符合“运行利益+运行支配”的标准。[①] 对乘客而言,无论是哪种运营模式,驾驶人在网上预约出租车运营期间的行为均属于履行承运义务的行为,而网约车平台公司是承运义务的组织方和参与方,应视为驾驶人和网约车平台公司作为共同承运人实施了承运义务,由驾驶人承担直接侵权责任,平台公司承担机动车交通事故连带责任。从“运行利益+运行支配”的标准来看:其一,网约车平台对于交易活动的介入程度较深,服务内容、价格等合同条款都是由平台确定的,在网约车交易行为中,驾驶人只能通过网约车平台指派或抢单与乘客达成交易;乘客基于对平台服务内容、质量的信赖选择该平台预约出行;其二,网约车平台公司在经营活动中获益是直接以从乘客收取的承运费中按比例抽成的方式得到的;其三,网约车平台公司也承担着《网约车暂行办法》规定的对驾驶人的经营资格进行资质审查和日常管理的职责。因此,网络预约出租车运营中平台公司对乘客承担的不是简单的“交易撮合”,而是“承运服务”,网约车平台公司应承担共同侵权责任。当驾驶人与车辆所有人不一致时,未尽到管理职责的机动车所有人与驾驶人共同承担责任。

---

① 夏利民、王运鹏:《论网约车平台的侵权责任》,载《河南财经政法大学学报》2017年第6期。

(三)网约车平台公司与外部车辆共同提供营运服务的,造成乘客之外的第三人受到损害的,由机动车驾驶人承担赔偿责任;网约车平台公司有过错的,承担相应的连带赔偿责任

网约车平台公司与外部车辆合作模式下,各种合同模式十分复杂多样。《民法典》第1170条规定:"二人以上实施危及他人人身、财产安全的行为,其中一人或者数人的行为造成他人损害,能够确定具体侵权人的,由侵权人承担责任;不能确定具体侵权人的,行为人承担连带责任。"网约车平台公司是否与驾驶人共同对外承担第三人的侵权责任,应当分析机动车一方责任中,平台公司对第三人受到的损害是否存在过错,网约车平台公司对事故发生存在过错的,应当承担相应的连带责任,第三人受到的损害与网约车平台公司无关的,平台公司不应承担责任。

本书认为,判断网约车平台公司是否存在过错,可以从以下方面进行考虑:第一,网约车平台公司对驾驶人的管理是否有过错。网约车平台公司疏于对司机的管理,对司机准入条件仅局限于形式审查,不作实质审查。比如,司机缺乏基本驾驶证件,司机缺乏平台和国家法律法规及地方规章要求的资质,平台未对司机进行犯罪风险调查,司机驾驶记录存在不宜营运的情形等;平台对司机动态监督跟踪管理不到位,平台未对司机开展服务培训、安全生产培训等;平台允许未取得相应资质的人员驾驶网约车并接单营运等。第二,网约车平台公司对网约机动车的管理是否有过错。平台疏于对车辆的监督检查,对于从事网络约车的车辆安全性能负有定期核查义务,未尽核查职责的,车辆未进行年检的,车辆里程数造假或者车辆里程数超出平台要求的,车辆未进行定期检修等,这些情况的存在应视为网约车平台公司在对车辆管理过程中存在过错。第三,网约车平台公司在网约车保险投保事项上是否存在过错。如平台允许未购买车辆交强险、营运商业三者责任险的车辆接单营运;平台负有审查督促参与网络约车的主体投保情况的义务,未依法投保的,平台应在未投保的范围内承担赔偿责任。

(四)网约车平台公司与外部车辆共同提供营运服务的,造成机动车驾驶人受到损害的,根据机动车主与网约车平台公司的合作合同约定划分责任

在网约车平台公司自营业务模式下,驾驶人与网约车平台公司建立了劳动关系,可以结合《劳动法》有关的法律规定予以处理。容易发生争议的是,网约车平台公司与外部车辆共同营运的情况,如前所述,关于网约车平台公司与驾驶员之间关系存在各种不同的观点,本书认为,网约车平台公司与驾驶员之间不存在劳动关系,除非合同另有约定。理由是:第一,驾驶员加入网约车,并不是想要与网约车平台公司建立劳动关系,也不受网络车平台公司的劳动用工管理。第二,认定驾驶员与平台应建立劳动关系不符合网约车平台公司轻资产化的特点,不应当对这种新型商业模式强加干预。因此,当网约车平台公司与外部车辆共同提供营运服务中机动车驾驶人受到损害时,应当根据机动车主与平台公司的合作合同约定来划分内部责任。如果网约车平台公司在其提供的格式合同中,不当地规避或减轻网约车平台公司本应当承担的法律责任,人民法院可依法对相关条款效力作否定性评判。

(五)网约车平台公司仅提供媒介服务的,由机动车驾驶人承担赔偿责任,网约车平台公司对损害发生有过错的,承担相应的补充责任

此种情况有网约车平台连接出租车的"网约出租车模式",即传统出租车通过网约车平台开展业务，典型的是滴滴出租车。还有一个比较常见的是网上预约顺风车，在顺风车模式下的承运人是车辆使用人，如将顺风车与网约车一样来要求网约车平台公司承担责任，则从侵权行为因果关系来讲，理由是不够充足的。主要有两点理由：第一，平台为顺风车司机和乘客提供信息服务，其法律关系的本质是中介合同关系，如果在提供信息服务的过程中平台没有过错，平台不仅不需要承担违约责任，而且无须承担顺风车司机侵权行为所产生的侵权责任或补充责任；第二，顺风车司机与平台之间关系松散，平台不对顺风车司机进行管理，司机的行为不属于共同履行承运义务的职务行为。因此，平台不应当对顺风车司机的侵权行为承担连带责任。司法实践中，在顺风车模式的情况下，要求对网约车平台公司承担连带赔偿责任的案例亦不多见。

如果网约车平台公司违反安全保障义务，就需要承担相应的补充责任，这种相应的补充责任是一种不真正补充责任，与租借机动车所有人和使用人分离情形下所有人有过错时承担的责任是一样的。具体来说，首先由机动车使用人承担第一顺位的赔偿责任。如果机动车使用人全部赔偿，那么由其向有过错的网约车平台公司追偿，具体追偿数额依据网约车平台公司的过错程度来定；如果机动车使用人没有赔偿能力或者赔偿能力不足，由网约车平台公司承担第二顺位的赔偿责任，网约车平台公司赔偿超过自己应当承担的份额，可以向机动车使用人追偿，如果赔偿范围不足自己承担的份额，机动车使用人还可以向其追偿。

五、网约车发生交通事故的保险责任

在网约车发生交通事故后，如果属于网约车一方的责任，理当由保险公司首先予以赔偿，即先由机动车购买的交强险赔付，不足再由第三者责任商业保险赔付。网约车发生交通事故后，保险责任的救济至关重要，机动车交通事故的解决离不开保险责任制度。网约车保险制度的构建对于风险管控、社会稳定起到不可替代的作用，网约车车主应当购买运营车辆类商业三者险。

目前，涉及网约车侵权纠纷中争议较大的是非营运车辆的商业三者险的赔付问题，即保险公司在网约车运营中发生事故造成车外人员损害时是否应当赔偿的问题。《保险法》第 52 条规定：“在合同有效期内，保险标的的危险程度显著增加的，被保险人应当按照合同约定及时通知保险人，保险人可以按照合同约定增加保险费或者解除合同。……被保险人未履行前款规定的通知义务的，因保险标的的危险程度显著增加而发生的保险事故，保险人不承担赔偿保险金的责任。”依据上述条文规定，如果私家车车主专门利用私家车从事网约车经营活动，势必显著提高投保机动车的危险程度。对此，私家车车主未明确告知保险公司发生交通事故后，保险公司有权拒绝赔偿。较为典型案例为最高人民法院在 2017 年第 4 期公报中发布的程某颖诉张某、中国人民财产保险股份有限公司南京市分公司机动车交通事故责任纠纷案。该案江苏省南京市江宁区人民法院认为，在当前车辆保险领域中，保险公司根据被保险车辆的用途，将其分为家庭自用和营运车辆两种，并设置了不同的保险费率，家庭自用车辆的运行里程少、风险小，支付的保费低，相较于家庭自用车辆，营运车辆的运行里程多、使用频率高、发生交通事故的概率大，支付的保费自然就高。如以家庭自用名义投保的车辆，从事营运活动，车辆的风险显著增加，投保人应当及时通知保险公司，保险公司可以增加保费或者解除合同并返还剩余保费，投保人未通知保险公司而要求保险公司赔偿营运造成的事故损失，显失公平。网约车平台公司与外部车辆合作模式下私家车从事网约车运营改变了车辆用途导致风险增加，因此网约车运营过程中发生交通事故的，保险公司不应就商业三者险承担理赔责任。该案作为最高人民法院公报案例，具有一定的参考价值。人民法院普遍认为，保险公司不应当对私家车擅自开展的网约车运营侵权责任承担商业三者险责任。

对于这种专门用于网约车运营的私家车，本书认为应当由网约车平台统一管理，要么要求私家车车主购买额外的保险，要么由网约车平台来统一购买，以便商业险能够继续发挥及时救济受害人的作用。需要探讨的是，如滴滴顺风车这类网约车的情形，私家车车主只是偶尔接单，如果发生交通事故，保险公司是否有权拒绝赔付？用于跑顺风车的私家车通常只是偶尔接单，确实与以跑网约出租车为主业的私家车有所不同。对此，本书认为保险公司是否有权拒绝赔付，关键在于保险标的的风险是否显著增加。私家车车主将机动车偶尔用于网约车运营是否显著增加保险标的的危险性？对此，可以对私家车投入网约车运营的情况进行技术统计，包括运营的里程和次数；运营里程和次数极少的，不应视为显著增加保险标的的风险。因此，在这种情况下，应当慎重适用《保险法》第52条的规定，不宜简单直接认定商业保险公司完全不承担商业三者险责任。

第七章　医疗损害责任

专题一　诊疗过错责任

一、诊疗损害责任的归责原则

我国《侵权责任法》充分考虑诊疗行为本身特点，本着既要保护患者合法权益，也要保护医院和医务人员合法权益，有利于医学科学进步以及医药卫生事业发展的考虑，在第54条明确规定了医疗损害责任适用过错责任的一般规则。此条规定："患者在诊疗活动中受到损害，医疗机构及其医务人员有过错的，由医疗机构承担赔偿责任。"《民法典》侵权责任编保留了这一规定，在第1218条对诊疗过错责任的归责原则、构成要件作了规定。

根据该条规定，诊疗过错责任适用过错责任归责原则，改变了审判实践中较长时间内采取的过错推定原则。自《侵权责任法》以后，对于医疗损害赔偿责任的法律适用，不再区分是否构成医疗事故而应当统一适用《侵权责任法》有关责任构成、损害赔偿等规定。《侵权责任法》和《医疗事故处理条例》之间就属于上位法和下位法的关系，按照上位法优于下位法的基本原理，《医疗事故处理条例》与《侵权责任法》冲突规定的不能再适用，这其中最根本的就是医疗损害赔偿责任的承担问题，《医疗事故处理条例》不能再适用，而应统一适用《侵权责任法》第15条的规定。据此，《民法典》在上述问题上的规定当然也要予以统一适用。

二、诊疗过错责任的责任形态

诊疗损害责任属于替代责任。替代责任，是指责任人为他人的行为和行为人之行为以外的自己管领下的物件所致损害负有的侵权赔偿责任。替代责任与一般责任相对应，其典型特点就在于行为人与责任人的不同。构成替代责任赔偿法律关系的要件是：(1)替代责任人与致害人或致害物之间须有特定关系。这种特定关系，在责任人与致害人之间，表现为隶属、雇用、监护、代理等身份关系。在医疗损害案件中，直接加害人往往是医务人员。(2)替代责任人应处于特定的地位。这种特定的地位，表现为替代责任人在其与致害人或致害物的特定关系中所处的带有支配性质的地位。考察为致害人的损害后果负责的责任人的地位，主要是看：双方有无确定特定关系的事实或合同；致害人是否受有责任人的报酬或抚育；致害人的活动是否受责任人的指示、监督或监护等约束；致害人是否向责任人提供劳务或公务。在医疗损害案件中，医务人员处于"雇员"的地位，医疗机构对其负有指示和监督之责。(3)致害人应处于特定状态。在特殊侵权责任的赔偿法律关系中，责任人与致害人和致害物之间具有特定关系，责任人处于特定的地位，而且致害人和致害物必须处于特定的状态。[①] 在医疗损害责任纠纷案件中，其行为主体是医疗机构及医务人员。如因医务人员的过错造成患者损害的，不是按照一般侵权行为"为自己行为负责"的规则，由医务人员对受害人承担民事责任，而是由医务人员所在的医疗机构承担赔偿责任。在此需要注意的是，替代责任是与自己责任相对应的责任形态概念，即为他人的行为负责和为自己管领下的物件造成的损害负责的侵权责任形态，并不与过错责任原则相对应，《侵权责任法》第6条和第7条也没有规定替代责任这种归责原则。替代责任包含归责原则问题，即在替代责任的侵权责任形态的各种侵权责任类型中都存在归责原则的适用问题，但它本身不是归责原则。

按照替代责任的基本规则，应该由替代责任人对行为人的行为后果负责，即在起诉时该替代责任人为适格被告。在医疗损害责任纠纷中，则应当以该医疗机构为被告提起诉讼，如在叶某某等与三明市某医院、游某某医疗损害责任纠纷案[②]中，游某某是三明市某医院的医务人员，叶某某等将三明市某医院、游某某作为共同被告提起诉讼，法院在查明案件事实后认为，游某某作为三明市某医院的医务人员，其实施的诊疗行为属职务行为，不应由其个人向原告承担赔偿责任，故原告要求游某某承担赔偿责任无法律依据，依法驳回了原告对游某某的诉讼请求。但在此应当注意的是，这里的医疗损害责任属于替代责任形态，在法律适用形成了与第1191条第1款关于用人单位责任规定的法条竞合。对此，本书认为，关于医疗损害责任的替代责任规定应当属于用人单位责任在医疗损害责任领域的具体化规定，即上述两条规定应属于特别规定与一般规定的关系。因此，在法律适用上，应当坚持优先适用特别规定的基本规则，直接适用侵权责任编第1218条规定即可。

三、诊疗活动的认定

诊疗过错责任的构成要件，依据相应的归责原则而确定，是在满足医疗损害责任纠纷基本属性前提下，具体判断医疗机构能否承担责任的基本要件，包括患者损害、违法诊疗行为、损害与诊疗行为具有因果关系和诊疗过错4个要件。这其中，较为重要的问题是诊疗活动的认定问题。

诊疗行为是医疗损害侵权责任产生的前提，《民法典》第1218条表述为诊疗活动。关于诊疗活动的概念，学界并无统一概念，有的意见认为，诊疗行为是指临床医务人员为了诊断、治疗疾病，或者对患者的健康状况进行评价，使病人尽快康复和延长其寿命而进行的临床实践活动。[③] 此为较为狭义的界定。另有意见认为，诊疗行为是指医疗机构及其医务人员通过各种检查，使用药物、器械及手术等方法，对疾病作出判断和消除疾病、缓解病情、减轻痛苦、改善功能、延长生命，帮助患者恢复健康的临床医学实践行为。简言之，诊疗行为就是医疗机构及其医务人员在诊疗活动中的临床实践行为。[④] 此为广义范围的界定。

一般而言，诊疗活动的基本特征是：第一，诊疗行为是以治疗、矫正或预防人体疾病、伤害残缺或保健为直接目的的行为，直接表现为使患者尽快恢复健康、延长寿命；第二，诊疗行为是借助于医

---

① 王利明主编：《侵权责任法新制度理解与适用》，人民法院出版社2010年版，第330页。

② 参见福建省三明市梅列区人民法院（2015）梅民初字第1892号民事判决书。

③ 杨志寅等：《论规范化诊疗行为模式的建立》，载《中国行为医学科学》2004年第6期。

④ 杨立新：《医疗损害责任构成要件的具体判断》，载《法律适用》2012年第4期。

学的方法和手段的行为，包括检查、药品、器械、手术等方法进行预防、判断和治疗；第三，诊疗行为是医疗机构组织并由医务人员实施的行为。[①]

当然，患者在医疗机构受到的损害肯定也不能与医疗损害责任完全画等号，从法律适用范围的基本构成要件上看，关键区别点在于其损害发生是“在诊疗活动中受到”。有意见认为，在司法实践中，一般可以运用排除法来明确哪些情形不属于诊疗行为。以下四种情形可以认定为非医疗行为：一是医院设施有瑕疵导致患者摔伤或在医院自残、自杀。二是医院管理有瑕疵导致损害，如抱错婴儿。三是医生故意伤害患者，如拿患者做试验。四是非法行医致人伤害。[②] 上述用排除法的方法界定诊疗行为具有积极意义，但所列举的行为类型似乎值得商榷，而更具有法律适用意义的是否属于医疗损害责任纠纷的情况则更值得探讨。比如，单纯地在医院自残、自杀行为显然不是医疗损害责任，因为这与诊疗活动毫无关系。而医院设施有瑕疵导致患者摔伤的情形，则需要根据不同案件情况作具体分析。比如，存在医务人员违反护理规范的情形，也应属于医疗损害责任纠纷；在接受医学影像诊疗过程中由于医疗器械本身的缺陷或者安装、维护不及时等导致患者摔伤或者砸伤等情形，也应属于在诊疗活动中受到的损害，应当属于医疗损害责任纠纷。至于单纯发生在医院内的物件致人损害，如高空坠物等，并不存在医疗机构违反诊疗规范或者与诊疗活动密切相关的情形，这与一般的物件致人损害无异，则不宜界定为医疗损害责任纠纷。

四、诊疗过错的认定

《民法典》第1221条规定：“医务人员在诊疗活动中未尽到与当时的医疗水平相应的诊疗义务，造成患者损害的，医疗机构应当承担赔偿责任。”诊疗过错，是指医疗机构在医疗活动中，医务人员未能按照当时的医疗水平提供通常应当提供的医疗服务，或者按照医疗良知、医疗伦理，以及医政管理规范和管理职责，应当给予诚信、合理的医疗服务，而没有尽到高度注意义务的主观心理状态，以及医疗机构存在的对医务人员疏于选任、管理、教育的主观心理状态。确定医疗过错，应以实施诊疗行为当时的医疗水平为标准，同时适当参考地区、医疗机构资质和医务人员资质，确定医疗机构和医务人员应当达到的注意义务，违反之，即为存在医疗过错。[③] 概言之，认定诊疗过错，要以“当时的医疗水平”作为判断标准。判断“当时的医疗水平”，应当依据法律、行政法规、规章以及其他有关诊疗规范的规定，但要综合考虑诊疗当时当地的医疗水平、医疗机构与医务人员资质、患者病情的紧急程度、患者个体差异等因素。此在《医疗损害责任解释》第16条有明确规定。

此外，关于推定医疗机构过错的问题，《民法典》第1222条规定：“患者在诊疗活动中受到损害，有下列情形之一的，推定医疗机构有过错：(一)违反法律、行政法规、规章以及其他有关诊疗规范的规定；(二)隐匿或者拒绝提供与纠纷有关的病历资料；(三)遗失、伪造、篡改或者违法销毁病历资料。”简言之，法律、行政法规、规章以及诊疗规范是医疗机构和医务人员的工作依据。医疗机构和医务人员在自己的有关业务活动中应当掌握，并遵循规定，以确保其行为的合法性。这是利用违法

---

① 杨立新：《医疗损害责任构成要件的具体判断》，载《法律适用》2012年第4期。

② 最高人民法院侵权责任法研究小组编著：《〈中华人民共和国侵权责任法〉条文理解与适用》，人民法院出版社2010年版，第386页。

③ 杨立新：《医疗损害责任构成要件的具体判断》，载《法律适用》2012年第4期。

推定过失的法理直接证明医疗机构及医务人员具有过错。[①] 从实践看,违反了法律、行政法规、规章以及有关诊疗规范的规定,是判断医疗机构和医务人员存在过错的最直接的标准。医疗机构隐匿或者拒绝提供与纠纷有关的病历资料和伪造、篡改或者销毁病历资料这两项情形,一方面反映了医疗机构的恶意,另一方面使患者难于取得与医疗纠纷有关的证据资料,这时再让患者举证已不合理,[②]故可以直接规定医疗机构有过错。

五、举证证明责任的分配

在患者与医疗机构之间如何分配举证证明责任,是医疗损害责任纠纷案件中争议较大、受到广泛关注的重要问题。《医疗损害责任司法解释》在第 4 条对诊疗过错责任纠纷的举证责任作了系统规定,"患者依据侵权责任法第五十四条规定主张医疗机构承担赔偿责任的,应当提交到该医疗机构就诊、受到损害的证据。患者无法提交医疗机构及其医务人员有过错、诊疗活动与损害之间具有因果关系的证据,依法提出医疗损害鉴定申请的,人民法院应予准许。医疗机构主张不承担责任的,应当就侵权责任法第六十条第一款规定情形等抗辩事由承担举证证明责任。"此条以构建和维护和谐医患关系为出发点,在大量实证调研和借鉴域外经验做法的基础上,为避免因举证责任分配不当而导致双方实体权利义务显著失衡而激化医患矛盾的问题,充分考虑患者存在医学专业性不足等客观障碍,对患者进行了适当的举证责任缓和。在新的司法解释出台前,此条规定内容与《民法典》相关条文并不冲突,可以在实践中继续适用。

专题二　医疗产品责任

一、医疗产品责任概述

关于医疗产品责任,《民法典》第 1223 条规定:"因药品、消毒产品、医疗器械的缺陷,或者输入不合格的血液造成患者损害的,患者可以向药品上市许可持有人、生产者、血液提供机构请求赔偿,也可以向医疗机构请求赔偿。患者向医疗机构请求赔偿的,医疗机构赔偿后,有权向负有责任的药品上市许可持有人、生产者、血液提供机构追偿。"对这一问题,与此前的《侵权责任法》第 59 条相比较,增加了"药品上市许可持有人"作为医疗产品责任主体的规定。另外,将"消毒药剂"修改为"消毒产品",以与现行有关规定衔接。

《民法典》第 1223 条新增的药品上市许可持有人,通常是指拥有药品技术的药品研发机构、科研人员、药品生产企业等主体,其通过提出药品上市许可申请并获得药品上市许可批件,并对药品质量在其整个生命周期内承担主要责任。在药品上市许可制度下,上市许可持有人和生产许可持

---

① 王利明主编:《中国民法典学者建议稿及立法理由(侵权行为编)》,法律出版社 2005 年版,第 266 页。

② 王胜明主编:《中华人民共和国侵权责任法释义》,法律出版社 2010 年版,第 290 页。

有人可以是同一主体,也可以是两个相互独立的主体。上市许可持有人可以自行生产,也可以为其他生产企业进行生产。如果采取委托生产的形式,上市许可持有人要对要求的安全性、有效性以及质量可控性承担责任。

二、医疗产品责任在责任形态上的定性

《民法典》上的不真正连带责任,是指多数行为人违反法定义务,对一个受害人实施加害行为,或者不同的行为人基于不同的行为而致使受害人的权利受到损害,各个行为人产生同一内容的侵权责任,各负全部赔偿责任,并因行为人之一的履行而使全体责任人的责任归于消灭的侵权责任形态。

药品、消毒产品、医疗器械属于产品,应当适用产品责任的规定。依据《民法典》第 1203 条的规定,因产品存在缺陷造成他人人身、财产损害的,受害人可以向产品的生产者要求赔偿,也可以向产品的销售者要求赔偿。属于产品的生产者的责任,产品的销售者赔偿的,产品的销售者有权向产品的生产者追偿。属于产品的销售者的责任,产品的生产者赔偿的,产品的生产者有权向产品的销售者追偿。对于医疗产品损害责任的责任形态,《民法典》第 1223 条规定为"患者可以向药品上市许可持有人、生产者、血液提供机构请求赔偿,也可以向医疗机构请求赔偿",这与上述规定在本质上是一样的。对医疗产品责任的形态,主流意见认为,这同产品责任的责任形态一样,医疗产品损害责任是不真正连带责任。

三、《民法典》第 1223 条适用的责任承担规则

医疗产品责任采用不真正连带责任,在当事人选择其中一个责任主体主张权利的情形,人民法院认定其责任大小及承担方式并无争议。但对于当事人将医疗机构和生产者同时起诉或被追加的情形,如何确定他们责任的大小及承担方式,则有不同看法。本书认为,在产品责任的外部责任形态上,其更具有连带责任的特征。侵权法确立不真正连带责任的立法目的在于方便受害人诉讼、减轻其举证责任,通过将赔偿不能的风险分配给责任人的方式来保护受害人。[①] 因此,不真正连带责任与连带责任在对外效力上不应有所不同,都是为充分保护受害人而设立。在医疗产品责任案件中,应当允许患者同时起诉数个责任主体。如果直接确定由承担最终责任的主体(通常为生产者)承担责任,则需要驳回患者对其他责任主体(如医疗机构)的诉讼请求,这等于限制患者的选择权。而且,在生产者无清偿能力的情况下,会直接导致患者丧失向医疗机构主张权利的机会,这不符合充分救济患者损害的立法精神。

对于第 1223 条的适用,还要注意关于医疗产品销售者的责任承担问题。《医疗损害责任司法解释》第 21 条就依据有关产品责任的规定,明确规定了销售者责任,比如该条第 1 款规定:"因医疗产品的缺陷或者输入不合格血液受到损害,患者请求医疗机构、缺陷医疗产品的生产者、销售者或者血液提供机构承担赔偿责任的,应予支持。"当然,基于医疗的公益性考虑,《民法典》并没有规定医疗机构是医疗产品的销售者,而是或多或少基于当前以药补医等情况的考虑,医疗机构实际上处

---

① 姜强:《〈侵权责任法〉中的连带责任、不真正连带责任及其诉讼程序》,载《法律适用》2010 年第 7 期。

于销售者的地位,[1]在责任承担上确定了医疗机构承担与医疗产品销售者相类似的法律责任。在实践中需要注意的问题是,如果患者从医疗机构诊断后并未在该医疗机构购买相应的医疗产品,比如药品,而是到相关医疗产品经营者处按照医疗机构的处方购买了该医疗产品,后因该医疗产品缺陷导致患者损害的情形,这时由于医疗机构并不具备类似于该医疗产品销售者之地位,其并未从该医疗产品的销售中获益,也无法控制该医疗产品之风险,当然也就无法转嫁该风险,因此按照严格责任的基本法理,该医疗机构不应当是该缺陷医疗产品导致损害的责任承担主体,即不能适用《民法典》第1223条规定,而应适用编关于产品责任的一般性规定确定该医疗产品生产者和销售者的责任。如果医疗机构对患者损害存在诊疗过错,且其诊疗行为与患者损害有因果关系的,这时应当对医疗机构适用医疗过错侵权的一般性规定,按照多因一果侵权行为的规则(如原因力规则)确定医疗机构的责任。

四、关于输入不合格血液的责任承担问题

近年来,因输血而导致患者受到损害的事例时有发生,因此而引发的医疗纠纷也越来越受到社会关注。从司法实践看,近年来各地因输血感染疾病而引发的侵权损害赔偿案件不断出现。对于血站和医疗机构在输入不合格血液导致患者损失的责任,依据该条的规定,输入不合格的血液与提供有缺陷的药品、消毒产品、医疗器械产生同样的法律后果。医疗机构和血液提供机构对输血者因输入不合格的血液感染引起的损害承担严格责任,这样就最大限度地保护了输血者这一相对弱者的身体健康权。[2] 有关血站是否应当承担赔偿责任的争议,主要存在于采供血过程中无过错的情况。例如,造成不合格血液产生的原因是供血者处于病毒感染的“窗口期”,限于目前的医学检测水平无法发现。在这种情况下,对于血站依法是否应当承担无过错责任,有不同意见。依照《产品质量法》第41条的规定,缺陷产品的生产者应当承担无过错责任。因此,对血站责任问题的不同意见就主要反映在血液是否属于“产品”的争议上,大体有3种意见:(1)认为血液不是产品,不应适用《产品质量法》。(2)认为血液是产品,无过错输血感染疾病案件应适用《产品质量法》,由血液提供者向受害人承担无过错责任。(3)认为应当将血液视为“产品”,使血液提供者承担与血液制品生产者相同的责任。相对于输血用血液,普遍认为血液经过提取分离而形成的血液制品,如冻干血浆、白蛋白、丙种球蛋白和凝血因子等属于产品。血液与血液制品的来源相同,都是献血者体内自然流动的血液(或血浆),只是输血用血液由血液提供者以较为简单的工艺流程加工而成,而血液制品由企业以较为复杂的工艺流程加工制作。如果因“窗口期”等原因造成的输血感染事件按照不同规则处理,即对血站适用过错责任原则,对血液制品生产企业则适用无过错责任原则,不符合法律公平公正的理念。因此,在无过错输血感染疾病案件中,对于血液是否为产品不宜机械考虑,即使血液不是产品,亦应将其视为产品,适用《产品质量法》,由血液提供机构承担无过错责任。最终《民法典》第1223条采纳了上述第三种意见。

---

① 最高人民法院侵权责任法研究小组编著:《〈中华人民共和国侵权责任法〉条文理解与适用》,人民法院出版社2010年版,第419页。

② 同上书,第416页。

对于输入不合格血液时医疗机构与血液提供机构之间的责任问题,第1223条明确规定应当承担医疗产品责任。同样,对于追偿权问题,依据该条规定,输入不合格血液的医疗机构或者血液提供机构承担责任后,可以适用与医疗产品责任相同的规则向最终责任人主张追偿权。

专题三　违反告知义务的侵权责任

一、诊疗损害责任的归责原则

关于医疗机构告知义务及相应法律后果的问题,《民法典》第1219条规定:"医务人员在诊疗活动中应当向患者说明病情和医疗措施。需要实施手术、特殊检查、特殊治疗的,医务人员应当及时向患者具体说明医疗风险、替代医疗方案等情况,并取得其明确同意;不能或者不宜向患者说明的,应当向患者的近亲属说明,并取得其明确同意。医务人员未尽到前款义务,造成患者损害的,医疗机构应当承担赔偿责任。"

从法律法规规定上讲,有关医事法律法规也对医务人员的告知义务作了规定。比如,《执业医师法》第26条规定,医师应当如实向患者或者其家属介绍病情,但应注意避免对患者产生不利后果。医师进行实验性临床医疗,应当经医院批准并征得患者本人或者其家属同意。《医疗机构管理条例》第33条规定,医疗机构施行手术、特殊检查或者特殊治疗时,必须征得患者同意,并应当取得其家属或者关系人同意并签字;无法取得患者意见时,应当取得家属或者关系人同意并签字。《侵权责任法》第55条规定:"医务人员在诊疗活动中应当向患者说明病情和医疗措施。需要实施手术、特殊检查、特殊治疗的,医务人员应当及时向患者说明医疗风险、替代医疗方案等情况,并取得其书面同意;不宜向患者说明的,应当向患者近亲属说明,并取得其书面同意。""医务人员未尽到前款义务,造成患者损害的,医疗机构应当承担赔偿责任。"《民法典》基本沿用了这一规定,但在有关细节上作了突出强调:一是有关告知义务的履行,必须是"具体说明",这是新增的内容,要求相关告知内容要针对病情,事项要具体,不宜采取含糊的告知。二是取得患者一方同意不再硬性要求是书面形式,但应当取得其"明确"同意,也就是此"同意"的意思表示应该是清楚明确的,有关证据的证明也要达到此要求。

二、医务人员告知义务的内容

依据上述规定的内容,医务人员的告知义务主要包括:

其一,纯粹的告知义务。具体的告知义务内容:一是医疗机构的医疗水平、设备、技术状况等;二是患者的病情以及医疗机构的检查、诊断方案;三是检查、诊断结果的告知义务;四是转医或转诊的告知义务。

其二,取得患者或者其近亲属明确同意的义务。在这种情况下,医务人员除了履行向患者告知病情和医疗措施的义务以外,还应当及时向患者告知医疗风险、替代医疗方案等情况。所谓医疗风险,是指医疗措施可能出现的并发症、后遗症、不良反应等风险;代替医疗方案信息包括可选择的几种手术方案及其利弊等信息。这种特殊说明义务适用的条件是患者需要实施手术、特殊检查、特殊治疗。[①] 对于特殊检查、特殊治疗,依据《医疗机构管理条例实施细则》第 88 条的规定,包括:(1)有一定危险性,可能产生不良后果的检查和治疗;(2)由于患者体质特殊或者病情危笃,可能对患者产生不良后果和危险的检查和治疗;(3)临床试验性检查和治疗;(4)收费可能对患者造成较大经济负担的检查和治疗。

在此需要注意的是,上述医事法规所规定的医务人员取得明确同意的对象与该条规定不尽一致。本书认为,如果上述规定与该条规定在文本含义相冲突的,则不能再予以适用;但如果有关医事法规规定的内容更加具体细化,则不能认定为是冲突规定,可以按照特别法优于一般法的规则适用。

三、医务人员的告知义务和患者知情同意权之间关系的法理分析

研究医务人员的告知义务和患者的知情同意权的辩证统一关系,不仅涉及医学伦理的命题,涉及医学进步问题,在法律意义上讲,还涉及违反告知义务的侵害对象以及侵权损害赔偿责任的确定问题。对于医务人员的告知义务与患者的知情同意权的关系,需要把握以下几点:

其一,要准确把握二者之间的辩证统一关系。一般认为,医务人员的告知义务与患者的知情同意权系一体两面的关系。医务人员的告知义务与患者的知情同意权相对应,该项义务主要是指医方为取得患者对医疗行为的同意,而对该医疗行为的有关事项进行告知的义务。《民法典》基于对患者自主决定权之尊重,在第 1219 条明确规定医务人员的“告知义务”和患者的“同意权”。医疗机构告知义务的来源,是患者享有的知情权和自我决定权。患者的知情同意权具有如下内容:一是充分知情权,二是自我决定权。医疗机构不履行告知义务,侵害的就是充分知情权和自我决定权。[②] 医疗机构基于患者及其家属的高度信赖和委托,处分事关患者生命、身体、健康等重大人格利益的事项,不应单凭医疗机构一方的裁量,而应当充分尊重患者的自主决定权。而患者自主决定权的正确行使,又有赖于医务人员履行告知义务。患者自主决定权是产生医务人员告知义务的法理根据;医务人员履行告知义务,就是为了保障患者一方在对病情、诊疗方案及其可能风险等有充分了解的前提下行使自主决定权。[③] 正是由于患者享有知情权和自我决定权,医疗机构才应当对患者履行告知义务。此种告知义务的对象主要是医疗过程中具有严重损伤后果的医疗行为,该行为可能影响身体机能甚至危及生命,因此需要患者在知晓自己病情并了解该医疗行为风险的基础上,作出是否同意该医疗措施的决定。医务人员的告知义务是保障患者自主决定权的保障,前者为手段,后者为目的。也正因如此,《民法典》第 1219 条作出患者知情同意权的规定。进言之,医疗机构违反告知义务,首先侵犯的是患者的知情同意权。

---

① 最高人民法院侵权责任法研究小组编著:《〈中华人民共和国侵权责任法〉条文理解与适用》,人民法院出版社 2010 年版,第 396 页。

② 杨立新:《医疗侵权法律与适用》,法律出版社 2008 年版,第 93 页。

③ 梁慧星:《论〈侵权责任法〉中的医疗损害责任》,载《法商研究》2010 年第 6 期。

其二,医务人员告知义务的履行是其实施侵袭性医疗行为合法性的基础。如果医务人员未履行告知义务而实施侵袭性医疗行为,就使该诊疗行为具备了违法性要件。通常而言,诊疗行为的对象为患者的身体,该行为本身即具有侵袭性特点。医务人员在实施诊疗行为之前应当正确履行告知义务,在患者完全知情的情况下取得患者的同意,这不仅体现了对患者自主决定权的尊重,也构成了侵袭性医疗行为违法的阻却事由。“在医疗领域,创设告知义务是因为具有侵袭性的医疗行为必须获得正当性基础,而患者的知情同意权就是阻却侵袭性医疗行为违法性的法定事由。”[①]手术签字制度体现的是对患方自由的尊重,维护了患方的知情权和最终决定权。同时,它还体现了对每个成年非精神病患者的认可和尊重,即推定在涉及手术治疗风险以及成本收益评估问题上,每个知情人都会作出对自己最有利、同时不损害他人的理性选择。[②] 正因如此,自主决定权的行使,可以使医疗机构侵袭患者人身的行为具有阻却违法的性质。但如果未经患者决定或者同意,医生擅自决定接触并且侵袭患者身体,该行为即为违法行为,即具备了侵权责任构成的违法性要件。这是履行告知义务、保证患者知情权的重要原因。

四、违反告知义务的侵权责任构成

违反告知义务的医疗损害责任属于典型的医疗伦理责任,其构成要件要适用医疗伦理责任的通用规则。具体而言,违反告知义务的医疗伦理责任的构成要件有:

其一,违法行为。构成医疗伦理损害责任的违法行为,表现为违反法定义务。医疗机构和医务人员的告知或保密等义务是一种法定义务。行为人违反这些法定义务,其行为就具有了违法性。本书认为,判断医疗机构是否尽到告知义务的标准分为如下 3 个层次:第一,当患者没有提出医疗期待时,医疗机构应该履行当前医疗水平告知义务。医疗机构应该首先向患者告知当前临床医疗实践中有效性和安全性[③]都得到认可的治疗方案。同时,医疗机构应该告知患者自己医院的类别(专科医院/综合医院)、所准备采用的医疗方案和实施能力以及本院是否达到当前专科医院的一般医疗水平等。第二,在医疗过程中,医生应告知所患病名,告知可以选择的治疗方案,告知治疗方法和结果,告知药品的使用方法、治疗费用的情况以及继续治疗和转医转诊方案,并应告知愈后、康复的注意事项。第三,当患者提出其他医疗期待时,医疗机构应该履行其有效性和安全性尚处于被验证的医疗方案的告知义务。结合医院所处的环境等因素,某些医院还应该履行国际上有效性和安全性得到认可或正在被验证的疗法的告知义务。

其二,损害事实。医疗伦理损害责任构成要件的损害事实主要表现为侵害了患者的知情权、自我决定权、隐私权和身份权等,具体表现为人身损害、精神损害和财产损害。

在医疗伦理损害责任中,违反保密义务的损害事实是患者的隐私权。抱错孩子的医疗伦理损害,其损害事实则是违反医疗管理规范而使亲权关系受到损害。能够证明医疗机构及医务人员违反了保密义务或者其他义务,使患者的隐私利益、亲权利益等受到损害,隐私权受到侵害的,就是没

---

① 杨立新、袁雪石:《论医疗机构违反告知义务的医疗侵权责任》,载《河北法学》2006 年第 12 期。

② 苏力:《医疗的知情同意与个人自由和责任——从肖志军拒签事件切入》,载《中国法学》2008 年第 2 期。

③ 有关医疗水准的讨论,参见[日]新美育文:《医师的过失》,夏芸译,载张新宝主编:《侵权法评论》(第 2 辑),人民法院出版社 2003 年版,第 164 ~ 174 页。

有尽到保密等绝对义务,就具有违法性。

其三,因果关系。医疗伦理损害责任构成中的因果关系要件,仍然是医疗违法行为与损害事实之间的引起与被引起的关系。这种因果关系主要表现为未尽告知义务的行为与知情权、自我决定权、隐私权、身份权以及相关利益受到损害之间的关系。前者为因,后者为果。这种因果关系的证明,受害患者一方应当承担举证责任;同时,实行举证责任缓和,受害患者一方承担表现证据证明后,由医疗机构承担举证责任,推翻因果关系的推定。

其四,医疗伦理过失。医疗伦理损害责任构成的过失要件,如果存在未尽告知义务,即可推定医疗机构和医务人员具有过失。

通常而言,医疗机构未对病患充分告知或者告知其病情,未对病患提供及时有用的医疗建议的医疗损害责任,造成了受害患者自我决定权的损害。这种损害包括在第1219条第2款的"损害"之中。这种医疗损害责任属于违反医疗良知和医疗伦理,没有善尽对患者所负的告知义务、建议义务等积极提供医疗资讯义务的过失,从而侵害患者知情权的侵权行为。

专题四　紧急救助的法律适用

一、紧急救治法律适用概述

关于紧急救治,《民法典》第1220条规定:"因抢救生命垂危的患者等紧急情况,不能取得患者或者其近亲属意见的,经医疗机构负责人或者授权的负责人批准,可以立即实施相应的医疗措施。"

对生命垂危等紧急情况下的患者实施紧急救治是医疗机构及其医务人员履行救死扶伤职责的基本要求,也是医疗机构公益性特征的鲜明体现。《执业医师法》第24条规定:"对急危患者,医师应当采取紧急措施及时进行诊治;不得拒绝急救处置。"《医疗机构管理条例》第31条规定:"医疗机构对危重病人应当立即抢救。对限于设备或者技术条件不能诊治的病人,应当及时转诊。"《侵权责任法》在总结以往医事法律法规规定和医疗法律实务的基础上,在第56条规定了医疗机构的紧急救治的规则,并在第60条医疗机构免责事由中再次作了规定。《侵权责任法》第56条规定:"因抢救生命垂危的患者等紧急情况,不能取得患者或者其近亲属意见的,经医疗机构负责人或者授权的负责人批准,可以立即实施相应的医疗措施。"《民法典》第1220条保留了这一规定,对于医疗机构实施紧急救助措施作了规定。

依据《民法典》第1220条的规定,医疗机构履行紧急救治义务必须符合特定条件,并遵循一定的程序。医疗机构实施紧急救治行为的前提条件是抢救生命垂危的患者等紧急情况。所谓紧急情况,系指患者的疾病或病情存在迫在眉睫的重大风险,根本来不及告知患者相关信息并征求其意见,如不立即采取相应抢救措施将危及其生命或对其身体健康造成重大不利后果。如某患者因交通事故腿大动脉破裂大出血应立即手术止血;某患者因坠楼头部严重受伤急需开颅清除瘀血,否则会丧失生命或造成瘫痪、植物人等严重后果的情况等。①

另外,从《民法典》第1220条规定的文义上看,紧急情况不限于抢救生命垂危的患者的情况,还应当包括虽然患者的生命没有严重危险,但患者不能行使自我决定权,如果不采取紧急救治行为,患者的健康利益将严重受损的情况。具体实施紧急救治行为的是医疗机构的医务人员,但由于紧急救治是对患者自主决定权的一种限制和补充,关涉患者重大的生命健康利益,因而实施紧急救治行为应当严谨、慎重,为充分保障患者的利益,实施紧急救治行为应当经过一定的程序,即经过医疗机构负责人或者授权的负责人批准,医疗人员才能实施紧急救治行为。②

二、"紧急救治,医院免责"的具体情形

《民法典》第1220条规定了紧急情况下医疗机构实施紧急医疗措施的内容。但该条中"难以取得患者或者其近亲属同意"的表述易被理解为包括了患者或者其近亲属明确表示不同意的情况,对于如何处理认识上不一致,分歧较大,需要进一步明确。对于患者不能表达意志的紧急情况下如何施救涉及患者一方自主决定权和医院救治义务的协调问题。由于该条规定并未规定紧急救治的具体情形,尤其是没有规定责任承担规则,《医疗损害责任司法解释》在依据当时《侵权责任法》第56条规定的基础上,结合《侵权责任法》第54条、第55条、第60条的规定,对于紧急救治具体情形作了细化。其第18条第1款规定:"因抢救生命垂危的患者等紧急情况且不能取得患者意见时,下列情形可以认定为侵权责任法第五十六条规定的不能取得患者近亲属意见:(一)近亲属不明的;(二)不能及时联系到近亲属的;(三)近亲属拒绝发表意见的;(四)近亲属达不成一致意见的;(五)法律、法规规定的其他情形。"

其一,本款规定仅是对"不能取得患者近亲属意见"的情形作出的解释,并不能包括所有需要紧急救治的情形,且不涉及对生命垂危的患者等紧急情况的判断问题。对此仍应适用《民法典》第1220条的规定以及有关医疗法律法规、诊疗规范等进行处理,这往往需要专业判断,通过启动鉴定程序来解决。

其二,关于近亲属不明及不能及时联系到近亲属的情形。这两种情况相对容易判断,多为近亲属不在现场,在当时紧急情况下也无法查明近亲属或者联系不到近亲属的情况。对此需要注意的是:一是必须与患者本身病情的紧急情况相结合,如果病情紧急到来不及联系或者查明近亲属的情形,这时不能苛求医疗机构去联系近亲属,同时医疗机构也不能以联系近亲属为由耽误对患者紧急病情的救助。二是对于近亲属不明或者联系不到近亲属的判断除了要与上述紧急情况相结合进行判断外,不能对医疗机构严苛要求。比如,不能要求医疗机构详细查明患者所有的近亲属甚至要与所有的近亲属联系,而只能按照当时患者处在紧急情况下的特定场景,按照一般的日常经验法则判断医疗机构运用力所能及的方式查不到近亲属或者联系不到近亲属的情形。三是对于联系不到近亲属的情形,虽然在患者身处紧急情况下不能要求医疗机构联系到每一个近亲属,但也是或多或少

---

① 胡雪梅:《论我国危急救治制度之合理构建——兼析〈侵权责任法〉第56条》,载《社会科学》2013年第1期。

② 最高人民法院侵权责任法研究小组编著:《〈中华人民共和国侵权责任法〉条文理解与适用》,人民法院出版社2010年版,第404页。

施加给医院一定的义务,即要联系近亲属。当然,在当时情形下根本来不及联系近亲属的情形应该排除在外,因为这时抢救患者生命等人身重大利益无疑应是排在第一位的。

其三,关于近亲属拒绝发表意见的情形。这里的"拒绝"发表意见暗含着对医疗机构要向患者近亲属说明并征询其意见的义务性要求,有对患者近亲属知情同意权予以尊重的考虑。

其四,近亲属意见不一致的情形。对此,仍应与患者本身病情的紧急情况相结合,原则上应以在场的近亲属达不成一致意见为限,不能硬性要求医疗机构通知到没到场的其他近亲属。当然,在患者病情允许的情况下,医疗机构应当进一步说明和督促患者近亲属形成一致意见,以免出现不必要的纠纷。

其五,关于兜底条款。考虑到社会生活的复杂性,"法律、法规规定的其他情形"有保留的必要。这不仅能保持司法解释本身适用的开放性,更能针对患者病情紧急程度,将来不及征求患者近亲属意见的情形包含在其中。当然,对于来不及征求患者近亲属意见的情形如何认定,这也是一个专业判断问题,对此既要尊重诊治过程中医务人员的专业判断,又要在事后纠纷处理中尊重有关的专业意见。

三、紧急救治情形下的责任承担规则

在紧急情况下,由于时间和治疗措施的紧迫性,取得患者或其近亲属的同意往往不现实,如患者重度昏迷而其近亲属又不在现场,但救治急危患者又是医疗机构及其医务人员的职责之一,无正当理由拖延救治时间导致不良后果的,还要承担相应的法律责任。[①] 虽然依据《医疗事故处理条例》第 33 条第 1 项规定,在紧急情况下为抢救垂危患者生命而采取紧急医学措施造成不良后果的,不属于医疗事故,医疗机构不承担责任。但这主要侧重于有关行政责任承担问题,对于就患者进行救济的侵权责任构成而言,则仍应看该医疗机构是否尽到合理诊疗义务。

正是基于上述考虑,本书认为,在价值导向上要鼓励和维护医疗机构在患者处于紧急情况下积极施救,对于医疗机构的积极施救行为造成不良后果应当持适当从宽的态度,对于医务人员经医疗机构负责人或者授权的负责人批准立即实施相应的医疗措施,患者因此请求医疗机构承担赔偿责任的,人民法院不予支持。同时对于医疗机构怠于立即实施相应的医疗措施,导致患者生命权、健康权等人身权益及财产权益受到损害的,也明确规定医疗机构应当承担相应的侵权责任。这样不仅有利于指导实务操作,有利于规范医疗机构行为,更有利于保障生命垂危等紧急情况下患者得到及时救治,维护其生命、健康权益。对于这一问题,《医疗损害责任司法解释》第 18 条第 2 款规定:"医疗机构及其医务人员怠于实施相应医疗措施造成损害,患者请求医疗机构承担赔偿责任的,应予支持。"

此外,依据《民法典》第 1224 条第 1 款第 2 项的规定,医务人员在抢救生命垂危的患者等紧急情况下已经尽到合理诊疗义务,患者即使在诊疗活动中受到损害,医疗机构也不承担赔偿责任。至于如何判断何为"合理诊疗义务"。本书认为,考虑到在紧急情况下,患者生命危在旦夕,抢救时间紧迫,医务人员对患者的病情及病状无法作详细的检查、观察、诊断,难以要求医生具有与平常时一

① 王胜明主编:《〈中华人民共和国侵权责任法〉条文解释与立法背景》,人民法院出版社 2010 年版,第 239～240 页。

样的思考时间、判断能力和预见能力。对于这种情况,法律对医生在注意程度上的要求相对低于一般医疗时的情形。但是,由于医疗行为直接关系患者的生命健康权,在紧急情况下实施的紧急救治措施,医务人员仍应尽到合理诊疗的注意义务。具体而言,根据现行的诊疗规范,紧急情况下合理的诊疗义务包括如下四个方面:一是对患者伤病的准确诊断。这是正确实施治疗措施的前提。如情况紧急,应当在采取控制患者伤病恶化的紧急措施后,再作进一步诊断和治疗。二是治疗措施的合理、适当,包括治疗措施和治疗用药的适当、合理。三是谨慎履行说明告知义务。紧急情况下,如果事前告知不可行,那么采取紧急救治措施后仍应履行该项义务。四是将紧急救治措施对患者造成的损害控制在合理限度之内。结合上述情况,如果医务人员已经尽到在紧急救治情况下医务人员通常应尽到的诊疗义务,即合理诊疗义务的,医疗机构不承担赔偿责任;否则,即便是为抢救生命垂危的患者,但医务人员未尽到紧急救治情况下医务人员应尽到的合理诊疗义务,医疗机构仍难以免除其赔偿责任。① 上述意见十分有道理。从审判实务的角度讲,如何认定紧急情况下医务人员已经尽到合理诊疗义务,这涉及专业判断问题,需要通过申请鉴定来解决。同样,法律对医务人员采取的诊疗行为是否存在过错的判断,只能基于当时的医学本身的发展,即是否尽到与当时的医疗水平相应的诊疗义务,尽到该项义务的,就视为医疗机构及其医务人员没有过错,对于患者的损害不承担赔偿责任。

专题五　过度诊疗禁止及相应责任

一、过度诊疗的内涵及外延

过度诊疗是医学领域共同面临的问题。近年来,一部分医疗机构及其医务人员以经济利益为目的,对就诊病人实施不必要的检查,小病大治,开具大处方,形成过高价格的医疗费用,造成患者不必要的人身损害和财产损失。《侵权责任法》第63条作出了“医疗机构及其医务人员不得违反诊疗规范实施不必要的检查”的规定,《民法典》第1227条延续了这一既有规定。该条款的出台,扩大了对就诊患者的保护力度和范围,加强了对医疗机构的规范和约束,对于控制和降低人民群众反映强烈的医疗费用过高的问题,具有十分重要的意义。但是,由于该条规定是原则性规定,没有对过度检查的侵权责任作出具体的规定,故有必要对过度诊疗的概念、过度诊疗侵权责任的构成要件及适用等问题作一探讨,以期对司法实践中的具体适用有所裨益。

(一)过度诊疗的内涵及构成要件

过度诊疗,又称过度医疗,是指医疗机构及其医务人员在诊疗活动中,违反诊疗规范实施不必要的检查;或者违反说明同意义务、注意义务实施超越治疗疾病所需常规医疗措施的不必要治疗,

① 王胜明主编:《〈中华人民共和国侵权责任法〉条文解释与立法背景》,人民法院出版社2010年版,第240页。

造成患者人身损害或财产损失的医疗侵权行为。过度诊疗主要包括过度检查和过度治疗两个方面。过度诊疗行为往往以获得过度经济利益为目的,但获得过度经济利益的主观因素并非其构成要件的必备条件。

1. 过度检查侵权行为的构成要件

《民法典》第1227条没有具体规定过度检查的责任构成,根据医疗损害侵权责任构成要件及责任主体的规定,过度检查侵权行为的成立须满足下列要件:

第一,过度检查侵权行为的责任主体是医疗机构或具有行医执照的个体诊所。依据国务院《医疗机构管理条例》的规定,医疗机构是经登记取得《医疗机构执业许可证》的机构。医务人员包括医师和其他医务人员,依照《执业医师法》的规定,医师是指依法取得执业医师资格或者执业助理医师资格,经注册在医疗、预防、保健机构中执业的专业医务人员。尚未取得执业医师资格或者执业助理医师资格,经注册在村医疗卫生机构从事预防、保健和一般医疗服务的乡村医生,也视为医务人员。医务人员是医疗机构的从属人员,其行为后果应由其所服务的医疗机构承担,不应作为单独的侵权责任主体。如果是未取得合法手续的非法行医主体产生的侵权纠纷,不属于医疗损害侵权行为,应另行适用其他侵权责任条款。

第二,医疗机构及其医务人员在诊疗活动中违反诊疗规范实施了不必要的检查。

首先,过度检查发生在患者生病期间前往医疗机构就诊,医疗机构实施诊疗的活动中;不包含体检行为,即去体检的人主动要求并申请针对特定项目进行检查的情况,不属于过度诊疗。

其次,医疗机构及其医务人员违反诊疗规范。诊疗规范顾名思义就是诊疗活动中应当遵守的各种诊疗标准、规程等。诊疗规范不应仅局限于卫生部门制定的诊疗规范,还应考虑在卫生部门制定的诊疗规范之外,由医学会制定的指南、医学界形成共识的规范等,这些也应纳入诊疗规范的范畴。违反诊疗规范是判断过度检查的重要标准,但对于没有规定的诊疗规范,或出现新医疗技术需要运用时,就无法运用现有诊疗规范判断是否属于过度检查。因此,判断是否存在过度检查,可以引入医疗鉴定机构出具鉴定意见来确认。

最后,实施了诊疗规范之外的不必要的检查。尽管违反诊疗规范是一个相对客观的标准,检查是否必要还应当结合患者的病情本身的具体情况以及患者或者近亲属的意见来综合考虑。在患者或者近亲属主动要求检查某些项目,医务人员认为有必要时,可以进行相应的检查。现实中也确实存在某些患者盲目求全求贵,即使医务人员履行了说明义务,患者或患者的近亲属仍然坚持要求医务人员进行一些不必要的检查,致使医疗过度。对此,医疗机构不承担过度检查的侵权责任,事后患者亦不得以过度检查为由主张医疗机构承担责任。考虑到医学本身具有非常复杂的情况,患者存在个体差异,同样的疾病在不同人身上、不同阶段都可能有不同的表现,并且患者病情在检查前处于不确定状态,医务人员对疾病的治疗应当享有一定范围的自由裁量权。因此,必要的检查项目还应当结合主观目的来判断,换言之,必要的检查项目是紧紧围绕着诊断治疗疾病,以查明病情、病因为目的而展开的,超出此目的而实施的检查项目,就可以结合诊疗规范认定为不必要的检查。

第三,须有患者损害的事实。过度检查侵权责任成立的前提是造成患者损害。患者损害包括财产损害、人身伤害和精神损害。财产损害,是指因过度检查给患者财产造成的损害。比如,过度检查增加的患者费用;或者给患者人身造成伤害而引发的患者财产上的损害。人身伤害,是指过度检查侵害患者的生命权、健康权与身体权,致使患者一般伤害、残疾或死亡。精神损害,是指患者因过度检查而造成的精神痛苦,比如因过度检查导致身体残疾而形成的精神上的伤害。

第四,过度医疗检查行为与患者损害之间有因果关系。过度检查侵权责任中,过度检查行为与患者损害之间存在引起与被引起的关系,前者为因,后者为果。如果过度检查行为与患者损害之间不存在前因后果关系,医疗机构不承担责任。在过度检查侵权责任中,往往存在多因一果的情形。比如,患者的损害可能既与过度检查有关,也与患者特殊病情或患者特异体质等有关。因此,对于患者损害存在多种原因时应适用原因力规则,医疗机构仅对过度检查行为所引起的那一部分损害承担责任,对于非因过度检查行为引起的损害不承担责任。

第五,医疗机构及其医务人员有过错,即有故意或过失。其一,具备主观上的故意。过度检查侵权责任中,无论医疗机构及其医务人员的动因是规避医疗损害责任,还是为了追求经济利益,对过度检查造成患者损害的后果,即明知或预见到自己过度检查行为会给患者造成损害,仍然希望它发生或放任它发生。对于纯属增加患者医疗费用,追求获利性的过度检查项目,医疗机构及其医务人员多持希望它发生的主观心理状态,即直接故意。其二,存在过失。对于过度检查致使患者人身伤害或者财产损害的后果,医疗机构及其医务人员因为疏忽大意没有预见或已经预见却轻信能够避免危害结果发生。正因为医疗机构及其医务人员违反法律、行政法规、规章、诊疗规范、常规及合理诊疗应尽到的注意义务,实施不必要的检查项目,法律才要求其承担侵权责任,表示对其行为在法律上持否定性评价的态度。

2. 过度诊疗侵权行为的构成要件

医疗机构为了获取更大利益,在过度检查的基础上,对患者实施过度治疗现象主要体现在:故意延长不必要的治疗时间,增加不必要的治疗项目,开具不必要的用药处方,实施不必要的手术项目等。《民法典》第1227条没有规定过度诊疗的侵权责任,但是第1219条、第1221条规定了医务人员的说明义务和注意义务。由于医疗行为的专业性,患者自身在绝大多数情况下并不能分辨医疗机构所作的治疗行为是否过度,过度诊疗应结合医疗损害责任的其他规定综合分析。在前面所分析的过度检查侵权行为的基础上,本书认为,过度诊疗侵权责任的成立须满足下列要件:

第一,过度诊疗侵权行为的责任主体是医疗机构或具有行医执照的个体诊所。

第二,医疗机构及其医务人员在诊疗活动中违反说明义务、注意义务,实施了超越治疗疾病所需要的常规医疗措施之外的不必要治疗措施。

其一,《民法典》第1219条第1款规定了医务人员的说明义务:"医务人员在诊疗活动中应当向患者说明病情和医疗措施。需要实施手术、特殊检查、特殊治疗的,医务人员应当及时向患者说明医疗风险、替代医疗方案等情况,并取得其明确同意;不能或者不宜向患者说明的,应当向患者的近亲属说明,并取得其明确同意。"简言之,医务人员对于患者疾病的诊疗方法,必须向患者提供充分的真实信息,所需要的必要医疗措施,以供患者对是否接受治疗作出判断。医务人员在为患者治疗的过程中,应当履行说明义务,采取恰当的医治手段和适度的诊疗方法。由于过度治疗侵害了患者权益。因此,医疗机构在实施过度治疗的情况下,医务人员要么不履行,要么不恰当履行说明义务,而直接采取过度治疗措施,侵害患者的知情同意权,应构成过度治疗的侵权责任。这里的不恰当履行说明义务表现为:向患者作出不充分说明,向患者作出不真实的说明,采用诱导、误导甚至欺骗的方法加以说明。这些情况必然违反说明义务,患者可据此向医疗机构主张赔偿。

其二,《民法典》第1221条规定了医务人员的注意义务:“医务人员在诊疗活动中未尽到与当时的医疗水平相应的诊疗义务,造成患者损害的,医疗机构应当承担赔偿责任。”这里的注意义务即医务人员的诊疗水平要达到“当时的医疗水平”,而“当时的医疗水平”应当包括合理的手术、合理的用药、合理的费用等内涵。而过度治疗往往主要表现为放宽住院及治疗标准、选择高档药物、扩大手术范围、医疗材料过度浪费及过度医疗保健等,不是属于“当时的医疗水平”情况下应实施的合理医疗措施,而是与“当时的医疗水平”不一致的额外手段和不必要的治疗措施。因此,过度诊疗行为必然构成医务人员注意义务的违反,患者可依此向医疗机构主张赔偿。

第三,须有患者受到损害的事实。患者在治疗过程中,发生了物质上或者精神上的损害,具体表现在患者人格权利、身份权利、财产权利及相应的利益受到侵害的客观事实。患者的受损害要件事实是否包含精神损害,多数的学者是持肯定态度的。精神上的损害,包括两个方面:一是侵害物质型人格权造成的精神痛苦的精神损害;二是侵害隐私权等精神型人格权造成的精神利益的损害。

第四,过度诊疗行为与患者损害之间有因果关系。过度诊疗行为作为原因,患者所受损害事实作为结果,在它们之间存在前者引起后者,后者被前者所引起的客观联系。在过度诊疗损害责任中,医疗机构只在有因果关系存在的情况下,才就医疗机构及其医务人员的过度诊疗行为负损害赔偿责任。主要表现为:其一,过度诊疗行为与患者损害结果之间具有直接因果关系的,无须再适用其他因果关系理论判断,直接确认其具有因果关系。其二,在过度诊疗行为与患者损害结果之间有其他介入的条件,无法确定直接原因的,应当适用相当因果关系理论判断。该种过度诊疗行为是该种患者损害事实发生的适当条件,因而二者之间具有相当因果关系。其三,要给医疗机构以举证机会,使其能够举出证据证明自己的诊疗行为与损害后果之间不存在因果关系,以保护自己不受推定的限制。如果医疗机构无因果关系的证明成立,则推翻因果关系推定,不构成侵权责任。最后,在因果关系构成多因一果的情况下,多种原因对于患者损害的发生产生不同作用,因而应当适用原因力规则,确定医疗机构及其医务人员的过度治疗行为对于患者损害结果发生的原因力大小,准确确定赔偿责任。

第五,医疗机构及其医务人员有过错,包括故意和过失。医务人员在诊疗活动中未尽到与当时的医疗水平相应的诊疗义务进行过度诊疗,造成患者损害,医疗机构及其医务人员在此过程中存在主观上的过错。对于过失的认定,鉴于医疗技术的复杂性、医疗活动的专业性等特性,医疗纠纷中医疗单位有无过失,往往需借助专业、权威的机构进行鉴定,将鉴定意见作为认定过度诊疗纠纷中医疗机构及其医务人员存在过错的证据。

(二)过度诊疗行为的外延

过度诊疗行为其性质为发生在医疗过程中的特殊民事侵权行为。过度诊疗行为是相对于适当诊疗行为而言的概念,有学者认为过度诊疗行为具体是指一种医疗机构及其医务人员对患者疾病诊疗所实施的诊疗措施或手段明显超过疾病诊疗实际需要,致使患者的医疗费用明显超过疾病诊疗实际需求的医疗行为或医疗过程。[①] 我国的过度诊疗是随着我国医疗体制改革的进程而产生的,

---

① 王安富:《论过度医疗侵权行为及其法律规则》,载《法学论坛》2012年第4期。

其危害不仅体现在对患者造成直接的人身财产损失，而且还造成了医疗资源极大浪费以及医疗行业信誉的严重受损。《民法典》规定中的“不必要”，与“必要”是相对的，在诊疗常规内实施的治疗一般情况下都是必要的，或者当时认为不应该，但过后可能就是必要的，因此有必要划分适当的边界和外延。过度诊疗是相对于适度诊疗而言的，在把握过度诊疗的边界和外延时，应充分理解适度诊疗的因素。

适度诊疗应考虑以下几个方面的因素：(1)符合患者实际需求的。实际需求因人而异、因地而异，诊疗应考虑患者病情、承受能力等方面。(2)疗效是最好的，既非“过”，亦非“不及”。(3)经济耗费是最小的。(4)对患者的侵害是最小的，无伤害，或伤害最小，无痛苦或痛苦最小。能药物治疗的，尽量不要动手术；肢体、器官能保留的，要尽量保留。(5)便捷的。如果双方有约定，那么适度诊疗就是约定诊疗，但约定不能违反法律强制性规定，也不能违反公序良俗。[①] 比如，两个同样病症的患者，对经济困难的患者，医生仅仅采用了传统的望闻问切诊断，然后开了一些很便宜的药物，建议患者回家吃药、静养并加以观察；而对富裕患者，富裕患者明确表示要去最好的医院看最好的医生，医生建议留院观察，做心电图、彩超，同时给其使用了一些昂贵的进口药。富裕患者是否被过度诊疗了？仅仅根据医生让富裕患者消费更多的医疗服务这一点并不能断定过度诊疗的存在。因为患者支付能力不同，医生根据患者的支付能力和诉求提供不同的诊疗方案，形成了不同的诊疗过程，符合富裕患者实际需求，不宜因此认定为过度诊疗。

不适当的防御性医疗也可能构成过度诊疗行为。防御性医疗，是指医生在诊疗疾病的过程中为避免医疗风险和医疗诉讼而采取的防范性医疗措施。它作为一种诊疗过程，并非医学疾病本身的需要，而是为构造一个完整的防御体系，以应付可能的医疗诉讼。[②] 防御性医疗包括积极防御性医疗和消极防御性医疗。积极防御性医疗主要表现为医生为患者积极地做各种检查与治疗；消极防御性医疗表现为医生对具有较大风险的危重病人，为回避手术和其他治疗措施所带来的高风险，拒绝为他们治疗。虽然防御性医疗的主要目的是应对可能发生的医疗诉讼，具有自我保护性，但在积极防御性医疗中，为了保全证据对患者进行不必要的检查和治疗，其结果就是对患者的过度诊疗，若从主观恶性程度上区分过度诊疗和防御性治疗，只会加大辨别两者的难度，于理论和实践并无益处。为避免概念界定上的混乱，有必要将积极防御性医疗纳入过度诊疗之中。至于消极防御性医疗，可纳入医务人员在诊疗活动中未尽到与当时的医疗水平相应的诊疗义务，致使患者损害的责任之中。[③]

二、过度诊疗的相应侵权责任

(一)强化过度诊疗的侵权责任，切实保护患者权利

对于过度诊疗的法律后果，学界有合同责任说与侵权责任说两说。我国立法采侵权责任说。现行条文将不必要检查作为禁止的行为加以规制，加强适用过度诊疗等相关规定，强化过度诊疗的

---

① 最高人民法院侵权责任法研究小组编著：《〈中华人民共和国侵权责任法〉条文理解与适用》，人民法院出版社2016年版，第447页。

② 刘琮、杨秀群、胡正路：《防御性医疗行为研究进展及启示》，载《医学与哲学》(临床决策论坛版)2006年第8期。

③ 杨丽珍：《论过度医疗侵权责任》，《人文杂志》2011年第1期。

民事责任，遏制过度诊疗的蔓延，对违反上述义务的具体法律后果，应当在司法实践中不断完善，以达到充分保护患者合法权益的目的。

（二）过度诊疗的法律后果

过度诊疗导致人身和财产权益损害的，相关的医疗机构和人员应当承担相应法律责任。具体来说，受害者可以依据《民法典》《产品质量法》《消费者权益保护法》《人身损害赔偿司法解释》《医疗损害责任司法解释》等法律法规以及司法解释为请求权依据，要求医疗机构承担赔偿责任。行为是否造成新的人身伤害将过度医疗的赔偿范围分为两种情况：存在人身伤害且与原过度诊疗行为有因果关系，应承担损害赔偿责任；不存在新的人身伤害，也应承担不必要费用的退回义务。①

1. 造成患者新的损害的，承担赔偿责任

存在新的人身伤害，且原过度诊疗行为与新的人身伤害间存在因果关系，则患者有权要求医疗机构承担赔偿责任。此赔偿范围应包括因新的人身伤害产生的一切费用。在具体的实践中，过度诊疗引发患者新的损害，往往与其他医疗损害责任事故交织在一起，或者在其他的医疗损害案件中，患者在相关案件中专门提出并能证明存在过度诊疗侵权行为的，在责任划分时，能够作出区分的，分别认定相应的侵权责任；无法或难以作出责任区分的，综合认定相应的侵权责任。

2. 没有造成新的损害的，退回不必要的医疗费用

存在过度诊疗行为，但过度诊疗没有造成新的人身伤害或者医疗行为与人身伤害后果之间没有因果关系时，这里只是医疗费用的不合理增加，患者有权主张退回不必要费用。

三、过度诊疗的举证证明责任

经济学中将医生比患者拥有更多的知识和信息这种现象称为“信息不对称”。在过度诊疗中，医务人员很可能利用信息不对称诱导患者过多消费医疗服务，以谋取更多经济利益，而这种不对称导致了患者在过度诊疗纠纷中的举证困难。《医疗损害责任司法解释》对医疗纠纷的举证责任、鉴定制度进行了细化规定，这些规定同样可以适用于过度诊疗侵权的举证责任分配。正因为要患者去证明医疗机构及其医务人员作出的检查和治疗不符合规范存在很大的困难，有学者就提出，过度诊疗侵权可以适用过错推定原则。主要基于以下理由：首先，过度诊疗侵权较一般的医疗技术侵权更具隐蔽性，往往难以被发现，要求患方证明医方的过错将会给患方带来过重的负担。其次，过度诊疗行为是一种典型的违反医疗伦理的行为，一旦医方存在过度诊疗的行为，主观上往往存在过错并有非法获利的目的，因此通过过错推定原则的适用进行法律上的推定，符合实际情况，较为合理。最后，过度诊疗行为较医疗技术侵权、医疗管理侵权，主观恶性更大，医务人员的职业决定了他们负担较其他行业更高的注意义务和更高尚的道德要求，但过度诊疗是一种利益驱使下的主动违法行为，对于这种行为规定更为严厉的归责原则并无不妥。②

本书认为，过度诊疗侵权责任仍应适用一般的过错责任归责原则。由于医疗机构对于患者拥

① 最高人民法院侵权责任法研究小组编著：《〈中华人民共和国侵权责任法〉条文理解与适用》，人民法院出版社2016年版，第448页。

② 李雨旋、张凌竹：《论过度医疗侵权责任》，载《长春理工大学学报》（社会科学版）2018年第4期。

有绝对的专业性优势，从举证能力上讲，可以要求医疗机构在何为“符合诊疗规范”的检查，何为符合“当时医疗水平”的必要治疗措施等方面提供更多的材料，作出更多的明确合理的解释，提供相应的证据证明其检查、治疗措施符合“诊疗规范”和“当时的医疗水平”是合理的。但是，从举证责任分配上来讲，医疗机构有更强的举证能力并不能要求其承担举证不能的不利后果。适用过错推定原则，将举证不能的责任和后果划归给医疗机构是不合适的。首先，目前法律并未有这样的明确规定；其次，过度诊疗虽本身是基于医疗机构的过错发生的，但举证证明责任还是应当坚持平衡原则。如果采取举证责任倒置的过错推定原则，将举证不能的后果都划归医疗机构，那么任何一个医疗行为，都可能因患者单方面提出存在过度诊疗而无须举证，医疗机构将会陷入大量诉讼之中。这不但不能缓和医患矛盾，反而让医患双方产生十分繁重的讼累。因此，考虑到患方承担的证明责任困难，在其对于医疗机构的因果关系和过错这两项的证明难以做到或者无法进行举证时，可以依照《医疗损害责任司法解释》第4条“患者无法提交医疗机构及其医务人员有过错、诊疗行为与损害之间具有因果关系的证据，依法提出医疗损害鉴定申请的，人民法院应予准许”的规定，准许患者依法提出医疗损害鉴定申请，通过法院委托鉴定的方式确定过度医疗的过错和因果关系。实践证明，这一做法对于医疗鉴定等相关配套制度的完善、过度诊疗侵权行为的遏制、和谐医患关系的建立，都能发挥很好的作用。

第八章　环境污染和生态破坏责任

专题一　因果关系证明责任

一、环境侵权因果关系举证证明责任倒置

环境侵权责任，即污染者违反法律规定的义务，以作为或者不作为的方式，污染生活环境、生态环境造成损害，依法不问过错，应当承担损害赔偿等法律责任的特殊侵权责任。[①] 环境侵权责任是特殊侵权责任，突出特点是适用无过错责任归责原则和因果关系推定原则。构成环境侵权责任，一方面，不问污染者主观方面是否存在过错，无论污染者在主观上有无过错，只要实施污染行为造成损害，都应当承担赔偿责任。另一方面，只要行为人实施了环境污染或生态破坏行为，受害人因此遭受了损害，行为与结果之间存在基本的关联关系，即推定因果关系存在。但不是说最基本的过错责任归责原则在环境侵权中不适用，特别是在适用惩罚性赔偿的情况下，行为人的主观过错是要考虑的。

因果关系的证明与认定是个世界性难题，这在环境侵权案件中表现得尤其明显，因果关系理论就经历了复杂的发展历程。《民法典》第1230条（《侵权责任法》第66条）以因果关系举证倒置的方式规定侵权人需就侵权行为与损害后果不存在因果关系承担举证责任。环境侵权因果关系证明采举证责任倒置的法理基础，学界意见历来不一。有人认为，因环境污染发生纠纷，污染者应当就法律规定的不承担责任或者减轻责任的情形及其行为与损害之间不存在因果关系承担举证责任。法律规定了环境污染侵权因果关系的举证责任倒置，则应由污染者就行为与损害之间的因果关系承担举证义务。换言之，污染者必须提出反证，证明其行为与损害之间没有因果关系，才能免于承担侵权责任。[②] 质言之，《侵权责任法》第66条的法意是被侵权人无须就环境侵权的因果关系承担举证责任。相反，另有人认为《侵权责任法》第66条属于提示性规定，只是对因果关系证明的后半部分内容作出了规定。需要注意的是，在因果关系推定成立的情况下，允许污染者通过反证的方式推翻推定，而对前半部分即“原告负因果关系之举证责任”未作出规定。按照这种解释路径，则《侵权责任法》第66条规定的意旨还是由受害人承担因果关系的证明责任，只是在解释论上证明程度有所减弱，在此基础上污染者可以反证因果关系不成立。[③] 另有学者结合最新司法解释认为，《侵

---

① 杨立新：《侵权法论》（第5版），人民法院出版社2013年版，第731页。

② 王胜明主编：《中华人民共和国侵权责任法释义》，法律出版社2010年版，第336页。

③ 张挺：《环境污染侵权因果关系证明责任之再构成——基于619份相关民事判决书的实证分析》，载《法学》2016年第7期。

权责任法》第66条规定的是环境侵权责任因果关系推定,《环境侵权责任司法解释》第6条对其进行补充性的规定。这种因果关系的推定是法律上的推论推定,受害人需证明基础事实的存在(污染行为和损害之间的初步关联性),基础事实证实之后,法官则根据推定的规则推定因果关系存在,此时因果关系的证明责任移转给加害人,其需证明因果关系不存在。受害人对因果关系证明的标准是一般盖然性,法官在内心确认可能存在关联性即可。为了减轻受害人对因果关系的证明责任,对因果关系的认定采取类型化的处理,在侵害人身权益的案件类型中采取四要件来认定因果关系,在侵害财产权益案件类型中采一般盖然性的因果关系认定方式。

令人证明“无”乃“魔鬼证明”。立法为何持举证责任倒置立场,主要是基于环境侵权的特殊性。(1)环境污染损害一般具有长期性、潜伏性、持续性、广泛性的特点,有的环境损害地域广泛,污染源与损害结果地距离很远,有的损害结果往往不是即时完成的,而是日积月累慢慢形成的,所以即使产生损害,往往证据也容易灭失。(2)环境污染造成损害的过程具有复杂性,损害并非总是由污染物直接作用于人身和财产造成的,往往是污染物与各环境要素或者其他要素相互之间发生物理、化学、生物反应形成最终结果。(3)有的环境污染侵权涉及一系列物理、化学、生物、地理、医学等专业知识甚至一些高科技知识,要证明行为与损害事实之间的因果关系,必须具备相关的专门科学技术知识和仪器设备。(4)在确定因果关系时,多因一果的现象经常出现,被侵权人单人难以完成举证。由是,根据立法政策,法律确定环境侵权采因果关系举证倒置规则。

但是,环境侵权中因果关系的举证责任倒置并不意味着原告不承担任何举证责任。环境侵权责任纠纷案件中,原告应就侵权行为、损害事实、赔偿损失数额等承担一定的举证责任。在被侵权人履行了初步证明责任之后,行为人应当就法律规定的不承担责任或者减轻责任的情形及其行为与损害之间不存在因果关系承担举证责任,此时举证责任转移到了被诉侵权人一方,也就是我们常说的举证责任倒置。需要指出的是,这一规则也适用于环境公益诉讼和生态环境损害赔偿诉讼。

二、因果关系证明标准

侵权法上因果关系的样态因行为人作为与否、损害形成的过程、责任人的主观意志状态以及原因和结果的数量等多方面因素,呈现多样性和复杂性。比如,我们常说的一因一果、一因多果、多因一果、多因多果等样态。由此,环境侵权中因果关系的证明是极为复杂的,同时还要求达到一定的证明标准,才能被人民法院采纳。所谓证明标准,也称证明尺度、证明度、证明力、证据力、证明程度等,是指裁判者对当事人所主张事实的信任度,也可以说是裁判者在何种程度上对事实产生确信才具有法律效力。

(一)原告的初步证明责任

《民法典》第1230条就污染行为与损害之间的因果关系实行举证责任倒置,由被告就因果关系不存在承担举证责任。但为了防止滥诉,弥补事实认定过程中举证责任倒置规则内在的逻辑结构缺陷,根据《环境侵权责任司法解释》第6条的规定,被侵权人应当提供证明污染者排放了污染物、其所受损害,以及前述污染物或其次生污染物与损害之间具有关联性的证据材料。根据《环境侵权责任司法解释》第6条的规定,被侵权人请求环境损害赔偿时,应当提供证明以下事实的证据材料:

第一,污染者排放了污染物,即污染者实施了排污行为;第二,被侵权人的损害结果,即被侵权人有损害事实;第三,污染者排放的污染物或者其次生污染物与损害结果之间具有关联性。需要注意的是,人民法院对原告(被侵权人)就污染行为与损害结果之间存在因果关系的举证责任要求非常低,只须证明两者之间存在关联性即可。《生态环境损害赔偿司法解释(试行)》第6条至第10条就生态环境损害赔偿诉讼的证据规则予以了规定。其中,第6条明确了原告的举证责任,即原告应就"被告实施了污染环境、破坏生态行为或者具有其他应当依法承担责任的情形;生态环境受到损害以及所需修复费用、损害赔偿等具体数额;被告污染环境、破坏生态行为与生态环境损害之间具有关联性"承担相应举证责任。虽然从文义上看,《环境侵权责任司法解释》第6条仅规定了原告就特定事实的证明提出证据,但在理解和适用上,一般均认为该条规定了原告的举证责任。

司法实践中需要原告(被侵权人)就因果关系承担初步证明责任,只是"关联性"达到何种程度方为完成了初步证明责任值得进一步深入探究。归根结底,现代侵权法需要通过某些实现公平合理的法律政策确立行为人的责任,以实现社会生活中个人自由、个人安宁和社会效用的平衡。在认定是否完成了因果关系的初步证明责任,下面3个案例作出了不同的判决,其中对"关联性"的判断是关键。比如,最高人民法院2015年度发布10起环境侵权典型案例之五——沈某某与机械工业第一设计研究院噪声污染责任纠纷案,法院认为,"沈某某主张其心电图异常是机械工业第一设计研究院在其住宅东墙外侧安装的增压泵产生的噪声所致,但未提供证据证明涉案增压泵产生的噪声与其认为自己受到的损害之间具有关联性"。又如,在葛洲坝荆门水泥有限公司与武汉金桥水产养殖有限公司、胡某某、中国葛洲坝集团股份有限公司环境污染责任纠纷案,法院认为,"水泥厂在生产水泥的过程中必然会产生粉尘、噪音、震动等,本案金桥公司的大鲵养殖基地距荆门水泥公司仅300米,长期在粉尘、噪音、震动的环境中生活,势必对大鲵的生长、发育、繁殖等产生一定影响,金桥公司提供上述证明,可以证实荆门水泥公司污染事实成立,金桥公司损害事实存在,且初步证明了二者之间存在因果关系。"再如,在陈某某与岳阳市福寿山庄殡仪有限公司等水污染损害赔偿纠纷案,法院认为,"虽然本案是因环境污染引起的特殊侵权纠纷,适用举证责任的倒置,但举证责任的倒置并不能免除原告初步的、有一定盖然性(鱼死于被告排污的可能性)的举证责任,否则不符合立法的本意。"

(二)被告否定因果关系的证明责任

罗森贝克早已指出,要求当事人就"无"的事实予以证明实为"魔鬼证明"。令被侵权人就侵权行为与损害事实的关联性承担举证责任,有益于对行为人的保护。司法实践中,在哪些情形下,人民法院可以认定被告完成了关于因果关系不存在的举证责任,法律没有明确规定,实践中做法多种多样。《环境侵权责任司法解释》规定了可以认定被告完成了因果关系不成立的举证责任的三种情形:

1. 排放的污染物没有造成该损害可能的情形

在原告证明了被告排放污染物及损害结果的基本事实后,被告也会提出反证,试图推翻上述基本事实。法官需要抉择是否适用因果关系举证责任倒置规则。一般而言,原告需要对被告排放污染物和损害结果的基本事实的证明达到使法官确信的证明程度。如果不能达到使法官确信的证明标准,则因果关系举证责任倒置的前提则不成立,法官不能适用因果关系举证责任倒置。当原告对因果关系达到了初步证明,举证责任转移到被告后,被告可以通过举证证明其排放的污染物不会导致原告的损害来完成举证责任,比如被告采取了合理的防治措施处理其排放的污染物,排放的物质已不具有致害性。

2. 排放的可造成该损害的污染物未到达该损害发生地的情形

如果被告排放可造成损害的污染物与原告的损害在空间上距离过远,再结合案件的具体情形,如气候特征、风向、水流流向、地理环境等因素,若推定因果关系的存在违反科学上的常理,则被告主张因果关系不成立可以得到认可。例如,渤海湾受到船舶油污污染,海南岛的渔民主张溢油行为造成其损害,若被告能够举证证明油污的范围尚未到达海南海域,则视为被告完成了因果关系不存在的举证责任。排放的可造成损害的污染物到达损害发生地,才使因果关系的推定具有可靠性和科学性。被告排放可造成损害的污染物未到达损害发生地,说明被告排放的污染物不是导致该损害的原因,被告排放污染物的行为与原告主张的损害不具有关联性,法院应当认定被告排放的污染物与原告的损害之间因果关系不成立。

3. 该损害于排放污染物之前已发生的情形

按照因果关系的链条和逻辑顺序,一般是原因在前,结果在后。在时间顺序上,只有被告排放污染物在前,造成原告的损害在后,才有可能建立被告排放污染物与原告损害之间的因果关系。若被告举证证明原告的损害在被告排放污染物之前已经发生,则从反面说明了被告排放污染物的行为与原告损害之间不具有因果关系。原告的损害不是被告排放污染物的行为所导致的,而是其他原因造成的。同时,被告需要证明其排放污染物并未加重原告的损害。否则,被告仍须对其造成原告损害加重的部分承担赔偿责任。因此,若被告主张其对原告的损害不承担赔偿责任,则不仅需要证明其排放的污染物是在原告的损害发生之后,还要证明其排放的污染物没有加重原告既有的损害。

专题二　惩罚性赔偿制度

一、惩罚性赔偿制度

我国于1993年颁布的《消费者权益保护法》,首次以特别法的形式确定了惩罚性赔偿制度,这是我国民事责任立法的重大突破。《食品安全法》第148条对惩罚性赔偿制度作出规定,目的是惩罚生产不符合食品安全标准的食品或者经营明知是不符合食品安全标准的食品这一性质严重的违法行为。惩罚性赔偿实质上是公法私法二分体制下以私法机制执行由公法担当的惩罚与威慑功能的特殊惩罚制度。[①] 由于"侵权法与刑法的分离,从而产生了一个中间地带,对于那些虽然不构成

① 朱广新:《惩罚性赔偿制度的演进与适用》,载《中国社会科学》2014年第3期。

犯罪,但是又具有一定程度的社会危害性的行为应当适用惩罚性赔偿。由于民法的方法和刑法的方法的二元分割,使一些不法行为不能受到法律应有的调整。惩罚性赔偿制度补充了民法、刑法二元分割造成的法律调整'相对空白',使得各种不法行为人都承担其应负的法律责任,从而实现法律对社会的妥善调整"。① 为此,肯定环境侵权责任适用惩罚性赔偿,不仅可以避免"同质赔偿对受害者的救济严重不足,并造成环境侵权案件泛滥"的悲剧的出现,而且采取惩罚性赔偿,可以使环境民事责任真正起到抑制环境侵权的作用。②

目前,我国法律、司法解释关于惩罚性赔偿已经有不少规定。例如,《消费者权益保护法》第55条规定:"经营者提供商品或者服务有欺诈行为的,应当按照消费者的要求增加赔偿其受到的损失,增加赔偿的金额为消费者购买商品的价款或者接受服务的费用的三倍;增加赔偿的金额不足五百元的,为五百元。法律另有规定的,依照其规定。经营者明知商品或者服务存在缺陷,仍然向消费者提供,造成消费者或者其他受害人死亡或者健康严重损害的,受害人有权要求经营者依照本法第四十九条、第五十一条等法律规定赔偿损失,并有权要求所受损失二倍以下的惩罚性赔偿。"《食品安全法》第148条第2款规定:"生产不符合食品安全标准的食品或者经营明知是不符合食品安全标准的食品,消费者除要求赔偿损失外,还可以向生产者或者经营者要求支付价款十倍或者损失三倍的赔偿金"。从上述规定可以看出,我国法律规定的惩罚性赔偿均以行为人的主观故意、明知或者欺诈为前提,体现其惩罚性和威慑目的。

惩罚性赔偿,是指民事主体违反民事法律规定,通过法院判处的由侵害人向被侵害人支付超过实际损失的金额的一种损害赔偿。因此,从惩罚性赔偿制度的功能定位和司法的价值导向上讲,惩罚性赔偿的主要目的在于惩罚有主观故意的侵权行为,并遏制这种侵权行为的发生。③ 具体包括以下几层含义:其一,它是民事主体在承担补偿性赔偿的前提下承担的责任;其二,它是由法院判处,也就是某个具体案件是否适用惩罚性赔偿必须由人民法院以判决的形式作出,当事人不能预先约定;其三,判处的惩罚性赔偿金是由民事主体向另一平等民事主体支付,而非交给国家。惩罚性赔偿相较于补偿性赔偿,有其特点:第一,惩罚性。补偿性赔偿金的主要目的和功能在于弥补受侵害人所遭受的损失,惩罚性赔偿的功能不在于填补受侵害人的损失,而在于惩罚和制裁加害人的严重过错行为。第二,附加性。惩罚性赔偿是一种附加的民事责任形式,只有当补偿性赔偿金不足以惩罚侵害人的恶意侵权行为,或者不足以表明法律对这种行为的充分否定,并以此来阻止其再次发生时,才能加以适用。第三,法定性。惩罚性赔偿金是民事责任的例外和补充,必须有立法的规定和判例性质的裁决,否则应视为不允许适用惩罚性赔偿,以免可能导致法官滥用权力进行不正当的惩罚,侵害被告的合法权益,进而对整个民事责任的基础和内部的和谐造成冲击。

二、惩罚性赔偿在环境侵权中的适用条件

需要注意的问题是,此前法律对环境侵权并未规定惩罚性赔偿,人民法院在审理环境侵权案件

---

① 王利明:《美国惩罚性赔偿制度研究》,载《比较法研究》2003年第5期。
② 高利红、余耀军:《环境民事侵权适用惩罚性赔偿原则之探究》,载《法学》2003年第3期。
③ 王胜明主编:《中华人民共和国侵权责任法释义》,法律出版社2010年版,第236页。

中采取带有一定惩罚性质的赔偿不是严格意义上的惩罚性赔偿。《民法典》实施后，适用惩罚性应当符合下列条件：

第一，侵权人故意违反国家规定。关于“故意”的规定，是指行为人故意违反环境法的相关规定，还是指行为人明知其行为会造成严重的损害后果，抑或二者兼而有之？此外，“重大过失”是否应和“故意”一并作为环境侵权惩罚性赔偿的适用情形？各种疑问，均需澄清。根据故意的语义可知，故意是指行为人明知其行为会发生侵害他人民事权益的后果，仍有意为之的一种主观心理状态。故意并不要求行为人对损害有所认识，但无论如何，行为人应认识到其行为会给他人权益造成损害。① 因此，本书认为在环境侵权案件中，不需要同时满足侵权人既知道违反环境法的相关规定又需要满足明知其行为会造成严重的损害后果。只要行为人违反保护生态环境的相关法律规定，即可推定其为故意，不需要明知道其行为会造成严重的损害后果。侵权人违反国家规定主要是指行为违反了环境行政法律法规以及部门规章，譬如污染物排放标准。为避免环境侵权惩罚性赔偿制度的滥用，违法性要件必不可少。从惩罚性赔偿的功能来看，其主要功能为预防和威慑功能；遵守环境法律法规、部门规章的污染环境的行为，若造成严重的损害后果，也应该适用惩罚性赔偿。如《环境保护法》第65条和《环境侵权责任司法解释》第16条规定的“弄虚作假”的情形。关于“国家规定”，应当作比较宽泛的理解，包括法律、行政法规和部门规章。环境资源案件涉及很多国家标准、行业标准，这些能否全部作为国家规定来看待，有不同的理解。本书认为，如国家标准属于强制性的，应当视为国家规定。反之，有些指引性的国家标准不一定全部视为国家规定。同理，如没有国家标准或者国家标准未对此作出规定的，也可以参照适用一些行业标准。有的学者认为，“国家规定”应作更广义的理解，因为有些地方法规、地方标准等对环境的要求更严，当然要适用。违反国家规定作为违法要件，本书认为不宜严苛，实务中还要结合各种因素综合衡量。

第二，污染环境、破坏生态造成严重后果。惩罚性赔偿责任的承担应以造成严重的损害后果为必要条件。惩罚性赔偿需要根据损害结果确定“合理”的比例，即在补偿性赔偿与惩罚性赔偿之间有一个合理的比例，方可判决行为人承担惩罚性赔偿，而不是根据主观臆断随意判决。损害结果的轻重程度在惩罚性赔偿的判定中是一个重要的构成要件，它以客观事实为依据，而非以主观臆断为标准。② 对于损害后果的严重情况应该结合环境侵权的不同种类区别对待，由法官进行相对的自由裁量。本书认为严重损害后果的司法认定，可对司法实践中已成共识的情形予以类型化规定，具体通过“列举+兜底”的立法技术，如《生态环境损害赔偿司法解释（试行）》第1条规定的“发生较大、重大、特别重大突发环境事件的”“在国家和省级主体功能区规划中划定的重点生态功能区、禁止开发区发生环境污染、生态破坏事件的”“发生其他严重影响生态环境后果的”。这里的严重后果既包括污染环境、生态破坏造成的环境损害，也包括人身权、财产权的损害。例如，在最高人民检察院发布检察公益诉讼十大典型案例之九“江西省赣州市人民检察院诉郭某某等人生产、销售硫磺熏制辣椒民事公益诉讼案”中，法院认为，“侵权行为对社会公共利益造成严重侵害或侵害危险的，检察机关可以在履行公告程序后，依法向人民法院提起民事公益诉讼，要求侵权人承担侵权责任，同时

---

① 程啸：《侵权责任法》，法律出版社2015年版，第264页。

② 黄婷：《我国惩罚性赔偿构成要件规范化论纲》，载《湘江法律评论》2017年第1期。

可主张惩罚性赔偿。”又如，在最高人民法院发布的十起环境公益诉讼典型案例之八“江苏省徐州市人民检察院诉徐州市鸿顺造纸有限公司水污染民事公益诉讼案”中，最高人民法院认为，“该案尝试根据被告违法排污的主观过错程度、排污行为的隐蔽性以及环境损害后果等因素，合理确定带有一定惩罚性质的生态环境修复费用，加大污染企业违法成本，有助于从源头上遏制企业违法排污。”由此可见，对侵权人要承担的环境侵权责任，在司法实践中已经考虑要体现一定的惩罚性。

第三，惩罚性赔偿数额要有一定的限度。《民法典》明确规定，因环境侵权造成被侵权人的人身、财产损害，造成严重后果的可以适用惩罚性赔偿。人民法院在审理涉及产品质量、消费者权益保护、食品药品、商品房买卖等案件中，依法适用惩罚性赔偿时均有一定的标准，或者以产品价格，或者以人身损害、财产损害数额为基数，采用 1 倍或者数倍的方法确定惩罚性赔偿数额。对于环境侵权案件，虽有其特殊性，但是仍然可以参考上述做法。

实践中，人民法院在审理环境侵权案件中，探索出两类确定惩罚性赔偿数额的方法。这两种办法虽然是在公益诉讼中确立的，但是可以借鉴到一般环境侵权案件中来。

第一类，在损害数额区间按照最高数额予以赔偿。比如，在江苏省徐州市人民检察院诉徐州市鸿顺造纸有限公司水污染民事公益诉讼案中，鸿顺公司多次被环境保护主管机关查获以私设暗管方式向连通京杭运河的苏北堤河排放生产废水，废水的化学需氧量、氨氮、总磷等污染物指标均超标，并受到两次环境行政处罚，徐州市人民检察院作为公益诉讼人向徐州市中级人民法院提起环境民事公益诉讼，请求判令鸿顺公司将被污染损害的苏北堤河环境恢复原状，并赔偿生态环境受到损害至恢复原状期间的服务功能损失；如鸿顺公司无法恢复原状，请求判令其以 2600 吨废水的生态环境修复费用 26.91 万元为基准，以该基准的 3 倍至 5 倍承担赔偿责任。法院判决鸿顺公司赔偿生态环境修复费用及服务功能损失共计 105.82 万元。又如，在广东省环境保护基金会与焦云水污染责任纠纷案中，评估机构对涉案环境损害进行量化后确定了损害数额为 185,068.8～416,404.8 元，但同时该评估机构亦表明由于环境污染的不可逆性，且无论对受污染生态环境进行修复还是通过人工干预将污染引发的风险降低至可接受水平，其费用均远远超过污染物直接处理的费用。一审法院认为，为维护社会公共利益和修复生态环境，原告主张被告赔偿损害数额区间内最大值 416,404.8 元，有事实和法律依据，予以支持。

第二类，以生态环境修复费用的数倍进行赔偿。比如，在徐州市鸿顺造纸有限公司环境污染责任纠纷一案中，根据鉴定报告，鸿顺公司应承担 26.91 万元的生态修复费用，但法院并不仅仅直接以鉴定报告为裁判依据。法院根据《环境民事公益诉讼司法解释》第 23 条规定，将鉴定报告作为参考，并综合考虑已查明的环境污染情节、违法程度及主观过错程度、防治污染设备的运行成本、鸿顺公司生产经营情况及因侵害行为所获得的利益、污染环境的范围和程度、生态环境恢复的难易程度、生态环境的服务功能等因素，酌情确定鸿顺公司所应当承担的生态环境修复费用以 26.91 万元为基数的 4 倍承担赔偿责任。又如，在许某某一案，法院参考有合法洗桶资质单位的环境影响报告书，认定被告对外排放废水至少有 500 吨，而对被告的洗桶行为造成损害进行恢复所需的成本远大于其收益并缺乏环境损害评价指标体系，应采用虚拟治理成本方法计算赔偿数额，合议庭考虑到本案污染者的过错程度、污染物性质、周边环境敏感度等因素，酌情确定本案以虚拟治理成本 5 倍计算赔偿数额。在以上这些案件中，法院没有直接适用惩罚性赔偿，但是客观地说，裁判结果对于加大污染行为违法成本、从源头上遏制环境侵权和生态破坏行为是具有实益的,也比较符合惩罚性赔偿的价值和功能。

参考上述两类计算方法,在环境侵权责任中需要明确惩罚性赔偿的标准,即以被侵权人人身、财产损害数额的数倍予以惩罚性赔偿。因故意违反国家规定污染环境、破坏生态给被侵权人造成人身、财产损害,且造成严重后果的,当补偿性赔偿金不足以惩罚侵害人的恶意侵权行为,或者不足以表明法律对这种行为的充分否定性评价的,可以适用惩罚性赔偿。至于"数倍"到底是多少倍,法律并没有明确作出规定。这需要人民法院在审理具体案件中,结合侵权人的主观恶意大小、造成损害后果的严重程度、赔偿能力等因素,科学地确定赔偿数额和支付方式。

专题三　生态环境损害赔偿的范围

一、生态环境损害赔偿范围的特殊性

法谚有云,"无损害即无救济。"由是,法律应否"干预",首要前提是明定"损害"之有无,也就是要明确生态环境损害的客体。《民法典》第1229条虽未规定"损害"的范畴,但从体系解读角度,环境侵权责任救济的"损害"为人身权和财产权等权益损害。2014年《环境保护法》第64条实则应对"损害"的具体范畴予以明晰,即"因污染环境和破坏生态造成人身权、财产权和环境权益损害的"。

同理,有损害就有救济。侵权责任方式或侵权责任的承担方式,是国家公权力为维护受侵害的民事权利,根据侵权责任人对其应负责任的侵权行为对他人民事权利造成的侵害后果,强制侵权责任人对受其侵害的权利人负担相应的给付义务,以消除其侵害后果的方法或手段。侵权责任人对被侵害的权利人所负担的给付义务具有债务的性质。根据《民法典》第179条的规定,承担侵权责任的方式有:停止侵害;排除妨碍;消除危险;返还财产;恢复原状;赔偿损失;赔礼道歉;消除影响、恢复名誉。生态环境具有整体性和公益性,基于此,环境侵权责任相较于其他侵权责任类型而言,不仅运用赔偿性责任方式保护受害人利益,而且更加注重运用预防性责任方式和恢复性责任方式,以使环境司法保护从末端救济推向事前预防,从而提高司法治理环境的能力。其中,"返还财产"属于典型的物上请求权,"消除影响、恢复名誉"属于典型的人格权范畴。根据环境损害行为的特点,返还财产、消除影响、恢复名誉一般不适用于环境侵权责任纠纷案件。为此,《环境侵权责任司法解释》规定,人民法院应当根据被侵权人的诉讼请求以及具体案情,合理判定污染者承担停止侵害、排除妨碍、消除危险、恢复原状、赔礼道歉、赔偿损失等民事责任。其中,"恢复原状"主要是要求损害者承担治理污染和修复生态环境的责任,包括原地恢复与异地恢复。如果损害者不治理、修复或者没有能力治理、修复的,人民法院可以委托有关单位代履行,费用由污染者承担。

环境公益诉讼制度、生态损害赔偿制度是以运用法律手段为核心,并综合运用各种社会途径调整利益关系的一种制度安排,是通过对各方利益的协调从而保护生态环境的一项法律制度。根据

《生态环境损害赔偿制度改革方案》，赔偿权利人和义务人可以就损害事实和程度、修复启动时间和期限、赔偿的责任承担方式和期限等具体问题进行磋商，统筹考虑修复方案技术可行性、成本效益最大化、赔偿义务人赔偿能力、第三方治理可行性等情况，达成赔偿协议。根据上述文件精神和相关司法解释，有必要考量侵权人的主观恶意大小、造成生态环境损害后果的严重性、赔偿能力等因素，科学地确定赔偿数额和支付方式。

因此，生态环境损害赔偿的范围，应与权利人的所有法益相对应。一般而言，生态环境损害赔偿是环境侵权的法律后果，生态环境损害赔偿制度中的生态环境损害，应指环境权利和环境法益受损而产生的一种不利益状态。[①]《生态环境损害赔偿司法解释》第1条规定："具有下列情形之一，省级、市地级人民政府及其指定的相关部门、机构，或者受国务院委托行使全民所有自然资源资产所有权的部门，因与造成生态环境损害的自然人、法人或者其他组织经磋商未达成一致或者无法进行磋商的，可以作为原告提起生态环境损害赔偿诉讼。"同时，第2条规定了两种不适用的情形，因污染环境、破坏生态造成人身损害、个人和集体财产损失要求赔偿的，适用《侵权责任法》等法律规定；因海洋生态环境损害要求赔偿的，适用《海洋环境保护法》等法律及相关规定。生态环境损害赔偿诉讼中"赔偿损失"的范围，包括被侵权人因污染行为而造成的财产损失以及消除污染、修复生态环境的费用和防止损害的发生和扩大所支出的合理费用。具体而言，该法第1235条规定了造成生态环境损害应当赔偿的5项基本费用：(1)生态环境修复期间服务功能丧失导致的损失；(2)生态环境功能永久性损害造成的损失；(3)生态环境损害的调查、鉴定评估等费用；(4)清除污染、修复生态环境的费用；(5)防止损害的发生和扩大所支出的合理费用。下面分别予以阐述。

二、生态环境损害赔偿费用计算

(一)关于第(1)项和第(2)项，生态环境修复期间服务功能丧失导致的损失和生态环境功能永久性损害造成的损失

保护生态环境的重要原因是其有用性，即具有服务功能。从环境法的角度而言，生态环境服务功能包括供给服务(如提供食物和水)、调节服务(如调节气候、控制洪水和疾病)、文化服务(如精神、娱乐和文化收益)以及支持服务(如维持地球生命生存环境的养分循环)。除了以上服务功能外，生态环境资源还具有非使用价值，也称作存在价值，即指人们仅仅从知道这个资产存在的满意中获得价值，尽管并没有要使用它的意愿。《环境损害鉴定评估推荐方法》(第Ⅱ版)第4.8条明确生态系统服务是指："人类或其他生态系统直接或间接地从生态系统获取的收益。生态系统的物理、化学或生物特性是生态系统服务的基础。"生态环境遭到污染或者破坏的，其服务功能降低乃至丧失导致收益减少，是为服务功能损失。《环境损害鉴定评估推荐方法》(第Ⅱ版)第4.12条规定，期间损害是指"生态环境损害发生至生态环境恢复到基线状态期间，生态环境因其物理、化学或生物特性改变而导致向公众或其他生态系统提供服务的丧失或减少，即受损生态环境从损害发生到其恢复至基线状态期间提供生态系统服务的损失量。"第4.13条规定，永久性损害指"受损生态环境及其服务难以恢复，其向公众或其他生态系统提供服务能力的完全丧失。"比如，对于严重的铅污

① 吕忠梅：《"生态环境损害赔偿"的法律辨析》，载《法学论坛》2017年第3期。

染场地,目前尚未发现真正可以恢复生态环境状态的治理技术,许多国家都是采取封闭场地、搬迁居民、阻断污染物经由植物或者呼吸进入人体等方式控制损害后果,而不是直接采取生态恢复措施。

生态环境修复期间服务功能的损失、生态环境功能永久性损害造成的损失应当由赔偿义务人承担,以货币量化后由赔偿义务人支付。生态环境损害评估鉴定中,虚拟治理成本法和环境恢复成本法应用较为广泛,环境保护部《关于虚拟治理成本法适用情形与计算方法的说明》对适用和不适用虚拟治理成本法的情形作出了规定。

(二)关于第(3)项,生态环境损害的调查、鉴定评估等费用

生态环境损害比侵权法上处理的其他损害更加复杂、更加难以计量,其中因果关系判断、损失计量等都需要专业的调查或者鉴定、评估,而且费用可能较高,但又为实现生态环境损害赔偿所必需,因此,如果认定赔偿义务人须承担生态环境损害赔偿责任,那么相关的生态环境损害赔偿调查、鉴定评估等费用也应由其承担。同时,也应当避免在生态环境损害调查或者鉴定评估中支出不合理的费用,赔偿义务人仅承担合理费用。例如,实践中出现过生态环境损害鉴定费用超过生态环境损害数额的案例,其鉴定费用的合理性存疑。因此,有必要对生态环境损害司法鉴定进一步规范。

(三)关于第(4)项,清除污染、修复生态环境的费用

污染环境、破坏生态事件发生后,一般情况下,需要立即清除污染,特别是对水、土壤、海洋等造成的污染,然后制定修复方案,评估修复生态环境的费用。清除污染可能先行,也可能延续到生态环境修复过程中。

《生态环境损害赔偿司法解释(试行)》创新了生态环境损害赔偿诉讼责任体系,根据生态环境是否能够修复对损害赔偿责任范围分类规定,在受损生态环境能够修复的情况下,被告应承担修复责任,人民法院可以同时确定被告不履行修复义务时应承担的生态环境修复费用。实务中,一般有以下4种情形:(1)被告自行组织修复。自行组织修复,包括被告自己直接修复,也包括被告邀请第三方修复。修复费用由被告支付。(2)被告不组织修复,而判决中确定有生态环境修复费用的,人民法院可以委托第三方修复,修复费用从执行款中支付。依据是国务院办公厅于2014年年底发布的《关于推行环境污染第三方治理的意见》(国办发〔2014〕69号)。该意见指出:第三方治理是推进环保设施建设和运营专业化、产业化的重要途径,是促进环境服务业发展的有效措施。因此,要充分发挥第三方治理在市场配置资源中的作用,更多地利用第三方治理来修复生态环境。(3)被告不组织修复,判决中未确定生态环境修复费用的,人民法院可以在执行过程中委托第三方进行修复,所需费用由被告承担。(4)法院直接判决被告承担生态环境修复费用的,可以直接委托第三方进行修复,修复费用从执行款中支付。

《环境损害鉴定评估推荐方法》(第Ⅱ版)对修复的标准作了两方面具体设置,即第4.10条和第4.14条的"可接受风险水平"和第4.11条的"基线状态"。在实践中,涉及水污染、大气污染等难以准确计算生态修复费用的情况,较多适用的是虚拟治理方法,即按照现行的治理技术和水平治理排放到环境中的污染物所需要的支出。[①] 另外,在一些专门领域,相关机构会根据该领域的特质

---

① 吕忠梅:《环境司法理性不能止于"天价"赔偿:泰州环境公益诉讼案评析》,载《中国法学》2016年第3期。

颁行专门的计算标准。被告应将生态环境修复到损害发生之前的状态和功能,无法完全修复的,可以准许采用替代性修复方式。例如,昆明市中级人民法院在安宁市的水源保护地车木河水库旁建成“环境公益诉讼林”,在其审理的安宁市国土资源局起诉戴某等六被告环境民事公益诉讼一案中,被破坏的矿产资源已不能恢复原状,但通过采取“异地补植”“替代性修复”的方式,将44万元赔偿款用于在“环境公益诉讼林”进行异地补植林木,同样实现了修复生态环境的目的,达到生态环境的总量平衡。在泰州环境民事公益诉讼案件中,江苏省高级人民法院判令责任企业赔付1.6亿元的环境修复费用,但同时允许责任企业申请延期一年缴付40%的赔付资金。在环境修复费用的使用上,更注重实效。如该案判项的第四项:本判决生效之日起一年内,如常隆公司、锦汇公司、施美康公司、申龙公司、富安公司、臻庆公司能够通过技术改造对副产酸进行循环利用,明显降低环境风险,且一年内没有因环境违法行为受到处罚的,其已支付的技术改造费用可以凭环保行政主管部门出具的企业环境守法情况证明、项目竣工环保验收意见和具有法定资质的中介机构出具的技术改造投入资金审计报告,向泰州市中级人民法院申请在延期支付的40%额度内抵扣。该判决在实地踏勘和可行论证的基础上,引导企业通过自行实施技术改造,对产生的副产品和废物循环利用,降低环境风险,如果技术改造产生实际效果,可以凭环保部门的守法证明、技改验收意见、技改投入财务报告,在40%额度内抵扣赔付金额。这样的设计实乃法官的神来之笔,其司法效果、社会效果和环境效果令人赞赏。①

(四)关于第(5)项,防止损害的发生和扩大所支出的合理费用

因污染环境、破坏生态事件的突发性和紧急性,如不及时采取预防和补救措施,将使损失进一步扩大。因此,环境保护应当贯彻预防为主原则,也称预防为主、防治结合、综合治理的原则,采取各种有效措施,有效防止新的环境污染和生态破坏产生,并采用多种手段综合治理已经产生的环境污染和生态破坏,防止进一步恶化,有效地保护和改善环境质量。权利人、管理人或者第三人,为防止损害的发生和扩大,采取恰当的行为或者投入一定的人力、物力,只要是合理的,侵权人应当予以赔偿。比如,城市地下水被污染,政府部门采取紧急措施暂停供水,从其他地方运输饮用水供居民使用而产生的费用,应当认定为合理的应急处置费,可以在此主张。

实务中,还应当注意相关费用和生态环境损害赔偿资金的判决执行方式。根据《环境保护法》第58条第3款的规定,提起诉讼的社会组织不得通过诉讼牟取经济利益。因此,对于前述第(1)项、第(2)项、第(4)项中的修复生态环境费用,不能判归原告所有,只能专项用于修复生态环境以及支持其他环境民事公益诉讼活动。《生态环境损害赔偿司法解释(试行)》第15条规定:“人民法院判决被告承担的生态环境服务功能损失赔偿资金、生态环境功能永久性损害造成的损失赔偿资金,以及被告不履行生态环境修复义务时所应承担的修复费用,应当依照法律、法规、规章予以缴纳、管理和使用。”在已经建立专门账户的地方,法院应当判决将赔偿资金支付到该账户,并按照规定管理和使用。尚未建立专门账户的地方,由法院或者相关部门负责管理和使用赔偿资金的,应当制定完善具体的管理办法。此外,注意加强对生态环境修复以及修复费用资金的管理和监督。最

---

① 别涛:《环境公益诉讼的成功探索——泰州“天价环境公益诉讼案”始末及评析》,载《中国环境报》2015年1月14日,第8版。

高人民法院、民政部、环境保护部《关于贯彻实施环境民事公益诉讼制度的通知》(法〔2014〕352号)第6条规定:“人民法院可以判决被告自行组织修复生态环境,可以委托第三方修复生态环境,必要时也可以商请负有监督管理职责的环境保护主管部门共同组织修复生态环境。对生态环境损害修复结果,人民法院可以委托具有环境损害评估等相关资质的鉴定机构进行鉴定,必要时可以商请负有监督管理职责的环境保护主管部门协助审查。”根据该通知要求,为了保障生态环境修复的质量和实效,人民法院要加强对修复工作的监督。对于修复方案的确定、修复方案的实施,涉及有关技术问题的,人民法院应当请负有监督管理职责的环境保护主管部门共同协商确定并组织实施。对于生态环境修复结果,人民法院可以委托具有环境损害评估等相关资质的鉴定机构进行鉴定,必要时可以商请负有监督管理职责的环境保护主管部门协助审查。财政部会同有关部门印发的《生态环境损害赔偿资金管理办法(试行)》(财资环〔2020〕6号)第6条规定:“赔偿权利人负责生态环境损害赔偿资金使用和管理。赔偿权利人指定的相关部门、机构负责执收生态环境损害赔偿协议确定的生态环境损害赔偿资金;人民法院负责执收由人民法院生效判决确定的生态环境损害赔偿资金。生态环境损害赔偿资金作为政府非税收入,实行国库集中收缴,全额上缴赔偿权利人指定部门、机构的本级国库,纳入一般公共预算管理。”同时指出,环境民事公益诉讼损害赔偿资金可以参照执行。如第15条规定:“环境民事公益诉讼中,经人民法院生效法律文书确定的生态环境无法修复或者无法完全修复的损害赔偿资金,以及赔偿义务人未履行义务或者未完全履行义务时应当支付的生态环境修复费用,可参照本办法规定管理;需要修复生态环境的,人民法院应当及时移送省级、市地级人民政府及其指定的相关部门、机构组织实施。”

第九章 高度危险责任

专题一 高度危险责任的一般条款

一、高度危险责任概述

高度危险责任是随着现代工业革命的进程,随着人类科学技术发展进步而不断发展的。科技进步带给人类巨大方便和福祉的同时,也给人们的生存和发展带来无时不在的危险。[①] 如何处理这类高度危险作业给人们的人身和财产造成的损害,是继续沿用过去的过错责任原则,还是提出新的责任归责原则以迎接新的挑战?如果固守传统的过错责任,从事危险活动者往往会以没有过失为借口,使受害人难以甚至无法获得财产上的赔偿。

我国自《民法通则》施行以来,也明确规定了高度危险作业致害责任。《民法通则》第123条规定:"从事高空、高压、易燃、易爆、剧毒、放射性、高速运输工具等对周围环境有高度危险的作业造成他人损害的,应当承担民事责任;如果能够证明损害是由受害人故意造成的,不承担民事责任。"此后,在《民用航空法》《铁路法》《民用爆炸物品管理条例》《化学危险物品安全管理条例》《放射性同位素与射线装置放射防护条例》《国内航空运输旅客身体损害赔偿暂行规定》等许多法律法规中都具体规定了不同类型的高度危险作业致害责任。《民法典》在总结以往立法和实践经验的基础上,在第1236条确立了高度危险责任规则的一般条款,明确了高度危险责任为无过错责任。

二、高度危险责任的构成要件

《民法典》第1236条规定:"从事高度危险作业造成他人损害的,应当承担侵权责任。"据此,高度危险作业致害责任的构成要件包括加害行为、损害后果及二者之间的因果关系三个要件。

第一,须有高度危险作业。高度危险作业,即是对"周围环境"具有较高危险性的活动。

第二,发生了损害事实。损害后果是构成高度危险责任的结果条件,如果没有损害产生,不会构成高度危险责任的承担;对有无损害发生,受害人负举证责任。这里的损害后果与其他侵权行为类型造成的损害后果并无区别。

第三,高度危险作业与损害后果之间具有因果关系。受害人的损害须是高度危险作业的行为所造成的,才能成立高度危险作业致害责任。有关举证责任的问题,为切实保护受害人的利益,对

---

① 最高人民法院侵权责任法研究小组编著:《〈中华人民共和国侵权责任法〉条文理解与适用》,人民法院出版社2010年版,第473页。

于因果关系有必要采用推定的方法，即由高度危险作业人证明作业活动与损害后果没有因果关系。如果作业人不能证明，则要推定该因果关系成立。

三、高度危险责任的免责事由

高度危险责任的免责事由，《民法典》第1236条并未规定，对这一问题要结合本章内容作体系化解读。概言之，高度危险作业的免责事由主要包括不可抗力以及受害人故意两种情形。

（一）不可抗力

在高度危险责任中，不可抗力通常是作为完全的免责事由的，但例外情况下，不可抗力的抗辩或免责效果仍然要受到限制，如《民法典》第1238条关于民用航空器致害责任的规定中，仅规定受害人故意可以免责，并未规定不可抗力可以免责。另外，不可抗力的范围受到限制。虽然允许被告以不可抗力作为抗辩事由主张减责或免责，但对不可抗力的范围严加限制，比如《民法典》第1237条规定的民用核设施致害责任仅将不可抗力限于战争等情形，则战争以外的其他不可抗力不能作为免责事由。

（二）受害人故意

受害人对损害的发生具有故意，足以表明受害人的行为是损害发生的唯一原因，因而与加害人的行为无关，从而免除行为人的责任。在高度危险责任中，受害人故意具有普适性的免责事由。

关于受害人重大过失能否作为免除或减轻加害人责任的事由的问题，在高度危险责任的规定中，对于重大过失的情形与故意还是作了明确区别，比如前述第1238条规定的仅有受害人故意作为免责事由。《民法典》第1239条规定："占有或者使用易燃、易爆、剧毒、高放射性、强腐蚀性、高致病性等高度危险物造成他人损害的，占有人或者使用人应当承担侵权责任；但是，能够证明损害是因受害人故意或者不可抗力造成的，不承担责任。被侵权人对损害的发生有重大过失的，可以减轻占有人或者使用人的责任。"即在重大过失情形下，被侵权人的重大过失仅是减责事由。

关于受害人一般过失的情形，原则上不能作为免责事由，但该章或者有关法律另有规定的除外。在此需要注意的是，《民法典》第1240条则将《侵权责任法》第73条"被侵权人对损害的发生有过失的，可以减轻经营者的责任"修改为："被侵权人对损害的发生有重大过失的，可以减轻经营者的责任。"据此，受害人的一般过失在该条中已不能再予以适用。

此外，《民法典》第1243条规定："未经许可进入高度危险活动区域或者高度危险物存放区域受到损害，管理人能够证明已经采取足够安全措施并尽到充分警示义务的，可以减轻或者不承担责任。"该条是关于高度危险责任抗辩事由的规定，但从责任承担角度讲，也是管理人符合相应构成要件时承担责任的规定，属于过错推定责任的范畴。《民法典》第1236条规定了高度危险责任的一般条款，并未规定免责事由。在具体高度危险责任类型中分别规定了相应的抗辩事由，现行单行法中对高度危险责任的抗辩事由也有规定，但是涉及其他种类的高度危险责任时，就欠缺必要的抗辩事由，不利于正确处理非典型的高度危险责任案件。从这个角度讲，《民法典》第1243条实际上是对第1236条关于高度危险责任一般条款的有益补充，是基于过失相抵原理而设定的。受害人未经许可进入高度危险区域，同时管理人又已经采取了足够安全措施并尽到了充分警示义务，则表明受害人明知是危险区域或者因其自身重大过失而进入，对因此而受到的损害有重大过错。这一重大过错包括故意和重大过失。比如，受害人明知是高度危险区域而进入，对于相应的损害结果是积极追求或者放任的态度，则为受害人故意的情形，这时管理人应当免责。如果是受害人因为重大过失没有注意到警示误入高度危险区域的，一般只能减轻管理人的责任。在举证责任上，该条明确了采取举证责任倒置的规则，即由侵权人一方对其尽到相应注意义务，即采取足够安全措施并且充分警示的义务承担举证责任。

四、高度危险责任的赔偿限额

《民法典》第 1244 条规定："承担高度危险责任，法律规定赔偿限额的，依照其规定，但是行为人有故意或者重大过失的除外。"相较《侵权责任法》第 77 条规定，增加了可进行免责抗辩的情形。

对于适用无过错责任的情形，现行法律关于责任限额的规定主要集中在航空运输、核设施等领域。《民用航空法》第 128 条规定："国内航空运输承运人的赔偿责任限额由国务院民用航空主管部门制定，报国务院批准后公布执行。旅客或者托运人在交运托运行李或者货物时，特别声明在目的地点交付时的利益，并在必要时支付附加费的，除承运人证明旅客或者托运人声明的金额高于托运行李或者货物在目的地点交付时的实际利益外，承运人应当在声明金额范围内承担责任；本法第一百二十九条的其他规定，除赔偿责任限额外，适用于国内航空运输。"第 129 条对此又作了具体规定："国际航空运输承运人的赔偿责任限额按照下列规定执行：(一)对每名旅客的赔偿责任限额为 16600 计算单位；但是，旅客可以同承运人书面约定高于本项规定的赔偿责任限额。(二)对托运行李或者货物的赔偿责任限额，每公斤为 17 计算单位。旅客或者托运人在交运托运行李或者货物时，特别声明在目的地点交付时的利益，并在必要时支付附加费的，除承运人证明旅客或者托运人声明的金额高于托运行李或者货物在目的地点交付时的实际利益外，承运人应当在声明金额范围内承担责任。托运行李或者货物的一部分或者托运行李、货物中的任何物件毁灭、遗失、损坏或者延误的，用以确定承运人赔偿责任限额的重量，仅为该一包件或者数包件的总重量；但是，因托运行李或者货物的一部分或者托运行李、货物中的任何物件的毁灭、遗失、损坏或者延误，影响同一份行李票或者同一份航空货运单所列其他包件的价值的，确定承运人的赔偿责任限额时，此种包件的总重量也应当考虑在内。(三)对每名旅客随身携带的物品的赔偿责任限额为 332 计算单位。"关于民用核设施发生核事故致人损害的赔偿限额。国务院《关于核事故损害赔偿责任问题的批复》第 7 项规定，核电站的营运者和乏燃料贮存、运输、后处理的营运者，对一次核事故所造成的核事故损害的最高赔偿额为 3 亿元人民币；其他营运者对一次核事故所造成的核事故损害的最高赔偿额为 1 亿元人民币。核事故损害的应赔总额超过规定的最高赔偿额的，国家提供最高限额为 8 亿元人民币的财政补偿。对非常核事故造成的核事故损害赔偿，需要国家增加财政补偿金额的由国务院评估后决定。

在学理上通常认为，高度危险责任一般条款在适用过程中，会发生无过错责任与过错责任的竞合。《民法典》第 1224 条但书条款明确规定"行为人有故意或者重大过失"的除外，即在此情形下可以不适用限额赔偿责任。对于当事人而言，其可以选择适用过错责任或者高度危险责任的无过错责任。从二者的对比看,在适用高度危险责任时,并不需要证明责任主体的过错。对受害人而言,在危险责任中,举证责任较轻,更容易获得赔偿,而适用过错责任,受害人就要对行为人的过错进行举证。在赔偿的范围上,在高度危险责任中,法律有时设立了最高赔偿限额。而适用过错责任,则采取完全赔偿原则,在符合责任构成的情况下,受害人所遭受的全部损害都要给予赔偿。基于该条的规定,应由受害人根据具体情况作出对自己有利的判断,选择其中之一作为请求权基础来救济其损害,如果选择了适用过错责任的规则,就不存在上述赔偿限额的限制。此与该条规定内容有密切联系,但实际上该条的但书条款与受害人选择适用过错责任或者无过错责任又存在不同。此但书内容的实质是,如果行为人有故意或者重大过失,即可排除前面的限额赔偿的规则。这时,受害人应当对行为人的故意或者重大过失承担举证责任。

专题二　高度危险物致人损害责任

高度危险物致害责任是高度危险责任的典型形式。《民法典》侵权责任编第八章对此作了细化规定。具体而言,《民法典》第1237条规定了民用核设施致害责任,第1238条规定了民用航空器致害责任,第1239条规定了占有或者使用高度危险物的致害责任,第1241条规定了遗失、抛弃高度危险物的致害责任,第1242条规定了非法占有高度危险物的致害责任。这些规定与第1236条的规定、第1244条的规定,共同构成了高度危险物致害责任的完备体系。现将有关高度危险物致害责任的具体类型解读如下:

一、民用核设施、核材料致害责任的承担

《民法典》第1237条规定:"民用核设施或者运入运出核设施的核材料发生核事故造成他人损害的,民用核设施的营运单位应当承担侵权责任;但是,能够证明损害是因战争、武装冲突、暴乱等情形或者受害人故意造成的,不承担责任。"

依据该条规定,核事故责任这类高度危险作业造成的损害应适用无过错责任原则。由此,核事故责任的构成要件为:一是民用核设施或者运入运出核设施的核材料发生核事故;二是发生了损害后果;三是核事故与损害后果之间具有因果关系。

关于免责事由,依据《民法典》第1237条的规定,民用核设施的营运单位能够证明损害是因战争、武装冲突、暴乱等情形或者受害人故意造成的,不承担责任。对此要注意的问题是:一是《民法典》第1237条规定限缩了不可抗力的适用范围。并非所有的不可抗力都可以作为核事故责任的免责事由,而是仅限于"战争、武装冲突、暴乱等情形",这与国际上通行做法也是一致的。二是与其他法律规定的衔接适用问题。《核安全法》第90条规定:"因核事故造成他人人身伤亡、财产损失或者环境损害的,核设施营运单位应当按照国家核损害责任制度承担赔偿责任,但能够证明损害是因

战争、武装冲突、暴乱等情形造成的除外。为核设施营运单位提供设备、工程以及服务等的单位不承担核损害赔偿责任。核设施营运单位与其有约定的，在承担赔偿责任后，可以按照约定追偿。核设施营运单位应当通过投保责任保险、参加互助机制等方式，作出适当的财务保证安排，确保能够及时、有效履行核损害赔偿责任。"本书认为，这一规定与《民法典》第1237条规定属于有关核事故赔偿责任的特别法与一般法的关系。这一规定与第1237条规定相比较，细化了一些内容，如有关约定追偿的问题，《民法典》第1237条并没有规定，应该适用《核安全法》规定。但在免责事由方面，《民法典》第1237条规定增加了"受害人故意"这一情形。对此，由于《核安全法》是2018年实行的，《民法典》的这一规定在后，且又增加了适用情形，这时应当遵循"后法"优于"前法"的规则，适用《民法典》第1237条规定，即"受害人故意"属于核事故责任的法定免责事由。

《民法典》第1237条规定的承担责任的主体是民用核设施的经营者，也就是所谓民用核设施的营运者。按照2007年国务院《关于核事故损害赔偿责任问题的批复》的规定，民用核设施的营运者应当对核事故造成的人身伤亡、财产损失或者环境受到的损害承担赔偿责任。营运者以外的其他人不承担赔偿责任。我国境内依法取得法人资格，营运核电站、民用研究堆、民用工程实验反应堆的单位或者从事民用核燃料生产、运输和乏燃料贮存、运输、后处理且拥有核设施的单位，为该核电站或者核设施的营运者。因民用核设施的设计人、建筑人的过错，导致该民用核设施发生核事故造成他人人身、财产损害的，按照上述批复的规定，也应当由该民用核设施的经营者向受害人承担责任，然后由经营者依照合同的约定，向设计人或者施工人等责任人追偿。核事故损害涉及2个以上营运者，且不能明确区分各营运者所应承担的责任的，相关营运者应当承担连带责任。

关于责任承担方式，由于核事故对周围环境带来很大的危害，往往会带来次生危害，在发生核事故后，民用核设施的运营者不仅要进行损害赔偿，更要在事发时积极采取停止侵害、消除危险等措施。就损害赔偿而言，国际通行做法是通过立法规定民用核设施的赔偿限额。如上述批复中规定："核电站的营运者和乏燃料贮存、运输、后处理的营运者，对一次核事故所造成的核事故损害的最高赔偿额为3亿元人民币；其他营运者对一次核事故所造成的核事故损害的最高赔偿额为1亿元人民币。核事故损害的应赔总额超过规定的最高赔偿额的，国家提供最高限额为8亿元人民币的财政补偿。对非常核事故造成的核事故损害赔偿，需要国家增加财政补偿金额的由国务院评估后决定。"

二、民用航空器致害责任的承担

关于民用航空器致害责任，《民法典》第1238条规定："民用航空器造成他人损害的，民用航空器的经营者应当承担侵权责任；但是，能够证明损害是因受害人故意造成的，不承担责任。"发生该条规定的民用航空器造成他人损害情形时，民用航空器经营者应当承担无过错责任，这与国际公约和世界上通行做法是一致的。具体而言，民用航空器造成他人损害的，民用航空器的经营者应当承担侵权责任。关于不承担责任的情形，根据本条规定，能够证明损害是因受害人故意造成的，民用航空器经营者不承担责任；即使是因为自然原因引起的不可抗力事件，造成他人损害的，民用航空器的经营者也要承担责任。[①] 据此，适用本条规定的构成要件包括民用航空器在使用中，发生损害后果，此损害后果的发生与民用航空器的使用有因果关系。此因果关系采取推定的形式，要由民用航空器的经营者承担证明责任。

关于免责事由，《民法典》第 1238 条仅规定了“受害人故意”这一种情形。据此，加害人主张该免责事由的，应举证证明受害人的故意，其故意的行为与损害后果之间的关系。由于第三人的过错不能成为加害人的免责条件。如果受害人某甲的故意导致损害结果发生，某甲和第三人某乙均受到损害，加害人得证明某甲的故意及其行为与损害结果之间存在因果关系，而免除对某甲的赔偿责任，但不得因此而免除对某乙的赔偿责任，尽管加害人有权向第三人承担赔偿责任之后向故意造成损害的受害人追偿。[②] 但有关免责事由，《民用航空法》还作了其他规定。《民用航空法》第 160 条规定：“损害是武装冲突或者骚乱的直接后果，依照本章规定应当承担责任的人不承担责任。依照本章规定应当承担责任的人对民用航空器的使用权业经国家机关依法剥夺的，不承担责任。”第 161 条又对过失相抵规则作了规定：“依照本章规定应当承担责任的人证明损害是完全由于受害人或者其受雇人、代理人的过错造成的，免除其赔偿责任；应当承担责任的人证明损害是部分由于受害人或者其受雇人、代理人的过错造成的，相应减轻其赔偿责任。但是，损害是由于受害人的受雇人、代理人的过错造成时，受害人证明其受雇人、代理人的行为超出其所授权的范围的，不免除或者不减轻应当承担责任的人的赔偿责任。一人对另一人的死亡或者伤害提起诉讼，请求赔偿时，损害是该另一人或者其受雇人、代理人的过错造成的，适用前款规定。”本书认为，《民法典》第 1238 条与《民用航空法》有关第三人责任的规定属于一般法与特别法的关系，根据特别法优先于一般法的法律适用规则，应优先适用特别法的规定。但该条规定较之于《民用航空法》又属于新法，在新的一般法与旧的特别法出现不一致时，如何适用法律应作具体分析。《民用航空法》的规定与该条相冲突的应当予以废止，但其规定与该条规定不冲突，属于细化或者新增规定情形的，则应继续适用。从立法者角度考虑，《民法典》第 1238 条没有如《民用航空法》一样，把不承担责任情形都写明，是因为《民法典》侵权责任编作为处理侵权纠纷的基本法，应对民用航空器致害责任的基本原则作出规定，对《民用航空法》中关于不承担责任情形的具体规定，仍然适用。[③] 除此之外，《民用航空法》第十二章关于对地面第三人损害的赔偿责任中的一系列规定，都可以继续适用。比如，《民用航空法》第 157 条第 1 款规定：“因飞行中的民用航空器或者从飞行中的民用航空器上落下的人或者物，造成地面（包括水面，下同）上的人身伤亡或者财产损害的，受害人有权获得赔偿；但是，所受损害并非造成损害的事故的直接后果，或者所受损害仅是民用航空器依照国家有关的空中交通规则在空中通过造成的，受害人无权要求赔偿。”第 159 条规定：“未经对民用航空器有航行控制权的人同意而使用民用航空器，对地面第三人造成损害的，有航行控制权的人除证明本人已经适当注意防止此种使用外，应当与该非法使用人承担连带责任。”

---

① 王胜明主编：《中华人民共和国侵权责任法释义》，法律出版社 2010 年版，第 361 页。

② 最高人民法院侵权责任法研究小组编著：《中华人民共和国侵权责任法条文理解与适用》，人民法院出版社 2010 年版，第 492 页。

③ 王胜明主编：《中华人民共和国侵权责任法释义》，法律出版社 2010 年版，第 361 页。

三、占有或者使用高度危险物致害责任的承担

关于占有或者使用高度危险物的致害责任,《民法典》第1239条规定:"占有或者使用易燃、易爆、剧毒、高放射性、强腐蚀性、高致病性等高度危险物造成他人损害的,占有人或者使用人应当承担侵权责任;但是,能够证明损害是因受害人故意或者不可抗力造成的,不承担责任。被侵权人对损害的发生有重大过失的,可以减轻占有人或者使用人的责任。"该条的规定也是源于《民法通则》第123条的规定。《侵权责任法》第72条规定:"占有或者使用易燃、易爆、剧毒、放射性等高度危险物造成他人损害的,占有人或者使用人应当承担侵权责任,但能够证明损害是因受害人故意或者不可抗力造成的,不承担责任。被侵权人对损害的发生有重大过失的,可以减轻占有人或者使用人的责任。"《民法典》第1239条基本沿用了这一规定,二者相较,该条的修改主要有:一是将"放射性"修改为"高放射性";二是新增"强腐蚀性"的形态。

如上所述,高度危险责任适用无过错责任原则,《民法典》第1239条规定情形也不例外。高度危险物品导致他人损害的,应当由控制或者应当控制该危险的人承担侵权责任,这也契合无过错责任原则的基本法理。依据该条规定,高度危险物致害责任的构成要件包括占有和使用高度危险物,发生损害后果,损害后果的发生与高度危险物的影响或者危害有因果关系,即该损害后果是由高度危险物造成的。从举证责任的角度讲,被侵权人要对损害后果和侵权人占有、使用高度危险物承担举证责任。有关因果关系的问题,应当适用推定的规则,即由被侵权人证明不存在因果关系,而且必须完成对法定的免责事由的举证,才可以阻却因果关系的成立。此外,从诉讼的角度讲,被侵权人证明其非高度危险物的占有人或者使用人,即其并非高度危险物致害责任的侵权责任主体,当然也可以免责。至于侵权责任方式,也不应限于赔偿损失,还包括停止侵害,采取其他补救措施等。比如,在事故发生后,占有人或者使用人应当迅速采取有效补救措施,防止事故扩大,减少人员伤亡和财产损失。

关于免责事由,依据《民法典》第1239条规定,高度危险物的占有人或者使用人能够证明损害是因受害人故意或者不可抗力造成的,占有人或者使用人不承担责任。高度危险物虽然本身具有危险属性,但危险程度要低于民用核设施和民用航空器。因此,在免责事由上增加了不可抗力免责的一般规则,而且根据《环境保护法》《水污染防治法》等法律规定,因不可抗力造成高度危险物污染损害的,也是不承担侵权责任。依据《民法典》第1239条规定,关于受害人故意和不可抗力免责的举证责任应由高度危险物的占有人或者使用人承担,其只有证明损害是因为受害人故意或者不可抗力引起的,才能依法不承担责任。

四、遗失、抛弃高度危险物致害责任的承担

关于遗失、抛弃高度危险物造成他人损害的侵权责任,《民法典》第1241条规定:"遗失、抛弃高度危险物造成他人损害的,由所有人承担侵权责任。所有人将高度危险物交由他人管理的,由管理人承担侵权责任;所有人有过错的,与管理人承担连带责任。"该条规定的高度危险物侵权责任主体主要集中在所有人以及管理人。对于物的损害责任,由所有人以及管理人承担赔偿责任。危险物

被遗失的,所有人对遗失物虽然丧失了占有,但是对该物并没有丧失所有权,仍然是自己的财产。这种遗失物的危险造成受害人的损害,应当由物的实际权利人承担责任。危险物被抛弃,所有人就丧失了该危险物的所有权,如果被抛弃之后,该危险物由于其自身的危险性而致害他人,仍然产生侵权责任,虽然抛弃危险物的人已经丧失对该物的所有权,但是造成损害的原因还是抛弃者的责任,对自己抛弃的危险物所造成的损害,只要这个危险物没有被别人所占有或者别人没有对此物产生所有权,还要由抛弃物的所有人承担责任。①

遗失高度危险物,是指高度危险物的所有权人(管理人)非基于自己的意愿对高度危险物丧失占有,高度危险物又无他人占有且非为无主的动产的情形。抛弃高度危险物,是指所有人基于明确放弃对该危险物所有权的意思表示,丧失对高度危险物的占有。依据物权法原理,构成抛弃须满足两个条件:一是放弃对物的占有,二是所有人作出放弃所有权的意思表示。原则上,在遗失物与抛弃物难于区分的情况下,应推定为遗失物。

依据《民法典》第1241条规定,遗失或者抛弃高度危险物的侵权责任,作为高度危险责任的具体情形,其归责基础仍在于高度危险物本身的危险特性,因此这里的侵权责任也是要适用无过错责任原则。据此,抛弃或者遗失高度危险物侵权责任的构成要件为:(1)所有人或管理人遗失或者抛弃了高度危险物。(2)被侵权人受到损害。(3)该损害后果与高度危险物的危险性具有因果关系,即由于所有人或者管理人遗失、抛弃高度危险物,被侵权人因为高度危险物自身的危险性质遭受损害。从因果关系判断上,首先要强调的是,被侵权人的损害是由该高度危险物造成的,这一举证责任应采取倒置的方法。至于所有人或者管理人抛弃或者遗失高度危险物,就被侵权人而言,其只须证明侵权人是该高度危险物的所有人或者管理人即可,该所有人或者管理人应该对其妥善保管高度危险物或者未遗失、抛弃高度危险物承担举证责任;而损害后果,当然要由被侵权人举证。

依据《民法典》第1241条的规定,遗失或者抛弃高度危险物致害责任的承担规则如下:

其一,遗失、抛弃高度危险物造成他人损害的,以该高度危险物的所有人承担侵权责任为原则。按照有关高度危险物的生产、储存和处置的安全规范,所有人应当采取必要的安全措施保管或者处置其所有的高度危险物。其抛弃或者遗失高度危险物的,该高度危险物造成他人损害的,应当承担侵权责任。第1241条规定的“侵权责任”不仅包括对受害人的损害赔偿责任,也包括停止侵害、及时采取补救措施等。如发生事故后,应立即将抛弃的高度危险物妥善回收,防止损害扩大。

其二,所有人将高度危险物交由他人管理的,应由管理人承担侵权责任。在此情形下,如果因为管理不善,遗失、抛弃高度危险物的,管理人应当承担侵权责任。②

其三,所有人有过错的,与管理人承担连带责任。所有人将高度危险物交由他人管理的,应当选择有相应资质的管理单位。如果所有人未选择符合资质的管理人,或者未如实说明有关情况,应当认定所有人存在过错。依据第1241条规定,在所有人有过错的情形下,管理人抛弃、遗失高度危险物造成他人损害的,所有人与管理人承担连带责任。

---

① 杨立新:《中华人民共和国侵权责任法草案建议稿及说明》,法律出版社2007年版,第239页。

② 王胜明主编:《中华人民共和国侵权责任法释义》,法律出版社2010年版,第375页。

五、非法占有高度危险物致害责任

《民法典》第1242条规定："非法占有高度危险物造成他人损害的，由非法占有人承担侵权责任。所有人、管理人不能证明对防止非法占有尽到高度注意义务的，与非法占有人承担连带责任。"该条基本沿用了《侵权责任法》第75条的规定，只作了个别文字修改。高度危险物品的所有人和管理人应当严格按照有关安全生产规范，对其占有、使用的高度危险物进行保管。但在实践中由于有些储存、使用高度危险物的所有人或者管理人的安全措施不到位或者其他原因，导致高度危险物遗失、被盗甚至被抢，对周围的人民群众的生命健康和财产产生巨大威胁，并造成人员伤亡事故。因此，有必要对被非法占有的高度危险物造成损害的侵权责任作出明确规定。

依据《民法典》第1242条规定，危险物被他人非法占有期间，危险物致人损害的，无论是人身损害还是财产损害，都由该非法占有人承担民事责任。非法占有人承担侵权责任的归责原则是无过错责任原则。非法占有高度危险物侵权责任构成要件包括：(1)侵权人非法占有高度危险物；(2)发生了损害后果；(3)受害人的损害是由于非法占有人非法占有的高度危险物所造成的。如果涉及所有人和管理人承担责任的，还需增加一个要件，即所有人、管理人不能证明对防止非法占有尽到高度注意义务。

就举证责任而言，被告应承担较重的举证责任。从救济损害的角度讲，原告方仅需对其受到损害的情形以及被告方占有高度危险物的事实承担举证责任，因为无论被告方是非法占有还是合法占有，只要是高度危险物导致损害后果发生，被告方就要依法承担侵权责任。被告方要对高度危险物与损害后果的发生无因果关系承担举证责任。涉及所有人和管理人承担责任的，所有人、管理人要就其对防止非法占有尽到高度注意义务承担举证责任。通常而言，是否尽到高度注意义务属于过错责任的判断范畴，从《民法典》第1242条表述看，所有人、管理人承担责任的归责原则属于过错推定责任的范畴。按照该条规定的文义，即使涉及所有人、管理人与非法占有人内部责任的承担问题或者追偿权的问题，该所有人、管理人仍应就其对防止非法占有尽到高度注意义务承担举证责任。

所有人、管理人不能证明对防止非法占有尽到高度注意义务的，要与非法占有人承担连带责任。如果是所有人自己占有保管高度危险物的情形下发生了他人对高度危险物的非法占有的，由所有人与非法占有人承担连带责任。如果所有人依法将高度危险物交由他人管理的，则由管理人与非法占有人承担连带责任。如果所有人和管理人都有过错的，这时所有人、管理人和非法占有人一起承担连带责任。

专题三　高度危险作业致人损害责任

一、高度危险作业致害责任概述

《民法典》第1240条规定:“从事高空、高压、地下挖掘活动或者使用高速轨道运输工具造成他人损害的,经营者应当承担侵权责任;但是,能够证明损害是因受害人故意或者不可抗力造成的,不承担责任。被侵权人对损害的发生有重大过失的,可以减轻经营者的责任。”相较《侵权责任法》第73条规定,该条将“过失”修改成了“重大过失”,限缩了经营者减轻责任的条件。

该条将承担法律责任的主体明确为经营者,是指对从事高压、高空、地下挖掘活动,或者高速轨道运输工具享有运行支配和运行利益的人,即对高度危险作业的设备拥有支配权并享受运行利益的人为经营者。经营者是向消费者提供其生产、销售的商品或者提供服务的自然人、法人或者其他经济组织,它是以营利为目的从事生产经营活动并与消费者相对应的另一方当事人。之所以规定经营者承担赔偿责任,是因为在我国绝大多数从事高度危险作业的公司为国有企业,如铁路、航空、油气、核电等,即所有者为国家,经营者为国有公司。对于这种情形,对高度危险作业的致人损害承担民事责任的责任人应当是作业的经营者(国有公司)而不是任何国家机关(包括其主管机关)。这既符合高度危险作业适用无过错责任的理论基础,也反映了我国公有制为主导地位的条件下国有企业作为法人独立承担民事责任的现状。[①] 比如,从事高压活动造成他人损害的,经营者应当承担侵权责任。如果是使用高压容器造成损害的,经营者就是高压容器的使用者。如果是高压电造成损害的,作为责任主体的经营者则依具体情况而定。因为电必须有一定的载体才能存在,高电压对周围环境的危害是以电的载体衡量的。高电压的载体应当包括高电压变压器、高电压电力线路、高电压电力设备等。从过程上看,发电、输电、配电、用电等环节必须以一个网络联系起来,并且同时进行。而发电、输电、配电和用电一般情况下分属不同主体。如果是在发电企业内的高压设备造成损害的,作为责任主体的“经营者”就是发电企业。如果是高压输电线路造成损害的,责任主体就是输电企业,在我国主要是电网公司。如果是在工厂内高压电力生产设备造成损害的,责任主体就是该工厂的经营者。[②] 具体到高速轨道运输工具而言,经营者就是从事高速轨道运输的运输企业。

二、高度危险作业致害责任的构成要件

依据《民法典》第1240条的规定,高度危险作业致人损害的侵权责任适用无过错责任原则,即不以侵权人是否有过错作为该条规定承担责任的要件。据此,高度危险作业侵权责任的构成要件

---

① 最高人民法院侵权责任法研究小组编著:《中华人民共和国侵权责任法条文理解与适用》,人民法院出版社2010年版,第504页。

② 王胜明主编:《中华人民共和国侵权责任法释义》,法律出版社2010年版,第369页。

包括:(1)加害人实施了高度危险作业的行为:一是从事高空、高压或地下挖掘活动;二是使用高速轨道运输工具。从事以上两类活动给他人造成人身或财产方面的损害的,经营者应当承担赔偿责任。高度危险作业只是对他人人身、财产构成严重危险,损害事实尚未发生,则不能根据第1240条要求行为人承担赔偿责任。(2)发生了损害后果。损害后果的要件属于第1240条规定情形与其他侵权行为的共性要件,在此不再赘述。(3)高度危险作业和损害后果之间有因果关系,即受害人的损害是因为行为人从事的高空、高压、地下挖掘活动,或是因为高速轨道运输工具造成的。

关于举证责任的问题,被侵权人应当对受到损害的事实以及高度危险作业的事实承担举证责任,至于因果关系,则应采取推定的方式,由侵权人就高度危险作业与损害后果的发生没有因果关系承担举证责任。诉讼中侵权人举证证明其并非高度危险作业的经营者的,即不是该侵权责任的适格主体,当然也就无须承担相应侵权责任。

三、免责事由

依据《民法典》第1240条规定,高度危险作业侵权责任中的免责事由包括受害人故意和不可抗力两种情形。

受害人的故意包括直接故意和间接故意两种情形:直接故意,即受害人明知其行为会导致损害后果,而追求或希望损害结果的发生;间接故意,受害人明知其行为可能导致损害后果,而放任这种后果的发生。在实践中,受害人的故意有:(1)自杀或自伤,行为人利用高度危险作业实施自杀或自伤行为,这是直接故意,经营者不承担赔偿责任;(2)从事与高度危险作业有关的犯罪活动。盗窃或破坏高度危险作业的设施;受害人的故意作为免除侵权人责任的法定条件,应由侵权人一方证明受害人的故意,证明其故意的行为与损害结果之间的因果关系。在此要注意的是,第三人的过错并非本条规定的免责条件,作业人因高空作业导致他人损害后应对无辜的受害者直接承担赔偿责任。在作业人向受害人承担赔偿责任后,有权向因过错造成此损害的第三人追偿。

“不可抗力”通常包括:第一,指自然灾害,即因自然原因引起的不可抗力,如地震、台风、海啸等,一般性自然灾害不应当认为是不可抗力。第二,指社会事件,即因社会原因引起的不可抗力,如战争、武装冲突、社会暴乱等。不可抗力作为高度危险作业致人损害责任的免责条件,已在《民法典》明确,此处不再叙述,就举证责任而言,侵权人应当就该损害是由不可抗力造成承担举证责任。

此外,《民法典》第1240条还对高度危险作业的减责事由作了规定,即被侵权人对损害的发生有重大过失的,可以减轻侵权人的责任。这一规定体现了高度危险作业侵权责任与高度危险物致害责任的一致性,也体现了它们与民用核设施发生核事故致害责任的不同,民用核设施导致损害的后果通常更为严重,其责任承担更为严格。不论受害人有无过失,过失程度如何,民用核设施的经营者都不能减轻责任。该条将减轻责任的情形,严格限定在受害人的“重大过失”;受害人有一般过失的,不能减轻占有人或者使用人的赔偿责任。同时,这里的“重大过失”也仅是本条规定情形的减责事由,并非免责事由。

第十章　饲养动物损害责任

专题一　饲养动物损害责任

一、饲养动物损害责任概述

饲养动物损害侵权行为，是指因饲养的动物造成他人人身或者财产损害而依法由动物饲养人或者管理人承担损害赔偿责任的行为。[1] 饲养动物损害侵权责任最早出现在《民法通则》第127条中。《侵权责任法》对饲养动物损害责任单列一章，对饲养动物损害责任作了详细的规定。尤其是对动物种类作了区分，包括一般饲养的动物、禁止饲养的危险动物、动物园的动物、遗弃逃逸的动物等。《民法典》，仍将饲养动物损害责任单列一章，其中第1245条至第1251条的规定与《侵权责任法》基本一致。

二、一般的饲养动物损害责任的构成要件及归责原则

《民法典》第1245条规定："饲养的动物造成他人损害的，动物饲养人或者管理人应当承担侵权责任；但是，能够证明损害是因侵权人故意或者重大过失造成的，可以不承担或者减轻责任。"该条规定即明确了动物饲养人、管理人承担侵权责任，适用无过错责任原则。其构成要件包括：被饲养或被管理的动物实施了伤害行为、受害人有损害结果及伤害行为与损害结果之间存在因果关系。

（一）被饲养或被管理的动物

饲养，是指人工喂养和管理，包括两层含义：第一，由人有意识地供给食物生存，既包括纯粹的家养动物，也包括在人力支配下以天然的东西觅食的动物，如草原上放牧之马群，虽以天然牧草为食，但处于人的照料管理之下。第二，动物是能为人力所控制的。[2] 在实务中，动物侵权责任案件主要体现在猫狗伤人、猴子咬人、蜜蜂蜇人、牛踩踏庄稼等纠纷。

（二）饲养动物损害的结果

损害结果是侵权责任存在的前提，《民法典》并未限制损害的类型。从司法实践上看，"造成他人损害"包括对生命权、健康权的损害，也包括对财产及其实际使用价值的损害。

（三）饲养动物损害的因果关系

因果关系是实践中认定饲养动物损害责任的难点。对于损害是由动物直接的伤害行为造成

---

① 王成：《侵权责任法》，北京大学出版社2014年版，第227页。

② 叶锋：《动物致害责任研究——以〈侵权责任法〉第78条的解释适用为中心》，载《华东政法大学学报》2014年第6期。

的,如被撕咬致害,认定因果关系并无争议。而对于与动物之间没有直接接触,动物造成受害人受到惊吓而导致受损的情形,在认定因果关系时就有一定的难度。例如,2019 年《最高人民法院公报》刊载的案例欧某诉高某饲养动物损害责任纠纷案①中,原告欧某某途经被告高某经营的信息咨询服务中心门前时,突然遭到高某饲养的狗攻击,欧某某躲避不及,摔倒在地,当晚即被送至医院住院治疗。后欧某某诉至法院请求高某对其损失作出赔偿。高某辩称欧某某摔倒与宠物狗并无关联性,因为宠物狗自始至终与欧某某并无接触,对欧某某并无追赶、绊倒或吼叫,在事发当时对欧某某不存在现实的危险,并不足以使欧某某产生恐慌的心理。二审法院认为,涉案的狗虽未对人实施如"抓伤、扑倒、撕咬"等直接接触人体的动作,但一般人在陌生狗尤其是未被约束的狗进入自身安全界线内的时候,本能会产生恐惧的心理,故欧某某在看到未被采取任何约束措施的涉案狗突然起立并向其逼近的时候,因本能的恐惧而避让进而摔倒,并致受伤。虽然狗与人体不存在实际接触,但该伤害与狗之间具备了引起与被引起的关系,故二者具备因果关系,动物饲养人或者管理人对此应当承担侵权责任。此案确定了非接触式的因果关系成立。

由上可知,认定存在因果关系并不必须以动物追赶、抓伤、扑倒、撕咬等与人体接触的行为为前提,因受到饲养动物惊吓后避让而致人损害的间接侵权,同样适用《民法典》第 1245 条的规定。当然,此类无接触式的饲养动物损害责任,在具体判断因果关系成立与否时,也要注意不能无限度地扩张责任;还要结合事件发生的时间、动物体型的大小、是否拴绳子、受害人的年龄、对动物的行为是否能够预见等因素综合考量。

三、饲养动物损害责任的其他类型

(一)动物饲养人或管理人的责任

《民法典》第 1246 条在《侵权责任法》第 79 条规定的基础上,增加了但书规定,即违反管理规定,未对动物采取安全措施造成他人损害的,动物饲养人或者管理人应当承担侵权责任。但是,能够证明损害是因被侵权人故意造成的,可以减轻责任。在既往判例中,《侵权责任法》第 79 条通常不被作为单独请求权的基础,法院判决往往同时引用《侵权责任法》第 78 条、第 79 条进行裁判。从外观上看,第 79 条更像是对第 78 条的补充,指出了动物饲养人、管理人的过错,以及正当化责任的分配。

然而,《民法典》仍然保留此条,其意义在于完善动物损害侵权责任分配。第 1245 条确定了动物饲养人、管理人承担无过错责任,但其本质是归责原则,无过错责任并非绝对责任。当动物饲养人、管理人本身不存在任何过错,且具备抗辩事由诸如受害人故意时,法院可认定动物饲养人、管理人不承担侵权责任。但若动物饲养人、管理人本身存在一定过错,却仍以受害人故意为由抗辩排除侵权责任,则有违公平原则。因此《民法典》第 1246 条排除了上述可能性,要求动物饲养人、管理人在本身存在过错的情况下,无论是否存在任何抗辩理由,都应当承担绝对的侵权责任。虽有但书规定,但需注意的是责任仅能减轻而不能免除。此条的增添完善了责任划分,在审判实践中应当不仅考量到受害人的主观过错,也应兼顾到动物饲养人、管理人的过错。

---

① 参见《最高人民法院公报》2019 年第 10 期(总第 276 期),第 40~44 页。

（二）动物园动物侵权损害责任

随着社会的发展，人民生活水平的提高，动物园已经成为城市规划的必设场所，其具有大众休闲娱乐、科研、生态保护等独特社会功能。《民法典》第1248条明确规定了动物园承担侵权责任，为过错推定责任，即动物园能够证明尽到管理职责的，不承担责任。

动物园是搜集饲养各种动物，进行科学研究和迁地保护，供公众观赏并进行科学普及和宣传保护教育的场所。动物园有两个基本特点：一是饲养管理着野生动物，二是向公众开放。符合这两个基本特点的场所即是广义上的动物园，包括水族馆、专类动物园等类型；狭义上的动物园指城市动物园和野生动物园。依据我国建设部颁布的《城市动物园管理规定》第2条的规定，动物园包括"综合性动物园（水族馆）、专类性动物园、野生动物园、城市公园的动物展区、珍稀濒危动物饲养繁殖研究场所"，因此《民法典》第1248条规定的"动物园"应包含水族馆、鸵鸟园等广义上的动物园。

一般认为，动物园作为公共场所，应发挥特殊的社会功能，而不应该只是承担善良管理人的注意义务，应该承担更高的符合其专业管理动物的注意义务。在谢某与某动物园侵权损害纠纷一案[①]中，原告谢某为年仅4岁的儿童，与其父母至上海某动物园游玩，当行至猴子展区，原告给猴子喂食时，右手中指被猴子咬伤。出事前和出事时，动物园工作人员均未出现，后谢某父母自行报警，并前往医院进行医治，谢某诉至法院要求动物园承担侵权责任。动物园认为其已尽到安全保障义务，理由是其已设置铁质网状笼舍与高1.2米左右、隔离区域达1.5米的金属栏杆；并且张贴告示要求家长监管好孩子，不得戏弄、喂养动物、不得跨越栏杆等图文并茂的安全警示牌；且工作人员正常巡视。而法院认为动物园虽通过张贴警示牌、巡视等工作尽到一部分的安全保障义务，但是动物园加装的防护栏之间间距在15厘米左右，仅仅能避免成年人钻入，并不能防止幼童钻入，现谢某穿过防护栏，用手喂食猴子导致右手中指受伤。动物园是一所对公众开放的公共场所，每年要接待成千上万的学龄前儿童，根据其专业能力应能预见此危险发生的可能性，而未采取必要补救措施，因此动物园有过错，未尽到管理职责。

综上可知，在审判实践中应从以下角度考虑动物园是否尽到管理职责：（1）动物园的设施设备是否符合安全标准，是否根据不同的动物设置不同程度的笼舍和围栏，动物笼舍是否具备抗击动物破坏的能力，围栏是否能够阻拦游客随意进入（尤其是未成年人）；（2）是否有充分的图文警示标语、警示牌以及警示广播；（3）是否有监控设施及安排巡逻人对园内游客游览情况、动物活动情况进行排查；（4）是否配备有医疗设施和医护人员等。根据法律规定，动物园承担已经尽到管理职责的举证责任，否则应对动物园作不利推定。

（三）禁止饲养的危险动物的损害责任

《民法典》第1247条规定了禁止饲养的烈性犬等危险动物造成他人损害的，动物饲养人或者管理人应当承担侵权责任。明确了禁止饲养的危险动物损害责任的归责原则是无过错原则，且没有减责、免责事由。因此类动物本就属于禁止饲养的范围，擅自饲养此类危险动物，具有违法性，对社会不特定公众的人身、财产增加了一定的危险性。因此，动物饲养人或者管理人承担无过错责任具有一定的合理性和正当性。

---

① 参见上海市长宁区人民法院（2011）长少民初字第72号民事判决书。

（四）遗弃、逃逸的动物的损害责任

《民法典》第1249条规定了遗弃、逃逸的动物在遗弃、逃逸期间造成他人损害的，由动物原饲养人或者管理人承担侵权责任，即无过错侵权责任。这是为了督促动物饲养人或者管理人要尽到对动物的管理义务，决定养了，就不能“养而不管、随意丢弃”。

四、实践中需要注意的问题

（一）自甘风险与饲养动物侵权

自甘风险原则，是指受害人明知可能遭受来自特定危险源的风险，仍愿意主动介入该风险当中冒险行事。如果最终风险成真而使自身遭受损失，加害人可以免除或减轻民事责任。自甘风险原则可以广泛地适用于日常生活的各个方面，对于体育活动意义更为重大。

在殷甲、杨某诉吉某某、北京克来务养殖有限责任公司侵权责任纠纷案[①]中：殷甲、杨某为8岁的女儿殷乙购买了北京克来务养殖有限责任公司（以下简称克来务公司）的马术训练课程，并购买了一匹马。在一次训练过程中，殷乙从马背上摔下，并被马踩踏，后经医院抢救无效死亡。法院认为：本案应当考虑殷乙从事骑马运动的特殊因素，以及自甘风险原则在体育运动人身损害中的适用。体育活动中伤害事件难以避免，所有理性的体育活动参与者对此都有所预料。在无行为能力人参与风险性体育活动的过程中，如果未成年人参与该项体育活动经过了法定监护人的同意，且其法定监护人对体育活动的风险有所预见，应当认为无行为能力人与其法定监护人构成自甘风险。本案涉及项目是骑马活动，骑马活动涉及人与动物的密切配合，需要一定的胆量和技术，具有较强的专业性，骑马中有高处跌落、动物踩踏等风险，这些风险应当认为是众所周知的事实。本案中殷乙经父母允许进行骑乘学习活动，应当认为殷乙及其父母殷甲、杨某的行为构成自甘风险。因此酌定自甘风险免责比例为20%，克来务公司和吉某某连带承担80%的民事责任。

自甘风险是饲养动物人减免自身责任的抗辩事由之一。除此之外，其他的抗辩事由有：受害人故意；受害人重大过失；不可抗力。

（二）受害人过错与饲养动物损害责任减免

受害人过错在我国被称为“过失相抵”，是指受害人于损害之发生或者扩大具有过失的心理状态。《民法典》第1245条“能够证明损害是因被侵权人故意或者重大过失造成的，可以不承担或者减轻责任。”这实质上是受害人过错原则的体现，是动物饲养人、管理人主张减免侵权责任的法定抗辩事由。

在黄某某与瞿某某饲养动物损害责任纠纷一案[②]中：原告黄某某路过被告翟某某经营的店铺，店铺前的广场上有一条雪橇犬，没有拴绳。原告在知道被告系雪橇犬的主人后，看被告没有表示不得摸狗，于是上前去摸狗，但该狗突然扑倒原告，将原告的额头、嘴唇拉伤，将原告的左手掌咬伤，并留下了两条明显的疤痕。法院认为原告系具有完全民事行为能力的成年人，知道或者应当知道该体形较大的狗具有伤人的危险性，且原告与被告以及该狗毫不相熟，知道或者应当知道他人摸狗而

① 参见北京市第三中级人民法院（2016）京03民终3265号民事判决书。

② 参见上海市浦东新区人民法院（2016）沪0115民初237号民事判决书。

该狗没有不良反应、狗的饲养人即被告在旁边观看、被告未阻止摸狗等情形的存在，并不足以彻底消除或者有效控制该狗伤人的危险性，但原告仍然主动实施摸狗行为，在持续摸狗过程中导致该狗兽性发作，造成自身损害。原告的上述行为属于自愿承担危险，与损害的发生具有直接因果关系，具有重大过失，由此可以减轻被告的责任。故基于被告在对其狗管理上的重大过错、原告在主动摸狗行为上的重大过失，本案纠纷可以进行过失相抵，酌情由被告承担30%的赔偿责任，其余责任应由原告自负。

综上可见，受害人故意与重大过失，可以减免动物饲养人、管理人的侵权责任，具体的减免幅度由法院根据受害人过错之大小自行裁量，其举证责任由动物饲养人、管理人承担。

专题二　饲养动物损害责任的适用规则

一、饲养动物损害有关规定的发展演变

在研究饲养动物损害有关规定时我们注意到，国家为了更好地规范饲养动物的行为，从司法经验积累到明确的法律规定，再到相关法律规定的不断修改完善，动物损害法律条款的发展经历了以下3个阶段：

一是司法政策及《民法通则》阶段。我国最早的有关饲养动物损害责任的司法文件是1981年1月22日最高人民法院向内蒙古自治区高级人民法院作出的《关于李桂英诉孙桂清鸡啄眼赔偿一案的函复》。该批复认为李桂英带领自己3岁男孩外出，应认识到对小孩负有看护之责，李桂英抛开孩子，自己与他人在路上闲聊，造成孩子被鸡啄伤右眼，这是李桂英做母亲的过失，与养鸡者无直接关系，判决饲养人孙桂清负担医药费是没有法律根据的，但饲养人自愿补给李桂英家一部分医药费是可以的。该解释的核心要义是“受害人过错，饲养人免除责任”。1984年8月30日，最高人民法院《关于贯彻执行民事政策法律若干问题的意见》第74条规定：“动物因饲养人或管理人管理不善，而致他人人身或财物损害的，应由饲养人或管理人承担赔偿责任。”这条司法解释规定动物损害责任的责任主体是饲养人或者管理人，未提及受害人过错。

1986年4月12日通过的《民法通则》在第127条规定了饲养动物损害责任的规则：“饲养的动物造成他人损害的，动物饲养人或者管理人应当承担民事责任；由于受害人的过错造成损害的，动物饲养人或者管理人不承担民事责任；由于第三人的过错造成损害的，第三人应当承担民事责任。”

二是《侵权责任法》阶段。考虑到各地动物致人损害增多，对人身安全的危害加大的客观情况，《侵权责任法》在《民法通则》的立法和实践基础上认真总结经验，专门在第10章全面建立了我国的饲养动物损害责任制度。其中第78条为一般条款，第79条至第83条为对特殊情形作出的特别规定。上述规定将《民法通则》中“受害人过错，饲养人责任免除”修改为被侵权人的过失相抵原则。

三是《民法典》阶段。《民法典》在全面继承《侵权责任法》原有立法基础和思路上，调整了动物园的动物损害条款的文字表述，在适用过错相抵责任规则上作了比较大的改变。即《民法典》第1246条在《侵权责任法》第79条规定的基础上，将未对动物采取安全措施造成损害的规定增加了但书："但是，能够证明是因被侵权人故意造成的，可以减轻责任"。对未采取安全措施的严格绝对责任，也可以适用过失相抵原则。

二、饲养动物损害中饲养人或者管理人承担无过错责任

对于动物损害责任的归责原则，有一个发展过程。在《民法通则》实施前的司法实践主要采用过错责任原则；《民法通则》实施后则兼采无过错责任原则和过错责任原则；《侵权责任法》和《民法典》的出台，确定饲养动物损害中的归责原则为饲养人或者管理人适用无过错责任原则。

基于这一理解，在责任构成要件中，不要求被告的过错，也不要求原告对被告的过错进行举证和证明。如果被告否认自己的责任，则可以通过对受害人或第三人的过错进行举证和证明来实现。《民法典》第1245条规定："饲养的动物造成他人损害的，动物饲养人或者管理人应当承担侵权责任"，第1246条规定："违反管理规定，未对动物采取安全措施造成他人损害的，动物饲养人或者管理人应当承担侵权责任。"前一条为一般规定，后一条为特别规定。综合起来讲，饲养动物致人损害的，对饲养人或者管理人来说，都应当适用无过错责任原则，即是强调动物饲养人或者管理人对损害应负的责任是严格责任，不考虑其是否存在过错。

适用饲养动物损害无过错责任构成要件为：第一，动物为饲养的动物，而不是野生动物，也不是动物园饲养的动物；第二，造成他人损害的事实，被侵权人是动物饲养人或者管理人以外的他人，损害事实主要是人身损害，但也不排除财产损害；第三，饲养人或者管理人管束的动物的行为与他人的损害事实之间具有因果关系，即他人损害的事实是饲养的动物所致，原因是饲养人或者管理人管束动物不当。而如果行为人以动物为工具，致使动物致人损害，则行为人的行为所造成的损害不属于饲养动物损害责任。①

三、饲养动物损害中被侵权人过错的过失相抵原则的适用

所谓过失相抵，是指当受害人对于损害的发生或者损害结果的扩大具有过错时，依法减轻或者免除赔偿义务人的损害责任，从而公平合理地分配损害的一种制度。②《人身损害赔偿司法解释》第2条第1款规定："受害人对同一损害的发生或者扩大有故意、过失的，依照民法通则第一百三十一条的规定，可以减轻或者免除赔偿义务人的赔偿责任。但侵权人因故意或者重大过失致人损害，受害人只有一般过失的，不减轻赔偿义务人的赔偿责任。"该条对过失相抵原则的适用范围、标准等进行了解释，过失相抵原则形成了相对完善的规定。《民法典》第1173条进一步予以完善："被侵权人对同一损害的发生或者扩大有过错的，可以减轻侵权人的责任。"过失相抵原则在饲养动物损害责任中，通过但书规则体现在《民法典》第1245条："但是，能够证明损害是因被侵权人故意或者重

---

① 杨立新：《饲养动物损害责任一般条款的理解与适用》，载《法学》2013年第7期。

② 王利明：《侵权责任法研究》（上卷），中国人民大学出版社2010年版，第441页。

大过失造成的,可以不承担或者减轻责任。”第1246条规定:“但是,能够证明损害是因被侵权人故意造成的,可以减轻责任。”过失相抵原则在饲养动物损害中的适用,表现为饲养动物损害因被侵权人过错的责任减免,这里的“过错”包括故意和重大过失,不包括被侵权人的一般过失。

(一)《民法典》第1245条但书规则的适用

损害系被侵权人故意或者重大过失造成的,动物饲养人或管理人可以不承担或者减轻责任。如何准确区分什么情况下不承担责任,什么情况下减轻责任呢？本书认为,《民法典》第1245条但书规则的立法本意,按因果关系来理解更为妥当。

第一,排除《民法典》饲养动物的其他特别条款的适用,符合其他特别条款的,直接适用特别条款。由于该但书规定了饲养人或管理人的免责事由或者减轻责任事由,因此在饲养动物损害责任中不再同时适用《民法典》其他特别条款的规定。

第二,被侵权人一般过失不作为免责或者减轻责任的事由。在饲养动物损害责任中,如果被侵权人对于损害的发生或者扩大具有一般过失,无论其构成损害的全部原因还是部分原因,都不得对饲养人或者管理人免除责任或者减轻责任。

第三,被侵权人的故意或者重大过失是损害发生的全部原因,具有完全的因果关系的,应当免除饲养人或者管理人的责任,无论是故意还是重大过失。

第四,被侵权人的故意或者重大过失是损害发生的部分原因的,饲养人或者管理人不能免责,可以依照其因果关系影响力的大小进行过失相抵,相应减轻饲养人或者管理人的赔偿责任。

(二)《民法典》第1246条但书规则的适用

《民法典》第1246条是对违反管理规定饲养动物致害的无过错责任的规定:“违反管理规定,未对动物采取安全措施造成他人损害的,动物饲养人或者管理人应当承担侵权责任。但是,能够证明损害是因被侵权人故意造成的,可以减轻责任。”这种特殊情况下责任认定,因有但书规定,可以适用过失相抵原则。该但书规则的法律适用规则如下:

第一,排除《民法典》第1246条一般条款的适用而直接适用特别条款,即符合违反管理规则,未对动物采取安全措施的情况。这里主要指饲养人、管理人应当对饲养动物采取安全措施,但违反管理规定而不采取相应的防范措施,特别是带动物去公共场所的情况,如果不采取安全措施就比较容易导致损害事故的发生,具有一定的危险性。正是基于这种危险性的考虑,《民法典》对饲养的一般动物未采取安全措施的危险性与饲养高度危险性动物如烈性犬归责原因作适当的区别对待,前者可以适用但书条款予以减轻,后者则不能减轻。

第二,被侵权人的故意是损害发生的全部原因,具有完整的因果关系,可以在较大程度上减轻饲养人或者管理人的责任。

第三,被侵权人的故意是损害发生的部分原因的,依照其部分原因所产生的影响力大小进行过失相抵,可以在较小的程度上相应减轻饲养人或者管理人的赔偿责任。

四、饲养动物损害责任认定在程序法上的适用

(一)饲养人无过错责任的举证规则

动物致害责任的归责原则为无过错责任原则。被侵权人在民事诉讼中应当举证证明的事实

为：一是致害动物的饲养人、管理人。如果不能确定饲养人、管理人，则无法确定侵权责任主体。二是受害人受到动物的损害，即受到损害的具体情况及损害后果。三是所受到的损害与动物行为具有因果关系。这种因果关系可以是直接的，也可以是间接的。间接发生的情况较多，如被侵权人因动物的行为而受到惊吓、慌乱，发生摔倒或触碰其他物体导致损害发生。被侵权人无须证明饲养人、管理人是否存在过错，也无须证明自己是否有过错。

（二）被侵权人过错的举证责任规则

按照《民法典》饲养动物损害责任条款中的但书规定，饲养人或者管理人能够证明被侵权人存在过错的情况才能适用过失相抵原则。如饲养人或者管理人不能证明，则饲养人或者管理人承担举证不能的不利后果，应当视为被侵权人不存在过错。

（三）法院可以依职权适用过失相抵原则

过失相抵原则实质上是用受害人的过失抵销加害人的责任。"过失相抵的目的在于确定责任范围，因此一旦过失相抵的构成要件具备时，法院无须当事人主张即可依职权减轻或者免除加害人的赔偿责任。"[①]法院在适用过失相抵原则时应当注意，无过错责任只是不论加害人有无过错，都应当进行最终的归责，但并非不考虑加害人过错，这与无过错责任的法理并不矛盾。因此，法院在饲养人或者管理人承担无过错责任中适用过失相抵原则时，仍可以综合考虑饲养人、管理人的过错程度与损害结果产生的因果关系，将损害后果的分担过程落实在最终责任的划分上。同时，法院也应当考虑个案的具体情况，当事人的职业、文化水平、社会经验等因素进行认定，并作出合理的责任划分。

例如，在蒋某青与李某诚饲养动物损害责任纠纷一案中，李某诚在未经蒋某青许可及注意安全之情形下，私自进入牛圈并被牛伤害，其行为有重大过失。但李某诚能轻易地进入牛圈被蒋某青饲养的牛所伤，说明蒋某青并未尽到必要的管理注意义务。为此，法院认定李某诚自担30%的责任份额，减轻了蒋某青的责任。从这个案例来看，法院在本案的审理过程中适用过失相抵原则时，既考虑了被侵权人存在的重大过失，又考虑了饲养人本身存在的过错情况，从而综合认定并作出了适当的责任划分。

---

① 最高人民法院侵权责任法研究小组编著：《〈中华人民共和国侵权责任法〉条文理解与适用》，人民法院出版社2016年版，第532页。

第十一章　建筑物和物件损害责任

专题一　高空抛物侵权责任

一、高空抛物侵权责任概述

《民法典》第1254条规定:“禁止从建筑物中抛掷物品。从建筑物中抛掷物品或者从建筑物上坠落的物品造成他人损害的,由侵权人依法承担侵权责任;经调查难以确定具体侵权人的,除能够证明自己不是侵权人的外,由可能加害的建筑物使用人给予补偿。可能加害的建筑物使用人补偿后,有权向侵权人追偿。”“物业服务企业等建筑物管理人应当采取必要的安全保障措施防止前款规定情形的发生;未采取必要的安全保障措施的,应当依法承担未履行安全保障义务的侵权责任。”“发生本条第一款规定的情形的,公安等机关应当依法及时调查,查清责任人。”高空抛物侵权责任承担规则的修改,是《民法典》编纂中的一大亮点。相较《侵权责任法》第87条规定,该条的重大变化主要有:一是开宗明义新增规定“禁止从建筑物中抛掷物品”,旗帜鲜明表明态度。二是明确了从建筑物中抛掷物品或者从建筑物上坠落的物品造成他人损害,由侵权人依法承担侵权责任为一般规则,由可能加害的建筑物使用人给予补偿为例外的做法;三是新增了物业服务企业等建筑物管理人的责任,明确“物业服务企业等建筑物管理人应当采取必要的安全保障措施防止前款规定情形的发生;未采取必要的安全保障措施的,应当依法承担未履行安全保障义务的侵权责任”。四是新增了公安等机关的调查职责。

二、高空抛物侵权责任的承担规则

(一)高空抛物侵权人直接责任的承担

依据《民法典》第1254条第1款的规定,从建筑物中抛掷物品或者从建筑物上坠落的物品造成他人损害的,应当由侵权人承担责任。在归责原则和构成要件上,该条规定应为过错推定责任。第1253条关于建筑物、构筑物或者其他设施及其搁置物、悬挂物坠落致人损害的情形,就采取了过错推定责任,其规定:“建筑物、构筑物或者其他设施及其搁置物、悬挂物发生脱落、坠落造成他人损害,所有人、管理人或者使用人不能证明自己没有过错的,应当承担侵权责任。所有人、管理人或者使用人赔偿后,有其他责任人的,有权向其他责任人追偿。”第1254条第1款规定的从建筑上坠落的物品造成他人损害的,应当适用与第1253条相同的规则。高空抛物行为,行为主观恶性更重,社会危险性更大,举轻以明重,此种情形更要适用过错推定责任,而不能适用过错责任加重受害人的负担。

（二）可能加害人补偿责任的适用

《民法典》第1254条第1款后段规定的"经调查难以确定具体侵权人的，除能够证明自己不是侵权人的外，由可能加害的建筑物使用人给予补偿"。这一规则在《侵权责任法》中就存在。在侵权责任法立法过程中，多数意见认为应当对这种情形作出规定，由可能加害的建筑物使用人对被侵权人进行补偿，这有利于合理分散损失，及时救济受害人，实现社会公平正义，促进社会和谐稳定。确立举证责任倒置制度，不是对被告的不公平，而是为了平衡当事人之间的利益，合理地保护被侵权人，最终实现实质意义上的公平。因此，建筑物抛掷物、坠落物造成他人损害，难以确定具体加害人时，让可能加害的建筑物使用人举证证明自己不是真正的加害人，符合民法公平正义的精神。[①]在此需要注意的是，就可能加害人的补偿问题，民法典虽然沿用了《侵权责任法》的内容，但从体系解释上讲，此二者有重大区别，即民法典完全改变了《侵权责任法》将此补偿规则作为一般规则的做法。同时，本条采取了举证责任倒置的做法。关于此种情形的适用，要注意以下两点：

一是关于可能加害的建筑物使用人的范围问题。"可能加害"的建筑物区分所有单元范围内的侵权人的确定问题，可以依据科技手段和日常生活经验法则来进行。比如，在一楼的住户显然不属于高空抛物可能加害人的范围。此外，如果通过鉴定该损害发生的实际情况，可以确定坠落物来源高度超过一定楼层，则该楼层以下建筑物区分使用人也可以免除责任。如果不能确定为坠落物，则应该是由可能抛掷物品的窗户所在建筑物区分使用人承担责任。这主要是因为抛掷物品来源的范围比坠落物的大。如果有证据证明抛掷物来自一定楼层或者一定方向，即可以确定一定范围内的"可能加害的建筑物使用人"，则应该尽量缩小责任人的范围。[②] 对于这一内容的适用，有必要做好相应的利益平衡保护，既要依法保护受害人的合法权益，又要注重维护建筑物使用人特别是建筑物居民的合法权益，尽量查明直接侵权人，尽量限缩"可能加害的建筑物使用人"的范围，实现救济损害与保障安居乐业的有机统一，促进社会和谐稳定。

二是关于举证责任倒置。根据该条规定，无法确定具体的侵权人的，由被侵权人证明自己是被建筑物上的抛掷物、坠落物伤害，由建筑物使用人证明自己不是侵权人。建筑物使用人不能证明自己不是侵权人的，要对被侵权人受到的损害进行补偿。当然，如果有证据能够确定具体的侵权人，则其他可能加害的建筑物使用人无须再举证证明自己不是侵权人。[③] 在此要注意的是，一方面，这一举证责任倒置的做法，一定程度上加重了建筑物使用人的负担，但这是立法上分散风险、公平救济受害人的制度设计所要求的；另一方面，这一补偿责任主要是基于道义、公平的理念进行的，不能理解为是赔偿责任，不能理解为是可以被归责的过错责任。

（三）物业服务企业等建筑物管理人的责任承担

依据《民法典》第1254条规定，物业服务企业等建筑物管理人承担侵权责任的前提是其未采取必要的安全保障措施，即未履行相应的安全保障义务。本书认为，对此的判断依据应在于，其不履

---

① 王胜明主编：《中华人民共和国侵权责任法释义》，法律出版社2010年版，第430页。

② 王竹：《侵权责任法疑难问题专题研究》（第2版），中国人民大学出版社2018年版，第338页。

③ 王胜明主编：《中华人民共和国侵权责任法释义》，法律出版社2010年版，第429页。

行或者不完全履行物业服务合同约定或者法律法规规定、相关行业规范确定的维修、养护、管理和维护义务。而违反此义务的行为与造成建筑物及其搁置物、悬挂物发生脱落、坠落并最终致使他人损害具有因果关系。从责任形态上讲，物业服务企业等建筑物管理人承担的是违反安全保障义务的法律后果。对此，《民法典》第1198条第1款规定："宾馆、商场、银行、车站、机场、体育场馆、娱乐场所等经营场所、公共场所的经营者、管理者或者群众性活动的组织者，未尽到安全保障义务，造成他人损害的，应当承担侵权责任。"第2款规定："因第三人的行为造成他人损害的，由第三人承担侵权责任；经营者、管理者或者组织者未尽到安全保障义务的，承担相应的补充责任。经营者、管理者或者组织者承担补充责任后，可以向第三人追偿。"上述第1款是关于违反安全保障义务的直接侵权责任的规定，第2款则是存在第三人直接侵权时，安全保障义务人承担补充责任的规定。这两款规定的基本精神和内容对于物业服务企业违反安全保障义务的情形都可以适用。但要注意的是，《民法典》第1254条要求的物业服务企业承担责任的前提应当是"采取必要的安全保障措施"，即此安全保障措施以"必要"为限，这需要结合有关法律法规、行业规范、日常生活经验法则来予以判定。

在有其他侵权人的情形下，依据第1253条规定，物业服务企业等建筑物管理人在承担赔偿责任后，可以向其他责任人追偿。在此需要注意的是，这里的"向其他责任人追偿"必须严格限定在第1253条规定的情形，即必须是"建筑物、构筑物或者其他设施及其搁置物、悬挂物发生脱落、坠落造成他人损害"。

专题二　物件致害责任中的其他重点修改问题

关于建筑物和物件损害责任的内容，除了上述第1254条关于高空抛物的规定有重大修改外，侵权责任编第10章大都沿用了《侵权责任法》的相关规定，但也有些修改会影响到具体的法律适用。

一、建筑物倒塌致人损害责任的承担

《民法典》第1252条规定："建筑物、构筑物或者其他设施倒塌、塌陷造成他人损害的，由建设单位与施工单位承担连带责任，但是建设单位与施工单位能够证明不存在质量缺陷的除外。建设单位、施工单位赔偿后，有其他责任人的，有权向其他责任人追偿。因所有人、管理人、使用人或者第三人的原因，建筑物、构筑物或者其他设施倒塌、塌陷造成他人损害的，由所有人、管理人、使用人或者第三人承担侵权责任。"就此内容相较于《侵权责任法》第86条的规定，主要进行了三处修改：一是第1款增加了免责抗辩的情形："但是建设单位与施工单位能够证明不存在质量缺陷的除外"；二是第2款对"其他责任人"进行了明确界定，改为"所有人、管理人、使用人或者第三人"；三是增加

了“塌陷”这一情形，更符合实际情况。

关于建筑物致人损害责任问题，《民法通则》第126条对此问题有所规定。如规定将建筑物致人损害的三种表现形式即倒塌、脱落和坠落共同规定于同一条文之中，有关归责原则、赔偿义务主体等，三者都是完全相同的。2003年《人身损害赔偿司法解释》出台后，其第16条作出了进一步较为明确的规定：“下列情形，适用民法通则第一百二十六条的规定，由所有人或者管理人承担赔偿责任，但能够证明自己没有过错的除外：(一)道路、桥梁、隧道等人工建造的构筑物因维护、管理瑕疵致人损害的；(二)堆放物品滚落、滑落或者堆放物倒塌致人损害的；(三)树木倾倒、折断或者果实坠落致人损害的。前款第(一)项情形，因设计、施工缺陷造成损害的，由所有人、管理人与设计、施工者承担连带责任。”本司法解释的贡献在于明确了构筑物倒塌导致他人损害的责任，同时也对《民法通则》规定的情形予以了细化。《民法典》第1252条在此基础上对于建筑物倒塌、塌陷造成他人损害的，规定了建设单位与施工单位承担连带责任。关于该条的适用要注意以下问题：

《民法典》第1252条第1款第1句规定了建设单位与施工单位承担连带责任。我国一些法律和司法解释都对相关问题作了规定。根据《建筑法》第55条、第56条的规定，建筑工程实行总承包的，工程质量由工程总承包单位负责，总承包单位将建筑工程分包给其他单位的，应当对分包工程的质量与分包单位承担连带责任。分包单位应当接受总承包单位的质量管理。建筑工程的勘察、设计单位必须对其勘察、设计的质量负责。根据《民法典》第1252条第1款的规定，建筑物、构筑物或者其他设施倒塌、塌陷造成他人损害的，由建设单位与施工单位承担连带责任，那么建筑物倒塌、塌陷造成他人损害的，被侵权人既可以要求建设单位承担侵权责任，也可以要求施工单位承担侵权责任，还可以要求二者共同承担侵权责任。同时还明确了建设单位和施工单位的免责要件，即他们能够证明不存在质量缺陷时即可免责。这一但书条款即是免责要件的规定，也是对举证责任的明确。有关建筑物、构筑物或者其他设施是否存在缺陷的问题，要依据有关法律、行政法规的规定以及有关国家标准、行业标准来确定。

《民法典》第1252条第1款还规定，建设单位、施工单位赔偿后，有其他责任人的，有权向其他责任人追偿。建筑物、构筑物或者其他设施倒塌的，除了建设单位、施工单位以外，可能还存在其他责任人。比如，勘察单位、设计单位或者监理单位等。《建筑法》第56条规定，建筑工程的勘察、设计单位必须对其勘察、设计的质量负责。《建筑法》第35条规定，工程监理单位不履行监理义务，给建设单位造成损失的，应当承担相应的赔偿责任；工程监理单位与承包单位串通，给建设单位造成损失的，应当与承包单位承担连带赔偿责任。

依据《民法典》第1254条第2款规定，因所有人、管理人、使用人或者第三人的原因，建筑物、构筑物或者其他设施倒塌造成他人损害的，由所有人、管理人、使用人或者第三人承担侵权责任。比如，业主擅自改变房屋基本结构等造成损害的，被侵权人可以依法直接请求造成建筑物等设施倒塌的所有人或者使用人承担侵权责任。该款规定既是所有人、管理人、使用人或者第三人承担建筑物等倒塌、塌陷责任的法律依据，也是建筑物等的建设单位和施工单位主张免责的一个重要依据，即他们只要能够证明造成建筑物倒塌或者塌陷是由上述其他责任人造成的，即可免责。当然，本书认为，这并非建设单位或者施工单位的唯一免责事由，只要其能够证明其行为不符合相应的侵权责任构成，就可以阻却侵权责任的成立，从而免责。

二、公共场所或者道路上施工致人损害责任的承担

关于在公共场所或者道路上施工等造成他人损害责任和窨井等地下设施造成他人损害责任的问题,《侵权责任法》第91条规定:“在公共场所或者道路上挖坑、修缮安装地下设施等,没有设置明显标志和采取安全措施造成他人损害的,施工人应当承担侵权责任。窨井等地下设施造成他人损害,管理人不能证明尽到管理职责的,应当承担侵权责任。”《民法典》第1258条基本沿用了这一规定,修改有两点:一是将“挖坑”修改成“挖掘”,对侵权行为的范围进行了扩展;二是将“没有设置明显标志和采取安全措施造成他人损害的,施工人应当承担侵权责任”修改为“施工人不能证明已经设置明显标志和采取安全措施的,应当承担侵权责任”,明确了施工人根据过错推定原则举证证明自己免责。概言之,地面施工致人损害侵权责任的承担,是以施工人没有设置明显标志和采取安全措施为条件的,也就是说,如果施工人已设置明显标志和采取安全措施,客观上已尽其应有的注意义务,即可以免除责任。对此,应由施工人来证明自己已按规定设置明显标志和采取安全措施;举证不能或举证不足的,应承担赔偿责任。① 对于第1258条第2款规定的窨井等地下设施致人损害的问题,通常而言,管理人对此要承担安全保障义务,但其承担义务也是有一定界限的,不能上升为绝对义务。只要管理人能够证明已经尽到了合理注意义务,即管理职责的,就可以免除责任。

三、其他修改问题

与上述情形相类似的情形还有,《民法典》第1256条即关于在公共道路上堆放、倾倒、遗撒妨碍通行的物品造成他人损害责任的规定。相较《侵权责任法》第89条规定,增加了“公共道路管理人不能证明已经尽到清理、防护、警示等义务的,应当承担相应的责任”,即采取过错推定原则,公共道路管理人举证证明其已尽到相应责任,即可免责。《民法典》第1252条关于建筑物、构筑物或者其他设施倒塌造成他人损害责任的规定中,明确了建设单位与施工单位能够证明不存在质量缺陷的就可以免责。

此外,《民法典》第1255条系关于堆放物倒塌、滚落或者滑落造成他人损害责任的规定。《侵权责任法》第88规定:“堆放物倒塌造成他人损害,堆放人不能证明自己没有过错的,应当承担侵权责任。”第1255条基本沿用了这一规定,仅把“倒塌”修改为“倒塌、滚落或者滑落”,根据司法实践和其他相关法条对侵权行为情形进行了细化,更能满足审判实践的需要。《民法典》第1257条系关于折断、倾倒或者果实坠落等造成他人损害责任的规定。《侵权责任法》第90条规定:“因林木折断造成他人损害,林木的所有人或者管理人不能证明自己没有过错的,应当承担侵权责任。”第1257条基本沿用了这一规定,仅把“折断”修改为“折断、倾倒或者果实坠落等”,根据司法实践和其他相关法条对侵权行为进行了明确列举,更有利于指导具体的审判实践。

---

① 最高人民法院侵权责任法研究小组编著:《中华人民共和国侵权责任法条文理解与适用》,人民法院出版社2010年版,第603页。

后　记

编完本书，已经是金秋时节。尽管新冠疫情未除，但仍掩盖不住满地黄花，一片丰收的景象。

本书从策划、写作到完稿，历时10个多月。其间，对问题的提炼、写作的方式等都进行了认真的探讨。初稿出来后，编写委员会的同志又对文稿进行审核，层层把关。我在完成自己承担的写作任务外，又用了将近两个月的时间对全部书稿进行了逐句审改。经过层层把关，最后形成本书现在的规模。

本书编写的原则是尽可能突出我国民法典规定的做法，突出实践中如何实施和运用。本书的作者主要为最高人民法院民法典编纂研究小组办公室的部分成员，北京、上海、浙江、江苏、四川、山东等地高级人民法院和中级人民法院的业务骨干法官，以及其他法律工作者和专家教授。他们在繁忙的工作之外，利用业余时间认真研究新出台的《民法典》，收集各种资料、案例，特别是根据民事审判实践中出现的重点、难点和热点问题列出专题，对《民法典》的实施提出针对性的意见和建议。这些意见和建议对我国《民法典》的实施、民事审判中实际问题的解决具有很大的参考价值。在此，我要对参与本书编写的各位作者表示衷心的感谢。

在本书编写过程中，编写委员会的各位同仁，无论在京的还是在外地的，都认真地履行了把关职责，为本书的出版做出了很大的贡献。另外，北京市高级人民法院蔡慧永副院长在繁忙的工作中抽出时间，帮助我们审看了部分文稿；法律出版社法治与经济分社沈小英社长和编辑们不辞辛苦，认真负责，为本书的出版做了大量工作。在此，一并致以衷心感谢。

本书虽然出版了，但《民法典》实施过程中还会出现不少新情况、新问题，我们仍会不断学习，认真研究，继续为《民法典》的实施作出应有的努力。

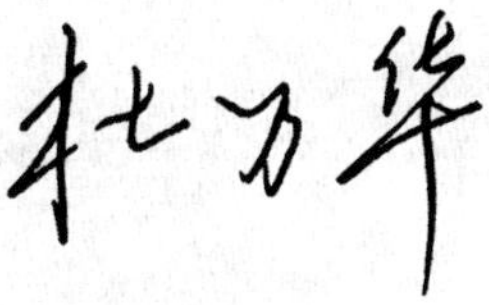

2020年10月15日

图书在版编目(CIP)数据

中华人民共和国民法典实施精要 / 杜万华主编. --
北京 : 法律出版社, 2021(2021.3 重印)
ISBN 978 -7 -5197 -5231 -6

Ⅰ. ①中… Ⅱ. ①杜… Ⅲ. ①民法－法典－法律解释－中国 Ⅳ. ①D923.05

中国版本图书馆 CIP 数据核字(2020)第 245365 号

中华人民共和国民法典实施精要
ZHONGHUA RENMIN GONGHEGUO MINFADIAN SHISHI JINGYAO

杜万华 主编

策划编辑 沈小英
责任编辑 刘晓萌
装帧设计 李 瞻

出版 法律出版社
总发行 中国法律图书有限公司
经销 新华书店
印刷 天津嘉恒印务有限公司
责任校对 晁明慧 周诗湄 王 皓
责任印制 吕亚莉

编辑统筹 法治与经济出版分社
开本 880 毫米×1230 毫米 1/16
印张 74
字数 1792 千
版本 2021 年 1 月第 1 版
印次 2021 年 3 月第 2 次印刷

法律出版社/北京市丰台区莲花池西里 7 号(100073)
网址/www. lawpress. com. cn
投稿邮箱/info@ lawpress. com. cn
举报维权邮箱/jbwq@ lawpress. com. cn
销售热线/400 -660 -8393
咨询电话/010 -63939796

中国法律图书有限公司/北京市丰台区莲花池西里 7 号(100073)
全国各地中法图分、子公司销售电话:
统一销售客服/400 -660 -8393/6393
第一法律书店/010 -83938432/8433
西安分公司/029 -85330678
重庆分公司/023 -67453036
上海分公司/021 -62071639/1636
深圳分公司/0755 -83072995

书号:ISBN 978 -7 -5197 -5231 -6
定价:480.00 元